सच्चिदानन्द सिन्हा रचनावली

खंड-6

नया समाजवाद, पुराना समाजवाद

सच्चिदानन्द सिन्हा रचनावली

खंड-6

नया समाजवाद, पुराना समाजवाद

सम्पादक
अरविन्द मोहन

राजकमल प्रकाशन

ISBN : 978-93-90971-52-7

मूल्य : ₹4000
(8 खंडों का सम्पूर्ण सेट)

पहला संस्करण : 2021

प्रकाशक : राजकमल प्रकाशन प्रा. लि.
1-बी, नेताजी सुभाष मार्ग, दरियागंज
नई दिल्ली-110 002
शाखाएँ : अशोक राजपथ, साइंस कॉलेज के सामने, पटना-800 006
पहली मंज़िल, दरबारी बिल्डिंग, महात्मा गांधी मार्ग, प्रयागराज-211 001
36 ए, शेक्सपियर सरणी, कोलकाता-700 017
वेबसाइट : www.rajkamalprakashan.com
ई-मेल : info@rajkamalprakashan.com

मुद्रक : बी.के. ऑफसेट
नवीन शाहदरा, दिल्ली-110 032

SACHCHIDANAND SINHA RACHANAWALI : Vol. 6
Edited by Arvind Mohan

सम्पादक की ओर से

सच्चिदानन्द सिन्हा ने अपने जीवन के सत्तर-पचहत्तर साल जिस समाजवाद को ओढ़ने-बिछाने और जिसकी सैद्धान्तिकी गढ़ने में लगा दिया उससे सम्बन्धित सबसे महत्त्वपूर्ण लेखन से बना उनकी रचनावली का यह खंड अगर पर्याप्त भारी-भरकम है तो यह स्वाभाविक भी है। और दुनिया में जिस दौर में समाजवाद ही नहीं विचारों और इतिहास के अन्त की घोषणा भी की जाने लगी है उसमें हमारे जैसे लोगों को यह खंड ही नहीं इसमें आई पहली छोटी पुस्तिका जरूर पढ़नी चाहिए 'नया समाजवाद क्या'। यह आपमें सिर्फ एक नया उत्साह ही नहीं भरेगा, बल्कि एक नई दृष्टि भी देगा। वैसे तो यह पूरा खंड ही समाजवाद की चर्चा, उसके इतिहास-भूगोल और नागरिकशास्त्र की समीक्षा और दुनिया के अनुभवों से भी पहले बताई गई भविष्यवाणी को बताता है। और इसमें भारतीय समाजवादियों द्वारा की गई चूकों और कमजोरियों की तो चर्चा की ही गई है लेकिन कई रंग वाले कम्युनिस्ट आन्दोलन की ऐतिहासिक भूलों और नजरिए की सख्त आलोचना हुई है। यह बताने में हर्ज नहीं है कि सच्चिदा जी ने सत्तर के दशक के शुरू में सोवियत संघ के बिखराव की भविष्यवाणी की थी तो अपने कम्युनिस्टों के संघर्ष और गरीबों की लड़ाई की प्रशंसा करते हुए भी उनके रूस और चीन का पिछलग्गू होने और भारतीय स्थितियों की अनदेखी करके बाहरी मॉडल को ही लागू करने की जिद को सबसे बड़ा दोष माना है।

उनकी पहली किताब समाजवाद के बढ़ते चरण अपने ट्रेड यूनियन के दिनों के स्टडी सर्किल के लिए नोट्स के आधार पर बनी है और यह पूरी दुनिया में समाजवादी विचार और आन्दोलन की प्रगति को बहुत बढ़िया ढंग से एक साथ उपस्थित करता है। कहना न होगा कि यह मुख्य रूप से ब्योरे और तथ्यों वाली किताब है लेकिन इसमें समीक्षा वाला अंश भी है। और इसी चिन्ता के चलते साठ के दशक के अन्त में छपी इस किताब के बाद के संस्करण में सोवियत संघ और चीन के बदलावों की चर्चा जोड़ी गई है। पर इसमें भारतीय समाजवादी और कम्युनिस्ट धारा के विकास और बिखराव की कहानी भी साथ दी गई है। और एक दिलचस्प उद्धरण देने का मन करता है जो भारतीय कम्युनिस्टों और कामरेड

स्टालिन से जुड़े एक तथ्य को बताता है। वे दूसरे विश्वयुद्ध के समय उभरे रूसी कम्युनिस्ट पार्टी के दोहरे चरित्र का जिक्र करते और भारतीय कम्युनिस्टों द्वारा रूस का अन्धानुकरण का किस्सा बताते हुए वे कहते हैं कि भारत छोड़ो आन्दोलन के समय तब काफी कमजोर हो चुके चियांग काई शेक ने भारत की आजादी का समर्थन किया था, 'पूँजीवादी' अमेरिकी राष्ट्रपति रूजवेल्ट ने भारत के आत्मनिर्णय का समर्थन किया था लेकिन कामरेड स्टालिन ने युद्ध खत्म होने तक भारत के बारे में कोई बात नहीं की।

लेकिन सच्चिदा जी की 'असली पढ़ाई और चिन्तन' वाली किताब सोशलिज्म एंड पावर में इस तरह के किस्सों और विवरणों से परहेज-सा ही किया है क्योंकि वे सोवियत संघ में स्टालिन के उदय के साथ ही दिखाई देने लगे बदलावों को लेकर काफी उद्विग्न थे। ऐसी बेचैनी अकेले उनकी ही नहीं थी, जेपी और लोहिया से लेकर दुनिया भर में काफी लोग इस बेचैनी को महसूस करनेवाले थे। सोवियत बदलाव की खिल्ली उड़ानेवाले या उसकी गिरावट की कल्पना से खुश होनेवाले जमात की बात नहीं करें तब भी खुद को मार्क्स की धारा में माननेवाले जेपी और नरेन्द्र देव जी जैसे लोग भी लोकतंत्र की कमी के बगैर समाजवाद अधूरा है, जैसी बातें काफी पहले से कहने लगे थे। पर सच्चिदा जी को लगा कि बात अकेले लोकतंत्र न होने की ही नहीं है। मार्क्स की कल्पना और लिखी बातों में भी कुछ दोष रहे (जिन्हें वे बदल सकते थे)। और बाद की स्थितियों में जिन लोगों ने बदलाव की बात उठाई उन्हें संशोधनवादी करार देकर मौत तक की सजा दी गई और शासन में आए कम्युनिस्टों ने मार्क्स-एंगिल्स की धारा में मनमाने बदलाव कर लिए। फिर सच्चिदा जी को यह भी लगा कि मार्क्स के चिन्तन में एक यूरोपीय केन्द्रित खयाल ही प्रमुख रहा। और फिर मार्क्सवाद ने मानवीय भावना, सत्ता के व्यवहार, विशेषाधिकार, कुलीन तंत्र का व्यवहार और दीर्घकालिक क्रान्ति के लक्ष्यों को लेकर कोई लकीर नहीं खींची थी जिससे भी स्टालिन और दूसरे कम्युनिस्ट तानाशाहों को मनमानी की छूट हो गई। और मार्क्सवाद की कई केन्द्रीय मान्यताओं में भी व्यवहार के बाद खोट दिखे जिन्हें प्रत्यक्ष अनुभवों के बाद समय रहते दूर नहीं किया गया।

पर जब सच्चिदा जी अपने इष्ट पर ही कलम चलाते हैं (जिसे वे मार्क्स के कन्धे पर सवार होकर ज्यादा कुछ नया देखना ही मानते हैं) तो पूरी तैयारी से यह काम करते हैं। पहले तो मार्क्स द्वारा सूत्र रूप में कही कुछ बातों और लगभग भविष्यवाणी के रूप में समाजवाद के निश्चित आगमन की घोषणा पर असहमति जताई गई है, लेकिन ऐसा बहुत लोगों ने किया। सच्चिदा जी ने मार्क्सवादी सर्वसत्तावाद तथा धुर और धुर भौतिकवादी नजरिए की बारीक पड़ताल करते हुए उसमें गम्भीर दोष निकाले हैं। वे उनको गलती नहीं अपूर्ण और अव्यावहारिक मानते हैं। वे मनोविज्ञान, कला, जीवविज्ञान के पुराने ज्ञान और नई खोजों को आधार बनाकर यह बताने की कोशिश

करते हैं कि व्यक्ति और समाज के बीच तो सन्तुलित रिश्ता रहता है, मार्क्सवादी सोच में वह सन्तुलन नहीं है। कुछ नैसर्गिक और आनुवंशिक गुण और व्यवहार आज सभी मानते हैं जिसकी तरफ यहाँ ध्यान ही नहीं दिया गया है। और सिर्फ मनुष्य की भौतिक आवश्यकताओं भर को महत्त्व दिया गया है जबकि मनुष्य एक से एक बारीक चीजों से प्रभावित होता है और प्रभावित करता है। संकेत देना-लेना, ज्ञान के प्रभाव को ग्रहण करना और दूसरों तक पहुँचाना, प्रतीकों का इस्तेमाल करना जैसी बहुत बुनियादी चीजों को नजरअन्दाज कर दिया गया है। और कहना न होगा कि राजनीति और आर्थिक कार्यव्यापार का भी सारा अनुभव यूरोपीय ही रखा गया है। यही कारण है कि जरा सा बाहर आते ही नई स्थितियों में आपके पास हैरान होने के अलावा कुछ बचता नहीं। सच्चिदा जी व्यक्ति और समूहों की खास जरूरतों, उनकी स्वायत्तता, नैसर्गिक और अर्जित प्रेरणा से हासिल चीजों के महत्त्व के साथ ही कल्पना पर उसके प्रभाव और हमारे मन के अन्दर बैठने की प्रवृत्ति की चर्चा करते हैं। वे कहते हैं कि राष्ट्रगान या राष्ट्रध्वज हमारे मन पर किसी सामान्य गीत या कपड़े के एक टुकड़े की तरह का ही असर नहीं करता।

फिर वे सोवियत रूस में दिखी 'बीमारियों' की चर्चा करते हैं। संसदवाद की सीमाओं को याद करते हुए भी वे लोकतांत्रिक प्रक्रियाओं के पक्ष में खड़े होते हैं और बहुत ही दिलचस्प नतीजा निकालकर हैरान करते हैं कि मार्क्सवाद अनिवार्यत: सत्ता का दर्शन नहीं था। और जब लेनिन और उससे भी ज्यादा स्टालिन तथा बाद में माओ ने सत्ता का दर्शन बनाने के लिए कुछ बदलाव किए या जोड़-घटाव किया उसमें अर्थ का अनर्थ हो गया। एक तो खेतिहर समाजों का क्या करना है यह पूरे दर्शन में व्यवस्थित ढंग से चर्चा ही नहीं हुई है जिसके चलते लेनिन और माओ भी किसानों को लेकर चकराए रहे लेकिन स्टालिन और चीन के बाद के शासकों ने किसानों को समाप्त ही करने की डरावनी नीति चलाई। और वर्ग शत्रु के सफाए का भूत जरा सी भी शक्ति वाले कम्युनिस्ट नेता पर ऐसा सवार हुआ कि वह हिटलर से ज्यादा लोगों को मरवाने से लेकर गाँव के पाँच एकड़ जोत वाले किसान को खत्म करने से नहीं हिचकता। सच्चिदा जी सत्ता के खास चरित्र, उसके दुर्गुणों को रोकने की कोई व्यवस्था (या चिन्तन) न होने, नौकरशाही के बगैर काम न चलनेवाली शासन व्यवस्था की सीमाएँ और नेतृत्व द्वारा विशेषाधिकारों का इस्तेमाल करने की प्रवृत्ति की भी विस्तार से समीक्षा करते हैं। दिलचस्प है कि यहाँ आकर वे भारत की जाति व्यवस्था और उसके सोपानवत बँटवारे तथा ऊँची जातियों के 'विशेषाधिकारों' की चर्चा करते हैं और यह निष्कर्ष निकालते हैं कि यहाँ का भेदभाव सोवियत व्यवस्था की तुलना में कम रहा है।

सच्चिदा जी मार्क्सवाद की कई बुनियादी स्थापनाओं और आधार वाक्यों पर सवालिया निशान लगाने के साथ सिर्फ पार्टी नेताओं के विशेषाधिकार जैसी बीमारियों

तक नहीं रुकते। वे हिंसा के सवाल को सेना और सैनिक ताकत के निर्माण और होड़ तक ले जाते हैं और इनको भी असन्तुलन की एक बड़ी वजह गिनाते हैं। वे साफ कहते हैं कि सत्ता बदलना आसान है, समाजवाद लाना मुश्किल और काफी समय तथा जतन लगानेवाला काम है। यहाँ वे एक अद्भुत तर्क प्रस्तुत करते हैं जो अहिंसा के उनके मुख्य स्वर से कुछ अलग है। वे कहते हैं कि समाजवादी आन्दोलन अगर अल्पकालिक और द्रुतगामी हो तो सीमित हिंसा के उपयोग में कोई गलती नहीं होगी। साथ ही वे यह भी गिनवा देते हैं कि मार्क्सवादी कम्युनिस्ट लोग दुनिया में एक भी जगह शास्त्रीय मार्क्सवादी शैली में आन्दोलन करने में विफल रहे हैं और दूसरे आन्दोलनों से उलझन में पड़े हैं। इसमें वे फेनन, चे ग्वेरा और मार्क्यूस के तर्कों को भी जोड़ते हैं। वे निरस्त्रीकरण और अहिंसा के भी प्रशिक्षण का तर्क देते हैं जो मूलत: गांधी की बात है।

एक और दिलचस्प काम के साथ सच्चिदा जी ने अपना बड़ा लेखन पूरा किया है, जिसे इस खंड के आखिर में रखा गया है। यह काम है मार्क्स के महान ग्रंथ 'पूँजी' के चौथे खंड को लिखने की कोशिश। हम जानते हैं कि अपनी राजनीतिक व्यस्तता के बीच भी मार्क्स ने जबरदस्त पढ़ाई और लिखाई की थी और यही चीज उसे समाजवादी धारा के पहले के और बाकी दार्शनिकों से ऊपर ले जाती है। पूँजी का एक खंड ही उन्होंने प्रकाशित कराया था। उनका लिखा सब प्रकाशित भी नहीं हुआ था। उनकी मौत के बाद उनके मित्र एंगिल्स ने पूँजी के दो खंड प्रकाशित कराए। उनकी योजना चार खंड की थी। सो सच्चिदा जी ने अभी तक के अनुभव और मार्क्स के तर्क को पूरा करने के खयाल से चौथा खंड लिखा है। यह पढ़ना जितना दिलचस्प है उतना ही भारी भी। याद रखने की बात यह भी है कि मार्क्स का लेखन भी हल्का नहीं है।

—अरविन्द मोहन

29 जुलाई, 2021
दिल्ली

क्रम

भावी समाजवाद

1

वैश्विक मन्दी ने अपने मूल संकट से उबरने की पूँजीवाद की अक्षमताओं को फिर एक बार उजागर किया है। इस बार इस संकट का दोहरा चरित्र भी साफ-साफ उजागर हो रहा है। हम आज सिर्फ उत्पादन विपणन के संकट से रू-ब-रू नहीं हैं बल्कि पर्यावरण के संकट से भी घिर गए हैं जिससे मनुष्य और सारे जीव-जगत का अस्तित्व ही खतरे में पड़ता दिखाई देता है। 'ग्लोबल वार्मिंग' की पृष्ठभूमि में मन्दी से निकल जब उत्पादन प्रक्रिया में उबाल आता है तो पर्यावरण के क्षय की रफ्तार और तेज हो जाती है। इन दोनों संकटों की जड़ में है, पूँजीवादी व्यवस्था का मूल रुझान। इससे उबरने का एकमात्र उपाय पूँजीवादी व्यवस्था की जगह समाज में किसी बुद्धिसंगत व्यवस्था की स्थापना ही है। चिन्ता की बात यह है कि जिस समाजवाद को कभी पूँजीवाद के विकल्प के रूप में प्रतिपादित किया गया था, वह स्वयं पूँजीवादी व्यवस्था की चकाचौंध से दिशाहीन हो बिखरता दिखाई देता है। इसका अपना उद्‌देश्य गौण होता गया है और यह पूँजीवाद के गलियारे में ही इसी की तर्ज पर और इसी की मर्जी पर कुछ छोटे-मोटे प्रयोग करने की कोशिश कर रहा है, जिसका कोई बड़ा असर होनेवाला नहीं।

आज जब दुनिया भर में समाजवाद या साम्यवाद के नाम से जुड़े आन्दोलन गतिरोध और भटकाव की स्थिति में हैं, हमारा फर्ज बनता है कि इसकी शुरुआत से लेकर आज तक की स्थिति का आकलन करें और ढूँढ़ने की कोशिश करें कि इस भटकाव के पीछे क्या कारण रहे हैं? इस आकलन के आलोक में नये समाज के निर्माण के लिए नई नीतियाँ बनानी पड़ेंगी।

समाजवादी आन्दोलन की पृष्ठभूमि में (1) यूरोप के जागरण काल (इनलाइटेनमेंट) की विचार प्रक्रिया, न्यूटन, देकार्त एवं बेकन की वस्तुपरक तर्क आधारित चिन्तन विधि और फिर आगे चलकर (2) औद्योगिक क्रान्ति से पैदा लोगों के जीवन का उथल-पुथल था। औद्योगिक क्रान्ति से लोगों के जीवन में भूचाल आ गया। इसमें बृहत् पैमाने पर लोगों का गाँव और कृषि से विस्थापन हुआ और नगरों में नये तरह के औद्योगिक केन्द्रों का विकास हुआ। गाँवों से आए मर्द, औरत और बच्चे, सबों को अमानवीय स्थितियों में लम्बे समय तक (हर रोज प्राय: 18

से 20 घंटे तक) काम करना पड़ता था। सामाजिक सुधार के जो भी प्रयास शुरू में हुए, उनके उद्देश्य श्रमिकों को इन नये तरह के उद्योगों में अधिक मानवीय जीवन प्रदान करने के थे। इसमें रॉबर्ट ओवन जैसे सुधारकों ने उद्योगों और उनके इर्द-गिर्द ऐसी औद्योगिक कॉलोनियाँ विकसित करने की कोशिश की, जिनमें श्रमिक अधिक मानवीय जीवन व्यतीत कर सकें।

उसने उद्योगों के अलावा श्रमिकों की सहयोगी संस्थाएँ भी विकसित कीं जो उस समय के लिए नई चीज थी। बाद में उद्योगपतियों में स्वेच्छा से मजदूरों का जीवन सुधारने की अनिच्छा को देखते हुए उसने मजदूरों की ट्रेड यूनियन बनाने का प्रयास किया। फ्रांस के 1848-50 के क्रान्तिकाल में और फिर 1871 के बाद लुई ब्लॉ जैसे कुछ समाजवादी नेताओं ने सत्ता का उपयोग कर मजदूरों के जीवन को सुधारने की दिशा में कुछ प्रयत्न किए, लेकिन ये सभी प्रयास राज्य व्यवस्था के स्थापित दायरे के भीतर ही सीमित थे। इन प्रयासों से भिन्न एक धारा समाजवाद को समाज के विकास की एक अनिवार्य परिणति के रूप में देखने की थी। इसमें कार्ल मार्क्स के विचार अग्रणी थे। इस विचार से समाजवादी आन्दोलन को अद्‌भुत ऊर्जा मिली, लेकिन इसी में बाद की कई समस्याओं के बीज भी थे।

उन्नीसवीं सदी के समाजवादी आन्दोलन में, विशेषकर इसकी सबसे शक्तिशाली धारा, मार्क्स के चिन्तन में ऊपर उल्लिखित दोनों प्रभावों का अभिसार देखा जा सकता है। समाज के सम्बन्ध में जागरण (इनलाइटेनमेंट) काल की यह अवधारणा इस सोच में केन्द्रीय थी कि समाज के कार्य कारण क्रम की भी एक अनिवार्य प्रक्रिया है जिसे वैज्ञानिक नियम की तरह समझा जा सकता है। मार्क्स-एंगेल्स ने समाजवाद को वैज्ञानिक बता इस रुझान को चिह्नित किया। कार्ल मार्क्स की सोच में यह हीगेल के प्रभास से, इतिहास को द्वन्द्वात्मक विकास के सिद्धान्त के रूप में आया। अब साम्यवाद को, समाज को गति देनेवाले वर्ग संघर्ष की शृंखला की अन्तिम कड़ी के रूप में देखा गया। इस सिद्धान्त में पूँजीवाद व्यवस्था में चलनेवाले पूँजीपति और सर्वहारा के संघर्ष से पूँजीवाद में समाज में यह औद्योगिक और आर्थिक आधार तैयार कर रहा है जिस पर साम्यवाद की इमारत खड़ी होगी। इसमें तकनीकि नियतिवाद की अघोषित मान्यता और पूँजीवादी व्यवस्था को इस तकनीकि विकास का अनिवार्य वाहक मान लिया गया। इस मान्यता के कारण ही पिछली सदी में समाजवादी आन्दोलन ने अपने उदात्त आदर्शों का एक-एक कर समर्पण कर दिया है।

कुछ आदर्शों के आधार पर समतामूलक समाज का निर्माण करने के पिछले सभी प्रयासों को यूटोपियन (स्वप्नवादी) बतला खारिज कर दिया गया। साम्यवादियों का कर्तव्य इतना ही भर रह गया कि उपरोक्त वर्ग संघर्ष में योगदान कर इस प्रक्रिया को तेजी से अपने गन्तव्य तक पहुँचा दे। समाजवाद की विभिन्न धाराओं के विवादों

और भटकावों को इसी परिप्रेक्ष्य में समझा जा सकता है। पूँजीवाद द्वारा विकसित तकनीक की अनिवार्यता के भ्रम में बीसवीं सदी के तमाम आन्दोलनों पर अपनी छाप छोड़ी है।

बीसवीं सदी के चौथे दशक से संसार भर में जो राष्ट्रीय मुक्ति के आन्दोलन हुए उनमें भी राष्ट्रों के आर्थिक विकास के आदर्श भी कुछ ऐसे ही तकनीकि नियतिवाद के साँच में कल्पित थे। इस काल में कई राष्ट्रों के मुक्ति आन्दोलन, कम्युनिस्ट या सोशलिस्ट नेतृत्व में हुए और सभी में आजाद राष्ट्र की कल्पना में पूँजीवाद द्वारा विकसित किए जा रहे ऐसे ही नये उद्योगों के आधार को चारों तरफ फैलाने की ललक थी। भारत की आजादी का आन्दोलन इस अर्थ में थोड़ा भिन्न था कि महात्मा गांधी आजाद भारत के आर्थिक आधार को कुछ भिन्न रूप देना चाहते थे। लेकिन जवाहरलाल नेहरू समेत बाकी सारे दिग्गज नेता पश्चिम के नये औद्योगिक विकास से अभिभूत थे। भारत तथा दुनिया के दूसरे आजाद हो रहे मुल्कों में विवाद का मुद्दा सिर्फ यही था कि यह विकास पश्चिमी यूरोप और अमेरिका की तरह पूँजीवादी ढाँचे को भीतर हो या सोवियत संघ में स्थापित तथाकथित समाजवादी ढाँचे के भीतर जहाँ निजी पूँजी की बजाय सार्वजनिक यानी सरकारी क्षेत्र में उद्योग-धन्धों का विकास हो रहा था और समूहीकरण के तहत राज्य के नियंत्रण में स्वयं कृषि का विकास हो रहा था।

चीन, वियतनाम आदि में जहाँ कम्युनिस्ट पार्टियों के नेतृत्व में ही राष्ट्रीय मुक्ति के आन्दोलन हुए और व्यवस्थाएँ सीधा राजकीय क्षेत्र के केन्द्रीयता में विकसित हुई, राष्ट्रीय मुक्ति का लक्ष्य अन्ततः कम्युनिस्ट व्यवस्था में परिणत होने का हो गया। बाकी देशों में जहाँ राष्ट्रीय पूँजीपति वर्ग तो था पर कमजोर था, मिश्रित अर्थव्यवस्था का लक्ष्य रखा गया जिसमें सार्वजनिक और निजी दोनों ही क्षेत्र विकास के सहयोगी माने गए। लेकिन विकास का मॉडल और आधार नये तरह के उद्योग-धन्धे और इस पर आधारित पश्चिमी ढंग की जीवन पद्धति ही रही। भारत इस दूसरे तरह के विकास का नमूना बना। लेकिन अनुभव बतलाता है कि ऐसे औद्योगिक विकास का पूँजीवाद के साथ चोली-दामन का सम्बन्ध है और इसमें पूँजी संचय और पूँजी के विस्तार के लिए प्राकृतिक सम्पदा और आबादी का उत्तरोत्तर दोहन निहित है। न सिर्फ पूँजी का प्राथमिक संचय जिसका विस्तृत विवरण मार्क्स ने अपनी विख्यात पुस्तक पूँजी में दिया था बल्कि इसका विस्तार वैश्विक और आन्तरिक औपनिवेश शोषण पर निर्भर था। सच तो यह है कि इस व्यवस्था के तहत विकास इस शोषण को उत्तरोत्तर त्वरण प्रदान करता है।

निजी और सार्वजनिक दोनों ही तरह की पूँजी का प्रसार वस्तुओं के अधिक-से-अधिक उत्पादन और विपणन पर निर्भर करता है बिना इस भेद के कि विस्तार किस व्यवस्था के तहत हो रहा है। उत्पादन प्रक्रिया में मुनाफे का सीधा सम्बन्ध

उत्पादित वस्तुओं की खपत से है। इसमें यह विचार नजरअन्दाज किया जाता है कि व्यवस्थाओं की स्पर्धा में शुद्ध रूप से निजी लाभ पर आधारित पूँजीवादी व्यवस्था सामाजिक दायित्वों से एक हद तक नियंत्रित क्षेत्र की व्यवस्था से अधिक सफल सिद्ध होती है। इसलिए इन दोनों तरह की व्यवस्थाओं की प्रतिस्पर्धा में पूँजीवादी व्यवस्था आगे निकल जाती है। बीसवीं सदी का उत्तरार्द्ध इन दोनों तरह की व्यवस्थाओं के बीच प्रतिस्पर्धा का रहा है, और चूँकि उद्योगों के आधार और मूल मानक पूँजीवादी थे, लगभग बिना अपवाद के, संसार भर में पूँजीवादी व्यवस्था इस स्पर्धा में आगे निकल गई। आज का चीन 'समाजवाद' से पूँजीवादी अर्थव्यवस्था की ओर संक्रमण का क्लासिक उदाहरण है। पश्चिमी यूरोप—जहाँ सोशल डेमोक्रेसी के प्रभाव में जनकल्याणकारी राज्य का आदर्श अपनाया गया—पूरी तरह से पूँजीवाद के शिकंजे में आ गया है।

क्यूबा इस प्रक्रिया का एकमात्र अपवाद दिखाई देता है। इसका कारण यह है कि प्रारम्भ में सोवियत संघ और अमेरिका की प्रतिस्पर्धा के चलते सोवियत संघ से इसे तेल के रूप में भारी सहायता मिलती रही। जब यह सहायता बन्द हो गई तो क्यूबा ने लघुता का रास्ता अख्तियार किया और प्रतिस्पर्धा के वैश्विक पूँजीवादी आदर्श की जगह लोक हितकारी आदर्शों की ओर मुखातिब रहा है जिसकी वजह से चिकित्सा सेवा के क्षेत्र में यह दुनिया के अग्रणी देशों में है। छोटे आकार के कारण भी क्यूबा में यह संक्रमण आसान था। फिर भी क्यूबा के विकास पर अभी इतिहास का निर्णय होना बाकी है। अभी तक यह सिर्फ पूँजीवाद से अलग तरह का रुझान भर है। यह देखना है कि उद्योग और विकास के सम्बन्ध में अन्तिम रूप से यह क्या दृष्टि अपनाता है।

पूँजीवाद के तहत विकसित हुए इस तकनीक का मुख्य आकर्षण यह है कि मानव एवं पशु की ऊर्जा के बहकने के रुझान, जल एवं वायु का मानव इच्छा को नजरअन्दाज करता स्वाभाविक प्रवाह और सूरज की सारे जीव-जगत को अनियंत्रित और अनिमेष गतिशील करनेवाली ऊर्जा की जगह नई उत्पादन प्रक्रिया और इसके बढ़ते दायरे को मनुष्य नियंत्रित कर सकता है। ऊर्जा के नये स्रोत कोयला, तेल, परमाणु ऊर्जा और विशाल बाँधों द्वारा नियंत्रित स्वयं जल का प्रवाह मनुष्य के वश में होता है। वह इन ऊर्जा स्रोतों की दिशा, स्थान और मात्रा, सभी को नियंत्रित कर सकता है। सभी ऊर्जा का स्रोत सूरज पर उसका नियंत्रण तो नहीं हो सकता, लेकिन यह विश्वास है कि इसके प्रकाश को घेरे में ला ऊर्जा को इच्छित रूप देने को मजबूर किया जा सकता है। इससे मनुष्य में संसार का नियंता होने का भ्रम पैदा होता है और वह इस बात को नजरअन्दाज करने लगा है कि प्राकृतिक संसाधन और वह स्वयं भी जो मानव संसाधन भर बनता जा रहा है—उसके नियंत्रण से बाहर है, अपने इस रुख के कारण सबको विनाश की ओर ले जा रहा है।

विकास का अर्थ फिलहाल आदमी की आवश्यकताओं की पूर्ति की जगह उत्तरोत्तर अनावश्यक उपभोग की वस्तुओं की विविधता और मात्रा का विस्तार है। इसमें स्थानीय परिवेश के साथ मनुष्य के पारम्परिक आदान-प्रदान का वह रिश्ता टूटता गया है जिसमें मनुष्य प्रकृति से अपनी आवश्यकता की वस्तुएँ ग्रहण करता था और अपनी समझ और क्षमता के अनुसार प्रकृति के अवदान की भरपाई करने की कोशिश करता था—यह प्राय: भावनात्मक होती थी और मनुष्य द्वारा पहुँचाई गई क्षति इतनी नगण्य होती थी कि छोटे-मोटे घाव जल्द ही भर जाते थे और प्रकृति मनुष्य की झोली में आवश्यक वस्तुएँ डालने के लिए सदा प्रस्तुत रहती थी। मनुष्य की संख्या भी प्रकृति की विशालता के सामने नगण्य थी।

नव प्रस्तर युग और नगरी विकास के साथ आदमी की संख्या में अचानक भारी विस्तार हुआ। अब जरूरत इस बात की पैदा हुई कि आदमी प्रकृति के साथ अपने बिगड़ते सन्तुलन को दुरुस्त करे, पर उलटा हुआ यह कि उत्पादन के विकास से विशेषकर औद्योगिक क्रान्ति के बाद से—आदमी की आवश्यकताओं में बाढ़ आ गई। इसके साथ पल्लवित पूँजीवादी व्यवस्था का विस्तार और नवोदित पूँजीपति वर्ग का मुनाफा सीधा लोगों की वस्तुओं की खरीदगी से जुड़ गया। इसके लिए उत्पादक यंत्रों के साथ-साथ आवश्यकताओं का आविष्कार और प्रसार भी अर्थतंत्र का अनिवार्य अंग बन गया। हमें आवृत करनेवाला विज्ञापनों का घटाटोप इसका सीधा नतीजा है, इससे प्रकृति से असन्तुलन और बढ़ा।

जैसा ऊपर कहा गया है, पूँजीवादी व्यवस्था में दो विपरीत रुझानों का समागम है—(1) प्राकृतिक सम्पदा का अतिशय दोहन एवं अपव्यय और (2) कुछ हाथों में निजी धन का संचय, जो पूँजी के रूप में प्रकृति के विस्तारित दोहन का जरिया बन जाता है। जिसे आज विकास माना जाता है, वह इस प्रक्रिया का दिन दूना रात चौगुना (exponential) फैलाव है। इससे धरती के सीमित साधनों के ह्रास और प्रदूषण से मानव जीवन का संकोच और क्षय अटलनीय बनता जा रहा है। भौतिकी के कंजर्वेशन नियम—यानी यह अटल नियम कि संसार के कुल द्रव्य और ऊर्जा की मात्रा घट-बढ़ नहीं सकती—को निरस्त करने का उपाय अब तक पूँजीवादी व्यवस्था के लिए अप्राप्य रहा है। यह मनुष्य की दानवी आकांक्षा पर उल्लंघ्य सीमा है।

समाजवादी आन्दोलन का यह प्रारम्भिक विश्वास कि निजी स्वामित्व को खत्म कर राजकीय या तथाकथित सार्वजनिक स्वामित्व कर देने भर से पूँजीवादी शोषण और विषमता खत्म हो जाएगी—जैसा ऊपर बतलाया गया है—एक भ्रम सिद्ध हुआ है। सार्वजनिक क्षेत्र में भी व्यवस्था पूरी तरह एक नौकरशाही के हाथों में होती है, जो स्वयं जड़ता और शोषण का आधार बन जाता है, खासकर बड़ी व्यवस्था, चाहे वह राजकीय हो चाहे निजी क्षेत्र की, इसके दायरे में आनेवाले आम

लोगों के नियंत्रण से मुक्त हो जाती है और इसमें सदा एक छोटे व्यवस्थापक एवं नौकरशाही समूह के हित में काम होता है, जिनकी सुविधाएँ बढ़ती रहती हैं और आम आदमी हाशिये पर ढकेल दिया जाता है। पश्चिमी देशों में सोशल डेमोक्रेटिक पार्टियों के नेतृत्व में बनी सरकारें भी श्रमिकों और प्रतिष्ठानों के शीर्ष पर स्थापित लोगों के बीच का संचालित-संचालक विभाजन और इससे जुड़ी सुविधाओं और वंचनाओं के भेद को मिटाने में अक्षम सिद्ध हुई हैं। बड़े संस्थानों की बनावट और कार्यप्रणाली में ही ऐसी विषमता के बीज हैं। अर्थतंत्र के केन्द्रीकरण के समानान्तर राजकीय व्यवस्था भी जितनी ही विशाल होती जाती है, लोकतंत्र के ढाँचे के भीतर ही वह आम मतदाता के नियंत्रण से मुक्त शक्तिशाली समूहों का सेवक बनती जाती है। इसमें जनप्रतिनिधि भी आमजन के शोषण पर आधारित सुविधाभोगी समूह का हिस्सा बन जाते हैं। धीरे-धीरे लोकतांत्रिक संस्थाओं पर सम्पन्न वर्गों एवं नवोदित अभिजातों का शिकंजा मजबूत होता जाता है। हमारी भारतीय संसद में यह स्थिति पिछले निर्वाचन के बाद स्पष्ट रूप से उजागर हुई है।

'नेशनल इलेक्शन वाच' नामक समूह के अध्ययन से यह तसवीर साफ है। इसके अनुसार, 2009 के लोकसभा चुनाव में 3,437 प्रत्याशी ऐसे थे जिनकी सम्पत्ति दस लाख रुपए से कम थी। इनमें सिर्फ 15 (0.44 प्रतिशत) लोकसभा में पहुँच पाए, लेकिन प्रत्याशियों के जीतने की उम्मीद उसकी सम्पत्ति के हिसाब से बढ़ती जाती है। 1,785 ऐसे उम्मीदवारों में से—जिनकी हैसियत दस लाख से पचास लाख के बीच थी—116 (06 प्रतिशत) जीते। यह अनुपात 50 लाख से 5 करोड़ की सम्पत्तिवालों के मामले में 19 प्रतिशत हो गया। और उन 322 ऐसे प्रत्याशियों में जिनकी हैसियत पाँच करोड़ से अधिक-से-अधिक थी, 106 (33 प्रतिशत) जीत गए। यह भी पाया गया है कि निर्वाचित होने के बाद से सांसदों की आर्थिक हैसियत बढ़ती गई है। सम्पत्ति की विषमता के माहौल में सांसदों का रुझान अपनी हैसियत का फायदा उठा अपने को तरह-तरह से लाभान्वित करने का हो गया है। भारत में ही नहीं, संसदों की माता कहलानेवाली ब्रिटिश पार्लियामेंट के सदस्यों की लिप्सा भी स्कैंडलों के रूप में उजागर होने लगी है।

आज के बड़े राष्ट्र-राज्यों में संसदीय प्रणाली में भी आर्थिक शक्ति का इतना केन्द्रीकरण हो गया है कि सांसदों के लिए अपनी शक्ति का दुरुपयोग कर सुविधाएँ हासिल करना दुर्निवार हो गया है। ऐसे समाज में यह रुझान स्वाभाविक है जहाँ मनुष्य की हैसियत उसकी सम्पत्ति और इससे जुड़े ताम-झाम से आँकी जाती है। एक दलित महिला, मायावती का उत्तर प्रदेश जैसे बड़े राज्य में मुख्यमंत्री बनना अपने आप में देश के लिए गौरव की बात हो सकती थी, लेकिन सम्पत्ति के साथ गरिमा का ऐसा गठजोड़ हो गया है कि यहाँ भी हम एक त्रासदी से रू-ब-रू हैं। यह त्रासदी है, मायावती का सम्पत्तिवालों के उस समूह में शामिल होने को लालायित

होना जिसके कारण देश के करोड़ों दलित शोषण और उत्पीड़न के शिकार हैं, लेकिन यहाँ किसी व्यक्ति को दोष देना बेकार है। सम्पत्ति और राजसत्ता का गठबन्धन सभी वर्ग विभाजित समाजों में रहा है और इससे निजात पाने के लिए आर्थिक विषमता के साथ केन्द्रीय राज्य सत्ता को तोड़ना भी जरूरी है।

यहाँ हम एक दुश्चक्र के शिकार हैं। भारत जैसे बड़े राज्यों में जब तक किसी आन्तरिक कारण से राज्य का विघटन नहीं हो जाता, केन्द्रीकृत संवैधानिक ढाँचे को संवैधानिक तरीके से तोड़ विकेन्द्रित करना मुश्किल लगता है। जैसाकि ऊपर बतलाया गया है, इस जनतंत्र पर धनतंत्र पूरी तरह हावी है। इस ढाँचे के भीतर सफलता के लिए सिर्फ चुनावी पहल—जो दिनोंदिन खर्चीली होती जा रही है—और इसका आयोजन अपर्याप्त है। दूसरी ओर इस व्यवस्था को तोड़ने के हिंसक तरीके राज्य के हिंसक औजारों को और भी मजबूत बनाते हैं। इसके लिए सैन्य शक्ति पर ज्यादा-से-ज्यादा निवेश होता है और दमनकारी नीतियों से राज्य अधिनायकवादी बनता जाता है। फिलहाल भारत में यही हो रहा है। पोटा जैसे अधिनायकवादी कानूनों का बनना और आतंकवाद से लड़ने के नाम पर निर्दोष नागरिकों की हत्याएँ होती हैं या 'विजिलांते' समूह का गठन होता है जो कानूनी दायरे के बाहर हिंसक तरीके से लोगों को आतंकित करते हैं—जैसे छत्तीसगढ़ में सलवा जुडूम द्वारा हो रहा है। इससे आम लोगों की और लोकतंत्र की शक्ति और भी कमजोर होती है। रूस, चीन आदि में जो बड़ी हिंसक क्रान्तियाँ हुईं, उनके नतीजे सामने हैं। ये सब अन्ततः केन्द्रीकृत अधिनायकवादी सत्ता के जनक बने और शक्तिशाली राज्य बनने की प्रक्रिया में पूँजीवादी औद्योगिक व्यवस्था पर ही लौट आए।

पिछले अनुभवों के आलोक में पारिवारिक या छोटे सहयोगी समूहों द्वारा चलाए जा रहे ऐसे छोटे उद्योग अति लघु राजकीय इकाइयों—गांधी जी के आदर्श ग्राम गणतंत्र की तर्ज पर—के गठन को लक्ष्य बना राजनीतिक पहल ही समाज के निर्माण की दिशा में व्यावहारिक कदम हो सकता है। ऐसी ही व्यवस्था में समता और स्वशासन, दोनों आम लोगों की पहुँच में हो पाएँगे। ऐसी ही व्यवस्था में बेगानेपन से मुक्त लोगों की भावनात्मक तुष्टि भी सम्भव है। आज के विशाल नगरी समाजों में भी अन्ततः लोगों के निजी सम्बन्धों का ताना-बाना उसी संख्या के भीतर सीमित होता है जो उनके प्रारम्भिक कबीलों के थे। चूँकि यह उसके आनुवंशिकी (जीन) में अंकित है। इसी छोटे समूह में उसे अन्तरंगता का बोध होता है। एथोलॉजिस्ट डेरगौंड मौटिस ने भी अपनी चर्चित पुस्तक 'द ह्यूमन जू' में इस रुझान को चिह्नित किया है। मार्क्स ने आधुनिक उद्योगों की कार्यप्रणाली में श्रमिकों के जैसे बेगानेपन की बात की है वह आर्थिक सम्बन्धों से बाहर वर्तमान औद्योगिक समाज के सामाजिक सम्बन्धों में भी बनी रहती है, जिससे छुटकारे के लिए आदमी छोटे सामूहिक दायरों का निर्माण करता रहता है। इसका आकार

उसके आदिम कबीलों जैसा बन जाता है। विख्यात समाजशास्त्री मैक्स वेबर ने भी आधुनिक औद्योगिक व्यवस्था में, जिसे वे 'लीगल रेशनल' कहते हैं, इस भावशून्यता (डिसइंवेंटमेंट) को रेखांकित किया है। अन्ततः मनुष्य अपने जीवन में सन्तुष्टि और पूर्णता की तलाश करता है। वह किसी यांत्रिकता के पाश में बँधे अत्याधुनिक समाजों में भी वह साहित्य, कला, संगीत आदि में—जो कभी जीवन के स्वाभाविक विस्तार थे—पलायन ढूँढ़ता है, लेकिन आज की व्यावसायिक संस्कृति हरसम्भव तरीके से इन कलात्मक विधाओं को भी यांत्रिक और बाजारू उपभोग की वस्तु बनाने की कोशिश करती है। इस प्रक्रिया में कलाकार स्वयं क्रय-विक्रय के ताने-बाने में उलझकर उस भावनात्मक मुक्ति से वंचित हो जाता है जिसकी तलाश उसे कला की ओर खींचती है। आदिम समाजों की सामूहिक कलात्मक अभिव्यक्ति में ही मनुष्य दूसरे मनुष्यों और परिवेश के नदी, पहाड़, पेड़-पौधों और विभिन्न जीवों के साथ लय बाँधने में सक्षम होता था और जीवन में एक हद की आन्तरिकता और पूर्णता का अनुभव करता था। जन्म, जरा, रोग, मृत्यु जीवन की अपरिहार्य स्थितियाँ हैं, लेकिन आदिम समाजों या आधुनिकता से अछूते आज के ग्रामीण, ग्रामीण समाजों में भी लोग इन स्थितियों को (रिचुअल) अनुष्ठानों के लय में बाँध 'अगम' संसार के छोर एकाकीपन के भाव से उबर जाते हैं। आधुनिक समाज में इन स्थितियों से कोई भावनात्मक पनाह नहीं। अब बुढ़ापे और बीमारी में भी मानव सम्पर्क विरल होता जा रहा है और वृद्धों के लिए निर्मित आरामगाह और अस्पताल भी यंत्रों का ताना-बाना बनते जा रहे हैं, जहाँ आदमी मानवीय सम्पर्क के लिए तरसता है।

आधुनिक सभ्यता में सम्पन्न लोग इस यांत्रिक संस्कृति के बेगानेपन से मुक्ति के लिए आदिम स्थितियों के अवशेष, गिने-चुने स्थानों में टूरिस्ट रिसॉर्ट बनाते हैं और जीवन के रूखेपन से कुछ समय के लिए मुक्ति पाते हैं, लेकिन इस प्रयास में इन स्थानों को भी होटलों, अत्याधुनिक यातायात के साधनों, गाइडों और व्यवस्थापकों की फौज से वैसा ही बना डालते हैं जैसे परिवेश से पनाह खोजते हैं। वे भूल जाते हैं कि जीवन के स्वाभाविक लय को नष्ट कर कहीं बाहर इसे नहीं पाया जा सकता। मनुष्य को पूर्ण रूप से मानव बनने के लिए फिर वैसा मानवीय परिवेश निर्मित करना होगा जिसे वह विगत शताब्दियों में नष्ट करता रहा है।

मार्क्स ने हीगेल की प्रत्ययवादी विश्वदृष्टि को दुरुस्त करने के अपने दावे में यह कहा था कि हीगेल की दुनिया सिर के बल खड़ी थी। उसे उसने अपने भौतिकवादी दृष्टि से पैर के बल खड़ा कर दिया, लेकिन सर्वहारा क्रान्ति की मार्क्स की कल्पना भी एक अलग अर्थ में व्यवस्था को सिर के बल खड़ा करने का प्रयत्न साबित हुआ। मार्क्स की दृष्टि में सर्वहारा क्रान्ति उस बिन्दु पर होगी जहाँ पूँजीवाद अपने विकास में हासिल कर सारी व्यवस्था को अपनी मुट्ठी में ले लेगा। पूर्णता के शीर्ष

बिन्दु पर पूँजीवाद कैसे पहुँचेगा, इसका सिर्फ कुछ संकेत भर था जबकि शीर्ष पर पहुँचने की एक व्यथा-कथा थी।

दरअसल, विशाल यंत्रों पर आधारित बड़े उद्योगों का विकास समतामूलक व्यवस्था के भीतर हो नहीं सकता। यही कारण है कि अपनी क्रान्तियों की सफलता के बाद रूस और चीन, दोनों ही पूँजीवाद की ओर लौट आए। मार्क्स ने स्वयं तथ्यों के आधार पर पूँजी प्रथम भाग में प्राथमिक पूँजी संचय की प्रक्रिया का जो विवरण दिया है, उस पर नजर डालने पर यह समझना मुश्किल है कि समतामूलक समाज में भारी मशीनों के निर्माण के साधन कैसे उपलब्ध होंगे। पूँजीवाद के प्रारम्भ में तो यह इसलिए सम्भव था क्योंकि लोगों के जीवन पर पूँजीवादी व्यवस्था का पूर्ण नियंत्रण था। किसानों का विस्थापन और कारखानों में काम करने के लिए उनका सर्वहाराकरण सम्भव था। प्रारम्भिक वर्षों में रूस और चीन, दोनों में क्रान्ति के नाम पर औद्योगीकरण के लिए किसानों और मजदूरों को आत्म-बलिदान के लिए प्रेरित किया गया, लेकिन उत्तरोत्तर और दीर्घकालीन विकास के लिए स्वेच्छा से लोग इसके लिए तैयार नहीं हो सकते थे।

पूँजीवाद ने जो जबरिया पूँजी संचय एवं विकास का मॉडल प्रस्तुत किया था वह अन्ततः ज्यादा माफिक लगा। व्यवस्था के शीर्ष पर जो थे, उनको बाद में अपनी सुविधाओं को स्थायी करने में पूँजीवादी व्यवस्था ज्यादा माफिक और स्वाभाविक लगी। इसी का परिणाम था कि रूस, चीन, वियतनाम आदि सभी पूर्व की कम्युनिस्ट व्यवस्थाएँ जो विशाल औद्योगिकता को अपना ईश्वर मानती थीं, आसानी से पूँजीवादी व्यवस्था में बदल गईं। चीन में तो सत्ताधारी पार्टी का नाम भी 'कम्युनिस्ट' ही रखा गया। बड़े औद्योगीकरण की प्रक्रिया में ही पूँजीवादी विषमता के बीज हैं। विशाल मात्रा में पूँजी संचय ऐच्छिक और सहज प्रक्रिया कभी नहीं हो सकती। छोटी मशीनें और घरेलू उद्योग ही समतामूलक और सहयोगी समाज के आधार हो सकते हैं, जिसमें लोग अपनी छोटी आय और सीमित संसाधनों से उद्योग और दूसरे उद्यम शुरू कर सकते हैं।

इस मूल तथ्य को मार्क्स ने नजरअन्दाज कर दिया था कि पूँजीवाद का विकास सदा बाहरी क्षेत्रों के संसाधनों के दोहन पर निर्भर करता है और इसकी विकास यात्रा उत्तरोत्तर संसाधनों के दोहन के लिए नये क्षेत्रों की तलाश में होती है। इसका शीर्ष बिन्दु वहीं होगा जहाँ संसार के सारे क्षेत्र इस दोहन से सारहीन अवशिष्ट मात्र रह जाएँगे और यह अपने अवशेष के उस खँडहर पर ही नष्ट होगा जिसके आगे जीव-जगत की मौत पसरी होगी। संसार की यह भौतिक हकीकत आज इतना स्पष्ट हो गई है कि तात्कालिक ऐश्वर्य के उन्माद से अन्धा होकर ही कोई इससे इनकार कर सकता है। पश्चिम के विकसित देश अपनी अर्थव्यवस्था के प्रसार के लिए दो-दो विश्वयुद्धों को जन्म दे चुके हैं और आज पश्चिम एशिया, लातिनी अमेरिका

और अफ्रीका आदि में परोक्ष युद्ध (प्रॉक्सी वार) चला रहे हैं। भारत जैसे पूर्व के उपनिवेश भी ऐसे विकास के लिए पहले अपने भू-भागों को आन्तरिक उप निवेश बनाते हैं और अब अफ्रीका, पश्चिम एशिया के संसाधनों के दोहन पर पश्चिमी देशों की साझेदारी में अपनी निगाह लगाए हुए हैं।

अब जब नई औद्योगिक व्यवस्था भूमंडलीकृत हो गई है, दुनिया के हर कोने में संसाधनों पर नियंत्रण के लिए होड़ लगी है। जिन देशों में पूँजीवाद का विकास पहले हुआ था, वे इस होड़ में अधिक सक्षम हो रहे हैं, लेकिन चीन और भारत जैसे देशों के औद्योगिक प्रतिष्ठानों की प्रतिस्पर्धा से चिन्तित भी हैं। भविष्य में टकराहट की आशंका से इनमें सभी राष्ट्र हथियारों पर बेशुमार खर्च कर रहे हैं—भारत और चीन जैसे देश भी, जहाँ अब भी बड़ी आबादी जीवन की मूलभूत आवश्यकता की वस्तुओं के लिए भी मोहताज है। भारत का प्रतिरक्षा पर हो रहा विशाल खर्च इसका नमूना है, जिसमें दुनिया के विकसित देशों के सामरिक कचरे (कबाड़ बन चुके आयुधों) को खरीदना भी शामिल है या तीन दशक से ज्यादा लगा परमाणु चालित पनडुब्बी का निर्माण। इस शक्ति प्रदर्शन में विभिन्न जन्तुओं में प्रतिस्पर्धी को पैंतरेबाजी से डराने की कवायद की हास्यास्पद झलक दिखाई देती है। ऐसे युद्ध आयुधों पर खर्च से पूँजीवाद में बाजार के संकट से उबरने का भी एक जरिया निकल आता है और युद्ध की स्थायी अर्थव्यवस्था पूँजीवाद को एक हद तक स्थायी बाजार उपलब्ध कराती है। यह बात अब अधिकांश अर्थशास्त्री भी मानने लगे हैं कि 1929-30 की आर्थिक मन्दी से अमेरिका को 'न्यू डील' से राहत तो मिली थी, लेकिन वहाँ की अर्थव्यवस्था पूरी तरह से उबरी कि तभी तब द्वितीय विश्वयुद्ध ने आयुधों के उत्पादन और युद्ध से सम्बद्ध दूसरे खर्चों को अचानक बड़े पैमाने पर बढ़ा दिया।

स्थायी युद्ध की अर्थव्यवस्था पूँजीवाद को एक हद तक स्थायी बाजार उपलब्ध कराती है, लेकिन नियंत्रण से बाहर हो रहा पर्यावरण संकट संकेत दे रहा है कि पूँजीवादी अर्थव्यवस्था के शीर्ष बिन्दु पर सिर्फ मौत है, किसी क्रान्ति की सम्भावना नहीं। इसलिए क्रान्तिकारी परिवर्तन की तलाश पूँजीवाद के शीर्ष पर नहीं हो सकती। इसके विकल्प में एक-दूसरे तरह की व्यवस्था आज और भी ढूँढ़नी होगी। यह व्यवस्था भी पूँजीवाद की गिरफ्त में नहीं आए इसके लिए, ऐसा विकल्प सीमित उपभोग के लिए लघु उद्योगों पर आधारित स्वायत्त और आत्मनिर्भर छोटी राजकीय इकाइयाँ हो सकती हैं—गांधी जी के ग्राम गणतंत्र की कल्पना के समीप। यह पारम्परिक सहयोग की भावना पर आधारित वैसी व्यवस्था ही होगी जहाँ निचली इकाइयाँ अपनी जरूरत की ज्यादा-से-ज्यादा वस्तुओं का उत्पादन करेंगी, लेकिन गाँव के छोटे दायरे में सभी जरूरतों की पूर्ति सम्भव नहीं होगी। इसलिए गाँवों के सहयोग के विभिन्न स्तरों के बड़े परिसर बनेंगे। आवश्यकता के अनुसार इनसे विनिमय होगा। ऐसी व्यवस्था को बाजार विशेषज्ञ गजानन खातू ने परिसराविमुख

विपणन व्यवस्था के रूप में परिकल्पित किया है। जो वस्तुएँ निचले परिसर में उपलब्ध नहीं होंगी, उनके लिए ऊपर के परिसर से सम्पर्क साधना होगा। प्राचीन ग्रामीण व्यवस्थाओं में विनिमय का कुछ ऐसा ही रूप था। ऊर्जा के लिए छोटी जल विद्युत परियोजनाएँ, पवनचक्की से प्राप्त ऊर्जा, जैव पदार्थों से प्राप्त ऊर्जा और सौर ऊर्जा के ऐसे संयंत्र विकसित किए जाएँगे जिनमें खर्चीली और विरल धातुओं की खपत कम-से-कम हो। कोयला, तेल आदि से परिचालित यंत्र एवं मशीनों की संख्या नगण्य होगी। अर्थव्यवस्था की स्थानीयता परिवहन पर खर्च को लघुतम मात्रा में सीमित कर देगी। कृषि पूरी तरह जैविक बन जाएगी, जिसमें लगभग पूरी तरह स्थानीय रूप से उपलब्ध खाद एवं जल आपूर्ति के उपक्रमों का प्रयोग होगा। जुताई के लिए घोड़े-बैल आदि का उपयोग होगा या ऐसी मशीनों का जो पूरी तरह प्रदूषण रहित हों। यह भ्रम अब टूटने लगा है कि रासायनिक उर्वरक खेती में अधिक उपज देने के लिए अपरिहार्य हैं। दरअसल, जिसे आधुनिक खेती कहा जाता है और जो उर्वरकों और मशीनों पर निर्भर है, अलाभकारी सिद्ध हो रही है और 'डिमिनिशिंग रिटर्न' यानी उत्तरोत्तर लागत के हिसाब से कम पैदावार देनेवाली बन गई है। इसीलिए औद्योगिक देशों की खेती भारी अनुदानों पर आधारित है। विश्व व्यापार के असन्तुलन और गतिरोध का मुख्य कारण सम्पन्न औद्योगिक देशों का कृषि अनुदान ही है।

नए समतामूलक समाज में कृषि उत्पादन का एक ऐसा चक्र विकसित होगा जो कृषि के लिए मिट्टी में आवश्यक उर्वरा शक्ति प्रदान करनेवाले कीटाणुओं एवं केंचुओं आदि को स्वयं विकसित करेगा। अभी यह प्रायोगिक स्तर पर जहाँ-तहाँ हो रहा है। धीरे-धीरे यह कृषि में आम व्यवहार बन जाएगा।

भविष्य का समाज क्या बनेगा, इसकी सम्पूर्ण रूपरेखा बनाने का प्रयास तो सर्वज्ञता और भविष्य का निर्धारक बनने का हास्यास्पद दावा होगा, लेकिन यह आशा की जा सकती है कि स्वाभाविक प्रतिभावों को बाँझ बनानेवाली नौकरशाही के बृहत् जाल से मुक्त हो लोग अपनी सूझ-बूझ से स्वयं आवश्यक सांगठनिक ढाँचा और कार्य संस्कृति विकसित करेंगे, जैसा वे पहले सदियों से करते आए थे। इसी में आदमी अपनी मनुष्यता और पास-पड़ोस के बीच जगत एवं पर्यावरण की रक्षा कर उनसे साहचर्य स्थापित कर पाएगा।

इतिहास पर नजर डालने से यह ज्ञात होता है कि सभ्यताएँ भी जीवों के विकास की तर्ज पर उपलब्ध संसाधनों के आधार पर ही आकार ग्रहण करती हैं। जीवाश्मों के आधार पर अध्ययनों से जैविक विकास के अध्येता बतलाते हैं कि लगभग 5 से 20 करोड़ साल पहले धरती पर डायनासोर जैसे विशाल संसृपों का साम्राज्य था, लेकिन अचानक विशाल उल्कापात या किसी अन्य कारणों से (जो फिलहाल विवाद का विषय है) धरती पर अँधेरा छा गया और वृक्षों के विशाल

जंगल जो इनके पोषण के आधार थे, नष्ट हो गए। इससे ये प्रजातियाँ अचानक विलुप्त हो गईं। इन संसृपों के अति लघु संस्करण ही बचे रह सके। फिर रंग-बिरंगे फल-फूल, कीट-पतंग तुलनात्मक दृष्टि से छोटे स्तनपायी जीवों का विकास हुआ। इन परिप्रेक्ष्य में विचार करने पर यह देखा जा सकता है कि अठारहवीं शताब्दी से वर्तमान काल तक अचानक विशाल मात्रा में जीवाश्म ऊर्जा के स्रोत कोयला, तेल एवं गैस आदि की उपलब्धि एवं इनसे चलनेवाले यंत्रों के विकास से बड़े उद्योग और इन पर आधारित विशालता की सभ्यता का उदय हुआ। पूँजीवाद के विकास का प्रमुख सन्दर्भ यही था। आदमी आदतों का गुलाम होता है। विशालता और प्रचुरता के जीवन से अभ्यस्त हो जाने पर वह सहज में उपलब्ध हो सके, ऐसे संसाधनों के अभाव में भी सभी दूसरे संसाधनों से पुरानी जीवन पद्धति को लेकर चलने की कोशिश करता है, लेकिन ऐसे संसाधन सीमित होते हैं। यह जीवन पद्धति असम्भव बनने लगती है। फिलहाल दुनिया इसी संकट से रू-ब-रू है और देर-सवेर इसे जीवन की किसी वैकल्पिक व्यवस्था की ओर लौटना ही होगा—वैसी वैकल्पिक व्यवस्था की ओर, जो विशाल मात्रा में संसाधनों को गटकनेवाली न हो।

जैविक विकास की तर्ज पर सांस्कृतिक विकास को भी इस सीमान्त स्थितियों का सामना करना ही होगा और इसके अनुसार जीवन को बदलना होगा। यह संक्रमण काल संघर्षपूर्ण और दुखदायी होगा—जैसे कुछ-कुछ आज हो रहा है। अनेक सभ्यताएँ—जैसे यूनान, रोम, मिस्र, बेबिलोन, इंका, एजटेक आदि परिवेश की ऐसी ही सीमा के कारण कुछ समय तक अपना गौरव बिखेरकर समाप्त हो गईं। अपने अन्तिम दौर में इन सबने साम्राज्य फैला एवं पास-पड़ोस के मनुष्यों को गुलाम बना और उनके परिवेश का शोषण कर अपने ऐश्वर्य को बनाए रखने की कोशिश की, लेकिन संसाधनों और तकनीक की सीमा ने इन्हें परास्त कर दिया और वे नष्ट हो गईं। वर्तमान पूँजीवादी सभ्यता का आयाम इन सबसे विशाल है और आज जब इस पर संसाधन और पर्यावरण, दोनों की सीमाओं से संकट है तो इस संकट का फलक भी पूर्व की सभ्यताओं से विशाल—लगभग—सार्विक है। विकल्प में समाजवाद के प्रस्तावित प्रयोग को इस वैश्विक ऐतिहासिक परिप्रेक्ष्य को ध्यान में रखना होगा। अन्तरिक्ष में हमारी उड़ानों से कल्पना को भले ही पर लग गए हों, पर मिस्र, यूनान या रोम के साम्राज्य की तर्ज पर इससे कुछ अतिरिक्त संसाधन हाथ नहीं लगनेवाले। हर प्रक्षेपण में हम अपनी धरती का कुछ पदार्थ और कुछ ऊर्जा गँवाते ही हैं। हमें यह सन्तोष करना होगा कि ये सिर्फ हमारे ज्ञानवर्द्धन के उपक्रम भर हैं। अन्तरिक्ष के अन्तहीन बियाबान में जीवन को आधार दे सकें, ऐसे साधनों की तलाश आकाश-कुसुम की ही खोज है।

नए तरह के परिवर्तन के लिए सबसे बुद्धिसंगत उपाय तो यही हो सकता है कि जहाँ लोकतांत्रिक व्यवस्था कायम है वहाँ संवैधानिक रास्ते से—जिसमें

शान्तिमय संघर्ष भी शामिल है, धीरे-धीरे केन्द्र की सत्ता को विकेन्द्रित किया जाए और असली सत्ता स्वशासित गाँवों को हस्तान्तरित की जाए, लेकिन केन्द्रीय सत्ता के साथ इतने तरह के निहित स्वार्थ जुड़े हैं और चुनावी प्रक्रिया पर भी इनकी ऐसी पकड़ है कि इस पहल को सफल बनाना मुश्किल है, हालाँकि असम्भव नहीं, लेकिन वर्तमान औद्योगिक व्यवस्था, संसाधनों को लूटने के क्रम में स्थानीय आदिवासी और ग्रामीण इलाकों का ऐसा शोषण करती है कि जगह-जगह प्रतिरोध की आवाज उठ रही है। जिसे आज अलगाववाद या विघटनकारी आन्दोलन कहा जा रहा है, दरअसल केन्द्रीकरण से पसरते दरिद्रीकरण के खिलाफ आत्मरक्षा के लिए स्वायतत्ता की भावना का ही उभार है। परम्परा से प्राप्त मूल और मजहब का आधार सुविधाजनक होने के कारण अपनाए जाते हैं। समाजवादी आन्दोलन केन्द्रीकरण के खिलाफ उभरते इन प्रतिरोधों को अहिंसक और रचनात्मक रूप दे सार्थक दिशा प्रदान कर सकता है। सबसे कारगर तरीका इन दोनों तरह के रास्ते को स्थिति के अनुसार अपनाना होगा। हिंसक आन्दोलनों का परित्याग इसलिए जरूरी है क्योंकि संसार भर के अनुभव यही बतलाते हैं कि हिंसक आन्दोलन एक नये तरह के केन्द्रीकृत तानाशाही को ही जन्म देते हैं और समाज फिर शोषण की उन्हीं स्थितियों में वापस आ जाता है जिनसे निकलना अभीष्ट है। ऐसी केन्द्रित तानाशाही को फिर वैसे उपकरणों और नौकरशाही को विकसित करने की जरूरत हो जाती है जिनसे निजात पाना आन्दोलन का प्रारम्भिक उद्‌देश्य रहा होता है।

2

पूँजीवाद और सोशलिज्म अब एक-दूसरे के विकल्प नहीं रह गए हैं। उनका रूप भले ही कुछ भी क्यों न हो, दोनों ही समाज को उन्हीं दबावों, निषेधों और मानदंडों के मुताबिक गढ़ना चाहते हैं, जो औद्योगिक व्यवस्था ने पिछली तीन शताब्दियों में अपने विकास के दौरान हमारी दुनिया पर थोपे हैं। इसके चलते पूँजीवाद और सोशलिज्म, दोनों ही उत्पादन और वितरण की कमोबेश एक जैसी पद्धति अपनाने को बाध्य होते हैं। रिफॉर्मेशन या प्रोटेस्टेंट आन्दोलन के बाद यूरोपीय समाज पर जो मूल्य हावी रहे, उन्हें इस औद्योगिक व्यवस्था ने आत्मसात् कर लिया है।

शुरुआती दौर में यूरोपीय समाज पर कालविनिस्ट नीतिशास्त्र हावी रहा। हम सब यह जानते हैं कि कालविनिस्ट नीतिशास्त्र ने सांसारिक सफलता (इसमें व्यापार और उद्योग में सफलता को अत्यधिक महत्त्व दिया गया) को दैवीकृपा का प्रमाण बताकर उसे औदात्य प्रदान किया। कालविनिज्म ने किफायत, उद्यम, संयम और दायित्वबोध का गुणगान करते हुए पृथ्वी पर ईश्वर का राज्य कायम करने के लिए उन्हें आवश्यक बताया। इस नीतिशास्त्र के तहत सांसारिक सफलता दैवी आशीर्वाद और अनुकम्पा है और उसे प्राप्त करने के लिए प्रतियोगिता व प्रतिस्पर्धा जायज हैं।

19वीं सदी के उत्तरार्द्ध में इस कालविनिस्ट मूल्य व्यवस्था पर चार्ल्स डार्विन के विकासवादी विचारों से उद्भूत इहलौकिक (सेक्यूलर) मूल्यों की एक नई व्यवस्था का आरोपण हुआ। अपने चरम रूप में डार्विन के विचार सामाजिक डार्विनवाद के रूप में अभिव्यक्त हुए और यह माना गया कि योग्यतम ही जीवित रहता है या रह सकता है (सर्वाइवल ऑफ द फिटेस्ट)। डार्विनवाद ने भी प्रतियोगिता और प्रतिस्पर्धा का ही गुणगान किया और यह माना गया कि जो प्रतियोगिता में सफल होते हैं वे ही मानव जाति के श्रेष्ठ व बेहतर लोग हैं। यह नीतिशास्त्र 19वीं शताब्दी से पश्चिमी समाज पर जिस भौतिकवादी लोकाचार (एथोस) का अत्यधिक प्रभाव पड़ा था, उसके बहुत अनुकूल था। इसके आर्थिक और नृजातीय (नस्ली) निहितार्थ भी थे।

इस दृष्टिकोण के अनुसार सिर्फ समाज में ही निम्न वर्ग नहीं होते, प्रकृति में भी निम्न मनुष्य होते हैं। जिस तरह निम्न वर्ग का शोषण उचित है उसी तरह उच्च या श्रेष्ठ जातियों या नस्लों द्वारा निम्न जातियों या नस्लों को गुलाम बनाना और

उन पर आधिपत्य कायम करना उचित और प्राकृतिक है। यही सृष्टि का नियम है। इस दृष्टिकोण का नतीजा यह हुआ कि समाज में यह विचार गहरा पैठा दिया कि वनस्पति और प्राणिजगत के सोपानवत क्रम (हायरार्की) के समानान्तर मानव जगत में भी सोपानवत क्रम होता है (और होना चाहिए)। इसका यह मतलब बना कि असमानता केवल एक अनिवार्य और अवश्यम्भावी वस्तु नहीं है वरन् सामाजिक विकास की एक आवश्यक प्रेरक शक्ति है।

इससे श्वेत लोगों द्वारा अश्वेत लोगों का विनाश व उन्मूलन करने और उन्हें गुलाम बनाने को जायज ठहराया जा सका। यहाँ यह याद रखना चाहिए कि कोलम्बस के अमेरिका की खोज करने के बाद से ही अश्वेतों को गुलाम बनाने और उन्हें विनष्ट करने का सिलसिला चल पड़ा और इसी के चलते यूरोप और अमेरिका में औद्योगिक क्रान्ति का आधार खड़ा हो पाया। हिटलर पश्चिमी समाज की इसी मूल्य व्यवस्था का स्वाभाविक वारिस था। उसने तो यहाँ तक कह डाला कि सभ्यता के विकास और निर्माण के लिए मनुष्य ने पहले चरण में पशुओं का इस्तेमाल करना सीखने के पूर्व हीन मनुष्यों को गुलामों के रूप में इस्तेमाल करना सीखा था। अभी यूरोप और अमेरिका में काम करने के लिए आए हुए गैर यूरोपीय लोगों के खिलाफ जो हिंसा बढ़ रही है, वह इसी मनोवृत्ति और नस्लवादी मूल्यों की ही एक और अभिव्यक्ति है।

आधुनिक औद्योगिक व्यवस्था और इसके इर्द-गिर्द सभ्यता के जो आदर्श विकसित हुए हैं, वे इन मूल्यों की परम्परा से अलग और असम्पृक्त नहीं हैं। ये मूल्य पश्चिमी टेक्नोलॉजी और औद्योगिक प्रबन्धन (मैनेजमेंट) की संरचना में घुले-मिले हुए हैं। यह औद्योगिक व्यवस्था भी यह मानती है कि जो सफलता की नृशंस होड़ में पीछे रह जाते हैं, उनकी ओर ध्यान देने की कोई जरूरत नहीं; वे त्याज्य माल हैं।

1880 के दशक में फ्रेडरिक विनस्लो टेलर के अध्ययन और सिद्धान्तों के चलते औद्योगिक प्रबन्धन और उद्योगों के संगठन में एक भारी बदलाव आया। अमेरिका के गृहयुद्ध के बाद प्रतियोगिता और प्रतिस्पर्धा का बढ़ना इस बदलाव का एक बड़ा कारण था। विनस्लो टेलर ने अधिकाधिक उत्पादन करने के उद्देश्य से काम के दौरान मजदूरों के बीच-बीच में काम छोड़कर सुस्ताने और इधर-उधर टहलने की स्वाभाविक प्रवृत्तियों को समाप्त करने के लिए समय और गतिशक्ति (मोशन) का अध्ययन किया और इस अध्ययन के निष्कर्षों के मुताबिक कारखाने में काम करने की एक नई पद्धति इस्तेमाल की जाने लगी। इससे मजदूरों को उत्पादन का पुर्जा मात्र बना दिया गया।

नई पद्धति यह थी कि मजदूरों के काम को इस तरह बाँटा या विभाजित कर दिया गया कि उसकी जटिलता समाप्त हो गई और वह टुकड़ों-टुकड़ों में एक अत्यन्त सरल काम बना दिया गया। इस तरह मजदूर अलग-अलग औजारों से एक

सरल काम को बार-बार करनेवाले पुर्जे बन गए। निर्माण प्रक्रिया के अलग-अलग हिस्सों में बँट जाने के बाद उनके मेल (एसेम्बली) से वस्तु का निर्माण किया जाने लगा। प्रक्रिया के सरल और आसान किए जाने का नतीजा यह हुआ कि जो काम मनुष्य करते आए थे, वही काम मशीनों से लिए जाने लायक हो गया और इस तरह बड़ी तादाद में मजदूरों को हटाकर उनकी जगह मशीनें काम में लाई जाने लगीं। मजदूरों को हटाने की यह प्रक्रिया अब रोबोटों और कम्प्यूटरों के आविष्कार से अपनी परिणति पर पहुँच गई है।

सोवियत संघ में भी स्टालिन ने जब पंचवर्षीय योजनाओं के तहत बड़े पैमाने पर औद्योगीकरण शुरू किया तो उत्पादन में तेजी लाने के लिए इसी तरह की प्रक्रिया चलाई; यह प्रक्रिया 'स्टैखानोविज्म' के नाम से जानी जाती है। पूँजीवादी व्यवस्था में आधुनिक औद्योगिक प्रबन्धन के माध्यम से बड़ी सूक्ष्मता से मशीनों को मजदूरों को हटाकर नियुक्त किया जाता है, लेकिन स्टालिन ने सीधे-सीधे बल-प्रयोग और जबर्दस्ती का इस्तेमाल किया। इस तरह पूँजीवादी और सोशलिस्ट, दोनों ही व्यवस्थाओं में औद्योगिक विकास की टेक्नोलॉजी और ऊर्जा (डायनैमिक्स) एक जैसी रही।

इस तरह उत्पादन बढ़ाने और कार्य की चुस्ती को अधिक करने के लिए इस्तेमाल की जानेवाली टेक्नोलॉजी की प्रक्रियाएँ क्रमश: अधिक जटिल होती गईं और जो काम मनुष्य पहले करते थे, उन्हें विभिन्न मशीनों के तालमेलवाली पेचीदा व्यवस्था द्वारा किया जाने लगा। इसके परिणामस्वरूप विभिन्न स्तरों की दक्षता और तकनीकी ज्ञानवाले मजदूरों और टेक्नीशियनों की नियुक्ति करना आवश्यक होता गया। इन मजदूरों और टेक्नीशियनों का मुख्य काम मशीनों की देखरेख और संचालन करना भर था। इस तरह उद्योगों के एक अत्यन्त सोपानवत (हायरार्किक) संगठन का जन्म हुआ, जिसमें उच्च श्रेणी और पद में प्रोन्नति और वेतन-स्तर में वृद्धि दीर्घकालीन तकनीकी शिक्षा और दूसरों से बेहतर काम कर दिखाने पर निर्भर होती गई। इससे मजदूरों में प्रतियोगिता का जो भाव बढ़ा, वह उस प्रतियोगितात्मक वातावरण का ही प्रतिबिम्ब था जिसके तहत उद्योगों को चलना पड़ता था। प्रत्येक उद्योग अपनी टेक्नोलॉजी को लगातार आधुनिक व ज्यादा उच्चस्तरीय बनाने में लग गया ताकि वह प्रतियोगिता में कामयाबी हासिल कर सके।

किसी भी उद्योग की क्षमता या प्रतियोगिता करने की कूवत का अन्तत: यही मतलब होता गया कि उसका ज्यादा-से-ज्यादा मशीनीकरण, हो जिससे मशीनें ज्यादा-से-ज्यादा आदमियों का स्थान ले सकें। इस तरह टेक्नोलॉजी के लगातार उच्चतर होने का अर्थ ही यह होता गया कि उससे ज्यादा-से-ज्यादा आदमियों को काम से हटाया (वंचित किया) जा सके। सेवा और संचार क्षेत्र के प्रसार से भी यह प्रक्रिया रुकती नहीं क्योंकि इन क्षेत्रों में भी नई टेक्नोलॉजी का अर्थ होता है,

ज्यादा-से-ज्यादा स्वचालन (ऑटोमेशन) और कम-से-कम मनुष्य-श्रम का इस्तेमाल यानी कम-से-कम मनुष्यों का काम।

इस प्रकार की टेक्नोलॉजी में मजदूरों का उपभोग स्तर बढ़ाकर ऑटोमेशन और मशीनीकरण से फालतू और बेरोजगार हुए मजदूरों को नये उद्योग खोलकर काम पर लगाए रखने की जो बात यूरोपीय सोशलिस्टों ने पहले सोची थी, वह कारगर नहीं हो सकी। इसका बहुत ही सीधा-सादा कारण यह है कि बेरोजगार हुए मजदूरों को वह अतिरिक्त क्रय शक्ति प्रदान नहीं की जा सकती कि वे नये उद्योगों द्वारा निर्मित वस्तुओं को खरीद सकें—नए उद्योगों की वस्तुओं को खरीदना तो दूर रहा है, पहले से चले आ रहे उद्योगों द्वारा निर्मित वस्तुओं तक को खरीदना उनके लिए सम्भव नहीं हो सकता। इसलिए फालतू या बेरोजगार हुए मजदूरों को रोजगार या काम उपलब्ध करवाने के लिए नये उद्योग विकसित करने की यह एक आवश्यक शर्त है कि बन्द अर्थव्यवस्था के बाहर बाजार प्राप्त करने की होड़ मचे, लेकिन जब अन्य औद्योगिक अर्थव्यवस्थाएँ भी इसी दिशा में (बेरोजगार मजदूरों को काम उपलब्ध करवाना) सचेष्ट हों तो गतिरोध का पैदा होना अवश्यम्भावी है।

आज दुनिया में यही स्थिति है और अमेरिका, यूरोपीय और जापानी अर्थव्यवस्थाएँ नये बाजार प्राप्त करने की होड़ कर रही हैं। जब कोई अर्थव्यवस्था जितना आयात करती है, उससे ज्यादा निर्यात करने लगे तो वह अन्य अर्थव्यवस्थाओं को बेरोजगारी का भी निर्यात करती होती है। अभी हम ऐसी ही स्थिति का सामना कर रहे हैं जिसमें सारे औद्योगिक जगत में मन्दी आई हुई है और प्रमुख अर्थव्यवस्थाओं में से कोई भी जब इस मन्दी की गिरफ्त से बाहर निकलने की कोशिश करती है तो वह अन्य अर्थव्यवस्थाओं के लिए संकट पैदा कर देती है।

मन्दी दूर करने के लिए एक अस्थायी और तात्कालिक हल के रूप में ऐसे नये इलाकों की तलाश की जाती है, जहाँ मशीनों और औद्योगिक माल, दोनों का ही निर्यात किया जा सके। इसमें परिवहन और संचार के क्षेत्रों में नई टेक्नोलॉजी का इस्तेमाल करनेवाली आधुनिक सेवाओं का निर्यात भी शामिल है। ये नये इलाके तथाकथित विकासशील अर्थव्यवस्थाओं वाले इलाके होते हैं। औद्योगिक अर्थव्यवस्थाएँ जिन-जिन वस्तुओं और मशीनों के लिए नये इलाकों में बाजार तलाशती हैं, वे उन इलाकों में तभी खप सकती हैं जबकि उनमें (इलाकों में) उच्च आय वाला एक आधुनिक क्षेत्र विकसित किया जाए जिससे नई औद्योगिक वस्तुओं, मशीनों और आधुनिक सेवाओं की माँग बढ़ाई जा सके।

लेकिन परम्परागत अर्थव्यवस्थाओं में एक आधुनिक क्षेत्र का विकास वहाँ परम्परागत उद्योगों और जीवन पद्धति को नष्ट करके ही किया जा सकता है। परम्परागत अर्थव्यवस्थाओं पर नई टेक्नोलॉजी का प्रभाव डरावना होता है। नई टेक्नोलॉजी जिन इलाकों में आती है उनमें उसका प्रभाव इतना भयंकर नहीं होता क्योंकि उनसे वह

किसी रूप में जुड़ी होती है, लेकिन परम्परागत अर्थव्यवस्थाओं को तो वह छीज ही डालती है। इस प्रक्रिया में परम्परागत अर्थव्यवस्थाओं में बहुसंख्यक जनता का जीवन-क्रम और जीवन धारण करने की सारी व्यवस्था, जो बहुत सारी परम्परागत चीजों तथा प्रकृति व वनस्पति से जुड़ी रहती है, नष्ट होने लगती है और आधुनिक उत्पादन व्यवस्था के छोटे-छोटे द्वीप बनने लगते हैं।

इस प्रकार आधुनिक टेक्नोलॉजी का प्रसार, औद्योगिक उत्पादन-व्यवस्थाओं को मन्दी से उबरने का सिर्फ एक तात्कालिक और अस्थायी साधन ही प्रदान करता है; परम्परागत अर्थव्यवस्थाओं को तो भयंकर नुकसान पहुँचाता है, उनमें बेरोजगारी, तबाही और कंगाली को बढ़ाता है। इसके अलावा इस प्रकार का विकास परम्परागत अर्थव्यवस्थाओं और तथाकथित विकासशील अर्थव्यवस्थाओं की पूँजी और माल के मामले में औद्योगिक अर्थव्यवस्थाओं पर पूरी तरह निर्भर बना डालता है।

सोशलिस्ट व्यवस्था का चरमराकर ढह पड़ना उस द्वन्द्व और संघर्ष में अन्तर्निहित था, जो औद्योगिक आचार-व्यवहार और प्रकृति की सोशलिस्ट परम्परा को समतावादी और मानवीय आकांक्षाओं के बीच है। औद्योगिक आचार-व्यवहार और प्रकृति का सोशलिस्ट परम्परा की समतावादी और मानवीय आकांक्षाओं से मेल नहीं बैठाया जा सका। इस मेल के अभाव में सोशलिस्ट व्यवस्था कायम नहीं रह सकती थी। सोवियत संघ ने सोशलिस्ट परम्परा की समतावादी और मानवीय आकांक्षाओं को धता बताकर एक प्रतियोगितात्मक औद्योगिक संस्कृति को अपने यहाँ पनपाने की चेष्टा जरूर की, पर वह औद्योगिक कार्य-कुशलता और क्षमता की माँगों के अनुरूप नहीं हो सकी; इन माँगों को पूरा करने के लिए जिस स्तर तक पहुँचना आवश्यक था, वह सोवियत संघ में सम्भव नहीं हो पाया।

यह दलील दी जा सकती है कि अगर विकासशील दुनिया को औद्योगिक विकास के लिए पर्याप्त समय मिले तो वह भी औद्योगिक अर्थव्यवस्थाओं के समकक्ष हो सकती है; उनके जैसा स्तर प्राप्त कर सकती है, लेकिन यह सम्भव नहीं क्योंकि आधुनिकीकरण की प्रक्रिया की प्रवृत्ति और प्रकृति ही ऐसी है कि वह यह नहीं होने देगी। विकासशील दुनिया को औद्योगिक व्यवस्थाओं के समकक्ष होने के लिए बाजार और कच्चे माल के लिए और भी बड़े इलाकों में अपना जाल बिछाना होगा।

लेकिन बाजार और माल कहाँ से आएँगे? हमारी इस पृथ्वी पर वे उपलब्ध ही नहीं हैं। इसके अलावा एक और भयंकर बाधा है, जिससे पार पाया ही नहीं जा सकता। वह बाधा यह है कि इस तरह का विकास होने पर जो भारी उत्पादक-शक्ति उत्पन्न होगी, उसकी माँग को पूरा करने के लिए उतने प्राकृतिक साधन होंगे ही नहीं। आज हमारी दुनिया की 30 प्रतिशत से भी कम आबादी विकसित औद्योगिक अर्थव्यवस्थाओं में रहती है और दुनिया के प्राय: सारे प्राकृतिक साधनों पर उसका

आधिपत्य है। इससे अभी ही हमारी दुनिया के पेट्रोलियम संसाधन प्राय: चूक रहे हैं—वे अगली शताब्दी में 25 वर्षों से आगे नहीं खिंच सकते, समाप्त हो जाएँगे। कोयले का भंडार शायद कुछ देर और बना रहे,लेकिन पेट्रोलियम के चूक जाने पर उसके भी समाप्त होने की रफ्तार बढ़ जाएगी। अन्य विरल संसाधन, जिनमें जल भी शामिल है, बड़ी तेजी से चूक रहे हैं। इसके साथ औद्योगिक गैस और औद्योगिक कचरे ने पर्यावरण को इतना प्रदूषित कर डाला है कि जीवमंडल (बायोस्फेयर) का ही अस्तित्व विपन्न हो गया है।

अब हम इस बात की सहज ही कल्पना कर सकते हैं कि अगर इस प्रक्रिया की रफ्तार चौगुनी हो गई तो प्राकृतिक साधनों और पर्यावरण की क्या दशा होगी? अगर तीसरी दुनिया की आबादी मौजूदा विकास की पद्धति को अपनाने और उसके मार्ग पर चलने लगे तो क्या नतीजा होगा? इन कारणों को यदि ध्यान में रखें तो भारत का विकसित औद्योगिक अर्थव्यवस्थाओं के अनुरूप विकास होने की कोई सम्भावना ही नजर नहीं आती। हम आज यह देख पा रहे हैं कि विकसित औद्योगिक अर्थव्यवस्थाओं के अनुरूप विकास करने के प्रयत्नों से समृद्धि के छोटे-छोटे टापू तो भले ही पैदा हो जाएँगे, पर बहुसंख्यक जनता के जीवन-धारण की व्यवस्था तहस-नहस हो जाएगी, उसका अस्तित्व ही संकट में पड़ जाएगा।

यह सब हम वनों, खदान के इलाकों और बड़े-बड़े बाँधों के निर्माण स्थलों में पश्चिमी मॉडल पर विकास परियोजनाओं के चलाने के परिणामस्वरूप आदिवासियों और अन्य लोगों के विस्थापन और कंगालीकरण के रूप में होता देख रहे हैं। इसके अलावा हम देहातों में सर्वत्र कंगालीकरण की प्रक्रिया को तेज होते देख रहे हैं क्योंकि उद्योगों को बढ़ाने के लिए किसानों के साथ अन्यायपूर्ण व्यवहार हो रहा है—उन्हें एक ऐसे व्यापार में जबर्दस्ती भागीदार बनाया जा रहा है, जिसमें उन्हें घाटी ही घाटा सहना पड़ता है। विकास चाहे सरकारी क्षेत्र के तहत हो या निजी क्षेत्र के तहत, स्थिति में कोई फर्क नहीं पड़ता। सरकारी क्षेत्र की विकास परियोजनाओं के क्या परिणाम होते हैं, उसके गन्धमार्दन की बॉक्साइट खनन परियोजना और सरदार सरोवर परियोजना उदाकरण हैं। सोवियत संघ में बलात् सामूहिकीकरण (कलेक्टिवाइजेशन) और राज्य द्वारा उत्प्रेरित औद्योगिक विकास की तेज रफ्तार के चलते 1930 के दशक में क्या हुआ था, यह हम जानते हैं। 1930 के दशक में सोवियत संघ में अकालों में प्राय: डेढ़ करोड़ लोग अकाल मृत्यु के शिकार हुए।

इस आधुनिक औद्योगिक विकास का एक अन्य पहलू अनदेखा कर दिया जाता है, पर वह ध्यान देने योग्य है। समृद्धि के आधार को संकुचित करने और व्यापक रूप से असमानताएँ और विषमता पैदा करने के कारण यह विकास अंचलों, जातियों और समुदायों के बीच वैमनस्य और विरोध को बढ़ाता है। विकास के लाभ कुछ अंचल और मुट्ठी भर लोग हथिया लेते हैं। इससे उन अंचलों और जातियों

और समुदायों के लोगों में, जिन्हें समान अनुपात में विकास का लाभ नहीं मिलता, असन्तोष और द्वेष पैदा होता है।

ऐसे में व्यवस्था में अन्तर्निहित असमान और अन्यायपूर्ण वितरण की पद्धति को दोषी ठहराने के बजाय अंचलों, जातियों और समुदायों को अपराधी करार दिया जाने लगता है। वंचित अंचलों, जातियों और समुदायों का विशिष्ट वर्ग, जो लाभ के सुअवसर जुटाने की आकांक्षा पालता रहता है, अपने अंचल, जातियों और समुदायों को लाभ में ज्यादा हिस्सेदारी प्राप्त करने की माँग से प्रेरित कर एकजुट करता है। इस तरह एक विडम्बनापूर्ण स्थिति पैदा हो गई है, जिसमें उद्योगों के अत्यधिक आधुनिक क्षेत्रों तक में जातीय और सामुदायिक आधार पर ध्रुवीकरण हो रहा है, जबकि एक समय यह उम्मीद की जाती थी कि आधुनिकीकरण संकीर्णता भरी और भावनात्मक जातीय और सामुदायिक वफादारी को समाप्त कर वर्ग-चेतना और एकता लाएगा।

ऊपर हमने जो लिखा, उसका उद्देश्य हमारी व्यवस्था के बुनियादी दोष और मूल रोग की ओर ध्यान दिलाना है। एक नये राजनीतिक आन्दोलन या पार्टी का निर्माण करने की इच्छा के पीछे जो सबसे महत्त्वपूर्ण बात है, वह यह है कि आज की सभी मुख्य पार्टियाँ एक प्रकार की ही टेक्नोलॉजी पर आधारित एक ही प्रकार के आर्थिक विकास की पक्षधर हैं। आज सबसे ज्यादा जरूरत इस बात की है कि विकास का एकदम नया मॉडल तलाशा जाए जो पूर्ण रूप से अलग किस्म के मूल्यों से पुष्ट हो और जिसे सुचारु रूप से अमल में लाया जा सके और कायम भी रखा जा सके। ये मूल्य एक नई सभ्यता का उन्मेष करें।

विकास के नये मूल्य प्रतियोगिता के स्थान पर सहयोग को, सोपानवत क्रम के स्थान पर समानता को स्थान दें, प्रकृति पर आधिपत्य कायम करने के बजाय उसके प्रति मैत्री और उसे सुरक्षा प्रदान करने के भाव को प्रधानता दें; अपने से अलग मत और अगल धर्मवाले लोगों और संस्थानों के प्रति सहिष्णुता विकसित करें ताकि सौहार्द, समझदारी और भाई-चारे की आवश्यकता को देखते हुए लोगों के बीच आदान-प्रदान और सम्प्रेषण हो सके। इसके साथ ही हमें अति मानव शक्तियों की फॉस्टियन तलाश (जो आधुनिक सभ्यता का सबस बड़ा आकर्षण है) को, जो तेज से तेज रफ्तार, ऊँची से ऊँची उड़ान और प्राकृतिक तत्त्वों को हमारी इच्छा के वशीभूत करने की ज्यादा-से-ज्यादा शक्ति अर्जित करने की इच्छाओं और तलाश के रूप में अभिव्यक्त होती है, त्यागना होगा।

अन्त में इच्छाएँ और तलाश निरर्थक ही तो मालूम पड़ती हैं। ये मनुष्य की मानवीयता और श्रेष्ठता की अभिव्यक्ति तथा उसके दैहिक व आध्यात्मिक कल्याण के लिए सहायक नहीं हैं। चीता तेज-से-तेज धावक से ज्यादा रफ्तार से दौड़ सकता है, हाथी में मनुष्य से कहीं ज्यादा बल होता है और गिद्ध आकाश में बहुत ऊँचा उड़ सकता है, लेकिन उनके ये गुण उन्हें मनुष्य से श्रेष्ठ नहीं बनाते। मनुष्य को प्रकृति

की जो सबसे बड़ी देन मिली है वह है उसकी चिन्तन-मनन की क्षमता जिससे वह दर्शन, विज्ञान और कलाओं के लोकोत्तर मूल्यों की तलाश में जीवन व्यतीत कर सके। आधुनिक सभ्यता ने रफ्तार की तलाश और दिक् और काल पर विजय प्राप्त करने की कोशिश में मनुष्य के जीवन को हड़बड़ी और जल्दीबाजी का शिकार बना दिया है। उसे तेज दौड़ना और दूर भागना पड़ता है ताकि वह अपनी जीविका चला सके और कारखाने या दफ्तर में जो काम का उच्चावच क्रम बना हुआ है, उसमें अपने स्थान से च्युत न हो जाए।

उसके पास चिन्तन-मनन करने के लिए अवकाश ही नहीं है। हड़बड़ी और जल्दीबाजी की जिन्दगी में जो थोड़ा-बहुत समय यदि मिल भी जाता है तो वह चिन्ता और असुरक्षा की भावना से आक्रान्त समय होता है। शराब, नशीले पदार्थ और तम्बाकू यातनामय और कष्टप्रद जीवन में राहत हासिल करने के लिए आवश्यक हो गए हैं। ये पलटकर मनुष्य की तरह-तरह के रोगों के शिकंजे में कसते जाते हैं तो फिर रोग-मुक्ति की छटपटाहट शुरू हो जाती है। आधुनिक सभ्य मानव का यही तो जीवन है। यही तो उसके जीवन का चक्कर और क्रम है।

जीवन के इस चक्कर और क्रम की गुलामी से मुक्त होने के लिए हमें विकास का एक एकदम अलग मकसद मानना होगा—विकास की आज जो मान्यता है, उससे बिलकुल भिन्न, लेकिन यह विकास कैसा होगा? यह सिर्फ एक आदर्श ही नहीं होगा बल्कि व्यवहार-योग्य भी होगा यानी जिसे हासिल करना हमारे बूते की बात हो, जिसे हम अपने साधनों के दायरे में ही हासिल कर पाएँ। वैकल्पिक राजनीति को अगर सार्थक होना है तो उसे इस मकसद की दिशा में उन्मुख होना होगा; अन्य चीजों की इस मकसद को पूरा करने के लिए सिर्फ सहायक भूमिका ही हो सकती है। ठोस और व्यावहारिक रूप में हम यह कह सकते हैं कि यह राजनीति विकास के एक वैकल्पिक मॉडल के लिए किया जानेवाला आन्दोलन होगी जिसमें उपयुक्त टेक्नोलॉजी की तलाश होगी। एक ऐसे विकास का मॉडल, जिसका सिर्फ प्रकृति के साथ ही मेल नहीं होगा, वरन् जो ऊर्जा और कच्चे माल के ऐसे संसाधनों के इस्तेमाल से, जो नष्ट या समाप्त नहीं होते, प्रगति करते रहने की एक सहज रफ्तार भी कायम रख सकेगा यानी जिसमें प्रदूषण, संसाधनों के क्षय का संकट पैदा न हो और सधे ढंग से विकास होता रहे।

लेकिन असाधारण परिस्थितियों को छोड़कर लोग किसी नये आदर्श और उसे हासिल करने के लिए सचेष्ट संगठनों से इस तरह आकृष्ट नहीं होते कि उनको अपनाने को एकदम आतुर हो जाएँ। हालाँकि हम जिन परिस्थितियों और समय से गुजर रहे हैं, वे सिर्फ हमारे अस्तित्व के लिए ही नहीं, सारी सभ्यता के लिए असाधारण और भीषण हैं, पर लोगों को इसका बहुत हल्का ही आभास है। और किसी भी संगठन के लिए अन्तत: सबसे अहम् प्रश्न तो लोगों की चेतना का है

क्योंकि किसी भी संगठन के प्रसार और प्रचार के लिए अन्ततः लोगों की चेतना ही सबसे ज्यादा महत्त्व रखती है। अभी भी जो लोग जनमत तैयार करते हैं या जिनके कारण जनमत बनता है, वे आधुनिकता की नकली सुनहली चमक-दमक से इतने ज्यादा मोहित हैं कि वे उससे बिना किसी ठोस आधार के भी चिपके रहना चाहते हैं। इसका एक कारण निश्चय ही यह है कि ऐसे लोग भयावह गरीबी के महासमुद्र में मौजूदा सभ्यता के फायदे उठते हैं और वास्तविकता को न देखने में ही उनका हित है। ऐसी स्थिति में एक वैकल्पिक व्यवस्था के लिए संगठन खड़ा करने के वास्ते बहुत धीरज रखना होगा—दीर्घकाल तक लोगों को समझा-बुझाकर ही स्थापित सत्ता के अभेद्य गढ़ में दरार डाली जा सकती है।

लेकिन और भी समस्याएँ हैं। नये संगठन को एक ऐसे वातावरण में काम करना होगा, जिसमें विभिन्न पार्टियों ने अलग-अलग किस्म की भावनात्मक अपीलों द्वारा अपने प्रति वफादार समूह पैदा कर लिये हैं। इससे भ्रान्ति और आत्मविस्मृति की जो एक आम स्थिति बनी है, उसमें परिवर्तन के प्रति एक प्रकार के निषेध का भाव है।

यहाँ संक्षेप में इस बात को जानना अच्छा रहेगा कि अभी जो स्थिति बनी है, वह आखिर कैसे बनी?

आजादी के बाद दो दशकों तक कांग्रेस पार्टी आजादी की लड़ाई में अपनी भूमिका के बूते पर मजे से अपनी नाव खेती चली गई, हालाँकि पचास के दशक से कम्युनिस्ट और सोशलिस्ट सामाजिक-आर्थिक परिवर्तन के मसले उठाते रहे। इसके साथ ही आंचलिक आन्दोलन भी उभरने लगे। इन आन्दोलनों में कभी-कभी अलगाववादी रुझान भी प्रकट होते थे। तमिलनाडु का द्रविड़ आन्दोलन, कश्मीर में जनमत संग्रह का आन्दोलन और नागालैंड व मिजोरम में भारत से अलग राष्ट्र बनाने की माँग करनेवाले आन्दोलन ऐसे आन्दोलनों में गिने आ सकते हैं। यह समय वह समय भी था जब गैर ब्राह्मण मध्यजातियों ने दक्षिण में राजनीति और प्रशासन में ब्राह्मणों के वर्चस्व को काफी सफलता के साथ चुनौती दी। इसके परिणामस्वरूप, तमिलनाडु में कांग्रेस एकदम नेपथ्य में चली गई, लेकिन महाराष्ट्र, आन्ध्र प्रदेश और कर्नाटक में कांग्रेस ने मराठा, रेड्डी और वोक्कालिंगा आदि जैसी नई शक्ति अर्जित करनेवाली मध्यजातियों के साथ अपने को जोड़कर अपना वर्चस्व बनाए रखा। मुसलमान असुरक्षा के भाव के कारण मोटे तौर पर कांग्रेस के साथ रहे क्योंकि वही सत्ता में थी। दलितों में जो अधिक जागरूक और शिक्षित थे उन्होंने खासकर महाराष्ट्र में डॉ. अम्बेडकर के नेतृत्व में शेड्यूल्ड कास्ट फेडरेशन (बाद में रिपब्लिकन पार्टी) के तहत अपने को संगठित किया और कुछ दिनों तक सोशलिस्ट पार्टी से गठबन्धन करने की भी कोशिश की, लेकिन अपनी अल्पसंख्या के कारण दलित राजनीतिक सत्ता में हिस्सा प्राप्त करने में असफल रहे।

आबादी में दरिद्रतम होने के कारण उन्हें अक्सर सरकारी सहायता की जरूरत पड़ती थी। कांग्रेसी सरकार उन्हें सरकारी खजाने से जो भी लाभ दिलाती, उसका फायदा उठाकर इनका समर्थन प्राप्त करने की कोशिश करती। इसके साथ कांग्रेसी राज के जमाने में धीरे-धीरे दलितों के साथ जो परम्परागत निषेध दूर हुए, उनका श्रेय कांग्रेस ने प्राप्त किया।

इस तरह अनुसूचित जनजातियों के लोग आमतौर पर चुनाव में कांग्रेस के पक्ष में मतदान करते रहे, हालाँकि सब इलाकों के बारे में ऐसा नहीं कहा जा सकता। स्थानीय कारणों से कहीं-कहीं वे कांग्रेस के खिलाफ भी रहे। दक्षिण में खासकर कर्नाटक में कांग्रेस ने ऐसी पिछड़ी जातियों को, जो अनुसूचित जातियों की सूची में शामिल नहीं थीं, सरकारी नौकरियों में आरक्षण प्रदान कर पिछड़ों के बीच अपनी स्थिति और मजबूत कर ली। इस तरह कांग्रेस ने अपनी लोकप्रियता के ह्रास से होनेवाले नुकसान को नये आरक्षण से लाभ प्राप्त करनेवालों को अपनी ओर आकर्षित कर पूरा किया।

इसके अलावा कांग्रेस ने सोशलिस्टों और कम्युनिस्टों के कुछ नारे और कार्यक्रम हड़पकर उनके प्रचार और विरोध की हवा निकाल दी। ऐसे नारे और कार्यक्रमों में समाजवादी समाज (सोशलिस्टिक पैटर्न ऑफ सोसाइटी) स्थापित करने और सरकारी या सार्वजनिक क्षेत्र को प्रधानता देनेवाले नारे और कार्यक्रम थे। दूसरी पंचवर्षीय योजना के तहत कांग्रेस ने सरकारी या सार्वजनिक क्षेत्र को प्रधानता दी और 1969 में इन्दिरा गांधी के नेतृत्व में बैंकों और खदानों का राष्ट्रीयकरण किया। पर कांग्रेस जातीय और साम्प्रदायिक गठबन्धन के जोर पर भी चुनाव जीतती रही—अनुसूचित जातियों, मुसलमानों, पिछड़ों और ब्राह्मणों का व्यापक गठबन्धन ही इसका आधार रहा।

लेकिन उत्तर भारत में पिछड़ी जातियों ने बिहार में संयुक्त सोशलिस्ट पार्टी और उत्तर प्रदेश में चरणसिंह के भारतीय क्रान्ति दल की तरफ मुखातिब होना शुरू किया। उत्तर प्रदेश में अनुसूचित जातियों की जाटों से तनातनी के चलते कांग्रेस का उन पर (अनुसूचित जातियों पर) प्रभाव बना रहा। बिहार में सोशलिस्ट और कम्युनिस्ट अनुसूचित जातियों के बीच कांग्रेस के प्रभाव को कुछ कम करने में कामयाब जरूर रहे, पर यह एकदम समाप्त नहीं हुआ। बाद में उत्तर प्रदेश में अनुसूचित जातियों का समर्थन कांग्रेस के बजाय कांशीराम को मिला और बिहार में ब्राह्मण आधिपत्यवाले कांग्रेस के नेतृत्व की अक्षमता और निकम्मेपन के चलते अनुसूचित जातियाँ जनता दल की तरफ मुखातिब हुईं—बिहार का जनता दल एक तरह से संयुक्त सोशलिस्ट पार्टी का वारिस बन गया। हिमाचल प्रदेश, राजस्थान और मध्य प्रदेश जैसे अन्य हिन्दी राज्यों में कांग्रेस को अभी भी पिछड़ी जातियों का खासा समर्थन प्राप्त है, लेकिन 1980 से इन्दिरा गांधी के नेतृत्व में कांग्रेस ने

बहुसंख्यकों (हिन्दू) की साम्प्रदायिकता को शह देने की कोशिश की। इससे उत्तर भारत में उसके प्रति मुसलमानों का समर्थन कम होने लगा और अयोध्या कांड के बाद तो वह एकदम ही समाप्त है, लेकिन कांग्रेस, इधर भाजपा के अपने को हिन्दुत्व का खुल्लमखुल्ला पक्षधर घोषित करने के कारण सवर्ण हिन्दुओं के बीच अपना समर्थन काफी गँवा चुकी है। गुजरात में तो साम्प्रदायिक दंगों के चलते भाजपा सबसे महत्त्वपूर्ण राजनीतिक शक्ति बन गई है।

राजनीति में जातीय और साम्प्रदायिक भावनाओं के प्रचंड उभार ने समाज में बुनियादी सामाजिक परिवर्तनों की प्रेरणा को एकदम मन्द कर दिया है, जिससे राजनीतिक परिदृश्य गतिहीन और सड़ता नजर आता है। हालाँकि अन्य पिछड़ी जातियों के लिए 27 प्रतिशत आरक्षण की दुहाई देकर 'सामाजिक न्याय' का बड़ा शोर मचाया जा रहा है, पर असलियत में यह समाज में सड़न की ताकतों को ही टिकाऊ बनाने में मददगार साबित हो रहा है। कैसे? बहुत ही सीधा-सादा कारण है। जातीय आधार पर आरक्षण की माँग समानता के बजाय सममिति और सन्तुलन (सीमेट्री) पर आधारित है। यह समाज में असमानताओं को दूर करने की चेष्टा नहीं करती वरन् अगड़ी जातियों के बीच जो सोपानवत क्रम (हायरार्की) है उसी के समानान्तर पिछड़ों के बीच सोपानवत क्रम स्थापित करना चाहती है। इससे पिछड़ों में जो सम्भ्रान्त हैं, उन्हें अगड़ों के सम्भ्रान्त लोगों के प्रशासन और सेवाओं में बराबरी हासिल हो सकती है, इसका नतीजा यह हो सकता है कि मौजूदा सामाजिक और राजनीतिक व्यवस्था को स्थायित्व प्राप्त हो जाए।

कुछ क्षेत्रों में यह सिद्धान्त भी प्रतिपादित किया जा रहा है कि समाज में समानता हासिल करने के पहले मौजूदा भारतीय समाज को मुख्यतया वर्गों के आधार पर विभाजित होना आवश्यक है। सर्वोच्च न्यायालय द्वारा मंडल आयोग की सिफारिशों को मंजूर करने और उन पर स्वीकृति की मुहर लगा देने के बाद इस मसले का प्राय: निपटारा हो गया है, लेकिन मंडल आयोग के समर्थक ज्यादा-से-ज्यादा राजनीतिक फायदा उठाने की गरज से इसे जीवित रखना चाह रहे हैं ताकि पिछड़ों के बीच उनका आधार बना रहे। अब मंडल आयोगवाले आन्दोलन में सिर्फ यही सम्भावना बची रह गई है कि पिछड़ों में जो विभिन्न जातियाँ हैं, वे पिछड़ों में जो अगड़े हैं उनसे बराबरी कायम करने के लिए संघर्ष करें। यह होड़ शुरू हो गई है और विभिन्न जातियाँ एकजुट और संगठित हो रही हैं। इस तरह परम्परागत वफादारियाँ फिर से सक्रिय हो उठी हैं और उनके शिथिल होने में काफी समय लग सकता है—उफान खत्म होने पर ही वे शिथिल पड़ेंगी।

इसी के समानान्तर विभिन्न आदिवासी समूह, जो नई नीतियों के चलते विषम विकास के कारण पहले से भी ज्यादा वंचित और उत्पीड़ित हो रहे हैं, आंचलिक माँगें उठा रहे हैं। इन माँगों में स्वायत्तता की भी एम माँग है। उनके नेता काफी समर्थन

जुटा पाने में भी कामयाब हो रहे हैं। इन नेताओं में किसी प्रकार का आदर्शवादी रुझान नहीं है और वास्तविक समस्या की भी उन्हें कोई स्पष्ट पहचान नहीं है। वे सामाजिक-आर्थिक व्यवस्था में बुनियादी परिवर्तन लाने की चेष्टा नहीं कर रहे हैं, वे तो सिर्फ राजनीतिक सत्ता का प्रशासन में ज्यादा हिस्सा चाह रहे हैं।

तो यह राजनीतिक परिदृश्य है, जिसमें हमें एक नई राजनीतिक पार्टी के निर्माण के लिए परिस्थितियाँ पैदा करनी हैं। हमें अक्सर इस तरह के नेतृत्ववाले या इस तरह के नेतृत्व के प्रति वफादार लोगों को अपनी तरफ आकर्षित करने के लिए संघर्ष करना पड़ेगा। एक ठोस और अच्छी बात यह है कि उभरती हुई औद्योगिक व्यवस्था को मुनाफा दिलाने के लिए अपने शोषण के खिलाफ किसानों ने आन्दोलन छेड़े हैं तो कुछ इलाकों में आदिवासियों ने पर्यावरण को प्रदूषित करने और उन्हें अपनी जमीन और गाँवों से उजाड़ने के खिलाफ। इस प्रकार के जनान्दोलन की लहर एक सकारात्मक स्थिति का भी संकेत करती है। ये आन्दोलन सिर्फ बिखरे हुए ही नहीं हैं, इनके सामने बहुत सारी समस्याएँ भी हैं। इन समस्याओं का हल विकास के एक अलग किस्म के मॉडल के तहत ही सम्भव है।

हमारे देश में जमीन की उपलब्धि बड़ी असम है—एक राज्य में स्थिति कुछ तो दूसरे में कुछ और। कुछ राज्यों में जमीन की मिल्कियत भी बड़ी असमान है। इसी का एक नतीजा यह है कि राज्यों में किसान आन्दोलन की स्थिति में बड़ा फर्क है। महाराष्ट्र, कर्नाटक, पश्चिमी उत्तर प्रदेश में आर्थिक रूप से खेती से अच्छी तरह जीविका निर्वाह करनेवाले किसानों के साथ समृद्ध किसान भी हैं। इसलिए इन राज्यों में किसानों के आन्दोलन ज्यादा सुसंगठित और मुखर हैं। कुछ प्रयत्न करने पर ये एक राजनीतिक पार्टी का आधार बन सकते हैं, यद्यपि इस बात को किसी प्रकार की निश्चितता के साथ नहीं कहा जा सकता कि वे अपने वर्तमान स्वरूप में समग्र ग्रामीण समाज या भूमिहीन मजदूरों का प्रतिनिधित्व करने में सक्षम हो सकेंगे। बिहार जैसे राज्य में जहाँ जमीन की भारी कमी है और उसके वितरण में भारी असमाना है, किसानों का आन्दोलन बहुत कमजोर है। इसकी खास वजह यह भी है कि वामपंथी पार्टियों ने भूमिहीन मजदूरों के बीच ही अपना आधार बनाने की चेष्टा की है—जमीनवाले लोगों के खिलाफ संघर्ष को ही अत्यधिक प्रमुखता दी गई है। इस प्रकार का संघर्ष एक अन्धी गली में ले जाता है, कुछ भी परिवर्तन लाने में अक्षम साबित होता है। इसका कारण यह है कि ऐसे आन्दोलन भूमिहीनों में जमीन प्राप्त करने की भूख तो पैदा कर देते हैं, पर जमीन की कमी के कारण उसे मिटाने में अक्षम रहते हैं। कुछ जमीदारों द्वारा सीलिंग कानूनों को धता बताकर गैरकानूनी ढंग से रखी गई जमीन को मुक्त कर या सीलिंग को कम कर कुछ अतिरिक्त जमीन हासिल कर थोड़ी-बहुत ही जमीन वितरित की जा सकती है, लेकिन यह तो सागर में एक बूँद जैसी होगी। इसलिए

समस्या को हल करने के लिए एक अलग किस्म के औद्योगीकरण और विकास के माध्यम से भूमिहीन लोगों के लिए वैकल्पिक रोजगार तलाशने होंगे, लेकिन अभी भी वातावरण है और कुछ राजनीतिक पार्टियों के समस्या को जीवित रखने में निहित स्वार्थ को देखते हुए निकट भविष्य में एक ताकतवर किसान आन्दोलन के पनपने की बहुत ज्यादा उम्मीद नहीं दिखाई पड़ती।

हमारे देश में राज्यों और राज्यों की परिस्थितियों में बड़ा फर्क है। इसलिए राजनीतिक और आर्थिक प्रश्नों पर एक समान दृष्टिकोण और सिद्धान्त तो हो सकते हैं, लेकिन हर मामले में स्थानीय परिस्थितियों को देखते हुए नीतियाँ बनाई जा सकती हैं। समान लक्ष्य कभी ओझल न रहे, पर आंचलिक फर्क और विशेषताओं को हमेशा ध्यान में रखना पड़ेगा। इसलिए नई पार्टी की आंचलिक पार्टियों के एक ढीले-ढाले फेडरेशन (महासंघ) के रूप में ही कल्पना की जा सकती है। पार्टी को यह भ्रम नहीं होना चाहिए कि उसे तुरत-फुरत सफलता हासिल हो सकती है। पुरानी वफादारियों को समाप्त होने में देर लगती है और सैद्धान्तिक व आदर्शगत और व्यक्तिगत रिश्ते इतने ज्यादा आड़े-तिरछे और घुले-मिले होते हैं कि नये राजनीतिक विचारों के तुरन्त और अचानक प्रभावी हो जाने की उम्मीद नहीं की जा सकती।

'जसस' शिविर के लिए लिखा परचा, 2000

3

पूरे समाजवादी आन्दोलन में एक बुनियादी संकट हुआ है, दृष्टिकोण है, स्थितियों को समझने की कमी रही है, जिसकी वजह से पूरा वामपंथ सिकुड़ रहा है और जब तक उस बीमारी की पहचान हम नहीं करेंगे तब तक हम लोग कोई सही दिशा भी निर्धारित नहीं कर सकते हैं, साथ ही कोई सक्षम हस्तक्षेप भी नहीं कर सकते हैं। मुझे लगता है कि अभी जिस दशा से हम गुजर रहे हैं, उसमें समाजवाद के बारे में आज तक जो प्रचलित धारणा थी, उसको अस्वीकार (Reject) करना होगा, उसको छोड़ना पड़ेगा।

जो कम्युनिस्ट विचारधारा थी, मार्क्सवादी विचारधारा थी और भारत में भी जबसे कांग्रेस सोशलिस्ट पार्टी की अगुवाई में समाजवादी आन्दोलन की शुरुआत हुई, तब से एक आम धारणा यह थी कि आधुनिक औद्योगिक सभ्यता में दुनिया भर में बहुत ज्यादा उद्योग-धन्धों का विकास होगा और उसमें एक बिन्दु (चरम बिन्दु) आएगा, जहाँ पर कि समाज का बँटवारा मुट्ठी भर पूँजीपतियों में और लाखों मजदूरों के बीच होगा। पूँजीपतियों को मजदूर हटा देंगे, उसके बाद समाज में समाजवाद आ जाएगा। इसी धारणा को लेकर दुनिया भर में सारा समाजवादी आन्दोलन चला। सन् 1917 में रूस की क्रान्ति हुई, उसके बाद से जो कम्युनिस्ट आन्दोलन चला या जिसे समाजवादी आन्दोलन कहिए, इसमें जो परिवर्तन हुआ, जो गलतियाँ हुईं या जो नुकसान हुआ, उसको समझने के बाद ही हम समझ सकते हैं कि क्यों हमारी ऐसी स्थिति बनी?

जब सन् 1917 में रूस में अक्टूबर क्रान्ति हुई तो ऐसा लगता था कि एक शुरुआत है और दुनिया भर में हर जगह क्रान्ति होगी और क्रान्ति के बाद मजदूर वर्ग सत्ता में आ जाएगा। ऐसा हुआ भी, रूस के बाद चीन में क्रान्ति हुई, वियतनाम में हुआ, इसमें बहुत सारे आन्दोलन सफल नहीं हुए, तब भी इंडोनेशिया में, लातिन अमेरिका में हर जगह क्रान्ति हुई। वहाँ अन्त में जा करके समाजवाद की जीत नहीं हुई बल्कि पूँजीवादी व्यवस्था फिर से हावी हो गई। रूस के अन्दर प्रतिक्रान्ति हुई। सन् 1990 आते-आते रूस की क्रान्ति धराशायी हो गई। चीन, जहाँ माओ त्से तुंग का जादू दुनिया भर में छाया था, बदल गया है। अपने यहाँ भी जिसे 'नया नक्सली

आन्दोलन' कहा जाता है, माओ की लाल किताब लेकर के आन्दोलन (क्रान्ति) करते थे और कहते थे कि यह बिलकुल नई क्रान्ति है। रूस में यदि नुकसान हुआ, यदि हम गलत रास्ते पर गए तो चीन एक नया रास्ता दिखला रहा है। उसके बाद लाल किताब ले करके दुनिया भर में क्रान्ति का सिलसिला शुरू हुआ। अपने यहाँ लाखों नौजवान इसमें आए, लेकिन क्या हुआ?

आज दुनिया की सबसे शक्तिशाली पूँजीवादी व्यवस्था चीन में है। अमेरिका तो शुरू से पूँजीवादी देश है। वियतनाम खत्म हो गया। सारे के सारे देश पूँजीवादी व्यवस्था, जिसको उदार पूँजीवादी व्यवस्था (Liberal Capitalist System) कहते हैं, की तरफ बढ़ते जा रहे हैं। तो अब यह सोचना होगा कि ऐसा क्यों हो रहा है? मैं समझता हूँ कि इसका कारण यह है कि आज जो औद्योगिक सभ्यता है, जो विकास की धारा है, वह बुनियादी रूप से समाज व समता विरोधी है।

अत: इस विचारधारा को ले करके कि समाज में बहुत ज्यादा औद्योगिक विकास होगा और उसके आधार पर समतामूलक समाज बनेगा, बुनियादी रूप से गलत है। इसलिए आप थोड़ा ध्यान दीजिए कि यह जो औद्योगिक व्यवस्था है वह कैसे विकसित हो रही है? एक उदाहरणस्वरूप; जैसे हमारे यहाँ टाटा इस्पात का कारखाना है तो उसके लिए दूर-दराज से कहीं कोयला जमीन से निकाला जाता है, कहीं लौह अयस्क निकाला जाता है, कहीं चूने का पत्थर निकाला जाता है। ऐसे में धरती को नष्ट किया जा रहा है। लोग उजाड़े जाते हैं, उनके घरों को उजाड़ा जाता है। कोयला झरिया, धनबाद से आता है, जहाँ पर आदिवासी गाँव-घर थे, उनको उजाड़ा गया। इसी प्रकार पनबिजली के लिए सरदार सरोवर जैसी परियोजना स्थापित की गई, जिसके लिए नर्मदा पर बाँध बनाने के लिए लाखों लोगों को विस्थापित किया गया। तो पूरे विकास की जो वर्तमान प्रक्रिया है, वह प्रकृति विरोधी है, मानव विरोधी है। अत: इस विकास के आधार पर आप समतामूलक समाज कैसे बना सकते हैं?

बुनियादी तौर पर यही कारण मालूम होता है कि हर जगह जहाँ भी औद्योगिक पूँजीवाद का विकास हुआ, वह शोषण पर आधारित विकास था, जिसमें समतामूलक समाज का निर्माण नहीं हो सका। आप रूस के अन्दर देखें कि मार्क्सवादी लोग कहते थे कि समाजवाद लाने के लिए काफी तेजी से औद्योगिक विकास होना चाहिए। तो इस उद्देश्य की पूर्ति के लिए किसानों से खेत छीन लिए और बड़े-बड़े सामूहिक खेत (कलेक्टिव फार्म) बना दिए गए जहाँ बड़े-बड़े ट्रैक्टरों से खेती होती थी। साइबेरिया इत्यादि जगहों पर जहाँ खनिज मिलता था, लागों को विस्थापित किया गया। बाँध बने, उसमें लोगों को विस्थापित किया गया। यह सब कैसे हो सकता था? तो जो आमजन था, किसान था, मजदूर था, उसका दमन करके हुआ, लेकिन रूस में आवश्यक वस्तुओं का बहुत अभाव होने लगा। जो कलेक्टिव फार्म था, उसमें ठीक से पैदावार नहीं हो रही थी। मजदूरों में असन्तोष हुआ, जिसको दबाने की कोशिश

हुई तो मजदूरों की एक बड़ी सभा हुई, जिसमें विवाद शुरू हुआ कि मजदूरों को दबाया जा रहा है। नया समाज बनाना है तो मजदूरों को कैसे दबाया जा सकता है?

उस समय ट्रॉटस्की रूस में क्रान्ति के बहुत बड़े नेता थे, जिन्हें लेनिन के बाद सबसे महत्त्वपूर्ण नेता माना जाता था। उसने तो बिलकुल खुल करके कह कि ये जो विकास प्रक्रिया है, जिसके बारे में आप कहते हैं कि इसमें मजदूरों का शोषण हो रहा है तो इसके लिए (विकास के लिए) मजदूरों का शोषण होना जरूरी है। इस बात को कार्ल मार्क्स ने बताया कि कैसे-कैसे मजदूरों का शोषण होता था। आगे उसने बताया कि शोषण का शिकार मजदूर जब काम से भागने की कोशिश करता था तो कैसे उनको अमानवीय ढंग से दाग दिया जाता था। प्राथमिक पूँजी संचय की यही प्रक्रिया थी, जिससे कि पूँजी का संचय हुआ तो ट्रॉटस्की ने जवाब दिया कि जो प्राथमिक पूँजी का संचय हुआ है, वह इसी तरह से हुआ है (मजदूरों के शोषण से) और आप इससे बच नहीं सकते हैं और फिर कहा कि हम लोग यह ईमानदारी से कबूल करते हैं कि हम यह करेंगे, दमन करेंगे और उसी के आधार पर विकास होगा। यह तो पूरे समाजवाद की कल्पना थी, विकास की कल्पना थी, वह शुरू से मानव-विरोधी था। वे यह मानकर चलते थे कि मानव का शोषण करके औद्योगिक ढाँचे को खड़ा किया जाएगा।

मुझे लगता है कि दुनिया भर में समाजवादी आन्दोलन आज पीछे जा रहा है या खत्म हो रहा है और जिसका खमियाजा हम लोग भुगत रहे हैं, उसका मूल कारण यही है कि समाजवाद की जो कल्पना थी, वह गलत थी। हम समाजवादी जन परिषद के लोगों की कोशिश है कि समाजवाद के उस रास्ते से अलग हटकर मानवतावादी विकास की बात की जाए। इस चीज ने हमको गांधी के बहुत नजदीक किया है। शुरू में जब मैं समाजवादी बना था तो बहुत फैशन था; गांधी की आलोचना करना। जे.सी. कुमारप्पा ने एक लेख लिखा था ग्राम उद्योग वगैरह पर, उस पर जे.पी. ने 'समाजवाद बनाम ग्रामीण उद्योग संघ' (Socialism V/s Village Industry Association) नाम की एक पुस्तिका निकाली थी, जिसमें जे.पी. ने कुमारप्पा के लेख का माखौल उड़ाया था। तो सारे के सारे लोग ऐसा सोचते थे।

लेकिन दुनिया भर के नतीजों को देखते हुए जब समाजवादी जन परिषद की स्थापना हो रही थी तो हम लोगों की यह कोशिश थी कि समाजवाद की जो परिकल्पना थी, उससे अलग हट करके कुछ किया जाए। उसके बाद दुनिया भर के अनुभवों ने आश्वस्त (confirm) किया है कि पुराने समाजवाद के रास्ते से कुछ भी हासिल नहीं हो सकता है और हम लोगों को नये ढंग से समाजवाद के बारे में जानना है, नया रास्ता बनाना है और नये रास्ते पर चलने का मतलब है कि हमको बड़े उद्योगों इत्यादि से अलग हट करके सबसे ज्यादा गाँवों की ओर ध्यान केन्द्रित करना होगा और गाँवों में शुरुआत खेती-बाड़ी से करनी होगी। आज गाँव भी धीरे-धीरे

आश्रित होते जा रहे हैं। आज गाँव भी खाद, बीज इत्यादि के लिए बड़ी कम्पनियों और कारखानों पर आश्रित हो गया है। तो हम समझते हैं कि हमारे आन्दोलन की शुरुआत वहाँ से हो सकती है कि गाँव के अन्दर कहीं-कहीं पर लोगों ने प्राकृतिक खेती को जिन्दा करने की कोशिश प्रारम्भ की है, उस पर हमको ज्यादा ध्यान देना होगा। साथ ही, और भी बहुत सारे प्रयोग इस तरह के करने होंगे।

हो सकता है, तत्काल बहुत सारे लोग आपका मजाक उड़ाएँगे कि ये पीछे जाने की बात कर रहे हैं। लेकिन यदि समाजवाद की दिशा में चलना है, समता के दिशा में हमको आगे बढ़ना है तो हमें इसी रास्ते से चलना होगा। औद्योगिक विकास के आधार पर जहाँ-जहाँ समाजवाद लाने के प्रयास हुए, पूर्णत: असफल रहे हैं, उलटा परिणाम निकला, शत-प्रतिशत असफल (Total Failure) होने की बात कह सकते हैं। चीन जहाँ माओ का पूरे देश में प्रताप था, आज दुनिया का सबसे शक्तिशाली पूँजीवादी देश है तो उस व्यवस्था, उस विचार के बारे में आप क्या कहेंगे, जिसने अपने उद्देश्य के ठीक उलटा काम किया। तो हम लोगों को अलग ढंग से सोचना होगा। आज हमको कुछ असफलता होती है तो उससे हमको घबराना नहीं चाहिए क्योंकि अभी पूरे मीडिया के ऊपर पूँजीवादी प्रतिष्ठानों का कब्जा है और सबके दिमाग में वही चीज छाई हुई है। उसका असर गाँव के नौजवानों में भी है। आज किसी गाँव का नौजवान या मैं जिस गाँव में रहता हूँ, उसका नौजवान, जिसमें मैं 50-60 वर्षों से रह रहा हूँ, का अनुभव है कि पहले गाँव के अच्छे से अच्छे किसान सिर पर टोकरी लेकर, कुदाल लेकर खेत में जाते थे, आज उनका एक भी लड़का खेत में दिखाई नहीं देता है उसके बदले में सभी सड़कों पर दौड़ लगाते हैं, फौज में सिपाही की भर्ती के लिए। तो इस पूरी मानसिकता को बदलने की जरूरत है।

आज हमको असफलताएँ मिल रही हैं। इसलिए कि जो पुरानी मानसिकता है, उसके खिलाफ हम नये ढंग से खड़े होने की कोशिश कर रहे हैं, लेकिन इन नई असफलताओं से हमें घबराना नहीं चाहिए। यह तो बिलकुल वैचारिक क्रान्ति की शुरुआत है तो इसमें परेशानी भी होगी। कुछ लोग मखौल भी उड़ाएँगे, उसे सुनते हुए भी हमें डटे रहना होगा, अन्तत: हमें सफलता मिलेगी ही।

2

यह कुछ अजीब लगेगा कि अस्तित्व में आने के 17 साल बाद किसी राजनीतिक पार्टी को अपना परिचय देना जरूरी लगे। इसका एक बड़ा कारण यह है कि आम तौर से पार्टियों की पहचान बनती है संसद या विधानसभाओं में उपस्थिति से, इनमें उनकी संख्या से या इनकी बहसों में भागीदारी से। समाजवादी जन परिषद अभी

तक जनता की प्रतिनिधि सभाओं में अपनी उपस्थिति दर्ज नहीं करा पाया है, न उसने सार्वजनिक बहसों में ऐसा योगदान किया है, जिससे उसकी दलीय पहचान बन सके। फिर भी स्थानीय रूप से उसके सदस्य कई जगहों के जन आन्दोलनों में सक्रिय रहे हैं और कई जगह तो—जैसे मध्य प्रदेश के होशंगाबाद, हरदा आदि में, उत्तर बंगाल के कुछ स्थानों पर दलित एवं आदिवासियों की समस्याओं पर, ओडिशा में जल, जंगल और जमीन के सवाल पर उनका प्रभावी हस्तक्षेप रहा है। इसी तरह दक्षिण बिहार में रोहतास में किसानों के कई महत्त्वपूर्ण सवालों पर उन्होंने प्रभावी आन्दोलन चलाया है। इस कारण और कभी-कभी दल के नाम से भी लोगों में यह गलतफहमी पैदा हो जाती है कि समाजवादी जन परिषद एक गैर-राजनीतिक समाजसेवी संगठन यानी एन.जी.ओ. है।

लोग यह भी पूछते हैं कि अगर यह समाजवादी पार्टी है तो फिर समाजवादी या सोशलिस्ट नाम से चिह्नित दूसरी पार्टियों से इसके अलग अस्तित्व का क्या मतलब है? इस संक्षिप्त परिचय से यह बात स्पष्ट हो जाएगी कि अपने को समाजवादी कहनेवाली पार्टियों से समाजवादी जन परिषद कैसे भिन्न है? यहाँ इतना ही कहना काफी है कि अतीत में समाजवादी या साम्यवादी नाम इतने कुख्यात और गैर-समाजवादी चरित्रवाले समूहों के साथ जुड़ता रहा है कि सम्पूर्ण कार्यविधि और उद्देश्यों के विवरण के बगैर किसी समूह पर यह नाम चस्पां कर देने का कोई निश्चित अर्थ नहीं निकलता।

कुछ उदाहरणों से बात स्पष्ट हो जाएगी। स्टालिन की अमानवीय तानाशाही के अन्दर सोवियत संघ को समाजवादी गणतंत्र (यूनियन ऑफ सोशलिस्ट सोवियत रिपब्लिक्स) कहा जाता था। स्वयं हिटलर की पार्टी का 'नाम नेशनल सोशलिस्ट पार्टी' था। आज चीन की शक्तिशाली पूँजीवादी व्यवस्था का निर्माण और संचालन एक ऐसी पार्टी करती है जिसका नाम 'कम्युनिस्ट पार्टी' है। यूरोप की पूँजीवादी साम्राज्यवादी व्यवस्थाओं में कई का शासन सोशल डेमोक्रेटिक पार्टियों (यानी सोशलिस्ट पार्टियों) के हाथ में रहा है। वे फ्रांस, जर्मनी, ब्रिटेन, स्वीडन आदि में सत्ता में रही हैं—तब भी जब इनकी व्यवस्थाएँ पूँजीवादी और साम्राज्यवादी रही हैं। भारत में कम्युनिस्ट पार्टी (मार्क्सवादी) यानी माकपा बिना किसी हिचक के स्टालिनवादी है। लगभग सभी नक्सली समूह और सोशलिस्ट यूनिटी सेंटर जैसी पार्टियाँ स्टालिन भक्त हैं—यानी अधिनायकवाद से इन्हें परहेज नहीं है और सभी अपने को सोशलिस्ट या कम्युनिस्ट कहते हैं। मुलायम सिंह यादव की समाजवादी पार्टी जो उत्तर प्रदेश में सत्ताधारी है और केन्द्र की सत्ता में भी हिस्सेदार रही है, ने कभी यह घोषित नहीं किया कि वर्तमान में या भविष्य के लिए इसकी नीति में समाजवादी तत्त्व कौन से हैं? इसलिए समाजवादी जन परिषद इन सबसे भिन्न अपनी पहचान वर्तमान और भविष्य सम्बन्धी अपनी ठोस नीतियों के आधार पर ही बना सकती है।

अन्तरराष्ट्रीय कम्युनिस्ट आन्दोलन (कौमिंटर्न और बाद में कौमिनफार्म) पूरी तरह सोवियत संघ की शासक कम्युनिस्ट पार्टी के नियंत्रण में चलता था। वैसे यह अन्तरराष्ट्रीय स्तर पर अपने को मार्क्सवाद यानी 'वैज्ञानिक समाजवाद' की परम्परा से जोड़ता था, पर हकीकत में यह मार्क्स-लेनिन-स्टालिन की त्रिमूर्ति की अन्धभक्ति पर आधारित था और उससे भी ज्यादा एक तरह का रूसी राष्ट्रवाद और उसका पिछलग्गू बन गया था। सोवियत संघ के विशाल संसाधनों से इसे पर्याप्त सहायता मिलती थी और इससे इस अन्धभक्ति में इजाफा होता था। भारत में मार्क्स के विचारों से ही प्रभावित पर कांग्रेस के भीतर और राष्ट्रीय आजादी के आन्दोलन के प्रति समर्पित एक समाजवादी दल का जन्म 1934 में हुआ, जिसके साथ समाजवादी आन्दोलन के विख्यात नायक और सिद्धान्तकार आचार्य नरेन्द्र देव, जयप्रकाश नारायण, यूसुफ मेहरअली और डॉ. राममनोहर लोहिया जैसे नेताओं के नाम जुड़े थे। पहले, कांग्रेस सोशलिस्ट पार्टी, के नाम से कांग्रेस के भीतर और आजादी के बाद से स्वतंत्र रूप से 'सोशलिस्ट पार्टी' के नाम से यह दल भारतीय राजनीति में सक्रिय हुआ।

1952 के आम चुनाव के बाद अपने संगठन के विस्तार के लिए इसने 'किसान मजदूर प्रजा पार्टी' नामक कांग्रेस से अलग हुए एक-दूसरे दल और कुछ अन्य राजनीतिक समूहों के विलय से 'प्रजा सोशलिस्ट पार्टी' की स्थापना की। आजादी के बाद के दिनों में वैचारिक और वैयक्तिक कारणों से समाजवादी आन्दोलन के कई बड़े नेता दलीय राजनीति से अलग हो गए। इनमें सबसे बड़ा नाम जयप्रकाश नारायण का था जो समाजवादी आन्दोलन के सबसे प्रभावी नेता थे। 1955 में सत्तारूढ़ कांग्रेस के प्रति रुख में बुनियादी मतभेद के कारण, पर तात्कालिक रूप से केरल में 'प्रजा सोशलिस्ट पार्टी' की सरकार के तहत गोलीकांड को लेकर उठे विवाद के कारण, 'प्रजा सोशलिस्ट पार्टी' से अलग हो डॉ. लोहिया ने 'सोशलिस्ट पार्टी' के नाम से एक नई पार्टी का गठन किया। यह दल सत्तारूढ़ कांग्रेस के साथ किसी भी समझौतावादी नीति का विरोध करता था।

प्रजा सोशलिस्ट पार्टी और नई सोशलिस्ट पार्टी में जाति-व्यवस्था कैसे मिटे, इस सवाल पर गहरा मतभेद था। मार्क्सवाद से मिली विरासत के कारण कम्युनिस्ट और सोशलिस्ट, दोनों ही आर्थिक विषमता और वर्ग विभाजन को मिटाना अपनी नीति के केन्द्र में रखते थे और मानते थे कि वर्ग-संघर्ष के क्रम में वर्णभेद स्वयं मिट जाएगा। सामाजिक विभाजन पर सरसरी निगाह डालने पर यह दिखाई भी देता था कि पिछड़ी जातियों और विशेषकर दलीय जातियों के लोग प्राय: भूमिहीन श्रमिक थे और आशा जगती थी कि इनके आर्थिक उत्थान से इन्हें सामाजिक सम्मान स्वत: मिलने लगेगा, लेकिन इस सोच में वह बौद्धिक जड़ता नजरअन्दाज हो जाती थी जो आर्थिक बेहतरी के बावजूद जाति विभाजन की रेखाओं को मिटने

नहीं देती थी। डॉ. लोहिया ने अपनी जाति-नीति में इस विभाजन के खिलाफ तीन सूत्री कार्यक्रम दिया—(1) सहभोज, (2) ऊँची नौकरियों और नेतृत्व में आरक्षण एवं (3) अन्तर्जातीय विवाह। आरक्षण के पक्ष में उनका तर्क था कि सदियों से समाज की निचली पायदान पर रहते-रहते पिछड़ों की ऊपर की जगहों पर उठने की आकांक्षा मर चुकी थी और यह आकांक्षा तभी जगेगी जब आरक्षण से इन वर्णों के कुछ लोग ऊँचे ओहदों पर पहुँचने लगेंगे।

लेकिन तमाम प्रयासों के बावजूद 'सोशलिस्ट पार्टी' और 'प्रजा सोशलिस्ट पार्टी' के समर्थन का आधार सिकुड़ता ही जा रहा था। 1962 के आम निर्वाचन में दोनों पार्टियों का प्रदर्शन बहुत ही खराब रहा। इस बीच ज्यादातर समाजवादी नेता सक्रिय राजनीति से बाहर हो गए थे। आचार्य नरेन्द्र देव का निधन 1956 में हो गया था। जे.पी. दलीय राजनीति से अलग हो 'भूदान आन्दोलन' से जुड़ गए थे। अच्युत पटवर्धन और रामनन्दन मिश्र अध्यात्म की ओर मुड़ गए। अशोक मेहता कांग्रेस में चले गए।

जब फिर दोनों पार्टियों के विलय की बात चली तो राममनोहर लोहिया सहज ही सर्वमान्य नेता के रूप में उभरे। 'प्रजा सोशलिस्ट पार्टी' में कुछ लोग पहले के विवादों के कारण लोहिया के नेतृत्व को कबूल करने को तैयार नहीं थे, लेकिन 'प्रजा सोशलिस्ट पार्टी' के तत्कालीन अध्यक्ष और समाजवादियों में लगभग विवाद से परे एस.एस. जोशी ने पूरी शक्ति से इस विलय का समर्थन किया। 'सोशलिस्ट पार्टी' में ज्यादातर लोग लोहिया को नई पार्टी का नेता और उनकी जाति-नीति को मानने की शर्त पर अड़े थे। इन शर्तों को अन्तत: स्वीकार किया गया और इस विलय से 'संयुक्त सोशलिस्ट पार्टी' बनी, लेकिन 'प्रजा सोशलिस्ट पार्टी' का एक हिस्सा इससे बाहर पुराने नाम से काम करता रहा।

इसके बाद लोहिया के प्रखर नेतृत्व और उनकी गैर कांग्रेसवाद की नीति से समाजवादियों की शक्ति में एक बार उछाल आया। दरअसल, कांग्रेस की अविराम सत्ता से देश में एक तरह की हताशा और नियतिवाद आ गया था जिस कारण कांग्रेस और नेहरू परिवार को देश की तकदीर की तरह कबूल किया जाने लगा था। लोहिया देश में व्याप्त इस भाग्यवादी मानसिकता को तोड़ना चाहते थे, जिसके बगैर नई नीतियों और नई दिशाओं की तलाश असम्भव लगती थी। इसी कारण गैर-कांग्रेसवाद का नारा दिया गया। लोहिया के व्यक्तित्व का चमत्कार था कि गैर-कांग्रेसवाद के नारे के तहत बिहार जैसे राज्य में 1967 के निर्वाचन के बाद एक ही सरकार में कम्युनिस्ट और जनसंघ, दोनों साथ मिलकर सरकार चला रहे थे।

लेकिन लोहिया की दृष्टि में यह राजनीति का अन्तिम पड़ाव नहीं था। वे चाहते थे कि कुछ तात्कालिक पर महत्त्वपूर्ण नीतियाँ—जैसे किसानों को उनकी उपज का वाजिब मूल्य (जिसे वे दामों की लूट को रोकने की 'दाम बाँधों' नीति कहते थे) देने

की नीति, भूमिहीनों को बासगती की जमीन, पिछड़ों को आरक्षण—अविलम्ब लागू हो। इन नीतियों के अमल से परिवर्तन की भूख जगती और लोग दूसरे परिवर्तनों की ओर अग्रसर होते। यह अलग बात है कि जिस गति से लोहिया परिवर्तन लाना चाहते थे, उसके लिए उनकी अपनी पार्टी पूरी तरह तैयार नहीं थी। यह भी विडम्बना ही है कि आज कांग्रेसी और किसानों को पैदावार का अधिक मूल्य देने को 'कुलकों' का तुष्टीकरण कहनेवाले कम्युनिस्ट भी अब परिस्थितियों के दबाव में किसानों को उनकी उपज का अधिक मूल्य देने पर सहमत हो गए हैं।

एक नई शुरुआत हुई ही थी कि इन नीतियों के प्रणेता डॉ. राममनोहर लोहिया की 1967 में एक मामूली ऑपरेशन के दौरान मृत्यु हो गई। इसके पीछे षड्यंत्र की आशंका में जो भी सच्चाई रही हो, इसके बाद समाजवादी आन्दोलन लगभग पतवारहीन हो गया। संयुक्त सोशलिस्ट पार्टी के दो बड़े नेताओं, राजनारायण और मधु लिमये में नेतृत्व के लिए संघर्ष शुरू हो गया।

पार्टी में राजनारायण के साथ बिहार और उत्तर प्रदेश के ग्रामीण इलाकों के कार्यकर्ता और पिछड़ी जातियों के नेता थे। मधु लिमये के साथ शहरी मध्यवर्ग और ट्रेड यूनियन के कार्यकर्ता अधिक थे। कुल मिलाकर राजनारायण का पलड़ा भारी पड़ता था। इस सन्तुलन को बदलने के लिए मधु लिमये ने 'प्रजा सोशलिस्ट पार्टी' के बचे धड़े के साथ जो संसोपा में शामिल नहीं हुआ था, दूसरा विलय कर सोशलिस्ट पार्टी बनाई, लेकिन आपसी विवाद से फिर विभाजन हुआ और राजनारायण के समर्थक अलग से संयुक्त सोशलिस्ट पार्टी के नाम से काम करते रहे, लेकिन इनमें कोई भी संगठन बढ़ नहीं रहा था। बाद में संयुक्त सोशलिस्ट पार्टी ने अगस्त 1973 में महामाया प्रसाद और चरण सिंह की पार्टी भारतीय क्रान्तिदल, स्वतंत्र पार्टी, उत्कल कांग्रेस और पहले के जनसंघ नेता बलराज मधोक के साथ मिलकर भारतीय लोकदल बनाया। जिन समूहों को लेकर यह पार्टी बनी थी, उसका कोई वैचारिक आधार हो नहीं सकता था क्योंकि इसमें एक तरफ उन्मुक्त पूँजीवाद की समर्थक स्वतंत्र पार्टी और पहले के जनसंघी थे, वहीं पहले के समाजवादी भी थे।

जिस समय समाजवादी वैचारिक आधार को छोड़ इन्हीं तोड़-जोड़ की स्थिति से गुजर रहे थे, इन्दिरा गांधी ने जून 1975 में आपातकाल की घोषणा कर दी। इस काल में सबों के सामने सिर्फ आपातकाल से उपजी तानाशाही से लड़ने का विकल्प बच गया था। इसी बीच जब फरवरी 1977 में आम चुनाव की घोषणा हुई, जे.पी. के दबाव में आपातकाल में ही जब इन दलों के अधिकांश नेता जेल में थे, इन दलों के साथ सोशलिस्ट पार्टी और मोरारजी देसाई के संगठन कांग्रेस के विलय से एक पार्टी, जनता पार्टी बनाने का निर्णय हुआ। बाद में इस पार्टी में जगजीवन राम भी शामिल हो गए और कांग्रेस के युवा तुर्क कहे जानेवाले चन्द्रशेखर, मोहन धारिया आदि भी, जिन्हें आपातकाल में जेल में डाल दिया गया था।

जब 1977 के आम चुनाव में इन्दिरा गांधी और कांग्रेस पार्टी की भारी पराजय हुई तो जनता पार्टी की सरकार मोरारजी देसाई के नेतृत्व में बनी और लगभग सभी समाजवादी गुटों के लोग इसमें शामिल हो गए। इससे देश में समाजवाद की कोई पार्टी नहीं बची, लेकिन समाजवाद की दिशा में परिवर्तन की चाहत, विशेषकर युवाओं में मरी नहीं थी। इसलिए समाज परिवर्तन के लिए किसी दल की जरूरत शिद्दत से महसूस होने लगी। इसमें कुछ पहले के समाजवादी, दिल्ली विश्वविद्यालय और जवाहरलाल नेहरू विश्वविद्यालय के कुछ छात्र जो समाजवादी छात्र संगठनों से जुड़े थे और आपातकाल के विरुद्ध सक्रिय थे, पहले सोशलिस्ट जो लोहिया विचार मंच से जुड़े थे, जैसे—रमा मित्र, इन्दुमति केलकर, रामइकबाल बरसी, दिनेश दास गुप्त, किशन पटनायक आदि नये संगठन के निर्माण की पहल से जुड़ गए। इन लोगों को कर्नाटक राज्य रैयत संघ के प्रभावी नेता नंजुदा स्वामी और रवि वर्मा कुमार से पूरा सहयोग मिला और उनके ही सहयोग से 1980 में बंगलोर में एक नया समाजवादी संगठन खड़ा करने के लिए सम्मेलन हुआ। इस सम्मेलन में तत्काल बाजाब्ता पार्टी बनाने की बजाय एक ऐसे राजनीतिक संगठन को खड़ा करने का फैसला हुआ जो समाजवाद की पार्टी के निर्माण में पहल करे। इस तरह 'समता संगठन' अस्तित्व में आया।

स्वाभाविक था कि यह नया संगठन समाजवादी आन्दोलन के पिछले बिखराव और कम्युनिस्ट रूस के विकास की जो दिशा दिखाई दे रही थी, उन सबके आलोक में अपनी मूल दृष्टि विकसित करता। कम्युनिस्ट रूस के पतन और तानाशाही में बदलने से तो सबक लेना ही था, जिसकी आलोचना चारों तरफ हो रही थी, लेकिन आधुनिक औद्योगिक विकास के सम्बन्ध में भी प्रचलित दृष्टि दोषपूर्ण साबित हो रही थी। अब यह साफ दिखाई दे रहा था कि पश्चिम और विशेषकर अमेरिका की व्यवस्था के विरोध के बावजूद औद्योगिक प्रगति में अमेरिका के समकक्ष पहुँचना या उससे आगे निकल जाना ही रूस का मुख्य लक्ष्य बन गया था। इस तरह वह अपनी औद्योगिक संरचना, उत्पादन पद्धति और उसके प्रबन्धन के क्षेत्र में लगातार अमेरिकी मानकों को अपना रहा था, जिसका केन्दीय मूल्य था, उद्योग और कृषि (जो विशाल सामूहिक फार्मों पर आधारित थी) के श्रमिकों और प्राकृतिक संसाधनों के अति दोहन से ज्यादा-से-ज्यादा उत्पादन का लक्ष्य हासिल करना। इस क्रम में साधारण श्रमिकों और नये व्यवस्थापक एवं नेतृवर्ग के जीवन स्तर और सुविधाओं का फर्क इतना ज्यादा हो गया था कि समता के सारे समाजवादी मूल्य खत्म हो गए। अन्तत: समाजवादी मूल्यों और सोवियत व्यवस्था द्वारा अपनाई गई औद्योगिक प्रौद्योगिकी के मूल्यों एवं इनसे जुड़े सत्ता समूहों की टकराहट इतनी गम्भीर हो गई कि सोवियत व्यवस्था ही विघटित हो गई।

लेकिन 1980 में अभी इस व्यवस्था का पूँजीवादी व्यवस्था से सिर्फ साम्य ही दृष्टिगोचर हो रहा था। 'समता संगठन' ने इस रुझान को, जिसमें सोवियत और

पूँजीवादी व्यवस्थाएँ एक बिन्दु पर आ रही थीं, रेखांकित किया। इससे औद्योगीकरण के सम्बन्ध में नई सोच की शुरुआत हुई।

इस विश्लेषण के कुछ निहितार्थ थे। पूर्ववर्ती समाजवादी और कम्युनिस्ट पार्टियाँ, सभी वर्तमान औद्योगिक विकास की दिशा को कबूल करती रही थी। डॉ. लोहिया ने बड़ी मशीनों की जगह छोटी मशीनों को अपनाने की बात जरूर की थी लेकिन डीजल और बिजली की केन्द्रीयता को नहीं नकारा था। दरअसल वर्तमान औद्योगिक सभ्यता के नकारात्मक पहलू अभी उजागर हो ही रहे थे। इसके बहुत सारे दुर्गुण पूँजीवादी व्यवस्था की देन मान लिए जाते थे। 'समता संगठन' ने अपने विश्लेषण में एक अलग तकनीक और विकास प्रक्रिया का आभास दिया और गांधी को अपनी परम्परा में शामिल करने पर विशेष जोर दिया। यही वह बिन्दु है जहाँ से पारम्परिक वामपंथी समूहों (जिसमें पुरानी सोशलिस्ट पार्टी के अवशेष भी जैसे राष्ट्रीय जनता दल, समाजवादी पार्टी, जनता दल यूनाइटेड आदि शामिल हैं) से इसकी भिन्नता स्पष्ट दिखाई देती है।

जनता पार्टी में इसके विघटन तक जिन पार्टियों का फेंट-फाँट हुआ था, उनमें पहले के समाजवादियों की बची-खुची प्रतिबद्धताएँ खत्म हो गईं और वे शुद्ध रूप से सत्तावादी पार्टियाँ बन गईं। परवर्ती सरकारों के गठजोड़ों से सत्ता में जाने के लिए जरूरी तालमेल ही उनकी रणनीति का आधार हो गया। अब यह आम जानकारी की बात हो गई है और इसकी तफसील में जाने की जरूरत नहीं है।

समाजवादी आन्दोलन की जो प्रारम्भिक धाराएँ थीं—यूटोपिआई समाजवादियों से लेकर अराजकवादियों और मार्क्सवादियों तक की, वे सभी नये समाज के लक्ष्य को सिर्फ कुछ राजनीतिक और आर्थिक बदलाव तक सीमित रखने की बजाय इसे सभ्यता के सभी पहलुओं के आमूलचूल परिवर्तन तक ले जाना चाहती थीं। उस समय ऐसा बदलाव उनके समतावादी रुझानों की परिणति लगता था। आज की स्थिति में वर्तमान औद्योगिक और पूँजीवादी सभ्यता ने जिस तरह का पारिस्थितीय संकट पैदा किया है, उससे तकनीक से लेकर दूसरे अनेक तरह के मानव सम्बन्धों को, जो हमें इस सभ्यता से मिले हैं, बदलने की जरूरत पैदा हो गई है, 'समता संगठन' से शुरू हो 'समाजवादी जन परिषद' के गठन की प्रक्रिया में लक्ष्य उन उद्देश्यों और कार्यपद्धतियों को विकसित करना रहा है जिससे इन विकृतियों से मुक्त समाज निर्माण की दिशा में बढ़ना सम्भव हो सके।

भारत के सन्दर्भ में समता का अर्थ महज आर्थिक समता नहीं हो सकता बल्कि सदियों से भेदभाव और दमन को झेलनेवाले दलित और आदिवासी समुदायों को समाज में बराबरी और सम्मान का दर्जा दिलाना भी है, और सबसे बढ़कर सभ्यता के प्रारम्भ से ही उपेक्षा और उत्पीड़न को झेल रही महिलाओं को बराबरी का हक दिलाना भी है। इस तरह 'समता संगठन' दलितों, आदिवासियों और महिलाओं के

अधिकारों के लिए संघर्षरत संगठनों को भी अपनी सांगठनिक पहल में जोड़ने का प्रयास करता रहा। इन प्रयासों में कर्नाटक की दलित संघर्ष समिति के लोगों का, उत्तर बंगाल में उत्तजास जैसे संगठन का, महाराष्ट्र में बाबा साहेब अम्बेडकर के विचारों से जुड़े संगठनों एवं नारी सशक्तीकरण के लिए प्रतिबद्ध कार्यकर्ताओं का भी समर्थन मिला। इन संगठनों के सहयोग से और काफी विचार मंथन के बाद 1995 में महाराष्ट्र के ठाणे में एक सम्मेलन का आयोजन हुआ, जहाँ एक नई पार्टी 'समाजवादी जन परिषद' की स्थापना हुई।

जनता पार्टी में विलय से उसमें शामिल हुए समाजवादी गुटों का समाजवादी संस्कार धीरे-धीरे नष्ट हो गया। इसके बाद जनता पार्टी के टूटने से इन समाजवादियों को लेकर जो अलग-अलग दल बने, चाहे वह उत्तर प्रदेश की समाजवादी पार्टी, चाहे राष्ट्रीय जनता दल या जनता दल यूनाइटेड—ये मूलत: सत्तावादी पार्टियाँ हैं और जनता का समर्थन पाने के लिए तात्कालिक रूप से कुछ लोकलुभावन नारों के आगे इनके सामने समाज व्यवस्था और अर्थव्यवस्था के नव-निर्माण की कोई रूपरेखा नहीं है जबकि आज दुनिया के सामने सबसे बड़ी चुनौती वर्तमान औद्योगिक व्यवस्था और इसके द्वारा पैदा किया गया पर्यावरण संकट है।

आज वन प्रदेशों में हजारों साल से रहते आए आदिवासियों और किसानों की भूमि का अधिग्रहण और वनों और कृषि भूमि को खनिजों और औद्योगिक प्रतिष्ठानों के निर्माण के लिए नष्ट करना इस औद्योगिक व्यवस्था का अनिवार्य हिस्सा है। इस लूट और विस्थापन को हम तथाकथित औद्योगिक विकास से अलग नहीं कर सकते। इस औद्योगिक व्यवस्था का समर्थन करना और साथ ही विस्थापन का विरोध करना एक पाखंड है जिसके दोषी सत्ता में शामिल सभी दल हैं। इसी से जुड़ी है दिनोंदिन बढ़ती हुई गैर-बराबरी और लोगों की भावनाओं से असम्पृक्त विशाल नौकरशाही का ताना-बाना। इससे निजात पाने के लिए अब न सिर्फ आधुनिक औद्योगिक व्यवस्था का विकल्प खोजने की जरूरत है बल्कि ऐसी लघु राजनीतिक और आर्थिक इकाइयों की तरफ संक्रमण की भी जरूरत है जो आम लोगों को 'स्वराज' और आत्मसम्मान मुहैया करा सके। समाजवादी जन परिषद इन्हीं लक्ष्यों के प्रति प्रतिबद्ध है।

अभी राज्य और अर्थजगत की संस्थाओं का ढाँचा और इनके संसाधन इतने विशाल हो गए हैं कि इनमें पैठ से निजी सुविधाएँ पाने की सम्भावना पहले के किसी समाज से ज्यादा बढ़ गई है। अत: राजनीति में सुविधाओं को पाने का प्रलोभन भी बहुत बढ़ गया है। इससे भ्रष्टाचार चरम सीमा पर पहुँच गया है। भ्रष्टाचार के खिलाफ व्यापक जनभावना का यही कारण है, लेकिन यह समस्याओं के मूल में जाने की बजाय उनके परिणामों से उलझना भर है। इस दायरे से ऊपर उठ समाज के वंचित लोगों और सबसे बढ़कर धरती की स्थायी सम्पदा जल, जंगल और जमीन पर आए संकट के प्रति लोगों को संवेदनशील बना उनके हितों की रक्षा के लिए संघर्ष को

प्रोत्साहित करना सबसे जरूरी, लेकिन कठिन काम है। समाजवादी जन परिषद की छोटी-सी जमात राजनीति में आज इसी बुनियादी उद्‌देश्य की पूर्ति के लिए प्रयत्नशील है। यही इसे समाजवाद का नारा लगानेवाले दूसरे दलों और समूहों से अलग करता है और सिर्फ भ्रष्टाचार को मुद्‌दा बनानेवाले संगठनों से भी अलग करता है।

3

बीसवीं शताब्दी के अन्त में आज हम संक्रमण के जिस गहरे दौर से गुजर रहे हैं, उसमें मानवीय जीवन का हर पहलू बड़ी तेजी से बदल रहा है। पिछले कुछ सालों की नाटकीय घटनाओं के साथ एक राजनीतिक युग खत्म हो गया है, नया युग अभी अस्पष्टता के कुहासों में ढका है। एक नई अन्तरराष्ट्रीय आर्थिक व्यवस्था का साँचा तैयार हो चुका है। वैचारिक धरातल पर संक्रमण उतना प्रत्यक्ष और नाटकीय नहीं है, लेकिन पिछले युग के अनेक आधारभूत विचार धीरे-धीरे लुप्त होते जा रहे हैं, कुछ नये विचार जन्म ले रहे हैं। इतिहास का यह दौर अनिश्चिय, असमंजस और दुविधा से भरा है, खासतौर पर उस जमात के लिए जिसकी आज भी समाजवाद में आस्था है, जिसने समतामूलक क्रान्ति का सपना पाला है, जिसने आज के माहौल में एक नई आदर्शवादी राजनीति करने का बीड़ा उठाया है। इस जमात का पहला दायित्व है कि वह नये युग में क्रान्तिधर्म को परिभाषित करे।

यह काम आसान नहीं है। खासतौर पर आज जबकि भारत और विश्व भर में ऐसा माहौल है मानो प्रतिक्रान्ति का उत्सव चल रहा हो। कल तक दुनिया भर में वैकल्पिक सभ्यता का प्रतीक मानी जानेवाली सोवियत व्यवस्था ढह चुकी है। बेरोजगारी, प्रदूषण, प्राकृतिक साधनों के विनाश और अनेक सामाजिक-सांस्कृतिक विकृतियों का स्रोत होने के बावजूद आधुनिक पूँजीवादी व्यवस्था का एकच्छत्र राज है। इसके पैरवीकार ऐसा दम्भ भर रहे हैं कि यही सारी दुनिया की नियति है। इसके एक प्रकार के विरोधियों में हताशा और पराजय का बोध है। इतिहास में सच और शुभ की विजय हो सकती है, समाज में आमूलचूल परिवर्तन किए जा सकते हैं, यह विश्वास अनेक लोगों के मन में डगमगाने लगा है।

इस दौर की पीड़ा भारत में और भी गहरी है। आधारभूत सामाजिक परिवर्तन की राजनीति के लिए वामपंथियों सहित सभी राजनीतिक दल अप्रासंगिक हो चुके हैं। इस शून्य का फायदा उठाकर सत्ताधारी वर्ग 'उदारीकरण' के नाम पर एक ऐसे बेरहम पूँजीवाद का निर्माण कर रहा है, जिसमें आम जनता को पूरी तरह भुला दिया जाएगा। विश्व के साथ एकीकरण के नाम पर राष्ट्रीय आर्थिक सम्प्रभुता को गिरवी रखने के प्रयास सफल होते दिखाई दे रहे हैं। एक ओर बौद्धिक-सांस्कृतिक गुलामी का शिकंजा कस रहा है, तो दूसरी ओर साम्प्रदायिकता व खोखले राष्ट्रवाद

का खतरनाक उभार हुआ है। ऐसा लगता है कि जिन अरमानों को लेकर आजादी हासिल की गई थी, वे हमसे दिन-ब-दिन दूर खिसकते जा रहे हैं।

लेकिन निराशा की इस घड़ी में यह निष्कर्ष निकालना बिलकुल गलत होगा कि नये युग में समता और क्रान्ति के मूल्य प्रासंगिक नहीं हैं, क्रान्तिधर्म की गुंजाइश नहीं है। इतिहास के इसी दौर में सार्वजनिक जीवन के जनतंत्रीकरण की प्रक्रिया गहरी हुई है, जिसका क्रान्तीकरण अनिवार्य है। स्थापित व्यवस्था से लड़ने के वैचारिक-सांस्कृतिक औजार और भी पैने हुए हैं। भारत में स्थापित राजनीति के तौर-तरीकों से ही सही, दलित-शूद्र चेतना का अभूतपूर्व जागरण हुआ है, आम लोगों की जनतांत्रिक आकांक्षाओं का विस्फोट हुआ है। साथ ही, स्थापित राजनीति को चुनौती देनेवाले जनान्दोलनों का उभार भी हुआ है। संक्रमण के इस दौर में यह स्वाभाविक है कि सबका ध्यान उस पर केन्द्रित होगा, जो टूट रहा है, जो खंडित हो चुका है, न कि उस पर जो बच गया है, जो जन्म ले रहा है। किन्तु जैसे-जैसे प्रतिक्रान्ति के उत्सव से उठा गुबार छँट रहा है, वैसे-वैसे यह स्पष्ट होता जा रहा है कि एक नये क्रान्तिधर्म के अनेक सूत्र आज हमारे सामने हैं। इन सूत्रों के जरिये क्रान्तिधर्म को परिष्कृत करने और उसे भारतीय सन्दर्भ में पुन: परिभाषित करने का एक अभूतपूर्व अवसर हमारे हाथ में हैं।

इन सूत्रों का पहला स्रोत पिछले युग की क्रान्तिकारी विचारधारा व राजनीति की समृद्ध विरासत का है। समाजवादी आन्दोलन और वैचारिक परम्परा की विभिन्न धाराओं ने एक सामाजिक संवेदनशीलता का निर्माण किया, जिसने अन्य विचारधाराओं और आन्दोलनों को गहरे तौर पर प्रभावित किया। यह संवेदनशीलता आज भी प्रासंगिक है। नये सन्दर्भ में इसके सगुण स्वरूप को नये सिरे से निरूपित करने पर यह नई क्रान्तिकारिता का आधार बन सकती है। दूसरा प्रमुख स्रोत है, समाजवादी राजनीतिक परम्परा के बाहर पैदा हुए उन विचारों का, जिनका पिछले कुछ दशकों में राजनीतिकरण और क्रान्तीकरण हुआ है। इनमें से नारी मुक्ति आन्दोलन की वैचारिक विरासत, पर्यावरण रक्षा के सिद्धान्त, गांधी विचार और फुले-अम्बेडकर की वैचारिक परम्परा का जिक्र करना जरूरी है।

तीसरा प्रमुख स्रोत है, पिछले दशकों में जनान्दोलनों के अनुभवों से मिली वैचारिक पूँजी का। स्थापित राजनीति के दायरे से बाहर जन्मे इन जनान्दोलनों ने आम लोगों की जनतांत्रिक माँगों को मुखरित किया, उसमें अन्तर्निहित क्रान्तिकारी चेतना का आदर किया, उनमें जीवन्त अनुभवों के आधार पर अपने सिद्धान्त बनाए। जाहिर है, इन जनान्दोलनों से उपजा विचार-पुंज किसी शास्त्रीय विचारधारा की तरह सुव्यवस्थित नहीं है, लेकिन इसी कारण से इसमें एक खुलापन है। अनुभवजन्य आदर्शों, सिद्धान्तों व कार्यक्रमों के उदय को हम नये युग में क्रान्तिधर्म का सबसे महत्त्वपूर्ण स्रोत मानते हैं।

उन सब सूत्रों को गूँथकर नये क्रान्तिधर्म को परिभाषित किया जा सकता है। किन्तु यह प्रक्रिया केवल वैचारिक नहीं होगी। क्रान्ति के सिद्धान्त क्रान्तिकारी राजनीति

करते हुए ही गढ़े जा सकते हैं। इसमें काफी समय भी लग सकता है। किताबी सिद्धान्तों और बनी-बनाई विचारधारा का मोह छोड़कर अनिश्चय और अधूरेपन के साथ आगे बढ़ना होगा। नया क्रान्तिधर्म महज एक दस्तावेज में नहीं सिमट सकता। यह एक सतत वैचारिक प्रक्रिया है। नये क्रान्तिधर्म को स्वीकार करने का अर्थ है, इस प्रक्रिया से निकले विचारों को स्वीकार करना और इसे आगे भी ईमानदारी व प्रतिबद्धता से चलाते जाना।

आज भी समाजवाद का आदर्श व ज्योतिपुंज है जिसके प्रकाश में हम एक नये क्रान्तिधर्म की खोज शुरू कर सकते हैं, किन्तु इस खोज को आगे बढ़ाने के लिए हमें इस आदर्श की नये सिरे से व्याख्या करनी होगी, समता की अवधारणा की पुनः परिभाषा करनी होगी, इससे जुड़ी अनेक प्रचलित मान्यताओं को बदलना होगा, समतामूलक समाज के मूर्त स्वरूप को नये सिरे से निरूपित करना होगा, क्रान्ति की पुनर्व्याख्या करनी होगी और उसके मार्ग व औजारों पर पुनर्विचार करना होगा।

समता की अवधारणा को अक्सर आधुनिक सभ्यता के सन्दर्भ में परिभाषित किया गया है। इस प्रचलित समझ के अनुसार समता का अर्थ है, गरीबी हटाना या सभी व्यक्तियों में आर्थिक बराबरी कायम करना, और इसके लिए जरूरी है सारे समाज की सुख-सुविधाओं में निरन्तर बढ़ोतरी। इस संकुचित अर्थ में समता आज के क्रान्तिधर्म का आदर्शमूल नहीं हो सकती है। जीवन की भौतिक सुख-सुविधाओं में गैरबराबरी को खत्म करना बेशक जरूरी है। कई मायनों में यह जीवन के अन्य पक्षों में समता की स्थापना के लिए अनिवार्य शर्त भी है, लेकिन अपने आप में यह अपर्याप्त है। आज समता को एक व्यापक और गहरे अर्थ में समझना होगा। दुनिया में प्रचलित हर तरह की अन्यायपूर्ण गैरबराबरी—चाहे वह नर-नारी के बीच हो या गोरे-काले के बीच, जाति पर आधारित हो अथवा नस्ल या सम्प्रदाय पर, राष्ट्र के भीतर हो या राष्ट्रों के बीच, को मिटाना समता के आदर्श का अभिन्न अंग है, लेकिन सब तरह के शोषण समाप्त हो जाने पर भी एक आदर्श समतामूलक समाज की स्थापना नहीं हो पाएगी।

अपने व्यापक अर्थ में समता एक सांस्कृतिक मूल्य है, एक जीवनदृष्टि है। इसके मूल में समदृष्टि, यानी अपने समान ही दूसरों को समझना, सबके स्वत्व का आदर और सबके लिए स्नेहभाव इसमें निहित है। स्वयं अपने आचार-विचार को संयमित, स्थिर व सन्तुलित रखना भी इसी आदर्श की माँग है यानी समता के आदर्श में एक समग्रता है जिसमें समानता, समत्व, समदृष्टि, सम्मान व सम्मति अन्तर्निहित है। इस तरह देखने पर समता और स्वतंत्रता या समता और बन्धुत्व एक ही सिक्के के दो पहलू हैं। समता न्याय का मूल है और स्वार्थ का विलोम। केवल अपना हित साधने के लिए दूसरों के विरुद्ध आक्रामकता समता विरुद्ध है। उपभोक्तावादी सभ्यता द्वारा असीमित इच्छाओं की पूर्ति की अन्धी दौड़, समृद्धि की आधुनिक अवधारणाएँ और उन पर आधारित आर्थिक विकास के मॉडल भी समता विरोधी हैं।

समता और आधुनिकता को जोड़कर देखने के कारण अतीत के हर पहलू या परम्परा के विरोध को क्रान्तिकारिता माना जाता रहा है। 'प्रगति' की यूरोपीय अवधारणा को समता का अनिवार्य अंग मान लेने से यह पूर्वग्रह और भी मजबूत हुआ। एक नये युग का क्रान्तिधर्म समझने के लिए इस पूर्वग्रह से मुक्त होना जरूरी है। मानव समाज सदैव परम्पराओं में जीता है। आधुनिकता स्वयं एक परम्परा है। परम्परा कभी एक स्वर में मुखरित नहीं होती। इसकी सदैव एक से अधिक धाराएँ होती हैं। बेशक वर्तमान समाज के अधिकांश समता-विरोधी आचार-विचार की बुनियाद में हमारी परम्पराएँ हैं, लेकिन उनका विरोध करने के प्रेरणा-सूत्र भी हमें परम्परा में मिलते हैं। सम्पूर्ण परम्परा-समर्थन की तरह सम्पूर्ण परम्परा-विरोध भी एक विकृति है जो हमें अपने अतीत से स्वस्थ सम्बन्ध नहीं बनाने देती। इसी तरह आधुनिक पश्चिमी सभ्यता का वर्तमान-केन्द्रित दर्शन सुदूर भविष्य से भी स्वस्थ सम्बन्ध बनाने में बाधक है। आनेवाली पीढ़ियों की कीमत पर 'विकास' करने की प्रवृत्ति का उदाहरण है। समतामूलक समाज की स्थापना के लिए जरूरी है कि हम अतीत से सीखें और भविष्य का संरक्षण करें।

इसी से जुड़ा एक और आधुनिक पूर्वग्रह है। उन्नीसवीं शताब्दी के समाजवादी चिन्तन ने इस विचारधारा को सर्वदेशीय स्वरूप में प्रस्तुत किया और इसे अन्तरराष्ट्रीयवाद के आदर्श से जोड़ा, लेकिन इस आग्रह के चलते स्थानीयता के किसी भी स्वरूप को संकीर्णता का प्रतीक मानकर उसे समता और मानवीय एकता का विरोधी समझा जाने लगा। यह पूर्वग्रह आज भी कायम है और यह तीसरी दुनिया में क्रान्तिकारिता की सम्भावनाएँ चिह्नित करने में एक प्रमुख बाधा है। वास्तव में गाँव, समुदाय या राष्ट्र जैसी एक छोटी इकाई के प्रति लगाव अपने आप में संकीर्णता नहीं है और एक बड़ी इकाई के प्रति निष्ठा अपने आप में उदारता का द्योतक नहीं है। असली बात इकाई का बड़ा या छोटा होना नहीं है, मन का बड़ा या छोटा होना है। निष्ठा का स्वरूप संकीर्ण या उदार होना है। स्थानीयता अपने आप में समता-विरोधी नहीं है। स्वाभिमान और आत्मविश्वास से उपजी स्थानीयता के जरिए ही समता के आदर्श को मूर्त स्वरूप दिया जा सकता है।

अन्तरराष्ट्रीय एक अनुकरणीय आदर्श है, किन्तु सच्ची अन्तरराष्ट्रीयता सभी छोटी इकाइयों से लगाव और उनकी अस्मिता मिटाकर नहीं बल्कि उन्हीं अस्मिताओं के सहज विस्तार के जरिए आएगी। आज के विश्व में अन्तरराष्ट्रीयता के नाम पर समरूपता लाने के प्रयास समता-विरोधी हैं। जब तक अन्तरराष्ट्रीय स्तर पर गैरबराबरी रहेगी, राष्ट्रवाद एक सकारात्मक राजनीतिक शक्ति और विचार के रूप में प्रासंगिक रहेगा, लेकिन राष्ट्रवाद के नाम पर राष्ट्र के भीतर विविधताओं को खत्म कर समरूपीकरण के प्रयास भी समता-विरोधी हैं। शक्तिहीन समूहों द्वारा स्थानीय पहचान व सामुदायिक सम्मान के लिए चलाए जा रहे संघर्ष समतामूलक आन्दोलन का ही एक स्वरूप है।

समता के आदर्श की पुनर्व्याख्या के साथ-साथ इस आदर्श तक पहुँचने के रास्ते और औजारों पर भी पुनर्चिन्तन करना जरूरी है। इसके लिए क्रान्ति की स्थापित अवधारणा को बदलना जरूरी है। क्रान्ति के मूल में गति और उत्कर्ष का विचार है। सामाजिक सन्दर्भ में क्रान्ति का अर्थ है—समाज में गतिशीलता को बढ़ावा देकर उसमें आधारभूत परिवर्तन। किन्तु इस परिवर्तन के लिए हिंसक विप्लव अनिवार्य नहीं है। दरअसल, बीसवीं शताब्दी का इतिहास साफ तौर पर यह दर्शाता है कि हिंसक विप्लव के द्वारा लाए गए परिवर्तन अस्थायी और दिग्भ्रमित होते हैं। उनसे यह गलतफहमी फैलती है कि सत्ता परिवर्तन ही क्रान्ति है, जनता के विचार-परिवर्तन के प्रयास की उपेक्षा होती है और अन्ततः हिंसा नई व्यवस्था का अनिवार्य अंग बन जाती है। गहरे और स्थायी परिवर्तन गैर हथियारबन्द तरीकों से ही लाए जा सकते हैं, विशेषतः भारत जैसे समाज में, जहाँ लोकतांत्रिक व्यवस्था मौजूद है। समाज में आधारभूत परिवर्तन एकाएक नहीं हो सकते। इसलिए क्रान्ति की कल्पना हमेशा एक बड़ी घटना के रूप में करना गलत होगा। क्रान्ति मानव जीवन की सामुदायिक सम्भावनाओं में विस्तार की प्रक्रिया का नाम है।

क्रान्तिकारी रास्तों और औजारों के बारे में सोचते वक्त यह जान लिया जाता है कि वे परम्परागत अर्थ में राजनीतिक होंगे। इसलिए क्रान्तिकारी समूह, चाहे वह हिंसा में विश्वास करें या अहिंसा में, सत्ता की ओर उन्मुख राजनीति को अपना प्रमुख काम मानते हैं। आज इस मान्यता को भी बदलने की जरूरत है। केवल शक्ति या सत्ता-उन्मुख राजनीति के जरिए समाज में क्रान्तिकारी परिवर्तन नहीं लाए जा सकते। हम राजनीति को एक व्यापक अर्थ में परिभाषित करना जरूरी समझते हैं। इस अर्थ में क्रान्तिकारी राजनीति का मतलब सरकार या राज्य के विरुद्ध संघर्ष चलाकर उसी राज्यसत्ता को हासिल करना भी नहीं हो सकता। सत्ता की चुनावी राजनीति की अपनी अहमियत है। कोई भी क्रान्तिकारी समूह इसे पूरी तरह नजरअन्दाज नहीं कर सकता, लेकिन हिंसक विप्लव की तरह चुनावी परिवर्तन भी अस्थायी और छिछले होते हैं। केवल चुनावी राजनीति करने से भी क्रान्तिकारी समूह दिग्भ्रमित होते हैं और जनमानस की उपेक्षा करते हैं। इसलिए हम यह समझते हैं कि सत्ता की राजनीति तभी सार्थक हो पाएगी जब इसे व्यापक सामाजिक-सांस्कृतिक परिवर्तन के संघर्ष और रचनात्मक कर्म से जोड़ा जाए। आज के युग में क्रान्तिकारी राजनीति को धर्म-संस्कृति और ज्ञान-विज्ञान से जीवन्त और सृजनात्मक सम्बन्ध बनाए रखना होगा। इस व्यापक अर्थ में क्रान्तिकारी राजनीति करके ही हम समता के समग्र आदर्श तक पहुँच सकते हैं।

[2017 में सजग द्वारा तैयार परचा]

समाजवाद और सत्ता

प्राक्कथन

वर्तमान अध्ययन समाजवाद या सत्ता पर एक सामाजिक कार्यकर्ता के द्वारा उन विचारों का पुनर्मूल्यांकन करने का प्रयास है जिन्होंने अभी तक समाजवादी आन्दोलन को रूप और आकार दिए हैं। केवल सीधे-सादे या कृतघ्न लोग ही इस बात को अस्वीकार करेंगे कि वर्तमान में समाजवादी आन्दोलन (अपने सभी रूपान्तरों सहित) काफी उलझाव से गुजर रहा है। इस आन्दोलन की मुख्य प्रेरणा एक सदी से भी पहले मार्क्सवाद से मिली थी, लेकिन इस विचार की इतनी ज्यादा परस्पर-विरोधी व्याख्याएँ हुई हैं कि इनसे यह मत या विचार अपना उतना ही ज्यादा अर्थ खो रहा है। साथ ही, इस केन्द्रीय विषय के गिर्द विभिन्न सामाजिक घटनाओं की व्याख्या करने हेतु इतने ज्यादा अधिचक्र बुन दिए गए हैं कि यह सिद्धान्त स्वयं सन्देहास्पद बन जाता है। निस्सन्देह इस उलझाव का अर्थ यह नहीं है कि मार्क्सवाद की पकड़ ढीली पड़ती जा रही है। मार्क्सवाद आज पहले से कहीं ज्यादा लोकप्रिय है। यह उलझाव और पकड़, दोनों ही स्पष्टीकरण की माँग करते हैं।

मार्क्स ने अपनी किताब 'क्रिटिक ऑफ पॉलिटिकल इकोनॉमी' को हीगेल का हिसाब चुकता करने का एक प्रयास माना था। उसी तरह इस लेखक के लिए यह वर्तमान अध्ययन मार्क्सवादी ज्ञान का हिसाब चुकता करने का एक प्रयास है। वह जो समाजवादी आन्दोलन के प्रति नये झुकाव का प्रयास करता है, उसके लिए मार्क्सवाद के विभिन्न पहलुओं में से एक पर ही विचार करना पर्याप्त नहीं है। अतएव, यह आवश्यक हो गया है कि इस अध्ययन को हल्के तौर पर व्यापक क्षेत्र में प्रसारित किया जाए। इसी कारण से सामाजिक घटनाओं को देखने के सम्भव वैकल्पिक तरीकों का अनुमोदन किया गया है। चूँकि सत्ता राजनीतिक आन्दोलनों की मुख्य चिन्ता है, चाहे उनके लक्ष्य जो भी हों, सत्ता और समाजवादी आन्दोलन से इसके रिश्ते के अध्ययन ने विशेष ध्यान ग्रहण किया है।

यहाँ सबको समेटनेवाला वैकल्पिक सिद्धान्त प्रतिपादित करने का प्रयास नहीं है। वस्तुत: प्रत्येक सामाजिक घटना में इतने ज्यादा तत्त्व गुँथे होते हैं कि इस तरह का कोई भी सिद्धान्त यथार्थ को विरूपित ही करेगा। हालाँकि सभी सामाजिक कार्यों में मानवीय चेतना रहती है। इसलिए मानव मन जिस तरह से विभिन्न स्थितियों के

प्रति प्रतिक्रिया करता है, इसका अध्ययन ठोस सामाजिक घटना के घटित होने की व्याख्या करने में उपयोगी हो सकता है। यही वर्तमान अध्ययन की सोच रहा है। यह कह देना जरूरी है कि सामाजिक घटनाओं की आदर्शवादी व्याख्या को पुनर्जीवित करने का कोई प्रयास नहीं किया गया है। यद्यपि मानवीय शरीर और मन महत्त्वपूर्ण है, मनुष्य अपनी चेतना से ही घिरा होता है। यद्यपि मानवीय मन मनुष्य के शारीरिक अस्तित्व की एक अवस्था है, फिर भी अपने मन के जरिए ही मनुष्य अपने अस्तित्व और अपनी चारों तरफ की दुनिया के अस्तित्व से अवगत होता है। निश्चेतन शरीर को समूचे शारीरिक सम्पर्क की जानकारी रुक जाती है क्योंकि मन को शरीर की जानकारी मिलनी बन्द हो जाती है। इसलिए आदर्शवाद का आश्रय लिये बगैर कोई व्यक्ति निश्चित प्रदत्त स्थितियों के प्रति मन की प्रतिक्रिया के शब्दों में सामाजिक घटना को समझने के प्रयास में न्यायसंगत हो सकता है। यह फलदायक हो सकता है क्योंकि उनमें से मनोवैज्ञानिक विशेषताओं में ही आपेक्षिक स्थायित्व रहता है जबकि अन्य सामाजिक प्रसंग दिक् और काल में सदा परिवर्तनशील रहते हैं। यह सोच स्वाभाविक रूप से विकास के सामान्य नियम एवं इतिहास के सामान्य दर्शन को अस्वीकार करती है। इसका अर्थ उस आशावाद का त्याग करना भी है जिसे कसकर थामे रखा जाता है और तब भी यह स्वयं को न्यायसंगत ठहरा पाने में विफल हो जाता है।

इस विचार से समाजवाद ठोस स्थितियों और अभिवृत्तियों के अध्ययन के आलोक में ज्यादातर उन लक्ष्यों को प्राप्त करने की योजना का मामला है जिसे पहले ही अच्छी तरह साफ-साफ कह दिया गया है। एक बार समाजवाद का किलास्मवादी विचार भ्रान्ति के तौर पर अस्वीकार कर दिया जाता है तो समाजवादी लक्ष्य को प्राप्त करने का उपयुक्त माध्यम का विचार अत्यन्त महत्त्वपूर्ण बन जाता है। अन्त में इस प्रश्न का संक्षिप्त विवेचन सत्ता से सम्बन्धित प्रमुख विवेचन के आलोक में किया गया है।

इस अध्ययन के लिए प्रोत्साहित करने व इसमें मदद करने के लिए मैं अपने मित्रों एस. वेंकटराम, कमलेश और रामचन्द्र प्रधान का आभारी हूँ। विशेषकर मैं अपने छोटे भाई प्रभाकर सिन्हा का ऋणी हूँ, जिनकी मदद के बगैर मैं यह अध्ययन शुरू नहीं कर सकता था। मैं इंडियन काउंसिल ऑफ वर्ल्ड अफेयर्स लाइब्रेरी, सप्रू हाउस के लाइब्रेरियन के प्रति धन्यवाद ज्ञापित करता हूँ जिन्होंने लाइब्रेरी की सुविधाएँ मुझे उपलब्ध कराईं। सबसे बढ़कर मैं समाजवादी आन्दोलन के उन सैकड़ों साथी कार्यकर्ताओं का ऋणी हूँ जिनके निःस्वार्थ समर्पण ने मुझमें यह विश्वास बनाए रखा है कि स्वतंत्र और समतावादी समाज सम्भव है, यद्यपि प्रकृति में इस लक्ष्य तक ले जाने की कोई शानदार रूपरेखा दिखाई नहीं देती है।

नवम्बर, 1973

1

'धर्मयुद्ध'

संकल्पन और
सर्जन के बीच
भावना और
प्रतिक्रिया के बीच
पड़ती है, छाया

—टी.एस. इलियट

एक सदी से आदर्शवाद का मजाक उड़ाकर और यथार्थवाद की खोज में ज्यादातर समस्याओं को घाल-मेलकर हम आज उस स्थिति में पहुँच गए हैं जहाँ शीघ्र ही हम उस कहावत को जिएँगे कि 'नरक का मार्ग व्यावहारिक ज्ञान से दिखाई देता है।' इस बुर्जुआ समाज के बुद्धिमान व्यक्तियों ने जिस तरह से युद्ध और शान्ति तथा 'समृद्ध समाज' की समस्याओं का समाधान किया है, इसके लिए उन्हें डाँटना-फटकारना निरर्थक है। उनकी असफलता इतनी दयनीय है कि उसका विस्तार करने की जरूरत नहीं है। ऐसा उन युवाओं के सामने हो रहा है जो नफरत और हताशा में अपनी समूची सभ्यता से विमुख हो रहे हैं, लेकिन बुर्जुआ समाज की इस असफलता में समाजवादी आन्दोलन की सदोषता भी निहित है। सबके बावजूद समाजवादी आन्दोलन की पूरी रणनीति तभी बनाई गई थी जब बुर्जुआ समाज अन्तर्विरोधों से बदहाल हो गया था। हालाँकि यह अवसर गलत लक्ष्यों तक नहीं मुड़ा क्योंकि 'व्यावहारिक ज्ञान' ने इस कार्य में मार्गदर्शन किया था, लेकिन व्यावहारिकता के चक्कर में समाजवादियों ने समाजवादी मूल्यों का और अन्ततः स्वयं लक्ष्य का, त्याग कर दिया है। समाजवादी आन्दोलन किस लक्ष्य को प्राप्त करने चला था और वस्तुतः इसने क्या प्राप्त किया है, इसका एक संक्षिप्त सर्वेक्षण इस चीज को साफ कर देगा।

इतिहास में वैसी कोई निश्चित तारीख या घटना नहीं है जिसके आधार पर यह कहा जा सके कि उक्त तिथि से या उक्त घटना से ही समाजवादी आन्दोलन पैदा हुआ है। उसी तरह, ऐसा कोई एक शानदार विचार नहीं है जिसके बारे में

यह कहा जा सके कि समाजवादी आन्दोलन को इसी से प्रेरणा मिली थी। मुख्यत: 16वीं और 17वीं सदी से अनेक प्रकार के विचार 19वीं सदी में उस विचार और यूटोपिया को आगे बढ़ाने के लिए एक साथ हो गए जिसे समाजवाद के नाम से जाना गया, लेकिन समाजवाद के बारे में इसके अन्दर अनेक तरह के विचार थे, इसलिए परिवर्तन की दिशा की बाबत एक आम राय थी। समाजवादी उद्देश्यों को व्यापक रूप से फ्रांस की क्रान्ति के नारों के रूप में परिभाषित किया गया—समानता, स्वतंत्रता और बन्धुत्व। इन नारों के अन्दर 'सबसे गरीब' और 'सबसे अधिक' शब्द भी शामिल था।

इंग्लैंड के इंडिपेंडेंट्स (स्वतंत्रतावादियों) ने राजा के विरुद्ध संसद की लड़ाई लड़ी थी। इन्हीं के बीच से जिरार्ड विंसटेनसे के नेतृत्व में डिगर्स (कृषकों) की जमात बनी। इसने सभी के लिए समान नागरिक अधिकारों के साथ-साथ समान सम्पत्ति अधिकारों की माँग की। सम्भवत: यह पहला आन्दोलनकारी समूह था जिसने पूर्ण आर्थिक समानता और भूमि सामुदायिक स्वामित्व की वकालत की। फ्रांस की क्रान्ति के दौरान इससे बबूविस्टों के प्रचंड समानतावाद का जुड़ाव हो गया। उनकी तरफ से जारी समतावादियों का घोषणापत्र निम्नलिखित था—"फ्रांसीसी आन्दोलन और कुछ नहीं, बल्कि एक दूसरी क्रान्ति का पूर्वगामी है, वह दूसरी क्रान्ति और ज्यादा आम, और ज्यादा विधिवत और अन्तिम क्रान्ति होगी...बड़े उपायों का क्षण आ गया है। बुराई अपने शीर्ष पर है और यह अपनी अधिकतम सीमा पार कर चुकी है और धरती के चेहरे को ढक रही है। राजनीति के नाम पर अराजकता ने इस पर काफी लम्बे समय तक शासन किया है। प्रत्येक चीज का आदेश होने दीजिए और उसे अपना उचित स्थान ग्रहण करने दीजिए... सामान्य पुन:स्थापना के दिन आ गए हैं। रोते-बिलखते परिवार आते हैं और उस सार्वजनिक टेबुल पर आपको बैठा देते हैं जिसे अपने सभी बच्चों के लिए प्रकृति ने प्रदान किया है।"[1]

यह लगभग ईसाइयत के आरम्भिक धर्मगुरुओं के उस सहस्त्र वर्षीय सपने की तरह था जहाँ कमजोर लोग दुनिया के मालिक बननेवाले थे। आगे, नेशनल ग्रैंड इकोनॉमी के विषय का परिष्कार करने में बबूविस्टों ने यह कहकर इस समतावादी सिद्धान्त पर जोर दिया कि जो कुछ सभी को सम्प्रेषणीय नहीं है, उसे सख्ती से छाँट दिया जाए तथा यह भी कि औसत सामान्यता ही चलेगी। बेबूफ ने कहा कि एक व्यक्ति को अपनी आवश्यकताओं के लिए जितना पर्याप्त है उससे ज्यादा देने का तर्क न्यायसंगत नहीं है। सेंट साइमन को इसका पूर्वानुमान था। उसने ऐसे तंत्र का हवाला दिया था जिसमें सबको अपनी आवश्यकताओं के अनुसार प्रदान किया जाता है। इसी विषय को मार्क्स ने साम्यवाद के लक्ष्य के रूप में स्वीकार कर लिया।

मार्क्स धन और निर्धनता की सापेक्षता के प्रति पूरा सचेत था। उसने मजदूर और पूँजी में इस तरफ इशारा किया था—"घर बड़ा या छोटा हो सकता है; जब तक आसपास के घर समान रूप से छोटे हैं, यह उनमें रहने की सभी सामाजिक माँगों को सन्तुष्ट करता है, लेकिन यदि छोटे घर के बगल में महल बन जाए तो छोटा घर सिकुड़कर झोंपड़ी जैसा लगने लगता है।" यह स्पष्ट था कि धन और गरीबी के आपेक्षिक स्वभाव के उस स्पष्ट शोध के साथ वह पूर्ण आर्थिक समानता के पक्ष में खड़ा होगा। यह कोई आश्चर्यजनक नहीं था कि मार्क्स और एंगेल्स, दोनों में पेरिस कम्यून के उन मजदूरों के लिए बहुत श्रद्धा थी जिन्होंने मजदूरी और वेतन का समानीकरण किया था और नौकरीवाले किसी व्यक्ति को एक कुशल मजदूर के पारिश्रमिक से ज्यादा वेतन या पारिश्रमिक लेने की इजाजत नहीं थी। वस्तुत: फ्रेडरिक एंगेल्स ने पेरिस कम्यून के बारे में सर्वहारा की तानाशाही और मजदूर-राज्य के आद्यप्ररूप के रूप में सोचा था। फिर भी, मार्क्स आगे बढ़ गया। वह न केवल मनुष्यों के बीच पूर्ण आर्थिक समानता चाहता था बल्कि अपनी जीविका के लिए काम करने की अनिवार्यता से मनुष्य की पूर्ण मुक्ति भी चाहता था। इस तरह वह मानवीय समानता के विषय को मानवीय सर्जनात्मकता के ऊँचे स्तर उठाता है। उसके लिए "प्रत्येक को उसकी आवश्यकताओं के अनुसार" तथा "प्रत्येक से उसकी योग्यता के अनुसार" का मतलब ठीक यही था। वह एक ऐसे तंत्र के बारे में सोचता था जहाँ सभी तरह का श्रम प्रेम का श्रम या सृजनात्मक श्रम हो।

काम और मजदूरी के प्रति यह व्यवहार उद्योग में श्रम के विभाजन सम्बन्धी उसके विचार से प्राप्त किया गया था। यद्यपि मार्क्स उत्पादकता के विचार से श्रम विभाजन के मूल्य के प्रति जीवित था, वह तत्काल इसे अमानवीयकरण करनेवाली प्रक्रिया मान बैठा। उसके अनुसार यह मनुष्य के बेगानापन की जड़ में था। उसने यह सवाल रखा :

"तब किस चीज से श्रम का बेगानापन पैदा होता है?"

और आगे इसका जवाब देता है—"अव्वल तो यह एक तथ्य है कि श्रम मजदूर की बाहरी चीज है अर्थात् यह उसके आवश्यक अस्तित्व से जुड़ा नहीं होता है; कि अपने काम में, इसलिए वह स्वयं को स्वीकार नहीं करता है बल्कि अस्वीकार करता है, सन्तुष्ट महसूस नहीं करता है बल्कि असन्तुष्ट रहता है, स्वतंत्र रूप से अपनी शारीरिक और मानसिक ऊर्जा को विकसित नहीं करता है बल्कि अपने शरीर को निष्प्राण बना देता है और अपने मन को नष्ट कर देता है। यह मजदूर इसलिए स्वयं को केवल अपने काम से बाहर महसूस करता है और अपने काम में स्वयं को बाहर पाता है...इसलिए उसका श्रम स्वेच्छया नहीं है बल्कि बलात् है; यह अपनी बाह्य आवश्यकताओं को सन्तुष्ट करने का महज एक साधन है। इसका

बेगाना चरित्र स्पष्टत: इसमें उभरकर सामने आता है कि ज्योंही कोई शारीरिक या अन्य बाह्यता नहीं रहती है, श्रम प्लेग के समान दूर रहता है।"[2]

यह महज किसी युवा ही हीगेलवादी की बेसिर-पैर की बात नहीं है बल्कि जीवन भर का गहरा दृढ़ विश्वास है। यह 'कैपिटल' में मार्क्स द्वारा उद्योग में श्रम विभाजन के किए गए मूल्यांकन से स्पष्ट है—"मन और शरीर की कुछ अपंगता सम्पूर्ण समाज में श्रम विभाजन से भी अलग-अलग यहीं होनेवाली नहीं है। चूँकि उत्पादन श्रम की शाखाओं के इस सामाजिक अलगाव को बहुत आगे तक ले जाता है और इसका विशिष्ट विभाजन कर व्यक्ति की जड़ों पर हमला करता है, औद्योगिक रोग विज्ञान को कच्चा माल और शुरुआत देनेवाला यह पहला कदम है।"

"किसी मनुष्य का उपविभाजन करना यदि वह सजा का पात्र है तो उसे फाँसी देना है, यदि वह सजा का पात्र नहीं है तो उसकी हत्या करना है। श्रम का उपविभाजन एक व्यक्ति की हत्या है।"[3]

मार्क्स के विचार से एक साम्यवादी समाज को किस तरह दिखना चाहिए, इसका रेखांकन करने में यद्यपि मार्क्स ने एक अस्थायी रुचि दिखाई थी, लेकिन अपने एक शुरुआती लेख में उसने अपने विचार की एक झलक दी है जो मनुष्य के बेगानेपन के उसके विचार का सीधा अनुसरण करती है। वह लिखता है—"... ज्योंही श्रम का विभाजन होता है (अर्थात् ज्योंही श्रम का विभाजन विकसित होता है), प्रत्येक मनुष्य के पास एक खास गतिविधि का एकान्तिक क्षेत्र होता है जो उस पर जबर्दस्ती आरोपित कर दिया गया होता है और वह उससे भाग नहीं सकता है। वह एक शिकारी होता है, मछुआरा होता है, गडरिया होता है या गम्भीर आलोचक होता है; और यदि वह अपनी जीविका का साधन गँवाना नहीं चाहता है तो उसे यहीं बने रहना पड़ता है; जबकि एक साम्यवादी समाज में किसी भी व्यक्ति के पास गतिविधि का कोई एकान्तिक क्षेत्र नहीं होता है और प्रत्येक व्यक्ति उस क्षेत्र में कुशल होता है जिसकी उसे इच्छा होती है, समाज ही सामान्य उत्पादन का नियमन करता है और इस तरह मेरे लिए यह सम्भव बना देता है कि एक चीज को आज करें और दूसरी चीज को कल; सदा के लिए शिकारी, मछुआरा, गड़रिया या आलोचक बने बगैर मैं जो चाहे वह करूँ, सुबह में शिकार करूँ; दोपहर में मछली मारूँ, शाम में मवेशी चराऊँ, दिन का भोजन करने के बाद आलोचना करूँ।"[4]

इस तरह अपने मार्क्सवादी निरूपणता (और प्रथमत: हमारा सरोकार मार्क्स से ही है क्योंकि उनके विचार समाजवादी आन्दोलन में प्रबल हो चुके हैं) समानता के इस विचार ने एक ऐसे समाज के बारे में सोचा जहाँ सामाजिक उत्पादों से हर कोई अपनी कल्पना के अनुसार अपनी आवश्यकताओं को पूरा करने का हकदार होता है। उससे इस चीज की परवाह नहीं की जाती है कि समाज के लिए वह क्या करना

चाहता है। इस तरह इस विचार ने पेशे की पसन्द की पूँजी स्वतंत्रता को समानता की सबसे ऊँची कल्पनीय डिग्री के साथ मिला दिया। समानता की इस अभिवृत्ति के निश्चित दूरगामी निहितार्थ थे। इसने यांत्रिक समानता की वैधता को अस्वीकार कर दिया। ऐसी सम्पन्नता अन्ततः यह कमजोर लोगों के लिए हानिकर हो सकती है और उन्हें विशेष सुरक्षा की जरूरत पड़ सकती है। यह 'अवसर की समानता' के उस विचार का भी विशेष रूप से विरोधी था जो केवल 'योग्यतम' की अन्तर्जीविता को सुनिश्चित करता है। दूसरी तरफ यह एक दृष्टिकोण था जिसने गड़बड़ और भद्दे व्यक्ति को भी जीवन का पूर्ण आनन्द सुनिश्चित किया तथा उसको संरक्षित किया। यह मानव प्राणियों के अपने रवैये में नीत्शे और नाजीवाद के बिलकुल विपरीत भी था। इसमें शक्तिहीन और स्वप्नदर्शी के सिर निर्बाध चिन्ता अन्तर्निहित थी। और यह अन्तिम चिन्ता न केवल गहरे अन्तर्निहित ईसाई पूर्वग्रह की एक गूँज है बल्कि आधुनिक सभ्यता के सबसे उच्च मूल्यों की चिन्ता है। अन्ततोगत्वा विज्ञान अपने स्वप्नदर्शियों के कारण पाकशास्त्र (जैसा हक्सले के ब्रेव न्यू वर्ल्ड में) बनने से बच गया है। उसी प्रकार ये स्वप्नदर्शी ही हैं जो कला को अश्मीभूत रूपों का आवर्ती भंडार बनने से बचाव करते हैं।

यद्यपि साम्यवादी शब्दावली में 'आजादी' सामान्यतः बुर्जुआ से सम्बद्ध होने के कारण बहुत ज्यादा दूषित शब्द हो गया है, वस्तुतः यह एक वास्तविक अकुलीन मूल से उत्पन्न हुआ शब्द है। साथ ही, वैज्ञानिक समाजवाद के प्रवर्तकों ने उसी सिद्धान्त की सेवा के लिए राजनीति में अपना प्रथम प्रयास किया। यह इतिहास की विडम्बनाओं में शामिल है कि साम्यवादी और पूँजीपति, दोनों अपने पारस्परिक लाभ के लिए यह दिखलाने का प्रयास करते हैं कि आजादी बुर्जुआ सम्पत्ति से अवियोज्य है। हालाँकि समानता के मामले की तरह ही यहाँ हम आजादी के आधुनिक सिद्धान्त के लिए क्रॉमबेल सेना में विद्यमान इंडिपेंडेंस के ऋणी हैं। जिस तरह राजा की तानाशाही से जनता के संघर्ष ने स्वयं को प्रसारित कर लिया था, उसी तरह सामान्य कानून के ज्ञाताओं के प्रयास के जरिए इंग्लैंड में 'जीवन, स्वतंत्रता और सम्पत्ति' के अधिकारों को पहचान मिली। हालाँकि आजादी के सिद्धान्त को विस्तारित किया गया और इसमें उन इंडिपेंडेंस और मिल्टन के प्रयासों के जरिए विश्वास की स्वतंत्रता और अभिव्यक्ति की स्वतंत्रता को शामिल कर लिया गया। व्यक्ति के अधिकार सम्बन्धी सिद्धान्त के लिए भी हम लेबलर्स के ऋणी हैं। उन्हीं लोगों के जोर से जनता के अधिकार को व्यक्ति के अधिकार में परिवर्तित किया गया। वस्तुतः पाइम और हैम्पडेन की प्रतिनिधित्ववाली संसदीय पार्टी का बुर्जुआ समूह अपने वर्ग के अधिकारों, खासकर सम्पत्ति के अधिकार से सन्तुष्ट था। हालाँकि इंडिपेंडेंस की मौलिक इच्छा से स्वातंत्र्यवादी नारों को स्वीकार करने के लिए दबाव दिया गया क्योंकि राजा के विरुद्ध संघर्ष की गम्भीरता के कारण संघर्ष की स्थिति बन गई थी।

स्वतंत्रता के विचार के आगे 17वीं सदी से प्राकृतिक विज्ञान की द्रुत प्रगति से सुदृढ़ किया गया। यह बहुत अधिक स्पष्ट होता जा रहा था कि विज्ञान का विकास अधिकांशत: उन रूढ़िवादी तत्त्वों से अपनी आजादी पर निर्भर था जिनका प्रतिनिधित्व परम्परानिष्ठ चर्च करता था। यह स्वाभाविक था इसलिए कि फ्रांसीसी क्रान्ति जो विवेक के युग का उद्घाटन करना चाहती थी, इसने आजादी को एक उच्चाधार पर रख दिया, लेकिन ज्यादा उमंग में आ जाने के कारण यह उस वक्त गम्भीर विपथन का शिकार हो गया जब इसने 'आजादी की तानाशाही' स्थापित करने का प्रयास किया। हालाँकि इस अस्थायी क्षति ने भावी पीढ़ी के पक्ष में उस मूल्य को विरूपित नहीं किया जिसे कि मनुष्य ने अर्जित किया था। कम-से-कम उस युवा मार्क्स पर इसका जादू कायम रहा जो जर्मनी के अन्य युवाओं के साथ प्रजातांत्रिक जर्मनी का सपना देख रहा था। इस तरह हम उसे रिनेशे जेइटुंग में प्रेस की आजादी और प्रेस पर प्रतिबन्ध के बारे में लिखता हुआ पाते हैं—"प्रतिबन्धित प्रेस अच्छी सामग्रियों को भी प्रकाशित करे, तब भी बुरा ही होता है, प्रतिबन्धित प्रेस के अन्तर्गत अच्छी सामग्रियाँ यदि स्वतंत्र प्रेस का प्रतिनिधित्व करती हैं तभी अच्छी होती हैं क्योंकि वे उस चरित्र का हिस्सा नहीं होती हैं कि प्रतिबन्धित प्रेस के उत्पाद बन जाए। स्वतंत्र प्रेस यदि बुरी चीजों का प्रकाशन करता है तो भी अच्छा होता है क्योंकि ये चीजें स्वतंत्र प्रेस के चरित्र में पक्ष-त्यागी होती है। हिजड़े के पास अच्छी आवाज हो तब भी वह एक बुरा व्यक्ति ही होता है। प्रकृति पूर्ण घात प्रकट करने पर भी अच्छी ही रहती है।"[5]

प्रेस की आजादी की और ज्यादा बेशर्त सुरक्षा ढूँढ़ पाना कठिन है। हम ऊपर में उपर्युक्त में देख चुके हैं कि मार्क्स के अनुसार प्रेस स्वतंत्रता बुरे विचारों के प्रकाशन करने के बावजूद अच्छी थी जबकि प्रतिबन्धित प्रेस अच्छे विचारों का प्रकाशन करने के बाद भी बुरा था। मार्क्स ने प्रेस पर प्रतिबन्ध जैसे प्रयास को पूरी तरह अस्वीकार किया और यह कोई उनकी जुबान की फिसलन नहीं थी। उन्होंने निर्भीकता से आजादी के इस प्रेम की कीमत चुकाई। उन्हें तत्काल अपना देश छोड़ना पड़ा और वह लगभग जीवन भर निर्वासित रहे तथा तानाशाही के विरुद्ध लड़ते रहे। आजादी के इस प्रेम को उनकी राज्य और नौकरशाही के प्रति अरुचि में भी देखा जा सकता है। यद्यपि अराजकतावादियों से वह इस बात पर सहमत नहीं था कि समाजवादी आन्दोलन के प्रथम कार्य के रूप में राज्य को खत्म कर दिया जाना चाहिए, लेकिन इस बात पर सन्देह नहीं था कि राज्य अन्तत: एक समाजवादी समाज के तहत निश्चित रूप से खत्म हो जाएगा। इसलिए यह देखना आश्चर्यजनक नहीं है कि मार्क्स और एंगेल्स ने पूरे जोश में पेरिस कम्यून को अपना लिया। उन्हें इसमें भविष्य के मजदूर राज्य के बीज दिखाई पड़े—एक ऐसा राज्य, जो सेना और नौकरशाही से रहित हो। बाद में जब लेनिन ने सुधारवादी समाजवादियों के

साथ मजदूर राज्य की प्रकृति से सम्बन्धित विषय को लिया तो उसने मार्क्स और एंगेल्स के इस विचार के आधार पर 'सशस्त्र जनता का राज्य' के अपने सिद्धान्त को न्यायसंगत बतलाया। 'सर्वहारा की तानाशाही' शब्द, जिसका प्रयोग 'क्रिटिक और गोथा प्रोग्राम' में हुआ था, का प्रयोग असली तानाशाही को इंगित करने की बजाय प्रतीकात्मक तौर पर किया गया था।

बन्धुत्व का विचार जो फ्रांसीसी क्रान्ति के दौरान केवल उसी राज्य की जनता तक सीमित था, आगे चलकर फैला और पूरी दुनिया के लोगों को गले से लगाया। समाजवादी लक्ष्य के इस पहलू पर जोर देने के लिए 'कम्युनिस्ट घोषणापत्र' इस आह्वान के साथ समाप्त होता है कि दुनिया के मजदूरों एक हो। समाजवादी आन्दोलन ने सभी मनुष्यों के भाईचारे को साम्राज्यवादी प्रभुत्व से विभिन्न राष्ट्रों की आजादी के साथ मिला देने का प्रयास किया। यह महत्त्वपूर्ण है कि मजदूरों ने पूरे यूरोप में रूस द्वारा पोलैंड के किए गए अधीनीकरण का जबर्दस्त विरोध किया। वस्तुत: यह इस घटना के प्रभाव से हुआ था कि वर्ष 1864 में अन्तरराष्ट्रीय मजदूर संघ की स्थापना हो गई थी। अपने आरम्भिक वर्षों में सोशलिस्ट इंटरनेशनल जितना अमेरिका के नीग्रो दासों के भाग्य के बारे में लेकर चिन्तित था उतना ही यूरोपीय सर्वहारा के भाग्य को लेकर चिन्तित था, इस तरह समाजवादी भाईचारे ने विभिन्न संस्कृतियों और नस्लों से आनेवाले सभी मनुष्यों को समान रूप में गले लगाया।

यह स्वीकार किया जा सकता है कि आदर्श सामान्यतया जरा ऊँचे टँगे होते हैं और वास्तविक जीवन में केवल इसके नजदीक पहुँचने की आशा की जा सकती है, लेकिन क्या समाजवादी आन्दोलन कहीं भी अपने मूल लक्ष्यों के करीब पहुँचा है? क्या इसने कभी वह दिशा पकड़ी है जो वहाँ इसका नेतृत्व कर सके? इस दिशा में समाजवादी आन्दोलन की उपलब्धियों के संक्षिप्त सर्वेक्षण को हाथ में लेना प्रासंगिक है।

यह काम करने के लिए हम साम्यवादी आन्दोलन, सुधारवादी समाजवाद और अविकसित दुनिया में प्रकट हो रहे समाजवाद के सिद्धान्त की भी जाँच करेंगे और देखेंगे कि कहाँ तक के समाजवादी आन्दोलन के मूल आदर्शों के नजदीक आते हैं, लेकिन इसको करने के पहले विचार में उस प्रक्रिया को रखना आवश्यक होगा जिसका विचार मार्क्स और एंगेल्स ने दिया था, जिसे समाजवादी आन्दोलन ने औद्योगिक बुर्जुआ समाज के विकास के साथ अपना लिया था। अन्य समाजवादियों से भिन्न मार्क्स और एंगेल्स ने, जिन्होंने अपने समाजवाद को वैज्ञानिक बताया, भलमनसाहत के सिद्धान्त को अस्वीकार कर दिया अर्थात् उस विश्वास को कि समाजवादी अपनी सदिच्छा और निजी प्रयासों से पूर्वकल्पित योजना पर आधारित समाज की रचना कर सकते हैं। दूसरी तरफ उन्होंने इस चीज में विश्वास किया कि बुर्जुआ समाज अपने निजी गतिविधियों के कारण खत्म हो जाएगा। उन्होंने अपने

अध्ययनों के आधार पर यह अनुमान लगाया कि पूँजीवाद का विकास निम्न बुर्जुआ उत्पादकों के समाज के मध्यवर्ग की प्रगतिशील समाप्ति में फलित होगा। इस तरह समाज अन्तत: दो वर्गों में विभक्त हो जाएगा—पहले वर्ग में मुट्ठी भर पूँजीपति रहेंगे तथा दूसरे वर्ग में काफी संख्या में सर्वहारा होंगे। उन्होंने यह भी बतलाया कि सर्वहारा से अधिकतम अतिरिक्त मूल्य निचोड़ने के अभियान के कारण सर्वहारा की दयनीयता दिनोदिन बढ़ती जाएगी। इस तरह सर्वहारा जैसे-जैसे उनके अन्दर वर्ग चेतना आती जाएगी, वे स्वयं को आत्मसुरक्षा में संगठित करते जाएँगे। आगे उन्होंने इशारा किया कि मुनाफा के लुढ़क जाने की स्वाभाविक प्रकृति के कारण जिस तरह से पूँजी का घटक जिसका प्रतिनिधित्व मशीनरी वगैरह करती है, उस घटक के सम्बन्ध में जिसका प्रतिनिधित्व श्रम करता है, विकसित होता है, यह काल्पनिक होता है। तंत्र स्वयं देर-सबेर आधे पर आ जाता है। साथ ही उपभोग पर उत्पादन का अधिशेष विशाल मजदूर संख्या के दरिद्रीकरण तथा स्वयं बुर्जुआ उत्पादन के अराजकतावादी स्वभाव के फलस्वरूप पूँजीवादी व्यवस्था अत्यधिक उत्पादन के आवधिक संकटों के अधीन हो जाएगी और इससे पूँजीवादी अर्थव्यवस्था की पूरी प्रणाली ठप्प पड़ जाएगी। इसलिए अपने पूर्वानुमान के अनुसार उस उन्नत औद्योगिक समाजों के सर्वहारा, जहाँ ऐसी अवस्थाएँ पहले ही परिपक्व हो गई थीं, राजनीतिक सत्ता को जब्त कर लेंगे, पूँजीपतियों को बेदखल कर देंगे और समाजवादी दिशा में समाज को संगठित करेंगे।

हालाँकि वास्तविक घटनाएँ थोड़ा भिन्न तरीके से घटित हुईं जिनसे समाजवादी आन्दोलन में गम्भीर समस्याएँ और वाद-विवाद पैदा हो गए। यूरोप में इस पूर्वानुमान के विपरीत दो प्रवृत्तियाँ विकसित हो गईं। पहली प्रवृत्ति यह कि मध्यवर्ग के बारे में सोचा गया था कि यह गायब हो जाएगा, लेकिन गायब नहीं हुआ। वस्तुत: एक नया मध्यवर्ग जिसमें खुशहाल मजदूर, दुकान में काम करनेवाले, पेशेवर लोग वगैरह शामिल थे, पैदा हो गया। दूसरी प्रवृत्ति यह कि विकास कर रहे औद्योगीकरण से सर्वहारा का उत्सर्जन नहीं हुआ। शोषण की उस तीव्रता के कारण सर्वहारा के द्वारा बराबर के उपाय किए जाने लगे। इस तरह उन्होंने अपनी स्थिति में सुधार हेतु संघर्ष करने के लिए शक्तिशाली ट्रेड यूनियनों का गठन कर लिया। उन्होंने मताधिकार के लिए भी संघर्ष किया और अनेक औद्योगिक राष्ट्रों में इसे प्राप्त कर लिया। इस तरह वे पूँजीपति वर्ग से निश्चित छूट लेने के लिए राजनीतिक सत्ता का इस्तेमाल करने के योग्य बन गए। इस तरह कुल मिलाकर उनकी भौतिक स्थितियाँ खराब होने की बजाय अच्छी हो गईं।

19वीं सदी की लगभग समाप्ति के समय इन बदलावों के आलोक में सोशल डेमोक्रेसी के बर्नस्टीन ने मार्क्स के मूल सिद्धान्त में संशोधन का प्रस्ताव दिया। उसमें बतलाया कि चूँकि मजदूर वर्ग की हालत खराब होने के बदले अच्छी हो

रही है, इसलिए इसमें कुछ आन्दोलनकारी सरगर्मी कम होती जा रही है और इसे आन्दोलनकारी मार्ग पर चलने के लिए प्रेरित नहीं किया जा सकता है। उसने आगे यह भी कहा कि राज्य नग्न वर्ग शासन का उपकरण बनने के बदले मजदूर वर्ग के दबाव का सहज अनुगामी साबित हो रहा है और मजदूर वर्ग के कल्याण हेतु अनेक लाभदायक उपायों के लिए जवाबदेह है। इसलिए उसने एक विकासात्मक समाजवाद के लिए आन्दोलनकारी विचार का परित्याग कर देने की सलाह दी जिसमें प्राथमिक जोर संसदीय राजनीति में भागीदारी एवं राज्य पर मजदूर संगठन के दबाव के माध्यम से मजदूर वर्ग की हालत में सुधार पर दिया गया था।

उस वक्त इस सुझाव को सोशल डेमोक्रेसी के लगभग समूचे नेतृत्व द्वारा और तब के यूरोपीय मार्क्सवाद के मान्य नेता कार्ल कौटस्की द्वारा भी—विरोध के कोरस के रूप में लिया गया, लेकिन दो दशकों से कम अवधि के भीतर ही यह साबित हो गया कि संशोधनवाद ने समाजवादी आन्दोलन में इतना ज्यादा काट-छाँट कर दिया था कि इसकी प्रकट अभिव्यक्ति से इन्हें नापा नहीं जा सकता था। इसकी गम्भीर जाँच प्रथम विश्वयुद्ध से हो गई। इस अवसर पर रूस के बोल्शेविकों और इधर-उधर छितराए कुछेक समाजवादियों को छोड़कर समाजवादी आन्दोलन के सभी नेता जो अपने पूर्व के निर्णय के बावजूद हर साल यह दुहराते रहे कि सर्वहारा के सहयोजित कार्य से ही युद्ध की शीघ्र समाप्ति हो सकती है, उग्र राष्ट्रीयता के शक्तिशाली उभार के समक्ष झुक गए। मजदूर अधिकांश अपने समाजवादी नेताओं के आशीर्वाद से पारस्परिक वध हेतु लड़ाई के रास्ते पर चल दिए।

युद्धोत्तर वर्षों में समाजवादी प्रजातंत्र का रिकॉर्ड और भी खराब हो गया। इस अवधि में जिन संकटों ने यूरोप को घेरा हुआ था, उन संकटों के समक्ष उनकी झुक जानेवाली नीति ने 1923 में इटली में फासीवाद तथा इसके दस वर्ष बाद जर्मनी में नाजीवाद के समक्ष उन्हें झुक जाने को मजबूर कर दिया। इस तरह उनका निर्बाध और शान्तिपूर्ण प्रगति का सपना बन्दी शिविरों और धरती के वृहत्तर भाग पर जैकबूट के पदचाप के दु:स्वप्न में बदल गया। और इन विकासों के परिणाम के तौर पर हमें द्वितीय विश्वयुद्ध भी देखने को मिला। इसने पूरी दुनिया को बर्बरता के किनारे ला दिया। अकेले स्वीडन में, जो इस युद्ध की तबाही से बच गया था, समाजवादी प्रजातंत्र (सोशल डेमोक्रेसी) का करीब चालीस वर्षों तक निर्बाध रूप से शासन रहा। इस दरम्यान निस्सन्देह उन्होंने मेहनतकश लोगों के जीवन में काफी सुधार लाया है, लेकिन इस प्रक्रिया में समाज में मौलिक परिवर्तन लाने की उनकी भूख पूर्णतया समाप्त हो चुकी है। इस तरह मजदूर वर्ग और इसके नेतागण पूँजीवादी अर्थव्यवस्था की समृद्धि में खुशी-खुशी हाथ बँटाते हैं। इस पूँजीवादी अर्थव्यवस्था को मजबूत करने में उनका काफी योगदान रहा है। द्वितीय विश्वयुद्ध के बाद समाजवादियों ने उस सुधारवाद की औपचारिकता निभाने का प्रयास किया जिसका अभ्यास वे करीब

आधी सदी से कर रहे हैं। उन्होंने पूँजीवादी उपक्रम का भार लेने के विचार का लगभग खंडन किया है। इंग्लैंड में ही, जहाँ राष्ट्रीयकरण के विचार को अभी भी पूरी तरह से छोड़ा नहीं गया है, सी.ए.आर. क्रॉसलैंड ने कम्युनिस्ट घोषणापत्र की आरम्भिक पंक्ति की हँसी उड़ाते हुए जोश के साथ यह उद्घोषित किया—"एक प्रेत यूरोप के पीछे पड़ गया है और वह प्रेत संशोधनवाद का प्रेत है", जबकि वह अपनी समझ के समाजवाद के भविष्य के लिए अपनी नीतियों का अनुमोदन कर रहा था।

उनकी सोच के पीछे का तर्क यह है कि पूँजीपति वर्ग को बेदखल किए बिना ही सम्पत्ति मालिकों की आय को इस तरह से बाँटना सम्भव है कि वह लोगों की जीवन दशाओं में काफी समानता पैदा कर सके। इसलिए वे समाजीकरण उपायों को समाजवादी आन्दोलन के लिए अत्यन्त अनावश्यक समझते हैं। हालाँकि यद्यपि हम सम्पत्ति मालिकों एवं श्रम शक्ति के विक्रेताओं के बीच के मौलिक मनोवैज्ञानिक अन्तरों की उपेक्षा करते हैं, यह दावा कि राजनीतिक दबाव और सामूहिक मोल-तोल महत्त्वपूर्ण ढंग से राष्ट्रीय आय के वितरण के अनुपात को बदल सकता है, जाँच भी बर्दाश्त नहीं करता है। कोल और पोस्टगेट ने एक अध्ययन में दिखाया है कि कम-से-कम वर्ष 1946 तक श्रमिक वर्ग के पक्ष में राष्ट्रीय आय के अंश में कोई मूल्यांकन बदलाव नहीं हुआ है। वे लिखते हैं—"उनके भिन्न तिथियों के प्राक्कथनों के अनुसार, मजदूरी बिल स्पष्टत: राष्ट्रीय आय का नियत अनुपात बना रहता है। यह 1911 में 38.5 प्रतिशत, 1924 में 39.5 प्रतिशत, 1929 में 37 प्रतिशत तथा 1939 में 40 प्रतिशत दिखाया गया है...1938 में यह आधिकाधिक रूप से 37.5 प्रतिशत दिखाया गया है। किराए के साथ मुनाफा और सूद—अर्थात् सम्पत्ति से आय—का आकलन 1911 में मोटे तौर पर 51 प्रतिशत, 1924 में 40 प्रतिशत, 1929 में 42 प्रतिशत, 1931 में 36 प्रतिशत और 1938 में 37 प्रतिशत किया गया है, लेकिन ये आँकड़े तब तक गड़बड़ हैं जब तक कि इन्हें वेतन से आय में वृद्धि के साथ नहीं लिया जाता है—1911 में कुल के 10.5 प्रतिशत से लेकर 1924 में 20.5 प्रतिशत, 1929 में 21 प्रतिशत, 1931 में 23.5 प्रतिशत और 1938 में 24 प्रतिशत। चूँकि वेतन में यह असाधारण अभिवृद्धि काफी हद तक संयुक्त स्टॉक संगठन के विकास का परिणाम है जो निजी मुनाफाखोरों को वेतनभोगी निदेशकों और प्रबन्धकों में रूपान्तरित कर रहा है।"[6]

और वे आगे लिखते हैं—"किराया, सूद और मुनाफा वस्तुत: उद्योग के उत्पाद के अनुपात को 1938 की तुलना में 1946 में ज्यादा प्रस्तुत करता था (37.3 प्रतिशत के विरुद्ध 37.7 प्रतिशत)"[7]

इंग्लैंड में लेबर पार्टी और कंजर्वेटिव पार्टी की सरकारें बारी-बारी से बनती रही हैं, लेकिन तभी से लेबर सरकार ने इस अंश में बड़ा बदलाव लाने के लिए कुछ नहीं किया है। मजदूरी, वेतन इत्यादि के मौलिक सम्बन्ध कमोबेश अबाधित रहते हैं, लेकिन इन समाजवादी पार्टियों की नीतियाँ शस्त्रीकरण, उपनिवेश और

अविकसित राष्ट्रों के प्रति रवैये जैसे सवालों पर काफी दयनीय रही हैं। इन सभी मामलों पर वे पूरी तरह अतीत की पूँजीवादी-साम्राज्यवादी नीतियों की विरासत ढोती हैं। इन विषयों पर उन्होंने जो कुछ भी थोड़ी सी रियासतें दी हैं वे अनिच्छुक ढंग से परिस्थितियों के दबाव के अन्तर्गत हुई हैं।

हालाँकि इन सुधारवादी समाजवादियों के पक्ष में कहा जा सकता है कि आजादी के प्रति उन्होंने थोड़ा सम्मान प्रदर्शित किया है, लेकिन यह सरोकार भी बेशर्त नहीं रहा है। यह उनके द्वारा शासित और औपनिवेशिक लोगों के प्रति उनके रवैये से दृष्टिगोचर हुआ है। यह कह पाना कठिन है कि आजादी के प्रति उनका यह लगाव इंग्लैंड और स्वीडन जैसे देशों की विशेष स्थितियों के द्वारा प्राप्त किया गया है या इसके प्रति उनकी अपनी प्रतिबद्धता के द्वारा प्राप्त किया गया है।

सुधारवादी इस पथभ्रष्टता को तीन तरह से न्यायसंगत ठहराते हैं। पहले स्थान पर यह कहा जाता है कि चूँकि मध्यवर्ग आबादी का एक महत्त्वपूर्ण समूह बन गया है इसलिए चुनाव में इन लोगों का समर्थन लिए बगैर सत्ता में आना सम्भव नहीं है। अतएव मध्यवर्ग को अपील करनेवाली योजना तैयार की जाती है और इस प्रकार की योजना क्रान्तिकारी नहीं हो सकती है। दूसरी चीज यह कि श्रमिक वर्ग के एक समूह ने स्वयं समृद्धि के माध्यम से एक हैसियत का बोध प्राप्त कर लिया है और वह स्वयं को निम्नवर्ग के साथ पहचानना नहीं चाहेगा और इसलिए वह किसी आन्दोलनकारी नीति का समर्थन नहीं करेगा। और अन्ततः यह कि बुर्जुआ एक निश्चित बिन्दु से आगे का दबाव बर्दाश्त नहीं करेंगे और पूर्णतया बेदखली का कोई भी प्रयास एवं गृहयुद्ध को औंधे मुँह गिराने का कारण बन जाएगा—इस कीमत को वे भविष्य के किसी 'यूटोपियन' लक्ष्य हेतु सम्मान्य नहीं समझते हैं। इस तरह योजनाओं के प्रकटीकरण का जो भय समाजवादियों के अन्दर व्याप्त था, उसने इस पहल को बुर्जुआ के पाले में कर दिया है। एक परिणाम के तौर पर समाजवाद से समाजवादी आन्दोलन में बहुत पीछे हो गया है। इस तरह इंग्लैंड में भी जहाँ श्रमिक वर्ग के लिए सबसे ज्यादा अनुकूल स्थिति है, लेबर और कंजर्वेटिव पार्टियों का अन्तर सीमान्त हो गया है। समाजवाद वोट लेने के लिए श्रमिकों की पारम्परिक वफादारी को जगाने का केवल एक मंत्र प्रयोग बन गया है।

मार्क्स और एंगेल्स ने सोचा था कि समाजवादी आन्दोलन पहले विकसित औद्योगिक राष्ट्रों में ही शुरू होगा, लेकिन उनकी आशाओं के विपरीत क्रान्तिवाद का भार बोल्शेविकों के नेतृत्व में पिछड़े रूस के श्रमिक वर्ग पर आया। बस रूसी क्रान्ति से कुछ समय पहले लेनिन ने 'राज्य और क्रान्ति' पुस्तक लिखी थी जिसमें उसने एक कम्यून राज्य के विचार की वकालत की थी—अर्थात् सशस्त्र जनता का राज्य। अक्टूबर क्रान्ति की पूर्व सन्ध्या पर भी उसने इस विचार को अपनी 'अप्रैल थीसिस' में भी दुहराया था।

जार सेना के सिपाही अपने बल पर मताधिकार का प्रयोग करना सीख चुके थे, लेकिन लेनिन के नेतृत्व में बोल्शेविकों ने इस जार सेना को चकनाचूर कर दिया। इससे सोवियतों में संगठित आन्दोलनकारी सेना को एक सशस्त्र जनता का चरित्र अवश्य मिला। सोवियतों में स्वत:स्फूर्त स्वयं को संगठित करनेवाले मजदूर, किसान और सिपाही, अत्यल्प आपूर्ति ही सही लेकिन सभी वस्तुओं (तथाकथित युद्ध साम्यवाद के अन्तर्गत) के वितरण में लगभग समानता, जार शासन की अधीनता भी लम्बे समय तक रही राष्ट्रीयताओं को स्वयं की स्वतंत्र घोषित करने का अधिकार, इन सारी चीजों ने क्रान्ति के सपने के एक पहलू को साकार किया, लेकिन अधिकांश लोग जो उत्फुल्लित हो रही क्रान्ति के दिलचस्प नजारे से प्रभावित होकर क्रान्ति से जुड़े थे, उस विकार को देख पाने में असफल रहे जो इस क्रान्ति के केन्द्र में पनप रहा था। जरझिंस्की एक धुँधले कोने में पहले से ही उस उपकरण को तेज कर रहा था जिसने विभिन्न नामों से आज तक सोवियत नागरिकों के जीवन पर धमकी भरे ढंग से अस्पष्ट दिखाई दिया है—वोगारिक यानी चेक, लेकिन स्वयं में उसे एक धमकी साबित नहीं होना चाहिए था। सबके बावजूद रूसी जनता जारवादी ओखराना को चुनौती दे चुकी थी और हर चीज सही दिशा में जा रही थी। चेक उस खुफिया संगठन जो अपना मकसद पूरा कर समाप्त हो जाती है, से बड़ा नहीं रहा होगा।

परन्तु घटनाओं और विचारों, दोनों ने मिलकर आन्दोलन को स्वयं को ही पराजित करनेवाली दिशाओं में धकेलने का षड्यंत्र रचा। लम्बे समय तक चलनेवाले गृहयुद्ध से परेशानी उत्पन्न हुई क्योंकि प्रभुत्वशाली यूरोपीय सत्ताएँ खुल्लमखुल्ला प्रतिक्रान्तिकारी तत्त्वों के समर्थन में आ प्रकट हुईं। इस तरह की स्थिति से चिपके सन्देह और असहिष्णुता के साथी उन बोल्शेविकों का मसीही आत्मविश्वास जोड़ दिया गया जो स्वयं को सर्वहारा की क्रान्ति के इतिहास द्वारा चयनित उपकरण मानते थे।

इस विश्वास में वे मार्क्स और एंगेल्स के सिद्धान्तों से लैस थे जिनका मानना था कि मानव इतिहास परिवर्तन की एक अनूठी निर्धारित प्रक्रिया है जिसमें महत्त्वपूर्ण कारक नींव हैं। इन कारकों के अनुरूप विभिन्न सामाजिक सम्बन्ध पैदा हुए जिन्होंने विचारों और विचारधाराओं को निर्धारित किया। मानव इतिहास को मोटे तौर पर चार चरणों में बाँटा गया। सबसे पहला चरण आदिम साम्यवाद का था अर्थात् एक ऐसा समाज जिसमें वर्ग विभाजन नहीं था। इसके बाद दासता का युग आया जिसमें समाज दास और दास-स्वामियों के बीच बँटा हुआ था। इससे सामन्ती व्यवस्था पैदा हुई जिसमें बुनियादी सामाजिक विभाजन सामन्त मालिकों और दासों के बीच था। अन्तत: बुर्जुआ समाज अस्तित्व में आया जहाँ समाज मुट्ठी भर पूँजीपतियों और विशाल संख्यावाले सर्वहाराओं के बीच विभक्त था। इसे उन लोगों ने समाज का आखिरी चरण माना जिसमें कि वर्ग प्रतिरोध व्याप्त था। इसका अनुसरण

सर्वहारा समाजवादी आन्दोलन ने किया जहाँ सारे वर्ग विभाजन गायब हो गए तथा एक साम्यवादी समाज की स्थापना हुई। मार्क्स और एंगेल्स ने अपने समाजवाद को वैज्ञानिक कहा था क्योंकि उनकी सोच थी कि उन्होंने समाज के विकास का वैज्ञानिक नियम ढूँढ़ लिया है। इस नियम से जैसाकि उनका विश्वास था, उन्होंने उस अपरिहार्य मार्ग को ढूँढ़ लिया है जिसका मानव इतिहास अनुसरण करता है। उसी नियम ने उनको विश्वास दिलाया कि एक बार जब बुर्जुआ का सम्पत्ति सम्बन्ध समाप्त हो जाए तो साम्यवाद को आवश्यकता का अनुसरण करना चाहिए। उन्होंने इससे अनुमान लगाया कि सरसरी नजर में वह एक जो आनुषंगिक दिखता है, वह अन्ततः इतिहास की आकस्मिक कड़ी का एक जुड़ाव है। इस तरह स्वतंत्रता का मतलब था, आवश्यकता का मूल्यांकन। इसका अर्थ हुआ, स्वतंत्रता मात्र उन तत्त्वों की जानकारी है जो मनुष्य को एक खास दिशा में जाने के लिए प्रेरित करते हैं। मानव इतिहास के मार्ग को बदलनेवाला कुछ भी नहीं था। यह पहले ही भौतिक स्थितियों द्वारा निर्धारित हो चुका था। यहीं उन विचारों का मोटा-मोटी खाका था जिनके तहत बोल्शेविक नेताओं ने अपने भारी काम का बीड़ा उठाया।

शुरू के कुछ महीनों तक जब आन्दोलन को जनता के विभिन्न तबकों का स्वतःस्फूर्त समर्थन मिल रहा था तो किसी दमनकारी कदम की न तो जरूरत थी, न ही उसका सहारा लिया गया, लेकिन गृहयुद्ध, दुर्भिक्ष और पश्चिम में क्रान्तिकारियों की असफलता, इन सबने जोश खट्टा कर दिए। चूँकि सभी मार्क्सवादियों का यह एक सामान्य विश्वास था कि समाजवादी आन्दोलन सबसे पहले औद्योगिक रूप से विकसित देशों में ही घटित होगा, रूसी क्रान्ति के तथ्य को भी पश्चिम के अत्यधिक विकसित देशों में समाजवादी आन्दोलन की वैश्विक यात्रा का केवल एक मध्यवर्ती माना गया। ट्रॉटस्की के स्थायी आन्दोलन के सिद्धान्त की सारी रणनीति इसी अपेक्षा पर आधारित थी। इस तरह यह आशा की गई कि ज्यादा विकसित देशों की क्रान्ति के प्रसंग में रूस की बुर्जुआ लोकतांत्रिक पार्टी के अधिकांश अन्य नेतागण इसी प्रकार का विचार रखते थे।

पश्चिम में आन्दोलन असफल हो जाने से रूस में कठिनाइयाँ बढ़ गईं। क्रान्तिकारी रूस को अपने बुर्जुआ पड़ोसियों से जो आशा थी, युद्ध में हस्तक्षेप ने उसे कटु बना दिया। इसके आगे सभी काम साम्राज्यवादी घेराबन्दी की धमकी देनेवाली चेतना के तहत हुए। अधिकांश लोकतांत्रिक परम्पराएँ भी इस तरह के भय के मनोविज्ञान के तहत लड़खड़ा गईं। फरवरी क्रान्ति की संक्षिप्त अवधि को छोड़ दें तो रूस को पहले किसी जनतांत्रिक आजादियों की परम्परा का ज्ञान नहीं था। बोल्शेविकों का यह विश्वास है कि वे अकेले क्रान्तिकारी सर्वहारा की इच्छा का प्रतिनिधित्व करते हैं, क्रान्तिकारी अवधि के दौरान हासिल की गई हल्की आजादी को भी प्रोत्साहित करने या उसका बचाव करने में अक्षम था। इसलिए जैसे ही बोल्शेविक शासन ने

अपनी सत्ता को साकार किया, रूस पुराने अधिनायकवादी ढाँचे में फिर से स्थापित हो गया। यह जार शासन से भी भारी निर्दयतावाला था, लेकिन आगे और बुरा हुआ। धीरे-धीरे उन स्थितियों का जो युद्ध और दुर्भिक्ष के दबावों में सोवियत समाज पर लाद दी गई थीं, मार्क्सवाद के उच्च सिद्धान्तों के तहत गुणगान और समाजवादी बताकर मान्यता देना शुरू हो गया।

एक के बाद एक आलोचना के सुरों को दबा दिया गया। पहले तो मोंशेविकों को दबा दिया गया, इसके बाद अराजकतावादियों और सामाजिक क्रान्तिकारियों को दबाया गया। ये सब मूलत: आन्दोलन के साथी थे। क्रॉन्सताद नाविक अक्टूबर क्रान्ति के अग्रणी थे। इन सबों ने मजदूरों और किसानों और अपने सोवियतों की स्वतंत्रता की माँग करते हुए विद्रोह का झंडा उठा लिया, लेकिन लेनिन और ट्रॉटस्की के इशारे पर इस विद्रोह को दबा दिया गया। इस विद्रोह से रूसी जनता की स्वतंत्रता की अन्तिम आशा समाप्त हो गई। शीघ्र ही बोल्शेविक पार्टी के भीतर गुटबाजी पर प्रतिबन्ध लगा दिया गया। यह प्रक्रिया अपरिहार्य रूप से जोसेफ स्टालिन के एक व्यक्ति के शासन के रूप में समाप्त हुई।

परन्तु लेनिन और बोल्शेविक पार्टी के अनेक अन्य नेता समाजवादी समाज के आरम्भिक लक्ष्यों से इस प्रस्थान के समय तक जिन्दा थे। इस तरह लेनिन ने रूसी राज्य को 'नौकरशाही सम्बन्धी विरूपणोंवाला एक मजदूर राज्य' के रूप में विश्लेषित किया था, लेकिन अद्य:पतन की यह प्रक्रिया तेजी से आगे बढ़ रही थी जिसे लेनिन ने आक्रोश के साथ अपने जीवन के अन्तिम क्षणों में देखा था। रूस की राष्ट्रीयताओं की स्वायत्तता के बचाव में लिखे गए अपने अन्तिम आलेख में उसने अपनी विशिष्ट सुबुद्धि से राज्य नौकरशाही पर प्रहार किया था क्योंकि रूसी राष्ट्रीयताएँ स्टालिन के इशारे पर पाशविक दमन की शिकार थीं। उसने इशारा किया था कि जिस सोवियत राज्य के नाम पर राष्ट्रीयताओं को अपनी स्वायत्तता त्याग देने को कहा जा रहा है, वह सोवियत राज्य केवल पुरानी जार नौकरशाही का प्रतिनिधित्व करता है, इस पर केवल हल्का सोवियत रंग चढ़ाया गया है, लेकिन लेनिन इतना कमजोर हो गए थे कि वह इस विषय को केन्द्रीय समिति के समक्ष नहीं रख सकते थे। उसने ट्रॉटस्की से कहा कि वह उसकी तरफ से इस विषय को उठाए। पार्टी एकता के मिथ के कारण ट्रॉटस्की उस दस्तावेज को केन्द्रीय समिति के समक्ष नहीं रख सका। इस बीच लेनिन का निधन हो गया। इसके बाद लेनिन के उस आलेख (दस्तावेज) को स्टालिन ने तेजी से दबा दिया।

धीरे-धीरे सोवियत राज्य ने उस प्रत्येक चीज को नकार दिया जिसके लिए समाजवादी आन्दोलन जाना जाता था। युद्ध साम्यवाद के आरम्भिक वर्षों की समानता की जगह धीरे-धीरे मजदूरों और तकनीकी एवं प्रबन्धकीय कर्मचारियों के वेतनों में अन्तर आने लगा। अपने समतावादी अतीत के अवरोधों पर विजय प्राप्त करने के लिए स्टालिन

अन्ततः तीस के आरम्भिक वर्षों में समानता के त्याग के साथ प्रकट हुआ। उसने कहा था—"हम उस स्थिति को बर्दाश्त नहीं कर सकते जहाँ इस्पात मिल में काम करनेवाला मजदूर एक सफाईकर्मी से ज्यादा नहीं कमाता हो। हम उस स्थिति को बर्दाश्त नहीं कर सकते जहाँ रेलइंजन के चालक की कमाई प्रतिलिपि तैयार करनेवाले किरानी की कमाई के बराबर हो। मार्क्स और लेनिन ने कहा था कि समाजवाद के तहत वर्गों की समाप्ति के बाद भी कुशल और अकुशल श्रमिकों के बीच अन्तर रहेगा।"[8]

परन्तु कुशल और अकुशल श्रमिकों की बात उन राजनीतिक नेताओं, प्रबन्धकों, लेखकों, वैज्ञानिकों और अन्य लोगों को विशेष विशेषाधिकार प्रदान करने के असली इरादे को ढकने का महज एक पर्दा थी, जिन्होंने शासन में महत्त्वपूर्ण भूमिका निभाई थी। इस तरह स्टालिन के जीवन के अन्त तक सामाजिक श्रेणीक्रम में एक साधारण मजदूर का मासिक वेतन 300 रूबल था जबकि उच्च पदों पर काम करनेवाले लोगों के वेतन हजारों रूबल हो गए थे। उच्च शिक्षा की ऊँची लागत हो जाने के कारण गरीबों के बच्चे जब तक मेधावी नहीं होते थे, उन्हें सामाजिक क्रमों में प्रोन्नति से वंचित कर दिया जाता था। यद्यपि ख्रुश्चेव ने और साफ दिखने लगी सामाजिक असमानताओं के सन्दर्भ में कुछ हल्के परिवर्तन किए, लेकिन अर्थव्यवस्था में महत्त्वपूर्ण समतावादी परिवर्तन लाने के निमित्त कुछ नहीं किया गया।

आजादी तुरन्त सोवियत शासन के लिए अभिशाप बन गई। 'मजदूर राज्य' में मजदूरों को वे अधिकार भी नहीं मिले जो उन्हें अनेक बुर्जुआ राज्यों में मिले हुए थे। उन्हें आपस में संगठित होने या अपना विचार प्रकट करने का अधिकार प्राप्त नहीं था। इसी तरह हड़ताल करने का उन्हें अधिकार प्राप्त नहीं था। निवास या रोजगार का स्थान बदलने की उनकी आजादी आन्तरिक पासपोर्टों को लागू कर गम्भीरता से सीमित कर दी गई। ट्रेड यूनियन अब श्रमिकों के हित की रक्षा का उपकरण नहीं रहा। ये उस राज्य के एक-दूसरे अंग बन गए जिसमें उनकी आवाज का कोई असर नहीं था और उनका काम पार्टी के उच्च स्तर पर लिए गए निर्णयों को लागू करना था। इससे शुरुआती वर्षों में मजदूरों के पास अपने कारखानों के प्रबन्धन में जो हल्की आवाज थी, वह भी समाप्त हो गई। प्रबन्धकों को निर्णय लेने का परम अधिकार प्राप्त था और वे अपने क्षेत्राधिकार में पड़नेवाले उद्योगों के सुचारू संचालन हेतु व्यक्तिगत रूप से जवाबदेह थे। पीस रेट का काम और श्रमिकवाद को श्रमिकों से अधिकतम कार्य करवाने के लिए इस्तेमाल किया गया। वे जो शासन से टकराए, उनके लिए ज्यादा मुश्किलें आईं। उन्हें लेबर कैम्प में अत्यधिक अस्वास्थ्यकर स्थितियों में बगैर पूर्ण भोजन या आश्रय के काम करने के लिए भेजा जा सकता था। उनमें से ज्यादातर लोग वहीं खत्म हो गए।

इस तरह से खत्म हो जानेवाले लोगों में वे लाखों किसान थे जिन्हें समूहीकरण को सुगम बनाने हेतु गाँवों से निर्वासित किया गया था। इस प्रक्रिया में लाखों किसान

मर गए। वे जो समूहीकृत फार्मों की देखभाल करने के लिए छोड़ दिए गए, उनका हाल कुछ बेहतर था। वे कम-से-कम जीवित रहने के लिए पर्याप्त भत्ता प्राप्त कर सकते थे। उन्होंने जो पैदा किया, उसका अधिकांश औद्योगिक अर्थव्यवस्था को सहारा देने में लग गया। वह जो शेष बच गया, अपर्याप्त था। और तब उसी उत्पाद में से उन्हें उन फार्म प्रबन्धकों और पार्टी नेताओं के अपेक्षाकृत आरामदायक जीवन का समर्थन करना पड़ा जिन्हें मजदूर वर्ग के इन 'मित्रों' को प्रेरित करने का काम मिला था। इस सबको ढकने के लिए उन्हें शुरू से ही द्वितीय वर्ग का नागरिक माना गया। यह साम्यवादी पूर्वग्रह का हिस्सा था कि औद्योगिक सर्वहारा क्रान्तिकारी वर्ग है जबकि पेटी-बुर्जुआ कृषक वर्ग प्रतिक्रियावादी वर्ग है। इस तरह कृषक वर्ग को समान अधिकार देने का कोई सवाल नहीं हो सकता था क्योंकि इसने अपनी जबर्दस्त संख्या से क्रान्तिकारी सर्वहारा वर्ग को सहज रूप से अभिभूत कर दिया था। इसलिए किसान आज तक असंख्य आर्थिक और राजनीतिक अपंगताओं के तहत कष्ट सहते आ रहे हैं।

शुरू में बोल्शेविकों ने केवल उस अन्तरराष्ट्रीयवादी पार्टी का प्रतिनिधत्व किया था जो उग्र राष्ट्रीयता के तत्त्वों के विरुद्ध श्रमिक वर्ग के क्रान्तिकारी बन्धुत्व को स्थापित करने में अपने अस्तित्व को दाँव पर लगाने के लिए तैयार थी, लेकिन लेनिन के मरने और स्टालिन द्वारा ट्रॉटस्की एवं बोल्शेविक पार्टी के अन्य अन्तरराष्ट्रीयवादी नेताओं को परास्त करने के साथ ही 'एक देश में समाजवाद' का सिद्धान्त सोवियत साम्यवाद के सर्वाव्यसिद्धान्त में प्रतिष्ठापित कर दिया गया। इसके बाद कम्युनिस्ट इंटरनेशनल का एकमात्र उद्‌देश्य सोवियत विदेश नीति के लक्ष्यों को आगे बढ़ाने के लिए अन्य देशों के समाजवादी आन्दोलन का उपयोग करना रहा है। इस लक्ष्य के लिए उन लोगों ने मजदूर वर्ग के क्रान्तिकारी आन्दोलन को उस समय तोड़-फोड़ दिया जब वे लगभग लक्ष्य के करीब थे। इस लक्ष्य के लिए उन्होंने समाजवादी आन्दोलनों में ऐसी फूटें भी डाल दी कि फासीवाद ने अनेक यूरोपीय देशों में सत्ता हासिल कर ली। और इस उग्र राष्ट्रीयता के भाव को पूरी अभिव्यक्ति उस वक्त मिली जब द्वितीय विश्वयुद्ध की समाप्ति पर स्टालिन ने पश्चिमी सत्ताओं की सहमति से पूर्वी यूरोप में रूस का साम्राज्य स्थापित करने में सफलता अर्जित कर ली, लेकिन रूस के तथाकथित सुधारवादी नेताओं ने अपने मानवदोष और सत्ता की सनक में स्टालिन को भी तब पीछे छोड़ दिया और उन्होंने अपनी भयानक शक्ति से 1956 में रूसी आधिपत्य के विरुद्ध हंगरीवासियों एवं 1968 में चोकोस्लोवाकिया की जनता के विद्रोह को दबाने के लिए हस्तक्षेप किया। सोवियत विदेश नीति का एकमात्र लक्ष्य दुनिया को अमेरिका के साथ प्रभाव के क्षेत्रों में बाँटने का और इसके बाद उन पर आधिपत्य जमाने का रहा।

परन्तु जिस वक्त सोवियत संघ में मार्क्स के सभी आदर्शों को नकार दिया गया, दुनिया के मजदूरों और खासकर अल्प विकसित देशों के श्रमिकों के लिए वह प्रेरणा

बना रहा। इस घटना के लिए तीन कारक जिम्मेवार हैं। पहला, दूसरे देशों के लोग सोवियत संघ की वास्तविक स्थिति के बारे में कभी पूरी तरह अवगत नहीं थे। सोवियत प्रचार तंत्र हमेशा लोगों को सोवियत संघ की स्थिति के बारे में सही जानकारी नहीं देता था। इससे लोगों के मन में बुर्जुआ प्रेस के बारे में सन्देह से सहायता मिली। इस तरह सोवियत संघ के बारे में जो भी प्रतिकूल सूचना प्रकाश में आई, उसे सोवियत नेताओं ने बुर्जुआ प्रचार कहकर खारिज किया और लोग उस पर विश्वास करते रहे। दूसरा कारण उत्पीड़ित जनता का मनोविज्ञान था, जो जैसाकि मार्क्स ने बतलाया था, धार्मिक विश्वासों के अन्दर विश्व की एक उलटी छवि सृजित कर रहा था। इसलिए सोवियत संघ पूरी दुनिया की पीड़ित जनता के लिए धरती पर स्वर्ग बन गया जहाँ पीड़ित लोग उन्हीं की तरह दुनिया के मालिक थे। लोगों की इस खयाली दुनियावाली बेहोशी को इसके विपरीत का कोई भी साक्ष्य तोड़ नहीं सकता था। इस अनुभूति का लोगों को वह लाल तारा प्रदान करने में सकारात्मक भूमिका थी जिससे वे अपनी क्रान्तिकारी यात्रा में अपनी चौपहिया गाड़ी को जोड़ ले सकते थे।

दूसरा कारक वह दृढ़ विश्वास था जिसके लिए मार्क्स और एंगेल्स स्वयं उत्तरदायी थे, कि सारा उत्पीड़न निजी सम्पत्ति पर आधारित है। चूँकि सोवियत संघ में निजी सम्पत्ति को खत्म किया जा चुका था, सो यह विश्वास करना कठिन हो गया कि सोवियत संघ में उत्पीड़न हो सकता है। यदि तथ्य अन्यथा सिद्ध हो गया तो यह तथ्य के लिए बहुत बुरा था। उन्हें या तो समाजवाद के दुश्मनों द्वारा फैलाया गया झूठ माना गया या सर्वहारा की तानाशाही में अपरिहार्य कहकर तर्कसंगत बताया गया, और उन्हें प्रतिक्रान्तिकारी शक्तियों का बचा-खुचा प्रभाव माना गया। एक स्पष्ट विवेक के साथ उस तथ्य के प्रति अपनी आँखें बन्द कर ले सकते थे कि शासन ने मजदूर और किसान लगायत सारी जनता को रौंद डाला है।

तीसरा कारक औद्योगीकरण की वह द्रुतगति थी जो सोवियत संघ में 1930 के दशक की उस अवधि में दृष्टिगोचर हो रह थी जब समूचा पूँजीवादी विश्व अवसादग्रस्त हो चला था। चूँकि इतिहास की मार्क्सवादी व्याख्या के अनुसार उत्पादकता समाज के आन्तरिक साहचर्य या विरोध को प्रतिबिम्बित करती है, पूँजीवादी और 'समाजवादी' तंत्रों के बीच इस मौलिक अन्तर को स्पष्ट रूप से दुनिया के सामने अवलोकनार्थ रख दिया गया। इस विचार के अनुसार जिस समय पूँजीवादी दुनिया अपने अन्तर्विरोध के बोझ तले दम तोड़ रही थी, जैसाकि मन्दी से प्रतिबिम्बित हो रहा था, समाजवादी तंत्र अपनी वृद्धिशील उत्पादकता में प्रतिबिम्बित आन्तरिक साहचर्य को प्रदर्शित कर रहा था। यह सन्देहास्पद है कि तथ्य कभी विश्वास का स्थान ले लेता है, लेकिन ऐसा हुआ और आगे जब अपने समय में युद्ध स्तर पर बिना किसी साम्राज्य और अर्थव्यवस्था के पश्चिमी जर्मनी और जापान का विकास हुआ तब तक सोवियत मिथ बन चुका था। इसलिए अल्पविकसित दुनिया के क्रान्तिकारी जो आजादी,

औद्योगिक विकास और समृद्धि की इच्छा पाले हुए थे, सोवियत संघ को आदर्श और मार्गदर्शक तथा सलाहकार, दोनों रूपों में देख रहे थे।

इस सन्दर्भ में हम चीन, उत्तरी वियतनाम और क्यूबा के साम्यवादी आन्दोलन तथा अल्पविकसित दुनिया के वाममार्गी राष्ट्रवादी आन्दोलनों के विकास को ज्यादा अच्छे ढंग से समझ सकते हैं। यह इन सभी आन्दोलनों के प्रमुख रूपकों में प्रतिबिम्बित होता है। पहला, ये सभी आन्दोलन स्वयं को मार्क्सवादी कहते हैं या ये कम-से-कम राज्य नियंत्रणवादी हैं अर्थात् जिनका उत्पादन और वितरण के सभी साधनों पर राज्य नियंत्रण में विश्वास है। चीन, क्यूबा और उत्तरी वियतनाम, इन तीन साम्यवादी देशों में उत्पादन के साधन के राष्ट्रीयकरण का कार्यक्रम पूरी तरह से लागू किया गया है। दूसरा, ये सभी आन्दोलन गहन रूप से राष्ट्रवादी हैं। वस्तुतः यह कहा जा सकता है कि यह राष्ट्रवादी आन्दोलन ही था जिसने धीरे-धीरे मार्क्सवाद को गले लगाया क्योंकि अकेले इसी ने राष्ट्रवादी आन्दोलन में ज्यादा-से-ज्यादा लोगों को लाने और तेज आधुनिकीकरण का वादा किया था। और तीसरा, इन सबका नेतृत्व बुद्धिजीवी करते हैं और वे सभी प्राथमिक रूप से कृषकों के बड़े समूह पर आधारित होते हैं।

इस नई स्थिति से समाजवादी आन्दोलन की पूरी अवधारणा ही बदल गई। कृषकों के बिखरे जनसमूहों पर आधारित विद्रोह की उन अवधारणाओं को जिसमें मजदूरों की सामान्य हड़तालें एक विद्रोह में बदल जाती हैं, जिसे आबादी के अन्य तबकों का समर्थन प्राप्त रहता है, त्यागना पड़ा। इसका स्थान गुरिल्ला युद्ध ने लिया। इसे कृषकों के व्यापक जनसमूह का संरक्षण प्राप्त हो रहा था। अपनी प्रकृति के अनुसार इसने अत्यधिक केन्दीकृत सैन्य जनरल स्टाफ को खड़ा किया जिसका काम गुरिल्ला गतिविधियों के जाल को निर्देशित और संयोजित करना था। यद्यपि खेतिहर जनसमूहों की निष्ठा को उनके बीच जमीन बाँटकर आश्वस्त कर लिया गया, शासन की नीतियों में उनके सक्रिय हस्तक्षेप की न तो माँग की गई, न ही इसकी आशा की जा सकती थी। स्वाभाविक रूप से इतने अत्यधिक केन्द्रीकृत सैन्यवादी शासन को पैदा कर दिया जिसके बारे में सामान्य जन के पास कहने के लिए कुछ नहीं था और वे पूरी तरह क्रान्ति के नेताओं की सदाशयता पर निर्भर थे। इन देशों में आन्दोलन अभी भी संक्रमणकालीन अवस्था में हैं, इसलिए इनके सम्भावित अन्तिम आकार के बारे में अभी कुछ नहीं कहा जा सकता है, लेकिन इस अवस्था में भी कुछ निश्चित आकार समझाने लायक हैं जो वस्तुओं के आकार के सूचक हो सकते हैं—ये केन्द्रिकतावादी और सैन्यवादी है। ये आला दर्जे के उग्र राष्ट्रवादी हैं तथा इनकी वर्तमान सोच में समानता और स्वतंत्रता के सिद्धान्त शामिल नहीं हैं। माओ का सांस्कृतिक आन्दोलन ही एकमात्र आन्दोलन रहा है जो मूल समाजवादी लक्ष्य की जानकारी को सूचित करता है। यह लगता है, बढ़ रहे

नौकरशाहवाद और सैन्य शासन की शक्ति को तोड़ने का प्रयास हो जो कि किसी सैनिक केन्द्रिकतावादी शासन से अविभाज्य है, पर सम्भवत: यह एक चौंध जैसा रहा है (आगे के अध्याय में हम इस सवाल पर फिर वापस लौटेंगे)।

परन्तु इन स्वयंभू समाजवादियों ने राज्य और समाज की जो प्रकृति गढ़ी है, उसके अतिरिक्त ये घटनाएँ एक-दूसरे मौलिक तरीके से मार्क्सवाद का खंडन करती हैं। वह यह साबित करती है कि क्रान्ति की विचारधाराओं को अनोखी भौतिक स्थितियों (समाजवाद की तरह औद्योगिक सर्वहारा की विचारधारा) से पैदा नहीं किया जाता है। वस्तुओं के उन क्षेत्रों में लोगों की कल्पना को पकड़ सकती हैं जो भौतिक विकास के निम्न स्तर का प्रतिनिधित्व करते हैं। इसने यह भी साबित किया कि ऐसे विचारों की पकड़ लोगों को उनके निजी प्रयासों से वैसी स्थितियाँ पैदा करने के लिए प्रेरित कर सकती है जिन्हें इन विचारों (औद्योगीकरण पैदा करने में सहायक समाजवाद का विचार) का पूर्ववर्ती माना जाता है।

उसने केवल इस प्रवृत्ति की सबसे पक्की अभिव्यक्ति की विवेचना की है जिसका प्रतिनिधित्व अल्पविकसित देशों में साम्यवादी करते हैं, लेकिन ये विषय विभेद भी हैं जो राष्ट्रों की उन स्थितियों के अन्तर पर निर्भर करते हैं जिनमें राष्ट्रवाद की शक्तियाँ पैदा हुई थीं, लेकिन अनेक अन्य अल्पविकसित देशों में राष्ट्रीय अर्थव्यवस्था की केन्द्रीकृत दिशा, अर्थव्यवस्था के महत्त्वपूर्ण सेक्टरों का राष्ट्रीयकरण और नौकरशाह आधारित तानाशाही या अर्द्ध तानाशाही शासनों में बड़ी प्रवृत्ति दृष्टिगोचर होती है। इस प्रकार के शासनों में चियांग-काई-शेक के अधीन ताइवान (अर्थव्यवस्था का लगभग पूर्ण राष्ट्रीयकरण), ने विन के अधीन बर्मा, नासिर के अधीन मिस्र आदि शामिल हैं।

इस युग में समाजवादी कहे जानेवाले इन आन्दोलनों की एक खास विशेषता यह है कि इनमें से सभी समता और निजी आजादी का खंडन करते हैं। चेकोस्लोवाकिया का ओटा सिक, जो साम्यवादी जगत में उदार प्रवृत्ति का प्रतिनिधित्व करता था, कमाई में समानता का खंडन किया।

उन्होंने लिखा था—"मजदूरों के पारिश्रमिक (जहाँ श्रम की उत्पादकता बढ़ाने में पारिश्रमिक वृद्धि एक अनिवार्य प्रोत्साहन है) से ज्यादा अधिक सीमा तक तकनीशियनों, शिक्षकों, वैज्ञानिकों, चिकित्सा अधिकारियों आदि के वेतन में आवश्यक वृद्धि निश्चिन्त करने हेतु वित्तीय स्रोतों का प्रतिबन्ध था। इस तरह वर्षों से खासकर 1959 से आय को बराबर करने की बहुत ज्यादा खतरनाक प्रवृत्ति रही है जिसने वैज्ञानिक और तकनीकी विकास को बाधित किया है।"[9]

यह सत्य है कि ओटा सिक अपने अध्ययन में प्रथमत: चेकोस्लोवाकिया की अर्थव्यवस्था के ढलान से चिन्तित था, लेकिन वस्तुत: जो महत्त्वपूर्ण है, वह यह रास्ता है जिसमें 'समाजवाद' के अन्दर असमानता को पक्के तौर पर लिया जाता है। दूसरी महत्त्वपूर्ण चीज वह महत्त्व है जो 'समाजवाद' के अन्दर वेतन पर दिया जाता है।

यदि हम सोवियत संघ जैसे देशों के पारिश्रमिक अन्तरों को एक सूचकांक के तौर पर लें तो यह उन्नत पूँजीवादी देशों से भी ज्यादा है। इस तरह इन सभी साम्यवादी देशों में बुर्जुआ नहीं हैं, लेकिन बुर्जुआ विशेषाधिकार और इससे भी बड़े अधिकार कायम हैं। प्रच्छन्न-साम्यवादी शासन भी इसी प्रक्रिया की नकल करते हैं या उन्हीं की तरह बन जाने की इच्छा रखते हैं, लेकिन समाजवादी लक्ष्य का यह अस्वीकार अनेक साम्यवादी या समाजवादी पार्टियों को भी अपने समाजवादी विश्वास का हिंसक विरोध करने से नहीं रोकता है। माना गया कि सत्ता समाजवाद की तरफ से जाने का एक माध्यम है, लेकिन इसने खुद लक्ष्य का स्थान ग्रहण कर लिया है। यह लक्ष्य बन गया है क्योंकि सत्ता के जरिए ही आधुनिक समाजों में अनेक तरह के विशेषाधिकार उपलब्ध हैं। इस तरह हम उस स्थिति में आ पहुँचे हैं जहाँ जो सत्ता से बाहर हैं उन्हें सत्ता में लक्ष्य की प्राप्ति होती है जबकि वे जो सत्ता में होते हैं, उन्हें बिलकुल किसी लक्ष्य की जरूरत नहीं पड़ती है। सत्ताधारी व्यक्ति महज उस माध्यम के नियंत्रण से स्वयं का निर्वाह करने का प्रयास करते हैं जो या तो उपलब्ध होता है या जिसका वे निर्माण कर सकते हैं।

परन्तु ये विकास जिस संकट की तरफ ले जा रहे हैं, उसका आर्थिक पदों या विशुद्ध राजनीतिक पदों में भी गुण विवेचन नहीं किया जा सकता है। यह मानवीय जीवन से सभी गुण और अर्थ को निकाल फेंकने की धमकी देता है। मनुष्य के उस पराएपन को समाप्त करने के बदले जो मार्क्स के मुताबिक अकेला साम्यवाद का अभिप्राय हो सकता था, वर्तमान प्रवृत्ति अपने उपकरणों के द्वारा मनुष्य के पूर्ण अवशोषण की तरफ ले जा रही है। मार्क्स चाहता था कि मनुष्य एक शिकारी, मछुआरा या गम्भीर आलोचक बनने की जगह एक सुसन्तुलित व्यक्तिगत मानव प्राणी बने। इसके बदले मजदूर अपनी छवि के अन्तर्गत तथा अपने नाम से उस बदतर भाग्य की ओर अभिमुख हो रहे हैं जिसे वह अपने समय में देख चुका था। मजदूर गुमनाम हो रहा है, एक जनसमूहवाले समाज में। इसमें वह उस विद्रोह अंश को भी खो रहा है जिसे कम-से-कम मार्क्स के जमाने में अपने विकृत अहं से बचा लिया गया था। आज उसकी करतल ध्वनि और चिल्लाहट राज्य की ढपोरशंखी नीति की सेवा में महज एक सुव्यवस्थित योजना की अनुगूँज है। यदि यह प्रक्रिया चालू होती है तो शीघ्र ही केवल शराब अेर अखाड़े के लिए जिन्दा रहनेवाले प्राचीन रोम के निम्नवर्ग की तरह आधुनिक सर्वहारा वर्ग इन शासनों के तहत जानबूझकर अपना जीवन जीने एवं अपने विचारों के बारे में सोचने के अधिकार को अनुशासित जीवन की निष्प्राण सुविधाओं से अदल-बदल कर लेगा।

मनुष्य आदतों का गुलाम प्राणी है और जब तक कोई नया विचार दिमाग में ताजा विक्षोभ पैदा करने नहीं आ जाता है, उसे हर स्थिति स्वीकार्य हो सकती है, लेकिन आज के समाज का रुझान मौजूद प्रचारतंत्र के जरिए 'खतरनाक'

विचारों को रोकना एवं नियंत्रणीय क्षेत्र में विवादों को सीमित करने का है, लेकिन सामान्य आधुनिक समाजों के बारे में जो सत्य है, वह विशेषकर साम्यवादी देशों में खतरनाक बन जाता है जहाँ उपरोक्त विधि के अतिरिक्त विरोधी विचारों को खत्म करने के लिए और ज्यादा प्रत्यक्ष और क्रूर तरीके अपनाए जाते हैं। चूँकि इन देशों में उत्पादकता बढ़ती है इसलिए संरूप होने की प्रवृत्ति को उस असह्य गरीबीवाले क्षेत्रों को समाप्त कर सुदृढ़ किया जा सकता है क्योंकि ये विरोध की उत्पादक भूमि बन जा सकते हैं और किसी को यह बात अविश्वसनीय लगे तो उसे भारतीय समाज की निम्न जातियों को देखना चाहिए जो सदियों से निम्नतम पदावनति को स्वीकार-सा कर चुकी हैं।

निस्सन्देह इस तकनीकी क्रान्ति और आम समाज का निर्माण साम्यवादियों या समाजवादियों ने नहीं किया है, लेकिन वर्तमान सन्दर्भ में बुर्जुआ समाज के बुनियादी मूल्यों में उनकी मौन स्वीकृति से इसके प्रभाव खतरनाक ढंग से व्यापक बन गए हैं। एक बार प्रतिस्पर्द्धात्मकता, कुशलता और सफलता के इसके बुनियादी मूल्यों को स्वीकार कर लिया जाता है तो ऐसा कुछ नहीं है जो इसे मनुष्यों में उस प्रत्येक चीज को जिसे मानवीय समझते हैं, मसलने से रोक सकता है। व्यापार में हो या राजनीति में, संगठनात्मक सफलता सदैव सत्ता श्रेणीक्रम की सफलता होती है और इसे प्राप्त करने के लिए व्यक्ति को इसके नियमों के अनुसार निश्चित रूप से खेल खेलना चाहिए—जो संगठन और सख्त निर्वैयक्तिकता के लक्ष्यों के साथ पहचान करनेवाले होते हैं। कैसे कोई इस उन्मत स्पर्द्धा में पराजित हो जाने के खतरे के बगैर अपने संगठन के लक्ष्यों को चुनौती देने या बदलने का प्रयास कर सकता है। इस तरह अनुरूपता संगठनात्मक मनुष्य की स्वाभाविक प्रतिक्रिया बन जाती है क्योंकि संगठन ज्यादा-से-ज्यादा सुव्यवस्थित बन जाता है। राष्ट्र राज्य के साथ अन्तिम विश्लेषण में, सभी अन्य संगठनों को राजनीतिक सत्ता की इकाई के तौर पर राज्य द्वारा अपनाए गए सामान्य उद्देश्यों के प्रति काम करना पड़ता है, और यह उद्देश्य केवल महत्तम सैन्य सत्ता का अर्जन है। अन्ततः एक मूल्य अन्य सभी मूल्यों की जगह ले लेता है अर्थात् सफलता। एक लक्ष्य सभी लक्ष्यों की जगह ले लेता है—सत्ता का लक्ष्य। अल्पविकसित दुनिया में औद्योगीकरण की प्रतिष्ठा तथा इसके लिए बेचैनी इस मूल्यांकन पर आधारित है कि औद्योगिक विकास का अभिप्राय होता है, महत्तम सत्ता का अर्जन। यह आयुध उद्योग के बृहत् अंश में प्रतिबिम्बित होता है, विशेषकर उन देशों में, जो उपभोग के लिए अन्य औद्योगिक सामग्रियों के मोहताज हैं। यदि 19वीं सदी का उद्देश्य 'लाभ' था तो वर्तमान 20वीं सदी का उद्देश्य निश्चित रूप से 'सत्ता' है।

यद्यपि मार्क्स वर्तमान दुनिया के अपने अनुयायियों के कार्य सम्पादन से भयभीत हो गए होते, लेकिन वह कम-से-कम राज्य के प्रति समाजवादी आन्दोलन

की जिम्मेवारी की भूमिका से भाग नहीं सकते हैं। समाजवादी उद्देश्य की व्यापक गलतफहमी के जीवाणुओं को उनके अपने विचारों एवं सन्दिग्धताओं में रेखांकित किया जा सकता है। निस्सन्देह उनको अपनी अपूर्णताओं के लिए दोषी ठहराना न्यायोचित नहीं होगा क्योंकि कोई भी प्रतिभाशाली व्यक्ति पूर्ण नहीं होता है, लेकिन उनकी प्रतिभा की उस विराटता ने ही उनकी कमियों को बढ़ा दिया है।

मार्क्स स्वयं उन दो विचारों के लिए जवाबदेह थे जिसने समाजवादी रवैये के बदलाव में महत्त्वपूर्ण भूमिका अदा की थी। पहला यह कि मार्क्स ने इतिहास के अपने भौतिकवादी विचार के निश्चयवादी पहलू पर बहुत अधिक जोर दिया, लेकिन यह काम उन्होंने अपने सामान्य श्रमसाध्य तरीके से शुरू में या आगे चलकर इस आधार वाक्य की जाँच में पर्याप्त समय दिए बिना कर लिया था। इस तरह इस सिद्धान्त ने इतिहास से बाहर मनुष्य के किसी भाग को नहीं छोड़ा—यह इतिहास स्वयं एक कारक मात्र से निर्धारित होता था अर्थात् उत्पादन सम्बन्ध से। इस प्रकार, इस सम्बन्ध ने अनोखे ढंग से मनुष्य की वैयक्तिकता के दोनों, सक्रिय और काल्पनिक पक्षों का निर्धारण कर दिया। वह न तो दर्शनशास्त्र में भाग सकता था, न ही कविता में, न ही आत्मदया में। उसकी स्थिति के बोध का अर्थ था, कार्य करने के उस मार्ग के प्रति प्रतिबद्धता, जो पहले से ही उसकी वर्गस्थिति द्वारा निर्धारित है। इस तरह मनुष्य इस विचारधारा के अनुसार पूर्व से ही एक दयाशून्य प्रारब्ध से जुड़ा हुआ था। इस दर्शन को स्वीकार कर लेनेवालों के लिए आधुनिक तकनीकी सभ्यता, काम पर लगे और फुर्सत में भी बैठे मनुष्य से अपनी सर्वआलिंगनकारी माँगों के साथ, महज इतिहास के इस दर्शन की एक स्वीकारोक्ति थी। इसने नियतिवाद का एक बोध भी पैदा किया जिसके अन्तर्गत मनुष्य और कुछ तो नहीं कर सकता था, लेकिन तकनीक के आदेश के साथ शान्ति कायम कर सकता था।

दूसरी पुन: ऐतिहासिक भौतिकवाद का एक अंश, मानवता के भविष्य के बारे में आशावाद का एक झूठा बोध था। उसने एक मान्यता गढ़ी कि मनुष्य जाति इसके समक्ष तब तक कोई समस्या खड़ी नहीं करती है जब तक कि यह उस समस्या का निदान करने की स्थिति में न आ जाए। यह मान्यता पूरी तरह दिखावटी थी क्योंकि यह किसी ऐतिहासिक साक्ष्य पर आधारित नहीं थी। यह इतिहास पर कामना का एक विशुद्ध प्रक्षेपण था। एंगेल्स अपनी 'डायलेक्टिक्स ऑफ नेचर' में काफी दूर तक इस आशावादी विचार के तहत जाते हैं और कहते हैं कि प्रकृति अत्यधिक निश्चितता के साथ जैसे ही इस उपग्रह पर मानवजाति समाप्त होगी, भिन्न उपग्रह पर मानवजाति का सृजन कर देगी। इस आशावाद के कारण वे सोचने लगे कि बुर्जुआ सम्पत्ति एक बार समाप्त हो जाए तो समाजवादी व्यवस्था स्वत: आ जाएगी। इसने उनको संक्रमण की समस्याओं की कुछ और ज्यादा विस्तार से जाँच करने से रोक दिया। इसलिए उन्होंने उस सांत्वनादायक विश्वास के परे

उन्होंने स्वयं सत्ता की प्रकृति और समस्या की उपेक्षा कर दी कि राज्य और इससे जुड़ी समस्त सख्त सत्ता समाजवादी आन्दोलन के एक बार सफल होते ही समाप्त हो जाएगी। यह वैसे समय में एक गम्भीर चूक थी जब प्रशा राज्य की तरह सत्ता की ऐसी विशिष्टता उनके समक्ष पहले से मौजूद थी, जहाँ राज्य बुर्जुआ वर्ग को राजनीतिक अधिकारों से वंचित करने के लिए हर चीज कर रहा था, जबकि इस वर्ग के लिए आर्थिक आधार का निर्माण करने हेतु हर चीज हो रही थी। इस चूक ने समाजवादियों को उत्पीड़न के अन्य रूपों का परीक्षण करने से रोक दिया है जो कि सम्पत्ति के सम्बन्धों से ज्यादा सत्ता के सम्बन्धों से सम्बन्धित है। इस तरह एक गम्भीर मूल्यांकन में आज समाजवादियों के पास राज्यवादी अर्थव्यवस्थाओं का अभाव है जो सभी साक्ष्यों के आधार पर काफी उत्पीड़क है।

हालिया इतिहास ने मार्क्सवाद को काफी नाजुक स्थिति में डाल दिया है। यूरोप में फासीवाद और नाजीवाद का उदय, चीन, क्यूबा और वियतनाम जैसे अल्पविकसित देशों में साम्यवादी आन्दोलन का विकास और इसकी विजय; उन्नत पूँजीवादी देशों के संगठित मजदूरों द्वारा क्रान्तिकारी मार्ग या समाजवाद का वर्ग विभाजन के विपरीत खंडन; नस्लवादी, भाषावादी, जनजातीय और राष्ट्रीयतावादी भावनाओं का अत्यधिक शक्तिशाली राजनीतिक कारकों के रूप में प्रस्फुटन, ये सभी घटनाएँ इतिहास और समाजवाद से सम्बन्धित समाजवादियों के विचारों की कटाई-छँटाई की माँग करती हैं, लेकिन सबसे बढ़कर निश्चित सामान्य यांत्रिकी पर आधारित रहनेवाली बहुत भिन्न सामाजिक निर्मितियों (एक तरफ स्टालिन, दूसरी तरफ हिटलर, मुसोलिनी और पेरो) में तानाशाही सत्ता के विकास की ये सभी घटनाएँ समाज में—सत्ता के स्थान—इसकी उत्पत्ति, गतिकी और भूमिका—के पुनर्मूल्यांकन की माँग करती हैं। इस सन्दर्भ में भी ऐसी घटनाओं को छात्र शक्ति आन्दोलन तथा स्वायत्तता की समस्या इत्यादि के रूप में समझना प्रासंगिक है। पारम्परिक मार्क्सवाद इन विभिन्न क्रान्तियों का मूल्यांकन करने की कोई सन्तोषप्रद विधि उपलब्ध नहीं कराता है। अतएव, इन घटनाओं की बाबत एक स्पष्टीकरण प्राप्त करने का प्रयास किया जाएगा। साथ ही, समाजवाद की नींव को धमकानेवाली इन समस्याओं में से कुछेक के समाधान की सम्भावना को जाँचने का भी प्रयास किया जाएगा।

2

मानवी स्वभाव समाज के राजनीतिक और सामाजिक संगठन को प्रभावित करता है। राजनीतिक दार्शनिकों ने इसका अनुभव आरम्भिक काल से ही किया था। इस तरह प्लेटो सामन्तशाही से लेकर क्रूर शासन तक के अद्य:पतन और परिवर्तन के पूरे प्रभाव क्षेत्र को अपने आदर्श राज्य से शासक वर्ग के मानसिक गुणों में आए ह्रास के पदों में स्पष्ट करते हैं। यद्यपि अरस्तू ने राजनीतिक संघटन के रूप में, ज्यादातर समाज में स्थापित 'सम्पत्ति सम्बन्धों' के पद में अर्थात् धनी और गरीब के विवाद पर, इन परिवर्तनों को स्पष्ट किया था तथापि उसने अपने युग के समाज के बड़े विभाजन को अर्थात् दासों और दास स्वामियों के बीच के विभाजन को, उनके मानसिक गुणों की महानता या हीनता के आधार पर स्पष्ट किया था। मैक्यावेली का भी राजनीतिक सिद्धान्त अविवेक, ईमानदारी का प्रेम आकांक्षा और आजादी का प्रेम सरीखे मानसिक गुणों की एक पूरी सूची पर आधारित था। हॉब्स के अनुसार, विवाद के स्रोत थे—प्रतिस्पर्धा, आत्मसंशय और गौरव प्रेम, लेकिन उनके अनुसार मनुष्य में सत्ता के प्रति प्रेम का एक प्रभावशाली भाव था। अपने तर्क को मानवीय स्वभाव के इन अपरिवर्तनीय गुणों पर आधारित कर या तो राज्य की प्रकृति की व्याख्या करने का प्रयास करते हैं या राजनीतिक कार्य की रणनीति को विकसित करने का प्रयास करते हैं।

इस विचार के विरुद्ध एक दूसरा समादृत प्राचीनता का विचार व्याप्त हो गया है। इसने मानवीय मन को अनुभव से अप्रभावित उस युवा के रूप में सिखाया जो सामाजिक व्यवस्था, जिसमें मनुष्य विकसित होता है, की छाप को प्राप्त करने के लिए तैयार रहता है। प्लेटो में भी हम इस विचार को देखते हैं। उसने जिस वक्त सामाजिक अद्य:पतन को मानसिक अद्य:पतन के रूप में व्याख्यायित किया, इस बात पर भरोसा भी किया कि समाज और शिक्षा के उचित संगठन से मनुष्य की प्रकृति को सुधारना सम्भव है। इस तरह उनका ग्रंथ 'रिपब्लिक' असंख्य यूटोपिया का अग्रदूत बन गया जिसने मनुष्यों एवं उनके सम्बन्धों को उचित तरीके से समाज का सँभलकर सुधारने का प्रयास किया था।

आगे चलकर इस समस्या की सारी समझ इस आदर्शवादी-भौतिकवादी विवाद से बिगड़ गई। एंगेल ने आदर्शवादी विचार का सारांश निकाला था। उसने सम्पूर्ण

इतिहास और सामाजिक विकास को 'परम विचार' के प्रकटीकरण के पदों में स्पष्ट करने का प्रयास किया। इससे उनके अनुयायियों में प्रतिक्रिया हुई और मार्क्स का महत्त्वपूर्ण सिद्धान्त—इतिहास का भौतिकवादी बोध प्रकाश में आया, लेकिन युवा हीगेलवादी (मार्क्स और फायरबाख समेत अन्य युवा हीगेलवादी) एकबारगी इस विचार पर नहीं पहुँचे। हीगेल की पहली बड़ी आलोचना फायरबाख ने की। उसने घोषणा की कि हीगेल का 'परम विचार' धर्मशास्त्र की मृत आत्मा से अधिक कुछ नहीं है और इसके विरुद्ध उसने देखा कि दर्शनशास्त्र के सभी रहस्यों का निराकरण मानवता और प्रकृति के चिन्तन स्तर में होता है। उसने जिन उत्कृष्ट चीजों की सर्जना करता है, वे केवल उनका अपना अवास्तविक प्रतिबिम्ब है।

परन्तु मार्क्स मानवीय प्रकृति के फायरबाख द्वारा किए गए विश्लेषण से सन्तुष्ट नहीं थे। उन्होंने अपनी थीसिस ऑन फायरबाख में स्पष्ट रूप से इस बिन्दु पर अपने विचारों और मतभेदों को प्रतिज्ञापित किया। उन्होंने लिखा—"फायरबाख धार्मिक सार को मानवीय सार में रूपान्तरित कर देते हैं, लेकिन मानवीय सार प्रत्येक मनुष्य का जन्मजात कोई सार नहीं है। यह अपनी वास्तविकता में सामाजिक सम्बन्धों का समुच्चय है। फलस्वरूप, फायरबाख जो इस वास्तविक सार की आलोचना नहीं करते हैं, निम्नलिखित कार्यों के लिए बाध्य हैं :

(1) ऐतिहासिक प्रक्रिया से निष्कर्ष निकालने के लिए और कुछ चीज के रूप में स्वयं से धार्मिक को निर्धारित करने के लिए तथा एक सार को विलग मानवीय व्यक्ति का पूर्वानुमान करने के लिए।

(2) इसलिए मानवीय सार का केवल एक वंश के रूप में उसके साथ समझा जा सकता है, आन्तरिक मूक व्यापकता के रूप में समझा जा सकता है जो स्वाभाविक रूप से अनेक व्यक्तियों को एकबद्ध करती है। फलत: फायरबाख यह नहीं देखते हैं कि 'धार्मिक भावना' स्वयं एक सामाजिक उत्पाद होती है और यह कि अमूर्त व्यक्ति जिसका वह विश्लेषण करते हैं, वास्तविकता में समाज के विशिष्ट रूप से सम्बन्धित होता है।"

यहाँ हम पुन: इस मानवीय प्रकृति की स्वायत्तता और इसके सामाजिक नियतत्ववाद के बीच पुराना विवाद पैदा होता हुआ देखते हैं। मार्क्स की यह सोच निस्सन्देह सही थी कि समाज के बाहर एक पूर्ण विकसित मानवीय प्रकृति को कोई समझ नहीं सकता है। हाल की मानवविज्ञानी जाँच[1] ने इसे प्रचुर रूप में प्रदर्शित किया है, लेकिन इस सही धारणा से वे दो गलत मान्यताओं पर पहुँच गए—प्रथम, यह कि मानव मन केवल एक दर्पण होता है जो समाज के नियमों व विवादों (एक त्रुटि जिसका अपने युग में त्याग करना मुश्किल था) को प्रतिबिम्बित करता है। 18वीं सदी के होलबाक और हेलवेटियस सरीले भौतिकवादियों का मार्क्स पर गहरा प्रभाव था। उन दोनों ने एक ही तरह के विचार दिए। होलबाक के लिए सत्य चीजों

की प्रकृति के साथ विचारों की अनुरूपता था और दूसरी (एक अत्यधिक त्याज्य त्रुटि) यह कि तत्कालीन बुर्जुआ समाज में एक मनुष्य सभी समाजों में व्यक्तियों का आद्यप्रारूप था। यद्यपि मार्क्स ने स्वीकार नहीं किया कि उसी ने यह बाद वाली धारणा बनाई है, यह उसके मौलिक समाजविज्ञानी आधारवाक्य से स्पष्ट है कि लाभोद्देश्य एवं भौतिक सम्पत्ति के आग्रह ने इतिहास के सभी समाजों में सामाजिक विभाजन के आधार का निर्माण किया था।

लेकिन यह तथ्य ज्यादा महत्त्वपूर्ण था कि मानवीय मन और समाज के बीच परस्पर किस तरह अन्योन्य क्रिया होती है, इसकी ठीक ढंग से जाँच करने का प्रयास करने के बदले सम्पूर्ण विवाद को यह साबित करने की तरफ मोड़ दिया गया कि सभी चिन्तनात्मक गतिविधियों का निर्धारण भौतिक दशाओं से होता है तथा भौतिक दशाओं का निर्धारण चिन्तनात्मक गतिविधियों से होता है। इस द्विभाजन ने विचार के इन दोनों पाठशालाओं के लिए अनेक सामाजिक घटनाओं की समझ में इतनी रिक्तता पैदा कर दी कि उसे जोड़ा नहीं जा सकता था, लेकिन यह कठिनाई उनके लिए काफी गम्भीर थी जो भौतिकवादी पक्ष से इस समस्या को देखते थे क्योंकि भौतिकवादी हमेशा एक अन्तिम आश्रय के रूप में, आत्मवाद के पीछे शरण ले सकते थे।

मार्क्स के लिए यह परेशानी दो अन्य कारकों से अजेय बन गई। पहला कारक तो यह था कि मार्क्स के समय में विज्ञान की दुनिया पर न्यूटन एवं यांत्रिक भौतिकवाद का प्रभाव था। दूसरा कारक, यांत्रिक बोध का आर्थिक नियतिवाद में संकुचन था। इस तरह मार्क्स ने संरचनाओं और अधिरचनाओं से पूर्ण अपना ऐतिहासिक भौतिकवाद का प्रसिद्ध सिद्धान्त एक विशिष्ट यांत्रिक ढंग से प्रकाशित किया। 'प्रीफेस टू दी क्रिटिक ऑफ पॉलिटिक्स इकोनॉमी' में उल्लेखित यह सिद्धान्त निम्नलिखित है—"अपने जीवन के सामाजिक उत्पादन में मनुष्य अपरिहार्य और अपनी इच्छा के मुफ्त निश्चित सम्बन्धों से जुड़ता है। उत्पादन के सम्बन्ध अपने भौतिक उत्पादात्मक शक्तियों के विकास के एक निश्चित चरण के अनुरूप होते हैं। उत्पादन के इन सम्बन्धों का समस्त योग समाज की आर्थिक संरचना अर्थात् वास्तविक नींव का निर्माण करता है जिस पर विधिक और राजनीतिक अधिरचना खड़ी होती है तथा सामाजिक चेतना के निश्चित रूप इसके अनुरूप होते हैं। भौतिक जीवन के उत्पादन का यह तरीका सामान्य सामाजिक, राजनीतिक और बौद्धिक जीवन प्रक्रिया को अनुकूलित करता है। यह मनुष्यों की चेतना नहीं है जो उनके अस्तित्व का निर्धारण करती है। इसके विपरीत यह मनुष्यों का सामाजिक अस्तित्व है जो उनकी चेतना का निर्धारण करता है।...उत्पादात्मक शक्तियों के विकास के रूपों से ये सम्बन्ध उनकी बेड़ियों में तब्दील हो जाते हैं। इसके बाद सामाजिक क्रान्तियों के एक युग का आरम्भ होता है। आर्थिक नींव के परिवर्तन से सम्पूर्ण विशाल अधिरचना कमोबेश तेजी से परिवर्तित हो जाती है। ऐसे परिवर्तनों को समझने

में हमेशा उत्पादन की आर्थिक दशाओं के भौतिक परिवर्तन, जिसका प्राकृतिक विज्ञान की परिशुद्धता से निर्धारण किया जा सकता है तथा विधिक, राजनीतिक, धार्मिक, सौन्दर्यशास्त्रीय या दर्शनशास्त्रीय—संक्षेप में, वे विचारधारात्मक रूप, जिनमें मनुष्य इस विवाद से सचेत रहता है तथा लड़ाई द्वारा फैसला कर लेता है, के बीच अन्तर किया जाना चाहिए?"

इस तरह की यांत्रिक योजना अपूर्ण थी। यह अपूर्णता मार्क्स द्वारा किए गए अपने समय के अनेक महत्त्वपूर्ण राजनीतिक विकासों के विवेचनों में साफ दिखाई देती है। मार्क्स की वस्तुनिष्ठता की दाद देनी होगी कि मार्क्स ने अपने सिद्धान्त में तथ्यों को उपयुक्त ढंग से रखने के लिए कभी उन तथ्यों को तोड़ने-मरोड़ने का प्रयास नहीं किया और जब भी उन्होंने किसी खास सामाजिक घटना का विवेचन किया, हमेशा आर्थिक कारक के अलावा सभी अन्य कारकों को ध्यान में रखा। अपनी 'एटींथ ब्रूमायर ऑफ लुईस बोनापार्ट' में उन्होंने स्पष्टत: परम्परा की विशाल सत्ता को स्वीकार किया था। उन्होंने लिखा था—"सभी मृत पीढ़ियों की परम्परा सजीव प्राणियों के दिमाग पर दु:स्वप्न की तरह विचरती है। और ठीक जब वे चीजों और स्वयं को आन्दोलित करने में व्यस्त मालूम पड़ते हैं, कुछ वैसा बनाने में, जिसका कभी अस्तित्व नहीं रहा है, क्रान्तिकारी संकट की ठीक ऐसी घड़ी में वे बेचैनी के साथ अतीत की प्रेतच्छाया का जादू कर देते हैं..."

निस्सन्देह मार्क्स ने पूरी तरह बदल चुकी भौतिक अवस्थाओं के सामने परम्परा के इस स्वायत्त अस्तित्व को स्पष्ट करने का कभी प्रयास नहीं किया।

आर्थिक नियतिवाद के इस सिद्धान्त की कमियों की आलोचना जैसे-जैसे ज्यादा होने लगी, फ्रेडरिक एंगेल्स के लिए अपने कुछेक पत्रों में यह स्वीकरना जरूरी हो गया कि अन्य कारक ऐतिहासिक प्रक्रियाओं को प्रभावित भी कर सकते हैं और उसने मार्क्सवाद के अति उत्साही अनुयायियों को सुझाव दिया कि मार्क्सवादी सिद्धान्त द्वारा दी गई स्वच्छ योजना से चिपकने की अपेक्षा वस्तुनिष्ठ तथ्यों का विस्तृत अध्ययन करो। जे. ब्लॉक को लिखे अपने पत्र (21-22 सितम्बर, 1890) में उसने लिखा था—"न्यायिक रूप और उसके बाद प्रतिभागियों के दिमाग में उन सभी वास्तविक संघर्षों के प्रतिबिम्ब, राजनीतिक, न्यायशास्त्रीय, दर्शनशास्त्रीय सिद्धान्त, धार्मिक विचार और उनका आगे उपदेश के तंत्रों में विकास—ये सभी ऐतिहासिक संघर्षों के मार्ग पर अपना प्रभाव भी डालते हैं तथा अनेक मामलों में ये अपना रूप निर्धारण करने में भारी पड़ जाते हैं..."

किन्तु यह एक गम्भीर स्वीकारोक्ति थी। यह समाज और इतिहास की मार्क्सवादी कारणात्मक एकत्ववाद सम्बन्धी समझ की प्रकृति के विरुद्ध हो गई। यह बहु-कारणता में एक छूट थी, जहाँ ऐतिहासिक संघर्षों का निर्धारण राजनीतिक, दर्शनशास्त्रीय और न्यायशास्त्रीय सिद्धान्तों से तथा धार्मिक रहस्यों और परम्परा से भी किया गया।

किन्तु इस आन्तरिक विरोध का सामना करते हुए उसने एक अन्तिम कारण सिद्धान्त के वाक्छल का सहारा ले लिया। इस विचार के अनुसार, किसी काल विशेष के इतिहास के एक भाग पर नजर दौड़ाते अन्य कारक कुछ अन्तिम उपाय के रूप में निर्णायक हो सकते हैं। हम जब पूरे मानवीय इतिहास पर गौर करते हैं तो ये विविध तत्त्व संयोग सरीखे लगते हैं और उनकी अन्योन्यक्रिया से ऐसे परिणाम निकलते हैं जहाँ आर्थिक कारक अतिश्रेष्ठ रूप में प्रकट होते हैं। साधारण भाषा में यह उसी पुराने सवालों को रख रहा था कि पहले मुर्गी या अंडा? इतिहास के अध्ययन का यह तरीका बिना किसी परिणाम के केवल अन्तहीन वापसी की ओर ले जा सकता था। अपनी स्थिति की इस स्वाभाविक कमजोरी के कारण मार्क्सवादी आगे आर्थिक नियतिवाद के दृढ़ ढाँचे के मुताबिक इतिहास की व्याख्या करने के लिए बाध्य हो गए। हमें यहाँ गम्भीर मार्क्सवादी सिद्धान्तकारों द्वारा की गई वैज्ञानिक सिद्धान्तों और कलात्मक सृजन की अनूठी व्याख्याओं में जाने की जरूरत नहीं है, लेकिन यह स्पष्ट है कि इस सिद्धान्त ने समाज के सभी अध्ययनों को एक अन्धी गली में पहुँचा दिया।

इस नजरिए में एक दूसरी कमी भी थी। यह समाज को एक एकल कारक से एक बन्द-सी प्रणाली के रूप में देखती थी और वह कारक था, उत्पादन का तरीका तथा हर चीज को निर्धारित करनेवाले इसके परिवर्तन, लेकिन हम जानते हैं कि कोई भी ज्ञात समाज बाहरी प्रभावों से पूरी तरह अछूता नहीं रहता है। संस्कृति के बारे में लेस्ली ए. ह्वाईट का उसी तरह का विचार था (अर्थात् एक त्रिस्तरीय प्रणाली, जिसमें तकनीकी कारक आधार का निर्माण करते थे, समाजशास्त्रीय कारक मध्य का निर्माण करते थे और मनोविज्ञानीय कारक ऊपरी स्तर का निर्माण करते थे, ऊपरी स्तर के परिवर्तन तकनीकी आधार के परिवर्तनों के अनुरूप होते थे)। उसकी एक आलोचना में उस बात को दर्शाया गया है कि संस्कृति 'एक खुली या अनुकूल प्रणाली' है। अनुकूलन दोनों को ही अर्थात् प्रकृति के साथ एक अन्य सांस्कृतिक प्रणालियों के साथ के सम्बन्ध को गले लगाता है।"[2] आगे यह दर्शाया गया है कि—"एक एशियाई समाज एक जर्मन दार्शनिक के नारों के साथ आन्दोलन बुद्धिजीवियों द्वारा प्रेरित आन्दोलन का अनुभव कर सकता है, और तभी एक राष्ट्र के रूप में साकार हो सकता है, इसके बाद उद्योग को विकसित करेगा जो इसकी बौद्धिक और राजनीतिक हैसियत का समर्थन कर सकता है।"[3]

संस्कृति के बारे में जो लेस्ली सिद्धान्त के सन्दर्भ में कहा गया है, वही चीज समान वैधता के साथ सामाजिक विकास के मार्क्सवादी सिद्धान्त के बारे में कही जा सकती है। आगे हम इस विशेष घटना का एक स्पष्टीकरण ढूँढ़ने का प्रयास करेंगे।

उपर्युक्त नजरिए में परेशानी इसलिए आई क्योंकि इसने गलत छोर से इस समस्या का समाधान करने का प्रयास किया था। परिणामस्वरूप, यह अव्याख्येय प्रतिवादों में खड़ा हो गया। मनुष्य एक 'आर्थिक मनुष्य' नहीं है जैसाकि माना गया

है, न ही उसका विचार उसके जीवन की सामाजिक-आर्थिक स्थितियों का महज प्रतिबिम्ब होता है। मार्क्स ने अपने समय के प्रचलित विचार से 'आर्थिक मनुष्य' का बना-बनाया विचार ग्रहण किया था। इस धारणा का सामान्यीकरण करते हुए उसने यह दिखलाने का प्रयास किया कि लिखित इतिहास के सभी संघर्ष मानवीय श्रम के अधिशेष उत्पादों के स्वामित्व को लेकर हुए हैं। सभी मानवीय संस्कृतियाँ भौतिक उत्पादन और इसके वितरण के केन्द्रीय तथ्यों की चारों तरफ की एक सजावट रही हैं। बाद में यह मान लिया गया कि मनुष्य में एक अर्जनशील नैसर्गिक वृत्ति होती है, इसलिए सभी मनुष्यों का प्रयास आर्थिक लाभ के लिए होता है। हालाँकि जैसाकि जे.ए.सी. ब्राउन बतलाते हैं, यह विचार पूरी तरह गलत है। वह इस तथ्य की तरफ ध्यान आकृष्ट करते हैं कि पुगेट साउंड के क्वाकितुल इंडियन समुदाय में मुख्य समस्या यह है कि धन से कैसे छुटकारा पाया जाए। समुदाय में पैसे को जलाकर या उसे टुकड़े-टुकड़े कर प्रतिष्ठा अर्जित की जाती है।[4] लेकिन इस विचार की असत्यता को देखने के लिए किसी को जनजातीय समाजों में जाने की आवश्यकता नहीं है। मनुष्य जिस तत्परता से राष्ट्र, धर्म, स्नेह और सम्मान सरीखी अमूर्त चीजों के लिए न केवल अपने धन का त्याग करता है बल्कि अपने जीवन को भी न्योछावर करता है, यह उस तत्परता की व्याख्या करने में असफल हो जाता है। यह ऐसी घटना है, जिससे हमारा मुठभेड़ अपने जीवन में प्रतिदिन होता है।

मानसिक गतिविधियों के सवाल पर आकर, मानवीय मशीन से मानवीय विचार प्राप्त करने का कोई भी प्रयास देकार्त की पहेली 'मशीन के अन्दर प्रेत' तक पहुँचा देने के लिए बाध्य था। और यह साफ था कि इस तरह का प्रेत, इसे विचार कहें या आप जो नाम दें, मनुष्यों का समाज और मशीन चलाने में एकदम अक्षम था क्योंकि यह पूरी तरह से निर्धारित था और इसमें घटनाओं को नया मार्ग बतलाने की सहजता का अभाव था। मार्क्स ने अक्सर यांत्रिक विरासत की सीमाओं से उत्पन्न परेशानी से बाहर निकलने का प्रयास किया और इसके लिए उसने द्वन्द्वात्मक तर्क का, जो एक ड्यू एक्स मशीन के रूप में आया था, उन चीजों की व्याख्या करने में इस्तेमाल किया जिनका उसके आधार-वाक्यों से तार्किक निष्कर्ष नहीं निकला था। उनके निजी रुख के विपरीत जहाँ तक उनके विचार का सम्बन्ध है, मार्क्सवादियों का रुख इतना हठधर्मी हो गया है कि उसके बाद से इस सन्दर्भ में उनके विचारों को नई शक्ल देने का कोई भी प्रयास नहीं किया गया है, यद्यपि मनोविज्ञान और जीवविज्ञान के नये विकास इसे अपेक्षाकृत एक आसान चीज बना देते हैं।

यद्यपि डार्विन और मार्क्स समकालीन थे, मार्क्स को उनके सिद्धान्तों के लिए वर्ष 1861 में जाना गया। साथ ही, जीवविज्ञान और मनोविज्ञान में डार्विन के सिद्धान्त के पूर्ण निहितार्थ को हमने अपने समय में महसूस किया है। इस विचार से मनुष्य महज उस प्राणी जगत की एक दूसरी प्रजाति है जो 'प्राकृतिक चयन'

की प्रक्रिया में परीक्षा देने के लिए संघर्ष कर रहा है जहाँ असफलता की कीमत खुद उस प्रजाति की समाप्ति होती है। परिणामस्वरूप, उसकी सारी गतिविधियाँ, दोनों शारीरिक और मानसिक भी, मूलत: या तो प्रकृति के प्रति या समाज के प्रति अनुकूल होती हैं और यह भी जवाब में, उसके भौतिक वातावरण के प्रति अनुकूलन के माध्यम के तौर पर विकसित हुआ है। जब हम मनुष्य के इस विचार को लेते हैं तो पाते हैं कि उसका विचार कोई रिक्त पूँजी नहीं है बल्कि यह उसके दूसरे अंगों की तरह अनुकूलन का एक सक्रिय उपकरण है। इसे एक अनुकूली उपकरण के तौर पर देखते हुए यह कहना ज्यादा सही है कि न तो विचार, न ही बिम्ब बल्कि यह विचार-बिम्ब अविच्छिन्नक है जो मनो-भौतिक जगत के साथ अन्योन्य क्रिया करता है। भौतिक की जगह 'मनो-भौतिक' शब्द का प्रयोग हुआ है क्योंकि विचार-बिम्ब अविच्छिन्नक को न केवल भौतिक स्थितियों के अनुकूलन करना है बल्कि मनोवैज्ञानिक स्थितियों से भी अनुकूलन करना है। और सबसे बड़ी भौतिक स्थितियाँ मनोवैज्ञानिक स्थितियाँ भी होती हैं।

ऐसा न हो कि यह वह प्रभाव पैदा कर दे कि संज्ञान की प्रक्रिया की समझ की वास्तविक कठिनाई को एक सुविधाजनक पदावली से घेर दिया गया है, इसलिए प्रक्रिया की पूरी व्याख्या करना आवश्यक है। विचार और भौतिक स्थिति के द्वन्द्व का प्रयोग करना उपयुक्त जान पड़ता है क्योंकि प्रेरणा से शुरू होनेवाली तथा जीवों के प्रत्युत्तर से समाप्त होनेवाली समूची संज्ञानात्मक प्रक्रिया में कोई बिन्दु नहीं है जहाँ यह कहा जा सके कि भौतिक प्रक्रियाएँ यहाँ खत्म होती हैं और मानसिक प्रक्रियाएँ शुरू होती हैं। न ही चेतना महज कोई उपोत्पाद है। वस्तुत: एक उच्च स्तर पर चेतना प्रत्युत्तर की प्रकृति का निर्धारण करने में वही भूमिका अदा करती है जो भूमिका निम्न स्तर पर प्रतिक्रियात्मक चाप में नये गुच्छिका अदा करती है। उनके कार्य मानसिक प्रक्रिया के श्रेणीक्रम की विभिन्न श्रेणियों का केवल प्रतिनिधित्व करते हैं। जब हम किसी जलती हुई वस्तु का स्पर्श करते हैं तो स्वत: हम अपनी अँगुली उठा लेते हैं। यह एक परावर्तन क्रिया है जो नये गुच्छिकाओं की मध्यस्थता में सम्पन्न होती है, लेकिन घर में आग लगी हो और हम घिर गए हों तो हम इस परावर्तन क्रिया पर भरोसा नहीं करते हैं। यहाँ हमें मस्तिष्क के उच्च केन्द्र घर से निकल भागने का मार्ग ढूँढ़ने का निर्णय लेने में हमारी मध्यस्थता करते हैं। मस्तिष्क की क्रियाविधियों पर शोध कर रहे शोधकर्ता वैद्युत-प्रमस्तिष्कारेख की सहायता से आगे इस विचार को सम्पुष्ट करते हैं कि विचार प्रक्रियाएँ मस्तिष्क के अन्दर विशिष्ट मनोवैज्ञानिक प्रक्रियाओं से सम्बद्ध होती हैं। वैद्युत-प्रमास्तिष्कारेख पर आधारित कुछेक शोधों का सार प्रस्तुत करते हुए डब्लू. ग्रे वाल्टर लिखते हैं—"...हम ई.ई.जी. रूपों में से कुछ का संक्षेप में सार प्रस्तुत कर सकते हैं, जिसे आसानी से मानसिक अवस्थाओं से सम्बन्धित होना, दर्शाया जा सकना—यद्यपि एक नकारात्मक फैशन में—और इसी

तरह ज्ञान से सम्बन्धित होना भी बतलाया जा सकता है। अल्फा लय निश्चित रूप से विचारों के रूपों से सम्बद्ध होती है, चिन्तनशील मस्तिष्क द्वारा निर्धारित छवियों की प्रकृति से सम्बद्ध होती है। हाल के प्रयोग और सांख्यिकी सम्बन्धी अध्ययनों ने पहलेवाले दावों को सम्पुष्ट कर दिया है कि दृश्य कल्पना और अल्फा लय परस्पर अपवर्जक होती हैं। इसी तरह का सहसम्बन्ध थीटा लय और आनन्द के बीच होता है। अनेक सामान्य वयस्कों और अधिकांश बच्चों और मनोरोगियों में आनन्ददायक अनुभूति की समाप्ति थीटा गतिविधि से सम्बद्ध होती है। अनेक मामलों में यह एक अत्यन्त घिसे-पिटे रूप में होती है—यहाँ बीटा लयों से जाना जाता है, ये तनाव में अपनी सुलभता के लिए सर्वविदित हैं, चाहे यह तनाव तेज हो या दीर्घकालिक दुश्चिन्ता की अवस्थाओं के रूप में हो।"[5]

इस तरह मनोवैज्ञानिक और शरीर वैज्ञानिक (और इसलिए शारीरिक) प्रक्रियाओं के बीच कोई तेज विभाजक रेखा नहीं है इसलिए ये दोनों एक-दूसरे के अन्दर इधर-उधर परिप्रेक्ष्य और गिनती के तरीके के कारण दिखाई पड़नेवाले अन्तरों को हस्तान्तरित करते हैं। उपर्युक्त उदाहरण में जब हम किसी जल रही वस्तु को छूते हैं, हम कहते हैं कि हमें जलने की अनुभूति होती है। यह तब होता है, जब हम घटना को एक मानसिक प्रक्रिया के रूप में देखते हैं, लेकिन ठीक वही प्रक्रिया संवेदनशील नसों से होकर मस्तिष्क तक तथा मोटर नसों से लेकर अँगुली और हाथ तक जो वापस ले लिए जाते हैं, से गुजरनेवाले आवेगों के रूप में भी देखी जा सकती है। हम कह सकते हैं कि दोनों तरीके उस प्रक्रिया को वस्तुनिष्ठ ढंग से और विषयनिष्ठ ढंग से देखने के तरीके हैं, लेकिन यहाँ वस्तु और विषय स्वतंत्र चीजें नहीं हैं बल्कि दोनों जानकारी रखनेवाले एक व्यक्ति में एक साथ मिल जाते हैं। यह विरोध करना कि इस मामले में विषय भौतिक व्यक्ति नहीं हो सकता है, यह बिना किसी वैध आधार के भौतिक या सांसारिक चीजों को निश्चित गुणों से इनकार करना है। हम यह दावा नहीं कर सकते हैं कि हमने भौतिक चीजों के सभी सम्भव गुणों का पता लगा लिया है और मन या आत्मा सरीखी एक पृथक् चीज के पारम्परिक सिद्धान्त से प्राप्त एक पूर्वग्रह के कारण स्पष्ट रूप से समझने योग्य मानसिक प्रक्रियाओं से भौतिक यथार्थ का इनकार करने की जरूरत नहीं है।

अब एक दृष्टान्त बतलाएगा कि हम मनो-भौतिक स्थिति से क्या समझते हैं। मान लीजिए, हमारी मुठभेड़ वैसे बैनरों और झंडोंवाले एक जुलूस से होती है जो न निश्चित विचारों को प्रतीक के तौर पर प्रकट करते हैं, जिन्हें हम प्रिय मानते हैं। यद्यपि इस मामले में जुलूस की उपस्थिति एक भौतिक तथ्य है, स्वयं में यह हमारे लिए बहुत अधिक महत्त्व का नहीं है, लेकिन एक मनोवैज्ञानिक घटना के रूप में यह दूरगामी परिणामों के साथ विचार की गाड़ी को गतिशील बना दे सकता है। वस्तुत: जुलूसों का आयोजन सुस्पष्ट रूप से इसी उद्देश्य के लिए किया जाता

है। उसी प्रकार जुलूस की भौतिक उपस्थिति के पीछे विचारों और आकांक्षाओं का सम्पूर्ण इतिहास रहता है। आइए, पुन: दो स्थितियों पर विचार करें। पहली, जिसमें हमारा मुठभेड़ जंगल में एक शेर से होता है तथा दूसरी, जिसमें हम पिंजड़े में बन्द एक शेर को देखते हैं। दोनों मामलों में हम शेर को काफी नजदीक से देखते हैं, लेकिन पहलेवाले मामले में स्थिति दहशत की है जबकि बादवाले मामले में जंगल के राजा के प्रताप का गुणगान कर रहे होंगे। प्रसंग में हल्के परिवर्तन से वैसा ही वस्तुनिष्ठ तथ्य हमारे लिए सम्पूर्णत: भिन्न आयात लाता है। अनुभूति की दुनिया के पीछे की दुनिया की प्रकृति पर विचार किए बिना हम अपनी उस प्रकृति से उसकी केवल उस रूप के तहत कल्पना करते हैं जिसमें यह हमें अपने ज्ञानेन्द्रियों और मनोवैज्ञानिक व्यवस्था के जरिए प्रस्तुत किया जाता है। इस तरह से देखा गया, यह कदापि 'स्वयं में कोई दुनिया', एक उदासीन दुनिया नहीं है बल्कि सदैव हमारे काम की एक दुनिया है और अपनी ज्ञानेन्द्रियों की मध्यस्थता के जरिए इसके द्वारा की गई प्रेरणाएँ हमारी मनोवैज्ञानिक प्रक्रियाओं के आँकड़े में परिवर्तित हो जाती हैं। इन मनोवैज्ञानिक प्रक्रियाओं से हम इसकी महत्ता प्राप्त करते हैं।

लेकिन मानवीय मन या विचार का एक अनोखा रूप भी है जो इसे अनुकूलन के महज एक उपकरण से ज्यादा कुछ बना देता है। मन के इस उपकरण सम्बन्धी कार्य को हम मछली और घिनौने व्यक्ति सहित जानवरों की दूसरी प्रजातियों में भी देख सकते हैं, लेकिन जीव-जगत में मनुष्य अकेला प्राणी है जिसमें संकल्पना करने तथा प्रतीक के रूप में किसी चीज को प्रस्तुत करने की क्षमता है। यह गुण यद्यपि उसकी जटिल संस्कृति के लिए आवश्यक नहीं है। यह क्षमता अनुकूलन के सहज मानसिक कार्य से जटिलताओं को जोड़ देती है और अनेक उन लक्षणों को पैदा भी करती है जो उनके अतिजीवन मूल्य के पदों में अव्याख्येय बन जाते हैं। चूँकि सामाजिक घटनाओं की समझ बनाने में इसकी महत्त्वपूर्ण भूमिका होती है, इसलिए हम कुछ विस्तार से इस चीज का वर्णन करेंगे कि मानवीय मन किस तरह से काम करता है तथा किस तरह से हमारे सामाजिक अस्तित्व को प्रभावित करता है।

हमारी पहली मनोवैज्ञानिक या मानसिक प्रक्रियाएँ संवेदना से शुरू होती हैं। हम बाहरी प्रेरणा प्राप्त करनेवाली आँख, कान, त्वचा इत्यादि जैसी अपनी ज्ञानेन्द्रियों के जरिए बाहरी दुनिया से अवगत होते हैं। प्रेरणा या उद्‌दीपन की यह दुनिया साथ में ऊष्मा और शीत, ध्वनि और प्रकाश की बगैर किसी महत्त्व के एक विशृंखलता है, लेकिन चयन प्रक्रिया इसी चरण से शुरू होती है। सामान्यतया हम ध्वनिक तरंगों आवृत्तियों के निश्चित क्षेत्र के अन्तर्गत ही ध्वनि को सुन सकते हैं, हमारी आँखें केवल निश्चित तरंगदैर्घ्यों की प्रकाश तरंगों को ही देख सकती हैं और दोनों, शीत और ऊष्मा, ताप के एक निश्चित क्षेत्र के बाहर हमारी त्वचा को जला देंगे, इसलिए इन चरम सीमाओं का स्वत: परिवर्जन होता है। यहाँ एक दहलीज भी होती है जो हमारे बोध की एक

न्यूनतम सीमा का निर्धारण करती है और ध्वनि, प्रकाश या ऊष्मा जिसमें इस दहलीज से नीचे की तीव्रता होती है, हमारी चेतना की पकड़ से बाहर रह जाते हैं।

प्रकाश, ऊष्मा या ध्वनि की वह गड्ड-मड्ड दुनिया, जिसके बारे में अभी मैंने चर्चा की है, केवल काल्पनिक चीज है। वस्तुत: हम संवेदनशील दुनिया से केवल बोध के जरिए अवगत होते हैं जिसमें उत्प्रेरणाओं की पहले की रचना और सुव्यवस्था की जाती हैं। यह बोध ही है जिसके जरिए हम वस्तुओं और वस्तुनिष्ठ तथ्यों से अवगत होते हैं। हमें चयनात्मकता की एक प्रक्रिया के द्वारा ही बोध हो पाता है। हम एक ही समय बहुत सारी उत्प्रेरणाओं को प्राप्त करते हैं, लेकिन सीमित संख्या में ही उनका चयन होता है और उन्हें हमारे बोध में प्रस्तुत किया जाता है। यह चयन दो चीजों पर आधारित होता है—पहली चीज है सौन्दर्यपरकता, दूसरी चीज है, रुचि या अभिप्राय।

हमारे बोध को मोटे तौर पर अनुकूलित करनेवाले कलात्मक तत्त्वों में एकता, सममिति, लय और सामंजस्य शामिल हैं। ये तत्त्व मनुष्य में जन्मजात हैं या अनुभव से प्राप्त होते हैं, यह हमारी चिन्ता के लिए द्वितीयक महत्त्व की चीज है, लेकिन वर्तमान संकेत के आधार पर लगता है कि बोध प्राप्त करने के मानवीय तरीकों में से कुछेक जन्मजात हैं। क्या रूप का बोध नैसर्गिक है? इसका पता लगानेवाले प्रयोगों ने सकारात्मक परिणाम दिया है। रॉबर्ट एल. फांज ने एक से पन्द्रह सप्ताह की आयुवाले बच्चों पर सावधानी से प्रयोग कर दिखाया है कि रूप या आकार का बोध किसी ज्ञान के पहले मौजूद है। इन्होंने प्रयोगों में साँढ की आँख और पट्टियों के बीच तथा शतरंज फलक और चौकोर के बीच स्पष्ट प्राथमिकता को दिखाया। फांज लिखता है—"स्पष्ट रूप से आकार बोध का कुछ अंश नैसर्गिक होता है। हालाँकि यह दृश्य व्यवहार के आगे के विकास में ज्ञान या मनोवैज्ञानिक विकास की भूमिका का निष्पादन नहीं करता है..."[6]

अन्य जाँचकर्ताओं ने दिखाया है कि जन्म के बाद जानवरों को एक अवधि के लिए अनुकृत दृश्य प्रेरणाओं से वंचित करना उनके बादवाले दृश्य कार्य को, विशेषकर आकार बोध में बिगाड़ देता है...।[7]

स्पष्टत: कलात्मक तत्त्व जीव की प्रभाविता को विस्तारित करते प्रतीत होते हैं और इस तरह चयन की प्रक्रिया में विकसित हो गए होंगे। दो कारक हैं जो कलात्मक तत्त्वों के विकास का समर्थन करते प्रतीत होते हैं—अर्थव्यवस्था और दक्षता को प्रस्तुत करने में इसकी भूमिका; तथा मानवीय अनुभव में दृढ़ रूप से पूरे जीवन में लयात्मक नमूनों और सममिति की उपस्थिति।

अब कलात्मक कारकों में से प्रत्येक का वर्णन करने के सिलसिले में शुरुआत हम एकता से कर सकते हैं। उदाहरण स्वरूप—(1) बिन्दुओं के एक समूह में जहाँ बिन्दु एक-दूसरे के नजदीक होते हैं, आसानी से वे एक समूह में बँध जाते हैं;

(2) सदृश बिन्दु (रंग या आकार में) आसानी से एक समूह में बँध जाते हैं। बिन्दुओं के किसी संग्रह में यदि बिन्दु दो आकारों या रंगों के हैं तो वे दो समुच्चयों में विभक्त हो जाते हैं। पुनः बिन्दु यदि किसी सीधी रेखा के साथ-साथ या किसी नियमित वक्ररेखा के साथ-साथ हैं तो वे उस सीधी रेखा या वक्ररेखा के साथ-साथ संयोजित हो जाते हैं। यह कारक श्रव्य में और दृश्य क्षेत्र में भी काम करता है। समय अनुक्रम में एक-दूसरे से नजदीक ढोल की तीन आवाजें एक समूह जैसी सुनाई देती हैं। आगे यह देखा जाएगा कि उन बिन्दुओं या चिह्नों को, जो क्रमशः आकृति या लय के परिचित पैटर्न के नजदीक होते हैं, चुन लिया जाता है और उन्हें इस तरह के एक आकार में संयोजित कर लिया जाता है। यह कारण भी है कि हम अपने मन में उस परिचित लय की पुनर्रचना करते हैं जिसका स्रोत इतना दूर होता है कि हम केवल इसके टुकड़ों को ही सुन सकते हैं। ये वही कारक हैं जिसने हमारे पूर्वजों को तारों के उस समूह को अलग करने और उनका नाम रखने के लिए प्रेरित किया जिसने आकाश को जगमगानेवाले असंख्य अन्य तारों से तारामंडल का निर्माण किया था। तत्त्वों को समूहों में बाँधने की प्रक्रिया का लाभ यह है कि यह ध्यान केन्द्रित करने में मदद करता है और इस तरह ऊर्जा के क्षय को रोकता है।

हमारा स्वाभाविक झुकाव सममिति की तरफ होता है। यह इस तथ्य से जाहिर होता है कि एक सममितीय आकृति को देखा जाता है और आकृति यदि अनियमित ढंग की है तो उसे अनदेखा कर दिया जाता है। अगले तथ्य से यह जाहिर होता है कि असममितियाँ एवं अन्य त्रुटियाँ यदि अत्यन्त चमकीली नहीं हैं तो वे उपेक्षा के योग्य होती हैं। उसी तरह सौहार्द सामंजस्य का अनुराग संगीत और आकृति, दोनों में ही सामंजस्य से उस हल्के विचलन को नजरअन्दाज कर देने की प्रवृत्ति में देखा जा सकता है। लय के बारे में डब्ल्यू. ग्रे. वाल्टर लय से हमारी स्वाभाविक नजदीकी को दिखाने के लिए एक बहुत साधारण उदाहरण प्रस्तुत करता है। वह लिखता है—"पाठक मस्तिष्क की सुझावग्राहिता और लय से इसकी बन्धुता या नजदीकी की जाँच कर सकता है। किसी घड़ी की नियमित टिकटिकाहट को सुनो और ध्यान दो कि दो, तीन या चार टिकटिकों के समूह में स्वयं को रखने के लिए यह कितना समय अनभ्यस्त अनुक्रम हेतु लेना है। लय के प्रति यह आकर्षण, ध्वनि के बाह्य नमूनों तथा मस्तिष्क के भीतर के नमूनों के बीच का नजदीकी सहसम्बन्ध, इसका एक कारण सुझाता है कि क्यों श्रवण, जिसके लिए कोई दूसरी इन्द्रियाँ प्रतिनियुक्ति नहीं हो सकती हैं, के क्षय को बर्दाश्त करना इतना कठिन है।"[8]

सामंजस्य और पैटर्न, चाहे यह सममिति हो या लय, तलाशने की प्रवृत्ति का लाभ बिलकुल साफ है। यदि हम अपना ध्यान उस वस्तु की ओर लगाए होते जो इसके देशिक या कालिक स्वरूपों में बारम्बार अनियमित छलांगों से चिह्नित हों तो हम अत्यधिक घूमने से थक गए होते और बेचैन अनुभव करते। यह समझना

आसान है कि क्यों कलाकृतियों (जिनमें एकता और सामंजस्य के गुण विद्यमान होते हैं) का हम पर आनन्ददायक असर होता है?

सूचना सिद्धान्त के शब्दों में बोधात्मक क्षेत्र की नियमित आकृतियाँ सूचना अतिरिक्तता के एक मानक को प्रस्तुत कर जीव की निपुणता को बढ़ा देती हैं। मस्कट इंस्टीट्यूट ऑफ टेक्नोलॉजी के मनोवैज्ञानिकों ने इस चीज की गणना की है कि एक मनुष्य अपने जीवनकाल में अधिकतम 50 अरब सूचना-अंशों को सँभाल सकता है, लेकिन मनुष्य को एक अल्प समय में भी जो सूचना मिलती है, उसकी वास्तविक मात्रा अनन्त होती है। यह सहज रूप से मनुष्य की क्षमता से परे होता है कि उसे जितनी सूचनाएँ प्राप्त होती हैं, उन सूचना-अंशों को अपने मस्तिष्क में सहेजकर रखे, लेकिन नियमित और पारिवारिक पैटर्नों को प्रस्तुत कर, इसके तहत बहुत सारी सूचना को शामिल कर तथा अधिकाधिक को बाहर छोड़कर मनुष्य अपने पास की दुनिया के साथ सन्तोषप्रद ढंग से बर्ताव करने लायक हो जाता है। इस क्रम में उसे अपनी सीमित क्षमता के सुसंगत सूचना की एक यथेष्ट छोटी मात्रा को पकड़ना पड़ता है। इस तरह, उदाहरण के तौर पर, रेखा तैयार करनेवाले असंख्य बिन्दुओं को देखने के बदले वह केवल रेखा को ही इसके विशेष रूपों के साथ देखता है। अर्थव्यवस्था की यह जरूरत हमारी पूरी बोधात्मक प्राथमिकताओं को अनुकूलित करता जान पड़ती है और हम अपने अस्तित्व के प्रत्येक तल पर लय, सममिति, पैटर्न, नियमितता और पारिवारिकता को तलाशने की ओर प्रवृत्त होते हैं। निस्सन्देह, निपुणता या दक्षता का अभिप्राय यहाँ सूचना की बड़ी मात्रा का उपयोग नहीं होता है बल्कि पर्यावरण के साथ सामंजस्य स्थापित करने में मानवीय क्षमता का बहुत ही किफायती उपयोग होता है।

सममिति और लय, दोनों ही हमारे जीवन में सदा मौजूद रहनेवाले रूप हैं। मानवीय आकृति स्वयं सममिति की उत्कृष्ट रचना है, कम-से-कम अपने बाह्य रूप में, जो फौरन दिखाई पड़ती है। साथ ही, अधिकांश पशु जगत, पादप, पत्ती और पुष्प या तो पार्श्व सममिति या अरीय सममिति की प्रदर्शित करते हैं। उसी तरह लय का मामला है। हमारे जन्म लेने के क्षण से जीवन के अन्तिम क्षण तक हमारा हृदय अपना लयात्मक स्पन्दन जारी रखता है। हमारी साँस लेने की क्रिया एक दूसरी लयात्मक गति है जो पूरे जीवन-भर जारी रहती है। इसके बाद बाह्य तौर पर दिन और रात की लय है, ऋतुओं की लय है, पत्तियों की फड़फड़ाहट है तथा हवाओं में तरंगों की लयात्मक गति है। लय की दुनिया में जन्म लेने के कारण यह आश्चर्यजनक नहीं है कि हमारा मन वह अनुभव ज्यादा आसानी से प्राप्त कर लेता है जो कि एक लयात्मक रूप में प्रस्तुत होते हैं।

कलात्मक कारक चयन प्रक्रिया को केवल प्राथमिक स्तर पर ही प्रभावित करते हैं, लेकिन इस चयन प्रक्रिया में अभिरुचि और अभिप्राय अत्यधिक महत्त्वपूर्ण होते

हैं जिन्हें हम प्रेरकों के एक निश्चित वर्ग या समुच्चय से संयोजित कर देते हैं। यह या तो हमारे पूर्व के अनुभवों पर आधारित आदतों पर निर्भर होता है या वर्तमान अभिरुचि पर निर्भर होता है। इस अपने सामने आनेवाले असंख्य प्रेरकों में से केवल उन्हीं को चुनते हैं जो हमारी अभिरुचि के होते हैं, और शेष को नजरअन्दाज कर देते हैं। इसे मनोवैज्ञानिक 'चयनात्मकता' और 'विन्यास' कहते हैं। इसी के अनुसार किसी भी क्षण हम केवल उत्प्रेरकों के विशेष समूह को ग्रहण करने के लिए तैयार रहते हैं और इसके अनुरूप विशेष प्रत्युत्तर से इसका निष्पादन कर देते हैं। इस तरह हम अपरिचित रूपों या आकारों के घालमेल से परिचित रूपों या आकारों का चयन करने के लिए तैयार रहते हैं। अक्षरों के एक समूह में जहाँ कुछ सार्थक शेष निरर्थक हों, हम सदैव सार्थक अक्षरों पर गौर करते हैं। उसी तरह विभिन्न भाषाओं के लिखित या बोले गए शब्दों के समूह में हमारा ध्यान स्वत: उस भाषा के शब्दों पर केन्द्रित हो जाता है जिनसे कि हम परिचित रहते हैं।

पिछले विमर्श का आशय यह बतलाना है कि हमारी प्राथमिक मानसिक गतिविधियों का सरोकार बाह्य दुनिया से प्राप्त होनेवाले अविभेदित संवेदी आँकड़े को तैयार करने से होता है। इसके बाद ही यह आँकड़ा हमारे लिए अर्थवान बनता है। यह उसी प्रक्रिया के समान है जिस प्रक्रिया के तहत जीवन अपना भोजन आत्मसात् करता है। इस स्वांगीकरण के पहले वह खाने को उलट-पलट लेता है और चुने हुए खाद्य पदार्थ के अणुओं को तोड़ देता है और इस टूटे हुए भाग से नये अणुओं का निर्माण होता है जो स्वांगीकृत होते हैं। उसी तरह संरचना और चयन की प्रक्रिया के बाद शारीरिक उत्प्रेरक अपनी मनोवैज्ञानिक प्रक्रियाओं के तत्त्व बन जाते हैं। उदाहरणस्वरूप, असंख्य उत्प्रेरकों में से चयन के बाद हमें उस रंग और आकार के नमूनों के साथ प्रस्तुत किया जाता है जो हमें एक गुलाब की मौजूदगी का एहसास कराते हैं।

कलात्मक तत्त्व पर आधारित, गतिबोधक ज्ञान का तत्त्व (जिसके कारण एक लम्बवत् रेखा एक क्षैतिज रेखा से लम्बी दिखती है क्योंकि उद्रेग तल के साथ आँखों की गति अधिकतम मांसल प्रयासों की माँग करती है), अतीत के अनुभव और वर्तमान अभिप्रेरण मन बाहरी दुनिया की एक तसवीर तैयार करता है जो एक प्रारूपकार के प्रारूप से ज्यादा एक कलाकार की चित्रकृति की मानिन्द होती है। यह प्रातिनिधिक से ज्यादा सर्जनात्मक होती है। डब्ल्यू.एच. इटेलसन और एफ.पी. किलपैट्रिक बोध या ज्ञान पर किए गए अपने प्रयासों से एक ऐसे निष्कर्ष पर पहुँचे हैं जो इस विचार को सम्पुष्ट करता प्रतीत होता है। वे लिखते हैं—"हमने जिस प्रदर्शन का वर्णन किया है, उससे विकसित ज्ञान या बोध के नये सिद्धान्त के अनुसार, प्रत्यक्ष ज्ञान कार्य, अनुभव और सम्भावना पर आधारित एक कार्यात्मक कार्य है। अनुभूत चीज अनुभव करने के कार्य का एक अविभाज्य हिस्सा है जो प्रत्यावर्तन में, जीन

की सम्पूर्ण प्रक्रिया के सभी पहलुओं को शामिल कर लेती है। यह विचार पुराने प्रतिस्पर्द्धी सिद्धान्तों से भिन्न होता है—अनुभूत चीज न तो ठीक मन की कल्पना होती है, न ही वैसे किसी यथार्थ का नैसर्गिक रूप से निर्धारित चरम प्रकटीकरण है जिसके बारे में माना गया था कि इसका अस्तित्व अनुभव करनेवाले जीव से अलग होता है। वस्तु और बोध एक ही चीज के अंग हैं।"[9]

वस्तुत: मन अनेक क्लेशकारी समस्याओं से हमारी रक्षा करने के लिए हमारे अनुभव या बोध में अद्‌भुत विरूपण ला देता है। उदाहरण के तौर पर, उस औरत की घबराहट को समझें जो प्रांगण में अपने पति को अपनी गोद के बच्चे से भी छोटा देखती है, लेकिन यह ठीक वैसा ही है कि उसने चीजों को कैसे देखा। यदि उसका अनुभव सख्त रूप से दिक् के अन्दर के शारीरिक विन्यास पर आधारित था क्योंकि किसी प्रतिबिम्ब का आकार सीधे इसके द्वारा बनाए गए आँख की रेटिना पर के कोण से सम्बन्धित होता है। बहरहाल, एक व्यक्ति किसी दूसरे के समीप पहुँचता है तो उसकी छवि दूसरे की आँखों में बड़ी बनती जाती है और वह पीछे वापस होने लगता है तो छवि पुन: छोटी होने लगती है, लेकिन मन एक दृश्य स्थायित्व-सा देता है ताकि उपर्युक्त तरह की परेशानी से बचा जाए और एक उपयुक्त दूरी तक किसी व्यक्ति के आकार में कोई बदलाव दिखाई नहीं पड़े। यह तथ्य मूल्लर-लायर भ्रम और पोंजो भ्रम सरीखे अनेक दृष्टि-भ्रमों के लिए जवाबदेह है।

बोध की प्रकृति का वर्णन कर अब हम अपनी चिन्तन प्रक्रिया के साथ इसके सम्बन्धों की ज्यादा ठोस ढंग से चर्चा करेंगे। इस भूमिका में अनुभव या बोध एक ऐसी प्रक्रिया है जिसमें एक जीव अपना अभिप्राय बतलाने के लिए उत्प्रेरणाओं का संकेतों के रूप में इस्तेमाल करता है। एक उदाहरण इस चीज को स्पष्ट कर देगा। जब हम यह कहते हैं कि 'हमारे सामने एक उजला गुलाब है', तो हम केवल उन उत्प्रेरणाओं के अभिप्राय को अभिव्यक्त कर रहे होते हैं जो उस अनुभूत सफेद गुलाब से पैदा होता है। मान लीजिए, अब हम अपनी आँखों और उस गुलाब के बीच एक लाल शीशा रख देते हैं। अब हम कहेंगे कि 'हम एक लाल गुलाब देख रहे हैं।' गुलाब वैसा ही रहता है, लेकिन आँख की रेटिना पर की उत्प्रेरणाएँ बदल गई हैं और इसलिए उत्प्रेरणाओं का मानी हमारे लिए बदल गया है। दृष्टि की विभिन्न क्षमताओं से सम्पन्न, या यूँ कहें एक्स-रे आँखवाले व्यक्ति को वह गुलाब पूर्णरूपेण भिन्न नजर आएगा, बिलकुल कंकालीय। इस तरह बाहरी वस्तुएँ महज उद्दीपन या उत्प्रेरण के स्रोत होती हैं। बोधात्मक अभिप्राय सब हमारा निजी होता है और यह हमारे सम्पूर्ण अनुभव के सन्दर्भ में अनुभव करने के हमारे तरीके पर निर्भर करता है। उत्प्रेरणाएँ दिमाग में केवल निश्चित वैद्युत-रासायनिक परिवर्तनों को प्रस्तुत करती हैं जो बोध में प्रतिफलित हो जाते हैं। दिमाग व्याख्याकार होता है जो उत्प्रेरणाओं के सांकेतिक सन्देश का कूटवाचन करता है। किसी बाह्य बिम्ब की

प्रत्यक्ष जानकारी की कोई सम्भावना नहीं है। यही कारण है कि संकेत की व्याख्या अर्थात् इसका अभिप्राय हमारे पूर्व के अनुभवों पर ज्यादा निर्भर करता है।

संकेत दो तरह के होते हैं। वे संकेतकों और प्रतीकों के तौर पर जाने जाते हैं। संकेतक संकेतित वस्तु के साथ एक अपरिहार्य फौरन सम्बन्ध बना लेते हैं। उदाहरणस्वरूप, धुआँ आग के होने का संकेतक है, गर्जन इस बात का संकेतक है कि आकाश में बिजली चमकी है। निस्सन्देह ये सभी अनुभव करनेवाले जीव के लिए संकेतक और अभिप्राय हैं। स्वयं प्रकृति में ये सभी उसी प्रक्रिया के भाग हैं। वस्तुत: बिजली और गर्जन एक ही चीज हैं जिसका भिन्न तरह से बोध होता है। उपर्युक्त उदाहरण प्रकृति के अन्दर की घटनाओं से लिए गए हैं जो इस तरह से आपस में सम्बन्धित हैं कि एक घटना दूसरी घटना का संकेतक बन जाती है, लेकिन हम अपने दैनिक जीवन में कृत्रिम संकेतकों की एक अन्तहीन संख्या का इस्तेमाल करते हैं। हम टेलीफोन की घंटी बजने पर टेलीफोन का चोंगा उठा लेते हैं, क्रॉसिंग पर लाल बत्ती देखकर रुक जाते हैं, इंजन के सीटी बजाते ही हम रेल डिब्बे में घुस जाते हैं। ये सभी विशिष्ट संकेतकों के प्रति अनुक्रिया के निर्धारित पैटर्न हैं।

संकेतकों के उपयोग में हम उन अन्य जीवों के सदृश हैं जो अपने दैनिक जीवन में संकेतकों की व्याख्या कर अपना कार्य साधते हैं। निश्चित ध्वनि और गति का अभिप्राय भोजन हो सकता है, दूसरी गति और ध्वनि का अभिप्राय खतरा हो सकता है और पशु उपयुक्त तरीके से या तो पहलेवाले मामले में भोजन की इच्छा दिखाकर या आगवाले मामले में पलायन कर प्रत्युत्तर देते हैं। सुसेन के. लैंगर के शब्दों में—"इसकी क्रियाविधि को अनुकूलित प्रतिक्रियात्मक चाप के एक परिष्कार के रूप में समझा जा सकता है जहाँ मस्तिष्क स्विचबोर्ड की तरह काम करता है तथा उन ज्ञानेन्द्रियों के लिए सही या गलत संख्या को प्राप्त करता है जिसने पेशी विन्यास का स्मरण किया था तथा परिवर्तन संवेद के रूप में एक उत्तर की अपेक्षा करता है।"[10]

संकेतों के साथ हम बाह्य दुनिया के प्रति जीवों के सम्बन्ध के भिन्न तल पर पहुँच जाते हैं। एक उदाहरण इस अन्तर को स्पष्ट कर देगा। हम कोई हॉर्न सुनते ही अपना सिर घुमाकर उस कार को खोजने लगते हैं। यहाँ हॉर्न एक संकेतक है जो इस बात की जानकारी देता है कि आसपास में कोई कार है (हमने त्रुटि के अवसरों को छोड़ दिया है जो एक गलत संकेतक की स्थिति में घट सकती है)। अब हमें एक भिन्न स्थिति पर विचार करना चाहिए। किसी वार्तालाप के क्रम में कोई व्यक्ति 'कार' शब्द का उल्लेख करता है तो यहाँ हम अपना सिर उठाकर उस कार को नहीं ढूँढ़ते हैं। इस मामले में 'कार' शब्द एक प्रतीक है, जिसका अर्थ वास्तविक वस्तु कार है। उस वार्तालाप में (जिसमें 'कार' शब्द आता है) हमारी रुचि किसी खास किस्म की कार में हो सकती है अथवा कार से यात्रा करने के

लाभ या नुकसान पर चर्चा कर सकते हैं। संक्षेप में 'कार' शब्द उस समझ का प्रतीक है जो अंग्रेजी भाषा में प्रयोगों के माध्यम से वस्तु कार से सम्बद्ध होने का सार प्रस्तुत करता है। ठोस घटना का यह संक्षिप्त रूप उस घटना की समझ बन जाता है। इस तरह हम जब 'कुर्सी' कहते हैं तो हमारा मतलब किसी खास कुर्सी से नहीं होता है बल्कि उन निश्चित संक्षिप्त रूपों से होता है जो सभी वास्तविक कुर्सियों में पाए जाते हैं। प्रतीक इन्हीं धारणाओं को संकेतित करते हैं (हम बाद में पुन: विस्तार से इस सप्रत्यय निर्माण के विषय पर वापस लौटेंगे)।

भाषा, जो हमारे ज्यादातर विचारों और सन्देशों का माध्यम होती है, संकेतों की एक धारावाहिकता है। भाषा में शब्द वस्तुओं (समझ की तरह) या उनके सम्बन्धों, क्रियाविधियों इत्यादि के सूचक ठीक उसी तरह से होते हैं जैसे प्रतीक होते हैं। भाषा की संरचना जो हम इसके व्याकरण से सीखते हैं, शब्दों को एक साथ एक सार्थक धारावाहिकता में बाँध देती है। कुछ मामले में भाषा में वाक्य की संरचना संसूचित स्थितियों के अनुरूप होती हैं। इन्हें शामिल करनेवाले वाक्य या पाठ्य हमें उक्त वर्णित स्थिति की समझ प्रदान करते हैं।

हमारी सोचने-विचारने की सारी प्रक्रियाएँ प्रतीकों के जोड़-तोड़ पर निर्भर करती हैं, जहाँ इस उद्देश्य हेतु भाषा प्रतीकों की अत्यन्त प्रभावशाली होती है। लैंगर की इस अभिव्यक्ति का यहाँ प्रयोग करें कि 'मस्तिष्क के महा स्विचबोर्ड में प्रतीक या संकेत प्लग होते हैं'[11] तो इसकी सहायता से विभिन्न धारणाओं को एक विचार गढ़ने हेतु एक-दूसरे के साथ के सम्बन्ध में प्रस्तुत किया जाता है। इन प्रतीकों का चयन मनमाने ढंग से किया जाता है, लेकिन इन्हें निश्चित धारणाओं से जोड़ दिया जाता है जैसा कि हमने 'कार'वाले मामले में देखा है, लेकिन हमारी दैनिक भाषा अनेक संकल्पनाओं की अभिव्यक्ति दे पाने में असमर्थ होती है। इसलिए ऐसे मामलों में हम रेखाचित्रों, मानचित्रों, सांगीतिक स्वरलिपियों आदि सरीखे अन्य संकेतों का इस्तेमाल जटिल संकल्पनाओं या विशेष प्रकार की संकल्पनाओं की व्याख्या करने के लिए करते हैं। हमारी रोजाना की भाषा के साथ एक दूसरी परेशानी भी है। हमारी भाषा में प्रयुक्त अनेक शब्द ऐसे होते हैं जो साधारण तथ्यों का वर्णन करते प्रतीत होते हैं और वे सम्बन्ध के जरिए भावनात्मक रूप से आवेशित हो जाते हैं। इसकी प्रवृत्ति वस्तुनिष्ठता को नष्ट कर देने की होती है। इस आधार पर तथा अपने व्यवहार के तरीके की महाजटिलता के कारण भी वैज्ञानिकों में यह जबर्दस्त प्रवृत्ति बन रही है कि वे अपनी शब्दावली से सामान्य प्रयोग के शब्दों को हटाकर उनकी जगह ऐसे शब्दों को रख दें जो सक्रियात्मक रूप से परिभाषित हैं तथा ऐसे प्रतीकों को रेख देते हैं जो मनमाने ढंग से चयनित हैं।

संकेतकों के बदले संकेतों का इस्तेमाल करने का लाभ होता है। वास्तव में यह क्षमता ही है जिसने मनुष्यों और अन्य काफी जीवों के बीच ऐसी खाई तैयार

कर दी है जबकि दोनों अपनी वंशावली में काफी निकट के सम्बन्धी हैं। लाभ यह है—संकेतकों पर निर्भर रहनेवाले जानवर उस पूर्वज्ञान से वंचित होते हैं जो मनुष्यों को सुलभ है। वे जब संकेत प्राप्त करते हैं तो उन्हें तत्काल कार्य करना पड़ता है। दूसरी तरफ, संकेतों से हम केवल एक निश्चित संकल्पना से अवगत हो जाते हैं। हम इस संकल्पना को अपनी समृति में पड़ी अन्य संकल्पनाओं के साथ सम्बन्ध जोड़ने के लिए स्वतंत्र होते हैं और इसके अनुसार अभी या भविष्य में या कभी नहीं कार्य करने का निर्णय लेते हैं। साथ ही कोई बाहरी संकेत उपलब्ध नहीं हो तब भी अपने मन की धारणाओं का सम्बन्ध जोड़ना एवं उसका स्मरण करना सम्भव है। संकेतों में जोड़-तोड़ करने की यह क्षमता विज्ञान की जटिल गणितीय बनावट और भविष्य कथन योग्यता की नींव है। यह अधिकांश कलात्मक सर्जना की भी कुंजी होती है।

वस्तुत: 'इच्छा की स्वतंत्रता' का पूरा विचार ही मनुष्य की मानसिक गतिविधियों के इस पहलू से जुड़ा होता है। अपने पर्यावरण के प्रत्युत्तर में संकेतों में जोड़-तोड़ करने की क्षमता मनुष्य को उस 'आवश्यकता' से मुक्त करती है जिसके अधीन निष्प्राण वस्तु और काफी हद तक अन्य संकेतों का इस्तेमाल करनेवाले जानवर होते हैं। जानवरों के कार्यों से भिन्न, जिन्हें कि फौरन एक निर्धारित तरके से (या एक विक्षिप्त के बाध्यकारी व्यवहार) किसी संकेत का अनिवार्यत: जवाब देना पड़ता है, एक स्वस्थ मानवीय मन असंख्य सम्भव तरीकों में से किसी एक का चुनाव कर संकल्पनाओं का इस्तेमाल करने के योग्य होता है। उसके कार्य मनमाने नहीं होते हैं क्योंकि उसे पूर्व के अनुभवों और वर्तमान आवश्यकताओं आदि के आलोक में निर्णय लेना पड़ता है, फिर भी वह वर्तमान स्थिति का स्वामी होता है, यहाँ तक कि विभिन्न सम्भावनाओं के बीच की पसन्द उसकी अपनी होती है। यदि वह अन्य जानवरों की तरह संकेतों पर कार्य करता तो उसके प्रत्युत्तर मानवीय मन की यांत्रिक संकल्पनाओं द्वारा कल्पित तरीके से अनोखे रूप में निर्धारित हुए होते। उस स्थिति में स्वतंत्र इच्छा की संकल्पना स्वत: समाप्त हो गई होती।

अभी तक हमने अपनी मानसिक प्रक्रियाओं का केवल उनके परिज्ञानशील कार्य के अन्तर्गत वर्णन किया है, यद्यपि यह संकेत दिया गया है कि यह परिज्ञानशील कार्य सम्पूर्णतया वस्तुनिष्ठ नहीं है और यह हमारे उद्देश्यों से प्रभावित होते हैं।

अब हम मनुष्यों के कार्यों और इरादों को आकार देनेवाले अनेक उद्देश्यों और प्रेरक शक्तियों की उत्पत्ति और प्रकृति का वर्णन करेंगे। इन प्रयोजनों में से कुछेक का मूल मनुष्यों के भीतर ही नैसर्गिक प्रेरक शक्तियों में होता है। अन्य प्रयोजनों का विकास सांस्कृतिक रूप से होता है। नैसर्गिक प्रयोजनों में शामिल हैं, भूख, प्यास, सेक्स, मातृवत प्रेम इत्यादि। भय मनुष्य की एक दूसरी नैसर्गिक विशेषता है जिसे वह चिम्पांजियों और चूहों जैसे प्राणियों के साथ साझा करता है। इन नैसर्गिक प्रयोजनों की बाबत पता लगाई गई सबसे रोचक चीज यह थी कि आपेक्षिक शक्ति में मातृक

प्रयोजन उस अहंवादी सिद्धान्त को, कि समस्त अस्तित्व का महालक्ष्य स्वार्थ होता है, गलत साबित करते हुए सूची में सबसे ऊपर हो गया। निस्सन्देह यह प्रयोग सन् 1931 में वार्डेन ने चूहों पर किया था, लेकिन चूँकि मानव शिशुओं को परिपक्व होने में लम्बा समय लगता है, इसलिए अपनी माता पर उनकी निर्भरता बहुत बड़ी होती है। अतएव इस सन्दर्भ में मानव माताओं का चूहों से कमतर होना सम्भव नहीं है। युवाओं के बीच स्नेह की पारस्परिक आवश्यकता भी विद्यमान रहती है। 1958 ई. में युवा बन्दरों पर प्रयोग करते हुए एच.एफ. हार्लो ने निष्कर्षत: यह बतलाया कि स्नेह की जरूरत को सीखा नहीं जाता है बल्कि यह एक नैसर्गिक चीज है। हार्लो के प्रायोगिक परिणामों का सार प्रस्तुत करते हुए क्लिफोर्ड टी. मॉर्गन लिखता है—"... यह प्रेरकशक्ति एक बच्चे के जीवन में अपेक्षाकृत बहुत पहले प्रकट हो जाती है। यह सीखी नहीं जाती है बल्कि यह परिपक्व होने के सामान्य क्रम में प्रकट हो जाती है। यह अनिवार्यत: भोजन कराने या भौतिक जरूरतों की सन्तुष्टि से सम्बद्ध नहीं होती है। यह सम्पर्क सुख प्रदान करनेवाली कुछेक चीजों के नजदीक होने या उनसे सम्पर्क स्थापित करने की एक प्रेरकशक्ति है...स्नेहात्मक वस्तु विचित्र स्थितियों में सुरक्षा का भाव देकर भय को कम करती है तथा यह जिज्ञासा संचालन का समर्थन करती है।"[12]

असीखे भय की बाबत एक रोचक चीज यह है कि यह सामान्यतया अनजानी चीजों का भय होता है। जरशील्ड और अन्य लोगों ने 1933 ई. में 2 वर्ष से कम उम्रवाले छोटे बच्चों और युवा चिम्पांजियों पर प्रयोग कर यह बतलाया कि दोनों के समक्ष जब कोई अनजानी वस्तु प्रस्तुत की गई तो दोनों ने ही भय प्रदर्शित किया। चार्ल्स डार्विन ने भी इस अनजाने से भय का उल्लेख किया था। वह लिखता है—"अब, जब हम किसी हठात् ध्वनि या नजारे पर शुरू करते हैं, शरीर की लगभग सभी मांसपेशियों में अनैच्छिक रूप से जबर्दस्त हरकत होने लगती है और यह हरकत उस खतरे से कूद भागने या उससे स्वयं को बचाने के लिए हो सकती है जिसे हम आदतन किसी अप्रत्याशित चीज से सम्बद्ध कर देते हैं...

...मि. वैलेस इस बात की तस्दीक करते हैं कि हमारे जंगली पूर्वजों के बीच स्वयं या अन्य के खतरे को प्राय: विस्मय के कारण से जोड़ दिया जाता था, और यह कि खुला मुँह, जैसाकि यह था, प्रोत्साहन या संत्रास की चीख का प्रारम्भिक ज्ञान था..."[13]

पराए और अनजाने के इस भय से स्थितियाँ अभ्यस्तता की शक्ति को पैदा कर दे सकती थीं। अभ्यास के जरिए हम सदा अपने पर्यावरण या काम करने के तरीके का नये सिरे से अनुसन्धान करने की आवश्यकता से मुक्त हो जाते हैं। अभ्यास निर्माण के इस नैसर्गिक गुण के बिना हमारी ज्ञान प्रक्रिया बहुत कठिन हो जाती। प्रसिद्ध जीवविज्ञानी कोनराड लॉरेंज, जिनसे अनेक अन्य समस्याओं में हमारा सरोकार रहेगा, अभ्यस्तता पर विचार करते हुए इसे मनुष्यों एवं अनेक पशुओं में नैसर्गिक रूप से अन्तर्निहित मानते हैं तथा वह इससे मानवीय मन पर परम्परा की पकड़ या

नियंत्रण का पता लगाते हैं। उन्होंने लिखा है—"जब एक मानव प्राणी किसी निश्चित अभ्यास के विशुद्ध आकस्मिक मूल से अवगत हो तथा यह जानता भी हो कि इसे तोड़ने से खतरे की पूर्वसूचना नहीं मिलती है, तब भी एक अकाट्य दुश्चिन्ता उसे इसको ध्यान से देखने के लिए प्रेरित करती है, और धीरे-धीरे वह अन्तर्निहित व्यवहार एक रीति-रिवाज बन जाता है। अभी तक मनुष्यों में जैसी स्थिति है ठीक वही स्थिति पशुओं में है। हालाँकि एक नया महत्त्वपूर्ण नोट उस क्षण से निकलता है जब मानव प्राणी अपने लिए उस आदत या अभ्यास को काफी समय तक अर्जित नहीं करता है बल्कि इसे सांस्कृतिक संरचण द्वारा अपने माँ-बाप से सीखता है। प्रथम, वह काफी समय तक इस विशेष व्यवहार निर्देश की उत्पत्ति के कारण को नहीं जानता है...द्वितीय, कानून निर्माता की आदरणीय पितृ-छवि का काफी समय बाद, जैसाकि मिथकों में होता है, दैवीकरण हो जाता है और वे अपने सभी नियमों को ऐसा बना देते हैं कि वे दैवी जान पड़ते हैं और उनका उल्लंघन पाप माना जाता है।"[14]

एक-दूसरे स्थान पर उन्होंने लिखा है—"एक अनिवार्य तत्त्व जो साधारण पशु परम्पराओं में मनुष्य की सर्वोच्च सांस्कृतिक परम्पराओं की तरह ही विद्यमान होता है, वह है अभ्यास। असन्दिग्ध रूप से यह अभ्यास ही है जो पहले से अर्जित पर अपनी दृढ़ पकड़ में, संस्कृति में उसी तरह की भूमिका अदा करता है जैसीकि धार्मिक कृत्यों की जातिवृत्तीय उत्पत्ति में आनुवंशिकता करती है...।"[15]

ये प्रेरक शक्तियाँ विलग व्यक्तियों में जन्मजात होती हैं। इन प्रेरक शक्तियों के अलावा मनुष्य के पास समाज में अपने जीवन के लिए अनिवार्य निश्चित सामाजिक आवश्यकताएँ भी होती हैं। वस्तुत: केवल समाज में ही मनुष्यों की वैयक्तिक प्रेरक शक्तियाँ भी अपनी सन्तुष्टि करती हैं तथा प्रभावशाली रूप में परिपक्व होती हैं। चूँकि मनुष्य समाज से बाहर नहीं रह सकता है, उसकी सामाजिक आवश्यकताएँ सुदृढ़ हैं, लेकिन एक व्यक्ति के जीवन से सम्बद्ध आवश्यकताओं से ज्यादा सुदृढ़ नहीं हैं। ये आवश्यकताएँ सम्बद्धता, सामाजिक स्वीकृति, प्रतिष्ठा, सुरक्षा और उपलब्धि की आवश्यकताएँ हैं। एक दूसरा व्यवहार आक्रमण का है जो मनुष्यों और पशुओं, दोनों में ही समान रूप से विद्यमान है। इसकी उत्पत्ति और समाज में इसकी भूमिका हमारे समय के सर्वाधिक विवादास्पद विषयों में से एक है। चूँकि यह हमारे आज के समाज के लिए सर्वाधिक चिन्ता का विषय है, इसलिए हम इस पर पूरी तरह से थोड़ी और चर्चा करेंगे।

आधुनिक दुनिया के भीतर व्यक्तिगत और सामाजिक व्यवहार में इसकी शाश्वतता से फ्रायड इतना प्रभावित थे कि अपने जीवन की अन्तिम घड़ी में वह उस जीवन शक्ति (इरोस) के साथ, जिसको वह पहले ही मान चुके थे, मौत प्रवृत्ति (थानाटोस) की उपस्थिति को स्वीकार करने निकले थे, लेकिन मौत प्रवृत्ति के इस विचार को सामान्यतया स्वीकार नहीं किया जाता है, मनो-विश्लेषकों द्वारा भी नहीं।

एरिक फ्रॉम मानवीय आक्रामक व्यवहार का ज्यादा पता कुछ कीमती वस्तुओं के बचाव में प्रतिक्रिया या हताशा से लगाते हैं।[16] लेकिन बहुत से ऐसे दूसरे मनोवैज्ञानिक और समाजशास्त्री हैं जिनका इस बात में विश्वास है कि मनुष्य के आक्रामकता जन्मजात है। कुछ दूसरे ऐसे भी हैं जो यह मानते हैं कि मनुष्य के भीतर निश्चित आक्रमणशील व्यवस्थाएँ होती हैं जो केवल उपयुक्त प्रेरणा के आने पर ही काम करती हैं। उदाहरणस्वरूप, एंथोनी स्टोर्र मानते हैं कि आक्रमणशील कार्य की जरूरत ठीक यौन सम्बन्धी प्रेरणा की तरह है, दोनों का जोश के एक अंश की जरूरत होती है।[17] हालाँकि मनुष्यों एवं जानवरों, दोनों में ही आक्रमण की समस्या का अत्यन्त विस्तृत व विश्वसनीय विमर्श कोनराड लॉरेंज की पुस्तक 'ऑन एग्रेशन' में मिलता है। वह इस विचार को स्वीकार करते हैं कि आक्रामकता एक सहज प्रवृत्ति है। हालाँकि वह 'सहज प्रवृत्ति' शब्द का प्रयोग इसमें और इसके पहलेवाले लक्ष्यों में अन्तर बताने के लिए एक बहुत विशेष अर्थ में करते हैं। वह आक्रामक हरकत को पशुओं में जन्मजात अनेक विरोधाभासी प्रेरणाओं की जातिवृत्तीय रूप से धार्मिक अनुष्ठान का रूप दी गई अभिव्यक्ति के रूप में देखते हैं। इस तरह, वह बन्धन और आक्रामकता की आवश्यकताओं के एक समुच्चय ग्रे-लैग गूज (हंस) के विजयोत्सव की व्याख्या करते हैं।

लॉरेंज के अनुसार, अन्त:विशिष्ट आक्रामकता से अर्थात् समान प्रजातियों के सदस्यों के प्रति आक्रामकता से प्रजातियों के तीन उद्देश्यों की पूर्ति होती है। पहला तो यह उनके बीच उचित फासले को इस ढंग से सुगम बना देती है कि नये क्षेत्रों की ओर सदस्यों का नियमित बिखराव या फैलाव होने लगता है, इससे भोजन का अभाव पैदा नहीं होता है। दूसरा, सेक्स सम्बन्धी प्रक्रिया के माध्यम से नरों में जो सबसे बलिष्ठ होता है, उसे ही बच्चा पैदा करने की अनुमति मिलती है। इससे बलशाली सन्तान पैदा होती है और वह पूरी प्रजाति का दुश्मनों से बचाव करती है। और अन्तिम उद्देश्य के रूप में, यह प्रजातियों के समाज की संरचना को दृढ़ता प्रदान करती है।

लेकिन सबसे महत्त्वपूर्ण चीज जिसकी तरफ वह हमारा ध्यान आकृष्ट करते हैं, वह तथ्य है कि आक्रामकता व्यक्तिगत बन्धन की अनिवार्य सहगामिनी होती है। पशु समूहों में बाहरी समूह के प्रति आक्रामक व्यवहार समूह एकता की एक आवश्यक शर्त है। इस सन्दर्भ में वह मनुष्यों और चूहों की निश्चित प्रजातियों के व्यवहार में बहुत अधिक समानता देखते हैं। ये चूहे अपने समूह के सदस्यों के लिए चिन्तित होते हैं, लेकिन समान प्रजाति के ही बाहरी चूहों के प्रति हिंसक रूप से आक्रामक होते हैं। ये चूहे बाहरी चूहों के अपनी विशिष्ट गन्ध से पहचान जाते हैं।

हालाँकि जहाँ तक पशुओं का सम्बन्ध है, यह आक्रामक व्यवहार कभी विध्वंसक नहीं होता है। लॉरेंज के अनुसार (इस विषय में अनेक अन्य जन्तुविज्ञानी

उनका समर्थन करते हैं), इन लड़ाइयों में पशु विरले गम्भीर रूप से घायल होते हैं। आक्रामकता का उद्‌देश्य कभी विरोधी को नष्ट कर देना नहीं होता है। यह आक्रमण वहीं खत्म हो जाता है जहाँ चयन या अन्तरण का लक्ष्य पूरा हो जाता है। कुछ मामलों में तो यह आक्रामक व्यवहार केवल कर्मकांडीय होता है। इस सन्दर्भ में उनका अध्ययन उन लोगों का एक स्पष्ट खंडन है जो दाँत और पंजे के लिए प्रकृति पर गुस्सा करते हैं। वस्तुत: लॉरेंज यह बतलाते हैं कि जानवरों के पास शक्तिशाली मारक अंग होते हैं, लेकिन अपने सम्बन्धियों के विरुद्ध इन अस्त्रों का प्रयोग करने का उनमें नैसर्गिक निषेध भी रहता है। यह तो मनुष्य सरीखी प्रजातियाँ हैं जिनके पास किसी को जान से मारने की क्षमतावाला कोई अंग नहीं है इसलिए आक्रमण के विरुद्ध निषेध उतनी मजबूती से विकसित नहीं है, लेकिन वह बतलाते हैं, मनुष्य में भी क्रोध के दौरान किसी को जान से मारने की बजाय केवल पीटने या नीचा दिखाने की अन्त:प्रेरणा रहती है, लेकिन ऐसे समय में किसी को चाकू दे दिया जाए तो यह कत्ल में भी परिणत हो जा सकता है। यहीं पर हथियारों से लैस मनुष्य अपनी प्रजातियों के लिए खतरा बन जाता है।

इसका मूल जो भी हो, अब यह सभी जगहों पर स्वीकार्य हो चुका है कि मनुष्य के अन्दर एक आक्रामक व्यवस्था है जो उपयुक्त समय पर सक्रिय हो जा सकती है। यद्यपि कुछ मानवीय समूह हैं जो अनाक्रामक दिखते हैं, लेकिन संस्कृति समूहों का एक बड़ा भाग विभिन्न अंशों में अपनी आक्रामकता का प्रदर्शन करता है।

प्रतिष्ठा या हैसियत की प्रेरणा नैसर्गिक है या सीखी हुई चीज है, इस प्रश्न को लेकर भी उसी तरह का एक विवाद है। इस विवाद को किनारे कर हमारे लिए यह जानना ज्यादा लाभदायक होगा कि यह कैसे शुरू होता है तथा इसकी क्या भूमिका होती है? पशुओं में हैसियत पदानुक्रम, इसे पहली दफा स्जेदेरप-एब्ब ने मुर्गियों में देखा जिन्होंने अपने बीच एक पैकिंग क्रम स्थापित कर लिया था। तब से प्रेक्षकों ने चिड़ियों और पशुओं की प्रजातियों की काफी संख्या में पदानुक्रम क्रमों को देखा है जिनमें पशु अपने ही समूह के सदस्यों से लड़ाई करते हैं। लियोनार्द बर्कोविट्ज इस घटना को निम्नलिखित शब्दों में व्यक्त करते हैं—"...जब काफी संख्या में एक-दूसरे से अपरिचित जीवों का साथ-साथ कोई समूह बनता है तो इन प्रजातियों में से अनेक में सक्रिय लड़ाई की एक अवधि होती है और इसमें जो विजेता होता है, उसका प्रभुत्व कायम हो जाता है तथा परास्त होनेवाले उसके अधीनस्थ हो जाते हैं। इसके बाद जीवों में सम्बन्ध संरचना के साथ शान्ति कायम हो जाती है; किसी सशक्त प्रतिस्पर्द्धा में जो प्रभुत्वशाली होता है, वह लड़ाई करता है या आक्रामक व्यवहार का प्रदर्शन करता है जबकि अन्य सुरक्षात्मक व्यवहार या भागने के प्रयास को प्रदर्शित करते हैं। ऐसा सम्बन्ध एक बार स्थापित हो जाता है तो महत्त्वपूर्ण ढंग से यह काफी स्थायी होता है (कॉलिन्स, 1944) लेकिन

इनकी शिक्षा ली जाती है और ये शिक्षाएँ नियमित सिद्धान्तों का अनुसरण करती हैं (स्कॉट और फ्रेडिक्शन, 1951)..."[18]

इस सन्दर्भ में भी कोनराड लॉरेंज एक व्याख्या प्रस्तुत करते हैं। यह स्पष्टत: सन्तोषप्रद मालूम पड़ती है। उनकी व्याख्या है कि यह हैसियत सम्बन्ध समाज के सदस्यों के बीच की लड़ाई को सीमित कर देती है तथा शिक्षा में मदद करती है। वह लिखते हैं—"कौओं में, और अनेक अन्य सामाजिक पक्षियों में, पदानुक्रम सीधे कमजोर सदस्यों की रक्षा के लिए होता है। सभी सामाजिक प्राणी हैसियत की तलाश में रहते हैं, इसलिए हमेशा खासकर उन प्राणियों के बीच ज्यादा तनाव रहता है जो श्रेणीक्रम में ठीक समीपस्थ होते हैं; इस समस्या का समाधान बातचीत या मेल-मिलाप से कर लिया जाता है। चूँकि श्रेणीक्रम में जो कौए सबसे ऊपर होते हैं, वे नर होते हैं और वे अपने अधीनस्थ कौओं के बीच के प्रत्येक झगड़े में हस्तक्षेप करते हैं, सामाजिक तनाव के इस सोपान का सुखद प्रभाव यह होता है कि उच्च श्रेणी की चिड़ियाँ हमेशा हारनेवाले दल के पक्ष में बीच-बचाव करती हैं।"[19]

वह दूसरा लाभ यह बतलाते हैं कि प्राणियों की उच्च प्रजातियों में यह उन विशेषताओं के तहत सीखने की प्रक्रिया में मदद करती हैं जो जातिवृत्तीय रूप से संचरित नहीं होते हैं। केवल वही पक्षी श्रेणीबद्धता में ऊपर होता है जिनका आपात स्थिति में मार्गदर्शन करने के लिए आदर किया जाता है। प्रजाति के बड़े सदस्यों का व्यवहार देखकर वे विभिन्न स्थितियों का उपयुक्त तरीके से जवाब देने सीखते हैं। सयाने सदस्य का कोई भी अनियत व्यवहार दूसरे सदस्यों को कुछ नई स्थिति या संकट को खोजने की चेतावनी देता है जबकि बहुत छोटे सदस्यों पर इस तरह के व्यवहार का कोई असर नहीं होता है। चूँकि एक सामाजिक समूह में सदस्यगण अपने जन्म से इस श्रेणीबद्धता के अधीन रहते हैं। ऐसे में प्रतिष्ठा-प्रेरणा को सीखा गया गुण समाज में एक व्यक्ति के वास्तविक व्यवहार में कोई बड़ा अन्तर ला ही दे, यह जरूरी नहीं है।

मनुष्य के साथ उन प्रेरणाओं और व्यवस्थाओं जिनकी ऊपर में चर्चा की गई है, में निहित शक्तियों से भरा एक थैला होता है जिससे वह सामाजिक और भौतिक यथार्थ का सामना करता है।

मनुष्य के पास दुनिया का जो प्रथम परिज्ञान है, वह अपनी इच्छाओं की तुष्टि के एक उद्‌देश्य की तरह है। आत्म-तुष्टि की प्रेरणा से विफलताएँ और परिणामत: कुंठाएँ और आतंक भी सम्बद्ध होते हैं। इस तरह यह दुनिया या तो सन्तोष देनेवाली, सुख देनेवाली है या निष्फल करनेवाली व आतंकित करनेवाली है। उसके परिज्ञानशील विभागों को अवशोषित करनेवाला कोई स्वतंत्र उद्‌देश्य नहीं होगा। अब आगे मानवीय मन एक युद्धक्षेत्र बन जाता है जहाँ एक तरफ वस्तुनिष्ठ तथ्य और दूसरी तरफ मानवी इच्छाएँ और मूर्खतापूर्ण भय अपनी वफादारी बनाए रखने के लिए जीवन भर आपस में एक उतार-चढ़ाववाला युद्ध करते रहते हैं। दोनों

यह युद्ध जीतने के लिए अपने पारस्परिक चिह्नों को क्रमबद्ध लगाते हैं और इसका समर्थन करते हैं। एक तरफ स्वर्ग ओर धरती पर आत्म-तुष्टि की योजना के तहत जैसाकि ऑडेन इन प्रासंगिक पंक्तियों में वर्णन करते हैं, अवैध अधिकार कर लेने की मानवीय इच्छा होती है—

> हम क्या जान सकते हैं
> लेकिन, जब तक हम जानते हैं
> हम दहशत और सनक जानते हैं
> हमारी भयानक भूख को चाहिए,
> एक दुनिया
> इसके क्रम, मूल और उद्देश्य होंगे
> हमारी इच्छा की धाराप्रवाही सन्तुष्टि?

(कैन्जोन से)

दूसरी तरफ जीवन की कठिन वास्तविकताएँ होती हैं जो हमेशा ऐसे सभी संघर्षों को धूल में मिला देती हैं। बाल्यावस्था की कल्पना, स्वप्न और दिवास्वप्न में यह मानवीय इच्छा ही है जो मन पर प्रभाव रखती है तथा आंशिक रूप से तुष्ट करनेवाले विश्वचित्र की रचना अस्थायी रूप से इसे यथार्थ की सीमाओं से मुक्त करते हुए, करती है। सिजोफ्रेनिया सरीखे मानसिक रोगों में यथार्थ से सम्पर्क को पूरी तरह झपट लिया जाता है और व्यक्ति कल्पना की एक स्वायत्त दुनिया में रहता है। इसके विपरीत, यदि हमें जिन्दा रहना होता है तो दुनिया के अन्दर की अपनी जाग्रत जिन्दगी और गतिविधियों में इस यथार्थ सिद्धान्त को निश्चित रूप से स्वयं अपना दावा करना पड़ता है।

नैसर्गिक प्रेरणाओं और बाँझ यथार्थ के बीच मध्यस्थ के रूप में चैतन्य स्वार्थ या अहम प्रकट होता है। यह अहम समाज की माँगों के प्रति काफी संवेदनशील होता है, यह अपनी स्वीकृति और इसके साथ अखंडता की तलाश करता है। लुईस पी. थोर्पे इस स्वार्थ की जरूरत को अहम आवश्यकता कहते हैं। वह लिखते हैं—"एक मूल्यवाले तथा व्यक्तिगत स्वायत्तता का आनन्द लेनेवाले व्यक्ति के रूप में देखे जाने की पहचान, प्रतिक्रिया की आवश्यकताएँ व्यक्ति अहम आवश्यकताओं की अभिव्यक्तियों के रूप में ली जाती हैं। व्यक्ति सभी स्थितियों में यथेष्ट का अनुभव करने, कम-से-कम अलगाव की किंचित् मात्रा को प्राप्त करने का प्रयास करता है।"[20]

मनुष्य अपने पूर्णत: सचेत जाग्रत जीवन में भी कभी पूर्ण रूप से अपनी इच्छाओं की पकड़ से मुक्त नहीं होता है और उसका परिज्ञान इन इच्छाओं द्वारा सुदृढ़ता से रँग दिया जाता है। फ्रायड ने जबसे अचेत तत्त्वों की महत्ता को बतलाया, मनोवैज्ञानिक

मानवीय सोच को रँगने में अचेत की भूमिका को और ज्यादा मान्यता देने लगे हैं। दमन, औचित्य स्थापन, प्रक्षेपण और प्रतिपूर्ति इत्यादि सरीखे अनेक तत्त्व मनुष्य के आत्मिक जीवन से सम्बद्ध होने लगे हैं। आदिकालीन लोगों में यथार्थ की दुनिया और कल्पना की दुनिया स्पष्टत: अनेक अभिव्यंजक रूपों में, उनके धार्मिक कृत्यों, धर्म और मिथकों में मिली हुई होती हैं, लेकिन आधुनिक 'सभ्य' मनुष्यों में भी ऐसे धार्मिक कृत्य और मिथक पूरी तरह से गायब नहीं हुए हैं और ऐसी स्थिति कभी आएगी भी नहीं जब ये पूरी तरह से गायब हो जाएँ।

अनेक आवश्यकताएँ और प्रेरणाएँ एक अपरिवर्तित रूप में सतह तक जल्दबाजी में नहीं आती हैं। विवादास्पद प्रेरणाएँ एक-दूसरे को सन्तुलित और परिवर्तित करती हैं और केवल प्रभावशाली प्रेरणाओं को ही सतह तक आने की स्वीकृति मिलती है। अथवा जो ज्यादा सम्भव है, वह यह है कि व्यवहार का एक सम्पूर्णत: प्रच्छन्न कर्मकांडीय पैटर्न बीच में विवादास्पद प्रेरणाओं की जगह अंशत: स्थानापन्न के लिए आ टपकता है। वस्तुत: समाज में हर प्रेरणा प्रकट होती है और एक औपचारिक तरीके से तुष्ट होती है, चाहे वह सेक्स के इर्द-गिर्द का परिष्कृत कर्मकांड हो या भोजन करते वक्त का टेबुल का तौर-तरीका। जैसा कि फ्रायड ने बतलाया था, सपनों में भी, जहाँ 'असामाजिक' प्रेरणाएँ प्रतिबन्धों के नियंत्रण से ढीली हो जाती हैं, नाटक और विस्थापन की कुछ मात्रा आवश्यक हो जाती है। इसके चलते व्यक्ति यह अनुमान करने लगता है कि मानवीय मन केवल तभी शान्त रहता है जब यह खुरदुरे किनारों को रगड़कर तथा समन्वय का कुछ रूप गढ़कर स्वयं को प्रस्तुत किए गए परिज्ञानशील और क्रियात्मक तत्त्वों से एक पैटर्न रचता हो।

हम जिस तरह से ज्ञान की एक परिवर्तनशील अधिकता के अधीन होते हैं, ठीक उसी तरह से हमारा मन उन संकल्पनाओं की अधिकता के अधीन होता है जो इसे इसके जाग्रत जीवन और नींद, दोनों में ही व्यस्त रखती हैं। यदि हमारे ऊपर जमा होनेवाली इन अनुभूतियों और संकल्पनाओं के सम्बन्धित भागों को छाँटकर अलग करने की कोई यंत्रावली नहीं होती तो हम सहज ढंग से विकर्षण से मर जाते। इसलिए प्रेरणाओं के इस अकुंचन से मन कुछ का चयन करता है और उन पर अपेक्षाकृत स्थायी और सार्थक रूपों को निर्धारित कर देता है। ये वही तत्त्व हैं जो हमारी अनुभूतियों के उपच्छाया सम्बन्धी क्षेत्र में आधार और हृदतंत्री छोड़कर हमारे ध्यान को किसी चित्रकृति की एक तसवीर या संगीत में राग की तरफ मोड़ने में हमारी मदद करते हैं। उसी तरह हमारी संकल्पनाओं के मामले में अवरोध, चयन और संयोजन की एक प्रक्रिया जारी रहती है। यह ज्यादातर हमारी इच्छाओं से निर्धारित होती है। कभी-कभी यह प्रक्रिया इतनी शक्तिशाली होती है कि हम विचार से परमावश्यक संकल्पनाओं का आना रोक देते हैं क्योंकि हम उन्हें नहीं चाहते हैं। जहाँ यह प्रक्रिया दूर तलक जाती है, हमारा चिन्तन वह हो

जाता है जिसे कि हम 'मंगलकारी' कहते हैं। यह एक दूसरी अति है जो जीवन के लिए खतरनाक हो सकती है क्योंकि यह वस्तुनिष्ठता को नष्ट कर देने की धमकी देती है।

एक दूसरी यंत्रावली अनुभूतियों और संकल्पनाओं को पैटर्नों में आत्मसात् करने की है। वस्तुतः हमारी सामाजिक और मानसिक दुनिया पैटर्नों से आप्लावित होती है। उदाहरणस्वरूप, भाषा में हमारे पास शब्दों का एक पैटर्न होता है। इस तरह ऐसा है कि शब्दों के उस घालमेल के बदले जो हर कदम पर हमें एक अनुमान करनेवाले खेल में डाल दे सकता था, हमारे पास वाक्य होते हैं जो रूप की अनुरूपता तथा एक निश्चित पैटर्न को दर्शाते हैं। संगीत में हमारे पास ध्वनि के पैटर्न होते हैं, चित्रकला में रेखा, रंग व स्थान के पैटर्न होते हैं और मूर्तिकला में रेखा, रंग व पिंडों के पैटर्न होते हैं, लेकिन चित्रकला और मूर्तिकला के कलात्मक कार्यों में भौतिक तत्त्वों के पैटर्न में एकबद्ध करने का गुण भी होने के साथ-साथ विचारों और भावनाओं को उपयुक्त संकल्पनात्मक पैटर्न में एकबद्ध करने का गुण भी होता है अन्यथा वे बह निकल जा सकते हैं और मन के साधक कार्य को रोक दे सकते हैं। किसी कलाकृति का यही वह पहलू है जो इसे कलाकार हेतु उदात्तीकरण तथा सामान्यजन हेतु शुद्धीकरण का एक माध्यम बना देता है।

विज्ञान भी हमारे अनुभवों से एक पैटर्न की रचना करने का एक दूसरा तरीका है। दुनिया में हमारे इर्द-गिर्द विशाल संख्या में घटनाएँ घटित होती हैं। ये घटनाएँ अनियमित लगती हैं, लेकिन इन घटनाओं से वैज्ञानिक निश्चित एकबद्धकारी सिद्धान्तों, जिन्हें वे भौतिक नियम कहते हैं, के साथ सार्थक पैटर्नों की रचना करते हैं। विज्ञान के प्रारम्भिक चरणों में वैज्ञानिक का काम भी छाँटकर अलग करने और वर्गीकृत करने का ही होता है। जैसे-जैसे अनुभूति या ज्ञान का क्षेत्र बढ़ता जाता है, ये नियम एक नये पैटर्न के अन्दर नये तथ्यों को प्रस्तुत करने के लिए बदल जाते हैं। वस्तुतः भौतिकी के क्षेत्र में भौतिकविज्ञानियों की मुख्य उपलब्धि नई घटनाओं, जो अनवरत जमा होती रहती हैं, को ज्ञान के वर्द्धनशील क्षेत्र से सह-सम्बन्धित करने के लिए ललित गणितीय मॉडलों का निर्माण करना रही है। वैज्ञानिक नियम इस चीज के बारे में एक विचार देता है कि इस नियम के कार्यक्षेत्र के अन्तर्गत आनेवाले तथ्यों के एक दिए गए सहविन्यास से क्या आशा की जाए। इस सन्दर्भ में वैज्ञानिक चिन्तन को हमारे सोच में प्रतीकों के कार्य के एक विस्तार के रूप में देखा जा सकता है। प्रथम दृष्टान्त में प्रतीकों के जरिए ही हम किसी संकल्पना को अपने मन में मोड़ सकते हैं और इसका सम्बन्ध समय और स्थान की भिन्न आकृतियों का प्रतिनिधित्व करनेवाली अन्य संकल्पनाओं से जोड़कर एक सम्भव स्थिति की संकल्पना करते हैं जो पैदा हो सकती है। विज्ञान इस पूर्वानुमेयता को अपार रूप से विस्तारित करता है।

इसके अतिरिक्त, विज्ञान हमें उस दुनिया के पैटर्न की तसवीर भी दिखाता है (या कम-से-कम यहाँ ऐसा किया करता था), जिसमें हम रहते हैं। इस तरीके से यह हमें एक हद तक निश्चितता के साथ दुनिया में हमारी स्थिति निर्धारण करता है। वस्तुतः यथार्थवादी अनुकूलन पशु अस्तित्व की एक न्यूनतम जरूरत है। जीवन के निम्नतम रूप में, जैसाकि अमीबा में होता है कि कूटपादों ने दुनिया के प्रति इस आवश्यक अनुकूलन की व्यवस्था कर दी। उच्चतम स्तर पर (यदि हमें अपनी प्रजातियों के लिए उच्चतम शब्द प्रयोग करने की स्वीकृति मिलती है) यह विज्ञान ही है जो भौतिक ब्रह्मांड के सम्बन्ध में मनुष्य के लिए यह कार्य करता है, लेकिन विज्ञान हाल का विकास है और वहाँ एक अपरिचित दुनिया में अनुकूलन की आवश्यकता हमेशा रही है। इस तरह हम इस सन्दर्भ में संगीत, मिथक और धर्म में अस्तित्व के एक आदिम स्तर पर इसके पूर्वगामी को देखते हैं।

मिथकों में हम प्रेक्षित तथ्यों तथा अनुभव और परम्परा से प्राप्त मंगलकारी सिद्धान्तों को सार्थक पैटर्नों में सहक्रियाशील पाते हैं। ये मिथक उस समय पैदा होते हैं जब मनुष्य के मंगलकारी सोच में जड़ जमाए, उसके नीरस दैनिक कार्यों में सुलेखित, परी कथा की संकल्पनाओं को सृष्टि सम्बन्धी मुकाबले के एक वीरोचित स्तर तक उठाया जाता है। अभी भी एक ज्यादा विकास रूप में, वीरगाथाओं में, ये सोच संस्कृति नायकों के कारनामों में अभिव्यक्त होते हैं जिनका कार्यक्षेत्र पूरा ब्रह्मांड होता है। सूर्य, चाँद, धरती और प्रकृति के अन्य शक्तिशाली तत्त्व, सभी की इस विशाल नाटक में अपनी-अपनी भूमिका सुनिर्धारित है। यह आदिम मनुष्यों का प्रयास है कि वह जिस दुनिया में रहता है, उसकी शर्तों को मान लेता है। जादू में हम प्रकृति के अन्दर कारणता सम्बन्धों को पाने के आदिम मनुष्यों के प्रयास को समझ जाते हैं। आगे मार्ग में, मनुष्य की अपनी विवादास्पद प्रेरणाओं को कर्मकांडों में सुसंगत बना दिया जाता है, प्रत्येक प्रेरणा को व्यवहार के सम्पूर्ण पैटर्न में अपना निश्चित स्थान सौंपा गया होता है।

कर्मकांडों की इस सुसंगत बनानेवाली भूमिका का कोनराड लॉरेंज ने जिक्र किया है, जिसको पहले ही उद्धृत किया जा चुका है। इस सन्दर्भ में वह पशुओं के जातिवृत्तीय रूप से विकसित कर्मकांडों की तुलना मनुष्यों के सांस्कृतिक रूप से विकसित कर्मकांडों से करते हैं। वह लिखते हैं—"दोनों प्रकरणों में, नये कार्य के चयन सम्बन्धी दबाव ने औपचारिक रूप में गैर-कर्मकांडी व्यवहार का सदृश परिवर्तन ला दिया है। यह बिलकुल स्पष्ट तौर पर सम्प्रेषण में सन्दिग्धता के उस अवसर को कम कर देता है, कि स्वतंत्र रूप से परिवर्तनीय पैटर्नों की सुदृढ़ शृंखला को एक अनिवार्य अनुक्रम में जोड़ देना चाहिए।"[21]

आगे वह लिखते हैं—"सांस्कृतिक कर्मकांडीकरण सम्प्रेषण से लेकर आक्रमणकता के नियंत्रण तक तथा आक्रामकता के नियंत्रण से लेकर एक बन्धन

के निर्माण तक का नेतृत्व करनेवाले विकास के ये दो चरण सहज प्रवृत्ति सम्बन्धी कर्मकांडों के विकास में आश्चर्यजनक ढंग से उनके सदृश होते हैं जो घटित होते हैं...समूह के भीतर दमनकारी संघर्ष का यह तिहरा कार्य, समूह को एक साथ बनाए रखने का, और अन्य, सदृश इकाइयों के विरुद्ध, एक स्वतंत्र अस्तित्व के रूप में इसे सजाने का, सराहनीय गहन विचार के सदृश एक ज्यादा सख्त तरीके से सावधानीपूर्वक विकसित कर्मकांड के द्वारा किया जाता है।"[22]

धार्मिक प्रथाओं में मिथक धार्मिक कृत्यों से जुड़े होते हैं तथा मूल्यों की एक प्रथा से हुई होती है जिसमें आदेश और निषेध शामिल होते हैं। इस तरह भौतिक क्रम को एक नैतिक क्रम में मिला लिया जाता है। इसलिए धार्मिक प्रथाओं के चरण में मानव जीवन के विभिन्न आयामों को एक सर्वआलिंगनकारी पैटर्न में सुसंगत बना लिया जाता है। धार्मिक व्याख्या के बाद हम इस दुनिया की आध्यात्मिक या दार्शनिक व्याख्या पर आते हैं। यहाँ हम तर्क की एक प्रणाली के साथ ज्ञात दुनिया से एक तर्कसंगत पैटर्न की रचना करने का एक प्रयास देखते हैं। इस तरह हमारे मन का वर्णन अनवरत रचनात्मक के द्वारा किया जाता है। एक रचनात्मकता जो धार्मिक कृत्यों, मिथकों और भाषा से लेकर विज्ञान, गणित और कला की सबसे बड़ी उपलब्धियों तक मन के संचालन के सम्पूर्ण क्षेत्र पर पैटर्नों को अंकित करती है। प्रत्येक पैटर्न रचनात्मकता के पूरे क्षेत्र का प्रतिनिधित्व करनेवाले पटल पर एक स्थान ग्रहण करता है। जैसाकि हम आगे सत्ता की अन्त:प्रेरणा को इसकी सबसे सशक्त अभिव्यक्ति में दिखाने का प्रयास करेंगे, यह पुन: हर चीज को क्रम और पैटर्न में बदल देने की हमारी आन्तरिक प्रेरणा से ही सम्बन्धित है।

जहाँ तक मन की सर्जनात्मकता का सम्बन्ध है, एक औसत मनुष्य का मन प्रतिभाशाली व्यक्ति के मन से भिन्न होता है। एक औसत मनुष्य के स्वप्न और दिवास्वप्न यह बतानेवाले पर्याप्त साक्ष्य की व्यवस्था करते हैं कि मन की रचनात्मकता मनुष्य जाति के सबसे निम्नतम व्यक्ति में भी मौजूद रहती है, लेकिन प्रतिभाशाली व्यक्ति जिस पैटर्न की जटिलता की रचना करता है, उसमें वह औसत मनुष्य से भिन्न होता है। औसत मनुष्य साधारण पैटर्नों या प्रणालियों के प्रति आदर भाव रखता है जबकि प्रतिभाशाली व्यक्ति अपने पैटर्नों में अनेक तरह के तत्त्वों को जोड़ता है। प्रतिभाशाली व्यक्ति से सम्बन्धित इस तथ्य को मनोवैज्ञानिक जाँचों से प्रदर्शित किया गया है, लेकिन दुनिया सहज नहीं होती है। इसलिए औसत मनुष्य की रचनात्मकता जो सामान्य चीजों को हीरे में बदलने की माँगें पूरी नहीं कर सकती है, रचनात्मक कार्य में फलित नहीं हो सकती है।

ब्रह्मांड में एक अर्थपूर्ण पैटर्न की रचना करने के मनुष्य के प्रयासों के आलोक में अवलोकित, उसके बारे में उसने जो ज्ञान अर्जित किया है उससे, विकास सचमुच में मानवीय इतिहास के कॉम्टे के वर्गीकरण को धार्मिक, आध्यात्मिक और

वस्तुनिष्ठता में फिट तो करता ही है। उसने हालाँकि ऐसा मानकर गलती की कि मानवीय सोच पूरी तरह चिन्तनशील या आध्यात्मिक सिद्धान्त और प्रणाली निर्माण से मुक्त हो सकता है। ज्ञानात्मक सत्यापन से परे रहनेवाली अभिधारणाओं में से एक न्यूनतम के समर्थन के बिना (जैसे आधुनिक भौतिकी के उप-परमाणु कण या इलेक्ट्रॉन भी) विशुद्ध भौतिक विज्ञान भी बहुत दूर नहीं जा सकता है, लेकिन यदि यह सम्भव भी होता तो तुष्टकारी नहीं होता क्योंकि मनुष्य एक बोधशील और सम्पूर्ण चित्र चाहता है। एक वैज्ञानिक के रूप में भी वह केवल इन्द्रियगोचर आँकड़ों के संग्रहण या वर्गीकरण से या 'ब्लैक बॉक्स' के निवेश और बहिर्वेश को अभिलेखित करने, उसकी तुलना करने और उसका सहसम्बन्ध बनाने से सन्तुष्ट नहीं होता। इसके बदले वह 'ब्लैक बॉक्स' के अन्दर होनेवाली चीजों के बारे में कुछ कल्पना करना चाहता, यद्यपि इसके भीतर झाँकना तथा 'यथार्थ' से अपने विचारों की तुलना करना हमेशा उसकी सामर्थ्य से बाहर हो सकता है।

पश्चिम के समृद्ध समाजों में युवा और संवेदनशील मनुष्यों की असन्तुष्टि के कारणों में से एक कारण समानुगत विश्व चित्र का भंग होना हो सकता है, फलस्वरूप आधुनिक विज्ञान का तेज विकास हुआ। अनुभव या ज्ञान का क्षेत्र आधुनिक विज्ञान और तकनीक से प्रतिदिन विस्तारित हो रहा है, जबकि कोई भी दर्शनशास्त्र जो स्पष्ट संकल्पनात्मक शब्दों में अनेक विज्ञानों के परिणामों की व्याख्या कर सकता है और सामाजिक मूल्यों के साथ अपने सम्बन्धों को दर्शा सकता है, नजर में नहीं है। दर्शनशास्त्र के अभाव में जोकि एक तुष्ट करनेवाली प्रणाली के अन्तर्गत वैज्ञानिक अन्तर्दृष्टि और सम्बन्धित मूल्य जरूरतों को शामिल कर सकता है, उन्नत समाजों में मनुष्य स्वयं को एक विशृंखलित दुनिया में पाता है। उसके पास सारी सूचना होती है, फिर भी बगैर किसी दिशाबोध के छूट जाता है। मानवीय जीवन बगैर किसी अर्थ के हो सकता है (सम्भवत: सत्य यह है कि इसका कोई अर्थ नहीं है), लेकिन यह जीवन और ब्रह्मांड में अर्थ की खोज है—जो उसकी अवस्थिति की खोज की केवल एक सामान्यीकृत रूप है—जो उसे अपने अत्योन्नत के (और अधिक भूताविष्ट भी) धन्धों में लगाए रखता है।

सामन्तवाद और कैथोलिकवाद द्वारा अभिव्यक्त पुराने क्रम के ध्वंस के साथ कमोबेश एक स्थायी यूरोपीय क्रम को अभिव्यक्त करते हुए महाद्वीप पर एक विशृंखलन उत्पन्न हो गया था। ऐसा इस चुनौती के अन्तर्गत हुआ था कि विचारधाराओं का विकास हुआ था जो फिर से मनुष्य को दिशा की खोई हुई चेतना को सुनिश्चित कर सकता था। अठारहवीं सदी के अन्त से लेकर मौजूद सदी (20वीं) के आधे समय तक मनुष्यों का जीवन विचारधारा के एक युग में बीता है। अब धनी समाजों में से कुछ ने विचारधारा के युग अन्त की घोषणा कर दी है। ये समाज सुनिश्चित ढंग से वैसे समाज हैं तो वर्तमान में नैतिक और भावनात्मक अराजकता में फँसे

हुए प्रतीत होते हैं। यह संयोग ठीक आकस्मिक नहीं जान पड़ता है। रहस्यवाद और चिन्तन के माध्यम से जीवन के कुछ गहन अर्थ की खोज में पूरब की तरफ इन देशों के युवाओं की भीड़ यह बताती है कि ये दो घटनाएँ सम्बन्धित हैं। एलएसडी और मैरिजुआना का पंथ देखकर किसी का यह विश्वास करना चाहिए कि यही वे लक्ष्य हैं जिनका अनुसरण किया गया था। वे केवल उन मनुष्यों की आन्तरिक हताशा को मारनेवाली चीज हैं, जिसकी मानसिक दुनिया में बेचैनी भरी है। इसका स्वयं को कायल बनाने के लिए व्यक्ति को प्रेम और पुष्प शक्ति के शिष्ट प्रतिपादक हिप्पियों में मारक पंथ के प्रकटन को देखना होता है। पूर्व विमुखन से उपजी यह नैतिक उदासीनता और उकताहट मन की एक अवस्था है जिसे अन्ततः अनिवार्य रूप से व्यक्ति का उत्तेजना में पलायन ढूँढ़ने के लिए नेतृत्व करना चाहिए, चाहे यह दवा द्वारा हो या हत्या द्वारा।

चलिए, पूर्व के विमर्श का सारांश प्रस्तुत करते हैं। हमने देखा है कि मन कोई निष्क्रिय उदासीन पंजीबद्ध करनेवाला उपकरण नहीं है। ठीक ज्ञान के स्तर पर यह ज्ञान प्रभावों पर एक रूप लागू करता है। ये प्रभाव एक अन्तहीन यात्रा में दिखते और खत्म हो जाते हैं। आगे हमने वर्णन किया था कि जीव कैसे अनेक उद्दीपनों के अभिप्राय समझने हेतु उन्हें संकेतों के रूप में लेते हैं। हमने यह भी देखा कि मनुष्य के पास दूसरे जानवरों की तरह संकेतों के बदले प्रतीकों का इस्तेमाल करने की विशेष क्षमता होती है, और इस तरह वह आवश्यकता से एक स्वायत्तता प्राप्त कर लेता है जिसके अधीन अन्य सभी वस्तुएँ और प्राणी होते हैं। इसके बाद हमने पाया कि मानव इस दुनिया तक इसकी इच्छाओं की एक वस्तु के रूप में पहुँचता है। निश्चित नैसर्गिक और अन्य अर्जित प्रेरणाएँ होती हैं जो अपनी तुष्टि की तलाश करती हैं और इस प्रक्रिया में मानवीय कल्पना पर प्रभाव बनाने का प्रयास करती हैं। परिणामस्वरूप, इस दुनिया में मनुष्य के विचार मजबूती से उसके अभिप्रेरणों द्वारा रंग दिए जाते हैं। और अन्ततः हमने देखा कि मानवीय मन अनेक अनुभूतियों और प्रेरणाओं को परिष्कृत पैटर्नों में बाँध देने का प्रयास करता है। यह भी पता चला कि विज्ञान, मिथक, धार्मिक और दर्शनशास्त्रीय प्रणालियाँ सभी इस पैटर्न-निर्माण के उत्पाद हैं, जिसके जरिए मनुष्य इस दुनिया में एक अवस्थिति की तलाश करता है। अवस्थिति की यह खोज अपने उच्च रूप में स्वयं को जीवन के अभिप्राय की खोज में प्रकट करती है।

संकल्पनाओं की उत्पत्ति और समाज में प्रतीकों की भूमिकाएँ

पूर्व में हमने वस्तुओं की संकल्पनाओं का अर्थ बतानेवाले प्रतीकों के बारे में चर्चा की है, लेकिन इस चीज को विस्तार नहीं दिया है कि ये संकल्पनाएँ कैसे

उत्पन्न होती हैं। इस चरण में हम उसको विस्तार से समझने का प्रयास करेंगे। दर्शनशास्त्रीय साहित्य में संकल्पना की रचना अमूर्तन के विचार से सम्बन्धित है। इसका अर्थ क्या होता है, इसे हम एक उदाहरण से समझेंगे। हम लाल गुलाब, एक लाल किताब, एक लाल रौशनी और एक लाल झंडा देखते हैं। हालाँकि ये सभी चीजें एक-दूसरे से भिन्न हैं, लेकिन इनमें एक चीज सामान्य है और वह है इनकी लाल। उसी तरह हम कुम्हार का चाक, सूर्य, पूर्ण चाँद तथा कार का पहिया इत्यादि देखते हैं। ये सभी एक-दूसरे से भिन्न हैं, लेकिन इनमें एक गुण सामान्य है और वह है इनका गोलापन। यहाँ लाल और गोलापन सामान्य गुणों के तौर पर अलग किया गया है। इस तरह गोलाई या गोलापन एक वर्ग है जिससे सभी गोल वस्तुएँ सम्बन्धित होती हैं। वे एक निश्चित वर्ग की वस्तुओं की संकल्पनाएँ हैं, लेकिन ये दोनों गुण साथ-साथ देखे जा सकते हैं, जैसाकि एक लाल चक्के में देखा जाता है। अब लाल चक्के की संकल्पना एक वर्ग बन जाती है जिससे सभी गोल और लाल वस्तुएँ सम्बन्धित होती हैं। वास्तविक जीवन में हमें विरले केवल कुछ गुणों का एक सरल समुच्चय मिल पाता है। वह लाल चक्का भी परेशानी उत्पन्न कर देता है। यह लकड़ी का बना हो सकता है, लोहे का या किसी अन्य धातु का हो सकता है। यह बड़ा या छोटा हो सकता है, गर्म या ठंडा हो सकता है। वस्तुत: यह काफी दूर अवस्थित चाँद की तरह एक वास्तविक गोला हो सकता है और इसलिए एक चक्र की तरह दिखाई देता है, लेकिन ऐसा तभी होता है जब हमारा सरोकार इनसे ठोस चीजों के रूप में होता है। संकल्पना निर्माण में हालाँकि यदि जटिल रूपोंवाली वस्तुएँ हमारे समक्ष जब भी प्रस्तुत की जाती हैं और वे हमारे भीतर एक सदृश प्रत्युत्तर का आह्वान करती हैं तो हम कह सकते हैं कि वे एक ही वर्ग से आती हैं। उस वस्तु के वे सामान्य रूप हमारे लिए इसकी संकल्पना होंगे। उदाहरण के तौर पर 'कुत्ता' शब्द को लें। हम उजला कुत्ता, काला कुत्ता, बुलडॉग, अल्सेशियन कुत्ता, बड़ा या छोटा कुत्ता, बैठा या दौड़ता कुत्ता देखे होंगे। इनमें से प्रत्येक कुत्ता हमें एक भिन्न बोध देता है, लेकिन ये कुत्ते निश्चित सामान्य रूपों को भी प्रस्तुत करते हैं। इस तरह हम इन भिन्न प्रस्तुतियों से 'कुत्तेपन' की एक निश्चित संकल्पना को निकालते हैं। अब हमें यह देखना है कि कैसे ये संकल्पनाएँ निर्माण मानवीय मस्तिष्क में घटित होती हैं।

रोयर ने संकल्पना रचना को इस तरह परिभाषित किया—"ज्ञान की प्रक्रिया की तरह एक परिवर्तनीय प्रेरणा सन्दर्भ में आवर्ती मनोवैज्ञानिकत: अपरिवर्तनीय प्रेरणा-रूपों के प्रति एक विशिष्ट प्रत्युत्तर। प्रतीकात्मक रूप से आवर्त प्रेरक स्थितियों में अपरिवर्तनीय घटक (a) तथा परिवर्तनीय घटक (x, y, z) होता है; जीव आवर्त को परिवर्तनीय घटनाओं (Sa, x; Sa, y, Sa, z) से प्रत्युत्तर देना सीखता है।"[23]

अनातोल पिकास, जिसकी किताब से उपर्युक्त परिभाषा उद्धृत की गई है, आगे प्रक्रिया के लिए रोयर का नमूना प्रस्तुत करता है तथा इसकी खामियों को बतलाता है। उक्त नमूना यथा निम्नलिखित है—

Sa, x Rs'
Sa, y Ry'
Sa, z Rz'
Sa (n) Ra

हालाँकि अनतोल पिकास दिखलाता है कि प्रक्रिया को समझानेवाले रोयर के नमूने में प्रतिक्रिया Ra कहीं समय अनुक्रम में प्रकट होती है और इसके साथ विकास की व्याख्या करने का कोई कारण नहीं होता है। इस आलोचना के बाद संकल्पना निर्माण का हिसाब लगाने के लिए पिकास अपनी निजी परिकल्पना देता है जो समस्या का समाधान करने में काफी दूर तक चलते दिखाई देती है। वह रटन ज्ञान और संकल्पना ज्ञान के बीच के अन्तर से शुरू करता है। वह कहता है कि रटन ज्ञान एक मूल प्रेरणा के प्रति जीवों का प्रथम प्रत्युत्तर के समान होता है, जिसे वह 'प्राथमिक संहिता' कहता है। उसके अनुसार, प्राथमिक संहिता मूल संवेदन निवेशों के स्मृति मार्गों को दर्शाती है। जीव के अन्दर मूल प्रेरणा और इसकी संहिता अविभेदित समष्टियाँ होती हैं। इसके बाद मूल प्रेरणा का एक भेदभाव शुरू होता है और अंगों की नई संहिताएँ दर्ज होती हैं। जब ये प्राथमिक संहिताएँ एक साथ जोड़ दी जाती हैं तो हमें मूल प्रेरणा की एक संकल्पना प्राप्त होती है। इसके बाद की प्रक्रिया में अंगों की संहिताओं का एक पूर्ण वस्तु या समष्टि में मिल जाना होता है, इसे वह 'संहिताओं का एक साथ गलना' कहता है। वह लिखता है, "इस एक साथ जुड़ने, गलने या सम्पर्क में आने में सम्पूर्ण प्रेरणा की प्रथम प्राथमिक संहिता सहायक और निर्णायक हो सकती है, और यह वह प्रकरण भी बन जाता है जब हम बाद में उस पूर्ण वस्तु को देखते हैं।" इस प्रक्रिया को वह 'अभिलेखन की प्रक्रिया' कहता है। अपनी परिकल्पना के समर्थन में वह निश्चित अन्य मनोवैज्ञानिक घटनाओं की तरफ इशारा करता है जिनका नई तथ्यों, सरलीकरण और शेलीकरण के सामने पुरानी संकल्पना के बदलने का लोगों द्वारा किए जानेवाले प्रतिरोध को समझने में बड़ा महत्त्व होता है। वह लिखता है—"परिकल्पना दर्ज करने के पक्ष में दो सम्भव संकेतों की तरफ इशारा करना सम्भव था। पहला संकेत संकल्पना का आपेक्षिक प्रतिरोध था, नये प्रभाव के विरुद्ध यह एक बार स्थापित हुआ तो गलत सूचना पुनर्निवेश जाँचों में प्रतिबिम्बित हो गई थी। किसी संकल्पना के स्थायित्व को यह कहकर स्पष्ट किया जा सकता था कि एक स्वतंत्र अभिलेखन किया गया था। दूसरा संकेत संकल्पना विरचन में आशा सम्बन्धी पुनर्निवेश अन्तरालों तथा सूचनात्मक पुनर्निवेश में विलम्ब का महत्त्व था। संकल्पना विचरन को एक निश्चित समय चाहिए। इसे अभिलेखन हेतु

आवश्यक माना जाता है। यह दर्शनशास्त्र के अन्य प्रभाव क्षेत्रों से जो स्पष्टत: संकल्पना निर्माण को नहीं बतलाते हैं, संकेतों से एक निश्चित समर्थन भी प्राप्त कर सकते हैं, उदाहरणार्थ, स्मृति में 'सामान्यीकरण' और 'सरलीकरण' के रूप में ऐसी घटनाएँ जो स्वायत्त प्रक्रियाओं को निर्दिष्ट करती हैं जिनका वर्णन मॉडल को पुन: संहिताबद्ध किया जा सकता है।"[24]

पुन: संहिता बनाने से उपजी यह अमूर्त संकल्पना अविभाज्य है, लेकिन ठोस नहीं है। यह तथ्य अमूर्तन को एक सर्जनात्मक सम्भाव्यता की स्वीकृति देती है जो सम्भव नहीं होती यदि यह एक ठोस तथ्य का सीधा प्रकटीकरण होती।

मनोवैज्ञानिकों ने सामान्यत: संकल्पना निर्माण के आवर्ती अनुभव से लेकर समाज के भीतर की वास्तविक संकल्पना निर्माण में अत्यधिक महत्त्वपूर्ण रहनेवाले अन्य तत्त्वों की उपेक्षा तक, अमूर्तन के इस तत्त्व पर ज्यादा जोर दिया है। वस्तुत: इस विचार में निश्चित गम्भीर परेशानियाँ हैं जिनका कि समाधान नहीं हुआ है। यदि संकल्पनाएँ ज्ञान से संक्षेपण या अमूर्तन में उत्पन्न होनेवाली होतीं तो हम 'पशु' की तरह संकल्पनाओं का हिसाब कैसे कर सकते थे? ऐसा कुछ नहीं है जो एक पशु के बोध का अर्थ हो सके, यद्यपि हमें एक कुत्ते या बिल्ली का बोध हो सकता है। अर्थविज्ञानी यह सुझाव देते हैं कि इसका विवरण देने के लिए हमें निश्चित रूप से यह मानना चाहिए कि कुछ प्रेरणाओं के तहत मस्तिष्क अज्ञात नये तथ्यों को जोड़ रहा है और सृजित कर रहा है जिनसे 'पशु' की तरह—अमूर्तन का दूसरा अंश उभरकर सामने आता है, लेकिन चूँकि अनुभव में कुछ नहीं है जो इस संकल्पना के अनुरूप हो, इसके दिग्दर्शक को निश्चित रूप से भाषायी होना चाहिए। मस्तिष्क की ऐसी आन्तरिक प्रक्रियाओं के बगैर हम वैसी संकल्पनाओं की व्याख्या नहीं कर सकते हैं जो हमारे स्वप्नों में आती हैं, जिनके पास कोई अनुभवजन्य दिग्दर्शन नहीं हो सकते हैं।

यदि हम विज्ञान और तर्कशास्त्र में विकसित सूत्रीकरण का क्षेत्र छोड़ देते हैं तो बहुत कम लोग अपने जीवन में आवर्त अनुभवों से निचोड़ निकालकर अपनी संकल्पनाओं की रचना करते हैं। यह एक उदाहरण से स्पष्ट होगा। हम एक चिड़ियाघर में जाते हैं और पहली बार वहाँ एक ध्रुवीय भालू देखते हैं। हो सकता है कि हमने पहले इसके बारे में सुना या पढ़ा नहीं हो या सम्भवत: आगे कोई ध्रुवीय भालू नहीं देख पाएँ, लेकिन हम नाम पढ़ते हैं, पशु को देखते हैं और एक ध्रुवीय भालू की संकल्पना बन जाती है। जब तक हमारी याददाश्त बनी रहती है, जब कभी कोई किसी पशु को उद्धृत करता है, हम इस संकल्पना का स्मरण कर ले सकते हैं। यह आसानी से परिकल्पना पुनराभिलेखन द्वारा व्याख्यायित किया जा सकता है जो प्रेरणा रूपों के आवर्तन की आवश्यकता पर विचार नहीं करता है। वस्तुत: इसी तरीके से अधिकांश बच्चे अपनी संकल्पनाओं का अर्जन करते हैं। वे एक चीज

देखते हैं और कोई इसका नाम रख देता है। उस चीज से पहली बार सामना होने के समय उसके बारे में जो संकल्पना बनती है, यह नाम उसी से सम्बद्ध हो जाता है।

संकल्पना निर्माण में एक सम्बन्धित घटना उस 'स्थानान्तरण' की होती है। यहाँ ज्ञान संकल्पनाओं के समुच्चय को एक नई वस्तु की संकल्पनाएँ रचने हेतु दूसरी संकल्पनाओं से सम्बन्धित और स्थानान्तरित किया जा सकता है। उदाहरणार्थ, हम एक बच्चे को एक बाघ की संकल्पना यह कहकर सुझाते हैं कि बाघ बिल्ली की तरह होता है, उसका आकार बड़ा होता है, वह पीले रंग का होता है तथा शरीर पर काली पट्टियाँ होती हैं,या एक जेबरा घोड़े की तरह होता है जिसके शरीर पर काली पट्टियाँ होती हैं। सामान्यत: हमारे मस्तिष्क में पहले से जो पुरानी संकल्पनाएँ होती हैं, उन्हीं की शब्दावली में हम नई संकल्पनाओं का सृजन करने का प्रयास करते हैं। दरियाई घोड़ा या समुद्री घोड़ा जैसे नाम स्पष्टत: इस सहज प्रवृत्ति की उपस्थिति को पुष्ट करते हैं। न तो दरियाई घोड़ा न ही समुद्री घोड़ा, किसी तरह का कोई घोड़ा होता है, लेकिन जिस किसी ने उन्हें पहली बार देखा, इस तरह के परिचित पुराने खाँचे में इनके बारे में एक नई संकल्पना को अपना लिया। शायद अपनी आरम्भिक बाल्यावस्था में या अपने अनुभव में पुन: घटित होनेवाली पसन्दीदा वस्तुओं के महत्त्वपूर्ण रूपों को देखने से उत्पन्न करनेवाली केवल संकल्पनाओं की सीमित संख्या से लैस होते हैं। बाद की संकल्पनाएँ इन संकल्पनाओं का विस्तार करने और संयोजित करने से बनती हैं।

हाल तक प्राकृतिक विज्ञान की संकल्पनाएँ भी इसी तरीके से प्राप्त की गईं। एक रोचक उदाहरण परमाणु की परिभाषा है। आरम्भ में परमाणु को किसी पदार्थ के सूक्ष्मतम अविभाज्य कण के रूप में परिभाषित किया गया था। जब दूसरे कणों का पता चला तो इस परिभाषा से उनकी व्याख्या नहीं हो सकती थी। तब इसे सौरमंडल के मॉडल से परिभाषित किया गया जिसमें घनात्मक नाभिक (प्रोटॉन) के गिर्द ऋणावेशित कण (इलेक्ट्रॉन) चक्कर लगाते हैं। इसके बाद कणों में निश्चित तरंग जैसे गुणों को पाया गया जिन्हें तरंगों की एक प्रणाली से परिभाषित किया गया, लेकिन अन्य मामलों में इलेक्ट्रॉन और प्रोटॉन कणों जैसा व्यवहार भी करते थे। अन्तत: संकल्पनात्मक चित्र पूरी तरह चकनाचूर हो गया और भौतिकविज्ञानियों ने गणितीय सूत्रीकरणों से स्वयं का तर्क दिया। विज्ञान के क्षेत्र में भी मॉडलों की पसन्द यह दर्शाती है कि हम पुरानी संकल्पनाओं के साँचे में नये तथ्यों को आत्मसात् करना ज्यादा पसन्द करते हैं।

हमारी अधिकांश संकल्पनाएँ वास्तविक रूप में पहले से बनी संकल्पनाओं के संयोजन से प्राप्त होती हैं और ठोस उदाहरण केवल संकल्पनाओं को सुस्पष्ट और उनके विचित्र रूपों के बोध से सुदृढ़ बना देते हैं। ये उन चालाकियों की जड़ में निहित होती हैं जो कल्पना हमारे साथ करती है। हम अपने रोजाना के अनुभव

से नर, नारी, गाय, घोड़ा, छिपकली और आग इत्यादि की संकल्पनाओं की रचना करते हैं, लेकिन एक से दूसरे रूपों के अन्तरण और संयोजन की प्रक्रिया के जरिए हम एक शृंगी जीव (सींगवाला घोड़ा), ड्रेगन (आग थूकती बड़ी छिपकली), सेंटौर (आधा मनुष्य आधा घोड़ा), स्फिंक्स (औरत का सिरवाला शेर) इत्यादि जैसी विलक्षण हस्तियों की संकल्पना करता है। ये सभी मानवीय कल्पना की सर्जनाएँ हैं और इनका कोई भौतिक अस्तित्व नहीं है, लेकिन चूँकि ये एक जाति की निश्चित भावनात्मक स्थितियों में उत्पन्न होती हैं, इन संकल्पनाओं की विभिन्न समय में विभिन्न संस्कृतियों से सम्बन्ध रखनेवाले लोगों की कल्पना पर गहरी पकड़ होती है। ये संकल्पनाएँ काफी बारीक तरीके से मन की तुलनात्मक रूप से वस्तुनिष्ठ रुचि के साथ हमारी अपनी सभ्यता में भी एक महत्त्वपूर्ण भूमिका अदा करती हैं।

हम यह भी देखते हैं कि संकल्पनाएँ जो स्पर्शी संवेदनाओं को प्रकट करती हैं, दृष्टि के क्षेत्र में स्थानान्तरित हो सकती हैं तथा दृष्टि के क्षेत्र को प्रकट करती हैं तो स्पर्शी संवेदनाओं में स्थानान्तरित हो सकती हैं, अथवा संकल्पनाएँ जो एक ज्ञानेन्द्रि में संवेदन को प्रकट करती हैं, भिन्न ज्ञानेन्द्रियों से सम्बन्धित संवेदन को प्रकट करने हेतु स्थानान्तरित हो सकती हैं या एक पूर्णत: भिन्न स्थिति में स्थानान्तरित हो सकती हैं। इस तरह हम अपनी अत्यधिक परिष्कृत भाषा में गर्म रंग, ठंडा स्वागत, कटु सत्य, मधुर संगीत, भिंगा जोश जैसी अभिव्यक्तियाँ गढ़ते हैं। स्पष्टत: वे एक शाब्दिक अर्थ में किसी इन्द्रियजन्य अनुभव या तथ्यों का संकेत नहीं करते हैं, लेकिन वे जो व्यक्त करते हैं उसे हम जानते हैं। दुर्लभ मामलों में सहसंवेदिता के कुछ रूप घटित तो होते हैं, लेकिन वे इन अभिव्यक्तियों के तत्त्व नहीं होते हैं।

वाक्यों के स्तर पर संकल्पनाओं को मिलाने की सम्भावना बिना सीमा के बढ़ जाती है। बर्ट्रेंड रसेल इस तरह की भाषायी सम्भावनाओं और अर्थ से उनके सम्बन्ध का विश्लेषण करते हुए लिखते हैं—" ...हम कह सकते हैं कि एक महत्त्वपूर्ण वाक्य द्वारा जो कुछ कहा जाता है, उसमें एक निश्चित तरह की सम्भावना होती है। मैं इसको 'वाक्य विचार सम्बन्धी' सम्भावना के रूप में परिभाषित करूँगा। यह शायद तार्किक सम्भावना से ज्यादा संकीर्ण है, लेकिन निश्चित रूप से भौतिक सम्भावना से ज्यादा विस्तृत है। 'चाँद हरे पनीर से बना है', यह वाक्य रचनात्मक रूप से सम्भव है, लेकिन भौतिक रूप से नहीं।"[25]

परन्तु अपने वास्तविक जीवन में हम वस्तुत: वाक्य रचना सम्बन्धी सम्भावना को भौतिक सम्भावना के रूप में लेकर कार्य करते हैं। चूँकि रसेल द्वारा उद्धृत वाक्य हमारे लिए भावनात्मक रूप से उदासीन है, हम झट-से सहमत हो जाते हैं कि यह भौतिक सम्भावना से परे होता है, लेकिन हमारे दैनिक वार्तालाप में बहुत-से सदृश वाक्य वस्तुनिष्ठ वक्तव्यों के रूप में आते-जाते रहते हैं जिनके वैषम्य पर हम ध्यान नहीं देते हैं। उदाहरण के तौर पर, अधिकांश लोगों के इस विश्वास की वस्तुनिष्ठता

को कौन चुनौती दे सकता है कि एक राष्ट्र का सम्मान एक रंगीन कपड़े (जिसे राष्ट्रीय झंडा कहा जाता है) या निश्चित वाद्यवृन्दीय संगीत (राष्ट्रगान) से बना होता है। जब हम किसी व्यक्ति को दूसरे के सामने गाली देते हैं और उसे 'गधा' या 'जी हुजूरिया' कहकर बुलाते हैं और 'दुनिया का मालिक' कहकर बुलाते हैं, हम उसी तरह से वाक्य रचना सम्बन्धी सम्भावना की दुनिया में होते हैं।

परोपकारी कार्यों से अमूर्तता के जरिए हम परोपकार की संकल्पना प्राप्त करते हैं, निर्दयी कार्यों से निर्दयता की संकल्पना प्राप्त करते हैं, साहसिक कार्यों से साहस की संकल्पना प्राप्त करते हैं इत्यादि, लेकिन संयोजन और अन्तरण के जरिए भी इन अमूर्त संकल्पनाओं को ठोस वस्तुओं से संकेतित किया जा सकता है। इसका संस्कृति के द्वारा व्यापक तौर पर अनुकूलन किया जाता है। इस तरह साँड़ शक्ति का प्रतीक बन जाता है। [हम इसे अभी भी इस्तेमाल करते हैं जब शेयर बाजार में बुलिश ट्रेंड (तेजी का रुख) की बाबत बात करते हैं], गाय (हिन्दुओं में) मातृस्नेह का प्रतीक बन जाती है, सूअर (मुसलमानों में) अशुद्धता का प्रतीक बन जाता है और जैतून शाखा (यूरोपियनों में) शान्ति का प्रतीक बन जाती है। जब वस्तु के अत्यधिक प्रमुख रूपों में से एक रूप जो इससे जुड़ा होता है, प्राकृतिक रूप से या किसी खास जन के जीवन और धार्मिक कृत्यों में निर्दिष्ट होता है तथा सांकेतिक रूप से उस वस्तु से जुड़ा होता है, यह उत्पन्न हो सकता है, लेकिन दूसरे समय में एक वस्तु का यह प्रतीकात्मक मूल्य महज अक्सर संयोजन के जरिए उत्पन्न हो सकता है।

यह संकेतीकरण विभिन्न समाजों के लिए आदर का पात्र रहनेवाले गणचिह्नों और वर्जनाओं की जड़ में भी होता है। ये गणचिह्न और वर्जनाएँ लगभग सभी समाजों और संस्कृतियों में एक या दूसरे रूप में पाई जाती हैं। चूँकि इन संकेतों को पारम्परिक रूप से प्राप्त किया जाता है, ये उक्त परम्परा से सम्बन्ध रखनेवाले मनुष्यों के मन पर प्रचुर भावनात्मक पकड़ का इस्तेमाल करते हैं। एक कलाकृति की अधिकांश प्रबोधक शक्ति इन संकेतों से सम्बन्ध रखती है जिन्हें दक्षता से सर्वोत्कृष्ट कलात्मक उत्पादों के अन्य औपचारिक तत्त्वों के साथ मिलाया जाता है। सांकेतिक प्रतिरूपों की तरह दिखनेवाले परिकथाओं और महागाथाओं के चरित्र और घटनाएँ वस्तुत: मनुष्य की अपनी इच्छाओं और जुगुप्साओं तथा उस संस्कृति के मूल्यों जिससे वीरगाथा का सम्बन्ध होता है, को प्रदर्शित करती हैं। हालाँकि मिथक और महाकाव्य हम जिस दुनिया में रहते हैं, उसकी प्रकृति की व्याख्या करने का अपना काम खो चुके हैं लेकिन उनके सांकेतिक कार्य अभी भी कमोबेश अक्षुण्ण हैं। वे अभी भी कला, साहित्य और स्वप्न सरीखे भावनात्मक जीवन के प्रकटीकरणों (जैसाकि मनो-विश्लेषण से प्रदर्शित हुआ है) में अभिव्यक्ति की गाड़ी बने हुए हैं।

संकल्पनाओं को स्थानान्तरित करने की प्रक्रिया हमें रूपकों में अपनी सबसे कीमत उपज देती है जो हमारी अभिव्यंजक क्षमता को काफी बढ़ा देती है। रूपकों

में हम एक चीज से सम्बद्ध एक संकेत का इस्तेमाल एक दूसरी पूर्णतया असम्बन्धित वस्तु या घटना के अभिप्राय के रूप में करते हैं। इस तरह समादृत वीरपुरुष एक शेर बन जाता है, होनहार युवक एक 'उदीयमान तारा' बन जाता है, एक औरत एक 'चंडी', एक 'तितली' या एक 'देवदूत' बन जाती है। संक्षेप में संकल्पनाओं के इस्तेमाल करने की सारी सम्भावनाओं के साथ मानवीय अभिव्यंजकता असीम हो जाती है। हम इस संकल्पनात्मक उपकरण से स्वर्ग या नरक के किसी क्रम की रचना करने में सक्षम हैं।

अतियथार्थवादी या अस्तित्ववादी जब अपनी पूर्ण आजादी की घोषणा करते हैं तो वे केवल असीम सृजनात्मक सम्भावनाओं के बोध को अभिव्यक्ति प्रदान करते हैं जो मनुष्यों के लिए संकल्पन के इस अनोखे संकाय के जरिए खुली होती हैं, लेकिन इस अभिवृत्ति में अभिव्यंजक सम्भावना को वस्तुनिष्ठ सम्भावना के रूप में लेने की भ्रान्ति भी अन्तर्निहित होती है। मनुष्य स्वयं भगवान बन जाने की कल्पना कर सकता है, लेकिन केवल इतने ही से वह संक्षेप में भगवान नहीं बन जाता है। कामू इस अनुभूति तक पहुँचे तथा अपनी 'रिबेल' में उसने मानवीय आकांक्षाओं की सीमाओं को बताने का प्रयास भी किया जबकि मनुष्य के लिए अपने वास्तविक जीवन की भौतिक स्थितियों द्वारा निर्धारित सीमाओं को लाँघना सम्भव नहीं है, संकेत में हेर-फेर करने की उसकी योग्यता कम-से-कम उसे वास्तविक आजादी का एक बोध प्रदान करती है। यद्यपि वह इस भौतिक (मानवीय सहित) दुनिया को अपनी इच्छा के वश में नहीं कर सकता है, वह कम-से-कम स्वयं का मालिक हो सकता है अर्थात् वह दबाव में काम करने से इनकार कर सकता है तथा मौत के सामने भी अपनी आजादी का दावा कर सकता है। संकेतों का प्रयोग मनुष्य की मौत के आसार के साथ-साथ जीवन के अन्य मूल्यों का सामना करने में तथा इन अन्य मूल्यों के मुकाबले जीवन के मूल्य को तौलने में मदद करता है। इस अर्थ में मनुष्य की आजादी केवल 'आवश्यकता का गुण-विवेचन' नहीं रह जाती है बल्कि उस सर्वोच्च दंड के सामने उसकी इच्छा की वास्तविक दृढ़ोक्ति होती है। सुकरात भावी सन्तति के पक्ष में यह साबित कर चुके थे कि मनुष्य के पास आजादी की इच्छा करने का साहस हो तो वह आजाद हो सकता है।

अभी तक हमने उन 'संकेतों' का प्रयोग किया है जो अपेक्षाकृत सरल संकल्पनाओं को प्रदर्शित करते हैं, लेकिन अपनी भाषा में जो हमारे विचार और अभिव्यक्ति का सबसे प्रभावशाली और व्यापक वाहन है, हमें कुछ बहुत जटिल संकल्पनाओं के साथ काम करना पड़ता है। जब हम 'कुत्ता' शब्द का प्रयोग करते हैं तो हम अपने अभिप्राय के बारे में बहुत निश्चित होते हैं। यदि इस पर किसी को सन्देह होता है तो हम सीधे कुत्ते की ओर इशारा करते हैं और कहते हैं, 'देखो, वह कुत्ता है', और बात वहीं खत्म हो जाती है, लेकिन यह उस समय इतना आसान

नहीं होता है जब हम 'समाज', 'आजादी', 'राष्ट्र' या 'पूँजीवाद' जैसे शब्दों का प्रयोग करते हैं। यहाँ वैसा कुछ नहीं है जिसकी तरफ हम बात को समझाने के लिए इशारा कर सकें। वस्तुत: ऐसे शब्दों के प्रयोग में हमेशा ही अनेकार्थता का एक तत्त्व रहता है और हमारा सम्प्रेषण पर्याप्त नहीं हो पाता है। हालाँकि ठीक-ठीक इन्हीं शब्दों के साथ हमें अपने सामाजिक और राजनीतिक जीवन में दखल देना होता है।

इस प्रकृति के एक शब्द के अर्थ (अर्थ सूची) के बारे में सहमति के अंश का पता लगानेवाले अध्ययनों में यह देखा गया है कि सहमति अत्यन्त लचर है। वह विधि जो प्रयोग में लाई गई, ऐसे शब्दों का एक वर्ग की तरह 'उदार' जैसा प्रयोग करने की विधि थी और बाद में इस वर्गीकरण के बारे में विभिन्न लोगों की राय जानने के लिए व्यक्ति को इस वर्ग के एक उदाहरण के तौर पर रखा जाता था। वस्तुत: 1944 में जॉनसन द्वारा किए गए एक अध्ययन में यह पाया गया कि 100 में केवल 24 ही इस बात पर सहमत हुए कि फ्रैंकलिन डी. रूजवेल्ट को 'उदार' वर्ग में रखा जाए।

शब्दों के अर्थ की आंशिक परेशानी का समाधान शब्दों के प्रसंग से हो जाता है। 'प्रसंग' शब्द का अर्थ निर्धारित करने में मदद करता है, लेकिन फिर भी इससे राजनीतिक शब्दावली के प्रमुख शब्दों के बारे में परेशानियाँ पैदा हो जाती हैं। यह परेशानी इस तथ्य से पैदा होती है कि राजनीतिक शब्दों के पास कोई स्थायी अनुभवजन्य प्रसंग नहीं होता है। मसलन, हमारे दैनिक जीवन में प्रयुक्त होनेवाले इन वाक्यों को देखें—'पानी से साफ करो', 'पानी पीओ', 'पानी बहाओ', 'जलप्रपात देखो'—शब्दों का अनुभवजन्य प्रसंग यहाँ 'पानी' शब्द के बारे में कोई अनेकार्थता नहीं पैदा करता, लेकिन 'प्रजातंत्र', 'उदारवाद', 'समाजवाद', 'अधिकार', 'न्याय', 'आजादी', 'समानता' जैसे शब्दों के पास ऐसे परिवर्तनशील प्रसंग होते हैं कि इन शब्दों का ठीक अर्थ निर्धारित कर पाना लगभग असम्भव है।

एक उदाहरण लें—अमेरिकी दावा करते हैं कि उनके यहाँ प्रजातंत्र है। चीनी उनसे भी अच्छा बनते हैं और अपने यहाँ 'जनता का जनतंत्र' होने का दावा करते हैं। इसके अतिरिक्त नियंत्रित प्रजातंत्र और मौलिक प्रजातंत्र भी होते हैं। स्पष्टत: इन भिन्न-भिन्न मामलों में प्रजातंत्र का एक ही अर्थ में प्रयोग नहीं हो रहा है। इन सभी तंत्रों में कोई सामान्य अपरिवर्तनीय मूल नहीं है जो इन्हें एक साथ एक संकल्पना के भीतर रख सके। खुद 1789 ई. की फ्रांसीसी क्रान्ति के दौरान जिरोन्दिनवादी, जैकोबिनवादी, बिबॉवादी तथा डायरेक्टरी, सभी प्रजातंत्र के नाम से जाने जाते थे, लेकिन इनमें से प्रत्येक के पास प्रजातंत्र की भिन्न-भिन्न संकल्पना थी। वस्तुत: अन्तर इतना प्रखर था कि किसी ने दूसरे विचार के प्रतिपादकों को भौतिक रूप से भी जिन्दा रहने की मंजूरी देना समीचीन नहीं समझा।

यदि कोई भी दो व्यक्ति एक शब्द को समान अर्थ देने पर सहमत नहीं होते हैं तो यह सरलता से अस्तित्व से बाहर आ जाएगा क्योंकि यह अपना केवल उद्देश्य

सम्प्रेषण खोता है। हालाँकि 'प्रजातंत्र' शब्द हमारे अपने समय में खूब फला-फूला है। इसका मतलब इसका निश्चित अर्थ होता था। हालाँकि अर्थ एक ही नहीं था, लेकिन उक्त सभी समूहों के लिए इस शब्द का एक निश्चित अर्थ था यह अर्थ प्रत्येक समूह के लिए वस्तुनिष्ठ प्रसंग में नहीं बल्कि विचारधारात्मक प्रसंग में निर्धारित था। यहाँ 'विचारधारा' शब्द का प्रयोग एक बहुत बड़े अर्थ में किया गया है—यह एक समावेशी पैटर्न है जिसमें समूह के तथ्यों (अंशत: विचारधारा रखनेवाले समूह द्वारा दिए गए विचार), इच्छाओं, परम्पराओं और मूल्यों के अलावा एक लक्ष्य की तरफ पूर्वाभिमुखता भी शामिल रहती हैं। यह न केवल 18वीं सदी के अन्त में देत्स दे ट्रासी के समय से जानी जानेवाली विचारधाराओं को बल्कि उन प्राचीन प्रथाओं को भी, जिन्होंने निश्चित सामाजिक व्यवस्था शुरू करने और लागू करने का प्रयास किया था, शामिल करेगी। 'न्याय' और 'सद्गुण' जैसे शब्दों के अर्थ पर विवाद प्राचीनकाल से चला आता है। एक व्यक्ति को यह तथ्य स्वीकार करने के लिए केवल थ्रैसिमाचस द्वारा दी गई 'बलशाली के हित जैसा न्याय' की परिभाषा को याद करना होता है जिसके साथ प्लेटो के रिपब्लिक में संवाद शुरू होता है। स्पष्टत: अर्थ का निर्धारण तब भी विचारधारात्मक प्रसंग से ही ज्यादा हुआ था जैसाकि अभी होता है।

हम जिस प्रकार की संकल्पना का वर्णन करते आ रहे हैं, उसके निर्माण में जो तथ्य हमारी पसन्द के नहीं होते हैं, उन्हें अनजाने तौर पर नजरअन्दाज कर देने तथा जो वस्तुनिष्ठ वास्तविकता के भाग नहीं होते हैं, वैसी अनेक अन्य चीजों को जोड़ लेने की सुदृढ़ सहज प्रवृत्ति (पूर्व में वर्णित मनोवैज्ञानिक तत्त्वों के कारण) होती है। फलस्वरूप ये संकल्पनाएँ कभी वस्तुनिष्ठ नहीं होती हैं और जिस समूह या संस्कृति के लिए यह संकल्पना अच्छी होती है, उस समूह या संस्कृति से सम्बन्ध रखनेवालों के लिए ये संकल्पनाएँ भावनात्मक रूप से काफी आवेशित होती हैं। वस्तुत: यह कहा जा सकता है कि एक संकल्पना की भावनात्मक अपील अपनी वस्तुनिष्ठ सत्यापनीयता से प्रतिलोमत: जुड़ी होती हैं क्योंकि ऐसी संकल्पनाएँ न केवल संस्कृति या समूह के भावनात्मक अधिस्वरक को साथ ले चलती हैं बल्कि अपनी अनेकार्थता के कारण प्रत्येक व्यक्ति उन्हें अपनी विशेष इच्छाएँ और शिकायतें प्रदान करने के योग्य होता है। प्रत्येक विचार या संकल्पना जिसने लोगों में आन्दोलनकारी जोश भर दिया है, बहुविषयक अभिप्रेरणाओं का ऐसा ही एक विस्फोटक मिश्रण रहा है। हम केवल दो सर्वाधिक महत्त्वपूर्ण आन्दोलनों का हवाला देंगे—उदाहरण के रूप में फ्रांसीसी और रूसी। फ्रांसीसी क्रान्ति में मध्यवर्ग, कृषक, शहरी और बुद्धिजीवी, प्रत्येक ने भिन्न-भिन्न अर्थ देखा था, लेकिन चूँकि आन्दोलन ने जनता के भिन्न-भिन्न तबकों को ठीक-ठाक भिन्न-भिन्न चीजें दी थीं, एक शक्तिशाली विस्फोट करने के लिए सभी एकजुट हो गए। उसी तरह रूसी क्रान्ति में निर्णायक समय पर किसान,

मजदूर और सिपाही (जो युद्ध से मुक्ति चाहते थे) सभी अलग-अलग कारणों से बोल्शेविक आन्दोलन में एकजुट हो गए। यह तथ्य अत्यन्त त्रासद ढंग से उस वक्त प्रकाश में आता है जब क्रान्ति का आरम्भिक लक्ष्य पूरा हो जाता है। इसके बाद क्रान्तिकारी सरगर्मी शीघ्र ही एक मतभेद समर्थक तकरार में विघटित हो जाती है।

जबकि सामाजिक सन्दर्भ हर रोज बदलता रहता है, एक समूह द्वारा ऐसी संकल्पनाओं से सम्बद्ध किए गए शब्दों में कोई बदलाव नहीं होता है, वे ज्यों का त्यों बने रहते हैं। कालान्तर में वे शब्द परम्परा का अंश बन जाते हैं और उनकी भावनात्मक पकड़ अपेक्षाकृत और सुदृढ़ हो जाती है। इस तरह लोग उस वास्तविकता का खयाल किए बगैर जिसे यह इंगित कर सकता है, शब्द पर प्रतिक्रिया करते रहते हैं। इस मनोवैज्ञानिक घटना का, जो लोगों को एक काल्पनिक दुनिया में रखती है, सर्वप्रथम कोर्जिब्स्की ने स्पष्ट रूप से विश्लेषण किया था। उसने बतलाया था कि लोग यह दिखलाने के लिए इस तरीके से व्यवहार करते हैं कि वे शब्दों को वस्तुओं से पहचानते हैं। शब्द महज संकेत या लेबल हैं जो किसी वस्तु या स्थिति का अभिप्राय बताते हैं, लेकिन अधिकांश लोग लेबलों पर प्रतिक्रिया दिखाते हैं। इस तरह मि. सुलेमान को एक मुसलमान के रूप में, मि. रवीन्द्र बनर्जी को एक बंगाली के रूप में तथा मि. स्मिथ को एक ईसाई के रूप में देखा जा सकता है और वे अपने व्यक्तिगत मानवीय गुणों की बजाय इन्हीं नामों/लेबलों से पहचाने जाने के लिए प्रवृत्त होते हैं। विचारधाराएँ अपने आग्रह से कुंजी संकेतों को जारी रखने में सामाजिक मनोभावों को जमा देने तथा संकल्पनाओं को अपरिवर्तनीय बनाए रखने के लिए प्रवृत्त भी होती हैं। चूँकि विचारधारा दुनिया के बारे में किसी समूह की समझ के सम्पूर्ण पैटर्न को दर्शाती है, इसलिए कुंजी संकेत के अर्थ का बदलाव, समूह और उसकी संस्थाओं को एक साथ रखनेवाली उस समूची विचारधारा की पुनर्संरचना की माँग करेगी। दूसरी तरफ संकेतों की पारम्परिक पकड़ विचारधारा में हेर-फेर का निषेध करती है। इस तरह दोनों संकेत और विचारधारा, एक-दूसरे पर रूढ़िवादी प्रभाव बनाते हैं। यह वही तत्त्व है जो संस्थाओं को किसी समाज में स्थायी बनाए रखता है क्योंकि एक हिस्से का बदलाव सामाजिक सम्बन्धों के समूचे पैटर्न को खतरे में डाल देता है। यह वही रूढ़िवाद है जिसका उद्धरण शुमपीटर देता है, जब वह यह कहता है—“सामाजिक संरचनाएँ, प्रकार और अभिवृत्तियाँ वे सिक्के हैं जो आसानी से नहीं गलते हैं...”[26]

यह संरचनात्मक अन्तर्सम्बन्ध प्राचीन समाज में भी देखा गया है, वहाँ भी संकेत, मिथक और धार्मिक कृत्य समाज को एक साथ बनाए रखता है। जे.ए.सी. ब्राउन ने एक भिन्न प्रसंग में सामाजिक जीवन में पैटर्न के महत्त्व की तरफ ध्यान आकृष्ट किया है। वह लिखता है—“सामाजिक संगठन का एक पहलू जो न केवल लोक-परिकल्पना की असत्यता को दर्शाता है बल्कि इस पर जोर दिए जाने की

माँग करता है...वह तथ्य है कि किसी भी समाज की जीवनशैली और संस्कृति एक अभिरचित समष्टि है जिसे असम्बन्धित तत्त्वों की एक पैबन्दयुक्त रजाई की तरह कभी नहीं लिया जा सकता है...यह कि यह ऐसा ही है, इसे जब समाजों की संस्कृति में कोई नई विशेषता ठूँसने का प्रयास किया जाता है, चाहे वह विशेषता कोई नई आस्था हो, कोई नया उपकरण या आविष्कार हो या कोई नया रिवाज हो तो समाज जिस तरीके से प्रतिक्रिया करते हैं, उसी तरीके से दर्शाया जाता है।"[27]

वह चार तरीकों को सूचीबद्ध करता है जिसमें कि संस्कृति नई तत्त्व की प्रस्तावना पर प्रतिक्रिया जाहिर करती है। (1) यदि यह पैटर्न के अनुकूल होता है तो इसे स्वीकार कर लिया जाता है; (2) यदि यह पैटर्न से विवाद करता है तो इसे अस्वीकार कर लिया जाता है; (3) यदि परिवर्तित रूप में यह पैटर्न के अनुकूल हो जाता है तो इसमें परिवर्तन किया जा सकता है और परिवर्तित रूप में इसे स्वीकार किया जा सकता है; (4) (सर्वाधिक महत्त्वपूर्ण तथ्य) यदि कोई विशेषता जो बुनियादी रूप से संस्कृति पैटर्न से झगड़ती है, इस पर दबाव के किसी रूप के तहत दी जाती है तो संस्कृति खंडित हो जाती है। यह तथ्य आगे हमारी आरम्भिक मान्यता को सम्पुष्ट करता है कि मानवीय मन पैटर्नों से केवल सामंजस्य बिठा सकता है। पैटर्न का यह अनुराग रूढ़िवाद की प्रवृत्ति और परम्परा की शक्ति को मजबूत करता है। हम देख चुके हैं कि ये दोनों चीजें मानवीय मन की एक दूसरी मौलिक विशेषता से प्राप्त होती हैं।

एक समूह के सदस्यों की तरह मनुष्यों के लिए शब्दों का अर्थ या तो परम्परा द्वारा (यदि वे एक कमोबेश अखंड पारम्परिक समाज में रहते हैं) या विचारधारा द्वारा जिससे कि वे चिपके होते हैं, निर्धारित होता है। मनुष्य इस विचारधारात्मक रूप से प्राप्त दुनिया में ठीक उसी तरह से काम करता है जिस तरह से वह एक वस्तुनिष्ठ दुनिया में काम करता था। वस्तुत: वह पहलेवाले मामले में अपेक्षाकृत ज्यादा शक्ति से काम करता है क्योंकि विचारधारा द्वारा दी गई तसवीर दोनों होती हैं, अत्यधिक समानुगत (यथार्थ का प्रत्येक पहलू दबाए जाने के कारण इसके विसंगत होता है) और आशा जगानेवाली क्योंकि लक्ष्य न केवल उत्कट इच्छाओं के सुसंगत होता है बल्कि यह आसान पहुँच के अन्दर दिखाया भी जाता है।

जब एक विचारधारा के अन्दर सम्बन्धित संकल्पनाओं का एक बड़ा समूह यथार्थ से विवाद करना शुरू कर देता है तो यह बहुत क्रमिक रूप से होता है कि पुरानी संकल्पनाओं को फैलाना या खत्म किया जाना शुरू हो जाता है। ऐसी स्थिति में एक नये विचारधारात्मक खाँचे में नये विचार पैदा होने लगते हैं। पुराने विचार लोगों की बहुसंख्या में आधार खो सकते हैं, लेकिन पुरानी विचारधारा के साथ यह तब भी एक छोटे सम्प्रदाय में बने रह सकता है या नये के साथ क्षेत्रों को बाँट दे सकता है। ऐसा सह-अस्तित्व बारम्बार द्रष्टव्य है। धार्मिक तल पर भारत के हिन्दू अभी भी सूर्य

और चाँद की पूजा देवताओं के रूप में करते हैं, लेकिन शिक्षा के क्षेत्र में विज्ञान प्राप्त दूसरे विचारों को स्वीकार किया जाता है तथा छात्रों को वही समझाया जाता है।

सामाजिक कार्यों के लिए सन्दर्भ का खाँचा वस्तुनिष्ठ दुनिया नहीं है बल्कि विचारधारात्मक दुनिया है, लेकिन यह दोनों दुनिया उनके अनुकूल होती हैं तथा एक-दूसरे को परस्पर अतिच्छादित करती हैं कि विचारधारात्मक विश्वचित्र को वस्तुनिष्ठ यथार्थ की एक झलक दे सके। यह तथ्य सबसे बढ़िया उन संकेतों में प्रतिबिम्बित होता है जिन पर सामाजिक समूह प्रतिक्रिया व्यक्त करता है। ये संकेत वस्तुनिष्ठ दिखते हैं, लेकिन वस्तुत: इनमें एक मजबूत प्रेरणात्मक सन्तुष्टि होती है तथा इनके अर्थ होते हैं जो भिन्न प्रसंगों में बदल जाते हैं एवं जब विचारधारात्मक प्रसंगों से बाहर कर दिया जाता है तो ये अपना अर्थ खो देते हैं। लोगों में 'गरीबी', 'विशेषाधिकार', 'हैसियत', 'हीनता', 'श्रेष्ठता' इत्यादि पर प्रतिक्रिया होती है। वे 'यथोचित', 'मजदूरी', 'समानता' तथा 'शोषण' और 'वर्गों' की समाप्ति के लिए संघर्ष करते हैं और 'सम्मान' तथा 'समान अवसर' की माँग करते हैं। ये शब्द वस्तुनिष्ठ जैसा मालूम तो होते हैं, लेकिन वास्तव में ये काफी भावोत्तेजक संकेत होते हैं जिनका अलग-अलग सन्दर्भों में अलग-अलग अर्थ होता है।

उदाहरण के तौर पर 'गरीबी' को लें। अमेरिका में एक व्यक्ति के पास केवल एक कार है तो वह 'गरीब' है। भारत में जिस व्यक्ति के पास एक कार है वह निश्चित रूप से धनी होता है। दोनों मामलों में केवल यह वस्तुनिष्ठ तथ्य 'कार का स्वामित्व' व्यक्ति के धनी होने का पता लगाने में द्वितीयक महत्त्व का हो जाता है। प्राचीन भारत में बौद्धधर्म के स्वर्णयुग में एक बौद्ध भिक्षुक के पास अपना कुछ भी नहीं था। इसका मतलब यह नहीं था कि वह एक गरीब व्यक्ति था। अमेरिका में वहाँ के लोगों की कल्पना पर निश्चित अन्य संकेतों की पकड़ के कारण केवल एक ही कार के स्वामित्व के विरुद्ध रोष व्याप्त है—ये 'प्रजातंत्र', 'समानता' और 'समृद्ध समाज' सरीखे संकेत हैं। इनमें से प्रथम दो को परम्परा से प्राप्त किया जाता है और अन्तिमवाले को तकनीकी संस्कृति की विचारधारा से प्राप्त किया जाता है। ये संकेत एक साथ एक अमेरिकी के लिए जो उपयुक्त जीवन हो सकता है, उसके चित्र का जादू करते हैं। इससे 'उदीयमान आशा का आन्दोलन' तथा इसकी सहवर्ती कुंठाओं का जन्म हुआ है। यह स्वत्वहरण करनेवालों का स्वत्वहरण करने के लिए एक शक्तिशाली लहर में उठ रहे अधभूखे और हताश सर्वहारा की मार्क्सवादी संकल्पना से दूर की बात है।

इस चित्र के विरुद्ध हमारे पास भारत में कुपोषण, भुखमरी तथा सुस्पष्ट सामाजिक और आर्थिक असमानताओं का चित्र है, लेकिन परम्परा द्वारा दिए गए इन तुलनीय संकेतों के अभाव के कारण जो लोगों को जगा सकते हैं तथा उन अन्य पारम्परिक संकेतों के कारण भी जिन्हें हैसियत का अन्तर स्वीकार होता है तथा जो सन्तोष

का व्यादेश करते हैं एवं ईश्वरीय पूर्व निर्धारण के सिद्धान्त का गुणगान करते हैं, हमें निष्क्रिय जनसमूह दिखाई देता है जिसे पश्चिमीकृत बौद्धिकता (जिसने पश्चिम से नये संकेतों को अपनाया है) से हल्के सुधारों की माँग करने के लिए भी चुभोने की जरूरत होती है। इस तरह वे जो भारत जैसे देशों में समानता की माँग को इस तर्क पर अस्वीकार करते हैं कि यह गरीबी का वितरण होगा, स्पष्टत: अनर्गल बात कर रहे हैं क्योंकि वे भारत के बारे में बात करते वक्त पश्चिम के समृद्ध समाजों से सम्पत्ति और गरीबी के सिद्धान्त को आयात करते हैं।

यह स्पष्ट है कि डॉलरों या रुपयों की शब्दावली में भौतिक तत्त्वों की समाज में प्रेरक बलों के रूप में प्रासंगिकता बहुत कम है। यह तब तक कम रहती है जब तक कि अनुकूलन और परम्परा के जरिए उनका रूपान्तरण उपयुक्त प्रेरक संकेतों में नहीं हो जाता है। इस सिलसिले में चिम्पांजियों पर वोल्फ का प्रयोग (1936) मानवीय व्यवहार पर पर्याप्त प्रकाश डालता है। पोकर चिप्स की अदला-बदली में पारितोषिक के रूप में अंगूर और किशमिश देकर वह चिम्पांजियों को खुद पोकर चिप्स के लिए काम करने और महत्त्व देने की शिक्षा देने में सफल हो गया। पैसे के प्रति मनुष्य का प्रेम उसी तरह से एक द्वितीयक अनुमानित लक्ष्य है। जब तक पैसे का अभाव का अर्थ भोजन और आश्रय सरीखी मनुष्य की प्राथमिक आवश्यकताओं में से कुछ से वंचन है या जब किसी समाज की विशिष्टता के कारण यह दूसरे प्रेरक संकेतों से जुड़ जाता है, तभी पैसा एक शक्तिशाली प्रेरणात्मक तत्त्व होगा। वस्तुत: पैसे की यह दूसरी भूमिका सर्वाधिक आधुनिक समाजों में दिखाई देती है। पैसा और इसका अभाव जीवन की दशाओं में प्रतिबिम्बित हो सकता है और इस तरह मनुष्य की सामाजिक हैसियत में प्रतिबिम्बित हो सकता है और हैसियत एक उपयुक्त संकेत है जिस पर मनुष्य में प्रतिक्रिया होती है। एक समाज में जहाँ आराम और विलासिता को महत्त्व दिया जाता है, पैसे का अर्थ आराम और विलासिता हो सकता है, और इस तरह पैसा वह चीज बन जाता है जिसकी ओर मनुष्य का अनुकूलत: झुकाव हो जाता है, लेकिन इसका सबसे अधिक प्रभाव बुर्जुआ समाज में ही होगा जहाँ पैसे का मतलब हैसियत और हर चीज है, लेकिन यदि पैसे के अलावा कोई दूसरे तत्त्व हैं जो हैसियत के बोध को प्रभावित करते हैं तो पैसे का प्रभाव या ज्यादा सामान्य शब्दावली में कहें तो 'आर्थिक कारक' का प्रभाव बहुत कम हो जाएगा।

आधुनिक नगर के एक अध्ययन से पता चला था कि बुर्जुआ समाज में भी वर्ग स्थिति की गणना विशुद्ध रूप से मौद्रिक शब्दावली में नहीं होती है। उदाहरणस्वरूप अमेरिका के यांकी नगर के एक अध्ययन में लोगों ने यह प्रकट किया था कि वे किसी व्यक्ति के वर्ग का निर्णय करने के लिए अनेक कसौटियों का इस्तेमाल करते थे। इनमें धन्धे की प्रकृति, आय का प्रकार (वेतन, कमीशन, लाभांश या इसी तरह

के और कुछ), नैतिक स्थिति, जन्म और परिवार वंशावली, सामाजिक सम्बन्ध और संगठन और आवासीय क्षेत्र का प्रकार शामिल थे। हमारे इस विचार को कि मुद्रा को प्रथमत: सामाजिक रूप से महत्त्वपूर्ण बनने के पहले संकेतों को प्रकाश में लाते हुए निश्चित रूप से भावना में रूपान्तरित होना चाहिए, अमेरिका में वर्ग सम्बन्धों पर दिए गए वार्नर के अध्ययन से समर्थन प्राप्त होता है। वह लिखता है—"...मुद्रा को निश्चित तौर पर सामाजिक रूप से स्वीकृत व्यवहार और स्वामित्वों में रूपान्तरित हो जाना चाहिए तथा उन्हें प्रत्यावर्तन में श्रेष्ठ वर्ग के सदस्यों की स्वीकृति और गहरी भागीदारी में रूपान्तरित हो जानी चाहिए।"[28]

इसके बाद वह उच्च वर्ग क्लब में शामिल होने के मि. स्मिथ के प्रयास की कहानी का वर्णन कर लिखता है—"मि. स्मिथ ने अपनी मुद्रा को लोकोपकार में बदल दिया जो प्रबल वर्ग को स्वीकार्य था, उसने उनकी प्रायोजकता प्राप्त की तथा अन्तत: वह क्लब का भागीदार बन गया। 'सही' तरह का घर, 'सही' पड़ोसी, 'सही' फर्नीचर, 'उचित' व्यवहार—ये सभी वे संकेत हैं जिनका रूपान्तरण उन लोगों के द्वारा सामाजिक स्वीकृति में किया जा सकता है जिनके पास वर्तमान स्तर से उच्च स्तरों की लालसा करने के लिए पर्याप्त पैसे हैं।"[29]

किन्तु जब आर्थिक स्थिति समाज में हैसियत से सम्बन्धित संकेतों में रूपान्तरण की जल्दी मंजूरी नहीं देती है तो अन्य हैसियत संकेतों जो उपलब्ध होते हैं, को ढूँढ़ा जाता है तथा उनका इस्तेमाल व्यक्ति के अहम को सहारा देने के लिए किया जाता है। इस स्थिति को एक उदाहरण से स्पष्ट किया जा सकता है। अमेरिका के दक्षिणी राज्यों में किए गए अध्ययनों से पता चलता है कि मन्दी के दौरान बिना सामान्य कानूनी कार्रवाई किए नीग्रो लोगों को प्राणदंड देने की संख्या में बेतहाशा वृद्धि हो गई थी। यह भी पता चलता है कि धनी गोरे लोगों की तुलना में गरीब गोरों में नीग्रो लोगों के प्रति शत्रुता का भाव ज्यादा रहता है। यदि मनुष्यों का मार्गदर्शन केवल भौतिक वास्तविक विचार से हुआ होता तो गरीब का बुद्धिमानी वाला काम यह होता कि वे नीग्रो के साथ एक हो जाते जोकि लगभग समान रूप से गरीब थे तथा बेहतर रोजगार के अवसर और सभी गरीबों के लिए बेहतर आर्थिक व्यवहार हेतु संघर्ष करते, लेकिन हैसियत की चिन्ता जो मन्दी के वर्षों में तेज हो जाती है, गरीब गोरों को नीग्रो जनों के साथ एक नहीं होने देती है या उनकी एकता की सम्भावना को मुश्किल बना देती है। कानूनी कार्रवाई किए बिना प्राणदंड देने के मनोविज्ञान का वर्णन करते हुए हेडली कैंट्रीट लिखता है—"गरीब गोरा काश्तकार कृषक अपने रंग को श्रेष्ठता के चिह्न के रूप में देख भी सकता है, लेकिन यह एहसास करता है कि यह अपनी बची हुई हैसियत के कुछ बचे हुए चिह्नों में से एक है, और इस तरह वह नीग्रो के किसी कृपालु व्यवहार, नीग्रो की स्थिति में किसी सुधार या उसके साथ किसी तरह के साहचर्य का विरोध करता है।"[30]

गरीब गोरों की एक समझदार रुख अपनाने की क्षमता का तब भी इस स्थिति की स्वाभाविक हताशा मुश्किल कर देती है जो उपयुक्त अनुकूलन करने में जवाब की दृढ़ता (एक सुविदित मनोवैज्ञानिक घटना) में प्रतिफलित होती है। इस तरह पतनशील आर्थिक हैसियत के सामने गरीब गोरे लोग नीग्रो के प्रति शत्रुता का हाव-भाव अपनाते हैं तथा उन पर हमला कर वे श्रेष्ठता के बोध में आ जाते हैं। इस तरीके से आर्थिक स्थिति में ह्रास की क्षतिपूर्ति सामाजिक हैसियत के वायदे से होती है।

इसी तरह की घटना भारत में विभिन्न जातियों के रिश्ते में घटित हुई है। जिस वक्त परम्परा की पकड़ (जिसका जातिप्रथा सर्वाधिक ज्वलन्त उदाहरण है) को शहरीकरण और विज्ञान व तकनीक से खत्म किया जा रहा था, भारत के राजनीतिक जीवन में जातीय विरोध हिंसक रूप में पैदा हो गया। इसका कारण बुनियादी तौर पर वही है जिसका वर्णन ऊपर के मामले में किया गया है। आजादी ने शिक्षित और आशान्वित युवा पीढ़ी की एक बड़ी तादाद के लिए केवल भारी आर्थिक असुरक्षा और बेरोजगारी दी है। इससे व्यापक कुंठा पैदा हुई है। आर्थिक लक्ष्यों को प्राप्त करने के एक पूर्ण चैनल को प्राप्त करने में असफल निराश युवक समझदारीपूर्वक प्रतिष्ठा और सामाजिक हैसियत के भ्रामक बोध की अपने जातीय समूह से पहचान कर तथा इसके लिए राजनीतिक जीवन में एक प्रमुख स्थान का निर्माण करने में मददगार तलाश करता है।

पूर्व के विमर्श से यह स्पष्ट हो गया कि इतिहास की भौतिकवादी व्याख्या पूरी तरह गलत नहीं है बल्कि यह अपूर्ण और अपर्याप्त है। हम अपने विमर्श में जीव के बाहर की वास्तविक भौतिक दशाओं में पैदा होनेवाली उत्तेजना से चिह्नों, संकेतों और जटिल विचार निर्माणों तक कदम दर कदम आगे बढ़े हैं। हमने इन विचारों को मनुष्य के अन्दर के नैसर्गिक अभियानों से जोड़ा है तथा देखा है कि कैसे भौतिक तत्त्व हमारी मानसिक दुनिया में प्रवेश कर जाते हैं तथा प्रोत्साहन के मजबूत तत्त्व बन जाते हैं। इस अनुकूल अवस्थिति से देखकर भौतिकवादी विचार को आसानी से नई योजना के अन्दर शामिल किया जा सकता है, लेकिन इस पहुँच के साथ हमें उन अन्य सामाजिक घटनाओं की, जहाँ वैचारिक तत्त्वों और परम्पराओं में एक निर्णायक दोलन होता मालूम पड़ता है, व्याख्या करने का अतिरिक्त लाभ मिलता है।

ज्योंही हम अपनी चिन्तन प्रक्रिया में संकेतों की मध्यस्थता करनेवाली भूमिका को पहचान लेते हैं, बहुत सारी घबराहट साफ हो जाती है। जैसाकि हम देख चुके हैं, जब एक बार के वास्तविक अनुभव (इसमें तथ्यों के अलावा भावनाएँ भी शामिल होती हैं) से विचारों या संकल्पनाओं की उत्पत्ति होती है तो उनके पास उनका अपना अर्धस्वतंत्र अस्तित्व हो जाता है। हस्तान्तरण और संयोजन के जरिए वे व्यापक असर के साथ एक मानसिक दुनिया का निर्माण करते हैं। साथ ही, यद्यपि प्रायोगिक सन्दर्भ जिसमें विचार उत्पन्न होता है, लगातार बदल रहा है,

विचार सापेक्षत: स्थायी होता है। जब इन विचारों से सम्बद्ध प्रतीक परम्परा का भाग बन जाते हैं तो मनोवैज्ञानिक तत्त्वों के कारण उनकी पकड़ काफी मजबूत हो जाती है। इसकी चर्चा हमने पूर्व में की है। इस तरह वे भौतिक स्थिति से स्वतंत्र समाज में मानवीय व्यवहार को आकार देने में महत्त्वपूर्ण भूमिका अदा करते हैं। इसका महत्त्वपूर्ण प्रभाव होता है कि जब समाज का भौतिक आधार बदलता है तो यह केवल सामाजिक सोच में अंशत: प्रतिबिम्बित होता है। ऐसा केवल कुछ समय बाद और अनिच्छा से होता है कि लोग नई स्थिति को अभिव्यक्ति देने के लिए नये विचारों का विकास करना शुरू कर देते हैं या बल्कि नये तथ्यों का समंजन करने के लिए पुराने विचारों में हेर-फेर करना शुरू कर देते हैं। कम-से-कम इस सन्दर्भ में हीगेल सही थे जब उसने यह कहा कि "जब साँझ होने लगी है तो मिनर्वा का उल्लू उड़ने लगा है।" सचमुच में हम केवल तभी सामाजिक स्थिति का वास्तविक मूल्यांकन कर पाने की स्थिति में होते हैं जब स्थिति को हमारी सक्रिय अभिरुचि के क्षेत्र से पहले ही वापस ले लिया गया हो।

यह उस घटना को स्पष्ट करेगा जिस पर मार्क्स ने बिना स्पष्टीकरण के ध्यान दिया था। अतीत के प्रेत पर जादू करनेवाली लोगों की घटनाएँ ठीक वैसे वक्त होती हैं, जब वे 'स्वयं को और चीजों को आन्दोलित कर रहे' हैं। सन्त जस्ट का सिकन्दर और सीजर की भूमिका अदा करते हुए बारी-बारी से स्वयं को ब्रुट्स और नेपोलियन की भूमिका सौंपना, बेबफ का कामिल नाम धारण करना, फिर बाद में ग्रेशस नाम रखना और अपनी 'ट्रिब्यून डे पिपुल' प्रकाशित करना, ये सभी जीवन के नये तथ्यों को मिला लेने के लिए पुराने विचारों को फैलाने की प्रवृत्ति को प्रतिबिम्बित करते हैं और इस तरह अपने कार्यों को वैध बनाते हैं। हाल के इतिहास में रोजा लक्जमबर्ग का 'स्पार्टकस लीग' का गठन करना, इंग्लैंड में 'फेबियन' समाज का जन्म या स्तालिनवाद के उदय की थर्मीडोर (फ्रांसीसी क्रान्ति पंचांग का ग्यारहवाँ महीना) के रूप में ट्रॉटस्की द्वारा भर्त्सना, ये सभी पुराने परिचित लाल गेरुओं के तहत नये तथ्यों को प्रस्तुत करने के एक तरह के प्रयास हैं। इस मोर्चाबन्दी की दूसरी तरफ, मुसोलिनी का इटलीवासियों को साम्राज्यिक रोम के गौरव की याद दिलाना और हिटलर का वाइकिंग और वोटन के मत को फिर से जिन्दा करने का प्रयास, उसी समय लाल झंडे और समाजवाद के जादू को चुराना, ये सभी एक ही मानसिक प्रक्रियाओं के संकेतक हैं।

हमारे अध्ययन से यह स्पष्ट हो जाएगा कि नया विचार बगैर अनुभव के आधार के अपने-आप उत्पन्न नहीं हो सकता है, लेकिन यह यह भी बतलाता है कि लोगों द्वारा धारित विचारों का उनके जीवन की तात्कालिक अवस्थाओं का प्रतिबिम्बन होना जरूरी नहीं है। वास्तविक अवस्थाओं से उत्पन्न होनेवाली स्थिति और प्रेरणाओं की प्रकृति पर निर्भर रहते हुए धारित विचारों को परम्पराओं के जरिए अतीत से प्राप्त

किया जा सकता है तथा इस पर अतीत का नियंत्रण हो सकता है या संचार और सम्पर्क के जरिए बाहरी स्रोतों से प्राप्त किए गए विचारों का नियंत्रण हो सकता है।

क्रान्तिकारी शक्तियों से सन्नद्ध ये विचार तब पैदा होते हैं जब विद्यमान विचारों को अनुकूलन की मानवीय खोज के साथ अपना लिया जाता है और इस तरह वे विचार के एक पैटर्न का हिस्सा बन जाते हैं जो न केवल वर्तमान अनुभव सम्बन्धी दुनिया और अतीत की परम्पराओं को मिलाता है बल्कि भविष्य की सम्भावना के बारे में एक परिकल्पना को भी मिला लेता है। विज्ञान के क्षेत्र में परिकल्पना की जाँच पुष्टि के लिए की जाती है। समाज में परिकल्पना एक परियोजना होती है जिसकी ओर मानवीय कार्य का दिशा-निर्देशन होता है। इस चीज को समझने के लिए हम मार्क्स और एंगेल्स द्वारा बताए गए साम्यवाद के विचार को लेते हैं। चूँकि यह विचार उनके समय में साकार नहीं हुआ था, इसलिए तब तक यह एक बड़े अर्थ में परिकल्पना ही थी, लेकिन वास्तव में यह उनके लिए एक परिकल्पना से बड़ी चीज थी। यह एक लक्ष्य बन गया जिसके लिए उनकी सारी ऊर्जा लग गई। यह स्पष्ट है कि एक वस्तुनिष्ठ सम्भावना के रूप में प्रस्तुत की गई इस परिकल्पना की अपनी बनावट में ही इच्छा का एक मजबूत तत्त्व रहता है।

अल्पविकसित दुनिया में मार्क्सवाद की यह पकड़ स्वयं पश्चिमी दुनिया के साथ सम्पर्क और संचार से पैदा हुई है। इन देशों में मार्क्सवाद के कट्टर समर्थक कोई सर्वहारा नहीं है बल्कि बुद्धिजीवी हैं। तात्कालिक उत्तेजना और प्रेरणा एक असमान आधार पर पश्चिम के साथ सम्पर्क से प्राप्त किया जाता है, अक्सर शासक और प्रजा के रिश्ते के तहत। यह सम्पर्क उस बड़े परिवर्तन की जानकारी देता है जो औद्योगीकरण ने पश्चिमी देशों में लाया है। विरोध में बुद्धिजीवियों के अपने देश की गरीबी और पिछड़ापन विचार में रहता है। इस अपमान के साथ विदेशी से व्यक्तिगत सम्पर्कों में शासक और शासित के हैसियत अन्तरों के कारण मिले अपमान को जोड़ दिया जाता है। इस सम्पर्क स्थिति से दोनों, राष्ट्रवाद और द्रुत गति से और औद्योगीकरण करने की प्रेरणा जगती है। और यह प्रेरणा पश्चिम को पीछे छोड़ देने के खयाल से आती है। इस स्थिति में रूस की उपलब्धियाँ परिवर्तन की नई सम्भावना के द्वार खोलती हैं। पिछड़ा हुआ रूस ऊपर उठ जाता है तथा एक छोटी अवधि में ही स्वयं को एक शक्तिशाली औद्योगिक शक्ति बना लेता है। बुद्धिजीवी अपने प्रयासों में मार्गदर्शन के लिए मार्क्सवाद की तरफ देखते हैं। इस तरह वह विचारधारा जिसका विकास मूलत: पश्चिमी जगत के औद्योगिक सर्वहारा को उसके भाग्य और मिशन की जानकारी देने के लिए हुआ था, अल्पविकसित राष्ट्रों में परिवर्तन का एक हथियार बन गई।

किन्तु दूसरे मामलों में उसी सम्पर्क ने नई चुनौती का सामना करने के लिए बुद्धिजीवियों पर विचार और प्रेरणा हेतु अपने अतीत में झाँकने का भी दबाव बनाया।

भारत में गांधी ने अतीत से लिए गए प्रतीकों का इस्तेमाल करते हुए इस आन्दोलन का नेतृत्व किया। उनका आदर्श रामराज्य था, जिसका अभिप्राय ठोस शब्दों में उनके लिए विकेन्द्रित ग्राम्य अर्थव्यवस्था तथा सत्य और अहिंसा पर आधारित समाज था, लेकिन शिद्दत से महसूस की जा रही औद्योगीकरण की आवश्यकता ने भविष्य के दो आदर्शों के बीच विवाद पैदा कर दिया है और आदर्शों की यह लड़ाई भारत में अभी समाप्त नहीं हुई है। चीन ने मार्क्सवाद के लिए अच्छा कार्य किया है, लेकिन चीन में भी मार्क्सवाद निर्लज्ज ढंग से साम्राज्यिक चीन और इन जाति के गुणगान के साथ दिखावा करता है। चीन में मार्क्सवाद का संक्रमण तथा कृषक विद्रोह का दर्शन चीन के अपने अतीत और विद्रोह की परम्परा के कारण आसान हो गया था। माओ का कृषक आन्दोलन एक सदी पहले के ताईपिंग विद्रोह के नक्शे कदम पर चला। ताईपिंग विद्रोह भी चीनी इतिहास में हुए असंख्य कृषक विद्रोहों के मार्ग का अनुसरण कर हुआ था। इनमें से कुछेक विद्रोहों के कारण नये वंशों का उदय भी हुआ था। इस तरह चीन में मार्क्सवाद मार्क्सवादी बुद्धिजीवी वर्ग के नेतृत्व में कृषक आन्दोलन का एक हथियार बन गया।

वास्तव में यदि हम उन यूटोपिया (आदर्श राज्यों) को देखते हैं जिन्होंने लोगों को अपना समाज बदलने के लिए प्रेरित किया था, तो पाते हैं कि वे एक खोये हुए स्वर्ण युग के भविष्य में एक प्रक्षेपण हैं। उदाहरण के तौर पर, रूसो की सारी शक्ति 'अभिजात बर्बर मनुष्य' को उसकी आदिम आजादी वापस कर देने की अन्त:प्रेरणा से प्राप्त हुई थी। मार्क्स इस खतरे से अवगत थे, इसीलिए समाजवाद के तहत पैदा होनेवाली चीजों के अन्तिम रूप के बारे में कुछ भी कहने से परहेज किया, किन्तु मनुष्य के अन्दर उसके बेगाने आत्म को लौटाने का विचार उसके सभी कार्यों को जोड़नेवाला सूत्र है। पूँजीवाद के तहत उसका आम बिक्री का सामान बन गया था। साम्यवाद के तहत सर्वहारा बुर्जुआ जगत की महज एक वस्तु से समग्र मानव प्राणी में तब्दील होकर अपने तथा पूरी दुनिया के भाग्य का मालिक बननेवाला था। और एंगेल्स में हम स्पष्ट रूप से भविष्य के समाजवादी समाज में प्राचीन साम्यवाद से प्राप्त की गई तसवीर को प्रक्षेपित करने की पूर्वाभिरुचि देखते हैं। समाजवाद, इस दृष्टि से, उस प्राचीन साम्यवाद का उसके उच्चतर स्तर पर एक पुन:स्थापन हो जाता जो निजी सम्पत्ति और परिवार की उत्पत्ति के साथ विखंडित हो गया था। यह 'प्रतिवाद का प्रतिवाद' की द्वन्द्वात्मक प्रक्रिया का अन्तिम उत्पाद भी बन जाता, जब प्रतिवादित बीज एक उदार पैदावार में फिर से प्रकट होता।

मार्क्स ने जिस मूल प्रेरक तत्त्व से प्रभावित होकर क्रान्तिकारी जीवन को अपनाया, वह बाद में साम्यवाद की अगुवाई करनेवाली ऐतिहासिक प्रक्रिया की अपरिहार्यता को साबित करने के पूर्वग्रह से ढक गया और इसलिए यह मानवीय

मनोविकारों की तुच्छता तथा मनुष्यों द्वारा धारित मूल्यों को साबित करने का पूर्वग्रह था। इस तरह के मूल मनोविकार के बगैर मार्क्स का मजदूर वर्ग के आन्दोलन में गहरे उलझाव तथा इस आन्दोलन के कारण के अवलम्बन की शक्ति की व्याख्या कर पाना असम्भव है। 1844 का उनका आरम्भिक लेखन बुर्जुआ समाज में पदावनत व्यक्ति मनुष्य के बारे में उनकी चिन्ता को दर्शाता है। इस तरह हम उन्हें यह कहते हुए देखते हैं—"मौलिक बनना चीजों की जड़ों तक जाना है, लेकिन मनुष्य के लिए जड़ मनुष्य स्वयं है...उन सारे रिश्तों को छोड़ देना चाहिए जिनके तहत मनुष्य को नीचे गिरा दिया जाता है, गुलाम बनाया जाता है, त्याग दिया जाता है, तुच्छ समझा जाता है..."

और आगे—"साम्यवाद निजी सम्पत्ति की सकारात्मक उत्कृष्टता के रूप में, मानवीय आत्म-विरक्ति के रूप में, और इसलिए मनुष्य के द्वारा और मनुष्य के लिए मानवीय सार के वास्तविक विनियोजन के रूप में; साम्यवाद इसलिए सामाजिक (अर्थात् मानवीय) जीव के रूप में स्वयं में मनुष्य की पूर्ण वापसी के तौर पर—वापसी चेतना बन जाता है और गत विकास की सम्पूर्ण सम्पत्ति के अन्दर पूरी हो जाती है। यह साम्यवाद पूर्ण विकसित प्रकृतिवाद के तौर पर मानवतावाद के बराबर होता है और पूर्ण विकसित मानवतावाद के तौर पर प्रकृतिवाद के बराबर होता है, यह मनुष्य और प्रकृति के बीच तथा मनुष्य और मनुष्य के बीच के विवाद का एक सही प्रस्ताव है—व्यक्ति और प्रजातियों के बीच, स्वतंत्रता और आवश्यकता के बीच, विषयीकरण और आत्म-पुष्टि के बीच, सार और सार के बीच के संघर्ष का सच्चा प्रस्ताव।"[31]

उपर्युक्त पंक्तियों में मनुष्य के पराएपन तथा व्यक्तित्व में उसकी वापसी की आशाओं का विरोध अपनी आरम्भिक हीगलवादी शैली से लँगड़ाहट के जरिए स्पष्ट होता है। मार्क्स का यह पहलू ही है जिसने पश्चिमी जगत में, विलम्ब से ही सही युवाओं के उदयों को चमका दिया है।

वस्तुत: यदि हम मौजूदा विश्व को देखते हैं तो पाते हैं कि मार्क्सवाद अब जीवन्त क्रान्तिकारी मत नहीं रहा, खासकर पश्चिम के उन औद्योगिक मजदूरों के लिए, जिनके बारे में यह मूल रूप से सोचता था। वे मजदूर अभी भी इससे दिखावटी प्रेम कर सकते हैं, लेकिन वह केवल इसके आगे झुकने की जरूरत तथा परम्परा की शक्ति का एक दूसरा प्रमाण है। दूसरी तरफ इसकी अपील अधिकांशत: आबादी के उन भिन्न तबकों के लिए होती है जो पराएपन के बोध से पीड़ित है—अर्थात् विकसित देशों के बुद्धिजीवी और युवा तथा अल्पविकसित देशों के बुद्धिजीवी और किसान। इसकी अपील उन लोगों में है जो धरती पर अपनी जगह बनाने के लिए तेज गति से औद्योगीकरण करना चाहते हैं और फिर उन लोगों में है जो आधुनिक औद्योगिक समाज से प्रतिफलित अतिसंस्थानीकरण

के विरुद्ध आन्दोलन कर रहे हैं। इस स्पेक्ट्रम के एक छोर पर हमारे पास माओ हैं तो दूसरे छोर पर मार्क्यूस हैं।

यह मानना सही है कि मार्क्सवाद को आरम्भिक चरण में जिस चीज ने यूरोपीय समाज के औद्योगिक सर्वहारा के लिए स्वीकार्य बनाया, वह नये औद्योगिक समाज के लिए इसके सिद्धान्त की प्रासंगिकता नई थी बल्कि विद्रोह का इसका सन्देश था क्योंकि उस समय जब मार्क्सवाद यूरोपीय सर्वहारा का नया सिद्धान्त बन रहा था तो यह उस तरह का एक विचार भी था जिसकी आगे की यात्रा के अन्तर्गत उद्योगवाद लोगों को पहलेवाली जीवनशैली से अलग कर रहा था तथा उन्हें औद्योगिक श्रमिक सेना में भर्ती कर रहा था। बेगानेपन और जड़ से कटने का यह बोध, औद्योगिक स्थापना की अवैयक्तिक दुनिया से अपेक्षाकृत ज्यादा अन्तरंग दुनिया में लौटने का अतीत-प्रेम, उनमें निश्चित रूप काफी प्रबल था। उनका जोश अभी पूरी तरह से इतना ठंडा नहीं पड़ा था कि वे जीवन की नई दिनचर्या में ठीक से फिट हो जाएँ। साम्यवाद एक विरोध था जिसमें औद्योगीकरण ने लोगों को गैर-औद्योगिक जीवन के विभिन्न क्षेत्रों से लाकर रख दिया था। एस.एम. लिपसेट बतलाते हैं—

"...जब भी औद्योगीकरण तेजी से हुआ, अल्प अतिवादी मजदूर वर्ग से अधिक प्राक्-औद्योगिक और औद्योगिक स्थिति के बीच तीव्र विच्छिन्नताओं को प्रस्तुत करनेवाले आन्दोलनों का जन्म हुआ। उदाहरणस्वरूप, स्कैडिनेविया में डेनमार्क, स्वीडन और नार्वे के समाजवादी आन्दोलन के भीतर के परिवर्तनों को लेखा-जोखा बड़े पैमाने पर औद्योगीकरण के विभिन्न समय और कदम द्वारा किया जा सकता है..."[32]

इस विचार के समर्थन में वह यह बतलाते हैं कि डेनिश सोशल डेमोक्रेटिक आन्दोलन और मजदूर संघ अपेक्षाकृत मध्यमार्गी और सुधारवादी रहे हैं। ऐसा इसलिए हुआ है क्योंकि डेनमार्क में औद्योगीकरण धीमी गति से विकसित हुआ था। शहरीकरण का विकास भी धीमी गति से हुआ था। परिणामस्वरूप, घर के भीतर की हालत भी अच्छी थी। दूसरी तरफ स्वीडन में वर्ष 1900 से 1914 के बीच उद्योगों का विकास तेजी से हुआ। परिणामस्वरूप, ग्रामीण क्षेत्रों से आनेवाले अकुशल मजदूरों की संख्या में अचानक वृद्धि हो गई और उद्योगों में उन्हीं लोगों की भर्ती की गई। इसके चलते मजदूर आन्दोलन और सोशल डेमोक्रेटिक पार्टी, दोनों में ही वामपंथी धारा का उदय हुआ जो इन दलों की पारम्परिक मध्यमार्गी नीतियों की विरोधी थी। इस अवधि में यहाँ एक शक्तिशाली अराजक-सिंडीकेटवादी (एनार्को-सिंडीकेलिस्ट) आन्दोलन भी पनपा। नार्वे में औद्योगिक विकास अपेक्षाकृत तेज गति से हुआ था तथा 1905 और 1920 के बीच दुगुणा हो चुके औद्योगिक मजदूरों में अधिकांशतः ग्रामीण क्षेत्रों से आते थे। इस तरह श्रमिक संघ और मजदूर दल (लेबर पार्टी) के

अन्दर शक्तिशाली वामपंथी धारा का उदय हुआ, जिसका इन दोनों ही संगठनों पर प्रथम विश्वयुद्ध की समाप्ति तक कब्जा हो गया। पश्चिमी यूरोप में अकेले नार्वे की लेबर पार्टी इस अतिसुधारवाद के परिणामस्वरूप कमिंटर्न से अविकल जुड़ गई।

पूँजीवाद की अमानवीय प्रक्रियाओं की मार्क्सवादी विवेचना ने इसकी यूरोप के नये विकासशील औद्योगिक समाज के सर्वहारा के निजी जीवन की छवि के साथ तुलना की तथा उसके हृदय के एक प्रतिक्रियात्मक तार को स्पर्श किया। दरअसल विद्रोह की अगुआई करनेवाला तत्त्व ठीक वैसा ही है, जिसकी हमने पूर्व में चर्चा की है। अभ्यास के जरिए अनौद्योगिक समाज के लोगों की आजमाइश मूल्यों और विचारों के सम्पूर्ण क्षेत्र के साथ एक अलग रफ्तार और जीवन की परम्परा पर होती है। जब उनका स्थानान्तरण एक शहरी औद्योगिक क्षेत्र में हो जाता है तो वे उस दुनिया की जड़ से उखड़ जाते हैं जिसमें अकेला उन्हें घर में रहने का अनुभव होता है। इसलिए जो चीज अपेक्षाकृत अच्छा होने का वादा करती है, उसके लिए वे इस वर्तमान जीवन को बदल देने की हमेशा इच्छा करते हैं। पश्चिम में उस आधुनिक मजदूर के लिए जो नये औद्योगिक समाज में पैदा हुआ है तथा इसकी आपेक्षिक सुविधाओं में भाग लेता है, विद्रोह के सन्देश की बहुत अल्प प्रासंगिकता है। मैरी मेटोसियन मार्क्सवाद के तहत कृषक विद्रोह की इस घटना की पुरातनता का एक रूप कहती हैं। मेटोसियन लिखती हैं—"पुरातनता मार्क्सवाद सरीखी भविष्यवाद सम्बन्धी विचारधारा में फिसल जा सकती है और एक असन्दिग्धता पैदा कर दे सकती है। आदम उलम ने यह अनुमोदन किया है कि मार्क्सवाद की सबसे बड़ी अपील उन अर्द्ध-सर्वहाराकृतों या जड़ से उखड़े हुए किसानों के लिए है जो 'अच्छे पुराने दिनों' के लिए गृहातुर दिखते हैं, उस वक्त जब उनके कार्यों का नियंत्रण अपेक्षाकृत कम सहानुभूति रखनेवाले कारखाना मालिक और राज्य के बदले प्रकृति, ग्रामीण बुजुर्गों, परिवार प्रधान और धार्मिक अधिकारियों द्वारा होता था। जड़ से उखड़े हुए किसान को मार्क्सवाद पुरातनता का एक सुखदायक तनाव देता है—अर्थात् यह एक आदर्श राज्य (यूटोपिया) की कल्पना करता है जिसमें राज्य और कारखाना, अवपीड़क संस्थाओं के रूप में समाप्त हो गए हैं।"[33]

आरोही कुंडली

जिस तरीके से मानवीय मन और भौतिक तत्त्व सामाजिक व्यवहार में अन्तर्सम्बन्धित होते हैं, उस तरीके के अपने विवेचन के अन्त में हम यह रख पाने की स्थिति में हैं कि मनुष्य की मूल मनोवैज्ञानिक विशेषताएँ सापेक्षत: अपरिवर्तनीय होती हैं। दूसरी तरफ अपने जीवन की दशा में लगातार सुधार करने के मानवीय प्रयासों के जरिए भौतिक तत्त्व हमेशा बदलते रहते हैं। मानवीय मस्तिष्क की रचना भी बदलती है,

लेकिन बदलाव इतना धीमे होता है कि सामाजिक परिवर्तनों के सन्दर्भ में इसे नियत रूप में लिया जा सकता है। यह सन्देहास्पद है कि मनुष्य की मानसिक क्षमता में प्लेटो के जमाने से ही कोई महत्त्वपूर्ण ढंग से बदलाव हुआ है, लेकिन उसी अवधि में भौतिक अवस्थाएँ पहचान के बाहर बदल गई हैं। मानव मस्तिष्क में किसी भी तरह के हुए मनोवैज्ञानिक बदलाव को अपने प्रभाव का अनुभव कराने में सैकड़ों हजार वर्ष लग जाते हैं। वस्तुत: सांस्कृतिक तत्त्वों के कारण मानवीय समाज काफी संख्या में विचलित होनेवाले चिह्नों को बने रहने की मंजूरी देता है। उसी वक्त यह उन पर रोक लगा देता है जिनके पास तेजी से शेष पर प्रभावी हो जाने तथा उनका चयन की प्रक्रिया के जरिए समाप्त कर देने हेतु सामान्य चिह्नों के ऊपर निश्चित लाभ प्राप्त रहता है। सामाजिक रूढ़िवाद निश्चित रूप से चयन की प्रक्रिया को और इसलिए मानवीय मस्तिष्क के मनोवैज्ञानिक विन्यास के बदलाव की प्रक्रिया को बहुत धीमा कर देता है। यह स्वाभाविक है कि मूल मानवीय अभियान समाजों की जीवनावधि की पदावली में कमोबेश स्थिर हो चुके हैं।

मनुष्य के इस द्वितीयक अभियानों के मुकाबले चूँकि वे सामाजिक रूप से अनुकूलित होते हैं इसलिए बिलकुल लचीले हो सकते हैं, लेकिन चूँकि समाज स्वयं एक अन्तर्सम्बन्धित अंगों की प्रणाली होते हैं, इसलिए सारे अभ्यास इसके अंगों में से प्रत्येक पर एक स्थिर करनेवाला प्रयास होते हैं और इसलिए द्वितीयक अभियान भी लम्बे समय तक अपरिवर्तनीय रह सकते हैं। पैसा अर्जन और जमा करने की प्रवृत्ति अभिप्रेरण की इस बादवाली श्रेणी से सम्बन्धित होती है। जैसाकि हमने देखा है, यह प्राथमिक नहीं है। हालाँकि उसी समय स्पष्टत: काफी लम्बे समय तक यह प्रेरक हेतु एक समान ढंग से डटा हुआ है। इसने मार्क्स को यह सोचने के लिए प्रेरित किया कि आर्थिक प्रयोजन बुनियादी और स्थायी है। वस्तुत: जब से मानवी समाज में मुद्रा का चलन शुरू हुआ है, इसकी पकड़ दृढ़ बनती गई है। मैक्स वेबर मुद्रा के समाजशास्त्रीय पहलू से जुड़े हुए थे। वह इसकी विशेषताओं में समाज में ग्रहणशील क्षेत्र के विस्तारण को भी शामिल करते हैं जिसे इसने निश्चित रूप से किया है। मुद्रा की यह पकड़ इस तथ्य से ज्यादा गणनीय है कि इसका रूपान्तरण उन वस्तुओं में हो सकता है जो भूख से लेकर हैसियत तक, मनुष्यों के अधिकांश अन्य अभियानों को सन्तुष्ट कर सकता है, लेकिन मुद्रा द्वारा अर्जित महत्त्व की पहचान करते वक्त हमें इसकी सीमाओं को भी समझना चाहिए। हमें यह तथ्य हमेशा दिमाग में रखना चाहिए कि आदमी का शिकार करनेवाले समाजों में नर मुंडों की संख्या उसी तरह से प्रतिष्ठाजनक है जिस तरह से हमारे अपने समय में पैसे की मात्रा प्रतिष्ठाजनक है; और यह भी कि हमारा अपना समाज उन लोगों के प्रयासों के जरिए ज्यादा आगे बढ़ता है जो पैसा अर्जन की बजाय दूसरे मूल्यों के लिए काम करते हैं।

हमने भौतिक तत्त्वों का विकास शब्द का इस्तेमाल सांसारिक पैमाने पर एक रैखिक बोध के तहत किया है। इस तरह, समय पर प्रत्येक उत्तरवर्ती चरण शिल्पकृति और श्रम की उत्पादकता (निस्सन्देह अभिमत आपदाओं की उपेक्षा और बाहरी तत्त्वों के कारण क्षति) के शब्दों में पहलेवाले चरण पर एक विकास होता है, लेकिन प्रत्येक चरण में ठीक समय पर भौतिक स्तर से स्वतंत्र तत्त्व होते हैं जो समाज में मनुष्य के सम्बन्धों को अनुकूलित करते हैं। इन्हें हम पार्श्व-तत्त्व कहेंगे। ये मनुष्यों के मनोवैज्ञानिक विन्यास पर—उनके अभियानों और अभिप्रेरणों पर आधारित होते हैं। इस तरह हैसियत सम्बन्ध को दोनों में ही, शिकार करनेवाले समाज तथा काफी विकसित बुर्जुआ समाज में, देखा जा सकता है। इसी तरह का मामला भूख, सेक्स और सम्बन्धन इत्यादि जैसे अन्य अभियानों के साथ भी है। सामाजिक सम्बन्ध ज्यादातर एक खास समाज में रहनेवाले विभिन्न मनुष्यों के इन अभियानों के परिवर्तित समायोजनों पर आधारित होते हैं। भौतिक अवस्थाओं में परिवर्तन और अन्य समाजों से सम्पर्क भी तथा प्राकृतिक पर्यावरण में कुछ बड़ा बदलाव सामाजिक सम्बन्धों की साम्यावस्था को परेशान करते हैं, लेकिन जल्द ही समाज की पुनर्संरचना विविध अभियानों के नये समायोजनों के साथ हो जाती है, लेकिन साम्यावस्था में बाधा डालनेवाले तत्त्वों के बीच केवल भौतिक तत्त्व ही ऐसा होता है जो दोनों होता है, समाज में अन्तर्निहित तथा प्रत्येक समाज में निर्बाध रूप से सक्रिय, लेकिन जबकि यह साम्यावस्था में बाधा डाल सकता है, यह किसी भी तरह उन मूल अभियानों को नष्ट नहीं कर सकता है जो अपनी पूर्ति चाहते हैं तथा नये समायोजनों की रचना करते रहते हैं। इस तरह वास्तविक सामाजिक विकास को दिए गए चित्र के अनुसार एक आरोही कुंडली के द्वारा प्रस्तुत कर सकते हैं—

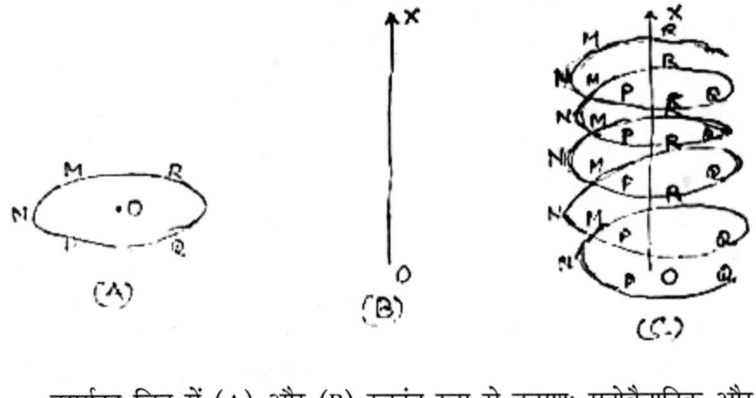

उपर्युक्त चित्र में (A) और (B) स्वतंत्र रूप से क्रमश: मनोवैज्ञानिक और भौतिक तत्त्वों को प्रस्तुत करता है। इन चित्रों में O एक समय बिन्दु को इंगित करता

है। चित्र (A) समय बिन्दु O के संगत है। इसमें साम्य की एक निश्चित अवस्था में वक्रपृष्ठ MNPQ पर विभिन्न अभियान MNQPR हैं। चित्र (B) में OX रैखिक समय पैमाने को दर्शाता है जिसके साथ X की ओर भौतिक विकास घटित होते हैं। इस तरह चित्र (A) और (B) में मनोवैज्ञानिक और भौतिक तत्त्वों को एक-दूसरे से मुक्त रूप में दर्शाया गया है, लेकिन ऐसा कोई भी चित्रण केवल कल्पित होता है। वस्तुत: प्रत्येक समाज में ये दोनों गुँथे हुए होते हैं तथा साम्य या सन्तुलन की मनोवैज्ञानिक माँगों को सदा उपलब्ध भौतिक तत्त्वों के जरिए सुलझा लिया जाता है। इस तरह, उपर्युक्त विचार के अनुसार वास्तविक सामाजिक विकास का सबसे नजदीकी चित्रण चित्र (C) होगा। इसमें वक्र रेखा समय पैमाना OX के साथ-साथ ऊपर की ओर लपेटती जाती है। इस तरह समय पैमाना OX पर प्रत्येक बिन्दु के अनुरूप चित्र (A) में स्वतंत्र रूप से दिखाई गई मनोवैज्ञानिक प्रेरणाओं का एक समायोजन होगा अर्थात् प्रत्येक बिन्दु पर MNPQR किसी तरह समायोजित हो जाते हैं।

यहाँ हमने मुख्यत: तकनीकी विकास से सम्बन्ध रखनेवाले भौतिक तत्त्वों के बारे में चर्चा की है। भौतिक तत्त्वों से भिन्न आर्थिक तत्त्व चित्र में एक-दूसरे तरीके से प्रवेश करता है। जैसाकि हमने पहले बतलाया है, जिन समाजों में मुद्रा की अर्थव्यवस्था का विकास बहुत ज्यादा हुआ है, वहाँ पर विभिन्न प्राथमिक प्रेरणाओं को सन्तुष्ट कर देनेवाली चीजों में अपनी परिवर्तनीयता के कारण पैसे का अर्जन स्वयं में एक लक्ष्य बन गया है। इस तरह के समाजों में पैसे का अर्जन चित्र (A) में प्रदर्शित प्रेरणाओं के भीतर भी प्रवेश कर जाता है, लेकिन पैसे का लोभ एक प्रेरणा की तरह ही आता है, लेकिन वर्तमान के बुर्जुआ समाज की तरह के निश्चित समाजों में पैसे की यह लिप्सा अन्य सभी प्रेरणाओं का केन्द्रीय बिन्दु बन जा सकती है और सभी प्रेरणाओं पर हावी हो सकती है क्योंकि इसमें उनके लिए स्थानापन्न के रूप में कार्य करने की प्रवृत्ति होती है। उदाहरणस्वरूप, पैसे समाज में जहाँ शादी, सुरक्षा, मेलजोल एवं हैसियत सभी पैसे के स्वामित्व पर निर्भर होते हैं, पैसा अर्जित करने की प्रेरणा में जीवन का एकमात्र सरोकार बन जाने की प्रवृत्ति होती है, लेकिन धीरे-धीरे वह लक्ष्य जिसके लिए धन अर्जित किया जाता है, नजर से ओझल हो जाता है तथा धन पैदा करने की एक परम्परा बन जाती है जिसकी मानवीय मन पर पूरी पकड़ होती है। इस तरह ऐसे समाज में धनार्जन की विफलता जीवन की विफलता के रूप में दिखाई देती है जिसमें वे तमाम तरह के संकटपूर्ण परिणाम होते हैं जिनके लिए विफलता जानी जाती है।

किन्तु मुद्रा की यह विशेष भूमिका भौतिक विकास की एक आवश्यक सहवर्ती नहीं है। भारत, चीन और इटली के नगर राज्यों में अर्थव्यवस्था में पैसे का बड़ा स्थान था और यह प्रचुर भी था, लेकिन इसने पूँजीवाद को पैदा नहीं किया। इसके बदले में पैसे के स्वामित्व को अनुत्पादक हैसियत सम्बन्धी प्रतीकों में बदल दिया

गया—सुदृढ़ दुर्गों, सुन्दर महलों और स्मारकों तथा अमर कलाकृतियों में, जिन्हें संरक्षण प्रदान किया गया।

सामाजिक विकास के उपर्युक्त मॉडल से हमने भौतिक विकास के विभिन्न स्तरों पर उसी तरह के सामाजिक व्यवहार की आवृत्ति की आशा की थी, यद्यपि परिवर्तनशील भौतिक सन्दर्भ के कारण पहले की स्थिति की पुनरावृत्ति को खारिज कर दिया जाता है। यह मान्यता सही है, इसे प्राचीन विश्व में प्लेटो और अरस्तू द्वारा दिए गए जननेता या लोकप्रिय नेता या निरंकुश शासन के उदय और स्थिति के वर्णन से दो हजार वर्षों से भी अधिक समय के अन्तराल वाले अपने समय के तानाशाहों के व्यवहार के साथ तुलना कर देखा जा सकता है। एक लोकप्रिय नेता के बारे में प्लेटो लिखते हैं—"वही चीज उस लोकप्रिय नेता के साथ होती है। जनसमूह वही काम करता है जो वह उससे करने के लिए कहता है और उसमें भाई का खून बहाने का लालच बहुत ज्यादा होता है। वह उसके विरुद्ध सामान्य अनुचित आरोप लगाता है, उसे न्यायालय तक ले जाता है और उसकी हत्या कर देता है, और इस तरह एक मानवीय जीवन का अन्त कर अपने साथियों के खून का गन्दा स्वाद लेता है। देश निकाला, फाँसी, कर्ज माफी और भूमि के पुनर्वितरण के संकेतों का अनुसरण तब तक किया जाता है जब तक उनका उकसानेवाला बढ़े तौर पर या तो शत्रुओं द्वारा समाप्त कर दिए जाने या मनुष्य से भेड़िये में तब्दील होकर स्वयं को निरंकुश बना लेने के लिए बाध्य होता है।"[34]

आगे—"लेकिन मैं सोचता हूँ, हम देखेंगे कि जब उसने सन्धि या विध्वंस के जरिए अपने विदेशी शत्रुओं का निपटारा कर लिया है और उसे आगे उनसे भय खाने की कोई बात नहीं है तो भी बाहर व्यवस्था में परेशानी उत्पन्न करता रहेगा कि जनता के लिए एक नेता की जरूरत बनी रहे..."[35]

और अरस्तू में हम एक जननेता और निरंकुश शासनों के तरीकों का लम्बा वर्णन देखते हैं। जननेताओं के बारे में वह लिखते हैं—"जननेता लोगों के निर्णयों को कानून पर प्रभावी बना देता है और सभी चीजों को लोकप्रिय सभा में भेज देता है। और इसलिए जनता महान बन जाती है क्योंकि सभी चीजें लोगों के पास अपने हाथों में होती हैं और उनके हाथों में उन लोगों के वोट होते हैं जो उन्हें सुनने के लिए ज्यादा तैयार रहते हैं। आगे लोगों के पास मजिस्ट्रेटों के विरुद्ध कोई शिकायत रहती है तो वे कहते हैं, 'जनता को न्यायाधीश बन जाने दो'—जनता यह आमंत्रण स्वीकार कर बहुत खुश होती है; और इस तरह प्रत्येक विभाग के अधिकारी की जड़ खोद दी जाती है।"[36]

और आगे वह लिखते हैं—"पुराने जमाने में जननेता एक जनरल भी होता था और इस तरह प्रजातांत्रिक शासन निरंकुश शासनों में बदल गया। अधिकांश प्राचीन तानाशाह मूलतः जननेता ही थे।"[37]

और वह निम्नलिखित पंक्तियों में तानाशाही, शासनों के संरक्षण के तरीकों का वर्णन करते हैं—"...तानाशाह को चाहिए कि जो ऊँचा है, उसे काट दे; जो जिन्दादिल मनुष्य है, उसे मौत के घाट उतार दे—सामान्य भोजन, क्लब, शिक्षा जैसी चीजों की स्वीकृति न दे; अपनी प्रजा में साइंस या विश्वास की प्रेरणा देनेवाली चीजों से सावधान रहे; एक-दूसरे को जानने के लिए बुलाई गई साहित्यिक सभाओं या अन्य सभाओं पर रोक लगा दे (क्योंकि परिचय से पारस्परिक विश्वास पैदा होता है)... एक तानाशाह को यह भी चाहिए कि उसका प्रत्येक नागरिक क्या कहता या करता है, उसको जानने का प्रयास करे, और सायराक्यूज में नियुक्त महिला जासूसों की तरह जासूसों को नियुक्त करे, और सैरगाह या सभा के स्थल पर कनसुनवा भेजने की उसकी आदत थी...तानाशाह को इसलिए भी युद्ध करना पसन्द होता है कि उसके नागरिकों को करने के लिए कुछ मिल जा सकता है और हमेशा वे एक नेता के अभाव में हो सकते हैं।"[38]

विधान में एक या अन्य बिन्दु का अनुसरण जननेताओं और तानाशाहों द्वारा यूनानियों के समय से ही सीजर और नेपोलियन होते हुए आज तक किया गया है। जूलियस सीजर जब 59 ई.पू. में काउंसिल बना, अपने हथियार क्लोडियस जो कि एक लोकप्रिय नेता था, के माध्यम से रोमन जनता का समर्थन हासिल करने के लिए उनके बीच मुक्त मक्का वितरित करवाया। क्लोडियस ने इसे यह भी दिखाया कि सीजर के विरोधी उनके किराए के नौकरों से जन प्रहार का निशाना बन गए हैं। सीनेटरों का श्रेय खत्म करने के लिए उसने सीनेट की कार्रवाइयों को सार्वजनिक कराया जिसमें सीनेटरों ने उसके लोकप्रिय प्रयासों का विरोध किया था। इसके बाद उसने गॉल के सैन्य अभियानों को अपने हाथ में लिया ताकि रोमन की प्रजा पर इसका यथेष्ट प्रभाव पड़े। नेपोलियन का जनता का मूल्यांकन और सत्ता में बने रहने का कूटचाल कोई अलग चीज नहीं थी बल्कि ऐसा ही था। उसने अपने विचारों को वाक्‌पटुता के साथ इन शब्दों में अभिव्यक्त किया—"कुशाग्र बुद्धिवाले लोग जिन्होंने दुनिया को बदल दिया है, वे हरगिज ऐसा नेताओं को प्रभावित कर नहीं किए हैं, बल्कि लोगों में हरकत पैदा किए हैं। वह जो राजकुमारों को प्रभावित करता है, केवल एक षड्यंत्रकारी होता है और उसके परिणाम दोयम दर्जे के होते हैं लेकिन वह जो जनता को प्रेरित करता है, धरती का चेहरा बदल देता है।"

दूसरी जगह वह बूरीन पर विश्वास जताता है—"...शान्ति मेरे हितों की विरोधी है। यदि शान्ति मजबूती से कायम हो गई होती और मैं सेना प्रमुख नहीं रहा होता तो मैंने जो सत्ता या शक्ति और ओहदा हासिल किया है, उसे छोड़ देना पड़ता और लक्जमबर्ग में वकीलों को श्रद्धांजलि देनी पड़ती।"

हमारे अपने समय में हिटलर ने इस स्थिति को इन शब्दों में विश्लेषित किया—"सत्ता, जिसने सदैव इतिहास में सबसे बड़े धर्म और राजनीतिक अवधावों

को शुद्ध किया है, आदिकाल से ही बोले गए शब्दों की जादुई शक्ति रही है और अकेली जादुई शक्ति।

जनता के बृहत्तर समूह को केवल भाषण की शक्ति से ही प्रेरित किया जा सकता है। सभी महान क्रान्तियाँ लोकप्रिय क्रान्तियाँ होती हैं, मानवीय भावातिरेकों, भावनात्मक भावनाओं का ज्वालामुखी विस्फोट होती हैं। ये या तो दुख की निर्दयी देवी द्वारा आलोड़ित होती हैं या जनता में बोले गए शब्दों की मशाल से जगाई गई होती हैं।"

इस प्रकार यूनान और रोम से लेकर 18वीं सदी के यूरोप तक और हमारे अपने समय तक भी हम मानवीय व्यवहार का एक सामान्य मूल्यांकन देखते हैं जिस पर सफल तानाशाहों ने अपनी शक्ति का निर्माण किया था।

उसी तरीके से ऊपर में वर्णित सभी समाजों में हैसियत सम्बन्ध से लगाव को जान सकते हैं। रोम में सीनेट की सदस्यता इसी तरह का एक प्रतीक थी, यद्यपि कालान्तर में सीनेट ने अपनी सारी प्रभाविता और भूमिका खो दी थी। फ्रांसीसी क्रान्ति सभी पुराने दर्जे और हैसियत प्रतीकों को खत्म कर चुकी थी। इसलिए जब नेपोलियन सत्ता में आया तो उसे नये हैसियत प्रतीकों को गढ़ना पड़ा। इस तरह उसने 'लीजन ऑफ ऑनर' की उपाधि को प्रस्तुत किया। बोल्शेविकों की तरह ही इस तरह का महत्त्वाकांक्षी क्रान्तिकारी आन्दोलन भी अन्तत: दिखावटी हैसियत सम्बन्धों एवं 'ऑर्डर ऑफ लेनिन' जैसे अलंकरणों का भी प्रस्तुत कर समाप्त हो गया।

भौतिक विकास के विभिन्न स्तरों पर सदृश व्यवहार की पुनरावृत्ति के तथ्य का समाज के लिए बहुत महत्त्व है। इस सन्दर्भ में प्रगति के विचार को केवल जीवन के भौतिक साधन की उत्पादकता के सन्दर्भ में लिया जा सकता है। सामाजिक सम्बन्धों की प्रकृति अधिकांशत: इस चीज पर निर्भर होती है कि मनुष्य अपनी विभिन्न प्रेरणाओं का समंजन किस तरह से करता है। इस सन्दर्भ में जो थोड़ी प्रगति दिखाई देती है, वह पूरी तरह से संस्कृति की निरन्तरता के कारण है जो परम्पराओं के रूप में पीढ़ी दर पीढ़ी उपयोगी सामाजिक सम्बन्ध को परम्परागत कर सकती है, लेकिन कोई भी बड़ा संकट इस निरन्तरता को गम्भीरता से तोड़ सकता है एवं हमारा सामना एक सांस्कृतिक वाचाघात से हो जाता है। इस तरह तोड़ी गई मूल्य व्यवस्था को फिर से कायम करने के लिए बार-बार समाज बाध्य रहता है। हालाँकि अक्सर पुनर्निर्माण की इस प्रक्रिया में कुछ नया और लाभप्रद चीजें तो मिलती हैं, अन्य मूल्यवान चीजें गायब भी हो जा सकती हैं। यह वर्तमान समय की बर्बरता की पुनरावृत्ति को आशा और आशावाद के सन्दर्भ में आन्दोलनों से स्पष्ट करता है जिसने अपनी बाल्यावस्था में मनुष्यों के उच्च आदर्शों के उषाकाल की भविष्यवाणी की थी।

इस विचार का एक सम्भव विरोध यह है कि उद्धृत मानवीय व्यवहार के प्रकार की पुनरावृत्ति मानवीय इतिहास का सार नहीं है। वह मानवीय इतिहास प्रथमत:

अपनी पशु पूर्वज-परम्परा से ऊपर उठने का मानवीय प्रयास है और यह मुख्यत: अपनी तकनीकी उपलब्धियों से सम्बन्धित होता है तथा यह जिस मनुष्यों के बीच के सम्बन्ध को शामिल करता है, उससे सम्बन्धित होता है और यह सम्बन्ध वर्ग सम्बन्ध होता है। अन्य सभी चीजें मानवीय इतिहास की शक्तिशाली धारा में भँवर की तरह होती हैं। इस विचार से वर्तमान समय में जीवन के बुनियादी तथ्य आधुनिक तकनीक और बुर्जुआ तथा दुनिया पर हावी होने के लिए साथ-साथ प्रतिस्पर्द्धा करनेवाले उत्पादन के 'समाजवादी' सम्बन्ध हैं, लेकिन यह विचार उस मानवीय नाटक के बाहर मनुष्य को छोड़ देने के लिए प्रवृत्त होता है जो सामाजिक यथार्थ है। इस विचार से चर्चिल के नेतृत्ववाले इंग्लैंड और हिटलर के नेतृत्ववाले जर्मनी में कोई बुनियादी फर्क नहीं हो सकता है—दोनों लगभग एक ही तकनीकी स्तर और बुनियादी वर्ग संरचना को प्रस्तुत करते हैं। डचन, ऑश्विट्ज और अन्य यातना शिविरों के भीतर अनगणित मनुष्यों की मौत और अपमान बिलकुल क्षणिक सन्दर्भ के मामले हैं। लाखों लोग जो 'महायुद्ध' में मारे गए तथा हजारों लोग जो अभी भी वियतनाम में मर रहे हैं और अन्य छोटे-छोटे युद्ध, ये सभी केवल एक नये समाज के जन्म दर्द को प्रस्तुत करते हैं। सैकड़ों हजार अन्य निर्दोष लोग जो 'समाजवादी देशों' में समष्टीकरण और साम्यवादीकरण की प्रक्रिया में खत्म हो जाते हैं, मात्र एक नई व्यवस्था के लिए खाद का काम करते हैं—इस विचार से ताप-नाभिकीय युद्ध के आतंक को भी मौत के क्षण केवल बुर्जुआ वर्ग के आतंक के रूप में ही व्याख्यायित किया जा सकता है क्योंकि बहुत गम्भीर मार्क्सवादी दार्शनिकों द्वारा ऊष्मागतिक के दूसरे नियम को ऐसा ही समझा गया था। इन विचारों पर कोई विवाद नहीं कर सकता है क्योंकि उनके लिए वैयक्तिक मनुष्य स्वयं में कोई लक्ष्य नहीं है बल्कि मात्र सबको ठीक कर देनेवाले किसी रामबाण, चाहे वह 'हजार वर्षीय राईख' हो या 'साम्यवाद' हो, के महान गौरव का एक माध्यम है।

3

बिलकुल मजबूत है जो
उसका निर्माण कर पाने में
अक्षम मनुष्य ने
वह चीज बना ली है,
जो अब मजबूत है।
—पास्कल

पिछले अध्याय में हमने देखा है कि समाजवादी आन्दोलन दुनिया के लगभग हर भाग में, लाल हो या गुलाबी इसका विचार किए बिना, बलपूर्वक सत्ता हथियाने और उसे पकड़े रखने का एक वाहन बन गया है। यह राजनीतिक सत्ता के स्वभाव तथा राज्य के बारे में समाजवादियों के विचार की दृष्टि से आश्चर्यजनक नहीं है। समाजवादी विचार के अनुसार राज्य कुछ नहीं बल्कि वर्ग शासन का साधन होता है। मार्क्सवादियों ने इसे शोषण के एक सक्रिय उपकरण के रूप में नहीं देखा बल्कि यह माना कि यह शोषित जनता के प्रतिरोध के विरुद्ध शासक वर्ग जोकि हमेशा अल्पसंख्यक होते हैं, की रक्षा करने के लिए—सेना, जेल, न्यायालय और पुलिस की टुकड़ी—बलप्रयोग के अपने अंगों के साथ चौकसी बरतता है। समाजवादियों का काम साधारण था, अर्थात् सम्पत्ति के मालिकों का स्वत्वहरण तथा राज्य तंत्र पर कब्जा कर सर्वहारा को शासक वर्ग के स्तर तक उठाना। निस्सन्देह इस विचार को स्थायी रूप से स्वीकार नहीं किया गया। अराजकतावादियों ने राज्य के प्रत्येक रूप को शत्रु समझा और इसके बदले जोर-जबर्दस्ती का कोई दूसरा उपकरण सुझाए बगैर हमेशा के लिए राज्य तंत्र को तोड़ देने की शुरुआत करने का प्रस्ताव दिया। चूँकि उन्होंने क्रान्तिकारी कार्यक्रम को कार्यान्वित करने का कोई वैकल्पिक उपकरण नहीं सुझाया, इसलिए समाजवादी आन्दोलन के भीतर इस विचार को ज्यादा समर्थन नहीं मिला। इसलिए जिन लोगों ने राज्य सत्ता के उपयोग का समर्थन किया, आन्दोलन का बड़ा हिस्सा उनके साथ रहा।

किन्तु मार्क्स ने खुद शासन को केवल बल-प्रयोग के एक उपकरण के तौर पर देखा और ज्यादा-से-ज्यादा आन्दोलन के प्रथम चरण हेतु इसे एक अनिवार्य शत्रु के

रूप में मौजूद रहना आवश्यक समझा और कहा कि जैसे ही बुर्जुआ सम्पत्ति दब जाएगी, यह स्वयमेव खत्म हो जाएगा। उसके विचार के अनुसार सर्वहारा शासन द्वारा पूँजीपति वर्ग का स्वत्वहरण राज्य के रूप में इसका अन्तिम कार्य भी होगा और इसके तुरन्त बाद राज्य की समाप्ति शुरू हो जाएगी। द्वितीय अन्तरराष्ट्रीय से अराजकतावादियों के बहिष्करण के बाद, जब द्वितीय अन्तरराष्ट्रीय का गठन हुआ था, समाजवादी आन्दोलन के बड़े हिस्से ने बिना शर्त इस विचार को स्वीकार कर लिया कि समाजवादी आन्दोलन को पूरा करने के लिए राज्य का उपयोग अपरिहार्य है। अब विवाद राज्य के रूप से सम्बन्धित सवाल पर केन्द्रित हो गया कि कौन-सा रूप शोषित जनता की आवश्यकताओं और इसके अन्तिम विघटन के लक्ष्य के अनुकूल होगा। कुछेक ने कम्यून स्टेट को सबसे ज्यादा अनुकूल बताया जिसका एक मोटा-मोटी विचार 1871 के पेरिस कम्यून से लिया गया था। कुछेक ने बुर्जुआ लोकतांत्रिक राज्य का विचार दिया कि इसके लोकतांत्रिक रूप के तहत भी समाजवादी परिवर्तन को साकार किया जा सकता है। शासन के प्रति उनके मनोभावों का यह अन्तर पनढाल बन गया जिसने अन्ततः मार्क्सवादियों को दो खेमों में बाँट दिया। एक खेमा सुधारवादी समाजवाद का हो गया, जिसका प्रतिनिधित्व यूरोपियन सोशल डेमोक्रेसी करती थी और दूसरा खेमा विद्रोहात्मक शाखा का हो गया, जिसका प्रतिनिधित्व बोल्शेविक करते थे। बोल्शेविकों ने बाद में कम्युनिस्ट इंटरनेशनल का आयोजन किया।

संसदवाद की खाई

चूँकि सोशल डेमोक्रेटों ने बुर्जुआ लोकतांत्रिक संसदीय संस्थाओं का काम करने को अपना लक्ष्य बना लिया, इसलिए उनके विचारों में पहले वाले मार्क्सवादी विश्वास से मौलिक परिवर्तन आ गया। उन्होंने इस विचार को त्याग दिया कि शासन बल-प्रयोग और वर्ग प्रभुत्व का एक हथियार है। इस तरह से उन्होंने संसदीय राजनीति के खेल के नियमों को स्वीकार कर लिया गया तथा कुछ देशों में इसे अद्भुत चतुराई के साथ खेला। इसने समाजवादी कार्यक्रमों को इस ढंग से बढ़ाना अनिवार्य कर दिया कि ये उस मध्यवर्ग को जिसके वोट भी अपरिहार्य थे, अलग किए बिना निर्धनतम तबकों के लिए एक प्रलोभन के तौर पर काम कर सके, लेकिन इस परिवर्तन का अधिकांश महत्त्वपूर्ण हिस्सा लोगों के प्रति सीधी अपील से दबाव समूहों के प्रति अपील में अन्तरण से साकार हुआ था। चूँकि एक आधुनिक 'जन' समाज में व्यक्तिगत मनुष्य जब तक असंख्य संस्थाओं में से एक का हिस्सा नहीं बन जाता है, वह अपने साथी मनुष्यों के विचार को प्रभावित करने में अक्षम रहता है। इन संस्थाओं में कुछ तो ट्रेड यूनियनों और नियोक्ता संघों की तरह वर्गों पर

आधारित होती हैं तथा अन्य संस्थाएँ दूसरे क्षेत्रीय, भाषायी, धार्मिक या कुछ अन्य विशेष हितों को लेकर बनी होती हैं। राजनीतिक दलों के लिए इन दबाव समूहों का समर्थन हासिल करना अनिवार्य होता है। इस तरह अपने निजी रास्ते से चलने की जगह समाजवादियों को जोर देनेवाले दबाव समूहों के उलझाव के माध्यम से, विरोधाभासी माँग करते हुए, सावधानी से अपने रास्ते का चुनाव करना होता है। ये समूह अपनी तात्कालिक समस्याओं के सिवाय किसी भी चीज से सम्बन्धित नहीं होते हैं। हाशिये पर के वैसे मतदाता जो इन दबाव समूहों के सीधे प्रभाव में नहीं होते हैं, को अपने प्रभाव में लाने के लिए विशेष प्रचार प्रयासों की जरूरत पड़ती है।

साथ ही बुर्जुआ वर्ग की सम्पत्ति छीनने के विचार को छोड़ देना पड़ा क्योंकि बुर्जुआ वर्ग इसे ईमानदारी का खेल नहीं मानता था। जैसाकि कार्ल कौट्स्की सहित अनेक समाजवादियों ने यह बतलाया था कि संसदीय लोकतंत्र में बुर्जुआ वर्ग का विश्वास संस्था पर समाजवादी प्रभाव की वृद्धि के साथ घटता है। इसलिए जहाँ क्रान्तिकारी उपाय आजमाए जा रहे थे, वहाँ पर सदा संसदीय संस्था के विरुद्ध तख्ता पलट का खतरा बना हुआ था। इस तरह संसदीय समाजवाद को बुर्जुआ सम्पत्ति के बारे में अपने नजरिए को नरम बनाना पड़ा।

आधुनिक चुनाव अभियान की प्रक्रिया सरल है। इसमें महत्त्वपूर्ण दबाव समूह अपने प्रचार या आन्दोलन के जरिए अपनी माँगों का अनुभव कराते हैं। राजनीतिक दल अपनी निजी परम्परा तथा परम्परागत अनुयायियों (जिसका विरोध वे नहीं कर सकते हैं) के आलोक में उन दबाव समूहों के बारे में एक पसन्द बनाते हैं जिन्हें वे अपने प्रभाव में लाना चाहते हैं। वे अपने मूल्यांकनों के आलोक में अपना चुनाव प्लेटफॉर्म तैयार करते हैं। इसके बाद वे इस प्लेटफॉर्म के साथ चुनावी जंग में उतरते हैं। यह मेल-जोल का काफी बड़ा सार्वजनिक रूप है, लेकिन पर्दे के पीछे भी व्यक्तिगत और समिति स्तर पर मेल-जोल जारी रहता है। चुनाव के बाद संसद का मंच मुख्य रूप से आगामी चुनाव के उद्देश्य से इस्तेमाल होता है। संसद की अवधि के दौरान जैसे-जैसे स्थिति बदलती है, नई गोलबन्दियाँ तैयार होती हैं।

इस प्रणाली में बड़े बदलाव की पहल राजनीतिक दलों की तरफ से नहीं होती है। बदलाव का दबाव मुख्य रूप से प्रणाली के बाहर के तत्त्वों से उत्पन्न होता है। ये घटनाएँ ही हैं जो लोकमत में व्यापक अन्तरण लाती हैं—मन्दी, युद्ध या कुछ बड़ी राष्ट्रीय आपदा जैसे तत्त्व, जिसका सामना निश्चित परिवर्तनों हेतु जन आन्दोलन के प्रस्फुटन या प्रचलित नीतियों के खाँचे के अन्दर किया जा सकता है। आरम्भिक तीस के दशक की महामन्दी के बाद अमेरिका में लोक उपक्रमों के पक्ष में लोकमत में ऐसा ही अन्तरण हुआ था। इसने ग्रेट ब्रिटेन में द्वितीय विश्वयुद्ध के बाद श्रमिक के पास में अन्तरण या नई व्यापार नीतियों को लागू कराया। इसी तरह की एक घटना भारत में भी हुई है जहाँ समाजवादियों के आन्दोलन ने सत्तापक्ष को

कम-से-कम समाजवाद के नारे को अपनाने के लिए बाध्य किया है, और एक या दो अपवादों को छोड़कर सभी पार्टियाँ समाजवाद के किसी-न-किसी रूप का प्रतिनिधित्व करने का दावा करती हैं। संयुक्त राज्य की सरकार का विपृथक्करण प्रस्तुत करने का प्रयास अमेरिका में नीग्रो लोगों के आन्दोलन तथा अन्तरराष्ट्रीय परिदृश्य पर काले लोगों की नई कौम का स्वार्थ में उद्गमन का ही सीधा परिणाम है। यहाँ आबादी का एक उपेक्षित तबका स्थायी ध्यान की माँग करते हुए अखाड़े में कूद चुका है और नीति का बदलाव आवश्यक हो गया है।

लेकिन जब यह बदलाव होता है, सभी राजनीतिक पार्टियाँ अपेक्षाकृत अधिक मौलिक कार्यक्रम अपनाती हैं, लेकिन चुनाव अभियान में लगी समाजवादी पार्टी अपने अभ्यस्त समर्थकों से बैरभाव मोल लेने के भय से स्वयं उस तरह का आन्दोलन शुरू करने का साहस नहीं करती है, जो ऐसे क्रान्तिकारी बदलाव को पूरा करते हैं। दूसरी तरफ, उस अल्पविकसित जगत में जहाँ संसदीय संस्थाएँ तो मौजूद हों लेकिन संसदीय राजनीति अभी स्थायी नहीं बन पाई हो, वाम पार्टियाँ ऐसे स्थायी सम्बन्धों पर विश्वास नहीं कर सकती हैं। जब वे विरोधी होती हैं तो उन्हें चुनाव में अपने अवसरों को बेहतर बनाने हेतु नया जनान्दोलन करना पड़ता है। और जब सत्ता में होती हैं तो बदलाव हेतु जनमत का एक अनुकूल माहौल बनाने के उद्देश्य से उन्हें जनान्दोलनों की शुरुआत करनी पड़ती है, लेकिन कुल मिलाकर जब संसदीय प्रणाली स्थायी बन जाती है तो बड़ी राजनीतिक पार्टियाँ मौलिक जन आन्दोलनों से बचती हैं। फ्रांसीसी कम्युनिस्ट पार्टी इसका अनोखा उदाहरण है। इस पार्टी की स्थापना मुख्य रूप से सोशल डेमोक्रेसी की संशोधनवादी और संसदवादी नीतियों के विरुद्ध एक प्रतिक्रिया की वजह से हुई थी, लेकिन आज यह अपनी संसदीय भूमिका में इतनी मजबूत हो गई है कि फ्रांसीसी समाज के परिवर्तनवादी तत्त्वों के लिए यह रूढ़िवाद का एक बेचैन करनेवाला स्मारक बन गया है। ऐसा प्रतीत होता है कि एक समाजवादी पार्टी जितना ज्यादा समय तक सत्ता की राजनीति का संसदीय खेल खेलती है, यह उतना ही अधिक रूढ़िवादी बनती जाती है। पहले तो यह अपनी मौलिक नीतियों को छोड़ती है, और इसके बाद अपनी मौलिक स्थिति को भी छोड़ देती है। दबाव समूहों पर निर्भरता के कारण यह घटनाक्रम को महत्त्वपूर्ण रूप से प्रभावित करने हेतु अत्यधिक सत्ता का उपभोग भी नहीं कर सकती है। इस तरह हम देखते हैं कि इंग्लैंड और जर्मनी जैसे देशों में वे अपनी नीतियों को बिना किसी वास्तविक सत्ता के सहवर्द्धन को छोड़ चुकी हैं।

तत्क्षण जो सवाल उठता है, वह यह है कि इस तरह के समाज में सत्ता का नियंत्रण कौन करता है? इसका उत्तर है, इसका नियंत्रण किसी एक समूह या व्यक्ति द्वारा नहीं किया जाता है। राजनीतिक दलों और दबाव समूहों द्वारा इसका साझा नियंत्रण होता है जिसमें उनकी अलग-अलग साझेदारी होती है या यूँ कहें

कि इसका नियंत्रण उन तंत्रों द्वारा होता है जोकि इन संगठनों को नियंत्रित करते हैं। समाजवादी दलों में या ट्रेड यूनियन संगठनों में नीतियों और नियंत्रणों के ऊपर जन साधारण द्वारा सीधा नियंत्रण नहीं किया जाता है। जन साधारण का नियंत्रण बहुत अप्रत्यक्ष ढंग से होता है। सामान्यत: मुट्ठी भर लोग ही इन संगठनों के कार्यालयों में एकान्तरित होते रहते हैं तथा अपने बीच संगठनों द्वारा अनुसरण की जानेवाली नीतियों का निर्णय करते हैं। इसका जिम्मा संगठन का विशाल आकार उठाता है। कभी-कभी प्रतिनिधित्व का तरीका भी इसका जिम्मा लेता है। उदाहरणार्थ, ब्रिटिश लेबर पार्टी में कार्ड के आधार पर मतदान करने की एक प्रथा है, जहाँ कुछ कार्डधारक प्रतिनिधिगण लाखों मजदूरों के मत का लेन-देन कर सकते हैं। मसलन, 1947 में 73 मजदूर संघों (ट्रेड यूनियनों) ने ब्रिटिश लेबर पार्टी को 43,86,074 लोगों की सदस्यता दी, जिसके लिए 877 कार्डधारक प्रतिनिधि बोल सकते थे अर्थात् किसी महासम्मेलन में एक कार्ड 50,000 मजदूरों के वोट का प्रतिनिधित्व करता था।

रॉबर्ट मिशेल ने यूरोप के मजदूर संघों, खासकर जर्मनी की सोशल डेमोक्रेटिक पार्टी, का अध्ययन किया था और वह इस तथ्य से इतना प्रभावित हुआ था कि उसने इस प्रवृत्ति को 'जनतंत्र का लौह कानून' कहा। अपनी किताब 'पॉलिटिकल पार्टीज' में वह इस तरफ इशारा करते हैं कि सभी श्रमिक संगठनों, भले वे श्रमिक संघ हो, सहकारी या सोशल डेमोक्रेटिक पार्टी हो, का नियंत्रण मुट्ठी भर लोग ही करते थे जो इन संगठनों के साधारण सदस्यों के नियंत्रण से बाहर थे। रोजा लक्जमबर्ग ने भी इस घटना का जिक्र किया था तथा इस पर अफसोस जाहिर किया था। उन्होंने लिखा था—"सैद्धान्तिक प्रवृत्तियों से प्रगाढ़ लगाव में नेताओं और जनता के बीच के सम्बन्ध में एक बदलाव प्रतिफलित होता है। अपनी तमाम अकाट्य बुराइयों के साथ स्थानीय कमेटियों के याराना नेतृत्व की जगह मजदूर यूनियन अधिकारियों का पेशेवर नेतृत्व प्रतिस्थापित होता है। इस तरह निर्णय की पहल और क्षमता पेशेवर विशेषता बन जाती है जबकि जनसाधारण के लिए अनुशासन का निष्क्रिय गुण बच जाता है। इसमें कोई सन्देह नहीं है कि अफसरशाही के इस अँधेरे पहलू में पार्टी के लिए गम्भीर खतरा निहित रहता है।"[1]

आगे के अनुभव ने दिखा दिया है कि यह रुझान सार्वभौतिक है और लगभग पूरी दुनिया में जहाँ भी बड़े-बड़े और स्थायी संगठन वजूद में आए, इसे देखा जा सकता है। न केवल कामगार बल्कि बड़े-बड़े निगमों के शेयरधारक और कामगारों के पूँजीपति शोषक भी उसी समस्या से ग्रस्त होते हैं। प्रबन्धकीय अल्पतंत्र जो इन निगमों को चलाते हैं, इसने स्वामियों, शेयरधारकों के मामले में समूची सत्ता पर अपना एकाधिकार जमा लिया।

मिशेल्स मजदूर वर्ग के आन्दोलन में अल्पतंत्रों के विकास के अनेक कारण गिनाते हैं। सबसे बड़ा कारण वह यह बताते हैं कि ज्यादातर लोग अपने निजी हितों

को लोक कार्यों से जोड़ने में अक्षम होते हैं और इस तरह वे राजनीतिक विषयों से अलग-थलग रहते हैं। वह इस बादवाले विचार पर स्टायरनर से सहमति दिखाते हैं कि केवल स्वार्थ ही लोगों को जनकार्यों में रुचि लेने के लिए प्रोत्साहित कर सकता है। दूसरे कारक के तौर पर वह विषय वास्ते नेता के त्याग और समर्पण के लिए जनता की कृतज्ञता को गिनाते हैं। इसके बाद वह नेताओं का लम्बे समय तक अपने पदों पर बने रहने को अल्पतंत्र के विकास का एक दूसरा सहायक कारण बतलाते हैं।

इसके बाद मिशेल्स उन कुछेक विधियों को गिनाते चलते हैं जिनका इस्तेमाल संगठनों पर पकड़ बनाए रखने के लिए किया जाता है। इनमें एक नेता के वित्तीय संसाधन शामिल होते हैं जिनके माध्यम से वह संगठन से एक अंश आजादी हासिल कर लेता है तथा कुछ मामले में नियंत्रण भी। इसके बाद प्रेस का उपयोग आता है। पार्टी प्रेस पर नियंत्रण के माध्यम से पार्टी के जनसाधारण के मन पर आसानी से पकड़ बनाई जा सकती है। संसद की सदस्यता भी विशेष प्रतिष्ठा और समूचे सांगठनिक नियंत्रण से एक अंश आजादी दे सकती है। इस संसद सदस्यता का इस्तेमाल जनता में अपनी उन व्यक्तिगत कहानियों को उकसाकर अपना कद बढ़ाने के लिए किया जा सकता है जो सामान्य जन के लिए वित्त और योजना जैसे जटिल विषयों की रपट की तुलना में कहीं ज्यादा रोचक और आसानी से समझ में आ जानेवाली होती हैं। इसके बाद वह सांगठनिक नियंत्रण के तरीकों में त्यागपत्र की धमकी का प्रमाण देते हैं। यह तरीका भारत में काफी प्रचलित है। पंडित जवाहरलाल नेहरू अपनी अनिवार्यता को साबित करने के लिए इस तरीके का धड़ल्ले से इस्तेमाल करते थे और इस तरह पार्टी के अन्दर अपनी जगह पक्की कर लेते थे। उन्होंने यह परम्परा दूसरे दल के नेताओं को भी वसीयत कर दी।

मिशेल्स ने अपने अध्ययन के आधार पर एक समाजशास्त्रीय सूत्र गढ़ा जो निम्नलिखित शब्दों में संगठन और अल्पतंत्रों के अन्तर सम्बन्ध को दर्शाता है—"संगठन ही निर्वाचकों पर निर्वाचितों के, आदेशकों पर आज्ञासूचकों के, प्रतिनिधि भेजनेवालों पर प्रतिनिधियों के प्रभुत्व को जन्म देता है। (कौन संगठन कहता है, अल्पतंत्र कहिए।[2])

एक प्रश्न स्वाभाविक रूप से उठता है कि जो राजनीतिक आन्दोलन ऐसे महान लक्ष्यों को लेकर शुरू हुआ था, क्यों खुद ऐसी अलोकतांत्रिक भूमिकाओं से चैन हो जाता है। एक जवाब तो यह है कि जो राजनीतिक स्थितियाँ हैं जिनका कि उन्हें अपना महान साहसिक कार्य शुरू करते वक्त भान नहीं था कि वे जिस छोटी-सी सत्ता को हासिल करने के काबिल रहे हैं, उसे बिना क्षति पहुँचाए दूसरा कुछ कर भी नहीं सकते हैं, लेकिन तब दूसरा सवाल उठता है, कुछ अलग काम के लिए वे क्यों नहीं संसदीय लड़ाई का त्याग कर देते हैं? पहले स्थान पर वे जिस किसी रास्ते

का चुनाव करें, संगठन की आवश्यकता से भाग नहीं सकते हैं, लेकिन एक समय संसदीय राजनीति की संस्थाओं में काम करने के कारण ही वे इसमें निश्चित स्वार्थ बढ़ा लेते हैं। वे उस चीज को हासिल करते हैं जिसे हेरॉल्ड लास्सवेल आभिजात्य कलह के मूल्य—आदर, आय, सुरक्षा कहते हैं। यह निस्सन्देह सही है कि मजदूरों की जो आय है और उन्हें जो आदर मिलता है, उनसे कई गुना ज्यादा आदर और आय मजदूर संगठन तथा राजनीतिक नेताओं को मिलते हैं। निस्सन्देह इन स्थितियों में कमतर सुरक्षा है। वे इस तथ्य को जीवन के दूसरे क्षेत्रों में उच्च कार्यपालक पदों पर आसीन व्यक्तियों से साझा करते हैं, लेकिन इससे मजदूर संगठनों या राजनीतिक संगठनों के पदधारकों की घटना भी शुरू होती है जहाँ पदधारक स्वयं को लम्बी अवधि तक और कभी-कभी जीवनभर के लिए स्थायी बना लेते हैं। भारत में जहाँ पद से हटना अक्सर गरीबी और विस्मृति में एक डुबकी है, अधिकांश राजनेता अपने जीवन के अन्तिम क्षण तक अपने पद से चिपके रहने का प्रयास करते हैं। पंडित नेहरू और उनके अधिकांश सहकर्मी, जैसे सरदार वल्लभ भाई पटेल, मौलाना आजाद, पंडित गोविन्द वल्लभ पन्त आदि अपने जीवन के अन्तिम क्षण तक पद पर बने रहे। नेहरू स्वयं अपने प्रधानमंत्रित्व के अन्तिम वर्षों में गम्भीर रूप से बीमार और लाचार हो गए थे। स्थायी रूप से जिस नियम का पालन किया गया, वह निम्नलिखित-सा प्रतीत होता है—

> "यदि पहले से तय कर लिया है कि देर से मरना है
> तो मन बना लो कि पद पर रहते हुए मरें।"

इसके अतिरिक्त भारत में यह परिघटना भी शुरू हो गई है कि मशहूर माँ-बाप के बेटे और बेटियाँ अपने माँ-बाप के रिक्त स्थानों को भर रहे हैं। यदि ऐसा सम्भव नहीं है तो उन्हें लाभ के अन्य महत्त्वपूर्ण पद दिए जा रहे हैं। पंडित नेहरू ने अपनी बेटी इन्दिरा गांधी को इस तरह से तैयार किया कि वह उनके बाद प्रधानमंत्री की कुर्सी सँभाल सके और उनके मर जाने के बाद वह छोटे-छोटे अन्तरालों पर इस कुर्सी को सँभालती रहती हैं। सरदार पटेल के पुत्र दयाभाई पटेल सांसद थे, इसी तरह लाल बहादुर शास्त्री के पुत्र भी सांसद थे। ये कुछ उदाहरण हैं उस व्यापक घटना के जो पूरे देश में—केन्द्र और राज्यों में भी व्याप्त हैं।

मजदूर वर्ग के आन्दोलन में एक बार परिवर्तनकारी सम्भावना और दृष्टि समाप्त हो जाती है तो यह रुझान ज्यादा आसानी से पैदा हो सकता है। जब तक लोगों में उनके सामने एक बड़ी दृष्टि रहती है, वे इसके लिए कोई भी त्याग कर सकते हैं, लेकिन जब वीरोचित प्रयास की जगह सामान्य नियम ले लेता है तो प्राणी सुख की माँग होने लगती है क्योंकि धनी लोगों के बेटों से भिन्न मजदूरों के बेटों का पुराने परिवेश में लौटना बहुत ही दर्दनाक अनुभव है। वे न केवल अपना प्रभाव गँवाते हैं

बल्कि अपना आर्थिक सहारा भी गँवा देते हैं। पद पर बने रहने के लिए जीवन की उच्च शैली के बाद ऐसा होना किसी आपदा से कम नहीं होता है।

विवाद : अल्पतंत्र शासन और सामान्य स्त्रोत

अल्पतंत्रीय प्रवृत्ति की सफलता से लास्सवेल की तरह मोस्का और पैराटो के पदचिह्नों का अनुसरण कर यह निष्कर्ष निकालना गलत होगा कि अल्पतंत्र कुलीनों और साधारण जनों में समाजों के स्थायी विभाजन का प्रकटीकरण है। यह सिद्धान्त लास्सवेल द्वारा वर्गों में सामाजिक विभाजन के मार्क्सवादी सिद्धान्त की जगह प्रतिस्थापित किया हुआ है, लेकिन जैसाकि इस मामले में साफ है, अल्पतंत्र बुनियादी सामाजिक विभाजन की जगह नहीं लेता है बल्कि यह केवल वर्ग विभाजन का परिणाम है। चूँकि मजदूर वर्ग को पूँजीपतियों के विरुद्ध लड़ने के लिए एक संगठन की जरूरत होती है, इसलिए मजदूर संघों या मजदूरों के राजनीतिक दलों के अन्दर अल्पतंत्रों का विकास होता है।

वस्तुत: ये अल्पतंत्र मौजूदा बड़े समाजों द्वारा निर्मित नई स्थितियों का एक उत्पाद हैं। यहाँ 'बड़ा या बृहत् समाज' शब्द का इस्तेमाल किसी निन्दात्मक अर्थ में नहीं हुआ है बल्कि एक प्रशंसात्मक अर्थ में हुआ है। ऐसा इस तथ्य को रेखांकित करने के लिए किया गया है कि प्राक्-औद्योगिक समाज का पुराना घनिष्ठ समूह अब मृत हो गया है या तेजी से मर रहा है। इसकी जगह शहरी औद्योगिक क्षेत्रों में मनुष्यों का भारी जमावड़ा हो रहा है जहाँ वे एक-दूसरे से समूहों से भिन्न हैं (जहाँ प्रत्येक व्यक्ति के लिए एक सुनिर्धारित जगह और भूमिका होती थी। अधिकांश संकट समय जो भीतर से पैदा होते थे, उसकी जानकारी रहती थी। इसी तरह उसके उपचार की भी जानकारी रहती थी) इन क्षेत्रों के मजदूरों ने नियोक्ताओं के उत्पीड़न का प्रतिरोध करना अनिवार्य समझा। यह काम करने के लिए उनके पास एक ही उपाय था, संगठित होना। ऐसा वर्ग संघर्ष की इस अनिवार्यता के तहत हुआ कि मजदूर संगठन, सहकारिताएँ और समाजवादी लोकतांत्रिक पार्टियाँ खड़ी हुईं, लेकिन वे संगठन इतने बड़े थे कि वे पुराने समूह जैसे नहीं हो सकते थे। साथ ही, इन संगठनों के अन्दर ज्यादा-से-ज्यादा फैलाव करने की प्रवृत्ति थी ताकि नियोक्ताओं के विशाल संगठनों से बराबरी की जा सके। कारखाने के स्तर पर मजदूरों के लिए यह सम्भव है कि वे अपने कारखाने स्तर के संघ के जरिए नियोक्ताओं से बात कर सकते हैं, लेकिन रेलवे, उड्डयन, समुद्री जहाज और अन्य उद्योगों जैसे उत्पादन संघों या विशाल सिंडिकेटों द्वारा संचालित राष्ट्रीय और अन्तरराष्ट्रीय औद्योगिक संगठनों के उदय के साथ स्थानीय कारखाना स्तर पर बात करना असम्भव था। परिणामस्वरूप, विशालकाय औद्योगिक संगठनों की

बराबरी करने के लिए मजदूरों को भी विशाल मजदूर संघों और मजदूर संघों के महासंघों को संगठित करना पड़ा।

जाहिर है, इन संगठनों के नये कार्यों को अंशकालीन मजदूरों से नहीं किया जा सकता था। इसके अलावा संघों को नियोक्ताओं के अर्थशास्त्रियों के काफी पढ़े-लिखे प्रतिनिधियों से बात करनी पड़ती है जो चतुराई से उन्हें उद्योग के लाभ को क्षति के रूप में समझा सकते हैं—वकील उन्हें यह समझा दे सकते हैं कि आपका पक्ष गलत और गैरकानूनी है। इसी तरह तकनीशियन यह समझा दे सकते हैं कि समूचा लाभ मशीन से आता है और इसमें मजदूरों का योगदान शून्य या कमतर है। इस तरह के विशेषज्ञों से मिलने और उसके झाँसे को पकड़ने के लिए मजदूरों को भी अपने आन्दोलन के नेतृत्ववर्ग में वैसे लोगों को रखना पड़ता है जो अपने आधार पर उन विशेषज्ञों से मिल सकता हो। हालाँकि मजदूर वर्ग कभी-कभी अपनी पंक्तियों से बिलकुल सक्षम नेताओं का त्याग कर देता है, प्राय: मजदूरों के बच्चों की उच्च शिक्षा के रास्ते में असुविधाओं के कारण इन नेताओं को अन्य वर्गों से स्वयंसेवक बनना पड़ता है। किसी भी मामले में जब तक सांगठनिक कार्य की जटिलताएँ साधारण मजदूरों के लिए अगम्य रहती हैं, नेता के मनोविज्ञान पर इसका कोई अन्तर नहीं होता, चाहे वह मजदूर वर्ग से आए या बुद्धिजीवी वर्ग से। नेतृत्व की योग्यता के लिए विशिष्टीकरण की माँग से जुड़ी चीजों की जरूरत होती है। इन मजदूर संगठनों को लड़ाकू भी होना पड़ता है क्योंकि नियोक्ताओं से मिलनेवाली हर रियायतें केवल लड़ाई की धमकी या वास्तविक लड़ाई से ही हासिल होती हैं। इसके लिए दूरगामी रणनीति बनाने की क्षमता तथा साथ ही संघर्ष के समय मजदूरों का नैतिक बल ऊँचा बनाए रखने की क्षमता होनी चाहिए। यह काम अक्सर दीर्घकालीन और श्रमसाध्य होता है। राजनीतिक संगठन के स्तर पर कौशल और दूरगामी राजनीतिक परिप्रेक्ष्य की अनिवार्यताएँ काफी महत्त्वपूर्ण हो जाती हैं। ये सारी चीजें एक साथ मिलकर मजदूर वर्ग आन्दोलन के नेतृत्व को ऊँचा दर्जा दे देती हैं। राजनेता जब तक ऊँचे आदर्शवाद और समानता की नई व्यवस्था से प्रेरित नहीं होते हैं, केवल उनको अपनी परेशानी के लिए भरपूर पारितोषिक मिलता रहे तो वह अपना श्रम जारी रख सकते हैं। निस्सन्देह विशुद्ध मौद्रिक पारितोषिक के लिए कोई मजदूर वर्ग आन्दोलन की ओर आकृष्ट नहीं होगा। वे बेहतर परिणाम के लिए दूसरे क्षेत्रों की तरफ जा सकते हैं, लेकिन एक चीज जिसकी वे निश्चित रूप से सर्वप्रथम माँग करते हैं, वह है आदर अर्थात् सदस्यता पर शक्ति का एक अंश। सत्ता में एक बार आ जाए तो दूसरी तरह से भी उनके अवसर का दायरा बढ़ जाता है। रेमसे मैक्डोनाल्ड ने जब प्रधानमंत्री बनने के लिए अपनी ब्रिटिश लेबर पार्टी को छोड़ दिया तो उसने कहा था, "जिसके पास सत्ता है उसके पास अवसर है।" यही सब ज्यादा सच है, लेकिन जैसा कि उसने खुद साबित कर

दिया कि इस सत्ता का मुख्य रूप से इस्तेमाल व्यक्तिगत फायदे के लिए होता है, हमेशा मजदूर वर्ग के हितों का विचार किए बगैर।

फर्डिनोड लेस्साल वो पहला व्यक्ति था जिसने जर्मनी में मजदूर वर्ग को सक्रिय संसदीय राजनीति के अखाड़े में लाने का काम किया था। वह अक्सर प्रशा के प्रधानमंत्री बिस्मार्क के साथ राजनीति के गूढ़ खेल में व्यस्त रहता था। उसने उस आदर की माँग के आदर्श को स्थापित किया। लड़ाकू तत्त्व को अपनी क्षमता और मंगलकामना में उपलक्षित विश्वास के साथ अपने कमांडर की आज्ञा का पालन करना चाहिए, इसी तरह उसने सोचा कि श्रम आन्दोलन के लड़ाकू संगठन के मजदूरों को भी बेहिचक अपने कमांडर की आज्ञा का पालन करना चाहिए। उसका विश्वास था कि मजदूर संगठन को अपने नेता के हाथ में हथौड़े की तरह होना चाहिए ताकि नेता उस हथौड़े से अपने विरोधियों को चकनाचूर कर सके। यद्यपि मजदूरों ने अपने संगठनों में आलोचना के अपने अधिकार को कभी पूरी तरह से छोड़ा नहीं है, काफी संख्या में मजदूर वर्ग के नेताओं ने गुप्त रूप से या खुले तौर पर नेता और मजदूरों के बीच के इस आदर्श सम्बन्ध को बनाए रखा है।

मजदूर वर्ग के नेता के विशेष ज्ञान और दक्षता की चारों तरफ फैली चमत्कारिक आभा के कारण मजदूर नेता के अबाध अधिकारों पर सामान्यत: तब तक कोई सवाल नहीं उठाया जाता जब तक कि वे कोई गम्भीर गलती नहीं करते हैं, लेकिन बहुत से मामलों में प्रतिष्ठा की शक्ति को अपेक्षाकृत अधिक सवाल किए जाने योग्य उपकरणों से भी उन लोगों का मुँह बन्द करने के लिए पूरित किया जाता है जो नेता के अधिकार को चुनौती देने का साहस करते हैं। अपनी नेतागीरी को स्थायी बनाने के इस प्रयास में मजदूर आन्दोलन के नेता उन निश्चित तत्त्वों से लैस होते हैं जो सभी बड़े संगठनों में पाए जाते हैं और हर जगह अल्पतंत्रीय रुझानों की मदद करते हैं। ये तत्त्व होते हैं—(1) सभी प्रासंगिक सूचनाओं तक पहुँच; (2) दल या मजदूर संगठन की पत्रिकाओं, विशेष बुलेटिनों इत्यादि की तरह संचार के सभी माध्यमों का नियंत्रण; (3) संगठन के वित्त पर नियंत्रण; (4) सम्मेलन इत्यादि के लिए स्थान और समय का निर्धारण करने का अनन्य अधिकार; और सबसे बढ़कर (5) संगठन को पूरा समय देने के लिए दूसरे कामों से मुक्ति। संगठन के एक साधारण सदस्य के पास न तो समय रहता है (क्योंकि अपने निर्वाह के लिए उसे कोई दूसरा काम करना पड़ता है), न ही सूचना और कोष रहता है कि उससे वह विपक्ष को संगठित कर सके और नेताओं का विरोध कर पाए। ये सारे तत्त्व नेताओं के हाथ मजबूत करते हैं जिनसे वे संगठन के मुख्य पदों पर अपने विश्वस्त व्यक्तियों को बैठाते हैं तथा उनके माध्यम से अपने लाभ का चीजों में जोड़-तोड़ करते हैं। सूचना के माध्यम पर नियंत्रण के जरिए वह वैसे तथ्यों को जुटा सकता है जो उसके विरोधियों के खिलाफ हों तथा ऐसी सूचनाओं को प्रचारित

करने के लिए पत्रिकाओं का इस्तेमाल कर उनके विश्वास को खत्म कर सकता है। जब तक कोई संगठन के भीतर उस नेता के समानान्तर एक संगठन बनाने की स्थिति में नहीं होता है, तब तक उस नेता को हटा पाना लगभग असम्भव है। इसलिए पद के वास्तविक स्पर्द्धी उसी प्रकार की पृष्ठभूमि के लोग हो जाते हैं और उसी तरह के संसाधनों पर नियंत्रण रखते हैं। इसलिए जब नेतृत्व में परिवर्तन भी होता है तो संगठन के स्वभाव में खुद कोई गुणात्मक परिवर्तन नहीं होता है। शिकायतों के कुछ कारण बदलाव की इस प्रक्रिया में दूर हो सकते हैं लेकिन नेता और मजदूर के बीच का सम्बन्ध मूल रूप से नहीं बदलता है। जनसाधारण जिस तरह से पहले पुराने पदधारियों पर नजर रखा करता था उसी तरह से वह नये पदधारियों पर भी नजर रखता है।

पोपवाद के उदय को भी समान तत्त्वों से चिह्नित किया जा सकता है। जब तक ईसाई संगठन कुछ अलग-थलग किए गए और स्वायत्त समूहों तक सीमित था, इसने लोकतांत्रिक आचरण का पालन किया, लेकिन ज्योंही इसने खुद को बड़े पैमाने पर एक मजदूर और एकीकृत तत्त्व के रूप में संगठित करने का प्रयास किया, उसी तरह की अल्पतांत्रिक प्रवृत्ति पैदा हो गई और इससे रोम में पोप के राज्य की स्थापना हुई। गिब्बन इस क्रमिक विकास की पूरी तसवीर प्रस्तुत करते हैं। उसने लिखा है—"शुरुआती पादरियों को केवल उनके बराबरीवालों में अव्वल तथा एक आजाद जाति के सम्मानित सेवक के रूप में देखा जाता था। जब कभी बिशप सम्बन्धी कुर्सी निधन से खाली होती थी, पादरियों के बीच से समूची सभा के मत द्वारा नये सभापति का चुनाव होता था, उस सभा का प्रत्येक सदस्य स्वयं को पवित्र और पुरोहितवादी चरित्र से आच्छादित मानता था।

इस तरह का कोमल और समान संविधान था जिसके द्वारा धर्मोपदेशकों के निधन के बाद सौ वर्षों से भी ज्यादा समय तक ईसाइयों पर शासन किया गया।"[3]

इस चरण में कोई प्रधान शक्ति या विधानसभा नहीं थी। इसके बाद उन्होंने इन बिखरे समूहों के बीच नजदीकी एकता लाना शुरू कर दिया। इस प्रक्रिया से यथा निम्नवर्णित काफी केन्द्रीकृत सत्तावादी संगठन कायम हो गया—"यह शीघ्र ही एक रीति के रूप में और एक नियम के रूप में स्थापित कर दिया गया था कि स्वतंत्र गिरजाघरों के पादरियों को वसन्त और पतझड़ की कथित अवधियों में प्रदेशों की राजधानी में मिलना चाहिए। उनके सोच-विचार को कुछ प्रतिष्ठित पादरियों की राय से मदद पहुँचाई गई तथा सुननेवाले जनसमूह की उपस्थिति से मर्यादित किया गया। उनके आदेशों को गिरजाघर के नियमों का रूप दिया गया, और उसने विश्वास और अनुशासन के प्रत्येक महत्त्वपूर्ण विवाद का नियम किया...चूँकि विशेष गिरजाघरों के विधायी अधिकार को परिषदों के इस्तेमाल से बेखबर ढंग से अधिक्रमित कर लिया गया था, बिशपों ने अपने गठबन्धन से कार्यपालक और मनमानी शक्ति में

काफी ज्यादा हिस्सा ले लिया; और तुरन्त जैसे ही उनका जुड़ाव उनके सामान्य हित के होश-हवास से किया गया, वे एकीकृत शक्ति से हमला करने के योग्य बना दिए गए।"[4]

मौजूदा या अतीत के अन्य सत्ता श्रेणीक्रमों के विकास पर नजर दौड़ाएँ तो यह स्पष्ट ढंग से प्रदर्शित होता है कि इस घटना को निश्चित रूप से राज्य सत्ता के विकास की जड़ में भी रखा जाना चाहिए। बाहरी और नई चुनौतियों के लिए न केवल विशेष कौशल की जरूरत पड़ती है बल्कि अपने को पूरी तरह नये कार्य में लगाने के लिए मनुष्यों के स्थायी निकाय की भी जरूरत पड़ती है। मनुष्यों को जब इस बाहरी और नई चुनौती का सामना करने के लिए अपने सीमित आमने-सामने के समूहों और सम्प्रदायों से बाहर निकलना पड़ता है तो दबाव के समय जिस तरह से साधन समाज विकसित होता है, केवल उसी तरह से राज्य के विकास को कायदे से समझा जा सकता है। इस तरह की पहली और सबसे महत्त्वपूर्ण चुनौती प्राचीनकाल के अन्तर्जनजातीय युद्धों के समय पैदा हुई थी। यह चुनौती जब एक जनजाति किसी नई जनजाति के आमने-सामने हुई होगी तो अपरिचित और अज्ञात के भय के कारण उत्पन्न हुई होगी। यह भय बाहरियों के विरुद्ध जैसा कि अक्सर होता है, शत्रुता में बदल गया होगा। यह चुनौती चरागाह या शिकार के क्षेत्र के अभाव के कारण भी पैदा हुई होगी क्योंकि जनजातीय आबादी का घनत्व बढ़ने से बसावट का क्षेत्र कम पड़ गया था। जैसे-जैसे जनजातियों का फैलाव हुआ, वे दूसरे जनजातियों के चरागाह या शिकार क्षेत्र में घुसने लगे जिससे विवाद उत्पन्न हुआ। जब इस तरह का अन्तर्जनजातीय युद्ध अक्सर होने लगा तो एक नायक की जरूरत पड़ी जो इन युद्धों में जनजातियों का नेतृत्व कर सके। इससे काफी संख्या में लोग अपने को युद्ध से सम्बन्धित समस्याओं के लिए अनन्य रूप से तैयार किए। कालान्तर में ये नेता या नायक राजा या प्रमुख बन गए। इस तरह से राजशाही की जो संस्था कायम हुई, वह भावी राज्य का नायक बन गई।

भारत में राजशाही निश्चित रूप से इस तरीके से पैदा हुई प्रतीत होती है। काशी प्रसाद जायसवाल भारत में शासन व्यवस्था की उत्पत्ति की जड़ में कुछ ऐसी ही प्रक्रिया को उद्धृत करते हैं। वह लिखते हैं—"वैदिक सिद्धान्त 'ऐतरेय ब्राह्मण' में मिलता है। यह कहता है कि देवों अर्थात् इनके पुजारियों, हिन्दुओं के पास मूलत: कोई राजा नहीं था। असुरों के विरुद्ध अपने संघर्ष में (यह 'देवासुर संग्राम' से ज्ञात प्राचीन जनजातीय युद्धों का हवाला देता है जो भारत में कथित आर्यों के व्यवस्थित होने के काल में घटित हुआ था)—जब देवों ने यह देखा कि वे बार-बार हार रहे हैं तो वे इस निष्कर्ष पर पहुँचे कि असुरों के पास उनका नेतृत्व करने के लिए एक राजा था इसलिए वे सफल रहे। अत: देवों ने उसी प्रयोग को आजमाने का निर्णय लिया और वे एक राजा चुनने के लिए सहमत हो गए।"[5]

अरस्तू भी राजशाही की उत्पत्ति का कुछ वैसा ही कारण बताते हैं। उन्होंने लिखा है—"राजा का पद वस्तुत: एक प्रकार का सेनापतित्व है, गैर-जिम्मेवार तथा स्थायी। युद्ध की अवधि को छोड़ दें तो राजा के पास जीवन और मौत की शक्ति नहीं होती है।"[6]

दूसरी जगह वह स्पार्टा में एडमिरल के पद की आलोचना करते हैं। वह यह बतलाते हैं कि चूँकि राजा स्थायी जनरल होते हैं, एडमिरल का यह पद एक-दूसरे राजा को खड़ा कर रहा था जो विरोध का एक स्रोत बन गया। यह पुन: बतलाता है कि राजा का पद युद्ध की आवश्यकताओं से गहरे सम्बद्ध था।

वर्ग युद्ध हो या जनजातियों के बीच का युद्ध हो, तेज विवाद के इन सभी मामलों में विध्वंस से अपने-अपने समूहों के संगठित जीवन की रक्षा करने का एकमात्र तरीका युद्ध की देखरेख करने के लिए यह काम और अधिकार भी किसी चयनित जनसमूह को सौंप देना है ताकि शेष लोग स्वयं को अपने सामान्य घरेलू कामों में लगा सकें, लेकिन इस विशेष मानव समूह की शक्ति के विकास में प्रतिफलित होना चाहिए जिस पर समूचे समुदाय की सुरक्षा निर्भर रहती है।

रोम में भी इस गणराज्य के पतन और सीजरवाद के उदय में वही तत्त्व देखते हैं। मुख्य सेनानायक जो बाद में सम्राट बन गया, उसे गणराज्य के आरम्भिक जीवन में सिपाहियों द्वारा विजयमान रोमन जनरल प्रदान किए गए, लेकिन धीरे-धीरे सेनानायक सम्राट बन गया। प्यूनिख युद्धों ने विदेशी विजयों के लिए जनरलों की भूख को बढ़ा दिया था। जैसे-जैसे विदेशी अभियानों की अगुआई करनेवाले जनरलों का गौरव बढ़ता गया, सीनेट और नागरिकों का गौरव डूबता गया। जूलियस सीजर अपने विदेशी अभियानों द्वारा सम्भव बनाई गई घूसखोरी तथा सिपाहियों की निष्ठा से समर्थित अभित्रास के संयोजन के माध्यम से अपने आदेश को मनवाने के लिए जनसाधारण को डराने में सफल हो गया। यद्यपि वह खुद मारा गया, उसने नागरिकों की आजादी की जड़ पहले ही खोद दिया था। आगस्टस सीजर ने इसके तुरन्त बाद गणराज्य को अन्तिम रूप से दफन कर दिया।

राज्य की उत्पत्ति को कुछ बाहरी प्रेरणाओं से उत्पन्न होनेवाली किसी जनजातीय समाज के कार्यों के विभेदन से पता लगा सकते हैं। जैसा कि हमने पूर्व के अध्याय में उल्लेख किया है, स्वभावत: मनुष्य नवीनता की अपेक्षा पुराने रास्ते को ही पसन्द करता है। यह उसे सुरक्षा बोध प्रदान करता है जो उसकी बुनियादी खोजों में से एक है। इससे दो परिणाम सामने आते हैं। पहला, कोई भी विकास जो समुदाय या जनजाति के जीवन के स्थापित पैटर्न के बाहर होता है, केवल एक शक्तिशाली नई प्रेरणा से आता है जो समुदाय के जीवन को बर्बाद कर देने की धमकी देता है। दूसरा, समुदाय ऐसी परिस्थितियों में नेतृत्व का काम एक व्यक्ति या कुछ व्यक्तियों को जिन पर यह विश्वास करता है, दे देता है ताकि यह अपने दैनिक कार्यों को दिनचर्या की

भाँति कर सके। ऐसी चुनौतियाँ कुछ बड़ी प्राकृतिक आपदा, अन्तर्जनजातीय युद्ध या वाष्प और विद्युत के साथ आई तकनीकी क्रान्ति की तरह की तकनीकी क्रान्ति से पैदा हो सकती हैं। उत्पादन की विधियों में छोटी-छोटी क्रान्तियाँ समुदाय की संरचना को विघटित करने तथा नई सामाजिक संरचना को खड़ा करने हेतु पर्याप्त प्रेरणाएँ नहीं हैं। अनेक जनजातीय समाजों ने बगैर किसी गम्भीर विघटन के सैकड़ों वर्षों से अपने सामाजिक संगठन को बनाए रखा है, यद्यपि इस अवधि में उन्होंने बाहर की अनेक नई तकनीकों को आत्मसात् कर लिया है।

फ्रेडरिक एंगेल्स भी विश्वासोत्पादक ढंग से आर्थिक वर्गों के विकास से राज्य की उत्पत्ति का पता लगाने में विकल हो जाता है। यह धारणा मात्र वह निस्सन्देह यह दिखाता है कि काफी मामलों में राज्य की सत्ता का इस्तेमाल प्रश्रयप्राप्ति के लिए होता है, लेकिन यह विरोधी दृष्टिकोण से भी व्याख्यायित हो सकता है। उदाहरणार्थ यह तर्क दिया जा सकता है कि वे जो समाज में सत्ता धारण करते हैं, आर्थिक विशेषाधिकारों पर एकाधिकार बनाने में सफल भी हुए हैं। वस्तुत: एंगेल्स खुद जनजातीय समाजों के विखंडन की प्रक्रिया का वर्णन करता है जो यह दर्शाता है कि इस प्रक्रिया में युद्धों ने निर्णायक भूमिका अदा की है। वह लिखता है : "जाति के रक्त बन्धन का तीव्र लोप इस तथ्य के कारण था कि जनजाति और समूची जाति में इसके अवयव विजय के फलस्वरूप अपभ्रष्ट भी हो चुके थे। हम जानते हैं कि पराधीन लोगों पर शासन जेंटाइल सम्बन्धी आदेश के असंगत है...रोमन प्रदेशों के मालिक जर्मन लोगों को अपनी विजय को संगठित करना था, लेकिन कोई रोमन जनता को जेंटाइल निकायों में अवशोषित नहीं कर सकता था, न ही जेंटाइल निकायों की मदद से उन पर शासन कर सकता था। रोमन राज्य के एक स्थानापन्न को रोमन स्थानीय प्रशासनिक निकायों के शीर्ष पर रखा जाना चाहिए था...और यह स्थानापन्न केवल एक दूसरा राज्य ही हो सकता था, इस तरह जेंटाइल संविधान के अवयव को राज्य के अवयवों में रूपान्तरित किया गया था।[7]

एक दूसरी जगह वह लिखता है : "फिरंगियों की राजशाही को लीजिए। यहाँ न केवल रोमन राज्य का व्यापक आधिपत्य है बल्कि जमीन के वे तमाम बड़े क्षेत्र भी जो बड़ी और छोटी सूचना को सौंप नहीं गए थे तथा मार्क समुदाय, विशेषत: सभी बड़े जंगल, विजेता परदेसी लोगों के हाथों में उनके बेरोक-टोक स्वामित्व की तरह चले गए। साधारण सैनिक कमांडर से वास्तविक राजा में रूपान्तरित राजा ने जो पहली चीज थी, वह चीज थी जनता की इस सम्पत्ति को राजकीय जायदाद में बदलना, इसे जनता से चुराना तथा जागीर में इसे अपने प्रतिधारकों को दे देना।"[8]

यहाँ हम न केवल राजा को देखते हैं बल्कि युद्ध संग्राम की अत्यावश्यकता के चलते पैदा होनेवाली जनजातीय लोगों की सरदारी से उत्पन्न निजी राजसी सम्पत्ति को भी देखते हैं। यह आश्चर्यजनक है कि एंगेल्स इस एकमात्र निष्कर्ष पर नहीं

पहुँच पाया जो ऐसे तथ्यों से प्रमाणित है। यह कि राज्य की उत्पत्ति की ज्यादा सहज ढंग से व्याख्या बादशाहत के उदय से हो सकती है जो पूरे विश्व में जनजातियों के बीच के युद्धों के चलते अपरिहार्य बन गया था। इस तरह यही एकमात्र चीज है कि जमीन या खान में बगैर किसी निजी सम्पत्ति के मिस्र में फराओं के शक्तिशाली साम्राज्यों की व्याख्या करना सम्भव है। यही जमीन या खान उत्पादन या भारत में शक्तिशाली मौर्य साम्राज्य के मुख्य स्रोत थे। जो पुन: ज्यादातर उत्पादन के अधिकांश साधनों के राज्य स्वामित्व पर आधारित थे। जैसे-जैसे नये विकासशील प्रधानों या राजाओं ने युद्ध के अन्दर किए गए अपने वीरतापूर्ण कार्यों से सतत, प्रतिष्ठा और विशेषाधिकार प्राप्त किया वैसे-वैसे उन्होंने युद्ध में निहित स्वार्थ विकसित किया। इस तरह जब भी कोई शक्तिशाली राजा पैदा हुआ, उसने अपने प्रभुत्व को फैलाने का प्रयास किया। प्रभुत्व का प्रसार होने से राजा और प्रजा के बीच जिनसे कि वह निकला था, दूरी काफी बढ़ती गई, कभी-कभी प्रभुत्व का यह प्रसार राजा के दैवीकरण में प्रतिफलित हुआ।

राज्य का तमाम शाखाओं-उपशाखाओं में बँटना, नौकरशाही का उदय तथा विभिन्न प्रकारों की प्रतिनिधि सभाओं का उभार भी, इन सबों का राजसी सत्ता के विकास से पता लगाया जा सकता है क्योंकि राजसी सत्ता ने अपने शासन के तहत अपने विवर्धन से सम्बन्धित एवं लोगों के जीवन और अच्छाइयों से भी सम्बन्धित प्रशासन की विभिन्न समस्याओं का समाधान आने का प्रयास किया था। राज्य नौकरशाही उन साम्राज्यों में पैदा हुई जो अपने क्षेत्राधिकारों में ज्यादातर सिंचाई, सड़क निर्माण, संरक्षात्मक मोर्चाबन्दी और स्मारक निर्माण जैसे लोक कार्यों के सिलसिले में प्रशासन के विस्तृत कार्य में व्यस्त रहते थे। उन राज्य और निजी सम्पत्ति के अपने सिद्धान्त में फिर बैठाने की कठिनाई के कारण मार्क्स और एंगेल्स ने एशियाई समाजों की श्रेणी के तहत जो जमा किया, वह इसी श्रेणी का था। वस्तुत: एंगेल्स उन्हें 'सिंचाई सभ्यता' भी कहता है लेकिन उनके साथ अत्यन्त औपचारिक और अवमानी तरीके से व्यवहार करता है। मार्क्स को लिखे पत्र दिनांक 6 जून, 1883 में उसने लिखा था—"किन्तु यह कैसे होता है कि एशियावासी जमीनी सम्पत्ति से इसके सामन्ती रूप में भी सम्मान प्राप्त नहीं करते हैं? मेरी समझ से यह मुख्यत: जलवायु के कारण साथ ही मिट्टी की प्रकृति, विशेष रूप से रेगिस्तान के बड़े फैलावों के कारण होता है। यह रेगिस्तान सहारा से होकर अरब, फारस, भारत और टारटरी होते हुए सबसे ऊँची एशियाई पठारी तक फैला हुआ है। कृत्रिम सिंचाई यहाँ खेती की पहली शर्त है तथा यह मामला या तो कम्यूनों, प्रदेशों के लिए है या केन्द्रीय सरकार के लिए। और पुरबिया सरकार के पास तीन विभागों से ज्यादा विभाग कभी नहीं था—वित्त (घर में लूट), युद्ध (घर में और बाहर में लूट) तथा लोककार्य (उत्पादन का प्रावधान)।"[9]

एंगेल्स इस पत्र में न केवल उन एशियाई समाजों के बारे में गहरी अज्ञानता प्रकट करता है, जो काफी विकसित थे तथा जिनका राज्य संगठन काफी विविधतापूर्ण तथा विकसित था (वस्तुत: औद्योगिक क्रान्ति से पहले यूरोपीय समाज भारतीय और चीनी समाजों की तुलना में हर मामले में पिछड़े हुए थे) बल्कि सही में राज्य और निजी सम्पत्ति के अपने सम्पूर्ण सिद्धान्त को हास्यास्पद स्थिति में प्रस्तुत करता है। जहाँ उत्पादन के प्रमुख साधन जमीन में कोई निजी सम्पत्ति नहीं थी, वह कैसे अपने इस सिद्धान्त का मेल-मिलाप शक्तिशाली राज्यों के अस्तित्व से करा सकते थे कि राज्य निजी सम्पत्ति के स्वामित्व पर आधारित एक वर्ग का दूसरे वर्ग पर वर्ग शासन का प्रकटीकरण है।

एक बार राज्य अस्तित्व में आ जाता है तो यह निस्सन्देह, निजी सम्पत्ति के स्वामियों को नजरअन्दाज नहीं कर सकता है। यह जहाँ भी अस्तित्व में आया है, इसने निजी सम्पत्ति की उपेक्षा नहीं की है तथा अक्सर इसका पक्ष लिया है। वस्तुत: राज्य और सम्पत्ति के सम्बन्ध अत्यन्त जटिल होते हैं और ये दोनों अक्सर जटिल ढंग से अन्तर्ग्रंथित होते हैं, लेकिन ये दोनों अनिवार्यत: उस तरीके से सम्बन्धित नहीं होते हैं जिस तरीके से मार्क्स और एंगेल्स ने सोचा था अर्थात् राज्य निजी सम्पत्ति का नाश नहीं करता है।

इस विश्वास के कारण कि राज्य वर्गशासन का ही प्रकटीकरण है, मार्क्स ने लुई बोनापार्ट के शासन के अपने विश्लेषण में स्वयं को उसी तरह की परेशानी में देखा। मार्क्स के अनुसार न केवल उत्पादन के साधन का समान सम्बन्ध बल्कि राजनीतिक रूप से संगठित करने या होने की योग्यता तथा अपनी वर्ग स्थिति और एकता का ज्ञान भी वर्ग को परिभाषित करने की आवश्यक शर्तें हैं। वर्ग के इस विचार से लुई बोनापार्ट के राज्य ने इसका वर्गीकरण किए जाने के हर प्रयास को चुनौती दी। मार्क्स अपनी पुस्तक 'एटींथ ब्रूमायर ऑफ लुई बोनापार्ट' में लिखता है—"यहाँ तक कि लाखों परिवार अस्तित्व की आर्थिक स्थितियों के अन्तर्गत रहते हैं जो अन्य वर्गों के लोगों से उनकी जीवनशैली, उनके हितों और उनकी संस्कृति को अलग करती है तथा उन्हें उक्त वर्गों का विरोधी बना देती है, वे एक वर्ग का निर्माण कर लेते हैं। यहाँ तक कि इन छोटे किसानों के बीच महज एक स्थानीय अन्तर्सम्बन्ध होता है और उनके हितों की पहचान उनके बीच कोई समुदाय, कोई राष्ट्रीय बन्धन और कोई राष्ट्रीय संगठन को नहीं करती है, वे अपने किसी वर्ग का निर्माण नहीं करते हैं। परिणामत: वे अपने नाम पर संसद या सम्मेलन के जरिए वर्ग हितों को लागू करने में अक्षम होते हैं। वे स्वयं का प्रतिनिधित्व नहीं कर सकते हैं, उनका प्रतिनिधित्व किया जाता है। बहरहाल, उनके प्रतिनिधि को उनके मालिक के तौर पर दिखना चाहिए, उनके अधिकारी के तौर पर दिखना चाहिए, असीमित सरकारी शक्ति के तौर पर दिखना चाहिए तो अन्य वर्गों के विरुद्ध उनकी रक्षा करती है तथा ऊपर से उन्हें बारिश और सूर्य की चमक

भेजती है। इसलिए छोटे कृषकों का राजनीतिक प्रभाव कार्यपालक शक्ति के रूप में प्रकट होता है जो समाज को स्वयं के अधीन कर लेती है।"[10]

इस परिच्छेद में हम राज्य का मार्क्सवादी सिद्धान्त तथा वर्गों से इसके सम्बन्ध से सम्बन्धित तमाम तरह का प्रतिवाद देखते हैं। यदि किसान वर्ग को लुई बोनापार्ट के राज्य के जरिए प्रतिरूपित शासक वर्ग के रूप में पहचाना जाता है तो राज्य का सारा मार्क्सीय सिद्धान्त ढह जाता है। तब यह मानना अनिवार्य होगा कि किसान वर्ग का स्वतंत्र राज्य सर्वहारा के नेतृत्व के बिना सम्भव है। साथ ही यह स्पष्ट करना पड़ेगा कि जहाँ शासन करनेवाला किसान वर्ग अभी भी शोषण के प्रत्येक रूप के अधीन था, कराधान की ऊँची घटना सहित स्थिति का अन्तर्विरोध, मार्क्स के अनुसार, नौकरशाही की उस भारी-भरकम सेना को पालने के लिए आवश्यक हो गया था जिसे बोनापार्ट ने अपने शासन के पीछे ही प्रस्तुत किया था। दूसरी तरफ, यदि हम यह इनकार करते हैं कि बोनापार्ट के राज्य ने किसान वर्ग के वर्ग हित का प्रतिनिधित्व किया था तो तुरन्त हमारे सामने यह सवाल आ जाता है—तब उसने किस वर्गहित का प्रतिनिधित्व किया था? मार्क्स का जवाब है कि उसने किसी वर्ग का प्रतिनिधित्व नहीं किया था। वह लिखता है—"सम्पोषित और सुसज्जित, भारी-भरकम नौकरशाही 'नेपोलियनवादी विचार' है जो द्वितीय बोनापार्ट के लिए सबसे ज्यादा अनुकूल है। यह देखना कैसे अन्यथा हो सकता है कि समाज के वास्तविक वर्गों के साथ-साथ उस पर एक कृत्रिम जाति की रचना करने का दबाव होता है जिसके लिए अपनी शासन प्रणाली की देखरेख जीविका का प्रश्न बन जाती है?"

मार्क्स द्वारा वर्णित इस राज्य नौकरशाही को आसानी से प्राचीन मिस्र और चीन में विकसित या हमारे अपने समय की अविकसित दुनिया में विकसित हो रही राज्य नौकरशाहियों के साथ एक वर्ग में रखा जा सकता है। मार्क्स को कम-से-कम समाजवादी कहलानेवाले कुछ अविकसित देशों में, जिन्हें किसान वर्ग में सम्पोषण और सम्मान प्राप्त होता है, राज्य नौकरशाहियों को पहचानने में कोई परेशानी नहीं हुई होगी। उसने उन्नीसवीं सदी के मध्य में नौकरशाही-सम्बन्धी जाति की प्रतिकृति के रूप में फ्रांस की काफी भर्त्सना की थी।

एक बार अन्य लोगों को वश में करने की दिशा में पहला कदम उठा लिया गया है तो स्थायी सेना सदृश जोर-जबर्दस्ती के अन्य उपकरण स्वाभाविक रूप से पैदा हो जाते हैं। ऐसी सेना का सम्पोषण पराभूत लोगों के विद्रोह के प्रयासों को दबाने के लिए अनिवार्य हो जाता है। आबादी, जिस पर ऐसा प्रभुत्व रखा जाता है वह जितनी अधिक विजातीय होती है, उनके प्रतिरोध को रोकने के लिए सेना को तैयार रखने की आवश्यकता उतनी ही अधिक गम्भीर होती है। एक बार यह उपकरण प्रत्यक्ष लोकप्रिय नियंत्रण से पर्याप्त स्वतंत्रता हासिल कर लेता है तो यह अपने लोगों को भी वश में करने का उपकरण बन जाता है।

इसी तरह राज्य का दूसरा तत्त्व यह है कि इसका भूभाग एक शासक द्वारा जीते गए भूभाग के समान होता है। इस तरह के भूभाग यदि एक लम्बे समय तक बने रहते हैं तो उनकी सीमाएँ पारम्परिक सीमाएँ बन जाती हैं। काफी संख्या में आधुनिक राज्यों ने ऐसी जीत से अपनी सीमाएँ हासिल की थीं। यह केवल हाल के समय, ज्यादातर प्रथम विश्वयुद्ध के समय से हुआ है कि आत्मनिर्धारण के आधार पर विशिष्ट संस्कृति, परम्परा, भाषा वगैरह के आधार को माना जाए। इन परम्पराओं को भी एक समय या दूसरे समय पर ज्यादातर उन क्षेत्रों में जिनकी सीमाओं का निर्धारण किसी विजेता की तलवार से किया गया होता है, विकसित होना चाहिए था।

सामन्ती सत्ता में पूर्व रूप में ऐसी क्या चीजें थीं कि यह राष्ट्रीय सीमाओं का निर्धारण नहीं कर सका है। दूसरी तरफ बुर्जुआ हित में जब खुद के लिए अस्थायी बनने से ससुख न चाहने की प्रकृति रही है कि राष्ट्रीय सीमाओं से बाहर हो जाए। इसलिए इन वर्गों में किसी एक वर्ग का प्रभुत्व विभिन्न राजाओं के भूभागीय सीमाओं को स्पष्ट नहीं कर सकता था। बुर्जुआ वर्ग के बारे यही कहा जा सकता है कि इसने निश्चित पारम्परिक सीमाओं को वहीं संघटित करने का प्रयास किया जहाँ उसकी सुरक्षा के लिए यह जरूरी थी।

राज्य के दूसरे रूप और अंग समाज के विविध हितवाले वर्गों और राजसी सत्ता के बीच की अन्त:क्रिया के फलस्वरूप विकसित हुए। संसदों की जननी, ब्रिटिश संसदीय प्रणाली और यूरोप के प्रातिनिधिक निकाय भी उसी ढंग से पैदा हुए। यह सब इसलिए सम्भव हो पाया कि कुछ अलग तरह के विकास के कारण यूरोप में रोमन साम्राज्य के काल को छोड़ दिया जाए तो कभी कोई सुदृढ़ नौकरशाही विकसित नहीं हुई। यह यूरोप में राज्यसत्ता के विकास की कुछ अलग स्थितियों के द्वारा जवाबदेह है।

यूनान के राज्य जो यूरोप के अन्दर बननेवाले प्रथम राज्यों में से थे, अपनी विशेष भौगोलिक स्थिति के कारण वह रूप कभी ग्रहण नहीं कर सके जो एशिया और अफ्रीका के शक्तिशाली साम्राज्यों ने ग्रहण कर लिया था। समुद्र और घाटियों के बीच फँसी जमीन की संकीर्ण पट्टी तक सीमित जिसने स्थापित कृषि जीवन के लिए पर्याप्त सम्पोषण नहीं दिया। सो, यूनान वासी शुरू से ही अपनी जीविका के लिए व्यापार और खेती से अनुपूरित, समुद्री डाके और लूटपाट पर निर्भर थे। इस तरह काफी संख्या में लोग ऊपर की ओर चढ़ा दिए गए जो इन साहसिक अभियानों का नेतृत्व ले सकते थे। ऐसे लोग शिक्षणीय विषय बनने में अक्षम होते हैं। इस तरह किसी सर्वशक्तिशाली नेता जिसके प्रति दूसरे लोग वफादारी की कसम खा सकते थे, के बदले काफी संख्या में लोग अपनी व्यक्तिगत आकांक्षा से इन राज्यों में उठ खड़े हुए। यह एक व्यक्ति के निरंकुश शासन को आगे बढ़ाने की स्थिति नहीं हो सकती थी। इन प्राचीन यूनानियों में देखते हैं, 'प्राच्य निरंकुशता' के लिए अवहेलना

इस स्थिति का एक प्रदर्शन थी। वहाँ निरंकुशता तो पैदा हुई, लेकिन निरंकुश शासकों को जनसाधारण का मत जीतना होता था इसलिए उन्हें एक जनप्रिय नेता के रूप में शुरू करना पड़ता था। यह सच है, रोमन गणराज्य एक साम्राज्य बनकर अपभ्रष्ट हो गया, लेकिन यह एशिया और अफ्रीका की पुरानी दुनिया के साम्राज्यों में से कुछ साम्राज्यों के तरीके से एक स्थापित वंशानुगत राजतंत्र कभी नहीं बन पाया। इसलिए यूरोप में केन्द्रीकृत नौकरशाही सम्बन्धी राज्य की पटरी कभी विकसित नहीं हो पाई। इस तरह जब रोम का उत्तराधिकारी कैटोलिंजियन साम्राज्य, अपने जागरण में एक सम्पूर्ण अराजकता छोड़कर ध्वस्त हुआ तो इसकी बर्बादी पर एक नई प्रथा विकसित हुई—सामन्ती प्रथा। परभक्षी समूहों का प्रधान, जिसके लिए यह काल स्वर्ण युग था, यूरोप के बृहत्तर भागों के किसानों पर दबाव डाला कि वे अपनी आजादी को त्याग दें और बदले में अपनी सुरक्षा के लिए इन योद्धा मालिकों के पास आ जाएँ।

फिर भी, सामन्ती यूरोप में बादशाहत बनी रही, लेकिन यह एक भिन्न प्रकृति की बादशाहत थी। राजा स्वयं एक सामन्त स्वामी होता था जिसका स्थान जागीर धारक असामियों और स्वामियों के श्रेणीक्रम के शीर्ष पर होता था। इंग्लैंड में विजय के फलस्वरूप नॉर्मन राजाओं का स्थान बड़ा शक्तिशाली था क्योंकि वे जीत हासिल करनेवाली सेना के शीर्ष पर होते थे। वे सामन्ती बैटन समुदाय के राजनीतिक बहानों को रोक पाने में सक्षम थे। यूरोप में भी राजा धीरे-धीरे सामन्त स्वामियों की आजादी को रोक पाने में सफल हो गया। उसका स्थान दो कारणों से हासिल किया गया, बारूद और धनलोलुप सेना के प्रवेश से। धनलोलुप सेना ने उसे सामन्त स्वामियों द्वारा दिए जानेवाले करों पर की निर्भरता से मुक्त कर दिया। और बारूद ने उनकी मोर्चाबन्दी को चकनाचूर करने में उसकी मदद की जिससे मालिकों का दुर्ग कायम हुआ था। यहाँ पुन: हमें राज्यसत्ता (अर्थात् राजा की सत्ता) की घटना दिखाई देती है जो सामन्ती प्रथा का प्रतिनिधित्व शहरी लोगों के उस पराए वर्ग की मदद से उक्त प्रथा को खत्म कर देने की योजना बना रही थी जो अभी-अभी पैदा हो रहा था तथा जिसे राजा सामन्त स्वामियों के विरुद्ध उकसा रहे थे। इस तरह पुन: राज्य के वर्ग सिद्धान्त के दृष्टिकोण से स्थिति विरोधाभासी हो जाती है। यह कहना काफी नहीं है कि सामन्ती प्रथा की कोई उपयोगिता नहीं रह गई थी, काफी पुरानी हो चुकी थी और उसे जाना ही था। पहले स्थान पर सामन्तवाद के खात्मे के बहुत पहले राष्ट्रीय राजतंत्र प्रबल हो चुका था, लेकिन यद्यपि सामन्ती प्रथा अपनी उपयोगिता खो चुकी थी, सामन्ती राज्य की, जिसका प्रतिनिधित्व राजसी सत्ता करती थी, इस पर आक्रमण करने के बदले इसकी रक्षा करनी चाहिए थी।

संसदीय रूपों के मूल तत्त्वों का प्रकट होना केवल तभी शुरू हुआ जब राजा राज्य के रूप में प्रकट हो रहा था और राजा और स्वामियों के बीच विशेष सम्बन्ध कायम हो रहा था। फ्रांस का स्टेट्स-जनरल और इंग्लैंड की संसद, ये दोनों तेरहवीं

सदी में अस्तित्व में आए और इनकी मंशा शाही प्रशासन में नये तत्त्वों को शामिल करने की थी। ब्रिटिश संसद का विकास 1215 के मैग्नाकार्टा का परिणाम था जो राजा जॉन की ज्यादतियों से आजिज आकर लाया गया था। 'संसद' शब्द स्वयं उस समय व्यवहृत नहीं होता था, लेकिन चार्टर की माँग थी कि क्षेत्र के सामान्य परिषद अर्थात् धर्माध्यक्षों, बैटनों और मुख्य काश्तकारों की सभा की सहमति के सिवाय सम्राट कोई असाधारण टैक्स नहीं लगा सकते हैं। बाद में इस परिषद को संसद के रूप में जाना गया। एड्वर्ड प्रथम के शासनकाल में यह लोककार्य के सम्पादन की एक स्थापित संस्था बन गई। इस चरण में हालाँकि यह महज एक कुलीन निकाय थी जिसका इरादा राजा की निरंकुश प्रवृत्तियों पर रोक लगाने का था, लेकिन धीरे-धीरे संसद का दायरा इसे सारे लोगों का प्रतिनिधित्व बनाने के लिए बढ़ गया। सम्प्रभुता की धारणा वस्तुत: राजा के साथ पैदा हुई और जैसे-जैसे राज्य को प्रभावित करनेवाले निर्णयों में आबादी की भागीदारी ने जनता की सम्प्रभुता की धारणा को फैलाया, यह निहितार्थ से पैदा हुई।

इस कल्पित अधिकार (सम्प्रभुता का) का सबसे पहले किसी व्यक्ति ने दावा किया और बाद में इसका इस्तेमाल कुछ या अनेक लोगों द्वारा सारे समाज पर अपनी निजी इच्छा लादने के लिए किए जाने का प्रयास होने लगा। राज्य ठीक वैसे ही प्रयास का विविध आविर्भाव रहा है।

फ्रांस में स्टेट्स-जनरल का विकास राजा और सामन्त स्वामियों के बीच के किसी बड़े विवाद के कारण नहीं हुआ था। वस्तुत: फ्रांस में सामन्तों ने लम्बे समय तक इंग्लैंड के अपने प्रतिरूपों की तुलना में सत्ता का ज्यादा सुख भोग किया, लेकिन राजा ने महत्त्वपूर्ण मामलों पर सलाह के लिए तीन महत्त्वपूर्ण क्रमों—अभिजात, पादरी और बर्जेस अर्थात् शहरी प्रतिनिधियों को बुलाना समीचीन समझा। अपने जातीय स्वभाव के कारण यह कोई बहुत सक्रिय निकाय नहीं था और बिरले इसकी बैठक हो पाई। हालाँकि विस्मरण का शिकार होने के चलते इसने अच्छी तरह से पुरानी व्यवस्था के ध्वंस के साथ अपने उद्देश्य की पूर्ति की, जब 1789 की फ्रांसीसी क्रान्ति के दौरान इसके गर्भ से नेशनल एसेम्बली की पैदाइश हुई।

इस तरह सारे संकेत इस विचार का समर्थन करते हैं कि राज्य का विकास राजाओं के एक व्यक्ति के शासन से विकसित हुआ था और राजाओं के पद जनजातीय समाजों के विवाद से उत्पन्न हुआ था। इस अर्थ में फ्रांसीसी राजा ने जब यह कहा, 'मैं ही राज्य हूँ' तो भले वह कहने का समय गलत था, लेकिन वह केवल सत्य का इजहार कर रहा था। बहरहाल इसका आधार धीरे-धीरे ही बढ़ा था। चूँकि राज्य अपने विविध अंगों को आदमियों से भरनेवाली आदमियों की एक संगठित संस्था होता है इसलिए यह अपने निहित स्वार्थों को ऐसे वर्गों और गतिविधियों में जो अपनी आवश्यकताओं का प्रावधान करते हैं विकसित करने के लिए बाध्य होते हैं। इसलिए

यह आश्चर्यजनक नहीं है कि यह समृद्ध वर्गों का विशेष खयाल रखता है तथा उनसे प्रभावित रहता है, लेकिन दूसरे समय यह उनकी चिह्नित आजादी को प्रदर्शित कर सकता है। राज्य चलाना लहरों की सवारी खेल जैसा है। प्रभुत्वशाली व्यक्ति जानता है कि लहर और कहाँ पैदा हो रही है तथा हमेशा सबसे मजबूत तरंग के शीर्ष पर होने की व्यवस्था करता है। राजनीतिक सत्ता धारण करनेवाले व्यक्ति जन और धन की आपेक्षित शक्ति को तौलते हैं और सामान्यत: जो ज्यादा ताकतवर होता है, उसका समर्थन हासिल करने का प्रयास करते हैं। अधिकांश पूर्ववर्ती समाजों में धन को एक सुरक्षित मित्र माना जा चुका था। अब जनता एक ऊँचा स्थान ग्रहण करना चाहती है।

राज्यों के विकास पर दृष्टिपात करते हुए यह कहा जा सकता है कि इतिहास के पहिए ने हमारे युग में फिर से एक दोलन किया है। वर्ग न्यस्त संस्थाओं और धर्मों के अनेक प्रकार के विवादों के कारण आजकल का रुझान राज्यों के पक्ष में है कि वह लोकतंत्र से कुलतंत्र के जरिए एक व्यक्ति में निहित तानाशाही की तरफ प्रस्थान करे।

लेकिन राज्य संगठन का एक पहलू ज्यादा स्थायी हो रहा है—अर्थात् नौकरशाही का उदय। जैसे-जैसे राज्य का क्षेत्र और कार्य बढ़ता गया है और जटिल होता गया है, राज्य नौकरशाही की अनेक शाखाओंवाली प्रथा इसके गिर्द पैदा होती गई है। इस नौकरशाही को औद्योगिक नौकरशाहियों के समान विकास नेटवर्क के द्वारा भी समान्तर किया जाता है। ये दोनों नौकरशाही सम्बन्धी संरचनाएँ आधुनिक समाजों में गहन रूप से गुँथी होती हैं। इसका लिहाज किए बिना कि 'सम्प्रभुता' एक व्यक्ति में निहित रहती है या अनेक व्यक्तियों में, यह राजतंत्र है, एक व्यक्ति की तानाशाही है, इसकी तानाशाही है या लोकतंत्र है, यह नौकरशाही सम्बन्धी प्रथा प्रत्येक जगह समान रूप से प्रभावशाली हो गई है।

नौकरशाही की इस सर्वव्यापकता से कोई सोच सकता है कि यह एक स्वतंत्र सत्ता बन रही है या पहले ही बन चुकी है। हालाँकि यह एक गलत विचार होगा। नौकरशाहियाँ अपनी तमाम श्रमसाध्यता (या इसके कारण) के साथ ऐसी भूमिका के लिए अक्षम होती हैं। वे कुख्यात रूप से सत्ता का एक आवश्यक अंग होती हैं जो पहल लेने में अक्षम होती हैं। वस्तुत: नौकरशाही का गठन इस भूमिका के लिए बिलकुल ही नहीं होता है। उसका निर्माण तो उस सत्ता की नीतियों को विश्वासी ढंग से ले चलने के लिए होता है जिसके वे अधीन होती हैं। सत्ता का फोकस हमेशा इन नौकरशाही के बाहर होता है। मैक्स वेबर ने नौकरशाहियों का गहन अध्ययन किया था। वह भी बताता है कि नौकरशाही अपनी सत्ता चमत्कारिक या पारम्परिक या कानूनी सत्ता से प्राप्त करती है। वे लोग जो सत्ता (वे एक हों, थोड़े हों या अनेक हों) धारण करते हैं, हमेशा नौकरशाही सम्बन्धी संगठन से बाहर होते हैं। नौकरशाही में अवशोषित हो जाना सत्ता का एकमात्र आकर्षण खोना है अर्थात् जिस तरह

से चाहे किसी की चीजों को बदलने की योग्यता। नौकरशाही न्यैत्यिकीकरण को प्रदर्शित करती है, न्यैत्यिकीकरण शब्द फिर वेबर से उधार लिया गया है। जबकि वे जो सत्ता का प्रयोग करना चाहते हैं, स्वयं तंत्र के बाहर खड़ा होने और वहाँ से अपने तमाम निजी उपकरणों से इसके मार्ग को निर्देशित करने की कल्पना करते हैं। हालाँकि नौकरशाही को जिन सिद्धान्तों पर संगठित किया गया होता है, उन सिद्धान्तों पर निर्भर नीति को यह नौकरशाही धीमा या तेज करके सन्तुलित कर सकती है।

उपर्युक्त विमर्श में हमने देखा कि समाजवादी आन्दोलन ने समाज को संसदों पर कब्जा जमाकर तथा मजदूर संघ और सहकारिता जैसे अन्य संगठनों का उपयोग कर राजनीतिक सत्ता के जरिए प्रयास किया, लेकिन हमने यह भी देखा कि इस प्रक्रिया में मजदूर संगठनों में और दल के भी अन्दर, दोनों में कुलतंत्रवाली प्रवृत्ति आ गई। हम अपने विमर्श में थोड़ा विषयान्तरित भी हो गए, और यह देखा कि जब कभी एक संघर्ष के प्रसंग में इस तरह के संगठन विकसित हुए जो एक सम्प्रदाय या जनजाति के आमने-सामनेवाले वर्ग से परे हो गए, तो इस नये कार्यों में जिन लोगों ने प्रमुख भूमिकाएँ ले रखी थीं उन्होंने उस समाज से आजादी की माप तथा उस पर नियंत्रण प्राप्त कर लिए जिससे कि वे प्रकट हुए थे। इस तरह कुलतंत्र के अनेक रूप समाने आ गए और खुद राज्य प्रकट हो गया। यह विषयान्तर अपने को सामाजिक संगठनों के निश्चित सामान्य लक्षणों के आमने-सामने लाने हेतु सुविचारित था। इन लक्षणों या रूपों का जिक्र कर हम उस दुविधा तक पहुँच जाते हैं जिसका सामना समाजवादी आन्दोलन राजनीतिक सत्ता के साथ अपने सम्बन्धों के अन्दर करता है। हम अब यहाँ सत्ता की प्रकृति का एक अध्ययन शुरू करेंगे।

सत्ता के संसाधन और तकनीक

सत्ता में इच्छित दिशाओं में व्यक्तिगत या सामाजिक व्यवहार को प्रभावित करनेवाली क्षमता होती है। स्वयं में सत्ता के बारे में कुछ भी शैतानी/क्रूर नहीं है। वस्तुत: कुछ अंश जो सत्ता का इस्तेमाल समस्त सामाजिक गतिविधियों में हो रहा है। माँ-बाप अपने प्रभाव का एक अंश अपने बच्चों के ऊपर इस्तेमाल करते हैं, शिक्षक अपने शिष्यों पर इस्तेमाल करते हैं इत्यादि।

दूसरे लोगों के आचरण को प्रभावित करने के लिए संसाधनों की आवश्यकता होती है। ये संसाधन अनेक तरह के हो सकते हैं। वे एक तरफ बहुत बड़ी सत्ता से लेकर दूसरी तरफ प्रत्यक्ष बलपूर्वक आदर नैतिक या पारम्परिक हैसियत, शिक्षा, पारिवारिक पृष्ठभूमि, सम्पत्ति और वे चीजें जिनके मूल्य होते हैं, उनकी विशेषज्ञता इत्यादि। इन संसाधनों की प्रभावोत्पादकता स्थिति दर स्थिति बदलती रहती है। राजनीतिक सत्ता ज्यादातर स्वभाव से जोर-जबर्दस्ती करनेवाली होती है, भले वह

प्रत्यक्ष हो या अप्रत्यक्ष। सम्प्रभुता का मिथ ही ऐसे कायम किया गया है कि सत्ता के इस्तेमाल पर एकाधिपत्य रहे और राजनीतिक प्राधिकार द्वारा की गई जोर-जबर्दस्ती को वैध ठहराया जा सके। चूँकि इसमें बल का इस्तेमाल अन्तर्निहित होता है, जनता का समर्थन स्वाभाविक रूप से राजनीति में सबसे शक्तिशाली संसाधन बन गया है। राजनीति में आज तक जनसमूह को सुनिश्चितता और कार्यक्रम के साथ संघर्ष में मोड़ पाने की काबिलियत काफी प्रभावशाली साबित हुई है।

लेकिन मनुष्य पत्थर नहीं है। इसलिए मनुष्यों को प्रभावित करने के लिए विषयों या मुद्दों का चयन करने के साथ-साथ मानवीय व्यवहार के कानून और किसी खास समय पर प्रचलित स्वभाव पर विचार करते हुए संगठनों का निर्माण करना पड़ता है। इस तरह जनता को संगठित करनेवाले लोगों के पास जनता को संचालित करने के विशेष कौशल का कुछ अंश तक ज्ञान होना जरूरी है। और सक्रियता हेतु लोगों को संगठित करना संगठनकर्ता पर संचालन का, एक निश्चित तरीका जोकि सफलता के लिए जरूरी होता है, दबाव डालता है। यह उस मूल लक्ष्य में हेर-फेर कर देता है जिस लक्ष्य के लिए संगठन का निर्माण हुआ था। संसदीय संस्थाओं का अपनी लक्ष्य प्राप्ति में समाजवादी लोकतंत्रवादियों द्वारा उपयोग किए जाने के प्रयास में हमने इस लक्ष्य विस्थापन का एक दृष्टान्त देखा है। दूसरा प्रभाव हम पहले ही देख चुके हैं। दूसरा प्रभाव वैसे लोगों का एक समूह तैयार करना है जो संगठन में निहित स्वार्थ को बढ़ावा देते हैं तथा संगठन के जनसाधारण की स्वतंत्रता का एक मानक तैयार करते हैं। इस तरह समाजवादियों द्वारा समाज में परिवर्तन लाने के लिए सत्ता का उपयोग करने के प्रयास की मंशा ही होती है कि उन्हें सत्ता के उस संजाल में फँसा दिया जाए तो उन्हें मूल्य लक्ष्य से दूर कर देता है।

कोई जितना ज्यादा समग्र रूप से और जल्दीबाजी में डरावनी सत्ता का इस्तेमाल कर समाज बदलने की इच्छा करता है, उतना ही ज्यादा समग्र रूप से यह व्यक्ति उन तत्त्वों का उपयोग करने के लिए बाध्य होगा जिनसे सत्ता हासिल होती है। समाजवादी लोकतंत्रवादियों ने बहुत अधिक नंगी सत्ता का इस्तेमाल नहीं किया क्योंकि उन्होंने सत्ता के तर्क के परिणामों से डरकर उग्र सुधारवाद को छोड़ दिया था, लेकिन अन्य समाजवादियों ने विशेषकर साम्यवादियों ने समाज को अपेक्षाकृत अत्यधिक सम्पूर्ण तरीके से समाज को बदलने के लिए सत्ता पर सम्पूर्ण नियंत्रण बनाए रखने का प्रयास किया है। वे सत्ता संघर्ष की सत्ता की सभी यांत्रिकियों का इस्तेमाल करने की जरूरत से बाध्य हो गए थे। इस प्रक्रिया में उन्हें अपने बुनियादी सिद्धान्त से बहुत दूर चले जाना पड़ा, लेकिन उनकी तकनीक के विश्लेषण पर आने से पूर्व हम यह देखेंगे कि सत्ता की इन तकनीकों में से मुख्य कौन-कौन से हैं।

जैसा कि ऊपर में कहा जा चुका है, जनता को आन्दोलित करना सत्ता के उपकरणों का सबसे प्रभावशाली हथियार है। इसलिए हमें अपना अध्ययन उस मानव

भागीदारी के अध्ययन के साथ शुरू करना चाहिए जो सामाजिक अन्त:क्रिया की बुनियादी इकाई होती है। इस सामाजिक अन्त:क्रिया की इकाई व्यक्तिगत मानवीय अहम होती है जिसके बारे में हम पूर्व में चर्चा कर चुके हैं कि यह मानवीय व्यक्तित्व के भीतर नैसर्गिक इच्छाओं और वस्तुनिष्ठ स्थितियों के बीच मध्यस्थ की भूमिका अदा करती है, लेकिन मनुष्य के पास समाज के अन्दर ही रहकर मानवीय बन सकता है, उसके लिए सामाजिक स्थिति सबसे ज्यादा महत्त्वपूर्ण स्थिति बन जाती है। बुनियादी आग्रहों की सन्तुष्टि जैसे सुरक्षा का आग्रह सम्बद्धता का आग्रह और समाज में स्थान का आग्रह, व्यक्तिगत अहम को उसके निकट के सामाजिक समूहों के साथ एकता की तरफ ले जाती है। इससे दो तथ्य सामने आते हैं—(1) इन समूहों के साथ अहम की पहचान; और (2) समूहों के मूल्यों के प्रति केन्द्रित अनुरूपता, जिसके साथ इसकी पहचान होती है। व्यक्ति की पहचान (सुविधा के खयाल से हम 'व्यक्तिगत अहम' के बदले 'व्यक्ति' का इस्तेमाल करेंगे क्योंकि वास्तविक सामाजिक संसर्ग में हमें केवल वैयक्तिक मानव प्राणी से मतलब रहता है। व्यक्तित्व का अलगाव केवल वहीं प्रासंगिक होता है जहाँ हम वैयक्तिक मनोविज्ञान का अध्ययन करते हैं) उसके सामाजिक समूहों के साथ उन सामाजिक समूहों के श्रेणीक्रम के अनुरूप तीव्रता का एक पैमाना तैयार करती है जिनसे कि वह सम्बन्धित होता है। सामाजिक समूह जितना करीब होता है, इसके साथ व्यक्ति का लगाव या पहचान उतनी ही अधिक गहरी होती है। उदाहरणस्वरूप, वह अपने वर्ग या जाति की तुलना में अपने परिवार के नजदीक ज्यादा होगा, अपने राष्ट्र की तुलना में अपनी जाति के नजदीक ज्यादा होगा इत्यादि। यह ज्यादातर व्यक्ति के अनुभव पर आधारित समूह के अस्तित्व की वास्तविकता और प्रासंगिकता पर निर्भर होगा। व्यक्ति के समक्ष अपने संकेतों के जरिए इन समूहों की नियत उपस्थिति ही पहचान की इस समझ को गहरा बनाती है। सामान्यत: नजदीकी समूह की ही उपस्थिति को ज्यादा स्थायी तौर पर महसूस किया जाता है, लेकिन संकेतों के उचित प्रबन्धन से सुदूर समूह की मौजूदगी को वैयक्तिक मन के लिए अपेक्षाकृत ज्यादा प्रासंगिक और आवर्ती बनाना सम्भव हो सकता है, और समूची स्थिति बदल जा सकती है। आधुनिक समाजों में प्राथमिक सामाजिक समूहों के ध्वस्त होने से 'राष्ट्र' सरीखे सामाजिक तत्त्व आसानी से वह चीज बन जा सकते हैं जिसके साथ पहचान का गहरा अनुभव होता है।

परन्तु दोनों अहम पहचान और समाज के नियमों के प्रति अनुरूपता वैसी घटना हैं जो केवल सांख्यिकीय भाव में सही है। व्यक्तिगत रूप से अन्य मनोवैज्ञानिक विशेषताओं जैसे जानकारी या निराशा की जिज्ञासा और खोज को लेने पर ये मनुष्य से सामाजिक नियमों को चुनौती दिलवा सकती है और हमें विरोधी मनुष्य और निराशाजनक स्थिति एवं विलगाववादी व्यक्ति मिलते हैं। इसके साथ ही व्यक्तिगत

विकस के अन्तर से लोग अलग-अलग समूहों के साथ स्वयं को पहचान सकते हैं, कुछ नजदीकी समूह के साथ होना पसन्द करेंगे तो कुछ दूर के समूहों के साथ। यह घटना सभी समाजों में निश्चित रूप से घटनी चाहिए, लेकिन ऐसा केवल आधुनिकीकृत तरह के अत्यधिक अनुज्ञात्मक समाज में ही होता है कि उन्हें अलग-अलग करना और खोज निकालना सम्भव होता है। ऐसे मनुष्यों को कहीं भी आसानी से दबा दिया या खत्म कर दिया जाएगा। हालाँकि जब हम मानीवीय समाजों को देखते हैं तो विरोधियों का खयाल न कर हम सफाई से सामान्य मानवीय व्यवहार को छोड़ दे सकते हैं।

अहम पहचान का यह तत्त्व जनान्दोलनों के अन्दर बहुत महत्त्वपूर्ण होता है। मनुष्य जब पूरी तरह से किसी संकेत के साथ पहचाना जाए तो केवल इसी स्थिति में ही ऐसा होता है कि वे महानतम आत्म-त्याग की माँगों का जवाब दे सकते हैं। पहचान का वह संकेत 'राष्ट्र' या 'वर्ग' जैसा हो सकता है। ऐसी किसी पहचान के बाद संकेत पर किसी तरह प्रहार या इसके प्रति दिखाया गया असम्मान, व्यक्ति पर किया गया प्रहार या असम्मान बन जाता है; और ऐसी स्थिति में उसकी प्रतिक्रिया ठीक उसी तरह की होती है जैसी वह व्यक्तिगत रूप से प्रहार के अन्तर्गत प्रतिक्रिया करता है। यह प्रतिक्रिया स्वाभाविक रूप से उस प्रतिक्रिया से ज्यादा मजबूत होती है जो पैसे के उसके लोभ की अपील से निकलती है। पूर्व के अध्याय में हम देख चुके हैं, चूँकि पैसा कुछ समाजों में हैसियत दिला दे सकता है इसलिए सम्पत्ति की रक्षा भी जोरदार प्रतिक्रिया दे सकती है। कुछ लोगों के साथ सम्पत्ति भी व्यक्तित्व का एक विस्तार है और सम्पत्ति को छीन लेना स्व के अंगोच्छेदन जैसा लग सकता है। यह अक्सर दोनों ही स्थितियों में होता है, सम्पत्ति पैतृक हो और बचपन से ही यह किसी के सामान्य अस्तित्व का हिस्सा बन गई हो या किसी ने अपना सारा जीवन इस सम्पत्ति के अर्जन में लगा दिया उसके लिए इसकी रक्षा एक जीवन कार्य बन जाता हो। सम्पत्ति पर हमले से गहरा रोष पैदा हो सकता है और इसके कारण से लोग भावप्रवणता से जाग उठ सकते हैं।

पूर्व के अध्याय में हमने एक-दूसरे तत्त्व की चर्चा की है। वह तत्त्व है, परम्परा से लगाव तथा नयेपन से सामंजस्य स्थापित करने में कठिनाई। अन्य मनोवैज्ञानिक विशेषताएँ जो सत्ता सम्बन्धों में महत्त्वपूर्ण होती हैं, जनजोश और जनस्मृति की क्षणभंगुरता हैं। किसी विषय पर शुरुआती जोश के बाद लोग अभ्यदत दिनचर्या में फिर से फिट हो जाने के लिए प्रवण होते हैं। वस्तुत: भावनात्मक स्तर पर जारी जोश एक भौतिक असम्भावना होता है। यह केवल उद्देश्य की जानकारी के साथ ही एक बौद्धिक स्तर पर दीर्घकाल तक बना रह सकता है, लेकिन ज्यादातर लोग जिनकी प्रतिक्रियाएँ सामान्यत: भावुक होती हैं, उन्हें अपना जोश बनाए रखने के लिए लगातार प्रेरित करते रहने की जरूरत होती है। उसी

तरह लोग अपने साथ किए गए भले और बुरे को बहुत जल्दी भूल जाते हैं, इस कारण से भावनाओं को भी तेजी से खत्म हो जाना चाहिए। इन्हीं तत्त्वों से जुड़े भय, ईर्ष्या, लालच इत्यादि के सामान्य तत्त्व हैं जिनके साथ सत्ता को चलानेवाले मनुष्यों का सम्बन्ध होता है।

यह मानव पदार्थ साधारण शैली में व्यवहार नहीं करता है। मार्क्स की परिकल्पना थी कि मानव पदार्थ साधारण शैली में व्यवहार करता है। यह स्पष्ट है कि उपरोक्त मनोवैज्ञानिक गुणों से सम्पन्न मनुष्य उसकी तुलना में कहीं ज्यादा जटिल शैली में व्यवहार करेगा जिसके अनुसार मनुष्यों को उनके कार्यों के लिए भौतिक लाभ के साधारण विचारों से या वर्ग एकता के विचार से प्रेरित किया जाएगा, फिर भौतिक प्रयोजनों से प्रेरित किया जाएगा। इस मानव पदार्थ को ठीक से चलाए जाने के लिए मानव मनोविज्ञान में बहुत ज्यादा अन्तर्दृष्टि और बहुत ज्यादा कौशल की जरूरत होती है। इसके अतिरिक्त समाजवादी जो सीधे सत्ता की राजनीति के खेल में उलझे थे, उस दुनिया से बिलकुल एक भिन्न दुनिया में रहते थे जिसकी कल्पना मार्क्स ने की थी।

मार्क्स और एंगेल्स ने दो ही स्थितियों को देखा था जिनके अन्तर्गत मजदूर वर्ग सत्ता पर काबिज हो सकता था। एक का उल्लेख कम्युनिस्ट घोषणापत्र में था जहाँ उन्होंने प्रजातंत्र की लड़ाई जीतनेवाले सर्वहारा के बारे में चर्चा की थी। एंगेल्स द्वारा विषय पर बाद में किए गए विमर्श से यह साफ है कि तब उन्होंने एक प्रजातांत्रिक व्यवस्था को उत्पन्न होते देखा था और उस प्रजातांत्रिक व्यवस्था में संसदीय संस्था के किसी रूप पर कब्जा जमानेवाले मजदूरों के बारे में सोचा था। अन्य रूप के तौर पर पेरिस कानून का उन पर प्रभाव था। इसमें वैसी स्थिति की कल्पना थी जहाँ बगावत के जरिए मजदूर तमाम विद्यमान बुर्जुआ संस्थाओं को ध्वस्त कर देगा और इसकी जगह सशस्त्र लोगों का राज्य निर्मित करेगा। उन्होंने आशा की थी कि सत्ता पर काबिज होने के इन तरीकों में से किसी एक को अपनाए रखने से अर्थव्यवस्था का विकास होगा जिसमें मजदूर वर्ग समाज का प्रभावी बहुमत के रूप में उभरेगा और पूरी तरह वर्ग चेतना से भरा होगा। ऐसी स्थिति में मजदूर वर्ग अपने लिए एक बार मताधिकार पा जाए तो यह स्वाभाविक रूप से सरकार के संसदीय प्रारूप पर दबदबा बना लेगा। उसी तरह बगावत को विगत सभी बगावतों के आलोक में एक छोटा और साधारण कार्य समझा गया था, लेकिन जैसे ही स्थिति ने स्वयं को सुलझा लिया, यह स्पष्ट हो गया कि दशाएँ उस दिशा में विकसित नहीं हुईं। जैसाकि हमने संसदीय राजनीति के साथ सोशल डेमोक्रेटों के संक्षिप्त विमर्श में देखा है, न तो समाज के स्तर पर, न ही वर्गों के आधार पर ऐसा कोई साधारण ध्रुवीकरण कभी सम्भव हुआ। इसके बदले संसदीय राजनीति का क्षेत्र अनेक वर्गीय हितों के साथ बार-बार काटा गया, अक्सर वर्ग

आधारों को पार कर और यह दबाव समूहों के जरिए अभिव्यक्त हुआ। इसके बाद खुद श्रमिक आन्दोलन में जटिल संगठन की जरूरत से कुलीनतंत्रों (अल्पतंत्रों) का विकास हुआ। बगावती राजनीति की लड़ाई कम कठिनाई से नहीं लड़ी गई। राज्य संगठन 19वीं सदी की तुलना में काफी जटिल और केन्द्रीकृत हो चुका था। साथ ही, अन्तरराष्ट्रीय गठबन्धनों के अनेक रूपों ने अति असम्भाव्य विद्रोह के तहत शासन को शीघ्र ही गिरा दिया। रूसी आन्दोलन के दौरान जैसा देखा गया था, पूरी तरह से बिखर चुके शासन ने भी, जिसकी सरकार छिन्न-भिन्न हो गई थी और सेना सहजता से गायब हो चुकी थी, करीब चार वर्षों तक विदेशी समर्थन के बल पर पुराने आदेश के अवशेषों की लामबन्दी करते हुए लड़ाई जारी रखा था। इस तरह एक विद्रोही दल को गृहयुद्ध में लम्बी और तेज लड़ाई को कार्यान्वित करने के लिए बहुत सावधानी से संगठित होना पड़ता था। आवश्यकतावश, इसके संगठन को शीर्ष पर एक अनुभवी क्रान्तिकारी 'जनरल स्टाफ' के साथ सेना की तरह तैयार करना पड़ता था। जिन लोगों ने समाजवादियों के बीच के संसदवादियों से भिन्न सत्ता पर पूर्ण कब्जा कासिल करने का प्रयास किया था, उन लोगों ने ठीक इसी तरह के राजनीतिक दल के बारे में विचार किया। इस तरह के दल और नई राजनीति को चलाने के लिए मार्क्स की बजाय दूसरे नेताओं की जरूरत थी। वस्तुत: वैसे लोगों की तकनीक जो सत्ता पर कब्जा वस्तुत: सत्ता हासिल करने या सत्ता को बरकरार रख पाने में जिन लोगों ने सफलता हासिल की है, उनके द्वारा इस्तेमाल में लाई गई तकनीकें जाने या अनजाने में मैकियावेली से ली गई हैं। वे मैकियावेली के सिद्धान्त का ही परिष्कृत और उन्नत रूप हैं। निस्सन्देह ये नई तनकीकें वर्तमान की जनसमूह की राजनीति की माँगों के अनुरूप ज्यादा थीं।

हालाँकि शुरू से ही मैकियावेली के राजनीतिक सिद्धान्तों को अपनानेवाले समाजवादियों के बीच एक कठिनाई थी। सत्ता हासिल करने के उद्‌देश्य के सिवाय मैकियावेली के सिद्धान्त में किसी अन्य उद्‌देश्य के प्रति कोई नैतिक पूर्वग्रह या संकोच नहीं था। उनके तंत्र के अन्दर सत्ता हासिल करने की चाह रखनेवाले अपने अवसरों का उपयोग बेहतरीन सम्भव प्रभाव के लिए कर सकते हैं और इस मामले में उन्हें कोई आदर्श या नैतिक संकोच डिगा नहीं सकता है। इस तरह जिन लोगों ने उच्च मानवीय विचार के साथ शुरू किया था, उनके समक्ष इसे एक बड़ी बाधा साबित होनी चाहिए थी, लेकिन एक बार समाजवादी आन्दोलन का लक्ष्य सम्पूर्ण सत्ता बन गया तो अन्य सभी विचार किनारे कर दिए गए। हालाँकि यह देखा जाएगा कि कम्युनिस्ट आन्दोलन ने सत्ता हासिल करने उसे बराकर रखने में जो सफलता हासिल की है, वह उनके इसी नीतिगत बदलाव के कारण है, न कि उनके उस मार्क्सवाद के कारण जिसके पास इस सन्दर्भ में पेश करने के लिए कुछ नहीं था।

विशेषकर मैकियावेली के एक उपदेश को उन समाजवादियों द्वारा दृढ़ता से पकड़ लिया गया है जिनका सत्ता प्राप्त करने का लक्ष्य अन्य लोगों के सत्ता प्राप्त करने के लक्ष्य से जैसा ही है। यह उस सवाल से सम्बन्धित है कि क्या जो क्रान्ति लाना चाहता है, उसे लोगों के स्वैच्छिक समर्थन पर निर्भर रहना चाहिए या उसे इस चीज को लोगों की इच्छा के विरुद्ध भी उन पर लाद देना चाहिए? मैकियावेली का जवाब था कि जनप्रिय समर्थन पर निर्भरता अविश्वसनीय होती है। साम्यवादियों की भी सोच उसी तरह की है। एक समकालीन मार्क्सवादी ने स्तालिन के शासन में रूसी अनुभव के बाद इस चीज को क्रान्ति के सिद्धान्त में उठाया। वह प्रश्नगत मार्क्सवादी आइजक दयोत्से था। उसने लियोन ट्रॉटस्की की तीन खंडों में आत्मकथा लिखी और मैकियावेली का प्रतिपाद्य विषय लेकर उसका नाम रखा—सशस्त्र पैगम्बर, निहत्था पैगम्बर और कुजात पैगम्बर। मैकियावेली का विचार साम्यवादी आन्दोलन के सोच में एक महत्त्वपूर्ण भूमिका निभाता है, इसलिए मैकियावेली के उस विचार को यहाँ उद्धृत करना आवश्यक है जो निम्नलिखित है—

"यदि हम इस विषय का समग्रता में वर्णन करना चाहते हैं तो इस बात की जाँच कर लेनी जरूरी होगी कि क्या ऐसी क्रान्तियाँ या नवीनताएँ उन्हीं पर निर्भर होती हैं या वे दूसरों पर विश्वास कर चलते हैं; अर्थात् यह कहें कि क्या उन्हें अपनी योजनाओं को कार्यरूप देने के उद्देश्य से अनुनय-विनय का सहारा लेना होता है अथवा क्या वे इन्हें बलपूर्वक पूरा कर ले सकते हैं? पहले मामले में वे हमेशा बुरी तरह सफल होते हैं और किसी चीज को निष्कर्ष तक पहुँचाने में असफल होते हैं; लेकिन जब वे अपनी शक्ति पर निर्भर रहकर अपनी क्रान्तियों को इसके जरिए कार्यरूप देते हैं तो उन्हें कोई खतरा नहीं रहता है। उसी कारण से ऐसा हुआ कि जो पैगम्बर हाथ में हथियार लेकर आए, वे सफल रहे और जो हथियार लेकर नहीं आए, नष्ट हो गए। उपर्युक्त काल के अलावा यह भी है कि जनता का मिजाज बदलता रहता है; उन्हें किसी चीज के लिए राजी कर लेना आसान है, लेकिन उन्हें उक्त विश्वास के लिए पक्का कर पाना मुश्किल है। इसलिए अगर जनता अधिक दिनों तक विश्वास नहीं करेगी तो पैगम्बर को उस विश्वास के लिए उन्हें बलपूर्वक बाध्य करने हेतु तैयार रहना चाहिए।"[11]

यह मनोभाव दृढ़ता से सभी प्रासंगिक तत्त्वों को हाथ में रखने तथा जनता और अपने नियंत्रण के बाहर की सम्भावनाओं पर कभी विश्वास नहीं करने से सम्बन्धित मैकियावेली के सामान्य मनोभाव का ही अंश था। उदाहरणस्वरूप, प्रेम और भय के बीच की पसन्द के बारे में वह लिखते हैं—"...जब आपको प्रेम और भय में से किसी एक को चुनना है तो प्रेम की अपेक्षा भय खाना ज्यादा सुरक्षित है।"[12]

और आगे—"इसके अतिरिक्त, मनुष्यों को जो व्यक्ति खुद को भयभीत रखता है की अपेक्षा जो व्यक्ति खुद को प्रिय बनाता है, को नाराज करने में थोड़ी कम

हिचक होती है; क्योंकि प्रेम जिम्मेदारी के एक बन्धन से जकड़ा होता है और चूँकि मानव जाति ही बुरी होती है, इसलिए यह प्रेम हर उस मौके पर टूट जाता है जब अनुगृहीत दल के हित में इसका टूटना जरूरी होता है, लेकिन भय सजा की आशंका से जकड़ा होता है जो मनुष्यों को कभी छोड़ता नहीं है।"[13]

मुसोलिनी लगभग समान शब्दों में इस विचार को प्रतिध्वनित करता है। एमिल लुडविग ने उससे सवाल किया था—"तो सबके बावजूद एक तानाशाह से प्रेम किया जा सकता है?"

मुसोलिनी ने जवाब दिया—"हाँ, बशर्ते कि साथ-साथ जनता उससे भय खाए। भीड़ एक शक्तिशाली व्यक्ति से प्रेम करती है। भीड़ एक औरत की तरह होती है।"[14]

और आगे उसने कहा—"जनता जबकि असंगठित है, वह मेरे लिए भेड़ के एक झुंड समान है। मैं किसी भी तरह उनका विरोधी नहीं हूँ। मैं केवल इस बात को अस्वीकार करता हूँ कि वे खुद पर शासन करने में सक्षम हैं।"[15]

यद्यपि लेनिन ने खुले तौर पर इस विचार का समर्थन नहीं किया। पार्टी संगठन से सम्बन्धित अपने विचारों में वह उसी तरह के रुझान को प्रकट करता है। 'क्या करना है?' नामक संगठन से सम्बन्धित अपनी पुस्तिका में वह जनता की पूजा पर तीखा प्रहार करता है। वह खुले रूप से इस चीज को स्वीकार करता है कि समाजवादी विचार स्वयं ही मजदूर वर्ग के लोगों में पैदा नहीं हो सकता है, और यह कि समाजवादी विचारों को बाहर से उनके अन्दर अन्य वर्ग से आनेवाले समाजवादी बुद्धिजीवियों द्वारा डाला जाना है। वह यह भी कहता है कि ज्यादातर मजदूर मध्यवर्ग की प्रचलित विचारधाराओं में डूबा हुआ है और इस तरह वे विचार जो स्वत: उनके बीच पैदा हुए थे, मध्यवर्गीय विचारधाराओं से काफी बिगड़ जाएँगे। इससे उसने यह निष्कर्ष निकाला कि एक समाजवादी दल मजदूरों का दल नहीं हो सकता है। इसके बदले इसे अपने खास वर्ग रुझान से पूरी तरह मुक्त पेशेवर आन्दोलनकारियों का एक दल बनना था जो आन्दोलनकारी विचारधारा के भाव में निमग्न था। आगे वह इस विचार का समर्थन करता है कि इस संगठन का नेतृत्व थोड़े-से मेधावी लोगों द्वारा किया जाना चाहिए। इस सन्दर्भ में वह कुलीनतंत्र के आरोपों के विरुद्ध जर्मन सोशल डेमोक्रेटिक पार्टी का बचाव करता है और इस कुलीनतंत्र को अपरिहार्य मानता है। वह लिखता है—"जर्मनों के राजनीतिक विचार पूर्व से ही पर्याप्त रूप में विकसित हो चुके हैं और इसने काफी राजनीतिक अनुभव हासिल कर लिया है जो जर्मनों को यह समझने के योग्य बना देता है कि 'दर्जनभर परीक्षित' और मेधावी नेताओं (और मेधावी लोग सैकड़ों की संख्या में पैदा नहीं होते हैं), पेशेवर रूप से प्रशिक्षित, लम्बे अनुभव से शिक्षित तथा पूर्ण सौहार्द में कार्यरत के बगैर आधुनिक समाज का कोई भी वर्ग एक निर्धारित संघर्ष का संचालन कर पाने में सक्षम नहीं है।"[16]

अगला कदम तर्कसंगत ढंग से इसी से निकला। यदि मजदूर और किसान क्रान्तिकारियों को सत्ता में लाकर पेशेवर क्रान्तिकारियों का अनुसरण करने के लिए निरुत्साहित रहना शुरू कर दें तो क्रान्तिकारी क्या करेंगे? यही वह सवाल था जो रूस की अक्टूबर क्रान्ति के बाद के वर्षों में बना रहा। चुनाव दो ही चीजों के बीच करना था; या तो मजदूरों और किसानों के विशाल बहुमत की माँग के आगे झुक जाया जाए या उनके नियंत्रण में रहने को स्वीकार कर लें। दूसरा तरीका था, मजदूरों के विरोध को अपनी उन नीतियों से दबा देना, जिन्हें वे जारी रखना चाहते थे और वे जिसे क्रान्तिकारी नीति समझते थे उसके साथ आगे बढ़ते जाएँ। यदि संगठन से सम्बन्धित लेनिन के विचार को स्वीकार कर लिया गया तो यह निष्कर्ष निकालना तर्कसंगत ही था कि मजदूरों को अपने हितों की जानकारी नहीं थी और उनके हितों को बढ़ाने के लिए उन्हें बलपूर्वक समझाने की जरूरत थी। वस्तुत: यही तरीका अपनाया गया। जनता को अपनी 'अनभिज्ञता' जाहिर करने की मंजूरी नहीं थी। यह सवाल दूसरी मर्तबा 1928 में कृषि के सामूहिकीकरण के सवाल पर उठाया गया। स्टालिन ने मैकियावेली का भूत बनकर इसका जवाब दिया, और ग्रामीण रूस का सामूहिकीकरण हो गया।

इस बात का उल्लेख करना रोचक है कि हमारे समय के एक-दूसरे शक्तिशाली आन्दोलन के मसीहा हिटलर ने 'मसीहा' और जनता के बीच के सम्बन्ध से सम्बन्धित सवाल का वैसा ही जवाब दिया था। उसने लिखा था—"इस दुनिया में प्रतिभाशाली व्यक्ति का सृजनात्मक काम हमेशा जनता की जड़ता के खिलाफ विरोध ही नहीं होता है? यदि राजनेता संसदीय बहुमत को अपनी नीति के पक्ष में असहमति देने हेतु फुसला पाने में असफल रहता है तो वह क्या करेगा? क्या वह किसी तरह के विचार वास्ते उस सहमति को खरीदेगा? या अपने सभी नागरिकों की अड़ियल मूर्खता से सामना होने के वक्त क्या उसे उन उपायों को आगे बढ़ाने से परहेज करना चाहिए जिन्हें वह राष्ट्र के जीवन के लिए परम आवश्यकता समझते हैं? क्या उसे अवकाश प्राप्त कर लेना चाहिए या सत्ता में बने रहना चाहिए?"[17]

स्पष्टत: लेनिन और स्टालिन के जवाब की तरह हिटलर का जवाब ऐसी स्थिति में सत्ता में बने रहने का था। इस मनोभाव की यह समानता अपने बारे में सोचने की जनता की क्षमता से बने समान अनुमानों से पैदा होती है। हम नीचे उस सवाल पर हिटलर का विचार उद्धृत कर रहे हैं जिसमें जनता के सवाल पर लेनिन का विचार प्रतिध्वनित होता है। उसने लिखा था—"'जनता की राय' शब्द की चाह जो भी परिभाषा दी जाए, केवल इसका एक छोटा सा अंश ही व्यक्तिगत अनुभव या व्यक्तिगत अन्तर्दृष्टि से पैदा होता है। इसका बड़ा भाग तो उस तरीके से प्रतिफलित होता है जिसमें लोक मामलों को जनता के समक्ष 'सूचना' के अत्यधिक प्रभावशाली और स्थायी तंत्र के जरिए प्रस्तुत किया गया है।[18]

गठबन्धन के अन्य दलों और समूहों पर किसी के अपने दल के दबदबे का विचार भी उसी समझ-विचार से पैदा होता है। वहीं सम्बन्ध जो सजग नेतागण और भोली भाली जनता के बीच रहता है, 'हरावल' दल और गठबन्धन के अन्य सहयोगियों के बीच भी होना चाहिए क्योंकि उसी तर्क के अनुसार उन पर विश्वास नहीं किया जा सकता है कि वे आन्दोलन को सही लक्ष्य तक पहुँचा देंगे। इसलिए जब गठबन्धन के घटकों ने हरावल दल का स्थान ग्रहण करने में मदद की है, वे अधीनस्थ कर लिए गए हैं या खत्म कर दिए गए हैं। गठबन्धन के सहयोगी दलों के विश्वास के दुरुपयोग से उपजी किसी भी परेशानी को हटाने के लिए मैकियावेली पुन: एक उत्कृष्ट सिद्धान्त देता है। उसने लिखा है—"एक दूरदर्शी राजा का अपना अवलोकन जब उसकी रुचि और हित के विरुद्ध हो तो वह अपने वचनों को पूरा नहीं कर सकता है और न करना चाहिए और जब वे विषय जिसने उसे वचन देने के लिए प्रेरित किया था, प्रतिकूल लगें तो उसका विश्वास ज्यादा देर तक कायम नहीं रहता है...लेकिन जैसाकि मनुष्य स्वभावत: बुरा होता है, और वह आपके प्रति अपने विश्वास का अवलोकन नहीं करेगा, आपको भी उसी तरीके से उनके प्रति अपने विश्वास का अवलोकन करना चाहिए; और किसी राजा को अभी तक कभी वैध कारणों का अभाव नहीं हुआ जिनसे कि वह अपनी सुविश्वास की कमी को बढ़ा-चढ़ाकर कहे।"[19]

इस लाभदायक परामर्श का व्यवहार करते हुए रूस में बोल्शेविक सहयोगी बतौर सामाजिक आन्दोलनकारियों और अराजकतावादियों से अक्टूबर क्रान्ति के लिए हाथ मिलाने में और बाद में उन्हें प्रतिक्रान्तिकारी के रूप में परित्याग कर खत्म कर देने में सक्षम थे। उसी तरह आन्दोलन के दौरान एक वर्ग के रूप में किसान एक सहयोगी घटक था और बाद में 'समाजवाद का शत्रु' कहकर उसका परित्याग कर दिया गया और सामूहिकीकरण के दौरान उसे खत्म कर दिया गया। भारत में कम्युनिस्ट पार्टी (मार्क्सवादी) ने 1968 ई. में अनेक राजनीतिक दलों को मिलाकर एक एकीकृत मोर्चा बनाया तथा चुनाव बाद गठबन्धन के सहारे सत्ता में आई, लेकिन एक बार सत्ता में आई तो शीघ्र ही गठबन्धन के अन्य सहयोगियों को हत्या और भय-संत्रास के माध्यम से खत्म करना शुरू कर दी। हालाँकि वह अपने इस मुहिम में सफल नहीं हो कसी क्योंकि पार्टी के हाथ बँधे हुए थे। वह भारत के संघीय ढाँचे में काम करनेवाले राज्य की सत्ता पर काबिज थी जिसकी अपनी सीमाएँ थीं अन्यथा वह अपने तरीके में त्रुटि तथा इस काम को करने में सरगर्मी की कमी के कारण विफल नहीं हुई। इस तरह वह अपने काम को पूरा करती, इसके पहले ही उसे सत्ता छोड़नी पड़ी। अपने सहयोगियों के साथ उसका व्यवहार ठीक उसी तरह का था जैसा हिटलर और मुसोलिनी का होता था।

मुसोलिनी दृढ़ता से ठीक उसी जुगत से जुड़ गया था। 1921 के चुनावों में वह जियोलिटी और अन्य जैसे उदारवादियों के गठबन्धन से जुड़ा, लेकिन उदारवादी

इतालवी संसद के भीतर सभी दलों की सहभागिता में विश्वास करते थे जबकि मुसोलिनी का एक अलग ही नजरिया था और उसने इसे बिलकुल साफ कर दिया।

"उसने जियोलिटी के इस भ्रम का उपहास किया कि वह फासीवाद का उपयोग कर सकता है और यह वादा किया कि विटोरियो विनेतो पीढ़ी की युवा ताकतें जल्द ही पुरानी इटली और इसके थके-मादे शासक वर्ग को पोंछ डालेंगी। फासीवाद 'अस्तित्वमान उदारवादी राज्य से हिसाब बराबर करने की तैयारी में' राज्य के अन्दर बोल्शेविक राज्य को तहस-नहस कर रहे थे।"[20]

मुसोलिनी ने बाद में यह साबित कर दिया कि वह अपने शब्दों के समान 'खरा' था तथा वह अपनी पार्टी को छोड़कर अन्य सभी पार्टियों को ख़त्म कर देने में सफल रहा। इसी तरह की विधि हिटलर ने भी अपनाई और उसने न केवल सत्ता और पुरानी सेना की आजादी तथा नौकरशाही, जिसने सत्ता हासिल करने में मदद की थी, को तहस-नहस किया बल्कि स्टॉर्म ट्रूपर रोएन के प्रधान की तरह अपने कुछ घनिष्ठ सहकर्मियों की भी हत्या कर दी। हिटलर को जब लगा कि वह अपनी उपयोगिता खो चुका है तथा उसका प्रतिद्वन्द्वी बन जा सकता है तो उसने उसकी हत्या कर दी। स्टालिन ने भी ठीक ऐसा ही अपने अधिकांश पुराने सहकर्मियों के साथ किया और ऐसा करके अपनी सत्ता को मजबूत किया।

इस सोच का लाभ इस तथ्य में निहित रहता है कि इस तरह के गठबन्धनों में पहल हमेशा पार्टी के हाथों में रहती है जो अत्यन्त एकल दिमाग से सत्ता पर एकाधिकार जमाने का यह काम करती है। ऐसा इसलिए होता है कि इस तरह के दल को अपने आक्रमण के लिए किसी कारण की जरूरत नहीं होती है। कारण तब ढूँढ़ा जाता है जब उसे अपने सहयोगियों को खत्म करने के लिए यह लाभदायक और सामयिक जान पड़ता है। दूसरी तरफ दूसरे सहभागी अनभिज्ञ रहते हैं क्योंकि उन्होंने इस तरह के आक्रमण की पात्रता हेतु कुछ नहीं किया है। इस तरीके से इस तरह की एक निश्चित पार्टी हमेशा इन गठबन्धनों से मजबूत होती जाती है जबकि दूसरे दल धीरे-धीरे नष्ट हो जाते हैं।

कम्युनिस्टों ने इस विधि को पूर्ण विकसित किया है और यह विधि अब कम्युनिस्टों के साथ एक सूत्र बन गई है। ये सब इस प्रक्रिया के विभिन्न चरण हैं। पहले वे एक सामान्य शत्रु का चयन करते हैं तथा इस तरह से चयनित शत्रु का सामान्य विरोध करनेवाले ज्यादा-से-ज्यादा समूहों और वर्गों के साथ गठबन्धन तैयार करते हैं। इसके बाद निर्मूलन की प्रक्रिया शुरू होती है। एक के बाद एक जैसे-जैसे स्थिति बनती जाती है, जब तक कम्युनिस्टों के हाथ में सत्ता का नियंत्रण रहता है, शत्रु के सहकर्मी और अभिकर्ता के तौर पर विभिन्न वर्गों और समूहों का परित्याग होते रहता है। इस प्रक्रिया में जब कम्युनिस्टों द्वारा सुरक्षित ढंग से सत्ता हथिया लिया गया है, वे वर्ग या समूह जिनका व्यापक आधार होता है उन्हें सबसे

अन्त में अधीन में किया जाता है। वे समूह जो अपेक्षाकृत ज्यादा सुदृढ़ होते हैं और इस आधार पर अन्य समूहों की ईर्ष्या और शत्रुता को बढ़ाते हैं, ऐसे समूहों को सबसे पहले खत्म किया जाता है। इसे व्यक्तियों के इस वर्ग की संख्यात्मक हीनता के आधार पर और आसान बनाया जाता है।

आनुषंगिक रूप से एक ही समय पर एक दुश्मन को खत्म करने की नीति एक दूसरी रणनीति के भी अनुकूल होती है अर्थात् शत्रुओं के एक खंड की तरफ जनता का ध्यान मोड़ने की रणनीति के। पुन: यह एक नीति है जो हिटलर और कम्युनिस्टों, दोनों के लिए सामान्य है। हिटलर ने हमें इस रणनीति के समर्थन में एक बिलकुल तर्कसंगत व्याख्या दी है। उसने लिखा है—"...अकेले मनोवैज्ञानिक कारणों से, जनता के समक्ष विरोधियों के दो या उससे ज्यादा समूहों को रखना समीचीन नहीं होता है क्योंकि यह जनता की लड़ाकू शक्ति का पूर्ण विखंडन कर देता है..."[21]

और आगे—"...किसी नेता के अनुगमन के कमजोर और डगमगानेवाले गुण, यदि उन्हें अनेक दुश्मनों का सामना करना पड़े तो आसानी से अपने विषय के न्याय की बाबत सन्दिग्ध होना शुरू हो जाते हैं। ज्यों ही डगमगानेवाली जनता स्वयं को शत्रुओं के विभिन्न समूहों से बने विरोध का सामना करती हुई देखती है, कार्य-विषयता का उनका ज्ञान जाग्रत हो जाता है और जनता सवाल करती है यह कैसे हो सकता है कि तमाम दूसरे लोग गलत हों तथा वह खुद और उसका आन्दोलन अकेले सही हो।"[22]

हिटलर अपने सभी शत्रुओं को अपने पसन्दीदा बलि के बकरे यहूदियों से इकट्ठा करने का उपाय ढूँढ़ चुका था—मार्क्सवाद यहूदी सम्प्रदाय था, सोशल डेमोक्रेसी यहूदी सम्प्रदाय थी, 'अन्तरराष्ट्रीय वित्त पूँजी' यहूदी-सम्प्रदाय का प्रकटीकरण था और प्रथम विश्वयुद्ध में जर्मनी की पराजय यहूदी षड्यंत्र का नतीजा थी। इस तरह वह जनमानस को सभी जगह इस कथित धमकी के अनगिनत प्रकटीकरणों पर आन्दोलित किए रहा। उसी तरह स्टालिन के अधीन रूसी कम्युनिस्टों ने अपने सभी विरोधियों को साम्राज्य-समर्थकों से घेर दिया। उनकी सभी विफलताएँ तथा पार्टी के भीतर स्टालिन का विरोध भी साम्राज्यवादी षड्यंत्र का एक उत्पाद बन गईं। इस तरीके से, इस मतप्रचार ने हिंसा के साथ साझा किया और स्टालिन के जीवन के अन्त तक लोकमन को शान्त बनाए रखा। वर्तमान समय में साम्यवाद का सामान्य दुश्मन पूँजीवाद या साधारण साम्राज्यवाद नहीं है बल्कि 'अमेरिकी साम्राज्यवादियों का नेतृत्ववाला विश्व साम्राज्यवाद' है। प्रत्येक राष्ट्र में उनके विरोधी शासक वर्ग 'अमेरिकी साम्राज्यवाद' की सामन्ती-एकाधिकारी-कठपुतलियाँ बन जाते हैं। इस तरह का प्रचार जनता को बुद्धू बनाए रखने में प्रभावी साबित हुआ है। इस तरह से एक भयानक खतरे की छवि का जादू दिखाकर लोगों को उत्तेजित बनाए रखा जाता है। यह संसूच्यता की एक अनुकूल मनोवैज्ञानिक स्थिति है। लोग जब तक इस तरह

की आशंका के तहत श्रम करते हैं, वे बहुत-सी व्यर्थ की बातों पर विश्वास करने के लिए प्रवृत्त होते हैं जोकि शान्ति के क्षणों में उपहासजनक लगेंगे।

एक सन्दर्भ में सत्ता के आधुनिक इंजीनियरों को मैकियावेली के समकालीनों का जिस स्थिति में सत्ता चलानी पड़ती थी, उससे बहुत ही भिन्न स्थिति में सत्ता का संचालन करना पड़ता है। यद्यपि मैकियावेली के जमाने में भी राजनीति भी एक खेल ही थी जिसका निर्धारण विरोधियों की सेनाओं और राजाओं के काफी गुप्त षड्यंत्रों के द्वारा होता था, वर्तमान समय की राजनीति ज्यादातर जनसाधारण के प्रबन्ध से निर्णीत या निर्धारित होती है। परिणामस्वरूप, आधुनिक विश्व में श्रमिक वर्ग की जोड़-तोड़ ने, विशेषकर वर्ग तत्त्वों के नाजुक सन्तुलन ने सर्वोच्च महत्त्व का स्थान ग्रहण कर लिया है। ऐसा नहीं है कि मैकियावेली का जमाना पूरी तरह से वर्ग तत्त्वों के प्रभाव और सत्ता ग्रहण करनेवालों के लिए वर्ग तत्त्वों के महत्त्व से मुक्त था। नगर राज्यों की इटली में रहते हुए मैकियावेली को सीमित पैमाने पर ही सही राजाओं का भाग्य बनाने और बिगाड़ने में श्रमिक वर्ग के प्रभाव को देखने का अवसर तो मिला ही था। यद्यपि वह आधुनिक जननेताओं की चतुराई को हासिल नहीं कर सकते थे, फिर भी अपने समय के प्रतिस्पर्द्धी वर्गों के सिलसिले में राजाओं को कैसा व्यवहार करना चाहिए, इस बारे में उनके पास कहने के लिए कुछ था। इस तरह वह लिखते हैं—"तब, मैं कहता हूँ कि ऐसे राज्यों को या तो जनता के समर्थन से या फिर अभिजात लोगों के समर्थन से प्राप्त किया जाता है; क्योंकि प्रत्येक राज्य में दो भिन्न प्रवृत्तियाँ होंगी जो इस तथ्य से प्रतिफलित होती हैं कि जनता अभिजात लोगों से शासित होना और सताया जाना नापसन्द करती है जबकि अभिजात जन जनता को सताने और उस पर शासन करने का प्रयास करते हैं... एक राज्य या तो जनता की इच्छा से या उन अभिजातों से प्रतिफलित होता है, और जनता और अभिजात में से कोई एक प्रचलित होता है तथा उसी के पास अवसर रहता है...वह जो अभिजात व्यक्तियों के सहयोग से राजा बनता है, उसे स्वयं को बनाए रखने में अत्यधिक परेशानी होती है। वह व्यक्ति जो जनता के सहयोग से इस उच्च पद पर आरूढ़ होता है, उसे इसकी तुलना में कम परेशानी होती है क्योंकि पहलेवाला स्वयं को उन अनेक लोगों से घिरा होता है जो अपने विचार में स्वयं को उसक बराबर समझते हैं और इसके चलते वह अपने तरीके से न तो उनको नियंत्रित कर सकता है न ही उनका प्रबन्ध कर सकता है..."[23]

इस तरह हम इस प्रारम्भिक तिथि में भी राजाओं के लिए जनता के समर्थन पर विश्वास करने की सलाह देखते हैं। वस्तुत: यूरोपीय पुरातनता में भी, यूनानी और रोमन जगत में, तानाशाही के उम्मीदवारों ने सदा जनसाधारण के समर्थन पर विश्वास किया था। हमारे अपने समय में जब राज्यों का विकास विशाल भूक्षेत्रों पर हुआ है तथा जनता का जीवन एक-दूसरे से काफी अलग रहनेवाले मनुष्यों

की गतिविधियों पर निर्भर है, राज्य के स्थायित्व में जनता का सक्रिय या निष्क्रिय समर्थन एक आवश्यक तत्त्व बन गया है। इसलिए न केवल लोकतंत्रों के तहत जहाँ कि लोगों को नीतियों पर अपने विचार देने की मंजूरी मिली रहती है बल्कि तानाशाही शासनों के तहत भी लोगों को एक या दूसरे उपकरण से शान्त करने के लिए नियत ढंग से प्रयास करना होता है।

राजनीति में जनसाधारण के असीम मूल्य के कारण समाजवादी, साम्यवादी और फासीवादी, सभी ने अपने-अपने उद्देश्य के लिए जनसाधारण को लामबन्द करने का प्रयास किया है। कभी-कभी जनसाधारण के वे वर्ग जिनसे उन्होंने अपील की हैं, भिन्न-भिन्न रहे हैं, लेकिन हमेशा ऐसा नहीं होता है। कभी-कभी वे सब के सब आबादी के एक ही वर्ग को अपने पक्ष में करने का प्रयास करते हुए दिख जाते हैं। जिन दलों ने समाज में बदलाव लाने का प्रयास किया है, उन दलों ने विशेष रूप से जनसाधारण के सक्रिय हस्तक्षेप को ज्यादा वजन दिया है। इस तरह हिटलर निम्नलिखित शब्दों में जनसाधारण को प्रसन्न करता है—"महान लक्ष्य करनेवाले आन्दोलन को अधिसंख्य जनता के सम्पर्क में रहना चाहिए और जनता से सम्पर्क भंग होने के खतरे से अपनी रक्षा करनी चाहिए। सामने आई समस्या की सबसे पहले इस दृष्टिकोण से जाँच होनी चाहिए और लिया जानेवाला निर्णय हमेशा इस सिद्धान्त के सुसंगत होना चाहिए। आन्दोलन को उस प्रत्येक चीज से दूर रहना चाहिए जो जनसाधारण को प्रभावित करने की इसकी शक्ति को कम या कमजोर करती है; जनोत्तेजक उद्देश्य से नहीं बल्कि इस साधारण तथ्य के कारण कि कोई भी बड़ा विचार, चाहे वह कितना भी उन्नत और उदात्त क्यों न लगे, बगैर प्रभावशाली शक्ति के व्यवहार में महसूस नहीं हो सकता है और यह प्रभावशाली शक्ति जनसाधारण में निवास करती है।"[24]

जनसाधारण की भूमिका से सम्बन्धित इस बयान पर कुछ साम्यवादी सुधार कर सकते थे। वस्तुत: यह माओ के उस विचार से तुलनीय है कि आन्दोलनकारियों के लिए जनसाधारण उसी तरह से होता है जिस तरह से मछली के लिए पानी होता है।

परन्तु 'जनसाधारण' जनता के किसी सजातीय समूह का प्रतिनिधित्व नहीं करता है। यह जनसाधारण अनेक तरह से बँटे हुए होते हैं—वर्ग, राष्ट्रीयता, धर्म या अन्य हितों के अनुसार। क्रान्तिकारी (या प्रतिक्रान्तिकारी) दल जनसाधारण के उस समूह का इस्तेमाल करते हैं जो समूह उनके हित का सबसे ज्यादा खयाल करते हैं। जनसाधारण का विद्रोह बवंडर की भाँति होता है जिससे आन्दोलनकारी दल अपनी नाव सजाकर अपनी सत्ता की मंजिल तक पहुँच जाते हैं। ऐसा हमेशा नहीं होता है कि पार्टियाँ उन वर्गों के आधार पर नियंत्रण करने का प्रयास करती हैं जिनके लक्ष्य उनके अपने लक्ष्यों के सदृश होते हैं। दूसरी तरफ, जनसाधारण सहित जनता के अनेक वर्गों को अस्थायी रूप से अनुकूल बनाने के क्रम में सिद्धान्तों पर बहुत

ज्यादा समझौता होता है। उदाहरण के तौर पर, लेनिन ने रूसी आन्दोलन के दौरान जब भूमि पर बलपूर्वक कब्जे तथा उसका किसानों द्वारा विभाजन करने को वैध ठहराने का निर्णय किया था तो यह इसलिए नहीं किया था कि यह एक समूहवादी अर्थव्यवस्था के लक्ष्यों के अनुरूप था, लेकिन यही वह एकमात्र रास्ता था जिसके द्वारा नये शासन के पक्ष में किसानों की निष्ठा को प्राप्त किया जा सकता था। माओ त्से तुंग एक कदम और आगे बढ़ गया और उसने अपने समूचे आन्दोलन को ग्रामीण आबादी पर आधारित कर दिया जिसमें धनी और गरीब किसान तथा भू-स्वामियों का एक वर्ग भी शामिल था। केवल उतना ही नहीं, मार्क्स और एंगेल्स ने उस बहुसंख्यक जनसाधारण की इतनी उपेक्षा की कि परिवर्तनकारी आन्दोलन में निम्न वर्ग को जोत दिया गया। इस सवाल पर एंगेल्स और माओ के विचारों की तुलना करना रोचक रहेगा। फ्रेडरिक एंगेल्स लिखता है—"यह निम्न वर्ग सभी वर्गों के चरित्र भ्रष्ट तत्त्वों का झाग है। इसका मुख्यालय बड़े-बड़े शहरों में होता है। यह सभी सम्भव मित्रों में सबसे बुरा है। यह काफी घूसखोर और निर्लज्ज है। फ्रांसीसी मजदूरों ने यदि प्रत्येक आन्दोलन में घरों पर यह लिखा—चोरों को मौत! तथा इनमें से कुछ को मार दिया तो धन के प्रति आदर के कारण ऐसा नहीं किया बल्कि वे सबसे पहले इस गिरोह से मुक्ति पाना आवश्यक समझते थे जो सही था और इसी कारण से किया। मजदूरों का वह प्रत्येक नेता जो इन गुंडों का रक्षक के तौर पर इस्तेमाल करता है या समर्थन के लिए उन पर निर्भर रहता है, स्वयं को केवल इसी करनी से आन्दोलन द्रोही साबित करता है।"[25]

लेकिन इस वर्ग के प्रति माओ की भिन्न सोच थी। वह 1928 में चीन की कम्युनिस्ट पार्टी की केन्द्रीय समिति के समक्ष प्रस्तुत की गई अपनी रपट में कहता है—"लाल सेना की रचना में एक तरफ मजदूर और किसान हैं तो दूसरी तरफ निम्न वर्ग है। निस्सन्देह निम्न वर्ग को भारी अनुपात में रखना उचित नहीं है, लेकिन लड़ाई रोज चल रही है और भारी संख्या में मौतें हो रही हैं, इस निम्न वर्ग का प्रतिस्थापन करना आसान काम नहीं है। हालाँकि ये अच्छे लड़ाका हैं। इन परिस्थितियों में एक ही काम करना है और वह काम है, राजनीतिक प्रशिक्षण को तेज करना।"[26]

वर्गों के प्रति इन दो विचारों के बीच का यह मौलिक अन्तर वैज्ञानिक समाजवाद के संस्थापकों तथा उनके साम्यवादी अनुयायियों के सोच में बुनियादी अन्तर से पैदा होता है। मार्क्स मूलत: एक समाजवादी चिन्तक थे जिसने निश्चित नियमों के अनुरूप सामाजिक विकास को देखा था। उनको लगा कि उन्होंने इन निश्चित नियमों की खोज की है। उनके इस विचार के अनुसार क्रान्ति के बाद एक नया समाज वर्ग के रूप में विकसित है जो क्रान्ति की अगुआई करता है। और हमारे अपने युग में यह भूमिका औद्योगिक सर्वहारा को निभानी थी। मार्क्स स्वयं हमेशा 'जनसाधारण', 'जनता' इत्यादि जैसे अस्पष्ट शब्दों के इस्तेमाल को परिवर्तनकारी आन्दोलनों का

विश्लेषण करने के प्रसंग में अनुचित समझते थे। उन्होंने हमेशा 'बुर्जुआ', 'सर्वहारा', 'निम्न बुर्जुआ', 'किसान' इत्यादि जैसे शब्दों का इस्तेमाल किया, जिनके स्पष्ट वर्ग लक्ष्यार्थ होते हैं, लेकिन शब्दों के इस्तेमाल का यह अन्तर वास्तव में सामाजिक घटना के प्रति विभिन्न भावों को प्रतिबिम्बित करता है। मार्क्स स्पष्टता ढूँढ़ रहे थे जबकि उनके साम्यवादी अनुयायियों का लक्ष्य सत्ता रही है। इस दृष्टिकोण से देखने पर 'जनसाधारण' और 'जनता' जैसे शब्द काफी परिवर्तनशील हैं और इस तरह राजनीतिक पैंतरेबाजी के लिए आवश्यक लचीलापन प्रदान करते हैं। इस तरह लोगों के उसी जमावड़े को मामूली बदलाव के साथ साम्यवादी आन्दोलन की अवस्थिति के अनुसार, 'लोकतांत्रिक जन', 'राष्ट्र भक्त लोग', 'मेहनतकश जनता' इत्यादि कहा जा सकता है। इसके उलट सर्वहारा सर्वहारा ही होता है, किसान किसान ही होता है और बुर्जुआ बुर्जुआ ही होता है। जहाँ इन शब्दों का राजनीतिक पैंतरेबाजी के लिए इस्तेमाल करने का प्रयास किया गया है, 'राष्ट्रभक्त बुर्जुआ' और 'नौकरशाही बुर्जुआ' जैसे अनोखे शब्द पैदा हुए हैं जिन्हें समझा नहीं जा सकता है, आर्थिक श्रेणियों में रखा नहीं जा सकता है। यह केवल राजनीतिक पैंतरेबाजी की कठिनाई को प्रतिबिम्बित करता है जो शब्दों का स्पष्ट ढंग से विशेषीकृत संकेतों के साथ इस्तेमाल करने से प्रतिफलित हो सकता है। शब्दों की अनेकार्थता सीधे राजनीतिक पैंतरेबाजी की योग्यता को बढ़ाती है।

शब्दों के अर्थ के प्रति इस व्यवहार को हम्पटी-डम्पटी के द्वारा एक आकर्षक अन्दाज में प्रतिपादित किया गया है—हम्पटी-डम्पटी ने कहा, 'जब मैं एक शब्द का वस्तुत: तिरस्कारात्मक स्वर में इस्तेमाल करता हूँ तो इसका मतलब होता है कि मैं—न कम न ज्यादा—का अर्थ बताने के खयाल से इसका चयन करता हूँ' एलिस ने कहा, 'सवाल यह है कि क्या आप शब्दों से अनेक अलग-अलग चीजों का अर्थ निकलवा दे सकते हैं।' हम्पटी-डम्पटी ने कहा, 'सवाल है, उसी चीज की प्रवीणता हासिल करनी है, यही सब कुछ है।'

यह एक गहन अवलोकन था। जैसा कि ऑरवेल ने अपनी रचनाओं में बतलाया था, शब्दों की अनेकार्थता बहुत प्रत्यक्ष तौर पर निरंकुश सत्ता के अभियान से जुड़ी हुई होती है। निश्चित शब्दों के बदले अनिश्चित शब्दों का इस्तेमाल करने तथा कभी-कभी एक समान शब्दों का बिलकुल भिन्न अर्थों के लिए इस्तेमाल करने से वास्तविक स्थिति के बारे में चकराहट पैदा हो जाती है। ऐसी किंकर्तव्यविमूढ़ता की स्थिति में निश्चित समूहों द्वारा मनुष्यों को पथभ्रष्ट किया जा सकता है जिन्हें मालूम होता है कि किधर जा रहे हैं।

साम्यवादियों के मामले में जोकि मार्क्सवादी लेखनों में प्रत्येक कॉमा (अल्पविराम) के बारे में अत्यौपचारिक होते हैं, यह बहुत बड़ा विपथन की भूल-चूक नहीं था। बल्कि सत्ता तक की पहुँच को आसान बनाने के लिए यह कुछ बुनियादी

मार्क्सवादी उसूलों पर लगाई गई एक सोची-समझी रोक थी। इस सन्दर्भ में माओ सबसे बड़ा संशोधनवादी रहा है। इसका अनिवार्यत: यह मतलब नहीं है कि वह सत्ता हथियाने के दृष्टिकोण से मार्क्स की अपेक्षा कम सही था।

किन्तु आन्दोलनकारी समूह द्वारा जनान्दोलन इच्छानुसार शुरू नहीं किया जा सकता है। सबसे बढ़कर इसे उचित उद्देश्यपरक स्थितियों की आवश्यकता पड़ती है जिनके तहत ही जनान्दोलन खड़ा हो पाता है। इन आन्दोलनों को एक सफल निष्कर्ष तक ले जाने में दो अन्य तत्त्वों की जरूरत पड़ती है और वे तत्त्व होते हैं—सही संगठन तथा तकनीकों का सही इस्तेमाल।

लेकिन उद्देश्यपरक या वस्तुनिष्ठ स्थितियाँ वे चीज नहीं होती हैं जिन्हें पैदा किया जा सकता है। ऐसी स्थितियाँ तत्त्वों की संसृष्टि का एक उत्पाद होती है। वस्तुनिष्ठ तौर पर यह कहा जा सकता है कि जब लोगों की आशाएँ या कौन-सी स्थिति उचित स्थिति होगी, उनकी यह समझ बुनियादी रूप से एक ही समय की वास्तविक स्थिति टकराती है तो आन्दोलनकारी स्थिति बनी रहती है। दूसरे शब्दों में, जब किसी शासन की वैधता पर आबादी के महत्त्वपूर्ण वर्गों द्वारा सवाल उठाया जाने लगता है तो आन्दोलनकारी स्थिति पैदा होती है। हालाँकि यह वस्तुनिष्ठ स्थिति उस तरह से पैदा नहीं होती है जैसी कि मार्क्सवाद ने कल्पना की थी।

यद्यपि मार्क्स ने उस महत्त्वपूर्ण तत्त्व की ओर ध्यान आकृष्ट किया था जो उपेक्षित था, इस सन्दर्भ में उसका विचार अतिसरलीकृत जान पड़ता है। हम यह पहले ही देख चुके हैं कि यह विचार ऐसा है कि वस्तुनिष्ठ स्थितियों में उत्पादक तत्त्वों के विकास के कारण परिवर्तन किया जाता है जिनसे उत्पादन सम्बन्धों में बदलाव आता है। क्रान्तियाँ तभी होती हैं जब उत्पादन के तत्त्वों और उत्पादन के सम्बन्धों के बीच विवाद उत्पन्न होता है। इस विचार से यह उप-सिद्धान्त भी जुड़ जाता है कि कोई सामाजिक व्यवस्था तब तक दम नहीं तोड़ती है जब तक कि सारी सम्भावनाओं को आजमा नहीं लिया जाए। इससे व्यक्ति को इस निष्कर्ष पर पहुँच जाना चाहिए कि प्रतिक्रान्ति एक असम्भावना है। चूँकि क्रान्ति की घटना का मतलब है कि पुरानी व्यवस्था के चालू रहने की सम्भावना पूरी तरह से खाली हो चुकी है। साम्यवादियों द्वारा प्रदर्शित प्रतिक्रान्ति की अत्यधिक चिन्ता स्पष्टत: मार्क्सवादी सिद्धान्त के द्वारा पहलू को गलत साबित करती है। वास्तविक अनुभव ने आगे यह दिखाया है कि कुछ बड़े आन्दोलन जो समाजवादी होने का दावा करते हैं, इस अर्थ में उचित भौतिक अवस्थाओं के वजूद के बगैर घटित हुए हैं। इस तरह के परिवर्तनकारी आन्दोलन रूस से शुरू होकर पूरी दुनिया में फैले हैं और चीन, क्यूबा तथा उत्तरी वियतनाम में इस तरह की भौतिक विकास की विविध स्थितियों के रहते हुए इन आन्दोलनों ने सफलता हासिल की है। स्पष्टत: मार्क्सवादी नजरिए से इन देशों में समाजवादी आन्दोलन के लिए भौतिक स्थितियाँ पकी हुई नहीं थीं,

लेकिन एक भिन्न अर्थ में वस्तुनिष्ठ स्थितियाँ पक चुकी थीं। पूर्ववर्ती शासकों ने आबादी के एक बड़े हिस्से की नजर में अपनी वैधता गँवा दी थी इसलिए इन देशों में उस वर्ग के लोगों ने शासक को पद से हटाने के लिए काम किया।

वस्तुत: वस्तुनिष्ठ अवस्थाएँ मुख्य रूप से विचारधारात्मक होती हैं और परिवर्तनकारी आन्दोलन के लिए निर्णायक नहीं होती हैं (यद्यपि हमने पूर्व के अध्याय में देखा है कि विचारधाराएँ भौतिक अवस्थाओं पर अवश्य ही विचार करती हैं)। प्रत्येक समाज में एक प्रबल विचारधारा होती है जो इसे वैधता और स्थायित्व प्रदान करती है। जब भिन्न-भिन्न कारकों के संचालन के कारण जिसमें कि उत्पादन की परिवर्तित अवस्थाएँ एक महत्त्वपूर्ण चीज हो सकती हैं, लोगों के मन पर नियंत्रण रखने के लिए एक नई विचारधारा पुरानी विचारधारा को चुनौती देना शुरू कर देती है, विवाद शुरू हो जाते हैं। यदि जीवन के पुराने विचार लोगों की नई आकांक्षाओं के अनुरूप नहीं रह जाते हैं तो लोग नई विचारधाराओं की तरफ मुड़ जाते हैं। यदि यह बदलाव तेज और व्यापक होता है तो परिवर्तनकारी स्थितियों के पैदा हो जाने की सम्भावना रहती है। परिवर्तनकारी दल खुद नई विचारधारा की तरफ के इस बदलाव को तेज कर सकता है। इस अर्थ में परिवर्तनकारी दल भी क्रान्ति के लिए वस्तुनिष्ठ अवस्थाओं के सृजन में मदद करता है। लेनिन के जमाने से ही परिवर्तनकारी आन्दोलन की मानसिकता अपने से आन्दोलन की इस अवस्था को पैदा करने की जवाबदेही ले लेने की रही है। अब तो यह उन परिवर्तनकारी आन्दोलनों का लगभग एक बड़ा पूर्वग्रहण बन गया है जिन्हें चे ग्वारा ने प्रेरित किया है।

जनता विशुद्ध आर्थिक माँगों के आधार पर अस्थायी प्रकृति के आन्दोलन में हिस्सा ले सकती है, लेकिन लम्बे समय तक चलनेवाले कष्ट और त्याग, जिसकी एक आन्दोलन माँग करता है, को केवल तभी झेला जा सकता है जब लोग किसी बड़ी दृष्टि से प्रेरित हों। और यह दृष्टि दुनिया में नये दृष्टिकोण से ही आती है, जीवन के सभी पहलुओं को गले लगानेवाले दृष्टिकोण से। लेनिन और हिटलर, दोनों ने इस सच्चाई को समझ लिया था। हम लेनिन के इस आग्रह से पहले से ही परिचित हैं कि जनसाधारण में वैज्ञानिक विचारधारा स्वत:स्फूर्त नहीं आ सकती है, समाजवादी बौद्धिकों को इसे उनके अन्दर डालना पड़ेगा। उसने इस विचार को ठुकरा दिया कि सबको गले लगानेवाली वैज्ञानिक विचारधारा के बगैर मजदूर वर्ग समाजवादी आन्दोलन में हिस्सा लेने के लिए संकीर्ण 'अर्थवाद' से ऊपर उठ सकता है। हिटलर, जिसे जनता के मनोविज्ञान की गहरी समझ थी, का भी उसी तरह का विचार था। उसने लिखा है—"यदि हम वे तत्त्व सही में क्या हैं जो एक राज्य के सृजन और संरक्षण के लिए अनिवार्य हैं, के सवाल पर विचार करें तो हम पाते हैं कि वे तत्त्व हैं—सामान्य कल्याण के लिए त्याग करने की व्यक्ति की क्षमता और तत्परता।

यह कि इन गुणों का अर्थशास्त्र से कोई लेना-देना नहीं है, इसे इस साधारण तथ्य को उद्धृत कर साबित किया जा सकता है कि मनुष्य स्वयं का भौतिक स्वार्थों के लिए त्याग नहीं कर सकता है। दूसरे शब्दों में, वह एक आदर्श के लिए मर जा सकता है, लेकिन किसी कार्य के लिए नहीं।

1914 के युद्ध में जब तक जर्मनवासी यह मानते रहे कि वे आदर्शों के लिए लड़ रहे हैं, वे दृढ़ बने रहे। ज्योंही उन्हें यह बतलाया गया कि वे केवल अपनी रोजी के लिए लड़ रहे हैं, वे संघर्ष छोड़ना शुरू कर दिए।"[27]

इसका कारण साधारण है। मनुष्य के लिए भौतिक स्वामित्व का मूल्य केवल तभी तक रहता है जब तक वह स्वयं जिन्दा रहता है। इस तरह जब कोई मनुष्य भौतिक लाभ के लिए जीवन का त्याग करता है, वह वही काम कर उस लाभ को खो भी देता है। इसके विरुद्ध आदर्श को जाना जाता है कि यह मूल्यों का प्रतीक होता है जो व्यक्तिगत मानवीय जीवन से ज्यादा समय तक बने रहते हैं और यह जीवन के त्याग हेतु एक उपयुक्त पुरस्कार हो सकता है। चूँकि ये मूल्य वर्ग, राष्ट्र इत्यादि का कल्याण हो सकते हैं जिनसे व्यक्ति ने खुद को पहचान दी है, वे उतनी ही मात्रा में उत्साह निकलवाएँगे जितनी कि व्यक्ति के कल्याण के आसार। कुछ मामलों में यह उत्साह उच्च क्रम का भी हो सकता है क्योंकि ऐसी पहचान के जरिए व्यक्ति खुद का फैलाव भी करता है। इस तरह दिया गया त्याग अपने संकीर्ण दैनिक स्वार्थ के लिए नहीं होता है बल्कि एक गौरवशाली चीज के लिए होता है, लेकिन अपने कार्य की तरक्की के लिए मनुष्य को उचित विश्वदृष्टि की जरूरत पड़ती है। हिटलर एक दूसरी जगह पर स्पष्टत: उचित विश्वदृष्टि के इस महत्त्व को समझते हुए लिखता है—"मूल्यांकन करते वक्त निम्नलिखित बातों को ध्यान में रखा जाना जरूरी है—यह कि यदि संघर्ष चीजों की सम्पूर्ण नई आध्यात्मिक व्यवस्था की स्थापना हेतु आक्रामक रूप अपनाने में अफल हो जाता है तो अन्त में बलपूर्वक वेल्टांसचुआंग से लड़ने का प्रत्येक प्रयास बेकार हो जाएगा। ऐसा केवल दो वेल्टांसचुआंगों के बीच की लड़ाई में ही होता है कि दृढ़ता और निर्ममता से लगाया गया भौतिक बल अन्तत: पैमाने को अपने पक्ष में कर लेगा... "[28]

पिछले अध्याय में हम मनुष्यों की अपने अनुभव में प्रत्येक घटना को एक सर्व-आलिंगनकारी ढाँचे के अंश के रूप में देखने की मानसिकता की चर्चा कर चुके हैं। मनुष्य में सुरक्षा भाव के लिए यह एक आवश्यक शर्त है। ज्योंहि यह व्यवस्था तय ढाँचे से बाहर मालूम पड़ती है, विश्वास की एक कमी आ जाती है तथा मनुष्य एक मिलती-जुलती नई व्यवस्था की योजना बनाना शुरू कर देता है। विचारों की इस तरह से विकसित यह नई व्यवस्था ही क्रान्तिकारी विचारधारा बन जाती है, लेकिन ऐसा हमेशा नहीं होता है कि परिवर्तनकारी आन्दोलन एक पूर्ण विचारधारात्मक चित्र के साथ ही शुरू होता है। अक्सर एक आन्दोलन किसी एक

मुद्दे पर केन्द्रित विक्षोभ से शुरू होता है तथा धीरे-धीरे इसके गिर्द समान विचारों का एक गुच्छा खड़ा हो जाता है। इन विचारों से जैसे ही आन्दोलन जोर पकड़ता है, एक व्यवस्था खड़ी होती है। अन्तत: आन्दोलन का लक्ष्य स्वयं बदल जाता है। अमेरिकी स्वतंत्रता का कुछ इसी तरह का आन्दोलन था। यह 'प्रतिनिधित्व के बिना करारोपण नहीं' के नारे से शुरू हुआ था। बहुत जल्द आजादी के वे सारे विचार जिन्हें उपनिवेश मातृदेश से लाए थे तथा नई दुनिया की स्वतंत्र और उपजाऊ भूमि पर उनका रोपण किया था, एक साथ नये प्रजातांत्रिक संविधान में डाल दिए गए। जैफर्सन द्वारा तैयार की गई स्वतंत्रता की यह घोषणा खुद को ऐसी नीतियों का हिज्जे बताने तक ही सीमित नहीं रही और नये स्वतंत्र राष्ट्र के तात्कालिक हितों की रक्षा की बल्कि इसने राजनीति और संस्कार के पूर्ण दर्शनशास्त्र को अस्तित्व में लाने का भी प्रयास किया। यह घोषणा कहती है—"हम इन सच्चाइयों को मानते हैं कि ये अपने आप में स्पष्ट हैं कि सभी मनुष्य समान पैदा होते हैं, सभी को उनके सर्जक से अहस्तान्तरणीय अधिकार मिलते हैं, इन अधिकारों में जीवन, आजादी तथा खुशी का अनुसरण शामिल होते हैं। इन अधिकारों को प्राप्त करने के लिए मनुष्यों के बीच सरकारों की नियुक्ति होती है जिन्हें शासित जनता की सहमति से उचित शक्ति दी जाती है।"

यह आवश्यक भी नहीं होता है कि विचारधारा सदा नई ही हो। नई स्थिति की प्रेरणा के तहत जीवन का पुराना विचार भी एक परिवर्तित रूप में स्पष्ट रूप से उच्चरित हो सकता है तथा परिवर्तनकारी आन्दोलन के लिए इकट्ठा होने का बिन्दु बन सकता है। इटली में ऐसा ही मामला घटित हुआ था जब फासीवाद सत्ता में आया था। इटली के युवा, विशेषकर ऐसे युवा जिन्होंने युद्ध में हिस्सा लिया था, सक्रिय सेवा के अपने जीवन में उन्होंने पद और प्रतिष्ठा अर्जित की थी, उसे गँवा बैठे थे। इसके साथ अतिराष्ट्रवादियों द्वारा यह भावना जोड़ दी गई और इसे हवा दी गई कि मित्र राष्ट्रों ने युद्ध की लूट-खसोट में उनके राष्ट्र के साथ छल किया है। इस बकवास में एकमात्र वीरोचित घटना यह निहित है मजदूरों की हड़ताल तथा उनके द्वारा इटली के बड़े भाग के कारखानों पर कब्जा भी विफल साबित हुआ था। इसका अनुसरण करते हुए मजदूर वर्ग का आन्दोलन जिसने जीवन की एक नई दिशा खोलने का वादा किया था, स्वयं मूर्खता की स्थिति में पड़ गया। साम्राज्यिक रोम के सपने को मुसोलिनी का पुनरुज्जीवन इन परिस्थितियों में ऐसे मोहमुक्त व्यक्तियों के लिए एक जीवन्त आशा बन गया। उसी तरह 17वीं सदी में इंग्लैंड में राजा और संसद के बीच की लड़ाई में संसद ने बाइबिल से प्रेरणा हासिल की थी। चर्च की मध्यस्थता करनेवाली भूमिका के अस्वीकार के साथ ईश्वर की इच्छा को सीधे संसदीय सेना के नेताओं को दिखाया गया था और इस प्रकट किए गए हमेशा संसदीय दल के हितों को पूरा करने के लिए विश्वास किया जा सकता था।

यह हम पूर्व में ही देख चुके हैं कि आन्दोलनकारी विचारधारा एक अविकसित दुनिया में शासक साम्राज्यवादी देशों के सम्पर्क से तैयार विशेष स्थिति के कारण उत्पन्न हो सकती है (अध्याय 2)। चीन, क्यूबा और उत्तरी वियतनाम में साम्यवादी आन्दोलन का उदय इसी तत्त्व का एक उत्पाद था। इन देशों में से किसी में भी परिपक्व पूँजीवादी अर्थव्यवस्था का उदय नहीं हुआ था कि वह पारम्परिक मार्क्सवादी तरीके से समाजवादी आन्दोलन की शर्तों को पूरा करता। इस तरह इन देशों में पूर्ण क्लांत औद्योगिक अर्थव्यवस्था के जड़ें जमाने के बहुत पहले ही 'सर्वहारा समाजवादी विचारधारा' अपनी दस्तक दे ही दी। इन सबसे हम इस निष्कर्ष पर पहुँचते हैं कि आन्दोलन की वस्तुनिष्ठ और विषयनिष्ठ स्थितियों के बीच का अन्तर अत्यन्त कृत्रिम होता है। कुल मिलाकर यह कह सकते हैं कि जब आबादी के बहुत ही मजबूत समूह पुरानी व्यवस्था की जगह नई व्यवस्था लाने के लिए तैयार होते हैं तो वहाँ आन्दोलनकारी स्थिति उपस्थित रहती है। हालाँकि यहाँ 'आन्दोलन' शब्द का इस्तेमाल मार्क्सवादी साहित्य में इस्तेमाल इस शब्द से ज्यादा व्यापक सन्दर्भ में किया गया है। यह केवल उन समाजवादी आन्दोलनों तक ही सीमित नहीं है जब समाज में समूचा वर्ग सम्बन्ध बदल जाते हैं बल्कि यह उन तमाम आन्दोलनों या प्रतिआन्दोलनों को शामिल करता है जो किसी एक विचारधारा से सम्बद्ध लोगों के समूह के हाथों से नई विचारधारा के साथ आगे आनेवाले लोगों के समूह के हाथों में राजनीतिक सत्ता सौंपते हैं। यह इस तथ्य के विचार से आवश्यक होता है कि हमारा सम्बन्ध यह सत्ता हासिल करने की तकनीकों से रहा है। जब तक शब्द का दायरा व्यापक नहीं होगा, अनेक बड़े राजनीतिक परिवर्तनों का जिनमें फासीवाद और नाजीवाद का उदय भी शामिल है, लेखा-जोखा नहीं हो पाएगा, इसे छोड़ देना पड़ेगा।

मैकियावेली की भाषा में यह वस्तुनिष्ठ स्थिति 'अवसर' कहलाएगी जिसका उपयोग सत्ता प्राप्त करनेवाला व्यक्ति करता है। मैकियावेली स्वयं अपने विचार को निम्नलिखित शब्दों में प्रकट करते हैं—"हम उनके (वह मोजेस, सायरस, रोमूलस, थेसियस के बारे में बात करते हैं) जीवन और कार्यों की जाँच करने में यह भी पाएँगे कि भाग्य से उन्हें कोई दूसरा समर्थन नहीं था बल्कि अवसर से था जिसने उन्हें वह सामग्री दी जिसको कि वे जो भी रूप सबसे ज्यादा अच्छा लगा, उसमें ढाल सके;...उस समय मोजेस (मूसा) के लिए मिस्र में इजराइल के गुलाम लोगों तथा उन पर मिस्रवासियों द्वारा किए जा रहे अत्याचार का पता लगाना जरूरी था। और इसी तरह सायरस के लिए मेडेस के शासन से असन्तुष्ट फारसियों का पता लगाना जरूरी था, तथा...यदि थेसियस ने एथेंसवासियों को छिन्न-भिन्न स्थिति में नहीं देखा होता तो वह अपने साहस का इजहार नहीं कर पाता।"[29]

हमारे अपने समय में मैकियावेली इसमें अवसर के भेद को कुछ इस तरह रखते—हिटलर के पक्ष में, वर्साय को लेकर जर्मनी में असन्तोष तथा वर्साय से

काफी मानमर्दन; लेनिन के पक्ष में, युद्ध थकान तथा सम्पूर्ण रूसी अर्थव्यवस्था का विघटन एवं असन्तुष्ट कृषक वर्ग; मुसोलिनी के पक्ष में, इटली में मजदूर आन्दोलन से भय तथा इसके विरुद्ध रोष।

एक आन्दोलनकारी संगठन जो जनसाधारण को आन्दोलित करना चाहता है, उसके लिए उसे चार महत्त्वपूर्ण चीजों की जरूरत पड़ती है—(1) इसे अनिवार्यत: दुनिया की एक वैसी सरलीकृत तसवीर प्रस्तुत करनी पड़ती है जो संगठन की तरफ से सभी चीजों को अच्छी और उत्कृष्ट बताती हो तथा विरोधी की तरफ से सभी चीजों को स्याह और चरित्रभ्रष्ट बताती हो। यह विश्वचित्र इस तरह से अभिव्यक्त होना चाहिए कि साधारण बुद्धिवाला व्यक्ति भी इसे आसानी से समझ जाए; (2) इसकी अपील आबादी के बड़े हिस्से तक पहुँचनी चाहिए; (3) इसमें काफी गतिशीलता होनी चाहिए कि यह किसी भी इच्छित दिशा में अपना वजन फेंक सके, यह अनिवार्य रूप से केन्द्रीकृत नेतृत्व को पूर्ण अधिकार के साथ अहस्तान्तरणीय बनाता है; और (4) सबसे बढ़कर, इसकी नीतियों और कार्यों पर कोई सन्देह नहीं होना चाहिए।

उपरोक्त प्रथम और अन्तिम चीज पुन: मानवीय मनोविज्ञान के मूल्यांकन पर आधारित होती है। अधिकांश लोग जटिल विचार की अपेक्षा साधारण विचार को आसानी से समझ जाते हैं क्योंकि जटिल विचार को समझने के लिए कुछ प्रयास करना पड़ता है। ऐसी प्रवृत्ति को इस तथ्य से बल मिलता है कि अधिकांश मनुष्य अपने दैनिक कार्य में इतना अधिक तल्लीन होते हैं कि वे चाहते हैं कि कोई दूसरा उन्हें कैप्सूल आकार में जीवनदृष्टि दे दे जो उनके संकीर्ण कार्यक्षेत्र के अन्दर सीधे नहीं आती है। इस तथ्य का विज्ञापनकर्ताओं द्वारा प्रतिदिन भरपूर उपयोग किया जा रहा है। उसी तरह नीति की बाबत अस्पष्टता या काम में छल-कपट व्यक्ति पर विकल्पों में से चुनाव करने का भार लाद देती है जिसको कि अधिकांश मनुष्य एक ही कारण से टाल देता है। इस तरह आदर्श पार्टी वह है जो स्पष्टत: यह बयान करे कि जनता के समक्ष भिन्न-भिन्न सम्भावनाओं के रखने की जगह क्या किया जाना है। एक राजनीतिक दल, जिसके पास प्रत्येक समस्या का एक साधारण हल रहता है (वह हल बेवकूफीभरा हो सकता है, लेकिन वह सत्याभासी और आकर्षक होगा), स्वाभाविक रूप से जनसाधारण में बहुत बड़ा विश्वास पैदा करता है।

लेनिन की वाक्‌कला से परिचित व्यक्ति यह जानता है कि लेनिन ने अपने विरोधियों के विरुद्ध हर स्तर पर दर्शन से लेकर दैनिक व्यावहारिक मामलों तक प्रचार युद्ध चलाया था। इन वाक्‌कलाओं के जरिए लेनिन की मंशा थी कि विरोधियों को शैतानों के अवतार या सबसे बुरे अज्ञानी व्यक्ति के तौर पर जनमानस में बैठा दिया जाए। हिटलर भी उसी तरीके से अपने विरोधियों अर्थात् यहूदी और सोशल डेमोक्रेट्स, जिन्हें वह एक ही खाने में रखता था, को सारी मानवता को नष्ट करने के लिए एक मुसीबत के तौर पर दिखाया। हिटलर के मामले में यह जनता की

आँखों में धूल झोंकने की एक सोची-समझी योजना थी ताकि वह जनता का इस्तेमाल स्वयं को सत्ता तक पहुँचाने में कर सके। वह जनसाधारण का अपना मूल्यांकन प्रस्तुत करता है जो कहीं से सन्तोषप्रद नहीं है। वह लिखता है—"किसी राष्ट्र का भारी बहुमत अपने स्वभाव और विचार में इतना अधिक स्त्रैण होता है कि इसके सोच और आचरण को मर्यादित तर्क की बजाय भावना से शासित किया जाता है। यह भावना हालाँकि जटिल नहीं होती है बल्कि सरल और संगत होती है। इसमें ज्यादा अन्तर नहीं किया जाता है बल्कि इसमें केवल प्रेम और घृणा, सही और गलत, सत्य और असत्य का नकारात्मक और सकारात्मक भाव रहता है। इसके भाव कभी अंशत: यह, अंशत: वह नहीं होते हैं।"[30]

दूसरा और तीसरा कारक किसी आन्दोलन के दो विवादास्पद आवश्यकताओं को जोड़ने के उद्‌देश्य से अर्थात् स्थायी आधार और गतिशीलता को जोड़ने के खयाल से जरूरी है। हालाँकि कोई भी आन्दोलन बगैर जनता के व्यापक समर्थन के सफल नहीं हो सकता है या चल नहीं सकता है, लेकिन जनाधार से अक्सर आन्दोलन में जड़ता आ जाती है। जनान्दोलन को एक सेना की तरह सामरिक लाभ प्राप्त करने हेतु अत्यधिक गतिशीलता व कार्यसाधकता की जरूरत होती है। लेनिन ने खासकर इन दो कारकों को जोड़ने के लिए अपना विशेष संगठनात्मक सिद्धान्त विकसित किया था। यद्यपि लेनिन ने सही समय पर जार के रूस की अनोखी स्थिति का उद्धरण देते हुए अपने केन्द्रवादी सांगठनिक सिद्धान्त को न्यायोचित ठहराया था (रूस में एक परिषद आधारित दल संगठन में पुलिस के प्रवेश की अनुमति देता था), यह समझ पाना कठिन है कि लेनिन अपने समग्र उद्‌देश्य का खयाल करते हुए समाज के एक तुलनात्मक लोकतांत्रिक ढाँचे में भी कैसे भिन्न प्रकार के दल को पसन्द कर सकते थे। उन्होंने संगठन के निम्नलिखित सिद्धान्त दिए—"मैं दावे के साथ कहता हूँ—(1) कि निरन्तरता बरकरार रख पाने में कोई भी आन्दोलन बगैर नेताओं के स्थायी संगठन के टिकाऊ नहीं हो सकता है; (2) कि जनसाधारण जितना ज्यादा व्यापक रूप से संघर्ष से जुड़ता है तथा आन्दोलन का आधार बनता जाता है, इसके लिए उतना ही ज्यादा इस तरह का संगठन अनिवार्य होता जाता है तथा उतना ही ज्यादा इसे स्थायी होना पड़ता है (क्योंकि जननेताओं के लिए जब यह अधिक आसान होता है कि वे जनसाधारण के बीच के अत्यन्त पिछड़े समूहों को बगल की पटरी पर ला सकें); (3) कि संगठन में मुख्यत: वैसे लोग होने चाहिए जिन्होंने पेशे के तौर पर आन्दोलन को अपनाया हो; कि निरंकुश शासनवाले देश में जितना ही अधिक हम आन्दोलन से जुड़े व्यक्तियों की संगठन की सदस्यता पर रोक लगाते हैं...संगठन को पकड़ना उतना ही ज्यादा कठिन हो जाता है।"[31]

हिटलर के विचार में भी उसी तरह की केन्द्रीकृत पार्टी थी। उसने जिस नेशनल सोशलिस्ट पार्टी का प्रस्ताव दिया था। उसके विशेष आकर्षणों में कुछ

यथा निम्नलिखित थे—(क) यह कि शुरू में सारी गतिविधि एक ही शहर—अर्थात् म्यूनिख पर केन्द्रित होनी चाहिए। यह कि विशुद्ध विश्वसनीय अनुयायियों की एक टोली को प्रशिक्षण दिया जाना चाहिए और एक विद्यालय की स्थापना होनी चाहिए जो आगे चलकर आन्दोलन के विचारों को प्रचारित करने में मदद करेंगे; (ख) यह कि म्यूनिख में केन्द्रीय सत्ता की सर्वोच्चता निश्चित रूप से कायम व स्वीकार होने के पहले स्थानीय समूहों की स्थापना नहीं होनी चाहिए; (ग) यह कि जिला स्तरीय, क्षेत्रीय और प्रादेशिक समूहों की स्थापना केवल उनकी बहुत जरूरत महसूस होने तथा म्यूनिख में केन्द्रित सत्ता का प्रभुत्व निश्चित रूप से कायम व स्वीकार होने के बाद ही की जानी चाहिए।[32]

आगे एक दूसरी जगह हिटलर लिखता है—"ध्यान दिया जाना चाहिए कि आन्दोलन का संचालन अनन्य रूप से इस मूल केन्द्र के हाथों किया जा रहा है। इसका अभिप्राय कि केन्द्र को उस प्रचार को दिशा-निर्देश देना चाहिए जिसका लक्ष्य आन्दोलन के निमित्त सामान्य पहचान हासिल करना है...उन तत्त्वों के साथ जिन्होंने मूल रूप से आन्दोलन किया, संगठन को जीते गए उन तमाम महत्त्वपूर्ण पदों पर कब्जा कर लेना चाहिए तथा उन तत्त्वों से सम्पूर्ण निदेशालय का निर्माण होना चाहिए। यह तब तक जारी रहना चाहिए जब तक कि पार्टी का सूत्र और सिद्धान्त नये राज्य की नींव और नीति न बन जाए।"[33]

संगठन के बारे में लेनिन और हिटलर, दोनों के ही विचार में हम नेतृत्व का केन्द्रीकरण करने तथा संगठन को कमजोर होने से या कार्य या विचार में स्वायत्तता के किसी अंश को विकसित करनेवाली इकाइयों को रोकने पर ज्यादा जोर देखते हैं। दोनों के ही विचारों में पार्टी के आदर्शों के प्रति पूर्ण रूप से समर्पित लोगों को सदस्य बनाए जाने से रोकने की एक इच्छा नजर आती है। प्रथम माले में जारवादी रूस में जो स्थिति थी, सदस्यों की तरफ से व्यक्तिगत त्याग करने की इच्छा स्वयं उस स्थिति में अन्तर्निहित थी। हिटलर ने भी पार्टी के विकास के लिए त्याग की भूमिका पर जोर दिया था। वह लिखता है—"क्योंकि बाहर से ऐसी शक्ति के विरुद्ध एक प्रभावी युद्ध करने के उद्देश्य से त्याग का जोश और अगम्य साहस अनिवार्य अस्त्र था। नये विजेता किसी प्रयोजन के लिए की गई महान त्याग की अपील पर उक्त प्रयोजन की तरफ तब तक आकर्षित होते हैं जब तक कि उक्त अगम्य जोश की अन्तत: सफलता से ताजपोशी न हो जाए।"[34]

माओ त्से तुंग ने बिलकुल भिन्न स्थिति में अपना आन्दोलन चलाते हुए भी अपने आन्दोलनकारी युद्ध में इन दो तत्त्वों को जोड़ने की आवश्यकता महसूस की। स्थिति की विलक्षणता ने पहले से ही अन्य सभी बड़ी राजनीतिक प्रवृत्तियों की तरह साम्यवादियों को मुख्य रूप से सशस्त्र बल की ताकत पर निर्भर रहने के लिए बाध्य कर दिया था। इसकी वजह से स्वत: भारी केन्द्रीकरण हो गया क्योंकि पार्टी

का गठन उन सशस्त्र बलों के श्रेणीक्रम के समानान्तर करना पड़ा जिसके साथ इसे प्रत्येक स्तर पर जोड़कर एक कर दिया गया था। माओ ने एक तरकीब निकाली। यह उसकी प्रतिभा को रेखांकित करती है। इस तरकीब से उसने इस केन्द्रीकृत नियंत्रण को जनसाधारण से जोड़ दिया। इस तरह उसने लोगों के बीच उत्तरोत्तर पार्टी व्यवस्था फैलाने तथा फिर उन्हें कार्य हेतु जमा कर लेने की एक तरकीब की रूपरेखा प्रस्तुत की। इसमें भारी केन्द्रीकृत नियंत्रण और संयोजन अन्तर्निहित था। इसके अलावा इस प्रक्रिया ने पार्टी की जनता से नई शक्ति और सक्रियता जुटाते रहने में मदद की। माओ ने स्वयं इस प्रक्रिया का निम्नलिखित शब्दों में वर्णन किया है—"यह तरकीब ठीक मछली पकड़नेवाले जाल की तरह है; हमें इस जाल को दूर तक लगाने या किसी भी समय इसे खींच लेने के काबिल होना चाहिए। हम जनता को अपने पक्ष में करने के लिए इसे दूर तक फैलाते हैं तथा शत्रु से वार्ता करने के लिए इसे खींच लेते हैं। हमने बीते तीन वर्षों में जिन तरकीबों को आजमाया है, वे ऐसी ही हैं।"[35]

क्रान्तिकारी दल में केन्द्रीकरण और गतिशीलता हमारे अपने समय में अति महत्त्वपूर्ण हो गए हैं क्योंकि विद्रोह कभी फौरन निर्णय से समाप्त नहीं होता है बल्कि यह विदेशी शक्तियों के आ जाने से तुरन्त गृहयुद्ध में परिणत हो जाता है। इस प्रकार प्रत्येक विषय को सैन्य विवाद के तल पर निर्धारित करना पड़ता है।

जनाधार और उपयुक्त संगठन के रहते हुए जो चीज एक संगठित समूह को सत्ता हासिल करने में मदद करती है, वह है उपयुक्त तकनीक। जब सत्ता सम्बन्ध शस्त्रों के विवाचन पर निर्भर होते हैं, ऐसी स्थितियों में सशस्त्र लड़ाई की तकनीक के अलावा प्रचार के माध्यम से जनसाधारण का नियंत्रण होती है। निस्सन्देह, इसे उचित भौतिक प्रलोभनों के साथ लागू किया जाता होगा। ऐसे सभी समाजों में जहाँ राजनीति में जनता की गिनती होती है, इस प्रकार की मनोवैज्ञानिक अपील पर आधारित तकनीक के कुछ अंश का उपयोग हुआ है। प्लेटो और अरस्तू, दोनों ही प्राचीन दुनिया के नगर राज्यों के जनसाधारण पर जननेताओं की जो पकड़ होती थी, उससे वाकिफ थे, लेकिन प्राचीन विश्व के जननेताओं की अपीलों में सूक्ष्मता का अभाव रहता था। इसका चलन वर्तमान युग में हुआ है। प्राचीन विश्व में जो अपील होती थी, वह आधुनिक अपील की तुलना में अनगढ़ और सरल होती थी। आधुनिक अपील में 'राष्ट्र', 'स्वतंत्रता', 'समानता' जैसे प्रतीकों का स्थान रहता है जो झंडों और बन्दनवारों के एक प्रभावशाली विन्यास से जोड़े गए होते हैं। हमारे अपने समय में जिस व्यक्ति ने इन प्रचार तकनीकों का बहुत प्रभावशाली ढंग से इस्तेमाल किया तथा जन मनोविज्ञान की समग्र समझ का इस्तेमाल किया, वह हिटलर था। यद्यपि साम्यवादियों ने भी उसी तकनीक का अनुसरण किया था (वस्तुत: हिटलर ने यह तकनीक साम्यवादियों से ही उधार ली थी) लेकिन जन

मनोविज्ञान की उनकी समझ हिटलर की समझ जितनी प्रखर नहीं रही है। यहाँ हिटलर के प्रचार के सिद्धान्तों को उसी के शब्दों में उद्धृत करना सबसे अच्छा रहेगा क्योंकि इस सन्दर्भ में उसने अपने उपदेशों के शाब्दिक अर्थ का अनुसरण किया था। उसके अनुसार—

1. सारा प्रचार एक लोकप्रिय साँचे में प्रस्तुत किया जाना चाहिए और इसका बौद्धिक स्तर इस तरह से निर्धारित होना चाहिए कि यह उन लोगों के सबसे कम बौद्धिक के सिरों के ऊपर न हो जाए जिनके लिए प्रचार होना है।
2. जनसाधारण की संग्राहक शक्तियाँ बहुत बाधित और उनकी समझ बहुत कमजोर होती हैं। दूसरी तरफ वे बहुत जल्दी भूल जाते हैं। ऐसी स्थिति में समस्त प्रभावी प्रचार को मात्र थोड़े अनिवार्य तत्त्वों तक ही सीमित रहना चाहिए और यथासम्भव घिसे-पिटे सूत्रों में अभिव्यक्त होना चाहिए। इन नारों को दृढ़ ढंग से तब तक दोहराते रहना चाहिए जब तक कि वह अन्तिम व्यक्ति उस प्रस्तुत विचार को समझ न जाए।[36]
3. ...लोगों ने उस पहली शर्त को नहीं समझा जिसे हर तरह के प्रचार में पूरा किया जाना है, अर्थात् प्रत्येक समस्या जिससे निपटना होता है, के प्रति एक योजनाबद्ध एकतरफा भाव...[37]
4. प्रचार का लक्ष्य यह नहीं है कि परस्पर विरोधी अधिकारों पर प्रत्येक के साथ न्याय करते हुए निर्णय देने का प्रयास किया जाए बल्कि यह है कि अनन्य रूप से उस अधिकार पर जोर दिया जाए जिसका हम दावा कर रहे हैं। प्रचार को वस्तुनिष्ठ तरीके से सच्चाई की जाँच नहीं करनी चाहिए और यहाँ तक कि यह दूसरे पक्ष के अनुकूल हो, इसे स्वयं को न्याय के सैद्धान्तिक नियमों के अनुसार प्रस्तुत करना चाहिए; लेकिन इसे सच्चाई के केवल उस पहलू को प्रस्तुत करना चाहिए जो इसके अपने पक्ष के अनुकूल हो।[38]
5. जनता का बड़ा भाग राजनयिकों या लोक न्यायशास्त्र के प्राध्यापकों से नहीं बना है, न ही महज उन व्यक्तियों से बना है जो दिए गए मामलों में तर्कसंगत निर्णय देने के काबिल हैं। यह बहुसंख्यक आबादी मानवीय बच्चों की एक परिवर्तनशील भीड़ है जो स्थायी रूप से एक और दूसरे विचार के बीच झूलती रहती है। ज्योंही हमारे अपने प्रचार ने हल्का-सा सुझाव दिया कि शत्रु के पास अपने पक्ष में न्याय की निश्चित मात्रा है, इसके बाद हमने उस आधार को प्रस्तुत किया जिस पर हमारे अपने विषय के न्याय को प्रश्नों के घेरे में लाया जा सकता था।[39]
6. प्रचार को एक ही विषय तक सीमित रहना चाहिए और इसे बार-बार प्रस्तुत किया जाना चाहिए। यहाँ या अनगिनत अन्य मामलों में दृढ़ता सफलता की पहली और सबसे महत्त्वपूर्ण शर्त है।[40]

7. प्रचारवादी सन्देश के विषय में किए जानेवाले प्रत्येक परिवर्तन को सदैव एक तरह के निर्णय पर ही जोर देना चाहिए।[41]
8. सुबह में और दिन की अवधि में ऐसा मालूम पड़ता है कि मानवीय इच्छा की शक्ति अपनी सबसे मजबूत ऊर्जा के साथ उस हर प्रयास के विरुद्ध विद्रोह करती है जो इस पर किसी दूसरे की इच्छा और राय को थोपना चाहता है। दूसरी तरफ शाम में यह वास्तव में एक दृढ़ इच्छा के प्रभुत्व के आगे हार मान लेती है क्योंकि वास्तव में ऐसे जमघटों में दो विपरीत शक्तियों के बीच संघर्ष चलता है। एक देवदूत के बाध्यकारी चरित्रवाले व्यक्ति की श्रेष्ठ वक्तृता सम्बन्धी कला उन व्यक्तियों को जिनके पास अपनी इच्छा और बौद्धिकता सम्बन्धी ऊर्जाओं का पूर्ण स्वामित्व है, बदलने की बजाय उन लोगों के बारे में सोचने के एक नये तरीके का कायल बनाने में सफल हो जाएगी जिनकी प्रतिरोध की शक्तियाँ स्वाभाविक रूप से कमजोर पड़ती जाती हैं।[42]
9. यदि दुकान/दफ्तर या विशाल कारखाने, जिसमें व्यक्ति सचमुच बहुत छोटा महसूस करता है, को छोड़ने पर कोई व्यक्ति पहली बार बड़ी सभा में प्रवेश करे और अपने आसपास उन हजारों-हजार लोगों को देखे जिनके एक ही विचार हों...यदि यह भौतिक सफलता और हजारों व्यक्तियों की आम राय नये उपदेश की सच्चाई और न्याय को सम्पुष्ट करे तथा पहली बार अब तक उसके द्वारा धारित विचारों की सच्चाइयों के बारे में उसके मन में सन्देह उत्पन्न करे—तो वह स्वयं को उस सम्मोहन के अधीन कर देता है जिसे कि हम जन सुझाव कहते हैं।[43]
10. वे सभाएँ जो केवल सुदृढ़ पुलिस बल के संरक्षी सहयोग से ही सम्भव हो पाती हैं, किसी का परिवर्तन नहीं करतीं; क्योंकि जनता के निचले स्तर के लोगों पर विजय प्राप्त करने के उद्देश्य से अपनी तरफ शक्ति का एक दृश्य प्रदर्शन निश्चित रूप से होना चाहिए...[44]

उपर्युक्त दस बिन्दुओं में कोई ऐसा बिन्दु नहीं है जिसका साम्यवादियों या जन संघटन के द्वारा राजनीतिक सत्ता प्राप्त करनेवाले अन्य सदृश समूहों ने लाभ के साथ उपयोग नहीं किया हो। और यह निश्चित रूप से कहा जा सकता है कि उन्होंने सफलता का जो परिणाम हासिल किया है, वह इन प्रचार तकनीकों के उचित इस्तेमाल के कारण हुआ है।

प्रसरणशील प्रवृत्तियाँ सत्ता के निमित्त प्रचार में सहयोग करती हैं और अधिकांश प्रसरणशील प्रवृत्तियों में रूढ़ियों पर विचारना होता है। तीन ही तत्त्व जनमानस पर इसकी पकड़ बनाने में मदद करते हैं। एक तरफ लोगों में वास्तविकता की बजाय ऊपरी लेबलों पर प्रतिक्रिया जाहिर करने की प्रवृत्ति होती है जिसकी चर्चा हमने

पूर्व के अध्यायों में की है। दूसरा तत्त्व अपने आसपास सरलीकृत ढाँचे को ढूँढ़ने की प्रवृत्ति होती है और तीसरा तत्त्व ऐसी विशिष्टताओं का श्रेय अपने उन शत्रुओं को देना है जो सामाजिक रूप से निन्दनीय होते हैं। इन तत्त्वों के आधार पर हमारा विश्वचित्र रूढ़ियों से भरा होता है। जीवन का शायद ही कोई ऐसा क्षेत्र हो जिसके बारे में कोई रूढ़ि गढ़ी नहीं गई हो। यह प्रवृत्ति सत्ता प्राप्त करनेवाले के अपने शत्रु को काले रंग में पोत देने के प्रयासों को ज्यादा सुगम बना देती है। रूढ़िगत विचार वस्तुनिष्ठ निर्णय करने की क्षमता को नष्ट कर देता है तथा उस विषय या दल जिसे नेता अपनाए होता है, का अन्ध अनुसरण कराता है।

यद्यपि 'रूढ़ि' शब्द इस प्रसंग में हाल की उत्पत्ति है जिसका पहली बार वाल्टर लिप्पमैन ने इस्तेमाल किया था, मनोवैज्ञानिक घटना ज्ञात इतिहास जितनी ही पुरानी है। प्राचीनकाल के भारतीयों के लिए सभी बाहर से आनेवाले लोग अवमान्य गुणधर्म के साथ 'म्लेच्छ' थे, यूनानियों के लिए शेष दुनिया में बर्बर लोग रहते थे। आधुनिक युग में यहूदियों और नीग्रो से सम्बन्धित रूढ़ियों ने इतिहास की कुछ महान त्रासदियों को जन्म दिया है। भारत में इसी तरह की रूढ़ियाँ अनेक जातियों की बाबत प्रचलित हैं जहाँ जातीय विवाद अपेक्षाकृत अधिक तेज रहता है। भारत के उत्तरी-पूर्वी राज्य बिहार में, उदाहरणस्वरूप, दूसरी जाति के लोग भूमिहर को स्वार्थी, धूर्त और कंजूस मानते हैं; यादव को मूर्ख, लड़ाका और मजबूत मानते हैं; राजपूत को मूर्ख लेकिन साहसी मानते हैं, ब्राह्मण को लालची और कमजोर मानते हैं, कायस्थ को तेज लेकिन धोखेबाज मानते हैं इत्यादि-इत्यादि। इन रूढ़ियों के इर्द-गिर्द बहुत-सी कहानियाँ और कहावतें गढ़ी गई हैं जिनकी मुक्त रूप से चर्चा होती है। इस तरह की जातिगत रूढ़ियाँ भारत के लगभग सभी हिस्सों में पाई जाती हैं।

हमने पूर्व में बन्धन पर लॉरेन्ज के दृष्टिकोण की चर्चा की है—अर्थात् उस दृष्टिकोण की कि समूह के भीतर समान प्रजातियों के सदस्योंवाले बाहरी समूहों के प्रति आक्रामकता की दिशा से बन्धन मजबूत होता है। यह प्रवृत्ति पुन: एक नेता के शत्रु के विरुद्ध शिकायत इकट्ठा करने तथा इसके विरुद्ध सीधा हमला करने में मदद करती है। इस तरह से कोई समूह जितना ही अधिक आक्रामक होता है उतना ही अधिक आन्तरिक समूह एकता का निर्वहन सम्भव होते जाता है। इस तरह वह दल जो अपने विरोधी के प्रति अपनी आक्रामकता में ज्यादा गैर-समझौतावादी होता है, आन्तरिक विक्षोभ के भय के बगैर अपने लक्ष्य को प्राप्त करने हेतु जनता को लामबन्द करने की सबसे अच्छी स्थिति में होता है। यह तथ्य विरोधी के रूढ़िबद्धकरण से मिलकर आन्दोलन के अन्दर अविवेक की एक अभेद्य दीवार खड़ी करता है और वास्तविक या ढूँढ़ निकाले गए शत्रु के विरुद्ध जनता की भीड़ का तोप के गोले के रूप में इस्तेमाल करना सम्भव बना देता है। वे शत्रु जिन पर इस तरह से हमला किया गया होता है, साथी मानव प्राणी नहीं रह जाते हैं, विचारणीय हो जाते

हैं, लेकिन इसके बदले उनके साथ जो चीज बुरी है, उस सबके अवतार के तौर पर व्यवहार होता है जो एकमात्र नियतिपूर्ण सत्यानाश के लायक होता है। केवल ऐसी मनोवैज्ञानिक स्थिति में ही जर्मनी में यहूदियों की थोक समाप्ति या बड़े पैमाने पर रूस में किसानों की समाप्ति सम्भव हो पाई थी। वैसे लोग जो राजनीतिक सत्ता के लिए उपरोक्त भाव से संघर्ष शुरू करते हैं, उनके पास वैसे लोगों पर जिनका अनुसरण मानवीय दया के विचारों से चकरा जाता है, एक स्पष्ट लाभ रहता है।

एक तीसरा तत्त्व (जिसको हिटलर ने ऊपर के उद्धरण में विस्तारित किया है) समान महत्त्व का है, वह है जनसाधारण की प्रभावनीयता, जिसकी हमने पूर्व में ही संक्षेप में चर्चा की है। यह भी एक नैसर्गिक मनोवैज्ञानिक लक्षण है जिसका आदिकाल से उपयोग होता रहा है। प्राचीन विश्व के सभी जनप्रिय नेताओं ने इसका उपयोग किया था, लेकिन आधुनिक युग में प्रस्तुतकर्ता की कला इसके साथ जुट गई है। इस तरह जनसभा की पृष्ठभूमि प्रभाव पर नजर के साथ उचित ढंग से तैयार होती है। ऊँचाई, प्लेटफॉर्म की सजावट, समय, आरम्भ—सभी का उचित ढंग से विचार किया जाता है। सजावट में मुख्यत: सांकेतिक प्रतीकों और चित्रों को शामिल किया जाता है। इस तरह सभा का प्रत्येक विवरण सुविचारित अन्त की तरफ ले जाता है जो निश्चित रूप से पुन: कुछ साधारण किन्तु महत्त्वपूर्ण घोषणा रहता है।

इसके अतिरिक्त साम्यवादियों ने लोगों को भूमि के पुनर्वितरण सरीखे मुद्दों पर जगाने का प्रयास भी किया है। वास्तविकता में यह जमीन पर कब्जा जमाने हेतु किसानों को प्रोत्साहित करने की एक रणनीति थी जिसे बाद में साम्यवादी सरकारें विधिक स्वीकृति दे देती थीं। एक बार यह पूरा हो जाता है तो इस तरह से लाभान्वित हुए किसानों का एक समूह साम्यवादी सरकार से जुड़ जाता है। भूमि वितरण कार्यक्रम के पीछे अनेक साम्यवादी दलों का यह एकमात्र उद्देश्य रहा है। भूमि वितरण स्वयं में कभी कोई समाजवादी उद्देश्य नहीं रहा है। यह वस्तुत: उन लोगों में जिन्होंने जमीन पर कब्जा जमाया है, व्यक्तिवादी और पूँजीवादी प्रवृत्तियों को प्रोत्साहित करता है। समाजवादी दृष्टिकोण से ज्यादा सही नीति होती है, बड़े-बड़े फार्मों को अक्षुण्ण बनाए रखना तथा उन पर किसी तरह के संयुक्त सहकारी कृषि को लागू करना, लेकिन इस तरकीब की चालाकी से गणना की गई और इसे उन कृषकों का समर्थन नहीं मिला जो जमीन के भूखे थे। इसलिए कृषकों को दृढ़ता से परिवर्तनकारी शासन से जोड़ने के लिए भूमि पुनर्वितरण की नीति को साम्यवादियों ने अपने कार्यक्रम के हिस्से के तौर पर सभी जगह स्वीकार किया है। हालाँकि एक बार सत्ता उनके हाथों में रक्षित हो गई है, उन्हें जहाँ भी किसानों को जमीन से बेदखल करना जरूरी लगा, उनके लिए ऐसा करना सम्भव रहा है। स्टालिन का समूहीकरण (कलेक्टीवाइजेशन) या माओ का कम्यून ठीक इसी तरह का कार्यक्रम था।

दूसरा मनोवैज्ञानिक तत्त्व जनता के मन पर परम्परा की पकड़ है जिसका परिवर्तनकारी आन्दोलनों ने इस्तेमाल करने का प्रयास किया है। हम पिछले अध्याय में यह देख चुके हैं कि सामाजिक स्थिति से उत्पन्न होनेवाली निश्चित नैसर्गिक विशिष्टताएँ और अन्य स्थितियाँ कैसे जनमानस पर परम्परा की मजबूत पकड़ बनाती हैं। मैकियावेली ने अपने पर्यवेक्षण के साथ इस तथ्य का भी उल्लेख किया था तथा एक राजा को परामर्श दिया था कि नये अर्जित प्रदेशों के कानून और परम्परा के साथ छेड़छाड़ नहीं करे। इसी कारणवश उसने राजा को परामर्श दिया था कि यदि नव अर्जित प्रदेश की जनता आत्म-शासन की आदी हो गई हो तो वहाँ की अस्तित्वमान संस्थाओं को पूर्णतया ध्वस्त कर दें क्योंकि मैकियावेली के अनुसार वहाँ की जनता अपनी पूर्व की संस्थाओं के नाम पर विद्रोह कर देगी। हिटलर ने भी 1923 के अपने विफल म्यूनिख तख्ता पलट के बाद इस पाठ को सीखा। इसके बाद उसने राज्य की स्थापित संस्थाओं के विरुद्ध सीधे नहीं जाने का प्रयास किया। इसकी जगह जब वह इन संस्थाओं का इस्तेमाल कर सत्ता में आया तो उसने इन संस्थाओं का भला करने का प्रयास किया। 'मीनकाम्फ' में हिटलर ने ऑस्ट्रिया के डॉ. ल्यूगर की अस्तित्वभान संस्थाओं की सता कदर करने के लिए तारीफ का पुल बाँध दिया। उसने लिखा था—"मानव स्वभाव के उसके गहरे ज्ञान ने उसे अनेक सामाजिक तत्त्वों का सही आकलन करने के काबिल बना दिया था और इसने अस्तित्वमान संस्थाओं की सता को कम आँकने से उसका बचाव किया था। और शायद यही गुण था, जिसने उसे उन संस्थाओं का अपनी नीति का उद्‌देश्य पूरा करने के एक माध्यम के तौर पर इस्तेमाल करने के काबिल बना दिया था।"[45]

बाद के दिनों में साम्यवादी आन्दोलन ने बुर्जुआ लोकतांत्रिक संस्थाओं को अन्दर से नष्ट करने की वैसी ही नीति को अपना लिया क्योंकि उन्हें यह महसूस हुआ कि उन देशों में जहाँ इन संस्थाओं का वजूद रहा है, इन्होंने एक पारम्परिक सत्ता हासिल कर ली है और लोग आसानी से उनके विरुद्ध लड़ने के लिए सहमत नहीं होते हैं। हालाँकि जहाँ इन संस्थाओं का वजूद नहीं है या ये हाल की एक उत्पत्ति हैं, इन संस्थाओं के विरुद्ध ज्यादा प्रत्यक्ष लड़ाई होती है। प्रत्यक्ष प्रहार के लिए केवल उन्हीं संस्थाओं का चयन होता है जो बहुसंख्यक आबादी की नजर में अपनी वैधता पहले ही खो चुकी होती हैं और केवल मुट्‌ठी भर लोगों को लाभ पहुँचाती हैं। उसी कारण से साम्यवादियों ने एशिया में अपने मुद्‌दे को आगे बढ़ाने हेतु राष्ट्रवाद के भाव का उपयोग किया है जबकि वे रूसी प्रभुत्व के तहत पूर्वी यूरोप के देशों में प्रतिक्रान्तिकारी के रूप में राष्ट्रवाद पर जोरदार हमला करते हैं। पूर्वी यूरोप में राष्ट्रवाद पर हमले के मामले में कारण बहुत साधारण है। राष्ट्रवादी भावना की जड़ें गहरी धँसी होती हैं तथा रूसी साम्यवाद इस क्षेत्र में केवल लाल सेना के व्यापक हस्तक्षेप की धमकी से ही अपना प्रभुत्व कायम रख सकता है।

इसके बाद फासीवादियों और साम्यवादियों, दोनों ने उस मूल्य को स्वीकार किया है जिसे हिटलर जनता का समर्थन जीतने और उसे मौन स्वीकृति हेतु डराने के लिए 'भौतिक और आध्यात्मिक संत्रास' कहता था। लेनिन भी बाद में गृहयुद्ध के कठिन दिनों के दौरान इसके लालच में आ गए जबकि शुरू में वह संत्रास का इस्तेमाल करने के पक्ष में नहीं थे। बाद के दिनों में रूस ने मैकियावेली की इस पुरानी राय का कि शासक के लिए सदैव भयभीत रहना प्यार किए जाने से बेहतर है, अनुसरण करते हुए आतंक को अपनी राजनीतिक सत्ता का आधार बना लिया।

उपरोक्त सूची में निस्सन्देह वे सभी तकनीक शामिल नहीं हैं जिनका सत्ता हासिल करने के लिए इस्तेमाल होता है, लेकिन जो तकनीकें बताई गई हैं वे कुछेक बड़े उपकरण हैं जिनका इस्तेमाल किया जाता रहा है। उपर्युक्त विमर्श ने यह दिखलाया कि ये तकनीकें सत्ता सम्बन्धी मार्क्सवादी विचार से कोसों दूर हैं। इसका कारण यह है कि मार्क्सवाद अनिवार्यतः सत्ता का दर्शनशास्त्र नहीं था। यद्यपि इसने सत्ता के सिद्धान्त को विकसित करने का प्रयास किया था। यह इतिहास को बदलने के उद्देश्य से इतिहास को समझने का एक प्रयास था, लेकिन जो सत्ता बदलाव लानेवाली थी, यह प्रयास उस उपकरण (सत्ता) के पूर्ण सिद्धान्त के बगैर शुरू हुआ था, लेकिन समाजवादियों और साम्यवादियों के बीच वास्तविक राजनीतिक कार्यों में जब कठिनाई पेश आई तो वे सत्ता संघर्ष और क्रान्ति के मार्क्सवादी सिद्धान्त से मौलिक प्रस्थान कर गए (वस्तुतः साम्यवादियों ने उन सोशल डेमोक्रेटों से भी जो कि अभी भी हर मामले में अधिकांशतः सुव्यवस्थित औद्योगिक मजदूरों पर विश्वास करने का प्रयास करते हैं, ज्यादा मौलिक प्रस्थान किया है)। अब यद्यपि वे बहुत ज्यादा जोर से अपनी मार्क्सवादी आस्था का ढिंढोरा पीटते हैं (क्योंकि आन्दोलनकारी परम्परा का प्रतिनिधित्व करने का दावा कर उन्हें अपनी वैधता को साबित करने के लिए इसकी जरूरत है), वास्तव में अपना राजनीतिक संचालन उसी तरीके से करते हैं जिस तरीके से विशेषज्ञ मैकियावेली या नाजी का, लेकिन उन्हें मार्क्सवादी प्रतीकों की जरूरत है यद्यपि वे मार्क्सवादी सत्व का त्याग कर चुके हैं। जबसे नई साम्यवादी सत्ताओं ने बहुतेरी पुरानी परम्पराओं को उलटा है, इन्हें अपने निर्मम कार्यों को वैध ठहराने के लिए दूसरी परम्पराओं की जरूरत पड़ी। सत्ता संघर्ष ने उन निर्मम कार्यों को अनिवार्य रूप से अनुक्रमबद्ध कर दिया था। उस आन्दोलन के भीतर जिसके जनसाधारण की देखरेख मार्क्सवादी विचारधारा के अनुसार हुई थी, मार्क्सवाद ही सबसे नजदीक की चीज थी जिसकी ओर वे देख सकते थे।

यह कि उनकी तकनीक मार्क्सवाद से नहीं विकसित थी, यह दो तथ्यों से साबित होती है। पहले, जहाँ औद्योगिक सर्वहारा की अच्छी-खासी संख्या हो गई थी, समाजवादियों या साम्यवादियों की कहीं भी समाज बदलने या सत्ता हथियाने

की विफलता को रखिए। और दूसरे में जर्मनी (जिसके बारे में मार्क्स और एंगेल्स ने सोचा था कि अन्य जगहों से पहले क्रान्ति यहीं होगी), इटली, स्पेन इत्यादि देशों में सत्ता हासिल करने में उन्हीं तकनीकों का इस्तेमाल करते हुए फासीवादी तत्त्वों की सफलता को रखें। साम्यवादी अक्सर यह कहकर इस तथ्य की महत्ता को हल्का करने का प्रयास करते हैं कि नाजीवाद अन्ततः जर्मनी में परास्त हो गया, लेकिन इस तथ्य से कुछ भी साबित नहीं होता है। यह हम पूर्व में ही देख चुके हैं कि नाजीवाद की पराजय युद्ध में पराजय की वजह से हुई थी और इस बाबत कुछ भी अपरिहार्य नहीं था। गठबन्धनों में हल्की-सी हेर-फेर से इसकी बिलकुल भिन्न कहानी हो सकती थी।

हालाँकि वर्ग तत्त्वों का राजनीतिक आन्दोलनों में बहुत बड़ी भूमिका होती है, सत्ता का उत्कर्ष या राजनीतिक आन्दोलन का पराभव भी बहुत हद तक इस बात पर निर्भर करता है कि यह सत्ता की तकनीकों का किस तरह से इस्तेमाल करता है। हिटलर, मुसोलिनी या अनेक देशों में साम्यवादियों के सत्ता में आने का अडेसी वर्ग तत्त्वों के शब्दों में विवरण देना एक खतरनाक नासमझी होगी। यदि हम स्वीकार कर लें, जैसा कि साबित करने का प्रयास करते हैं, कि नाजीवाद का उदय नंगी सत्ता के उपचार से बने रहने का प्रयास करते हुए दम तोड़ते बुर्जुआ समाज की केवल अन्तिम फड़फड़ाहट थी तो पश्चिमी जर्मनी के उत्तरवर्ती शासन की व्याख्या करते हुए हम स्वयं को परेशानी में पाते हैं। यह कैसे हुआ कि बुर्जुआ समाज जो करीब चार दशक पहले अपने खूँटे के छोर तक पहुँच गया था, विध्वंसक युद्ध और साम्राज्य का जो कुछ भी अवशेष रहा हो उसकी पदावनति के बाद, अभी भी स्वयं को फलता-फूलता और उन्नतिशील पाता है? केवल इतना ही नहीं, इसने संसदीय लोकतंत्र की संस्था को फिर से जिन्दा किया है और कुछ सफलता के साथ इसको कायम रखे हुए है। जापान और इटली की स्थिति ठीक इसी तरह की है जो युद्ध के बाद फासीवादी तरह के शासकों के पतन के बाद राजनीति के संसदीय रूप की ओर वापस लौट आए हैं।

अविकसित दुनिया में साम्यवादी आन्दोलन की सफलता मार्क्सवादी रीतिविधान का एक कमतर उत्पाद भी है। ये आन्दोलन इसलिए सफल हुए हैं कि इनमें उपरोक्त तकनीकों के अलावा गुरिल्ला युद्धों में उत्कृष्ट सैन्य कौशल का इस्तेमाल करने की काबिलियत थी। माओ त्से तुंग, जियाप और कास्त्रो, सभी अपनी सफलता का श्रेय सत्ता हासिल करने में विशेष गुरिल्ला तकनीक के अनुप्रयोग को देते हैं। वास्तव में यह सैन्य तकनीक का उन विशेष स्थितियों तक प्रसार था जिनमें उन्हें अपने संघर्ष को कार्यान्वित करना पड़ता था। चूँकि इस तरह के आन्दोलन में सफलतापूर्वक जीत हासिल करनेवाले प्रथम व्यक्ति माओ त्से तुंग थे, हम देखेंगे कि माओ के अनुसार यह विशेष आन्दोलनकारी स्थिति क्या थी? उसने लिखा है—"प्रथम, यह

किसी साम्राज्यवादी देश या प्रत्यक्ष साम्राज्यवादी शासन के अधीन किसी उपनिवेश में नहीं हो सकता है लेकिन यह केवल चीन सरीखे आर्थिक रूप से पिछड़े, अर्द्ध-औपनिवेशिक देश में जोकि अप्रत्यक्ष साम्राज्यवादी शासन के अधीन है, हो सकता है...अर्द्ध-औपनिवेशिक चीन की एक विशिष्टता यह है कि गणराज्य के प्रथम वर्ष से ही पुराने और नये युद्ध स्वामियों के अनेक गुटों ने जिन्हें बाहर से साम्राज्यवाद का तथा घर में कुलीन वर्ग तथा चीनी व्यापार के मध्यस्थ वर्ग का समर्थन प्राप्त रहा है, एक-दूसरे के विरुद्ध युद्ध शुरू कर चुके हैं...आन्दोलन के लिए दो ही चीजें जिम्मेवार हैं अर्थात् स्थानीयकृत कृषि अर्थव्यवस्था (समेकित पूँजीवादी अर्थव्यवस्था के बदले) और प्रभाव के क्षेत्रों में विभाजन। और शोषण की साम्राज्यवादी नीति बनाकर गोरों के शासन के अन्दर लम्बे समय तक चलनेवाली फूट और लड़ाई वह स्थिति मुहैया करती है कि साम्यवादी पार्टी के नेतृत्व में एक या अनेक लघु लाल क्षेत्र तैयार हो सके तथा श्वेत राजनीतिक सत्ता की घेराबन्दी के बीच कायम रह सके।"[46]

यह उस सैन्य स्थिति का एक सरल और वास्तविक मूल्यांकन है जहाँ परिविष्ट लाल शासन का सामना एक विरोधी से होता है जो विभाजित है जिसका कोई उपचार सम्भव नहीं है तथा प्रत्येक गुट एक-दूसरे के विरुद्ध लड़ रहा है। माओ इस स्थिति के अनोखे स्वभाव को जानता है। यह सामान्य मार्क्सवादी साँचे में फिट नहीं बैठता है। इसलिए वह संघर्ष जारी रखने के अपने विशेष तरीके को न्यायोचित ठहराने हेतु विशेष परिस्थितियों पर जोर देता है। इसके बाद वह लाल शासन के अस्तित्व हेतु निम्नलिखित अनिवार्य शर्तों की सूची भी तैयार करता है—" ...इस तरह के सशस्त्र स्वतंत्र शासन के अस्तित्व और विकास के लिए निम्नलिखित शर्तों या स्थितियों का होना जरूरी है—(1) स्वस्थ जनाधार, (2) प्रथम श्रेणी का पार्टी संगठन, (3) पूर्ण शक्तिशाली लाल सेना, (4) सैन्य संचालन हेतु अनुकूल भूभाग, (5) स्वयं समर्थन हेतु पर्याप्त आर्थिक शक्ति।"[47]

शासन के जीवन हेतु अनिवार्य विभिन्न तत्त्वों की यह गणना अभी भी अत्यधिक चौंकानेवाली है। वर्ग गुटबन्दी और वर्ग तत्त्वों के विश्लेषण में भाग लेने का कोई प्रयास नहीं होता है बल्कि समूचे सोच पर सैन्य सांगठनिक विचार का ही प्रभुत्व रहता है। स्वस्थ जनाधार ही एकमात्र कारक हो सकता है जो मार्क्सवाद से इसके सहज सम्बन्ध का समर्थन कर सकता है। हालाँकि हमने पूर्व में चर्चा की है, 'जनसाधारण' शब्द स्वयं मार्क्सवादी वर्ग विचार से काफी अस्पष्ट है। यदि इसका मतलब जनसंख्या के बृहत्तर हिस्से का सक्रिय समर्थन है तो यह मात्र उन अधिकांश गैर-मार्क्सवादियों के विचार का पुनर्कथन है जिन्होंने सत्ता या युद्ध रणनीति का प्रतिपादन किया है। मैकियावेली जब किराए के सैनिकों, सहायक अंगों और नागरिक सेना के आपेक्षिक गुणों का वर्णन करते हैं, तो लगभग वही बात कहते हैं। यद्यपि वह जनाधार की बात नहीं करते हैं लेकिन जब नागरिक सेना की बात करते हैं

तो उनका मतलब वही रहता है। केवल जहाँ शासक को जनता का समर्थन प्राप्त रहता है, वहीं वह नागरिक सेना रख सकता है। वह लिखते हैं—"इस तरह रोम और स्पार्टा ने अपनी निजी सेना रखकर सदियों तक उनकी आजादी को कायम रखा—स्विस सबसे अधिक पूरी तरह से शस्त्रों से लैस हैं, फलस्वरूप सबसे बड़ी स्वतंत्रता और आजादी का लुत्फ उठाते हैं; दूसरी तरफ कार्थेनियन भाड़े का सैनिक बहाल करने के खतरे का एक उदाहरण प्रस्तुत करते हैं क्योंकि रोम से प्रथम युद्ध की समाप्ति के वक्त उनके द्वारा अधीनता में ले लिए जाने के बाद वे बहुत नजदीक आ गए थे..."[48]

जो नये तत्त्व सैन्य संचालन में आगे आए, जैसे नेपोलियन के विरुद्ध स्पेनवासियों का प्रतिरोध, 1813 में प्रशा नागरिक सेनाओं की प्रदर्शित प्रभावोत्पादकता तथा नेपोलियन की अपनी सेनाओं के चमत्कारिक काम जो लोगों से जल्दीबाजी में जमा किए गए थे, इन सब पर विचार करते हुए क्लॉजवित्ज राष्ट्रीय लोकप्रिय सेनाओं के लाभों को दर्शाते हैं। वह लिखते हैं—"...चूँकि इन सभी घटनाओं ने यह दर्शाया है कि राष्ट्र के हृदय और भावनाएँ इसकी राजनीतिक और सैन्य शक्ति के उत्पाद में कितने भारी तत्त्व हो सकते हैं क्योंकि सरकारों ने इन सभी अतिरिक्त सहायताओं का पता लगा लिया है, यह अपेक्षित नहीं है कि वे भविष्य की लड़ाइयों में इन्हें बेकार ही छोड़ देंगे;...यह कि उस युद्ध का आयोजन जोकि प्रत्येक पक्ष की राष्ट्रीय सत्ता के समूचे वजन से लड़ा जाता है, उनके लिए सिद्धान्त में भिन्न रूप से होता है जहाँ हर चीज की गणना एक-दूसरे के प्रति स्थायी सैनिकों के सम्बन्धों के अनुसार होती है..."[49]

वस्तुत: फ्रांसीसी क्रान्ति तथा नेपोलियन के उदय से ही युद्ध की प्रकृति में आमूल बदलाव आ गया है और प्रत्येक राष्ट्र का प्रयास होता है कि युद्ध एवं युद्ध की तैयारी के लिए पूरी आबादी को सक्रिय बना दिया जाए। माओ, जैसा कि प्रसंग से जाहिर है, तैयारी के इस पहलू को एक आन्दोलनकारी युद्ध के लिए उद्धृत कर रहे थे। माओ आगे युद्ध के महत्त्व तथा इसके भीतर के विषयनिष्ठ तत्त्व के महत्त्व पर जोर देते हैं अर्थात् अन्तिम परिणाम में जनरलों की योग्यता पर जोर देते हैं। उन्होंने लिखा है—

युद्ध स्वयं के लिए जीत हासिल करने हेतु युद्ध करनेवाले राष्ट्रों, राज्यों, वर्गों या राजनीतिक समूहों के बीच के संघर्ष का सबसे बड़ा रूप है। युद्ध की सफलता या विफलता मुख्यत: दोनों तरफ की सैन्य, राजनीतिक और आर्थिक स्थितियों से तय होती है, इस तथ्य पर सवाल खड़ा नहीं किया जा सकता, लेकिन सम्पूर्णतया ऐसा नहीं होता है, यह युद्ध का निर्देशन करनेवाले प्रत्येक पक्ष की विषयनिष्ठ योग्यता से भी निर्धारित होती है।[50]

आगे वह युद्ध को आन्दोलनकारी कार्य के सर्वोच्च सिद्धान्त के रूप में ऊपर उठाते हैं तथा जनता की प्रभुता के विचार की जगह बन्दूक की प्रभुता

का सिद्धान्त प्रतिस्थापित करते हैं। इस विचार को प्रकट करनेवाला उनका एक लम्बा कथन निम्नलिखित है—

चीन में संघर्ष का मुख्य रूप युद्ध तथा संगठन का मुख्य रूप सेना है। दूसरे रूप यथा जन संगठन और जन संघर्ष भी अत्यन्त महत्त्वपूर्ण और अपरिहार्य हैं और इनकी अनदेखी नहीं की जा सकती है, लेकिन ये सभी युद्ध के निमित्त ही हैं।[51]

इसके बाद वह राजनीतिक संघर्ष हेतु सेना के महत्त्व को समझ लेने के लिए चियांग-काई-शेक की प्रशंसा करते हैं—

उसने प्रतिक्रान्तिकारी उद्देश्यों के लिए एक विशाल 'केन्द्रीय सेना' का निर्माण किया था। जिस किसी के पास सेना होती है उसके पास शक्ति होती है क्योंकि युद्ध हर चीज का निर्धारण करता है—उसने दृढ़ता से इस निर्णायक बिन्दु को पकड़ लिया है। इस सन्दर्भ में सन-यात-सेन और चियांग-काई-शेक, दोनों हमारे शिक्षक हैं।[52]

और आगे—

प्रत्येक साम्यवादी को यह तथ्य समझ लेना चाहिए—'राजनीतिक सत्ता बन्दूक की नली से निकलती है।' हमारा सिद्धान्त है कि पार्टी बन्दूक को नियंत्रित करती है और बन्दूक को यह इजाजत नहीं मिलनी चाहिए कि वह पार्टी का नियंत्रण करे, लेकिन यह भी सही है कि अपनी व्यवस्था के तहत हम वास्तव में बन्दूक के सहारे पार्टी संगठन खड़ा कर सकते हैं, उत्तरी चीन में आठवीं रूट आर्मी ने एक शक्तिशाली पार्टी संगठन खड़ा कर लिया है। हम कैडरों का भी निर्माण कर सकते हैं और विद्यालय, संस्कृति तथा जनान्दोलनों को खड़ा कर सकते हैं। येनान में हर चीज बन्दूक के सहारे खड़ी कर ली गई है। राज्य के मार्क्सवादी सिद्धान्त के अनुसार, सेना राज्य की राजनीतिक सत्ता का मुख्य घटक होती है और इस सत्ता को बनाए रखने के लिए राज्य के पास अनिवार्यत: एक सुदृढ़ सेना होनी चाहिए। कतिपय लोगों ने 'युद्ध की सर्वशक्तिसत्ता' के हामी के तौर पर हमारा मजाक उड़ाया है। हाँ, हम क्रान्तिकारी युद्ध की सर्वशक्तिसत्ता के हामी हैं जो बिलकुल गलत नहीं है बल्कि अच्छा और मार्क्सवादी है। बन्दूक से रूसी साम्यवादी 'समाजवाद' लाए हैं और हम लोकतांत्रिक गणराज्य लानेवाले हैं।[53]

निश्चित रूप से माओ जब यह कहते हैं कि कैडर और संस्कृति, सब कुछ बन्दूक की नली से निकलता है तो इसे वह मजेदार ढंग से मार्क्सवाद से जोड़ते हैं। रूसी साम्यवादी भी, जिन्होंने बन्दूक का उपयोग करने में हिचकिचाहट नहीं दिखाई, यह नहीं स्वीकार करते कि उन्होंने जादूगर के टोप से निकले खरगोश की तरह अपने संगठन या आन्दोलन को बन्दूक की नली से निकाला है। सम्पूर्ण युद्ध के दार्शनिक क्लॉजवित्जे ने भी सेना को इतना अधिक श्रेय नहीं दिया था। उसने अपनी सीमाओं को निम्नलिखित शब्दों में प्रकट किया है—

सेना के अधीन राजनीतिक दृष्टिकोण का होना सामान्य समझ के विपरीत होगा क्योंकि नीति ने युद्ध की घोषणा की है; यह तेज प्रभाग है, युद्ध केवल उपकरण होता है, यह प्रतिक्रम नहीं होता है। सैन्य दृष्टिकोण का राजनीतिक के अधीन होना ही एकमात्र चीज है जो सम्भव है।[54]

इन दो दृष्टिकोणों का अन्तर समझने लायक है। क्लॉजवित्ज ने यह उस समय लिखा था जब सेनाएँ सीधे स्थापित प्राधिकारों के साथ राज्य के नियंत्रण के अन्तर्गत थीं तथा इस तरह राजनीतिक दिशा के तहत संचालित होती थीं। जब आगे माओ का विचार आया तो उस समय चीनी समाज गम्भीर टूटन की स्थिति में था। अस्त-व्यस्त कृषि अर्थव्यवस्था के ऊपर अनेक युद्ध सामन्तों का राजनीतिक प्रभुत्व अध्यारोपित हो चुका था। राज्य से किसी भी केन्द्रीय प्राधिकार का कोई अस्तित्व नहीं बचा था। ऐसी स्थिति में जो एकमात्र संगठित बल प्रकट हुआ, वह सेना थी। सेना में भी अखंडता और आबादी के अनेक तत्त्वों के संघटन का सिद्धान्त स्वाभाविक था। यह आश्चर्यजनक नहीं है कि ऐसी स्थिति में माओ की कल्पना के मुताबिक, शीघ्र ही सेना राष्ट्र और राज्य, दोनों के लिए प्रतिनियुक्त प्रतिनिधि बन गई और इसने उस प्रत्येक चीज की रचना की जो एक राष्ट्र के विकास के लिए जरूरी थी, लेकिन यह स्पष्टीकरण उन्हें बहुत विशेष स्थितियों के अन्तर्गत उपजे व्यक्तिगत अनुभव को ऊपर उठाकर एक सार्वभौतिक सिद्धान्त का रूप देने तथा इसे मार्क्सवाद के गले मढ़ने के प्रयास के लिए भी उचित साबित नहीं करता है। हालाँकि चीन में जो हो रहा था, उसे विघटन की समस्या से रू-ब-रू अनेक अन्य देशों में होता हुआ देखा जा सकता है। जब कभी राजनीतिक जीवन का विखंडन घटित हुआ है, स्थायी सेना सत्ता हथियाने के लिए आगे बढ़ी है। जहाँ स्थायी सेना भी विखंडन की स्थिति में रही है, संगठित राजनीतिक पार्टी ने, यदि इस तरह की किसी पार्टी का वजूद कायम हो, दोनों का लड़नेवाले बल हेतु कैडर तथा एक राजनीतिक व्यवस्था का निर्माण किया है। हम पूर्व में देख चुके हैं, समाज को कुछ संरचना की जरूरत होती है तथा यह हमेशा स्थायी रूप से विशृंखलता की स्थिति में नहीं रह सकता है। कुछ स्थिरता और संरचना एक रूप या दूसरे रूप में उठने के लिए बाध्य होती है। माओ का चीन विखंडन की स्थितिवाले ऐसे समाज का एक उदाहरण है जिससे उन्होंने और उनकी पार्टी और सेना ने एक व्यवस्था का निर्माण किया।

सेना तथा सशस्त्र संघर्ष पर यह गहरी निर्भरता ठीक आकस्मिकता नहीं थी। यह एक राजनीतिक लीक से युक्त थी जो वर्ग सहयोग की नीति पर आधारित थी। चूँकि ये वर्ग तत्त्व या तो उनकी सहायता के लिए स्पष्ट रूप से आगे नहीं आ रहे थे या उन्होंने अपने आन्दोलन को पारम्परिक रूप से साम्यवाद से सम्बद्ध वर्गों पर आधारित करना समीचीन नहीं समझा था, माओ के नेतृत्व में चीनी कम्युनिस्टों ने उस लाल सेना की मदद से सत्ता हासिल करने तक ही स्वयं को सीमित रखा

जिसका गठन अधिकांशत: जापानी युद्ध के विरोध के क्रम में हुआ था। इसलिए माओ ने दृढ़ता से इस विचार का अनुगमन कर लिया कि एक बार सशस्त्र शक्ति हासिल कर ली जाए तो सामाजिक व्यवस्था को मनचाहा रूप दिया जा सकता है।

जापान के विरुद्ध तथा चियांग-काई-शेक के विरुद्ध माओ के संघर्षकाल के दौरान वर्ग सहयोग की एक लीक का एक समान ढंग से अनुगमन किया गया। कुओमिन्तांग की पराजय से माओ के हाथ में पूर्ण सत्ता आ गई जिसे उसने पहले बुर्जुआ के विरुद्ध तथा बाद में किसानों के विरुद्ध मोड़ दिया। यह एक नई सोच थी। इस सोच की बुनियादी चीज थी, उस प्रत्येक तत्त्व का जो आन्दोलनकारी दल की सहायता कर सकते थे, उपयोग करते हुए सत्ता हथियाना तथा बाद में पूर्वआधारित योजना के अनुसार समाज को बदल देना। निम्नलिखित सारांश सशस्त्र संघर्ष की अवधि के दौरान की वर्ग सहयोग लीक के बारे में काफी बयान करता है—"केवल मजदूरों की जीवन स्थितियों में सुधार ला दिया जाए तो जापान से लड़नेवाले मजदूरों का उत्साह बढ़ जाएगा, लेकिन हमें हर तरह से 'वाम' विचलन से दूर रहना चाहिए; हमें मजदूरी बढ़ाकर तथा काम करने की अवधि को घटाकर अति तक नहीं जाना चाहिए...एक बार पूँजी और श्रम के बीच एक संविदा तैयार हो जाए तो मजदूरों को श्रमानुशासन का पालन करना चाहिए तथा पूँजीपतियों को कुछ लाभ कमाने देना चाहिए।[55]

भूमि सम्बन्धी नीति। हमें निश्चित रूप से अपने पार्टी सदस्यों तथा किसानों से यह स्पष्ट करना चाहिए कि अभी समूचे भू-सम्बन्धी आन्दोलन को कार्यान्वित करने का समय नहीं हुआ है तथा यह कि भू-सम्बन्धी आन्दोलन के दौरान किए गए सारे प्रयास वर्तमान स्थिति में लागू किए जाने लायक नहीं हैं। वर्तमान नीति के तहत यह प्रावधान किया जाना चाहिए कि एक तरफ भू-स्वामियों को लगान और सूद को कम कर देना चाहिए ताकि कृषक जनता के बुनियादी समूहों को सक्रिय रूप से जापान का प्रतिरोध करने के लिए जगाया जा सके और दूसरी तरफ यह कमी निश्चित रूप से बहुत अधिक नहीं होनी चाहिए। (नीति के बारे में, दिसम्बर 25, 1940)"[56]

और नवम्बर 1941 में वह उसी विचार को दुहराते हैं—"कृषि सम्बन्धों में हम देखते हैं कि एक तरफ लगान और सूद को कम किया जाता है ताकि किसानों के पास खाने के लिए भोजन हो तथा दूसरी तरफ कम दर पर लगान और सूद भू-स्वामियों को भुगतान किया जाता है ताकि वे भी जिन्दा रह सकें। श्रम और पूँजी के बीच के सम्बन्ध की बाबत हम एक तरफ मजदूरों की सहायता करते हैं ताकि उन्हें रोटी और रोजगार मिल सके तथा दूसरी तरफ विकासशील उद्योगों की नीति का अनुगमन करते हैं ताकि पूँजीपतियों को कुछ लाभ हो सके। इस सबके पीछे हमारा लक्ष्य है जापान का प्रतिरोध करने के लिए पूरे देश में जनता को एकीकृत करना। ऐसी नीतियों को हम 'नए लोकतंत्र की नीतियाँ' कहते हैं।"[57]

उपर्युक्त सारांशों से यह स्पष्ट है कि वर्ग सहयोग की नीति इस हद तक पहुँच गई थी कि जमींदारी उन्मूलन की शालीन माँग को भी अस्वीकार कर दिया गया। यह नीति विश्वव्यापी मार्क्सवाद और साम्यवादी नीति का भी खंडन करती है। साम्यवादियों ने भारत में भारतीय राष्ट्रीय कांग्रेस को फासीवादी संस्था कहकर त्याग दिया था क्योंकि यह एक राष्ट्रीय मोर्चे के तहत जनता के सभी वर्गों को लाने का प्रयास करती थी। तीस के दशक की शुरुआत में साम्यवादियों ने भारत में राष्ट्रीय झंडे को जलाया भी था, यद्यपि कांग्रेस के कराची अधिवेशन के बाद राष्ट्रीय कांग्रेस के पास भूमि सम्बन्धी प्रश्न पर माओ की उपर्युक्त नीति से कहीं ज्यादा मौलिक नीति थी। वस्तुत: यदि हम आन्दोलनकारी इरादे को लपेटनेवाले बाद के परिणाम की कटौती कर दें तो यह नीति उन तमाम चीजों का एक स्पष्ट अस्वीकार थी जो मार्क्सवाद के रूप में जानी जाती है। वस्तुत: माओ की अन्तिम विजय के पहले तक स्टालिन और अन्य साम्यवादी माओ को महा विधर्मी मानते थे। बावजूद इसके, माओ ने न केवल यह साबित किया कि इस सन्दर्भ में मार्क्सवादी सोच गलत थी बल्कि उसने साम्यवादी आन्दोलन में कुल मिलाकर एक नई तकनीक का संचालन किया।

परन्तु क्यूबाई आन्दोलन के बाद वर्ग सम्बन्ध की इस व्यावहारिक सोच को चे ग्वारा द्वारा एक सैद्धान्तिक सूत्र प्रदान किया गया है। उसने अमेरिकी महादेश में आन्दोलन के लिए तीन सिद्धान्तों की रूपरेखा प्रस्तुत की है। वे सिद्धान्त हैं—(1) लोकप्रिय तत्त्व सेना के विरुद्ध जीत सकते हैं, (2) जब तक आन्दोलन की सभी शर्तें अस्तित्व में नहीं आ जाती हैं, प्रतीक्षा करना अनिवार्य नहीं है—विद्रोह उनका निर्माण कर सकता है, (3) अल्प विकसित अमेरिका में देहात सशस्त्र लड़ाई का बुनियादी क्षेत्र है।[58]

उपर्युक्त में से पहली टिप्पणी हेतु अति सामान्य है, लेकिन दूसरा बहुत महत्त्वपूर्ण है। यह स्पष्ट रूप से कहता है कि आन्दोलनकारियों को आन्दोलन के लिए स्थितियों के परिपक्व हो जाने तक का इन्तजार नहीं करना है। यह आन्दोलनकारियों की जिम्मेवारी है कि वे अपनी बगावती गतिविधियों से उद्देश्यपरक स्थितियों का निर्माण करें। यह उस मार्क्सवाद से एक बड़ा प्रस्थान है जिसने उद्देश्यपरक/वस्तुनिष्ठ स्थितियों पर भारी जोर दिया था। आगे चे ग्वारा यह दिखाने का प्रयास करता है कि विद्रोह के नये रूप में अपनी स्थिति के कारण औद्योगिक मजदूर, एक वर्ग के तौर पर, भागीदारी से वंचित हो जाता है। इस तरह परिवर्तनकारी आन्दोलन की नई योजना के तहत आन्दोलन का अधिकेन्द्र औद्योगिक क्षेत्रों से ग्रामीण क्षेत्रों में स्थानान्तरित हो जाता है। इसमें भी उस परम्परा की एक सम्पूर्ण टूट है जो मार्क्स से ट्रॉटस्की तक चलती रही थी। नगर में रहनेवाले औद्योगिक मजदूरों की परेशानियाँ, जिन्हें चे ग्वारा रेखांकित करता

है, कामगार वर्ग के ग्रामीण आन्दोलन के सहायक से ज्यादा होने की सम्भावना को लगभग असंगत साबित करती हैं। ये कामगार वर्ग कभी-कभी हड़ताल वगैरह कर शत्रु प्रशासन के काम को ठप्प कर देते हैं और इस तरह ग्रामीण आन्दोलन के लिए काम करते हैं। चे ग्वारा लिखता है—"...वे जो हठधर्मिता से इस बात का स्वागत करते हैं उनके द्वारा यह ध्यान में रखा जाना चाहिए कि जनता का संघर्ष पूरी तरह से अमेरिका के सभी अल्पविकसित भागों के जीवन में ग्रामीण जनता की भारी भागीदारी को भूलते हुए नगर आन्दोलन में केन्द्रित रहता है। निस्सन्देह संगठित मजदूरों की नगर जनता के संघर्षों को कम नहीं आँकना चाहिए; लेकिन सशस्त्र संघर्ष में लगाने की उनकी वास्तविक सम्भावना का सावधानी से विश्लेषण किया जाना चाहिए, खासकर वहाँ जहाँ संविधान को पारम्परिक रूप से सुशोभित करनेवाली गारंटियाँ निलम्बित या उपेक्षित रहती हैं। इन स्थितियों में अवैध मजदूर आन्दोलन भारी खतरों का सामना करते हैं। उन्हें बिना शस्त्र के गुप्त रूप से काम करना चाहिए। खुले देश की स्थिति इतनी कठिन नहीं है। दमनकारी तत्त्वों की पहुँच से बाहर के स्थानों पर निवासियों का समर्थन सशस्त्र गुरिल्लाओं से किया जा सकता है।"[59]

चूँकि गुरिल्ला युद्ध आन्दोलन में उस चीज से विभिन्न प्रकृति की जनता और कैडर लाता है जिसकी आरम्भिक मार्क्सवादियों ने कल्पना की थी, इसलिए विचारधारा की समझ में भी बदलाव आया है। आरम्भिक समझ यह थी कि विचारधारा से प्रेरित दल के माध्यम से जनसाधारण में वैज्ञानिक रूप से शुद्ध विचारधारा को पहुँचाया जाए। आन्दोलन को जनसाधारण का विचारधारा के साथ अन्तर्वेशन का परिणाम होना था जो वस्तुनिष्ठ स्थितियों के पकने पर संतृप्ति बिन्दु पर पहुँचता। इस नई तकनीक के अन्तर्गत शुरू से ही विचारधारा की जानकारी नहीं दी जाती है बल्कि यह उस संघर्ष के दौरान पनपती है जिसमें गुरिल्ला लड़ाके लोगों के जीवन के करीब आते हैं। वर्ग रेखाएँ भी केवल संघर्ष के दौरान ही स्पष्ट होती हैं। इस तरह ग्वारा लिखता है—"...गुरिल्ला लड़ाके एक तरह के पथप्रदर्शन करनेवाले देवदूत होंगे जो क्षेत्र में प्रवेश कर चुके हैं। ये सदा गरीबों की मदद करनेवाले तथा युद्ध के प्रथम चरण में धनी लोगों को यथासम्भव कम परेशान करनेवाले होंगे, लेकिन यह युद्ध अपने हिसाब से जारी रहेगा, विरोध लगातार रूप से तीव्रतर होगा और समय आएगा जब वैसे अनेक लोग जिन्होंने शुरू में निश्चित सहानुभूति के साथ क्रान्ति का सम्मान किया था, स्वयं को पलटते हुए विरोध के स्थान पर रख देंगे। उस वक्त गुरिल्ला लड़ाके को स्वयं को जनता के हेतु का प्रामाणिक धारक बनाने के लिए कार्य करना चाहिए।"[60]

और पुन:—"गुरिल्ला लड़ाके को एक समाज सुधारक की भाँति न केवल अपने निजी जीवन में एक उदाहरण प्रस्तुत करना चाहिए बल्कि वह जिस चीज

को जानता है तथा जो करने की इच्छा रखता है, उसको स्पष्ट करते हुए उस सही समय पर विचारधारात्मक समस्याओं की ओर नियत ढंग से मोड़ना भी चाहिए। वह जो सीखता है उसका भी इस्तेमाल करेगा क्योंकि युद्ध के महीने या वर्ष उसके आन्दोलनकारी दृढ़ विश्वास को मजबूत करते हैं, उसे अत्यधिक सुधारवादी बना देते हैं क्योंकि शस्त्र की शक्ति का प्रदर्शन होता है, क्योंकि निवासियों का दृष्टिकोण उसके मनोभाव एवं उसके निजी जीवन का एक अंश बन जाता है, और क्योंकि वह उस न्याय तथा बदलाव की शृंखला की अनिवार्य आवश्यकता को समझता है जिसकी सैद्धान्तिक महत्ता उसे पहले प्रतीत हुई थी, लेकिन व्यावहारिक अत्यावश्यकता से रहित।"[61]

क्यूबा का आन्दोलन मात्र भूमि सुधार तथा बतिस्ता की सैन्य तानाशाही के खात्मे के कार्यक्रम से शुरू हुआ था। धीरे-धीरे, हालाँकि अमेरिका के निहित स्वार्थों से अपरिहार्य टकराव के कारण जैसे-जैसे कठिनाई बढ़ती गई, आन्दोलन मौलिक बनता गया। अमेरिका का वस्तुत: क्यूबा की अर्थव्यवस्था के बृहत्तर भाग पर एकाधिकार था। अन्य लातिनी अमेरिकी देशों में भी कास्त्रोवादी आन्दोलन का बुनियादी अभिगम भूमि सुधार लाना तथा अमेरिकी निहित स्वार्थों की एकाधिकारात्मक पकड़ को तोड़ना है। यह पूरी तरह से परिवर्तित परिस्थितियों का एक नया जवाब है तथा समाजवादी आन्दोलन के आरम्भिक सिद्धान्तों से एक चिह्नित प्रस्थान है। इस नये स्कूल के एक-दूसरे मार्क्सवादी रेजिस डिब्रे अपनी किताब 'रिवॉल्यूशन इन दी रिवॉल्यूशन (क्रान्ति में क्रान्ति)' में यह दावे के साथ कहते हैं कि शहरी केन्द्रों से व्युत्पन्न आन्दोलनकारी नेतृत्व का पुराना सिद्धान्त पूरी तरह से त्याग देना है। वह आगे यह भी कहते हैं कि "नगर बुर्जुआ है तथा सिएरा सर्वहारा है" (वह कास्त्रो के अत्यधिक प्रभाववाले अनगढ़ सिएरा मैस्त्रा को स्पष्ट रूप से उद्धृत करते हैं)। इन आन्दोलनों की विजयों के लिए मार्क्सवादी रक्षा कवच को श्रेय देना गलत होगा। दरअसल, यह सत्ता के संघर्ष में पुराने सिद्धान्तों को छोड़ देने की उनकी अनुकूलनता और तत्परता थी जिसने उन्हें सफलता दिलवाई।

अन्ततोगत्वा उनकी सफलता को मार्क्सवाद के किसी योगदान से नहीं (जिसका उन्होंने निश्चित रूप से अपने कार्यों से खंडन किया है) बल्कि इस तथ्य से स्पष्ट किया जा सकता है कि उन्होंने अपनी कृषि सम्बन्धी अनोखी योजना में युद्ध के वैज्ञानिक तरीकों को अपनाया और उसका उपयोग किया था। इस तकनीक का विशेष गुण इस तथ्य में निहित है कि एक निहत्था या अपेक्षाकृत अत्यल्प शस्त्रों से लैस आबादी राज्य की केन्द्रीकृत सेना को अन्तत: पराजित कर देने हेतु सशस्त्र और गुरिल्ला युद्धों के जरिए प्रशिक्षित हो गई है, लेकिन एक बार यह तथ्य शेष का ध्यान करता है तो यह सुपरीक्षित सैन्य नियमावली का अनुसरण करता है। चे ग्वारा शुरू में ही इस तथ्य पर जोर देता है और लिखता है—"यह स्पष्ट है—और

इस विषय के लेखक अनेक बार यह कह चुके हैं कि युद्ध वैज्ञानिक नियमों की निश्चित शृंखला का जवाब देता है; जो कोई इनकी अनदेखी करता है, परास्त होता है। युद्ध के एक चरण के रूप में गुरिल्ला युद्ध इन सबके द्वारा शासित होना चाहिए; लेकिन साथ ही इसके विशेष पहलुओं के कारण, उपसिद्धान्त नियमों की शृंखला को भी इसे आगे बढ़ाने हेतु पहचाना जाना चाहिए।"[62]

ये विशेष पहलू हैं—(1) इसे एक लोकप्रिय कारण को अपनाना चाहिए; (2) इसका एक आधार क्षेत्र होना चाहिए जो शत्रु के लिए आसानी से सुलभ नहीं होता है जहाँ यह लगभग सम्पूर्ण लोकप्रिय समर्थन का उपभोग करता है; (3) इसको अपने शस्त्र हेतु ज्यादातर शत्रु पर निर्भर रहना है; (4) परिणामस्वरूप, आश्चर्य का तत्त्व इसके संचालन में तुलनात्मक रूप से बड़ी भूमिका अदा करता है; (5) एक निश्चित फायर लाइन का अभाव जो स्थापित व्यवस्था के समक्ष दुविधा उत्पन्न करती है; इसके अन्तर्गत सम्पूर्ण क्षेत्र के ऊपर हल्के-से स्वयं को फैलाने के लिए तथा स्वयं को भेद्य बनाने के लिए या कुछ बिन्दुओं पर ध्यान केन्द्रित करने तथा अन्य भागों को बिना चुनौतीवाले गुरिल्ला संचालनों के तहत गिर जाने की मंजूरी देने के लिए इसके ये विशेष पहलू हैं।

माओ त्से तुंग ने गुरिल्ला संचालन के नियमों का बहुत साफ शब्दों में प्रावधान किया था जो अन्य जगहों पर भी गुरिल्ला संचालन के आधार रूप में कायम है। हालाँकि यदि हम उसकी तकनीकों का परीक्षण करें तो हम देखते हैं कि वे अतीत के अच्छे सैन्य अनुभव पर आधारित हैं। वह वस्तुत: ज्यादातर प्राचीन चीनी सैन्य सिद्धान्तकार शनत्जू का अनुसरण करते हैं जो ईसा पूर्व पाँचवीं सदी में पैदा हुए थे। बुनियादी सिद्धान्त गुरिल्ला बल को संरक्षित रखना तथा दुश्मन का सर्वनाश करना है। सारे रणनीतिक और चालाकी भरे विचार इसी बुनियादी सिद्धान्त से संचालित होते हैं। यह इस विचार का सीधा प्रतिफल है कि अन्तत: गुरिल्ला युद्ध को स्थानीय युद्ध में विकसित होना है। यह केवल तभी हो सकता है जब उत्तरोत्तर चरणों के जरिए गुरिल्ला बलों की ताकत बढ़ती रहती है जबकि शत्रु बलों की शक्ति कमजोर होती जाती है। इसी तरह वियतनामी सेना स्रष्टा जनरल जियाप ने सम्पूर्ण विद्रोह को तीन चरणों में विभाजित किया—अर्थात् (1) एक निश्चित स्थिति, (2) एक स्थिति जिसमें विरोधी तत्त्व समान रूप से मेल खाते हैं, और (3) प्रति-आक्रमण की स्थिति।

यह अधिगम बिलकुल अतीत के सैन्य अनुभव के साथ रहने का था। अन्तत: युद्ध का नतीजा गोला-बारूद की शक्ति के सम्बन्ध से निर्धारित होता है तथा इसकी कमी की कोई आन्दोलनकारी उत्साह या प्रतिभा भरपाई नहीं कर सकती है। क्लॉजवित्ज ने कुछ महान जनरलों के कारनामों का विश्लेषण किया है तथा यह दिखलाया है कि उपयोग में लाए जानेवाले शस्त्रों की समानता के बावजूद यदि किसी बल की संख्या बहुत ज्यादा हो तो उसे कम संख्यावाला बल परास्त नहीं कर

सकता है। वह कहता है कि संख्या में दोगुनी या उससे भी ज्यादा संख्या की सेना को कम संख्यावाली सेना द्वारा परास्त किए जाने के दृष्टान्त केवल महान फ्रेडरिक थे। उसने ल्यूथेन में अपने 30,000 सैनिकों से 80,000 सैनिकोंवाले ऑस्ट्रिया को तथा रोजबाक में अपने 25,000 सैनिकों से 50,000 सैनिकोंवाले को परास्त किया। नेपोलियन के अनुसार, उसने ड्रेसडेन में 1,20,000 सैनिकों से 2,20,000 सैनिकों के विरुद्ध विजय हासिल की थी। हालाँकि लेपजिग में नेपोलियन हार गया था। वहाँ उसके पास 2,80,000 सैनिकों के मुकाबले 1,60,000 सैनिक ही थे। ये सब यह बताते हैं कि खुली लड़ाई में एक सीमा होती है जिसके बाहर कोई साहस या त्याग या विज्ञान किसी सेना को जीतने में मदद नहीं कर सकता है। यही विचार गुरिल्ला लड़ाके को प्रेरित करता है कि वे आरम्भिक चरणों में युद्ध से दूर रहें क्योंकि वे राज्य के बलों की न तो संख्या में न ही शस्त्रों में समान होते हैं, लेकिन इस परिहार को सदा एक प्रति-आक्रमण दुश्मन को परास्त करने हेतु फायर शक्ति की सर्वोच्चता प्राप्त करने का माध्यम समझा जाता है। इन्हीं अनिवार्यताओं के तहत माओ त्से तुंग ने अपनी प्रसिद्ध गुरिल्ला युद्धकला को स्पष्ट किया—बलों को जनसाधारण के बीच उन्हें जगाने के लिए छितरा दो तथा बलों को दुश्मन से निबटने हेतु लगा दो। शत्रु आगे बढ़ता है, हम पीछे लौटते हैं; दुश्मन रुकता है, हम परेशान करते हैं; शत्रु थक जाता है, हम आक्रमण करते हैं; दुश्मन पीछे लौटता है, हम पीछा करते हैं। स्थापित भूक्षेत्रवाले एक स्वतंत्र शासन में हम लहरों की श्रृंखला में आगे बढ़ने की नीति अपनाते हैं। जब एक शक्तिशाली दुश्मन पीछा करता है तो हम घूर्णन गति से घेरा बना लेने की नीति अपना लेते हैं। ('ए स्पार्क कैन स्टार्ट ए प्रेअरी फायर' में)

और इसके बाद वह अपने संघर्ष के आरम्भिक वर्षों की आन्दोलनकारी युद्ध की कला और स्थिति का वर्णन करते हैं जो बिलकुल उपरोक्त सैन्य स्थिति के अनुरूप है। वह लिखते हैं—"कियांगसाई में 'घेराबन्दी और संहार' के तीसरे अभियान के विरुद्ध लड़ाई में लाल सेना अन्त्य सीमा तक पीछे हटी थी (आधारक्षेत्र के पिछले भाग में जमा होते हुए), इसके बिना वह शत्रु को परास्त नहीं कर सकती थी क्योंकि 'घेराबन्दी और संहार' की संख्यात्मक शक्ति लालसेना की संख्यात्मक शक्ति के दस गुना से भी अधिक थी। संटजू ने जब यह कहा था, 'शत्रु जब स्फूर्ति से भरा हो तो उससे दूर रहो, तथा थककर शिथिल हो तो उस पर वार करो', तो वह शत्रु की श्रेष्ठता को कम करने हेतु उसको कमजोर करने तथा नीचा दिखाने के एक तरीके को उद्धृत कर रहे थे।"[63]

शत्रु जब संख्या में ज्यादा हो तो अधिक संख्या के साथ सेना के अंश पर आक्रमण कर रहा हो, ऐसी स्थिति में सेना से दूर रहने की यह युद्धकला संख्या में ज्यादा होने के कारण शत्रु को मिलनेवाले लाभ को निष्प्रभावित करती है। वास्तविक

युद्ध में गुरिल्ला बल को ही संख्याओं का लाभ मिलता है, हालाँकि इसके छोटे कुल आकार की तुलना शत्रु के कुल आकार से की जा सकती है। इस लाभ को कमजोर शत्रु स्थलों के विरुद्ध गुरिल्ला बलों को केन्द्रित करने के कौशल से प्राप्त किया जा सकता है। बड़े भूभाग पर अपनी पकड़ बनाए रखने का प्रयास करनेवाले विरोधी अनिवार्यत: इस युद्धकला से परास्त हो जाते हैं।

शत्रु को नियंत्रण लायक आकार में लाने के लिए यह दीर्घकालिक रणनीति शत्रु की शक्ति को कुतरती रहती है। इस तरह माओ अपने विचार की मुख्य पंक्ति को निम्नलिखित शब्दों में व्यक्त करता है—" ...किसी मनुष्य की सभी अँगुलियों में घाव देने से ज्यादा प्रभावकारी होता है, उन अँगुलियों में से एक को काट डालना; शत्रुओं के दस डिवीजनों को खोज निकालने से ज्यादा प्रभावकारी होता है, उनमें से एक को पूरी तरह से नष्ट कर देना।"[64]

इन सभी में माओ तथा उनके बाद के गुरिल्ला लड़ाकों की सोच क्लॉजवित्ज द्वारा निर्धारित सैन्य प्राथमिकताओं के अनुरूप रही है। बुनियादी सोच किसी खास क्षेत्र पर कब्जा जमाने की बजाय शत्रु की लड़नेवाली क्षमता को नष्ट करने की थी। सबसे ऊपर गुरिल्ला योद्धा हमेशा नगरों पर कब्जा जमाने से दूर रहे हैं क्योंकि यह बगैर किसी सैन्य रणनीतिक लाभ के असंख्य जवाबदेहियों का भार सेना पर लाद देता है। इस प्रश्न पर क्लॉजवित्ज लिखता है—"इसलिए यदि युद्ध में सैन्य गतिविधि के सारे सूत्र समाप्त हो जाते हैं तो हम जब लड़ाइयों का क्रम निर्धारित करते हैं, उन सबको ग्रहण कर लेते हैं। केवल इसी क्रम और इसके कार्यान्वयन से प्रभाव आगे बढ़ते हैं, न कि सीधे इनके पीछे की स्थितियों से। अब लड़ाई में सारे कार्य शुत्र के नाश के लिए या कहीं उसकी लड़ाकू शक्तियों के नाश के लिए किए जाते हैं, क्योंकि यह युद्ध या लड़ाई की अवधारणा में ही निहित है। अतएव शत्रुओं की मारक शक्तियों का विध्वंस ही हमेशा युद्धोद्देश्य को प्राप्त करने का माध्यम होता है।"[65]

आगे वह एक-दूसरे स्थान पर उस स्थिति के पक्ष में लिखता है जो गुरिल्ला बल का सामना करते वक्त की स्थिति सदृश होती है—" ...बादवाले मामले में सेना का विध्वंस ही वास्तविक प्रभावशाली कार्य है तथा प्रदेशों के बारे में बात करना केवल इसका एक परिणाम; सेना के परास्त होने के पहले उन्हें ग्रहण करने को हमेशा केवल एक आवश्यक बुराई के तौर पर ही देखा जाएगा।"[66]

आगे पुन: एक श्रेष्ठ बल के विरुद्ध प्रतिरोध की सेना हेतु वह शत्रु को दबाने के लिए लगभग दीर्घकालिक युद्ध की गुरिल्ला तकनीक की अनुशंसा करता है—"यदि इसके बाद नकारात्मक उद्देश्य अर्थात् तमाम माध्यमों का विशुद्ध प्रतिरोध की स्थिति पर केन्द्रित होना संघर्ष में श्रेष्ठता प्रदान करता है, और यदि विरोधी के पास की संख्याओं की श्रेष्ठता को सन्तुलित करने के लिए यह लाभ पर्याप्त है तो केवल विरोध की अवधि धीरे-धीरे विरोधी के बल क्षय को एक बिन्दु पर लाने हेतु पर्याप्त

होगी जिस पर कोई राजनीतिक उद्‌देश्य आगे समतुल्य नहीं हो सकता है, अतएव एक बिन्दु जहाँ उसे संघर्ष छोड़ देना ही होगा। तब हम यह देखते हैं कि माध्यम की इस श्रेणी में, शत्रु के घिसाव में काफी संख्या में वैसे मामले शामिल होते हैं जिनमें कमजोर वर्ग मजबूत का प्रतिरोध करता है।"[67]

प्राचीन रोम में फेबियस द्वारा हन्निबल का किया गया प्रतिरोध आज की साम्यवादी गुरिल्ला युद्धकला से बहुत हद तक मिलता-जुलता था। स्पेनवासियों ने नेपोलियन का जिस तरह से प्रतिरोध किया, वह भी पूरी तरह से तो नहीं लेकिन कुछ हद तक इसी साम्यवादी गुरिल्ला युद्धकला की ही तरह था। इसी तरह, यह युद्धकला कोई नई युद्धकला नहीं है। इस सिलसिले में एक दूसरी महत्त्वपूर्ण चीज यह है कि सफलता के लिए जरूरी नहीं है कि गुरिल्ला युद्ध का मकसद हमेशा परिवर्तनकारी हो। स्पेनवासियों का प्रतिरोध निश्चित रूप से नेपोलियन के अत्यधिक प्रगतिशील विचार के विरुद्ध पुरानी सामन्ती और रूढ़िवादी भावना का प्रतिनिधित्व करता था, लेकिन अपने उद्‌देश्य के न्याय के प्रति दृढ़ विश्वास स्पेनी सैनिकों में इतना अधिक भरा हुआ था कि यह उन्हें गुरिल्ला युद्ध जारी रखने के लिए प्रेरित करते रहता था।

जहाँ तक गुरिल्ला युद्धों का सम्बन्ध है, उपरोक्त अध्ययन प्राचीनकाल से लेकर आधुनिक काल तक की युद्ध की तकनीक की निरन्तरता को प्रदर्शित करता है। शायद एकमात्र नवीनता जनसाधारण के प्रति वह मनोभाव है जिसमें साम्यवादी सुदृढ़ आधार की तलाश करते हैं, लेकिन यह भी सम्पूर्णत: नया नहीं है। जैसाकि हम पूर्व में देख चुके हैं कि पूर्व में भी सैन्य नेताओं द्वारा जनता के समर्थन की माँग की गई थी, लेकिन अन्तर इस तथ्य में निहित है कि इसने वैसा जोर नहीं दिया तथा इसके पास उन आधुनिक प्रचार उपकरणों की कमी थी जिनका कि साम्यवादी भरपूर इस्तेमाल करते हैं।

चे ग्वारा यह सटीक संकेत देता है कि विद्रोही युद्ध की यह नई तकनीक पूरी तरह से वस्तुनिष्ठ स्थितियों से सीमित नहीं होती है। इस तरह का आन्दोलन शुरू करना सभी अल्पविकसित देशों में सम्भव है और लड़ाई के क्रम में धीरे-धीरे वस्तुनिष्ठ स्थितियाँ आन्दोलन के अनुकूल होती जाती हैं। यद्यपि इस तरह के विकास का अनिवार्यत: अर्थ आन्दोलन की विजय नहीं होती है जहाँ कि वस्तुनिष्ठ स्थिति अर्थात् शुरू करने के लिए जनसाधारण के समर्थन का अभाव होता है, जियाप द्वारा प्रदर्शित तीन चरणों में एक चौथा चरण भी जुड़ जाता है जो उक्त तीन चरणों से पहले आता है। यह आतंकवाद का चरण होता है। आतंकवादी कार्य मूलत: वैसी कुछ व्यक्ति या पदाधिकारी विशेष के विरुद्ध किया जाता है जिनसे कि अधिकांश लोग कमोबेश घृणा करते हैं। प्रत्येक समाज में वैसे कुछ समूह उपस्थित रहते हैं जो सामाजिक तंत्र से नाखुश होते हैं। दरअसल, अल्पविकसित देशों में इस तरह की नाखुशी बहुत व्यापक होती है। आक्रमण हेतु व्यक्तिओं एवं संस्थाओं के सम्यक्

चयन से आबादी के कुछ तबकों की शीघ्र सहानुभूति हासिल कर लेना सम्भव है, लेकिन इस तरह के आतंकवादी आक्रमण अत्यधिक मौलिक तरीके से राज्य की सत्ता की जड़ खोद देते हैं। ऐसी स्थिति में राज्य अपनी शक्ति का इस्तेमाल करता है और कानून का उल्लंघन करनेवाले को सजा देती है। अल्पविकसित देशों में ऐसा लोगों की एक भारी संख्या के विरुद्ध किया जाता है। इन देशों में जहाँ लोकतांत्रिक परम्परा या राज्य की ज्यादतियों पर प्रभावकारी रोक लगाने का अभाव रहता है, राज्य व्यापक पैमाने पर शक्ति और जबर्दस्ती का प्रयोग करता है। इससे भी राज्य अपनी वैधता प्राप्त करता है। एक बार आतंकवादी गतिविधियाँ शुरू हो जाती हैं और आतंकवादियों को कोई सजा नहीं मिलती है तो राज्य की वैधता स्वयं सन्देह में पड़ने लगती है। एक बार ऐसा हो जाता है तो आन्दोलनकारी विचारों को लोगों के एक समूह से स्वीकृति मिलनी शुरू हो जाती है, भले वे अभी तक कितना भी निरर्थक क्यों न लगे हों। इस तरह विद्रोही कारण को अपना प्रथम आधार मिल जाता है। यह 'कार्य से प्रचार' जैसाकि हिटलर ने इसे कहा था, तुरन्त परिवर्तनकारी आन्दोलन के लिए अनुयायियों और संचालन के आधार की भर्ती करता है। यहाँ आगे वस्तुनिष्ठ तत्त्वों और आन्दोलन के संचालन पर निर्भर रहते हुए अन्य चरण विकसित होते हैं।

जिस देश में इस तरह का आन्दोलन बगैर पर्याप्त जनसमर्थन के शुरू होता है, इसका सामाजिक और राजनीतिक परिणाम विध्वंसक होता है। आन्दोलन की सफलता या विफलता इसके प्रभाव के इस पहलू के लिए कोई मायने नहीं रखती है। आतंकवादी कार्यों को व्यापक जनसमर्थन मिलने पर भी मानवीय जीवन को मूल्यहीन करने की सम्भावना से डराया जाता है। जहाँ उस समर्थन का अभाव है, वहाँ पर यह मानवीय जीवन के प्रति और ज्यादा कठोर हो सकता है क्योंकि हिंसा के क्षेत्र को कम करने की इसकी क्षमता इसके प्रति चौतरफा घृणा के कारण काफी कम होती है। एक विरोधी जगत में इसे अक्सर महज आत्मरक्षा में, निर्दोष लोगों को मारना पड़ता है—लोग पहले मारा जाना नहीं चाहते हैं, लेकिन यही सब कुछ नहीं है। इससे चारों तरफ बर्बरता बढ़ती है। इन आन्दोलनों के साथ कानून और व्यवस्था के नियन्ता काफी निर्मम और प्रतिशोधात्मक तरीके से निपटते हैं। इससे राज्य का 'बुर्जुआ' स्वभाव, जैसाकि विद्रोही संज्ञा देते हैं, साबित होता है। चे ग्वारा की हत्या या डिब्रे की सजा जिस तरीके से हुई, निर्ममता के ही उदाहरण हैं। भारत में जहाँ आतंकवाद की उसी तर्ज पर नक्सली गतिविधियाँ शुरू हुई हैं, सरकार उनसे समान बर्बरता के साथ पेश आ रही है। नक्सलियों द्वारा शुरू किया गया आन्दोलन मालूम पड़ता है, स्थापित प्राधिकारों को अपने निजी कानूनों के अवरोध से मुक्त करता हो। सामान्य तौर पर कानूनी किताबों में एक नागरिक को जो कानून का संरक्षण मिला हुआ है, नक्सली या सन्दिग्ध व्यक्ति वह कानून का संरक्षण खो देता है।

ऐसी खबर मिली थी कि आन्ध्र प्रदेश में सैकड़ों लोग नक्सली होने के सन्देह के आधार पर पकड़े गए हैं और पुलिस ने उन्हें मार दिया है। समाचार पत्रों में जब-तब केवल कुछ प्रछन्न टिप्पणियाँ दिख जाती हैं जिनमें पुलिस के साथ मुठभेड़ में मारे गए नक्सलियों की सूचनाएँ रहती हैं। यदि ये खबरें सही हैं तो इस तरह की चीजें अन्य जगहों पर भी हो रही हैं। अपने व्यक्तिगत अनुभव के आधार पर इस लेखक का इन खबरों पर सहज विश्वास है। इस लेखक के गाँव में नक्सलियों के उकसावे पर खेतिहर मजदूरों, जिनमें अधिकांश हरिजन थे, द्वारा एक दफादार (ग्राम पुलिस) की उसकी पिटाई कर दी गई। इस पर एक वरीय दंडाधिकारी के साथ गाँव में काफी संख्या में पुलिस बल आ धमका और उस मजिस्ट्रेट (दंडाधिकारी) की उपस्थिति में इलाके के तीन या चार गाँवों के गरीब हरिजनों की झोंपड़ियाँ उजाड़ दी गईं और जो भी पुरुष पकड़ में आया, पुलिस ने उसकी बेरहमी से पिटाई की, अनेक को गिरफ्तार किया और औरतों पर भी प्रहार किया। दहशत से गरीब लोग गाँव छोड़ भागे और काफी दिनों बाद गाँव वापस आए, लेकिन सभी वापस नहीं लौटे। कुछ तो स्थायी रूप से बाहर ही बस गए और कुछ नक्सली बन गए। इसमें से कुछ भी समाचार पत्र में प्रकाशित नहीं हुआ, सिवाय पुलिस के इस वक्तव्य के कि नक्सलियों द्वारा अत्याचार किया गया है। ऐसी परिस्थितियों में जो भी पक्ष जीते सामाजिक लगाव को कायम रखनेवाले बुनियादी मानवीय मूल्यों, मानवीय जीवन के प्रति सम्मान और शालीनता का नष्ट होना निश्चित है। फलस्वरूप, समाज में एकीकरणवाला एकमात्र तत्त्व तानाशाही शासनों से शासित नग्न तत्त्व रह जाता है, लेकिन यह सत्ता के संघर्ष में खुद तकनीक की प्रभावोत्पादकता को अस्वीकार करना नहीं है।

सत्ता की उत्पत्ति और महत्त्वाकांक्षाएँ

हम यह पूर्व में देख चुके हैं कि जब भी मानव प्राणी मनुष्यों और संगठनों में संलग्न होता है और यह उसे अपने प्रारम्भिक जनजातीय समूह के बाहर ले जाता है तो पुरानी सामाजिक संरचना ध्वस्त हो जाती है, लेकिन मानव प्राणी केवल उसी समाज में सुरक्षा का भाव महसूस करता है जिसके अंगों में एक-दूसरे के साथ एक निश्चित सम्बन्ध हो जोकि प्रत्येक मानवीय कार्य का भविष्य-कथन योग्य परिणाम होता है। इस प्रकार जैसे ही पुरानी संरचना ध्वस्त होती है, नई संरचना अनिवार्य बन जाती है, लेकिन अपनी दैनिक समस्याओं से घिरा एक औसत मनुष्य इस नई स्थिति में स्वयं को खोया हुआ पाता है। परिणामस्वरूप, समाज का यह पुनर्गठन उन व्यक्तियों और समूहों को आगे लाता है जो अनन्य रूप से इस काम में स्वयं को लगा देते हैं। जब समूहों के बीच विवाद हो तो यह प्राय: होता है। इस तरह जैसाकि हम देख चुके हैं, मजदूर वर्ग के संगठनों, व्यापार संगठनों और धार्मिक संस्थाओं अल्पतंत्र

उभर आता है। ऐसे तत्त्व के संचालन के कारण राजशाही और राज्य पैदा हुए हैं। हमने यह भी देखा है कि राज्य न केवल आर्थिक वर्ग के संगठित सख्त संगठन होते हैं, यद्यपि कभी-कभी एक आर्थिक वर्ग द्वारा सत्ता के संसाधनों के संचालन के कारण राज्य एक वर्ग से गठबन्धन करता प्रतीत हो सकता है। हमने आगे यह देखा है कि राजनीतिक सत्ता का नियंत्रण निश्चित वस्तुनिष्ठ स्थितियों के समुचित उपयोग तथा निश्चित तकनीकों के उपयोग पर निर्भर रहता है। दोनों, ऐसी सत्ता की वस्तुनिष्ठ स्थितियाँ तथा तकनीकें भी मनोवैज्ञानिक तत्त्वों पर आधारित होती हैं। यह पुन: एक दूसरी मनोवैज्ञानिक आवश्यकता अर्थात् सुरक्षा के भाव की आवश्यकता के कारण होता है कि मनुष्य प्राणी स्वयं को राज्य के किसी तरह के निग्रहकारी उपकरणों का प्रभुत्व झेलने की मंजूरी दे देता है।

यह आसानी से देखा जा सकता है कि प्रत्येक अव्यवस्थित स्थिति एक अधिनायकवादी राज्य का मार्ग प्रशस्त करती है। जहाँ कुछ समय के लिए अव्यवस्थित स्थिति कायम रह जाती है, लोग वहाँ असुरक्षा के भाव से इतना अधिक ग्रसित हो जाते हैं कि वे उस स्रोत का ध्यान किए बगैर जिससे यह अव्यवस्था उत्पन्न हुई होती है, आसानी से उस सुरक्षा को प्राप्त करने के लिए अपनी आजादी का समर्पण कर देते हैं। विशृंखलन की स्थितियों में वह कोई भी समूह जो संगठन और उद्देश्य को प्रदर्शित करता है, समाज में नये निर्माण का प्रस्थान बिन्दु बन जाता है। कालान्तर में इस तरह का संगठन स्वयं एक राज्य बन जाता है। इसी कारण से सामन्ती ढाँचे और कैथोलिक चर्च की धर्मनिरपेक्ष सत्ता का विकास हुआ। सामन्ती व्यवस्था इसलिए उत्पन्न हुई क्योंकि रोमन साम्राज्य और बाद में कैरोलिंगियन साम्राज्य के टूटने से जो अव्यवस्था उत्पन्न हुई थी, उसमें लोगों ने उससे संरक्षण प्राप्त करने की कोशिश की, जिसके पास अपना आदेश मनवाने और संरक्षण देने के लिए एक सशस्त्र सेना थी। बादवाले मामले में एक सामान्य विशृंखलन में अकेला कैथोलिक चर्च ही लोगों का एक संगठित निकाय रह गया जो व्यवस्था और मूल्यों के एक स्थायी तंत्र के तौर पर जाना जाता था। इस तरह कैथोलिक चर्च की सत्ता का विकास इस हद तक हो गया कि बाद में अत्यन्त शक्तिशाली रजवाड़ों के उदय के बाद भी उन रजवाड़ों को कैथोलिक चर्च की सर्वोच्च सत्ता का सम्मान करना पड़ा। आधुनिक युग में इसी तरह की स्थिति में बोल्शेविक पार्टी रूस के सोवियत राज्य में उत्पन्न हुई तथा नाजी पार्टी, जिसके पास युद्धोत्तर जर्मनी की अस्थिर राजनीति में मजबूत दाँव लगाने का साहस था, तीसरे राईख की नींव बन गई।

यह थोड़ा आश्चर्य का विषय है कि प्रत्येक जनान्दोलन का इरादा केन्द्रीकृत राज्य की सत्ता को बढ़ाने का होता है। असुरक्षा का भाव स्वाभाविक रूप से उस समय बढ़ जाता है जब कोई आन्दोलन समाज में बदलाव लाना चाहता है। इसमें न केवल लोगों के जीवन के तरीके में बदलाव लाना अन्तर्निहित रहता है बल्कि

दुनिया की बाबत उनके विचार में भी बदलाव लाना अन्तर्निहित होता है। यद्यपि ऐसे प्रत्येक आन्दोलन के लिए कुछ हद तक आधार और मानसिक वातावरण का पहले से ही निर्माण होता है, लेकिन यह बहुत आगे तक नहीं जाता है। यह नया विचार अधिकांशत: आन्दोलन के सूत्रधार तक ही सीमित होता है। अधिकांश लोग केवल कुछेक आकर्षण कार्यक्रमों से ही प्रेरित होते हैं। जब आन्दोलन के बाद वे अपने पिछले विश्वास और जीवनशैली पर आक्रमण होता देखते हैं तो नई स्थिति के साथ सामंजस्य स्थापित करना उन्हें कम आसान लगता है। फलस्वरूप, उनका गुस्सा फूट पड़ता है। तब परिवर्तनकारी शासन को अनिच्छुक आबादी पर अपनी नीतियाँ लागू करनी पड़ती हैं। यह गड्ड-मड्ड स्थिति जो कुछ समय बाद फिर से आन्दोलनकारी स्थिति में अपरिहार्य रूप से छा जाती है, लोगों को किसी तरह की व्यवस्था तलाशने के लिए प्रेरित करती है जो अक्सर अधिनायकवादी व्यवस्था हो जाती है क्योंकि पारम्परिक संरचना और व्यवस्था पहले ही ध्वस्त हो चुकी होती है। यह स्पष्ट है कि परिवर्तनकारी शासन समाज में जितना अधिक मौलिक परिवर्तन लाना चाहता है, इसे उतना ही अधिक निर्गम होना पड़ता है। विकल्प समझाने-बुझाने की एक लम्बी अवधि होगी, इससे परिवर्तन को अधिकांश लोग इतना अधिक चाहने लगते हैं कि समाज आराम से जीवन के पुराने ढर्रे से नये ढर्रे में प्रवेश कर जाता है, लेकिन अभी तक ऐसा कहीं नहीं हुआ है।

उक्त कारण से ही 17वीं सदी के इंग्लैंड में राजा के विरुद्ध लड़ाई से क्रॉमवेल की तानाशाही का मार्ग प्रशस्त हुआ था। फ्रांस में आठवीं सदी के समापन पर जैकोबिन शासन के आतंक के दौरान फैली अव्यवस्था से उपजे सुरक्षा के गहरे भाव से, विशेषकर किसानों में जिन पर शहरी गरीबों को खिलाने के लिए अनाज हेतु आक्रमण होना शुरू हो गया था, नेपोलियन बोनापार्ट की तानाशाही का अभ्युदय हुआ। मौजूदा 20वीं सदी के आरम्भ में प्रथम विश्वयुद्ध से उत्पन्न हुई अव्यवस्था से रूसी आन्दोलन, इटली में फासीवाद और जर्मनी में नाजीवाद का आगाज हुआ। उल्लेखनीय है कि इन सभी आन्दोलनों में जुनून और बदलाव लाने का जोश था। न केवल सामाजिक और राजनीतिक संरचनाओं को बदलने का जोश था बल्कि मानवीय अस्तित्व और सोच के समूचे तरीके को बदलने का जोश था। क्रॉमवेल ने शक्ति से सख्त प्यूरिटनवादी शासन लागू करने का प्रयास किया। रॉबसपियरे और सन्त जस्ट के तहत जेकोबिंस ने भी उसी तरह से आबादी पर एक गम्भीर गणतंत्रवाद लागू करने का प्रयास किया, जिसका बड़ा उत्सव मनाया गया। दोनों शासनों ने हिंसक प्रतिक्रियाओं को प्रेरित किया। इससे तुरन्त शासन के अत्यधिक कटु स्वरूपों का खात्मा हो गया। यद्यपि मौलिक राजनीतिक परिवर्तन अक्षुण्ण ही रहा। बोल्शेविकों और नाजियों (जो इन सन्दर्भ में सबसे आगे चल गए) के भी मामले में सम्पूर्ण जीवनशैली को बदलने के प्रयास के विरुद्ध प्रतिक्रियाएँ थीं,

लेकिन इन दोनों शासनों ने उनके समाधान हेतु पूर्ण प्रावधान की व्यवस्था कर रखी थी और इतिहास के सबसे अधिक अधिनायकवादी तंत्रों का निर्माण करने में सफल हो चुके थे।

मौजूदा सदी (20वीं) का आधा गुजर जाने के बाद आन्दोलन और तानाशाही ने ऐसी नियमितता के साथ एक-दूसरे का अनुसरण किया है कि एक-दूसरे के लिए वे पर्यायवाची सिद्ध हो रहे हैं। इन आन्दोलनों में से अधिकांश ने समाजों को या तो किसी तरह के प्रजातंत्र से लेकर तानाशाही तक से या एक तरह की तानाशाही से लेकर दूसरे तरह की तानाशाही से बदला है।

जहाँ तानाशाही शासनों की आयु कम दिनों की रही है तथा इनकी जगह अपेक्षाकृत लोकतांत्रिक व्यवस्थाएँ आई हैं, वहाँ भी एक मौलिक रुझान अपरिवर्तनीय रहा प्रतीत होता है अर्थात् व्यक्तिगत नागरिक के ऊपर केन्द्रीकृत राज्य की शक्ति का विकसित होना जारी है, दोनों प्रजातंत्रों और तानाशाही व्यवस्थाओं के अन्तर्गत। इसके साथ ये दो तत्त्व रहे हैं—(1) राज्य के आकार का विकास, और (2) राज्य के कार्य में विकास।

इसका कारण कहीं दूर ढूँढ़ने नहीं जाना है। पहले स्थान पर सामाजिक इकाई, जिसमें व्यक्ति को खुद सामंजस्य स्थापित करना पड़ता है, जितनी बड़ी होती है, उतना ही अधिक वह स्वयं को किंकर्तव्यविमूढ़ महसूस करता है। इस अनखोजे समुद्र में वह स्थायी रूप से चिन्ता में रहता है तथा वह नहीं जानता है कि कौन-सा तूफान शक्ति जुटा रहा होगा, कौन-सी समुद्री चट्टान पोतभंग करने के लिए घात में बैठी होगी। ऐसी स्थिति में नियंत्रण और आज्ञाकारिता के सरल सम्बन्ध के पक्ष में अपना कमजोर निर्णय समर्पित कर देना बड़ी राहत होती है। प्रभुत्व सम्पन्न राज्य ऐसी स्थिति का प्रभुत्व सम्पन्न उपाय बताता है।

दूसरा, एक बड़ा समाज मनुष्य की अपनी पसन्द के अनुसार काम करने की आजादी पर सख्त सीमाएँ आयत कर देता है। पुराने जनजातीय या अत्यधिक घनिष्ठ समाजों में यद्यपि व्यक्ति पर मौजूदा परम्परा और रीति-रिवाज रोक लगाते हैं, परम्पराएँ पहले से ही उसके सोच और कार्य का खाँचा बन चुकी हैं और रीति-रिवाज वाले व्यवहार से गम्भीर विचलन नाममात्र का होता है। इस प्रकार, इन समाजों में मनुष्य के विचार और रुचि सौहार्द के बड़े मापक होते हैं। परिणामस्वरूप, समाज के ऊपर और इसके बाहर खड़े बाहर से लादे गए नियम के अनुरूप होने की माँग करनेवाले किसी बाहरी तत्त्व को कोई जरूरत नहीं होती है, लेकिन आधुनिक राष्ट्र की तरह एक बड़े और मिश्रित समाज में स्थिति पूरी तरह से भिन्न होती है। हमारे पास अपने कार्यों को दिशानिर्देश देने के लिए रीति-रिवाज और परम्पराएँ नहीं होती हैं। चूँकि इन समाजों में स्वत:स्फूर्त एकरूपता का आधार नीचे होता है, समाज चलाने के लिए आवश्यक नियमों में से ज्यादातर नियम शक्ति से लागू किए

जाते हैं। इससे यह आसानी से अनुमान लगाया जा सकता है कि इसके निर्माण के आरम्भिक चरणों में जितना ही बड़ा राज्य होगा, शक्ति की भूमिका उतनी ही बड़ी होगी क्योंकि एक बड़े समाज में विसंगत समूहों और व्यक्तियों की संख्या ज्यादा होगी। राज्य के बलात् उपकरण भी समाज में मौजूद समूहों की सम्पूर्णता से ज्यादा स्वतंत्र होंगे, लेकिन समय बीतने के साथ जैसे ही नये सामाजिक संगठन के स्वरूपों में से अनेक स्वरूप परम्परा का हिस्सा बन जाते हैं, प्रत्येक बल का तत्त्व धीरे-धीरे समाज के बड़े खंडों से समाप्त हो जाता है और इसकी जगह नैतिक अनुमतियाँ और सुशिष्टाचार की माँगें ले लेती हैं।

अतएव, प्रत्येक समाज सेना, पुलिस इत्यादि की तरह प्रत्यक्ष जोर-दबाव के उपकरणों के साथ-साथ धीरे-धीरे लोगों की एक संस्था का भी विकास करता है और ऐसे समाजों के नैतिक मूल्यों को साकार करता है। इनका प्रतिनिधित्व पुरोहिताई से या अकादमिक सदस्यों, पत्रकारों, लेखकों इत्यादि जैसे लोक विचार के अन्य नेताओं से हो सकता है। इनके विचार हालाँकि अभिरुचियों के दमित असंगति के कारण बाहरी वास्तविक या काल्पनिक खतरों के विरुद्ध आक्रामकता के परिवेश में व्यापक रूप से स्वीकार्यता हासिल कर लेते हैं। यह आक्रामकता आन्तरिक सामंजस्य प्रदान करती है और ये नेता और इनके द्वारा प्रक्षेपित मूल्य एकता के नये भाव का प्रतीक बन जाते हैं। उनकी फुसलाहटों के तहत लोग न केवल राज्य की 'सुरक्षा' को स्वीकार करते हैं बल्कि उस सत्ता का गुणगान भी करते हैं जिसने उन्हें पराधीनता में डाल दिया है।

जिस समय अधिसंख्य मनुष्य सुरक्षा के भाव हेतु अपनी आजादी का समर्पण करते हैं उस वक्त सत्ता का इस्तेमाल करनेवालों में सत्ता हासिल करने का एक संवादी प्रयोजन निश्चित रूप से होना चाहिए।

विभिन्न लोगों ने सत्ता के इस अभियान के विभिन्न कारण बतलाए हैं। स्वयं समाजवादी साहित्य में इस समस्या की व्यापक रूप में अनदेखी हुई है क्योंकि इसमें स्वतंत्र सत्ता प्रयोजन नहीं रहता है। इस विचार से राजनीतिक सत्ता के आग्रह को अपना हित हासिल करने की वर्गों की आकांक्षाओं के रूप में व्याख्यायित किया जा सकता है। जब हम तथाकथित समाजवादी राज्यों के बीच के सम्बन्धों का विश्लेषण करते हैं तो इस सोच की सीमा स्पष्ट हो जाती है। चूँकि इन राज्यों के बीच के सम्बन्धों ने ऐसे उपनामों को बिगाड़ दिया है जैसाकि इन राज्यों ने एक-दूसरे के विरुद्ध 'महाशक्ति उग्रराष्ट्रीयता', 'साम्राज्यवाद', 'बड़ा भाई भाव' का विशेष नाम दे दिया है। चूँकि इन देशों के बारे में माना जाता है कि उन्होंने अपने पीछे दृढ़ता से सभी शोषणात्मक आर्थिक सम्बन्धों को लगा दिया है, इसलिए विवाद के स्रोतों को अन्यत्र ढूँढ़ा जाना चाहिए जैसाकि ये विशेष नाम स्वयं यह बतलाते हैं कि स्पष्टीकरण को सत्ता अभिप्रेरणों के रूप में होना चाहिए। हम जब इस प्रयोजन का

विश्लेषण करते हैं तो देखते हैं कि अन्तिम विश्लेषण में सत्ता का यह अभियान पुन: सुरक्षा के भाव की जरूरत से सम्बन्धित हो जाता है, यद्यपि अनेक अन्य द्वितीयत: प्रयोजन भी इससे चिपक जा सकते हैं।

एक तत्त्व सभी सत्ता सम्बन्धों में सामान्य है—जिस विषय पर सत्ता का इस्तेमाल होता है, उस विषय के व्यवहार को प्रभावित करने की इच्छा, लेकिन सामाजिक और राजनीतिक व्यवहार में हम जिस सत्ता को देखते हैं, विभिन्न लोगों ने उस सत्ता के विशेष प्रकटीकरण हेतु विभिन्न तरह के स्पष्टीकरण किए हैं। बर्ट्रेंड रसेल मनुष्य की मौलिक इच्छाओं में सत्ता और गौरव की इच्छा पर विचार करते हैं। उनके अनुसार, समाज विज्ञानों में सत्ता का सिद्धान्त वही स्थान रखता है जो स्थान भौतिक विज्ञान में ऊर्जा का होता है। उनके विचार से ऊर्जा की तरह सत्ता के भी विभिन्न रूप होते हैं। ये रूप आर्थिक सत्ता, सैन्य सत्ता, विचार पर सत्ता इत्यादि के हो सकते हैं। यद्यपि सत्ता की विभिन्न अभिव्यक्तियों के बारे में वह जो कहते हैं, वह हद तक सही है, यह दिखाने के लिए कुछ नहीं है कि सत्ता की इच्छा इस तरह मनुष्य के मौलिक लक्षणों में व्याप्त होती है। वस्तुत: सत्ता की प्रत्येक अभिव्यक्ति अन्य स्रोतों के कार्यों को प्रभावित करने की इच्छा से सम्बद्ध होती है। ऐसा दुर्लभ ही होता है कि सत्ता की कामना अपने लिए की जाती हो। हालाँकि इसमें कोई सन्देह नहीं है कि अनेक ऐसे मामले आते हैं जहाँ व्यक्ति अपने लिए सत्ता की इच्छा करता है और इसका मनमाने ढंग से इसकी अनुभूति प्राप्त करने के लिए इस्तेमाल करता है, लेकिन इस तरह के मामले दुर्लभ ही होते हैं। कैलिगुला को इन्हीं दुर्लभ नमूनों में लिया जा सकता है जो लोगों की हत्या करने में आनन्द उठाता था क्योंकि इससे उसे महाशक्ति की अनुभूति मिलती थी। यहूदियों को खत्म करने में हिटलर की नीतियों के निष्पादकों में से अनेक को इस श्रेणी में रखा जा सकता है, लेकिन इनके कार्यों को अपेक्षाकृत अधिक व्यवस्थित तरीके से सम्बन्धित दूसरे तत्त्वों से भी व्याख्यायित किया जा सकता है। किसी भी तरह से थोड़े-से उदाहरण अपेक्षाकृत अत्यधिक स्थायी घटना का लेखा प्रस्तुत करने का पर्याप्त आधार नहीं हो सकते हैं।

वस्तुत: मनोवैज्ञानिकों ने सत्ता के इस अभियान को घटियापन, आक्रामकता, प्रतिष्ठा प्रेम, परपीड़न रति और स्वपीड़न रति इत्यादि जैसे मानवीय लक्षणों से जोड़ने का प्रयास किया है। जो सम्भव प्रतीत होता है, वह यह है कि सत्ता मानवीय चरित्र के एक विशेष लक्षण की अभिव्यक्ति नहीं होती है। इसके बदले एक 'सत्ता संलक्षण' होता है जहाँ सुरक्षा और अभिमुखता की जरूरत अन्य अभिप्रेरणों के झुंड के साथ जटिल बन जाती है।

समकालीन राजनीतिक सिद्धान्तकारों में से एक हैरॉल्ड लासवेल राजनीतिक नेताओं के व्यक्तित्व के बारे में एक मनो-विश्लेषणात्मक दृष्टिकोण अपनाता है। वह 'अंशत: अवरुद्ध रोष प्रकार' के बीच लिंकन को वर्गीकृत करता है। उसके विचार

से यह उसके अस्थायी परिवेश द्वारा उत्तरदायी बनाया जाता है। उसके बिना प्राय: निष्ठुर और अतिभोगी बने रहते थे। इस तरह प्यार की लालसा बनी रह गई जिसे संकीर्ण पारिवारिक दायरे से बृहत् लोक में स्थानान्तरित कर दिया गया था। यह उसके कार्यों के प्रति लोगों की प्रतिक्रिया के प्रति लिंकन की भारी संवेदनशीलता में झलकता था। इस तरीके से लासवेल अनेक राजनीतिक समस्याओं के प्रति अपने रवैये तथा उत्तर को एक करने के अपने प्रयासों की सफलता में और उतार-चढ़ाव को व्याख्यायित करने का प्रयास करता है। इसी तरह वह नेपोलियन बोनापार्ट के जीवन को माता 'छवि' के उसके आरम्भिक दृष्टिबन्धन तथा बड़े भाई जोसेफ, जिसे वह 'मुकियाते और डसते' रहता था, के साथ की प्रतिद्वन्द्विता को व्याख्यायित करता है। नेपोलियन महज पाँच फीट पाँच इंच लम्बा व्यक्ति था। वह जब ब्रास के सैनिक स्तूप में अपने से लम्बे लड़ाकों से मिला तो उसके अन्दर अपने छोटे कद-काठी को लेकर हीनता भाव पैठ गया। इससे पुन: शासन करने की प्रेरणा पैदा हो गई। इस तरह नेपोलियन वह बन गया जिसे लासवेल 'व्यक्तित्व का दुराग्रही रूप' कहता है जो 'साम्राज्यिक हिंसा' से दुनिया पर शासन करने का प्रयास कर रहा था। 'वह अपने घावभरे अहंकार की सफलता की सुगन्ध चाहता था तथा वह हमेशा के लिए अपनी स्व-दंडित विकलांगता को चाट रहा था।'[68]

इस सिलसिले में यह बात ध्यान में रखनी है, हालाँकि लिंकन ने अपने बचपन में जिस अस्थायी भावनात्मक परिवेश का सामना किया था, वह बहुत सामान्य चीज है। उस तरह के बाल्यावस्था अनुभववाले सैकड़ों-हजारों लोग हो सकते हैं, लेकिन अब्राहम लिंकन इकलौता ही था। उसी प्रकार नेपोलियन को जो हीन ग्रंथि थी, वह हीन ग्रंथि भी बहुत व्यापक है। छोटे कद के प्रत्येक मनुष्य और छोटे भाई को वह हीनताभाव हो सकता है जो नेपोलियन को था, लेकिन इस तरह का विश्लेषण उन विशेष योग्यताओं या मानसिक दुर्बलताओं के बारे में कुछ नहीं कहता जिन्होंने अब्राहम लिंकन या नेपोलियन का निर्माण किया। वस्तुत: लासवेल जिन विशिष्टताओं को इन दोनों शक्लों से जोड़ने का प्रयास करता है, हो सकता है ये विशिष्टताएँ अधिकांश अन्य लोगों से मेल खाती हों अर्थात् सत्ता की प्रेरणावाली विशिष्टता। यह कहना कि इन राजनीतिक नेताओं में अपनी विशेष पृष्ठभूमि के कारण सत्ता की प्रेरणा विद्यमान थी, वस्तुत: यह सुस्पष्ट कह देने का प्रयास है, लेकिन उन्हें या किसी महत्त्वपूर्ण नेता को समझने के लिए उस सुस्पष्ट तथ्य को नहीं समझना होता है बल्कि उन विशेष परिस्थितियों को समझना होता है जिनमें वे पले-बढ़े तथा उनकी विशेष प्रतिभा और विश्व के बारे में उनके नजरिए को समझना होता है जिन्होंने उनको गतिविधि में ला डाला।

वस्तुत: अल्फ्रेड एडलर यह सुझाव देता है कि सत्ता से प्रेम का जोर तथा दूसरे मनुष्यों पर शासन करने की इच्छा अधिकांश मनुष्यों में विद्यमान होती है। वह इस

प्रेरणा को असुरक्षा के भाव से जोड़ता है। वह लिखता है—"हमारी संस्कृति की वास्तविकताओं के सम्बन्ध में बच्चा कितनी सुरक्षा चाहता है, यह उसके जीवन के आरम्भ में जान सकते हैं। सुरक्षा से हमारा आशय केवल खतरे से सुरक्षा से नहीं है, हम आगे के उस सुरक्ष के सहकारी कारण को उद्धृत करते हैं जो अनुकूलतम परिस्थितियों के अन्तर्गत मानवीय संघटना के नियमित अस्तित्व में ठीक उसी तरीके गारंटी देता है जिस तरीके से हम एक योजनाबद्ध मशीन के संचालन में 'सुरक्षा का सहकारी कारण' के बारे में बोलते हैं। सच्ची सुरक्षा के 'अतिरिक्त' तत्त्व की माँगकर सुरक्षा का यह सहकारी कारक हासिल कर लेता है, बृहत्तर सुरक्षा महज उसकी सहज वृत्तियों के सन्तोष हेतु आवश्यक है, बृहत्तर सुरक्षा एक शान्त विकास के लिए आवश्यक है। इस तरह उसके जीवन में एक नया आन्दोलन पैदा होता है। यह नया आन्दोलन स्पष्टत: प्रभुत्व और श्रेष्ठता की एक मनोवृत्ति है।"[69]

इस विचार से शासन करने की अन्त:प्रेरणा पुन: सार्वभौमिक जान पड़ती है। इसे आधुनिक औद्योगिक समाजों में निश्चित रूप से बहुत मजबूत होना चाहिए, जहाँ अत्यधिक बढ़ौती को सफलता मिलती है और यह सफलता साथी मनुष्यों के ऊपर ही हासिल होती है। ऐसे समाज में असुरक्षा का भाव महज काल्पनिक नहीं होता है बल्कि उसकी जड़ें जीवन की वास्तविकताओं में होती हैं। शासन करने में विफल होने का मतलब है, दूसरों के अधीन जाना और दूसरों से शासित होना। इसमें सन्देह है कि इस तरह की सार्वभौमिक अन्त:प्रेरणा को शक्तिशाली राजनीतिक नेताओं तथा प्रभुत्व कायम रखने के उनके आन्दोलनों की सफलता की जड़ में रखा जा सकता है। न ही सम्मान, आय और सुरक्षा जैसे तरह के अन्य मूल्यों जिनका श्रेय लासवेल सत्ता को देता है, की अन्त:प्रेरणा के सभी प्रयासों को व्याख्यायित करने को पर्याप्त है। एक व्यक्ति द्वारा हासिल किए गए ओहदों को व्याख्यायित किया जा सकता है लेकिन सामाजिक जीवन को प्रभावित करनेवाले सत्ता के सबसे प्रभावशाली प्रकटीकरणों को इस तरह व्याख्यायित नहीं किया जा सकता है।

वस्तुत: सत्ता के कुछ रूप अर्थात् लोगों के व्यवहार को प्रभावित करने की क्षमता बिलकुल ही राजनीतिक नहीं होते हैं। इस श्रेणी में मनुष्यों के व्यवहार और दृष्टिकोण को मौलिक रूप से बदलनेवाले महान धार्मिक सुधारों और दार्शनिक विचारों के आन्दोलन आते हैं। उदाहरणस्वरूप, बुद्ध ने अपने जीवनकाल में महान प्रभाव डाला जबकि न तो उनके साथ सशस्त्र लोग थे, न ही अपने विषय से जोड़ने के लिए उनके पास बहुत धन था। उन्होंने एक भिक्षुक का जीवन जिया और अपने अनुयायियों से भी भिक्षुक का जीवन जीने को कहा। वस्तुत: वह अनेक राजाओं और बड़े ओहदेदारों का परिवर्तन करने में सक्षम रहे। सभी ने न केवल उनके विचारों का अनुसरण किया बल्कि अपनी सांसारिक वस्तुओं का त्याग कर बौद्ध भिक्षुक बन गए। सम्मान तो वास्तव में बुद्ध ने अर्जित किया, लेकिन यह अनिवार्यता के

साधन पर नियंत्रण करके अर्जित नहीं किया गया था बल्कि यह उनके विचारों की अपील तथा उनके जीवन की श्रेष्ठता से मिला था। उनके बाद के बौद्ध भिक्षुकों में से एक महान सम्राट अशोक खुद परिवर्तन कराने में सफल रहा। इस शक्तिशाली सम्राट ने सभी को अपनी तलवार के सामने झुका दिया था तथा इसका हिन्दुस्तान के सबसे बड़े साम्राज्य पर आधिपत्य था, यह शक्तिशाली सम्राट ने बाद में अपनी सारी ऊर्जा प्रेम और शान्ति का सन्देश फैलाने में लगा दिया। सत्ता की सबसे शक्तिशाली अभिव्यक्तियाँ दुनिया के बारे में इस तरह की एक नई दृष्टि से सम्बन्धित हैं (यह भले या बुरे के लिए हो सकती है) और इन्हें महज सत्ता की व्यक्तिगत प्रेरणा के शब्दों में व्याख्यायित नहीं किया जा सकता है।

वस्तुत: सत्ता का प्रयास दो भिन्न स्तरों पर कायम है। अपेक्षाकृत अत्यधिक सामान्य स्तरों पर हममें अपने साथी मनुष्यों से आगे हो जाने की अन्त:प्रेरणा होती है जो असुरक्षा के प्रकार से पैदा होती है जिसकी तरफ एडलर ध्यान आकृष्ट करता है या जो अन्य मनोवैज्ञानिकों द्वारा अनेक तरह से व्याख्यायित किया गया है। यह महज उन तात्कालिक परिस्थितियों का स्वामी बन जाने का एक प्रयास है जिनमें मनुष्य रहता है ताकि उसके आसपास के अन्य मनुष्यों की सनक के कारण उसको असुविधाजनक स्थितियों का सामना करना नहीं पड़े। वर्तमान सामाजिक स्थिति में अनिवार्य रूप से इसका मतलब वह स्थान हासिल करना है जहाँ एक व्यक्ति अपने निजी कार्यों में महज कुछ हद तक स्वायत्तता का आनन्द ही नहीं उठाता है बल्कि दूसरे मनुष्यों के कार्यों पर कुछ हद तक नियंत्रण भी करता है। हालाँकि सत्ता का एक दूसरा प्रयास है जिसकी जड़ें मनुष्य की अस्तित्ववादी स्थिति में होती हैं। यह प्रयास ब्रह्मांड में मनुष्य की अनोखी स्थिति से उत्पन्न होता है।

मनुष्य इस ब्रह्मांड का एक छोटा-सा कण है। फिर भी उसके पास कल्पनाशक्ति है और असीम आकांक्षा है। इस तरह शारीरिक क्षमताओं में सीमित एक नश्वर प्राणी होने के बावजूद वह अनन्त परमानन्द का स्वप्न देख सकता है और भयावह नरकवास का दु:स्वप्न झेल सकता है। सत्ता के सबसे शक्तिशाली प्रयासों को मनुष्य की अपनी अनिवार्य मानवीय स्थिति की इन सीमाओं पर फतह करने की अन्त:प्रेरणा ने प्रभावित किया है। यह मनुष्य की उस नियति को बनाने की इच्छा से प्रतिफलित हुआ है जो उसकी अपनी रचना है। सर्वसत्तात्मक सत्ता की प्रवृत्ति, जो एक ह्रास का विकास है, अधिकांशत: मनुष्य की सीमाओं के बारे में जागरूकता तथा उनके विरुद्ध उसके विरोध के तहत पैदा होती है। यह इस तरह का सत्ता प्रयास है जो समाजवादी आन्दोलन को डुबो देना चाहता है तथा मानव जीवन के लिए खतरा पैदा कर रहा है।

सत्ता की पहली किस्म की आकांक्षा आसानी से स्वयं को स्थायी समाजों में नजदीक छोटी-छोटी प्रतिद्वन्द्विताओं तथा दैनिक संघर्ष में खपा देता है। यदि समाज

के अन्दर इस तरह से परिवर्तन होता है कि वह उत्कृष्ट होने की प्रेरणा को हल्का कर दे तो ज्यादातर इस तरह की आकांक्षा अत्यधिकता के कारण दम तोड़ दे सकती है, लेकिन दूसरी किस्त की सत्ता की आकांक्षा को खत्म करना और कठिन है।

लेकिन सत्ता प्राप्त करने के किए गए प्रयासों की उसी प्रकृति के कारण मानवीय आचरण के एक गुण से ज्यादा गुण प्रकट हो जाते हैं। प्राय: सत्ता संघर्ष या प्रयास के साथ परपीड़न, स्वपीड़न रति इत्यादि जैसी मन की विकृतिजन्य स्थितियाँ तथा हैसियत की खोज जैसी इस तरह की अन्य मौलिक प्रेरणाओं को जोड़ा जाता है। इसके साथ तकनीक द्वारा लादी गई उन सीमाओं को जोड़ा जा सकता है जो अभिजात से दूर हैं। इस तरह जब सत्ता के लक्ष्य अभिजात हों तो भी संघर्ष की गमी तथा सत्ता का विश्वास दिखानेवाले उपायों के कार्यान्वयन में अनेक भयानक रूप पैदा होते हैं और प्राय: इनका दृश्य पर दबदबा रहता है। ये उद्देश्य की श्रेष्ठता, जो कुछ हो, उसे डुबो देते हैं। मूलत: ऐसा हुआ होगा।

हमने पहले ही दुनिया में मनुष्य के दिशाबोध की आवश्यकता की चर्चा की है। अधिकांश कर्मकांड और मनुष्यों के बौद्धिक प्रयास भी इसी लक्ष्य की ओर होते हैं, लेकिन सुरक्षा के एक पूर्ण भाव हेतु मनुष्य के लिए अपनपी दुनिया को जानना ही हमेशा काफी नहीं होता है। वह इस दुनिया से संवाद स्थापित करना तथा इसका सहयोग प्राप्त करना भी चाहता है। अधिकांश अनुनय धार्मिक कृत्य और जादू-टोना इसी लक्ष्य को केन्द्र में रखकर किए जाते हैं। यह मनुष्य को प्रकृति के तत्त्वों पर कुछ प्रभाव प्रदान करनेवाला प्रतीत हुआ था, लेकिन अपेक्षाकृत एक अत्यधिक ठोस आकार में इसने मनुष्य को अपने साथी मनुष्यों पर शासन करने का स्वाद चखा दिया। जादूगर और पुजारी, जिन्होंने इन कर्मकांडों और जादू टोने में कौशल प्राप्त किया, वे अपने साथी मनुष्यों के लिए श्रद्धा और विस्मय के पात्र बन गए ओर इन्होंने उनके कार्यों पर यथेष्ट प्रभाव बना लिया। इस तरह प्रकृति के तत्त्वों को नियंत्रित करने का प्रयास करते हुए मनुष्य सर्वप्रथम मानवीय सम्बन्धों सत्तों की शक्ति से अवगत हुआ होगा। हालाँकि पुजारियों की प्रकृति के तत्त्वों पर नियंत्रण करने की क्षमता हमेशा सन्देह में रही है, प्राणियों पर उनका नियंत्रण हमेशा सन्देह से परे रहा। यह लगभग सभी आरम्भिक समाजों में जीवन का एक ठोस तथ्य बन गया। पुजारियों की सत्ता के शुरुआती उदय से ही समाज में मनुष्यों के साथ-साथ प्रकृति पर शासन करने की प्रवृत्ति ने धीरे-धीरे तेजी पकड़ ली है।

फ्रांसिस बेकन के समय से ही विज्ञान के प्रति नजरिया सत्ता प्रेरणा को नई शक्ति देने के लिए भी बदल गया है। बेकन ने ज्ञान और सत्ता को बराबर माना। इस तरह यह सोचा जाने लगा कि प्रकृति के बारे में बृहत्तर ज्ञान का मतलब प्रकृति पर बृहत्तर अधिकार। इस प्रस्थान बिन्दु से मानवीय कल्पना ने नई उड़ान भरी। तुरन्त इसके बाद यह विचार कि प्रकृति के बारे में असीम जानकारी हासिल की जा

सकती है तथा यह कि यह प्रकृति के तत्त्वों पर असीम अधिकार दे देगा, ज्यादातर सोच का मूल सिद्धान्त बन गया, लेकिन प्रकृति में मनुष्य और उसका स्वभाव भी शामिल होता है। इसलिए मनुष्य खुद वैज्ञानिक अध्ययन की कोई वस्तु नहीं था तथा उन उद्यमी मनुष्यों का अभाव नहीं था जो मनुष्य के बारे में इस जानकारी को उस पर अधिकार या सत्ता हासिल करने के लिए इस्तेमाल करना चाहते थे। हम यह पूर्व में ही देख चुके हैं कि कैसे मानवीय मनोविज्ञान का ज्ञान समाज पर नियंत्रण प्राप्त करने के लिए सत्ता राजनीतिकों के हाथों का एक मजबूत औजार बन गया है। इसके साथ ही ज्ञान की असीम सम्भावनाओं में विश्वास से लोग अपने नियंत्रण के क्षेत्र के सम्बन्ध में अपनी नजर दौड़ाने लगे हैं।

मनुष्य को नियंत्रित करने की प्रवृत्ति दो कारणों से मजबूत हुई है। एक तरफ अचेतन स्वभाव की तुलना में मनुष्य अपनी असंख्य इच्छाओं तथा जिसे वह स्वतंत्र इच्छा समझता है, के साथ दुनिया की सबसे ज्यादा अबूझ वस्तु है। दूसरी तरफ वह सचेतन भी है तथा संसर्ग के अधीन है। इस तरह वह प्रकृति की दूसरी वस्तुओं की अपेक्षा अनन्त रूप से प्रभाव का ज्यादा सहज अनुगामी भी होता है। हम वज्रपात के सामने शक्तिहीन होते हैं। हम भूकम्प और ज्वालामुखी विस्फोट के प्रति खुद से समझौता कर लेते हैं क्योंकि उन्हें रोक पाना हमारे वश में नहीं होता है। ठीक इसी कारणवश, हम इन प्राकृतिक विपत्तियों के विरुद्ध झाग और धुआँ उठाने की तरफ झुके हुए नहीं होते हैं, लेकिन जब मानव प्राणियों द्वारा हमारी पसन्द के विपरीत कोई चीज की जा रही हो, हम तुरन्त हाथ में उस मुद्दे को ले लेते हैं ओर अपने क्रोध और क्षोभ को प्रकट करते हैं। इस तरह हर किसी के लिए जो स्वच्छ व्यवस्थित दुनिया की रचना करना चाहते हैं, मानव प्राणियों को सख्त नियंत्रण के अधीन करने का बड़ा लालच होता है ताकि वह वैश्विक व्यवस्था को उलट देने की अपनी क्षमता खो दे। हिटलर ने स्पष्ट रूप से अन्य प्राणियों की जगह मानवीय इच्छा के शिक्षणीय उपकरणों के रूप में मनुष्यों का उपयोग करने की अपनी प्राथमिकता को व्यक्त किया था। उसने इस मनोभाव को न्यायसंगत ठहराने के लिए सामाजिक इतिहास के अपने पसन्दीदा सिद्धान्त में अपनी इच्छा को प्रक्षेपित किया था। वह लिखता है—"उच्च कोटि की सभ्यता की स्थापना हेतु निम्न जातियों के सदस्यों ने अत्यन्त आवश्यक पूर्वाकांक्षाओं में से एक का निर्माण किया। वे अकेले यांत्रिक साधन की कमी की आपूर्ति करते थे, जिसके बिना प्रगति सम्भव नहीं है। यह निश्चित है कि मानवीय सभ्यता के प्रथम चरण पालतू जानवरों के उपयोग पर मानव प्राणियों के रोजगार पर जोकि एक निम्न जाति के सदस्य थे, की तरह आधारित नहीं थे।

केवल अधीनस्थ जातियों को गुलाम के रूप में नियुक्त कर लिए जाने के बाद जानवरों-सा भाग्य हो जाता था और उलटा नहीं, जैसा कि कुछ लोग हमें विश्वास दिलाते थे।"[70]

अन्य मानव प्राणियों के प्रति यह मनोभाव व्यक्तियों और मनुष्य के समूहों के बीच संवाद की कमी के कारण सम्भव हो पाता है। होश में संवाद, जिसमें इसका यहाँ उपयोग हुआ है, केवल वहीं सम्भव है जहाँ मनुष्य अधिकार और विचार के एक समूह की रचना करते हैं ताकि बहुत प्रकार के विषयों को ढकनेवाले मुद्दे मनुष्य से उसी तरह की प्रतिक्रिया का आह्वान करते हैं। संवाद का विशेष गुण तदनुभूति का प्रोत्साहन है, अर्थात् दूसरों की अनुभूतियों को साझा करने की योगयता। जहाँ तदनुभूति का तत्त्व नहीं रहता है, संवाद संवाद नहीं रह जाता है और यह महज सूचना का एकमार्गी या द्विमार्गी गलियारा बन जाता है। हम मशीन में सूचना भर दे सकते हैं, लेकिन हम इस मशीन से यह आशा नहीं कर सकते है कि यह हमारी तरह अनुभव भी करे। यद्यपि उसने निश्चित सूचना के प्रभाव के तहत अन्य मानव प्राणी की तरह काम किया था (जैसाकि मनुष्यों के कुछ मॉडलों के मामले में) हम विश्वास नहीं करते हैं कि इसने किसी अनुभूति के तहत काम किया था। प्राय: ऐसा होता है कि मनुष्यों के अपरिचित समूह के प्रति हमारा मनोभाव पूरी तरह सहानुभूतिजनक समझ में गायब रहता है। समाज में व्याप्त रूढ़ियों का एक महत्त्वपूर्ण प्रभाव रहा है व्यक्तियों और समूहों जो साथ-साथ रहते हैं तथा एक समान परिवेश में रहते हैं, के बीच के संवाद को काट देना। रूढ़िबद्ध धारणा के तहत काम करनेवाला व्यक्ति सभी मनुष्यों की मानवता का सत्यानाश करता है। इसमें वह उस समूह या सम्प्रदाय जिसका कि वह खुद सदस्य होता है, छोड़ देता है।

जैसाकि हमने पूर्व में ही कहा है कि रूढ़िबद्ध होना एक प्राचीन घटना है। अरस्तू ने अपने समय की अन्य चीजों के प्रति महत्त्वपूर्ण वस्तुनिष्ठता और विश्लेषणात्मक कौशल प्रदर्शित किया था, लेकिन वह भी अपने समय की सांस्कृतिक रूढ़ि से पैदा हुए जबर्दस्त पूर्वग्रह के तहत थे। उसने गुलामी के प्रश्न पर विचार किया। इस तरह वह गुलामी की संस्था की सफाई में लिखते हैं—"इसके बाद जहाँ इस तरह का अन्तर है जैसाकि आत्मा और शरीर के बीच या मनुष्य और जानवर के बीच रहता है (जैसाकि उनके मामले में जिसका कार्य अपने शरीर का उपयोग करता है, तथा जो कोई बेहतर नहीं कर सकता है) निम्न जाति स्वभाव से गुलाम होती है, और यह उनके और सभी निम्न वर्गवालों के लिए अच्छा है कि उन्हें एक मालिक के अधीन होना चाहिए। और सचमुच में गुलामों और पालतू जानवरों के उपयोग में कोई खास अन्तर नहीं है क्योंकि दोनों अपने शरीर से जीवन की आवश्यकताओं की पूर्ति करते हैं।"[71]

अरस्तू एक दूसरी जगह गुलामों को 'उपकरण' कहते हैं जो बात कर सकता है। अन्य मानव प्राणियों के प्रति यह मनोभाव ही था जो गुलामी की अमानवीता को न्यायोचित ठहराता है। प्राचीन विश्व में जहाँ विभिन्न जनजातियाँ प्राय: एक-दूसरे से अलग-थलग रहा करती थीं, बिलकुल भिन्न जीवन बितानेवाली अन्य जनजातियों

के सदस्यों को मानव से कमतर समझना बिलकुल सम्भव था, लेकिन हमारे अपने युग में भी जब दुनिया के सभी हिस्सों से लोगों को निकट सम्पर्क में लाया जा चुका है, प्रभावशाली संवाद को स्थापित किया गया है। आज यह अलगाव ज्यादातर रूढ़िबद्ध धारणाओं का एक कार्य है, यह या तो अतीत की एक विरासत के रूप में था विवाद के रूप में पैदा होता है जो ठीक ढंग से मनुष्यों के सामीप्य के कारण होता है। यह कार्य विभिन्न परम्पराओं और परस्पर विरोधी अभिरुचियों को प्रस्तुत करता है। तथाकथित निम्न मनुष्यों के बारे में हिटलर से सम्बन्धित एक उदाहरण नस्लीय रूढ़ियों का उत्पाद था, विशेषकर यहूदियों के बारे में तथा पक्षपातयुक्त पांडित्य इसे खुराक देता था। पुन: यह जातियों एवं अन्य धर्मों के मनुष्यों से सम्बद्ध रूढ़ियों के प्रभाव के कारण होता है कि हमें हिन्दू उच्च जातियों द्वारा दलितों पर किए जानेवाले अमानवीय उत्पीड़न तथा साम्प्रदायिक दंगों में मुसलमानों की बड़े पैमाने पर हत्या, जो भारतीय समाज का अशान्तिकारक स्वरूप बन गए हैं, दिखाई देते हैं।

रूढ़ियाँ मनुष्यों की अज्ञानता तथा मानवीय इतिहास के आरम्भिक काल में दूसरे मनुष्यों के प्रति शत्रुता से पैदा हुई थीं। मनुष्यों के रूढ़िबद्ध होने से मानवीय जीवन का मूल्य गिरा है। इसने हमेशा उन लोगों की मदद की है जो मानव प्राणियों का इस्तेमाल कुछ 'महान उद्देश्य' की सेवा में करना चाहते थे। राजा और जनरल जो प्राचीनकाल में उत्पन्न हुए थे, यह समझनेवाले प्रथम व्यक्ति थे कि मानव जाति पूरी तरह अपचेय वस्तु है। शत्रुओं से बारम्बार विवाद की घटना ने उन्हें यह विश्वास दिला दिया था कि उनके अन्दर के सिपाहियों का जीवन शत्रुओं के जीवन की तरह ही मूल्यहीन है। ये सिपाही प्रकट होना शुरू हो गए क्योंकि सत्ता और विजय के खेल में अनेक मुठभेड़ें हो रही थीं। उन्हें और किसी चीज के लिए नहीं बल्कि जनरल के लाभ हेतु व्यवस्थित और संरक्षित करना पड़ा और जब भी जरूरत होती थी, उन्हें उस लक्ष्य के लिए त्याग करना पड़ता था।

परन्तु अपने सिपाहियों के जीवन के प्रति यह अरुचि केवल अपनी निजी विजयों के मूल्य से सम्बन्धित भ्रम के तहत ही पैदा हो सकती थी। इस भ्रम का एक बड़ा कारण वह विश्वास था कि जनरल या राजा के अपने प्रभुत्ववाले क्षेत्र के बाहर भी हर चीज बिगड़ी हुई है। ठीक इसी तरह से समकालीन दुनिया में रूस के शासकों के लिए अपने राज्यक्षेत्र से बाहर की हर चीज गड़बड़ और अव्यवस्थित है तथा क्रान्ति के लिए उपयुक्त है; और अमेरिका के शासकों के लिए अपने प्रभावक्षेत्र से बाहर की सभी चीजें लोकतांत्रिक मूल्यों से रिक्त हैं। इस तरह सिकन्दर ने यह दावा किया कि वह 'गैर यूनानियों' को यूनानी बनाने का माध्यम है तथा सीजर और अन्य रोमन विजेताओं को इस विश्वास पर गर्व था कि उनके द्वारा किए जा रहे व्यापक जनसंहार से असभ्य दुनिया में रोमन शान्ति आनेवाली है। स्पष्टत: इस रोमन शान्ति के मूल्य के बारे में किसी ने भी उस असभ्य दुनिया की राय जानने का कष्ट नहीं किया।

विजय की इस इच्छा को परम्परा ने विजेताओं को जो हैसियत दी थी, उस हैसियत के विचार ने भी तेज किया। दोनों, सिकन्दर एवं सीजर हैसियत के मामले में अन्य सभी मनुष्यों से ऊपर उठने की तीव्र इच्छा रखते थे। इसके लिए विजय सबसे महत्त्वपूर्ण माध्यम थी। प्लूटो अपने जीवन में सिकन्दर के बारे में बतलाते हैं कि सिकन्दर नव दार्शनिक डायोजींस से मिला तो वह इस बात से काफी प्रभावित हुआ कि दार्शनिक को महान विजेता की हैसियत के बारे में कोई रुचि नहीं थी। इस पर उसने कहा कि अगर वह सिकन्दर नहीं होता तो डायोजींस बनना पसन्द करता। इसलिए प्यास अन्य मनुष्यों से श्रेष्ठ बनने की थी और इसमें यह नहीं देखना था कि यह प्यास कैसे बुझती है। इसी तरह जूलियस सीजर में अपनी हैसियत बढ़ाने की भूख इतनी जबर्दस्त थी कि सिकन्दर के इतिहास के कुछ अंशों को पढ़ते हुए वह काफी जोर से चिल्लाने लगा और उससे जब उसका कारण पूछा गया तो उसने जवाब दिया—"क्या तुम यह समझते हो कि मेरे लिए रोने का पर्याप्त कारण नहीं है? मेरी उम्र में सिकन्दर अनेक देशों को जीत चुका था और मैंने अब तक कुछ नहीं किया है।"

हालाँकि पुराने विजेता और सत्ता की लालसा रखनेवाले चाहे वह सीजर हो या सिकन्दर, सभी की महत्त्वाकांक्षाएँ पूर्वजों से मिली परम्पराओं के कारण सीमित ही थीं। सीजर ने सिकन्दर की सत्ता की आकांक्षा की तो सिकन्दर ने अपने पूर्व के विजेताओं, विशेषकर अपने पिता फिलिप जिनसे वह ईर्ष्या करता था, के पदचिह्नों को अपना लक्ष्य बनाया। नेपोलियन जिससे आधुनिक काल की राजनीतिक सत्ता आरम्भ होती है, वह भी मैसेडोनिया वासियों के महाभियानों तथा रोमन सैनिकों के कारनामों से फिर भी मोहित था। उसकी लड़ाइयों और मिस्र सदृश विनाशों में से कुछ प्राचीनता के इन विचारों से बहुत ज्यादा प्रभावित थी। एक हिटलर या एक स्टालिन ने नेपोलियन के तरीकों में से कुछेक को बाल कल्पना माना होता। आधुनिक विजेता और तानाशाह परम्परा से कोई तरीका उधार लेना नहीं चाहते हैं। वे अपना तरीका ईजाद कर उसे दुनिया पर थोपना चाहते हैं। हालाँकि एक सन्दर्भ में वे नेपोलियन की तरह परम्परा का हिस्सा है—अर्थात् जनता को लामबन्द एवं जोड़-तोड़ करने के सन्दर्भ में।

नेपोलियन जानता था कि अपने लिए जनता (जिसके लिए उसके अन्दर केवल अनादर ही था) का समर्थन हासिल करने हेतु कैसे उसकी क्रान्तिकारी भावनाओं का लाभ उठाया जाए। तोपखाने के इस पदाधिकारी ने पूरी दुनिया को एक राजनीतिक तरीका पूरा करने हेतु मनुष्यों का रण में बलि का बकरे के रूप में इस्तेमाल करने की कला बता दी। आधुनिक जनसाधारण की राजनीति इस सन्दर्भ में एक कदम आगे बढ़ गई है। अब जनसाधारण न केवल खर्च किए जानेवाला पदार्थ बन गया है बल्कि उसे सुघट्य पदार्थ के रूप में देखा जाने लगा है जिसे वे जो पूर्व निर्धारित

तरीके से दुनिया को बदलने का प्रयास करते हैं, मनमाफिक आकार दे सकें। मुसोलिनी हमारे समय के अत्यधिक बड़बोले तानाशाहों में से एक था। उसने एमिल लुडविग के साथ दिए गए एक साक्षात्कार में जनसाधारण की इस अवधारणा को बहुत ही साफ शब्दों में व्यक्त किया था—"विश्वास ही पहाड़ों को हिलाता है, तर्क नहीं। तर्क एक उपकरण है, लेकिन यह भीड़ का प्रेरक तत्त्व कभी नहीं हो सकता है, आज हमेशा से कम। आज पहले की तरह लोगों के पास सोचने के लिए उतना समय नहीं है। आधुनिक मनुष्य की विश्वास की क्षमता असीम है, उसे सीमा में नहीं बाँधा जा सकता है। जब जनसाधारण मेरे हाथों में मोम की तरह होता है, जब मैं उसके विश्वास को हिलाता हूँ या जब मैं उसके साथ घुल-मिल जाता हूँ और प्राय: उसके द्वारा कुचला जाता हूँ, मैं स्वयं को उसका हिस्सा अनुभव करता हूँ। फिर भी मेरे भीतर उस तरह की विमुखता की एक निश्चित अनुभूति बनी रहती है जो मूर्तिकार जब मिट्टी की बाबत अनुभव करता है जिसे वह आकार दे रहा होता है। क्या मूर्तिकार कभी-कभी अपने पत्थर पिंड को टुकड़े-टुकड़े नहीं कर देता है, खासकर जब मूर्ति उसके विचारों के अनुरूप नहीं उतरती है? जब तक यह कच्चा पदार्थ सर्जक के विरुद्ध विद्रोह कर देता है![72]

प्रत्येक चीज एक कलाकार की मानिन्द जनसाधारण को नियंत्रित की योग्यता पर निर्भर करती है।"[73]

इस जवाब में मुसोलिनी ने जनसाधारण के प्रति हमारे समय के सभी तानाशाही शासनों और सम्भवत: सभी राजनीतिक नेताओं के रुख के बुनियादी धर्मसार को अत्यन्त वाक्पटु अन्दाज में रखा है। प्रजातंत्र में भी जनसाधारण के प्रति नेताओं का रवैया बहुत भिन्न नहीं है। जो अन्तर है, वह उन सुरक्षा साधनों के कारण है, जिनका प्रजातंत्र में जनता जोर-जबर्दस्ती के विरुद्ध लाभ उठाती है।

सत्ता की अन्त:प्रेरणा और विशेषकर इसकी सबसे ताजा अभिव्यक्ति किसी-न-किसी तरह मानवीय सृजनात्मकता से सम्बन्धित है। मनुष्य एक सृजनात्मक प्राणी है। यह सृजनात्मकता उपकरणों का इस्तेमाल करने की उसकी प्रवृत्ति को भी पीछे छोड़ देती है। हम कैसे उस काल से सम्बन्धित अल्तामिरा के गुफा चित्रों या लॉसेल की वीनस की व्याख्या कर सकते हैं जब मनुष्य को कच्चा पत्थर उपकरणों के इस्तेमाल की जानकारी भी नहीं थी। हम फिर आदिम बुशमैन की महत्त्वपूर्ण कलाकृतियों की व्याख्या कैसे कर सकते हैं? विशुद्ध कलात्मक नजरिए से वैसा कुछ भी नहीं है जो इन सर्जनात्मक कृतियों में न हो। इनमें किसी तरह की कमी नहीं है। जहाँ तक सर्जनात्मक शक्ति का सम्बन्ध है, ये कलाकृतियाँ किसी भी काल की सबसे परिष्कृत कलाकृतियों के मुकाबले अपनी निजता के लिए जानी जाती हैं। आरम्भिक काल से ही मनुष्य प्रकृति प्रदत्त असंख्य अनित्य रूपों से आकर्षित था और ये रूप उसे ललचाते थे। पहली दफा ही उस प्रथम चीज को देखकर उस

पर जो प्रभाव पड़ा, उस प्रथम चीज से ही उसने अपने प्रभाव को बोधगम्य और स्थायी आकार देने का प्रयास किया। उसकी समझ, उसकी अभिरुचियाँ, उसकी इच्छाएँ—सभी इन कलाकृतियों में सर्जनात्मक रूप से प्रकट हुईं। यह सच है कि इस सर्जनात्मकता को तब आज की तरह विषय ढंग से बाँटा गया, लेकिन यह अनिवार्य रूप से एक सर्वव्यापी प्रभाव रहा था। सम्भवत: अन्य मामलों में यह सर्जनात्मकता संगीत और नृत्य सरीखे विशेष नाजुक रूप में अभिव्यक्त हुई, लेकिन इस प्रकार की सर्जनात्मकता के अलावा प्रत्येक मनुष्य के पास यह सर्वोपरि ज्ञान होता है कि कौन-सी वास्तविकता समान है तथा इसे कैसी होनी चाहिए? यह एक ज्ञान या बोध है जो उसे अत्यन्त प्रत्यक्ष ढंग से प्रभावित करता है। इसे आदिम मिथकों या परिष्कृत विचारधाराओं में अभिव्यक्त किया जा सकता है, लेकिन आन्तरिक स्रोत जिससे यह आगे उमड़ता है, वहीं रहता है। यह प्रतीत होता है कि सभी तरह का आधुनिक सर्वसत्तावाद किसी-न-किसी रूप में अपनिहित सर्जनात्मकता की एक विकृत अभिव्यक्ति हैं। यहाँ एक सुघट्य पदार्थ में या कैनवास पर विचार का काम नहीं होता है, लेकिन यह प्रयास होता है कि यह स्वयं समाज पर प्रभाव बनाए। और जैसाकि मुसोलिनी ने कहा था कि अधिसंख्य मनुष्य खुद कलाकार का मोम होते हैं। मनुष्य क्यों अन्य सर्जनात्मक गतिविधियों में व्यस्त रहने से ज्यादा समाज को ढालने के कार्य में लगा रहता है, इसका एक कारण है। एक चित्रकार या मूर्तिकार बनने के लिए व्यक्ति जिस पदार्थ में कार्य करता है, उसकी दक्षता और एक आद्योपान्त समझ हासिल करने में बहुत ज्यादा अध्यवसाय और धैर्य की जरूरत होती है। यह आत्मानुशासन की भी माँग करता है। यह विषय आसानी से मनुष्य के नियंत्रण के समक्ष आत्मसमर्पण नहीं करता है। दूसरी तरफ एक बार मनुष्य की प्रकृति में अन्तर्दृष्टि या उसके ऊपर सत्ता हासिल हो जाती है, वह सबसे ज्यादा आघातवर्ध्य पदार्थ बन जाता है। इसके बाद कलाकार स्वयं को अनुशासित नहीं करता है बल्कि अपनी सनक और कल्पनाओं के अनुसार दूसरों को अनुशासित करता है।

दुनिया को सख्ती से सबको गले लगानेवाली योजना के अनुसार ढालने की यह इच्छा एक ही दिन में पूरी नहीं हुई। जब तक मनुष्य ने पूरी तरह से अपने आत्म-चेतन अस्तित्व की चुनौती का सामना नहीं किया, इसे शताब्दियों तक इन्तजार करना पड़ा। आरम्भिक मनुष्य को अपने सामाजिक जीवन के लिए मूल्यों की एक योजना या प्रणाली का इलाज नहीं करना पड़ा। वह हमेशा से यह महसूस करता था कि योजना पूर्ववर्ती है। यह या तो ईश्वर द्वारा व्यवस्थित या उनके लिए जिनका ईश्वर में विश्वास नहीं है, यह प्रकृति द्वारा व्यवस्थित है (प्रकृति में ईश्वर की सभी विशेषताएँ हैं लेकिन यह मानवीकरण से अलग थी)। इसलिए क्रान्तियाँ और प्रतिक्रान्तियाँ 'प्राकृतिक नियमों' और 'ईश्वरीय नियमों' के बैनर तले ही हो पाईं। उनके लिए जो ईश्वर में विश्वास करते थे, मनुष्य ईश्वर की छवि में बनाया

गया है और इस तरह मनुष्य उनकी अनुकम्पा के अन्तर्गत लगातार जीवन बसर करता है जब तक कि इस विशेषाधिकार का इच्छापूर्वक दुरुपयोग नहीं हो, लेकिन कोपरनिकस के जमाने से इस विश्वास और मनुष्य के अहम का तलोच्छेदन शुरू हो गया। उसने यह खोज की कि धरती ब्रह्मांड का केन्द्र नहीं है इसलिए वह स्वयं इस ब्रह्मांड में सर्व-महत्त्वपूर्ण नहीं हो सकता है। हालाँकि इसके पहले यही माना जाता था कि धरती ब्रह्मांड का केन्द्र है। ज्ञान ही शक्ति है, इस नये विचार के साथ विज्ञान का विकास ब्रह्मांड पर हावी होने की उसकी इच्छा का वर्धन कर रहा था, लेकिन नई जानकारी मिली कि क्षितिज का फैलाव होता है। और क्षितिज के फैलाव के साथ उसकी धरती और वह खुद आकार में सिकुड़ने लगा और ब्रह्मांड के इस विशाल फैलाव में वह ठीक एक बिन्दु समान बन गया।

लेकिन अन्तिम संकट तब तक नहीं आया था। वे भी जिनका ईश्वर में विश्वास नहीं था, आकार में सीमित होने के बावजूद मनुष्य को सर्वश्रेष्ठ रचना मानते थे। तमाम नैतिक गुण जो उसे भिन्न बनाते थे, उसमें नैसर्गिक रूप से मौजूद थे। फिर भी उसने गलती की तो यह इसलिए हुई कि मानवीय कार्य में कारण की गुंजाइश कम रही। कांट ने उनके लिए इन नैतिक उपदेशों (निरपेक्ष आदेशों) का मार्ग ढूँढ़ा था। उन्हें उन तक पहुँचने के लिए केवल अपनी समझदारी का इस्तेमाल करना था। इसलिए यह उन विचारों की शान्त दुनिया थी जिनके अधीन वज्रपात की तरह नैतिक संकट आने के पूर्व मनुष्य रहता था।

उन्नीसवीं सदी में दो बौद्धिक आन्दोलन परिपक्व हुए और इसी ने यह नैतिक संकट पैदा किया। ये मार्क्सवाद और अस्तित्ववाद के आन्दोलन थे। दोनों ने भिन्न दृष्टिकोणों से उन पूर्ववर्ती शाश्वत मूल्यों में विश्वास का तलोच्छेदन किया जिन्हें पुराने विचारों के मुताबिक केवल व्यक्तिगत विवेक या तर्क के जरिए खोजना था। यद्यपि मार्क्सवाद ने सभी नैतिकता को अस्वीकार नहीं किया लेकिन यह दिखाया कि नैतिक गुण सापेक्ष होते हैं और एक वर्ग समाज में केवल वर्ग नैतिकता ही सम्भव है। स्पष्टत: ऐसी नैतिकता में कोई बाध्यकारी तत्त्व नहीं हो सकता था। अस्तित्ववाद विशेषकर इसका सौन्दर्य बोधात्मक भाग, इसके अस्वीकार में अपेक्षाकृत ज्यादा मौलिक है। इसने घोषणा की, "यदि भगवान का अस्तित्व नहीं है तो प्रत्येक चीज स्वीकार्य है। विज्ञान के प्रति इस नये रुख से पैदा हुई सत्ता की अमर्यादित आकांक्षा के साथ यह दर्शन आसानी से सामाजिक, लक्ष्यों की प्राप्ति में की जा रही असीम हिंसा और निर्दयता का एक औचित्य साधन बन गया।"

निस्सन्देह मार्क्सवाद में एक नैतिकता अन्तर्निहित थी जिसके बिना वह सर्वहारा के विषय से सम्बन्धित अपनी प्राथमिकता को व्याख्यायित नहीं कर सकता था, लेकिन नैतिकता सम्भावित रूप से स्वयं एक वर्गविहीन समाज में ही आ सकती थी। इस बीच प्रत्येक कार्य को अन्तिम लक्ष्य के शब्दों में ही उचित ठहराया जाना

था। अपने जनक दर्शन हीगेलवाद की तरह मार्क्सवाद ने भी उन लोगों के भाग्य पर जो इतिहास की अपरिहार्य यात्रा में खत्म हो गए थे, आँसू बहाना बचकाना समझा। इस विचार को बोल्शेविक क्रान्ति के दो वास्तुकारों, लेनिन और ट्रॉटस्की ने ज्यादा स्पष्ट ढंग से दर्शाया था। दोनों ने यह कहा था कि उनके लिए वह अकेला नैतिक है जो आन्दोलन को आगे बढ़ाता है। हालाँकि समाधान की यह सरलता छली थी। वस्तुत: इसने केवल निश्चित प्रश्नों को ही उठाया जिसके जवाब पर साम्यवादी आन्दोलन के बाद का अधिकांश इतिहास निर्भर रहा। यदि आन्दोलन के हित में जो था उसका असन्दिग्ध रूप से पता लगाया लिया गया होता तो यह अभी भी नैतिकता का आधार गढ़ सकता है, लेकिन दिक्कत यह थी कि अपने उसी स्वभाव के चलते निश्चितता के साथ कार्य करने की वह कोई भी दिशा नहीं दर्शाई जा सकी जो आन्दोलन के सबसे बड़े हित में हो। प्रत्येक मोड़ पर आन्दोलनकारी राह की उपयुक्तता को लेकर नेताओं में मतभेद होता था। कौन-सी राह सही और नैतिक है, इसके निर्धारण का एकमात्र तरीका शक्ति परीक्षण ही था। आरम्भिक चरणों में इसका निर्णय पार्टी की शीर्षस्थ कार्यपालक सभा में मतदान के जरिए होता था। बाद में स्टालिन के राज्यारोहण के साथ एक अत्यधिक प्रत्यक्ष शक्ति परीक्षण चलन में आया। अब आगे जिन नीतियों को खुफिया पुलिस और राज्य की बलात् शक्ति का समर्थन हासिल था, वे नीतियाँ आन्दोलन के हित को पोषित करती थीं और इसलिए यह नैतिक था। आन्दोलनकारी तर्क सरल था। चूँकि आन्दोलन को अपने कार्यक्षेत्र में कोई सीमा मंजूर नहीं थी और न ही इसकी कोई सीमा थी कि वह कहाँ तक बल प्रयोग कर सकता है, यह न्याय के साथ प्रत्येक व्यक्ति के विरुद्ध अपने पुलिस यंत्र को लगा दे सकता था। असीम गुण के उस अन्य संकेत 'मानवद्वेषी' की तरह यह कह सकता था, "मैं दुष्ट से घृणा करता हूँ क्योंकि वे दुष्ट हैं और उन सभी से घृणा करते हैं क्योंकि वे दुष्ट से ज्यादा घृणा नहीं करते हैं।" इसलिए पहले बुर्जुआ वर्ग को खत्म किया जाना था और उसके बाद कलाकार, लेखक, कवि इत्यादि लगायत उन अन्य लोगों को जो उस चीज के विरुद्ध जिसे कि राज्य बुर्जुआ मानता था, घृणा के अभियान को पूर्णकालिक पेशा नहीं बना सके थे।

मानवीय कमजोरियों के साथ मानव समाज पर एक पूर्ण आदेश लागू करने में यह सख्ती हमेशा अत्याचारी शासनों के रूप में प्रतिफलित होती है। दोनों कैल्विन का जेनेवा तथा क्रॉमवेल का कॉमनवेल्थ, अपने रचनाकारों की अत्यन्त 'उच्च प्रवृत्ति' के कारण विरूपताओं में बदल गए। ठीक इसी कारण से फ्रांस में रोब्सपियरे और सन्त जस्ट का विवेक बीज जो फ्रांस में जैकोबिन के समय से शासनों से सम्बद्ध हुए थे, एक बुनियादी अन्तर था। चूँकि शुद्धतावादियों ने व्यक्तिगत अन्तर्चेतना पर उच्च मूल्य को रख दिया था, शासन के पास यह शक्ति थी कि व्यक्तियों द्वारा व्याख्यायित धर्मग्रंथ सम्मत उपदेशों की मूल धर्मपरायणता के नाम पर अपनी

ज्यादतियों को दुरुस्त कर ले, लेकिन विवेक या ऐतिहासिक भौतिकवाद के शासन ने जो पुन: एक अमूर्त सिद्धान्त था, मनुष्य के केवल उस भाग का संज्ञान लिया जो इन अमूर्त सिद्धान्तों के अनुरूप था। शेष मनुष्य इतिहास की उस तर्कसंगति के बाहर गिर पड़े और इसलिए उसे कठोरता से नियंत्रित होना पड़ा।

इस तरह सैद्धान्तिक स्तर पर जिसे ढूँढ़ा गया, उसे औद्योगिक क्रान्ति के समय से विकास के द्वारा अभ्यास में ज्यादा सरल किया गया। ग्रामीण पृष्ठभूमि से उखड़े मनुष्यों की भीड़ जैसे-जैसे इन औद्योगिक क्षेत्रों में एकत्र होती गई, पुराना समुदाय तथा समुदाय का बोध पूरी तरह से खत्म होता गया। न केवल इन मनुष्यों और इनके नियोक्ताओं के बीच कोई संवाद नहीं था बल्कि इनके आपस में भी संवाद बहुत कम ही था। नियोक्ताओं के लिए वे महज नियोक्ताओं के फायदे के लिए भाड़े पर लिए जानेवाले तथा आग लगानेवाले अनेक हाथ थे। इन औद्योगिक मजदूरों में संवाद के विकास में बहुत-से अवरोध थे। एक-दूसरे की समस्याओं की सहानुभूति भरी समझ ज्यादा सामान्य पृष्ठभूमि तथा छोटे-छोटे समुदायों के साझा अनुभवों पर निर्भर करती है। बड़े औद्योगिक केन्द्रों में शामिल संख्याओं की वह विशालता पर ऐसे संवाद को असम्भव बना देती है जो विकसित हुए, वे इन मनुष्यों के सामान्य हित की रक्षा करनेवाले बड़े-बड़े संगठन थे। 'जनसमूह' का विचार इस स्थिति का एक प्रत्यक्ष उत्पाद है। ऐसी भीड़ में दूसरे मनुष्य मि. एक्स या मि. वाई जिन्हें लोग जानते हैं, नहीं रहता है बल्कि उन चेहराविहीन इकाइयों में एक होता है जिनमें हजारों या लाखों रहते हैं। इस तरह प्रत्येक मनुष्य जो नहीं है, राजनीतिक अवसरों की गिनती में महज एक गणक बन जाता है। 'जनसमूह' जो नियोक्ताओं (जिन्होंने मनुष्य को श्रम की इकाइयों के रूप में देखा था) की पहली विशेषता थी, के प्रति यह भाव आगे चलकर राजनीतिक नेताओं के चिन्तन से सम्बद्ध हो गया।

इन मजदूरों के बीच बाद में जो एकता आई वह निकट व्यक्तिगत समझ से ज्यादा भौतिक हितों की गणनाओं पर आधारित थी। वैज्ञानिक समाजवाद की गणना में सामूहिक मजदूर वर्ग कार्य के आधार के बारे में सोचा गया कि यह इस सामान्य आर्थिक हित पर निर्भर करता है। इस प्रकार समाजवादी आन्दोलन के बारे में माना गया कि यह बलपूर्वक मजदूरों को संचालित करेगा जिस तरह से बुर्जुआ उनका संचालन कर रहे थे अर्थात् उनके आर्थिक हित की अपील से। यह आर्थिक मनुष्य पहले से ही एक मनुष्य से कमतर था। वह सामाजिक इतिहास के समीकरण में महज एक पैरामीटर था। वैज्ञानिक समाजवाद को इसके अत्यधिक आडम्बरहीन अभिव्यक्तियों में, इस अमूर्तन के द्वारा मांस और रक्त से बने मनुष्य, जिसने जैसी कल्पना की गई थी उस तरह से एक आघात के अन्तर्गत कार्य नहीं किया के साथ लेने की अपेक्षा सम्पूर्णतया इसके अनुमानों में लिया गया लेकिन यह असंख्य आघातों के अधीन था, कुछ गुजर जानेवाले तथा कुछ स्थायी आघात। स्वतंत्र खेल की

मंजूरी की स्थिति में, इस तरह के मनुष्य उस हर तरह के पैटर्न और व्यवस्था को नष्ट करने के लिए बाध्य थे जिसको क्रान्ति ने निश्चित किया था। इसलिए मानवीय स्वभाव में वह हर चीज जो इस पैटर्न के अनुरूप नहीं थी, उसे दबा दिया जाना था।

विज्ञान, तंत्र और सामाजिक नियम का यह अध्यापकीय पूर्वग्रह अपनी इच्छा के मुताबिक मनुष्य और समाज को बदलने की गहरी अन्त:प्रेरणा का महज एक सतही प्रकटीकरण था। यही कारण है कि यह न केवल इस लक्ष्य की महत्त्वाकांक्षा रखनेवाली बोल्शेविक विचारधारा था बल्कि फासीवाद और नाजीवाद के प्रतिद्वन्द्वी सिद्धान्तों में भी यही महत्त्वाकांक्षा थी। फासीवाद और नाजीवाद में मार्क्सवाद के तुलनीय समाज के बारे में विचारों की कोई व्यवस्थित संस्था नहीं थी लेकिन मनुष्य को उनकी व्यवस्थाओं के अनुरूप ढालने की इच्छा और ऊर्जा समान रूप से सुदृढ़ थी। वस्तुत: मार्क्सवाद के अन्दर प्रत्येक छोटा समुदाय समान रूप से स्थायी स्वीकार्यता की आकांक्षा रखता है। यह रूस और चीन के बीच के कटु तर्क के मूल में है, दोनों ही 'साम्यवाद' लाना चाहते हैं लेकिन इसे लागू करने के उनके अलग-अलग मॉडल हैं। क्यूबा भी अपने तरीके से इस दुनिया का नेतृत्व करने की महत्त्वाकांक्षा रखता है। इस घटना को बढ़िया ढंग से उन नारों और बैनरों से नहीं समझा जा सकता है जिनके तहत राजनीतिक आन्दोलनों ने शक्ति अर्जित की है बल्कि उस अस्तित्वपरक स्थिति और संवेगात्मक दबाव से समझा जा सकता है जिसके तहत मनुष्य 19वीं सदी से कार्य करते आ रहा है।

किसी चिन्तक से ज्यादा नीत्शे ने अपवादात्मक संवेदनशीलता के साथ मनुष्य की भावनात्मक स्थिति को चित्रित किया है जो तब से लेकर आज तक कायम है। मनुष्य की जिस दशा का वह चित्रण करता है, वह किसी भी चीज से ज्यादा सत्ता के प्रति आधुनिक मनोग्रसण को व्याख्यायित करती है। उसने इस स्तब्धकारी खोज के अन्तर्गत चक्कर काट रही मानवीय भावनाओं के समूचे प्रभावक्षेत्र की योजना बनाई है कि कोई ईश्वर नहीं है, कोई नियम नहीं है, जीवन में कोई नैतिकता और कोई उद्देश्य नहीं है। जरथ्रुष्ट इसे इस तरह कहता है—"आप 'शत्रु' कहें लेकिन 'बदमाश' नहीं; आप 'रोगी' कहें लेकिन 'दुष्ट' नहीं, आप 'नासमझ' कहें लेकिन 'पापी' नहीं।"[74] ऐसा तुरन्त प्रतीत हुआ कि दुनिया से प्रकाश गायब हो गया है। मनुष्य को एक अन्तहीन शून्य में बिना प्रकाश के, बिना किसी मार्गदर्शक के, बिना किसी मार्गपट्ट के तथा बिना किसी नियति के अपनी रक्षा करनी पड़ी। नीत्शे एक दूसरी जगह इस स्थिति का वर्णन करता है—"क्या हम लगातार डूब नहीं रहे हैं? सभी दिशाओं में आगे, पीछे और बगल? क्या कोई ऊपर या नीचे रह गया है? क्या इस तरह हम अनन्त शून्य में भटक नहीं रहे हैं?...ईश्वर मृत है। और हमने उसको जान से मार दिया है। हम हत्यारों का हत्यारे हैं, हम कैसे खुद को आराम पहुँचा सकते हैं? उन सबमें जो पवित्रतम और सबसे ज्यादा उद्देश्यपूर्ण था जिसे

दुनिया ने अभी भी अपना रखा है, वह हमारे चाकुओं से लहूलुहान होकर मर गया है। हमारे ऊपर से इस खून को कौन साफ करेगा? हमारे पास कौन-सा पानी खुद को साफ करने के लिए है? हमें प्रायश्चित्त का कौन-सा त्योहार, कौन-सा पवित्र खेल ईजाद करना पड़ेगा? क्या इस कार्य की महानता हमारे लिए महान नहीं है? क्या हमें देवी-देवताओं के योग्य लगने हेतु देवी-देवता नहीं बन जाना चाहिए?..."[75]

इस बेचैन करनेवाली स्थिति का सामना कर मनुष्य ईश्वर का खाली सिंहासन हथियाने के लिए वीरतापूर्ण कदम उठाता है। नीत्शे बहुत अधिक कल्पनाशील नीतिकथा 'दस स्पोक जरथ्रुष्ट' में उन उत्पीड़ित कदमों का पता लगाता है जिन्हें कमजोर तल, जो उसकी विरासत है, पर जरथ्रुष्ट (जो मनुष्य की उस आकांक्षा को मूर्त रूप प्रदान करता है) धीरे-धीरे ढोता है और सिद्धि की एक नई ऊँचाई तक पहुँचाता है, जहाँ वह अपने कानून प्रदाता के रूप में प्रकट होता है तथा अपने प्रकाश से चमकता है, लेकिन इस पूरी प्रक्रिया में टिकाऊ टेक यह है कि अतिमानव के जन्म हेतु मनुष्य पर विजय हासिल करनी है। हर चीज से बढ़कर इस विजय का अर्थ उसकी विशिष्ट मानवीय दुर्बलताओं पर विजय पाना होना चाहिए अर्थात् उसे प्रेम, क्रोध, आँसू, हँसी तथा सभी मानवीय विचारों सरीखी दुर्बलताओं से ऊपर उठना चाहिए। उसे एक ईश्वर की शुष्क निर्वैयक्तित्व के साथ अपने श्रेष्ठ लक्ष्य को ढूँढ़ना चाहिए।

परन्तु नीत्शे का दर्शन पूरी तरह हवाई नहीं है। यह उसके समकाल का केवल एक सही प्रतिबिम्बन था। और इस तरह यह उस गुमनामी के विरुद्ध विरोध भी था जो मनुष्य को जनसमूह में अवशोषित कर लेने की धमकी देती थी। गुमनामी और जनसमूह की संस्कृति का यह भय भीड़ और राज्य के प्रति उसके अनादर में अभिव्यक्त है। भीड़ के बारे में जरथ्रुष्ट कहता है—"और जब मैंने देखा कि वे जिसे अब शासन कहते हैं—वह भीड़ से सत्ता का अदल-बदल और मोल-तोल करना है, मैंने शासकों की तरफ अपनी पीठ कर दी! एक अपंग की तरह जो अन्धा, बहरा और गूँगा हो गया है—इस तरह से एक लम्बे समय तक जिया हूँ, कि मैं सत्ता-भीड़, धुनाई-भीड़ और आनन्द-भीड़ को नहीं जी सकता था।"[76]

और राज्य के बारे में—"राज्य सभी ठंडी विलक्षण वस्तुओं में सबसे ठंडा होता है। शीतश: यह पड़े भी रहता है; और यह प्रवृत्ति इसके मुँह से सरकती है; 'मैं, राज्य, जनता हूँ।'

यह एक झूठ है। यह तो स्रष्टा थे जिन्होंने लोगों की रचना की तथा उन पर एक विश्वास और प्रेम लटका दिया—इस तरह उन्होंने जीवन परोसा।

ये तो विध्वंसक हैं जिन्होंने अनेक के लिए जाल लगाए हैं और इसे राज्य कहते हैं—उन्होंने उन पर एक तलवार और सैकड़ों इच्छाएँ लटका दीं। अनेकानेक पैदा होते हैं—राज्य एक फालतू खोज है!

देखो, कैसे यह उन्हें लुभाता है, अनेकानेक को? कैसे यह उन्हें निगलता है, और उन्हें चबाता है, और फिर से उन्हें चबाता है।"[77]

परन्तु नीत्शे की वैचारिक यात्रा पूरी तरह विचारों के क्षेत्रान्तर्गत थी और वह इस तथ्य से तथा विचारों की दुनिया और यथार्थ की दुनिया के बीच की नहीं भरी जा सकनेवाली खाई से अवगत था। वह जरथ्रुष्ट की इस बात पर ध्यान देने को कहता है—"लेकिन, विचार एक चीज है और कार्य दूसरी चीज और कार्य की छवि भी दूसरी है। कारणता का पहिया उनके बीच से नहीं लुढ़कता है।"[78]

परन्तु जिस समय नीत्शे सरीखी साहित्यिक प्रतिभा अपने साहित्यिक-दार्शनिक रचनाओं के माध्यम से अपने समय के भावनात्मक दबाव से ऊपर उठ गया, गद्यात्मक साँचे के लोग जिन्होंने उसी भावनात्मक दबाव में काम किया था, समाज पर से खुद अपनी अनुभूतियों को हटा लेने का प्रयास करते रहे। यहाँ सत्ता और युद्ध का नीत्शे का उत्कर्ष आसुरी आन्दोलनों के लिए प्रेरणा का स्रोत बन गया। भीड़ के प्रति उसकी घृणा व्यक्तिगत सोच की आजादी और घृति में प्रतिफलित नहीं हुई बल्कि सभी मनुष्यों के एक सामान्य मलिनीकरण में प्रतिफलित हुई ताकि तानाशाहों के फायदे हेतु उनके साथ दब्बू जनसमूह की तरह व्यवहार किया जा सके। हिटलर भीड़ द्वारा अवशोषित कर लिए जाने की सम्भावना से भयभीत भी था (और उसके मामले में यह धमकी बहुत वास्तविक थी), लेकिन उसके पूरे जीवन में यह सभी जर्मनों के कार्यों और विचारों को भीड़ के स्तर तक छोटा कर देनेवाले प्रतीकों और हाव-भावों की कल्पना करने से उसे रोक नहीं पाया। न ही नीत्शे के बाद के तानाशाहों ने राज्य के प्रति उसके अनादर को साझा किया। वे जानते थे कि उन्हें राज्य का इस्तेमाल स्वयं को 'अतिमानव' तक उठा ले जाने के लिए करना है। अतएव लोगों में उन्होंने खुद से जिस राज्य की रचना की थी, उन्हें उसके एक उत्कर्ष का निर्माण करना था, लेकिन यहाँ पहलेवाले समय से एक अन्तर रहा है। फ्रांसीसी सम्राट अपने अहंकार में केवल 'मैं ही राज्य हूँ' ही कह सके। वर्तमान समय का एक तानाशाह अत्यन्त अनौपचारिक रूप से कह सकता है, 'मैं राज्य के ऊपर हूँ'। नये तानाशाहों ने राज्य के लिए नियम बनाया लेकिन वे खुद कभी इन नियमों के अधीन नहीं रहे। इसलिए एक अर्थ में अतिमानव का युग वस्तुत: आ गया है। ये अतिमानव नये तानाशाह हैं जो अपनी कल्पना से एक नई दुनिया रचने का प्रयास कर रहे हैं।

4

सत्ता के निर्बाध अनुसरण के परिणामों की व्यापक रूप से साम्यवादियों द्वारा उपेक्षा क्यों की गई, इसका एक कारण मार्क्स और एंगेल्स द्वारा शोषण और विषमता पैदा करने में निजी सम्पत्ति की भूमिका पर दिया गया अनन्य जोर था। वस्तुत: कम्युनिस्ट घोषणापत्र में वे साम्यवाद का एक लक्ष्य चिह्नित कर गए, निजी सम्पत्ति का खात्मा। वह घोषणापत्र कहता है—"साम्यवाद का विशिष्ट रूप सामान्यत: सम्पत्ति का खात्मा नहीं है बल्कि बुर्जुआ सम्पत्ति का खात्मा है। लेकिन आधुनिक बुर्जुआ निजी सम्पत्ति उत्पादों को उत्पादित और विनियोजित करनेवाली प्रणाली की सबसे पूर्ण और अन्तिम अभिव्यक्ति है; यह वर्ग विरोध पर आधारित है, कुछ लोगों द्वारा बहुत-से लोगों का किए जानेवाले शोषण पर आधारित है।

इस कार्य में, साम्यवादियों के सिद्धान्त को एक वाक्य में कहें तो यह है—'निजी सम्पत्ति की समाप्ति।'

यह स्वाभाविक था कि वे जो मार्क्स का अक्षरश: अनुसरण करते थे, सोचते होंगे कि एक बार निजी सम्पत्ति को समाप्त कर दिया जाता है तो उनका मुख्य लक्ष्य पूरा हो जाएगा। यदि राज्य सम्पत्ति पर आधारित नई प्रणाली ने भी उन्हें जो इस बदलाव में लगे हुए थे, निश्चित विशेष भौतिक लाभ दिए तो समाजवाद के साथ सम्पत्ति के राज्य स्वामित्व को पहचानना सर्वाधिक महत्त्वपूर्ण लगा। ऐसा इस तथ्य के कारण कि साम्यवादी समाजों में व्याप्त भारी विषमता तथा एक सर्वशक्तिमान विशेषाधिकार प्राप्त स्तर के विकास के सामने साम्यवादियों के लिए अपने अन्त:करण का निस्तार करना आसान हो जाता है। वे कम-से-कम असली उस्ताद के शब्दों के अनुरूप सही अनुभव करते हैं, यद्यपि एक समतावादी समाज का उसका सपना सपना ही रह जाता है।

हालाँकि साम्यवादी समाजों में अत्यधिक सुस्पष्ट असमानताओं के सामने साम्यवादियों में से भी कुछ ने अनिच्छापूर्वक यह स्वीकार करना शुरू कर दिया है कि कुछ गलत हुआ होगा, लेकिन निजी सम्पत्ति के साथ शोषण के इस समीकरण के कारण वे विकसित हो रही नई प्रणाली को समझने में पूरी तरह असफल हो जाते हैं और इसके फलस्वरूप उनके पास इसका कोई उपचार नहीं होता है।

मॉरिस डॉब, जिसने लगभग आधी सदी तक रूसी साम्यवादी प्रणाली के विषय का समर्थन किया, अपने विचार को बदलने के लिए बाध्य हो गए हैं। एक लेख में वह स्वीकार करते हैं कि सत्ता के केन्द्रीकरण ने निश्चित अनचाहे प्रभावों का नेतृत्व किया है तथा साम्यवादी समाज में एक विशेषाधिकार प्राप्त सम्भ्रान्त व्यक्ति पैदा हुआ है। वह लिखते हैं—"तीसरे, अनुभव ने यह प्रचुरता से दिखाया है कि निर्णय के केन्द्रीकरण की उच्च सीमा, जिस निर्णय करने की बाबत हम बोलते आ रहे हैं, सरीखे अभ्यास रातोंरात गायब नहीं होते हैं जितना शीघ्र वे विशिष्ट स्थितियाँ जिन्होंने उन्हें अवसर दिया (और उन्हें उचित ठहराया), गायब हो गई हैं। न केवल उनके पास नई और बदली हुई अवधि में मुरझा जाने की कोई स्वचालित प्रवृत्ति नहीं है; वे बदलाव के प्रति एक अड़ियल और रूढ़िवादी प्रतिरोध प्रदर्शित करते हैं। न केवल पुरानी अवधि में वे व्यक्तिगत रुख और आदत अर्जित किए जाते हैं जो काम की नई विधियों के प्रतिरोधी हैं (जैसा कि हम कह चुके हैं), बल्कि सम्पूर्ण प्रशासनिक संरचना में पुरानी और नई प्रशासनिक संरचना की अपनी परम्पराएँ, अभिरुचियाँ, और अपने सम्बन्ध और विशेष प्रकार के कर्मचारी वर्ग हैं जो एक विशेषाधिकार प्राप्त सम्भ्रान्त हो गए भी होंगे।"[1]

स्पष्टत: डॉब इस स्थिति का मार्क्सवादी विश्वास के साथ बेमेलपन को नहीं देखते हैं कि निजी सम्पत्ति के उन्मूलन से ही सभी शोषण और इसके फलस्वरूप विशेषाधिकार सब खत्म हो जाते हैं। वह सही बताते हैं कि नई संरचना ने अपनी परम्पराएँ, अभिरुचियाँ, सम्बन्ध तथा विशेष प्रकार का कर्मचारी वर्ग विकसित कर लिया है। यह विशेष सम्बन्ध उस प्रसंग में है कि यह उनके बीच होता है जो उत्पादन और वितरण के करणत्वों को नियंत्रित और निर्देशित करते हैं तथा मजदूर, जिन्हें उनके अधीन काम करना होता है। उत्पादनात्मक उपकरण से यह सम्बन्ध उनकी विशेष रुचि को पैदा करता है जो उपकरण को नियंत्रित करते हैं। इस नींव पर एक परम्परा के रूप में एक अतिसंरचना खड़ी होती है जो सम्भ्रान्त व्यक्ति के विशेषाधिकारों की रक्षा करती है। मौलिक मनोवैज्ञानिक भाव जो इस प्रणाली के अन्दर मजदूरों के बीच व्याप्त रहता है, किसी भी तरह किसी पूँजीवादी समाज में प्रचलित उस भाव से भिन्न नहीं है अर्थात् उस चौड़ी खाई की अनुभूति के बारे में जो 'हम', मशीन के प्रभुत्व में काम करनेवाले मजदूर तथा 'वे' जो मशीन को निर्देशित करते हैं, को अलग-अलग करती है। अत्यधिक स्वाभाविक प्रश्न—जो डॉब के वर्णन से उत्पन्न होता है, यह है—तब इस तथ्य के सिवाय कि शोषण की पूँजीवादी प्रणाली में उत्पादन के साधन का स्वामित्व निजी हाथों में होता है, इस प्रणाली और शोषण की पूँजीवादी प्रणाली के बीच कौन-सा अन्तर है? (हालाँकि जैसा बर्ली और मींस ने सदी के तीस के दशक में इसे प्रदर्शित किया था और तब से इस विचार को अन्य अध्ययनों ने सम्पुष्ट किया है—बड़े-बड़े कॉरपोरेशनों

में स्वामित्व के भीतर अनिवार्यत: नियंत्रण शामिल नहीं रहता है, वह वास्तव में एक्जीक्यूटिव के हाथों में रहता है जो शेयरधारकों के नियंत्रण से लगभग सम्पूर्ण स्वायत्तता हासिल कर रहा है)। ये दोनों प्रणालियाँ स्पष्टत: दो भिन्न प्रणालियों का प्रतिनिधित्व करती हैं, लेकिन अपने शोषक आचरण में ये दोनों प्रणालियाँ एक हैं, लेकिन सोवियत संघ में कोई निजी पूँजीपति नहीं है, विशेषाधिकार विशेष सम्बन्धों का अनुसरण करता है। यह हमें विशेषाधिकारों तथा असमानताओं की जीवों की एक परीक्षा की तरफ तथा वे किस सम्बन्ध के तहत सत्ता में बने होते हैं, इसका पता लगाने की तरफ ले जाता है।

वस्तुत: रूसी विकास के आलोक में जो सवाल उपजे हैं, इन सवालों का सही उत्तर दे पाने की मार्क्सवादियों की असमर्थता ने मोस्का के निराशावादी सिद्धान्तों में रुचि को पुनर्जीवित कर दिया है जिसने उन्नीसवीं सदी के अन्त में साम्यवाद के भविष्य की बाबत एक सम्भावना व्यक्त की थी जो खलबली पैदा करते हुए सोवियत सामाजिक विकास के काफी नजदीक पहुँच गई है। उसने भविष्यवाणी की थी कि यदि साम्यवादी कभी सत्ता में आए और उत्पादन के साधन के निजी स्वामित्व को समाप्त कर दिया तो भी उनका समूहवादी समाज अधिकारियों का त्याग कर देने में समर्थ नहीं होगा और ये एक नये वर्ग का निर्माण करेंगे। कोई मोस्का के 'शासक वर्ग' के सिद्धान्त से सहमत हो या असहमत, विशेषाधिकारों को प्राप्त करने और असमानताओं को बढ़ावा देने में खुद सत्ता की भूमिका को हल्के में नजरअन्दाज नहीं किया जा सकता है।

असमानताओं की उत्पत्ति

यद्यपि मार्क्स ने समूचे इतिहास को वर्ग संघर्षों के इतिहास के तौर पर देखा था, उसने 'वर्ग' की कोई परिभाषा देने की तरफ ध्यान नहीं दिया कि वह 'वह' वर्ग विभिन्न कालों में होनेवाले सामाजिक विभाजनों के भिन्न रूपों में सटीक बैठ जाए। वस्तुत: वर्गों की उसकी अपनी अवधारणा उसके अपने समय के उस सामाजिक विभाजन का महज एक सामान्यीकरण थी जो बुर्जुआ, जिनके पास उत्पादन का साधन था एवं मजदूर, जिनके पास कोई सम्पत्ति नहीं थी और जो वेतन गुलामी के अधीन थे, के बीच होता है। स्टानिस्लाव ओसावस्की वर्ग संरचना के अपने अध्ययन में इस महत्त्वपूर्ण तथ्य की ओर ध्यान आकृष्ट करता है। वह लिखता है—"अपने कुछ पूर्ववर्तियों की तरह मार्क्स और उनके अनुयायियों ने वर्ग के सिद्धान्त को अन्य लोगों के श्रम के शोषण के सिद्धान्त से जोड़ दिया, लेकिन चूँकि जब पूँजीवाद काफी जोर से विकसित हुआ, उन दिनों में श्रम के बृहत् शोषण का एकमात्र रूप उत्पादन के साधन से उनके सम्बन्ध के शब्दों में परिभाषित किया (कब्जा, गैर-कब्जा, उस

हद तक कब्जा, जो भाड़े के श्रम के नियोजन की मंजूरी देने में अपर्याप्त)। फिर भी इस वर्ग का इस्तेमाल इस तथ्य से परेशान हुए बगैर कि वर्ग पर घटना के संकीर्ण क्षेत्र से सम्बद्ध एक अर्थ का बोझ था, दूसरे 'निर्माणों' की सामाजिक संरचना का वर्णन करने के लिए किया गया।"[2]

वर्गों को उत्पादन के साधन के विकास के भिन्न चरणों से सम्बन्धित करते हुए, संकीर्ण आर्थिक पदों में परिभाषित करने के अलावा मार्क्स असमानताओं और सम्भ्रान्त हैसियत या जाति व्यवस्था पर आधारित विशेषाधिकारों के अन्य रूपों पर विचार करने में भी विफल हो गया। यद्यपि जहाँ तक मानव प्राणी का सम्बन्ध है, उन्हें जो प्रभावित करता है, वह शोषण की कोई प्रणाली नहीं है बल्कि शोषण का तथ्य है। उनके लिए मुक्ति का अर्थ शोषण के सभी रूपों से मुक्ति होना चाहिए और न केवल उससे जो उत्पादन के साधन के निजी स्वामित्व से पैदा होता है। वर्ग विभाजन खुद किसी सरल सम्बन्ध को प्रस्तुत नहीं करता है और बारीक जाँच में यह उन विशिष्टताओं को प्रदर्शित करता है जिनकी सम्पूर्ण व्याख्या आर्थिक शब्दों में नहीं हो सकती है। वस्तुत: वर्ग विभाजन की उत्पत्ति में बल ने बड़ी भूमिका अदा की है। बुर्जुआ समाज में भी वर्ग विभाजन का विकास पूरी तरह बल के तत्त्व के बगैर नहीं होता है।

अब हम दासता को ही लें जो समाज में वर्ग विभाजन के मार्क्सवादी विचार का पहला चरण है। क्या कोई चीज यह बतलानेवाली है कि इस प्रणाली ने उत्पादन के किसी विशिष्ट तरीके का कोई उत्तर दिया? वस्तुत: यह प्रणाली उत्पादन के बिलकुल विभिन्न तरीकों और स्तरों के तहत यूनान, इटली, मिस्र और पूरे प्राचीन पश्चिम एशिया सरीखी जगहों पर विकसित हुई। न केवल इतना ही बल्कि इस प्रणाली को फिर से जिन्दा किया गया और उसे अमेरिकी महादेश में पहुँचाया गया, लगभग उसी समय जब उत्पादन सम्बन्ध का बुर्जुआ रूप अपने से वहाँ प्रवेश कर रहा था। अमेरिका के दक्षिणी राज्यों में यह गृहयुद्ध तक अर्थात् अन्तिम सदी के साठ के दशक में, बनी रही। दूसरी तरफ बल का तत्त्व दासता के मूल में स्थायी रूप से समझने योग्य है। विभिन्न समाजों के अध्ययनों से दासता के उन भिन्न रूपों, कुछ कृषि या शिकार के अत्यन्त प्राचीन चरणों के आदिवासी समाजों में, का पता चला है। भी. डब्ल्यू. टर्नर आदिम कृषि और शिकार पर आधारित अस्तित्व के एक मिश्रित तरीके पर विकसित होनेवाली जनजाति नेम्बू के बीच की दासता का निम्नलिखित वर्णन प्रस्तुत करता है—"ब्रिटिश दखल के पहले नेम्बू में दासता के मुख्य रूप क्या थे? ग्रामीण दासता को व्यावसायिक दासता से अलग किया गया। ग्रामीण दासों का खूनी अदावत खत्म करने, फर्ज निपटाने, नरहत्या की क्षतिपूर्ति करने, उस मुख्य या वरिष्ठ व्यक्ति को जिसके विषैले आप्त वचन ने जादू-टोने के अपराधी व्यक्ति को साफ कर दिया था, भुगतान करने आदि कार्यों हेतु जुर्माने के तौर पर भुगतान किया जाता था...एक समतावादी समाज में उस नेम्बू के समान

दासों को चिह्नित रूप से शोषित नहीं किया गया और वास्तव में उनके साथ सम्पत्ति जैसा नहीं बल्कि सम्बन्धी जैसा ज्यादा बर्ताव किया गया। यदि दास युवा था और उसके स्वामी उम्रदराज तो दास और स्वामी शुरू में एक-दूसरे को पोता-दादा के काल्पनिक रिश्ते में देखते थे।"[3]

इसके विरुद्ध हमारे पास एलेन विनिंगटन का 'नोर्सू' के बारे में एक दूसरा विवरण उपलब्ध है जहाँ हमें जाति सदृश विशिष्टताओं वाला दास समाज मिलता है। उल्लेखनीय है कि 'नोर्सू' एक आदिम दास था जिसने आधुनिक चीन के अभिजात वर्ग पर धावा बोला था। विलिंगटन ने लिखा है—"अभिजातों के इन 5 वंशों को 500 परिवारों में उपविभाजित किया जाता है—प्रत्येक वंश और प्रत्येक परिवार स्वयं के लिए एक कानून, जहाँ तक यह इसे लागू कर सकता है। नोर्सू के बीच कोई केन्द्रीकृत शासी संगठन भी नहीं रहा। इस छोटी-सी जाति के बाहर तथा गोत्र के साथ शादियाँ बिलकुल निषिद्ध थीं। ये दो नियम अभंजनीय हैं, 'काली हड्डी' को शुद्ध रखा जाता है।"[4]

काली हड्डी ब्रिटिश श्रेष्ठता के नीले रक्त के समान नोर्सू हड्डी की शुद्धता की ओर संकेत करती है, लेकिन नोर्सू समाज की सबसे रोचक विशेषता गुलामों को अपना निजी गुलाम रखने का अधिकार है। विलिंगटन लिखता है—"दासों के कब्जे में दास हैं और दासों के दास भी दास रखते हैं।"[5]

नोर्सू समाज अभिजातों और साधारण मनुष्यों की दो अलग-अलग जातियों में विभाजित है जो दासों के वंशज हैं, लेकिन यह जाति विभाजन हमेशा धनी और गरीब के विभाजन से मेल नहीं खाता है। विलिंगटन के अनुसार, "एक अभिजात गरीब और एक साधारण नागरिक धनी हो सकता है। साधारण नागरिक ज्यादा दास रखते हुए अभिजातों की सामान्य चाल से ज्यादा धनी हो सकते हैं।"

यूनानी और रोमन जगत में भी गुलामी ज्यादातर शुरू में जनजातीय युद्धों के कारण तथा राज्यों के बीच युद्धों के कारण आई जहाँ युद्धबन्दियों को दास बना लिया गया। इस समूची प्रक्रिया में आर्थिक विचारों की कोई भूमिका नहीं थी तथा सभी जगहों के अमीर-गरीब मनुष्य युद्ध के भाग्य पर निर्भर रहते हुए दास बन जाने के लिए मजबूर थे। इस स्थिति का स्पष्ट ढंग से क्लाइटेम्नेस्ट्रास ने एस्चिलस के ओरेस्टियन ट्रिलॉजी (तीन नाटकों की शृंखला) में बन्दी कासान्द्र के अपने सम्बोधन में स्पष्ट ढंग से वर्णन किया है। वह निर्देश देती है—"तुम भी, वहाँ कासान्द्र, मुझे सुनो घर के अन्दर चले जाओ।

> तुम जूस को धन्यवाद दे सकते हो, महल में तुम्हारे लिए कोई बुरी कामना नहीं है;
> तुम हमारे परम वेदी के समीप खड़े होगे, और हिस्सा लोगे,
> अनेक दासों के साथ, सफाई के कर्मकांड में।
> इसके बाद उस रथ को छोड़ दो; घमंड मत करो, वे कहते हैं
> हिराकल्स को एक बार बेच दिया गया और दासों की रोटी खाना सीख लिया।"

यह उस उत्पादन का तरीका नहीं था जिसने दास को अपने दखल में रखनेवाले इन अधिकांश समाजों में गुलामी की संख्या को पैदा किया था। दूसरी तरफ यह गुलामी का ही प्रवेश था जिसने बुनियादी रूप से उत्पादन के तरीके एवं दास स्वामियों के जीवन के तरीके को अनेक समाजों में बदल दिया। रोम में, उदाहरण के तौर पर छोटे किसानों को प्रतिस्थापित करनेवाले बड़े जोतदारों का प्रवेश प्यूनिक युद्धों के बाद रोमन साम्राज्य के विस्तार का अनुसरण करते हुए विशाल दास आबादी के समागम का परिणाम था। इसने पहले जो तगड़ी में मेहनतकश आबादी थी, उसमें आलसी धनी, विलासिता और भ्रष्टाचार का एक वर्ग पैदा कर दिया। उसी तरह, हालिया इतिहास में अमेरिकी दक्षिण के विशाल उपनिवेशों को दास व्यापार और दास श्रम की सस्ती आपूर्ति की सम्भावना के मद्देनजर ही अस्तित्व में लाया गया। इस तरह दास व्यापार ही था जिसके कारण छोटे पैमाने की खेती की जगह बड़े पैमाने की खेती ने ले ली तथा यह कृषि विधि के अन्दर उत्पादन के तरीके में कोई बदलाव नहीं था जो दास व्यापार लाया। वस्तुत: दास अर्थव्यवस्था 19वीं सदी तक इंग्लैंड के वस्त्र उद्योग के साथ एक प्रतीकात्मक सम्बन्ध में रहती थी। अनुमान किया जाता है कि 1840 से 19वीं सदी के आरम्भिक 60 के दशक में अमेरिकी गृहयुद्ध के समय तक इंग्लैंड अपने सूती कपड़े का 4/5वाँ हिस्सा दास रखनेवाले अमेरिका के दक्षिणी राज्यों से आयात करता था। यह वह समय था जब इंग्लैंड औद्योगिक क्रान्ति के शिखर पर चढ़कर सबसे प्रगतिशील अर्थव्यवस्था वाला देश था। जहाँ तक गुलामों का सम्बन्ध है, वे स्वयं खुल रही आर्थिक प्रक्रिया के अप्रतिरोध्य दबाव के शिकार नहीं थे बल्कि प्रत्यक्ष और सबसे कठोर बल के इस्तेमाल से उन्हें हजारों मील दूर ले जाने के लिए अपने घर और जमीन से अलग किया गया। यह इतिहास के सबसे संगठित और अपमानजनक डकैती, दास व्यापार का परिणाम था।

इन दास समाजों, जो दासों के व्यक्तिगत स्वामित्व पर आधारित थे, के अलावा हमारे पास प्राचीन जगत का सबसे बड़ा दास साम्राज्य भी था अर्थात् मिस्र का साम्राज्य दासों का स्वामित्व व्यक्तियों के पास नहीं था बल्कि राज्य के पास था जिसने दासों की बड़ी फौज को खनन और विशाल निर्माण कार्यों में नियोजित किया था जो अभी भी आश्चर्यजनक चीज है। यह समाज उस सिद्धान्त को अमान्य भी करता है कि शोषण उत्पादन के साधन के निजी स्वामित्व पर निर्भर करता है क्योंकि साम्राज्य के अन्दर सारी सम्पत्ति और दास राज्य के स्वामित्व में थे।

यद्यपि यह अब एक ज्ञात तथ्य हो गया है कि दासता ज्यादातर जनजातीय युद्धों या हिंसक युद्धों, विशेषकर इस लक्ष्य से किए गए, पर निर्भर करती थी, दासों की संस्था की उत्पत्ति हमेशा एक अनुमान का विषय ही रहेगी क्योंकि यह

लिखित इतिहास के पूर्व से चली आती है, लेकिन सामन्तवाद के बारे में कुछ भी इतना अस्पष्ट नहीं है। जहाँ तक यूरोपीय सामन्तवाद का सम्बन्ध है, इसकी उत्पत्ति की परिस्थितियाँ स्पष्ट ढंग से ज्ञात हैं। और ये परिस्थितियाँ यह नहीं बतलाती हैं कि यह प्रणाली किसी भी तरह से उत्पादन के विशेष तरीके से सम्बन्धित थी या उत्पादन के साधन में ऐसे किसी बदलाव के आधार पर पैदा हुई थी। तथ्य इस सिद्धान्त को गलत साबित भी करते हैं कि यूरोपीय समाज पूँजीवाद के आगमन के पूर्व सामाजिक वजूद के केवल दो ही तरीकों से वाकिफ था अर्थात् दास समाज और सामन्ती समाज से; दास समाज में कुछ स्वामी और अधिसंख्य दास होते थे जबकि सामन्ती समाज में सामन्त और उनके दास होते थे। वस्तुत: काफी संख्या में स्वतंत्र किसान बलपूर्वक सामन्ती गुलामी को स्वीकार कराए जाने के पहले काफी दिनों तक सामन्ती यूरोप में भी अपना वजूद कायम रखे हुए थे।

इस बिन्दु पर एंगेल्स से बढ़िया प्रमाण कोई नहीं होगा जिसने मार्के (निशान) के अपने अध्ययन में जर्मनी के अन्दर भूमि स्वामित्व की प्रणालियों पर विस्तार से प्रकाश डाला है। वह सामन्तवाद के उदय से पहले जर्मनी के विस्तृत क्षेत्रों पर साम्प्रदायिक और स्वतंत्र वैयक्तिक स्वामित्व के अस्तित्व को प्रमाणित करता है। उसने लिखा था—"पहला आरम्भ से ही खुद जर्मनी में, पहले से वर्णित निकट के गाँवों के साथ-साथ, जमीन पर उनके पूर्ण सामान्य स्वामित्व के साथ, अन्य गाँव जहाँ, वासगीत के साथ ही, खेत भी निशान से बाहर थे, समुदाय की सम्पत्ति थे तथा वैयक्तिक किसानों में अपनी पुश्तैनी सम्पत्ति की तरह बँटे हुए थे। कृषि योग्य भूमि का एक पुनर्विभाजन ऐसे मामलों में सम्भव नहीं था, और इसलिए निशान के तहत जो रह गया था, यह केवल परिवर्ती परती भूमि थी। जब, बाद में तीसरे व्यक्ति को रिहायशी भूमि हस्तान्तरित कर देने का अधिकार एक महत्त्वपूर्ण विचार बन गया तो वे जो अपनी जमीन के स्वतंत्र मालिक थे, अपने आपको लाभ की स्थिति देखे। इन लाभों को प्राप्त करने की इच्छा अनेक गाँवों में भूमि के सामान्य स्वामित्व के साथ विभाजन के रिवाजी तरीके को खत्म हो जाने की तरफ ले गई होगी तथा सदस्यों के वैयक्तिक हिस्से को पुश्तैनी और हस्तान्तरणीय पूर्ण स्वामित्व की सम्पत्ति में रूपान्तरण की तरफ ले गई होगी।"[6]

स्पष्टत: इन पूर्ण स्वामित्व सम्पदाओं के समय इन क्षेत्रों में इतिहास महज वर्ग संघर्षों का इतिहास नहीं हो सकता है, लेकिन हमारे नजरिए से विशेष रुचि की जो चीज है, वह यह तथ्य है कि आर्थिक स्थितियाँ स्वयं न तो सामन्ती व्यवस्था, न ही सामन्ती राज्य को पैदा की थी। दूसरी तरफ एंगेल्स के अपने साक्ष्य के आधार पर इन क्षेत्रों में सीधे बल-प्रयोग से सामन्तवाद को आरोपित किया गया। एंगेल्स के उसी अध्ययन का निम्नलिखित उद्धरण उस प्रक्रिया का पूर्ण वर्णन करता है जिसके जरिए स्वतंत्र कृषि को गुलामी की स्थिति में ला

दिया गया—"आन्तरिक और बाहरी नियत युद्धों का नियमित परिणाम भूमि का अधिग्रहण था, इसने काफी संख्या में किसानों को बर्बाद किया ताकि मेरोविंगियन वंश के दौरान भी, वैसे अनेक स्वतंत्र व्यक्ति थे जिनके पास कोई भूमि नहीं थी। चार्लीमैग्ने के निरन्तर युद्धों ने स्वतंत्र किसानी के सहारे को तोड़ दिया। मूलत: प्रत्येक पूर्ण स्वामी के पास सेवा का स्वामित्व था और न केवल उसे खुद को लैस करना था बल्कि छह महीने तक हथियारों के तहत खुद को निबाहना भी पड़ता था। आश्चर्य नहीं कि चार्लीमैग्ने के समय में भी मुश्किल से पाँच में एक व्यक्ति को वस्तुत: सेवा करने हेतु पाया जा सकता था। अपने उत्तराधिकारियों के कोलाहलपूर्ण शासन में किसानों की स्वतंत्रता फिर भी बड़ी तेजी से बर्बाद हो गई। दूसरी तरफ स्कैंडेनेविया के प्राचीन निवासियों के आक्रमणों के विध्वंसों, राजाओं के बीच के स्थायी युद्धों तथा अभिजातों के बीच के विवादों ने एक के दूसरे स्वतंत्र किसानों को किसी स्वामी का संरक्षण प्राप्त करने के लिए बाध्य कर दिया। दूसरी ओर, इन स्वामियों और गिरजाघर की लिप्सा ने इस प्रक्रिया को तेज कर दिया; उन्होंने छल से, वचनों से, धमकी से, हिंसा से अपनी जोत में लाने के लिए किसानों की भूमि पर जोर लगाया। दोनों ही मामलों में, किसानों की जमीन को स्वामियों की जागीर से जोड़ दिया गया और इसे किसानों को केवल उपहार और सेवा के लिए लौटा देने की शर्त पर ही लौटाया जा सकता था। इस प्रकार किसान भूमि का स्वतंत्र मालिक होने से एक उपहार देनेवाला, सेवा देनेवाला बन गया, कृषि दास में तब्दील हो गया। इस तरह का मामला पश्चिमी फ्रैंकिश राज्य में था, विशेषकर राईन के पश्चिम। राईन के पूरब, दूसरी तरफ काफी संख्या में स्वतंत्र किसान जो अधिकांश भाग में छितराए हुए थे, स्वतंत्र मनुष्यों से बने गाँवों में कभी-कभार एक होने लगे। यहाँ भी हालाँकि दसवीं, ग्यारहवीं और बारहवीं सदियों में अभिजातों एवं गिरजाघर की जबर्दस्त सत्ता नियत ढंग से ज्यादातर किसानों को कृषि दासता में डाल रही थी।"[7]

यहाँ एंगेल्स सामन्तवाद के आगमन को उत्पादक प्रणाली से जोड़ने का भी प्रयास नहीं करता है। वह स्पष्टत: स्वतंत्र कृषकों को कृषिदासों में बदलने की प्रक्रिया में बल के प्रयोग पर जोर देता है। यह कहा जा सकता है कि यद्यपि बल यह परिवर्तन लाने में सहायक था, यह परिवर्तन स्वयं केवल इसलिए सम्भव हो पाया क्योंकि इस प्रणाली के अनुरूप उत्पादकता का एक निश्चित स्तर अस्तित्व में था, लेकिन यह परेशान करनेवाली छूट देना है कि उत्पादकता का स्तर ज्यादा-से-ज्यादा अवस्था था, न कि रूपान्तरण का कारण था जो इसके बाहर का था, लेकिन यह विचार कि उत्पादकता का स्तर महत्त्वपूर्ण नहीं था, यह आगे इस तथ्य से सुदृढ़ होगा कि, जैसा एंगेल्स बताता है, राईन से पूरब के ज्यादा किसान अपना स्वतंत्र अस्तित्व बनाए रख सके। चूँकि एंगेल्स इसके विपरीत नहीं बोलता

है, यह माना जा सकता है कि उत्पादन की विधि में उल्लेखनीय ढंग से इन दोनों क्षेत्रों में कोई अन्तर नहीं आया। अतएव जिस चीज ने यह रूपान्तरण किया, वह थी जनता के ऊपर लादी गई अत्यधिक सत्ता, सशस्त्र स्वामी और गिरजाघर, न कि उत्पादन की कोई प्रणाली। इसका अर्थ यह भी है कि उत्पादकता का स्तर या उत्पादन का तरीका सामाजिक और राजनीतिक सम्बन्ध की किसी अनोखी प्रणाली को अस्तित्व में नहीं लाता है। इसके विपरीत उत्पादन के उसी तरीके के सुसंगत भिन्न उत्पादन सम्बन्धों और राजनीतिक रूपों का दूसरे बाहरी या आन्तरिक तत्त्वों पर निर्भर रहते हुए विकास हो सके जो उपरोक्त मामले में संगठित हिंसा या राजनीतिक सत्ता थी।

सामन्ती प्रणाली के अवशेष यूरोप में फ्रैंकिश साम्राज्य के समय से प्रकट होते हैं। नियमित गृहयुद्धों तथा इसके बाद पाँचवीं और आठवीं सदी के बीच मेरोविंगियन राजाओं में इसके कारण आई कमजोरी ने पूरी तरह से दोनों, जनजातीय संगठन और साम्राज्य की सत्ता और एकता, को नष्ट कर दिया। धीरे-धीरे कर लगाने, न्याय के प्रशासन और सेना हेतु लड़ाके मनुष्यों को तैयार करने की अनिवार्यता जैसे कार्य बड़े जमीन मालिकों के हाथ में आ गए। तुरन्त राजा के नाममात्र के अधिराजत्व के तहत ये लोग राजनीतिक सत्ता के वास्तविक धारक बन गए तथा इस सत्ता का इस्तेमाल कृषकों पर अपने खसोट का क्षेत्र बढ़ाने के लिए किया जिन्होंने धीरे-धीरे अपनी आजादी खो दी। यह प्रक्रिया चार्लीमैग्ने के समय भी नहीं रोकी गई, यद्यपि वह फ्रैंकिश साम्राज्य को नई सजीवता देने में पुन: सफल हो गया था और अपने क्षेत्र का काफी फैलाव कर लिया था। मुख्य कारण यह था कि उसने कभी भी वैतनिक नियमित सेना या नौकरशाही या नगद में देय राजस्व प्रणाली का निर्माण नहीं किया। इस तरह स्थानीय सरकार का एक बड़ा हिस्सा बिशपों और काउंटों के लिए छोड़ देना पड़ा जिन पर राजा प्रत्यक्ष नियंत्रण नहीं रखता था। इस सबका परिणाम यह हुआ कि चार्लीमैग्ने के निधन और उनके साम्राज्य के विघटन के बाद यूरोप में एक सत्ता शून्यता आ गई। इस सत्ता के खालीपन में जमीनवाले पादरी और सशस्त्र स्वामियों ने छलाँग मारना आसान पाया। चूँकि जनजातीय और अन्य साम्प्रदायिक संगठन पहले ही विनष्ट हो गए थे, समाज को एक साथ रखनेवाला एकमात्र संयोजक तत्त्व एक राजनीतिक सत्ता ही हो सकती थी। चूँकि साम्राज्य की बृहतर राजनीतिक व्यवस्था चली गई थी, सामन्तवाद के रूप में छोटी-छोटी राजनीतिक इकाइयाँ इस भूमिका को पूरा करने के लिए विकसित हुईं।

इंग्लैंड में सामन्तवाद लगातार बाहरी आक्रमणों और खुद आक्रान्ताओं के बीच के आन्तरिक युद्धों के कारण अत्यधिक प्रत्यक्ष तरीके से आया। विदेशी आक्रमणकारी तीन शक्तिशाली लहरों में आए। प्रथम आनेवाले वे एंग्लो-सैक्शन थे जिन्होंने स्थानीय

सेल्टिक आबादी को अधीन कर लिया। इसके बाद डेंस आए और सबसे अन्त में नॉर्मंस आए जिन्होंने सामन्ती व्यवस्था जो प्रथम आक्रमणों से विकसित होती आ रही थी, को पूर्ण आकार दिया। आर्थर बर्नी इस प्रक्रिया का निम्नलिखित शब्दों में वर्णन करते हैं—"इन तूफानी सदियों के दौरान उन छोटे स्वतंत्र किसानों का जीवन भयानक रूप से असुरक्षित हो गया जिनके पास अक्सर सुरक्षा के एवज में धनी और मजबूत पड़ोसी के समक्ष अपनी आजादी समर्पित करने के सिवाय कोई संसाधन नहीं था। प्रत्युक्त मुहावरे में, उसने स्वयं को एक शक्तिशाली भू-स्वामी को 'सौंप दिया' तथा उसका 'आदमी' बन गया। प्रथमत: निर्भरता का यह बन्धन विशुद्ध रूप से व्यक्तिगत था। इसने 'सौंपे गए' मनुष्य की भूमि को नहीं लपेटा। यदि वह चाहता तो वह स्वयं को किसी दूसरे स्वमाी को 'सौंप' सकता था और उनके साथ उसकी जमीन ले सकता था, लेकिन पसन्द की यह आजादी ज्यादा समय तक नहीं टिक पाई। बाद के एंग्लो-सैक्शन काल में, एक 'सौंपे हुए' मनुष्य को अपने स्वामी से अपनी भूमि लेकर कब्जा रखने के रूप में देखा गया।"[8]

यहाँ स्पष्टत: यह एक असुरक्षा के बोध के कारण हुआ कि किसान ने संरक्षण के बदले अपनी आजादी का मोल-तोल किया था। उसकी आजादी की बर्बादी जमीन पर स्वामी के स्वामित्व का परिणाम नहीं थी। दूसरी तरफ उसने अपनी आजादी की बर्बादी के बाद अपनी जमीन गँवा दी।

बर्नी के अनुसार, सामन्तवाद के उदय में सहायक दूसरे तत्त्व थे, युद्धों के दौरान भारी करारोपण (विशेषत: डैनिस आक्रान्ताओं के लालच को तुष्ट करनेवाला डेनजेल्ड) जनजातीय समाज का पतन, एक मनुष्य के लिए जवाबदेह बनने के लिए कानून के द्वारा, जनजाति हेतु स्वामी का प्रतिस्थापन, गिरजाघर या राजा के चार्टर के माध्यम से बुक-लैंड का सृजन, लेकिन सबसे बढ़कर यह उस सैन्य सुरक्षा की जरूरत थी जिसने पूर्णकालिक पेशेवरों को अस्तित्व में लाया था जिन्हें सैन्य सेवा और निश्चित प्रशासनिक कर्तव्यों के लिए जमीन दी गई थी। इस तरह समाज को सिपाहियों, गिरजाघर के आदमियों तथा किसानों के तीन वर्गों में विभाजित किया जा रहा था। सिपाहियों और गिरजाघर वालों की सेवा को लोकसेवा माना गया तथा किसानों को उन दोनों की सेवाओं हेतु समर्थन करना था, उनकी भौतिक जरूरतों की व्यवस्था करनी थी। इस तरह एक स्वभावत: सामन्तवाद स्थायी केन्द्रीय सत्ता का अभाव तथा स्थायी आक्रमणों और युद्धों के कारण नॉर्मंस के आगमन के पूर्व इंग्लैंड में विकसित हो रहा था। जब नॉर्मंस आए तो उन्होंने इस व्यवस्था को देश के प्रत्येक कोने में त्वरित और विस्तारित किया। स्पष्टत: बड़े भाग में विजेतागण इस व्यवस्था के लाभुक थे और परास्त स्थानीय लोगों की हैसियत अपनी सभी जमीन और आजादी के वंचन के साथ कृषिदास की हो गई। कम-से-कम इस सामन्ती व्यवस्था के बारे में यह कहा जा सकता

है कि माओ के कथनानुसार बन्दूक की नली से न केवल राजनीतिक सत्ता पैदा होती है बल्कि इससे विशेषाधिकारों पर आधारित समूची सामाजिक व्यवस्था पैदा होती है। केवल यह मार्क्स और एंगेल्स द्वारा विकसित इतिहास की अवधारणा से मेल नहीं खाता है।

बुर्जुआ वर्ग का उदय

सामाजिक सम्बन्धों का मार्क्स का अपना अध्ययन बहुत ज्यादा अपने समय के बुर्जुआ आर्थिक और राजनीतिक सम्बन्धों के अध्ययनों से प्रभावित था जिसका उसने विशद अध्ययन किया था। यद्यपि बुर्जुआ सम्पत्ति सम्बन्धों ने उसके समय में सामाजिक और राजनीतिक सम्बन्धों को आकार देने में एक महत्त्वपूर्ण भूमिका अदा तो की थी, यह नहीं कहा जा सकता है कि बुर्जुआ वर्ग का उदय तथा राजनीतिक संस्थाएँ जो इसके विकास के समानान्तर विकसित हुई थीं, को पूरी तरह से उसके सिद्धान्त के शब्दों में व्याख्यायित किया जा सकता है कि उत्पादन के निश्चित तरीकों का विकास नये सामाजिक सम्बन्धों और नये आर्थिक वर्गों के विकास को पूर्व दिनांकित करता है।

यदि हम यूरोप में बुर्जुआ वर्ग के विकास को देखें तो पाते हैं कि यह विकास उत्पादन के तरीके में किसी नवीनता के सुसंगत नहीं था। नगरीय सौदागरों का नया वर्ग, सम्भावित पूँजीपतियों के पूर्वजों ने बीसवीं सदी से ही जब उत्पादन क्षेत्र में कोई क्रान्ति या नवीनता दिखाई नहीं पड़ती थी, धन और प्रभाव में तेजी से विकास करना शुरू कर दिया था। हेंसिएटिक लीग, इतालवी नगर राज्यों के सौदागरों और लन्दन तथा दूसरे यूरोपीय नगरों के सौदागरों की सत्ता उत्पादन के क्षेत्र में किसी बड़ी क्रान्ति के आधार पर विकसित नहीं हो रही थी बल्कि यूरोप के अनेक राष्ट्रों के बीच व्यापार की मात्रा में स्फुटन के कारण विकसित हो रही थी। कुछ समय तक हेंसिएटिक लीग ने विकासशील राजनीतिक सत्ता, सौदागरों का प्रतिनिधित्व करनेवाली स्वतंत्र राजनीतिक सत्ता के संकेतों को प्रदर्शित किया था, लेकिन यह एक राजनीतिक सत्ता की अनुपस्थिति से उत्पन्न होनेवाली एक चुनौती के जवाब में हुआ था जो उन्हें डकैती और दूसरे तरह के खतरों के विरुद्ध संरक्षण प्रदान करता था। ज्योंही क्षेत्रीय राजाओं के अधीन बृहत् राजनीतिक निर्माण अस्तित्व में आया, उनकी सत्ता को ग्रहण लग गया। दूसरी तरफ इतालवी नगरों के सौदागरों ने उन पर शासन करने के लिए बाहर से मजिस्ट्रेटों, जिन्हें 'पोदेस्ता' कहा जाता था, का आयात करने की सरल तरकीब का आश्रय लिया। सैन्य सेवा से स्वयं को मुक्त करने के लिए उन्होंने 'कॉन्दोत्यरे', सिपाहियों का एक वर्ग, खड़ा किया जिसने पोदेस्ता के साथ मिलकर तुरन्त इन नगर राज्यों पर शासन करना शुरू कर दिया।

इन कान्दोत्यरे की बहाली अधिकांशत: मतवंचित अभिजात वर्ग से होती थी। यह पूर्ण राजनीतिक प्रभुत्व का प्रयोग करने के लिए सौदागर वर्ग की तरफ से कोई बड़ी अन्त:प्रेरणा प्रदर्शित नहीं करता है।

सौदागर वर्ग तथा नगरपालिका की आजादियों की सत्ता का विकास आर्थिक स्थितियों का उत्पाद नहीं था, यहाँ तक कि अपने विकास के स्थान और काल में सुदृढ़ केन्द्रीकृत सत्ता और साम्राज्यों की अनुपस्थिति का उत्पाद नहीं था। भारत जैसे देशों में वाष्प इंजन के आगमन के पहले तक उद्योग यूरोप की तुलना में ज्यादा विकसित था। फिर भी हमारे पास ऐसे शक्तिशाली सौदागर संघ या नगरीय स्वेच्छाचारिता नहीं थी। इन दो स्थितियों में अन्तर यह था कि यूरोपीय स्थिति के मुकाबले भारत में शिल्पों का विकास और विस्तार को सदैव शक्तिशाली और निरंकुश क्षेत्रीय राज्यों और साम्राज्यों के समानान्तर हुआ। इन सबने जीवन के सभी क्षेत्रों, राजनीतिक और आर्थिक भी, पर अपनी मजबूत पकड़ बना ली। वस्तुत: उद्योगों का एक बड़ा हिस्सा साम्राज्यों की आवश्यकताओं को पूरा करता था और सम्राट स्वयं शिल्पकारों की एक फौज रखते थे जो राज्य के कारखानों एवं कार्यशालाओं में काम करती थी।

मोरलैंड अतीत में भारत की उपलब्धियों के प्रशंसक नहीं थे, फिर भी यह स्वीकार करते हैं कि सत्रहवीं सदी में भारत में औद्योगिक उत्पादन व्यवस्था काफी विकसित थी। इसका मतलब, इस तरह की व्यवस्था इंग्लैंड की औद्योगिक क्रान्ति के पूर्व तक बनी हुई थी। उसने लिखा है—"इस काल तक भारत का औद्योगिक उत्पादन बड़ा और मूल्यवान था, लेकिन जहाँ तक मैं देख सकता हूँ, यह पूरी तरह से शिल्पकारों के हाथ में था जिनके लिए सम्भवत: सौदागरों और दलालों के द्वारा पैसे दिए जाते थे, लेकिन स्पष्टत: यह उतना महत्त्व का नहीं था कि उच्च अधिकारियों की शत्रुता या तृष्णा को आकर्षित कर सके।"[9]

इसके बाद वह एक भिन्न स्थान पर राज्यचालित कार्यशालाओं का वर्णन करता है—"बर्नियर हमारे काल के बाद के छह वर्षों के बारे में लिखते हुए दिल्ली के महल में उसने जो देखा, उसका बयान निम्नलिखित शब्दों में किया है, 'अनेक स्थानों पर बड़े-बड़े सभागार दिखाई देते हैं जिन्हें 'कारखाना' कहा जाता है। ये कारखाने कामगारों के लिए बनाए गए हैं। एक कक्ष में कशीदाकारों को नियुक्त किया गया है जिनकी देखरेख एक उस्ताद करता है। दूसरे कक्ष में आप स्वर्णकारों को देख सकते हैं : तीसरे में रँगरेजों को : चौथे में लाह का काम करनेवाले रोगनसाजों को : पाँचवें में खरादियों, लोहारों, दर्जियों और मोचियों को : छठे में रेशम, मलमल और मुस्लिन निर्माताओं को।' ये कार्यशालाएँ सम्भवत: उन कारखानों के बाद के विकास का प्रतिनिधित्व करती हैं जिसका अबुल फजल समय-समय पर जिक्र करते हैं। यद्यपि वह उनके संगठन का विस्तार में वर्णन

नहीं करते हैं। उन्होंने उत्पादन के उस विभिन्न चरण को चिह्नित किया था जिसमें कामगार निदेशानुसार काम करते थे और यह कि माल की आपूर्ति की व्यवस्था अनुमान्यत: प्रभारी-अधिकारियों के द्वारा की जाती थी।"[10]

यह स्पष्ट है कि उत्पादकता के स्तर को यूरोप और भारत के दो भिन्न विकास के तरीकों से कोई मतलब नहीं था। यूरोप में सामन्ती व्यवस्था की तरह व्यापारी वर्ग का भी विकास, संरक्षण हेतु केन्द्रीकृत राज्य पर निर्भरता या उसके नियंत्रण से तुलनात्मक आजादी की एक स्थिति में हुआ था। परिणामस्वरूप, इसने स्वायतत्ता की एक माप स्तर हासिल कर ली तथा स्वतंत्र राजनीतिक संगठन और शक्ति भी हासिल कर ली। इसके मुकाबले भारत की सर्व शक्तिशाली राजनीतिक सत्ता ने न तो किसी स्वतंत्र आर्थिक वर्ग के विकास को, न ही राज्य के प्रशासनिक या सैन्य उच्च श्रेणीक्रम के बाहर निकास तलाशनेवाली किसी महत्त्वाकांक्षा को स्वीकृति दी। सबसे ज्यादा वेतनवाली नौकरियाँ राज्य के द्वारा दी गईं, लेकिन चूँकि राज्य भी अपने पदाधिकारियों का उत्तराधिकारी था, ज्यादा धन इकट्ठा करने और इसे अपनी सन्तान तक पहुँचाने की गुंजाइश कम थी। ऐसी स्थिति में स्वाभाविक प्रवृत्ति सभी पैसे को उच्च रहन-सहन पर खर्च करने की हो गई। इन अन्तरों क साथ रुख में अन्तरों को जोड़ा जाना चाहिए जो यूरोप में सुधार के कारण आए थे।

बर्नी भी बाद के काल के तीसरे एस्टेट या नगरीय सत्ता के विकास हेतु उसी प्रकार की व्याख्या का सुझाव देता है। उसने लिखा है—"मध्य युग में समुदाय की प्रवृत्ति की शक्ति पर अक्सर टीका-टिप्पणी हुई है। यह प्रवृत्ति मजबूत थी क्योंकि सबका सबसे बड़ा समुदाय, राज्य, कमजोर था। मनुष्यों को स्वयं के लिए करने का कुछ साधन ढूँढ़ना पड़ता था जो राज्य अभी तक उनके लिए नहीं कर सका था। अपने हितों का बचाव करने हेतु एक संघ के अन्दर प्रत्येक शहर के सौदागरों की एकता इसलिए एक पूर्ण रूप से स्वाभाविक विकास था। यह सम्भाव्य है कि सौदागर संघ सामान्यत: नगरीय स्वतंत्रता के अनुदान का पूर्ववर्ती बना रहा तथा वह उपकरण था जिससे यह हासिल किया गया, लेकिन हालाँकि यह हो सकता है, संघ और नगरपालिका के बीच के सम्बन्ध सदा काफी घनिष्ठ थे।"[11]

बर्नी के विचार से पुराने कृषक वर्ग से नये सौदागर वर्ग की भर्ती भी नहीं हो सकती थी, व्यापार का साहसिक जीवन शुरू करने हेतु दोनों आपस में काफी बँधे हुए थे। हालाँकि वह अनुमान लगाता है, वे समाज के फैले हुए माल से आए होंगे—बटमारों, डकैतों और किनारा छिन्नक्कड़ों इत्यादि से। मनुष्यों का वर्गीकरण उत्पादक यांत्रिकी के स्वाभाविक विकास के जरिए उत्पन्न नहीं हो सकता था।

न ही पूँजी का बृहत् संचय व्यापार के सामान्य विकास से पैदा हुआ था। यूरोप में व्यापार विशेषकर 15वीं सदी से जब विश्व के भिन्न-भिन्न हिस्सों के

लिए नये मार्ग खोले जाने शुरू हुए, देशों की जनता के बेरोक-टोक लूटपाट और जल दस्युता, जिसके चलते यूरोपीय नाविक सम्पर्क में आए, से अविच्छेद्य बन गया। यह इस प्रकार की सेवा ही थी कि समुद्री डाकुओं का प्रधान सर फ्रांसीस ड्रेक अंग्रेज नायक बन गया तथा रानी एलिजाबेथ ने उसे 'नाइट' की उपाधि से नवाजा। स्पेनवासियों से शुरू होकर जोकि मैक्सिको के समृद्ध लोगों को लूटते और तहस-नहस करते थे, समूची नई दुनिया यूरोप के लुटेरे समूहों के लिए चरागाह बन गई। उसी प्रकार एशिया और अफ्रीका का उनका व्यापार उस विशाल और धनी क्षेत्र पर जीत की भूमिका बन गया। जल्द ही इस लूट में वह उच्च लाभप्रद दास व्यापार जोड़ दिया गया। इंग्लैंड में लिवरपूल की समृद्धि अधिकांशत: इसी व्यापार से ही हुई। इन्हीं स्रोतों से, जैसाकि मार्क्स ने अपनी 'कैपिटल' में लिखा है, यूरोप में पूँजी का इतना भारी 'आदिम संचय' हुआ था। 'वणिकवाद का चरण' नाम से मशहूर पूँजीवाद विकास के इस चरण का एक उल्लेखनीय रूप यह है कि वैयक्तिक उद्यम विवर्धन की एक समग्र राष्ट्रीय रणनीति का हिस्सा था। राज्य ने व्यापार और उद्योग को करों एवं युद्ध से सहायता करने का एक बड़े तरीके से प्रयास किया। इस काल में राजनीतिक और आर्थिक महत्त्वाकांक्षाएँ गहरे गुँथी हुई थीं और एक-दूसरे को थामे हुए थीं। अपने उद्यम के लिए आजादी का प्रयास कर रहा एक स्वायत्त पूँजीवाद वर्ग का सिद्धान्त बहुत बाद का एक विकास था जब राज्य राष्ट्रीय पूँजीवादी अर्थव्यवस्था का एक आधार हासिल कर चुका था।

नई प्रविधिज्ञ संरचना के अन्दर सत्ता

लेकिन आधुनिक तकनीक की उन्नति के साथ एक वर्ग समाज के अन्दर स्वामित्व के मूल्य को हटाकर फिर से अन्य मूल्यों को लाया जा रहा है। अत्यधिक उन्नत पूँजीवादी समाजों में पहले से ही सत्ता अर्थात् नियंत्रण और दिशा-निर्देश की भूमिका स्वामित्व से ज्यादा महत्त्वपूर्ण बन रही है। मशहूर अमेरिकी अर्थशास्त्री गॉलब्रेथ अपने देश के अन्दर हो रहे इस मूल्य परिवर्तन को जोरदार अन्दाज में रेखांकित करता है। उसने लिखा है—"व्यापार की प्रतिष्ठा सत्ता से सम्बद्ध भी होती है। एक व्यापारी की आमदनी उसकी उपलब्धि का मापक कभी नहीं होती है; यह द्वितीयक अभिरुचि का एक आधार बन गई है। व्यापारिक प्रतिष्ठा, जैसाकि एक क्षण का विचार अनुमोदित करेगा, जबर्दस्त ढंग से सरोकार के उस आकार से सम्बद्ध होती है जिसकी अगुआई व्यक्ति करता है। अमेरिकी व्यापार ने उस विक्टोरियाई इंग्लैंड के समान पूर्वता की एक प्रणाली विकसित की है जो उससे तनिक भी कम सख्त नहीं है। यह लगभग अनन्य रूप से कॉरपोरेट

परिसम्पत्तियों पर आधारित है। व्यापार में पीयर वर्ग ड्यूक सम्बन्धी प्रतिष्ठा जनरल मोटर्स, स्टैंडर्ड ऑयल ऑफ न्यू जर्सी, डू पॉण्ट और यूनाइटेड स्टील कॉरपोरेशन से जुड़ी हुई है। अर्ल्स, बैरोनेट्स, नाइट्स और स्क्वायर्स अपने-अपने फर्मों की परिसम्पत्तियों के अनुसार पीछे पड़ गए। हमारे अपने युग में जो व्यक्ति केवल धनी है, कम परिणामवाला है।"[12]

आगे वह कहता है—"...आकार या मात्रा के साथ-साथ नियुक्त व्यक्तियों की भारी संख्या को प्रभावित करनेवाले निर्णयों की अन्तिम जवाबदेही चलती है, यह निर्णय कीमतों से सम्बन्धित होता है जो भारी संख्या में ग्राहकों को प्रभावित करता है, यह निर्णय निवेश नीतियों से सम्बन्धित होता है जो समुदाय की भौतिक परिस्थिति या जीविका, आमदनी में बड़े बदलाव का काम करता है।"[13]

उपर्युक्त विमर्श स्पष्ट रूप से यह दर्शाता है कि वर्ग सम्बन्धों या विशेषाधिकारों की उत्पत्ति उत्पादकता के स्वायत्त विकास के परिणाम के रूप में नहीं हुई है और न ये पूँजी या भूमि के निजी स्वामित्व के समान है बल्कि इनको अप्रच्छन्न बल के जरिए प्राप्त किया गया है। हैसियत और विशेषाधिकार सत्ता का एक कार्य भी हैं। वर्ग विभाजनों और विशेषाधिकारों की रचना करने में बल का योगदान गुलाम और सामन्ती समाजों तक ही सीमित नहीं है बल्कि स्वयं यह विभिन्न तरह से बुर्जुआ समाज तक फैलता है। वस्तुत: सत्ता को विशेषाधिकारों की जननी के रूप में लिया जा सकता है जैसाकि लेंस्की निम्नलिखित पंक्तियों में सुझाव देता है—"यदि हम यह मानते हैं कि महत्त्वपूर्ण निर्णयों में मानवीय कार्य को लगभग समग्र रूप से स्वार्थ या समर्थक वर्गीय हितों से प्रोत्साहित किया जाता है, तथा यदि हम यह मानते हैं कि मनुष्य जिन चीजों को सबसे ज्यादा चाहता है, इनमें से अधिकांश की आपूर्ति कम होती है तो जैसा कि पूर्व में उल्लेख किया गया है, यह अधिशेष अपरिहार्य रूप से इसके नियंत्रण को लक्ष्य बनानेवाले विवादों और संघर्षों को उत्पन्न करेगा। यदि वेबर का अनुसरण करते हुए हम सत्ता को, दूसरों के विरोध की स्थिति में भी, अपनी इच्छा को साकार करनेवाले व्यक्तियों और समूहों की सम्भावना के रूप में परिभाषित करते हैं तो यह समाज के स्वामित्ववाले लगभग सभी अधिशेष का वितरण सत्ता निर्धारित करेगी, इसका अनुसरण करता है।"[14]

और आगे—"...यदि विशेषाधिकार समाज द्वारा उत्पादित अधिशेष के एक भाग के स्वामित्व या नियंत्रण के रूप में परिभाषित होता है तो यह इस चीज का अनुसरण करता है कि विशेषाधिकार अधिकांशत: परोपकारिता का एक कार्य है।"[15]

यदि हम कुछ आदिम समाजों की तरह पादरी वर्ग द्वारा लिए गए विशेषाधिकारों और इसके सदृश आधुनिक कॉरपोरेशनों, व्यापार संघों के अन्दर कार्यपालक के तथा नाजी या साम्यवादी जैसी राजनीतिक पार्टियों के कुलीन तंत्रों के विशेषाधिकारों

और शक्ति को सम्मिलित करते हैं तो हम पाते हैं कि एक अल्पसंख्यक के विशेषाधिकारों को हमेशा किसी कौशल (अनिवार्यत: उपयोगी नहीं, लेकिन अपनी आवश्यकता के मिथक से सम्बद्ध) के एकाधिकार से सम्बद्ध किया गया है जो एक विशेष समय पर जीवन या एक समय सबसे प्रिय लगे मूल्यों की आवश्यकताओं के सुसंगत रहता है। अपनी बारी में ये मूल्य व्याप्त आर्थिक और राजनीतिक स्थितियों से उत्पन्न हो सकते हैं। इस तरह प्राचीन दुनिया में जहाँ जनजातीय युद्ध जीवन के सामान्य हिस्सा थे, जनजातीय मुखिया और उसके सहयोगीगण, जो युद्ध में जनजाति का नेतृत्व कर सकते थे, युद्धों में लूटे गए माल के स्वाभाविक लाभुक बन गए। उसी तरह मध्यकालीन यूरोप में जहाँ राजनीतिक सत्ता के अभाव में सुरक्षा ने सर्वोच्च मूल्य ग्रहण कर लिया था, सशस्त्र स्वामियों ने जो इसकी व्यवस्था कर सकता था, उन लोगों के स्वामी के रूप में प्रकट हुआ जिनको कि वे संरक्षण देते थे। पूँजीवाद के आरम्भिक चरणों में जब व्यापार के लिए ज्यादा साहस और जोखिम के भाव की जरूरत थी, सौदागर दुस्साहसियों का एक वर्ग राजाओं के साथ गठबन्धन बनाकर आगे आया। राजाओं को सामन्ती स्वामियों एवं अपने विदेशी प्रतिद्वन्द्वियों को परास्त करने के अपने प्रयास में इस तरह के गठबन्धन मित्रों की जरूरत थी। आधुनिक औद्योगिक समाजों में प्रबन्धकीय और तकनीकी विशेषज्ञ की बढ़ती महत्ता के साथ-साथ, चूँकि प्रवीणता नया ईश्वर बन जाती है, सत्ता और विशेषाधिकार धीरे-धीरे उन कार्यपालकों के एक वर्ग की तरफ जोकि राजनीतिक, सैन्य या व्यापार से सम्बन्धित बड़े संगठनों का नियंत्रण करते हैं, स्थानान्तरित हो रहे हैं। केवल थोड़े समय के लिए वणिकवाद और आधुनिक तकनीकी क्रान्ति के बीच जब स्वामित्व और उद्यम एक साथ मिल गए थे, जब पूँजी का मालिक स्वयं एक उद्यमी भी होता था—मनुष्य के पास पूँजी जुटाने और उद्योग के विकास को बढ़ाने की योग्यता थी—सम्पत्ति का वह स्वामित्व वास्तव में अपने साथ सारी सत्ता, विशेषाधिकार और प्रतिष्ठा को लेते आया जो एक प्रभुत्ववाले वर्ग के साथ रहता है।

सत्ता का विशेषाधिकार के साथ सम्बन्ध हमेशा बहुत प्रत्यक्ष हो सकता था। वे जिनके हाथों में बन्दूक थी, हमेशा दूसरों को उन अन्य मूल्यों से अलग रहने के लिए बाध्य कर सकते थे जोकि काफी प्रतिष्ठा के साथ उनके अपने विशेष समाज में कायम थे। पहली बार आधुनिक औद्योगिक समाज में उद्योगों के पक्ष में पलड़ा भारी है कि ये बन्दूकों की भी व्यवस्था कर लेते हैं। इसके फलस्वरूप हर जगह उद्योग और युद्ध मशीन के बीच गठबन्धन की मनोवृत्ति छा गई है। इस तरह उद्योग युद्ध मशीन की आवश्यकताओं के अनुसार नरसंहार की तकनीकों में सुधार करते रहता है जबकि युद्ध मशीन उद्योगों की सबसे बड़ी और सुरक्षित ग्राहक बन जाती है।

विशेषाधिकार की प्रकृति

यद्यपि निजी सम्पत्ति स्थायी रूप से वर्ग विभाजनों और विशेषाधिकारों को लाने में सहायक नहीं होती है, अभी तक यह विशेषाधिकारों को अपने वंशज या चहेतों में सम्प्रेषित करने का पता लगाया हुआ सबसे प्रभावशाली माध्यम है। यह कहा जा सकता है कि जहाँ तक विशेषाधिकारों को मूर्त रूप देनेवाले चरण का सम्बन्ध है, निजी सम्पत्ति विशेषाधिकारों के अर्जनशील चरण के अनुरूप उतना ज्यादा नहीं होती है। इस तरह यह चरण जिसमें मूल जीवनशक्ति का अभाव रहता है, जीवन, पोशाक इत्यादि की विशेष शैली विकसित कर उसे प्रदर्शित करने की प्रवृत्ति से विशिष्ट गुणयुक्त किया जाएगा। वही वह तथ्य है जो विशिष्टता की वर्ग संरचनाओं की दृढ़ता प्रदान करता है। यह इस आधार पर भी होता है कि विशेषाधिकार निजी सम्पत्ति से जुड़ने के लिए तुरन्त प्रकट होते हैं।

स्वामित्व के प्रश्न को अलग रखकर वर्ग विभाजन का उन निश्चित तत्त्वों से जैसाकि वोस्सोवस्की ने बताया है, वर्णन किया जा सकता है। वोस्सोवस्की लिखता है—"इस प्रणाली की तीन विशिष्टताएँ हैं, इनमें से प्रत्येक को उस वर्ग सोपान की संरचनात्मक कसौटी के रूप में पहचाना जा सकता है जो सामाजिक हैसियतों की प्रणाली की निरन्तरता को तोड़ती है। वे हैं—(i) वह तथ्य जो ऊपर की ओर की सामाजिक गतिशीलता को उदग्र पैमाने के निश्चित स्तरों पर सांख्यिकीय रूप से प्रकट होने में रोक लगाता है; (ii) वह तथ्य कि हैसियत प्रणाली पैमाने में निश्चित अन्तरालों पर स्पष्ट खाइयाँ प्रदर्शित करती है; और (iii) वह तथ्य कि पैमाने के निश्चित खंड सामाजिक हैसियतों के एक मजबूत प्रदर्शित करते हैं।"[16]

सम्पत्ति के स्वामित्व की कसौटी से न्याय-निर्णय करते समय ऊपर में वर्णित विशेषाधिकारों की प्रणालियों में से कुछ को उपयुक्त ढंग से वर्गीकृत नहीं किया जा सकता है क्योंकि उपर्युक्त मानक के अनुसार उनमें से सभी वर्ग सोपान की एक प्रणाली के अन्दर स्थान पाते हैं। स्पष्टत: 'वर्ग' शब्द को यदि इन प्रणालियों पर लागू किया जाए तो इसका वही अर्थ नहीं होगा जब यह उत्पादन के साधन के स्वामित्व और गैर-स्वामित्व के सम्बन्ध के साथ संयोजित था। हालाँकि विशेषाधिकार की प्रत्येक प्रणाली को वर्ग सम्बन्ध कहने पर जोर देना गलत होगा क्योंकि इस वर्ग सम्बन्ध शब्द ने निश्चित प्रकार के सम्बन्धों से लम्बे जुड़ाव के कारण एक निश्चित गुणार्थ विकसित कर लिया है। यह कहना ज्यादा उपयुक्त है कि असमानता पर आधारित विभिन्न समाजों ने समग्र रूप से विशेषाधिकारों की भिन्न-भिन्न प्रणालियाँ विकसित कर ली हैं और कोई एक शब्द पूर्ण रूप से इनका अर्थ प्रकट नहीं कर सकता है। वस्तुत: वर्ग समाजों के तीन शास्त्रीय उदाहरणों में भी अर्थात् दास, सामन्त और बुर्जुआ। समाजों में वर्ग सम्बन्धों का एक ही अर्थ नहीं होता है। दास समाज में स्वामी की अपने दासों में उसी तरह की अभिरुचि थी जिस तरह की

अभिरुचि किसी को अपने पालतू जानवरों में होती है। कभी-कभी स्वामी अपने दास पर रीझ सकता था और उसे घर के अन्दर उच्च स्थान मिल जा सकता था। तुर्कों में शासक स्वयं ज्यादातर दासों से भर्ती किए जाते थे। सामन्ती व्यवस्था के अन्तर्गत सामन्त स्वामियों ने निस्सन्देह अपने कृषिदासों का शोषण किया। लेकिन स्वामी और कृषिदास के बीच एक बन्ध भी था जिसका सम्पत्ति के स्वामित्व से कोई मतलब नहीं था। स्वामी रक्षक भी होता था और अपने दासों के साथ उसका पितृवत सम्बन्ध होता था। दूसरी तरफ बुर्जुआ समाज में नियोक्ता और नियुक्त व्यक्ति के बीच का सम्बन्ध पूरी तरह से अवयैक्तिक होता है और मजदूर नियोक्ता के लिए दूसरी वस्तु की तरह महज एक वस्तु होता है। हालाँकि वोस्सोवस्की द्वारा दर्शाए कई मानक विशेषाधिकारों पर आधारित अनेक तरह की प्रणालियों में आसानी से फिट हो जा सकते हैं। ये सम्पत्ति पर आधारित वर्ग सम्बन्धों में फिट हो सकते हैं, ये विशेष योग्यताओं पर आधारित विशेषाधिकारों में जैसाकि तथाकथित अभिजातों के मामले में होता है, फिट हो जा सकते हैं तथा अनेक समाजों में विशेषाधिकारों का एक बड़ा क्षेत्र आच्छादित करनेवाले जातीय समाजों में भी ये फिट हो सकते हैं। जातीय समाजों को उन सीमित करनेवाले मामलों की तरह देखा जा सकता है जहाँ सामाजिक गतिशीलता पर रोक निरंकुश है तथा इस तरह से किसी तरह की गतिशीलता पैदा नहीं होती है।

इस तरह से देखने से यह दिखेगा कि जहाँ तक किसी छोटे अल्पसंख्यक के द्वारा सबसे अनुकूल मूल्यों को पूर्ण रूप से अपनाने का सम्बन्ध है, असमानता (अर्थात् सम्भ्रान्त तथा व्यक्तिवादी, वर्गीय और जातीय समाजों) पर आधारित समाज के अनेक रूप मौलिक रूप से भिन्न होते हैं बल्कि वे शोषण और विशेषाधिकार के पैमाने पर विभिन्न स्तरों को छेंक लेते हैं। अवसर की समानता का नारा जो समानता के प्रति प्रस्तुत किया जाता है, उन उपकरणों में से एक है जिसके द्वारा विशेषाधिकार प्राप्त अल्पसंख्यक सही सामाजिक गतिशीलता को रोकने का प्रयास करता है। तथाकथित योग्यतंत्र समानता का उतना ही ज्यादा शत्रु है जितना समाज का कोई वर्ग या जाति। सभी समाजों में जहाँ उच्च पद विशेष कौशल या शिक्षा के अर्जन के जरिए हासिल होता है, प्रवृत्ति वैसी स्थितियाँ बना देने की होती है जहाँ पदाधिकारियों के वंशजों के पास हमेशा वह विशेष कौशल या शिक्षा प्राप्त करने का बेहतर मौका रहता है।

चीन में जहाँ कहीं से भी पहले प्रशासन विशेषत: विद्वज्जन के सुशिक्षित निकाय के हवाले था, बड़े सम्मान और विशेषाधिकार से सम्पन्न नये रंगरूटों के लिए यह प्रवृत्ति थी कि वे मुख्यत: पूर्व पदाधिकारियों के पुत्रों के बीच से आए। वर्ष 1890 से 1911 के बीच चीन के चिंग वंश के तेईस नेताओं की पृष्ठभूमि से जुड़े निम्नलिखित आँकड़े स्पष्ट रूप से इस प्रवृत्ति को प्रदर्शित करते हैं। चीन का यह उदाहरण महत्त्वपूर्ण है क्योंकि चीन का चयन बहुत ही सख्त परीक्षण प्रणाली पर आधारित था।

सारणी[17]

पदाधिकारी की पृष्ठभूमि	*संख्या*
विद्वान-पदाधिकारी परिवार	7
छोटा सरकारी पदाधिकारी (पिता)	3
शाही परिवार (पिता)	3
सौदागार (पिता)	2
सैन्य पदाधिकारी (पिता)	1
कृषक (पिता)	1
विधि बहिष्कृत	1
नामालूम	5
	23

यह देखा जा सकता है कि इन नेताओं में सबसे अधिक पदाधिकारी और विद्वान-पदाधिकारी पृष्ठभूमि के हैं। यह प्रवृत्ति वर्तमान समाज में भी स्पष्ट रूप से दृष्टिगोचर है। सम्भव है, इस लक्ष्य हेतु अनेक तत्त्व काम करें। जहाँ उच्च पदों से उन्हें बहुत बड़ा भौतिक पुरस्कार और अन्य विशेषाधिकार मिल जाते हैं, उच्च पदों पर आसीन इन लोगों के पुत्रों के पास स्वाभाविक रूप से अन्य लोगों के पुत्रों की अपेक्षा बेहतर जीवन की शुरुआत करने का बढ़िया मौका रहता है। यह प्रवृत्ति आगे वक्तृत्व, शिष्टाचार और जीवन की शैली इत्यादि से सुदृढ़ होती है जोकि आगे चलकर चयन का आधार बनने की ओर झुकी होती है। यह लोक विद्यालयों सरीखी विशेष संस्थाओं में भी प्रतिबिम्बित होती है जहाँ केवल विशेषाधिकार प्राप्त व्यक्तियों के पुत्रों की ही पहुँच हो सकती है। जहाँ इन संस्थानों में नामांकन के आधार से आर्थिक विचार हटा दिए जाते हैं और इसकी जगह प्रदर्शन के द्वारा चयन को प्रतिस्थापित किया जाता है, इन संस्थानों में गरीब के पुत्रों के नामांकन की सम्भावना कम ही रहती है। चयन की सख्त विधि उन लोगों के लड़कों के लिए लाभप्रद नहीं होती है जो अपने लड़को को घर पर सही कोचिंग करा पाने की स्थिति में नहीं होते हैं। साथ ही, घर का वातावरण भी बच्चों के समुचित मानसिक विकास में महत्त्वपूर्ण भूमिका अदा करता है। गरीबों का घरेलू वातावरण इस लायक नहीं होता है। इन तत्त्वों के अलावा विशेषाधिकार का स्थायी सहयोगी—भाई-भतीजावाद—हमेशा उन लोगों के पुत्रों के बचाव के लिए आ धमकता है जो अपेक्षाकृत अच्छे ओहदे पर होते हैं। ऐसा वहाँ होता है जहाँ अन्य चीजें विफल हो जाती हैं। ख्रुश्चेव ने सोवियत शिक्षा की असमतावादी प्रणाली के सबसे सख्त पहलुओं में से कुछेक को रोकने के अपने प्रयास में विद्यालयों और विश्वविद्यालयों में प्रभावशाली व्यक्तियों के बच्चों की पक्ष लेनेवाली प्रवृत्ति की सार्वजनिक तौर पर आलोचना की थी। ये तत्त्व

उसी तरह से सामाजिक गतिशीलता को कम करने का काम करते हैं जिस तरह से उत्तराधिकार के जरिए विशेषाधिकार को सम्प्रेषित करने पर होता है।

विशेषाधिकार में चार तत्त्व मिले हो सकते हैं। ये चार तत्त्व हैं—हैसियत, सत्ता, धन (अर्थात् सेवाओं और वस्तुओं पर नियंत्रण) और सुरक्षा। ऐसा अन्तिम तत्त्व अर्थात् सुरक्षा के सम्बन्ध में है, कि निजी सम्पत्ति सबसे उच्च महत्ता धारण कर लेती है। तीन अन्य तत्त्वों को बिना निजी सम्पत्ति के भी रखा जा सकता है। ये तत्त्व सामाजिक श्रेणीक्रम में जिसका जैसा स्थान होता है, उससे सीधे जुड़े होते हैं। वह मनुष्य जो उच्च पद पर आसीन होता है उसके पास उच्च वेतन या अतिरिक्त आयों के माध्यम से हैसियत, सत्ता तथा वस्तुओं और सेवाओं पर नियंत्रण भी रहता है, लेकिन वैध रूप से ये सब तभी तक उपलब्ध रहते हैं जब तक हैसियत कायम रहती है। ज्योंही अवकाश प्राप्ति या अन्य कारणों से यह स्थान (हैसियत) चला जाता है, सब कुछ गायब हो जाता है। इसके अतिरिक्त किसी व्यक्ति द्वारा प्राप्त किए गए विशेषाधिकार को अपने वंशजों या चहेतों को हस्तान्तरित करने का कोई सीधा रास्ता नहीं है। निजी सम्पत्ति और निजी सम्पत्ति के उत्तराधिकार का अधिकार इस सन्दर्भ में एक आदमी को अधिकतम सुरक्षा प्रदान करते हैं। यही कारण है कि विशेषाधिकारों पर आधारित ज्यादातर समाज (यद्यपि सभी नहीं) विशेषाधिकार प्राप्त कार्यालय या सम्पत्ति वंशागत बनाने की ओर झुक गए हैं।

इसलिए विशेषाधिकारों पर आधारित एक समाज में जहाँ उत्पादन के साधनों और अर्थव्यवस्था के दूसरे क्षेत्रों पर राज्य का नियंत्रण रहता है, सम्भव है वहाँ दो प्रवृत्तियों में से एक प्रकट हो जाए। कार्यालयों को स्वयं एक सीमित समूह के अनन्य कब्जे में बदल देने की प्रवृत्ति होगी या राज्यकृत अर्थव्यवस्था के अन्दर वैसे पॉकेटों का निर्माण करने की प्रवृत्ति होगी जहाँ किसी के सक्रिय जीवन के दौरान अर्जित सम्पत्ति का अंश वंशागतिशील निजी स्वामित्व में बदला जा सकता है। जब तक विशेषाधिकार को सम्पूर्ण रूप से खत्म नहीं किया जाता है, सामूहिक सम्पत्ति के अन्दर निजी स्वामित्व की प्रवृत्ति सम्भवत: प्रकट हो सकती है। निस्सन्देह, जब तक विशेषाधिकार प्राप्त हैसियत को घनिष्ठ रूप से बुनी गई अनन्य जाति में बदला नहीं जाता है। सोवियत संघ और दूसरे साम्यवादी देशों में प्रथम प्रवृत्ति पहले से ही दृष्टिगोचर है। वहाँ प्रश्रयप्राप्त लोगों के पास बैंक में ज्यादा पैसा जमा करने का अधिकार है तथा घर, मोटरकार इत्यादि सरीखी निजी सम्पत्ति का भी अधिकार है। इसके साथ-साथ एक घनिष्ठ अल्पतंत्र की प्रवृत्ति भी है जिसमें पार्टी के नेतागण, सेना के नेतागण तथा वैज्ञानिक, साहित्यिक और प्रबन्धकीय पेशा से आनेवाले अभिजात शामिल होते हैं।

यह उसी तरह की परिघटना है जिसके विरुद्ध माओ ने सांस्कृतिक आन्दोलन चलाया था, लेकिन विशेषाधिकारों की समस्या की बाबत दृढ़ मार्क्सवादी सोच से सम्पृक्त रहने के चलते चीनी नेता को पूरी परिघटना की व्याख्या करने हेतु मार्क्सवाद

के एक काफी टेढ़े रूपान्तर की खोज करनी पड़ी। चीनी सांस्कृतिक क्रान्ति के समर्थकों में से एक जॉन रॉबिन्सन निम्नलिखित शब्दों में माओवादी दृष्टिकोण को प्रकट करता है—"चीनी विचार के अनुसार, रूसी अनुभव यह प्रदर्शित करता है कि पूँजीवादी सदृश अतिसंरचना समाजवादी आधार पर ही विकसित हो सकती है। जब उद्योग चलाने और प्रत्यक्ष निवेश के लिए कोई पूँजीपति नहीं होते हैं तो राज्य इन कार्यों को अपने हाथ में लेने के लिए अंगों का विकास करता है और उनके नियंत्रण में डाले गए व्यक्तियों को, समाजवादी आदर्शों के दृष्टिकोण से, आचरण की विरूपता को झेलना पड़ सकता है जो कभी-कभी उन पुराने बुर्जुआ वर्ग की आचरण सम्बन्धी विकृति से भी अत्यधिक अप्रिय होती है।

...लेकिन वे स्टालिन के इस विचार का विरोध करने में स्पष्टत: सही थे कि उत्पादन के साधन में निजी सम्पत्ति को खत्म करना स्वत: एक वर्गविहीन समाज का निर्माण करना है। सोवियत अनुभव यह दिखाता है कि सत्ता, विशेषाधिकार तथा शिक्षा तक पहुँच माँ-बाप से बच्चों तक पहुँचे वर्ग भेदों का आधार निर्माण करते हैं।"[18]

परन्तु ऐसे विशेषाधिकार प्राप्त वर्ग की सत्ता को तोड़ने के माओ के प्रयास विफल हो जाने के लिए बाध्य हैं। चूँकि ये विशेषाधिकार एक अति-केन्द्रीकृत अधिनायकवादी सत्ता के आवश्यक अंग होते हैं, जब तक यह सामाजिक और राजनीतिक संरचना बनी रहती है, अल्पतंत्र नष्ट करने के हर प्रयास के बाद फीनिक्स पक्षी की तरह पुनर्जीवित होता रहेगा। कुल मिलाकर माओ इस तरह के जागरण से जो हासिल कर सकते हैं, वह है पार्टी में अपने प्रतिद्वन्द्वियों और विरोधियों का सफाया करना तथा चीनी समाज के अकेला तानाशाह के रूप में उभरना।

इससे यह निष्कर्ष निकालना गलत होगा कि विशेषाधिकारों पर आधारित समूहवादी समाज निजी पूँजीवाद की वापसी की तरफ बढ़ेगा। यदि उनके विशेषाधिकारों की रक्षा उपर्युक्त तरीके से होती है तो इसका कोई कारण नहीं है कि इन समाजों में विशेषाधिकारों के धारक क्यों निजी पूँजीवादी अर्थव्यवस्था के अव्यवस्थित तरीके की तरफ इसमें निहित तमाम जोखिमों के साथ वापस लौटने का प्रयास करेंगे, लेकिन चूँकि विशेषाधिकार उनके राजनीतिक सत्ता के साथ गहरे जुड़े होते हैं, वे दृढ़ता से तानाशाही साधन के माध्यम से सत्ता के साथ चिपक जाने का प्रयास करेंगे। उदारीकरण की एकमात्र सम्भावना तभी बन सकती है जब विशेषाधिकार प्राप्त वर्ग परम्परा के जरिए वैधता हासिल कर ले तथा यह एक वंशानुगत जाति में बदल जाए। हालाँकि तेजी से परिवर्तनशील तकनीकी सभ्यता में इस सम्भावना को असंगत ठहराया जा सकता है। उपर्युक्त विचार हो यह प्रकट होता है कि बड़ी असमानताओं के साथ-साथ एक समूहवादी अर्थव्यवस्था काफी अस्थायी भी होगी। आधुनिक तकनीक का एक आवश्यक सहगामी नौकरशाही संगठन निर्वैयक्तित्व और संगठन के लक्ष्यों की अनुरूपता की उच्च डिग्री की माँग करता है (वेबर इसे

आधुनिक संगठन की तर्कशक्ति कहता है)। इसका अर्थ भर्ती का आधार बढ़ाना है ताकि अनेक प्रशासनिक नौकरियों के लिए होनेवाला चयन सबसे कुशल व्यक्तियों को उपलब्ध करा सके। चूँकि हालाँकि शासक विशेषाधिकार प्राप्त वर्ग के हित, विशेषकर अपने विशेषाधिकारों को अपने चहेतों और सन्तान में सम्प्रेषित करने के उनके प्रयास इस तर्कशक्ति का विरोध करते हैं, इस तरह की व्यवस्थाएँ स्थायी रूप से आन्तरिक विरोध से गुजरती हैं। साम्यवादी देशों तथा भारत जैसे देशों में जहाँ ज्यादातर सार्वजनिक क्षेत्र काफी ज्यादा विशेषाधिकार प्राप्त व्यक्तियों के साथ सह-अस्तित्व में रहता है, अर्थव्यवस्था की अकुशलता रोग बन गई है। यह अकुशलता अंशत: इस आन्तरिक विरोध का प्रतिबिम्ब हो सकती है। एक 'योग्यतंत्र' अन्तत: प्रणाली की कुशलता को आगे बढ़ाने की जगह इसे कम करने के लिए काम कर सकता है, यदि उपर्युक्त प्रवृत्ति कोई संकेत हो।

व्यापक रूप से सामाजिक सिद्धान्तकारों के बीच समाज के अन्दर वर्ग विभाजनों को लेकर दो तरह के भाव हैं। एक तरफ विरोधी सिद्धान्तकार हैं जो यह मानते हैं कि वर्ग किसी समाज के भीतर अपर्याप्त मूल्यों को कब्जे में रखने की प्रतियोगिता के कारण उत्पन्न होते हैं। दूसरी तरफ क्रियात्मकवादी सिद्धान्तकार हैं, जिनका मानना है कि श्रम का विभाजन समाज के विकास के लिए अनिवार्य है। इस विभाजन के कारण निश्चित व्यक्तियों से अत्यधिक माँग करनेवाले और जवाबदेह कार्यों को करने के लिए कहा जाता है। जब तक ऐसे कार्यों के लिए विशेष ईनाम नहीं दिए जाते हैं, इन कार्यों के लिए सही किस्म के व्यक्ति उपलब्ध नहीं होंगे। इस दृष्टिकोण से वे वर्ग विभाजन को न्यायसंगत ठहराते हैं तथा समाज की प्रगति के लिए अभिजात की अपरिहार्यता के सिद्धान्त को स्वीकार करते हैं। हालाँकि इस सिद्धान्त को उचित ठहराया जा सकता था, केवल यदि यह दर्शा दिया जाता कि विशेषाधिकार प्रत्यक्षत: उस लाभप्रद और अत्यधिक माँग करनेवाले कार्य के अनुरूप होते हैं जिसे कोई व्यक्ति करता है, लेकिन स्पष्टत: यह सही नहीं है। जहाँ यह सही हो सकता है वहाँ भी, जैसाकि उस मनुष्य के मामले में होता है जो अपनी विशेष योग्यता और किसी विशेष कार्य के प्रति समर्पण के कारण उठा है, उसके उत्तराधिकारियों के बारे में जोकि अक्सर समृद्धि में पैदा हुए होते हैं, वही चीज नहीं कही जा सकती है। क्योंकि शासक वर्ग के अधिकांश सदस्यों का किसी ने उपहास किया है, अपने माँ-बाप के चुनने के सिवाय कोई अन्य योग्यता प्रदर्शित नहीं करता है।

मार्क्स ने इन दोनों के बीच का रास्ता अपनाया। जबकि उसने फ्रांसीसी इतिहासकारों से संघर्ष सिद्धान्त को लिया तथा स्वीकार किया, इतिहास की भौतिकवादी व्याख्या के अपने पूर्वग्रह तथा इस विश्वास के कारण कि उत्पादन का विशेष सम्बन्ध उत्पादन के एक निश्चित तरीके का एक अपरिहार्य परिणाम होता है, उसने ऐसे समय तक वर्ग विभाजन की अपरिहार्यता को स्वीकार किया क्योंकि उत्पादनात्मक

विकास समाजवादी क्रान्ति के आधार का निर्माण करता है। इस सिद्धान्त ने सभी पिछले शोषण को इस आधार पर कि वे सभ्यता की प्रगति के लिए अपरिहार्य और आवश्यक चरण थे, उचित ठहराने को प्रवृत्त हुआ है, लेकिन उससे अधिक यह सिद्धान्त साम्यवादी समाजों के विशेषाधिकारायुक्त अभिजात के विकास को इस आधार पर कि समानता के लिए आर्थिक आधार अभी भी तैयार नहीं किया गया है, उचित ठहराने की ओर प्रवृत्त रहता है। निस्सन्देह इस सिद्धान्त के समर्थक, ठीक-ठीक वह आर्थिक स्तर क्या होगा जिस पर इस तरह की नींव डाली जा सके, के बारे में हमें बतलाने की कृपा नहीं करते हैं। यह परेशानी तब और चक्कर में डाल देती है जब किसी को इस तथ्य का स्मरण कराया जाता है कि 1848 में प्रकाशित होनेवाले कम्युनिस्ट घोषणापत्र में तब भी सर्वहारा क्रान्ति के जल्द शुरू होने की बात कही गई थी। इसलिए निश्चित रूप से मार्क्स तब भौतिक स्थितियों में समाजवाद की जरूरतों की अत्यधिक कमी को नहीं देख पाया था। वह उसे समय इस तकनीकी विकास के बारे में कल्पना भी नहीं कर सकता था जो हमारे समय में हुआ है। फिर भी समानता का 'जमीनी कार्य' लगातार हमें चक्कर में डालता है।

क्रियात्मकवादी और कुछ हद तक मार्क्सवादी सिद्धान्तकार इस तथ्य को नजरअन्दाज कर देते हैं कि वर्ग विभाजन अक्सर क्रियात्मक नहीं बल्कि अत्यधिक दुष्क्रियात्मक होते हैं। यदि हम खुद सामन्ती व्यवस्था को लें तो देखते हैं कि आगे बढ़ाने की जगह यह वास्तव में उत्पादकता के विकास को अवरुद्ध करती है। उद्योगों का ज्यादा विकास, जबकि यूरोप इसी व्यवस्था के अन्तर्गत रह गया, उन क्षेत्रों में हुआ जो सामन्ती आहरणों और तबाही से अपेक्षाकृत मुक्त थे। जैसाकि अधिकांश अल्पविकसित दुनिया में यह स्पष्ट है कि अगले वर्गों का सुस्पष्ट उपभोग इन देशों के संसाधनों का अपमय साबित हो रहा है और उत्पादक उद्यम के विकास को अवरुद्ध कर रहा है। संयुक्त राष्ट्र में दक्षिणी भाग औद्योगिक रूप से पिछड़ा रह गया। ऐसा गुलामी की प्रथा के कारण हुआ। इस गुलामी की प्रथा ने नई उत्पादक सक्रियताओं को अपनाने के लिए श्वेत शासक वर्ग की जीवनशक्ति का सार निचोड़ लिया था। सामान्यत: यथास्थिति का सरोकार सभी शासक वर्गों का एक प्रमाण-चिह्न हमेशा हर क्षेत्र की नवीनता में रुकावट डालता है। और यह सामाजिक विकास को अवरुद्ध करता है।

जातियों के विकास की स्थितियाँ

परन्तु जब हमारा सामना जातीय समाजों से होता है तो क्रियात्मकवादी सिद्धान्त पर सम्पूर्ण खतरा आ जाता है। आर्थिक जरूरत या क्रियात्मक सामर्थ्य के दृष्टिकोण से जातीय समाजों को समझना बिलकुल ही सम्भव नहीं है। जातियों के विकास

को केवल हैसियत के किसी सरोकार और आर्थिक तथा सत्ता सम्बन्ध के किसी विशेष विन्यास के शब्दों में ही समझा जा सकता है। भारत में जोकि जातीय समाज का एक उत्कृष्ट उदाहरण रहा है, जातियों में सामाजिक विभाजन पूरी तरह उन कार्यों से असम्बन्धित है जिन्हें अनेक जातियों के सदस्य सम्पादित करते हैं। एक चर्मकार जो पारम्परिक रूप से चमड़े के काम से सम्बद्ध था, आज एक किरानी या कलक्टर बन सकता है, लेकिन यह तथ्य उसके सामाजिक स्थान को नहीं बदलता है, न ही यह उसकी गतिशीलता को किसी भिन्न जाति में मंजूरी देता है। उसी तरह एक ब्राह्मण जूते के कारखाने में काम करता होगा तथा वास्तव में जूता बनाने के लिए बहाल होगा, लेकिन इससे उसकी सामाजिक श्रेष्ठता का स्थान नहीं बदलता है। आर्थिक या क्रियात्मक सिद्धान्त के अनुसार परिवर्तित क्रियात्मक भूमिकाओं को अनेक जातियों के सदस्यों के पक्ष में शीघ्र ही एक परिवर्तित सामाजिक हैसियत में प्रतिबिम्बित होना चाहिए था, लेकिन इस तरह का कुछ नहीं होता है। जाति विभाजन हमेशा की तरह दृढ़ रहता है, यद्यपि कि आधुनिक उद्योगों ने पारम्परिक जातीय पेशों की आवश्यकता को लगभग ध्वस्त कर दिया है।

प्राचीन समय में भी जब जातियाँ कार्यों से जुड़ी हुई थीं, क्रियात्मकवादी सिद्धान्त मुख्यत: गलत साबित होता है। क्रियात्मकवादी सिद्धान्त के अनुसार विशेष ईनाम और विशेषाधिकार के पात्र उन्हें होना चाहिए जो अपेक्षाकृत ज्यादा मेहनत/मुश्किल का काम करते हैं, लेकिन भारत में प्राचीन 'वर्ण' व्यवस्था के अन्तर्गत ठीक इसके विपरीत होता था। निम्नतम 'वर्ण' कहा जानेवाला शूद्र सबसे ज्यादा मुश्किल कार्य करता था। उसके प्रयास से ही समाज के सभी लोगों को भोजन और अन्य जरूरी चीजें सुलभ हो पाती थीं। शिल्प और उद्योग में इस वर्ण के लोग सबसे ज्यादा कुशल भी थे, लेकिन उत्पादक गतिविधियों में उनकी मुख्य भूमिका के बावजूद वे सभी तरह के अपमानों और अयोग्यताओं के अधीनस्थ थे। क्रियात्मकवादी सिद्धान्त के बचाव में यह कहा जा सकता है कि इस सिलसिले में जो महत्त्वपूर्ण है, वस्तुत: यह वह नहीं है जो समाज के भीतर का मुख्य कार्य है बल्कि वह है जिसे इसके अन्दर इस तरह का होने के बारे में सोचा जाता है, लेकिन यदि इन दोनों के बीच व्यापक विसंगति है तो केवल यह कहा जा सकता है कि बादवाला विचार केवल उस समूह का औचित्य स्थापन है जिसने पहले ही अपने विशेषाधिकारों को स्थापित कर लिया है।

उसी तरह की कठिनाई का सामना जातिप्रथा की घटना की व्याख्या को लेकर मार्क्सवादी नजरिए में होता है। जातिगत हैसियत को आर्थिक हालात से जोड़ने के सारे प्रयास विफल हो जाते हैं। भारतीय इतिहास में वैसे काल रहे हैं जिनमें वर्तमान समय भी शामिल है, जब शूद्र एक समान रूप से गरीब नहीं थे तथा इनमें से कुछ तो उच्च वर्णों के अनेक सदस्यों से आर्थिक रूप से बेहतर थे। इस तरह जातियों और वर्गों का सदा सह-अस्तित्व नहीं था।

डी.डी. कोसाम्बी, जिन्होंने भारतीय इतिहास के अध्ययन में मार्क्सवादी सिद्धान्त को आवेदित करने का प्रयास किया था, ने स्वीकार किया कि भारत में गुलामी कभी भी एक बड़ी संस्था के रूप में नहीं थी। जातिप्रथा के बारे में वह निश्चित टिप्पणियाँ करते हैं जो वर्गों में समाज के विभाजन से सम्बन्धित मार्क्सवादी सिद्धान्त को पूरी तरह से उलट देती हैं। उनमें शब्दों के प्रयोग को लेकर भारी सन्दिग्धता भी है। एक जगह वह लिखते हैं—"उत्पादक सम्बन्धों में मुख्य बदलाव विजित दास आबादी से दास वर्ग का निर्माण था; इसके बाद इस शब्द (विजित दास आबादी) का अर्थ किसी तरह का एक दासवर्ग हो गया। जाति से जो दास था उसे पहल करने का अधिकार नहीं था, न ही हथियार रखने का अधिकार था; उसके पास कोई सम्पत्ति नहीं थी, मवेशी की तरह वह खुद आर्य जनजाति की सम्पत्ति था। ऐसी अवस्था में मवेशियों को समूह में चराया जाता था, खेतों की समूह में जुताई होती थी, दास का एक सामान्य जनजातीय सम्पत्ति के रूप में इस्तेमाल बिलकुल तार्किक है।"[19]

उपर्युक्त निष्कर्ष में वह पहले कहते हैं कि दास एक दासवर्ग बन गया और इसके बाद वह अगले ही वाक्य में दास के जाति बन जाने का कोई स्पष्टीकरण दिए बगैर 'जाति से दास' के बारे में बात करते हैं। यह तथ्य भी उल्लेखनीय है कि दास वर्ग विजयों से पैदा होता है तथा विजय का तथ्य, न कि उत्पादक तत्त्वों के उदय का तथ्य एक नये उत्पादन सम्बन्ध को जन्म देता है। तीसरी चीज जो उल्लेखनीय है वह यह है कि वर्ग विभाजन या जाति विभाजन बगैर निजी सम्पत्ति के पैदा होता है और नव अर्जित दासवर्ग पूरा का पूरा जनजाति की सम्पत्ति है। यह सारी परेशानी आर्थिक सिद्धान्त की जाति संस्था की उत्पत्ति की व्याख्या कर पाने की असमर्थता के कारण पैदा होती है।

एक दूसरे मार्क्सवादी इतिहासकार आर.एस. शर्मा, जिन्होंने जातियों के अध्ययन पर काफी मेहनत की है, ने भी आर्थिक सम्बन्धों के आधार पर भारतीय समाज के अन्दर के सामाजिक विभाजन को व्याख्यायित करने का प्रयास किया है, लेकिन इस प्रयास में वह खुद उन तथ्यों को प्रकाश में लाते हैं जो उनके सैद्धान्तिक निरूपण का खंडन करते हैं। उनके अनुसार—"पहले ही ऋग्वैदिक काल में श्रम का विभाजन लम्बे समय तक चला था, लेकिन यद्यपि परिवार के सदस्यों ने पुजारी, चिकित्सक और पीसनहारा के रूप में काम किया था (ऋग. IX 112-13), इसने किसी सामाजिक विभेदन को सम्मिलित नहीं किया। 'अथर्ववेद' के काल की समाप्ति के आते-आते, हालाँकि कार्यों के विभेदन पद के विभेदनों में विकसित होने की ओर प्रवृत्त हुए, और जनजातियों और कुलों का धीरे-धीरे सामाजिक वर्गों में विभाजन हो गया। ऐसा प्रतीत होता है कि शूद्र जनजाति या आर्यों के समूह जो दास कार्य के लिए नियुक्त थे, चौथे वर्ण के स्थान पर आ गए और इस अर्थ में हमारे वर्णों की सामान्य उत्पत्ति की परम्परा के प्रति सच्चाई का एक तत्त्व रख सकते हैं।"[20]

लेकिन उसी किताब में आगे वह इस विचार पर आते हैं कि यह परम्परा (सामान्य उत्पत्ति की) जो 'ऋग्वेद' में पुरुष सूक्त पर आधारित है, बाद का क्षेपक है। और आगे चलकर वह जब यह साबित करने का प्रयास करते हैं कि चौथे वर्ण को दिया गया नाम 'शूद्र' एक जनजाति के नाम से लिया गया था जिसे आर्यों ने अपने अधीन कर लिया था, अपनी पूरी स्थिति को अमान्य ठहराते हैं। वह लिखते हैं—"कोई भी यह जानना चाहेगा कि चौथे वर्ण को शूद्र क्यों कहा गया? ऐसा प्रतीत होता है कि जिस तरह से सामान्य यूरोपीय शब्द 'स्लेव' और संस्कृत शब्द 'दास' विजीत जनसमूहों के नाम से लिए गए थे, ठीक उसी तरह 'शूद्र' शब्द भी शूद्र नाम की जनजाति से लिया गया था। इसमें कोई सन्देह नहीं है कि शूद्र ई.पू. चौथी सदी में एक जनजाति के तौर पर कायम थे क्योंकि डियोडोरस ने शोद्राई नामक जनजाति के विरुद्ध सिकन्दर की प्रगति को अभिलेखित किया है। एरियन ने शोगदोई का उल्लेख किया है जो गलत हो सकता है। पोलेमी ने भी फिर स्पष्ट ढंग से शिद्रोई लिखा है जोकि आर्कोसिया के केन्द्रीय भाग में निवास करते थे और यह भूक्षेत्र पूर्वोत्तर अफगानिस्तान के महत्त्वपूर्ण हिस्से को आच्छादित करता था तथा इसके पूर्वोत्तर सीमान्त के किनारे-किनारे सिन्धु घूमती थी।"[21]

उपर्युक्त उद्धरण यह दर्शाता है कि शूद्रों का पराधीन वर्ण विजय के बाद ही अस्तित्व में आया होगा। केवल इसी तरह से नाम की व्याख्या हो सकती है। कोसाम्बी की तरह शर्मा भी यह बताते हैं कि शूद्र जनजाति की सामान्य सम्पत्ति थे तथा यह कि उनकी स्थिति को गुलामी या दासता के शब्दों में व्याख्यायित नहीं किया जा सकता था। वह लिखते हैं—"वैदिक काल में शूद्रों की स्थिति को गुलामी या दासता के शब्दों में परिभाषित करना कठिन है। यद्यपि ये सन्दर्भ उनके श्रमशील जनसमूह होने की छाप छोड़ते हैं, सामान्यत: वे ऐसा प्रतीत नहीं होते कि व्यक्तियों के स्वामित्व के तहत गुलाम या दास रहे हैं। स्पष्टत: जिस प्रकार से समुदाय भूमि पर कुछ तरह का नियंत्रण रखता था, ठीक उसी तरह यह भी श्रमिक आबादी पर उसी तरह का नियंत्रण रखता था।"[22]

जातियों के वियोजन की समस्या से सम्बन्धित अपनी सोच में वे इतना अधिक संभ्रमित हैं कि उसी साँस में वह एक आर्थिक व्याख्या दे देते हैं और सिनार्ट के उस विचार का समर्थन भी करते हैं जो जातियों की उत्पत्ति का जनजाति सजातीय विवाह और वंश विजातीय विवाह से पता लगाने का प्रयास करता है। उदाहरणस्वरूप, वह लिखते हैं—"तब ऐसा प्रतीत होता है कि आरम्भ में उपनयन समूची जनजाति का कार्य था, लेकिन जैसे-जैसे जनजाति वर्गों में बँटती गई, यह धन और उच्च सामाजिक स्थिति के माध्यम से प्राप्त किया जानेवाला एक विशेषाधिकार, एक आदरसूचक भेद बन गया जिसने दीक्षित को प्राय: गोपनीय समाजों तक की अनन्य पहुँच प्रदान की। सिनार्ट के इस विचार का अनुसरण करते हुए कि कुल बहिर्विवाह

और जनजाति अन्तर्विवाह ही बाद में जातिप्रथा के रूपों में विकसित हुआ, यह भी सुतर्क दिया जा सकता है कि जनजातीय दीक्षा का ही इस परिणाम के साथ तीन उच्च वर्णों के उपनयन में रूपान्तरण हुआ था कि इसने शूद्रों की सामाजिक पदावनति को लाने में मदद की।"[23]

जिस वक्त वह वर्ग विभाजन की बात करते हैं, वर्ग विभाजन की प्रकृति को नहीं बतलाते हैं, न ही यह बतलाते हैं कि यह कैसे हुआ। वह एक शब्द भी नहीं बताते हैं कि कैसे यह चौथा वर्ण इतनी गहरी दरार के साथ शेष जनजाति से अलग हो गया कि इसे दीक्षांत समारोह से भी बाहर कर दिया गया। जनजाति अन्तर्विवाह और वंश बहिर्विवाह का सिद्धान्त समान रूप से जाति अलगाव की व्याख्या करने में अपूर्ण है। प्रथमत: यह रिवाज उन अनेक जनजातीय समाजों के लिए सामान्य है जहाँ यह जाति पार्थक्य को प्रोत्साहित नहीं करता है। दूसरा, खुद भारत में लगभग हर जाति एक ही गोत्र से आनेवाले सदस्यों के बीच की शादियों पर रोक लगाती हैं। उसके अनुसार सगोत्री का मतलब एक ही व्यक्ति (अधिकांशत: आचरण से मिथकीय) से पैदा हुआ अर्थात् एक मूल का, लेकिन यह जाति पार्थक्य में प्रतिफलित नहीं होता है। वस्तुत: जबकि समान गोत्रवाले सदस्यों के बीच शादियाँ निषिद्ध हैं, भिन्न गोत्रवाले समान जाति के सदस्यों के बीच की शादियाँ अनिवार्य हैं।

लेकिन जो विचार जातियों की उत्पत्ति को वर्ग विभाजनों से जानने का प्रयास करना है, उसके लिए यह तथ्य घातक है कि जातियों का पार्थक्य 'वर्गों' के बीच के विकासशील आर्थिक अन्तरों के अनुरूप नहीं होता है। इसके विपरीत सामाजिक गतिशीलता और सामाजिक समागम में ह्रास होने लगता है क्योंकि निम्नक्रमों की आर्थिक हालत सुधरने लगती है। इस विचार के समर्थन में हमें शर्मा के निजी अध्ययन में ही उत्कृष्ट साक्ष्य मिलते हैं। कुल मिलाकर उनके सिद्धान्त को उनके द्वारा परोसे गए तथ्य की खंडित करते हैं। उदाहरण के लिए, उनकी सैद्धान्तिक स्थिति निम्नलिखित है—"इस काल (धर्मसूत्रों का काल) में शूद्रों की राजनीतिक विधिक हैसियत उनकी आर्थिक स्थिति का एक प्रतिरूप प्रतीत होती है। बाद की वैदिक राज्य व्यवस्था में उनके महत्त्व के वैषम्य में वे उक्त काल के राजनीतिक संगठन के अन्दर अपना स्थान खो देते हैं। अपास्तम्बा के अनुसार, राजा केवल आर्यों (अर्थात् प्रथम तीन वर्णों के सदस्यों) को ही गाँवों या शहरों के प्रभारी पदाधिकारियों के रूप में नियुक्त कर सकता था। इनके मातहत काम करनेवाले छोटे-छोटे पदाधिकारियों के लिए भी वही योग्यता निर्धारित थी।"[24]

किन्तु उनके सिद्धान्त के विपरीत वस्तुत: वह 600-300 ई.पू. जिस धर्मसूत्र काल की बात करते हैं, उस दौरान शूद्र की हालत सुधरी हुई थी। वह स्वतंत्र शिल्पकारों और खेतिहर मजदूरों का वर्णन देते हैं। स्वतंत्र शिल्पकार यद्यपि किसी भी तरह समृद्ध नहीं थे, आर्थिक संगठन के भीतर महत्त्वपूर्ण स्थान रखते थे। इस तरह वह लिखते

हैं—"शूद्र वर्ण के कारीगर सदस्यों ने मौर्यकाल से पहले की कृषक अर्थव्यवस्था में महत्त्वपूर्ण भूमिका अदा की। धातु के कामगारों ने न केवल कुल्हाड़ी, हथौड़े, आरी और छेनी इत्यादि बढ़इयों और लोहारों के लिए बनाया बल्कि कृषि को हल, कुदाल और इसी तरह के औजार मुहैया कराए, जिससे किसान शहर में रहनेवाले लोगों के लिए अधिशेष भोजन मुहैया करने में सक्षम हो गए। मुख्य शहरों में शिल्पकारों ने गिल्ड बना लिया जिसके प्रधान का राजा के साथ विशेष सम्बन्ध होता था।"[25]

एक दूसरा उल्लेखनीय तथ्य यह है कि इस आरम्भिक काल में भी आर्थिक हालत सीधे वर्णों से सम्बन्धित नहीं थे। गरीबी के कारण न केवल शूद्र बल्कि उच्च क्रम के सदस्य भी गुलाम हो सकते थे। इसका यह भी अर्थ है कि धनी और गरीब सभी वर्णों में हो सकते थे और निस्सन्देह धनी लोगों का अनुपात उच्च वर्णों में अपेक्षाकृत ज्यादा था जैसाकि आज भी है। वह लिखते हैं—"गुलामी अनन्य रूप से न केवल शूद्र वर्ण के सदस्यों तक ही सीमित थी। जमभोजक (गाँव का प्रधान), मंत्री, ब्राह्मण, क्षत्रिय और उच्च क्रम में जन्मे लोग भी गुलाम हो सकते थे।"[26]

हालाँकि सामाजिक स्तर पर गम्भीर अयोग्यताएँ विहित की गई हैं और सम्भवत: लागू भी की गईं। इस तरह हम अध्ययन करते हैं—"गौतम के कानून के अनुसार यदि एक ब्राह्मण एक क्षत्रिय या एक वैश्य को गाली देता था तो उसे जुर्माना भरना पड़ता था, लेकिन यदि वह शूद्र को गाली देता था तो कर मुक्त हो जाता था। आगे यदि कोई शूद्र इरादतन द्विज को गाली देता था या आपराधिक रूप से उस पर प्रहार करता था तो उसका वह अंग विच्छेदित कर दिया जाता था जिससे वह अपराध किया होता था...।"[27]

और आगे—"अवैध यौन से सम्बन्धित कानून में शूद्रों के लिए सजा के सख्त प्रावधान थे। अपास्तम्बा में प्रावधान है कि यदि एक शूद्र एक आर्य के साथ नियोग करता है अर्थात् प्रथम तीन वर्णों की किसी महिला सदस्य के साथ तो उसे मौत की सजा मिलनी चाहिए और यदि उस जारकर्म से उस महिला को कोई सन्तान नहीं होती है तो एक तप से वह शुद्ध हो जा सकती है, लेकिन उसी प्रावधान के अनुसार, यदि कोई आर्य किसी शूद्र महिला के साथ नियोग करता है तो उसे देश निकाला दिया जा सकता था।"[28]

इसके बाद हम मनुस्मृति काल पर आते हैं जो 200 ई.पू. से 200 ई. तक फैला है। इस काल में शूद्रों की आर्थिक हालत में आगे सुधार होता है। इस तरह शर्मा के अनुसार—"यद्यपि मनु में यह विचार बार-बार आता है कि शूद्रों को केवल यदि ऊपर के वर्णों की सीधी सेवा से जीविका चलाने में असफल हो जाते हैं, कारीगर का पेशा अपनाना चाहिए, न केवल कारीगरों की संख्या में विचारणीय वृद्धि हुई प्रतीत होती है बल्कि इस काल के दौरान उनकी स्थिति में कुछ सुधार हुआ भी प्रतीत होता है। यह लोहारों, बाजीगरों, बुनकरों, सोनारों और चर्मकारों के

द्वारा बौद्ध महंथों को बड़ी संख्या में गुफाओं, स्तम्भों, पाषाण पटों, कुंडों आदि के रूप में दिए गए उपहारों से स्पष्ट है। इनके साथ-साथ शिलालेख में रँगरेज, धातु और गजदंत के कारीगर, जौहरी, मत्स्यपालक दाता के रूप में दिखाई पड़ते हैं। बाजीगर और कुछ हद तक लोहार बारम्बार उदार उपासक के तौर पर अंकित हैं और इसलिए वे खूबसूरत काम किए मालूम पड़ते हैं, शायद कारीगरों के अनगिनत समूहों ने ऐसा किया है।"[29]

किन्तु उनकी आर्थिक दशा में इस सुधार का मिलान 'मनुस्मृति' में जाति पार्थक्य को सुदृढ़ करनेवाले प्रयास से किया जाता है। मनु ने वर्ण के अनुसार ब्याज दरों का निर्धारण किया। इसी मुताबिक वर्ण के क्रम के अनुसार मासिक ब्याज दो, तीन, चार या पाँच प्रतिशत होता था। एक प्रयास यह भी है, विभिन्न वर्णों के सदस्यों के बीच यौन सम्भोग के विरुद्ध सख्त प्रतिबन्ध लगाना। इस तरह शर्मा लिखते हैं—"...लेकिन मनु एक ब्राह्मण का एक शूद्र महिला के साथ सम्भोग करने के विचार को जोरदार ढंग से अस्वीकार करते हैं। उनके विचार से इस तरह का व्यक्ति मृत्यु उपरान्त नरक में डूब जाएगा। यदि वह उसके साथ सम्भोग कर बच्चा पैदा करता है तो वह ब्राह्मण का स्तर खो देगा और शूद्र के अलावा सन्तान की कमी से उसका परिवार विनष्ट हो जाएगा। चूँकि एक ब्राह्मण का शूद्र बेटा एक जिन्दा शव होता है, इसलिए पार्शव कहलाता है। उस व्यक्ति के लिए कोई प्रायश्चित्त नहीं हो सकता है जो किसी शूद्र महिला के ओठों का रसास्वादन करता है, उसकी साँसों से दूषित होता है तथा उससे बच्चा पैदा करता है।"[30]

और शूद्रों पर धार्मिक क्षेत्र में दूसरी अयोग्यताएँ लागू की गई थीं। इस तरह हम देखते हैं—"धार्मिक क्षेत्र में शूद्रों का वैदिक बलि के अधिकार से वंचित रहना जारी रहा। यह कहा जाता है कि शूद्रों को अपनी जाति खोने का खतरा नहीं रहता है; वह संस्कार ग्रहण करने के योग्य नहीं होता है तथा आर्यों के धर्म का अनुसरण करने का अधिकार उसके पास नहीं रहता है।"[31]

उत्तर मौर्यकाल में शूद्रों के उत्थान की स्थिति को पुराण लेखकों ने अपने कलियुग के वर्णन में जो क्रन्दन किया है, वह प्रकाश में लाता है। उस स्थिति का इस प्रकार से वर्णन है—"यदि पुराणों में दिए गए कलियुग के वर्णन को उत्तर-मौर्यकाल में व्याप्त स्थितियों के हल्के संकेत के तौर पर भी लिया जाता है तो यह मालूम पड़ेगा कि शूद्रों ने खुलेआम तत्कालीन सामाजिक व्यवस्था को चुनौती दी थी। शूद्रों द्वारा की गई ज्यादतियों का वर्णन 'कूर्म पुराण' में मिलता है—'राजा के मूर्ख शूद्र पदाधिकारीगण ब्राह्मणों पर जगह छोड़ने का दबाव बनाते हैं और उन्हें मारते हैं। राजा परिवर्तनशील समय के आधार पर कलि में ब्राह्मणों का अनादर करता है और शूद्रों को ब्राह्मणों के बीच जगह मिलती है। वैसे ब्राह्मण जिन्हें वेदों का अपेक्षाकृत कम ज्ञान है तथा अपेक्षाकृत कम भाग्य और शक्तिवाले हैं, शूद्रों का सम्मान पुष्पों,

सजावटों और अन्य मांगलिक चीजों से करते हैं। यद्यपि इस तरह से सम्मानित शूद्र ब्राह्मणों पर एक नजर डालते भी नहीं हैं। ब्राह्मण शूद्रों के घर में प्रवेश करने का साहस नहीं करते हैं बल्कि उन्हें सम्मान देने के एक अवसर हेतु द्वार पर खड़ा रहते हैं। ब्राह्मण जो अपनी जीविका हेतु शूद्रों पर निर्भर रहते हैं, उन्हें सवारी में बैठे होने पर भी घेरे रहते हैं और उनकी प्रशंसा करते हैं तथा उन्हें वेद पढ़ाते हैं।' "[32]

लेकिन यद्यपि शूद्रों की आर्थिक हालत अन्य वर्णों की अपेक्षा नियमित रूप से सुधर रही थी, उनकी सामाजिक अयोग्यताएँ बरकरार थीं। बाद में और खासकर गुप्तकाल में अर्थात् पाँचवीं सदी तक शूद्रों की आर्थिक हालत में चौतरफा सुधार हुआ, लेकिन इस काल में भी शूद्रों पर एक दूसरी अयोग्यता लाद दी गई। इसके बाद शूद्रों के हाथों का भोजन उच्च वर्ण के लोगों के लिए प्रतिबन्धित हो गया। कलियुग के उपर्युक्त वर्णन से यह प्रकट होता है कि ब्राह्मण दंड लगाने की क्षमता खो रहे थे और कुछ हद तक शूद्रों के याचक भी बन रहे थे। इस तरह अब जोर दंडों के विस्तारण की बजाय आत्मारोपित अलगाव पर स्थानान्तरित हो जाता है। इस बाद के काल के बारे में शर्मा लिखते हैं—"इस काल का पाठ्य बार-बार कहता है कि एक ब्राह्मण को शूद्र का भोजन स्वीकार नहीं करना चाहिए क्योंकि ऐसा करने से उसकी आध्यात्मिक शक्ति घट जाती है। शान्ति पर्वण ब्राह्मण को बढ़इयों, मोचियों, धोबियों और रँगरेजों का भोजन स्वीकार करने से निषिद्ध करता है। याज्ञवलक्य के अनुसार, शूद्रों और पतितों का भोजन स्नातक के लिए स्वीकार्य नहीं है। वह आगे इसे दर्शाता है कि एक स्नातक को नटकिया, बाँस का काम करनेवाला, सोनार, हथियार बेचनेवाला, कारीगर, दर्जी, रँगरेज, कसाई, धोबी या तेली का भोजन ग्रहण नहीं करना चाहिए। क्षत्रियों के लिए कुछ शूद्रों का भोजन छोड़ देने की एक प्रवृत्ति भी शुरू होती है।"[33]

और आगे—"अनुशासन पर्वण घोषणा करता है कि वह आदमी जो शूद्रों का भोजन ग्रहण करता है, वह धरती पर सबसे घृणित वस्तु को निगलता है, मानवीय शरीर का मल-मूत्र पीता है, और दुनिया का गन्दा खाता है।"[34]

वर्णों की स्थिति का वर्णन करनेवाले उपर्युक्त सभी सारांश शर्मा की पुस्तक से लिए गए हैं जो उनकी इस कल्पना को असन्दिग्ध रूप से गलत साबित करते हैं कि शूद्रों की अयोग्यताएँ उनकी सामाजिक आर्थिक दशा से सम्बन्धित थीं। हालाँकि एक तथ्य स्पष्ट रूप से मन में रहना चाहिए। वह तथ्य यह है कि स्मृतियों की निषेधाज्ञा या पुराणों के वर्णन और निषेधाज्ञा जो वास्तविक स्थितियाँ व्याप्त थीं, को प्रतिबम्बित नहीं कर सकते हैं, लेकिन मात्र उस तरीके को प्रतिबिम्बित किया जिसके जरिए उच्च वर्ण के विचार को प्रस्तुत करनेवाले लेखकों ने स्थिति को देखा था या उस तरीके को जिसके जरिए उन लोगों ने वर्णों के सम्बन्धों को व्यवस्थित करना पसन्द किया था, लेकिन दूसरे सन्दर्भ में शूद्रों की सामाजिक हैसियत में जो कुछ भी बदलाव आया हो, जातियों के बीच अलगाव दृढ़ से दृढ़ होता रहा। यहाँ

तक कि हम अपने समय में भी जातियों को जलरुद्ध उपकक्षों में विभाजित पाते हैं जहाँ किसी भी दो जातियों के बीच गतिशीलता पर निरंकुश पोतावरोध आज्ञा लागू है।

यद्यपि जातियों की उत्पत्ति की एकल परिकल्पना के अन्तर्गत जातिप्रथा के सभी विभिन्न पहलुओं को समेटना सम्भव नहीं है, कम-से-कम तीन उच्च वर्णों और शूद्रों के बीच के मौलिक विभाजन को पूर्ण ढंग से दो भिन्न संस्कृतियों (अनिवार्यत: दो भिन्न नस्ल नहीं) से आनेवाले लोगों के बीच प्रभुत्व और पराधीनता के सम्बन्ध से व्याख्यायित किया जा सकता है। रिज्ले ने सचमुच में एक व्यक्ति पर भिन्न नस्ल/जाति से आनेवाले दूसरे व्यक्ति की विजय के शब्दों में जातियों की व्याख्या करने का प्रयास किया है, लेकिन वह जो विस्तृत प्रक्रिया बतलाता है, वह असन्तोषप्रद है। उसके अनुसार, इस सम्पर्क से अनियमित संयोग के कारण वर्णसंकर पैदा होते हैं और इस प्रक्रिया में अनेक संयोजन भिन्न-भिन्न जातियों में विकसित होते हैं। वह अमेरिका के दक्षिणी राज्यों के अश्वेतों की हैसियत की तरफ इशारा करता है, लेकिन हटन ने उचित ढंग से पता लगाया है, यह अमेरिका के उत्तरी राज्यों के अश्वेतों की स्थिति की व्याख्या करने में विफल हो जाता है क्योंकि उनकी स्थिति दक्षिणी राज्यों के अश्वेतों से बिलकुल भिन्न है। खुद भारत के मामले में प्राचीन धार्मिक पुस्तकों में वर्णित अनियमित विवाहों से अनेक जातियों की उत्पत्ति का सिद्धान्त महज कल्पित है तथा इनका आविष्कार उन विविध जनजातियों को जो धीरे-धीरे भारतीय समाज में आत्मसात् कर ली गई, निश्चित स्थान प्रदान करने के लिए किया गया। अनेक जनजातियाँ जिनकी उत्पत्ति इस तरह से वर्णित है, बिलकुल अभिज्ञेय हैं।

स्वामी और प्रजा का सम्बन्ध और सम्पर्क निस्सन्देह जातियों की उत्पत्ति का मूल है, लेकिन यह सम्बन्ध केवल निश्चित उन्हीं विशेष स्थितियों में जातियों की उत्पत्ति की तरफ ले जाता है जब एक अधीनस्थ जाति जो भिन्न संस्कृति से आती है, निश्चित बाह्य या आन्तरिक विषय के कारण आर्थिक या राजनीतिक शक्ति के रूप में उठना शुरू कर देती है या हलचल की अवस्था में होती है। जातियाँ—स्वामी और प्रजा (अधीनस्थ) के बीच के मूल सम्बन्ध (जो सामान्य रूप में लिया जाता है) को धमकाते हुए पैदा होती हैं अथवा यह तब पैदा होती है जब किसी विषय के चलते शासकों की सुरक्षा और आर्थिक स्थिति कमजोर पड़ने लगती है। दोनों ही प्रसंगों में पूर्ववर्ती स्वामियों के अहं को धमकी मिलती है। ऐसी धमकी के तहत वैसे लोग जो स्वयं को स्वाभाविक शासक समझते हैं, श्रेष्ठता के अपने निजी बोध को अधीनस्थों पर विविध तरह की अयोग्यताएँ लादने का प्रयास कर सहारा देते हैं तथा श्रेष्ठता के अपने निजी बोध के तमगे को ईजाद करते हैं। जब अयोग्यताएँ लागू करने की उनमें शक्ति नहीं रहती है तो वे पूर्ववर्ती अधीनस्थ जाति के सम्पर्क से स्वयं को अलग-थलग रखने का प्रयास करते हुए अपने निजी सामाजिक कवच में वापस डूब जाते हैं। प्रथम प्रसंग में अलगाव अधीनस्थों पर और दूसरे प्रसंग में

यह अलगाव स्वयं पर लादा जाता है। इस सुरक्षा क्रियाविविध का इस्तेमाल कर जबकि एक वस्तुनिष्ठ तरीके से, सामाजिक या आर्थिक रूप से डूब रहा होगा, एक का आत्मसम्मान इस अनुभूति से पुन:स्थापित हो सकता है कि वह एक सन्दर्भ में, कम-से-कम भिन्न है और इसलिए श्रेष्ठ है।

इस परिकल्पना का उपयोग कर भारत में जातियों की घटना को व्याख्यायित करना सम्भव है। इस आधार पर अमेरिका के दक्षिणी राज्यों में और उत्तरी राज्यों भी हुए जाति जैसे विकास की भी व्याख्या हो सकती है। यह परिकल्पना हैसियत और आत्मसम्मान की जरूरत जैसी मौलिक मनोवैज्ञानिक विशेषताओं की भूमिका से सम्बन्धित पूर्व के अध्ययन के परिणामों से भी मेल खाती है।

चूँकि प्राचीन भारत में किसी बड़े पैमाने पर गुलामी के अस्तित्व का कोई साक्ष्य नहीं है, विजेता आर्य जनजातियों और अधीनस्थ जनजातियों के बीच वास्तविक सम्बन्ध उसी तरह का था जो सम्बन्ध केल्टों का ब्रितानी द्वीपों के दासोचित लोगों के साथ अपने आरम्भिक काल में था। बर्नी ने इसका वर्णन किया है अर्थात् जीते गए लोगों की व्यवस्था ज्यादा बाधित नहीं थी बल्कि वे वस्तुओं और सेवाओं के रूप में निश्चित तरह के आहरणों के अधीन थे। आज भी भिन्न-भिन्न जातियों से आनेवाले लोगों के गाँव भारत के अनेक हिस्सों के बृहत्तर गाँव को कब्जा किए हुए हैं। कम-से-कम उनमें से कुछ भिन्न जनजातियों के अलग गाँव के चिह्न होने का आभास देते हैं। आरम्भिक केल्टी लोगों का वर्णन भारत में आरम्भिक सामाजिक जीवन के बारे में हम जो तसवीर जुटाते हैं, उसे दूसरी समरूपता भी प्रदान करता है। बर्नी इस स्थिति का निम्नलिखित वर्णन प्रस्तुत करते हैं—"प्रधानों, अभिजातों और ड्रूइडों की शक्तिशाली पुरोहित जाति ने एक विशेषाधिकार प्राप्त अभिजात तंत्र का निर्माण किया था जबकि स्वतंत्र लोगों के अधीन अस्वतंत्र लोगों का सीधा अधीनीकरण दुर्लभ था। दास श्रम की प्रथा को संगठित करने की कठिनाई जो रोमन लतिफंदिया या बाद में अमेरिका के दक्षिणी उपनिवेशों के वक्त महसूस किया गया, दासवर्ग के अपने निजी गाँवों में उनके अलगाव को बढ़ा दी। इस तरह स्वतंत्र और अस्वतंत्र गाँव साथ-साथ अस्तित्व में आए।"[35]

यह मान लेना तर्कसंगत है कि तीन उच्च वर्णों की उत्पत्ति सामान्य प्रक्रिया से जैसे-जैसे युद्ध बारम्बार और आर्थिक होते गए और सामाजिक जीवन अपेक्षाकृत जटिल होते गए, श्रम विभाजन के कारण हुई थी। कार्य का ऐसा विभाजन और विशेष रूप से पुरोहितीय वर्ग का उदय अधिसंख्य संस्कृतियों के लिए सामान्य है, लेकिन शूद्रों का चौथा वर्ण ऊपर में दिए गए कारणों से पैदा हुआ था।

ऐसा प्रतीत होता है कि पहले शूद्र जनजाति को अधीन में कर स्वामी और प्रजा का एक सम्बन्ध स्थापित किया गया। इस काल में स्वाभाविक रूप से आर्य शासकों के श्रेष्ठ स्थान को अधीनस्थों की तरफ से कोई धमकी नहीं थी। स्वाभाविक रूप

से आर्य शासकों का अधीनस्थ लोगों के प्रति न तो वैर है न ही उनके द्वारा उन्हें स्वयं से दूर रखने का कोई प्रयास होता है। तब आर्यों की स्वाभाविक श्रेष्ठता के बोध की निश्चित कारक जड़ खोदे होंगे। ये ही निश्चित अनार्य वंशों की शक्ति, यूनानियों, शकों, कुषाणों वगैरह जैसे विदेशियों के हमले, ब्राह्मणों के नियम के आधार की जड़ खोदनेवाले बौद्ध सरीखे धर्म का उदय तथा शूद्रों की आर्थिक हालत में सुधार जो सर्वोत्कृष्ट शिल्पकार रहे जान पड़ते हैं, के विकास रहे होंगे। यह उदय अपरिहार्य था क्योंकि गुप्तकाल में व्यापार और उद्योग शीर्ष पर पहुँच रहा था। शर्मा का अध्ययन खुद इस चीज को दर्शाता है कि ये सभी तथ्य काम कर रहे थे।

स्वाभाविक रूप से उच्च वर्णों और विशेषकर पुरोहित ब्राह्मणों ने अपना स्थान नीचे गिरते हुए पाया और इस तथ्य पर क्षोभ प्रकट किया। अपने स्तर को नीचा गिरने से रोकने के लिए उन्होंने विविध निषेधाज्ञाओं, जिनका वर्णन हमने ऊपर में किया है, के माध्यम से शूद्रों पर सामाजिक अयोग्यताओं को लादने का प्रयास किया। आरम्भिक काल में जब उनके पास अभी भी सत्ता थी, उन्होंने अपने आदेशों के उल्लंघन हेतु जुर्माना लगाने का प्रयास किया, लेकिन बाद के काल में उनके लेख एक धमकी के विरुद्ध महज नपुंसक गुस्सा ही थे और उसका सामना कर पाने में वे शक्तिहीन थे। हम स्पष्टत: ऊपर में वर्णित कलियुग के वर्णन में पराभवशील वर्ग का एक निस्सहाय क्रन्दन सुनते हैं। उसी प्रकार अनुशासन पर्वाण से लिए गए उपर्युक्त उद्धरण में हम नपुंसक पुरोहिती की तरफ इसके अपने वर्ग के गरीब बनाए गए सदस्यों के विरुद्ध, जो शूद्रों से मिलनेवाले बढ़िया भोजन के लालच में इसकी निषेधाज्ञाओं की अवहेलना करने तक को प्रवृत्त जान पड़ते हैं, अभिशाप देते हुए देखते हैं। इस भावना का एक प्रतिरूप शूद्रों को साक्षार ज्ञान लेने से रोकने का प्रयास भी था जो उच्च वर्ण के लोगों का एकाधिकार था और यह श्रेष्ठता के उनके अन्तिम दावे के रूप में अब प्रकट हुआ हो सकता है।

यह अब इस बात की व्याख्या करेगा कि क्यों जैसे-जैसे शूद्रों की आर्थिक हालत सुधरती गई, शूद्रों के विरुद्ध नियमन (निस्सन्देह सैद्धान्ति) और ज्यादा क्रूर और सख्त होते चला गया।

अमेरिका के दक्षिणी भागों में हम एक सदृश स्थिति देखते हैं। जब तक श्वेत लोग अश्वेत गुलामों के निर्विवाद मालिक थे, अश्वेतों को अलग करने का कोई प्रयास नहीं था। अश्वेत गुलाम श्वेतजनों के परिवार और खेतीबारी की देखभाल करते थे। वे घर का हिस्सा थे और किसी को श्वेत लोगों द्वारा छोड़ी गई गन्ध के विरुद्ध कोई शिकायत नहीं थी, लेकिन गृहयुद्ध और पुनर्निर्माण के बाद चीजें बदल गईं। गृहयुद्ध ने अश्वेत गुलामी का अन्त कर दिया। पुनर्निर्माण स्वतंत्र नागरिकों की आवश्यकताओं के सुसंगत अश्वेतों के जीवन को पुनर्संगठित करने का एक असफल प्रयास था। इसी समय से अश्वेतों के प्रति वैमनस्य भी बढ़ा। कू क्लक्स

क्लान, रेगुलेटर और जेहॉकर इत्यादि सरीखे गुप्त आतंकवादी संगठन अश्वेतों को 'उनका स्थान' दिलाने के लिए अस्तित्व में आए। इसी काल के बाद अलगाव भी प्रकट हुआ और विकसित होते गया। जॉन होप फ्रैंकलिन इस स्थिति का निम्नलिखित शब्दों में वर्णन करता है—"एक बार अश्वेतों को मताधिकार से वंचित कर दिया गया तो श्वेत श्रेष्ठता के लिए आवश्यक हर चीज की जा सकती थी। श्वेत लोकतांत्रिक प्रारम्भिक निर्वाचनों के उदय के साथ जिससे पार्टी के नियमों के जरिए अश्वेतों को निकाल दिया गया था, श्वेतों ने विधिवत ढंग से नस्लों को पूरी तरह अलग करने हेतु प्रस्ताव पारित कर लिया क्योंकि उनके बीच सामान्य सम्बन्ध नहीं हो सकता था। नस्लीय अलगाव का कानून केवल 1868 में गायब हो जाने हेतु पुनर्निर्माण के दौरान एक संक्षिप्त आभास दिया था। जब कंजर्वेटिवों को सत्ता मिली तो उन्होंने नस्लों के भेदभाव को पुनर्जीवित किया। 1870 में टेनेस्सी में दक्षिणवासियों ने सभी दक्षिणी राज्यों में नस्लों के अन्तर्विवाह के विरुद्ध कानून बनाया, यह शुरुआत थी। पाँच साल बाद टेनेस्सी ने पहले 'जिम क्रो' कानून को अपनाया और इसके बाद शेष दक्षिणी राज्य तेजी से इस मार्ग को अपना लिए। अश्वेत और श्वेत ट्रेनों, बस अड्डों और घाटों पर अलग-अलग रहते थे। सदी के अन्त तक अश्वेतों को श्वेत होटलों, नाई की दुकानों, रेस्तरांओं और थियेटरों से सुप्रीम कोर्ट द्वारा 1883 में सिविल राइट्स एक्ट 1875 को गैरकानूनी घोषित करने के बाद प्रतिबन्धित कर दिया गया। 1885 तक अधिकांश दक्षिणी राज्यों में अलग विद्यालयों की जरूरतवाले कानून बन गए थे।"[36]

हाल में सुप्रीम कोर्ट द्वारा विद्यालयों के पार्थक्य को गैर-कानूनी घोषित किए जाने के बाद अमेरिका के दक्षिणी राज्यों के अनेक क्षेत्रों में श्वेतों के प्रयास रहे हैं कि अपने बच्चों को राज्य से बाहर ले जाकर विशुद्ध निजी श्वेत विद्यालयों में नामांकित कराया जाए। इस तरह सर्व-श्वेत विद्यालय हर जगह फैले हुए थे। अनुमान लगाया जाता है कि भारी आर्थिक बोझ और अध्यापन की सन्तोषप्रद स्थिति नहीं होने के बावजूद 1970 के मध्य तक 300,000 से 400,000 बच्चों को इन सर्व-श्वेत निजी विद्यालयों में भेजा गया। यह ठीक बाद के दिनों के ब्राह्मणों के उस प्रयास की तरह था जब ब्राह्मण शूद्रों पर अयोग्यताएँ आरोपित करने की शक्ति खोने के बाद स्वयं को शूद्रों के सम्पर्क से दूर रखने का प्रयास करने लगे। हमने पहले ही अध्याय-2 में उल्लेख किया है कि कैसे बिना सामान्य कानूनी कार्रवाई के प्राणदंड की सजा देना आर्थिक पीड़ा से उत्पन्न होनेवाले असुरक्षा के बोध से जुड़ा हुआ है।

दक्षिणी अफ्रीका में अपनाई गई रंगभेद की नीति के लिए समान स्पष्टीकरण दिया जा सकता है। वहाँ भी जब तक श्वेतों की श्रेष्ठता को अश्वेतों द्वारा सम्मान दिया गया, नस्लों को पृथक् करने का कोई प्रयास नहीं किया गया, लेकिन लोगों का मानसिक परिवेश तेजी से बदल रहा था। अन्तरराष्ट्रीय फलक पर अश्वेत लोग

अपने मन से दस्तक दे रहे थे। एशिया और अफ्रीका के अनेक अश्वेत राज्यों को आजादी मिल चुकी थी। श्वेत नस्लों की श्रेष्ठता का रहस्य बेपर्दा हो चुका था। खुद दक्षिण अफ्रीका के अश्वेत इन विकासों से बेखबर नहीं रखे जा सकते थे। स्वाभाविक रूप से अधिकारों के लिए शोरगुल हुआ जो अभी तक उन्हें नहीं दिए गए थे। इस चुनौती के बावजूद अश्वेत लोगो के जगने तथा श्वेतों की तरह समान राजनीतिक अधिकारों की माँग करने से ऐसा हुआ कि रंगभेद की नीति को श्वेतों के प्रभुत्व का निर्वाह करने का एकमात्र उपाय समझा गया। मोनिका इंटर दक्षिण अफ्रीका के शासक श्वेत और पराधीन बन्तुसों के बीच के सम्पर्क के फलस्वरूप मनुष्यों के मनोभावों के कुछ साफ उदाहरण प्रस्तुत करती हैं। वह लिखती हैं—"चूँकि क्षेत्रीय और आर्थिक पार्थक्य संघ के भीतर बन्तु के लिए 'अपने निजी मार्गों से विकास वास्ते' असम्भव योजनाएँ हैं, महज एक पवित्र आशा के रूप में रहना चाहिए। अपने सान्निध्य के फलस्वरूप बन्तु और यूरोपीय संस्कृतियों का पहले से ही गहन संशोधन हो गया है...यूरोपीय संस्कृति में सामंजस्य सामाजिक और आर्थिक अश्वेत प्रतिबन्धों, उसके फलस्वरूप समूह के भीतर सामाजिक अन्तरों का दाग, 'काफिर कार्य' और अन्तरात्मक नस्लीय क्षमता के विकास में बहुत ज्यादा स्पष्ट है।"[37]

और आगे शिक्षितों के प्रति दिखाए गए असामान्य तिरस्कार, क्योंकि वे श्वेतों को अपना स्वाभाविक श्रेष्ठ नहीं मान सकते थे और श्वेतों के आत्मसम्मान के लिए एक धमकी गढ़ चुके थे, को उद्धृत करते हुए वह लिखती हैं—"...डॉ. मोलेमा टिप्पणी करते हैं, यह शिक्षित बन्तु ही है जो नस्लीय अनुभूति का आघात सहते हैं क्योंकि उनमें से अनेक लोग यूरोपवासियों का नौकर बने बिना उनके घनिष्ठ सम्पर्क में आ जाते हैं। जब तक अश्वेत व्यक्ति एक नौकर रहता है, वह उनके भोजन, बच्चों की देखभाल कर सकता है, उनके घरों में प्रवेश कर सकता है, उनके साथ पलंग पर बैठ सकता है, एक ही डिब्बे में उनके साथ घूम सकता है—लेकिन जिस क्षण वह स्वतंत्र हो जाता है, यूरोपवासी उसे निर्वासित कर देते हैं।"[38]

आरम्भिक हिन्दू कानून की किताबों की तरह बन्तुओं और यूरोपवालों के लिए समान अपराध के लिए पक्षपातपूर्ण सजा की व्यवस्था है—"एक श्वेत औरत पर प्रहार करने के अपराध में एक अश्वेत को फाँसी दे दी जाती है, एक अश्वेत महिला पर प्रहार करने के जुर्म में एक श्वेत व्यक्ति को अल्पकालीन कारावास मिलता है।"[39]

समय और स्थान के तहत इतना व्यापक पृथक् क्षेत्रों में मनोभावों के ये मिलते-जुलते रूप स्पष्ट रूप से यह दर्शाते हैं कि भारत में जातियों की अनोखी संस्था के निर्माण में वही क्रियाविधि काम करती होगी।

एक बार समाज में बड़ा विभाजन कर दिया गया, नई जनजातियाँ जो इस समाज के सम्पर्क में आई थीं, उनका आत्मसात्‌करण उसी तरह से घटित हुआ होगा। नई जनजातियों ने विकास के अपने निजी स्तर के अनुसार श्रेणीक्रम में स्थान

ग्रहण किया। अपेक्षाकृत अधिक आदिम जनजातियों ने इस श्रेणीक्रम में एक निम्नतर स्थान ग्रहण किया। कुल मिलाकर नये आगन्तुकों को पुराने लोगों की तुलना में घाटा था क्योंकि अपरिचित जीवनशैली के प्रति अनादर और उससे स्वाभाविक भय व्याप्त था। यह घटना आधुनिक अमेरिका में भी पाई जानेवाली है जहाँ हैसियत क्रम परम्परा (अश्वेतों से सम्बन्धित क्रम परम्परा से अलग) की तरह एक जाति विकसित हुई है,जो समय अनुक्रम पर आधारित है जिसमें विभिन्न राष्ट्रीयताओं से सम्बन्धित मनुष्य अमेरिका आए थे। इस घटना के सम्बन्ध में लियोनार्द रेइजमैन लिखता है—"अमेरिका के प्रसंग में वेबर ने यह बतलाया कि कुछ उच्च वर्ण हैसियत समूह प्रवेश हेतु पूर्वापेक्षाओं को स्थापित कर जोकि देर से आनेवालों के लिए सुलभ नहीं थी, जातीय अति की तरफ बढ़ रहे थे। वर्जीनिया के प्रथम परिवार, अमेरिकी क्रान्ति की पुत्रियाँ यो में पुष्प के उत्तराधिधारियों का समाज उक्त प्रवेश हेतु जोकि उपलब्ध नहीं थे, के लिए योग्यताओं का उपयोग करनेवाले हैसियत संगठनों के उदाहरण थे।"[40]

इसके साथ ही उन लोगों की निम्न सामाजिक हैसियत ने, जोकि सभी प्रकार के शारीरिक श्रम में लगे हुए थे, सभी हाथ से काम करने का अनादर किया। वे जो खासकर कष्टसाध्य धन्धों में लगे हुए थे, विशेषकर यदि उनका काम गन्दा था और यदि उसे शवों से जुड़ा काम करना था, अनादर के पात्र बन गए और उनके साथ सम्पर्क प्रतिबन्धित हो गया। यह सम्भव है कि इस तरह का काम अत्यन्त आदिम जनजातियों को सौंपा गया जो गाँव और शहरों के किनारों पर बसते थे। यही चंडालों का मूलस्रोत रहा होगा। हटन बर्मा के अछूतों के एक वर्ग संडाल के अस्तित्व की ओर इशारा करता है जो भारत के चंडाल के निकट समानान्तर है। उसके अनुसार इस वर्ग में ताबूत निर्माता, कब्र खुदाई करनेवाला, कब्रिस्तान या श्मशान में काम करनेवाला और शवों का निपटान करने में शामिल रहता है। वह इस कोटि में जापान के 'एटा' को भी जगह देता है।[41]

इस तरह अनेक अन्य स्वरूप भारतीय समाज को विभाजित करनेवाली एक बड़ी दरार से जुड़े हो सकते हैं।

समाज में मुख्य जाति विभाजनों के लिए विशेष मनोवैज्ञानिक स्थिति को जिम्मेवार ठहराते हुए हम यह पता लगा सकते हैं कि फासीवाद, जोकि खुद भी निश्चित जाति सरीखे स्वरूपों को प्रदर्शित करता है, इसकी भी जड़ें कुछ इसी तरह की मनोवैज्ञानिक स्थितियों में जमी होती हैं। यहाँ एक मध्यवर्ग जिसकी स्थिति उच्च और निम्नवर्ण के सापेक्षतया धमकाई हुई होती है, वह उसी तरीके प्रतिक्रिया करता है तथा सामाजिक सम्बन्धों को खुद के लिए अधिकतम सुरक्षा प्राप्त करने के लिए ठप्प करने का प्रयास करता है। यह मनोवैज्ञानिक स्थिति तब पैदा होती है जब एक तरफ एकाधिकारों का विकास तथा दूसरी तरफ शक्तिशाली श्रमिक संगठनों,

विभागीय भंडारों, सहकारिता इत्यादि के विकास छोटे उद्योगपतियों, दुकानदारों, छोटे किसानों इत्यादि की स्थिति को धमकी देते हैं। यह मध्यवर्ग जो खुद को मजदूरों से श्रेष्ठ समझता है तथा उच्च वर्ग हैसियत की आकांक्षा रखता है, यह पाता है कि एक वर्ग के रूप में यह महाकाय कॉरपोरेशनों और महाकाय मजदूर संगठनों के बीच निचोड़ा जा रहा है। इन प्रवृत्तियों को जामकर यह अपनी स्थिति को सुरक्षित बना सकता है। स्वयं को राष्ट्रवाद और युद्ध के महिमामंडन जैसे आदर्शों के साथ पहचान देकर भी, जिसमें इसकी महत्त्वपूर्ण भूमिका हो सकती है, इसका अपना हैसियत बोध बढ़ता है। यह स्वाभाविक है कि आन्दोलन मजदूर वर्ग की अपेक्षा उन एकाधिकारवादियों के प्रति ज्यादा दुश्मन हो सकता है जो अन्ततः इसके आदर्श रहते हैं। जाति-सदृश विशिष्टता दृढ़ क्रम परम्परा पर फासीवादी जोर में ज्यादा स्पष्ट रूप से दृष्टिगोचर होती है। इस तरह एक वर्ग जो मूलतः निम्न क्रमों में फिसल जाने के खतरे में था, वह जानता है कि वह कहाँ खड़ा है और सुरक्षित अनुभव करता है।

पूर्व का विमर्श यह अनुमोदन करता है कि सामाजिक विभाजनों के विविध रूपों को विशुद्ध आर्थिक शब्दों में नहीं समझा जा सकता है। हालाँकि सभी प्रकार के सामाजिक विभाजन में हैसियत की चिन्ता महत्त्वपूर्ण स्थान ग्रहण कर लेती है। हमने देखा है (अध्याय-2) कि हैसियत का आग्रह मनुष्यों के अन्दर के प्राथमिक आग्रहों में से एक है। यह सामाजिक जीवन में आवश्यक है क्योंकि यह समाज को एक बनाए रखने में मदद करता है। समूह में रहनेवाले मनुष्यों को अपनी विविध गतिविधियों के लिए मार्गदर्शन की प्रत्याशा होती है। उच्च हैसियत के व्यक्ति स्वाभाविक रूप से समाज के अन्य व्यक्तियों के लिए मार्गदर्शक और आदर्श बन जाते हैं, लेकिन हैसियत का अनिवार्यतः मतलब विशेषाधिकार नहीं होता है। वस्तुतः आदिम समाजों में बुजुर्ग या प्रधान भी बहुत-से विशेषाधिकारों का इस्तेमाल नहीं करते हैं। एक विशेष पत्थर, एक पंख या मुखौटा या एक टोगा (रोमन सिनेटरों का) हैसियत के प्रतीक के रूप में पर्याप्त होता है, लेकिन विशेष परिस्थिति में हैसियत के प्रति इस सम्मान को मनुष्यों ने विशेषाधिकारों का ढेर लगाने हेतु इस्तेमाल किया है जिसकी न तो समाज में हैसियत की विशेष भूमिका हेतु, न ही हैसियत के अर्जन हेतु जरूरत होती है।

परन्तु एक बार विशेषाधिकार अर्जित कर लिए जाते हैं तो उन्हें स्थायी बनाए रखने के विशेष प्रयास किए जाते हैं। इन विशेषाधिकारों को स्थायी बनाने का सबसे सामान्य तरीका है, हैसियत के अर्जन हेतु उन मूल्यों के महत्त्व पर जोर देना जो खास विशेषाधिकारों के निर्वहन हेतु लाभप्रद होता है। उदाहरणस्वरूप, एक बुर्जुआ समाज में सम्पत्ति के मूल्य पर सदैव जोर दिया जाता है। आधुनिक औद्योगिक समाज में अभिजात वर्गों की ओर से कार्य कुशलता और मेधा (विशेषाधिकार प्राप्त व्यक्तियों के पक्ष में व्याख्यायित) पर विशेष जोर देने का प्रयास किया जाता है। उसी तरह

सामन्ती व्यवस्था के अन्तर्गत युद्ध सम्बन्धी जोश को बड़े मूल्य की एक वस्तु बना दिया गया। जाति समाज में जन्म पर काफी झट-से यह जोर दिया जाता है कि उसमें यह मूल्य विद्यमान है, लेकिन यथार्थ में यह सब विशेषाधिकार कायम रखने का एक उपकरण है जिसे इसके अपने आधार पर न्यायोचित नहीं ठहराया जा सकता था।

लेकिन वस्तुनिष्ठ रूप से देखने पर ये विशेषाधिकार अर्थव्यवस्था केवल एक अनावश्यक दबाव डालते हैं जिससे गरीबी का बृहत् क्षेत्र अस्तित्व में आ जाता है, वहाँ पर भी जहाँ इनके अस्तित्व की कोई जरूरत नहीं है। भौतिक पुरस्कारों को हैसियत के साथ पहचानने से एक प्रभाव बनता है जिसका वर्णन लेंस्की ने एक-दूसरे सन्दर्भ में निम्नलिखित शब्दों में किया है—"यह मायने नहीं रखता है कि वह कितना अधिक उत्पादन और उपभोग करता है, वह हमेशा ज्यादा की इच्छा रखता है। यह मुख्यत: इसलिए सही है क्योंकि उसके द्वारा उपभोग की जानेवाली वस्तुओं और सेवाओं का एक हैसियत मूल्य है और उपयोगिता सम्बन्धी मूल्य भी। यदि स्वचालित वाहन नियंत्रित करने में सक्षम समाज अन्ततः इस माँग को सन्तुष्ट कर सकता था। हालाँकि स्वचालित वाहन भी हैसियत के प्रतीक होते हैं; इसलिए इनके सुधार की माँग और इनके उत्पादन में व्यवहृत वस्तुओं और सेवाओं की कोई सीमा नहीं है। हैसियत प्रयास का वही स्वभाव इसे अपरिहार्य बना देता है कि माँग आपूर्ति से ज्यादा होती।"[42]

निस्सन्देह यह हैसियत की माँग ही नहीं है बल्कि स्वचालित वाहनों से हैसियत की पहचान है जो इस अभाव तक ले जाती है। जैसाकि हम पूर्व के अध्याय में देख चुके हैं, हैसियत को व्याग से भी पहचाना जा सकता है। बौद्ध भिक्षुक के मामले में इसे देखा जा सकता है। यह पूरी स्थिति को बदल सकता है।

लेकिन विशेषाधिकार एकबारगी पैदा नहीं हुए हैं। इसकी उत्पत्ति जैसाकि हमने पूर्व में देखा है, मानव समूहों के बीच के विवाद में निहित है। इन विवादों के क्रम में जिन लोगों ने सत्ता हथियाई, उन लोगों ने विशेषाधिकार भी अर्जित किए, पहले उनकी कीमत पर जो परास्त थे, और बाद में अनेक तरह से इसको स्थायी बनाने के प्रयास किए। विशेषाधिकार हर स्थिति में पूरी तरह से सत्ता से जुड़ा रहा है। जिनके पास सत्ता होती है, उनकी पहुँच विशेषाधिकारों तक होती है। विशेषाधिकार प्राप्त कर सत्तासीन व्यक्ति इसे हैसियत से जोड़कर देखने का प्रयास करता है।

5

पूर्व का विमर्श उन आधार वाक्यों में से कुछेक पर सवालिया निशान लगाता है जिन पर समाजवादी आन्दोलन (खासकर इसका मार्क्सवादी रूपान्तर) टिका हुआ था। कम-से-कम यह उस आन्दोलन के शुरुआती आशावाद को प्रभावहीन बनाता है। इस धारणा को खत्म करता है कि निश्चित भौतिक अवस्थाएँ स्वत: समाजवादी बदलाव के लिए सभी नैतिक और मनोवैज्ञानिक दशाओं को पैदा करती हैं। हमने यह भी देखा है कि इसे महज शासक वर्ग के एक अंग के रूप में देखनेवाला राज्य की प्रकृति का साधारण सिद्धान्त कहीं से सन्तोषजनक नहीं है। दूसरी तरफ राज्य वर्गों की पर्याप्त स्वतंत्रता का खयाल रखता हुआ प्रतीत होता है और मनुष्यों की उस सभा के विशेषाधिकारों को स्थायी बनाने हेतु जिसके संचालन हेतु मनुष्य ही जवाबदेह होते हैं, वर्ग संघर्ष में जोड़-तोड़ करता है। हमने यह भी देखा कि वे जिनके पास राजनीतिक सत्ता होती है, एक विशेषाधिकारयुक्त वर्ग में विकसित होने के लिए इसका इस्तेमाल कर सकते हैं। हमने जिस दूसरे कारक पर विचार किया, वह था, कुलीन तंत्र का विकास। यह कुलीन तंत्र उस पर जगह विकसित हुआ जहाँ पर बड़े-बड़े संगठन खड़े हुए। यह समाजवादी आन्दोलन के समक्ष एक दूसरी समस्या खड़ी कर देता है। इस संगठनात्मक कुलीनतंत्र से समतावादी आदर्श खत्म हो जा सकते हैं; क्योंकि पूर्व के शासक वर्गों से संघर्ष जितना ही तेज होते जाता है, यह संगठनात्क कुलीन तंत्र उतना ही अधिक शक्तिशाली बनते चला जाता है।

सर्वसत्तावाद की सत्ता प्रेरणा की स्वाभाविक प्रवृत्ति उस आन्दोलन के दूसरे खतरों का पूर्व संकेत देती है जो अपनी शुरुआती सफलता के लिए अत्यधिक केन्द्रीकृत राज्य मशीन पर निर्भर रहता है। चूँकि यह साबित हो चुका है, एक बार ऐसा कोई केन्द्रीकृत राज्य कायम हो जाता है तो सब पर अपना प्रभुत्व जमाने की इच्छा से इसमें ज्यादा-से-ज्यादा शक्ति जुटा लेता लेने की प्रवृत्ति आ जाती है। इससे संघर्ष और युद्ध तैयारी का एक स्थायी राज्य पैदा हो जाता है जो समता और उदारीकरण के विरुद्ध एक तर्क बन जाता है।

हमने यह देख लिया है कि मनुष्य ने खास स्थितियों का आदी बनानेवाला तंत्र (अध्याय-2) और सुरक्षा की खोज सभी सामाजिक निर्माणों में परम्परा और पक्के

रूढ़िवाद की पकड़ को मजबूत बनाती है। यह शीघ्र ही इससे स्पष्ट हो जाएगा कि अरस्तू और अनेक लेखकों का आन्दोलनों को रोकने के उपायों से अत्यधिक सरोकार अनावश्यक था। शासन आसानी से बदला जा सकता है, लेकिन समाज में बुनियादी बदलाव लाना काफी कठिन होता है। अधिकांश मामलों में जो चीज आन्दोलन के रूप में जानी जाती है, वह केवल शासकों के समूह में जनता के जीवन की दशा या तरीके को बदले बगैर एक बदलाव लाती है, लेकिन जहाँ निश्चित दिशाओं में कुछ बड़े बदलाव होते हैं, वहाँ भी नई प्रतिमाओं और अपधर्मों के साथ रूढ़िवादी सिद्धान्तों का एक नया समूह उस नई व्यवस्था के अन्दर कायम हो जाता है।

चूँकि बड़ी क्रान्तियाँ सदियों में केवल एक बार ही हो पाती हैं, इसलिए दो क्रान्तियों के बीच की प्रगति के अवरोधक सामाजिक मलबों के नियमित निष्पादन का कोई प्रभावशाली उपाय नहीं रहता है। यह आवश्यकता से अधिक किसी क्रान्ति को हिंसक बना देता है। यह सर्वसत्तावादी प्रथा को पालता-पोसता भी है क्योंकि जो लोग क्रान्ति करते हैं, वे न केवल क्रान्ति की केन्द्रीय बड़ी समस्या का निपटारा करते हैं बल्कि उन्हें सम्बन्धित रुझानवाले लोगों और पूर्व की प्रथा या व्यवस्था के चारों ओर जमा हुई परम्पराओं का भी निपटारा करना होता है। यह पुन: इस तथ्य से जाहिर होता है कि हमारे समय की कुछेक बड़ी क्रान्तियों का अनुसरण करनेवाले सर्वसत्तावादी शासनों के बावजूद उनके अन्दर की बुनियादी मूल्य प्रथा बदली नहीं है। इस तरह हम देखते हैं कि उन देशों में भी जो बुर्जुआ सम्पत्ति को नष्ट कर देने का दावा करते हैं, पैसे के लिए काम करने की बुर्जुआ प्रवृत्ति पहले की तरह बनी रहती है।

हाल के वर्षों में पूरी दुनिया से प्राप्त अनुभवों के आलोक में दूसरे रहस्य से घृणा करने की जरूरत है। यह किसी क्रान्ति की आवश्यक तर्कसंगतता का रहस्य है—यह विश्वास कि आन्दोलन की आवश्यकता ठीक उस वक्त महसूस होती है, जब यह कोई सामाजिक उद्देश्य पूरा कर रहा होता है और उस वर्ग के द्वारा किया जाता है जो अपनी माली हालत के कारण इस कार्य हेतु विशेष रूप से उपयुक्त हो हैं। समाजवादी आन्दोलन के लिए वर्तमान युग में औद्योगिक सर्वहारा यह भूमिका निभानेवाले थे। मुख्य रूप से इस विश्वास को हाल के वर्षों की घटनाओं ने झुठला दिया है। दूसरी तरफ सुधारवादी आन्दोलन का आवेग उन वर्गों से आ रहा प्रतीत होता है जो नई व्यवस्था से सामंजस्य बैठाने में असफल हो चुके हैं तथा अलग-अलग महसूस करते हैं। हमने पहले ही यह चर्चा की है कि कैसे उन क्षेत्रों में व्यापक आन्दोलनकारी उबाल रहता है जो गैर-औद्योगिक क्षेत्रों से आनेवाली बहुत अधिक आबादी के साथ द्रुत औद्योगिक विकास की प्रक्रिया में (अध्याय-2) होते हैं। इससे यह चीज भी स्पष्ट होती है कि माओ ने क्यों मार्क्स और एंगेल्स की उस घृणा की क्रान्तिकारी ऊर्जा गरीब सर्वहारा को निकाल देने का प्रयास किया था। हाल का अनुभव आगे यह बतलाता है कि अधिकांश सुधारवादी आन्दोलनों का

हरावल स्थापित औद्योगिक मजदूरों की अपेक्षा आबादी का दूसरा समूह रहा है। छात्र, गरीब सर्वहारा, किसान और बुद्धिजीवियों का एक वर्ग इन सबने उस वर्ग से ज्यादा क्रान्तिकारी शक्ति दिखाई है, जिन पर यह लम्बे समय से समर्पित था।

अमेरिका, फ्रांस, इटली तथा पश्चिम के अधिकांश दूसरे देशों में छात्र और अपेक्षाकृत नये अकुशल मजदूर तथा नीग्रो की तरह बाहरी लोगों ने ही क्रान्तिकारी मंच पर मुख्य अभिनेताओं की भूमिका निभाई है। फ्रांस में छात्र और बुद्धिजीवी ही मई 1968 ई. के सुधारवादी आन्दोलन का हरावल बन गए। उनके पास मजदूरों के समर्थन से जिनमें अकुशल और सबसे गरीब व्यक्तियों ने पहली दफा महत्त्वपूर्ण निभाई थी, सब कुछ था लेकिन पहले से कायम व्यवस्था को उलट दिया था, लेकिन फ्रांसीसी कम्युनिस्ट पार्टी, दूसरी तरफ संगठित औद्योगिक मजदूरों का नेतृत्व करती है तथा यह फ्रांस में मार्क्सवादी सुधारवादी समाजवाद का मुख्य प्रवक्ता रही है। इसने निर्णायक घड़ी में निराशा को ही बढ़ाया। फ्रांसीसी कम्युनिस्ट पार्टी के इस रवैये ने ज्यां पाल सार्त्र सरीखे लम्बे समय के सहयोगी को भी पार्टी को फ्रांसीसी राजनीति की सबसे बड़ी रूढ़िवादी शक्ति के रूप में विश्लेषित करने के लिए बाध्य कर दिया। उन्होंने यहाँ तक कह दिया कि फ्रांस में किसी सफल आन्दोलन के लिए इस पार्टी की समाप्ति एक अनिवार्य शर्त है।

ये सभी चीजें समाजवादी आन्दोलन की रणनीति पर स्पष्टीकरण और पुनर्विचार की माँग करती हैं। मार्क्सवासियों में से कुछ लोग स्वयं अपने विचारों को इस यथार्थ के अनुरूप बनाने के इच्छुक हैं, यद्यपि वे अभी तक इस सबके निहितार्थ को कार्यरूप देने के लिए तैयार नहीं हैं। ब्रूस फ्रैंकलिन एक लेख में गरीब सर्वहारा की आन्दोलनकारी भूमिका पर माओ और फ्रेंज फेनन के जोर को उचित ठहराते हुए इस घटना को व्याख्यायित करने का प्रयास करते हैं। वह लिखते हैं—"... लेकिन हमें इसकी (निर्धन सर्वहारा की) ऐंगल्स की निन्दा को पूर्णतया बेकार और महज खतरनाक के तौर पर अस्वीकार कर देना चाहिए। मार्क्स एक परिच्छेद में एक मुख्य अन्तर्दृष्टि देते हैं जो माओ और फेनन के विश्लेषण का पूर्व संकेत देती है और सीधे वर्तमान सुधारवादी युवा आन्दोलन के विकास से जोड़ती है। वह 'दी क्लास स्ट्रगल इन फ्रांस' में कहते हैं, 'युवा उम्र' में गरीब सर्वहारा 'पूरी तरह आघात वर्घ्य होता है, अधिकांश वीरोचित कार्यों तथा उच्च त्याग करने की क्षमता उसमें होती है जितनी कि घटिया दस्युता और अपवित्र भ्रष्टाचार के लिए जरूरत होती है...।' यदि ऐसा है तो कम-से-कम गरीब सर्वहारा के युवाओं को सुधावादी संघर्ष में अत्यन्त महत्त्वपूर्ण भूमिका अदा करने के योग्य होना चाहिए क्योंकि उनका ही एकमात्र समूह है जो वीरत्व की शक्ति को जीवन जीने के तरीके के रूप में पुलिस से सामना करने तथा भूमिगत गतिविधियों में व्यस्त करने की व्यक्तिगत दैनिक जानकारी के साथ एकजुट कर सकता है..."[1]

उसी लेख में वह दूसरी जगह फेनन के निम्नलिखित शब्दों को समर्थन के साथ उद्धृत करते हैं—"इसलिए भड़ुए, गुंडे, बेरोजगार और छोटे-छोटे अपराधी, पीछे से आगे धकेले गए, स्वयं को तगड़े मजदूरों की तरह आजादी के संघर्ष में झोंक देते हैं। यही वर्गविहीन निकम्मे लोग हिंसक और निर्णायक कार्य से उस रास्ते की खोज करते हैं जो राष्ट्रवाद की तरफ ले जाता है। वे औपनिवेशिक समाज को खुश करने के लिए संशोधित चरित्रवाले व्यक्ति नहीं बन पाए, वे शासकों की नैतिकता के साथ समंजित होते हैं—इसके बिलकुल विपरीत वे हैंड ग्रेनेड और रिवॉल्वर के सिवाय नगर में घुसने की असम्भावना को पहले से मान बैठते हैं। इन मनुष्य से कमतर बेकार लोगों का पुनर्वास इतिहास की आँखों में तथा उनकी अपनी आँखों में होता है। वेश्याएँ भी और नौकरानियाँ..., मानवता की सभी असहाय मैलें, आत्महत्या और पागलपन के बीच के गोल घेरे में घुसनेवाले वे तमाम लोग, एक बार और आगे बढ़ते हैं तथा जाग्रत राष्ट्र के बड़े जुलूस में गर्व से चलते हैं तो उनका सन्तुलन फिर से हासिल हो जाएगा।"

यह जो तसवीर खींची गई है, सम्भवत: यथार्थ के हिसाब से सही है, लेकिन यह नैतिक नवजीवन की तसवीर है जो ईसा के दूसरे आगमन की भाँति किसी महान नैतिक शक्ति के प्रभाव के तहत ली गई है। यह समाज के अन्दर के आर्थिक सम्बन्धों से कोई तर्कसंगत परिणाम नहीं निकालती है। विद्रोही वे नहीं होते हैं जो आर्थिक संगठन में मुख्य भूमिका हासिल कर लेते हैं बल्कि वे होते हैं जिन्हें फालतू सामान की तरह समाज के किनारों पर रख छोड़ा गया होता है, या वे होते हैं जो सामाजिक नियमों के साथ शान्ति बनाए रखने में असफल हो गए होते हैं। इस तरह इन लेखों की आन्दोलनकारी प्रेरणा की व्याख्या किसी समाज की उत्पादनात्मक प्रक्रिया में इनकी मुख्य भूमिका से नहीं की जानी चाहिए, लेकिन इसको स्वीकार करना क्रान्ति के मार्क्सवादी सिद्धान्त को उस ऐतिहासिक निर्धारण से अलग कर देना भी है जिसमें अकेले इसको इससे जुड़ा हुआ समझा गया था।

फ्रैंकलिन स्वाभाविक रूप से इस नई आन्दोलनकारी कोटि में छात्रों को भी रखते हैं। यद्यपि वे जानकार, ऊर्जास्वी और परिश्रमी होते हैं, उनके पास कोई सम्पत्ति नहीं होती है न ही वे किसी चीज का उत्पादन करते हैं। इसलिए उनका मनोभाव अभी भी वर्ग के साँचे में ढला नहीं है। साथ ही, उन्हें भी सभी वर्गों के लोग परजीवी मानते हैं। ये उनके कुछ सक्षम हैं जो गरीब सर्वहारा से मेल खाते हैं।

एक बार हम दृढ़ मार्क्सवादी योजना को छोड़ दें तो इन सब चीजों को समझना आसान हो जाता है। हमने देखा है कि विचारधारा ही किसी शासन को वैधता और स्थायित्व प्रदान करती है, लेकिन युवा खासकर छात्र, जिनके पास अभी भी कोई स्थिर विचार नहीं है और वे भी जो इस प्रणाली के लिए बाहरी हैं और वे भी जो इस प्रणाली के लिए बाहरी हैं और इस वजह से प्रभावशाली विचारधारा द्वारा प्रस्तुत

'प्रसन्नता' की सर्वोपरि तसवीर में फिट नहीं बैठते हैं के लिए इसकी सच्चाइयों को पचा पाना मुश्किल है। सुधारवादी आग्रह या विरोध हमेशा या तो समझे गए यथार्थ और यथार्थ के विचारधारात्मक चित्र के बीच की बड़ी विसंगति से पैदा होता है या भिन्न विचाराधात्मक खेमे से आनेवाले लोग जब किसी समाज का हिस्सा बनते हैं और इससे जो असंगतताएँ उत्पन्न होती हैं, उनसे पैदा होता है। यह कारण भी है कि जातिवाला समाज वर्गवाले समाज की तुलना में ज्यादा स्थायी क्यों होता है। चूँकि वर्गवाले समाज में भारी सामाजिक गतिशीलता के कारण समाज के सन्दर्भ में व्यक्तियों का परिप्रेक्ष्य हमेशा बदलते रहता है और यह उस खेदजनक विचारधारा के बारे में सन्देह उत्पन्न करता है जिसके अन्तर्गत सामाजिक प्रणाली संचालित होती है। इसके मुकाबले जाति आधारित समाज में जातियों की समूची प्रणाली विचारधारात्मक खाँचे के अनुरूप इतनी ज्यादा होती है कि हर किसी को अपना 'उचित' स्थान मिल जाता है और किसी को भी इस प्रथा या प्रणाली को चुनौती देने की जरूरत महसूस नहीं होती है।

कभी-कभी कोई आन्दोलन मौलिक वर्ग सम्बन्धों से कितना असम्बन्धित हो सकता है, इसे इंग्लैंड के प्यूरिटन (शुद्धतावादी) आन्दोलन से समझा जा सकता है। बैरिंगटन मूर एक अध्ययन में इस तथ्य की ओर ध्यान आकृष्ट करते हैं कि यह आन्दोलन जिसे बुर्जुआ की सत्ता के उदय का उत्कृष्ट उदाहरण समझा गया था, केवल बड़ी जमीनवाले अभिजात वर्ग की सत्ता को साकार करने में प्रतिफलित हुआ। इस आन्दोलन ने किसी भी तरह किसान को भी कोई राहत नहीं दी जोकि ब्रितानी समाज में पूरी तरह से एक राजनीतिक तत्त्व के रूप में छोड़ दिया गया था। वह उसी अध्ययन में सत्ता के सम्बन्धों के बारे में लिखते हैं—"इसी बीच में जमीनवाला अमीर वर्ग तथा सामाजिक पैमाने पर इससे ऊपर के लोगों ने राजनीतिक सत्ता के लीवरों पर ठोस पकड़ बनाए रखा। उन्होंने मंत्रिमंडल को भरा ग्रामीण क्षेत्रों के प्रतिनिधित्व पर एकाधिपत्य स्थापित किया और शहरों के भी प्रतिनिधि के तौर पर संसद में बैठ गए। स्थानीय स्तर पर उनका प्रभाव बहुत मजबूत बना रहा। हाल के एक इतिहासकार ने बतलाया है, पुराना शासक वर्ग तध्य उन्नीसवीं सदी में तब भी दृढ़ नियंत्रण में था।"[2]

इस सन्दर्भ में यह ध्यान में रखी जानेवाली बात है कि 1831 ई. तक बुर्जुआ वर्ग को मताधिकार भी प्राप्त नहीं था। मूर आगे यह सुझाव देते हैं कि गम्भीर और प्रगतिशील दृष्टिकोण भी इस वर्ग का एक योगदान था। वह लिखते हैं—"पाठक को यह याद दिलाना ही पर्याप्त है कि अंग्रेजी संसदीय लोकतंत्र अधिकतर इस वर्ग की ही पैदा की हुई चीज थी। यह वर्ग प्रथम विश्वयुद्ध की पूर्व सन्ध्या तक इसके काम का प्रभारी रहा था और तभी से काफी प्रभावशाली रहा है। जायज सत्ता और खुले समाज की आधुनिक अवधारणा का अधिकांश इस वर्ग के बीच के संघर्ष से

प्राप्त होता है। यह वर्ग कभी एक नहीं रहा और निस्सन्देह राजसी सत्ता से काफी दूर था। इसके बदले में एक विषय पर टिप्पणी करना चाहूँगा। यह विषय शौकिया का आदर्श है। ऐसा इसलिए क्योंकि इस आदर्श का भाग्य यह समझाता है कि एक समय के प्रभुत्ववाले इस वर्ग का आदर्श और तर्कसंगतीकरण कैसे निश्चित परिस्थितियों के तहत मार्क्स का वह गम्भीर और प्रगतिशील सिद्धान्त बन जा सकता है। यह विषय उठाने योग्य है क्योंकि इसके जमीनवाले अभिजात वर्ग के सिवाय निहितार्थ है। जैसाकि कृषकों के विमर्श से यह पुन: जाहिर होता है, ये मरनेवाले वर्ग हो सकते हैं जो एक मुक्त समाज के विचार को निर्णायक मदद पहुँचाते हैं।"[3]

आगे वह यह बतलाते हैं कि स्वतंत्रता, समता और बन्धुत्व की माँग किसानों की तरफ से उठी थी जो इंग्लैंड में मरने के हालत में थे। वह इंग्लैंड के लेवलर्स और डिगर्स का उदाहरण उद्धृत करते हैं जिसने मर रहे कृषक वर्ग की भावनाओं को प्रतिध्वनित किया। कृषक वर्ग का अस्तित्व घिराव और पूँजीवादी कृषि के आ जाने से समाप्त हो रहा था।

ये विचार यद्यपि एक तरफ निराशा पैदा करनेवाले हैं क्योंकि ये आर्थिक कारणों के विकास के जरिए स्वत: आनेवाली सहस्राब्दी के सिद्धान्त में छूट देते हैं, दूसरे सन्दर्भ में आशा भी जगाते हैं। ये वह विश्वास पैदा करते हैं कि आन्दोलन के परिणाम को आकार देते हुए मनुष्य अत्यधिक स्वायत्तता का मजा ले सकता है। इस स्वायत्तता को पारम्परिक मार्क्सवादी सिद्धान्त में प्रस्तुत सख्त आर्थिक निश्चयवाद के तहत पूरी तरह अस्वीकार कर दिया गया।

हालाँकि स्वायत्तता की यह आशा आधुनिक औद्योगिकवाद के साथ पनपे निश्चित विपरीत कारकों से आच्छादित भी हो जाती है। तावने, हर्बर्ट मारक्यूज और जॉन केनेथ गालब्रेथ की तरह अपने रवैये और पूर्वग्रहों में काफी विलग मनुष्य अब यह अनुभव कर रहा है कि आधुनिक तकनीकी सभ्यता की प्रवृत्ति निश्चित अभिवृत्तियों को खतरे में डालने तथा साम्यवाद और पूँजीवाद की बाधाओं को पार करनेवाली कार्यरुचि पर निश्चित सीमाएँ लादने की है। तावने की चिन्ता आधुनिक समाज में संग्रहवृत्ति के माध्यम से अत्यधिक व्यक्तिवाद पर रोक लगाने की है, लेकिन वह महसूस करता है कि यह संग्रहवृत्ति एक विशेष रुख से अपार्थक्य है जो आधुनिक औद्योगिकवाद के उदय से प्रचलन में आया है जिसका इस तरह वर्णन करते हैं—"...औद्योगिकवाद का सार, संक्षेप में उद्योग का कोई विशेष तरीका नहीं है बल्कि उद्योग के महत्त्व का एक विशेष अनुमान है जो इसके विचार बनने के रूप में प्रतिफलित होता है, यही एकमात्र चीज है जो बिलकुल महत्त्वपूर्ण है क्योंकि यह उस अधीनस्थ स्थान से ऊपर उठता है जिसे इसको मानक बनने की मानवीय रुचियों और गतिविधियों के बीच ग्रहण कर लेना चाहिए। इसी मानक से अन्य सभी रुचियों और गतिविधियों की माप होती है।"[4]

और आगे—"...जब प्रेस चिल्लाता है कि इस द्वीप को ढका हुआ बाजार बनाने के लिए जिस एक चीज की जरूरत है, वह है उत्पादकता, और ज्यादा उत्पादकता अर्थात् औद्योगिकवाद। यह साध्य के साथ साधन की संभ्रान्ति है..."[5]

अकादमिक अर्थशास्त्री गालब्रेथ का सरोकार सबसे उन्नत औद्योगिक समाज अर्थात् अमेरिका की टेक्नो-स्ट्रक्चर के विश्लेषण से है। वह है उसी तरह के मूल्यांकन के करीब पहुँचते हैं। उन्होंने यह दिखाया है कि बड़े सुझाव से यह संरचना अपने निजी लक्ष्य को समाज के लक्ष्य की तरह प्रकट करने में सफल हो गई है। वह लिखते हैं—"यह प्रक्रिया हमारे अपने समय में ज्यादा सफल है। सामाजिक रूप से जिसे महत्त्वपूर्ण माना जाता है, इसमें से ज्यादातर वस्तुत: टेक्नो-स्ट्रक्चर की लक्ष्य प्रणाली के प्रति सामाजिक रुखों का अनुकूलन है। यहाँ जो माना जाता है उसी की गिनती होती है। इन सामाजिक लक्ष्यों के बारे में ऐसा विश्वास किया जाता है कि इनमें मूल सामाजिक उद्‌देश्य होते हैं, यद्यपि ये सामाजिक लक्ष्य वस्तुत: इसी संरचना के लक्ष्यों से हासिल होते हैं।"[6]

और दूसरी जगह पर—"टेक्नो-संरचना के लक्ष्य के तौर पर दृढ़ के विकास को अनुरूपता के सिद्धान्त से तगड़ा समर्थन मिलता है। आर्थिक विकास की अपेक्षा किसी अन्य सामाजिक लक्ष्य को इतनी जबर्दस्त स्वीकृति नहीं मिलती है। सकल राष्ट्रीय उत्पाद की वार्षिक वृद्धि की तरह सामाजिक सफलता की किसी दूसरी जाँच की इतनी सर्वसम्मत स्वीकृति नहीं है। और यह सभी विकसित और अल्पविकसित, साम्यवादी, समाजवादी या पूँजीवादी देशों के बारे में सही है।"[7]

अधिक महत्त्वपूर्ण चीज यह है कि गालब्रेथ अपने अध्ययन में यह दिखाते हैं कि टेक्नो-स्ट्रक्चर के लक्ष्य के साथ सामाजिक लक्ष्य की पहचान की संरचना के अतिजीवन के लिए अनिवार्य है। इस रुख के बगैर दीर्घकालीन योजना और विकास के लिए अनिवार्य बाजार का नियंत्रण और प्रसार वहाँ नहीं हो पाएगा। उनके विश्लेषण के अनुसार, बड़े-बड़े उद्योग बाजार के अनोखे विचार के अधीन नहीं होते हैं बल्कि विज्ञापन के जरिए उत्पादों के लिए अपना बाजार गढ़ते हैं। इन विचारों से बाजार अर्थव्यवस्था में वापस लौट रहे साम्यवादी देशों की किसी सम्भावना को वह असंगत ठहरा देते हैं। दक्षता को सुनिश्चित करने के लिए वे जो कर सकते हैं तथा गालब्रेथ के विचार से उन देशों को जो करना चाहिए, वह है, योजना का अधिकांश केन्द्रीय सत्ता से उद्योगों को हस्तान्तरित करना। यह योजना भारी उद्योगों से अलग किए जाने लायक नहीं है और इन उद्योगों को न केवल अपने उत्पादन की योजना बनानी होती है बल्कि उत्पादों के लोक स्वाद और प्राथमिकताओं की भी योजना बनानी पड़ती है। इसलिए आधुनिक औद्योगिक समाज में विज्ञापन के जरिए जो समझाया जाता है, उसी के अनुसार मनुष्य स्वतंत्र ढंग से उपयोग या मनोरंजन के अनेक तरह सामानों का चयन करता है। गालब्रेथ के अनुसार, यह योजना सम्भव

हो जाती है क्योंकि एक उन्नत औद्योगिक समाज में खरीदारी करने की सूची में ज्यादातर अनावश्यक विलासिता के सामान शामिल होते हैं। इस तरह पसन्द को आसानी से एक सामान से दूसरे सामान तक प्रभावित किया जा सकता है और यदि भोजन सरीखी आवश्यक चीजें मुख्य हों तो यह कभी सम्भव नहीं हो पाएगा।

यह वस्तुत: आधुनिक औद्योगिक समाज के इस पहलू के विरुद्ध है कि हर्बर्ट मार्क्यूस सरीखे व्यक्ति औद्योगिक 'स्वतंत्रता' से अपने सरोकार के साथ विरोध की आवाज उठाते हैं। मार्क्यूस लिखते हैं—"...उत्पादकता के अधिक बिखराव के बावजूद—श्रम की विकासशील उत्पादकता एक वृद्धिशील अधिशेष-उत्पाद को पैदा करती है जो भले निजी या केन्द्रीय रूप से विनियोजित या वितरित हो, वर्द्धित उपभोग को स्वीकार करता है। जब तक यह समूह विद्यमान है, यह आजादी के उपयोग मूल्य को कम करता है; यदि प्रशासित जीवन सुविधाजनक है और 'अच्छा' जीवन भी है तो आत्म-निश्चय पर जोर देने का कोई कारण नहीं है। एक आयामी राजनीतिक व्यवहार के पक्ष में, विरोधियों के एकीकरण का यही तर्कसंगत और भौतिक आधार है। इस आधार पर समाज के अन्दर के ऊपर के राजनीतिक तत्त्व आकर्षित हो जाते हैं और केवल बाहर से एक बदलाव की तरह गुणात्मक परिवर्तन सम्भव प्रतीत होता है।"[8]

पहले की एक पुस्तक में मार्क्यूस पहले ही पश्चिमी पूँजीवाद और औद्योगिक संगठन के सोवियत संघों के बीच की मौलिक समानता का उल्लेख कर चुके थे। यद्यपि वह एक अन्ध मार्क्सवासी थे, फिर भी उन्होंने यह तर्क दिया कि जब तक उद्योग के साथ सोवियत औद्योगिक संगठन से गायब निश्चित अन्य गुणों को जोड़ नहीं दिया जाता है, राष्ट्रीयकरण से उद्योग के पीड़ादायक चरित्र में कोई बदलाव नहीं हो सकता है। इस तरह, उन्होंने लिखा—"पश्चिमी और सोवियत समाज के बीच के अन्तर को आत्मसात्करण की मजबूत प्रवृत्ति से समानान्तरित किया जाता है। दोनों व्यवस्थाएँ वर्तमान औद्योगिक सभ्यता के समान गुणों को प्रदर्शित करती हैं—केन्द्रीकरण और सैन्यीकरण व्यक्तिगत साहस और स्वायत्ता का अधिक्रमण करते हैं; प्रतियोगिता आयोजित की जाती है तथा इसे 'तर्कसंगत' बनाया जाता है; आर्थिक और राजनीतिक नौकरशाहियों का संयुक्त शासन रहता है; जनता को संचार, मनोरंजन उद्योग तथा शिक्षा के 'जनसंचार' के जरिए तालमेल में रखा जाता है। यदि ये उपकरण प्रभावशाली साबित होते हैं तो संविधान द्वारा लोकतांत्रिक अधिकार और संस्थाएँ दे दी जा सकती हैं तथा व्यवस्था के विरोध में इनके दुरुपयोग के खतरों के बगैर इन्हें कायम रखा जा सकता है। राष्ट्रीयकरण यानी उत्पादन के साधन से निजी सम्पत्ति की समाप्ति, स्वयं कोई अनिवार्य अन्तर नहीं करता है, जब तक आबादी से ऊपर उत्पादन को केन्द्रीकृत और नियंत्रित बनाए रखा जाता है।"[9]

एक मार्क्सवादी भाष्यकार के रूप में मार्क्यूस की मुख्य चिन्ता ऐसी मालूम पड़ती है कि विवाद की मुख्य जड़ को समाप्त कर अर्थात् आबादी की भौतिक

जरूरतों को तुष्ट कर और प्रचार के जरिए, यथार्थ को बुद्धिसंगत के रूप में प्रक्षेपित करते हुए समाज के अन्दर के उस विरोधाभास को जो उच्च आजादी के विकास की तरफ ले जाता है, कृत्रिम ढंग से दबाया जा सकता है।

यह खतरा बिलकुल वास्तविक है ऐसे समाज में आबादी का बहुत बड़ा हिस्सा सामान्य सन्तुष्टि की अवस्था में जीवन गुजारेगा तथा इसके पास बदलाव की कोई इच्छा नहीं होगी, लेकिन औद्योगिक सभ्यता के साथ पैदा होनेवाला सैन्यीकरण का तत्त्व खुद पूरी तरह से कोई नई चीज नहीं है। वस्तुत: सभी पारम्परिक समाज भी स्थायित्व के लिए सम्मोहन और सैन्यीकरण की प्रक्रिया पर भरोसा किए हैं जोकि जन्म के समय शुद्ध होती है और मरने के साथ खत्म होती है, लेकिन इन सभी समाजों में पैगम्बरों ने जब नई चुनौतियों के समक्ष नये विचारों को वाणी दी तो लोगों से उन्हें तुरन्त जवाब मिला। इन विचारों ने अक्सर एक बवंडर की शक्ति हासिल कर ली तथा लोग पैगम्बरों के समक्ष वशीभूत होने लगे। ऐसा इसलिए होता था कि पैगम्बर और जनता के बीच कोई खाई नहीं थी। आधुनिक औद्योगिक समाजों की विभेदकारी विशेषता यह है कि ये उन बुद्धिजीवियों को एक असफल अल्पसंख्यक में तब्दील कर रही हैं जो मार्क्यूस के शब्दों में कहें तो 'सर्वश्रेष्ठता' की आवश्यकता का अनुभव कर सकते हैं। यह स्थिति उस प्रक्रिया में जन्मजात होती है जिसमें मेधावी लोगों का अवशोषण सीधे तौर पर औद्योगिक संगठन द्वारा या जनसंचार सरीखे इसके सहायकों के जरिए कला, साहित्य, मनोरंजन के माध्यम से व्यापक बहुशाखन के साथ कर लिया जाता है। यह बहुशाखन औद्योगिकवाद के आदर्शों के अनुरूप वातावरण तैयार करने में मदद करता है।

इस तरह इस विचार के अनुसार, सामान्य जन बुद्धिजीवियों के छोटे वर्ग के साथ इस व्यवस्था के रक्षक बन जाते हैं। जो थोड़े-से लोग दूसरे मूल्यों के बारे में सोचते हैं, अलग-थलग रहते हैं। उनके विचार संचार बाधा की दूसरी तरफ लोगों के हृदय में प्रतिध्वनित नहीं होते हैं। यह 'अव्यवसायी के आदर्श' के निधन की भविष्यवाणी करता है। बुद्धिजीवियों के बीच दृष्टिकोण के इस विभाजन के तथ्य को गालब्रेथ ने भी उद्धृत किया है। वह लिखते हैं—"इस तरह यह अन्तर्विरोध अर्थव्यवस्था को सफल होने के लिए संगठित लोक-प्रचार की जरूरत होती है और बौद्धिक रूप से भ्रष्ट होने के रूप में यह इस पर खेद प्रकट करती है। उपसंस्कृति को अपने अस्तित्व के लिए ऐसी अस्पष्टता की जरूरत होती है और इस अपसंस्कृति को ही केवल नफरत से देखा जा सकता है। वह संस्कृति आघात और अपराध के विवेक से जवाब देती है और ज्ञान से जो रोष आता है, उसे इसकी जरूरतें झेलती हैं और इसके अकादमिक आलोचकों को पालती-पोसती हैं।"[10]

इटली के एक नामचीन साम्यवादी सिद्धान्तकार अन्तोनियो ग्राम्शी ने भी दो तरह के बुद्धिजीवियों के बीच के इस अन्तर को स्पष्ट ढंग से देखा था—

(1) वे जिन्होंने स्वयं को वर्तमान आर्थिक संरचना के साथ जोड़कर देखा, तथा (2) वे जिन्होंने स्वयं को एक बौद्धिक परम्परा की निरन्तरता का प्रतिनिधित्व करनेवाला समझा। उन्होंने पहलेवाले को 'जैविक बुद्धिजीवी' तथा बादवाले को। पारम्परिक बुद्धिजीवी कहा था। जॉन एम. कामेट ग्राम्शी के सिद्धान्त का निम्नलिखित नजरिया प्रस्तुत करते हैं—"राजनीतिक दलों का विश्लेषण करते हुए ग्राम्शी ने यह बतलाया था कि वे नागरिक समाज के तत्त्व थे; राजनीतिक तत्त्वों से भिन्न, उन्होंने एक प्रदत्त आर्थिक स्थिति के प्रति स्वतंत्र सहमति हासिल करने का प्रयास किया था। जैविक बुद्धिजीवी प्रभुत्ववाले वर्ग का हिस्सा हैं जो राजनीतिक समाज के जोर-जबर्दस्ती करनेवाले अंगों को कार्यकर्ता मुहैया करते हैं। पारम्परिक बुद्धिजीवियों का नागरिक समाज में महत्त्वपूर्ण स्थान होता है और ये अक्सर लोगों से तर्क-वितर्क करते रहते हैं और एक सामाजिक व्यवस्था के प्रति 'स्वत: स्फूर्त' सहमति प्राप्त करने का प्रयास करते हैं।"[11]

ग्राम्शी का पारम्परिक बुद्धिजीवी ठीक वही नहीं है जो गालब्रेथ का 'अकादमिक आलोचक' है, लेकिन विभिन्न परिप्रेक्ष्यों में उनका एक जैसा व्यवहार होता है। इस नई स्थिति में यह चीज दुखद है कि ग्राम्शी के 'पारम्परिक' बुद्धिजीवी से भिन्न 'अकादमिक आलोचक' स्वयं को तेजी से जनता से कटा हुआ पाता है। 'पारम्परिक' बुद्धिजीवियों का जुड़ाव जनता से होता है। इसीलिए अकादमिक आलोचक शिल्प संरचना पर आक्रमण करते हैं तो उसे खरोंच तक नहीं आती है।

परन्तु सोवियत लेखक अमालरिक (इन पंक्तियों के लिखे जाने के समय जेल में थे) बहुत ही मार्मिक ढंग से उदासीन जनता के सामने मतभेद रखनेवाले बुद्धिजीवियों की त्रासदी को प्रकट करते हैं। सोवियत समाज जो प्रचार के जरिए जोकि सभी तकनीक आधारित समाज की एक सामान्य विशेषता होती है, और ज्यादा प्रत्यक्ष पुलिसिया तरीकों के साथ नियंत्रण को जोड़ता है। सोवियत समाज के भविष्य के अपने मूल्यांकन में अमालरिक पूरी तरह मजदूर वर्ग से निराश हो गए। चीन के साथ बड़े युद्ध के बाद उन्हें केवल टूट की सम्भावना दिखाई देती थी। वे बुद्धिजीवी जो सुधार करना चाहते हैं, दमन का शिकार होकर सुस्त पड़ जाएँगे जबकि जनता अपनी स्थिति से सन्तुष्ट रहेगी। यह विषय ऑरवेल के 'नाइंटीन एटी फोर' की रोमांचक दुनिया की याद दिलाता है। अमालरिक के मामले में हालाँकि निष्कर्ष उस चीज के सीधे व्यक्तिगत अनुभव का एक उत्पाद है, जो एक उन्नत औद्योगिक समाज में तानाशाही के अन्दर एक व्यक्ति को अपने विरोध की कीमत के रूप में अदा करना पड़ता है।

हाल के परिवर्तनकारी आन्दोलनों के पीछे के नये तत्त्वों का चरित्र तथा वे विशेष लक्षण जो नई औद्योगिक व्यवस्था से प्रतिदिन साफ दृष्टिगोचर हो रहे हैं, समाजवादी आन्दोलन का सारा सन्दर्भ बदल देते हैं। पारम्परिक पूँजीवादी समाज तथा पारम्परिक साम्यवादी समाज अपने कटु वाद-विवाद के बावजूद एक संग्रही औद्योगिक समाज

के सामान्य मूल्यों का साझा करते हैं। नये परिवर्तनकारी आन्दोलनों की शैली और माँगों से दोनों घबरा जाते हैं तथा रूष्ट हो जाते हैं। ये परिवर्तनकारी आन्दोलन स्वयं आज भविष्य की स्थितियों के बारे में कल्पना किए बगैर इस व्यवस्था से उत्पन्न अशान्ति को केवल अस्पष्ट ढंग से प्रस्तुत करते हैं। इनके लक्ष्य में स्पष्टता के अभाव को ज्यादा बढ़िया ढंग से वहाँ देखा जा सकता है जब ये उसी स्वतंत्रता पर हमला करते हैं जिसके बारे में इनकी शिकायत रही है कि 'व्यवस्था' आजादी देने से मुकर रही है। इस चरण में इस आन्दोलनों को नई स्थिति के उपयुक्त ठोस आन्दोलनकारी माँगों के मूर्त्त होने से पहले की गड़गड़ाहट के रूप में देखा जा सकता है। वैकल्पिक तौर पर वे महज अन्ध गली की ओर धकेल दिए गए समाज की हताशा को प्रतिबिम्बित कर सकते हैं। इस घटना में सुधारवादी आन्दोलन का कार्य आज पहले से ज्यादा जटिल हो गया है। हम जिन समस्याओं पर विचार कर रहे हैं, उनका कोई सीधा समाधान नहीं है।

संकीर्ण मार्ग

भारत जैसे अर्द्धविकसित देश में किसी को उन समस्याओं से परेशान होने की क्या जरूरत है जो उन्नत औद्योगिक समाजों के लिए खास हैं? यह सवाल सही तरीके से पूछा जा सकता है। इससे ज्यादा निकट की समस्याएँ तो बेरोजगारी, भुखमरी इत्यादि हैं जिस पर ज्यादा उपयोगी ढंग से अपनी ऊर्जा खर्च की जा सकती है। पहले स्थान पर दुनिया के इस भाग में भूख और बेरोजगारी की समस्या विशेषाधिकारों और सुप्रकट उपभोग से गहरे जुड़ी हुई है और इसलिए औद्योगीकरण का सिद्धान्त है। इसके बाद अधिकांश अर्द्धविकसित देशों ने पहले ही जितनी तेजी से हो सके, अपना औद्योगीकरण करना शुरू कर दिया है। इसका मतलब यह है कि ज्यादा उन्नत औद्योगिक राष्ट्र आज इन देशों का भविष्य प्रस्तुत करते हैं। इन अर्द्धविकसित देशों के ज्यादातर लोग अपना मॉडल सोवियत संघ को मानते हैं या अमेरिका को मानते हैं। इनमें से कोई भी देश समता और स्वतंत्रता की समाजवादी तलाश का समाधान कर पाने के योग्य नहीं रहा है और न ही वे उसकी प्राप्ति के लिए ज्यादा आशा ही प्रदान करते हैं। यह ज्ञान उन देशों को अपनी नीतियों पर चलने में मदद कर सकता है। तीसरे स्थान पर यद्यपि ये देश औद्योगिक रूप से पिछड़े होते हैं, फिर भी सत्ता का अत्यधिक केन्द्रीकरण जैसे आधुनिक उद्योगवाद के कुछ सबसे खराब रूप और जनसंचार के जरिए सोचा-समझा गया नियंत्रण पश्चिम की तुलना में इन देशों में ज्यादा हुआ है। वस्तुत: सत्ता की बिना सवाल किए आज्ञा का पालन करने की लम्बी परम्परा के साथ भारत जैसे देश में जनसंचार का नियंत्रण किसी को और कहीं से ज्यादा लोगों के सोच पर नियंत्रण रखने में मदद कर सकता है।

विनम्र पश्चिमी व्यक्ति को यह विचार महत्त्वपूर्ण नहीं लग सकता है क्योंकि वे सोचते हैं कि अर्द्धविकसित देश तानाशाही के कुछ या अन्य रूप के साथ काम करा सकते हैं। उनमें जो सबसे उदार हैं वे इसे पर्याप्त मानते हैं कि इन देशों की जनता को भूख या रोग से मरने से रोका जाए। उनके लिए स्वतंत्रता इत्यादि के विचार इन देशों के सन्दर्भ में पूरी तरह अप्रासंगिक लगते हैं। उनकी एकमात्र चिन्ता यह रहती है कि इन अर्थव्यवस्थाओं में असमानता को उस स्तर तक रखा जाए जिससे कि किसी सुधारवादी क्रान्ति को शुरू होने का मौका नहीं मिले। हालाँकि अर्द्धविकसित दुनिया का एक देशवासी भिन्न तरीके से सोच सकता है। सबके बावजूद विद्युत और परमाणु ऊर्जा हर मानवीय हृदय के रिश्तेदार स्वतंत्रता और समानता, भले यह धरती के किसी हिस्से में व्याप्त हो, के सपने से ज्यादा असली पश्चिमी उत्पाद हैं। साथ ही, जबकि स्वतंत्रता और समानता ज्यादा एक-दूसरे पर निर्भर रहती है, वे सीधे समाज के भौतिक स्तर सम्बन्धित नहीं होते हैं। उन्हें आर्थिक उपलब्धि के अपेक्षाकृत सरल स्तर पर प्रभाव कर लेना तथा बहुत ऊँचे स्तर पर गँवा देना सम्भव है। इसलिए इसका कोई कारण नहीं है क्यों इस सन्दर्भ में अर्द्धविकसित दुनिया के लोग अपना विचार भिन्न रखते हैं।

अब हम सुधारवादी आन्दोलन के कुछ उन वैकल्पिक मार्गों पर विचार करेंगे जो विचार किए गए संकटों में से कुछ का समाधान कर सकते हैं। निस्सन्देह ये प्रस्ताव न तो नये हैं, न ही चौंकानेवाले हैं, लेकिन हमने जिन संकटों पर विचार किया है, उनकी जानकारी उन तरीकों के प्रति गहरे समर्पण का आह्वान करती है जिनका एक या अन्य तरीके से सामाजिक विचारक पूर्व में ही सुझाव दे चुके हैं।

यद्यपि बड़े राज्य अनिवार्यत: स्वभाव से अत्याचारी होते हैं, ऐसा सोचना विशुद्ध यूटोपियन होगा कि यह एक सहसा आक्रमण में समाप्त या उपेक्षित हो जाता है, ज्यादा इसलिए कि काफी लम्बे समय से यह समाज के आवश्यक कार्यों में अपने संचालन के जरिए उलझा रहा है, लेकिन किसी भी प्रगति के लिए सबके बावजूद एक राजनीतिक सत्ता के निर्माण हेतु काम करना जरूरी होता है जोकि सबसे कम अत्याचारी होती है। स्पष्टत: एक प्रजातांत्रिक व्यवस्था ही अकेले इस जरूरत को पूरा करती है। यह राजनीतिक सत्ता का एक रूप है जिसमें कम-से-कम जनता का एक बड़ा हिस्सा विकल्पों (दो या अधिक दलों द्वारा प्रस्तुत) में से किसी अप्रत्यक्ष पसन्द का चुनाव करता है। कभी-कभार जब प्रतिस्पर्द्धी राजनीतिक दलों के बीच सन्तुलन अनिश्चित हो जाता है तो आबादी के अत्यन्त कमजोर तबकों की भी आकांक्षाएँ उस तरह से एक बल का रूप धारण कर लेती हैं, जैसे इस मामले में प्रतिस्पर्द्धी अपने समर्थन हेतु प्रत्येक छोटे समूह का दिल जीतने का प्रयास करते हैं। इसमें लाभों को आबादी के बड़े समूहों में वितरित करने की प्रवृत्ति होती है। चूँकि आबादी के निर्धनतम समूह अधिकांश मामलों में बहुत बड़ा बहुमत होते हैं,

प्रजातांत्रिक व्यवस्था उनके प्रभावों को बढ़ाने के लिए प्रवृत्त होती है। यही एक कारण है कि क्यों निहित स्वार्थों को पूर्ण प्रजातंत्र का विकास सरोकार के साथ दिखाई देता है। यही वह तथ्य है जिसका जिक्र कार्ल कौटस्की और लास्की, दोनों ने किया था। उन्होंने यह बतलाया था कि संसदीय संस्थाओं पर मेहनतकश लोगों का प्रभाव जैसे-जैसे बढ़ने लगता है, उसी अनुपात से इन संस्थाओं से ऊँचे वर्ग के लोगों का विश्वास कम होने लगता है। स्वाभाविक तौर पर वे या तो इन संस्थाओं की शक्ति को कम कर देने या एक साथ उन्हें समाप्त कर देने का प्रयास करते हैं। अन्तिम दम तक लड़ने के रूढ़िवादवाले क्षेत्रों में यह हमला ज्यादा प्रत्यक्ष रहा है, लेकिन मजबूत उदार परम्परावाले देशों में 'चरम' प्रजातंत्र के प्रयासों को उच्च सदन जैसे या सम्पत्ति के अधिकार को मौलिक और अभिन्न बनाकर इसी तरह के उपकरणों से घेर दिया गया है।

वास्तविक दशाओं में प्रजातंत्र को अकेला सभी तरह की असमानताओं और अत्याचारों को खत्म करने में सक्षम होना चाहिए था, लेकिन जैसाकि हमने पूर्व में उल्लेख किया है, बड़े राज्यों में प्रजातंत्र एक बहुत ही अप्रत्यक्ष कार्य है। और अखाड़े में लड़ाई सीधे मजदूरों और पूँजीपतियों के बीच नहीं है बल्कि राजनीतिक दलों के जरिए मजदूरों और नियोक्ता संगठनों के बीच है। ये राजनीतिक दल वर्ग सम्बन्धों से इतर अन्य सम्बन्ध भी बना लेते हैं। इस तरह अन्ततः सभी चीजें उन दबाव समूहों की माँगों के सामंजस्य पर आकर सिमट जाती हैं जिन्होंने खुद मजबूत कुलतंत्र को विकसित कर रखा है। अतएव, समाजवादी आन्दोलन के लक्ष्यों की प्राप्ति के लिए एक प्रजातांत्रिक व्यवस्था के अन्दर सैद्धान्तिक सम्भावना और वास्तविक सम्भावना के बीच बड़ी चौड़ी खाई होती है। यह इस चीज को अनिवार्य बना देती है कि संसदीय राजनीति को मजबूत जन आन्दोलनों से सहारा दिया जाए कि यह लोगों की असली आवाज को कुलतंत्रीय पपड़ी को भेद पाने लायक बनाने में कारगर हो सके।

तानाशाही की तुलना में प्रजातंत्र का एक दूसरा लाभ यह है कि इसके अन्तर्गत परिवर्तन ज्यादा शान्तिपूर्ण और सुगम हो सकता है। वास्तव में तानाशाही शासन, खासकर आधुनिक सर्वसत्तावादी तरीके की तानाशाही, के अन्तर्गत शासकों की इच्छाओं के विरुद्ध कोई भी बदलाव असम्भव हो सकता है। चूँकि तानाशाही आरम्भ में ही किसी आन्दोलन या विचार के विकास को रोक देती है, इसलिए उस आन्दोलन या विचार के लिए जनता का व्यापक समर्थन प्राप्त कर पाना लगभग मुश्किल हो जाता है। बदलाव केवल तभी सम्भव हो पाता है जब एक लम्बे समय के बाद शासन की आन्तरिक पृथक्ता से नियंत्रण कमजोर होता है। हमारे समय की बड़ी तानाशाही व्यवस्थाओं में से किसी ने भी अपने विरुद्ध किसी तरह का जनान्दोलन खड़ा होने नहीं दिया है। हिटलर अपने शासनकाल के दौरान जर्मनी में

प्रत्येक जनान्दोलन को बन्द कर देने में सक्षम था। उसके विरुद्ध एकमात्र षड्यंत्र उन जनरलों द्वारा रचे गए जो सैन्य श्रेणीक्रम में महत्त्वपूर्ण पदों पर आसीन थे। उक्त षड्यंत्रों के बहुत सीमित उद्देश्य थे। जनरल फ्रांको की तानाशाही अपेक्षाकृत शिथिल मानी जाती है, लेकिन वह भी बगैर कोई बड़ा विद्रोह झेले पिछले तीस वर्षों से स्पेन पर शासन कर रहा है। स्टालिन का शासन इतना सख्त था कि उसके मर जाने के बाद भी क्रेमलिन के व्यक्तियों के अन्दर से उसका भय जाने में अनेक वर्ष लग गए। और यद्यपि तब से मृत स्टालिन का उतार-चढ़ाववाला जीवन रहा है, सम्पूर्ण निन्दा से लेकर आंशिक पुनर्निवेशन तक, लेकिन उसने सत्तावाद सम्बन्धी जो कार्यचक्र चला रखा था, वह अभी भी जारी है। वह शासन अभी भी अपने विरोधी वैज्ञानिकों और लेखकों को पागलखाने और दंड सम्बन्धी मजदूर शिविरों में भेज देता है जहाँ उनका हर तरह से उत्पीड़न होता है।

उपरोक्त चर्चा से यह साफ हो चुका है कि यद्यपि प्रजातंत्र का अर्थ विशेषाधिकारों या शोषण की समाप्ति नहीं होता है, लोकप्रिय आन्दोलन के लिए यह न्यूनतम शर्त होती है कि वह समाजवादी लक्ष्य को हासिल करे।

समाजवादी आन्दोलन की कुलीनतंत्र से सम्बद्ध उत्पीड़क दंशों को निकाल बाहर करने के लिए एक लोकतांत्रिक राज्य के रूप में शुरुआत करनी चाहिए जैसाकि वे आज दिखते हैं। साथ ही उसे तुरन्त राज्य की बृहत्तर इकाई को तोड़ने का काम शुरू करना होगा ताकि जनता के अपेक्षाकृत सीधे नियंत्रण के अनुरूप प्रशासन की छोटी इकाइयों की रचना हो सके। ये छोटी इकाइयाँ आज के प्रान्तों की तरह नहीं होंगी जोकि प्रशासनिक सुधारों के लिए गठित हुई हैं बल्कि अपने से सम्बन्धित हर मामले में सचमुच के स्वतंत्र राज्य होंगे। इस तथ्य के आलोक में यह आवश्यक है कि एक बार छोटी इकाइयाँ, जैसाकि अनेक संघीय राज्यों में होता है, सीमित उद्देश्यों के लिए भी केन्द्रीय सत्ता के अधीन हो जाती हैं तो केन्द्र की प्रवृत्ति धीरे-धीरे इकाइयों को सम्पूर्ण निर्भरता में तब्दील कर ज्यादा-से-ज्यादा शक्ति हासिल करने की हो जाती है। इन छोटे-छोटे राज्यों के आकार का निर्धारण संचार के उपलब्ध साधन के अनुरूप राजनीतिक प्रक्रियाओं में अधिकतम लोकप्रिय सहभागिता की सम्भावना से हो सकता है, लेकिन इन छोटे-छोटे राज्यों को भी आगे पर्याप्त शक्तिवाली छोटी-छोटी इकाइयों में अनिवार्य रूप से विभक्त होना पड़ेगा ताकि लोग सीधे इकाई के प्रशासन की देखरेख कर सकें। इन इकाइयों के आकार में अन्तर हो सकता है। ये एक बड़े गाँव से लेकर एक औद्योगिक कॉम्पलेक्स तक के आकार के हो सकते हैं। इस प्रस्ताव के बारे में कुछ भी यूटोपिया सम्बन्धी चीज नहीं है, यह स्विट्जरलैंड (औद्योगिक रूप से बिलकुल एक विकसित राष्ट्र) सरीखे राज्य के अस्तित्व से साफ हो जाता है जहाँ इसके कुछ प्रदेशों में महज कुछ हजार नागरिक ही हैं। वस्तुत: आज दुनिया में ऐसे अनेक राज्य हैं जो जनसंख्या और

क्षेत्रफल के मामले में भारत के एक प्रशासनिक जिले से भी छोटे हैं। आधुनिक उद्योगों को राज्य के आकार से कोई लेना-देना नहीं है। उद्योग को शासन जैसा समविस्तारी होना जरूरी नहीं है। उद्योगों को केवल कुछ एकड़ जमीन चाहिए और समूची दुनिया भी चाहिए। कुछ एकड़ उद्योग स्थापित करने के लिए तथा समूची दुनिया इस उद्योग को व्यक्ति, माल और बाजार देने के लिए चाहिए। इसे जिस चीज की जरूरत पड़ती है, वह है परिवहन और संचार की सुविधाएँ जो अपेक्षाकृत बेरोक-टोक होनी चाहिए।

चूँकि अधिकांश बड़े राज्यों का निर्माण कृत्रिम ढंग से होता है, इसलिए एक बार जब अपेक्षाकृत तर्कसंगत आकार के राज्यों के होने के सिद्धान्त को स्वीकार कर लिया जाता है तो उन्हें छोटी इकाइयों में तोड़ने में थोड़ी कठिनाई होती है। वस्तुत: अधिकांश बड़े राज्यों ने क्षेत्रीय इकाइयों के लिए अपनी स्वायत्तता का दावा करने की प्रवृत्ति रहती है। यह असुविधा का उत्पाद होती है जो दूरस्थ केन्द्र से प्रशासन चलाने की वजह से पैदा होती है। वस्तुत: प्रत्येक बड़े राज्य में अधिकांश इकाइयों का केन्द्रीय प्रशासन से सम्बन्ध, और कम-से-कम अल्प विकसित क्षेत्रों का विकसित क्षेत्रों से सम्बन्ध कमोबेश मातृ देश के उपनिवेश की तरह होता है। इन अविकसित क्षेत्रों के प्राकृतिक संसाधन और मानवशक्ति से प्राप्त होनेवाले लाभ उन लोगों द्वारा उठाए जाते हैं जो दूसरे क्षेत्रों के होते हैं। चूँकि केन्द्रीय प्रशासन बहुत दूरी पर रहता है और उसका झुकाव अपेक्षाकृत विकसित क्षेत्रों की तरफ रहता है (इन क्षेत्रों के मुखर और प्रभावशाली होने के कारण), इसलिए पिछड़े क्षेत्रों के पास अपने शोषण के विरुद्ध कोई उपाय नहीं होता है। शोषण के किसी भी प्रतिरोध की संकीर्ण क्षेत्रवाद के रूप में राष्ट्रभक्ति के नाम पर भर्त्सना होती है और उसे दबा दिया जाता है, लेकिन यह शोषण को सही ठहराना भर है। स्थिति ऐसी हो जाती है कि इन बड़े राज्यों को जोकि कृत्रिक ढंग से एक-दूसरे से जुड़े होते हैं, अलग-अलग कर देने के लिए केवल एक हल्का धक्का दिए जाने की जरूरत होती है।

आरम्भ में बोल्शेविकों ने इस मामले में अक्टूबर क्रान्ति के बाद तब के रूसी साम्राज्य के अंग, विभिन्न राष्ट्रीयताओं के अधिकार को स्वीकार करते हुए न केवल क्षेत्रीय स्वायत्तता देने के लिए बल्कि अलग हो जाने का भी साहसिक निर्णय लिया था। हालाँकि यह आदर्शवाद थोड़े ही दिनों तक रहा। तुरन्त ही अन्ध राष्ट्रभक्ति वाली प्रवृत्ति हो गई। यद्यपि लेनिन अन्त तक सोवियत नीति में आए इस मोड़ के बारे में आशंकित थे तथा उन्होंने अपने जीवन के अन्त तक इसका कड़ा विरोध किया, पर वह इस प्रवृत्ति को रोक नहीं पाए। बहुत जल्द स्वायत्त क्षेत्रों को बलपूर्वक मॉस्को की विशाल रूसी सत्ता के अधीनस्थ कर दिया गया।

यद्यपि उस सम्बन्ध को जिसमें औद्योगिक संगठन इन छोटे राज्यों में कायम होंगे, साफ-साफ देख पाना कठिन है, हालाँकि यह कहा जा सकता है कि औद्योगिक

संगठनों को एक स्वायत्त अस्तित्व देना पड़ेगा। हर जगह लोग इस विचार पर आ रहे हैं कि संगठन और उद्योगों के विकास से सम्बन्धित कार्यों को उन्हीं पर छोड़ दिया जाता है। यह विचार दोनों उद्योगों के बारे में होता है, निजी शेयरधारकों के स्वामित्ववाले उद्योग तथा राष्ट्रीयकृत उद्योग। जब राज्य क्षेत्रफल में अपेक्षाकृत कम विस्तृत होते हैं और औद्योगिक गतिविधियों का दायरा एक बड़े भू-भाग को ढक लेता है तो इस विचार की वैधता काफी बढ़ भी जाती है, लेकिन लोक सम्पत्ति होने के अतिरिक्त कुलीनतंत्रीय प्रवृत्तियों पर अंकुश लगाने हेतु उद्योगों के प्रावधान को मजदूरों के जिम्मे कर देना होगा। यह काम आसानी से हो सकता है, यदि प्रबन्धकीय कार्यकारिणी समितियों में मजदूरों के प्रतिनिधि बहुमत में हों। विशेषज्ञ सदैव अपना सुझाव दे सकते हैं और उन सुझावों को मजदूर के प्रतिनिधियों की स्वीकृति से कार्य दिया जा सकता है। इस तरह की व्यवस्था तकनीकी विशेषज्ञ का उपयोग करते वक्त विशेषज्ञों को प्रबन्धक बनने या उस तरह के कदम उठाने से जोकि मजदूरों के कल्याण के लिए हानिकारक होते हैं, रोकती है। इसके अतिरिक्त ऊपर से नीचे तक का स्टाफ मजदूरों द्वारा चुना जाएगा। एक बार इस तरह की व्यवस्था ठीक से कायम हो जाए तो एक अधिग्रहण के सभी विभागों में संगठन और नेतृत्व विकसित होने लगेगा।

हालाँकि यह बात मानी जा सकती है कि उस स्थिति की तुलना में जब प्रबन्धक स्थिति के पूर्ण स्वामी हों, प्रारम्भिक अवस्था में उद्योग कम कुशलता प्रदर्शित करेंगे, लेकिन इसे बहुत गम्भीर चिन्ता का विषय बनाने की जरूरत नहीं है। इसके विपरीत, दिमाग में यह बैठाए रखना होगा कि इस तरह की व्यवस्था मजदूरों में मनोवैज्ञानिक अच्छाई का भाव लाने जा रही है। किसी मामले में यह अत्यधिक उन्नत औद्योगिक देशों में लोगों की जीविका पर कोई प्रतिकूल प्रभाव डालने नहीं जा रही है क्योंकि इन देशों में उत्पादों का बड़ा हिस्सा अनावश्यक चीजों के उत्पाद को समर्पित होता है। उत्पादन की वस्तुओं में एक हल्का परिवर्तन उन आवश्यक वस्तुओं के घाटे की जो इस नये रूझान से पैदा हो सकते हें, भरपाई कर दे सकता है। निस्सन्देह यह इस चीज की अपेक्षा करता है कि समाजवादियों को बुर्जुआ समाज के मूल्यों का उत्पादों और मुनाफे को बढ़ाते रहने पर इसके जोर के साथ छोड़ना पड़ेगा। बुर्जुआ जगत को स्वाभाविक रूप से इसका मुनाफा पसन्द था और वह उस कीमत का हिसाब नहीं करता था जो मजदूरों को अपने काम की मनोवैज्ञानिक स्थिति हेतु प्रत्यक्ष और परोक्ष, दोनों रूप में चुकाना पड़ता था। अब यह सुज्ञात है कि अनेक पेशागत रोग सीधे उस मनोवैज्ञानिक स्थिति से सम्बन्धित होते हैं जिसमें एक मजदूर को काम करना पड़ता है। समाजवादी समाज को सबसे पहले इन स्थितियों को खत्म करने के लिए काम करना चाहिए। एक बार मजदूर मालिक बन जाए तो उत्पादकता भी बढ़ेगी क्योंकि वह इसकी जरूरत महसूस करेगा।

एक दूसरा विरोध जो विशेषज्ञों के बदले मजदूरों द्वारा प्रभुत्व किया जाता है, वह यह है कि इससे तकनीकी और वैज्ञानिक शोध के सामान्य पतन का मार्ग प्रशस्त होगा। ऐसा विश्वास किया जाता है कि वैज्ञानिक शोध का जोश तकनीक में सुधार करने के लिए उद्योगों के संगठित दबाव द्वारा कायम रखा जाता है जो तकनीकी प्रक्रियाओं की सीमित समझ के साथ मनुष्य एक बार दबदबा बनाए रखने के लिए आ जाए तो खत्म हो जाएगा, लेकिन यह दृष्टिकोण व्यावहारिक नहीं है। औद्योगिक शोध का वैज्ञानिक प्रगति में सीमित योगदान होता है। इस बिन्दु पर विलियम एच. व्हाइट जूनियर ने एक चौंकानेवाले रहस्योद्घाटन की तरफ ध्यान आकृष्ट किया है। वह लिखते हैं—"हम एक बर्बर प्रश्न करते हैं। कॉरपोरेशन के वैज्ञानिक कितने अच्छे हैं? अतीत में उद्योग के पास अनेक तेज-तर्रार लोग थे। मेरे सहकर्मी फ्रांसिस बेलो ने युवा वैज्ञानिकों का एक अध्ययन किया था जिससे कुछ अत्यन्त चौंकानेवाले आँकड़े प्रकट हुए थे। युवा वैज्ञानिकों का एक प्रतिनिधि समूह प्राप्त करने के लिए उन्होंने चालीस साल से कम उम्र के होनहार व्यक्तियों का जो उद्योग और विश्वविद्यालयों में थे, को नामांकित किया। वह पहले न्यासनिधि तथा नवल अनुसन्धान एवं परमाणु ऊर्जा आयोग को कार्यालय जैसी सरकारी एजेंसियों में गए क्योंकि उनका काम श्रेष्ठ स्तर के लोगों को जानना होता है।

नामांकित लोगों के नाम में अनेक दोहराव थे। जब इसे खत्म कर दिया गया तो बेलो के पास 225 युवा वैज्ञानिकों के नाम रह गए। उसने आशा की थी कि ये नामांकन सम्भवत: उद्योग और विश्वविद्यालयों के बीच लगभग आधे-आधे में बँट जाएगा, लेकिन उसे यह देखकर आश्चर्य हुआ कि 225 में मात्र 4 ही उद्योग में थे।"[12]

इसके चलते कोई भी यह स्वीकार कर लेगा कि मौलिक वैज्ञानिक अनुसन्धान को विश्वविद्यालय पर निर्भर होना पड़ेगा और इसका विकास तभी सुनिश्चित हो कसता है जब ज्यादा-से-ज्यादा लोगों के पास अध्ययन के लिए लम्बे समय तक विश्वविद्यालयों में टिके रहने के लिए फुर्सत और साधन हों। इससे भी साबित होता है कि विज्ञान से सम्बन्धित मूल अनुसन्धान का सुविकास तभी हो सकता है जब यह संगठनों द्वारा निर्धारित संकीर्ण लक्ष्यों से मुक्त हो। आनुषंगिक रूप से इससे यह भी जाहिर होता है कि वैज्ञानिक प्रगति के बारे में सामान्यतया जितना माना जाता है, उससे अधिक ही यह सीधे आजादी से जुड़ी होती है।

लेकिन एक विचार यह भी रहा है जो सत्ता के विकेन्द्रीकरण हेतु आधुनिक उद्योगों को एक ही साथ त्याग देना चाहता है। यह प्रस्तावित किया गया है कि छोटे राज्यों की प्रणाली के अन्तर्गत अर्थव्यवस्था के संगठन हेतु सबसे अच्छी चीज होगी, एक आत्म-निर्भर ग्रामीण अर्थव्यवस्था के तहत हस्तशिल्पों के संगठन की ओर लौट जाना। यह प्रस्ताव महात्मा गांधी के द्वारा दिया गया था। यदि इसे अपना लिया जाता तो यह हमारे जीवन के दूसरे पहलुओं पर बिना घातक असर डाले एक विकेन्द्रित

राजनीतिक संगठन के सुसंगत होता। हालाँकि इस सोच की बाबत निश्चित कठिनाइयाँ हैं। पहले तो यह औद्योगीकरण की प्रक्रिया को पूर्णत: उलटना चाहेगा जो आधुनिक उद्योगों से सख्त घृणा करनेवाले गांधी के लिए भी एक असम्भव कार्य होता, लेकिन यदि यह सम्भव भी होता तो क्या इसे पसन्द किया जाता या अपनाया जाता? इस काम का पहला विरोध उस काम से होता जो अनिवार्यत: एक नीरस काम है। शिकार करना व मछली पालना सम्भवत: इसका अपवाद हो। आजादी का एक पहलू इस अनिवार्य नीरस से ज्यादा-से-ज्यादा मुक्ति है। दस्तकारी केवल मनुष्यों को स्थायी रूप से इस नीरस काम से बाँध देती है। गांधी काफी धार्मिक थे और वह दुनिया में मानवीय जीवन को नैतिक परीक्षा की एक संक्षिप्त अवधि के तौर पर लेते थे जिसमें उन्हें अधिकतम आध्यात्किता हासिल करनी थी। इस विचार से छुट्टी या अवकाश का मतलब था, ज्यादा-से-ज्यादा लिप्सा और पाप। वैसे लोगों जो अल्प धार्मिक मानसिकता के हैं, के लिए जरूरी नहीं जीवन के प्रति वैसा ही विचार हो। वे इस जीवन में अपने प्रयासों के लिए पारिश्रमिक प्राप्त करने का प्रयास कर सकते हैं और यह पारिश्रमिक वे जिस चीज को जीवन का सुख मानते हैं उसे प्राप्त करने के लिए ज्यादा-से-ज्यादा सुविधा और अवकाश के रूप में प्राप्त करना चाहेंगे।

इस विचार का तथापि एक दूसरा विरोध है। बढ़ती जनसंख्या के समक्ष कृषि या उद्योग के पुराने तरीके भोजन और अन्य आवश्यकताओं की न्यूनतम पूर्ति भी नहीं कर पाएँगे। ऐसी स्थिति में हमें नैतिक जीवन का उच्च रूप प्राप्त नहीं होगा बल्कि हम अन्तहीन संघर्ष और गिरावट के शिकार हो जाएँगे। इस तरह इसके समाधान को आधुनिक उद्योगों के सन्दर्भ में ढूँढ़ना होगा।

फिर भी, एक दूसरा विचार है जो विज्ञान और तकनीक के लाभों को त्याग बगैर बड़े उद्योगों के स्थान पर उस तरह के छोटे-छोटे उद्योगों को लाना चाहता है जो छोटे-छोटे परिवार द्वारा संचालित हों अथवा जिनमें देश भर में बिखरे पड़े मजदूरों की कम संख्या में भर्ती हो। सिद्धान्तत: इस विचार का विरोध नहीं हो सकता है। उद्योगों के आकार और स्थल का निर्धारण स्थिति की सुविधा के अनुसार किया जाएगा, लेकिन हमारे समक्ष जो समस्या है, उसका यह उपचार नहीं है। एक बार इन मशीनों की आधुनिक तकनीक के इस्तेमाल को अपना लिया जाए तो इन मशीनों के कल-पुर्जे बनानेवाले तथा बिजली, खनिज, धातुकर्म और यातायात से सम्बन्धित मशीनों के पुर्जे बनानेवाले बड़े-बड़े उद्योग भी रहेंगे। इस तरह फिर हमारे समक्ष इन बड़े उद्योगों के संगठन की समस्या बनी रहेगी। इसके अलावा इन उद्योगों के उत्पादन को संयोजित करने तथा बिक्री और आपूर्ति की व्यवस्था करने के लिए भी कुटीर उद्योगों के प्रसार की एक सुविचारित नीति संगठन के विशाल तंत्र की अतिरिक्त समस्या पैदा कर दे सकती है। इससे या तो दलालों की एक बड़ी फौज खड़ी हो जाएगी या विशाल नौकरशाही के निर्माण की जरूरत पड़ जाएगी।

कृषि क्षेत्र के अन्दर प्रत्येक मामले में यह समस्या लम्बे समय तक बनी रहेगी ही। बिखरे और असंगठित होने के कारण कृषि क्षेत्र अर्थव्यवस्था का अपेक्षाकृत कमजोर तबका होगा। यहाँ संरक्षण और प्रोत्साहन की एक सुविचारित नीति को अपनाना होगा। यह भावना यह देखते हुए आसानी से लाई जा सकती है कि राष्ट्रीय अर्थव्यवस्था के समूचे अस्तित्व के लिए कृषि बहुत जरूरी चीज है।

लोग बड़े राज्यों के विकास को प्रोत्साहित करने के इच्छुक हैं। इसका महत्त्वपूर्ण कारण है कि लोग असमान ढंग से सैन्य शक्ति को उच्च मूल्य देते हैं। आज किसी राष्ट्र की आर्थिक और औद्योगिक शक्ति का आकलन उक्त राष्ट्र के अन्दर लोगों के कल्याण को केन्द्र में रखकर नहीं किया जाता है बल्कि उसकी सैन्यशक्ति को केन्द्र में रखकर किया जाता है। यद्यपि रूस औद्योगिक रूप से न केवल अमेरिका से काफी पीछे था बल्कि बहुत-से छोटे-छोटे यूरोपीय राष्ट्रों से भी पीछे, फिर भी 'सुपर पॉवर' था और अमेरिका का एक प्रतिद्वन्द्वी। ऐसा इसलिए कि इसने उन देशों के बराबर या उनसे अधिक अस्त्र-शस्त्र इकट्ठे कर लिए थे। चीन एक विकासशील राष्ट्र है, लेकिन अपनी सामरिक शक्ति और हाइड्रोइजन बम विस्फोट करने तथा उपग्रह स्थापित करने की काबिलियत के आधार पर पहले से 'सुपर पॉवर' बना हुआ है। सैन्यवाद और सैन्य गरिमा के प्रति यह मनोग्रसण स्वायत्तता की अपील के विरुद्ध एक शक्तिशाली बाध्यकारी तत्त्व के रूप में करता है, लेकिन यह आसानी से देखा जा सकता है कि सैन्यशक्ति का यह महिमामंडन सामान्य जन की दृष्टि से अबुद्धिमत्तापूर्ण और खतरनाक, दोनों है।

इतिहास पर सरसरी निगाह डालने से भी इस बात का पता चल जाता है कि सैन्य महिमा जैसा कुछ भी क्षणिक नहीं है। कोई भी राष्ट्र दूसरे राष्ट्रों पर अपनी सैन्य श्रेष्ठता कायम रख पाने में सफल नहीं हुआ है। अतीत में भारत के पास अनेक इलाके थे, इसकी वर्तमान सीमाओं से भी आगे, लेकिन इन विस्तारों की संक्षिप्त अवधियों की तुलना में पूरा इतिहास विदेशी आक्रमणों, पराजयों और मानमर्दन से भरा हुआ है। यूरोप को ही ले लीजिए। एक समय स्पेन बहुत महत्त्वपूर्ण सैन्यशक्ति था। आज सैन्य रूप से यह कोई हस्ती नहीं है। इसी रास्ते पर फ्रांस चला और इसकी शक्ति नेपोलियन बोनापार्ट के अभ्युदय के साथ शीर्ष पर पहुँच गई, लेकिन इसके बाद इसके पतन और पराजय की शुरुआत हो गई। तब तक जर्मनी सोया हुआ था। उसकी नींद देर से खुली और आधी सदी के अन्दर ही उसने अपने अस्त्रों की सर्वोच्चता साबित कर दी और सन 1871 ई. में पेरिस तक पहुँच गया। 20वीं सदी के आधे समय तक जर्मन सैन्यवाद के दु:स्वप्न का दबदबा कायम था। दोनों विश्वयुद्धों में शुरू में इसने अपने शानदार पराक्रम से पूरी दुनिया को स्तब्ध कर दिया था, लेकिन बाद में पराजित हो गया और अन्तत: स्वयं विभाजित और निर्भर हो गया। ग्रेट ब्रिटेन को एक समय इस बात का गुमान था कि पूरी दुनिया

में उसका साम्राज्य फैला हुआ है और वह लहरों पर भी राज करता है, लेकिन वही ग्रेट ब्रिटेन आज एक महाशक्ति बनने की इच्छा तक भी नहीं कर सकता है। कुछ समय तक तो इसकी मुख्य चिन्ता थी कि बाहरी सैन्य प्रतिबद्धताओं से स्वयं को कितनी जल्दी छुटकारा दिलाया जाए ताकि घर की हालत को ठीक किया जा सके। गौरव जब स्वयं भूतकाल में चला जाता है तो कुल मिलाकर सैन्य गौरव का एकमात्र ठोस परिणाम खेद और भ्राँति की विरासत के रूप में सामने आता है। द गॉल का नेतृत्ववाला फ्रांस इस मन:स्थिति का ठेठ उदाहरण था जब इसने कीमत को नजरअन्दाज कर एक नाभिकीय शक्ति बनने पर जोर दिया था। दूसरे राष्ट्रों में नाभिकीय अस्त्रों के फैलाव के साथ ही अब इसमें गौरव नहीं रहा, लेकिन अर्थव्यवस्था को इससे निश्चित रूप से काफी क्षति पहुँची है।

सैन्यवाद से जनसाधारण को कभी कोई लाभ नहीं हुआ है। महत्त्वाकांक्षी सम्राटों और जनरलों के गर्व को यह बढ़ाता जरूर है, लेकिन साधारण लोगों के लिए सदैव यह मौत और अभाव का कष्ट लाता है। युद्धों में सामान्यत: गरीब के बेटे ही मोर्चों पर शहीद होते हैं। इसके बाद उत्पादन को युद्ध सामग्रियों की तरफ मोड़ देने से चीजों की किल्लत पड़ जाती है जिससे सबसे ज्यादा गरीब ही प्रभावित होते हैं। युद्धोत्पादन प्राकृतिक संसाधनों की पूरी तरह से एक बर्बादी है क्योंकि यदि युद्ध हो रहा होता है तो युद्ध के दौरान जो कुछ उत्पादित होता है वह या तो नष्ट हो जाता है या संचित पुंज बन जाता है और अन्तत: उसे अनुपयोगी उच्छिष्ट के रूप में त्याग देना पड़ता है क्योंकि वे पुराने पड़ जाते हैं। एक अविकसित देश में इस तरह की बर्बादी आपराधिक होती है क्योंकि उक्त संसाधनों का इस्तेमाल साधारण मनुष्य की आवश्यक वस्तुओं को पूरा करने में किया जा सकता था, लेकिन समृद्ध अर्थव्यवस्थावाले देशों में भी सैन्यवाद का बराबर बुरा असर होता है, प्रत्येक देश में सैन्यवाद का पहला शिकार लोगों की आजादी होती है जिसे माना जाता है कि सैन्यवाद उसकी रक्षा करेगा, लेकिन होता है इसके उलट। विशाल सेनावाला देश पहले से ही उस सेना की घेराबन्दी में रहता है। इसका पहला असर यह होता है कि राजनीतिक निर्णय से सम्बन्धित अधिकांश अनिवार्य सूचना को जनसुरक्षा के नाम पर जनता तक पहुँचने नहीं दिया जाता है। सरकार की ज्यादातर आलोचना को विश्वासघात समझा जाता है क्योंकि आधुनिक सैन्य स्थापना के लिए असैन्य प्रकृति की गतिविधियों से जुड़ना अनिवार्य होता है। सभी व्यावहारिक उद्देश्यों के लिए राजनय को लोक विमर्श के क्षेत्र से निकाल लिया जाता है क्योंकि विदेशी शक्तियों से गुप्त सौदा करने की बाध्यता रहती है।

सबसे बुरा तो यह होता है कि सैन्यवाद सुरक्षा के सरोकार को इस हद तक बढ़ा देता है कि सार्वजनिक या निजी जीवन का कोई भी क्षेत्र जासूसी से पूरी तरह मुक्त नहीं रहता है। सीआईए और केजीबी तो पहले से ही राजनीतिक शब्दावली

के भयावह शब्द हैं। सभी राष्ट्रों में इनके प्रतिरूप विद्यमान हैं। इन गुप्त सेवाओं का स्वभाव ऐसा होता है कि लोकतंत्र के अन्दर भी लोकप्रिय प्रतिनिधियों की कड़ी निगरानी में इन्हें नहीं रखा जा सकता है। सुदृढ़ लोकतांत्रिक परम्परावाले अमेरिका जैसे देश में भी आजादी की संरचना युद्ध मनोग्रसित और युद्ध अर्थव्यवस्था के बोझ से चकनाचूर हो रही है। वैसे देशों में जहाँ आजादी का ढाँचा अपेक्षाकृत कमजोर व लचर है, वहाँ यह आसानी से ऐसे दबाव में दम तोड़ देती है। युद्ध के दौरान जनता की आजादी लगभग खत्म हो जाती है। ऐसा भारत में भारत-पाकिस्तान युद्ध के दौरान हुआ था। इस अवधि में भारत रक्षा कानून के तहत लोगों के संवैधानिक अधिकार खत्म हो गए थे। यह सच है कि यह एक अस्थायी कार्रवाई थी, लेकिन युद्ध लम्बा चलता तो क्या होता? तनाव की इन अवधियों में जो आदतें बन जाती हैं, वे बमुश्किल जाती हैं बल्कि रह जाती हैं। वैसे लोग जिन्हें लोक नियंत्रण से मुक्त सत्ता का स्वाद लग गया है, इस तरह की सत्ता को बरकरार रखना चाहते हैं। इस आधुनिक दुनिया में जो राष्ट्र सैन्य बल से खुद की रक्षा करने की इच्छा रखता है, वह पहले से ही अंशत: अपनी सेना और नौकरशाही का गुलाम बन चुका है। तर्कसंगत विचार से यदि कहीं रक्षात्मक सैन्यवाद भी कायम है तो वह भी मानवीय आजादी के लिए नुकसानदेह ही है।

युद्ध में लगे या युद्ध अर्थव्यवस्था के अधीन रहनेवाले राष्ट्र के पास ऐसे अनेक लक्षण होते हैं जो कब्जे में कर लिए गए किसी भूक्षेत्र के लक्षण से मिलते-जुलते हैं। राष्ट्र का एक बड़ा भू-भाग एक निषिद्ध भाग की तरह अलग कर दिया जाता है जहाँ नागरिकों की कोई पहुँच नहीं होती है। दैनिक जीवन की अनेक अनिवार्य चीजें उन्हें नहीं मिलती हैं। उनके जीवन पर पुलिस की निगरानी रहती है। कर बढ़ा दिए जाते हैं। चीजों की कीमतें बढ़ जाती हैं। सरकार स्वेच्छाचारी हो जाती है। अनिवार्य सैन्य सेवा अपनी पसन्द के अन्य कार्य में दिए जानेवाले समय को रोक दे सकती है। यदि आक्रमण या वास्तविक युद्ध के भय के तहत इस प्रकार के रवैये जीवन की आदतों में कठोर बन जाते हैं तो इस तरह के जीवन व विदेशी शक्ति की वृत्ति में अन्तर कर पाने के लिए जब तक विदेशी शक्ति अपवादस्वरूप नृशंस नहीं हो, कुछ नहीं रहेगा।

अविकसित देशों में जोकि अभी-अभी विदेशी शासन से निकले हैं, सैन्य गौरव का लोभ अपेक्षतया ज्यादा हो सकता है। अधीनता में लम्बे समय तक रहने के कारण इन देशों में हीनता का भाव आ गया है जिसे ये शानदार सैन्य कारनामों से दूर करने का प्रयास करते हैं। इनके विचार बहुत आसानी से सैन्य गौरव की तरफ मुड़ जाते हैं क्योंकि उत्पादन और सृजन की दिशा में गौरव प्राप्त करना अपेक्षाकृत ज्यादा दुष्कर होता है और इसमें लम्बे समय तक प्रयास करने की जरूरत पड़ती है। सैन्यवाद की पुष्टि इस तथ्य से भी होती है कि प्रत्येक प्रयास की निराशा आक्रामकता

से बाहर निकल जाती है। साथ ही, सभी देशों के राजनेता जनाक्रोश अपनी तरफ से किसी अन्य स्थिति की तरफ जिसे वे अपनी विफलताओं के लिए जिम्मेवार मानते हैं, मोड़ने का प्रयास करते हैं। ये सारे तत्त्व मिलकर सैन्यवाद को उन देशों में अच्छी तरह से लोकप्रिय बनाते हैं जो अपने आर्थिक पिछड़ेपन के कारण इसके लायक नहीं होते हैं। सैन्य शक्ति की यह सनक बृहत्तर क्षेत्र और बृहत्तर जनसंख्या आधार की छीना-झपटी पैदा करती है। यह विजय से या संयोजनों के विभिन्न रूपों से प्राप्त होता है। स्वयं को तहस-नहस करनेवाली इस अयुक्ति के सामने विद्यमान स्थितियों को तोड़ने का कोई भी प्रस्ताव स्वाभाविक रूप से पसन्द नहीं किया जाता। इन अविकसित देशों में निशस्त्रीकरण की बात करना भी पसन्द नहीं किया जाता। लोग इस बात को मानने के लिए तैयार नहीं होते कि औपनिवेशिक शासन से स्वयं को आजाद करने के बाद वे सैन्यवाद को बढ़ावा देकर स्वयं को बेड़ी में डालने की नई जंजीर तैयार कर रहे हैं। हालाँकि यह काफी स्पष्ट है कि सैन्यवाद और आजादी साथ-साथ नहीं चल सकते हैं।

हम पूर्व में ही यह देख चुके हैं कि समाजवादी परिवर्तन केवल लोकतंत्र की स्थितियों में ही सम्भव है, लेकिन परिवर्तनकारी आन्दोलन जिस वास्तविक समस्या का सामना करता है, वह समस्या होती है कैसे उन स्थितियों को बनाया और बरकरार रखा जाए। दुनिया के एक बड़े भाग में लोकतांत्रिक आजादी का लेशमात्र या लोकतांत्रिक रचना की शुरुआत भी नहीं है। इन जगहों पर प्राथमिक काम लोकतांत्रिक संस्थाओं का निर्माण करना होगा। इसके बाद यह खतरा भी रहता है कि प्रश्रयप्राप्त वर्ग जिनके हित लोकतंत्र में प्रभावित होते हैं, वे उन देशों में भी जहाँ लोकतंत्र पहले से स्थापित है, इसे उलट देने का प्रयास करते हैं। इसलिए दूसरी समस्या होगी, लोकतंत्र के आधार को विस्तारित और संरक्षित करना। तीसरी और समान रूप से महत्त्वपूर्ण समस्या होती है आन्दोलनकारी परिवर्तनों के लिए जनदबाव बनाए रखना। हम देख चुके हैं कि इन परिवर्तनों के बिना लोकतंत्र दिनचर्या की बंजर लीक बन जाती है। केवल शक्तिशाली परिवर्तनकारी आन्दोलन ही इसे हासिल कर सकता है।

परन्तु शक्तिशाली जनान्दोलन की जरूरत को एक बार पहचान लिया जाता है तो सत्ता आन्दोलन के सिलसिले में हमने जिन खतरों पर विचार किया है उनसे इसे बचाए रखने का एकमात्र तरीका यह होता है कि आन्दोलन अहिंसक बना रहे। निस्सन्देह नैतिक आधारों पर परिवर्तनकारी आन्दोलन की हिंसा पर रोक लगाने की माँग की कोई वैधता नहीं रहती है। सबके बावजूद अधिकांश लोकतांत्रिक सरकार के प्रयासों में सख्ती का एक तत्त्व अन्तर्निहित होता है। चूँकि हम ऐसी सरकारों के उपयोग को अस्वीकार नहीं करते हैं, इसलिए हम पूरी तरह से हिंसा को शपथ के साथ त्यागने का दावा नहीं कर सकते हैं। हालाँकि जनान्दोलनों के हमारे सभी

विचार यह दृष्टि देते हैं कि यदि आजादी और समता के लक्ष्यों को ही प्राप्त करना है तो हिंसक जनान्दोलन नुकसानदेह साबित होते हैं। समाजवादी आन्दोलन यदि अल्पकालीन और द्रुतगामी हो तो सीमित पैमाने पर हिंसा के उपयोग में कोई गलती नहीं होगी। फ्रांस में हुआ 1968 ई. का विद्रोह इसका एक उदाहरण है। यह आन्दोलन सत्ता हासिल करने में असफल रहा इसलिए यह कह पाना कठिन है कि इसका परिणाम क्या हुआ होता, लेकिन जहाँ निहित स्वार्थों के अन्तरराष्ट्रीय जुड़ाव के कारण इस तरह का विद्रोह अन्तरराष्ट्रीय उलझाव के साथ गृहयुद्ध में प्रतिफलित हो जाता है, स्थिति पूरी तरह से भिन्न हो जाती है। इस तरह का युद्ध चाहे गुरिल्ला स्वभाव का हो या सीधे आमने-सामने का, इससे सत्ता का केन्द्रक प्रोत्साहित होता है जो आन्दोलन के मूल लक्ष्यों की कीमत पर विकसित होता है। इसका अर्थ यह नहीं है कि नये शासक शुरू से ही अलोकप्रिय होते हैं। वस्तुत: आरम्भ में वे काफी लोकप्रिय हो सकते हैं। उन्हें 'करिश्माई' कहा जा सकता है, लेकिन इस तथ्य के कारण वे अपने विशेषाधिकार को नये सामाजिक संरचना में काफी आसानी से मूर्तरूप दे पाने के काबिल होते हैं। कुछ सैन्य विशेषज्ञों ने यह दिखाया है कि लम्बे समय तक चलनेवाले गुरिल्ला युद्ध का इसमें लगे व्यक्तियों के मनोविज्ञान पर बहुत क्षतिकारक असर होता है। मानव जीवन के प्रति संवेदनहीनता उन व्यक्तियों में अपरिहार्य तौर पर रहती है जो अपने सक्रिय जीवन में स्थायी रूप से किसी का शिकार बने होते हैं और बाद में दूसरों का शिकार करते हैं।

यह बात भी दिमाग में रहनी चाहिए कि गुरिल्ला आन्दोलन काफी हद तक लोकप्रिय समर्थन पर टिका होता है। हालाँकि इस समर्थन में कुछ स्वेच्छा से तथा स्वत:स्फूर्त समर्थन रहता है तो कुछ दबाव और भय से भी जुटाया गया होता है। अपना आधार स्थापित कर लेने के बाद इस आन्दोलन को जो समर्थन हासिल होता है, उसे अक्सर विरोध की स्थिति में प्रतिहिंसा के भय का समर्थन मिलता है। धीरे-धीरे लड़ाई ज्यादा दिनों तक चलती है तो छापामार सैनिकों में भय समा जाता है। गुरिल्ला और अहिंसक आन्दोलनों का तुलनात्मक अध्ययन करनेवाले कैप्टन सर बासिल लिडेस लिखते हैं—"हिंसा की आदत नियमित युद्ध की अपेक्षा अनियमित युद्ध में गहरे जड़ जमाए हुए होती है। नियमित लड़ाई में गठित सत्ता के प्रति आज्ञाकारिता की आदत दिखती है जबकि अनियमित लड़ाई में सत्ता को ललकारने तथा नियमों का उल्लंघन करने का गुण होता है। इस तरह की तलोच्छेदित नींव पर किसी देश व स्थायी राज्य का पुनर्निर्माण करना काफी कठिन होता है।"[13]

इस तरह के आन्दोलन के बाद पूर्ण व्यवस्था लाने का एकमात्र रास्ता होता है, निर्मम दमन और निरोध का शासन कायम करना ताकि पूर्ववर्ती गुरिल्ला योद्धा आन्दोलनकारी नियमों का सम्मान करने के लिए बाध्य हो। इस तरह अधिनायकवाद का बीज हिंसक प्रतिरोध के ऐसे आन्दोलनों में स्वाभाविक रूप से रहता है। दिमाग

में रखनेवाली दूसरी बात यह है कि जैसाकि हमने अपने विमर्श (अध्याय-3) में देख लिया है, इन सभी हिंसक संघर्षों में जो पक्ष ज्यादा निर्मम और छली होता है वही जीतता है। इस तरह के संघर्ष में जो परिवर्तनकारी आन्दोलन जीतता होता है, वह इस स्थिति में अपरिहार्य आचरण के अप्रिय बदलाव से बच नहीं सकता है। लम्बे युद्ध द्वारा लादे गए चयन की सश्रम प्रक्रियाओं के जरिए अत्यधिक आक्रामक और उन्मत तत्त्व ही आन्दोलनकारी दल में और के स्तर पर काबिज हो जाता है।

हिंसक आन्दोलन का मामला एक-दूसरे विचार से भी कमजोर हो जाता है। हमने शुरू में ही इस अध्याय में देखा है, इतिहास ने क्रान्ति की भूमिका वर्ग को सौंपी है कि क्रान्ति उसके बीच एक स्वत:स्फूर्त कार्य होगी, नये परिवर्तनकारी आन्दोलनों के अनुभव के आलोक में क्रान्ति के इस पुराने विचार की विश्वसनीयता बहुत कम हो गई है। इस विश्वसनीयता के साथ वह विश्वास भी चला जाता है कि साधन और क्रान्तिकारियों के आचरण का विचार किए बिना अन्तिम लक्ष्य किसी तरह सबसे अधिक खुशहाल हो जाना होता है।

आज विद्रोह उस तरह के मनुष्यों का काम हो गया है जो मौजूदा समाज की गैर-बराबरी से पीड़ित हैं। कुछ मामलों में उत्पीड़ित व्यक्ति स्वयं शिकार है जैसाकि नीग्रो या सर्वहारा के मामले में होता है। दूसरे मामलों में वे बुद्धिजीवी और छात्र होते हैं जो स्वयं तो दमन का शिकार नहीं होते हैं, लेकिन विवेक और ज्ञान के कारण वे उस स्थिति के अनुरूप स्वयं को ढाल नहीं पाते हैं तथा नैतिक आधार पर उसके विरुद्ध लड़ने को तैयार हो जाते हैं। परिवर्तनकारी आन्दोलन के इस नये सन्दर्भ में मनुष्य का नैतिक सूत्र और साधन पूरी तरह से आन्दोलन के नतीजों से अप्रासंगिक नहीं हो सकता है। प्रत्येक लक्ष्य का निर्धारण चेतनता के साथ परिवर्तनकारी आन्दोलनों में सही प्रयासों से किया जाता है।

यह सही है कि मॉस्को से निर्देशित आधिकारिक कम्युनिस्ट आन्दोलन फ्रेंज फेनन, चे ग्वारा और हर्बर्ट मार्क्यूस से लेकर मौलिक छात्र आन्दोलन के नेताओं तक प्रत्येक व्यक्ति में 'परिवर्तनकारी रोमांसवादी' के रूप में नया स्वर भरने का प्रयास करते रहा है, लेकिन तथ्य यह है कि रूसी आन्दोलन के बाद बीती अर्द्ध सदी के दौरान मॉस्कोवादी कम्युनिस्ट शास्त्रीय मार्क्सवादी शैली में एक भी आन्दोलन करने में असफल रहे हैं। दूसरी तरफ इस अवधि के दौरान अधिकांश परिवर्तनकारी आन्दोलनों ने उन्हें उलझन में डाल दिया है और आरम्भिक अस्वीकृति तथा बाद की स्वीकृति के बीच उन्हें पर्याप्त परेशान किया है।

यह तर्क दिया जा सकता है कि अहिंसक आन्दोलन एक बार अपना सांगठनिक ढाँचा विकसित कर ले तो उसमें भी कुलीनतंत्रीय रुझान विकसित हो जा सकता है। यह बिलकुल सही है, किन्तु सशस्त्र कुलीनतंत्र संघर्ष की समाप्ति पर अवपीड़क सशस्त्र शक्ति के साथ असंगठित और निहत्थे व्यक्ति पर अपनी इच्छा लादने के

लिए मुक्त रहता है, लेकिन शस्त्र व्यक्ति विहीन कुलीनतंत्र ऐसा नहीं कर सकता है। यह जनता की इच्छा के सामने झुक जाना होगा। इस तरह कुलीनतंत्रीय प्रवृत्ति के वहाँ होने के बावजूद इसका अहिंसक स्वभाव इसके मनुष्यों के किसी विशेषाधिकार निकाय में ठोस रूप लेने के विरुद्ध सुरक्षा प्रहरी का काम करेगा।

पहली अवस्था को लें अर्थात् उन देशों की स्थिति का जहाँ लोकतांत्रिक आजादी और संविधान नहीं है, वहाँ इन अधिकारों के लिए समाजवादी आन्दोलन को लड़ने की जरूरत है, लेकिन केवल अहिंसक आन्दोलन ही इस इच्छित लक्ष्य तक पहुँचा सकता है। यदि इन देशों में अहिंसक आन्दोलनों को कठिनाई का सामना करना पड़ता है तो हिंसक आन्दोलनों को भी कठिनाई का सामना करना होता है। वस्तुत: अहिंसक आन्दोलन असहयोग और सत्याग्रह जैसे प्रतिरोधों के रूप में हिंसक आन्दोलनों की तुलना में ज्यादा प्रभावशाली ढंग से इन शासनों की जड़ खोद सकते हैं। हिंसक आन्दोलन तो आरम्भिक चरणों में ही प्रत्यक्ष मुठभेड़ को औंधे मुँह गिरा देता है। हर मामले में निर्मम फासीवाद शासन के विरुद्ध केवल वही प्रतिरोध सफल रहा जो अहिंसक था, चाहे उसका उद्देश्य कितना ही सीमित क्यों न रहा हो। नाजी अधिकृत नॉर्वे में जब देशद्रोही शासन ने शिक्षा पर अपना नियंत्रण कायम करने का प्रयास किया तो उसका नॉर्वे के शिक्षकों ने इसी अहिंसक तरीके से विरोध किया था। शिक्षकों ने बहादुरी से वहाँ की सत्ता का प्रतिरोध कर कड़ी चुनौती दी जबकि 14,000 शिक्षकों में से 1,100 शिक्षकों को यातना शिविर में भेजा जा चुका था। अन्तत: वहाँ के शासक को शिक्षा को फासीवादी लाइन पर चलाने के प्रयासों को त्यागना पड़ा।

पूर्वी जर्मनी, चेकोस्लोवाकिया और रूस जैसी साम्यवादी तानाशाही के अन्दर भी सत्ता के विरुद्ध प्रतिरोध का मुख्य रूप से बड़ा तरीका अहिंसक ही रहा है। रूस में आज बुद्धिजीवी वर्ग सोच और विचार की आजादी को प्रोत्साहित करने को आगे बढ़ाने की लड़ाई बिलकुल अहिंसक तरीके से लड़ रहे हैं। उनमें से अधिकांश को मजदूर शिविरों में लम्बे समय का कारावास दिया गया है। उनमें से कुछेक को पागलखाने में रखा गया है जहाँ उन्हें तरह-तरह की यातनाएँ दी जाती हैं। बावजूद इसके, उनका संघर्ष जारी है। यह स्पष्ट रूप से साबित करता है कि अहिंसक आन्दोलन क्रूरतम एकदलीय सत्ता के तहत भी सम्भव है। वस्तुत: सर्वसत्तात्मक या एकदलीय शासन का स्थायित्व बड़े झूठ पर टिका होता है इसलिए यह सत्य के साथ शुरू किए आन्दोलन के लिए बहुत वेध्य होता है।

लोकतंत्र के तहत निस्सन्देह हर आन्दोलन अहिंसक होता है। इस मामले में हिंसक आन्दोलनों का काम प्रजातंत्र के आधार की जड़ खोदना होता है, लेकिन प्रजातंत्र द्वारा जब कोई महत्त्वपूर्ण सुधार लाने का प्रयास किया जाता है तो इसकी सरकार में हिंसक बदलाव आ जाने का खतरा रहता है इसलिए इसका उपचार निश्चित रूप

से होना चाहिए। ऐसी स्थिति में प्रतिरोध के किसी अन्य रूप की अपेक्षा अहिंसक प्रतिरोध ज्यादा कारगर होता है। इस तरह के शासन के साथ सहयोग करने और इसे मानने की जन अस्वीकृति से उत्पन्न एक सामान्य हड़ताल इसका तेजी से अन्त कर दे सकती है। इस तरह के प्रतिरोध का ज्वलन्त उदाहरण है, जर्मनी के मजदूरों की वह सामान्य हड़ताल जिसने प्रथम विश्वयुद्ध के बाद की काप उथल-पुथल को परास्त कर दी थी। चूँकि उथल-पुथल मचानेवाले नेता सामान्यत: सेना का समर्थन जुटाते हैं अथवा उथल-पुथल की घड़ी में सेना की तटस्थता का आश्वासन ले लेते हैं, उनके विरुद्ध सशस्त्र प्रतिरोध अत्यन्त कठिन हो जाता है।

जैसाकि हम देख चुके हैं, सैन्यवाद सभी तरह से स्वतंत्रता और समाजवाद के लिए दुश्मन होता है। इस तरह समाजवादी शासन को त्वरित निशस्त्रीकरण की नीति भी अपनानी पड़ेगी, लेकिन यह इस चीज को भी अनिवार्य बना देता है कि विदेशी आक्रमण के विरुद्ध एक अहिंसक बचाव की रणनीति विकसित की जाए। यह दुर्भाग्य है कि भारत में जहाँ कि भारतीय आजादी को हासिल करने के लिए गांधी ने एक व्यापक सविनय अवज्ञा आन्दोलन खड़ा किया था, अहिंसक बचाव नीति के विकास पर कोई विचार नहीं किया गया है। हालाँकि भारत में सविनय अवज्ञा आन्दोलन की तकनीक किसी-न-किसी रूप में प्रचलन में रही है, बावजूद इसके, यह तकनीक गांधी जहाँ छोड़ गए थे उससे एक कदम भी आगे नहीं बढ़ी है। इस देश में इस आन्दोलन ने जिस दूसरी कठिनाई का सामना किया है, वह इसकी सीमित अपील है। यह सीमित अपील इस वजह से है कि जनमानस में जीन के प्रति गांधी का धार्मिक भाव अभी भी बहुत ज्यादा गड्ड-मड्ड है। अन्त:करण के सिद्धान्त ने अक्सर यह प्रभाव पैदा किया है कि अन्तत: परिणाम किसी दैवी हस्तक्षेप से ही हासिल होगा। इससे उन स्थितियों की जांच नहीं हो पाई है जिनमें शत्रु अन्तत: आत्मसमर्पण करने या अपना विचार बदलने के लिए विवश हो जाता है।

यह कहने की जरूरत नहीं है कि यदि इसे बड़ी मानवीय समस्याओं के समाधान हेतु संघर्ष का मुख्य रूप बनता है तो असहयोग आन्दोलन के तकनीकी और सांगठनिक सिद्धान्तों को उसी चिन्ता के साथ विकसित करना होगा जो हिंसक संघर्षों के संगठन और तकनीक के लिए की जाती है।

भारत में असहयोग आन्दोलन का प्रभाव सही योजना के अभाव में स्वातंत्र्योत्तर दिनों में सीमित रहा हे। (1) अधिसंख्य जनता को आन्दोलन के लक्ष्य और औचित्य को बतानेवाली सूचना का प्रसार अपूर्ण रहा है। (2) अहिंसक संघर्ष के विभिन्न रूपों, जैसे चयनित बिन्दुओं पर सत्ता का असहयोग और अवज्ञा, हड़ताल के बीच हल्का संयोजन रहा है। सत्ता की चुनौती की जवाबदेही संगठित स्वयंसेवकों ने नहीं उठाई है। यह काम असंगठित प्रदर्शनों ने किया है जिसने अक्सर भीड़ की तरह बर्ताव किया है। अन्तिम कमजोरी तो काफी नुकसानदेह रही है। वह जनसमूह जो पहले से

जानता है कि पुलिस और सशस्त्र बल से क्या अपेक्षा रखी जाए तथा भिन्न स्थितियों में कैसे काम किया जाए, एक अनपढ़ भीड़ की अपेक्षा ज्यादा साहस से हिंसा का सामना करता है। अनपढ़ भीड़ यह नहीं जानती है कि अप्रत्याशित आक्रमण का कैसे सामना किया जाए? यह खतरे के सामने पलायन की सहज वृत्ति का रास्ता दिखाती है। इसे आसानी से रोका जा सकता है यदि वे लोग जो सक्रिय चुनौती के लिए संगठित होते हैं, उनको सम्भाव्य घटनाओं का सामना करने का अच्छा अभ्यास हो। सेना की तरह पाँच, सात या कोई अन्य छोटी संख्या के आमने-सामने के समूह की छोटी इकाइयों पर आधारित अहिंसक स्वयंसेवक बल का संगठन भी गम्भीर क्षणों में नैतिक बल बढ़ाने का काम कर सकता है। इसके लिए हर इकाई में एक नेता रहना चाहिए तथा उसका छोटी इकाइयों के साथ बढ़िया तालमेल होना चाहिए। हिंसा के आगे मनुष्य के अन्दर एक स्वाभाविक भय बना रहता है। इस शुरुआती भय के भाव को इकाइयों के बीच एकता कायम कर आसानी से दूर किया जा सकता है। असंगठित ललकार में अक्सर क्या होता है कि ज्योंही पुलिस किसी जुलूस या प्रदर्शन पर हमला शुरू करती है, कुछ लोग भागना शुरू कर देते हैं जिससे अन्य लोगों में दहशत कायम हो जाती है। ऐसे क्षण में उन्हें यह मालूम नहीं होता है कि क्या किया जाए? बावजूद इसके, वे उग्र हो जाते हैं तथा पत्थरबाजी इत्यादि करने लगते हैं और अगली पुलिस हिंसा के लिए क्षमायाचना का मार्ग प्रशस्त कर देते हैं। सही संगठन और राजनीतिक प्रशिक्षण से ऐसे लोगों को बहुत बड़ी पुलिस हिंसा का सामना करने के लायक बनाया जा सकता है।

पश्चिम में कुछ लोग जिनमें कुछ सैन्य विशेषज्ञ भी शामिल हैं, विदेशी आक्रमणों का असैन्य प्रतिरोध करने की बाबत सोचना शुरू कर दिए हैं। वे अनेक देशों के अनुभवों को जोड़ने में लगे हैं। भारत जैसे देशों के लिए यह काफी मूल्यवान होगा कि अतीत के अनुभवों के आलोक में इस तकनीक को विकसित करने का प्रयास किया जाए।

बहरहाल, भारत जैसे देश को अपनी बदहाल सेना को बनाए रखना एक खर्चीली विलासिता है। भारत-चीन युद्ध के दौरान हमने देखा है कि अस्त्रों से लैस चुस्त-दुरुस्त सेना के पहले वार में ही हमारी सेना टूट गई थी। निस्सन्देह इसका मतलब यह नहीं है कि भारतीय सेना चीन सेना से कमतर है। वस्तुत: भारतीय फौज का हर व्यक्ति काफी साहसी और त्याग की भावना से भरा हुआ है। वह अन्य सैनिकों से श्रेष्ठ नहीं है तो समकक्ष जरूर है, लेकिन बुरे साजो-सामान से लैस सेना एक असुविधाजनक फौज है, जो इस आधुनिक दुनिया में किसी डरी भीड़ से बेहतर नहीं होती है। हमेशा यह नई तकनीकों और नये अस्त्रों से किए गए आक्रमणों के समक्ष घुटना टेक देती है। यह दावा कि इस तरह की चुनौतियों का मुकाबला करने के लिए सेना अब अपेक्षाकृत ज्यादा सुसज्जित है, बिलकुल

खोखला दावा है। इस दावे पर केवल हँसा ही जा सकता है। सच्चाई तो यह है कि इस बीच चीनी सेना न केवल नाभिकीय अस्त्रों से लैस हुई है बल्कि इसने कक्षा में उपग्रह स्थापित करने की हद तक अपने प्रक्षेपास्त्र कार्यक्रम को विकसित भी किया है। इस तरह दोनों देशों के सेनाओं के बीच मारक शक्ति में पहले से बहुत ज्यादा अन्तर आ गया है। ऐसे में यह सन्देह से परे नहीं है कि चीनी आक्रमण में हमारी सेना ज्यादा देर तक सीमा पर टिकी रहेगी। अन्ततः चीनी सेना जब मैदानी इलाके में प्रवेश कर जाएगी तो उसका प्रतिरोध छापामार लड़ाई के जरिए किया जाएगा जिस तरह की लड़ाई हर जगह हड़पे गए भू-भाग में चल रही है। ऐसे में क्या यह अच्छा नहीं होगा कि सेना की जगह शुरू से ही लोगों को असैन्य प्रतिरोध के लिए संगठित किया जाए? इस तरह के कदम का नैतिक रूप से देश के अन्दर और बाहर भी, जबर्दस्त प्रभाव होगा।

इस नीति को अपनाने से जनता के कल्याण के विकास हेतु विशाल संसाधन उपलब्ध हो जाएगा जो व्यर्थ के सैन्य उत्पादन और संचित मात्रा में कैद हैं। सबसे महत्त्वपूर्ण तो यह कि इससे अभी सेना में नियुक्त वे सुशिक्षित और अनुशासित नवयुवक असैन्य कार्यों के लिए मुक्त हो जाएँगे जो हर तरह के राष्ट्रीय प्रयासों को अच्छी तरह से आगे बढ़ा सकते हैं। सेना में सबसे अच्छे युवा बहाल होते हैं। सेना को विघटित करने के बदले इन युवाओं को हर तरह के राष्ट्र निर्माण के कार्यों की तरफ मोड़ना होगा। अतीत में सेना को जहाँ भी असैन्य कार्यों में लगाया गया है, उसने काफी प्रशंसनीय काम किया है। इसका कोई कारण नहीं है कि सेना को कोई दीर्घकालीन योजना सौंपी जाए तो वह समान विशिष्टता के साथ नहीं कर पाएगी। यह मार्ग अपनाकर यदि राष्ट्र अपनी जनता के जीवन स्तर में कोई शानदार उपलब्धि हासिल करता है तो पड़ोसी देशों की जनता के मन पर इसका व्यापक असर पड़ेगा। इस तरह के निहत्थे लोगों पर आक्रमण करना आक्रमणकारी राष्ट्र की जनता और सिपाहियों के मनोबल पर विध्वंसक असर डालेगा। निस्सन्देह इस तरह का एकपक्षीय निरस्त्रीकरण का मार्ग अपनानेवाले राष्ट्र को अन्य राष्ट्रों, विशेषकर पड़ोसी राष्ट्रों की जनता को नये परिवर्तनों और उनके महत्त्व से परिचित कराने का विशेष ध्यान रखना पड़ेगा।

यह स्पष्ट है कि एक राज्य जो स्वयं को पूरी तरह से निरस्त्र कर देता है, इस कार्य से वह अल्पमत के दबदबे पर आधारित उत्पीड़न के प्रत्येक रूप के आधार को विनष्ट कर देता है। निहत्था राज्य समूची जनता के मुकाबले किसी विशेषाधिकार के किसी रूप को संरक्षण नहीं दे सकता है। अहिंसक प्रतिरोध उन छोटे-छोटे उत्पीड़नों की समस्या का भी समाधान कर सकते हैं जो धीरे-धीरे एक बहुत बड़ी समस्या बन जाती है। शासन को उखाड़ फेंकने का हिंसक आन्दोलन हर रोज नहीं हो सकता है जबकि सभी तरह की सरकारों के तहत अन्याय के प्रत्येक रूप के विरुद्ध व्यक्तियों

और समूहों के लिए प्रतिरोध का अहिंसक तरीका हर समय खुला रहता है। चूँकि प्रत्येक समाज के अन्दर रूढ़िवाद कायम रहता है, इसलिए समाज को ठहराव से बचाने का एकमात्र रास्ता इसे नियमित रूप से विभिन्न तरह के जनान्दोलनों के जरिए हलचल में बनाए रखना है। अगर आन्दोलन अहिंसक होगा तो समाज ऐसे आन्दोलनों को विघटन के खतरे के बिना मदद कर सकता है। हड़ताल को पहले से ही प्रजातंत्रों के अन्दर वैधता हासिल हो चुकी है। समाज की नियति प्रगति के लिए असैन्य प्रतिरोध के दूसरे रूपों को भी इस तरह की वैधता हासिल करनी होगी।

अन्याय और बुराई के अहिंसक प्रतिरोध की आदत एक बार लोगों के जीवन में बन जाती है तो यह उन अल्पसंख्यकों की हताशा का निवारण भी कर सकता है जिनके पास अपने विषय का समर्थन करने हेतु प्रजातंत्र के अन्दर भी कोई बड़ी राजनीतिक पार्टी बनाने का अत्यधिक प्रभाव नहीं होता है। और यह बात दिमाग में रखनी होगी कि समाज में एक या दो भूमिकाओं को छोड़कर हर व्यक्ति अल्पसंख्यक समुदाय का ही एक सदस्य है। और कुछ मामलों में तो वह ठीक एक की संख्यावाले अल्पसंख्यक का भी सामाजिक मूल्य होता है और सही समय पर इसे निश्चित रूप से प्रबल होना चाहिए।

निस्सन्देह यह दावा नहीं किया जा सकता है कि काम करने का अहिंसक तरीका निश्चित रूप से सफल होगा ही, लेकिन अतीत के अनुभव से एवं मानवीय आवेग और आक्रामकता तथा वे जो रूप अख्तियार करते हैं, के अध्ययन से इतना दावा किया जा सकता है कि हिंसक कार्यों से सत्ता बदली जा सकती है, लेकिन सामाजिक न्याय नहीं हो सकता है। श्रमसाध्य संघर्ष के अन्त में जनता को हमेशा यह देखने को मिलेगा कि उत्पीड़न के एक रूप को दूसरे रूप से हटाया जा रहा है। इससे मानवोचित स्थिति पैदा होती है जिसकी कार्ल फेडर्न ('मैटेरियलिस्ट कंसेप्शन ऑफ हिस्ट्री' में) ने दांते की निम्नलिखित पंक्तियों में व्याख्या की है—"बीमार औरत की तरह वे खुद को देखेंगे, जिसे रात में अपने तकिए पर आराम नहीं मिलता, और तेजी से घूमकर अपना दर्द मिटाना चाहती है।"

इस स्थिति ने दुनिया में विचारणीय निराशावाद को जन्म दिया है तथा यह पैरोटे और मोस्का के विचारों के पुनरुज्जीवन के लिए जवाबदेह रही है जो यह दावा करते हैं कि समतावादी समाज अलभ्य है। अहिंसा की विधि को अभी तक आजमाया नहीं गया है। यदि जनता इसे अपनाती है तो कोई कारण नहीं है कि आन्दोलन की अनेक समस्याओं के निराकरण हेतु इसका विकास नहीं हो। इस चरण में यह हममें बहुत बड़ा आशावाद पैदा नहीं करती है, लेकिन कम-से-कम यह हममें स्वतंत्र और समतावादी समाज के भविष्य के बारे में कुछ आशा का संचार जरूर करती है।

सन्दर्भ और टिप्पणियाँ

1. धर्मयुद्ध

1. जे.एल. टालमन द्वारा उद्धृत इन टोटलिटेरियन डेमोक्रेसी, मर्ककी बुक, लन्दन, 1961, पृ. 187
2. फ्रॉम एसेंशिअल राइटिंग्स ऑफ मार्क्स : सेलेक्टेड एंड विद इंट्रोडक्शन बाई डेविट काउट, मैक. गिब्बन एंड की, 1965, पृ. 56-57
3. वही, पृ. 62—फ्रॉम कैपिटल, वाल्यूम-I, पृ. 363 अबेलिंग टी.आर. लोरेन्स एंड विशर्ट 1961
4. प्रर्टराम डी. वोल्फ, मार्क्सिज्म : 100 इयर्स इन दी, लाइफ ऑफ ए डॉक्टरिन, पृ. 335, डायल प्रेस, न्यूयॉर्क, 1965, टेकेन फ्रॉम जर्मन आइडियोलोग।
5. यूजिन कमेंका, इथिफल फाउंडेशन ऑफ मार्क्सिज्म, रूटलेज एंड केगन पॉल में उद्धृत, लन्दन, 1962, पृ. 27
6. कोल एंड पोस्टगेट : दी कॉमन केपुल 1746-1946, मेथ्यूएन एंड क. लि. फोर्थ एडिशन, 1949, पृ. 648-49
7. वही, पृ. 688
8. जे. इतालिन : प्रॉब्लम्स ऑफ लेनिनिज्म, फॉरेन लैंग्वेज पब्लिशिंग हाउस, मॉस्को, 1947
9. ओटा सिक : प्लान एंड मार्केट अंडर सोशलिज्म, एकेडमिया पब्लिशिंग हाउस ऑफ दी चेकोस्लोवाक एकेडमी ऑफ साइंसेज, प्रेग, 1967, पृ. 54

2. विचार-वस्तु द्विभाजन से परे

1. यह विचार अब व्यापक रूप से मनोवैज्ञानिकों, समाजशास्त्रियों और नृविज्ञानियों द्वारा मान लिया गया है। वे स्वीकार कर चुके हैं कि मानवीय प्रकृति केवल समाज में ही निश्चित आकार ले सकती है। इसे कैसे एक विशेष समाज के द्वारा अनुकूलित किया जाता है, इसे नई गिनी की चाम्बुसी, मंडूगूमर और अरापेश जैसी आदिम जनजातियों के अध्ययन द्वारा प्रचुर मात्रा में प्रदर्शित किया जाता है जबकि अरापेश के सदस्यगण कोई आक्रामक लक्षण प्रदर्शित नहीं करते हैं, मंडूगूमर के सदस्यगण बहुत ज्यादा आक्रामकता और शत्रुता प्रदर्शित करते हैं। दूसरी तरफ चाम्बुली में स्त्री-पुरुष की भूमिका उलट गई है। उनके समाज में महिलाएँ प्रभुत्वशाली, अवैयक्तिक प्रबन्ध साथी होती हैं जबकि पुरुषों के पास जिम्मेवारी कम होती है ओर वे भावनात्मक रूप से आश्रित साथी होते हैं। मनोविज्ञान के पक्ष से भी यह दिखाया गया है कि मानव प्राणी के न केवल युवाओं का विकास बल्कि अनेक सामाजिक प्राणियों का भी विकास, यदि उन्हें सामाजिक सम्पर्क से दूर रखा जाए तो पूरी तरह से अवरुद्ध हो जाता है।

2. मार्शल डी. साइलिन एट.एस., एडिटर्स, इवोल्यूशन एंड कल्चर, यूनिवर्सिटी ऑफ मिशिगन प्रेस, पृ. 47
3. वही, पृ. 48
4. जे.ए.सी. ब्राउन : सोशल साइकोलॉजी ऑफ इंडस्ट्री
5. डब्ल्यू. ग्रे वाल्टर : दी लिविंग ब्रेन, पेलिकन बुक, 1963, पृ. 134-5
6. रॉबर्ट एल. फांज : 'दी ओरिजिन ऑफ परसेप्शन', इन फ्रंटियर्स ऑफ साइकोलॉजिकल रिसर्च, रीडिंग फ्रॉम साइंटिफिक अमेरिका, डब्ल्यू.एच. फ्रीमैन एंड कम्पनी, सेन फ्रांसिस्को एंड लन्दन, मई 1961, पृ. 38
7. वही
8. डब्ल्यू. ग्रे वाल्टर : दी लिविंग ब्रेन, पेलिकन बुक, 1963, पृ. 75
9. डब्ल्यू. एच. इटेलसन एंड एफ.आर. किलपैट्रिक : 'एक्सपेरिमेंट्स इन परसेप्शन' इन फ्रंटियर्स ऑफ साइकोलॉजिकल रिसर्च, डब्ल्यू.एच. फ्रीमैन एंड कम्पनी, सन फ्रांसिस्को एंड लन्दन, अगस्त 1951, पृ. 179
10. सुसेन के. लैंगर : फिलॉसफी इन ए. न्यू की, मेंटर बुक, पृ. 48
11. वही, पृ. 49
12. क्लिफोर्ड टी. मार्गन : इंट्रोडक्शन टू साइकोलॉजी, दी यूनिवर्सिटी ऑफ विस्फोनसिन, 1961, पृ. 84
13. चार्ल्स डार्विन : दी एक्सप्रेशन ऑफ इमोशंस इन मैन एंड एनिमल्स, थिंकर्स लाइब्रेरी, 1948, पृ. 142
14. कोनराड लॉरेन्ज : ऑन एग्रेशन, ट्रांसलेटेड बाई मारजोनाई कर विल्सन, बानटन, 1967, पृ. 67
15. पूर्वोक्त, पृ. 65
16. एरिफ फ्रॉम : दी इर्ट ऑफ मैन, राउटलेज एंड फेगन पॉल लि., 1965
17. एंथोनी स्टोर : ड्यूमैन एग्रेशन, दी पेंग्विन प्रेस, लन्दन, 1968
18. लियोनाई बर्कोयिच : एग्रेशन : ए सोशल साइकोलॉजिकल एनालिसिस, मैक्ग्रॉ-हिस बुक कम्पनी इंक, 1962, पृ. 16
19. कोनराड लॉरेन्ज : ऑन एग्रेशन
20. लुईस पी. थोर्पे, इन साइकोलॉजी ऑफ मेंटल हेल्थ, कोटेड इन 'पर्सनैलिटी, एन इंटर डिसिप्सीनरी अप्रोच' बाई लुईस पी. थोर्पे एंड एलेन एम. एक्समूलर, डी. वान नॉस्ट्रैंड कम्पनी लि., न्यूयॉर्क 1958, पृ. 43
21. कोनराड लॉरेन्ज : ऑन एग्रेशन, पृ. 72
22. वही, पृ. 74
23. कोटेड बाई अनातोल पिकास इन 'अब्सट्रैक्शन एंड कंसेप्ट फॉर्मेशन', हार्वर्ड यूनिवर्सिटी प्रेस, कैम्ब्रिज, मास्कट, 1966
24. अनातोल पिकास : अब्सट्रैक्शन एंड कंसेप्ट फॉर्मेशन, पृ. 154
25. बर्ट्रेंड रासेल : एन इंक्वायरी इनटू मीनिंग एंड टुथ, जॉर्ज एलेन एंड अनविन, लि., लन्दन, 1956, पृ. 170
26. जे.ए. शुमपिटर : कैपिटलिज्म सोशलिज्म, डेमोक्रेसी, लन्दन, अनविन यूनिवर्सिटी बुक्स, 1965, पृ. 12
27. जे.ए.सी. ब्राउन : सोशल साइकोलॉजी ऑफ इंडस्ट्री, पेलिकन बुक, 1956, पृ. 54-55

28. डब्ल्यू. लायड वार्नर : सोशल क्लास इन अमेरिका, हार्पर टॉर्च बुक्स, 1960, पृ. 11
29. पूर्वोक्त, पृ. 22
30. हैडली कैंट्रिल : दी साइकोलॉजी ऑफ सोशल मूवमेंट्ल, साइंस एडिशन, 1963, जॉन विले एंड संस, इंक, न्यूयॉर्क, पृ. 111-12
31. बट्रम डी. वोल्फ द्वारा उद्धृत इन मार्क्सर्सिज्म : हंड्रेड इयर्स इन दी लाइफ ऑफ ए डॉक्ट्रीन, दी छायल प्रेस, न्यूयॉर्क, 1965, पृ. 365
32. एस.एम. लिपसेट : दी पॉलिटिकल मैन, उबलडे एंड कम्पनी, इंक, गार्डेन सिटी, न्यूयॉर्क, 1960, पृ. 68-69
33. मैरी मैटोसियन : 'आइडियोलॉजिज ऑफ डिलेड इंडस्ट्रियलाइजेशन' इन पॉलिटिकल डेवलपमेंट एंड सोशल चेंज, एडिटेड बाई. जैसन एल. फिंकल एंड रिचर्ड डब्ल्यू. गेबल, जॉन विली एंड संस इंक, 1968, पृ. 179
34. प्लेटो : दी रिपब्लिक, ट्रांसलेटेड बाई एच.डी.पी.सी., पेंग्विन, 1960, पृ. 339
35. वही, पृ. 340
36. अरस्तू : पॉलिटिक्स, ट्रांसलेटेड बाई बेंजामिन जोवेट, ऑक्सफोर्ड यूनिवर्सिटी प्रेस, 1963, पृ. 156-57
37. वही, पृ. 199
38. वही, पृ. 225-7

3. सत्ता का जाल

1. रॉबर्ट माइकेल्स : पॉलिटिकल पार्टीज, ट्रांसलेटेड बाई इडेन एंड सिदार पॉल द्वारा उद्धृत डोवर पब्लिकेशन, न्यूयॉर्क, 1915, पृ. 31
2. रॉबर्ट माइकेल्स : पॉलिटिकल पार्टीज, पृ. 31
3. एड्वर्ड गिब्बन : द डिक्लाइन एंड फॉल ऑफ रोमन एम्पायर, खंड-I, द मॉर्डन लाइब्रेरी, न्यूयॉर्क, पृ. 420
4. वही, पृ. 421-422
5. के.पी. जायसवाल : हिन्दू पोलिटी, दी बंगलोर प्रिंटिंग एंड पब्लिशिंग कं. लि., 1935, पृ. 184
6. अरस्तू : पॉलिटिक्स, ट्रांसलेडेट बाई बेंजामिन जोवेट, ऑक्सफोर्ड यूनिवर्सिटी प्रेस, 1963, पृ. 133
7. एफ एंगेल्स : 'ओरिजन ऑफ दी फैमिली' : मार्क्स एंगेल्स : सेलेक्टेड वर्क्स, प्रोग्रेस पब्लिकेशंस, मॉस्को, 1958, पृ. 571-72
8. वही, पृ. 572
9. मार्क्स-एंगेल्स : सेलेक्टेड करसपॉन्डेंस, लॉरेंस एंड विशार्ट, पृ. 67
10. कार्ल मार्क्स : 'दी एटीन्थ ब्रूमायर ऑफ लुई बोनापार्ट', मार्क्स-एंगेल्स सेलेक्टेड वर्क्स, प्रोग्रेस पब्लिकेशन, मॉस्को, 1968, पृ. 172
11. मैकियावेली : प्रिंस, वाशिंगटन स्क्वायर प्रेस एडिशन, जून 1963, पृ. 22-23
12. वही, पृ. 72
13. वही, पृ. 73
14. एमिल लुडविग : टॉक्स विद मुसोलिनी, ट्रांसलेटेड बाई एडेन एंड कोडर पॉल जॉर्ज एलेन एंड अनविन लि., लन्दन, 1933, पृ. 61

15. पूर्वोक्त, पृ. 122
16. लेनिन : ह्वाट इज टू बी डन? लेनिन्स सेलेक्टेड वर्क्स, वॉल्यूम-I; न्यूयॉर्क इंटरनेशनल पब्लिशर्स, 1929, पृ. 196
17. हिटलर : मेन काम्फ, टांसलेटेड बाई जेम्स मर्फी, एबीसी पब्लिशिंग हाउस, 1968, पृ. 65
18. वही, पृ. 83
19. मैकियावेली : प्रिंस, पृ. 76-77
20. क्रिस्टोफर सेटन वाटसन : इटली फ्रॉम लिबरलिज्म टू फासिज्म, मेथूएन एंड कं. लि., 1967, पृ. 581
21. हिटलर : मेनकाम्फ, पृ. 109
22. पूर्वोक्त, पृ. 110
23. मैकियावेली : प्रिंस, पृ. 40
24. हिटलर : मेनकाम्फ, पृ. 101
25. एफ. एंगेल्स : पीजेंट वार इन जर्मनी, प्रोग्रेस पब्लिकेशंस, मॉस्को, 1965, पृ. 14
26. माओ त्से तुंग : सेलेक्टेड वर्क्स, लॉरेंस एंड विशार्ट, पीपल्स पब्लिशिंग हाउस, बॉम्बे, वॉल्यूम-I, पृ. 80
27. हिटलर : मेनकाम्फ, पृ. 138
28. वही, पृ. 153
29. मैकियावेली : प्रिंस, पृ. 21-22
30. हिटलर : मेनकाम्फ, पृ. 161
31. लेनिन : ह्वाट इज टू बी डन? सेलेक्टेड वर्क्स, पृ. 198
32. हिटर : मेनकाम्फ, पृ. 292
33. वही, पृ. 277-78
34. वही, पृ. 97
35. माओ त्से तुंग : सेलेक्टेड वर्क्स, वॉल्यूम-I, पृ. 124
36. हिटलर : मेनकाम्फ, पृ. 159
37. वही, पृ. 160
38. वही, पृ. 161
39. वही, पृ. 161
40. वही, पृ. 162
41. वही, पृ. 163
42. वही, पृ. 395
43. वही, पृ. 398
44. वही, पृ. 404
45. वही, पृ. 94-95
46. मैकियावेली : प्रिंस, पृ. 53
47. क्लॉजवित्ज : ऑन वार, पेलिकन क्लासिक्स, 1968, पृ. 295
48. माओ त्से तुंग : सेलेक्टेड वर्क्स, वॉल्यूम-I, पृ. 187
49. वही, वॉल्यूम-II, पृ. 268
50. वही, वॉल्यूम-II, पृ. 271
51. वही, वॉल्यूम-II, पृ. 272

52. क्लॉजवित्ज : ऑन वॉर, पृ. 405
53. माओ त्से तुंग : सेलेक्टेड वर्क्स, वॉल्यूम-III, पृ. 220
54. वही
55. माओ त्से तुंग : सेलेक्टेड वर्क्स, वॉल्यूम-I, पृ. 25
56. चे ग्वारा : गुरिल्ला वारफेयर, पेलिकन बुक, 1969, पृ. 13
57. वही, पृ. 14
58. वही, पृ. 96
59. वही, पृ. 47
60. वही, पृ. 15
61. माओ त्से तुंग : सेलेक्टेड वर्क्स, वॉल्यूम-I, पृ. 124
62. वही, पृ. 217
63. वही, पृ. 252
64. क्लॉजवित्ज : ऑन वार, पृ. 131
65. वही, पृ. 126
66. वही, पृ. 129
67. हेरॉल्ड लास्सवेल : पॉलिटिक्स : डू गेट्स ह्वाट, ह्वेन एंड हाउ, मेरिडिराई बुक्स इंक,
68. अल्फ्रेड एलडर : अंडरस्टैंडिंग ह्यूमैन नेचर, ए प्रीमियर बुक, फॉसेट पब्लिकेशंस इंक, 1957, पृ. 32
69. हिटलर : मेनकॉम्फ, पृ. 247
70. अरस्तू : पॉलिटिक्स, पृ. 34
71. एमिल लोडविग : ऑक्स विद मुसोलिनी, ट्रांसलेटेड बाई एडेन एफ केडार पाल, जॉर्ज एलेन एंड अनविन लि., लन्दन, 1933, पृ. 128
72. वही,
73. नीत्शे : दस स्पोक जरथ्रुस्ट
74. नीत्शे : गे साइंस
75. नीत्शे : दस स्पोक जरथ्रुस्ट
76. वही
77. वही

4. सत्ता और विशेषाधिकार

1. मॉरिस डॉब : 'ह्वाई डिड इट हैपेन'? इन मार्क्सिज्म टुडे, दिसम्बर 1969, पृ. 382
2. स्टैनिस्लाव ओसोविस्की : क्लास स्ट्रक्चर इन सोशल कॉन्शसनेस, ट्रांसलेटेड बाई शेइला पैटर्सन, द इंटरनेशनल लाइब्रेरी ऑफ सोशियोलॉजी एंड सोशल रीकंस्ट्रक्शन, 1963, पृ. 127
3. भी. डब्ल्यू. टर्नर : सिज्म एंड कन्फॉमिटी इन एन अफ्रीकन सोसाइटी; ए स्टडी ऑफ नेम्बू विलेज लाइफ, मैनचेस्टर यूनिवर्सिटी प्रेस, 1957
4. एलेन विलिंगटन : दी स्लेव्स ऑफ दी कूल माउंटेंस, लॉरेन्स एंड विशार्ट लिमिटेड, लन्दन, पृ. 29
5. वही, पृ. 94
6. एफ. एंगेल्स : दी मार्क, अपेंडिक्स टू दी पीजेंट वार इन जर्मनी, प्रोग्रेस पब्लिकेशंस, मॉस्को, 1965, पृ. 135

7. वही, पृ. 135
8. आर्थर बर्नी : एन इकोनॉमिक हिस्ट्री ऑफ दी ब्रिटिश आइजल्स, एफ.एस. क्रॉफ्ट्स एंड कम्पनी, न्यूयॉर्क, 1939, पृ. 26
9. डब्ल्यू. एच. मोरलैंड : इंडिया ऐट दी डेथ ऑफ अकबर, मैकमिलन लि., 1920, पृ. 57
10. वही, पृ. 186
11. बर्नी, नं. 8, पृ. 88-89
12. जॉन केनेथ गॉलब्रेथ : अमेरिकन कैपिटलिज्म, न्यू अमेरिकन लाइब्रेरी, स्पेशल स्टूडेंट एडिशन, पृ. 25
13. वही, पृ. 26
14. जी.ई. लेंस्की : पॉवर एंड प्रिविलेज : ए थ्योरी ऑफ सोशल स्टार्टिफिकेशन, मैक्ग्रा-हिलबुक कं., 1966, पृ. 44
15. वही, पृ. 43
16. एस. ओसोविस्की, नं. 2, पृ. 94
17. टेबल गिव्स इन वर्ल्ड रिवॉल्यूशनरी एलिट, एडिटेड बाई हेरॉल्ड डी. लास्सवेल एंड डेनियल लर्नर, दी एम.आई.टी. प्रेस ऑफ टेक्नोलॉजी, कैम्ब्रिज, 1965, पृ. 322
18. जॉन रॉबिन्सन : दी कल्चरल रिवॉल्यूशन इन चाइना, ए पेलिकन ऑरिजिनल, 1969, पृ. 12
19. डी.डी. कोसम्बी : एन इंट्रोडक्शन टू दी स्टडी ऑफ इंडियन हिस्ट्री, पॉपुलर बुक डिपो, बॉम्बे, दिसम्बर 1956, पृ. 92-93
20. आर.एस. शर्मा : शूद्राज इन एंशियंट इंडिया, मोतीलाल बनारसीदास, 1958, पृ. 29
21. वही, पृ. 30
22. वही, पृ. 48
23. वही, पृ. 69
24. वही, पृ. 103
25. वही, पृ. 88-89
26. वही, पृ. 92
27. वही, पृ. 106
28. वही, पृ. 107
29. वही, पृ. 179
30. वही, पृ. 204
31. वही, पृ. 210
32. वही, पृ. 212
33. वही, पृ. 250
34. वही, पृ. 256
35. बर्नी, नं. 8, पृ. 13
36. जॉन होप फ्रैंकलिन : फ्रॉम स्लेवरी टू फ्रीडम, हिस्ट्री ऑफ नीग्रो अमेरिकंस, एलायड ए. नॉफ, 1967, पृ. 342
37. मोनिका इंटर : रिएक्शन टू कनक्वेस्ट, ऑक्सफोर्ड यूनिवर्सिटी प्रेस, 1961, पृ. 553-54
38. वही, पृ. 560
39. वही, पृ. 559
40. लियोनार्द रेइजमैन : क्लास इन अमेरिकन सोसाइटी, दी फ्री प्रेस ग्लेनको, 1959, पृ. 66

41. जे.एच. हटन : कास्ट इन इंडिया, ऑक्सफोर्ड यूनिवर्सिटी प्रेस, फोर्थ एडिशन, 1963
42. लेंस्की, नं. 14, पृ. 31

5. नई सम्भावना

1. ब्रूस फ्रैंकलिन : दी लुम्पेन प्रोलिटेरिए एंड दी रिवॉल्यूशनरी यूथ मूवमेंट, मंथली रिव्यू, जनवरी 1970, पृ. 14
2. बेरिंगटन मूर जूनियर : सोशल ओरिजिन्स ऑफ डिक्टेटरशिप एंड डेमोक्रेसी, पेरेग्राइन बुक्स, 1969, पृ. 32-33
3. वही, पृ. 487
4. आर.एच. तावने : दी एक्वीजिटिव सोसाइटी, दी फोंटाना लाइब्रेरी, 1964, पृ. 44
5. वही
6. जॉन केनेथ गॉलब्रेथ : दी न्यू इंडस्ट्रियल स्टेट, हैमनिश हेमिल्टन, लन्दन, 1967, पृ. 163
7. वही
8. इर्बर्ट मार्क्यूस : वन डायमेंशंस मैन, स्फेयर बुक लि., 1970, पृ. 53
9. इर्बर्ट मार्क्यूस : सोवियत मार्क्सिज्म, कोलम्बिया यूनिवर्सिटी प्रेस, न्यूयॉर्क, 1958, पृ. 81
10. जॉन केनेथ गॉलब्रेथ : दी न्यू इंडस्ट्रियल स्टेट, पृ. 293-94
11. जॉन एम. कैमेट : अन्तोनियो ग्राम्शी एंड दी ओरिजिंस ऑफ इटालियन कम्युनिज्म, स्टेनफोर्ड यूनिवर्सिटी प्रेस, स्टेनफोर्ड, कैलिफोर्निया, 1967, पृ. 203
12. विलियम एच. व्हाइट जूनियर : दी ऑर्गेनाइजेशन मैन, सिमोनांद सुश्टर, न्यूयॉर्क, 1956, पृ. 207
13. सर बासिल लिडेल हार्ट : लेसन्स फ्रॉम रेसिस्टेंस मूवमेंट्स गुरिल्ला एंड नन वायलेंट—इन सिविलियन रेसिस्टेंसेज एज ए नेशनल डिफेंस, एडीटेड बाई एडम रॉबर्ट्स, पेलिकन बुक, 1969, पृ. 237

समाजवाद के बढ़ते चरण

1

कुछ अर्थों में यह कहा जा सकता है कि समाजवादी आन्दोलन इंग्लैंड और फ्रांस में क्रमश: 17वीं और 18वीं सदी में हुई प्रजातांत्रिक क्रान्ति का प्रसार था, लेकिन यह कुछ ही अर्थों में सही है। इसके अतिरिक्त दो प्रमुख शक्तियाँ थीं जिन्होंने समाजवादी आन्दोलन का स्वरूप निश्चित किया। इनमें एक का सम्बन्ध नैतिकता से और दूसरे का वस्तुस्थिति से था। पहली थी, मनुष्य के हृदय में बसी हुई युगों की न्याय की भावना और दूसरी शक्ति थी, आधुनिक उद्योग का विकास।

क्रॉमवेल के समय में ही जब इंग्लैंड की जनता राजा के निरंकुश शासन का अन्त करने में लगी हुई थी, 'लेवेलर्स' और 'डिगर्स' नाम के समूह इंग्लैंड के सबसे गरीब वर्गों में विकसित हो रहे थे जो मजदूरी को प्रतिष्ठा का स्थान देना चाहते थे और समाज में पूर्ण समता स्थापित करना चाहते थे। फ्रांस की क्रान्ति के समय तो इस तरह के गिरोहों की भरमार हो गई थी, पर समाजवादी विचार के अंकुर तो फ्रांस की क्रान्ति की उन तीन घोषणाओं, 'स्वतंत्रता', 'समता' और 'भाईचारा' में थे जिन्हें फ्रांस की क्रान्ति ने समाज के सामने रखा था।

जब प्रजातंत्रवादी प्रणाली इन देशों में कायम हुई तो लोगों के सामने उनकी प्रारम्भिक कल्पना से भिन्न एक दूसरी ही तसवीर समाज की स्थापित हुई। इन क्रान्तियों से राजनीतिक अधिकार तो लोगों को प्राप्त हुए, पर आर्थिक विषमता के रहते हुए राजनीतिक शक्ति का उपयोग सदा नवोदित पूँजीपति वर्ग के स्वार्थ की रक्षा के लिए होता रहा। मजदूरों के पुराने गिल्डों तथा सर्फों (जमीन पर बँधे भूदासों) को सामन्तों से यह स्वतंत्रता प्राप्त हो गई कि वे जहाँ चाहें स्वतंत्र रूप से अपने श्रम का उपयोग कर सकें, लेकिन उत्पादन के साधनों और पूँजी पर पूँजीपतियों का आधिपत्य रहते यह आजादी सिर्फ अपने श्रम को बेचने की आजादी थी। इस तरह अपनी आवश्यकताओं की पूर्ति के लिए मजदूर पूँजीपतियों की शर्तों पर उनकी गुलामी करने को विवश थे। इस तरह 18वीं सदी के अन्त और 19वीं सदी के प्रारम्भ में ऐसे अनेक विचारक पैदा हुए जिन्होंने समता को और विस्तृत करके आर्थिक क्षेत्र में इसे फैलाने का प्रयत्न किया।

ऐसे विचारकों में, जो फ्रांस की क्रान्ति को इसकी तार्किक सीमा तक पहुँचाना चाहते थे, बैवफ का नाम प्रमुख है। इनका जन्म 1764 ई. में हुआ था और

रॉब्सपिअर के राज्य के खत्म होने पर जो प्रतिक्रिया शुरू हुई, उसके बीच 1797 ई. में इन्हें गिलोटिन पर चढ़ा दिया गया। इन्होंने उस समय की स्थिति को 'कुछ द्वारा अनेक के शोषण' की स्थिति बतलाई और इसे 'एक टुकड़े का सम्पूर्ण के खिलाफ षड्यंत्र' बतलाया।

उनके विचार से उस समय की व्यवस्था को नष्ट करके उससे अच्छी व्यवस्था कायम की जा सकती थी। उनकी दृष्टि में समता पर आधारित समाज की स्थापना व्यक्तिगत सम्पत्ति को नष्ट करके ही की जा सकती है। 'समतावादियों का घोषणापत्र' (ल मेंनिफेस्त द इगोस) द्वारा तैयार किया गया बतलाया जाता है, जिसमें कहा गया था, "फ्रांस की क्रान्ति केवल एक इससे भी बड़ी और महान क्रान्ति की पूर्व सूचना है जो अन्तिम क्रान्ति भी होगी।" इसी घोषणा में दूसरी जगह कहा गया था, "हमारी माँग है, वास्तविक समता या मृत्यु।"

जहाँ एक तरफ इस तरह समाजवादी विचार का जन्म हो रहा था वहीं दूसरी तरफ औद्योगिक क्रान्ति की वजह से सामाजिक असमानता और तेजी से बढ़ती जा रही थी। एक तरफ पूँजीपतियों का एक वर्ग पैदा हो रहा था जो दिन पर दिन अपनी पूँजी बढ़ाकर अत्यधिक धनाढ्य होता जा रहा था, दूसरी ओर ऐसे मजदूर, जिनके पास अपनी श्रम-शक्ति छोड़ कुछ भी नहीं था। गन्दी बस्तियों (स्लम्स) में पशुओं से भी खराब जिन्दगी बिताने पर विवश हो रहे थे। इस नये वर्ग की दयनीय अवस्था ने समाजवादी चिन्तन की प्रक्रिया को और भी तेज कर दिया। इससे दो तरह के आन्दोलनों का सूत्रपात हुआ। एक आन्दोलन का प्रमुख लक्ष्य था, मजदूरों की स्थिति में सुधार करने का, दूसरे का लक्ष्य था, उस व्यवस्था को बदल देने का जिससे मजदूरों की स्थिति पूँजी के गुलामों की सी हो जाती है।

इन समाजवादी चिन्तकों में तीन आदमियों के नाम विशेष उल्लेखनीय हैं जिनकी गिनती मार्क्स और एंगेल्स ने स्वप्नवादी समाजवादियों (यूटोपियन सोशलिस्टों) में की थी। ये थे—सेंट सिमाँ, फूरिये और ओवेन।

सेंट सिमाँ (1760-1825 ई.) ने विज्ञान के पुनर्गठन एवं इतिहास को दर्शन पर आधारित कर भविष्य को एक निर्दिष्ट दिशा में ढालने का सुझाव दिया। उन्होंने धर्म के स्थान पर विज्ञान को प्रतिष्ठित करना चाहा। उन पर न्यूटन का प्रभाव बहुत अधिक पड़ा था और उसने गुरुत्वाकर्षण के सिद्धान्त को सभी तरह की गति की जड़ में रखना चाहा। उनके विचार से फ्रांस एक बड़ा कारखाना बन गया था, पर अभी भी इसकी व्यवस्था पुराने सामन्तवादी ढंग से होती थी। अत: उन्होंने ऐसे लोगों द्वारा इसके पुनर्गठन की आवश्यकता बतलाई जो नये वैज्ञानिक दृष्टिकोण से अवगत हों। वे जन्म पर आधारित अवसर की असमानता के भी खिलाफ थे। सेंट सिमाँ ने 'औद्योगिक राज्य' यानी ऐसे लोगों के राज्य का समर्थन किया जो उत्पादन के कार्य में योगदान देते हों। उन्होंने अपने जीवन के अन्तिम दिनों में

विज्ञान के आधार पर धर्म को नया स्वरूप देने का सुझाव दिया। उन्होंने स्त्रियों की स्वतंत्रता के लिए भी आवाज उठाई। उन्होंने सर्वप्रथम 'राज्य का लोगों पर शासन' की जगह 'वस्तुओं की व्यवस्था' में बदलने का सुझाव दिया जिसे मार्क्स एंगेल्स ने आगे चलकर अपनाया।

चार्ल्स फूरिये (1772-1837 ई.) ने समाज की बुराइयों से बचने का विपरीत रास्ता चुना। जहाँ सेंट सिमाँ औद्योगिक विकास से बहुत ही प्रभावित थे और औद्योगिक पुनर्गठन के आधार पर समाज में परिवर्तन लाना चाहते थे वहाँ फूरिये उद्योगों में काम करनेवाले मजदूरों की दयनीय दशा और व्यवसाय के फरेबों से इतना ऊबे हुए थे कि उन्होंने औद्योगिक जिन्दगी से अलग गाँवों में समता के आधार पर जीवन को संगठित करने का सुझाव दिया। उनका भगवान की अच्छाई में अत्यधिक विश्वास था। उनका कहना था कि ईश्वर चाहता है कि सभी लोग खुशी की जिन्दगी बिताएँ, लेकिन उपयुक्त ढंग से जीवन संगठित करने के ज्ञान के अभाव में समाज में विषमता और शोषण का बोलबाला है। उन्होंने परिवार की प्रथा को दोषमुक्त करने के लिए सैकड़ों लोगों के परिवार की तरह रहने की व्यवस्था करने का सुझाव दिया। इन्हीं लोगों के सहयोग के आधार पर तैयार की गई व्यवस्था 'फैलेंसटेर' का उन्होंने सुझाव दिया, जिसमें गाँवों में लोगों को शोषणमुक्त जीवन व्यतीत करने का अवसर होगा। फूरिये ने पूँजीपतियों को हटाने की माँग नहीं की बल्कि उत्पादन में पूँजी, श्रम और योग्यता के हिस्से को उसने 4/12, 5/12 और 8/12 के अनुपात में बाँटने की सलाह दी। विवाह को वे समाज के विरुद्ध दो व्यक्तियों का गठबन्धन समझते थे। एंगेल्स के अनुसार, उसने सम्पत्ति पर आधारित विवाह पर यह व्यंग्य किया था, "जैसे गणित में दो ऋण मिलकर एक धन हो जाता है वैसे ही विवाह की नैतिकता में दो वेश्यावृत्ति मिलकर एक पुण्य हो जाता है।"

रॉबर्ट ओवेन (1771-1858 ई.) के अनुसार, परिस्थिति मनुष्य को बनाती है। इसी विचार के अनुसार ओवेन ने अपनी सामर्थ्य के अनुसार परिस्थिति को सुधारने का जिन्दगी भर प्रयत्न किया। उन्होंने कई आदर्श साम्यवादी बस्ती बनाने का प्रयत्न किया जिसमें न्यू हार्मोनी विशेष विख्यात है। इसमें उन्होंने पूँजी एकत्र कर उद्योग चलाया और मजदूरों के जीवन के लिए उपयोगी वैसी सब सहूलियतें देने का प्रयत्न किया जो अन्यत्र कल्पनातीत थीं। शुरू में उनका प्रयास काफी सफल रहा और चारों ओर इसकी ख्याति फैल गई, पर बाद में उन्होंने जब पूँजीवाद सम्पत्ति-सम्बन्ध और धर्म तथा विवाह की प्रथा की आलोचना शुरू की तब वे शोषक वर्ग का कोपभाजन बने। इनकी प्रतिष्ठा कम हो गई और सहयोग के अभाव में इनका प्रयोग असफल रहा, लेकिन उन्होंने अपनी साम्यवादी बस्तियों के प्रयोग के बाहर भी कई अन्य तरह के कार्यक्रम अपनाए जिससे उनका प्रभाव मजदूर आन्दोलन के विकास पर

स्थायी रूप से पड़ा। उन्होंने 'ग्रैंड नेशनल कंसोलिडेटेड ट्रेड यूनियंस' की स्थापना करके इंग्लैंड के मजदूर आन्दोलन का पथ प्रदर्शन किया। उन्होंने मुद्रा का वर्तमान स्वरूप बदलने की दृष्टि से 'नेशनल इक्विटेबुल लेबर एक्सचेंज बैंक', जिसमें मुद्रा के स्थान पर श्रम की इकाई की हुंडी का आदान-प्रदान होता था; की स्थापना की, पर यह प्रयोग असफल रहा। उनका विश्वास था कि समाज में अभिलाषित नतीजा गणित के परिणामों की तरह निश्चितता से प्राप्त किया जा सकता है। उन्होंने पहले-पहल बेकारों को काम देने की दृष्टि से पूर्ण आँकड़ा तैयार करने का सुझाव दिया था। उन्हें 'को-ऑपरेटिव सोसाइटी का भी जन्मदाता' कहा जा सकता है। उन्होंने इस बात पर भी लोगों का ध्यान आकृष्ट किया कि मजदूरों को कम मजदूरी देने से समाज की उपभोग की शक्ति घटती है।

इस अन्तिम विचार में वे अपने समकालीन अर्थशास्त्री सिसमंडी के बहुत करीब थे। सिसमंडी ने 1827 ई. में अपनी पुस्तक 'नूवोप्रिंसीप दिकॉनोमी' में उस समय के अर्थशास्त्रियों का ध्यान इस बात की ओर आकृष्ट करने का प्रयत्न किया था कि उस समय की अर्थव्यवस्था इस गलत धारणा पर आधारित है कि उत्पादन का विकास आप-से-आप उपभोग का क्षेत्र विस्तृत कर लेता है। इस विश्वास के कारण मजदूरों की मजदूरी घटती जा रही है। मशीन के कारण मनुष्य काम से हटाए जा रहे हैं और इस तरह उपभोग का क्षेत्र संकीर्ण होता जा रहा है। उसने बतलाया कि 1815 और 1818-19 के आर्थिक संकट कुछ विशेष कारण से न होकर अर्थव्यवस्था के इस बुनियादी दोष के कारण पैदा हो रहे हैं।

इन तथाकथित स्वप्नवादी समाजवादियों (यूटोपियन सोशलिस्ट्स) में हम एक विशेषता पाते हैं। इनमें सबों ने सामाजिक संघर्ष से अलग अपनी कल्पना के आधार पर ऐसी समाज-व्यवस्था को जन्म देने का प्रयत्न किया जिसमें सामाजिक शोषण और असमानता न हो। इसके साथ ही उन्होंने राज्य-व्यवस्था को बिलकुल नजरअन्दाज करने का प्रयत्न किया। इनकी दृष्टि में समाज की नई व्यवस्था बनाने में राज्य का कोई हाथ होना आवश्यक नहीं था और न इनकी दृष्टि में समाज की दी हुई व्यवस्था पर आघात करना ही आवश्यक था। ये समझते थे कि अगर काफी बुद्धिसंगत व्यवस्था की तसवीर लोगों के सामने रख दी जाए तो लोग खुद-ब-खुद उसी मॉडल के अनुरूप अपना सामाजिक संगठन कर लेंगे। अपने प्रयोग में असफल होकर ओवेन ने मजदूर संगठन की ओर विशेष ध्यान दिया, लेकिन अब उनका लक्ष्य बहुत सीमित हो गया था। इसका अर्थ यह नहीं कि ट्रेड यूनियन का महत्त्व समाजवादी आन्दोलन की दृष्टि से कम था। बाद में, जैसाकि हम देखेंगे, इंग्लैंड में समाजवादी आन्दोलन को जन्म देने में वहाँ के ट्रेड यूनियनों ने बहुत ही महत्त्वपूर्ण भूमिका अदा की, पर तत्काल इसका लक्ष्य सिर्फ मजदूरों की जीवन दशा सुधारने का ही था।

इन समाजवादियों के अलावा भी कई प्रमुख व्यक्ति, जैसे फ्रांस में मैब्ली और मोर्ली एवं इंग्लैंड में स्पेन्स, हॉल तथा थॉमसन हो गए थे, जिन्होंने समाजवादी विचारधारा को विभिन्न रूपों में लोगों के सामने रखा था।

एक और विचारक विलियम गॉडविन (1756-1836 ई.) का इन विचारकों में विशेष स्थान है क्योंकि समाजवादी आन्दोलन में अराजकवाद के ये अग्रदूत थे। इनका भी विचार था कि मनुष्य की अच्छाई या बुराई, परिस्थिति के कारण पैदा होती है। वे मनुष्य के बीच की विषमता और वर्ग संघर्ष को खत्म करने का पक्षपाती थे। वे समाज को शुद्ध न्याय पर आधारित करना चाहते थे जहाँ कृतज्ञता और सहानुभूति के लिए कोई स्थान नहीं हो। वे विवाह के विरुद्ध थे क्योंकि वे किसी भी तरह के सहयोग के विरोधी थे। इस तरह वे कट्टर व्यक्तिवादी अराजकवाद के समर्थक थे। आगे चलकर प्रूधाँ, क्रोपोटकिन आदि अराजकवादी नेताओं ने इसके विपरीत सहयोग को समाज की आधारशिला माना। सहयोग की आवश्यकता से बचने के लिए गॉडविन ने ऐसी मशीनें तैयार करने की सलाह दी जो सिर्फ एक आदमी द्वारा चलाई जा सकती हों। वह हर तरह की सरकार के खिलाफ थे। हालाँकि प्रजातांत्रिक प्रणाली को औरों से अच्छा समझते थे, लेकिन वह यह सब परिवर्तन तर्क द्वारा मनुष्य के विचारों को बदलकर लाना चाहते थे। वह हर तरह के विद्रोह और क्रान्ति के विरोधी थे। इस दिशा में इसके विचार स्वप्नवादी समाजवादियों के विचार से बहुत कुछ मिलते-जुलते थे।

2

वैज्ञानिक समाजवाद के प्रणेता कार्ल मार्क्स और फ्रेडरिक एंगेल्स का जन्म क्रमशः 1818 ई. और 1820 ई. में हुआ। इस समय तक सेंट सिमाँ और चार्ल्स फूरिये, दोनों वृद्ध हो चुके थे। रॉबर्ट ओवेन का मजदूरों के लिए एक अलग उपनिवेश बनाने का स्वप्न टूट रहा था। मार्क्स के वयस्क होने के पहले ही ओवेन का न्यू हार्मोनी का प्रयोग असफल रहा और जब मार्क्स 16 वर्ष का था, तभी 1834 ई. में ओवेन ने अपना ध्यान मजदूरों के वर्ग संगठन की ओर लगाकर इंग्लैंड में ग्रैंड नेशनल कंसोलिडेटेड ट्रेड यूनियंस की स्थापना की। इसके पहले इंग्लैंड के मजदूरों ने संघर्ष करके 1799-1800 ई. में लागू किए गए कम्बिनेशन ऐक्ट को, जिसके द्वारा मजदूरों के संगठन पर रोक लग गई थी, 1824-25 ई. में खत्म करवा दिया था। 1831 ई. में लियोंस में प्रथम मजदूर विद्रोह हुआ। 1838 और 1842 ई. के बीच इंग्लैंड के मजदूरों का मतदान के लए प्रथम राष्ट्रव्यापी राजनीतिक आन्दोलन (चार्टिस्ट मूवमेंट) शुरू हुआ। अब समाजवाद थोड़े-से बुद्धिजीवियों की कल्पना के दायरे की चीज न रहकर संगठित मजदूरों के ठोस आन्दोलन में सीमित रूप से व्यक्त होने लगा था। मार्क्स और एंगेल्स का समाजवादी विचार जिसे उन्होंने वैज्ञानिक समाजवाद की उपाधि दी, इन्हीं प्रभावों के बीच विकसित हुआ।

लेकिन जहाँ एक तरफ मार्क्स एंगेल्स के समाजवाद पर मजदूरों के बढ़ते संघर्ष और आन्दोलन का प्रभाव पड़ा वहीं उनके विचार पर जर्मन दर्शन और ब्रिटिश अर्थशास्त्र का प्रभाव पड़ा। शुरू में मार्क्स जर्मन दार्शनिक हीगेल के प्रभाव क्षेत्र में आया जो विचारवादी (आइडियलिस्ट) दार्शनिक था। इसकी विचारधारा द्वन्द्वात्मक थी। यह द्वन्द्वात्मक विचार ग्रीस के दार्शनिक हेराक्लिटस की निरन्तर गति के सिद्धान्त पर आधारित था। इस सिद्धान्त के अनुसार, कोई भी वस्तु किसी भी क्षण स्थिर नहीं है बल्कि आन्तरिक और बाह्य परिवर्तनों से विकसित तथा विस्थापित होती रहती है। हीगेल ने इसी के आधार पर विकासवाद का द्वन्द्वात्मक सिद्धान्त प्रतिपादित किया, लेकिन यह विकासवाद वैचारिक था। इसके अनुसार, प्रत्येक वाद का प्रतिवाद और समन्वयवाद (थीसिस, एंटिथीसिस और सिंथीसिस) होता रहता है और इस क्रम से विचारों का विकास होता है। इसके अतिरिक्त अरस्तू के

तर्क के सिद्धान्त के विपरीत इसने विकास और गति के लिए विपरीतों की एकता (यूनिटी-ऑफ अपोजिट्स) को आवश्यक माना। इस तरह के दर्शन के द्वारा हीगेल ने कांट की उन असंगतियों (एंटिनोमीज) को दूर करने का भी प्रयास किया जिन्हें कांट ने बुद्धि की सीमितता बतलाने के लिए प्रस्तुत किया था। हीगेल ने अपनी नई विचारधारा को मुख्य तौर से इतिहास के अध्ययन में लगाया। इस तरह उसने इतिहास की घटनाओं को एक-दूसरे से असम्बद्ध न देखकर बुद्धि के विकास के क्रम में आवश्यक कड़ी के रूप में देखा और इस क्रम की पराकाष्ठा के रूप में उसने प्रशा की राज्य व्यवस्था को देखा। लेकिन उसके विचार के अनुसार विचार बाह्य जगत का मस्तिष्क में तसवीर न होकर बाह्य जगत ही विचारों की प्रतिमूर्ति है।

अपने समय के अधिकांश जर्मन नौजवानों की तरह मार्क्स भी हीगेल के प्रभाव में आया, लेकिन कुछ अन्य नौजवान हीगेल के अनुयायियों की तरह जो क्रान्तिकारी हीगेलियन कहलाते थे, मार्क्स ने भी हीगेल के इस कथन का कि "जो कुछ बुद्धिसंगत है वास्तविक है" का दूसरा पहलू अपनाया, जिसके अनुसार जो कुछ बुद्धिसंगत नहीं है वह वास्तविक नहीं है। इस तरह वह जर्मन राज्य का आलोचक बन गया। इन्हीं नौजवान हीगेलियनों में फायरबाख ने एक कदम और बढ़कर हीगेल के विचारवाद के स्थान पर भौतिकवादी दृष्टिकोण अपनाने का सुझाव दिया। उसने बतलाया कि उस समय तक का दर्शन सिर्फ लोगों को अन्धविश्वास में रखने का एक जरिया भर है। उसने कहा, "दार्शनिक नकाब में छिपा हुआ पुरोहित है।" फायरबाख के नये दृष्टिकोण का मार्क्स पर बड़ा प्रभाव पड़ा और उसने फायरबाख पर अपनी थीसिस में लिखा, "सामाजिक जीवन प्रधानत: व्यावहारिक है। पौराणिक कथाएँ (मिथ), जो सिद्धान्तों को पथभ्रष्ट कर कल्पना जगत में ले जाती हैं, का बुद्धिसंगत हल मानव व्यवहार में होता है...दार्शनिकों ने विश्व का विभिन्न ढंग से अर्थ लगाने का प्रयत्न किया है जबकि आवश्यकता है इसे बदलने की।" इस तरह मार्क्स ने इतिहास के विकास के सम्बन्ध में हीगेल के विचारवादी दर्शन की जगह भौतिकवादी दर्शन अपनाया, लेकिन उसने हीगेल के द्वन्द्वात्मक विकास के सिद्धान्तों को मानकर अपने दर्शन को द्वन्द्वात्मक भौतिकवाद कहा। इस परिवर्तन के विषय में मार्क्स ने लिखा है कि हीगेल के मत के अनुसार दुनिया सिर के बल चलती थी, लेकिन नई विचारधारा ने इसे पैरों पर खड़ा कर दिया।

अपने 'क्रिटिक ऑफ पॉलिटिकल इकोनॉमी' की भूमिका में मार्क्स ने ऐतिहासिक भौतिकवाद के विचार को इन शब्दों में रखा, "अपने जीविकोपार्जन के लिए सामाजिक उत्पादन में मनुष्य आवश्यक उत्पादन का सम्बन्ध प्रस्थापित करते हैं जो उनकी इच्छाशक्ति में स्वतंत्र हैं, ऐसे उत्पादन का सम्बन्ध जो इनके भौतिक उत्पादन की शक्तियों के विकास के विशिष्ट स्तर से सम्बद्ध रहता है। इन उत्पादन के सम्बन्धों का योग समाज का आर्थिक ढाँचा होता है, वह वास्तविक

आधार जिस पर सम्पत्ति सम्बन्ध और राजनीतिक ऊपरी ढाँचा पैदा होता है और जिससे विशिष्ट सामाजिक बोध सम्बद्ध होता है। जीविकोपार्जन के साधनों के उत्पादन की विधि सामाजिक, राजनीतिक, बौद्धिक जीवन की सारी प्रक्रियाओं को निर्धारित करती है। यह मनुष्य का बोध नहीं है जो उसके अस्तित्व को निर्धारित करता है बल्कि इसके विपरीत, यह उनका सामाजिक अस्तित्व है जो उनके बोध को निर्धारित करता है।"

इस भौतिकवादी दृष्टिकोण को सामने रख मार्क्स ने इतिहास का अध्ययन किया और बतलाया कि यह प्रक्रिया भी द्वन्द्वात्मक है। इस तरह अपनी प्रसिद्ध पुस्तिका 'कम्युनिस्ट मैनिफेस्टो' में जिसे 1846 ई. में मार्क्स-एंगेल्स ने प्रकाशित किया, उन्होंने लिखा, "आज तक का मानव इतिहास वर्ग संघर्षों का इतिहास है।" बाद में फ्रेडरिक एंगेल्स ने अपनी पुस्तक 'परिवार, व्यक्तिगत सम्पत्ति और राज्य की उत्पत्ति' में यह बतलाया कि वास्तव में यह वर्ग-संघर्ष का क्रम प्राक्-ऐतिहासिक काल के लिए नहीं बल्कि ऐतिहासिक काल के लिए ही और वह भी सभ्य संसार के लिए सही है। प्राक्-ऐतिहासिक काल में और अनेक आदिवासियों में व्यक्तिगत सम्पत्ति और वर्गों के विभाजन का चिह्न उसने नहीं पाया।

इस दृष्टि से विचार करने से आदिसमाजवाद (प्रिमिटिव कम्युनिज्म) के बाद मानव समाज का विभाजन उन्होंने तीन महत्त्वपूर्ण स्तरों में किया जिसमें तीन तरह के वर्ग संघर्षों की प्रधानता थी। प्रथम युग ग्रीस और रोम की दुनिया का था जिसमें उनकी ऊँची सभ्यता गुलामों के श्रम पर आधारित थी और उस अर्थव्यवस्था में गुलाम और गुलाम के स्वामियों का संघर्ष निहित था। यह अलग बात है कि इस तरह के संघर्ष बहुत व्यापक विद्रोह का रूप बहुत कम समय जैसे कि स्पार्टकस के समय ले सके। रोम में एक और अन्य तरह का विभाजन भी समाज में था। वह था, प्लेबियन और पैट्रिसियनों का। पैट्रिसियन मुख्य तौर से वे लोग थे जिन्हें कुछ खास परिवारों से सम्बन्ध के कारण रोम में विशेष अधिकार प्राप्त थे। ये जमीन के बड़े भू-भाग के मालिक थे। सूद का कर्ज लगाने का इन्हें ही अधिकार था जिसे ये ऊँचे दर पर लगाकर बड़ी बेरहमी से वसूल करते थे। राज्य के कारोबार में हिस्सा लेने का सिर्फ इन्हें ही अधिकार था। प्लेबियन लोगों ने करीब 300 वर्षों तक पैट्रिसियन लोगों के इन अधिकारों के खिलाफ संघर्ष किया। ईसा से लगभग 494 वर्ष पूर्व बड़ी तादाद में नाराज प्लेबियन रोम छोड़कर बाहर चले गए। इस कदम के बाद पहले-पहल प्लेबियनों को रोम में दो 'ट्रिब्यून' चुनने का अधिकार मिला जिनका काम था, रोम के कमजोर लोगों की रक्षा करना। इन ट्रिब्यूनों के अलावा दो एडील इनकी मदद के लिए चुने जाते थे। ये चारों 'कंसीलियम प्लेबिस' (प्लेबियनों की सभा) द्वारा चुने जाते थे। ईसा के 287 वर्ष पूर्व जाकर कहीं प्लेबियनों को राज्य के मामले में पैट्रिसियनों के समान अधिकार प्राप्त हुए।

और आगे बढ़कर मध्ययुगीन यूरोप में समाज का विभाजन का एक तरफ फ्यूडल लॉर्ड (सामन्त) और सर्फ (जमीन पर बँधे भूदास) के बीच और उद्योग के क्षेत्र में गिल्ड मास्टर और जर्नीमैन के बीच में हुआ। सामन्तों का अपने दासों पर निरंकुश अधिकार था। वे उन्हें जैसे चाहते वैसे रख सकते थे और उनसे अपनी जमीन पर मुफ्त काम लेते थे। उन्हें अपनी जमीन छोड़कर अन्य जगह काम करने का अधिकार नहीं था। इसी तरह के प्रतिबन्ध गिल्डों में भी गिल्ड मास्टर जो दक्ष दस्तकार होते, अपने यहाँ काम करनेवाले नौसिखिये जर्नीमैनों पर लगाते थे। इस तरह इस समय का समाज इन वर्गों के संघर्ष से भरा था। आगे चलकर उत्पादन के तौर-तरीके और उद्योग के विकास से यहीं सर्फ और जर्नीमैन नये मध्यम वर्ग और आगे चलकर पूँजीपति वर्ग के जन्मदाता बने जिनके नेतृत्व में इंग्लैंड और फ्रांस की पूँजीवादी प्रजातांत्रिक क्रान्तियाँ हुईं और पूरे यूरोप में उन्नीसवीं सदी में इस दिशा में क्रान्ति या सुधार के प्रयत्न होते रहे।

मार्क्स और एंगेल्स के अनुसार, पूँजीपतियों और मजदूरों का संघर्ष इस विकास का अन्तिम चरण है। उनकी राय में पूँजीपति वर्ग की यह विशेषता है कि उसने इस संघर्ष को बहुत सरल बना दिया है। अब कई वर्गों का पेचीदा सम्बन्ध न होकर यह सिर्फ दो वर्गों—पूँजीपति और मजदूर वर्ग का सीधा सम्बन्ध है। पूरा समाज अब इन्हीं दो बड़े खेमों में विभक्त हो रहा है। नये बड़े उद्योगों के विकास से पुराने गिल्ड नष्ट हो गए। बड़े उद्योगों के लिए कच्चे माल और बाजार के लिए पहले का सीमित दायरा अब छोटा पड़ने लगा और नया उद्योग अपनी परिधि में दूरस्थ अमेरिका और एशिया के कच्चे सामानों और बाजार पर अपना अधिकार जमाकर अपने क्षेत्र का विस्तार करने लगा। इसके चरण जहाँ पड़े वहाँ का पुराना उद्योग-धन्धा नष्ट हो गया और उत्पादन का नया क्रान्तिकारी तरीका वहाँ हावी हुआ। अब आधुनिक राज्य पर नये पूँजीपति वर्ग का एकाधिकार हुआ और आधुनिक राज्य पूरे पूँजीपति वर्ग के मामलों की देखरेख की एक समिति भर बन गया।

नए उद्योगों की विशेषता है कि मजदूरी के लिए किसी कार्य में शिल्पी-सी दक्षता की आवश्यकता नहीं रह जाती है। अल्प समय में अल्प बुद्धि के उपयोग से मजदूर मशीन पर काम करना सीख जाते हैं। वे बड़ी संख्या में एक औद्योगिक फौज की तरह कारखाने में काम करते हैं। जैसे-जैसे काम के लिए दक्षता अनावश्यक होती है वैसे-वैसे श्रम की कीमत घटकर सिर्फ मजदूरों को जिन्दा रखने भर की मजदूरी हो जाती है। अब मशीन पर काम करने की सरलता से उम्र और औरत-मर्द का फर्क कारखानों में काम करने के लिए समाप्त हो जाता है। बड़ी तादाद में कारखाने में काम की शुरुआत से शोषण का छिपा हुआ रूप खुलकर सामने आ जाता है। सामन्त और उनके गुलामों का पहला आपसी या अन्य व्यक्तिगत सम्बन्ध लुप्त हो जाते हैं और इनकी जगह सबों को बाजार में अन्य खरीद-बिक्री की चीजों की

तरह खरीदा-बेचा जाता है। निम्न मध्यवर्ग, छोटे व्यापारी, छोटे किसान सब के सब धीरे-धीरे विपन्न होकर मजदूरों की श्रेणी में आ जाते हैं। इस तरह अपनी गिरती हुई दशा को सुधारने के लिए मजदूर पहले ट्रेड यूनियन बनाते हैं और फिर राजनीतिक संगठन खड़ाकर इस शोषण का अन्त करने का प्रयत्न करते हैं, लेकिन चूँकि अब समाज प्रमुख रूप से इन दो वर्गों—पूँजीपति और मजदूर के बीच में बँट जाता है और चूँकि मजदूर वर्ग का स्वार्थ किसी दूसरे वर्ग के शोषण में नहीं रहता, इसलिए यह वर्ग शोषण से अपनी मुक्ति के संघर्ष में दुनिया के सभी दलित वर्गों की मुक्ति के लिए संघर्ष करता है। जैसेकि पहले की क्रान्तियों में एक वर्ग के शोषण के अन्त में एक नये वर्ग के शोषण की शुरुआत हुई (उदाहरण के लिए, गुलामों के मालिकों के अन्त के बाद सामन्तों का शोषण। सामन्तों के अन्त के बाद पूँजीवादी शोषण) उस तरह मजदूर वर्ग की क्रान्ति से किसी अन्य तरह के शोषण की शुरुआत नहीं होती है और समाज सदा के लिए हर तरह के शोषण से मुक्त हो जाता है।

अब मार्क्स एंगेल्स ने बतलाया कि यह नया समाज किसी बुद्धिजीवी द्वारा तैयार की गई योजना की वजह से नहीं बनेगा बल्कि समाज अपने आन्तरिक नियम के द्वारा उसी दिशा की ओर अनिवार्य रूप से जा रहा है और नया पूँजीवादी समाज निश्चित रूप से एक सर्वहारा क्रान्ति को इन्हीं नियमों की वजह से जन्म देगा। वैज्ञानिक समाजवादियों का काम नये समाज के लिए कोई खाका खींचने का नहीं बल्कि समाज के विकास के इन्हीं नियमों को खोलकर लोगों के सामने रखना है जो समाज को एक समाजवादी क्रान्ति की ओर खींचकर ले जा रहे हैं। उन्होंने यह भी घोषणा की कि मजदूरों की मुक्ति अन्ततोगत्वा मजदूरों के अपने प्रयत्नों के द्वारा ही हो सकती है।

3

मार्क्स के पूँजीवाद के अध्ययन पर इंग्लैंड के विख्यात अर्थशास्त्री ऐडम स्मिथ और रिकार्डो का बहुत प्रभाव पड़ा। इन दोनों ने यह सिद्धान्त प्रतिपादित किया था कि पण्य (कॉमोडिटी) का मूल्य उसमें लगी श्रम-शक्ति द्वारा निर्धारित होता है। रिकार्डो और माल्थस ने यह भी विचार व्यक्त किया था कि श्रम के लिए जो मूल्य निधारित होता है वह मजदूरों को जिन्दा रखने के लिए न्यूनतम आवश्यकता की सामग्री प्रदान करने भर होता है ओर इससे जो ऊँची मजदूरी बढ़ जाती है, उसका फायदा आबादी के बढ़ जाने से पुन: समाप्त हो जाता है। मार्क्स ने इन अर्थशास्त्रियों के सिद्धान्त को और आगे बढ़ाकर 'अतिरिक्त मूल्य' का सिद्धान्त प्रतिपादित किया और अर्थशास्त्र का उपयोग उसने तात्कालिक विनिमय के आधार को समझने के बजाय पूरी पूँजीवादी व्यवस्था के आन्तरिक विकास के निमयों को समझने में लगाया। उसने 'पण्य' (कॉमोडिटी) के विनिमय को मनुष्यों के सम्बन्ध के रूप में देखा।

मार्क्स ने पूँजीवादी व्यवस्था के विकास को पण्य के उत्पादन की विधि और विनिमय के विकास के रूप में देखा। मार्क्स ने यह विचार रखा कि बिना श्रम के विभाजन के पण्य का उत्पादन सम्भव नहीं है। अब अगर हम इतिहास के प्रारम्भिक काल के उत्पादन के ऊपर दृष्टि डालें तो देखेंगे कि लोग अपनी आवश्यकता की अधिकांश सामग्री चाहे तो व्यक्तिगत रूप से या जिन समुदायों में वे रहते थे, उसके भीतर खुद पैदा कर लेते थे। वैसी स्थिति में किसी वस्तु को विनिमय के लिए या पण्य के रूप में ले जाने की आवश्यकता तभी होती थी जब वे अपनी आवश्यकता से अधिक इन चीजों का उत्पादन कर लेते थे, लेकिन जैसे-जैसे समाज का विकास होता है, लोग विनिमय के लिए उपयोग की वस्तुओं का उत्पादन करना शुरू करते हैं, लेकिन प्रारम्भिक काल का विनिमय सरल होता है। लोग वस्तुओं को वस्तुओं से बदलते हैं।

अब मार्क्स ने पण्य के स्वरूप पर विचार किया। पण्य का एक गुण तो यह है कि यह किसी आवश्यकता की पूर्ति करे। जब तक यह किसी आवश्यकता की पूर्ति नहीं करता तब तक विनिमय के लिए इसका कोई उपयोग नहीं हो सकता। यह आवश्यकता की पूर्ति करने का गुण इसका 'उपयोग मूल्य' (यूज वैल्यू) हुआ, लेकिन इस मूल्य के अतिरिक्त भी इसका एक मूल्य है जिससे इसका निर्धारण होता

है कि किसी वस्तु का किसी अन्य वस्तु से कितनी मात्रा या संख्या में विनिमय हो। यह उसका 'विनिमय मूल्य' (एक्सचेंज वैल्यू) हुआ। अब प्रश्न उठता है कि यह मूल्य किसी वस्तु में कहाँ से आया और इस विनिमय के अनुपात का निर्णय कैसे होता है? मार्क्स ने इस पहेली को 'पण्य' के 'फेटिसिस्टिक' चरित्र का परिणाम बतलाया। उसके अनुसार, 'पण्य' इतने विभिन्न स्वरूपों में हमारे सामने आता है कि हम उन सबों में व्याप्त मानव श्रम को नहीं देख पाते हैं जिसकी इकाई में ही हम उसका विनिमय-मूल्य निर्धारित कर सकते हैं। उदाहरण के लिए, जब हम एक कोट का विनिमय दो छाता के साथ करते हैं तो इसका अर्थ होता है कि एक कोट को तैयार करने में उतना ही मानव श्रम लगा है जितना दो छाता में, लेकिन यह श्रम साधारण श्रम नहीं बल्कि समाज के विकास के क्रम में एक विशिष्ट स्तर पर समाज द्वारा निर्धारित श्रम (सोशली नेसेसरी लेबर पॉवर) शक्ति होता है। इसका अर्थ यह हुआ कि एक खास समय में आवश्यकता की वस्तुओं के उत्पादन में लगे सभी श्रम का औसत श्रम, जो किसी एक वस्तु के निर्माण में लगा, लेकिन यह एक ऐसा परिमाण है जिसे किसी एक वस्तु में हम नहीं नाप सकते। यह उस समाज में जहाँ पण्य के अनेक उत्पादक विनिमय के लिए आते हैं, स्वयं निर्धारित हो जाता है। कुशल श्रम को उसने साधारण श्रम का गुणन बतलाया।

प्राचीन समाज में वस्तुओं का विनिमय अदला-बदला (बार्टर) द्वारा होता था, लेकिन जैसे-जैसे समाज का विकास हुआ और लोग मुख्य तौर से वस्तुओं का निर्माण विनिमय के लिए करने लगे वैसे-वैसे अदला-बदली द्वारा विनिमय कठिन होने लगा और लोग ऐसी वस्तुओं की खोज में लग गए जिनके माध्यम से विनिमय को सरल बनाया जा सके। सम्भवत: लोगों ने पहले मवेशी वगैरह का उपयोग, जिन्हें आसानी से एक स्थान से दूसरे स्थान पर ले जाया जा सके और जिनकी संख्या में अन्य वस्तुओं का मूल्य निर्धारण हो, विनिमय के लिए किया होगा, लेकिन इनका छोटे टुकड़ों में विभाजन सम्भव नहीं था जिससे विनिमय में कठिनाई होने से लोगों ने सोना-चाँदी ऐसे धातुओं का उपयोग शुरू किया जिन्हें आसानी से एक जगह से दूसरी जगह ले जाया जा सकता है और मनमाने ढंग से आवश्यकता के अनुसार इनका विभाजन भी हो सकता है, लेकिन पहले विनिमय के लिए इन धातुओं के मूल्य भी अन्य पण्यों की तरह इनमें लगी श्रम-शक्ति द्वारा निर्धारित होती थी। यह विनिमय इस तरह से होता है—

2 कोट
4 भेड़
1 तोला सोना = 6 मन गेहूँ
50 गज कपड़ा
30 जोड़ी जूते

इस तरह ये धातुएँ मूल्य के रूप में काम करती हैं, लेकिन इसके साथ-साथ अब इनका एक दूसरा स्वरूप भी विकसित होता है वह 'विनिमय के साधन' के रूप में। इस रूप में इन धातुओं का अपना मूल्य कोई महत्त्व नहीं रखता। इस रूप में यह दो विनिमयों के बीच में क्षणिक रूप में आता है। यह इसके मुद्रा का स्वरूप हुआ। यह विनिमय होता है—पण्य-मुद्रा, मुद्रा-पण्य। इस तरह लोग पण्य के बदले में पण्य विनिमय से पा जाते हैं और मुद्रा फिर अन्य जगह विनिमय में हिस्सा लेने चला जाता है। अब इसका कोई महत्त्व नहीं रह जाता कि खुद मुद्रा का क्या मूल्य है, लेकिन जहाँ तक मूल्य का माप है और इससे अन्य मूल्य पण्य के रूप में खरीद सकते हैं, लोग इसे जमा करने लगते हैं और मुद्रा उपार्जन स्वयं एक साध्य बन जाता है। अब विनिमय का स्वरूप पण्य-मुद्रा-पण्य, इसे मार्क्स ने c-m-c द्वारा व्यक्त किया है, से बदलकर मुद्रा-पण्य-मुद्रा (m-c-m) हो जाता है।

अब चूँकि मुद्रा स्वयं विनिमय के अतिरिक्त किसी उपयोग की वस्तु नहीं है अगर इस विनिमय के अन्त में पहले की मात्रा में ही मुद्रा प्राप्त हो तो यह विनिमय निरर्थक हो जाएगा। इस तरह का विनिमय (m-c-m) लोग तभी करेंगे अगर विनिमय के अन्त में मुद्रा की मात्रा पहले से कुछ अधिक हो जाए। अगर m-c-m के स्थान पर m-c (m+$\triangle$m), जहाँ $\triangle$m मुद्रा का बढ़ाव यानी अतिरिक्त मूल्य-प्राप्ति है, इस नये विनिमय का परिणाम हो तब यह विनिमय लाभदायक सिद्ध होगा। दुनिया में सिर्फ एक पण्य ऐसा है जिस पर मुद्रा खर्च करने से इस तरह के विनिमय का सम्बन्ध स्थापित हो सकता है। वह पण्य है, मानव श्रम। जब मानव श्रम को कोई खरीदता है तो उसके लिए वह उसे इतना मूल्य देता है जिससे श्रमिक जिन्दा रहकर श्रम दे सके। यह उस श्रम का पूर्ण मूल्य हुआ, लेकिन समाज के विकास के एक खास स्तर के बाद मानव श्रम अपने को जिन्दा रखने के लिए आवश्यक मूल्य से अधिक मूल्य पैदा करता है। यही अतिरिक्त मूल्य श्रम-शक्ति पर व्यय करनेवाले का मुनाफा होता है। जिसे मार्क्स ने 's' से व्यक्त किया है। समाज में वर्गों का संघर्ष इसी अतिरिक्त मूल्य को प्राप्त करने के लिए होता आया है।

मार्क्स के मत के अनुसार, पूँजीवादी समाज में पूँजीपतियों का मुनाफा इसी अतिरिक्त मूल्य पर निर्भर करता है। पूँजीपति जितने अधिक मजदूरों को काम पर लगाता है उतना ही अधिक उसका मुनाफा बढ़ता है और पूँजी का प्रसार होता है, लेकिन पूँजीपति मजदूरों को खाली हाथ काम पर नहीं लगाता है। वह उन्हें काम करने के साधन और कच्चा माल देता है, लेकिन मार्क्स के अनुसार ये उत्पादन के साधन और कच्चे माल पहले के श्रम के संचय हैं और नये उत्पादन में ज्यों के त्यों चले जाते हैं और इससे मूल्य में वृद्धि नहीं होती है। इस तरह मार्क्स ने पूँजी को दो भागों में बाँटा, 'अंचल पूँजी' और 'परिवर्तनशील पूँजी' (कॉन्सटेंट और वैरिएबुल कैपिटल) इस तरह मुनाफे की दर s/v द्वारा व्यक्त होती है जहाँ 's' 'अतिरिक्त मूल्य'

और v परिवर्तनशील पूँजी है, लेकिन यह मुनाफे की दर सिर्फ परिवर्तनशील पूँजी के अनुपात में हुई, लेकिन पूँजीपति की सम्पूर्ण पूँजी पर मुनाफे की दर उसके पूँजी की अवयवीय बनावट (ऑर्गेनिक कम्पोजीशन ऑफ कैपिटल) पर निर्भर करेगा। यह पूँजी का अवयवीय बनावट द्वारा व्यक्त होता है जहाँ 'C' अचल और 'V' परिवर्तनशील पूँजी है। इस तरह पूरी पूँजी पर मुनाफे की दर द्वारा व्यक्त की जाती है। इस तरह मार्क्स ने बताया कि जैसे-जैसे सम्पूर्ण पूँजी में अचल पूँजी यानी मशीन आदि पर खर्च किए गए मूल्य में वृद्धि होगी वैसे-वैसे मुनाफे की दर घटती जाएगी।[1]

अब मार्क्स ने बतलाया कि सभी पूँजीपति इस बात का प्रयत्न करते हैं कि वे बाजार की स्पर्द्धा में आगे निकलने के लिए अपने कारखाने की उत्पादक शक्ति बढ़ाएँ। इसके लिए मजबूरी उन्हें अपनी मशीनों में नित्य नये सुधार के लिए अधिक पूँजी व्यय करना पड़ता है। इस तरह पूँजीवादी समाज की होड़ न टाली जा सकनेवाली आवश्यकता के कारण पूँजीवादी समाज इस तरह के सुधार में अनवरत लगा रहता है जिससे पूँजी की अवयवीय बनावट में अचल पूँजी की मात्रा बढ़ती जाती है और इस तरह मुनाफे की दर घटती जाती है। उसने बतलाया कि पूँजीवादी विकास का यह एक आवश्यक नियम है कि मुनाफे की दर घटती जाएगी, लेकिन इसका यह अर्थ नहीं कि मजदूरों का शोषण कम होगा। वास्तव में, मजदूरों का शोषण भी बढ़ेगा क्योंकि मशीन के सुधार से मजदूर अपनी मजदूरी यानी जिन्दा रहने भर का सामान कम समय में पैदा कर लेगा और इस तरह उसके काम के समय का उपेक्षाकृत छोटा हिस्सा ही उसकी मजदूरी के लिए काफी होगा। इस तरह शोषण की दर बढ़ेगी। यह इसलिए भी सम्भव हो सकेगा क्योंकि अच्छी मशीनों के आविष्कार से पहले की अपेक्षा थोड़े मजदूर उद्योगों के लिए आवश्यक होंगे और बेकारों की तादाद बढ़ेगी। इसे मार्क्स ने सुरक्षित औद्योगिक फौज (इंडस्ट्रियल रिजर्व आर्मी) का नाम दिया। इस तरह बेकारों की तादाद बढ़ने से मजदूर कम-से-कम मजदूरी पर काम करने के लिए तैयार हो जाएँगे। अगर

---

1. पूरा समीकरण इस तरह है :

अगर अतिरिक्त मूल्य की दर s' से व्यक्त करें तो $s' = \frac{s}{v}$

अगर पूँजी की अवयवीय बनावट को q से व्यक्त करें तो $q = \frac{c}{c+v}$

अगर मुनाफे की दर को P से व्यक्त करें तो $P = \frac{c}{c+v}$

अब $P = \frac{s}{c+v} = \frac{sv}{v(c+v)} = \frac{sv+sc-sc}{v(c+v)} = \frac{s(s+v)-sc}{v(c+v)} = \frac{s(c+v)}{v(c+v)}$

$$\frac{sc}{v(c+v)} = \frac{s}{v} - \frac{s}{v} \cdot \frac{c}{c+v} = s' - s'q = s'(1-q)$$

इस तरह मुनाफे की दर अतिरिक्त मूल्य की दर और पूँजी की अवयवीय बनावट पर निर्भर करेगी। जैसे-जैसे पूँजी C बढ़ेगी मुनाफे की दर घटेगी जहाँ s' अपरिवर्तित है।

यह बेकारों की सेना नहीं बढ़े तो पूँजी का संचय अधिक हो जाने से (क्योंकि पूँजीपति अपनी आवश्यकताओं के लिए अल्पमात्रा में ही अतिरिक्त मूल्य खर्च करता है और बाकी को पुन: उद्योग में लगाने के लिए संचित करता है) मजदूरों की माँग बढ़ेगी और मजदूरी की रेट भी बढ़ जाएगा और प्रति मजदूर अतिरिक्त मूल्य कम हो जाएगा।

इस तरह एक तरफ मजदूरों में बेकारी बढ़ती जाती है और इससे कारखानों में तैयार किए गए उपभोग की वस्तुओं का बाजार संकुचित होता जाता है और दूसरी ओर मशीनरी में सुधार से उत्पादन तेजी से बढ़ता जाता है और विदेश के बाजार तक इन कारखानों की वस्तुओं को खरीदने में असमर्थ रहते हैं। इस तरह पूँजीवाद के आन्तरिक विरोधाभास के कारण जहाँ एक तरफ बड़ी तादाद में मजदूर बेकार हो जाते हैं वहीं दूसरी तरफ बड़ी तादाद में उत्पादन के साधन और उत्पादित वस्तुएँ बेकार पड़ी रहती हैं और इस तरह पूँजीवाद के संकट शुरू होते हैं जो 1825 से लेकर बराबर समय-समय पर पूँजीवादी व्यवस्था को अस्त-व्यस्त करते रहते हैं। इस संकट में कारखाने बन्द होने लगते हैं और बड़ी मात्रा में उत्पादन के साधन और सामान नष्ट होते हैं और तब कहीं फिर धीरे-धीरे औद्योगिक उत्पादन का कार्य शुरू होता है, पर यह क्रम सदा जारी रहता है।

इस संकट से निकलने के लिए पूँजीपति वर्ग पहले आपसी होड़ को मिटाने का प्रयास करता है। उद्योग बड़े ट्रस्टों में बँधते हैं और इस तरह उद्योगों के एकाधिकार (मोनोपॉली) का जन्म होता है, जिससे शोषण की गति और तीव्र हो जाती है, पर इससे भी उनकी समस्या का समाधान नहीं होता। अब पूँजीपतियों का राज्य पूँजीवादी व्यवस्था को बचाने की दृष्टि से उद्योगों पर राज्य का अधिकार प्रस्थापित करता है और इस तरह स्वामित्व और संचालन एक-दूसरे से बिलकुल अलग हो जाते हैं। इस स्थिति में पूँजीवादी व्यवस्था का खोखलापन बिलकुल स्पष्ट हो जाता है और सर्वहारा वर्ग राज्य शक्ति को अपने हाथ में ले लेता है। अपने इस कार्य से सर्वहारा उत्पादन के साधन के पूँजी का स्वरूप बदल देते हैं और उनके सामाजिक चरित्र को अपने विकास का पूरा अवसर देते हैं। अब एक पूर्व निश्चित योजना के अनुसार उत्पादन सम्भव हो जाता है। आधुनिक सर्वहारा वर्ग का ऐतिहासिक मिशन यही कार्य सम्पन्न करने का है और इस ऐतिहासिक आवश्यकता को भलीभाँति समझना यही वैज्ञानिक समाजवाद का कार्य है।

मार्क्स के बाद बहुत-से अर्थशास्त्रियों ने 'मूल्य के श्रम सिद्धान्त' की आलोचना की है। पर जैसाकि डी.एच. कोल और पॉल स्वीजी ने बताया है, मार्क्स ने पूँजीवादी व्यवस्था के आन्तरिक गति को समझने के लिए इसे एक अनुमान (हाइपोथिसिस) के रूप में माना है। अगर जैसाकि इस सिद्धान्त से हुआ है, पूँजीवाद के विकास को इससे हम भलीभाँति समझ सकें तो एक वैज्ञानिक अनुमान के रूप में यह सफल सिद्धान्त माना जा सकता है।

4

मार्क्स-एंगेल्स ने कम्युनिस्ट मैनिफेस्टो में जो इतिहास का विवरण दिया, वह वास्तव में बहुत सीमित था। यह इतिहास यूनान से शुरू होकर 19वीं सदी के पूँजीवादी यूरोप तक समाप्त हो जाता था। इस इतिहास में एशिया और मिस्र की प्राचीन सभ्यताओं या मध्य और दक्षिणी अमेरिका के माया, एज्टेक और इंका सभ्यताओं पर कोई विचार नहीं किया गया था। इसके दो प्रमुख कारण थे—पहला यह कि मार्क्स का उद्‌देश्य वास्तव में समाज में वर्तमान वर्ग संघर्ष की परिणति सर्वहारा वर्ग के अधिनायकत्व की निश्चितता की ओर लोगों का ध्यान आकृष्ट करने का था। जैसाकि मार्क्स के विख्यात जीवनी लेखक फ्रैंज मेहरिंग ने उसकी जीवनी में लिखा है, मार्क्स ने वर्ग संघर्ष के इतिहास को फ्रांस के कुछ इतिहासकारों से लिया था, जिनमें प्रमुख थे, ग्यिजों और थियरी। मार्क्स की देन इन संघर्षों को उत्पादन के साधन के विकास के ऐतिहासिक स्तरों से जोड़ने भर की थी। दूसरा कारण यह था कि मार्क्स ने यह अनुभव किया था कि यूरोप का पूँजीवाद विकास की अपनी अन्तिम हालत में दुनिया के सभी देशों पर बाजार और कच्चे माल के लिए हावी होगा और इस तरह दुनिया का इतिहास, 19वीं सदी के बाद, पूँजीवाद के विकास से अविच्छिन्न होगा। चाहे व्यावहारिक रूप से यह दृष्टिकोण निर्दोष हो, फिर भी इतिहास को समझने की दृष्टि से यह सच्चाई की खोज में बड़ी बाधा उपस्थित कर सकता है। इसके अतिरिक्त इन दूर देशों के इतिहास में ऐसे नवीन तथ्य प्राप्त हो सकते हैं जो खुद यूरोप के विकास को समझने की दिशा में बहुत-से अन्धकारपूर्ण गह्वरों पर प्रकाश डाल सकें।

अब हमें देखना है कि इतिहास की मार्क्सवादी रूप-रेखा अन्यत्र इतिहास को समझने में कहाँ तक सहायक होती है। ऐतिहासिक भौतिकवाद को हम इसके लिए दो भागों में विभक्त कर सकते हैं। पहले भाग में वह आधारभूत सिद्धान्त होगा जिसमें इतिहास के विकास को उत्पादन के साधन और उत्पादन की शक्तियों के विकास के रूप में देखा गया है। दूसरे भाग में इस विकास के निश्चित रूप वर्ग संघर्ष सम्पत्ति सम्बन्ध आदि का विवरण दिया गया है। जहाँ तक पहले भाग का सवाल है, संसार में कोई ऐसा समाज या विचार नहीं मिलता जिसका उस समय के साधनों के विकास से कोई सम्बन्ध न हो, लेकिन जब हम सामाजिक सम्बन्धों पर

विचार करते हैं तो पाते हैं कि किसी एक तरह के उत्पादन के साधन के विकास से जो समस्याएँ समाज में पैदा होती हैं, उनका हल हर देश और परिस्थिति में मानवों के बिलकुल एक जैसे आपसी सम्बन्ध द्वारा नहीं होता। उत्पादन के साधनों के एक खास स्तर तक विकास के बाद जब मनुष्य अपनी आवश्यकता से अधिक सामान तैयार करने लगता है तब अतिरिक्त मूल्य के लिए हर स्थान पर संघर्ष शुरू हो जाता है। वास्तव में, मनुष्य की अविकसित अवस्था में मानव समाज के विकास के लिए यह आवश्यक भी है कि कुछ लोग अपनी निजी आवश्यकताओं के लिए शारीरिक श्रम से मुक्ति पा जाएँ, जिसमें समाज का बौद्धिक विकास हो सके, लेकिन इस शोषण का स्वरूप हर जगह अलग-अलग होता रहा है।

खुद यूनान में एथेंस और स्पार्टा के दो प्रमुख राज्यों में समाज का संगठन एक-दूसरे से बिलकुल भिन्न था। जहाँ एथेंस में व्यक्तिगत सम्पत्ति की प्रमुखता थी वहाँ स्पार्टा में सामूहिक स्वामित्व था। दोनों व्यवस्थाएँ गुलामी पर आधारित थीं, पर स्पार्टा में एक तरह का 'कम्युनिज्म' फैला हुआ था जिसमें गुलामों को कोई अधिकार नहीं था। यह फर्क इतना महत्त्वपूर्ण था कि सम्भवत: प्लेटो ने बहुत कुछ इसी आदर्श को सामने रखकर अपने 'रिपब्लिक' की तसवीर लोगों के सामने उपस्थित की थी।

इसी तरह अगर हम प्राचीन मिस्र पर दृष्टि डालें तो पाएँगे कि राज्य के स्वामित्व के आधार पर जहाँ व्यक्तिगत सम्पत्ति का अभाव था लोगों का घोर शोषण जारी था। रॉस्तॉव सेफ ने ईसा से तीन हजार पूर्व के मिस्र का इन शब्दों में वर्णन किया है—

"उन (राज्य के पदाधिकारियों) को कोई स्वतंत्रता या स्वयं कुछ नया काम करने का अधिकार नहीं था—पुरोहितों की तरह वे भी केवल राजा और भगवान के निजी एजेंट या नौकर थे। पुरोहित और बड़े पदाधिकारियों के अतिरिक्त क्लर्कों, ओवरसियरों, दस्तकारों और पुलिस आदि लोगों की एक फौज बहाल थी। उन सबों को जीवन-निर्वाह का खर्च राजा से मिलता था और बड़े से छोटे तक, सिद्धान्तत: सभी राजा द्वारा बहाल किए जाते थे यद्यपि वास्तव में राजा सिर्फ प्रमुख को नामजद करता था जो अपने से नीचे के अफसरों की बहाली करते थे, और अन्त में सबके सब राजा के सामने जवाबदेह थे जो अपनी मर्जी के अनुसार उनकी जान और माल का उपयोग करता था।"

"साधारण जनता बिलकुल राजा और उसके पदाधिकारियों की मर्जी पर थी। देश की राजनीतिक जिन्दगी में वह कोई हिस्सा नहीं लेती थी; उसे व्यक्तिगत सम्पत्ति खासतौर से जमीन रखने का अधिकार नहीं था। उनकी जिन्दगी, उनके असबाब और उनका श्रम, सब राजा के हाथ में थे और वह मनमाने ढंग से उनका उपयोग कर सकता था। वह यह तय करता था कि किसी खास साल में किसी खेत में कौन क्या बोएगा, वही यह तय करता था कि किसान उपज का कौन-सा हिस्सा राजा को समर्पित करेगा।" (हिस्ट्री ऑफ दी ऐंशिएंट वर्ल्ड—रॉस्तॉव सेफ)।

इस शोषण की व्यवस्था का आधार थी नील नदी की घाटी की कृषि, जिसमें विकसित सिंचाई का इन्तजाम था। सेनुरसेट तृतीय के समय में 27 मील लम्बी दीवार खड़ी कर फयून बेसिन का जल मोयरिस झील में इकट्ठा कर उसका उपयोग सिंचाई के लिए किया गया था। इस तरह की उन्नत सिंचाई की व्यवस्था उस समय की अविकसित अवस्था में शोषण से विशेष सुविधा प्राप्त नौकरशाही के बिना सम्भव नहीं थी। इस तरह की व्यवस्था उस समय की अविकसित दशा में व्यक्तिगत स्वामित्व के आधार पर भी नहीं हो सकती थी। इस तरह वहाँ की विशेष परिस्थिति के कारण गुलामों और कृषकों के शोषण का संगठन भी एक अलग ढंग से हुआ। खुद स्पार्टा के कम्युनिज्म के आधार में भी वहाँ के सैनिकतंत्र की आवश्यकताएँ थीं। व्यक्तिगत सम्पत्ति को मिटाकर वहाँ पर उन आपसी झगड़ों को खत्म करने का प्रयास किया गया जो सैनिकों की एकनिष्ठता पर आघात पहुँचा सकते थे।

मिस्र में जमीन, कारखाने, खान—सभी का स्वामित्व राज्य के हाथ में था, अत: वहाँ के अधिकारी उत्पादन के साधनों पर स्वामित्व के आधार पर अपनी विशेष सुविधाएँ अपने वंशजों को नहीं दे सकते थे। इस तरफ वहाँ ऊँचे स्थान के अधिकारी शोषण में अपने वंशजों को हिस्सा दिलाने का दूसरा रास्ता ढूँढ़ते हैं और इस तरह की व्यवस्था को जन्म देते हैं जिसमें वे पद जो उनके ऐश्वर्य के कारण हैं, उन्हीं के परिवार और वंशजों तक सीमित रह जाए। इस तरह मिस्र में हम वर्गों में विभाजन के स्थान पर समाज में जातियों का विभाजन पाते हैं। इनमें सर्वोच्च स्थान पुरोहितों का होता है। धीरे-धीरे जैसे-जैसे मन्दिरों की तादाद और सम्पत्ति बढ़ती है, इनकी शक्ति बढ़ती जाती है और खुद फारोआह (मिस्र का राजा) की शक्ति उनके सामने कमजोर होती जाती है। फारोआह इखनाटन का पुराने धर्म के खिलाफ विद्रोह पुरोहित वर्ग की इसी बढ़ती शक्ति के खिलाफ संघर्ष बतलाया जाता है, लेकिन इसके वंशजों को पुरोहितों से सन्धि करनी पड़ी और आगे चलकर ये इतने शक्तिशाली हो गए कि ऐमन का प्रमुख पुरोहित थेबन राज्य का प्रमुख बन गया।

ईरान में भी समाज का बँटवारा बहुत कुछ जातियों में ही हुआ। वहाँ पर भी समाज का बँटवारा सम्पत्ति के आधार पर न होकर काम के आधार पर हुआ। वहाँ का समाज काम के आधार पर ऐसे चार भागों में विभक्त था, (1) पुरोहित, (2) सैनिक, (3) कृषक और (4) व्यापारी। आगे चलकर पुरोहित (जो निश्चय ही सबसे ऊँचे स्थान पर थे) औरों से अलग एक वंश पर आधारित समूह बन गए।

लेकिन जातियों के आधार पर सबसे कठोर विभाजन भारत में हुआ। सम्भवत: जातियों में समाज का विभाजन उन देशों में आवश्यक हो गया जहाँ दासता आर्थिक व्यवस्था का मूल आधार नहीं थी। जहाँ बड़ी संख्या में गुलाम सभी तरह के कठिन कार्य करने के लिए तैयार थे वहाँ अन्य लोगों के लिए अन्य कामों का बँटवारा करना आवश्यक नहीं था। यूनान के लोग अस्त्र-शस्त्र के अभ्यास से लेकर दार्शनिक

तर्क तक बारी-बारी से कर लेते थे, लेकिन जहाँ समाज में कठिन कार्य करने के लिए अलग लोगों का एक बड़ा दल मौजूद नहीं था वहाँ हर तरह के काम का आपस में बँटवारा आवश्यक था। इस तरह सम्पत्ति या गुलामी पर स्वामित्व के जरिए न होकर समाज का बँटवारा काम के आधार पर हुआ। भारत में वर्णव्यवस्था इसी आधार पर हुई। इस तरह यहाँ पर शुरू में समाज का बँटवारा चार वर्णों, (1) ब्राह्मण, (2) क्षत्रिय, (3) वैश्य और (4) शूद्र में हुआ। इसमें ब्राह्मणों का काम उत्पादन के कार्यों से मनुष्य के विकास के प्रारम्भिक काल में मिले-जुले, जप, जाप, पूजा-पाठ करना या इसके अतिरिक्त जन्म, मृत्यु, विवाह आदि के अवसरों पर भी देवताओं या आत्माओं को सन्तुष्ट करने के लिए इनका पूजा-पाठ करना आवश्यक समझा जाता था। क्षत्रियों का काम था समूह को बाहरी दुश्मनों से युद्ध में बचाना। वैश्य और शूद्र आर्थिक दृष्टि से महत्त्वपूर्ण उत्पादन और विनिमय का कार्य करते थे।

लेकिन कहीं भी काम का यह बँटवारा बिना संघर्ष के सम्भव नहीं था। पाश्चात्य दुनिया में गुलामी की व्यवस्था तो स्पष्ट रूप से युद्ध बन्दियों से शुरू हुई। इसी तरह सम्भव है कि भारत जैसे देश में जहाँ अलग-अलग गिरोह के लोग आपस में प्रभुत्व के लिए संघर्ष करते रहे, विजयी गिरोह के लोगों ने पराजित गिरोहों पर उन कामों को लाद दिया जो कठिन और नीचे समझे जाते हों। जैसाकि होता आया है, विजयी लोगों का धर्म विजितों को भी मानना पड़ता है और इस धर्म में इसकी व्यवस्था कर दी गई कि विजितों के वंशज अपने पूर्वजों के पराजय का पाप पुश्त-दर-पुश्त ढोते रहें। जैसे-जैसे जाति प्रथा और कठोर बनती गई वैसे-वैसे इसने भारत के सामाजिक-जीवन में भयंकर जड़ता और बौद्धिक जीवन में घोर कुंठा को स्थापित कर दिया।

यह सामाजिक शोषण तो हजारों वर्षों से कायम रहा ही, पूँजीवादी सम्पत्ति सम्बन्ध और आधुनिक समाज के नये संगठन भी भारत में वर्ण व्यवस्था के साँचे को भेद नहीं सके और इसी के अनुरूप बनते गए। इस तरह आज देश में आर्थिक दृष्टि से सर्वहारा भी प्रमुख रूप से शूद्र ही है, खासतौर से दलित। वैसे ही आधुनिक नौकरशाही व्यवस्था में भी ऊँची जातियों के लोगों की ही प्रमुखता रही है। इस तरह शोषण और वर्गों में विभाजन तो सर्वत्र रहा, लेकिन उनका स्वरूप इतना सरल नहीं रहा जितना मार्क्स के दृष्टिकोण में हम पाते हैं। भारत जैसे देश में वर्ग व्यवस्था के साथ-साथ समाजवादी आन्दोलन को वर्ण व्यवस्था जैसी समस्या का भी सामना करना अनिवार्य हो गया।

5

समाजवादी आन्दोलन को वर्ण-व्यवस्था जैसी समस्या का भी सामना करना अनिवार्य हो गया। समाजवादी आन्दोलन में राज्य के विषय में दो विपरीत धारणाएँ काम करती रहीं। एक तरफ तो वे समाजवादी थे जो राज्य को केवल शोषण का एक यंत्र समझते थे। दूसरी तरफ ऐसे समाजवादी थे जो समझते थे कि राज्य मजदूर वर्ग की मुक्ति का एक महत्त्वपूर्ण अस्त्र है। राज्यवादी समाजवादियों का प्रभाव जर्मनी में विशेष रहा। जैसाकि हम देख चुके हैं हीगेल के दर्शन में, जो 18वीं सदी में एक जबर्दस्त प्रभाव था, राज्य को विचार (आइडिया) के विकास की चरम सीमा के रूप में देखा गया। राज्य के बारे में जर्मनी के विचारकों में अधिकांश का यही दृष्टिकोण रहा। फिख्ते (1762-1814 ई.) ने समाज के संगठन का जो सुझाव दिया, उसमें राज्य के सम्पूर्ण नियंत्रण को मान लिया गया था। उसके मत के अनुसार राज्य का कर्तव्य है कि वह लोगों के आपसी महत्ता को लागू करे और उनके कार्यों पर नियंत्रण रखे। यह भी राज्य का कर्तव्य था कि वह लोगों की सुविधा और सुरक्षा की व्यवस्था करे, लेकिन इसके बदले में राज्य का यह अधिकार था कि लोग इसका नियंत्रण स्वीकार करें और व्यक्तिगत स्वतंत्रता की भावना का परित्याग करें। जर्मनी की राजनीति में राज्य के बारे में यह धारण हर समय अपना प्रभाव डालती रही है और समाजवादी आन्दोलन भी इससे अलग नहीं रह पाया।

जर्मनी के समाजवादियों में रॉडबर्टस (1805-1875 ई.) और लसाल (1825-1864 ई.) का नाम विशेष रूप से उल्लेखनीय है। रॉडबर्टस ने भी इस सिद्धान्त को मान लिया था कि मूल्य श्रम द्वारा पैदा होता है, लेकिन उसका विचार था कि मजदूरों को राष्ट्र की आय में उत्तरोत्तर कम हिस्सा प्राप्त होता है। औद्योगिक विकास के क्रम में अधिक मजदूरों की बहाली से मिला-जुलाकर मजदूरों को मिलनेवाली रकम का परिणाम बढ़ जाता है, लेकिन सम्पूर्ण उत्पादन के प्रसार के कारण उत्पादन में प्राप्त मजदूरों के हिस्से का अनुपात घट जाता है। इस सिद्धान्त के पीछे उसका यह विचार था कि मजदूरों के निर्वाह का खर्च ही केवल मजदूरी से प्राप्त हो सकता है। इस तरह क्रय-शक्ति का ह्रास और उत्पादन की वृद्धि होती है। इसका नतीजा यह होता है कि कल-कारखाने बन्द होने लगते हैं और औद्योगिक संकट पैदा होता

है। रॉडबर्टस के विचार में औद्योगिक संकट का कारण यह है कि समाज के क्षेत्र में 'स्वाभाविक नियम' बेरोक-टोक जारी है जबकि आवश्यकता है 'बुद्धिसंगत नियम' को जारी करने की। रॉडबर्टस की राय में यह परिवर्तन राज्य में दैवी गुण है और वह खुद आवश्यकता के अनुसार अपना विकास करने की क्षमता रखता है। समय आने पर (चूँकि रॉडबर्टस की राय में उसके समय में परिस्थिति इस न्यायपूर्ण परिवर्तन के लिए परिपक्व नहीं थी) राज्य खुद मजदूरों के लिए न्यायोचित प्रबन्ध करेगा। तत्काल उसने काम के घंटे घटाने का सुझाव दिया।

रॉडबर्टस से कुछ मिलता-जुलता विचार लसाल का भी था, हालाँकि इसने मार्क्सवादी अर्थशास्त्र की बहुत-सी बातों को भी कबूल करके उसका लोगों में प्रचार किया। उसने 'मजदूरी के लौह नियम' के सिद्धान्त का प्रतिपादन किया। यह वही सिद्धान्त था जिसे रॉडबर्टस ने रखा था और जिसके अनुसार मजदूरों की मजदूरी में कोई वृद्धि आबादी के बढ़ाव से समाप्त हो जाती है। इस सिद्धान्त के अनुसार मजदूरों को निर्वाह के खर्च से अधिक मजदूरी दिलाने के सभी प्रयत्न असफल होंगे।

क्रान्ति के विषय में लसाल ने यह विचार रखा कि क्रान्ति से नई समाज-व्यवस्था का जन्म नहीं होता बल्कि इससे व्यवस्था में हो चुके परिवर्तनों पर सिर्फ मुहर लग जाती है। इस तरह उसने फ्रांस की 1789 ई. की क्रान्ति को सिर्फ प्रशासन के क्षेत्र में उस क्रान्ति की स्थापना बतलाई जो आर्थिक और सामाजिक क्षेत्र में पहले ही से हो चुकी थी। इसी दृष्टि से 1848 ई. की असफल मजदूर क्रान्ति को उसने राजकीय क्षेत्र में उस समाजवादी क्रान्ति को मान्यता दिलाने का प्रयत्न बतलाया जो आर्थिक क्षेत्र में सफल हो चुकी थी। उस समय की अर्थव्यवस्था के सम्बन्ध में उसने कहा कि जहाँ उत्पादन के क्षेत्र में समाजीकरण हो गया है वहाँ वितरण के क्षेत्र में अभी भी व्यक्तिवादी व्यवस्था कायम है। मजदूरों की मुक्ति के लिए उसने सहयोगी कारखानों का सुझाव दिया जिससे उनके शोषण का अन्त होगा।

पर जहाँ लसाल की दृष्टि में मजदूर स्वयं बिना राज्य की मदद से यह परिवर्तन करने में असमर्थ हैं। अत: राज्य की मदद लेना मजदूरों के लिए आवश्यक है। लसाल की दृष्टि में राज्य केवल अमन-चैन कायम रखने या सम्पत्ति की सुरक्षा का यंत्र नहीं है बल्कि यह मानव के आर्थिक और सांस्कृतिक विकास का एक आवश्यक जरिया है, लेकिन मजदूर इसका उपयोग अपने हित में तभी कर सकते हैं जब वे मतदान के अधिकार का उपयोग करें और अपनी पार्टी बनाकर राज्य सत्ता को अपने प्रभाव में ले आवें।

अपने इस विचार का प्रचार करने में लसाज ने बड़ी कुशलता दिखाई और 19वीं सदी के उत्तरार्द्ध में जर्मनी में मजदूरों के राजनीतिक संगठन का तेज विकास बहुत कुछ लसाल के प्रयत्नों का फल था।

जहाँ जर्मनी में राज्य से परिवर्तन की आशा रखना वहाँ की परम्परा का एक अंग बन गया था वहाँ अन्य समाजवादी भी थे जो समाजवादी परिवर्तन के लिए राज्य को एक आवश्यक जरिया मानते थे। इन विचारकों में लुइ ब्लैंक (1813-82 ई.) का प्रमुख स्थान है। वास्तव में लुई ब्लैंक ने न सिर्फ राज्य के जरिए परिवर्तन का सर्वप्रथम सुझाव दिया बल्कि 1848 ई. फ्रांस की क्रान्ति में सरकार का एक सदस्य बनकर सामाजिक परिवर्तन के लिए प्रयत्न भी किया, लेकिन उस समय की विशेष परिस्थिति और विचारों की अपरिपक्वता ने किसी तरह की सफलता का सेहरा इसके सिर पर नहीं बाँधा। लुई ब्लैंक ने मजदूरों को यह महत्त्वपूर्ण सीख दी थी, "अगर तुम राज्य व्यवस्था का एक हथियार के रूप में उपयोग नहीं करते तब तुम्हें इसका मुकाबला एक बाधा के रूप में करना पड़ेगा।" लुई ब्लैंक का विचार था कि जब पूँजीपति और मजदूर एक-दूसरे का सामना करते हैं, मुकाबला अत्यधिक शक्तिशाली का अत्यधिक कमजोर के साथ होता है। अत: बिना राज्य की मदद के मजदूरों को न्याय नहीं मिल सकता। यह विचार इसके बिलकुल विपरीत है जिसमें यह माना गया कि लुई ब्लैंक एक शक्तिशाली शासन यंत्र का समर्थक था जो पूँजीपति वर्ग के सबल विरोध का सामना कर सके। आर्थिक क्षेत्र में स्थापित करने के लिए उसने राज्य द्वारा संचालित उद्योगों का समर्थन किया जो मुकाबले में निजी क्षेत्र के उद्योगों को परास्त कर पूँजीपतियों को समाजवादी व्यवस्था में शामिल होने के लिए मजबूर करेंगे।

इन विचारकों के लगभग समकालीन दो अन्य समाजवादी विचारक हुए जो सामाजिक क्रान्ति के लिए राज्य की कोई आवश्यकता नहीं समझते थे। वास्तव में ये राज्य को शोषण का एक यंत्र समझते थे और इसलिए ये हर तरह की राज्य व्यवस्था को नष्ट करने के हिमायती थे। ये विचारक थे, प्रूधाँ (1809-1865 ई.) और बाकुनिन (1814-1876 ई.)। प्रूधाँ ने सम्पत्ति को चोरी बतलाया और राज्य को व्यक्तिगत सम्पत्ति को बढ़ानेवाला बतलाया। वह भी मूल्य के श्रम सिद्धान्त को मानता था और इस विचार का था कि मजदूरों को उसके उत्पादन में पूरा हिस्सा मिलना चाहिए। उसने 'श्रम नोट' जनता के बैंक आदि का विचार दिया था जिनमें मुद्रा के स्थान पर 'श्रम' की इकाई का इस्तेमाल करने का सुझाव दिया गया था। इसके प्रमुख सिद्धान्त 'सहयोगवाद का सिद्धान्त' और 'संघ का सिद्धान्त' थे। यह केन्द्रीय शासन के स्थान पर समुदायों या म्युनिसिपैलिटियों (कम्यून) के संघ का समर्थक था।

बाकुनिन मार्क्स से विशेष रूप से प्रभावित था और रूसी भाषा में कम्युनिस्ट मैनिफेस्टो का प्रथम अनुवाद इसी ने किया था। मोटे तौर पर यह कार्ल मार्क्स के आर्थिक सिद्धान्तों को मंजूर करता था, लेकिन यह केन्द्रीय शासन और राज्य व्यवस्था के बिलकुल विरुद्ध था। इसके विचार से स्वतंत्रता अविभाज्य है और अगर इसका

एक अंग काट दिया जाए तो यह बिलकुल समाप्त हो जाएगा। वह राज्य व्यवस्था के साथ-साथ धर्म और भगवान का भी विरोधी था क्योंकि उसकी राय में भगवान की सत्ता कबूल करना मनुष्य की हीनता कबूल करना है और इससे भी उसकी स्वतंत्रता को नष्ट करनेवाली शक्तियों को सहारा मिलता है। उसने राज्य को 'चर्च का छोटा भाई' कहा।

राज्य व्यवस्था के स्थान पर उसने मनुष्य के स्वशासित इकाइयों के संघ का समर्थन किया। यह विचार प्रूधाँ के विचार से मिलता-जुलता था। उसकी दृष्टि में, इन इकाइयों में समाज की निगरानी लोगों को बिना किसी पुलिस व्यवस्था के, समाज-विरोधी कार्यों से अलग रखेगा।

मार्क्स के विचार इन राज्यवादियों और अराजकवादियों के बीच के थे। मार्क्स की दृष्टि में राज्य वास्तव में इतिहास के किसी युग में शोषक वर्ग के हाथ का हथियार था। वह अराजकवादियों की तरह राज्य को शोषण का एक यंत्र नहीं मानता था, लेकिन वह यह मानता था कि किसी भी युग में शोषक अपने शोषण को जारी रखने के लिए और इसके विरोध में होनेवाले विद्रोह को दबाने के लिए ही राज्य सत्ता का उपयोग करता है। यह राज्य सत्ता समाज से पैदा होती है, लेकिन समाज से ऊपर यह एक स्वतंत्र अस्तित्व बनकर शोषितों को दबाने का कार्य करती है, लेकिन जहाँ अराजकवादी शुरू से ही राज्य व्यवस्था को नष्ट करने का विचार रखते हैं वहाँ मार्क्स के विचार से क्रान्ति की अन्तिम सीढ़ी सर्वहारा क्रान्ति में राज्य की आवश्यकता मजदूर वर्ग को पुराने शोषकों को खत्म करने के लिए होगी। उसने पूँजीवादी राज्य को 'पूँजीवादी तानाशाही' कहा था। इसका अर्थ यह कि पूँजीवादी युग में चाहे राज्य का स्वरूप कुछ भी हो, चाहे यह प्रजातांत्रिक प्रणाली ही क्यों न हो, वास्तव में यह शक्ति के द्वारा पूँजीवादी शोषण की व्यवस्था को कायम रखने का कार्य करता है। उसने सर्वहारा वर्ग को 'प्रजातंत्र का युद्ध' जीतने की और इस तरह सत्तारूढ़ वर्ग बनने की सलाह कम्युनिस्ट मैनिफेस्टो में दी थी। इसी स्थिति को, जब सर्वहारा वर्ग राज्यसत्ता पर अधिकार जमा कर पूँजीवादी अर्थव्यवस्था को खत्म करने लगता है, उसने 'सर्वहारा की तानाशाही' (डिक्टेटरशिप ऑफ दी प्रोलेतारियत) कहा था। यहाँ यह ध्यान देने की बात है कि मार्क्स ने 'डिक्टेटरशिप' शब्द का इस्तेमाल एक विशेष अर्थ में किया था। उसने इसका सिर्फ इतना ही अर्थ लगाया था कि मजदूर वर्ग राज्य सत्ता पर अपना अधिकार कर लेगा। जैसे पूँजीवादी प्रजातंत्र (बुर्जुआ डेमोक्रेसी) को उसने 'पूँजीपति वर्ग की डिक्टेटरशिप' कहा था वैसे ही मजदूर वर्ग के प्रजातंत्र के युद्ध को जीतने की स्थिति को जबकि राज्य सत्ता का उपयोग समाजवादी संक्रमण के लिए होगा, मार्क्स ने 'डिक्टेटरशिप ऑफ दि प्रोलेतारियत' कहा था। अब मार्क्स के विचार के अनुसार चूँकि राज्य सत्ता सिर्फ शोषण को जारी रखने का जरिया है, इसलिए सर्वहारा वर्ग जब पूँजीवादी व्यवस्था

को नष्ट करता है तो साथ-साथ वर्ग संघर्ष और उसको जारी रखने के यंत्र राज्य व्यवस्था की आवश्यकता को भी खत्म कर देता है। इस तरह समाजवादी संक्रमण के लिए राज्य का उपयोग राज्य का आखिरी उपयोग होगा और राज्य व्यवस्था बेकार होकर विघटित हो जाएगा। उसने सेंट सिमाँ के विचार, जिसमें कहा गया है कि मनुष्यों पर शासन के स्थान पर वस्तुओं की व्यवस्था कायम होगी, इसके द्वारा इस स्थिति का वर्णन किया है।

जब मार्क्स ने कम्युनिस्ट मैनिफेस्टो लिखा, उस समय राज्य के स्वरूप के सम्बन्ध में उसने साफ-साफ कुछ नहीं लिखा। लेकिन यह बात गौण रूप से मान ली गई थी कि राज्य का स्वरूप करीब-करीब वहीं होगा जो पूँजीवादी व्यवस्था के अन्दर है अर्थात् एक शक्तिशाली केन्द्रीय प्रशासन। एकमात्र फर्क यह होगा कि शासक पूँजीवादी वर्ग की जगह शासक के रूप में संगठित मजदूर होंगे। लेकिन 1871 ई. की फ्रांस की क्रान्ति में जब पेरिस के मजदूरों ने पेरिस में कम्यून के ऊपर आधारित राज्य व्यवस्था कायम की तब मार्क्स ने अपने विचारों में परिवर्तन किया। मार्क्स ने 'इंटरनेशनल वर्किंग मेन्स एसोसिएशन' की जनरल काउंसिल के सामने फ्रांस के गृहयुद्ध पर अपने भाषण में यह बतलाया कि कम्यून की व्यवस्था में स्थायी सेना, नौकरशाही आदि के लिए कोई स्थान नहीं था। पेरिस के कम्यून के ढंग पर गाँवों तक में संगठन खड़ा करना उनका ध्येय था। इनके एसेम्बली पेरिस में अपने प्रतिनिधि भेजते जो कभी भी वापस बुला लिये जा सकते थे। केन्द्र के हाथ में बहुत थोड़े-से काम रहते जो जवाबदेह एजेंटों द्वारा किए जाते थे। पुराने केन्द्रीय शासन की जगह पर इनका उद्देश्य उत्पादकों का स्वशासन कायम करना था।

फ्रेडरिक एंगेल्स ने अपने विचार में इस नये परिवर्तन को मान्यता देने के लिए कम्युनिस्ट मैनिफेस्टो के 1872 ई. के संस्करण की भूमिका में लिखा, "...फरवरी की क्रान्ति और फिर उससे भी अधिक पेरिस कम्यून के व्यावहारिक अनुभव के बाद, जिसमें सर्वहारा वर्ग ने प्रथम बार दो महीने तक राज्य सत्ता को अपने हाथ में रखा, अपने कुछ अंशों में यह प्रोग्राम पुराना पड़ गया है। एक बात कम्यून से खासतौर से सिद्ध हो गई है वह कि सर्वहारा वर्ग बनी-बनाई राज्य व्यवस्था पर अधिकार जमाकर इसे अपने उपयोग में नहीं ला सकता।"

इस तरह पेरिस कम्यून के बाद मार्क्स-एंगेल्स के विचार राज्य के विषय में अराजकवादियों के संघीय शासन से बहुत नजदीक आ गए।

समाजवादी आन्दोलन के विकास के क्रम में राज्य के प्रति ये तीनों विचार किसी खास दल की विरासत नहीं रह पाए। विभिन्न देशों की अलग-अलग परिस्थिति के अनुसार अपने दलों की सीमा रेखा पार कर ये विचार एक-दूसरे को प्रभावित करते रहे। सबसे व्यापक मार्क्सवादी संगठनों में राज्य के विषय में ये तीनों विचार अलग-अलग हिस्सों द्वारा व्यक्त होते रहे।

6

मजदूर आन्दोलन में समाजवादी विचार शुरू से ही नहीं फैले। एक लम्बी अवधि के अनुभवों के बाद मजदूर आन्दोलन ने समाजवादी विचार और राजनीतिक कार्यक्रम के महत्त्व को स्वीकार किया। शुरू में उद्योग-धन्धों के विकास के साथ मजदूरों ने अपना संगठन अपने रोजमर्रे की समस्याओं के समाधान के लिए किया। सर्वप्रथम अमेरिका में फिलाडेल्फिया के बढ़इयों ने 1791 ई. में निम्न मजदूरी के विरुद्ध हड़ताल की। बाद में उन्होंने 12 घंटे प्रतिदिन काम के समय की माँग की। 1792 ई. में फिलाडेल्फिया के जूता मजदूरों ने अपनी यूनियन बनाई। इसी तरह मजदूरों के अन्य संगठन यहाँ खड़े हुए। इन संगठनों की विशेषता यह थी कि ये कुशल मजदूरों के संगठन थे। 1799-1800 ई. में मजदूरों के संगठन पर रोक लगाने की दृष्टि से इंग्लैंड में कम्बिनेशन ऐक्ट लागू किया गया, लेकिन इसको हटाने के लिए इंग्लैंड के मजदूरों ने जबर्दस्त आन्दोलन किया। इस आन्दोलन ने वहाँ के मजदूरों में एक नई चेतना पैदा कर दी। 1824-25 ई. में उनके आन्दोलन के फलस्वरूप इस ऐक्ट को हटाना पड़ा। अब मजदूरों को अपनी शक्ति का अन्दाजा होने लगा था। 1834 ई. में इंग्लैंड के राष्ट्रीय संगठन 'ग्रैंड नेशनल कंसोलिडेटेड ट्रेड यूनियंस' की स्थापना हुई, इसी काल में ओवेन के समाजवादी प्रयोगों का असर मजदूरों की विचारधारा पर पड़ रहा था। इसके बाद मतदान के अधिकार के लिए चार्टिस्ट आन्दोलन का सूत्रपात हुआ, जिसने इंग्लैंड की राजनीति को झकझोर दिया। इसी जागरण के वातावरण में 1844 ई. में रॉकडेल के कुछ मजदूरों ने जिन्हें 'रॉकडेल पायोनियर्स' कहा जाता है, अल्प पूँजी से प्रथम-प्रथम सहयोगी आन्दोलन का सूत्रपात किया। इस तरह इंग्लैंड मजदूर संगठनों का एक बड़ा केन्द्र बन गया।

अमेरिका में मजदूरों का प्रथम केन्द्रित संगठन 1827 ई. में फिलाडेल्फिया में निर्माण मजदूरों के हड़ताल के फलस्वरूप बना। इसे 'मैकेनिक्स यूनियन ऑफ ट्रेड एसोसिएशंस' कहा जाता था। इस यूनियन ने वर्ग संघर्ष को आधार रूप में नहीं अपनाया था। फिर भी यह नगर और राज्य के चुनावों में हिस्सा लेता रहा, लेकिन इसका जल्द ही ह्रास होने लगा और यह संगठन समाप्त हो गया, लेकिन यहीं

1833 ई. में जनरल ट्रेड्स यूनियन की स्थापना हुई, जिसने अपने पूर्व के संगठन के ह्रास का कारण राजनीति में हिस्सा लेना समझकर यह निर्णय लिया कि यह राजनीति में हिस्सा नहीं लेगा। 1834 ई. में न्यूयॉर्क के जनरल ट्रेड्स यूनियन के प्रयत्नों से नेशनल ट्रेड्स यूनियन की स्थापना हुई, लेकिन बाद में इस संगठन ने मजदूरों की हालत सुधारने के लिए संघर्ष का रास्ता छोड़ दिया और फलस्वरूप यह अपने तृतीय सम्मेलन के बाद समाप्त हो गया। 1828 ई. में फिलाडेल्फिया में ही मजदूरों की एक राजनीतिक पार्टी भी बनी जिसका नाम 'वर्किंग मेन्स पार्टी' पड़ा, लेकिन इस पार्टी में मालिकों को भी हिस्सा लेने का मौका दिया जाता था जिसके परिणामस्वरूप अल्पकाल में ही यह संगठन विघटित हो गया। अमेरिका में यूरोप की अपेक्षा मजदूरों में राजनीतिक चेतना का अभाव था और इस तरह काफी दिनों तक ये कोई समाजवादी नीति अपनाने में असमर्थ रहे।

यूरोप के अन्य देशों में इंग्लैंड की तरह आधुनिक उद्योग-धन्धों का विकास नहीं हो पाया था, अत: मजदूर आन्दोलन भी इन देशों में वह संगठित स्वरूप नहीं ग्रहण कर सका जो इंग्लैंड में था। फिर भी यूरोप में विभिन्न तरह के समाजवादी दर्शन का प्रचार जोरों से चल रहा था और इस मामले में वे इंग्लैंड से आगे बढ़े हुए थे। खासतौर से फ्रांस ऐसे विचारों का बड़ा केन्द्र बन गया था।

यूरोप के विभिन्न देशों में मजदूर आन्दोलन को सूत्रबद्ध करने के कई प्रयास उन्नीसवीं सदी के मध्य से हुए। 1846 ई. और 1853 ई. के बीच 'फ्रैटरनल डेमोक्रेट्स' नाम से एक संगठन चलता रहा। 1854-55 ई. में 'इंटरनेशनल कमिटीज' ने यह काम करने का प्रयास किया। इसके अलावा कम्युनिस्ट लीग यूरोप मजदूरों का संगठन करने का प्रयास कर रहा था और 1848 ई. की फ्रांस की क्रान्ति के ठीक पहले 1847 ई. में लन्दन के एक कांग्रेस में इसने कम्युनिस्ट घोषणापत्र प्रकाशित करने का निर्णय लिया, जिसे मार्क्स और एंगेल्स ने कांग्रेस के आदेश पर तैयार किया। यह घोषणापत्र 1848 ई. के प्रारम्भ में फ्रांस की क्रान्ति के ठीक पहले प्रकाशित हुआ। इस क्रान्ति में मजदूरों ने सत्ता ग्रहण करने का प्रयास किया, लेकिन समय परिपक्व नहीं होने के कारण उन्हें कुचल दिया गया। इसके बाद पूरे यूरोप में मजदूर आन्दोलन का जबर्दस्त दमन शुरू हुआ। फिर भी कम्युनिस्ट मैनिफेस्टो के प्रकाशन से मजदूरों की राजनीतिक चेतना बहुत बढ़ गई थी और दमन का प्रभाव स्थायी नहीं हो सका।

इसी नव चेतना के बीच सम्पूर्ण यूरोप के मजदूरों ने 1863 ई. में जारशाही द्वारा पोलैंड के स्वतंत्रता आन्दोलन के दमन के खिलाफ अपनी संगठित आवाज बुलन्द की। अन्तरराष्ट्रीय मजदूर आन्दोलन ने शुरू से ही राष्ट्रीय आजादी के आन्दोलन को बहुत महत्त्व दिया था। राष्ट्रीय स्वतंत्रता को वे अन्तरराष्ट्रीय सहयोग के लिए आधारशिला मानते थे। इस दृष्टि से जारशाही के विरुद्ध पोलैंड के

स्वतंत्रता संग्राम को यूरोप के मजदूर अपने संघर्ष का एक अंग मानते थे। फ्रेडरिक एंगेल्स ने 1892 ई. के कम्युनिस्ट मैनिफेस्टो के पोलैंड के संस्करण की भूमिका में लिखा था—"और एक स्वतंत्र एवं सशक्त पोलैंड की पुनर्स्थापना के प्रश्न से सिर्फ पोलैंडवासियों का ही नहीं हम सबों का सम्बन्ध है। यूरोप के राष्ट्रीय का हार्दिक सहयोग तभी सम्भव है जब ये सब अपने घरों में पूर्ण स्वतंत्र हों।" इस दमन के खिलाफ लन्दन में मजदूरों ने एक सभा की। इसमें फ्रांसीसी मजदूर भी शामिल हुए। इसी के बाद अपने नये अन्तरराष्ट्रीय दायित्व के अनुरूप 1964 ई. में यूरोप के मजदूर नेताओं ने लन्दन में 'इंटरनेशनल वर्किंग मेन्स एसोसिएशन' की स्थापना की, जिसे 'प्रथम अन्तरराष्ट्रीय' भी कहते हैं। इस संगठन ने इस बात को स्पष्ट मान्यता दी कि बिना राजनीतिक सत्ता पर अधिकार प्राप्त किए मजदूर अपने को मुक्त नहीं कर सकते।

इस संगठन की एक विशेषता यह थी कि यह अभी व्यक्तियों का संगठन था, पार्टियों का नहीं। इसका भी कारण स्पष्ट है। अभी यूरोप में मजदूरों की अपनी पार्टियों का संगठन नहीं हो पाया था, अत: मजदूर आन्दोलन से सम्बद्ध व्यक्तियों का ही यह संगठन हो सकता था। इसने अपने को 'सोशलिस्ट' या कम्युनिस्ट अन्तरराष्ट्रीय भी नहीं कहा। 'सोशलिस्ट' नहीं कहने का कारण यह था कि यूरोप में उस समय अनेक ऐसे सम्प्रदाय पैदा हो गए थे जो अपने को सोशलिस्ट कहते थे, पर ये मजदूर आन्दोलन से अलग रह समाज का अनेक तरह का काल्पनिक चित्र पेश करते थे जिसकी तरफ बढ़ने का कोई व्यावहारिक मार्ग नहीं था। 'कम्युनिस्ट' इसलिए नहीं क्योंकि इस संगठन में बहुत-से ऐसे मजदूर नेता शामिल थे जो कम्युनिज्म के सिद्धान्त को नहीं मानते थे। इसलिए इसने राजनीतिक प्रश्नों पर वाद-विवाद के लिए अपना दरवाजा पूर्ण रूप से खुला छोड़ दिया। इस संगठन में मार्क्स, बाकुनिन, प्रूधाँ, वेटलिंग, ब्लैंकी तथा अन्य कई विचार के मजदूर नेता और उनके अनुयायी शामिल थे।

यों तो मजदूरों के राज्य सत्ता पर अधिकार प्राप्त करने के सिद्धान्त को इंटरनेशनल वर्किंगमेन्स एसोसिएशन ने मान लिया था, फिर भी राजनीतिक कार्यक्रम के सम्बन्ध में इस संगठन में गहरा मतभेद रहा। इंग्लैंड और प्रशा के मजदूरों ने संघर्ष करके शहरी मजदूरों के लिए मतदान का अधिकार हासिल कर लिया था। अत: ये लोग संसदीय पद्धति के उपयोग की सम्भावनाओं की ओर अधिक झुकते थे। इसके विपरीत फ्रांस, इटली और स्पेन के मजदूर नेताओं को इस पद्धति में जरा भी विश्वास नहीं था। मार्क्स का विचार था कि मजदूरों को पार्लियामेंट में भाग लेना चाहिए बशर्ते उनकी अपनी पार्टी हो। इसके विपरीत, अराजकवादी नेता बाकुनिन को इस तरह के कार्यक्रम से बुनियादी मतभेद था। इस तरह यह विचारों का द्वन्द्ध संगठन के स्तर पर फैल गया। 1871 ई. की पेरिस की घटना

के बाद, जिसमें मजदूरों ने पूरे तीन महीने तक सत्ता को अपने हाथ में रखा था, यह दरार पटने के बजाय और चौड़ी होती गई। पेरिस की घटना की व्याख्या को लेकर आपसी कटुता ने भयंकर रूप धारण कर लिया। इसके फलस्वरूप 1872 ई. में अन्तरराष्ट्रीय टूट गया और बाकुनिन ने एक अलग संगठन खड़ा किया। मार्क्स ने अन्तरराष्ट्रीय को पुनर्जीवित करने का प्रयास किया, लेकिन वह सफल नहीं हो सका।

प्रथम अन्तरराष्ट्रीय के बनने से मजदूरों के संगठन को काफी गति मिली। यह संगठनों के विकास का सिलसिला अन्तरराष्ट्रीय के भंग होने के बाद भी जारी रहा। अन्तरराष्ट्रीय बनने के बाद के चार साल बाद 1868 ई. इंग्लैंड में ट्रेड यूनियन कांग्रेस की स्थापना हुई, जिसमें इंग्लैंड के सभी संगठित मजदूर शामिल हुए। जर्मनी में लसाल के अनुयायियों ने 1863 ई. में 'जनरल जर्मन वर्कर्स एसोसिएशन' कायम किया था और मार्क्स के समर्थक सोशल डेमोक्रेटिक लेबर पार्टी में काम करते थे जिसकी स्थापना 1869 ई. में हुई थी। 1875 ई. में इन दोनों पार्टियों के विलय से सोशल डेमोक्रेटिक पार्टी की स्थापना जर्मनी में हुई। डेनमार्क में सोशल डेमोक्रेटिक पार्टी की स्थापना 1872 ई. में हुई। विएना के चेक अल्पसंख्यकों ने 1876 ई. में अपनी अलग से 'सोशल डेमोक्रेटिक लेबर पार्टी' बनाई। पुर्तगाल में 1875 ई. में सोशलिस्ट पार्टी की स्थापना हुई। इटालियन वर्कर्स पार्टी की स्थापना 1882 ई. में मैलोन के नेतृत्व में हुई। मैलोन पेरिस कम्यून के समय एक मेयर रह चुका था और कम्यून के कुचल दिए जाने के बाद इसने इटली में पनाह ली। इसके विचार बाद में सुधारवादी हो गए थे। इसी तरह स्पेन की सोशलिस्ट पार्टी 1879 ई. में, बेल्जियन लेबर पार्टी 1885 ई. में, ऑस्ट्रियन सोशल डेमोक्रेटिक लेबर पार्टी और स्विट्जरलैंड की पार्टियाँ 1888 ई. में बनीं। स्वीडन के सोशल डेमोक्रेटिक पार्टी की स्थापना 1889 ई. में हुई। इस तरह यूरोप के अधिकांश देशों में एक के बाद एक सोशलिस्ट पार्टियाँ बन रही थीं और मजदूर संगठन खड़े हो रहे थे।

इस बीच अमेरिका के मजदूर आन्दोलन ने एक नया मोड़ लिया। मन्दी के समय मजदूरी में कटौती के विरुद्ध मार्टिंस वर्ग में 1877 ई. की जुलाई में रेलवे मजदूरों की हड़ताल शुरू हुई। गुंडों के गिरोह और सशस्त्र सैनिक इस हड़ताल को दबाने के लिए भेजे गए। यहाँ तो हड़ताल दब गई, पर अब यह अन्य स्थानों में फैलती गई। सैनिकों के आने पर पिट्सबर्ग में रेलवे के साथ ही अन्य कारखानों के मजदूर भी हड़ताल में शामिल हो गए और सैनिकों से खुलकर संघर्ष हुआ। इसमें मजदूर दबा तो दिए गए, लेकिन इस संघर्ष से एक नई चेतना लेकर निकले। 1878 ई. के एक गुप्त सम्मेलन में पहली बार अमेरिका में मजदूरों ने कैदियों के श्रम की समाप्ति की माँग की। कुछ लोग सीधे संघर्ष

का रास्ता छोड़ राजनीतिक कार्यक्रम द्वारा मजदूरों की समस्याओं का हल ढूँढ़ने लगे। इस दृष्टि से ग्रीनबैक पार्टी की स्थापना हुई जो पार्लियामेंट्री रास्ते से या सहकारिता के जरिए मजदूरों की समस्याओं का हल ढूँढ़ना चाहती थी, लेकिन दूसरी ओर मजदूरों के वर्ग संगठन को व्यापक चरित्र देने के भी प्रयत्न होते रहे। 1878 ई. में इंटरनेशनल लेबर यूनियन की स्थापना हुई जो अकुशल मजदूरों का संगठन था। इन लोगों ने अपने सामने पूँजीवाद को समाप्त करने का राजनीतिक लक्ष्य भी रखा, हालाँकि इनके सामने भविष्य के समाज की कोई स्पष्ट रूपरेखा नहीं थी, लेकिन अमेरिका के मजदूर आन्दोलन ने यह स्पष्ट कर दिया कि किस तरह अपनी आर्थिक माँगों के लिए संघर्ष में पूँजीवादी राज्य के दमन के विरुद्ध मजदूर स्वयं पूँजीवाद को समाप्त करने की राजनीतिक माँग की तरफ बढ़ते हैं क्योंकि अमेरिका के मजदूर आन्दोलन पर समाजवादी चिन्तन का कोई विशेष असर नहीं पड़ा था। फिर भी एक स्थिति में जब उनका संघर्ष तीव्र हुआ वे पूँजीवाद के विरोध में बढ़े।

7

मजदूर संगठनों और समाजवादी पार्टियों के विकास ने पुन: एक अन्तरराष्ट्रीय संगठन कायम करने के लिए समाजवादियों को प्रोत्साहित किया। इस तरह 1889 ई. में पेरिस में एक बैठक हुई जिसमें 'द्वितीय अन्तरराष्ट्रीय' का जन्म हुआ। इस सम्मेलन में अराजकवादी भी शामिल हुए, पर मार्क्स के अनुयायियों की इसमें प्रधानता थी। अराजकवादियों को बाद में चलकर 1900 ई. के सम्मेलन के बाद पूर्ण रूप से निष्कासित कर दिया गया जब यह नियम बना कि संसदीय पद्धति में विश्वास करनेवाले लोगों को ही इस अन्तरराष्ट्रीय में रहने का अधिकार होगा। इस अन्तरराष्ट्रीय का नाम 'सोशलिस्ट अन्तरराष्ट्रीय' पड़ा।

प्रथम अन्तरराष्ट्रीय बनने के बाद से सोशलिस्ट संगठनों के विकास का जो क्रम शुरू हुआ था, वह जारी रहा। फेबिअन सोसाइटी के कुछ सदस्यों के प्रयत्न तथा उत्तरी इंग्लैंड और स्कॉटलैंड की कुछ स्थानीय सोशलिस्ट पार्टियों को मिलाकर 1893 ई. में 'इंडिपेंडेंट लेबर पार्टी' की स्थापना हुई। रैम्से मैकडोनाल्ड और फिलिप स्नोडेन भी इसके नेताओं में थे। बाद में ट्रेड यूनियन कांग्रेस ने अपनी राजनीतिक शाखा के रूप में 1900 ई. में 'लेबर रिप्रेजेनटेशन कमिटी' को जन्म दिया जो बाद में 'लेबर पार्टी' के रूप में इंग्लैंड की राजनीति का एक प्रमुख अंग बन गई।

जैसाकि बतलाया जा चुका है 1882 ई. में 'इटालियन वर्कर्स पार्टी' का जन्म हुआ था। यह संगठन बहुत कुछ बाकुनिन के समर्थकों के हाथ में था और राज्य के विषय में इसका वही दृष्टिकोण रहा जो अन्य अराजकवादियों का था। बाद में प्रसिद्ध मार्क्सवादी दार्शनिकों, ऐंटोनियो लैब्रिओला और फिलिपो तुराति ने इटली में मार्क्सवादी विचारधारा का काफी प्रचार किया। इसके बाद मिलान में जो एक औद्योगिक केन्द्र बन रहा था, तुराति के प्रयत्नों के फलस्वरूप 1890-91 में 'मिलानीज सोशलिस्ट लीग' की स्थापना हुई। बाद में 1892 ई. में जेनोआ में अलग-अलग विचार रखनेवाले समाजवादियों का सम्मेलन हुआ और यहाँ पर उन लोगों में जो तत्काल पार्लियामेंट में शामिल होना चाहते थे और उन अराजकवादियों में जो इसके खिलाफ थे, फूट पड़ गई। इसके बाद मार्क्स के अनुयायी समाजवादियों ने 'इटालियन सोशलिस्ट पार्टी' की स्थापना की।

पोलैंड और अर्जेंटीना में सोशलिस्ट पार्टियों की स्थापना 1892 ई. में हुई। आर्मेनिया और उक्रेन में 1890 ई. में ही सोशलिस्ट पार्टी बन चुकी थी। बुल्गारिया में 1893 ई., हॉलैंड और हंगरी में 1894 ई. में और लिथुआनिया में 1896 ई. में सोशलिस्ट पार्टियों की स्थापना हुई। पोलैंड के यहूदियों का मजदूर संगठन जिसे बंड (जनरल जिविस लेबर यूनियन) कहा जाता था, 1897 ई. में बना।

रूस में 'नैरोडनिकी' नामक संगठन, जिसका विश्वास गाँवों में सहयोगी व्यवस्था और उद्योगों में शिल्पियों के समुदायों के संगठन के आधार पर समाज को संगठित करना था, 19वीं सदी के आखिरी दिनों में बहुत व्यापक बन गया था। पर ये लोग अन्य समाजवादियों की तरह जन संघर्षों में विश्वास नहीं करते थे और ये लोग अपना लक्ष्य आतंक के द्वारा प्राप्त करना चाहते थे। 1901 ई. में इसी दल के अवशेष से 'सोशल रिवॉल्यूशनरी पार्टी' का जन्म हुआ। रूस में बाकुनिन के समर्थक भी यत्र-तत्र थे, पर उनका कोई व्यापक संगठन नहीं था। मार्क्सवाद का प्रचार रूस में प्रमुख रूप से जी. प्लेखनोव ने किया जो एक प्रकांड विद्वान और विचारक था। बाद में इसने अन्य बुद्धिजीवियों के साथ मिलकर जिनमें जे.ओ. मार्टोव, पी.बी. ऐक्जेलरोड, वेरा जासुलिच और वी.आई. लेनिन प्रमुख थे, 'सोशल डेमोक्रेटिक लेबर पार्टी' की स्थापना 1898 ई. में की। बाद में 1903 ई. में संगठन के स्वरूप के सवाल को लेकर इस पार्टी में दो दल हो गए, एक का नाम बोल्शेविक (बहुमत) और दूसरे का मेंशेविक (अल्पमत) पड़ा। पहले दल के नेता लेनिन, बोग्दोनोव आदि और दूसरे के नेता मार्टोव और ऐक्जेलरोड थे। ये दोनों पार्टियाँ मार्क्सवादी थीं और द्वितीय अन्तरराष्ट्रीय से सम्बद्ध थीं।

अमेरिका में भी इसी बीच 'सोशलिस्ट लेबर पार्टी' का जन्म हो चुका था और 1895 ई. में उन्होंने एक अलग मजदूर संगठन भी बनाया था जिसका नाम 'सोशलिस्ट ट्रेड एंड लेबर एलायन्स' था, पर यह संगठन आगे नहीं बढ़ पाया।

फिनलैंड और जॉर्जिया में 1899 ई. में सोशलिस्ट पार्टियों की स्थापना हुई। फ्रांस की सोशलिस्ट पार्टी 1905 ई. में बनी।

सोशलिस्ट पार्टियों के साथ-साथ मजदूरों के वर्ग संगठन भी तेजी से यूरोप में बढ़ रहे थे। द्वितीय अन्तरराष्ट्रीय संगठन ने भी मजदूरों की ट्रेड यूनियन माँगों की तरफ ध्यान दिया और उनकी 8 घंटे के दिन की माँग को लेकर पहली मई को मजदूरों का प्रदर्शन किया। मजदूरों का प्रथम अन्तरराष्ट्रीय संगठन चमड़ा मजदूरों का बना। 1889 ई. में उन्होंने अपना एक अन्तरराष्ट्रीय संघ बनाया। 1890 ई. और 1900 ई. के बीच खान मजदूरों, शीशा मजदूरों, कपड़ा मजदूरों, धातु का सामान बनानेवाले मजदूरों और परिवहन मजदूरों के अन्तरराष्ट्रीय संगठन बन गए। 1901 ई. में स्कैंडिनेविया के ट्रेड यूनियन नेताओं के प्रयत्नों के फलस्वरूप इंग्लैंड, जर्मनी तथा कुछ अन्य देशों के मजदूर एक संघ में आ गए। 1913 ई. में ट्रेड यूनियनों

का अन्तरराष्ट्रीय संघ, जिसका नाम था 'इंटरनेशनल फेडरेशन ऑफ ट्रेड यूनियंस' बना। इसमें प्रत्येक देश से सिर्फ एक यूनियन को स्थान दिया जाता था।

मजदूर संगठनों के विकास के साथ-साथ यूरोप में मजदूरों की आर्थिक स्थिति में भी लगातार सुधार होते रहे। मार्क्स ने अपने अर्थशास्त्र के सिद्धान्त में यह बतलाया था कि बेकारों की बढ़ती हुई फौज (इंडस्ट्रियल रिजर्व आर्मी) के कारण मशीनों की तरक्की से मजदूरों की आर्थिक दशा सुधरने के बजाय और नीचे की ओर गिरती जाएगी, लेकिन इसके विपरीत यूरोप के अन्दर मजदूरों की दशा में सुधार होते रहे। इसके दो कारण थे। पहला कारण यह था कि मार्क्स ने विज्ञान के अन्य सिद्धान्तों की तरह पूँजीवाद के आन्तरिक नियमों का एक पृथक्त्व की अवस्था में अध्ययन किया था जिसमें इसे प्रभावित करनेवाली बाह्य शक्तियों को बिसार दिया गया था, लेकिन वास्तविक परिस्थिति में पूँजीवाद समाज से बाहर नहीं विकसित हो सकता, अत: बाहरी प्रभाव भी बहुत हद तक उसके विकास की दिशा को निर्धारित करेंगे। इस तरह मार्क्स का सिद्धान्त वास्तविक जगत में सिर्फ कुछ प्रवृत्तियाँ बतला सकता है। अब मजदूरी की गिरावट की प्रवृत्ति के विरुद्ध दो शक्तियाँ काम करती रहीं। एक तरफ तो मजदूरों के वर्ग संगठन, जैसे ट्रेड यूनियनों, के विकास से पूँजीपति वर्ग बाजार के नियम के अनुसार मजदूरों की मजदूरी को घटा नहीं सकता था। इस तरह के प्रत्येक प्रयत्न का संगठित मजदूर जबर्दस्त विरोध करते थे। दूसरी ओर मजदूरों ने बहुत जगह मतदान का अधिकार हासिल कर लिया था और इस तरह सत्ता में आनेवाले दलों को इनका मत प्राप्त करने के लिए मजबूरी में ऐसा काम करना पड़ता था जिससे इनकी दशा में सुधार हो।

लेकिन इससे भी महत्त्वपूर्ण एक दूसरा कारण था जिसकी वजह से मजदूरों की दशा दिनोंदिन सुधरती गई। यूरोप में पूँजीवाद के विकास का वास्तविक बोझ यूरोप के मजदूरों के बजाय एशिया, अफ्रीका तथा अमेरिका के गैर-पूँजीवादी व्यवस्थाओं पर पड़ा। कहीं व्यापार के जरिए और कहीं खुली शक्ति का उपयोग करके 17वीं सदी से 20वीं सदी के बीच यूरोप की पूँजीवादी व्यवस्था ने इन देशों की परम्परागत अर्थव्यवस्थाओं को नष्ट कर दिया था। इस तरह यूरोप के तैयार माल की जगह पर मनमाने मूल्य पर इन देशों का कच्चा माल, भोजन की सामग्री और कीमती धातु यूरोप के शहरों में आते रहे। इन देशों में रेलगाड़ियों, नहर आदि के विकास में यूरोप के अतिरिक्त पूँजी को प्रसार का नया मैदान मिला, लेकिन आवागमन के इन साधनों के विकास से यूरोप के तैयार माल को इन देशों के आन्तरिक हिस्सों में पहुँचकर वहाँ के उद्योगों को नष्ट करने का और अधिक मौका मिला। इस तरह इन गैर-पूँजीवादी व्यवस्थाओं में पूँजीवाद का प्रत्येक नया कदम आगे के प्रसार के लिए क्षेत्र को प्रशस्त करता रहा। इसका नतीजा यह हुआ कि ये देश कंगाल हो गए और यूरोप थोड़ी ही अवधि में मालामाल हो गया।

इन्हीं औपनिवेशिक और गुलाम मुल्कों से लाए गए धन का एक हिस्सा यूरोप के पूँजीपति अपने यहाँ के मजदूरों को भी दे देते थे और इस तरह यूरोप के मजदूर पूँजीवादी विकास की दमनकारी लीलाओं से वंचित रहे। फ्रेडरिक एंगेल्स ने, जिसका सम्बन्ध इंग्लैंड के मजदूर आन्दोलन पर इस प्रक्रिया के परिणाम के रूप को देखा था और अपने जीवन के अन्तिम दिनों में इंग्लैंड के मजदूर आन्दोलन के सम्बन्ध में उसने अपने एक पत्र में लिखा था कि उपनिवेशों के लूट में साझीदार बनने से इंग्लैंड के मजदूर आन्दोलन की क्रान्तिकारिता खत्म हो गई और यहाँ पर मजदूर नेता सोशलिस्ट के बजाय पूँजीवादी उदारवादी होते जा रहे हैं, लेकिन जिस प्रक्रिया की झलक एंगेल्स ने इंग्लैंड में पाई थी वह वास्तव में पूरे यूरोप में जारी थी। इस तरह जहाँ यूरोप में मजदूर संगठनों का दिनोंदिन विकास हो रहा था वहीं उनकी क्रान्तिकारिता कुंठित होती जा रही थी। इस तरह 19वीं सदी के अन्तिम भाग और 20वीं सदी के प्रथम भाग में सोशलिस्ट आन्दोलन में एक जबर्दस्त विचारधारा फैली जो क्रान्ति के स्थान पर सुधारों की हिमायती थी।

द्वितीय अन्तरराष्ट्रीय में जो सोशलिस्ट पार्टियाँ शामिल हुईं, उनके सम्बन्ध में एक बात ध्यान देने की है। ये पार्टियाँ अपने को 'सोशल डेमोक्रेटिक पार्टी' कहती थीं। इसका कारण यह था कि इन्होंने अपने सामने दो लक्ष्य रखे थे : एक प्रजातांत्रिक क्रान्ति का और दूसरा समाजवादी क्रान्ति का। मार्क्स ने जो इतिहास की व्याख्या की थी उसके अनुसार समाजवाद की तरफ संक्रमण के लिए बीच का स्तर पूँजीवादी प्रजातंत्र आवश्यक था, लेकिन 19वीं सदी के उत्तरार्द्ध में भी यूरोप के सभी देशों में प्रजातांत्रिक क्रान्ति नहीं हो पाई थी। अत: यूरोप के समाजवादी यह मानते थे कि उन्हें पहले इन देशों में प्रजातांत्रिक क्रान्ति को तेजी से लाने में योगदान देना है और तब उन्हें अगली सीढ़ी समाजवादी क्रान्ति की तैयारी करनी है। उन लोगों का यह भी विश्वास था कि इस प्रजातांत्रिक क्रान्ति को सफल बनाने का ऐतिहासिक मिशन पूँजीवादी वर्ग का है, अत: इसमें नेतृत्व उन्हीं का होगा। सोशलिस्ट पार्टियाँ उसमें सहायक का कार्य करेंगी। अपने इन्हीं दो लक्ष्यों को जाहिर करने के लिए ये अपने को 'सोशल डेमोक्रेटिक पार्टी' कहती थीं।

8

जैसाकि हम देख चुके हैं, 1884 ई. में इंग्लैंड में 'फेबियन सोसाइटी' का जन्म हुआ। यह मजदूर वर्ग के लोगों द्वारा नहीं बनाया गया था बल्कि कुछ विद्वान मध्यमवर्गी और अवकाश प्राप्त सिविल सर्वेंट्स ने इसको जन्म दिया था। अत: इनकी दिलचस्पी समता के उन सिद्धान्तों में कम थी जिनका जन्म मजदूर वर्ग की आवश्यकताओं को देखते हुए हुआ था। यह प्रमुख रूप से उन अव्यवस्थाओं को मिटाने के लिए चिन्तित थे जिन्हें पूँजीवाद ने समाज में पैदा किया था। चूँकि इंग्लैंड उपनिवेशों और गुलाम मुल्कों से लूटे गए धन से मालामाल हो रहा था और मजदूर वर्ग भी इस लूट में हिस्सा बँटा रहा था, यहाँ मजदूरों में किसी क्रान्तिकारी विचारधारा के फैलने की गुंजाइश नहीं थी। इस तरह मजदूर आन्दोलन को जो कुछ भी नेतृत्व शुरू में प्राप्त हुआ वह इन्हीं फेबिअनों द्वारा।

ये लोग इस सिद्धान्त को मानते थे कि रेंट चाहे जमीन से प्राप्त हो या किसी अन्य जरिए से, वह समाज को मिलना चाहिए। इसी आवश्यकता की पूर्ति के लिए वे न सिर्फ जमीन के बल्कि हर तरह के व्यक्तिगत स्वामित्व के खिलाफ थे। वे मजदूरी की समता के खिलाफ थे क्योंकि वे इसे क्षमता को घटानेवाला समझते थे। मूल्य को समाज द्वारा पैदा किया गया समझते थे, अत: वे इसके भी खिलाफ थे कि मजदूरों को उनके श्रम का पूरा मूल्य मिले क्योंकि वे श्रम के मूल्य का अस्तित्व ही नहीं मानते थे। वे मोटा-मोटी तौर से इस सिद्धान्त में विश्वास करते थे कि समाज के सभी उत्पादन और वितरण के साधन और श्रमिकों पर राज्य का नियंत्रण होना चाहिए और कार्य को अधिक-से-अधिक सुचारु रूप से चलाने के लिए इनका बुद्धिसंगत उपयोग होना चाहिए। इन्होंने खुलकर संसदीय पद्धति और खासकर मतदान की पद्धति का विरोध तो नहीं किया, पर संसदीय पद्धति में अशिक्षितों के चुने जाने के अधिकार पर कई फेबिअन नेताओं ने व्यंग्यपूर्ण टीका की थी। बाद में चलकर वेब्स (सिडनी और बियेट्रिस) ने अपनी 'सोवियत कम्युनिजम' में जिन खुले शब्दों में रूस के अधिनायकवादी शासन की प्रशंसा की और बर्नार्ड शॉ जिस तरह स्टालिन के प्रशंसक बने रहे, उस पर विचार करने से यह स्पष्ट मालूम होता है कि ये प्रजातंत्र को इंग्लैंड की परिस्थिति में एक न टाली जा सकनेवाली बुराई

मानते थे। ये लोग व्यक्तियों के विकास को एक लक्ष्य न मानकर एक साधन मानते थे और इनका अन्तिम लक्ष्य था, समाज के संगठन में अधिक-से-अधिक योग्यता लाना। इस तरह ये 'समतावादी' न होकर 'क्षमतावादी' कहे जा सकते हैं।

ये राज्य के अधिकारों के क्षेत्र को फैलाने के लिए क्रान्ति की आवश्यकताओं को नहीं मानते थे। ये समाजवाद की तरफ राज्य के क्रमिक विकास में विश्वास करते थे। इनके मत के अनुसार, समाज स्वयं समाजीकरण की दिशा में बढ़ रहा है और इस प्रक्रिया को तेज करने के लिए कोई प्रयत्न करना आवश्यक नहीं है। फेबियन लोगों का काम है, सिर्फ लोगों का ध्यान इस न टाली जा सकनेवाली प्रक्रिया की ओर आकृष्ट करना था। इन लोगों ने अपना नाम रोमन जनरल फेबिअस से लिया था जिसने हैनिबाल के आक्रमण के समय उसका मुकाबला करने के बजाय सीधी भिड़ंत से अपने को हमेशा अलग रखने का प्रयत्न किया। इसी सिद्धान्त के अनुसार फेबियन पूँजीवादी व्यवस्था पर सीधी चोट करना अनावश्यक समझते थे। ये समाजवादी विचारों को लोगों के सामने ऐसे रूप में रखना चाहते थे कि इसे मंजूर करने में किसी को भी हिचक नहीं होने पाए। इस कार्य में ये इतने सफल हुए कि इंग्लैंड में सोशलिस्ट कहलाना एक फैशन हो गया और समाजवाद और पूँजीवादी उदारवाद के बीच कोई फर्क देखना कठिन हो गया। इंग्लैंड की लेबर पार्टी को कंजर्वेटिव पार्टी से अलग एक स्पष्ट स्वरूप रखने में जो कठिनाई हुई उसके पीछे भी फेबियनों के प्रभाव का कुछ कम महत्त्व नहीं है।

फेबियन सोसाइटी में बर्नार्ड शॉ, सिडनी वेब्स, एनी बेसेंट, सिडनी ओलिवियेे तथा ग्राहम वैलेस जैसे विद्वान व्यक्ति सम्मिलित रहे। इससे इसका काम प्रमुख रूप से शैक्षणिक रहा। 1912 ई. में सोसाइटी ने 'फेबियन रिसर्च डिपार्टमेंट' को जन्म दिया जो बाद में 'लेबर रिसर्च डिपार्टमेंट' हो गया। इन लोगों ने इंग्लैंड की अर्थव्यवस्था के अलग-अलग भागों पर महत्त्वपूर्ण अनुसन्धान किए। ये अन्तरराष्ट्रीयता के विरोधी थे और साम्राज्य के सम्बन्ध में इनके विचार अन्य पूँजीवादी साम्राज्यवादियों से भिन्न नहीं थे। इंग्लैंड की विशेष आर्थिक स्थिति, में जिस पर पहले विचार किया गया है, ऐसा होना स्वाभाविक ही था।

महादेशीय यूरोप में जहाँ मार्क्सवादी विचार व्यापक बन गया था, नई परिस्थितियों में मार्क्सवादी लोगों में ही संशोधन की प्रवृत्ति पैदा की। यूरोप की बदली परिस्थिति में, जिसमें मार्क्स की भविष्यवाणी के विपरीत मजदूर वर्ग खुशहाल और क्रान्ति से विमुख हो रहा था, लोगों को मार्क्स के विचारों में परिवर्तन करने की आवश्यकता दिखाई देने लगी। इन संशोधनवादियों में सबसे प्रमुख स्थान है बर्नस्टाइन (1850-1932 ई.) का। इसने स्टुटगार्ट में होनेवाली 'जर्मन सोशल डेमोक्रेटिक पार्टी' की बैठक को 1898 ई. में एक पत्र भेजा जिसमें उसने अपने विचारों को व्यक्त किया। उसने मार्क्स के करीब हर आधारभूत सिद्धान्त पर सन्देह व्यक्त किया। सबसे पहले

उसने यह विचार रखा कि ऐतिहासिक भौतिकवाद का सिद्धान्त, जिसके अनुसार समाज में होनेवाले सभी परिवर्तन आर्थिक परिवर्तनों पर निर्भर करते हैं, गलत है और अन्य शक्तियाँ, जैसे मानसिक और बौद्धिक विकास भी इतिहास की दिशा को निर्धारित करती हैं। इस सम्बन्ध में वास्तव में उसने कोई नई बात नहीं कही थी और खुद एंगेल्स ने 21 सितम्बर, 1890 ई. के अपने एक पत्र में जोसेफ ब्लॉक को लिखा था—

"मार्क्स और मैं कुछ हद तक खुद इस बात के लिए जवाबदेह हैं कि नये लेखक कभी-कभी आर्थिक पहलू पर आवश्यकता से कहीं अधिक जोर देते हैं। हम लोगों ने इस प्रमुख सिद्धान्त पर अपने प्रतिद्वन्द्वियों के खिलाफ जो इससे इनकार करते थे, कुछ अधिक जोर दिया और हम लोगों को सदा स्थान, समय या मौका नहीं मिल सका जिसमें एक-दूसरे को प्रभावित करनेवाले अन्य तत्त्वों को समुचित स्थान दे सकें।" लेकिन बर्नस्टीन का असली उद्देश्य कुछ दूर स्थित दार्शनिक सवालों पर चर्चा करने का नहीं था बल्कि व्यावहारिक रूप में नई परिस्थिति में समाजवादी आन्दोलन के उद्देश्यों में परिवर्तन करने का था।

अत: उसने मार्क्स के विचार के अन्य व्यावहारिक पहलुओं पर पुनर्विचार करने की सलाह दी। उसने इस बात की ओर लोगों का ध्यान आकृष्ट किया कि मार्क्स की भविष्यवाणी के विपरीत मजदूर वर्ग विपन्न होने के बजाय और सम्पन्न होता जा रहा है। मध्यमवर्ग, जिसके सम्बन्ध में मार्क्स ने यह कहा था कि यह धीरे-धीरे समाप्त हो जाएगा, वास्तव में और अधिक विस्तृत हो रहा है, हालाँकि इसके स्वरूप में कुछ परिवर्तन हो गया है। मार्क्स की भविष्यवाणी के विपरीत पूँजी थोड़े-से हाथों में केन्द्रित होने के बजाय अपना आधार विस्तृत कर रही है। आर्थिक संकट पहले की अपेक्षा कम हो रहे हैं। मजदूर वर्ग के अन्दर खुद कई स्तर पैदा हो रहे हैं और एकता की भावना कमजोर पड़ती जा रही है। इन बातों से बर्नस्टीन ने यह निष्कर्ष निकाला कि सामाजिक उथल-पुथल और क्रान्ति की सम्भावना अब कम हो गई है और मजदूर वर्ग केवल प्रजातांत्रिक राजनीतिक पद्धति का उपयोग कर अपनी स्थिति में उत्तरोत्तर सुधार भर करने की क्षमता रखता है। चूँकि मजदूर वर्ग बहुमत में नहीं है और न अन्य वर्गों के नष्ट हो जाने से ऐसा होने की सम्भावना है, मजदूरों को अन्य वर्गों के साथ मिलकर प्रजातांत्रिक प्रणाली का पूरा उपयोग अपनी हालत को सुधारने के लिए करना चाहिए। चूँकि मजदूर राज्य सत्ता का उपयोग अन्य वर्गों के साथ मिलकर अपनी हालत में सुधार लाने के लिए कर सकते हैं, इसलिए राज्य को शोषण का यंत्र मानना गलत है। इसी तर्क से बर्नस्टीन इस नतीजे पर पहुँचा कि एक राज्य जो मजदूरों के लिए कल्याणकारी कार्य कर सकता है वह मजदूरों का अन्य वर्गों के साथ-साथ हितैषी है। अत: कम्युनिस्ट मैनिफेस्टो में व्यक्त किया गया विचार कि मजदूरों का कोई अपना देश नहीं है, गलत है। इस तरह वह मजदूरों की

अन्तरराष्ट्रीयता के विरुद्ध था। इस तरह बर्नस्टीन ने मार्क्स के समाजवादी क्रान्ति के एक-एक सिद्धान्त को छोड़ दिया और उसकी जगह विकासवादी सुधारवाद को स्वीकार किया।

बर्नस्टीन के संशोधनवादी विचारों का जबर्दस्त विरोध हुआ। रोजा लक्जमबर्ग ने 1899 ई. में अपनी पुस्तिका 'रिफॉर्म और रिवॉल्यूशन' (सुधार या क्रान्ति) में बर्नस्टीन की कटु आलोचना की। रोजा लक्जमबर्ग की दृष्टि में पूँजीवादी व्यवस्था के अपने संकटों के बीच रहने की बात सोचना मूर्खतापूर्ण था। रोजा लक्जमबर्ग का निश्चित विश्वास था कि पूँजीवादी व्यवस्था के भीतर की समृद्धि सिर्फ क्षणिक और बाहरी थी। जैसाकि बाद में 1913 ई. में अपनी प्रसिद्ध पुस्तक 'एक्युमुलेशन ऑफ कैपिटल' में इसने दिखाया (इस सम्बन्ध में यह मार्क्स से थोड़ा भिन्न विचार रखती थीं) विस्तृत-पुनर्उत्पादन (इनलार्ज्ड रिप्रोडक्शन) पूँजीवादी व्यवस्था के दायरे के भीतर असम्भव है। अत: उसकी राय में पूँजीपतियों को अपनी पूँजी के विस्तार के लिए हमेशा गैर-पूँजीवादी व्यवस्थाओं पर निर्भर करना पड़ेगा, चाहे वे पूँजीवादी देश के किसान हों या उपनिवेशों की अर्थव्यवस्था। अत: उसकी दृष्टि में पूँजीवादी देशों में पूँजीवादी व्यवस्था का क्षणिक स्थायित्व वास्तव में एक भंयकर उथल-पुथल की पूर्व सूचना थी।

इससे मिलता-जुलता लेकिन अर्थव्यवस्था के विश्लेषण में कुछ भिन्न विचार करीब 15 साल बाद लेनिन ने अपनी पुस्तक 'साम्राज्यवाद' में दिया। लेनिन के अनुसार, पूँजीवाद वास्तव में एक अन्तरराष्ट्रीय स्वरूप धारण कर रहा है और अन्तरराष्ट्रीय कार्टेल, ट्रस्ट आदि के द्वारा पूरी दुनिया को अपनी परिधि में बाँध रहा है, लेकिन इससे पूँजीवाद का संकट खत्म नहीं हो जाता बल्कि एक और भी भयंकर विस्फोट के लिए तत्काल टल रहा है। उसने साफ शब्दों में यह बतलाया कि पूँजीवाद ने अन्तरराष्ट्रीय स्तर पर लूट-खसोट में साझीदार बनाकर मजदूर वर्ग के एक हिस्से को भ्रष्ट कर दिया है। यूरोप में सुधारवाद मजदूरों के इसी भ्रष्ट तबके का प्रतिनिधित्व करता है। उसने साम्राज्यवादी युद्ध को पूँजीवाद के इसी आखिरी संकट का प्रतीक बतलाया।

लेकिन लेनिन के विचार अभी दूर थे। तत्काल जर्मन सोशल डेमोक्रेसी का नेता कार्ल कॉट्स्की खुद संशोधनवाद का कट्टर विरोधी था, लेकिन संशोधनवाद का विरोध वास्तव में ऊपरी था। असल में, यूरोप की सोशलिस्ट पार्टियाँ संसदीय पद्धति और राष्ट्रीय सरकार के चमत्कार से इतनी प्रभावित थीं कि मौका आने पर कुछ इने-गिने लोगों को छोड़कर सभी सोशलिस्ट राष्ट्रभूमि के भक्त साबित हुए और मजदूरों की अन्तरराष्ट्रीयता समाप्त हो गई। सच तो यह है कि उस समय यूरोप के मजदूरों के जीवन स्तर में जो सुधार हुआ था, उसके रहते बिना युद्ध की क्रान्तिकारी परिस्थिति भी पैदा नहीं हो सकती थी।

9

राज्यवादी समाजवादियों के बढ़ते प्रभाव का ही नतीजा था कि द्वितीय अन्तरराष्ट्रीय से अराजकवादियों को निकाल दिया गया। कोई व्यवस्थित राजनीतिक प्रोग्राम नहीं रहने के कारण अराजकवादी, मार्क्सवादी सोशलिस्टों की तरह स्थायी और व्यापक संगठन नहीं बना सके। इसके लिए कुछ हद तक संगठन के सम्बन्ध में अराजकवादियों का दृष्टिकोण भी जवाबदेह था। वे किसी केन्द्रित संगठन और कड़े अनुशासन के विरुद्ध थे। क्रान्ति के लिए वे ठोस संगठन से अधिक जनता की स्वयंस्फूर्त क्रान्तिकारी भावना पर निर्भर करते थे, लेकिन ठोस संगठन नहीं होने पर भी अराजकवादी विचार और परम्परा जबर्दस्त रूप से समाजवादी चिन्तन को प्रभावित करती रही।

जिन लोगों ने अराजकवादी विचार को एक व्यवस्थित स्वरूप देने का प्रयत्न किया, उनमें प्रिंस क्रोपाटकिन (1842-1921 ई.) का महत्त्वपूर्ण स्थान है। क्रोपाटकिन ने मजदूरी के उस सिद्धान्त का विरोध किया जिसे मार्क्सवादी मानते थे। 'पेरिस कम्यून' के बाद मार्क्स-एंगेल्स ने भी मजदूरी के बराबरी का सिद्धान्त मान लिया था, जिसके अनुसार राज्य के बड़े-से-बड़े अधिकारी को एक कुशल मजदूर से अधिक वेतन नहीं दिया जा सकता था, लेकिन क्रोपाटकिन ने किसी भी मजदूरी के सिद्धान्त को दोषपूर्ण बतलाया। उनका कहना था कि समाज में उत्पादित प्रत्येक वस्तु पूरे समाज द्वारा उत्पादित होती है। अगर कोई वस्तु बनाई जाती है तो उसको तत्काल बनानेवाले मजदूरों का श्रम ही नहीं बल्कि जिन चीजों से इस वस्तु को बनाया जाता है, उनको बनानेवाले मजदूरों का श्रम तथा ऐतिहासिक विकास के क्रम में प्राप्त युगों की बुद्धि और श्रम का भी उसमें हाथ होता है। अत: यह निश्चित कर सकना असम्भव है कि किसी खास मजदूर ने उस वस्तु में कितना मूल्य दिया है। इस आधार पर वह इस नतीजे पर पहुँचा कि बिना काम के चरित्र पर विचार किए प्रत्येक मनुष्य को किसी समाज में अपनी आवश्यकता की सामग्री पाने का अधिकार है।

क्रोपाटकिन का विचार था कि सहयोग की भावना समाज में सबसे बलवती है और अगर व्यक्तिगत सम्पत्ति और राज्य व्यवस्था को नष्ट कर दिया जाए तो

समाज की बुद्धिसंगत व्यवस्था मनुष्यों की आवश्यकताओं को देखते हुए स्वयं हो जाएगी। क्रोपाटकिन के विचार से आधुनिक राज्य व्यवस्था का विकास एक नई चीज है और 16वीं सदी के पहले मनुष्यों के ऊपर शक्ति के बल पर शासन करनेवाली कोई व्यवस्था नहीं थी। सहयोग के आधार पर समाज को संगठित करने के प्रयत्न में जो बाधाएँ उपस्थित होती हैं, क्रोपाटकिन के विचार से, क्रान्ति उन्हें ही खत्म करने के लिए होती है। इस दृष्टि से इतिहास के विशेष मोड़ पर लोग स्वयं क्रान्तिकारी उठाव करेंगे और शोषक संस्थाओं का नाश हो जाएगा।

अराजकवादी संगठन स्वयं तो बहुत व्यापक रूप नहीं ले सका, लेकिन यूरोप में सुधारवादी प्रवृत्तियों के खिलाफ हुई प्रतिक्रिया के फलस्वरूप 'सिंडिकलिज्म' और 'गिल्ड सोशलिज्म' का विकास वास्तव में अराजकवाद का ही एक परिवर्तित रूप में विकास था। संसदीय राजनीति में हिस्सा बँटाकर यूरोप के सोशलिस्ट धीरे-धीरे राजभक्त बनते जा रहे थे और इसी की जबर्दस्त अभिव्यक्ति यूरोप में संशोधनवाद और इंग्लैंड में फेबिअनिज्म के रूप में हो रही थी। इन लोगों ने समाजवादी क्रान्ति को बिलकुल तिलांजलि दे दी और सिर्फ सुधारों के पक्षपाती बन गए। इसी समय जबकि बर्नस्टीन के संशोधनवादी विचारों पर गर्मागर्म चर्चा चल रही थी, फ्रांस का समाजवादी नेता मिलरैं 1899 ई. में पूँजीवादी सरकार में शामिल हो गया। इसके साथ कई अन्य सोशलिस्ट सरकार में शामिल हुए और पूँजीवादी व्यवस्था के समर्थक बन गए। इससे राजनीतिक प्रोग्राम के सम्बन्ध में मजदूरों में घोर असन्तोष फैल गया। इसी समय फ्रांस में, जहाँ के मजदूर आन्दोलन की एक जबर्दस्त क्रान्तिकारी परम्परा थी, 'सिंडिकलिज्म' का जन्म हुआ।

'सिंडिकलिज्म' शब्द का जन्म 'सिडिक' से हुआ है जो फ्रांस में मजदूरों के ट्रेड यूनियन संगठन को कहा जाता है। फ्रांस में 'सिंडिकलिज्म' का संगठनात्मक आधार था 'कंफेडरेशियों जेनेराल दु त्रवेल' जिसे छोटे में सी.जी.टी. कहा जाता था। यह मजदूरों का औद्योगिक संगठन था। इसका जन्म 1895 ई. में हुआ था। इसके अलावा फ्रांस में स्थानीय चरित्र के मजदूर संगठन थे जिन्हें 'बूर्से दु त्रवेल' कहा जाता था। 1902 ई. में पेलूतिए के प्रयत्नों से ये दोनों संगठन एक में मिल गए और इस संगठन का दोहरा स्वरूप हो गया, एक औद्योगिक और दूसरा स्थानीय। इस तरह ये दोनों भाग एक-दूसरे के पूरक हो गए। पेलूतिए पहले सोशलिस्ट था जो बाद में अराजकवादी हो गया था। इसने इस संगठन पर जबर्दस्त प्रभाव डाला। इसने अपने अराजकतावादी विचारों को इस संगठन में इस हद तक लागू किया कि इस फेडरेशन में कोई अध्यक्ष तक नहीं होता था।

सिंडिकलिज्म के सिद्धान्तों का प्रतिपादन प्रमुख रूप से जॉर्ज सॉरेल (1847-1922 ई.) ने किया। वह खुद सिंडिकलिज्म के संगठन से कोई घनिष्ठ सम्बन्ध नहीं रखता था और वास्तव में उसके सिद्धान्त इसके संगठन बनने के बाद प्रतिपादित

हुए। उसका कहना था कि मजदूरों को उसे संगठन के सम्बन्ध में कुछ सिखाना नहीं है बल्कि उसे खुद मजदूरों के स्वाभाविक क्रान्तिकारिता से सबक लेना है। उसका सिद्धान्त था कि समाज में राज्य उत्पादकों का होना चाहिए और वस्तुत: आधुनिक समाज का गठन कारखाने के मॉडल पर हो गया है और राज्य का आधार भी वही होना चाहिए। सिंडिकलिस्ट पार्लियामेंट्री पद्धति को इस दृष्टि से निकम्मा समझते थे। उनका कहना था कि क्षेत्रीय प्रतिनिधित्व में किसी क्षेत्र के प्रतिनिधि को वहाँ के अलग-अलग व्यवसाय और स्वार्थवालों का प्रतिनिधित्व करना पड़ता है जो प्रतिनिधित्व का मखौल है क्योंकि कोई भी व्यक्ति इस तरह के विभिन्न स्वार्थोंवाले लोगों की न तो समस्याओं को समझ सकता है और न उनका प्रतिनिधित्व कर सकता है, लेकिन जब हम उद्योगों में आते हैं तो स्थिति बदल जाती है। वहाँ पर एक उद्योग में लगे मजदूर भलीभाँति अपने स्वार्थ को समझते हैं। अत: समाज व्यवस्था उद्योगों के प्रतिनिधियों के हाथ में होनी चाहिए।

वे वर्ग संघर्ष के कट्टर हिमायती थे और इसमें किसी तरह की ढिलाई बर्दाश्त करने के लिए तैयार नहीं थे। उनके राजनीतिक संगठनों के विरोध का कारण भी यही था। उनकी दृष्टि में राजनीतिक पार्टियाँ जिसमें मध्यमवर्ग तथा बुद्धिजीवी वर्गों के प्रतिनिधि भी शामिल रहते हैं, मजदूर संगठनों की क्रान्तिकारिता को कुंठित करती हैं। मजदूरों के औद्योगिक संगठन ही सिर्फ ऐसे संगठन हैं जो बिना समझौता के वर्ग संघर्ष को चला सकते हैं। समाज में क्रान्ति लाने का उनका रास्ता आम हड़ताल का है। उनका विश्वास था कि इस तरह के हड़ताल से समाज का सारा काम ठप्प हो जाएगा और समाज सत्ता खुद-ब-खुद मजदूर वर्ग के हाथों में आ जाएगी, लेकिन बाद में इस विचार में कुछ परिवर्तन हुए। उन्होंने यह महसूस किया कि आम हड़ताल होने पर शोषक वर्ग बैठा नहीं रहेगा बल्कि सैनिक आदि शासन के अस्त्रों का उपयोग आम हड़ताल को तोड़ने में करेगा। इसके लिए उन्होंने सैनिकों को जोकि मजदूरों के ही बन्धु-बान्धव हैं, मिलाने का ध्येय अपने सामने रखा। इस तरह आम हड़ताल और सैनिकों द्वारा अपने भाइयों के ऊपर दमन से इनकार, इन दोनों बातों के मिल जाने से उनका लक्ष्य प्राप्त हो जाएगा। सिंडिकलिस्ट संगठन का काम बीच के काल में इसी आखिरी संघर्ष की तैयारी करना है। इसके लिए उन्हें हमेशा छोटी-छोटी औद्योगिक इकाइयाँ चलाते रहना है, जिससे मजदूर वर्ग की वर्ग चेतना प्रबल हो और अपने युद्ध को चलाने के काम में वे निपुण हो जाएँ। हालाँकि सिंडिकलिस्ट संगठन इसी मान्यता के आधार पर कार्य करते रहे। सोरेल आम हड़ताल को सिर्फ एक प्रेरक कथा (मिथ) मानता था। इसको वह एक ऐसा आवश्यक विश्वास मानता था जो मजदूरों को अपने संघर्ष में रत रख सके।

यूरोप में यह संगठन प्रमुख रूप से फ्रांस और इटली में बढ़ सका। अमेरिका में 'इंडस्ट्रियल वर्कर्स ऑफ दी वर्ल्ड' नाम से यह आन्दोलन बहुत व्यापक बन

गया। यह संगठन यहाँ 1905 ई. में कुछ औद्योगिक यूनियनों, जिसमें 'वेस्टर्न फेडरेशन ऑफ माइंस' का प्रमुख स्थान था, द्वारा बनाया गया। इसका भी प्रमुख उद्देश्य मजदूर वर्ग की पूर्ण स्वतंत्रता था। इसके एक मंत्री ने यह घोषणा की थी कि यह संगठन मालिकों के साथ सिर्फ एक तरह का समझौता करेगा, वह होगा, उद्योगों के नियंत्रण का पूर्ण रूप से संगठित मजदूरों के हाथ समर्पित करने का। अमेरिका की स्थिति में जो मजदूरों की दृष्टि से बहुत ही खराब थी, इस आन्दोलन ने फ्रांस से ज्यादा ध्वंसात्मक स्वरूप धारण किया। कुछ दिनों तक अमेरिका के पूँजीवादी समाज को दहशत में डालकर यह संगठन घोर दमन के बल पर कुचल डाला गया।

इंग्लैंड की शान्तिवादी परम्परा में सुधारवाद और राज्यवाद के खिलाफ विद्रोह ने सिंडिकलिज्म को एक दूसरा स्वरूप दिया, जिसे 'गिल्ड सोशलिज्म' कहते हैं। इसके संस्थापक थे, ए.जे. पेंटी, ए.आर. ऑरेज और एस.जी. हॉब्सन। ये लोग पहले 'फेबिअन सोसाइटी' तथा 'इंडिपेंडेंट लेबर पार्टी' के सदस्य थे, पर इन संगठनों के सत्ता के केन्द्रीकरण के सिद्धान्त इन्हें पसन्द नहीं थे। इसमें पेंटी का विचार मध्यकालीन उत्पादन की तरफ जाने का था, पर बाद में इनका मुख्य ध्येय काम के आधार पर समाज के शासन व्यवस्था के संगठन का था। इसके नेताओं में जी.डी.एच. कोल का नाम विशेष विख्यात है।

गिल्ड सोशलिस्ट राज्य के उपयोग को बिलकुल नामंजूर नहीं करते, लेकिन वे राज्य को समाज में फैले हुए अन्य अनेक संस्थाओं में एक मानते हैं और इसे सार्वभौम अधिकार देने के लिए तैयार नहीं हैं। ये भी प्रमुखता का स्थान उत्पादकों की संस्थाओं को ही देना चाहते हैं। ये भी ट्रेड यूनियनों को इसके लिए तैयार करने के पक्षपाती हैं कि अन्ततोगत्वा वे उत्पादन के साधनों पर अपना सम्पूर्ण अधिकार कायम कर लें। वे समाज को दो भागों में बाँटना चाहते हैं—उत्पादकों तथा उपभोक्ताओं में। पार्लियामेंट को इनके विचार से उपभोक्ताओं का प्रतिनिधित्व करना चाहिए तथा उत्पादकों के स्वार्थों का प्रतिनिधित्व औद्योगिक मजदूरों के संगठनों को इन दोनों के प्रतिनिधियों की एक कमिटी होगी जो ऐसी बातों पर निर्णय करेगी, जिसका इन दोनों के स्वार्थों से सम्बन्ध हो। नेशनल गिल्ड लीग के सिद्धान्त निम्नांकित रखे गए थे—

"राज्य ट्रस्टी की हैसियत से उत्पादन के साधनों का स्वामी होगा। गिल्ड समाज के ट्रस्टी की हैसियत से उनकी व्यवस्था करेंगे और राज्य को एक ही टैक्स या रेंट देंगे। कोई गिल्ड जो अपने स्वार्थ को समाज से ऊपर रखता है, वह अपने ट्रस्ट की उपेक्षा करता है और उसे एक ऐसे ट्रिब्यूनल के सामने झुकना पड़ेगा जिसमें सभी उत्पादकों और सभी उपभोक्ताओं का बराबर प्रतिनिधित्व होगा। यह संयुक्त समिति आखिरी सार्वभौम शक्ति होगी और उद्योगों के अपील का सर्वोच्च न्यायालय होगी।

यह न सिर्फ गिल्ड का टैक्स तय करेगी बल्कि मूल्य भी और समय-समय पर यह उनके पारस्परिक सम्बन्ध को दुरुस्त करेगी।"

अपने लक्ष्य को प्राप्त करने के लिए गिल्ड सोशलिस्ट भी मजदूरों के वर्ग संघर्ष में जो प्रमुख रूप से ट्रेड यूनियनों के माध्यम से संचालित होगा, विश्वास करते हैं।

सुधारवादी विचार के विरुद्ध प्रतिक्रिया का असर मार्क्सवादी पार्टियों के भीतर के क्रान्तिकारी तत्त्वों के ऊपर भी गम्भीर रूप से पड़ा। रूस में 1905 ई. में क्रान्ति हो गई। उस समय लियोन ट्रॉटस्की, जो उस समय पीटरग्राड के मजदूरों का नेतृत्व कर रहा था, ने जो वक्तव्य अदालत में अपने मुकदमे के सिलसिले में दिया था, उसमें सिंडिकलिस्ट विचारों की स्पष्ट छाप दिखलाई पड़ती है। इस वक्तव्य में उसने सशस्त्र उठाव की व्याख्या की, जिसमें बतलाया कि सशस्त्र उठाव की शुरुआत आम हड़ताल से होती है। आम हड़ताल के बाद जनता सड़कों पर जब आ जाती है तब उन पर दमन करने के लिए भेजी गई फौज के सिपाहियों की वफादारी, जो उन्हीं के सगे-सम्बन्धी होते हैं, कमजोर हो जाती है और इस तरह राज्य सत्ता से अलग जनता की दूसरी शक्ति सत्ता का दावेदार बनकर खड़ी हो जाती है। इसके बाद जनता द्वारा अधिकारों का ग्रहण करना एक औपचारिक बात रह जाती है। इसी तरह रोजा लक्जमबर्ग ने भी आम हड़ताल को मजदूर क्रान्ति का सबसे महत्त्वपूर्ण अंग बतलाया। इस तरह सॉरेल ने जिस आम हड़ताल को एक 'मिथ' माना था, उसे क्रान्तिकारी मार्क्सवादियों ने क्रान्तिकारी आन्दोलन का एक आवश्यक अंग मान लिया। इसके बाद से सशस्त्र विद्रोह में विश्वास करनेवाले सभी मार्क्सवादियों ने आम हड़ताल और इसकी तैयारी के लिए छोटी-छोटी औद्योगिक हड़तालों को क्रान्तिकारी आन्दोलन का एक अविभाज्य भाग माना। बाद में बोल्शेविको और उनके नेतृत्व में चलनेवाले अन्य मजदूर आन्दोलनों ने भी आम हड़ताल के लिए यही दृष्टिकोण अपनाया, लेकिन उनके लिए आम हड़ताल क्रान्ति की आखिरी सीढ़ी न होकर पहली सीढ़ी होगी।

10

20वीं सदी के प्रारम्भ होते-होते सोशलिस्ट पार्टियाँ एक जबर्दस्त राजनीतिक शक्ति बन गई थीं, लेकिन जैसाकि पहले हम देख चुके हैं, उनकी अन्तरराष्ट्रीयता कमजोर होती जा रही थी। फिर भी वे अभी तक मजदूर वर्ग के भाईचारा का नारा देती थीं। उनके अन्तरराष्ट्रीय सम्मेलन होते थे और दुनिया के मजदूरों की एकता के गीत गाए जाते थे, लेकिन अभी भी यह समाजवादी दुनिया यूरोप के महादेश तक ही सीमित थी। अभी तक अन्य महादेशों की दलित जनता के लिए कोई प्रोग्राम इनके पास नहीं था।

1907 ई. में स्टुटगार्ट में अन्तरराष्ट्रीय सोशलिस्ट कांग्रेस हुई। इसमें औपचारिक रूप से लेनिन और रोजा लक्जमबर्ग ने मिलकर एक प्रस्ताव रखा, जिसमें दुनिया के मजदूरों से यह अपील की गई कि वे आगे होनेवाले युद्ध के मौके का उपयोग पूँजीवादी व्यवस्था को नष्ट करने के लिए करें। 1912 ई. में बाल के सम्मेलन में पुन: सोशलिस्टों ने इस प्रतिज्ञा को दुहराया कि वे भविष्य के किसी युद्ध में अपने यहाँ की पूँजीवादी सरकार का साथ न देकर अपने यहाँ की पूँजीवादी व्यवस्था को नष्ट करने का प्रयत्न करेंगे। इसके दो साल बाद 1914 ई. में यूरोप में युद्ध छिड़ गया, जिसने धीरे-धीरे सारी दुनिया को अपने घेरे में ले लिया, लेकिन युद्ध के छिड़ने पर अधिकांश सोशलिस्ट अपनी प्रतिज्ञा भूल गए और अपने यहाँ की पूँजीवादी सरकारों का 'पितृभूमि की रक्षा' के नाम पर समर्थन करने लगे। जिन लोगों ने युद्ध का समर्थन नहीं किया, उनमें भी अधिकांश लोग चुप्पी साधकर बैठे रहे और अपने यहाँ की पूँजीवादी सरकार के विरुद्ध कोई क्रान्तिकारी कदम नहीं उठाया।

सबसे बुरी दशा हुई जर्मनी की सोशलिस्ट पार्टी की। जर्मनी की सोशलिस्ट पार्टी उस समय यूरोप में सबसे अधिक संगठित थी। मार्क्स-एंगेल्स के साथ घनिष्ठ सम्बन्ध होने से इसकी प्रतिष्ठा भी सर्वाधिक थी। चूँकि यह औद्योगिक और आर्थिक दृष्टि से काफी आगे बढ़ गया था और मार्क्सवाद के सिद्धों पर चलनेवाली एक व्यापक पार्टी के हाथों में इसके मजदूर वर्ग का नेतृत्व था, सफल क्रान्ति के लिए अन्य देशों के सोशलिस्ट जर्मनी की सोशलिस्ट पार्टी की ओर नजर उठाए हुए थे। लेकिन जर्मनी के सोशलिस्ट नेताओं में रोजा लक्जमबर्ग और कार्ल लाइबनेख्त को छोड़कर अधिकांश युद्ध का या तो खुला समर्थन करने लगे या चुप्पी साधे रहे।

युद्ध के विरोध के कारण रोजा लक्जमबर्ग को युद्ध का अधिकांश समय जेल में ही काटना पड़ा, लेकिन युद्ध के समय मजदूर वर्ग में धीरे-धीरे युद्ध के प्रति विरोध की भावना बढ़ने लगी। रोजा लक्जमबर्ग ने जेल से ही अपने लेखों द्वारा जर्मन मजदूरों को क्रान्ति के लिए तैयार किया। जर्मनी के मजदूरों ने 1917 ई. में 'स्पार्टकस लीग' की स्थापना की। यह नाम रोम के गुलामों के विद्रोही नेता स्पार्टकस से लिया गया था जो एक ग्लैडिएटर था। इन 'ग्लैडिएटरों' को रोम के शासक वर्ग के मनोरंजन के लिए रंगभूमि में एक-दूसरे को लड़कर मारना पड़ता था। इस तरह 'स्पार्टकस लीग' उन मजदूरों का संगठन हुआ जो पूँजीपति वर्ग के स्वार्थ साधन के लिए अपने बन्धुओं, अन्य देश के मजदूरों, की युद्ध में हत्या करने के लिए तैयार नहीं थे। बाद में चलकर यही 'स्पार्टेकस लीग' जर्मनी की कम्युनिस्ट पार्टी के रूप में विकसित हुई। 1918 ई. में जर्मनी के मजदूरों ने क्रान्ति कर दी लेकिन सोशलिस्ट नेताओं में क्रान्तिकारिता के अभाव से क्रान्ति को नेतृत्व नहीं मिल सका। रोजा लक्जमबर्ग और लाइबनेख्त, दोनों की हत्या कर दी गई।

इसी तरह यूरोप और अमेरिका के अन्य मजदूर तथा सोशलिस्ट संगठन युद्ध में पूँजीवादी सरकारों से सहयोग करने लगे। सिर्फ अमेरिका की सोशलिस्ट पार्टी, जिसका प्रभाव नगण्य था, इंग्लैंड में इंडिपेंडेंट लेबर पार्टी, फ्रांस की सोशलिस्ट पार्टी का अल्पमत और ऑस्ट्रिया के अल्पमतवाले सोशलिस्टों ने युद्ध का विरोध किया, लेकिन सिर्फ रूस में युद्ध ने क्रान्ति को जन्म दिया और इसके बाद से समाजवादी आन्दोलन ने पहले से भिन्न एक दूसरा ही स्वरूप ग्रहण किया।

ऐतिहासिक भौतिकवाद की मान्यताओं के अनुसार, समाजवादी क्रान्ति पूँजीवादी विकास की चरम सीमा पर शुरू होती है। अत: यह आशा की जाती थी कि समाजवादी क्रान्ति का सूत्रपात सबसे विकसित पूँजीवादी देशों में होगा। रूस आर्थिक दृष्टि से पिछड़ा देश था। वहाँ पर 20वीं सदी के प्रारम्भ तक सामन्तवादी व्यवस्था भी नष्ट नहीं होने पाई थी। प्रजातांत्रिक प्रणाली भी वहाँ 1917 ई. की क्रान्ति के बाद ही प्रस्थापित हो सकी थी। अत: रूस में सफल समाजवादी क्रान्ति की बात सोशलिस्ट पार्टी के नेताओं के दिमाग में नहीं थी। यहाँ तक कि खुद लेनिन ने 1905 ई. की क्रान्ति के समय अपनी पुस्तिका 'टू टैक्टिस ऑफ सोशल डेमोक्रेसी' में यही विचार रखा कि रूस में परिस्थिति सोशलिस्ट क्रान्ति के लिए अपरिपक्व है, लेकिन पूँजीवादी प्रजातांत्रिक क्रान्ति का नेतृत्व मजदूरों को किसान वर्ग के साथ मिलकर करना होगा। सिर्फ लियोन ट्रॉटस्की ने 1905 ई. की रूसी क्रान्ति के अनुभवों के आधार पर, जिसमें उसने एक प्रमुख हिस्सा लिया था, 'स्थायी क्रान्ति' का सिद्धान्त दिया जिसमें उसने रूस में समाजवादी क्रान्ति की सम्भावना बतलाई।

ट्रॉटस्की का 'स्थायी क्रान्ति' का सिद्धान्त उसके एक-दूसरे सिद्धान्त 'सम्मिलित विकास' के ऊपर आधारित था। इसके अनुसार रूस में औद्योगिक क्रान्ति बहुत देरी

से हुई। अत: जहाँ एक तरफ बहुत पिछड़ी अर्थव्यवस्था देश में फैली है वहीं दूसरी ओर अधिक-से-अधिक विकसित उद्योगों का विकास कुछ विशेष औद्योगिक मजदूरों का केन्द्रीकरण हो रहा है। इस तरह इतिहास के एक ही काल में जब पूँजीवादी वर्ग प्रजातांत्रिक क्रान्ति की माँगों को लेकर आगे आता है, उसी समय मजदूर वर्ग अपनी माँगों को लेकर संगठित शक्ति के रूप में सामने उपस्थित हो जाता है। मजदूर वर्ग की इस शक्ति के भय से पूँजीवादी वर्ग की क्रान्तिकारिता कमजोर पड़ जाती है और वह पुरानी सामन्तवादी व्यवस्था के साथ समझौता करने का प्रयास करता है। ऐसी स्थिति में प्रजातांत्रिक क्रान्ति का नेतृत्व करने की क्षमता भी मजदूर वर्ग में ही रह जाती है, लेकिन यहाँ ट्रॉटस्की एक कदम और आगे बढ़कर इस निष्कर्ष पर पहुँचा कि जब मजदूर वर्ग प्रजातांत्रिक क्रान्ति का नेतृत्व अपने हाथ में लेगा तब वह प्रजातांत्रिक क्रान्ति तक ही अपने को सीमित नहीं करके समाजवादी क्रान्ति की ओर बढ़ेगा क्योंकि प्रत्येक क्रान्ति का स्वरूप उसका नेतृत्व करनेवाले वर्ग के चरित्र पर निर्भर करता है, लेकिन एक पिछड़ी अर्थव्यवस्था में यह क्रान्ति पूर्ण रूप से तभी सफल होगी जब इस क्रान्ति से समाजवादी क्रान्तियों का एक सिलसिला शुरू होगा जो अधिक विकसित पूँजीवादी देशों में फैल जाएगा। इस तरह अधिक विकसित औद्योगिक देशों के सहयोग से रूस प्रजातांत्रिक क्रान्ति से लगातार समाजवादी क्रान्ति तक जा सकेगा। ट्रॉटस्की ने बतलाया कि वास्तव में यह सिद्धान्त बिलकुल नया नहीं है बल्कि मार्क्स ने खुद इस तरह की सम्भावना बतलाई थी। इस तरह अब ट्रॉटस्की ने पूँजीवादी व्यवस्था का अपनी सबसे कमजोर कड़ी पर टूटने की सम्भावना बतलाई।

युद्ध के बाद की घटनाओं ने इस दृष्टिकोण को सही बतलाया। जैसे-जैसे युद्ध का काल बीतता गया वैसे-वैसे रूस में अव्यवस्था बढ़ती गई। 1917 ई. के प्रारम्भ होते-होते वहाँ की समाज व्यवस्था बिलकुल छिन्न-भिन्न हो गई। 1917 ई. के मार्च महीने में वहाँ क्रान्ति हो गई। 15 मार्च को जार गद्दी से उतार दिया गया। उसके बाद वहाँ पर एक तत्कालीन सरकार कैडेट प्रधानमंत्री प्रिंस ल्वोव के नेतृत्व में बनी। बाद में केरेंस्की, जो एक सोशल रिवॉल्यूशनरी था, प्रधानमंत्री बना। इस क्रान्ति के समय लेनिन रूस के बाहर था। उसने शुरू से ही युद्ध का विरोध किया था। शुरू में मेंशेविक और बोल्शेविक, दोनों युद्ध के विरोधी थे, लेकिन केरेंस्की की सरकार ने युद्ध को जारी रखा। क्रान्ति के समय देश भर में किसानों तथा मजदूरों के सोवियत बन गए थे। ये मजदूरों और किसानों के स्वशासन के जबर्दस्त अंग बन गए थे। वास्तव में, तत्कालीन सरकार बहुत कुछ इनके निर्णयों पर निर्भर करती थी। इनके अलावा कारखानों में मजदूरों की कमेटियाँ बन गई थीं जो कारखानों के मामले में सभी बातों का निर्णय करती थीं। 22 अप्रैल 1917 ई. के एक कानून के अनुसार, इन्हें कारखानों के मालिकों के सामने मजदूरों के मामले

का प्रतिनिधित्व का अधिकार प्राप्त हो गया था। इस तरह रूस में दोहरा शासन कायम हो गया था। एक शासन का केन्द्र था केरेंस्की की सरकार, जो टूटी-फूटी पूँजीवादी व्यवस्था और उनके बिखरे हुए युद्ध प्रयत्नों को चला रही थी और दूसरा केन्द्र था, किसान और मजदूरों के सोवियतों का अखिल रूसी कांग्रेस। 15 मार्च, 1917 ई. से 7 नवम्बर, 1917 ई. तक रूस की राजनीति इन्हीं दो ध्रुवों के बीच झूलती रही।

केरेंस्की की सरकार जनता को जमीन नहीं दे सकी। मजदूर रोटी की कमी से जहाँ-तहाँ विद्रोह करने लगे और सैनिकों को शान्ति नहीं मिली और वे, जैसाकि लेनिन ने सुन्दर ढंग से बतलाया, 'अपने कदमों से युद्ध के खिलाफ वोट देने लगे' यानी बड़ी तादाद में सैनिक युद्ध क्षेत्र छोड़कर भागने लगे। इस तरह केरेंस्की की सरकार डाँवाँडोल हो रही थी। उस समय की स्थिति का ई.एच. कार ने अपनी पुस्तक 'बोल्शेविक रिवॉल्यूशन' में इन शब्दों में वर्णन किया है, "लेनिन और बोल्शेविकों का योग जारशाही का अन्त करने में नाम मात्र का था। एक बाहरी अर्थ में ही वे 'तत्कालीन सरकार' को निकाल बाहर करने के लिए जवाबदेह ठहराए जा सकते हैं। 1917 ई. के जुलाई से इसका पतन अवश्यम्भावी हो गया था। यह सिर्फ अपने उत्तराधिकारी की इन्तजार में थी। बोल्शेविज्म एक खाली सिंहासन पर चढ़ा।" मार्च की क्रान्ति के बाद क्रान्ति की अगली रूपरेखा को लेकर बोल्शेविक और मेंशेविक नेताओं में घोर अनिश्चितता थी। मेंशेविक और प्लेखनोव तथा बोल्शेविक पार्टी के नेतृत्व का एक बड़ा हिस्सा यह निश्चित रूप से मानते थे कि रूस की क्रान्ति का स्वरूप उस समय की स्थिति में पूँजीवादी प्रजातांत्रिक ही हो सकता था, अत: उनका काम सिर्फ एक विरोधी दल के रूप में पूँजीवादी प्रजातंत्र में रहकर काम करने का था। बहुत-से बोल्शेविक कुछ निर्णय नहीं कर पा रहे थे। ट्रॉटस्की जो इन दोनों दलों से अलग था, अपने सिद्धान्त के अनुसार मजदूर क्रान्ति की सिफारिश कर रहा था। इसी समय लेनिन ने अपना मशहूर 'अप्रैल थीसिस' पेश किया। इस थीसिस से पहले तो बोल्शेविक पार्टी के बहुत-से नेता स्तम्भित रह गए। इसमें न सिर्फ मजदूर क्रान्ति की सिफारिश की गई थी बल्कि जो राज्य के स्वरूप का वर्णन किया गया था, वह अराजकवादियों से अधिक मेल खाता था। उसने लिखा—"एक पार्लियामेंट्री रिपब्लिक नहीं—एक पार्लियामेंट्री रिपब्लिक की तरफ मजदूरों के प्रतिनिधियों के सोवियत से जाना पीछे की तरफ जाना होगा—बल्कि नीचे से ऊपर तक सारे देश में मजदूरों, खेतिहर मजदूरों तथा किसानों के प्रतिनिधियों के सोवियत का रिपब्लिक।

"पुलिस, सेना तथा नौकरशाही का उन्मूलन।

"अधिकारियों को, जिन्हें चुना जाएगा और जिन्हें वापस बुलाने का अधिकार मतदाताओं को होगा, उतना ही वेतन मिलेगा जितना एक साधारण कुशल मजदूर को।"

एक पुराने बोल्शेविक तथा उस समय प्लेखनोव के समर्थक गोल्डेनबर्ग ने यहाँ तक कह दिया कि लेनिन ने अपने को 30 साल से खाली बाकुनिन के यूरोपियन गद्दी के लिए तैयार किया है।

धीरे-धीरे अधिकांश बोल्शेविक, अराजकवादी और मेरिया स्पिरिदनोवा के नेतृत्व में वामपंथी सोशल रिवॉल्यूशनरी जो जमीन के तत्काल बँटवारे का समर्थन कर रहे थे, क्रान्ति के लिए तैयार हो गए। नवम्बर के प्रथम सप्ताह में अखिल रूसी सोवियतों की कांग्रेस हुई। उसी में लेनिन ने यह प्रस्ताव मंजूर करा लिया कि सभी सत्ता सोवियतों को दी जाए। इस तरह दोहरे शासन का अन्त हुआ और 7 नवम्बर, 1917 ई. की क्रान्ति से सोवियत शासन की शुरुआत हुई। केरेंस्की की सरकार को सत्ता से निकाल दिया गया, लेनिन नई सोवियत सरकार का राष्ट्रपति हुआ। जैसाकि बतलाया जा चुका है, लेकिन ने अपनी पुस्तक 'साम्राज्यवाद' में यूरोप के समाजवादियों की कमजोरियों की कटु आलोचना की थी। युद्ध के समय उनकी नीति ने यह स्पष्ट कर दिया था कि द्वितीय अन्तरराष्ट्रीय अब क्रान्ति का यंत्र नहीं रह गया था। अत: लेनिन और उनके साथियों ने एक नये अन्तरराष्ट्रीय सोशलिस्ट संगठन को जन्म देने का विचार किया।

1919 ई. में यूरोप के क्रान्तिकारी सोशलिस्ट, जिसमें जर्मनी के स्पार्टकसलीग के लोग, फ्रांस की सोशलिस्ट पार्टी का अल्पमत तथा अराजकवादी आदि शामिल थे, मॉस्को में एकत्र हुए और इन्होंने 'तृतीय अन्तरराष्ट्रीय' जिसे 'कॉमिन्टर्न' कहते थे, को जन्म दिया। इस अन्तरराष्ट्रीय में गुलाम मुल्कों के स्वतंत्रता आन्दोलन से सम्बद्ध लोग भी शामिल थे और पहली बार अन्तरराष्ट्रीय ने गुलाम मुल्कों और उपनिवेशों की आजादी की लड़ाई को आगे बढ़ाने का प्रोग्राम अपने सामने रखा। लेनिन का मत था कि इन गुलाम मुल्कों की आजादी से ही साम्राज्यवादी देशों के मजदूर आन्दोलन में क्रान्तिकारिता आ सकती है। यह नया अन्तरराष्ट्रीय कम्युनिस्ट अन्तरराष्ट्रीय कहा जाता था और इससे सम्बद्ध पार्टियाँ अपने को अब कम्युनिस्ट कहने लगीं क्योंकि इनकी दृष्टि में यूरोप की सोशलिस्ट पार्टियों ने सोशलिस्ट नाम को बदनाम कर दिया था। इन्होंने ट्रेड यूनियनों का भी एक नया अन्तरराष्ट्रीय उसी साल कायम किया जिसे 'प्रॉफिंटर्न' कहते थे।

इसी बीच कार्ल कॉट्स्की ने द्वितीय और तृतीय अन्तरराष्ट्रीय के बीच एक अलग अन्तरराष्ट्रीय विएना के सम्मेलन में स्थापित किया। बाद में उसने तीनों संगठनों को एक साथ लाने का प्रयास किया, लेकिन तृतीय अन्तरराष्ट्रीय किसी तरह का समझाता करने को तैयार नहीं था। इस तरह सिर्फ द्वितीय और इस नये बीच के अन्तरराष्ट्रीय, जिसे 'ढाई अन्तरराष्ट्रीय' भी कहते हैं, का मिलन हो सका। इस तरह अब दो अन्तरराष्ट्रीय, एक द्वितीय और एक तृतीय, समाजवादी आन्दोलन में हो गए।

11

रूस की क्रान्ति के समय अधिकांश बोल्शेविक नेताओं का यह विश्वास था कि इससे क्रान्ति का एक सिलसिला शुरू होगा जो पूरे पश्चिमी यूरोप में फैल जाएगा और पश्चिमी यूरोप और खासकर जर्मनी की क्रान्ति से रूस को अपना आर्थिक विकास करने में बड़ी सहायता प्राप्त होगी, लेकिन युद्ध के बाद यूरोप में क्रान्ति के बादल मँडराकर चले गए और नेताओं में क्रान्तिकारी निष्ठा और संगठन के अभाव से सफल क्रान्ति नहीं हो सकी। इसके विपरीत, क्रान्ति के तुरन्त बाद पश्चिमी यूरोप की साम्राज्यवादी शक्तियों ने एक साथ मिलकर रूस की प्रतिक्रान्तिकारी शक्तियों की आड़ से इस पर हमला बोल दिया। पश्चिमी यूरोप के मजदूरों के सक्रिय विरोध ने इस हस्तक्षेप को तो सफल नहीं होने दिया, लेकिन युद्ध और आर्थिक कठिनाइयों ने बोल्शेविक नेताओं की क्रान्तिकारी उदारता को हिला दिया। आत्मरक्षा की प्रेरणा ने निर्भय प्रयोगों के स्थान पर उन्हें संकुचित शक्तिवादी मार्ग पर चलने को विवश किया। इस प्रारम्भिक स्थिति ने अपनी स्थायी छाप इस नये समाज पर छोड़ दी।

क्रान्ति के तुरन्त बाद बोल्शेविक नेताओं ने राज्य के इस सिद्धान्त को लागू करने का प्रयत्न किया, जिसे लेनिन ने अपनी पुस्तक 'राज्य और क्रान्ति' में प्रस्तुत किया था और बाद में ज्यूरिश से लौटने पर अपनी अप्रैल थीसिस में पेश किया था। इस सिद्धान्त के अनुसार सोवियत राज्य उत्पादकों के प्रतिनिधित्व पर आधारित सशस्त्र जनता का राज्य होता। इन्होंने कारखानों पर मजदूरों की कमेटियों द्वारा मजदूरों के नियंत्रण की घोषणा कर दी। ई.एच. कार के अनुसार (बोल्शेविक रिवॉल्यूशन) 1918 ई. में कॉमिसारिएट ऑफ जस्टिस द्वारा प्रस्तावित एक विधान में एक ऐसे गणतंत्र का सुझाव दिया गया था, जिसके सदस्य मजदूरों के पाँच संघ—खेतिहर मजदूर, औद्योगिक मजदूर, व्यवसायिक संस्थाओं के मजदूर, राज्य के मुलाजिम और निजी क्षेत्र के मजदूर होते। ऑल रशियन (यूनियन) सेंट्रल एक्जीक्यूटिव कमेटी के सामने वामपंथी सोशल रिवॉल्यूशनरी सदस्य टुट्रोवस्की ने यह दलील पेश की कि "समाजवादी राज्य केवल एक ऐसा केन्द्र हो सकता है जो उत्पादक और आर्थिक सम्बन्धों को व्यवस्थित करे और संविधान के ड्राफ्टिंग कमीशन का काम

वास्तविक अर्थ में एक संविधान तैयार करना नहीं है बल्कि उन आपसी सम्बन्धों को निर्धारित करना है जो विभिन्न शक्तियों के बीच, अगर हम लोगों के ऊपर किसी शक्ति की बात कर सकें, है।" सिद्धान्तों के सम्बन्ध में एक्जीक्यूटिव कमिटी में मत नहीं लिया गया, लेकिन 1918 ई. के शुरू में ड्राफ्टिंग कमिटी के अधिकांश सदस्य मोटे तौर से इस संघीय सिद्धान्त को मानते रहे, लेकिन बिगड़ती हुई परिस्थिति में ड्राफ्टिंग कमिटी के उन सदस्यों की सहायता की जो केन्द्रीकरण के पक्षपाती थे। तैयार विधान की धारा 9 में कुछ प्रमुख बोल्शेविक नेताओं के प्रयत्न से, जिसमें स्टालिन का प्रमुख हाथ था, तात्कालिक रूप से मजबूत राज्य सत्ता की बात को घुसा दी गई थी। यह यों था—

"रशियन सोशलिस्ट फेडरल सोवियत रिपब्लिक (आर.एस.एफ.एस.आर.), जिसकी रूपरेखा वर्तमान संक्रमण काल के उपयुक्त तैयार की गई है, के संविधान का प्रमुख ध्येय शहर और देहात के मजदूरों और अति गरीब किसानों का अधिनायकवाद, एक मजबूत अखिल रूसी सोवियत शक्ति के रूप में कायम करना है जो पूर्ण रूप से पूँजीपति वर्ग को कुचल सके, मनुष्य द्वारा मनुष्य के शोषण का अन्त कर सके और समाजवाद की स्थापना कर सके जिसमें न तो वर्गों में विभाजन हो और न राज्य हो।" (बोल्शेविक रिवॉल्यूशन, ले. ई.एच. कार—से उद्धृत)

यह ध्यान देने की बात है कि सर्वहारा के अधिनायकवाद से शुरू में कोई भी असली अधिनायकवाद की बात नहीं सोचता था। हालाँकि बाद में बोल्शेविकों ने अपनी सहूलियत के अनुसार इसका अर्थ लगाना शुरू किया। बर्ट्रेंड रसेल ने, जो रूस की क्रान्ति के बाद रूस गए थे, अपनी पुस्तक 'प्रैक्टिस एंड थ्योरी ऑफ बोल्शेविज्म' में लिखा है कि जब पश्चिमी देशों के समाजवादी 'सर्वहारा के अधिनायकवाद' की बात करते हैं तो सर्वहारा से उनका अर्थ असली सर्वहारा वर्ग से होता है ओर अधिनायकवाद को वे केवल एक नाम की चीज समझते हैं। इसके विपरीत रूस में बोल्शेविक, 'अधिनाकयवाद' का अर्थ असली रूप में लेते हैं जबकि 'सर्वहारा' का अर्थ उनके लिए अपनी पार्टी से होता है। लेनिन के समर्थन से 'सर्वहारा के अधिनायकवाद' की प्रतिष्ठा बहुत बढ़ गई और इसके नाम पर आगे चलकर भयंकर तानाशाही को समर्थन प्राप्त होता रहा।

लेनिन तथा अन्य बोल्शेविक नेताओं के विचार में सत्ता हाथ में आने के बाद लगातार अनुदारता की ओर परिवर्तन होते रहे। बोल्शेविकों की जीत के दस दिन के बाद लेनिन ने कहा, "आतंक का उपयोग करने का अभियोग हमारे ऊपर लगाया जाता है, लेकिन वैसे आतंक का, जैसाकि फ्रांस के क्रान्तिकारियों ने उपयोग किया, जिन्होंने निरस्त लोगों को गिलोटिन पर चढ़ा था, हम लोग उपयोग नहीं करते हैं और आशा करते हैं कि हम लोग उपयोग नहीं करेंगे...जब हम लोग किसी को गिरफ्तार करते हैं तो उनसे कहते हैं कि हम उन्हें छोड़ देंगे अगर वे तोड़-फोड़ नहीं करने

के वादे पर हस्ताक्षर कर दें। और ऐसे हस्ताक्षर दे दिए जाते हैं।" (बोल्शेविक रिवॉल्यूशन से उद्धृत)।

पर दूसरी जगह लेनिन ने कहा, "अगर शान्ति काल में जनता की सरकार का गुण सदाचार है तो जनता की सरकार का गुण क्रान्ति काल में सदाचार और आतंक है। सदाचार जिसके बिना आतंक मारक है, आतंक, जिसके बिना सदाचार शौर्यहीन है। आतंक और कुछ नहीं बल्कि न्याय है, सामयिक, कठोर, अडिग, इस तरह यह सदाचार का ही अंग है।" (बोल्शेविक रिवॉल्यूशन से उद्धृत)।

इस दृष्टिकोण के विपरीत जर्मन कम्युनिस्ट पार्टी के प्रोग्राम में, जिसे 1918 ई. के दिसम्बर में रोजा लक्जमबर्ग ने तैयार किया था, स्पष्ट शब्दों में आतंक को अस्वीकार कर दिया गया था। उसमें कहा गया है : "पूँजीवादी क्रान्ति में खून-खराबा, आतंक और राजनीतिक हत्या उदीयमान वर्ग के अनिवार्य हथियार थे। सर्वहारा क्रान्ति को आतंक की आवश्यकता नहीं, यह हत्या को हेय और घृणित समझता है।" (बोल्शेविक रिवॉल्यूशन से उद्धृत)।

रूस में विरोधी दलों के कार्यकलाप ने भी बोल्शेविकों को आतंकवादी नीति अपनाने को विवश किया। सोशल रिवॉल्यूशनरी शुरू से आतंक में विश्वास करते थे और बोल्शेविकों से विरोध होने पर वे आतंक का पुराना हथियार अपनाने लगे। बोल्शेविक युद्ध को समाप्त करने के लिए जर्मनी से किसी शर्त पर समझौता करने के लिए तैयार थे। सोशल रिवॉल्यूशनरी युद्ध को जारी रखने के पक्षपाती थे। यों बोल्शेविक पार्टी के बहुत-से नेता भी समझौते के खिलाफ थे और खुद ट्रॉटस्की जिसने बोल्शेविकों की ओर से ब्रेस्ट-लिटोव्स्क में जर्मन सन्धि पर हस्ताक्षर किए, 'न युद्ध न शान्ति' की नीति का समर्थक था, पर सोशल रिवॉल्यूशनरी दूसरी ही तरह से इस वार्ता को भंग करना चाहते थे। उन्होंने जर्मनी के राजदूत मिरबाक की हत्या 6 जुलाई, 1918 ई. में कर दी। इसके बाद बोल्शेविकों ने उनका घोर दमन शुरू किया। वामपंथी सोशल रिवॉल्यूशनरी भी आतंक के द्वारा ही अपनी मंशा पूरा करना चाहते थे। इस तरह सही बात को लेकर किए विरोध का भी नतीजा उलटा ही होता था और बोल्शेविक सत्ता को अधिक केन्द्रीकरण की ओर ले गए। इसी के बाद बाहरी हस्तक्षेप और गृहयुद्ध शुरू हुआ। इसमें क्रान्ति विरोधियों ने 'सफेद आतंक' शुरू किया। इसके जवाब में 'लाल आतंक' की शुरुआत हुई।

सत्ता का अपना आन्तरिक तर्क होता है। विशेष परिस्थितियों में सम्पूर्ण सत्ता का स्वाद ले लेने के बाद सत्तारूढ़ दल आसानी से सत्ता में हिस्सा बँटाने के लिए तैयार नहीं होता। ऐसे सत्ताधारी दल अपने हित को समाज का हित समझने लगते हैं और उन तत्त्वों को जो इनके विरोधी होते हैं, ये समाज विरोधी समझने लगते हैं। और इस तरह वे समाज की रक्षा के नाम पर वैसे भी तत्त्वों को दबाना शुरू

करते हैं जो इनका विरोध करते हों। बोल्शेविकों का विश्वास तो इस बात में और भी अडिग था। उनकी सत्ता के साथ ही मानव समाज का भाग्य बँधा हुआ था। वे मार्क्सवादी थे और यह मानते थे कि उनकी क्रान्ति इतिहास के संघर्षों की आखिरी मंजिल है। उनके हाथों में मानव का भाग्य सुरक्षित था। उनकी एकमात्र जवाबदेही थी सत्ता को किसी भी कीमत पर अपने हाथों में रखने की।

इस सम्बन्ध में यह स्मरणीय है कि नवम्बर क्रान्ति के समय अराजकवादी तथा वामपंथी सोशल रिवॉल्यूशनरी, दोनों बोल्शेविकों के साथ थे। मेंशेविक इस क्रान्ति को प्रजातांत्रिक पूँजीवादी सीमा के भीतर रखना चाहते थे, फिर भी गृहयुद्ध शुरू होने के बाद उन्होंने प्रतिक्रान्तिकारी शक्तियों के खिलाफ बोल्शेविकों के साथ मिलकर युद्ध किया। 20 मेंशेविक, सैनिक व्यवस्था में गृहयुद्ध के समय सोवियत राज्य की ओर से काम कर रहे थे। मार्तोव, जो मेंशेविकों का नेता था, ने बोल्शेविकों के समर्थन में पोलैंड के युद्ध के समय भाषण दिया था, जिसे कॉमिन्टर्न ने कई भाषाओं में छापा था। अराजकवादियों ने नेस्टर माखनो के नेतृत्व में बोल्शेविकों के साथ मिलकर डेनिकिन और रैंगल की प्रतिक्रान्तिकारी सेना को हराने में महत्त्वपूर्ण भाग लिया था, लेकिन बोल्शेविक सत्ता के सुरक्षित होते ही इनके ऊपर दमन करने लगे। बोल्शेविकों की यह सफाई अर्थहीन हो जाती है कि ये प्रतिक्रान्तिकारी थे जब हम यह देखते हैं कि प्रतिक्रान्ति के खतरे के समय इन्हें छूट दी जाती है और इनकी मदद से प्रतिक्रान्ति को परास्त किया जाता है, लेकिन खतरे के टल जाने के बाद इनका दमन होता है।

क्रान्ति के बाद दिसम्बर, 1917 ई. में चेका (ऑल रशियन एक्स्ट्रा ऑर्डिनरी कमिटी) को जन्म दिया गया। इसका इस्तेमाल खुलेआम विरोधी दलों, जिसमें कैडेट से लेकर वामपंथी सोशल रिवॉल्यूशनरी तक थे, को दबाने में होता था, लेकिन 30 नवम्बर, 1918 ई. को जब गृहयुद्ध शुरू हो गया, ऑल रशियन सेंट्रल एक्जीक्यूटिव कमिटी ने मेंशेविकों के सोवियत राज्य के निष्कासन का कानून हटा दिया। 25 फरवरी, 1919 ई. में सोशल रिवॉल्यूशनरी पार्टी के विरोध में लगे प्रतिबन्ध भी हटा लिए गए। सत्ता के केन्द्रीकरण का दूसरा प्रयत्न 1920 ई. के बाद से हुआ जब गृहयुद्ध का अन्त हो गया और आर्थिक क्षेत्र में 'न्यू इकोनॉमिक पॉलिसी' का श्रीगणेश होनेवाला था जिसमें पूँजीवादी तत्त्वों को कुछ सहूलियतें दी गईं। विरोधी दलों को सबसे अधिक आजादी 1918 ई. और 1920 ई. के बीच रही जबकि गृहयुद्ध था और जिस काल को 'युद्ध साम्यवाद' (वार कम्युनिज्म) कहा जाता था। रोजा लक्जमबर्ग ने इस तानाशाही प्रवृत्ति के खतरे को समझा था और जेल से ही उसने लिखा था, "सिर्फ सरकार के समर्थकों के लिए स्वतंत्रता, सिर्फ एक पार्टी के सदस्यों के लिए स्वतंत्रता...कोई स्वतंत्रता नहीं है। स्वतंत्रता का वास्तविक अर्थ भिन्न तरह से सोचनेवालों की स्वतंत्रता है।"

गृहयुद्ध के खत्म होते ही चारों तरफ से प्रजातांत्रिक अधिकारों की माँग होने लगी। इस आन्दोलन का नेतृत्व किया क्रॉन्सटैड्ट नाविकों ने, जो नवम्बर क्रान्ति में अगुआ रहे थे और लेनिन का जिन पर अत्यधिक विश्वास था। उन्होंने एक प्रस्ताव द्वारा कई माँगें रखीं, जिसमें कुछ नीचे दी जाती हैं : "(1) यह देखते हुए कि वर्तमान सोवियत मजदूरों और किसानों की इच्छाओं को व्यक्त नहीं करते, सोवियतों का गुप्त मतदान पद्धति के द्वारा तत्काल चुनाव हो। चुनाव में सभी मजदूर और किसानों को स्वतंत्र प्रचार करने का मौका मिले, इस पर ध्यान दिया जाए। (2) भाषण और प्रेस की स्वतंत्रता मजदूर और किसानों तथा अराजकवादियों तथा अन्य वामपंथी सोशलिस्टों को मिले। (3) मजदूर यूनियनों और किसान संगठनों को सभा करने का अधिकार मिले। (4) सभी सोशलिस्ट पार्टियों के कार्यकर्ताओं तथा उन मजदूर, किसान, सैनिक तथा नाविकों को कारामुक्त किया जाए जो मजदूर, किसान आन्दोलन के सम्बन्ध में बन्दी बनाए गए हैं। (5) उन सभी लोगों को राशन बराबर दिया जाए जो काम करते हैं, उन लोगों को छोड़कर जो स्वास्थ्य के लिए हानिकर कार्य में लगे हैं। (6) किसानों को अपनी जमीन के सम्बन्ध में पूरी आजादी दी जाए और उन्हें इस शर्त पर मवेशी रखने का अधिकार दिया जाए कि वे बिना मजदूर लगाए खुद उसकी देखभाल करें।"

(क्रॉन्सटैड्ट रिवोल्ट—ऐंटन सिलिगा)

लेकिन गृहयुद्ध से निवृत्त होकर बोल्शेविक लोकतंत्र के विस्तार के लिए तैयार नहीं थे। लेनिन के निर्णय और ट्रॉटस्की के आदेश के अनुसार लालसेना ने क्रॉन्सटैड्ट के नाविकों को शस्त्र के बल पर कुचल दिया। रूस में जनता की ओर से संगठित रूप से प्रजातंत्र की यह आखिरी माँग थी।

बाहर के विरोध को दबाने के बाद पार्टी के अन्दर खुद ऐसे मत पैदा होने लगे जो लोकतांत्रिक अधिकारों की माँग करने लगे। मिआसनिकोव नाम के एक बोल्शेविक ने 1921 ई. के मई महीने में पार्टी के सेंट्रल कमिटी को एक स्मृति-पत्र भेजा जिसमें हर विचार के लोगों को प्रेस की स्वतंत्रता देने की माँग की गई थी। 1922 ई. के फरवरी में इसे पार्टी से निकाल दिया गया। बोल्शेविक पार्टी के दसवें कांग्रेस ने 1921 ई. के मार्च में लेनिन की सिफारिश पर 'फैक्शन' पर पाबन्दी लगा दी। इसका मुख्य उद्देश्य था 'वर्कर्स अपोजिशन' को दबाना, जिसने प्रजातांत्रिक अधिकारों की माँग शुरू कर दी थी।

जैसे-जैसे पार्टी के बाहर से विरोध की सम्भावना घटती गई वैसे-वैसे पार्टी के सेक्रेटारियट और खासकर इसके सेक्रेटरी स्टालिन की शक्ति बढ़ती गई। 1923 ई. के आते-आते स्टालिन ने अपने हाथ में इतनी शक्ति समेट ली थी कि लेनिन भी, जो अब अक्सर बीमार रहता था, उसके विरुद्ध कुछ करने में असमर्थ था। इधर

1923 ई. में रूस के संघीय संविधान को भी बदलकर यूनियन बना दिया गया। अब सोवियत रूस आर.एस.एफ.एस.आर. की जगह यू.एस.एस.आर. बन गया। इस तरह केन्द्रीय शासन और पार्टी की केन्द्रीय समिति के हाथ में अत्यधिक शक्ति सिमट गई। राष्ट्रों को यूनियन से बाहर जाने का अधिकार था पर जैसाकि लेनिन के बाद में अपने लेख में खुद बतलाया, यह केवल मौखिक अधिकार रह गया था। जब जॉर्जिया और कॉकेसस के स्थानीय स्वतंत्रता का दमन करके अन्त किया गया तब लेनिन की आँखें खुलीं। जिस केन्द्रीय शासन को उसने जन्म दिया था, उसका भयंकर रूप उसने देखा। अपने जीवन के अन्तिम लेख 'राष्ट्रीय सवाल पर' उसने लिखा : "मैं समझता हूँ कि मैंने रूस के मजदूरों के विरुद्ध एक बड़ा अपराध किया है क्योंकि मैंने काफी शक्ति और कड़ाई के साथ 'ऑटोनोमाइजेशन', जो ऐसा मालूम होता है कि सरकार के बदनाम सवाल में हस्तक्षेप नहीं किया...

"यह कहा जाता कि हमें एक सूत्रबद्ध यंत्र की आवश्यकता है, लेकिन यह बात कहाँ से शुरू होती है? क्या यह उसी यंत्र से नहीं आती है जो, जैसाकि मैंने अपनी डायरी के एक पहले अंक में कहा था, जारशाही से लिया गया है ओर जिस पर पवित्र सोवियत तेल की केवल पतली परत है।

"निश्चित रूप से हमें यह कदम उठाने के पहले तब तक प्रतीक्षा करनी चाहिए थी जब तक हम यह नहीं कह सकते कि यह मंत्र हमारा अपना हो चुका है। अभी ईमानदारी के साथ हम इसके ठीक उलटी बात कह सकते हैं। जिसे हम अपना कहते हैं, वह एक ऐसा यंत्र है जो पूरी तरह हमसे पराया है, जो जारशाही के यंत्र विधि का प्रतिनिधित्व करता है और जिसे हम पिछले पाँच वर्षों में बाहरी देशों (की क्रान्ति) की मदद के अभाव तथा युद्ध और अकाल के संघर्ष के न टाले जा सकनेवाले दबाव के कारण नहीं जीत पाए हैं।

"ऐसी स्थिति में यह स्पष्ट है कि 'यूनियन से बाहर जाने का अधिकार' जिसके बल पर हम अपने को सही बतलाते हैं, सिर्फ एक कागज का टुकड़ा साबित होगा और वह रूस के अल्पसंख्यकों को सौ प्रतिशत रूसियों से बचाने में असमर्थ होगा, उन महान रूसियों से, साम्राज्यवादियों (शॉविनिस्ट) से, जो वास्तव में लुटेरे और शैतान (स्काउंड्रल) रूसी नौकरशाह हैं। इसमें सन्देह की गुंजाइश नहीं कि रूस के नगण्य सोवियत और सोवियत से प्रभावित मजदूर महान-रूसी साम्राज्यवादी भीड़ (रिफ-रैफ) के समूह में दूध की मक्खी की तरह डूब जाएँगे।"

लेनिन अपनी अन्तिम साँसें गिन रहा था। उसने बड़े ही मार्मिक शब्दों में ट्रॉटस्की से इस लेख के विचार को पार्टी की सेंट्रल कमिटी के समक्ष रखने की अपील की थी। स्टालिन ने यह कहकर इस लेख को प्रकाशित नहीं होने दिया कि कॉमरेड लेनिन ने इसे सुधारकर प्रेस में जाने के योग्य नहीं तैयार किया था। लेनिन के मरने के बाद स्टालिन ने थोड़े ही दिनों के भीतर अन्य बोल्शेविक नेताओं को

पार्टी विरोधी कहकर कुचल डाला। पहले ट्रॉटस्की को 1927 ई. में पार्टी से और फिर देश से निकाल दिया गया। इसके बाद जिनोविव, कामेनेव लापता हो गए। इसके बाद बुखारिन और टाम्सकी की बारी आई। इस तरह लेनिन के नजदीकी सभी बोल्शेविक नेता या तो मरवा डाले गए या देश से निकाल दिए गए। इस तरह पार्टी के भीतर या बाहर, कहीं किसी तरह के विरोध का अवशेष नहीं रहा। प्रजातंत्र को संकुचित करने का अवश्यम्भावी नतीजा सामने आया। बाद में ट्रॉटस्की ने इस प्रक्रिया का खुद बहुत सुन्दर ढंग से विश्लेषण किया है। उसने लिखा है—

"विरोधी पार्टियों पर प्रतिबन्ध अपने पीछे पार्टी के भीतर गिरोहों (फैक्शन) पर प्रतिबन्ध से आया। गिरोहों पर प्रतिबन्ध कभी गलती न कर सकनेवाले नेताओं के भिन्न ढंग से सोचने पर प्रतिबन्ध में परिणत हुआ। पुलिस शक्ति पर आधारित एकरूपता उस नौकरशाही निरंकुशता में परिणत हुई जिससे तरह-तरह के मनमानापन और भ्रष्टाचार का जन्म हुआ।"

(रिवॉल्यूशन बिट्रेड-लियोन ट्रॉटस्की)

12

1917 ई. के नवम्बर में जमीन के बँटवारे के किसानों के आन्दोलन ने बोल्शेविकों को सत्ता पर अधिकार करने की प्रेरणा दी थी, लेकिन जब जमीन को किसानों ने टुकड़ा-टुकड़ा करके आपस में बाँटना शुरू किया तब बोल्शेविकों ने इसका विरोध नहीं किया, हालाँकि यह उनके विचारों के प्रतिकूल था। उन्होंने इस कार्य को कानूनी मान्यता दे दी। जब लेनिन का ध्यान उनके प्रोग्राम से इस कानून के विरोध की ओर आकृष्ट किया गया तब लेनिन ने जवाब दिया : "इससे क्या? यह निरर्थक है कि किसने इस प्रोग्राम को बनाया? एक प्रजातांत्रिक सरकार होने के नाते हम लोग साधारण लोगों के निर्णयों को नजरअन्दाज नहीं कर सकते, यद्यपि हम इससे सहमत नहीं भी हों।"

लेकिन यह दृष्टिकोण अधिक दिनों तक टिक नहीं पाया। तात्कालिक सरकार के समय से ही रूस की अर्थव्यवस्था छिन्न-भिन्न हो रही थी। औद्योगिक उत्पादन उत्तरोत्तर गिरता जा रहा था। मुद्रा प्रसार इतनी तेजी से हो रहा था कि वर्तमान मुद्रा से कुछ भी खरीदना मुश्किल था। किसान सरकार को अनाज नहीं बेचना चाहते थे। इसी स्थिति में बोल्शेविक सत्ता में आए। ग्रामीण क्षेत्रों में एक नया सम्पत्ति सम्बन्ध कायम हुआ। अनाज के बदले में, गिरती औद्योगिक उत्पादन की पृष्ठभूमि में शहरों के पास गाँवों को देने के लिए कुछ भी नहीं था। शहरों के अन्न-संकट को दूर करने के लिए जो नीति अपनाई गई, वह एक तरह से देहातों के खिलाफ शहरों का युद्ध था। शहरों से देहातों में सशस्त्र टुकड़ियों को अनाज इकट्ठा करने के लिए भेजा गया। इसके अलावा 'गरीबों की कमेटियाँ' गाँवों में बनीं, जिनका काम था, इन जत्थों की मदद करना। चूँकि बोल्शेविक कानून के अनुसार मजदूरों के आधार पर खेती और जमीन के स्वामित्व में असमानता करीब-करीब समाप्त कर दी गई थी, ये कमेटियाँ खासकर अधिक परिश्रमी और मितव्ययी किसानों से द्वेष रखनेवाले लोगों द्वारा बनाई गईं।

इस नीति का भयंकर परिणाम हुआ। शहरों में तात्कालिक रूप से कुछ लोगों की जानें बचीं, लेकिन एक तरफ बोल्शेविकों को किसानों की मित्रता से हाथ धोना पड़ा और दूसरी ओर इसका कृषि उत्पादन पर बुरा प्रभाव पड़ा। इसके जवाब में

किसानों ने खेती के क्षेत्र को घटाना शुरू किया। जहाँ 1916 ई. में 8.25 करोड़ डेस भूमि पर खेती होती थी, वहाँ 1921 ई. में सिर्फ 4.91 करोड़ डेस भूमि पर खेती होती थी। उत्पादन 395.5 करोड़ पूड से घटकर 161.7 करोड़ पूड हो गया। अमेरिकन हूवर रिलीफ कमिटी तथा अन्य तरह के बड़े पैमाने की मदद के बावजूद लाखों आदमी अकाल में मर गए। एक सरकारी अनुमान के अनुसार, 2 करोड़ 20 लाख लोगों को इस अकाल में सहायता की आवश्यकता थी। इसी पृष्ठभूमि में बोल्शेविकों ने 1921 ई. में 'न्यू इकोनॉमिक पॉलिसी' अपनाई, जिसमें आर्थिक क्षेत्र में नियंत्रण को ढीला किया गया ताकि स्वाभाविक रूप से उत्पादन का प्रसार हो सके। यह नीति एक तरह से समाज में अभी भी बचे हुए पूँजीवादी तत्त्वों को प्रोत्साहित करने की भी थी।

खरीद-बिक्री की स्वतंत्रता से फिर किसानों ने उत्पादन बढ़ाना शुरू किया। इधर उद्योगों की ओर से औद्योगिक कच्चे सामानों और अनाज खरीदने की कारखानों में होड़ लग गई। इसका नतीजा यह हुआ कि 1921 और 1922 ई. के बीच खेती से उत्पादित वस्तुओं के मूल्यों में काफी उठाव आया। उद्योगों को विनिमय में सहूलियत का स्थान देने के लिए 1922 ई. के बसन्त में 'कॉमर्शियल सिंडिकेट' औद्योगिक ट्रस्टों द्वारा बनाए गए। इधर सरकार ने टैक्स वसूली के पहले अनाज को सस्ते मूल्य पर खरीदकर गिरी कीमत पर बाजार में बेचना शुरू किया। इन दोनों नीतियों के फलस्वरूप कृषि उत्पादित वस्तुओं का मूल्य एकाएक बहुत गिर गया। इधर सिंडिकेट के बनने से होड़ के अभाव में औद्योगिक वस्तुओं का मूल्य बहुत बढ़ गया। अब उद्योगों के सामने 1923 ई. में बिक्री का संकट उपस्थित हुआ। अब उद्योग और कृषि की वस्तुओं के मूल्यों के ग्राफ दो विपरीत दिशाओं में बढ़ने लगे और इसे 'कैंची संकट' कहा गया।

इस संकट को हल करने के दो सुझाव प्रमुख रूप से दिए गए। उसमें एक विचार के अनुसार वास्तव में यह संकट उद्योगों के अपूर्ण विकास को प्रतिबिम्बित करता था। इस विचार के अनुसार, उद्योगों के क्षेत्र को अधिक मजबूत करने की आवश्यकता थी जिससे औद्योगिक वस्तुओं के उत्पादन में अधिक कुशलता आ सके और सस्ते दर पर औद्योगिक वस्तुओं का निर्माण हो सके। यह विचार एवं प्रिओब्रेजेंस्की आदि के द्वारा व्यक्त किया गया जो बाद में वामपंथी विरोध के नेता हुए। दूसरे विचार जिसका समर्थक बुखारिन था, के अनुसार इस संकट का कारण किसानों में खरीदने की क्षमता का अभाव था। उनका सुझाव औद्योगिक वस्तुओं के मूल्यों को कम करने का और किसानों को अधिक कर्ज देने की व्यवस्था करने का था जिससे वे औद्योगिक सामानों को खरीद सकें। पहला विचार इस अर्थ में कुछ सही था कि उस समय उद्योग अपनी पूर्ण क्षमता के अनुसार काम नहीं कर रहे थे, और कुछ तो अपनी क्षमता से आधे से भी कम काम करते थे, लेकिन इस

संकट का असली कारण यह था कि किसानों को अपने परिश्रम का बदला असली मूल्य के रूप में नहीं मिल रहा था, लेकिन पहले सुझाव देनेवाले लोगों की दृष्टि में उद्योगों और कृषि के बीच का यह असमानता का सम्बन्ध बिलकुल सही था, चूँकि उनकी दृष्टि में किसान वर्ग का शोषण 'प्राथमिक समाजवादी संचय' (प्रिमिटिव सोशलिस्ट ऐक्युमुलेशन) के लिए आवश्यक था। यह विचार उन्होंने मार्क्स के 'प्रिमिटिव ऐक्युमुलेशन' के समानान्तर, पिछड़ी अर्थव्यवस्था में समाजवादी विकास के लिए आवश्यक कदम के रूप में रखा।

लेकिन दोनों के बीच के आधारभूत फर्क पर उन्होंने ध्यान नहीं दिया। मार्क्स ने लिखा था : "व्यक्तिगत श्रम पर आधारित, बिखरी व्यक्तिगत सम्पत्ति का पूँजीवादी व्यक्तिगत सम्पत्ति में परिवर्तन, स्वाभाविक रूप से, अतुलनीय ढंग से लम्बी प्रक्रिया है जो कहीं अधिक ह्रिस और कठिन है, बनिस्बत पूँजीवादी व्यक्तिगत सम्पत्ति के, जिसकी उत्पादन क्रिया का समाजीकरण हो चुका है, सोशलिस्ट सम्पत्ति में परिवर्तन से। पहले मामले में हमारे सामने बहुसंख्य जनता का थोड़े लोगों द्वारा सम्पत्ति अपहरण है, दूसरे में बहुसंख्य जनता द्वारा थोड़े-से अपहरण करनेवालों की सम्पत्ति ले लेने की बात है।"

(हिस्टोरिकल टेंडेंसी ऑफ कैपिटल ऐक्युमुलेशन, कैपिटल प्र. भाग)

अगर मुट्ठी भर औद्योगिक मजदूरों पर अपने को आधारित कर सोशलिस्ट भी यही संचय की विधि अपनाते तो क्या यह भी भयंकर शोषण नहीं होगा? मार्क्स-एंगेल्स ने किसानों की समस्या पर विस्तार से कभी विचार नहीं किया क्योंकि उन्होंने विकसित देशों में समाजवादी आन्दोलन की कल्पना की थी जहाँ मजदूर बहुमत में होते। फिर भी फ्रेडरिक एंगेल्स ने 'प्रिपरेटरी नोट टू दि पेजेंट वार इन जर्मनी' में यह बतलाया कि सिर्फ मजदूर वर्ग फ्यूडल व्यवस्था के अन्दर किसानों को फ्यूडल बन्धन से मुक्त कर और उन किसानों को जो अपनी छोटी जमीन की टुकड़ी जोतते हैं, रेहन से मुक्त कर सच्ची स्वतंत्रता दिला सकता है। उसने सिर्फ बड़े फार्मों को, जिसमें एक मालिक और अनेक मजदूर काम करते हैं, उनमें काम करनेवाले मजदूरों को को-ऑपरेटिव में बदलने की बात की। शक्ति का प्रयोग कर किसानों के शोषण का कहीं भी इशारा नहीं किया गया था। फिर भी तत्काल इस संकट का मुकाबला औद्योगिक वस्तुओं के मूल्य को घटाकर किया गया।

इसके थोड़े ही दिन बाद कुलक (समृद्ध किसान जो अनाज वगैरह संग्रह कर अधिक मूल्य पर बेचने की कोशिश करते थे) के खतरे की बात चारों ओर होने लगी। क्रान्ति के बाद जमीन के स्वामित्व पर से गैर बराबरी तो मिटा दी गई थी, लेकिन खेती के औजारों की तथा मवेशियों की कमी उत्तरोत्तर बढ़ने लगी। प्रवदा में 1926 ई. के शुरू में प्रकाशित आँकड़े के अनुसार उक्रेन में 1921 ई. में

19 प्रतिशत किसानों के पास घोड़े नहीं थे। 1922 ई. में यह बढ़कर 34 प्रतिशत, 1923 ई. में 45 प्रतिशत और 1924 ई. में 46 प्रतिशत हो गया।...पूरे देश के लिए जैसाकि 1926 के प्रारम्भ में राइकॉव ने अनुमान लगाया था कि बिना घोड़े के फार्मों की संख्या 30 प्रतिशत थी। एक हिसाब के अनुसार, रूस के फार्मों में अभी उतने ही घोड़े हैं जितने 1880 ई. में थे।"

(बोल्शेविक रिशया—ऐंटन कार्लग्रेन, जून, 1927 ई.)

खेती के औजारों की इस कमी का यह नतीजा हुआ कि वे किसान जिनके पास ऐसे औजार थे, वे दूसरों को कड़े दर पर इन औजारों और मवेशियों को किराए पर लगाते थे। मॉरिस डॉब के अनुसार, गोसप्लान (रूस की नियोजन संस्था) के आँकड़ों से पता चलता था कि 1929 ई. में 10 प्रतिशत किसानों के पास 35 से 45 प्रतिशत तक खेती के औजार और 30 प्रतिशत खेती में काम आनेवाले मवेशी थे।

इस तरह 1925-26 ई. में जबकि खेती की पैदावार युद्ध के पहले से बढ़ गई थी, बाजार में लाया गया अतिरिक्त अनाज सिर्फ 70 प्रतिशत था। इसका एक ही उपाय था : किसानों को ऐसे औजारों और पूँजी से सहायता करना, जिससे वे खेती के मामले में आत्मनिर्भर बन सकते, लेकिन कृषि की ओर से उदासीनता ने कृषि से प्राप्त उन वस्तुओं की मात्रा घटाना शुरू कर दिया जिसका निर्यात कर विदेशों से मशीनें मँगाई जा सकती थीं। इस तरह कृषि की उपेक्षा से औद्योगिक विकास पर भी रुकावट आ रही थी।

1928 ई. तक चारों तरफ यह कहा जाने लगा कि कुलक बड़ी मात्रा में अनाज-संचय कर रहे हैं और उसे बेचने को तैयार नहीं।

'वामपंथी विरोध' बराबर से गाँवों में बढ़ती हुई पूँजीवादी शक्तियों के खतरे की चेतावनी देता रहा, लेकिन एक बड़ी हद तक यह अनाज संचय की बात कोरी कल्पना थी। बुखारिन ने 1928 ई. के अक्टूबर में प्रवदा में एक लेख 'नोट्स ऑफ ऐन इकोनॉमिस्ट (दि प्रॉब्लम ऑफ प्लानिंग)' में इस विश्वास का खंडन करने की कोशिश की। उसने लिखा : "आज प्रत्येक बच्चा जानता है कि विरोधियों (ट्रॉटस्कीवादी) की बहुत बड़े अन्ने के भंडार की परी की कहानी जिसे गाँवों ने रोक रखा है, 900 करोड़ पूड अनाज की बात जिसे छिपा रखा गया है, एक साबुन के बुलबुले की तरह फूट चुका है। कोई भी इस परी की कहानी पर अब विश्वास नहीं करता।"

उसने बाजार में अनाज की कमी का कारण यों बतलाया, "...इस तरह उद्योग के तूफानी विकास, आबादी में महत्त्वपूर्ण बाढ़ और आबादी की आवश्यकता के प्रसार के साथ देश में अनाज की मात्रा नहीं बढ़ी है। यह क्या साफ नहीं है कि अनाज की समस्या की तरफ एक उपेक्षापूर्ण दृष्टिकोण, इस तरह की परिस्थिति में

वास्तविक अपराध है? और क्या यह स्पष्ट नहीं है कि एक ट्रॉटस्कीवादी 'निराकरण' एक काल्पनिक नहीं वास्तविक सर्वनाश की तरफ ले जाएगा?"

(ख्रुश्चेव एंड स्टालिन्स घोष्ट—बरट्रम डी. वल्फ, के परिशिष्ट से)

अभी तक बुखारिन ट्रॉटस्की के विरुद्ध स्टालिन के साथ था और ट्रॉटस्की के निष्कासन पर बुखारिन और टॉम्सकी के साथ-साथ कहा था, "सर्वहारा के अधिनायकवाद में दो, तीन या चार पार्टियाँ रह सकती हैं, लेकिन एक ही शर्त पर कि उनमें एक सत्ता में रहे और बाकी जेल में।" (विक्टर सर्ज के 'रसिया ट्वेंटी ईयर्स ऑफ्टर' से)। लेकिन इसके साल भर के भीतर स्टालिन, 'वामपंथी विरोध' से एक कदम आगे बढ़कर जबर्दस्ती अनाज इकट्ठा करने के लिए गाँवों में अपने अनुयायियों को भेजने लगा। उसने टॉम्सकी और बुखारिन के खिलाफ उन्हीं दलीलों का उपयोग किया जो वामपंथी विरोधियों ने किया था। बाद में टॉम्सकी ने आत्महत्या कर ली और बुखारिन 1938 ई. में मौत के घाट उतार दिया गया।

1929 ई. के नवम्बर महीने में स्टालिन ने किसानों की सहूलियतों का और 'स्मित्चका' (किसान मजदूर एकता) के विचार को हवा में फेंककर, व्यक्तिगत खेती के अन्त की घोषणा कर दी। उसके बाद लाखों-लाख किसान परिवारों को न सिर्फ सामूहिक खेती के लिए मजबूर किया बल्कि लाखों परिवारों को उनक गाँवों से उजाड़कर दूरवर्ती प्रदेशों में निर्माण कार्य में गुलामों की तरह काम करने को मजबूर किया गया। स्टालिन के राज्य के प्रशंसक वेब्स ने अपनी पुस्तक 'सोवियत कम्युनिज्म : एक नई सभ्यता' में इस स्थिति का इन शब्दों में वर्णन किया है—"जहाँ तक हम लोग जानते हैं, सोवियत सरकार ने विशाल पैमाने पर की गई निर्दयता के अनेक दोषारोपण का कोई जवाब देना आवश्यक नहीं समझा है; न तो उन्होंने जल्दीबाजी में अपने नागरिकों के इतने बड़े अनुपात को खत्म (लिक्विडेशन) करने की क्रिया की कोई व्याख्या की है। वास्तव में खुले रूप से एक ही बात ज्ञात है कि यू.एस.एस.आर. के सारे दक्षिणी भाग में पर्यटकों ने पिछले कुछ वर्षों में बार-बार रेलवे स्टेशनों पर थके और निराश पुरुष, स्त्रियों और बच्चों को देखा है जिनके पास इतने ही सामान थे जिन्हें वे ढो सकें और जिन्हें सशस्त्र गार्ड भेड़ की तरह डिब्बों में अनजान स्थानों में ले जाने के लिए भर रहे थे।"

फिर आगे खेती की हड़ताल, अकाल और सोवियत सरकार द्वारा उसके निराकरण के उपाय के सम्बन्ध में उन्होंने लिखा है : "उन्हें (किसानों को) व्यक्तिगत रूप से, परिवार के साथ, या उत्तरी काकेसस में पूरे गाँवों को निष्कासित कर ऐसे स्थानों पर भेज दिया गया जहाँ उन्हें सिर्फ भोजन देकर 'रिलीफ के काम' में लगाया जा सके और भुखमरी से बचाया जा सके। व्हाइट सी कैनाल के निर्माण पर दसों हजार लोगों को लगाया गया। दूसरों को चेलियाबिन्स्क और मैग्निटोगॉस्क के नये शहरों के

निर्माण में लगी मजदूर सेना को फैलाने के लिए भेज दिया गया। 1930 और 1934 ई. के बीच कितने लाख परिवारों को उनकी जमीन से उखाड़ा गया जिसमें उन्होंने अपना सब कुछ खो दिया कि हम लोग उसका अन्दाजा लगाने में भी असमर्थ हैं।"

यह ध्यान देने की बात है कि पूरे गाँव के गाँव उजाड़ दिए गए। इससे यह नहीं कहा जा सकता कि यह व्यवस्था कुलकों या सम्पन्न किसानों के विरुद्ध की गई। इस खुली शक्ति प्रयोग से सामूहिकीकरण अत्यधिक तेजी से बढ़ा। 1929 ई. की जुलाई में सामूहिक खेती में लगे किसान कुल किसानों के 3.9 प्रतिशत और सामूहिक फार्म में खेत कुल आबाद जमीन की 4.9 प्रतिशत थी। 1935 ई. में यह अनुपात बढ़कर क्रमशः 83.2 और 94.1 प्रतिशत हो गया और 1938 ई. में 93.5 और 99.3 प्रतिशत। समाजवादी दृष्टि से, सबसे महत्त्वपूर्ण, मानव मूल्यों को हम छोड़ भी दें तब भी उत्पादन की दृष्टि से खेती की पैदावार और मवेशियों के विकास पर इसका बहुत ही बुरा असर पड़ा। 1928 ई. में खेती के अन्दर कुल 11.3 करोड़ हेक्टेयर जमीन थी। 1938 ई. में यह बढ़कर 13.69 करोड़ हेक्टेयर हो गई, लेकिन अनाज का उत्पादन इन वर्षों में क्रमशः 733.2 करोड़ सेंटनार्स से 854.9 करोड़ सेंटनार्स और मवेशियों की संख्या 7.05 करोड़ से 6.23 करोड़ हो गई। खेती के पैदावार में जो बढ़ोतरी हुई, वह वास्तव में अधिक क्षेत्र पर खेती से न कि खेती के ढंग के विकास से।

अब स्वतंत्र किसानों का अस्तित्व समाप्त हो गया। किसान अब सामूहिक खेतों पर मजदूर बन गए। अब सरकार के लिए इन खेतों के उत्पादन पर पूर्ण नियंत्रण रखना सम्भव हो गया। 'वामपंथी विरोध' की ओर से जिस 'उद्योगों के अधिनायकवाद' की सिफारिश की गई थी, वह पूर्ण रूप से कायम हो गया। इस तरह स्टालिन ने कषि के क्षेत्र में ट्रॉटस्की के निष्कासन के ठीक दो साल बाद उसी नीति को अपनी पराकाष्ठा पर पहुँचा दिया जिसकी सिफारिश ट्रॉटस्की ने की थी और स्टालिन ने उसे किसान मजदूर एकता के लिए घातक बतलाया था।

13

बोल्शेविक नेताओं ने क्रान्ति के प्रारम्भिक काल में मजदूरों की कमेटियों के गठन को उद्योगों में प्रोत्साहित किया और उद्योगों की व्यवस्था पर नियंत्रण रखने का आह्वान किया, लेकिन यह स्पष्ट था कि उद्योगों की व्यवस्था पर स्थानीय या औद्योगिक मजदूरों का नियंत्रण अराजकवादी और खासकर सिंडिकलिस्ट विचारों से मेल खाता था, बोल्शेविकों के विचारों से नहीं। शुरू में बोल्शेविकों का स्थान अराजकवादियों, जो मजदूर कमेटियों में भविष्य के औद्योगक व्यवस्था का अंकुर देखते थे, और मेंशेविकों, जो क्रान्ति के स्वरूप को पूँजीवादी प्रजातांत्रिक मानते थे और इस तरह मजदूरों के स्वायत्त शासन के इस यंत्र को शत्रुता की दृष्टि से देखते थे, के बीच में था। इसलिए शुरू में जहाँ उन्होंने मजदूरों की कमेटियों को प्रोत्साहित किया, वहाँ सत्ता के मजबूत होने के साथ-साथ वे इसकी शक्ति को नियंत्रित करते रहे। शुरू में ट्रेड यूनियनों पर मेंशेविकों का प्रभाव था और वे मजदूर कमेटियों को ट्रेड यूनियनों के अधीन करना चाहते थे। लेकिन 1918 ई. में स्थिति बदल गई और पीटरग्राड में होनेवाले अखिल रूसी ट्रेड यूनियनों के कांग्रेस में 416 प्रतिनिधियों में 273 प्रतिनिधि बोल्शेविक पार्टी के थे।

क्रान्ति के तत्काल बाद 14-27 नवम्बर, 1917 ई. को ऑल रशियन सेंट्रल एक्जीक्यूटिव कमिटी के सामने जो आदेश स्वीकृति के लिए आया, उसमें कहा गया था : "1. उत्पादन, गोदाम, सामानों तथा कच्चे माल की खरीद-बिक्री पर मजदूरों का नियंत्रण सभी ऐसे औद्योगिक, व्यापारिक, बैंकिंग तथा कृषि के संस्थानों पर लागू होगा जिसमें पाँच से कम मजदूर काम नहीं करते या जिनका उत्पादन 10,000 रूबल से कम नहीं है। 2. मजदूरों का नियंत्रण उद्योग में काम करनेवाले सभी मजदूर तथा कर्मचारियों द्वारा या तो सीधा अगर उद्योग छोटा है या उनके चुने हुए प्रतिनिधियों द्वारा होगा। 3. जब तक मजदूरों तथा कर्मचारियों के प्रतिनिधियों को आज्ञा न मिले कारखाने को बन्द करने या राज्य के महत्त्व के कामों को बन्द करने पर एकदम रोक है।"

इसके अतिरिक्त मजदूरों की कमेटियों को कारखाने के सभी बहीखातों का निरीक्षण करने का हक था, लेकिन ट्रेड यूनियनों के दबाव के अन्दर इस कानून

की धारा 6 में निम्नलिखित बात घुसा दी गई थी : "मजदूरों एवं कर्मचारियों के चुने हुए प्रतिनिधियों के फैसले उद्योगों के मालिकों पर अनिवार्य रूप से लागू होंगे और इन फैसलों को ट्रेड यूनियन और उनकी कांग्रेस ही रद्द कर सकती है।" इस तरह अन्तिम निर्णय ट्रेड यूनियनों के हाथ में छोड़ दिया गया, लेकिन इसके साथ-साथ यह भी निर्णय लिया गया कि ट्रेड यूनियनों के प्राथमिक संगठन ये मजदूर कमेटियाँ हों। इस तरह ट्रेड यूनियनों पर मजदूर कमेटियों के नियंत्रण की भी गुंजाइश कर दी गई।

लेकिन महीने भर के भीतर अन्य आर्थिक नियंत्रण के यंत्र स्थापित किए गए जिससे 'वर्कर्स कमेटियों' के अधिकार अर्थव्यवस्था में संकुचित होते-होते समाप्त हो गए। 5-17 दिसम्बर, 1917 ई. में सुप्रीम काउंसिल ऑफ नेशनल इकोनॉमी स्थापित हुई। इसके अन्दर 'चीफ कमेटीज' और 'सेंटर्स' बनाए गए, जिनका काम हुआ, नीचे से ऊपर तक अर्थव्यवस्था को नियंत्रित करना। वर्कर्स कमेटियों को यह मौका नहीं दिया गया कि वे एक-दूसरे से सम्बन्ध स्थापित कर अपना संगठन खुद इस काम के लिए कर सकें। इस नई व्यवस्था के पक्ष में यह दलील दी गई कि मजदूर कमेटियाँ स्वभाव से संकुचित स्वार्थ का प्रतिनिधित्व करती हैं और इस तरह पूरी अर्थव्यवस्था का नियंत्रण इनके हाथों में नहीं छोड़ा जा सकता। हालाँकि गृहयुद्ध के समाप्त होने पर जब उद्योगों को पुनर्विकसित करने का प्रश्न उठा, उद्योगों के समूहों को इस बात की स्वतंत्रता बहुत हद तक दी गई कि वे स्वयं अपने ट्रस्टों द्वारा (जिसमें इन्हें संगठित किया गया) अपनी समस्याओं का समाधान करें।

अब ट्रेड यूनियनों के अधिकार और कर्तव्यों के सम्बन्ध में विवाद शुरू हुआ। 1918 ई. के जनवरी में अखिल रूसी ट्रेड यूनियनों के कांग्रेस में स्पष्ट रूप से दो विरोधी विचार प्रकट किए गए। मेंशेविकों और बोल्शेविकों ने रिआजानोव और लोगोव्सकी ने ट्रेड यूनियनों के सरकारी नियंत्रण से स्वतंत्रता की सिफारिश की। अन्य बोल्शेविक नेता ट्रेड यूनियनों को राज्य के नियंत्रण में रखने के समर्थक थे। उनकी दृष्टि में चूँकि मजदूर सत्ता में आ गए थे, ट्रेड यूनियनों का संघर्ष उनके अपने राज्य के खिलाफ होता। अत: वे इस विचार के थे कि ट्रेड यूनियनों को काम अब सरकार को उत्पादन के संगठन और वृद्धि में मदद देने का था। इसके विपरीत मेंशेविक जो इस क्रान्ति को पूँजीवादी प्रजातांत्रिक मानते थे, राज्य से स्वतंत्र ट्रेड यूनियनों के अस्तित्व को उनकी हित रक्षा के लिए आवश्यक मानते थे।

लेकिन वस्तुस्थिति यह थी कि अर्थव्यवस्था पर मजदूरों या ट्रेड यूनियनों के नियंत्रण को बोल्शेविकों ने खुद सिंडिकलिस्ट विचार समझकर नामंजूर कर दिया था और व्यक्तिगत रूप से एक-दो ट्रेड यूनियन प्रतिनिधियों के सरकार में होने के अलावा अर्थव्यवस्था पर मजदूरों के अधिकार का कोई दूसरा चिह्न नहीं था। उस समय सोवियतों पर गैर मजदूर स्वार्थों का ही अधिकार था और मजदूर और इनके सोवियत दाल में नमक के बराबर थे। 1918 ई. में औद्योगिक मजदूरों की

कुल संख्या केवल 25,00,000 रह गई थी और 1920-21 में यह संख्या घटकर 14,80,000 और 1921-22 में 12,40,000 हो गई। ऐसी स्थिति में अर्थव्यवस्था या राज्य पर मजदूरों के नियंत्रण की बात वास्तव में कोरी कल्पना थी, लेकिन इस सम्मेलन में कोई निश्चित फैसला नहीं लिया जा सका। सिर्फ मोटे तौर से सरकार के समर्थन की नीति मंजूर की गई।

गृहयुद्ध के शुरू होने पर परिस्थिति ने एक निर्णायक मोड़ लिया। 1919 ई. के अप्रैल के आदेश से सरकार को यह अधिकार मिला कि वह किसी भी व्यक्ति को किसी खास काम में लगा सके। इसी समय मॉस्को और पीटरग्रेड में मजदूरों में लेबर बुक चालू किया गया। इसी समय कैदियों के मजदूरी की व्यवस्था हुई। लेबर कैम्प संगठित करने का काम चेका (जो बाद में ऑगपू तथा एन.के.वी.डी. आदि में परिवर्तित हुआ) को सुपुर्द किया गया। इसे किसी भी व्यक्ति को गिरफ्तार करने तथा गुप्त रूप से सजा देने का अधिकार था। लेबर कैम्पों में आदमी जमा करने के लिए यह आदर्श रूप से स्थित था। ट्रॉटस्की ने जिसके जिम्मे यातायात के संगठन का काम था, ट्रेड यूनियन के अधिकारियों की बर्खास्तगी से शुरू करके मजदूरों के सैनिकीकरण के द्वारा यातायात को चमत्कारिक ढंग से सुधार दिया। अब मजदूरों के सैनिकीकरण की चर्चा चारों ओर होने लगी।

जब ट्रेड यूनियनों का तृतीय कांग्रेस अप्रैल 1920 ई. में शुरू हुआ, चारों ओर बड़े पैमाने पर मजदूरों का सैनिकीकरण चल रहा था। मेंशेविकों ने काम के इस तरीके का विरोध किया। बोल्शेविकों के प्रवक्ता के रूप में ट्रॉटस्की ने स्वतंत्र मजदूरी के मेंशेविकों के सिद्धान्त का जिस रूप में खंडन किया, उसने पिछड़ी अर्थव्यवस्था में समाजवादी विकास के प्रयत्नों की एक दूसरी कठिनाई पर स्पष्ट प्रकाश डाला। यह बतलाते हुए कि दबाव के अन्दर लिया जानेवाला श्रम अनुत्पादक नहीं है, उसने आगे कहा, "मानव का पूरा इतिहास अधिक उत्पादन के लिए काम की शिक्षा का इतिहास है। यह कोई सहज काम नहीं है क्योंकि मनुष्य आलसी है और उसे ऐसा होने का अधिकार है...। स्वतंत्र मजदूरी भी शुरू में उत्पादक नहीं थी...यह एक सामाजिक शिक्षा की प्रक्रिया से उत्पादक हुई। हर तरह के उपाय इस शिक्षा के लिए व्यवहृत हुए। पूँजीपतियों ने पहले किसानों को सड़कों पर खदेड़ दिया और उनकी जमीन ले ली। जब किसानों ने कारखानों में काम करने से इनकार किया तब पूँजीपतियों ने उन्हें गर्म लोहों से दागा, उन्हें फाँसी पर लटकाया या गोली मार दी और इस तरह उन्हें कारखानों में उत्पादन के लिए तैयार किया। हम लोगों की समस्या है, मजदूरों को सोशलिस्ट सिद्धान्त के अनुसार शिक्षित करने की। इसके लिए हमारा क्या तरीका है? वे पूँजीपतियों के तरीकों से कम विभिन्न नहीं हैं लेकिन वे अधिक ईमानदारी के, अधिक सीधे और स्पष्ट हैं तथा छद्म और दगाबाजी से भ्रष्ट नहीं हैं।"

(सोवियत ट्रेड यूनियंस ले. आईजैक ड्योआयश्चर से उद्धृत)

इस तरह जहाँ पिछड़ी अर्थव्यवस्था में समाजवादी निर्माण के उत्साह ने किसानों के शोषण का मार्ग दिखलाया वहीं मजदूरों को समाजवादी उत्पादन की शिक्षा देने के लिए दमन की नीति आवश्यक समझी जाने लगी, लेकिन ये दमन करनेवाले कौन होते? स्पष्ट था, वे स्वयं मजदूर नहीं हो सकते थे चूँकि बोल्शेविक पार्टी अभी कुछ चुने हुए क्रान्तिकारियों की पार्टी थी जिसका नेतृत्व कुछ समाजवादी बुद्धिजीवियों के हाथ में था, लेनिन के सिद्धान्त के अनुसार, जिसका प्रतिपादन उसने अपनी पुस्तक 'व्हाट इज टू बी डन?' में किया था, सफल समाजवादी क्रान्ति के लिए ऐसे ही 'व्रैन्गार्ड' (मजदूरों में सबसे आगे बढ़े जागरूक लोग) की पार्टी को आवश्यकता थी। इसके अलावा स्वयं कोई वर्ग अपने ऊपर दमन करे, यह मनुष्य स्वभाव के प्रतिकूल है। बोल्शेविक ज्यादा-से-ज्यादा मजदूर वर्ग के भविष्य के लिए अपनी निष्ठा में विश्वास रखने की अपील मजदूर वर्ग से कर सकते थे, लेकिन यह वही दृष्टिकोण था जिसकी आलोचना मार्क्स-एंगेल्स ने 'यूटोपियन सोशलिस्टों' में की थी और यह ऐलान किया था कि मजदूर वर्ग स्वयं ही अपने को मुक्त कर सकता है। मनुष्य आदतों का दास है। जो लोग एक बार मजदूरों का दमन करने के आदी हो चुकते वे क्या एक निश्चित अवधि के बाद स्वत: इस नीति को बदल सकते? क्या यह दमन नीति ऐसे लोगों का एक समूह शासन में पैदा नहीं करती, जिसकी निष्ठा मजदूरों के भविष्य में नहीं हो और जिसके स्वार्थ मजदूरों के विपरीत पड़ते हों? क्या प्राचीन समय के वर्ग या जातियाँ कुछ ऐसी ही परिस्थितियों में नहीं पैदा हुईं? ये समस्याएँ अभी बोल्शेविकों के समक्ष नहीं थीं।

लेकिन 1921 ई. में 'न्यू इकोनॉमिक पॉलिसी' की शुरुआत होने से 'युद्ध-कम्युनिज्म' और इसके साथ ही मजदूरों के सैनिकीकरण का सवाल भी खत्म हो गया। 1921 ई. में 1928 ई. तक का काल चतुर्दिक आर्थिक विकास और मजदूरों की दशा में सुधार का काल रहा, लेकिन 1926 ई. से, जबकि पुराने उद्योग करीब-करीब युद्ध के पूर्व की स्थिति में आ गए, विकास की वास्तविक समस्या पैदा हुई। पुराने मशीनों को नहीं बदल पाने के कारण उत्पादन वास्तव में युद्ध के पहले का सिर्फ 75 प्रतिशत रह गया था। जब रूस के प्रथम पंचवर्षीय योजना की रूपरेखा के सम्बन्ध में चर्चा हो रही थी तो ट्रॉटस्की के राष्ट्रीय आय के 15 से 18 प्रतिशत के प्रतिवर्ष संचय के सुझाव को अति महत्त्वाकांक्षी तथा खतरनाक कहकर नामंजूर कर दिया गया। इसके विपरीत स्टालिन ने बुखारिन और टॉम्सकी के सुझाव पर शुरू में 1928 ई. तक 9 प्रतिशत संचय के सिद्धान्त को मंजूर किया। टॉम्सकी बोल्शेविकों में सबसे प्रमुख ट्रेड यूनियन नेता था और बोल्शेविक नेताओं में अकेला मजदूर वर्ग में पैदा हुआ था। वह अधिक तेज संचय के खतरे से अवगत था। इसका अर्थ होता, उत्पादक उद्योगों का अनुपातत: उपभोग उद्योग से अधिक विकास। उपभोग के वस्तुओं के अभाव से मुद्राप्रसार और मजदूरों के जीवन स्तर का गिराव। इसका अर्थ होता, काम में गति लाने के लिए मजदूरों का दमन।

जब योजना को लागू किया गया तब पूँजी संचय की गति कहीं अधिक तेज कर दी गई। बुखारिन और टॉम्सकी का राजनीति में पतन हो गया। मॉरिस डॉब के अनुसार, पूँजी संजय कुल राष्ट्रीय आय की अनुपात में 1928 ई. से 1932-33 तक निम्नलिखित ढंग से हुआ—

	1928-29	1929-30	1930-31	1931-32	1932-33	पाँच वर्षों के लिए
कुल संचय	22.6%	28.2%	32.1%	33.2%	33.6%	30.5%
अचल पूँजी का संचय	16.1%	20.9%	23.6%	24.3%	25.3%	20.9%

(सोवियत इकोनॉमिक डेवलपमेंट)

इस तरह जहाँ अचल पूँजी के संचय को योजना के आखिरी वर्ष में 25 प्रतिशत से ऊपर हो जाना था, वहीं इसमें तीन-चौथाई हिस्सा भारत उद्योगों पर खर्च होना था। इसका अर्थ हुआ कि नये उद्योग प्रमुख रूप से उत्पादकों के लिए सामान तैयार करते। द्वितीय योजना ने अचल पूँजी के संचय को 25 प्रतिशत से 19.5 प्रतिशत करने का विचार किया। इसके साथ-साथ उपभोग की चीजों का उत्पादन मूल्य के हिसाब से 4.5 गुना बढ़ा दिया जानेवाला था, लेकिन भयंकर मुद्रा प्रसाद के कारण यह परिवर्तन केवल नाम मात्र का रहा। उपभोग की चीजों के उत्पादन में कोई वास्तविक प्रसार नहीं हो पाया। जो लक्ष्य उपभोग की वस्तुओं के क्षेत्र में विभिन्न पंचवर्षीय योजनाओं के लिए रखे गए, उनसे स्पष्ट है कि उपभोग के वस्तुओं का उत्पादन बढ़ने के बजाय स्थायी रहा या संकुचित हुआ। लक्ष्यों के आँकड़े नीचे दिए जाते हैं—

पंचवर्षीय योजनाओं के अन्त में उत्पादन का लक्ष्य

उपभोग के कुछ वस्तु	प्रथम	द्वितीय	तृतीय	चतुर्थ
	1932	1937	1942	1950
कपास के सामान मिलियार्ड मीटर	4.7	5.1	4.9	4.7
ऊनी सामान (मिलियन मीटर)	270	220	177	159
लिनेन (मिलियन मीटर)	500	700	385	—
वनस्पति तेल (हजार टन)	1,100	850	850	880
चीनी (मिलियन टन)	2.6	2.5	3.5	2.4

(स्टालिन सैटेलाइट्स इन यूरोप—इगायल ग्लुक्सटाइन)

20वीं कांग्रेस के समय दिए गए ख्रुश्चेव के आँकड़ों से पता चलता है कि 1950 में लक्ष्य की पूर्ति नहीं हो सकी और 1932-33 के लिए रखा गया लक्ष्य 1955 में भी मुश्किल से पूरा हो सका। वे आँकड़े निम्नलिखित हैं—

	कपास का सामान (मिलियन मीटर)	ऊनी सामान (मिलियन मीटर)	वनस्पति तेल (हजार टन)	चीनी (मी. टन)
1950	3,899	155	800	2.5
1955	5,904	251	1,100	3.4

(फॉर ए लास्टिंग पीस फॉर ए पीपुल्स डेमोक्रेसी, 17 फरवरी, 1956)

इस तरह जहाँ सूती कपड़ा तथा चीनी के उत्पादन में 1932-33 ई. के लिए रखे गए लक्ष्य से कुछ बढ़ती 1955 ई. में हुई, वहाँ ऊनी सामान उस लक्ष्य से पीछे रहा और वनस्पति तेल का उत्पादन 1932-33 ई. के लक्ष्य के बराबर रहा। जहाँ आबादी बढ़ रही हो और लोगों की आवश्यकता की चीजों का उत्पादन घट रहा हो, यह स्वाभाविक था कि मजदूरों का जीवन स्तर नीचे आए। इस तरह 1928 ई. के बाद लगातार मजदूरों की वास्तविक आय घटती रही। वास्तव में प्रथम योजना की सफलता के बाद रूबल में मजदूरों की 1927-28 ई. के मुकाबले 106 प्रतिशत बढ़ गई, लेकिन रोजाना व्यवहार की चीजों की कीमत इसी अवधि में 150 से 200 प्रतिशत तक बढ़ गई (लेबर इन दी सोवियत यूनियन—सोलोमन. एम. सवार्ज)। द्वितीय पंचवर्षीय योजना के बाद पुन: चीजों की कीमतें 200 से 300 प्रतिशत बढ़ गईं। इस तरह मजदूरों की आय में कोई सुधार नहीं हो पाया। 1935 ई. में आवश्यकता की वस्तुओं पर से दोहरी कीमत हटा दी गई, जिसके अनुसार मजदूरों को कुछ सस्ती कीमत पर आवश्यकता की चीजें मिल जाया करती थीं। इस तरह उनके जीवन स्तर में और भी अधिक गिराव आया, लेकिन दो बातों से उनके जीवन स्तर का वास्तविक गिराव उतना आकि नहीं हो पाया जितना कि मजदूरी के गिराव से होना चाहिए था। जहाँ मजदूरों की वास्तविक मजदूरी घट रही थी वहाँ काम करनेवालों की संख्या में तेजी से वृद्धि हो रही थी। जहाँ 1928 ई. में कुल मजदूरी तथा वेतन पानेवाले लोगों की संख्या रूस में 1,15,99,000 थी, वहाँ 1940 ई. में यह संख्या 3,04,00,000 हो गई। इस तरह परिवार में एक की जगह दो या तीन आदमी काम में लग गए और एक आदमी की गिरी आय की पूर्ति दो आदमी की मिली-जुली आय से हो जाती थी। एक दूसरा कारण था, मजदूरों को छोटे-छोटे निजी फार्मों पर जो उनके घर से लगे होते, फसल उगाने और मुर्गी पालने का अधिकार। इससे वे अपनी आवश्यकता की कुछ चीजें खुद पैदा कर लेते थे।

खेतों के समूहीकरण से बहुत-से किसान औद्योगिक मजदूर बनकर कारखानों में काम करने को मजबूर हुए। अब ट्रॉटस्की ने जिस मजदूरी की शिक्षा की बात 10 साल पहले की थी, वह स्टालिन के हाथों बड़े पैमाने पर सम्पन्न होने लगी। खेतों के समूहीकरण से जहाँ एक तरफ देहातों से मजदूर औद्योगिक क्षेत्रों में काम की तलाश में पहुँचने लगे वहाँ समूहीकरण की बात सुनकर बहुत-से मजदूर भी जिनकी अपनी जमीन थी, जमीन बचाने के लिए कारखाना छोड़कर गाँवों में जाने लगे। इससे उद्योगों में घोर अव्यवस्था फैल गई। बहुत-से कारखाने कुशल मजदूर पाने के लिए अन्य कारखानों की अपेक्षा अधिक मजदूरी का प्रलोभन देने लगे। ट्रेड यूनियन जो अब पूर्ण रूप से सरकार के नियंत्रण में आ गए थे, सरकारी उद्योग की मदद में पूरी तरह से लग गए।

ए.यू.सी.टी.यू.सी. के विशेष अधिवेशन में जो 1933 ई. के जनवरी महीने में हुआ था, टी.यू.सी. के सचिव ग्रैविल डी. वाइनबर्ग ने यूनियन की नीति को निम्नलिखित शब्दों में व्यक्त किया : "हम लोगों को वैसे हर ट्रेड यूनियनिस्ट को सजा देनी चाहिए जो मजदूरी के प्रश्न पर पार्टी लाइन की वक्रता को बर्दाश्त करता है, उसी कड़ाई से पेश आना चाहिए, जिस कड़ाई से पार्टी अपने भीतर के अवसरवादियों के साथ, जो अनाज देने या अन्य कामों में समाजवादी निर्माण की अगली पंक्ति के काम में बाधा डालते हैं, पेश आती है। आप कभी-कभी ऐसी फुसफुसाहट सुनते हैं, क्या यह यूनियनों को शोभा देता है कि वे उन सहूलियतों का विरोध करें जिन्हें कारखानों के अधिकारी स्वयं देने को तैयार हैं? अगर हम वैसा करेंगे तो मजदूरों के सम्मुख कैसे जाएँगे। यह यूनियन के कर्तव्यों की सबसे शर्मनाक समझदारी है। यह सीधा-सादा ट्रेड यूनियनिज्म है। हमें सक्रिय रूप से ऐसे 'मजदूरों की हित रक्षा' के खिलाफ लड़ना चाहिए।"

(ट्रेड जनवरी 24, 1933, लेबर इन दी सोवियत यूनियन से उद्धृत)

इस तरह अब ट्रेड यूनियनों के लिए मजदूरों की हित रक्षा के लिए कुछ कहना अपराध बन गया। 1922 ई. के लेबर कोड के अनुसार किसी भी काम करनेवाले को एक कारखाने से दूसरे कारखाने में बिना उसकी इच्छा के नहीं बदला जा सकता था। अब इस कोड की खुलेआम अवहेलना शुरू हो गई। 1927 ई. में काम के घंटे 8 से घटाकर 7 कर दिए गए थे, लेकिन अब काम की गति बिना मशीन में सुधार किए बढ़ा दी गई। काम पर देरी से पहुँचना एक अपराध बना दिया गया, जिसके लिए 4 से 6 महीने तक जेल की सजा हो सकती थी। अक्सर बिना अतिरिक्त मजदूरी दिए मजदूरों से काम के घंटे से ज्यादा काम करवाया जाता था। 1940 ई. के एक आदेश के जरिए पियुल्स कॉमिसार को किसी भी काम करनेवाले को कारखाने से कारखाने या ऑफिस से ऑफिस में बदलने का अधिकार मिल गया। इस तरह

स्वतंत्र मजदूर का अस्तित्व बहुत हद तक समाप्त हो गया। मजदूरों की स्थिति बहुत कुछ राज्य के गुलामों की सी हो गई, जो ट्रेड यूनियन या अन्य संगठन के माध्यम से सर्वशक्तिवादी राज्य का विरोध करने में असमर्थ थे। आवश्यकता की चीजों के अभाव का एक परिणाम यह हुआ कि आमदनी का फर्क बहुत ज्यादा बढ़ गया। साधारण मजदूर और राज्य के ऊँचे ओहदे के अफसरों की आय में सैकड़ों गुणा का फर्क हो गया। राजनीतिक बन्दी, तथा मजदूरों एवं किसानों में उन लोगों को जो दमनकारी नियमों का विरोध करते, बड़ी तादाद मे गुलामों की तरह कठिन कामों में सिर्फ भोजन देकर लगाया जाने लगा। इस तरह मजदूरों के जितने तरह के शोषण के विरुद्ध मजदूरों ने सदियों से आवाज उठाई थी, उसमें करीब-करीब हर तरह का शोषण एक परिवर्तित नाम से रूस के 'मजदूर राज्य' में शुरू हो गया।

14

रूसी राज्य व्यवस्था के विकास का विश्व के समाजवादी चिन्तन पर बहुत गहरा असर पड़ा। यह प्रभाव कुछ हद तक तो प्रत्यक्ष रूप से तृतीय अन्तरराष्ट्रीय के माध्यम से पड़ा, लेकिन इससे भी अधिक प्रभाव इस विकास की प्रतिक्रिया के रूप में पड़ा। समाजवादी आन्दोलन उदारवादी परम्परा की अन्तिम सीमा पर पैदा हुआ था। पहले-पहल रूस की क्रान्ति ने इस परम्परा पर आघात किया। रूस के बोल्शेविक नेताओं ने उदारवादी नीति का परित्याग विशेष परिस्थितियों के दबाव के भीतर किया था, लेकिन उन्होंने अपने हर कदम को सैद्धान्तिक मान्यता प्रदान करना शुरू किया। राज्य व्यवस्था चलाने में विशेष परिस्थितियों में आगे बढ़े हुए कदम को पीछे हटाना या नीति में यत्र-तत्र परिवर्तन करना अनिवार्य हो सकता है, लेकिन ऐसे हर परिवर्तन को अटल सिद्धान्त बनाने के प्रयत्न से एक तरफ तो रूढ़िवादिता पैदा होती है और दूसरी तरफ सिद्धान्त के उलट-फेर से अवसरवादिता।

सोवियत रूस में यह प्रक्रिया विशाल पैमाने पर जारी रही। शुरू में बोल्शेविक नेता सोवियत रूस को क्रान्ति के प्रसार का एक प्लेटफॉर्म मानते थे और ऐसी अवसरवादी नीति को अपनाने के विरोधी थे जो विश्व क्रान्ति में बाधक हो। लेनिन ने स्पष्ट रूप से अपने अन्तिम लेख में इस बात पर घोर चिन्ता जतलाई थी कि पिछड़े और गुलाम मुल्कों पर रूस की केन्द्रीय सरकार द्वारा अपनाई गई साम्राज्यवादी नीति का बुरा प्रभाव पड़ेगा, लेकिन लेनिन के मरने के बाद और स्टालिन के हाथ में सम्पूर्ण सत्ता के आ जाने से परिस्थिति बिलकुल बदल गई। अब स्टालिन ने तृतीय अन्तरराष्ट्रीय और दुनिया की कम्युनिस्ट पार्टियों का उपयोग अपनी संकीर्ण राष्ट्रीयता के हित साधन के लिए करना शुरू किया। ट्रॉटस्की, जो विश्व का हिमायती था, ने इस नीति का विरोध किया, लेकिन वह खुद कम्युनिस्ट पार्टी और रूस से निष्कासित कर दिया गया।

इधर रूस के भीतर, जैसाकि हम देख चुके हैं, किसानों के अधिकारों, मजदूरों की स्वतंत्रता तथा जनसाधारण के नागरिक अधिकारों का, जो 1917 ई. की क्रान्ति में उन्हें प्राप्त हुए थे, अपहरण होता रहा। अब कम्युनिस्ट यह मानने लगे कि ये अधिकार पूँजीवादी परम्परा के अवशेष हैं और सर्वहारा के राज्य में इन पूँजीवादी

विचारों के लिए स्थान नहीं है। यही नहीं, प्रजातंत्र का अर्थ वे पूँजीवादी व्यवस्था लगाने लगे। चूँकि तृतीय अन्तरराष्ट्रीय सोवियत कम्युनिस्ट पार्टी के नेतृत्व में चलता था, इसलिए इस अन्तरराष्ट्रीय के भीतर की कम्युनिस्ट पार्टियाँ भी प्रजातांत्रिक और उदारवादी विचारों की कट्टर विरोधी बन गईं।

प्रथम विश्वयुद्ध और उससे पैदा हुई आर्थिक विपन्नता और अव्यवस्था ने इन अनुदारवादी विचारों को और भी बढ़ावा दिया। जैसाकि पहले बतलाया जा चुका है, सोशलिस्ट नेताओं की कमजोरी से युद्ध के बाद क्रान्ति नहीं हो पाई और वह आर्थिक अराजकता, जिसने युद्ध को जन्म दिया था, ज्यों की त्यों बनी रही। युद्ध के बाद जिन लोगों के हाथ सत्ता आई वे उदारवादी तो थे, पर उनकी दृष्टि इतनी सीमित थी कि वे यूरोप की आर्थिक समस्याओं का समाधान करने में असमर्थ थे। इधर आर्थिक संकट और बेकारी यूरोप की अर्थव्यवस्था को झकझोरते रहे। लोग किसी भी कीमत पर इस अव्यवस्था से निकलने के लिए तैयार थे। कम्युनिस्ट पार्टियों ने उदारवाद की जड़ें हिला ही दी थीं। इस परिस्थिति से एक-दूसरे अनुदारवादी आन्दोलन का जन्म हुआ। यूरोप पर 'फासिज्म' का भूत मँडराने लगा।

फासिज्म के अग्रदूत मुसोलिनी ने निम्नलिखित शब्दों में इस नई विचारधारा की व्याख्या की : "मनुष्य स्वतंत्रता से ऊब गए हैं। उन्होंने इसकी अति कर दी है। स्वतंत्रता अब वह पवित्र और कठोर कुमारी नहीं रही जिसके लिए पिछली शताब्दी के प्रथमार्द्ध की पीढ़ी ने युद्ध किया और मारे गए। अब आधुनिक इतिहास के ऊषाकाल में आनेवाले कर्तव्यशील, बेचैन, रूखे नौजवानों के सामने अन्य मूल्य हैं जिनमें अधिक जादू है : व्यवस्था, ऊँच-नीच की भावना, अनुशासन। यह हमेशा के लिए समझ लेना चाहिए कि फासिज्म कोई मूर्ति नहीं मानता है, किसी इष्ट (फेटिश) की पूजा नहीं करता। स्वतंत्रता की देवी की लगभग सड़ी हुई लाश को यह रौंद चुका है और अगर आवश्यकता हुई तो यह फिर पीछे लौटकर इसे रौंदेगा।...तथ्य पुस्तकों से तेज आवाज में बोलते हैं, अनुभव सिद्धान्त से ज्यादा सार्थक है। युद्ध के असर का महान अनुभव इसे उदारवाद के पतन के रूप में दिखलाता है। रूस और इटली में यह साबित हो चुका है कि सम्पूर्ण उदारवादी विचार को छोड़ इसके ऊपर और इसके विरुद्ध शासन किया जा सकता है। कम्युनिज्म और फासिज्म उदारवाद से बिलकुल अलग है।"

(रुडॉल्फ रॉकर की पुस्तक 'नेशनलिज्म एंड कल्चर' से उद्धृत)

हालाँकि कार्य प्रणाली और राज्य व्यवस्था में कम्युनिस्ट और फासिस्ट एक-दूसरे से बहुत समीप थे, फिर भी दोनों के बीच एक आधारभूत विभिन्नता थी। जहाँ कम्युनिस्ट पूँजीवाद अर्थव्यवस्था को नष्ट करने के पक्षपाती थे, वहाँ फासिज्म पूँजीवादी अर्थव्यवस्था को जिन्दा रखने का समर्थक था। पूँजीवाद

पर उन्होंने भी बहुत-सा नियंत्रण रखा था और नियोजित अर्थव्यवस्था के भी वे समर्थक थे, लेकिन वे पूँजीवाद पर नियंत्रण के समर्थक इसलिए थे क्योंकि स्वतंत्र पूँजीवादी व्यवस्था अब जीवित नहीं रखी जा सकती थी। वास्तव में यह पूँजीवाद का वह स्तर था जबकि मजदूर वर्ग की चेतना इतनी बढ़ गई थी कि पुरानी प्रजातांत्रिक राज्य व्यवस्था के भीतर मजदूर वर्ग का सत्ता पर प्रभुत्व अवश्यम्भावी था। वास्तव में प्रथम और द्वितीय महायुद्धों के बीच के काल में पश्चिमी यूरोप के देशों में सोशलिस्ट और कम्युनिस्ट बार-बार स्वतंत्र या सम्मिलित सरकारों में आते रहे। अब जैसे-जैसे प्रजातांत्रिक राज्य व्यवस्था पर कमजोर वर्ग का प्रभाव बढ़ने लगा वैसे-वैसे पूँजीपति वर्ग का विश्वास प्रजातांत्रिक व्यवस्था पर से घटने लगा। फासिज्म का विकास वास्तव में पूँजीवादी वर्ग के इस नये बोध का परिणाम था। अब यूरोप में ऐसी स्थिति पैदा हो गई थी कि उदारवादी प्रजातांत्रिक राज्य व्यवस्था केवल एक समाजवादी अर्थव्यवस्था के आधार पर ही कायम की जा सकती थी।

लेकिन कम्युनिस्ट रूस की अनुदारवादी विचार से बँधे हुए थे। वे सोशल डेमोक्रेसी की अपेक्षा फासिज्म से अधिक सामंजस्य पाते थे। इससे भी बढ़कर स्टालिन की नीति ने कम्युनिस्ट अन्तरराष्ट्रीय को रूस की विदेश नीति से बाँध दिया था। इस परिणाम यह हुआ कि जब कभी भी स्टालिन फासिस्ट देशों के साथ कोई समझौता करता, उन देशों की कम्युनिस्ट पार्टियाँ फासिज्म की समर्थक बन जातीं। कम्युनिस्ट यहाँ तक समझने लगे थे कि सोशल डेमोक्रेसी और उदारवादी परम्परा का नाश उनकी क्रान्ति का मार्ग प्रशस्त करेगा। इस तरह हर जगह उन्होंने मजदूर आन्दोलन को तोड़ने-फोड़ने का प्रयास किया।

जर्मनी में हिटलर के नेशनल सोशलिस्टों के सत्ता में आने पर रूस और जर्मनी के बीच दरार न होने पावे इसलिए जर्मनी की कम्युनिस्ट पार्टी ने जर्मन जनता से निम्नलिखित अपील की : "जर्मनी की कम्युनिस्ट पार्टी फासिज्म विरोधी और नेशनल सोशलिस्ट जनता के मनमुटाव को मिटाने की अपील करती है। जर्मन जनता के महत्त्वपूर्ण हित इस बात की माँग करते हैं कि नेशनल सोशलिस्ट, शान्ति, स्वतंत्रता और कल्याण के लिए गैर नेशनल सोशलिस्टों की तरफ बन्धुत्व का हाथ बढ़ाएँ।"

(इंटरनेशनल प्रेस कॉरेस्पॉन्डस खंड-16, नं. 48, फ्रेनर ब्रोकवे के वर्कर्स फ्रंट से)

इसी तरह जब स्टालिन ने मुसोलिनी के साथ साँठ-गाँठ करनी चाही तो कम्युनिस्ट पार्टी इटली में फासिज्म के साथ समझौता का प्रयत्न करने लगी। उन्होंने एक घोषणापत्र में कहा : "इटालियन राष्ट्र के बच्चो! फासिस्ट और कम्युनिस्ट कैथोलिक और सोशलिस्ट, हर विचार के लोग एक-दूसरे की ओर हाथ बढ़ाएँ

और कन्धे से कन्धा भिड़ाकर आगे बढ़कर एक सभ्य देश, जैसाकि इटली है, की मर्यादा के लायक अस्तित्व कायम करें। हम सबों का एक ही उद्देश्य है, इटली को मजबूत, स्वतंत्र और खुशहाल बनाना।"

(इंटरनेशनल प्रेस कॉरस्पॉन्डेंस, खंड-16, नं. 48)

कम्युनिस्ट अन्तरराष्ट्रीय की अवसरवादिता और पश्चिमी यूरोप के मजदूर आन्दोलन की साम्राज्यवादी परम्परा ने सम्मिलित रूप से इस अन्तरराष्ट्रीय में भी वही बीमारी पैदा कर दी जिसके विरुद्ध संघर्ष करने के लिए इसकी स्थापना हुई थी। अब यह क्रान्तिवादी संगठन की जगह संकीर्ण रूसी राष्ट्रवादी संगठन बन गया। यूरोप में सोशलिस्टों की तरह ये भी पूँजीवादी शक्तियों के साथ रूस की स्वार्थ रक्षा के लिए अवसरवादी गठबन्धन करने लगे। इस नीति से फ्रांस और स्पेन में लगभग हाथ में आई हुई सत्ता श्रमिक वर्ग के हाथ से निकल गई।

फ्रांस में 1934 ई. में फासिस्ट विद्रोह का खतरा अपनी चरम सीमा पर था। इसका मुकाबला करने के लिए सुधारवादी ट्रेड यूनियन फेडरेशन ने आम हड़ताल का ऐलान किया। कम्युनिस्ट शुरू में हिचकिचाते रहे, पर बाद में उनके मजदूर संगठन ने भी हड़ताल में शामिल होने का फैसला किया। अब जो संयुक्त मोर्चा बना, उसका क्रान्तिकारी समाजवादी प्रोग्राम था। सोशलिस्ट कम्युनिस्ट और दोनों ट्रेड यूनियन संगठनों की इस एकता से समाजवाद की स्थापना के लिए कदम बढ़ाना सम्भव हो गया, लेकिन इसी समय लवाल-स्टालिन संयुक्त घोषणा हुआ और कम्युनिस्टों ने समाजवादी क्रान्ति की बात छोड़ दी। इस संयुक्त मोर्चे में पूँजीवादी रैडिकल सोशलिस्टों को शामिल किया गया। बाद में फ्रांस में 'पॉपुलर फ्रंट' की सरकार बनी, जिसमें सोशलिस्ट और कम्युनिस्ट पूँजीवादी पार्टियों के साझेदार बने। पूँजीवादी व्यवस्था को समाप्त करना तो दूर रहा, यह सरकार पूँजीपतियों पर कोई नियंत्रण या भारी टैक्स लगाने में भी असमर्थ थी। जब सोशलिस्ट प्रधानमंत्री लियो ब्लुँ ने कड़े कदम उठाने का प्रस्ताव किया तो कम्युनिस्टों ने इसका भी शुरू में विरोध किया। कम्युनिस्ट साम्राज्यवाद के इस हद तक समर्थक बन गए कि पैडमोर तथा अन्य नीग्रो कम्युनिस्टों को फ्रेंच साम्राज्यवाद के खिलाफ आन्दोलन करने से रोका गया। कम्युनिस्टों ने एक फ्रेंच प्लेटफॉर्म का प्रस्ताव किया, जिसके प्रमुख उद्देश्य ये थे, (1) राष्ट्रीय अर्थव्यवस्था की रक्षा, (2) फ्रांस की सुरक्षा और स्वतंत्रता, (3) गणतंत्र के कानूनों के लिए इज्जत। यह सब नीति हिटलर की शक्ति को रोकने के लिए साँठ-गाँठ की और यह स्टालिन का फ्रेंच साम्राज्यवाद के साथ समझौते का परिणाम थी।

इसी तरह 1936 ई. में स्पेन में पॉपुलर फ्रंट की सरकार बनी। फ्रांस के विपरीत इस सरकार में सोशलिस्ट और कम्युनिस्ट बहुमत में नहीं थे, पर जनता

में क्रान्तिकारी उभार अपनी चरम सीमा पर था। परिस्थिति क्रान्तिकारी परिवर्तन के लिए परिपक्व थी। इसी समय इटली और जर्मनी की फासिस्ट सरकारों की मदद से जनरल फ्रैंको ने इस सरकार के खिलाफ विद्रोह कर दिया। फ्रांस की पॉपुलर फ्रंट की सरकार अंग्रेजी सरकार के दबाव के कारण इस सरकार को एक आन्तरिक विद्रोह के खिलाफ मदद देने में भी असमर्थ रही। मजदूर और किसानों ने सशस्त्र उठाव के द्वारा इस फासिस्ट विद्रोह का मुकाबला किया, लेकिन परिस्थिति की माँग के अनुरूप सरकार अर्थव्यवस्था में परिवर्तन नहीं ला सकी। उलटे, कम्युनिस्टों (जिन्हें रूसी सैन्य सहायता के बदलने में नगण्य शक्ति होने पर भी सरकारी मामले में काफी अधिकार दे दिया गया था) ने पी.ओ.यू.एम. का, जो मजदूरों का स्पेन में सबसे क्रान्तिकारी संगठन था तथा अराजकवादी ट्रेड यूनियन सी.एन.टी. का जिसका इस क्रान्ति में महत्त्वपूर्ण हिस्सा था, दमन करना शुरू किया। वहाँ के सबसे जनप्रिय नेता निन की हत्या कम्युनिस्टों ने उन्हें गिरफ्तार करवाकर करवा दी। भीतर-भीतर स्टालिन अब धुरी राष्ट्रों (जर्मनी, इटली, जापान) के साथ समझौते की तैयारी में था। इस तरह कम्युनिस्टों के इशारे पर स्पेन की सरकार ने फासिस्टों के बजाय देश के क्रान्तिकारी तत्त्वों पर धावा बोल दिया। उधर, मुसोलिनी और हिटलर ने स्वयं सेवक के नाम पर भरपूर सैनिक मदद फ्रैंको को भेजकर पॉपुलर फ्रंट सरकार को खत्म कर दिया। 1939 ई. के जनवरी में प्रजातांत्रिक सरकार पूर्ण रूप से कुचल दी गई। इसी साल के अगस्त महीने में हिटलर और स्टालिन के बीच अनाक्रामक सन्धि हुई।

इसी तरह की अवसरवादी नीति कम्युनिस्ट पार्टियों ने यूरोप के अन्य देशों तथा अमेरिका में अपनाई थी। 1939 ई. में स्टालिन ने हिटलर के साथ अनाक्रमक सन्धि कर ली। इस तरह वे दुश्मन जिसके खिलाफ अभी तक सभी जगह कम्युनिस्ट पूँजीवादी शक्तियों के साथ मिलकर 'पॉपुलर फ्रंट' बना रहे थे, अब मित्र बन गए। उसी साल सोवियत रूस की ओर से निश्चिन्त होकर हिटलर ने पोलैंड पर आक्रमण कर दिया। रूस ने भी पीछे से पोलैंड पर हमला करके इसके आधे हिस्से पर अपना कब्जा जमा लिया। इसके बाद सोवियत रूस ने फिनलैंड पर हमला कर अपना अधिकार इसके एक बड़े भू-भाग पर जमा लिया। अब सोवियत साम्राज्यवाद की शुरुआत हुई। लेनिन ने तृतीय अन्तरराष्ट्रीय के सामने साम्राज्यवाद के विरुद्ध संघर्ष को सबसे अधिक महत्त्व पूँजीवादी व्यवस्था को नष्ट करने के लिए दिया था। अब लेनिन के उत्तराधिकारियों ने खुद एक साम्राज्यवादी नीति को शुरू किया। पोलैंड पर आक्रमण एक विशेष महत्त्व इसलिए भी रखता है चूँकि जैसाकि हम पहले देख चुके हैं 1863 ई. में रूसी साम्राज्यवाद के विरुद्ध पोलैंड के स्वतंत्रता आन्दोलन के समर्थन की प्रक्रिया ने ही प्रथम मजदूर अन्तरराष्ट्रीय को जन्म दिया था।

जब हिटलर ने 1941 ई. में रूस पर आक्रमण कर दिया और रूस तथा अन्य 'मित्र राष्ट्रों' में सन्धि हो गई तो कम्युनिस्ट पार्टियों ने सर्वत्र इस युद्ध को 'लोक युद्ध' की उपाधि दे दी और पूरी शक्ति से अपने यहाँ की पूँजीवादी सरकारों के युद्ध प्रयास का समर्थन करने लगे। रूस में स्वयं इस युद्ध को 'राष्ट्रीय युद्ध' कहा गया। स्टालिन ने इंग्लैंड, अमेरिका आदि की सरकारों के सन्देह को दूर करने के लिए कम्युनिस्ट अन्तरराष्ट्रीय को भी विघटित कर दिया।

एशिया के तथा अन्य गुलाम और औपनिवेशिक देशों के सामने रूस की क्रान्ति ने स्वतंत्रता की एक नई आशा पैदा कर दी। चीन में डॉ. सनयात सेन ने सोवियत रूस के साथ गहरी मित्रता की नीति अपनाई। बोल्शेविक क्रान्ति के बाद चीन में कम्युनिस्ट पार्टी का तेजी से विकास हुआ। कम्युनिस्ट शुरू में हर जगह कुआमितांग (राष्ट्रीयतावादी दल) के साथ मिल-जुलकर काम करते रहे। बाद में सनयात सेन के बाद कम्युनिस्टों का सम्बन्ध च्यांग काइ शेक के साथ, जो राष्ट्रवादी दल का नया नेता हुआ, बिगड़ने लगा। च्यांग काइ शेक जो पूँजीवादी व्यवस्था का कट्टर समर्थक बन गया कम्युनिस्टों के खतरे से अवगत था। चीन के औद्योगिक केन्द्रों में हजारों मजदूर गोली से उड़ा दिए गए। चीन के औद्योगिक केन्द्रों से कम्युनिस्ट पार्टी का इस तरह सफाया हो गया। इसके फलस्वरूप अब कम्युनिस्ट पार्टी में ऐसे लोगों का नेतृत्व पैदा हुआ जो ग्रामीण क्षेत्रों के खेतिहर मजदूर तथा किसानों को जमीन के बँटवारे के सिद्धान्त के आधार पर संगठित कर एक तरह से ग्रामीण समाजवाद की स्थापना की दिशा में बढ़ने लगे। चीन की राजनीतिक स्थिति, जिसमें अभी तक कोई सशक्त केन्द्रीय शासन नहीं बन पाया था तथा आवागमन के साधनों के अभाव ने इसमें उनकी सहायता की और वर्षों तक राष्ट्रीय सरकार के समानान्तर कम्युनिस्ट शासन चीन के बड़े भू-भाग पर कायम रहा। इसी बीच 1931 ई. में जापान ने चीन हमला कर मंचूरिया को दखल कर लिया। इसके बाद चीन और जापान के युद्ध में कम्युनिस्ट महत्त्वपूर्ण हिस्सा लेते रहे और साथ-साथ अपनी सैनिक शक्ति भी बढ़ाते रहे। द्वितीय विश्वयुद्ध के समाप्त होते-होते कम्युनिस्ट एक जबर्दस्त सैनिक शक्ति बन गए और युद्ध के बाद खुली लड़ाई में च्यांग काइ शेक की सरकार को हराकर उन्होंने अपना शासन पूरे चीन पर कायम किया।

चीन की तरह अन्य अविकसित देशों में भी कम्युनिस्ट पार्टियाँ बनीं, लेकिन स्टालिन की नीति की वजह से वे कभी भी जबर्दस्त राष्ट्रीय संगठन नहीं बन पाईं। साम्राज्यवाद के साथ रूस के सम्बन्धों के परिवर्तन के साथ-साथ इनकी नीति में भी परिवर्तन होते रहे और इस तरह कम्युनिस्ट कार्यकर्ताओं के त्याग और नि:स्वार्थ कामों का संगठन की दृष्टि से उन्हें कोई फायदा नहीं हो पाया।

लियोन ट्रॉटस्की रूस से निष्कासित हो जाने के बाद भी बराबर इस प्रयत्न में रहा कि कम्युनिस्ट अन्तरराष्ट्रीय पुन: अन्तरराष्ट्रीय क्रान्ति की अपनी पुरानी नीति

को अपनाए। उसके समर्थक लगातार कम्युनिस्ट आन्दोलनों के साथ मिलकर इस नीति का प्रचार करते रहे। ट्रॉटस्की को यह आशा थी कि रूस में मजदूर वर्ग खुद इस नीति को ग्रहण करेगा और नेतृत्व में प़रिवर्तन होगा, लेकिन 1939 ई. के हिटलर-स्टालिन सन्धि के बाद वह इस निष्कर्ष पर पहुँचा कि तृतीय अन्तरराष्ट्रीय अब सर्वहारा क्रान्ति का यंत्र नहीं रह गया है। इसके बाद 1940 ई. में उसने उन कम्युनिस्टों को लेकर जो स्टालिनवादी नीति के विरुद्ध विश्व क्रान्ति के हिमायती थे, चतुर्थ अन्तरराष्ट्रीय की स्थापना की, लेकिन स्टालिन ने इसके थोड़े ही दिन के भीतर मैक्सिको में, जहाँ उसे रूस से निष्कासन पर पनाह मिली थी, उसकी हत्या करा दी।

चतुर्थ अन्तरराष्ट्रीय का विकास अधिक नहीं हो पाया। इसके कई कारण थे। एक तो इसकी नीति बुनियादी तौर पर वही थी जो तृतीय अन्तरराष्ट्रीय की थी। इससे साधारण लोगों के लिए दोनों में फर्क करना बड़ा कठिन था। साथ-साथ चूँकि तृतीय अन्तरराष्ट्रीय पीछे एक राज्य की शक्ति और आर्थिक सहयोग था, उसके लिए लोगों के पास पहुँचना आसान था, लेकिन इन दोनों कारणों से महत्त्वपूर्ण कारण यह था कि ट्रॉटस्की और उसके साथी अपने विचारों में बोल्शेविक क्रान्ति की पृष्ठभूमि से बिलकुल बँधे हुए थे। वे दुनिया के भविष्य की सभी क्रान्तियों को रूस की क्रान्ति की रूपरेखा में देखना चाहते थे। इस पृष्ठदृष्टि ने उन्हें नई परिस्थितियों के अनुरूप अपनी नीति निर्धारित करने में पंगु बना दिया। इस तरह आगे चलकर कुछ छिटपुट गिरोहों को छोड़कर अधिकांश लोग इस संगठन को छोड़कर सोशलिस्ट या कम्युनिस्ट पार्टियों में शामिल हो गए।

15

"पूँजीवादी समाज में जीवित श्रम केवल एक माध्यम है, संचित श्रम को बढ़ाने का। कम्युनिस्ट समाज में संचित श्रम सिर्फ एक माध्यम है, श्रमिकों के अस्तित्व को विस्तीर्ण तथा सम्पन्न करने और आगे बढ़ाने का।"

—कम्युनिस्ट मैनिफेस्टो

सोवियत संघ के विकास ने मार्क्सवादियों के सामने एक गम्भीर समस्या उपस्थित कर दी। मार्क्स-एंगेल्स के अनुमान के विपरीत 'राज्य' विघटित होने के बजाय 'मजदूर वर्ग' के सत्ता में आने के बाद और सशक्त और दमनकारी होता गया। पूँजी संचय की क्रिया को समाज में सर्वोपरि महत्त्व दिया जाने लगा और इसके लिए मजदूरों का हर तरह का दमन और शोषण अपरिहार्य समझा जाने लगा। आर्थिक विषमता घटने की बजाय बढ़ती गई। मजदूरों के अधिकार सिमटते गए। नौकरशाही का महत्त्व सब जगह बढ़ गया। मार्क्सवाद के विरोधियों ने इस समस्या को यह कहकर टाल दिया कि मार्क्स का पूरा सामाजिक निदान आधारभूत ढंग से गलत था। स्टालिन के नेतृत्व के अन्दर कम्युनिस्ट तोते की तरह ऊपर से बतलाई गई बातों को रटते-रटते स्वतंत्र ढंग से किसी समस्या पर विचार करने में असमर्थ थे। उन्होंने सोवियत रूस में किए गए दमन तथा स्टालिन के राज्य की निरंकुशता की बात को रूस विरोधी पूँजीवादी प्रचार कहकर टाल दिया या उसे मजदूर राज्य का आवश्यक स्वरूप, 'पूँजीवादी' विरोध को नष्ट करने के लिए मान लिया। बाद में जब ख्रुश्चेव ने स्टालिन के राज्य के अत्याचारों का वर्णन किया तो शुरू में तो पूरा कम्युनिस्ट संसार स्तब्ध रह गया, लेकिन फिर बाद में कुछ मुट्ठी भर ईमानदार कम्युनिस्टों को छोड़कर बाकी कम्युनिस्ट जो स्टालिनवादी परम्परा में लिप्त हो चुके थे, बिना किसी हीले हवाले के नया राग अलापने लगे।

लेकिन कम्युनिस्ट आन्दोलन से बाहर मार्क्सवादी, सोवियत रूस के विकास को चिन्तन का गम्भीर विषय समझते थे और इस विकास की उन्होंने कई तरह से व्याख्या की। लियोन ट्रॉटस्की ने जिसने इस क्रान्ति के स्वरूप को निर्धारित

करने में एक महत्त्वपूर्ण भाग लिया था इस राज्य को एक 'विकृत मजदूर राज्य' (डीजेनरेटेड वर्कर्स स्टेट) कहा। पूँजीवाद का उसने निम्नलिखित शब्दों में चरित्र चित्रण किया : "सोवियत संघ एक अन्तर्विरोधपूर्ण समाज है जो समाजवाद और पूँजीवाद के मध्य में है, जिसमें (क) उत्पादन की शक्तियाँ राज्य को एक समाजवादी चरित्र प्रदान करने के लिए अभी भी अपर्याप्त हैं, (ख) अभाव के कारण प्राथमिक संचय की आवश्यकताएँ नियोजित अर्थव्यवस्था के असंख्य छिद्रों से फूट पड़ती हैं, (ग) वितरण का आधार जो एक पूँजीवादी चरित्र को कायम रखे हुए हैं समाज के एक नये विभाजन की जड़ में है; (घ) आर्थिक विकास जहाँ श्रमिकों की स्थिति में सुधार लाता है वहीं एक सुविधा प्राप्त नये स्तर का तेजी से विकास कर रहा है; (ङ) सामाजिक संघर्ष का फायदा उठाकर नौकरशाही ने अपने को एक जाति में परिवर्तित कर लिया है जो नियंत्रित नहीं किया जा सकता और जिसका समाजवाद से कोई सम्बन्ध नहीं है; (च) सामाजिक क्रान्ति, जिसके साथ सत्तारूढ़ दल ने गद्दारी की है, सम्पत्ति सम्बन्ध और श्रमिक जनता के बोध में अभी भी कायम है; (छ) अन्तर्विरोधों के संचय का अधिक विकास समाजवाद की तरफ या पीछे पूँजीवाद की तरफ दोनों ही तरफ इसे ले जा सकता है; (ज) पूँजीवाद के पथ पर प्रतिक्रान्ति को मजदूर वर्ग के विरोध को तोड़ना होगा; (झ) समाजवाद के पथ पर मजदूर वर्ग को नौकरशाही को उखाड़ फेंकना होगा।"

(रिवॉल्यूशन बिट्रेड—लियोन ट्रॉटस्की)

लेकिन अन्य कुछ लोग सोवियत राज्य को विकृत या अविकृत किसी भी रूप में मजदूर राज्य कहने के लिए इसलिए तैयार नहीं थे क्योंकि मजदूरों का राज्य पर कोई नियंत्रण नहीं था और न लोकतंत्र के अभाव में कोई नियंत्रण कायम करना सम्भव था। उत्पादन के साधन राज्य के हाथ में हो इसी से कोई राज्य मजदूरों का राज्य नहीं हो जाता। वास्तविक महत्त्व इस बात का है कि संगठनों के माध्यम से मजदूर वर्ग अर्थव्यवस्था पर अपना पूर्ण नियंत्रण रख सकता है कि नहीं? इस दृष्टि से मजदूर कमेटियों का स्वतंत्र अस्तित्व खत्म हो चुका था। ट्रेड यूनियन राज्य के दास बन गए थे। कम्युनिस्ट पार्टी स्वयं सभी मजदूरों की पार्टी नहीं थी और इसमें सिर्फ वे ही लोग चुनकर लिये जाते थे जो कुछ विशेष नीतियों को लेकर चलने के लिए तैयार हों। मजदूरों को अलग कोई पार्टी बनाने का अधिकार नहीं था, न सभी प्रदर्शन आदि के द्वारा राज्य की नीति को किसी तरह प्रभावित करने का अधिकार उन्हें था। पार्टी के भीतर भी सर्वोच्च नेता के अतिरिक्त अलग मत रखने का किसी मजदूर या अन्य सदस्य को अधिकार नहीं था। ऐसी स्थिति में मजदूर अर्थव्यवस्था या राज्य-व्यवस्था पर अपने अधिकार का उपयोग कैसे कर पाते, यह कल्पना से परे है। कुछ अन्य मार्क्सवादियों ने, मार्क्स-एंगेल्स के पूँजीवाद के विकास के

सम्बन्ध में व्यक्त किए गए अपने विचारों के आधार पर, इस समाज को 'राज्य पूँजीवादी' कहा। इस सम्बन्ध में फ्रेडरिक एंगेल्स के निम्नलिखित विचार ध्यान देने योग्य हैं : "किसी भी हालत में ट्रस्ट हो या बिना ट्रस्टों के, पूँजीवादी समाज के पदस्थ प्रतिनिधि राज्य को अन्ततोगत्वा उत्पादन का निर्देशन अपने हाथ में लेना होगा। राज्य की सम्पत्ति में परिवर्तन की यह आवश्यकता पहले-पहल आपसी सम्बन्ध और संचार (कम्युनिकेशन) के महान संस्थाओं पोस्ट ऑफिस, टेलीग्राफ और रेलवे में महसूस की जाती है।

"लेकिन ज्वाइंट स्टॉक कम्पनी और ट्रस्ट या राज्य की सम्पत्ति में परिवर्तन उत्पादन की शक्तियों के पूँजीवादी स्वरूप को नहीं बदल देते। ज्वाइंट स्टॉक कम्पनियों और ट्रस्टों में यह बात स्पष्ट है। और फिर आधुनिक राज्य केवल वह संगठन है जो पूँजीवादी समाज, मजदूरों तथा व्यक्तिगत रूप से पूँजीपतियों के हमले से भी पूँजीवादी उत्पादन की बाहरी स्थिति को बचाए रखने के लिए अपनाता है।...श्रमिक मजदूरी के लिए काम करनेवाले मजदूर रह जाते हैं। पूँजीवादी सम्बन्ध समाप्त नहीं होते हैं।...उत्पादन की शक्तियों पर राज्य का स्वामित्व संघर्षों का हल नहीं है बल्कि इसके भीतर वे तकनीकी स्थितियाँ छिपी हैं जो उस हल के तत्त्व हैं।"

(सोशलिज्म यूटोपियन एंड साइंटिफिक—फ्रेडरिक एंगेल्स)

इसी पृष्ठ के नीचे, नोट में स्थिति को स्पष्ट करने के लिए एंगेल्स ने लिखा है—"लेकिन अभी हाल में, जबसे बिस्मार्क ने उद्योगों में राज्य के स्वामित्व की ओर कदम बढ़ाया है, एक तरह का नकली समाजवाद पैदा हो गया है...जो बिना किसी विचार के सभी तरह के राज्य के स्वामित्व को यहाँ तक कि बिस्मार्क तक के नमूने को सोशलिस्ट कह देता है।"

एंगेल्स के ऊपर के विचारों से स्पष्ट है कि जब तक मजदूरों की स्थिति उत्पादन के साधन के साथ उनके सम्बन्ध में नहीं बदल जाती, राज्य का चरित्र पूँजीवादी ही रह जाता है। सोवियत रूस के विकास में क्रान्ति काल में हासिल किए गए एक-एक अधिकार बाद में समाप्त कर दिए गए और अधिकांश मामलों में मजदूरों को वे अधिकार भी नहीं मिल पाए जो अन्यत्र पूँजीवादी व्यवस्था में भी उन्हें प्राप्त थे। 1922 ई. के लेबर कोड के अनुसार, काम का कोटा कारखाने के प्रबन्धक और यूनियन के प्रतिनिधि मिलकर तय कर सकते थे, लेकिन 1930 ई. से इसकी अवहेलना होने लगी और अन्त में 2 जनवरी 1933 ई. के आदेश के अनुसार ए.यू. टी.यू.सी. के प्रेसीडियम ने यह तय किया कि काम का कोटा और 'पीस रेट' तय करने का अधिकार कारखानों के प्रबन्धकों को होगा। मजदूरों के अधिकारों के सम्बन्ध में अन्यत्र विचार किया जा चुका है। इस तरह राज्य या अर्थव्यवस्था पर उनका अधिकार नहीं ही था, अपने काम के सम्बन्ध में व्यवस्था को परामर्श देने

का अधिकार भी खत्म कर दिया गया। इन पंक्तियों के प्रकाशित होते-होते पत्रों में सोवियत संघ की बेकारी की समस्या शुरू हो गई। अगर इस समाचार की पुष्टि हो गई तो पूँजीवाद की बेकारी के संकट से मुक्त होने का सोवियत संघ का दावा भी समाप्त हो जाएगा।

मार्क्स-एंगेल्स ने 'राज्य पूँजीवाद' को एक अल्पकालिक स्थिति के रूप में देखा था। उपरोक्त पुस्तक में ही आगे एंगेल्स ने लिखा था कि 'राज्य पूँजीवाद' में शोषण का रूप इतना भयंकर हो जाएगा कि समाज इसे बर्दाश्त नहीं कर सकता और समाज पूँजीवादी व्यवस्था को समाप्त कर समाजवादी व्यवस्था कायम करेगा, लेकिन रूस में यह व्यवस्था एक स्थायी स्वरूप ग्रहण करने लगी। यही नहीं, इससे मिलती-जुलती व्यवस्था फासिज्म के अन्दर यूरोप के अधिकांश देशों में फैलने लगी। खुद अमेरिका में प्रेसिडेंट रूजवेल्ट ने 1936 ई. में 'न्यू डील' की नीति अपनाई, जिसमें बृहत् पैमाने पर राज्य ने आर्थिक संकट का मुकाबला करने के लिए निर्माण कार्य करना शुरू किया। स्पेन में क्रान्ति की हार होने के बाद मजदूर क्रान्ति के उत्साह की जगह यूरोप के समाजवादी आन्दोलन के सामने फासिज्म का भय एक प्रेत की छाया की तरह छा गया। इसी पृष्ठभूमि में जेम्स बर्नहम ने यह सिद्धान्त प्रतिपादित किया कि वास्तव में आधुनिक उद्योगों का विकास मार्क्स की कल्पना के विपरीत एक मजदूर क्रान्ति के स्थान पर 'व्यवस्थावादी क्रान्ति' (मैनेजेरियल रिवॉल्यूशन) को जन्म दे रहा है।

उसने यह दलील दी कि आधुनिक उद्योगों में सबसे शक्तिशाली वर्ग के रूप में मजदूर नहीं बल्कि उद्योगों की व्यवस्था करनेवाले लोग आ रहे हैं। यह सही है कि उद्योगों के विकास से उद्योगों की व्यवस्था स्वामित्व से अलग होती जा रही है और व्यक्तिगत रूप से पूँजीपतियों का नियंत्रण उद्योगों पर से खत्म हो रहा है, लेकिन मजदूरों का नियंत्रण भी उद्योगों पर बढ़े इसकी सम्भावनाएँ खत्म हो रही हैं। इन दोनों के नियंत्रण से स्वतंत्र और इन वर्गों के स्वार्थों से विपरीत स्वार्थ वाला एक वर्ग व्यवस्थापकों का पैदा हो रहा है जो समाज के नये स्वामी होंगे। उसने यह भविष्यवाणी भी कर दी कि अन्त में यह नई व्यवस्था पूरे संसार पर छा जाएगी। यूरोप के प्राय: हर देश में द्वितीय विश्वयुद्ध के शुरू होते-होते ही जबर्दस्त फासिस्ट आन्दोलन के विकास ने तथा हिटलर-स्टालिन की मैत्री ने समाजवाद के भविष्य के सम्बन्ध में बहुत-से लोगों के दिल में आशंका पैदा कर दी थी। जेम्स बर्नहम जो पहला मार्क्सवादी था, इन घटनाओं से इतना प्रभावित था कि उसने समाजवादी आन्दोलन से अपना सम्बन्ध विच्छेद कर लिया।

इस विचार की तीव्र आलोचना खुद जॉर्ज ऑरवेल ने की, जिसने अपने उपन्यासों में अधिनायकवाद का इस युग में सबसे गम्भीर विश्लेषण किया था। वह सिर्फ उपन्यासकार ही नहीं बल्कि एक क्रान्तिकारी समाजवादी चिन्तक भी

था। उसने अपने एक लेख (न्यू थॉट्स ऑफ जेम्स बर्नहम) में यह बतलाया कि जेम्स बर्नहम के निष्कर्ष मध्यम वर्ग के उस चरित्र के परिचायक हैं जिसकी वजह से यह वर्ग हमेशा शक्ति की ओर झुकता है। स्टालिनवादी और फासिस्ट अधिनायकवाद की ओर दुनिया में हर जगह मध्यम वर्ग झुक रहा है। जॉर्ज ऑरवेल ने बर्नहम के इन अधिनायकवादी शक्तियों की अन्तिम विजय में विश्वास को सारे संसार में व्यक्त हो रहे, इसी मध्यवर्गी चरित्र का एक नमूना बतलाया। उसने स्पष्ट रूप से यह विश्वास व्यक्त किया कि मजदूर वर्ग एक ऐसा वर्ग है जिसका स्वार्थ अधिनायकवाद के विपरीत पड़ता है और यह निश्चित रूप से इन अधिनायकवादी राज्यों से संघर्ष करेगा।

मार्क्सवादी मान्यताओं के भीतर जेम्स बर्नहम के विचारों से मिलता-जुलता विचार मैक्स सैट्चमैन का था। इसने रूस की नौकरशाही को एक नया वर्ग कहा और रूस समाज व्यवस्था को 'नौकरशाही समूहवाद' (ब्यूरोक्रैटिक कलेक्टविज्म) का नाम दिया। उसने अपनी पुस्तक 'स्ट्रगल फॉर दी न्यू कोर्स' में यह बतलाया कि 1923 ई. के बाद से रूस में नौकरशाही के प्रतिक्रान्तिकारी प्रयत्न सफल होने लगे। उसके मत के अनुसार 1924 ई. में लियोन ट्रॉटस्की द्वारा पार्टी के आधार को प्रजातांत्रिक और विस्तृत करने का प्रयत्न, जिसे उसने 'न्यू कोर्स' का नाम दिया था, मजदूर वर्ग का राज्य व्यवस्था पर नियंत्रण रखने का अन्तिम प्रयास था। इस प्रयास को विफल कर और ट्रॉटस्कीवादी विरोधियों को पार्टी से निकाल बाहर कर प्रतिक्रान्तिकारी नौकरशाही ने राज्य व्यवस्था पर अपना पूर्ण अधिकार जमा लिया। इस तरह पूँजीवाद और समाजवाद, दोनों की विरोधी एक नई समाज व्यवस्था यहाँ कायम हुई। उसने बतलाया कि मार्क्स ने यह कहा था कि अगर पूँजीवादी व्यवस्था को नष्ट कर मजदूर वर्ग समाजवादी व्यवस्था कायम करने में असफल हुआ तो दुनिया में एक नई बर्बरता आ जाएगी। उसने सोवियत संघ की राज्य व्यवस्था को ऐसा ही एक बर्बर राज्य बतलाया।

हालाँकि इन विचारों से प्रत्येक से सोवियत संघ को विभिन्न नाम दिया गया था, लेकिन बुनियादी तौर पर सभी ठोस सम्बन्धों के मामले में समाजवादी समाज से सोवियत समाज के बुनियादी विभिन्नता के सम्बन्ध में एक मत थे। अलग-अलग नामकरण वस्तुत: उन्होंने सोवियत राज्य के प्रति अपनी नीति को सही बतलाने की दृष्टि से दिया था। ट्रॉटस्की ने इसे 'विकृत मजदूर राज्य' कहकर यह मान लिया कि चाहे इसमें जो बुराइयाँ हों, बुनियादी ढंग से यह एक मजदूर राज्य है और इस तरह उसने 'बिना शर्त सोवियत यूनियन की रक्षा की' अपनी नीति को सही बतलाया। हालाँकि इस नीति में और कम्युनिस्ट पार्टियों की नीति में एक महत्त्वपूर्ण फर्क था। जहाँ कम्युनिस्ट अन्य देशों की क्रान्तियों को रूस की रक्षा के लिए बलिदान करने के लिए तैयार थे, वहाँ ट्रॉटस्की की दृष्टि में अन्य

देशों में क्रान्ति की सफलता ही सोवियत रूस की रक्षा की सबसे जबर्दस्त गारंटी थी। जेम्स बर्नहम रूस की राज्य सत्ता का विरोधी था, लेकिन इसकी विजय को अवश्यम्भावी समझ वह एक तरफ से हताश निष्कर्मण्यता का समर्थक बन गया। जो लोग इसे 'राज्य पूँजीवाद' या 'नौकरशाही समूहवाद' मानते थे, वे क्रान्ति द्वारा इस राज्य व्यवस्था को बदल देने की नीति के वैसे ही समर्थक थे जैसे क्रान्ति द्वारा अन्यत्र पूँजीवादी व्यवस्था को बदलने के।

चाहे जिस किसी सिद्धान्त को भी सोवियत संघ के समाज के सम्बन्ध में मान लिया जाए, एक बात तो निश्चित रूप से स्पष्ट हो गई। अब यह मान लेना असम्भव हो गया कि पूँजीवादी अर्थव्यवस्था या उद्योग-धन्धों और उत्पादन के साधनों पर से व्यक्तिगत स्वामित्व को हटाने भर से समाजवादी व्यवस्था आपसे आप कायम हो जाएगी। द्वितीय विश्वयुद्ध के बाद से कम्युनिस्ट आन्दोलन के बाहर समाजवादी आन्दोलन के सामने सबसे बड़ा प्रश्न रहा : व्यक्तिगत स्वतंत्रता और उदारवादी परम्परा को जीवित रखते समाजवादी व्यवस्था कैसे प्रस्थापित हो?

16

प्रथम विश्वयुद्ध से लेकर द्वितीय विश्वयुद्ध तक पश्चिमी देशों में सोशलिस्ट पार्टियों का काम प्रमुख रूप से पूँजीपतियों को उनके संकटों से उबारने का रहा। इसके जवाब में उन्होंने प्रथम मौका मिलते ही उन्हें और इनके साथ-साथ प्रजातांत्रिक अधिकारों को खत्म कर अधिकांश देशों में पूँजीवादी अधिनायकवाद कायम किया।

पूँजीवाद के खिलाफ सबसे जबर्दस्त मजदूरों का विद्रोह पहले सोशल डेमोक्रेसी के गढ़ जर्मनी में हुआ। 1918 ई. के अक्टूबर महीने में जर्मनी के नाविकों ने विद्रोह शुरू किया और विद्रोह जर्मनी के तमाम मजदूरों तथा सैनिकों में फैल गया। इसके तत्काल बाद सोवियत की तरह क्रान्तिकारी मजदूर तथा सैनिकों और नाविकों ने 'राटे' संगठित किया। इस क्रान्ति ने युद्ध को समाप्त किया और जर्मनी से राजतंत्र का खात्मा हो गया। इस क्रान्ति की तरंग पर बेवेरिया में कुर्ट आइसनर के नेतृत्व में सोशलिस्ट गणतंत्र की स्थापना हुई। बर्लिन के विद्रोह में सिर्फ 15 आदमी मारे गए और बिना अधिक संघर्ष के राज्य सत्ता दक्षिणपंथी सोशलिस्ट नेता एबर्ट के हाथ में सौंप दी गई। अब सोशलिस्ट आन्दोलन के सामने दो रास्ते थे, (1) उस पुरानी आर्थिक व्यवस्था को एक पूँजीवादी प्रजातांत्रिक प्रणाली के आधार पर कायम रखने का, जो 1914 ई. के विश्वयुद्ध के लिए जवाबदेह थी या (2) जनता के नये स्वशासन के यंत्र 'राटे' के आधार पर राज्य व्यवस्था को संगठित करके मजदूर राज्य कायम करने का। एबर्ट ने टूटी हुई पूँजीवादी व्यवस्था को पुनः जोड़कर खड़ा करने का मार्ग चुना। रोजा लक्जमबर्ग, लाइबनेख्त और उनके 'स्पार्टकिस्ट' लोगों ने मजदूरों का दूसरी क्रान्ति के लिए आह्वान किया, लेकिन एबर्ट ने मजदूरों के 6 जनवरी 1919 ई. के आन्दोलन के खिलाफ साम्राज्यवादी फौज का खुलकर इस्तेमाल किया। मजदूरों को कुचल दिया गया। रोजा लक्जमबर्ग और लाइबनेख्त गिरफ्तार कर लिए गए और पुलिस ने दोनों की हत्या कर दी।

अब विधान सभा का चुनाव जर्मनी का नया विधान तैयार करने के लिए हुआ, लेकिन जर्मनी के मजदूर अभी पूरी तरह दबाए नहीं जा सके थे। जहाँ-तहाँ हड़ताल और विद्रोह होते रहे। इसी बीच कुर्ट आइसनर की हत्या कर दी गई। फिर क्या था? बेवेरिया में मजदूरों ने क्रान्ति कर दी और सोवियत गणराज्य की घोषणा

कर दी गई, लेकिन केन्द्रीय सरकार ने सैनिकों के बल पर इसे कुचल दिया। यह सब घटना 1919 ई. में हुई। अब जब मजदूरों की शक्ति को सोशलिस्ट सरकार करीब-करीब कुचल चुकी तो प्रतिक्रियावादी शक्तियों का मनसूबा बढ़ा। अब उन्होंने वाइमर विधान को, जो इन संघर्षों के बावजूद एक पूर्ण प्रजातांत्रिक स्वरूप ले सका था तथा एबर्ट की सरकार को समाप्त करने का निश्चय किया। 1920 ई. के मार्च में सैनिकवादियों ने बर्लिन पर कब्जा कर लिया और कैम्प को राष्ट्रपति घोषित किया, लेकिन मजदूरों की शक्ति अभी बिलकुल खत्म नहीं हुई थी। उन्होंने आम हड़ताल कर इसका मुकाबला किया और कैम्प और उसके सहयोगियों को जर्मनी छोड़कर भागना पड़ा।

पुनः सत्ता में आकर सोशलिस्ट सरकार उन प्रतिक्रान्तिकारी तत्त्वों की शक्ति तोड़ने की बजाय, जो सतत प्रजातंत्र और सोशलिस्ट सरकार के विरुद्ध षड्यंत्र करते रहते थे, उन्हें नए-नए अधिकार और आर्थिक सहायता प्रदान करती रही। यहाँ तक कि विधान के अन्दर इन तत्त्वों को निजी सैनिक संगठन रखने का भी अधिकार दे दिया गया। आए दिन जर्मनी में राजनीतिक हत्याएँ होती रहीं। 1923 ई. में हिटलर ने पहली बार मुट्ठी भर लोगों को लेकर बर्लिन पर कब्जा जमाने का अभियान किया, लेकिन म्यूनिख में ही पुलिस से मुठभेड़ में उसके साथी भाग चले और वह स्वयं गिरफ्तार हो गया।

इधर अपनी समझौतावादी नीति तथा युद्ध के बाद की जर्मनी की आर्थिक कठिनाइयों के कारण, जो युद्ध से विश्रृंखलित व्यवस्था पर मित्र राष्ट्रों के असह्य हर्जाने के बोझ से पैदा हो गई थी, सोशल डेमोक्रेटिक सरकार के लिए कोई क्रान्तिकारी कदम उठाना असम्भव था। इस तरह सोशलिस्ट पार्टी अपने शासनकाल में कोई सुधार तो नहीं कर सकी, पर असन्तोषों का अम्बार लगा दिया। अन्त में भौन पेपेन और हिटलर ने मिलकर वाइमर विधान और सोशल डेमोक्रेसी, दोनों का जनाजा निकाल दिया। 1933 ई. से जर्मनी में फासिस्ट तानाशाहीपूर्ण रूप से कायम हो गई।

युद्ध के बाद इटली में भी क्रान्तिकारी स्थिति पैदा हो गई थी। 1919 ई. में चारों ओर हड़तालें होती रहीं। 1920 ई. में मजदूरों की हड़ताल ने राष्ट्रव्यापी स्वरूप ग्रहण कर लिया। मजदूरों ने 600 ऐसे कारखानों पर कब्जा कर लिया, जिनमें लगभग 5 लाख मजदूर काम करते थे। मजदूरों ने अब सोवियत की स्थापना की, लेकिन नेतृत्व के अभाव और इटली की विशेष आर्थिक स्थिति ने, जिसमें कच्चे माल के लिए यहाँ के उद्योगों को पूर्णरूप से विदेशों पर निर्भर करना पड़ता था, मजदूरों को मालिकों से समझौता करने के लिए मजबूर किया और कारखाने फिर उनके पिछले मालिकों के हवाले कर दिए गए। नेतृत्व के प्रति असन्तोष के परिणामस्वरूप सोशलिस्ट पार्टी से कम्युनिस्ट 1921 ई. में बाहर निकल गए। तब सोशलिस्ट आन्दोलन के प्रति लोगों में निराशा पैदा होने लगी। उधर, पूँजीपति वर्ग मजदूरों के

आन्दोलन के स्वरूप को देख चुका था और किसी भी कीमत पर मजदूर आन्दोलन को कुचलने के लिए कटिबद्ध था। इसी समय मुसोलिनी ने अपना फासिस्ट दल संगठित किया और वह खुले रूप से साम्राज्य के विस्तार द्वारा इटली को प्राचीन रोमन साम्राज्य का गौरव और आर्थिक समृद्धि प्रदान करने का ऐलान करने लगा। समाज की सभी प्रतिक्रियावादी शक्तियाँ बोल्शेविज्म को समाप्त करने के उसके नारे के कारण उसके इर्द-गिर्द जमा हो गईं। सोशलिस्ट और कम्युनिस्ट संगठनों को तोड़ने के लिए चाबुक और जबर्दस्ती अंडी का तेल पिलाने का प्रोग्राम उसने अख्तियार किया। साथ ही, उसने फासिस्टों का जंगी दस्ता तैयार करना शुरू किया। सोशलिस्ट हिंसात्मक कार्रवाइयों से इतना घबड़ाते थे कि उनके पास मुसोलिनी का मुकाबला करने का कोई हथियार नहीं था।

27 अक्टूबर, 1922 ई. को फासिस्ट दल चारों ओर से रोम की सत्ता पर कब्जा करने के लिए आने लगे। राजा ने अन्त में फासिस्टों के हाथ सत्ता सौंप दी। मुसोलिनी 30 अक्टूबर को एक सिलपिंग कार में मिलान से रोम आया और इटली का प्रधानमंत्री बन गया। उस समय 50,000 से अधिक फासिस्ट सैनिक रोम में जमा नहीं हुए थे, पर सोशलिस्ट निरीह बनकर देखते रहे। 1924 ई. में मुसोलिनी ने पार्लियामेंट में विरोध करने के कारण सोशलिस्ट सदस्य मैट्टीओटी की हत्या करवा दी। अब प्रजातांत्रिक पार्टियों ने एक होकर फासिस्टों का विरोध करना चाहा, लेकिन स्थिति हाथ से बाहर निकल चुकी थी। इटली में मुसोलिनी की तानाशाही जम गई।

इंग्लैंड के सोशलिस्ट तो कभी भी क्रान्ति के समर्थक नहीं थे, लेकिन युद्ध के बाद के आर्थिक संकट ने उनके सामने भी समाज में परिवर्तन करने की सम्भावनाएँ पैदा कीं। 1924 ई. के चुनाव में कंजर्वेटिव पार्टी के 258 सदस्यों के विरुद्ध लेबर पार्टी के 191 तथा लिबरल पार्टी के 157 सदस्य जीतकर पार्लियामेंट में आए। चूँकि लिबरल और कंजर्वेटिव पार्टी में चुंगी (टैरिफ) के सवाल को लेकर गहरा मतभेद था। लिबरज पार्टी के समर्थन से रैम्से मैकडोनाल्ड इंग्लैंड के प्रथम लेबर प्रधानमंत्री बने। हालाँकि लेबर पार्टी का प्रोग्राम क्रान्तिकारी नहीं था और अधिक-से-अधिक ये रेलवे, खान आदि का राष्ट्रीयकरण तथा पूँजीकर लगाने के समर्थक थे, फिर भी लिबरल समर्थन से सत्ता हाथ में रखकर ये इतना भी नहीं कर सकते थे। ज्यादा-से-ज्यादा ये मजदूरों को कुछ सहूलियतें प्रदान कर सकते थे, पर इसके लिए आर्थिक संकट के काल में बिना आर्थिक व्यवस्था में आमूल परिवर्तन किए, साधन जुटाना असम्भव था। इसके लिए मैकडोनाल्ड ने एक ही रास्ता देखा, जर्मनी और रूस को आर्थिक सहायता देना, जिसमें वे इंग्लैंड का बना हुआ सामान खरीद सकें और इंग्लैंड में बेकारी की समस्या टले, लेकिन बोल्शेविको को कर्ज देने की बात से इंग्लैंड के अखबारों ने जनमत को इतना उभारा कि मैकडोनाल्ड को मध्यावधि चुनाव कराना पड़ा। मजदूरों ने तो लेबर पार्टी को वोट दिया और 151

लेबर सदस्य जीतकर आए, पर लेबर के साथ सहयोग ने लिबरल पार्टी के समर्थन को खत्म कर दिया और लिबरल मत कंजर्वेटिव को मिले और वे बड़े बहुमत के साथ सरकार में फिर आ गए।

इसके बाद 1926 ई. में असल क्रान्तिकारी स्थिति पैदा हुई। खान मजदूरों की वेतन की कटौती के विरुद्ध, हड़ताल की सहानुभूति में ट्रेड यूनियन कांग्रेस ने भी अन्य मजदूरों को हड़ताल पर जाने का आदेश दिया। 25 लाख से अधिक मजदूर हड़ताल पर चले गए। लन्दन शहर में टैंक भेज दिए गए। महत्त्वपूर्ण स्थानों पर सैनिक तैनात कर दिए गए। रेडियो और प्रेस मजदूरों के विरुद्ध एकतरफा जहर उगलते रहे। इधर मजदूर नेता अपनी परम्परा के अनुसार हाथ पर हाथ रखे बैठे रहे। अन्त में आगे कोई रासता नहीं देख ट्रेड यूनियन कांग्रेस के नेताओं ने अपनी हड़ताल वापस ले ली। सात महीने तक भुखमरी की स्थिति में अकेले अपनी हड़ताल चलाकर अन्त में खान मजदूरों को वेतन में कटौती कबूल कर काम पर वापस जाना पड़ा।

लेकिन कंजर्वेटिव सरकार फिर भी इंग्लैंड की आर्थिक समस्या का समाधान करने में असमर्थ रही। इसके फलस्वरूप 1929 ई. के चुनाव में लेबर पार्टी को 287, कंजर्वेटिव को 260 और लिबरल पार्टी को 59 जगहें मिलीं। अब मैकडोनाल्ड द्वितीय लेबर सरकार के प्रधानमंत्री बने, लेकिन इस बार भी इन्हें लिबरल मत पर निर्भर करना था। 1931 ई. के विश्वव्यापी संकट ने इंग्लैंड को भी अपनी चपेट में ले लिया। इंग्लैंड के लिए अपने यहाँ आर्थिक स्थिरता रखने के लिए बड़ी मात्रा में अमेरिका से उधार लेने की आवश्यकता हुई। अमेरिका ने यह शर्त लगा दी कि जब तक इंग्लैंड की सरकार अपने बजट को सन्तुलित नहीं करती तब तक उसे पैसे नहीं मिलेंगे। इसका अर्थ होता, मजदूरी और बेकारी भत्ता में कटौती। मैकडोनाल्ड जानता था कि लेबर पार्टी इस कटौती को मंजूर नहीं कर सकती। अत: उसने प्रधान मंत्रित्व से इस्तीफा दे दिया। इसके दो दिन के भीतर अब मैकडोनाल्ड ने अपने पुराने साथियों को छोड़कर संयुक्त मंत्रिमंडल का प्रधानमंत्रित्व स्वीकार कर लिया। लेबर पार्टी ने मैकडोनाल्ड तथा उनके साथ देनेवाले अन्य लेबर मंत्रियों को पार्टी से निकाल दिया, लेकिन इस अवसरवादिता से जो धक्का लेबर पार्टी को लगा उससे द्वितीय विश्वयुद्ध के बाद ही वे पूर्ण रूप से बाहर निकल सके। पूँजीवादी राजनीति का दाँव-पेच खेलने का अच्छा सबक इंग्लैंड के मजदूर आन्दोलन को मिला।

हम कम्युनिस्ट अन्तरराष्ट्रीय की नीति के अध्ययन के सिलसिले में देख चुके हैं कि किस तरह फासिस्ट विरोधी उभार के बल पर 1936 ई. में वामपंथी लोगों का फ्रांस में बहुमत हुआ और सोशलिस्ट लियो ब्लुँ प्रधानमंत्री बने। इस सरकार की कमजोरियों का भी वर्णन हो चुका है। इसने दो प्रमुख काम किए—प्रथम, इसने बैंक ऑफ फ्रांस की ऐसी व्यवस्था की जिससे सरकार का इस पर नियंत्रण रह सके। दूसरा महत्त्वपूर्ण काम हुआ, शस्त्र उद्योग का राष्ट्रीयकरण, लेकिन एक साल

के भीतर ब्लुँ को इस्तीफा देना पड़ा क्योंकि इसने, इस उम्मीद में कि इटली भी अपने वादे पर रहेगा, स्पेन के पॉपुलर फ्रंट सरकार को फ्रांस से जानेवाले हथियारों पर रोक लगा दी। यह उस समझौते की शर्त के अनुसार किया गया था जो इंग्लैंड, इटली और फ्रांस के बीच हुई थी, लेकिन इटली ने कभी इस शर्त को नहीं माना और जब इटली और जर्मनी को स्पेन के फ्रैंको ने अड्डा वगैरह बनाने की सहूलियत दी तो ब्लुँ को इसके लिए जवाबदेह ठहराया गया। इस तरह ब्लुँ ने इस्तीफा दे दिया। बाद में यह सरकार दिनोंदिन अधिक दक्षिणपंथी होती गई और 1938 ई. में दलादिये ने 40 घंटे के सप्ताह के कानून को भी जिसे ब्लुँ ने लागू किया था, समाप्त कर दिया। इस सरकार में और अन्य पूँजीवादी सरकारों में सिर्फ नाम का फर्क रहा।

जहाँ प्रमुख रूप से सोशल डेमोक्रेट असफल नीति लेकर चलते रहे वहीं एक सीमा के भीतर स्वीडन, न्यूजीलैंड और ऑस्ट्रिया की राजधानी वियना के सोशलिस्टों ने मजदूरों का जीवन स्तर उठाने की दिशा में महत्त्वपूर्ण काम किया। इसमें वियना के सोशलिस्ट तो फासिस्ट समुद्र में प्रजातांत्रिक समाजवाद के प्रकाश स्तम्भ की तरह थे। खुद ऑस्ट्रिया की दो-तिहाई जनता प्रतिक्रियावादी नीति का समर्थन करके देश में एक अर्ध फासिस्ट सरकार कायम किए हुए थी। इसके अलावा दक्षिण में फासिस्ट इटली और उत्तर में नात्सी जर्मनी इसे निगलने के लिए मुँह बाये खड़े थे। फिर भी वियना के सोशलिस्ट, जो वियना के मामले में वैधानिक ढंग से स्वतंत्र थे, यूरोप की टूटी-फूटी अर्थव्यवस्था के बीच मजदूरों के लिए स्वर्ग का निर्माण करने में लगे थे। उन्होंने धनी वर्गों पर टैक्स लगाकर नगर के निर्माण में हाथ लगाया। मजदूरों के पुराने खराब मकानों को ध्वस्त कर दिया गया और उसकी जगह उनके लिए आधुनिक आराम के साधनों से लैस फ्लैटों का निर्माण किया गया। मजदूरों क लिए पेंशन और बेकारी भत्ता की व्यवस्था हुई। मजदूरों के बच्चों के लिए गर्भ से, माता के भत्ता से लेकर किंडर गार्टेन और खेल के मैदान आदि सब चीजों की व्यवस्था हुई। वियना एक मॉडल शहर हो गया, लेकिन जिस शुतुरमुर्ग के दृष्टिकोण के शिकार अन्य सोशल डेमोक्रेट थे, वही दृष्टिकोण इनका भी था। यह इस चीज को समझ नहीं सकते थे कि पूँजीवादी शक्तियाँ उनके अस्तित्व को बर्दाश्त नहीं कर सकतीं। इस तरह खुद वियना और ऑस्ट्रिया की फासिस्ट शक्तियों को या यूरोप में उभरती शक्ति को तोड़ने के दिशा में उन्होंने कोई प्रयास नहीं किया। इधर खुद वियना में फासिस्ट अपनी निजी सेना संगठित कर रहे थे। 1934 ई. के फरवरी महीने में फासिस्टों ने ऑस्ट्रिया के चांसलर डॉल्फस से वियना के सोशलिस्टों को निरस्त्र करने की माँग की। सोशलिस्टों के हथियार देने से इनकार करने पर फासिस्ट सैनिकों और सरकारी सेना दोनों ने मिलकर उन पर भारी गोलीबारी की। चार दिन के युद्ध के बाद उन्होंने हथियार दे दिए और सोशलिस्ट नेता ऑस्ट्रिया से किसी तरह भाग सके। अब पूरे ऑस्ट्रिया पर प्रतिगामी शक्तियों की धाक जम गई।

1932 ई. में स्वीडन में एक अल्पमत की सोशल डेमोक्रेटिक सरकार सत्ता में आई। इन्होंने आर्थिक संकट और बेकारी से बचने का यह उपाय अख्तियार किया कि आर्थिक गिराव (स्लम्प) के काल में जनता से कर्ज लेकर निर्माण कार्य में बड़े पैमाने पर लगाया जाए और जब समृद्धि का काल (बूम) हो, तब टैक्स के द्वारा धन एकत्र कर कर्ज लौटा दिया जाए। चूँकि स्वीडन में बैंक पहले ही राज्य के नियंत्रण में लाए जा चुके थे, उन्हें आर्थिक नियोजन में काफी सुविधा हुई। जब पूरा यूरोप आर्थिक संकट से परेशान था तब अपनी नीति के कारण स्वीडन की समृद्धि ज्यों की त्यों बनी रही। इसका एक कारण यह भी था कि बहुत-से उद्योग स्वीडन में राज्य के मातहत या सहयोगी समितियों के हाथ में थे।

दूसरा राज्य जो अपने को आर्थिक संकट से बचाकर अपने देश को इस काल में सम्पन्न रख सका, वह न्यूजीलैंड है। यहाँ भी 1936 ई. के अन्त में लेबर पार्टी ने बहुमत की सरकार बनाई। यहाँ की सरकार ने इस सिद्धान्त पर अमल किया कि सरकारी 'ऋण का काम है, मजदूरी को कच्चे सामानों को उपभोग का सामान बनाने की क्षमता प्रदान करना।' जब श्रम सामान और वस्तुओं की माँग हो तो ऋण की व्यवस्था से केवल लाभ हो सकता है। इन्होंने डेयरी फार्म की तैयार चीजों का उचित दर तय करके निर्यात के लिए उसे स्वयं खरीदना शुरू किया और इस तरह किसानों को जो प्रमुख रूप से डेयरी उद्योग में लगे थे, कीमतों के उतार-चढ़ाव की क्षति से बचा लिया। इन्होंने अपने सुधार को सफल बनाने के लिए बैंकों के ऊपर नियंत्रण कायम किया और 'स्टेट ऐडवांसेज कॉरपोरेशन' कायम किया जो सरकारी एजेंसियों और व्यक्तियों को उद्योग-धन्धों आदि के लिए कर्ज देने का काम करता था। 1938 ई. में उन्होंने स्वास्थ्य बीमा योजना भी लागू की।

छिटपुट ढंग से अन्य जगह भी सोशलिस्टों के प्रयत्न से मजदूरों का जीवन स्तर ऊँचा उठा, लेकिन एक सामाजिक क्रान्ति की विशाल दृष्टि जिसको लेकर समाजवादी क्रान्ति का जन्म हुआ, वह प्राय: सोशलिस्ट आन्दोलन से लुप्त हो गई थी।

17

अविकसित, गुलाम, औपनिवेशिक, अर्द्ध-औपनिवेशिक अर्थव्यवस्थाओं में समाजवादी आन्दोलन के विकास की सम्भावनाएँ विकसित पूँजीवाद राष्ट्रों से बिलकुल भिन्न थीं। पश्चिम में समाजवादी आन्दोलन का जन्म उद्योगों के विकास और उसके साथ-साथ पैदा हुए मजदूर वर्ग के आन्दोलन के फलस्वरूप हुआ। समाजवादी विचार समाजवाद की ओर संक्रमण की सम्भावनाओं के पैदा होने के बाद आया। दुनिया के अविकसित देशों में समाजवाद की भावना का जन्म उद्योगों के विकास से न होकर औद्योगिक विकास की आवश्यकताओं के कारण हुआ। सच पूछा जाए तो अविकसित दुनिया के अनेक देशों में आधुनिक मजदूर वर्ग के पैदा होने के पहले मजदूर क्रान्ति और समाजवाद के विचार बुद्धिजीवी वर्ग को आन्दोलित करने लगे।

इसका कारण प्रमुख रूप से वही था जो रूस की क्रान्ति के पीछे था और जिस पर पहले विचार किया जा चुका है। अविकिसत राष्ट्रों में समाजवादी आन्दोलन का सूत्रपात प्रथम महायुद्ध से हुआ और यह एक व्यापक रूप द्वितीय महायुद्ध के बाद ही ले सका। प्रथम महायुद्ध ने जो उथल-पुथल पैदा की, उसने औपनिवेशिक और गुलाम मुल्मों में स्वतंत्रता आन्दोलन को तीव्र बना दिया। रूस की क्रान्ति ने इस आन्दोलन को और भी बढ़ावा दिया। अब प्रश्न था कि इस स्वतंत्रता आन्दोलन का नेतृत्व कौन करे और इसके पीछे किन वर्गों की शक्ति हो, यूरोप में राष्ट्रीयता की भावना के पीछे प्रमुख रूप से पूँजीवादी वर्ग था। राष्ट्रीयतावादी प्रजातांत्रिक क्रान्तियों का नेतृत्व इन्होंने ही किया था। इसके विपरीत अविकसित देशों में या तो आधुनिक पूँजीपति वर्ग पैदा ही नहीं हुआ था या बहुत कमजोर था, लेकिन पाश्चात्य देशों के सम्पर्क में यहाँ के बुद्धिजीवी वर्ग में और जहाँ उद्योग-धन्धों का कुछ विकास हो पाया था, मजदूर वर्ग में भी समाजवादी विचार फैलने लगा था।

जैसे-जैसे राष्ट्रीय आजादी की माँग इन देशों में जोर पकड़ने लगी वैसे-वैसे पूँजीवादी स्वार्थों की असमर्थता इस आन्दोलन को एक सीमा तक ले जाने में स्पष्ट होने लगी। इन अविकसित अर्थव्यवस्थाओं में न सिर्फ उद्योग-धन्धों पर साम्राज्यवादी देशों के पूँजीपतियों का बहुत बड़ा अधिकार था बल्कि अफ्रीका और केन्द्रीय तथा दक्षिणी अमेरिका के देशों में भूमि का स्वामित्व भी प्रधान रूप से इन्हीं के हाथों में

था। इन देशों के स्थानीय पूँजीपति मुख्य रूप से साम्राज्यवादी देशों के बड़े पूँजीपतियों के छोटे साझेदार बनकर अपनी सम्पत्ति बढ़ाने में लगे थे। पश्चिमी एशिया के देशों तथा अफ्रीका के अधिकांश देशों में तो किसी राष्ट्रीय पूँजीपति वर्ग का जन्म भी नहीं हो पाया था। यहाँ पर या तो तेल की रॉयल्टी पर मौज करनेवाले अमीर या सरदारों का बोलबाला था जिनके लिए राष्ट्रीय आजादी से साम्राज्यवादी शक्तियों की दोस्ती अधिक महत्त्वपूर्ण थी क्योंकि इनसे इनका आर्थिक स्वार्थ बँधा हुआ था। जहाँ-जहाँ साम्राज्यवादी शक्तियों के चरण पड़े वहाँ-वहाँ उन्होंने शोषकों का एक ऐसा वर्ग तैयार किया जो इनकी स्वार्थ रक्षा अपने शोषण को कायम रखने के लिए कर सके।

ऐसी स्थिति में स्वाभाविक था कि राष्ट्रीय आजादी के किसी भी आन्दोलन का स्वरूप आर्थिक क्रान्ति में बदल जाता क्योंकि इन देशों में राष्ट्रीय आजादी का मतलब होता, विदेशी पूँजीपतियों के स्वार्थ और विदेशी भू-स्वामियों के स्वार्थ पर चोट करना, लेकिन जनता को अनुभव से सबक सीखने में कुछ समय लगता है, अत: शुरू में राष्ट्रीय आन्दोलन का नेतृत्व ऊँचे वर्गों के हाथ में रहा। इसी के अनुरूप राष्ट्रीय आजादी का स्वरूप भी साम्राज्यवाद के साथ कुछ ऊँचे वर्गों के स्वार्थ को लेकर समझौते का रहा, लेकिन जैसे-जैसे गरीब जनता इन आन्दोलनों के पीछे आने लगी वैसे-वैसे आन्दोलनों का स्वरूप क्रान्तिकारी होने लगा और राष्ट्रीय निहित स्वार्थों ने इन आन्दोलनों में अपने स्वार्थों के मौत का पैगाम पाया। इस तरह राष्ट्रीय आन्दोलन के एक विशिष्ट स्तर पर हर देश में निहित स्वार्थ वालों ने साम्राज्यवादी शक्तियों से किसी भी शर्त पर समझौता करने का प्रयत्न किया और राष्ट्रीय आन्दोलन में क्रान्तिकारी तत्त्वों को विनष्ट करने का।

इस स्थिति से एक बात स्पष्ट है कि इन देशों की राष्ट्रीय क्रान्तियाँ आर्थिक और सामाजिक क्रान्तियों का स्वरूप ग्रहण किए बिना सफल नहीं हो सकतीं। इस तरह की क्रान्ति के साथ इन देशों के किसानों, मजदूरों तथा अन्य गरीब वर्गों का स्वार्थ जुड़ा हुआ है। इसमें किसान वर्ग चूँकि यह देश में बिखरा रहता है और ग्रामीण पिछड़ापन का शिकार है, क्रान्ति का नेतृत्व करने की क्षमता नहीं रखता है। यह ठीक है कि चौदहवीं और पन्द्रहवीं सदी में यूरोप में किसानों ने बड़े-बड़े विद्रोहों को जन्म दिया और स्विट्जरलैंड की आजादी किसानों की क्रान्ति का ही परिणाम था। फिर भी, आधुनिक युग में जब राज्य सत्ता का केन्द्रीकरण हो गया है और आर्थिक शक्ति औद्योगिक केन्द्रों में सिमट रही है, किसानों के लिए राष्ट्रीय क्रान्ति का नेतृत्व करना असम्भव है। अपनी संख्या तथा कठिनाइयों के साथ संघर्ष करने की अपनी क्षमता के कारण ये क्रान्ति को शक्ति और स्थायित्व प्रदान कर सकते हैं, पर नेतृत्व नहीं। अगर बड़े उद्योगों का एक हद तक विकास हो पाया है और अगर मजदूर संगठित हैं तो वे निश्चित रूप से एक ऐसी क्रान्ति को नेतृत्व प्रदान कर सकते हैं। संगठित मजदूर हड़ताल करके किसान तथा अन्य गरीब वर्गों के सहयोग

से किसी भी सरकार को तानाशाही और जनता के हितों के विरोधी प्रवृत्तियों से रोक सकते हैं। स्वाभाविक ही है कि ऐसी सरकार जो मजदूरों के नेतृत्व में चलती है, उद्योग-धन्धों पर से व्यक्तिगत स्वामित्व को खत्म करेगी और किसानों को जमीन देने और उनके आर्थिक स्तर को उठाने का प्रयास करेगी।

लेकिन अगर ऐसे संगठित मजदूर राष्ट्रीय आन्दोलन का नेतृत्व लेने को तैयार नहीं तो राष्ट्रीय स्वतंत्रता की लड़ाई का स्वरूप सैनिक युद्ध का हो जाएगा, जिसमें किसान तथा अन्य शोषित वर्गों के स्वार्थ का प्रतिनिधित्व करनेवाले सैनिक नेता इन वर्गों के समर्थन के आधार पर राष्ट्रीय आन्दोलन को सफल बनाएँगे। ये अपने देश में वही पार्ट अदा करेंगे जो नेपोलियन की विजयी सेना ने यूरोप के विभिन्न देशों में की थी यानी एक तरह की मुक्ति सेना का काम, लेकिन मुक्ति सेना भी एक सेना ही है इसलिए इस तरह की क्रान्ति के साथ सैनिकतंत्र के नियंत्रण के साथ अन्य बुराइयाँ भी आएँगी ही। इसके अलावा सैनिकतंत्र एक हद के बाद उस वर्ग के नियंत्रण से भी बाहर हो सकता है जिस पर इसकी शक्ति आधारित है क्योंकि जनता के नियंत्रण के अंग जो शासन पर अंकुश रख सकते हैं वे सैनिकतंत्र के स्थायी होने पर आपसे आप विनष्ट हो जाते हैं।

प्रथम विश्वयुद्ध के बाद पश्चिम एशिया के देशों में जो राष्ट्रीय उभार आया उसमें मजदूर वर्ग के नेतृत्व के अभाव में ऐसी ही क्रान्तियों का जन्म हुआ। इनमें सबसे उल्लेखनीय क्रान्ति तुर्की में हुई जहाँ मुस्तफा कमाल पाशा ने अपने सैनिक संगठन और जनता की आकांक्षाओं को एकसूत्र में लाकर तुर्की के स्वरूप को बदल दिया। 1923 ई. से लेकर जबकि तुर्की की स्वतंत्रता को मान्यता मिली, 1938 ई. के बीच कमाल पाशा ने तुर्की को परम्परावादी और काजी मुल्लाओं के इशारे पर चलनेवाले एक राष्ट्र से उठाकर एक आधुनिक राष्ट्र बना दिया। उसने इतने दिनों के भीतर देश के वेशभूषा, रस्म-रिवाज, लिपि, रहन-सहन सबको बदलकर यूरोपियन ढाँचे में ढाल दिया, लेकिन व्यक्तिगत सम्पत्ति का समर्थक होते हुए भी नए-नए उद्योगों के विकास के लिए सर्वाधिकार के आधार पर सभी प्रमुख उद्योगों का विकास करना पड़ा। यह स्वाभाविक था क्योंकि पिछड़ी अर्थव्यवस्था में जहाँ पूँजी का अभाव है, सीमित पूँजी का तेज प्रगति के लिए उपयोग तभी सम्भव है जबकि सभी प्रमुख आर्थिक क्षेत्रों पर राज्य का नियंत्रण हो, लेकिन मुस्तफा कमाल पाशा के सुधारों से स्वतंत्र समाजवादी आन्दोलन के विकास की सम्भावनाएँ तत्काल दूर चली गईं।

दक्षिणी और केन्द्रीय अमेरिका के देशों में एक दूसरी ही स्थिति थी। ये देश प्रमुख रूप से एक या दो निर्यात की वस्तुओं पर भी निर्भर करते थे, जैसे मैक्सिको चाँदी और तेल पर, ब्राजील कॉफी पर, वेनेजुएला तेल पर, बोलिविया टिन पर, चिली शोरा पर, अर्जेंटिना मांस पर। प्रथम विश्वयुद्ध के बाद से अमेरिका के बैंकरों और औद्योगिक स्वार्थों ने करीब-करीब इनके सभी उद्योग-धन्धों को अपने कब्जे में कर लिया था। इस तरह यहाँ राष्ट्रीय पूँजीवादी वर्ग का विकास प्रायः नहीं के बराबर

रहा। इस तरह इन देशों की सरकारों पर विदेशी, खासतौर से अमेरिका के पूँजीपतियों का नियंत्रण रहा। इन राज्यों के डिक्टेटरों को (एक राष्ट्रीय पूँजीपति वर्ग के अभाव में ये एक विस्तृत आधार का प्रजातंत्र बनाने में असमर्थ थे) अमेरिका के औद्योगिक स्वार्थ ऊपरी मुट्ठी में रखते थे। निर्यात के सिर्फ एक या दो वस्तुओं पर निर्भर होने के कारण यहाँ की अर्थव्यवस्था के लिए अपने पाँव पर खड़ा रहना और भी कठिन था।

ऐसी स्थिति में इन देशों में राष्ट्रीय आजादी का आन्दोलन (आर्थिक आजादी के अर्थ में) केवल एक समाजवादी आन्दोलन का ही स्वरूप ले सकता था। दूसरा रास्ता होता डिक्टेटरशिप और फासिज्म का, जिसमें नकेल होती बाहर की साम्राज्यवादी शक्तियों के हाथ में। मैक्सिको में यह स्थिति स्पष्ट हो गई। 1917 ई. के विधान में घोषणा की गई कि सरकार के हाथ में सभी जमीन का स्वामित्व हैं और मैक्सिको में जो अधिकार मैक्सिको के नागरिकों को नहीं है, वह अधिकार किसी को नहीं है, लेकिन यह घोषणा केवल कागजी रह गई क्योंकि राष्ट्रपति के हाथ में इन्हें लागू करने की शक्ति नहीं थी। जब राष्ट्रपति ओब्रेगॉन ने 1925 ई. में इस विधान को लागू करने का प्रयत्न किया तो तुरन्त अमेरिका की सरकार ने हस्तक्षेप किया। 1928 ई. में जो समझौता हुआ, उसके अनुसार मैक्सिको के सुप्रीम कोर्ट को अमेरिकी तेल की कम्पनियों पर अपने कानूनों को लागू करने का अधिकार तो प्राप्त हुआ, लेकिन मैक्सिको की सुप्रीम कोर्ट ने यह भी तुरन्त घोषणा कर दी कि अमेरिकी कम्पनियों का स्वामित्व कानूनी है। असली गतिरोध पैदा हुआ 1934 ई. के बाद, कार्डेनास के राष्ट्रपति होने पर। इस समय तक यहाँ ट्रेड यूनियन का विकास हो चुका था और 20,00,000 औद्योगिक मजदूरों में 1,75,000 मजदूर सी.टी.एम. नामक मार्क्सवादी यूनियन के सदस्य थे। इनकी शक्ति कार्डेनास के पीछे थी। कार्डेनास ने तेल मजदूरों की हड़ताल का समर्थन किया जो उनकी वेतन आदि के माँग से सम्बन्धित थी। विदेशी पूँजीपतियों ने, जिनका पूरा नियंत्रण तेल उद्योग पर था, फेडरल बोर्ड ऑफ आर्बिट्रेशन के फैसले की उपेक्षा कर दी। 1938 ई. में कार्डेनास ने जितनी तेल कम्पनियाँ थीं, सबों को अधिकार में ले लेने की घोषणा कर दी, लेकिन पूर्ण रूप से विदेशी पूँजी और कुछ खास वस्तुओं के निर्यात पर निर्भर रहने से अर्थव्यवस्था की बुनियादी कमजोरी के कारण विदेशी पूँजीपतियों के दबाव में मैक्सिको की क्रान्ति बहुत दूर तक नहीं बढ़ सकी।

द्वितीय महायुद्ध के बाद बोलिविया में भी मजदूर-क्रान्ति हो गई, लेकिन इसी आन्तरिक कमजोरी के कारण वह भी पूर्ण रूप से समाजवादी विकास की ओर नहीं बढ़ सकी और फिर पुरानी राजनीति अपना घर बनाने लगी। इस दृष्टि से सबसे महत्त्वपूर्ण क्रान्ति क्यूबा की हुई। क्यूबा भी एक वस्तु, चीनी, के निर्यात पर बहुत कुछ निर्भर करता था और सम्भव था कि इसे अन्ततोगत्वा अमेरिका के खिलाफ झुकना पड़ता, लेकिन इस बार रूस के हस्तक्षेप ने क्यूबा की जान बचा दी, लेकिन अमेरिकी दबाव और आर्थिक कठिनाई ने वहाँ की क्रान्ति को भी एक प्रजातांत्रिक

दिशा में नहीं बढ़ने दिया, लेकिन यह बात स्पष्ट हो गई कि दक्षिण और केन्द्रीय अमेरिका के देशों में समाज विरोधी आन्दोलन का स्वरूप समाजवादी ही हो सकता है।

चीन में राष्ट्रीय आन्दोलन, कौमितांग के भीतर से कम्युनिस्ट आन्दोलन का विकास और भारत में कांग्रेस के भीतर से सोशलिस्ट पार्टी का विकास भी पिछड़ी अर्थव्यवस्था में राष्ट्रीय आन्दोलन के इसी आवश्यकता के परिणाम थे। द्वितीय महायुद्ध के बाद तो एशिया और अफ्रीका के जितने देश स्वाधीन हुए हैं, उनमें कुछ को छोड़कर अधिकांश किसी-न-किसी अंश में उद्योग-धन्धों पर राज्य के नियंत्रण तथा नियोजित अर्थव्यवस्था के समर्थक हैं।

अब प्रश्न उठता है कि पिछड़ी अर्थव्यवस्थाओं के ऐसे सभी आन्दोलनों को समाजवादी कहा जा सकता है जो विदेशी पूँजी का राष्ट्रीयकरण तथा नियोजित अर्थव्यवस्था, जिसमें राज्य के क्षेत्र में भी उद्योगों का विकास होता है, को लेकर चलते हैं। जैसाकि ऊपर हम देख चुके हैं, ऐसी नीतियाँ तो पिछड़ी अर्थव्यवस्था में करीब-करीब अनिवार्य हैं अगर किसी हद तक राष्ट्रीय अर्थव्यवस्था को विदेशी नियंत्रण से स्वतंत्र रखना है। ये राज्य किसी हद तक सोशलिस्ट हैं, उसक कसौटी वही होगी जो विकसित देशों में समाजवाद के लिए है। इसके लिए देखना होगा कि इन राज्यों में मजदूर तथा अन्य गरीब वर्गों का जीवन स्तर किनता ऊपर उठता है, समाज से गैरबराबरी किस हद तक मिटती है, मजदूर तथा दलित वर्गों का अर्थव्यवस्था पर सीधा नियंत्रण कितना है और साधारण लोगों की आजादी किस हद तक सुरक्षित है? इस कसौटी पर इन राज्यों में किसी को समाजवादी नहीं कहा जा सकता। इन्हें उग्र राष्ट्रीयतावादी आन्दोलन कहा जा सकता है। इस तरह की अर्थव्यवस्था में न सिर्फ अरब गणराज्य अलजीरिया और श्रीलंका, बर्मा आदि शामिल हैं बल्कि कम्युनिस्ट चीन और उत्तर वियतनाम भी।

इस सिलसिले में पुन: एक बार मार्क्स के विचार की ओर ध्यान देना है कि "मजदूर वर्ग केवल स्वयं ही अपने को स्वतंत्र कर सकता है।" इस दृष्टि से इन देशों की सत्तारूढ़ पार्टियाँ कभी भी मजदूरों की पार्टियाँ नहीं हो पाई हैं, चाहे वह अपने को कम्युनिस्ट या सोशलिस्ट कहें। ये सोशलिस्ट और कम्युनिस्ट पार्टियाँ समाजवादी बुद्धिजीवियों की पार्टियाँ हैं जिनमें एक हद की आदर्शवादिता है, लेकिन समाज का निर्माण सिर्फ आदर्शों के बल पर नहीं चल सकता। वस्तुस्थिति के दबाव में चाहे तो ये पार्टियाँ पूँजीवाद से समझौते की दिशा में बढ़ेंगी या जनता की मर्जी के विपरीत आवश्यक वस्तुस्थिति के अभाव में समाज को एक पूर्वनिश्चित ढाँचे में ढालने का प्रयत्न करेंगी। इस तरह के दबाव में बड़े से बड़ा आदर्श निरंकुशता की भट्ठी में जलकर समाप्त हो सकता है। इसका अर्थ यह नहीं कि समाजवाद की दिशा में कोई प्रगति सम्भव नहीं बल्कि इससे यह निष्कर्ष निकलता है कि हर समाजवादी कदम इस ढंग से बढ़ना चाहिए कि जनता का स्वाभाविक समर्थन मिलता रहे। समाजवाद की तरफ संक्रमण के लिए यह सबसे महत्त्वपूर्ण आवश्यकता होगी।

18

1911 ई. की क्रान्ति ने मंचु राज्य को समाप्त कर दिया, लेकिन इस क्रान्ति के पीछे एक सीमित वर्ग का हाथ था और एक सीमित उद्देश्य था। कहने के लिए एक राष्ट्रीय गणतंत्र की स्थापना हो गई, लेकिन चीन न तो एक राष्ट्र हो सका था और न स्वतंत्र। वहाँ सत्ता के दो केन्द्र थे—एक उत्तरी राज्य की राजधानी पेकिंग में और दूसरा दक्षिण में कैंटन में। पहला शासन सामन्तवादी योद्धाओं के हाथ में था और दूसरा डॉक्टर सुन यात सेन के नेतृत्व में राष्ट्रीयवादियों के हाथ में, लेकिन इन राज्यों की शक्ति बहुत सीमित थी। न तो चीनियों के ऊपर ही पूरे देश में इनका नियंत्रण था और न विदेशियों पर, जिन्हें चीन के महत्त्वपूर्ण औद्योगिक केन्द्रों में अपनी स्वतंत्र सत्ता चलाने का अधिकार था। इस कमजोरी का प्रमुख कारण यह था कि राष्ट्रीयतावादी पार्टी कोमिंगतांग अभी तक एक ऐसी नीति नहीं अख्तियार कर सकी थी जो वहाँ के जन साधारण को जगा सके।

प्रथम विश्वयुद्ध और रूस की क्रान्ति के बाद स्थिति बदली। डॉ. सुन यात सेन चाहते थे कि चीन के स्वतंत्र विकास के लिए यहाँ पर सरकारी क्षेत्र में विदेशी कर्ज के आधार पर उद्योग-धन्धे का विकास हो।

लेकिन कोई भी पश्चिमी देश इसके लिए तैयार नहीं था। इसमें पाश्चात्य देशों के स्थित स्वार्थों को धक्का पहुँचता था। इधर रूस की नीति बोल्शिविक क्रान्ति के बाद सभी राष्ट्रीयतावादी शक्तियों को साम्राज्यवाद के खिलाफ मदद देने की थी। इस तरह रूस ही केवल एक ऐसा देश था जिससे सुन यात सेन को किसी तरह की मदद मिल सकती थी। डॉ. सुन यात सेन ने 1921 ई. में लेनिन के सेक्रेटरी माहलिन से कैंटन में बातचीत की। दो साल बाद सोवियत राजदूत ऐडॉल्फ जॉफे और डॉ. सुन यात सेन का सम्मिलित वक्तव्य प्रकाशित हुआ, जिसमें कहा गया था कि चीन के सामने तत्काल सोवियत राज्य बनाने या कम्युनिज्म स्थापित करने की स्थिति नहीं है बल्कि सूत्रबद्ध राज्य और पूर्ण स्वाधीनता प्राप्त करने का सवाल है, इस कार्य में चीन को सोवियत यूनियन की पूरी सहानुभूति प्राप्त है।

इधर 1921 ई. में चीन में कम्युनिस्ट पार्टी का संगठन हो गया था जो तृतीय अन्तरराष्ट्रीय से सम्बद्ध थी। रूस के सहयोग से अब कोमिंगतांग का नये ढंग से

संगठन होने लगा। कम्युनिस्ट भी कोमिंगतांग में शामिल हो गए और पार्टी में मजदूरों और किसानों का संगठन होने लगा। सोवियत एजेंट माइकेल बोरोडिन की सलाह के अनुसार पार्टी का संगठन भी कम्युनिस्ट पार्टी के मॉडेल पर होने लगा। बोरोडिन की देखरेख में वाम्पुआ सैनिक कॉलेज की स्थापना कैंटन में हुई। इसका प्राध्यापक च्यांग काई शेक था और ट्रेनिंग देनेवाले रूसी ऑफिसर थे। इससे निकले हुए अफसर सैनिकों को ट्रेनिंग देते थे और इस तरह इन सैनिकों की मदद से कोमिंगतांग ने व्यवस्था स्थापित करना शुरू किया।

लेकिन अब जैसे-जैसे राष्ट्रीय आन्दोलन एक ठोस स्वरूप ग्रहण करने लगा, आन्दोलन के भीतर विपरीत वर्गों का संघर्ष सतह पर आने लगा। राष्ट्रीय आन्दोलन के भीतर के पूँजीवादी तत्त्वों को सिर्फ बाहरी देशों के पूँजीपतियों के साथ बराबरी के स्तर पर व्यापारिक सम्बन्ध स्थापित करके उनके पूँजी पर मुनाफा कमाने में दिलचस्पी थी। वे उनसे कर्ज लेकर निजी क्षेत्र में उद्योग आदि का विकास करना पसन्द करते थे। इसके लिए वे आवश्यक सहूलियतें भी विदेशी पूँजीपतियों को देने के लिए तैयार थे। मजदूर और किसानों की स्वतंत्र शक्ति के विकास से उन्हें सबसे अधिक खतरा था। इधर दूसरी ओर मजदूर और किसान राष्ट्रीय स्वतंत्रता का अर्थ समझते थे, उनके जीवन स्तर में सुधार। इन दोनों धाराओं का साथ-साथ चलना असम्भव था। च्यांग काई शेक इसमें पहले वर्गों का समर्थक था।

1925 ई. में डॉ. सुन यात सेन की मृत्यु हो गई। अब एकमात्र व्यक्ति जो अपनी प्रतिष्ठा से इन विपरीत धाराओं को कुछ दूर तक साथ-साथ ले चल सकता था, स्टेज से हट गया। 1925 ई. में शंघाई में कुछ मजदूरों की छँटनी हुई। इसके विरोध में प्रदर्शन होने पर विदेशियों के अधिकार वाले क्षेत्र में इस पर गोली चलाई गई। अब देश भर में जबर्दस्त प्रदर्शन साम्राज्यवादी मुल्कों के खिलाफ हुए। इस राष्ट्रीयता की लहर पर 1926 ई. में च्यांग काई शेक ने चीन के सामन्ती राज्यों के खिलाफ कूच किया। इसने बिना किसी कठिनाई के हैंको पर कब्जा कर लिया और इसी को राष्ट्रीय चीन की नई राजधानी घोषित किया गया। च्यांग काई शेक आगे बढ़ा। हैंको की व्यवस्था बोरोडिन, युजेन चेन तथा श्रीमती सुन यात सेन के हाथ में थी। यहाँ मजदूर ट्रेड यूनियनों में संगठित हो गए थे। संघर्ष करके उन्होंने अपनी मजदूरी कुछ सप्ताह के भीतर ही दूनी कर ली थी। यहाँ की व्यवस्था वामपंथियों के हाथ में थी, लेकिन च्यांग काई शेक ने सैनिकों को अपने कब्जे में रखा था और 1927 ई. में नाककिंग में अपनी सरकार की स्थापना की और हैंको की सरकार को मान्यता देने से इनकार कर दिया। इसी बीच इस वामपंथी सरकार और मॉस्को के बीच नीति को लेकर मतभेद हो गया। च्यांग काई शेक ने मौके का फायदा उठाया। उसने हैंको पर हमला कर दिया। बोरोडिन, श्रीमती सुन यात सेन वगैरह मॉस्को भाग गए। दक्षिणपंथी लोग च्यांग काई शेक से मिल गए। इसके बाद च्यांग काई

शेक ने कम्युनिस्ट और उनके समर्थकों का कत्लेआम शुरू कर दिया। कैंटन में मजदूरों ने कम्यून की घोषणा कम्युनिस्टों के नेतृत्व में कर दी, लेकिन च्यांग काई शेक के सैनिकों ने उनका सफाया कर दिया।

च्यांग काई शेक के सफेद आतंक से जो कम्युनिस्ट बच सके, उन लोगों ने किआंगसी में कम्युनिस्ट सरकार की स्थापना की। च्यांग काई शेक ने उनके सफाए के अनेक प्रयत्न किए, लेकिन उनकी लोकप्रियता के कारण उन्हें समाप्त नहीं कर सका, लेकिन सात साल संघर्ष के बाद कम्युनिस्टों ने यह अनुभव किया कि वे च्यांग काई शेक की सेना का अधिक दिनों तक मुकाबला नहीं कर सकते। अत: 1934 ई. में उन्होंने अपना ऐतिहासिक अभियान शुरू किया। इस तरह अपने राज्य की पूरी आबादी को उनके बाल-बच्चे और असबाब के साथ लेकर 6,000 मील की दूरी तय कर एक साल के बाद शेंसी प्रान्त के यूनान पहुँचे और वहाँ उन्होंने अपनी सत्ता कायम की। इस प्रयाण में उन्हें च्यांग काई शेक के सैनिकों का सैकड़ों जगह मुकाबला करना पड़ा। वे लोग किआंगसी से 100,000 आदमी को लेकर चले थे, शेन्सी पहुँचते-पहुँचते उनके साथ मुश्किल से 50,000 आदमी रह गए थे। यहाँ पर कुछ अन्य कम्युनिस्ट होनान से आ गए थे। इस तरह मिल-जुलकर इन्होंने एक पिछड़ी ग्रामीण व्यवस्था में सोवियत राज्य की स्थापना की।

इस नई कम्युनिस्ट सरकार के नेता नये लोग थे जो 1927 ई. के पहले कम्युनिस्ट आन्दोलन में कोई महत्त्वपूर्ण स्थान नहीं रखते थे। इनमें प्रमुख थे माओ त्से तुंग, जो पार्टी के विचारक थे और दूसरा चू-तेह, जिन्होंने कम्युनिस्ट सेना का संचालन किया था। इसमें माओ त्से तुंग एक साधारण सम्पन्न किसान परिवार में पैदा हुआ था और चू-तेह एक अमीर घर में और इसने जर्मनी में शिक्षा पाई थी। 1927 ई. की क्रान्ति के समय से माओ त्से तुंग का क्रान्तिकारी जीवन प्रारम्भ हुआ और चू-तेह उसी समय मॉस्को कम्युनिज्म में दीक्षित होने गया। चू-तेह की गणना दुनिया के सबसे कुशल जनरलों में होती थी। बहुतों ने उसे रेड-नेपोलियन की उपाधि दी थी।

1931 ई. में जापान ने मंचूरिया पर हमला करके इसे अपने कब्जे में कर लिया था, लेकिन इसके विरुद्ध कोई युद्ध नहीं हो पाया। च्यांग काई शेक की सरकार में यह उत्साह नहीं था कि वह चीन के इस प्रान्त को स्वतंत्र करने का प्रयास करती। वास्तव में जापान के अधिकार होने के पहले भी वहाँ केन्द्रीय सरकार का शासन नहीं था। वहाँ पर पहले चांग-सु-लिन नामक एक आदमी का शासन था जो जापानियों के साथ मिल जुलकर चीन के लूट में हिस्सा बँटा रहा था, लेकिन 1937 ई. से जापानियों ने और बढ़कर आक्रमण करना शुरू किया और पेंकिग और फिर नानकिंग पर कब्जा कर लिया। इस परिस्थिति में कम्युनिस्टों ने राष्ट्रीय स्वतंत्रता के लिए कोमिंगतांग के साथ संयुक्त मोर्चा बनाने की नीति अपनाई। उधर च्यांग काई शेक जापान से अधिक कम्युनिस्टों से युद्ध करने की तैयारी में लगा

था, लेकिन 1937 ई. में उसके सैनिकों ने उसकी इस नीति के विरुद्ध विद्रोह कर दिया और खुद च्यांग काई शेक गिरफ्तार कर लिया गया। इसके बाद कम्युनिस्टों ने बहुत होशियारी से वार्ता चलाकर च्यांग काई शेक को जापान के खिलाफ युद्ध को तीव्र रूप से चलाने पर मजबूर किया। इस बातचीत के सिलसिले में जो सन्धि हुई, उसके अनुसार कम्युनिस्ट सेना को भी च्यांग काई शेक की राष्ट्रीय सेना का एक अंग मान लिया गया, लेकिन कम्युनिस्टों ने अपना सबक सीख लिया था और वास्तव में उन्होंने कभी भी अपनी सैन्य शक्ति को च्यांग काई शेक के हवाले नहीं किया।

जापान के विरुद्ध युद्ध में कम्युनिस्टों ने बहुत महत्त्वपूर्ण ढंग से भाग लिया। जापान ने थोड़े ही दिनों में चीन का बहुत बड़ा भू-भाग अपने कब्जे में कर लिया था, लेकिन इससे उनकी युद्ध की पंक्ति हजारों मील में फैल गई थी। इस पंक्ति के पीछे गुरिल्ला युद्ध चलाने में कम्युनिस्टों ने बहुत महत्त्वपूर्ण भाग लिया। वे जहाँ भी जाते, वहाँ के निवासियों में राष्ट्रीयता की भावना भरकर उन्हें लड़ने के लिए तैयार कर लेते थे। इससे जापानियों के लाख प्रयत्न करने पर भी उनकी शक्ति बिलकुल टूट नहीं पाती थी। उनके पीछे जनता का समर्थन होने का एक बड़ा कारण यह भी था कि वे जहाँ भी गए, उन्होंने सामन्तवादी स्वार्थों को मिटा दिया, लेकिन युद्ध की समाप्ति तक जो सुधार वे कर रहे थे या जिन सुधारों के वे समर्थक थे, वे बहुत मामूली थे। 1941 ई. के जाड़े में पीपुल्स पॉलिटिकल काउंसिल के दूसरे कन्वेंशन के लिए कम्युनिस्ट पार्टी के उम्मीदवारों के लिए जो प्लेटफॉर्म (नीति घोषणा) रखा गया था, उसमें दसवाँ निम्नलिखित था : "कम्युनिस्ट अपना विश्वास घोषित करते हैं कि उन जिलों में, जहाँ जमीन बँट चुकी है, जमीन के व्यक्तिगत स्वामित्व का अधिकार उन सभी किसानों को होगा जिन्होंने जमीन ले ली। अन्य जिलों (जैसे स्वित्तेह, फुहसियेन तथा चिन्यांग) में जहाँ जमीन नहीं बँटी है, स्वामित्व के अधिकार की गारंटी मौजूदा जमींदारों को होनी चाहिए तथा कर्ज की अदायगी कराने का अधिकार महाजनों को होना चाहिए। पार्टी यह घोषणा करती है कि सूद और मालगुजारी का दर अवश्य कम होना चाहिए। पार्टी यह घोषणा करती है कि किसानों को एक विशिष्ट दर से मालगुजारी जमींदारों को, तथा कर्जदारों को एक विशिष्ट दर से सूद महाजनों को देना चाहिए। सरकार को जमींदार और किसान तथा कर्जदार और महाजन के बीच के सम्बन्ध को व्यवस्थित करना चाहिए।"

(हैरिसन फॉरमैन के 'रिपोर्ट फ्रॉम रेड चाइना से उद्धृत')

आगे इसी घोषणा में कहा गया था कि कम्युनिस्ट प्रतिनिधि ऐसे उपाय उपस्थित करेंगे जिससे औद्योगिक उत्पादन और व्यवसाय बढ़े, निजी उद्योग को प्रोत्साहन मिले और व्यक्तिगत सम्पत्ति की सुरक्षा हो।

इस तरह हम देखते हैं कि अभी तक कम्युनिस्ट कम-से-कम पूँजीवादी क्रान्ति की माँगों को ही अपने सामने रख रहे थे। सच तो यह था कि बड़े उद्योग-धन्धों से दूर और औद्योगिक मजदूरों के सम्पर्क से अलग वैसे माँगों या नीतियों को रखना जिनका सम्बन्ध औद्योगिक विकास की एक ऊपरी स्तर से है, निरर्थक होता। वास्तव में जो माँगें रखी गई थीं वे वैसी ही थीं जिससे तत्काल राष्ट्रीय आन्दोलन को ज्यादा-से-ज्यादा बल प्राप्त हो सकता। जो समाज का नक्शा अभी उनके सामने था, वह वैज्ञानिक समाजवाद का न होकर आत्मनिर्भर व्यक्तिवादी व्यवस्था पर आधारित ग्राम राज का था। युद्ध की आवश्यकताओं तथा गरीबी ने एक ऊँचे दर्जे की आदर्शवादिता, समता और बन्धुत्व की भावना लोगों में भर दी थी। जो छोटे-मोटे उद्योग थे उन्हें विकसित करने का ही प्रश्न था, इसलिए वर्ग संघर्ष के लिए बहुत सीमित क्षेत्र था। 1946 ई. में जापान के आत्मसमर्पण के बाद जो संघर्ष चीन में हुआ, वहाँ प्रमुखता हथियार के संघर्ष की रही। कम्युनिस्ट विचार के प्रसार के पहले कम्युनिस्ट शस्त्र कम्युनिस्ट राज्य का विस्तार करने लगे। 1949 ई. में च्यांग काई शेक को चीन छोड़कर फारमोसा भागना पड़ा। गृहयुद्ध के सिलसिले में बहुत-से ऐसे पूँजीपति जो च्यांग काई शेक के साथ थे, देश को छोड़कर भाग गए और उनके कारखाने कम्युनिस्ट सरकार के हाथ आ गए। हालाँकि अभी तक कम्युनिस्ट पार्टी ने राष्ट्रीयकरण की नीति नहीं अपनाई थी। वे अपनी सरकार को ऐसा पीपुल्स डेमोक्रेटिक राज्य कहते थे जो मजदूरों के नेतृत्व में चलता है। हालाँकि इस राज्य को मजदूरों का नेतृत्व कभी भी नहीं प्राप्त हो सका। इसी परिस्थिति के कारण उन्होंने पूँजीपतियों में विभेद करना शुरू किया। यह भेद था नौकरशाही पूँजीपति और राष्ट्रप्रेमी पूँजीपतियों में, लेकिन चूँकि वास्तव में एक वर्ग के रूप में दोनों में फर्क करना असम्भव था, कम्युनिस्ट राज्य को यह सहूलियत थी कि अपनी सुविधा के अनुसार किसी भी पूँजीपति को नौकरशाही पूँजीपति कहकर बिना पूरे पूँजीपति वर्ग को नाराज किए, वे समाप्त कर सकते थे। सैनिक शक्ति पर एकच्छत्र नियंत्रण रहने से उन्हें किसी तरह के विद्रोह का डर भी नहीं था। धीरे-धीरे उद्योग के क्षेत्र में सभी बड़े उद्योग राज्य के हाथ में चले आए और व्यक्तिगत सम्पत्ति प्राय: समाप्त कर दी गई।

शुरू से ही सैनिक शक्ति पर आधारित होने के कारण चीनी कम्युनिस्ट पार्टी को अपनी डिक्टेटरशिप कायम करने के लिए किसी संघर्ष की आवश्यकता नहीं हुई। स्टालिन विधान की तरह 1954 ई. में उन्होंने भी एक विधान चीनी जनता को दिया, लेकिन जैसे स्टालिन के विधान के दो साल के भीतर लाखों लोगों को कठिन यातना सरकारी दमन के कारण सहना पड़ा। चीन में भी सभी विरोधी तत्त्वों का दमन जोरों से शुरू हुआ। जहाँ रूस में शुरू अन्तरराष्ट्रीयवादी था वहाँ चीन में, एक राष्ट्रीय युद्ध के विजय से निकली हुई, सरकार शुरू से ही उग्र राष्ट्रीयता को अपनाकर चल रही है।

19

अन्य गुलाम तथा औपनिवेशिक राष्ट्रों की तरह भारत के समाजवादी आन्दोलन का विकास भी राष्ट्रीय स्वतंत्रता के आन्दोलन के विकास से बँधा हुआ है। इस विकास को समझने के लिए विदेशी शासन के भीतर देश के आर्थिक शोषण के स्वरूप को समझना आवश्यक है। इस दृष्टि से अंग्रेजों ने भारत के शोषण की तीन प्रमुख विधियाँ अपनाई थीं। ये तीन विधियाँ भारत में अंग्रेजी सत्ता के तीन विभिन्न स्तर से सम्बद्ध थीं। पहला काल था ईस्ट इंडिया कम्पनी के प्रभुत्व का, जिसमें राजनीतिक दबाव और शक्ति के खुले प्रयोग के द्वारा भारत की सम्पत्ति लूटकर इंग्लैंड के व्यापारियों की तिजोरियाँ भरी गई। दूसरा काल था 1857 ई. के बाद का, जब शक्ति प्रयोग से अधिक महत्त्व इस लूट में व्यापार ने ले लिया। इस काल में नये आविष्कारों पर आधारित मशीन उद्योग से सस्ती कीमत पर तैयार की गई चीजों को भारत के बाजार पर लादकर यहाँ के घरेलू उद्योग-धन्धों को नष्ट कर दिया गया तथा अंग्रेजी व्यापार को विशेष सुविधा देकर व्यापार के जरिए देश को लूटा गया। तीसरा काल वह है जब खुद भारत तथा बाहर के देशों के उद्योगों से होड़ में अंग्रेजी आयात भारत में कम होने लगा और इस नई परिस्थिति का मुकाबला करने के लिए बड़ी मात्रा में अंग्रेजी पूँजी भारत में सरकारी कर्ज तथा उद्योगों में पूँजी के रूप में आने लगी। अब शोषण के प्रमुख आधार थे—सरकारी ऋण पर सूद तथा भारत में अंग्रेजी कम्पनियों में लगी पूँजी पर मुनाफा तथा सरकारी व्यवस्था एवं इन कम्पनियों में काम करनेवाले अंग्रेज कर्मचारियों के भत्ते तथा वेतन। इस तरह 1920-21 से 1945 ई. के बीच दो-ढाई अरब रुपया सालाना भारत से इंग्लैंड जाता रहा।

राष्ट्रीय आन्दोलन का सबसे क्रान्तिकारी काल यह अन्तिम समय रहा और समाजवादी आन्दोलन का विकास इसी काल की समस्याओं से सम्बन्धित था। 1920 ई. के पहले राष्ट्रीय कांग्रेस सिर्फ कुछ धनी-मानी उच्च शिक्षा प्राप्त लोगों का संगठन था, लेकिन प्रथम विश्वयुद्ध के बाद स्थिति बदल गई। 1918 ई. में प्रथम ट्रेड यूनियन संगठन मद्रास में बना। भारत के विभिन्न भागों में अनेक मजदूर हड़ताल आर्थिक और राष्ट्रीय सवालों को लेकर होते रहे। 1919 ई. में रौलट ऐक्ट के खिलाफ हड़ताल में बम्बई के मजदूर शामिल हुए। 1918 ई. से 1921 ई. के

बीच भारत के सभी औद्योगिक केन्द्रों में जबर्दस्त हड़तालें होती रहीं। इसी जाग्रति के फलस्वरूप मजदूरों के संगठन सभी जगह खड़े होने लगे। इसी क्रान्तिकारी वातावरण में 1920 ई. के अक्टूबर महीने में लाला लाजपत राय के सभापतित्व में 'इंडियन ट्रेड यूनियन कांग्रेस' की स्थापना हुई, लेकिन इसके जन्म के काफी दिनों बाद तक यह आधुनिक अर्थ में ट्रेड यूनियन संगठन नहीं हो सका। इस संगठन के पीछे अभी वर्ग संघर्ष की भावना की जगह मजदूरों के जीवन और आदतों में सुधार की भावना अधिक थी। 1927 ई. तक इसके चरित्र में कोई व्यापक परिवर्तन नहीं हुआ, हालाँकि स्वतंत्र रूप से मजदूर जबर्दस्त संघर्ष इस बीच करते रहे और 1927 ई. तक हर साल लाखों मजदूर हड़ताल में भाग लेते रहे। 1927 ई. के बाद मजदूर आन्दोलन में क्रान्तिकारी तत्त्वों की बाढ़ होने लगी। संघर्षशील मजदूर समझौतावादी नेतृत्व से विमुख होने लगे। इसी समय कम्युनिस्ट विचार का प्रचार शुरू हो गया था और मजदूर उनके क्रान्तिकारी विचारों के प्रभाव में आने लगे।

1920 ई. के अन्त या 1921 ई. के प्रारम्भ में कुछ भारतीयों द्वारा रूस की नव गठित बोल्शेविक सरकार के प्रोत्साहन से ताशकन्द (एशियाई रूस का एक स्थान) में भारतीय कम्युनिस्ट पार्टी की स्थापना की गई। धीरे-धीरे इस संगठन के प्रभाव के नीचे भारत में भी भारतीय कम्युनिस्ट पार्टी की गुप्त रूप से स्थापना हुई। इसी के प्रयत्नों के फलस्वरूप सबसे पहले बंगाल में 1926 ई. में 'वर्कर्स एंड पेजेंट्स पार्टी' की स्थापना हुई। इसके बाद इसकी स्थापना बम्बई, उत्तर प्रदेश तथा पंजाब में हुई। इस संगठन से मुजफ्फर अहमद, श्रीपाद अमृत डांगे, पूरन चन्द जोशी आदि भविष्य के कई कम्युनिस्ट नेता सम्बद्ध थे। इस संगठन के पीछे रूस के प्रभाव ने बाद में इसका बड़ा अहित किया। प्रारम्भ में ही रूस के साथ सम्बन्ध को लेकर इसमें घोर विवाद शुरू हुआ, जिसके कारण 'भारतीय कम्युनिस्ट पार्टी' के जन्मदाताओं में दो-चार को छोड़ अधिकांश बाहर निकल गए। फिर भी तत्काल इस संगठन ने मजदूरों को एक संघर्षशील नेतृत्व प्रदान कर एक बड़ी आवश्यकता की पूर्ति की।

1928-29 ई. की हड़ताल आन्दोलन के बाद 1929 ई. के मार्च में अंग्रेजी सरकार ने मेरठ में 32 व्यक्तियों पर, जिनमें तीन अंग्रेज, कुछ कम्युनिस्ट नेता तथा अन्य मजदूर तथा राष्ट्रीय नेता थे, ब्रिटिश शासन को उलटने के षड्यंत्र का मुकदमा चलाया और इन्हें बड़ी सजा दी गई, लेकिन मजदूर आन्दोलन में जो उभार आया था, उसे दबाया नहीं जा सका।

इसी के बाद 1930 ई. और 1932 ई. में कांग्रेस ने गांधी जी के नेतृत्व में राष्ट्रव्यापी 'असयाहेग आन्दोलन' चलाया। इस आन्दोलन ने अहिंसात्मक प्रतिबन्धों के भीतर रहकर भी अप्रत्याशित रूप से जोर पकड़ा, लेकिन इस आन्दोलन के सामने कभी कोई निश्चित लक्ष्य नहीं रहा। सबसे बड़ी दिक्कत इस आन्दोलन के सामने यह रही कि यह मजदूरों और किसानों के संघर्षों से अपने को बिलकुल अलग रखने

का प्रयत्न करता था। इसके पीछे जमींदारों तथा पूँजीपतियों का आर्थिक स्वार्थ छिपा हुआ था जो अभी भी कांग्रेस के संगठन पर नियंत्रण बनाए हुए थे। इसी से व्यापक हड़तालों पर, जो राज्य व्यवस्था को पंगु बना सकते थे, या किसानों के टैक्स बन्द करने के आन्दोलन पर कांग्रेस ने हमेशा अंकुश रखा। चूँकि गांधी जी वर्ग विद्वेष के विरोधी थे, खुद ऐसे संघर्षों पर रोक लगाते रहते थे जिससे राष्ट्रीय पूँजीपति वर्ग तथा जमींदारों के आर्थिक स्वार्थों पर धक्का लगता। इसका अर्थ यह हुआ कि वे ही शक्तियाँ जो राष्ट्रीय आन्दोलन को वास्तविक बल प्रदान कर सकती थीं, एक सीमा के भीतर घेरकर छोड़ दी गईं और अशक्त हो गईं।

वास्तव में यह स्थिति राष्ट्रीय आन्दोलन के अन्तर्विरोध को व्यक्त कर रही थी। जैसे-जैसे मजदूर और किसान वर्ग एक नई शक्ति के रूप में राष्ट्रीय आन्दोलन में शामिल होने लगे वैसे-वैसे भारत के राष्ट्रीय पूँजीपति वर्ग तथा स्थित स्वार्थों की अपने भविष्य की चिन्ता बढ़ने लगी। एक बड़ी क्रान्ति के फलस्वरूप शोषित वर्ग का शक्तिशाली बनकर आगे आना अवश्यम्भावी था। इसका एक ही परिणाम होता साम्राज्यवादी शक्ति के साथ-साथ देश के भीतर शोषक शक्तियों का भी नाश। यही कारण था कि राष्ट्रीय आन्दोलन का उपयोग वास्तव में अंग्रेजी सत्ता के साथ समझौते में ज्यादा-से-ज्यादा रियायत प्राप्त करने की दृष्टि से होता था : संघर्ष को इसकी अन्तिम सीमा तक ले जाने की दृष्टि से नहीं।

इस स्थिति की प्रतिक्रिया के रूप में कांग्रेस के भीतर के उग्र विचार के लोगों ने कांग्रेस की नीति में आमूल परिवर्तन की माँग शुरू की। इन लोगों ने कांग्रेस के लक्ष्यों की स्पष्ट घोषणा की माँग की। इन लोगों के विचार पर पंडित जवाहरलाल नेहरू तथा सुभाषचन्द्र बोस के विचारों का काफी प्रभाव पड़ा। इसमें पंडित नेहरू गांधी जी से बहुत नजदीक रहे और हर मौके पर जहाँ गांधी जी से मतभेद हुआ, गांधी जी के सामने झुक गए। पर सुभाषचन्द्र बोस ने बाद में खुलकर समझौतावादी नीति की आलोचना शुरू की और मजदूर किसान संगठनों को सक्रिय रूप से प्रोत्साहन देना शुरू किया। इस नई विचारधारा के दबाव के कारण ही 1931 ई. में कराची के अपने अधिवेशन में कांग्रेस ने जनता के मूलभूत अधिकारों का प्रस्ताव पास किया। इसमें मजदूरों के अधिकारों, किसानों की स्थिति में सुधार और बुनियादी उद्योगों के राष्ट्रीयकरण करने का वादा किया गया था।

इसी असन्तोष के वातावरण में जब पटना में 1934 ई. में 'असहयोग आन्दोलन' को बिना शर्त समाप्त करने का फैसला लेने के लिए कांग्रेस का अधिवेशन बुलाया गया तब कुछ वामपंथी कांग्रेसियों ने कांग्रेस के भीतर एक सोशलिस्ट पार्टी की स्थापना का विचार किया। इनमें एक तरफ आचार्य नरेन्द्रदेव तथा जयप्रकाश नारायण जैसे मार्क्सवादी थे तो दूसरी ओर सम्पूर्णानन्द, प्रो. अब्दुल बारी जैसे लोग थे, जिनके समाजवाद तथा मजदूर संगठन आदि के सम्बन्ध में बिलकुल अलग तरह के विचार

थे। इन्हीं लोगों के विचार से पटना में ही 'कांग्रेस सोशलिस्ट पार्टी' की स्थापना हुई। 'कांग्रेस सोशलिस्ट पार्टी' के सदस्यों के लिए कांग्रेस की सदस्यता अनिवार्य रखी गई। इस तरह का नाम रखकर इस संगठन के जन्मदाता इसके दोहरे लक्ष्य को लोगों के सामने स्पष्ट करना चाहते थे। कांग्रेस को ये लोग एक साम्राज्यवाद विरोधी संयुक्त मोर्चा मानते थे, अत: अपने नाम में 'कांग्रेस' नाम जोड़कर ये लोग यह बतलाना चाहते थे कि ये लोग देश के स्वतंत्रता संग्राम में कांग्रेस के साथ हैं। दूसरी ओर 'सोशलिस्ट' शब्द से ये लोग यह घोषित करना चाहते थे कि इनके लिए स्वतंत्र भारत का स्वरूप मजदूर किसान राज्य का होगा।

इस स्पष्टीकरण के पीछे एक और कारण था। 1928 ई. के बाद से रूसी कम्युनिस्ट पार्टी तथा कम्युनिस्ट अन्तरराष्ट्रीय की नीति एकाएक अतिक्रान्तिवादी हो गई थी। चूँकि भारतीय कम्युनिस्ट पार्टी रूस की कम्युनिस्ट पार्टी के प्रभाव में चलती थी, इसकी नीति में भी यह परिवर्तन हुआ। इसके फलस्वरूप कम्युनिस्ट ट्रेड यूनियन कांग्रेस से जिससे 1929 ई. में ही एन.एम. जोशी, शिवा राव, वी.वी. गिरि आदि सुधारवादी नेता निकलकर अलग संगठन बना चुके थे, उसी साल अलग हो गए और रेड ट्रेड यूनियन कांग्रेस की स्थापना की। इसी नीति के फलस्वरूप इन्होंने खुलेआम कांग्रेस के ऊपर हमला करना शुरू कर दिया था। 1930 ई. के आसपास डॉ. अम्बेडकर ने बैकवर्ड क्लास संघ की स्थापना की थी और इनके इस काम में सरकार इनका समर्थन करती थी। ऐसी स्थिति में राष्ट्रीय स्वतंत्रता आन्दोलन के प्रति अपनी निष्ठा बतलाने के लिए यह आवश्यक था कि यह संगठन कांग्रेस के साथ अपने सम्बन्ध को स्पष्ट करता। इससे ये लोग राष्ट्रीय स्वतंत्रता आन्दोलन की एकता को अक्षुण्ण रखना चाहते थे। इसके पीछे एक और भी कारण था। अपने 50 साल के काम से भारतीय किसानों के समक्ष और एक बड़ी हद तक मजदूरों के समक्ष भी अपनी सारी कमियों के बावजूद कांग्रेस एकमात्र साम्राज्यवाद विरोधी शक्ति के रूप में प्रतिष्ठा प्राप्त कर चुकी थी। इससे बाहर इसके समानान्तर शक्तिशाली संगठन खड़ा करना सम्भव नहीं था। (यह बात बाद में सुभाष बाबू के फॉरवर्ड ब्लॉक के कांग्रेस से अलग होने के बाद की असफलता से बिलकुल साफ हो गई।) ऐसी स्थिति में एकमात्र उपाय कांग्रेस के भीतर इसके अनुशासन को मानते हुए इसकी नीति को परिवर्तित करने का था। कांग्रेस सोशलिस्ट पार्टी ने यही रास्ता अपने लिए चुना।

लेकिन कांग्रेस के भीतर रहने से लाभ के साथ-साथ हानि भी थी। जब तक यह सिर्फ एक वामपंथी राष्ट्रीयतावादी संगठन रहता (जैसाकि कांग्रेस के अनुशासन में रहने पर होना निश्चित था) तब तक इसके समाजवादी लक्ष्यों का स्पष्टीकरण असम्भव था। विभिन्न तरह के लोग इसमें बिना कठिनाई के रह सकते थे। अपने जन्म के समय की इस विशेष परिस्थिति की छाप इसके चरित्र पर चिरस्थायी रही

और भारतीय समाजवादी आन्दोलन की यह सबसे बड़ी कमजोरी रही कि वह कभी भी जनता के सामने एक निश्चित नीति के साथ एकाकार नहीं हो सका।

1935 ई. में कम्युनिस्ट अन्तरराष्ट्रीय की नीति में परिवर्तन हुआ और कम्युनिस्ट पार्टियों ने संयुक्त मोर्चे की नीति अपनाई। अब सोशलिस्टों और कम्युनिस्टों के बीच सहयोग सम्भव हो सका। चूँकि 1934 ई. में कम्युनिस्ट पार्टी को गैर कानूनी करार दिया गया था। अब कम्युनिस्ट पार्टी के सदस्य भी कांग्रेस सोशलिस्ट पार्टी के प्लेटफॉर्म से काम करने लगे। कम्युनिस्ट और सोशलिस्टों के सहयोग से मजदूर किसान कांग्रेस की एकता के लिए नया मार्ग खुला। 1936 ई. में स्वामी सहजानन्द के साथ इन सोशलिस्टों के सहयोग के आधार पर 'अखिल भारतीय किसान सभा' की स्थापना हुई और इसका प्रथम अधिवेशन फैजपुर में दिसम्बर महीने में उस समय हुआ जिस समय कांग्रेस का अधिवेशन हुआ। यह किसानों के वर्ग संगठन के राष्ट्रीय स्वतंत्रता आन्दोलन के साथ एकता का प्रतीक था। फैजपुर कांग्रेस अधिवेशन में जो चुनाव घोषणापत्र मंजूर किया गया, उस पर किसान और मजदूर राष्ट्रीय आन्दोलन में बढ़ रहे प्रभाव की गहरी छाप थी। इसमें कहा गया था कि छोटे किसानों पर लगान घटाया जाएगा, अनार्थिक जोतों पर से लगान उठा दिया जाएगा, किसानों पर से कर्ज का बोझ घटाया जाएगा तथा उन्हें सस्ते दर पर सरकार की ओर से कर्ज दिलाने की व्यवस्था होगी। साथ-साथ, मजदूरों को आर्थिक शक्ति के अनुरूप ऊँचा जीवन स्तर देने तथा उनके संगठन बनाने तथा हड़ताल के अधिकार को कानूनी मान्यता देने का वादा किया गया था। इन्होंने ट्रेड यूनियन संगठन में एकता लाने का भी प्रयास किया और 1938 ई. में पुन: अखिल भारतीय ट्रेड यूनियन कांग्रेस में सभी अन्य केन्द्रीय मजदूर संगठन मिल गए।

1937 ई. में कांग्रेस ने देश को यह आश्वासन देकर कि वह सरकार में 1935 के प्रतिक्रियावादी विधान को तोड़ने जा रही है, देश के कई प्रान्तों में सरकार कायम किया, लेकिन कांग्रेस के सत्ता में आते ही इसका आन्तरिक विरोध फिर स्पष्ट होने लगा। सोशलिस्ट मंत्रिमंडल स्वीकार करने के विरोधी थे, अत: मंत्रिमंडल में अधिकांश दक्षिणपंथी नेता ही शामिल हुए थे। वे नेता अपने चुनाव के वादों को भूलकर सामन्तवादी और पूँजीवादी तत्त्वों के साथ मिलकर चलने की ही नीति लेकर चले। फिर भी बिहार, उत्तर प्रदेश आदि में किसान मजदूर संगठनों के दबाव के अन्दर उन्हें बहुत-सा सुधार करना पड़ा, लेकिन इसके लिए किसानों को वैसे ही जन आन्दोलन का सहारा लेना पड़ा जैसाकि अंग्रेजों के खिलाफ लेना पड़ता था। यह भी स्पष्ट होने लगा कि विधान को तोड़ने के बजाय कांग्रेसी मंत्री बहुत सद्भावनापूर्वक साम्राज्यवादियों के साथ सहयोग कर रहे थे। जब 1939 ई. में अंग्रेजी साम्राज्यवाद ने इंग्लैंड के युद्ध में शामिल हो जाने पर बिना भारतीय जनता की राय जाने भारत की ओर से युद्ध की घोषणा कर दी तो मजबूरीवश कांग्रेस के

आदेश पर कांग्रेसी मंत्रिमंडल को त्यागपत्र देना पड़ा, लेकिन इधर इस समझौते की नीति से कांग्रेस के भीतर वामपंथ और दक्षिणपंथ का संघर्ष बहुत कड़वा हो गया था और इसकी परिणति सुभाष बाबू के कांग्रेस से निष्कासन में हुई।

इधर संगठन के सवाल पर कांग्रेस सोशलिस्ट पार्टी में भी संघर्ष शुरू हो गया। सहयोग की नीति के कारण बहुत-से कम्युनिस्ट पार्टी के सदस्यों को सोशलिस्ट पार्टी ने अपने संगठन में शामिल कर लिया था। बाद में ऐसे सबूत मिले जिनसे पता चला कि कम्युनिस्ट इस मौके का उपयोग कांग्रेस सोशलिस्ट पार्टी को तोड़कर कम्युनिस्ट पार्टी की शक्ति बढ़ाने के लिए कर रहे हैं। इसके बाद कांग्रेस सोशलिस्ट पार्टी ने कम्युनिस्टों को अपनी पार्टी से निष्कासित कर दिया। फिर भी उनका आपसी सम्बन्ध बहुत हद तक कायम रहा, लेकिन 1942 ई. की क्रान्ति के बाद वे एक-दूसरे के कट्टर विरोधी बन गए।

20

1939 ई. के बाद कांग्रेस के भीतर के वामपंथी निरन्तर ब्रिटिश साम्राज्यवाद से सीधे संघर्ष की माँग करते रहे, लेकिन दक्षिणपंथी नेतृत्व किसान और मजदूरों की बढ़ती शक्ति से घबरा गया था और साम्राज्यवाद के साथ 'सम्मानपूर्ण' समझौते का मार्ग ढूँढ़ रहा था। 1940 ई. में कांग्रेस ने फ्रांस के पतन के बाद पुन: सहयोग की इच्छा जतलाई बशर्ते केन्द्र में तत्काल सरकार इस तरह बने, जिसमें जनता का विश्वास इसे प्राप्त हो, पर साम्राज्यवादी अड़े रहे। इधर सोशलिस्ट, कम्युनिस्ट तथा सुभाष बाबू के समर्थक संघर्ष छेड़ने की माँग कर रहे थे। इस परिस्थिति में कांग्रेस ने व्यक्तिगत सत्याग्रह शुरू किया जो वास्तव में केवल विरोध का चिह्न भर था। अभी तक कम्युनिस्ट पार्टी के लोग संघर्ष की माँग में सबसे आगे रहे, लेकिन 1941 ई. में हिटलर ने रूस पर हमला कर दिया और इंग्लैंड और रूस में मैत्री हो गई। अब एकाएक कम्युनिस्ट साम्राज्यवादी इंग्लैंड के युद्ध के प्रयत्नों का समर्थक बन गए और युद्ध को 'जनयुद्ध' कहने लगे।

यह एक विचित्र और सिद्धान्तहीन नीति थी। रूस, फ्रांस तथा इंग्लैंड की जनता के लिए यह युद्ध जनयुद्ध हो सकता था क्योंकि वे अपनी आजादी के लिए युद्ध कर रहे थे, लेकिन भारत के लिए इस युद्ध का मतलब था, भविष्य के सम्बन्ध में बगैर किसी आश्वासन के अपने साम्राज्यवादी मालिकों की साम्राज्य रक्षा के लिए अपना रक्त बहाना। इस युद्ध की अवधि में बिना भारत की जनता की राय के सुरक्षा पर (अंग्रेजों की गुलामी की सुरक्षा) 17 अरब से अधिक खर्च किया गया तथा 21 अरब रुपया का कर्ज भी, जो बाद में हमारा पौंड पावना हुआ, हमारी बिना राय के ले लिया गया। इसी युद्धकाल में भारत के निर्यात से जो अमेरिकी डॉलर प्राप्त हुए, वह लगभग सवा अरब रुपए की रकम भी आवश्यक मशीने आदि खरीदने के लिए भारत को युद्ध के बाद तक नहीं दिया गया। भारत के अंग्रेज और भारतीय उद्योगपतियों ने अपनी लगी पूँजी का गई गुणा रुपया मुनाफे के रूप में कमाया। मजदूरों की आय ज्यों की त्यों रही जबकि चीजों की कीमतें तीन से चार गुणा तक बढ़ गईं। खुली लूट के फलस्वरूप अकेले बंगाल में लगभग 35 लाख व्यक्ति अकाल से मर गए और देश के अधिकांश लोग आधे पेट खाकर और चिथड़ों के सहारे अपना वक्त

गुजारते रहे। इसके ऊपर से दमन और आतंक का साम्राज्य छाया रहा। भारत के लिए जनयुद्ध का मतलब था, यहाँ की चालीस करोड़ जनता का इस भीषण शोषण और गुलामी के विरुद्ध युद्ध यह ध्यान देने की बात है कि भारत के उस कठिन काल में कमजोर च्यांग काई शेक ने भारत की स्वतंत्रता के लिए आवाज उठाई, पूँजीवादी रूजवेल्ट ने भारत के आत्मनिर्णय के अधिकार की सिफारिश की, लेकिन कामरेड स्टालिन ने युद्ध के खत्म होने तक भारत की स्वतंत्रता की कोई बात नहीं की। रूस के सर्वेसर्वा स्टालिन, जिनके ऊपर आक्रमण से कम्युनिस्ट पार्टी ने इस युद्ध को 'जनयुद्ध' कहना शुरू किया था। यह भी महत्त्व की बात है कि स्टालिन ने सदा इस युद्ध को स्वदेश रक्षा का युद्ध (पैट्रिऑटिक वार) कहा, जनयुद्ध नहीं। खुद चीन में जहाँ कम्युनिस्ट जापानियों के विरुद्ध संघर्ष कर रहे थे, च्यांग काई शेक के लाख प्रयत्न करने पर भी अपनी सरकार को स्वतंत्र अस्तित्व समाप्त कर च्यांग काई शेक को जापानियों के विरुद्ध मदद देने को तैयार नहीं थे जबकि च्यांग काई शेक की सरकार एक राष्ट्रीय सरकार थी। जनयुद्ध गुलाम जनता के लिए अपनी मुक्ति का ही युद्ध हो सकता है।

समझौते का कोई मार्ग नहीं देख कांग्रेस ने संघर्ष करने का निर्णय किया। संघर्ष के स्वरूप के विषय में कोई निर्णय लेने के पहले ही 1942 ई. के अगस्त महीने में कांग्रेस के सभी प्रमुख नेता और महात्मा गांधी गिरफ्तार कर लिए गए। 9 अगस्त को जनता ने देश का सबसे व्यापक आन्दोलन शुरू कर दिया। दक्षिणपंथी नेता बिना कोई रास्ता बतलाए जेलों में बैठ गए। इस परिस्थिति में सोशलिस्टों ने अपनी शक्ति भर जनता को नेतृत्व प्रदान करने की कोशिश की। उन्होंने जन आन्दोलन से सम्बद्ध गुरिल्ला दस्तों के संगठन का भी प्रयत्न किया। उनकी इस नीति से सोशलिस्टों की प्रतिष्ठा देश में बहुत बढ़ गई।

लेकिन सब मिला-जुलाकर कम्युनिस्टों की नीति से समाजवादी आन्दोलन को देश में भारी धक्का लगा। ट्रेड यूनियन आन्दोलन में उस समय तक कम्युनिस्टों का ही अधिक प्रभाव था। इससे एक संगठित शक्ति के रूप में मजदूर वर्ग इस साम्राज्यवाद विरोधी संघर्ष में शामिल नहीं हो सका, हालाँकि छिटपुट रूप से अनेक उद्योगों के मजदूर सामूहिक या व्यक्तिगत रूप से इस आन्दोलन में शामिल हुए। उनके प्रभाव से किसान सभा भी कोई निश्चित नीति नहीं अपना सकी, पर किसान पूरी तरह राष्ट्रीय क्रान्ति में शामिल हुए। इसके दो परिणाम हुए। एक तरफ तो 1945 ई. के बाद जो राष्ट्रीय चेतना देश में जगी, उससे बहुत हद तक मजदूर और किसान कम्युनिस्ट पार्टी के प्रभाव से बाहर निकल गए। दूसरी ओर देश के सबसे महत्त्वपूर्ण राजनीतिक आन्दोलन से अलग रह जाने के कारण मजदूर और किसानों के वर्ग संगठनों का प्रभाव राष्ट्र के राजनीतिक जीवन पर कम हो गया। इससे वामपंथ के विरुद्ध दक्षिणपंथ का हाथ अब कांग्रेस में अधिक मजबूत हो गया

और इन्हीं शक्तियों के सम्बन्ध की प्रतिच्छाया बाद के कांग्रेस के साम्राज्यवाद के साथ समझौते में हम पाते हैं।

1945 ई. के बाद कम्युनिस्ट पार्टी में आत्मविश्वास का इतना अभाव हो गया कि पूरन चन्द जोशी के नेतृत्व में ये लोग राजनीति में अपने को सुरक्षित रखने के लिए गांधी जी और पं. नेहरू का मुँह जोहने लगे। सबसे आश्चर्य की बात तो यह थी कि अब साम्राज्यवाद के साथ समझौते के ये सबसे कट्टर हिमायती बने रहे, हालाँकि अब जनयुद्ध का आधार भी खत्म हो चुका था। इन्होंने राष्ट्रों के आत्मनिर्णय के अधिकार के नाम पर पाकिस्तान के सम्प्रदायवादी माँग का समर्थन करना शुरू किया। यहाँ तक कि मुस्लिम लीग का विरोध करने के कारण ये सोशलिस्टों को 'हिन्दू सोशलिस्ट' की उपाधि देते थे।

अब कम्युनिस्ट और सोशलिस्ट करीब-करीब सभी मामलों में एक-दूसरे के ठीक विपरीत नीति अख्तियार कर रहे थे। सोशलिस्ट समझौते की नीति के खिलाफ थे और मुस्लिम लीग के पाकिस्तान की माँग को साम्राज्यवादियों की एक चाल समझते थे और साम्प्रदायिक आधार पर किसी समझौते के विरुद्ध थे। उनका विश्वास था कि साम्राज्यवाद से समझौते से अंग्रेजों के स्वार्थ देश में ज्यों के त्यों बने रह जाएँगे और ऐसी स्थिति में वास्तविक स्वतंत्रता भारत को नहीं प्राप्त होगी। इन्हीं विपरीत दृष्टिकोणों के कारण जब 1947 ई. में सत्ता हस्तान्तरण हुआ तब जहाँ कम्युनिस्टों ने जोर-शोर से खुशियाँ मनाईं, सोशलिस्ट मायूस रहे। वे देश के विभाजन, भीषण साम्प्रदायिक दंगे, अंग्रेजों के आर्थिक स्वार्थों के बने रहने तथा राष्ट्रमंडल में भारत के बने रहने के निर्णय को राजनीतिक स्वतंत्रता की बहुत बड़ी कीमत समझते थे, लेकिन इनमें यह शक्ति नहीं थी कि अपने बल पर कांग्रेस के दक्षिणपंथी नेताओं को उनकी समझौते की नीति से रोक पाते। जयप्रकाश नारायण ने उस समय स्थिति का बड़ा स्पष्ट विश्लेषण किया था। उन्होंने कहा था कि अगर भारत की आजादी एक क्रान्ति के द्वारा होगी तो समाजवादी संक्रमण के लिए फिर किसी क्रान्ति की आवश्यकता नहीं होगी क्योंकि इस क्रान्ति से पैदा हुई शक्तियाँ हमें स्वयं समाजवाद की दिशा में ले जाएँगी। दक्षिणपंथी नेता भी इस सत्य से परिचित थे, अत: उन्होंने सब कुछ देकर भी समझौता कर लिया।

अंग्रेजों के साथ समझौता करके, जिसके अनुसार अंग्रेजों के सभी आर्थिक स्वार्थ यानी उनके उद्योग, और देश में लगी पूँजी सुरक्षित छोड़ दी गई। कांग्रेस ने विभाजित देश की राजनीतिक सत्ता प्राप्त की। इसका अर्थ यह हुआ कि साम्राज्यवादी शोषण की ओर जो आखिरी विधि अंग्रेजों ने अपनाई थी, जिस पर पहले विचार किया गया है, वह ज्यों की त्यों छोड़ दी गई। यही नहीं, इस नई परिस्थिति से प्रोत्साहन पा विदेशी पूँजीपति अब भारतीय पूँजीपतियों के साथ साझीदारी में भारत में बड़े उद्योग खोलने लगे। सोशलिस्टों ने पौंड पावना के बदले

में भारत के अंग्रेजी उद्योगों के राष्ट्रीयकरण की माँग की लेकिन अब दक्षिणपंथी नेता सोशलिस्टों की उपेक्षा बिना किसी कठिनाई के कर सकते थे। उन्होंने अब खुलकर उन पर आक्रमण शुरू किया। अन्त में सोशलिस्टों को 1947 ई. में कांग्रेस से अलग होना पड़ा। इस विलगाव में बहुत-से पुराने सोशलिस्ट दक्षिणपंथियों के साथ मिल गए और कांग्रेस में ही रह गए।

कांग्रेस से बाहर आने पर मजदूर और किसानों के बीच सोशलिस्ट पार्टी के प्रभाव का बहुत तेजी से विस्तार हुआ। कांग्रेस के ट्रेड यूनियन कांग्रेस से अलग होकर राष्ट्रीय ट्रेड यूनियन कांग्रेस की स्थापना करने के बाद सोशलिस्ट भी ट्रेड यूनियन कांग्रेस से, जो अब पूरी तरह कम्युनिस्टों के हाथ में था, अलग हो गए और उन्होंने 'हिन्द मजदूर पंचायत' की स्थापना की जो बाद में 'हिन्द मजदूर सभा' बन गई। अखिल भारतीय किसान सभा पर भी कम्युनिस्टों का ही प्रभाव था, अत: सोशलिस्ट उससे भी अलग हो गए और उन्होंने 'हिन्द किसान पंचायत' की स्थापना की। अब 'कांग्रेस सोशलिस्ट पार्टी' की जगह इसका नाम 'सोशलिस्ट पार्टी' रखा गया।

पार्टी ने जो अपनी नीति अपनाई, उसमें प्रथम बार कम्युनिस्टों से अपने ध्येय को स्पष्ट करने का प्रयत्न किया गया। उन्होंने इस नीति में बतलाया कि वे 'अधिनायकवादी कम्युनिज्म' की जगह 'प्रजातांत्रिक समाजवाद' के लक्ष्य को मानते हैं, पर साथ ही इसमें यह भी घोषित किया गया कि वे जनक्रान्ति के विरोधी नहीं और जनक्रान्ति की नीति को छोड़ने से, जैसाकि पश्चिम के सोशल डेमोक्रेटों ने किया, वास्तव में फासिज्म का खतरा पैदा हो सकता है। रूस के अधिनायकवादी राज्य की स्थापना के बाद जो कुछ कम्युनिज्म के नाम पर हुआ, उससे यह स्पष्टीकरण आवश्यक था। अब हर स्तर पर, (मजदूर किसान संगठन और सिद्धान्त में) सोशलिस्ट और कम्युनिस्टों का विच्छेद सम्पूर्ण हो गया।

1948 ई. के अन्त तक सोशलिस्ट पार्टी की शक्ति हर क्षेत्र में आशा से अधिक बढ़ रही थी, लेकिन इसी समय इसके नेतृत्व ने अपनी नीति में एक बड़ा परिवर्तन किया। ये लोग अब संगठन और विचारों के लिए यूरोपीय सोशलिस्टों की ओर झुके, जिनकी नीति एक विकसित अर्थव्यवस्था में भी सफल नहीं हो सकी थी और पिछड़ी अर्थव्यवस्था में उनकी नीति असंगत थी। खुद सोशलिस्टों ने अपनी नीति घोषणा में सोशल डेमोक्रेसी की नीति को अस्वीकार किया था। सम्भवत: उनकी इस नीति परिवर्तन के पीछे ब्रिटिश लेबर पार्टी की युद्ध के बाद चुनाव में विजय थी। इस तरह इस नये दृष्टिकोण का पहला असर पार्टी के 1949 ई. के सम्मेलन में हुआ जब पार्टी की सदस्यता सभी लोगों के लिए खोल दी गई। साथ-साथ लेबर पार्टी की तरह मजदूर, किसानों के वर्ग संगठनों के सम्बद्धता की व्यवस्था भी विधान में की गई। वर्ग संगठनों का प्रभाव तो इससे पार्टी पर नहीं बढ़ा, लेकिन पार्टी संगठन की चुस्ती समाप्त हो गई और चोटी के नेताओं का व्यक्तिगत प्रभाव संगठन पर

पहले की अपेक्षा बढ़ा और पार्टी का आन्तरिक लोकतंत्र सिद्धान्तों से अपरिचित भीड़ के पार्टी में भर जाने से घटा।

इधर कम्युनिस्ट पार्टी ने, जो 1948 ई. तक हर सवाल पर दक्षिणपंथी नेतृत्व का साथ दे रही थी, 1949 ई. से अपनी नीति को बदल दिया। इसका कारण था अन्तरराष्ट्रीय कम्युनिस्ट संगठन, कॉमिनफॉर्म, जिसे युद्ध के बाद कॉनिंटर्न की जगह पर फिर कायम किया गया था, का अति क्रान्तिवादी नीति अख्तियार करना। अब नेतृत्व जोशी के हाथ से निकलकर बी.टी. रणदिवे के हाथ में गया। अब एकाएक गुरिल्ला युद्ध और बहुत हद तक निरर्थक हड़ताल की नीति अख्तियार की गई। उस समय की स्थिति में इस तरह की नीति का असफल होना अवश्यम्भावी था। सरकार ने बड़े पैमाने पर दमन करना शुरू कर दिया। कई प्रान्तों में कम्युनिस्ट पार्टी पर बन्दी लगा दिया गया और यह आन्दोलन कुचल दिया गया। फिर भी इस आन्दोलन ने, इसमें निहित अनेक असन्तुलनों के बावजूद, कम्युनिस्ट पार्टी की खोई हुई प्रतिष्ठा को बहुत हद तक लौटा दिया। 1952 ई. के प्रथम आम चुनाव में उन जगहों पर जहाँ कम्युनिस्टों ने सबसे अधिक आन्दोलन चलाया था, कम्युनिस्ट पार्टी के उम्मीदवार बड़ी संख्या में जीतकर आए। इसने भारत की परिस्थिति में एक क्रान्तिकारी नेतृत्व की आवश्यकता को बिलकुल स्पष्ट कर दिया।

इधर सोशलिस्ट पार्टी का नेतृत्व दिन पर दिन अवसरवादिता की ओर झुकता गया। 1952 ई. के आम चुनाव के बाद इन्होंने कांग्रेस से निकले हुए 'किसान मजदूर प्रजा पार्टी' के साथ, जिसकी स्पष्ट कोई नीति नहीं थी, विलयन का अवैधानिक रूप से फैसला कर लिया। पार्टी पर नेताओं का प्रभाव इतना बढ़ गया था कि कार्यकर्ताओं में उन्हें रोकने की क्षमता नहीं थी। मुट्ठी भर सोशलिस्ट जिनमें अधिकांश मजदूरों में काम करनेवाले कार्यकर्ता थे, पुरानी सोशलिस्ट पार्टी के नाम पर काम करते रहे, पर ये कोई प्रगति नहीं कर सके। इस तरह प्रजा सोशलिस्ट पार्टी की स्थापना हुई, लेकिन अब इस पार्टी में 'मुंडे-मुंडे मतिर्भिन्ना' वाली स्थिति पैदा हो गई। पार्टी के बनने के थोड़े ही दिनों के भीतर जयप्रकाश नारायण ने विनोबा भावे को जीवन दान देने का फैसला किया। बड़ी संख्या में सोशलिस्ट कार्यकर्ता पार्टी संगठन का काम छोड़ भूदान के काम में लग गए। इधर अशोक मेहता हमेशा कांग्रेस के साथ सहयोग की नीति का प्रतिपादन करते रहे। केरल में कांग्रेस के साथ मिलकर इन्होंने अल्पसंख्यक मंत्रिमंडल भी बना लिया और कांग्रेस की प्रतिक्रियावादी नीति को चलाते रहे। इसी समय केरल में पुलिस ने गोली चलाई और कई व्यक्ति मारे गए। पार्टी के प्रधानमंत्री डॉ. राममनोहर लोहिया ने मंत्रिमंडल के इस्तीफे की माँग की, जिसे पार्टी ने नामंजूर किया। इसके बाद डॉ. लोहिया के समर्थक प्रजा सोशलिस्ट पार्टी से बाहर निकल आए और उन्होंने 1955 ई. में पार्टी के पुराने झंडे और नाम को लेकर 'सोशलिस्ट पार्टी'

की स्थापना की। यह फैसला उन्होंने तब लिया जब उनके ऊपर पार्टी के नेतृत्व के विरुद्ध अपनी नीति का प्रचार करने पर प्रतिबन्ध लगाने का प्रयत्न हुआ और इसे नहीं मानने के लिए अनुशासन की कार्रवाई हुई।

यह विलगाव आन्तरिक लोकतंत्र के सवाल को लेकर हुआ, पर वास्तव में इसके पीछे कार्यकर्ताओं का सरकार के साथ सहयोग की नीति के विरुद्ध विद्रोह की भावना थी। कार्यक्रम को लेकर इस पार्टी का प्रजा सोशलिस्ट पार्टी से गहरा मतभेद था, लेकिन संगठन और सिद्धान्त के क्षेत्र में इनका कोई मूलभूत मतभेद उनसे नहीं रहता है।

1957 और 1962 ई. के आम चुनावों में सोशलिस्ट और प्रजा सोशलिस्ट पार्टियों की सम्मिलित शक्ति से ज्यादा कम्युनिस्ट पार्टी के उम्मीदवार जीतकर आए। 1957 ई. के बाद केरल में कम्युनिस्टों की बहुमत की सरकार भी बनी, लेकिन इन्होंने अपने को कांग्रेस की नीतियों को ही लागू करने तक सीमित किया। इसके इनाम में कांग्रेस की केन्द्रीय सरकार ने विधान के विरुद्ध बीच में ही सरकार को गवर्नर द्वारा खत्म करा दिया। फिर भी मध्यकालीन चुनाव में कम्युनिस्ट अपनी शक्ति बनाए रहे। केरल में प्रजा सोशलिस्टों का कांग्रेस के साथ सहयोग जारी रहा। स्टालिन की मृत्यु के बाद रूस की नीति में जो कुछ परिवर्तन हुए और जो रूस चीन का विवाद शुरू हुआ, उससे भारतीय कम्युनिस्ट पार्टी में भी रूस समर्थक और चीन समर्थक दो दल हो गए हैं। रूस समर्थक दल पूर्ण रूप से वर्तमान अंग्रेजी सरकार का हिमायती हो गया। उनके सामने रूस और नेहरूवाद के प्रचार के अलावा कोई विशेष कार्यक्रम नहीं रह गया है। इसके विपरीत दूसरा दल जनता के संघर्षों को बढ़ाने का समर्थक है। सब मिला-जुलाकर अभी देश में समाजवादी आन्दोलन आन्तरिक विभेद और ह्रास के काल से गुजर रहा है।

लेकिन 1962 के आम चुनाव के बाद सोशलिस्ट और प्रजा सोशलिस्ट, इन दोनों पार्टियों को पुन: एक में मिलाने का प्रयत्न जोरों से शुरू हुआ। इस प्रयत्न को विशेष बल मिला अशोक मेहता का अपने समर्थकों समेत कांग्रेस में सम्मिलित होने के निर्णय से। एस.एम. जोशी के नेतृत्व में प्रजा सोशलिस्ट पार्टी के बहुसंख्यक कार्यकर्ताओं ने अशोक मेहता के नेतृत्व को अस्वीकार कर दिया। इस घटना ने प्रजा समाजवादी कार्यकर्ताओं के सामने आधे मन से पूँजीवादी कांग्रेस के विरोध के खतरे को भी स्पष्ट कर दिया। अभी तक सोशलिस्ट और प्रजा सोशलिस्ट पार्टी के विलयन में प्रमुख बाधा थीं सोशलिस्ट पार्टी द्वारा लगाई गई शर्तें, जबकि प्रजा सोशलिस्ट पार्टी में गम्भीर विचार मंथन चल रहा था, उसी समय सोशलिस्ट पार्टी के नेताओं ने बड़ी सूझ की नीति अपनाई। उन्होंने प्रजा सोशलिस्ट पार्टी से बिना शर्त एकता करने की नीति का एक प्रस्ताव पास किया। इसके बाद दोनों पार्टियों के बीच मिलन एक औपचारिक प्रश्न रह गया।

दोनों पार्टियों के प्रतिनिधियों का संयुक्त सम्मेलन वाराणसी में 1965 के प्रारम्भ में हुआ। इस सम्मेलन में प्रजा सोशलिस्ट पार्टी के कुछ चोटी के नेता यह वक्तव्य देकर निकल गए कि सोशलिस्टों के साथ उनकी भावनात्मक एकता सम्भव नहीं, लेकिन अधिकांश प्रजा सोशलिस्ट कार्यकर्ताओं और स्वयं पार्टी के अध्यक्ष एस.एम. जोशी को वे अपने साथ नहीं ले सके। इस घटना ने समाजवादी एकता की सम्भावनाओं के प्रति कुछ उदासी अवश्य पैदा की, लेकिन फिर भी इस सम्मेलन से समाजवादी एकता की आशा कुछ बढ़ी। इस सम्मेलन ने स्वयं भारत की तमाम जनतांत्रिक और समाजवाद की शक्तियों को अपने अन्दर संगठित करने का संकल्प किया। अन्य तरह से निराश वातावरण में भारत के समाजवादी आन्दोलन में तत्काल यही एक आशा का चिह्न दिखाई देता है।

भारत में समाजवादी आन्दोलन के विकास में एक बड़ी रुकावट यही रही कि यहाँ के पूँजीपतियों की प्रमुख संस्था कांग्रेस हमेशा चालाकी से समाजवादी नारों की चोरी कर जनता को अपने वास्तविक चरित्र के सम्बन्ध में सन्देह में रखने में सफल हुई है। जब समाजवादियों के प्रभाव में मजदूर किसान राज्य की धारणा व्यापक होने लगी तो प्रथम पंचवर्षीय योजना के अन्तिम दिनों से कांग्रेस ने 'समाजवादी ढाँचे का समाज' बनाने की घोषणा कर दी। फिर बाद में समाजवादी समाज और प्रजातांत्रिक समाजवाद की बात इसने शुरू की। इस तरह इनकी घोषणा और समाजवादियों की नीति में फर्क करना कठिन होने लगा। इन घोषणाओं के बावजूद कांग्रेस की नीति में कोई वास्तविक परिवर्तन नहीं हुआ। समाजवादियों को परास्त करने का उनका यह दाँव बहुत कुछ हिटलर के तरीके से मेल खाता है। नाजियों की तरह ही उन्होंने भी मजदूरों में समाजवादियों के समानान्तर मजदूर संगठन खड़ा करना शुरू किया जो अक्सर मालिकों और सरकार से प्रोत्साहन पाते थे और मजदूरों की हड़ताल तोड़ने में इनका प्रमुख रूप से उपयोग होता था। सोशलिस्ट और कम्युनिस्ट मजदूर संगठनों के आपसी झगड़े के कारण इन्हें विशेष सफलता प्राप्त हुई और कानून और इन मजदूर संगठनों की सहायता से मजदूरों के हड़ताल के अधिकार को प्राय: समाप्त कर दिया गया। चूँकि समाजवादी पार्टियों ने भी वर्ग संघर्ष की नीति को प्राथमिकता देना छोड़ दिया, कांग्रेस की नीति को विशेष रूप से सफलता मिली।

समाजवाद का नारा लगाने से वास्तव में कांग्रेस की नीति में कोई आमूल परिवर्तन नहीं हुआ। गैर-बराबरी दिनोंदिन बढ़ती गई। पूँजीपतियों पर किसी तरह का प्रतिबन्ध होने के बजाय उन्हें हर तरह की सुविधा प्रदान की गई। कुछ महत्त्व के उद्योग जिनका विकास निजी क्षेत्र में करना कठिन था, राजकीय क्षेत्र में विकसित होने लगे पर पूँजीपतियों के उद्योग-धन्धों के राष्ट्रीयकरण की नीति का हमेशा जोरदार विरोध हुआ। बैंक, थोक व्यापार, आयात-निर्यात सभी निजी क्षेत्र में पूर्ववत रहे। पूँजीपतियों को कितनी छूट दी गई, इसका सबसे बड़ा नमूना है तीन पंचवर्षीय

योजनाओं में निजी क्षेत्र में पूँजी की लागत। प्रथम योजना में यह 18 अरब, द्वितीय में 31 अरब और तृतीय में 40 अरब थी। सरकारी क्षेत्र में पूँजी की लागत बढ़ी अवश्य, पर इनका फायदा भी मुख्य रूप से पूँजीपतियों को ही प्राप्त होता रहा। राजकीय क्षेत्र में निर्माण के जो भी बड़े कार्य हुए, उनमें बड़ा हिस्सा ठेकेदारों का रहा और इसमें मनमाने ढंग से रुपया कमाकर वे मालामाल हो गए। ग्रामीण क्षेत्रों के सबसे गरीब तबके खेतिहर मजदूरों की स्थिति में कोई सुधार नहीं हुआ। बेकारी की समस्या दिनोंदिन भयंकर रूप धारण करती रही। उद्योग और कृषि, दोनों ही क्षेत्रों में कीमतें अनियंत्रित रहीं और अब स्थिति इतनी खराब हो गई है कि सरकारी दल के नियंत्रण में चलनेवाले मजदूर संगठन तक इसके विरोध में आवाज उठाने लगे हैं। इधर जन सुरक्षा कानून और भारत सुरक्षा कानून के अन्तर्गत मजदूर किसान नेताओं की गिरफ्तारी और जन आन्दोलन का दमन होता रहा है। इस तरह कार्य में कांग्रेस लगातार अनुदारवादी और समाजवादी विरोधी रास्ते पर चलती रही है जबकि नारा समाजवाद का लगाती है, लेकिन इस नीति से समाजवादी आन्दोलन को कमजोर बनाने में इसे आशातीत सफलता प्राप्त हुई है।

21

महात्मा गांधी को वास्तव में समाजवादी चिन्तकों में इसके साधारण अर्थ में नहीं रखा जा सकता। फिर भी उनके विचारों में गॉडविन जैसे व्यक्तिवादी अराजकवादी से कुछ समानता हम पाते हैं। आत्मनिर्भर ग्राम गणतंत्रों का भारत, चरखे करघे की अर्थव्यवस्था, जिसमें हर व्यक्ति अपनी आवश्यकता की अधिकांश वस्तुओं का स्वयं निर्माण कर लेता है, वह हर केन्द्रित शासन के प्रति अविश्वास उन्हें कुछ हद तक अराजकवादी परम्परा से बाँध देते हैं, लेकिन इस विचार में वे अनीश्वरवादी की जगह (जो अराजकवादी थे) ईश्वरवादी और अध्यात्मवादी थे। उनके विचारों पर स्पष्ट रूप से टॉल्स्टॉय के विचारों की छाप पड़ी थी जो आधुनिकता के विरोधी और समता पर आधारित ग्रामीण समाज के समर्थक थे।

लेकिन आज के युग में कोई भी व्यक्ति अब आधुनिक उद्योग-धन्धों को समाप्त कर पुराने गृह उद्योगों को जीवित करने की बात नहीं सोच सकता। गांधी जी वास्तविकतावादी थे और उन्होंने इस परिस्थिति का सामना होने पर एक हद तक पूँजीवादी अर्थव्यवस्था को मान लिया, हालाँकि उनके विचारों के अनुसार पूँजीपतियों को अपनी सम्पत्ति को समाज की थाती समझना चाहिए था, लेकिन अगर पूँजीपति अपनी सम्पत्ति को समाज की थाती न समझें? इसका कोई स्पष्ट जवाब गांधी जी ने नहीं दिया, हालाँकि कहीं भी पूँजीपतियों ने अपनी पूँजी को समाज की थाती नहीं समझा है। सच तो यह है कि हर व्यक्ति का विचार वह जैसी समाज व्यवस्था में रहता है, उसके अनुरूप बनता है और जिस हद तक पूँजीपति एक पूँजीवादी अर्थव्यवस्था और समाज व्यवस्था में रहते हैं, उनका स्वाभाविक रूप से वही विचार होगा जो इस व्यवस्था के अनुरूप होगा। एक-दो अपवाद इसके हो सकते हैं, लेकिन एक वर्ग के रूप में पूँजीपति वर्ग पूँजीपति ही रहेगा, यह एक साधारण सत्य है। समाजवादी आन्दोलन के सामने इसका जवाब स्पष्ट था। अगर पूँजीपति समाज के हित के लिए अपनी पूँजी का उपयोग नहीं कर सकते तो समाज का कर्तव्य है कि वह उनकी पूँजी स्वयं अपने हाथ में लेकर समाज के लिए इसका उपयोग करे, लेकिन गांधी जी पूर्ण अहिंसावादी थे, अत: वे हर तरह के शक्ति प्रयोग के विरोधी थे, चाहे वह राज्य या समाज के नाम पर ही किया जाए। इस अर्थ में गांधी जी के विचार स्पष्टत: समाजवाद विरोधी थे।

लेकिन एक-दूसरे अर्थ में गांधी जी की विचारधारा का सम्बन्ध समाजवादी विचारधारा के साथ हो जाता है, वह उनके 'सविनय अवज्ञा' के हथियार का समाजवादी आदर्शों की प्राप्ति के लिए उपयोग। यह आन्दोलन का तरीका बिलकुल नया नहीं था। यह एक पुरानी परम्परा से सम्बन्धित था जो एथेंस में सुकरात ने शुरू किया था और आधुनिक युग में अमेरिका में थोरो ने सरकारी अन्याय के विरुद्ध इसका उपयोग किया था, लेकिन गांधी जी ने इसे एक नया रूप दिया। उन्होंने इसे व्यक्तिगत अवज्ञा के स्तर से उठाकर सामूहिक अवज्ञा के स्तर पर ला दिया। इसके इस रूप में समाजवादी आन्दोलन को, जो सिर्फ किसी एक वर्ग की मुक्ति का आन्दोलन नहीं बल्कि सारे मानव समाज की मुक्ति का आन्दोलन है, इसकी आवश्यकता न सिर्फ इसके प्रारम्भिक काल में बल्कि इसके हर स्तर पर होगी।

समाजवादी आन्दोलन उन समस्याओं का समाधान सशस्त्र जनविद्रोह या संसदीय पद्धति से कर सकता है जिसके पीछे जनता के बहुमत का समर्थन इसे प्राप्त है, लेकिन हमारा समाज अनेक तरह के तत्त्वों से बना हुआ है जिनमें बहुत-से अल्पसंख्यक स्वार्थ हैं। उन लोगों की मुक्ति के लिए कौन-सा मार्ग होगा? खासतौर से उस हालत में जब उनके स्वार्थ बहुमतवाले लोगों के निहित स्वार्थों से विपरीत पड़ते हों? एक अल्पमत न तो सत्तारूढ़ बहुमत के विरुद्ध शस्त्र लेने की क्षमता रखता है न संसदीय पद्धति से बहुमत को अपनी बातों को मानने के लिए मजबूर कर सकता है। ऐसी स्थिति में 'सविनय अवज्ञा' का ही एकमात्र उपयुक्त मार्ग रह जाता है, जिससे अल्पमत बहुमत पर ज्यादती से अपनी बात थोपने के खतरे के बिना अपनी न्यायसंगत बातों को उनसे मनवा सकता है। आज अमेरिका में समता के लिए नीग्रो लोगों का व्यापक सविनय अवज्ञा, यूरोप के देशों में आणविक शस्त्रों के विरुद्ध वहाँ के शान्तिवादी लोगों के संघर्ष का सविनय अवज्ञा का रूप लेना इस दिशा में इसकी सार्थकता के प्रबल प्रमाण हैं।

अगर धर्म और नस्लों के आधार पर समाज का विभाजन समाप्त भी हो जाए, तब भी अल्पसंख्यकों की समस्या समाज में हमेशा रहेगी। पेशे के आधार पर समाज का विभाजन दिनोंदिन बढ़ने की ही सम्भावना है। अलग-अलग पेशे में काम करनेवाले लोग पूरे समाज की दृष्टि से हमेशा अल्पसंख्या में होंगे। उनकी अपनी विशेष समस्याएँ होंगी और उनके न्यायपूर्ण समाधान के लिए अगर समाज के अन्य स्वार्थों से उनका स्वार्थ विपरीत पड़ता हो तो सविनय अवज्ञा का मार्ग ही उपयुक्त होगा, अगर आपसी बातचीत से मामला नहीं सुलझ जाता। राज्य के हाथ में आर्थिक शक्ति के पूर्ण रूप से आ जाने के बाद व्यक्ति तथा अनेक अल्पसंख्यक समूहों की हित रक्षा की समस्या सर्वाधिक महत्त्व की बन जाएगी। इस समस्या के सम्बन्ध में बर्ट्रेंड रसेल ने लिखा है, "यथेष्ट मात्रा में स्वतंत्रता को बचाने का एकमात्र उपाय (और यह भी बहुत छोटे अल्पसंख्यकों के लिए काफी नहीं होगा)

विशेष स्वार्थवाले नागरिकों का छोटे समूहों में संगठन होगा जो अपने आन्तरिक मामलों में अपनी स्वतंत्रता बनाए रखने के लिए कटिबद्ध होंगे, आवश्यकता होने पर हड़ताल के द्वारा हस्तक्षेप को रोकने के इच्छुक होंगे, और वैसी स्थिति में जब उनका उद्‌देश्य ऐसा है जिसे अधिकांश लोग उचित समझते हैं, सरकारी शक्ति का मुकाबला (स्वयं या जनता की सहानुभूति को अपील करने की अपनी शक्ति से) सफलता के साथ करने में समर्थ होंगे। अगर इस उपाय को सफल होना है तो हमें न सिर्फ आवश्यकता के अनुसार संगठन चाहिए बल्कि स्वतंत्रता के प्रति व्याप्त प्रतिष्ठा तथा सिद्धान्त और कर्तव्य में सरकार के सामने न झुकने की भावना चाहिए।"

(रोड्स टू फ्रीडम—बर्ट्रेंड रसेल)

सरकार के सामने न झुकने की भावना तथा स्वतंत्रता की भावना को समाज में आगे बढ़ाने में 'सविनय अवज्ञा' से अच्छा कोई दूसरा उपाय नहीं हो सकता। साधारणत: अल्पसंख्यकों का हिंसात्मक प्रतिरोध आतंक के रूप में व्यक्त होता है, लेकिन जहाँ इस तरह के आतंक से एक विशेष समूह की स्वार्थ रक्षा हो जाती है वहाँ इस बात की गारंटी नहीं रहती कि अल्पसंख्यकों के स्वार्थ न्यायेचित होंगे या दूसरे अल्पसंख्यकों या बहुसंख्यकों की स्वतंत्रता पर ये आघात नहीं पहुँचाएँगे। इसके विपरीत, 'सविनय अवज्ञा' का मुख्य आधार बहुमत की सहानुभूति से अपील करना है, स्वयं अपने विश्वास के लिए कष्ट उठाने की तैयारी से। ऐसी स्थिति में अगर माँग न्यायोचित न होगी ता सविनय अवज्ञा करनेवाले का कष्ट निरर्थक होगा, पर दूसरों पर किसी अल्पमत का विचार इस तरह नहीं लादा जा सकेगा।

इस तरह गांधी जी के विचारों का सम्बन्ध भविष्य के समाजवादी समाज रचना से तथा दुनिया भर के लोगों की (जिसमें अल्पमतों का सवाल प्रमुख है) बराबरी के समाजवादी लक्ष्य की पूर्ति के लिए भरपूर रूप से है, भले ही समाजवाद के मूल आर्थिक लक्ष्यों से उनका मेल न खाता हो।

गांधी जी के विचारों का असर भारतीय समाजवादी आन्दोलन पर बहुत अधिक पड़ा। कुछ लोगों पर तो चुनावों की हार के बाद की निराशा में गांधी जी के आध्यात्मिक विचारों में ही एकमात्र प्रकाश की रेखा दिखाई पड़ी और वे समाजवादी आन्दोलन और राजनीति से संन्यास लेकर अलग हो गए, लेकिन दूसरे लोगों ने, जिसमें डॉ. राममनोहर लोहिया प्रमुख हैं, 'सविनय अवज्ञा' को समाजवादी आन्दोलन का एक स्थायी हथियार बनाने का प्रयत्न किया। उन्होंने किसानों के कई महत्त्वपूर्ण सवालों पर, जैसे उत्तर प्रदेश में नहर रेट बढ़ती के विरुद्ध इसका सफल प्रयोग किया है। औद्योगिक क्षेत्रों में मजदूरों के परम्परागत हथियार हड़ताल का ही उपयोग उनकी माँगों के सम्बन्ध में होता आया है। फिर भी जहाँ सरकार हड़ताल के अधिकार पर कानूनी रोक लगाती रही है, वहाँ हड़ताल का स्वरूप

राजनीतिक बन जाता है। कहीं-कहीं इन क्षेत्रों में सरकारी हस्तक्षेप के मुकाबले में हड़तालों के साथ-साथ 'सविनय अवज्ञा' को भी जोड़कर इसे अधिक बल प्रदान करने का प्रयास हुआ है।

शुरू में यह विश्वास यहाँ के समाजवादियों में घर करने लगा था कि 'सविनय अवज्ञा' का सफल उपयोग हर तरह के राष्ट्रीय या अन्तरराष्ट्रीय संघर्षों में हो सकता है। अगर बहुसंख्य लोगों की कष्ट बर्दाश्त करने की शक्ति और साहस को असीम मान लिया जाए तो सैद्धान्तिक रूप में इसे सम्भव मान भी लिया जा सकता है, लेकिन वस्तुस्थिति कुछ इससे भिन्न है। समाज में आमूल परिवर्तन के लिए शक्ति प्रयोग के अलावा अभी कोई दूसरा उपाय सामने नहीं आया है। यह बात अलग है कि शक्ति प्रयोग सशस्त्र उठाव के रूप में न होकर राज्य शक्ति के प्रयोग के रूप में हो। यह बात और भी स्पष्ट हो गई जब चीनी आक्रमण के समय गांधी जी के सबसे नजदीक रहनेवाले लोगों ने भी सीमा रक्षा के लिए 'सविनय अवज्ञा' के हथियार का उपयोग करने की दिशा में कोई सक्रिय कदम नहीं उठाया बल्कि सबों से सैनिक तैयारी पर ही जोर दिया।

22

द्वितीय विश्वयुद्ध के बाद दुनिया का एक अलग नक्शा सामने आ गया। लगभग आधा यूरोप, जिसमें बर्लिन समेत जर्मनी का एक बड़ा हिस्सा, पोलैंड, युगोस्लाविया, चेकोस्लोवाकिया, हंगरी, रूमानिया, बुल्गेरिया, अल्बानिया आदि रूस के सैनिकों के अधिकार में चले गए। इन देशों में युगोस्लाविया को छोड़कर, जहाँ मार्शल टीटो के नेतृत्व में एक जबर्दस्त राष्ट्रीय मुक्तिसेना का संगठन जर्मनी के अधिकार के काल में ही हुआ था, अन्यत्र कोई स्वतंत्र राष्ट्रीय शक्ति नहीं रह गई थी। पोलैंड में वारसा में रूस की सेना के पास आ जाने पर बड़ा विद्रोह हो गया, लेकिन रूसी सेना तब आई जब जर्मनी ने इस आन्दोलन को बेरहमी से कुचल दिया। इस तरह रूस का पूर्ण नियंत्रण पूर्वी यूरोप के देशों पर हो गया। रूस की नीति रही इन देशों में स्वतंत्र सरकारों की जगह कठपुतली कम्युनिस्ट सरकारों को कायम करने की। चूँकि सार्वभौम सत्ता रूसी संगीनों की थी, इस तरह की सत्ता का कोई विरोध नहीं हो सका।

अपने अधिकार के प्रारम्भ के काल में रूस ने युद्ध के हर्जाने के नाम पर इन देशों को खूब लूटा, खासतौर से जर्मनी और चेकोस्लोवाकिया से, जो औद्योगिक दृष्टि से बहुत विकसित थे, अनेक कारखानों को वे उठाकर ले गए। बाद में इस लूट की जगह गैर-बराबरी के व्यापार ने ले लिया। रूस की नीति से इन देशों की आर्थिक प्रगति काफी दिनों तक रुकी रही। इसी नीति का फल था कि बाद में रूस और युगोस्लाविया में संघर्ष हुआ और युगोस्लाविया रूस के प्रभाव क्षेत्र से बाहर निकल गया। इस अलगाव का युगोस्लाविया की अर्थव्यवस्था पर गहरा प्रभाव पड़ा और युगोस्लाविया ने रूस के आर्थिक केन्द्रीकरण की जगह विकेन्द्रीकरण की नीति अख्तियार की। इस नई नीति के पीछे युगोस्लाविया के उस समय के उपराष्ट्रपति मिलोवन जिलास का बहुत बड़ा हाथ था। वे चाहते थे कि अर्थव्यवस्था के विकेन्द्रीकरण के साथ-साथ राजनीतिक प्रजातंत्र को भी विकसित किया जाए और नौकरशाही की शक्ति को सीमित किया जाए, लेकिन सत्तारूढ़ नौकरशाही और तानाशाह टीटो के लिए यह बहुत दूर जाने की बात थी। इस विरोध के कारण जिलास को सरकार से अलग होना पड़ा और अपनी नीति का प्रचार करने के कारण वे लगभग बराबर जेल में रहे हैं।

पूर्वी यूरोप के देशों में जहाँ कम्युनिस्ट बहुत छोटी संख्या में थे, कई जगह उन्होंने सोशलिस्टों के साथ एकता का नाटक किया, लेकिन जैसे-जैसे उनकी शक्ति बढ़ी वैसे-वैसे उन्होंने पुलिस शक्ति का सहारा लेकर सोशलिस्टों को खत्म कर दिया। इस नीति के फलस्वरूप नाजी अधिकार के काल में जो सोशलिस्ट-कम्युनिस्ट एकता का वातावरण पैदा हुआ था, वह समाप्त हो गया और सोशलिस्ट, कम्युनिस्ट सत्ता के प्रसार को एक दमनकारी साम्राज्यवादी सत्ता का प्रसार समझने लगे।

युद्ध के बाद इंग्लैंड में पहली बार लेबर पार्टी की बहुमत की सरकार बनी। इस सरकार ने रेलवे, कोयला उद्योग और बिजली उद्योग का राष्ट्रीयकरण किया, लेकिन सबसे महत्त्वपूर्ण स्टील, इंजीनियरिंग आदि उद्योगों का राष्ट्रीयकरण यह नहीं कर सकी। इनकी सबसे बड़ी कमी यह रही कि राष्ट्रीयकरण होने के बाद उद्योगों की व्यवस्था में इन्होंने कोई परिवर्तन नहीं किया। मजदूरों का व्यवस्था से कोई सम्बन्ध नहीं रहा जो अकेले उन उद्योगों को सोशलिस्ट चरित्र प्रदान कर सकता था। व्यवस्था का काम स्वतंत्र बोर्डों के जिम्मे कर दिया गया जिसने इन्हें एक सामूहिक नौकरशाही के स्वामित्व का रूप दे दिया। इस सरकार का एकमात्र महत्त्वपूर्ण कार्य रहा 'स्वास्थ्य बीमा योजना', जिसने चिकित्सा के क्षेत्र में धनी और गरीब का फर्क बिलकुल मिटा दिया और सभी नागरिकों की चिकित्सा सरकार की जवाबदेही हो गई। दो बार चुनकर सरकार में आने के बाद इंग्लैंड को और कुछ देने को इनके पास नहीं रहा और पुन: कंजर्वेटिव पार्टी सत्ता में आई, लेकिन चिकित्सा सम्बन्धी इनकी देन कायम रही और उसे कंजर्वेटिव भी हटाने की हिम्मत नहीं कर सके।

पश्चिम यूरोप के अन्य देशों में सोशल डेमोक्रेसी का पुन: विकास हुआ, लेकिन ये अब न तो शक्तिशाली रहे और न क्रान्तिकारी। फ्रांस और इटली में कम्युनिस्ट पार्टी शक्तिशाली होकर निकली, लेकिन पूर्वी यूरोप की घटनाओं के बाद सोशलिस्ट और कम्युनिस्टों का झगड़ा पूर्ववत जारी रहा। सोशलिस्ट अधिकांश पश्चिमी यूरोप के देशों में पूँजीवादी पार्टियों के साथ समय-समय पर सरकारों में उनकी शर्तों पर शामिल होते रहे। युद्ध के बाद यूरोप का जो, अटलांटिक गुट और वारसा सन्धि गुट में सैनिक विभाजन हुआ, उसमें पश्चिमी यूरोप के सोशलिस्ट सर्वत्र अटलांटिक गुट के समर्थक रहे। एशिया, अफ्रीका आदि के देशों में इस युद्ध के बाद स्वतंत्रता का संघर्ष विशाल पैमाने पर शुरू हुआ। पश्चिमी देशों के सोशलिस्ट अन्तिम समय तक साम्राज्यवादी सपनों से चिपके रहे। एक जर्मन सोशलिस्ट के शब्दों में, "सोशलिस्ट उन गन्दे कामों को करते हैं जिन्हें करने की हिम्मत पूँजीवादी पार्टियों में नहीं रहती।"

स्टालिन की मृत्यु के बाद कम्युनिस्ट राजनीति में कुछ परिवर्तन के चिह्न दिखलाई पड़ने लगे। सोवियत कम्युनिस्ट पार्टी के 20वें अधिवेशन में, जो 1956

ई. के फरवरी महीने में हुआ, पार्टी के प्रथम सेक्रेटरी ख्रुश्चेव ने स्टालिन के विरुद्ध जेहाद बोल दिया। उसने बतलाया कि स्टालिन का राज्य घोर दमन और आतंक पर आधारित था। उसने उसकी जगह सामूहिक नेतृत्व के आधार पर सोवियत राज्य को संगठित करने का कम्युनिस्ट पार्टी का निश्चय घोषित किया। उसने पूर्वी यूरोप के देशों के साथ समता का सम्बन्ध कायम करने का भी इशारा युगोस्लाविया के प्रति स्टालिन की नीति की आलोचना करके दिया। इसके बाद एकाएक रूस में नये तरह के साहित्य की बाढ़ आ गई। लोग बौद्धिक क्षेत्र में पूर्ण स्वतंत्रता हासिल करने के मंसूबे बाँधने लगे। पूर्वी यूरोप में राष्ट्रीयता की एक लहर दौड़ गई जिससे कम्युनिस्ट पार्टियाँ भी अछूती नहीं रह सकीं। इस भावना ने सबसे जबर्दस्त प्रभाव हंगरी और पोलैंड पर डाला। ये देश युगोस्लाविया की तरह स्वतंत्र कम्युनिस्ट राज्य बनने का स्वप्न देखने लगे।

लेकिन तुरन्त स्पष्ट हो गया कि ख्रुश्चेव का स्टालिन विरोध वास्तव में रूस में फैले हुए स्टालिन विरोधी भावना का उपयोग कर अपनी स्थिति को वहाँ की राजनीति में मजबूत करने का एक हथियार था। उनका इरादा रूसी जनता को वास्तविक लोकतांत्रिक अधिकार देने के निश्चय की अभिव्यक्ति नहीं था। यह बात स्पष्ट तब हुई जब हंगरी में एक कम्युनिस्ट प्रधानमंत्री नागी ने अपने को सोवियत संघ के नियंत्रण से बिलकुल स्वतंत्र करने का प्रयत्न किया। तुरन्त रूसी टैंकों की मदद से हंगरी की जनता को कुचल डाला गया। नागी को गिरफ्तार कर लिया गया और युगोस्लाविया को दिए गए आश्वासन के बावजूद चुपके-से उसकी हत्या करा दी गई। अन्दाजा लगाया जाता है कि हंगरी की इस निरस्त्र क्रान्ति में पच्चीस हजार से अधिक लोग मारे गए। पोलैंड के गोमुल्का ने आवश्यक पाठ सीखा। उसने रूसी प्रभाव से बाहर निकलने की बात छोड़ दी और जहाँ तक सम्भव था, अपने आन्तरिक मामलों में एक स्वतंत्र नीति चलाने की कोशिश की और साहित्य, कला आदि के क्षेत्र में वहाँ की जनता को अपनी भावना की अभिव्यक्ति की लगभग पूरी छूट दे दी गई। खुद रूस में ख्रुश्चेव की नई नीति घोषणा के थोड़े ही दिनों के बाद लेखकों और कलाकारों को यह बतला दिया गया कि वे अपनी स्वतंत्र नीति लेकर चलने में बिलकुल स्वतंत्र हैं बशर्ते वे ख्रुश्चेव द्वारा बतलाई गई लाइन पर चलें।

पश्चिमी यूरोप की कम्युनिस्ट पार्टियों पर, जहाँ लोकतांत्रिक व्यवस्था कायम है और लोकतंत्र की जड़ भी बहुत हद तक लोगों की भावना में जम गई है, ख्रुश्चेव की नई नीति का जोरदार समर्थन हुआ। युगोस्लाविया के साथ हंगरी की घटना के बाद के कुछ काल की कटुता के बाद रूस और युगोस्लाविया के सम्बन्ध सुधरने लगे। स्टालिन समय का टूटा हुआ दोनों देशों का सम्बन्ध अब बराबरी के नये आधार पर पुनः कायम हो गया। अब ख्रुश्चेव कुछ दिनों से

पश्चिमी यूरोप के सोशलिस्टों के साथ भी सम्बन्ध सुधारने का प्रयत्न करते रहे। यही नहीं, ख्रुश्चेव पश्चिमी यूरोप तथा अमेरिका की पूँजीवादी सरकारों के साथ भी मित्रतापूर्ण सम्बन्ध स्थापित करने के लिए सतत प्रयत्नशील रहे। यह रूस की क्रान्ति के बाद से रूस की वैदेशिक नीति में सबसे महत्त्वपूर्ण परिवर्तन था। इस नीति के पीछे सबसे प्रमुख कारण यह था कि स्टालिन की मृत्यु के बाद जो स्टालिन विरोधी प्रचार हुए उससे जनता की यह आशा बढ़ी कि अब उनका जीवन स्तर पाश्चात्य देशों की तरह ऊपर उठेगा। ख्रुश्चेव को अपनी स्थिति मजबूत बनाने के लिए नागरिक स्वतंत्रता (जो वे अभी नहीं दे सकते) से भी अधिक आवश्यक था, जनता की इस आशा की पूर्ति करना। यह तभी सम्भव था जब रूस पाश्चात्य देशों के साथ इस तरह की मित्रता कर ले जिससे शस्त्रास्त्रों पर खर्चे में कटौती हो सके, लेकिन इसके लिए उन्हें स्पष्ट रूप से (गौण रूप से तो स्टालिन ने ही यह नीति शुरू की थी) विश्व क्रान्ति कराने की अन्तरराष्ट्रीय नीति का परित्याग करनी होती। इसके बदले में वह आश्वासन चाहता था कि पश्चिमी राष्ट्र रूस के अपने पूर्वी यूरोप के साम्राज्य में यथास्थिति को मान लें और इस तरह तनाव और सैन्य तैयारी की आवश्यकता दिनोदिन कम होती जाए। रूस की यह आवश्यकता इतनी आधारभूत थी कि ख्रुश्चेव के पतन के बाद कोसीजिन की सरकार भी लोगों की आशंकाओं के विपरीत यही नीति लेकर चल रही थी।

लेकिन दूसरे विश्वयुद्ध के बाद दुनिया में जो सबसे महत्त्वपूर्ण शक्ति पैदा हो गई, वह थी गुलाम और औपनिवेशिक देशों की स्वतंत्रता, और स्वतंत्रता के लिए आन्दोलन। यह एक ऐसी शक्ति थी जो अब दुनिया का प्रभाव क्षेत्रों में आसानी से बँटवारा नहीं होने दे सकती थी। रूस के लिए इन देशों की मैत्री उतनी ही आवश्यक थी जितनी पाश्चात्य देशों के लिए। चूँकि पाश्चात्य देश साम्राज्यवादी रहे हैं, अत: इन देशों में हर स्तर पर उनके स्वार्थों को लेकर संघर्ष शुरू हो जाता है। ईरान, इराक, मिस्र, क्यूबा, कांगो, श्रीलंका, अल्जीरिया आदि सभी देशों में ऐसे संघर्ष भयंकर रूप किसी-न-किसी काल में ले चुके हैं। रूस अपने को इन संघर्षों से अलग बिना अपनी शक्ति को कमजोर बनाए नहीं रख सकता था। साम्राज्यवाद के लिए, किसी समझौते के लिए रूस को इन क्षेत्रों में कम-से-कम हस्तक्षेप करने का आश्वासन आवश्यक होता। रूस चाहकर भी इस तरह का समझौता नहीं कर सकता था। इससे एक तरफ तो रूस के भविष्य के आर्थिक प्रसार का मार्ग दुनिया के एक बड़े भू-भाग के लिए अवरुद्ध हो जाता, लेकिन इससे भी महत्त्वपूर्ण यह बात थी कि उसे अपनी सत्ता बनाए रखने के लिए कम-से-कम अपने अधिकार के क्षेत्र में क्रान्तिकारी आन्दोलन, और खास करके कम्युनिस्ट आन्दोलन का नेता होने का विश्वास लोगों में पैदा करते रहना था।

यह काम बहुत सस्ते दर पर हो सकता था जैसाकि स्टालिन के काल में हुआ, जबकि वास्तव में अन्य देशों के क्रान्तिकारी आन्दोलनों को कमजोर बनाकर भी स्टालिन महान क्रान्तिकारी नेता की तरह पूजित हुआ। लेकिन अब कम्युनिस्ट दुनिया का नेतृत्व लेने के लिए एक दूसरा प्रतिद्वन्द्वी चीन पैदा हो गया, जिसका आर्थिक स्वार्थ विश्व के स्तर पर शान्ति कायम रहने से अधिक इस बात में है कि दुनिया के देशों में क्रान्तियाँ हों। एक नई क्रान्ति का प्रणेता होने के नाते चीन इन क्रान्तिकारी राष्ट्रों का नेता आसानी से हो सकता था और दुनिया के धरातल पर जो एकाकीपन का स्थान उसे आज मिला है, वह समाप्त हो जाता। चीन का यह भी विश्वास था कि इन क्रान्तिकारी आन्दोलनों से उलझकर साम्राज्यवाद में यह शक्ति नहीं होगी कि वह चीन पर कोई प्रत्यक्ष या परोक्ष आक्रमण करे। ऐसी स्थिति में चीन अपना विकास बिना किसी कठिनाई के कर सकेगा। साथ ही, चीन को इस बात से स्वाभाविक चिढ़ थी कि जो राष्ट्र उसे एक बहिष्कृत अपराधी की तरह बनाए हैं उन्हीं राष्ट्रों से रूस मित्रता का सम्बन्ध कायम करे। इन कारणों से चीन रूस के पाश्चात्य देशों के साथ मित्रता की नीति का कटु आलोचक बन गया। उसने खुलकर अन्तरराष्ट्रीय कम्युनिस्ट आन्दोलन में रूस और खासकर ख्रुश्चेव की नीति को चुनौती देना शुरू कर दिया। रूस के सामने अपने इरादों को हासिल करने में यह सबसे बड़ी बाधा थी।

कम्युनिस्ट आन्दोलन का विभाजन अभी खासतौर से देशों की आर्थिक विकास के आधार पर हो रहा था। अभी तक रूस के साथ उन देशों की कम्युनिस्ट पार्टियाँ थीं जहाँ आर्थिक विकास कुछ अधिक हुआ या कुछ हद तक प्रजातांत्रिक अधिकार लोगों को प्राप्त थे। ये प्रधान रूप से पश्चिमी यूरोप और रूस के अपने प्रभाव क्षेत्र की कम्युनिस्ट पार्टियाँ थीं। दूसरी ओर चीन के साथ अविकसित देशों, खासतौर से एशिया, की कम्युनिस्ट पार्टियाँ थीं। अब तो सारी स्थितियाँ बदल गई थीं।

कम्युनिस्ट और सोशलिस्ट पार्टियों के अलावा नये आजाद हुए मुल्कों में ऐसे विचार बहुत जोर पकड़ रहे थे कि आर्थिक प्रगति इन देशों में तब तक तेजी से नहीं हो सकती जब तक आर्थिक क्षेत्र पर सरकारी नियंत्रण तथा नियोजित अर्थव्यवस्था नहीं हो, जैसाकि पहले विचार हो चुका है। विदेशी पूँजी की प्रधानता, जो अब तक इन देशों की अर्थव्यवस्था में थी, उसका यह अवश्यम्भावी नतीजा है। स्वतंत्र राष्ट्र की तरह जीवित रहने की यह उनकी कम-से-कम आवश्यकता है।

23

समाजवादी आन्दोलन पर जो एक विहंगम दृष्टि डालने का प्रयास किया गया है, उससे जो तसवीर उभरती है, वह बहुत उत्साहवर्द्धक नहीं प्रतीत होती। विभाजन, आपसी विद्वेष और अवसरवादिता आदर्शों की अपेक्षा अधिक स्पष्ट रूप से दिखाई पड़ती है। इस दृष्टि से इस अध्ययन को समाजवाद के बढ़ते चरण की अपेक्षा 'समाजवाद के काँपते चरण' कहने को बहुत-से लोग आतुर हो उठेंगे, लेकिन यह एक बहुत ही छिछला दृष्टिकोण होगा।

स्वप्नवादी समाजवादियों ने एक सपना देखा था, एक दिव्य सपना एक ऐसे समाज का, जिसमें मानव-मानव के बीच गैरबराबरी की खाई न होगी; जहाँ मनुष्य का उसके समाज और वातावरण से विलगाव नहीं होगा; सभी मनुष्य भ्रातृभाव से एक परिवार के सदस्य की तरह रहेंगे और मानव से बढ़कर कोई ऐसी सत्ता न होगी, चाहे वह सत्ता राज्य की हो चाहे भगवान की, जिसके सामने मनुष्य अपना सिर झुकाए। उनके सामने यह चित्र इतना स्पष्ट और इतना न्यायपूर्ण था कि लक्ष्य की प्राप्ति की कठिनाइयों पर अधिक ध्यान देना उनके लिए सम्भव नहीं था। अभी-अभी फ्रांस की जनता ने एक स्वेच्छाचारी शासन का अन्त किया था। मनुष्य के ऊपर हर तरह के शासन का अन्त उनके लिए निकट भविष्य में इतिहास की मंजिल थी। उनकी स्थिति उन पर्वतारोहियों की थी जो दूर से हिमाच्छादित सुनहरे शिखरों से आकृष्ट होकर शिखरों पर पहुँचने के लिए कदम बढ़ा देते हैं, लेकिन जैसे-जैसे वे पर्वत के पास पहुँचते हैं, पथ दुरूह होता जाता है। जैसे-जैसे वे पर्वत के ऊपर चढ़ते हैं वैसे-वैसे शिखर आँखों से ओझल हो जाता है और सामने बच जाता है कंटकाकीर्ण मार्ग। अनेक रास्ते की कठिनाइयों में लक्ष्य भूलकर भटक जाते हैं, लेकिन जो साहस और विश्वास के साथ अपने उद्देश्य पर डटे रहते हैं, अन्त में शिखर पर पहुँच ही जाते हैं। यह सही है कि समाजवादी आन्दोलन अनेक बार अपने लक्ष्य से भ्रष्ट होता गया है और अभी तक कहीं भी इसे अपने प्रारम्भिक कल्पना के अनुरूप समाज व्यवस्था निर्मित करने का सौभाग्य नहीं प्राप्त हुआ है, लेकिन समाजवादियों ने समता की भावना की जो चिंगारी सुलगाई थी उसकी ज्वाला आज भी असंख्य मानव हृदय में जल रही है और उसका सबसे बड़ा प्रमाण है

समाजवाद के लक्ष्य को अनेक मार्गों से प्राप्त करने का प्रयास जो असफलताओं के बाद भी करोड़ों लोग दुनिया के विभिन्न भागों में कर रहे हैं। आज समाजवादी मुट्ठी भर आदर्शवादी विचारकों की थाती न रहकर करोड़ों साधारण लोगों की सम्पत्ति हो गया है।

आज समाजवादी आन्दोलन मुख्य तौर से तीन रूप से दुनिया के तीन विभिन्न तरह की आर्थिक स्थितियों के भीतर सामने आ रहा है। स्थिति, परम्परा और उद्देश्य तीनों में ये एक-दूसरे से भिन्न हैं। ये हैं रूस और उसके प्रभाव क्षेत्र में कम्युनिस्ट आन्दोलन, पाश्चात्य विकसित देशों में सोशल डेमोक्रेसी तथा अविकसित देशों की आर्थिक मुक्ति का आन्दोलन, जो आवश्यकता के दबाव में कुछ समाजवादी तत्त्वों को स्वीकार करने को बाध्य है।

इसमें कम्युनिस्ट और सोशल डेमोक्रेट, दोनों का आधार मार्क्स की विचारधारा थी, लेकिन विभिन्न परिस्थितियों में दोनों का विकास दो विपरीत दिशा में हुआ। जैसा कि साहसी कम्युनिस्ट विचारक मिलोवन जिलास ने विश्लेषण किया है : "जहाँ मजदूर वर्ग का संघर्ष तत्काल अधिक महत्त्वपूर्ण राजनीतिक या आर्थिक फल हासिल नहीं कर सकता था, दूसरे शब्दों में जहाँ समाज में मजदूर वर्ग का वास्तविक रोल छोटा था, मार्क्स के विचारों को एक रूढ़िवादी प्रणाली का स्वरूप देने की आवश्यकता बढ़ी। इसके अतिरिक्त जहाँ आर्थिक शक्तियाँ और सामाजिक सम्बन्ध परिवर्तन के लिए परिपक्व नहीं थे, जैसाकि रूस में, मार्क्स के विचारों के क्रान्तिकारी पहलुओं को एक रूढ़ि के रूप में निश्चित और कठोर स्वरूप दिया गया।"

"इसके विपरीत, जहाँ राजनीतिक तथा आर्थिक विकास ने समाज में क्रान्ति की आवश्यकता को खत्म कर दिया था, जैसाकि जर्मनी में, मार्क्स के सिद्धान्त के सुधारवादी तथा प्रजातांत्रिक पहलुओं पर इसके रूढ़िवादी विरोधी झुकावों के साथ जोर दिया गया।"

(मार्क्सिज्म इन ए चेंजिंग वर्ल्ड—मैनकाइंड भाग 1, नं. 2)

रूस की क्रान्ति के बाद जिन कठिनाइयों से बोल्शेविक नेतृत्व को गुजरना पड़ा था, उन कठिनाइयों पर विचार किया जा चुका है। उन कठिनाइयों के रहते वे जनता को भौतिक सुख-सुविधाएँ प्रदान करने में असमर्थ रहे। इस चुनौती का सामना उन्होंने अपने सिद्धान्त में और राजनीतिक व्यवस्था में परिवर्तन करके किया। सैद्धान्तिक क्षेत्र में उन्होंने पाश्चात्य देशों के भौतिकवादी मूल्यों के स्थान पर एक नई समाज व्यवस्था की आशा लोगों को दी। राजनीति में उन्होंने अपने समाज को हर बाहरी विचार के प्रभाव के क्षेत्र से, दूसरे विचारों के प्रचार पर रोक लगाकर, अलग कर लिया। मार्क्सवाद का स्वरूप उनके हाथों में एक धर्म का हो गया।

संशोधनवादी अपने विचारों में गलत हो सकते थे, और वास्तव में उन्होंने बहुत हद तक अपनी तात्कालिक परिस्थिति के प्रभाव में अपने विचारों को बदला था, लेकिन वस्तुस्थिति की रौशनी में मार्क्स के विचारों में संशोधन करने का सुझाव देकर उन्होंने इसके वैज्ञानिक चरित्र पर जोर दिया था। वैज्ञानिक दृष्टिकोण की सबसे महत्त्वपूर्ण मान्यता है, सर्वमान्य विचारों को भी अनुभवों की कसौटी पर कसना और उन सिद्धान्तों को जो किसी एक घटना की भी (अध्ययन के दायरे में) उचित व्याख्या करने में असमर्थ हों, नामंजूर कर देना। यह कुछ माने हुए विचारों की रौशनी में घटनाओं का मूल्यांकन करने के बजाय घटनाओं की रौशनी में विचारों की सच्चाई की जाँच करता है, लेकिन कोई भी वैज्ञानिक विचार लोगों को कुछ मूल्यों के आधार पर संघर्ष और बलिदान के लिए प्रोत्साहित नहीं कर सकता। समाजवादी आन्दोलन दो तत्त्वों से बना था। इसमें एक था, अन्याय के विरुद्ध विद्रोह की भावना और इस अर्थ में यह एक नैतिक विद्रोह था जो इसे इसके अच्छे अर्थों में धार्मिक परम्परा से बाँध देता था। दूसरा इसका विश्लेषणात्मक स्वरूप था, जिसमें समाज में फैले अन्याय के आधार को समझने का प्रयत्न किया गया था। इस दृष्टिकोण को मार्क्स ने विकसित करके एक वैज्ञानिक समाजशास्त्र को जन्म दिया। मार्क्स चिन्तक और मसीहा, दोनों का मिश्रण था, लेकिन वैज्ञानिक दृष्टिकोण की उसके चरित्र में प्रमुखता थी। पाश्चात्य मार्क्सवादियों ने, जैसे-जैसे वे क्रान्तिकारिता से विमुख होते गए, इसके वैज्ञानिक और विश्लेषणात्मक चरित्र पर अधिक जोर देना शुरू किया और इसके क्रियात्मक तथा समाज को नये मूल्यों के आधार पर संगठित करने के विचार को दुर्लक्ष्य कर दिया।

इसके फलस्वरूप समाज के नव निर्माण की कल्पना उनकी आँखों से ओझल होती गई और इसका स्थान ले लिया, वर्तमान समाज व्यवस्था में आर्थिक सुधार ने। चूँकि पश्चिमी यूरोप और अमेरिका की समृद्धि के कारण ऐसा सुधार एक बड़ी हद तक सम्भव था, ट्रेड यूनियन आन्दोलन तथा राजनीतिक दबाव के द्वारा उन्होंने मजदूरों के जीवन स्तर को बहुत ऊँचा उठा दिया। मार्क्स ने समाजवादी क्रान्ति के लिए यह आवश्यक समझा था कि मजदूरों का जीवन स्तर पूँजीवादी व्यवस्था में नीचे गिरता जाए। मार्क्स के पूँजीवाद के विश्लेषण के अनुसार ऐसा होना अवश्यम्भावी था। इसका कारण यह था कि मार्क्स ने उस समय मजदूरों की आर्थिक स्थिति में गिराव के विरुद्ध की शक्तियों पर आवश्यक ध्यान नहीं दिया था। ऐसा करना उस समय सम्भव भी नहीं था क्योंकि मजदूरों के ट्रेड यूनियन और राजनीतिक संगठन उसके समय इतने शक्तिशाली नहीं थे जितना कि बाद में हुए। पश्चिमी यूरोप तथा अमेरिका में 20वीं सदी के प्रारम्भ से आज तक कुछ विशेष परिस्थितियों को छोड़कर मजदूर संघर्ष कर लगातार अपनी आर्थिक हालत को सुधारते गए हैं।

मार्क्स ने पूँजीवाद के पतन की भविष्यवाणी दो अन्य कारणों से की थी। इसमें एक था, मुनाफे की दर में निश्चित रूप से गिराव और दूसरा, पूँजीवादी व्यवस्था का आवश्यक अंग आर्थिक संकट। अभी तक पूँजीपतियों के मुनाफे में गिराव का कोई स्पष्ट सबूत नहीं मिला है, हालाँकि अचल पूँजी की मात्रा, दिनोंदिन उत्पादन की विधि में हो रहे क्रान्तिकारी परिवर्तन के कारण, बढ़ती जा रही है। जहाँ तक आर्थिक संकट का सवाल है, द्वितीय विश्वयुद्ध के बाद यत्र-तत्र कुछ बेकारी अवश्य बढ़ी है लेकिन पूँजीवाद के आम संकट का कोई लक्षण नहीं दिखाई पड़ा है। इस तरह के संकट का लक्षण दिखाई पड़ते ही सरकार ऐसे कदम उठाती है जिससे इसे रोका जा सके। इसका कारण यह है कि आज का पूँजीवाद मार्क्स के समय का पूँजीवाद नहीं है जबकि सभी पूँजीपति अनियंत्रित ढंग से अपना उद्योग चलाते थे। मार्क्स के आर्थिक संकट का सिद्धान्त पूँजीवाद की अव्यवस्था से सम्बन्धित था जिसमें उत्पादन की कोई योजना नहीं थी और इस तरह उत्पादन का साधन तैयार करनेवाले और उपभोग का सामान तैयार करनेवाले उद्योग एक-दूसरे की आवश्यकता के बजाय अधिक मुनाफे की दृष्टि से उत्पादन करते चले जो थे जब अन्त में उन्हें पता चलता था कि उनके सामानों की बिक्री का कोई उपाय नहीं है और इस तरह एक आर्थिक संकट का सिलसिला जारी होता था, लेकिन इस अर्थ में आज दुनिया के किसी भी देश में पूँजीवादी उत्पादन अनियंत्रित नहीं है। आज इन देशों की सरकारें बहुत हद तक उत्पादन को नियंत्रित करती हैं और संकट का चिह्न देखते ही सरकारी क्षेत्र में कार्य शुरू कर या कर्ज देने की व्यवस्था कर आर्थिक स्थायित्व कायम करती हैं। स्वयं सरकारें कल्याणकारी तथा सुरक्षा सम्बन्धी कार्यों पर खर्च करने के कारण एक बहुत बड़ा उपभोक्ता बन गई हैं और एक तरफ से टैक्स आदि के द्वारा अतिरिक्त खरीदगी की शक्ति को लेकर अन्यत्र लगाकर अर्थव्यवस्था के असन्तुलन को मिटाती रहती हैं।

अगर हम रोजा लक्जमबर्ग के अल्प उपभोग के आर्थिक संकट के सिद्धान्त को भी मान लें तब भी, जैसाकि हम देख चुके हैं, टैक्स वगैरह के जरिए उपभोग की शक्ति का बँटवारा कर सरकारें आर्थिक संकट के खतरे को मिटा सकती हैं। वास्तव में प्रख्यात अर्थशास्त्री कीन्स के बाद अधिकांश देश की पूँजीवादी सरकारें देश की अर्थव्यवस्था को सन्तुलित करने के इन उपायों को काम में ला रही हैं और आधे यूरोप, चीन तथा दुनिया की अनेक पिछड़ी अर्थव्यवस्थाओं के साम्राज्यवाद के आर्थिक दायरे से बाहर निकल जाने के बाद भी पश्चिमी यूरोप, अमेरिका, ऑस्ट्रेलिया, कनाडा आदि देशों की अबाध आर्थिक प्रगति पूँजीवादी सरकारों की इन संकटों को खत्म कर सकने की क्षमता के सुबूत हैं। यह सम्भव है कि पूँजीवाद के भीतर कुछ हद तक यह विकास सुरक्षा सम्बन्धी उत्पादन और इससे सम्बद्ध बृहत् स्तर पर सरकारी खर्चे के कारण हो, लेकिन यह समझने का

कोई कारण नहीं है कि सुरक्षा सम्बन्धी उत्पादनों के खत्म हो जाने पर अर्थव्यवस्था का स्थायित्व समाप्त हो जाएगा। जो पूँजीपतियों की सरकार, अपनी अर्थव्यवस्था को सुरक्षित रखने के लिए, व्यक्तिगत रूप से पूँजीपतियों पर नियंत्रण, युद्ध से सम्बन्धित उत्पादनों के लिए, रख सकती है वह इस व्यवस्था को, इसके संकट से बचाने के लिए, शान्ति काल में भी नियंत्रित रखेगी और सरकारी व्यय को युद्ध के स्थान पर कल्याणकारी उत्पादनों की दिशा में मोड़ देगी। इसके अलावा नये आविष्कारों के कारण न सिर्फ उत्पादन के साधनों का अभिनवीकरण दिनोंदिन हो रहा है बल्कि नये तरह के उत्पादन के क्षेत्र रोज खुल रहे हैं जिसमें पूँजी को लगाया जा सके। उदाहरण के लिए, हम अन्तरिक्ष सम्बन्धी खोजों को ही लें। इसने इतने उद्योगों के लिए मार्ग खोल दिया है कि अभी बहुत दिनों तक इसके लिए काफी पूँजी को पाने की ही समस्या लोगों के सामने रहेगी। यह सम्भव है कि इन सब उपायों को काम में लाने के बाद भी 5-10 प्रतिशत मजदूर बेकार रह जाएँ और मजदूरों का जीवन स्तर बहुत ऊँचा नहीं उठने पाए, लेकिन पूँजीवाद के आम संकट की सम्भावनाएँ बहुत क्षीण होती जा रही हैं। अमेरिका में आज लगभग ऐसी ही स्थिति है। 6 से 8 प्रतिशत मजदूर जिनमें नीग्रो और नौजवान, जिनमें दक्षता का भी अभाव है, बेकार हैं और लगभग एक-तिहाई लोग अमेरिका के हिसाब से गरीब हैं। उद्योग-धन्धे पूर्ण शक्ति से उत्पादन में नहीं लगे हैं, पर संकट का कोई लक्षण भी सामने नहीं है।

लेकिन जो पूँजीवादी व्यवस्था इन नई परिस्थितियों में रूप ले रही है वह पहले की व्यवस्था से बिलकुल भिन्न है। कॉरपोरेट सेक्टर के विकास और सरकारी नियंत्रण ने पूँजीवादी समाज में अभी ही लगभग स्वामित्व को नियंत्रण से बिलकुल अलग कर दिया है। अब नियंत्रण एक वेतनभोगी समुदाय के हाथ में चला गया है जो आर्थिक या तकनीकी मामले का विशेषज्ञ है। पूँजीपति अपनी पूँजी के भविष्य के लिए बिलकुल इनकी मर्जी पर निर्भर हैं। यह परिवर्तन इतना महत्त्वपूर्ण हो गया है कि बहुत-से लोग यह मानने लगे हैं कि अन्ततोगत्वा कम्युनिस्ट अर्थव्यवस्था जोकि इसी तरह वेतन भोगी व्यवस्थापकों के समुदाय के नियंत्रण में चल रहा है, वास्तव में एक समय इस नये ढंग के पूँजीवादी अर्थव्यवस्था से एकाकार हो जाएगा। अभी इस विचार के माननेवाले लोग नगण्य हैं और काफी शक्ति से इस विचार का प्रतिपादन नहीं हो सका है। अगर वास्तव में ऐसा हो सका तो बर्नहम की व्यवस्थापक क्रान्ति के सिद्धान्त को मान्यता देनी पड़ेगी।

लेकिन पश्चिमी यूरोप के समाजवादियों के सामने इन सम्भावनाओं ने जिनकी तरफ से वे आँख बन्द नहीं कर सकते, एक कठिन समस्या उपस्थित कर दी है। अगर पूँजीवाद आर्थिक संकटों से बचने की क्षमता रखता है और एक प्रचुरता की अर्थव्यवस्था, जिसमें मजदूरों का जीवन स्तर भी सन्तोषजनक ढंग से ऊपर उठ

रहा है, कायम कर सकता है तो समाजवादी आन्दोलन का भविष्य क्या होगा? इस नई सम्भावना ने पाश्चात्य समाजवादियों के सामने एक बड़ा संकट उपस्थित कर दिया है। समाजवाद का भविष्य क्या हो, इस सम्बन्ध में एक बड़ा विवाद पश्चिमी यूरोप, और खासकर इंग्लैंड में शुरू हो गया है। पश्चिमी यूरोप के महादेशीय देशों के समाजवादियों ने धीरे-धीरे यह मान लिया है कि व्यक्तिगत स्वामित्व को समाप्त करने के लिए उद्योगों का राष्ट्रीयकरण करना समाजवादी आन्दोलन का अविभाज्य अंग नहीं है। वे अब इस बात पर जोर देने लगे हैं कि पूँजी कहाँ लगे। इस पर और बाजार पर नियंत्रण रखकर लोगों के जीवन स्तर में अधिक-से-अधिक विकास करना, यही समाजवादी आन्दोलन का उद्‌देश्य हो सकता है। इस तरह इन देशों में समाजवाद का अर्थ कल्याणकारी राज्य की क्षमतापूर्ण व्यवस्था हो गया है। राष्ट्रीयकरण को वे एक सीमित हद तक इसी लक्ष्य की पूर्ति के लिए माध्यम मानते हैं। अगर यह सीमित लक्ष्य बिना राष्ट्रीयकरण के प्राप्त हो सके तो भविष्य में भी वे व्यक्तिगत स्वामित्व को उद्योगों से समाप्त करना अनावश्यक समझते हैं। इंग्लैंड में सी.ए. क्रॉसलैंड ने काफी जोर के साथ इस नीति का प्रतिपादन करना शुरू किया है, लेकिन इस नीति को अभी तक इंग्लैंड की लेबर पार्टी की मान्यता नहीं प्राप्त हो पाई है।

इस नीति की दो बड़ी कमजोरियाँ हैं। सबसे पहले इस नीति का समाजवाद के मूलभूत उद्‌देश्यों से, जिसमें मनुष्यों के बीच की गैरबरारी मिटाकर उन्हें एक सहयोगी परिवार के सदस्यों की तरह प्रस्थापित करने की कल्पना थी, कोई मेल नहीं है। इस नीति में मजदूर आधारभूत रूप से सर्वहारा ही रहेंगे और समाज में द्वैत नागरिकता कायम रहेगी जिसमें कुछ लोग मालिक या व्यवस्थापक तथा अन्य लोग उनकी मर्जी पर एक हद तक आश्रित श्रमिक रह जाएँगे, भले ही उनके जीवन स्तर का फर्क बहुत अधिक नहीं हो। दूसरे, इस तरह की अर्थव्यवस्था में, जहाँ आर्थिक नियंत्रण एक अल्पसंख्यक व्यवस्थापकों के हाथ में हो, पर मतदान के द्वारा बहुसंख्य मजदूर राजनीतिक सत्ता पर अधिकार रख सकते हों, व्यवस्थापकों और मजदूरों के बीच का संघर्ष व्यवस्थापकों को अधिनायकवाद की तरफ बढ़ने की प्रेरणा प्रदान करेगा जिसमें वे मजदूरों के राजनीतिक नियंत्रण से बिलकुल मुक्त हो सकें।

यह सिर्फ अनुमान की बात नहीं। वाल्टर लिप्पमैन ने अपने 'पब्लिक फिलॉसफी' में स्पष्ट रूप से इस विचार का प्रतिपादन किया है कि कार्यकारिणी को जनता के नियंत्रण से मुक्त किए बिना 'प्रजातंत्र' को जीवित नहीं रखा जा सकता। उनके तर्क का आधार यह विश्वास है कि जनता को बदली परिस्थिति का ज्ञान देरी से होता है और इस परिवर्तन के अनुकूल नीति परिवर्तन करने के कार्यकारिणी के प्रयत्नों पर जनता, दबाव डालनेवाले गिरोहों के प्रभाव के अन्दर, बाधा उपस्थित करती है। इस तरह कार्यकारिणी को सही निर्णय लेने में कठिनाई होती है, लेकिन लिप्पमैन

ने दबाव डालनेवाले गिरोहों के हाथ के प्रचार के आधुनिक साधनों की महत्ता पर तो जोर दिया, लेकिन आधुनिक कार्यकारिणी के हाथ में जनमत बनाने के लिए जो प्रचार के साधन हैं, उनको उन्होंने नजरअन्दाज कर दिया है। असलियत तो यह है कि शिक्षा और प्रचार के साधनों पर अपने नियंत्रण के कारण आज कार्यकारिणी जनमत बनाने की दृष्टि से बहुत ही मजबूत स्थिति में है और अमेरिका आदि कुछ अति विकसित देशों को छोड़ अधिकांश देशों में समस्या जनता को कार्यकारिणी के एकतरफा प्रचार से बचाने की है। आधुनिक कल्याणकारी राज्य, जिसमें आर्थिक नियंत्रण हर क्षेत्र में आवश्यक होगा, व्यवस्थापकों की शक्ति समाज में बहुत बढ़ा देगी। इस खतरे को मिटाने का एकमात्र उपाय है, व्यक्तिगत स्वामित्व को आर्थिक क्षेत्र से समाप्त कर मजदूरों के हाथ में उद्योगों का नियंत्रण देना। समाजवाद के उद्देश्यों की प्राप्ति के लिए वास्तविक समाजीकरण का यही मार्ग हो सकता है।

लेकिन यूरोप का खुशहाल मजदूर तत्काल समाजवाद के मानवतावादी महान उद्देश्यों को अपनाने के लिए तैयार नहीं है। यही कारण है कि आर्थिक संकट के अभाव में वे एक क्रान्तिकारी शक्ति नहीं पैदा कर सकते। पश्चिमी यूरोप के कम्युनिस्ट भी इसी कारण समाजवादी क्रान्ति की जगह विश्व शान्ति और युद्ध विरोधी प्रचार को अधिक महत्त्व दे रहे हैं। पाश्चात्य समाजवाद की सबसे बड़ी कठिनाई यही रही है कि विज्ञानवादी और एक संकीर्ण अर्थ में भौतिकवादी होने के कारण वह मनुष्य की उस आन्तरिक आवश्यकता की पूर्ति नहीं कर सकता, जिसकी पूर्ति प्राचीन समय में विभिन्न धर्मों ने की थी और जो स्वयं समाजवादी आन्दोलन का नैतिक और भावनात्मक आधार था। एरिक फ्रॉम ने मनुष्य की प्रकृति और वातावरण के साथ तादात्म्य की बुनियादी आवश्यकता के सम्बन्ध में लिखा है, "एक लक्ष्य या एक विचार या एक शक्ति जो मनुष्य से बड़ी है, जैसे कि ईश्वर के प्रति भक्ति भावना, उसके जीवन के लिए पूर्णता की उसकी आवश्यकता की अभिव्यक्ति है।" (मैन फॉर हिमसेल्फ—एरिक फ्रॉम)।

आधुनिक युग में इसकी पूर्ति या तो विश्वबन्धुत्व की भावना करेगी या राष्ट्रीयता या अन्य छोटे समूह के प्रति भक्ति मनुष्य के विकास पर रुकावट उसे क्षुद्र जमातों की भक्ति तथा फासिज्म की ओर ले जा चुके हैं। अब इस आवश्यकता की पूर्ति समाजवादी अन्तरराष्ट्रीयता ही कर सकती है। जब तक पाश्चात्य समाजवादियों में यह भावनात्मक परिवर्तन नहीं पैदा होता तब तक वे उस आशा और विश्वास का संचार नहीं कर सकते जिसे प्रारम्भ के समाजवादी आन्दोलन ने किया था।

बोल्शेविक क्रान्ति की भावनात्मक अपील पूरब और पश्चिम, दोनों ही तरफ की शोषित जनता पर जबर्दस्त थी, लेकिन परिस्थिति के प्रतिकूल पड़ने के कारण इसमें जो परिवर्तन हुए, उसने इसकी अपील को बहुत कमजोर बना दिया। इसकी अपील लोगों के न्याय की भावना से थी, लेकिन इस अपील के टिकाऊ होने के

लिए रूस की नवोदित संस्थाओं में इस भावना का प्रस्थापित होना आवश्यक था। अन्य धर्मों के विपरीत, जो एक अर्से तक लोगों में फैलने के बाद राज्य के सम्पर्क में आए, इसके विशेष चरित्र के कारण बोल्शेविज्म के राज्य सत्ता पर अधिकार से ही इसका प्रचार शुरू हुआ। इसके फलस्वरूप 'पृथ्वी पर स्वर्ग का राज्य' लोगों की कल्पना की चीज न रहकर बोल्शेविक रूस में लोगों के सामने उपस्थित था। चूँकि बोल्शेविक मार्क्सवादी, और इस तरह यथार्थवादी और विज्ञानवादी, विचार का प्रचार बराबर करते रहे थे, लोगों ने इस राज्य को भौतिकवादी कसौटी पर कसना शुरू किया। रूस की विशेष परिस्थिति में इस दृष्टि से रूस में देने के लिए कुछ नहीं था। इस तरह उन्होंने सत्य एवं वस्तुस्थिति का एक विशेष अर्थ लगाना शुरू किया। अब सत्य वह नहीं रहा जो साधारण वैज्ञानिक अर्थ में होता है बल्कि वह हुआ जो (बोल्शेविकों के अर्थ में) क्रान्ति की भावना को प्रोत्साहन दे। दुर्भाग्यवश, राज्य सत्ता पर अधिकार ने सत्य की इस नई नीति का एक विशाल पैमाने पर उपयोग सम्भव कर दिया, जिससे साधारण समाजवादी मान्यताओं का स्वरूप ही बदल गया। जैसे-जैसे मजदूर वर्ग का सक्रिय सहयोग कम होता गया वैसे-वैसे इस विश्वास को प्रतिष्ठा प्राप्त होने लगी कि समाजवादी क्रान्ति मजदूर वर्ग का काम नहीं बल्कि मजदूर वर्ग के अग्रगामी प्रतिनिधियों का काम होगा। ये चुने हुए क्रान्तिदूत केवल कम्युनिस्ट ही हो सकते थे, चाहे वे किसी वर्ग से आएँ। चूँकि वस्तुस्थिति समाजवाद की ओर संक्रमण को अति कठिन बना रही थी, क्रान्तिकारी विचारधारा का महत्त्व बहुत बढ़ गया और इसके साथ-साथ उन चुने हुए लोगों का प्रभुत्व भी बढ़ा जो इस नई विचारधारा का प्रतिपादन और इसकी व्याख्या कर सकते थे। अब मार्क्सवाद का चरित्र विज्ञान की जगह एक धर्म का हो गया। अब कम्युनिस्ट पार्टी पुरोहितों के एक समूह की तरह हो गई जो मार्क्स के शब्दों की व्याख्या कर उससे प्रत्येक परिस्थिति के भीतर मार्ग ढूँढ़ने का काम करते थे। विज्ञान तक को कम्युनिस्ट रूढ़ियों के भीतर चलना पड़ता था। जीव विज्ञान के क्षेत्र में राज्य दर्शन के विपरीत विचार रखने के लिए विख्यात वैज्ञानिक वैविलोव की दुर्दशा की कहानी इनक्विजिशन के अन्दर गैलीलियो की कहानी की याद दिलाती है।

भौतिक विज्ञान के सिद्धान्तों की व्याख्या पूँजीवाद के संकट के आधार पर होने लगी। साहित्य के क्षेत्र में भी नये धर्मशास्त्रों की अवहेलना करना घोर अपराध हो गया। आज भी कम्युनिस्ट आन्दोलन में किसी नीति के सम्बन्ध में विवाद इस आधार पर नहीं होता कि इस नीति से कुछ दिए हुए उद्देश्यों की पूर्ति होगी या नहीं बल्कि इस आधार पर होता है कि यह मार्क्स-लेनिन के बतलाए गए सिद्धान्तों के अनुकूल है या प्रतिकूल। कम्युनिस्ट अभी भी अपने को वैज्ञानिक समाजवादी कहते हैं। लेकिन उनका विज्ञानवान उसी तरह का है जैसाकि सेंट सिमाँ के अनुयायियों का था जो विज्ञान के आधार पर एक नया चर्च स्थापित करना चाहते थे।

कोई भी विचारधारा बौद्धिक स्तर पर तभी तक प्रभावोत्पादक रह सकती है जब तक इसका दुनिया के सम्बन्ध में लोगों के प्रचलित विश्वासों से मेल खाता हो। चूँकि पुराने धर्मों का दुनिया के सम्बन्ध में दृष्टिकोण विश्व सम्बन्धी लोगों के बढ़ते ज्ञान से मेल नहीं खा सका, इसलिए कुछ सीमित धार्मिक विधियों के बाहर धर्म का महत्त्व घट गया। इसी कारण अपने सीमित प्रभाव क्षेत्र (जहाँ राजनीतिक सत्ता का उपयोग कर दूसरे विचारों पर प्रतिबन्ध लगा दिया गया) के बाहर कम्युनिस्ट सिद्धान्तों को विशेष मान्यता नहीं प्राप्त हो सकी। लेकिन स्वयं रूस के भीतर क्रान्तिकारिता में उतार आने के बाद भी बाहरी दुनिया के शोषित लोग कल्पना के 'मजदूरों की पितृभूमि' के आदर्श से प्रेरणा पाते रहे। इसका सबसे बड़ा उदाहरण जाँ पाल सार्त्र तथा पश्चिमी यूरोप के अन्य अस्तित्ववादियों की कम्युनिज्म के प्रति आस्था है। ये लोग मार्क्सवादी दर्शन को नहीं मानते और इनकी विचारधारा के प्रचार पर सोवियत रूस में प्रतिबन्ध था। फिर भी ये लोग कम्युनिस्ट पार्टी में रहकर उत्साह से उनकी नीति चलाते रहे। यह बतलाता है कि पश्चिमी यूरोप के इन बुद्धिजीवियों को वैज्ञानिक सिद्धान्तों की आवश्यकता नहीं थी बल्कि एक ऐसे विश्वास की आवश्यकता थी जो इन्हें इनके क्रान्तिकारी कार्यों के लिए प्रेरणा दे सके। ये अस्तित्ववादी कुछ विलक्षण व्यक्ति थे, लेकिन अधिकांश लोग अपने बौद्धिक विश्वासों और कार्यक्षेत्र की भावनात्मक प्रेरणा के विलगाव को एक सीमा के बाहर नहीं ले जा सकते थे। इस तरह बहुत-से लोग जो शुरू में बोल्शेविक आन्दोलन से प्रभावित हुए, बाद में इससे विरक्त हो गए।

रूस के अनुभवों के बाद धार्मिक रूढ़िवाद के अन्य खतरे भी समाजवादी आन्दोलन के सामने आने लगे। कम्युनिज्म के राज्य धर्म हो जाने के बाद धर्म और तलवार के सम्मिश्रण के अन्य बुरे परिणाम स्पष्ट होने लगे, जैसे कि ईसाई धर्म के रोमन राज्य का धर्म बन जाने पर हुआ था। राज्य धर्म के आधार पर नहीं चलता था बल्कि धर्म स्वयं एक राज्य की शक्ति प्रसार का हथियार बन गया। समाजवाद के प्रारम्भिक उद्देश्यों को तोड़-मरोड़कर, बोल्शेविक राज्य की आवश्यकता की पूर्ति के लिए, एक-दूसरे ही रूप में लोगों के सामने उपस्थित किया गया। स्टालिन के प्रभाव में कम्युनिज्म का जो रूसीकरण हुआ, उसने इसे इसके अन्तरराष्ट्रीय उद्देश्यों से भी अलग कर दिया। यह नया विश्वास अब क्रान्ति की प्रेरणा की जगह शोषण का सहारा बन गया।

समाजवादी आन्दोलन के प्रसार का तीसरा क्षेत्र अविकसित राष्ट्र हैं। इन देशों को 'राष्ट्रों का सर्वहारा' कहा जा सकता है। सच पूछा जाए तो पिछले दो सदी में पूँजीवादी शोषण का सबसे बुरा शिकार इन्हीं देशों को रहना पड़ा है। विकसित पूँजीवादी देशों के मजदूर भी जीवन स्तर के मामले में इनकी तुलना में धनी सेठों की श्रेणी में रखे जाएँगे। इसका अर्थ यह नहीं कि इन देशों में वर्ग विभाजन और आन्तरिक शोषण

नहीं है। असल में, इन देशों के अन्दर लोगों का वर्गों में विभाजन और कहीं अधिक स्पष्ट है। रहन-सहन, वेश-भूषा और भोजन के मामले में इन देशों के गरीब और अमीरों का फर्क विकसित देशों के गरीब और अमीरों के फर्क से कहीं ज्यादा है। अत: वर्ग संघर्ष की कटुता भी इन देशों में कहीं अधिक है। इन्हीं कारणों से, जैसाकि हम पहले देख चुके हैं, आर्थिक स्वतंत्रता के आन्दोलन के एक विशिष्ट स्तर पर इन देशों ने राज्य के आर्थिक क्षेत्र पर नियंत्रण कर समाजवादी कदम उठाया।

लेकिन इन देशों का समाजवादी आन्दोलन अभी तक एक स्वतंत्र रूप नहीं ले सका है। अभी तक इनके ऊपर पश्चिमी देशों के समाजवादी आन्दोलन का असर बहुत गहरा है। इस आन्दोलन का एक हिस्सा सोशल डेमोक्रेसी के प्रभाव में और दूसरा कम्युनिस्ट प्रभाव में काम करता रहा है, लेकिन इन देशों की गिरी हुई आर्थिक स्थिति में सोशल डेमोक्रेसी इन्हें बहुत प्रेरणा नहीं प्रदान कर सकता। सोशल डेमोक्रेसी, जैसाकि हम देख चुके हैं, विकसित देशों में मार्क्सवादी विचार का विकास था। इनका प्रमुख उद्‌देश्य रहा है, मजदूरों के जीवन स्तर को उठाना, जिसके लिए यथेष्ठ आर्थिक आधार पर देशों में था। इन पिछड़ी अर्थव्यवस्थाओं में वास्तविक समस्या अर्थव्यवस्था को विकसित देशों की ऊँचाई तक उठाना है। इसके लिए आवश्यकता है आर्थिक संगठन में क्रान्तिकारी परिवर्तन करने की। सोशल डेमोक्रेसी के अनुभव इस दृष्टि से इनको कोई लाभ नहीं पहुँचा सकते। कम्युनिस्ट आन्दोलन की पितृभूमि रूस की आर्थिक दृष्टि से यूरोप में सबसे पिछड़ा हुआ था। अत: रूस के अनुभवों की ओर इन पिछड़े मुल्कों की जनता ज्यादा आशा से देखती है। आज पिछड़े मुल्कों में बढ़ रहा कम्युनिस्ट प्रभाव इनकी समस्याओं के सामीप्य का सबूत है, लेकिन इसका अर्थ यह भी हो सकता है कि रूस की नकल कर ये पिछड़े देश उन गलतियों को भी दुहराते जाएँ जिनसे वहाँ के लोग सचेत रहने पर बच सकते थे। चीन में जो कुछ आज हो रहा है, उससे इस भय की पुष्टि होती है। चीन भी आज लगभग उसी राह पर चल रहा है जिस पर रूस ने क्रान्ति के बाद तत्काल पाँव रखा था। वहीं रूढ़िवादिता, वैचारिक संकीर्णता और अधिनायकवादी प्रवृत्ति जिसका विकास रूस में हुआ, चीन में आज हो रहा है। चीन की आर्थिक कठिनाइयाँ तथा सांस्कृतिक पिछड़ापन इस संकीर्णता को और भी बढ़ा देगा, ऐसा ज्ञात होता है।

अगर पिछड़े देशों का समाजवादी आन्दोलन पश्चिम के आन्दोलन की नकल भर करता रह गया तो समाजवाद का भविष्य निश्चित रूप से कुछ दिनों के लिए अन्धकारपूर्ण रह जाएगा। जब तक इन देशों का समाजवादी आन्दोलन दोनों तरह के पाश्चात्य आन्दोलनों के अनुभवों के सबक लेने को तैयार नहीं होगा तब तक यह अपने यहाँ के समाजवादी आन्दोलन को एक नई प्रेरणा नहीं दे सकेगा। सच तो यह है कि पश्चिम के सोशलिस्ट तथा कम्युनिस्ट आन्दोलन जो एक तरह के गतिरोध की स्थिति में पहुँच गए हैं, उनसे वे तभी निकल पाएँगे जब एक बाहरी

स्थान से नई रौशनी उन्हें मिले। ये दोनों आन्दोलन अपने यहाँ की परिस्थितियों से बँधकर प्लेटो के गुफा में बन्द उस व्यक्ति की भाँति हो रहे हैं जो सिर्फ अपने सामने की दीवार पर उभरती छाया को देख सकता है, लेकिन सिर घुमाकर वास्तविक दुनिया को नहीं। अपने गहरे मतभेद के बावजूद भी सोशलिस्ट और कम्युनिस्ट, दोनों आन्दोलन मूल्यों में सर्वोपरि स्थान जिस मूल्य को देते हैं वह एक है और समाजवादी आन्दोलन के लिए एक बाह्य वस्तु। यह मूल्य है, एक के मामले में प्रति व्यक्ति इस्पात की पैदावार और दूसरे के लिए जनसंख्या के हिसाब से रेफ्रिजरेटर, या टेलीविजन सेट का उपयोग।

अविकसित देशों के समाजवादियों को इस पर भी विचार करना होगा कि क्या वे इस मूल्य को वही महत्त्व देंगे जो उन्हें अभी तक दिया जा रहा है? इन देशों के समाजवादी आन्दोलन के लिए यह एक आधारभूत प्रश्न है। अगर उन्होंने इस मूल्य को सर्वोपरि स्थान देना शुरू कर दिया तो इनके लिए कम्युनिस्ट राज्यों के रास्ते के अलावा कोई दूसरा रास्ता नहीं होगा। पिछड़ी अर्थव्यवस्था में भारी उद्योग-धन्धों का तेजी से विकास समाजवादी आन्दोलन के समतावादी और स्वतंत्रतावादी विचारों की बलि चढ़ाए बिना तब तक सम्भव नहीं जब तक विकसित देशों के समाजवादी बृहत् पैमाने पर उनकी आर्थिक मदद करने को तैयार नहीं, लेकिन उनके लिए ऐसा करना तब तक सम्भव नहीं जब तक वे स्वयं रेफ्रिजरेटरों की संख्या की गिनती न बन्द कर दें। इस तरह अन्ततोगत्वा समाजवादी आन्दोलन का भविष्य रेफ्रिजरेटरों की गिनती की जगह समाजवाद के नैतिक मूल्यों को प्रस्थापित करने के साथ बँधा हुआ है।

यह समस्या हमारे सामने पाश्चात्य सभ्यता के एक सबसे गम्भीर रोग को उपस्थित करती है, जिसका इलाज भी आज समाजवाद का एक लक्ष्य होगा। यह रोग है, पाश्चात्य दुनिया का कुछ भौतिक पदार्थों के पीछे (रेफ्रिजरेटर इसमें केवल एक है) पागल की तरह दौड़ना। गरीबी की स्थिति में उन चीजों की तरफ दौड़ना जिससे लोगों की साधारण आवश्यकताएँ पूरी हो सकें, समझ में आ सकती हैं, लेकिन एक खास ऊँचाई तक जीवन स्तर पा जाने के बाद वस्तुओं का संकलन केवल एक रुग्ण मस्तिष्क की पहचान है। स्पिनोजा ने समाज की इस बुराई के सम्बन्ध में लिखा है : "अगर लालची व्यक्ति केवल रुपए और सम्पत्ति की बात सोचता है, महत्त्वाकांक्षी केवल ख्याति की, तो लोग उन्हें पागल नहीं समझते बल्कि सिर्फ रंजिश पैदा करनेवाला समझते हैं; साधारणत: लोगों को उनके प्रति घृणा की भावना होती है, लेकिन वास्तव में लालच, महत्त्वाकांक्षा आदि पागलपन के स्वरूप हैं। हालाँकि साधारणत: लोग उन्हें बीमारी नहीं समझते हैं।"

आज के यूरोप में इनको चरित्र का दोष नहीं बल्कि गुण गिना जाने लगा है। यह यूरोपीय समाज में नैतिक मूल्यों के ह्रास का परिणाम है। यह स्वाभाविक है कि जिस समाज में सम्पत्ति तथा आराम के कुछ प्रसाधनों की प्राप्ति जीवन का लक्ष्य

बन जाए, लोग जीवन को निस्सार समझने लगें। आज अगर यूरोप का कोई कवि 'खोखले लोगों' की बात करता है तो यह सिर्फ पूँजीवाद के संकट का परिणाम नहीं बल्कि यह यूरोपीय सभ्यता में प्रेरक शक्ति के अभाव का प्रतीक है। यही कारण है कि आज ऊब और अनास्था के अस्तित्ववादी दर्शन की ओर यूरोप का अधिकांश संवेदनशील समाज अभिमुख है। आज वहाँ के कवि और लेखक सामाजिक मूल्यों के प्रति अनास्था से त्रस्त हैं और किसी भी ऐसे लंगर को पाने से निराश हैं जो उन्हें निश्चित सामाजिक मान्यताओं से बाँध सके। एक तरफ जहाँ यूरोपीय मानव का जीवन नीरस होता जा रहा है, वहीं जीवन में सुरक्षा की भावना और विश्वयुद्ध से संहार का भय उसको त्रसित कर रहे हैं। संक्षेप में कहा जा सकता है कि सभी भौतिक सुख के प्रसाधनों को जमा कर यूरोपीय समाज आज सभी आत्मिक आनन्द से वंचित है।

अविकसित देशों के सामने आज यूरोपीय समाज की समस्या नहीं है, लेकिन उस रास्ते पर चलकर उन्हें भी एक न एक दिन उसी समस्या से उलझना पड़ेगा। इसका अर्थ यह नहीं कि इन देशों के लोग भौतिक विकास की धारा से अपने को अलग रख सकते हैं। यह तो उन्हें प्रकृति की दासता और फिर यह मनुष्य को दासता में हमेशा बाँधे रखेगा, लेकिन इन देशों को औद्योगिक प्रगति की ओर बढ़ना होगा, अन्य मूल्यों को समुचित स्थान देकर। रूस जिस तरह आज लगभग आधी शताब्दी तक पूँजीवादी समाज के सम्पर्क से अपने को अलग रखकर पुन: पश्चिमी यूरोप के मूल्यों को स्वीकार करने लगा है और अपना लक्ष्य 'अमेरिका के समकक्ष पहुँचने' का रखने लगा है, उससे स्पष्ट है कि सिर्फ पूँजीवाद को विनष्ट कर देने से इस समस्या का समाधान नहीं होगा। अविकसित देशों ने अगर आज से ही अपने लक्ष्य का निर्धारण नहीं किया तो औद्योगिक प्रगति हो जाने के बाद वे इस समस्या का समाधान नहीं कर सकते। यूरोपीय समाज एक भावनात्मक कठिनाई में है, इसका अर्थ यह नहीं कि अविकसित देश उनसे नैतिकता की दृष्टि से आगे बढ़े हुए हैं। असल में नैतिकता के क्षेत्र में भी इनका पिछड़ापन अपनी चरम सीमा पर है, लेकिन अपनी पूरी परिस्थिति के खिलाफ विद्रोह की आवश्यकता ने इसे मौका दिया है कि यह समाज के परम्परागत उन सभी मान्यताओं को उखाड़ फेंकें जो इसके आर्थिक और सामाजिक शोषण के आधार रहे हैं। जो बात मार्क्स ने सर्वहारा के सम्बन्ध में कम्युनिस्ट मैनिफेस्टो में बतलाई थी, वह बात वास्तव में अविकसित देशों के शोषित जनता के सम्बन्ध में लागू है जिनके पास इनकी गुलामी और गरीबी के अलावा कोई दूसरी चीज नहीं है।

इतिहास में ऐसे अनेक उदाहरण हैं कि जब एक विकसित समाज स्वयं अपनी कठिनाइयों से नहीं निकल पाता तो एक बाहरी समाज के परिवर्तन से उसे आवश्यक प्रेरणा प्राप्त होती है। प्रजातंत्र की प्रस्थापना यूरोप के समाज में होने के पहले, यूरोपीय साम्राज्य के एक उपनिवेश, अमेरिका ने स्वतंत्रता की देवी को

प्रतिष्ठित किया। वैसे ही सर्वहारा क्रान्ति को सफल बनाने की जवाबदेही यूरोप के औद्योगिक समाज की अन्तिक सरहद पर एक पिछड़े औद्योगिक देश, अर्थ यूरोपीय अर्द्ध एशियाई, रूस के मजदूरों के कन्धों पर आई। यह सम्भव है कि यूरोप के विकसित देशों के समाजवादी आन्दोलन को नई वैचारिक क्रान्ति की प्रेरणा फिर इन शोषित देशों से प्राप्त हो।

विचार के आधारभूत विभिन्नता के बावजूद कार्ल मार्क्स और आर्नल्ड जे. टॉयनबी समाज को नई प्रेरणा कहाँ से मिले, इस सवाल पर लगभग एक जगह आ जाते हैं। वैसे मार्क्स ने किसी समाज के विकास का विश्लेषण उसकी आर्थिक शक्तियों के सम्बन्ध के आधार पर किया है जबकि टॉयनबी के अध्ययन का विषय विभिन्न सभ्यता रही है जिनका अलग व्यक्तित्व रहा है और जो एक विशेष नियम के अनुसार विकसित होते हैं और फिर पतन की ओर जाते हैं। जहाँ कार्ल मार्क्स के अनुसार शासक वर्ग के पतन के समय नई व्यवस्था और विचार की प्रेरणा पहले के शोषित वर्गों से प्राप्त होती है, वहाँ टॉयनबी के अनुसार पतनोन्मुख सभ्यता को नया प्रकाश साम्राज्य के 'बाहरी सर्वहारा' से प्राप्त होता है। इस तरह ईसाई धर्म, मार्क्सवादी विचार के अनुसार, जिसका प्रतिपादन कार्ल कॉट्स्की ने किया, गुलामों के विद्रोह का परिणाम था और गुलामों के स्वामियों का समाज में पतन का प्रतीक। टॉयनबी के अनुसार, यह पतनोन्मुख रोमन साम्राज्य के 'बाहरी सर्वहारा' का धर्म था जो साम्राज्य के क्षेत्र में नई एकता का प्रतीक था, लेकिन मार्क्सवादी विचार के अनुसार स्वयं रोमन साम्राज्य का पतन बहुत हद तक गुलामी की अर्थव्यवस्था के पतन का परिणाम था। दोनों ही विचार से बाहरी दलित वर्गों का महत्त्व नये धर्म का श्रीगणेश करने की दृष्टि से महत्त्वपूर्ण है। आज जबकि पाश्चात्य साम्राज्य एक ऐसी स्थिति में पहुँच चुका है कि नैतिक नेतृत्व प्रदान करने की इसकी क्षमता खत्म हो गई है, पिछड़े मुल्कों के 'बाहरी सर्वहारा' सम्भव है एक नया नैतिक प्रकाश, एक नया धर्म प्रदान करें।

स्वयं टॉयनबी ने अमेरिका के नीग्रो लोगों के सम्बन्ध में कहा है : "इस तरह वह अमेरिका में शारीरिक और आध्यात्मिक, दोनों ढंग से नंगा होकर आया और अपनी आवश्यकता की पूर्ति उसने गुलाम बनानेवालों के फेंके हुए कपड़े से अपने बदन को ढककर की।

"यह सम्भव है कि अमेरिका में लाए गए नीग्रो गुलाम जिन्होंने अमेरिका में ईसाई धर्म को पाया, मृतकों को जीवित करने का बड़ा चमत्कार करें। बच्चों की-सी उनकी आध्यात्मिक अन्तर बुद्धि और भावनात्मक तथा धार्मिक अनुभवों को बिना परिश्रम ललित अभिव्यक्ति प्रदान करने की प्रतिभा के बल पर सम्भवत: वे ईसाई मत की ठंडी राख को जो उन्हें हमसे प्राप्त हुई है, फिर प्रज्वलित कर सकेंगे उस समय तक, जब उनके हृदयों में दैवी अग्नि पुन: प्रज्वलित हो।"

(ए स्टडी ऑफ हिस्ट्री—टॉयनबी)

समता के अधिकार के लिए अहिंसात्मक संघर्ष को एक शानदार ढंग से चलाकर अमेरिकी नीग्रो अपनी आध्यात्मिक शक्ति का परिचय देने लगे हैं, लेकिन अमेरिका के निग्रो एक छोटा अंग हैं उस विशाल रंगीन जन समुदाय के, जो दुनिया के अविकसित देशों में फैले हैं और अपनी अधोगति से निकलने के लिए प्रकाश ढूँढ़ रहे हैं। इन देशों के समाजवादी अब एक नये विश्वास की खोज में लग गए हैं जो उन्हें सोशलिस्ट और कम्युनिस्ट आन्दोलन के विकल्प से मुक्त रखकर नये समाज के निर्माण की प्रेरणा दे। भारत में डॉ. ज्ञानचन्द जैसे मार्क्सवादी अर्थशास्त्री भी समाजवाद के लिए एक नये विश्वास की आवश्यकता महसूस करने लगे हैं। एक प्रश्नोत्तर के सिलसिले में उन्होंने कहा था, "यह विश्वास चाहे जो स्वरूप ले : भिन्नभाव, बन्धुत्व, सामुदायिक भावना, मानवतावाद आदि इसके सार होंगे। इसे नजरअन्दाज करने की कोई गुंजाइश नहीं। हमको उन्हें सिर्फ आवश्यक समझकर नहीं उन्हें अपने आप में इच्छित वस्तु समझकर अंगीकार करना होगा।"

(मराल, अक्टूबर 1960, खंड 3 नं. 1)

लेकिन किसी विश्वास या धर्म का जन्म तब तक नहीं होता जब तक वस्तुस्थिति उस विचार के अनुकूल न हो। आज की दुनिया में ऐसा आर्थिक आधार और ऐसे विचार की आवश्यकता पैदा हो गई है। पिछड़े मुल्कों का विकास समाजीकरण और विश्व-बन्धुत्व की भावना पर आधारित एक अन्तरराष्ट्रीय व्यवस्था पर निर्भर करता है। साथ ही, हम देख चुके हैं कि पश्चिमी समाजवादी आन्दोलन के मूल्यों को स्वीकार कर इस तरह की व्यवस्था असम्भव है। स्वयं यूरोप की सभ्यता अपने एकाकीपन के कारण अपने यहाँ लोगों को एक सन्तोषप्रद जीवन प्रदान करने में असमर्थ है। तकनीकी के क्षेत्र में अत्यधिक योग्यता और आर्थिक विकास, यही उनके देवता बन गए हैं। उनको, जैसाकि डॉ. राममनोहर लोहिया ने बतलाया है, 'अत्यधिक योग्यता' के मार्ग को छोड़कर 'चतुर्दिक योग्यता' का मार्ग अपनाना होगा (इतिहास चक्र)। अविकसित देशों के समाजवादी, जो अभी किसी रूढ़ि से बँधे नहीं हैं, वे ही इस बात की क्षमता रखते हैं कि नये मूल्यों के आधार पर एक सामाजिक क्रान्ति करके अपना विकास कर सकें तथा पश्चिम के अवरुद्ध समाजवादी आन्दोलन को नये मार्ग पर चलने की प्रेरणा दे सकें।

यह नया मानव धर्म अभी कोई स्पष्ट रूप नहीं ले पाया है, लेकिन एक नये समन्वय की भूमि विभिन्न रूप में तैयार हो रही है। सोशल डेमोक्रेसी का एक अंग बहुत देर से, यह देखने लगा है कि उनके अमन-चैन की दुनिया के बाहर गरीबी और बेकारी का एक बड़ा क्षेत्र उन्हें घेरे खड़ा है जिससे उदासीन रहकर अपनी सुरक्षा की कल्पना अब वे नहीं कर सकते। कम्युनिस्ट दुनिया के एक केन्द्र की जगह मॉस्को और पेइकिंग, दो केन्द्रों से संचालन अब इस सम्भावना को जन्म

दे रहा है कि दस साल के भीतर सभी देशों के कम्युनिस्ट स्थानीय समस्याओं के अनुरूप अपनी नीति बनाएँगे और एक देश की विशेष परिस्थिति से पैदा रूढ़ियों से प्रभावित नहीं होंगे। बाहरी प्रभावों से स्वतंत्र हो अविकसित देशों के सोशलिस्ट और कम्युनिस्ट समान दृष्टिकोण विकसित करेंगे। साम्राज्यवादी शोषण की आवश्यकता से मुक्त इन देशों की जनता ही एक सही अन्तरराष्ट्रीय दृष्टिकोण अपना सकेगी। अन्तरराष्ट्रीय स्तर पर पिछड़े, अविकसित, काले और पीले लोगों का बढ़ रहा प्रभाव विकसित देशों के शोषित वर्गों को इनके साथ बराबरी के आधार पर सम्बन्ध स्थापित करने को प्रोत्साहित करेगा।

गोरे लोगों के देश में काले लोगों का समता के लिए शान्तिमय संघर्ष, यूरोप के देशों में जनता का शान्ति के लिए संघर्ष तथा पिछड़ी अर्थव्यवस्थाओं का आर्थिक स्वतंत्रता का संघर्ष इन देशों के समाजवादी आन्दोलनों से मिलकर समता और विश्वबन्धुत्व की एक नई धारा को जन्म देगा जो समाजवाद के उद्देश्यों को एक नया प्रभावशाली स्वरूप प्रदान करेगी। यह सम्भवत: समाजवाद का अन्तिम चरण होगा जो अपने पग में सारे संसार को समेट लेगा।

24

इस पुस्तक के पीछे दो उद्देश्य थे : पहला, समाजवादी आन्दोलन को उन ऐहितहासिक घटनाओं के परिप्रेक्ष्य में प्रस्तुत करना, जिसमें इसका जन्म और विकास हुआ था और दूसरा, इसके पीछे के विचारों और प्रेरणाओं को समझ भविष्य में इसकी सम्भावनाओं की तलाश करना। पुस्तक पहली बार 1965 में प्रकाशित हुई थी। वह समय संसार की राजनीति में युगान्तकारी परिवर्तनों का और समाजवादी आन्दोलन में भी उथल-पुथल का था। पुरानी घटनाओं के विवरण से सम्बद्ध तथ्यों में कुछ परिवर्तन जरूरी हो सकता है, लेकिन यह काम मैं इतिहासज्ञों पर छोड़ता हूँ जिनका काम इतिहास की घटनाओं का अणुवीक्षण होता है। मेरा उद्देश्य सीमित था, समाजवादी आन्दोलन को समझने के लिए इसकी पृष्ठभूमि की उन घटनाओं को प्रस्तुत करना, जो मोटा-मोटी तौर से आम जानकारी की वस्तु हो गई है। वैसे आम जानकारी भी विवाद से परे नहीं होती क्योंकि घटनाओं का स्वरूप भी बहुत कुछ देखनेवाले की दृष्टि से निर्धारित होता है। इस नये अध्याय में समाजवादी आन्दोलन के प्रारम्भिक रुझानों का पुनर्मूल्यांकन और पुराने विवादों में उलझने की बजाय मूलत: साठ के दशक के बाद हुए परिवर्तनों को समझने का प्रयास किया गया है क्योंकि आज समाजवादी आन्दोलन के लिए वही विशेष रूप से प्रासंगिक है। यह घटनाओं पर एक सरसरी निगाह भर है।

साठ के दशक के मध्य में जब पुस्तक प्रकाशित हुई थी, समाजवादी प्रभाव तीन रूप में दिखाई देते थे जिसको पुस्तक में चिह्नित किया गया था—रूस और उसके प्रभाव क्षेत्र के कम्युनिस्ट आन्दोलन, जिसमें चीन को भी शामिल किया गया था, पाश्चात्य विकसित देशों की सोशल डेमोक्रेसी और अविकसित और पहले के गुलाम मुल्कों के मुक्ति आन्दोलन, जो आवश्यकता के दबाव में कुछ समाजवादी तत्त्वों (यथा कुछ उद्योगों तथा मूलभूत संरचनाओं का सार्वजनिक क्षेत्र में विकास) को अपनाने को बाध्य थे। एक महत्त्वपूर्ण परिवर्तन कम्युनिस्ट धारा में हो रहा था। 1954-55 तक दुनिया के कम्युनिस्ट आन्दोलन पर सोवियत संघ की कम्युनिस्ट पार्टी का एकच्छत्र वर्चस्व था, लेकिन इसके बाद से रूस और चीन के बीच कुछ विवाद उभरने लगे थे। चीन, रूस के वर्चस्व को मानने के लिए तैयार नहीं था

और जब उसने कुछ अति साहसिक नीतियाँ—जैसे महान छलाँग (ग्रेट लीप) तथा कम्यून व्यवस्था लागू करने की नीति अपनाई तो दोनों का विवाद काफी तीखा हो गया। बाद में ख्रुश्चेव के काम में रूस का पश्चिमी देशों के साथ अपने सम्बन्धों को सुधारकर सामान्य बनाने के प्रयास चीन को उसे दरकिनार करने की नीति लगी। इसके बाद से चीन ने रूस को संशोधनवादी कहना शुरू किया। इसके बाद संसार भर में कम्युनिस्ट आन्दोलन की वफादारी के लिए इन दोनों के बीच संघर्ष तेज हो गया। इसका थोड़ा जिक्र पहले भी हो चुका है। 1960 आते-आते यूरोप के कम्युनिस्टों में भी विवाद शुरू हो गया। 1968 में चेकोस्लोवाकिया में 'साम्यवाद को मानवीय चेहरा' प्रदान करने का प्रयास करनेवाले नेता दुबचेक को सोवियत संघ द्वारा सैनिक हस्तक्षेप से अपदस्थ कर वहाँ रूसी नियंत्रण या कायम कर दिया गया। इससे कम्युनिस्ट पार्टियों में एक गम्भीर विवाद शुरू हुआ। अब कम्युनिस्ट आन्दोलन के भीतर एक नई विचारधारा अस्तित्व में आई जो कम्युनिस्ट आन्दोलन को लोकतांत्रिक मूल्यों और लोकतांत्रिक व्यवस्था से जोड़ना चाहती थी। इस धारा को यूरो-कम्युनिज्म कहा जाने लगा। इस नई धारा की नीतियों और यूरोप की सोशल डेमोक्रेटिक पार्टियों की नीतियों के बीच कोई बड़ा विभाजन नहीं रह गया, हालाँकि कुछ सांगठनिक व्यवहारों के फर्क रह गए जो इनकी अलग परम्पराओं से आते थे। अब यूरोप में सोशलिस्ट और कम्युनिस्ट पार्टियों का मध्यमार्गी दक्षिणपंथी पार्टियों के साथ मिलकर सरकार बनाना आम बात हो गई, लेकिन यह सब सत्ता में साझीदारी के लिए होता था। मूलभूत सामाजिक बदलाव के लिए कहीं कोई बेचैनी नहीं रह गई थी।

इधर चीन में शुरू के दौर में नीतियाँ अधिक उग्र होने लगीं। 'कम्यून' का उद्देश्य एक पिछड़ी औद्योगिक व्यवस्था में साम्यवाद लाना था। किसानों की जमीन कम्यून द्वारा ले ली गई। रूस के समूहीकरण से इसकी भिन्नता यह थी कि कम्यून में केन्द्रीय सरकार की नौकरशाही और व्यवस्थापकों का रूस के सामूहिक फार्मों की तुलना में नियंत्रण कम था। उद्योग-धन्धे भी बहुत कुछ कम्यून की स्थानीय आवश्यकताओं को देखते हुए छोटे आकार के होते थे। इसी समय 'बैक यार्ड स्टील मिल' यानी गाँव के गलियारे का इस्पात कारखाना चर्चा का विषय बन गया। यह सब साम्यवाद के सम्बन्ध में पारम्परिक मार्क्सवादी चिन्तन के विपरीत था, जिसमें पूँजीवाद की सर्वाधिक विकसित तकनीक के आधार पर समाजवाद की स्थापना की कल्पना की गई थी। फिर भी, चीन के कम्युनिस्ट नेताओं का अन्तिम आदर्श रूस की तरह ही पूँजीवादी देशों से मुकाबला करनेवाले अधुनातन तकनीक को विकसित करना ही था। इन नई नीतियों को लेकर न सिर्फ रूस से विवाद बढ़ा बल्कि चीन की कम्युनिस्ट पार्टी के नेताओं के बीच भी विवाद और सत्ता के लिए संघर्ष शुरू हो गया। माओ त्से तुंग ने यह सिद्धान्त प्रतिपादित किया कि लोगों में सांस्कृतिक

बदलाव करके समाजवाद के लिए वस्तुस्थिति का अभाव—यानी तकनीक सम्बन्धी पिछड़ेपन—की भरपाई की जा सकती है। इस तरह उसने सांस्कृतिक क्रान्ति का आह्वान किया। पुराने नेताओं और पार्टी की नौकरशाही के विरोध का सामना करने के लिए उसने छात्रों और युवाओं का आह्वान किया। इससे चारों ओर उथल-पुथल हो गई और अव्यवस्था फैल गई। स्थिति काबू से बाहर होने लगी तो इसे नियंत्रित करने के लिए लाल सेना का सहारा लेना पड़ा। इसमें पार्टी के कुछ पुराने नेता, जैसे लाओ साओ ची और चाउ इन लाई दरकिनार कर दिए गए। लिन पिआओ जैसे सत्ता के अति महत्त्वाकांक्षी व्यक्ति उभरकर सत्ता संघर्ष में माओ के सहयोगी बने, लेकिन यह सहयोग भी अन्तिम समय तक कायम नहीं रहा और अन्ततः लिन पिआओ की माओ के खिलाफ षड्यंत्र करने के सिलसिले में दुर्घटनाग्रस्त हो मृत्यु हो गई। आधुनिक औद्योगिक और सैन्य शक्ति बनने की महत्त्वाकांक्षा का—जो कम्युनिस्टों की कल्पना से कभी गई नहीं थी—पहले की विकेन्द्रित और काफी कुछ समतामूलक अर्थव्यवस्था से मेल हो पाना असम्भव था। अतः माओ की मृत्यु के दस साल के भीतर अस्सी के दशक के मध्य आते-आते क्रान्ति के सभी आदर्श खत्म हो गए।

हालाँकि चीन की क्रान्ति की ग्रामीण पृष्ठभूमि के चलते उद्योगों का ढाँचा विकेन्द्रित और अर्थव्यवस्था प्रायः छोटे उद्योगों पर आधारित थी—चीन के कम्युनिस्ट नेताओं का भविष्य का सपना पश्चिमी ढंग के अत्यधुनिक उद्योगों के आधार पर ही समाज को विकसित करना था। दरअसल यह सोच रूस और चीन, दोनों के कम्युनिस्ट नेताओं में मार्क्स के उस विचार की धरोहर थी जिसके अनुसार समाजवाद का विकास उस बिन्दु पर होगा जहाँ पूँजीपति औद्योगिक तकनीक का अधिकतम विकास कर चुके होंगे। स्टालिन का लक्ष्य भी था कि सोवियत यूनियन औद्योगिक विकास में अमेरिका से आगे निकल जाएगा। इसके लिए बृहत् पैमाने की पूँजी संचय के लिए रूस के लोगों पर, विशेषकर किसानों पर अमानुषिक अत्याचार किए गए, जिसमें कुछ का वर्णन पहले हो चुका है। चीन के सामने यह समस्या कुछ ज्यादा ही विकट थी क्योंकि आधुनिक औद्योगिक विकास के हिसाब से चीन रूस से भी कहीं अधिक पिछड़ा था। महत्त्वपूर्ण उपलब्धियाँ, विशेषकर मूलभूत संरचनाओं के क्षेत्र में, उस काल की थीं जब कम्युनिस्टों ने अपने मानव श्रम और पारम्परिक कौशल के आधार पर अपने मातहत आनेवाले ग्रामीण इलाकों की व्यवस्था की थी। इससे विशाल पैमाने पर लोगों की स्वतःस्फूर्त ऊर्जा जुड़ी थी। बाद में जब चीन आधुनिक औद्योगीकरण की होड़ में लगा तो इसका सबसे मजबूत पक्ष वही मूलभूत संरचना थी जो स्थानीय रूप से उपलब्ध श्रम और कौशल पर आधारित थी। दरअसल आधुनिक उद्योगों के विकास के लिए भी यह मूलभूत संरचना सर्वाधिक महत्त्व की होती है।

1980 के दशक का अन्त होते-होते रूस और चीन, दोनों में अप्रत्याशित और अचरज में डालनेवाले नीतिगत परिवर्तन हुए। 1987 में रूस में कम्युनिस्ट पार्टी के महामंत्री गोर्बाचोव ने पार्टी और सरकार में खुलेपन की नीति अपनाने की घोषणा की, और वे सारे राजनीतिक और वैचारिक बन्धन, जिसे आधी शताब्दी से लागू किया गया था, अचानक खोल दिए गए। इससे सारी व्यवस्था चरमरा गई। इसके पहले कि लोग अचानक हुए इन परिवर्तनों के अनुरूप जीवन को ढालें, उन कम्युनिस्टों ने, जिन्हें हाथ से अनियंत्रित सत्ता खिसकती नजर आई, सत्ता पलटने की कोशिश की। यह विद्रोह तो असफल रहा, लेकिन इसको विफल करने के क्रम में येल्तसिन उभरकर सोवियत संघ के शासक बने। येल्तसिन ने सत्ता हाथ में लेते ही यकायक पूँजीवाद के लिए रूस का दरवाजा पूरी तरह खोल दिया। हठात् होनेवाले इन परिवर्तनों से सोवियत संघ का विघटन हो गया और इनके कई राज्य, जिन्हें अब तक सिर्फ कागज पर ही सोवियत संघ से बाहर जाने का अधिकार था, इस अधिकार का सचमुच प्रयोग कर सोवियत संघ से अलग हो गए। अर्थव्यवस्था पूरी तरह ध्वस्त हो गई। सोवियत संघ आर्थिक दृष्टि से तेजी से तीसरी दुनिया के आर्थिक पिछड़ेपन की ओर बढ़ने लगा।

चीन की कम्युनिस्ट पार्टी द्वारा पूँजीवादी मानकों को कबूल करने की नीति को अपनी राजनीतिक पकड़ को ढील दिए बगैर अपनाया गया। इसलिए वहाँ पूँजीवाद की ओर संक्रमण कम्युनिस्ट सत्ता के कड़े नियंत्रण के भीतर व्यवस्थित रूप से हो रहा है। अब दुनिया के पूँजीवादी प्रतिष्ठानों के लिए चीन निवेश का सबसे आकर्षक क्षेत्र बन गया है। एक तरफ उन्हें इसकी कम्युनिस्ट काल की बनी मूलभूत संरचना का लाभ मिला है, दूसरी ओर अत्यधिक अनुशासित श्रम शक्ति उपलब्ध है जो दूसरे देशों की तरह हड़ताल आदि से पूँजीवादी उत्पादन को पटरी से उतारने का काम नहीं करती; और तीसरा, सरकार पूँजीपतियों को उद्यम लगाने और इन्हें विकसित करने में हर तरह का सहयोग देने के लिए तैयार है।

अब चीन में विदेशी पूँजीवादी प्रतिष्ठानों को हिकारत के भाव से नहीं देखा जाता बल्कि सूचना पट्टियों से यह घोषित करने की कोशिश होती है कि किसी कारखाने को बनानेवाली कौन-सी प्रतिष्ठित विदेशी कम्पनी है। चीन के महानगरों में पश्चिमी जीवनशैली को अपनाने की भी भरपूर कोशिश होती है—बहुत कुछ वैसा ही, जैसा आज भारत में हो रहा है। इससे चीन का पश्चिमी ढंग का औद्योगिक विकास तेजी से होने लगा है, लेकिन पूँजीवादी व्यवस्था के दुष्परिणाम भी सामने आने लगे हैं। पारम्परिक खेती में लगे किसानों की हालत खराब होने लगी है और करोड़ों किसान खेती छोड़कर महानगरों में और विदेशों तक में काम की तलाश में पलायन कर रहे हैं। कारखानों और कार्यालयों में विशाल पैमाने पर छँटनी के कारण बेरोजगारी लगातार बढ़ रही है। पूँजीवाद की सारी बुराइयाँ चीन की नई

सम्पन्नता के साथ जीवन को ग्रसित करने लगी हैं, लेकिन 'कम्युनिस्ट' शासनतंत्र का शिकंजा समाज पर इतना जबर्दस्त है कि जहाँ-तहाँ होनेवाले छिटपुट प्रतिरोधों को छोड़ कोई बड़ा आन्दोलन व्यवस्था के विरुद्ध नहीं हो रहा है। इस तरह से आज चीन में 'कम्युनिस्टों' के शासन में यह विडम्बनापूर्ण स्थिति पैदा हो गई है जिसमें फासीवाद का मूलभूत चरित्र—यानी अर्थव्यवस्था पर निजी पूँजी का वर्चस्व और राजनीति में केन्द्रीकृत तानाशाही कायम है।

पश्चिमी यूरोप की सोशल डेमोक्रेटिक पार्टियाँ भी बीसवीं शताब्दी के अन्तिम चतुर्थ में अपने समाजवादी और कल्याणकारी उद्देश्यों से लगातार पीछे हटती गई हैं। हालाँकि इन पार्टियों ने बुनियादी अर्थ में समाजवादी परिवर्तन के लिए कभी कोई गम्भीर प्रयास नहीं किया था, पूँजीवादी सम्पत्ति सम्बन्धों के भीतर इन पार्टियों ने श्रमिकों के कल्याण के लिए महत्त्वपूर्ण काम किए थे। सभी देशों में सबों के लिए रोजगार या रोजगार नहीं दे पाने पर बेरोजगारी भत्ते की समुचित व्यवस्था की गई थी। शिक्षा की सुविधा निर्धन परिवारों तक फैलाने के प्रयास किए गए। स्वास्थ्य सेवा सभी लोगों के लिए उपलब्ध कराई गई, जिसके खर्च का वहन मूलत: राज्य करता था। काम के घंटों को घटाया गया आदि। यह सब सम्पन्न वर्गों पर टैक्स का बोझ बढ़ाकर किया जाता था, लेकिन बीसवीं शताब्दी का अन्त होते-होते इन पार्टियों की नीतियाँ पूँजीपति वर्ग के तुष्टीकरण की हो गईं और इनकी नीतियों में एवं पूँजीवाद की समर्थक पार्टियों की नीतियों में कोई विशेष फर्क नहीं रह गया है। ब्रिटेन की लेबर पार्टी वैसे सभी पूँजीपरस्त नीतियों को बेहिचक लागू करती रही है, खासकर टोनी ब्लेयर के प्रधानमंत्रित्व काल में, जिसे लागू करने में कंजर्वेटिव पार्टी को भी शर्मिन्दगी होती थी।

कम्युनिस्ट और सोशलिस्ट, सभी पार्टियों का बिना अपवाद समाजवादी लक्ष्यों से पलायन उनके बुनियादी मूल्य बोध के भटकाव का परिणाम था। बाद में, जैसे-जैसे समाजवादी नेता एवं कार्यकर्ता विषमतामूलक समाज में अपना स्थान बनाने लगे, इसके भीतर प्राप्त होनेवाली सुविधाओं से व्यवस्था से उनका निहित स्वार्थ जुड़ने लगा। मूल्यबोध का यह भटकाव नई औद्योगिक व्यवस्था के साथ आई सम्पन्नता और व्यवस्था को पोषित करनेवाले उपभोक्तावादी मूल्यों के साथ आया। पुस्तक के अन्तिम अध्याय में इस भटकाव को इन शब्दों में व्यक्त किया गया था—"सोशलिस्ट और कम्युनिस्ट आन्दोलन मूल्यों में सर्वोपरि स्थान जिन मूल्यों को देते रहे हैं वे एक हैं और समाजवादी आन्दोलन के लिए एक वाह्य वस्तु। यह मूल्य है एक के मामले में प्रति व्यक्ति इस्पात की पैदावार और दूसरे के लिए जनसंख्या के हिसाब से रेफ्रिजिरेटर या टेलीविजन सेट का उपयोग।" इस दृष्टि को पोषित करने में मार्क्स की उस दृष्टि का भी हाथ है जिसमें समाजवाद को औद्योगिक विकास के चरम बिन्दु से जोड़ा गया था। चूँकि बीसवीं सदी में तकनीक का विकास औद्योगिक

उत्पादनों को एक तिलिस्मी स्वरूप देने लगा था, इसका नशा या आकर्षण सबों पर छा गया। हवा में और इससे आगे बढ़ अन्तरिक्ष की उड़ान, घर बैठे संसार के किसी भी भाग में होनेवाले संगीत, नृत्य, नाटक एवं परिचर्चाओं से साक्षात्कार, और अब इंटरनेट से सारे संसार से जुड़ने का एहसास आदि का असर मन पर ऐसा छाया रहा है कि लोग भूल जाते हैं कि ये सब जिन्दगी को बाहरी रंग दे सकते हैं, लेकिन जो मन का भीतरी सौन्दर्य और उल्लास है वह मानसिक सन्तुलन और समुदाय के साथ गहरे भावनात्मक जुड़ाव से आता है। इसके बावजूद कि सम्पन्न देशों में सबसे अधिक मानसिक तनाव और मनोरोगों की व्याप्ति है, लोग इस सत्य को देखने से कतराते हैं। वे टी.वी. और ड्रग (मादक द्रव्यों) जिसमें इंटरनेट सर्फिंग भी शामिल किया जा सकता है, से भीतरी तनाव से उबरने के प्रयास में इसके भीतर और भी धँसते चले जाते हैं। चूँकि समाजवादी आन्दोलन भावनात्मक रूप से लोगों को समुदाय से जोड़ने से विमुख रहा था, इसमें अक्षम साबित हुआ। इस अभाव की पूर्ति का काम नस्लवाद, साम्प्रदायिकता, कबायली वफादारी, जातीय वफादारी आदि ने अपने हाथ में ले लिया है। इस तरह हम एक ऐसे समाज में रह रहे हैं जहाँ समाज की संरचना और प्रौद्योगिकी का आधार तो तर्क बुद्धि बनता जा रहा है—मैक्स वेबर का 'लीगल रेशनल सिस्टम'—लेकिन संसार के पिछड़े और अत्याधुनिक, सभी समाजों में संकीर्ण और विवेकहीन वफादारियों की अपील बढ़ रही है और सबसे सम्पन्न और विकसित औद्योगिक देशों में भी नस्लवाद उन्माद जब-तब सतह पर आ समाज के स्वरूप को विकृत करता रहता है।

समाजवादी आन्दोलन सबसे अधिक फँसा, तकनीक के सम्बन्ध में अपने विभ्रम के कारण। इस विभ्रम के पीछे यह मान्यता थी कि तकनीक का विकास एक स्वायत्त प्रक्रिया है और यह मूल्य निरपेक्ष होता है। मार्क्स की मूल स्थापना थी कि उत्पादन के साधन का विकास एक स्वायत्त ऐतिहासिक प्रक्रिया है, जिसमें इसकी हर प्रविधि के साथ एक खास तरह का उत्पादन सम्बन्ध—यानी उत्पादन के साधन और इससे काम करनेवाले का सम्बन्ध—बनता है जो समाज का ढाँचा या मूलाधार बनाता है। इसी से यह निष्कर्ष निकाला गया कि पूँजीवाद जिस तकनीक का विकास कर रहा है वह पूँजीवाद के मूल्यों से निरपेक्ष है और अपनी प्रगति के शिकार पर पहुँचने के बाद यही तकनीक समाजवादी व्यवस्था के लिए भी उपयुक्त हो सकेगी। यह दिलचस्प है कि मार्क्स ने स्वयं पूँजीवादी उत्पादन तकनीक के विकास का जो मॉडल प्रस्तुत किया, वह मूल्य निरपेक्ष नहीं है और पूँजीपतियों के प्रतिस्पर्धा में आगे निकलने की आकांक्षा को प्रतिबिम्बित करता है। पुस्तक के प्रारम्भ के ही अध्याय 'वैज्ञानिक समाजवाद—पूँजीवाद का विकास' में पूँजी की अवयवीय बनावट के सन्दर्भ में कहा गया है, "अब मार्क्स ने बतलाया कि सभी पूँजीपति इस बात का प्रयत्न करते हैं कि वे बाजार में स्पर्धा में आगे निकलने के

लिए अपने कारखाने की उत्पादन शक्ति बढ़ाएँ। इसके लिए मजबूरी में उन्हें अपनी मशीनों में नित नये सुधार के लिए अधिक पूँजी व्यय करना पड़ता है। इस तरह पूँजीवादी समाज की होड़ की न टाली जा सकनेवाली आवश्यकता के कारण पूँजीवादी समाज इस तरह के सुधार में अनवरत लगा रहता है, जिससे पूँजी की अवयवीय बनावट में अचल पूँजी की मात्रा बढ़ती जाती है...।" इसका सीधा असर यह होता है कि पूँजीवादी तकनीक की हर प्रगति के साथ मशीन उत्तरोत्तर वैसे काम अपने हाथ में लेते जाते हैं जो पहले आदमी करते थे। टेलर ने उन्नीसवीं सदी के अन्त में 'रेशनलाइजेशन' की जो प्रक्रिया शुरू की, वह अब 'ऑटोमेशन' रोबोटों द्वारा काम और कम्प्यूटरीकरण के जरिए हो रहा है। इनमें प्रत्येक का दबाव उद्योगों में श्रमिकों की संख्या घटाने की दिशा में बनता है। यह भी ध्यान में रखने की बात है कि उत्पादन सम्बन्ध उत्पादन की तकनीक से अभिन्न रूप से जुड़ा होता है। चरखे पर काम करनेवाले का सम्बन्ध चरखे के साथ वैसा ही नहीं होगा जैसा अधुनातन उद्योग में काम करनेवाले आदमी का उद्योग के जटिल मशीनों या इसके एसेम्बली लाइन से। आधुनिक उद्योगों में पुराने कारखानों की तरह एक ही तरह के काम पर आदमी गुच्छे की तरह नहीं लगे होते।

आधुनिक कारखानों में मशीनों का संयोजन या एसेम्बली लाइन का संयोजन एक पिरामिड की तरह होता है जिसमें अलग-अलग जगह काम करनेवाले लोगों के काम का संयोजन कारखाने में एक सोपानवत प्रक्रिया से होता है। अलग-अलग जगह तैयार हो रहे पुर्जे अनेक स्तरों से दूसरे पुर्जों के साथ संयोजित हो पूरी मशीन या गाड़ी, यथा मोटरगाड़ी का निर्माण करते हैं। इसमें श्रमिक न तो अपने काम में स्वायत्त हो सकता है और न उसका दूसरे श्रमिकों से ऐच्छिक सहयोग सम्भव है। उसे क्या और कैसे करना है, ये सारे निर्णय कारखाने के उत्पादन और कार्यविधि को नियोजित करनेवाले एक छोटे व्यवस्थापक मंडल के हाथ में होता है। आधुनिक स्वचालित मशीनों पर काम करनेवाला श्रमिक (कुछ सुपरवाइजरों को छोड़) स्वयं मशीनों के पुर्जे की भांति गतिशील किया जाता है। इसमें व्यवस्थापकों के हाथ में काम को नियोजित करने की पूरी शक्ति होती है और वे लगातार कार्यप्रणाली को ऐसा बनाने की कोशिश करते हैं जिससे खर्च, खासकर श्रमिकों पर खर्च यानी उनकी संख्या को घटाया जा सके। इसी से वे बाजार में अधिक प्रतिस्पर्धी बन सकते हैं। ये आधुनिक उद्योग इतनी जटिल तकनीक और विशेषज्ञता पर आधारित होते हैं कि इनकी व्यवस्था पर श्रमिकों का नियंत्रण नहीं हो सकता।

जब रूस में, और बाद में चीन में पश्चिमी पूँजीवादी देशों के औद्योगिक तकनीक को अपनाया जाने लगा तो उन्हें एक गहरे अन्तर्विरोध का सामना करना पड़ा। समाजवादी होने का दावा करने के कारण उनके सामने सभी काम करने योग्य व्यक्तियों को रोजगार देने की बाध्यता थी। पूँजीवाद की मूलभूत अक्षमता

लोगों को रोजगार नहीं दे पाना चिह्नित की जाती रही थी। जब वह तकनीक, जो पूँजीवाद की विशेष आवश्यकता के अनुसार विकसित की गई थी, इन समाजवादी कहे जानेवाले देशों द्वारा अपनाई गई तो एक समस्या सामने आ गई। ज्यादा-से-ज्यादा लोगों को रोजगार देने के चक्कर में इन उद्योगों में इनके चरित्र के अनुरूप जितने लोगों को रोजगार दिया जाना था, उससे अधिक लोग हर जगह काम पर लगाए जाते थे। राज्य के प्रारम्भिक समाजवादी मान्यताओं के चलते सिर्फ जरूरत भर लोगों को रखकर बाकी लोगों को काम से हटाया नहीं जा सकता था। इसका सीधा नतीजा यह हुआ कि ये उद्योग विश्व बाजार की स्पर्धा में टिक नहीं पाते थे। पूँजीवादी उद्योगपतियों की तरह काम में लोगों की संख्या कम करना भी इनकी तकनीकी शोध का मुख्य विषय नहीं बन सकता था, जैसा पश्चिमी देशों में था। समाजवादी उद्योगों की जिस अक्षमता का अलाप प्राय: होता था, वह दरअसल पूँजीवादी उद्योगों का समाजवादी मानकों के अनुरूप चलाने के प्रयास का परिणाम था। पूँजीवादी तकनीक को पूँजीवादी मानकों के आधार पर तो पूरी तरह सक्षम बनाया जा सकता था। जब रूस और चीन के उद्योग पूँजीवादी स्पर्धा में मात खाने लगे तो इन देशों के नये नेताओं ने हारकर पूँजीवादी व्यवस्था की सारी मान्यताओं को कबूल कर लिया। उनके ऊपर पश्चिमी उपभोक्तावादी संस्कृति की माया इस कदर छा गई थी कि वे अपनी जनता को इसका कोई विकल्प देने को तैयार नहीं थे। उनकी समाजवादी व्यवस्था का धराशायी होना पूँजीवादी तकनीक अपनाने की नीति में ही अन्तर्निहित था।

पूँजीवादी ढंग के तेज विकास का लक्ष्य स्वयं समता विरोधी था। मार्क्स की यह कल्पना कि पूँजीवादी प्रसार से सारी दुनिया में उद्योगों का पश्चिम यूरोप जैसा ही विकास हो जाएगा, यूरोपीय औद्योगिक क्रान्ति के एक महत्त्वपूर्ण कारक को नजरअन्दाज करने पर आधारित थी। अठारहवीं और उन्नीसवीं शताब्दी के यूरोप की औद्योगिक क्रान्ति के पीछे थी पन्द्रहवीं शताब्दी के आखिरी वर्षों से लेकर उन्नीसवीं शताब्दी तक चली गैर-यूरोपीय समाजों—जैसे अफ्रीका, एशिया, अमेरिकी महादेश एवं ऑस्ट्रेलिया की लूट से लाई गई सम्पदा। इसने व्यापार और पूँजी संचय को अत्यधिक तेज बना दिया और इस क्रम में उत्पादों की बढ़ती माँग ने ही कारखानों और फिर नई उत्पादन तकनीकों को जन्म दिया। आधुनिक उद्योगों के लिए जरूरी विशाल पूँजी सामान्य ढंग के व्यापार से उपलब्ध नहीं हो सकती। इसीलिए पिछड़ी अर्थव्यवस्थाओं में जहाँ कहीं भी उद्योगों के लिए तेज पूँजी संचय के प्रयास हुए हैं, आन्तरिक उपनिवेश कायम कर समाज के विशेष समूहों या अंचलों के घोर ओपनिवेशिक शोषण से ही हुए हैं। सोवियत संघ में पूँजी संचय का काम मूलत: वहाँ के किसानों के घोर शोषण से हुआ, जिसका थोड़ा विवरण पुस्तक में प्रारम्भ में दिया जा चुका है। इस संचय का कुछ हिस्सा रूस के पुराने साम्राज्य की गैर-

यूरोपीय राष्ट्रीयताओं के शोषण से हुआ—उनके तेल, एवं दूसरे खनिजों पर सोवियत राज्य का एकधिकार कायम करके। स्वयं भारत में कुछ तटीय प्रदेशों में आधुनिक ढंग के विकास के लिए देश के भीतरी और दूर-दराज जगहों के स्थानीय निवासियों के हितों की बलि दी गई। इस तरह के विकास में क्षेत्रों और मानव समूहों के बीच गम्भीर विषमताओं का बढ़ना अनिवार्य था। बीसवीं शताब्दी के उत्तरार्द्ध में ये विषमताएँ और इससे उपजे संकट समता के आदर्श एवं समाजवादी संक्रमण के प्रयासों के विपरीत पड़ने लगे। खनिज क्षेत्रों, जंगलों और नदी घाटियों में प्राकृतिक जीवन जीनेवाले समूहों को तो सारे संसार में उजाड़ दिया गया। ऐसे आधार पर किसी समतामूलक समाज का निर्माण असम्भव था। चूँकि पश्चिमी देशों की सारी सम्पन्नता संसार भर के संसाधनों के दोहन पर निर्भर थी, वहाँ की समाजवादी कही जानेवाली पार्टियाँ भी अपनी नीतियों में साम्राज्यवादी रहीं। सोवियत संघ क्रान्ति के बाद के प्रारम्भिक वर्षों में तो साम्राज्यवाद विरोधी आन्दोलनों का पश्चिम विरोधी रणनीति के तहत समर्थन करता रहा, लेकिन बाद में अपने आर्थिक विकास के हित में स्वयं भी ऐसी नीतियों का समर्थक बन गया।

बीसवीं शताब्दी के अन्तिम चरण में पूँजीवाद के अनुरूप में भी आमूलचूल परिवर्तन हुए। अपने प्रारम्भिक वर्षों में पश्चिमी देशों में राष्ट्रवाद और पूँजीवाद का विकास साथ-साथ और सहयोगी के रूप में हुआ। दो विश्वयुद्धों के पीछे राष्ट्रीय पूँजीपतियों के स्वार्थों की टकराहट की महत्त्वपूर्ण भूमिका थी। द्वितीय विश्वयुद्ध के बाद अमेरिका को छोड़ बाकी सभी प्रमुख पूँजीवादी देशों की अर्थव्यवस्थाएँ पूरी तरह ध्वस्त हो चुकी थीं। कुछ दिनों तक अमेरिका का झगड़ा कम्युनिस्ट सरकारों और आन्दोलनों से चला, लेकिन सोवियत संघ में 'समाजवादी व्यवस्था' के ध्वस्त होने और चीन का पूँजीवादी विकास के लिए दरवाजा खोलने के बाद विश्व एकध्रुवीय बन गया जिसमें एकमात्र आर्थिक और सामरिक महाशक्ति अमेरिका बच गया। चूँकि द्वितीय विश्वयुद्ध के बाद से अमेरिका ही दुनिया में सबसे विशाल औद्योगिक कम्पनियों का जन्मभूमि और कर्मभूमि बन गया था, इसने सारे संसार को इन कम्पनियों के विस्तार के लिए छल-बल से खोलना शुरू किया। इसी अभिप्राय से ब्रेटनवुड के एक सम्मेलन के निर्णय के अनुसार विश्व बैंक, अन्तरराष्ट्रीय मुद्रा कोष और सबसे आखिर में विश्व व्यापार संगठन अस्तित्व में आए।

द्वितीय विश्वयुद्ध के बाद के काल में बड़ी औद्योगिक कम्पनियों का चरित्र बहुराष्ट्रीय होने लगा—यानी इनका कारोबार एक से अधिक देशों में फैल गया। कुछ बहुराष्ट्रीय कम्पनियाँ पहले से ही अस्तित्व में थीं, लेकिन उनकी शक्ति और विस्तार सीमित था। अब ये दुनिया में राष्ट्रों के समानान्तर और उनकी प्रभुसत्ता को चुनौती देनेवाली एक बड़ी शक्ति के रूप में दुनिया की नीतियों को प्रभावित करने लगीं। चूँकि ये अमेरिका में सबसे अधिक शक्तिशाली और बहुसंख्यक थीं, अमेरिकी

रजानीति को प्रभावित करने में इनका बड़ा हाथ हो गया। चिली, निकारागुआ, क्यूबा एवं लातिनी अमेरिका और मध्य अमेरिका के अन्य देशों में अमेरिकी हस्तक्षेप इन्हीं कम्पनियों के हित में होने लगा। इन उद्योगों की आर्थिक शक्ति का विस्तार इतना हो गया कि राष्ट्रीय सरकारों की प्रभुसत्ता को इनसे बार-बार चुनौती मिलने लगी। विश्व व्यापार संगठन में शामिल हो राष्ट्रीय सरकारों ने अपने स्थानीय हित में इसके दबाव को नियंत्रित करने का अधिकार भी गँवा दिया। द्वितीय विश्वयुद्ध के बाद विशाल अमेरिकी उद्योगों और कृषि के उत्पादन का मुकाबला करने के लिए यूरोपीय साझा बाजार और फिर यूरोपीय संघ की स्थापना हुई। इसका एक संसद और यूरोपीय आयोग के नाम से एक कार्यकारी मंडल भी अस्तित्व में आया। चूँकि इसके सामने व्यापारिक प्रतिस्पर्धा ही सर्वोपरि थी। इसके सारे निर्णय यूरोप के बड़े औद्योगिक प्रतिष्ठानों के हित में होने लगे और छोटे स्थानीय हित तथा किसानों के हित जिनकी रक्षा पहले राष्ट्रीय सरकारों द्वारा होती थी, नजरअन्दाज किया जाने लगा। राष्ट्रीय सरकारें भी अब ऐसी ही नीतियाँ बनाती हैं जिनसे बड़े औद्योगिक प्रतिष्ठानों का विकास यूरोप में हो सके। इन सभी सरकारों की नीति उद्यमों को आकर्षित करने के लिए पूँजी को हर तरह की सुविधा मुहैया कराने की हो गई है। इसके लिए उन कल्याणकारी कार्यों में कटौती होने लगी है जिनके लिए यूरोप के देश विशेष तौर से जाने जाते थे। इन कल्याणकारी कार्यों पर खर्च के लिए सम्पन्न वर्गों पर लगाए जानेवाले टैक्सों में कटौती होने लगी है। इस तरह एकमात्र लक्ष्य पूँजी को आकर्षित करना रह गया हे। अब यूरोप की राष्ट्रीय सरकारें वे भी, जिन्हें 'सोशलिस्ट' कहा जाता है, बुनियादी तौर से बड़े औद्योगिक प्रतिष्ठानों के हित में ही काम करती हैं।

कुल मिलाकर फिलहाल संसार से सशक्त समाजवादी धारा विदाई ले चुकी है, लेकिन इससे आर्थिक मन्दी का संकट जो समय-समय पर पूँजीवादी व्यवस्था को आक्रान्त करता रहा है अब अधिक भीषण रूप ले सकता है। पिछले संकटों में एक समय के बाद स्थिति में सुधार होने लगता था क्योंकि संसार की अर्थव्यवस्था का एक बड़ा हिस्सा सदा इस मन्दी के दायरे से बचा रह जाता था जिनमें स्वायत्तता का अंश सदा शेष रहता था। अर्थव्यवस्था जितनी ही वैश्विक बनती जा रही है, संकट से सुरक्षित क्षेत्र उतना ही सिमटकर नगण्य होते जा रहे हैं। इसलिए भविष्य के संकट अब तक के संकटों से ज्यादा विकराल हो सकते हैं—शायद वैसे, जैसी कल्पना कार्ल मार्क्स या दूसरे समाजवादी अर्थशास्त्रियों ने कभी की थी।

लेकिन समय-समय पर आनेवाला पूँजीवाद का अल्पकालिक संकट संसार की एक अति छोटी आबादी का ही मसला रहा है—उस हिस्से का, जो पूँजीवादी व्यवस्था में पूरी तरह समेकित हो चुका है। वैश्विक व्यवस्था तो दरअसल संसार की तीन-चौथाई आबादी के लिए एक स्थायी संकट लेकर उपस्थित हुआ है। भूमंडलीकरण के दौर में संसार के गरीब मुल्कों की दरिद्रता बढ़ी है और इनमें

प्रत्येक देश में धनी और गरीब लोगों के बीच की खाई चौड़ी होती गई है। दुनिया के अनेक हिस्सों में स्थायी रूप से दरिद्रता की स्थिति में रहनेवाले लोगों की संख्या में इजाफा हुआ है और दुनिया के कई अंचल सदा आंशिक अकाल की स्थिति में रहते हैं। अब समाजवाद के नवोदय की सम्भावना इन देशों के लोगों की बेहतरी की आकांक्षा से पैदा होगी। समाजवाद की अपरिहार्यता का एक दूसरा कारण पर्यावरण का क्षय है। यह बात विवाद से परे है कि पर्यावरण का यह क्षय पूँजीवाद के विकास और मुनाफे के लिए संसार के संसाधनों के अतिदोहन और ऊर्जा की भूख से जीवास्मित ईंधन के बेहिसाब जलाने का परिणाम है। पूँजीवाद का स्वरूप ऐसा है कि यह जिन्दा ही उत्पादन के उत्तरोत्तर विस्तार करने की प्रक्रिया से रहता है। इसलिए पूँजीवादी व्यवस्था के साथ आज धरती पर जीवन का अस्तित्व कायम नहीं रह सकता। अपनी सीमित धरती से असीमित सम्पदा पैदा करने की महत्त्वाकांक्षा भौतिकी के सबसे बुनियादी सिद्धान्त का उल्लंघन करती है जिसके अनुसार पदार्थ और ऊर्जा की सम्पूर्ण मात्रा अपरिवर्तित रहती है।

समाजवाद या उसकी दिशा में होनेवाले सार्वजनिक नियंत्रण को भारत में प्राय: 'कोटा परमिट राज' कहकर हिकारत से खारिज किया जाता रहा है। दरअसल प्रकृति में जहाँ भी जीवन है वहाँ उसकी निरन्तरता 'कोटा' यानी किसी तरह के आत्मनियंत्रण पर ही निर्भर करती है। असीमित संसाधनों की उपलब्धि संसार में एक असम्भव स्थिति है। दुनिया की अनेक प्रजातियाँ विनष्ट इसीलिए हो गईं क्योंकि संसाधनों की उपलब्धि के हिसाब से उनके उपयोग पर नियंत्रण रखने की कोई प्रणाली उनकी आनुवंशिकी ने प्रदान नहीं की थी। मनुष्य की संस्कृति उसके सामने यह सम्भावना प्रस्तुत रहती है कि वह, अति व्यय के संकट को संसाधनों के समतामूलक बँटवारा, एवं उपभोग को आत्मनियंत्रण से सीमित कर अपने अस्तित्व को चिरकाल के लिए सुनिश्चित कर सके। संक्षेप में, समाजवाद की अनिवार्यता इसी स्थिति की माँग है। यह कोई अचरज नहीं कि समाजवादी आन्दोलन यूरोप में उसी काल में फैला जब उत्पादन और उपभोग में अचानक स्फीति की स्थिति पैदा हुई। इससे पैदा असन्तुलन असमानता और तनाव से निजात पाने का मार्ग सन्तुलित नियोजन में ढूँढ़ा जाने लगा। वे लोग जो अल्पकालिक सफलता से अचानक अप्रत्याशित सम्पन्नता हासिल करने लगे हैं, जीवन की इन मूलभूत सच्चाइयों को नजरअन्दाज करने लगे हैं, लेकिन सामने जो विनाश की खाई खुल रही है, उन्हें समय रहते सचेत होने की चेतावनी दे रही है ताकि वे फिर जीवन में सन्तुलन और सहयोग कायम करने की राह अपनाएँ। यह राह उन्हें किसी-न-किसी तरह के समाजवाद की तरफ ही ले जाएगी, जो मूलत: आदमी को समूह हित में अपनी महत्त्वाकांक्षाओं को एक हद तक नियंत्रित करने की पद्धति है।

पूँजी

प्राक्कथन

कार्ल मार्क्स की अति प्रशंसित और अल्प-पठित महान ग्रंथ 'पूँजी' पर आज लिखना काफी लोगों को अटपटा लग सकता है। इसका पहला खंड ही मार्क्स के जीवन-काल में प्रकाशित हो पाया था। दूसरा और तीसरा खंड मार्क्स के अभिन्न मित्र फ्रेडरिक एंगेल्स ने मार्क्स द्वारा विशाल मात्रा में तैयार किए गए नोट्स, स्थापनाओं और टिप्पणियों को सहेजकर आज से सौ साल से पहले प्रकाशित कराया था। प्रस्तावित चतुर्थ खंड मार्क्स के लिए अछूता ही रह गया। वैसे तो अपने को कम्युनिस्ट मार्क्सवादी कहनेवाले बौद्धिकों के लिए 'पूँजी' आदर और आतंक पैदा करनेवाला अनिवार्य पाठ था—कुछ बाइबिल, गीता या कुरान शरीफ की तरह—पर यह प्रासंगिक भी है, यह भाव धीरे-धीरे तिरोहित हो चला।

कोई भी वैज्ञानिक स्थापना अनुभवों के आलोक में बार-बार परीक्षण और परिष्कार की माँग करती है। बाद के दिनों में जब रूस में एक सर्वसत्तावादी राज्य स्थापित हुआ और मार्क्सवाद को 'राजधर्म' (स्टेट थियोलॉजी) का दर्जा दे दिया गया, तब ऐसे वैज्ञानिक विवेचन का रास्ता बन्द हो गया, लेकिन इसके पहले 'पूँजी' में व्यक्त मार्क्स के विचारों के निहितार्थ के आधार पर इसके विस्तार की विसंगतियों को उजागर करते हुए, प्रखर चिन्तक और महान क्रान्तिकारी नेता रोजा लक्जमबर्ग ने 1912 ई. में अपनी पुस्तक 'एक्युमुलेशन ऑफ कैपिटल' लिखा, जिसमें पूँजीवाद के स्वायत्त विकास की सम्भावना पर प्रश्नचिह्न लगाया गया था, लेकिन कम्युनिस्ट अन्तरराष्ट्रीय की स्थापना देने के बावजूद उन्हें 'ऑफिशियल' कम्युनिस्ट आन्दोलन ने 'हेरेटिक' (धर्मच्युत) घोषित कर दिया। इसका एक कारण यह भी था कि रोजा लक्जमबर्ग ने लेनिन के समय में ही रूस में बढ़ रही अधिनायकवादी प्रवृत्तियों की आलोचना की थी। इसलिए सोवियत संघ-नियंत्रित कम्युनिस्ट आन्दोलन रोजा लक्जमबर्ग के विचारों को आगे बढ़ाए, यह अकल्पनीय बात थी। रोजा लक्जमबर्ग की आलोचना पूँजीवाद के विकास के लिए बाहरी क्षेत्र, यानी उपनिवेशों की अनिवार्यता को रेखांकित करती थी। मार्क्स के विचार के अनुसार, आदमी की सोच को उसका आर्थिक हित बुनियादी तौर से प्रभावित करता है। शायद इसलिए भी पश्चिमी देशों के दिग्गज मार्क्सवादियों के लिए भी

रोजा लक्जमबर्ग के विचार ग्राह्य नहीं थे। पूँजीवाद का स्वायत्त विकास सम्भव है, मोटा-मोटी इन सबों की मान्यता रही। मेनार्ड कीन्स के 'जनरल थ्योरी' के प्रकाशन के पहले, माँग का अभाव पूँजीवाद के संकट का एक बुनियादी कारण हो सकता है, यह कम ही अर्थशास्त्री, जिनमें अनेक मार्क्सवादी भी थे, मानने को तैयार थे। वैसे भी अकादमिक अर्थशास्त्रियों को अपने विषय की प्रचलित मान्यताओं और शब्दावलियों के घेरे में ही रहना पड़ता है। अकादमिक मार्क्सवादी भी अपवाद नहीं होते। शायद इस दृष्टि से अकादमिक शब्दावलियों (जारगन) से अनभिज्ञता कुछ स्थितियों को समझने में सहायक ही होती है।

समाजवादी नेता डॉ. राममनोहर लोहिया ने 1943 ई. में अपनी असमाप्त पुस्तक 'इकोनॉमिक्स आफ्टर मार्क्स' में रोजा लक्जमबर्ग से कुछ मिलता-जुलता यह विचार रखा था कि साम्राज्यवाद पूँजीवाद के विकास के साथ अनिवार्य रूप से एक कारक के रूप में जुड़ा है, और यह पूँजीवाद का अन्तिम चरण नहीं है, जैसा लेनिन का सोचना था, लेकिन लोहिया ने 'पूँजी' के अध्ययन के परिप्रेक्ष्य में अपने विचार नहीं रखे थे। उनके सामने ज्यादा ठोस साक्ष्य थे, जो भारत जैसे गुलाम मुल्कों के अनुभव से निकले थे। दादा भाई नौरोजी जैसे राष्ट्रभक्तों ने यह स्पष्ट रूप से दिखलाया था कि कैसे भारत की सम्पदा के दोहन से ब्रिटेन मालामाल हुआ था।

इस सन्दर्भ में जो सबसे महत्त्वपूर्ण बात है, वह यह है कि मार्क्स के मूल्य के 'श्रम-सिद्धान्त' के आधार पर पूँजीवाद के विकास को उपनिवेशों की अनिवार्यता से जोड़ा जा सकता है। आज के भूमंडलीकृत पूँजीवाद में नये साक्ष्य उभर रहे हैं, जो मूल्य के श्रम-सिद्धान्त को फिर से अर्थशास्त्र के केन्द्र में स्थापित करने की माँग करते हैं। जो बातें वस्तुओं के विशाल मात्रा में होनेवाले विनिमय में खो जाती थीं और हमें यह देखने में असमर्थ बनाती थीं कि श्रम-विनिमय मूल्य का निर्धारण कैसे करता है, अब ऊर्जा-संकट के सन्दर्भ में, और विशाल मशीनीकृत उत्पादन के समानान्तर छोटे हस्त उद्योगों की उपस्थिति और जीवन्तता से फिर दिखाई देने लगी हैं। इसी आधार पर हम मानव-सम्बन्धों के बुनियादी ताने-बाने को समझ सकते हैं। 'मार्जिनलिस्ट सिद्धान्त' तो, जो आज के अर्थशास्त्र का आधार बना हुआ है, दरअसल महज बाजार-शास्त्र है। इस आधार पर अध्ययन से हम सिर्फ बाजार में नफा-नुकसान की सम्भावनाएँ देख सकते हैं जबकि अर्थशास्त्र का उद्देश्य होना चाहिए, मानव-सम्बन्धों के तमाम आयामों को समझने में मदद देना।

मार्क्स ने पूँजीवाद के वैश्विक विकास की जो कल्पना की थी, उससे आज की दुनिया बिलकुल अलग रूप से विकसित हुई है, लेकिन मनुष्य और मानव श्रम, जिसकी केन्द्रीयता को उन्होंने उजागर किया था, को अमान्य कर आज

मनुष्य का अस्तित्व भी कायम नहीं रह सकता। उद्योग-निर्मित वस्तुएँ और उनका जखीरा, जिसे धन-सम्पत्ति या पूँजी के रूप में चिह्नित किया जाता है, मनुष्य को नजरअन्दाज करने पर कबाड़ के ढेर से ज्यादा कुछ नहीं है क्योंकि उनकी गुणवत्ता, उपयोग और मोल मनुष्य के आकलन से ही अस्तित्व में आता है। अगर मार्क्स आज पूँजी का अन्तिम खंड या अध्याय लिखते तो उसकी दिशा क्या होती, उसका कुछ आभास पुस्तक के अन्तिम अध्याय में प्रस्तुत तथ्यों से मिल सकता है। इससे समाज के नव-निर्माण सम्बन्धी उनकी निष्पत्ति भी उनकी प्रारम्भिक कल्पना से अलग होती।

पुस्तक में अनेक जगह अंग्रेजी में प्रकाशित विचारों के उद्धरण दिए गए हैं, जिनका अनुवाद लेखक का अपना है। सिर्फ मूल ग्रंथ पूँजी के उद्धरण सोवियत संघ में प्रकाशित अनुवाद से लिये गए हैं, हालाँकि ये काफी जगह आसानी से बोधगम्य नहीं हैं। शायद यह समस्या हिन्दी में लिखनेवाले अधिकांश लेखकों के सामने उपस्थित होती है।

1

संसार में जन समुदायों को प्रेरित कर उनकी जीवनधारा को मोड़ने में कुछ समान सूत्र सदा काम करते रहे हैं, जिनकी ध्वनि कुछ इस तरह होती है—लोगों के जीवन में दु:ख है, इसके कारण हैं, इनका निवारण सम्भव है और इसके निवारण के सहज मार्ग का आश्वासन किसी 'धर्म' या 'विचारधारा' में बतलाया जाता है। धर्म या विचारधारा में त्राणदाता के रूप में किसी ईश्वर का होना जरूरी नहीं—यथा बौद्ध धर्म में जहाँ ईश्वर के अस्तित्व को नकारा गया है। हालाँकि कई दूसरे धर्मों में ईश्वर को ही उद्धार का आधार माना गया है, लेकिन जन-जीवन के सभी युगान्तकारी परिवर्तनों में ऐसे व्यक्तियों की विशेष भूमिका रही है, जो मसीहाई अन्दाज में मुक्तिकामी जन समुदाय में किसी विशेष मार्ग के प्रति अटल आस्था और उत्साह पैदा कर सकें। 'कम्युनिस्ट घोषणापत्र' के जरिए कार्ल मार्क्स दुनिया के शोषित, पीड़ित लोगों को कुछ ऐसे ही मसीहाई अन्दाज में डेढ़ शताब्दी से अधिक से प्रेरित करते रहे हैं। उपरोक्त सूत्रों की प्रस्तुति शुभ-अशुभ, अच्छाई-बुराई, ईश्वर-शैतान और अगर ठोस दुनियावी हकीकत को दर्शाने का मामला हो तो पीड़क-पीड़ित या शोषक-शोषित के सहज और द्वन्द्वात्मक वर्गीकरण और संघर्ष के रूप में की जाती है। इस तरह बुराई के विरुद्ध प्रतिकार की ऊर्जा जटिलताओं में उलझ बिखरने से बचती है। सम्भवत: बाइबिल के बाद कम्युनिस्ट घोषणापत्र दुनिया का सर्वाधिक पढ़ा गया ग्रंथ अथवा लघुग्रंथ है। इसकी भाषा इतनी सशक्त है और प्रत्यक्ष दिखनेवाले तथ्यों, इतिहास के सरलीकृत विवरणों और लोगों की आकांक्षाओं की मिलावट से एक ऐसा विस्फोटक बौद्धिक वातावरण तैयार करता है, जिसके प्रभाव से पाठकों के लिए बच पाना मुश्किल होता है।

यह घोषणापत्र 1948 ई. में जारी किया गया था, जब प्रथम औद्योगिक क्रान्ति से ब्रिटेन, जर्मनी, नीदरलैंड, फ्रांस और पश्चिमी यूरोप के दूसरे देशों का आर्थिक परिदृश्य तेजी से बदल रहा था। पश्चिमी यूरोप से सामन्ती अर्थव्यवस्था नष्ट हो रही थी और नगरों में औद्योगिक गिल्डों के मजदूरों की कार्य क्षमता की जगह कोयले से चलनेवाले नये उद्योग औद्योगिक उत्पादन के क्षेत्र में अपना प्रभुत्व स्थापित कर चुके थे। इस क्रम में बाजार और कच्चे माल के लिए संसार के दूर-दराज देशों

से व्यापारिक सम्बन्ध कायम हो चुका था। रेलवे के विस्तार से एशिया, अफ्रीका आदि के भीतरी क्षेत्र भी इस व्यापार के लिए खोले जा रहे थे और छिटपुट ढंग से नये उद्योगों की स्थापना भी इन महादेशों में हो रही थी, लेकिन मुख्य रूप से इन देशों के लिए कृषि-उत्पाद और खनिजों के क्षेत्र ही फैलाए जा रहे थे। फिर भी एक विहंगम दृष्टि डालने से ऐसा लगता था कि यूरोप की नई औद्योगिक क्रान्ति से पैदा व्यवस्था ही अब एशिया या दूसरे महादेशों का भविष्य है।

यूरोप के नये तरह के कारखानों में बड़ी संख्या में मजदूर मशीनों पर एक साथ लगाए जाते थे। उनके काम में विशेष कौशल की जरूरत नहीं होती थी बल्कि ये ज्यादातर एक ही प्रक्रिया को बार-बार दोहराने की होती थी। इस तरह के कौशलरहित सरल काम के लिए पुरुष मजदूरों की जगह औरतें और बच्चे भी लगाए जाते थे। चूँकि उत्पादन की मात्रा का सीधा सम्बन्ध उद्योगों में काम करनेवाले श्रमिकों की संख्या पर निर्भर करता था, ज्यादा-से-ज्यादा लोगों से ज्यादा-से-ज्यादा समय तक काम कराना उत्पादन फैलाने का सहज उपाय था। खर्च में कटौती के लिए श्रमिकों की मजदूरी कम-से-कम रखने की कोशिश होती थी और उनके काम के स्थान और आवासीय स्थिति को स्वास्थ्य की दृष्टि से मानवीय बनाए रखना जरूरी नहीं समझा जाता था। काम की स्थिति इतनी अमानवीय थी कि कभी-कभी मजदूर विद्रोह कर मशीनों को ही तोड़ने में लग जाते थे—यथा (ब्रिटेन में लुडाइट विद्रोह)। इस तरह पूँजीपति वर्ग की बढ़ती सम्पन्नता और मजदूर वर्ग की अमानवीय स्थिति और विपन्नता का विरोधाभास सभी तरफ साफ दिखाई देता था। मजदूरों की यह मजबूरी थी कि उनके लिए पहले की-सी कोई वैकल्पिक व्यवस्था अब उपलब्ध नहीं थी, जिसकी ओर वे लौट सकें। उनके पास इसी व्यवस्था के भीतर अपनी एकमात्र सम्पत्ति अपने श्रम को बेचने की मजबूरी थी। इस स्थिति में डाल गए मजदूरों को मार्क्स ने 'सर्वहारा' (प्रोलेतारियत) का नाम दिया।

अपने प्रारम्भिक दौर से ही पूँजीवादी व्यवस्था अनेक संकट भी झेल रही थी, जिसे बाद में 'ट्रेड साइकिल' का नाम दिया गया। पूँजीवादी उत्पादन को अन्धाधुन्ध बढ़ते बाजार और मुनाफे की आशा में फैलाया जाता था, लेकिन हकीकत में बार-बार बाजार में संकट पैदा होता था, जिसमें अचानक उत्पादित वस्तुओं का खरीदार नहीं मिलता था और इस तरह उत्पाद नष्ट हो जाते थे और कारखाने बन्द हो जाते थे। मजदूर और वस्तुओं के व्यापार से जुड़े लोग भारी संख्या में बेरोजगार हो जाते थे। यह एक ऐसा संकट था, जो अर्थशास्त्रियों की समझ के परे था और बार-बार नैसर्गिक आपदा की तरह पूँजीवादी दुनिया को आक्रान्त करता रहता था।

मार्क्स ने कम्युनिस्ट मैनिफेस्टो लिखने के ठीक पहले के 1844-47 ई. के अपने अध्ययन में, जिसे 'जर्मन आइडियोलॉजी' का नाम दिया था, इतिहास की भौतिकवादी व्याख्या की थी। हालाँकि उस समय तक यह विचार बिखरा हुआ था।

इसी को संक्षिप्त में एक व्यवस्थित रूप में लगभग एक दशक बाद 'क्रिटिक ऑफ पॉलिटिकल इकोनॉमी' की भूमिका में प्रस्तुत किया गया था। अब मार्क्स ने पूरे इतिहास को ध्रुवीकरण की प्रक्रिया के रूप में पेश किया। इसके मुताबिक मनुष्य अपने जीवन की आवश्यकताओं की पूर्ति के लिए उत्पादन के साधनों के अनुरूप कुछ उत्पादन सम्बन्ध यानी उत्पादन के साधनों के स्वामी और इन पर काम करनेवाले लोगों का सम्बन्ध कायम होता है। इस सिद्धान्त के अनुसार यही सम्बन्ध का आधार है, जिस पर समाज के मानवीय सम्बन्धों का ढाँचा और इससे जुड़े नियम-कानून, विचारधारा, धर्म आदि बनते हैं। आगे इस विकास-क्रम में उत्पादन के साधनों और इससे पैदा उत्पादन सम्बन्धों में संघर्ष पैदा होता है जिससे क्रान्तिकारी उथल-पुथल पैदा होती है और इन क्रान्तियों से पुराने उत्पादन-सम्बन्ध बदल जाते हैं और नये सम्बन्ध की शुरुआत होती है। मार्क्स की दृष्टि में पूँजीवादी व्यवस्था के चक्रीय संकट दरअसल दस्तक थे उस बड़ी क्रान्ति के, जो इस पूरी व्यवस्था को नष्ट कर देनेवाली थी।

घोषणापत्र में मार्क्स ने यह विचार भी व्यक्त किया कि पूँजीवादी व्यवस्था इसके नष्ट होने पर नई व्यवस्था की बागडोर सँभालने के लिए स्वयं एक नया वर्ग पैदा कर रही है—सर्वहारा वर्ग, जिसका जिक्र ऊपर किया गया है। मार्क्स ने इस वर्ग की उत्पत्ति और क्रान्ति को एक अटल नियति के रूप में प्रस्तुत किया।

मार्क्स पर उसके पूर्ववर्ती दार्शनिक हीगेल का गहरा प्रभाव था, जिसके दर्शन में एक ऐतिहासिक नियतिवाद था, लेकिन यह नियतिवादी भौतिक की जगह प्रत्ययवादी (आइडियालिस्ट) विकास की अवधारणा पर आधारित था और इसके अनुसार दुनिया का इतिहास विश्वात्मा (यूनिवर्सल स्पिरिट) के अपने को उद्‌घाटित करने की प्रक्रिया का परिणाम था। मार्क्स ने इसके विपरीत अपनी नियतिवाद के आधार में भौतिक यानी उत्पादन के साधनों और उत्पादन सम्बन्धों के विकास को रखा और वे इसी में इतिहास की घटनाओं की अनिवार्यता देखते थे। यह इतिहास-दृष्टि मार्क्स के विचार में सर्वाधिक महत्त्व की थी। आगे चलकर मार्क्सवादियों में ऐतिहासिक भौतिकवाद एक तरह की तकनीकी नियतिवाद में बदल गया और उसने दूसरे लोगों की सोच को भी प्रभावित किया।* इसके कारण उन्होंने फायरबाख की गैर-ऐतिहासिक दृष्टि की भी काफी आलोचना की थी। हालाँकि वे हीगेल के प्रत्ययवादी (आइडियालिस्ट) दृष्टि को छोड़ने में फायरबाख से अत्यधिक प्रभावित थे।

मार्क्स ने पूँजीपति वर्ग (बुर्जुआ) और सर्वहारा, दोनों ही के विकास को एक क्रमबद्ध और अनिवार्य विकास के रूप में प्रस्तुत किया। बुर्जुआ वर्ग सामन्ती व्यवस्था से शहरों में पलायन कर आए सर्फों (भूदासों) के विकास से पैदा हुआ था। पहले बुर्जुआ उत्पादक गिल्डों में जर्नीमेन (उत्पादक-श्रमिक) के रूप में आए, फिर गिल्ड मास्टर बने और ये ही कालान्तर में उत्पादन पद्धतियों के विकास के क्रम में बुर्जुआ या

* विशेष जानकारी के लिए देखिए परिशिष्ट।

पूँजीपति बन गए। मार्क्स के अनुसार, यह एक अनिवार्य विकास-पद्धति थी। इसी तरह पूँजीवादी विकास-प्रक्रिया के साथ पूँजीवादी उत्पादन में श्रमिक के रूप में आधुनिक सर्वहारा वर्ग का उदय हुआ। यह वह वर्ग था, जो समाज के विभिन्न तबकों से पूँजीवादी उद्योगों में काम करने आया था और इसके पास अपना श्रम बेचने के अलावा जीवन का कोई भी दूसरा आधार नहीं था। मार्क्स के अनुसार, मशीनीकरण एवं पूँजीवादी शोषण-प्रक्रिया से इसकी स्थिति दिनोंदिन बद से बदतर होती जाती है, जिससे अन्ततोगत्वा यह अपनी हित-रक्षा के लिए संगठित होता है—यूनियन बनाता है और इतिहास के एक दौर में पूँजीपति वर्ग से राजनीतिक सत्ता हाथ में लेकर समाजवादी समाज के निर्माण का आधार कायम करता है। उसके अनुसार, बाकी वर्ग—निम्न मध्यवर्ग, किसान, छोटे व्यापारी आदि—इस पूँजीवादी प्रक्रिया में धीरे-धीरे विपन्न हो सर्वहारा वर्ग में शामिल हो जाते हैं और दुनिया में सिर्फ दो ही वर्ग आमने-सामने रह जाते हैं। एक तरफ थोड़े-से बड़े पूँजीपति—क्योंकि प्रतिस्पर्धा में ज्यादातर छोटे पूँजीपति भी नष्ट हो समाज के हाशिये पर सर्वहारा की श्रेणी में डाल दिए जाते हैं—और दूसरी ओर विशाल संख्या में सर्वहारा। इस तरह इतिहास की प्रक्रिया संसार को सरल रूप से विभाजित दो खेमों शोषक और शोषित, पूँजीपति और सर्वहारा में डाल देती है और इससे इतिहास का सबसे निर्णायक और अन्तिम संघर्ष होता है, जिससे शोषण का अन्त होता है और समतामूलक समाज की स्थापना होती है।

इसमें दिलचस्प बात यह है कि घोषणापत्र अपने दायरे में सिर्फ यूरोप के समाज को नहीं लेता बल्कि इसमें सारे संसार के मजदूरों को एक हो इस धर्मयुद्ध में शरीक होने का आह्वान करता है जबकि 1848 ई. में यूरोप में भी पूँजीवाद पूरी तरह स्थापित नहीं हो पाया था—लगभग पूरा पूर्वी यूरोप, रूस समेत पूँजीवादी विकास से वंचित था, रूस में सर्फों को आजादी 1862 ई. में जारशाही के फरमान से मिली और स्वयं अमेरिका में जहाँ पूँजीवाद का विकास तेजी से हो रहा था, गुलामी-प्रथा का अन्त कानूनी ढंग से 1861 ई. के गृहयुद्ध के बाद ही हुआ।

मार्क्स का ऐसा सोचना था कि पूँजीवादी व्यवस्था संसार-भर में राष्ट्रीय उत्पादों की जगह वैश्विक उत्पाद को एवं स्थानीय कच्चे मालों की जगह संसार-भर से आए विविध कच्चे मालों के उपभोग को प्रोत्साहित करेगा। इसी तरह उपभोग का चरित्र भी वैश्विक बनता जाएगा। स्थानीय आत्मनिर्भरता की जगह दुनिया के सभी देशों की एक-दूसरे पर निर्भरता बढ़ती जाएगी। इसी तरह बौद्धिक सम्पदा वैश्विक होती जाएगी और स्थानीय संकीर्णता से मुक्त करेगी। एक वैश्विक साहित्य पैदा होगा। पूँजीवादी उद्योग अपने सस्ते मालों के बल पर पिछड़े समूहों के लोगों की विदेशियों से नफरत की दीवार को तोड़ देगा। साथ ही उन्होंने यह भी कहा कि गाँवों की निर्भरता शहरों पर बढ़ेगी, बड़ी आबादीवाले महानगर बनेंगे और इस तरह गाँवों का गँवारपन (रूरल इडियॉसी) खत्म होगी। इसमें कुछ तो अति विकृत रूप में भविष्यवाणी सिद्ध हुए—जैसे

राष्ट्रों की आर्थिक आत्मनिर्भरता का नाश, नगरों पर गाँवों की निर्भरता आदि, लेकिन इसमें काफी कुछ जहाँ एक तरफ दूर भविष्य की झलक देनेवाला था, वहीं वह इस बात को भी अनदेखा करता था कि नई औद्योगिक क्रान्ति के पहले भी उच्च सभ्यताएँ अस्तित्व में थीं, हालाँकि मशीनी तकनीक का विकास नहीं हो पाया था। एक उदाहरण तो मैक्सिको की प्राचीन सभ्यता का ही था जिसकी सम्पदा की लूट ने गैर-यूरोपीय देशों की उस लूट-खसोट का सूत्रपात किया, जिसका यूरोपीय औद्योगिक क्रान्ति का आधार तैयार करने में खासा हाथ था। एक पुरातत्त्ववेत्ता डेविड ड्रयू ने अपनी पुस्तक 'द लॉस्ट क्रोनिकल्स ऑफ द किंग्स' में मैक्सिको के नगर टेनोच टिटलान का सोलहवीं सदी के प्रारम्भ का यह विवरण दिया है : "यह एक द्वीप पर स्थापित 200,000 लोगों का ऐसा नगर था, जहाँ सिर्फ टेक्साको झील के ऊपर बनी ऊँची सड़कों से पहुँचा जा सकता था। अपने समय में यह सचमुच संसार की एक अचरज की चीज थी। पुरानी दुनिया में सिर्फ कुस्तुनतुनिया या वेनिस की थोड़ी तुलना इससे हो सकती थी। उस समय लन्दन की आबादी लगभग 50,000 थी और सेविल की महज 30,000।

"इसके कपड़ों, चमड़े की वस्तुओं, रंगीन पत्थरों (टोइकाज), कसीदाकारी किए हुए मुखौटों और सुवर्ण के आभूषणों को ब्रूसेल्स की नुमाइश में देखकर विख्यात कलाकार आलेब्रेख्त/ड्यूरेर ने भूरि-भूरि प्रशंसा की थी और कहा था कि मेरी पूरी जिन्दगी में मैंने कुछ भी ऐसा नहीं देखा था, जिससे मुझे इतना आनन्द हुआ हो क्योंकि मैंने उनमें अद्भुत कलाकृतियों के नमूने देखे और अनजान मुल्कों के लोगों की सर्जनात्मकता देख अचम्भित हो गया।"[1]

भारत एवं चीन की सभ्यताएँ भी यूरोप की औद्योगिक क्रान्ति से निकली नई सभ्यता की तुलना में बर्बर नहीं थीं और नई यूरोपीय सभ्यता ने इनसे काफी कुछ उधार लिया था।

लेकिन मसीहाई आह्वान की शक्ति ऐसी ही सरलीकृत तसवीर से आती है। विस्तार से विश्लेषणों में पड़ने और विपरीत दिखनेवाले तथ्यों के साक्षात्कार से संशय पैदा होता है और इससे समाज के नवनिर्माण में सब कुछ न्यौछावर करने का संकल्प डगमगाने लगता है। इसलिए लगभग एक सदी तक प्रत्यक्ष अनुभवों के विपरीत मार्क्स से प्रेरित क्रान्तिकारियों को संसार की सरलीकृत तसवीर—जिसमें सारा संसार दो विपरीत खेमों में विभाजित है और क्रान्ति के उपयुक्त स्थिति मौजूद है—ठीक वैसी ही दिखती रही जैसी घोषणापत्र में वर्णित है। यूरोप में ही नहीं, सुदूर एशिया और अफ्रीका में भी मजदूरों के अन्तरराष्ट्रीय गाने की ये पंक्तियाँ दुहराई जाती रहीं—"देश-देश के मजदूरों ने झंडा लाल उठाया है, जो भूखा था, जो नंगा था, अब गुस्सा उसको आया है।"[2]

मनुष्य के मनोविज्ञान में सरलीकरण की प्रक्रिया बड़ी जबर्दस्त होती है और साफ-सुथरी व्यस्थित तसवीर को वक्र करनेवाले बिन्दुओं को नजरअन्दाज करने का जबर्दस्त रुझान होता है। इस तरह कम्युनिस्ट घोषणापत्र की मूल मान्यताओं के अनुसार, इतिहास की प्रक्रिया अनिवार्य रूप से द्वन्द्वात्मक है, जिसमें वर्गों के संघर्ष

की भूमिका केन्द्रीय है। इसमें कई पड़ाव हैं—जैसे गुलामों का संघर्ष, गुलामों के स्वामियों से सामन्ती व्यवस्था में भूदासों (सर्फों) का संघर्ष सामन्तों (फ्युडल लॉर्डों) से, लेकिन गुलामी व्यवस्था, यथा रोम की व्यवस्था में कई अन्य तरह के विभाजन भी थे, जैसे प्लेबियनो ओर पैट्रिशियनो के और सामन्ती व्यवस्था में तो सामन्तों के ही कई स्तर थे और तत्कालीन शहरों के औद्योगिक उत्पादन की गिल्ड व्यवस्था में गिल्ड मास्टर और जर्नीमेन आदि।

इनके विपरीत मार्क्स के अनुसार, पूँजीवादी व्यवस्था में विभाजन बिलकुल सीधा हो जाता है—पूँजीपतियों और सर्वहारा के बीच। साथ ही मार्क्स के अनुसार, जैसा ऊपर कहा गया है, बाकी जितने भी दूसरे वर्ग हैं, समाप्त होते जाते हैं और सबके सब सर्वहारा में शामिल हो जाते हैं। मशीनीकरण से सर्वहारा का काम सभी तरह के कौशल से पूरी तरह शून्य हो जाता है और इसकी कीमत लगातार गिरती जाती है क्योंकि इसके श्रम का खर्च उतना ही होता है, जितना कौशलहीन सर्वहारा को जिन्दा रखने भर के लिए जरूरी होता है। हालाँकि यह कहा नहीं गया था, फिर भी जो पूँजीवाद के वैश्विक विकास की तसवीर दी गई थी, उससे यह ज्ञात होता है कि सारे संसार में लगभग इसी ढाँचे पर पूँजीवाद का विकास होना था और सभी जगह सर्वहारा-क्रान्ति की एक ही राह थी। मार्क्स के समय यूरोपीय मानस में संसार का अर्थ यूरोप ही था, बाकी दुनिया एक परिशिष्ट (Appendex) की तरह थी और मार्क्स ने घोषणापत्र में सिर्फ जर्मनी की स्थिति को ही प्रथम सर्वहारा क्रान्ति के उपयुक्त माना था। इस विश्लेषण में यह भी निहित है कि पूँजीपति वर्ग स्वयं ही वह औद्योगिक और आर्थिक आधार तैयार कर रहा है, जिससे पूँजीवादी अर्थव्यवस्था का अन्तर्विरोध है, जो इसके संकटों से ज्ञात होता है और मजदूरों को इस आर्थिक आधार पर कब्जा-भर करना है। मार्क्स ने घोषणापत्र में सिर्फ यही नहीं कहा था कि बाकी वर्गों के अन्त से केवल पूँजीपति और सर्वहारा वर्ग अस्तित्व में रह जाएँगे बल्कि यह भी कहा था कि पूँजीवादी विकास-क्रम में राष्ट्रीयता, मूल आदि के विभाजन और इनसे जुड़ी भावनाओं का भी अन्त हो जाएगा और सर्वहारा में सिर्फ वर्ग-चेतना बच जाएगी।

कम्युनिस्ट घोषणापत्र की बातों का कुछ तफसील से जिक्र इसलिए किया गया क्योंकि मार्क्स की रचनाओं में यही है, जिसे उनके विचारों का सबसे अधिक प्रतिनिधि माना गया, या कम-से-कम अपनी मसीहाई अपील के कारण कम्युनिस्ट कार्यकर्ता के मन पर इसी की मर्मस्पर्शी छाप अंकित रहती है। इसीलिए अनेक विपरीत अनुभवों के बाद भी दुनिया-भर में पूँजीवाद के प्रसार और इसके बाद सर्वहारा क्रान्ति की अनिवार्यता मार्क्सवाद से प्रभावित लोगों के मन से गई नहीं है। सोवियत संघ के पतन और चीन द्वारा पूँजीवादी अर्थव्यवस्था को 'समाजवादी बाजार व्यवस्था' के नाम से अपना लिये जाने के बाद भी बड़ी संख्या में कम्युनिस्ट यह मानते हैं कि यह भी मार्क्स

द्वारा एक बार सारे संसार में पूँजीवाद के प्रसार की अनिवार्यता को ही बतलाता है ओर एक बार संसार-भर में जब पूँजीवाद फैल जाएगा तो फिर समाजवादी क्रान्ति का मार्ग आसान हो जाएगा। कुछ लोग शायद यह भी मान लेते हैं कि रूस और चीन की 'समाजवादी' व्यवस्था की विकृतियाँ ओर उनके पतन का कारण क्रान्ति की स्थितियों का वैसा परिपक्व न होना था, जो क्रान्ति के लिए जरूरी था क्योंकि रूस और चीन क्रान्ति के समय क्लासिकी ढंग के पूँजीवाद देश होने की बजाय अभी अर्ध-सामन्ती पूँजीवाद की दहलीज पर खड़े थे। स्वयं भारत में कुछ राज्यों, यथा पश्चिम बंगाल, त्रिपुरा और केरल में सत्ता में रहकर और वैश्विक पूँजीवादी व्यवस्था के अनुरूप नीतियाँ चलाते हुए भी भारतीय कम्युनिस्ट ऐसा नहीं मानते कि वे अपनी क्रान्ति-निष्ठा से विचलित हुए हैं। साम्यवाद की अन्तिम विजय का विश्वास अभी भी ईसाइयों के कयामत के दिन के विश्वास की तरह उनके मन में बैठा हुआ है। तब तक संसार के पूँजीवाद द्वारा बिछाए गए बिसात पर ही सभी को गोटियाँ बैठाते रहना है।

दुनिया के लाखों लोगों के लिए कम्युनिस्ट घोषणापत्र मार्क्स की विचारधारा का आधार है और संसार की जो सरलीकृत छवि इसमें प्रस्तुत की गई है, उसे ही मार्क्स का प्रतिनिधि विचार माना गया है। कुछ तथ्यपरक, कुछ दार्शनिक और काफी कुछ क्रान्तिकारी उत्साह के आह्वान के रूप में प्रस्तुत किया गया घोषणापत्र क्रान्तिकारियों के मनोनुकूल जरूर रहा, लेकिन इसके बाहर मार्क्स का सबसे महत्त्वपूर्ण वैज्ञानिक अध्ययन इसके दो दशक के बाद का है, जिसे 'पूँजी' नामक उसकी पुस्तक में प्रस्तुत किया गया।

'पूँजी' दरअसल 1857-58 में लिखे एक लम्बे लेख 'ग्रुंडरिस्से' में प्रस्तावित बृहत् अध्ययन का हिस्सा था। 'ग्रुंडरिस्से' में मार्क्स के अर्थशास्त्र के अध्ययन को छह भागों में बाँटने की योजना थी, जिसका पहला हिस्सा 'पूँजी' था, जिसे चार खंडों में प्रस्तुत किया गया था। इसमें सिर्फ पहला खंड मार्क्स के जीवन में 1867 ई. में प्रकाशित हुआ। दूसरे और तीसरे खंड 1883 ई. के बाद जब मार्क्स की मृत्यु हो गई, फ्रेडरिक एंगेल्स द्वारा उनकी पांडुलिपि के अनेक नोट्स के आधार पर तैयार किया गया था जिन्हें मार्क्स छोड़ गए थे। 'पूँजी' इस अर्थ में बहुत महत्त्वपूर्ण है कि यह पूरी तरह तथ्यपरक है और ब्रिटेन में उपलब्ध तथ्यगत रिपोर्टों पर आधारित है। इसमें उस समय की चर्चा में रहनेवाले अनेक अर्थशास्त्रियों के विचारों की भी विस्तृत समालोचना है। सम्भवत: दुनिया की नई व्यवस्था को, जिसे बुर्जुआ या फ्री मार्केट इकोनॉमी कहा जाता था, टाइपोलॉजी में डाल 'पूँजीवाद' के रूप में चिह्नित करने में इस पुस्तक का महत्त्वपूर्ण हाथ है। यह जानना दिलचस्प होगा और शायद दुनिया के भविष्य के लिए महत्त्वपूर्ण भी कि क्या दुनिया का विकास घोषणापत्र में उल्लिखित दिशा में ही हुआ है? 'पूँजी' के अध्ययन से भी विकास की कुछ वैसी ही क्रमबद्ध और अनिवार्य परिणति दिखाई देती है क्या? पूँजीवाद सचमुच

वैसी औद्योगिक अर्थव्यवस्था का आधार तैयार कर रहा है, जिसे अपने हाथ में ले 'सर्वहारा' साम्यवाद की ओर प्रस्थान के लिए पहल कर सके? क्या संसार का विभाजन वैसा ही सरलीकृत है, जिसमें दो ही वर्ग हैं—भारी संख्या में सभी मानवीय आधार से वंचित औद्योगिक मजदूर (सर्वहारा) और मुट्ठी-भर पूँजीपति?

मार्क्स के जीवन के अन्तिम वर्ष 1883 ई. तक पूँजीवाद के विकास के कुछ लक्षण तो गैर-यूरोपीय देशों में दिखाई दिए। जहाँ-तहाँ इसके पड़ाव भी अस्तित्व में आए, लेकिन अपनी पूर्णता में अर्थव्यवस्था और पूरे सामाजिक जीवन को समेट लेनेवाला पूँजीवाद का सर्वग्रासी विस्तार कहीं दिखाई नहीं दिया। इसके दो अपवाद थे। एक अमेरिका, जहाँ विशाल प्राकृतिक प्रचुरता के बीच ब्रिटेन द्वारा यूरोपीय जीवन-पद्धति को आरोपित किया गया था और यूरोपीय अतिक्रमण के प्रतिरोध से जापान, जहाँ इसके लिए विशेष स्थितियाँ थीं। हाँ, यह जरूर हुआ कि इन देशों के सम्पर्क और व्यापार से यूरोप की अर्थव्यवस्थाओं में भारी सम्पन्नता आई। स्वयं फ्रेडरिक एंगेल्स (जिनके विचार मार्क्स से अभिन्न रूप से जुड़े थे और जैसा ऊपर कहा गया है, जिन्हें 'पूँजी' के दूसरे और तीसरे खंड, जो मार्क्स के जीवनकाल में अप्रकाशित थे, को सम्पादित कर प्रकाशित करने का श्रेय प्राप्त था), ब्रिटेन में सर्वहारा क्रान्ति की सम्भावना के प्रति संशयग्रस्त होने लगे थे और उन्होंने इस बात पर खेद व्यक्त किया था कि ब्रिटेन का मजदूर वर्ग दूसरे देशों से लाई गई सम्पन्नता से खुशहाल हो रहा है और इसके नेतृत्व का स्वरूप क्रान्तिकारी और समाजवादी होने की बजाय बुर्जुआ उदारवादी का बन रहा है। एंगेल्स या दूसरे यूरोपीय समाजवादियों का ध्यान यह देखने की ओर कम ही गया कि गैर-यूरोपीय देशों में इस विकास का क्या असर हो रहा था, हालाँकि 'पूँजी' में प्रारम्भिक दिन में इस सम्पर्क के प्रभावों का कुछ वर्णन जरूर मिलता है, लेकिन जो तथ्य फ्रेडरिक एंगेल्स के लिए हैरत में डालनेवाले भटकाव थे, यूरोप के कुछ दूसरे मार्क्सवादियों के लिए विचार में आवश्यक परिवर्तन की माँग करते दिखाई देते थे। इन्हीं स्थितियों में स्वयं जर्मनी के मार्क्सवादी एडुआर्ड बर्नस्टीन ने स्टुट्गार्ट सम्मेलन में मार्क्स के विचारों में कुछ संशोधन करने का सुझाव दिया। उन्होंने यह प्रस्ताव रखा कि यूरोप में पूँजीवाद का जैसा स्वरूप विकसित हो रहा है—यानी सर्वहारा की दरिद्रता घट रही है और समाज का विभाजन पूँजीपति और सर्वहारा के दो ध्रुवों पर होने की बजाय बीच में अनेक मध्यवर्गीय समूह पैदा हो रहे हैं—उनमें सर्वहारा क्रान्ति की सम्भावना क्षीण होती जा रही है। अत: उन्होंने क्रान्ति की बजाय सुधारों के माध्यम से समाजवाद की ओर क्रमिक विकास की नीति को ही व्यावहारिक माना। उनके विचारों का, जिसे 'संशोधनवाद' कहा जाने लगा, उस समय की सोशल डेमोक्रेटिक पार्टी में तीव्र विरोध हुआ और उसके दिग्गज नेताओं, जैसे कार्ल काट्स्की और रोजा लक्जमबर्ग आदि के विरोध से उस समय इस संशोधन को पूरी तरह खारिज कर दिया गया।

लेकिन इतिहास की धारा बर्नस्टीन के पक्ष में ही जा रही थी। जर्मनी का सर्वहारा दरिद्र तो नहीं ही बना था, राष्ट्रीयता की भावना से भी मुक्त नहीं हुआ था और जब 1914 ई. में प्रथम विश्वयुद्ध हुआ तो हकीकत के इस दबाव से सोशल डेमोक्रेटिक पार्टी के ज्यादा नेता राष्ट्रवादी बन युद्ध प्रयासों के समर्थक बन गए। कॉट्स्की अलग-थलग बन क्रान्ति की जगह राष्ट्रों के बीच शान्तिवाद के समर्थक बने रहे और युद्ध के आखिरी समय जब जर्मनी की पराजय के क्षण में मजदूर रोजा लक्जमबर्ग की क्रान्ति के आह्वान की ओर आकर्षित हुए और स्पार्टिसिस्टों का विद्रोह हुआ तो उन्हें स्वयं अपने ही एबर्ट की सोशल डेमोक्रेटिक सरकार के दमन का मुकाबला करना पड़ा। इसकी पराजय के दौर में इस विद्रोह की नेता रोजा लक्जमबर्ग और लाइबनेख्त की हत्या कर दी गई।

इस सन्दर्भ में एक महत्त्वपूर्ण बात जो उभरी, वह यह है कि घोषणापत्र में व्यक्त आशा के अनुरूप पूँजीवाद का स्वायत्त विकास कहीं हुआ नहीं। पूँजीवाद का विकास यूरोप की विशेष परिस्थितियों और धन अर्जित करने के लिए असाधारण लूट-खसोट की प्रवृत्ति का परिणाम था। इसके लिए प्रारम्भिक प्रेरणा तो पन्द्रहवीं शताब्दी में कोलम्बस से शुरू जहाजियों का अमेरिका और एशिया के भू-भागों से सम्पर्क, लूट-खसोट और व्यापार से आनेवाले धन से मिली। धन कमाने की इस प्रवृत्ति ने ही नगरों के औद्योगिक गिल्डों की जगह, जो न्यूनाधिक इसमें काम करनेवालों के सहयोग पर आधारित थे, उत्पादन को कारखानों के मालिकों के नियंत्रण में ला दिया। अन्तरराष्ट्रीय व्यापार से अचानक आई सम्पन्नता और इससे फैली माँग के लिए गिल्डों का पुराना ढाँचा अपर्याप्त साबित होता था। इस तरह उत्पादन के साधनों के स्वाभाविक विकास से नहीं बल्कि यूरोप के सम्पन्न लोगों की लिप्सा के अस्वाभाविक विस्फोट से ही यूरोप में पूँजीवाद के विकास की नींव पड़ी। कुछ समाजशास्त्री धन-अर्जन की लिप्सा के इस अचानक विस्तार को प्रोटेस्टेंट मूल्यों की अभिव्यक्ति के रूप में देखते हैं, जिसमें ईश्वरीय अनुकम्पा का प्रमाण इहलौकिक सफलता यानी व्यापार और धन अर्जित करने में सफलता में देखने लगे थे। इसमें सन्देह नहीं कि व्यापारिक प्रसार से औद्योगिक विकास तक की यात्रा पूरी करने में उन देशों ने विशेष महारत हासिल की, जहाँ प्रोटेस्टेंट धर्म ने अपनी जड़ जमा ली थी और उत्तरी अमेरिका, जो बाद में आधुनिक अमेरिका बना, वह तो शुरू से ही इसके सबसे उग्र तत्त्व प्युरिटनो से पटा था, जो 'पिलग्रिम फादर्स' से शुरू कर लगातार उत्तरी अमेरिका में बस रहे थे और वहाँ के मूल निवासियों को मारकर या खदेड़कर उनके भू-भागों को दखल करने में ईश्वरीय अनुकम्पा का सबूत पेश कर रहे थे।

मार्क्स ने 1848 ई. में कम्युनिस्ट घोषणापत्र जाहिर करने के पहले मजदूरों के बेगानेपन (ऐलिनियेशन) पर विशद् चर्चा की थी। उनका मानना था कि श्रम-विभाजन से पूँजीपतियों के नियंत्रण में एक तरह का नीरस और उबाऊ काम करने

के क्रम में मजदूर अपने आप से बेगाना हो जाता है और मालिकों को दिया गया श्रम उसके स्वत्व के बेगानेपन की अभिव्यक्ति होती है। यही बेगाना श्रम संचित हो पूँजीपतियों के हाथ की पूँजी बन जाता है और इस तरह फिर भविष्य में मजदूरों के शोषण का औजार। अत: अगर पूँजी को बड़ी मात्रा में शोषण का औजार बनना है तो कहीं-न-कहीं प्रारम्भ में इसका संचय होना चाहिए। यह संचय विशेष रूप से एक यूरोपीय परिघटना थी। वैसे तो समाज और उत्पादन के साधनों का विकास दुनिया के अनेक देशों में हुआ तथा पुरानी और नई दुनिया में भी अनेक सभ्यताओं का विकास हुआ, लेकिन कहीं भी दूसरी जगह वह मानसिकता नहीं पैदा हुई और पूँजी संचय का वैसा विशाल आयोजन नहीं हो पाया, जो यूरोप में हुआ। इसी से यूरोप में ही पूँजीवाद का वैसा स्वत:स्फूर्त विकास देखने में आया, जैसा दुनिया में अन्यत्र कहीं भी नहीं हो सका। इसलिए यह सोचना भूल होगी कि पूँजीवाद का विकास उत्पादन के साधनों के विकास के क्रम में अनिवार्य रूप से होनेवाला एक पड़ाव है। दरअसल, यह यूरोप की एक विशेष परिस्थिति, एक खास मानसिकता और संसार-भर के और अपने देश के भीतर के धन को भी सभी हथकंडों से हासिल करने के संकल्प का ही परिणाम था और अपने विकास में भी यह स्वायत्त रूप से विकसित नहीं हो सकता, इसे सदा बाहर के संसाधनों का सहारा ढूँढ़ना पड़ता है।

यूरोप और विशेषकर ब्रिटेन में 'आदि पूँजी संचय' की प्रक्रिया का विस्तार से वर्णन मार्क्स की पुस्तक 'पूँजी' के प्रथम भाग के अन्तिम हिस्से में दिया गया है और इसके विविध स्वरूपों को समझने के लिए मार्क्स द्वारा प्रस्तुत किए गए विवरणों के उद्धरणों से बेहतर कोई माध्यम नहीं हो सकता। मार्क्स ने पूँजी खंड प्रथम में 'तथाकथित आदिम संचय' के विषय में निम्न प्रकार से लिखा है :

"...लेकिन पूँजी का संचय होने के लिए अतिरिक्त मूल्य (सरप्लस वैल्यू) का पैदा होना आवश्यक है। अतिरिक्त मूल्य पैदा होने के लिए पूँजीवादी उत्पादन होना जरूरी है और पूँजीवादी उत्पादन के अस्तित्व में आने के लिए आवश्यक है कि पण्यों के उत्पादकों के हाथों में पूँजी और श्रम-शक्ति की काफी बड़ी राशियाँ पहले से मौजूद हों। इसलिए ऐसा लगता है, जैसे यह पूरी प्रक्रिया एक अपचक्र के भीतर चलती रहती है, जिससे बाहर निकलने का यही रास्ता है कि हम यह मान लें कि पूँजीवादी संचय के पहले आदिम संचय (जिसे एडम स्मिथ ने 'पूर्वकालिक संचय' कहा था) हुआ था यानी कभी एक ऐसा संचय हुआ था, जो उत्पादन की पूँजीवादी प्रणाली का परिणाम नहीं था बल्कि उसका प्रस्थान बिन्दु था।"[3]

आगे वे लिखते हैं : "आदिम संचय के इतिहास में ऐसी तमाम क्रान्तियाँ युगान्तरकारी होती हैं, जो विकासमान पूँजीपति वर्ग के लिए लीवर का काम करती हैं। सबसे अधिक यह बात उन क्षणों के लिए सच है, जब बड़ी संख्या में यकायक और जबर्दस्ती उनके जीवन-निर्वाह के साधनों से अलग कर दिया जाता है और

स्वतंत्र एवं 'अनाश्रित' सर्वहारा के रूप में श्रम की मंडी में फेंक दिया जाता है। इस पूरी प्रक्रिया का आधार है, खेतिहर-उत्पादक-किसान की जमीन को उससे छीन लिया जाना। इस भूमि-हरण का इतिहास अलग-अलग देशों में अलग-अलग रूप धारण करता है और हर जगह एक भिन्न क्रम में तथा भिन्न कालों में अपनी अनेक अवस्थाओं में से गुजरता है, किन्तु उसका सबसे ठेठ रूप केवल इंग्लैंड में देखने को मिलता है, जिसको हम यहाँ मिसाल की तरह पाठकों के सामने पेश करेंगे।"[4]

आगे कुछ मिसालें यों प्रस्तुत की गई हैं : "ज़िस क्रान्ति ने उत्पादन की पूँजीवादी प्रणाली की नींव डाली, उसकी प्रस्तावना पन्द्रहवीं शताब्दी की आखिरी तिहाई में और सोलहवीं शताब्दी के पहले दशक में लिखी गई थी। इस काल में सामन्तों के भृत्यों और अनुगामियों के दल, जिनसे सर जेम्स स्टुअर्ट के न्यायोचित शब्दों में 'हर घर और किला व्यर्थ भरा रहता था' भंग कर दिए गए और इसके फलस्वरूप स्वतंत्र सर्वहारा मजदूरों की एक बहुत बड़ी संख्या श्रम की मंडी में झोंक दी गई।...इससे कहीं अधिक बड़ा सर्वहारा वर्ग बड़े-बड़े सामन्तों, राजा और संसद के विरुद्ध धृष्टतापूर्वक संघर्ष करते हुए किसानों को जबर्दस्ती उन जमीनों से खदेड़कर, जिन पर उनका भी खुद सामन्तों के समान ही सामन्ती अधिकार था और सामूहिक भूमि को छीनकर पैदा कर दिया। फ्लैंडर्स में उनके उद्योग का तेज विकास होने और उसके साथ-साथ इंग्लैंड में ऊन का भाव बढ़ जाने से इन बेदखलियों को प्रत्यक्ष रूप में बढ़ावा मिला। पुराना अभिजात वर्ग बड़े-बड़े सामन्ती युद्धों में मर-खप गया था। नया अभिजात वर्ग अपने युग की सन्तान था, जिसके लिए पैसा ही सबसे बड़ी ताकत थी। इसलिए उसका नारा था कि खेती की जमीनों को भेड़ों के बाड़ों में बदल डालो।"[5]

इस तरह सुधारों के कारण कैथोलिक चर्च की सम्पत्ति का अपहरण हुआ। मार्क्स लिखते हैं : "लोगों की सम्पत्ति का बलपूर्वक अपहरण कर लेने की प्रक्रिया के सोलहवीं शताब्दी में रोमन चर्च के सुधार से और उसके फलस्वरूप चर्च की सम्पत्ति की लूट से एक नया और जबर्दस्त बढ़ावा मिला। चर्च-सुधार के समय कैथोलिक चर्च इंग्लैंड की भूमि के एक बहुत बड़े हिस्से का सामन्ती स्वामी था। जब मठों आदि पर ताले डाल दिए गए तो उनमें रहनेवाले लोग सर्वहारा की पाँतों में भर्ती हो गए। चर्च की जागीरें अधिकतर राजा के लुटेरे कृपा-पात्रों को दे दी गईं या नाममात्र के दाम पर सट्टेबाज काश्तकारों और नागरिकों के हाथ बेच दी गईं, जिन्होंने सारे के सारे पुश्तैनी शिकमीदारों को जमीन से खदेड़ दिया और उनकी जोतों को मिलाकर एक कर लिया।...रानी एलिजाबेथ इंग्लैंड की यात्रा करने के बाद चिल्ला पड़ी थीं कि 'यहाँ तो सब ओर कंगाल ही कंगाल हैं' उनके राज्यकाल के तैंतालीसवें वर्ष में राष्ट्र को गरीबों की आर्थिक सहायता करने के लिए कर लगाकर सरकारी तौर पर यह मान लेना पड़ा कि देश में मुहताजी फैली हुई है।"[6]

'पूँजी' में किसानों की भूमि के ऐसे अपहरणों के अनेक उदाहरण मार्क्स ने प्रस्तुत किए हैं, जिससे स्पष्ट होता है कि आदिम संचय से सर्वहारा का जन्म कोई स्वाभाविक प्रक्रिया का परिणाम नहीं था, बल्कि व्यापारिक लाभ से उत्पन्न हुई लोलुपता से प्रभावित लोगों द्वारा जोर-जबर्दस्ती और अमानुषिक जुल्मों का परिणाम था। दूसरी ओर जमीन से विस्थापित लोगों को तरह-तरह के अमानुषिक कानूनों के जरिए इस बात के लिए मजबूर किया जाता था कि वे कठिन से कठिन काम करें। मार्क्स ने 'पूँजी' में ही ऐसे कानूनों के अनेक उदाहरण दिए हैं। उन्होंने लिखा है :

"हेनरी आठवें के राज्यकाल में 1530 ई. में एक कानून बनाया गया, जिसके अनुसार ऐसे भिखारियों को, जो बूढ़े हो गए थे और काम करने के लायक नहीं रह गए थे, भीख माँगने का लाइसेंस मिल जाता था। दूसरी ओर हट्टे-कट्टे आवारा लोगों को कोड़े लगाए जाते थे और जेलखानों में डाल दिया जाता था। कानून के अनुसार, इन लोगों को गाड़ी के पीछे बाँधकर उस वक्त तक कोड़े लगाए जाते थे, जब तक कि उनके बदन से खून नहीं बहने लगता था, और उसके बाद उनसे कसम खिलवाई जाती थी कि वे अपने जन्म-स्थान को लौट जाएँगे या उस जगह चले जाएँगे, जहाँ वे पिछले तीन साल से रहे थे और वहाँ श्रम करेंगे।"

फिर आगे : "एड्वर्ड छठे के राज्यकाल के प्रथम वर्ष 1547 ई. में एक कानून बनाया गया, जिसके अनुसार यदि कोई आदमी काम करने से इनकार करता था तो उसे उस व्यक्ति की गुलामी करनी पड़ती थी, जिसने उसके खिलाफ शिकायत की थी कि वह अपनी समय काहिली बिताता है। गुलाम के मालिक को उसे रोटी और पानी, पतला शोरबा और बचा-बचाया मांस ही खाने को देना होता था। वह उससे किसी भी तरह का काम ले सकता था, चाहे वह काम कितना भी घिनौना क्यों न हो और इसके लिए कोड़े और जंजीर का इस्तेमाल कर सकता था। अगर गुलाम काम से चौदह दिन गैर हाजिर रहता था, उसे जीवन-भर की गुलामी की सजा दी जाती थी और उसके माथे पर गाल पर गुलामी का 's' निशान दाग दिया जाता था। अगर वह तीसरी बार काम से भाग जाता था तो उसको घोर अपराधी करार देकर फाँसी दे दी जाती थी। अपनी किसी भी अन्य व्यक्तिगत सम्पत्ति या पशु की तरह मालिक गुलाम को बेच सकता था और किराए पर उठा सकता था। यदि गुलाम अपने मालिकों के खिलाफ कुछ करने की कोशिश करते थे, तो उनको भी फाँसी दे दी जाती थी। स्थानीय मजिस्ट्रेट सूचना मिलते ही ऐसे बदमाशों को पकड़ मँगाते थे। यदि यह देखा जाता था कि कोई आवारा आदमी तीन दिन से कुछ नहीं कर रहा है तो उसे उसके जन्म-स्थान पर ले जाया जाता था और लोहा लाल करके उसकी छाती पर आवारागर्दी का 'V' चिह्न दाग दिया जाता था और फिर जंजीरों से जकड़कर उससे सड़क कुटवाई जाती थी या और कोई काम लिया जाता था। अगर आवारा आदमी अपने जन्म-स्थान का गलत पता बताता था तो उसे जीवन-भर

इस स्थान की, वहाँ के निवासियों की और वहाँ के कॉरपोरेशन की गुलामी करनी पड़ती थी और उसके माथे पर गुलामी का 'S' चिह्न दाग दिया जाता था। व्यक्तियों को आवारा आदमियों के बच्चों को उठा ले जाने और शागिर्द मजदूरों के रूप में उनसे काम लेने का अधिकार था, लड़कों से 24 वर्ष की आयु तक और लड़कियों से 20 वर्ष की आयु तक। यदि ये बच्चे भाग जाते थे तो उनको उपरोक्त आयु तक अपने मालिकों की गुलामी करनी पड़ती थी, जो इच्छा होने पर उनको जंजीरों से बाँधकर रख सकते थे, कोड़े लगा सकते थे आदि।"

मार्क्स के अनुसार, यूरोप के दूसरे देशों; यथा फ्रांस, हॉलैंड आदि में भी ऐसे ही कानून सोलहवीं शताब्दी से लेकर अठारहवीं शताब्दी तक लागू होते रहे। ऐसे अनेक विवरणों के बाद मार्क्स लिखते हैं : "इस प्रकार खेती करनेवाले लोगों की सबसे पहले जबर्दस्ती जमीनें छीनी गईं, फिर उनको उनके घरों से खदेड़ा गया, आवारा बनाया गया और उसके बाद उनको निर्मम और भयानक कानूनों का उपयोग करके कोड़े लगाए गए, दहकते लोहे से दागा गया, तरह-तरह की यातनाएँ दी गईं और इस प्रकार उनको मजदूरी की प्रणाली के लिए आवश्यक अनुशासन सिखाया गया।"[7]

मार्क्स के अनुसार, वर्तमान विकसित पूँजीवादी व्यवस्था में आर्थिक दबावों के कारण आज भी मजदूर वैसे ही काम करने के लिए मजबूर होता है, हालाँकि कुछ बल-प्रयोग अभी भी अपवाद के रूप में किया जाता है। इसीलिए अपनी स्थिति को सुधारने के मजदूरों के सामूहिक प्रयत्नों को सदा प्रतिबन्धित करने के प्रयास होते रहे, जैसे ब्रिटेन में ही कम्बिनेशन ऐक्ट से मजदूरों को संगठन बनाने के अधिकार से वंचित कर दिया गया था और बाद में काफी आन्दोलन करके ही मजदूर संगठन बनाने का अधिकार हासिल कर सके। आज भी भारत समेत अनेक देशों में मजदूरों की हड़ताल के अधिकार को बाधित करने के प्रयास सरकारों द्वारा होते हैं, लेकिन सबसे बढ़कर पूँजीवादी व्यवस्था से लगातार मजदूरों में बेरोजगारी बढ़ने से उनमें अपनी रोजी को बचाए रखने की चिन्ता इतनी अधिक होती है कि वे जल्दी ऐसे आन्दोलन में पड़ने से बचते हैं, जिससे उनकी रोजी चली जाए। अगर हम यूरोप के पूँजीवाद के उदय के पूर्व की स्थितियों से लेकर पूर्ण विकसित पूँजीवाद के आधुनिक काल तक की स्थिति पर विचार करें तो मजदूरों के प्रत्यक्ष या अप्रत्यक्ष दमन की एक निरन्तरता दिखाई देती है।

सर्वहारा के जन्म और विकास के साथ संकेन्द्रित पूँजी का विकास भी अभिन्न रूप से जुड़ा है और यह भी लूट-खसोट, दमन और धोखाधड़ी पर ही आधारित रहा है। इसमें जहाजियों द्वारा अमेरिका और ऑस्ट्रेलिया की खोज और अफ्रीका के दक्षिणी भाग की परिक्रमा करते हुए एशिया से नये व्यापारिक सम्बन्ध—जिसमें व्यापार और लूटपाट का मिश्रित धन्धा था—का महत्त्वपूर्ण योगदान था। मार्क्स

लिखते हैं : "अमेरिका में सोने और चाँदी की खोज, आदिवासी आबादी का समूल नष्ट कर दिया जाना, गुलाम बनाया जाना और खानों में जिन्दा दफना दिया जाना, ईस्ट इंडिया की विजय तथा लूट का श्रीगणेश, अफ्रीका का हब्शियों के व्यापारिक आखेट की भूमि बन जाना—इसी प्रकार की घटनाओं के द्वारा यह संकेत मिला था कि पूँजीवादी उत्पादन का अरुणोदय हो रहा है। इन सुखद क्रियाओं का आदिम संचय में मुख्य भाग रहा है। उसके बाद तुरन्त ही यूरोपीय राष्ट्रों का वाणिजय युद्ध आरम्भ हो गया, जिसका क्षेत्र पूरा भूगोल था। वह शुरू हुआ स्पेन के आधिपत्य के विरुद्ध नीदरलैंड के विद्रोह से इंग्लैंड के जैकोबिन विरोधी युद्ध में उसने भयानक विस्तार प्राप्त किया और चीन के खिलाफ अफीम युद्धों के रूप में आज भी जारी है इत्यादि।"[8]

एशिया में हॉलैंड और पुर्तगाल के लोगों द्वारा इंडोनेशियाई द्वीप समूह में लूटपाट एवं गुलाम बनाने और बेचने के निर्मम व्यापार के विवरण के बाद मार्क्स भारत के आदिम संचय की प्रक्रिया का विवरण इन शब्दों में करते हैं : "जैसा कि सुविदित है, अंग्रेजों की ईस्ट इंडिया कम्पनी का हिन्दुस्तान में राजनीतिक शासन तो था ही, इसके अलावा उसको चाय के व्यापार का, चीन के साथ सभी प्रकार के व्यापार करने का और यूरोप में माल लाने और यूरोप में माल ले जाने का एकाधिकार भी मिला हुआ था। परन्तु हिन्दुस्तान के समुद्री किनारे के व्यापार और पूर्वी द्वीपों के पारस्परिक व्यापार और साथ ही हिन्दुस्तान के अन्दरूनी व्यापार का भी कम्पनी के ऊँचे अधिकारियों का एकाधिकार था। नमक, अफीम, पान और अन्य मालों के व्यापार का एकाधिकार धन की अक्षय खान का काम करता था। इन चीजों के दाम खुद कम्पनी के कर्मचारी निश्चित करते थे और अभागे हिन्दुओं को इच्छानुसार लूटते थे। इस प्राइवेट व्यापार में गवर्नर जनरल भी भाग लेता था। उसके कृपापात्रों को इतनी अच्छी शर्तों पर ठेके मिल जाते थे कि वे कीमियागरों से अधिक होशियार होने के कारण मिट्टी से सोना बनाया करते थे। चौबीस घंटों के अन्दर कुकुरमुत्तों की तरह बटोर ली जाती थी; एक शिलिंग भी पेशगी के रूप में लगाना नहीं पड़ता था। वारेन हेस्टिंग्स के मुकदमे में इस तरह के अनेक मामले सामने आए थे।...संसद के सामने पेश की गई एक सूची के अनुसार 1757 से 1766 ई. तक कम्पनी और इसके कर्मचारियों को हिन्दुस्तानियों से 60,000,000 पाउंड उपहारों के रूप में प्राप्त हुए थे।"[9]

गैर-यूरोपीय देशों में अमेरिका पूँजीवादी विकास में अग्रणी था। अमेरिका का मतलब उन अमेरिकियों का देश, जो ज्यादातर ब्रिटेन से आकर ही शाही चार्टर के आधार पर अपना उपनिवेश कायम कर चुके थे और वहाँ के मूल निवासियों की भूमि और सम्पदा पर कब्जा जमा वहाँ के मालिक बन बैठे थे। उनके पूँजी संचय की प्रक्रिया की एक बानगी मार्क्स के अनुसार : "...लेकिन जिनको

सचमुच उपनिवेश कहा जा सकता था, उनमें भी आदिम संचय का ईसाई स्वरूप अक्षुण्ण था। प्रोटेस्टेंट मत के उन गम्भीर साधकों—न्यू इंग्लैंड के प्यूरिटनों—ने 1703 ई. में अपनी एसेम्बली के कुछ अध्यादेशों के द्वारा अमेरिकी आदिवासियों को मारकर उनकी खोपड़ी की चमड़ी लाने या उन्हें जिन्दा पकड़ लाने के लिए प्रति आदिवासी 40 पाउंड पुरस्कार की घोषणा की थी। 1720 ई. में प्रति त्वचा 100 पाउंड पुरस्कार का ऐलान किया गया था। 1744 ई. में जब मैसाचुसेट्स-बे ने एक खास कबीले को विद्रोही घोषित किया तो निम्नलिखित पुरस्कारों की घोषणा की गई : 12 वर्ष या उससे अधिक आयु के पुरुषों को मार डालने के लिए प्रति चमड़ी 100 पाउंड (नई मुद्रा में), पुरुषों को पकड़ लाने के लिए प्रति व्यक्ति 105 पाउंड, स्त्रियों और बच्चों को पकड़ लाने के लिए प्रति व्यक्ति 55 पाउंड, स्त्रियों और बच्चों को मार डालने के लिए प्रति चमड़ी 50 पाउंड...।"[10]

और अन्ततः इन लूट और हत्याओं के परिणामों का आदिम पूँजी संचय में भूमिका के बारे में मार्क्स लिखते हैं : "जिस तरह गरम नर्सरी में पौधे जल्दी-जल्दी बढ़कर तैयार हो जाते हैं, उसी तरह औपनिवेशिक व्यवस्था की छत्रच्छाया में व्यापार और नौ-परिवहन बहुत तेजी से विकास करने लगे। लूथर ने जिनको 'एकाधिकारी कम्पनियाँ' कहा था, उन्होंने पूँजी के संकेन्द्रण में शक्तिशाली साधनों का काम किया। उपनिवेशों में नवजात उद्योगों के लिए मंडियाँ तैयार हो गईं और मंडियों पर एकाधिकार होने के कारण और भी तेजी से संचय होने लगा। यूरोप के बाहर खुली लूटमार करके, लोगों को गुलाम बनाकर और हत्याएँ करके जिन खजानों पर कब्जा किया जाता था, वे सब मातृभूमि में पहुँचा दिए जाते थे और वहाँ वे पूँजी में बदल जाते थे। औपनिवेशिक व्यवस्था का पूर्ण विकास सबसे पहले हॉलैंड ने किया था। वह 1648 ई. में ही वाणिज्य के क्षेत्र में अपने चरमोत्कर्ष पर पहुँच गया था।"[11] इसका पूरक भाग यह था कि मार्क्स की टिप्पणी के ही अनुसार 1648 ई. के आते न आते हॉलैंड के लोगों से जितना ज्यादा काम लिया जाता था, वे जैसी गरीबी में रहते थे और उन पर जैसा पाशविक अत्याचार किया जाता था, बाकी सारा यूरोप मिलकर भी उसका मुकाबला नहीं कर सकता था।

ऊपर मार्क्स से जो उद्धरण लिए गए हैं, उससे एक बात तो स्पष्ट है कि पूँजी संचय और पूँजीवादी व्यवस्था का विकास मानव-विकास की कोई स्वाभाविक प्रक्रिया नहीं है। दुनिया के बहुत-से इतिहासकार और अर्थशास्त्री इस बात का कारण ढूँढ़ते रहे हैं कि चीन, भारत, मिस्र या मैक्सिको आदि में जहाँ ऊँचे दर्जे की सभ्यता विकसित हुई थी, पूँजीवाद का विकास क्यों नहीं हो पाया। कारण स्पष्ट है कि धन को ही सर्वोच्च देवता मानकर और इसकी उपलब्धि को दैवी-अनुकम्पा का प्रमाण मान इसके लिए सभी तरह का जुल्म क्रमबद्ध ढंग से करने का संकल्प संसार में और कहीं नहीं हो पाया। इसीलिए इन दूसरी सभ्यताओं

में आविष्कार बुनियादी जरूरतों के हिसाब से धीरे-धीरे हुए और फिर किसी नई उत्तेजना के अभाव में जहाँ के तहाँ रह गए। उत्पादन-सम्बन्धी भी कमोबेश स्थिर रहे। उदाहरण के लिए, पानी की ऊर्जा का प्रयोग तो एशिया में हजारों साल से चल रहा था, लेकिन उद्योगों के लिए बड़े पैमाने पर इसका प्रयोग यूरोप के वैश्विक व्यापार के फैलाव के बाद शुरू हुआ। भाप की शक्ति के खिलौने के रूप में प्रयोग पहले मिस्र में हुआ, लेकिन औद्योगिक प्रयोग वॉट के बाद शुरू हुआ। चीन ने छपाई, चुम्बक, बारूद, कागज आदि का आविष्कार किया, लेकिन इन आविष्कारों का उद्योगों के लिए बड़े पैमाने पर प्रयोग पूँजीवादी यूरोप में ही हो पाया। मनुष्य का स्वाभाविक रुझान बने-बनाए जीवन-वृत्त में चलने का ही होता है और आदमी इससे बाहर सदा किसी बाहरी दबाव या नई आवश्यकता के दबाव में ही काम करता है। पारम्परिक जीवन-पद्धति में सुरक्षा का भाव बना रहता है और आदमी को सदा अप्रत्याशित आपदाओं का डर नहीं रहता। यह वर्तमान पूँजीवादी औद्योगिक समाज में ही होता है कि आदमी सदा अप्रत्याशित सम्भावनाओं के मनोवैज्ञानिक घेरे में रहता है इससे कुछ आशाएँ भी बनी रहती हैं, लेकिन आशंकाएँ अधिक सशक्त रूप से घेरे रहती हैं।

यूरोप और इसके अमेरिकी उपनिवेशकों को छोड़ दें तो पूँजीवाद का तेज विकास सिर्फ एक देश में हुआ है, वह है जापान। जापान में भी पूँजीवाद के तेज विकास की कुछ स्थितियाँ तोकुगावा शोगुन (एक तरह का पारिवारिक सामन्ती शासन) में शुरू हो गई थीं। इस तरह की स्थिति सीमित ढंग से समुद्र से घिरे और समुद्री यातायात और व्यापार पर निर्भर दूसरी जगहों पर भी हुई है। जापान में सामन्ती व्यवस्था के बावजदू व्यापार काफी बढ़ा और एक व्यापारी वर्ग का विकास हुआ था। इन व्यापारियों ने काफी शक्ति हासिल कर ली थी। जापान में सामन्ती शोषण भयंकर था, लेकिन इस शोषण से प्राप्त धन से खेती की तरक्की भी होती रही थी, एक तरह की प्राथमिक संचय की स्थिति। सम्भवत: खेती लायक भूमि के अभाव में कृषि-सुधार यहाँ के शासक वर्ग के अस्तित्व के लिए आवश्यक था। पूँजीवाद के विकास के लिए स्थितियों के मौजूद होने के बावजूद जापान में पूँजीवाद का विकास पश्चिमी देशों से मिली चुनौती और उससे मुकाबला करने के संकल्प से हुआ और इसी क्रम में साम्राज्यवादी प्रसार भी हुआ, जो पूँजीवाद की स्थापना की सबसे महत्त्वपूर्ण शर्त को पूरा करता था। यूरोपीय सम्पर्क से एक मॉडल सामने होना और इसकी श्रेष्ठता का एहसास भी एक कारण था। शोगुन काल में जापान ने पश्चिमी देशों के साथ सम्बन्धों को लगभग बन्द ही कर दिया था, लेकिन 1854 ई. में एक अमेरिकी जहाजी ऑफिसर मैथ्यु सी. पेरी ने हमला कर जापान को इसके लिए मजबूर कर दिया कि वह पश्चिमी देशों के व्यापार के लिए अपना दरवाजा पूरी तरह खोल दे। उसके ऊपर कई गैर-बराबर समझौते

भी लाद दिए। इन्हीं दबावों में शोगुन-शासन का अन्त भी हुआ और 1868 ई. में मेजी राजा के वर्चस्व की स्थापना हुई।

1871 ई. में सामन्ती व्यवस्था को खत्म किया गया। हालाँकि बड़े भू-स्वामियों का वर्चस्व द्वितीय विश्वयुद्ध तक बना रहा। मेजी शासन के पक्ष में विद्रोह विदेशी आक्रमण से पराजय की प्रतिक्रिया में हुआ था, पर नये शासकों ने यह देखकर कि वे पुराने तरीकों से पश्चिमी शक्तियों का मुकाबला नहीं कर सके, अपनी व्यवस्था को पश्चिमी साँचे में ढालना शुरू किया। पश्चिम के फौजी ज्ञान, और औद्योगिक तकनीकों और इसके अनुरूप शासन-व्यवस्था को ढालना शुरू हुआ। सरकार और पहले से अस्तित्व में आए व्यापारी वर्ग के सहयोग से नये तरह के उद्योगों का विकास शुरू हुआ। शिक्षा और प्रशासन को पश्चिमी देशों, खासकर जर्मनी के साँचे में ढाला जाने लगा। जापान उन्नीसवीं शताब्दी के आखिर में स्वयं साम्राज्यवादी प्रसार की दौड़ में शामिल हो गया। इसमें इसका मनोबल बढ़ा, जब 1894-95 के चीन से युद्ध में इसने फारमोसा (वर्तमान ताइवान) और मंचूरिया के अन्तरीप पर अपना कब्जा जमा लिया।

1904-05 ई. में इसने युद्ध में रूस को शिकस्त देकर अपने को एक साम्राज्यवादी शक्ति के रूप में स्थापित कर लिया। 1910 ई. में इसने कोरिया पर कब्जा कर लिया। इसके बाद से जापान दुनिया की पूँजीवादी व्यवस्था में एक शक्तिशाली शागिर्द के रूप में शामिल हो गया। यहाँ भी यह दिखाई देता है कि पूँजीवाद का विकास तब तक नहीं आया, जब तक एक जबर्दस्त प्रेरणा और नमूना पश्चिमी देशों से नहीं मिला और भीतरी और बाहरी लोगों का निर्बाध शोषण करने का अधिकार प्राप्त नहीं हुआ।

पूँजीवाद के विकास का साम्राज्यवाद के साथ इसी अभिन्न रिश्ते को देखते हुए समाजवादी नेता डॉ. राममनोहर लोहिया ने अपनी पुस्तक 'इकोनॉमिक्स आफ्टर मार्क्स' में लिखा कि लेनिन की इस मान्यता के विपरीत कि साम्राज्यवाद पूँजीवाद का अन्तिम चरण है, यह कहा जा सकता है कि साम्राज्यवाद दरअसल पूँजीवाद के विकास की पूर्व शर्त रही है। यह बात जरूर है कि लेनिन ने जो कुछ कहा था, वह एक विशेष सन्दर्भ में, जब दुनिया की कुछ प्रमुख शक्तियाँ प्रथम विश्वयुद्ध के कगार पर थीं और इस युद्ध के पीछे मूलत: अपनी पूँजी के विस्तार के क्षेत्र की तलाश थी। हम आगे पूँजीवाद के मार्क्स के बुनियादी सिद्धान्त के विवेचन से देखेंगे कि कैसे पूँजीवाद का ढाँचा चरमराने लगता है, जब तक इसे विकास के अपने परिवेश और स्वायत्त ढाँचे के बाहर के किसी क्षेत्र का सहारा नहीं मिलता, लेकिन इस विवेचन के पहले हम मार्क्स के पूँजी के विकास के प्रतिमान पर नजर डालने की कोशिश करेंगे।

2

पीछे हमने देखा है कि मार्क्स द्वारा दिए गए विवरणों में से, जिन्हें उद्धृत किया गया है, यह जाहिर है कि पूँजीवाद का जन्म यूरोप की अपने ढंग की विलक्षण स्थिति से हुआ था और इसके पीछे वहाँ के एक वर्ग का धार्मिक अन्धविश्वास[1] एवं घोर लिप्सा थी, जिसकी पूर्ति के लिए अपने देशों में और उन देशों में, जिनके सम्पर्क में वह आया, अकल्पनीय क्रूरता और हिंसा का सहारा लिया गया। ईसाई धर्म-कथा में वर्णित आदि पाप की तरह इसका जन्मकाल और पहला चरण यातनाओं और हत्याओं से पटा है। पूँजी के प्रारम्भिक पाप की छाया पूँजीवाद के विकास के अगले चरणों पर भी पड़ती रही है और इसके विकास एवं प्रसार की कहानी कुछ छोटे अन्तराल को छोड़ दें तो मानव-त्रासदियों की लम्बी शृंखला रही है, लेकिन मार्क्स इस बात से आश्वस्त थे कि हिंसा, क्रूरता और संघर्षों के बीच से पूँजीवाद से उत्पादन की ऐसी स्थितियाँ पैदा हो रही हैं और एक ऐसा क्रान्तिकारी वर्ग उभर रहा है, जिसने अनिवार्य रूप से एक समाजवादी समाज निकलेगा, जिसमें समता का राज्य होगा और प्रत्येक व्यक्ति का उत्थान उसके पड़ोसी के उत्थान का पूरक होगा। कम्युनिस्ट एवं 1843 और 1847 ई. तक की रचनाओं से यही ध्वनि निकलती है। अगर यह कल्पना सही थी तो मार्क्स के सबसे महत्त्वपूर्ण वैज्ञानिक अध्ययन में, जिसमें पूँजी के जन्म, इसके विकास और विस्तार का विश्लेषण एवं वर्णन है, एक ऐसी ही तसवीर उभरती है। अगर ऐसा हो पाता तो अन्तत: हमें सुरंग के छोर पर रौशनी दिखाई देती और हम भविष्य के लिए आश्वस्त हो सकते। ऐसी सम्भावना के परीक्षण के लिए हमें पूँजी की मूल अवधारणाओं और वर्णित स्थितियों पर विचार करके देखना होगा कि पूँजीवाद किस हद तक युवा मार्क्स की क्रान्तिकारी आकांक्षाओं के अनुरूप स्थितियाँ पैदा करता रहा है।

एक वैज्ञानिक के रूप में मार्क्स ने पूँजीवाद का अध्ययन इसके सम्बन्ध में कुछ बुनियादी कल्पनाओं (हाइपोथेसिस) के आधार पर करने की कोशिश की। जैसे भौतिकशास्त्री पदार्थों की बनावट को समझने के लिए परमाणु की कल्पना से आगे बढ़े, वैसे ही मार्क्स ने मनुष्यों के आर्थिक सम्बन्धों को समझने के लिए

'पण्यों' का अध्ययन शुरू किया। पण्य वे सभी वस्तुएँ हैं, जो आदमी की किसी मूल आवश्यकता की पूर्ति करती हैं, पर साथ-साथ विनिमय की वस्तुएँ भी हैं। एक उदाहरण है—अनाज, जिससे आदमी को भोजन भी मिलता है ओर यह बाजार से या पड़ोसी से खरीदा भी जा सकता है—चाहे पैसा देकर या बदले में जरूरत की कोई दूसरी वस्तु देकर। इसलिए हवा 'पण्य' नहीं है क्योंकि यह आदमी के जीवन की आवश्यकता तो पूरा करती है, क्योंकि बिना हवा हम जी नहीं सकते, पर इसकी खरीद-बिक्री नहीं होती क्योंकि यह हमें प्रकृति से बिना प्रयास प्राप्त होती है। पानी भी पहले ऐसी ही वस्तु था, पर अब बोतल बन्द पानी के रूप में पण्य बन गया है।

इस तरह मार्क्स की कल्पना के अनुसार पण्यों में दो मूल्य निहित हैं : एक उपयोग मूल्य और दूसरा विनिमय मूल्य। उपयोगिता का होना तो किसी भी पण्य के लिए प्राथमिक जरूरत है, लेकिन विनिमय में ही इसके मूल्य का अर्थशास्त्र की दृष्टि से महत्त्व है क्योंकि वस्तुओं के समाज या बाजार में; परिचालन में इसका मान इसी से निर्धारित होता है। इसका मार्क्स के अर्थशास्त्र में कुछ वैसा ही स्थान है, जैसा भौतिकशास्त्र में भार (Mass) या ऊर्जा का। यह एक ऐसी कल्पना है, जिसके आधार पर मार्क्स न सिर्फ पण्यों के विनिमय का मानक स्थापित करते हैं बल्कि समाज में स्थित और उत्पादन एवं विनिमय की प्रक्रिया से जुड़े मनुष्यों के सम्बन्धों को भी इसी में प्रतिबिम्बित मानते हैं। यह कैसे होता है, यह मूल्य के आधार की उसकी स्थापना से जाहिर होता है। सबसे पहले मार्क्स यह सवाल करते हैं कि जब 10 गज कपड़े का विनिमय 20 किलो अनाज से होता है तो हम कैसे तय करते हैं कि दोनों समतुल्य हैं? दोनों की कीमत को 5 या 10 रुपए यानी मुद्रा में आँकने की बात तो बहुत बाद की है, पहले तो यही तय करना है कि दो अलग-अलग आवश्यकताओं को पूरा करनेवाली वस्तुओं—10 गज कपड़ा और 20 किलो अनाज में क्या ऐसा है, जिससे हम यह तय करते हैं कि दोनों का मूल्य बराबर है।

यहाँ मार्क्स पूर्ववर्ती ब्रिटिश अर्थशास्त्री एडम स्मिथ और रिकार्डो की स्थापनाओं से प्रारम्भ करते हैं। मार्क्स उनसे यह विचार लेते हैं कि इन वस्तुओं का मूल्य बराबर इसलिए है क्योंकि इन्हें तैयार करने में बराबर मानव-श्रम लगा हुआ है—यानी अगर 10 गज कपड़ा तैयार करने में 10 घंटा मानव-श्रम लगा है तो 20 किलो अनाज तैयार करने में भी उतना ही मानव श्रम लगा है। श्रम की प्रक्रियाएँ या स्थितियाँ भिन्न हो सकती हैं, लेकिन मोटा-मोटी श्रम की मात्रा दोनों जिंसों को तैयार करने में बराबर रही है, लेकिन यहाँ मार्क्स इस विचार को थोड़ा और परिष्कृत करते हैं। यह एक आम अनुभव है कि एक आदमी काम करने में तेज है और दूसरा सुस्त और इस तरह एक आदमी एक नियत समय में दूसरे

से अधिक माल तैयार कर लेता है। फिर दोनों के बीच काम के घंटे से किसी पण्य का मूल्य निर्धारण कैसे होगा? यहाँ मार्क्स उत्पादन-प्रक्रिया में लगे समाज के उत्पादन की स्थिति से पैदा मानक यानी अलग-अलग लोगों द्वारा एक नियत समय में तैयार की गई वस्तु की मात्रा के औसत को आधार बनाते हैं। यह औसत न सिर्फ काम करनेवाले लोगों की क्षमताओं का औसत होता है बल्कि समाज में व्यवहार में लाए जानेवाले तकनीक के आधार का भी आकलन करता है, यानी आमतौर से अपनाई गई तकनीक के आधार पर ही उत्पादन का औसत निर्धारित होता है। इसलिए किसी वस्तु की अधुनातन तकनीक पर आधारित उत्पादन में लगे समय और उसी वस्तु के उत्पादन में आदिम अवस्था में लगे समय का कोई औसत नहीं हो सकता। इस समय को मार्क्स 'सोशली नेसेसरी लेबर टाइम' यानी किसी समाज विशेष में निर्धारित श्रम का औसत समय कहते हैं।

इस तरह पण्य का मूल्य उसके उत्पादन में लगे श्रम से निर्धारित होता है। इसी आधार पर तय होता है कि किसी वस्तु—जैसे अनाज की कितनी मात्रा का विनिमय किसी दूसरी वस्तु कपड़ा की कितनी मात्रा से होगा? इस तरह संसार की भिन्न लगनेवाली सभी वस्तुओं का विनिमय-मूल्य निर्धारित हो जाता है। जैसे दस गज कपड़ा = बीस किलो अनाज = एक जोड़ा जूता = एक छाता आदि। इन सबकी समतुल्यता इनमें दिखाई नहीं देनेवाले श्रम की लागत से निर्धारित होती है। इस विनिमय की विशेषता यह है कि इसमें कितनी ही वस्तुओं का विनिमय क्यों न हो, विनिमय करनेवाले को सदा बराबर मूल्य ही उपलब्ध होता है। यह विनिमय चलता इसलिए रहता है कि समाज में अलग-अलग लोगों की जरूरतें अलग होती हैं। इस विनिमय से सब लोगों की जरूरतों की पूर्ति दूसरे लोगों द्वारा निर्मित वस्तुओं से होती हैं, जैसे अनाज पैदा करनेवालों को कपड़ा और कपड़ा बनानेवालों को अनाज और इन दोनों को छाता और जूता और इसी तरह छाता और जूता बनानेवाले को कपड़ा और अनाज विनिमय से प्राप्त हो जाता है। अगर पण्य के मूल्य को C से व्यक्त करें तो इन सभी विनिमयों में $C = C = C = C$ होता है।

इसमें ध्यान देने की बात यह है कि किसी प्राथमिक समाज को छोड़ जहाँ पास-पड़ोस के लोग अपना सामान लेकर आते हैं और उनकी अदला-बदली कर लेते हैं, आमतौर से लोग किसी भी वस्तु को मुद्रा देकर खरीदते हैं, वर्तमान मुद्रा का जन्म भी विनिमय की लम्बी प्रक्रिया से हुआ है। पास-पड़ोस के लोगों को छोड़ दें तो दूर-दराज के लोगों से वस्तुओं की अदला-बदली यानी विनिमय काफी कठिन होता होगा। जरूरत की अनेक वस्तुओं को बिना यह जाने कि दूसरे स्थान पर किसको किस चीज की जरूरत होगी, ले जाना काफी मुश्किल काम रहा होगा। इसी समस्या का समाधान मुद्रा के ईजाद से हुआ।

सोना, चाँदी, काँसा या ताँबा आदि मुद्रा बनने के पहले उपयोग की दूसरी वस्तुओं की तरह पण्य ही थे, जिनका उपयोग आभूषण, बर्तन या हथियार बनाने में होता था, लेकिन इनकी विशिष्टता यह थी कि इन्हें विशेष मात्रा में काटा जा सकता था या फिर टुकड़ों को बड़ी मात्रा में ढाला जा सकता था। इस तरह विनिमय के समय आसानी से इनके टुकड़ों का वजन या इनके निश्चित वजन वाले टुकड़ों की गिनती हो सकती थी। इसी सुविधा के कारण सोना या चाँदी का मूल्य भी दूसरे पण्यों की तरह इसके उत्पादन में लगे श्रम के घंटों से निर्धारित होता था। कालान्तर में जब राजाओं के साम्राज्य बने तो उन्होंने मात्रा के हिसाब से इनके टुकड़ों पर मुहर लगा, इन्हें बाजाब्ता मुद्रा में परिवर्तित कर दिया। इस मुद्रा को M से व्यक्त किया जा सकता है। अब C का विनिमय दूसरे C से करने की बजाय इस विनिमय में मुद्रा यानी M की भूमिका आदमी की किसी जरूरत की पूर्ति की नहीं रहती। यह सिर्फ मूल्यों का माप-भर रह जाता है और लोग मुद्रा को इसलिए रखते हैं ताकि जब जरूरत हो, विनिमय के द्वारा इससे कोई भी आवश्यक पण्य खरीद लें यानी अब विनिमय का रूप हो जाता है M-C यानी मुद्रा से कोई पण्य या फिर पण्य उत्पादक के लिए C-M यानी पण्य बेचकर मुद्रा हासिल कर लेना। इस तरह M-C विनिमय और फिर C-M का रूप धारण कर लेता है। इस तरह सभी विकसित समाज में लोग, विशेषकर व्यापार में मुद्रा से पण्य खरीदते हैं और फिर पण्य बेचकर मुद्रा हासिल कर लेते हैं।

अब हम एक ऐसे व्यापारी की कल्पना करें, जो विनिमय में लाभ लेकर मुद्रा बढ़ाना चाहता है यानी विनिमय में लगी पूँजी बढ़ाना चाहता है। अगर विनिमय M-C-M मुद्रा से कोई पण्य खरीदकर फिर पण्य बेचकर मुद्रा हासिल करना हो तो इस विनिमय में अपना समय और अपनी शक्ति खर्च कर इस व्यापारी को तो कोई लाभ होगा नहीं। उसे तो ऐसा पण्य चाहिए, जिससे विनिमय के अन्त में मुद्रा की मात्रा बढ़ जाए यानी विनिमय M-C-M होने की बजाय $M\text{-}C\text{-}M^1$ हो जाए, जहाँ M^1M+ कोई मात्रा $M\triangle$ हो यानी $M\triangle$ अतिरिक्त या अतिरिक्त मूल्य हो जाता है।

बाजार में श्रम का मूल्य निर्धारित होता है उस राशि से, जिससे श्रमिक जिन्दा रहकर काम कर सकता है और सन्तान-वृद्धि कर सकता है यानी उसके अपने और अपने परिवार को जिन्दा रखने के खर्च से। अब मान लीजिए कि कोई मजदूर पूँजीपति के लिए आठ घंटे काम करता है। अब इस आठ घंटे में जितना पण्य निर्माण करता है, उसमें मान लीजिए कि छह घंटे में वह अपने और परिवार के जीवन के लायक मूल्य पैदा कर लेता है। इस तरह जो दो घंटे में पैदा किया गया मूल्य (यानी 8-6 घंटे का मूल्य), वह अतिरिक्त मूल्य होगा, जो पूँजीपति का मुनाफा होगा।

मार्क्स की दृष्टि में यही अतिरिक्त या अतिरिक्त मूल्य पूँजीपति के मुनाफे का स्रोत है और इसी में निहित है, मजदूरों का शोषण। मजदूर के बेगानेपन का भाव भी

इसी शोषण से जुड़ा होता है क्योंकि उसका उद्यम अपने जीवन के परिष्कार के लिए अपनी भावना या आवश्यकता की अभिव्यक्ति नहीं होती बल्कि एक बाहरी शक्ति द्वारा निर्धारित होती है, जो उसके श्रम का उपयोग अपने मुनाफे के लिए करती है। इसी सम्बन्ध में निहित होता है, मजदूरों और पूँजीपतियों के बीच चलनेवाला सतत संघर्ष, जिसमें पूँजीपति की कोशिश होती है ज्यादा-से-ज्यादा अतिरिक्त मूल्य हासिल करने की औरर मजदूर उत्पादित मूल्य पर पूरा या अधिक-से-अधिक अधिकार चाहता है। यह संघर्ष मात्रात्मक भी है और एक गहरे धरातल पर भावनात्मक भी। मात्रात्मक इसलिए क्योंकि काम के समय के अधिक-से-अधिक भाग पर अधिकार का संघर्ष है, लेकिन इससे भी अधिक यह संघर्ष भावनात्मक इसलिए होता है क्योंकि श्रमिक का काम उसकी सर्जनात्मक चेतना की अभिव्यक्ति नहीं होता, जैसे किसी शिल्पी का होता है बल्कि पूँजीपति के मुनाफे के हिसाब से नियोजित होता है, यानी ऐसे पण्यों के उत्पादन के लिए जिससे बाजार में अधिक-से-अधिक मूल्य मिल सके।

पूँजीपतियों की ओर से इस दिशा में एक भोंडा प्रयास तो यह होता है कि मजदूर की उत्पादकता बढ़ाए बगैर वह काम के घंटों को बढ़ाता जाए—लिहाजा, काम के घंटे 8 की बजाय 10 या 12 किए जा सकते हैं। इस तरह अतिरिक्त मूल्य की मात्रा प्रति मजदूर 2 घंटे के उत्पाद के बदले 4 घंटे या 6 घंटे के उत्पाद के बराबर हो जाएगा। औद्योगीकरण के प्रारम्भिक वर्षों में काम के घंटे 16 या 18 घंटे तक हो सकते थे, लेकिन लम्बी अवधि के काम की असह्य स्थितियों के खिलाफ मजदूर लगातार संघर्ष करते रहे, विशेषकर काम के घंटे को घटाकर 8 घंटा करने का संघर्ष मजदूर-आन्दोलन के इतिहास में 'मई दिवस' के रूप में एक मील का पत्थर बन गया। दूसरी ओर औद्योगिक क्रान्ति के साथ लाई गई मशीनों पर काम करना शुरू में मजदूरों को अपने स्वभाव और जीवन के लय से इतना विपरीत जान पड़ता था कि उनका विद्रोह मशीनों के खिलाफ फूट पड़ा और मजदूर मशीनों को नष्ट करने लगे, जो ब्रिटेन में 'लुडाइट आन्दोलन' के नाम से जाना जाता है। दोनों ही तरह के आन्दोलनों को राज्य के नृशंस दमन और हिंसा से दबाया गया। यह दूसरे तरह का संघर्ष आधुनिक ढंग से किसी भी औद्योगिक उद्यम में निहित है क्योंकि वास्तविक काम में यह बात गौण हो जाती है कि मजदूर किसी पूँजीपति के लिए काम कर रहा है या किसी सार्वजनिक प्रतिष्ठान के लिए? दोनों ही में मजदूर के काम का नियोजन किसी बाहरी तत्त्व द्वारा किसी बाहरी लक्ष्य की पूर्ति के लिए होता है, भले ही यह लक्ष्य किसी सार्वजनिक हित में हो। हालाँकि मार्क्स ने अपने प्रारम्भिक अध्ययनों में बेगानेपन की इस स्थिति का अध्ययन किया था और यह उनके लिए इतना महत्त्वपूर्ण बन गया था कि श्रम-विभाजन को ही वह शोषण का आधार मानने लगे थे, लेकिन अतिरिक्त मूल्य के सन्दर्भ में उनके लिए यह चर्चा गौण हो गई थी। इसलिए पूँजी के अध्ययन में मार्क्स के विचार के इस पहलू पर

विचार करना बहुत प्रासंगिक नहीं होगा क्योंकि यहाँ मार्क्स ने इसमें इसके आर्थिक पक्ष और इसमें निहित शोषण का ही अध्ययन किया है।

मशीनों के विकास के साथ अतिरिक्त मूल्य पाने का एक दूसरा उपाय पूँजीपतियों को मिल गया। हमने देखा है कि पूँजीपति मजदूरों को उसके श्रम का उतना ही मूल्य देना चाहता है, जिससे वह अपना और अपने परिवार का भरण-पोषण कर सके। मशीनों के आने से उत्पादकता इतनी बढ़ गई कि मजदूरों के भरण-पोषण के लायक मूल्य एक अल्प अवधि के काम से ही सम्भव हो गया यानी अगर पहले मजदूर को अपने जीवन-यापन के लिए अपने श्रमकाल के 8 घंटे में 6 घंटे का श्रम देना होता था तो अब वह 4 या 2 घंटे के श्रम से ही इतना उत्पादन कर सकता था, जिससे उसकी मजदूरी के बराबर वस्तुएँ प्राप्त हो सकें। इस तरह अब अतिरिक्त मूल्य 8-6 = 2 घंटे की बजाय 8-4 = 4 या 8-2 = 6 घंटे हो जाएगा। इस तरह पूँजीपतियों के लिए सम्भव हो जाता है कि मजदूरों के काम के घंटे बढ़ाए बगैर ही वह ज्यादा अतिरिक्त या अतिरिक्त मूल्य हासिल कर सके। 'पूँजी' में मार्क्स ने मशीनों की संरचना, उसका उत्पादकता से सम्बन्ध और अतिरिक्त मूल्य के संचय तथा इसके हस्तान्तरण का अत्यन्त ही गहन अध्ययन किया और उसमें मशीनों के आज तक के विकास की प्रक्रिया की अच्छी झलक मिल जाती है जबकि यह अध्ययन आज से डेढ़ सौ साल पहले किया गया था।

मार्क्स ने मशीनों के अध्ययन में औजार और मशीन के चरित्र के बुनियादी भेद को उजागर किया था। इस भेद को समझ लेने के लिए हमारे लिए यह सम्भव हो सकता है कि हम इस पहेली का भी हल पा सकें कि क्यों मानव-श्रम को मूल्य का आधार मान लेने पर पारम्परिक उद्योगों में तैयार माल, जिस पर भारी मात्रा में श्रम खर्च हुआ है और आधुनिक उद्योगों में उत्पादित उतना ही माल, जिस पर बहुत कम श्रम खर्च हुआ है, समान दाम पर बेचे जाते हैं जबकि अत्यधिक श्रम पर आधारित होनेवाले पारम्परिक वस्तुओं का श्रम आधारित मूल्य कहीं अधिक होना चाहिए। यहाँ मार्क्स के विचार को उनके ही शब्दों में विस्तार से उद्धृत किया गया है क्योंकि उन्होंने उसे बहुत ही स्पष्ट ढंग से रखा है।

गणित और यांत्रिकी के विद्वान औजार को सरल मशीन और मशीन को जटिल औजार कहते हैं और इंग्लैंड में कुछ अर्थशास्त्री भी उन्हीं का अनुकरण करते हैं। वे उनमें कोई बुनियादी अन्तर नहीं देखते, और यहाँ तक कि उन्होंने सरल ढंग की यांत्रिक शक्तियों को, जैसे—लीवर, ढालु, समतल, पेच, पच्चर आदि को भी मशीन का नाम दे दिया है। प्रत्येक मशीन असल में इन सरल शक्तियों का ही योग होता है, भले ही उन पर किसी भी प्रकार का आवरण डाल दिया गया हो। आर्थिक दृष्टिकोण से इस व्याख्या का कोई मूल्य नहीं है क्योंकि इसमें ऐतिहासिक तत्त्व का अभाव है। औजार और मशीन के अन्तर की एक व्याख्या यह है कि औजार की चालक-शक्ति

मनुष्य होता है जबकि मशीन की चालक-शक्ति मनुष्य से भिन्न कोई चीज होती है, जैसे मिसाल के लिए, कोई जानवर, पानी, हवा आदि। इस मत के अनुसार बैलों द्वारा खींचा जानेवाला हल, जो एक-दूसरे से अत्यन्त भिन्न युगों में समान रूप से पाया जाता है, मशीन है, मगर क्लोस्सेन का वृत्ताकार करघा, जिस पर केवल एक मजदूर काम करता है और जो एक मिनट में 96,000 फंदे बुनता है, महज औजार है। इतना ही नहीं, यही करघा जब हाथ से चलाया जाएगा, तो औजार माना जाएगा, मगर यदि उसे भाप से चलाया गया तो वह मशीन हो जाएगा और चूँकि पशु-शक्ति का प्रयोग मनुष्य के सबसे पहले आविष्कारों में से है, इसलिए मशीनों के द्वारा होनेवाला उत्पादन इस मत के अनुसार दस्तकारियों से होनेवाले उत्पादन से भी पहले शुरू हो गया था। 1735 ई. में जब जॉन बायट ने अपनी कातन की मशीन तैयार की थी और अठारहवीं शताब्दी की औद्योगिक क्रान्ति का श्रीगणेश किया था तो उन्होंने आदमी की बजाय गधे के द्वारा इसके चलाए जाने के बारे में एक शब्द भी नहीं कहा था, मगर फिर भी यह काम गधे के ही जिम्मे पड़ा। बायट ने इसका वर्णन इस तरह किया था कि, "यह बिना उँगलियों के कातने की मशीन है।"[2]

इसके आगे मार्क्स लिखते हैं : "पूरी तरह विकसित सभी मशीनें तीन बुनियादी तौर पर भिन्न भागों की बनी होती हैं : मोटर यंत्र, प्रेषण यंत्र और अन्त में औजार या कार्यकारी यंत्र। मोटर यंत्र वह होता है, जो पूरी मशीन को गति में लाता है। वह या तो खुद अपनी चालक-शक्ति पैदा करता है, जैसाकि भाप से चलनेवाला इंजन, गरम हवा से चलनेवाला ताप इंजन, विद्युत चुम्बकीय मशीन आदि करते हैं या उसे पहले से मौजूद किसी प्राकृतिक शक्ति से आवेग प्राप्त होता है, जैसे पनचक्की को ऊँचाई पर से नीचे गिरनेवाले पानी से और पवनचक्की को हवा से इत्यादि।"[3]

जो अतिरिक्त मूल्य मजदूरों के श्रम के शोषण से प्राप्त होता है, वही पूँजीपतियों के मुनाफे का स्रोत होता है और अनेक मजदूरों से शोषित यही अतिरिक्त मूल्य संचित हो पूँजीपतियों की पूँजी बन जाती है, जिसका निवेश कर पूँजीपति श्रम-शोषण के लिए उत्पादन का नया सिलसिला शुरू करता है। यहाँ यह बात स्पष्ट कर देना जरूरी है कि पूँजीपतियों का मुनाफा उसकी पूरी पूँजी पर निर्भर करता है। इस पूँजी के दो भाग होते हैं—एक भाग तो वह, जो श्रमिकों की मजदूरी खरीदने में लगा है, जो 'परिवर्ती पूँजी' कहा गया है और प्रतीक V से व्यक्त किया गया है। पूँजी का यही हिस्सा है जो अतिरिक्त मूल्य पैदा करता है जिसकी चर्चा ऊपर की गई है, लेकिन उत्पादन-प्रक्रिया में मजदूर हिस्सा ले सकें, इसके लिए यह जरूरी है कि उन्हें काम करने के आवश्यक औजार या मशीन मिलें और वह कच्चा माल, जिसके रूपान्तरण से पण्य प्राप्त होता है, मसलन कपड़े के निर्माण के लिए कपास या रेशम।

आधुनिक मशीनों पर काम करने के लिए गैर-मानव ऊर्जा का स्रोत यानी चालक-शक्ति भी जरूरी है, जैसाकि ऊपर मार्क्स के उद्धरण में बतलाया गया है—यानी भाप,

गरम हवा, विद्युत-चुम्बकीय मशीन आदि। मार्क्स के मुताबिक औजार, मशीन या कच्चे माल, जिनके रूपान्तरण से पण्य बनते हैं, इन पर लगी पूँजी से कोई अतिरिक्त मूल्य नहीं पैदा करते क्योंकि जैसा ऊपर बतलाया गया है, अतिरिक्त मूल्य का एकमात्र स्रोत श्रम है जो अपने उत्पादन पर खर्च से अधिक मूल्य पैदा कर सकता है, लेकिन मशीन या कच्चा माल स्वयं पूर्ववर्ती उत्पादक-श्रम द्वारा पैदा किए गए हैं और इसलिए इनके उत्पादन पर खर्च किया गया श्रम इनके मूल्य में निहित है, लेकिन यह मूल्य ज्यों का त्यों नये उत्पाद में स्थानान्तरित हो जाता है बिना कोई नया मूल्य जोड़े। कपास जैसा कच्चा माल एकबारगी अपना मूल्य उस कपड़े को दे देता है जो नई श्रम-प्रक्रिया से तैयार होता है और मशीन उस काल अवधि में थोड़ा-थोड़ा करके जितने में वह घिसकर कबाड़ बन जाती है। मार्क्स ने परिवर्ती पूँजी यानी श्रम-शक्ति को v से और अपरिवर्ती पूँजी यानी पूँजी का वह भाग, जो मशीन या कच्चे माल पर खर्च होता है, को c से व्यक्त किया है और सम्पूर्ण भाग को बड़े (कैपिटल) C से व्यक्त किया है यानी $c + V = C$। मार्क्स ने पूँजी के तीसरे खंड में पूँजी के दोनों भागों की पूँजीपति के पूरे मुनाफे में क्या भूमिका है, इसका विस्तार से विश्लेषण किया है और यह भी बतलाने की कोशिश की है कि पूरी पूँजी में अपरिवर्ती पूँजी का अनुपात लगातार बढ़ता जाता है। उन्होंने वहाँ यह भी बतलाया है कि ऐसा क्यों होता है और पूरी पूँजी में परिवर्ती पूँजी के कम होते जाने से पूँजीपतियों के मुनाफे की दर में किस तरह का फर्क आता है, इसकी चर्चा थोड़ा आगे।

लेकिन यहाँ एक बात का जिक्र कर देना जरूरी लगता है। मार्क्स ने कच्चे माल में कपास जैसी वस्तुओं, जो स्वयं रूपान्तरित होकर पण्य बन जाती हैं, और कोयले जैसे कच्चे माल में, जो उत्पादन-प्रक्रिया में ऊर्जा प्रदान कर स्वयं अपना अस्तित्व खो देता है, भेद कर मूल्य-उत्पादन करने में उनकी भूमिका का विश्लेषण नहीं किया है—हालाँकि उसका उपयोग कैसे होता है, इसका संक्षिप्त विवरण जरूर दिया है, जैसे एक जगह वह लिखते हैं : "...इसी तरह कोयला खान से कोयला निकालने के उद्योग का उत्पादन भी है और उसमें उत्पादन के साधन का काम करता है।"[4] फिर आगे एक जगह वह कोयले की तुलना मनुष्य को दिए जानेवाले भोजन से करते हैं। वह लिखते हैं—"वह भोजन के समय को लेकर हुज्जत करती है और जहाँ मुमकिन होता है, इस समय को भी उत्पादन की प्रक्रिया में शामिल कर लेता है, जिससे मजदूर के काम के दौरान उत्पादन के किसी साधन की तरह ही भोजन दिया जाता है, जैसे बायलर को कोयला और मशीन को ग्रीस और तेल दिया जाता है।"[5] यहाँ बायलर के कोयला और मशीन के ग्रीज और तेल के बुनियादी फर्क को नजरअन्दाज किया गया है, लेकिन बायलर के कोयले की भूमिका या इसी तरह के दूसरे ऊर्जा स्रोत, जैसे पेट्रोलियम या गैस की भूमिका को समझने की जरूरत है, जिससे पण्यों के विनिमय की कुछ खास स्थितियों को समझने में सहायता मिलेगी।

मार्क्स के मूल्य का श्रम-सिद्धान्त कुछ सरल स्थितियों—जैसे पारम्परिक कृषि-उत्पादन के क्षेत्र में अकाट्य दिखाई देता है क्योंकि उत्पादित मूल्य का सीधा सम्बन्ध किसी पण्य पर खर्च किए गए श्रम से देखा जा सकता है, लेकिन जहाँ उत्पादन भाप या बिजली या दूसरे ऊर्जा के साधनों पर आधारित जटिल मशीनों से होता है, यह सम्बन्ध इतना स्पष्ट नहीं दिखता। इसका विरोधाभास स्पष्ट रूप में तब दिखाई देता है जब हम एक ही तरह के पण्य, जैसे कपड़े की दो कीमतों यानी एक परम्परागत तकुए और करघे पर तैयार किए गए और दूसरा आधुनिक उद्योगों में तैयार किए गए कपड़े के मूल्यों की तुलना करते हैं। यहाँ हम पाते हैं कि आधुनिक मशीनों से दस मजदूर उतना कपड़ा तैयार कर लेते हैं, जिसे तैयार करने में पारम्परिक उद्योगों में हजारों मजदूरों को लगाया जाता था। इसमें कुछ उत्पादन-वृद्धि तो नई मशीनों की बनावट पर निर्भर करती है, जिसकी संरचना ऐसी होती है कि श्रमिक के दो हाथ और दो पैरों की जगह सहस्त्रबाहु की तरह अनेक मशीन हाथ साथ मिलकर काम कर सकते हैं, लेकिन एक सीमा के बाद ऐसे मशीनी हाथों या दूसरे अंगों को मनुष्य के सीमित बल से परिचालित नहीं किया जा सकता। औद्योगिक क्रान्ति के शुरू के दिनों में नई तरह की मशीनों को गधे या घोड़े से चलाने की कोशिश हुई और फिर अधिक बल की जरूरत होने पर पानी या हवा के वेग का प्रयोग हुआ, हालाँकि इससे विशेष स्थानों से बँधने की मजबूरी होती थी। भाप के इंजन के अस्तित्व में आ जाने के बाद स्थान से बँधे होने की बाध्यता समाप्त हो गई और इस तरह मशीनों की आवश्यकता के हिसाब से शक्ति की मात्रा मनमाने ढंग से बढ़ाई जा सकती थी। इस पर कोई सीमा तकनीकी कारणों से ही लग सकती थी।

मार्क्स ने स्वयं 'पूँजी' के प्रथम खंड में बहुत ही व्यवस्थित ढंग से और विस्तार से यह बतलाया है कि कैसे आधुनिक उद्योग उत्पादन के पारम्परिक सहयोग का कारखाने के भीतर या दूसरे तरह से आधुनिक औद्योगिक ढाँचे में कुछ परिवर्धित रूप में समावेश करता है। इस तरह वर्तमान कारखाने दरअसल हजारों श्रमिकों की ऊर्जा, उत्पादक-क्षमता या कुशलता का प्रतिनिधित्व करते हैं। यह बात अलग है कि वर्तमान कारखाने उस दर्जे का कौशल नहीं खोजते, जैसा हस्तकला उद्योगों में आवश्यक होता था, लेकिन यह भी इतना ही सच है कि वर्तमान उद्योग भी अगर ऊपरी स्तर के तकनीकी विशेषज्ञों और प्रबन्धकों के विशिष्ट शास्त्रीय ज्ञान को छोड़ दें तो बाकी श्रमिकों से किसी जटिल कौशल की अपेक्षा नहीं करते। इस स्थिति में वर्तमान कारखानों में काम करनेवाले मनुष्यों और इनमें उत्पादन करनेवाली मशीनों के बीच कार्य-क्षमता के स्तर पर भेद करना मुश्किल है और जहाँ तक श्रमिकों की मूल मनुष्यता का सवाल है, उसे तो पूँजीवादी व्यवस्था नजरअन्दाज करके ही चलती है क्योंकि इसका शुमार करने पर मुनाफे और प्रतिस्पर्धा का सारा गणित गड़बड़ हो जाता है। अब हम यह मानकर चल सकते हैं कि आधुनिक कारखाने हजारों

मनुष्यों की उत्पादक-ऊर्जा का स्थान ले लेते हैं। अगर अंग्रेजी का शब्द इस्तेमाल करें तो Surrogate Labour बन जाते हैं, और इस तरह परोक्ष रूप से उनके द्वारा जो मूल्य उत्पादित हो सकता, उसे बिना आदमी को लगाए हुए ही उपलब्ध करा देते हैं। यहीं पर कोयला जैसे ऊर्जा-स्रोतों का महत्त्व सामने आ जाता है। यहीं पर मार्क्स का ऊपर उद्धृत वह कथन सार्थक बनता है—"जिससे मजदूर को काम के दौरान उत्पादन के किसी साधन की तरह ही भोजन दिया जाता है, जैसे बायलर को कोयला और मशीन को ग्रीस और तेल दिया जाता है।"

यह तो सीधा देखा जा सकता है कि आधुनिक कारखाने में कोयले से ऊर्जा वैसे ही उपलब्ध होती है, जैसे पारम्परिक उद्योगों में मनुष्यों के श्रम से। थोड़े फर्क से दोनों ही समान उत्पादक प्रक्रियाएँ हैं। सिर्फ शिल्पकारों का शिल्प इससे भिन्न कोटि में आता है जहाँ मनुष्य की विशेष सर्जनात्मक क्षमता का उसके उत्पादन में समावेश होता है। इससे एक और नतीजा निकाला जा सकता है। कोयले या पेट्रोल मूल्य-वृद्धि इसीलिए कर सकते हैं क्योंकि वर्तमान स्थिति में उनके उत्पादन पर जितनी ऊर्जा खर्च होती है, उससे सैकड़ों या हजारों गुना ऊर्जा उनसे प्राप्त हो रही है। जैसे-जैसे ये ऊर्जा के स्रोत विरल होते जाएँगे, इनके उत्पादन पर लगी ऊर्जा की मात्रा इससे प्राप्त ऊर्जा के बराबर हो जाएगी और तब उद्योगों में इनका उपयोग इतना खर्चीला हो जाएगा कि उन चन्द उद्योगों को छोड़, जिनका रहना किसी भी कीमत पर अपरिहार्य है, इन ईंधनों का खर्च उद्योगों में बन्द हो जाएगा। पिछले दिनों परिवहन और उद्योगों द्वारा पैदा वस्तुओं की बढ़ती कीमत का कुछ सम्बन्ध पेट्रोलियम जैसे ईंधनों के उत्पादन पर बढ़ रहे खर्च का परिणाम हो सकता है। तब शायद सिर्फ पवन, पानी एवं सूरज से प्राप्त ऊर्जा ही आधुनिक उद्योगों के अधार रह जाएँगे। परमाणु ऊर्जा इसके उत्पादन से जुड़े तमाम जोखिमों के बावजूद इसी कारण पूँजीपतियों द्वारा विकसित किए जा रहे हैं।

ऊपर पूरी पूँजी में परिवर्ती और स्थिर पूँजी यानी v और c का जिक्र किया गया है। इस जिक्र को हम यहाँ थोड़ा बढ़ाएँगे क्योंकि पूँजी व्यवस्था में तकनीक क्यों और कैसे बढ़ती है और उत्पादन की शक्तियों के विकास का नियामक तत्त्व क्या है, इसे समझने में इससे थोड़ी मदद मिलेगी। जैसाकि पहले बतलाया गया है, मशीनों के आने से श्रमिक अपने पूरे काम के समय में पहले की अपेक्षा छोटे हिस्से से ही वह मूल्य पैदा कर लेता है, जिससे उसके जीवन-यापन के लिए उसे मजदूरी दी जाती है। इस तरह पूँजीपतियों के लिए उसके द्वारा उत्पादित पूरे मूल्य में अतिरिक्त का अनुपात बढ़ जाता है। साथ ही, वस्तुओं के उत्पादन की मात्रा पहले की अपेक्षा अधिक हो जाती है जबकि मजदूरी का खर्च ज्यों का त्यों रहता है। पूँजीवादी व्यवस्था में उत्पादन बाजार के लिए होता है, जिसमें अनेक पूँजीवादी उत्पादकों के बीच बाजार पर कब्जा जमाने के लिए प्रतिस्पर्धा रहती है। इसमें वह

पूँजीपति, जो कम खर्च में अधिक उत्पादन कर सकता है, बाजार से अपने प्रतिद्वन्द्वी दूसरे पूँजीपतियों को बाहर करने में सफल हो जाता है। इसका असर यह होता है कि दूसरे पूँजीपति भी अपनी मशीनों में वैसे ही सुधार करने लगते हैं। इस तरह मशीनीकरण की प्रक्रिया उत्तरोत्तर तेज होती है, जिसे वह c + v से व्यक्त करता है यानी स्थिर पूँजी जोड़ परिवर्ती पूँजी से। मार्क्स के शब्दों में :

"...कुल पूँजी M स्थिर पूँजी c तथा परिवर्ती पूँजी v से संरचित है और अतिरिक्त मूल्य s उत्पन्न करती है। इस अतिरिक्त मूल्य का पेशगी परिवर्ती पूँजी से अनुपात, अथवा s/v अतिरिक्त मूल्य कहलाता है और उसे s^1 नाम दिया जाता है। अत: $s/v = s^1$, और फलत: $s=s^1v$। अगर यह अतिरिक्त मूल्य परिवर्ती पूँजी की बजाय कुल पूँजी से सम्बद्धता का लाभ P है तो S का कुल पूँजी C से अनुपात अथवा S/C लाभ-दर P^1 कहलाता है। तदनुसार $P^1 = \frac{S}{C} = \frac{S}{C + V}$

अबकी उसके समतुल्य से प्रतिस्थापन करने पर हम पाते हैं :

$P^1 P^1 : S^1 = V : C;$

लाभ-दर का अतिरिक्त मूल्य-दर से वही सम्बन्ध है, जो परिवर्ती पूँजी का कुल पूँजी से है।

इस अनुपात से यह परिणाम निकलता है कि लाभ-दर P^1, सदा अतिरिक्त मूल्य दर S^1 से छोटी होती है क्योंकि परिवर्ती पूँजी V सदा V + C अर्थात् परिवर्ती पूँजी जमा स्थिर पूँजी के योगफल, C से छोटी होती है, उस एकमात्र व्यवहारत: असम्भव प्रसंग को छोड़कर, जिसमें V = c अर्थात् कोई स्थिर पूँजी नहीं है। कोई उत्पादन साधन नहीं है लेकिन सिर्फ मजदूरी ही पूँजीपति द्वारा पेशगी दी जाती है।"[6]

हालाँकि अतिरिक्त मूल्य परिवर्ती पूँजी से ही प्राप्त होता है और पूरी पूँजी में परिवर्ती पूँजी के अनुपात के घटने से लाभ-दर घट सकता है, लेकिन मशीनीकरण से उत्पादकता अगर बहुत बढ़ गई तो मजदूरों की मजदूरी उसके कुल काम के एक अत्यन्त छोटे भाग के उत्पाद से दिया जा सकता है और इस तरह लाभ की दर को बढ़ाया भी जा सकता है। दरअसल, प्रतिस्पर्धा के कारण पूँजीपति अपनी मशीनों के परिष्कार में सदा लगा रहता है। यही कारण है कि मानव-सभ्यता के हजारों साल में जितना तकनीकी विकास हुआ है, उससे कहीं अधिक विकास पूँजीवादी व्यवस्था के आगमन के दो सौ वर्षों में हो गया है। इससे यह भी निष्कर्ष निकलता है कि जो तकनीकी विकास हो रहा है, विकास की किसी स्वत:स्फूर्त प्रक्रिया या प्रेरणा का परिणाम नहीं बल्कि पूँजीपतियों की मुनाफे की लिप्सा का परिणाम है और इसलिए मानव-समाज के कल्याण की सम्भावना इसमें निहित नहीं। इससे ऐतिहासिक भौतिकवाद में निहित यह विचार मानने का कोई कारण नहीं कि उत्पादन के साधनों का विकास एक स्वायत्त प्रक्रिया है, जो उत्पादन-सम्बन्ध और समाज का

आधारभूत ढाँचा तैयार करता है। इससे कम्युनिस्ट मैनिफेस्टो में व्यक्त यह आशा कि पूँजीवादी व्यवस्था द्वारा तैयार किया गया उत्पादन का आधार स्वाभाविक तौर से समाजवादी समाज के लिए उपयोगी होगा, सही नहीं लगता। चूँकि आधुनिक औद्योगिक व्यवस्था की संरचना में सब कुछ पूँजीपतियों और इसके प्रबन्धकों के मुनाफे और सुविधाओं को ध्यान में रखकर बनाए गए हैं, पहला विचार यही आता है कि यह संरचना एक ऐसी व्यवस्था के लिए अनुकूल नहीं होगी, जो मनुष्यों की सहकारिता और पारस्परिकता के भाव पर आधारित होगी।

ऊपर का संक्षिप्त विषयान्तर इस प्रश्न का उत्तर ढूँढ़ने के लिए किया गया है कि क्यों मूल्य का श्रम-सिद्धान्त, जो एडम स्मिथ और रिकार्डो से लेकर मार्क्स तक को स्वाभाविक लगता था, वर्तमान मशीनीकरण के युग में पारम्परिक और आधुनिक तकनीक से पैदा की गई वस्तुओं की कीमतों का कोई एक आधार निर्धारित करने में अक्षम साबित होता है और बाजार की तात्कालिक स्थितियों (जो मार्जिनलिस्ट सिद्धान्त का आधार है) के सहारे ही अर्थशास्त्री इसके पीछे कोई तार्किकता ढूँढ़ते हैं।

मार्क्स ने मशीनीकरण के प्रभाव से मुनाफे की दर में गिरावट के जिस रुझान का जिक्र किया था, वह पूँजीवाद में मशीनीकरण के आत्यंतिक विकास के काल में एक ऐसी स्थिति पैदा कर रहा है, जहाँ उत्पादन के अत्यधिक कौशल की माँग करनेवाले क्षेत्रों में बड़ा मशीनीकृत उत्पादन घाटे का धन्धा बन जाता है। यहाँ पर न्यूनतम मशीन के सहारे—जैसे सिलाई की मशीन—छोटे पैमाने पर मानव कौशल से चलनेवाली उत्पादन प्रक्रिया से ही अधिक मुनाफा अर्जित किया जा सकता है। इससे मार्क्स या उसके पहले के एडम स्थिम, सिसमंडी और रिकार्डो जैसे अर्थशास्त्रियों के विचार कि अन्ततः मानव-श्रम ही विनिमय-मूल्य का निर्धारक है, सच्चाई के अधिक करीब लगता है। यह मशीन के बरक्स मानव-श्रम की विलक्षणता और श्रेष्ठता को भी सिद्ध करता है। यह बात विविध डिजाइन और छापे वाले वस्त्रों, बुनाई से निर्मित अनेक सामान, विविधतापूर्ण सजावट वाले बर्तनों, चमड़े की थैलियों, जूते तथा आभूषणों के निर्माण के क्षेत्रों में साफ दिखाई देती है। ये क्षेत्र ऐसे हैं, जहाँ उपयोग की वस्तुएँ रुचिकर और उपयोग करनेवाले व्यक्तियों के निजी पसन्द के अनुरूप होती हैं। स्वचालन और कम्प्यूटरीकरण के सहारे कुछ निर्धारित डिजाइन की वस्तुओं का विशाल पैमाने पर उत्पादन तो हो सकता है, लेकिन ऐसी वस्तुओं का निर्माण, जिसमें पल-पल बदलती रुचि के अनुसार काट-छाँटकर या अदल-बदलकर डिजाइन तैयार किए जा सकें, सम्भव नहीं होता। अन्ततः कम्प्यूटर उन्हीं सूचनाओं के आधार पर काम कर सकता है, जिन्हें अपने संवेदन और चयन के आधार पर आदमी इसमें डालता है। कम्प्यूटरों अथवा रोबोटों की कोई स्वतंत्र संवेदनशीलता नहीं होती और थोड़े-थोड़े समय पर बदलनेवाले मानवीय पसन्द के हिसाब से इन मशीनों में या सॉफ्टवेयर में बदलाव इतना खर्चीला होता है और बेकार हो रही

मशीनों का कचड़ा इतना विशाल कि यह अत्यधिक घाटे का धन्धा होता है। यही कारण है आज सबसे विकसित औद्योगिक देश सिले वस्त्रों या निजी इस्तेमाल में आनेवाली दूसरी अनेक वस्तुओं के क्षेत्र में उन देशों से आयात पर निर्भर हैं, जहाँ इनका उत्पादन मानव-श्रम से कराया जाता है। माइक्रोचिप्स के निर्माण तो बड़े पैमाने पर औद्योगिक देश करते हैं, लेकिन इन्हें जोड़कर छोटे टीवी या रेडियो सेट बनाने में मानव-श्रम की बहुलता वाली पिछड़ी अर्थव्यवस्था वाले देश कम कीमत वाले सामान तैयार कर लेते हैं।

अपनी पुस्तक 'ग्लोबलाइजिंग पॉवर्टी' में माइकल चोस्सुदोस्की अन्तरराष्ट्रीय वस्त्र उद्योग के सम्बन्ध में कुछ दिलचस्प तथ्य प्रस्तुत करते हैं, जिससे ऊपर की बातों की पुष्टि होती है। वह लिखते हैं : "उदाहरण के लिए अन्तरराष्ट्रीय वस्त्र-व्यापार में कोई अन्तरराष्ट्रीय वस्त्र डिजाइनर पेरिस के डिजाइन का शर्ट 3 या 4 अमेरिकी डॉलर में बांग्लादेश, वियतनाम या थाईलैंड में खरीदेगा। यह उत्पाद यूरोप के बाजार में इसके पाँच या दस गुना मूल्य पर बेचा जाएगा : आयात करनेवाले देश की राष्ट्रीय आय इसी हिसाब से बढ़ जाएगी, बिना कोई उत्पाद किए।"[7]

वह आगे लिखते हैं : "फैक्ट्रियों के स्तर पर बांग्लादेश में एकत्र किए गए आँकड़ों से हम वस्त्र-डद्योग के खर्च के ब्योरे और आय के बँटवारे का आकलन कर सकते हैं : कारखाने के स्तर पर एक दर्जन शर्ट की कीमत 36 से 40 डॉलर। सभी यंत्र और कच्चे माल आयात किए जाते हैं, शर्ट को खुदरा में लगभग 22 डॉलर प्रति अदद या 266 डॉलर प्रति दर्जन के हिसाब से अमेरिका में बेचा जाता है। बांग्लादेश में महिला और शिशु श्रमिकों को 20 डॉलर महीना दिया जाता है, जो उत्तरी अमेरिका के वस्त्र-उद्योग में काम करनेवाले श्रमिकों के पचासवें भाग के बराबर है।"[8]

यह काम दूसरे देशों के मजदूरों से कराया जाता है, इसका सीधा अर्थ है कि इन्हें पूरी तरह मशीनों से नहीं कराया जा सकता या पसन्द के हिसाब से मशीनों में आवश्यक बदलाव अत्यधिक खर्चीला सिद्ध होगा, जो व्यापार के लिए उत्पादन के उपयुक्त नहीं होगा।

जो स्थिति वस्त्र-उद्योग की है, वह हस्त-शिल्प पर आधारित दूसरे उत्पादों की भी होगी। जो सुविधा बड़े आधुनिक उद्योगों की है, वह वहाँ है, जहाँ उत्पादन का चरित्र सपाट है, जहाँ बड़े पैमाने पर एकरसता वाले सामानों का उत्पादन होता है और उत्पादन का एक साँचा तैयार कर दिए जाने पर उत्पादन की मात्रा सीधे उत्पादन में लगी ऊर्जा से निर्धारित होती है। वहाँ फैक्ट्रियों के सपाट उत्पादन का मुकाबला अति अल्प कौशल वाले मानव-श्रम से उत्पादित वस्तुओं से होता है। यहाँ मानव-ऊर्जा और फैक्ट्रियों में लगी ऊर्जा तुलनीय हो जाती है। कोयला, तेल आदि गैर मानवीय ऊर्जा-स्रोतों के सस्ती और विशाल मात्रा में उपयोग में आनेवाली

ऊर्जा से निर्मित वस्तुएँ यहाँ सस्ती हो जाती हैं। अब कल्पना कीजिए कि ईंधन या ऊर्जा के गैर-मानवीय स्रोत विरल हो अत्यधिक महँगे हो जाएँ तो मानव या पशु-ऊर्जा से होनेवाले उद्यमों के मुकाबले मशीनों से कराए गए उद्यम अधिक महँगे होते जाएँगे। हाल के दिनों में पेट्रोलियम की कीमतों की बाढ़ से भारत में खेत की जुताई में ट्रैक्टर की खेती पारम्परिक हल-बैल की खेती से ज्यादा महँगी होती जा रही है। इस बात को ध्यान में रखने से हम यह समझ सकते हैं कि औद्योगीकरण के प्रारम्भिक दौर में फैक्ट्रियों के अति सस्ते उत्पाद क्यों हस्त-उद्योग से आगे निकल गए? बाकी क्षेत्रों में जिनकी ऊपर चर्चा है, हस्त-शिल्प अपनी श्रेष्ठता इसलिए बनाए रहते हैं क्योंकि इनके पीछे का कौशल मानवीय संवेदन से निर्धारित होता है और इसलिए 'मॉस प्रोडक्शन' (भारी मात्रा में एक ही तरह के उत्पादन) के उत्पादन कभी इसके मुकाबले खड़े नहीं हो सकते। हस्त कौशल से उत्पादित वस्तुओं का अपना अलग व्यक्तित्व होता है, जो इन्हें उपयोगी के अलावा एक कला-कर्म में परिणत कर देता है।

यहाँ अप्रत्याशित रूप से पूँजी, तृतीय खंड में मार्क्स द्वारा प्रतिपादित उस विचार की भी पुष्टि होती है जिसमें उन्होंने यह कहा है कि पूरी पूँजी में मशीनों पर लगी पूँजी का अनुपात उत्तरोत्तर बढ़ने से मुनाफे की दर जो श्रम पर खर्च होनेवाली पूँजी पर निर्भर करती है, गिरती जाएगी। सिले वस्त्रों या विशिष्ट शिल्पों पर आधारित हस्तकरघों से उत्पादित वस्त्रों में मशीनीकरण से परहेज सम्भवत: मुनाफे की दर के इस ह्रास को दर्शाता है। विकासशील देशों में जहाँ इस तरह के लघु उद्योग हैं, उत्पादकों को मुनाफा तो होता ही है और मुनाफे की यह मात्रा इतनी अधिक हो सकती है, जैसाकि ऊपर के उदाहरण में दिखलाया गया है, विकसित देश के व्यापारी इसकी कमाई से अपनी राष्ट्रीय आय में इजाफा करते रहते हैं। इस विषयान्तर के बाद हम मूल विषय यानी पूँजीवादी व्यवस्था की स्वायत्त विकास की सम्भावना और इस विकास के परिणामों पर फिर लौटेंगे।

3

पहले अध्यायों में हमने मार्क्स द्वारा प्रस्तुत पूँजी के स्वरूप और मूल्य के नियामक तत्त्वों पर संक्षिप्त में विचार किया। इसमें इसके विकास की प्रथम आवश्यकता पूँजी-संचय या मार्क्स द्वारा वर्णित 'आदिम पूँजी-संचय' की स्थितियों पर भी विचार किया। इससे कोई समस्या सामने नहीं आती। यह विचार जोर-जबर्दस्ती छीना-झपटी की इतनी सरल प्रक्रिया पर आधारित है कि इसकी सफलता के सम्बन्ध में किसी तरह की शंका पैदा नहीं होती। इसे हम मात्र मानव-स्वभाव में निहित लिप्सा, क्रूरता एवं हिंसा की प्रवृत्तियों के निचोड़ के रूप में देख सकते हैं, जो पूँजीवादी विकास की अनिवार्य शर्त है। यह समझना आसान है कि अनेक लोगों की सम्पत्ति को जबर्दस्ती छीनकर और लोगों को मजदूर बनाने को मजबूर कर पूँजीवादी उत्पादन-प्रक्रिया कैसे अस्तित्व में आती है। देखने को यही रह जाता है कि यह उत्पादन का ढाँचा इस बात में सक्षम है कि नहीं कि अपनी स्वायत्त उत्पादन-प्रक्रिया और उत्पादन के स्तर को उस चरम बिन्दु पर पहुँचा दे, जहाँ उत्पादन की इस अवस्था और इससे प्रकट उत्पादन-सम्बन्ध में वैसा अन्तर्विरोध पैदा होता है, जिससे क्रान्ति और समाजवादी संक्रमण का दौर शुरू होता है—यानी क्रान्तिकारी संक्रमण की वह स्थिति, जिसका विवरण कम्युनिस्ट घोषणापत्र में है। इसका आकलन तभी सम्भव होगा, जब हम स्थापित पूँजीवादी व्यवस्था में पूँजी के पुनरुत्पादन की स्थितियों और सम्भावनाओं पर विचार करेंगे। रोजा लक्जमबर्ग ने मार्क्स के मॉडल के तहत पूँजी के पुनरुत्पादन और इसकी सामाजिक पृष्ठभूमि का अध्ययन इसी दृष्टि से शुरू किया।

किसी भी महत्त्वपूर्ण विचार का प्रस्थान बिन्दु शून्य नहीं होता। नये विचारों की प्रेरणा या उत्तेजना किसी वस्तुस्थिति या इससे उपजे पहले के विचार होते हैं। रोजा लक्जमबर्ग के सामने इस उत्तेजना का स्रोत था उनके पूर्ववर्ती या समकालीन अर्थशास्त्रियों में यह विवाद कि पूँजीवाद का स्वायत्त विकास बिना बाहरी स्थितियों से समर्थन पाए किसी जगह हो सकता है क्या? खासकर यह विवाद रूस के सन्दर्भ में चल रहा था, जहाँ कुछ अर्थशास्त्री इसकी सम्भावना के प्रति आश्वस्त थे, तो कुछ यह सोचते थे कि रूस में आर्थिक विकास की दिशा कुछ भिन्न होगी—यानी कुछ हिस्सों में अब भी प्रचलित कम्यून (पारम्परिक ढंग से सामूहिक स्वामित्व के

तहत खेती-बाड़ी की व्यवस्था) के आधार पर रूस का विकास कुछ अलग तरह से होगा। रूस में पूँजीवाद के सम्बन्ध में यह विवाद मार्क्स के जीवन-काल में ही शुरू हो गया था। रूस के कम्यून व्यवस्था का समाजवादी व्यवस्था में संक्रमण की सम्भावना के इर्द-गिर्द प्रभावशाली 'पॉपुलिस्ट' विचारधारा रूस में विकसित हुई थी। इस विचार को प्रतिपादित करनेवाली एक नेता वेरा सासुलिच ने इस सवाल पर कार्ल मार्क्स की राय इस पृष्ठभूमि में माँगी थी कि रूस में मार्क्स के विचारों को माननेवाले लोग समाजवाद के लिए रूस के किसानों में प्रचलित कम्यून व्यवस्था का नाश और पूँजीवादी कृषि का विकास अनिवार्य मानते थे। अपनी मृत्यु के लगभग दो साल पहले 1881 ई. के फरवरी महीने में मार्क्स ने सासुलिच को यह लिखा था कि उनके विचार में एक बेहतर समाज व्यवस्था के विकास के लिए सामुदायिक कृषि का नाश जरूरी नहीं है और एक ऊँची व्यवस्था में संक्रमण, बिना सामूहिक खेती को नष्ट किए सम्भव हो, तो यह अच्छी बात होगी, लेकिन उसने इस बात की ओर भी ध्यान दिलाया कि रूस की सरकार किसानों पर तरह-तरह का आर्थिक बोझ डाल इन कम्यून (सामुदायिक कृषि व्यवस्था) के अस्तित्व को मुश्किल में डाल रही है और जो थोड़े-से पूँजीवादी उद्योग-धन्धे विकसित हुए हैं, उनके हित में भी यह बात है कि सामुदायिक खेती की जगह निजी स्वामित्व पर आधारित काश्तकार कृषि के क्षेत्र में विकसित हों। मार्क्स के अनुसार, इससे पैदा गैर-बराबरी से धीरे-धीरे स्वतंत्र किसानों का एक हिस्सा भूमिहीन मजदूर बन पूँजीवादी उद्योगों के लिए श्रमिक मुहैया कराएँगे। इस तरह पश्चिमी यूरोप में किसानों को जिस तरह जबर्दस्ती खेती से खदेड़ कारखानों में काम करने के लिए मजबूर किया गया, वैसा नहीं कर आर्थिक प्रक्रिया से ही किसान श्रमिक बन उद्योगों में काम ढूँढ़ने का मजबूर होंगे।

रूस में पॉपुलिस्ट अर्थशास्त्रियों में कई लोग थे, जो मार्क्स और पश्चिमी यूरोप के दूसरे अर्थशास्त्रियों, यथा एडम स्मिथ, रिकार्डो और सिस्मंडी आदि के विचारों से अवगत थे और इन सबका प्रस्थान बिन्दु मूल्य का श्रम-सिद्धान्त था। इनके विचारों पर सिस्मंडी के विचारों की भी गहरी छाप थी, जिसने उन्नीसवीं शताब्दी के प्रथम चतुर्थ की आर्थिक मन्दी—1815 एवं 1818-19 को वस्तुओं की माँग की सिकुड़न से जोड़ा था। उन्होंने श्रम-सिद्धान्त के आधार पर यह स्थापित किया था कि मजदूरों को चूँकि उनके द्वारा किया गया पूरा मूल्य मजदूरी में नहीं मिलता, उत्पादित वस्तुओं में निहित अतिरिक्त मूल्य का कोई खरीदार नहीं होता है और आर्थिक मन्दी का यही मूल कारण है। रूस के पॉपुलिस्ट विचारकों में कुछ का यह भी मानना था कि अतिरिक्त मूल्य को व्यक्त करनेवाली वस्तुओं को निर्यात के द्वारा दूसरे देशों में बेचकर इस संकट से छुटकारा पाया जा सकता है, लेकिन वे यह भी मानते थे कि चूँकि रूस पूँजीवादी विकास की दौड़ में देरी से आया है,

विदेशी व्यापार की प्रतिस्पर्धा मं इसके लिए टिक पाना सम्भव नहीं है और इसलिए पूँजीवाद का विकास रूस में एक सीमा के बाद नहीं हो सकता। इस तरह ये इस नतीजे पर पहुँचे थे कि रूस में समतावादी समाज की स्थापना के लिए क्रान्तिकारियों को पारम्परिक कम्यून (सामुदायिक कृषि) के साथ गैर-पूँजीवादी स्थानीय उद्योगों को जोड़कर ही समाज के विकास की बात सोचनी चाहिए।

इन पॉपुलिस्ट विचारकों में निकोलोयान मार्क्स के विचारों से पूरी तरह परिचित थे और वह मूल्य के श्रम-सिद्धान्त के आधार पर ही रूस की स्थिति में पॉपुलिस्ट विचारधारा की प्रासंगिकता को सिद्ध करने की कोशिश करते हैं। रोजा लक्जमबर्ग ने उनके विचारों को व्यवस्थित ढंग से अपनी पुस्तक 'एक्युमुलेशन ऑफ कैपिटल' में प्रस्तुत किया है। उसे यहाँ ज्यों का त्यों प्रस्तुत करने से पॉपुलिस्ट विचार के सार से परिचय हो जाएगा। रोजा लक्जमबर्ग ने इसे यों प्रस्तुत किया है :

"चूँकि पूँजीवादी व्यवस्था के लिए बाजार की निर्णायक भूमिका होती है, इसलिए सभी पूँजीवादी देश जितना सम्भव हो, उतने बड़े बाजार की उपलब्धि की कोशिश करते हैं। प्रथम तो वे अपने देश के बाजार पर भरोसा करते हैं, लेकिन विकास के खास स्तर के बाद घरेलू बाजार पूँजीवादी देश के लिए पर्याप्त नहीं होता, जिसके कारण ये हैं : सामाजिक श्रम साल भर में जो भी नया उत्पाद करता है, उसे दो भागों में बाँटा जा सकता है—मजदूरी के रूप में लिया गया मजदूरों का हिस्सा और वह, जो पूँजीपतियों द्वारा अधिगृहीत कर लिया जाता है। पहले भाग द्वारा संचालन से जीवन-निर्वाह के लिए उतनी ही वस्तु निकाली जा सकती है, जितने का मूल्य श्रमिकों को दी गई मजूदरी के बराबर हो, लेकिन पूँजीवादी व्यवस्था निश्चित रूप से इस हिस्से को लगातार घटाती रहती है। इसके उपाय हैं—कार्यकाल को बढ़ाना, श्रम की तीव्रता (Intensity) को बढ़ाना, प्रौद्योगिक सुधारों से जिसके तहत पुरुष श्रमिकों की जगह औरतों और किशोरों को लगाया जाता है और इस तरह वयस्क श्रम को बिलकुल खत्म कर दिया जाता है और उत्पादन की मात्रा बढ़ जाती है। हालाँकि अभी भी कार्यरत बच्चे श्रमिकों की मजदूरी बढ़ जाती है। इन परिवर्तनों से पूँजीपतियों की हुई बचत के मुकाबले वह आय कम ही होती है। इन सबका मिला-जुला असर यह होता है कि खरीदार के रूप में मजदूर वर्ग की भूमिका घरेलू बाजार में लगातार कम होती जाती है। इसके साथ-साथ एक और भी परिवर्तन होता है : पूँजीवादी उत्पादन उन धन्धों को भी हस्तगत करने लगता है, जिससे पहले कृषकों को रोजगार मिलता था। इस तरह क्रमश: वह किसानों के संसाधनों को उनसे छीनता जाता है। इस तरह ग्रामीण लोग उत्तरोत्तर औद्योगिक उत्पादों को खरीदने की क्षमता खोते जाते हैं। यह एक अतिरिक्त कारण है घरेलू बाजार के सिकुड़ने का। जहाँ तक पूँजीपति वर्ग का सवाल है, हम पाते हैं कि यह भी सम्पूर्ण नये उत्पाद को नहीं प्राप्त करता है, हालाँकि इसका कारण उलटा है। इसकी जरूरतें

चाहे जितनी अधिक हों, पूँजीपति व्यक्तिगत रूप से सम्पूर्ण अतिरिक्त उत्पाद का उपभोग नहीं कर सकता। पहला कारण तो यह है कि इसके एक हिस्से की जरूरत उत्पादन के प्रसार के लिए होती है, तकनीकी सुधार के लिए, जो एक प्रतिस्पर्धा आधारित समाज में उद्यमी के अस्तित्व के लिए जरूरी है। दूसरा, क्योंकि एक फैलते हुए पूँजी-उत्पादन के लिए उत्पादन की उन शाखाओं में फैलाव जरूरी होता है, जो उत्पादन के साधन का निर्माण करते हैं (जैसे : खनन उद्योग, मशीन उद्योग आदि), जिनके उपयोग का स्वरूप शुरू से ही ऐसा होता है कि उनका वैयक्तिक उपयोग नहीं हो पाए और इसलिए उसका इस्तेमाल पूँजी के रूप में ही हो सकता है। तीसरा और अन्तिम कारण यह है कि श्रम की बढ़ी हुई उत्पादकता और बड़े पैमाने के उत्पादन से सुलभ बचत और विशाल पैमाने पर सस्ती उपभोग की सामग्री के उत्पादन से वैसे पण्यों का भारी मात्रा में उत्पादन होता है, जिन सबका उपभोग मुट्‌ठी भर पूँजीपति नहीं कर सकते।"[1]

निकोलोयान के शब्दों में, "इस तरह हम पाते हैं कि किसी पूँजीवादी राष्ट्र का सम्पूर्ण उत्पादन पूरी औद्योगिक आबादी की रूरतों से अत्यधिक ज्यादा होता है, ठीक वैसे ही, जैसे प्रत्येक कारखाना अपने श्रमिकों और उद्यमी की जरूरतों से कहीं अधिक पैदा करता है और ऐसा इसीलिए होता है क्योंकि राष्ट्र एक पूँजीवादी राष्ट्र है और समाज के संसाधनों के वितरण का उद्‌देश्य आबादी की जरूरतों को पूरा करना नहीं होता बल्कि बाजार की माँग (Effective Demand) को पूरा करना होता है। ठीक वैसे ही जैसे कोई कारखानेदार एक दिन भी पूँजीपति के रूप में अस्तित्व में नहीं रह सकता, अगर उसका बाजार उसके श्रमिकों और उसकी जरूरतों तक सीमित रहे, इसी तरह एक विकसित पूँजीवादी राष्ट्र का घरेलू बाजार भी इसके लिए अपर्याप्त होगा।

"इन सबका परिणाम है, पूँजीवाद के अपने विकास से ही बढ़ती गरीबी एवं बड़ी संख्या में मजदूरों का बेरोजगार होना, जिनमें कोई क्रय-शक्ति नहीं होती। श्रम की बढ़ती उत्पादकता, जिससे बाजार की सभी आवश्यकताओं की पूर्ति हो सकती है, का सामना होता है विशाल संख्या में ऐसे लोगों से, जो अपनी बुनियादी जरूरतों की भी पूर्ति नहीं कर सकते। एक तरफ वस्तुओं का अम्बार, जिन्हें बेचा नहीं जा सकता और दूसरी ओर बड़ी संख्या में वैसे लोग, जो जीवन की आवश्यक वस्तु भी नहीं प्राप्त कर सकते।"[2]

और अन्त में वह लिखते हैं : "...सदियों से आ रही परम्परा को जीवित रखने की बजाय, जिसमें उत्पादन करनेवाले और उत्पादन के साधन का गहरा सम्बन्ध था पश्चिमी यूरोप के विज्ञान की उपलब्धियों को उत्पादन के उस सम्बन्ध में लगाने का, जिसमें किसानों का अपने उत्पादन के साधन पर स्वामित्व था...हमने उलटी दिशा अख्तियार की है। हम लोगों ने पूँजीवादी ढाँचे की उत्पादन-प्रणाली को बढ़ने

दिया है जबकि इसका आधार किसानों का सफाया है। हमने अपनी पूरी शक्ति लगाई है पारम्परिक जीवन-पद्धति को नष्ट करने की, जिसका नतीजा 1891 ई. का अकाल है।"[3]

दरअसल, निकोलोयान का यह अध्ययन 'हमारी अर्थव्यवस्था की रूपरेखा' 1891 ई. के अकाल के अध्ययन के सन्दर्भ में लिखा गया था। फ्रेडरिक एंगेल्स ने, जो अभी जिन्दा थे, निकोलोयान को अपने पत्र में यह बतलाने की कोशिश की थी कि रूस के पुराने ढंग के उद्योगों से रूस का काम नहीं चल सकता आदि। इस आलोचना के पीछे मार्क्स-एंगेल्स की यह मान्यता थी कि उद्योगों का ज्यादा-से-ज्यादा विकास अपरिहार्य है, जैसा पश्चिमी यूरोप में पूँजीवादी व्यवस्था के तहत हो रहा था। इस बिन्दु पर रोजा लक्जमबर्ग भी निकोलोयान से असहमत थीं क्योंकि उनके लिए भी उद्योगों का अत्यधिक विकास मानव-विकास का पर्याय था। यह आम मार्क्सवादी मान्यता थी। हालाँकि अब उभरते पर्यावरण के संकट के सन्दर्भ में उद्योगों के अन्तहीन विस्तार की बजाय जीवन और प्रकृति के साथ सन्तुलित विकास की बात को आसानी से खारिज करना मुश्किल है। इसलिए निकोलोयान की आलोचना दुनिया के गैर-औद्योगिक देशों के लिए, जो पूँजीवादी ढंग के विकास के पीछे दौड़ रहे हैं, नये तरह से प्रासंगिक बनती जा रही है।

इसके विपरीत, रूस के मार्क्सवादियों ने, जिनमें तुगान बैरोनावस्की प्रमुख थे, मार्क्स के पूँजी के विस्तारित संचय के समीकरण के आधार पर यह सम्भावना बतलाई कि अगर मार्क्स के विस्तारित पूँजी-संचय के मॉडल में स्थायी पूँजी वाले हिस्से में लगातार उपयुक्त बढ़ोतरी होती रहे तो पूँजी-संचय की प्रक्रिया निरन्तर जारी रह सकती है। रोजा लक्जमबर्ग, जिन्हें पूँजीवाद के विकास में क्रान्तिकारी सम्भावनाओं की तलाश थी, को तुगान बैरोनावस्की की यह स्थापना त्रुटिपूर्ण लगती थी, लेकिन इससे आगे बढ़ रोजा लक्जमबर्ग को लगता था कि मार्क्स ने विस्तारित पूँजी-संचय का जो मॉडल प्रस्तुत किया है, वह स्वयं एक सीमा के बाद टूटता दिखाई देता है। इसके साथ-साथ रोजा लक्जमबर्ग को यह भी लगता था कि मार्क्स ने स्वयं पूँजी के तीसरे खंड में पूँजीवाद के जिस बुनियादी चरित्र का विवरण दिया है, उससे भी इस अबाध विस्तर का मेल नहीं खाता। आगे हम मार्क्स द्वारा प्रस्तावित मॉडल को प्रस्तुत करेंगे, जो 'पूँजी' के दूसरे खंड में दिया गया है और जिसको केन्द्र में रखकर रोजा लक्जमबर्ग अपना विश्लेषण प्रस्तुत करती हैं।

मार्क्स के अनुसार, पूँजीवादी अर्थव्यवस्था उत्पादन के दो क्षेत्रों के आपसी विनिमय पर आधारित होती है। इसमें एक स्थायी पूँजी के निर्माण की होती है, जिसमें उत्पादन के साधन (मशीन आदि) एवं पहले से उत्पादित कच्चे माल और कारखाने के लिए जरूरी घर आदि आते हैं, और दूसरा क्षेत्र मजदूरों की जरूरत की वस्तुओं के निर्माण का होता है, जिसका उत्पादन परिवर्ती पूँजी के रूप में मजदूरों को दी

गई मजदूरी से खरीदा जाता है और जो उनके जीवन का आधार बनता है। मार्क्स के अनुसार, पूँजीवादी उत्पादन के ये दोनों क्षेत्र एक-दूसरे की आवश्यकताओं को पूरा करने के क्रम में इसकी समग्रता में पूँजीवादी व्यवस्था को कायम रखते हैं। अगर पूँजी-संचय का विस्तार नहीं होता तो साल-दर-साल ये दोनों क्षेत्र एक-दूसरे की जरूरतों को पूरा करते हुए साल के अन्त में अपने प्रस्थान बिन्दु की स्थिति में पहुँच जाते हैं। वैसे दरअसल पूँजीवादी उत्पादन का यह आवर्तन काल्पनिक ही होता है। वास्तविक दुनिया में बार-बार कभी मन्दी का ऐसा दौर आता है, जिसमें दोनों क्षेत्रों में उत्पादकता घटती है या दोनों का सन्तुलन बिगड़ जाता है, तो कभी उत्पादकता में उछाल आने से एक या दोनों क्षेत्रों में उत्पादन और मुनाफा अचानक औसत से अधिक होने लगता है। इससे भी बढ़कर पूँजीवादी उत्पादन का सदा विस्तार होता रहता है, लेकिन मूल बात यह है कि पूँजीवाद व्यवस्था का रुझान सदा अपने उत्पादन और विनिमय के आधार को फैलाते रहने का होता है। इसी से दो सौ साल में उत्पादन और उपभोग की विविधता से संसार का पूरा स्वरूप ही बदल गया है। रोजा लक्जमबर्ग ने मार्क्स के पूँजी-संचय के प्रसार के मॉडल पर विचार कर यह शंका जताई कि इस मॉडल में एक ऐसा अन्तर्विरोध है जिसके कारण यह मॉडल अनिवार्य रूप से टूट जाएगा, अगर इसको सहारा देने के लिए कोई बाहरी क्षेत्र न आ जाए। यहाँ यह बात ध्यान में रखने की है कि मार्क्स के अनुसार पूँजीवादी समाज में आय के दो ही स्रोत होते हैं : 1. पूँजीपतियों का मुनाफा और 2. मजदूरों को दी गई मजदूरी।

पूँजी, प्रथम खंड, अध्याय 24, पृष्ठ 613 की पाद टिप्पणी में मार्क्स लिखते हैं : "हम यहाँ पर निर्यात-व्यापार की ओर ध्यान नहीं देते, जिसके द्वारा कोई भी राष्ट्र विलासिता की वस्तुओं को उत्पादन के साधनों अथवा जीवन-निर्वाह के साधनों में या इन साधनों को विलासिता की वस्तुओं में बदल सकता है। हम जिस विषय की छानबीन कर रहे हैं, उसका उसकी समग्रता में तथा समस्त विघ्नकारी गौण परिस्थितियों से अलग करके अध्ययन करने के लिए हमें पूरी दुनिया को एक राष्ट्र समझना और एक मानकर चलना होगा कि हर जगह पूँजीवादी उत्पादन कायम हो गया है। उसने उद्योग की प्रत्येक शाखा पर अधिकार कर लिया है।"

फिर 'पूँजी', खंड दो में जहाँ पूँजी के संचय और उत्पादन के विस्तार की चर्चा है, मार्क्स लिखते हैं : "...अब केवल दो प्रस्थान बिन्दु हैं : पूँजीपति और श्रमिक। व्यक्तियों के अन्य सभी तीसरे सवर्गों को अपनी सेवाओं के लिए या तो इन दो वर्गों से धन प्राप्त करना होगा, या जहाँ तक वे उसे प्रतिपाद में सेवा बिना ही प्राप्त करते हैं, वे किराए, ब्याज आदि के रूप में अतिरिक्त मूल्य के सह-स्वामी होते हैं। अतिरिक्त मूल्य औद्योगिक पूँजीपति की जेब में पूर्णत: ठहर नहीं पाता, वरन् दूसरों

को उसका हिस्सा देना पड़त है, इसका प्रस्तुत समस्या से कुछ भी सम्बन्ध नहीं है। समस्या यह है कि वह अपने अतिरिक्त मूल्य को धन में कैसे बदलता है, यह नहीं कि जो कुछ मिला, उसका आगे चलकर बँटवारा कैसे होता है?..."[4]

ऊपर उद्धृत इस मूल स्थापना के सन्दर्भ में तुगान बैरोनावस्की की स्थापना, जिसे रोजा लक्जमबर्ग ने उद्धृत किया है, इस प्रकार है :

"मार्क्स बुनियादी तौर पर इस आम राय से सहमत हैं कि मजदूरों यानी गरीबों के भारी बहुमत की गरीबी माँग की सिकुड़न से यह असम्भव बना देती है कि पूँजीवादी उत्पादन के सतत फैलाव से उत्पादित वस्तुओं की पूरी मात्रा को खरीद सके। यह विचार निश्चित रूप से गलत है। हमने देखा है कि पूँजीवादी उत्पादन स्वयं अपना बाजार पैदा करत है—उपभोग पूँजीवादी उत्पपादन का एक ही पहलू है। एक नियोजित सामाजिक उत्पादन में अगर उत्पादन करनेवाले नेताओं को माँग सम्बन्धी सभी जानकारियाँ उपलब्ध हों और अगर उन्हें यह भी अधिकार हो कि वे श्रम और पूँजी को उत्पादन की एक शाखा से दूसरी शाखा में स्थानान्तरित कर सकें, तब सामाजिक उपभोग का स्तर कितना ही नीचा क्यों न हो, वस्तुओं (पण्यों) की आपूर्ति माँग से अधिक नहीं होगी।"[5]

इस तरह तुगान बैरोनावस्की के अनुसार, "बाजार में वस्तुओं की बाढ़ आ जाने का कारण उत्पादन के प्रसार में अनुपात का अभाव होता है।" अत: तुगान बैरोनावस्की के अनुसार उत्पादन इस क्रम में होता है : अगर उत्पादन आनुपातिक आधार पर हो तो मजदूर क्या उत्पादित करेंगे? जाहिर है, अपनी आजीविका का साधन एवं उत्पादन का साधन। इसका उद्‌देश्य क्या होगा? अगले वर्ष उत्पादन को फैलाना। किन वस्तुओं के उत्पादन (का फैलाव)? फिर उत्पादन के साधनों और श्रमिकों की आजीविका के साधनों का उत्पादन और ऐसे ही आगे सदा के लिए।"[6]

दरअसल, तुगान बैरोनावस्की और रिकार्डो एक सदी से कायम भ्रान्ति के शिकार थे, जिसमें यह माना जाता रहा है कि उत्पादन स्वयं अपने लिए माँग पैदा करता है। इस भ्रान्ति के कायम रहने का असली कारण यह था कि अर्थशास्त्री उत्पादित वस्तुओं के सम्बन्ध के पीछे के मनुष्यों के सम्बन्ध को नहीं देख पाते थे। सभी उत्पादन-प्रक्रिया में वस्तुओं के उत्पादन के पार्श्व में मनुष्यों और परिवेश का सम्बन्ध भी स्थापित रहता है। चूँकि वे इस उत्पादन में लगे लोगों की इस प्रक्रिया से जुड़े आर्थिक सम्बन्ध को नजरअन्दाज करते थे, वे सिर्फ यह देखते थे कि अलग-अलग क्षेत्रों में अलग-अलग तरह की वस्तुओं का उत्पादन होता था, जो लोगों की विविध जरूरतों की पूर्ति के लिए उत्पादित होती थी। अगर स्थिति इतनी सरल हो तो यही दिखाई देता है कि विनिमय अलग-अलग जरूरतों को पूरा करनेवाली उन वस्तुओं के बीच में होता है, जिसमें मुद्रा सिर्फ बिचौलिए की भूमिका निभाती है। इसलिए अगर उत्पादन का सही नियोजन हो तो निर्मित वस्तुएँ उतनी

ही होंगी, जितनी कि समाज में माँग है। अचरज की बात यह है कि सिस्मंडी एवं मार्क्स आदि श्रमिकों के शोषण पर आधारित व्यवस्था से पैदा माँग के संकट के बावजूद कई मार्क्सवादी अर्थशास्त्र भी माँग के अभाव को नियोजनजन्य असन्तुलन का परिणाम मानते रहे जबकि हकीकत यह है कि अगर श्रमिकों को उसके द्वारा उत्पादित पूरा मूल्य नहीं दिया जाता तो उत्पादित वस्तुओं के बाजार का संकट तो पैदा होगा ही क्योंकि वस्तुओं का विनिमय वस्तुओं से नहीं होता बल्कि वस्तुओं की खरीदगी उपभोक्ताओं के द्वारा होती है, जिनकी आय इन्हें खरीदने के लिए यथेष्ट होनी चाहिए। पूँजीवादी व्यवस्था के भीतर आय का अभाव और इससे जुड़ा संकट किसी-न-किसी रूप में उपस्थित रहेगा ही।

हालाँकि तुगान बैरोनावस्की अपने सिद्धान्त के प्रतिपादन के लिए मार्क्स द्वारा 'पूँजी', खंड 2 में प्रस्तुत मॉडल को आधार बनाते हैं। यह विचार मार्क्स की इस मूल स्थापना के विपरीत जाता है, जिसके अनुसार पूँजीवादी व्यवस्था में उत्पादन और खपत में सदा असन्तुलन बना रहता है, जिसे 'पूँजी', खंड 3 में मार्क्स ने मुनाफे की गिरती दर के रुझान के सन्दर्भ में बहुत स्पष्ट रूप से उल्लिखित किया है। रोजा लक्जमबर्ग ने अपनी पुस्तक में इसे उद्धृत किया है, जो यहाँ दिया जा रहा है।

"आवश्यक उत्पादन-साधन अर्थात् पर्याप्त पूँजी-संचय होने पर अतिरिक्त मूल्य के सृजन को अगर अतिरिक्त मूल्य-दर अर्थात् शोषण की तीव्रता, नियत हो, तो केवल श्रमिक आबादी ही सीमित करती है; और अगर श्रमिक आबादी नियत हो, तो शोषण की तीव्रता के अलावा और कोई चीज सीमित नहीं करती और पूँजीवादी उत्पादन-प्रक्रिया तत्त्वत: अतिरिक्त उत्पाद अथवा उत्पादित जिंसों के श्रम को मूर्त करनेवाले अशेषभाजक अंश में व्यक्त अतिरिक्त मूल्य का उत्पादन और उसके एक अंश का उत्पादन ही है। इस बात को कभी भुलाया नहीं जाना चाहिए कि इस अतिरिक्त मूल्य का उत्पादन और उसके एक अंश का पूँजी में पुन: रूपान्तरण अथवा संचय, अतिरिक्त मूल्य के इस उत्पादन का एक अभिन्न अंग है ही, पूँजीवाद उत्पादन का प्रत्यक्ष लक्ष्य और अप्रतिरोध्य प्रेरक है। इसलिए पूँजीवादी उत्पादन को ऐसा दिखलाना, जैसाकि वह वस्तुत: है ही नहीं, बेकार होगा, अर्थात् ऐसा उत्पादन, जिसका प्रत्यक्ष लक्ष्य उपभोगा अथवा पूंजीपति वर्ग के लिए उपभोग साधनों को बनाना है। ऐसा करने का मतलब उसके विशिष्ट स्वरूप को अनदेखा करना होगा, जो अपने सम्पूर्ण सार तत्त्व के साथ प्रकट हो जाता है।

इस अतिरिक्त मूल्य का सृजन ही उत्पादन की प्रत्यक्ष प्रक्रिया को पूरा करता है, जिसकी—जैसाकि हमने कहा है—ऊपर बताई गई सीमाओं के अलावा और कोई सीमाएँ नहीं हैं। जैसे ही निचोड़े जा सकने योग्य सारे अतिरिक्त श्रम को जिंसों

में समाविष्ट किया जाता है कि अतिरिक्त मूल्य उत्पादित हो जाता है, लेकिन यह अतिरिक्त मूल्य-उत्पादन तो पूँजीवादी उत्पादन-प्रक्रिया के पहले अंक—प्रत्यक्ष उत्पादन प्रक्रिया—के पटाक्षेप को ही बताता है। पूँजी ने इतने-इतने अशोधित श्रम को अवशोषित कर लिया है। प्रक्रिया के विकास के साथ जो अपने को, लाभ-दर को ह्रास-दर में व्यक्त करती है, इस प्रकार उत्पादित अतिरिक्त मूल्य संहति फैलकर अपार आयाम प्राप्त कर लेती है। अब प्रक्रिया का दूसरा अंक शुरू होता है। सारी जिंस, संहति अर्थात् उस अंश का जो अतिरिक्त मूल्य को व्यक्त करता है, सहित कुल उत्पाद, जो स्थिर तथा परिवर्ती पूँजी को प्रतिस्थापित करता है, और उस अंश का, जो अतिरिक्त मूल्य को व्यक्त करता है, सहित कुल उत्पाद का बेचा जाना जरूरी है। अगर यह नहीं किया जाता या केवल अंशत: किया जाता है या उत्पादन दामों से कम दामों पर किया जाता है तो श्रमिक का, जो शोषण वास्तव में किया जा चुका है, वह शोषण पूँजीपति के लिए सिद्ध नहीं हो पाता, और इसे मजदूर से निचोड़े गए अतिरिक्त मूल्य को सिद्धिकृत करने की पूर्ण अथवा आंशिक असमर्थता के साथ, वस्तुत: पूँजी की आंशिक अथवा पूर्ण हानि तक के साथ जोड़ा जा सकता है। प्रत्यक्ष शोषण की, और उसके सिद्धीकरण की अवस्थाएँ एक समान नहीं होतीं। वे केवल स्थान और काल में ही नहीं बल्कि तार्किक दृष्टि से भी भिन्न होती हैं। प्रथमोक्त को केवल समाज की उत्पादक शक्तियों द्वारा सीमित किया जाता है जबकि अन्तोक्त को उत्पादन की विभिन्न शाखाओं के सापेक्ष सम्बन्ध और समाज की उपभोक्ता-शक्ति द्वारा।

लेकिन समाज की यह उपभोक्ता-शक्ति न तो निरपेक्ष उत्पादक-शक्ति द्वारा और न ही निरपेक्ष उपभोक्ता-शक्ति द्वारा बल्कि वितरण की विरोधी अवस्थाओं पर आधारित उपभोक्ता-शक्ति द्वारा निर्धारित की जाती है, जो समाज के अधिकांश के उपभोग को न्यूनतम स्तर पर ले आती है, जिसमें कमोबेश संकीर्ण सीमाओं के भीतर ही कुछ अन्तर होता है। इसके अलावा वह संचय करने की प्रवृत्ति, पूँजी का प्रसार करने और विस्तारित पैमाने पर अतिरिक्त मूल्य उत्पादित करने की ललक द्वारा भी सीमित की जाती है। यह स्वयं उत्पादन विधियों में अविराम क्रान्तियों द्वारा, उनके साथ सदी जुड़ी रहनेवाली विद्यमान पूँजी के ह्रास द्वारा, सार्विक प्रतिस्पर्धात्मक संघर्ष और महज आत्म-परीक्षण के साधन के रूप में तथा विनाश के खतरे के सामने उत्पादन को सुधारने और उसके पैमाने का प्रसार करने की आवश्यकता द्वारा थोपा गया पूँजीवादी उत्पादन का नियम है। इसलिए बाजार का निरन्तर प्रसार करना होता है, जिससे उसके अन्त:सम्बन्ध और उन्हें नियंत्रित करनेवाली अवस्थाएँ अधिकाधिक उत्पादक से स्वतंत्र रूप में कार्यशील नैसर्गिक नियम का रूप लेती जाती हैं और अधिकाधिक अनियंत्रित होती जाती हैं। यह आन्तरिक असंगति अपने को उत्पादन के बहिर्वर्ती क्षेत्र के प्रसार के जरिए हल करने की कोशिश करती है, लेकिन उत्पादनशीलता जितना

ही विकास करती है, उतना ही वह अपने को उस संकीर्ण आधार के विरोध में पाती है, जिस पर उपभोग की अवस्थाएँ आधारित होती हैं। इस स्वत: असंगत आधार पर यह किसी भी प्रकार कोई असंगति नहीं है कि बढ़ती हुई अतिरिक्त आबादी के साथ-साथ ही पूँजी का भी आधिक्य हो जाता है। कारण यह है कि जहाँ इन दोनों का संयोग सचमुच अतिरिक्त उत्पादित करता है और जिनके अन्तर्गत उसकी सिद्धि होती है, उनके बीच असंगतयों को भी तेज करता है।"[7]

जब मार्क्स विस्तारित पूँजी-संचय की प्रक्रया को 'पूँजी' खंड 2 में प्रस्तुत करते हैं[8], तब पूँजी-संचय की इस प्रक्रिया को पूँजीवादी व्यवस्था के उपरोक्त अन्तर्विरोध का सामना करना होता है। मार्क्स द्वारा प्रस्तुत पूँजीवादी उत्पादन-प्रक्रिया का प्रस्थान बिन्दु साधारण पुनरुत्पादन की यह सारणी है :

(I) 4000 स + 1000 प + 1000 अ + स्थायी पूँजी उत्पादक भाग
(II) 2000 स + 500 प + 500 अ = 9000 परिवर्ती पूँजी उत्पादक भाग

(जहाँ 'स' स्थायी पूँजी, 'प' परिवर्ती पूँजी और 'अ' अतिरिक्त मूल्य को दर्शाते हैं।)

उपरोक्त सारणी में निर्माण के दोनों भाग में स्थायी पूँजी परिवर्ती पूँजी के चार गुना है।

अब विस्तारित पैमाने पर पुनरुत्पादन की प्रारम्भिक सारणी :

(I) 4000 स + 1000 प + 1000 अ = 6000 }
(II) 1500 स + 750 प + 750 अ = 3000 } योग 9000 है[9]

मार्क्स के अनुसार, अब संचय के लिए क्रम व्यवस्था में किया गया परिवर्तन इस प्रकार है :

(I) 4400 स + 1100 प + 500 उपभोग-निधि = 6000 } पहले की तरह
(II) 1600 स + 800 प + 600 उपभोग-निधि = 3000 } योग 9000 है[10]

इन राशियों में निम्नलिखित पूँजी है :

(I) 4400 स + 1100 प (द्रव्य) = 5500 }
(II) 1600 स + 800 प (द्रव्य) = 2400 } 7900[11]

जबकि उत्पादन की शुरुआत निम्न से हुई थी :

(I) 4000 स + 1000 प = 5000 }
(II) 1500 स + 750 प = 250 } 7250[12]

अब चूँकि वास्तविक संचय इस आधार पर होता है, यानी यदि उत्पादन वास्तव में इन परिवर्धित पूँजी से होता रहता है तो अगले वर्ष के अन्त में हमें यह प्राप्त होता है—

(I) 4,400 स + 1,100 प + 1100 अ = 6,600 }
(II) 1600 स + 800 प + 800 अ = 3,200 } 9800[13]

अब आगे मार्क्स लिखते हैं :

सब कुछ सामान्य गति से होता चले, इसके लिए आवश्यक है कि I की अपेक्षा II में संचय और तेजी से हो, वरना (I प + अ) अंश, जिसे (II स) मालों में परिवर्तित करना है, II स की अपेक्षा तेजी से बढ़ेगा जबकि उसका विनिमय उसी से हो सकता है।

यदि इस आधार पर पुनरुत्थान चालू रहे और परिस्थितियाँ अन्यथा अपरिवर्तित रहें तो अगला वर्ष समाप्त होने पर यह स्थिति होती है :

(I) 4,840 स + 1,210 प + 1210 अ = 7,260
(II) 1,760 स + 880 प + 880 अ = 3,520 } 10,780[14]

इसी तरह अगले वर्षों की समाप्ति पर उत्पादन यह होता है :

(I) 5,324 स + 1,331 प + 1,331 अ = 7986
(II) 1,936 स + 868 प + 968 अ = 3,772 } 11,758[15]

फिर

(I) 5,856 स + 1,464 प + 1,464 अ = 8,784
(II) 2,129 स + 1,065 प + 1,065 अ = 4,259 } 13,043[16]

फिर अगले वर्ष की समाप्ति पर

(I) 6,442 स + 1,610 प + 1,610 अ = 9,662
(II) 2,342 स + 1,172 प + 1,172 अ = 4,686 } 14,348[17]

इन सारणियों पर विचार करते हुए रोजा लक्जमबर्ग लिखती हैं :

"...उपरोक्त समीकरणों की श्रृंखला को हम अनन्त काल तक जारी रख सकते हैं अगर हम इस सरल नियम का पालन करें कि I के स्थायी पूँजी के बढ़ने से इस भाग के परिवर्ती पूँजी में भी कुछ बढ़त अवश्यम्भावी हो जाती, यह पहले ही तय कर देता है कि भाग II में परिवर्तन हो, जिसके साथ परिवर्ती पूँजी की बढ़त का एक तारतम्य स्थापित करना अनिवार्य हो जाता है? अन्ततः परिवर्ती पूँजी के दोनों उपभोग के लिए कुल कितना बचा रह जाता है। यह बढ़त ही बतलाएगा कि दोनों भागों ने पूँजीकरण के बाद दोनों में प्रत्येक भाग के पूँजीपतियों के निजी उपभोक्ता के लिए कितना अतिरिक्त मूल्य के बराबर उपभोग की वस्तुएँ बच जाती हैं।"[18]

इस बिन्दु पर रोजा लक्जमबर्ग यह शंका उपस्थित करती हैं कि यह सब तो गणित का खेल है, जो सहज रूप में चलता जाता है। देखना यह है कि इसका पूँजीवादी उत्पादन प्रक्रिया की हकीकत से कितना सम्बन्ध है? रोजा लक्जमबर्ग दरअसल यही शंका तुगान बैरोनावस्की द्वारा प्रस्तुत पूँजी संचय के मॉडल के सम्बन्ध में भी जाहिर करती हैं।

मार्क्स के पूँजी के विकास के मॉडल के अनुसार इस व्यवस्था का विकास एक ऐसी स्थिति के भीतर होता है, जैसाकि पहले मार्क्स के उद्धरणों से बतलाया

गया है—आय के दो ही स्रोत होते हैं—मजदूरों की मजदूरी और पूँजीपतियों का मुनाफा। इसमें मजदूरों को तो मजदूरी के रूप में आय हो जाती है, यह तो उसके काम करने के समय में ही उसे प्राप्त हो जाती है, लेकिन पूँजीपतियों की आय का स्रोत मजदूरों के श्रम से पाया गया अतिरिक्त मूल्य तो, जो पूँजीपतियों द्वारा उत्पादित वस्तुओं में ही उत्पादन के एक अंश के रूप में समाहित रहता है, पूँजीपतियों को तभी प्राप्त होगा, जब उत्पादित वस्तुएँ किसी के द्वारा खरीद ली जाती हैं। इन वस्तुओं के परिवर्ती पूँजी के रूप में समाहित मूल्य वाला हिस्सा तो मजदूर अपनी मजदूरी के रूप में प्राप्त आय से खरीदेगा (क्योंकि परिवर्ती पूँजी तो श्रमिकों को किए गए भुगतान के बराबर ही होती है), लेकिन अतिरिक्त मूल्य वाला भाग कौन खरीदेगा? इसको खरीदने के लिए आय का दूसरा स्रोत पूँजीपतियों का मुनाफा ही हो सकता है, लेकिन यह मुनाफा तो वस्तुओं की बिक्री के बाद ही आएगा। यहाँ एक गतिरोध है, जो पूँजीवादी उत्पादन-विपणन की उस स्वायत्त व्यवस्था के भीतर टूटता दिखाई देता है, जिसमें आय के दो ही स्रोत हैं और पूँजीपतियों की आय उसके द्वारा उत्पादित वस्तुओं की बिक्री से प्राप्त अतिरिक्त मूल्य ही हो सकता है। फिर भी यह एक ऐतिहासिक हकीकत है कि पूँजीवादी व्यवस्था का विकास लगातार होता रहा है? इसी तथ्य को ध्यान में रख रोजा लक्जमबर्ग ने यह स्थापना प्रस्तुत की कि पूँजीवादी व्यवस्था की स्वायत्त यानी किसी बाहरी गैर-पूँजीवादी व्यवस्था से समर्थन या आदान-प्रदान के बिना विकास सम्भव ही नहीं है। तो फिर भी अगर पूँजीवादी व्यवस्था विकसित हुई और फली-फूली है तो इसका कारण यह है कि यह सदा गैर-पूँजीवादी व्यवस्थाओं से अनिवार्य आदान-प्रदान पर आधारित रही है।

रोजा लक्जमबर्ग निचोड़ के रूप में अपना विचार यों रखती हैं। कोई भी समाज, जहाँ सिर्फ दो ही वर्ग, पूँजीपति और मजदूर हैं, अतिरिक्त मूल्य के उस हिस्से का सिद्धीकरण नहीं कर सकता, जो मजदूरों के द्वारा मजदूरी या पूँजीपतियों के द्वारा मुनाफे का उपभोग के रूप में खर्च नहीं कर दिया जाता। इसीलिए इस समस्या के समाधान के लिए तरह-तरह के कृत्रिम उपाय ढूँढ़े जाते रहे हैं—यथा माल्थस का सामन्त में, वोरोन्तसोव का सैन्यीकरण में, स्ट्रुव का वकील आदि पूँजीपतियों के आश्रित वर्गों में या विदेशी व्यापार जैसे उपायों में। रोजा लक्जमबर्ग के अनुसार, सिस्मंडी तथा निकोलायन आदि का पूँजीवादी व्यवस्था के लगातार चालू रहने की सम्भावना पर इसी कारण सन्देह हो रहा है। दरअसल यह समस्या मार्क्स के पूँजीवाद के चरित्र यानी मजदूरों के श्रम के शोषण के इसके आधार में ही निहित है। मार्क्स ने जो पूँजी के साधारण पुनरुत्पादन का सिद्धान्त प्रस्तुत किया था, उसी में प्रसारित पुनरुत्पादन के सामने आनेवाली समस्या भी निहित थी। यह बात साफ-साफ झलकती है। जब हम यह मानकर चलने लगते हैं कि सारे संसार में

पूँजीवादी व्यवस्था कायम हो चुकी है और आय के स्रोत वाले दो ही वर्ग पूँजीपति और मजदूर ही उत्पादन और विनिमय से जुड़े हैं।

अब रोजा लक्जमबर्ग ऐतिहासिक तथ्यों के आधार पर यह दिखलाती हैं कि दरअसल पूँजीवाद के विकास के क्रम में कभी भी यह व्यवस्था थी ही नहीं। पूँजीवाद अपने जन्म से ही एक गैर-पूँजीवादी दुनिया की कोख में पलता रहा है, जिस कोख को वह लगातार खोखला भी करता जा रहा है। जब वह इसे खोखला कर इसकी जगह स्वयं को स्थापित करता है तो ऐसा गतिरोध पैदा करता है, जो इसके अस्तित्व का संकट बन जाता है। पूँजीवाद को पोषित करनेवाली यह आवृत्ति अनेक तरह की सामाजिक-आर्थिक संरचनाओं की आवृत्ति है—आदिम कबीलाई समाज अनेक तरह के पूरक पेशे पर आधारित जाति व्यवस्थाएँ, विभिन्न स्तरों पर सोपानवत अनुबन्धों पर आधारित अनेक तरह की सामन्ती व्यवस्थाएँ आदि इन सभी समाजों का प्राकृतिक परिवेश के साथ एक अटूट रिश्ता होता है, जिसमें प्राकृतिक परिवेश उनको जीवन का आधार प्रदान करते हैं। इन व्यवस्थाओं में जीनेवाले अधिकांश लोग इस परिवेश से भावनात्मक रूप से जुड़कर किसी-न-किसी तरह परिवेश के जीवन और इसकी निरन्तरता को बनाए रखते हैं। जब परिवेश के साथ उनका सन्तुलन टूटता है या परिवेश का स्खलन होता है, ये मानव-समाज भी संकटग्रस्त हो या तो परिवेश छोड़कर विस्थापित हो जाते हैं या पूरी तरह नष्ट हो जाते हैं। प्रकृति के साथ अपने सम्बन्धों में निरन्तरता बनाए रखनेवाले ऐसे ही विविध समाजों से पोषण पाकर प्रारम्भिक पूँजीवादी समाज अस्तित्व में आया। पूँजीवाद विकसित होता रहा, उसके पीछे उसको पोषण देनेवाली ऐसी प्राक्-पूँजीवादी व्यवस्थाओं की निर्णायक भूमिका थी। रोजा लक्जमबर्ग ने इसी कल्पना से विस्तारित पूँजी-संचय की पहेली को समझने के लिए पूँजीवाद के विकास में गैर-पूँजीवादी समाजों की भूमिका को रेखांकित किया।

रोजा लक्जमबर्ग लिखती हैं : "पूँजीवादी संचय के लिए अतिरिक्त मूल्य का सिद्धीकरण एक केन्द्रीय मुद्दा है। इसकी एक अनिवार्य शर्त है...कि पूँजीवादी समाज के बाहर इसके खरीदारों का एक समूह हो। ध्यान में रखने की बात है कि खरीदार उपभोक्ता नहीं क्योंकि अतिरिक्त मूल्य का भौतिक रूप इस सिद्धीकरण की दृष्टि से अप्रासंगिक है। निर्णायक बात यह है कि अतिरिक्त मूल्य का सिद्धीकरण पूँजीपति या मजदूर द्वारा नहीं हो सकता बल्कि तभी हो सकता है, जब इसके खरीदार वैसे संगठन या वर्ग हों, जिनकी अपनी उत्पादन-प्रक्रिया पूँजीवादी नहीं है। यहाँ हम दो भिन्न स्थितियों पर विचार करेंगे।

(1) पूँजीवादी उत्पादन अपनी जरूरत की पूर्ति के ऊपर यानी अपने मजदूरों, पूँजीपतियों की माँग को पूरा कर अतिरिक्त उपभोग की वस्तुएँ उपलब्ध कराता है जिसे गैर-पूँजीवादी समूह और देश खरीदते हैं। उदाहरण के लिए, अंग्रेजी कपड़ा-

उद्योग उन्नीसवीं शताब्दी के प्रथम दो-तिहाई काल में और कुछ हद तक अब भी यूरोप के किसानों और शहरों के मध्यम वर्गों को कपड़ा मुहैया कराता रहा है। अंग्रेजी कपड़ा-उद्योग के बृहत् फैलाव का आधार इस तरह गैर-पूँजीवादी उद्योगों और उनके विविध स्तरों द्वारा इसके उपयोग पर आधारित रहा है, स्वयं इंग्लैंड में इसके कपास-उद्योग की जरूरत पूरा करने के लिए अनेक औद्योगिक मशीनों (बौबिन, करघे), इसके अलावा धातु और कोयले आदि का विकास हुआ। इस मामले में भाग-II (उपभोग उत्पादक उद्योग) के उत्पादों का सिद्धीकरण बढ़-चढ़कर गैर-पूँजीवादी हलकों द्वारा हुआ और अपने संचय के लिए इसे बढ़-चढ़कर अपने देश के भाग-I के लिए उत्पादन के लिए माँग पैदा की। इस तरह I के अतिरिक्त मूल्य के सिद्धीकरण का अवसर पैदा किया।

(2) इसके विपरीत, पूँजीवादी उत्पादन अपनी जरूरत से ज्यादा उत्पादन के साधन की आपूर्ति करता है और गैर-पूँजीवादी देशों में खरीदार पाता है। उदाहरण के लिए अंग्रेजी उद्योग ने उन्नीसवीं शताब्दी के पहले भाग में अमेरिका और ऑस्ट्रेलिया के राज्यों में रेल मार्गों के निर्माण के लिए आवश्यक वस्तुओं की आपूर्ति की। (रेलवे का निर्माण अपने आप में इस बात का सबूत नहीं है कि देश में पूँजीवादी उत्पादन की प्रधानता स्थापित हो गई है। वास्तव में इस मामले में रेलवे पूँजीवादी उत्पादन के उद्घाटन की एक ही प्राथमिक जरूरत की पूर्ति करता है।) दूसरा उदाहरण जर्मनी की रासायनिक उद्योग है, जो भारी मात्रा में रंग जैसा उत्पादन का साधन भारी मात्रा में एशियाई, अफ्रीकी और दूसरे उन देशों को मुहैया कराता है, जहाँ उत्पादन पूँजीवादी नहीं है। यहाँ महकमा I अपने उत्पादों का सिद्धीकरण गैर-पूँजीवादी हलकों में करता है। इसके परिणाम से महकमा I के उत्तरोत्तर फैलाव तत्सम्बन्धी महकमा II का उसी पूँजीवादी देश में प्रसार करता है, ताकि महकमा I में काम करनेवाले लोगों की फैलती फौज को जीवन-यापन की वस्तुएँ उपलब्ध हो सकें।

"इनमें प्रत्येक उदाहरण मार्क्स द्वारा प्रस्तुत ढाँचे से अलग दिखाई देता है।..."

आगे रोजा लक्जमबर्ग इस बात की ओर ध्यान खींचती हैं कि उत्पादन के फैलाव के साथ-साथ कच्चे माल की खपत भी इसी अनुपात में बढ़ती है और इसकी आपूर्ति पूँजीवादी उत्पादन-पद्धति से होना जरूरी नहीं है। खनिज या कृषि उत्पादों के लिए सिर्फ प्रकृति के साथ मानव-श्रम का योग जरूरी है। यह योग उत्पादन की किसी भी पद्धति, मसलन कबायली, गुलामी पर आधारित या सामन्ती व्यवस्था के तहत हो सकता है जैसाकि रोजा लक्जमबर्ग अनेक उदाहरणों से बतलाती हैं। दरअसल, पूँजीवादी उत्पादन के प्रसार के लिए कच्चे मालों की आपूर्ति मुख्य रूप से ऐसी गैर-पूँजीवादी उत्पादन-पद्धति से ही हुई है। इस तरह गैर-पूँजीवादी व्यवस्थाएँ पूँजीवाद के अस्तित्व और फैलाव की दो बुनियादी आवश्यकताओं की पूर्ति करती हैं। एक तो अतिरिक्त मूल्य के सिद्धीकरण की जरूरत की, जो जैसाकि ऊपर बतलाया गया

है, पूँजीवादी व्यवस्था में सम्भव नहीं है और दूसरा तकनीक के विकास से उत्पादन के अत्यधिक फैलाव के अनुपात में कच्चे मालों की आपूर्ति की जरूरत की। रोजा लक्जमबर्ग अनेक उदाहरणों से बतलाती हैं कि कैसे औद्योगिक क्रान्ति में अग्रणी ब्रिटेन स्वयं अपने औद्योगिक विकास के लिए गैर-पूँजीवादी उत्पादन पद्धति से उपलब्ध कच्चे मालों पर निर्भर रहा है। वह लिखती हैं :

"...उन्नीसवीं शताब्दी के प्रथम भाग में इंग्लैंड के अतिरिक्त मूल्य का बड़ा हिस्सा सूती वस्त्रों के रूप में उत्पादित होता था, लेकिन इसके अतिरिक्त मूल्य के पूँजीकरण का भौतिक, हालाँकि वे अतिरिक्त उत्पाद में व्यक्त होते थे, वे पूँजीवादी अतिरिक्त उत्पाद नहीं थे। उदाहरणस्वरूप कच्चा कपास, जो अमेरिका की गुलामी पर आधारित राज्यों से प्राप्त होता था या अनाज (अंग्रेज मजदूरों के पोषण के लिए जरूरी) रूस के सर्फों (भू-दासों) की कृषि-व्यवस्था से प्राप्त होता था। पूँजीवादी संचय उन उत्पादन के साधनों पर जो पूँजीवादी उत्पादन पद्धति द्वारा उपलब्ध नहीं होता—कितना निर्भर है, यह इंग्लैंड में कपास के उस संकट से जाहिर होता है, जो अमेरिका के कुछ राज्यों के अलग होने के निर्णय से उत्पन्न हुए युद्ध से पैदा हुआ, जब इस काल में कपास के प्लांटेशन में काम ठप्प हो गया या फिर यूरोप में लिलेन/कपड़ा उद्योग के उस संकट से जब पूरब के युद्ध से गुलामों पर आधारित रूस की व्यवस्था से फ्लैक्स (अलसी के रेशे) का आयात रुक गया। हमें यह भी याद रखना है कि किसानों द्वारा उत्पादित अनाज यानी गैर-पूँजीवादी उत्पादन का महत्त्वपूर्ण योगदान औद्योगिक मजदूरों को भोजन प्रदान करने में रहा है। यह भी पूँजी-संचय में गैर-पूँजीवादी भौतिक पदार्थों के महत्त्व को रेखांकित करता है।"[19]

और आगे लिखती हैं : "...प्रारम्भ से ही पूँजीवादी उत्पादन के तौर-तरीके और नियम सारे संसार की उत्पादन शक्तियों को एक खजाने के रूप में हस्तगत करना चाहते हैं। उत्पादन की शक्तियों को शोषण के लिए हस्तगत करने के अभियान में यह सारे संसार को उधेड़ डालता है। यह अपना उत्पादन का साधन संसार के सभी कोनों से प्राप्त करता है, आवश्यक हुआ तो शक्ति-प्रयोग से सभ्यता के सभी स्तर और सभी तरह की सामाजिक रचनाओं से।"[20]

आगे रोजा लक्जमबर्ग बतलाती हैं कि पूँजीवाद के विकास के लिए न सिर्फ गैर-पूँजीवादी ढंग से उत्पादित उत्पादन के साधनों की जरूरत होती है बल्कि भारी संख्या में गैर-पूँजीवादी उत्पादन में लगे श्रमिकों की भी जरूरत होती है। वह लिखती हैं : "...सही अर्थ में पहले पूर्ण रूप से पूँजीवादी अंग्रेजी कपास-उद्योग के लिए न सिर्फ अमेरिका के दक्षिणी राज्यों का कपास जरूरी था बल्कि दशों लाख के अफ्रीकी नीग्रो जरूरी थे, जिन्हें प्लांटेशनों के लिए श्रम-शक्ति प्रदान करने के लिए गुलाम बना जहाजों से ढोकर पहुँचाया गया था और बाद में जिन्हें पूँजीवादी व्यवस्था में सर्वहारा के रूप में काम पर लगाया गया।"[21]

अपनी टिप्पणी में रोजा लक्जमबर्ग ये तथ्य प्रस्तुत करती हैं :

"अमेरिका में अलगाववाद के विरुद्ध हुए युद्ध के थोड़े ही समय पहले प्रकाशित टेबुल में गुलामी वाले राज्यों में सालाना कपास-उत्पादन और इसमें लगाए गए गुलामों की संख्या सम्बन्धी ये आँकड़े दिए गए थे :

वर्ष	कपास की कीमत (डॉलरों में)	गुलामों की संख्या
1800	5,200,000	8,93,041
1810	15,000,000	1,191,364
1820	26,300,000	1,543,688
1830	34,100,000	2,009,053
1840	74,600,000	2,487,255
1850	101,800,000	3,197,509
1851	137,300,000	3,200,000

(सिमन्स के 'क्लास स्ट्रग्ल इन अमेरिकन हिस्ट्री से')[22]

रोजा लक्जमबर्ग अनेक अध्ययनों का हवाला दे यह भी बतलाती हैं कि किस तरह स्वयं अफ्रीका में हीरे की खदानों में विभिन्न मूलों के लोग अलग-अलग तरह के कबीलों से लाकर काम पर लगाए जाते हैं, जो कुछ समय काम के बाद फिर अपने परिवेश में लौट जाते हैं। यानी पूँजी-संचय के इस अभियान में हर तरह के गैर-पूँजीवादी समाजों के लोगों के श्रम का शोषण बिना भेदभाव के पूँजी-संचय के लिए किया जाता रहा है। आगे रोजा लक्जमबर्ग लिखती हैं : "...पूँजी को सारे संसार के उत्पादन के साधनों और श्रम-शक्ति की जरूरत निर्बाध संचय के लिए होती है। यह संसार के सभी भू-भागों के प्राकृतिक संसाधनों और श्रम-शक्ति के बिना अपना काम नहीं चला सकती। यह जानकर कि हकीकत में अभी भी दुनिया के संसाधन और श्रम-शक्ति प्राक्, पूँजीवादी उत्पादन के दायरे में है : पूँजी-संचय का यही ऐतिहासिक आधार भूमि है—पूँजी की यह मजबूरी है कि यह हर उपाय से इन अंचलों और सामाजिक संस्थाओं के ऊपर अपना प्रभुत्व कायम करने का प्रयास करे।"[23]

आज के परिदृश्य पर विचार करने पर ऐसा लगता है कि सौ साल पहले वर्णित इस रुझान की निरन्तरता आज भी विश्व व्यापार संगठन के प्रयासों में बनी हुई है।

रोजा लक्जमबर्ग ने पूँजीवादी व्यवस्था के प्रसार के चार औजारों को चिह्नित किया है, जिससे वह वैसी गैर-पूँजीवादी व्यवस्थाओं को, जो आपसी सम्बन्धों के

ताने-बाने के आधार पर आत्मनिर्भर होती हैं और जिनका बाहरी व्यवस्थाओं से नाममात्र का लेन-देन होता है, तोड़ती हैं और उन पर अपना वर्चस्व कायम करती हैं। ये हैं : (1) उत्पादन के महत्त्वपूर्ण स्रोतों पर अधिकार, जैसे जमीन-जंगलों में आखेट के लायक जीव, खनिज, कीमती पत्थर, अनुपम उद्‌भिज मसलन रबड़ आदि; (2) श्रम शक्ति को पुराने बन्धनों से मुक्त कर इसे उद्योगों में काम करने के लिए मजबूर करना; (3) पण्य (कमोडिटी) की अर्थव्यवस्था लागू करना; और (4) व्यापार को कृषि-व्यवस्था से अलग कर देना (यानी कृषि में विनिमय के व्यापारिक ढाँचे को, जिसमें वस्तुओं की अदला-बदली भी शामिल है, खत्म कर मुद्रा आधारित व्यापार को प्रोत्साहित करना।)

रोजा लक्जमबर्ग का मानना था कि पूँजी की ऊपर वर्णित रणनीति गैर-पूँजीवादी व्यवस्थाओं के स्वाभाविक रूप से विघटन के भरोसे नहीं हो सकती थी क्योंकि इन व्यवस्थाओं में एक तरह का स्थायित्व होता है, जो बदलाव को अवरोधित करता है। दूसरी ओर पूँजी में प्रसार का एक जर्बदस्त अन्तर्निहित दबाव होता है, जो दूसरी व्यवस्थाओं के स्वाभाविक विघटन के लिए इन्तजार नहीं कर सकता। इसलिए पूँजी शक्ति का सहारा ले इसकी पहुँच में आनेवाली सभी गैर-पूँजीवादी व्यवस्थाओं को नष्ट करती रही है। इसी कारण पूँजीवादी व्यवस्था के सम्पर्क में आनेवाली सभी व्यवस्थाओं ने इसकी घुसपैठ का प्रतिरोध किया और जवाब में उन्हें पूँजीवादी शक्तियों ने बल प्रयोग से नष्ट किया। भारत का उदाहरण देते हुए रोजा लक्जमबर्ग लिखती हैं :

"...भारतीयों का प्राचीन आर्थिक गठन—सामुदायिक ग्रामीण समाज[24] अनेक राजनीतिक उथल-पुथल के बावजूद अपने हजारों साल के इतिहास में संरक्षित रहा। छठी शताब्दी ईसा पूर्व में फारसवालों ने भारत के सिन्धु घाटी के कुछ इलाकों पर कब्जा किया। दो सदी बाद यूनानी आए और सिकन्दर ने एक बिलकुल पराई सभ्यता के आधार पर उपनिवेश कायम किया। इसके बाद बहशी सिथियाई आए और फिर भारत सदियों तक अरब अधिकार में रहा। फिर ईरान के पर्वतों से उतरकर अफगानों ने कब्जा किया, जिन्हें तातार आक्रमणकारियों ने खदेड़ा। मंगोलों के आक्रमण का पथ आतंक और बर्बादी से पटा था, जिसमें पूरे के पूरे गाँवों की आबादी का कत्लेआम हुआ, जिसमें धान के कोमल पौधे खून से लाल हो गए। इसके बावजूद ग्रामीण अर्थव्यवस्था जीवित रही क्योंकि किसी मुसलमान विजेता ने यहाँ के किसानों की जिन्दगी और उनकी पारम्परिक जीवन-पद्धति को नष्ट नहीं किया। उन्होंने प्रदेशों में अपनी सरकारें कायम कीं, जिनका काम सिर्फ सैनिक संगठन को बनाए रखना और लोगों से टैक्स वसूल करना भर था। मुगल सल्तनत में, किसानों को मुगल शासकों की वस्तुओं के रूप में सालाना कर चुका देना होता था, लेकिन वह बिना किसी हस्तक्षेप के अपनी जमीन पर वैसे ही धान उगा सकता था, जैसा

उसके पूर्वजों ने किया था। इसके बाद अंग्रेज आए और पूँजीवादी सभ्यता के रोग ने पूरी सामाजिक व्यवस्था को नष्ट कर दिया।...अंग्रेजी पूँजी का एकमात्र उद्देश्य भारतीय समुदाय के जीवन के आधार यानी उनकी भूमि पर कब्जा जमाना था।"[25]

रोजा लक्जमबर्ग विस्तार से बतलाती हैं कि कैसे चरणबद्ध ढंग से फ्रांसीसियों ने अल्जीरिया में वहाँ की सामुदायिक व्यवस्थाओं को नष्ट किया ताकि उनकी भूमि को निजी सम्पत्ति बना यानी उन्हें खरीद-फरोख्त की वस्तु बना उन पर अधिकार जमाया जा सके। वह लिखती हैं : "...1873 ई. में नेशनल एसेम्बली द्वारा एक कानून लाया गया, जिसका घोषित उद्देश्य तुरन्त सभी 700 अरब कुलों (क्लैन) की सम्मिलित पारम्परिक जागीरों को तोड़कर उनमें निजी स्वामित्व कायम करना था। उपनिवेश में फैली बदहाली, इसका बहाना बना। भारत के 1866 के भीषण अकाल में ब्रिटिश जनमानस को अंग्रेजों के द्वारा भारत में किए गए कमाल के प्रति सजग किया था और संसदीय जाँच बैठाई गई। इस तरह साठ के दशक के अन्त में यूरोप के लोगों की आँखें अल्जीरियाई हकीकत पर तब खुलीं, जब चालीस साल के फ्रांसीसी अधिकार का नतीजा चारों ओर अरबों में फैलनेवाले अकालों और बढ़ती हुई मृत्यु-दर के रूप में सामने आया। एक जाँच आयोग अरबों के उद्धार का मार्ग सुझाने के लिए गठित किया गया। एक मत से यह निर्णय हुआ कि उन्हें डूब मरने से बचाने का एक ही उपाय है—उनमें निजी सम्पत्ति कायम करना, सोचा गया कि इसी उपाय से अरब बर्बादी से बच सकेंगे यानी वे जरूरत पड़ने पर अपनी जमीन को गिरवी रख सकेंगे या बेच सकेंगे।"

रोजा लक्जमबर्ग ने आगे बतलाया है कि इस नीति का नतीजा यह हुआ कि अल्जीरिया में अरबों की पारम्परिक अर्थव्यवस्था नष्ट हो गई और बड़ी संख्या में अरब लोग अल्जीरिया छोड़ तुर्की और सीरिया आदि को पलायन करने लगे। उस समय से जो विघटन की प्रक्रिया शुरू हुई, आज तक समाप्त नहीं हुई है और एक शताब्दी बाद आज तक फ्रांस से राजनीतिक रूप से आजाद हो जाने के बाद भी अल्जीरिया राजनीतिक उथल-पुथल के दौर से ही गुजर रहा है। यह ध्यान में रखने की बात है कि पारम्परिक सामाजिक-आर्थिक ढाँचा तो टूट गया, लेकिन यूरोप के तर्ज पर कोई व्यवस्थित पूँजीवादी व्यवस्था का विकास वहाँ नहीं हो पाया। फ्रांस और दूसरी पूँजीवादी व्यवस्थाओं के अधिशेष के सिद्धीकरण का क्षेत्र-भर बनकर बाजार और संसाधन (कच्चे माल और मजदूर) उपलब्ध कराता रहा। इसी क्रम में अल्जीरिया से आजीविका की तलाश में भारी संख्या में अरब लोग फ्रांस में आकर बस गए और फ्रांस के श्रमिकों में उनकी खासी उपस्थिति है। इससे फ्रांस की राजनीति में मूल आधारित तनाव और विभाजन गहराया है।

4

पूँजीवाद के विकास के लिए या मार्क्स की शब्दावली में अतिरिक्त मूल्य की सिद्धि के लिए, जैसाकि रोजा लक्जमबर्ग ने अनेक उदाहरणों से साबित किया है, लगातार किसी बाहरी यानी गैर-पूँजीवादी क्षेत्र की तलाश रहती है। इसी कारण जब पूँजीवाद पहले के किसी औपनिवेशिक क्षेत्र में अपनी जड़ें जमाने लगता है तो वहाँ की सम्पूर्ण अर्थव्यवस्था का विकास एकल पूँजीवादी व्यवस्था के रूप में नहीं होता। वहाँ के नवजात पूँजीवादी केन्द्र अपने ही देश में एक बाहरी और बृहत् औपनिवेशिक क्षेत्र का विकास करता है, जिसके साथ विनिमय से केन्द्रीय पूँजीवादी व्यवस्था का विस्तार होता है। इस प्रक्रिया में सम्बद्ध क्षेत्र की पारम्परिक आत्मनिर्भर व्यवस्थाएँ नष्ट हो जाती हैं और इस क्षेत्र के लोगों का जीवन पूँजीवादी केन्द्र एवं इसके माध्यम से संसार की दूसरी पूँजीवादी अर्थव्यवस्थाओं से जुड़ता है। इस तरह एक आन्तरिक औपनिवेशिक क्षेत्र अस्तित्व में आता है। यह सम्बन्ध बराबरी का नहीं होता क्योंकि एक तरफ व्यवस्थित रूप से विकसित हो रहा नई तकनीक से सम्पन्न आक्रामक पूँजीवादी तंत्र होता है और दूसरी तरफ विश्रृंखलित अर्थव्यवस्था के बिखरे अवशेषों में आजीविका की तलाश करते लोग, जो खेत या खदानों में उन्हीं वस्तुओं के उत्पादन के लिए अभिशप्त हैं, जिनकी जरूरत पूँजीवादी केन्द्रों को होती है। या फिर अपने जीवन के पारम्परिक आधार के नष्ट हो जाने से इन्हें विकसित हो रहे पूँजीवादी केन्दों या नये तरह की कृषि यानी पूँजीवादी तरीके से विकसित प्लांटेशनों या फिर पूँजीपतियों द्वारा ही विकसित की जा रही खदानों में काम करने को विवश होना पड़ता है। भुखमरी से जूझ रहे ऐसे लोगों को पूँजीवादी प्रतिष्ठान अपनी सुविधा के अनुसार काम का आश्वासन दे दूर-दराज देशों में भी प्रतिस्थापित करते हैं। ऐसे मजदूरों की नई जिन्दगी बँधुआ या गिरमिटिया मजदूर के रूप में अनजान अपरिचित देशों में शुरू होती है।

भारत, जिसे कभी 'अंग्रेजी साम्राज्य का नायाब रत्न' कहा जाता था और आज जिसके तेज आर्थिक विकास का डंका दुनिया भर में पीटा जाता है, आन्तरिक औपनिवेशिक विकास का अच्छा-खासा नमूना पेश करता है। पन्द्रहवीं शताब्दी के अन्तिम वर्षों में वास्को डि गामा के आगमन के बाद से इसका व्यापारिक सम्पर्क

यूरोप के देशों के साथ हुआ। तब यह व्यापार लगभग एकतरफा था। भारत के मसाले और उत्कृष्ट किस्म के कपड़े, ढाका का मलमल, बिहार की छींट और केरल के कैलिको का आयात यूरोय देश मुख्य रूप से सोना-चाँदी देकर करते थे। नि:सन्देह यूरोपी नाविकों को इस व्यापार में भारी मुनाफा होता था, लेकिन यूरोप का खजाना दूसरे तरह से भी भर रहा था। यह थी जहाजियों की खुली लूट की कमाई, जिसका सबसे विशाल क्षेत्र था हाल में ढूँढ़ा गया अमेरिकी महादेश—यानी उत्तरी और दक्षिणी अमेरिका। खासतौर से दक्षिण और मध्य अमेरिका के माया, इंकातेक और इंका सभ्यताओं को नष्ट कर या उनके अवशेषों को लूटकर यूरोपीय जहाजियों ने अकूत सोना-चाँदी से यूरोप को भर दिया। इसी सम्पन्नता की पृष्ठभूमि में ब्रिटेन से शुरू हो नई औद्योगिक क्रान्ति ने पूरे यूरोप में अपनी जड़ें जमा लीं। औद्योगिक क्रान्ति ने धीरे-धीरे भारत के साथ होनेवाले औद्योगिक सम्बन्ध को भी उलट दिया। बाद में नये उद्योगों में सस्ते उत्पादित माल से बाजार में पारम्परिक वस्तुओं की अपेक्षा इन उद्योगों की वस्तुओं की प्रतिस्पर्धी क्षमता बढ़ गई। इसके साथ-साथ हाल में हासिल राजनीतिक वर्चस्व का इस्तेमाल कर पारम्परिक शिल्पकारों पर तरह-तरह के जुल्म ढाए गए और उनके लिए व्यापार की शर्तें मुश्किल बनाई जाने लगीं। इन सब कारणों से बीसवीं सदी के आते-आते भारत के पारम्परिक उद्योग नष्ट हो गए और नये उद्योग भारत के बाजार में छा गए। पारम्परिक उद्योगों के नष्ट हो जाने से नये उद्योगों में उत्पादित वस्तुओं का बाजार अचानक बहुत ही विशाल हो गया। इस तरह नये उद्योगों को फैलाने का दूसरा दौर शुरू हुआ।

यूरोपीय देशों का सम्पर्क और भारत में प्रवेश समुद्री रास्ते से हुआ था, इसलिए स्वाभाविक था कि उन्होंने अपने व्यापारिक अड्डे पहले भारत के तटीय प्रदेशों में बनाए। वैसे तो भारत में सबसे पहले पुर्तगाल के जहाजी और व्यापारी आए और फिर डच, फ्रांसीसी और अंग्रेज, लेकिन भारत में अंग्रेजों का ही वर्चस्व काय हुआ। फ्रांसीसी पांडिचेरी और एक-दो दूसरी छोटी जगहों में सिमट गए वैसे ही पुर्तगाली मूलत: गोवा में। भारत के देशी रजवाड़ों, बिखरते मुगल साम्राज्य और फिर यूरोप के प्रतिस्पर्धियों से गठजोड़ दाँव-पेच और युद्धों के लम्बे सिलसिले में अन्तत: अंग्रेजों ने भारत में अपना राजनीतिक वर्चस्व कायम कर लिया, लेकिन फैलाव की शुरुआत उन्होंने भी अपने तटीय अड्डों से ही की थी। इसमें खास महत्त्व के थे मद्रास (अब चेन्नई), बम्बई (अब मुम्बई), कलकत्ता (अब कोलकाता) और शुरू में मछलीपट्टम और सूरत। तट के ये स्थान जहाज से माल और सैनिकों के आने-जाने के दरवाजे तो थे ही, जरूरत पड़ने पर सुरक्षित बाहर निकल जाने का भी मौका प्रदान करते थे। यहीं ये अपनी फौजी छावनियाँ भी सुरक्षित रख सकते थे और बाहर से आनेवाले या बाहर ले जानेवाले माल का गोदाम भी स्थापित कर सकते थे। इसी क्रम में ऐसे तटीय अड्डे धीरे-धीरे अंग्रेजी व्यापार और अंग्रेजी वर्चस्व के केन्द्र बन गए।

प्रारम्भ में इन तटीय अड्डों की समृद्धि का आधार ईस्ट इंडिया कम्पनी (जिसके हाथ अंग्रेजों के भारतीय व्यापार की इजारेदारी थी) का अकूत व्यापारिक मुनाफा था, जो जैसाकि पहले बतलाया गया है, मूलत: भारत से मसालों और सूती वस्त्रों के निर्यात पर निर्भर था, लेकिन ब्रिटेन की औद्योगिक क्रान्ति के बाद छोटे पैमाने पर इन केन्द्रों पर विशेषकर मुम्बई, चेन्नई और कोलकाता में नये तरह का औद्योगिक उत्पादन भी शुरू हुआ। औद्योगिक क्रान्ति में वस्त्र उद्योगों की अग्रणी भूमिका थी, इसलिए इन स्थानों पर भी नई तकनीक पर आधारित वस्त्र-उद्योग ही पहले-पहल स्थापित हुए। भारत प्राचीन काल से ही कपास-उत्पादन का महत्त्वपूर्ण क्षेत्र था। सारे देश में कपड़े के लिए कपास की खेती होती थी, लेकिन पश्चिम भारत का पूरा क्षेत्र सिन्ध से गुजरात और महाराष्ट्र तक इसकी खेती के लिए विशेष तौर से उपयुक्त था। इसीलिए यहाँ की मिट्टी को अंग्रेज 'ब्लैक कॉटन स्वायल' कहा करते थे। उधर कलकत्ता की पार्श्वभूमि बंगाल में जूट के कपड़े के लिए, पटसन की खेती के लिए जमीन और जलवायु उपयुक्त थी। इसलिए मुम्बई, मद्रास, अहमदाबाद आदि में सूती वस्त्रों की मिलें बनाई गईं। ब्रिटेन का वस्त्र-उद्योग गुलामी पर आधारित अमेरिका के कपास उत्पादन पर लगभग पूरी तरह निर्भर था। इसलिए जब 1861 में अमेरिका में गृहयुद्ध शुरू हुआ, जिसमें गुलामी का अन्त एक प्रमुख मुद्दा था, तब अचानक अंग्रेजी वस्त्र-उद्योग में कपास का भारी अभाव हो गया। इस स्थिति से भारत के कपास उत्पादन और इस पर आधारित वस्त्र-उद्योग को तेजी से फैलने का मौका मिला। इसी क्रम में मुम्बई, अहमदाबाद आदि जो कपास-उत्पादन के प्रधान क्षेत्र में आते थे, नई तकनीक पर आधारित सूती वस्त्र-उद्योग के बड़े केन्द्र बन गए।

लेकिन किसी भी उद्योग की तरह कपड़ा-उद्योग के लिए भी कपास या पटसन तो मुख्य कच्चा माल होते हैं, लेकिन उद्योग के लिए दूसरे भी अनेक कारक महत्त्वपूर्ण होते हैं; यथा रँगाई आदि के लिए कई तरह के रसायन, तकुए और करघे के निर्माण के लिए लकड़ी और लोहे, ईंधन के लिए कोयला, तेल या बिजली और सबसे बढ़कर काम करने के लिए श्रमिक। और इन सबकी आपूर्ति के लिए ढुलाई के लिए यातायात। कोई अचरज नहीं कि उन्नीसवीं सदी के मध्य यानी 1853 ई. से मुम्बई से शुरू हो रेल यातायात देश के उन भागों में तेजी से फैला, जिन्हें इन नये औद्योगिक केन्द्रों से किसी-न-किसी तरह की वस्तु की आपूर्ति के लिए जोड़ा जाना था। लेकिन जब ढुलाई के लिए रेल जैसे यातायात के साधन विकसित होते हैं तो वे अपने प्राथमिक उद्देश्य तक सीमित नहीं रहते। इससे वैसी अनेक वस्तुओं की ढुलाई भी शुरू हो जाती है, जिसकी पहले कल्पना नहीं की गई हो। सबसे बढ़कर जहाँ भी नया यातायात गया, वहाँ पहले का आत्मनिर्भर उत्पादन और विपणन की व्यवस्थाएँ नष्ट होने लगीं। पहले भारत के सूती वस्त्र यूरोप के बाजार के लिए निर्यात किए जाते थे। अब ब्रिटेन से आनेवाले नये उद्योगों के वस्त्र के साथ-साथ

कोलकाता, मुम्बई और चेन्नई में नये तरह के मिलों में उत्पादित वस्त्र भारत के दूर-दराज गाँवों में जाने लगे। चूँकिये वस्त्र हाथ से बने वस्त्रों से सस्ते होते थे या सस्ता कर दिए जाते थे, देश के लाखों गाँवों में वस्त्र-उत्पादन का प्राचीन ढाँचा पूरी तरह टूटकर समाप्त हो गया। भारत लोहा और इस्पात बनानेवाले दुनिया के प्राचीनतम देशों में था और यहाँ का इस्पात गुणवत्ता में अपना सानी नहीं रखता था, लेकिन अब नई तकनीक से उत्पादित आयातित लोहा और इस्पात इतने सस्ते दाम पर और इतनी किस्मों में आने लगे कि भारत में इस्पात निर्माण की सारी पद्धति नष्ट हो गई और इसके उत्पादन में लगे लोहार बेरोजगार हो गए। जैसे-जैसे रेल परिवहन का विस्तार हुआ, यह प्रक्रिया गहराती गई और बाहर से आयातित होनेवाले सस्ते, मिल में उत्पादित जिंसों ने देश के अनेक तरह के उद्यमों को नष्ट कर इनमें लगे लोगों को बेरोजगार बना भूमिहीन खेतिहर मजदूरों में तब्दील कर दिया।

अठारहवीं सदी के उत्तरार्द्ध से अंग्रेजों का आधिपत्य देश के बड़े भू-भाग पर कायम हो गया। कलकत्ता से फैलकर बंगाल, बिहार और अवध के बड़े हिस्से में अंग्रेजों का प्रत्यक्ष या परोक्ष अधिकार कायम हो गया था। मुगल सल्तनत दिल्ली के आसपास के कुछ इलाकों में सिमट गई थी। बाकी हिस्सों में छोटे रजवाड़े स्वतंत्र या अंग्रेजों की कठपुतली के रूप में कायम थे। आधिपत्य के लिए इनमें आपस में या अंग्रेजों से लगातार संघर्ष होते रहे। इस क्रम में कृषि और सिंचाई और जल निकासी की पारम्परिक व्यवस्थाएँ, विशेषकर अवध से लेकर बंगाल तक के क्षेत्र में जहाँ अठारहवीं सदी के मध्य से अंग्रेजों का लगभग पूर्ण वर्चस्व था, पूरी तरह नष्ट हो गईं। इससे भी बड़ी आपदा इस क्षेत्र में अंग्रेजों की टैक्स उगाही की व्यवस्था थी। इसमें कृषि की क्षमता को नजरअन्दाज कर मनमाने रेट से भूमि-कर वसूल किया जाता था। बाद में इस व्यवस्था को स्थायी बनाने के लिए जमींदारी की व्यवस्था कायम की गई, जिसमें कुछ गिने-चुने स्थानीय सरदारों को किसानों से कर वसूलने का स्थायी अधिकार दे दिया गया और एवज में उन्हें जमीन पर, इससे भी बढ़कर किसानों के जीवन पर वैसे अनेक अधिकार दे दिए गए जैसे यूरोप में सामन्ती व्यवस्था के भीतर था—जैसे कौर्वे की तर्ज पर बेगार का अधिकार, जिसमें जमींदार किसान से मुफ्त में अपनी खेती का या दूसरे तरह का काम करा सकते थे। यह शोषण की व्यवस्था इतनी असह्य हो गई कि बहुत-से किसान खेती छोड़ भागने लगे और कृषि की उपज बहुत घट गई। इसी का नतीजा था कि गंगा, यमुना, गंडक, सरयू आदि अनेक नदियों से सिंचित पूर्वी उत्तर प्रदेश और बिहार के भू-भाग, जो कभी देश की सबसे समृद्ध कृषि-उत्पादन और संस्कृति के क्षेत्र थे, अकाल-क्षेत्र में तब्दील हो गए। इस तरह उन्नीसवीं सदी से जब यूरोपीय प्रभाव से देश के तटीय और इक्के-दुक्के गैर-तटीय प्रदेशों में नये तरह के उद्यम स्थापित होने लगे तो कृषि के नष्ट होने और बार-बार के

दुर्भिक्षों से कंगाल और बेरोजगार लोगों की बड़ी सेना इन उद्यमों में काम करने के लिए उपलब्ध हो गई। जैसाकि हमने पहले देखा है, ब्रिटेन में नये उद्योगों में श्रमिकों की आपूर्ति के लिए किसानों को अनेक तरह की ज्यादतियों के जरिए उनकी भूमि से बेदखल कर कारखानों में काम करने के लिए मजबूर किया गया था। इसके विपरीत, भारत में यह काम अंग्रेजों ने यहाँ के किसानों को कंगाल बनाए बिना किसी प्रत्यक्ष शक्ति-प्रयोग के सम्भव बनाया। जिन्दा रहने को किसी सम्भावना की तलाश में इस क्षेत्र के मेहनती किसान कोई भी काम करने को तैयार थे। बिहार और पूर्वी उत्तर प्रदेश के गरीब किसान और भूमिहीन मजदूर आज तक दरिद्रीकरण और प्रवास की उस प्रक्रिया से नहीं उबर पाए हैं, जिसकी शुरुआत अठारहवीं-उन्नीसवीं सदी में हुई।

यही काल था, जब अंग्रेज न सिर्फ नये तरह के उद्योग खड़ा कर रहे थे बल्कि भारत और दुनिया के दूसरे दूर-दराज के इलाकों में गन्ना, चाय, काफी, तम्बाकू आदि के औद्योगिक ढंग के बड़े फार्म बना रहे थे। कहीं-कहीं मॉरीशस जैसे स्थानों पर तो, जहाँ कोई स्थानीय आबादी नहीं थी, इन फार्मों पर काम करने के लिए बाहर से मजदूर लाने पड़ते थे। यही काल था, जब अंग्रेज बड़ी संख्या में गिरमिटिया या बँधुआ मजदूरों के रूप में इस क्षेत्र के श्रमिकों को दुनिया के दूर-दराज फार्मों में काम करने के लिए ले गए। इसी का नतीजा है कि आज भी मॉरीशस, फिजी, गयाना, सूरीनाम, ट्रिनिडाड आदि देशों में भारतीय मूल के लोग मुख्य रूप से भोजपुरी भाषा इलाके के हैं। भोजपुरी पूर्वी उत्तर प्रदेश और बिहार के पश्चिमी इलाके की भाषा है। इन्हीं लोगों ने इन देशों में हिन्दी भाषा की आधारशिला रखी है। इसी क्रम में उत्तर बंगाल और असम के हिमालय की पादभूमि में, जो चाय की खेती के लिए उपयुक्त थी, अंग्रेजों ने चाय के विशाल प्लांटेशन कायम किए। चूँकि इनमें काम करने के लिए स्थानीय लोग उपलब्ध नहीं थे, बड़ी संख्या में ठेकेदारों की मदद से छोटा नागपुर इलाके के आदिवासियों को इन प्लांटेशनों में स्थायी रूप से काम करने के लिए लाया गया। आज भी उन्हीं आदिवासियों के वंशज और कुछ नेपाली मजदूर इन प्लांटेशनों के श्रमिकों के मुख्य भाग हैं। चाय के व्यापार को सुगम बनाने के लिए इन दुर्गम जंगलों और पहाड़ों के क्षेत्र में अंग्रेजों ने रेल की पटरियाँ बिछाईं, जो असम के चाय बागानों और डिग्बोई के पेट्रोलियम के कुओं को दूर-दराज कलकत्ता और देश के दूसरे भागों से जोड़ती हैं।

हालाँकि प्रथम रेल सेवा मुम्बई से ठाणे तक 1853 ई. में शुरू हुई। कोलकाता के आसपास इसके ताने-बाने का सबसे तेज विकास हुआ। इसके दो कारण थे। एक तो कोलकाता के पास रिसरा में ही सबसे पहले 1859 ई. में आधुनिक ढंग की जूट मिल बनी और इसके बाद कोलकाता के आसपास का इलाका जूट उद्योग का प्रधान केन्द्र बन गया। हालाँकि बाद में मुम्बई कपास के कपड़ों का प्रमुख केन्द्र

बना। कोलकाता के पास फोर्ट ग्लोस्टर में सबसे पहली सूती कपड़ा उत्पादन की आधुनिक मिल स्थापित हुई।

कोलकाता न सिर्फ अब ईस्ट इंडिया कम्पनी का प्रशासनिक केन्द्र था बल्कि नये तरह के उद्योगों के केन्द्र के रूप में भी विकसित हो रहा था। इन मिलों के लिए इसके पड़ोस में ही शक्ति का स्रोत कोयला बड़ी मात्रा में उपलब्ध था। इस तरह कोलकाता को झारखंड के झरिया, धनबाद और पश्चिम बंगाल के रानीगंज के विशाल कोयला तथा दूसरे खनिज पदार्थों के उत्पादन के क्षेत्र से जोड़ दिया गया। फिर रेलमार्ग से इन स्थानों को चेंन्नई और मुम्बई से जोड़ा गया, जो फिर उड़ीसा के खनिज क्षेत्र एवं छत्तीसगढ़, बिलासपुर के खनिज क्षेत्रों से होता हुआ नागपुर और मुम्बई को जोड़ता था। झारखंड और पश्चिम बंगाल के कोयला क्षेत्र में काम करने के लिए स्थानीय आदिवासियों के अलावा बिलासपुर, पूर्वी उत्तर प्रदेश और बिहार के अकाल क्षेत्र के मजदूर बड़ी संख्या में अब मजदूरी के लिए रेल मार्गों से आ जाते थे। इस तरह देश की आबादी को यातायात की जरूरतों को पूरा करने के लिए नहीं बल्कि चाय की जरूरत एवं बागानों, कोलकाता, चेन्नई, मुम्बई आदि नगरों के उद्योगों की जरूरत पूरा करने के लिए ईंधन और श्रमिकों की आपूर्ति को ध्यान में रखकर ही ये रेलमार्ग विकसित किए गए। घनी आबादी वाले बड़े हिस्से में रेलमार्गों का विस्तार काफी बाद में हुआ और मुख्य रूप से वहाँ के उपभोक्ता बाजार की जरूरत पूरा करने के लिए था एवं बढ़ती बेरोजगारी से काम की तलाश में महानगरों की ओर भागते हुए लोगों को नये उद्योगों तक पहुँचाने के लिए।

रेल यातायात से तटीय क्षेत्रों में विकसित हो रहे व्यापारिक, औद्योगिक केन्द्रों को कच्चे माल, ईंधन एवं श्रमिक आपूर्ति करनेवाले विशाल आन्तरिक क्षेत्रों से जोड़ देने के बाद से इन औद्योगिक केन्द्रों का आधुनिक औद्योगिक केन्द्रों के विकास के एक अन्तर्भूत नियम के तहत फैलाव शुरू हुआ। ये केन्द्र जब एक बार अस्तित्व में आ जाते हैं तो इनमें काम करनेवाले श्रमिकों और स्वयं कारखानों के उत्पादन की जरूरतों के लिए कुछ आवश्यक संरचनाओं का अस्तित्व में आ जाना अपरिहार्य हो जाता है। सबसे पहले तो काम में लगे लोगों के लिए जीवन के लिए मूलभूत आवश्यकताओं की पूर्ति के लिए बाजार का अस्तित्व में आना। इसके लिए आसपास या स्वयं अस्तित्व में आए औद्योगिक नगर में इनके लिए आवश्यक वस्तुओं की आपूर्ति करनेवाले उद्योग अस्तित्व में आ जाते हैं। फिर इस आबादी के लिए जल, सड़क, प्रकाश, कचरे की सफाई और उद्योगों के लिए आवश्यक प्रशिक्षण आदि के लिए आधारभूत संरचनाओं का निर्माण अपरिहार्य हो जाता है। उद्योगों में निर्मित वस्तुओं को दूर-दराज बाजारों में पहुँचाने के लिए अतिरिक्त परिवहन और संचार सेवाओं का विस्तार होता है। इस तरह की सुविधाओं के विकास के बाद ये क्षेत्र दूसरे उद्यमियों के लिए आकर्षण का केन्द्र बन जाते हैं। मूलत: कारण यह है कि

पूँजीवादी उत्पादन और विपणन की व्यवस्था लोकहित में तो होती नहीं, इसका एकमात्र उद्‌देश्य ज्यादा-से-ज्यादा मुनाफा कमा पूँजी का विस्तार करना होता है। इसलिए उन केन्द्रों के आस-पास जहाँ मूलभूत संरचनाओं का विस्तार हो चुका है, उद्योग लगाने के लिए इन सुविधाओं पर अतिरिक्त निवेश की जरूरत नहीं होती। इसलिए दीमकों या चींटियों की बाँबियों की तरह ये एक ही जगह फैलते जाते हैं, बाहर के संसाधनों को जज्ब करते हैं और चारों ओर कूड़े-कचरे का अम्बार लगाते जाते हैं। इनसे छुटकारा पाना एक अतिरिक्त सेवा बन जाती है और फिर इसके लिए लोगों को नये रोजगार मिल जाते हैं। इसी का नतीजा है कि एक जगह औद्योगिक विकास की प्रक्रिया शुरू होने पर कस्बे नगर में और नगर महानगर में लगातार फैलते चले जाते हैं। इसी प्रक्रिया का नतीजा है कि मुम्बई, कोलकाता आदि फैलते-फैलते करोड़ों की आबादी वाले नगर बन गए हैं और इनकी फैलती आबादी, कूड़े-कचरे और प्रदूषण का नियंत्रण नगरीय प्रशासन के बूते के बाहर हो गया है और अब यह प्रशासनिक व्यवस्था की जगह पुलिस, कानून और न्यायिक व्यवस्था का मामला बन गया है, लेकिन पूँजीवादी व्यवस्था में अधिक-से-अधिक मुनाफा और संचय ही सर्वोपरि जीवन-मूल्य है, सभी जगह औद्योगिक केन्द्रों का विकास इसी ढर्रे पर होता है, औद्योगिक मनुष्य कूड़ा-कचरा और प्रदूषण फैलाने का केन्द्र बन जाता है।

लेकिन इन औद्योगिक केन्द्रों के बाहर की दुनिया एक विपरीत प्रक्रिया से गुजरती रही है। जैसे-जैसे रेलवे और दूसरे यातायात का ताना-बाना फैला और नये उद्योगों के सस्ते उत्पादन इन औद्योगिक नगरों की पार्श्वभूमि (हिंटरलैंड) में फैलते गए, जीने के लिए आवश्यक वस्तुओं का उत्पादन करनेवाले उद्योग नष्ट हो गए। उद्योगों के नष्ट होने की प्रक्रिया इतनी तेजी से फैली कि उन्नीसवीं सदी के सौ साल में भारत के सारे पारम्परिक कारोबार—जिनसे हजारों बरस से लोग अपनी जरूरत पूरा करते आ रह थे, नष्ट हो गए और देश के आर्थिक जीवन में घोर रिक्तता पैदा हो गई। फिर से एवं रिकार्डो का यह सिद्धान्त कि उत्पादन स्वयं अपने लिए बाजार बनाता है, एक सीमित अवधि और स्थान के लिए सही साबित हो गया। देश के पारम्परिक उद्यमों के नष्ट हो जाने से नये उद्योगों के उत्पादों के लिए एक बड़ा बाजार पैदा हो गया—अतिरिक्त मूल्य के सिद्धीकरण का विशाल क्षेत्र, जिससे भारत में औद्योगीकरण के प्रारम्भिक दिनों में बाजार की समस्या नहीं रही। वह तीसरा क्षेत्र, जो रोजा लक्जमबर्ग जैसे मार्क्सवादी चिन्तकों के लिए अध्ययन का खास विषय था, अचानक अस्तित्व में आ गया। भारत के नये स्थापित औद्योगिक केन्द्रों को एक विशाल आन्तरिक उपनिवेश उपलब्ध हो गया, जहाँ से वे मनमाने ढंग से और अपनी शर्तों पर खनिज, वनोपज, खेती वाले कच्चे माल यथा कपास, जूट या तम्बाकू तथा नगरों की आबादी के भोजन की आपूर्ति के लिए

सस्ता अनाज पा सकते थे। यह प्रक्रिया शुरू में इतनी सफल रही कि अंग्रेजों के तटीय औद्योगिक केन्द्रों की तर्ज पर स्थानीय सुविधा के हिसाब से भारत के कुछ क्षेत्रों में भी इक्के-दुक्के केन्द्र तथा कानपुर, नागपुर, सोलापुर आदि और कालान्तर में देश का राजधानी क्षेत्र दिल्ली का तेज विकास इसी ढाँचे पर हुआ और इनके विकास की गति फिलहाल चरम बिन्दु पर है।

लोगों की दैनन्दिन की जरूरतों को पूरा करनेवाले अनेक उद्यमों के नष्ट हो जाने से इसमें लगे शिल्पी अचानक भूमिहीन मजदूर की श्रेणी में डाल दिए गए। पहले भी जमीन इनकी आजीविका का आधार नहीं थी। ये शिल्पी थे, जो अपने शिल्पों से समाज की जरूरतों को पूरा करते थे और बदले में आजीविका के लिए आवश्यक आय अर्जित करते थे। अब इनके शिल्प और कौशल की कोई उपयोगिता नहीं रह गई। अब ये अकुशल मजदूर बन गए, जिनके लिए खेतों में दिहाड़ी मजदूर के रूप में काम करने या घरेलू धन्धा करने को छोड़ कोई विकल्प नहीं था। अनेक शिल्पी जातियाँ, जैसे नुनिया, जो पहले नमक, शोरा, खाड़ी आदि बनाते थे। लोहार, ठठेरा, कुम्हार जैसी जातियाँ, जो पहले लोहे के औजार, हल, धातुओं के बर्तन, मिट्टी के घड़े या दूसरे बर्तन बनाते थे; बढ़ई, जो लकड़ी का सामान बनाते थे; तांती या तंतमा एवं बुनकर, जो कपड़े बुनने का काम करते थे; मोची, जो चमड़े का सामान बनाते थे; धोबी, जो पारम्परिक ढंग से रेह और राख आदि से कपड़े की धुलाई करते थे; सोनार, जो सोने-चाँदी के गहने बनाते थे और सिक्के की ढलाई करते थे, सभी अपना पारम्परिक रोजगार खोकर अकुशल मजदूर की श्रेणी में डाल दिए गए।

इसी तरह रोजगार की तलाश करनेवाले श्रमिकों की एक दूसरी पीढ़ी तैयार हुई। पहली पीढ़ी, जैसाकि हम देख चुके हैं, पारम्परिक कृषि-व्यवस्था के नष्ट होने से तैयार हुई थी। ये सभी बेरोजगार लोग नये औद्योगिक नगरों में रोजगार की तलाश में पहुँचने लगे। चूँकि पुराने उद्योगों के नष्ट होने से जिस बड़े पैमाने पर लोग बेरोजगार हुए थे, उसके हिसाब से नई तकनीक पर आधारित उद्योगों में बहुत थोड़े-से लोगों को रोजगार दिया जा सकता था। पुराने उद्योगों से विस्थापित लोगों के एक बहुत छोटे हिस्से को ही संगठित औद्योगिक क्षेत्रों में काम मिल सकता था। बाकी लोग बेरोजगारों की एक बड़ी घुमक्कड़ी भीड़ का हिस्सा बन गए जो भवन एवं सड़क आदि के निर्माण में या दूसरी तरह के दिहाड़ी कामों, यथा बोझ ढोने या नगर के सम्पन्न लोगों के घरों में चाकरी की तलाश में घूमते नजर आने लगे। यूरोप के औद्योगीकरण के काल में श्रमिकों के जिस अभाव का सामना वहाँ करना पड़ा था, जिसके चलते औरतों और बच्चों को अठारह-अठारह घंटे उद्योगों में काम करना पड़ता था, वह स्थिति यहाँ नहीं थी। लगातार काम की जरूरत से कई गुना लोग काम की तलाश में रहते थे।

बेरोजगारी की एक तीसरी तरंग तब शुरू हुई, जब कृषि का मशीनीकरण शुरू हुआ यानी जुताई के लिए ट्रैक्टर और फसल काटने के लिए हार्वेस्टर लाए गए। इसके अलावा फसलों से अनाज निकालने के लिए थ्रेशर और स्थानीय ढुलाई के लिए बैलगाड़ियों की जगह ट्रेलर लगे ट्रैक्टरों और छोटी ट्रकों का इस्तेमाल होने लगा। गाँवों में खेती के लिए स्थायी रूप से सबसे ज्यादा लोग हल-बैल की खेती और मवेशियों के रख-रखाव पर काम पाते थे। अब अचानक उनके स्थायी रोजगार का आधार खत्म हो गया। बीज, खाद आदि डालने या समय-समय पर निकौनी का काम मौसम के कुछ हिस्सों में ही होता है। इससे बाकी समय मजदूर बेकार रहते हैं। इस अनियंत्रित और अल्प आय की व्यवस्था से निजात पाने के लिए लोग गाँव छोड़ शहरों की ओर पलायन करने लगे। इस तरह थोड़े-से आर्थिक विकास के केन्द्र विकसित हुए जहाँ नये तरह के उद्योगों का तेजी के साथ विकास हुआ और पारम्परिक उद्योग और कृषि-व्यवस्था नष्ट होने से बाकी स्थानों के लोग बेरोजगार हो इन औद्योगिक केन्द्रों की ओर आजीविका की तलाश में आने लगे। ब्रिटेन और पश्चिमी देशों के आदिम संचय की प्रक्रिया के विपरीत, जहाँ बल प्रयोग से पहले किसानों को इंक्लोजर के जरिए जमीन से निकाल फिर जोर-जबर्दस्ती और दबाव से नये उद्योगों में लगाया जाता था, अब आर्थिक कारणों से विस्थापन के एक के बाद एक कई तरंग आते गए और गाँव का स्वस्थ मानव संसाधन अभाव की मार से नगरों की गन्दी बस्तियों, झोंपड़-पट्टी और झुग्गियों की दुनिया आबाद करने लगा।

इस प्रक्रिया में जिन महानगरों का अत्यधिक विस्तार हुआ, उनमें है सबसे आगे कोलकाता, मुम्बई, चेन्नई, दिल्ली और बाद में बंगलौर, हैदराबाद आदि। इनमें दिल्ली इसलिए क्योंकि राजधानी होने के कारण आधारभूत संरचनाओं एवं यातायात का केन्द्र बन गया था और बंगलौर और हैदराबाद परवर्ती काल में सूचना उद्योगों के कारण आउटसोर्सिंग की सुविधा और इसमें रोजगार की सम्भावना से अचानक बहुत फैल गए। जैसाकि पहले बतलाया गया है, पूँजीवादी उद्योग प्राय: वहीं पसरते जाते हैं, जहाँ एक बार इनकी शुरुआत होती है और इससे आधारभूत संरचनाओं का विस्तार होता जाता है। लेकिन कुछ दूसरे ऐसे उद्योग, जिनमें ईंधन और अयस्कों के लिए भारी पैमाने पर ढुलाई आवश्यक बन जाती है—जैसे इस्पात, अल्युमिनियम, सीमेंट और अन्य धातुएँ—उन स्थानों पर स्थापित किए गए जहाँ कोयला, लौह अयस्क, बॉक्साइट तथा चूने के पत्थर आदि पाए जाते थे। फिर इनके इर्द-गिर्द नगरों का विस्तार हुआ—इसी क्रम में 1907 ई. में भारत का प्रथम आधुनिक इस्पात कारखाना वर्तमान झारखंड के जमेशदपुर में और फिर पश्चिम बंगाल के बर्नपुर में स्थापित हुआ। फिर इन्हीं के इर्द-गिर्द दूसरे सम्बद्ध उद्योग लगे, लेकिन ऐसे नगरों के फैलाव पर इनकी

भौगोलिक स्थिति से एक सीमा लग जाती है और इनका विस्तार मुम्बई, पुणे क्षेत्र या दिल्ली, गुरुग्राम, नोएडा या कोलकाता जैसा नहीं हो पाया।

कुल मिलाकर एक स्थायी आन्तरिक औपनिवेशिक ढाँचे की तसवीर उभरी, जहाँ एक तरफ कुछ नगरीय-उपनगरीय समृद्धि के क्षेत्र उभरे और देश के तमाम दूसरे हिस्से, जहाँ खनिज एवं जंगल के क्षेत्र या खेती की जमीन थी, वीरान और विपन्न होते गए। अंग्रेजी हुकूमत का पहला केन्द्र कोलकाता और इसके आसपास के कुछ भू-भाग में, जहाँ एक तरह की समृद्धि आई, वहीं बिहार और उड़ीसा, जो कभी बंगाल प्रेसिडेंसी के हिस्सा थे तथा उत्तर बंगाल के कृषि-क्षेत्र और झारखंड का सीमावर्ती क्षेत्र, जो आदिवासी बहुत वन्य प्रदेश था, घोर गरीबी की स्थिति में बने रहे। जहाँ महाराष्ट्र के मुम्बई-पुणे क्षेत्र में तेज औद्योगिक विकास हुआ, वहीं इसका विदर्भ का हिस्सा पिछड़ा और गरीब बना हुआ है अैर कर्ज के बोझ से किसानों की सर्वाधिक आत्महत्याएँ यहीं होती रही हैं। असम चाय और कीमती वनोपजों का निर्यातक बन आधुनिक दृष्ट से एक पिछड़ा राज्य बना हुआ है। कभी यह भी बृहत् बंगाल प्रान्त का हिस्सा बना हुआ था। आन्ध्र प्रदेश के तटीय हिस्से तो विकसित हुए, लेकिन तेलंगाना एक अत्यन्त पिछड़ा इलाका बना रहा। एक हद तक तो इसमें भौगोलिक बनावट और कृषि की उपज के फर्क का भी हाथ है, लेकिन मुख्य कारण यह रहा कि विकास का सारा ध्यान उस हिस्से पर केन्द्रित था, जो वाणिज्य की दृष्टि से सबसे लाभदायक कृषि-उत्पाद के लिए उपयुक्त थे—यानी कृष्णा, गोदावरी आदि से सिंचित हिस्से या तटीय प्रदेश, जिनमें विशाखापट्टनम जैसे जहाजरानी और उद्योग के केन्द्र थे। ज्ञातव्य है कि पश्चिमी देशों से व्यापार का सबसे पहला केन्द्र आन्ध्र का मछलीपट्टम का समुद्र तट था।

नई उभरती औद्योगिक व्यवस्था से जुड़ने से ग्रामीण समाज पर एक नया संकट आया। तमाम उपेक्षाओं के बावजूद ग्रामीण क्षेत्रों के किसान अपनी जरूरत की खाद्य सामग्रियों और कुछ दूसरी जरूरत की वस्तुएँ भी अपनी खेती से प्राप्त कर लेते थे। यह जरूर था कि भोजन के अलावा दूसरी आवश्यक वस्तुओं के लिए उन्हें थोड़ा-बहुत बाहरी बाजार पर निर्भर करना पड़ता था। अब औद्योगिक दुनिया, यानी संसार के बाजार से जुड़ने की चाहत या मजबूरी ने उनकी बची-खुची आत्मनिर्भरता को भी नष्ट कर दिया। वैसे तो वाणिज्य के लिए खेती औद्योगीकरण के प्रारम्भिक दौर में ही शुरू हो गई थीं; जैसे कपास, गन्ना, तम्बाकू आदि की खेती, लेकिन यह खेती मूलत: लोगों के भोजन या दूसरी जरूरत की वस्तुओं की आवश्यक उपज के बाद की जाती थी। अंग्रेजों ने भारत पर अपना वर्चस्व कायम करने के बाद खेती के प्रति परम्परा से चली आ रही इस दृष्टि को बदलना शुरू किया। चम्पारण में किसानों की बीघे में तीन कट्ठा जमीन पर नील की खेती करने को मजबूर किया

जाता था। यही एक मुद्दा था, जिसे महात्मा गांधी ने चम्पारण के अपने आन्दोलन में मुख्य रूप से उठाया था।

आत्मनिर्भर ग्रामीण व्यवस्था के टूटने और बाजार पर विविध वस्तुओं के लिए निर्भरता से पैसे का महत्त्व बढ़ा और इससे वाणिज्य के लिए खेती करने का रुझान भी बढ़ा। फिर भी बीसवीं शताब्दी के पूर्वार्द्ध तक खेती लोगों के लिए और कुछ दूसरी मूल आवश्यकताओं के लिए ही होती थी। बीसवीं शताब्दी के मध्य भाग में गहराते खाद्य संकट के कारण भी अन्न तथा भोजन की दूसरी सामग्रियों के उत्पादन पर जोर रहा, लेकिन बीसवीं सदी के अन्तिम चरण से जबसे तथाकथित उदारीकरण का दौर शुरू हुआ, खेती को वाणिज्य की दिशा में पूरी तरह मोड़ने की कोशिश हुई, लेकिन वाणिज्य के लिए कृषि-उत्पादन का एक नकारात्मक पक्ष जल्द ही उजागर होने लगा। जैसे-जैसे किसानों की खेती तिलहन, जिसमें सरसों, अलसी, सोयाबीन, मूँगफली, सूर्यमुखी, नारियल आदि आते थे और कपास आदि के उत्पादन पर निर्भर होने लगी, वाणिज्य आधारित खेती के खतरे भी सामने आने लगे। बीसवीं सदी के उत्तरार्द्ध में तथाकथित उदारीकरण की नीति के तहत भारत के बाजार को विदेशी वस्तुओं के लिए बड़े पैमाने पर खोला जाने लगा। इससे विदेशों से आयातित सस्ते पाम ऑयल तथा दूसरे तेलों के सामने जिनका बड़े पैमाने पर साबुन, वनस्पति तेल तथा दूसरे उत्पादों में प्रयोग होता था—घरेलू-तिलहन उत्पादकों की स्थिति डाँवाँडोल होने लगी। इसी तरह प्लांटेशन की अर्थव्यवस्था, जिसमें चाय, काफी, कोकोआ और रबर प्रमुख थे, विदेशी आयात से बुरी तरह प्रभावित होने लगे। खुली बाजार-व्यवस्था का एक आयाम यह भी था कि विदेशी बीज निर्माता कम्पनियों को भारतीय कृषि को प्रभावित करने की खुली छूट मिल गई और ऐसे बीज किसानों को दिए जाने लगे, जिन्हें किसान खुद अपने खेतों में नहीं उगा सकते थे। इससे वे विदेशी कम्पनियों पर पूरी तरह निर्भर हो इन बीजों के लिए भारी कीमत चुकाते थे। इनसे पैदा फसलों का दूसरी स्थानीय फसलों और पर्यावरण पर होनेवाले दुष्परिणाम बार-बार चर्चा में आने लगे। इनसे निपटने के लिए किसानों को अतिरिक्त बोझ उठाना पड़ता था।

ऐसा भी नहीं है कि वाणिज्य पर निर्भरता से कृषि पर क्या बुरा परिणाम हो सकता है और पूरी अर्थव्यवस्था और सामाजिक जीवन पर पड़नेवाले इसके दुष्परिणाम क्या हो सकते हैं, इसकी जानकारी बिलकुल नई है। जो कुछ भारत में हो हा है, वह दूसरी जगहों पर और विशेषकर अफ्रीका महादेश के देशों में पहले भी हो चुका है आर वहाँ के कुछ देशों की स्थायी आपदा का कारण बना हुआ है। वहाँ की बदहाली में हम भारत में उभरती हुई तसवीर का कुछ अनुमान लगा सकते हैं और देख सकते हैं कि वैश्विक व्यापारिक सम्बन्ध की परिणति गैर-औद्योगिक व्यवस्थाओं पर कैसी पड़ती है।

एक अमेरिकी पत्रकार और लेखक वैसिल डेविडसन ने 1964 ई. में, जब अफ्रीका महादेश अपनी औपनिवेशिक विरासत तोड़ने लगा था, अपनी पुस्तक 'व्हिच वे अफ्रीका' में यूरोप और अफ्रीका के बीच के औपनिवेशिक सम्बन्धों का यह सार प्रस्तुत किया : "यह वाणिज्यकीय सम्बन्ध एक या दूसरे रूप में लगभग चार शताब्दी तक कायम रहा। प्रारम्भ में अफ्रीकी सोना, हाथी दाँत एवं काली मिर्च और फिर बदले में यूरोपीय सूती वस्त्र और धातु के बर्तनों से शुरू हो यह व्यापार थोड़े ही दिनों में अफ्रीकी मूल के लोगों को थोक रूप में बन्दी बना निर्यात करने में संलग्न हो गया जिनसे ब्राजील, कैरेबियाई, केन्द्रीय और उत्तरी अमेरिकी खदानों और बागानों में गुलाम बना काम कराया जाने लगा।" (जैसाकि हम पहले चुके हैं, भारत में सीधे गुलाम बनाने की बजाय अर्धगुलाम की व्यवस्था गिरमिटिया मजदूर बनाने की प्रक्रिया से लोगों को बागानों अैर खदानों में काम करने के लिए ले जाया गया था—लेखक)

"अफ्रीका के लिए यह मानव-व्यापार घोर आपदा थी, लेकिन यूरोप के लिए यह धन का बहुत बड़ा स्रोत बन गया। अपने सम्पर्क के इस दूसरे चरणों में (और एक हद तक इसी के कारण) इंग्लैंड और फ्रांस में औद्योगिक क्रान्ति की शुरुआत हुई।"

"यूरोपीय सम्पर्क के तीसरे दौर में गुलामों के निर्यात के व्यापार पर रोक लगा दी गई, यूरोपीय साम्राज्यवाद और यूरोपीय देशों की आपसी प्रतिस्पर्धा की शुरुआत हुई...और इससे औपनिवेशिक आक्रमण और बँटवारे का सूत्रपात हुआ, जिसके अन्त में एक चौथा काल सत्तर और अस्सी साल पहले शुरू हुआ।"[1]

डेविडसन के अनुसार मनुष्यों से सूना करने की इस प्रक्रिया को भी अफ्रीका झेल लेता लेकिन जिस चीज ने जीवन को नष्ट किया, वह अफ्रीका में उनकी आर्थिक दखलन्दाजी थी। इसका मूल स्वरूप था, सफेद लोगों द्वारा अफ्रीका के विशाल भूखंडों को अधिगृहीत कर ऐसा रिजर्व (आरक्षित) क्षेत्र बना देना, जिन रिजर्व क्षेत्रों में अफ्रीकी मूल के लोग न तो खेती कर सकते थे और न रह सकते थे। रोडेशिया और दक्षिणी अफ्रीका इसके नमूना थे, लेकिन कुछ अंश में केन्या और अल्जीरिया का उल्लेख करना विशेष रूप से प्रासंगिक है क्योंकि बाद में भारत और दुनिया के दूसरे देशों में भी पारम्परिक कृषि के स्थान पर वाणिज्य के लिए खेती की तरफ संक्रमण के जो दुष्परिणाम दिखाई देते हैं, उसका पूर्वाभास अल्जीरिया में देखा जा सकता है। बेसिल डेविडसन लिखते हैं : "अफ्रीका के दूसरे छोर पर अल्जीरिया घेराबन्दी (इंक्लोजर) से बर्बादी का दूसरा नजरा पेश करता है। यहाँ भी बर्बादी का वास्तविक कारण व्यक्तियों के निजी लाभ की बजाय जो व्यवस्था बनाई गई थी, वही थी। फ्रांसीसियों द्वारा सघन रूप से अधिग्रहण के पहले अल्जीरिया की तटीय उच्च भूमि खाद्य सामग्रियों का लाभकारी उत्पादक थी—विशेषकर अन्न और मांस का उत्पादन, लेकिन यहाँ बसने आए फ्रांसीसियों की स्थानीय बाजार के लिए अन्न

पैदा करने में कोई दिलचस्पी नहीं थी। ये लगभग पूरी तरह से शुरू से ही निर्यात के लिए शराब-उत्पादन में लग गए। इसके लिए अंगूर की खेती 1830 ई. के 4,000 एकड़ से बढ़कर 1953 ई. में 750,000 एकड़ पर होने लगी।"[2]

अल्जीरियाइयों को नई भूख का सामना करना पड़ा। जहाँ खाद्यान्न की उपज 1880 ई. के बराबर बनी रही वहीं आबादी (आधुनिक दवा के प्रभाव से) इसी काल में लगभग तीन गुनी हो गई। यह अनुमान किया गया है कि औसत अल्जीरियाई को जहाँ 1871 ई. में सालाना 5 क्विंटल खाद्यान्न प्राप्त होता था, 1900 ई. में चार क्विंटल, वहीं 1940 ई. में मात्र 20 क्विंटल... ।[3]

आगे वाणिज्य के लिए खेती के प्रभावों के बारे में वह लिखते हैं : "...हम लोग देख चुके हैं कि अल्जीरिया में इसका क्या नतीजा हुआ है (इसके पहले अर्द्ध-औपनिवेशिक मिस्र में खाद्य-पदार्थ की जगह कपास की पैदावार ने इससे भी अधिक दिल दहलानेवाली ग्रामीण आपदा का चित्र प्रस्तुत किया था)। गोल्ड कोस्ट में कोकोआ के निर्यात से काफी धन अर्जित किया गया था, लेकिन कृषि के दूसरे क्षेत्रों में फसल की स्थिति खराब होती गई थी : 1961 ई. में ही घाना (गोल्ड कोस्ट समेत कुछ और भू-भागों को मिलाकर बना नया देश) को मूलतः कोकोआ के निर्यात से सिर्फ खाद्य-पदार्थ के आयात पर 2.6 करोड़ पाउंड खर्च करना पड़ा था। दूसरे देश, जिनके पास घाना जैसी सम्पदा नहीं थी लेकिन खाद्य-पदार्थ आयातित करने की जरूरत थी, इस स्थिति में नहीं थे कि आयात कर सकें। दक्षिण रोडेशिया में बड़ी मात्रा में अच्छी भूमि पर तम्बाकू उपजाया जाता था। एक ऐसी फसल, जिससे अफ्रीकी लोगों को दक्षिण अफ्रीका की मजदूरी की तुलना में अत्यधिक कम रेट पर मजदूरी करने को छोड़ कोई विकल्प नहीं था। बेल्जियन कांगो भी ऐसी ही मिसाल पेश करता था : खाद्यान्न पैदा करनेवाली अच्छी भूमि और श्रम को स्थानीय खाद्यान्न पैदा करने से हटाकर निर्यात किए जानेवाली फसलों में लगा दिया गया। पुर्तगाली औपनिवेशिक नीति ने अंगोला और मोजाम्बिक के बड़े हिस्से पर कपास की खेती लाद दी है।"[4] आगे वह एक बिशप के हवाले से बताता है कि कैसे इससे दुर्भिक्ष की स्थिति पैदा हो गई।

भारत में 1960 ई. के दशक में कृषि की कुछ ऐसी ही स्थिति के कारण अन्न आयात की मजबूरी पैदा हुई और पी.एल. 480 के तहत मदद के रूप में रियायती दर पर अन्न आयात की नौबत आ गई। इस सदमे के बाद तथाकथित हरित क्रान्ति के तहत अन्न उत्पादन के मामले में भारत एक हद तक आत्मनिर्भरता की ओर बढ़ा। लेकिन वाणिज्य के लिए खेती पर जोर ने अन्न उत्पादन की वृद्धि को बाधित किया है और 2006 ई. आते-आते फिर अन्न आयात करने की नौबत आ गई है इसके बावजूद हर दिन वाणिज्य की दृष्टि से फायदेमन्द होनेवाली खेती की बात होती है। इधर बायो-डीजल के लिए जठरोपा की खेती फैलाने और स्थानीय उत्पादन बढ़ाने

की चर्चा भी होती रहती है। यह ज्ञातव्य है कि भारत में कर्ज के बोझ से आत्महत्या करनेवाले किसानों की सबसे अधिक संख्या उन्हीं इलाकों में है, जहाँ नये किस्म के आयातित बीजों से कपास की खेती को प्रोत्साहित किया गया था। उदारीकृत नई व्यवस्था पुरानी आपदा की पुनरावृत्ति की जमीन तैयार करती है।

अफ्रीका में व्यापार आधारित कृषि खनन और उद्योगों के नये विस्तार का प्रभाव पुरानी कृषि-व्यवस्था को नष्ट करने की दिशा में पड़ा और इससे आबादियों के विस्थापन और प्रवासी मजदूरों की समस्या पैदा हुई। बेसिल डेविडसन लिखते हैं : "...साल-दर-साल, महादेश के एक छोर से दूसरे छोर तक अनगिनत सैकड़ों और हजारों लोग एक अंचल से दूसरे अंचल तक पाँव पैदल आते-जाते देखे जा सकते हैं : अपवादस्वरूप भविष्य में काम देनेवाले कुछ ऐसे मालिक, जैसे दक्षिण अफ्रीका के सोने के खदानों के मालिकों, जिन्होंने प्रवासी मजदूरों की व्यवस्था को इतना दुरुस्त कर लिया है कि इसके लिए लॉरी, रेल और हवाई यातायात तक उपलब्ध है। सरहद और सीमाएँ, बन्द या खुली, मजदूरी की तलाश में भटकनेवाले इन लोगों के लिए कोई बाधा नहीं थी : सिर्फ पैसे कमाने की मजबूरी (प्रारम्भ में टैक्स भुगताने के लिए, बाद में परिवार को जिन्दा रखने के लिए) उन्हें सभी बाधाओं के पार ढकेलती रहती है। उदाहरणस्वरूप, एक औसत वर्ष में वसुतोलैंड की आधी स्वस्थ आबादी सदा दक्षिण अफ्रीका में कार्यरत रहती है। न्यासालैंड का अनुपात लगभग इतना ही ऊँचा है। तंजानिया हर साल रुआंडा, बुरुंडी और मोजाम्बिक से 40,000 प्रवासियों को आकर्षित करता है। पश्चिमी अफ्रीका में आइवेरी कोस्ट की प्लांटेशन अर्थव्यवस्था पड़ोस के अपर वोल्टा के श्रमिकों पर निर्भर है, इससे भी अधिक संख्या में, सालाना अपर वोल्टा से किसान घाना जाते हैं। अफ्रीका के नक्शे पर इस सालाना आवाजाही के पथ मकड़े के जाल का दृश्य उपस्थित करते हैं।

विविध दिशाओं में होनेवाली इस आवाजाही के दूरगामी सामाजिक परिणाम होते हैं, और इनमें किसी को भी शुभ नहीं कहा जा सकता। एक परिणाम तो वैसे ग्रामीण क्षेत्रों का ह्रास है जहाँ कभी संख्या का आधिक्य गरीबी का कारण नहीं था। उन्हीं लोगों की अनुपस्थिति से जो इस सब हालत को ठीक कर सकते थे, पारम्परिक अनुशासन का लोप हो गया है।"[5]

इन सारी प्रक्रियाओं में हम अतिरिक्त मूल्य के सिद्धीकरण का प्रयास देख सकते हैं। पहले चरण में उपनिवेशों की अर्थव्यवस्था में भारी निवेश से यह सिद्धीकरण होता है। एवज में काम करनेवाले स्वस्थ आदमी और कृषिजन्य वस्तुएँ, खनिज और वनोपज प्राप्त होते हैं। फिर दूसरे चरण में जब पूँजीवादी व्यवस्था इन उपनिवेशों में जड़ जमाती है तो अतिरिक्त मूल्य के सिद्धीकरण के लिए औपनिवेशिक केन्द्रों में आन्तरिक उपनिवेशों को फैलाने का एक नया सिलसिला शुरू होता है। भारत में यह सिलसिला कुछ तटीय स्थानों और देश की राजधानी क्षेत्र से फैला। अफ्रीका

में दक्षिण अफ्रीका जैसे स्थानों पर, जहाँ सफेद लोगों ने अपने वर्चस्व के अन्दर कुछ सम्पन्न औद्योगिक क्षेत्र विकसित किए, वहाँ से पास-पड़ोस के दूसरे देशों से ऐसे औपनिवेशिक सम्बन्ध कायम किए गए—जैसे इन स्थानों से श्रमिकों की आपूर्ति की व्यवस्था, पर एक बात इन सबमें दिखाई देती है। पूँजीवादी व्यवस्था अपने आप में विकसित उद्योग और कृषि को आत्मनिर्भर केन्द्र बना कोई सतत विकास नहीं कर सकती। रोजा लक्जमबर्ग ने पूँजीवाद के प्रसार में यानी पूँजी के विस्तारित पुनरुत्पादन की जिस समस्या की ओर ध्यान खींचा था, उसका समाधान कहीं दिखाई नहीं देता।

इसी से यह निष्कर्ष भी निकाला जा सकता है कि पूँजीवाद का सारे संसार में उस तरह का सम विकास असम्भव है, जिसमें सभी जगह एक स्तर की तकनीक के आधार पर समान जीवन स्तर उपलब्ध हो सके। यह व्यवस्था सदा सम्पन्नता की ऊँची चोटियों और विपन्नता की गहरी खाइयों के बीच बँटी रहेगी—दो वर्गों के ध्रुवों के बीच नहीं बल्कि विभिन्न स्तरों की आर्थिक व्यवस्थाओं के बीच। ये पुराने ढंग की समेकित व्यवस्थाएँ नहीं बल्कि विशृंखलित समाज के अवशेष होंगे जिनमें पारम्परिक समाजों की तरह बाँधनेवाला कोई केन्द्रीय मूल्यबोध नहीं होगा। इससे समाजवाद की ओर संक्रमण के लिए जिस तरह के सीधे विभाजन की कल्पना की गई थी, जिसमें सभी जगह कुछ बड़े पूँजीवादी प्रतिष्ठानों के मुट्ठी भर मालिक रह जाएँगे और दूसरी ओर विशाल संख्या में साधनहीन सर्वहारा, वह गलत साबित हो रही है। इसकी बजाय पूँजी के विस्तार के लिए शोषण के नये आयाम और शोषितों के नये समूह और बिचौलिए पूँजीवादी व्यवस्था को चालू रखने के लिए पैदा होते जा रहे हैं। इस प्रक्रिया में एक बात चारों ओर दिखाई देती है। प्राकृतिक स्थितियों के अनुरूप संसार के अनेक भागों में जो पारम्परिक व्यवस्थाएँ कायम थीं, वे नष्ट हो रही हैं और लगातार विस्थापन की प्रक्रिया चालू है, जिससे सभी तरफ प्रवासियों की भीड़ बढ़ती जा रही है और जो पुराने समृद्धि के केन्द्र विकसित हुए थे, वे प्रवासियों की उमड़ती भीड़ से घिरते जा रहे हैं।

इससे नये तरह के संकट और राजनीतिक समस्याएँ पैदा हो रही हैं। जो पिछड़ी अर्थव्यवस्थाएँ थीं, उनमें महानगरों के सम्पन्न और पॉश इलाकों के छोटे द्वीपों के चारों ओर झोंपड़-पट्टी, झुग्गियाँ और 'शैंटी टाउन' विकसित हो रहे हैं। इनमें किसी तरह जीवन का आधार तलाशनेवाले लोगों की एक निम्न स्तर की समानान्तर व्यवस्था कायम हो जाती है, जो नगर की मूल व्यवस्था और इसकी आबादी से कुछ हद तक जुड़ी होती है और निचले स्तर का अकुशल या अर्धकुशल श्रम मुहैया कराती है, लेकिन अपने भीतर के लोगों की मूल आवश्यकताओं की आपूर्ति का एक ताना-बाना भी बनाती है। मूल नगर से इस नीचा नगर का एक तनाव का रिश्ता भी बना रहता है क्योंकि महानगरों की मूल संरचना में इनका कोई मान्य स्थान नहीं

होता। दोनों नगरों यानी नगर के सम्पन्न और नियोजित हिस्से और कुकुरमुत्ते से उग आए इस नीचा नगर में से लगातार एक रस्साकशी चलती रहती है—व्यक्तियों के स्तर पर और व्यवस्था के स्तर पर भी। मार्क्स ने कम्युनिस्ट मैनिफेस्टो में पूँजीवाद में पूँजीपतियों और मजदूरों के बीच के जिस सरल विभाजन की कल्पना की थी, उससे यह तसवीर बिलकुल अलग है।

ऊपर पूँजीवाद के विकास और फैलाव के क्रम में जैसे विस्थापन और प्रवास के सिलसिला का विवरण है, उससे एक गम्भीर घालमेल की स्थिति उभरती है। पूँजीवादी उद्योगों के केन्द्र यानी महानगरों में इनके साथ-साथ नीचा नगरों का विकास होता है, जो कई अर्थों में महानगरों के लिए अपरिहार्य भी है, यहीं से इन नगरों को वह तरल मानव समूह मिलता है, जिससे निर्माण के लिए और अनेक तरह की कम आय वाली सेवाओं के लिए मजदूर मिलते हैं। अपने चरित्र से ही यह सम्बन्ध ऐसा अल्पकालिक होता है कि यह प्रक्रिया के रूप में तो रह सकता है, लेकिन पूर्णता नहीं प्राप्त कर सकता, लेकिन नगरों में जो यह तरल मानव समूह आता है, पूँजीवादी व्यवस्था के भीतर से प्राप्त नहीं हो सकता। इसके लिए सदा बाहर के प्रवासी मजदूरों की जरूरत होती है। ब्रिटेन आदि में औद्योगिक क्रान्ति के प्रारम्भिक दिनों में तो यह श्रम-शक्ति वहाँ के अपने ग्रामीणों के विस्थापन से प्राप्त होती थी, लेकिन अब मानव खजाना खाली हो चुका है। पश्चिमी देशों की जनसंख्या-वृद्धि में कमी या ऋणात्मक रुझान से यह सम्भावना भी नहीं कि वे अपने श्रम की जरूरत को अपने मानव-संसाधन से पूरा कर सकें। इसलिए उन्हें लगातार बाहर के श्रमिकों पर निर्भर रहना पड़ता है।

लेकिन पूँजीवाद की व्यवस्थागत मन्दी के समय जो एक के बाद एक तरंग की तरह आती रहती है और मशीनीकरण से उद्योगों में मजदूरों की संख्या में कटौती के रुझान के कारण जो बेरोजगारी की समस्या पैदा होती हैं, इससे स्थानीय और बाहरी श्रमिकों के बीच तनाव पैदा होता है। इस तनाव के पीछे एक बड़ा कारण यह भी है कि यूरोप या अमेरिका जैसे विकसित औद्योगिक देशों में रोजगार की तलाश में आनेवाले अप्रवासियों में ज्यादातर लोग अश्वेत मूल के लोग होते हैं। इससे एक दूसरा संघर्ष, जो अधिक-से-अधिक मूल आधारित होता है, अस्तित्व में आ जाता है। लिहाजा 2005-06 ई. में फ्रांस में जहाँ बेरोजगारी का स्तर 10 प्रतिशत हो गया था, अल्जीरियाई तथा दूसरे गैर-यूरोपीय मूल के लोगों के खिलाफ फ्रांसीसियों में आक्रोश था और अपनी बदहाली के खिलाफ दूसरे मूल के लोगों में फ्रांसीसियों के खिलाफ। इससे विस्फोटक स्थिति पैदा हो गई और दंगे और भीषण तोड़-फोड़ और आगजनी हुई। इसी से उस समय ल'पेन की फासीवादी और नस्लवादी राजनीति को काफी बल मिला—सर्वहारा की एकता और पूँजीवाद को खत्म करने के संकल्प को नहीं।

(1) इस औपनिवेशिकता को त्वरण और सीमाहीन विस्तार की आकांक्षा मिली मनुष्य की अपनी सीमाओं के अज्ञान से और (2) इस भ्रम मुक्ति से कि मनुष्य की उपभोग सम्बन्धी आवश्यकताएँ सीमित हैं। पन्द्रहवीं-सोलहवीं शताब्दी तक में, बड़े साम्राज्यों के चार हजार वर्षों के अस्तित्व के बावजूद, आदमी के अनुभव की दुनिया सीमित थी और उसे लगता था कि उसके क्षितिज के पार प्राकृतिक सम्पदाओं का विस्तार अपार है। इसी से यह आश्वस्ति आती थी कि मनुष्य को जीवित रखने के लिए जो जल, जंगल और जमीन उपलब्ध है, उसकी प्रचुरता सदा बनी रहेगी। कार्ल मार्क्स के काल तक इस विश्वास को कोई गम्भीर झटका नहीं लगा था। यह आशावाद कम्युनिस्ट मैनिफेस्टो के इस पैराग्राफ में स्पष्ट जाहिर होता है : "बुर्जुआ वर्ग ने अपने प्रभुत्व के महज सौ साल में उससे अधिक उत्पादक शक्तियाँ पैदा कर दी हैं, जितनी इसके पहले की सभी पीढ़ियों ने सम्मिलित रूप से की थीं। प्रकृति की शक्तियों को मनुष्य एवं मशीन के मातहत करना कृषि एवं उद्योगों में रसायन शास्त्र के ज्ञान का उपयोग करना, भाप से जहाजरानी एवं रेलवे, बिजली से तार देने की व्यवस्था, पूरे के पूरे महादेशों को साफ कर खेती के लायक बनाना, नदियों का सिंचाई के लिए उपयोग के बड़ी आबादियों को अस्तित्व में लाना, जो जमीन में छिपी थी—पूर्व की किस सदी ने यह कल्पना भी की थी कि सामाजिक श्रम के गोद में ऐसी उत्पादक शक्ति छिपी है?"

ऊपर के उद्धरण में यह विश्वास जाहिर होता है कि मानव-श्रम की सर्जनात्मकता असीम है और इससे प्राप्त होनेवाली भौतिक उपलब्धियों पर प्राकृतिक संसाधनों की उपलब्धता से कोई सीमा नहीं लगती। विडम्बना यह है कि पन्द्रहवीं सदी से परवान चढ़ी यूरोप के जहाजियों की दुनिया की खोज के साथ अदृश्य रूप से संसाधनों की सीमा भी जुड़ी थी। इस समय तक यूरोप में ईंधन का मुख्य स्रोत लकड़ी थी और जहाज के निर्माण में भी लकड़ी की ही जरूरत होती थी। इससे वहाँ के प्राकृतिक जंगल कम पड़ने लगे थे। प्राकृतिक कोयला सतह के पास ही मिलता था और आसानी से उपलब्ध था, लेकिन इसका धुआँ दुर्गंध और गन्दगी फैलानेवाला होता था। इससे लोग इसके प्रयोग को सीमित रखते थे। स्वाभाविक था कि दुनिया की खोज और इस पर अधिकार के क्रम में पहला प्रयास लकड़ियों के स्रोतों पर अधिकार और इनके विकास का हुआ। इसी क्रम में उत्तमाशा अन्तरीय, सेंट विन्सेंट, सेंट हेलेना, मॉरीशस और कैरेबियाई भू-भाग पर आधिपत्य जमाया गया। लकड़ी की उपलब्धि की सीमा दिखे, इसके पहले ही ईंधन और निर्माण के नये स्रोत यथा कोयला और पेट्रोलियम मिल गया और दूसरी ओर भारी मात्रा में इस्पात का उत्पादन होने लगा। कोयला को कोक में परिवर्तित करके दुर्गंधयुक्त धुएँ से भी निजात मिल गई। साम्राज्य और उपनिवेशों के विस्तार के साथ ईंधनों और अयस्कों की उपलब्धि भी फैलती जाती थी। इसलिए यह वहम मार्क्स के ही समय तक नहीं बीसवीं शताब्दी

के मध्य तक व्याप्त रहा कि आधुनिक विकास के लिए उपलब्ध संसाधन सीमाहीन हैं और मनुष्य के वर्चस्व के विस्तार के साथ-साथ यह सीमा भी फैलती जाती है। साम्राज्यवाद और उपनिवेशवाद के खिलाफ उठे बवंडर से इस विस्तार पर सीमा लगती दिखी, लेकिन छल-बल-कौशल से सीमा को बढ़ाए रखना सम्भव लगता था। 1960 के दशक के बाद से पहली बार आदमी संसाधनों के व्यय या अपव्यय पर प्रकृति द्वारा लगाई गई उलंघ्य सीमा से रू-ब-रू है। अब हम जानते हैं कि हमारी ऊर्जा के तमाम स्रोत अन्तत: सूरज से आते हैं, चाहे वह आज वृक्षों में जमा हो रहे लकड़ियों और पत्तों का कार्बन हो या आज से दसों करोड़ वर्ष पहले के वृक्षों से प्राप्त जीवाश्म ऊर्जा का स्रोत, कोयला, पेट्रोलियम के पिघलते जल-स्रोत, समुद्र के उत्ताल तरंग और ज्वार अन्तत: सभी किसी-न-किसी रूप में सूरज से ऊर्जा प्राप्त करते हैं। और यह सब ऊर्जा हमें किस रूप में मिलेगी—व्यवस्थित रूप से सहयोगी की हैसियत से या सुनामी की उत्ताल तरंगों, पिघलते हिम-खंड से पैदा जल-प्लावन के रूप में, बाढ़ की विभीषिका के रूप में या जीवन को सँवारनेवाली नियंत्रित ऊर्जा और हरियाली के रूप में, यह हम पर निर्भर है।

दूसरी बात, जो अप्रत्याशित थी, वह थी मनुष्य की आवश्यकता की समझ। मार्क्स ने अपने प्रारम्भिक अध्ययनों में जहाँ कम्युनिज्म की व्यवस्था का विवरण दिया है, आदमी की जरूरतों को बुनियादी जरूरतों तक सीमित रखकर ही। इसी से वैसा समाज सम्भव लगता था, जहाँ लोगों की सभी जरूरतों को पूरा किया जा सके। हालाँकि कम्युनिस्ट मैनिफेस्टो में इसका जिक्र है कि लोगों के उपभोग में विभिन्न देशों से अपनाई गई वस्तुओं का समावेश किया जा रहा है। अपने देशों और परिवेश में वे वस्तुएँ पारम्परिक उपभोग की ही रही होंगी। यहाँ उपभोग की विविधता पहले की सभी कल्पनाओं से परे चली गई है। तब 'स्पेस टूरिज्म' की कल्पना कौन कर सकता था, जिसके लिए आज बुकिंग शुरू ही नहीं हो गई है बल्कि रूस में कई वर्षों के लिए इसकी बुकिंग समाप्त हो गई है। इसमें प्रति व्यक्ति कुछ करोड़ डॉलर का खर्च अनुमानित था। संसार के संसाधनों की सीमा देखते हुए ऐसा उपभोग तो इने-गिने लोगों के लिए सम्भव होगा—ऐसे लोगों के लिए, जिन्होंने अकूत सम्पत्ति पर कब्जा जमा रखा है। 'पूँजी' लिखते समय मार्क्स के सामने पूँजीवाद के विकास की ऐसी दिशा नहीं रही होगी। मार्क्स के समय का बुर्जुआ अपने रहन-सहन में मितव्ययिता का ही आदर्श प्रस्तुत करता था। मोटा-मोटी तौर से मार्क्स के पूँजी के अध्ययन के परिदृश्य से ऐसी भिन्नताएँ दिखाई देती हैं, लेकिन देखना है कि अपनी समग्रता में पूँजी के विकास की परिणति की जिस कल्पना पर कम्युनिस्ट क्रान्ति की सम्भावनाएँ देखी गई थीं, क्या आज दुनिया का परिदृश्य वैसा ही है?

5

मार्क्स की पुस्तक 'पूँजी', जैसा पहले बतलाया गया है, दरअसल उनके बृहत् अध्ययन का ही एक हिस्सा थी। उनकी पुस्तक ग्रुंडरिसे में, जिसे बहुत-से लोग उनका सबसे महत्त्वपूर्ण वैचारिक लेखन मानते हैं, समाज के सर्वांगीण अध्ययन के प्रथम भाग के रूप में चार खंडों में उनकी पुस्तक 'पूँजी' प्रस्तावित थी। उनके जीवन-काल में 'पूँजी' का सिर्फ प्रथम खंड ही प्रकाशित हो पाया और दूसरे एवं तीसरे खंड की अधूरी पांडुलिपियाँ और विशाल मात्रा में अध्ययन के नोट्स तैयार थे, जिनके आधार पर फ्रेडरिक एंगेल्स ने दोनों खंडों को प्रकाशन के लायक बनाया। ग्रुंडरिसे में मशीन के आधुनिक विकास और उससे उत्पादन प्रक्रिया पर पड़नेवाले प्रभाव का गहना अध्ययन है। इसमें बतलाया गया है कि कैसे आधुनिक मशीन के प्रयोग से मशीन और श्रमिक के बीच का पारम्परिक सम्बन्ध बिलकुल बदल गया है। अब श्रमिक अपनी जरूरत के हिसाब से मशीन का उपयोग नहीं करता बल्कि मशीन के द्वारा होनेवाले उत्पादन की नवीनतम प्रक्रिया में कार्य का सारा क्रम पूर्व निर्धारित होता है और श्रमिक सिर्फ उसमें निगरानी भर का काम करता है ताकि काम निर्धारित रूप से होता चले और बीच में आई बाधा या टूट-फूट की मरम्मत होती चले। मार्क्स के अनुसार, इस नई स्वचालित मशीन द्वारा उत्पादन से उत्पादन की मात्रा विशाल होती जाएगी, लेकिन पूरी पूँजी पर मुनाफे की दर गिरती जाएगी। यह नतीजा मार्क्स ने अपने उस सिद्धान्त से निकाला, जिसमें मुनाफे का आधार अतिरिक्त मूल्य है, जो श्रमिकों के श्रम के शोषण पर आधारित है। मार्क्स के इस निष्कर्ष की चर्चा दूसरे अध्याय के अन्त में की जा चुकी है। 'पूँजी' के तीसरे खंड में मुख्य रूप से पूँजी में होनेवाले इस आंगिक बनावट के फर्क का विवरण है और मुनाफे की दर पर होनेवाले इसके प्रभाव की चर्चा है। इन दोनों के सम्मिलित प्रभाव से एक गहरा संकट पैदा होता है, जिसका विवरण इस प्रकार है :

दूसरी ओर, कभी-कभी इतने ज्यादा श्रम-साधन और जीवनावश्यकताएँ उत्पादित हो जाती हैं कि वे एक नियत लाभ दर पर श्रमिकों के शोषण के साधन का काम नहीं दे सकतीं। इतनी ज्यादा जिंसें उत्पादित हो जाती हैं कि पूँजीवादी उत्पादन की विशिष्ट वितरण तथा उपभोग अवस्थाओं के अन्तर्गत उनमें समाविष्ट मूल्य और अतिरिक्त

मूल्य को सिद्धिकृत तथा नई पूँजी में परिवर्तन नहीं किया जा सकता, अर्थात् इतनी ज्यादा कि चिर-आवर्ती विस्फोट के बिना इस प्रक्रिया की निष्पत्ति नहीं हो सकती।

सम्पदा कोई बहुत ज्यादा नहीं उत्पादित होती है, किन्तु कभी-कभी अपने पूँजीवादी, अन्तर्विरोधी रूपों में ज्यादा ही सम्पदा उत्पादित हो जाती है।

पूँजीवादी उत्पादन-प्रणाली की सीमाएँ निम्न बातों में सतह पर आ जाती हैं : (1) श्रम उत्पादिता का विकास ह्रासमान लाभ-दर में से एक ऐसे नियम को जन्म देता है जो एक खास स्थल पर स्वयं इस विकास के साथ टकराव में आ जाता है और इसलिए जिसका संकटों के जरिए ही निराकरण करना होता है। (2) उत्पादन के प्रसार अथवा संकुचन का निर्धारण अशोधित श्रम के हस्तगतकरण और इस अशोधित श्रम के सामान्य रूप में मूर्त रूप के साथ अनुपात द्वारा, इस प्रकार एक निश्चित लाभ-दर द्वारा किया जाता है, न कि उत्पादन की सामाजिक आवश्यकताओं के साथ, अर्थात् सामाजिक रूप में विकसित मानवों की आवश्यकताओं के साथ सम्बन्ध द्वारा। यही कारण है कि उत्पादन की एक विशेष विस्तारित अवस्था में, जो दूसरी आधारिका से दृष्टिपात करने पर, उलटे सर्वथा अपर्याप्त ही सिद्ध होती पूँजीवादी उत्पादन प्रणाली के सामने अवरोध आ जाते हैं। आवश्यकताओं की तुष्टि द्वारा नहीं बल्कि उत्पादन और लाभ के सिद्धीकरण द्वारा निर्धारित एक स्थल पर आकर वह ठप हो जाती है।[1]

स्पष्ट तो नहीं लिखा गया है, लेकिन मार्क्स की पूँजीवाद का मूल संकट इसी स्थिति पर पहुँचने से पैदा होता दिखाई देता है।

लेकिन उपरोक्त प्रक्रिया अपनी पूर्णता की ओर बढ़े इसके पहले ही पूँजी के विस्तारित पुनरुत्पादन पर, जैसाकि पिछले अध्याय में रोजा लक्जमबर्ग के अध्ययन का हवाला देकर बतलाया गया है, ग्रहण लग जाता है। इससे संसार के सभी भागों में फैलते हुए पूँजी का सम विकास नहीं होता बल्कि इसका संकेन्द्रीकरण और ध्रुवीकरण होता चलता है, जिसमें कुछ ध्रुवों पर पूँजीवादी व्यवस्था का अत्यधिक विकास होता चलता है, जिसमें संसार के बाकी भागों के प्राकृतिक और मानव संसाधनों का दोहन होता चलता है और ये बाकी हिस्से औद्योगिक विकास और संसाधन, दोनों की दृष्टि से गरीब होते जाते हैं। पिछले अध्याय में इसके उदाहरणस्वरूप औपनिवेशिक और आन्तरिक औपनिवेशिक शोषण की प्रक्रिया पर थोड़ा-सा विचार किया गया है। अब हम थोड़ा देखेंगे कि इससे गरीबी और अमीरी का किस तरह ध्रुवीकरण संसार के पैमाने पर दिखाई देता है। बीसवीं शताब्दी के अन्तिम चरण से इस ध्रुवीकरण को मान्यता दिलाने के कई संस्थागत प्रयास अन्तरराष्ट्रीय स्तर पर किए गए हैं। इसमें सबसे महत्त्वपूर्ण भूमिका है विश्व व्यापार संगठन की, जो उन्मुक्त व्यापार के नाम पर विभिन्न देशों के बीच होनेवाले आयात और निर्यात के ऐसे नियम बनाता है कि जो गरीब और औद्योगिक दृष्टि से पिछड़े देश हैं, विकास

की दौड़ में और पिछड़ते जाते हैं और उन्हें वैसे संसाधन जुटाने का मौका ही नहीं मिलता कि अपना औद्योगिक विकास कर विकसित औद्योगिक देशों की श्रेणी में शामिल हो सकें। इससे गरीब और अमीर देशों के बीच, विभिन्न देशों के भीतर विभिन्न क्षेत्रों के बीच, हर देश में अमीर और गरीब लोगों के बीच गैर-बराबरी की खाई और भी चौड़ी होती चली जाती है।

संयुक्त राष्ट्र संघ के मानव विकास रपटों द्वारा प्रकाशित तथ्यों के रुझानों से यही दिखाई देता है कि जल के विपरीत अत्याधुनिक तकनीक वैसा सम-स्तर नहीं ढूँढ़ती, जिससे जो तकनीक और इससे जुड़े आय में पीछे हैं, आगे बढ़ विकसित देशों और क्षमतों में समानता हासिल कर लें बल्कि तकनीकों और इनसे जुड़ी आयों का विकास भी अधिक वहीं होता है, जहाँ पहले यह ऊँचा स्तर पा चुका होता है। बाकी क्षेत्र उत्तरोत्तर प्राकृतिक संसाधन, कृषि आधारित पारम्परिक उत्पाद और सस्ते मानव-श्रम के आपूर्तिकर्ता बने रहते हैं। इसके सहारे जो विकसित देश होते हैं, नवीनतम उत्पादों के बल अपनी आर्थिक वरीयता बढ़ाते चलते हैं। यह बात 2006 ई. के मानव विकास रपट में वर्णित इन तथ्यों से उजागर होती है। इसमें लिखा है :

"...इस बीच दुनिया के उत्तरी भाग की आबादी के 20 प्रतिशत लोगों की औसत आय नीचे की 20 प्रतिशत आबादी की औसत आय का पचास गुना है।

"वैश्विक आमदनी का बँटवारा शैम्पेन की बोतल के समदृश्य है। शीर्ष पर जहाँ बोतल सबसे चौड़ी है, आबादी का सबसे सम्पन्न 20 प्रतिशत दुनिया की आय के तीन-चौथाई का मालिक है। बोतल का सबसे निचला हिस्सा, जो सबसे पतला है, सबसे गरीब 40 प्रतिशत दुनिया की आय के 5 प्रतिशत का अधिकारी है और सबसे गरीब 20 प्रतिशत महज 1.5 प्रतिशत का अधिकारी। इन सबसे गरीब 40 प्रतिशत लोगों की संख्या मोटा-मोटी 2 अरब है, जो 2 डॉलर प्रतिदिन से कम पर गुजारा करते हैं।

"समय के साथ 20 प्रतिशत निचले हिस्से की क्षेत्रीय स्थिति में क्या बदलाव आया है? दक्षिण एशिया का हिस्सा तेजी से गिरकर 1980 ई. के आधा से एक-तिहाई पर आ गया है। यह दो दशक की औसत आमदनी की गिरावट को प्रतिबिम्बित करता है। सहारा के दक्षिणी भाग के लोगों में प्रत्येक दो में एक आदमी दुनिया के 20 प्रतिशत आय में सबसे गरीब लोगों में है। इसकी तुलना पूर्वी एशिया के पाँच में एक और दक्षिण एशिया के चार में एक से की जा सकती है।

"कोई अचरज की बात नहीं कि अमीर देशों की प्रधानता 20 प्रतिशत ऊपरी हिस्से में है। उनके 10 में 9 नागरिक 20 प्रतिशत सबसे धनी लोगों में हैं और ऑर्गेनाइजेशन फॉर इकोनॉमिक कोऑपरेशन एंड डेवलपमेंट (ओ.ई.सी.डी.) के देशों की आय दुनिया की आय का 85 प्रतिशत है।"[2]

"वैश्विक गैर-बराबरी की बहस में जो बात प्राय: ओझल रहती है, वह यह कि चाहे जो मापदंड अपनाए जाएँ और बिना इस बात का लिहाज किए कि आय बढ़ रही है या घट रही है, यह गैर-बराबरी अत्यधिक है। मोटा-मोटी अनुमान के अनुसार, 'फोर्ब्स' मैगजीन में शुमार किए गए सबसे धनी 500 लोगों की आमदनी, जो उनके पूरे धन के 5 प्रतिशत से ज्यादा नहीं होती, 41.6 करोड़ सबसे गरीब लोगों की आय से अधिक होती है।"

इस गैर-बराबरी का आधार विभिन्न देशों की औद्योगिक उत्पादन की क्षमता है। पिछले दिनों भूमंडलीकरण के काल में उद्योग-धन्धों के आधार के विस्तार की बात चर्चा में रही है। ऊपरी ढंग से देखने से यह जरूर लगता है कि विकासशील देशों में दुनिया की बड़ी बहुराष्ट्रीय कम्पनियाँ अपने उद्योग, विशेषकर अपने उत्पादों के हिस्से (कम्पोनेंट) एशिया के देशों में, विशेषकर पूर्वी एशिया और दक्षिण एशिया में उत्पादित करने लगे हैं, लेकिन सम्पूर्ण उत्पाद में इनका हिस्सा नगण्य है और भारत और चीन जैसे देशों की विशाल जनसंख्या को ध्यान में रखने पर वे और भी नगण्य लगते हैं। इससे यह अनुमान करना कि औद्योगिक उत्पादन का आधार विस्तृत और वैश्वीकृत हो रहा है, भारी भूल है। 2005 ई. के मानव विकास रपट में विकासशील देशों के निर्यात में भारी वृद्धि की ओर ध्यान दिलाने के बाद हकीकत की ओर ध्यान दिलाने के लिए यह भी कहा गया है :

"विश्व बाजार में निर्यात का हिस्सा निर्यात के फर्क की एक आंशिक तसवीर ही प्रस्तुत करता है। निर्यात में सफलता को आय में बढ़ोतरी और इससे जीवन-स्तर को ऊँचा रखने और गरीबी मिटाने का सम्बन्ध सिर्फ उत्पादन और निर्यात की मात्रा पर निर्भर नहीं करता बल्कि मूल्य उत्पादन (वैल्यू एडिशन) यानी सम्पत्ति-उत्पादन की मात्रा पर निर्भर करता है। औद्योगिक उत्पादन से मूल्य जोड़ना वैश्विक सम्पत्ति के वितरण में सबसे महत्त्वपूर्ण भूमिका निभा सकता है ओर विश्व व्यापार का लाभ दे सकता है। दुनिया में सम्पत्ति के बँटवारे की दृष्टि से बुरी खबर यह है कि 25 वर्ष के वैश्विक एकीकरण के बावजूद औद्योगिक उत्पादन के असन्तुलन में कोई खास फर्क नहीं हुआ है।"[3]

"1980-2000 ई. की अवधि में विकासशील देशों में औद्योगिक उत्पादन के मूल्य में सालाना 5 प्रतिशत से अधिक वृद्धि हुई है—औद्योगिक देशों की दर से दो गुना से अधिक, लेकिन लगभग सारा विकास पूर्वी एशिया में दर्ज किया गया और औद्योगिक देश अभी भी संसार भर में औद्योगिक उत्पाद के मूल्य वृद्धि में 60 प्रतिशत से अधिक योगदान करते हैं।"[4]

ऊपर दिए गए उद्धरणों से स्पष्ट है कि औद्योगिक विकास प्राय: उन्हीं देशों में केन्द्रित है, जहाँ औद्योगीकरण शुरू हुआ। पूर्व एशिया में चीन में औद्योगिक विकास हाल के वर्षों में तेज हुआ है, लेकिन यह मूलत: केन्द्रित है पूरब के तटीय

भागों और राजधानी बीजिंग के इर्द-गिर्द। केन्द्र के या पश्चिम के बाकी भाग में तुलनात्मक दृष्टि से ह्रास ही हुआ है और आजीविका का आधार नष्ट होने से विशाल पैमाने पर विस्थापन हुआ है।

वैश्विक बाजार का एकीकरण, जिसे संसार में आर्थिक सम्पन्नता को बढ़ाने और सम-स्तर करने का मूल मंत्र बतलाया जा रहा है, दरअसल गैर-बराबरी और विशाल जनसंख्या और संसार के विशाल भू-भाग के लिए बदहाली का सबब ही बना हुआ है। मानव विकास-रपट 2005 के नीचे दिए गए उद्धरण से यह बात स्पष्ट रूप से जाहिर होती है। रपट का यह भाग कृषि उत्पादों के अन्तरराष्ट्रीय व्यापार की स्थिति पर केन्द्रित है। इसमें कहा गया है :

"कृषि विस्फोट का बिन्दु बन गई है...एक डॉलर से कम पर जीवन-निर्वाह करनेवाले दो-तिहाई से अधिक लोग ग्रामीण क्षेत्रों में या तो अति लघु जोतों के मालिक हैं या खेत मजदूर के रूप में काम करते हैं। अन्यायपूर्ण व्यापार सम्बन्ध व्यवस्थित रूप से इनकी आजीविका के आधार को नष्ट करता है, जिससे सहस्राब्दी के विकास के लक्ष्य को पूरा करने के प्रयास को बाधा पहुँचती है।"[5]

दुनिया के औद्योगिक विकास पर विचार करने पर मार्क्स की वह कल्पना तो खरा उतरती नहीं दिखाई देती कि धीरे-धीरे किसान एक वर्ग के रूप में खत्म हो जाएँगे और सारे संसार में एक तरफ अत्याधुनिक उद्योग-धन्धे और अत्याधुनिक मशीनों पर आधारित बड़े कृषि-फार्म रह जाएँगे। ऐसा होने की बजाय दुनिया भर के पारम्परिक उद्यमों के नष्ट होने और किसानों की खेती के घाटे में चलने से बेरोजगारी और इनमें काम करनेवाले लोगों के विस्थापन के बावजूद एक वर्ग के रूप में न तो किसान खत्म होते दिखाई देते हैं और न छोटे उद्यम खत्म हो रहे हैं, भले ही उनका क्षेत्र और स्वरूप बदल गया हो। इस पहलू पर हम बाद में विचार करेंगे, लेकिन जो दुनिया की हकीकत बनी है, वह यह है कि वैश्विक पूँजीवाद के विकास से किसान वर्ग नष्ट तो नहीं हुआ है, लेकिन एक बन्दी वर्ग के रूप में तब्दील हो गया है। जो पूँजीपतियों को स्वयं बदहाली में रहते हुए सस्ते कच्चे माल और खाद्यान्न उपलब्ध कराता है, जो बड़े कृषि-उद्योग (एग्रीफार्म) औद्योगिक देशों में मशीनीकृत उत्पादन में लगे हैं, इतने खर्चीले हैं कि उन्हें विशाल अनुदान (सब्सिडी) के बल पर ही जिन्दा रखा जा सकता है।

इस रपट में ही आगे कहा गया है :

"दोहा केन्द्रित वार्ताओं की समस्या के हृदयस्थली को तीन शब्दों में समेटा जा सकता है : सम्पन्न देशों का अनुदान (रिच कंट्री सब्सिडी) विश्व व्यापार सम्बन्धी वार्ताओं के अन्तिम दौर में कृषि अनुदान को खत्म करने की घोषणा—उरुग्वे राउंड के बाद सर्वाधिक सम्पन्न देशों ने कुल मिलाकर उत्पादक अनुदानों के स्तर को बढ़ा दिया है। दुनिया के कृषि-अनुदान में अग्रणी महाशक्तियों—यूरोपियन यूनियन

तथा अमेरिका की अगुवाई में विकसित देशों का कृषि-अनुदान साल में 350 अरब डॉलर तक पहुँच गया है। उत्पादकों को सीधा दिया जानेवाला अनुदान अलग-अलग खातों में नापा जा सकता है। आर्थिक सहयोग और विकास संगठन (ओ.ई.सी.डी.) अनुदान में उन तमाम नीतियों और तबादलों का शुमार करता है, जिनसे देश के भीतर कीमत वैश्विक स्तर से ऊँची रहती है। जिसका मान 279 अरब डॉलर है, जो उत्पादन के मूल्य के लगभग एक-तिहाई के बराबर है—जापान के मामले में यह आधे से ज्यादा हो जाता है।"[6] इन देशों के आँकड़े हैं—यूरोपियन संघ 133 अरब, अमेरिका 46 अरब, जापान 49 अरब और दूसरे 51 अरब डॉलर। सब मिलकर 279 अरब डॉलर। इनमें प्रतिशत के हिसाब से यूरोपियन संघ सम्पूर्ण उत्पादन के मूल्य का 33 प्रतिशत, अमेरिका 18 प्रतिशत और जापान 56 प्रतिशत अनुदान के रूप में देता है।

आगे रपट में कहा गया है : "अब समर्थन विभिन्न रूपों में आता है, जिनका परिणाम होता है, कीमतों में बढ़ोतरी तथा उत्पादन और निर्यात में इजाफा। कुछ वस्तुओं का आयात, जो कुछ वस्तुओं के मामले में शत-प्रतिशत से ज्यादा हो जाता है, जिसमें शामिल हैं चावल, चीनी, फल और बादाम—घरेलू कीमतों को अन्तरराष्ट्रीय कीमतों के स्तर से ऊँचा रखते हैं जबकि बजट के प्रावधानों से होनेवाले समर्थन से आय में इजाफा बना रहता है। अधिकांश विकसित देश विकासशील देशों द्वारा इस पैमाने पर डटकर तथा दूसरे अनुदान द्वारा समर्थन को आलोचना-भरी निगाह से देखते हैं, लेकिन जब कृषि का मामला होता है तो ये विकसित देश अपना अलग मापदंड स्थापित कर लेते हैं।"[7]

आगे : "विकसित देशों के कुछ राजनेता कृषि-अनुदान के समर्थन में यह तर्क देते हैं कि इससे ग्रामीण क्षेत्रों के विकास का लक्ष्य सधता है और कमजोर समुदायों के हितों की रक्षा होती है। इस दावे के समर्थन का कोई तथ्यगत आधार नहीं है। हकीकत की दुनिया में अरबों के अनुदान के इस चक्र में जीतनेवाले बड़े काश्तकार, कृषि-उद्योग से जुड़े कॉरपोरेट के स्वार्थ और भूमिपति होते हैं। इस रपट को तैयार करने के क्रम में किए गए अनुसंधान का यह निष्कर्ष है कि धनी देशों में अनुदानों का बँटवारा ब्राजील में आमदनियों के बँटवारे से अधिक विषमतापूर्ण है। इससे अधिक गैर-बराबरी फैलानेवाला और अकुशल वित्तीय बँटवारे की व्यवस्था ईजाद करना मुश्किल है, जैसा तत्काल कृषि-अनुदान के बँटवारे में है।"[8]

कृषि क्षेत्र में विपरीत ध्रुवों पर दो तरह की विकृतियाँ पैदा होती हैं। एक तरफ कुछ थोड़े-से एग्री बिजनेस (कृषि उद्योग) भारी अनुदान से विकसित होते हैं और दूसरे ध्रुव पर भारी संख्या में वे सीमान्त किसान, जो समय-समय पर सम्पन्न अर्थव्यवस्थाओं को कुछ वस्तुओं की आपूर्ति करते हैं, बर्बाद हो जाते हैं।

"कृषि के अनुदान के इस विकृत तर्क को यूरोपीय संघ की साझा कृषि नीति (सी.ए.पी.) अन्य चीजों से अधिक स्पष्ट ढंग से उजागर करती है। यह एक व्यवस्था

है, जिसके तहत उत्पादकों को 51 अरब डॉलर (43 अरब यूरो) समर्थन में दिया जाता है। यह सी.ए.पी. समर्थन एक ऐसे समूह को दिया जाता है जो कार्यरत लोगों के 2 प्रतिशत से कम का प्रतिनिधित्व करता है और यूरोपीय संघ के बजट का 40 प्रतिशत से अधिक हड़प जाता है। इस तर्कहीन नीति में चीनी बराबरों में सर्वश्रेष्ठता का स्थान ग्रहण करने का एक नमूना है। काश्तकारों और उत्पादकों को चीनी के वैश्विक मूल्य का चार गुना दाम दिया जाता है, जिसके फलस्वरूप 40 लाख टन जरूरत से अधिक चीनी का भंडार जमा हो जाता है। इस फाजिल चीनी को दुनिया के बाजार पर, एक अरब डॉलर से अधिक निर्यात अनुदान चीनी उत्पादकों को देकर, लाद दिया जाता है। नतीजा है कि यूरोप दुनिया में चीनी का दूसरा सबसे बड़ा निर्यातक है—एक ऐसी वस्तु का, जिसके उत्पादन में इसे कोई स्वाभाविक सुविधा नहीं है (यहाँ ध्यान में रखने की बात है कि उन्मुक्त बाजार के आदि सिद्धान्तकारों ने स्वाभाविक सुविधा यानी 'नेचुरल एडवांटेज' के उत्कर्ष को ही इसका आधार माना था—लेखक)। विकासशील देशों के उत्पादक इसकी कीमत चुकाते हैं। यूरोप का समर्थित निर्यात विश्व में चीनी की कीमत को एक-तिहाई कम कर देता है। इसके फलस्वरूप कहीं अधिक सक्षम विकासशील देशों के निर्यातकों को विदेशी मुद्रा का नुकसान उठाना पड़ता है : यह घाटा ब्राजील के मामले में 49.4 करोड़, दक्षिण अफ्रीका 15.1 करोड़ और थाईलैंड के मामले में 6 करोड़ डॉलर आता है। इन देशों में 6 करोड़ से अधिक लोग रोजाना 2 डॉलर से कम पर गुजारा करते हैं। दूसरी ओर मोजाम्बिक को, जो एक प्रतिस्पर्धी चीनी उद्योग विकसित कर रहा है और बड़ी संख्या में खेत मजदूरों को काम देता है, यूरोपीय संघ के बाजार से बाहर इसकी कोटा पद्धति के द्वारा रखा जाता है, जो इसके चार घंटे से भी कम के उपभोग के बराबर होता है। जहाँ तक कृषि का सवाल है, यूरोपीय संघ के खुलेपन की स्पष्ट सीमाएँ हैं।"[9]

फिर आगे इसी रपट में कहा गया है : "अमेरिका की कपास नीति अनुदान आधारित बाजार के भेदभाव का एक दूसरा नमूना पेश करता है, जिससे मानव-विकास बाधित होता है। यूरोपीय संघ की चीनी नीति की तरह ही अनुदान का पैमाना विश्वसनीयता की सीमा को पार कर जाता है। अमेरिका के डिपार्टमेंट ऑफ एग्रीकल्चर के अनुमान के अनुसार, देश के 20,000 कपास उत्पादक काश्तकारों को सरकार की ओर से 2005 ई. में 4.7 अरब डॉलर का अनुदान देय था, जो फसल के पूरे बाजार-भाव के बराबर होता है और सहारा के दक्षिणी भाग के अफ्रीकी देशों को दिए जानेवाले पूरे अनुदान से अधिक।...अधिक महत्त्वपूर्ण है, ऐसे अनुदान का गरीब मुल्कों के कपास-उत्पादक पर पड़नेवाला प्रभाव।

"अमेरिका में दिए गए अनुदानों का सीधा प्रभाव इन छोटी जोतवाले उत्पादकों पर पड़ता है। इन अनुदानों से दुनिया के बाजार में कीमतें 9 से 13 प्रतिशत तक

कम हो जाती हैं और इससे अमेरिकी उत्पाद दुनिया के बाजार में हावी हो जाते हैं, जिनका दुनिया के निर्यात में लगभग एक तिहाई हिस्सा है।...सरकारी अनुदान की भारी मात्रा दुनिया के बाजार से मिलनेवाले संकेतों के प्रति इनको संवेदनहीन बना देते हैं और अमेरिकी उत्पादक विश्व बाजार की स्थितियों को नजरअन्दाज कर अपना उत्पादन फैलाते जाते हैं। इससे यह विसंगतिपूर्ण स्थिति पैदा होती है कि यह प्रोत्साहन तब दिया जाता है जबकि चारों ओर कीमतें कम होती हैं। ऐसे समय में दूसरे देशों को समायोजन की कीमत चुकानी होती है। समायोजन का यह खर्च अत्यधिक ज्यादा हुआ, जब 2001 ई. में पचास सालों में कपास की कीमत में सर्वाधिक गिरावट आई। अमेरिकी नीति के कारण ऐसा अनुमान किया जाता है कि पश्चिम अफ्रीका के बुरकिनो फासो और माली जैसे देशों में जिनकी अर्थव्यवस्था पूरी तरह कपास आधारित थी, राष्ट्रीय आय में 1 प्रतिशत से 3 प्रतिशत तक की गिरावट आई। ये ऐसे क्षेत्र हैं, जिनमें लगभग बीस लाख छोटे किसान पूरी तरह या बहुत हद तक कपास-उत्पादन पर निर्भर करते हैं।...अकेले बेनीन में 2001-02 ई. की कपास की कीमत में गिरावट से वहाँ गरीबी में रहनेवालों का अनुपात 37 प्रतिशत से बढ़कर 59 प्रतिशत हो गया।"

"पूरी अर्थव्यस्थाएँ कपास के बाजार की उपरोक्त विकृतियों के कारण अस्थिर हो रही हैं। जिनका बोझ गरीब देशों को ढोना पड़ रहा है जबकि कपास का निर्यात अमेरिका के लिए अति लघु महत्त्व का है। उधर बरकिना फासो में इसके विपरीत कपास-निर्यात का 50 प्रतिशत है और राष्ट्रीय अर्थव्यवस्था का आधार है।"[10]

आगे रपट कहती है : "अमेरिकी नीति का दुष्प्रभाव सिर्फ निर्यात से सम्बद्ध छोटे उत्पादकों पर ही नहीं पड़ता है। अमेरिकी चावल नीति अनेक देशों के घरेलू उत्पादकों को नुकसान पहुँचाती है। 2002 और 2003 ई. के बीच अमेरिका में 415 डॉलर प्रति टन के हिसाब से उत्पादित चावल का निर्यात 264 डॉलर प्रति टन के हिसाब से किया गया। स्पर्धा में आनेवाले चावल के निर्यातक देश थाईलैंड और वियतनाम को इस अनुचित स्पर्धा से अपनी व्यवस्था को समायोजित करना पड़ता है। यही घरेलू बाजार के लिए उत्पादन करनेवाले दूसरे देशों के चावल उत्पादकों को करना होता है। इससे घाना और हैती जैसे देशों के चावल उत्पादक अमेरिकी आयात से बाजार से बाहर कर दिए गए हैं। इससे एक गतिशहील ग्रामीण अर्थव्यवस्था की सम्भावना खत्म हो गई है।

"...अन्तरराष्ट्रीय मुद्राकोष ने यह कर चुंगी का विरोध किया है कि कोई ऐसा सबूत नहीं मिलता कि अनुचित प्रतिस्पर्धा का सहारा लिया गया है। मुद्राकोष के इस निर्णय को तब गले से नीचे उतारना कठिन लगता है जबकि अमेरिकी बजट में 2003 ई. में 1.3 अरब डॉलर की सहायता का प्रावधान है, जो उत्पादन के कुल मूल्य का तीन-चौथाई है।"[11]

संयुक्त राष्ट्र के अध्ययन से ज्ञात उपरोक्त तथ्यों से स्पष्ट है कि जो देश औद्योगिक विकास की दौड़ में पिछड़ गए हैं, वे उस तरह का औद्योगिक विकास तो नहीं कर सकते, जैसा औद्योगिक देशों में हुआ है बल्कि सम्पन्न देशों द्वारा उनकी कृषि को दिए जानेवाले भारी अनुदानों के चलते वे अपने किसानों को भी जीवन-यापन के लिए कोई मानवीय आधार नहीं उपलब्ध करा पाते, लेकिन औद्योगिक देशों को विकासशील देशों के कच्चे मालों और कृषिजन्य उत्पादों की आपूर्ति भी चाहिए, इसलिए इन देशों के कृषि उत्पादकों को वे मिटा भी नहीं सकते। इस तरह दुनिया से किसान वर्ग का सफाया तो पूँजीवाद के विकास के साथ नहीं हुआ है लेकिन एक मजबूर और कैदी आपूर्तिकर्ता के रूप में वे अस्तित्व में बने रहते हैं, जिनकी स्थिति का निर्धारण औद्योगिक देशों की औद्योगिक और घरेलू अनुदान की नीतियों से होता है। औद्योगिक देशों के अन्दर जरूर छोटे उत्पादक किसान खत्म हो रहे हैं और उनका स्थान बड़ी एग्रो कम्पनियाँ ले रही हैं। कारण यह है कि औद्योगिक क्षेत्र से जुड़े लोगों की आय के मुकाबले छोटी कृषि से आजीविका पानेवाले किसानों की आय काफी कम होती है और किसान धीरे-धीरे खेती छोड़ उद्योग या सेवा क्षेत्रों में चले जाते हैं, जहाँ आय अधिक है। इसलिए खेती पर विशाल यंत्र आधारित फार्मों का नियंत्रण होता जाता है, लेकिन ये कृषि-उत्पादन अधिक खर्चीले सिद्ध हो रहे हैं और अपने घाटे को कृषि से सम्बद्ध दूसरे उद्योगों से पूरा करते हैं या जिन्दा रहने के लिए भारी सरकारी अनुदान का सहारा ढूँढ़ते हैं।

राष्ट्रों के बीच जैसी विषमता का विवरण ऊपर दिया गया है, पूँजीवाद के विकास के साथ राष्ट्रों के भीतर भी वैसी ही विषमता व्यापक हो जाती है जिसका एक स्वरूप आन्तरिक औपनिवेशिक शोषण के रूप में दिखाई देता है। इसी रपट में प्रारम्भ में भारत के सम्बन्ध में कहा गया है : आयों की उत्तरोत्तर बाढ़ से भारत गरीबी उन्मूलन के क्षेत्र में तेजी से क्यों नहीं बढ़ पाया है? अत्यधिक करीबी उत्तर के गरीब पट्टी के राज्यों में है, जिनमें बिहार, मध्य प्रदेश और पश्चिम बंगाल हैं जबकि आय का तेज विकास दूसरे राज्यों ओर नगरीय क्षेत्रों और सेवा क्षेत्रों में हुआ है। जहाँ कुछ राज्यों जैसे गुजरात और तमिलनाडु में ग्रामीण गरीबी तेजी से घटी है। उत्तरी राज्यों की कम ही प्रगति हुई है। राष्ट्रीय स्तर पर ग्रामीण बेरोजगारी बढ़ रही है और कृषि की उपज में 2 प्रतिशत सालाना की दर से भी कम बाढ़ हो रही है। कृषि मजदूरी घट रही है ओर विकास रोजगारहीन हो रहा है। राष्ट्रीय आय में 1 प्रतिशत बढ़ोतरी से 1980 के दशक में 1990 के दशक के मुकाबले तीन गुना अधिक रोजगार पैदा हुआ।

"राज्यों के बीच की गैर-बराबरी आय और यौन आधारित गैर-बराबरी में जाहिर होती है।"[12]

भारत के राज्यों के बीच गैर-बराबरी की तालिका

सूचक	भारत	केरल	बिहार	राजस्थान	उत्तर प्रदेश
आबादी में महिलाओं का (%)	48	52	49	48	48
5 वर्ष से कम आयु का शिशु मृत्यु दर (प्रति हजार में)	95	19	105	115	123
प्रति महिला प्रजनन का दर	25	2	3.5	3.4	4
जन्म के समय स्वास्थ्य सेवा की उपलब्धि (%)	42	94	23	36	32
शिशुओं की सभी टीकाकरण की उपलब्धि	42	80	11	17	21

ऊपर बतलाई गई स्थिति की पुष्टि कुछ हद तक दिल्ली के मानव विकास रिपोर्ट 2006 से भी होती है। वैसे तो यह नगरीय क्षेत्रों की स्थिति के अध्ययन पर आधारित है, फिर भी राज्यों की आर्थिक स्थिति का संकेत कुछ हद तक उनके नगरीय क्षेत्र की स्थिति से भी मिलता है।

नीचे दी गई तालिका में दिल्ली और देश के दूसरे राज्यों की आर्थिक स्थिति और इसकी विषमता का थोड़ा अन्दाजा होता है।

बड़े राज्यों में 1993-94 और 2001-02 के बीच प्रति व्यक्ति घरेलू आयों में वृद्धि

	राज्य	प्रति व्यक्ति राज्य में उत्पादन स्थायी मूल्य रुपए में		सालाना औसत बाढ़ की दर
		1993-94	2001-02	
1.	प. बंगाल	6756	10375	5.5
2.	कर्नाटक	7838	11516	4.9
3.	तमिलनाडु	8955	13018	4.9
4.	दिल्ली	18166	26306	4.7
5.	आन्ध्र प्रदेश	7416	10590	4.6
6.	राजस्थान	6182	8819	4.5
7.	गुजरात	9796	13684	4.3
8.	केरल	7938	11046	4.2

9.	हरियाणा	11079	14250	3.2
10.	उड़ीसा	4896	6105	2.8
11.	महाराष्ट्र	12183	14892	2.5
12.	पंजाब	12710	15255	2.3
13.	बिहार	3037	3554	2.0
14.	मध्य प्रदेश	6586	5699	2.0
15.	उत्तर प्रदेश	5066	5885	1.9

आधार : भारत सरकार एन.सी.टी. दिल्ली (2005)[13]

जिन राज्यों में तेज आर्थिक विकास दिखाई देता है वे मूलत: बड़े उद्योग-धन्धों के विकास से नहीं, जिसमें थोड़े-से बड़े पूँजीपति हों और बाकी बड़े उद्यमों में काम करनेवाले श्रमिक बल्कि एक बड़ा बिचौलिया मध्यम वर्ग विकसित हुआ है, जो मुख्यत: दुकानदारी, होटल, परिवहन जैसे क्षेत्रों में कार्यरत है। कर्नाटक जैसे राज्यों में तो विकास की तेज रफ्तार सूचना तकनीक पर आधारित बंगलौर की आउटसोर्सिंग सेवाओं से हुई है, जिसके माध्यम से अमेरिका जैसे सम्पन्न देश अपने कार्यालयों की सेवाओं को इंटरनेट के जरिए भारत के अपेक्षतया सस्ते श्रम के जरिए कराते हैं। यह नक्शा मार्क्स की उस कल्पना से बिलकुल अलग है, जिसमें समाज का बँटवारा मूलत: विशाल उद्योगों के मालिकों और बड़े उद्योगों के केन्द्रों में इकट्ठा मजदूरों के बीच होगा। इस तरह के विकास से तो सेवा क्षेत्र पर आधारित बंगलौर जैसे महानगरों की समृद्धि का उसके अपने परिवेश से कुछ लेना-देना नहीं है और न इस समृद्धि के प्रभाव से कर्नाटक के ही दूसरे हिस्से, खासकर यहाँ के अति गरीब उत्तरी हिस्से की अर्थव्यवस्था पर कोई प्रभाव पड़ता है। यह देश से असंयुक्त सेवा आधारित समृद्धि का द्वीप भर है, भले ही इसकी आय को कर्नाटक की आय से जोड़ दिया जाता हो। इसी तर्ज पर हैदराबाद, पुणे, दिल्ली आदि में भी इंटरनेट आधारित सेवा क्षेत्र का विस्तार हो रहा है। हमारे अध्ययन की दृष्टि से इसमें जो महत्त्व की बात है, वह यह कि हमारा विकास मार्क्स की कल्पना से भिन्न तरह का हो रहा है और अगर मार्क्स पूँजी का अन्तिम अध्याय लिखने बैठे होते तो उनके अध्ययन का परिदृश्य बिलकुल अलग ही होता।

इसमें सारे संसार और प्रत्येक देश में जो परिदृश्य उभरता है, वह यह कि जहाँ समृद्धि के द्वीप उभरते हैं, वहाँ उन इलाकों से जहाँ गरीबी गहरा रही है, लोग बड़ी संख्या में आजीविका के लिए आते हैं। अपनी तमाम कोशिशों के बावजूद विकसित देश या क्षेत्र ऐसे आव्रजन या प्रवासियों की भीड़ को रोकने या नियंत्रित करने में असमर्थ हो रहे हैं। इससे औद्योगिक नगरों और महानगरों में दूर-दराज से रोजगार

या जीवन का आधार ढूँढ़नेवाले आगन्तुकों का एक सैलाब सदा बना रहता है, इससे एक नये तरह का संघर्ष वर्ग संघर्ष से विपरीत मूल, नस्ल आदि के आधार पर पैदा होता है। अमेरिका में लगातार मैक्सिको जैसे पड़ोसी देशों से हिस्पानी मूल के लोगों की बाढ़ सरकार के तमाम प्रतिबन्धों के बावजूद बढ़ रही है। इससे वहाँ की राजनीति पर मूल आधारित भेदभाव बढ़ रहा है। पहले अफ्रीका से गुलाम बनाकर लाए गए लोगों के वंशजों के खिलाफ भेदभाव तमाम संघर्षों और प्रयासों से अभी भी खत्म नहीं हुआ है। अमेरिका की स्थापना ही इमीग्रैंट्स (बाहर से आनेवाले लोगों) से ही हुई है, फिर भी उन्हें जज्ब करने की प्रक्रिया अधूरी है, लेकिन यूरोप में तुर्की, अल्जीरिया और एशियाई तथा अफ्रीकी मूल के लोगों के विरुद्ध आधारित फासीवादी राजनीति बार-बार सिर उठाती है। इसमें सर्वहारा की एकता और संघर्ष हाशिये पर चला जाता है। भेदभाव के खिलाफ बाहर से आए लोगों का गुस्सा प्राय: उबाल पर आता है और इक्कीसवीं सदी में इसके विस्फोटक परिणाम नजर आने लगे हैं।

तीसरी दुनिया के देशों के महानगरों के आकार में बाहर से आनेवाले ऐसे लोगों से विस्फोटक विस्तार हुआ है। मैक्सिको नगर में तो मैक्सिको राष्ट्र की आबादी का एक बड़ा हिस्सा आ गया है। यही स्थिति ब्राजील जैसे देशों के महानगरों की भी है, लेकिन जो आबादी आती है, वह किसी बड़े औद्योगिक प्रतिष्ठान का हिस्सा नहीं बन पाती और असंगठित क्षेत्रों में काम कर गन्दी बस्तियों (शैंटी टाउन) का निर्माण करती है। भारत में दिल्ली और मुम्बई जैसे महानगरों की भी यही स्थिति है, जहाँ असंगठित क्षेत्रों में कार्यरत लोगों की झुग्गियों और झोंपड़पट्टियों का लगातार विस्तार होता रहता है। दिल्ली मानव विकास रिपोर्ट से भी स्थिति का थोड़ा अन्दाजा होता है।

रिपोर्ट कहती है : लगभग 22.2 लाख आव्रजन 1991 और 2001 के बीच आए जो 1981-91 के बीच आए 16.4 लाख से कहीं अधिक थे...तीसरा 1991-2001 के बीच 46 प्रतिशत आनेवाले लोग उत्तर प्रदेश और उत्तराखंड से थे। बिहार से इसी काल में 23 प्रतिशत लोग आए।[14]

“इस बात के काफी प्रमाण हैं कि दिल्ली की अर्थव्यवस्था अधिक असंगठित (इन्फॉर्मल) होती गई है। रोजी की तलाश में बाहर से आनेवाले लोग, विशेषकर बिहार से आनेवाले मुख्य रूप से अकुशल मजदूर होते हैं। 1990 में असंगठित क्षेत्र में रोजगार का अनुपात बढ़ता जा रहा है। 1993 में असंगठित क्षेत्र के मजदूरों का अनुपात 76 प्रतिशत था। 1999-2000 तक यह अनुमान 81 प्रतिशत हो गया है।”[15] इसके दो कारण हैं। एक तो उद्योगों के चरित्र में परिवर्तन। प्रारम्भ में जब ब्रिटेन और पश्चिमी देशों में औद्योगीकरण हुआ तो ग्रामीण क्षेत्रों से विस्थापित लोगों को काम मिलने में कोई कठिनाई नहीं होती थी क्योंकि उस समय के नये उद्योगों में भारी संख्या में श्रमिकों की जरूरत होती थी। इसी का नतीजा था कि स्त्रियों और बच्चों को भी अठारह-अठारह घंटे तक काम में लगाना पड़ता था। अब के उद्योगों

में उत्तरोत्तर नये तरह के स्वचालित यंत्रों के कारण मानव-श्रम, खासकर अकुशल श्रम की जरूरत बहुत कम हो गई है। करोड़ों के निवेश से खड़े किए गए उद्योगों में सौ सैकड़ा या दर्जनों में लोगों को काम मिलता है। दूसरी ओर कृषि के मशीनीकरण और पारम्परिक रोजगार के क्षय से ग्रामीण समाज से लोगों का विस्थापन बड़े पैमाने पर होता है। इसके अलावा खनिज क्षेत्रों और वन प्रदेशों के उद्योगों द्वारा अधिग्रहण या नदियों की बिजली परियोजनाओं से भी भारी संख्या में लोगों का विस्थापन होता है, जो रोजगार की तलाश में महानगरों की ओर पलायन करते हैं, लेकिन नये तरह के उद्योगों में उनके लिए जगह नहीं मिलती। इसलिए यंत्रहीन या बहुत ही आदिम ढंग के सहारे ही चलनेवाले उद्यमों या ढुलाई, सड़क और आवासीय निर्माण-कार्य या घरों अथवा दुकानों में चाकरी जैसे कामों ही से ऐसे लोग आजीविका पाते हैं। इस तरह उत्पादन के क्षेत्र में एक अति लघु अत्याधुनिक उद्योग-धन्धे विकसित होते हैं और चारों ओर तरह-तरह की सेवाओं और छोटे उद्यमों का विस्तार होता है।

यह विकास मार्क्स की प्रारम्भिक कल्पना से बिलकुल भिन्न है, जिसमें बड़े उद्योगों में विशाल संख्या में श्रमिकों को काम की सम्भावना और उनके संगठन की तसवीर दिखाई देती थी। दरअसल, तथाकथित विकासशील देशों के महानगरों में संगठित क्षेत्र के समानान्तर असंगठित क्षेत्र की एक दूसरी अर्थव्यवस्था कायम हो जाती है। इसमें कम आयवाले लोगों की जरूरतों को पूरा करनेवाले लघु-उद्योगों और सेवाओं का विस्तार होता है। इस तरह की लाखों औद्योगिक इकाइयाँ, जो पारिवारिक श्रम या दो-चार, कम मजदूरी पर काम करनेवाले, मजदूरों के सहारे चलाए जाते हैं, अस्तित्व में आ जाते हैं। इसमें सिलाई, बुनाई, मरम्मत और फर्नीचर आदि तैयार करने के काम होते हैं। बड़ी संख्या में छोटी ढुलाई और परिवहन का काम करनेवाले लोगों की एक अलग व्यवस्था कायम हो जाती है, जिसमें रिक्शे, रेहड़ी, ठेले आदि छोटी दूरी में मनुष्य और माल की ढुलाई करते हैं।

इनकी कोई स्थायी आवासीय व्यवस्था नहीं होती और प्राय: ये चींटियों की बाँबियों की तरह विकसित होते हैं और नगर की व्यवस्था इन्हें कूड़े-कचरे की तरह साफ करती रहती है। अकेले दिल्ली महानगर में कोर्ट के आदेश से ऐसे लाखों छोटे उद्यमों और घरों को अक्सर पुलिस और बुलडोजर के सहारे हटाया जाता रहा है, लेकिन गरीब लोगों की जिन्दा रहने की लालसा इतनी प्रबल होती है कि वे इन अमानवीय दबावों के बीच एक जगह से विस्थापित होकर दूसरी जगह स्थापित हो जाते हैं। स्वयं महानगरों की व्यवस्था भी अपनी जरूरत के लिए इनसे निजात नहीं पा सकती। डिपार्टमेंटल स्टोर और अब जहाँ-तहाँ स्थापित होते शॉपिंग मॉल भी एक छोटे-से सम्पन्न वर्गों की खुदरा वस्तुओं की जरूरत ही पूरा कर सकते हैं। इसके अलावा नगर के विस्तार और पॉश कॉलोनियों के निर्माण के लिए भी बड़ी संख्या में निर्माण मजदूरों की जरूरत होती है, जो प्राय: सबसे कम मजदूरी पर

काम करनेवाले गरीब लोग होते हैं। इनके काम के स्थल बदलते रहते हैं। इनके लिए कोई एक स्थान देना सम्भव नहीं होता और कंस्ट्रक्शन कम्पनियाँ मजदूरों की आवासीय व्यवस्था का अतिरिक्त आर्थिक बोझ उठाने को तैयार नहीं होतीं। इस तरह विकासशील देशों के महानगरों में पॉश कॉलोनियों के साथ-साथ झुग्गियों और स्लम का विकास अनिवार्य रूप से जुड़ा होता है। इसी के साथ इन महानगरों में सम्पन्न लोगों के घरों में घरेलू धन्धे में कम मजदूरी पर काम करनेवालों की भी एक बड़ी आबादी होती है और इनके परिवारों के लिए भी स्थान किसी झुग्गी में या ऐसे ही निचले स्तर के किसी दूसरे आवास में ही होता है। यही मजबूरी है, जिससे व्यवस्था अब उनके अस्तित्व को भी कबूल करने लगी है। दिल्ली मानव विकास रिपोर्ट 2006 में ही ऐसे चार तरह की आवासीय व्यवस्था का जिक्र किया गया है। ये हैं : (1) वॉल्ड सिटी यानी जो मुगलकालीन नगर के अवशेष से जुड़े हैं। (2) मान्यता प्राप्त अन-ऑथोराइज्ड कॉलोनी, जिनकी संख्या 567 बतलाई गई है। (3) झुग्गी-झोंपड़ी रिसेट्लमेंट (जे.जे. कॉलोनी), इसमें 3,570 कॉलोनियाँ हैं। इनमें कई किस्त में 240,000 परिवारों को स्थान देने का दावा किया गया है, ये प्राय: दो कमरों के छोटे आवास होते हैं। (4) झुग्गी-झोंपड़ियों के समूह। इनमें 2,59,000 परिवारों के रहने का अन्दाजा लगाया गया है। कुल मिलाकर झुग्गी-झोंपड़ी में रहनेवाले परिवारों की संख्या 6,00,000 आँकी गई है।

लेकिन गन्दी बस्तियों, झुग्गियों और फुटपाथ पर गुजारा करनेवालों की संख्या इससे कहीं अधिक हो सकती है। औद्योगिक विकास का सिलसिला ऐसा है कि गाँवों, जंगलों और पर्वतीय क्षेत्र, सभी जगह से विस्थापित किसान, आदिवासी और मजदूर जीवन की सम्भावना महानगरों में देखते हैं, जिनकी व्यवस्थित रोजगार और जीवन की न्यूनतम आवश्यकताओं की आपूर्ति की क्षमता अत्यधिक कम है।

इसे मार्क्स के वर्ग संघर्ष की कल्पना के विपरीत दूसरे तरह के साम्प्रदायिक, जातीय, क्षेत्रीय या मूल आधारित तनाव लोगों के मन और राजनीति पर हावी रहते हैं। इस व्यवस्था के भीतर लोगों के मानवीय जीवन की कोई सम्भावना दिखाई नहीं देती। इसलिए लगातार लोगों में एक असन्तोष का भाव बना रहता है—पर इसका निराकरण कहीं दिखाई नहीं देता। चीन में भी जहाँ के औद्योगिक विकास की चारों ओर प्रशंसा होती है, यह समस्या बनी हुई है। वहाँ की तानाशाही व्यवस्था नगरों में मानव सैलाब को अनियंत्रित ढंग से आने से रोकने में असफल रही है, लेकिन जहाँ पूरब के तटीय प्रदेशों में एक हद तक ही व्यवस्थित औद्योगिक विकास हुआ है, वहीं अनुमान किया जाता है कि पन्द्रह से बीस करोड़ तक किसान खेती छोड़ रोजगार की तलाश में भटक रहे हैं। अपने अत्यधिक तेज आर्थिक विकास के बावजूद उसके पास अतिरिक्त मानव-श्रम को सोखने की शक्ति नहीं है क्योंकि अत्याधुनिक तकनीक में आदमियों को जज्ब करने की क्षमता बहुत ही सीमित है।

लोगों की गहराती गरीबी और क्षेत्रीय विषमता से न सिर्फ मूल आधारित और धर्म आधारित तनाव बढ़ रहा है बल्कि पड़ोसी राष्ट्रों के साथ भी तनाव और संघर्ष बढ़ा है, जिससे हथियारों की होड़ बढ़ी है। इससे विकसित औद्योगिक देशों को हथियार उद्योगों में मुनाफा कमाने का बड़ा मौका मिलता है। जेम्स डिफेंस वीकली के अमेरिकी कांग्रेस के शोध आधारित आँकड़ों के अनुसार, 2005 ई. में पिछले आठ वर्षों में सर्वाधिक 44.8 अरब डॉलर्स के हथियार बेचे गए, जिसका 68.5 प्रतिशत विकासशील देशों को बेचा गया। भारत ने सबसे अधिक 5.4 अरब डॉलर्स के हथियार खरीदे। इस तरह के युद्ध और तनाव से विकासशील देशों की आर्थिक स्थिति और खराब होती जाती है और औद्योगिक देशों को अपने युद्ध उद्योगों के लिए एक बृहत् बाजार उपलब्ध होता है। इसी माहौल में जहाँ मार्क्स की कल्पना के अनुसार पूँजीपतियों के खिलाफ मजदूरों का अन्तिम संघर्ष होना चाहिए था, धर्म और मूल के आधार पर दुनिया के गरीब लोग आपस में संघर्ष कर रहे हैं और एक अमेरिकी इतिहासकार अट्टहास की मुद्रा में इस धर्मयुद्ध को सभ्यताओं के संघर्ष के रूप में पेश कर रहा है।[16]

एक और स्थिति जो मार्क्स की कल्पना से बाहर थी, वह मानव के औद्योगिक विकास से पर्यावरण पर पड़नेवाला प्रभाव है। मार्क्स के समय तक यह दिखाई नहीं देता था कि धरती एक सीमित नक्षत्र है, जिसके संसाधनों की एक सीमा के और उपभोग की वस्तुओं का असीमित विस्तार असम्भव है। दरअसल, मार्क्स और उनके बाद के ज्यादातर मार्क्सवादी मनुष्य के विकास के अभियान को प्रकृति पर विजय पाने के अभियान के रूप में देखते थे। अब स्पष्ट है कि प्रकृति की कोख से पैदा मनुष्य दूसरे सभी जीवों की तरह इसके संसाधनों की सीमा के अधीन है। इससे उत्पादन की मात्रा और दिशा, दोनों पर नियंत्रण लग जाता है। इससे विशालता की बजाय छोटी और मध्यम आकार की प्रौद्योगिकी और सीमित उपभोग पर आधारित विकास ही सम्भव लगता है। ऐसे विकास में मानव-श्रम और उद्यम का महत्त्व बढ़ जाता है। यह सब देख मार्क्स को कुछ निराशा जरूर होती, लेकिन उन्हें इस बात का सन्तोष भी होता कि उनका बुनियादी सिद्धान्त, जिसमें श्रम को सभी मूल्यों का, कम-से-कम सामाजिक विनिमय के मूल्यों का आधार माना था, वह और भी महत्त्व का सिद्ध होने जा रहा है। कहीं-न-कहीं मनुष्य अपने श्रम को केन्द्र में रखकर ही प्रकृति के साथ तादात्म्य स्थापित कर चिरस्थायी विकास की बात सोच सकता है। इसका विकल्प पर्यावरण का क्षय और धरती से जीवन का अन्त ही हो सकता है। अगर मार्क्स 'पूँजी' का अन्तिम अध्याय लिख पाते तो शायद उनकी ध्वनि कुछ ऐसे ही होती।

परिशिष्ट

नियतिवाद और मानव सवातंत्र्य

तकदीर और तदबीर, संयोग और अवश्यम्भाविता, स्वतंत्र और सुचिन्तित कार्य योजना के अनुसार भविष्य-निर्माण और किसी बाह्य शक्ति द्वारा भविष्य का निर्धारण—ऐसे द्वैध अपने विविध रूपों में मानव-चिन्तन में सदा मौजूद रहे हैं। यह विश्वास कि मनुष्य के कार्यकलापों एवं उसके आसपास की घटनाओं का निर्धारण बाहरी शक्तियों द्वारा होता है, इतना गहरा रहा है कि जहाँ ऐसी शक्तियाँ प्रत्यक्ष अनुभव में नहीं आतीं, वहाँ आदमी अपनी कल्पना में उनकी ईजाद करता रहता है। मनुष्य की पसन्दगी और नापसन्दगी से असम्पृक्त प्रकृति की शक्तियों का एहसास तो आदमी को आदिकाल से रहा होगा। तूफान, अतिवृष्टि, बाढ़ आदि उसकी सुविधा-असुविधा का खयाल किए बगैर आते होंगे और कभी-कभी कहर ढा चले जाते होंगे। यह जरूर रहा होगा कि आदमी प्रकृति में भी अपनी तरह का भाव देखता होगा, जिसमें नाराजगी और मेहरबानी, दोनों की सम्भावना निहित है। शायद इसी से इन शक्तियों की पूजा-अर्चना का प्रारम्भ हुआ ताकि इनके कोप का निवारण हो। अनिश्चय से मुक्ति की तलाश भी आदमी को आदिम अभिलाषा रही है। वह सदा इस आश्वस्ति की तलाश में रहा है कि उसकी हर छलाँग अन्धकार में अनजान राहों की जगह ठोस धरातल पर हो।

विडम्बना ही है कि अन्धकार से प्रकाश की या अनिश्चय से निश्चय की तलाश उसे विविध तरह की शक्तियों और नियतिवाद से बाँधती रही है। चूँकि आदमी प्रकृति के मिजाज पर काबू पाने में असमर्थ था, उसकी कोशिश उन चिह्नों और सूचिकाओं को समझने की तरफ गई होगी, जिनसे प्राकृतिक आपदाओं के आगमन का कुछ पूर्वाभास मिल सके। इसमें निश्चित समय पर नियमपूर्वक आकाश में अपनी उपस्थिति दर्ज करानेवाले सूरज, चाँद, तारे और नक्षत्र रहे हैं। इसीलिए खगोलशास्त्र और इससे जुड़े गणित संसार भर में अध्ययन का प्राचीनतम शास्त्र बन गए। सूर्य, चाँद और नक्षत्रों को देख आदमी को ऋतुओं के परिवर्तन का पूर्वानुमान होता होगा और यह भी ज्ञात होता होगा कि नदियाँ कब उफान पर होंगी और कब अपने सर्पिल और

संकीर्ण तटों के भीतर। जैसे-जैसे खगोलशास्त्र के ज्ञान से नक्षत्रों के स्थान से धरती की घटनाओं को जोड़ा जाने लगा, लोगों में विचार पैदा हुआ कि नक्षत्र धरती की घटनाओं को प्रभावित करते हैं—न सिर्फ नदियों और ऋतुओं को बल्कि लोगों के जीवन को भी इस तरह ज्योतिष शास्त्र के विकास के साथ-साथ फलित ज्योतिष और सामुद्रिक का विकास हुआ, जिसमें नक्षत्रों के प्रभाव को जीवन के उतार-चढ़ाव में अटल कारक के रूप में चिह्नित किया जाने लगा। यह मान्यता बनने लगी कि प्रकृति, समाज और मनुष्य—सभी के जीवन की घटनाएँ पूर्व-निर्धारित होती हैं और एक अटल नियम के तहत घटित होती चलती हैं।

यहीं से यह सवाल भी उठा कि अगर सब कुछ पूर्व निर्धारित है तो उसमें मनुष्य के प्रयासों या उसके हस्तक्षेप की भूमिका क्या होगी? स्वयं प्रकृति की शक्तियों से बाहर या ऊपर खड़े ईश्वर की भूमिका इसमें क्या होगी? क्या इसमें कुछ बदला जा सकता है? फलित ज्योतिष का जवाब था, नहीं। ईसाई धर्म, जिसमें ईश्वरीय अनुकम्पा का काफी महत्त्व था, इससे असहमत था और इसीलिए इसने इस शास्त्र को प्रतिबन्धित करने की कोशिश की, लेकिन मामला खगोलशास्त्र तक सीमित नहीं रहा। मनुष्य जीवन के विभिन्न क्षेत्रों में अपनी जरूरतों को पूरा करने के लिए तरह-तरह के उद्यम में लगा रहता था, जैसे—शिकार, खेतीबाड़ी, यातायात आदि। इसमें उसे वस्तुओं के गुणों और व्यवहार को समझना होता था। इस तरह, खगोलशास्त्र के समानान्तर दूसरे शास्त्र, जैसे वनस्पतिशास्त्र, रसायनशास्त्र, भौतिकशास्त्र आदि विकसित होने लगे और इनका अध्ययन जितना ही गहन होता गया, उतना ही यह एहसास बढ़ा कि भौतिक पदार्थों के व्यवहार भी कुछ वैसे ही अटल नियमों में बँधे हैं, जैसे नक्षत्रों की गति। नतीजतन, सारे संसार की घटनाओं को कम-से-कम या एकल भौतिक नियम में बाँधने की कोशिश हुई। इन सबसे सारे संसार को अटल नियमों से बँधा देखने की प्रवृत्ति पैदा हुई। यह रुझान आगे चलकर मानव समाज को भी अपने दायरे में लाने लगा, लेकिन विज्ञान के विकास के पहले से ही सामाजिक घटनाओं को पूर्व निर्धारित नियति में बाँधने का रुझान इतना प्राचीन और इतना व्यापक है कि एक-दूसरे से बिलकुल अलग सभ्यताओं से लेकर आदिम समाजों की पुराकथाओं तक में इसे देखा जा सकता है।

घटनाओं की अनिवार्यता को व्यक्त करने के लिए यूनानी ट्रेजेडी से इसकी तुलना लगभग एक मुहावरे की तरह की जाती है। इसमें घटनाओं की एक अटलनीय प्रक्रिया किसी पूर्व-निर्धारित परिणति तक ले जाती है। दिलचस्प है कि हमारे 'रामायण' और 'महाभारत' जैसे महाकाव्यों में भी घटनाओं को पूर्वकाल या युग की किसी दूसरी घटना के परिणाम के रूप में ही देखा जाता है, मानो समय की बिसात पर सभी मोहरों के स्थान पूर्व-निर्धारित हों। कहीं-कहीं यह नियतिवाद जीवन को दिशा देने में एक अकाट्य तर्क बन गया। इसका सबसे बड़ा उदाहरण

'गीता' में अर्जुन को कृष्ण द्वारा दिया गया उपदेश है। जब कृष्ण अर्जुन को गुरु, पितामह आदि की हत्या के औचित्य का कोई तर्क नहीं दे पाए तो उन्होंने अपना विराट् रूप दिखला दिया, जिसमें इन सभी को अनिवार्य रूप से काल के मुँह में जाते दिखलाया गया। इससे सम्पत्ति के लिए परिजनों की हत्या जघन्य अपराध की जगह विधान-विहित कर्तव्य बन गई। इस तरह का नियतिवाद मनुष्य को अपने काम की सफलता की आश्वस्ति और अपने दुष्कर्मों के पश्चात्ताप से मुक्ति, दोनों ही दिलाने का काम करता है।

अब हम नियतिवाद के आधुनिक रूपों और परिणामों पर विचार करें और इस पर भी विचार करें कि क्या कुछ ऐसा भी है, जो आदमी को ऐसी नियतिवादी सोच से मुक्त कर अपने भविष्य का स्वतंत्र निर्माता बनने का अवसर देता है?

पश्चिमी दुनिया में सत्रहवीं और अठारहवीं शताब्दी से विज्ञान के क्षेत्र में होनेवाले तेज विकास ने संसार और समाज को समझने के प्रयास को नई दिशा दी और दर्शनशास्त्र में भी विज्ञान की कार्य-कारण प्रक्रिया की कसौटी पर संसार और समाज की घटनाओं को समझने का रुझान पैदा हुआ। इस दिशा में सबसे अधिक प्रभाव उन्नीसवीं शताब्दी के दार्शनिक हीगेल का पड़ा। हीगेल के अनुसार, प्रकृति की नियमबद्धता और अनिवार्यता की तर्ज पर ही मनुष्य ने समाज का निर्माण किया है, जिस पर अनिवार्यता का नियम लागू होता है और स्वतंत्रता स्वेच्छा से इन नियमों के आगे आत्मसमर्पण है। वह संसार को एक समग्र चैतन्य (एब्सोल्यूट स्पिरिट) की अभिव्यक्ति के रूप में देखता था। कुछ भी इसके बाहर नहीं था और इसे टुकड़ों में समझना असम्भव था। यह चैतन्य अपने आपको एक द्वन्द्वात्मक प्रक्रिया से उद्‌घाटित करता चलता था, जो प्रक्रिया है प्रमेय, प्रतिप्रमेय और इनका संश्लेषण। यह संश्लेषण स्वयं एक प्रमेय बन प्रतिप्रमेय और संश्लेषण की एक नई श्रृंखला शुरू करता है। यह द्वन्द्वात्मक तर्क-प्रणाली बाद में मार्क्सवादी चिन्तन के प्रसार से सुपरिचित हो चुकी है। हीगेल के दर्शन की विशिष्टता यह थी कि यह बाह्य या वस्तु जगत को इस चेतना के उद्‌घाटन के रूप में ही देखता था। वह अपने कानून का दर्शन (फिलॉसफी ऑफ लॉ) में कहता है :

"संसार में सर्वव्यापी न्याय की अभिव्यक्ति एक नैतिक व्यवस्था के रूप में होती है। इस तरह कर्तव्य, स्वतंत्रता को सीमित करना नहीं बल्कि व्यक्ति की काल्पनिक स्वतंत्रता को सीमित कर सर्वव्यापी स्वतंत्रता में शामिल होना है। कर्तव्य में हम अपनी आजादी का निचोड़ प्राप्त करते हैं, यानी सकारात्मक आजादी प्राप्त करते हैं...यह एक ऐसा आत्मबलिदान है, जिसमें असली आजादी अन्तर्निहित है—आदमी के व्यक्तित्व की सम्पूर्ण प्रतिष्ठा लेकिन एक समाहित करनेवाली बाहरी संरचना के पुर्जे के रूप में—पूर्ण आज्ञा पालन, निजी राय का परित्याग, मन (माइंड) का परित्याग, जो दरअसल बुद्धि या मन को इसकी सम्पूर्णता में लगाना है।"

यहाँ दो बातें ध्यान देने योग्य हैं। एक तो यह कि हीगेल की दृष्टि में प्रशा की राज्यव्यवस्था ही धरती पर विश्वात्मा (वर्ल्ड स्पिरिट) की अभिव्यक्ति का उत्कृष्ट रूप है। दूसरे, इसमें नवोदित मशीन युग की मनोवृत्ति की अभिव्यक्ति भी है, जहाँ सारी व्यवस्था मशीन के ढाँचे के तहत चलती है। इसमें व्यक्ति एक पुर्जे की तरह मशीन के पूर्वनिर्धारित उद्देश्यों से परिचालित होता है। राज्य की पूजा और व्यक्ति की इच्छा को राज्य की इच्छा में समाहित करने का यह रुझान बाद में एक हद तक फासीवाद में भी दिखाई देता है, हालाँकि बीच के लोकतांत्रिक अन्तराल और तकनीक के अत्यधिक विकास ने अधिनायकवाद के प्रति लोगों की स्वैच्छिक स्वीकृति के दायरे को न सिर्फ संकीर्ण बना दिया था बल्कि इसके छद्म का भी पर्दाफाश कर दिया।

यही वह बिन्दु है, जहाँ मार्क्स का द्वन्द्वात्मक भौतिकवाद इस मान्यता को उलट देता है कि भौतिक जगत चेतना की अभिव्यक्ति है और उसक जगह यह स्थापना देता है कि मनुष्य की चेतना भौतिक जगत की प्रतिछाया मात्र है, लेकिन यह हीगेल की द्वन्द्वात्मक प्रक्रिया और इसमें घटनाओं की अनिवार्यता को बनाए रखता है। यहाँ भी कार्य-कारण की शृंखला की अटलनीयता कायम है, लेकिन यह सब भौतिक संसार में भौतिक नियमों के तहत होता है।

मार्क्स की मूल दृष्टि 'क्रिटिक ऑफ पॉलिटिकल इकोनॉमी' की भूमिकाओं में इन विख्यात पंक्तियों में अभिव्यक्त होती है : "जीवन के लिए सामाजिक उत्पादन प्रक्रिया में मनुष्य कुछ निश्चिम सम्बन्ध स्थापित करते हैं जो उनकी इच्छा से स्वतंत्र होते हैं—यानी उत्पादन सम्बन्ध, जो उत्पादन की शक्तियों के विकास के एक निश्चित स्तर से सम्बद्ध होते हैं। इन उत्पादन सम्बन्धों का त्याग समाज की आर्थिक संरचना तैयार करता है—वह असली आर्थिक आधार, जिसके ऊपर राजनीतिक और कानूनी ढाँचा खड़ा होता है और जिससे विशेष तरह की सामाजिक चेतना बनती है। भौतिक जीवन के उत्पादन का आधार, मोटे तौर पर सामाजिक, राजनीतिक और बौद्धिक जीवन की प्रक्रिया को अनुकूलित करता है। यह मनुष्य की चेतना नहीं है, जो उसके सामाजिक अस्तित्व को निर्धारित करती है बल्कि यह मनुष्य का सामाजिक अस्तित्व है जो उसके बोध को निर्धारित करता है...उत्पादन की शक्तियों के विकास के रूपाकार की जगह ये सम्बन्ध उसकी बेड़ी बन जाते हैं। इसके बाद सामाजिक क्रान्तियों का एक सिलसिला शुरू होता है। आर्थिक आधार के बदलाव के साथ यह ऊपरी ढाँचा लगभग पूरी तरह बदल जाता है। इन परिवर्तनों का अध्ययन करते समय सदा एक फर्क ध्यान में रखना चाहिए यानी आर्थिक उत्पादन के भौतिक आधार में परिवर्तन—जिसे भौतिक विज्ञान की तर्ज पर सुनिश्चित किया जा सकता है—कानूनी, राजनीतिक, धार्मिक, सौन्दर्यशास्त्रीय और दार्शनिक, थोड़े में विचारधारात्मक आधार से फर्क, जिसमें लोग इस संघर्ष के प्रति संवेदनशील होते हैं और संघर्ष करते हैं।"

इस भौतिक आधार पर मार्क्स सामाजिक घटनाओं को एक ऐतिहासिक नियम में बँधा देखते हैं, जिसका मूल कारक उत्पादन की शक्तियों यानी उत्पादन की तकनीक का विकास है। यह विकास उनके अनुसार एक स्वायत्त प्रक्रिया है, जिससे उत्पादन सम्बन्ध और बाकी सामाजिक सम्बन्ध निर्धारित होते चलते हैं। वह इतिहास के विविध कालखंडों को तकनीक के विकास की इसी स्वायत्त प्रक्रिया से जोड़ते हैं। उनके मुताबिक, आदिम साम्यवाद के बाद से इस विकास-प्रक्रिया में क्रमशः गुलामी प्रथा, सामन्ती व्यवस्था और अन्त में पूँजीवादी व्यवस्था का उदय हुआ। उनके अनुसार पूँजीवादी व्यवस्था एक स्तर पर पहुँचकर तकनीक के फैलाव के रास्ते में अवरोध बन जाती है। इसलिए अनिवार्य रूप से एक सर्वहारा क्रान्ति इस व्यवस्था को ध्वस्त कर समाजवादी व्यवस्था की ओर संक्रमण शुरू करेगी।

इस विचार से हमारे समय में लोग पूरी तरह सुपरिचित हो चुके हैं। इसमें दो बातें अस्पष्ट हैं। एक तो मार्क्स ने पूँजीवादी व्यवस्था की तकनीक का तो विस्तार से वर्णन किया है, लेकिन कुछ धुँधले संकेतों को छोड़कर कहीं यह नहीं बतलाया कि गुलामी की व्यवस्था कैसी तकनीक का नतीजा थी और फिर इससे सामन्तवाद की ओर संक्रमण तकनीक के कैसे परिवर्तनों से हुआ। दूसरे, मार्क्स ने अपनी पुस्तक 'पूँजी' के तृतीय भाग में बतलाया है कि मशीनों में ऐसे सुधार, जिनसे मशीनों की उत्पादकता बढ़ाकर मजदूरों की संख्या घटाई जा सके, पूँजीपतियों की आपसी प्रतिस्पर्धा का नतीजा थे। तकनीक के इसी विकास को उन्होंने घटते अतिरिक्त मूल्य के रुझान से जोड़ा था। अगर ऐसा है तो तकनीक के विकास की प्रक्रिया स्वायत्त नहीं है बल्कि समाज की या वर्ग विशेष की सुविधा से निर्धारित होती है। इसके बावजूद यह विश्वास आधुनिक चेतना में व्याप्त है कि तकनीक का विकास एक स्वायत्त प्रक्रिया है और इसे बदला नहीं जा सकता। अगर यह मान लिया जाए तो सामाजिक जीवन को तकनीक के इस अपरिवर्तनीय विकास की दिशा के अनुसार ही ढालना पड़ेगा। इस पर हम आगे विचार करेंगे। यहाँ हम मार्क्सवादियों के नेतृत्व में चलनेवाले समाजवादी आन्दोलन पर इस सोच के प्रभाव पर विचार करेंगे।

मार्क्स ने किसी पूर्व-निर्धारित खाके के अनुसार समाज-रचना के प्रयोगों को यूटोपियन मानकर खारिज कर दिया था। उनके अनुसार, समाजवाद उत्पादन की शक्तियों और उनके सम्बन्धों से अनिवार्य रूप से पैदा होनेवाले वर्ग संघर्ष यानी पूँजीपति वर्ग और सर्वहारा वर्ग के संघर्ष से पैदा सामाजिक क्रान्ति का अनिवार्य परिणाम होगा। कम्युनिस्ट क्रान्तिकारियों का एकमात्र प्रयास होगा, ऐसी क्रान्ति को सफल बनाने का। दरअसल, ऐसी क्रान्ति और इसके बाद समाजवाद की ओर संक्रमण मार्क्स के ऐतिहासिक भौतिकवाद के सिद्धान्त के अनुसार अटल है। कम्युनिस्टों का काम सिर्फ कोई अवरोध न माननेवाली इस धारा के साथ अपने को जोड़ देना भर है। एक बार पूँजीपति वर्ग के हाथ से उत्पादन के साधनों को छीन

लेने पर अनिवार्य रूप से एक ऐसे समाज की स्थापना होगी, जिसमें किसी तरह की विषमता नहीं होगी और राज्यसत्ता, जो शासक वर्ग का आधिपत्य कायम रखने का हथियार है, स्वत: विघटित हो जाएगी।

यह क्रान्ति की एक अत्यन्त ही मोहक तसवीर थी, लेकिन इसमें सबसे सशक्त अपील उस आश्वस्ति की थी, जैसी आश्वस्ति धार्मिक समूहों के अनुयायियों में मोक्ष या बहिश्त का अटल विश्वास पैदा होने से आती है। इससे क्रान्ति में महान लक्ष्य की अनिवार्यता के मद्देनजर हर तरह के अमानवीय दमन की छूट क्रान्तिकारियों को मिल गई। रूस की 1917 ई. की क्रान्ति में स्वयं लेनिन के विचार और उसके व्यवहार के बीच की यह फाँक इस रुझान को उजागर करती है। क्रान्ति के पहले अपनी पुस्तक 'राज्य और क्रान्ति' में और क्रान्ति के चन्द महीने पहले की 'अप्रिल थीसिस' नाम से विख्यात अपनी प्रस्थापना में लेनिन ने संक्रमणकालीन मजदूर राज्य की एक ऐसी तसवीर पेश की थी, जिसमें किसी तरह की दमनकानी केन्द्रीय व्यवस्था की गुंजाइश नहीं थी। यह संक्रमणकालीन राज्य ऐसा होना था, जिसमें कोई स्थायी सेना या नौकरशाही की जगह नहीं थी—बहुत कुछ वामपंथियों में चर्चित 1871 ई. के पेरिस कम्यून के तर्ज पर। यह विचार उस समय दूसरे मार्क्सवादियों को पूरी तरह अराजकतावादी लगा था, लेकिन एक बार सत्ता हाथ में आ जाने पर किसी भी कीमत पर सत्ता को बचाए रखना इतना महत्त्वपूर्ण लगने लगा कि युद्धों में वर्जित और अति निन्दित उपायों का सहारा लिया जाने लगा। इसमें एक था प्रतिद्वन्द्वियों को बन्धक (हॉस्टेज) बनाने की नीति। यह अब तक की सभी लोकतांत्रिक और समाजवादी मान्यताओं के इतना विपरीत था कि रोजा लक्जमबर्ग ने, जो उस समय यूरोप के मार्क्सवादियों में लेनिन की सबसे करीबी थीं, इसका कड़ा विरोध किया था। रूस के बोल्शेविकों का तर्क था कि उनकी प्राथमिकता क्रान्ति को किसी भी कीमत पर बचाए रखने की है क्योंकि क्रान्ति की सफलता से इसमें आई विकृतियाँ स्वत: दूर हो जाएँगी।

परन्तु सामाजिक क्रान्ति कोई अचानक एक दिन होनेवाली घटना नहीं होती। यह तो वर्षों और दशकों में लक्ष्य तक पहुँचने की लम्बी प्रक्रिया होती है। अगर अन्तिम लक्ष्य की अवश्यम्भाविता की आश्वस्ति नहीं होती तो तात्कालिकता पर बल दिया जाता क्योंकि आज उठाए गए कदम उस शृंखला की कड़ी बनाते हैं, जिससे भविष्य की तसवीर उभरती है, पर भविष्य के प्रति आश्वस्त बोल्शेविक नेताओं को सिर्फ 'सोवियत सत्ता' को बनाने की धुन थी। सत्ता के साथ अनिवार्य रूप से कुछ सुविधाएँ और विशेषाधिकार भी जुड़ जाते हैं। इसलिए साम्यवाद के भविष्य को सुरक्षित रखने के लिए वर्तमान में एक-एक कर सभी लोकतांत्रिक और समतावादी अधिकार खत्म कर दिए गए और सोवियत संघ एक कठोर तानाशाही में बदल गया। बीसवीं शताब्दी का अन्तिम दशक आते-आते सोवियत संघ का तो विघटन हो गया,

लेकिन तकनीकी नियतिवाद पर आधारित एक नये अधिनायकवाद का श्रीगणेश हुआ, जिसकी जड़ें ज्यादा गहरी हैं क्योंकि यह तकनीकी नियतिवाद के मूल्यों को आत्मसात् करने से उपजा है। हर आधुनिक आदमी पहले मानसिक रूप से इसके प्रतिपादनों का गुलाम बनता है और फिर अपने आसपास इन मान्यताओं का ऐसा ताना-बाना बुनता है कि जीवन का कोई भी हिस्सा इसके वृत्त से बाहर नहीं होता।

यह विडम्बना ही है कि मार्क्स का यह कथन कि पूँजीवाद, जो तकनीकी आधार तैयार करता है, आगे चलकर यह व्यवस्था स्वयं उस तकनीक के विस्तार की सम्भावनाओं के लिए बाधा बन जाती है, पूरी तरह गलत साबित हुआ। उलटे, यह दिखाई देने लगा कि पूँजीवाद को नष्ट कर समाजवाद के नाम से जो व्यवस्था बनाई गई, दरअसल उसी व्यवस्था के मूल्य नई तकनीकी के प्रसार में बाधा बन रही है। नतीजा हुआ कि पूँजीवादी व्यवस्था से तकनीकी वरीयता की होड़ में समाजवादी कही जानेवाली व्यवस्था ही पिछड़ने लगी और एक बिन्दु पर पहुँचकर ध्वस्त हो गई।

इस प्रत्याशित विकास को समझने की जरूरत है। तकनीक का विकास प्राचीन प्रस्तर युग से लगातार होता रहा है। नई तकनीक का विकास सदा लोगों की नई आवश्यकताओं की पूर्ति के लिए होता था। अगर तकनीक किसी काल की आवश्यकताओं की पूर्ति कर देती थी तो फिर छोटे-मोटे सुधारों को छोड़ तकनीक बदलने या नई तकनीक विकसित करने की जरूरत नहीं महसूस की जाती थी। इसीलिए भारत जैसी प्राचीन सभ्यताओं में खेती या उद्योगों में व्यवहार में लाए जानेवाले औजारों या उत्पादन के तौर-तरीके में हजारों वर्ष में मूलभूत बदलाव नहीं आए। बाहर से आनेवाले नये मानव समूहों की जीवन-पद्धति और व्यवहारों के अनुरूप कुछ नई तकनीक या तो उनसे ग्रहण की गई या विकसित की गई। मसलन, सिले वस्त्रों का प्रचलन। इस तकनीकी स्थायित्व को प्राय: ठहराव (अंग्रेजी शब्द, स्टेगनेशन) कहा जाता है।

यह दृष्टि भी नई है। पहले हर नये बदलाव को सन्देह की दृष्टि से देखा जाता था। सत्रहवीं शताब्दी से लेकर उन्नीसवीं सदी के प्रारम्भ तक यूरोप के औद्योगिक और आर्थिक ढाँचे में जो बदलाव आए, उन्होंने आदमी की आवश्यकता और तकनीक, दोनों के सम्बन्ध में लोगों के विचारों को बिलकुल बदल दिया। अब उत्पादन जरूरत की पूर्ति के बजाय मूलत: व्यापारिक लाभ के लिए शुरू हुआ। बाजार पर कब्जा जमाने के लिए रोज नये उत्पाद और उत्पादन पद्धतियाँ विकसित की जाने लगीं। इसी मानसिकता की झलक हम मौजूदा वैश्वीकरण के दौर में उत्पादन और उत्पादन-पद्धति, दोनों पर पेटेंट कानूनों के तहत एकाधिकार के प्रयास में देखते हैं। बाजार पर आधिपत्य के लिए दोनों पर पकड़ जरूरी हो गई।

आदमी की जरूरतें सीमित होती हैं—राजा-महाराजाओं की भी। आभूषणों, कुछ रत्नजड़ित मुकुटों और सिंहासनों की प्राप्ति के बाद राजा और प्रजा की जरूरतों

में कोई बड़ा फर्क नहीं होता था। फर्क अभाव और अकाल की स्थितियों में ही दिखाई देता था, जब आम जन भूख और मौत के शिकार होते थे। इस अभाव की पूर्ति भी उत्पादन को बढ़ाकर की जा सकती थी, लेकिन अगर उत्पादन और विनिमय सिर्फ मुनाफे के लिए हो तो इसकी कोई सीमा नहीं हो सकती। मुनाफे की कोई ऐसी निर्धारित सीमा नहीं, जहाँ खरबपति कह दे कि अब मुनाफे की सीमा आ गई। इसी तरह अगर उत्पादन सिर्फ मुनाफे के लिए हो तो इस पर लोगों की आवश्यकताओं से कोई सीमा नहीं लग सकती क्योंकि नई औद्योगिक पद्धति हर रोज किसी-न-किसी अकल्पित उत्पाद का आविष्कार कर रही है और विज्ञापनों के जरिए लोगों में इनको पाने की चाहत पैदा करती है। इसके पहले कि कोई नया उत्पाद सभी लोगों को उपलब्ध हो सके, नये उत्पाद बाजार में आ जाते हैं और इन्हें पाने की आपाधापी शुरू हो जाती है।

समाजवादी व्यवस्था का लक्ष्य था, लोगों की जरूरतों की पूर्ति—इस हद तक कि सभी लोगों को उनकी जरूरतों के लायक वस्तुएँ उपलब्ध हो सकें, लेकिन अगर एक ऐसी दुनिया का निर्माण हो, जहाँ रोज नई जरूरतें पैदा होती हों—अन्तरिक्ष पर्यटन जैसी जरूरतें भी—तो कौन-सा समाज इनकी पूर्ति कर सकता है? पूँजीवादी समाज भी मुट्ठी भर लोगों के लिए ही ऐसी जरूरतों की पूर्ति कर सकता है, लेकिन पूँजीवादी समाज सभी लोगों की जरूरतों को पूरा करने के लिए बनाया भी नहीं गया है। इसका लक्ष्य है, मुनाफा और इसके लिए बाजार पैदा करना।

पूँजीवादी प्रतिस्पर्धा में तकनीक के विकास की दिशा होती है, श्रमिकों की संख्या कम कर श्रम पर होनेवाले खर्च को अपने प्रतिस्पर्धियों के मुकाबले कम करना। इसके विपरीत, समाजवादी लक्ष्य था श्रम करने लायक सभी व्यक्तियों को रोजगार देना। आदमी आदतों का गुलाम होता है। इस तरह सतही दृष्टि से देखने पर तकनीक की उत्कृष्टता भी इसी में दिखाई देने लगी कि ज्यादा-से-ज्यादा काम, जिसमें मानव-श्रम लगता हो, मशीन कर सके।

कुछ ऐसी स्थितियाँ जरूर हो सकती हैं, जहाँ मनुष्य का काम मशीन से कराना आवश्यक हो, जैसे कुछ खतरनाक कामों के लिए। अन्य स्थानों पर कहाँ मशीन लगे, कहाँ मनुष्य, यह सम्पूर्ण लागत और ऊर्जा जैसे संसाधनों की उपलब्धता या स्वास्थ्य पर होनेवाले परिणाम इन सबको ध्यान में रखकर ही हो सकता है और बहुत काम ऐसे भी हैं, जहाँ मानव-श्रम समग्रता में श्रेष्ठ साबित होता है, लेकिन प्रतिस्पर्धा और मुनाफे की दौड़ में लोगों को मशीनीकरण की पूँजीवादी प्रक्रिया अधिक लाभदायक लगी। इस तरह एक आम राय बनी कि तकनीकी विकास का अर्थ है, मानव की जगह अधिकतम कामों के लिए किसी गैर-मानवीय ऊर्जा पर आधारित मशीनों का उपयोग। सोवियत संघ दो विपरीत दबावों में फँसकर ध्वस्त हो गया यानी एक तरफ पूँजीवादी व्यवस्था से व्यापारिक प्रतिस्पर्धा के मानकों को

अपनाने के दबाव ओर दूसरी तरफ अपने प्रारम्भिक समाजवादी मानकों को ढोते चलने की मजबूरी, लेकिन कुल मिलाकर तकनीक के स्वायत्त विकास की एक ऐसी छवि बनी, जो मूलत: पूँजीवादी विकास का पर्याय बन गई।

मार्क्स ने ऐतिहासिक भौतिकवाद को जिस तरह परिभाषित किया था, उसके केन्द्र में तकनीक के स्वायत्त विकास की कल्पना थी। इससे ऐतिहासिक भौतिकवाद कुल मिलाकर तकनीकी नियतिवाद की ओर ले जाता है, लेकिन मनुष्य के सार्विक कल्याण की कल्पना, जो समाजवाद के मूल में थी, इसमें आड़े आती थी। इस तरह तकनीक के विकास को कसौटी मानकर चलनेवाली तथाकथित समाजवादी व्यवस्थाएँ एक-एक कर पूँजीवादी मूल्यों और व्यवस्था को पूरी तरह कबूल करने लगीं। इस अर्थ में इतिहास के अन्त के उद्घोष में एक तरह की सच्चाई है। पूँजीवादी व्यवस्था तकनीकी नियतिवाद की परिणति और आदर्श स्थिति है। इसमें बदलाव के कारक नदारद हैं। मार्क्सवादी दार्शनिक हर्बर्ट मार्क्यूज, जिन्होंने गहराई से फासिस्ट पूँजीवादी जर्मनी और लोकतांत्रिक पूँजीवादी अमेरिका, दोनों के तकनीकी दृष्टि से अत्यधिक विकसित समाजों को और उनके उत्प्रेरक तकनीकी रुझानों को समझा था, इस स्थिति को इन शब्दों में व्यक्त करते हैं :

"इस विश्व में तकनीक आदमी की दासता को असाधारण तार्किकता प्रदान करती है और यह प्रदर्शित करती है कि तकनीकी दृष्टि से मनुष्य का स्वायत्त होना या अपने जीवन का स्वयं निर्धारण करना कैसे असम्भव है क्योंकि यह परवशता न तो बुद्धि से असंगत लगती है और न राजनीतिक। बल्कि यह उस तकनीकी यंत्र विधान के सामने सिर झुकाने लगती है, जो जीवन की सुविधाओं और श्रम की उत्पादकता को बढ़ाता है। इस तरह तकनीकी तार्किकता लोगों पर वर्चस्व के औचित्य का विरोध करने के बजाय उसे बल देती है और बुद्धि का यांत्रिक क्षितिज उन्हें एक सर्वशक्तिवादी समाज की ओर ले जाता है।" (वन-डाइमेंशनल मैन)

अब तक मनुष्य इतिहास को जिस अर्थ में समझता रहा है, वह मनुष्य के सुख-दु:ख, उत्थान-पतन और आदमी के अपने उत्कर्ष के लिए नैसर्गिक और सामाजिक परिस्थितियों से लड़ने की कहानी थी। यह सब अब गौण हो गया है क्योंकि आदमी की गरिमा, उसका दु:ख-सुख और उसका जीवन इस व्यवस्था के लिए हाशिये की वस्तु बन गया है। आदमी अन्तरिक्ष यान से चन्द्रमा और ग्रहों पर पहुँचने के प्रयास में लगा है। ऐसे यानों की दुर्घटना और उनमें मरनेवाले लोग चर्चा और यादगारों के केन्द्र में हैं क्योंकि एक आर्मी में ये तकनीक की विकास-यात्रा के शहीद हैं। एक तरफ राजमार्गों की रेशमी सतहों पर रंग-बिरंगी चमचमाती मोटरगाड़ियाँ और आसमान में तरह-तरह के वायुयान एक तिलस्मी दुनिया की तसवीर उपस्थित करते हैं। दूसरी ओर कर्ज के बोझ से आत्महत्या करते किसान, भूख और कुपोषण से मरनेवाले करोड़ों लोग, महीने के कुछ दिन अन्न के अभाव में भूखे सो जानेवाले

दूसरे कुछ करोड़ लोग व्यवस्था चलानेवाले लोगों के लिए उनकी विकास-यात्रा में आनेवाले व्यवधान भर हैं, जिन्हें कुछ दान-दक्षिणा या राहत देकर टाल दिया जाता है। बड़े अखबारों के मुखपृष्ठों पर चमचमाते फिल्मी और क्रिकेट सितारों तथा पर्यटन केन्द्रों के रंगीन और रमणीय दृश्यों के बीच ऐसी खबरें दु:खदायी अन्तराल की तरह कभी-कभी हमें परेशान भर कर जाती हैं। ये मात्र दु:स्वप्न हैं, इस तकनीकी संसार के मूल प्रसंग नहीं। मार्क्स को हीगेल से विरासत में मिली द्वन्द्वात्मक इतिहास-दृष्टि में इतिहास की अबाध यात्रा के क्रम में नष्ट हो जानेवाले व्यक्तियों और समूहों के लिए आँसू बहाना निष्प्रयोजन है क्योंकि ये विकास के अटलनीय चरण हैं।

इस दृष्टि को काफी बल मिला, मार्क्स के समकालीन जीव विज्ञानिक डार्विन के विकासवाद से। डार्विन के सिद्धान्त के अनुसार, जीवों का विकास एक प्राकृतिक चयन-प्रक्रिया (नेचुरल सेलेक्शन) के तहत होता है। इस प्रक्रिया में जिन जीवों में कुछ जीवनोपयोगी नये गुण विकसित हो जाते हैं, वे विकास की दौड़ में आगे निकल जाते हैं और इन गुणों से वंचित जीव जीवन के संघर्ष में विनष्ट हो जाते हैं। इस विचार की एक विकृत समझदारी डार्विन के मत को प्रसारित करनेवाले वैज्ञानिक थॉमस हक्सले में मिली। उन्होंने प्राकृतिक चयन के बजाय उसके विचार को सक्षमतम के जीवित बचने (सर्वाइवल ऑफ द फिटेस्ट) के सिद्धान्त के रूप में पेश किया। इसी विचार को अर्थशास्त्रियों में लोकप्रिय हो रही उन्मुक्त व्यापारिक प्रतिस्पर्धा (लेसे फेअर) के सिद्धान्त के समर्थन में पेश किया गया। इस विचार के अनुसार, जिस तरह जीव-जगत में मात्र सक्षमतम को जीवित रहने का अधिकार है, अर्थ-जगत में सबसे सक्षम तकनीक और इस आधार पर आगे निकलनेवाले औद्योगिक उद्यमियों को अस्तित्व में रहने का अधिकार है; पिछड़ी तकनीक और पिछड़ते उद्यम और उद्यमियों का लोप प्राकृतिक नियम द्वारा निर्धारित एक अटल नियम है।

मनुष्य दूसरे जीवों की तरह अपने जैविक अतीत और इसके विकास की अनिवार्य प्रक्रिया से बँधा हुआ है, यह विचार भी बीसवीं शताब्दी के अन्तिम चरण में प्रतिपादित होने लगा। एड्वर्ड ओ' विल्सन ने 1972 ई. में अपनी पुस्तक 'सोशियो-बॉयोलॉजी' और बाद में 1988 ई. में अपनी पुस्तक 'ऑन ह्यूमन नेचर' में यह विचार प्रतिपादित किया कि कुल मिलाकर मनुष्य का सारा व्यवहार उसकी आनुवंशिकी से निर्धारित होता है और संस्कृति भी इसी से निर्धारित होती है। इस प्रतिपादन ने आर्थिक और सामाजिक क्षेत्र में विकसित हो रही तकनीकी और आर्थिक नियतिवाद को एक नया वैज्ञानिक तर्क दिया। पुस्तक के उपसंहार के रूप में उन्होंने जो विचार दिए हैं, वे वर्तमान औद्योगिक उपभोक्तवादी समाज में वैज्ञानिकों के एक हिस्से की मानसिकता को काफी कुछ उजागर करते हैं। वह लिखते हैं :

"जैसे-जैसे समाजशास्त्र भविष्यवाणी करने योग्य अनुशासन में तब्दील होता जाएगा, वैसे-वैसे मनुष्य के सम्भावित गन्तव्य का दायरा अधिक संकीर्ण होता

जाएगा, लेकिन हमारे वंशज इस पर ज्यादा दूर तक देख पाएँगे। समय के साथ सामाजिक व्यवहार के आनुवंशिक आधार को समझने की क्षमता संचित होती जाएगी और गुण-सूत्रों (जींस) के सम्बन्धों को आणविक तकनीक से बदलने की क्षमता और क्लोनिंग के जरिए प्राकृतिक चयन-प्रक्रिया को त्वरण प्रदान किया जा सकेगा। कम-से-कम युजेनिक्स (नस्लीय गुण बदलने की तकनीक) की पारम्परिक विधि से धीरे-धीरे विकास में परिवर्तन की प्रक्रिया तो चलाई ही जा सकती है, मानव प्रजाति स्वयं अपना स्वभाव बदल सकती है।"

तकनीकी नियतिवाद की यह आत्यंतिक अभिव्यक्ति है। इस दृष्टि को अपनाने से वर्तमान औद्योगिक सभ्यता को मानव से जो भी अवरोध होता है, उसे मिटाया जा सकता है। आल्डुअस हक्सले ने बीसवीं शताब्दी के प्रथम चरण में इसी दृष्टि पर व्यंग्य के रूप में अपनी पुस्तक 'द ब्रेव न्यू वर्ल्ड' लिखी थी, जिसमें जैविक तकनीक का प्रयोग कर विभिन्न कामों के अनुरूप मानव स्वभाव तैयार कर इसके आधार पर की गई समाज की संरचना का विवरण है। अगर जैविक तकनीक से इस तरह के मानव तैयार किए जा सकें तो औद्योगिक प्रतिष्ठानों के वर्चस्व को जिस तरह की चुनौतियाँ दुनिया के विभिन्न अंचलों में मिल रही हैं, वे स्वत: खत्म हो जाएँगी।

लेकिन तकनीकी नियतिवाद की जो आतंकित करनेवाली तसवीर ऊपर की बातों से उभरती है, उसमें मानव संस्कृति की भूमिका को या तो नजरअन्दाज कर दिया गया है, या जैसा विल्सन का सोचना है, वह चिम्पैंजी की तरह के कुछ व्यवहारों की भाँति अन्तत: आनुवंशिकी से निर्धारित होती है। यह संस्कृति की विलक्षणता को पूरी तरह नजरअन्दाज करना है। दरअसल, जिस तरह डी.एन.ए. में संचित सूचनाएँ जीवों के विकास और व्यवहारों को निर्धारित करती हैं, उसी तरह मानव-समाज में संस्कृति वैसी सूचनाओं का एक अतिरिक्त समुच्चय है, जो मनुष्य के व्यवहारों को दिशा देता है। मानव प्रजाति के विकास में संस्कृति का विकास एक विलक्षण परिघटना है। इस गुण के कारण वह अपने निकटतम चचेरे भाई चिम्पैंजी से भी बिलकुल अलग तरह की प्रजाति बन जाता है।

दरअसल, संस्कृति का विकास मनुष्य की आनुवंशिकी द्वारा ही प्रदत्त एक-दो क्षमताओं का परिणाम है। वह है, भाषा और इससे जुड़ी अवधारणा की क्षमता का विकास। यही आधार है मनुष्य के स्वातंत्र्य का। वस्तुओं की प्रत्यक्षानुभूति मनुष्य की तरह दूसरे जीवों में भी होती है, लेकिन वह अपनी अनुभूति की तात्कालिकता से बँधा होता है। वस्तु दृष्टि से ओझल होते ही उसकी चेतना से लुप्त हो जाती है या वह अपने जड़ रूप में जैसी देखी गई है, वैसी ही बनी रहती है, लेकिन मनुष्य में वस्तुओं की प्रत्यक्षानुभूति वस्तु की अवधारणा में बदल जाती है। यह एक बार में नहीं बल्कि किसी वस्तु के अलग-अलग सथान और काल में देखे गए रूपों से अमूर्तन की प्रक्रिया से बनती है। यह किसी वस्तु का एक बिन्दु से या काल

में देखा गया रूप नहीं होता है बल्कि सभी अनुभूत रूपों को समाहित करता है। अवधारणा की क्षमता भाषा में सबसे स्पष्ट रूप में व्यक्त होती है। जब हम शब्द 'वृक्ष' कहते हैं, तो यह संसार के सभी तरह के वृक्षों को उनकी विभिन्न स्थितियों में समाहित करता है। इस तरह, अनुभव में उपस्थित वस्तुओं के बन्धन से मुक्त हो आदमी कल्पना में नई स्थितियों का निर्माण कर सकता है। अगर वह किसी बन्धन में है, तो बन्धनमुक्त जीवन की कल्पना भी कर सकता है। मनुष्य की तकनीक और निर्माण पर भी उसकी उन्मुक्त कल्पना की छाप होती है। बया भी घोंसला बनाता है और मनुष्य भी अपने लिए घर बनाता है, लेकिन जहाँ घोंसला निर्माण की पूरी प्रक्रिया बया की आनुवंशिकी यानी इंस्टिंक्ट द्वारा निर्धारित होती है, वहाँ मनुष्य अपनी जरूरत के हिसाब से पहले अपनी कल्पना में और फिर कागज पर ब्लूप्रिंट बनाता है ओर अलग-अलग तरह से गृह-निर्माण करता है। आदमी अगर संसार के विभिन्न तरह की और कहीं-कहीं अति कठोर जैसे ध्रुव प्रदेशों की स्थितियों में जीवन के अनुकूल स्थितियाँ बनाकर जिन्दा रह सका है, तो अपनी कल्पनाशीलता के बल पर ही, भाषा तथा अन्य तरह के कौशलों को वह सांस्कृतिक परम्पराओं के माध्यम से नई पीढ़ियों को ठीक वैसे ही हस्तान्तरित करता रहा है, जैसे गुण-सूत्र जैविक स्तर पर हजारों पीढ़ियों तक जीवों के गुणों को हस्तान्तरित करते रहते हैं।

इस स्थिति को हम थोड़ा-बहुत कम्प्यूटरों से तुलना कर समझ सकते हैं—हमारी आनुवंशिकी कम्प्यूटर हार्डवेयर की तरह है, जिसमें जीवन की अनेक स्थितियों की समस्याओं के समाधान की क्षमता करोड़ों वर्ष के अनुभवों के आधार पर संचित है, लेकिन जीवन में अनेक स्थितियाँ आती हैं, जिनके समाधान के लिए उपयुक्त दिशा-निर्देश इसमें शामिल नहीं हैं क्योंकि पूर्व में ऐसे अनुभव प्रजाति के जीवन में नहीं आए थे। इस बिन्दु पर संस्कृति का विकास उसी रूप में हुआ, जिस रूप में नई समस्याओं के समाधान के लिए कम्प्यूटर हार्डवेयर में सॉफ्टवेयर को जोड़ दिया जाता है। संस्कृति जीवन की क्षमताओं का वैसा ही विस्तार है, जैसा सॉफ्टवेयर कम्प्यूटर की क्षमताओं का विस्तार, लेकिन आनुवंशिकी में वैसी लोच नहीं कि वह जीवन की हर नई स्थिति के अनुसार अपने को ढाल ले। इसलिए कभी-कभी सांस्कृतिक मूल्यों और आनुवंशिकी से प्राप्त रुझानों में संघर्ष भी होता रहता है। मोटा-मोटी मनुष्य की संस्कृति उसे यह क्षमता प्रदान करती है कि वह आनुवंशिकी के वैसे रुझानों को निरस्त करे, जो उन्मुक्त जीवन की सम्भावनाओं को बाधित करते हैं। इसके विपरीत, सांस्कृतिक परम्पराएँ भी अपने ढंग की रूढ़िवादिता पैदा करती हैं।

मनुष्य की उन्मुक्त चिन्तन की क्षमता विवाद और संवाद के जरिए रूढ़ हो गई परम्पराओं और नई सम्भावनाओं के बीच लोकतांत्रिक जीवन की सम्भावनाएँ पैदा करती है। इसी में नियतिवाद का निषेध भी है। जैसाकि हम देख चुके हैं, किसी भी तरह का नियतिवाद यांत्रिक तर्क-प्रणाली से परिचालित होता है, जिसमें पूर्ववर्ती

स्थितियाँ परवर्ती स्थितियों की जनक होती हैं। इसलिए तकनीकी नियतिवाद समाज को ढलान पर लुढ़कते हुए चट्टान की तरह परिचालित करता है, जिसमें गिरने की गति उत्तरोत्तर तेज होती जाती है। इसीलिए इसमें उत्पादन और उपभोग अनियंत्रित हो तब तक बढ़ता जाएगा, जब तक प्राकृतिक सीमाओं और पर्यावरण के क्षय से मानव-समाज का अन्त न हो जाए। इसके विपरीत, मनुष्य अपनी संस्कृति से मिली अवधारणा और कल्पना की शक्ति से वैकल्पिक गन्तव्यों का निर्माण कर सकता है। इसमें किसी तरह की नियतिवाद को कबूल करने के बजाय आदमी इसकी तर्क-प्रणाली को पलट सकता है। पूर्ववर्ती स्थितियों से परिचालित होने के बजाय वह अपनी कल्पना से जीवन के नये लक्ष्य निर्धारित कर इनके आकर्षण की शक्ति से परिचालित होता है। ऐसे लक्ष्य के हिसाब से वह जीवन को नियोजित कर सकता है और बार-बार जीवन के अनुभवों और संसाधनों की उपलब्धि के आधार पर इसमें उपयुक्त परिवर्तन करता चल सकता है। इसमें अनेक लोगों के अनुभव उन्मुक्त संवाद से अपना योगदान कर सकेंगे।

सभी तरह का नियतिवाद आदमी की स्वतंत्रता को सीमित करता है क्योंकि अगर सब कुछ पूर्व-निर्धारित है तो स्वनिर्णय की गुंजाइश कहाँ है? अतीत में नियतिवाद के पीछे धार्मिक विश्वास पर जाति, नस्ल, राष्ट्र की श्रेष्ठता की परम्पराएँ काम करती रही हैं, लेकिन विज्ञान, तथ्य और तर्क से इनके प्रभावों का छीजन होता चला गया। तकनीकी नियतिवाद, इसके विपरीत, वैज्ञानिकता का दावा कर कालातीत होने का वहम पैदा करता है। यह स्वतंत्र चिन्तन को नष्ट कर मनुष्य को एकायामी बना रहा है और मानव-जीवन के विनाश की ओर ले जा रहा है। इसके बावजूद मनुष्य की कल्पनाशीलता उसे यह शक्ति देती है कि वह एक वैकल्पिक दुनिया का सपना देखे और उसे साकार करे। इसलिए यह मानने का कोई कारण नहीं कि तकनीकी नियतिवाद से पैदा जड़ता और जीवन का अन्त हमारी एकमात्र नियति बन गई है।

सन्दर्भ और टिप्पणियाँ

1. पूँजी की वैचारिक पृष्ठभूमि

1. David Drew, Lost Chronicles of Maya Kings, University of California Press, Berkeley, Los Angeles, 1999, p. 22.
2. पृ. 25 लेखक द्वारा अनुवाद
3. पूँजी खंड I, कार्ल मार्क्स, प्रगति प्रकाशन, मॉस्को, तीसरा संशोधित संस्करण 1987, पृ. संख्या 749
4. वही, पृ. 751-2
5. वही, पृ. 754
6. वही, पृ. 757
7. वही,
8. वही, पृ. 790
9. वही
10. वही, पृ. 793

2. मूल्य का श्रम-सिद्धान्त

1. प्रोटेस्टेंट धर्म और विशेषकर इसके एक सम्प्रदाय काल्विन के अनुयायियों का यह विश्वास, जिसका जिक्र पहले हुआ है कि इस जीवन में उद्यमों की सफलता ईश्वर के अनुग्रह के प्रमाण है।
2. 'पूँजी', प्रथम खंड, पृ. 398 : मार्क्स का यह कथन उन मार्क्सवादियों के लिए ध्यान देने योग्य है, जो प्राय: पिछड़ापन को हल-बैल के युग में जाना कहते हैं। अगर गधे से औद्योगिक क्रान्ति की शुरुआत हो सकती है तो बैल से नई क्रान्ति की शुरुआत क्यों नहीं?
3. वही, पृ. 399
4. पूँजी, खंड I, पृ. 202
5. वही, पृ. 288
6. पूँजी, खंड-3, पृ. 52
7. Michel Chossudovsky, The Clobalisation of Poverty, New Delhi, pp. 87-88.
8. वही, पृ. 88

3. विस्तारित पूँजी-संचय का संकट

1. रोजा लक्जमबर्ग, एक्युमुलेशन ऑफ कैपिटल, अंग्रेजी अनुवाद, रूटलेज एंड केगन पाल लि., लन्दन, 1951, पृ. 284 से अनुवाद।
2. वही, रोजा लक्जमबर्ग द्वारा उद्धृत, पृ. 285
3. वही, पृ. 287
4. पूँजी, खंड 2, अध्याय 17, पृ. 297
5. रोजा लक्जमबर्ग द्वारा बैरोनावस्की की स्टडीज इन थ्योरी ऑफ हिस्ट्री से एक्युमुलेशन ऑफ कैपिटल से उद्धृत, पृ. 311
6. वही, पृ. 312-13
7. वही, पृ. 216
8. वही, पृ. 392
9. वही, पृ. 446
10. पृ. 447
11. वही
12. वही
13. वही
14. वही, पृ. 448
15. वही
16. वही
17. वही
18. रोजा लक्जमबर्ग, एक्युमुलेशन ऑफ कैपिटल, पृ. 118
19. रोजा लक्जमबर्ग, एक्युमुलेशन ऑफ कैपिटल, केगन पाल लि., लन्दन, 1951, पृ. 352-53
20. वही, पृ. 357
21. वही
22. वही, पृ. 358
23. वही, पृ. 362
24. यहाँ रोजा लक्जमबर्ग 'कम्युनिस्ट ग्रामीण समुदाय' पद का इस्तेमाल करती हैं, जो भारतीय समाज के गठन के सम्बन्ध में अधूरी जानकारी का परिणाम था। यह गलतफहमी इस बात से पैदा होती है क्योंकि भारत में भूमि उस अर्थ में निजी सम्पत्ति नहीं थी, जिस अर्थ में यह पूँजीवादी यूरोप में थी या सामन्ती व्यवस्था में भी सामन्त की मर्जी पर भू-दासों (सर्फों) में वितरित की जा सकती थी। यहाँ वर्ण-व्यवस्था और कामों के आधार पर जातीय विभाजन एक सम्पूर्ण आर्थिक-सामाजिक व्यवस्था थी। इसमें भूमि पर नाम लिहाजी अधिकार तो ऊपर के वर्णों के हाथ में था, जो इस पर खेती करने के लिए जवाबदेह था लेकिन इसकी उपज पर उसका उस अर्थ में एकाधिकार नहीं था, जिस अर्थ में पूँजीवादी व्यवस्था में जमीन के मालिकों का, पारम्परिक 'यजमानी व्यवस्था' के तहत जमीन की उपज में गाँव के लिए आवश्यक सेवा उपलब्ध करानेवाली जातियों का भी निश्चित हिस्सा होता था, जो वे फसल तैयार होने पर ले लेते थे। अपनी सेवाओं की एवज में पुरोहित, लोहार, बढ़ई, तेली, तमोली, नाई, कुम्हार आदि अधिकारपूर्वक पैदावार का परम्परा द्वारा निर्धारित हिस्सा लेते थे।
25. रोजा लक्जमबर्ग, वही, पृ. 371-72

4. पूँजी-संचय और आन्तरिक उपनिवेश

1. Basil Davidson, Which Way Africa?, Penguin Books, 2964, p. 36.
2. वही, पृ. 39
3. वही
4. वही, पृ. 84
5. वही, पृ. 85

5. सम्पन्नता और विपन्नता का वैश्विक ध्रुवीकरण

1. पूँजी, खंड 3, पृ. 228
2. Human Development Report 2005, p. 36.
3. वही, पृ. 118
4. वही
5. वही
6. Human Development Report 2005, p. 129.
7. वही
8. वही
9. वही, पृ. 130, 131
10. वही, पृ. 139
11. UNDP Report 2005, p. 132.
12. UNDP Report 2005, p. 132.
13. Delhi Human Development Report 2006, p. 51.
14. Delhi Human Development Report 2006, p. 3.
15. वही, पृ. 4
16. हंटिगटन, क्लैश ऑफ सिविलाइजेशंस।

सच्चिदानन्द सिन्हा रचनावली

खंड-7

उदारीकरण, भूमंडलीकरण और भविष्य

सच्चिदानन्द सिन्हा रचनावली

खंड-7

उदारीकरण, भूमंडलीकरण और भविष्य

सम्पादक

अरविन्द मोहन

राजकमल प्रकाशन

ISBN : 978-93-90971-52-7

मूल्य : ₹4000
(8 खंडों का सम्पूर्ण सेट)

पहला संस्करण : 2021

प्रकाशक : राजकमल प्रकाशन प्रा. लि.
1-बी, नेताजी सुभाष मार्ग, दरियागंज
नई दिल्ली-110 002
शाखाएँ : अशोक राजपथ, साइंस कॉलेज के सामने, पटना-800 006
पहली मंजिल, दरबारी बिल्डिंग, महात्मा गांधी मार्ग, प्रयागराज-211 001
36 ए, शेक्सपियर सरणी, कोलकाता-700 017
वेबसाइट : www.rajkamalprakashan.com
ई-मेल : info@rajkamalprakashan.com

मुद्रक : बी.के. ऑफसेट
नवीन शाहदरा, दिल्ली-110 032

SACHCHIDANAND SINHA RACHANAWALI : Vol. 7
Edited by Arvind Mohan

सम्पादक की ओर से

भूमंडलीकरण की मुहिम को विश्व व्यापार संगठन के गठन तक ले आने में सिर्फ सोवियत संघ के पतन और चीन के बदलने को जिम्मेवार मानना बहुत हल्की बात होगी। और इसे सिर्फ तात्कालिक 'अमेरिकी षड्यंत्र' मान लेना तो और भी बचकानापन होगा। इस मुहिम की तैयारी अमेरिका और उसके नीतिकार द्वितीय विश्वयुद्ध के बाद से ही कर रहे थे। और इसके सूत्रधार ब्रेटनवुड में स्थित वे कथित अंतरराष्ट्रीय वित्तीय संस्थान रहे हैं जिन्होंने दुनिया भर में मुल्कों को 'संकट से निकालने' के लिए कर्ज देने और 'विकसित होने' के लिए पूँजी उपलब्ध कराने का बहुत ही व्यवस्थित खेल खेला। फिर किस तरह एक फोरम के तौर पर अचानक 'गैट' का चुनाव हुआ, डंकेल प्रस्ताव आए और आधी दुनिया इन्हें समझे इससे पहले ही विश्व व्यापार संगठन बनाने का अभियान लगभग पूरा कर लिया गया। यह अलग बात है कि ठीक उस समय भी बात खुलते जाने से दुनिया भर में इन प्रस्तावों की अनेक धाराओं पर विरोध शुरू हुआ और संगठन बनने के बावजूद कई चीजें अधर में लटकी हुई हैं। इसी में अमेरिकी अर्थव्यवस्था सब-प्राइम कर्ज के घोटाले से इस तरह पस्त हुई कि उसके पास बाकी बातों का ध्यान रखने का होश न था। और जिन नीतियों को चलाने की वकालत की जा रही थी, उन्हीं के सहारे चीन ने उसकी नाक में दम किया हुआ है। खैर।

पर जैसा पहले कहा गया है यह सब सिर्फ सोवियत संघ के पतन या अमेरिकी षड्यंत्र भर से एक दिन में नहीं हुआ। इसके पहले बाजाब्ता विचारों और इतिहास के अंत की घोषणाएँ की गईं। हमारे यहाँ समेत सारी दुनिया से समाजवाद की ही नहीं पब्लिक सेक्टर की विदाई (उसे कंडम घोषित करके) की तैयारी की गई, आर्थिक और सामाजिक कार्यव्यापार से सरकार की विदाई की बौद्धिक तैयारी की गई। और अपने यहाँ भी पक्ष-विपक्ष सबमें एक किस्म की सहमति रही—आर्थिक नीतियों को लेकर। वीपी सिंह तब वित्त मंत्री थे जब गैट के उरुग्वे दौर की बातचीत शुरू हुई और उन्होंने वहाँ से लौटकर जिस 'न्यू फिस्कल पॉलिसी' (राजकोषीय नीति) की घोषणा की उसका काफी अंश सीधे-सीधे और शब्दश: विश्वबैंक के सुझाव से लिया गया था। फिर चाहे कमलनाथ वाणिज्य मंत्री हुए या मुरासोली मारन या फिर

अरुण जेटली सबने तलवारबाजी कुछ और तरह की और नीतिगत फैसले और तरह के। और अब तो मनमोहन सिंह और नरेन्द्र मोदी में बाजाब्ता होड़ शुरू हुई है कि उन्होंने भूमंडलीकरण-उदारीकरण में सबसे ज्यादा योगदान किया है। शुरू में वाम दलों और उससे जुड़े स्वयंसेवी संगठनों ने वैचारिक विरोध की अगुआई की लेकिन उनकी सरकार द्वारा किसी बहुराष्ट्रीय कम्पनी के लिए सिंगूर और नन्दीग्राम जैसे कांड कराने के बाद उन लोगों ने भी चुप्पी साध ली। संघ के लोगों ने देखादेखी स्वदेशी का शोर मचाना शुरू किया पर एक दिन में ही अटल बिहारी वाजपेयी ने पूरे स्वदेशी जागरण मंच का सारा सरंजाम सड़क पर फेंकवा दिया। मुलायम सिंह और एक हद तक लालू यादव भूमंडलीकरण और डंकेल के खिलाफ बोलते रहे लेकिन किया वही जो सब कर रहे थे। और बसपा, बीजू जनता दल, द्रमुक, अन्नाद्रमुक, अकाली, नेशनल कॉन्फ्रेंस और इस तरह की क्षेत्रीय पार्टियों को अपना पक्ष साफ करने की जरूरत भी महसूस नहीं हुई।

इस वैचारिक और राजनैतिक शून्यता की स्थिति में इन नीतियों और इस वैश्विक घेराबन्दी का विरोध समाजवादी जन परिषद, एनएपीएम और वाहिनी जैसे छोटे जमातों ने किया और इन्हें वैचारिक खुराक सच्चिदानन्द सिन्हा, किशन पटनायक, मेधा पाटेकर, सुनील जैसे लोगों ने उपलब्ध कराई। नर्मदा बाँध, एनरान, कोजेंट्रिक्स, नियामगिरी, गन्धमार्दन, प्लाचीमाडा जैसे जो भी आन्दोलन हुए वे इन्हीं छोटे संगठनों और जन आन्दोलनों ने किए। सिंगूर-नन्दीग्राम का मसला भी पहले छोटे जनसंगठनों ने उठाया। और चाहे छोटे परचे लिखने हों, अपनी सामयिक वार्ता जैसी छोटी पत्रिकाओं में लिखना हो, अखबारों में लिखने हों इन्हीं सबने हल्दी, नीम, बासमती जैसी चीजों के पेटेंट का मसला उठाया, खदान और नदियों तक को बेचने का सवाल उठाया, पानी और प्राकृतिक चीजों के सामुदायिक अधिकार का सवाल उठाया और सरकारों को भी अपना फैसला बदलने या कहीं सीधी लाइन लेने पर मजबूर किया। कमलनाथ और अरुण जेटली जैसे लोग अगर डब्लूटीओ की बैठकों में कुछ पोजिशन लेने लगे तो इन आन्दोलनों का दबाव भी बड़ा कारण था। इसकी वैचारिकी तैयार करने में जिन लोगों ने सबसे बड़ी भूमिका निभाई उनमें समाजवादी विचारक सच्चिदानन्द सिन्हा अग्रणी रहे हैं। और हैरान करनेवाली बात यह है कि इस मुहिम की शुरुआत में ही वे दिल्ली छोड़कर अपने गाँव चले गए और लगातार वहीं से लेखन और दूसरे किस्म की सक्रियता जारी रखे हुए थे। वे कहाँ से सूचनाएँ पाते थे और कहाँ से आलोचना का ईंधन जुटाते थे, यह हैरान करनेवाली चीज है।

जब डंकेल प्रस्ताव का सब कुछ उजागर होने लगा और उसके पीछे की सारी सोच और डरावनी मंशा दिखने लगी तब तो अमेरिका के अन्दर से कम यूरोप और सारी दुनिया से विरोध शुरू हुआ। और हालत यह हो गई कि सिएटल और

दोहा में बाहरी विरोध और समांतर वर्ल्ड सोशल फोरम बनाने तक का अभियान चला। जोजेफ स्टिग्लिट्ज जैसे अर्थशास्त्री अन्तरराष्ट्रीय मुद्रा कोष के सलाहकार की नौकरी छोड़कर विरोध में आए। विरोध में काफी लोग लिखने-बोलने लगे। पर असली दिक्कत आलोचना की नहीं विकल्प सुझाने की रही। और सच्चिदा जी उन अपवादों में रहे जिनके पास बहुत साफ विकल्प का मॉडल दिखा, भले उस पर दुनिया और हमारे यहाँ के शासक जमात के लोग चलने को तैयार हों न हों। अखबार भी मुश्किल से मिलनेवाले गाँव में नेट, मोबाइल और पुस्तकालयों से दूर बैठे इस लेखक की प्रतिभा का असली स्रोत वह ज्ञान रहा जो विश्वयुद्ध के बाद से ही अमेरिकी नीतियों (और सोवियत नीतियों) पर बारीकी से गौर करने से मिला था। इसलिए उनको डंकेल प्रस्ताव और उरुग्वे दौर से ही चीजें साफ समझने में दिक्कत नहीं रही। और एक हद तक अमेरिकी बाजारवाद का विरोधी रहने और सोवियत या पूरी कम्युनिस्ट नीतियों की बारीक समीक्षा के चलते उनको पश्चिमी मॉडल के विकास को लेकर कोई भ्रम न था। वे लेनिन और रोजा लक्जमबर्ग को मानने के चलते साम्राज्यवादी विस्तार और उसके बदलते स्वरूप को भी पहचानते थे। और गांधी, लोहिया, जेपी की शिक्षा से विकसित अपने देसी किस्म के समाजवाद और शासन ही नहीं उत्पादन के मॉडल की चर्चा भी वे करते रहे हैं। सो जब वर्ल्ड सोशल फोरम वगैरह के बाकी लोग भटकते-भटकते सस्टेनेबिलिटी, डायवर्सिटी और डिसेंट्रलाइजेशन की बात करने लगे तब तक सच्चिदा बाबू छोटे बाँध, छोटी कम्पनियों पर ग्राम समाज और बड़ी कम्पनियों पर कई गाँव या शहर के नियंत्रण समेत ऐसे कई व्यावहारिक सुझावों से लैस अपना विकल्प बार-बार सुझाने लगे।

पर वे जिस जगह रहे और बड़ी उम्र होने पर भी (अब वे 93 साल पूरे कर रहे हैं) इस दौर के आन्दोलनों में जिस किस्म से कई स्तर की भागीदारी करते रहे उसमें उनसे इस विषय में किताब की उम्मीद करना कुछ ज्यादती करना ही होता। लेकिन उनके कुल लेखन में इस दौर की लिखाई-पढ़ाई और उससे भी बढ़कर आन्दोलन को दी गई बौद्धिक खुराक का आकार-प्रकार ऐसा है कि एक क्या कई किताबों की सामग्री जमा हो सकती थी। इसीलिए रचनावली के इस खंड के इस दौर में उनकी लिखी सामग्री ही रखी गई है। समय और जगह का हिसाब न रखते हुए विषयवार समूह या उप-खंड बनाने की कोशिश जरूर की गई है लेकिन कहना न होगा कि अलग अवसर, अलग माध्यम और अलग मूड में लिखी गई चीजों में वह मेल तो नहीं ही दिखेगा जो एक सोची-समझी लिखी किताब में दिखता है। पर कई चीजें इस संयोजन को भी महत्त्वपूर्ण और दिलचस्प बनाती हैं। भूमंडलीकरण के इतिहास और पृष्ठभूमि से जुड़े कई लेख अगर आगे के लिए बहुत साफ आधार देते हैं तो सच्चिदा जी ने ऊर्जा, मशीन सूचना तकनीक, उपभोक्तावाद और पर्यावरण के सवाल को भी बहुत प्राथमिकता दी है। यह चीज गांधी, लोहिया, जेपी की धारा को आगे ले

जाती है और उसी सोच का आज का स्वरूप बताती है। सबसे महत्त्वपूर्ण सवाल अरबों उन लोगों की चिन्ता का है जो खेती-किसानी और पशुपालन पर जीवन बसर कर रहे थे और हजारों साल से पृथ्वी और पर्यावरण के अनुकूल जीवन विकसित करके हमें यहाँ तक ले आए हैं। आज वैश्वीकरण और इसके अगुआ लोग इसी जमात से मुँह मोड़ रहे हैं और इन्हें भुखमरी, महामारी और प्राकृतिक आपदाओं का शिकार होने के लिए छोड़ रहे हैं। आज कोई सबको भोजन, कपड़ा, मकान और स्वास्थ्य सुविधाएँ देने की बात नहीं करता।

और हम जिस विकल्प के लिए सच्चिदा जी के लेखन को महत्त्वपूर्ण मानते हैं, उससे जुड़ा लेखन भी महत्त्वपूर्ण है। और इस दौरान के उनके लेखन की सघन 'तलाशी' में पाँच-छह ऐसी बड़ी रचनाओं की उनकी समीक्षाएँ दिख गईं जो उनको ही नहीं दुनिया के लिए विकल्प ढूँढ़ने का आधार उपलब्ध कराती हैं। इनमें गांधी के 'हिन्द स्वराज' और क्रोपाटकिन के 'म्युचुअल ऐड' से लेकर आरवेल, डार्विन और स्टिग्लिट्ज तक की किताबों पर विस्तृत चर्चा है। फिर एकाधिक व्याख्यानों में बोलकर भी उन्होंने पूरे विकल्प का खाका पेश किया है। किसी भी एक किताब में इतनी सामग्री कहाँ मिलती है। हाँ एक निरन्तरता और मेल की कमी कोई पा सकता है। पर इसी उम्मीद से यह खंड तैयार किया गया है कि यह लेखक की रचनाओं के सबसे महत्त्वपूर्ण दौर का सबसे महत्त्व का भाग है। यह भले एक किताब की शक्ल में न आया हो लेकिन विचार, लेखन, भाषण और आन्दोलनात्मक सक्रियता मिलकर इसे किसी भी किताब लिखने से ज्यादा बड़ी चीज बना देते हैं।

—अरविन्द मोहन

30 जुलाई, 2021
दिल्ली

क्रम

भूमंडलीकरण और उसका बोझ

भूमिका

विज्ञापन के इस युग में शब्द प्राय: अर्थों को विस्थापित करने का काम करते हैं। आज सर्वाधिक चर्चित शब्द 'भूमंडलीकरण' यह भूमिका सफलतापूर्वक निभा रहा है। इस शब्द से यह भ्रम पैदा होता है कि यह ऐसी व्यवस्था है जिसमें अपने छोटे स्वार्थों से ऊपर उठ लोग सारे संसार के मंगल के लिए जुड़ जाएँगे, लेकिन भूमंडलीकरण के निहितार्थ इसके ठीक उलटा है। इससे निकलनेवाली 'सब जन हिताय सब जन सुखाय' की ध्वनि के विपरीत यह व्यवस्था सारे संसार को कुछ सशक्त पूँजीवादी प्रतिष्ठानों यानी बहुराष्ट्रीय कम्पनियों और उनके संकेन्द्रण के सबसे सबल केन्द्र अमेरिका के हितों की रक्षा का माध्यम बनी हुई है। संसार को एक करने की इसकी दृष्टि पूरी तरह एक आयामी है। यह सिर्फ व्यापार के लिए दुनिया को एक करना चाहती है—बाकी सारी बातें आनुषंगिक हैं। पूँजीवाद की मृत्यु कामना करते हुए कार्ल मार्क्स ने 1848 ईस्वी में ही कम्युनिस्ट घोषणापत्र में इसके गुणों का बखान यों किया था : "अपने उत्पादों के बाजार की तलाश बुर्जुआ को पूरे भूमंडल में दौड़ाती है। इसे अपना नीड़ सर्वत्र बनाना है, इसे हर जगह बसना है, इसे अपना सम्बन्ध सर्वत्र फैलाना है।" डेढ़ सौ साल के युगान्तरकारी उतार-चढ़ाव के बावजूद इसका यह मूल चरित्र यथावत है। आज जब स्वतंत्र व्यापार की बात होती है तो उसका एकमात्र अर्थ होता है सबसे सशक्त व्यापारिक प्रतिष्ठानों के लिए उन सारे क्षेत्रों को खोल देना जो अब तक इनकी पहुँच के बाहर रहे हैं। पूँजीवाद के विकास के काल में स्वतंत्र व्यापार का सिद्धान्त छोटे दायरों के लिए सीमित था—पश्चिम के नवोदित पूँजीवादी देशों के भीतर या उन्हीं देशों के बीच यह एक ऐतिहासिक प्रक्रिया के तहत ही वैश्विक बना है। इसके विकास के इतिहास पर नजर डालने से हम इसकी शक्ति के स्रोत को समझ पाएँगे और इस भ्रम से भी मुक्त हो जाएँगे कि 'उदारीकरण' शब्द के पीछे कोई उदार मन्तव्य है।

स्वतंत्र व्यापार के सिद्धान्त का प्रतिपादन अठारहवीं शताब्दी से होने लगा जब औद्योगिक क्रान्ति से ब्रिटेन और बाद में यूरोप के कुछ दूसरे देशों में नए तरह के उद्योगों पर आधारित पूँजीवाद का उदय हुआ। उस समय यूरोप के अधिकांश देशों में सामन्ती व्यवस्था कायम थी जिसके तहत व्यापारियों को तरह-तरह के आन्तरिक और बाहरी चुंगी और दूसरी बाधाओं का सामना करना पड़ता था। औद्योगिक क्रान्ति

से जब उत्पादन की मात्रा का तेजी से विस्तार हुआ तो अपने देश की सीमा से बाहर जा बड़े पैमाने पर व्यापार फैलाने की जरूरत महसूस की जाने लगी। इसके लिए व्यापार के सामने उपस्थित बाधाओं के विरुद्ध ही स्वतंत्र व्यापार (लेसे फेयर) का आर्थिक सिद्धान्त अर्थशास्त्रियों द्वारा प्रतिपादित होने लगा। उदारीकरण के नाम से आज इसी सिद्धान्त का गुणगान किया जा रहा है। एडम स्मिथ, जो इस सिद्धान्त का आदि प्रणेता था, स्वयं ब्रिटेन का निवासी था और चूँकि ब्रिटेन औद्योगिक क्षेत्र में अग्रणी था इसके लिए यह सिद्धान्त लाभकारी था।

इस सिद्धान्त के पक्ष में यह तर्क उपस्थित किया गया कि हर क्षेत्र को विशेष तरह के उत्पादन के लिए कुछ स्वाभाविक सुविधाएँ (नैचुरल एडवांटेज) होती हैं और खुले व्यापार और विनियम से सभी क्षेत्रों को अपने विशेष तरह के उत्पादन को विकसित करने का मौका मिलता है, लेकिन दूसरे देशों को यह साफ दिखाई देता था कि उस समय स्वाभाविक सुविधा सिर्फ ब्रिटेन को ही थी क्योंकि नए तरह के उद्योग-धन्धों के विकास में वह आगे निकल चुका था।[1] इसलिए उस समय तक इस दौड़ में पिछड़े जर्मनी जैसे देश 'उदारीकरण' के तर्क से कायल नहीं थे और उन्होंने अपने उद्योगों के विकास के लिए संरक्षण की नीति अपनाई। अमेरिका तो लगातार संरक्षण की नीति को लेकर चलता रहा। उसकी इस नीति में 1929 की विश्वव्यापी आर्थिक मन्दी के काल के बाद बदलाव आया, पर वह भी पूरी तरह नहीं।

लेकिन आज 'उदारीकरण' का अगुआ होने के बावजूद अमेरिका सदा अपने उद्योगों के हित में उन्मुक्त व्यापार की नीति का परित्याग करता रहा है। आज तक कोटा की व्यवस्था और 'मोस्ट फेवर्ड नेशन' के दर्जे में रखकर खास-खास देशों से विशेष व्यापारिक सम्बन्ध कायम रखने की इसकी नीति चालू है। जहाँ एक तरफ यह संसार में व्यापार की दृष्टि से 'समतल खेल के मैदान' की वकालत करता है वहीं अपने देश में कृषि उत्पादकों को विशाल पैमाने पर अनुदान (सब्सिडी) देता रहा है। मार्च 2002 में इसने इस्पात आयात पर 30 प्रतिशत चुंगी लगा समान प्रतियोगिता के सिद्धान्त की धज्जियाँ उड़ा दीं।[2] इससे यूरोप और जापान के साथ इसका गहरा मतभेद हो गया। यूरोपीय संघ ने अमेरिकी वस्तुओं पर इसी तरह की चुंगी लगाने की योजना बनाई। इससे पुराने तरह का व्यापारिक युद्ध फिर सामने आ गया जिसे समाप्त करना विश्व व्यापार संगठन का उद्देश्य बतलाया जाता रहा है।[3]

दरअसल उन्मुक्त व्यापार का सिद्धान्त सदा एक मिथक रहा है और अपने व्यापारिक हितों को सामने रख हर तरह के छल-बल का सहारा सक्षम औद्योगिक देश लेते रहे हैं। उन्मुक्त व्यापार का आदि ध्वजाधारक ब्रिटेन स्वयं शुरू से इस सिद्धान्त का अतिक्रमण करता रहा है। प्रारम्भिक दिनों में इसको अपने साम्राज्य के रूप में बन्धुआ बाजार प्राप्त था जिसमें वह अपनी सुविधा के अनुसार व्यापार का नियम बनाता रहा था। प्रथम विश्वयुद्ध के बाद इसने इस सम्बन्ध को 'इम्पीरियल प्रेफरेंस इन

ट्रेड रिलेशन्स' के नाम से सूत्रबद्ध किया। बाद में 1931 ईस्वी में इसने कॉमनवेल्थ ऑफ नेशन्स के नाम पर कनाडा एवं आस्ट्रेलिया के साथ विशेष तरह का व्यापारिक सम्बन्ध स्थापित किया। एक तरह से इस सिद्धान्त को मान्यता दे दी गई कि व्यापार के लिए सब कुछ करना जायज है। जब उन्नीसवीं शताब्दी में चीन की सरकार ने युवकों के स्वास्थ्य पर विपरीत प्रभाव को देख अफीम के व्यापार को प्रतिबन्धित किया तो ब्रिटेन ने उससे युद्ध छेड़ दिया जो वर्ष 1839 से 1841 तक चला और इसने चीन को न सिर्फ अफीम के व्यापार के लिए अपने देश को खुला छोड़ने को बाध्य किया बल्कि इसके कई महत्त्वपूर्ण व्यापारिक नगरों को अपने नियंत्रण में ले लिया, लेकिन मादक द्रव्यों के व्यापार को पश्चिमी देशों में खुला करने का यह तर्क स्वयं ब्रिटेन या अमेरिका अब कतई स्वीकार करने के लिए तैयार नहीं हैं। भारत के कपड़ा उद्योग को नष्ट करने के लिए तो अंग्रेजों ने जुलाहों के अँगूठे तक कटवा लिये थे।

भूमंडलीकरण नाम तो अब प्रचलित हुआ है, लेकिन पूँजीवाद के उदय से ही सभी पूँजीवादी प्रतिष्ठानों की महत्त्वाकांक्षा सारे संसार में अपना वर्चस्व फैलाने की रही है, लेकिन चूँकि कई देशों की सरकारें अपने यहाँ के पूँजीवादी प्रतिष्ठानों के हित साधन में लगी थीं राष्ट्रों के बीच संघर्ष पैदा होते थे। पहले ब्रिटेन का साम्राज्य दुनिया भर में फैला था इससे वहाँ एक तुष्टि का भाव था। जापान ने अपने पड़ोसी कोरिया पर और बाद में चीन के मंचूरिया पर अपना आधिपत्य कायम किया। 1940 ईस्वी में अपनी सेना को विजय अभियान में हिन्द चीन भेज जापान ने ब्रिटेन के कॉमनवेल्थ की तर्ज पर 'को-प्रोस्पेरिटी स्फेयर' (सह-सम्पन्नता का क्षेत्र) कायम करने की घोषणा कर दी। जर्मनी जो बीसवीं सदी में एक शक्तिशाली औद्योगिक देश बन चुका था, अन्य औद्योगिक देशों के साम्राज्य से घिरा महसूस करता था और इसी घेरे को तोड़ने के उसके प्रयास से दो विश्वयुद्ध हुए। दूसरे विश्वयुद्ध के पहले तो हिटलर ने यह घोषित भी कर दिया था कि जर्मनी 'रहने के ठाँव' (लीबेन्सरॉम) की तलाश में है। इस तरह पूँजीवाद के प्रारम्भ में राष्ट्रीय दायरों की प्रभुता के कारण वैश्विक बनने की तमन्ना पड़ोसी शक्तियों के प्रतिरोध से बाधित होती रही थी। वैश्वीकरण का अभियान पूँजीवाद को राष्ट्रीय दायरों से परे ले जाने की अभिलाषा की अभिव्यक्ति है।

द्वितीय विश्वयुद्ध ने दुनिया की स्थिति को बिलकुल बदल दिया। जापान और यूरोप के सभी औद्योगिक देश इस युद्ध में बुरी तरह ध्वस्त हो गए, लेकिन दो प्रतिरोधी राजनीतिक शक्तियों का उदय हो चुका था। एक तरफ अमेरिका न सिर्फ सैनिक दृष्टि से एक शक्तिशाली राष्ट्र के रूप में उभरा बल्कि औद्योगिक दृष्टि से भी एक मात्र अक्षत शक्ति बच गया था क्योंकि जापान और यूरोप के सभी औद्योगिक देश इस युद्ध में बुरी तरह ध्वस्त हो गए थे। रूस भी युद्ध से तहस-नहस हो चुका था, लेकिन एक सैनिक शक्ति के रूप में पश्चिमी यूरोप के देशों से ज्यादा शक्तिशाली होकर उभरा था। उधर 1948 ईस्वी से चीन में कम्युनिस्ट शासन स्थापित हुआ। ये समाजवादी

होने के दावे और अपने साम्राज्यवाद विरोधी नारों के कारण दुनिया भर में पूँजीवादी साम्राज्यवादी देशों के लिए चुनौती बन गए थे। अत: अब दुनिया मूलत: दो खेमों में बँट गई, जिसमें एक तरफ अमेरिका, पश्चिमी यूरोप और जापान थे और दूसरी तरफ रूस एवं चीन। बीच का एक तटस्थ पक्ष था जिस पर अपना प्रभाव जमाने के लिए दोनों खेमे लगे रहते थे। बीसवीं सदी का आखिरी दशक आते-आते सोवियत संघ के विघटन और चीन का पूँजीवादी बाजार व्यवस्था को मूल रूप से कबूल कर लेने के बाद अब एक ही खेमे का वर्चस्व दिखाई देता था जिसका नेतृत्व अमेरिका के हाथ में था। यह पूँजीवाद के लिए एक विश्व की स्थापना का सुनहरा अवसर था। 'भूमंडलीकरण' दरअसल पूँजीवाद की तात्कालिक एकछत्रता का उद्घोष है, लेकिन भूमंडलीकरण शब्द से जैसी एकता का भ्रम पैदा होता है हकीकत वैसी है नहीं। इसके भीतर अनेक तरह के अन्तर्विरोध हैं और कुछ तो आज भी मर्णांतक बने हुए हैं। पूँजीवाद की वर्तमान भूमंडलीकरण के स्तर तक पहुँचने की लम्बी प्रक्रिया रही है जिसमें भय और प्रलोभन दोनों की भूमिका थी। इस प्रक्रिया का संक्षिप्त विवरण प्रासंगिक है।

जब द्वितीय विश्वयुद्ध का अन्त करीब आया और धुरी राष्ट्रों (जर्मनी, इटली और जापान) की पराजय निश्चित लगने लगी तब युद्ध के बाद की अर्थव्यवस्था कैसी बने जिसमें पूँजीवाद सुरक्षित रह सके यह चिन्ता अमेरिका पर सवार हुई। इसी चिन्ता के मद्देनजर 1944 ईस्वी में अमेरिका के ब्रेटनवुड्स में एक सम्मेलन बुलाया गया जिसमें दुनिया की भावी अर्थव्यवस्था की रूपरेखा तय की गई। हालाँकि इसमें ब्रिटेन के सुप्रसिद्ध अर्थशास्त्री मेनार्ड कीन्स की भी भागीदारी थी, मूलत: यह अमेरिकी आयोजन था और उस समय की दुनिया की आर्थिक स्थिति को देखते हुए इस पर अमेरिकी प्रभाव होना स्वाभाविक था। ब्रिटेन, फ्रांस, जर्मनी एवं जापान के नगर, कल-कारखाने और कृषि व्यवस्थाएँ सब कुछ नष्ट हो चुकी थीं। करोड़ों की संख्या में लोग मारे जा चुके थे जिनमें बड़ी संख्या में जवान थे जो निर्माण कार्य के लिए जरूरी थे। सिर्फ अमेरिका बिलकुल निरापद था और युद्ध काल में औद्योगिक गतिविधियों के तेज होने से पहली बार पूर्ण रोजगार का अनुभव कर रहा था और सम्पन्नता के शिखर पर पहुँच गया था।

लेकिन पूँजीवादी व्यापारिक व्यवस्था की एक मजबूरी यह होती है कि यह अपने आप में पूर्ण नहीं हो सकता। इसके लिए यह अनिवार्य होता है कि इसे विनियम के लिए दूसरी आर्थिक इकाइयाँ उपलब्ध हों। अत: अमेरिका के लिए जरूरी था कि यूरोप और जापान की अर्थव्यवस्थाएँ फिर से खड़ी हो सकें। मूलत: इन्हें सहायता दे खड़ा करने के लिए ही अन्तरराष्ट्रीय मुद्रा कोष की कल्पना की गई थी। जो दो संस्थाएँ ब्रेटनवुड्स में खड़ी की गईं वे थीं विश्व बैंक (इंटरनेशनल बैंक फॉर रिकन्स्ट्रक्शन ऐंड डेवलपमेंट) और अन्तरराष्ट्रीय मुद्रा कोष। दोनों ही के मुख्य कार्यालय वाशिंगटन डी.सी. में थे। यह एक तरह से अमेरिकी वर्चस्व का पूर्वाभास था। इन संस्थाओं का घोषित उद्देश्य था दुनिया की ध्वस्त अर्थव्यवस्थाओं को फिर से खड़ा करना। इसी

के साथ एक ऐसे अन्तरराष्ट्रीय व्यापार संगठन को खड़ा करने का लक्ष्य रखा गया जो स्वतंत्र व्यापार के नियमों के पालन को दुनिया के व्यापारिक सम्बन्धों में सुनिश्चित कर सके, लेकिन कुछ अड़चनों के कारण उस समय अन्तरराष्ट्रीय व्यापार संगठन नहीं बनाया जा सका। इसकी जगह पर गैट (जेनरल एग्रीमेंट ऑन ट्रेड एंड टारिफ) कायम किया गया जिसका लक्ष्य व्यापार में संलग्न देशों की सहमति के आधार पर दुनिया के व्यापार को स्थिति के अनुसार नियमित करना था, लेकिन विश्व व्यापार संगठन बनाने का उद्देश्य सदा इसके सामने रहा। इस क्रम में आगे चल समझौते के 'उरुग्वे चक्र' के पूरा होने पर दुनिया के अधिकांश देशों का गैट समझौते पर हस्ताक्षर हुए जिससे विश्व व्यापार संगठन अस्तित्व में आया। इसकी पृष्ठभूमि में कुछ महत्त्वपूर्ण घटना क्रम था जिसकी छाया इस संगठन पर मँडराती रही।

अन्तरराष्ट्रीय व्यापार में विनियम का मौद्रिक आधार क्या हो इसको लेकर जो समस्या थी उसने द्वितीय विश्वयुद्ध के बाद एक ऐसा रूप लिया जिससे अमेरिका का आर्थिक वर्चस्व स्वत: संसार पर कायम हो गया। यों तो सोना इसका पारम्परिक माध्यम था, लेकिन बाद में किसी सर्वाधिक विश्वस्त मुद्रा में इसकी कीमत को आँक कर यह विनियम होता था। शुरू में यह मुद्रा पाउंड स्टर्लिंग थी। ब्रिटिश पाउंड की मान्यता ब्रिटिश साम्राज्य के पराभव के साथ ही खत्म हो चुकी थी। द्वितीय विश्व युद्ध के बाद अकेली अमेरिका की अर्थव्यवस्था थी जो अपनी मुद्रा डालर के एवज में सोना और उत्पाद दोनों प्रस्तुत कर सकती थी। इसलिए दुनिया के ज्यादातर देश अपने विनियम के लिए डालर का इस्तेमाल करने लगे। मेनार्ड कीन्स जैसे अर्थशास्त्री सदा यह चेतावनी देते रहे कि अन्तरराष्ट्रीय विनियम के लिए किसी एक देश की मुद्रा पर निर्भरता सदा आर्थिक असन्तुलन को जन्म देगी। फिर भी सभी देश चाहते थे कि उनके यहाँ डालर का पर्याप्त भंडार बना रहे।

यह स्थिति तब भी बनी रही जब जर्मनी और जापान की युद्ध के ध्वंस से निकली अर्थव्यवस्थाएँ अति सक्षम होकर उभरीं। इधर शीत युद्ध के कारण अमेरिका दुनिया की राजनीति में बुरी तरह उलझ गया। इससे उस पर संसार भर में सैनिक और असैनिक दोनों तरह के खर्च का बोझ बढ़ने लगा। 1965 ईस्वी के बाद, खासकर वियतनाम युद्ध में फँसने के बाद से यह बोझ इसकी आर्थिक क्षमता के हिसाब से असह्य होने लगा। अब अमेरिका विदेशी मुद्रा की आय से विदेशों में बढ़ते अपने खर्च का भार नहीं उठा सकता था। इसलिए इसने डालर की जमी धाक का नाजायज फायदा उठाना शुरू किया और विदेशों में अपने खर्च का भुगतान डालर छाप कर करने लगा।

लेकिन 1971 ईस्वी आते-आते विदेशी हाथों में डालर इतना अधिक हो गया कि अमेरिका उसके मूल्य के बराबर सोना एवज में नहीं दे सकता था। इस स्थिति से बचने के लिए 1971 ईस्वी में अमेरिका ने यह घोषणा कर दी कि अब वह डालर के बदले सोना नहीं देगा, लेकिन इसके बावजूद डालर के माध्यम से अन्तरराष्ट्रीय

व्यापार चलता रहा और पश्चिमी यूरोप के केन्द्रीय बैंकों में डालर के विशाल भंडार जमा हो गए जिन्हें 'यूरो-डालर' कहा जाने लगा। इन डालरों के एवज में अमेरिका के पास देने के लिए न पर्याप्त सोना था और न दूसरा उत्पाद। यह सब अमेरिका पर विदेशी कर्ज था जिससे वह अपनी व्यवस्था चला रहा था।

1972 ईस्वी में स्थिति इतनी खराब हो गई कि अन्तरराष्ट्रीय मुद्राकोष की कार्यकारिणी से यह सुझाव आने लगा कि डालर की जगह धीरे-धीरे रिजर्व मुद्रा के रूप में एस.डी.आर. (स्पेशल ड्रॉइंग राइट), जो एक वैश्विक विनियम का माध्यम था, ले ले। इस सुझाव के मुताबिक सभी विदेशी बैंक अपने यहाँ जमा डालर की राशि को अन्तरराष्ट्रीय मुद्रा कोष में जमा कर देते और उसके एवज में एस.डी.आर. ले लेते, लेकिन यह प्रस्ताव कई कारणों से लागू नहीं हो सका। मुख्य कारण तो अमेरिकी दबाव था। अमेरिका को यह नापसंद था क्योंकि एस.डी.आर. के प्रचलित हो जाने से इसकी यह सुविधा खत्म हो जाती कि अपना नोट छापकर यह दुनिया में कुछ भी खरीद लेता था। जर्मनी आदि इस परिवर्तन के लिए इसलिए उत्साहित नहीं थे क्योंकि उन्हें डर था कि इससे डालर का भारी अवमूल्यन होगा और अमेरिकी माल सस्ता होने से अन्तरराष्ट्रीय व्यापार में जर्मनी को घोर प्रतिस्पर्धा का सामना करना पड़ेगा। यह सुझाव अमली नहीं हो सका।

विभिन्न देशों के केन्द्रीय बैंकों ने जमा यूरोप डालर से मुनाफा कमाने की नई तरकीब निकाली। इन अनुपयोगी साबित हो रहे डालरों को बैंकों के माध्यम से उन्होंने तीसरी दुनिया को कर्ज के रूप में देना शुरू किया। सूद की दर काफी कम रखी गई जो बड़ा आकर्षण था। क्योंकि जहाँ मुद्रा स्फीति 4-5 प्रतिशत सालाना हो अगर सूद की दर 3 प्रतिशत हो तो कर्ज लगभग बिना सूद का साबित होगा और अगर मुद्रा स्फीति की दर काफी ऊँची हो तो कर्ज ऋणात्मक सूद पर उपलब्ध लगेगा। अगर तीसरी दुनिया में दिए गए कर्ज को 'सहायता' कहा जाता रहा है तो शायद इसके पीछे यही भावना काम करती रही हो। इस तरह तीसरी दुनिया और पूर्वी यूरोप के देशों पर भी यूरोप के लिए बेजरूरत डालरों से कर्ज का बोझ बढ़ने लगा। और इन देशों में कर्ज लेकर फिजूलखर्ची का मर्ज बढ़ने लगा, लेकिन 1979 ईस्वी में अमेरिका ने सूद की दर को बढ़ा कर 19 प्रतिशत कर दिया। अब तो तीसरी दुनिया के लिए कर्ज वापस करना असम्भव हो गया। अब नए कर्ज पुराने कर्ज की अदायगी के लिए ही लिये जाने लगे।

कर्ज लेने के पीछे बड़ा आकर्षण पश्चिमी ढंग का विकास करना था जिसके लिए पश्चिम से उद्योग और तकनीक का आयात और आधुनिक जीवन प्रदान करनेवाली उपभोग की वस्तुओं का आयात होना जरूरी था, लेकिन आधुनिक उद्योगों का स्वरूप ऐसा है कि संसार के ज्यादा-से-ज्यादा संसाधन का उपयोग कर एक छोटी आबादी को ऊँचा जीवन स्तर दिया जा सकता है। इसलिए ऐसा विकास तीसरी दुनिया की बड़ी आबादी के लिए मरीचिका ही बना रहा। उलटा इन देशों

के भीतर ही उन सुविधाओं के लिए, जो सीमित थीं, लोगों में आपसी संघर्ष होने लगे। वैश्वीकरण का एक आयाम यह भी है कि सामाजिक संघर्ष भी वैश्विक हो गए हैं। जो गरीब मुल्क हैं वहाँ तो ये संघर्ष खुले और हिंसक हैं ही, सम्पन्न देशों में भी नस्ल, मूल आदि के आधार पर प्रच्छन्न रूप से मौजूद हैं।

ऊपर की बातों से यह सहज ही देखा जा सकता है कि दो संगठनों, विश्व बैंक और अन्तरराष्ट्रीय मुद्रा कोष की स्थापना की स्थितियाँ ऐसी थीं कि इन पर अमेरिकी वर्चस्व को टाला नहीं जा सकता था, लेकिन शुरू में कम्युनिस्ट प्रभाव वाले देश इस व्यवस्था से बाहर थे और तीसरी दुनिया का अस्तित्व भविष्य में था, लेकिन एक नई व्यवस्था के लिए आधार तैयार हो गया था। भूमंडलीकरण उसी नींव पर खड़ी इमारत का नया विस्तार है। रूस और चीन में समाजवादी कही जानेवाली व्यवस्थाओं के ध्वस्त हो जाने के बाद दुनिया में आर्थिक एवं राजनीतिक प्रभुता का एक ही केन्द्र अमेरिका रह गया। नाटो के माध्यम से संसार में एकमात्र शक्तिशाली सैनिक शक्ति भी यही बच गया। इस तरह व्यावहारिक रूप में तो एक वैश्विक व्यवस्था कायम हो ही गई थी जिस पर अमेरिका का प्रभाव 'पैक्स अमेरिकाना' कायम हुआ। संयुक्त राष्ट्र संघ में रूस और चीन अब भी अपने 'वीटो' के साथ उपस्थित थे, लेकिन अब वे अमेरिका की मर्जी के खिलाफ वीटो का इस्तेमाल किसी महत्त्वपूर्ण मुद्दे पर नहीं कर सकते थे। अकेले अमेरिका ही अपनी सुविधा के अनुसार वीटो का इस्तेमाल करता रहा। इस तरह संयुक्त राष्ट्र संघ भी मूलत: अमेरिका के हित साधन का ही औजार बन गया है। इराक के मामले में हो, अरब-इज़रायल संघर्ष के मामले में हो, यूगोस्लाविया के मामले में या अफगानिस्तान के मामले में सभी जगह इसने या तो सीधा अमेरिकी नीति के अनुसार हस्तक्षेप किया है या अमेरिकी दबाव में मौन साध लिया है।

भूमंडलीकरण के नाम पर अब औद्योगिक पूँजीवादी व्यवस्था और इसकी उपभोक्तावादी संस्कृति को संसार के उन भागों पर लादने का प्रयास हो रहा है जहाँ अभी तक पारम्परिक या गैर-पूँजीवादी व्यवस्थाएँ थीं। अपनी हित रक्षा में अपने चरित्र के कारण पूँजीवाद कहीं भी अनियोजित विकास ही करता है। इससे क्षेत्रीय विषमताएँ उभरती हैं और जहाँ भी इसका पैर पड़ता है वहाँ सम्पन्नता और विपन्नता के ध्रुवों में अंचलों और समूहों का विभाजन होता है। इससे हर जगह आंचलिक या समूहों के बीच संघर्ष उभरते हैं। छोटी खेती और किसानों का अस्तित्व समाप्त होने लगता है और विशाल पैमाने पर बेरोजगारी फैलती है। यह प्रभाव चीन में विशेष तौर से देखा जा सकता है जहाँ पहले बेरोजगारी नहीं थी पर अब दसों करोड़ लोग बेरोजगार हो भटक रहे हैं। विशाल पूँजीवादी फार्मों का विकास होता है जिसमें नई जैविक तकनीकों का बड़े पैमाने पर प्रयोग होता है और इससे सम्बद्ध बीज और रसायन उत्पादन करनेवाली बहुराष्ट्रीय कम्पनियों का विस्तार होता है।

व्यापार के अन्तरराष्ट्रीय पैमाने के साथ-साथ विनियम की गति को तेज करना जरूरी होता है। इससे नए संचार माध्यमों का बड़े पैमाने पर विकास होता है। तत्काल इंटरनेट से ई-कॉमर्स की ओर संक्रमण इसी प्रक्रिया का परिणाम है। हालाँकि इससे यह भ्रम पैदा होता है कि संसार के लोग जुड़ रहे हैं और संसार एक 'वैश्विक गाँव' (ग्लोबल विलेज) बन गया है, दरअसल इससे सिर्फ संसार का एक सम्पन्न वर्ग ही अपने व्यापारिक या व्यावसायिक हितों के लिए एक-दूसरे से जुड़ता है। प्रत्येक क्षेत्र और देश में नए संचार माध्यमों से संसार से जुड़े समूह अपने ही आस-पास के बहुसंख्य वंचित समूहों से पूरी तरह कट जाते हैं। संसार का एक नया विभाजन सूचना समृद्ध और सूचना से वंचितों के बीच होता है।

इन सब कारणों से दुनिया भर में स्थानीय संघर्षों की बाढ़ आती है। चूँकि वर्तमान केन्द्रित राज्यों की शक्ति और हथियारों की क्षमता बहुत बढ़ गई है, इनके खिलाफ संघर्ष प्राय: आतंकवादी रूप ग्रहण करते हैं। इससे अराजक स्थितियाँ तो पैदा होती हैं, लेकिन कोई समाधान नहीं निकलता। हिंसक संघर्षों का सिलसिला अटूट बनता जाता है जिससे समाधान की बजाय सर्वनाश की सम्भावना बढ़ती है। दुनिया के गैर-औद्योगिक देशों को आधुनिक औद्योगिक व्यवस्था में तब्दील करने की प्रक्रिया में संसार के संसाधनों का तेजी से दोहन होता है तथा औद्योगिक उत्सर्जन से पर्यावरण का संकट पैदा होता है। अमेरिका के रुख से स्पष्ट है कि अपनी समृद्धि को कायम रखने के लिए यह दुनिया के नष्ट होने का जोखिम उठाने को तैयार है। इस विनाश से बचने के लिए वैकल्पिक औद्योगिक ढाँचा और वैकल्पिक ऊर्जा स्रोतों की जरूरत भी महसूस की जाने लगी है।

पुस्तक में प्रकाशित अधिकांश लेख भूमंडलीकरण की इस प्रक्रिया के दौर में पैदा विभिन्न सामयिक समस्याओं पर केन्द्रित हैं। नई सदी पर पड़ने वाली इसकी छाया का भी एक लेख में विवेचन है। कुल मिलाकर एक चिन्ताजनक छवि उभरती है। अगर भूमंडलीकरण इसके प्रचलित अर्थ में अमंगलकारी है तो विकल्प क्या हो सकता है? इसका विकल्प निश्चित ही स्थानीयता और विकेन्द्रीकरण पर आधारित होगा। किसी-न-किसी तरह की समुदायवादी और समाजवादी मूल्यों की ओर वापसी जरूरी होगी। समाजवादी कही जानेवाली व्यवस्थाओं के जो भयावह अधिनायकवादी रूप उभरे और जैसी आदर्शहीनता से वे ध्वस्त हुए उसको देखते हुए अब वैसी व्यवस्था की तरफ तो लौटा नहीं जा सकता। क्या समाजवादियों द्वारा कभी यूटोपिया कहकर खारिज की गई व्यवस्थाओं में हम अपने भविष्य के लिए कुछ तत्त्वों की तलाश कर सकते हैं? या फिर नए समाज के मूल्य क्या होंगे? आदि प्रश्नों से जुड़े कुछ लेख भी विचार के लिए प्रस्तुत किए गए हैं।

1

विकास की वर्तमान दिशा सिर्फ आर्थिक नीतियों का परिणाम नहीं बल्कि एक खास तरह की दृष्टि और आधुनिक औद्योगिक सभ्यता के केन्द्रीय मूल्यों का परिणाम है, जो आर्थिक नीतियों के पीछे भी हैं। यों तो ये मूल्य व्यापारिक हैं, लेकिन इनकी शक्ति का स्रोत एक व्यापक विश्वदृष्टि है। इस दृष्टि को बनाने में अनेक वैचारिक धाराओं का योगदान रहा है, लेकिन इसे साफ तौर से अभिव्यक्ति और आधार मिला मार्क्स और डार्विन के सिद्धान्तों से।

इस वैचारिक युग (मार्क्स-डार्विन युग) की शुरुआत 1948 में मार्क्स-एंगेल्स के 'कम्युनिस्ट घोषणापत्र' के प्रकाशन से मानी जा सकती है। इस घोषणापत्र में मानव समाज को अनिवार्य रूप से विकासशील माना गया है और यह कहा गया है कि उनकी परिणति 'कम्युनिज्म' की स्थापना में होगी। इस विचार के अनुसार कम्युनिज्म के पहले मानव समाज के विकास को वर्गों के द्वन्द्व से ऊर्जा मिलती आ रही है क्योंकि विकास द्वन्द्वात्मक होता है। कम्युनिज्म की स्थापना के बाद मानव समूहों का आपसी द्वन्द्व समाप्त हो जाएगा और विकास की ऊर्जा मनुष्य और प्रकृति के संघर्ष से मिलेगी। इस विकासवादी सिद्धान्त को 'कम्युनिस्ट घोषणापत्र' के प्रकाशन के एक दशक के भीतर ही प्रकाशित डार्विन के विकासवाद के सिद्धान्त से भारी बल मिला। इस सिद्धान्त के अनुसार प्रकृति की विभिन्न प्रजातियों में अपने को अस्तित्व में रखने के लिए अनवरत होड़ रही है और इसमें मनुष्य अन्य जीवों की अपेक्षा परिवेश के अनुकूल बनने को अपनी क्षमता के बल पर विकास की चोटी पर स्थापित हो गया है। कुछ विचारकों ने इस प्रक्रिया को 'अधिकतम सक्षम' के जीवित बचने के सिद्धान्त (सरवाइवल ऑफ द फिटेस्ट) के रूप में देखा।

इस तरह यूरोप के नवोदित पूँजीवादी समाज की औद्योगिक होड़ भी अस्तित्व की होड़ के पहलू के रूप में देखी जाने लगी। इस दृष्टि का एक अतिवादी रूप फासीवाद था, जो श्रेष्ठ मनुष्यों द्वारा निम्न कोटि के मनुष्यों पर शासन और उनका शोषण किया जाना आवश्यक मानता था। इसी दृष्टि की एक अभिव्यक्ति यह भी थी कि अपनी सक्षमता के कारण आधुनिक औद्योगिक अर्थव्यवस्था और पश्चिमी सभ्यता सभी परम्परागत सभ्यताओं और अर्थ व्यवस्थाओं को नष्ट कर देगी और उन्हें अपने साँचे में ढाल देगी।

मार्क्स ने बड़े स्पष्ट रूप से इस प्रक्रिया को बाकी समाजों के विकास के लिए अवश्यम्भावी माना था। इस विचारधारा से औपनिवेशिक शोषण को परोक्ष समर्थन भी मिलता रहा। प्रच्छन्न रूप से सभी पश्चिमी समाजों में यह दृष्टि रंगभेद की नीति के रूप में मौजूद है।

ऐसे में कुल मिलाकर जो युगदृष्टि बनी और जिसे आधुनिकता का आधार माना जाता रहा है, उसके अनुसार मनुष्य निरन्तर भौतिक रूप से आरोहण के पथ पर है और इस आरोहण में यह लगातार प्रकृति की शक्तियों पर विजय प्राप्त कर अपनी समृद्धि का विस्तार कर रहा है और समृद्धि का यह विस्तार सीमाहीन है। ठोस रूप से यह समृद्धि उपभोग की नई वस्तुओं का आविष्कार करने और उनका अम्बार लगाने में है। अर्थशास्त्री (जिन पर यह वैचारिक माहौल हावी था) उत्पादन पर सीमा के दो ही कारण मानते थे—पूँजी या श्रम का अभाव, लेकिन इन दोनों का विस्तार जरूरत के अनुसार हो सकता था। एक सीमा अगर लग सकती थी तो वह बाजार के अभाव से ही लग सकती थी।

लेकिन समाजवादी अर्थशास्त्रियों की दृष्टि में बाजार का अभाव पूँजीवादी आर्थिक प्रणाली का परिणाम है और उसे राष्ट्रीयकरण और नियोजन से दूर किया जा सकता है।

लगभग डेढ़ सौ साल से अर्थशास्त्री बाजार के सिकुड़न और फैलाव (ट्रेड साइकिल) के कारणों को लेकर विवाद करते रहे हैं, लेकिन प्राकृतिक संसाधनों का अभाव भी औद्योगिक विकास पर कोई सीमा लगा सकता है, यह अर्थशास्त्र का मुद्दा कभी नहीं बना। यह बात कुछ अचरज में डालनेवाली है क्योंकि यह सामान्य बुद्धि की बात है कि प्रकृति में उपलब्ध सीमित संसाधनों के बल पर असीमित मात्रा में उपभोग की वस्तुओं का उत्पादन असम्भव है, लेकिन पिछली दो सदियों में जिस पैमाने पर औद्योगिक विकास सम्भव हुआ था, उसको शाश्वत मान लेने का आग्रह इतना जबरदस्त था कि अर्थशास्त्रियों के लिए दूसरी सम्भावनाओं की कल्पना करना भी मुश्किल था।

हाँ, इस विकास की दिशा और गति पर प्रश्नचिह्न लगाना मुश्किल भी था क्योंकि इस विकास से समाज के शक्तिशाली वर्गों का स्वार्थ भी जुड़ा हुआ था। इन वर्गों का विकास सीधे आधुनिक उद्योगों के ढाँचे से जुड़ा हुआ है।

आधुनिक उद्योगों के ढाँचे में ही गैर-बराबरी और स्तरों में विभाजन (हायरार्की) निहित है। आधुनिक उद्योगों की उत्पादन पद्धति और प्रबन्धन का आकार एक पिरामिड की तरह होता है। इनमें निचले स्तरों पर श्रम ज्यादा होता है। उत्पादन प्रक्रिया जैसे-जैसे आगे बढ़ती है वैसे-वैसे शुरुआती अनगढ़ पुर्जे अधगढ़ होते जाते हैं और इनके संयोजन से जटिल मशीन या वस्तु की निर्मिति होती है। उत्पादन के अन्तिम चरण तक पहुँचते-पहुंचते हम अति जटिल और पूरी तरह तैयार मशीन या

वस्तु पाते हैं। उत्पादन के विभिन्न स्तरों पर नीचे से ऊपर की ओर बढ़ते हुए श्रम भी अधिक दक्ष और शीर्ष स्थानों पर दक्ष होकर तकनीकी विशेषता का रूप ग्रहण कर लेता है। इसी के समानान्तर प्रबन्धन भी जटिल होता जाता है।

चूँकि निचले स्तरों का श्रम किसी शारीरिक क्रिया को बार-बार दुहरानेवाला होता है, आवश्यकता के अनुसार इन स्तरों पर श्रमिकों का काम स्वचालित यंत्रों को लगाकर कराया जा सकता है। शीर्ष स्थानों पर ही तकनीकी विशेषज्ञों और प्रबन्धकों के सामने उत्पादन प्रक्रिया, बाजार की स्थिति, आपूर्ति और बिक्री की पूरी जानकारी होती है। इस तरह दक्ष श्रमिकों और तकनीक तथा प्रबन्धन विशेषज्ञों के काम की जानकारी उद्योगों के लिए अपरिहार्य होती है। इस कारण औद्योगिक व्यवस्था में असली शक्ति विशेषज्ञों के समूह के हाथ होती है। उनकी अनिवार्यता और शक्ति के अनुपात में ही औद्योगिक ढाँचे के अलग-अलग स्तरों पर काम करनेवाले लोगों की आय और सुविधाएँ भी होती हैं।

आधुनिक उद्योगों के ढाँचे में निहित विषमता की समझ के अभाव के कारण समाजवादियों में यह विचार फैला रहा कि आधुनिक औद्योगिक समाज की विषमता सिर्फ निजी स्वामित्व के कारण है। एक बार उद्योगों का स्वामित्व समाज के हाथ में आ जाएगा तो विषमता स्वयं मिट जाएगी, लेकिन हमारे अपने देश में सरकारी क्षेत्रों के उद्योगों में फैली घोर विषमता और स्वयं चीन, रूस जैसे देशों में, जो अपने को समाजवादी कहते रहे हैं, आय और सुविधाओं की गैर-बराबरी इस विचार को झुठला रही है। समाजवादी कहे जानेवाले देशों में विकास और औद्योगिक क्षमता के वे ही प्रतिमान अपनाए जा रहे हैं जो पूँजीवादी देशों के हैं। यह उद्योगों के चरित्र के अनुरूप व्यवहार की विवशता है। इसके बगैर आधुनिक उद्योग अपनी पूर्ण क्षमता में काम नहीं कर सकते।

इस सिलसिले में एक अन्य बात पर विचार करना जरूरी है, जिसे मार्क्स के बाद के समाजवादी विचारकों द्वारा नजरअन्दाज कर दिया गया था। मार्क्स ने वर्तमान औद्योगिक प्रक्रिया में निहित बेगानेपन (एलिअनेशन) की समस्या को अत्यधिक महत्त्व का बतलाया था। उसने बताया था कि इस बेगानेपन की समस्या का कारण श्रमिकों का उत्पादन प्रक्रिया के साथ कोई वैसा भावात्मक लगाव नहीं होना है, जैसा पहले के उद्योगों में उत्पादन प्रक्रिया के साथ होता था। इस तरह श्रमिक का श्रम उसकी अपनी सृजनशीलता से कटकर अलग हो जाता है और उसका काम (श्रम) बिलकुल उबाऊ हो जाता है, लेकिन मार्क्स ने यह नहीं बतलाया कि इस समस्या का समाधान कैसे होगा।

मार्क्स के बाद तो उद्योगों का ढाँचा उत्तरोत्तर ऐसा ही होता गया है, जहाँ श्रमिकों को अपने श्रम के प्रति कोई निजत्व का भाव नहीं होता। बल्कि अब तो यह हो रहा है कि औद्योगिक प्रक्रिया की बढ़ती जटिलता के कारण इसमें उपयोगी होने के लिए आवश्यक योग्यता हासिल करने की असमर्थता के कारण दिनोदिन वैसे

लोगों की संख्या बढ़ती जा रही है, जो न सिर्फ बेरोजगार हो रहे हैं बल्कि नए तरह के रोजगार के लिए स्थायी रूप से अयोग्य भी बनते जा रहे हैं। चूँकि तकनीक का आधुनिकीकरण जीवन के सभी क्षेत्रों में फैलता है। यंत्रीकरण की यह प्रक्रिया सिर्फ उद्योगों में ही नहीं सेवा के क्षेत्रों—जैसे बैंक, होटल, अस्पताल, यातायात आदि—में भी होती है। इससे यह अयोग्यता भी रोजगार के सभी क्षेत्रों के लिए होती है।

आधुनिक औद्योगिक समाज की जरूरतों को पूरा करने के लिए प्रशिक्षण एक आयामी होता है, जिसमें वर्षों तकनीकी ज्ञान के लिए घोर प्रतिस्पर्धा के वातावरण में दिगामी ड्रिल (कवायद) करवाई जाती है। इसमें जो थोड़े से लोग सफल हो पाते हैं, उनके लिए सन्तोजषजनक काम और जीवन की सुविधाओं के रास्ते खुल जाते हैं। बाकी लोग सरकारी अनुदान पर जीवित रहने को विवश होते हैं। वे ऐसे महत्त्वहीन कामों में लगा दिए जाते हैं, जिनमें किसी कौशल या भावनात्मक तुष्टि की गुंजाइश नहीं होती।

इस तरह यंत्रीकरण और कम्प्यूटरों के बढ़ते प्रयोग के साथ-साथ न सिर्फ रोजगार की सम्भावना सीमित होती जा रही है बल्कि काम करने लायक श्रमिकों का एक बड़ा हिस्सा समाज के लिए फालतू और अप्रासंगिक बनता जा रहा है। जो लोग इस तरह समाज के लिए अप्रासंगिक हो रहे हैं, वे लोग सम्पत्ति के स्वर्ग अमेरिका में भी नारकीय जीवन बिताने को विवश हैं और वहाँ ऐसे लोगों की संख्या 10 से 15 प्रतिशत है।

पिछले दशक में तेज औद्योगिक विकास और शस्त्रास्त्र तथा उपभोग की वस्तुओं के विशाल पैमाने पर उत्पादन के बावजूद इंग्लैंड में 13-14 प्रतिशत, जर्मनी में 9 प्रतिशत, फ्रांस में 10-11 प्रतिशत, अमेरिका में 6-7 प्रतिशत और जापान में भी 5 प्रतिशत के आस-पास काम करने लायक लोग बेरोजगार हो रहे थे। इस दशक की मन्दी ने इस रफ्तार को और तेज किया है। अगर हम इस संख्या में फौज में भर्ती लोगों को जोड़ दें तो बेरोजगारी की स्थिति और भी विषम दिखाई देगी। पूर्व कम्युनिस्ट देशों का तो सारा कुछ चौपट हो गया है और वहाँ आज बेरोजगारी कितनी है, उसे मापने में कोई भी पैमाना कारगर नहीं हो सकता।

भारत समेत तीसरी दुनिया में इस औद्योगिक अर्थव्यवस्था के कारण मानव श्रम का तिरस्कार हो रहा है और कीमती आयातित मशीनों और तकनीकी ज्ञान पर बेशुमार खर्च हो रहा है। इसके कारण सम्पन्नता के कुछ द्वीप बन रहे हैं और देश के बाकी भूभागों का वैसा ही औपनिवेशिक शोषण हो रहा है, जैसा पश्चिमी पूँजीवादी देशों द्वारा दुनिया भर में फैले उनके उपनिवेशों का होता था।

इस प्रक्रिया से कच्चे माल और ऊर्जा के लिए देश के जंगल अन्धाधुंध कट रहे हैं और खनिज क्षेत्रों को खदानों का बीहड़ बनाया जा रहा है। इन क्षेत्रों में रहनेवाले लोग, जिनमें ज्यादा संख्या आदिवासियों की है, अपनी आँखों के सामने बेबसी से अपने पारम्परिक जीवन के आधार को नष्ट होते देख रहे हैं। इसी तरह जल-विद्युत

और सिंचाई के लिए विशाल बाँध बनाए जा रहे हैं, जिससे जंगल डूब रहे हैं और उनमें रहनेवाले मनुष्य और पशु विस्थापित हो रहे हैं।

उद्योगों को सस्ता कच्चा माल देने और मजदूरी कम रखने के लिए अनाज का भाव कम रखा जाता है। इनसे होनेवाले कृषि के शोषण के फलस्वरूप ग्रामीण अर्थव्यवस्था नष्ट हो रही है और लोग गाँव छोड़कर जीविका की तलाश में नगरों की गन्दी बस्तियों की आबादी बढ़ा रहे हैं।

औद्योगिक जरूरतों की पूर्ति के लिए तेजी से कृषि का व्यवसायीकरण हो रहा है। इससे आत्मनिर्भर गाँव कुछ खास तरह की कृषिजन्य वस्तुओं के विक्रेता बनकर उद्योगों पर निर्भर हो रहे हैं। इसके अलावा नई कृषि के चलते अब बीज, उर्वरक और कीटनाशक दवाओं के लिए वे देशी इजारेदारों और विदेशी बहुराष्ट्रीय कम्पनियों पर निर्भर होते जा रहे हैं। औद्योगिक वस्तुओं और कृषिजन्य वस्तुओं की कीमतों का ऐसा अनुपात बना रहता है कि नई कृषि की बढ़ती उत्पादकता के बावजूद उसका फायदा किसानों को नहीं मिलता और कृषि क्षेत्र की कर्जदारी दिनोदिन बढ़ती जा रही है। लेकिन तीसरी दुनिया के लोग यह भ्रम पाले हुए हैं कि इस विकास के माध्यम से वे भी एक दिन विकसित औद्योगिक देशों के समकक्ष हो जाएँगे। यह बात शायद ही किसी के दिमाग में आती है कि पश्चिमी देशों की वर्तमान समृद्धि को लाने में संसार के संसाधनों का शोषण हुआ था और समृद्धि को बनाए रखने के लिए आज भी परोक्ष रूप से सारे संसार के संसाधनों का बड़े पैमाने पर शोषण जारी है।

लोगों की समझ में यह बात क्यों नहीं आती, इसका एक बड़ा कारण यह भी है कि वह वर्ग, जो देश के लिए सोचता है और देश की मानसिकता बनाता है खुद सुविधाभोगी है। वह तो गरीब देशों के भीतर की सम्पन्नता के द्वीपों का हिस्सा है, और अपने देशों की बहुसंख्यक आबादी का शोषण कर आज भी वैसी सुविधाओं का हिस्सेदार है, जो सम्पन्न औद्योगिक देशों के मध्यम वर्ग को उपलब्ध हैं।

इस तरह हम देखते हैं कि गाँवों से, खनिज क्षेत्रों से और वन प्रान्तों से विपरीत दिशाओं में चलनेवाले विकास के दो रास्ते फूट रहे हैं। एक रास्ता इन क्षेत्रों की सम्पदा का अपहरण कर नगरों के सम्पन्न इलाके बना रहा है, जिनमें मुट्ठी-भर लोग मौजमस्ती की जिन्दगी बिताते हैं और दूसरा रास्ता इन क्षेत्रों के लोगों की जीविका के आधार को नष्ट कर उन्हें नगरों की धूल फाँकने के लिए ले जाता है। दोनों रास्ते एक-दूसरे से मिलते हैं और वे एक-दूसरे के पूरक हैं : बहुसंख्यक लोगों की विपन्नता से थोड़े से लोग सम्पन्न बन रहे हैं। इन क्षेत्रों के विस्थापित लोग सड़क बनाने, ईंट की भट्ठियों में मजदूरी करने, बोझा ढोने, रिक्शा चलाने, मकान बनाने की दिहाड़ी मजदूरी करने, घरों में झाड़ू-पोंछा का काम करने के लिए नगरों की गंदी बस्तियों में कीड़ों की जिन्दगी जीने को मजबूर होते हैं। आधुनिक औद्योगिक विकास का सब्जबाग देखने या दिखानेवाले लोग वे हैं जो विकास के पहले रास्ते

से सम्पन्नता के मजे ले चुके हैं। दूसरे रास्ते की जिन्दगी, जो भारी बहुसंख्यक की जिन्दगी है, उनके लिए एक बन्द दुनिया है, जिसका एहसास उन्हें भयानक त्रासदी का कोई झटका ही दिला सकता है।

पूरे देश को लें तो यह दिखाई देता है कि इस विकास से वह औद्योगिक देशों पर दिनोदिन अधिक निर्भर होकर घोर कर्जदारी में डूब रहा है। अब तक भारत पर विदेशी कर्ज लाखों करोड़ का हो गया है और यह स्थिति बन रही है कि नया मिलनेवाला कर्ज पुराने कर्जों की अदायगी की किस्तें देने के लिए भी काफी नहीं होगा।

अपनी निहित गैर-बराबरी, बेगानेपन और मनुष्यों के एक बड़े हिस्से को अप्रासंगिक बनाने की अमानुषिकता के बावजूद वर्तमान सभ्यता ने लोगों को उपभोक्तावादी होड़ की जंजीर में ऐसा जकड़ रखा है कि अगर वह एस्केलेटर, जिसकी चर्चा पहले की गई है, निरन्तर ऊपर की तरफ चलता रहे तो लोग ऊपर चढ़ने की सम्भावना की आशा में इस सभ्यता का मोह नहीं छोड़ेंगे, लेकिन इस एस्केलेटर के निरन्तर ऊपर बढ़ते या चढ़ते रहने के लिए यह जरूरी है कि वस्तुओं और सेवाओं का सीमाहीन विस्तार होता रहे। ऐसे सीमाहीन विस्तार का मिथक आधुनिक सभ्यता का आवश्यक अंग है। इस विचार पर सीमा की कल्पना तक नहीं हुई जब तक यह माना जाता रहा कि प्राकृतिक संसाधनों का अभाव उत्पादन पर कोई सीमा नहीं लगा पाएगा, लेकिन पिछले दो दशकों की कुछ घटनाओं से यह मोहभंग होने लगा है और इसी के साथ मार्क्स-डार्विन युग का सुखस्वप्न भी (जिस पर आधुनिक सभ्यता टिकी रही है) भंग होता दिखाई देता है।

साठ के दशक में 'लिमिट्स ऑफ ग्रोथ' नाम से प्रसारित एक रपट (जिसे 'क्लब ऑफ रोम' के नाम से विख्यात उद्योगपतियों और तकनीकी विशेषज्ञों के एक समूह ने तैयार किया था) और अब पृथ्वी सम्मेलन जैसे आयोजनों के मार्फत इस सम्भावना की ओर इशारा किया जाने लगा है कि ऊर्जा के पारम्परिक स्रोतों के सूखने, संसाधनों के अभाव तथा प्रदूषण आदि के कारण वर्तमान उत्पादन का सिलसिला सिर्फ 2020 ईस्वी तक ऊपर की ओर चलेगा और उसके बाद नीचे गिरेगा और जीवनस्तर वहीं पहुँच जाएगा जहाँ वह 1930 ईस्वी में था।

तमाम ऊपरी आशावादिता के बावजूद अब मौजूदा विकास की सम्भावनाओं के प्रति गहरा संशय छाने लगा है। आज दुनिया के अधिकांश चिन्तक और वैज्ञानिक इस बात की चेतावनी दे रहे हैं कि विकास का वर्तमान रास्ता विनाश की ओर ले जानेवाला है। मौजूदा औद्योगिक ढाँचे को चलानेवाले लोग भी प्राकृतिक परिवेश के संरक्षण और पर्यावरण के सन्तुलन की बात करने लगे हैं, भले ही उनके काम इस भावना के विपरीत पड़ते हों। विचारों में यह परिवर्तन एक नए युग के आगमन का सूचक है। इस तरह कम्युनिस्ट घोषणापत्र के प्रकाशन के डेढ़ सौ साल बाद हम एक नए युग का जन्म देख रहे हैं, जिसे हम सुविधा के लिए गांधी का युग कह सकते हैं।

इस युग (गांधी युग) के साथ अलग तरह की विश्वदृष्टि जुड़ी है। इसमें मनुष्य की नियति प्रकृति पर या वनस्पति जगत समेत अन्य प्राणियों पर विजय प्राप्त करना नहीं, उनके साथ एक नए तरह का तादात्म्य स्थापित करना है। आज पर्यावरण की सुरक्षा, जो अन्य जीवों और वनों की रक्षा से जुड़ी है, मानव प्रजाति के स्वयं जीवित रहने की अनिवार्य शर्त दिखाई देने लगी है। पर्यावरण के सन्तुलन को बनाए रखने के लिए विकास के लक्ष्य को बिलकुल बदल देना जरूरी दिखाई देता है।

इस दृष्टि में आदमी की जरूरतों को बढ़ाने और इसके लिए उपयोग की वस्तुओं के असीम विस्तार की जगह आत्म-नियंत्रण पर बल दिया जाता है, वस्तुओं का उत्पादन वहीं तक हो, जितना मनुष्य के शारीरिक और आध्यात्मिक विकास के लिए जरूरी है—उपभोग का ऐसा स्तर जो न इतना कम हो कि अभाव से आक्रान्त मनुष्य की सारी ऊर्जा आवश्यक उपभोग की वस्तुएँ जुटाने में ही लग जाए और ना ही इतना ज्यादा कि वस्तुओं का अम्बार लगाने में ही मनुष्य का सारा कार्यकाल और कल्पना खत्म हो जाए। यह दूसरी स्थिति वर्तमान उपभोक्तावादी संस्कृति की है, जहाँ फ्रिज, मोटरगाड़ी, वाशिंग मशीन, वैक्यूम क्लीनर और बीसियों अन्य उपकरण समय बचाने के लिए जुटाए जाते हैं पर जिन्हें जुटाने के लिए सारी जिन्दगी काम करने और धेला-धेला जोड़ने में लगा दी जाती है। और जो थोड़ा अवकाश काम के बाहर मिलता है वह इनके रखरखाव, मरम्मत और खरीदगी में चला जाता है। यह भी पशु की जिन्दगी है, जहाँ आदमी भौतिक जरूरत से ऊपर उठकर चेतना के जीवन में प्रवेश नहीं कर पाता।

इस नई दृष्टि के साथ समता का सिद्धान्त भी अभिन्न रूप से जुड़ा हुआ है। जैसा कि हमने ऊपर देखा, आधुनिक औद्योगिक अर्थव्यवस्था के लिए गैर-बराबरी और स्तरों में विभाजन जुड़े हैं। इसी से आर्थिक एस्केलेटर की निचली सीढ़ियों पर अवस्थित लोगों के लिए ऊपर की ओर आरोहण भी जरूरी हो जाता है। निचले वर्गों के लोगों को इसी आरोहण की आशा में अपनी स्थिति से सन्तुष्ट रखा जा सकता है, लेकिन उत्पादन के अनियंत्रित विस्तार के रुकने का मतलब है एस्केलेटर का बन्द हो जाना। इसमें असन्तोष और सामाजिक विस्फोट के बीज हैं। एक समता-मूलक समाज में ही यह सम्भव होगा कि लोग जरूरी वस्तुओं से ही सन्तुष्ट रह सकें, क्योंकि किसी के पास वैसी गैर-जरूरी वस्तुओं का अम्बार नहीं होगा, जिन्हें पाने के लिए लोग लालायित होकर होड़ में लग जाते हैं। इस तरह पर्यावरण सन्तुलन के लिए यानी औद्योगिक उत्पादन के विध्वंसकारी रूप को नियंत्रित करने के लिए भी समतामूलक समाज की स्थापना अनिवार्य है।

गांधी का नाम इस नई विश्वदृष्टि के साथ जोड़ा गया है क्योंकि गांधी ने इस सदी के प्रारम्भ में ही स्पष्ट शब्दों में 'शैतानी सभ्यता' कहकर भौतिक वस्तुओं को केन्द्र में रखनेवाली वर्तमान पश्चिमी सभ्यता का निषेध किया था, लेकिन गांधी के

पहले और बाद भी अनेक चिन्तक और आन्दोलन हुए हैं, जिन्होंने इस नई चेतना को जन्म देने में महत्त्वपूर्ण भूमिका अदा की है। इनमें स्वयं गांधी को प्रेरणा देनेवाले रस्किन, टालस्टाय, थोरो आदि हैं।

एक महत्त्वपूर्ण चिन्तक प्रिंस क्रोपाटकिन (जिनका नाम अराजकतावादियों के साथ जोड़ा जाता है) का विचार भी इस चेतना का महत्त्वपूर्ण अंग है। प्रिंस क्रोपाटकिन ने 'पारम्परिक सहायता' नामक अपनी पुस्तक में जीवों के और मानव समाज के विकास में भी संघर्ष के बजाय पारस्परिक सहयोग को अधिक महत्त्वपूर्ण माना। अब बहुत से वैज्ञानिक, जो जीवों के आचार-व्यवहार का अध्ययन करते हैं (एथोलॉजिस्ट), इस नतीजे पर पहुँचे हैं कि अनेक जीव स्वभाव से न सिर्फ अपनी प्रजाति के सदस्यों के साथ सहयोग करते हैं बल्कि दूसरी प्रजातियों के साथ भी इस तरह का सहयोग करते हैं, जो पारस्परिक रूप से उनके अस्तित्व के लिए अपरिहार्य होता है।

इसी तरह ई.एफ. शुमांखर ने श्रमबहुल तकनीकी पर जोर देकर अर्थशास्त्र के क्षेत्र में नई दिशा देने की कोशिश की और 1973 ईस्वी में (जो वैचारिक संक्रमणकाल भी था) 'स्मॉल इज ब्यूटीफुल' नामक पुस्तक में मध्यम ढंग की तकनीकी (यानी जो न तो बिलकुल मानव श्रम पर आधारित हो और न अति आधुनिक तकनीकी पर) के आधार पर पूरे समाज के गठन की बात की।

विचारों के स्तर पर बदलाव के साथ-साथ वर्तमान औद्योगिक समाज में निहित निर्मम प्रतिस्पर्धा के खिलाफ पश्चिमी दुनिया में भी समय-समय पर भावनात्मक विद्रोह होते रहे हैं। साठ और सत्तर के दशक में वर्तमान समाज के स्थापित मूल्यों के खिलाफ हिप्पी का आन्दोलन और छात्र आन्दोलन हुए। इसी तरह अन्धाधुंध विकास के विरोध के प्रतीक रूप में पुराने मुहल्लों (नेबरहुड) के जीर्णोद्धार के लिए आन्दोलन चलाए गए। इन आन्दोलनों में पुराने मुहल्लों को नष्ट कर आधुनिकीकरण के नाम पर निर्माण उद्योग को बढ़ावा दिए जाने का विरोध किया गया। इसी तरह पर्यावरण को केन्द्र में रखनेवाला ग्रीन (हरित) आन्दोलन जर्मनी तथा यूरोप के अन्य देशों में राजनैतिक दल का रूप ले चुका है।

नए मूल्यों की रोशनी में सम्पन्नता के अनेक मानक (जैसे राष्ट्रीय आय) हास्यास्पद दिखाई देने लगे हैं। सिगरेट, तम्बाकू तथा शराब आदि का उत्पादन भी आज राष्ट्रीय आय में जोड़ा जाता है जबकि असल में ये समाज के लिए नुकसानदेह और ऋणात्मक हैं। इनसे पैदा होनेवाले कैंसर या अन्य बीमारियाँ किसी भी कसौटी पर लोगों की सम्पन्नता या सुख बढ़ानेवाली नहीं कही जा सकतीं। वैसे ही कोई भी आदमी, जिसकी आँखों पर आधुनिक व्यापारी समाज का चश्मा नहीं चढ़ा है, प्रदूषण पैदा कर मानव जीवन को खतरे में डालनेवाले औद्योगिक उत्पादनों को राष्ट्रीय आय में शुद्ध जोड़ नहीं मानेगा। इसी तरह नरसंहार के लिए बनाए जानेवाले

विभिन्न अस्त्र-शस्त्र, जिनका उत्पादन भी राष्ट्रीय आय में गिना जाता है, असल में पूरी तरह ऋणात्मक है।

इससे भी बढ़कर आधुनिक औद्योगिक समाज की जीवन पद्धति ऐसी हो गई है कि आदमी के पास वस्तुओं का जखीरा लगता है और उसका सुख-चैन खत्म हो जाता है तथा मानसिक तनाव और स्वभाव की विकृतियाँ विक्षिप्तता का रूप ग्रहण कर लेती हैं। बड़ी संख्या में आत्महत्या, नशाखोरी और मानसिक चिकित्सा की जरूरत जीवन का अनिवार्य अंग बन जाती है।

जैसे-जैसे आधुनिक सभ्यता के ये पक्ष लोगों की निगाह के सामने आने लगे हैं, वस्तुओं को केन्द्र में रखनेवाले मूल्यों की जगह मनुष्य को केन्द्र में रखनेवाले मूल्यों पर आधारित नई सभ्यता की जरूरत महसूस होने लगी है, लेकिन नए मूल्यों का एहसास ही समाज को नई दिशा देने के लिए काफी नहीं। इसके लिए ठोस शुरुआत कैसे हो सकती है इस पर भी विचार करना जरूरी है।

चूँकि केन्द्रीय नियोजन से अनेक स्थापित स्वार्थ जुड़े हुए हैं, सबसे पहले केन्द्रित नियोजन को खत्म कर नियोजन को विकेन्द्रित कर देना जरूरी होगा। इससे नियोजन का आधार वर्तमान बड़े उद्योगों और सम्पन्न वर्गों की आवश्यकता के अनुसार कुछ भौतिकी लक्ष्यों की प्राप्ति के बजाय आम लोगों की बुनियादी जरूरतों की पूर्ति के लिए उत्पादन करना हो सकेगा। इसके हिसाब से सत्ता के विकेन्द्रीकरण को प्राथमिकता देनी होगी। वर्तमान नियोजन में चाहे वह केन्द्रीय सरकार की हों अथवा निजी क्षेत्र के विशाल प्रतिष्ठानों द्वारा नियोजन, इन दोनों ही में थोक उत्पादन के ही लक्ष्य निर्धारित होते हैं जैसे कुछ करोड़ टन इस्पात, कुछ करोड़ टन पेट्रोलियम, कुछ करोड़ टन कोयला, कुछ हजार अदद मोटरगाड़ियाँ, कुछ करोड़ मेगावाट बिजली की क्षमता आदि। इन लक्ष्यों के निर्धारण के पीछे बड़े औद्योगिक या अन्य प्रतिष्ठानों द्वारा प्रस्तुत माँग होती है या कपड़ा जैसी उपभोग की वस्तुओं के मामले में वर्तमान खपत के आधार पर अनुमानित अग्रिम उत्पादन के लक्ष्य। लेकिन वर्तमान खपत बाजार की माँग या क्रय शक्ति और इसकी सीमा के भीतर लोगों की पसन्द को प्रतिबिम्बित करती है, लोगों की वास्तविक आवश्यकता को नहीं। सोवियत संघ में भी काफी ऐसी वस्तुओं का उत्पादन होता रहता था जिनके लिए उपभोक्ता नहीं थे, जबकि लोगों को आवश्यक वस्तुओं का अभाव रहता था। दूसरी ओर गैर-जरूरी वस्तुओं के उत्पादन का लक्ष्य बना लिया जाता है और फिर सम्पन्न लोगों में विज्ञापन द्वारा उनके लिए बाजार पैदा किया जाता है। इसके विपरीत अगर नियोजन नीचे से हो यानी पंचायतों या प्रखंडों के स्तर पर हो तो नियोजन का आधार लोगों की जरूरतें होंगी।

गाँव के लोगों की बुनियादी आवश्यकताएँ अभी तक इतनी उपेक्षित रही हैं कि उनकी पूर्ति के लिए गाँवों में सब प्रकार के श्रम और कौशल को क्रियाशील करने

की जरूरत होगी। इससे बेरोजगारी स्वत: मिटेगी और रोजगार के बढ़ने से लोगों की क्रय शक्ति और आवश्यक वस्तुओं का बाजार भी फैलेगा। नीचे से नियोजन में काफी हद तक पारम्परिक कौशल, जो ऊपरी नियोजन से खत्म हो रहे हैं, नई आवश्यकताओं के अनुरूप बनाए जा सकेंगे और इसके आधार पर गाँव का निर्माण सम्भव होगा। काफी हद तक गाँवों में सड़क, अस्पताल, स्कूल, पुस्तकालय, भवन और लोगों के आवास निर्माण का काम स्थानीय श्रम, कौशल और संसाधनों के आधार पर हो सकता है। इनके लिए बड़े इस्पात कारखानों या सीमेंट कारखानों द्वारा निर्मित वस्तुओं की जरूरत नगण्य होगी। आवास के लिए जलवायु के उपयुक्त और स्थानीय रूप से उपलब्ध साधनों के आधार पर लगभग सभी जगह जरूरत के हिसाब से भवन निर्माण का कौशल परम्परागत रूप से उपलब्ध है। इस प्रकार के निर्माण में अक्सर स्थापत्य का ज्ञान रहता है और साथ ही कलात्मकता भी अद्‌भुत होती है।

खर, बाँस, लकड़ी, ताड़ और नारियल की लकड़ी या पत्ते से निर्मित घरों की एक विशेषता यह है कि इन्हें बनाने में, उपयोग में, आनेवाली वस्तुएँ घरों का जीवनकाल खत्म होने पर हवा, जल और कीटाणुओं की क्रिया से पुन: मिट्टी में बदल जाती हैं और खाद बनकर उत्पादन चक्र में शामिल हो जाती हैं। इनका स्थान लेने के लिए नई लकड़ियाँ, खर, बाँस आदि फिर तैयार हो जाते हैं। इनके विपरीत ईंट, खपरैल आदि बनाने में मिट्टी की ऊपरी उपजाऊ परत हमेशा के लिए खेती के लिए बेकार हो जाती है। हजारों साल तक इन्हें फिर वापस मिट्टी में नहीं मिलाया जा सकता। इसलिए ईंट, खपरैल आदि के आधार पर गाँवों में रहनेवाले करोड़ों लोगों को आवास नहीं दिया जा सकता। इसी तरह सीमेंट तैयार करने में लगातार चूना पत्थर की खुदाई में उनके भंडार का ह्रास हो रहा है और इसमें ऊर्जा की भारी खपत होती है। पारम्परिक आवास लगभग पूरी तरह स्थानीय रूप से उपलब्ध उद्‌भिज पदार्थों में प्राप्त वस्तुओं से तैयार होते हैं और उनके निर्माण से पर्यावरण सन्तुलन नहीं बिगड़ता। इन्हें आग आदि से बचाया जाए ऐसी समस्याएँ जरूर नए विज्ञान के लिए चुनौती रहेंगी।

विकेन्द्रित ढाँचे में ग्रामीण अर्थव्यवस्था यथासम्भव आत्मनिर्भर होगी और जहाँ तक हो सकेगा, स्थानीय संसाधनों के आधार पर लोगों की जरूरत के हिसाब से वस्तुओं के निर्माण की योजना बनाई जाएगी। इसमें कृषि तथा विभिन्न वस्तुओं का निर्माण करनेवाले स्थानीय उद्योग एक-दूसरे की आवश्यकताओं की पूर्ति करेंगे। विनियम इस अर्थव्यवस्था में भी होगा, लेकिन विनियम का स्वरूप अन्तरराष्ट्रीय न होकर, जैसा कि वह आज है, स्थानीय होगा, जिनमें विनियम का दायरा कुछ ऐसी वस्तुओं को छोड़कर, जो स्थानीय रूप से उपलब्ध नहीं है, प्रखंड या प्रमंडल के स्तर पर होगा। ऐसे क्षेत्रों में कृषि, उद्योग और स्वयं विभिन्न उद्योग भी एक-दूसरे के पूरक होंगे और शेष के भीतर के संसाधनों श्रम और कौशल का पूरा-पूरा

उपयोग करेंगे। इसमें एक उद्योग की आवश्यकताएँ अन्य उद्योगों के लिए बाजार उपलब्ध कराएँगी—जैसे कपड़ा उद्योग कपास, रंग, साबुन, कताई तथा बुनाई की मशीनों का बाजार बनाएँगे।

अभी भारत में जीवन की आवश्यक वस्तुओं का ऐसा घोर अभाव है कि लोगों की जरूरतों की पूर्ति के लिए नीचे से नियोजन करने में सभी लोगों के श्रम और कौशल का पूरा उपयोग करना जरूरी हो जाएगा। अदक्ष और दक्ष श्रमिक दोनों ही निर्माण कार्य और उद्योगों में लगेंगे। लोगों को शिक्षित करने में गाँव के शिक्षित लोगों को काम मिलेगा। इंजीनियरों को निर्माण और उद्योगों में काम मिलेगा, डॉक्टरों को लोगों के स्वास्थ्य की देखभाल में पूरा समय देना होगा। यह जरूर है कि डॉक्टरों और इंजीनियरों का प्रशिक्षण समाज की आवश्यकता के अनुसार ढालना होगा और उसमें व्यवसाय-बुद्धि के बजाय सही वैज्ञानिक दृष्टि और ज्ञान पर बल दिया जाएगा ताकि तकनीकी ज्ञान की आवश्यकता के अनुरूप ढालने लायक सोच हो सके, न कि भारतीय डॉक्टरों और इंजीनियरों की वर्तमान स्थिति बनी रहे, जहाँ वे बाहर से आयातित ज्ञान को बिना देश या बीमार व्यक्ति की जरूरत को समझे कठमुल्लों की तरह इस्तेमाल किया करते हैं।

ऐसे गाँवों और छोटे शहरों के लिए ऊर्जा की जरूरत मूलत: छोटी पनचक्कियों, छोटी पनबिजली योजनाओं, वायु-प्रवाह, सौर ऊर्जा उद्भिज व गोबर गैस और कुछ कामों के लिए बैल, घोड़े आदि से पूरी होगी। ऊर्जा के ये सभी स्रोत ऐसे हैं, जो करोड़ों वर्ष तक उपलब्ध होते रहेंगे। यहाँ एक बात की ओर ध्यान दिलाना जरूरी है। हम सब इस वैकल्पिक विकास की बात करते हैं तो हम यह भी मानकर चलते हैं कि यह एक ऐसा समाज होगा जिसमें केन्द्रीय स्थान होगा ग्रामीण व्यवस्थाओं का और उनकी कुछ विशेष आवश्यकताओं की पूर्ति के लिए बिखरे हुए छोटे-छोटे शहर होंगे, जो शिक्षा के केन्द्र, छोटे परिमाण में पर आवश्यक विनियम के केन्द्र और ऐसे उद्योगों के स्थान होंगे, जिन्हें गाँवों के स्तर पर नहीं लगाया जा सकता।

वर्तमान में ऊर्जा का बहुत अधिक खर्च विशेषकर तेज परिवहन पर होता है और वह इसलिए कि अर्थव्यवस्था का आधार बड़े उद्योग और अन्तरराष्ट्रीय विनियम है। बड़े उद्योगों के इर्द-गिर्द स्वत: बड़े नगर बस जाते हैं और फिर इन नगरों के लोगों की जरूरत की पूर्ति के लिए अन्य उद्योग और इनमें काम करनेवाले लोगों की भीड़ बढ़ती जाती है। इस तरह नगरों का लगातार विस्तार होता जाता है। लिहाजा नगर इतने विशाल हो जाते हैं कि उनमें काम पर पहुँचने या अन्य जरूरतों की पूर्ति के लिए लोगों को लम्बी दूरी तय करनी होती है। इस कारण नगरों की यह मजबूरी होती है कि तेज वाहनों की व्यवस्था करें। तेज वाहनों पर भारी मात्रा में ऊर्जा खर्च होती है और वह ऐसी होती है कि उसे केन्द्रित ऊर्जा उत्पादन या वितरण के जरिये ही प्राप्त किया जा सकता है। इसी तरह अन्तरराष्ट्रीय विनियम के लिए तेज

यातायात और संचार-व्यवस्था की जरूरत होती है। इससे बड़े और तेज वायुयान, पानी के विशाल जहाज, भारी मोटरगाड़ियों आदि के लिए ऊर्जा का इन्तजाम करना होता है। अन्तरराष्ट्रीय विनियम में औद्योगिक प्रतिस्पर्धा की खास भूमिका होती है। इससे बड़े और तेज वायुयान, पानी के विशाल जहाज, भारी मोटरगाड़ियों आदि के लिए ऊर्जा का इन्तजाम करना होता है। अन्तरराष्ट्रीय विनियम में औद्योगिक प्रतिस्पर्धा की खास भूमिका होती है। इससे अक्सर अमेरिका में तैयार मोटरगाड़ियाँ, कम्प्यूटर तथा अन्य वस्तुएँ भारी मात्रा में जापान और जर्मनी भेजी जाती हैं और जापान और जर्मनी में निर्मित ये ही वस्तुएँ अमेरिका भेजी जाती हैं। इसके विपरीत स्थानीय उद्योगों की जरूरत की पूर्ति करनेवाले उद्योगों के लिए ऐसे निरर्थक निर्यात और आयात पर कोई ऊर्जा खपत नहीं करनी होगी। इसी तरह गाँवों या छोटे शहरों में रहनेवाले लोगों का काम पर जाने या अन्य जरूरतों की पूर्ति के लिए परिवहन पर कोई खर्च नहीं करना होगा।

केन्द्रीय रूप से उत्पादित और वितरित ऊर्जा के सम्बन्ध में कुछ तथ्य विचारणीय हैं। एक ऊर्जा विशेषज्ञ ऐमौरी लोविंस के अनुसार इंग्लैंड में किए गए एक अध्ययन से यह नतीजा निकला था कि उपभोक्ता द्वारा ऊर्जा पर खर्च किए गए 100 सेंट में सिर्फ 29 सेंट ही ऊर्जा की कीमत थी और बाकी 71 सेंट तो ऊर्जा के वितरण के खर्च के लिए उसे चुकाने पड़े। इससे यह नतीजा निकलता है कि ऐसी ग्रामीण व्यवस्था में, जिसमें ऊर्जा के स्थानीय स्रोत ही होंगे, उपभोक्ताओं को एक-तिहाई खर्च से उतनी ही ऊर्जा उपलब्ध हो सकती है, जितनी उन जगहों में, जहाँ ऊर्जा का उत्पादन और वितरण केन्द्रित है। इंग्लैंड में कुल ऊर्जा का 26 प्रतिशत परिवहन पर 66 प्रतिशत घर आदि को गरम रखने में और सिर्फ 8 प्रतिशत ही बिजली के रूप में ऐसे कामों पर खर्च किया जाता है, जिनके लिए बिजली का उपयोग अनिवार्य है।[1] यही नहीं ऊर्जा का जो 66 प्रतिशत ताप पहुँचाने में काम आता है, उसे भी 55 प्रतिशत पानी के उबाल से कम तापमान का ताप पहुँचाने के लिए इस्तेमाल किया जाता है। इसका अर्थ यह है कि 55 प्रतिशत ऊर्जा सूरज की किरणों से बहुत कम खर्च पर सीधे उपयोग के लिए प्राप्त की जा सकती है, अगर ताप पहुँचाने की केन्द्रित व्यवस्था की जगह ऊर्जा का उपयोग वहीं हो, जहाँ उसे सूरज से लिया जाए। सौर ऊर्जा के लिए कीमती संयंत्रों की जरूरत तभी पड़ती है, जब उसे बिजली में बदला जाए। चूँकि ऐसे कामों के लिए ऊर्जा की खपत की आवश्यकता बहुत कम होती है, ऐसे संयंत्रों पर खर्च करना मुश्किल नहीं होगा और दीर्घकालीन परिप्रेक्ष्य में यह भी सस्ता पड़ेगा क्योंकि एक बार ऐसे संयंत्र लगा देने के बाद ईंधन पर कोई खर्च नहीं आएगा और जो भी खर्च आएगा, वह सिर्फ संयंत्रों के रखरखाव और उनकी मरम्मत पर ही आएगा।

चूँकि विकेन्द्रित अर्थव्यवस्था में परिवहन पर खर्च बहुत ही कम हो जाएगा, इसके लिए आवश्यक ऊर्जा सौर बैटरी (बैटरी पर चलनेवाली वाहनों के लिए)

से या जमीन से पैदा होनेवाले खर, घास-पात, भूसे की गैस या गन्ने से प्राप्त अल्कोहल से उपलब्ध हो सकेगी। भारत ऐसे देश में खासकर स्थानीय परिवहन और ढुलाई के लिए बैल, घोड़े, ऊँट, खच्चर आदि का प्रयोग होता रहेगा क्योंकि आज भी अधिकांश गाँवों में और कुछ हद तक नगरों में भी माल ढोने का ज्यादा काम इनसे ही लिया जाता है। इनकी उपयोगिता तभी खत्म होती है जब परिवहन की दूरी बहुत बढ़ जाती है और तेज रफ्तार आवश्यक हो जाती है। चूँकि ये पशु प्रकृति के जीवन चक्र के स्वाभाविक अंग होते हैं, वे कम-से-कम खर्च यानी चारे, भूसे से ये ज्यादा-से-ज्यादा ऊर्जा देते हैं। इनका मलमूत्र, खाद और गैस का स्रोत है और चमड़ा औद्योगिक वस्तुओं के लिए उपयोगी। गोबर गैस के घर-घर प्रसार से न सिर्फ खाना पकाने के लिए ईंधन और रोशनी की सस्ती व्यवस्था हो सकेगी बल्कि खेतों के लिए उम्दा किस्म की सस्ती खाद की भी उपलब्धता भारी मात्रा में हो सकेगी, जो आज ईंधन के लिए गोबर और घास-पात जला देने से नष्ट हो जाती है। खेती के लिए उर्वरकों की खपत घटाई जाएगी और जैविक (ऑरगैनिक) खाद उसका स्थान लेगी, जिसके लिए उत्पत्ति-विज्ञान (जेनेटिक्स) की नई उपलब्धियों का पूरा योगदान लिया जा सकेगा।

जैसाकि पहले कहा गया है, इस तरह की व्यवस्था समतामूलक समाज में ही सम्भव है। जहाँ लोगों की आय में घोर गैर-बराबरी हो, वहाँ इस तरह की व्यवस्था नहीं चल सकती। अगर देश में ऐसे प्रतिष्ठान बने रहें, जहाँ थोड़े से लोगों की आय सामान्य लोगों की आय से बहुत अधिक है या बड़ी जोतों में दूसरों के श्रम के शोषण के आधार पर कुछ लोगों की आमदनी बहुत अधिक है, तो यह व्यवस्था नहीं चल पाएगी। यह सम्भव नहीं होगा कि इंजीनियरों, डॉक्टरों या अन्य कौशल वाले लोगों को गाँवों में काम करने के लिए उनकी जरूरत की पूर्ति भर का वेतन दिया जाए जबकि अन्य जगह ऐसी ही योग्यता वाले लोगों की आमदनी कई गुना अधिक हो। गैर-बराबरी की अर्थव्यवस्था में निहित प्रतिस्पर्धा के कारण दुनिया के संसाधनों की रक्षा नहीं हो सकती और न ही इसमें बुनियादी जरूरतों पर आधारित नीचे से नियोजन की सफलता सम्भव है। इसलिए गैर-बराबरी के खिलाफ जेहाद नई विकास नीति का आवश्यक अंग होगा।

इस सारी प्रक्रिया की शुरुआत राजनीतिक सत्ता को विकेन्द्रित करने के संकल्प से ही शुरू हो सकती है क्योंकि केन्द्रित राजनीतिक सत्ता पर अनिवार्य रूप से बड़े लोगों का प्रभाव रहता है। केन्द्रीय नियोजन भी इनके लाभ को ध्यान में रखकर किया जाता है। इसका जवाब विकेन्द्रीकरण ही हो सकता है।

सन्दर्भ और टिप्पणियाँ

भूमिका

1. आज तो 'नैचुरल एडवांटेज' सिर्फ उन देशों की है जिन्होंने अधुनातन तकनीकी दक्षता हासिल कर ली है और सारे संसार के संसाधन औद्योगिक उत्पादों में तब्दील होने के लिए वहीं पहुँचते हैं; या उन स्थानों पर पहुँचते हैं जहाँ वहाँ की विशाल कम्पनियाँ उत्पादन करना चाहती हैं।
2. प्राय: अमेरिका की अपनी आंतरिक राजनीति इसकी अन्तरराष्ट्रीय नीतियों पर हावी रहती है। कुछ लोगों का मानना है कि राष्ट्रपति बुश के लिए ओहियो और पेंसिल्वानियाँ के मतदाता विशेष तरह से महत्त्वपूर्ण हैं और इस्पात उद्योग के बन्द होने से 1,90,000 मजदूर और 6,00,000 दूसरे सेवानिवृत्त पेंशनधारी लोग बुरी तरह प्रभावित होते हैं। इस दबाव ने इस नीति को प्रभावित किया होगा।
3. दरअसल यूरोपीय संघ मामले को विश्व व्यापार संगठन के सामने लाया और अमेरिका दोषी पाया गया और उस पर हर्जाना ठोका गया।

1. मौजूदा विकास की दिशा

1. ये आँकड़े कुछ पुराने हैं, लेकिन कमोबेश पैटर्न यही बना रहता है।

मूल्यबोध

1

पूँजीवाद और सोशलिज्म अब एक-दूसरे के विकल्प नहीं रह गए हैं। उनका रूप भले ही कुछ भी क्यों न हो, दोनों ही समाज को उन्हीं दबावों, निषेधों और मानदंडों के मुताबिक गढ़ना चाहते हैं, जो औद्योगिक व्यवस्था ने पिछली तीन शताब्दियों में अपने विकास के दौरान हमारी दुनिया पर थोपे हैं। इसके चलते पूँजीवाद और सोशलिज्म दोनों ही उत्पादन और वितरण की कमोबेश एक जैसी पद्धति अपनाने को बाध्य होते हैं। रिफार्मेशन या प्रोटेस्टेंट आन्दोलन के बाद यूरोपीय समाज पर जो मूल्य हावी रहे उन्हें इस औद्योगिक व्यवस्था ने आत्मसात कर लिया है। शुरुआती दौर में यूरोपीय समाज पर कालविनिस्ट नीतिशास्त्र हावी रहा। हम सब यह जानते हैं कि कालविनिस्ट नीतिशास्त्र ने सांसारिक सफलता (इसमें व्यापार और उद्योग में सफलता को अत्यधिक महत्त्व दिया गया), को दैवी-कृपा का प्रमाण बताकर उसे औदात्य प्रदान किया। कालविनिज्म ने किफायत, उद्यम, संयम और दायित्वबोध का गुणगान करते हुए पृथ्वी पर ईश्वर का राज्य कायम करने के लिए उन्हें आवश्यक बताया। इस नीतिशास्त्र के तहत सांसारिक सफलता दैवी आशीर्वाद और अनुकम्पा है और उसे प्राप्त करने के लिए प्रतियोगिता व प्रतिस्पर्धा जायज हैं। 19वीं सदी के उत्तरार्ध में इस कालविनिस्ट मूल्य व्यवस्था पर चार्ल्स डार्विन के विकासवादी विचारों से उद्‌भूत इहलौकिक (सेक्यूलर) मूल्यों की एक नई व्यवस्था का आरोपण हुआ। अपने चरम रूप में डार्विन के विचार सामाजिक डार्विनवाद के रूप में अभिव्यक्त हुए और यह माना गया कि योग्यतम ही जीवित रहता है या रह सकता है (सरवाइवल ऑफ द फिटेस्ट)। डार्विनवाद ने भी प्रतियोगिता और प्रतिस्पर्धा का ही गुणगान किया और यह माना गया कि जो प्रतियोगिता में सफल होते हैं वे ही मानव जाति के श्रेष्ठ व बेहतर लोग हैं। यह नीतिशास्त्र, 19वीं शताब्दी से पश्चिमी समाज पर जिस भौतिकवादी लोकाचार (एथोस) का अत्यधिक प्रभाव पड़ा था, उसके बहुत अनुकूल था। इसके आर्थिक और नृजातीय (नस्ली) निहितार्थ भी थे।

इस दृष्टिकोण के अनुसार सिर्फ समाज में ही निम्न वर्ग नहीं होते, प्रकृति में भी निम्न मनुष्य होते हैं। जिस तरह निम्न वर्ग का शोषण उचित है उसी तरह उच्च या श्रेष्ठ जातियों या नस्लों द्वारा निम्न जातियों या नस्लों को गुलाम बनाना और

उन पर आधिपत्य कायम करना उचित और प्राकृतिक है। यही सृष्टि का नियम है। इस दृष्टिकोण का नतीजा यह हुआ कि समाज में यह विचार गहरा पैठा दिया गया कि वनस्पति और प्राणि जगत के उच्चावच क्रम (हायरार्किक) के समानान्तर मानव जगत में भी सोपानवत क्रम होता है (और होना चाहिए)। इसका यह मतलब बना कि असमानता केवल एक अनिवार्य और अवश्यम्भावी वस्तु नहीं है वरन सामाजिक विकास की एक आवश्यक प्रेरक शक्ति है। इससे श्वेत लोगों द्वारा अश्वेत लोगों का विनाश व उन्मूलन करने और उन्हें गुलाम बनाने को जायज ठहराया जा सका। यहाँ यह याद रखना चाहिए कि कोलम्बस के अमेरिका की खोज करने के बाद से ही अश्वेतों को गुलाम बनाने और उन्हें विनष्ट करने का सिलसिला चल पड़ा और इसी के चलते यूरोप और अमेरिका में औद्योगिक क्रान्ति का आधार खड़ा हो पाया। हिटलर पश्चिमी समाज की इसी मूल्य व्यवस्था का स्वाभाविक वारिस था। उसने तो यहाँ तक कह डाला कि सभ्यता के विकास और निर्माण के लिए मनुष्य ने पहले चरण में पशुओं का इस्तेमाल करना सीखने के पूर्व हीन मनुष्यों को गुलामों के रूप में इस्तेमाल करना सीखा था। अभी यूरोप और अमेरिका में, काम करने के लिए आए हुए गैर-यूरोपीय लोगों के खिलाफ जो हिंसा बढ़ रही है वह इसी मनोवृत्ति और नस्लवादी मूल्यों की एक और अभिव्यक्ति है।

आधुनिक औद्योगिक व्यवस्था और उसके इर्द-गिर्द सभ्यता के जो आदर्श विकसित हुए हैं, वे इन मूल्यों की परम्परा से अलग और असम्पृक्त नहीं हैं। ये मूल्य पश्चिमी टेक्नोलॉजी और औद्योगिक प्रबन्धन (मैनेजमेंट) की संरचना में घुले-मिले हुए हैं। यह औद्योगिक व्यवस्था भी यह मानती है कि जो सफलता की नृशंस होड़ में पीछे रह जाते हैं उनकी ओर ध्यान देने की कोई जरूरत नहीं; वे त्याज्य माल हैं।

1880 के दशक में फ्रेडरिक विनस्लो टेलर के अध्ययन और सिद्धान्तों के चलते औद्योगिक प्रबन्धन और उद्योगों के संगठन में एक भारी बदलाव आया।

अमेरिका के गृहयुद्ध के बाद प्रतियोगिता और प्रतिस्पर्धा का बढ़ना इस बदलाव का एक बड़ा कारण था। विनस्लो टेलर ने अधिकाधिक उत्पादन करने के उद्देश्य से काम के दौरान मजदूरों के बीच-बीच में काम छोड़कर सुस्ताने और इधर-उधर टहलने की स्वाभाविक प्रवृत्तियों को समाप्त करने के लिए समय और गतिशक्ति (मोशन) का अध्ययन किया और इस अध्ययन के निष्कर्षों के मुताबिक कारखाने में काम करने की एक नई पद्धति इस्तेमाल की जाने लगी। इससे मजदूरों को उत्पादन का पुर्जा मात्र बना दिया गया। नई पद्धति यह थी कि मजदूरों के काम को इस तरह बाँटा या विभाजित कर दिया गया कि उसकी जटिलता समाप्त हो गई और वह टुकड़ों-टुकड़ों में एक अत्यन्त सरल काम बना दिया गया। इस तरह मजदूर अलग-अलग औजारों से एक सरल काम को बार-बार करनेवाले पुर्जे बन गए। निर्माण प्रक्रिया के अलग-अलग हिस्सों में बँट जाने के बाद उनके मेल (एसेम्बली)

से वस्तु का निर्माण किया जाने लगा। प्रक्रिया के सरल और आसान किए जाने का नतीजा यह हुआ कि जो काम मनुष्य करते आए थे वही काम मशीनों से लिया जाने लायक हो गया और इस तरह बड़ी तादाद में मजदूरों को हटाकर उनकी जगह मशीनें काम में लाई जाने लगीं। मजदूरों को हटाने की यह प्रक्रिया अब रोबोटों और कम्प्यूटरों के आविष्कार से अपनी परिणति पर पहुँच गई है।

सोवियत संघ में भी स्टालिन ने जब पंचवर्षीय योजनाओं के तहत बड़े पैमाने पर औद्योगीकरण शुरू किया तो उत्पादन में तेजी लाने के लिए इसी तरह की प्रक्रिया चलाई; यह प्रक्रिया स्टैखानोविज्म के नाम से जानी जाती है। पूँजीवादी व्यवस्था में आधुनिक औद्योगिक प्रबन्धन के माध्यम से बड़ी सूक्ष्मता से मशीनों को मजदूरों को हटाकर व्यवस्थित किया जाता है। लेकिन स्टालिन ने सीधे-सीधे बल-प्रयोग और जबरदस्ती का इस्तेमाल किया। इस तरह पूँजीवादी और सोशलिस्ट दोनों ही व्यवस्थाओं में औद्योगिक विकास की टेक्नोलॉजी और ऊर्जा (डायनेमिक्स) एक जैसी रही।

इस तरह उत्पादन बढ़ाने और कार्य की चुस्ती को अधिक करने के लिए इस्तेमाल की जानेवाली टेक्नोलॉजी की प्रक्रियाएँ क्रमश: अधिक जटिल होती गईं और जो काम पहले मनुष्य करते थे उन्हें विभिन्न मशीनों के तालमेल वाली पेचीदा व्यवस्था द्वारा किया जाने लगा। इसके परिणामस्वरूप विभिन्न स्तरों की दक्षता और तकनीकी ज्ञान वाले मजदूरों और टेकनीशियनों की नियुक्ति करना आवश्यक होता गया। इन मजदूरों और टेकनीशियनों का मुख्य काम मशीनों की देख-रेख और संचालन करना भर था। इस तरह उद्योगों के एक अत्यन्त सोपानवत (हायरार्की) संगठन का जन्म हुआ जिसमें उच्च श्रेणी और पद में प्रोन्नति और वेतन-स्तर में वृद्धि दीर्घकालीन तकनीकी शिक्षा और दूसरों से बेहतर काम कर दिखाने पर निर्भर होती गई। इससे मजदूरों में प्रतियोगिता का जो भाव बढ़ा, वह उस प्रतियोगितात्मक वातावरण का ही प्रतिबिम्ब था जिसके तहत उद्योगों को चलना पड़ता था। प्रत्येक उद्योग अपनी टेक्नोलॉजी को लगातार आधुनिक व ज्यादा उच्चस्तरीय बनाने में लग गया ताकि वह प्रतियोगिता में कामयाबी हासिल कर सके। किसी भी उद्योग की क्षमता या प्रतियोगिता करने की कूवत का अन्तत: यही मतलब होता गया कि उसका ज्यादा-से-ज्यादा मशीनीकरण हो जिससे मशीनें ज्यादा-से-ज्यादा आदमियों का स्थान ले सकें। इस तरह टेक्नोलॉजी के लगातार उच्चतर होने का अर्थ ही यह होता गया कि उससे ज्यादा-से-ज्यादा आदमियों को काम से हटाया (वंचित किया) जा सके। सेवा और संचार क्षेत्र के प्रसार से भी यह प्रक्रिया रुकती नहीं क्योंकि इन क्षेत्रों में भी नई टेक्नोलॉजी का अर्थ होता है ज्यादा-से-ज्यादा स्वचालन (ऑटोमेशन) और कम-से-कम मनुष्य-श्रम का इस्तेमाल यानी कम-से-कम मनुष्यों का काम।

इस प्रकार की टेक्नोलॉजी में मजदूरों का उपभोग स्तर बढ़ाकर ऑटोमेशन और मशीनीकरण से फालतू और बेरोजगार हुए मजदूरों को नए उद्योग खोलकर काम पर

लगाए रखने की जो बात यूरोपीय सोशलिस्टों ने पहले सोची थी, वह कारगर नहीं हो सकती। इसका बहुत ही सीधा-सादा कारण यह है कि बेरोजगार हुए मजदूरों को वह अतिरिक्त क्रय शक्ति प्रदान नहीं की जा सकती कि वे नए उद्योगों द्वारा निर्मित वस्तुओं को खरीद सकें—नए उद्योगों की वस्तुओं को खरीदना तो दूर रहा, पहले से चले आ रहे उद्योगों द्वारा निर्मित वस्तुओं तक को खरीदना उनके लिए सम्भव नहीं हो सकता। इसलिए फालतू या बेरोजगार हुए मजदूरों को रोजगार या काम उपलब्ध करवाने के लिए नए उद्योग विकसित करने की यह एक आवश्यक शर्त है कि बन्द अर्थव्यवस्था के बाहर बाजार प्राप्त करने की होड़ मचे, लेकिन जब अन्य औद्योगिक अर्थव्यवस्थाएँ भी इसी दिशा में (बेरोजगार मजदूरों को काम उपलब्ध करवाना) सचेष्ट हों तो गतिरोध का पैदा होना अवश्यम्भावी है। आज दुनिया में यही स्थिति है और अमेरिकी, यूरोपीय और जापानी अर्थव्यवस्थाएँ नए बाजार प्राप्त करने की होड़ कर रही हैं। जब कोई अर्थव्यवस्था जितना आयात करती है उससे ज्यादा निर्यात करने लगे तो वह अन्य अर्थव्यवस्थाओं को बेरोजगारी का भी निर्यात करती होती है। अभी हम ऐसी ही स्थिति का सामना कर रहे हैं जिसमें सारे औद्योगिक जगत में मन्दी आई हुई है और प्रमुख अर्थव्यवस्थाओं में से कोई भी जब इस मन्दी की गिरफ्त से बाहर निकलने की कोशिश करती है तो वह अन्य अर्थव्यवस्थाओं के लिए संकट पैदा कर देती है।

मन्दी दूर करने के लिए एक अस्थायी और तात्कालिक हल के रूप में ऐसे नए इलाकों की तलाश की जाती है, जहाँ मशीनों और औद्योगिक माल दोनों का ही निर्यात किया जा सके। इसमें परिवहन और संचार के क्षेत्रों में नई टेक्नोलॉजी का इस्तेमाल करनेवाली आधुनिक सेवाओं का निर्यात भी शामिल है। ये नए इलाके तथाकथित विकासशील अर्थव्यवस्थाओं वाले इलाके होते हैं। औद्योगिक अर्थव्यवस्थाएँ जिन-जिन वस्तुओं और मशीनों के लिए नए इलाकों में बाजार तलाशती हैं, वे उन इलाकों में तभी खप सकती हैं जबकि उनमें (इलाकों) उच्च आय वाला एक आधुनिक क्षेत्र विकसित किया जाए जिससे नई औद्योगिक वस्तुओं, मशीनों और आधुनिक सेवाओं की माँग बढ़ाई जा सके। लेकिन परम्परागत अर्थव्यवस्थाओं में एक आधुनिक क्षेत्र का विकास वहाँ के परम्परागत उद्योगों और जीवन पद्धति को नष्ट कर ही किया जा सकता है। परम्परागत अर्थव्यवस्थाओं पर नई टेक्नोलॉजी का प्रभाव भयंकर होता है। नई टेक्नोलॉजी जिन इलाकों से आती है उनमें उसका प्रभाव इतना भयंकर नहीं होता क्योंकि उनसे वह किसी रूप में जुड़ी होती है, लेकिन परम्परागत अर्थव्यवस्थाओं को तो वह छीज ही डालती है। इस प्रक्रिया में परम्परागत अर्थव्यवस्थाओं में बहुसंख्यक जनता का जीवन-क्रम और जीवन धारण करने की सारी व्यवस्था, जो बहुत सारी परम्परागत चीजों तथा प्रकृति व वनस्पति से जुड़ी रहती है, नष्ट होने लगती है और आधुनिक उत्पादन व्यवस्था के छोटे-छोटे द्वीप बनने लगते हैं। इस प्रकार आधुनिक टेक्नोलॉजी का प्रसार, औद्योगिक उत्पादन-व्यवस्थाओं को मन्दी

से उबरने का सिर्फ एक तात्कालिक और अस्थायी साधन ही प्रदान करता है; परम्परागत अर्थव्यवस्थाओं को तो भयंकर नुकसान पहुँचाता है, उनमें बेरोजगारी, तबाही और कंगाली बढ़ाता है। इसके अलावा इस प्रकार का विकास परम्परागत अर्थव्यवस्थाओं और तथाकथित विकासशील अर्थव्यवस्थाओं को पूँजी और माल के मामले में औद्योगिक अर्थव्यवस्थाओं पर पूरी तरह निर्भर बना डालता है।

सोशलिस्ट व्यवस्था का चरमरा कर ढह पड़ना उस द्वन्द्व और संघर्ष में अन्तर्निहित था जो औद्योगिक आचार-व्यवहार और सोशलिस्ट परम्परा की समतावादी और मानवीय आकांक्षाओं के बीच है। औद्योगिक आचार-व्यवहार और प्रकृति का सोशलिस्ट परम्परा की समतावादी और मानवीय आकांक्षाओं से मेल नहीं बैठाया जा सका। इस मेल के अभाव में सोशलिस्ट व्यवस्था कायम नहीं रह सकती थी। सोवियत संघ ने सोशलिस्ट परम्परा की समतावादी और मानवीय आकांक्षाओं को धता बताकर एक प्रतियोगितात्मक औद्योगिक संस्कृति को अपने यहाँ पनपाने की चेष्टा जरूर की पर वह औद्योगिक कार्य-कुशलता और क्षमता की माँगों के अनुरूप नहीं हो सकी; इन माँगों को पूरा करने के लिए जिस स्तर पर पहुँचना आवश्यक था, वह सोवियत संघ में सम्भव नहीं हो पाया।

यह दलील दी जा सकती है कि अगर विकासशील दुनिया को औद्योगिक विकास के लिए पर्याप्त समय मिले तो वह भी औद्योगिक अर्थव्यवस्थाओं के समकक्ष हो सकती है; उनके जैसा स्तर प्राप्त कर सकती है, लेकिन यह सम्भव नहीं, क्योंकि आधुनिकीकरण की प्रक्रिया की प्रवृत्ति और प्रकृति ही ऐसी है कि वह यह नहीं होने देगी। विकासशील दुनिया को औद्योगिक व्यवस्थाओं के समकक्ष होने के लिए बाजार और कच्चे माल के लिए और भी बड़े इलाकों में अपना जाल बिछाना होगा। लेकिन बाजार और माल कहाँ से आएँगे? हमारी इस पृथ्वी पर वे उपलब्ध ही नहीं हैं। इसके अलावा एक और भयंकर बाधा है जिससे पार पाया ही नहीं जा सकता। वह बाधा यह है कि इस तरह का विकास होने पर जो भारी उत्पादक-शक्ति उत्पन्न होगी उसकी माँग को पूरा करने के लिए उतने प्राकृतिक साधन होंगे ही नहीं। आज हमारी दुनिया की 30 प्रतिशत से भी कम आबादी विकसित औद्योगिक अर्थव्यवस्थाओं में रहती है और दुनिया के प्राय: सारे प्राकृतिक साधनों पर उसका आधिपत्य है। इससे अभी ही हमारी दुनिया के पेट्रोलियम संसाधन प्राय: चूक रहे हैं—वे इस शताब्दी में 25 वर्षों से आगे नहीं खिंच सकते—समाप्त हो जाएँगे। कोयले का भंडार शायद कुछ देर और बना रहे, लेकिन पेट्रोलियम के चुक जाने पर उसके भी समाप्त होने की रफ्तार बढ़ जाएगी। अन्य विरल संसाधन जिनमें जल भी शामिल है, बड़ी तेजी से चुक रहे हैं। इसके साथ औद्योगिक गैस और औद्योगिक कचरे ने पर्यावरण को इतना प्रदूषित कर डाला है कि जीव मंडल (बायोस्फेयर) का ही अस्तित्व विपन्न हो गया है। अब हम इस बात की सहज ही कल्पना कर सकते हैं कि अगर इस

प्रक्रिया की रफ्तार चौगुनी हो गई तो प्राकृतिक साधनों और पर्यावरण की क्या दशा होगी। अगर तीसरी दुनिया की आबादी मौजूदा विकास की पद्धति को अपनाने और उसके मार्ग पर चलने लगे तो क्या नतीजा होगा?

इन कारणों को यदि ध्यान में रखें तो भारत का विकसित औद्योगिक अर्थव्यवस्थाओं के अनुरूप विकास होने की कोई सम्भावना ही नजर नहीं आती। हम आज यह देख पा रहे हैं कि विकसित औद्योगिक अर्थव्यवस्थाओं के अनुरूप विकास करने के प्रयत्नों से समृद्धि के छोटे-छोटे टापू तो भले ही पैदा हो जाएँगे पर बहुसंख्यक जनता के जीवन-धारण की व्यवस्था तहस-नहस हो जाएगी, उसका अस्तित्व ही संकट में पड़ जाएगा। यह सब हम वनों, खदान के इलाकों और बड़े-बड़े बाँधों के निर्माण स्थलों में पश्चिमी मॉडल पर विकास परियोजनाओं के चलाने के परिणामस्वरूप आदिवासियों और अन्य लोगों के विस्थापन और कंगालीकरण के रूप में होता देख रहे हैं। इसके अलावा हम देहातों में सर्वत्र कंगालीकरण की प्रक्रिया को तेज होते देख रहे हैं क्योंकि उद्योगों को बढ़ाने के लिए किसानों के साथ अन्यायपूर्ण व्यवहार हो रहा है—उन्हें एक ऐसे व्यापार में जबरदस्ती भागीदार बनाया जा रहा है जिसमें उन्हें घाटा-ही-घाटा सहना पड़ता है। विकास चाहे सरकारी क्षेत्र के तहत हो या निजी क्षेत्र के तहत, स्थिति में कोई फर्क नहीं पड़ता। सरकारी क्षेत्र की विकास परियोजनाओं के क्या परिणाम होते हैं उसके गंधमार्दन की बाक्साइट खनन परियोजना और सरदार सरोवर परियोजना उदाहरण हैं। सोवियत संघ में बलात सामूहिकीकरण (कलेक्टिवाइजेशन) और राज्य द्वारा उत्प्रेरित औद्योगिक विकास की तेज रफ्तार के चलते 1930 के दशक में क्या हुआ था, यह हम जानते हैं। 1930 के दशक में सोवियत संघ में अकालों में प्राय: डेढ़ करोड़ लोग अकाल मृत्यु के शिकार हुए।

इस आधुनिक औद्योगिक विकास का एक अन्य पहलू अनदेखा कर दिया जाता है, पर वह ध्यान देने योग्य है। समृद्धि के आधार को संकुचित करने और व्यापक रूप से असमानताएँ और विषमता पैदा करने के कारण यह विकास अंचलों, जातियों और समुदाओं के बीच वैमनस्य और विरोध को बढ़ाता है। विकास के लाभ कुछ अंचल और मुट्ठी-भर लोग हथिया लेते हैं। इससे उन अंचलों और जातियों और समुदायों के लोगों में, जिन्हें समान अनुपात में विकास का लाभ नहीं मिलता असन्तोष और द्वेष पैदा होता है। ऐसे में व्यवस्था में अन्तर्निहित असमान और अन्यायपूर्ण वितरण की पद्धति को दोषी ठहराने की बजाय अंचलों, जातियों और समुदायों को अपराधी करार दिया जाने लगता है। वंचित अंचलों, जातियों और समुदायों का विशिष्ट वर्ग, जो लाभ के सुअवसर जुटाने की आकांक्षा पालता रहता है, अपने अंचल, जातियों और समुदायों को लाभ में ज्यादा हिस्सेदारी प्राप्त करने की माँग से प्रेरित कर एकजुट करता है। इस तरह एक विडम्बनापूर्ण स्थिति पैदा हो गई है जिसमें उद्योगों के अत्यधिक आधुनिक क्षेत्रों तक में जातीय और सामुदायिक

आधार पर ध्रुवीकरण हो रहा है, जबकि एक समय यह उम्मीद की जाती थी कि आधुनिकीकरण संकीर्णता भरी और भावनात्मक जातीय और सामुदायिक वफादारी को समाप्त कर वर्ग-चेतना और एकता लाएगा।

ऊपर हमने जो लिखा उसका उद्देश्य हमारी व्यवस्था के बुनियादी दोष और मूल रोग की ओर ध्यान दिलाना है। एक नए राजनीतिक आन्दोलन या पार्टी का निर्माण करने की इच्छा के पीछे जो सबसे महत्त्वपूर्ण बात है, वह यह है कि आज की सभी मुख्य पार्टियाँ एक प्रकार की ही टेक्नोलॉजी पर आधारित एक ही प्रकार के आर्थिक विकास की पक्षधर हैं। आज सबसे ज्यादा जरूरत इस बात की है कि विकास का एकदम नया मॉडल तलाशा जाए जो पूर्ण रूप से अलग किस्म के मूल्यों से पुष्ट हो और जिसे सुचारु रूप से अमल में लाया जा सके और कायम भी रखा जा सके। ये मूल्य एक नई सभ्यता का उन्मेष करें। विकास के ये नए मूल्य प्रतियोगिता के स्थान पर सहयोग को, सोपान क्रम (हायरार्किक) के स्थान पर समानता को स्थान दें, प्रकृति पर आधिपत्य कायम करने के बजाय उसके प्रति मैत्री और उसे सुरक्षा प्रदान करने के भाव को प्रधानता दें; अपने से अलग मत और अलग धर्म वाले लोगों और संस्थानों के प्रति सहिष्णुता विकसित करें ताकि सौहार्द, समझदारी और भाईचारे की आवश्यकता को देखते हुए लोगों के बीच आदान-प्रदान और सम्प्रेषण हो सके। इसके साथ ही हमें अति मानव शक्तियों की फॉस्टियन तलाश (जो आधुनिक सभ्यता का सबसे बड़ा आकर्षण है) को, जो तेज-से-तेज रफ्तार, ऊँची-से-ऊँची उड़ान और प्राकृतिक तत्त्वों को हमारी इच्छा के वशीभूत करने की ज्यादा-से-ज्यादा शक्ति अर्जित करने की इच्छाओं और तलाश के रूप में अभिव्यक्त होती है; त्यागना होगा। अन्त में ये इच्छाएँ और तलाश निरर्थक ही तो मालूम पड़ती हैं। ये मनुष्य की मानवीयता और श्रेष्ठता की अभिव्यक्ति तथा उसके दैहिक व आध्यात्मिक कल्याण के लिए सहायक नहीं हैं। चीता तेज-से-तेज धावक से ज्यादा रफ्तार से दौड़ सकता है, हाथी में मनुष्य से कहीं ज्यादा बल होता है और गिद्ध आकाश में बहुत ऊँचा उड़ सकता है, लेकिन उनके ये गुण उन्हें मनुष्य से श्रेष्ठ नहीं बनाते। मनुष्य को प्रकृति की जो सबसे बड़ी देन मिली है वह है उसकी चिन्तन-मनन की क्षमता जिससे वह दर्शन, विज्ञान और कलाओं के लोकोत्तर मूल्यों की तलाश में जीवन व्यतीत कर सके।

आधुनिक सभ्यता ने रफ्तार की तलाश और दिक् और काल पर विजय प्राप्त करने की कोशिश में मनुष्य के जीवन को हड़बड़ी और जल्दबाजी का शिकार बना दिया है। उसे तेज दौड़ना और दूर भागना पड़ता है ताकि वह अपनी जीविका चला सके और कारखाने या दफ्तर में जो काम का उच्चावच क्रम बना हुआ है उसमें अपने स्थान से च्युत न हो जाए। उसके पास चिन्तन-मनन करने के लिए अवकाश ही नहीं है। हड़बड़ी और जल्दबाजी की जिन्दगी में जो थोड़ा-बहुत समय यदि मिल भी जाता है तो वह चिन्ता और असुरक्षा की भावना से आक्रान्त समय होता है। शराब, नशीले

पदार्थ और तम्बाकू, यातनामय और कष्टप्रद जीवन में राहत हासिल करने के लिए आवश्यक हो गए हैं। ये पलटकर मनुष्य को तरह-तरह के रोगों के शिकंजे में कसते जा़ते हैं तो फिर रोग-मुक्ति की छटपटाहट शुरू हो जाती है। आधुनिक सभ्य मानव का यही तो जीवन है। यही तो उसके जीवन का चक्कर और क्रम है।

जीवन के इस चक्कर और क्रम की गुलामी से मुक्त होने के लिए हमें विकास का एक एकदम अलग मकसद मानना होगा—विकास की आज जो मान्यता है उससे बिलकुल भिन्न, लेकिन यह विकास कैसा होगा? वह सिर्फ एक आदर्श ही नहीं होगा बल्कि व्यवहार-योग्य भी होगा यानी जिसे हासिल करना हमारे बूते की बात हो, जिसे हम अपने साधनों के दायरे में ही हासिल कर पाएँ। वैकल्पिक राजनीति को अगर सार्थक होना है तो उसे इस मकसद की दिशा में उन्मुख होना होगा; अन्य चीजों की इस मकसद को पूरा करने के लिए सिर्फ सहायक भूमिका ही हो सकती है। ठोस और व्यावहारिक रूप में हम यह कह सकते हैं कि यह राजनीति विकास के एक वैकल्पिक मॉडल के लिए किया जानेवाला आन्दोलन होगा जिसमें उपयुक्त टेक्नोलॉजी की तलाश होगी। एक ऐसे विकास का मॉडल जिसका सिर्फ प्रकृति के साथ ही मेल नहीं होगा, वरन जो ऊर्जा और कच्चे माल के ऐसे संसाधनों के इस्तेमाल से, जो नष्ट या समाप्त नहीं होते, प्रगति करते रहने की एक सहज रफ्तार भी कायम रख सकेगा—यानी जिसमें प्रदूषण, संसाधनों के क्षय का संकट पैदा न हो और सधे ढंग से विकास होता रहे।

लेकिन असाधारण परिस्थितियों को छोड़कर लोग किसी नए आदर्श और उसे हासिल करने के लिए सचेष्ट संगठनों से इस तरह आकृष्ट नहीं होते कि उनको अपनाने को एकदम आतुर हो जाएँ। हालाँकि हम जिन परिस्थितियों और समय से गुजर रहे हैं वे सिर्फ हमारे अस्तित्व के लिए ही नहीं सारी सभ्यता के लिए असाधारण और भीषण हैं, पर लोगों को इसका बहुत हल्का ही आभास है। और किसी भी संगठन के लिए अन्ततः सबसे अहम प्रश्न तो लोगों की चेतना का है क्योंकि किसी भी संगठन के प्रसार और प्रचार के लिए अन्ततः लोगों की चेतना ही सबसे ज्यादा महत्त्व रखती है। अभी जो लोग जनमत तैयार करते हैं या जिनके कारण जनमत बनता है वे आधुनिकता की नकली सुनहली चमक-दमक से इतने ज्यादा मोहित हैं कि वे इससे बिना किसी ठोस आधार के भी चिपके रहना चाहते हैं। इसका एक कारण निश्चय ही यह है कि ऐसे लोग भयावह गरीबी के महासमुद्र में मौजूदा सभ्यता के फायदे उठाते हैं और वास्तविकता को न देखने में ही उनका हित है। ऐसी स्थिति में एक वैकल्पिक व्यवस्था के लिए संगठन करने के वास्ते बहुत धीरज रखना होगा—दीर्घकाल तक लोगों को समझा-बुझा कर ही स्थापित सत्ता के अभेद्य गढ़ में दरार डाली जा सकती है।

2

आधुनिक काल में संस्कृति, धर्म और राष्ट्र की अवधारणाएँ जिस तरह एक-दूसरे से उलझकर जटिल और त्रासद स्थितियाँ पैदा करती रही हैं उन्हें देखते हुए उनके पारस्परिक सम्बन्धों पर विचार करना काफी प्रासंगिक बन गया है। धर्म और राष्ट्र की अवधारणाओं के उलझ जाने से उत्पन्न स्थितियों के उदाहरण अनेक हैं—दो ऐसे उदाहरण उत्तरी आयरलैंड और बोस्निया-हर्जेगोविना के हैं। स्वयं भारत का विभाजन धर्म और राष्ट्र की अवधारणाओं के उलझ जाने का परिणाम था। संस्कृति की अवधारणा को भी राष्ट्रीय उन्माद का आधार बनाया जा सकता है, जैसा जर्मनी में हिटलर के समय में हुआ। वहाँ संस्कृति को नस्ल के साथ जोड़कर एक ऐसा उन्माद पैदा किया गया कि पचास लाख से अधिक यहूदियों को गैस चैम्बरों में बन्द कर या अन्य तरह से मार डाला गया। इस उन्माद के पीछे नस्ल और इतिहास के मिथकों का महत्त्वपूर्ण हाथ था। ऐसी स्थितियों से उबरने का एकमात्र उपाय मिथकों के विरुद्ध यथार्थ और भावावेश की जगह तर्कबुद्धि को खड़ा कर भ्रमों को दूर करने का प्रयास ही हो सकता है।

मनुष्य के सभी मानवीय क्रिया-कलापों और अवधारणाओं के पीछे उसकी संस्कृति होती है। धर्मबोध या राष्ट्रबोध दोनों ही अन्ततः उसकी संस्कृति के ही आयाम हैं। इसलिए मानव समाज में संस्कृति की भूमिका क्या है इसे समझना सर्वाधिक महत्त्व का है। मनुष्य को छोड़कर बाकी सभी जीवों के व्यवहार जन्मजात अन्तर्भूत दबावों (इंस्टिंक्ट) से निर्धारित होते हैं। चींटियों या मधुमक्खियों के अति जटिल समाजों के श्रम विभाजन भी ऐसे ही अन्तर्भूत दबावों द्वारा निर्धारित होते हैं। अक्सर एक मधुमक्खी दूसरे को मधु-संचय सम्बन्धी काफी जटिल संवाद प्रस्तुत करती है। फिर भी यह सब बिना सोचे-समझे आन्तरिक दबाव में होता है। मनुष्य से निकटतम जीव चिम्पांजी में भी विवेक का प्रयोग अत्यन्त ही प्राथमिक दर्जे का होता है। इसके विपरीत मनुष्य के व्यवहार एक अति प्राथमिक स्तर के बाद या तो सामाजिक प्रशिक्षण पर आधारित होते हैं या उसके विवेक पर। मनुष्य का सबसे प्रधान अन्तर्भूत या जन्मताज गुण समाज में ऐसे प्रशिक्षण का ताना-बाना बुनना और वातावरण तैयार करना होता है। इसी से विभिन्न क्रिया-कलापों के पीछे इंस्टिंक्ट

के अभाव की पूर्ति होती है। अपनी सर्वांगता में यही मानव समुदायों की संस्कृति होती है। चूँकि मनुष्य के व्यावहारिक गुण जन्मजात नहीं होते, हर व्यक्ति और हर पीढ़ी को अपने प्राकृतिक या सामाजिक परिवेश द्वारा प्रस्तुत स्थितियों का मुकाबला करने के लिए नए सिरे से प्रशिक्षण लेने की जरूरत होती है। ऐसा प्रशिक्षण इसलिए सम्भव होता है क्योंकि मनुष्य को उसकी संस्कृति से पूर्व में सीखे गए ज्ञान का संचित भंडार उपलब्ध होता है; जो समाज, परिवार या अन्य इकाइयों द्वारा सम्प्रेषित होता है। यह ज्ञान पीढ़ी-दर-पीढ़ी लगातार हस्तान्तरित इसलिए हो पाता है क्योंकि मनुष्य में अवधारणा ग्रहण की क्षमता होती है जिसे वह प्रतीकों के जरिये सम्प्रेषित कर सकता है। इसलिए संस्कृति प्रतीकधर्मी होती है।

अवधारणाओं और ठोस वस्तुओं को इनसे भिन्न और अमूर्त प्रतीकों द्वारा अभिव्यक्त करने की क्षमता मनुष्यों में अलौकिक शक्ति प्रदान करने का भ्रम पैदा करती है। लगभग पन्द्रह हजार वर्ष पूर्व के यूरोप के अल्तामीरा और लास्को की गुफाओं के भित्तिचित्र सम्भवत: शिकार को सफल बनाने के निमित्त बनाए गए थे। इसके अलावा आदिम जनजातियों से लेकर आधुनिक समाजों तक में नृत्य, मंत्र और विभिन्न अनुष्ठानों द्वारा प्रकृति और मानव समूहों पर नियंत्रण प्राप्त करने की अभिलाषा प्रतीकों की सामर्थ्य पर विश्वास ही व्यक्त करते हैं, लेकिन यह कोरा विश्वास ही नहीं है। एक दूसरे अर्थ में आधुनिक समाज में भी प्रतीक विशाल शक्ति के स्रोत बन गए हैं।

भाषा, जो प्रतीकों का समुच्चय होती है संस्कृतियों के संकलन और सम्प्रेषण का सबसे सबल माध्यम होती है। चूँकि सम्प्रेषण आम बोलचाल की भाषा के अलावा नृत्य, संगीत, ललित कला और काव्य की भाषाओं के माध्यम से भी होता है—बल्कि अधिक सशक्त रूप से—इसलिए अक्सर संस्कृति का अर्थ लोग साहित्य, ललित कला, नृत्य, संगीत आदि मान लेते हैं। दूसरी ओर जीवन की रक्षा के लिए उत्पादन के साधनों का सर्वाधिक महत्त्व होता है जिनका भी हस्तांतरण पीढ़ी-दर-पीढ़ी होता रहता है। इससे एक दूसरी अतिवादी दृष्टि इतिहासकारों द्वारा अपना ली जाती है जिसके अनुसार प्राचीन संस्कृतियों को उत्खनन से प्राप्त औजारों और बर्तनों के आधार पर वर्गीकृत किया जाता है—जैसे प्रस्तर युगीन संस्कृति, कांस्य संस्कृति, लौह संस्कृति आदि। इस दृष्टि को मार्क्सवादी इतिहास दृष्टि से भी बल मिला है जिसके मतानुसार उत्पादन के साधन संस्कृति के आधार और संस्कृति के बाकी आयाम महज ऊपरी आवरण (सुपर स्ट्रक्चर) होते हैं, लेकिन हकीकत में संस्कृति मनुष्य की उत्पादन प्रणाली, आचार, विचार, जीवन दृष्टि एवं मूल्यों को ग्रहण कर पीढ़ी-दर-पीढ़ी मानव समाज को अनुप्राणित करती रहती है। इसमें किसी एक तत्त्व की प्राथमिकता स्थापित करने का प्रयास मुर्गी एवं अंडे के बीच की प्राथमिकता तय करने जैसी पहेली में डालनेवाला सिद्ध होगा।

संस्कृति में धर्म का खास स्थान होता है क्योंकि यह मनुष्य के प्रकृति के साथ सम्बन्धों एवं आपसी सम्बन्धों को नियमित करने में सर्वाधिक महत्त्वपूर्ण होता है। एक सामाजिक जीव के लिए जो समाज के अन्य व्यक्तियों और प्रकृति के साथ असंख्य तन्तुओं से जुड़ा हुआ है, यह महत्त्व सहज ही समझा जा सकता है। अन्य पशुओं की तरह मनुष्य के स्वभाव में भी आक्रामकता उसका वंशानुगत गुण है, लेकिन अन्य पशुओं में, खासकर उनमें जिनके दाँत, नख, सींग आदि आपसी युद्ध में जानलेवा हो सकते हैं, इन्हें नियंत्रित करने का भी अन्तर्निहित दबाव होता है। लेकिन मनुष्य में, सम्भवत: इसलिए क्योंकि वह घातक प्राकृतिक हथियारों से लैस नहीं है, ऐसा कोई स्वत:स्फूर्त आन्तरिक दबाव नहीं है। दूसरी तरफ उसकी संस्कृति ने उसे भीषण नरसंहार के हथियारों से युक्त कर रखा है। इसलिए इस पर नियंत्रण भी संस्कृति से ही हो सकता है ताकि वह अपनी पूरी प्रजाति का संहार न कर दे। इस दिशा में जो कुछ भी हो सका है वह उन मूल्यों की देन है जो मनुष्य को विभिन्न धर्मों से प्राप्त हुए हैं। अन्य मनुष्यों पर आक्रमण और परपीड़न से परहेज, करुणा, क्षमा एवं परहित जैसे मूल्य हमें धर्मों से ही प्राप्त हुए हैं, लेकिन स्थान और काल की भिन्नता से इनके ठोस रूप क्या होंगे यह सदा स्पष्ट नहीं हो पाता। इसके अलावा मनुष्य अनेक समुदायों में बँटा होता है। इन समुदायों के सम्बन्ध भी अक्सर मधुर नहीं होते। ऐसी स्थिति में मनुष्य की वफादारियों में भी टकराहट पैदा होती है। धर्म जो अच्छे और बुरे एवं ईश्वर और शैतान के बीच का विभाजन लोगों को सही राह पर चलाने के लिए करता है, अक्सर मानव समुदायों के विभाजन में कटुता लाने का काम भी करता है। सहज ही अपने पक्ष को भला और दूसरे पक्ष को बुरा मान लिया जाता है। इससे भी बढ़कर अपने पक्ष को ईश्वर का पक्ष और दूसरे के पक्ष को शैतान का मान इसे निर्मूल कर देने का नैतिक अधिकार भी प्राप्त हो जाता है।

चूँकि वर्तमान समय में राष्ट्रीयता मानव समूहों के बीच संघर्ष का मुख्य मुद्दा बन गई है यहाँ इसके सम्बन्ध में भी कुछ शब्द कहना जरूरी लगता है। राष्ट्रीयता की भावना असल में कबाइली अस्मिता बोध से ही विकसित होती है। इसमें कबीले की भाषा, आचार संहिता, नृत्य-संगीत आदि सबका समावेश होता है जो कबीले को अन्य कबीलों से अलग एक विशिष्टता प्रदान करते हैं। आगे चलकर यह बोध अनेक स्थानों पर विशेष क्षेत्रों से जुड़ जाता है जिससे इस बोध से नदी, पर्वत और परिवेश की अन्य विशिष्टताएँ लगाव पैदा करती हैं। कहीं-कहीं जब एक क्षेत्र में एक से अधिक मानव समूहों के लोग आकर साथ-साथ रहने लगते हैं और किसी मिली-जुली संस्कृति का निर्माण करते हैं तो राष्ट्रीय बोध कबीलाई बोध से आगे बढ़कर पूरे क्षेत्र में व्याप्त सांस्कृतिक बोध बन जाता है, लेकिन यूरोप की विशेष स्थिति में पन्द्रहवीं से अठारहवीं शताब्दी के बीच राष्ट्रबोध विशेष कबीलाई क्षेत्रों के राज्यों के साथ एकाकार हो गया और इससे राष्ट्र-राज्य के अर्थ में इधर हाल

में राष्ट्रभाव को मूल से जोड़ने की प्रवृत्ति व्यापक हुई है और कहीं-कहीं धर्म को ही मूल का आधार बनाने की कोशिश हुई है। इससे राष्ट्रीयता का प्रश्न अधिक उलझनपूर्ण हो गया है। चूँकि राष्ट्र-राज्य का बोध सांस्कृतिक बोध से बढ़कर सीमा, फौज, कानून-व्यवस्था आदि पर आधारित है, अत: पड़ोस के ऐसे दूसरे राष्ट्र-राज्यों से टकराहट की स्थिति बनी रहती है। इस टकराहट में सांस्कृतिक सम्प्रेषणीयता के विविध तत्त्वों का विकृत रूप में इस्तेमाल होता है। इससे दो राष्ट्रों के बीच संवाद की सम्भावना क्षीण होती है। इसका विनाशकारी प्रभाव हम चारों तरफ देख रहे हैं।

इस सन्दर्भ में यह भी विचारणीय है कि सम्प्रेषण कैसे विकृत होता है। भाषा, जो सांस्कृतिक सम्प्रेषण का मुख्य स्रोत है, प्रकाश भी फैलाती है और भटकाती भी है। यह सम्भावना भाषा की संरचना में ही निहित है। एडवर्ड सैपीर और वी. ह्वोर्फ जैसे भाषाशास्त्रियों का तो यहाँ तक मानना है कि हम क्या देख पाते हैं वह काफी हद तक उस भाषाई समुदाय पर निर्भर करता है जिसमें हम रहते हैं, क्योंकि प्रत्येक भाषा विशेष भौगोलिक-वैचारिक परिवेश में उस भाषाई समूह के लोगों की आवश्यकता के अनुसार ही विकसित होती है। इससे जहाँ समूह के भीतर सम्प्रेषण सहज होता है वहाँ समूहों के बीच सम्प्रेषण में कठिनाई पैदा होती है। विभिन्न समूह अपने भाषाई खोलों से घिरे होते हैं। दूसरे समूह के लोग जो देखते हैं उन्हें दिखाई नहीं देता और इससे संवादहीनता की स्थिति पैदा होती है। संवादहीनता से दूसरों के प्रति संवेदनहीनता पैदा होती है। इससे तनाव और संघर्ष की भूमिका तैयार होती है।

एक अन्य भाषाशास्त्री अल्फ्रेड कौरजिन्स्की ने भाषा के कारण पैदा होनेवाली संवादहीनता और संघर्ष की सम्भावना से प्रथम विश्वयुद्ध के बाद के काल में ही आगाह किया था। उसने वस्तुओं और उनके लिए व्यवहार में लाए जानेवाले शब्दों में भेद करने की लोगों की असमर्थता की ओर ध्यान दिलाया, जिस असमर्थता के चलते लोगों की प्रतिक्रियाएँ लेबुल के प्रति होती हैं, वास्तविक व्यक्तियों के प्रति नहीं। ऐसे लेबुल होते हैं, हिन्दू, मुसलमान, हिन्दुस्तानी, पाकिस्तानी आदि। इससे लेबुल द्वारा इंगित पूरे समूह के सम्बन्ध में एक सामान्यीकरण पूर्वाग्रहग्रस्त धारणा बना ली जाती है और हमारे व्यवहार इसी धारणा से निर्धारित होते हैं, न कि व्यक्तियों में सम्पर्क के निजी अनुभवों से। सरलीकरण की यह प्रवृत्ति इतनी व्यापक होती है कि इतिहासकार भी इससे ऊपर नहीं उठ पाते। इसका एक उदाहरण है "भारत पर मुसलमान आक्रमण का जुमला।" अक्सर इतिहास की पुस्तकों में मुसलमान आक्रमण का जिक्र रहता है, लेकिन असलियत यह है कि भारत पर कभी मुसलमान या इस्लामी आक्रमण नहीं हुआ। इस देश पर आक्रमण हुए हैं अरबों के, तुर्कों के, अफगानों और मुगलों के; जैसे इसके पहले यूनानियों, शकों, हूणों आदि के आक्रमण हुए थे और अगर कुछ इतिहासकारों की बात मान लें तो जैसे सुदूर प्रागैतिहासिक काल में द्रविड़ों और आर्यों के आक्रमण हुए थे। यह जरूर हुआ कि तुर्क, अरब

या मुगल अपने आक्रमण के काल में इस्लाम कबूल कर चुके थे। इनके हमले अक्सर भारत के अन्य मुसलमान शासकों के विरुद्ध हुए, लिहाजा बाबर का हमला इब्राहिम लोदी के खिलाफ हुआ था। यह सब हमले साम्राज्य विस्तार की लालसा से विभिन्न देशों के शासकों द्वारा हुए थे या भौगोलिक कारणों से मानव समूहों के एक स्थान से विस्थापित हो अन्य स्थानों पर बसने की मजबूरी से, लेकिन जब इन हमलों को मुसलमान हमलों के रूप में देखा जाता है तो न सिर्फ इतिहास की ओर देखने का नजरिया बदल जाता है, बल्कि अपने पड़ोसी वैसे मुसलमानों की ओर देखने का भी, जिनके साथ रोज उठने-बैठने का सम्बन्ध होता है।

सुप्रसिद्ध दार्शनिक बर्ट्रेंड रसेल ने भ्रमित करनेवाले एक अन्य भाषाई गुण की ओर ध्यान दिलाया था। उसने बतलाया कि भाषा में व्याकरणीय सम्भावनाएँ भौतिक सम्भावनाओं से कहीं अधिक होती हैं। उदाहरण में उसने यह वाक्य "चाँद हरे पनीर का बना है" पेश किया। (इन्क्वायरी इंटू मीनिंग ऐंड ट्रुथ)। भाषा की दृष्टि से यह एक जायज वाक्य माना जाएगा। पर यह भौतिक सम्भावना से परे है। रसेल उस दार्शनिक समुदाय का था जिसे लॉजिकल पोजिटिविस्ट कहा जाता है और जिसने भाषाओं के विश्लेषण से यह सिद्ध किया था कि हमें भावनात्मक रूप से प्रभावित करनेवाली बातें यथार्थ की दृष्टि से अक्सर अर्थहीन होती हैं।

भाषाओं की भटकानेवाली यह क्षमता हमें मानव मस्तिष्क के उन विशेष गुणों—यानी अवधारणाओं और प्रतीकों के विषय—पर ले जाती है जो संस्कृतियों के निर्माण में कोशिकाओं का काम करते हैं। भाषा स्वयं प्रतीकों का समुच्चय है जिसमें भाषा के शब्द और वाक्य वस्तुओं और अवधारणाओं के प्रतीक होते हैं, लेकिन रंग, रूप, आकार, स्वर, पशु-पक्षी या कोई भी अन्य वस्तु ऐसे प्रतीक बन सकते हैं जो ठोस वस्तुओं, स्थितियों या भावनाओं का प्रतिनिधि बन जाते हैं। एक गायिका कोकिल बन जाती है और नेता शेर बन जाता है। शेयर बाजार में तेजी बुल (साँड़) बन जाती है और अपमानित व्यक्ति का 'मुँह काला' हो जाता है।

रसेल के ऊपर के उद्धरण में यह बतलाया गया था कि व्याकरणीय सम्भावना भौतिक सम्भावना का अतिक्रमण कर सकती है, लेकिन प्रतीकों के प्रयोग से भाषा की भावनात्मक सम्भावना सीमाहीन बन जाती है। यहाँ कोई ऐसा ठोस भौतिक मापदंड नहीं होता जिससे कहा जा सके कि व्याकरण द्वारा मान्य कोई वाक्य भावनात्मक रूप से असम्भव है। जब एक चाटुकार कवि एक राजनेता को हिमालय से अधिक महान बतलाता है या किसी प्रधानमंत्री को भारत माता कहता है तो किसी भौतिक मापदंड से उसे झुठलाया नहीं जा सकता, क्योंकि व्यक्ति की महानता की अनुभूति एक भावना है जिसे पहाड़ से मापा नहीं जा सकता और भारत माता की अवधारणा स्वयं एक भावना है जिसका देश की धरती या जनगण से कोई वस्तुनिष्ठ सम्बन्ध नहीं स्थापित किया जा सकता। इस तरह भाषा की भ्रमित करने की शक्ति अपार

बन जाती है। व्यावसायिक या राजनीतिक प्रचारक इस तथ्य का पूरा फायदा उठाते हैं चूँकि अवधारणा ठोस वस्तुओं का प्रतिनिधित्व तो कर सकती है, लेकिन उससे बँधी नहीं होती—(जैसे 'वृक्ष' शब्द से वृक्ष का बोध तो होता है, लेकिन यह किसी विशेष वृक्ष से बँधा नहीं होता—इससे किसी भी वृक्ष का चाहे, वह छोटा, बड़ा, टूटा, साबुत कैसा भी हो, बोध हो सकता है) इसलिए अवधारणाओं को मनमाने ढंग से तोड़ा जा सकता है, स्थानान्तरित किया जा सकता है। चूँकि ये सब प्रक्रियाएँ मानव मस्तिष्क में चलती हैं इसलिए ये मन की तरह ही निर्बाध रूप से गतिशील होती हैं। इस मानसिक प्रक्रिया से विद्या के देवता गणपति मानव शरीर और हाथी का सिरवाले गजानन बन जाते हैं, विष्णु चतुर्भुज बन जाते हैं और जन्म, जीवन एवं मृत्यु इन तीनों स्थितियों के प्रतीक तीन मुखों वाले देवता त्रिमूर्ति बन जाते हैं। अवधारणाएँ क्या रूप लेंगी यह मूलत: सामाजिक परिवेश से निर्धारित होता है।

प्रतीकों को आमतौर से दो भागों में बाँटा जाता है। एक तरह के प्रतीक अत्यधिक व्यापक होते हैं जो तर्कशास्त्रियों और गणितज्ञों के क्षेत्र में व्यवहार में आनेवाले चिह्नों, अंकों और अक्षरों से लेकर आम बोलचाल की भाषा में शब्दों के रूप में व्यवहार में आते हैं। इसी का एक रूप इहलौकिक दृश्य कला में दिखाई देता है जहाँ चित्र और मूर्तियों का अर्थ, दर्शक जो सामने दिखाई देता है उसी आधार पर निकालते हैं, लेकिन इनमें कुछ प्रतीक ऐसे होते हैं जिनके विशेष अर्थ धार्मिक समूहों द्वारा लगाए जाते हैं—जैसे ईसाई धर्म में मेमना प्रतीक बन जाता है ईसा मसीह का, या हाथी और गाय बौद्ध धर्म में विशेष रूप से पवित्र हैं क्योंकि इनका सम्बन्ध माया देवी के स्वप्न से है।

ऐसे ही प्रतीक राष्ट्र या किसी अन्य मानव समूह से जुड़े हो सकते हैं जिनकी भावनात्मक अपील समूह विशेष के लिए हो—जैसे राष्ट्रध्वज, राष्ट्रगान की धुन, लाल झंडा जो मजदूरों का प्रतीक रहा है आदि। जैसे भाषा की सम्प्रेषणीयता भाषाई समूह के भीतर होती है, वैसे ही इन प्रतीकों की भावनात्मक अपील उन विशेष समूहों में होती है जिनमें इनका विकास हुआ होता है। इस स्थिति से समूहों के बीच संवादहीनता पैदा होती है और इसमें संघर्ष के बीज होते हैं। इस तरह मानव समूहों के संघर्ष में उनकी संस्कृतियों के भेद से भी बल मिल सकता है।

आज के सांस्कृतिक परिदृश्य में दो बातें महत्त्व की हैं। एक तो यह कि विभिन्न संस्कृतियों के विकास में भिन्नता के कारण विभिन्न वस्तुओं के प्रति उनकी भावना में भिन्नता है। इनमें प्रतीकों के माध्यम से अभिव्यक्ति की सम्भावना के सीमाहीन होने के कारण, जिसका विवरण ऊपर दिया गया है, यह सम्भावना बनती है कि विवादों को अतिरंजित करके दिखलाया जाए और जिसमें दूसरे समूह या आराध्यदेव को अत्यधिक निकृष्ट बताया जाए और अपने समूह या राष्ट्र को सर्वश्रेष्ठ बताया जाए। दूसरी यह कि अभी हाल के वर्षों में सम्पन्न पश्चिमी देशों

की संस्कृति को, विशेषकर उपभोक्तावादी संस्कृति को, सर्वश्रेष्ठ मानकर बाकी दुनिया पर इसे आरोपित किया जा रहा है। इसमें सार्वजनीन संस्कृति के अभ्युदय का भ्रम पैदा होता है, लेकिन इस प्रक्रिया में दुनिया के तमाम देशों की राष्ट्रीय या इनके भीतर की आंचलिक संस्कृतियाँ या तो लुप्त होती जा रही हैं, या इस सम्पर्क में बाहरी तत्त्वों के घालमेल से भ्रष्ट हो रही हैं।

वैसे तो संस्कृतियों के बीच आदान-प्रदान पूरे इतिहास काल में होता रहा है और अन्य संस्कृतियों का तत्त्व ले संस्कृतियाँ समृद्ध हुई हैं। उदाहरण के लिए भारत का रंगमंच यूनानी सम्पर्क से विकसित हुआ और मूर्तिकला की एक उत्कृष्ट विधा गांधार कला का विकास हुआ, लेकिन नाटकों की विषय वस्तु एवं मूल्य और मूर्तिकला का आध्यात्मिक रुझान भारतीय परम्परा के अनुसार बना रहा। इसी तरह भारत का स्थापत्य और लघु चित्र कला तुर्क, अफगान और फारस की कलाओं के तत्त्व ले परिष्कृत हुई। फारसी प्रभाव की पृष्ठभूमि ले अमीर खुसरो ने न सिर्फ भाषा के विकास में अमूल्य योगदान दिया बल्कि संगीत के क्षेत्र में सितार और तबले का विकास और कई रागों का विकास किया जिससे पारम्परिक भारतीय संगीतशास्त्र तेजी से विकसित हुआ। इसके विपरीत पश्चिम की मौजूदा संस्कृति में साम्राज्यवादी तत्त्व है जो कला, साहित्य, संगीत और जीवन के अन्य क्षेत्रों से भारतीय परम्पराओं को निष्कासित कर उन पर हावी हो रही है। यह संस्कृति बाजार की जरूरतों के अनुसार विकसित हुई है और विज्ञापन और प्रतिस्पर्धा इसका मूलतत्त्व है। टी.वी., सिनेमा आदि विधाओं के माध्यम से, जिनका प्रारम्भिक परिवेश औद्योगिक राष्ट्र रहे हैं, वे दुनिया के सभी राष्ट्रों पर छा रहे हैं। यह सांस्कृतिक आक्रमण इतना महत्त्वपूर्ण हो गया है कि पिछले दिनों गैट समझौते की शर्तों में सिनेमा और टी.वी. के निर्बंध प्रवेश के खिलाफ स्वयं यूरोपीय समुदाय, विशेषकर फ्रांस का स्वर अत्यधिक मुखर था क्योंकि उसे अमेरिकी कला व्यापार की स्पर्धा से अपनी सांस्कृतिक अस्मिता के नष्ट होने का खतरा दिखाई देता था।

जीवन और कला के मूल्यबोध अलग-अलग परिवेश में पैदा होने के कारण अपनी उत्कृष्टता के आकलन का मानक स्वयं निर्माण करते हैं। इससे इन्हें विस्थापित कर कोई बाहरी वस्तु इनके अभाव की पूर्ति नहीं कर सकती, न तो इन्हें बाहरी मानकों से परीक्षित किया जा सकता है, लेकिन वैसी संस्कृतियाँ जो बाजार के मानक से परीक्षित हो सकती हैं, तुरन्त अन्य संस्कृतियों के आमने-सामने बाजार की प्रतिस्पर्धा में खड़ी हो जाती हैं। इनका केन्द्रीय मूल्यबोध बाजारू लोकप्रियता होता है। वही कला, साहित्य या संगीत प्रशंसित होता है जिसके ग्राहकों की संख्या और आमदनी अधिक हो। चूँकि ऐसी कला का बाजार अत्यधिक विस्तृत होता है यह विभिन्न मानव समूहों की अंतरंग भावनाओं, आकांक्षाओं और त्रासदियों की संवेदना से असंपृक्त रहती है। इसके विक्रेता अपने प्रयासों और विज्ञापनों से ऐसा

माहौल पैदा करते हैं जिसमें यह प्रशंसा अर्जित कर सके। ऐसी प्रशंसा का आधार सतही वासनाओं की पूर्ति या चटखारा प्रदान करना ही हो सकता है। इस तरह दुनिया की संस्कृतियों का रुझान बाजारूपन और अन्तत: अपसंस्कृति की तरफ होता है।

कुल मिलाकर वर्तमान समय में हम दुविधा की स्थिति में हैं। चूँकि अब संचार और यातायात के विकास से संसार की सभी संस्कृतियाँ एक-दूसरे के सम्पर्क में हैं, उनकी पारम्परिक आत्मनिष्ठ विविधताएँ उन्हें एक-दूसरे के आमने-सामने, खासकर उनके आमने-सामने जो उनके पड़ोसी हैं, खड़ा कर देती हैं। चूँकि संस्कृतियाँ राष्ट्रीय संस्कृतियों के रूप में विकसित हुई हैं और राष्ट्र-राज्य की हथियारी शक्ति का वाहक बन गई हैं, गम्भीर टकराहट की स्थिति पैदा होती रहती हैं। भाषा एवं कला विधाओं के माध्यम से उनके मतभेदों को हवा दे आक्रामक विद्वेष में बदला जा सकता है। इसके अलावा बाजारू संस्कृति के एकछत्र प्रसार से दुनिया के अधिकांश देशों में सार्थक सांस्कृतिक जीवन के लोप होने का भय है।

प्रश्न है कि इस दुविधा से मुक्ति कैसे मिले। स्पष्ट है कि बाजारू संस्कृति का निर्बंध फैलाव समस्या का समाधान नहीं हो सकता। तो समस्या का समाधान इसी में हो सकता है कि मूल्यों की विविधता के बीच कुछ ऐसे मूल्यों की तलाश हो जो विविधता के बावजूद विभिन्न मानव समूहों और उनकी संस्कृतियों के शान्तिपूर्ण सह-अस्तित्व को सम्भव बना सकें। क्या ऐसा कोई मूल्य हो सकता है जो निर्विवाद और सर्वमान्य हो? साहित्य-कला, सिनेमा आदि के माध्यम से, अवधारणाओं में अन्तर्निहित उन गुणों के कारण जिनका वर्णन ऊपर हो चुका है, बहुत कुछ जो स्वयं सिद्ध या सत्य दिखाई देता है, संदिग्ध या झूठा बतलाया जा सकता है। प्रथम विश्व युद्ध के बाद के काल में कला के क्षेत्र में सुर्रियलिस्ट कला ने बड़ी सफलता से यह काम किया था। राजनीति में यह कितनी सफलता से कितने भयानक परिणामों को जन्म दे सकती है उसकी एक झाँकी तीस और चालीस के यूरोपीय यथार्थ पर आधारित जॉर्ज आरवेल के उपन्यास 'उन्नीस सौ चौरासी' में देखी जा सकती है। संचार माध्यमों के विकास और प्रसार से यथार्थ को धुँधलाने या झुठलाने की यह शक्ति समाज में आज कहीं अधिक है।

संशय और सन्देह के इस वातावरण में हम फ्रांसीसी दार्शनिक देकार्त की तर्ज पर ही ऐसे सत्य पर पहुँच सकते हैं। सभी बातों पर सन्देह करते-करते वह इस नतीजे पर पहुँचा कि "वह सन्देह करता है इसलिए नि:सन्देह है।" इसी तरह हम कह सकते हैं कि चूँकि दुनिया के सभी सामाजिक सम्बन्ध कला-साहित्य और संस्कृतियाँ मनुष्य के इर्द-गिर्द मनुष्य द्वारा सर्जित हैं, इनमें सब कुछ नकारने के बाद भी मनुष्य का अस्तित्व बचा रह जाता है। इसलिए कोई भी बात चाहे वह कितनी ही सुहानी या तार्किक लगे, अगर वह मनुष्य के अस्तित्व को खतरे में डालती है, उसे पीड़ा पहुँचाती है तो वह नकारने योग्य है। अपनी समझ के लिए और अनेक

आपसी सम्बन्धों के निर्धारण के लिए हम मानव समूहों और संस्थाओं (राष्ट्र भी इनमें एक है) के व्यक्तित्व को कबूल करते हैं, लेकिन अन्ततोगत्वा मृत्यु यातनाएँ और विभिन्न त्रासदियों की पीड़ा झेलनेवाला मानव व्यक्ति ही होता है। पीड़ा की अनुभूति व्यक्तिगत ही होती है, भले ही इसकी चेतना सामूहिक बन जाए। इसलिए संख्या से इसकी गहराई नहीं मापी जा सकती। कॉन्संट्रेशन कैम्पों में पहुँचाई गई हजारों लोगों की पीड़ा भी अन्ततः उसके एक-एक व्यक्ति की ही पीड़ा होती है। आतंकवादी गिरोहों द्वारा पहुँचाई गई अपहृत व्यक्तियों की पीड़ा और सुरक्षा सैनिकों द्वारा बन्दीगृहों में पहुँचाई गई पीड़ा में मानवीय स्तर पर कोई फर्क नहीं किया जा सकता। इस सबके पीछे समान त्रासदी यही है कि सभी पीड़ा पहुँचानेवाले और हत्या करनेवाले समूहों के लिए हत्या और उत्पीड़न उदात्त आदर्शों की पूर्ति के लिए साधन होते हैं। किसी की निगाह में यह समाज की बेहतरी या स्वाधीनता का मार्ग है और किसी के लिए राष्ट्र-राज्य और अमन-चैन की सुरक्षा के लिए जरूरी है। अन्तिम रूप से ऐसे सभी क्रियाकलापों में पीड़ा भोगनेवाला मनुष्य ही रह जाता है जो अपनी पीड़ा में नितान्त अकेला होता है। आदर्शों के आवरण में सामाजिक जीवन का यह कटु सत्य आँखों से ओझल हो जाता है और हम हत्या और उत्पीड़न को कबूल करने लगते हैं। विडम्बना यह है कि क्षणिक आवेश में की गई हत्याओं के लिए—जो स्वाभाविक पशु प्रवृत्ति की स्वतःस्फूर्त अभिव्यक्ति होती है—तो सजा दी जाती है, पर तर्क या सिद्धान्त द्वारा की गई सामूहिक या व्यक्तिगत हत्याओं पर कोई न्यायिक फैसला नहीं हो सकता।

जिन आदर्शों के लिए हत्याएँ होती हैं वे भविष्य की अनिश्चितता में डूबे होते हैं। तात्कालिक सत्य तो हिंसा और यातनाओं का होता है। रूस की 1917 की क्रान्ति और उससे उत्पन्न स्थितियों से जो असंख्य लोगों की मृत्यु और यातनाएँ मिलीं आज इतिहास उन पर क्या निर्णय देगा? जिन राष्ट्रों की स्थापना और अखंडता के लिए युद्ध और क्रान्तियाँ हुईं उनमें अनेक आज टूट रहे हैं और नए राष्ट्र बन रहे हैं। स्पष्ट है कि राष्ट्र कोई सार्वभौम सत्य नहीं जिसके लिए ठोस सत्य मानव जीवन की बलि चढ़ाई जाए। आदर्शों के लिए प्रतिबद्धता की एकमात्र कसौटी, इतिहास के अनुभवों के आधार पर, इसके लिए यातना देने की नहीं यातना झेलने की तैयारी ही हो सकती है, जान लेने की नहीं जान देने की ही तैयारी हो सकती है।

हालाँकि युद्धों और बन्दीगृहों की यातनाएँ साफ-साफ दिखाई देनेवाली होती हैं, समाज में यातनाओं के दूसरे आयाम भी हैं। भूखे-नंगे, सर्दी, धूप और बरसात में बेपनाह लोगों की यातनाएँ या चिकित्सा सुविधाओं से वंचित बीमार गरीब लोगों की यातनाएँ कम दुःखदायी नहीं होतीं। आज दुनिया के गरीब मुल्कों में ऐसी यातनाओं का दायरा बढ़ता जा रहा है। यह हमारी मौजूदा समाज व्यवस्था का नतीजा है। संस्कृति चूँकि समाज के सभी आयामों को छूती है, समाज व्यवस्था के इस पाप

की जवाबदेही से अपने को मुक्त नहीं कर सकती। निश्चित रूप से आज की स्थिति के पीछे बाजार व्यवस्था की संस्कृति का हाथ है जिसमें सफलता की होड़ लगी है। आज में कबूल करना होगा कि बाजार की सफलता चरम सत्य नहीं है। आदमी इसका साधन नहीं हो सकता। हर आदमी की अपने जीवन की सार्थकता की अनुभूति ही किसी आदर्श समाज का चरम लक्ष्य हो सकती है। अगर बाजार व्यवस्था इस सच्चाई से टकराती है तो सर्वथा त्याज्य है। उसके विकल्प की तलाश करनी है। आदमी की तलाश की क्षमता अपार है। इसी से वह आज तक जिन्दा रहा है। इसलिए यह तलाश जारी रखनी है। संस्कृति का यह सबसे प्रमुख आयाम होना चाहिए।

3

ठोस वित्तीय और औद्योगिक नीतियों के स्तर पर भारत सरकार द्वारा अपनाई गई विकास की वर्तमान दिशा और आजादी के बाद प्रारम्भिक तीन दशकों में अपनाई गई दिशा में बुनियादी फर्क दिखाई देता है। 1948 और 1956 में घोषित औद्योगिक नीति एवं द्वितीय पंचवर्षीय योजना से प्रारम्भ होकर अस्सी के दशक तक चली आ रही विकास की दिशा में और बाद में राजीव गांधी के वित्त मंत्री के रूप में विश्वनाथ प्रताप सिंह द्वारा शुरू की गई आर्थिक नीति में, जिसका पूर्ण प्रस्फुटन हम मनमोहन सिंह की नीतियों में देख रहे हैं, काफी भिन्नता है। पहली पंचवर्षीय योजना में प्रमुखता उत्तरोत्तर सार्वजनिक क्षेत्र के विस्तार की थी, तथा औद्योगिक घरानों एवं विदेशी कम्पनियों पर ऐसे नियंत्रणों की थी ताकि देश की अर्थव्यवस्था पर ये हावी न हो पाएँ। इस सम्बन्ध में 1949 में जवाहरलाल नेहरू ने स्पष्ट रूप से राष्ट्रीय आत्मनिर्भरता के लक्ष्य की घोषणा की थी। इसी क्रम में 1969 में एकाधिकार एवं प्रतिबन्धात्मक व्यापार कानून (एम.आर.टी.पी.) पारित किया गया। इसके बाद के काल में बड़े पैमाने पर बैंकों और कोयला उद्योगों का राष्ट्रीयकरण हुआ। विदेशी कम्पनियों की प्रतिस्पर्धा से बचाने के लिए घरेलू उद्योगों को अनेक तरह के संरक्षण दिए गए।

अब इसके उलट सार्वजनिक क्षेत्र के निजीकरण की पहल शुरू हुई है। विदेशी कम्पनियों को न सिर्फ अति जटिल तकनीकी वाले उद्योगों में बल्कि अर्थहीन उपभोक्तावादी उद्योगों (पेप्सी, कोला जैसे) के लिए आमंत्रित किया गया है। देशी उद्योगों को संरक्षण देने की नीति का कार्य-कुशलता बढ़ाने के नाम पर परित्याग कर दिया गया है। आयात पर चुंगी की दर घटाई गई। उद्योगों में विदेशी कम्पनियों को आधे से अधिक शेयर रखने की छूट मिल गई है जबकि पहले अधिकतम सीमा 40 प्रतिशत थी। इस तरह नई औद्योगिक नीति में विदेशी कम्पनियों को यह पूरी आजादी दे दी गई है कि वे देश के सभी औद्योगिक क्षेत्रों पर हावी हो जाएँ।

अर्थनीति में आमूल-चूल परिवर्तन की सहमी-सी शुरुआत 1981 में हुई जब पहली बार अन्तरराष्ट्रीय मुद्रा कोष से भारी मात्रा में ऋण लिया गया। विदेशी ऋण इसके पहले भी लिए गए, लेकिन सहायता के रूप में कम सूद पर या उन देशों

से जिनसे खरीदी गई मशीनों या तकनीकी विशेषज्ञता का भुगतान करने के लिए उन देशों की मुद्रा की जरूरत हुई, जो उपलब्ध नहीं थी, लेकिन ऋण की शर्तों की आलोचना के फलस्वरूप इस ऋण की तीसरी किस्त नहीं ली गई और 1984 से ऋण को लौटाना भी शुरू हो गया, लेकिन घाटे का बजट और विदेशी मुद्रा के गहराते संकट के कारण ऋण लेने की शुरुआत हुई, लेकिन जब इससे समस्या का समाधान होता नहीं दिखाई दिया तब अन्तरराष्ट्रीय मुद्रा कोष का दरवाजा खटखटाना फिर जरूरी हो गया।

जब हम बाद के घटनाक्रम पर विचार करते हैं, जिससे विदेशी ऋण की बाध्यता बनी तो पाते हैं कि भले ही 1986 के बाद ही अर्थनीति में अचानक बदलाव दिखाई पड़ता है, लेकिन वास्तव में यह बाध्यता उस अर्थनीति की ही परिणति है, जिसकी शुरुआत जवाहरलाल नेहरू के समय में हुई। यह बात अलग है कि उस समय इस अर्थनीति के जन्मदाताओं को इस नीति की इस तरह की परिणति की कोई कल्पना भी न रही हो। सवाल है कि हमारी अर्थनीति में पराधीनता की ओर ले जानेवाला कौन-सा तत्त्व था? यह तत्त्व था नेहरू तथा देश के अन्य नेताओं की यह आकांक्षा कि भारत को पश्चिमी अर्थ में आधुनिक बनाया जाए। अकेले महात्मा गांधी इस तरह की आधुनिकता के विरोधी थे। 1945 में उन्होंने नेहरू को पत्र लिखकर इस विषय पर खुलकर चर्चा की माँग भी की थी, लेकिन आजादी के तुरन्त पहले और बाद के त्रासद घटनाक्रम में बात जहाँ की तहाँ रह गई। बहस आगे नहीं चली।

पश्चिमी ढंग के आर्थिक विकास का लक्ष्य रखनेवाले नेता यह भूल गए थे कि पश्चिमी औद्योगिक व्यवस्था के लिए जो पूँजी-संचय हुआ, उसके लिए तीन शताब्दी तक दुनिया के सभी भागों के प्राकृतिक और मानव संसाधनों का घोर दोहन हुआ। पश्चिमी औद्योगिक व्यवस्था के विकास और उसकी पूँजी के निर्माण में इस दोहन की प्रमुख भूमिका थी। एशिया, अमेरिकी महादेशों, आस्ट्रेलिया तथा अफ्रीका के औपनिवेशिक शोषण से ही यह सम्भव हुआ कि पश्चिमी यूरोप और बाद में अमेरिका और जापान में वह औद्योगिक व्यवस्था बनी, जिसमें उपभोग और विलासिता की अनेक वस्तुएँ इन देशों की आबादी के एक बड़े हिस्से को उपलब्ध हैं।

दुनिया के घोर शोषण के बावजूद यूरोप और अमेरिका के औद्योगिक के प्रथम चरण में वहाँ के लोगों का जीवन स्तर अत्यन्त निम्न था और बच्चों तक को वहाँ के उद्योगों में अत्यन्त कम मजदूरी पर अट्ठारह-अट्ठारह घंटे तक काम करना होता था। इस तरह के विकास के लिए भारत के पास न तो कोई उपनिवेश है और न आज श्रमिकों को यूरोप की दो शताब्दी पूर्व की स्थिति में श्रम करने को मजबूर किया जा सकता है।

आधुनिकता के लक्ष्य का स्वाभाविक नतीजा यह हुआ कि सबसे पहले देश के नेतृवर्ग और नौकरशाही ने अपने जीवन को पश्चिमी ढंग की जीवन पद्धति और

उपभोक्ता मूल्यों के अनुरूप ढालना शुरू किया। औद्योगिक विकास की दिशा भी इसी वर्ग की अभिजातीय आवश्यकताओं के अनुरूप निर्धारित हुई। प्राथमिकता उन क्षेत्रों को नहीं दी गई, जिनका आम आदमियों की बुनियादी जरूरतों से ताल्लुक था। मोटर गाड़ियों, फ्रिज, हवाई जहाज, वातानुकूलन, फैशनेबुल जूते व कपड़े, टी.वी. वीडियो, आलीशान और सज्जित महल, पाँच सितारा होटल आदि से सम्बद्ध उद्योगों का विकास प्राथमिकता पाने लगा। इस तरह न सिर्फ सरकारी और निजी संस्थाओं और प्रतिष्ठानों पर अनुत्पादक खर्च अत्यधिक बढ़ गया बल्कि नए तरह के उद्योगों के लिए विदेशी मशीनों, पेट्रोलियम पदार्थों तथा तकनीकी ज्ञान पर भी खर्च बढ़ गया।

इससे दो प्रक्रियाएँ चल पड़ीं। एक तो देश के भीतर के ही कुछ क्षेत्रों में बसनेवाली आबादी का औपनिवेशिक शोषण शुरू हुआ। वे आंतरिक उपनिवेश बना दिए गए। दूसरा, बजट में घाटे का विस्तार और विदेशी व्यापार में निर्यात से आयात के बढ़ते जाने के कारण विदेशी मुद्रा के कोष का तेजी से ह्रास हुआ। इन दोनों तरह के घाटे को कम करने के लिए विदेशी ऋण लेने का मार्ग सहज दिखाई देता था क्योंकि देश के नेतृवर्ग में न तो अपने तामझाम पर कटौती करने की संकल्प शक्ति थी और न विकास की दिशा बदलने की। शान-शौकत की जीवन पद्धति एक अनिवार्य प्रक्रिया के द्वारा वित्तीय संकट पैदा करती है। सामान्य स्थितियों में देश के विकास की योजना का खर्च कर-वसूली से प्राप्त राजस्व के प्रशासकीय खर्च से बचे अधिशेष से किया जाता है, लेकिन सरकारी तामझाम पर खर्च बढ़ जाए तो अधिशेष की बजाय कर-निधि प्रशासनिक खर्च के लिए ही पूरी नहीं पड़ती। इसको पूरा करने के लिए नए नोट छापे जाते हैं (जो एक तरह का सरकारी कर्ज ही है) और अगर यह भी पूरा नहीं पड़ा तो बाजार से कर्ज लिया जाता है। यह कर्ज देशी या विदेशी बैंकों या अन्य वित्तीय संस्थाओं से प्राप्त किया जा सकता है, लेकिन जो निधि कर्ज से ली जाती है, उसकी तो अदायगी करनी होती है और साथ ही उस पर सूद भी देना पड़ता है।

अगर कर्ज का धन ऐसे पूँजी-निवेश पर खर्च हो, जिससे उत्पादन बढ़ता हो तब तो कर्ज चुकाना मुश्किल नहीं होता, लेकिन अगर यह प्रशासनिक कामों पर खर्च हो जाए, जो अनुत्पादक है तो साल-दर-साल सूद के कारण देय राशि बढ़ती जाती है। हमारे देश में हुआ यह कि भारी राजस्व घाटा तो होता ही रहा है, बजट का जो भाग विकास के कामों के मद में खर्च होता है, उसका भी बड़ा भाग तामझाम की संस्कृति के कारण योजनाओं की व्यवस्था पर खर्च हो जाता है और वास्तविक विकास-व्यय बहुत ही कम होता है। उपभोक्तावादी मूल्यों के कारण प्रशासनिक भ्रष्टाचार भी व्यापक हो गया है, जिससे भी विकास के लिए आवंटित निधि का एक बहुत ही छोटा भाग विकास कार्य के लिए उपलब्ध हो पाता है।

आधुनिकीकरण का पश्चिमी नमूना अपनाने से जिस तरह के पूँजीनिवेश की जरूरत थी, उसमें विदेशी मुद्रा की जरूरत, मशीन या तकनीकी विशेषज्ञता के आयात के लिए बढ़ती गई। फिर विदेशी वस्तुओं की ललक से विदेशी उपभोक्ता सामग्री के आयात पर भी विदेशी मुद्रा खर्च करने की जरूरत बढ़ती गई। इस तरह न सिर्फ बजट का घाटा बढ़ता गया बल्कि विदेशी व्यापार का असंतुलन भी बढ़ता गया। बाहरी ऋण से बजट घाटे को कम किया जा सकता था। इस प्रक्रिया में विदेशी बैंकों द्वारा दिखलाए गए सब्जबाग की भी खास भूमिका थी। विदेशी बैंकों की ऋण देने की तत्परता के पीछे अत्यधिक यूरो डॉलर (यूरोपीय बैंकों में जमा डॉलर) का जमा हो जाना था जिसका सम्बन्ध अमेरिकी अर्थव्यवस्था के संकट से था। इस तरह देशी और विदेशी सारी स्थितियाँ हमें इस आर्थिक परवशता की ओर ढकेलती रही, जहाँ हम पहुँच गए हैं।

4

बाजार-व्यवस्था की यश-गाथा और विश्व-बाजार के प्रवाह में विभिन्न देशों की अर्थ-व्यवस्थाओं को निर्बाध छोड़ देने की वकालत, जो कभी के समाजवादी कहे जानेवाले देशों और तीसरी दुनिया के नेतृवर्ग द्वारा की जा रही है, वास्तव में बाजार की अर्थव्यवस्था में अचानक किसी चमत्कारी सकारात्मक पहलू के उभरने का परिणाम नहीं है। बाजार व्यवस्था का यह मूल सूत्र, 'सभी अपने-अपने लिए और जो पिछड़ा वह शैतान के पेट में', आज भी ज्यों-का-त्यों कायम है। नेतृवर्ग के दृष्टिकोण में बदलाव का असली कारण समाजवादी देशों का पतन और तीसरी दुनिया के नेतृवर्ग (इलीट) के अपने ही प्रेरक मूल्यों में बदलाव है। यह बदलाव एक बौद्धिक थकावट से आया है, जिसके कारण अलग-अलग हैं।

दूसरी दुनिया में यह थकावट क्यों आई यह समझना आसान है। दूसरी दुनिया यानी समाजवादी कही जानेवाली व्यवस्थाएँ, अनेक आदर्शवादी नेताओं और कार्यकर्ताओं के कठोर प्रयासों और अनगिनत कुर्बानियों के बल पर कायम हुई थीं। इन नेताओं ने यह सब प्रयास इस विश्वास से किया था कि इनके प्रयासों से एक ऐसी दुनिया का निर्माण होगा, जहाँ न तो किसी तरह का शोषण होगा और न गैर-बराबरी होगी, तथा एक ऐसी व्यवस्था बनेगी, जहाँ दमन का औजार राज्य भी अर्थहीन होकर विघटित हो जाएगा। उनकी यह भी मान्यता थी कि पूँजीवादी अर्थव्यवस्था उत्पादन की उन शक्तियों की क्षमता के पूर्ण विस्तार में बाधा बन रही है, जिनको इस व्यवस्था ने स्वयं विकसित किया है। इसलिए समाजवादी व्यवस्था (नए उत्पादन सम्बन्ध) में इस बाधा के खत्म होने से उत्पादन का अत्यधिक विकास होगा, लेकिन समाजवादी कही जानेवाली व्यवस्थाओं में न तो गैर-बराबरी मिटी और न लोकतंत्र की स्थापना हुई। प्रारम्भ में यह दलील दी गई कि ये क्रान्तियाँ अभाव की पिछड़ी पूँजीवादी या अर्द्धसामन्ती व्यवस्थाओं में हुईं, इसीलिए इनमें समता का अभाव है।

यह दिलासा भी दिलाई गई कि उत्पादन के तेज विकास से इस स्थिति में बदलाव आएगा। सोवियत संघ का तो आदर्श ही उत्पादन के क्षेत्र में अमेरिका से आगे निकल जाना बन गया। इसके लिए भारी कीमत चुकाकर तेज औद्योगीकरण की नीति अपनायी गई। रूस की विशाल प्राकृतिक सम्पदा के कारण कुछ वस्तुओं के थोक उत्पादन में भारी

वृद्धि, और इससे भी बढ़कर बढ़ी-चढ़ी सरकारी आँकड़ों के कारण लोगों में यह भ्रम भी फैल रहा था कि सोवियत संघ प्रचुरता की अर्थव्यवस्था की तरफ तेजी से बढ़ रहा है।

इसका एक परिणाम यह हुआ कि आम लोगों और कम्युनिस्ट पार्टी के नेताओं के भी आदर्श समता और स्वतंत्रता की जगह अधिक-से-अधिक उपभोग की वस्तुओं और विलासिता की सामग्रियों को उपलब्ध कराना बन गया, लेकिन उत्पादन क्षमता के विकास के क्षेत्र में पूँजीवादी देशों से आगे बढ़ने की जगह सोवियत संघ और अन्य समाजवादी देश पिछड़ते ही चले गए।

उनके विश्वासों की पृष्ठभूमि में उन्हें सबसे अधिक धक्का इस बात से लगा कि आधुनिक तकनीकी की उत्पादन क्षमता पर अवरोध पूँजीवादी व्यवस्था से नहीं बल्कि उनकी अपनी ही 'समाजवादी' व्यवस्था से पैदा हो रहा था, जिस व्यवस्था में बाजार की अनियंत्रित प्रतिस्पर्द्धा की जगह नियोजित वितरण व्यवस्था और पूर्ण रोजगार की गारंटी थी। इसी से यह निष्कर्ष निकाला जाने लगा कि उत्पादित वस्तुओं को बढ़िया बनाने और उत्पादन के पूर्ण विस्तार के लिए बाजार की अर्थव्यवस्था यानी अर्थतंत्र के हर क्षेत्र में पूरी प्रतिस्पर्द्धा का होना जरूरी है।

लेकिन 'समाजवादी' देशों में बाजार की व्यवस्था के पक्ष में जन-उभार का सबसे बड़ा कारण दूसरा है। रूस और चीन की क्रान्तियों का और फिर द्वितीय विश्वयुद्ध के बाद पूर्वी यूरोप में सोवियत दबाव में 'समाजवादी' परिवर्तन का एक परिणाम यह हुआ कि समाजवादी कही जानेवाली इन सभी व्यवस्थाओं में अत्यन्त ही कठोर तानाशाही कायम हो गई। इन देशों की दो से तीन पीढ़ियों ने कभी कोई दूसरी व्यवस्था देखी नहीं थी। स्वाभाविक था कि इस पीढ़ी के लोग अपने देश की तानाशाही व्यवस्था को 'समाजवादी', यानी नियोजित अर्थव्यवस्था के साथ जोड़ने लगे। वे बाजार-व्यवस्था की इस असलियत से भी अनभिज्ञ रहे होंगे कि इसमें विशाल औद्योगिक प्रतिष्ठान भी अपने क्षेत्र में नियोजित अर्थव्यवस्था ही चलाते हैं। इस तरह तानाशाही से त्रस्त इन देशों के लोगों को मुक्त 'अर्थव्यवस्था' तानाशाही से मुक्ति का ही एक पहलू दिखाई देता है।

कम्युनिस्ट शासकों ने अपनी जनता को दुनिया की असलियत से इतना अनभिज्ञ रखा था कि वे बाजार व्यवस्था की दुखदायी असलियतों से अनभिज्ञ रहे और इसके विज्ञापित गुणों से चमत्कृत हुए। अब भले ही मुक्त अर्थव्यवस्था की दिशा में परिवर्तनों से उनकी समस्याओं का हल नजर नहीं आता, फिर भी लोग पहले की खूँखार नौकरशाही की वापसी के डर से नियोजित अर्थव्यवस्था की ओर देखना नहीं चाहते थे। खुद कम्युनिस्ट शासकों की सोच में इस तरह का आमूल परिवर्तन होने के पीछे वर्तमान तकनीकी की कुछ विशिष्टताएँ भी हैं, जिन्हें समझने का प्रयास मार्क्सवादियों ने कभी नहीं किया, क्योंकि उनकी यह मान्यता थी कि इसी तकनीकी के चरम विकास के आधार पर समाजवादी समाज खड़ा होगा, लेकिन असल में

वर्तमान उद्योगों का तकनीकी आधार और बाजार की व्यवस्था का चरित्र ऐसा है कि इसके साथ किसी समतामूलक समाज का मेल नहीं बैठ सकता। आधुनिक उद्योग अपनी आन्तरिक संरचना और पारस्परिक सम्बन्ध दोनों में 'सर्वाधिक सक्षम के जीवित बचने' (सर्वाइवल ऑफ द फिटेस्ट) के सिद्धान्त पर आधारित है।

आधुनिक उद्योगों का आन्तरिक ढाँचा स्तरों में विभाजन पर आधारित है। इसमें निचले स्तरों में अकुशल या अर्द्धकुशल मजदूर काम करते हैं, और जैसे-जैसे हम ऊपर के स्तरों की ओर बढ़ते हैं वैसे-वैसे उत्तरोत्तर अधिक कुशल श्रमिकों और फिर विशेषज्ञों को काम करते पाते हैं। इनमें ऊपर के स्तरों के लिए बहाली और पदोन्नति दोनों ही अत्यधिक स्पर्द्धा वाली शिक्षण प्रणाली और कार्यकुशलता के आधार पर होती है।

एक तरह से इन स्थानों के लिए स्पर्द्धा बच्चों की शिक्षा के प्रारम्भ से ही शुरू हो जाती है। लाखों विद्यार्थियों में कुछ सौ या हजार इस प्रतिस्पर्द्धा में आगे निकलते हैं, और उन्हीं के लिए इन उद्योगों में ऊँची तकनीकी या व्यवस्था विशेषज्ञों के स्थान पर प्रवेश सम्भव होता है। फिर औद्योगिक प्रतिष्ठान के भीतर भी इन विशेषज्ञों में आगे बढ़ने की होड़ होती है, जिसमें थोड़े से लोग सर्वोच्च पदों पर पहुँचते हैं। जो लोग शिखर पर पहुँचते हैं, उन्हें अनेक सुविधाएँ और ऊँची तनख्वाहें मिलती हैं। उन्हीं लोगों के हाथों में उद्योग और अर्थव्यवस्था का वास्तविक नियंत्रण होता है।

इस प्रतिस्पर्द्धा में आगे निकलने के साथ ही रोजगार, शक्ति, मान, मर्यादा, ऊँची आय और सुविधाएँ जुड़ी होती हैं। यह होड़ बहुत कुछ प्राचीन चीन के उस मन्दारिन प्रथा की होड़ की तरह होती है, जिसमें उत्तीर्ण होनेवाले लोगों को अचानक सुविधाओं की एक नई दुनिया में प्रवेश मिल जाता था। औद्योगिक प्रतिष्ठानों में विभाजन के इतने स्तर होते हैं और इनमें काम करनेवालों में आगे बढ़ने की ऐसी होड़ लगी रहती है कि वर्गीय एकता और सहयोग का भाव छीजते-छीजते नगण्य हो जाता है। जिस तरह की प्रतिस्पर्द्धा औद्योगिक प्रतिष्ठानों के भीतर होती है, वैसी ही प्रतिस्पर्द्धा औद्योगिक प्रतिष्ठानों के बीच भी होती है। इसमें भी लगातार तकनीकी सुधार के ऐसे प्रयास होते रहते हैं ताकि प्रतिष्ठान अपने उत्पादन के क्षेत्र में औरों से आगे निकलकर बाजार पर छा जाए। इस प्रक्रिया में लगातार दौड़ में पीछे पड़ने वाले प्रतिष्ठानों की मौत होती रहती है।

चूँकि इस होड़ में प्रत्येक उद्योग अपनी उत्पादन प्रक्रिया में लगातार तकनीकी सुधार करने की कोशिश करता है, इसलिए हमेशा वैसे पुराने मजदूरों की छँटनी की सम्भावना बनी रहती है, जो नए परिवर्तनों के हिसाब से अपने को ट्रेनिंग नहीं दे पाते। इस व्यवस्था में वैसे उद्योगों की मौत से, जो तकनीकी के नवीकरण की होड़ में पिछड़ जाते हैं, लगातार कुछ लोग रोजगार खोते हैं।

तकनीकी सुधार का एक पक्ष यह भी है कि नई मशीनें ज्यादा स्वचालित होती हैं, और इसलिए कम लोगों को रोजगार देनेवाली, इससे बेरोजगारी का दबाव

व्यवस्था पर लगातार बना रहता है। इसी दबाव में लोग अधिक-से-अधिक जटिल ट्रेनिंग लेने को बाध्य होते हैं ताकि रोजगार मिल सके, लेकिन दिनोदिन यह ट्रेनिंग इतनी कठिन होती जाती है कि अनेक लोग इससे छँट जाते हैं। ऐसे लोग व्यवस्था के हाशिये पर चले जाते हैं, और चूँकि किसी सार्थक रोजगार के लायक नहीं रह जाने के कारण वे अत्यधिक दरिद्रता का जीवन बिताते हैं। उपभोक्तावादी संस्कृति के दबाव के बावजूद रोजगार की सिकुड़ती सम्भावना और सम्पत्ति के केन्द्रीकरण के कारण वस्तुओं का बाजार एक सीमा के बाद फैल नहीं पाता। अत: औद्योगिक देशों में और तथाकथित विकासशील देशों में भी राष्ट्रीय आय में सेवाओं का अनुपात दिनोदिन बढ़ता जा रहा है। औद्योगिक देशों में अग्रणी स्थान रखनेवाले देश अमेरिका में 1985 में कुल 10.5 करोड़ कार्यरत लोगों में 3 करोड़ लोग सेवाओं में और 1.5 करोड़ लोग सरकारी कामों में लगे थे। यह ध्यान में रखने की बात है कि 1950 में सेवा कार्यों में लगे लोगों का अनुपात 50 प्रतिशत से कम था और 1980 में यह 63 प्रतिशत हो गया था।

यह कहा जा सकता है कि सेवाओं की वृद्धि लोगों के जीवन की बढ़ती उत्कृष्टता का प्रमाण है—यानी इसका अर्थ अच्छी स्वास्थ्य सेवाएँ या कला जैसे सांस्कृतिक आयामों का विकास हो सकता है, लेकिन तथ्यों पर ध्यान देने से मालूम होता है कि इस तरह की सेवाओं का विकास अपेक्षाकृत नगण्य है। सेवाओं का ज्यादा भाग या तो उत्पादित वस्तुओं के वितरण में लगा होता है या केन्द्रित उत्पादन प्रक्रिया की वजह से जीवन में रोजमर्रा की जो जरूरतें बढ़ती जाती हैं, उनकी आपूर्ति में। केन्द्रित विशाल उद्योगों में उत्पादित वस्तुओं की बिक्री के लिए दूर-दराज फैले हुए राष्ट्रीय या अन्तरराष्ट्रीय बाजार होते हैं और वस्तुओं को एक जगह से दूसरी जगह पहुँचाने के लिए बृहत् और तेज यातायात सेवा की जरूरत होती है। मसलन अमेरिका अपने यहाँ उत्पादित मॉडलों की लाखों मोटरगाड़ियाँ जापान तथा यूरोप के बाजारों में पहुँचाता है और फिर इन देशों से उसी पैमाने पर इन देशों में बनी दूसरे मॉडलों की मोटरगाड़ियों का आयात करता है।

इस तरह की सेवाएँ वास्तव में जीवन की समृद्धि में कोई योगदान नहीं देतीं, सिर्फ बाजार व्यवस्था की विवशता के कारण अनिवार्य बन जाती हैं। अन्तरराष्ट्रीय विनियम की विशाल मात्रा और तीव्रता के हिसाब से तेज संचार—जैसे दूरभाष, टेलेक्स, बेतार और अब इंटरनेट सेवाएँ आवश्यक हो जाती हैं। पिछले कुछ दशकों में संचार सेवाओं के उत्तरोत्तर विकास पर अधिक-से-अधिक पूँजी लगाई जाती रही है।

केन्द्रित ढाँचे के कारण महानगरों का फैलाव होता है, और फिर लोगों को समय पर काम पर पहुँचाने के लिए तेज-से-तेज यातायात की व्यवस्था की जाती है। तीसरी दुनिया के महानगरों में तो आम तौर से एक आदमी, तेज वाहनों के बावजूद दो से चार घंटे तक हर दिन काम पर जाने-आने में लगाता है। औद्योगिक देशों

के महानगरों में भी वाहनों की भीड़ की वजह से नगर के मध्य भाग में लोगों की रफ्तार चींटी की हो जाती है। 100 मील से 500 मील की दूरी के लिए औद्योगिक देशों में हवाई सेवा का उत्तरोत्तर विस्तार होता रहा है, लेकिन अब उड़ान के मार्ग की भारी भीड़ से यह भी मुश्किल हो रहा है। नतीजा है कि जर्मनी और जापान चुम्बकीय प्रभाव से चलनेवाली ऐसी रेलगाड़ियों का विकास कर रहे हैं जो ढाई सौ मील प्रति घंटे की रफ्तार से पटरियों पर चले सकें।

सेवाओं पर यह सब खर्च केन्द्रित औद्योगिक ढाँचे से पैदा असुविधाओं से बचने के उपाय हैं, समृद्धि के विकास के लिए नहीं। अगर छोटे स्थानीय या घरेलू उद्योगों में काम करना होता तो लोग चन्द मिनटों में बिना भाग-दौड़ के और बिना रक्तचाप बढ़ाए पैदल काम पर पहुँच सकते हैं। इसी तरह बिजली उत्पादन से कहीं अधिक खर्च इसके वितरण पर करना पड़ता है। इस तरह सेवा उद्योगों में लगनेवाली विशाल पूँजी और उसमें लगी भारी श्रमशक्ति का कोई वास्तविक योगदान जीवन को सम्पन्न बनाने में नहीं होता।

भारत जैसे औद्योगिक दृष्टि से पिछड़े देशों में भी जहाँ आम आवश्यकता की वस्तुओं का भारी अभाव है, सेवा-उद्योगों का विकास कृषिजन्य वस्तुओं या औद्योगिक वस्तुएँ पैदा करनेवाले उद्योगों से अधिक तेज हैं। स्वयं भारत में खेत और खाद्यान्न से प्राप्त आय का अनुपात 1971-72 से 1984-85 के बीच 49.1 प्रतिशत से घटकर 39.0 प्रतिशत हो गया और उद्योगों का अनुपात मात्र 19.9 से 21 प्रतिशत बढ़ा, जबकि यातायात, संचार, व्यापार, बैंक सेवा तथा सरकारी सेवाओं का मिला-जुला अनुपात 31.0 से बढ़कर 40 प्रतिशत हो गया।

यह भी सोचना गलत है कि सेवाओं में जनशक्ति को लगा देने से बेरोजगारी की समस्या का हल निकल आता है। सच तो यह है कि जो बात अन्य उद्योगों में लागू है वही बात सेवा उद्योगों में भी लागू है। इसमें भी उत्तरोत्तर अधिक यांत्रीकरण की होड़ लगी है, क्योंकि इससे इसकी प्रतिस्पर्धा की क्षमता बढ़ती है। नतीजा यह होता है कि यहाँ भी लगातार आदमी की जगह मशीन लेने लगती है। इसलिए सेवा, उद्योगों में भी छँटनी का सिलसिला लगा रहता है।

इस दूसरे तरह की प्रतिस्पर्धा, यानी उद्योगों की आपसी होड़ और इसके परिणामों की चर्चा तो स्वयं कार्ल मार्क्स ने काफी विस्तार से की थी और इसमें निहित बेरोजगारी तथा औद्योगिक मजदूरों की अतिरिक्त फौज के कारण मजदूरों की आय पर प्रतिकूल दबाव की ओर ध्यान खींचा था। एक शताब्दी से अधिक पहले मार्क्स द्वारा वर्णित बाजार व्यवस्था के इस स्वरूप में आज भी कोई परिवर्तन नहीं हुआ है। सभी औद्योगिक देशों में बेरोजगारों की एक फौज बनी हुई है। वैसे देश जो आयात से अधिक निर्यात करने में सक्षम होते हैं, बेरोजगारी का कुछ बोझ अपने देश की बजाय अधिक आयात करनेवाले देशों पर डाल देते हैं।

पिछली शताब्दी से जो फर्क देखने में आता है, वह यह है कि आज की औद्योगिक व्यवस्थाएँ हजारों गुना अधिक सम्पन्न हैं और इसलिए बेरोजगारों के लिए बेरोगारी भत्ता और दरिद्रीकरण से पीड़ित समाज के निचले तबकों के लिए कुछ राहत की व्यवस्था सरकारें कर देती हैं, लेकिन ऐसे राहत कार्यों की आवश्यकता यह भी बतलाती है कि सभी सम्पन्न औद्योगिक व्यवस्थाओं में गरीबी रेखा से नीचे रहनेवाले दरिद्रों की उपस्थिति इस व्यवस्था का अभिन्न अंग है।

वर्तमान अनुभव से एक सीख हमें जरूर मिली है कि यह हाशिये पर डालने की प्रक्रिया पूँजीवादी व्यवस्था का ही अंग नहीं बल्कि आधुनिक औद्योगिक उत्पादन प्रणाली में ही निहित है। इसीलिए पूर्ण रोजगार की योजना इन उद्योगों की अधिकतम सक्षमता के आड़े आ रही है। समाजवादी कहलानेवाले देशों की औद्योगिक अक्षमता का यह भी एक राज है। मार्क्सवादी विचारों को लेकर चलनेवाले समाजवादियों के लिए नई औद्योगिक तकनीकी ने एक और चुनौती खड़ी कर दी है और बुद्धिजीवियों में समाजवाद से पलायन का एक कारण यह चुनौती भी है। मार्क्सवादी धारा के भीतर क्रान्ति के लिए समाजवादी बुद्धिजीवियों की भूमिका को बहुत महत्त्वपूर्ण माना गया था। मार्क्सवादियों की यह अवधारणा थी कि मध्यम वर्ग (पेटी-बुर्जुआ) पर निरन्तर यह दबाव बना रहेगा कि यह सर्वहारा की श्रेणी में गिर न जाए। चूँकि पूँजीवादी औद्योगिक व्यवस्था में इस वर्ग के अधिकांश लोगों के लिए ऊपर बढ़ने का मार्ग अवरुद्ध है, वह उत्तरोत्तर सर्वहारा की तरफदारी करने लगेगा और सर्वहारा क्रान्ति में नेता की भूमिका निभाएगा।

लेकिन उद्योगों का जो ढाँचा विकसित हो रहा है उसमें बुद्धिजीवियों की भूमिका तकनीकी और व्यवस्था-विशेषज्ञ के रूप में लगातार बढ़ती जा रही है। इतना ही नहीं, आधुनिक उद्योगों के प्रतिमान कला, विज्ञान आदि के क्षेत्र में भी स्थापित हो रहे हैं और इन विधाओं के विशिष्ट सांगठनिक ढाँचे के भीतर भी प्रतियोगिता के बल थोड़े से लोगों को शीर्ष स्थानों पर पहुँच सुविधाएँ हासिल करने को प्रोत्साहित किया जाता है। इससे विज्ञान और कला का दिशानिर्देश भी औद्योगिक व्यवस्था कर सकती है।

चूँकि वैज्ञानिक शोधों और कला प्रतिष्ठानों के लिए भी अनुदान के स्रोत उद्योग या आधुनिक औद्योगिक राज्य हैं, ऐसे अनुदान वैसे ही वैज्ञानिक शोधों या कला कार्यों को प्राप्त होंगे, जो उद्योगों की जरूरतों को पूरा करते हैं। विज्ञान के क्षेत्र में यह नियंत्रण आसान है क्योंकि वैज्ञानिक अनुसंधान अत्यधिक खर्चीले होते जा रहे हैं और व्यक्तिगत रूप से किसी वैज्ञानिक के वश के बाहर हैं। कला के क्षेत्र में भी काफी हद तक ऐसा नियंत्रण सम्भव है और ऐसा नियंत्रण करने के प्रयास होते रहे हैं। जर्मनी में 1919 में वाल्टर ग्रोपिअस के 'बाऊ हाउस' की स्थापना प्रत्यक्ष रूप से तो उद्योगों में उत्पादित वस्तुओं को कलात्मक रूप देने के लिए की थी, लेकिन वास्तव में यह कला को व्यावसायिक रूप से उपयोगी बनाने के रुझान का भी परिचायक

था। हालाँकि हिटलर ने बाऊ हाउस को बन्द कर दिया, लेकिन कला का औद्योगिक और व्यावसायिक उपयोग दिनोदिन बढ़ता गया है। सभी आधुनिक उद्योग डिजाइनिंग के लिए बढ़ी संख्या में कलाकारों का उपयोग करते हैं, और जापान, जो आधुनिक तकनीकी में अग्रणी है, कलात्मक डिजाइनों के क्षेत्र में भी आगे बढ़ रहा है। स्थापत्य कला तो अब पूरी तरह औद्योगिक व्यवस्था और अर्थतंत्र पर निर्भर हो रही है।

नृत्य, नाटक और संगीत पहले अपनी स्थानीय विशिष्टता कायम रखते हुए विभिन्न क्षेत्रों में विकसित होते थे। उनमें विविधता थी पर कोई छोटा-बड़ा नहीं होता था क्योंकि प्रतिस्पर्धा और तुलना का कोई मानक नहीं था। अब टी.वी. ने उनके बीच भी छोटे-बड़े का मानक स्थापित कर इन्हें प्रतिस्पर्धा में डाल दिया है। यह मानक प्रचलित फैशन के आधार पर तय होता है, और वह कलाकार या कलाकार समूह सबसे बड़ा होता है जो सबसे अधिक विज्ञापित होता हैऔर जिन्हें स्पांसर करनेवाले बड़े औद्योगिक प्रतिष्ठान होते हैं। यहाँ यह ध्यान में रखने योग्य है कि गैट सम्बन्धी डंकल प्रस्ताव पर अन्तिम समय फ्रांस में जो विरोध पैदा हुआ था वह इसी चिन्ता से था कि अमेरिकी सिनेमा और टी.वी. यूरोपीय देशों के कला उद्योग को नष्ट कर देंगे।

इस तरह अर्थतंत्र की प्रतिस्पर्धा संगीत, नाटक आदि पर भी हावी हो गई है। भिन्नता में बराबरी और कलाओं की विविधता सीमित होती जा रही है। इससे कलाकार की स्वायत्तता और आत्मसम्मान खत्म हो रहा है। इस वजह से नुक्कड़ कलाओं के बाहर कलाकारों का विद्रोही स्वर मुखर नहीं हो पाता। कुल मिलाकर यह वर्ग भी धीरे-धीरे बाजार की व्यवस्था का हामी बन इसके वरदान का आकांक्षी बन रहा है। इस तरह बुद्धिजीवी वर्ग का अधिकांश हिस्सा वर्तमान औद्योगिक व्यवस्था में बेगाना होने के बजाय इसका महत्त्वपूर्ण अंग बन गया है। इसलिए औद्योगिक देशों का मध्यम वर्ग अब ऐसा कोई कारण नहीं देखता जिससे वर्तमान औद्योगिक व्यवस्था का विरोध करे। समाजवादी बुद्धिजीवियों की सोच में यकायक आधुनिक उद्योगों के विषमतामूलक मूल्यों की तरफ रुझान का मुख्य कारण यही है। बुद्धिजीवियों के इस रुख में सामूहिक रूप से किसी बदलाव की गुंजाइश तब तक नहीं है, जब तक पर्यावरण के नाश की समस्या या धरती के संसाधनों का क्षय वर्तमान औद्योगिक सभ्यता की अलंघ्य सीमाओं को स्पष्ट रूप से उनके सामने पेश न कर दे।

वैसी स्थिति में दो सम्भावनाएँ हैं—(1) चाहे तो वे विकास के मार्ग को बदलने का जोखिम उठा अपने उपभोग पर नियंत्रण का मार्ग अपनाएँगे या (2) अपनी हासिल की हुई विशाल क्षमता का उपयोग कर दुनिया की विशाल जनसंख्या को समाप्त कर अथवा उन्हें और भी घोर दरिद्रता में डालकर जब तक सम्भव हो तब तक अपनी सुविधाओं को बनाए रखेंगे।

यह दूसरा मार्ग इसलिए सम्भव बनता जा रहा है क्योंकि पूँजीवाद के प्रारम्भिक काल के विपरीत, जिसमें ज्यादा-से-ज्यादा श्रमिकों का शोषण पूँजी के विस्तार के

लिए सर्वाधिक महत्त्व का था, अब आधुनिक उद्योगों में यांत्रीकरण और स्वचालन इस हद तक बढ़ चुका है कि दुनिया की आबादी का बड़ा हिस्सा औद्योगिक विकास के लिए अप्रासंगिक बन गया है और इसलिए नई विश्व व्यवस्था के विधाताओं के लिए प्राकृतिक संसाधनों पर बेकार का बोझ है। इस स्थिति में एक नए नस्लवादी फासीवाद के उभरने का अन्देशा भी कम नहीं हुआ है। हम यूरोप में, खासकर जर्मनी, फ्रांस और एक हद तक बर्तानियाँ में अफ्रीकी और एशियाई मूल के मेहमान श्रमिकों (गेस्ट-वर्कर्स) तथा आप्रवासियों के खिलाफ उभरते आक्रोश और हिंसा में इस भविष्य की एक झलक देख सकते हैं।

ऊपर वर्णित बौद्धिक और जज्बाती माहौल में कोई शक्तिशाली प्रेरक आदर्श ही समाजवादी नेतृवर्ग को औद्योगिक विकास की धारा के विपरीत चलने का साहस दे सकती थी, लेकिन सुविधाओं में पले कम्युनिस्ट पार्टी के नेतृवर्ग में ऐसी प्रेरणा का अभाव था। इसका एक कारण बौद्धिक थकान भी थी। पार्टी के सदस्यों की उम्र चाहे जो हो उनकी पीठ पर सौ साल बूढ़ी पार्टी की विरासत का बोझ था। उन्होंने बड़े कष्ट से उस बोझ से अपने को मुक्त किया था। वे पिछले अनुभवों से इतना थक चुके थे कि आदर्शों की तंग पगडंडी पर दूर और अदृश्य भविष्य की ओर फिर कदम बढ़ाना नहीं चाहते थे। उन्हें बाजार का अर्थतंत्र सहज और सम्भाव्य दिखाई देता था, और वे इसी में अपनी समस्याओं का समाधान ढूँढ़ रहे थे।

तीसरी दुनिया के नेतृवर्ग में विश्व अर्थव्यवस्था का अंग बनने के आग्रह का कारण थोड़ा अलग है। इन देशों के नेताओं में विदेशी शासन से मुक्ति का उद्देश्य धीरे-धीरे इस लक्ष्य से जुड़ गया कि वे भी साम्राज्यवादी देशों जैसा जीवन स्तर अपने देशों में उपलब्ध करा सकें। यह नेतृवर्ग मूलत: उच्च और मध्यम वर्ग से आता था। इसकी आकांक्षा विशेष तौर से अपने लिए उन उपभोग के साधनों को प्राप्त करने की थी जो साम्राज्यवादी औद्योगिक देशों के मध्यम वर्ग को उपलब्ध थे। लेकिन आजादी के संघर्ष के दौरान स्वतंत्रता का एक अर्थ आत्मनिर्भरता भी था, इसलिए शुरू में इन देशों के नेताओं ने—खासकर भारत में महात्मा गांधी के प्रभाव में—आर्थिक स्वावलम्बन और आम लोगों की खुशहाली की बात भी सामने रखी थी, लेकिन धीरे-धीरे यह साफ होने लगा कि आधुनिक उद्योगों के विकास के लिए पूँजी-संचय में देश के संसाधनों और इन पर आश्रित लोगों का शोषण वैसे ही करना होगा जैसा साम्राज्यवादियों ने किया था। इसलिए ऐसे उद्योगों के विकास का मतलब है कि भारी संख्या का दरिद्रीकरण।

ऐसी स्थिति में उन्हें आत्मनिर्भरता की कठिन वैकल्पिक अर्थव्यवस्था—जिसमें आम लोगों का जीवन सुधारा जा सके, और पश्चिमी ढंग के औद्योगिक विकास के बीच चुनाव करना था—जिसमें आम लोग तो दरिद्रता की हालत में रहें, लेकिन एक छोटे अभिजात वर्ग को आधुनिक सुख-सुविधाएँ मुहैया कराई जा सकें। तीसरी

दुनिया के नेतृवर्ग में आजादी मिलते-मिलते आम लोगों की चिन्ता समाप्त हो गई। अब वे धीरज के साथ आत्मनिर्भर अर्थव्यवस्था के विकास की जगह 'विकसित' देशों की जीवनपद्धति और उपभोक्तावादी संस्कृति के अंधानुकरण में लग गए। देरी से औद्योगिक विकास शुरू करनेवालों की एक सुविधा यह होती है कि वे औद्योगिक विकास की प्रारम्भिक और बीच की सीढ़ियों को छोड़ सीधा नवीनतम औद्योगिक तकनीकी या उपकणों को प्राप्त कर सकते हैं, लेकिन इस सुविधा की एक कीमत यह होती है कि देश में क्रमिक रूप से उस औद्योगिक संस्कृति का विकास नहीं हो पाता है, जिसका विकास औद्योगिक देशों में शताब्दियों में हुआ है। इससे तीसरी दुनिया के देश नवीनतम तकनीक को उधार तो ले सकते हैं, लेकिन उनका विकास नहीं कर सकते।

उनके पूरे समाज में औद्योगिक संस्कृति का अभाव होता है। फिर आधुनिक उद्योग पारस्परिक होड़ में लगातार अपनी तकनीकी को विकसित करने में लगे रहते हैं। यह होड़ अपने बाजार और फिर विश्व बाजार में समकक्ष औद्योगिक प्रतिष्ठानों की प्रतिस्पर्धा के कारण होता है।

तीसरी दुनिया में जब यह नवीनतम तकनीक आयातित होती है तो इनका अपना आधार इतना कमजोर होता है कि खुली अन्तरराष्ट्रीय प्रतिस्पर्धा में टिक नहीं सकते। इसलिए ऐसे उद्योग हमेशा एक सुरक्षित बाजार में विकसित होते हैं। इससे इनकी तकनीकी जैसी आती है, उसी स्थिति में रह जाती है। नवीनतम तकनीकी के लिए हमेशा विकसित औद्योगिक देशों पर निर्भरता इनकी नियति बन जाती है।

चूँकि बहुराष्ट्रीय कम्पनियों का मूल शोध-कार्य विकसित औद्योगिक राष्ट्रों में होता है, तीसरी दुनिया में आने पर मुकाबले के देशी उद्योगों से उनका हाथ हमेशा ऊपर रहता है। उनकी यही सुविधा है, जिसका फायदा उठाने के लालच से हमारे अबोध राजनेता इन कम्पनियों को देश में खुले रूप से पूँजी लगाने की छूट देना चाहते हैं। अगर ऐसा हुआ तो एक दशक के भीतर ही टाटा और बिड़ला जैसे बड़े औद्योगिक घराने भी या तो इन कम्पनियों की साझेदारी में, उनके नियंत्रण में, उद्योग लगाने को विवश होंगे या बीमारी और मौत की प्रतीक्षा करेंगे। आयातित नवीनतम तकनीकी पर आधारित उद्योगों की भारत जैसे देशों में दो ही नियति हैं—बाँझपन अथवा मौत।[1]

देश के उद्योगपति इस बात से अवगत हैं, और विश्व बाजार में शामिल होने की तमाम बातों के बावजूद, जब वास्तव में बाजार खोलने की बात आई है तो वे इसका विरोध करने लगे हैं, क्योंकि इसमें वे टिक नहीं सकते। अब शुरुआती हो-हल्ला खत्म हो चुका है और सारे बड़े उद्योगपतियों की 'बैठक' ने सरकार को चेतावनियाँ देनी और रियायतें माँगनी शुरू कर दी हैं।

चाहे जो हो, देश बहुराष्ट्रीय कम्पनियों के लिए खोल दिया जाए या देशी उद्योग विश्व प्रतिस्पर्धा और आधुनिक औद्योगिक उपभोक्तावादी संस्कृति में शामिल हों, कुल

मिलाकर स्थिति एक ही तरह की होनेवाली है। इसमें एक अत्यन्त छोटा-वर्ग—जिसमें पूँजीपति, तकनीकी विशेषज्ञ, शिक्षितों और नौकरशाही का ऊपरी तबका शामिल है—तो दुनिया की नई तकनीकी उपलब्धियों में साझीदार बन हवाई सैर करेगा तथा पाँच सितारा संस्कृति में मौज-मस्ती की जिन्दगी जिएगा और बाकी लोग अत्यन्त गरीबी में रहकर किसी तरह जीवन निर्वाह कर सकेंगे।

असल में विश्व अर्थव्यवस्था और निर्बाध प्रतिस्पर्धा की बात से समाजवादी कहे जानेवाले देशों से लेकर तीसरी दुनिया के देशों के नेतृवर्ग में एक खास तरह के अन्तरराष्ट्रीय वर्ग विभाजन के पक्ष में मन बन रहा है। द्वितीय विश्वयुद्ध के बाद के काल में राष्ट्रीय मुक्ति आन्दोलन की एक लहर आई थी और दुनिया के सभी औपनिवेशिक और गुलाम मुल्क साम्राज्यवाद और उपनिवेशवाद से छुटकारा पाने का प्रयास करने लगे थे। इस विभाजन में एक तरफ कुछ सम्पन्न पूँजीवादी औद्योगिक देश थे और दूसरी तरफ साम्राज्यवाद द्वारा गुलाम बनाए गए तमाम दूसरे देश। अपनी विशेष राजनीतिक स्थितियों के कारण सोवियत संघ, चीन, क्यूबा आदि इस दूसरे खेमे के हिमायती बने हुए थे। अधिकांश गुलाम देशों के आजाद होने और सोवियत संघ तथा पूर्वी यूरोप के परिवर्तनों के बाद राष्ट्रों के बीच का इस तरह का विभाजन या ऐसे विभाजन का एहसास खत्म हो गया है। अब समाजवादी कही जानेवाली दुनिया स्वयं पूँजीवादी औद्योगिक व्यवस्थाओं का आर्थिक राजनीतिक नेतृत्व स्वेच्छा से कबूल कर रही है और अपनी अर्थव्यवस्थाओं को विश्व पूँजीवादी व्यवस्था के साथ जोड़ने में व्यस्त है। सच तो यह है कि एक ही तरह की तकनीकी को अपना कर चलनेवाली पूँजीवादी और समाजवादी कही जानेवाली व्यवस्थाओं के बीच विभाजन बहुत ही सतही था और दोनों के मानकों और मूल्यों को एक होना ही था।

कल तक गुलाम रहे तीसरी दुनिया के देशों में भी इस पूँजीवादी विश्व बाजार में शामिल होने की अभिलाषा दिखाई देने लगी है। रूस और पूर्वी यूरोप के देश सांस्कृतिक दृष्टि से पश्चिम यूरोप और अमेरिका से काफी करीब हैं, और सिर्फ आर्थिक दृष्टि से ही पीछे हैं। बहुत सम्भव है कि वे जल्द ही उनकी अर्थव्यवस्था में शामिल हो उनसे घुल-मिल जाएँगे। इस एकीकरण से पूँजीवादी साम्राज्यवादी व्यवस्थाओं का शोषक स्वरूप और इसमें व्याप्त गैर-बराबरी मिटनेवाली नहीं है, लेकिन जिस गैर-बराबरी को राष्ट्रों की आय या विभिन्न राष्ट्रों की प्रति व्यक्ति आय की तुलना करके आँका जाता था, यह गौण हो जाएगा।

अब दुनिया भर में एक तरफ समान जीवन पद्धति और जीवन स्तर से लैस एक सुविधा प्राप्त वर्ग होगा, और दूसरी तरफ संसार भर में इस औद्योगिक सभ्यता से उच्छिष्ट एक दूसरा वर्ग होगा जो अपने-अपने देश के मानकों के हिसाब से भी गरीबी रेखा के नीचे होगा। देशों की सम्पन्नता या गरीबी प्रत्येक देश में इन दो हिस्सों की आबादी के अनुपातों से आँकी जाएगी। सम्पन्नों में भी स्तर होंगे क्योंकि वही

वर्तमान औद्योगिक समाज की मूल प्रेरक शक्ति है। नई विश्व व्यवस्था में विभिन्न श्रेणियों में विभाजित राष्ट्रों के लोगों की असली स्थिति का अंदाज भर लगाया जा सकता है। सम्पन्न देशों में गरीबी रेखा से नीचे रहनेवाले लोगों का अनुपात 10 से 15 प्रतिशत के भीतर रहेगा तो गरीब देशों में यह अनुपात 50 प्रतिशत के इर्द-गिर्द। इसी तरह मध्यम और उच्च आय वाले लोगों का अनुपात भी अनुमानित ही है। अमीर देशों में उच्च आय वालों का प्रतिशत अगर 20-25 फीसदी रहेगा तो गरीब देशों में डेढ़-दो फीसदी। यह अनुमान बिलकुल मनमाने ढंग से नहीं किया गया है। उदाहरण के लिए फिलहाल अमेरिका की 24 करोड़ के लगभग आबादी में 3.2 करोड़ लोग गरीबी की श्रेणी में आते हैं, जो 13 प्रतिशत से कुछ ऊपर हुआ। सम्पन्न देशों में गरीबों का अनुपात इसी से कुछ कम या अधिक होगा। दूसरी ओर भारत में गरीबी रेखा से नीचे रहनेवालों का अनुपात 50 प्रतिशत से थोड़ा कम है। भारत जैसे दुनिया के अति गरीब देशों में गरीबी रेखा से नीचे रहनेवालों का अनुपात इससे कुछ कम या अधिक होगा। मध्यम आय वाले देशों की स्थिति कुछ ऐसी ही है, और पूर्वी यूरोप आदि में, जो इस कोटि में आते हैं, परिवर्तन भी तेजी से हो रहे हैं। फिर भी इन देशों में ऊँची आय वालों का अनुपात कम है, यह अनुमान किया जा सकता है। जो नए तरह का विभाजन हो रहा है वह हर गरीब देश में एक सम्पन्न दलाल वर्ग को जन्म दे रहा है। यह वर्ग नई व्यवस्था का हिमायती बन इसे फैलाने की कोशिश कर रहा है। पहले जब औद्योगिक देशों का सीधा नियंत्रण गुलाम देशों और उपनिवेशों पर था तो राष्ट्रीय प्रतिरोध की एक शक्ति का निर्माण होता था। अब उपनिवेश गरीब देशों के अभिजात वर्गों के लिए अपने ही देश में हैं, इसलिए प्रतिरोध की कोई शक्ति नहीं पैदा हो रही है।

लेकिन शोषितों में शोषित होने की अनुभूति को खत्म नहीं किया जा सकता, इसलिए क्षेत्रीय, भाषायी, मूल या पृथकता का एहसास करानेवाली किसी दूसरी अनुभूति के इर्द-गिर्द विद्रोह खड़े हो रहे हैं। इस तरह के विद्रोह सभी देशों में देखे जा सकते हैं। इस तरह नई विश्व व्यवस्था एक तरह से सम्पन्नता, दरिद्रता और विघटनकारी विद्रोहों के सह-अस्तित्व की व्यवस्था है। इसमें पिछड़े मुल्क, जिनमें गरीबों का अनुपात अत्यधिक है, निरन्तर आतंकवादी विद्रोहों और फासीवादी दमन के बीच झूलते रहेंगे।

सन्दर्भ और टिप्पणियाँ

1. मुक्त बाजार व्यवस्था

1. देश की अनेक प्रतिष्ठित कम्पनियाँ साझेदारी अथवा विलय से अपना अस्तित्व खो रही हैं।

भूमंडलीकरण की पृष्ठभूमि

1

उन्नीसवीं शताब्दी के मध्य से लेकर बीसवीं शताब्दी के पूर्वार्द्ध तक समाज में जिन आदर्शों और मूल्यों की प्रमुखता थी उन पर अब बीसवीं शताब्दी के अन्तिम चरण में प्रश्न चिह्न लगने लगे हैं। ऐसा लगने लगा कि जीवन के जिन प्रतिमानों को लेकर लगभग डेढ़ शताब्दी से पश्चिमी समाज और उसके प्रभाव में बाकी समाज आगे बढ़ रहा था उनका आधार खिसकने लगा है। प्रस्तुत पुस्तक में उन प्रतिमानों के सांस्कृतिक एवं अन्य तत्त्वों पर विचार किया गया है जो मौजूदा सभ्यता का आधार हैं और इनकी विसंगतियों की ओर ध्यान खींचा गया है। पुस्तक में संकलित लेख अलग-अलग लिखे गए हैं, लेकिन सभी एक ही समस्या के विविध पहलुओं पर प्रकाश डालते हैं और एक-दूसरे के पूरक हैं। चूँकि लेख अलग-अलग समय में लिखे गए हैं और इनमें प्रत्येक अपने आप में पूर्ण हैं, कुछ बातों की पुनरावृत्ति सम्भव है।

एक बात स्पष्ट हो रही है। यह कि जो अनेक समस्याएँ आज उभरकर सामने आ रही हैं उनका उत्स मात्र व्यवस्थाओं के दोष में नहीं है। उनकी जड़ में वे मूल्य बोध हैं जो पिछली सभी सभ्यताओं के मूल्य बोध से भिन्न हैं और इनकी माया लोगों पर ऐसी छाई है कि लोग इन्हें शाश्वत मानने लगे हैं, और इसकी जकड़ से बाहर नहीं निकल पाते। फिर भी यह साफ होता जा रहा है कि उन मूल्यों को नकारे बगैर मानव अस्तित्व को सुरक्षित रखना कठिन है।

इन मूल्यों के आधार में विकास और प्रगति की एक खास अवधारणा है जिस पर डार्विन के विकास सिद्धान्त की गहरी छाप है। इस अवधारणा के निचोड़ रूप में दो सिद्धान्त अंग्रेज दार्शनिक हर्बर्ट स्पेंसर ने प्रतिपादित किए थे : पहला, योग्यतम के जीवित रहने का (सर्वाइवल ऑफ द फिटेस्ट), और दूसरा कि विकास लगातार सरलता से जटिलता की ओर बढ़ता है। पश्चिमी मनीषा में ये सिद्धान्त गहराई से बैठ गए हैं। पहले सिद्धान्त का प्रतिफल अन्ततोगत्वा औपनिवेशिक और नव-औपनिवेशिक शोषण को मान्यता प्रदान करना हुआ। इसी की एक अभिव्यक्ति नस्लवादी उन्माद था। हिटलर इस धारणा का चरमोत्कर्ष था। आज भी अमेरिका और यूरोप में जहाँ-तहाँ इसका विस्फोट अश्वेत लोगों के खिलाफ जब-तब उभरनेवाले हमलों में देखा जा सकता है, लेकिन दूसरे विश्वयुद्ध के बाद आई आजादी की लहर जिसमें एशिया

और अफ्रीका के तमाम अश्वेत लोग स्वतंत्र हो गए और दक्षिण अफ्रीका के हाल के परिवर्तनों से यह साफ है कि अश्वेत और गरीब बहुल दुनिया में बहुत दिनों तक थोड़े से लोगों के वर्चस्व का सिद्धान्त चल नहीं सकता।

इस सिद्धान्त की दूसरी तार्किक परिणति यह है कि आदमी के जीवन में प्रतियोगिता को आधारभूत मूल्य बना दिया गया है। इससे व्यापार को एक नया अर्थ प्राप्त हुआ है। जैसा पहले कभी नहीं था। पूर्ववर्ती समाजों में व्यापार विनियम का साधन था। अब व्यापार एक ऐसी प्रतिस्पर्धा है जिसमें प्रतिद्वन्द्वियों को न सिर्फ पराजित किया जाता है बल्कि उनका अस्तित्व मिटा दिया जाता है। इसमें प्रत्येक व्यक्ति और व्यावसायिक प्रतिष्ठान एक-दूसरे का विरोधी बन गया है।

दूसरा सिद्धान्त, 'जटिलता' को प्रगति का मानक मानकर ऐसी समस्याएँ पैदा कर रहा है जिससे बहुसंख्यक लोगों के लिए जीवन असह्य होता जा रहा है। आधुनिक औद्योगिक व्यवस्था जितनी ही जटिल होती जा रही है और जितना ही इसका दायरा बढ़ता जा रहा है उतना ही इसे चलाने के लिए अत्यधिक प्रशिक्षित लोगों की जरूरत बढ़ रही है। इससे तकनीकी शिक्षण संस्थानों में अतिशय प्रतियोगिता और मानसिक कवायद के द्वारा नए तरह के तकनीकी लोगों का निर्माण और चयन किया जाता है। इस प्रतियोगिता में थोड़े लोग ही सफल हो पाते हैं क्योंकि आदमी की मानसिक क्षमता और स्वभाव की सीमाएँ हैं। इससे भारी संख्या में असफल हुए लोग अपने को समाज के लिए अप्रासंगिक मानने लगते हैं और इस तरह विफलता का बोझ लिए हारे लोगों (ड्राप आउट्स) की संख्या औद्योगिक समाजों में बढ़ रही है। फिर अतिशय प्रतियोगिता के दबाव में उबाऊ कामों के बोझ से भारी संख्या में लोग मानसिक तनाव में रहते हैं और मनोविकार का शिकार होते हैं, नतीजतन मानसिक चिकित्सकों की सलाह ढूँढ़ने वाले लोगों और नशाखोरों की संख्या बढ़ती जा रही है।

दूसरी ओर, ऐसे जटिल समाज का विस्तार जितना ही होता है उतना ही अनुत्पादक व्यवस्थाओं के रखरखाव का बोझ बढ़ता है और इससे पैदा ऊर्जा का संकट व्यवस्था का संकट बन जाता है। सभ्यताओं के इतिहास के परिप्रेक्ष्य में इस समस्या पर भी विचार किया गया है।

ठोस रूप में वर्तमान औद्योगिक सभ्यता का आदर्श हैं अधिक-से-अधिक उपभोग की वस्तुओं की खपत और उनके उत्पादन के लिए उद्योगों का अधिक-से-अधिक विस्तार। इस आदर्श को जीवित रखने में उपभोक्तावादी संस्कृति और अन्तहीन औद्योगिक विकास के मिथक का खास हाथ रहा है। उपभोक्तावादी संस्कृति पर लम्बे लेख में वर्तमान औद्योगिक सभ्यता और इस संस्कृति के अन्योन्याश्रित सम्बन्धों पर विचार किया गया है। फिलहाल उपभोक्तावादी संस्कृति का उद्योग तो तेजी से फैल रहा है, लेकिन अन्तहीन औद्योगिक विकास का मिथक संकट में है। ई.एफ. शुमाखर ने साठ के दशक में जीवाश्म ईंधन पर आधारित औद्योगिक व्यवस्था की

क्षणभंगुरता की ओर इशारा किया था। उन्होंने इस तथ्य की ओर ध्यान दिलाया था कि वर्तमान औद्योगिक व्यवस्था के समर्थक अर्थशास्त्री पूँजी और आय का फर्क नजरअन्दाज कर रहे हैं और जीवाश्म ईंधन, जैसे कोयला और पेट्रोलियम को, जो कभी की एकत्र निधि है, और जिन्हें पूँजी की कोटि में रखना चाहिए, आय मानकर अंधाधुंध खर्च कर रहे हैं। यह अधिक दिन चल नहीं सकता। इसी दशक में क्लब ऑफ रोम के अध्ययन के नतीजों ने इस विचार की पुष्टि की। 1973 के अरब-इजराइल युद्ध के बाद पैदा पेट्रोलियम संकट और अनेक अध्ययनों में चिह्नित विकास के क्रम में पैदा पर्यावरण के संकट ने साफ तौर से इस विकास पद्धति पर प्रश्न चिह्न लगा दिया है। पृथ्वी पर रियो का शिखर सम्मेलन एक तरह से सारे संसार द्वारा इस आसन्न संकट की स्वीकृति थी। अलग-अलग लेखों में इस समस्या के विभिन्न पहलुओं पर विचार किया गया है।

जब हम आज के संकट को वर्तमान औद्योगिक सभ्यता के संकट के रूप में देखते हैं तो साफ हो जाता है कि पूँजीवाद और समाजवाद के पुराने विवाद के रूप में आज की समस्या का आकलन अपर्याप्त है। अब समाजवाद पर भी नए सिरे से विचार करना होगा, जिसमें समस्या सिर्फ आधुनिक औद्योगिक प्रणाली द्वारा अर्जित धन के वितरण की नहीं है, अब समाजवाद को नई तकनीकी की भी तलाश करनी होगी। वर्तमान तकनीकी को नकारने से अक्सर यह भ्रम होता है कि विज्ञान को नकारने की बात हो रही है। इसलिए विज्ञान और तकनीकी के सम्बन्धों पर भी विस्तार से विचार किया गया है। इसके अलावा उन स्थितियों पर भी विचार किया गया है जिसमें औद्योगिक क्रान्ति हुई है और वर्तमान औद्योगिक तकनीकी का विकास हुआ है।

पिछले दिनों पूर्वी यूरोप और रूस में समाजवादी व्यवस्थाओं का विघटन इतनी तेजी से हुआ कि पूँजीवादी दुनिया की समस्याओं की ओर किसी का ध्यान ही नहीं गया। अगर हम पूँजीवादी दुनिया की ओर निगाह डालें तो सलामती के आलम के बजाय वहाँ एक दूसरे तरह की बेचैनी दिखाई देती है। पूँजीवादी दुनिया के सबसे सम्पन्न देश अमेरिका, जापान और यूरोपीय साझा बाजार के देश बार-बार के प्रयासों के बावजूद आपसी व्यापार की शर्तों पर कोई समझौता नहीं कर पाए हैं। गैट का नौ वर्षों तक बार-बार टाला जाना इसका एक उदाहरण है। अब विश्व व्यापार संगठन की बातचीत ठप्प पड़ी है। इस गतिरोध के पीछे गहराती आर्थिक मन्दी की छाया है। जापान को छोड़ सभी समृद्ध पूँजीवादी देशों में बेरोजगारी खतरे के निशान के करीब पहुँच रही है। जापान आयात पर निर्यात की भारी बढ़त से अपने यहाँ की सम्भावित बेरोजगारी का संकट निर्यात कर टाल रहा है। डॉलर की गिरावट रोके नहीं रुक रही है।[1] अमेरिका में गरीबी रेखा से नीचे रहनेवालों की हालत यह हो गई है कि बड़ी संख्या में बेपनाह लोगों को एकमात्र पनाह कैदखाने दिखाई देते हैं और वे कैद की सुरक्षा पाने के लिए बार-बार अपराध करते हैं।

पश्चिमी यूरोप के कई देशों में फासिस्ट पार्टियों की ताकत अचानक बढ़ गई है। फ्रांस और जर्मनी में तो बाहर से राजनीतिक पनाह के लिए अथवा मजदूरी करने आए तुर्क, अल्जीरियाई तथा अन्य मूलों के लोगों के खिलाफ हिंसक प्रदर्शन हो रहे हैं। ऐसा करनेवाली पार्टियों में स्विट्जरलैंड, जर्मनी, आस्ट्रिया, स्वीडन तथा बेल्जियम में अपनी ताकत अप्रत्याशित रूप से बढ़ा ली है। यह याद रखने की बात है कि जर्मनी में फासीवाद का उदय 1930-31 की मन्दी का सीधा परिणाम था। यूरोप की घोर दक्षिणपंथी पार्टियों के समर्थन का आधार बेरोजगारी से भयभीत नौजवान ही हैं। जाहिर है कि जो पूँजीवादी व्यवस्था अपने सबसे सशक्त केन्द्रों में ही बेरोजगारी की समस्या हल करने में अक्षम साबित हो रही है वह बाकी दुनिया के बेरोजगारों की विशाल फौज को कोई सहायता नहीं दे सकती। सच तो यह है कि मुक्त बाजार व्यवस्था की अपील कम्युनिस्ट तानाशाही से मोहभंग से उपजे तात्कालिक छलावे से अधिक कुछ नहीं है।

अगर हम पिछले दो सौ साल के यूरोप-केन्द्रित इतिहास पर नजर डालें तो पाएँगे कि व्यवस्था परिवर्तनों से जन्मी आस्था और फिर निराशा का एक चक्र पूरा हो रहा है। अठारहवीं सदी के आखिर में यह विचार व्यापक था कि सामन्ती एवं अन्य अवरोधों से मुक्त स्वतंत्र बाजार व्यवस्था से सार्वजनीन सम्पन्नता बढ़ेगी। उन्नीसवीं सदी उन्मुक्त बाजार व्यवस्था की देन पूँजीवादी व्यवस्था से मोहभंग की थी और लोग विभिन्न तरह के समाजवादी प्रयोगों की ओर आकृष्ट हो रहे थे। बीसवीं शताब्दी का पूर्वार्द्ध समाजवाद के नाम पर होनेवाले कुछ ठोस प्रयोगों का काल था, जिसमें स्वीडन का सहयोगी और कल्याणकारी राज्य, सोवियत संघ का सर्वसत्तावादी राज्य, ब्रिटेन की लेबर पार्टी का आंशिक राष्ट्रीयकरण और कल्याणकारी राज्य और चीन की पिछड़ी औद्योगिक व्यवस्था में सामुदायिक स्वामित्व और उत्पादन का प्रयोग मुख्य है। बीसवीं शताब्दी का उत्तरार्द्ध इन प्रयोगों से मोहभंग का है और इस आघात से विचार का दोलक फिर एक ऐसी मुक्त बाजार व्यवस्था की ओर झुक रहा है जिसकी अक्षमताएँ भूतकाल में न सिर्फ जाहिर हो चुकी हैं बल्कि जिसकी सीमाएँ हम आज भी देख सकते हैं।

इन स्थितियों पर विचार करने से यह प्रतीत होता है कि हम जिस संकट से गुजर रहे हैं, वह व्यवस्थाओं का नहीं बल्कि पूरी सभ्यता और उसके नियामक मूल्यों का है। हालाँकि टॉयनवी तथा स्पेंगलर जैसे इतिहास के दार्शनिकों ने समाज की समस्याओं को सभ्यता के स्तर पर समझने की कोशिश की, लेकिन आजकल यह फैशन में नहीं है और लोग बार-बार समस्याओं की जड़ व्यवस्थाओं में ही ढूँढ़ने की कोशिश कर रहे हैं और एक दुष्चक्र में फँस रहे हैं। असल में समस्या के उत्स का हमारी सभ्यता के नियामक मूल्यों में ही ढूँढ़ना होगा।

अगर हम व्यवस्था की जगह वर्तमान औद्योगिक सभ्यता को दिशा देनेवाले मूल्यों की तलाश करें तो पाएँगे कि उन पर उस विज्ञान का, जो गैलीलियो और न्यूटन से शुरू हुआ और जो आधुनिक तकनीकी का आधार है, गहरा प्रभाव है। बल्कि उस विज्ञान का भी उतना हाथ नहीं, जितना उस विज्ञानवादी मानसिकता का जो विज्ञान के प्रयोगों और अमूर्तन प्रक्रिया को हर तरह के सोच का आधार बनाना चाहती है। विज्ञान के क्षेत्र में गैलीलियो और न्यूटन की सबसे महत्त्वपूर्ण देन यह थी कि उन्होंने सहज रूप से दिखाई देनेवाले जगत को प्रयोगों से खंडित और शोधित कर ऐसा अमूर्त रूप दिया, जिसे गणित के समीकरणों में बाँधा जा सके। यह महज संयोग नहीं था कि आधुनिक भौतिकी का आदिपुरुष न्यूटन गणित में कैल्कुलस का जन्मदाता बना, जिसमें किसी गति या चक्र के एक अंश को विश्लेषित कर सूक्ष्मातिसूक्ष्म खंड पर पहुँचा जाता है और फिर एक संयोजन प्रक्रिया से सम्पूर्ण धरातल या गति के आकार का निर्माण होता है। पर दृश्य दुनिया के कुछ खास गुणों को ही अमूर्तन की प्रक्रिया से ऐसे गणित में बाँधना सम्भव था। आगे चलकर यही विज्ञान का प्रतिमान बन गया।

लेकिन लोग अक्सर भूल जाते हैं कि विज्ञान द्वारा प्रस्तुत किया गया भौतिक जगत वही नहीं है, जिससे हमारे आम अनुभवों के दृश्यजगत और भाव जगत का निर्माण होता है। उन्नीसवीं शताब्दी के प्रारम्भ में सुप्रसिद्ध जर्मन साहित्यकार गेटे ने, जिसे वैज्ञानिक प्रयोगों में भी गहरी रुचि थी, रंगों पर किए गए अपने शोधों के आधार पर न्यूटन के रंग सम्बन्धी सिद्धान्त को चुनौती दी। अपने क्षेत्र में गेटे के प्रयोग भी सही थे। उसने अपने प्रयोगों के आधार पर रंग षष्टभुज एवं पूरक रंगों का सिद्धान्त दिया, जिसके अनुसार लाल तथा हरा एवं नीला और नारंगी पूरक रंग होते हैं। यह सिद्धान्त वस्तुगत और अनुभूत तथ्यों का अद्‌भुत अभिसार था। गेटे की यह खोज आज भी चित्रकारों के लिए अत्यधिक महत्त्व की है, लेकिन गेटे ने प्रयोग में यह कभी नहीं पाया कि सफेद रोशनी, जिसका साक्षात्कार हेतु रोज की जिन्दगी में होता है, सात रंगों में विभाजित हो जाती है।

सच्चाई यह थी कि न्यूटन ने जिस सफेद को सात रंगों में विश्लेषित किया था, वह विशेष तरह के पारदर्शकों द्वारा आम प्रकाश से शोधित रोशनी थी। इस भिन्नता के सम्बन्ध में गेटे ने जो बात कही, वह वर्तमान चर्चा की पृष्ठभूमि में बहुत ही महत्त्व की है। उसने कहा, "भौतिक वैज्ञानिक प्राकृतिक घटनाओं पर नियंत्रण भी हासिल करता है, वह अनुभवों को इकट्ठा करता है, उन्हें फिट करता है और जोड़ता है..., लेकिन जब वह यह दावा करता है कि यही प्रकृति है, तो हम सिर्फ विनोदपूर्वक मुस्करा सकते हैं।" कोई भी वास्तुकार यह दावा नहीं कर सकता कि उसके द्वारा निर्मित महल, वन और पर्वत असली हैं। नाभिकीय भौतिकी के हमारे युग के सबसे बड़े वैज्ञानिक वर्नर हाइसेनबर्ग ने इस विवाद पर अपनी टिप्पणी में

भौतिक विज्ञान के तरीके की अनिवार्यता को कबूल करने के बावजूद यह माना है कि गेटे का यह कथन सही है कि विज्ञान की दुनिया हमारे रोजाना की दुनिया से अलग है और हमारे आम अनुभवों की दुनिया अपने सर्वांग रूप में समान आदर की अधिकारी है।

लेकिन उन्नीसवीं शताब्दी से आम तौर पर इस सन्तुलित दृष्टि का अभाव रहा। भौतिक से उधार अमूर्तन की प्रक्रिया समाजशास्त्र, कला आदि सभी क्षेत्रों में व्याप्त हो गई। कला के क्षेत्र में इसकी परिणति घनवाद तथा भविष्यवाद में स्पष्ट रूप से देखी जा सकती है। एक हद तक अमूर्तन या प्रतीकात्मकता सभी सोच का आधार है, लेकिन बात यहीं तक सीमित नहीं रही। अध्ययन के सभी क्षेत्रों में किसी वस्तु के कुछ अमूर्त गुणों को उसका आदर्श रूप मान वास्तविक वस्तु को उसका अशोधित नमूना माना जाने लगा। इस तरह भौतिक विज्ञान का अमूर्तन सार्विक हो गया। शायद यह स्वाभाविक प्रक्रिया थी। हर युग में कुछ मूल मान्यताएँ तरंग वृत्त की तरह हर आयाम में साथ-साथ फैलती हैं। इसी प्रक्रिया में 'आदमी क्या है' की भी एक खास परिकल्पना व्यापक बनने लगी।

चूँकि उन्नीसवीं सदी का यूरोप उद्योग और व्यापार पर आधारित था और आर्थिक समृद्धि समाज का एकमात्र लक्ष्य बन गया था, आदर्श आदमी 'आर्थिक आदमी' माना जाने लगा। जीवन के बाकी आयाम गौण हो गए। इसी प्रभाव में जेरेमी बेन्थम के उपयोगवाद के सिद्धान्त का प्रसार हुआ, जिससे यह माना गया कि अगर समाज में सभी लोग अपनी स्वार्थ-सिद्धि में लग जाएँ तो आप-से-आप सबका भला हो जाएगा। लेकिन यह सिद्धान्त आम अनुभवों के इतना विपरीत था कि एक अंग्रेज लेखक ने व्यंग्य से 'फेबुल ऑफ बीज' में मधमुक्खियों की एक ऐसी दुनिया का वर्णन किया, जिसमें सभी भाग तो पाप से भरे हैं, लेकिन पूरा समाज स्वर्ग है। समाज शास्त्र के क्षेत्र में ही जॉन स्टुअर्ट मिल ने, जो बेन्थम के विचारों से प्रभावित था, बाद में इस विचार की सीमाओं को समझ लिया और अन्तिम समय में व्यक्तिगत स्वार्थ पर नियंत्रण और किसी तरह के समाजवाद की आवश्यकता पर जोर देने लगा।

समाजवाद के सबसे व्यापक सिद्धान्त के प्रतिपादक कार्ल मार्क्स के विचारों का आधार भी यही अमूर्तन की प्रक्रिया थी। उसका मनुष्य भी आर्थिक मनुष्य ही है। मनुष्य की यह परिकल्पना अमूर्तन की पराकाष्ठा है। उसका आदर्श मनुष्य सर्वहारा धन-सम्पत्ति, परिवार तथा धार्मिक एवं राष्ट्रीय सभी संस्कारों से मुक्त है। उसके श्रम के शोषण के अधिशेष से ही सारे संसार की सम्पत्ति का निर्माण होता है और इतिहास द्वारा उसकी यह नियति निर्धारित है कि वह अन्ततोगत्वा इस सारी सम्पत्ति का अधिकारी है। इस अधिकार के लिए क्रान्ति का जनक सर्वहारा वर्ग भी आर्थिक लाभ की भावना से ही प्रेरित हो संगठित होगा और क्रान्ति की अगुवाई करेगा।

मनुष्य की इस अमूर्त और एकायामी कल्पना ने निश्चित रूप से समाजवाद के कम्युनिस्ट प्रयोग की दिशा को निर्धारित किया। इसमें 'मनुष्य का कोई अपना गुण है' यह गौण हो गया और यह माना जाने लगा कि मनुष्य क्या बनेगा, यह इतिहास के उस कालखंड पर निर्भर करेगा जिसमें वह पैदा हुआ है और उस प्रतिष्ठान पर जिसका वह अंग है। आदर्श प्रतिष्ठान स्वयं आदर्श मनुष्य का निर्माण करेगा। यह आदर्श प्रतिष्ठान सामूहिक सम्पत्ति के आधार पर बनेगा। इस वैचारिक पृष्ठभूमि में एक सर्वसत्तावादी राज्य की अनिवार्यता मनुष्य को नए साँचे में ढालने के लिए अगर स्तालिन या अन्य कम्युनिस्ट नेताओं द्वारा मान ली गई तो कोई अचरज नहीं। संयोग से रूसी मनोवैज्ञानिक पावलोव इसी काल में मनोविज्ञान का वह सिद्धान्त प्रतिपादित कर रहा था जिसके मुताबिक आदमी के व्यवहारों को वातावरण को नियंत्रित कर जैसा चाहे बनाया जा सकता है। यह सिद्धान्त रूस में राज्य द्वारा प्रतिपादित सिद्धान्त बन गया।

लेकिन अन्ततोगत्वा मनुष्य को गीली मिट्टी की तरह मनमाने साँचे में ढालने का प्रयास सोवियत संघ में पूरी तरह विफल हो गया। उलटे इसी मनोवैज्ञानिक सिद्धान्त का अधिक सूक्ष्म प्रयोग कर विज्ञापनों द्वारा पूँजीवादी प्रतिष्ठान मनुष्य को उपभोक्तवादी रुझान देने में अधिक सफल हुआ है। इस तरह सोवियत संघ समाजवादी की जगह उपभोक्तावादी मनुष्यों का देश बन गया। रूस की इस विफलता से चीनी कम्युनिस्ट नेता माओ-त्से-तुंग नया मनुष्य बनाने की प्रक्रिया को अल्पकालिक न मानकर दीर्घकालिक मानते हुए एक ऐसी सांस्कृतिक क्रान्ति का सूत्रधार बना जिसे सदियों चलाने का संकल्प था, लेकिन माओ के मरने के एक दशक के भीतर ही यह क्रान्ति खत्म हो गई और उपभोक्तावाद चीन पर भी हावी हो गया। फिर दुनिया मुक्त बाजार की उस नीति पर उतर आई है जिसे वह सौ साल पहले विफल मान छोड़ चुकी थी।

अब अगर हम समान मूल्यधर्मी व्यवस्थाओं के चक्र के भीतर दुनिया की मूल समस्याओं का हल ढूँढ़ेंगे तो मनुष्य की नियति यूनानी मिथक के सिसिफस जैसी दिखाई देगी, जो एक ऐसी चट्टान को बार-बार पर्वत की चोटी पर चढ़ाने को अभिशप्त है, जो हर बार ऊपर पहुँच नीचे लुढ़क आती है। लेकिन मानव समाज का एक ऐसा आयाम भी है, जिसमें समय-समय पर फिसलने के बावजूद लगातार आरोहरण देखा जा सकता है। यह नैतिक मूल्यों का आयाम है। उपयोगवाद ने इस आयाम को नकार दिया था, लेकिन स्वयं यूरोपीय मनीषा में ईसाई धर्म के माध्यम से इसके अवशेष बचे हुए थे। समाजवादी आन्दोलन में समता और बन्धुत्व की कामना यहीं से आई थी। पर समाजवादी आन्दोलन ने विज्ञानवादी और भौतिकवादी अतिरेक में अपने को इन मूल्यों से काट लिया था और यही उसके वर्तमान संकट की जड़ में है।

अगर हम मनुष्य के स्वभाव के इस आयाम पर विचार करेंगे, तो पाएँगे कि आपसी घात-प्रतिघात, दमन, उत्पीड़न, हिंसा और युद्धों के बावजूद कुछ मानवीय मूल्य समाज में जीवित रहे हैं और लोग उनकी रोशनी में व्यवस्थाओं का परीक्षण करते रहे हैं। आज कम-से-कम संयुक्त राष्ट्र के स्तर पर कुछ मूलभूत मानव अधिकारों को मान्यता प्राप्त हो चुकी है और राष्ट्रीय तथा अन्तरराष्ट्रीय स्तर पर अनेक संस्थाएँ इन अधिकारों के अतिक्रमण के विरुद्ध प्रतिरोध पैदा करती रहती हैं, लेकिन समाज को गति देनेवाली बुनियादी ऊर्जा अभी भी उपयोगवादी या उपभोक्तावादी मूल्यों से ही प्राप्त होती है। असन्तोष के दोलक के एक व्यवस्था से दूसरे व्यवस्था के बीच लगातार डोलते रहने का यही कारण है।

उपभोग बढ़ाया जाए तो यह सीमाहीन हो सकता है। इसके लिए नित्य नए उपक्रम तैयार किए जा सकते हैं, लेकिन उपभोग की वस्तु का हर नया आविष्कार प्रारम्भ में एक छोटे समूह को ही उपलब्ध हो सकता है। बाकी लोग उसके लिए लालायित ही रहेंगे। उत्पादन के विस्तार से जब तक वह आम उपभोग के क्षेत्र में आएगी, उपभोग की कुछ नई वस्तुएँ आविष्कृत हो जाएँगी और यह सिलसिला जारी रहेगा। इस स्थिति में गैर-बराबरी और प्रतिद्वन्द्विता के बीज निहित हैं। इसलिए उपभोग की वस्तुओं के विस्तार पर आधारित सभ्यता, चाहे जैसी भी व्यवस्था हो, व्यापक असन्तोष पैदा करेगी। हमारी सभ्यता का यही रोग है। इस स्थिति से निकलने के लिए हमें एक नई समस्या की ओर बढ़ना होगा और इसके लिए उपयुक्त मूल्यों की तलाश करनी होगी। महात्मा गांधी ने हमें कुछ वैसे ही मूल्य देने का प्रयास किया था, लेकिन देश उन्हें भूलने की कोशिश कर रहा है। यह स्वयं हमारी सभ्यता के संकट का सूचक है।

2

प्रत्येक सभ्यता अपने चारों ओर एक आभामंडल का निर्माण करती है जिसमें उसके भीतर रहनेवाले लोग इस कदर घिरे रहते हैं कि उसके विषय में कोई वस्तुपरक दृष्टि नहीं अपना पाते। चूँकि उनका मूल्यबोध भी इसी सभ्यता में निर्धारित होता है, उनके लिए अपनी सभ्यता का सही मूल्यांकन तब तक सम्भव नहीं होता जब तक किसी दूसरी सभ्यता या दूसरी सभ्यता की अवधारणा से साक्षात्कार विचारों के पुराने आवरण में अचानक सुराख कर सभ्यता के दूसरे प्रतिमानों की झाँकी न उपस्थित कर दे। मध्ययुगीन यूरोप का रेनेसां (पुनर्जागरण) इस्लामी दुनिया से ऐसे ही साक्षात्कार का परिणाम था। उसके बाद यूरोप की सभ्यता ने बिलकुल अलग मोड़ ले लिया। कोलम्बस, जिसकी अमेरिका की खोज की पंचशताब्दी वर्षगाँठ अक्टूबर, 1992 में मनाई गई, रेनेसां की जन्मभूमि इटली में उसी काल में पैदा हुआ था, जब पुनर्जागरण का अभ्युदय हो रहा था। वर्तमान पश्चिमी सभ्यता के लिए कोलम्बस के असली महत्त्व को बिना इस परिप्रेक्ष्य को ध्यान में रखे नहीं समझा जा सकता।

पुनर्जागरण में बहुत से गुण थे और उसने मानवीय गरिमा को स्थापित करने में महत्त्वपूर्ण योगदान किया था। लेकिन उसका एक ऋणात्मक पहलू था यूरोपीय मनुष्य में आत्मकेन्द्रीयता का अतिरेक पैदा करना। इसके प्रभाव से पश्चिमी सभ्यता और इस सभ्यता के प्रभाव से सारा संसार घोर संकट के कगार पर पहुँच गया है। कोलम्बस का मूल्यांकन हमें इस पूरी सभ्यता के मूल्यांकन के लिए बाध्य करता है।

पिछले दिनों कोलम्बस के मूल्यांकन में जो दो विपरीत दृष्टियाँ अमेरिकी महादेशों में उभरकर सामने आई हैं, वे हमें वर्तमान सभ्यता के प्रति एकतरफा समादर भाव से हटकर तटस्थ मूल्यांकन का मौका देती हैं। एक दृष्टि यूरोपीय मूल के उन अमेरिकियों द्वारा अपनाई गई है जिनका उत्तर और दक्षिणी अमेरिका के विभिन्न देशों में वर्चस्व है। दूसरी दृष्टि वहाँ के पुराने बाशिन्दे इंडियनों के वंशजों तथा अफ्रीका से गुलाम बनाकर लाए गए अश्वेतों के वंशजों द्वारा अपनाई गई है। पहली दृष्टि के अनुसार कोलम्बस बहुत बड़ा खोजी और साहसी नाविक था, जिसने अमेरिका की खोज कर नई सभ्यता का दरवाजा खोल दिया।

इसके विपरीत रेड इंडियनों का कहना है कि कोलम्बस अपने साथ उनके लिए विनाश लाया। उनके अनुसार कोलम्बस के आने के काल में अमेरिका में रेड इंडियन मूल के लोगों की संख्या लगभग बीस करोड़ थी, जो घटकर आधी रह गई। इसके पहले अमेरिका में भय, एजटेक एवं इंका जैसी अतिविकसित सभ्यताएँ थीं, जिन्हें कोलम्बस के बाद आनेवाले यूरोपीय हमलावरों ने नष्ट कर दिया। उनके उपजाऊ तथा समृद्ध भूभागों पर कब्जा कर लिया गया और उन्हें कम उपजाऊ भूभागों और जंगलों में खदेड़ दिया गया। इस तरह कोलम्बस के बाद का इतिहास उनके लिए दमन, शोषण और पतन का इतिहास रहा है।

इसी तरह अफ्रीकी मूल के लोगों की दृष्टि में भी कोलम्बस अमेरिका की खोज उनके पूर्वजों के लिए अभिशाप था। उन्हें खेती के कठिन काम के लिए अमेरिका में गुलाम बनाकर लाया गया। आज तक वे उस अभिशाप से मुक्त नहीं हुए हैं और अभी भी उन्हें अमेरिका में समान नागरिकता प्राप्त नहीं हो सकी है।

यूरोपीय मूल के अमेरिकी कोलम्बस के पक्ष में यह तर्क देते हैं कि अमेरिका के मूल निवासियों और अफ्रीकी लोगों के साथ हुए अन्याय को कबूल करने के बावजूद इस बात से इनकार नहीं किया जा सकता कि कोलम्बस बहुत ही साहसी और विलक्षण नाविक था। अगर अन्य बातों के लिए नहीं तो उसकी यात्राओं और उनसे प्राप्त ज्ञान के लिए ही उसे याद किया जाना चाहिए।

अगर हम यूरोपीय लोगों के तर्क पर विचार करेंगे तो तुरन्त लगेगा कि कोलम्बस को गरिमामंडित करने का कारण इतना ही नहीं हो सकता। यही होता तो प्राचीन समय में देश-देशान्तर का भ्रमण कर लोगों का ज्ञानवर्द्धन करनेवाले अन्य यात्रियों को भी इतना ही महत्त्व दिया जाता। उदाहरण के लिए कोलम्बस से लगभग पाँच सौ वर्ष पहले स्कैंडिनेविया के वाइकिंग उत्तरी अमेरिका के तटवर्ती प्रदेशों में पहुँच चुके थे, लेकिन उनकी खोज को कोई विशेष महत्त्व नहीं दिया गया। अगर दूर-दराज इलाकों के यात्रा वृत्तान्त की दृष्टि से देखा जाए तो इटली के ही मार्को पोलो की यात्रा कम महत्त्वपूर्ण नहीं थी, हालाँकि उसका भ्रमण मुख्यत: स्थल मार्ग से हुआ था। कोलम्बस से दो शताब्दी से अधिक पहले वह मंगोल सम्राट कुबला खान की सुदूर पूर्ववर्ती राजधानी काइफेंग पहुँच गया था और उस सम्राट के राजनयिक मिशनों पर भारत समेत दूर के कई देशों में गया था। यूरोप को पूर्वी एशिया के सम्बन्ध में जानकारी देने में उसके यात्रा वृत्तान्तों का खास महत्त्व है, लेकिन सबसे अचरज-भरी यात्राएँ मोरक्को के अरब यात्री इब्न बतूता की थीं, जो चौदहवीं शताब्दी के प्रारम्भिक वर्षों में पैदा हुआ था। उसने न सिर्फ सुदूर दक्षिण-पूर्व एशिया से लेकर यूरोप तक का भ्रमण किया बल्कि सहारा रेगिस्तान पार कर, जो उस समय सागर की यात्राओं से कहीं अधिक जोखिम भरा था, अफ्रीका के मध्य और दक्षिणी भागों तक पहुँच सका। उसने

अपने यात्रा वृत्तान्तों में इन विभिन्न स्थानों की भौगोलिक एवं अन्य स्थितियों का विश्वसनीय विवरण दिया।

असल में पश्चिमी देशों के लिए कोलम्बस की यात्रा का महत्त्व पन्द्रहवीं एवं सोलहवीं शताब्दी से विकसित हो रही उस मानसिकता के कारण है जो वर्तमान यूरोपीय सभ्यता का आधार है। यह मानसिकता ही ज्ञान को प्रभुत्व का साधन मानती थी। अंग्रेज दार्शनिक फ्रांसिस बेकन (1561-1626) ने यह सिद्धान्त प्रतिपादित किया था कि 'ज्ञान प्रभुता है'। असल में यह उक्ति उसके समय यूरोप में व्याप्त मानसिकता की अभिव्यक्ति थी। यही रुझान डॉक्टर फॉस्ट के चरित्र के प्रति यूरोप के बौद्धिक आकर्षण में देखा जा सकता है। योहान्न फॉस्ट सोलहवीं शताब्दी में जर्मनी का एक विद्वान डॉक्टर था। उसके सम्बन्ध में यह किंवदन्ती थी कि इसने यौवन, ज्ञान और जादुई प्रभुत्व हासिल करने के लिए शैतान के साथ अनुबन्ध में अपनी आत्मा उसे सौंप दी थी। यह चरित्र यूरोप में कई शताब्दियों तक लोक कथाओं एवं साहित्य का नायक बना रहा। अंग्रेज साहित्यकार मार्लो से लेकर जर्मन साहित्यकार लेसिंग और गेटे तक ने उस पर महत्त्वपूर्ण साहित्य की रचना की। जर्मन साहित्यकारों ने तो फॉस्ट को मनुष्य के ज्ञान और सामर्थ्य की तलाश के प्रतीक के रूप में पेश किया।

अगर हम गहराई से विचार करेंगे तो पाएँगे कि चिर यौवन, ज्ञान और प्रभुता की तलाश का योग स्वयं 'शैतानी' वृत्ति है, इसके लिए शैतान से अलग से अनुबन्ध की जरूरत नहीं। चिर यौवन की तलाश असल में इन्द्रिय सुख की अतिशय अभिलाषा की अभिव्यक्ति भर है। प्रभुता इस अभिलाषा की पूर्ति का माध्यम है। जब ज्ञान को प्रभुता मान लिया जाता है तब ज्ञान का संसार पर प्रभुत्व का माध्यम बना दिया जाता है। आधुनिक सभ्यता के सन्दर्भ में अगर उसके ठोस रूप को देखा जाए तो वह है ज्ञान (जो एकायामी बन विज्ञान बन गया है) का प्रयोग उद्योगों के विकास और लोगों की उपभोग की वृत्ति को लगातार बढ़ा उसकी पूर्ति के लिए नित्य नए साधन उपलब्ध कराने के लिए करना है। इस तरह मनुष्य का सारा व्यक्तित्व उपभोक्तावादी आदमी में जज्ब हो जाता है।

बाइबिल के मिथक में शैतान आदम को जिस ज्ञान के फल को खाने को उकसाता है, वह असल में इसी ज्ञान का फल है। वह आध्यात्मिक या समग्र ज्ञान का फल नहीं। शैतान को अंग्रेजी में 'टेंप्टर' (ललचानेवाला) की उपाधि दी गई है। क्या हमें उपभोग की वस्तुओं के सारे विज्ञापनों के पीछे 'टेंप्टर' का हाथ नहीं दिखाई देता?

ज्ञान की इस यूरोपीय भूमिका के ठीक विपरीत भूमिका भारत समेत एशिया के अधिकांश दर्शनों में दिखलाई गई है। इन दर्शनों के अनुसार ज्ञान की भूमिका आदमी को सांसारिक सुखों में लिप्त होने के बजाय इनसे निवृत्ति की ओर ले जाना है। स्वयं यूरोप के महान दार्शनिक, वैज्ञानिक और साहित्यकार अपने जीवन में

शारीरिक सुखों के प्रति निवृत्ति के प्रतिमान रहे हैं। शारीरिक सुखों के प्रति अतिशय आसक्ति और ज्ञान में अन्तर्निहित विरोध है। फॉस्ट का पतन उसी बिन्दु पर होता है जहाँ वह ज्ञान से विरत हो चिरयौवन और सुखों की कामना करने लगता है। सम्भवत: महात्मा गांधी को पश्चिमी सभ्यता के इसी रुझान का आभास हुआ था जब उन्होंने इसे शैतानी सभ्यता कहा था।

कोलम्बस की यात्रा भौगोलिक खोजों के पीछे की इसी सर्वग्राही प्रवृत्ति का प्रतीक थी। उस काल में यूरोप से दुनिया की खोज में निकलनेवाला अकेला कोलम्बस ही नहीं था। इसी काल में वास्को डि गामा, फ्रांसिस्को पिजारो, कोर्टेस, मैजेलन आदि अनेक यात्री महासागरों पर लम्बी और दुरूह यात्राओं पर निकले थे, लेकिन उनकी मंशा दुनिया का पता लगाना और लोगों का भौगोलिक ज्ञानवर्द्धन नहीं थी। ये लोग अलग-अलग देशों के सम्राटों की सहायता से दुनिया पर उन देशों का आधिपत्य कायम करने चले थे। कोर्टेस और पिजारो ने तो छल-बल से क्रमश: एजतेक और इंका साम्राज्यों को नष्ट ही कर दिया। इनके लिए ज्ञान सचमुच में प्रभुता का माध्यम था। स्वयं कोलम्बस भी स्पेन के सम्राट के वर्चस्व के लिए पश्चिमी मार्ग से एशिया की खोज में निकला था, हालाँकि उसकी व्यक्तिगत लालसा अदन की खोज थी।

जब हम उस काल के जहाजियों के ऊपर बतलाए गए उद्देश्यों पर विचार करते हैं तो यह बात सहज ही समझ में आ जाती है कि पश्चिमी दुनिया कोलम्बस के प्रति इतनी कृतज्ञ क्यों है। इन्हीं जहाजियों के पथ पर संसार की लूट की जो प्रक्रिया तीन शताब्दी तक चली, उसी से यूरोप में वह सम्पन्नता आई जिससे औद्योगिक क्रान्ति के लिए आधार तैयार हुआ और आधुनिक औद्योगिक सभ्यता का जन्म हुआ। इस क्रम में पहले अफ्रीका, आस्ट्रेलिया और अमेरिका के महादेशों की खनिज सम्पदा की लूट हुई। फिर एशिया समेत इन महादेशों में यूरोपीय देशों के उपनिवेश बने।

जब उपनिवेशों की जलवायु में यूरोपीय मूल के लोग खेती-बाड़ी करने तथा खनिज निकालने में अक्षम साबित होने लगे तब बृहत् पैमाने पर अफ्रीका में मानव आखेट का आयोजन किया गया और वहाँ के निवासियों को पकड़कर गुलामों के रूप में विभिन्न उपनिवेशों में खनन और खेती में श्रम के लिए लाया गया। इस प्रक्रिया में दसों लाख अफ्रीकी मारे गए। विडम्बना यह है कि प्रभुता-विस्तार की इस दौड़ में लगे लोग ईसाई थे और इन कामों के पीछे चर्च का आशीर्वाद था, विशेषकर कैथोलिक चर्च का, जो जहाजरानी में अगुवा स्पेन और पुर्तगाल की सरकारों से गहरे रूप में जुड़ा हुआ था। उनका तर्क अकाट्य था। गुलाम बनाए गए लोगों की शारीरिक गुलामी एवं यातनाओं का मुआवजा ईसाइयत के माध्यम से उनकी आत्मा को मुक्ति थी। न्याय का पलड़ा बराबर था। यूरोपीय लोगों को भौतिक सुख साधन प्राप्त हो रहा था और बदले में अश्वेत लोगों को मरने पर स्वर्ग का सुख।

हालाँकि सीधा शक्ति प्रयोग अब यदा-कदा ही किया जाता है, किन्तु आधुनिक औद्योगिक सभ्यता ने प्रभुता-विस्तार का पुराना पथ छोड़ा नहीं है। असल में वर्चस्व की यह वृत्ति इस सभ्यता में ही निहित है। अब बल प्रयोग का स्थान व्यापारिक सम्बन्धों ने ले लिया है, पर अन्तिम नतीजे एक ही तरह के हैं। कुछ सम्पन्नता के केन्द्रों का विकास और उनके चारों ओर गरीबी और भुखमरी का विस्तार।

इस सभ्यता ने कुछ सम्पन्न देशों और बाकी गरीब देशों के बीच ही गरीबी-अमीरी का ध्रुवीकरण नहीं किया है। शैतान के हाथ लम्बे होते हैं। अब सभी गरीब देशों में भी ऐसा ध्रुवीकरण है। इस कारण सभी देशों में इस सभ्यता पर फिदा लोग देखे जा सकते हैं वे लोग—जो अपने देशवासियों के कंधों को अपने लिए आधुनिकता के स्वर्ग की सीढ़ी बनाने में लगे हैं। कोलम्बस की खोज से सीधे और सर्वाधिक पीड़ित समूहों ने फिलहाल जो बहस शुरू की है, वह शायद दुनिया के लोगों की आँखें खोल वर्तमान पश्चिमी सभ्यता के नए मूल्यांकन की प्रेरणा दे।

3

हमारा निजी रहन-सहन कैसा होता है, इसके सामाजिक प्रभाव के सम्बन्ध में बहुत विचार नहीं किया जाता, लेकिन हमारा रहन-सहन और उपभोग का स्तर वास्तव में एक नितान्त निजी मामला नहीं है। यह एक विशेष वातावरण की उपज है और स्वयं अपना वातावरण बनाता है। यह वातावरण बहुत हद तक समाज के विकास की दिशा को प्रभावित करता है और इस बात का भी निर्धारण करता है कि उपलब्ध साधनों का कैसे उपयोग होगा। अत: यह एक ऐसा विषय है जिस पर कुछ गहराई से विचार करने की जरूरत है।

निजी रहन-सहन के सम्बन्ध में इस लापरवाही को वामपंथी और मार्क्सवादी पार्टियों में एक तरह की सैद्धान्तिक मान्यता प्राप्त हो गई थी। भारत में भी जब किसी वामपंथी नेता के खर्चीले रहन-सहन की आलोचना की जाती है तो झट से वह जवाब मिलता है कि 'हमारा काम श्रमिकों का जीवन-स्तर ऊपर उठाना है, खुद अपने जीवन-स्तर को नीचे गिराना नहीं।' शुरू के दिनों में समाजवादियों और गांधीवादियों के बीच अक्सर यह एक विवाद का मुद्दा रहता था। यह बात अलग है कि आम तौर से समाजवादी कार्यकर्त्ताओं का जीवन बहुत ही सादगी और कभी-कभी तो अत्यन्त गरीबी का होता था।

इस समस्या को इस तरह नजरअन्दाज करने के पीछे एक कारण यह भी था कि आजादी के पहले तक शहरी संस्कृति के तामझाम का प्रभाव बहुत सीमित था और उपभोक्तावादी संस्कृति अपने आप में विचार का विषय नहीं थी, लेकिन पिछले कुछ वर्षों में यह संस्कृति जलकुम्भी की तरह समाज पर छा गई है। जो गरीब हैं वे तो गरीबी के कारण इससे अछूते रह जाते हैं या इसके प्रभाव से और गरीब होते चले जाते हैं, लेकिन मध्यमवर्ग में तो यह महामारी की तरह फैल गई है। एक कारण और था जिससे उपभोग की सीमा के सवाल पर कोई विचार नहीं होता था। यह मान लिया जाता था कि औद्योगिक उत्पादन की क्षमता सीमाहीन है और इसके अंधाधुंध प्रसार से कोई सामाजिक समस्या पैदा नहीं होगी। यह विचार भी पश्चिमी देशों से ही हमें मिला था, लेकिन अब पश्चिम के अधिकांश वैज्ञानिक और चिन्तक भी यह मानने लगे हैं कि इस उत्पादन की एक सीमा है और हम उस

सीमा के काफी करीब आ चुके हैं। मानव विकास की कल्पना प्रकृति द्वारा बाँधी गई सीमाओं के भीतर ही की जा सकती है। स्पष्ट है कि कोई भी दीर्घकालीन विकास प्राकृतिक साधनों के अपव्यय को रोककर ही सम्भव है। हमारा उपभोग कितना और किन वस्तुओं का हो वह इससे सीधा जुड़ा हुआ है। इस तरह उपभोक्तावादी संस्कृति एक तरह से समाज के विकास के लिए सबसे प्रमुख अवरोध बन गई है।

इस सवाल पर साफ दृष्टि की इसलिए भी जरूरत है क्योंकि उपभोक्तावाद का दबाव बहुत जबरदस्त होता है। किसी व्यक्ति के इर्द-गिर्द लोग कैसे रहते हैं, क्या पहनते हैं आदि की देखादेखी ही वह अपना रहन-सहन बनाने की कोशिश करता है। अगर बहुत समझदार आदमी किसी भी स्तर के उपभोग को सामान्य मान ले तो वह इस दबाव से नहीं बच सकता। इससे वह तभी बचेगा जब उसे यह पता हो कि कौन-सी सामाजिक शक्तियाँ इस दबाव के पीछे काम करती हैं और कैसे वे उसके बुनियादी मूल्यों के विपरीत प्रभाव डालती हैं या उन उद्देश्यों को नष्ट करनेवाली हैं जिनको लेकर वह चलता है। आज उपभोक्तावाद पूँजीवादी शोषण व्यवस्था का परिणाम भर नहीं है बल्कि उसे जिन्दा रखने का सबसे कारगर हथियार भी है।

जब हम उपभोक्तावादी संस्कृति की बात करते हैं तो उपभोग तथा उपभोक्तावाद में फर्क करते हैं। उपभोग जीवन की बुनियादी जरूरत है। इसके बगैर न जीवन सम्भव है और न वह सब जिससे हम जीवन में आनन्द का अनुभव करते हैं। इस तरह के उपभोग में हमारा जीवन शामिल है जिसके बिना हम जी नहीं सकते या कपड़े शामिल हैं जो शरीर ढँकने के लिए और हमें गर्मी, सर्दी और बरसात आदि से बचाने के लिए जरूरी हैं। इसी तरह जीवन की रक्षा करनेवाली या शरीर की तकलीफों को दूर करनेवाली दवाएँ, ऋतुओं के प्रकोप से बचाने के लिए घर, ये सब उपभोग की वस्तुएँ हैं। औरतों और मर्दों द्वारा एक-दूसरे को आकर्षित करने के श्रृंगार के कुछ साधन भी उपभोग की वस्तुओं में आते हैं। यह बिलकुल प्राकृतिक और स्वाभाविक जरूरत है। मनुष्य में ही नहीं, पशु-पक्षियों और पेड़-पौधों में नर और मादा के बीच आकर्षण पैदा करने के लिए सुन्दर रंगीन बाल, रोंये और पंख, भड़कीले रूप, मीठे संगीतमय स्वर तथा तरह-तरह की गंध प्रकृति की देन हैं। इन सब गुणों की उपयोगिता जीवों में विभिन्न मात्रा में रूप, रंग, गंध, स्वर आदि के प्रति स्वभाव से प्राप्त आकर्षण से आती है। यही स्वाभाविक आकर्षण एक ऊँचाई पर मनुष्यों में सौन्दर्य बोध को जन्म देता है। इसी बोध से मनुष्य विभिन्न कलाओं एवं विज्ञान को जन्म देता है।

इसके विपरीत ऐसी वस्तुएँ, जो वास्तव में मनुष्य की किसी मूल जरूरत या कला और ज्ञान की वृत्तियों की दृष्टि से उपयोगी नहीं हैं, लेकिन व्यावसायिक दृष्टि से प्रचार के द्वारा उसके लिए जरूरी बना दी गई हैं, उपभोक्तावादी संस्कृति की देन हैं। पुराने सामन्ती या अंधविश्वासी समाज में भी ऐसी वस्तुओं का उपभोग होता था जो उपयोगी नहीं थीं बल्कि कष्टदायक थीं, उदाहरण के लिए चीन में कुलीन

महिलाओं के लिए बचपन से पाँव को छोटे जूते में कसकर छोटा रखने का रिवाज, लेकिन यह प्रचलन औरतों की गुलामी और मर्दों की मूर्खता का परिणाम था। अत: शोषण की समाप्ति या चेतना बढ़ने के साथ इसका अन्त होना लाजिमी था, लेकिन उपभोक्तावादी संस्कृति ऐसी वस्तुओं को शुद्ध व्यावसायिकता के कारण योजनाबद्ध रूप से लोगों पर आरोपित करती है और मनोविज्ञान की आधुनिकतम खोजों का इसके लिए प्रयोग करती है कि इन वस्तुओं की माया लोगों पर इस हद तक छा जाए कि वे इनके लिए पागल बने रहें।

एक उदाहरण बालों को सघन और काला रखने की दवाओं तथा तेलों का है। सर्वविदित है कि अभी तक बालों को गिरने या सफेद होने से रोकने का कोई उपचार नहीं निकला है। यही हाल दाँत के सभी मंजनों का है। अभी तक कोई ऐसा मंजन नहीं निकला है, जो दाँतों की बीमारियों को दूर करे या उन्हें रोग लगने से बचाए। यह स्थिति बिलकुल अशिक्षित समाज में जादू-टोने के प्रति फैले अंधविश्वास से भिन्न नहीं है, लेकिन इस अंधविश्वास के शिकार मूल रूप से शिक्षित कहे जानेवाले लोग ही हैं।

भड़कीले इश्तहार एक ऐसा मानसिक माहौल तैयार करते हैं कि लोग मॉडलों (इश्तहार के सुन्दर स्त्री-पुरुष) की सुन्दरता का राज विभिन्न तरह के परिधानों और 'कोकाकोला' में देखने लगते हैं। बड़ी तोंदवाले लालाजी और दो क्विंटल वजनवाली सेठानी भी इन कम्पनियों का सूट या बाथिंग सूट पहने विज्ञापन के मॉडलों जैसे अपने रूप की कल्पना करने लगती है। फिर दुकानों में इन कम्पनियों के परिधानों और कोकाकोला की तलाश शुरू हो जाती है। इस तरह धीरे-धीरे सुन्दरता का अर्थ मनुष्य की स्वाभाविक सुन्दरता, जो उसके स्वास्थ्य और स्वभाव से आती है, नहीं रहकर खास-खास कम्पनियों के बने मोजे से लेकर टोपी तक में सजावट बन जाता है।

सुन्दर शब्द भी अब फैशन से बाहर होता जा रहा है, उसका स्थान 'स्मार्ट' ने ले लिया है। जिसका सीधा सम्बन्ध लिबास, सजधज और अप-टू-डेट अदा से है। प्रचलित फैशन से सुन्दरता की परिभाषा कैसे बदल सकती है उसका एक उदाहरण हम रंग की मैचिंग में देख सकते हैं। सौन्दर्य की दृष्टि से रंग की मैचिंग यानी एक ही रंग का सारा लिबास रखना, भोंड़ी चीज है। सौन्दर्य रंगों की विविधता और उनके उपयुक्त संयोजन से आता है। इसी कारण राजस्थान की सरल ग्रामीण महिलाएँ अपने सस्ते लिबास में भी रंगों के उचित संयोजन से जहाँ इकट्ठी होती हैं फूलों की क्यारियां-सी सज जाती हैं, लेकिन मैचिंग का पागलपन सवार हो जाने से जहाँ हैंडबैग, एक जोड़ा जूता या चप्पल तथा एक रंग की लिपस्टिक से काम चल सकता था वहाँ अब हर कपड़े के रंग के साथ सब कुछ उसी रंग का होना चाहिए। इस तरह अब एक की जगह आधे दर्जन सामान खरीदने की जरूरत हो जाती है। पर सबसे हास्यास्पद तो यह होता है कि काले या नीले कपड़ों से मैच करने के लिए लाल होंठोंवाली सुन्दरियाँ अपने होंठ काले या नीले रंग में रँगने लगती हैं।

यह सोचा जा सकता है कि अगर भिन्न रंग के कपड़े इकट्ठे हो गए तो वे ही कपड़े अदल-बदलकर ज्यादा दिन पहने जा सकते हैं, लेकिन ऐसा भी नहीं हो पाता, क्योंकि एक सुनियोजित ढंग से फैशन-प्रदर्शनों और प्रचार के द्वारा ऐसा मानसिक वातावरण तैयार कर दिया जाता है कि फैशन जल्दी-जल्दी बदलते जाएँ। इस साल का बनाया कपड़ा अगले साल तक फैशन से बाहर हो जाता है और लोग इसका साहस नहीं जुटा पाते कि 'सम्भ्रान्त' लोगों की मंडली या दफ्तर आदि में ऐसे 'आउट ऑफ डेट' लिबास में पहुँचें। पश्चिमी देशों में तो एक तरह की 'थ्रो अवे' संस्कृति (जिसकी छाया हमारे यहाँ भी पड़ रही है, फैल चुकी है) यानी ऐसी चीजों का उत्पादन और प्रयोग बढ़ रहा है जिन्हें कुछ समय या एक ही बार उपयोग में लाकर फेंक दिया जाए।

लेकिन इस संस्कृति को फैलाने के लिए की जानेवाली विज्ञापनबाजी का बोझ भी वे ही लोग ढोते हैं जिनके सिर पर यह संस्कृति लादी जाती है। सबसे पहले तो कम्पनियों द्वारा प्रचारित वस्तुओं की कीमत का एक बड़ा हिस्सा विज्ञापन पर खर्च होता है। कभी-कभी तो कम्पनियाँ उत्पादन से अधिक खर्च अपनी वस्तुओं को प्रचारित करने में करती हैं। इस विज्ञापनबाजी के लिए काफी खर्चीले शोध होते रहते हैं। पर परोक्ष रूप से विज्ञापन का बोझ फिर दुबारा उपभोक्ताओं पर ही पड़ता है। विज्ञापन पर किए गए खर्च को अपनी लागत में दिखलाकर कम्पनियाँ आय कर में काफी कटौती करा लेती हैं। कम्पनियों पर कर की कटौती से आम लोगों पर वित्तीय बोझ बढ़ता है। इस तरह विज्ञापनबाजी से लोगों पर दुहरी आर्थिक मार पड़ती है।

कृत्रिम शहरी वातावरण में, जो उपभोक्तावादी संस्कृति का परिवेश है, फूलों की गंध, हरियाली, सूरज, चाँद और खुला आकाश मनुष्य के अनुभव या सौन्दर्यबोध के दायरे से बाहर चले जाते हैं। इनकी जगह कृत्रिम रूप से प्रकाशित एवं सँवारा गया वातावरण, नकली घास और फूल तथा कृत्रिम सुगंधित द्रव्य लोगों का वातावरण बनाते हैं। कृत्रिम जरूरतों के दबाव में आदमी की स्वाभाविक शारीरिक और मानसिक भूख दब जाती है।

उपभोक्तावादी संस्कृति का यह गुण है कि वह अनावश्यक वस्तुओं को मनुष्य के लिए आवश्यक बना देती है और इस तरह मनुष्य की सीमित आवश्यकताओं को सीमाहीन। चूँकि आवश्यकताएँ सीमाहीन बन जाती हैं लोग दिन-रात, सारी जिन्दगी एक-न-एक वस्तु जुटाने में लगे रहते हैं। आदमी पर एक तरह से गुलामी हावी हो जाती है। परम्परागत शोषक समाजों में भी विशिष्टता जाहिर करने के लिए कुछ अनावश्यक वस्तुओं के उपभोग की ओर रुझान था, लेकिन लोगों की वस्तुपरक दृष्टि को नष्ट करने का आज जैसा विज्ञापन और प्रचार का कोई अभियान नहीं होने के कारण इसके प्रति एक आलोचनात्मक दृष्टि और निषेध भाव भी बना रहता था। अधिकांश परम्परागत धर्मों में अति ठाट-बाट या असन्तुलित उपभोगवृत्ति को

निन्दनीय माना जाता था। चूँकि उपभोक्तावादी संस्कृति का आधार व्यावसायिकता है, उसने उपभोग को ही धर्म के रूप में खड़ा कर दिया है और इस तरह उपभोग की वृत्ति बेरोकटोक आगे बढ़ती जाती है।

उपभोक्तावादी संस्कृति कैसे विकसित हुई? इस समस्या पर विचार करने पर हम पाएँगे कि यह मूल रूप में पूँजीवादी उत्पादन और वितरण प्रणाली की उपज है। समाज के हर क्षेत्र के व्यावसायीकरण की प्रक्रिया में पूँजीवादी समाज ने मनुष्य की सहज उपभोगवृत्ति का व्यावसायीकरण कर इस संस्कृति को जन्म दिया है। वैसे अंकुर रूप में, जैसा कि ऊपर बतलाया गया है, शोषण पर आधारित हर समाज में शोषकों में कुछ बे-जरूरत की वस्तुओं के उपभोग की ओर रुझान रहा, जिससे वे समाज पर अपनी विशिष्टता की धाक जमा सकते थे। इस प्रक्रिया की शुरुआत शासकों में धन की विपुलता से होती थी और फिर उन वस्तुओं की तलाश होती थी या उन्हें बनवाया जाता था जिनका उपभोग शासक वर्ग को गौरवान्वित कर सके।

पूँजीवादी व्यवस्था में प्रक्रिया बिलकुल उलट गई है। इसमें पहले खर्चीले शोध के जरिये हर रोज नए तरह के उपभोग के सामान ईजाद किए जाते हैं। इसके बाद इन्हें प्रचारित कर इनके लिए बाजार पैदा किया जाता है। फिर इस प्रचार से प्रभावित लोग इन्हें प्राप्त करने के लिए आर्थिक साधन की तलाश करते हैं। इसके लिए अक्सर वर्षों के लिए अपना श्रम बन्धक रखकर निम्न मध्यमवर्ग और निम्न वर्ग के लोग 'हायर परचेज' के आधार पर सामान खरीद लेते हैं और फिर अपनी आमदनी में से किस्तों में सूद के साथ पैसा भरते रहते हैं। इस तरह भविष्य की कमाई गिरवी रखकर भी वस्तुओं की भूख मिटाई जाती है। वास्तव में मनुष्य स्वयं इन वस्तुओं को लेकर खुद बन्धक बन जाता है। वह आजादी से अपने जीवन के विषय में कोई निर्णय नहीं ले सकता क्योंकि उसके सक्रिय जीवन का हर वर्ष पेशगी में उन कम्पनियों या बैंकों को दिया जा चुका होता है जिनकी सेवा कर वह खरीदी गई वस्तुओं का कर्ज चुकाएगा। इस तरह मनुष्य उपभोग की वस्तुओं का बन्धुआ मजदूर बन जाता है।

पूँजीवादी उत्पादन प्रणाली का एक दोष यह है कि वह उत्पादन की प्रक्रिया में उत्पादक मजदूर से सृजन का सुख छीन लेती है। यह दोष इसे शोषण आधारित सभी पिछली उत्पादन प्रणालियों से अलग कर देता है। गुलामी की व्यवस्था, सामन्ती या भारत की जाति व्यवस्था में भी असली उत्पादक शोषण के शिकार थे और समाज में वे निरादर के पात्र थे। फिर भी इन व्यवस्थाओं में शिल्पी मजदूर वस्तुओं के निर्माण की पूरी प्रक्रिया पर अधिकार रखते थे। इसी कारण यूनान, मध्य युगीन यूरोप या प्राचीन भारत की स्थापत्यकला, मूर्तिकला या रोजमर्रा के उपयोग की वस्तुओं में हम किसी-न-किसी स्तर की कलात्मकता पाते हैं। कहीं-कहीं तो यह कलात्मकता चरम बिन्दु को छू लेती है।

इसके विपरीत पूँजीवादी उत्पादन प्रणाली ने शुरू से ही जल्द और थोक उत्पादन की पद्धति को प्रोत्साहित करने के लिए वस्तुओं के खंडित उत्पादन की प्रक्रिया अपनाई। उत्पादन प्रक्रिया में अब श्रमिकों के निजी कौशल का स्थान एकरसता ने ले लिया। वस्तुओं की विविधता भी श्रमिकों की सर्जनात्मकता के साथ समाप्त हो गई। उत्पादित वस्तु और उत्पादक मजदूर दोनों से उनकी अपनी विशिष्टता छीन ली गई।

इस उत्पादन प्रणाली में मजदूरों को न तो साँस लेने की फुर्सत मिलती है और न ही सृजन का सुख क्योंकि उन्हें मशीन की गति से चलना होता है और दूसरे, उन्हें अपने काम की रूपरेखा की भी कोई जानकारी नहीं होती। थोक पूँजीवादी उत्पादन प्रणाली के विकास और पूँजीवादी व्यवस्था के वर्चस्व के साथ तेजी से यही दर्शन अब जीवन के हर क्षेत्र में प्रभावी बन गया है। एसेम्बली लाइन अब कारखाने की छत के नीचे ही सीमित नहीं रही 'सारी दुनिया' इसके दायरे में आने लगी।

अब शिक्षा और शोध संस्थान भी औद्योगिक प्रतिष्ठानों के ढाँचे पर एसेम्बली लाइन का रूप ग्रहण करने लगे हैं। शिक्षा का उद्देश्य जीवन और उसकी समस्याओं को समझना और उनके मानवीय दायित्वों के लिए शिक्षार्थियों को तैयार करने के बजाय औद्योगिक समाज की तकनीकी आवश्यकताओं की पूर्ति करना बन गया है। औद्योगिक उत्पादन की प्रक्रिया की तरह शिक्षा और शोध भी खंडित हो गए हैं जिसका उद्देश्य छोटे-छोटे क्षेत्रों के विशेषज्ञ पैदा करना भर हो गया है। ऐसे विशेषज्ञ अक्सर अपने विषय के पूर्ण स्वरूप और समस्याओं से अनभिज्ञ होते हैं। हजारों लोगों द्वारा अपने-अपने क्षेत्रों में किए जा रहे शोध कार्यों के उद्देश्य का ज्ञान सिर्फ उन वृहद प्रतिष्ठानों को होता है जो उनके शोध का उपयोग किसी खास उद्देश्य के लिए करते हैं।

एसेम्बली लाइन से जुड़े कलाकार, विचारक और साहित्यकार को बस उस चीज का अधिकार नहीं है जिसको पूर्ववर्ती समाज में उनकी सबसे बड़ी निधि माना जाता था—एक हद का एकान्त जीवन और चिन्तन, क्योंकि उन्हें सब कुछ औरों के साथ औरों के चिन्तन से जुड़कर करना है। पुस्तक की कल्पना या संयोजन अब लेखक का निजी मामला नहीं। इसके लिए उन्हें पहले प्रकाशकों की योजना को जानना-समझना होता है और फिर उनके अनुसार लिखना होता है। इसके बाद भी अगर प्रकाशकों के हिसाब से बात ठीक नहीं बन पाई तो आधे दर्जन सम्पादक उसे काट-छाँट और समन्वित कर उस रूप में ला देंगे जो बाजार की चाह के मुताबिक हैं। अगर लेखक को जीना है तो अपना नाम भर इस रचना को दे देना है जो वास्तव में उसकी नहीं रही।

ऐसे समाज में धीरे-धीरे आदमी की संवेदनशीलता और सृजनशीलता नष्ट होती चली जाती है। आदमी का जीवन यांत्रिक होता जाता है और इस तरह आध्यात्मिक रूप से आदमी खोखला हो जाता है। अगर आदमी का जीवन खोखला हो गया है और उसमें नीरसता और ऊब पैदा हो गई है तो फिर उसको भरने के लिए कुछ

चाहिए। उपभोक्तावादी संस्कृति आदमी की इस आध्यात्मिक भूख को कारखाने में निर्मित सामानों से भरकर मिटाने का उपाय है।

इसके अलावा सर्जनात्मकता के अभाव में आदमी का अस्मिता-बोध खत्म हो जाता है। इसके विपरीत जब आदमी अपनी भावनाओं के अनुरूप कुछ भी बनाता है तो उसमें उसके अपनेपन की अभिव्यक्ति होती है और इससे निजत्वबोध का जन्म होता है। ऐसा आदमी अपने को निजी मूल्यों की कसौटी पर कसना चाहता है, लेकिन सृजन-प्रक्रिया से रिक्त आदमी हमेशा अपने को दूसरों की निगाह से तौलता है। इससे नकलचीपन और फैशनपरस्ती आती है।

पहले उत्सवों में आनन्द के लिए शराब पी जाती थी। अब जीवन की नीरसता और ऊब से छुटकारे के लिए शराब पी जाती है। इस तरह उन समूहों में, जिनका काम सबसे नीरस है या जिन्दगी अर्थहीन बन गई है, शराबीपन सबसे अधिक फैल रहा है, लेकिन शराब, चाय, कॉफी या कोकाकोला का नशा थोड़ा सीमित है। जो सबसे बड़ी अफीम लोगों को अपनी स्थिति को भूलने के लिए इस संस्कृति ने दी है वह उपभोग की वस्तुओं को जमा करने की लत। यह अधिक-से-अधिक समय तक लोगों को व्यस्त रख सकती है। कुछ समय दुकानों की सजी खिड़कियों में झाँककर नई वस्तुओं के 'अन्वेषण' में लगता[1] है, फिर कुछ समय उन्हें उपलब्ध करने या उसके लिए साधन जुटाने की योजना में और अन्त में घर में लाने पर उनके रखरखाव में। आधुनिक युग की अफीम धर्म नहीं, जैसा मार्क्स ने कहा था, उपभोक्तावादी हविस है। इस हविस के अधीन होने पर वस्तुओं को पाने की कल्पना में मजदूर भी अपनी सामाजिक स्थिति भूल जाता है।

मजदूर वर्ग की क्रान्तिकारिता का क्षरण समता और बन्धुत्व के मूल्यों को त्यागकर उपभोक्तावादी मूल्य अपनाने से ही हुआ है। उपभोक्तावादी समाज ने दो मान्यताओं को जन्म दिया है। एक तो यह कि उपभोग की जो वस्तुएँ आज कुछ लोगों को उपलब्ध हैं वे धीरे-धीरे सबों को उपलब्ध हो सकती हैं, और दूसरा कि समता अपने-आप में कोई साध्य नहीं है। समता और सम्पन्नता को दो विसंगतियों के रूप में प्रस्तुत किया जाने लगा है। चूँकि इस मत के अनुसार पूँजीवादी समाज सम्पन्नता दे सकता है, अत: समता की बात अप्रासंगिक हो गई है। कोई आश्चर्य की बात नहीं कि मार्क्स की कल्पना के विपरीत पश्चिम के विकसित पूँजीवादी समाज में, जहाँ उपभोक्तावाद पूरी तरह हावी है, मजदूरों की वर्ग चेतना नष्ट हो गई और बड़ी तादाद में मजदूर अपने को भावना के स्तर पर मध्यमवर्ग में शामिल करने लगे हैं क्योंकि मालिक मजदूरों के भेद के बजाय उपभोक्तावादी मानक के हिसाब से, मजदूरों के आपसी भेद रोजमर्रा की जिन्दगी में ज्यादा उजागर होते रहते हैं।

मजदूरों की चेतना पर उपभोक्तावादी संस्कृति के प्रभाव का एक आँख खोलनेवाला परिणाम 1968 में फ्रांस में देखने को मिला। उस समय पश्चिमी देशों

के युवा वर्ग और खासकर छात्रों में पूँजीवाद और उससे जुड़े उपभोक्तावादी मूल्यों के विरुद्ध एक व्यापक विद्रोह की लहर दौड़ गई थी। इसका एक ऐसा विस्फोट 1968 के मई महीने में फ्रांस में हुआ कि वहाँ की हुकूमत गहरे संकट में पड़ गई थी। सौरबौन विश्वविद्यालय के छात्रों ने नगर में बैरिकेड (विद्रोह के समय ईंट पत्थर तथा अन्य सामानों का अवरोध खड़ा कर एक तरह की अस्थायी किलेबन्दी जिसकी यूरोप की क्रान्तियों में एक लम्बी परम्परा रही है) खड़ा करना शुरू किया। विद्रोह की शुरुआत उपभोक्तावादी मूल्यों की प्रतीक मोटरगाड़ियों को जलाने से हुई, लेकिन मजदूर वर्ग और स्वयं कम्युनिस्ट पार्टी उपभोक्तावादी समाज के दबावों से पक्षाघात का शिकार हो चुके थे और दोनों अनिर्णय की स्थिति में रहे या आन्दोलन के विरोध में रहे। इस तरह मजदूरों के समर्थन के अभाव में यह विद्रोह क्रान्ति का रूप ले सके इसके पहले ही समाप्त हो गया।

अगर हम अपने समाज पर ही नजर डालें तो पाएँगे कि कैसे उपभोक्तावादी संस्कृति के प्रभाव से लोगों का आपसी विभाजन गहरा हो रहा है। जाति-व्यवस्था के तमाम दोष अपनी जगह पर हैं, लेकिन कुछ दशक पहले तक कम-से-कम जाति-बिरादरी वालों में आपस में एक बराबरी का सम्बन्ध था जिसका प्रतीक साथ का हुक्का-पानी हुआ करता था, लेकिन जैसे-जैसे इस नई संस्कृति ने अपना प्रभाव बढ़ाया है गाँवों में भी कुछ सम्पन्न लोगों के घरों में सोफासेट, टी.वी., फ्रिज, ए.सी. आदि आने लगे हैं। अब एक ही बिरादरी के चटाई पर बैठनेवाले और सोफा पर बैठनेवाले लोगों के बीच एक बड़ी दीवार खड़ी हो रही है। यह कहना ज्यादा सही होगा कि बिरादरी के बाहर सोफासेट वालों की एक अलग बिरादरी खड़ी हो रही है। वस्तुओं की दीवारों से लोग एक-दूसरे से कटते जा रहे हैं।

आदमी के अस्तित्व की सबसे बड़ी असलियत संसार में उसका अकेलापन है। हमारा क्या होता है, हम जीते हैं या मरते हैं, खुशियाँ मनाते हैं या पीड़ा से कराहते हैं, इसका कोई प्रभाव सृष्टि पर नहीं पड़ता। सूरज, तारे, चाँद, धरती या हमारे आँगन में उगी घास या खिले फूल हमारी स्थिति से असम्पृक्त अपने निर्दिष्ट जीवन-पथ पर बढ़ते चले जाते हैं। इस बात के एहसास ने पश्चिमी अस्तित्ववादी दर्शन की ओर झुकाव पैदा किया, जिसमें ऊब और अनास्था का दारुण स्वर सुनाई पड़ता है। आदमी ने कला, विज्ञान आदि के जरिये इस दुनिया को अर्थवान बनाकर एक सीमा तक अपने जीवन को भी अर्थवान यानी एक बृहत् डिजाइन का हिस्सा बनाने की कोशिश की है, लेकिन आदमी चाहे जो कल्पना कर ले कभी भी प्रकृति के साथ सम्प्रेषण स्थापित नहीं कर सकता। उसके अकेलेपन को कोई सचमुच में अगर तोड़ सकता है तो दूसरा आदमी ही।

लेकिन एक सीमा के भीतर भावों से, शब्दों से, संगीत से, वह अपनी आंतरिक पीड़ा या खुशी दूसरे मनुष्यों तक पहुँचा सकता है। इस सम्प्रेषण से उसकी ऊब

और उसका अकेलापन टूटता है। स्वभाव से आदमी अपने सुख और अपनी पीड़ा में अधिक-से-अधिक लोगों को शामिल करने में गहरे सन्तोष का अनुभव करता है। इसीलिए उसे विस्तृत समुदाय की चाह होती है। कोई भी वस्तु जो उन्मुक्त सम्प्रेषण में रुकावट डालती है, वह आदमी के अकेलेपन को बढ़ाती है। उपभोक्तावादी संस्कृति वस्तुओं के आधार पर अलग-अलग घरों में आदमी को बाँटकर सम्प्रेषण की सम्भावना को खत्म करती है क्योंकि इससे उनके अनुभव के दायरे अलग हो जाते हैं जबकि सम्प्रेषण के लिए अनुभव के बीच सामंजस्य का होना आवश्यक है। इस तरह उपभोक्तावाद के कारण एक-दूसरे से कटे आदमी की ऊब और गहरी होती जाती है। इस ऊब से वस्तुओं की भूख और भी बढ़ती है। इस दुश्चक्र के कारण जीवन में सार्थकता की तलाश मृग-मरीचिका बन जाती है। इस दृष्टि से उपभोक्तावादी संस्कृति समतावादी संस्कृति के ठीक विपरीत स्थिति बनाती है।

यह कोई आकस्मिक बात नहीं कि उपभोक्तावादी समाज में मनोरंजन के साधन उत्तरोत्तर ऐसे बनते जा रहे हैं जिनमें सामूहिक आनन्द का स्थान एकाकी सुख ले रहा है। पहले सामूहिक नृत्य-गान आदि में एक मिली-जुली खुशी का अनुभव होता था। उपभोक्तावादी संस्कृति में मनोरंजन का प्रतीक और उसका सबसे विकसित साधन टेलीविजन है जिसमें कहीं किसी सामूहिक हिस्सेदारी की गुंजाइश नहीं होती। हर दर्शक अकेला, एक निर्जीव मशीन पर आँखें चिपकाए अपने तात्कालिक परिवेश से कटा बैठा रहता है। दर्शक टी.वी. पर विभिन्न भूमिकाओं में आनेवालों से बिलकुल कटा होता है। दर्शक की खुशी या दुख की अभिव्यक्ति उसी तक सीमित रहती है। उसका कोई समुदाय नहीं बन पाता। प्रत्यक्ष या परोक्ष रूप में देवताओं की आकाशवाणी की तरह इसमें द्रष्टा-श्रोता के लिए सिर्फ सन्देश-आदेश ही होते हैं। कोई आश्चर्य नहीं कि हिटलर ने लोगों को मानसिक रूप से बंदी बनाने के लिए रेडियो का उपयोग किया था।

पूँजीवादी उत्पादन प्रणाली से उपजी यह उपभोक्तावादी संस्कृति पूँजीवाद के संकट को टालने का भी सबसे कारगर औजार है। इसकी सबसे महत्त्वपूर्ण भूमिका पूँजीवादी उत्पादन को चालू रखने में है। वैज्ञानिक सूक्ष्मता के बिना भी मोटे तौर पर हम पूँजीवादी उत्पादन के आधार और उसकी समस्याओं को नीचे दिए गए ढंग से समझ सकते हैं जिसके पीछे मार्क्स तथा उसके समकालीन कुछ अन्य अर्थशास्त्रियों का चिन्तन है।

पूँजीवादी उत्पादन में पूँजीपतियों के मुनाफे का आधार मजदूरों के श्रम का शोषण होता है। उदाहरण के लिए अगर मजदूर किसी पूँजीपति के यहाँ आठ घंटे काम करता है तो उसके एवज में वह अपने पूरे श्रम का मूल्य नहीं पाता। श्रम का यही अतिरिक्त मूल्य जमा होकर उसकी पूँजी का स्रोत बनता है, लेकिन यहाँ उत्पादित माल की खपत के लिए बाजार की समस्या पैदा हो जाती है। मजदूर ने

तो आठ घंटे के काम के बराबर वस्तुओं का निर्माण किया है, लेकिन अगर उसे छह घंटे के काम की ही मजदूरी मिली तो वह छह घंटे के काम के बराबर की ही वस्तुएँ खरीद सकेगा। फिर सवाल उठता है कि जो बाकी दो घंटे की मजदूरी से उत्पादित वस्तुएँ होंगी उहें कौन खरीदेगा।

कुछ हद तक सरकार पूँजीपतियों को इस संकट से बचाती है। वह नोट छापकर पैसों का जुगाड़ कर देती है और इससे कुछ सेवा क्षेत्रों में खर्च करती है पर वह विशेषकर युद्ध के सामान कर खरीद करती है जिसकी उपयोगिता नहीं होती, लेकिन सुरक्षा के नाम पर जिसके उत्पादन की कोई सीमा भी नहीं है। इसके अलावा वस्तुओं को गैर-पूँजीवादी क्षेत्रों में बेचने का प्रयास होता है। फिर स्वयं पूँजीपतियों के यहाँ काम करनेवाले मजदूरों या सेवा कार्य में लगे मजदूरों के भविष्य की आय 'हायर परचेज' योजना के अन्दर वस्तुओं की बिक्री के लिए समेट ली जाती है, लेकिन चूँकि पूँजी के विकास के लिए यह दबाव निरन्तर बना रहता है कि उत्पादन का फैलाव होता रहे—क्योंकि उत्पादन और इससे प्राप्त मुनाफे के बिना पूँजीवाद का अस्तित्व ही खतरे में पड़ जाता है, अत: इस बात का निरन्तर प्रयास होता है कि लोगों में उपभोग की प्रवृत्ति को और तेज किया जाए जिससे ग्राहकों का अभाव न हो। इस तरह उपभोक्तावादी संस्कृति उपभोग वृत्ति को निरन्तर उकसाकर पूँजीवादी उत्पादन को जीवित रखती है।

इस उपभोक्तावादी दबाव ने मानव भविष्य की समाजवादी कल्पना की जड़ ही खत्म कर दी है। मार्क्स तथा कई अन्य समाजवादियों की यह अवधारणा थी कि भविष्य में समाज में उत्पादन का स्तर इतना ऊँचा उठ जाएगा कि मानव आवश्यकता की वस्तुएँ उसी तरह उपलब्ध हो सकेंगी जैसे आज हवा या पानी उपलब्ध है। इससे आवश्यक वस्तुओं के अभाव से होनेवाली छीना-झपटी खत्म हो जाएगी, और नया आदमी अपना अधिकांश समय मानवीय बोध के विशिष्ट क्षेत्रों, जैसे कला तथा दर्शन के विकास में लगाएगा। कई लोगों ने यह कल्पना की कि जैसे प्राचीन यूनान के कुछ नगर-राज्यों में गुलाम सारे शारीरिक श्रम का काम करते थे और नागरिक राजनीति, कला, दर्शन आदि विषयों में अपना समय लगाते थे उसी तरह भविष्य में मशीनें वैसे सारे काम, जो आदमी को अरुचिकर लगते हैं, करने लगेंगी और आदमी का सारा समय बौद्धिक विकास में लगेगा। यह बहुत ही मोहक कल्पना थी, लेकिन उपभोक्तावाद ने आदमी की जरूरतों को एक ऐसा मोड़ दिया है कि वे उत्तरोत्तर बढ़ती हुई असीमित होती जा रही हैं और बौद्धिक चिन्तन के बजाय मनुष्य की सारी चिन्ता, सारा श्रम और सारे साधन इन नई जरूरतों की पूर्ति के लिए अनन्तकाल तक लगे रहेंगे।

एक उपभोक्तावादी समाज हर वस्तु को उपभोग की कसौटी पर कसता है। ऐसा चिन्तन जो प्रयोग के दायरे में नहीं आता, कभी उपभोग के दायरे में भी नहीं

आ सकता, भले ही सम्प्रेषित होकर वह दूसरे मानव मस्तिष्क में एक नया बोध या सपनों का एक सिलसिला उत्प्रेरित करे, लेकिन उपभोक्तावादी समाज सपनों या कल्पना से बचना चाहता है, उसके लिए कल्पना की सीमा वे ठोस वस्तुएँ हैं जिन्हें वह छू सकता है, खरीद सकता है और जिनसे अपने घरों को सजा सकता है। इस तरह उपभोक्तावादी संस्कृति धीरे-धीरे मानवबोध की उस विशिष्टता को नष्ट कर देती है जो मनुष्यों को अन्य जीवों से अलग करती है, यानी ठोस वस्तुओं से ऊपर उठकर कल्पना, अनुमान, प्रतीक आदि के स्तरों पर जीने की विशिष्टता। इस तरह यह उपभोक्तावादी संस्कृति एक और थोक मशीनी उत्पादन के जरिये वस्तुओं से सृजन का तत्त्व निकाल देती है तो दूसरी ओर मानवबोध से कल्पना की सम्भावना को।

लेकिन कोई भी मानव-भविष्य की समाजवादी या गैर-समाजवादी यूटोपिया (कल्पना-आदर्श) का उद्‌देश्य मनुष्य को उस स्थिति से मुक्त करने का रहा है जिसमें उसके व्यक्तित्व का चतुर्दिक विकास अवरुद्ध होता है। यही कारण है कि समाजवादी आन्दोलन के पीछे वही मानवता काम करती रही है जो किसी बड़े धार्मिक उत्थान के पीछे होती है। इसी से हजारों लोगों को अपने उद्‌देश्यों के लिए अपने आपको बलि कर देने की प्रेरणा मिलती रही है। इसी कारण अपने शुद्ध अर्थ में समाजवाद की राजनीति अन्य तरह की राजनीति से अलग रही है। मोटे तौर से राजनीति का केन्द्र बिन्दु सम्पत्ति का एक या दूसरी तरह से बँटवारा रहा है। समाजवाद की कल्पना के पीछे असली भावना आदमी के जीवन को सम्पत्ति और उसके उन प्रतीकों से मुक्त करना था जो उसे गुलाम बनाते हैं तथा उसके समुदाय-भाव को नष्ट करते हैं। इससे एक पूर्ण उन्मुक्त मानव की कल्पना जुड़ी थी। उपभोक्तावाद असंख्य नई कड़ियाँ जोड़कर मनुष्य पर सम्पत्ति की जकड़न को मजबूत करता है और इसलिए हमारे युग में समाजवाद के सीधे प्रतिरोधी के रूप में उभरता है।

विकसित पूँजीवादी देशों में जैसाकि ऊपर कहा गया है, उपभोक्तावादी संस्कृति उत्पादन प्रक्रिया को बिना पूँजीवादी मूल्यों और ढाँचे को तोड़े चालू रखने और विकसित करने में सहायक होती है। लेकिन तीसरी दुनिया के देशों में इस संस्कृति का असर इसके ठीक विपरीत होता है। भारत जैसे तीसरी दुनिया के देशों में जहाँ साम्राज्यवादी सम्पर्क से परम्परागत उत्पादन का ढाँचा टूट गया है और लोगों की बुनियादी जरूरतों की पूर्ति के लिए उत्पादन के तेज विकास की जरूरत है, वहाँ उपभोक्तावाद के असर से विकास की सम्भावनाएँ कुंठित हो गई हैं। पश्चिमी देशों के सम्पर्क से इन देशों में एक नया अभिजातवर्ग पैदा हो गया है जिसने इस उपभोक्तावादी संस्कृति को अपना लिया है। इस वर्ग में भी उन वस्तुओं की भूख जग गई है जो पश्चिमी के विकसित समाज में मध्यवर्ग और कुशल मजदूरों के एक हिस्से को उपलब्ध होने लगी है। इन वस्तुओं की उपलब्धि से उनकी सामाजिक प्रतिष्ठा में भी बढ़ोतरी हो जाती है। अत: इस अभिजात वर्ग में और इसकी देखादेखी इससे नीचे के

मध्यम और निम्न मध्यम वर्ग में भी एसी, कार, स्कूटर, टी.वी., फ्रीज और विभिन्न तरह के सामान और प्रसाधनों को प्राप्त करने की उत्कट अभिलाषा जग गई है।

हमारे अपने देश में इसके दो सामाजिक परिणाम हुए हैं। पहला, चूँकि यही वर्ग देश की राजनीति में शीर्ष स्थानों पर है, देश के सीमित साधनों का उपयोग धड़ल्ले से लोगों की आम आवश्यकता की वस्तुओं का निर्माण करने के बजाय वैसे उद्योगों और सुविधाओं के विकास के लिए हो रहा है जिससे इस वर्ग की उपभोक्तावादी आकांक्षाओं की पूर्ति हो सके। चूँकि उत्पादन का यह क्षेत्र अतिविकसित तकनीकी का और पूँजी प्रधान है, इन उद्योगों के विकास में विदेशों पर निर्भरता बढ़ती है। मशीन, तकनीक और गैर-जरूरी वस्तुओं के आयात पर हमारे सीमित विदेशी मुद्रा कोष का क्षय होता है, और हमारा सबसे विशाल आर्थिक साधन जिसके उपयोग से देश का तेज विकास सम्भव था, यानी हमारी श्रमशक्ति बेकार पड़ी रह जाती है। जिन क्षेत्रों में देश का विशाल जन-समुदाय उत्पादन में योगदान दे सकता है उनकी अवहेलना के कारण आम लोगों के जीवनस्तर का या तो विकास नहीं हो पाता या वह नीचे गिरता है।

दूसरी, चूँकि उपभोक्तावाद व्यापक गरीबी के बीच खर्चीली वस्तुओं की भूख जगाता है, उससे भ्रष्टाचार को बढ़ावा मिला है। चूँकि अभिजातवर्ग में वस्तुओं का उपार्जन ही प्रतिष्ठा का आधार है, चाहे इन वस्तुओं को कैसे भी उपार्जित किया जाए, भ्रष्टाचार को खुली छूट मिल जाती है। कम आयवाले अधिकारी अपने अधिकारों का दुरुपयोग कर जल्दी धनी बन जाना चाहते हैं ताकि अनावश्यक सामान इकट्ठा कर सामाजिक प्रतिष्ठा प्राप्त कर सकें। इसी का एक बीभत्स परिणाम दहेज को लेकर हो रहा औरतों पर अत्याचार भी है। बड़ी संख्या में मध्यमवर्ग के नौजवान और उनके माता-पिता, जो अपनी आय के बल पर शान बढ़ानेवाली वस्तुओं को नहीं खरीद सकते, दहेज के माध्यम से इस लालसा को मिटाने का सुयोग देखते हैं। छीना-झपटी और डाके जैसे अपराधों के पीछे भी कुछ ऐसी ही भावना काम करती है। राजनीतिक भ्रष्टाचार का तो यह मूल कारण है। राजनीतिक लोगों के हाथ में अधिकार तो बहुत होते हैं, लेकिन जायज ढंग से धन उपार्जन करने की गुंजाइश कम होती है। लेकिन चूँकि उनकी प्रतिष्ठा उनके रहन-सहन के स्तर पर निर्भर करती है, उनके लिए अपने अधिकारों का दुरुपयोग कर धन इकट्ठा करने का लोभ संवरण करना मुश्किल हो जाता है।

इस तरह समाज में जिनके पास धन व पद है और भ्रष्टाचार के अवसर हैं, उनके और आम लोगों के जीवन स्तरों के बीच की खाई बढ़ती जाती है। इससे भी शासक और शासित के बीच का संवादसूत्र टूटता है। सत्ताधारी लोग आम लोगों की आवश्यकताओं के प्रति संवेदनहीन हो जाते हैं और उत्पादन की दिशा अधिकाधिक अभिजातवर्ग की आवश्यकताओं से निर्धारित होने लगती है।

भारत के गाँवों में जो थोड़ा-बहुत स्थानीय आर्थिक आधार था उसको भी इस संस्कृति ने नष्ट किया है। भारतीय गाँवों की परम्परागत अर्थव्यवस्था काफी हद तक स्वावलम्बी थी और गाँव की सामूहिक सेवाओं, जैसे सिंचाई के साधन, यातायात या जरूरतमन्दों की सहायता आदि की व्यवस्था गाँव के लोग खुद कर लेते थे। यह व्यवस्था जड़ और जर्जर जरूर हो गई थी और ग्रामीण समाज में काफी गैर-बराबरी भी थी, फिर भी सामूहिकता का एक भाव था। हाल तक गाँवों में पैसेवालों की प्रतिष्ठा इस बात से होती थी कि वे सार्वजनिक कामों जैसे कुआँ, तालाब आदि खुदवाने, सड़क मरम्मत करवाने, स्कूल और औषधालय आदि खुलवाने पर खर्च करें। इन पर काफी खर्च होता था और आजादी के पहले इस तरह की सेवा-व्यवस्था प्राय: ग्रामीण लोगों के ऐसे अनुदान से ही होती थी। यह सम्भव इसलिए होता था क्योंकि गाँवों के अन्दर धनी लोगों की भी निजी आवश्यकताएँ बहुत कम थीं और वे अपने धन का व्यय प्रतिष्ठा प्राप्त करने के लिए ऐसे कामों पर करते थे। इसी कारण पश्चिमी अर्थशास्त्रियों और समाजशास्त्रियों की हमेशा यह शिकायत रहती थी कि भारतीय गाँवों के उपभोग का स्तर बहुत नीचा है जो उद्योगों के विकास के लिए एक बड़ी बाधा है।

उपभोक्तावादी संस्कृति ने गाँवों की अर्थव्यवस्था के इस पहलू को समाप्त कर दिया है। अब गाँवों में भी सम्पन्न लोग उन वस्तुओं के पीछे पागल हो रहे हैं जो उपभोक्तावादी संस्कृति की देन है। चूँकि गाँव के सम्पन्न लोगों की सम्पन्नता भी सीमित ही होती है अब उनका सारा अतिरिक्त धन जो पहले सामाजिक कार्यों में खर्च होता था वह अब निजी तामझाम पर खर्च होने लगा है और लोग गाँव के छोटे-से-छोटे सामूहिक कार्य के लिए सरकारी सूत्रों पर आश्रित होने लगे हैं। इसके अलावा जो भी थोड़ा साधन गाँवों के भीतर से उनके विकास के लिए प्राप्त हो सकता था, अब उद्योगपतियों की तिजोरियों में जा रहा है। इससे गाँवों की गरीबी दरिद्रता में बदलती जा रही है।

उपभोक्तावादी संस्कृति का कुछ ऐसा ही प्रभाव कम्युनिस्ट देशों पर भी पड़ रहा है। बोल्शेविक क्रान्ति के प्रारम्भिक दिनों में जब गृहयुद्ध चल रहा था, रूस में समता की एक जबरदस्त धारा थी जिसे 'युद्ध साम्यवाद' के नाम से सम्बोधित किया जाता था। धीरे-धीरे परिस्थितियों के दबाव में समता की धारा दब गई। स्टालिन के वर्चस्व के बाद कम्युनिस्ट तानाशाही का जो रूप उभरा उसमें 'कम्युनिज्म' और 'फासिज्म' के बीच सामाजिक असलियत में कोई बुनियादी फर्क नहीं रहा, लेकिन कम्युनिस्ट व्यवस्था के भीतर बौद्धिक धरातल पर एक आलोचनात्मक दृष्टि जरूर थी जो इसे विरासत के रूप में मार्क्सवादी सिद्धान्त एवं क्रान्ति की घोषणाओं से मिली थी। जहाँ 'फासिज्म' में मूल्यों की कोई ऐसी मान्यता नहीं थी जिसके आधार पर उसकी सामाजिक असलियत को चुनौती दी जा सके, वहाँ रूस की सैद्धान्तिक

मान्यताएँ लोकतांत्रिक और समतावादी थीं। इसलिए रूस के शासकों को लगातार अपनी सामाजिक असलियत पर पर्दा डालना पड़ता था और यह कहना पड़ता था कि रूस की गैर-बराबरी या तानाशाही की बात विरोधियों का प्रचार है। इस अन्तर्विरोध के कारण बहुत-से लोगों के दिमाग में यह धारणा थी कि रूसी समाज की बौद्धिकता में व्याप्त यह क्रान्तिकारी तत्त्व अन्ततोगत्वा वहाँ की सत्ता के लिए चुनौती बन जाएगा। लेकिन बाद में जब वहाँ की सामाजिक असलियत को झुठलाना सम्भव नहीं हुआ तब रूस के शासकों ने बहुत ही चतुराई से समाजवादी सिद्धान्त को ही तोड़ना-मरोड़ना शुरू किया।

अन्ततोगत्वा पूँजीवादी समाज की तरह उपभोक्तावादी मूल्यों को अपनाकर रूस के शासक वर्ग ने भी अपनी व्यवस्था और सिद्धान्तों के अन्तर्विरोध से उबरना चाहा। रूस की जनता, खास तौर से मजदूर वर्ग के लोग, समता और बन्धुत्व की बात भूल गए। वहाँ भी पश्चिम के नए देवता की पूजा प्रारम्भ हो गई है और उन चीजों की एक जबरदस्त चाह पैदा हो गई है जो पश्चिमी उपभोक्तावादी संस्कृति का प्रतीक है। पिछले दशक के घटनाक्रम ने सोवियत संघ और पूर्वी यूरोप में इस प्रक्रिया को अपनी परिणति पर पहुँचा दिया है।

उपभोक्तावादी मूल्यों को अपनाकर कम्युनिस्ट व्यवस्थाएँ एक दूसरे तरह के संकट में फँस गईं। एक बार उपभोक्तावादी मूल्य कबूल करके जीवन की बहुत-सी अनुपयोगी वस्तुओं का अभ्यस्त होने के बाद उनसे छुटकारा पाना मुश्किल हो जाता है। यह एक ऐसा पेंच है कि इसमें एक बार फँस जाने पर कम्युनिस्ट देशों के नेताओं के लिए उबरने का एकमात्र रास्ता पूँजीवादी मूल्यों को अधिकाधिक कबूल करते जाना ही रह गया था। इससे निकलने का दूसरा तरीका था समता के मूल्यों को कबूल करना जो एक ही झटके में तामझाम की तमाम जरूरतों को निरर्थक बना देते हैं। लेकिन इसको कबूल करना उनके लिए सम्भव नहीं रह गया था। वे थक गए थे, हार गए थे, नया रास्ता ढूँढ़ने की हिम्मत उनमें नहीं थी। उन्होंने काफी सारे काम मनुष्य स्वभाव और प्रकृति के खिलाफ किए थे।

यह संकट न सिर्फ कम्युनिस्ट शासकों का है बल्कि पूँजीवाद और गैर-बराबरी पर टिकी हर व्यवस्था के शासकों का है। इसीलिए वे समता का सिद्धान्त नहीं कबूल कर सकते, यह जानते हुए भी कि इसका विकल्प वर्तमान उत्पादन पद्धति को और भी संवेदनशून्य बनाना है, और भी तेज रफ्तार से उसी दिशा में ले चलना है, जहाँ प्राकृतिक साधनों के क्षय, प्रदूषण या सीमित प्राकृतिक साधनों पर अधिकार के लिए छीना-झपटी में युद्ध से मानव समाज का विनाश अवश्यम्भावी दिखाई देता है।

4

रिओ द जानीरो नगर, जहाँ पृथ्वी की रक्षा के लिए विभिन्न राष्ट्रों का शिखर सम्मेलन हुआ था, इस वार्ता में भाग लेनेवाली दो विपरीत दुनिया का प्रतीक भी है। रिओ नगर को एक पर्वत श्रृंखला दो भागों, जोना नोर्त (उत्तरांचल) और जोना सुल (दक्षिणांचल) में बाँटती है। उत्तरांचल गरीब दुनिया की उन सभी स्थितियों का प्रतिनिधित्व करता है जो दयनीय, विकृत और बीभत्स हैं। इस दयनीयता का जनक दक्षिण भाग अपने आलीशान महलों, शान-शौकत, सुन्दर समुद्र तट एवं महोत्सवों के कारण सम्पन्न देशों के पर्यटकों का आकर्षण केन्द्र है। उत्तरांचल के लोग अपनी इस दरिद्रता का मुआवजा लोगों, खासकर सम्पन्न पर्यटकों, को लूटकर प्राप्त करने की कोशिश करते हैं। इस तरह नगर के दोनों भाग पारस्परिक दोहन के एक ऐसे अटूट बन्धन से बँधे हैं जिससे वर्तमान व्यवस्था में मुक्ति का कोई उपाय नहीं।

पृथ्वी सम्मेलन की नियति भी रिओ की ऊपर वर्णित नियति से भिन्न नहीं दिखाई देती। हालाँकि इस सम्मेलन में भाग लेनेवाले गरीब मुल्कों के प्रतिनिधि सम्पन्न मुल्कों के प्रतिनिधियों के साथ बैठ दुनिया की रक्षा का उपाय ढूँढ़ने आए थे, असल में दोनों के हित इतने विपरीत हैं कि वे धरती एवं मनुष्य प्रजाति को मृत्यु की राह पर चलने से रोक नहीं सकते। मिलजुल कर टिकाऊ सहजीवन की तलाश उनके बूते के बाहर लगता है। दोनों ही अलग-अलग तरह से वर्तमान सभ्यता की ग्रन्थियों से इस कदर ग्रस्त हैं कि वे जीवन देनेवाली विवेकपूर्ण राह नहीं अपना सकते।

जिन खतरों से धरती और मानव जीवन की रक्षा के लिए यह सम्मेलन हुआ, उनमें प्रमुख हैं : (1) खनिज ईंधन, जैसे पेट्रोलियम तथा कोयले, को भारी मात्रा में जलाने से वायुमंडल में कार्बन डाइ-आक्साइड की मात्रा का उत्तरोत्तर बढ़ना, जिससे ताप के बढ़ने से दक्षिणी ध्रुव का विशाल हिम खंड पिघल कर समुद्र का जलस्तर इतना बढ़ा देगा कि समुद्र तट के अनेक भूभाग चक्रवात एवं जलप्लावन से नष्ट हो जाएँगे, (2) सीएफसी जैसे रसायनों के बढ़ते प्रयोग से धरती की ओजोन परत का क्षय, जिससे धरती का जीवन कास्मिक विकिरण से खतरे में पड़ जाएगा, (3) ताप बिजलीघरों एवं मोटरवाहनों से निकलनेवाले सल्फर डाइआक्साइड के बढ़ने से तेजाबी वर्षा, जिससे वन नष्ट हो रहे हैं एवं वन तथा जल के जीव-जन्तु

मर रहे हैं, (4) उद्योगों के लिए कृषिजन्य वस्तुओं एवं वनोपजों की बढ़ती माँग के चलते जंगलों की कटाई से सालाना चार करोड़ एकड़ भूमि पर से जंगल नष्ट हो रहे हैं। दूसरी ओर खेती में उर्वरकों तथा विभिन्न कीटनाशकों के प्रयोग से भूमि की जैविक सम्पदा नष्ट हो रही है और अपनी उर्वरा शक्ति को पुनर्जीवित करने की इसकी क्षमता खत्म हो रही है। साथ ही नए तरह के बीजों के प्रसारण और नई खेती से वनस्पतियों की अनेक प्रजातियाँ लुप्त होती जा रही हैं, (5) रेडियोधर्मी विकिरण, कारखानों से निकलनेवाली विषाक्त गैसों तथा कचरों के जलस्रोतों तथा नदियों में फैलने और फिर समुद्र तक पहुँचने से मछलियाँ तथा अन्य जलचर नष्ट हो रहे हैं। इस तरह जीवन को आधार प्रदान करनेवाली अपनी संजीवनी शक्ति को खोकर धरती स्वयं मृत्यु की ओर बढ़ रही है। दूसरी ओर खनिज ईंधन का भंडार तेजी से खत्म होकर ऊर्जा का संकट पैदा हो रहा है।

सत्तर के दशक में प्रदूषण से पैदा कुछ दुर्घटनाओं के बाद 1972 के जून में पहली बार स्टॉकहोम में मानव पर्यावरण पर संयुक्त राष्ट्र की ओर से सम्मेलन हुआ। जिन समस्याओं को चिह्नित करने के लिए यह सम्मेलन हुआ था, वे पिछले दशकों में उत्तरोत्तर भयावह होती चली गई है। कुछ छोटी-मोटी व्यवस्था-विरोधी जमातों को छोड़ किसी भी समूह द्वारा इन समस्याओं को गम्भीरता से नहीं लिया गया है। यह अति-आशावादी होना ही होगा अगर हम रिओ के पृथ्वी सम्मेलन से कुछ नेक इरादों की घोषणाओं से ज्यादा की उम्मीद कर रहे हों। कारण यह है कि दुनिया को मृत्यु की ओर ढकेलने की विकास नीति के पीछे संसार के सभी शक्तिशाली प्रतिष्ठानों के निहित स्वार्थ हैं, और ये ही प्रतिष्ठान उन संचार माध्यमों को भी नियंत्रित करते हैं जो आम लोगों को समस्या की गम्भीरता से अवगत करा सरकारों पर इस आत्मघाती विकास नीति को बदलने का दबाव बना सकते हैं।

लेकिन प्रतिष्ठान भी शून्य में नहीं जीते। आधुनिक प्रतिष्ठानों के फैलने के पीछे हैं विकास की वर्तमान अवधारणा, जिसमें प्रगति का अर्थ है उत्तरोत्तर उपभोग की अधिक-से-अधिक वस्तुओं की खपत। ठोस परिणाम : अधिक-से-अधिक मात्रा में अयस्कों, वनोपजों, जल एवं ऊर्जा का उपयोग। ऊपर बतलाए गए धरती के संकट से इनका सीधा रिश्ता है।

रिओ सम्मेलन की तैयारी के क्रम में यह विवाद खड़ा हो गया था कि धरती पर आसन्न संकट के लिए जिम्मेदार कौन है, और इसकी रक्षा का विशेष भार किसे उठाना चाहिए। इस सवाल पर सम्पन्न औद्योगिक देशों और विकासशील कहे जानेवाले देशों की दृष्टि में बुनियादी फर्क था। विकसित देश अपने दायित्व से कतराना चाहते थे। वे चाहते थे कि विकासशील देश अपनी विकास प्रक्रिया में प्रदूषण कम करनेवाली वैसी नीतियों को अपनाएँ जैसीकि फिलहाल कुछ विकसित देश अपना रहे हैं। लेकिन वे इसके लिए आवश्यक आर्थिक योगदान के लिए तैयार

नहीं थे। इसके विपरीत विकासशील देशों के नेताओं के सम्मेलन में यह विचार प्रतिपादित किया गया था कि बिना सम्पन्न देशों की भारी सहायता के विकासशील देश वैसी विकास प्रक्रिया नहीं अपना सकते जो प्रदूषणमुक्त हो। इसलिए वे सम्पन्न देशों से इस मद में एक विशाल कोष स्थापित करने की माँग कर रहे थे जिससे विकासशील देशों की सहायता की जा सके। यह भी गतिरोध का एक मुद्दा था, लेकिन गरीब देशों के इस सम्मेलन में भी विकास के वर्तमान उद्देश्यों की निरर्थकता की बात कहीं से भी नहीं उठी।

विकासशील देशों के इस तर्क में दम है कि पर्यावरण की रक्षा की मूल जिम्मेदारी सम्पन्न देशों की है क्योंकि पर्यावरण को नष्ट करनेवाली गैसों को फैलाने के खास दोषी वे ही हैं। अकेले अमेरिकी कारखाने और वाहन दुनिया में फैलनेवाली कार्बन डाइ-आक्साइड के एक-चौथाई के लिए जिम्मेदार है। बाकी का बड़ा हिस्सा यूरोप और जापान से आता है। इसके आलवा ये ही देश तीसरी दुनिया के खनिजों, वनोपजों और वैसे कृषिजन्य व्यावसायिक कच्चे मालों के क्रेता हैं जिनके कारण विकासशील देशों के जंगल उजड़ रहे हैं, भू-सम्पदा नष्ट हो रही है और खेती में घातक रसायनों का भारी मात्रा में प्रयोग हो रहा है।

लेकिन इस बुनियादी बात की ओर विकासशील देशों के प्रतिनिधियों की भी निगाह नहीं जाती कि इस विकास प्रक्रिया के रहते प्रदूषण पर थोड़ी रोक भले ही लग जाए, संसाधनों के विशाल क्षय को रोकना तो दूर, कम भी नहीं किया जा सकता, क्योंकि विशाल मात्रा में विभिन्न कच्चे मालों और विशाल मात्रा में ऊर्जा की खपत रोकने से ही यह सम्भव है। इस विकास प्रक्रिया में प्रदूषण पैदा करनेवाली गैसों और कचरों का निर्माण भी अनिवार्य है। संसाधनों का क्षय विशेष तौर से विकासशील देशों में ही होता है जो अयस्कों और दूसरे कच्चे मालों का निर्यात करते हैं, लेकिन विकासशील देश उपभोक्तावादी अर्थनीति को अपनाने के कारण ही यह निर्यात करने को बाध्य है। विकासशील देशों की विशाल जनसंख्या के लिए सम्पन्न देशों के स्तर पर उपभोग की वस्तुओं का निर्माण करने के लिए तो धरती का कुल संसाधन भी नाकाफी है।

लेकिन विकासशील देशों के नेताओं के सामने पश्चिमी ढंग के विकास भी मृग-मरीचिका का आकर्षण इतना जबरदस्त है कि वे किसी वैकल्पिक विकास की बात नहीं सोच पाते, हालाँकि उनके सामने अभी भी इसका अवसर है कि वे एक ऐसी विकास नीति अपनाएँ जिसमें आदमी की आवश्यकताओं और पर्यावरण की सुरक्षा के बीच कोई स्थायी सन्तुलन कायम हो सके।

पिछले दिनों यूरोपीय समुदाय की ओर से यह सुझाव आया था कि कार्बन-डाइआक्साइड एवं अन्य हानिकर गैसों का स्तर इस शताब्दी के अन्तिम वर्ष में वहाँ ला दिया जाए, जहाँ वह 1990 में था, लेकिन अमेरिका इन गैसों की मात्रा पर

नियंत्रण की किसी नीति के खिलाफ था। कारण स्पष्ट है। वर्तमान समय में कनाडा और अमेरिका प्रति व्यक्ति ऊर्जा की खपत में, जो औद्योगिक प्रगति का सबसे महत्त्वपूर्ण मानक बन गया है, दुनिया में सबसे आगे है। भारत के प्रति व्यक्ति 195 किलोग्राम तेल की ऊर्जा की तुलना में अमेरिकी अर्थव्यवस्था प्रति व्यक्ति आठ से नौ हजार किलोग्राम तेल के बराबर ऊर्जा की खपत पर टिकी है। अमेरिका के कल-कारखाने, यातायात, निर्माण एवं कृषि उद्योग, सभी भारी परिमाण में ऊर्जा गटकने वाले हैं।

यूरोप तथा अमेरिका मन्दी की चपेट में हैं। ऊर्जा की कटौती का अर्थ है उनकी औद्योगिक व्यवस्था में एक चिरस्थायी मन्दी की व्याप्ति। यूरोपीय एवं अमेरकी समाज की स्थिति घोंघे की हो गई है जो अपने विकास में अपनी सुरक्षा के लिए एक खोल का फैलाव करता जाता है, ऐसा खोल जो धीरे-धीरे पथराता जाता है। बाद में घोंघा इस खोल के बोझ से मुक्ति नहीं पा सकता, क्योंकि वह इससे बाहर जीवित नहीं रह सकता। औद्योगिक समाज का विशाल ढाँचा भी ऊर्जा के अतिव्यय से इसी तरह फैलकर अकड़ गया है, जिसमें पारिस्थितिकीय लोच का अभाव है। अगर ऊर्जा की आपूर्ति कम हो गई तो यातायात के विशाल साधनों का क्या होगा? उन विशाल भवनों या आवासीय घरों का क्या होगा जिन्हें गर्म रखने के लिए विशाल ताप बिजलीघर ऊर्जा देते हैं? बहुमंजिली इमारतों का बिना लिफ्ट के कौन उपयोग करेगा? कृषि संयंत्रों का उपयोग बिना विपुल खनिज ईंधन की आपूर्ति के कैसे होगा? विशाल कारखाने कैसे चलेंगे? दुनिया भर के उन उत्पादों को इन देशों में कैसे लाया जा सकेगा जो इनके लिए कच्चा माल होते हैं? इन कारखानों में उत्पादित वस्तुओं को कहाँ और कैसे निर्यात किया जाएगा? ये सारे सवाल अनुत्तरित रह जाते हैं। इन पर विचार करने से धीरे-धीरे रेंगती और बढ़ती हुई एक प्रगाढ़ तन्द्रा या मौत का दु:स्वप्न उपस्थित हो जाता है।

लेकिन अकेला अमेरिका या सम्पन्न औद्योगिक देश ही इस दु:स्वप्न से त्रस्त नहीं है। तेल पैदा करनेवाले पश्चिम एशिया के देश तथा मैक्सिको, वेनेजुएला, इंडोनेशिया आदि कई अन्य देश भी इससे त्रस्त हैं, क्योंकि उन्होंने अपनी अर्थव्यवस्था को सम्पन्न औद्योगिक देशों को तेल बेचने से प्राप्त आय के आधार पर खड़ा किया है।

ई.एफ. शुमाखर जैसे अर्थशास्त्री ने इस सदी के मध्य में यह चेतावनी दी थी कि पेट्रोलियम, कोयला आदि ऊर्जा के साधन असीम नहीं हैं और औद्योगीकरण के लिए एक ऐसे वैकल्पिक ढाँचे की जरूरत है, जिसमें ऊर्जा की किफायत सम्भव हो। फिर साठ के दशक में 'लिमिट्स ऑफ ग्रोथ' नाम से प्रसारित एक रपट में, जिसे 'क्लब ऑफ रोम' के नाम से विख्यात उद्योगपतियों और तकनीकी विशेषज्ञों के एक समूह ने तैयार किया था, इस सम्भावना की ओर इशारा किया गया था कि ऊर्जा के पारम्परिक स्रोतों के सूखने, संसाधनों के अभाव तथा प्रदूषण आदि

के कारण वर्तमान उत्पादन का सिलसिला सिर्फ 2020 ईस्वी तक ऊपर की ओर चलेगा और उसके बाद नीचे गिरेगा और जीवनस्तर वहीं पहुँच जाएगा जहाँ वह 1900 ईस्वी में था, लेकिन इन चेतावनियों की ओर कम ही लोगों का ध्यान गया। अब इन सम्भावनाओं की ओर लोगों का ध्यान तब गया है जब औद्योगिक देशों को भावी संकट का ठोस रूप से पूर्वाभास हो रहा है।

द्वितीय विश्व युद्ध के बाद से औद्योगिक उत्पादन अप्रत्याशित रूप से फैलने लगा था। इसका आधार था पेट्रोलियम का ऊर्जा और तेजी से फैलते पेट्रोकैमिकल उद्योगों (वे उद्योग जो पेट्रोलियम से प्राप्त रसायनों पर आधारित होते हैं) के लिए उपयोग। औद्योगिक विकास की गति के साथ पेट्रोलियम के खर्च का कितना गहरा सम्बन्ध है, यह इस बात से जाहिर है कि 1945 में इस तेल का उत्पादन 25 करोड़ टन था, 1950 में 50 करोड़, 1960 में 100 करोड़, 1965 में 150 करोड़ और 1968 में 200 करोड़ टन। उस समय के अनुमान से 1980 आते-आते उत्पादन 300 करोड़ टन हो जाना चाहिए।

लेकिन इसी बीच 1973 में औद्योगक देशों को एक तेज झटका लगा। 1973 के अक्टूबर में चौथा अरब-इजराइल युद्ध शुरू हुआ। इस युद्ध में अरब देशों ने पश्चिमी देशों पर दबाव डालने के लिए पेट्रोलियम उत्पादन में कुछ कटौती शुरू की। इस छोटी कटौती का ही यह असर हुआ कि 1974 में पेट्रोलियम की कीमत चार गुनी हो गई।

इसका व्यापक असर सारी दुनिया की अर्थव्यवस्था पर पड़ा। सारी दुनिया घोर महँगाई की चपेट में आ गई और औद्योगिक गतिविधियाँ भी कुछ समय तक बंद रहीं। इसके बाद पहली दफा यह एहसास हुआ कि पेट्रोलियम, कोयला आदि ऊर्जा के सस्ते स्रोत अनन्त काल तक उपलब्ध नहीं होनेवाले। जहाँ तक पेट्रोलियम की बात है, 1984 में लगाए गए अनुमान के अनुसार संसार भर के तेल का भंडार 96.1 अरब टन है और उसी साल इसका उत्पादन 271.6 करोड़ टन था। इसका अर्थ यह होता है कि (उत्पादन की इस दर से) दुनिया के पेट्रोलियम का कुल भंडार जल्दी चुक जाएगा। इस एहसास से 1973 के बाद से औद्योगिक देशों में पेट्रोलियम के खर्च को घटाने और ऊर्जा के वैकल्पिक स्रोत ढूँढ़ने के प्रयास शुरू हो गए।

कोयले का भंडार पेट्रोलियम से बड़ा है, लेकिन यह बात ध्यान में रखने की है कि पेट्रोलियम के खत्म हो जाने पर उसकी जगह ऊर्जा के लिए कोयले का इस्तेमाल होने पर यह भी बहुत दिन नहीं चल सकता। और वाहनों के लिए इससे प्राप्त होनेवाला संश्लिष्ट गैस पेट्रोल और डीजल से कहीं अधिक महँगा पड़ेगा।

बहुत दिनों तक बिजली उत्पादन के वैकल्पिक स्रोत के लिए लोगों की निगाह परमाणु तापघरों पर लगी थी, लेकिन इनमें विकिरण और विस्फोटों से दुर्घटना

का खतरा बना रहता है और दशकों के प्रयास के बावजूद उससे बचने का कोई विश्वसनीय उपाय नहीं निकल पाया है। इसके अलावा परमाणु तापघरों में इस्तेमाल किए गए ईंधन के कचरे को हटाकर सुरक्षित रूप से फेंकने का भी कोई उपाय नहीं निकला है। इन जोखिमों के साथ परमाणु भट्ठियों से प्राप्त बिजली, कोयले, तेल आदि से प्राप्त बिजली से अधिक महँगी भी होती है। इसी कारण अमेरिका में जहाँ शुरू में परमाणु बिजली के उत्पादन पर सबसे अधिक जोर दिया गया था, 1974 से कोई नया परमाणु बिजली तापघर नहीं खोला गया है।

अनुमान है कि इस शताब्दी के अन्त तक वहाँ सभी परमाणु बिजलीघर बन्द हो जाएँगे। परमाणुओं के संश्लेषण यानी हाइड्रोजन के परमाणुओं के विलय से हीलियम बनाने की प्रक्रिया से प्राप्त ऊर्जा की तकनीकी, जो अब सस्ते ऊर्जा की अन्तिम आशा है, सुदूर भविष्य की (2025 के बाद की ही) सम्भावना भर है। और इनमें कौन-कौन-सी समस्याएँ पैदा होंगी कोई नहीं जानता।

संसाधनों में ऊर्जा के स्रोतों तेल और कोयले की चर्चा ऊपर भी की गई है, लेकिन इसका अर्थ यह नहीं कि अन्य संसाधन जैसे खनिज या कृषिजन्य वस्तुएँ अथवा वन सम्पदा की उपलब्धि सीमाहीन है। इन सभी संसाधनों की सीमाएँ हैं, जिनकी ओर हम लोग तेजी से बढ़ रहे हैं, लेकिन ऊर्जा का खास महत्त्व इसलिए है कि खनिजों को निकालने और उनसे विभिन्न तरह की उपयोगी धातु या वस्तु तैयार करने और कृषि की उत्पादकता में भी इसकी ऊर्जा की खपत का खास स्थान है। अगर सस्ती ऊर्जा की उपलब्धि सीमाहीन हो तो बहुत घटिया किस्म के खनिजों से भी (जैसे अति न्यून अनुपात में धातु वाले खनिजों से) धातु निकाली जा सकती है। इस धातु की कीमत भी कम आएगी, लेकिन अगर ऊर्जा महँगी है तो सिर्फ बहुत उम्दा किस्म के खनिजों से ही हम आवश्यक धातु या अन्य उपयोगी पदार्थ ऐसी कीमत पर प्राप्त कर सकते हैं जिससे वे सामान्य उपयोग की वस्तुओं के उत्पादन में काम आ सकें। सस्ती ऊर्जा के अभाव में वह धातु भी, जो आज सस्ती है, सोने की तरह महँगी हो जाएगी। आज सोना लोहे से हजारों गुना अधिक महँगा है क्योंकि जिन खनिजों में से इसे निकाला जाता है उनमें इसका अनुपात बहुत कम होता है। इसे शुद्ध रूप से खनिजों से अलग करने में बहुत अधिक ऊर्जा खर्च होती है बनिस्बत लोहा निकालने की प्रक्रिया के।

इसके अलावा पेट्रोलियम आज अनेक संश्लिष्ट धागों, उर्वरकों तथा अनेक वस्तुओं के उत्पादन का आधार है। ऊर्जा की प्रचुरता के अभाव में कृषि की उत्पादकता पर भी असर पड़ सकता है, अगर हम फिर मशीनों के स्थान पर मानव श्रम या पशुओं के श्रम के प्रयोग की ओर वापस न जाए या उर्वरकों के स्थान पर जैविक (ऑरगैनिक) खादों की तलाश न करें। इन सबसे यह खतरा सिर पर आ गया है कि एस्केलेटर वाला विकास अब अधिक दिनों तक नहीं चल सकता।

कुल मिलाकर 1973 के बाद से पहली बार तमाम ऊपरी आशावादिता के बावजूद मौजूदा विकास की सम्भावनाओं के प्रति संशय छाया हुआ है। दुनिया के अधिकांश चिन्तक और वैज्ञानिक इस बात की चेतावनी दे रहे हैं कि विकास का वर्तमान रास्ता विनाश की ओर ले जानेवाला है। मौजूदा औद्योगिक ढाँचे को चलाने वाले लोग भी प्राकृतिक परिवेश के संरक्षण और पर्यावरण के सन्तुलन की बात करने लगे हैं, भले ही उनके काम इस भावना के विपरीत पड़ते हों। लेकिन इस एहसास से जहाँ भविष्य के लिए कुछ उम्मीदें बँधी हैं, वहीं प्राकृतिक संसाधनों एवं ऊर्जा के साधनों पर अधिक-से-अधिक नियंत्रण बना लेने और अपने लिए प्रदूषण मुक्त वातावरण बनाए रखने की होड़ भी शुरू हुई है और कहना न होगा कि इस होड़ में किसका पलड़ा भारी रहेगा।

संसाधनों पर कब्जा करते समय या अपने विलासितापूर्ण जीवन शैली से पैदा होनेवाले कचरे और प्रदूषण का बोझ गरीब मुल्कों पर थोपने में इस जमात को कोई परेशानी नहीं होती। इसके लिए वे अपने (कु) तर्क ढूँढ़ लाते हैं, अपनी गिरोहबन्दी करते हैं और गरीब मुल्कों को दबाने के लिए किसी सीमा तक जा रहे हैं। हाल में सम्पन्न 'गैट' समझौते में यही चिन्ता और यही रणनीति दिखी। रियो में भी यही दिखा था। जहाँ इतने सशक्त निहित स्वार्थ विरोध में हों वहाँ धरती की रक्षा की किसी सार्थक नीति की सम्भावना क्षीण ही रहनी थी। दुनिया पर अमेरिका के नेतृत्व में सम्पन्न देशों का वर्चस्व कायम है। दूसरे देश चाहकर भी कोई नियंत्रण अमीर देशों पर लागू नहीं कर सकते। विकासशील देश आत्मनियंत्रण से अपने उत्पादन और खपत को पर्यावरण की सुरक्षा के अनुकूल रख सकते हैं। इससे सीधे तो पर्यावरण की सुरक्षा नहीं हो सकती क्योंकि इसे नष्ट करनेवाले तो मूलत: सम्पन्न देश हैं, फिर भी वन, वनस्पति प्रजातियों एवं कृषि भूमि की रक्षा सम्पन्न देशों से वाणिज्य आधारित सम्पर्क के परित्याग से सम्भव है। इससे कहीं-न-कहीं सम्पन्न देशों पर भी कुछ नियंत्रण लग सकता है।

5

प्रचलित मान्यता यही है कि विज्ञान का मौजूदा स्वरूप ही वह 'विज्ञान' है जिसके पास प्रकृति के रहस्यों की कुंजी है और आधुनिक तकनीक इसकी अनिवार्य परिणति है। इसी मान्यता के चलते आधुनिक तकनीक को विकास की श्रेष्ठ उपलब्धि मान लिया जाता है। और यह डर भी पैदा होता है कि इस तकनीक के अत्याधुनिक स्वरूप के साथ हमकदम न हुए तो विकास की दौड़ में पिछड़ जाएँगे और असभ्य कहलाएँगे, लेकिन गहरे विचार करने पर हम पाएँगे कि हर तकनीक विशेष सांस्कृतिक परिवेश की उपज होती है और अपने मूल परिवेश में ही मुकम्मल होती है। हम यह भी जान पाएँगे कि 'आधुनिक' तकनीक उस संस्कृति की देन है जिसने इसके सिर्फ एक पहलू के अतिवृद्धि का स्वाद चखा है।

दरअसल, मानव चेतना अनिवार्यत: दो ध्रुवीय होती है। किसी वस्तु तथा घटना के सीधे अवलोकन से व्यक्ति की बनी अवधारणा और उस वस्तु तथा घटना में तारतम्य बैठाती सम्पूर्ण विश्वदृष्टि के बीच लगातार टकराहट चलती रहती है। व्यक्ति की अपनी अवधारणा उसकी अपनी बोधगम्यता से बनती है मगर वस्तु या घटना की सार्थकता विश्वदृष्टि से बनती है। यह विश्वदृष्टि ऐसी वस्तुओं और घटनाओं से लगातार अवलोकन से उभरी अवधारणाओं से मिलकर बनती है। इस दृष्टि के विकास में हमारे अपने समाज और परिवार की संस्कृति का भी आंशिक योगदान होता है। इसी प्रक्रिया से कोई वस्तु हमारे लिए स्थायी और उपयोगी हो पाती है। मसलन, कोई व्यक्ति पहली बार कुर्सी देखता है। सम्भव है, वह कुर्सी के अनगिनत पहलुओं में किसी एक पहलू को ही देख पाए। अगर कुर्सी किसी धागे के सहारे उलटी लटक रही हो तो देखनेवाले के मन में उसका कोई विचित्र रूप उभरे। यानी एक बार कुर्सी को देखने से व्यक्ति के मन में उसके आकार और उपयोगिता के बारे में कोई निश्चित स्वरूप नहीं उभरेगा। अपने सही स्वरूप में कुर्सी को बार-बार देखने और बैठने के लिए उसके इस्तेमाल को परखने के बाद ही हमारे मन में कुर्सी के स्थायी स्वरूप और उसकी उपयोगिता के बारे में पक्की धारणा बनती है। अगर किसी वस्तु को पहली ही बार देखकर उसके सम्पूर्ण स्वरूप और महत्त्व को रेखांकित करने को मजबूर कर दिया जाए तो जीवन दुरूह हो जाएगा।

दरअसल हमारी रुचि की सभी वस्तुओं और घटनाओं के बार-बार अवलोकन से हमारे मन में उसके स्वरूप और महत्त्व के बारे में स्थायी और सुव्यवस्थित धारणा बनती है। सूर्य हर रोज सुबह पूरब में उगता और पश्चिम दिशा में अस्त होता लगता है। काफी दूर खड़ी कोई पहाड़ी या पड़ोस में खड़ा केले का वृक्ष हर रोज एक समान ही लगता है। इस तरह हम उनमें बारीक परिवर्तनों को नजरअन्दाज भी कर सकते हैं और अमूमन उनकी स्थायी और जानी-पहचानी छवि ही हमारे मन में बनी रहती है। स्थायित्व और व्यवस्था का यह बोध घटनाओं की व्याख्या करनेवाली अवधारणाओं से और मजबूत होता है और ये अवधारणाएँ हर समाज और संस्कृति में अलग-अलग हो सकती हैं। अक्सर संस्कृति से मिले विचार आस्था का रूप ले लेते हैं। मसलन, हम व्यक्तिगत तौर पर कभी इस धारणा की सचाई जानने को व्याकुल नहीं होते कि पृथ्वी गोल है जबकि हमारे दैनन्दिन अनुभव में यह धारणा फिट नहीं बैठती। किसी समाज या सभ्यता के लोगों ने अगर लम्बी दूरी की यात्राएँ न की हों, सम्भव है वहाँ माना जाए कि पृथ्वी चपटी है, आमतौर पर हम अपने अनुभव और अपनी संस्कृति में स्थापित दृष्टि से तय किसी वस्तु की सार्थकता और स्वरूप के प्रति संतुष्ट हो जाते हैं। लेकिन हमेशा एक शर्त भी जुड़ी रहती है। यानी किसी वस्तु या घटना के बारे में स्थापित दृष्टि उस वस्तु या घटना के अवलोकन से बननेवाली धारणा से बिलकुल विपरीत न हो। हालाँकि कई बार स्थापित दृष्टि के प्रभाव में व्यक्ति अपने अवलोकन से उभरनेवाले तथ्यों के प्रति असंवेदनशील बन जाता है।

मनुष्य के मस्तिष्क की बनावट ही ऐसी है कि वह दुनिया को टुकड़े-टुकड़े में बाँटकर नहीं देख सकता। वह हर टुकड़े को अपनी समग्र दृष्टि के अन्दर ही समेट कर देखता है। उसे वह दिक् और काल की अपनी अवधारणा और कार्य-कारण सम्बन्ध के तहत रखकर देखता है। हालाँकि दिक् और काल की अवधारणा तथा कार्य-कारण सिद्धान्त हर संस्कृति में काफी अलग-अलग हो सकते हैं। कार्य-कारण सिद्धान्त का असर तो व्यक्ति में इतना गहरा होता है कि प्राकृतिक आपदा, महामारी, बीमारी और मौत की कोई स्पष्ट वजह न दिखने पर उसे जादू-टोना या दैवीय कोप का असर मान लिया जाता है। दरअसल, जादू, कीमियागिरी और रसायन शास्त्र का विकास घटना के उचित कारण जानने के लिए हुआ है।

इन सभी विधाओं से एक तथ्य उभरकर आता है कि मनुष्य के अस्तित्व और तमाम व्यावहारिक गतिविधियों के लिए सीधे अनुभव से उभरे तथ्यों पर विश्वास रखना अनिवार्य होता है। मसलन, कोई आग में जलकर और गहरे पानी में डूबकर ही आग और पानी के इन गुणों से इनकार कर सकता है। दूसरी ओर विश्व दृष्टियों की अनिवार्यता इस कदर नहीं होती बशर्ते उन्हें व्यावहारिक गतिविधियों से सीधे न जोड़ लिया जाए।

हर समाज अपने अनुभव के दायरे और जिन्दगी के तौर-तरीकों की जरूरतों में तारतम्य स्थापित करते हुए अपनी विश्वदृष्टि बनाता है। पहले सामाजिक अस्तित्व की इस जरूरत को ब्रह्मांड की और मिथकों के सहारे पूरा किया जाता था। विज्ञान को आज हम जिस रूप में देखते हैं वह असल में इसी विशाल दृष्टि, अर्थात् वस्तुओं और घटनाओं को एक पक्के प्राकृतिक ढाँचे के अन्दर ही देखने के तरीके, को तैयार करने की विधि है। यह मिथकों और जादू-टोने से आगे का कदम है। और जब मनुष्य ने हर घटना के पीछे ईश्वर की इच्छा या किसी देवदूत का हाथ देखना बन्द किया उसी से इसकी शुरुआत हुई। पर निश्चित रूप से यह ईश्वर के अस्तित्व को नकारना ही नहीं है। पर प्रकृति के सामान्य गतिविधियों से उनको छुट्टी दे दी गई और वे इसके मूक गवाह भर रह गए। घटनाओं के पीछे काम करनेवाले नियमों को अनुभव के आधार पर की गई परिकल्पनाओं से निकाला गया। किसी ने आग से सारी शुरुआत मानी तो किसी ने पानी से, किसी ने पंचभूत को असली चीज माना तो पाइथागोरस ने अंकों को ही। परे ब्रह्मांड की उत्पत्ति और काम को बतलाने के लिए एक सिद्धान्त ढूँढ़ने की जगह लोगों के अपने सीमित सम्पर्कों के आधार पर भौतिक वस्तुओं के विज्ञान गणितीय मॉडलों से भरा पड़ा है। सभी कारणों और गणीतीय अभिधारणाओं के माध्यम से ही नए-नए निष्कर्ष निकाले गए हैं। शुरू में गणितीय अभिधारणाओं को कुछ प्रत्यक्ष अनुभवों के पास लाने की कोशिश की गई थी, पर उसे भी अब छोड़ दिया गया है। अपनी दुनिया के बारे में समझ बनानेवाली अवधारणा को सामने लाना ही वैज्ञानिक सिद्धान्त है, यह बुनियादी भावना ही अब गायब हो गई है, भौतिक विज्ञान की दुनिया अब गुह्य और अबोधशील होती जा रही है।

यह तर्क भी दिया जा सकता है कि आज की तकनीकी उपलब्धियाँ तो यही बताती है कि भले ही विज्ञान सामान्य लोगों के लिए अबूझ हो गया हो पर यह प्रकृति के रहस्यों को उजागर करने के ज्यादा पास आ गया है। पर बारीकी से देखने पर हम पाएँगे कि आधुनिक तकनीकी उपलब्धियों से ऐसा कुछ भी नहीं हुआ है। ये सिद्धान्त सिर्फ दिमागी उपज है और आगे के प्रयोगों का गला ही घोंट रहे हैं। हाँ, इन सिद्धान्तों ने निरन्तर अपने औचित्य की जाँच करते रहने का जो माहौल बनाया है और उत्कंठा जगाई है, उससे प्रयोग के काफी सारे रास्ते खुले हैं। इसने स्वाभाविक रूप से वस्तुओं और उनके गुणों के बारे में मनुष्य के ज्ञान को काफी बढ़ाया है। जहाँ तक सिद्धान्तों की बात है, इनको लेकर होनेवाले प्रयोगों ने अक्सर पुराने सिद्धान्त को खारिज करके नए के आने का रास्ता ही बनाया है, उनको स्थापित करने का काम नहीं किया है। ईथर होकर पृथ्वी की गति को मापने के प्रयोग ने ही ईथर की अवधारणा को तो खत्म किया ही, न्यूटन के गुरुत्वाकर्षण के सिद्धान्त को भी खारिज करा दिया। इसी प्रकार मशीनों में ऊर्जा-ह्रास की माप की कोशिश ने ही

ऊष्मागति के दूसरे सिद्धान्त को जन्म दिया, जिसने गति के पुराने सारे नियमों को ध्वस्त किया और समाज की गति को सीधे तीर से दिखाने की अवधारणा को तोड़ा। इस प्रयोग के नतीजे इतने बड़े थे कि महान वैज्ञानिक आइंस्टीन को भी इस धारणा को मन से कबूल करने में कठिनाई हुई, यद्यपि निरीक्षणों एवं अनुभवों से सम्पुष्ट किया जा चुका था। ये सिद्धान्त वस्तुत: दुनिया के दामन पर जहाँ-तहाँ गिल्टियों और धब्बों के रूप में उभरनेवाले तथ्यों को एक तरह का जामा पहनाने का काम करते हैं। एक अर्थ में इनकी कला वाली भूमिका भी है कि ये अनेक घटनाओं को सहेजकर एक तारतम्यता देते हैं।

गैलिलियो, देकार्त और न्यूटन के बाद का विज्ञान अपने पूर्ववर्ती रूप से एक अर्थ में एकदम अलग है। उनके समय तक गणित ने इसमें केन्द्रीय भूमिका ले ली थी। प्राचीन विश्व में भी गणित की अपनी भूमिका थी पर अलग किस्म की। ग्रह-नक्षत्रों की गतिविधियों एवं ग्रहणों की भविष्यवाणी करने के लिए मिस्र, बेबीलोन और भारत के ज्योतिषियों ने गणित का विकास और उपयोग किया था। मिस्र में इसी आधार पर नील नदी के बाढ़ का हिसाब-किताब भी रखा जाता था, जिससे सिंचाई करके यह सभ्यता टिकी थी। कहा जाता है कि ज्यामिति के अपने ज्ञान का उपयोग करके आर्कमिडीज ने सिराक्यूज शहर की रखवाली वाले हथियार बनाए थे। गणित ने दिक्-काल की दूरी को खत्म करते हुए सुदूर की वस्तुओं और घटनाओं को, जो प्रत्यक्ष माप-तौल-अध्ययन में न आ सकें, बहुत पास ला दिया और उनके बारे में भी भविष्यवावणी करना सम्भव हो गया। यही मुख्य कारण है कि शुरुआती वैज्ञानिक इसकी तरफ ज्यादा आकर्षित हुए। सत्रहवीं सदी से विज्ञान पर गणित ही सबसे ज्यादा हावी रहा है और सैद्धान्तिक भौतिक विज्ञान में तो गणित के मॉडल ही असली रह गए और रोज-ब-रोज की दुनिया और जिन घटनाओं से हमारा पाला पड़ता रहा उसका ज्यादा महत्त्व नहीं रहा। और विज्ञान का यह गणितीय संसार अनुभव जनित तथ्यों की जगह अपनी गणना पर ही ज्यादा आश्रित होता गया।

मानवीय दिलचस्पी के हर क्षेत्र में हुए ऐसे अध्ययनों के अनुरूप ही तकनीक और इस क्षेत्र में दिखाई नई बातों को बतानेवाले सिद्धान्त विकसित हुए। यह दूसरी चीज ही विज्ञान है और मुख्यत: यह मनुष्य की कलात्मक इच्छाओं को ही परिपूर्ण करती है। और यहाँ आकर वैज्ञानिक सिद्धान्त कुछ परिकल्पनाओं को जन्म देते हैं जो सामने दिखे तथ्यों से आगे चीजों के सम्भावित कारणों और परिणामों का सम्बन्ध बतलाते हैं। इसी तरह गुरुत्वाकर्षण के सिद्धान्त, ईथर, इलेक्ट्रान की या फिर आयुर्वेद में कफ, पित्त और वायु के सन्तुलन जैसी चीजों को स्थापित किया जा सका। ये परिकल्पनाएँ सीधे-सीधे घटित बातों पर आधारित नहीं होतीं। पर गुरुत्वाकर्षण के सिद्धान्त जैसी चीजों ने तो असल में उस पुरानी मान्यता की जगह ली जिसके अनुसार ईश्वर सभी चीजों को वापस अपने पास ऊपर बुला लेता है।

आज यह सिद्धान्त हो या ईथर वाला सिद्धान्त हो, भले ही इनको नकार दिया गया हो पर जिन अनुभवों से ये बने थे वे आज भी वैसे ही दिखते हैं, गिरने पर कोई वस्तु पृथ्वी की तरफ ही आती है या शून्य से होकर विद्युत चुम्बकीय तरंगें वैसे ही पार करती हैं। अब सिर्फ इन तथ्यों के पीछे के कारणों को बताने के लिए नए सिद्धान्त बताए गए हैं। चिकित्सा विज्ञान में भी हमारी बीमारियों का कारण बताने के लिए वैकल्पिक सिद्धान्त आ गए हैं, लेकिन इन सिद्धान्तों को भी अब कोई अन्तिम नहीं मानता। ज्यों ही इन सिद्धान्तों से व्याख्यायित न हो सकनेवाला कोई तथ्य सामने आएगा, ये बदल जाएँगे।

सो वैज्ञानिक सिद्धान्त अपने मूल स्वरूप में कलात्मक हैं जो दुनिया की हर चीज को एक ढाँचे में पिरोते हैं। इसने काल, ऊर्जा, दिक् सबकी पुरानी अवधारणा को उलट दिया। सो आज की भौतिकी दो परस्पर विरोधी सिद्धान्तों पर आधारित है। गति के सिद्धान्त और ऊष्मागति के सिद्धान्त पर। फिर प्लैंक द्वारा अन्ततः ऊर्जा राशिकरण की खोज से प्रकृति की निरन्तरता की अवधारणा भी ध्वस्त हुई और हाइजेनबर्ग का अनिश्चितता के सिद्धान्त का रास्ता खुला। इन खोजों के परिणामस्वरूप आज पूरा का पूरा परमाणु भौतिक विज्ञान अस्त-व्यस्त हालत में है। तरह-तरह के सिद्धान्त और बल काम कर रहे हैं। पर इनसे कोई एक व्यवस्थित ढाँचा नहीं उभरता। इनसे तकनीक के क्षेत्र में जो फायदे हुए हैं, उन पर असर डाले बिना ये बहसें नए सिद्धान्तों का रास्ता खोलेंगी। सो तकनीक न तो भौतिक सिद्धान्तों की पुष्टि करती है न उन्हें खारिज करती है।

वैज्ञानिक सिद्धान्तों के बारे में ये तथ्य बताते हैं कि किसी भी अन्य विश्वदृष्टि की तरह ये भी आंतरिक हैं और निश्चित रूप में इनसे प्रकृति को एक खास तरह से जीवन का प्रयास भी होता है। यह उम्मीद करनी चाहिए कि जब हम प्रकृति के काम-काज की और ज्यादा गहराई से जाँच करेंगे, हमें विज्ञान के अभी दीखनेवाले महत्त्व में ज्यादा दरारें दिखाई देंगी। कारण बहुत साफ है। हम अपनी मानवीय समझ के स्तर में एक किस्म की स्थिरता और दिशा बनाए रखते हैं। यह चीज हमारे जनमने और रहनेवाली दुनिया तथा हमारे बीच के सम्बन्धों वाले पैमाने में अन्तर्निहित है। इसी तरह हम जीवित रहते हैं। अगर हम इससे बहुत अलग हैरत वाली चीज देखते हैं तो हम अलग रूपकों की तलाश करते हैं और अपनी समझ के स्तर और दिशा में बदलाव के लिए अनेक मॉडल गढ़ते हैं जो अब आम तौर पर गणितीय ही होते हैं। गणित में अनेक तार्किक संरचनाएँ बनाने और फिर भौतिक आधार पर उनकी परीक्षा कर लेने की सहूलियत होती है। पिछली तीन शताब्दियों से हम निरन्तर अपनी अवधारणाओं को व्यापक करते जा रहे हैं, कुछ तो दूरबीन और एक्सरे जैसे उपकरणों की मदद से और साथ ही अणु जैसी चीजों के रहस्य को जानकर भी। सो, ऐसे में अगर हमारी सामान्य मानवीय समझ इतनी विस्तृत

अवधारणाओं को न खपा सक रही हो तो इसमें हैरानी की कोई बात नहीं है। फिर भी कोई मूर्त रूप और प्रकृति में एकता ढूँढ़ने की हमारी बुनियादी इच्छा हमें एक संरचना बनाने को मजबूर करती है, भले ही वह अब तक की हमारी सोच से कितनी भी अलग तरह की संरचना क्यों न हो। और यह उम्मीद करनी चाहिए कि नए अवलोकनों के साथ यह संरचना भी बदलती जाएगी, लेकिन यह वैज्ञानिक विश्व दृष्टि हमारे नित्य के अनुभव से बनी विश्व दृष्टि से अधिक विश्वसनीय है, यह मानना न्यायोचित नहीं है।

दरअसल, वैज्ञानिक विश्व दृष्टि को बेहतर मानने के पीछे तकनीक का चमत्कार है। चमत्कार मनुष्य की सामान्य कमजोरी है। पैगम्बरों को भी अपने लोगों पर पकड़ बनाए रखने के लिए इसकी जरूरत पड़ी थी। यहाँ हम इस बात पर जोर देना चाहते हैं कि चमत्कार निश्चित तौर पर विश्व के किसी वैज्ञानिक सिद्धान्त की पैदाइश नहीं बल्कि वस्तु के गुणों और व्यवहार के प्रति बढ़ते ज्ञान और इस ज्ञान को एक शिल्पकृति में उपयोग करना भर है। प्राचीन प्रस्तर युग से लेकर सोलहवीं, शताब्दी तक का तकनीक का इतिहास मानव के इसी प्रवणता का गवाह है। निश्चित रूप से पदार्थ का गुण पहचान कर ही आदि मानव ने फूलों की जगह पत्थर से अपने औजार बनाए होंगे। सत्रहवीं शताब्दी से इन खोजों ने एक नई दिशा और रफ्तार पकड़ी जो तब तक के इतिहास में नहीं दिखती। यह चीज मनुष्य के ज्ञान के विस्तार को नकारने के लिए नहीं कही जा रही है। बल्कि चीजों को सही परिप्रेक्ष्य में रखकर मनुष्य के उस घमंड को खत्म करने के लिए कही जा रही है जो उसमें इस नए ज्ञान से आया है।

कुछेक उदाहरणों से बताया जा सकता है कि तकनीक का रिश्ता असल में वैज्ञानिक सिद्धान्तों की जगह वस्तुओं, घटनाओं और उनके अन्तर्सम्बन्धों के सावधानीपूर्ण अवलोकन पर अधिक निर्भर है। इस मामले में सबसे अच्छा उदाहरण—न्यूटन के गति के नियम और पिछली शताब्दियों की तकनीकी क्रान्ति में उनका उपयोग है। हम जानते हैं कि आज न्यूटन के सिद्धान्त की जगह सापेक्षता के सिद्धान्त और क्वांटम सिद्धान्त ने ले ली हैं। पर आज भी मशीनों के स्तर पर दुनिया की अधिकांश मशीनें न्यूटन के पुराने सिद्धान्त के आधार पर ही चल रही है। इसका सीधा कारण यह है कि मशीनें अभी भी उन्हीं अवलोकनों-अनुभवों पर आधारित है जिनके आधार पर न्यूटन का सिद्धान्त बना था और मशीनों के स्तर पर वे अवलोकन आज भी खरे उतरते हैं। भौतिकी के नए सिद्धान्त आज सिर्फ उन्हीं क्षेत्रों में लागू हो रहे हैं जहाँ नए अवलोकनों से पुराने सिद्धान्त कटते हैं या जिनके आधार पर ये नए सिद्धान्त गढ़े गए हैं। पर इस दरम्यान विश्व के बारे में पुराना नजरिया जरूर बदल गया है। यह भी कहा जा सकता है कि न्यूटन के सिद्धान्त पर बनी मशीनों के बाद बनी विश्व दृष्टि भी इनके प्रति प्रबल आकर्षण भाव पर ही

आधारित थी। यूरोप में यह भाव सत्रहवीं सदी के बाद से लगातार बढ़ता गया है, न कि नई विश्व दृष्टि के चलते मशीनों का जोर।

बिजली के बारे में ही सन्तोषजनक ज्ञान या सिद्धान्त उन्नीसवीं सदी के अन्त या कहें बीसवीं सदी के शुरू में बन पाए, पर फैराडे के नियम के आधार पर इलेक्ट्रोलिसिस शुरू हो गया था। 1830 में टेलिग्राफ आ गया था और 1880 में बिजली का बल्ब भी जल उठा था। ये आविष्कार एडिसन के थे जिसे भौतिकी के सिद्धान्तों में कोई खास रुचि नहीं थी। तकनीक के लिए प्राकृतिक घटनाओं का सूक्ष्म अवलोकन और नए दिखे गुणों का तकनीक के लिए उपयोग कर लेने की इच्छा ही असली चीज थी। कैथोड किरणों और एक्सरे का आविष्कार भी किसी और प्रयोग के सिलसिले में अचानक ही हो गया था। इनकी व्याख्या करनेवाले सिद्धान्त आविष्कारों के कई-कई वर्ष बाद आए।

पेनिसिलीन का आविष्कार दवा के क्षेत्र में क्रान्तिकारी है। लेकिन यह भी संयोग से ही सामने आ गया जब कुछ खास किस्म के कनकों (कणों) के सम्पर्क में आने पर कुछ बैक्टीरिया मरते देखे गए। इस खोज के पीछे कोई सिद्धान्त नहीं था और इस प्रभाव को बतानेवाला आज तक कोई सिद्धान्त नहीं आया है।

भोजन पकाना शायद मनुष्य का सबसे बड़ा आविष्कार है जिसमें सीधे न पचनेवाले अनाजों, मूलों और कंदों से उनका पौष्टिक अंश पाना सम्भव हो सका। पर यह काम भी किसी वैज्ञानिक सिद्धान्त से नहीं मनुष्य द्वारा हर चीज पर बारीकी से गौर करने और फिर अपने निष्कर्षों को प्रयोग में लाने के गुण के चलते ही हुआ। अब जाकर रसायनशास्त्र यह बताने में सक्षम हुआ कि भोजन पकाने से उनमें क्या रासायनिक बदलाव होते हैं, जिसके चलते वह सुपाच्य हो जाता है।

हाँ, आधुनिक तकनीक जिस तेज गति से इन अवलोकनों को दोहराने, परीक्षण करने में अक्षम हुई है और औद्योगिक उपयोग में इन्हें लाती है, वह इसकी नई विशेषता है।

अगर हम यह मानें कि तकनीक सिर्फ ठोस अवलोकनों पर ही आधारित है और इनका वैज्ञानिक सिद्धान्तों या उनसे जुड़ी विश्व दृष्टि से कोई लेना-देना नहीं है तब हमें अठारहवीं सदी के बाद हुई तकनीकी क्रान्ति को समझने के लिए नई व्याख्या ढूँढ़नी पड़ेगी। आवश्यकता ही आविष्कार की जननी है, यह कहावत एकदम सही है और यह इस मामले में हमें दिशा निर्देश दे सकती है। इसी के अनुरूप हमें उस काल की संस्कृति का भी देखना होगा, जिसने हममें मिली तकनीक की जरूरत पैदा की।

जरूरतें दो तरह की होती हैं। जीवन के लिए आवश्यक जरूरतें जिनमें सुरक्षा, खाना, घर, कपड़ा, चिकित्सा वगैरह शामिल हैं। विलासिता की जरूरतें दूसरी श्रेणी में आती हैं, इनमें साज-शृंगार, शौक की चीजें, दिखावे की चीजें शामिल हैं। तकनीक दोनों श्रेणियों की आवश्यकताओं की पूर्ति का माध्यम है। भिन्न-भिन्न तरह के मानव

समाजों पर एक सरसरी नजर डालने और यह महसूस करने पर कि लोग एक से एक मुश्किल स्थितियों में जीते एवं बढ़ते हैं, यह साफ हो जाता है कि भाषा जैसी ही तकनीकें भी उन सामाजिक समूहों भर की जरूरत के लिए पर्याप्त हैं और उतने तक ही सीमित होती हैं। अधिकांश जीवित बचे समाजों में अपने माहौल के अनुरूप ही भोजन, पोशाक, मकान, हथियार और उपकरण विकसित कर लिए हैं। इस मामले में इस्कीमो समाज का उदाहरण सबसे अच्छा है। आर्कटिक प्रदेश की भयावह सर्दी में रहनेवाले इन लोगों का असली कौशल बर्फ से बने इनके गरम मकानों, जिन्हें 'इग्लू' कहा जाता है, में दिखता है। चमड़े का उपयोग वे सिर्फ अपना बदन ढकने में ही नहीं डोंगी बनाने में भी करते हैं और हड्डियों से हथियार बनाते हैं। ये वस्तुएँ उनकी जरूरत भर के लिए पर्याप्त तो होती ही हैं, उस संसाधनहीन बर्फीले प्रदेश में उपलब्ध एक मात्र वस्तुएँ हैं। अन्य समाजों पर भी यही बातें लागू होती हैं।

यह बात भी गौर करने की है कि अधिकांश समाजों ने भोजन के स्थानीय स्रोत तो ढूँढ़े ही हैं, जड़ी-बूटियाँ, नशीले पदार्थ और पेय भी ढूँढ़े हैं। जिन पेयों को आज सबसे आधुनिक माने जानेवाले समाजों में सबसे ज्यादा शान की चीज माना जाता है वे सभी पिछड़े और आदिम माने जानेवाले समाजों द्वारा ढूँढ़े-विकसित किए गए हैं। आधुनिक विश्व को चाय, कॉफी, कोकोआ, तम्बाकू, अफीम जैसी सारी चीजें गैर-यूरोपीय परम्परागत समाजों से ही मिली हैं। इसी प्रकार पश्चिमी जगत में उपयोग की जानेवाली अनेक दवाएँ प्राचीन समाजों द्वारा उपयोग में लाई जानेवाली जड़ी-बूटियों से विकसित की गई हैं। इन सबसे इसी निष्कर्ष की पुष्टि होती है कि लोगों में हर घटना और चीज पर बारीकी से गौर करने और अपने निष्कर्षों का उपयोग करने की क्षमता होती है।

मशीनों को बनाने में उपयुक्त हुए अनेक आविष्कारों का श्रेय वैज्ञानिकों को नहीं कारीगरों को जाता है। आर्कमिडीज के पहले ही यवन लोगों को पनचक्की, स्क्रू, प्रेस और गियर की जानकारी थी। प्राचीन चीन और फारस के लोगों को भी पवन चक्कियों के बारे में मालूम था। मध्य युगीन यूरोप में भी हवा और पानी की ऊर्जा का उपयोग होता था। यह सब कारीगरों की खोज थे। पर जहाँ यूरोप में, वाष्प इंजन या उष्मा इंजन के पूर्व मध्य युग में भी, हम लोगों को प्राकृतिक ऊर्जा का उपयोग उद्योग के लिए करने में दिलचस्पी लेते देखते हैं, ऐसी संस्कृतियाँ रही हैं, जिन्होंने अपने से ज्ञान का, जिसका औद्योगिक उपयोग के लिए बहुत महत्त्व था, इस दिशा में उपयोग ही नहीं किया। जैसे 62 ईस्वी में एलेक्जेंड्रिया के हीरो ने 'एओलिपाइल' नामक खिलौना वाष्प इंजन बनाया था। इसकी एक धुरी पर दोनों तरफ नोजल से निकलनेवाला वाष्प इसके पहिए को नचाता था। इस आविष्कार का औद्योगिक उपयोग करने की बात किसी को भी नहीं सूझी। इसी प्रकार यूरोप से हजारों साल पहले चीनी लोगों को चुम्बक दिक्‌सूचक का पता था। पर जहाजरानी में प्रयोग

करने की जगह इस उपकरण का उपयोग भविष्य-कथन या शकुन विचार में ही होता रहा। चीनी लोगों को बारूद के बारे में भी सदियों पहले से जानकारी थी पर वे इसका सैनिक उपयोग नहीं करते थे। यूनानी दार्शनिक थियोफ्रेटस ने चौथी सदी ईसा पूर्व में ही विद्युत की बात की है। पहली सदी में रोमनों को भी इसकी जानकारी थी, लेकिन यही चीज गैल्विनों से शुरू होकर वोल्टास और फैराडे तक के माध्यम से 19वीं सदी में औद्योगिक ऊर्जा के एक जबरदस्त स्रोत के रूप में सामने आई।

इस प्रकार हम पाते हैं कि (1) तकनीकों का विकास आम तौर पर वैज्ञानिक सिद्धान्तों के अनिवार्य आधार पर ही नहीं हुआ है, और (2) प्राचीन काल के अनेक महत्त्वपूर्ण आविष्कार औद्योगिक उपयोग में आए बिना खेलने या चमत्कार की चीजें भर बने रहे। अठारहवीं शताब्दी के आसमान ही यूरोप में तकनीकी क्रान्ति हुई जिसने हर छोटी-बड़ी वैज्ञानिक जानकारी का उपयोग ही नहीं किया बल्कि वैज्ञानिक अनुसंधान को बढ़ावा दिया, जिससे तकनीक में उत्तरोत्तर सुधार और विकास के लिए नई सूचनाएँ मिलती गईं।

हमने ऊपर कहा है कि तकनीक लोगों की आवश्यकता से ही उपजती है और स्थानीय स्थितियों और उपलब्ध साधनों के अनुरूप ही होती है। बाहर के लोगों के सम्पर्क से चीजों के आदान-प्रदान से स्थानीय स्तर पर अनुपलब्ध और अब तक प्रयोग न की जाती चीजों का उपयोग भी शुरू हो जाता है। दरअसल अधिकांश समाजों में ऐसी नई चीजों को लेकर शुरू में एक बहिष्कार का भाव भी रहता था। पर लोगों की जरूरतों का अपना महत्त्व है और संसाधनों की स्थिति के अनुरूप ही इनमें कुछ-कुछ बदलाव होता रहता था। इस प्रकार उपलब्धता और जरूरतों में एक सन्तुलन रहा करता था, लेकिन सोलहवीं सदी के यूरोप में प्रोटेस्टेंट मत और एक खास किस्म के विशिष्टतावाद के साथ ही मानवीय जरूरतें एक नया आयाम लेती दिखती हैं जिसमें कभी न मिटनेवाली एक भूख शामिल थी। व्यावसायिक सफलता को ईश्वर के आशीर्वाद के साथ जोड़ा जाने लगा। इसके बाद असीमित औद्योगिक उत्पादन करना यूरोपीय देशों का सबसे प्रभावी विचार या कहें जुनून बन गया। समुद्र मार्ग से दुनिया भर में व्यापार करने का रास्ता खुल जाने से इन नई फैक्टरियों का माल हर जगह पहुँचने लगा। चूँकि व्या।वसायिक सफलता को अधिक मुनाफे तथा अधिक धन से ही मापा जा सकता है इसलिए अधिक-से-अधिक उत्पादन और जल्दी-से-जल्दी माल को खपाना पूरक ध्येय हो गया। उत्पादन का अर्थ मनुष्य की जरूरतों को पूरा करना है, यह बुनियादी उद्देश्य अब उद्योग और व्यवसाय जगत के अधिक-से-अधिक कारोबार और अधिक-से-अधिक मुनाफे के दर्शन से एकदम ढक गया। इसी मनोवैज्ञानिक माहौल के चलते हर नए आविष्कार को औद्योगिक काम में लाया गया और विज्ञान को भी यहीं से दिशा-निर्देश मिलना शुरू हुआ।

यूरोप में सदियों से औद्योगिक उत्पादन में वायु और जल ऊर्जा का प्रयोग होता था, लेकिन पवन चक्की को घुमानेवाली हवा की गति का कोई भरोसा नहीं था। नदियों और प्रवाहों के पानी की गति तो भरोसा करने योग्य थी, पर इनका उपयोग करने के लिए उद्योग का नदियों के किनारे बसना जरूरी था। इस पर भी पूरा काम नहीं चलता था। नदियाँ कभी सूख या जम भी सकती थीं, नए और फल-फूल रहे व्यापार की जरूरतों के लिए सामान तैयार करने के लिए ऊर्जा के भरोसेमन्द स्रोत की जरूरत थी। इसी बुनियादी चीज के चलते कोयला और वाष्प इंजनों में इतनी दिलचस्पी जगी। पूरी सत्रहवीं सदी में वाष्प से काम लेनेवाले प्रयोग होते रहे। सबसे पहले 1701 में न्यूकोमैन ने खदानों से पानी खींचनेवाला एक वाष्प इंजन बनाया। फिर एक पर एक इंजन विकसित होते रहे। फिर जाकर जेम्स वाट ने ऐसा कुशल वाष्प इंजन बनाया जिसने रेलगाड़ी खींचने से लेकर जहाज चलाने तक का काम किया। पर इसमें भी होनेवाली ऊष्मा की हानि ने व्यवसायी वर्ग को बेचैन रखा जिससे बाद में अन्तर्दहन इंजन बने और फिर पेट्रोलियम की विश्वव्यापी खोज शुरू हुई।

जेम्स वाट ने ही इंजन की ताकत को अश्वशक्ति में मापने की अवधारणा विकसित की और यह इस बात का संकेत था कि ऊर्जा का परम्परागत स्रोत, अश्व अब पीछे छोड़ा जाने लगा है। शुरू में खेती वगैरह के काम में घोड़े की जगह मशीनों का उपयोग आर्थिक रूप से लाभप्रद नहीं था। पर खदानों, बड़े कारखानों एवं जहाजों के लिए घोड़े या आदमी की ताकत कम पड़ने लगी। इसी आवश्यकता ने औद्योगिक क्रान्ति को जन्म दिया।

लेकिन औद्योगिक क्रान्ति ने आविष्कारों को भी एक नए उद्योग में बदल दिया। औद्योगिक प्रयोगशाला खोलने की शुरुआत करनेवालों में एडिसन भी एक थे। ऐसे प्रतिभावान लोग सामने आ गए थे जो पूरा समय नई तकनीक एवं नए उत्पादों की खोज में लगा सकते थे और इनकी बिक्री से खुद अमीर हो सकते थे।

औद्योगिक क्रान्ति के पहले चरण में उन्हीं वस्तुओं और सेवाओं पर जोर दिया गया जो आवश्यक जरूरतों वाली श्रेणी में आती थीं। नई जरूरतों के अनुरूप ही दूसरी औद्योगिक क्रान्ति हुई। उसी अनुसार उत्पादन हुआ, व्यवसायीकरण हुआ। वैज्ञानिक अनुसंधान उद्योगों का अनिवार्य अंग बना और आज दुनिया में हजारों ऐसे अनुसंधान संस्थान चल रहे हैं। और ये सब दुनिया के बारे में हमारी समझ बढ़ाने का काम नहीं औद्योगिक उत्पादन में बढ़ावा देने और आम आदमी को गैर-जरूरी चीजें भी खरीदने को मजबूर करने के तरीके और सूचनाएँ जुटाने में लगे हैं।

पर इस औद्योगिक क्रान्ति का कुल नतीजा यह निकल रहा है कि कुछ लोगों की जेबें भरती जा रही हैं और गरीबी का सागर बढ़ता जा रहा है। विश्व का पारिस्थितिक सन्तुलन बिगड़ रहा है। अधिकांश सोचने-समझनेवाले लोग, जिसमें खुद वैज्ञानिक भी हैं, अब मानने लगे हैं कि विकास की मौजूदा दिशा और गति

हमें एक पारिस्थितिक महानाश की तरफ ले जा रही है। इस विकास का एक और पहलू यह है कि अधिक-से-अधिक लोग शुद्ध हवा, पानी वाले माहौल को छोड़कर शहरों की तरफ भाग रहे हैं जहाँ खुली हवा और साँस लेने की जगह नहीं है और जहाँ का जीवन या तो एकदम कृत्रिम है या फिर मनुष्य के सामान्य ढंग से न रह पाने लायक। यह पूरा ढाँचा इतना बड़ा और दिमाग में न समा सकनेवाला है कि छटपटाहट के बावजूद आदमी खुद को असहाय पाता है और फिर हिंसक तथा आक्रामक बनता है।

इस समस्या पर विस्तार से बात करना यहाँ सम्भव नहीं है, पर तकनीक के दो नजरियों में तुलना करना जरूरी है। एक परम्परागत है और दूसरा आधुनिक। परम्परागत तकनीकें अपने आप में परिपूर्ण और पारिस्थितिकी से मेल खानेवाली थीं। इसी नजरिये के साथ मनुष्य 30 लाख वर्ष से, जब से वह वनमानुष से अलग हुआ, इस पृथ्वी पर रहा है। मनुष्य अपने मौजूद रूप-रंग में भी 30 हजार वर्ष से रहा है और शहरी जीवन शुरू हुए भी छह हजार वर्ष हो गए हैं। इन सबमें परम्परागत नजरिया ही रहा। पर आधुनिक औद्योगीकरण की दो शताब्दी ने ही परमाणु युद्ध या पारिस्थितिक महाविनाश से मनुष्य के अस्तित्व पर ही सवालिया निशान लगा दिए हैं। मौजूदा औद्योगिक संस्कृति के बारे में इससे ज्यादा निर्णायक बात और क्या होगी।

सच्चाई यही है कि आधुनिक पश्चिमी तकनीक शुरू से ही विनाशवादी, मानवीय मूल्यों को नष्ट करके व्यावसायिक सफलता को ऊपर करनेवाली रही है। यूरोप में पन्द्रहवीं सदी से जो व्यापार विकसित हुआ इसमें प्रतिद्वन्द्वी को खत्म करने या गुलाम बनाने की प्रवृत्ति रही थी। समुद्री दस्यु ड्रेक को इंग्लैंड की महारानी एलिजाबेथ द्वारा पुरस्कृत करना इस नए युग की शुरुआत का प्रतीक है। अगर हम उपनिवेशों या यूरोप में ही अठारहवीं सदी में हुई लड़ाइयों पर गौर करें तो हम बड़ी आसानी से उसके पीछे व्यावसायिक स्वार्थों को देख सकते हैं। आज बहुराष्ट्रीय कम्पनियाँ और अमीर देश जिस तरह से हथियारों से छोटे-कमजोर देशों की राजनीति में दखल देते हैं, उसमें भी यही गठजोड़ काम कर रहा है। सम्भव है कि यूरोप के मामले पर अभी भी उसका अतीत कुछ हद तक हावी हो।

औद्योगिक क्रान्ति के दौरान तकनीक का विकास न तो उतना स्वतःस्फूर्त ढंग से हुआ न तेजी से जैसाकि आम तौर पर मान लिया जाता है। औद्योगिक क्रान्ति की अगुवाई करनेवाला कपड़ा उद्योग ही इसका सबसे अच्छा उदाहरण है। इस उद्योग में बढ़ती माँग के चलते अधिक उत्पादक विधियों की खोज की जरूरत पड़ी और एक क्षेत्र में हुई नई खोज ने दूसरे में भी बदलाव के लिए दबाव डाला। पहले वहाँ 'पुटिंग आउट सिस्टम' चलता था जिसमें व्यवसायी पूँजीपति अपने फार्म के मजदूरों को कच्चे माल दे देता था जिससे उसके घर की औरतें-बच्चे कपड़ा तैयार करते थे। इनकी कीमत प्रति कपड़ा दी जाती थी। सो कताई-बुनाई का काम घरों

में ही होता था। फिर 1733 में फ्लाइंग शटल आया जिससे बुनाई तेज हो गई। पर अब सूत कम पड़ने लगा। 1764-69 में हारग्रीव्स स्पिनिंग जेनी बनी। 1769 में आर्कराइट ने अधिक ऐंठन वाले सूत के लिए वाटर फ्रेम विकसित किया। फिर कपास की सफाई पिछड़ने लगी। 1793 में काटन जिन बना जो बीज निकाल देता था। फिर अठारहवीं सदी के अन्त में जगह-जगह बिखरा काम सिमटा कर एक कारखाने में लाया जाने लगा। तब तक पानी से चलनेवाली मशीनें भी आ गई थीं। अब मजदूरों को मशीनों के अनुरूप ढलना था। उन्हें बहुत छोटे-छोटे कामों तक ही सीमित और उसका विशेषज्ञ बनना पड़ा। वाष्प इंजन वाली मशीनें आईं पर उत्पादन तकनीक नहीं बदली।

नई औद्योगिक तकनीक से होनेवाला उत्पादन बेहतर होता है और इससे उत्पादकों के जीवन में सुधार होता है, यह मान्यता एकदम गलत है। औद्योगिक क्रान्ति के शुरुआती दौर में मशीनों का माल एकदम खराब होता था और मजदूरों की स्थिति बदतर ही होती गई थी। उनकी बदहाली के विवरण इतिहास में भरे पड़े हैं।

1811 में लुडवादी दंगे के रूप में उनकी नाराजगी भड़की तो निशाना मशीनें ही बनीं। यह आग यार्कशायर, लंकाशायर, डर्बीशायर, लिसेस्टरशायर तक फैली। दंगाइयों को आम लोगों का समर्थन भी हासिल था। पर आन्दोलन को बड़ी बेरहमी से कुचला गया। इसके नेता समेत अनेक मजदूरों को फाँसी दी गई। 1816 में फिर से दंगों की शुरुआत हुई थी, पर इस बार इन्हें ज्यादा सख्ती से कुचल दिया गया। बाद में उपनिवेशों की लूट और वहाँ के बाजार ने इंग्लैंड के मजदूरों की स्थिति में भी कुछ सुधार किया और कारखाना व्यवस्था के खिलाफ नाराजगी थमी।

लादा गया कार्य-अनुशासन, अपने काम से परायापन, भेदभावपूर्ण वर्गीकरण और आक्रामकता इस आधुनिक उत्पादन प्रणाली में अन्तर्निहित हैं और यही चीजें आधुनिक सभ्यता में भी झलकती हैं जिसमें मनुष्य के खिलाफ तो मनुष्य खड़ा ही है यह प्रकृति के खिलाफ भी खड़ा हुआ है।

नई औद्योगिक तकनीक का एक पहलू यह भी है कि इसने कुछ पुरानी और अच्छी तकनीकों को, कच्चे माल को एवं उत्पादों को उनके गुण के आधार पर नहीं सिर्फ व्यावसायिक दृष्टि से ज्यादा लाभप्रद न रहने के आधार पर रद्दी की टोकरी में डाल दिया है। यह नई उत्पादन पद्धति भले ही सामाजिक या पारिस्थितिक हिसाब से उपयुक्त न भी हो तब भी उत्पादक को ज्यादा मुनाफा दे और बाजार की प्रतिद्वन्द्विता में आगे रखे तो वह इसे ही अपनाता है। पवनचक्कियों और पनघिरनी का उदाहरण ही बहुत उपयुक्त है जो 12वीं से 19वीं सदी तक यूरोप में रही है। पवनचक्कियाँ तो प्रथम विश्व युद्ध तक थीं, लेकिन अन्तर्दहन इंजनों, जिनमें पेट्रोलियम जलता है, और बिजली में उनका अन्त कर दिया। कोयले की सप्लाई अच्छी थी। और वाष्प इंजन ज्यादा तेज काम करते थे, सो पनघिरनी का उपयोग यूँ ही छोड़ दिया गया।

और हम जानते हैं कि इन दो बदलावों से पूँजीपतियों की जेबें चाहे जितनी भरी हों असल नुकसान मानवता का हुआ है। एक तो कोयला और पेट्रोलियम दोबारा उपयोग न आनेवाले ईंधन हैं तथा इनसे भारी प्रदूषण फैलता है। इस प्रकार पूँजीपति को जिस चीज से तात्कालिक लाभ हुआ उसके लिए पूरे मानव समुदाय को भारी कीमत चुकानी पड़ी है। यह बदलाव न हुआ होता तो अब तक वायु और पानी से ऊर्जा लेनेवाली तकनीकों में भी भारी सुधार हो गया होता। ये स्रोत कभी खत्म होनेवाले नहीं हैं और इनसे प्रदूषण भी नहीं होता। और सबसे बड़ी बात, आज जैसा ऊर्जा का संकट नहीं होता।

मौजूदा तकनीक के कई शिकार अपने यहाँ भी मिल जाएँगे। जैसे कृत्रिम धागों ने कपास और पटसन के धागों का काम चौपट कर दिया है। जहाँ तक पटसन और कपास के कपड़ों की बात है, उनकी उपयोगिता खत्म नहीं हुई है, लेकिन कृत्रिम धागा पेट्रोलियम पदार्थों का एक उप-उत्पाद है और पेट्रोरसायन उद्योगों को लाभ देने के लिए इनको ग्राहकों पर लादा जा रहा है। चमक या नमी से खराब न होने जैसे कुछ गुण उनमें हैं। पर सर्दी-गर्मी से बचाने का गुण हो या आराम का मामला, उनसे कहीं आगे होने के बावजूद बाजार में सूती कपड़े दरकिनार होते जा रहे हैं और सिंथेटिक कपड़े भरते जा रहे हैं। इसी प्रकार पटसन की बोरियों की जगह प्लास्टिक की बोरियों ने ले ली है। जिस तरह से कृत्रिम रंगों ने नील की खेती को चौपट कर दिया, उसी तरह सिंथेटिक कपड़े भी मौजूदा प्रवृत्ति के जारी रहने पर सूती कपड़ों को निगल जाएँगे। इस उद्योग में कच्चा माल सप्लाई करनेवाली विदेशी कम्पनियाँ ही मुख्य रूप से फायदे में रहेंगी जबकि करोड़ों किसान और लाखों कपड़ा-पटसन मिल मजदूर अपनी रोजी-रोटी से हाथ धो बैठेंगे। पर सबसे बड़ी बात यह है कि यह सिंथेटिक कपड़े का दौर भी स्थायी नहीं होने जा रहा है। पेट्रोल के कुओं के सूखते ही, जो अगली सदी के मध्य तक होने लगेगा, ये धागे ज्यादा महँगे और कम हो जाएँगे। तब तक जूट-कपास की खेती और बुनाई खत्म हो चुकी होगी और फिर कपड़े के मामले में क्या दृश्य उपस्थित होगा, इसकी अभी से कल्पना भी नहीं की जा सकती।

सीधे प्रयोगशालाओं से निकली 'वैज्ञानिक' दृष्टि का एकदम व्यावसायिक हो चुकी दुनिया में बहुत खतरनाक उपयोग भी हो सकता है। प्रयोगशाला में तो 'इनपुट-आउटपुट' के आधार पर सारा कुछ चलता है। यह नजरिया आधुनिक समाज के व्यावसायिक नियमों को मजबूत कर सकता है, जो खुद ऐसे ही फार्मूले से सोचता है और मानवीय जीवन के अन्य मूल्यों को दरकिनार करता जा रहा है।

उपरोक्त बातें तकनीक के बारे में मौजूदा नजरिया को बदलने के लिए ही की गई हैं। सबसे पहले तो हमें यह घमंड छोड़ना होगा कि पुरानी तकनीक पिछड़ी और अवैज्ञानिक है। ये ज्यादा सोच-समझ और लम्बे अनुभव के आधार पर पूरे

माहौल को देखते हुए बनी है और सदियों की परीक्षा में खरी उतरी है। आधुनिक तकनीक को विज्ञान से एक लाभ मिला है, नियंत्रित और प्रत्यक्ष अवलोकन से निकले परिणामों तक पहुँचने का, खासकर प्रयोगशालाओं के अवलोकनों से जिसने अवलोकन के क्षेत्र और गति में काफी विस्तार किया है। इस लाभ को समाहित करना होगा। पर पुरानी तकनीकें अधिक लम्बे काल का अनुभव समेटे हैं और पूरी पारिस्थितिकी के मेल से विकसित हुई है। प्रयोगशाला के परीक्षणों में यह सामान्य स्थिति रह ही नहीं पाती जिसमें किसी चीज को काम करना है। इसके निष्कर्षों की लम्बे प्रयोग के बाद ही सामाजिक उपयोगिता साबित हो सकती है। इसमें दशकों का समय लग सकता है और तभी मौसम, मिट्टी, पानी, हवा, जीव-जन्तु, पेड़-पौधों पर उसके असर को जाँचा जा सकता है। दुनिया में अनेक पारिस्थितिक आपदाएँ ऐसी ही प्रयोगशाला वाली तकनीक को सीधे प्रयोग में लाने से आई हैं।

ऐसा एक दुखद उदाहरण अफ्रीका के साहेल इलाके में दिखा था जो दक्षिणी सहारा से लगा है। यहाँ जबरन घुमन्तू कबीलों को बसाने का प्रयोग यह सोचकर किया गया कि इससे उनके और इस इलाके में समृद्धि आएगी। पर परिणाम निकला कि यह पूरा इलाका सहारा रेगिस्तान की गोद में ही चला गया।

लोगों के जीवन में सुधार के लिए समझदारीपूर्ण योजना तभी बन सकती है, जब (1) लोगों के अपने मूल्यों के प्रति आदर रखते हुए कोई भी परिवर्तन उन्हीं मूल्यों की धुरी पर किया जाए, (2) परम्परागत तकनीकों का इस लिहाज से समग्र अध्ययन किया जाए कि लोग जिस वातावरण में रहते हैं उसमें वैसी तकनीकों के तर्काधार को समझा जा सके, (3) ऐसी तकनीकी उद्भावनाओं को शुरू किया जाए तो दूसरी तकनीकों को आगे बढ़ाएँ, न कि उनका स्थान ले लें, (4) पूर्णत: नई तकनीकों को उन्हीं क्षेत्रों में शुरू किया जाए जहाँ पुरानी तकनीकी व्यवस्था नहीं पाई जाती और लोगों को मूलभूत जरूरतों से वंचित रहना पड़ता है और (5) मनुष्य और प्रकृति के बीच सामंजस्यपूर्ण रिश्ते को नष्ट करनेवाली सामाजिक प्रणालियों को खत्म किया जाना चाहिए। यह आम जानकारी की बात है कि असमानता में वृद्धि का नतीजा देखादेखी उपभोग और विशालकाय निर्माणों में निकलता है जिसका पर्यावरण पर अवांछित दबाव पड़ता है जैसेकि अंधे होकर शिकार करना, महँगे फर और फर्नीचर बनाने के लिए वनों की अंधाधुंध खुदाई करना। यह हमेशा ध्यान में रखना चाहिए कि असमानताओं द्वारा पोषित और आधुनिक तकनीकों द्वारा गुणित मनुष्य की उपभोग की भूख धरती के समस्त संसाधनों को खा जानेवाली है। इस सन्दर्भ में गांधी की यह हिदायत याद रखनी चाहिए कि "धरती के पास सभी की जरूरतों के लिए पर्याप्त सामग्री है, लेकिन सभी के लालच के लिए नहीं।"

6

बृहत् आकार की केन्द्रीकृत व्यवस्था की एक ऐसी सीमा है जिसके कारण कुछ ही सभ्यताएँ इस आधार पर चल सकी हैं और वह भी अल्पकाल के लिए ही। आधुनिक औद्योगिक सभ्यता, जिसकी विशिष्टता केन्द्रीकृत राज्य-राष्ट्र और राजनीतिक अथवा आर्थिक रूप से फैला हुआ विश्वव्यापी साम्राज्य है, ऐसी सभ्यताओं में एक है। यह सभ्यता मुश्किल से डेढ़ सौ साल पुरानी है, लेकिन संकेत मिलने लगे हैं कि यह अपने शिरोबिन्दु के करीब पहुँच चुकी है और जल्दी ही ढलान पर तीव्र गति से नीचे जानेवाली है। इसका एक संकेत क्लब ऑफ रोम द्वारा प्रकाशित लिमिट्स ऑफ ग्रोथ (विकास की सीमाएँ) नामक बहुचर्चित अध्ययन में मिलता है। इस पतन के कारणों में सबसे महत्त्वपूर्ण कारण भौतिक है। यह कारण है ऊर्जा के स्रोतों के सूखने की सम्भावना।

ऊर्जा का ऐसा निर्णायक रोल सभ्यताओं के उत्थान पतन में क्यों है यह आसानी से समझा जा सकता है। शुद्ध रूप से भौतिक आयामों पर विचार करने पर मानव संगठनों और मशीनों में काफी साम्य है। मशीन मूलत: उत्तोलकों, घिरनियों और ढालू सतहों वाले पदार्थों के संयोजन से विभिन्न तरह के कार्यों को सरलता से करने के लिए बनाए जाते हैं। इससे बहुत ऐसे काम, जिन्हें मशीन रहित भौतिक बल से करना असम्भव होता है, बहुत ही सरलता से कर लिए जाते हैं। मानव संगठन भी एक से अधिक मनुष्यों के बल-बुद्धि के संयोजन से वैसे कामों को करने के लिए विकसित होते हैं जो मनुष्य के अलग-अलग असंगठित प्रयासों से नहीं किए जा सकते। उदाहरण के लिए आदि मनुष्य जिसके पास नुकीले पत्थरों और हड्डियों को छोड़ हथियार के नाम पर और कुछ भी नहीं था, दन्तावर हाथियों और खूँखार शेरों और भालुओं को मारने में इसलिए सक्षम हुए क्योंकि उन्होंने शिकार में अनेक लोगों के प्रयासों को संयोजन अधिक-से-अधिक क्षमता दे सकने की दृष्टि से किया। मनुष्यों की अलग-अलग सीमित शक्ति के ऐसे ही संयोजन से पाँच हजार साल पहले मिस्र में नील नदी की सिंचाई व्यवस्था सम्भव हुई और विशाल पिरामिड अस्तित्व में आए।

मशीनों द्वारा उपलब्ध लाभ प्रयुक्त बल को वे कितना गुना बढ़ाते हैं, इससे नापा जाता है, लेकिन यह लाभ आदर्श से सदा कम होता है क्योंकि मशीन के पुर्जों के द्रव्यमान का जड़त्व और घर्षण वास्तविक लाभ को आदर्श लाभ से हमेशा

घटा देते हैं। चूँकि द्रव्यमान और घर्षण दोनों मशीन के आकार और जटिलता के साथ बढ़ते जाते हैं, मशीन का आकार जितना ही बड़ा होगा उसमें मशीनी लाभ का अनुपात उतना ही कम होगा। यानी जितनी ही बड़ी मशीन होगी उसे सिर्फ चालू रखने के लिए उतनी ही अधिक ऊर्जा की खपत होगी।

अगर मनुष्य के बौद्धिक आयाम को छोड़ दें, जो उसके भौतिक कार्यकलापों के क्षेत्र से बाहर आता है, तो मनुष्य भी मशीन की तरह ही अपने काम में ऊर्जा का उपयोग करते हैं। इसीलिए मनुष्य के भौतिक अस्तित्व के क्षेत्र में मनुष्य और मशीन के बीच पारस्परिक निर्भरता का रिश्ता सभ्यता के आदिकाल से बनता आया है। सरल उत्तोलक या घिरनी मानव बल के सहारे अपनी कार्यक्षमता पाते हैं तो मनुष्य उत्तोलकों और घिरनियों को निजी या समूह के अंग की तरह प्रयोग कर अपने बल से अनेक गुना बल प्राप्त कर पाता है। ऊर्जा मशीनों और मनुष्यों के संगठन दोनों को क्रियाशीलता देने के लिए जरूरी है और मनुष्य में भी अपने स्वभाव एवं भौतिक बनावट के कारण जड़त्व का वैसा ही गुण है जैसा भौतिक पदार्थों में उनके द्रव्यमान के कारण। इसीलिए मनुष्य कितना काम कर सकता है इस पर दो तरह की सीमाएँ लगती हैं, एक तो उसकी भौतिक बनावट की वजह से और दूसरा उसके स्वभाव के कारण। भौतिक क्षमता वाली सीमा तो मशीनों जैसी ही होती है। स्वभाव से सीमा इसलिए लगती है क्योंकि उसकी रुचि विविध आयामी होती है। वह अपना समय काम, खेल, आराम आदि में सहज भाव से बाँटता है। अपनी प्राकृतिक स्थिति में शिकार जैसे काम और खेल दोनों के बीच की विभाजन रेखा क्षीण थी। दोनों में उसकी स्वाभाविक रुचि थी, लेकिन जैसे-जैसे मानव संगठनों की जटिलता बढ़ती गई है वैसे-वैसे काम मनुष्य के चरित्र का एक स्वाभाविक आयाम की जगह संगठन द्वारा निर्धारित कार्यक्रम का अंग यानी 'कार्य' बन गया है। इसमें समय की बद्धता और एक हद तक उबाऊपन होता है। यह प्रक्रिया कृषि के विकास और खास तौर से शहरी संस्कृति के प्रादुर्भाव से तेज हुई है। इस तरह काम का उन्मुक्त होने की जगह बन्धनकारी बनने से मनुष्य स्वभाव से विरोध पैदा हुआ। इससे आधुनिक रूटीन से बँधा काम संगठन के लिए घर्षण पैदा करनेवाला हो गया है। बड़े औद्योगिक प्रतिष्ठानों के प्रबन्धक इस बात से परिचित हैं और इसलिए लगातार इसके प्रयास होते रहते हैं कि विभिन्न मनोवैज्ञानिक उपायों से मनुष्य में प्रतिष्ठानगत कामों के प्रति पैदा अरुचि को कम किया जाए। आधुनिक समाज के सभी औपचारिक संगठनों में जहाँ कामों को पूरा करने की निश्चितबद्धता होती है यह मनोवैज्ञानिक स्थिति पैदा होती है।

ऊपर की बातों पर विचार करने से यह स्पष्ट है कि मनुष्यों के औपचारिक संगठन जितने ही बड़े होंगे उन्हें कार्यरत करने के लिए उतनी ही अधिक ऊर्जा लगेगी और आन्तरिक घर्षण के कारण संगठन के लिए प्रयुक्त ऊर्जा का एक बड़ा हिस्सा बिना किसी लाभ के नष्ट हो जाएगा। चूँकि इस तरह के संगठन का

अधिकांश काम मानव रुचि के विपरीत पड़ता है, अक्सर लोगों का प्रतिरोध विद्रोह का रूप धारण कर लेता है। इसको निरस्त करने के लिए सभी बड़े मानव संगठनों में संगठन को बिखरने से रोकने के लिए दबावमूलक अतिरिक्त बल का प्रावधान करना पड़ता है। चाहे यह पुलिस बल के रूप में हो या किसी अन्य रूप में। जैसे गोथिक गिरजाघरों में दीवारों का अपने बोझ से भहराने से रोकने के लिए पुश्तों का सहारा लिया जाता था उसी तरह विस्तृत सामाजिक संगठनों में विशेष बल इसे अपने ही बोझ से बिखरने से बचाने के लिए गठित किए जाते हैं। फिर इन बलों के विस्तार से इन बलों के अपने बिखराव की समस्या पैदा हो जाती है, और लगातार सिर्फ बचाव के लिए ही संगठनों के ऊपर संगठनों का निर्माण होता चला जाता है। इस तरह एक सीमा के बाद संगठनों के विस्तार कोई उपयोगी कार्य नहीं करते उलटा बड़ी मात्रा में सामाजिक ऊर्जा को गटकनेवाले होते हैं।

राजनीतिशास्त्रियों में 'सिस्टम्स थ्योरी' में समाज को अपने परिवेश से सम्बद्ध ऐसी व्यवस्थाओं के रूप में अध्ययन करने की कोशिश की है जो परिवेश से प्राप्त समर्थन के आधार पर इससे अपेक्षित माँगों की पूर्ति करती हुई अपने आकार को बनाए रखती है, लेकिन इसमें जोर दिया गया है व्यवस्थागत सन्तुलन बनाए रखने के गुण पर। किसी एक काल में व्यवस्था के अध्ययन के लिए यह उपयोगी हो सकता है, लेकिन कालक्रम में परिवर्तित या विघटित होनेवाली व्यवस्थाओं को समझने के लिए यह अपर्याप्त होगा।

मानव संगठनों के दो प्रमुख उद्देश्य होते हैं। जीवन के लिए उपयोगी वस्तुओं का उत्पादन और प्राकृतिक आपदाओं या अन्य मानव समूहों द्वारा प्रस्तुत किए गए खतरों से सुरक्षा। जब मानव समूह छोटे होते हैं तो इन कामों के लिए बनाया गया संगठन अस्थायी होता है और कार्य के सम्पादन के बाद खत्म हो जाता है। काम के लिए लोगों के प्रयासों के समन्वय के लिए नेता (जो सरदार या अन्य कोई व्यक्ति हो सकता है) की जरूरत तो होती है, लेकिन इस संयोजन के लिए खास तौर से नियुक्त ऐसे व्यक्तियों का कोई 'समूह' नहीं होता जो स्थायी रूप से इसी काम में लगे हों, और कोई दूसरा उत्पादक कार्य नहीं करते हों, लेकिन जैसे-जैसे समूह और संगठन का आकार बड़ा होता जाता है एक ऐसे समूह का अभ्युदय होता है जो पूरा समय किसी-न-किसी तरह के कार्य के लिए साधन जुटाने या लोगों के समन्वय करने में लगाता है।

इस तरह एक अनुत्पादक समूह का जन्म होता है जो बृहत् आकार वाले संगठन में कहीं स्थायी नौकरशाही का रूप ले लेता है और कहीं स्थायी फौज का। चूँकि ऐसे लोग अनुत्पादक होते हैं इनकी आवश्यकताओं की पूर्ति के लिए समाज को अतिरिक्त साधन जुटाना पड़ता है। यह अतिरिक्त साधन किसी-न-किसी रूप में अतिरिक्त ऊर्जा के व्यय से जुटाया जा सकता है। कहीं यह अतिरिक्त ऊर्जा मानव

श्रम से उपलब्ध होती है, कहीं पशुओं और मनुष्यों के सम्मिलित रूप से कार्यशील होने से जिसमें ऊर्जा के स्रोत हवा, जलस्रोत, कोयला, पेट्रोलियम आदि होते हैं।

अब अगर हम सभ्यताओं के इतिहास पर दृष्टि डालेंगे तो पाएँगे कि जब भी किसी काल में बृहत् एवं सुगठित समाज या साम्राज्य बनाने में सफलता मिली है तो ऊपर बतलाए गए ऊर्जा-स्रोतों में कोई-न-कोई प्रचुरता से उपलब्ध रहा है। जहाँ ऐसे ऊर्जा-स्रोतों की उपलब्धि कम रही है या नहीं रही है वहाँ साम्राज्य छोटे-छोटे ऐसे समूहों में बँट गया है जिसके लिए ऊर्जा की आपूर्ति की आवश्यकता काफी कम हो जाती है।

सबसे प्राचीन सभ्यताओं में मिस्र के सम्बन्ध में कुछ जानकारी उपलब्ध है, जो ऊपर के विचारों को पुष्ट करती है। मिस्र की सभ्यता नील नदी के किनारे के भूभागों के नहर व्यवस्था के जरिये सिंचाई पर आधारित थी। इस सिंचाई व्यवस्था के निर्माण के लिए बृहत् पैमाने पर लोगों के संगठित प्रयास हुए थे और इस क्रम में एक विशाल नौकरशाही का विकास हुआ था। सिद्धान्त रूप में सभी भूमि वहाँ के सम्राट फिराऊन की थी और जमीन पर पैदावार किसानों से भारी कर वसूल कर विशाल नौकरशाही और फौज पर खर्च होता था। जमीन की पैमाइश की विधि अति विकसित थी और मिस्र की इसी व्यवस्था की देन हमारी त्रिकोणमिति है, लेकिन इस ज्ञान से किसानों को निचोड़ कर फिराऊन की कीर्ति गाथा में विशाल पिरामिड और राजाओं की विशाल मूर्तियों का निर्माण हुआ। इसके अलावा दसों हजार युद्धबन्दी गुलामों के रूप में निर्माण कार्यों और दूर-दराज के खदानों में लगाए जाते थे। यही वह ऊर्जा का स्रोत था जिससे मिस्र की विशाल केन्द्रित राज्य व्यवस्था चलती थी।

लेकिन लगभग तीन हजार वर्ष तक चलनेवाली यह व्यवस्था सदा एक तरह केन्द्रित नहीं रह सकती थी। स्वाभाविक रूप से बिखराव का दबाव बना रहता था और जब भी केन्द्रीकरण की शक्ति कमजोर होती स्थानीय अधिकारी खुद शासक बन जाते। मिस्र के शासन को पुराने, मध्य और नए राज्य के नाम से तीन काल खंडों में विभक्त किया गया है। पुराने साम्राज्य का विघटन 23वीं शताब्दी ईसापूर्व में थानीय शासकों के खुद शासक बन जाने पर हो गया। चूँकि स्थानीय शासकों द्वारा स्वायत्तता प्राप्त करने की प्रक्रिया लम्बे अर्से तक चली, केन्द्र के पास मानव श्रम से प्राप्त ऊर्जा सीमित हो गई और साम्राज्य को समेटने की इसकी क्षमता खत्म हो गई।

मध्यम राज्य के काल में फिराऊन स्पष्ट रूप से एक सर्वोच्च सामन्त बन गया और उसके नीचे के सामन्त स्वयं भूमि के मालिक बन गए। शिथिल होते केन्द्र की अलगाववादी शक्तियों पर काबू पाने को असमर्थता ने इस राज्य को इतना कमजोर बना दिया कि हाइक्सौस लोगों के आक्रमण से यह राज्य नष्ट हो गया।

सोलहवीं शताब्दी से ग्यारहवीं शताब्दी ईसापूर्व तक के नव स्थापित नए राज्य में फिर काफी तरक्की हुई, लेकिन इसके पीछे साम्राज्य विस्तार की नीति का बड़ा

हाथ था। इसने दक्षिण में नूबिया से लेकर उत्तर में सीरिया तक में अपने साम्राज्य का विस्तार किया। इस क्रम में वसूला गया धन और बन्दी बनाए गए जन के बल पर केन्द्रित राज्य की समृद्धि फिर कायम हुई, लेकिन बारहवीं शताब्दी ईस्वी पूर्व से यह साम्राज्य स्वयं बाहरी हमलों का शिकार होने लगा और इससे उस ऊर्जा का लोप हो गया जिसने साम्राज्य को शक्ति और समृद्धि दी थी। इसके बाद से मिस्त्र का साम्राज्य बाहरी हमलावरों से बार-बार पराजित हो नष्ट हो गया।

इसी तरह के केन्द्रित साम्राज्य की कहानी दक्षिण अमेरिका के पश्चिमी भाग में एंडीज पर्वत में फैले इंका शासन की है। यहाँ भी घर, कुछ घरेलू चल सम्पत्ति और थोड़ी निजी जमीन को छोड़ सभी सम्पत्ति सम्राट की थी। आम लोगों को सरकारी जमीन पर खेती करनी होती थी। आम लोगों को अनिवार्य रूप से सरकार के लिए खदानों में, लोक निर्माण के कामों में तथा फौज में काम करना होता था। इस तरह की अनिवार्य सेवा को 'मीता' कहा जाता था। राजा के वंश के थोड़े से लोगों का शासन करनेवाला अभिजात वर्ग था। इनकी संख्या बड़ी नहीं थी इसलिए फैले हुए साम्राज्य पर नियंत्रण रखने के लिए वैसे सभी लोगों को जो राजभाषा 'कैचुवा' बोल सकते थे, शासक वर्ग का दर्जा दे दिया गया था। इस तरह कई स्तरों में नीचे के गाँवों तक सरकारी नियंत्रण चलता था। यहाँ एक केन्द्रित व्यवस्था मूलत: मानव ऊर्जा के आधार पर चलती थी क्योंकि इनके साम्राज्य के पास घोड़े या बैल जैसा कोई पशु उपलब्ध नहीं था जिसका उपयोग उत्पादन या परिवहन के लिए किया जा सकता। यह साम्राज्य स्पेनी समुद्री लुटेरा फ्रांसिस्को पिजारो के छल और बल से 1532 ईस्वी में पराजित हो ध्वस्त हो गया।

ऊपर जिन दो सभ्यताओं की बात की गई है उसके सम्बन्ध में यह कहा जा सकता है कि मानव श्रम के जिस अधिशेष की बात की गई है वह तो मार्क्स के चिन्तन में भी पाई जाती है और यह नया कुछ नहीं है, लेकिन जो बुनियादी मतभेद है वह यह कि मार्क्स में शोषण का आधार व्यक्तिगत सम्पत्ति या स्वामित्व को माना गया है चाहे वह स्वामित्व गुलामों पर गुलाम मालिकों का हो, सामन्तों द्वारा भू-दासों का हो अथवा पूँजीपतियों द्वारा मजदूरों का हो, लेकिन ऊपर चर्चित दोनों सभ्यताओं की खास बात यह है कि कानूनी अर्थ में दोनों ही में समाज की मूल सम्पत्ति, भूमि, खदान आदि पर सम्पूर्ण स्वामित्व राज्य का है। हालाँकि राजा की महानता बताने पर अत्यधिक खर्च होता है, लेकिन विभिन्न श्रमिक समूहों से प्राप्त अधिशेष का बड़ा हिस्सा विशाल नौकरशाही के विभिन्न स्तरों पर अवस्थित लोगों पर खर्च होता है। इनकी सभ्यता में तो सरकारी खजाने से नौकरशाही के अतिरिक्त बीमार, बूढ़े और विधवाओं के पालन के कल्याणकारी कार्यों पर भी आधुनिक राज्यों की तरह खर्च होते थे। मूल बात यह थी कि इन व्यवस्थाओं में जिस विशाल स्तर पर केन्द्रीकृत निर्माण या प्रशासन की व्यवस्था थी उसके लिए विशाल नौकरशाही का

होना अनिवार्य था और इसके लिए ही श्रमिक वर्गों से प्राप्त अधिशेष का बड़ा हिस्सा खर्च होता था। इसलिए अधिशेष का भारी मात्रा में शोषण इस केन्द्रित व्यवस्था में ही निहित था। राज्य शोषण की व्यवस्था का रक्षक नहीं स्वयं ही मूल शोषक था।

जब तक हम केन्द्रित व्यवस्था के इस चरित्र को नहीं समझेंगे स्टालिन या रोमानिया के चाउशेस्क्यू की व्यवस्था को नहीं समझ सकते। माओ की व्यवस्था को इसमें शामिल नहीं किया गया है क्योंकि माओ के समय तक चीनी व्यवस्था स्थिर नहीं हो पाई थी। माओ स्वयं ही उस विशाल नौकरशाही व्यवस्था की व्यापकता से आतंकित हो रहा था जिसे उसने पैदा किया था और जिसने अब उसके नियंत्रण से बाहर एक स्वतंत्र हैसियत अख्तियार करना शुरू किया था। सांस्कृतिक क्रान्ति इस शेर पर सवारी का आखिरी प्रयास था। इस प्रयास की सफलता की कुछ सम्भावनाएँ इसलिए दिखाई देती थीं क्योंकि विकेन्द्रित गुरिल्ला युद्धों की याददाश्त अभी सामाजिक अवचेतन से मिटी नहीं थी।

मिस्त्री और इंका सभ्यताओं के उदाहरण तो ऐसे अतिकेन्द्रित व्यवस्थाओं के हैं जिनके विषय में हम बहुत विस्तार से नहीं जानते, लेकिन रोमन साम्राज्य के विषय में इतिहासकारों की जानकारी ज्यादा विस्तृत है, और उसका अध्ययन इस विषय पर काफी प्रकाश डाल सकता है। रोमन सभ्यता आधुनिक पाश्चात्य सभ्यता से इसलिए भी करीब है क्योंकि एक हद तक रोमन सभ्यता भी पश्चिम औद्योगिक सभ्यता की तरह व्यक्तियों के अभिक्रम और निजी सम्पत्ति के सिद्धान्त को कबूल करके चलनेवाला था। एक बुनियादी फर्क यह जरूर है कि जहाँ आधुनिक सभ्यता के ऊर्जा का मूल स्रोत भूगर्भ में दबे कोयला और तेल के विशाल भंडार हैं, रोमन साम्राज्य गुलाम बनाए गए मानवों के ऊर्जा पर आश्रित था।

प्रारम्भ में रोम का राज्य सीमित था और रोम के गणतंत्र के स्तम्भ वहाँ छोटे फार्मों पर काम करनेवाले किसान थे। गुलाम भी कृषि व्यवस्था के अंग थे पर उनकी संख्या बहुत अधिक नहीं थी। ये गुलाम मूलत: इटली के ही दूसरे इलाकों से युद्धबन्दी के रूप में लाए जाते थे, लेकिन कार्थेज के साथ तीसरी एवं दूसरी शताब्दी ईस्वी पूर्व में हुए तीन युद्धों ने रोम के चरित्र को बिलकुल बदल दिया। प्रारम्भ में यह युद्ध रक्षात्मक था, लेकिन बाद में रोमनों ने यह तय कर लिया कि कार्थेज को नष्ट किए बना उन्हें चैन नहीं होगा। इस तरह वे स्थल छोड़ भूमध्य सागर पार करने के लिए नौसेना का सहारा लेने लगे। इस क्रम में उनकी टकराहट मैसिडोनिया और फिर फारस के साथ हो गई। इन युद्धों में रोम को पूरी सफलता मिली। इस क्रम में रोम, जो एक छोटा-सा स्थलीय राज्य था, विस्तृत साम्राज्य में बदल गया। एशिया में कब्जा किए गए भूभागों से विशाल मात्रा में चाँदी-सोना प्राप्त हुआ, स्पेन में चाँदी के उन खदानों पर अधिकार हो गया जिस पर कार्थेज का अधिकार था, लेकिन सबसे बड़ी उपलब्धि थी विशाल संख्या में गुलामों की और रोम की आर्थिक और

सामाजिक व्यवस्था को चलाने के लिए इनका उपयोग। यह इसलिए भी जरूरी हो गया था क्योंकि कार्थेज के साथ युद्ध में भारी संख्या में किसान सैनिक मारे गए थे और खेतों में काम करनेवाले लोगों का अभाव हो गया था। इस तरह छोटे-छोटे फार्मों की जगह बड़े फार्म आ गए जिन पर गुलामों की सहायता से पशुपालन शुरू हुआ। इसने रोम के पूरे आर्थिक-सामाजिक ढाँचे को बदल दिया। गुलामों की संख्या बढ़कर रोम की पूरी आबादी की एक-तिहाई के करीब हो गई। गैर-बराबरी बहुत बढ़ गई। आबादी तो पुन: बढ़ी, लेकिन अब जमीन पर बड़े भूस्वामियों का कब्जा था जिससे भूमिहीनों की संख्या बढ़ गई। विभिन्न तरह के उद्यमों में गुलामों के आ जाने से रोमन नागरिक बेरोजगार हो गए। ये सारे के सारे लोग रोम नगर में आ बसे और इनके मतों को विभिन्न तरह के प्रलोभन दे अपने पक्ष में करना रोम की राजनीति का एक अंग बन गया। रोम के बेरोजगार गरीब लोगों को सस्ती कीमत पर सरकार की ओर से अनाज देने का प्रावधान करना पड़ा। इस तरह के अनाज पर आश्रितों की संख्या एक समय तीन लाख से अधिक हो गई जो रोम की पूरी आबादी की एक-तिहाई थी। रोम नगर की पूरी आबादी को खिलाने के लिए इस काल में एक लाख अस्सी से एक लाख नब्बे हजार टन तक अनाज सालाना की जरूरत होती थी। यह सब बाहर से लाना पड़ता था। उस समय जब जहाज बहुत छोटे आकार के होते थे और वाहन भी छोटे और धीमी गति से पशुओं के सहारे चलनेवाले, इस काम के लिए एक विशाल जनसमूह को कार्यरत करना पड़ता था। इसमें गुलाम, स्वतंत्र श्रमिक, सरकारी कर्मचारी और हजारों व्यापारियों के कामों का संयोजन होता था। इस सबका खर्च रोम के बाहरी उपनिवेशों से वसूल कर लाए गए धन से चलाया जाता था।

बाहरी साम्राज्य से रोम की समृद्धि की कितनी बढ़त हुई थी इसका अन्दाज इसी से किया जा सकता है कि दूसरी शताब्दी ईसा पूर्व के प्रारम्भ की तुलना में पचास साल बाद 150 ई.पू. में रोम की सम्पत्ति तीन गुनी हो गई थी। इससे रोम के सम्पन्न लोगों में ऐयाशी चरम सीमा पर पहुँच गई और लूटकर लाया गया सोना-चाँदी शान-शौकत को बढ़ानेवाली वस्तुओं के आयात पर तेजी से व्यय होने लगा। इस व्यय को वहन करने के लिए आन्तरिक उत्पादन का कोई बड़ा स्रोत नहीं था। इसलिए जब गुलामी की व्यवस्था धराशायी होने लगी तो रोम की समृद्धि भी खत्म होने लगी।

आगस्टस सीजर के समय तक तो यह फैलाव और समृद्धि कायम रही, लेकिन उसके बाद से पतन भी तेज हो गया। रोम के गणतंत्र के अन्तिम दिनों से ही गुलामों के विद्रोहों का सिलसिला शुरू हो गया था और धीरे-धीरे यह व्यवस्था आर्थिक दृष्टि से कम लाभदायक होने लगी। सम्राट डायोक्लीसियन (284-305 ई.) का काल आते-आते नौकरशाही और फौज का बोझ इतना अधिक हो गया कि व्यवस्था का

भार कृषि उत्पादकों के लिए वहन करना मुश्किल होने लगा। जब गुलामी व्यवस्था असफल हो रही थी तो डायोक्लीसियन ने रोम-अधिकृत प्रदेशों में 'कौलोनस' नाम से एक नए तरह के बन्धुआ कृषकों का वर्ग पैदा किया। ये लोग गुलाम नहीं होते थे, लेकिन इन्हें अनिवार्य रूप से जमीन पर काम करके सरकार द्वारा निर्धारित भारी लगान चुकाना होता था। इन्हें खरीदा-बेचा नहीं जा सकता था, लेकिन जमीन की बिक्री होने पर ये भी उसी के साथ हस्तान्तरित हो जाते थे। अब साम्राज्य के फैलाव के काल की उन्मुक्त अर्थव्यवस्था खत्म हो रही थी और लोग विभिन्न तरह के व्यवसायों के साथ बँध रहे थे और जाति व्यवस्था जैसी स्थिति पैदा हो रही थी, जहाँ सोनार का बेटा सोनार और बुनकर का बेटा बुनकर ही हो सकता था। इस तरह पराभव का काल शुरू हुआ और एक शताब्दी के भीतर यह इतना कमजोर हो गया कि हूण और जर्मन कबीलों के हमलों से नष्ट हो गया।

रोम के उत्थान और पतन में हम साफ देख सकते हैं कि इसकी शान-शौकत, फैलाव, सड़क और जल निकास की बड़ी व्यवस्थाएँ, विभिन्न तरह की नागरिक सुविधाएँ और सर्कस ये सब तभी तक चले जब तक इनके लिए आवश्यक विशाल मानव संगठनों के व्यय को वहन करने के लिए गुलामों के श्रम से या उपनिवेशों से लूटे गए धन से प्रचुर साधन उपलब्ध थे। जैसे-जैसे विभिन्न कारणों से ये स्रोत सूखने लगे यह सभ्यता कमजोर हो अन्ततः समाप्त हो गई। रोम के पराभव के विख्यात इतिहासकार गिब्बन का यह निष्कर्ष कि रोमन साम्राज्य अपनी जटिल और भारी व्यवस्था के बोझ से ही ध्वस्त हो गया, शायद स्थिति का सबसे सही आकलन है। यह सभी तरह की विशाल और जटिल सभ्यताओं के स्थायित्व के सम्बन्ध में संशय पैदा करता है।

चूँकि बड़ी और जटिल व्यवस्थाओं को चलाने के लिए जीवन की आवश्यकता से अतिरिक्त भारी ऊर्जा की जरूरत होती है इसलिए ऐसी सभ्यताएँ इतिहास में कम और अल्पकालिक हुई हैं; जहाँ साम्राज्य विस्तार होते भी हैं उनमें यह दबाव बना रहता है कि टूटकर आंशिक रूप से या पूरी तरह वे छोटी-छोटी प्रशासनिक इकाइयों या स्वायत्तता प्राप्त राज्यों में बदल जाएँ।

चंगेज खाँ का साम्राज्य शायद दुनिया के सबसे बड़े साम्राज्यों में था, लेकिन मंगोलिया, जहाँ से इसकी शुरुआत हुई थी, एक कबायली समूह था जिसमें मानव श्रम का अधिशेष नगण्य था। इसलिए यह साम्राज्य चंगेज खाँ के बेटों के हिस्से में कई टुकड़े में बँट गया। इनमें बड़ी एवं जटिल राज्य व्यवस्थाएँ चीन या फारस में ही विकसित हो सकीं जहाँ पर प्राचीन सभ्यताएँ पहले की सम्पन्नता का आधार पैदा कर चुकी थीं। इसी कारण रोमन साम्राज्य के पतन के बाद यूरोप में फ्यूडल सिस्टम का विकास हुआ जिसमें केन्द्रीय शासन अपना अधिकार और व्यवस्था की सारी जिम्मेदारी निचले सामन्तों पर छोड़ देता था। शायद यही कारण है कि दुनिया के

विभिन्न भागों में और विभिन्न स्थितियों में सामन्ती ढंग की व्यवस्थाएँ आम तौर से पाई जाती हैं। इसका कारण है कि यह विकेन्द्रित व्यवस्था होती है और इसके लिए केन्द्रित नौकरशाही और फौज पर किसी तरह का अतिरिक्त खर्च नहीं करना पड़ता।

प्राचीन भारत में स्थायी बड़े साम्राज्य और केन्द्रित नौकरशाही की किसी परम्परा की जानकारी इतिहास से नहीं मिलती। मौर्य साम्राज्य विशाल था, लेकिन उसका भी कोई केन्द्रित शासन सारे देश में रहा हो ऐसा नहीं प्रतीत होता। चन्द्रगुप्त के समय शायद कुछ सीमित इलाकों में इसके प्रयास हुए हों, जैसाकि कौटिल्य के 'अर्थशास्त्र' से आभास मिलता है, लेकिन इसके बारे में बहुत निश्चित रूप से कुछ नहीं कहा जा सकता। इसका प्रमुख कारण भारत की जाति व्यवस्था थी जिसमें विभिन्न व्यवसाय में लगे लोगों के श्रम का अधिशेष इतना कम था कि इस पर किसी बड़ी नौकरशाही और फौज का बोझा नहीं उठाया जा सकता था। वर्ण व्यवस्था की चोटी पर स्थापित ब्राह्मण जो अन्य श्रमिक वर्णों के अधिशेष पर जीते थे, प्राय: अत्यन्त गरीब होते थे। वे जातियाँ जो जमीन की अधिकारी थीं और खेती करती थीं, उनकी उपज में भी कई जातियों का हिस्सा जजमानी व्यवस्था के तहत होता था। जो अधिशेष शासकों के हाथ जाता था वह बहुत नहीं होता था। तुर्क, अफगान और मुगल शासकों के समय केन्द्रीयकरण के जो प्रयास हुए, चल नहीं पाए और शाही सूबेदार अक्सर खुद शासक बन जाते थे और फौज का चरित्र बहुत कुछ सामन्ती ढंग का बन जाता था।

चीन में जरूर केन्द्रित शासन की परम्परा, विशेषकर मन्दारिन नौकरशाहों की एक परम्परा थी। इसका आधार किसानों का घोर शोषण था, लेकिन हम चीन के इतिहास में बार-बार सामन्ती व्यवस्था का उद्भव भी पाते हैं और बार-बार होनेवाले किसान विद्रोह भी, जो एक राज्य व्यवस्था को नष्ट कर फिर दूसरे वंश की राज्य व्यवस्था कायम कर देते थे। इसलिए हमारे अपने समय के पहले केन्द्रित विशाल अर्थव्यवस्था के स्थायित्व का कोई उदाहरण हमें नहीं मिलता।

मध्ययुगीन यूरोप में जब बाहरी साम्राज्य और गुलामों की फौज समाप्त हो चुकी थी तो फ्यूडल सिस्टम (सामन्ती व्यवस्था) सहज रूप से विकसित हुआ। यह एक विकेन्द्रित व्यवस्था थी और उत्पादन मूलत: स्थानीय उपभोग के लिए होते थे, लेकिन राजाओं से चार्टर प्राप्त नगरों के विकास के साथ फिर दूर-दराज स्थानों से व्यापार का सिलसिला और इसी के फलस्वरूप पन्द्रहवीं शताब्दी के आखिर में अमेरिका, अफ्रीका, एशिया आदि से समुद्री व्यापार का सिलसिला जारी हुआ। इस व्यापार का चरित्र मिश्रित था जिसमें व्यापार और लूट दोनों शामिल थे। एशिया में तो प्रारम्भ में व्यापार की प्रधानता थी, लेकिन अफ्रीका और अमेरिका में वहाँ के संसाधनों की लूट की ही प्रधानता थी। इस क्रम में यूरोप की कुछ सरकारों और समुद्री लुटेरे-व्यवसायियों के बीच गहरा रिश्ता बना और इससे वह व्यवस्था

बनी जिसे मर्केन्टाइलिज्म कहा जाता है। इसका मूल सूत्र था व्यापार के जरिये ज्यादा-से-ज्यादा सोना-चाँदी अपने देश में जमा करना। व्यापारियों और राजाओं के इसी मेल से केन्द्रित राष्ट्रीय सरकारों का विकास हुआ और यूरोप के राष्ट्र-राज्य अस्तित्व में आए।

इसी क्रम में यूरोप के साम्राज्य का विस्तार अमेरिका, एशिया, अफ्रीका तथा ऑस्ट्रेलिया के महादेशों पर हुआ और उनमें यूरोप के उपनिवेश कायम हुए। अन्य वस्तुओं के व्यापार के अलावा गुलामों का व्यापार भी बड़े पैमाने पर चला जिसमें अफ्रीका से पकड़कर लाखों अश्वेत लोग उत्तरी तथा दक्षिणी अमेरिका में कपास, गन्ने आदि की खेती तथा खदानों में गुलाम श्रमिक के रूप में काम पर लगाए गए। बाहर से लूटे गए और व्यापार से अर्जित धन से यूरोप मालामाल हो रहा था और इसी से प्राप्त संसाधनों से औद्योगिक क्रान्ति की बुनियाद पड़ी।

अगर इस स्थिति में कोई मूलभूत बदलाव नहीं होता तो शायद यूरोपीय सभ्यता भी उसी राह चलती जिस राह रोम की सभ्यता गई थी और शायद इसका भी पतन बाहरी दुनिया से लूटे जानेवाले धन और गुलामों के स्रोत के सूख जाने से हो जाता। लेकिन इन स्थितियों के बीच दो नए तत्त्वों के प्रवेश से इस सभ्यता को नई जिन्दगी और लम्बी मियाद मिल गई। एक, इस बीच विज्ञान और उद्योग के मिलन से नई तकनीक का विकास हुआ और दूसरा, अश्मीभूत ईंधन, जैसे कोयला तथा पेट्रोलियम, के विशाल भंडार की प्राप्ति से ऊर्जा का एक नया स्रोत प्राप्त हुआ, जिसके नए मशीनों में प्रयोग से उत्पादन, परिवहन तथा जीवन के अन्य क्षेत्रों में अकूत सम्भावनाएँ दिखाई देने लगीं। अब मानव ऊर्जा के स्थान पर या मानव ऊर्जा के सहयोगी के रूप में ऊर्जा का यह नया स्रोत सभ्यता का आधार बन गया।

लेकिन ऊर्जा के नए स्रोत की सम्भावनाओं ने इस बात को आँखों से ओझल कर दिया कि ये स्रोत भी क्षयशील, कभी के गड़े खजाने हैं, जो अनन्त काल तक नहीं चल सकते। दूसरा यह कि इस ऊर्जा से चलनेवाली मशीनों की चमत्कारी क्षमता ने लोगों की उत्पादन और उपभोग की भूख को इस कदर बढ़ा दिया है कि धरती के अन्य संसाधन जैसे जल, वन और न्यून उपलब्धि वाले खनिजों की खपत भी बहुत तेज हो गई है। इनकी उपलब्धि भी कुछ दिनों के बाद मुश्किल हो जाएगी, लेकिन सबसे बढ़कर स्वयं इन ऊर्जा स्रोतों के समाप्त होने का खतरा पैदा हो गया है।

तत्काल सम्पन्न देशों की औद्योगिक सभ्यताएँ सारे संसार के तेल के स्रोतों तथा अन्य खनिजों का बड़ा हिस्सा अपने लिए उपयोग कर रही हैं और इसी से उनकी तिलस्मी सभ्यता टिकी हुई है। इन विकसित औद्योगिक देशों की आबादी दुनिया की कुल आबादी का सातवाँ हिस्सा मात्र है। फिर भी वर्तमान खपत की दर से पेट्रोलियम के भंडार के खत्म होने की अवधि कुछ दशकों में कूती जा रही है। हमें ध्यान में रखना है कि मिस्र की सभ्यता सहस्राब्दियों तक कायम रही और रोम

की सभ्यता भी लगभग छह शताब्दी तक। इस तुलना में वर्तमान औद्योगिक सभ्यता की आयु तो बहुत ही सीमित मानी जाएगी। अगर हम यह बात ध्यान में रखें कि दुनिया के संसाधनों के क्षय की यह दर दुनिया की आबादी के बहुत छोटे हिस्से के द्वारा खपत का परिणाम है तो हम सहज ही अनुमान लगा सकते हैं कि अगर बाकी आबादी भी अपने उपभोग की रफ्तार वही कर ले जो विकसित औद्योगिक अर्थव्यवस्थाओं की है तो यह सभ्यता कितने दिनों तक चल पाएगी।

वर्तमान 'विश्व व्यवस्था' की खूबी यह है कि संसाधनों, विशेषकर ऊर्जा का अधिक उपयोग वस्तुओं के उत्पादन पर नहीं बल्कि सेवाओं, युद्ध संयंत्रों के निर्माण आदि पर होता है। सभी औद्योगिक देशों में वस्तुओं के निर्माण पर लगी सम्पत्ति का हिस्सा घटता जा रहा है। सेवाओं में सबसे प्रमुख हिस्सा व्यापार की सुविधाओं का है और केन्द्रित अर्थव्यवस्था के चलते बड़े नगरों के विकास से सम्बद्ध नागरिक सेवाओं तथा परिवहन एवं संचार व्यवस्था पर। और सभी उत्पादन और विनियम के साथ एक विशाल व्यवस्थापक वर्ग या नौकरशाही जुड़ी हुई है।

अब हम देख सकते हैं कि मानव समूहों के इस विशाल यंत्र में घर्षण की शक्तियाँ कितनी विशाल बनकर लाभदायक ऊर्जा नष्ट कर रही हैं। हम लोग इसे अनुभव नहीं करते क्योंकि संसार के क्षय होनेवाले सभी संसाधनों तथा उनके क्षय के दर की कोई साफ तसवीर हमारे सामने नहीं, लेकिन जो कुछ नियम प्रारम्भ में बताए गए हैं और सभ्यताओं के इतिहास से जो सबक हम पाते हैं, उनसे स्पष्ट है कि ऊर्जा के जो स्रोत वर्तमान सभ्यता के आधार हैं, वे सीमित हैं और उनके नष्ट होने से हमारी सभ्यता का भी वही हाल होगा जो प्राचीन सभ्यताओं का हुआ और यह जल्दी ही होगा।

प्रारम्भ की सभ्यताओं में मशीनें सरल थीं और मनुष्य की ऊर्जा मशीन के लाभ में सहायक थी। अब कम्प्यूटर और स्वचालित यंत्रों ने मानव ऊर्जा को निरर्थक बना दिया है। इसलिए अब जब ऊर्जा का स्रोत सूखेगा, मनुष्य अपने को अधिक असहाय अवस्था में पाएगा।

सन्दर्भ और टिप्पणियाँ

1. सभ्यतागत चुनौती

1. जिस समय ये पंक्तियाँ लिखी गईं उस समय से स्थिति ने पलटा खाया है। अब जापान में मन्दी है और अमेरिका में तेजी, लेकिन बुनियादी समस्या कायम है।

3. उपभोक्तावाद

1. इंटरनेट के आने के बाद अब घर बैठे आदमी वेबसाइट पर दिन भर यह धंधा करता रहता है।

भूमंडलीकरण की घेराबन्दी

नई अर्थनीति हमें कहाँ ले जाएगी

सत्ता में आते-जाते, या सच कहा जाए तो राष्ट्रपति से सत्ता ग्रहण करने का बुलावा मिलते-मिलते, जिस जल्दबाजी में नरसिम्हा राव सरकार ने देश की अर्थनीति को बदलना शुरू किया है, वह भारत के इतिहास में अभूतपूर्व है। कहा जा सकता है कि जिस तरह का विदेशी मुद्रा संकट इसे विरासत में मिला था (देश के विदेशी मुद्रा कोष में मुश्किल से इतनी रकम रह गई थी कि महीने भर का आयात किया जा सके और अन्तरराष्ट्रीय बाजार में उधार अदायगी की भारत की क्षमता पर भरोसा कम होने लगा था) कि तत्काल कुछ करना अपरिहार्य था। ऐसी ही स्थिति में चन्द्रशेखर सरकार ने 24 टन सोना स्विट्जरलैंड के बैंक में गिरवी रखा था। यह दलील दी जा सकती है कि नरसिम्हा राव सरकार ने अगर कुछ किस्तों में 46.1 टन सोना ढोकर लंदन पहुँचा दिया तो कुछ अनुचित नहीं किया। तात्कालिक संकट टालने के लिए अगर इतना ही किया गया होता तो बात समझ में आती, लेकिन सप्ताह भर के भीतर दो बार में रुपए का लगभग 20 प्रतिशत अवमूल्यन और खुली बाजार व्यवस्था की ओर संक्रमण के संकेत से विपक्ष के नेताओं को यह आरोप लगाने का मौका मिला कि सरकार अपनी अर्थनीतियाँ अन्तरराष्ट्रीय मुद्रा कोष के दबाव में बना रही है।

हालाँकि औपचारिक रूप से भारत सरकार और अन्तरराष्ट्रीय मुद्रा कोष के बीच ऐसा समझौता हुआ हो, ऐसा दिखाई नहीं देता, लेकिन 24 जुलाई को भारत सरकार द्वारा घोषित अर्थनीति और उसी दिन पेश किया गया 1991-92 का बजट, दोनों ही की मूल दिशा वही है, जिसका संकेत अन्तरराष्ट्रीय मुद्रा कोष की ओर से हो रहा था।

अन्तरराष्ट्रीय मुद्रा कोष के दबाव में हो रहा हो या स्वयं नरसिम्हा राव और वित्त मंत्री मनमोहन सिंह के विवेक से रुपए के अवमूल्यन और विश्व बाजार व्यवस्था की खुली स्पर्धा में जुड़ने से अगर भारत वास्तव में खुशहाली की दिशा में बढ़ सकता है तो हमें इन नीतियों को कबूल करने में कोई हिचक नहीं होनी चाहिए। अत: इन नीतियों के सम्भावित परिणामों पर विचार करना जरूरी है।

सबसे पहले हम रुपए के अवमूल्यन को लें। यह दावा किया गया है कि इससे भारत के निर्यात को तेजी से बढ़ाने का मौका मिलेगा, जिससे विदेशी मुद्रा के संकट से राहत मिलेगी और देशी उद्योगों का फैलाव होगा। यह भी दावा किया जा रहा है कि इससे देश के भीतर मुद्रास्फीति की अतिरिक्त समस्या नहीं पैदा होगी।

ऐसा लगता है कि हमारे वे अर्थशास्त्री, जो रुपए के अवमूल्यन से निर्यात के फैलाव की सम्भावना को जोड़ते हैं, भारत के आयात-निर्यात के फैलाव और संकोच को उसी ढंग से मुद्राओं के सापेक्ष्य मूल्यों से जोड़ते हैं, जैसाकि समस्तरीय औद्योगिक विकास वाले सम्पन्न औद्योगिक देशों के बीच होता है। चूँकि इन देशों के उद्योगों की तकनीकी और उत्पादन क्षमता लगभग समान होती है, कीमतों में थोड़ा भी फर्क होने से उत्पादित वस्तुओं की बिक्री में खास फर्क पड़ता है। इसलिए मुद्राओं का अवमूल्यन निर्यात बढ़ाने का एक जरिया हो सकता है।

इसके विपरीत भारत की औद्योगिक तकनीकी जापान तथा पश्चिमी देशों की तुलना में अभी इतनी पिछड़ी है कि उन औद्योगिक वस्तुओं के निर्यात की बात हम सोच ही नहीं सकते जिनकी स्पर्धा इन औद्योगिक देशों में बनी वस्तुओं से हो। हमारा निर्यात विशेषकर सिले वस्त्रों, हस्त-शिल्प एवं ग्रामोद्योग की वस्तुओं, चीनी, लौह अयस्क या अन्य खनिज तथा कृषि उत्पाद जैसे जूट, चाय आदि के क्षेत्र में है। ये वस्तुएँ या तो अपने शिल्प या कोटे के आधार पर खरीदी जाती हैं या फिर उन देशों की आर्थिक आवश्यकता के अनुसार। इनमें से किसी पर भी कीमतों का विशेष प्रभाव नहीं पड़ता। कोटे वाली वस्तुओं की बिक्री पर आयात करनेवाली सरकारों की नीतियों या उन देशों के लोगों की पसन्द का ही प्रभाव निर्णायक होता है।

इसी तरह खनिजों तथा कृषिजन्य कच्चे मालों का आयात औद्योगिक देश कितना करेंगे, यह इस पर निर्भर करेगा कि इन देशों की औद्योगिक गतिविधियों की स्थिति क्या है। अगर औद्योगिक उत्पादन घटा रहे हों, तो वैसे खनिजों या अन्य कच्चे मालों का आयात कम कर देंगे, जिन्हें वे अपने उद्योगों के लिए आयातित करते हैं। इसलिए हम इन वस्तुओं का निर्यात कितना कर सकेंगे, इस पर निर्भर करता है कि विकसित औद्योगिक देशों में अभी औद्योगिक प्रसार हो रहा है या मन्दी है। संयोग से जिस समय हमारे यहाँ रुपए का अवमूल्यन हुआ है, वह समय औद्योगिक देशों में साधारण मन्दी का है। यह हमारे निर्यात के लिए शुभ नहीं है।

अगर निर्यात काफी मात्रा में नहीं बढ़ा तो अवमूल्यन से हमारी निर्यात की नई वस्तुओं से प्राप्त विदेशी मुद्रा कम ही होगी और विदेशी मुद्रा में गए कर्ज का बोझ भी बढ़ जाएगा।

अवमूल्यन का जो प्रतिकूल प्रभाव पड़ेगा, वह तो जाहिर ही है। आयात की जानेवाली सभी वस्तुओं की कीमतें बढ़ेंगी। यह आशा करना कि मूल्य बढ़ने से आयातित वस्तुओं का आयात कम होगा, गलत होगा। हमारे आयात में पेट्रोलियम और इससे बनी वस्तुओं की प्रमुखता है, जिसे कम नहीं किया जा सकता। इसी तरह खाद्य तेज के आयात को कम नहीं किया जा सकता। इसके अलावा औद्योगिक आधुनिकीकरण और विकास के लिए जिन मशीनों या अर्थ तैयार वस्तुओं के आयात पर बल दिया जा रहा है, उन्हें मँगाना ही पड़ेगा और ये सब पहले से महँगे होंगे।

यह सम्भव है कि इन वस्तुओं पर आयात कर की छूट दे या उन्हें सरकारी अनुदान से पुरानी कीमतों पर बेच कर उपभोक्ताओं को राहत दी जाए। नए साल के बजट में खाद्य तेल पर आयात कर की छूट दी भी गई है, लेकिन अभी जो देश की आन्तरिक अर्थव्यवस्था है और घाटे के बजट का जो सिलसिला चल रहा है, उसमें इसकी गुंजाइश बहुत कम ही है। नए बजट में भी 7,719 करोड़ का घाटा दिखाया गया है। इस तरह सम्भावना यही है कि नई अर्थनीति से मूल्य वृद्धि का सिलसिला तेज होगा। इससे रुपए का मूल्य गिरेगा और अवमूल्यन की आवश्यकता फिर महसूस की जाएगी। यह एक चिन्ताजनक सिलसिला हो सकता है।

इस स्थिति से बचने के लिए बहुत ही कठोर आर्थिक अनुशासन की जरूरत है, जो वर्तमान नौकरशाही और प्रतिरक्षा सेवाओं के विस्तृत साम्राज्य के रहते सम्भव नहीं। नौकरशाही में अपनी संख्या और सुविधा बढ़ाने का अन्तर्निहित दबाव होता है, जिसे बेरोजगारी के मौजूदा माहौल में और भी प्रोत्साहन मिलता है। प्रतिरक्षा पर खर्च एक ऐसा मामला है, जिस पर उँगली उठाना कोई भी राजनीतिक नेता अपने भविष्य के लिए खतरनाक मानता है। इस तरह नए बजट में 600 करोड़ रुपए पिछले बजट से अधिक खर्च करने का प्रावधान है। इन दो विशाल क्षेत्रों में कोई वित्तीय अनुशासन सम्भव नहीं, तो फिर खर्च में कटौती का बोझ साधारण लोगों पर लादा जाए, यह अनिवार्य है।

अब हम नई अर्थनीति के दूसरे महत्त्वपूर्ण पक्ष पर विचार करें, जिसके द्वारा देश की अर्थव्यवस्था को विश्व अर्थव्यवस्था से जोड़कर विकसित देशों के समकक्ष लाने का उद्देश्य सामने रखा गया है। इसके लिए न सिर्फ प्रवासी भारतीयों को भारत में पूँजी लगाने को प्रोत्साहित करने का लक्ष्य है, बल्कि विदेशी कम्पनियों को उद्योगों में 40 प्रतिशत से बढ़कर 51 प्रतिशत तक पूँजी निवेश की छूट दी गई है। इससे देश के विकास के लिए विदेशी कर्ज लेने की आवश्यकता कम होने की सम्भावना दिखाई देती है।

प्रश्न है कि क्या इस नीति से देश के उद्योगों का सचमुच में आधुनिकीकरण सम्भव है? जो विकसित देश हैं और जहाँ उत्पादकता उद्योगों के हर क्षेत्र में बढ़ाई जाती है, वहाँ औद्योगिक विकास की प्रक्रिया दो चरणों में होती है। पहले चरण में जब नवीनतम तकनीकी का प्रवेश होता है तब पुराने उद्योग प्रतिस्पर्धा में टिक नहीं पाते और बन्द हो जाते हैं। जहाँ पूँजी की बहुलता है, वहाँ बन्द उद्योगों से बेकार हुए लोगों को तेजी से नए उद्योगों में जज्ब कर लिया जाता है। विकसित औद्योगिक देशों में यह एक लगातार चलनेवाली प्रक्रिया होते हैं। उन देशों में जहाँ पूँजी का अभाव होता है, आधुनिकीकरण के प्रभाव से पुराने उद्योग तो बन्द हो जाते हैं, लेकिन इससे बढ़ी बेकारी को खत्म करने के लिए नए उद्योगों को लगाने के लिए पूँजी नहीं होती। इससे कुछ उद्योगों का आधुनिकीकरण तो होता है, लेकिन बेरोजगारी से बाकी अर्थव्यवस्था संकट में पड़ जाती है।

फिलहाल पूर्व जर्मनी समेत पूर्वी यूरोप के तमाम देशों में यह स्थिति चल रही है। पश्चिमी देश, जो पूर्वी यूरोप के देशों को विश्व अर्थव्यवस्था से जोड़ने के लिए बड़ी संजीदगी से प्रोत्साहित कर रहे थे, अब उनकी अपेक्षाओं की पूर्ति में अपने को बिलकुल असमर्थ पाते हैं। पश्चिमी देशों के अर्थशास्त्री पूर्वी यूरोप के आधुनिकीकरण के लिए पूँजी की आवश्यकता का जो अनुमान बतला रहे हैं, उससे यह स्पष्ट हो जाता है कि यह काम कितना मुश्किल है। वाशिंगटन के एक अध्ययन संस्थान 'इंस्टीट्यूट फॉर इंटरनेशनल इकोनॉमिक्स' के अध्ययन के नतीजों के जो कुछ अंश पत्रों में प्रकाशित हुए हैं, वे चौंकानेवाले हैं। इसके अनुसार पूर्वी यूरोप और सोवियत संघ के मजदूरों की उत्पादकता को पश्चिमी देशों के समकक्ष लाने के लिए 1500 अरब डॉलर सालाना पूँजी निवेश दस वर्ष तक करना जरूरी होगा। इस आवश्यकता के मुकाबले अधिकतम पूँजी निवेश की सम्भावना 90 अरब डॉलर और असली सम्भावना सिर्फ 55 अरब डॉलर की है।

ये आँकड़े उन लोगों को ध्यान में रखने चाहिए, जो विदेशी पूँजी निवेश के सहारे भारतीय अर्थव्यवस्था के आधुनिकीकरण का सपना देखते हैं। पूर्वी यूरोप के देश औद्योगिक दृष्टि से भारत से काफी आगे हैं। रूस के पास बदले में देने के लिए विशाल प्राकृतिक सम्पदा है। भारत की जनसंख्या पूर्वी यूरोप की जनसंख्या से लगभग दूनी है। इसका अर्थ है कि हमारी अर्थव्यवस्था को उस स्तर पर पहुँचाने के लिए 3000 अरब डॉलर सालाना से भी अधिक पूँजी निवेश की आवश्यकता दस सालों तक होगी। हमें यह भी ध्यान में रखना है कि हम विदेशी पूँजी को एक ऐसे समय आकर्षित करने की कोशिश कर रहे हैं जबकि पूरा पूर्वी यूरोप भी इस पूँजी की याचना कर रहा है। यह निर्विवाद है कि पूर्वी यूरोप में पूँजी को आकर्षित करनेवाली सुविधाएँ हमसे अधिक हैं, इसलिए पूँजी निवेश के मामले में उन्हीं का पलड़ा भारी पड़ेगा। इसलिए अन्ततोगत्वा हमें उतनी ही विदेशी पूँजी उपलब्ध होगी, जो कुछ क्षेत्रों का आधुनिकीकरण कर बाकी उद्योगों को नष्ट कर दे।

इस नीति के फलस्वरूप एक छोटा-सा अतिविकसित आर्थिक क्षेत्र बनेगा, जिससे सम्बद्ध लोगों को ऊँचा जीवन स्तर प्राप्त होगा। दूसरी ओर एक विशाल असंगठित क्षेत्र रहेगा, जो किसी तरह दरिद्रता की स्थिति में अपने को जीवित रखेगा। यह कल्पना करना मुश्किल है कि हमारे अर्थशास्त्री इस स्थिति से बिलकुल अनभिज्ञ हों। अगर यह नीति अपनाई जा रही है तो इसलिए कि हमारा नेता वर्ग यह मान चुका है कि इस देश के आम लोगों की स्थिति नहीं सुधारी जा सकती और अब सारा सोच एक छोटे वर्ग की सुविधाओं तक सीमित हो गया है।

नवभारत टाइम्स, 3 अगस्त, 1991

डंकल से आगे

डंकल प्रस्ताव के खिलाफ देश में एक वातावरण बनने लगा है। अब कांग्रेस को छोड़ बाकी सभी दलों के नेता इसके खिलाफ आवाज उठा रहे हैं। जनता दल के कार्यकारी अध्यक्ष जॉर्ज फर्नांडिज ने तो इसके विरुद्ध संसद का घेराव करने और 'करो या मरो' की घोषणा भी कर दी है। वैसे अतिशयोक्ति जॉर्ज फर्नांडिज के व्यक्तित्व का प्रधान गुण है, फिर भी इससे इनकार करने का कोई कारण नहीं कि जनता दल के नेता, जिनमें अधिकांश महीने भर पहले यह भी नहीं जानते थे कि डंकल का मामला है क्या, अब इस सवाल पर सजग हो गए हैं, लेकिन इस आम सहमति में एक खतरा भी दिखाई देता है। सारा विरोध सिकुड़कर डंकल प्रस्ताव या इसके कुछ प्रावधानों पर केन्द्रित हो गया है। डंकल प्रस्ताव की पृष्ठभूमि में जो बुनियादी अर्थनीति है उस पर किसी का ध्यान नहीं है। इससे हमारा परम्परा के अनुसार थोड़े दिनों में 'इंकलाब जिन्दाबाद' की तरह 'डंकल प्रस्ताव मुर्दाबाद' भी एक लोकप्रिय नारा बनकर अपना अर्थ खो देगा और स्थितियाँ ज्यों-की-त्यों बनी रहेंगी।

इसके पीछे की अर्थनीति पर अधिकांश विरोधियों का ध्यान नहीं है। यह बात जॉर्ज फर्नांडिज द्वारा पटना में पत्रकारों के समक्ष दिए गए एक बयान से भी जाहिर है। उन्होंने कहा कि अब महाशक्तियों द्वारा गैट की जगह 'वर्ल्ड ट्रेड ऑर्गेनाइजेशन' बनाकर दुनिया की संसदों पर नियंत्रण रखा जाएगा। इस बयान से ऐसा लगता है कि यह संकट आज अचानक दुनिया के सिर पर लादने का विचार किसी षड्यंत्र के तहत किया जा रहा है, लेकिन हकीकत यह है कि गैट की स्थापना तात्कालिक रूप से 1948 में भी इसलिए की गई क्योंकि विश्व बैंक और अन्तरराष्ट्रीय मुद्रा कोष के साथ-साथ दुनिया के व्यापार को व्यवस्थित करने के लिए 'इंटरनेशल ट्रेड आर्गेनाइजेशन' नामक (नाम की समानता भी देखी जा सकती है) संस्था बनाने में सफलता नहीं मिल पाई थी, लेकिन द्वितीय विश्वयुद्ध के बाद से ही दुनिया के व्यापार के सन्तुलन को औद्योगिक देशों के हित में बनाए रखने के प्रयास जारी थे और विश्व बैंक, अन्तरराष्ट्रीय मुद्रा कोष एवं गैट तीनों ही उसी प्रयास के अंग थे। जो अभियान औद्योगिक व्यवस्था को चलाने के लिए दूसरे विश्वयुद्ध के बाद चलाया गया था वह दुनिया के एक ध्रुवीय हो जाने के बाद पूरा दिखाई देता है।

स्वतंत्र व्यापार के नाम पर व्यापार सम्बन्धी जैसे नियंत्रण दुनिया के विभिन्न देशों पर लादने में अब जो सफलता मिली है वह दरअसल वर्तमान औद्योगिक व्यवस्था की विशेष स्थिति का परिणाम है। बुनियादी तौर से भारत जैसे देशों की आम जनता की लड़ाई इस औद्योगिक व्यवस्था से है। डंकल प्रस्ताव इस लड़ाई के लिए महज एक प्रतीक या चिह्न भर है। इस वस्तुस्थिति को नजरअन्दाज करना लड़ाई के पहले ही अपनी पराजय सुनिश्चित करना है।

आखिर डंकल के विरुद्ध होनेवाले प्रदर्शनों का लक्ष्य क्या हो सकता है? अगर इन प्रदर्शनों से आगे कोई स्पष्ट लक्ष्य नहीं हो तो धीरे-धीरे प्रदर्शन करते-करते लोग ऊब जाएँगे और अन्त में विरोध प्रदर्शन का सिलसिला खत्म हो जाएगा। संसद भवन के घेराव का लक्ष्य भी क्या हो सकता है? एक तो यह हो सकता है कि खूनी क्रान्ति से एक निर्वाचित सरकार का तख्ता पलट दिया जाए। इसे कोई लोकतांत्रिक व्यक्ति कबूल नहीं करेगा। यह रास्ता तो फासिस्ट पार्टियों या तानाशाही में विश्वास करनेवाली कम्युनिस्ट पार्टियों का रहा है। अगर लक्ष्य यह नहीं है तो यह भी एक प्रदर्शन ही होगा जिसे एक भड़कीला नाम दिया जा रहा है। सरकार के अस्तित्व पर तत्काल इस बात से फर्क नहीं पड़ता कि प्रदर्शन दस हजार का हो कि दस लाख लोगों का। कुल मिलाकर ऐसे प्रदर्शनों का उद्‌देश्य सरकार के विरुद्ध जन-मानस बनाना होगा।

तत्काल सबसे अच्छा रास्ता यह हो सकता था कि डंकल प्रस्ताव पर भारत सरकार द्वारा सहमति देने के विरुद्ध संसद के अगले सत्र में अविश्वास प्रस्ताव लाया जाय। अगर डंकल प्रस्ताव से असहमति जाहिर करने में देश के विभिन्न दल ईमानदार हैं तो इस सवाल पर सरकार अकेली पड़ सकती है, और शायद गिर भी जाय, हालाँकि अजित सिंह गुट के कांग्रेस में शामिल हो जाने से यह सम्भावना कुछ क्षीण दिखती है। अगर सरकार तत्काल गिरती नहीं तो लम्बी अवधि की संसदीय राजनीति के जरिये ही नीति परिवर्तन सम्भव होगा।

लेकिन अगर सरकार गिरने की स्थिति में भी हो तो भी विरोधी दल इसे गिराएँगे ऐसा दिखाई नहीं देता। कारण साफ है। इस मुद्‌दे पर सरकार के गिरने का अर्थ है कि आगे आनेवाली गैर-कांग्रेसी सरकार गैट में देश को शामिल नहीं करेगी। गैट में शामिल नहीं होने के अत्यन्त ही दूरगामी नतीजे होंगे। इसका पहला असर तो वर्तमान निर्यात आधारित विकास के लक्ष्य का परित्याग कर देना होगा, क्योंकि गैट से बाहर गए बगैर भी हमारी निर्यात की क्षमता नगण्य है। अमेरिका तथा अन्य समृद्ध औद्योगिक देशों के विरोध में खड़ा होकर हमें विदेशी व्यापार में और भी हानि उठानी होगी।

हम अपनी तुलना चीन से नहीं कर सकते; क्योंकि पहला, चीन ने लगभग चौथाई शताब्दी तक अपना आर्थिक विकास पश्चिमी देशों के खेमे से अपने को

अलग-थलग रखकर किया था। दूसरा, पेट्रोलियम के मामले में वह भारत की तरह आयात पर निर्भर नहीं करता, बल्कि इसका निर्यात करता है। तीसरा, फिलहाल उसका आर्थिक विकास तेजी से हो रहा है और हमारे पिछले वर्ष के राष्ट्रीय आय के 9.2 प्रतिशत विकास की जगह उसकी विकास दर 93 प्रतिशत यानी दस गुना से अधिक थी। पश्चिमी देश जो अभी लगातार मन्दी से गुजर रहे हैं, तेजी से फैलनेवाले चीन के बाजार में निर्यात कर अपने संकट से उबरने का एक अवसर देखते हैं। इसीलिए मानव अधिकार सम्बन्धी अपनी चिन्ताओं को ताक पर रख रहे हैं। यहाँ यह जिक्र कर देना अप्रासंगिक नहीं होगा कि बाजार के इसी लोभ के कारण अमेरिका ने वियतनाम पर से भी व्यापारिक प्रतिबन्ध समाप्त कर दिया है।

स्पष्ट है कि भारत के गैट से बाहर आने के नतीजे दूरगामी होंगे। गैट से बाहर आने का अर्थ होगा देश की अर्थव्यवस्था को बिलकुल एक नई दिशा देना। अभी तक देश के प्रमुख दलों में किसी ने ऐसी वैकल्पिक व्यवस्था की ओर बढ़ने का इरादा नहीं दिखलाया है। यह बात दक्षिणपंथी साम्प्रदायिक भाजपा से लेकर वामपंथी पार्टियों तक लागू है। इस सवाल पर निर्णायक बदलाव तो संसद में एक या कई दलों द्वारा नई विकसित नीति चलाकर ही हो सकता है। इससे ऐसे दल के निर्माण की बात भी इस मुहिम से जुड़ी है।

सम्भव है कि कुछ मार्क्सवादी, लेनिनवादी नेताओं को चीन के विकास में यह सम्भावना दिखाई देती हो कि उसकी अर्थव्यवस्था की तर्ज पर भारत में भी कुछ हो सकता है, लेकिन यह सोचना विकास के तात्कालिक आँकड़ों से पैदा भुलावा ही होगा। अगर हम चीन में हो रहे विकास की तफसील में जाएँगे तो पाएँगे कि उस विकास में न तो कोई समाजवादी तत्त्व है और न कुछ वैसा जो भविष्य के लिए आश्वस्त कर सके। वहाँ कुछ अंचलों और वर्गों का तो तेज विकास हो रहा है, लेकिन बाकी की स्थिति दिनोदिन खराब होती जा रही है। हांगकांग के निकटवर्ती दक्षिण-पूर्वी गुआनडौंग प्रान्त में पिछले वर्ष विकास दर 19 प्रतिशत थी जबकि पूरे देश में 13 प्रतिशत। इसके विपरीत पश्चिमी, मध्यवर्ती और पश्चिमोत्तर के भूभाग पिछड़ते जा रहे हैं। किसानों की स्थिति दयनीय होती जा रही है, और फिलहाल शहरी क्षेत्र में लोगों की आय ग्रामीण क्षेत्र से चार गुनी अधिक है। देश को आठ हजार विकेन्द्रित विकास केन्द्रों में बाँट दिया गया है जो संसाधनों के लिए एक-दूसरे के खिलाफ स्पर्धा में लगे हैं।

इधर निजी क्षेत्र में तेजी से सफलता हासिल करनेवाले दस लाख करोड़पतियों की चर्चा अखबारी सुर्खियों में है। इससे किसानों में घोर असन्तोष है और मध्यवर्ती प्रान्त सिचुआन से जहाँ-तहाँ किसानों के विद्रोह की खबरें भी आती रही हैं। फिलहाल सरकारी आँकड़ों के अनुसार कीमतें साल भर में 20 प्रतिशत बढ़ी हैं जो भारत से लगभग ढाई गुनी हैं। इससे अल्प वेतन वाले मजदूरों में असन्तोष है। उधर लगभग

दस करोड़ लोग खेती छोड़ शहरों में काम की तलाश में आ गए हैं जिनकी स्थिति हमारे देश के नगरों के अस्थायी मजदूरों जैसी है। इससे 'कार्य इकाइयों' द्वारा पहले किया जानेवाला सरकारी नियंत्रण अस्त-व्यस्त हो गया है। उधर विदेशी पूँजी को अनेक छूटें देकर उनके लिए दरवाजा पूरी तरह खोल दिया गया है। सरकारी सूत्रों के अनुसार 1992 में चीन के कारखानों के लिए 58 अरब डॉलर विदेशी पूँजीनिवेश का प्रस्ताव आया जबकि 1991 में यह सिर्फ 12 अरब डॉलर था।

कुल मिलाकर आज चीन अन्तरराष्ट्रीय पूँजीवाद का बड़ा सहारा और स्वयं अपने देश में पूँजीवादी विकास का जबरदस्त पोषक बन गया है। वैसे यह एक विडम्बना ही लगेगी कि चीन में कम्युनिस्ट पार्टी द्वारा खड़े किए गए राजनीतिक ढाँचे के तहत एक ऐसी व्यवस्था चल रही है जिसका स्वरूप लगभग फासीवादी है। वहाँ एक ऐसी तानाशाही है जो पूँजीवाद को प्रोत्साहन और संरक्षण प्रदान करती है, किसानों, मजदूरों और छात्रों का दमन, और गैर-चीनी आबादियों—मसलन, तिब्बत की जनता—पर वैसा ही जुल्म करती है जैसा नस्लवादी फासीवादी सरकारें करती हैं।

लेकिन असल में यह कोई विडम्बना नहीं। मौजूदा विकास-पद्धति अपनानेवाले हर पिछड़े औद्योगिक देशों की यह अनिवार्य नियति है। आज पश्चिमी ढंग का तेज विकास कुछ अंचलों और व्यक्तियों में सम्पन्नता और बाकी समाज में बिना अपवाद के विपन्नता पैदा करता है। स्वाभाविक है कि बेपनाह होते जा रहे लोग व्यवस्था के लिए स्थायी खतरा बन जाएँ। उन्हें लगातार दबाए रखने का काम एक कठोर तानाशाही ही कर सकती है। सम्पन्न औद्योगिक देशों के नेता इस असलियत से अवगत हैं और इसीलिए मानव अधिकारों के हनन को अनदेखा कर देना राजनय का व्यावहारिक सिद्धान्त मान रहे हैं। अगर भारत में यह अर्थनीति चल गई तो यहाँ भी दरिद्र बनाए जा रहे अनगिनत किसानों, बेरोजगार बनाए जा रहे मजदूरों और व्यवस्था के लिए अप्रासंगिक बनाए जा रहे करोड़ों नौजवानों के आक्रोश और उससे पैदा अराजक स्थिति से निपटने का तानाशाही के अलावा कोई दूसरा नुस्खा देश के राजनेताओं के पास नहीं बचेगा।

आधुनिक औद्योगिक व्यवस्था अपने अन्तिम दिन गिन रही है। गैट के नए प्रावधान इसकी मौत को कुछ दिन और टालने का प्रयास भर हैं। इसके नाश के बीज इसके चरित्र में ही निहित हैं। पूँजीवाद के साथ पनपी प्रतिस्पर्धा भी इस व्यवस्था में ही आन्तरिक दबाव है : (1) अधिक-से-अधिक प्राकृतिक संसाधनों को चबाते जाने और (2) मशीनीकरण के जरिये अधिक-से-अधिक मनुष्यों को उच्छिष्ट और अप्रासंगिक बनाए जाने का। पहले से पर्यावरण का संकट पैदा हुआ है जिससे वनस्पति-जगत और जीव-जगत नाश के कगार पर पहुँच गए हैं। दूसरे से रोजगारहीन और बिना आदमनी लोगों की संख्या दिनोदिन बढ़ती जाती है, जिससे विशाल संसाधनों को चबाकर यह व्यवस्था जिन वस्तुओं का निर्माण करती है उनके

खरीदार घटते चले जाते हैं। इसलिए आर्थिक मन्दी और बेरोजगारी औद्योगिक देशों की स्थायी समस्या बन जाती है।

औद्योगीकरण के प्रारम्भिक दिनों में औद्योगिक व्यवस्थाओं के छोटे-छोटे संसार थे। जो आगे थे वे बाहर फैलने के लिए उन्मुक्त व्यापार की वकालत करते थे। जो बाद में आए उन्होंने अपने उद्योगों को संरक्षण देकर विकसित करने की नीति अपनाई। पहले का उदाहरण उन्नीसवीं सदी के जर्मनी और अमेरिका थे, लेकिन जैसे-जैसे औद्योगिक क्षेत्रों के संसार फैलने लगे बाजार के लिए लड़ाई शुरू हुई। द्वितीय विश्वयुद्ध के बाद कुछ समय तक कम्युनिस्ट दुनिया एक बन्द बाजार थी, लेकिन आधुनिक प्रौद्योगिकी की आत्मा पूँजीवाद है, और इसे लेकर चलने में कम्युनिस्ट व्यवस्थाएँ धराशायी हो गईं। यही मौका मिला है जब सम्पन्न औद्योगिक देशों ने मिलकर बाकी दुनिया की उन आर्थिक-राजनीतिक चारदीवारियों पर हमला शुरू किया है जिनकी सुरक्षा के तहत वे भी पश्चिमी ढंग का विकास चाहते थे, लेकिन पश्चिमी ढंग की 'लेटेस्ट' तकनीकी सम्पन्न औद्योगिक देशों से ही मिल सकती थी, और वहीं से वे सारे प्रसाधन और ठाट-बाट के सामान उपलब्ध हो सकते थे जिनके लिए पिछड़ी अर्थ-व्यवस्थाओं के अभिजात वर्गों में वैसी ही ललक है जैसी शिशुओं में नए खिलौनों के लिए होती है। इनको उपलब्ध करने की कीमत थी अपने सुरक्षात्मक घेरे को तोड़ना और अपनी आर्थिक स्वतंत्रता और सांस्कृतिक अस्मिता की बलि। डंकल प्रस्ताव पर सहमति महज प्रतीक है इस बलिदान पर्व का।

आज जरूरत है इस प्रतीक के विरुद्ध संघर्ष को बढ़ाकर एक नई अर्थव्यवस्था और नई संस्कृति की ओर बढ़ने की। इसी के इर्द-गिर्द कोई नया राजनीतिक दल बन सकता है—वैसा राजनीतिक दल जो नई अर्थनीति को लेकर अगर स्वयं सत्ता में नहीं भी आए तो भी अपनी उपस्थिति से ऐसा जन-मानस बना पाए जिससे दूसरे दलों को अपनी दृष्टि को बदलने को बाध्य होना पड़े। आज डंकल विरोध का यही गंतव्य हो सकता है।

सामयिक वार्ता, मार्च 1994

भारत और मुक्त बाजार व्यवस्था

उदारीकरण की नीति को उसके विभिन्न पहलुओं पर विचार किए बिना जिस तरह हमारे देश में लागू किया जा रहा है, वह बिना पतवार और कम्पास के महासागर में नाव उतार देने जैसा है। अब तक देश और दुनिया से ऐसी नीतियों के नतीजे की जो सूचनाएँ मिलती रही हैं, उनकी पृष्ठभूमि में इन नीतियों का पुनर्मूल्यांकन जरूरी था, लेकिन ऐसा लगता है कि हमारे नीति निर्माताओं को सूझबूझ से अधिक साहसिकता पर भरोसा है। अंग्रेजी में एक कहावत है, 'जहाँ फरिश्ते पाँव बढ़ाने से डरते हों, बेवकूफ दौड़ पड़ते हैं।' उन्मुक्त व्यापार को लेकर स्वयं उसके प्रणेता विकसित औद्योगिक देशों में जिस तरह की अड़चनें उपस्थित हो रही हैं, उन्हें देखते हुए इस दिशा में भारत का बिना सोचे-समझे सरपट दौड़ पड़ना कुछ इसी कहावत को चरितार्थ करता है।

पहले हम कृषि क्षेत्र पर विचार करें। देश के भीतर उन्मुक्त व्यापार के नाम पर अन्तरराष्ट्रीय मुद्रा कोष के दबाव में जिस हद तक उर्वरकों पर से सब्सिडी (अनुदान) हटाई गई है और किसानों को खरीद का जो सरकारी मूल्य दिया गया है, वह इतना कम है कि किसानों को घाटे की खेती करनी पड़ रही है। पिछले वर्ष खाद्य निगम द्वारा गेहूँ उगाही का लक्ष्य पूरा नहीं कर पाने का मुख्य कारण यही था। अब सरकार द्वारा अमेरिका, कनाडा और आस्ट्रेलिया से तीस लाख टन गेहूँ आयात किया जा रहा है। यह जानकारी दिलचस्प होगी कि जिस अमेरिकी सरकार ने भारत में सभी तरह के सरकारी अनुदान खत्म करने का दबाव डाला था, उसी सरकार ने गेहूँ निर्यात पर अपने यहाँ के किसानों को भारी अनुदान दिया है। बिना इस अनुदान के अमेरिकी गेहूँ की कीमत भारतीय गेहूँ से लगभग दोगुनी होती।

अब अगर अमेरिकी सरकार से अनुदान प्राप्त गेहूँ को भारत सरकार रबी की अगली फसल के पहले बाजार में ला देती है तो गेहूँ की कीमत बिलकुल गिर जाएगी। उसका एक ही नतीजा होगा, भारतीय किसान गेहूँ की खेती बिलकुल कम कर देंगे। आज देश में अनाज की कमी बिना ही अन्न का आयात किया जा रहा है। इस नीति के फलस्वरूप अगले वर्षों में खाद्यान्न की कमी से अकाल की असली स्थिति में अन्न का आयात करना पड़ेगा और सम्भवत: बहुत ही विपरीत शर्तों पर।

यह नीति सिर्फ किसान विरोधी ही नहीं, अदूरदर्शी भी है जो देश को अकाल की ओर ले जाएगी। विडम्बना यह है कि नई कृषि नीति की घोषणा में बलराम जाखड़ किसानों को प्रोत्साहन देने की बात करते हैं और प्रधानमंत्री ने कृषि वैज्ञानिकों के सामने दशक के अन्त तक अन्न उत्पादन को तीन गुना बढ़ाने की बात की है।

हमारी सरकार ने कृषि अनुदान समाप्त करने की नीति इस तरह बेहिचक कबूल कर ली है मानो यह बिलकुल महत्त्वहीन मामला हो, लेकिन अत्यन्त विकसित औद्योगिक देशों के लिए भी, जहाँ पाँच प्रतिशत से कम आबादी खेती पर निर्भर करती है, कृषि अनुदान कितना महत्त्वपूर्ण है, यह इसी बात से जाहिर है कि गैट सन्धि (चुंगी एवं व्यापार की आम सन्धि) के वर्षों के गतिरोध के पीछे मुख्य मुद्दा कृषि पर दिया जानेवाला अनुदान ही है। पिछले दिनों यह मामला मुख्य रूप से दुनिया के प्रमुख कृषि उत्पादक अमेरिका और यूरोपीय समुदाय के बीच उलझ गया है। अमेरिका लगातार दबाव डालता रहा है कि यूरोपीय समुदाय कृषिजन्य वस्तुओं पर दी जानेवाली सब्सिडी को हटाए, लेकिन ये देश इसके लिए राजी नहीं हुए, फलस्वरूप टकराव के बीच चल रही वार्ता टूट गई। अमेरिका ने यह आरोप लगाया कि यूरोपीय समुदाय ने फ्रांसीसी नेता और यूरोपीय आयोग के वर्तमान अध्यक्ष देलोर के दबाव में यह हठी रुख अख्तियार किया, जिससे समझौता असम्भव हो गया। अमेरिका और यूरोपीय समुदाय इस गतिरोध का चाहे जो भी हल निकाले, इससे इन देशों की आर्थिक प्राथमिकताएँ क्या हैं, यह जाहिर हो जाता है।

यह घटनाक्रम भारत की अर्थनीति निर्धारित करनेवालों के लिए शिक्षाप्रद होना चाहिए। चूँकि आज भी भारत की 70 फीसदी आबादी कृषि पर निर्भर है और भारत की अर्थव्यवस्था में अन्तरराष्ट्रीय व्यापार का योगदान बहुत कम है, भारत के लिए विवेकपूर्ण प्राथमिकता अपनी कृषि व्यवस्था की रक्षा ही हो सकती है।

अब प्रश्न उठता है कि क्या भारत की कृषि व्यवस्था को मजबूत रखने के लिए भारी अनुदान जरूरी है? इसका जवाब बेहिचक 'हाँ' में दिया जा सकता है। किसी भी देश का कृषि उत्पादन बाजार की प्रतिस्पर्धा में कितना सक्षम होगा, यह तीन बातों पर निर्भर करता है : एक, उसमें लगे श्रमिकों की उत्पादकता पर, दो, जमीन की उत्पादकता पर और तीन, उन जोतों के आकार पर जिनकी पैदावार से किसान परिवार का जीवन निर्वाह होता है। श्रम और जमीन दोनों की उत्पादकता कृषि तकनीकी के स्तर पर निर्भर करती है। उदाहरण के लिए हल-बैल से जमीन जोतनेवाला किसान 10 से 15 एकड़ तक जमीन जोत पाएगा। विकसित तकनीकी से खेत की सिंचाई भी सुविधा से की जा सकती है और उन्नत बीज, खाद आदि के उपयोग से प्रति इकाई जमीन का उत्पादन बढ़ाया जा सकता है। इस तरह खेती पर निर्भर किसानों को अपने श्रम के अनुपात में अधिक उत्पादन मिलेगा और वह बाजार में अपने उत्पादों को कम कीमत पर बेचकर भी अच्छी आय पा सकता है।

इससे वह बाजार की प्रतिस्पर्धा में सक्षम सिद्ध होगा। विकसित औद्योगिक व्यवस्था में किसानों को एक और भी लाभ मिलता है। उनके यहाँ पूँजी और तकनीकी दोनों इसके लिए उपलब्ध होती हैं कि वे अपने प्राथमिक कृषि उत्पादों को औद्योगिक उत्पाद में बदल अतिरिक्त लाभ ले सकें। जैसे दूध से दूध का पाउडर, पनीर, मक्खन आदि उत्पादित कर इनकी डिब्बाबन्दी करना और शीतगृहों में रख बाजार में उपयुक्त समय पर बेचकर नफा कमाना। इसी तरह फलों से जैम, जेली, शराब आदि।

अमेरिका के भूतपूर्व राष्ट्रपति रेगन का उन्मुक्त पूँजीवाद का बनाना इत्यादि, लेकिन इन सुविधाओं के बावजूद अगर जोतों का आकार बहुत छोटा है, तो ऐसी जोत वाले उत्पादक बाजार की प्रतिस्पर्धा में अन्य सुविधाओं में समान रूप से सम्पन्न बड़ी जोत वाले उत्पादकों के सामने नहीं टिक सकते, क्योंकि प्रति व्यक्ति उत्पादन और जमीन का प्रति इकाई उत्पादन कितना ही अधिक क्यों न हो, एक बहुत छोटे आकार की जोत से इतनी आमदनी नहीं की जा सकती जिससे एक परिवार को एक अच्छा जीवन स्तर प्रदान किया जा सके। इस दृष्टि से अमेरिका और यूरोप में खेती पर आबादी का बोझ कम होने के कारण जोतें काफी बड़ी हैं। अमेरिका में जोतों का औसत आकार चार सौ एकड़ से अधिक है। भारत की तुलना में यह सौ गुने से अधिक बड़ा है।

भारत के तकनीकी विकास की स्थिति और जोतों के आकार को देखते हुए यहाँ के किसान विकसित औद्योगिक देशों जैसे—अमेरिका या यूरोप—के कृषकों के सामने खुली प्रतिस्पर्धा में टिक नहीं सकते। यूरोप और अमेरिका ही नहीं जापान के किसानों को भी अगर सब्सिडी की जरूरत होती है, भारत के किसानों को बिना किसी सरकारी सहयोग के ऐसी प्रतिस्पर्धा में खड़ा होने की सलाह देना किसानों और देश देनों के लिए आत्महत्या का आमंत्रण है। किसानों के हितों की उपेक्षा भारत में इसलिए विशेष तौर से आपराधिक दिखाई देती है कि वे देश का सबसे विशाल वर्ग हैं और देश को भोजन और अनेक अन्य आवश्यक वस्तुएँ उपलब्ध कराना उनकी जवाबदेही मानी जाती है। फिर भी अगर इतनी बड़ी कुर्बानी देने की बात देश के शासक सोच रहे हैं तो उन्हें इसके बदले में कुछ ठोस लाभ बतलाना चाहिए जो इनके एवज में प्राप्य हों, लेकिन ऐसा कुछ दिखाई नहीं देता।

कम्युनिस्ट व्यवस्थाओं के ध्वस्त होने के बाद जो उन्मुक्त बाजार व्यवस्था की प्रशस्ति का सिलसिला चला, लगता है हमारे नीति निर्माताओं ने उससे प्रभावित हो अपना विवेक इस्तेमाल करना बन्द कर दिया है, लेकिन कम्युनिस्ट तानाशाही के खिलाफ विद्रोह के उत्साह में जिस तरह बिना सोचे-समझे उन्मुक्त बाजार का दर्शन पूर्वी यूरोप में अपनाया गया था, उससे मोहभंग शुरू हो गया है। उन्मुक्त बाजार व्यवस्था ने हर जगह बेरोजगारी और गैर-बराबरी को बढ़ावा दिया है और उन देशों में बड़ी संख्या में लोग पहले से अधिक अभाव में जी रहे हैं। यह वैचारिक

पेंग अपनी चरम बिन्दु पर पहुँचकर वापसी पर है और हमें अपने सोच को बदले हालात की रोशनी में व्यवस्थित करना चाहिए। कम्युनिस्ट व्यवस्थाओं के ध्वस्त होने के तथाकथित रेगनॉमिक्स (अमेरिका के भूतपूर्व राष्ट्रपति रेगन का उन्मुक्त पूँजीवाद का अर्थशास्त्र) और थैचरिज्म (ब्रिटेन की भूतपूर्व प्रधानमंत्री मार्गरिट थैचर की पूँजीवादी राजनीति) को सार्वदेशिक स्वीकृति मिलने लगी थी। अब दोनों ही के विचार संकट में लगते हैं।

अमेरिका में अनियंत्रित पूँजीवाद के दर्शन से घोर गैर-बराबरी कुछ क्षेत्रों में अमानवीय दरिद्रता, असुरक्षा, आर्थिक मन्दी और बेरोजगारी इतनी असह्य होने लगीं कि लोगों ने बुश के खिलाफ डेमोक्रेटिक प्रत्याशी क्लिंटन को राष्ट्रपति चुना। ब्रिटेन में घटे बहुमत से कंजर्वेटिव फिर सत्ता में जरूर आ गए, लेकिन वहाँ भी अर्थव्यवस्था संकट में है। आर्थिक मन्दी और बेरोजगारी चरम सीमा पर है। इस क्रम में ब्रिटेन की आधी कोयला खदानों को बन्द करने के निर्णय का इतना विरोध हुआ कि जॉन मेजर की कंजर्वेटिव सरकार का अस्तित्व खतरे में पड़ गया था। जापान में दशकों में पहली बार कुछ बड़े औद्योगिक प्रतिष्ठान घाटे में चलने लगे हैं। यह सब बतलाता है कि उन्मुक्त बाजार व्यवस्था वैसी जादुई छड़ी नहीं है जिससे समाज की विभिन्न समस्याओं का समाधान हो सके। जो नीति दुनिया के सबसे समृद्ध औद्योगिक राष्ट्रों के लिए बनाई गई थी, वह उन्हीं के लिए बेअसर साबित हो रही है। उस नीति से भारत जैसे अविकसित औद्योगिक देशों की समस्याओं का समाधान ढूँढ़ना निरर्थक ही नहीं, खतरनाक भी है।

अब तक इस नीति से किसी समस्या का समाधान होता नहीं दिखाई देता। महँगाई अब फिर दहाई अंक पार कर चुकी है। कारखाने बन्द होने लगे हैं। विदेशी मुद्रा का संकट विदेशी कर्ज से ही हल करने की कोशिश हो रही है। बेरोजगारी को खत्म करने की अब कोई बात भी नहीं करता, जो देश की सबसे बड़ी समस्या है। इसकी जगह 'गोल्डन हैंडशेक' की बात हो रही है। विकसित औद्योगिक देशों की बढ़ रही मन्दी के सन्दर्भ में इसकी आशा नहीं की जा सकती कि हमारे निर्यात और इससे सम्बद्ध उद्योगों का विकास हो पाएगा। यह साफ होने लगा है कि अभी देश की समस्याओं का समाधान अन्तरराष्ट्रीय व्यापार के उतार-चढ़ाव के साथ अपनी अर्थव्यवस्था को पूर्णरूपेण जोड़कर नहीं, उससे काफी अलग करके ही चला सकते हैं।

नवभारत टाइम्स, 24 नवम्बर 1992

अफीम नई है, युद्ध पुराना

हम नए वर्ष में एक नए अन्तरराष्ट्रीय वर्ल्ड ट्रेड ऑर्गेनाइजेशन (विश्व व्यापार संगठन) की छाया में प्रवेश कर रहे हैं, जो 1995 के जुलाई महीने से अस्तित्व में आ जाएगा। इसके अस्तित्व में आ जाने के बाद गैट सन्धि को मान्यता प्रदान करनेवाले सभी राष्ट्र इसकी शर्तों पर अपने उत्पादन, पेटेन्ट कानून एवं व्यापार को नियंत्रित करने को बाध्य होंगे। इसकी अपनी अदालत होगी, जिसमें इसके प्रावधानों से सम्बन्धित विवादों का निपटारा होगा और इसके निर्णय सभी देशों पर लागू होंगे। बीसवीं शताब्दी के प्रथम चरण तक के उपनिवेशों पर साम्राज्यवादी नियंत्रण और इस संगठन के नियंत्रण में एक बुनियादी फर्क यह होगा कि पहले के उपनिवेशों पर अलग-अलग साम्राज्यवादी देशों का प्रत्यक्ष नियंत्रण रहता था, जबकि नई व्यवस्था में सम्पन्न देशों का साझा एवं परोक्ष नियंत्रण बाकी दुनिया की अर्थव्यवस्थाओं पर होगा। उन्मुक्त व्यापार की बात पहले भी एक भ्रम थी और अब भी एक भ्रम ही है।

उन्नीसवीं शताब्दी में औद्योगिक दृष्टि से अग्रणी ब्रिटेन उन्मुक्त व्यापार का जबरदस्त हिमायती था, लेकिन इसी काल में अमेरिका और यूरोपी के वे देश, जो अभी-अभी अपने देशों का उद्योगीकरण कर रहे थे, अपने उद्योगों को संरक्षण देने की नीति लेकर चलते थे। स्वयं उन्मुक्त बाजार के मसीहा एडम स्मिथ ने कुछ नियंत्रणों की आवश्यकता स्वीकार की थी, जैसे ब्रिटेन का नेविगेशन एक्ट, जिसके अनुसार उपनिवेशों के सामान को ब्रिटेन के जहाजों से ही ढोया जा सकता था। यह प्रतिबन्धक अधिनियम राष्ट्रीय हित में स्वीकार किया गया था। गैर-यूरोपीय देशों, खासकर उनके प्रति जो कमजोर थे, स्वतंत्र व्यापार के हिमायती ब्रिटेन का रुख बिलकुल अलग था। भारत के उद्योगों को कितनी ज्यादाती के साथ नष्ट किया गया, यह सर्वविदित है, लेकिन विश्व व्यापार का जो प्रतिमान अब स्थापित किया जा रहा है, यानी व्यापार की अपनी शर्तों को कमजोर मुल्कों पर लादने का उसका पूर्वाभास चीन के साथ ब्रिटेन के अफीम व्यापार में देखने को मिलता है।

अंग्रेजों को चीन में अफीम के व्यापार से बहुत मुनाफा होता था, लेकिन इससे चीन के लोग अफीमची बनकर बर्बाद हो रहे थे। इसके विरोध में 1839 में चीन की सरकार ने अफीम की बिक्री पर प्रतिबंध लगाया। प्रतिबंध को लागू करने के

क्रम में कैंटन नगर में अंग्रेज व्यापारियों की अफीम को जब्त कर नष्ट कर दिया गया। इसे बहाना बना अंग्रेजों ने चीन के खिलाफ युद्ध शुरू कर दिया। 1942 में पराजित चीनियों पर यह शर्त लाद दी गई कि कैंटन समेत पाँच नगर अंग्रेजी व्यापार के लिए खुले रहेंगे। हांगकांग नगर तो अंग्रेजों के अधिकार में ही दे दिया गया। यह विडम्बना ही है कि अब अमेरिका और पश्चिमी देश तीसरी दुनिया पर ड्रग्स (मादक द्रव्यों) के व्यापार पर प्रतिबंध लगाने के लिए हरसम्भव दबाव डाल रहे हैं, क्योंकि इन देशों के अपने नौजवान मादक द्रव्यों के आदी होने लगे हैं।

असलियत यह है कि पश्चिमी औद्योगिक राष्ट्र हमेशा अन्तरराष्ट्रीय व्यापार के नियमों को अपनी सुविधा के अनुसार बदलते रहे हैं। बीसवीं शताब्दी आते-आते ब्रिटेन के अलावा अमेरिका, जर्मनी, जापान आदि दूसरे कई देश औद्योगिक राष्ट्रों की श्रेणी में आ गए और अंग्रेजी व्यापार को चुनौती देने लगे। इस चुनौती के मुकाबले ग्रेट ब्रिटेन, जो उन्नीसवीं शताब्दी में उन्मुक्त व्यापार की बात करता था, परोक्ष रूप से अपने उद्योगों को संरक्षण देने लगा। इस नीति को शुरू में 'इम्पीरियल प्रेफरेंस' और बाद में 'कॉमनवेल्थ प्रेफरेंस' की नीति का नाम दिया गया। इस नीति के तहत उसे अपने विशाल उपनिवेशों के आरक्षित बाजार प्राप्त हो गए। दूसरी ओर अमेरिका लगातार अपने उद्योगों को तट कर की भारी दीवार से उस समय भी संरक्षण देता रहा, जब वह एक अग्रणी औद्योगिक राष्ट्र बन चुका था। बीसवीं शताब्दी के '30 के दशक की मन्दी के काल में उसे यह नीति बदलने को बाध्य होना पड़ा।

1934 में राष्ट्रपति फ्रैंकलिन रूजवेल्ट को अन्य देशों के साथ पारस्परिकता के आधार पर व्यापारिक सन्धि करने का अधिकार दिया गया। इस पहल के परिणामस्वरूप अन्य देशों को 'मोस्ट फेवर्ड नेशन' का दर्जा देकर पारस्परिकता के आधार पर तट कर में छूट देने की नीति अपना ली गई। 'मोस्ट फेवर्ड नेशन' का दर्जा पानेवाले देशों को अमेरिका में उपलब्ध न्यूनतम तट कर के आधार पर अपने माल बेचने का अधिकार प्राप्त होता था। बाद में गैट की ताजा सन्धि में भी, जिसे आगे बढ़ाने में अमेरिका का विशेष हाथ रहा है, सदस्य्य देशों को ऐसी ही सुविधा देने का प्रावधान है।

चूँकि कच्चे माल के क्षेत्र और बाजार का विस्तार इस औद्योगिक व्यवस्था के फूलने-फलने के लिए जरूरी था, इसलिए जर्मनी सरीखे उदीयमान औद्योगिक देशों से आरक्षित बाजार वाले साम्राज्यवादी देशों का संघर्ष शुरू हुआ। ऐसे ही संघर्ष के कारण 1914-18 का प्रथम विश्व युद्ध हुआ। इस युद्ध में जर्मनी की पराजय हुई और हर्जाने के बोझ से उसकी अर्थव्यस्था को नष्ट करने का प्रयास हुआ, लेकिन इससे घिरा होने के बोध से पैदा उसका असन्तोष और भी गहराया, जिससे हिटलर का उदय हुआ। इस तरह प्रथम विश्व युद्ध की समाप्ति के दो दशक बाद ही 1939 में फिर एक विश्वव्यापी युद्ध हुआ, जिससे जर्मनी, इटली और जापान बाकी औद्योगिक देशों के खिलाफ विनाशकारी युद्ध में उलझ गए।

इस युद्ध के अन्तिम चरण में विजय की ओर अग्रसर मित्र राष्ट्रों ने यह अनुभव किया कि औद्योगिक राष्ट्रों की अनियंत्रित आपसी प्रतिस्पर्धा अब उनके अस्तित्व के लिए ही खतरनाक बनने लगी है। इस एहसास के कारण 1944 में अमेरिका के ब्रेटनवुड्स में एक बैठक में, जिसमें 44 देशों के प्रतिनिधि शामिल थे, पर वर्चस्व ब्रिटेन और अमेरिका का था, विश्व बैंक, अन्तरराष्ट्रीय मुद्रा कोष और अन्तरराष्ट्रीय व्यापार संगठन खड़ा करने का निर्णय लिया गया। इसका उद्‌देश्य प्रतिस्पर्धी औद्योगिक राष्ट्रों को नष्ट करने की जगह आर्थिक रूप से व्यापार के योग्य बना खड़ा करना था। इस प्रक्रिया में ऊपर बतलाए गए संगठनों की सहायक भूमिका सुनिश्चित की गई। अन्तरराष्ट्रीय व्यापार में राष्ट्रों की सम्प्रभुता का मामला जुड़ा होने से अन्तरराष्ट्रीय व्यापार संगठन को बनाने के सवाल पर असहमति हो गई और इसीलिए इसकी जगह गैट (व्यापार और तट कर पर आम सहमति) की स्थापना हुई, जिसका कोई विशेष नियंत्रण विभिन्न राष्ट्रों की आर्थिक नीति पर नहीं था।

ब्रेटनबुड्स संस्थाओं का घोषित लक्ष्य तो सारे संसार की अर्थव्यवस्थाओं को अपने पैर पर खड़ा कर बराबरी के व्यापार के लायक बनाना था, लेकिन उनके विचार के केन्द्र में यूरोप के औद्योगिक देश ही थे। 'अन्तरराष्ट्रीय मुद्रा कोष के लिए जो राशि उस समय प्राप्त हुई, वह इतनी कम थी कि उससे यह काम साधना असम्भव था। इसलिए वास्तविक सहायता एंग्लो-अमेरिकन फाइनेंशियल असिस्टेंस' के तहत (375 अरब डॉलर की) ब्रिटेन को और फिर मार्शल योजना के तहत 12.5 अरब डॉलर की सहायता जर्मनी, फ्रांस आदि को प्राप्त हुई। इस तरह द्वितीय विश्व युद्ध के बाद से सम्पन्न औद्योगिक देशों के बीच एक हद तक सहयोग की नीति चली और उनके आक्रामक व्यापार के फैलाव का मुख्य क्षेत्र बाकी दुनिया बनी।

फिर भी 1948 में मार्शल योजना के लागू होने से लेकर 1988 तक के चालीस वर्षों में सोवियत संघ तथा अन्य 'समाजवादी' सरकारों का संसार के बड़े भू-भाग पर नियंत्रण होने से इस व्यापारिक फैलाव के लिए एक बड़ी बाधा उपस्थित हो गई थी। 1989 में सोवियत संघ तथा अन्य समाजवादी व्यवस्थाओं के धराशायी हो जाने से और चीन द्वारा निजी क्षेत्र की प्राथमिकता कबूल कर लेने से यह बाधा खत्म हो गई। यही पृष्ठभूमि थी, जिसमें एक सार्वभौम व्यापारिक संस्था जिसका विचार लम्बित था, नई गैट सन्धि के तहत स्थापित की गई है। वर्ल्ड ट्रेड ऑर्गेनाइजेशन अथवा मल्टीलैटरल ट्रेड ऑर्गेनाइजेशन के नाम से 1995 में स्थापित होनेवाली यह संस्था, दरअसल, 1944 में ब्रेटनबुड्स में प्रस्तावित इंटरनेशनल ट्रेड ऑर्गेनाइजेशन का ही परिष्कृत संस्करण है। इसके दायरे में उद्योगों के अलावा कृषि, वन सम्पदा, सेवा एवं बौद्धिक सम्पदा अधिकार के तहत मनुष्य की मेधाशक्ति सब कुछ समाहित है।

लेकिन जीवित मनुष्यों का समग्र शोषण तब तक सम्भव नहीं जब तक उनकी बुद्धि पर भी नियंत्रण न हो। आज की दुनिया में यह विशेष तौर से महत्त्वपूर्ण हो

गया है, जब व्यापार जीवन की आवश्यक वस्तुओं से ज्यादा प्रसाधनों एवं अन्य गैर-जरूरी वस्तुओं का होता है। इसके लिए लोगों में ऐसी वस्तुओं की ललक पैदा करना और उनका आदी बनाना जरूरी होता है। यही प्रचार तंत्र की विविध विधाओं और संचार माध्यमों की भूमिका सर्वाधिक महत्त्व की बन जाती है। इसका सबसे सक्षम साधन टेलीविजन प्रसारण आज दुनिया के व्यापारिक प्रतिष्ठानों को उपलब्ध है। इसके द्वारा न सिर्फ विज्ञापनों को रंग-बिरंगी साज-सज्जा के साथ तिलस्मी रूप में प्रस्तुत किया जा सकता है, बल्कि नाटक, संगीत आदि कलाओं को भी शुद्ध व्यापारिक रूप देकर घर-घर पहुँचाया जा सकता है। आकाश मार्ग से होनेवाले इस आक्रमण से बचने के लिए दृढ़ इच्छा शक्ति या सशक्त देशज संस्कृति के उन्मेष के अलावा कोई दूसरा उपाय नहीं है। स्वयं साझा विरासत वाले फ्रांस ने अमेरिकी सांस्कृतिक हमले के खिलाफ जोरदार आवाज उठाई है। वैसा ही विरोध अब कनाडा में शुरू हुआ है।

भारत की सांस्कृतिक विरासत भिन्न है और इस नई संस्कृति को अफीम की लत की तरह यहाँ फैलाया जा रहा है। धीरे-धीरे इसके आदी भारतीय एक सतही या भोंडी व्यावसायिक संस्कृति को आत्मसात कर उससे जुड़ी उन तमाम वस्तुओं के लिए लालायित होंगे जो आज औद्योगिक समाजों के उत्पादन और निर्यात के प्रधान क्षेत्र हैं। यह अफीम व्यापार की पुनरावृत्ति जैसी ही चीज है।

कैसा होगा आर्थिक नीतियों का चेहरा

सोनिया गांधी ने प्रधानमंत्री के पद को ठुकरा कर राजनीति के लिए एक अद्‌भुत प्रतिमान उपस्थित किया है। यह इस प्रचलित धारणा को पूरी तरह नकारता है कि राजनीति में कुछ भी उदात्त नहीं हो सकता। दरअसल, जेपी ने आजादी मिलने के बाद, जब वे सोशलिस्ट पार्टी के महामंत्री थे, जवाहरलाल नेहरू को कुछ ऐसा ही सुझाव दिया था कि जब देश के नव निर्माण की जरूरत है तो कुछ नेताओं को सत्ता से बाहर रह देश की राजनीति को दिशा देने की कोशिश करनी चाहिए। जेपी ने कुछ ऐसा ही सोच कर स्वयं कभी संसद में जाने का प्रयास नहीं किया, लेकिन उस समय पंडित नेहरू ने यह कहकर इस सुझाव को मजाक में उड़ा दिया कि जयप्रकाश तो सत्ता से बाहर रहकर यह काम कर ही रहा है, लेकिन सत्ता के प्रति स्वयं नेहरू के इस मोह ने राजनेताओं में सत्ता को सर्वोपरि के रुझान को बढ़ावा दिया जिसने देश की राजनीति को गलत दिशा दी।

आज चारों तरफ परिवारवाद दिखाई दे रहा है। सभी महत्त्वपूर्ण नेताओं के रिश्तेदार ही सांसद और विधायिकाओं के लिए उपयुक्त माने जाने लगे हैं। नेहरू ने दबाव के रूप में एकाध बार जरूर सत्ता त्यागने का ड्रामा किया था। सत्ता के प्रति नेहरू के इस रुख को लक्ष्य करके ही लोहिया ने कभी व्यंग्य से कहा था कि 'अनासक्ति के इस देश में नेताओं की गद्‌दी मरने के बाद ही छूटती है।' जब सोनिया गांधी ने प्रधानमंत्री बनने से इनकार किया तो शुरू में ऐसा लगता था कि यह भी शायद कुछ ऐसा ही नाटक हो। सोनिया गांधी के जन्म-स्थान रोम में भी जूलियस सीजर ने मुकुट धारण करने के पहले तीन बार मना किया था।

नेहरू परिवार के दरबारी के रूप में काम करने के अभ्यस्त कांग्रेसियों ने जब सोनिया गांधी पर प्रधानमंत्री बनने का भीषण दबाव बनाना शुरू किया तब यह आशंका होने लगी थी कि अन्ततः सोनिया गांधी अपना विचार बदल देंगी, लेकिन सौभाग्य से यह साबित हुआ कि यह निर्णय वाकई एक दृढ़ संकल्प का परिणाम था। अब जो लोग इसमें कुछ छिपा मर्म देखते हैं अपनी कमजोरी की कसौटी पर एक बड़े मन को आँकने की कोशिश कर रहे हैं। हमें अब सहज भाव से इसे राजनीति के लिए एक शुभ संकेत मान लेना चाहिए और आशा करनी चाहिए कि दूसरे लोग भी राजनीति को सिर्फ पद पाने का माध्यम नहीं बनाएँगे।

संयोग से मनमोहन सिंह, जिनका चयन सोनिया गांधी ने प्रधानमंत्री पद के लिए किया, वे भी अपनी ईमानदारी और कर्तव्यनिष्ठा के लिए जाने जाते हैं। अगर इनके चरित्र का अनुकरण दूसरे सांसद और राजनेता करने लगें तो देश की राजनीति उस दलदल से निकलने लगेगी जिसमें नीतियों की बहस की बजाय नेताओं के भ्रष्ट आचरण की चर्चा में ही देश की राजनीतिक ऊर्जा नष्ट हो जाती है। सौ करोड़ के इस देश में जहाँ करोड़ों लोग भूखे पेट सोने को मजबूर होते हैं, जहाँ समुचित आवासीय सुविधा भी थोड़े ही लोगों को उपलब्ध है और शिक्षा और स्वास्थ्य सेवाएँ भी बस मुट्ठी-भर लोगों को मिलती हैं, पूरी निष्ठा और ईमानदारी से काम करने पर भी लोगों की जरूरतों को पूरा करना काफी समय ले सकता है। ऐसे में देश में राजनीति करनेवालों के सामने अपने और देश को बदलने की एक बड़ी चुनौती है। इस चुनौती को स्वीकार करने से नीतियों का मामला पहले से अधिक गम्भीर बन जाएगा क्योंकि तब समाज के स्वरूप निर्धारण में नीतियाँ ही निर्णायक कारक बन जाएँगी।

फिलहाल देश जैसी फासीवादी ताकतों के उभार से निकला है उसमें सभी चाहेंगे कि नई सरकार में स्थायित्व हो। इसके लिए सबसे पहले यह उम्मीद की जाती है कि नए मंत्रिपरिषद में कुशल और साफ छवि वाले लोग ही हों और कोई भी ऐसा व्यक्ति जिस पर भ्रष्टाचार के गम्भीर आरोप रहे हैं, इसमें शामिल नहीं किया जाए। इससे लोगों का भरोसा नई सरकार पर जमेगा। इसके लिए कांग्रेस संगठन के भीतरी और सहयोगी दलों के बाहरी दबावों को निरस्त करना जरूरी लगेगा। यह कठिन पर वर्तमान स्थिति में अनिवार्य कर्तव्य बनता है। अब तक इस दिशा में बहुत सफलता मिलती नहीं दिखाई देती। मंत्रिपरिषद में कुछ चेहरे ऐसे हैं जिनके खिलाफ आपराधिक मामले दर्ज हो चुके हैं। शायद यह गठजोड़ राजनीति की मजबूरी हो, लेकिन इससे भविष्य में शासन भ्रष्टाचार मुक्त और पारदर्शी बन पाएगा इस पर सन्देह होने लगता है। एक दृष्टि से यह स्थिति त्रासद होगी क्योंकि ईमानदारी ही मनमोहन सिंह सरकार की सबसे बड़ी या एकमात्र पूँजी मानी जाती रही है।

नीतियों के स्तर पर काफी संशय की गुंजाइश है। देश की आम जनता यानी गरीब वर्गों के हित में किसी मूलभूत बदलाव की सम्भावना में सबसे बड़ी बाधा तथाकथित सुधारों के प्रति मनमोहन सिंह की ख्यात प्रतिबद्धता की है। दरअसल, वे ही इस देश में 'उदारीकरण' की नीति के जनक माने जाते हैं। अर्थशास्त्र भी आज एक तकनीकी ज्ञान है यानी एक औजार है और किसी भी औजार की तरह इसका इस्तेमाल निर्दिष्ट लक्ष्यों के लिए होता है। जब तक यह स्पष्ट नहीं हो कि तकनीक की दिशा क्या है इसके नतीजों के बारे में कुछ भी नहीं कहा जा सकता। अब तक दुनिया के किसी भी देश में बहुसंख्य गरीब लोगों के हित में आर्थिक 'सुधारों' के परिणाम नहीं हुए हैं। इसलिए मनमोहन सिंह की निर्विवाद विद्वत्ता के बावजूद या

कहें तो इसी के कारण उनके द्वारा अपनाई गई नीति देश की गहराती विषमता को दूर करने की बजाय इसे और भी गहरा सकती है।

उदारीकरण को मानवीय चेहरा देने की बात की गई है जबकि दरअसल इसका कोई मानवीय चेहरा हो ही नहीं सकता क्योंकि अपने आदर्श रूप में उन्मुक्त प्रतिस्पर्धा (फ्री कम्पीटिशन) आर्थिक क्षेत्र को एक ऐसा युद्ध क्षेत्र बनाना चाहता है जिसमें पिछड़ने वालों को नष्ट होना ही है। उन्हें किसी तरह की सरकारी या गैर-सरकारी सहायता पहुँचाना इसके मूल नियमों की अवहेलना है। यह माना जाता है कि अक्षम और कमजोर उद्योग या निवेशकों के विनष्ट होने से समाज समग्र रूप में सम्पन्न होता है। अगर मजदूरों की छँटनी होती है तो यह औद्योगिक सक्षमता की अनिवार्य शर्त है।

सम्पन्न औद्योगिक देशों में भी इस नीति से करोड़ों लोग बेरोजगार हैं, लेकिन चूँकि वे सम्पन्न देश हैं, इन बेरोजगारों को कुछ भत्ता दे दिया जाता है। भारत जैसे देश में जहाँ करोड़ों लोग अदृश्य बेरोजगारी के शिकार हैं और सरकारों का वित्तीय आधार कमजोर होता है, नए बेरोजगार होनेवालों की सुध कौन लेगा, या लेता रहा है? फिलहाल कुछ क्षेत्रों में वामपंथी दलों के दबाव में विनिवेश पर रोक लगी है, लेकिन यह 'सुधारों' की नीति की मूल भावना के विपरीत जाता है और कब तक चलेगा कहना मुश्किल है।

स्वयं वामपंथी दलों की कोई स्पष्ट नीति इस सम्बन्ध में नहीं है और वे अभी तक सार्वजनिक क्षेत्र के उद्योगों के अपने ट्रेड यूनियनों के दबाव में निजीकरण के विरोधी बने रहे हैं। निजी क्षेत्र और विदेशी कम्पनियों के बारे में पश्चिम बंगाल और केरल की वामपंथी सरकारों ने कोई विरोधी रुख नहीं अख्तियार किया है। यहाँ तक कि जल और शीतल पेयों में जहर घोलनेवाली कोकाकोला जैसी कम्पनी को प्लाचीमाडा में ग्राम पंचायत के विरोध के बावजूद अपना संयंत्र लगाने की अनुमति केरल की वाम मोर्चा सरकार ने ही दी थी।

इससे यह संशय होता है कि वाम दलों को भी मुक्त बाजार व्यवस्था से, जिसे सुधार का लक्ष्य माना जाता है, कोई बुनियादी परहेज अब नहीं रह गया है। इसलिए कांग्रेस से उनका नीतिगत मतभेद दिखावटी ही है और वामपंथी कहलाने की लाज-हया को बचाए रखने का उपाय मात्र। इसके अलावा पश्चिम बंगाल और केरल में कांग्रेस ही वाम दलों का मुख्य प्रतिद्वन्द्वी है। इसलिए वामपंथ का मुखौटा एकबारगी हटा देने से समर्थन का आधार भी खिसक सकता है। ये सब व्यावहारिक राजनीति की मजबूरियाँ हैं।

मनमोहन सिंह की सरकार द्वारा किसानों के हित रक्षा की बात की गई है, लेकिन उदारीकरण की नीति और वामपंथी दलों की नीति में भी छोटे किसानों की हित रक्षा के लिए कोई गुंजाइश है क्या? केरल और पश्चिम बंगाल में वाम दलों

की भूमि सुधार नीति की काफी प्रशंसा हुई है, और एक हद तक यह प्रशंसा उचित भी है, लेकिन यह कृषि व्यवस्था का बुनियादी स्वरूप क्या हो इसको दर्शाने की बजाय इस चिरपरिचित कम्युनिस्ट नीति का नमूना है जिसमें किसानों का समर्थन हासिल करने के लिए उन्हें जमीन पर कब्जा करने के लिए कई देशों में प्रोत्साहित किया गया था—मसलन, रूस, चीन और वियतनाम आदि में, लेकिन बाद में रूस और चीन दोनों में क्रमशः सामूहीकरण या कम्यून की व्यवस्था के लिए फिर उनकी जमीन छीन ली गई।

राष्ट्रीय स्तर पर सम्पूर्ण सत्ता के अभाव में केरल या पश्चिम बंगाल में यह सम्भव नहीं था इसलिए प्रारम्भिक कदम के बाद कृषि सुधारों में एक ठहराव आ गया, लेकिन उनकी मूल दृष्टि इस बात में दिखाई देती है कि कम आय या घाटे वाली फसलों जैसे धान या गेहूँ—उपजानेवाली जमीन पर तो भू-हदबन्दी कानून लागू किया गया, लेकिन मुनाफा देनेवाले हजारों-हजार एकड़ के चाय, कॉफी, रबर आदि के प्लांटेशनों को बड़े औद्योगिक घरानों के हाथ छोड़ दिया गया। वहाँ भूमि सीमा बढ़ाने पर कोई पाबन्दी नहीं है। केरल में तो ग्रासिम कम्पनी को लाने का श्रेय वाम मोर्चा सरकार को ही था, जिसे प्रारम्भ में नाममात्र की लिहाजी कीमत पर हजारों हजार एकड़ पर जंगल में लगे बाँस उपलब्ध कराए गए जबकि बाँस से पारम्परिक उद्योग चलानेवाले छोटे उत्पादकों को भारी कीमत पर बाँस खरीदने होते थे।

चीन में जो कभी वामपंथियों का आदर्श था, आर्थिक 'सुधारों' के चलते लगभग पन्द्रह करोड़ किसान खेती छोड़ काम की तलाश में नगरों की ओर पलायन कर रहे हैं। इन प्रश्नों पर सरकार को अपनी दृष्टि साफ करनी होगी। नई सरकार को यह साफ करना होगा कि उदारीकरण का मानवीय चेहरा क्या होगा। यह इसलिए जरूरी है क्योंकि इन सवालों का सही उत्तर पाए बगैर अभी जो उत्साह दिखाई देता है कुछ ही दिनों में समाप्त हो जाएगा और ऐसे मोहभंग से फासीवादी शक्तियों को फिर पाँव फैलाने का मौका मिलेगा। नेकनीयती का सही नीतियों और व्यवहारों में ढलने से ही आम लोगों को वैसी राहत मिलेगी, जिसकी उन्हें तलाश है। नई सरकार को तत्काल आम लोगों का अभूतपूर्व समर्थन प्राप्त है। आर्थिक सुधार के सैद्धान्तिक पूर्वग्रह से इसके भ्रष्ट होने की काफी सम्भावना है।

कहाँ ले जाएँगी आर्थिक नीतियाँ

मध्य जुलाई में अपनी अमेरिका यात्रा के समय जर्मनी से प्रधानमंत्री मनमोहन सिंह का दिया गया यह बयान कि 'भारत बिक्री के लिए नहीं है' इस अर्थ में महत्त्वपूर्ण था कि यह कहीं-न-कहीं उनकी अपनी ही आर्थिक नीतियों के प्रति संशय व्यक्त करता था। इसका एक उद्देश्य तो उस सम्भावित अमेरिकी दबाव को निरस्त करना हो सकता था जिसकी आशंका राजकीय यात्रा पर अमेरिका जानेवाले सभी राजनेताओं में बनी रहती है। परमाणु ऊर्जा से सम्बद्ध जो समझौते हुए हैं या ईरान से गैस की पाइप लाइन सम्बन्धी जो बातें हुई हैं उसकी यूपीए में शरीक वामपंथी दलों द्वारा आलोचना से तो यही लगता है कि अगर उद्देश्य था तो, वह पूरी तरह सफल नहीं हुआ है। इसमें भारत अमेरिकी दबाव के सामने झुकता हुआ नजर आता है।

स्वयं अमेरिका में इस सन्दर्भ में जो चर्चाएँ हुईं उनमें इस बात को 'सराहा' गया कि भारत गुटनिरपेक्षता की अपनी नीति से, जो उनके अनुसार अमेरिका विरोधी थी, अब बाहर निकल आया है। इसमें भारत अमेरिका की ओर कुछ खिसकता हुआ तो जरूर नजर आता है, लेकिन इन समझौतों में देश बिका हो ऐसा दिखाई नहीं देता। मगर देश की स्वायत्तता और जीवन के आधार की बिक्री तो बड़े पैमाने पर पहले से ही हो चुकी है और इसके लिए किसी प्रधानमंत्री की अमेरिकी यात्रा आवश्यक नहीं थी। यह तो देश के भीतर देशी और विदेशी कम्पनियों के साथ होनेवाले छोटे-बड़े सौदों और सरकार की आर्थिक नीतियों के द्वारा बड़े पैमाने पर लगातार हो रहा है।

आम तौर पर ये सौदे इतने अव्यक्त रूप में होते हैं कि हमें इनका पता तब चलता है जब हम इस कदर बँध चुके होते हैं कि निकल पाना असम्भव होता है। एक उदाहरण खेती का है। तथाकथित हरित क्रान्ति के दौर में अपने परिचित पुराने बीजों की जगह छोटे पैमाने पर संकर और 'परिवर्धित' बीजों और इनके साथ-साथ रासायनिक उर्वरकों और कीटनाशकों का प्रयोग शुरू हुआ, लेकिन आज यह स्थिति हो गई है कि कुछ 'पिछड़े' इलाकों को छोड़ अब कहीं भी किसानों के पास पारम्परिक बीज नहीं बचे हैं और उन्हें साल-दर-साल खेती के लिए बीज-उत्पादक कम्पनियों पर निर्भर रहना पड़ता है। प्राय: इन कम्पनियों के तार विदेशी बीज निर्माताओं से जुड़े होते हैं जो किसानों को नए किस्म के बीज बेचते हैं।

किसानों को इनके गुण-दोषों का प्रभाव तब मालूम होता है जब उनकी फसल तैयार हो चुकी होती है। अगर इससे नुकसान होता है तो इसकी भरपाई का कोई उपाय नहीं होता। उनके पास ऐसा कोई माध्यम नहीं है जिससे यह सुनिश्चित किया जा सके कि नुकसान नए बीजों, कीटनाशकों या उर्वरकों से हुआ है या किसानों द्वारा खेती के सूत्रों का सही प्रयोग नहीं करने के कारण। नए उर्वरकों या कीटनाशकों के कारण जमीन की उर्वराशक्ति और बनावट में जो स्थायी और हानिकारक बदलाव आता है उसके सही आकलन और निराकरण का तो कभी कोई प्रयास ही नहीं होता।

उर्वरता अगर घटती है तो रासायनिक खादों और दवाओं का अधिक प्रयोग किया जाता है जिससे स्थिति और भी खराब होती जाती है। कृषि क्षेत्र में परनिर्भरता और भूमि के बंध्यापन का जो संक्रमण हुआ उसके सम्बन्ध में दलील दी जा सकती है कि बढ़ती आबादी के दबाव में भुखमरी से बचने का साठ के दशक में कोई दूसरा उपाय नजर नहीं आता था, लेकिन आर्थिक नीतियों में देश को विदेशी घुसपैठ के लिए खोलने की नीति की शुरुआत बीसवीं सदी के नब्बे के दशक में हुई, वह कोई मजबूरी नहीं थी और इस दिशा में कदम बढ़ाने का श्रेय बहुत कुछ मनमोहन सिंह को जाता है। 1991 के बाद से भारत को विदेशी कम्पनियों के लिए खोलने की जो नीति शुरू की गई वह सोता से बढ़कर सर्वनाशी बाढ़ में बदल गई।

धीरे-धीरे फॉरेन इन्वेस्टमेंट प्रोमोशन बोर्ड (एफआईपीबी) या सरकार से अनुमति के बिना ही एक सीमा के भीतर विदेशी हिस्सेदारी का दरवाजा खोला गया। बाद में सड़क निर्माण और मरम्मत, यातायात के लिए सुरंग, बन्दरगाह आदि बनाने में पन्द्रह करोड़ रुपए तक के शत-प्रतिशत निवेश को सभी तरह की सरकारी अनुमति से मुक्त किया गया। 2001-02 से विदेशी पूँजी निवेश को धीरे-धीरे सभी तरह की सीमाओं से मुक्त करने की कोशिश हुई है और अब यह नीति लोगों के जीवन के लिए आवश्यक संसाधनों को विदेशी नियंत्रण के लिए खोलकर ऐसी स्थिति पैदा कर रही है कि जिन्दगी पूरी तरह देशी और विदेशी कम्पनियों के हवाले हो जाए।

इसमें देश के राष्ट्रीय सम्मान और स्वायत्तता के प्रतीक अनेक क्षेत्रों का घोर संक्रमण हो रहा है। पेयजल के बढ़ते अभाव के परिप्रेक्ष्य में पेप्सी और कोका-कोला जैसी विदेशी कम्पनियों को अतिशय भूजल दोहन की जो छूट दी जा रही है वह किसी भी सरकार के लिए सीमा का उल्लंघन है। इसके विरोध में उठनेवाले लोगों की स्वत:स्फूर्त आवाज को दबाने के लिए सरकारी शक्ति का सहारा लिया जा रहा है। देश एक घोर दुश्चक्र में फँसा हुआ है क्योंकि इस नीति को लेकर राजग और यूपीए दोनों ही गठबन्धन लगभग पूरी तरह एक हैं।

एक तरफ कोला जैसा नुकसानदेह पेय बनाने के लिए भूजल दोहन की छूट दी जा रही है तो दूसरी ओर पानी को, जिसे अब तक जीवन के लिए प्रकृति का उन्मुक्त उपहार माना जाता था, निजी कम्पनियों के हवाले किया जा रहा है। फिलहाल

स्थिति यह हो गई है कि स्वयं रेलवे जैसे सरकारी उपक्रम भी इस कारोबार में शामिल हो गए हैं। अब रेल नीर के नाम से रेलवे द्वारा बोतलबन्द पानी मुसाफिरों को दस रुपये लीटर के हिसाब से बेचा जाता है। लगभग उसी दाम पर जिस पर गाँवों में दूध बिकता है। शायद इस व्यापार को सफल बनाने के लिए रेलवे स्टेशनों पर नलों में जल की उपलब्धि को नलों में ऐसे नियंत्रित किया जाता है कि सफर करनेवाले यात्रियों के लिए अल्पकाल में पानी ले पाना सम्भव नहीं हो। ऐसा किसी नीति के तहत होता है या व्यवस्था के लचर होने से, यह कहना किसी बाहरी आदमी के लिए सम्भव नहीं।

सवाल है कि आज ऐसी स्थिति क्यों पैदा हो रही है कि लोगों को दूध के भाव पानी खरीदना पड़ रहा है? इसका सीधा उत्तर यही दिखाई देता है कि यह पानी को बाजार के लिए एक पण्य बनाने की नीति का नतीजा है। थोड़ा गहराई में उतरने पर यह सारा मामला अन्तत: वर्तमान पूँजीवादी व्यवस्था की विकास नीति का परिणाम दिखाई देता है, जिसमें आबादियों का केन्द्रीकरण और प्रकृति के उन्मुक्त संसाधनों पर व्यापार के लिए बढ़ता निजी नियंत्रण अपरिहार्य बन जाता है।

पानी के बाजारीकरण की मजबूरी और नतीजे दोनों ही देश की राजधानी दिल्ली में देखे जा सकते हैं। आर्थिक केन्द्रीकरण की नीति के चलते दिल्ली और इसके आसपास आबादी का इतना अधिक और बेतरतीब विस्तार हुआ है कि पारम्परिक रूप से उपलब्ध पेयजल ही नहीं किसी भी तरह का पानी आम आदमी की पहुँच से बाहर हो रहा है। सरकार अपनी उदारीकरण नीति के तहत धीरे-धीरे लोगों को मुफ्त या सस्ता जल मुहैया कराने की जवाबदेही से मुकर चुकी है। पर जल बिना मीन तो क्या मनुष्य भी जिन्दा नहीं रह सकता। परिणामस्वरूप मनुष्य की इस बुनियादी आवश्यकता की पूर्ति जल के बाजारीकरण से हो रही है।

अब विश्व बैंक की सलाह पर दिल्ली जल बोर्ड ने जलापूर्ति के काम को निजी कम्पनियों के हवाले करने का निर्णय किया है। आशंका जताई जा रही है कि इससे उन लोगों को, जो मीटर से पानी का दाम देते हैं, चार गुना या और अधिक पैसा देना होगा। इसके अलावा झुग्गी-झोंपड़ियों और दूसरे गरीब इलाकों में रहनेवाले लोगों को, जिन्हें अब तक मुफ्त पानी प्राप्त होता था, पानी के लिए पैसा देना होगा। इसके लिए मजबूर करने के लिए खुली जगहों पर लगे नलों और टैंकरों से पानी देना बन्द कर दिया जाएगा। इस तरह 'रेल नीर' की तर्ज पर नगरवासियों को दूध के भाव निगम-नीर या दूसरी कम्पनियों का पानी खरीदना होगा।

इसी तरह देश की चट्टानों और खनिजों को बड़ी मात्रा में निर्यात करने की नीति चलाई जाती रही है। कर्नाटक के कुद्रमुख से लौह अयस्क के अलावा बड़ी मात्रा में ग्रेनाइट पत्थर का निर्यात पहले से ही होता रहा है। यह निर्यात कृषि या उद्योगों में उत्पादित वस्तुओं के निर्यात से बिलकुल भिन्न है और इसमें उस जमीन

का निर्यात होता है जिस पर जंगल, जीव या मनुष्य निर्भर हैं। इस दिशा में सबसे महत्त्वपूर्ण पहल हाल में दक्षिण कोरियाई कम्पनी पास्को की उड़ीसा में इक्यावन हजार करोड़ रुपये के निवेश की योजना है। वैसे तो यह योजना इस्पात निर्माण की है, लेकिन इस अनुबंध में बड़े पैमाने पर खदान पट्टे पर देने का प्रावधान है और पास्को इन खदानों से लौह अयस्कों का भी निर्यात करेगी। यह निर्यात इतने विशाल पैमाने पर होगा कि पारादीप के बन्दरगाह को विस्तृत करने से भी काम नहीं चलेगा और पास्को इसके लिए अलग से बन्दरगाह विकसित करेगा।

लेकिन देशी-विदेशी कम्पनियों के दबाव में आजादी के आन्दोलन के महत्त्वपूर्ण प्रतीक बन चुके नमक की कीमत बढ़ाने का जो प्रपंच रखा गया है वह तो स्तम्भित करनेवाला है। 1930 में महात्मा गांधी ने नमक पर लगाए गए टैक्स के खिलाफ दांडी मार्च किया था और दांडी के तट पर एक मुट्ठी कर-मुक्त नमक उठाकर नमक सत्याग्रह शुरू किया था। यह आन्दोलन सारे देश में स्वत:स्फूर्त रूप से फैल गया और आजादी की लड़ाई का प्रतीक बन गया। गांधीजी ने नमक को प्रतीक रूप में चुनने के पीछे यह तर्क दिया था कि नमक उपभोग की एकमात्र वस्तु है जिसका उपयोग अमीर से ज्यादा गरीब लोग करते हैं। यह गरीबों के अधिकतर व्यंजनों का आधार है।

अब यह बहाना बनाकर कि आयोडिन रहित नमक खाने से घेंघा होता है, नमक पर बड़ी कम्पनियों की इजारेदारी कायम की जा रही है। लिहाजा, अब आयोडीनयुक्त करने के नाम पर वे साधारण नमक से कई गुना कीमत पर लोगों को अपना नमक खरीदने को मजबूर करेंगी। आयोडीनयुक्त नमक को सभी लोगों पर थोपने का तर्क इतना विचित्र है कि सभी जानकार क्षेत्रों में इसकी खिल्ली उड़ाई जा रही है। गौरतलब है कि अगर सारे देश में लोगों के भोजन में आयोडीन का व्यापक अभाव होता तो चारों ओर सिर्फ घेंघा रोग से ग्रसित लोग ही दिखाई देते, लेकिन अर्थशास्त्री प्रधानमंत्री के लिए बाजार का तर्क सर्वोपरि है।

प्रधानमंत्री से लोग यह सीधा सवाल पूछ सकते हैं कि जब देश की जमीन बिक्री के लिए है, जल बिक्री के लिए है, जमीन को आधार देनेवाली चट्टान और खनिज बिक्री के लिए हैं और आम आदमी के व्यंजनों का स्वाद नमक भी बिक्री के लिए है तो फिर इससे अलग देश की बिक्री क्या होती है? शायद एकमात्र बाकी बीज राष्ट्रीय आत्मसम्मान है। पर इसे तो पश्चिमी जीवन पद्धति का अंधानुकरण करनेवाला देश का अभिजात वर्ग रोज बेच ही रहा है।

जनसत्ता, 4 अगस्त, 2005

कानकुन की बेगानी महफिल

भारत जैसे गरीब मुल्कों में वैश्विक अर्थव्यवस्था का नाकारापन कृषि क्षेत्र में साफ तौर से दिखाई देता है। औद्योगिक क्षेत्र में कुछ बहुराष्ट्रीय कम्पनियों के अपने या साझा उद्योगों के स्थापित हो जाने से हम कहाँ हैं यह हकीकत छिप जाती है। मारुति, हिन्दुस्तान लीवर, पेप्सी और कोका-कोला जैसी विदेशी कम्पनियों की नीति विज्ञापित उपस्थिति से यह भ्रम पैदा होता है कि औद्योगिक देशों की कतार में हम भी खड़े हैं भले ही हमारी जगह पायदान के पास ही हो। 'आउट सोर्सिंग' से जो बौद्धिक कुलियों की भरमार देश में हो रही है उससे भी भ्रम पैदा होता है कि हम सूचना तकनीक के क्षेत्र में अग्रणी हैं, लेकिन कृषि के क्षेत्र में, जिस पर आज भी देश की सत्तर फीसदी आबादी निर्भर है, दुनिया में हमारी कोई पूछ ही नहीं है। दोहा से प्रारम्भ वार्ताओं के चक्र में मैक्सिको के कानकुन की मंत्री स्तरीय बैठक के पूर्व जो पहल हुई है उसमें भारत अपनी भूमिका को भी निश्चित करने में असमर्थ है। दरअसल यह स्थिति विश्व व्यापार संगठन के मूल उद्‌देश्यों के हिसाब से भारत की अप्रासंगिकता दर्शाती है।

विश्व व्यापार संगठन का मूल उद्‌देश्य है सारी दुनिया को अबाध व्यापार के लिए खोलना। यह नीति सदा सशक्त व्यापारिक समूहों के हित में होती है। फिलहाल मामला इसलिए उलझा हुआ है क्योंकि कृषि क्षेत्र के तीन शक्तिशाली हितों के बीच विरोध पैदा हो गया है। अब तक अपनी स्थिति के हिसाब से सभी देश अपने यहाँ के कृषि उत्पादन को सहारा देते रहे हैं। इसमें दो तरह के लक्ष्य सभी देशों की सरकारों के सामने रहे हैं। पहला, अपने देश के कृषि उत्पादन को अनुदान से सहारा देना और दूसरा, विभिन्न देशों के बाजारों को अपने कृषि उत्पादों के लिए खोलना। बाजार बिना भेदभाव के काम करे इस उद्‌देश्य की पूर्ति के लिए विभिन्न देशों पर यह दबाव बनाए रखना है कि वे खेती से पैदा चीजों के आयात पर चुंगी बहुत कम रखें और निर्यात के लिए सरकारों द्वारा सहायता को नियंत्रित किया जाए। इसके अलावा खेती से उत्पन्न चीजों की कीमतों को अत्यधिक नीचे स्तर पर रखने के उद्‌देश्य से सरकारों द्वारा इसको दिए जानेवाले अनुदान की मात्रा सीमित की जाए।

भारत का स्थान कृषि उत्पादन और कृषिजन्य वस्तुओं के निर्यात में इतना नगण्य है कि यह विश्व व्यापार संगठन की इन चिन्ताओं को नजरअन्दाज कर अपनी अर्थव्यवस्था को बिना किसी कठिनाई के चला सकता है। इसकी कृषि की विविधता और आन्तरिक बाजार इतना व्यापक है कि भारत उत्पादन और विनियम के मामले में आत्मनिर्भर रह सकता है। दरअसल कृषि व्यापार के प्रमुख खिलाड़ी भारत की इस स्थिति को समझते हैं और इसलिए उनकी नीतियों में भारत जैसे देशों की चिन्ताओं का कोई ख्याल भी नहीं रखा गया है। भारत का विश्व व्यापार के व्यूह में घुसना बिलकुल अनावश्यक है। विशाल पैमाने के अनुदान (सब्सिडी) की होड़ में पड़ने की न तो भारत की क्षमता है और न इसे इसकी आवश्यकता है। संसार की कृषि व्यवस्था की स्थिति पर विचार करने से यह बात जाहिर हो जाएगी।

अभी इस मैदान के प्रमुख खिलाड़ियों को तीन हिस्सों में बाँटा जा सकता है। एक में वे औद्योगिक देश हैं जो भारी अनुदान से अपनी कृषि को दुनिया के बाजार की स्पर्धा में जिन्दा रखना चाहते हैं। इसमें यूरोपीय संघ, जापान, स्विट्जरलैंड और नार्वे जैसे देश हैं। दूसरी कोटि में अमेरिका जैसे कुछ अति विकसित देश भी हैं और कैर्न नाम से जाना जानेवाला सोलह राष्ट्रों का एक समूह है जिसमें कुछ अति विकसित और कुछ अविकसित औद्योगिक देश हैं जो संसार में अपनी कृषिजन्य वस्तुओं के निर्यात को बढ़ाना चाहते हैं, क्योंकि यह उनकी अर्थव्यवस्था का महत्त्वपूर्ण आधार है। इस समूह में कनाडा, आस्ट्रेलिया और न्यूजीलैंड काफी समृद्ध देश हैं। ये सभी अपनी कृषि को अनुदान देकर निर्यात बढ़ाने की कोशिश करते हैं। इनकी मुख्य चिन्ता आयात पर चुंगी कम करने की है ताकि इनके उत्पाद दूसरे देशों में सस्ती दर पर बेचे जा सकें।

फिलहाल मुख्य विवाद अमेरिका और यूरोपीय संघ के बीच अनुदान की मात्रा को लेकर है। दोनों ही अपनी कृषि को बृहत् पैमाने पर अनुदान देते हैं। कुछ अन्य सम्पन्न देशों के साथ इनका सालाना अनुदान 300 अरब डॉलर से अधिक होता है। यह करीब चौदह लाख करोड़ रुपया हुआ जो भारत की राष्ट्रीय आय से अधिक है। इसी से अन्दाज लगाया जा सकता है कि विकसित देशों में कृषि में अनुदान की मात्रा कितनी ज्यादा है।

इस पृष्ठभूमि में भारत में कृषि में अनुदान पर नियंत्रण रखने की चर्चा हास्यास्पद लगती है। इस सन्दर्भ में यह भी ध्यान में रखना है कि विकसित देशों में कृषि से जुड़े लोगों की संख्या बहुत छोटी है—पूरी जनसंख्या के पाँच प्रतिशत के आसपास जबकि भारत में यह सत्तर प्रतिशत के लगभग है। हमें यह भी ध्यान में रखना है कि भारत की आबादी सभी सम्पन्न औद्योगिक देशों की आबादी से कुछ अधिक ही होगी। इसका अर्थ यह है कि भारत के कुल किसानों की

संख्या के पाँच प्रतिशत लोग ही जो इन देशों में कृषि में लगे हैं इस विशाल मात्रा में अनुदान से लाभान्वित होते हैं। भारत की चिन्ता सिर्फ यह रही है कि निर्यात करनेवाले सम्पन्न देशों के दबाव में अगर कृषि उत्पादों के अपने आन्तरिक बाजार को खोल देना हुआ तो भारत में आयातित कृषि आधारित उत्पाद इतना सस्ता हो जाएगा कि अपने देश की खेती-बाड़ी चौपट हो जाएगी। भारत बड़ा निर्यातक नहीं है। अभी भी दुनिया के व्यापार में इसका हिस्सा एक प्रतिशत से कम है। ऐसे में विश्व व्यापार संगठन में बने रहकर इसकी शर्तों में बँधने की भारत की आतुरता समझ से परे है।

अन्तरराष्ट्रीय स्पर्धा की पृष्ठभूमि में कृषि का जो अर्थ औद्योगिक देशों में है वह हमारे यहाँ से बिलकुल भिन्न है। उनकी कृषि में लगे लोग सही अर्थ में किसान नहीं हैं बल्कि ऐसे उत्पादक हैं जो धरती के जीवन को नष्ट करके ही उत्पादन करते हैं। अनुदान की भारी मात्रा इसलिए उनके लिए आवश्यक हो जाती है। प्रति इकाई जमीन के हिसाब से उनका उत्पादन भी बहुत नहीं है। कृषि उत्पादकों की बड़ी आय या तो विशाल जोतों से आती है या अनुदान से। भारत के किसानों की औसत जोत दो से पाँच एकड़ तक की होती है। इसके विपरीत अमेरिका, ब्रिटेन आदि में जोतों का आकार सैकड़ों और हजारों एकड़ तक होता है।

अगर उत्पादन का स्तर समान हो तो सिर्फ जोतों के आकार के आधार पर एक अमेरिकी कृषि उत्पादक की आय भारतीय किसान से सैकड़ों या हजारों गुना अधिक होगी। पाँच एकड़ जोत वाला किसान अगर प्रति एकड़ हजार रुपए का लाभ पाता है तो उसकी कुल आय पाँच हजार रुपए होगी। इसके विपरीत इसी स्तर की उपज वाले अमेरिकी किसान की आय, जिसकी जोत 500 एकड़ की है, पाँच लाख रुपए होगी। ऐसी स्थिति में अमेरिकी उत्पादक के लिए अपने उत्पाद की कीमत को कम रखकर भी जिन्दा रहना सम्भव होगा जो भारतीय किसान के लिए सम्भव नहीं है।

जब हम इन तथ्यों पर विचार करते हैं तो इस बात से अचरज होने लगता है कि इतनी बड़ी जोतों वाले अमेरिकी उत्पादकों को भारी अनुदान की जरूरत क्यों होती है। इसका राज यह है कि अभी तक भारतीय किसान जो भी पैदा करता है वह धरती की उर्वरा शक्ति के आधार पर और इसमें अपने और बैल जैसे पशुओं की ऊर्जा का इस्तेमाल करके। यह बात अलग है कि नई उन्नत कृषि के आने से अब इसमें परिवर्तन हुआ है और ट्रैक्टर, उर्वरक और कीटनाशकों का प्रवेश बड़े पैमाने पर होने लगा है। अमेरिकी उत्पादक अपने विशाल फार्मों पर जितनी ऊर्जा खर्च करता है उससे कम ही मूल्य का उत्पाद हासिल कर पाता है क्योंकि धरती का योगदान उस उत्पादन प्रक्रिया में घटता जा रहा है या घटाया जा रहा है।

जेरेमी रिफ्किन ने अपनी बहुचर्चित पुस्तक 'इंट्रोपी' में दो तरह की खेती का नीचे उद्धृत तुलनात्मक विवरण दिया है।

एक साधारण किसान आम तौर से एक कैलोरी ऊर्जा खर्च कर दस कैलोरी के मूल्य की उपज प्राप्त करता है। अब यह एक आम जानकारी है कि आयोवा के एक काश्तकार मनुष्य की प्रति कैलोरी ऊर्जा के बदले 6000 कैलोरी ऊर्जा के बराबर का उत्पाद प्राप्त करता है, लेकिन उसकी सारी क्षमता एक भ्रम है जब हम उस सारी ऊर्जा पर विचार करते हैं जिसे इस उत्पादन प्रक्रिया में खर्च किया गया है। सिर्फ एक डब्बा अनाज पैदा करने में, जिसमें 270 कैलोरी ऊर्जा है, इस काश्तकार को 2,790 कैलोरी खर्च करनी पड़ती है जो मुख्य रूप से फार्म की मशीनों, रासायनिक उर्वरकों और कीटनाशकों के रूप में खर्च की जाती है। इस तरह अमेरिकी किसान प्रत्येक कैलोरी पैदा करने में 10 कैलोरी ऊर्जा की खपत करता है।

इस तरह की खेती के परिणामस्वरूप, रिफ्किन के अनुसार, "...जैसे-जैसे अमेरिका में खेती में ऊर्जा की कीमत आसमान छूने लगी है छोटे पारिवारिक काश्तकार शब्दशः खेती से बाहर धकेल दिए गए हैं और उनका स्थान खेती व्यवसाय में लगे कारपोरेशनों ने ले लिया है। आज उनतीस कारपोरेशनों का अमेरिका की 29 प्रतिशत खेती की जमीन पर अधिकार है। सिर्फ बड़े कारपोरेशन ही आज की मशीनीकृत ऊर्जा आधारित खेती के खर्च का बोझ उठा सकते हैं।"

जापान में, जहाँ खेती के योग्य भूमि कम है और किसानों को पाँच-छह एकड़ की छोटी जोतों पर खेती करनी होती है, किसानों को खेती में लगाए रखने के लिए न सिर्फ भारी अनुदान की जरूरत होती है बल्कि देश के भीतर अन्तरराष्ट्रीय कीमतों से कई गुना अधिक कीमत उन्हें उनकी उपज के लिए दी जाती है। जापान, अमेरिका के बाद दुनिया का सबसे सम्पन्न औद्योगिक देश है, उसके लिए अपने किसानों को भारी अनुदान देकर खेती में रखना सम्भव होता है, लेकिन यह प्रतिमान दुनिया की औद्योगिक दृष्टि से पिछड़ी अर्थव्यवस्थाएँ नहीं अपना सकतीं।

ऊपर की बातों पर विचार करने से यह बात आसानी से समझ में आती है कि भारत कृषि के अन्तरराष्ट्रीय व्यापार के चालू विवाद में क्यों अप्रासंगिक है, लेकिन इस स्थिति के और भी दूरगामी निहितार्थ हैं। भारत अपनी बहुसंख्यक आबादी को कंगाली की स्थिति में झोंके बिना आज की भूमंडलीकृत व्यवस्था में शामिल नहीं हो सकता। इस देश में भी पश्चिमी देशों की नकल में कृषि में औद्योगिक प्रतिष्ठानों के प्रवेश की वकालत की जा रही है। इसको सम्भव बनाने के लिए भू-हदबन्दी कानूनों को ढीला करने की भी वकालत की जा रही है, लेकिन जमीन से विस्थापित ऐसे दसों करोड़ किसानों का क्या होगा, यह कोई नहीं सोचता। वैज्ञानिक दृष्टि से, जैसाकि ऊपर के उदाहरण से स्पष्ट है, पारम्परिक खेती ही श्रेष्ठ है और लागत और आय के अनुपात को देखते हुए सबसे किफायती भी।

अब हम इस बात को नजरअन्दाज नहीं कर सकते कि जहाँ पारम्परिक खेती प्रकृति से साहचर्य पर आधारित है, नई औद्योगिक खेती पर्यावरण को नष्ट करनेवाली है। पश्चिमी देशों में नई खेती उनकी मजबूरी इसलिए बन गई है क्योंकि खेतिहरों को औद्योगिक और सेवा क्षेत्रों की ऊँचाई का जीवन स्तर प्रदान करने के लिए उन्हें खेती को बड़े औद्योगिक फार्म में तब्दील करना होता है। भारत अभी तक इस दुश्चक्र में नहीं फँसा है। यह अभी भी पारम्परिक जीवनशैली के तहत खेती और बाकी क्षेत्रों के बीच सन्तुलन बना सकता है, लेकिन इसके लिए विश्व बाजार में बँधने की बजाय हमें स्वायत्त अर्थव्यवस्था बनाने की दिशा में पहल करनी होगी।

जनसत्ता, 3 सितम्बर, 2004

सूचना और संसार

1

आदमी की तरह ही समाजों की भी आत्मसम्मोहन की क्षमता विलक्षण होती है। इससे अक्सर हम जैसा बनना चाहते हैं, अपनी निगाह में वैसा ही दिखाई पड़ने लगते हैं। देश का नेतृ-वर्ग चूँकि इक्कीसवीं सदी में अपने को वैसा ही देखना चाहता है जैसी सम्पन्न औद्योगिक दुनिया बनेगी, इसलिए इस वर्ग को विकास की प्राथमिकताएँ भी वही दिखाई देती हैं जो सम्पन्न औद्योगिक देशों की हैं। इसी का नतीजा है कि जब देश की लगभग आधी आबादी को यथेष्ट भोजन, कपड़ा और आवास उपलब्ध नहीं है गाँव-गाँव में दूरभाष की व्यवस्था पर अरबों रुपए खर्च किए जा रहे हैं। अभी टेलीकम्युनिकेशन विभाग की ओर से 'वायरलैस इन लोकल लूप' पर, जिसमें बेतार के दूरभाष घर के भीतर और एक्सचेंज से घर तक उपलब्ध कराए जाएँगे, चार अरब रुपए का ठेका कुछ देशी और विदेशी कम्पनियों को देने की योजना है, लेकिन यह तो मात्र शुरुआत है। आशा की जाती है कि ये कम्पनियाँ दूरभाष संयंत्रों की बिक्री से हजारों अरब डॉलर की कमाई कर सकेंगी। स्वयं दूरसंचार विभाग अगले दस वर्ष में इस सेवा से बाइस हजार करोड़ रुपए कमाने की आशा रखता है। यह सारा आर्थिक बोझ जो प्राय: अनुत्पादक होगा, देश को उठाना होगा।

ये सब योजनाएँ उस नई औद्योगिक क्रान्ति के अंग के रूप में देखी जा रही हैं जिसे भविष्य की सम्भावनाओं का अध्येता एल्विन टॉफर तीसरी तरंग (थर्ड वेव) कहता है। उसने औद्योगिक देशों के विकास की अब तक की प्रक्रिया को तीन कालखंडों में विभाजित किया है जिसमें पहले से वह औद्योगिक क्रान्ति शामिल है जो अठारहवीं और उन्नीसवीं शताब्दी में हुई। दूसरी तरंग बीसवीं शताब्दी की विशाल औद्योगिक प्रगति को कहा गया है और तीसरी तरंग में बीसवीं सदी का उत्तरार्द्ध और इक्कीसवीं सदी शामिल है। अन्य बातों के अलावा इस तरंग की विशिष्टता संचार व्यवस्था की क्रान्ति मानी जाती है जिससे सारे व्यावसायिक और व्यक्तिगत सम्बन्ध एवं मूल्य बदलने की सम्भावना है। यह आशा की जाती है कि द्वितीय तरंग के विशाल उत्पादन से जो समस्याएँ पैदा हुई हैं, उन सबका

समाधान इसमें होगा और मनुष्य बाजार की शक्तियों के दबाव से आजाद और स्वायत्ततायुक्त होगा।

विशाल उत्पादन और विनियम की समस्याओं से आक्रान्त औद्योगिक दुनिया के मनुष्यों के लिए यह तसवीर काफी आशावादी दिखाई देती है। लेकिन क्या भारत जैसे औद्योगिक दृष्टि से पिछड़े देशों के लिए भी भविष्य की इस कल्पना की कोई प्रासंगिकता है? हमारे परिवेश में विचार करने से तीसरी तरंग की कल्पना परी लोक की कथा जैसी ही लगेगी। हकीकत यह है कि औद्योगिक देशों में संचार क्रान्ति लोगों की मर्जी से अचानक पैदा नहीं हुई बल्कि टॉफलर ने जिसे दूसरी तरंग कहा है, उससे पैदा समस्याओं के दबाव में पैदा हुई। पिछली औद्योगिक क्रान्तियों ने पैदावार को इतना विशाल और विशिष्ट बना दिया था कि उत्पादन और बिक्री दोनों के लिए सारे संसार के स्तर पर विनियम जरूरी बन गया। इस अन्तरराष्ट्रीय विनियम के लिए परिवहन व्यवस्था को अत्यधिक व्यापक और द्रुत दोनों बनाना अपरिहार्य हो गया। इस विनियम की बढ़ती रफ्तार से कदम मिलाकर चलने की जरूरत ने सूचनाओं के आदान-प्रदान को भी अत्यधिक तेज बनाना लाजिमी कर दिया।

इस तरह शुरू होकर संचार व्यवस्था स्वयं एक स्वतंत्र और विशाल उद्योग बन गई। अन्य उद्योगों की तरह व्यावसायिक प्रतिस्पर्धा में इसे भी अधिक सक्षम, सस्ता और आकर्षक बनाने के प्रयास लगातार होते रहे हैं। इस प्रक्रिया से विकसित दूरसंचार से एक जगह टेलीफोन से बँधा होने की बजाय अब लोग घरों के भीतर चलते-फिरते या फिर तेज वाहनों से यात्रा करते हुए सारे संसार में अपने ग्राहकों और आपूर्तिकर्ताओं से सम्पर्क रख सकते हैं। हर क्षण बाजार की स्थिति पर इन संचार माध्यमों से नजर रख सकते हैं। यह सब विश्व-भर में फैली बाजार-व्यवस्था की विवशताएँ हैं। क्या हमारी भी ऐसी विवशता है जिससे हमें इतनी खर्चीली संचार व्यवस्था को विकसित करना पड़ रहा है? यह कहा जाता है कि आज जब दुनिया सिमटकर एक हो गई है, हम अपने को अलग-थलग नहीं रख सकते। सिद्धान्त रूप में बात ठीक है, लेकिन विश्व व्यापार में भारत की नगण्य साझीदारी को देखते हुए यह बात महज सिद्धान्त तक ही ठीक है। अमली तौर से हमारे लिए अपने गाँव-घर को दूरसंचार से जोड़ना बिलकुल गैर-जरूरी है। जब इस पर आनेवाला खर्च हम देश की बड़ी आबादी को रोटी से वंचित करके ही उठा सकते हैं, हमें यह तय करना होगा कि हमारी प्राथमिकताएँ क्या हैं। आम लोगों को रोटी, कपड़ा और आवास देना या घर-घर मोबाइल टेलीफोन और फैक्स मशीन देना।

विकास की प्रक्रिया में समग्रता का होना जरूरी है जिसके अभाव में नवीनतम की तलाश हास्यास्पद स्थिति पैदा करती है। एक उदाहरण रेल यातायात में तेज

वाहनों का विकास है। पिछले कुछ वर्षों के भीतर हमारे रेल यातायात में भाष से चलनेवाले इंजनों की जगह अत्यधिक तेज डीजल के आयातित इंजन लगा दिए गए हैं। अब बुलेट ट्रेन की तैयारी है, लेकिन सारे परिदृश्य पर नजर डालें तो गति से अधिक अव्यवस्था ही दिखाई देती है। सौ से डेढ़ सौ किलोमीटर की रफ्तार से चलनेवाले इंजनों को लगाने के बाद रेलगाड़ियाँ प्राय: दो-चार घंटे और कभी-कभी तो बारह-बारह घंटे देर से चलती हैं। पहले विशेषकर मुख्य लाइनों पर गाड़ियों का पाँच-दस मिनट भी समय से पीछे चलना असामान्य बात मानी जाती थी, जबकि गाड़ियों की रफ्तार आज की गाड़ियों के मुकाबले आधी या और भी कम थी। इसके विपरीत आजकल अगर कोई गाड़ी ठीक समय पर आ जाती है तो यात्री इसे एक सुखद आश्चर्य मानता है। अति तेज वाहनों से अत्यधिक देर से पहुँचना हमारी उधार आधुनिकता की नियति बनती जा रही है।

कोई भी व्यवस्था लोगों की आदतों और जीवन के लय को नजरअन्दाज कर पूरी क्षमता से काम नहीं कर सकती। आज भी हमारे जीवन में जेट-युग की गति समाज की ऊपरी सतह पर ही है। इसके नीचे हमारा समाज अपनी पारम्परिक मंथर गति से ही प्रवाहित हो रहा है। हमारे विनियम का विशाल हिस्सा आज भी अपने चरित्र में स्थानीय है, जिसमें बैलगाड़ियाँ, खच्चर, ऊँट, नौकाएँ या अपने माथों और कंधों या ठेलों पर बोरियाँ ढोते आदमी ही ढुलाई का काम करते हैं। गाँवों और शहरों में रहनेवाले साधारण लोगों के लिए आज भी सम्प्रेषण का बड़ा साधन डाक सेवा ही है। आज भी आम लोग रुपए-पैसे भी अपने स्वजनों या महाजनों को मनीऑर्डर या डाक के बीमा के माध्यम से ही भेजते हैं। कम्प्यूटर सेवा एवं इंटरनेट आदि तो देश की अधिसंख्य आबादी के लिए महज तिलस्म है जिसका सम्बन्ध उसकी निगाह में बड़े लोगों की अजनबी दुनिया से है। आम आदमी की परेशानी यह है कि इन विलक्षण सेवाओं की प्राथमिकता के चलते उसे उपलब्ध पारम्परिक डाक-सेवाओं का ह्रास हो रहा है।

हकीकत यह है कि पहली और दूसरी तरंग की तरह पश्चिमी दुनिया से आई यह तीसरी तरंग भी भारत के लिए वरदान की बजाय एक अभिशाप बनकर ही रह सकती है। पश्चिमी दुनिया के औद्योगिक विकास की उपब्धियों से प्रभावित लोग यह भूल जाते हैं कि भारत के लिए यह विकास कितना घातक सिद्ध हुआ है। दादा भाई नौरोजी सरीखे विद्वान देशभक्त ने उन्नीसवीं शताब्दी में ही इस बात की ओर इशारा किया था कि अंग्रेजों ने जो यातायात या व्यापार व्यवस्था इस देश में कायम की थी, उसने एक परनाले की भूमिका अदा की थी जिसके माध्यम से साल-दर-साल इस देश की सम्पदा अंग्रेजों की तिजोरी भरती रही।

यही विश्वास बाद में महात्मा गांधी के स्वदेशी आन्दोलन का आधार बना। भारत के सन्दर्भ में नोबेल पुरस्कार से सम्मानित अर्थशास्त्री गुन्नार मिर्डल ने भी, जो सिद्धान्त रूप से महात्मा गांधी का विचार माननेवाले नहीं थे, भारत के सन्दर्भ में पश्चिमी ढंग के विकास की नकारात्मक भूमिका को कबूल करते हैं। वे अपनी चर्चित पुस्तक 'एशियन ड्रामा' में लिखते हैं कि प्रारम्भिक काल में स्थानीय उद्योगों को दो चरणों में पश्चिमी होड़ की चुनौती का सामना करना पड़ा। पहले चरण में औद्योगिक देशों से मशीनों से निर्मित वस्तुओं को भारत में आयात की चुनौती का। इस चरण में श्रमशक्ति की माँग के फैलाव का फायदा सिर्फ निर्यात करनेवाले औद्योगिक देशों को हुआ। उपनिवेशों में इसका सिर्फ विनाशकारी प्रभाव पड़ा जिससे स्थानीय उद्योग बन्द हुए। बाद में स्थानीय उद्योगों को प्रतिस्पर्धा के खतरे का मुकाबला तब करना पड़ा जब पश्चिमी ढंग के कुछ उद्योग इस देश में ही लगाए गए। कुल मिलाकर इस औद्योगीकरण का परिणाम यह हुआ कि देश के तमाम पारम्परिक उद्योग धन्धे नष्ट हो गए। देश के ग्रामीण क्षेत्रों में फैली व्यापक बेरोजगारी की शुरुआत पारम्परिक उद्योगों के नष्ट होने की इसी प्रक्रिया से हुई।

पश्चिम के औद्योगीकरण के प्रथम और दूसरे चरण का भारत के आर्थिक विकास पर जो नकारात्मक प्रभाव पड़ा, उस पर विचार करने से यह निष्कर्ष निकलता है कि तीसरी तरंग में संचार माध्यमों के विकास से जिन सम्भावनाओं की कल्पना की जाती है वह आत्मप्रवंचना से अधिक कुछ नहीं है। समुद्र की लहर लेनेवालों के सिर पर जैसे तरंग बिना प्रभाव छोड़े गुजर जाती है वैसे ही यह तरंग भी हमारे जनजीवन को बिना छुए ही सिर पर से निकल जाएगी। न तो देश में आबादी के हिसाब से उत्पादन का विकास हो पाया है और न भारत ने अन्तरराष्ट्रीय बाजार में अपने आकार के हिसाब से कोई स्थान बनाया है जिससे तीसरी तरंग को आधार मिलता। उलटा हो यह रहा है कि नई संचार सेवाओं और कम्प्यूटरीकरण से देश की सीमित पूँजी का ह्रास हो रहा है। यह दो तरह से हो रहा है। पहला, नई तकनीकी और संयंत्रों के आयात से और दूसरा, देश के पूँजी के सबसे बड़े स्रोत श्रम की उपेक्षा से। करोड़ों हाथ जो सरल औजारों के बल, पूँजी पैदा कर सकते थे, बेकार हो रहे हैं, लेकिन सबसे महत्त्व की बात यह है कि समाज को ऊर्जा प्रदान करनेवाली जनशक्ति का इस विकास पद्धति से कोई भावनात्मक लगाव होना सम्भव नहीं है। कारण, राष्ट्र की जीवन धारा दो असम्बद्ध धरातलों पर एक-दूसरे को नजरअन्दाज करती चल रही है। एक धारा की कल्पना में भू-उपग्रह, कम्प्यूटर सेवाएँ, बहु-सितारे होटल, पिज्जा हट, हवाई यातायात और इनसे जुड़ी आकांक्षाएँ हैं। दूसरी धारा के सामने दो जून रोटी की समस्या, आजीविका के लिए किसी भी शर्त पर किसी भी काम,

चाहे वह बन्धुआ मजदूर का ही क्यों न हो, पाने और रैन बसेरा की तलाश है। एक धारा सम्पन्न देशों की ऊँचाई पाने की ललक में त्रिशंकु की तरह अधर में लटकी है, दूसरी धारा अकिंचन धरती से कीड़े की तरह रेंगते लोगों के लिए जीवन का न्यूनतम साधन माँग रही है। यह वह हकीकत है जिसकी चट्टान पर विकास की कोई भी तरंग चूर-चूर हो बिखर जाती है।

हिन्दुस्तान, 14 दिसम्बर, 1996

2

अभी बीस अक्टूबर को इंटरनेट की तीसवीं सालगिरह के दिन सूचना जगत से जुड़े लोगों ने धूमधाम से एक नए युग की शुरुआत का जश्न मनाया। इंटरनेट का ही चमत्कार था कि दुनिया के दूर-दराज हिस्सों में बैठे हुए इन लोगों ने एक-दूसरे को बधाइयाँ दीं और अगली सम्भावनाओं की अटकलों का आदान-प्रदान किया। इंटरनेट के आने से नए युग की शुरुआत की बात तो इधर हाल के वर्षों में आम रही है। यह कहा जाने लगा है कि दुनिया एक गाँव (ग्लोबल विलेज) बन गई है। ग्लोबल विलेज की बात तुरन्त आर्थिक जगत में 'ग्लोबलाइजेशन' (वैश्वीकरण) के पूरक के रूप में दिखाई देने लगती है। इस चर्चा में यह तथ्य भी सामने लाया गया कि दुनिया में जाने कितने करोड़ लोग इंटरनेट से जुड़ गए हैं। इस तरह की चर्चा का एक उद्देश्य तो यह बतलाना रहता है कि अब छोटे दायरे जैसे—देश और गाँव और बैलगाड़ी और लघु उद्योगों की पुरानी तकनीक अप्रासंगिक हो चुकी है। ये सब एक 'ब्रेव न्यू वर्ल्ड' के आगमन के सूचक लगते हैं, लेकिन एक बात ध्यान में रखने लायक है। इस जश्न के समय दूर-दराज से बधाइयाँ तो जरूर बँटी पर मिठाइयाँ नहीं। यह एक कमी रह गई जिसके कुछ महत्त्वपूर्ण निहितार्थ हैं।

यह विचारणीय है कि इस संचार क्रान्ति से क्या सचमुच दुनिया की मूल समस्याओं का निराकरण उसी गति से होने जा रहा है जिस गति से सूचना स्रोतों का विस्तार हो रहा है? जब भी ई-मेल की चर्चा होती है तो इसके साथ ई-कॉमर्स की भी चर्चा होती है। इसका मतलब यह है कि नए इलेक्ट्रॉनिक संचार माध्यमों के विस्तार से और सारी दुनिया के औद्योगिक और व्यापारिक प्रतिष्ठानों के इंटरनेट और 'वेब' से जुड़ जाने से खरीद-फरोख्त में सौदेबाजी आसान हो जाएगी। अब अपने कार्यालयों में बैठे हुए ही इन प्रतिष्ठानों के व्यवस्थापक कम्प्यूटरों से 'सिमुलेशन' के जरिये वस्तुओं का पूर्ण आकलन कर सकेंगे और मोल-तोल कर सौदा पटाएँगे। सम्पन्न उपभोक्ता भी घर बैठे ही इंटरनेट पर सामान का ऑर्डर देने और बैंकों के माध्यम से अदायगी का काम कर लेंगे, लेकिन इन वस्तुओं को इनके उपभोक्ताओं तक पहुँचाने का काम तो फिर भी यातायात के उपलब्ध साधनों पर ही निर्भर करेगा। और यह काम मिली-सैकेंड या सैकेंड में नहीं घंटों, दिनों और

महीनों में ही पूरा होगा। इसी सीमा के कारण इंटरनेट की वर्षगाँठ पर बधाइयाँ तो बँट सकती थीं, मिठाइयाँ नहीं।

दरअसल, नई संचार क्रान्ति से 'ग्लोबल विलेज' बनने की बजाय संसार एक ऐसा 'ग्लोबल सुपर मार्केट' बन रहा है जिसमें लोग हर तरह का सौदा तो पटा लेंगे, पर पहुँचाने के लिए पारम्परिक स्रोतों पर ही निर्भर करेंगे। अगर दूर-दराज जगहों से चीजों को लाना पड़ा तो सौदा चन्द मिनटों में पटाकर उपभोक्ता इसके पहुँचने के लिए हफ्तों इन्तजार करते रहेंगे। असल में इस संचार क्रान्ति का फायदा उन्हीं वस्तुओं को उपलब्ध कराने में होगा जो सूचना से सम्बद्ध हैं—मसलन अखबार, किताब, समाचार, संगीत आदि। ये जरूर चन्द सेकेंड में दुनिया के किसी कोने से किसी दूसरे कोने तक उपलब्ध हो सकेंगे। इसकी उपयोगिता से इनकार नहीं किया जा सकता, लेकिन भविष्य के समाज को बनाने में इसकी सीमा को भी समझना जरूरी है। ऐसा लगता है कि इस संचार क्रान्ति की विकेन्द्रित और आर्थिक दृष्टि से आत्मनिर्भर समाजों के साथ भी संगति बैठ सकती है, ऐसे समाजों के साथ जिनके लिए पारम्परिक तकनीक और जीवन पद्धति को छोड़ने की कोई बाध्यता न हो। यह दिलचस्प है कि एल्विन टॉफलर ने अपनी बहुचर्चित पुस्तक 'द थर्ड वेव' के एक अध्याय का शीर्षक रखा है : 'सैटेलाइट एंड गांधी'। इसका मूल स्वर आधुनिकतम संचार व्यवस्था से विकेन्द्रित अर्थव्यवस्था की सहज संगति की सम्भावनाओं को चिह्नित करना ही है। नई संचार व्यवस्था विकेन्द्रित ग्रामीण व्यवस्था के संसार भर से अलग-अलग पड़ने की अनिवार्यता को समाप्त कर सकती है। अब यह सम्भव है कि किसी गाँव में अपनी कुटिया में लंगोट धारण कर बैठा मनीषी संसार भर के ज्ञानियों और उनके विचारों से न सिर्फ अवगत हो सके, बल्कि उनसे संवाद भी स्थापित कर सके। महात्मा गांधी ने असंख्य ग्रामीण गणराज्यों के 'महासागरीय वृत्त' से जुड़े होने की जो कल्पना की थी वह इस संचार क्रान्ति से एक हकीकत बन सकती है।

महात्मा गांधी का नाम इंटरनेट के सन्दर्भ में लेना चौंकानेवाला और कुछ बेतुका लगता है। लेकिन यह इतना बेतुका नहीं लगेगा जब हम इस बात को याद करेंगे कि महात्मा गांधी अपनी बातों को लोगों तक पहुँचाने और संसार भर के लोगों से संवाद स्थापित करने के प्रति अत्यन्त सजग थे। यह उनके लिए सर्वाधिक महत्त्व का मामला इसलिए था कि सत्याग्रह का मार्ग हृदय परिवर्तन का है और इसका माध्यम सत्याग्रही की भावना को अधिक-से-अधिक लोगों तक सम्प्रेषित करना ही हो सकता है। इसके लिए अपने जीवन काल में भाषणों के अलावा उन्होंने उपलब्ध डाक, तार और अखबार सभी का भरपूर इस्तेमाल किया। उन्हें इंटरनेट संसार को भावनात्मक रूप से जोड़ने का एक महत्त्वपूर्ण माध्यम दिखाई देता। महात्मा गांधी को आधुनिक औद्योगिक व्यवस्था में जो दोष दिखाई देता था वह था कुछ लोगों

की लिप्सा के लिए प्राकृतिक संसाधनों का विशाल अपव्यय और उत्पादन प्रणाली में असंख्य लोगों का शोषण। संयोग से कम्प्यूटर और इंटरनेट के विकास की दिशा प्राकृतिक संसाधनों की उत्तरोत्तर मितव्ययिता और संरक्षण की ओर है।

प्रथम इलेक्ट्रॉनिक कम्प्यूटर 'एनियाक' (इलेक्ट्रॉनिक न्युमेरिकल इंटिग्रेटर और कैलकुलेटर) जो 1946 में बमों और गोलों के पथ का ठीक-ठीक निर्धारण करने के लिए बनाया गया था, विशाल आकार का था। इसके सर्किट में 18000 वाल्व लगे थे, और यह लगभगग 40 फुट लम्बा-चौड़ा और बीस फुट ऊँची जगह घेरता था। इसे कार्यरत रखने के लिए डेढ़ सौ किलोवाट बिजली की खपत होती थी जो सब ताप में तब्दील हो बेकार हो जाती थी। सिलिकन चिप्स में अत्यधिक लघु आकार के इलेक्ट्रॉनिक सर्किट के प्रयोग से नए कम्प्यूटरों का आकार बिलकुल सिकुड़ गया और क्षमता बढ़ गई। एनियाक से कहीं अधिक सक्षम कम्प्यूटर अब आदमी की जेब में रखे जा सकते हैं, और इन्हें कार्यरत रखने के लिए इतनी ही बिजली की जरूरत होती है जितनी एक साधारण बल्ब को जलाने के लिए। इतना ही नहीं, कम्प्यूटर में सूचना के संचरण के लिए आवश्यक ऊर्जा उत्तरोत्तर कम होती जा रही है। माइक्रोसाफ्ट के प्रतिभाशाली संस्थापक बिल गेट्स ने अपनी एक पुस्तक में कम्प्यूटरों के विकास की कुछ सम्भावनाओं की चर्चा करते हुए लिखा है, आनेवाले दिनों के लिए आदर्श ऐसे माइक्रोचिप्स के निर्माण का है जिनमें सूचनाओं के संचार के लिए एक इलेक्ट्रॉन काफी हो। यह आदर्श आधुनिकतम कम्प्यूटरों को ऊर्जा की मितव्ययिता में जैविक दुनिया के समीप ला देता है जहाँ जीवों के जटिल कार्यकलापों को नियंत्रित करने का सूचना तंत्र भी ऐसे ही सूक्ष्म ऊर्जा तलों-आयनों और अणुओं के पैमाने पर होता है। यहाँ ई.एफ. शुमाखर का आदर्श 'छोटा' सिर्फ सुन्दर ही नहीं है, अधिक सक्षम भी है।

इस मितव्ययिता पर ध्यान देने पर यह साफ दिखाई देता है कि कम्प्यूटरों के विकास की तर्ज पर उपभोग की दूसरी वस्तुओं और मशीनों के निर्माण में पदार्थ की खपत की मितव्ययिता की दिशा में ऐसे विकास की कल्पना हम नहीं कर सकते। इसका सीधा कारण यह है कि सूचना माध्यमों के विपरीत हमारे उपभोग की दूसरी वस्तुओं के आकार का पैमाना हमारा शरीर होता है। हमारे भोजन, वस्त्र, वाहन और घर सभी को इस स्थूल काया के हिसाब से ही बनाना होता है। इसलिए एक सीमा के आगे इन्हें छोटा नहीं किया जा सकता, सिर्फ आत्मनियंत्रण से इनके उपयोग को घटाया जा सकता है। इसीलिए यह हमारी मजबूरी है कि हम संसाधनों की दीर्घकालीन उपलब्धि के लिए पदार्थ और ऊर्जा की खपत न सिर्फ कम करें, बल्कि ऐसे स्रोतों से और इस तरह करें कि उनका नवीकरण और पुन:प्रयोग हो सके। हमारे जीवन और सुविधा के लिए जरूरी उत्पादों की यह सीमा हम सूचनातंत्रों और रोबोटों के विकास के तुलनात्मक अध्ययन से सहज ही देख सकते हैं। रोबोटों का विकास

भी लगभग कम्प्यूटरों के विकास का समकालीन है, लेकिन जहाँ सूचना के क्षेत्र में युगान्तकारी परिवर्तन हुए हैं, वहाँ रोबटों के क्षेत्र में कुतूहल पैदा करनेवाले कुत्ते या आदमी-सा व्यवहार करनेवाले रोबटों को छोड़ कोई खास प्रगति नहीं हुई है। कुछ ऐसे कामों को छोड़, जिनमें आदमी के लिए जोखिम है, दूसरी जगह रोबट आदमियों की जगह नहीं ले पाए हैं।

इसका कारण यह है कि अधिकतर कामों के लिए मनुष्य या पशु न सिर्फ ज्यादा सक्षम हैं बल्कि कम खर्चीले भी हैं। अब भी जीव जगत में स्थूल शरीर को संचालित करने में अति सूक्ष्म सूचना तंत्रों का अत्यधिक सक्षम उपयोग होता है, और सबसे बड़ी बात यह है कि जीवों की काया और उनके द्वारा प्रयोग में लाई जानेवाली ऊर्जा दोनों ही प्राकृतिक 'फूड चेन' (प्रकाश से वनस्पति, वनस्पति से शाकाहारी जीव और शाकाहारी जीवों से मांसभक्षी जीवों को पोषण और ऊर्जा देने की श्रृंखला) से आती है जिनका मिट्टी, हवा और सूरज के प्रकाश से नवीकरण होता रहता है। इसके विपरीत मानव-निर्मित सभी मशीनों और रोबटों में भी पदार्थ स्थूल रूप में रहते हैं और अधिकांश में ऊर्जा के स्रोत क्षरणशील होते हैं जिनका नवीकरण नहीं हो सकता। यही कारण है कि वर्तमान उपभोक्ता दौड़ में, जिसमें बड़े आकार के आवास, यातायात और व्यवहार की अन्य वस्तुओं के निर्माण का भारी विस्तार हो रहा है, संसाधनों के चुक जाने से वर्तमान सभ्यता के अस्तित्व पर प्रश्नचिह्न लग गया है। इस सन्दर्भ में स्थानीय स्तर पर छोटे पैमाने पर उत्पादन और वितरण की विकेन्द्रित व्यवस्था समाज की चिर आयु के लिए अधिक व्यावहारिक लगने लगी है। अब यह सम्भव हो गया है कि विकेन्द्रित व्यवस्था के गाँव संसार भर से जुड़े भी रहें।

एक अतिरिक्त उपलब्धि यह हो सकती है कि कम्प्यूटरों के माध्यम से हम न सिर्फ संसार के विभिन्न भागों में बसे लोगों से, बल्कि मानव अतीत से भी जुड़ें। आज जब हम अजन्ता की गुफाओं में प्रवेश करते हैं तो उसके भित्तिचित्रों की स्थिति देखकर गहरा अवसाद होता है। जहाँ-तहाँ इन चित्रों की पीठिका उजड़ गई है और रंग उड़ गए हैं। कुछ दिनों में शायद उनके अवशेष के रूप में बदरंग धब्बे ही बचे रहेंगे। अब यह सम्भव हो गया है कि इनके बचे हुए भागों के आधार पर कम्प्यूटर 'सिमुलेशन' से अजन्ता के भित्तिचित्र अपनी आदि गरिमा में फिर हमारे सामने उपस्थित हो जाएँ। यह बात लुप्त हो रही हमारी कलात्मक परम्परा के अनेक अवशेषों के साथ लागू है। प्रकृति के संरक्षण की दृष्टि से भी कम्प्यूटरों और इंटरनेट का महत्त्वपूर्ण योगदान हो सकता है। अखबार विज्ञापन आदि पर कागज का विशाल मात्रा में उपयोग आज जंगलों की कटाई का एक बड़ा कारण है। अखबारों का काम तो निश्चित रूप से इंटरनेट लेने लगेंगे। अवकाश के समय पुस्तकों का पढ़ना जारी रहेगा, लेकिन इनके संचय के लिए विशाल पुस्तकालयों का निर्माण अनावश्यक

हो जाएगा, और कम्प्यूटर में डाल देने के बाद पुस्तकें लुगदी बनकर पुन: कागज बनाने के काम आ जाएँगी। इसी तरह दस्तावेजों की खरबों फाइलें अनावश्यक हो जाएँगी और वे स्थान जिसे वे आज घेरे हैं दूसरे कामों के लिए उपलब्ध हो सकेंगे।

यह एक त्रासदी है कि वर्तमान व्यापारिक समाज एक ऐसे आविष्कार का उपभोग उपभोक्तावादी लिप्सा को बढ़ाकर अनावश्यक वस्तुओं की माँग और उत्पादन बढ़ाने के लिए कर रहा है जो प्राकृतिक सम्पदा के संरक्षण का महत्त्वपूर्ण साधन बन सकता था। वर्तमान दुनिया में, जहाँ अधिकतर लोग अभाव की जिन्दगी जी रहे हैं, इंटरनेट से उन्हें थोड़े से धनाढ्य लोगों के लिए ही उपलब्ध हो सकनेवाली उपभोग की वस्तुओं की लुभावनी तसवीर पेश कर हताशा, मनोरोग और आत्महत्या का शिकार बनाया जा रहा है। एक विषमतापूर्ण समाज में इंटरनेट संसार की विसंगतियों को गहरा बनाकर दुष्परिणाम ही पैदा करेगा। पारम्परिक मूल्यों के साथ ही इंटरनेट से उपलब्ध विशाल ज्ञान के भंडार को जोड़कर कुछ शुभ परिणाम निकल सकते हैं। मितव्ययिता के आदर्श को लेकर चलनेवाले पारम्परिक समाजों के आधारभूत मूल्यों के साथ इंटरनेट की स्वाभाविक संगति है। अगर हम नवीनता के उन्माद में बह न जाएँ तो भविष्य के समाज में इंटरनेट और बैलगाड़ी अपने क्षेत्र में साथ-साथ सक्षमता के प्रतीक बनकर चल सकते हैं।

जनसत्ता, 15 नवम्बर, 1999

3

सूचनाएँ जीवन और समाज दोनों को आकार और दिशा देती हैं। इसलिए मानव समाज के आरम्भ से ही सूचनाओं का सम्प्रेषण और संचार मानव विकास के साथ जुड़े रहे हैं। फिलहाल अतिचर्चित सूचना क्रान्ति के सन्दर्भ में सूचनाओं की विविधता और भारी मात्रा में इनके संचार पर ही लोगों का ध्यान केन्द्रित है। आज लोग इस पर विचार नहीं करते कि सूचनाओं का अम्बार कितना सुविधाजनक और कितना असुविधाजनक हो सकता है, लेकिन अगर सूचनाएँ जीवन के लिए हैं तो इस प्रश्न पर गम्भीरता से विचार करना जरूरी है। सूचना की भूमिका दो बातों पर निर्भर करती है। उपयोग की दृष्टि से इसकी सम्प्रेषणीयता और इसका दायरा। पहले हम सम्प्रेषणीयता के आयामों पर विचार करें। इस धारणा के विपरीत की सूचनाओं की संख्या सम्प्रेषणीयता को प्रभावित नहीं करती। हकीकत यह है कि सूचनाओं को ग्रहण करने की आदमी की क्षमता सीमित होती है। इन्फार्मेशन के तकनीशियन, जो सूचनाओं के संचार से सम्बद्ध होते हैं संचार माध्यमों 'चैनल कैपेसिटी' यानी सूचनाओं को एक साथ किसी फाइबर ग्लास तारों और रेडियो तरंगों से एक साथ बड़ी संख्या में संवादों को संचारित करना अब सम्भव होने लगा है। शायद इसी सफलता से वे लोग, जो सूचनाओं के तकनीकी पक्ष से जुड़े हैं, आदमी की सूचनाओं की ग्रहणशीलता की सीमाओं पर विशेष ध्यान नहीं देते। यह वैसा ही है जैसा पाकशास्त्री का यह मानकर चलना कि व्यंजन की बहुलता का खानेवाले की पाचनशक्ति से कोई रिश्ता नहीं है और चाहे जितना भी व्यंजन दिया जाए भोजन करनेवाला सब तो पचा लेगा या सब उसके लिए सुखकर होगा। यह मान लिया जाता है कि विपुलता ही वैभव है।

सूचनाओं के संचारक यह भूल जाते हैं कि आदमी का मस्तिष्क भी उसकी ज्ञानेन्द्रियों के साथ अनेक स्नायुविक तन्तुओं से जुड़ा होता है और सूचनाओं को ग्रहण करने की उनकी सीमाएँ हैं—यानी, संचार तकनीकी की शताब्दी से इनकी चैनल कैपेसिटी सीमित है। मानव मस्तिष्क भी सीमित सूचनाओं का ही चयन कर उन्हें अर्थ दे सकता है। एक आम अनुभव पर विचार करने से बात स्पष्ट हो जाएगी। फर्ज कीजिए कि आप किसी ऐसे मजमे में शामिल हैं जहाँ कुछ परिचित और

अनेक अपरिचित लोग वैसे विषयों पर आपस में बात कर रहे हैं जिनमें कुछ से तो आप वाकिफ हैं, लेकिन दूसरों से नहीं। इतने लोगों की बातों को एक साथ ग्रहण करना आपको असम्भव लगेगा। पर आप पाएँगे कि बातचीत के इस कोलाहल में आपका ध्यान आपके एक-दो परिचितों की उन बातों पर ही केन्द्रित हो जाता है, जिनमें आपकी रुचि है। बाकी बातें सुनी होकर भी अनसुनी ही रह जाती हैं। यह मानव मस्तिष्क की स्वत:स्फूर्त चयन प्रक्रिया का नतीजा होता है जो मस्तिष्क को अनावश्यक और अपरिचित सूचनाओं के बोझ से मुक्त कर इसे पक्षाघात से बचाती है।

अपने जीवन में आदमी सूचनाओं की क्षुधा से पीड़ित नहीं होता (जेल में पड़े कैदियों की स्थिति छोड़), बल्कि अत्यधिक सूचनाओं के झंझावात में अपने को टिका पाने की समस्या का ही सामना करता रहता है। सूचनाओं की अनवरत बौछार से हमारी रक्षा के लिए हमारी ज्ञानेन्द्रियों की बनावट में भी छाँटने और चयन करने के गुण निहित हैं। इसी से इन इन्द्रियों पर होनेवाले संवेदनों के अनगिनत प्रहारों को सीमित करने के लिए प्रकाश की तरंगों में हमारी आँखें कुछ ही तरंगों को ग्रहण कर सकती हैं, हमारे कान आवाज की कुछ ही तरंगों को ग्रहण कर सकते हैं। रूप और आकार से संवेदना के बड़े हिस्से को, यह अन्तर्निहित प्रक्रिया, हमारे लिए फाजिल यानी रिडन्डेंट बना आँख और कान के बोझ को हल्का करती है। इस तरह ग्रहण किए गए व्यवस्थित आकार एवं लयबद्ध आवाज से हम कष्टदायी भार की बजाय आनन्द की अनुभूति पाते हैं। यहीं से कला और संगीत का प्रारम्भ होता है। अपने विशिष्ट क्षेत्रों के असंख्य अनुभवों को इसी तरह कला और विज्ञान क्रमश: आकार और वैज्ञानिक नियमों में बाँध सहज रूप से ग्राह्य बनाते हैं। मनुष्य के सम्प्रेषण के सबसे सशक्त माध्यम भाषा की बनावट में भी सूचना प्रदान करनेवाले शब्दों को एक ऐसे व्याकरणीय साँचे में डालने का गुण होता है कि आदमी के मस्तिष्क पर कम-से-कम बोझ पड़े। सूचनाएँ तो शब्दों की अर्थहीन शृंखला में भी उतनी ही होंगी जितनी शब्दों की अर्थपूर्ण शृंखला में, लेकिन हमारी भाषा की जानकारी विशेषकर इसके व्याकरण की जानकारी से हम सूचनाओं को अर्थ दे सहज रूप से ग्रहण कर लेते हैं। इस तरह शारीरिक बनावट से लेकर सामाजिक सम्प्रेषण तक हर स्तर पर सूचनाओं को उस सीमा के भीतर रखने की प्रक्रिया चलती है जितना आदमी की क्षमता के लिए सहज रूप से ग्राह्य हो। विविध इन्द्रियों से चयनित ऐसी सूचनाओं का जीवन के सभी क्षेत्रों के अनुभवों से तादात्म्य बैठाने की प्रक्रिया से ही समग्र ज्ञान का अनुभव होता है। बुद्धि विविध अनुभवों को एक जीवन दृष्टि में बाँधना होता है। ज्ञान चित्त की स्थिरता है जो वस्तुओं के आकर्षण की आपाधापी का सीधा उलटा है।

ऊपर की बातों पर विचार करने से यह समझने में देर नहीं लगेगी कि सूचना क्रान्ति के नाम पर जिस तरह की सूचनाओं का अम्बार लोगों के सामने लगाने की

कोशिश हो रही है उससे इसके चहेता लोगों में 'इन्फोर्मेशन ओवरलोड' (सूचनाओं के असह्य बोझ) से विक्षिप्तता की स्थिति ही पैदा होगी। यह प्राकृतिक स्रोतों से प्रकाश, आवाज आदि की सूचना नहीं होगी बल्कि मानव निर्मित विविध वस्तुओं के विक्रेताओं द्वारा नियुक्त प्रचारकों के विविध माध्यमों पर प्रसारित भाव-भंगिमा और आवाज होगी, और अगर प्रस्तावित अध्ययन उपकरणों के हों तो फ्रिज, मोटरगाड़ी के पेट्रोल टैंक और चूल्हे की आवाज होगी जो अपनी स्थिति और आवश्यकता का शोर अपने स्वामी को सुना रहे होंगे। पश्चिम के एक दार्शनिक विमर्श में एक गधे को घास के दो बिलकुल समान दूरी पर स्थित बोझों के बीच रखने की कल्पना की गई थी और यह अनुमान किया गया था कि बोझों की समान दूरी के कारण यह तय करने की असमर्थता में कि किस बोझे की घास खाए गधा भूख से मर जाएगा।

सूचना क्रान्ति के नए रुझान से उपभोक्तावादी आदमी दो की बजाय समान रूप से आकर्षित करनेवाली असंख्य वस्तुओं के बीच क्या ऐसे ही असमंजस का शिकार नहीं हो रहा है? उसके लिए तय करना मुश्किल हो रहा है कि वह क्या ले, क्या छोड़े या सब कुछ ले ले। विविध आकर्षणों के पीछे इस तरह दौड़ने वाले मनुष्य में सदा घोर असन्तोष बना रहता है। वर्तमान समाज में यह असन्तोष व्यापक है। जिस समाज में उपभोक्तावादी आकर्षण की जितनी ही बहुलता है वहाँ असन्तोष भी उतना ही गहरा है। इसी कारण सम्पन्न औद्योगिक व्यवस्थाओं में मानसिक तनाव अत्यधिक है, और बड़ी संख्या में लोग दिमागी बीमारी के शिकार होते हैं और आत्महत्या करते हैं। सूचना माध्यमों का इसी दिशा में विस्तार इन समस्याओं को और भी तेजी से बढ़ाएगा।

लेकिन सूचना तकनीकी में आई क्रान्ति के गलत प्रयोगों को देखकर इनकी सकारात्मक सम्भावनाओं की ओर से मुँह मोड़ना भी सही नहीं होगा। सूचनाओं का सम्प्रेषण जैसाकि शुरू में कहा गया है कि मनुष्य की आदिम आवश्यकता रही है, और भाषा कला आदि सभी का विकास आदमी की व्यावहारिक या भावनात्मक आवश्यकताओं की पूर्ति के लिए ही हुआ। पास-पड़ोस के लोगों के अलावा आदमी दूर-दराज के प्रियजनों से भी संवाद के लिए सदा लालायित रहा है। इसी कारण कहीं किसी कवि ने मेघदूत की कल्पना की, और लोककथाओं में तोते के द्वारा प्रेमियों को संवाद देने की अनेक घटनाओं के जिक्र होते रहे हैं। संजय की दिव्य दृष्टि की कल्पना भी दूर-दराज की घटनाओं को अविलम्ब जगाने की इच्छा की ही अभिव्यक्ति है।

आज इन सूचनाओं के संचार की जैसी क्रान्ति देख रहे हैं वह सदियों से मनुष्य विभिन्न आवश्यकताओं के दबाव में उपलब्ध साधनों के आधार पर इस दिशा में बढ़ता रहा है। प्रारम्भ में यह राजाओं और सामन्तों के लिए ही सम्भव था कि वे मनुष्यों के द्वारा या घोड़े अथवा अन्य पशुओं से अपने खत दूर भेज सकें। प्राचीन

फारस और रोमन साम्राज्य में सरकारी कामों के लिए हरकारा सेवा का उल्लेख मिलता है। बाद में इसका दायरा फैलने लगा। शेरशाह के सम्बन्ध में यह कहा जाता है कि सोलहवीं शताब्दी में उसने अपने राज्य में डाक व्यवस्था की शुरुआत की। घोड़े से भेजी जानेवाली ये डाक निश्चय ही कुछ विशिष्ट व्यक्तियों के लिए ही रही होगी। इंग्लैंड में सतरहवीं शताब्दी में हरकारा से डाक सेवा शुरू हुई। इसके बाद इंग्लैंड और अमेरिका में क्रमश: अट्ठारहवीं और उन्नीसवीं शताब्दी के प्रारम्भ में टिकट लगा डाक भेजने की व्यवस्था शुरू हुई। यह व्यवस्था संसार भर में फैली तो इसलिए क्योंकि यह लोगों की दूर-दराज तक सम्प्रेषण की जबरदस्त इच्छा को पूरा करती थी। अन्तत: 1974 में यूनिवर्सल पोस्टल यूनियन की स्थापना हुई और विभिन्न देशों में डाक सेवा चालू हुई।

लेकिन लोग इतने ही से सन्तुष्ट नहीं थे, वे सूचनाओं को अविलम्ब भेजना चाहते थे। प्राथमिक समाजों में इस तरह की सूचनाएँ खास तरह के सिगनलों से भेजी जाती रही हैं। जैसे किसी ऊँची जगह पर आग जला अपनी उपस्थिति जताने के लिए, पटाखों से या कुछ विशेष तरह की आवाज या इशारों से, लेकिन इनका दायरा छोटा था। उन्नीसवीं शताब्दी के उत्तरार्द्ध में मोर्स द्वारा आविष्कृत बिजली से भेजे गए कोड से टेलीग्राफ की शुरुआत हुई जिसे केबल के जरिये समुद्र पार के दूर के देशों से संवाद का माध्यम बनाया गया। आगे इसी के विस्तार से टेलीप्रिंटर ईजाद हुआ, और फिर टेलीफोन का ईजाद हुआ, लेकिन केबलों का बिछाया जाना एक बड़ी समस्या थी जिसका समाधान रेडियो ने कर दिया। फाइबर ग्लास तारों और रेडियो संचार ने किसी चैनल पर एक साथ अनेक संवाद का भेजा जाना सम्भव बना दिया। इंटरनेट जो आज संचार सेवा में सर्वाधिक चर्चित है, और कुछ नहीं कम्प्यूटरों को एक-से ही दूरसंचार के द्वारा एक-दूसरे से जोड़ा जाना है। दूर-संचार के अन्य उपकरणों से इसकी कई विशेषताएँ हैं। एक तो इसमें संवाद बहुतरफा हो सकता है और दूर-दराज रहनेवाले लोग बिना एक स्थान पर आए विस्तार से किसी प्रश्न पर संवाद कर सकते हैं, दूसरा इससे संक्षिप्त बातचीत ही नहीं बल्कि किसी प्रश्न पर जानकारियों का विस्तृत आदान-प्रदान हो सकता है। इसके अलावा आवश्यक पुस्तकें या दस्तावेज दुनिया के किसी भी कोने से इन पर शोध करनेवालों को घर बैठे उपलब्ध हो सकते हैं। इससे जीवन के विविध क्षेत्रों में शीर्ष स्थान पर बैठे व्यक्ति लोगों को अपना आदेश या प्रवचन सुनाने के अधिकारी ही नहीं रहेंगे, जैसा आज है, बल्कि आम लोग भी उलटकर उनसे प्रश्न पूछ सकते हैं या उन्हें सीधा सुना सकते हैं कि वे इन बड़ों के विषय में क्या सोचते हैं। इस अर्थ में यह आज तक उपलब्ध सभी संचार माध्यमों से अधिक लोकतांत्रिक है।

लेकिन भविष्य के लिए इसकी सबसे महत्त्वपूर्ण भूमिका स्वायत्त विकेन्द्रित व्यवस्थाओं को जोड़ने में। अगर विश्व का विनाश रोकना है तो आज के भारी

मात्रा में संसाधनों को निगलनेवाले और पर्यावरण को प्रदूषित करनेवाले केन्द्रित विशाल औद्योगिक और राजकीय ढाँचे की जगह, छोटी एवं स्वायत्त आर्थिक और राजनीतिक इकाइयों का अस्तित्व में लाया जाना अपरिहार्य है। फिलहाल हम पूँजीवादी-उपभोक्तावादी संस्कृति से इतना आवृत्त है कि सामने विनाश को देखते हुए भी राह बदलने में असमर्थ हैं, लेकिन जीवन की इच्छा हमें अन्ततः राह बदलने को मजबूर करेगी। इस शताब्दी में मनुष्य को अस्तित्व की इसी चुनौती से जूझना होगा। और, यह आवश्यकताओं को कम कर छोटे समुदायों में छोटी आर्थिक इकाइयों के विकास से ही सम्भव होगा। लेकिन अब तक जब भी छोटी आर्थिक राजकीय इकाइयों की बात होती थी तब यह सवाल किया जाता था कि आज की दुनिया में आदमी ऐसी छोटी इकाइयों में नहीं रह सकता जहाँ वह बाकी संसार से कटा रहे।

इंटरनेट के आने के बाद स्थिति कुछ बदल गई है। अब वैसे बहुत सारे काम जिनके लिए बड़े वाहनों का अस्तित्व अपरिहार्य बन गया था, या संसार भर में आबादियों का स्थानांतरण जरूरी हो गया था अप्रासंगिक बन गए हैं। छोटे समुदायों में रहनेवाले लोग बिना अपना स्थान छोड़े अब वह सब कर सकते हैं। मसलन, अब विश्वविद्यालयों का किसी एक बड़ी आबादी के बीच होना जरूरी नहीं और न वहाँ दूर-दूर से विद्यार्थियों का आना जरूरी होगा जैसे प्राचीन काल में नालन्दा जैसे विश्वविद्यालयों में होता था। न तो विशाल पुस्तकालयों की जरूरत होगी। दूर-दराज की बड़ी आबादियों को जोड़ने के लिए न बड़े एक्सप्रेस हाइवे की जरूरत होगी और न भारी वाहनों से भारी परिवहनों की। आत्मनिर्भर सामुदायिक व्यवस्थाओं में दूर-दराज फैले दूसरे समुदायों से आवश्यक पर सीमित संवाद इंटरनेट से सम्भव हो सकेगा। छोटे समुदायों में लोगों की पारस्परिकता बढ़ेगी। कला, साहित्य, नृत्य एवं नाट्य आदि में पूरे समुदाय की भागीदारी हो सकेगी। नृत्य एवं संगीत आदि पर आज की तरह डिस्क व्यापारियों की इजारेदारी नहीं रहेगी। कलाकार और समुदाय के दूसरे लोग घुले-मिले होंगे। एक कला का विक्रेता और दूसरा क्रेता नहीं होगा। साथ ही इंटरनेट से संसार भर की दूसरी सामुदायिक कला विधाओं से इनका आवश्यक सम्पर्क सम्भव होगा। यह समाज की त्रासदी है कि उपयोगी उपकरण का प्रयोग आज व्यापारिक लाभ के लिए होता है। यह हास्यास्पद है कि मनुष्य एक अत्यन्त ही उपयोगी माध्यम का उपयोग मनुष्य की लालसा बढ़ाने के लिए कर रहा है। इस नई शताब्दी में आदमी को निर्णय करना है कि ऐसे उपकरण का प्रयोग कल्याणकारी दिशा में करेगा या विनाश की ओर ले जानेवाली दौड़ को और तेज करने में।

प्रभात खबर, 9 फरवरी, 2000

4

एक विख्यात ब्रिटिश वैज्ञानिक ने एक जगह हास्य-भाव से लिखा था कि हमारा आदिपूर्वज कभी वृक्ष की एक डाली से दूसरी डाली पर छलाँग लगाते हुए दूसरी डाली पकड़ने में चूक गया और खाली मुट्ठी कसते हुए जमीन पर आ गिरा, और उसी क्षण उसे शून्य और पदार्थ के भेद का ज्ञान हुआ। इसके बाद से आदमी पदार्थ के अध्ययन के क्रम में विज्ञान की एक से एक बड़ी ऊँचाइयाँ छूता रहा है, लेकिन अर्थशास्त्र के पंडित, जिनका क्षेत्र व्यावहारिक ज्ञान का माना जाता है, अर्थजगत की उछाल के बाद बार-बार धराशायी होने पर भी असली और वायवीय सम्पदा का भेद नहीं कर पाए हैं। बार-बार कल्पित सम्भावनाओं को सत्य मान वे एक के बाद एक संकट में फँसते रहे हैं। उस प्रक्रिया के तहत जिसे अर्थशास्त्री 'व्यापार चक्र' कहते हैं, दुनिया लगभग दो सौ वर्ष से बार-बार मन्दी का संकट झेलती रही है, लेकिन पूँजीवादी प्रतिष्ठानों के व्यवस्थापकों और अर्थशास्त्रियों में एक ऐसा मोह व्याप्त है कि उन्हें हर बार आर्थिक संकट अतीत की चीज दिखती है और आनेवाले समय में फिर विकास की अटूट श्रृंखला दिखाई देती है।

उदारीकरण के दौर ने इन लोगों के सामने भविष्य की एक ऐसी ही नई सम्भावना उपस्थित की है। व्यापार के लिए इस अविभाजित दुनिया में उन्हें सम्पत्ति के सीमाहीन विस्तार का अवसर दिखाई देने लगा है। कुछ दशक पहले उदारीकरण की धारा में अपने को निर्बाध छोड़ने वाले पूर्वी एवं दक्षिण-पूर्वी एशिया की समृद्धि में उछाल आया। सारे संसार में 'पूर्वी एशियाई बाघ' उदारीकरण की सफलता के नमूनों की तरह पेश किए जाने लगे, लेकिन फिर अचानक ऐसी मन्दी आई कि हतप्रभ हो अर्थशास्त्री कहने लगे कि व्यवस्था के नीचे से आधार ही खिसक गया लगता है। हांगकांग और दक्षिण कोरिया के अनेक शक्तिशाली प्रतिष्ठानों का अस्तित्व मिट गया। जापान में पहली बार दशकों के बाद आर्थिक विकास दर ऋणात्मक हो गई। अनेक उद्यमियों ने कारोबार नष्ट होने के सदमे में आत्महत्या कर ली। इंडोनेशियाा में सरकार का तख्ता पलट गया। मलेशिया में उदारीकरण की नीति के प्रति गम्भीर शंका व्यक्त की जाने लगी और वहाँ पिछले दिनों की राजनीतिक उथल-पुथल के पीछे एक हद तक अर्थव्यवस्था को लगे झटके का भी हाथ देखा जाने लगा है। चीन

की अर्थव्यवस्था निरापद रही तो इसलिए कि अपनी अर्थव्यवस्था को विश्व बाजार से जोड़ने के बावजूद अभी तक यह मूल रूप से एक आत्मनिर्भर अर्थव्यवस्था है। इसलिए इस मन्दी के झंझावात का असर चीन पर नगण्य रहा। पूर्वी एशिया की अर्थव्यवस्था की सिकुड़न का कुछ असर यूरोपीय संघ की अर्थव्यवस्था पर भी पड़ा, लेकिन चूँकि अब भी उनका व्यापार पारस्परिक और अमेरिका के साथ अधिक है, वहाँ कोई बड़ी मन्दी नहीं आई। इस सन्दर्भ में गौर करने लायक बात यह रही है कि अमेरिका की अर्थव्यवस्था इस काल में लगातार उछाल पर रही और क्लिंटन के राष्ट्रपतित्व का काल अमेरिका के इतिहास में खुशहाली के वर्षों में गिना जाने लगा।

दरअसल दुनिया की मन्दी के बीच अमेरिका में यह उछाल सूचना और मीडिया के क्षेत्र में कुछ नए आविष्कारों और इन पर लगभग इजारेदारी पर निर्भर रहा है। कम्प्यूटर, इंटरनेट, सैटेलाइट प्रसारण और सिनेमा के क्षेत्र में दुनिया में अपने वर्चस्व के कारण सब मिलाकर यहाँ के उद्योगों के मुनाफे, लोगों के रोजगार और राष्ट्रीय आय में पिछले दशक में लगातार इजाफा होता रहा है। इसी काल में माइक्रोसॉफ्ट का अध्यक्ष बिल गेट्स एक दशक में नब्बे अरब डॉलर का स्वामी बन अमेरिका का सबसे धनी आदमी हो गया। हाल में 'अमेरिका ऑन लाइन' और 'टाइम वार्नर' के विलय से 360 अरब डॉलर की हैसियत का 'एओएल टाइम वार्नर कार्पोरेशन' दुनिया का सबसे बड़ा औद्योगिक प्रतिष्ठान बन गया है। इसमें पहला कम्प्यूटर एवं इंटरनेट से सम्बद्ध है तो दूसरा संचार के क्षेत्र में अग्रणी है। ये दोनों अमेरिका के इस क्षेत्र में सक्रिय सैकड़ों अन्य प्रतिष्ठानों में उल्लेखनीय हैं। इसी से यूरोप, विशेषकर फ्रांस में अमेरिका के सांस्कृतिक हमले के प्रति गहरी चिन्ता जताई जा रही थी क्योंकि सिनेमा और प्रसारण दोनों के क्षेत्र में अमेरिकी कम्पनियाँ यूरोप पर हावी होती जा रही थीं।

लेकिन अमेरिका की इस विलक्षण खुशहाली के पीछे जो कारक हैं उन पर विचार करने पर यह तुरन्त दिखाई देने लगता है कि सम्पन्नता का यह आधार स्थायी नहीं हो सकता। जैसाकि बार-बार होता रहा है यह उछाल अनिवार्य रूप से अमेरिकी अर्थव्यवस्था को और इसके साथ-साथ सारी दुनिया की अर्थव्यवस्था को आगे चलकर गहरे संकट की ओर ले जाएगा। सबसे प्रमुख कारण तो यह है कि वहाँ की पूँजीवादी व्यवस्था जुआरी वृत्ति से परिचालित होती है जिसमें अक्सर असिद्ध सम्भावनाओं पर सब कुछ दाँव पर लगा दिया जाता है। अमेरिका की जैसी प्रभुता आज दुनिया की अर्थव्यवस्था पर है उसे देखते हुए कहा जा सकता है कि अमेरिका का आर्थिक संकट घोर विश्वव्यापी संकट में बदलेगा। स्वयं अमेरिका में स्टॉक मार्केट में आए उछाल से आशंकाएँ व्यक्त की जा रही थीं। यह उछाल सूचना से सम्बन्धित शेयरों के उछाल का नतीजा है और वहाँ के सिलिकन वैली

के बाजार विशेषज्ञ थोड़े समय में आए इस उछाल को किसी वास्तविक आधार के बजाय लोगों की इसकी सम्भावनाओं की काल्पनिक आशा का परिणाम मानते हैं। एक विश्लेषक डैन बर्क के अनुसार, "1990 के आसपास कोई स्टॉक गर्म कहा जाता था जब एक दिन में इसमें दो अंकों की वृद्धि होती थी। अगर यह एक दिन में छह अंक ऊपर चढ़ता था तो कहा जाता था कि यह ज्वाला पर है, लेकिन आज यह एक दिन में सौ अंक तक चढ़ रहा है। यह समझ से परे है।"

हमारी पिछलग्गू अर्थव्यवस्था भी अमेरिकी जुकाम से छींकने लगी है और यहाँ भी सूचना व्यवस्था के शेयरों में सर्वाधिक उछाल आ रहा था। सूचना उद्योग के ऐसे ही विस्तार की आशा में भारत सरकार भी देश के सीमित संसाधनों का बड़ा हिस्सा सूचना सेवाओं के विस्तार पर लगा रहा है। आन्ध्र, कर्नाटक और गुजरात जैसे कुछ राज्य काफी समय तक इस पर भारी निवेश कर रहे थे। यहाँ यह बात भुलाई जा रही है कि हालाँकि सूचना जीवन को जबरदस्त रूप से प्रभावित करती है, यह जीवन को गति और दिशा देने का एक माध्यम भर है। जीवन का आधार तो जो सदा रहा है वही रहेगा—यानी मनुष्य की बुनियादी आवश्यकताएँ जैसे रोजी-रोटी, वस्त्र, आवास और आरोग्य की उपलब्धि। जहाँ इन बुनियादी आवश्यकताओं की पूर्ति नहीं हो पा रही है वहाँ सूचना क्षेत्र का विस्तार कुछ ही दिनों में एक अलंघ्य सीमा पर आकर अवरुद्ध हो जाएगा। फिर यहाँ से उलट गति शुरू होगी और इस क्षेत्र की मन्दी से बाकी आर्थिक जगत का संकट शुरू होगा।

अमेरिका की इस खुशहाली के दौर में किसी आनेवाले संकट की चेतावनी लोगों को प्रलाप ही लगेगी, लेकिन अमेरिका के इतिहास पर दृष्टि डालने पर वहाँ की पूँजीवादी व्यवस्था में आर्थिक उछाल में मन्दी और संकट का अनिवार्य सम्बन्ध दिखाई देता है। प्रख्यात अमेरिकी अर्थशास्त्री जे.के. गालब्रेथ के अनुसार अमेरिका में आर्थिक मन्दी और संकट 1819, 1837, 1857, 1873, 1893, 1907, 1921 और सबसे विकराल रूप में 1929 में आते रहे हैं। गालब्रेथ के अनुसार इसमें ध्यान देनेवाली बात यह है कि प्रत्येक आर्थिक संकट के पीछे किसी एक क्षेत्र में अत्यधिक मुनाफा कमाने की सम्भावना से अत्यधिक निवेश का हाथ था। और चूँकि इस आशा का असलियत से रिश्ता नहीं था, इसलिए मन्दी का दौर चला। गालब्रेथ के अनुसार 1819 और 1937 में सरकार द्वारा जमीन की बिक्री से निवेश का यह सिलसिला शुरू हुआ। यह काल नहर निर्माण का था। जो लोग सरकार से जमीन खरीदते थे वे दूसरों को अधिक कीमत पर बेच देते थे और फिर खरीदनेवाला आदमी किसी तीसरे के हाथ मुनाफा लेकर इसे बेचता था। सभी मुनाफे की आशा से जमीन खरीदते और जब यह चक्र खत्म हुआ और आगे कोई खरीदनेवाला नहीं रहा तब अन्तिम खरीदार दिवालिया हो गए। इससे मन्दी का दौर चला। 1857 में मुनाफे के लिए दाँव लगाने का सिलसिला रेल की पटरी बिछाने के धन्धे से जुड़ा। 1873 और

1893 के संकट भी रेल निर्माण पर निवेश से ही जुड़े थे। 1869 और 1907 के संकट क्रमश: सोने और ताँबे के क्षेत्रों पर एकाधिकार स्थापित कर मनमाना मुनाफा कमाने के प्रयास से जुड़े थे। बाद में ऐसा ही दाँव नई तकनीकी और वस्तुओं के स्टॉक पर लगाया जाने लगा जिसकी परिणति 1929 की विश्वव्यापी मन्दी में हुई। पूरा घटनाक्रम अधिक जटिल दिखेगा पर बुनियादी कारण यही थे।

इसी मानसिकता पर गालब्रेथ की टिप्पणी है : 'तत्काल हकीकत यह नहीं होती कि सम्बद्ध संसाधन—यानी जमीन, कोई वस्तु, स्टॉक या निवेश करनेवाली कम्पनी दरअसल आगे क्या कमाएगी, बल्कि हकीकत इतनी ही होती है कि काफी लोग भविष्य में कीमतों की ऐसी बाढ़ की आशा रखते हैं और इसी आशा के फलस्वरूप कीमतें बढ़ती जाती हैं। इस बाढ़ से और अधिक लोगों में कीमतें बढ़ने की आशा और इस धन्धे से जुड़ने की इच्छा जगती है।...इस प्रक्रिया में एक आदिम सरलता है : यह तभी तक चलेगी जब तक कीमतें विश्वसनीय ढंग से बढ़ती जाएँ।' गालब्रेथ के अनुसार जब कीमतों में बाढ़ का सिलसिला टूटता है, कीमतें अचानक गिरती हैं और संकट पैदा होता है।

फिलहाल अमेरिका की अर्थव्यवस्था का जो स्थायित्व और सम्पन्नता में जो इजाफा दिखाई दे रहा है उसका कारण यह है कि सूचना तकनीक से जुड़ी इस दौड़ में वह अगली कतार में है। इससे भविष्य में भी इस सिलसिले के टूटते-टूटते भी वहाँ बड़ी संख्या में लोग धनाढ्य हो जाएँगे। मुनाफा कमाने का सिलसिला टूटने का खमियाजा उन्हें उठाना पड़ेगा जो मुनाफा कमाने की इस आपाधापी में आखिरी कतारों में होंगे।

लेकिन वर्तमान विकास के साथ संसार की अर्थव्यवस्था का एक बुनियादी खोट जुड़ा हुआ है जो आनेवाले संकट को असाध्य बना देगा। पिछले दशकों के आर्थिक विकास में प्राथमिक क्षेत्र कृषि और द्वितीय क्षेत्र उद्योग दोनों का हिस्सा घटता जा रहा है और तृतीय क्षेत्र सेवा का हिस्सा लगातार बढ़ता गया है। सेवा क्षेत्र का अर्थ आज यह नहीं है कि शिक्षा, स्वास्थ्य या लोगों को जीवन की अन्य सुविधाएँ मुहैया कराने पर खर्च बढ़ रहा हो। वास्तव में यह बढ़ोतरी प्राथमिक उत्पादक और उत्पाद के उपभोक्ता के बीच अनेक स्तरीय बिचौलियों का निर्माण करने से है। इन बिचौलियों के योगदान को मूल्य के रूप में शुमार कर (वैल्यू ऐडिशन) इन पर होनेवाले खर्च को सेवा क्षेत्र की आय के रूप में गिना जाने लगा है। दुकानदारी से लेकर तरह-तरह के प्रचार सेवा क्षेत्र में शामिल हो अर्थव्यवस्था में इस क्षेत्र का अनुपात बढ़ा रहे हैं। यह सब केन्द्रित अर्थव्यवस्था का अनिवार्य परिणाम है।

इस सन्दर्भ में जेमेरी रिफ्किन ने अपनी बहुचर्चित पुस्तक 'इंट्रॉपी' में कुछ दिलचस्प तथ्य उपस्थित किए हैं। उनके अनुसार अमेरिका में खाद्य पदार्थों के पूरे खर्च में मात्र 20 प्रतिशत खाद्य पदार्थों को उपजाने पर खर्च होता है और 80 प्रतिशत

इसे तैयार करने, डिब्बाबन्द करने एवं वितरण पर खर्च होता है। 1963 से 1971 तक अमेरिका में लोगों के भोजन में 2.3 प्रतिशत की वृद्धि हुई जबकि डिब्बाबन्दी पर 33.3 प्रतिशत और डिब्बों की संख्या में 38.8 प्रतिशत की वृद्धि हुई। इसी के साथ घर में स्वयं भोजन तैयार करनेवालों का स्थान लेने के लिए भोजन तकनीक विशेषज्ञों की एक बड़ी फौज तैयार हो गई है।

सूचना उद्योग में जो अभी तेज हलचल है वह आवश्यक जानकारी या ज्ञान के प्रसार के क्षेत्र में नहीं, बल्कि ई-कॉमर्स के क्षेत्र में है जिसमें वैसे सामान जिन्हें उपभोक्ता हाथ-पाँव चलाकर दुकानों से पसन्द करके लाता था, घर ही पर उपलब्ध हो जाएँगे। 'वेव' पर उसे घर बैठे सभी वस्तुओं और उनकी प्राप्ति के स्थान की जानकारी हो जाएगी और इच्छा व्यक्त करते ही विक्रेता सभी वस्तु पहुँचा देंगे। अब इसी तरह के कामों को सेवा क्षेत्र में गिनकर राष्ट्रीय आय बढ़ाने का भ्रम पैदा किया जा रहा है। आजकल हमें यह बतलाया जा रहा है कि औद्योगिक क्रान्ति का नया दौर सूचना क्रान्ति है, लेकिन यह एक भ्रम मात्र ही है। दरअसल सूचना तकनीकी का इस्तेमाल कर एक 'बिचौलिया क्रान्ति' हो रही है जिसमें औद्योगिक क्षेत्र का अधिकतम विस्तार बिचौलिया कारोबार और एक बिचौलिया वर्ग के रूप में हो रहा है। इसमें संसार के एक अल्पसंख्यक अतिसम्पन्न समूह को बिस्तरे पर पड़े-पड़े आवश्यकता की सभी वस्तुएँ उपलब्ध होंगी बाकी लोगों का जीवन अत्यन्त कठिन हो जाएगा क्योंकि उनकी आवश्यकता की हर वस्तु—भोजन, वस्त्र आदि—बिचौलियों के कारण अत्यन्त महँगी होती जाएगी। इसके अलावा कम्प्यूटर से जुड़ी स्वचालित मशीनों के कारण आम लोगों के रोजगार का क्षेत्र सिमटता जाएगा और वे उच्छिष्ट मानव बन जाएँगे। वे आदिम मनुष्यों की तरह आसपास की भूमि से जीवन का सहारा बटोरते फिरेंगे। दूसरी ओर 'साइबर-होम' में निवास करनेवाले लोगों के लिए हाथ, पाँव, आँख, नाक सभी का प्रयोग करना अनावश्यक हो जाएगा और डार्विन के 'नैचुरल सेलेक्शन' (प्राकृतिक चयन) के हिसाब से ये सब अंग खत्म होते जाएँगे। इस साइबर होम के निवासी प्रोटोप्लाज्म का लोथड़ा रह जाएँगे जिनके मस्तिष्क में 'माइक्रो-प्रोसेसर' लगा होगा और सिर पर एंटेना। लेकिन यह तो अति दूर भविष्य की तसवीर है। निकट भविष्य में हमारे सामने आर्थिक संकट के नए दौर की सम्भावना ही दिखाई देती है जिससे आर्थिक जीवन को नई तरह से निर्मित करने की जरूरत महसूस होगी।

5

वर्तमान विकास की मृगमरीचिका में मोटरकार प्रतीक और उपकरण, दोनों बन गया है। यह समय और विस्तार पर अधिकार का भ्रम पैदा कर प्रकृति पर विजय का एहसास कराता है। चूँकि इस दौड़ में अमेरिका अगुआ है, आज उसी की नकल में सभी लगे हैं। अगर निर्बाध गति के लिए मोटरकार चाहिए तो उसके लिए उपयुक्त सड़कें भी चाहिए और इस दिशा में 'एक्सप्रेस हाइवे' का जाल बिछाना जरूरी लगता है। 14 दिसम्बर को 'एक्सप्रेस हाइवे' के एक सम्मेलन के उद्घाटन भाषण में अटल बिहारी वाजपेयी ने ऐसी सड़कों के निर्माण पर अलग बजट द्वारा अतिरिक्त सहायता का वादा करके उनकी प्राथमिकता क्या है उसका स्पष्ट संकेत दिया।

उक्त भाषण में विकास और व्यापार को आधुनिकतम गति देने के लिए एक्सप्रेस हाइवे का निर्माण जरूरी माना गया है, लेकिन अगर हम भारत की आबादी और विस्तार के हिसाब से इन्हें फैलाने के खर्च पर विचार करेंगे तो इसी नतीजे पर पहुँचेंगे कि हम एक ऐसी अंधी दौड़ में फँस गए हैं जिसके लक्ष्य अलभ्य और असम्भव हैं। हम अगर अमेरिका में मोटर आधारित यातायात पर होनेवाले खर्च पर विचार करें तो इस आनेवाले खर्च का थोड़ा अन्दाज हो सकेगा। आज से 30 साल पहले के एक अनुमान के अनुसार वहाँ सड़क निर्माण में प्रत्येक दस लाख डॉलर (आज की भारतीय मुद्रा में लगभग साढ़े चार करोड़ रुपए) के व्यय में 16800 बैरल सीमेंट, 694 टन अलकतरा, 485 टन कंक्रीट एवं मिट्टी के पाइप, 76000 टन बालू एवं पत्थर की मिट्टी, 24000 पाउंट विस्फोटक, 99000 फुट लकड़ी के तख्ते और 600 टन इस्पात का इस्तेमाल हुआ। इन वस्तुओं की पूरी खपत का अन्दाज इस बात से किया जा सकता है कि अमेरिका में सन 1956 से 1970 के चौदह वर्षों में हाइवे के निर्माण पर 196 अरब डॉलर (सभी वस्तुओं की ऊपर बतलाई गई लागत का लगभग दो लाख गुना) खर्च किया गया। यह भी अन्दाज किया गया था कि सन 1973 और 1985 के बीच 294 अरब डॉलर अतिरिक्त खर्च की जरूरत ऐसी सड़कों के निर्माण पर होगी।

ध्यान में रखने की बात है कि ये हाल के वर्ष हैं जबकि अमेरिका में पहले से ही सड़कों का जाल बिछा हुआ था। भारत में तो 'एक्सप्रेस हाइवे' की शुरुआत ही

हो रही है। अभी तक सिर्फ पूर्वी तटीय इलाकों में एक-दो छोटी सड़कों का निर्माण हुआ है। जब हम सड़क निर्माण पर सिर चकरानेवाले विशाल व्यय पर गौर करते हैं तो यह बात समझ में आने लगती है कि सड़क निर्माण जैसे कार्य में जो पारम्परिक रूप से मानव श्रम पर आधारित है, हम विदेशी सहायता के मुहताज क्यों हो रहे हैं।

अमेरिका में मोटरगाड़ी पर आधारित यातायात व्यवस्था का यह असर हुआ है कि 'रोड टू रूइन' पुस्तक के लेखक ए.क्यू. मोब्रे के अनुसार अमेरिका की कुल 36,00,000 वर्गमील भूमि पर 36,00,000 मील सड़कें बिछी हैं यानी प्रत्येक वर्गमील भूमि पर एक मील लम्बी सड़क। मोब्रे के ही अनुसार इन बड़े मार्गों के निर्माण के कारण हर वर्ष एक लाख लोग विस्थापित होते हैं। आधुनिक विकास प्रक्रिया में भारत में तो लोगों का उजाड़ा जाना आम बात है, लेकिन यह चौंकानेवाली बात लगेगी कि अमेरिका जैसे भूमि के अनुपात में कम जनसंख्या वाले देश में भी यह विकास प्रक्रिया लोगों के पारम्परिक आवास और जीवन पद्धति की लगातार बलि लेती रहती है। यह बात अलग है कि अमेरिका जैसे सम्पन्न देश में विस्थापितों के लिए उन्हें कबूल हो सके ऐसी वैकल्पिक व्यवस्था उपलब्ध हो जाती है।

मोटरगाड़ियों से सम्बद्ध अमेरिका के कुछ दिलचस्प आँकड़े हैं जिन्हें हमें अपने भविष्य पर विचार करते समय ध्यान में रखना चाहिए। मोटर वाहनों से ढुलाई खर्च वहाँ रेल के मुकाबले छह गुना अधिक पड़ता है। कार से काम पर जानेवाले अधिकांश अमेरिकियों को हर रोज एक से तीन घंटे तक काम पर आने-जाने में लगाना पड़ता है क्योंकि मोटरगाड़ियों की बाढ़ के साथ नगरों और इनके उपनगरों का सीमा विस्तार भी अत्यधिक हुआ है। इससे भी दिलचस्प बात यह है कि सबसे व्यस्त घड़ियों में, जब लोगों को काम पर पहुँचने की जल्दी होती है, नगरों में मोटरगाड़ियों की रफ्तार 5 से 6 मील प्रति घंटा हो जाती है। लगभग वही जो पैदल चलने की है। ये स्थितियाँ कुछ-कुछ हमारे अपने महानगरों में भी दस्तक देने लगी हैं और हमारी राजधानी दिल्ली दुनिया के सबसे प्रदूषित नगरों में एक बन गई है। ऐसा लगता है कि हम न तो दुनिया के अनुभवों से कुछ सीखना चाहते हैं और न भौतिक के कुछ बुनियादी सिद्धान्त पर विचार करने को तैयार हैं, जो हमारे जीवन को मूलभूत रूप से प्रभावित करते हैं।

इस लेख के शीर्षक में भविष्य की सवारी के रूप में बैलगाड़ी को एक प्रतीक के रूप में ही रखा गया है क्योंकि बैल की ऊर्जा का प्रयोग भौतिकी के एक मूलभूत एवं अलंघ्य नियम के हिसाब से अत्यधिक अनुकूल पड़ता है। यह नियम इंट्रोपी के बढ़ोतरी के नियम के नाम से जाना जाता है। इस नियम के अनुसार जिस तरह जल के प्रवाह की दिशा सदा जलस्तर को सम बनाने की तरफ होती है उसी तरह ऊर्जा की भी दिशा समस्तर की तरफ होती है। चूँकि सभी भौतिक प्रक्रियाएँ ऊर्जा के स्तरों की भिन्नता से ऊर्जा के संचरण से होती हैं, एक बार समस्तर होने के

बाद यह ऊर्जा किसी भी तरह के भौतिक उपयोग के लिए बेकार हो जाएगी। इस नियम के अनुसार सभी प्रकार की ऊर्जा अन्ततः ताप ऊर्जा में बदल जाएगी और सारे ब्रह्मांडों में समताप की स्थिति पैदा होगी जिस स्थिति को 'ताप मृत्यु' का नाम दिया गया है। इस तरह सारे ब्रह्मांड का विकास विश्रृंखलन और मृत्यु की तरफ है जिससे निजात का कोई उपाय नहीं है।

लेकिन जहाँ जीव और वनस्पति जगत है वहाँ एक प्राकृतिक चमत्कार दिखाई देता है। वहाँ विश्रृंखलन की जगह भौतिक और रासायनिक प्रक्रियाएँ लगातार जटिल संरचनाओं की तरफ बढ़ती हैं जिनमें जीव एवं वनस्पति जगत पड़ोस के बिखरे तत्त्वों को समेट श्रृंखलाबद्ध कर इन जटिल संरचनाओं को अस्तित्व में लाता है। इसमें पड़ोस के भौतिक तत्त्वों से और आपस की आदान-प्रदान की स्पन्दन प्रक्रिया से ऊर्जा और पदार्थ, दोनों ही समत्व की बजाय वैविध्य की स्थिति बनाए रखते हैं—यथा सर्दी या ताप के वातावरण में भी मानव शरीर का तापमान सदा लगभग 36 डिग्री सेल्सियस पर बना रहता है, शरीर की कोशिकाएँ एवं रक्त आदि में जल एवं विभिन्न लवणों एवं रासायनिक तत्त्वों का अनुपात विविध प्रक्रिया द्वारा निश्चित स्तर पर बना रहता है। इसे वैज्ञानिकों ने 'होमियो स्टैटिस' का नाम दिया है, लेकिन जीव जगत को निर्माण का यह वरदान बिना कीमत चुकाए नहीं प्राप्त होता। इसके बदले जीव जगत संयोजन के लिए वातावरण से प्राप्त ऊर्जा के बराबर ही विश्रृंखलन का अनुदान निसर्ग को करता रहता है यानी इंट्रोपी बढ़ाता जाता है। लेकिन इन मापकों के लिए सन्तोष की बात यह है कि जहाँ धरती का पर्यावरण हमारे क्रियाकलापों से बृहत् रूप से प्रभावित होता है वहीं पूरा ब्रह्मांड या सौर जगत की दृष्टि से भी हमारी धरती की उपस्थिति इतनी नगण्य है कि सुनियोजित और मितव्ययी जीवन से मनुष्य और जीव जगत को धरती पर दीर्घ आयु प्राप्त हो सकती है। इसके लिए हमें अपने जीवन को उस विशाल सर्जनात्मक ऊर्जा स्रोत से प्राप्त ऊर्जा की उपलब्धता के अनुसार ढालना होगा जो धरती पर सभी ऊर्जा का आधार है यानी सौर ऊर्जा के विविध स्वरूपों पर।

पारिस्थितिकी के अध्येता जिसे 'फूडचेन' (भोजन श्रृंखला) कहते हैं और जो धरती पर जीवन का आधार है, वह पूरी तरह सूरज से प्राप्त ऊर्जा पर आधारित है। इस भोजन श्रृंखला में सूरज के प्रकाश की ऊर्जा से वनस्पति जगत फोटो सिन्थेसिस की प्रक्रिया से अपना विकास करता है। इससे अनेक तरह के पतिंगें और पशु अपना भोजन पाते हैं। पतिंगों को मेढक, छिपकली आदि जीव खाकर अपना विकास करते हैं और मांसभक्षी बड़े जीव पशुओं को खाते हैं। छिपकलियों, मेढकों आदि को मछलियाँ या चिड़ियाँ खाती हैं। और आदमी वनस्पति, पशु-पक्षी और मछलियों से भोजन प्राप्त करता है। वनस्पति जगत के विशाल जंगलों और अनेक सूक्ष्म और बड़े जीवों के दबने और जैविक रासायनिक प्रक्रिया से कोयला, तेल और गैस का

विशाल भंडार आज हमें उपलब्ध है, जिसे हम बिना सोचे-समझे खाली करते चले जा रहे हैं। अन्ततः धरती पर जीवन का विकास और जीवनचक्र सूरज से प्राप्त ऊर्जा का ही फल है। सूरज के प्रकाश से ही हवा चलती है और समुद्र का जल भाप बन आसमान में उठता है और कहीं वर्षा और कहीं पहाड़ों के शिखरों पर बर्फ बन जलस्रोतों और नदियों को जन्म देता है। इस तरह पवनचक्की से प्राप्त ऊर्जा और जलधारा से प्राप्त बिजली या अन्य तरह की ऊर्जा सभी अन्ततः सौर ऊर्जा के ही रूप हैं। जीवाश्मित ईंधनों (कोयला, गैस जैसे) को छोड़ बाकी सभी तरह की ऊर्जा सूरज से निकले और्जिक प्रवाह के रूप में उपलब्ध है जो मानव जीवन के परिप्रेक्ष्य में अक्षय माने जा सकते हैं। यह सच है कि पूरे ब्रह्मांड के पैमाने पर सूरज की ऊर्जा भी इंट्रोपी के नियम के अनुसार कभी अलभ्य हो जाएगी, लेकिन ऐसा होने में अरबों बरस लगेंगे और हमारे जीव जगत के परिप्रेक्ष्य में उसे अनन्त काल माना जा सकता है।

मनुष्य द्वारा उपयोग में लाई जानेवाली ऊर्जा को हम दो भागों में बाँट सकते हैं जो जल आपूर्ति की एक उपमा से स्पष्ट हो जाएगा। हम जल दो तरह से प्राप्त करते हैं—एक बहती जलधारा से अंजलि या जलपात्र से सीधा निकालकर और दूसरा धरती खोद उसकी गहराई में एकत्र भंडार से, मानव श्रम या अन्य तरह की ऊर्जा की खपत से। पहले में बाहरी ऊर्जा की जरूरत नहीं हो तो प्रवाह में निहित ऊर्जा से ही हमारी जरूरतों की आपूर्ति हो जाती है। दूसरी विधि में हमें बाहर से ऊर्जा लगानी पड़ती है और जल का भंडार सीमित होने से समाप्त होता जाता है। सूरज की ऊर्जा का भी एक अपना प्रवाह है जो प्राणी जगत (फूडचेन) जलधाराओं, जलतरंगों और गतिशील हवा के रूप में प्रवाहित होता रहता है। दूसरा स्थिर और कभी का संचित जीवाश्मित ऊर्जा का भंडार (कोयला, पेट्रोलियम और गैस) है जो अल्पकालिक एवं क्षयशील है और जिसे प्राप्त करने के लिए भारी मात्रा में ऊर्जा और विशाल उपकरणों की जरूरत होती है। यह सहज ही देखा जा सकता है कि ऊर्जा का वही स्रोत दीर्घकाल के लिए जीवनदायी हो सकता है और सौर ऊर्जा के स्वाभाविक प्रवाह से सीधा प्राप्त किया जा सके। इसी अर्थ में प्रतीक के रूप में बैलगाड़ी को भविष्य की सवारी के रूप में चिह्नित किया गया है।

अब हम बैल के जीवनवृत्त पर विचार करें तो देखेंगे कि यह प्राकृतिक ऊर्जा प्रवाह का एक स्वाभाविक भाग है। यह भूमि पर उपजी वनस्पति से पोषण के रूप में ऊर्जा प्राप्त करता है जिसका प्रयोग हम गाड़ी या हल चलाने में करते हैं। इसके गोबर से प्राप्त गैस को प्रकाश या ईंधन के लिए उपयोग में लाया जा सकता है। उसी गोबर का उपयोग गैस निकल जाने के बाद सर्वोत्तम खाद के रूप में खेती में हो सकता है। बैल के मरने पर इसके चमड़े का इस्तेमाल जूते तथा अन्य वस्तुओं के निर्माण में हो सकता है और हड्डियाँ दुर्लभ फास्फेट की खाद का स्रोत बन

जाती हैं। इस तरह इससे संसाधन का अधिकतम संरक्षण होता है और ऊर्जा की 'री-साइक्लिंग' यानी उत्पादन चक्र में दुबारा प्रयोग हो जाता है। इनकी गाड़ियाँ और हल पेड़ों से प्राप्त लकड़ी और पेड़ों से ही प्राप्त रबर से व लोहा जैसी धातुओं के निम्नतर इस्तेमाल से बन जाते हैं जो पुन: प्रकृति के स्वाभाविक जीवनवृत्त में आ जानेवाले संसाधन हैं। इसके विपरीत आज की तकनीकी द्वारा प्रयोग में आनेवाले ट्रैक्टर या वाहन कोयला या तेल से चलते हैं जो क्षयशील जीवाश्मित ऊर्जा है और जिनके भारी मात्रा में प्रयोग से वातावरण में घोर प्रदूषण फैलता है जो अब धरती पर जीवन के अस्तित्व के लिए खतरा बन रहा है। इन वाहनों के निर्माण में विशाल मात्रा में खनिज धातुओं एवं अन्य संसाधनों का इस्तेमाल होता है जो अत्यधिक खर्चीली (ऊर्जा का खर्च) विधि से भी 30 प्रतिशत से अधिक फिर से उपलब्ध नहीं हो सकते।

लेकिन बैल को तो महज एक प्रतीक के रूप में पेश किया गया है। सौर ऊर्जा प्रवाह के ऐसे अनगिनत रूप हैं जिनका मानव जीवन के लिए उपयोग हो सकता है। जलधारा से छोटे पैमाने पर बिजली प्राप्त की ही जा रही है। हालाँकि विशालता की वर्तमान अर्थव्यवस्था में इसके निर्माण का भी पैमाना विशाल बनता गया है और धरती के क्षयशील सीमित साधनों का भारी मात्रा में अपव्यय होता है। इससे भी पारिस्थितिकीय असन्तुलन पैदा हो रहा है। इसी तरह सर्दियों में हवा से ऊर्जा प्राप्त की जाती है। छोटे पैमाने पर सूरज से सौर बैट्रियों द्वारा ऊर्जा प्राप्त की जाती है, लेकिन फिलहाल इसमें भारी मात्रा में प्रयोग में आनेवाले धातु और रासायनिक खनिज इस पर एक सीमा लगाते हैं जो तत्काल दिखाई नहीं देती। पर दीर्घकाल के लिए बड़े पैमाने पर इसके प्रयोग से इसकी सीमाएँ सामने आने लगेंगी।

असल में यहाँ भी हमें वनस्पति और प्राणी जगत से ही सबक सीखना होगा। यह अद्भुत क्षमता तो हमारे चारों ओर फैली हरियाली में ही दिखाई देती है जिस पर हम ध्यान नहीं देते। फोटो सिन्थेसिस के जरिये पत्तों के क्लोरोफिल (वह रासायनिक तत्त्व जो पत्ते की हरियाली में होता है) जिस गति से सूरज की ऊर्जा से रासायनिक परिवर्तन करते हैं वह अत्याधुनिक कारखानों की प्रयोगशालाओं के लिए दुर्लभ है। एक छोटा पौधा इस प्रक्रिया से उत्तरोत्तर अपनी बाढ़ के साथ-साथ इस प्रक्रिया का रासायनिक पैमाना भी दिन दूना रात चौगुना बढ़ाता जाता है और वातावरण से उत्सर्जित कार्बन डाईऑक्साइड एवं वाष्प से तत्त्व ग्रहण कर सूरज की ऊर्जा से एक इंच का नन्हा-सा पौधा छह वर्षों में विशाल वृक्ष बन जाता है। मछलियों की कुछ प्रजातियाँ ऐसी हैं जो अपने भीतर से शक्तिशाली बिजली प्रवाहित कर सकती हैं। जुगनू बिना बाहरी ईंधन जलाए प्रकाश फैला सकते हैं। ऊर्जा पैदा करने की यह क्षमता आश्चर्यचकित करनेवाली होती है। जैविक विधि से कम्पोस्ट तैयार करने और अनेक तरह के दलहनों के पौधों की जड़ों में हवा से नाइट्रोजन इकट्ठा करने

की विलक्षण क्षमता अनेक तरह के जीवाणुओं में होती है। इस सबमें प्राप्त ऊर्जा सौर ऊर्जा के स्वाभाविक प्रवाह के अंग हैं।

मानव अस्तित्व को दीर्घकालिक बनाने के लिए विज्ञान और तकनीकी को जीव-जगत की इन विस्मयकारी उपलब्धियों के रहस्य को समझ उनके सहयोग से सौर ऊर्जा के प्रवाह से आवश्यक ऊर्जा ग्रहण करने की दिशा में बढ़ना होगा। पारम्परिक समाजों में और प्राचीन भारतीय समाज में एक सीमा के भीतर प्रकृति की स्वाभाविक ऊर्जा प्रवाह के अनुरूप जीवन ढालने की प्रवृत्ति थी। यह अचरज की बात है कि भारतीयता और परम्परा की बात करनेवाले लोग जो आज सत्ता में हैं, जब विकास की बात सोचते हैं तब पश्चिमी देशों की उन्हीं तकनीकों की बात करते हैं जो इस सभ्यता को मृत्युपाश में उलझा रही हैं। देश को 'एक्सप्रेस हाइवे' से पाट देना एक पागलपन की बात है। इससे मुट्ठीभर अति सम्पन्न लोगों और व्यवसायियों को अपनी कल्पना की सुविधाएँ प्राप्त करने का चाहे जो अवसर मिले, देश के लिए यह बर्बादी का ही रास्ता है। इससे धीरे-धीरे ऊर्जा, सड़क परिवहन और जीवन की सारी आवश्यकताओं के लिए हम पश्चिमी देशों पर आश्रित होते जा रहे हैं। हमें एक्सप्रेस हाइवे की जरूरत नहीं आत्मनिर्भर, स्वस्थ और श्रेष्ठ जीवन की जरूरत है, जिसके लिए हम प्राचीन मानवीय परम्परा और जीव जगत से बहुत कुछ सीख सकते हैं।

आर्थिक मन्दी और स्वावलम्बन

1

बच्चे ईंटों से रेलगाड़ी बनाने का खेल खेलते हैं। वे ईंट को कतार में पास-पास खड़ा कर देते हैं और फिर किनारे की एक ईंट को हल्का-सा धक्का दे गिरा देते हैं। इसके गिरते ही एक के बाद एक सभी ईंटें धड़धड़ाते हुए एक छोर से दूसरे छोर तक धराशायी हो जाती हैं। अंग्रेजी में एक व्यवस्था के ध्वस्त हो जाने से सम्बद्ध व्यवस्थाओं के ध्वस्त होने की ऐसी ही प्रक्रिया को 'डोमिनो प्रभाव' कहा जाता है। अर्थशास्त्रियों के लिए दहशत पैदा करनेवाली ऐसी ही प्रक्रिया 'आर्थिक मन्दी' की होती है, जिसमें एक स्थान से बाजार की मन्दी के प्रभाव से अन्य स्थानों पर भी मन्दी फैलती है। कारखाने बन्द हो जाते हैं, लोग बेरोजगार हो जाते हैं और बैंक एवं कारोबारी लोग दीवालिया हो जाते हैं।

पिछले दिनों संसार पर एक ऐसी ही मन्दी की घटा मँडराने लगी। यह मन्दी पूर्वी और दक्षिण-पूर्वी एशिया से प्रारम्भ हुई। दुनिया की दूसरे नम्बर की सबसे समृद्ध जापान की अर्थव्यवस्था घोर संकट में पड़ी, कारखाने बन्द होने से भारी संख्या में लोग बेरोजगार हो गए, दीवालिया हुए अनेक व्यवसायियों ने आत्महत्या कर ली। बाद में इस मन्दी का प्रभाव यूरोप और स्वयं अमेरिका की अर्थव्यवस्था पर पड़ने लगा।

अमेरिकी राष्ट्रपति बिल क्लिंटन ने अपनी जापान यात्रा में जापानियों से विशेष रूप से आग्रह किया कि वे अपनी अर्थव्यवस्था को सँभालें क्योंकि उसकी गिरावट से सारे संसार पर आर्थिक संकट का खतरा है। भारत सरकार के इन दावों के बावजूद कि भारत पर पूर्वी एशिया के संकट का कोई असर नहीं होगा, हकीकत में कुछ दूसरी ही तसवीर उभरी थी। औद्योगिक उत्पादन और निर्यात दोनों में गिरावट आई। दूसरी ओर महँगाई आसमान छू रही थी। इसका अर्थ कि भारत की अर्थव्यवस्था उस दोहरे संकट का शिकार है जिसे अर्थशास्त्री अंग्रेजी में 'स्टैगफ्लेशन' कहते हैं, यानी आर्थिक ठहराव और महँगाई दोनों, यानी कोढ़ में खाज।

लेकिन यह संकट तो न अजनबी है, न दैवी प्रकोप। इस संकट का असली कारण आज की अर्थव्यवस्था में सारे संसार पर हावी हो जाने की बड़े उद्योगपतियों की महत्त्वाकांक्षा है। आज की दुनिया में यह भूमिका मूलत: विशाल बहुराष्ट्रीय

कम्पनियाँ निभा रही हैं, लेकिन औद्योगिक फैलाव के साथ कुछ समय के अन्तराल पर मन्दी का यह सिलसिला उन्नीसवीं शताब्दी से चला आ रहा है, जब से सारे संसार को एक व्यापारिक सम्बन्ध में बाँधा जाने लगा और दुनिया एक वैश्विक श्रम विभाजन की ओर बढ़ी।

औद्योगिक फैलाव और संकोच की यह प्रक्रिया 'ट्रेड साइकिल' के नाम से अर्थशास्त्रियों में डेढ़ शताब्दी से चर्चा का विषय रही है। 1929-35 की मन्दी तो इतनी भयावह थी कि सारे संसार की अर्थव्यवस्था की जड़ हिल गई थी, लेकिन वर्तमान वैश्विक व्यवस्था के समर्थक अर्थशास्त्रियों के पास अब तक इसका कोई इलाज नहीं है। कल तक सरकारों के पास इसका अचूक इलाज रहा है। समय-समय पर स्थानीय या अन्तरराष्ट्रीय युद्धों के आयोजन हुए। घोर विध्वंस से सभी तरह के उत्पादन की आवश्यकता इतनी बढ़ जाती है कि उद्योग-धन्धे तत्काल मन्दी से उबर जाते हैं। द्वितीय विश्वयुद्ध ऐसा सबसे बड़ा आयोजन था, जिसमें लगभग ढाई करोड़ मृत हुए और यूरोप, जापान तथा कई अन्य देशों के नगरों और उपनगरों के विध्वंस की वजह से औद्योगिक उत्पादन के लिए विशाल पैमाने पर आधार मिला।

लेकिन ऐसे विश्वयुद्ध तो स्थायी तौर से लड़े नहीं जा सकते इसलिए विश्व पूँजीवाद की इस विवेकपूर्ण व्यवस्था को सतत चालू रखने के लिए दुनिया के विभिन्न भागों में स्थानीय मुद्दों को उकसाने तथा युद्ध की स्थायी अर्थव्यवस्था कायम करने की कोशिश हुई। इस क्रम में मलाया, कोरिया, स्वेज, कांगो, वियतनाम, भारत, पाकिस्तान, अरब, इस्राइल, इराक, ईरान आदि अनेक युद्ध होते रहे जिससे हथियारों की होड़ और युद्ध आयुधों के उत्पादन से हाल तक उत्पादन का सिलसिला चारों ओर जारी रहा। पश्चिमी देश और सोवियत संघ दुनिया भर में हथियारों की आपूर्ति के लिए उत्पादन करते रहे। सोवियत संघ और अटलांटिक सन्धि के देशों के बीच शीतयुद्ध ने अमेरिका में युद्ध की स्थायी अर्थव्यवस्था को एक तार्किक आधार दिया। इस तरह द्वितीय विश्वयुद्ध के बाद से अस्सी के दशक तक कोई बड़ी मन्दी नहीं आई।

1973 के खाड़ी युद्ध के बाद पेट्रोलियम की आपूर्ति बाधित होने से तात्कालिक रूप से जरूर मन्दी का एक दौर शुरू हुआ, लेकिन इस संकट से पेट्रो डॉलर, अरब देशों के पास पेट्रोल की बिक्री से जमा विशाल डॉलर का भंडार, के बदले हथियारों की आपूर्ति से औद्योगिक दुनिया उबर गई। इससे यह खुशफहमी जन्मी कि विश्वव्यापी मन्दी अब अतीत की चीज बन गई है, लेकिन पूर्वी यूरोप एवं सोवियत संघ में कम्युनिस्ट व्यवस्था के विघटन के बाद शीतयुद्ध के अन्त और 'वैश्वीकरण' की सफलता से हाल तब दबा हुआ मन्दी का संकट फिर सामने आने लगा है।

यह एक विडम्बना ही है कि वर्तमान वैश्विक व्यवस्था की आधारशिला रखनेवाली संस्थाओं, विश्व बैंक, अन्तरराष्ट्रीय मुद्रा कोष एवं विश्व व्यापार संगठन

के निर्माण में विख्यात अर्थशास्त्री मेनार्ड कीन्स का वैचारिक और सक्रिय योगदान था। 1944 में जब अमेरिका के ब्रेटनवुड्स सम्मेलन में इन संस्थाओं के निर्माण की योजना बन रही थी, तब वे इसके प्रमुख आर्थिक नीति निर्धारक थे।

लेकिन युद्ध के अन्तिम काल में जब यह सम्मेलन हुआ, विश्व बाजार में विनियम का सन्तुलन बनाए रखने की चिन्ता सर्वोपरि थी क्योंकि अनेक औद्योगिक देशों की अर्थव्यवस्था ध्वस्त हो गई थी और विश्व व्यापार को जीवित रखना जरूरी लगता था। इसलिए इन संस्थाओं की नीतियाँ ऐसी बनीं, जो अपने व्यवहार में उन मूलभूत नीतियों के बिलकुल विपरीत हैं जिसका प्रतिपादन कीन्स ने मन्दी और बेरोजगारी से उबरने के लिए किया था।

इन संस्थाओं का उद्देश्य विदेशी मुद्रा के अभाव वाले देशों को एक सीमा के भीतर कर्ज उपलब्ध कराना था, जो ऐसी मुद्रा में हो जिसकी दुनिया में साख हो, जैसे डालर में। साथ ही सभी महाजनों की तरह कर्जदार देशों पर ऐसी शर्तें लादना था जिनसे कर्ज की अदायगी हो सके।

यह बात भी ध्यान में रखने की है कि विश्व युद्ध के बाद अमेरिकी बैंक ही कर्जदाता की भूमिका अदा करने में सक्षम थे और डॉलर ही सबसे साख वाली मुद्रा थी। इन संस्थाओं की सलाह मूलत: अधिक टैक्स लगाने, कम-से-कम सरकारी खर्च करने, खासकर विकास एवं कल्याणकारी कार्यों पर और बैंकों के सूद की दर को ऊँचा रखने की थी ताकि ये देश किफायतसारी से महाजनों का कर्ज चुका सकें।

इनके ठीक विपरीत कीन्स ने अपने मूल सिद्धान्त में निर्माण कार्यों में सरकारी खर्च के प्रसार को अर्थव्यवस्था को मन्दी से बचाने में सबसे अधिक महत्त्व दिया था, लेकिन आज दुनिया के विभिन्न देशों को उनकी आर्थिक मन्दी से बचाने के लिए अन्तरराष्ट्रीय मुद्रा कोष की ओर से सरकारी खर्चों की ऐसी कटौती पर जोर दिया जा रहा है, जिससे मन्दी और भी गहराएगी।

इसमें कोई अचरज की बात नहीं कि अन्तरराष्ट्रीय मुद्रा कोष द्वारा भारी कर्ज देने के बावजूद मन्दी से त्रस्त अधिकांश देशों की आर्थिक स्थिति सुधरने का नाम नहीं लेती।

पूँजीवादी व्यवस्था के भीतर नि:सन्देह ऐसे अन्तर्द्वन्द्व हैं, जिससे ट्रेड साइकिल इसका अनिवार्य अंग बनता जा रहा है। एक प्रमुख कारण क्रयशक्ति का उत्पादन के प्रसार के हिसाब से लगातार कम रहना है जिसकी ओर मार्क्सवादी अर्थशास्त्रियों ने ध्यान खींचा था, और जिसका उपचार कीन्स के सिद्धान्तों का उद्देश्य था।

लेकिन इससे भी बढ़कर विश्व-व्यवस्था की बनावट में एक बुनियादी दोष है जिससे अन्ततोगत्वा यह व्यवस्था अनिवार्य रूप से गतिरोध का शिकार होगी। यह दोष इसके विकास की प्रक्रिया से जुड़ा है।

अट्ठारहवीं शताब्दी से जैसे-जैसे अन्तरराष्ट्रीय व्यापार बढ़ा और अलग-अलग मुल्कों में फैली विविधतापूर्ण और स्वायत्त अर्थव्यवस्थाओं को नष्ट करने की प्रक्रिया चली और सारे संसार को एक ही अर्थव्यवस्था के साँचे में ढालने की कोशिश हुई वैसे-वैसे विभिन्न व्यवस्थाओं के सभी तत्त्व स्थानीय संरचना से टूट गए और अपनी विशिष्टता गँवा विश्व बाजार की आवश्यकता के अनुरूप ढलते रहे। इस विशाल बहुराष्ट्रीय औद्योगिक प्रतिष्ठानों को जो भी लाभ हुआ हो, स्थायी और सबके लिए लाभदायक व्यवस्था बनाने की सम्भावना बिलकुल खत्म हो गई। ऐसा ही निष्कर्ष नोबेल पुरस्कार विजेता हर्बर्ट साइमन के उस सिद्धान्त से निकलता है, जो जटिल संरचनाओं के लिए सोपानीय (हाइरार्की) बनावट की उपयुक्तता का प्रतिपादन करता है। अचरज की बात है कि दुनिया भर के वैज्ञानिकों, अर्थशास्त्रियों और तकनीकी विशेषज्ञों की सेवाओं से युक्त आज के बहुराष्ट्रीय प्रतिष्ठान इस सिद्धान्त को नजरअन्दाज कर विश्व बाजार का ढाँचा खड़ा करने में लगे हैं।

साइमन यह मानता है कि सूचनाओं को ग्रहण करने की क्षमता की अपनी सीमाओं के कारण मनुष्य सदा सीमित तार्किकता के आधार पर कामचलाऊ व्यवस्थाएँ बनाने में ही सक्षम है। इसलिए वह किसी भी जटिल संरचना के निर्माण में तभी सक्षम होगा, जब यह संरचना स्वयं अनेक स्तरों की, अपने-आपमें पूर्ण, छोटी संरचनाओं से बनी हो। उसने जैविक विकास में इसे एक सांख्यिकी अनिवार्यता माना, लेकिन इस सिद्धान्त की सत्यता दूसरे सांगठनिक ढाँचों के लिए भी मानी जाने लगी है। अपने सिद्धान्त के प्रतिपादन में वह होरा और टैम्पस नामक दो काल्पनिक घड़ीसाजों का उदाहरण पेश करता है। दोनों ही हजार पुर्जों की घड़ी बनाते हैं, लेकिन जहाँ टैम्पस एकबारगी हजार पुर्जों को जोड़कर घड़ी बनाता है, वहाँ होरा दस-दस पुर्जों के सौ पुर्जे बना, इन्हें जोड़ अपनी घड़ी बनाता है। इस तरह होरा की घड़ी में दस, फिर उसके ऊपर सौ और फिर दस-सौ पुर्जों के संयोजन से हजार पुर्जे निर्मित होते हैं। यह एक सोपानवत प्रक्रिया है।

इस तरह घड़ी बनाने की प्रक्रिया में जब भी रुकावट आती है, जब टैम्पस के सारे पुर्जे बिखर जाते हैं और उसे फिर सभी पुर्जों का संयोजन करना पड़ता है, जबकि होरा को सिर्फ दस पुर्जे को जोड़ने की जरूरत होती है। इस गणित से जहाँ टैम्पस एक घड़ी बनाता है, वहीं उसी काल में होरा चार हजार घड़ियाँ बना सकता है। इस तरह वह इस काल्पनिक प्रकरण से स्वायत्त उप-संरचनाओं के संयोजन को बड़ी संरचनाओं के लिए सक्षम विधि सिद्ध करता है। ऐसे ही आधार पर साइबर वैज्ञानिक डब्ल्यू. रौसे ऐशवे इस नतीजे पर पहुँचा कि कोई भी व्यवस्था अपने परिवेश के अनुकूल टिकाऊ सन्तुलन तब तक प्राप्त नहीं कर सकती, जब तक इसका विकास अलग-अलग ऐसे खंडों के संयोजन से नहीं हो जिसमें सभी खंड एक-दूसरे से काफी हद तक स्वतंत्र हों।

ऊपर चर्चित वैज्ञानिक सिद्धान्तों का अनुकरण आधुनिक उद्योगपति जाने-अनजाने स्वयं अपनी उत्पादन प्रणाली में और उत्पादों तक में कर रहे हैं। आधुनिक उद्योगों में अब रुझान विशाल केन्द्रित कारखानों में एक जगह बड़ी मशीनों का निर्माण करने की तरफ नहीं है। नवीनतम औद्योगिक प्रतिष्ठान अपने विशेष उत्पादों के विविध खंडों का निर्माण अनेक छोटे स्वतंत्र कारखानों में करवाते हैं और अपने कारखाने में मूलत: इन खंडों के संयोजन 'एसेम्बली' का काम करते हैं। बड़े मशीन भी अनेक पुर्जों के 'कम्पैक्ट किट' से बने होते हैं जैसे—कार का गीयर बाक्स, इग्निशन चैम्बर आदि।

यह भी एक विडम्बना है कि दुनिया भर के उद्योगों की विविधता और स्वायत्तता को नष्ट कर आधुनिक उद्योगपति विकेन्द्रित उत्पादन के महत्त्व को अब समझने लगे हैं, लेकिन आधुनिक उद्योगों के निर्माण की प्रक्रिया में इन्होंने पारम्परिक उद्योगों को उनके परिवेश से काट मनुष्य, प्रकृति और उद्योगों के पारस्परिक रिश्ते को तोड़ जो अपूरणीय क्षति पहुँचाई है, इस क्षति की पूर्ति आधुनिक उद्योगों की उत्पादन प्रक्रिया के विकेन्द्रीकरण से नहीं हो सकती। इससे वह सन्तुलन भी नष्ट हो गया है, जिसमें आदमी का श्रम और प्राकृतिक संसाधन दोनों ही जीवन के आवश्यक और पूरक तत्त्व थे। अब बड़ी संख्या में मनुष्य और अनेक तरह के प्राकृतिक संसाधन आधुनिक उत्पादन प्रक्रिया के लिए अप्रासंगिक बन रहे हैं। इसका भी प्रभाव क्रयशक्ति पर पड़ता है, क्योंकि ऐसे अप्रासंगिक लोगों की कोई आय और क्रय शक्ति नहीं होती।

ऊपर की बातों को ध्यान में रखने पर यह तुरन्त दिखाई देता है कि बहुराष्ट्रीय कम्पनियाँ और ब्रेटनवुड्स संस्थाओं द्वारा विश्व की विविधता को नष्ट कर सारे संसार को एक आर्थिक और सांस्कृतिक ढाँचे में बाँधने का प्रयास एक दुराग्रह है जिसका भयंकर परिणाम सारे संसार को और विशेषकर औद्योगिक दौड़ में पिछड़े देशों को भुगतना पड़ेगा। ये पिछड़े देश अपने जीवन का आधार खोकर विकसित औद्योगिक देशों के मोहताज बन अधर में लटके रहेंगे। टिकाऊ और भेदभाव रहित जागतिक व्यवस्था राष्ट्रीय या इससे भी छोटी स्वावलम्बी विनियम के आधार पर ही खड़ी हो सकती है। वर्तमान संकट का दौर एक चेतावनी है। डोमिनो प्रभाव से बचने का एकमात्र उपाय ऐसे व्यापार तंत्र के ताना-बाना से कटकर अलग रहना ही हो सकता है।

हिन्दुस्तान, 4 दिसम्बर, 1998

2

राजनीतिक प्रपंच में शब्दों के बहुतार्थ की भूमिका बालकथा एलिस इन द वंडरलैंड (अचरजपुरी में एलिस) के नीचे दिए गए प्रसंग से बहुत सटीक ढंग से व्यक्त होती है।

'हम्प्टी डम्प्टी ने हिकारत भरे शब्दों में कहा, 'जब मैं किसी शब्द का इस्तेमाल करता हूँ तो तब उसका वही अर्थ होता है जो मैं चाहता हूँ, न कम न ज्यादा।'

'एलिस बोली, 'सवाल है कि क्या तुम शब्द को तरह-तरह का अर्थ दे सकते हो!'

'हम्प्टी डम्प्टी ने कहा, 'महत्त्व की बात है प्रभुता सम्पन्न होना।'

सत्ता में आने के बाद से भाजपा सरकार ने बिलकुल हम्प्टी डम्प्टी के अन्दाज में शब्दों का अर्थ बदलना शुरू कर दिया है। भाजपा 'हिन्दुत्व' के नारे के बाहर जिस बात को सबसे अधिक उछालती थी वे थी राष्ट्रीयता और स्वदेशी की बातें, लेकिन सत्ता में आते ही इन मुद्दों पर इसका तेवर बिलकुल बदल गया है।

वैसे तो इसके स्वदेशी प्रेम पर लोगों को उसी समय से संशय होना शुरू हो गया था, जब तेरह दिन के लिए अटल बिहारी वाजपेयी भारत के प्रधानमंत्री बने। उसी समय जब लोकसभा में उनके विश्वास प्रस्ताव पर बहस चल रही थी और सरकार का गिरना लगभग तय था, तब भोजन के अवकाश के काल में जल्दबाजी में मंत्रिपरिषद की बैठक बुला एनरॉन कम्पनी की दाभोल विद्युत परियोजना के लिए केन्द्र सरकार की 'काउंटर गारंटी' देने का निर्णय लिया गया। यह निर्णय केन्द्र सरकार को, महाराष्ट्र सरकार से किए गए इस कम्पनी के अनुबन्ध के अनुसार आवश्यकता होने पर भरपाई करने के लिए जवाबदेह बनाता है। ज्ञातव्य है कि महाराष्ट्र में भाजपा-शिवसेना गठबन्धन की सरकार बनने के पहले, चुनाव के दौरान, भाजपा ने सत्ता में आने पर एनरॉन कम्पनी को अरब सागर में फेंक देने का वादा किया था, लेकिन सत्ता में आते ही इसका रुख इसके ठीक विपरीत हो गया। फिर भी उस समय लोगों ने ऐसा समझा कि यह काम शिवसेना के दबाव में किया गया था क्योंकि बाल ठाकरे ने नए सिरे से बातचीत कर एनरॉन के साथ यह करार दुबारा करवाया था।

लेकिन दोबारा सत्ता में आने पर इस तरह का कोई बहाना भाजपा के पास नहीं रहा। इसलिए अब जो नीतियाँ भाजपा द्वारा अपनाई जा रही थीं उसके लिए पूरी तरह वाजपेयी सरकार जवाबदेह थी। आर्थिक मामलों से सीधे रूप से जुड़े तीन

मंत्रालयों—वित्त, वाणिज्य और उद्योग के मंत्रियों के बयानों से हम बहुत कुछ जान सकते हैं कि स्वदेशी के सवाल पर यह सरकार किधर जा रही थी।

गठबन्धन सरकार के वित्त मंत्री यशवन्त सिन्हा भाजपा की स्वदेशी लॉबी के हामी माने जाते थे। जिस समय मंत्रिपरिषद का गठन हुआ था उस समय जसवन्त सिंह को मंत्रिपरिषद में नहीं लिए जाने का कारण यह माना गया था कि राष्ट्रीय स्वयंसेवक संघ की स्वदेशी लॉबी उनके खिलाफ है क्योंकि वे स्वदेशी के पक्षधर नहीं हैं। इस दृष्टि से यशवन्त सिन्हा के विचारों का विशेष महत्त्व है क्योंकि वे एक तरह से भाजपा में स्वदेशी के खास प्रवक्ता थे, लेकिन स्वदेशी के प्रवक्ता ये मंत्री महोदय जब अमेरिका गए तो इनका स्वदेशी बिलकुल विदेशी रंग में रंगा दिखा था। 17 अप्रैल को वाशिंगटन में अमेरिकी एवं भारतीय मूल के उद्यमियों की सभा को सम्बोधित करते हुए उन्होंने कहा था कि स्वदेशी का गलत अर्थ लगाया जा रहा है। 'हम पीछे ले जानेवाली इस तरह की कोई नीति नहीं अपनाएँगे जिससे देश के अक्षम उद्योगों को प्रोत्साहन मिले। इसका अर्थ देश के लोगों को सिर्फ देशहित में अधिक परिश्रम करने का आह्वान करना है।' वाशिंगटन में ही उन्होंने विदेशी निवेशकों को कहा था कि 'उन्हें खुशी होगी अगर 1998-99 में भारत में विदेशी निवेश की मात्रा दोगुनी हो जाए।' अगर यह स्वदेशी है तो मनमोहन सिंह या चिदम्बरम की नीति से यह भिन्न कैसे है?

इसके एक दिन पहले यानी 16 अप्रैल को दिल्ली में देश के उद्योगों के नेताओं को सम्बोधित करते हुए उद्योग मंत्री सिकन्दर बख्त ने इसी भावना को दुहराया। बल्कि लोगों की शंकाओं को दूर करते हुए कहा, 'न तो मैं स्वदेशी की वकालत कर रहा हूँ और न तो स्वदेशी विरोध की वकालत', यानी इस मुद्दे पर वे बिलकुल तटस्थ थे। इसी बैठक में विदेशी निवेशकों की ओर इशारा करते हुए उन्होंने कहा कि 'जो कुछ भी विकास, रोजगार और आय को बढ़ानेवाला है उसको सरकार का पूरा समर्थन मिलेगा।' यह भाजपा की वैचारिक धुंध को भी उजागर करता है जिसके लिए विकास और रोजगार के सवाल को स्वदेशी से कुछ लेना-देना नहीं है।

अंग्रेजी में एक कहावत है कि 'पुडिंग का सबूत खाने में है।' इस कथन के अनुसार अपनी स्वदेशी विरत नीति के सबूत में वाणिज्य मंत्री रामकृष्ण हेगड़े ने कलम की एक ही नोक में 340 वस्तुओं के आयात पर से प्रतिबन्ध हटा लिया और यह वादा किया कि 300 अन्य वस्तुओं के आयात पर से आंशिक रूप से प्रतिबन्ध खत्म किया जाएगा। लोगों को ऐसा लग सकता है कि ये आयात ऐसे आवश्यक वस्तुओं के हैं जिनसे विकास की गति में तेजी जाएगी, या लोगों की कुछ बुनियादी आवश्यकताओं की पूर्ति होगी। वास्तव में ऐसा कुछ नहीं है। इन आयातों में शामिल हैं समुद्र से प्राप्त भोजन की वस्तुएँ, डब्बाबन्द सब्जियाँ, चेरी एवं स्ट्राबेरी जैसे फल, इलेक्ट्रॉनिक सामान जैसे वीडियो कैमरा, प्रसाधन के सामान और खेल के सामान। इन आयातों का फायदा देश के कुछ अति सम्पन्न और साहब मिजाज लोगों को हुआ।

उन लोगों को जिन्हें देश में उपलब्ध साबुन, पाउडर या अन्य प्रसाधन निम्नकोटि के लगते हैं और देश में उपलब्ध ताजा फल, सब्जी और मछलियाँ रास नहीं आतीं। इन प्राथमिकताओं को देखते हुए स्वदेशी का स्वर बिलकुल विदेशी जैसा सुनाई पड़ता है।

स्वदेशी का अर्थ इस देश में बिलकुल अलग तरह से लगाया जाता रहा है। इसका उत्स राष्ट्रीय आजादी के आन्दोलन काल में है, विशेषकर उस काल में जब महात्मा गांधी देश का नेतृत्व कर रहे थे। उस समय 1920-21 में विदेशी कपड़ों की होली तक जलाई गई थी जिससे विश्व कवि रवीन्द्रनाथ ठाकुर, जो विश्व भारती की स्थापना में लगे थे, आहत भी हुए थे और महात्मा गांधी से इस मुद्दे पर उनका विवाद भी हुआ था। रवीन्द्रनाथ ठाकुर के प्रति अगाध श्रद्धा के बावजूद महात्मा गांधी अपने विचार से डिगे नहीं थे, क्योंकि आजादी के आन्दोलन के समय स्वदेशी का अर्थ था स्वावलम्बन, यानी देश के लाखों गाँवों को आत्मनिर्भर बनाना जिसके बिना देश के करोड़ों गरीब लोगों के लिए सम्मानपूर्ण जीवन की कोई कल्पना नहीं हो सकती। स्वदेशी का अर्थ विदेशी पूँजी पर निर्भरता और विदेशी उद्योगों के भरोसे देश का विकास नहीं हो सकता। असल में भाजपा के नेता आजादी के आन्दोलन की उस धारा से सदा अलग रहे या विपरीत दिशा में चलते रहे। इसलिए लोकप्रियता हासिल करने के ख्याल से स्वदेशी का नारा तो दे देते हैं, लेकिन इसकी भावना से सर्वथा अपरिचित हैं। इसलिए इस शब्द के असली अर्थ के साथ जब उनकी नीति के यथार्थ का साक्षात्कार होता है तब उनके नारे का खोखलापन बिलकुल उजागर हो सामने आ जाता है। भाजपा नेता इस सवाल पर कितनी बेशर्मी से बोल सकते हैं कि यह गांधीनगर के सम्मेलन में इसके प्रस्ताव से जाहिर होता है। जहाँ इसकी सरकार ठीक वही नीतियाँ चला रही थी जो विश्व व्यापार संगठन की हैं, प्रस्ताव में स्वदेशी और स्वावलम्बन की पुरानी बातें ही दुहराई गईं।

भाजपा का राष्ट्रभक्ति सम्बन्धी बड़बोलापन दरअसल इसकी किसी प्रतिबद्धता के अभाव को ही दर्शाता है। यह बात हाल की दो घटनाओं से सिद्ध होती है। सत्ता से बाहर रह भाजपा नेता एक से एक बढ़कर चीन से भारतीय भू-भाग को मुक्त करने और कश्मीर से घुसपैठियों को समाप्त करने की बात करते रहे हैं। वर्तमान भाजपा गठबन्धन सरकार के रक्षा मंत्री जॉर्ज फर्नांडीज तो 'हिमालय बचाओ मुहिम' की अगुवाई करते रहे थे, लेकिन जब चीन के सेनाध्यक्ष भारत आए तो ये सब नेता ऐसे पिद्दी बन गए कि अपनी आजादी के प्रश्न की ओर दुनिया का ध्यान खींचने के लिए अनशन पर बैठे तिब्बती नौजवानों को जबरन उठाकर अस्पताल ले जाया गया। इसी क्रम में एक तिब्बती नौजवान की आत्मदाह से मौत हो गई। चीन से भारतीय भू-भाग को या तिब्बत को सैन्य शक्ति से बल मुक्त कराने की बात करना मूर्खतापूर्ण है और इस तरह की बात करनेवाले भाजपा नेता या तो अज्ञानी हैं या गम्भीर नहीं हैं, लेकिन हमें इतना दब्बू भी नहीं होना चाहिए कि किसी चीनी अधिकारी की नाराजगी से बचने के लिए अपनी स्वायत्तता की जायज माँग करनेवाले हमारे पड़ोसी और अतिथि तिब्बतियों

के खिलाफ निरर्थक शक्ति प्रयोग करें। तारीफ की बात तो है कि चीनी सेनाध्यक्ष के जाते ही प्रतिरक्षा मंत्री ने यह बयान जारी कर दिया कि भारतीय सुरक्षा को मुख्य खतरा चीन से है। ऐसा लगता था कि कुछ कर सकने की अक्षमता को छिपाने के लिए युद्ध उन्माद पैदा करने की कोशिश की जा रही है।

ऐसी ही कमजोरी और अपनी अक्षमता को छिपानेवाला शक्ति प्रदर्शन मुम्बई में भाजपा के सहयोगी शिवसेना वालों ने विख्यात गजल गायक गुलाम अली के संगीत समारोह को भंग करके किया। गजल गायन की परम्परा मिनियेचर (लघु चित्र), कथक नृत्य और कव्वाली की तरह उन विधाओं में है जो इस्लाम के आने के बाद के भारत की सामाजिक संस्कृति को उजागर करती है तथा हमारे प्राचीन शास्त्रीय संगीत को एक नया आयाम प्रदान करती है। ये ही वे विधाएँ हैं जो वर्तमान सीमाओं के परे जा भारतीय उपमहाद्वीप में बसनेवाले सभी लोगों को एक भावनात्मक सूत्र में बाँधती हैं। इन्हीं सूत्रों से भविष्य में हम फिर एक हो सकते हैं। इस समारोह पर आघात कर शिव सैनिकों ने भारतीयता के मर्म पर आघात किया। यह भी एक विडम्बना ही है कि जहाँ भाजपा सरकार 'पाकिस्तान से आए घुसपैठियों' द्वारा की जानेवाली जघन्य हत्याओं को रोकने में अक्षम साबित हुई और भाजपा सरकार के बनने के बाद ऐसी वारदातें बढ़ीं, वहीं शान्ति और प्रेम का सन्देश लेकर आए पाकिस्तानी संगीतज्ञ को गाने से भाजपा के निकट सहयोगी शिव सैनिक रोकते थे।

भाजपा की आर्थिक नीति या चीन या पाकिस्तान सम्बन्धी इसके रुख सभी इसकी वैचारिक दरिद्रता को प्रतिबिम्बित करते हैं। दरअसल हिन्दुत्व के कुछ नारों के बाहर भाजपा की कोई अपनी नीति रही नहीं है। समय-समय पर यह वैसे सभी आकर्षक नारों को उधार लेती गई है जिन पर इसने कभी कोई गम्भीर चिन्तन नहीं किया है, लेकिन राष्ट्रीय पार्टियों के पिछले विघटन ने इसे अचानक सत्ता हथियाने का मौका दे दिया है। इससे इसमें नीति सम्बन्धी ऊहापोह की स्थिति है। जब किसी दल की अपनी कोई नीति नहीं होती तब वह देश और विदेश के शक्तिशाली समूहों के प्रभाव में काम करने लगता है। आज भाजपा की यही स्थिति है। देशी व्यापारी वर्ग से तो इसने पहले की रिश्ता कायम कर लिया था, इधर कुछ औद्योगिक समूह भी इसके करीब आने लगे हैं, लेकिन चूँकि आज हमारा व्यापारी वर्ग बहुराष्ट्रीय कम्पनियों और विश्व व्यापार संगठन के दबाव के अन्दर चल रहा है भाजपा पर भी यह दबाव बना हुआ है। अपने स्वदेशी के नारे के बावजूद आज भाजपा पूरी तरह विदेशी शक्तियों के प्रभाव में आकर उन्हीं के अनुकूल नीतियाँ बना रही है। ऐसी कमजोर सरकार न तो देश को कोई अपना आर्थिक आधार प्रदान कर सकती है और न ऐसी नैतिक शक्ति जिसके बल यह देशी या विदेशी शक्तियों के खिलाफ खड़ी हो सके।

हिन्दुस्तान, 24 जनवरी, 1998

3

हमारे देश की राजनीति आज एक विलक्षण स्थिति से गुजर रही है, जहाँ चुनावी रंगमंच पर उपस्थित अभिनेताओं के पास मतदाताओं को दिखलाने के लिए कोई मुखौटा भी नहीं बचा है, न अभिनय का कोई बहाना। यह स्थिति विलक्षण इसलिए है कि सभी अभिनेता राजनेता हैं और जैसाकि मैकियावेली ने राजनीति पर अपनी विख्यात पुस्तक 'प्रिन्स' में कहा है कि किसी राजनेता को अपनी किसी भी कृत्य के लिए बहाने की कमी नहीं होती। ऐसे में अगर हमारे राजनेताओं के पास लोगों को बताने के लिए कोई बहाना भी नहीं है तो यह घोर वैचारिक कंगाली की स्थिति है। यह विशेष तौर से अचरज की बात है क्योंकि देश आज ऐसी समस्याओं से घिरा है जो इसके स्वतंत्र अस्तित्व के लिए चुनौती बन रही हैं और इस स्थिति पर प्रतिक्रिया मात्र ही समृद्ध राजनीतिक विवादों की जननी बन सकती है, लेकिन इस दृष्टि से चारों ओर सन्नाटा है।

देश के शासन की दावेदार दो बड़ी पार्टियाँ कांग्रेस और भाजपा अपने-अपने पक्ष में स्थायी शासन देने का दावा पेश कर रही हैं। मानो काई की तरह समाज पर जम जाने की क्षमता ही बड़ा गुण हो। यह दावा भी कितने भरोसे का है। गुजरात में प्रचंड बहुमत वाली भाजपा सरकार का हश्र बहुत भरोसा पैदा नहीं करता। इस स्थायित्व का दूसरा नमूना उत्तर प्रदेश की कल्याण सिंह की जोड़तोड़ की सरकार थी, जिसमें प्रलोभन, दबाव और दलबदल के सारे अनैतिक हथकंडों का सहारा लिया गया, जो राजनीति के प्रति वितृष्णा पैदा करते हैं। जो लोग भाजपा के भारतीय संस्कृति के यशोगान से प्रभावित हैं उनके लिए भाजपाई भारतीयता की यह खासी बानगी थी।

वैसे भाजपा के सन्दर्भ में नैतिकता की बात करना बहुत प्रासंगिक नहीं है; क्योंकि इस मामले में यह अतिशय लचीली है। जयललिता के साथ साँठगाँठ कर एक साथ ही इसने अपने भ्रष्टाचार विरोध और हिन्दी प्रेम दोनों की पोल खोल दी है। दो जीभ से परस्पर विरोधी बातें करना भाजपा का स्थायी गुण बन गया है। वाजपेयी और आडवाणी ने कहना शुरू किया था कि भाजपा धर्म के बीच कोई भेदभाव नहीं करती, लेकिन दूसरी ओर एक ही समय राष्ट्रीय स्वयंसेवक संघ के

सरसंघचालक राजेन्द्र सिंह ने अजमेर की जनसभा में भैरोंसिंह शेखावत की मौजूदगी में काशी और मथुरा के मन्दिरों को हिन्दुओं के हवाले करने की माँग की।

कांग्रेसी नेताओं का अन्तर्विरोध भी कम नहीं है। उन्होंने स्थिर सरकार देने की बात ही शुरू की, बेवजह संयुक्त मोर्चे की सरकार को अस्थिर करके। देश के शासन को अस्थिर होने से बचाना तो दूर, इसे अपनी पार्टी को ही अस्थिर होने से बचाने में कठिनाई हो रही है। पश्चिम बंगाल, बिहार, तमिलनाडु, उड़ीसा, महाराष्ट्र और उत्तर प्रदेश सभी जगह इसमें टूट और भागदौड़ का माहौल है। अधिकांश स्थानों पर इसके नेता घोटालों और हवालों के आरोपी हैं। अरबों रुपए के चारा घोटाले के आरोपी बिहार के भूतपूर्व मुख्यमंत्री लालू प्रसाद यादव के राजद की सरकार को बेहिचक सहमति दे इसने साफ कर दिया कि भ्रष्टाचार इसके लिए कोई मुद्दा नहीं है।

जनता दल की वैचारिक स्थिति भी कुछ अच्छी नहीं थी। प्रधानमंत्री इन्द्र कुमार गुजराल, जो इसी पार्टी के थे, चारा घोटाले के आरोपी और उनकी अपनी ही पार्टी को तोड़कर राजद बनानेवाले लालू प्रसाद यादव को आमंत्रित कर उनका सत्कार करने में कोई दोष नहीं मानते। जहाँ जनता दल और संयुक्त मोर्चा साम्प्रदायिक भाजपा को सत्ता से बाहर रखना अपना मूल उद्देश्य मानते हैं, वहीं गुजराल भाजपा से संयुक्त मोर्चा बनानेवाले अकाली दल के समर्थन से जालंधर से लोकसभा का चुनाव लड़ने के लिए तैयार हो गए। लालू प्रेम की तरह यह भी सिर्फ संसद में पहुँचने की सीढ़ी भर थी। उड़ीसा में उसका एक बड़ा हिस्सा टूटकर भाजपा के साथ गठजोड़ करने में लगा था। इस प्रकार साम्प्रदायिकता-विरोध का सिद्धान्त कितना छिछला है उसका कुछ आभास इससे मिलता है।

संयुक्त मोर्चे में शामिल कम्युनिस्ट पार्टियाँ संगठन की दृष्टि से कुछ अधिक चुस्त थीं और इनके खिलाफ भ्रष्टाचार के भी बड़े आरोप लोगों के सामने नहीं आए। हालाँकि पश्चिम बंगाल में मुख्यमंत्री ज्योति बसु समेत इसके नेताओं के भ्रष्टाचार की चर्चा मार्क्सवादी कम्युनिस्ट पार्टी के भीतर और बाहर होती रही। इन पार्टियों की समस्या दूसरी है। उन्होंने उदारीकरण की नीति को कबूल कर अपने अस्तित्व के औचित्य को ही दाँव पर लगा दिया। उनकी स्थिति यूरोप के एक उपन्यास के एक कम्युनिस्ट पात्र की याद दिलाती है। वह अपना सिद्धान्त छोड़ अवसरवादी हो जाता है। जब इस बात पर उसकी आलोचना होती है तो वह अपनी सफाई में कहता है कि उसने तो सबसे बड़ा त्याग किया है, क्योंकि दूसरे लोग अपने सिद्धान्त के लिए धन और जान तक की कुर्बानी दे देते हैं, जबकि उसने सिद्धान्त की ही कुर्बानी दे दी है। इस अर्थ में कम्युनिस्ट पार्टियों की कुर्बानी निश्चित रूप से अद्वितीय है। यह बात अलग है कि इसमें भी वे सदा की तरह रूस और चीन की कम्युनिस्ट पार्टियों की अनुगामी बनी हुई हैं। रूस और चीन ने पूँजीवाद के लिए पहले से ही लाल कालीन डालना शुरू कर दिया था।

लोकसभा के भंग होने के बाद से जिस धड़ल्ले से दल-बदल होने लगे हैं, वह भी बतलाता है कि देश की मुख्य धारा की जो पार्टियाँ हैं, उनमें आर्थिक मुद्दों पर कोई मतभेद नहीं जिनके साथ देश के बहुसंख्यक लोगों की तकदीर जुड़ी है। चेन्नई में आर्थिक भागीदारी को लेकर जो शिखर सम्मेलन जनवरी के दूसरे सप्ताह में हुआ था, उसमें तत्कालीन प्रधानमंत्री इन्द्र कुमार गुजराल ने स्पष्ट रूप से कहा कि हालाँकि कुछ सावधानी की जरूरत है, 1991 से जो उदारीकरण की नीति अपनाई गई है, वह चलती रहेगी और इस देश के सभी दलों की सहमति है। प्रधानमंत्री का यह कथन कम-से-कम सत्ता के करीब की सभी पार्टियों पर तो लागू होता ही है, लेकिन यही स्थिति देश के सामने भीषण संकट का भी संकेत है, क्योंकि देश विकल्पहीन है। अचरज की बात यह है कि ऐसी घोषणा तब हो रही थी, जब इसी सम्मेलन में थाईलैंड के प्रतिनिधि अपने अनुभवों के आधार पर भारत को आगाह कर रहे थे कि अन्तरराष्ट्रीय मुद्रा कोष की नीतियों का आँख मूँदकर पालन घोर संकट पैदा कर सकता है। उदारीकरण की इस नीति के चलते जो संकट दिखाई दे रहा है, उस पर आत्ममन्थन और विकल्प की तलाश भी इसी क्षण सर्वाधिक महत्त्व की है। यह कोई काल्पनिक खतरा नहीं है। देश के भीतर और बाहर से जो भी संकेत मिल रहे हैं, वे हमें सचेत करने के लिए पर्याप्त हैं।

बीते साल देश के औद्योगिक क्षेत्र में मन्दी रही और औद्योगिक विकास की दर घटी है। निर्यात और आयात के बीच बढ़ते फाँक से 1996 के अप्रैल-नवम्बर के 2.82 अरब डॉलर के मुकाबले 1997 के अप्रैल-नवम्बर में विदेशी व्यापार का घाटा 3.36 अरब डॉलर हो गया। डॉलर के मुकाबले रुपए की कीमत गिरती गई है, इसके बावजूद कि रिजर्व बैंक इसकी कीमत बनाए रखने के लिए लगातार प्रयत्नशील रहा है। अगर ऐसी गिरावट सिर्फ भारत तक सीमित होती तो यह कहा जा सकता था कि यह हमारी नीति के कार्यान्वयन की त्रुटियों या जैसाकि अन्तरराष्ट्रीय मुद्रा कोष की ओर से हर मौके पर कहा जाता है, उदारीकरण की अपूर्णता का परिणाम है, लेकिन अगर ऐसा उन सभी विकासशील देशों में हो रहा है, जो उदारीकरण की नीति लेकर चल रहे हैं तो मानना होगा कि दोष इस नीति का ही है। जब हम उन विकासशील देशों की ओर नजर डालते हैं जो उदारीकरण में अगुवा थे, तो किसी भ्रम की गुंजाइश नहीं रह जाती।

मैक्सिको और ब्राजील जो इस दिशा में अग्रणी थे, आज गहरे आर्थिक संकट में हैं और अन्तरराष्ट्रीय मुद्रा कोष की भारी सहायता के बावजूद अपने संकट से नहीं उबर पाए हैं, लेकिन हमारे लिए अधिक प्रासंगिक पड़ोसी पूर्वी एशिया के देश—दक्षिण कोरिया, इंडोनेशिया, थाईलैंड, मलेशिया और फिलीपीन्स हैं। कुछ दिन पहले इन्हें एशियन टाइगर्स (एशियाई बाघ) कहा जाता था और हमारी मौजूदा

नीति के वकील इसे भारत के सामने नमूना के रूप में पेश करते थे। आज एक-एक कर इन सबकी अर्थव्यवस्थाएँ धराशायी हो चुकी हैं। दक्षिण कोरिया, जहाँ विदेशी पूँजी के सहारे सबसे अधिक विकास हुआ था और इसके बारे में कहा जाता था कि अब यह विकासशील देशों की श्रेणी से निकलकर विकसित की श्रेणी में आ गया है, सबसे गहरे संकट में है। यहाँ के हजारों कल-कारखाने और अनेक बड़े बैंक दिवालिया हो बन्द हो गए हैं। अन्तरराष्ट्रीय मुद्रा कोष और अन्य स्रोतों से इसके लिए 57 अरब डॉलर के ऋण की व्यवस्था की गई है, लेकिन इससे भी यह अपने संकट से निकल नहीं पा रहा है। इसका मुद्रा लोन जिसकी कीमत डॉलर के मुकाबले 50 प्रतिशत पहले ही गिर चुकी थी, और नीचे गिरी है। अभी दक्षिण कोरिया पर 200 अरब डॉलर (लगभग आठ लाख करोड़ रुपए) का विदेशी कर्ज लद चुका है। इस कर्ज के पैमाने का कुछ अनुमान हम इससे लगा सकते हैं कि दक्षिण कोरिया की आबादी 4 करोड़ के लगभग है। इंडोनेशिया के मुद्रा रुपया की कीमत डॉलर के मुकाबले एक बार छह महीने में एक-चौथाई हो गई। अभाव के भय से लोग जिस कीमत पर हो, विभिन्न वस्तुओं को खरीदकर जमा कर रहे थे। विद्रोह की आशंका पैदा हो गई। चारों ओर बेरोजगारी है और एक दूसरा खतरा पैदा हो गया। मलेशिया के मुद्रा संकट और मन्दी के कारण वहाँ भी बेरोजगारी बढ़ रही है। सरकार द्वारा वहाँ कार्यरत दस लाख इंडोनेशियाई नागरिकों को वापस इंडोनेशिया भेजने की योजना बनाई जा रही है। ऐसा ही संकट कुछ कम-ज्यादा फिलीपीन्स और थाईलैंड में भी है। थाईलैंड में पहले धान काटने के बाद किसान काम की तलाश में शहरों की ओर जाते थे। अब उद्योगों की बढ़ती बेरोजगारी से शहरों से गाँवों की ओर पलायन हो रहा है। अन्तरराष्ट्रीय मुद्रा कोष के कर्ज की शर्तों के कारण थाईलैंड की स्थिति और भी खराब हो रही है और थाईलैंड अन्तर्राष्टीय मुद्रा कोष पर अपनी शर्तों पर पुनर्विचार करने का दबाव डाल रहा है। सम्पूर्ण पूर्वी एशिया में जगतीकरण की नीति आर्थिक विध्वंस का नजारा पेश कर रही है। अगर भारत ने समय रहते अपना मार्ग नहीं बदला तो यह भी इस विध्वंस की चपेट में आएगा।

पश्चिमी देश अब इस संकट के लिए एशिया के देशों के भाई-भतीजावाद और भ्रष्टाचार अर्थात् 'क्रोनी कैपटलिज्म' को दोष दे रहे हैं, लेकिन जब ये इन देशों की सफलता का जयघोष कर रहे थे, यह बात नजरअन्दाज कर दी गई थी। कुछ लोग थोड़े दिन पहले के बीच के मुद्रा के अवमूल्यन को इसके लिए दोष दे रहे हैं। किन्तु जो बुनियादी तथ्य नजरअन्दाज किया जा रहा है, वह यह कि इन देशों का सारा विकास एक छोटे सम्पन्न समूह के आधार पर किया जा रहा था जो उत्पादन की इस स्फीति को सँभालने में असमर्थ था। इससे व्यापार, युद्ध मन्दी और आर्थिक संकट का जन्म लाजिमी था। उदारीकरण की नीति के साथ नौकरशाही में जिसका

नाम सबसे अधिक जुड़ा रहा है, वह मोंटेक सिंह हैं। वह भी यह मानते थे कि पूर्वी एशिया की घटनाओं का प्रतिकूल प्रभाव भारत के निर्यात पर पड़ेगा, लेकिन यह हकीकत को बहुत कम करके आँकना हुआ। दरअसल भारत भी जल्दी ही घोर आर्थिक संकट में फँसनेवाला है अगर आर्थिक आत्मनिर्भरता की दिशा में जल्दी कदम नहीं बढ़ाया जाता। यह एक दुर्भाग्यपूर्ण स्थिति है कि शुतुरमुर्ग की तरह देश के राजनीतिक दल इस समस्या को नजरअन्दाज कर रहे हैं। यह आम चुनाव की प्रासंगिकता को बिलकुल कम कर देता है। आज राजनीति में असली विकल्प राष्ट्रीय स्वायत्तता और स्वाभिमान के आधार पर ही पैदा हो सकता है।

हिन्दुस्तान, 28 जनवरी, 1998

4

दर्द का हद से बढ़ना, दवा बन जाना कहा जाता है। परमाणु परीक्षणों के बाद कई राष्ट्रों द्वारा भारत के विरुद्ध आर्थिक प्रतिबन्धों के निर्यात से जिस तरह के आर्थिक संकट की आशंकाएँ व्यक्त की जा रही हैं, अगर उन्हें देश एक चुनौती की तरह स्वीकार करे तो ये प्रतिबन्ध अभिशाप के बदले वरदान बन जाएँगे। सिर्फ मौखिक रूप से नहीं, सही मायने में हम स्वदेशी और आत्मनिर्भरता की अर्थनीति लेकर एक टिकाऊ आधार पर देश का नव-निर्माण कर सकेंगे।

दुर्भाग्यवश स्वदेशी की बात करनेवाली वर्तमान भाजपा सरकार का अपना स्वाभिमान जगा हुआ नहीं दिखाई देता। वाजपेयी सरकार ने मारुति उद्योग के मामले में जापानी बहुराष्ट्रीय कम्पनी सुजुकी के सामने अकारण जैसा आत्मसमर्पण किया, वह बतलाता है कि इस सरकार में स्वदेशी का संकल्प लेकर चलने का दम-खम नहीं। सुजुकी के साथ समझौता यह था कि मारुति उद्योग के अध्यक्ष और प्रबन्ध निदेशक में किसी एक पद पर ही सुजुकी का प्रतिनिधि होगा और दूसरे पद पर भारत सरकार का प्रतिनिधि। सुजुकी उद्योग के दबाव के आगे झुककर भारत सरकार ने दोनों ही पद सुजुकी के प्रतिनिधि के हाथ सौंपने का फैसला लिया। यह अनुमान किया जाता है कि इस निर्णय से दस हजार करोड़ की मारुति की सम्पत्ति पर सुजुकी का पूरा नियंत्रण हो गया, जबकि इसमें इसका अपना निवेश मात्र 103 करोड़ रुपए है और वह इससे 300 करोड़ रुपया मुनाफा ले चुका थी।

शायद भाजपा सरकार को यह भरोसा था कि सुजुकी को खुश रख यह जापान सरकार के रुख को नरम कर लेगी जिसने परमाणु परीक्षणों के तुरन्त बाद भारत के खिलाफ आर्थिक प्रतिबन्धों की घोषणा की थी। ऐसा सोचना खामखयाली ही है कि वहाँ के किसी एक औद्योगिक समूह को विशेष अधिकार दे देने से एक ऐसे मुद्दे पर जापानी सरकार का रुख बदला जा सकता है जिस पर जापान के आम लोगों में घोर निषेध भाव है। नागासाकी और हिरोशिमा में परमाणु बम विभीषिका झेल चुके जापानी इन विस्फोटों से भावनात्मक रूप से इतने उद्वेलित हैं कि यह उनके लिए महज आर्थिक लाभ का सौदा नहीं हो सकता। जहाँ तक सुजुकी उद्योग का सवाल है, जापान की वर्तमान मन्दी की स्थिति में वह भारत सरकार पर कोई

दबाव डाल सकने की भी स्थिति में नहीं था। जापान में लगातार आर्थिक गिरावट दर्ज की गई है और इससे पिछले साल इसके उत्पादन में 7 प्रतिशत गिरावट आई थी। जापान में 24 वर्ष के बाद ऐसी गिरावट देखने में आई। ऐसी स्थिति में मारुति उद्योग से हाथ खींच उत्पादन में और कटौती की बात सुजुकी नहीं सोच सकता, भले ही मारुति उद्योग के लिए उत्पादन की मात्रा सुजुकी के पूरे उद्योग के हिसाब से बहुत छोटी हो।

आज इस बात की निश्चित आशंका है कि विश्व बाजार से जुड़े रहने और विदेशी व्यापार एवं निवेश पर निर्भरता की अर्थनीति भारत को भी वैसे संकट में डाल सकती है, जैसा संकट आज पूरे पूर्वी एशिया पर मँडराता दिखाई देता है।

भाजपा सरकार की दिशाहीन नीतियों और इसके बजट का जो नकारात्मक प्रभाव देश की अर्थव्यवस्था पर पड़ा, उसका कुछ अन्दाज वित्त पर संसद की स्टैंडिंग कमेटी के अध्यक्ष मुरली देवड़ा द्वारा बजट पर बहस में संसद में दिए गए कुछ आँकड़ों से साफ स्पष्ट होता है। उनके अनुसार इसका बहुत ही नकारात्मक प्रभाव पूँजी बाजार पर पड़ा है। पाँच लाख दस हजार करोड़ रुपए के पूँजी बाजार में ग्यारह प्रतिशत गिरावट से निवेशकर्ताओं को पचपन हजार करोड़ रुपए का नुकसान हुआ है। डालर के मुकाबले रुपए के मूल्य में भारी गिरावट के चलते विदेशी निवेशकों का विश्वास डाँवाँडोल होने का भी जिक्र उन्होंने किया है क्योंकि इस गिरावट के कारण अब उन्हें लगाई गई पूँजी पर मुनाफा के बजाय घाटा हो सकता है। दिलचस्प बात यह है कि मुरली देवड़ा कांग्रेस के सांसद थे और उन्हीं की पार्टी ने वैश्वीकरण की नीति का सूत्रपात किया, जिसके कारण देश की अर्थव्यवस्था पूँजी बाजार पर पहले से अधिक निर्भर हो रही है। इससे विदेशी पूँजीनिवेशकों के मिजाज के हर चढ़ाव-उतार से पूँजी बाजार प्रभावित होता है। इसका प्रभाव फिर पूरी अर्थव्यवस्था पर पड़ता है।

पूर्वी एशिया का पूरा आर्थिक संकट पूँजी बाजार पर अत्यधिक निर्भरता और उसमें पैदा जलजले का परिणाम है। पूँजी बाजार के संकट का अर्थ होता है कि निवेशक अपनी पूँजी निकालने लगते हैं और इससे सम्बद्ध कल-कारखाने एवं योजनाएँ बन्द होने लगती हैं। बैंक एवं कारखानों के बन्द होने से बेरोजगारी पैदा होती है। इससे आय और क्रय शक्ति का ह्रास होता है और इसके प्रभाव से दूसरे कल-कारखाने बन्द होने लगते हैं। इस तरह यह संकट फैलता जाता है। ऐसा ही संकट पिछले वर्षों में दक्षिण कोरिया और हांगकांग से लेकर मलेशिया, सिंगापुर, थाईलैंड और इंडोनेशिया तक फैल गया था। इंडोनेशिया में तो इससे ऐसा उथल-पुथल आया कि अन्ततोगत्वा जनरल सुहार्तो को सत्ता छोड़नी पड़ी। इसके बावजूद कि अन्तरराष्ट्रीय मुद्रा कोष ने वहाँ की अर्थव्यवस्था को बचाने के लिए अपनी थैली खोल दी थी वहाँ की स्थिति में विशेष सुधार नहीं हुआ। अब इस संकट ने जापान

को अपनी चपेट में ले लिया जो अमेरिका के बाद दुनिया का नम्बर दो का सबसे सम्पन्न देश माना जाता है। जापान की मुद्रा येन के मूल्य के डॉलर के मुकाबले लगातार गिरने से अब चीन भी दबाव महसूस करने लगा है। चीन ने जापान से अपनी आर्थिक व्यवस्था को दुरुस्त करने की अपील की है। चीन के द्वारा यह सम्भावना व्यक्त की जा रही है कि अपने निर्यात को बचाने के लिए उसे भी अपनी मुद्रा का अवमूल्यन करना पड़ सकता है। अगर ऐसा हुआ तो पूर्वी एशिया का संकट और भी गहराएगा। इसलिए आज की दुनिया में विश्व बाजार के साथ अपनी अर्थव्यवस्था को जोड़ना एक बड़ा जोखिम का काम है।

अगर भारत और चीन एशिया के शेयर बाजार में झंझावात का शिकार अब तक नहीं हुए हैं तो उसका बहुत बड़ा कारण यह है कि व्यापक स्तर पर अभी भी इन देशों का आर्थिक जीवन अन्तर्मुखी है—यानी काफी हद तक लोगों का जीवन आत्मनिर्भर रहा है और आयात-निर्यात इनकी एक बहुत छोटी आबादी के जीवन को गहरे रूप से प्रभावित करता है। यह बात चीन के साथ विशेष तौर से लागू होती है। हालाँकि पिछले कुछ वर्षों से चीन ने विदेशी निवेश के लिए अपना दरवाजा बिलकुल खोल दिया है और इसे आकर्षित करने के लिए हर तरह की सुविधाएँ मुहैया कर रहा है। इसका कारण यह है कि अपने क्रान्तिकाल में और उसके बाद अर्थ-व्यवस्था के प्रसार के काल में चीन ने आत्मनिर्भर आर्थिक इकाइयों का एक व्यापक ताना-बाना तैयार कर लिया था। हालाँकि इसकी नई आर्थिक नीति के कारण वह व्यवस्था ढहने लगी है, फिर भी पूरब के तटीय एवं महानगरीय इलाकों के बाहर काफी लोग पिछली आर्थिक व्यवस्था से जीवन का आधार पाते हैं। अलबत्ता नए 'सुधारों' के कारण लगभग दस करोड़ चीनी ग्रामीण व्यवस्था से विस्थापित हो रोजगार की तलाश में भटकने लगे हैं। फिर भी सवा सौ करोड़ की आबादी में यह जनसंख्या दस प्रतिशत से भी कम है और अभी तक चीन की व्यवस्था किसी तरह इस विस्थापन को जज्ब कर रही है। सम्भवत: उसी तरह जैसे हमारे देश के ग्रामीण जीवन से उजड़े लोगों को हमारे नगरों की झुग्गी-झोपड़ियों की अर्थव्यवस्था अपने भीतर पचा रही है।

लेकिन अन्तरराष्ट्रीय थपेड़ों को बर्दाश्त करने की हमारी क्षमता आज दबाव में है। आज जब बाहरी मन्दी और प्रतिबन्धों से देश को बचाने की इस क्षमता का महत्त्व उजागर हुआ है तो हमें इस क्षमता का विकास कर इसका पूरा फायदा उठाना चाहिए। इसके लिए अपनी आर्थिक नीति को ऐसी दिशा देनी चाहिए कि यह धीरे-धीरे विदेशी व्यापार पर निर्भरता से पूरी तरह मुक्त हो जाए। हमारा निर्यात उतना भर होना चाहिए जिससे जीवन के लिए नितान्त आवश्यक वस्तुओं का आयात सम्भव हो सके। पेट्रोलियम पदार्थों का आयात तो बिलकुल ही बन्द कर देना चाहिए क्योंकि यह समाज के एक अत्यन्त छोटे हिस्से की विलासिता को छोड़ कोई महत्त्व नहीं

रखता और इस पर हमारे सीमित विदेशी मुद्रा का सबसे बड़ा हिस्सा खर्च होता है। पेट्रोलियम पदार्थों की आवश्यक आपूर्ति के लिए हमारा अपना भंडार काफी है। बचे एवं सीमित आयात के लिए विदेशी मुद्रा का अर्जन तो कृषिजन्य वस्तुओं और पारम्परिक घरेलू उद्योगों में तैयार वस्तुओं के निर्यात से भी सम्भव होगा। आज भी ये ही हमारे निर्यात के महत्त्वपूर्ण भाग हैं।

जिस तरह का झटका उदारीकरण की अर्थनीति से एशिया के 'बाघ' कहे जानेवाले देशों की अर्थव्यवस्था को लगा है, और जिस तरह के दबाव भारत पर पड़ रहे हैं, उसके सन्दर्भ में स्वदेशी सिर्फ एक आकर्षक नारा नहीं रह गया है। आज देश के आर्थिक विकास और इसके स्वाभिमान की रक्षा के लिए स्वदेशी का ही एकमात्र मार्ग रह गया है। यह आवश्यक नहीं कि सरकार प्रतिबन्धों और आयात पर ऊँची चुंगी के माध्यम से ही स्वदेशी को प्रोत्साहित करे—हालाँकि ऐसी नीति का भी एक महत्त्वपूर्ण हाथ स्वदेशी को प्रोत्साहित करने में रहेगा।

लेकिन विशेष महत्त्व की बात है लोगों में हर सरकारी और गैर-सरकारी माध्यमों से यह भाव भरना कि वह स्वदेशी वस्तुओं का ही इस्तेमाल करें। अगर देश की जनता संकल्प लेकर बहुराष्ट्रीय कम्पनियों द्वारा निर्मित वस्तुओं का इस्तेमाल करना बन्द कर दे तो बिना सरकारी पहल के भी इन विदेशी कम्पनियों को अपना बोरिया-बिस्तर समेट देश से बाहर जाना पड़ेगा। इस दिशा में हमें स्वयं जापान से शिक्षा लेनी चाहिए। जापान के साथ अपने व्यापार में अमेरिकी कम्पनियों की समस्या सदा यह रही है कि जापानी जहाँ भी सम्भव था, अपने देश की कम्पनियों का माल खरीदता था। अमेरिका के राष्ट्रपति रीगन के समय से ही जापान की सरकार पर यह दबाव रहा कि वह जापान में अमेरिकी वस्तुओं की खरीदगी को प्रोत्साहित कर जापान के साथ व्यापार में होनेवाले भारी अमेरिकी घाटे को कम करे। इस दृष्टि से राष्ट्रपति बुश ने जापान में अपनी यात्रा के दौरान काफी प्रयास किया, लेकिन जापानी जनता के स्वदेशी प्रेम के सामने यह सब नाकामयाब हुआ। आज भारत की जनता में भी वैसा ही राष्ट्रीय स्वाभिमान जगाना जरूरी है, ताकि वे स्वदेशी वस्तुओं का व्यवहार कर अन्तरराष्ट्रीय जगत के आर्थिक भूचाल से अपने देश को बचा सके।

हिन्दुस्तान, 2 जुलाई, 1998

5

तेल पूल घाटे को पाटने के उपायों में चिर प्रतीक्षित पेट्रोलियम पदार्थों में कुछ की कीमतें रामो-वामो सरकार द्वारा बढ़ाई गईं। डीजल पर सर्वाधिक 1.80 रुपए प्रति लीटर और पेट्रोल पर सबसे कम महज 2 रुपए प्रति लीटर। यह सहज ही देखा जा सकता था कि डीजल की कीमत की बाढ़ से यातायात एवं अन्य कई क्षेत्रों में कीमतें बढ़ेंगी। नई कीमतों की घोषणा होते ही थोक वस्तुओं के मूल्यों के सूचकांक में गिरावट का क्रम खत्म हो गया और बढ़ोतरी दर्ज की गई। आगे कीमतों के और भी बढ़ने का अन्देशा बना रहा। कांग्रेस, कम्युनिस्ट पार्टी और मार्क्सवादी कम्युनिस्ट पार्टी सभी ने इसका विरोध किया। हालाँकि सभी सरकार की मूल नीतियों के समर्थक हैं।

कम्युनिस्ट पार्टी ने तो कहीं-कहीं तत्कालीन प्रधानमंत्री इन्द्र कुमार गुजराल की प्रतिमा का भी दहन किया जबकि इस पार्टी के मंत्री सरकार में शामिल थे। जाहिर है कि यह सब दिखावा भर था। कीमतों की बाढ़ से पैदा जनता की नाराजगी से स्वयं को बचाने के लिए। यह दिलचस्प बात है कि कांग्रेस और कम्युनिस्ट पार्टी ने इसके बदले में क्या किया जा सकता है, इसका कोई सुझाव नहीं दिया।

उद्योगपतियों ने जरूर ईमानदारी बरती और मूल्य बढ़ाने का समर्थन किया। वे जानते हैं कि डीजल की कीमत की बाढ़ से जो उत्पादन खर्च बढ़ेगा, उसे वे बिना किसी कठिनाई के उपभोक्ताओं के मत्थे मढ़ देंगे। पेट्रोल की कीमत की बाढ़ बहुत मामूली थी और इससे निजी वाहनों या हवाई जहाज यातायात पर नगण्य प्रभाव पड़ेगा जो एक सम्पन्न वर्ग के लिए कोई महत्त्व नहीं रखता। मार्क्सवादी कम्युनिस्ट पार्टी की ओर से सीताराम येचुरी ने जरूर कुछ वैकल्पिक नीतियाँ सुझाईं।

लेकिन सीताराम येचुरी के सुझाव में भी ऐसा कुछ नहीं था, जिससे यह अनुमान हो कि देश के सामने जो असली ऊर्जा संकट है, उसका एहसास माकपा को है। उनके सुझाव के दो ही बिन्दु मुख्य हैं। एक तो यह कि पेट्रोलियम पदार्थों की कीमतों को बढ़ाने की बजाय तेल पूल घाटे की पूर्ति आम बजट से हो। मुद्रा प्रसार पर इसका प्रभाव कैसे नहीं होगा, यह इससे जाहिर नहीं होता। भविष्य के लिए उनका सुझाव यह है कि पेट्रोलियम के आयात को कम करने के लिए देश में उपलब्ध पेट्रोलियम निकालने का काम तेज किया जाए और इस दिशा में पूँजी निवेश बढ़ाया

जाए, लेकिन इस सुझाव में तटवर्ती छिछले समुद्र से तेल निकालने के लिए भारी खर्च की पूँजी कहाँ से आएगी, यह स्पष्ट नहीं किया गया, जो एक बड़ा प्रश्न है।

पर असली समस्या जिसे अनदेखा किया गया है, वह इस हकीकत से पैदा होती है कि हमारा पेट्रोलियम भंडार हमारी बढ़ती हुई खपत के हिसाब से नगण्य है। इस बात को हमें इस सन्दर्भ में भी देखना है कि दरअसल सारे संसार के पेट्रोलियम भंडार पेट्रोलियम की मौजूदा खपत को देखते हुए महज दो से तीन दशक तक चलनेवाला है। इस पृष्ठभूमि में हमें इस बुनियादी सवाल पर विचवार करना है कि पेट्रोलियम पदार्थों पर ऊर्जा के लिए निर्भरता को बढ़ाने की हमारी नीति क्या हमें अंधी गली में ले जानेवाली नहीं है। हमारा रेल परिवहन जो पहले कोयला और भाप के इंजनों पर आधारित था अब उत्तरोत्तर डीजल पर अधिक निर्भर हो रहा है। फिलहाल रेलों में काम आनेवाली ऊर्जा के खर्च का 40 प्रतिशत से अधिक डीजल पर होता है। खेती में दिनोदिन डीजल से चलनेवाले ट्रैक्टरों पर निर्भरता बढ़ती जा रही है। बिजली उत्पादन में एवं अन्य तरह के कारखानों में भी डीजल की भूमिका बढ़ाई जा रही है।

तात्कालिक रूप से यह सुझाव दिया जा सकता है कि जहाँ तक सम्भव हो ऊर्जा के लिए हम फिर कोयला की दिशा में बढ़ें जिसका भंडार देश के मध्यम दर्जे का है। कोयले से बिजली उत्पादन और फिर इससे रेल परिवहन के बिना गति घटाए चालू रखा जा सकता है। अभी तक ठीक उलटी प्रक्रिया चलाई जा रही है। ऊर्जा के क्षेत्र में भी बिजली के नए संयंत्रों को डीजल या आयातित प्राकृतिक गैस पर निर्भर बनाने की कोशिश हो रही है। लेकिन कोयला भी एक खत्म होनेवाला खनिज है जो ऊर्जा की बढ़ती खपत से जल्दी ही खत्म हो जाएगा। इसलिए हमें चिरकाल तक उपलब्ध रह सके, ऐसे ही ऊर्जा स्रोतों की तलाश करनी होगी।

इन स्रोतों की तलाश के सन्दर्भ में हमें अपनी पूरी आर्थिक सामाजिक संरचना को नए सिरे से ढालने पर भी विचार करना होगा। प्रधानमंत्री इन्द्रकुमार गुजराल के बयान से ऐसा लगा कि वे परमाणु ऊर्जा के विकास में इस समस्या का समाधान देखते थे, लेकिन वे इस बात को नजरअन्दाज कर देते कि इससे पैदा विकिरण के चेरनोबिल परमाणु संयंत्र की भीषण दुर्घटना के बाद समस्या के इस पहलू को नजरअन्दाज करना गम्भीर गैर-जवाबदेही है। रासायनिक प्रदूषण एवं नाभिकीय ऊर्जा से विकिरण से पैदा होनेवाली पर्यावरण की समस्या को ध्यान में रखकर ही अब हमें नए अपरम्परागत ऊर्जा स्रोतों की तलाश करनी होगी।

जीवाश्म ईंधन के स्रोत चूँकि तेजी से खत्म हो रहे हैं, हमारी मजबूरी है कि हम ऐसे ऊर्जा स्रोतों की ओर मुड़ें जो चिरकाल तक उपलब्ध हों और जिनका नवीकरण होता रहे। वैसे गैर-पारम्परिक ऊर्जा स्रोतों की चर्चा तो सरकारी क्षेत्रों में भी बराबर होती है, लेकिन इस पर जो निवेश की मात्रा होती है उस पर विचार करने

से लगता है कि यह सब नए विचारों को ध्यान में रखते हुए औपचारिकता भर ही है। जहाँ अकेले पेट्रोलियम पदार्थों के आयात पर सालाना लाखों करोड़ रुपए से अधिक खर्च होता है, वहाँ गैर-पारम्परिक ऊर्जा स्रोतों के विकास पर मात्र कुछ सौ करोड़ रुपए का निवेश होता है।

गैर-पारम्परिक ऊर्जा में सौर ऊर्जा, पवन ऊर्जा, उद्‌भिज ऊर्जा, जल स्रोतों की ऊर्जा आदि तुरन्त ध्यान में आती हैं। इन स्रोतों से ऊर्जा लगभग सदा उपलब्ध होनेवाली होती है, लेकिन इनका उपयोग हवाई जहाज जैसे वाहनों के लिए या तेज रफ्तार वाली मोटरगाड़ियों आदि के लिए उस क्षमता के साथ नहीं हो सकता, जैसा पेट्रोलियम पदार्थों से होता है। दूसरा ये स्रोत अधिकतम क्षमता हासिल करने के लिए विकेन्द्रित व्यवस्थाओं में अधिक उपयुक्त है। पवन चक्की या सूर्य के प्रकाश से विद्युत निर्माण करनेवाली सौर पट्टियाँ या सौर भट्ठी एवं चूल्हे स्थानीय तौर पर ही सबसे अधिक उपयोगी होंगे, लेकिन केन्द्रित रूप से इस ऊर्जा का उपयोग अत्यन्त ही खर्चीला पड़ेगा। इस कारण ये महानगरों को ऊर्जा उपलब्ध कराने या भारी कल-कारखानों को चलाने के लिए उपयुक्त नहीं होंगे।

लेकिन केन्द्रित ऊर्जा उपकरणों के विपरीत तर्क ऊर्जा विशेषज्ञों का यह तथ्य प्रस्तुत करना है कि विशाल ऊर्जा उत्पादित करनेवाले उपकरणों से प्राप्त ऊर्जा के वितरण पर ऊर्जा पर होनेवाले सम्पूर्ण खर्च का दो-तिहाई से अधिक खर्च होता है। इस दृष्टि से लघु एवं स्थानीय ऊर्जा स्रोत कम खर्चीले होंगे। इस तरह इन वैकल्पिक ऊर्जा स्रोतों का विकेन्द्रित होना कमजोरी तभी लगेगी जब हम यह मानकर चलें कि अति केन्द्रित औद्योगिक और नगरीय व्यवस्थाएँ मानव अस्तित्व की आदर्श स्थितियाँ हैं। ऐसा मानने का कोई कारण नहीं। असल में वर्तमान समाज में अति केन्द्रियता ही एक बड़ी समस्या बन गई है।

विकसित औद्योगिक देशों में भी प्रदूषण एवं ट्रैफिक जाम की समस्याएँ बढ़ती जा रही हैं। अमेरिका के विशाल नगरों के केन्द्रीय भागों की बदहाली हो रही है और वे अपराधों के केन्द्र बन गए हैं। सम्पन्न लोग शहर छोड़कर दूसरे उपगनरों में बसने लगे हैं। इस समस्या से निजात पाने के अनेक सुझाव सामने आ रहे हैं, लेकिन बड़े प्रतिष्ठानों के केन्द्रीय ताने-बाने में उत्पादन और वितरण की व्यवस्था में रोजगार भी बड़े नगरों में ही सिमट रहे हैं और लोग दूर-दराज गाँवों को छोड़ नगरों की ओर पलायन कर रहे हैं। विकेन्द्रित लघु ऊर्जा स्रोतों के प्रसार से गाँवों और छोटे शहरों में लघु उद्योगों का जाल बिछा लोगों को उनके गाँव और परिवार के पास रोजगार दिए जा सकते हैं। इससे एक साथ ऊर्जा के अभाव और महानगरों के नियंत्रित फलाव दोनों समस्याओं का हल निकाला जा सकता है।

सबसे आश्चर्य की बात तो यह है कि गाँवों के इस देश में गाँवों में फैले विशाल ऊर्जा के स्रोत पशुओं की ऊर्जा के विकास पर कोई ध्यान नहीं दिया जाता

जबकि स्वयं गाँवों में ईंधन की समस्या दिनोदिन विकराल होती जा रही है। एल.पी.जी. सिलिंडरों को लोगों तक पहुँचाने पर भारी खर्च हो रहा है। जबकि इसके लिए पेट्रोलियम पर निर्भरता बढ़ती है, लेकिन गोबर गैस प्लांट लगाने की ओर किसी का ध्यान नहीं जाता। बैल की एक जोड़ी और एक या दो गाय या भैंस से प्राप्त गोबर गैस से एक परिवार को ईंधन और प्रकाश दोनों उपलब्ध हो सकते हैं। हल की खेती को प्रोत्साहित कर छोटे, मझोले और बड़े सभी किसानों के लिए ईंधन और प्रकाश की व्यवस्था बिना अतिरिक्त खर्च के हो सकेगी। इसके लिए देशी नस्ल की गायों को फिर प्रोत्साहित करना होगा, जिसके बछड़े हल और गाड़ी खींचने के लिए अधिक उपयुक्त होते हैं। जर्सी या फ्रिजियन गायों को अतिरिक्त मवेशी के रूप में या सिर्फ दूध का कारोबार करनेवाले लोगों के लिए सीमित करना ही सार्थक होगा।

हमारे पास न तो अरब देशों की तरह पेट्रोलियम का विशाल भंडार है और न जी-5 के देशों की तरह संसार भर के संसाधनों को मनमाने ढंग से प्राप्त करने की आर्थिक क्षमता। इसलिए हम अपना विकास इन देशों की तर्ज पर नहीं कर सकते। हमें परम्परागत रूप से उपलब्ध अपने संसाधनों को ध्यान में रखकर संरचनात्मक पुनर्गठन की नीति बनानी होगी।

हिन्दुस्तान, 4 अक्टूबर, 1997

6

एक बार फिर पेट्रोलियम उत्पादों की कीमतें बढ़ने का कारण यह बताया गया है कि दुनिया के पेट्रोलियम बाजार में कीमतों की बेतहाशा वृद्धि हुई है। इधर कुछ वर्षों के भीतर कच्चे तेल की कीमत तीन गुनी हो गई है, इस तथ्य से इनकार नहीं किया जा सकता। लेकिन यह पूछा जाना चाहिए कि क्या पेट्रोलियम उत्पादों पर हमारी निर्भरता इतनी अनिवार्य है कि देश को कोई भी कीमत चुकाने के लिए तैयार रहना चाहिए। दरअसल भारत में पेट्रोलियम पर निर्भरता पश्चिमी देशों की देखादेखी ठाट-बाट की जिन्दगी को प्रोत्साहित करने का परिणाम है। यह जानते हुए भी कि हमारा अपना पेट्रोलियम भंडार अत्यन्त सीमित है, ऊर्जा के लिए पेट्रोलियम उत्पादों पर निर्भरता लगातार बढ़ाई गई है।

औद्योगिक संयंत्रों और यातायात में तो यह निर्भरता बिलकुल अकारण बढ़ाई गई। कोयले के इंजनों की जगह रेलगाड़ियों के लिए डीजल इंजनों का आयात या फिर निर्माण किया गया। ढुलाई के काम में भी रेलगाड़ियों की जगह मोटर वाहनों को बढ़ावा दिया गया जो अधिक खर्चीले होते हैं। मोटरकारों और भारी ट्रकों के लिए चारों ओर राजमार्गों के निर्माण पर बेतहाशा खर्च किया जा रहा है। इसी तरह, खेती में तरह-तरह की सुविधाएँ देकर किसानों को बैल या ऊँट की जगह ट्रैक्टर से जुताई और दँवरी करने को प्रोत्साहित किया गया। सबसे बढ़कर तो लोगों को मोटरकारों, मोटरसाइकिलों और स्कूटरों का आदी बनाया गया, जिन पर बेतहाशा पेट्रोल खर्च होता है। इतना ही नहीं, हवाई यातायात को अन्तरराष्ट्रीय और राष्ट्रीय स्तर पर फैलाने को प्राथमिकता दी गई। मोटरगाड़ियों के निर्माण को प्रोत्साहन देने के लिए उदारीकरण की नीति के तहत दुनिया भर के महत्त्वपूर्ण कार निर्माताओं के लिए दरवाजे खोल दिए गए जो आज बड़े पैमाने पर भारत में कार या दूसरे मोटर वाहन तैयार करने में लगे हैं। इससे भी बढ़कर विदेशी कारों पर फिदा सम्पन्न भारतीयों की सुविधा के लिए विदेशों से सेकेंड हैंड गाड़ियों के आयात पर भी कर की विशेष छूट दी गई।

यह सब तब किया गया जब देश के नीति निर्धारकों को इस बात का पता था कि हमारे अपने पेट्रोलियम के स्रोत सीमित हैं और घरेलू उत्पादन एक सीमा के

ऊपर बढ़ाया नहीं जा सकता। तेल तो कारखाने में निर्मित होनेवाली वस्तु है नहीं, जिसकी मात्रा जरूरत के अनुसार बढ़ाई जा सके। यह तो जमीन में गड़ा कभी का संचित खजाना है जिसे हम खर्च कर खाली करते जा रहे हैं। संयोग से यह गड़ा खजाना पश्चिम एशिया, रूस, वेनेजुएला, उत्तर सागर और अमेरिका में ही ज्यादा है। जब हम इस बुनियादी हकीकत को नजरअन्दाज कर पेट्रोलियम पर निर्भरता बढ़ाते हैं तो जानबूझकर अपने लिए मुसीबत खड़ी करते हैं। जब हम तेल या कोयले के उत्पादन की बढ़ोतरी पर हर्ष जाहिर करते हैं तो हमारा व्यवहार कुछ वैसा ही होता है जैसा पुरखों द्वारा संचित धन को कोई बिगड़ी हुई सन्तान गुलछर्रे उड़ाने में बर्बाद कर वाहवाही लूटती है।

इस हकीकत की रोशनी में ही यह बात समझ में आएगी कि जिस संकट का सामना हम आज कर रहे हैं वह सिर्फ हमारा संकट नहीं सारे संसार का संकट है। जी-7 के सम्पन्न देशों के वित्तमंत्रियों ने यह घोषणा की है कि वे 'ओपेक' (तेल उत्पादक देशों का समूह) पर दबाव डालेंगे कि वह उत्पादन बढ़ाकर तेल की कीमत को कम करे, लेकिन यह संकट दरअसल ओपेक का भी संकट है। अब ओपेक के सदस्य भी समझने लगे हैं कि उनका तेल का खजाना बड़ा जरूर है, लेकिन सीमित है और जब तक चल रहा है इसकी ज्यादा-से-ज्यादा कीमत वे उत्पादन को कम करके ही प्राप्त कर सकते हैं। एक बार खजाना खाली हो गया तो वे बिलकुल कंगाल हो जाएँगे क्योंकि पश्चिम एशिया के कुछ देशों में तो यह आय का एकमात्र स्रोत है। ओपेक की त्रासदी यह है कि तेल की जो कीमत होती है उसमें तेल से प्राप्त रॉयल्टी का अनुपात तेल की कीमत में काफी कम होता है और ज्यादा हिस्सा तेल उत्पादक और शोधक कम्पनियों को मिलता है जो ज्यादातर अमेरिकी, ब्रिटिश या नीदरलैंड की हैं। ये कम्पनियाँ दुनिया की सबसे सम्पन्न बहुराष्ट्रीय कम्पनियों में हैं। अमेरिका का अपना तेल का गड़ा खजाना भी बहुत बड़ा है, लेकिन फिलहाल वह अपने गड़े खजाने को तेजी से खाली करने की बजाय आयातित तेल का भारी भंडार जमा करके ही रखता है।

तेल की कीमतों की बाढ़ को हम बाजार के आपूर्ति और खपत के आम नियम की रोशनी में नहीं समझ सकते, हालाँकि कभी-कभी इस नियम से भी प्रभावित होता है। फिलहाल तेल उत्पादन को बढ़ाने का जो आग्रह ओपेक से किया जा रहा है उसके पीछे यही धारणा है कि आपूर्ति बढ़ाकर तेल का दाम घटाया जा सकता है, लेकिन एक बुनियादी कारण है जिससे तेल की कीमत दिनोदिन बढ़ती ही जाएगी और हम इसकी कीमत में तात्कालिक गिरावट से कोई स्थायी राहत नहीं महसूस कर सकेंगे। खनिज तेल या कोयला आदमी के लिए उपयोगी इसलिए होता है कि इसके खनन पर जितनी ऊर्जा की खपत होती है उससे कहीं अधिक ऊर्जा इससे प्राप्त होती है। खनन पर ऊर्जा की खपत और इससे प्राप्त

ऊर्जा का फर्क खनन का शुद्ध लाभ होता है। इससे यह निष्कर्ष भी निकलता है कि खनन पर आनुपातिक खर्च जितना बढ़े उससे लाभ भी उतना ही कम होगा।

यह एक आम अनुभव है कि पेट्रोलियम या कोयला प्राप्त करने में किसी दूसरे खनिज की तरह ही प्रारम्भिक स्थिति की तुलना में बाद में इन्हें प्राप्त करने में ऊर्जा और अन्य उपक्रमों पर खर्च बढ़ जाता है। इसका कारण आसानी से समझा जा सकता है और वह यह है कि प्रारम्भ में किसी भी खनिज को प्राप्त करने के लिए उन स्रोतों की तलाश होती है जिन पर लागत कम-से-कम हो। जब ये कम लागत वाले स्रोत खत्म हो जाते हैं तो ऐसे स्रोतों पर हाथ लगाया जाता है जहाँ अपेक्षतया अधिक लागत आती है। यह एक आम नियम-सा है। तेल उत्पादन पर भी यही बात लागू होती है। धीरे-धीरे नए स्रोतों पर लागत बढ़ती जाती है और शुद्ध रूप में तेल की कीमत बढ़ती है। यह बात दीगर है कि कहीं अचानक किसी नए स्रोत के मिल जाने पर इस पर लागत बहुत कम हो, लेकिन औसतन किसी भी समय पहले की अपेक्षा तेल के उत्पादन पर लागत अधिक आएगी। ऐसा अनुमान है कि अगले दो-तीन दशक के बाद संसार भर में तेल का खजाना लगभग खाली हो जाएगा।

इसलिए संसार के सभी देशों और विशेषकर भारत जैसे देश के लिए समझदारी का रास्ता यही है कि अपने विकास और रहन-सहन में तेल पर निर्भरता को घटाते-घटाते समाप्त कर दें ताकि भविष्य में घोर आर्थिक संकट का शिकार न होना पड़े। सवाल है कि पेट्रोलियम की ऊर्जा का विकल्प क्या है। कोयले को गैस में परिवर्तित कर एक हद तक तेल के अभाव की पूर्ति हो सकती है, पर कोयले का भंडार भी तेल की तरह ही सीमित है। तेल खत्म होने पर कोयले की खपत तेजी से बढ़ेगी और इसका भंडार भी जल्दी ही चुक जाएगा। जब हम भविष्य के लिए योजना बनाते हैं तो हमारी दृष्टि दशकों की नहीं, शताब्दियों और सहस्राब्दियों की होनी चाहिए। पचास के दशक के बाद से परमाणु ऊर्जा को एक विकल्प के रूप में पेश किया जा रहा था, लेकिन इसमें विकिरणयुक्त कचरों से सुरक्षित रूप से निपटने के खर्च पर विचार करने से यह अत्यधिक खर्चीला साबित होता है। इसके अलावा जैसा चेनसोबिल विस्फोट से जाहिर हो गया, सभी परमाणु बिजलीघर टिक-टिक करते परमाणु बम हैं जिन्हें दुर्घटनाओं की आशंकाओं से सदा बचाया नहीं जा सकता। इसलिए हमें ऊर्जा के पारम्परिक स्रोतों की तरफ मुड़ना होगा जिन्हें फिलहाल गैर-पारम्परिक स्रोत कहा जाता है। ये स्रोत हैं सूरज की रोशनी, हवा, जलस्रोत, पशुओं की ऊर्जा और गोबर और उद्‌भिजों से प्राप्त ऊर्जा।

इन पारम्परिक स्रोतों की विशेषता यह है कि व्यावहारिक अर्थ में ये कभी खत्म होनेवाले नहीं हैं और कुछ प्रारम्भिक उपक्रमों पर खर्च को छोड़ इनसे

ऊर्जा प्राप्त करने में किसी अतिरिक्त ऊर्जा को खत्म करने की जरूरत नहीं होती। दरअसल सूरज तो जीवाश्म ईंधन और दूसरी सभी तरह की ऊर्जा का स्रोत है और इसकी ऊर्जा अरबों वर्ष तक उपलब्ध होनेवाली है। इसी से जल वाष्प बनकर वर्षा देता है और पर्वतों पर बर्फ जमाता है जो झरनों और नदियों का स्रोत है। इनसे पनचक्की चलती है और पनबिजली प्राप्त होती है। सूरज के ताप से ही हवा चलती है जिससे पवन चक्की चलाई जाती है। सूरज का ताप ही धरती पर वनस्पतियों को उगाता है जिससे कीड़े से लेकर मांसाहारी जीवों तक को आहार-चक्र यानी फूड चेन से पोषण और ऊर्जा प्राप्त होती है। यानी पतिंगे घास खाते हैं, पतिंगों को मेढक, छिपकलियाँ आदि और फिर इन्हें पक्षी या साँप; फिर इसी तरह घास से गाय-घोड़े आदि भोजन पाते हैं और फिर इनसे मांसभक्षी जीव या मनुष्य भोजन और ऊर्जा ग्रहण करते हैं। पशुओं की ऊर्जा से हम अनेक उपयोगी काम लेते हैं। पशुओं की ऊर्जा का सबसे विलक्षण गुण यह है कि उनके जीवन के लिए आवश्यक ऊर्जा ही मनुष्यों के काम भी आती है। उनके जीवन वृत्त से ऊर्जा तो प्राप्त होती है, पदार्थों का भी संरक्षण होता है। बैल घास-भूसा खाता है और गोबर देता है जिससे ईंधन और पशुओं और प्रकाश के लिए गैस प्राप्त की जाती है और फिर इसे एक उत्तम खाद के रूप में प्रयोग कर धरती से प्राप्त तत्त्वों की काफी कुछ भरपाई हो जाती है।

यह सवाल उठ सकता है कि अगर ये पारम्परिक ऊर्जा स्रोत हर दृष्टि से इतने श्रेष्ठ हैं तो हमारे इंजीनियर, अर्थशास्त्री और राजनेता क्षरणशील और प्रदूषण फैलानेवाले खर्चीले ऊर्जा स्रोतों की ओर क्यों मुड़ते हैं। इसका सबसे बड़ा कारण यह है कि औद्योगीकरण की जिस पृष्ठभूमि में इन ऊर्जा स्रोतों की ओर आदमी मुड़ा उसमें त्वरण, तीव्रता, उत्तेजना और विशालता जीवन की सफलता के मानक बन गए थे। कोयला और पेट्रोलियम के प्रयोग से ये चीजें ज्यादा उपलब्ध हो जाती हैं। अब आदमी इन ऊर्जा स्रोतों पर आधारित मशीनों और वाहनों का इतना आदी हो गया है कि इनकी गिरफ्त से निकलना मुश्किल पाता है। इसके साथ यह भ्रम भी जुड़ा हुआ है कि मनुष्य प्रकृति की शक्तियों पर विजय पाकर उनकी सवारी कर रहा है। वह इतना आत्ममुग्ध हो गया है कि प्रकृति की विविध छवियों के बीच उनका आस्वाद करता धीरे-धीरे चलना नहीं चाहता। प्रयाग शुक्ल के अर्थ में वह कुछ 'देखता' नहीं।

मगर आज जो सीमाएँ इन ऊर्जा स्रोतों के प्रयोगों के सामने आ रही हैं उन्हें ध्यान में रख मनुष्य को अपनी जीवन दृष्टि में परिवर्तन करना ही होगा। यह मानवीय जीवन कायम रखने की नई मजबूरी बन रही है। यह मजबूरी सारी दुनिया की है और सारी दुनिया को जीवन की रफ्तार धीमी करनी होगी और जीवन के आदर्श बदलने होंगे, लेकिन भारत के सामने तो तत्काल यह जीवन-मरण की समस्या बन

गई है। तेल की हमारी खपत और विश्व बाजार में तेल की कीमत में बढ़ोतरी का सिलसिला अगर चलता रहा तो कुछ ही वर्ष में तेल आयात पर हमारा खर्च दस लाख करोड़ रुपए सालाना को पार कर जाएगा। इस भार को वहन करने की क्षमता हमारी अर्थव्यवस्था में नहीं है। इसलिए यह विवाद अर्थहीन है कि उपभोक्ताओं पर तेल की कीमत के बोझ को कैसे कम किया जाए। चाहे यह राज्य सरकार के टैक्स में कटौती हो, चाहे तेल के आयात पर कर कम करके, चाहे पेट्रोलियम बांड जारी करके—हर हालत में बोझ देश की अर्थव्यवस्था पर ही पड़ता है। आज कीमतों में उछाल एक चेतावनी है। भविष्य के संकट में फँसने की बजाय हमें आज ही अपनी रफ्तार को कम करना होगा और विश्व बाजार की बजाय स्थानीय व्यापारिक रिश्तों तक यथासम्भव सीमित रहने का आदी बनना पड़ेगा।

जनसत्ता, 6 अक्टूबर, 2000

7

आज से आधी शताब्दी पहले तक मजदूरों का एक अन्तरराष्ट्रीय गाना प्रचलन में था। इसकी कुछ पंक्तियाँ इस तरह थीं : 'तामीरे हैं खैरातें हैं और तीरथ-हज भी होते हैं/यों खून के धब्बे दामन से ये दौलत वाले धोते हैं/हम दान के टुकड़े खाएँ क्यों/ सारा संसार हमारा है।' यह संसार की अति सरलीकृत, पर बुनियादी तौर से सही तसवीर प्रस्तुत करता था जिसमें दुनिया अल्पसंख्यक अमीरों और बहुसंख्य गरीबों में बँटी थी। इसमें अमीर शोषण के पाप से मुक्त होने के लिए गरीबों को खैरात या दान देते थे। दान के प्रति हिकारत जताते हुए इसमें मजदूरों का संसार पर अपना हक कायम करने का आह्वान था। आधी शताब्दी के बाद आज भी दुनिया पहले की तरह ही थोड़े से अमीरों और भारी संख्या में गरीबों के बीच बँटी हुई है। फर्क यह है कि अमीर कहीं अधिक अमीर हो गए हैं और गरीब कहीं अधिक गरीब।

इस तथ्य के गवाह स्वयं संयुक्त राष्ट्र संघ की विविध एजेंसियाँ और विश्व व्यापार संगठन के अध्ययन हैं, लेकिन नजरिये में एक बहुत बड़ा बदलाव दुनिया भर में आया है। अब भुखमरी से उबरने के लिए समाज व्यवस्था में बदलाव की बात नहीं सोची जाती, राहत कार्यों (रिलीफ) की बात ही सोची जाती है। प्राय: अर्थशास्त्री भी जिनमें नोबेल पुरस्कार विजेता भी हैं, इस व्यवस्था को कबूल कर राहत कार्यों में ही समस्या का समाधान ढूँढ़ते हैं। यह बात भी एक अटल सत्य-सी कबूल कर ली जाती है कि अच्छी-खासी संख्या में लोग बेरोजगार रहेंगे ही, लेकिन उनके लिए कुछ 'डोल' (यानी परवरिश) की व्यवस्था कर दी जाएगी। यानी जिस 'दान' के प्रति हिकारत थी, वह जीवन की सामान्य स्थिति मान ली गई है।

देश के विभिन्न हिस्सों से भूख से मौत की खबरों के बीच जब सर्वोच्च न्यायालय ने सरकार से इस सवाल पर रपट तलब की तो जो बातें चर्चा में आईं वे इस मानसिकता पर काफी प्रकाश डालती हैं। इस बात पर अचरज जाहिर किया जाने लगा कि जब सरकारी गोदामों में छह करोड़ टन अनाज उपलब्ध है तो लोग भूखों क्यों मर रहे हैं। ज्यादातर लोग इस बुनियादी तथ्य से अनभिज्ञ लगते हैं कि भूख से मौत का कारण प्राय: समाज या देश में अन्न की कमी नहीं होता, बल्कि रोजगार और आय का अभाव होता है। पैसा न होने पर कोई लुटेरा ही खाने के

लिए अनाज का गोदाम लूटने की कोशिश करेगा। हालाँकि कुछ लोगों का तर्क है भी कि भूखों मरने से अच्छा है कि अन्न लूटकर पेट भरा जाए, लेकिन व्यवस्थाएँ हर जगह अपने गोदामों की सुरक्षा के लिए पर्याप्त इंतजाम रखती हैं।

आम तौर पर जो उपाय सुझाया जा रहा है वह यह है कि सरकार या दूसरी देशी या विदेशी संस्थाएँ भूखे मरते लोगों को किसी तरह भोजन मुहैया कराएँ। ये सुझाव अत्यन्त हास्यास्पद हैं और वैसे सदाशयी लोगों द्वारा सुझाए जाते हैं जिन्हें इस देश के आम लोगों की स्थायी बदहाली की कोई जानकारी नहीं। ओडीशा में आम की जहरीली गुठली खा लेने से अचानक कई लोगों की एक साथ मौत हो जाने पर तत्काल बात सुर्खियों में आ गई और लोगों को यह जानने का मौका मिला कि अन्न का अभाव था। हकीकत यह है कि देश के ज्यादातर अंचलों में, विशेषकर बिहार, ओडीशा, झारखंड आदि में सभी जगह और विशेषकर ग्रामीण क्षेत्रों में आबादी का एक बड़ा हिस्सा लगातार आहार, अल्पाहार और निराहार की स्थितियों के बीच डोलता रहता है। इसका कारण यह नहीं है कि गाँवों में अन्न का अभाव है—कुछ दूर-दराज सूखा या बाढ़ग्रस्त क्षेत्रों में जहाँ फसलें मारी गई हों, तात्कालिक रूप से ऐसी स्थिति भी पैदा होती है—बल्कि कारण यह है कि लोगों को कोई रोजगार नहीं जिससे अपनी जरूरतों की पूर्ति के लिए आय हासिल करें।

आज बिहार, ओडीशा, पूर्वी उत्तर प्रदेश आदि से लोग झुंड-के-झुंड दिल्ली, पंजाब, हरियाणा, मुम्बई, गुजरात और मौतघर बने कश्मीर तक में जाते हैं तो सिर्फ इसलिए कि उनके पास-पड़ोस में काम का कोई जुगाड़ नहीं है। ये प्रवासी मजदूर किसी बड़ी आय की तलाश में नहीं जाते जिससे सम्पन्न बन जाएँ। सिर्फ किसी तरह अपने और अपने परिवार के लिए दो जून रोटी का जुगाड़ कर सकने के लिए जाते हैं। प्राय: बाहर भी काम की स्थिति अच्छी नहीं होती और इनमें काफी लोग बीमारी लेकर घर आते हैं और धीरे-धीरे असमय मर जाते हैं। बढ़ती आबादी और प्रदूषण से महानगरों को बचाने का प्रयास इन गरीब लोगों को नगर से निकालने की दिशा में होता है और लाखों लोगों को नगर से बाहर भूखों मरने के लिए ढकेल दिया जाता है। बिहार के गाँवों में अब चारों ओर टीबी की बीमारी तेजी से फैल रही है और इसका सीधा कारण कुपोषण है। ऐसे लोग जब मरते हैं तो विशेषज्ञों की निगाह में यह भुखमरी नहीं होती। इसलिए देश में दिखाई देनेवाली, और कहीं बड़ी संख्या में होनेवाली अदृश्य भुखमरी का एकमात्र इलाज है हर हाथ को काम देना। जिस देशों में सम्पन्नता है अगर उनमें अन्न की उपज नहीं होती तो दुनिया में जहाँ भी उपलब्ध हो वहाँ से अन्न मँगाकर लोगों को यथेष्ट भोजन दिया जाता है।

सभी लोगों को रोजगार देने के लिए रोजगार की व्यवस्था वहाँ होनी चाहिए जहाँ लोग रहते हैं। आज इसके ठीक उलट रोजगार के अवसर कुछ औद्योगिक

नगरों और महानगरों में पैदा किए जाते हैं और अपेक्षा की जाती है कि चारों ओर से लोग रोजगार के लिए इन केन्द्रों पर आएँ। एक बार ऐसे केन्द्रों के अस्तित्व में आ जाने के बाद इनमें एक अन्तर्निहित दबाव होता है फैलते जाने का। इससे यहीं रोजगार के नए अवसर पैदा होते हैं। जैसे-जैसे इन केन्द्रों की आबादी बढ़ती है, इनकी जरूरतों की पूर्ति के लिए नई सेवाओं और नए उद्योगों का विकास इसी के इर्द-गिर्द होता है। विस्तार की यह कुंडली (स्पाइरल) नियंत्रण से बाहर होकर लगातार फैलती जाती है। नतीजा हम दिल्ली जैसे महानगरों के अतिशय फैलाव में देखते हैं। इससे गन्दगी, प्रदूषण और बीमारियों से जीवन असह्य बन जाता है। दूसरी ओर, गाँवों से स्वस्थ लोगों को इन्हीं केन्द्रों की ओर काम की तलाश में भागना पड़ता है। यह पश्चिमी औद्योगीकरण की मान्य पद्धति रही है। इससे उद्योगपतियों को इकट्ठा इंफ्रास्ट्रक्चर, कुशल और अकुशल श्रमिक और एक हद तक बाजार सभी एक जगह उपलब्ध हो जाते हैं। उद्योगपतियों के खर्च की इस बचत का खमियाजा समाज को भुगतना पड़ता है। पश्चिमी देशों में इस विकास पद्धति से गाँव खाली जो गए हैं और आबादी छोटे शहरों, नगरों और महानगरों में सिमट गई है।

भारत की विशाल जनसंख्या और पूँजी के अभाव को देखते हुए इस तरह के विकास से करोड़ों बेरोजगार लोगों को काम देने की बात तो सोची भी नहीं जा सकती। लोगों को काम देने के लिए हमें उद्यम वहाँ शुरू करना होगा जहाँ लोग रहते हैं—यानी भारत के फैले लाखों गाँवों में। ये अनिवार्य रूप से छोटी पूँजी और मध्यम दर्जे की तकनीक पर आधारित होंगे जिन्हें स्थानीय रूप से विकसित किया जा सकता है। यहीं पर सरकारी गोदामों में पड़े करोड़ों टन अनाज की भूमिका महत्त्वपूर्ण हो जाती है। यह अनाज देश की अर्थव्यवस्था पर आज की तरह बोझ और सड़न से बर्बाद होनेवाली निधि की बजाय जीवन को संचालित करने का माध्यम बन सकता है, जो अन्न का असली मर्म और धर्म है। मोटा-मोटी तौर पर इस अनाज से छह करोड़ परिवारों में प्रत्येक से एक व्यक्ति को छह महीने के लिए छह किलो प्रतिदिन के हिसाब से अन्न देकर उत्पादन के विविध क्षेत्रों में काम पर लगाया जा सकता है। छह करोड़ परिवारों का अर्थ हुआ देश की लगभग एक-तिहाई आबादी, जो यहाँ की दरिद्रतम आबादी है और गरीबी रेखा के नीचे रहती है और भुखमरी और कुपोषण का शिकार होती है। छह महीने के काम का अर्थ हुआ लगभग ऐसे सभी गरीब लोगों को पूर्ण रोजगार, जो आज यदा-कदा अनियमित रूप से काम पाते हैं।

इस श्रम का इस्तेमाल बाँध और नहर निर्माण पर, पानी निकासी की योजनाओं पर, सड़क निर्माण, भूक्षरण से ऊपर होती भूमि के संरक्षण और गाँवों में स्कूल, अस्पताल या दूसरे सामूहिक उपयोग के भवनों के निर्माण पर हो सकता है। ऐसे

कामों पर लगने से इसका व्यापक असर (मल्टीप्लायर इफेक्ट) अन्य उद्यमों के विकास पर होगा। इन परिवारों की आय में नाटकीय इजाफे से लोग अब तक निलम्बित अनेक दूसरी आवश्यकताओं की पूर्ति के लिए भी खरीदारी करेंगे और इससे लोगों की आम आवश्यकता की पूर्ति करनेवाली वस्तुओं की माँग अचानक बेहद बढ़ जाएगी। विश्व बाजार से बँधने से पैदा आज की मन्दी का जैसा रुदन हमारे अर्थनीति निर्माताओं में दिखाई देता है, उसका मौका ही नहीं आएगा।

आज हम अपने हस्त-उद्योगों के उत्पादन के लिए विदेशी बाजार के मोहताज हैं। ऐसे उद्योगों की वस्तुओं के लिए देश के भीतर ही विशाल बाजार उपलब्ध होगा। हम जिन वस्तुओं को—मसलन, सिले कपड़ों को—विदेशी ग्राहकों की जरूरत और पसन्द के हिसाब से बनाते हैं उन्हें देश के भीतर के ग्राहकों के हिसाब से बनाना होगा। यह कहा जा सकता है कि इससे विदेशी मुद्रा नहीं प्राप्त होगी।

लेकिन विदेशी मुद्रा की हमारी आवश्यकता इसलिए ज्यादा है चूँकि आज हमारी पूरी जीवन पद्धति एक छोटे से समृद्ध वर्ग की जरूरतों के इर्द-गिर्द घूमती है। फिलहाल हम सालाना कई लाख करोड़ रुपए पेट्रोलियम और इससे निर्मित वस्तुओं के आयात पर खर्च करते हैं। इसका बड़ा हिस्सा हवाई यातायात और मोटर वाहनों पर खर्च होता है। इसका फायदा मूलत: ऊपर के एक छोटे वर्ग को ही होता है। इस पर भारी कटौती की गुंजाइश है। औद्योगिक विकेन्द्रीकरण से राष्ट्रव्यापी और नगरों के भीतर के परिवहन पर भी भारी कटौती सम्भव होगी। यह पूरी प्रक्रिया औद्योगिक केन्द्रीकरण की जगह औद्योगिक विकेन्द्रीकरण की होगी।

यह सवाल पूछा जा सकता है कि अगर इस समस्या का समाधान इतना सहज है तो इस दिशा में प्रयास क्यों नहीं किए जाते? इसका मुख्य कारण यह है कि हमारी सारी अर्थव्यवस्था सिर के बल खड़ी है। योजनाओं की पहल दिल्ली से, और थोड़ा-बहुत राज्यों की राजधानियों से की जाती है। योजनाकारों और केन्द्र और राज्य सरकारों पर वैसे लक्ष्यों को हासिल करने का दबाव बना रहता है जिससे बड़े प्रतिष्ठानों का हित जुड़ा होता है। इसमें कुछ सरकारी क्षेत्र में आते हैं। इससे भी बड़ा दबाव बड़े व्यापारी और औद्योगिक प्रतिष्ठानों का बनता है जो मीडिया पर भी छाए रहते हैं। इसमें प्राथमिकता रहती है हवाई सेवाओं, राष्ट्रीय राजमार्गों, अत्याधुनिक उद्योगों आदि के विकास की। लक्ष्य होता है बहुराष्ट्रीय कम्पनियों के स्तर की तकनीक हासिल करने का, जो सम्पन्न देशों की आवश्यकता के दबाव में विकसित हुई हैं। इसी से ऐसी तुगलकी योजनाएँ अस्तित्व में आती हैं जिनमें गाँव में भूखों मर रहे लोगों को रोटी दिलाने के बदले गाँव-गाँव में टेलीफोन और इंटरनेट लगाने को प्राथमिकता रहती है।

वैश्वीकरण के दबाव में वे ही तकनीक टिक पाती हैं जो अत्याधुनिक, कम्प्यूटरीकृत और स्वचालित हों और कम-से-कम लोगों को काम पर लगाएँ।

इस प्रक्रिया में पिछले दो-तीन साल में दुनिया की विशाल बहुराष्ट्रीय कम्पनियों के विलय होने और इकाइयों के बन्द होने से लाखों मजदूर बेरोजगार हो गए हैं। इस प्रतिस्पर्धा में भारतीय उद्योगों के टिक पाने का सवाल ही नहीं पैदा होता। यहाँ के उद्योगों को नष्ट करने के लिए सम्पन्न औद्योगिक देश विश्व व्यापार संगठन और अन्तरराष्ट्रीय मुद्रा कोष आदि के माध्यम से लगातार यह दबाव बनाए रखते हैं कि प्रतिस्पर्धा को पूरी तरह निर्बाध कर दिया जाए। जबकि दुनिया भर में औद्योगिक विकास का इतिहास बतलाता है कि उद्योग-धन्धों के क्षेत्र में प्रवेश ढूँढ़ने वाले देशों ने सदा अपने उद्योगों को संरक्षण देकर ही आगे बढ़ाया है। यह सीधी-सी बात भी हमारे अर्थशास्त्रियों और शासकों की समझ में नहीं आती। हाल के वर्षों की इस हकीकत से भी वे कुछ सीखना नहीं चाहते कि उदारीकरण के आने के बाद से गरीब और अमीर देशों के बीच की खाई चौड़ी हुई है और दरिद्रतर देशों की संख्या बढ़ती गई है। वे सिर्फ उन थोड़े से बड़े उद्योगपतियों के दबाव में नीतियाँ बनाते हैं जिन्हें उदारीकरण से अपने विशेष क्षेत्रों में दूसरे देशों में थोड़ा-बहुत प्रवेश मिल जाता है। पूरे देश के पैमाने पर यह बर्बादी का रास्ता है।

जनसत्ता, 6 दिसम्बर, 2001

8

पेट्रोलियम पदार्थों की कीमतों के सवाल पर यूपीए सरकार के घटक दल और विपक्ष सभी आत्मप्रवंचना में तात्कालिक सुकून ढूँढ़ रहे हैं जबकि यह हकीकत सबको मालूम है कि इस समस्या का समाधान जन जीवन को नए साँचे में ढालकर ही सम्भव है। वामपंथी दलों ने पेट्रोल और डीजल की कीमतों की बढ़ोतरी के खिलाफ पूरे देश में आम हड़ताल का ऐलान कर दिया। वे टैक्स के ढाँचे में कुछ फेरबदल के सुझाव में इस समस्या का हल देख रहे हैं या देखने का स्वाँग रच रहे हैं। जबकि यह बात किसी से भी छुपी नहीं है कि सत्तर फीसदी से अधिक आयातित तेल पर निर्भर भारत की अर्थव्यवस्था अन्तरराष्ट्रीय स्तर पर होनेवाली तेल की कीमत की बाढ़ के प्रभाव को बिना इस निर्भरता को समाप्त किए निरस्त नहीं कर सकती।

विरोधी राजग तो विपक्ष का धर्म निभाने के लिए इसका विरोध कर रहा है, पर वह भी जानता है कि वर्तमान आर्थिक ढाँचे में समय-समय पर कीमतों में होनेवाली यह बाढ़ अपरिहार्य है। अगर देश की राजनीति की मुख्यधारा मानी जानेवाली पार्टियाँ हकीकत को इस कदर नजरअन्दाज करती जाएँगी तो आनेवाले दशकों में देश भयंकर संकट में फँस जाएगा। यह सबको ज्ञात है कि संसार के पेट्रोलियम और गैस भंडार सीमित हैं और इनकी खपत उत्तरोत्तर बढ़ती जा रही है। इसलिए आनेवाले वर्षों में इनकी उपलब्धि उत्तरोत्तर घटती जाएगी और इसी अनुपात में इनकी कीमतों में भी बढ़ोतरी होगी। इस सवाल पर तुरन्त ऐसे कदम उठाने की जरूरत है जिससे भविष्य के संकट से बचा जा सके।

तत्काल तो पेट्रोलियम उत्पादों में कुछ की कीमतें बढ़ाना अपरिहार्य है। इसलिए यह इस तरह का होना चाहिए जिससे आम लोगों की जिन्दगी पर कम-से-कम बोझ पड़े। डीजल की कीमत बढ़ाने से इसका चौतरफा प्रभाव पड़ता है और खेती-बाड़ी से लेकर आम लोगों के परिवहन तक सभी ज्यादा महँगे हो जाते हैं। इसलिए फिलहाल डीजल की कीमत में हुई बढ़ोतरी को वापस लेना चाहिए। बदले में पेट्रोल की कीमत को जरूरत के हिसाब से जितनी बढ़ोतरी हुई है उससे कई गुना अधिक बढ़ाया जा सकता है। यह एक प्रगतिशील मूल्य नीति होगी क्योंकि पेट्रोल की खपत मूलत: निजी चौपहिया या दुपहिया वाहनों के लिए या हवाई यातायात में होती है।

हवाई यातायात और चौपहिया मोटर गाड़ियों का इस्तेमाल देश का एक अति छोटा और सम्पन्न वर्ग ही करता है। यह उचित ही है कि वह अधिक आर्थिक बोझ उठाए दुपहिया वाहन निर्माताओं को अपने वाहनों में ऐसे सुधार कर दबाव बनेगा कि वे वैसे वाहन बनाए जो ऊर्जा की खपत के हिसाब से अधिक 'एफिशियंट' हो यानी प्रति इकाई पेट्रोल पर अधिक दूरी तय कर सकें।

पेट्रोल की कीमत बढ़ने से दो अतिरिक्त सकारात्मक नतीजे होंगे। चौपहिया वाहन वाले लोग अपनी यात्रा को सीमित करने की कोशिश करेंगे और अनेक लोग जिनका काम साइकिल से चल जाता है मोटरसाइकिल या स्कूटर लेने का विचार छोड़ देंगे। अगर इस तरह चौपहिया या दुपहिया वाहनों की संख्या या उनके द्वारा तय की जानेवाली दूरियाँ कम होती हैं तो पर्यावरण पर कार्बन डाईऑक्साइड का बोझ घटेगा जो एक सकारात्मक बदलाव होगा, लेकिन जो बातें ऊपर कही गई हैं वे तात्कालिक समाधान ही हैं। इससे यह भ्रम नहीं होना चाहिए कि भविष्य में हम ऊर्जा की समस्या का कोई समाधान उस रास्ते ढूँढ़ लेंगे जो औद्योगिक दृष्टि से विकसित देशों ने अपनाई है।

सच्चाई तो यह है कि अभी वे भी एक अंधी गली में ही हैं जो समस्याओं का तात्कालिक समाधान ही ढूँढ़ रहे हैं। और ऊपर से पर्यावरण का दुर्निवार संकट पैदा कर रहे हैं। अक्सर चर्चा होती है कि हमें अपने देश में तेल और गैस के नए स्रोतों की तलाश और विकास पर विशेष ध्यान देना चाहिए। हालाँकि कुछ नए स्रोतों को पाने की सम्भावना सदा बनी रहेगी, अब तक की जानकारी के आधार पर हम पारम्परिक ऊर्जा स्रोतों से बहुत कुछ हासिल कर सकेंगे, ऐसा नहीं दिखाई देता। अन्तत: हमें नए और गैर-पारम्परिक ऊर्जा स्रोतों पर ही ध्यान देना होगा।

ऐसे स्रोतों में पवन ऊर्जा, जल स्रोतों से प्राप्त ऊर्जा और सौर ऊर्जा सर्वाधिक महत्त्व के होंगे। ये बिलकुल अनजान स्रोत नहीं हैं और इनके विकास को प्राथमिकता देने की जरूरत है। इसमें हमें लघु जल विद्युत परियोजनाओं पर अधिक बल देना होगा क्योंकि बड़ी योजनाओं के दुष्परिणामों से हम अवगत हो चुके हैं। जैसे नर्मदा की सरदार सरोवर परियोजना या टिहरी परियोजना के दुष्परिणाम। इनसे मिलनेवाले लाभ की तुलना में पर्यावरण और पास-पड़ोस के जनजीवन पर पड़ने वाले प्रलयंकारी नतीजे कहीं अधिक होते हैं और इससे पैदा त्रासदी से लोग कितनी पीढ़ी में उबरेंगे कहना मुश्किल है।

सौर ऊर्जा के स्रोत वैसे तो मानव जीवन की आयु के हिसाब से अक्षय हैं, फिर भी जटिल तकनीक पर निर्भरता के कारण दूसरे संसाधनों पर भारी बोझ डालनेवाले होते हैं। मसलन, सोलर पैनल निर्माण करने या प्रकाश केन्द्रित कर विशाल मात्रा में ताप निर्माण करने की प्रक्रियाएँ। अमेरिका में जहाँ इस दिशा में कुछ प्रगति हुई है वहाँ कुछ दुर्लभ धातुओं और खनिजों की विशाल खपत होती है, लेकिन सरल

उपकरण जैसे सोलर कूकर का बड़े पैमाने पर उपयोग रसोई खर्च होनेवाले ईंधन का खर्च आधा कर सकता है। जंगलों की कटाई और गाँवों में जलावन की लकड़ियों के बढ़ते अभाव के परिप्रेक्ष्य में यह बड़ी राहत प्रदान कर सकता है। इसी तरह पानी गरम करने या घर गरम रखने में सूर्य के प्रकाश का सीधा उपयोग करनेवाले सरल उपकरण बनाए जा सकते हैं, जिनके लिए अभी दूसरे ईंधन या बिजली खर्च करना पड़ता है। लेकिन भारत में जहाँ की बड़ी आबादी अब भी लाखों गाँवों में बिखरी पड़ी है, पशुओं से प्राप्त ऊर्जा के अलावा सबसे बड़ा स्रोत मवेशी का गोबर और खरपतवार से प्राप्त मिथेन गैस होगा।

यह एक त्रासदी ही है कि अपने विशाल पशुधन के बावजूद हमने इस स्रोत के विकास पर कोई ध्यान नहीं दिया है। जहाँ-तहाँ गोबर गैस के कुछ संयंत्र नुमाइश के तौर पर जरूर लगाए गए हैं, लेकिन जहाँ तेल के कुओं की तलाश और विकास पर हजारों करोड़ रुपए खर्च किए जाते हैं वहाँ इस पर खर्च की गई राशि नगण्य है। गोरखपुर में हाल में गोशाला के गोबर से मिथेन गैस का बॉटलिंग प्लांट चर्चित रहा है। यह अपने आप में गैस की उपलब्धि का एक बड़ा स्रोत हो सकता है।

लेकिन इस पर विचार पारम्परिक गैस या पेट्रोल के सन्दर्भ में ही होता है क्योंकि इसका उपयोग कार चलाने में भी हो सकता है। यह एक आशाजनक विकास की दिशा है, लेकिन इस पर ध्यान मूलत: समाज के सम्पन्न वर्गों की जरूरत को ही नजर में रखकर दिया जा रहा है।

इसकी जगह गोबर गैस संयंत्र गाँवों में उन सभी घरों में लगाए जा सकते हैं जिनके पास गाय, बैल या भैंस हैं। इसकी सुविधा यह है कि ये संयंत्र बिना किसी बाहरी ऊर्जा की मदद के जीवाणुओं और प्रकृति में उपलब्ध साधारण ताप से काम करते हैं। इसमें रखरखाव के अलावा कोई ऐसी दूसरी जरूरत नहीं होती जिसे लाभान्वित होनेवाला व्यक्ति स्वयं पूरा न कर सके। जहाँ ऐसे संयंत्र लगाए गए हैं वहाँ ईंधन और प्रकाश दोनों जरूरतों की पूर्ति होती है। इसकी तुलना हम अब तक गाँवों के विद्युतीकरण के प्रयास से करें तो फर्क साफ दिखाई देता है।

कहने के लिए हजारों गाँवों का विद्युतीकरण हो गया है, लेकिन थोड़े से ही भाग्यशाली गाँव हैं जहाँ सभी घरों को लगातार बिजली मिलती है। अधिकतर जगह तो लोगों को सिर्फ इसी बात से सन्तोष करना पड़ता है कि सड़कों पर बिजली के तार और घरों में बिजली के बल्ब लटक रहे हैं। उधर बिजली की कीमत लगातार बढ़ती जा रही है क्योंकि यह कहीं-न-कहीं उत्पादन के लिए उपयोग में आनेवाले ईंधन से जुड़ी होती है जो लगातार महँगे होते जा रहे हैं।

यहाँ यह बात कबूल करना जरूरी लगता है कि ऊपर के सुझाव आर्थिक-सामाजिक जीवन के अलग तरह के प्रतिमान के मद्देनजर ही सम्भव हैं। यह कष्टदायक अहसास है, लेकिन हकीकत है कि हम अपने देश को अमेरिका, जर्मनी

या जापान की तर्ज पर नहीं ढाल सकते। अपने देश या दुनिया में संसाधनों की उपलब्धि इतनी नहीं कि भारत के एक अरब से अधिक लोगों को अत्यधिक ऊर्जा गटकनेवाली उनकी जैसी जीवन पद्धति प्रदान कर सकें। हमें किसी-न-किसी तरह की विकेन्द्रित अर्थव्यवस्था की ओर बढ़ना होगा जिसमें लम्बी दूरी की यातायात और कुछ केन्द्रों में बसनेवाली विशाल जनसंख्या के लिए महँगी नागरिक सुविधाएँ मुहैया करना अनिवार्य न बन जाए।

आज हमारे महानगरों का ऊर्जा और जल का संकट इसलिए बढ़ गया है कि वहाँ प्राकृतिक स्रोतों से इनकी उपलब्धि असम्भव बन गई है। गाँवों और छोटे कस्बों में थोड़े संयम और अनुशासन से पास-पड़ोस के जल स्रोतों से जीवन की आवश्यकताओं की पूर्ति हो सकती है। अभी देश को कुछ ऐसे ही परिप्रेक्ष्य को ध्यान में रख अपना विकास करना होगा। आज जो हंगामा हो रहा है वह दरअसल समस्या को टालकर अर्थव्यवस्था की भयावह स्थिति से रू-ब-रू होने से कतराना है। इसी से पेट्रोलियम पदार्थों की कीमतों के विरोध के सारे प्रयास किसी नाटक जैसे लगते हैं।

जनसत्ता, 4 जुलाई, 2005

9

दिसम्बर 2004 में दो मुद्दे देश और दुनिया पर छाए रहे। एक पेट्रोलियम पदार्थों की बढ़ती कीमतों का और दूसरा, पर्यावरण पर क्योटो समझौते का। क्योटो समझौते पर अर्जेंटीना की राजधानी ब्यूनस आयर्स में दो सप्ताह तक चर्चा चलती रही। यह चर्चा अनिर्णय की स्थिति में ही समाप्त हो गई। अलग दिखते हुए भी ये दोनों मुद्दे एक-दूसरे से अभिन्न रूप से जुड़े हैं और आनेवाले वर्षों में इनका दूरगामी प्रभाव दुनिया के भविष्य पर पड़ने वाला है। तेल की कीमतों का बढ़ना—इसके बावजूद कि इन्हें स्थिर रखने के लिए शोर-शराबा हुआ—एक ऐसी प्रक्रिया है जिसे अर्थशास्त्र के एक बुनियादी नियम के कारण स्थायी रूप से रोका नहीं जा सकता। दोनों मुद्दों का सम्बन्ध इस अर्थ में बनता है कि दुनिया का तापमान बढ़ाने में जिस कॉर्बन डाईऑक्साइड के उत्सर्जन का सबसे बड़ा हाथ है वह प्रमुख रूप से जीवाश्म ईंधनों जैसे कोयला, पेट्रोलियम पदार्थों और प्राकृतिक गैस जलाने से ही आता है। अमेरिका, जो इन ईंधनों को जलाने को सीमित करने पर राजी नहीं हो रहा है, फिलहाल अकेले दुनिया के एक-चौथाई कार्बन डाईऑक्साइड के उत्सर्जन के लिए जिम्मेदार है और यह उत्सर्जन अमेरिका में विशाल मात्रा में वाहनों और ऊर्जा के दूसरे संयंत्रों में पेट्रोलियम पदार्थों को जलाने से ही होता है।

अमेरिका दरअसल मोटर वाहनों, हवाई जहाजों के परिवहन और तेल उद्योग तीनों में ही दुनिया में अग्रणी रहा है। तम्बाकू की लत की तरह तेल से चलनेवाले वाहनों और बाकी उपक्रमों की लत भी दुनिया को अमेरिका से ही मिली है। कहना न होगा कि पर्यावरण के क्षय से दुनिया को मौत के कगार पर ला देनेवाले इन उद्योगों से अमेरिका अकूत धन अर्जित करता रहा है और इसीलिए आज, जब पर्यावरण के संकट से जीवन पर आया खतरा साफ दिखाई दे रहा है, तब भी अमेरिकी राष्ट्रपति बुश मौत के इस व्यवसाय को नियंत्रित करने के लिए तैयार नहीं हैं। समस्या यह है कि अगर दुनिया के दूसरे देश कॉर्बन डाईऑक्साइड के अपने उत्सर्जन को कम भी करते जाएँ तो भी अकेले अमेरिका अपने उत्सर्जन से सारे संसार को मौत के मुँह में डाल सकता है। यह त्रासदी यूनियन कार्बाइड के भोपाल के कारखाने से फैली गैस-त्रासदी से सिर्फ इसी अर्थ में भिन्न होगी कि लोग

कुछ घंटों में मरने की बजाय एकाध शताब्दी में मरेंगे। इस तरह अकेले अमेरिका की हठधर्मिता ही संसार को विनाश के मुँह में डाल सकती है।

अमेरिका की वर्तमान नीतियों के पीछे इसके तेल उद्योग के हित का बहुत बड़ा हाथ है। तेल के अन्तरराष्ट्रीय बाजार के उतार-चढ़ाव के पीछे इन कम्पनियों का वैश्विक राजनय से उलझना भी एक खास कारण रहा है। दुनिया के तेल उद्योग में अपनी हैसियत के कारण सात बड़ी कम्पनियों में, जिन्हें 'इंटरनेशनल मेजर' कहा जाता है, पाँच अमेरिका की हैं। यहाँ की प्रमुख तेल कम्पनियाँ रही हैं स्टैंडर्ड ऑयल ऑफ न्यू जर्सी, एक्सौन कॉरपोरेशन, स्टैंडर्ड कम्पनी ऑफ न्यूयॉर्क, स्टैंडर्ड ऑयल ऑफ कैलिफोर्निया, गल्फ ऑयल जिसका मुख्य कार्यालय अमेरिका के ही पिट्सबर्ग में था और टेक्साको, जो टेक्सास में आधारित था। वैसे तो ये कम्पनियाँ अमेरिका में आधारित थीं, लेकिन अमेरिका के अलावा ये दक्षिण अमेरिका, मध्य अमेरिका और खाड़ी क्षेत्रों के तेल पर भी अपना नियंत्रण रखती थीं।

पेट्रोलियम और प्राकृतिक गैस के क्षेत्र में पूर्व का सोवियत संघ भी बड़ा उत्पादक था। लेकिन अन्तरराष्ट्रीय तेल बाजार पर इसका प्रभाव परोक्ष ही था। पेट्रोलियम बाजार में दूसरी सबसे महत्त्वपूर्ण कम्पनियाँ थीं—रॉयल डच शेल ग्रुप और ब्रिटिश पेट्रोलियम। इनका अन्तरराष्ट्रीय तेल उत्पादन पर ऐसा नियंत्रण था कि जिन देशों में तेल का उत्पादन होता था वहाँ की सरकारें तेल की कीमत तय करने में असमर्थ थीं। उन्हें डर होता था कि अगर वे कच्चे तेल की कीमत बढ़ाएँगे तो ये कम्पनियाँ दूसरे देशों का कच्चा तेल रिफाइनरी के लिए लेना शुरू करेंगी और अपना कारोबार समेटकर दूसरे देशों में चली जाएँगी। इन कम्पनियों की नीति से अमेरिका के बाहर कच्चे तेल की कीमत इतनी कम थी कि अमेरिका के भीतर तेल शोधन के लिए तीन डॉलर प्रति बैरल के हिसाब से अपना कच्चा तेल होता था जबकि बाहर से आनेवाला तेल डेढ़ डॉलर प्रति बैरल के हिसाब से अमेरिकी बन्दरगाह तक पहुँचाया जा सकता था। आज आधी शताब्दी बाद कच्चे तेल का इतना सस्ता होना अविश्वसनीय लगता है जब यह पचास डॉलर प्रति बैरल तक पहुँच चुका है।

लेकिन तेल कम्पनियों की अन्तरराष्ट्रीय बाजार में इजारेदारी के कारण कच्चे तेल की कीमत मनमाने ढंग से कम रखी जा सकती थी। बीसवीं शताब्दी के मध्य तक तेल उद्योग दुनिया का सबसे महत्त्वपूर्ण उद्योग बनता जा रहा था और अमेरिका की सरकार दूसरे अमेरिकी उद्योगों की तरह अपनी तेल कम्पनियों की हित रक्षा के लिए सदा हस्तक्षेप करने को तैयार रहती थी। शीत युद्ध के दौर में ब्रिटिश और डच कम्पनियों का वर्चस्व वामपंथी प्रभाव से खतरे में था, अत: ईरान में शाह की रक्षा और संसदीय लोकतंत्र की हत्या सीआईए के हस्तक्षेप से ही सम्भव हुआ। यह बात अलग है कि इस्लामी कट्टरपंथी नेता खोमैनी के नेतृत्व में हुई दूसरी क्रान्ति से

अन्ततः शाह का शासन और पश्चिम वर्चस्व वहाँ खत्म हो गया, लेकिन अमेरिकी खुंदक अभी खत्म नहीं हुई है और परमाणु हथियारों पर प्रतिबन्ध का बहाना बनाकर अमेरिका वहाँ फिर हस्तक्षेप करने का मौका ढूँढ़ रहा है।

भारी मात्रा में पेट्रोलियम पैदा करनेवाले दक्षिण अमेरिका के एक दूसरे देश वेनेजुएला में भी अमेरिकी हस्तक्षेप की सम्भावना 1958 में बनी थी, लेकिन उसके पहले फिदेल कास्त्रो के नेतृत्व में क्यूबा की क्रान्ति ने अमेरिका को सीधे हस्तक्षेप से रोका। 1958 में एक्सिओ डेमोक्रेटिका नामक एक वामपंथी पार्टी सत्ता में आई। जिसकी नीति वेनेजुएला के तेल उद्योग के राष्ट्रीयकरण की थी। वहाँ की अमेरिकी तेल कम्पनियों की मंशा अमेरिकी सरकार की मदद से वहाँ सरकार का तख्ता पलटने की थी, लेकिन क्यूबा से सबक लेकर अमेरिकी सरकार ने एक समझौते का रास्ता निकाला।

सरकार को अपदस्थ करने की बजाय तय हुआ कि सरकार के साथ मिलकर काम किया जाए और वेनेजुएला की सरकार को सुझाव दिया गया कि तेल कम्पनियों की परिसम्पत्तियों को जब्त न करें। बदले में यह तय हुआ कि तेल कम्पनियाँ सरकार को तेल की आय की एक बड़ी मात्रा राजस्व के रूप में दें। हालाँकि एक्सिओं डेमोक्रेटिका सरकार की नीति तेल कम्पनियों से समझौते की रही। इसकी आय बहुत कुछ पेट्रोलियम की कीमत पर निर्भर करती थी। इसलिए ओपेक (ऑर्गेनाइजेशन ऑफ पेट्रोलियम एक्सपोर्टिंग कंट्रीज) के निर्माण में इसकी महत्त्वपूर्ण भूमिका रही जिसने बाद में पेट्रोलियम की कीमत को ऊँचा रखने में विशेष भूमिका निभाई।

वेनेजुएला की नीति के पीछे यह समझदारी थी कि तेल का भंडार सदा बना रहनेवाला नहीं है—एक सार्विक सत्य, जो तेल पैदा करनेवाले दूसरे देश प्रारम्भ में नहीं समझ पाते थे और आज भी दुनिया के आर्थिक नीति निर्माता नहीं समझ पा रहे हैं। हालाँकि यह एक महत्त्वपूर्ण सच्चाई है जिसे अपने तात्कालिक हित में नजरअन्दाज कर हम एक भयंकर आर्थिक और पर्यावरण सम्बन्धी संकट की ओर बढ़ रहे हैं। दरअसल, यह बात कोयला, प्राकृतिक गैस या दूसरे जीवाश्म ईंधनों के साथ भी लागू है जिनका दोहन उत्तरोत्तर बड़े पैमाने पर हो रहा है। इससे वेनेजुएला ने तेल उत्पादन को नियंत्रित कर तेल के लिए ऊँची कीमत वसूल करने की नीति अख्तियार की। 1950 के दशक से ही तेल निर्यात करनेवाले देश अनुभव कर रहे थे कि नए क्षेत्रों में तेल की खोज का फायदा उठाकर तेल कम्पनियाँ उन पर कच्चे तेल की कीमत कम करने का दबाव बनाए रखती हैं। इसी से तेल निर्यात करनेवाले देशों ने, जिनमें वेनेजुएला की विशेष भूमिका थी, 1960 में ओपेक यानी तेल निर्यात करनेवाले देशों का संगठन बनाया। इस संगठन ने समय-समय पर सामूहिक रूप से उत्पादन में कटौती पर पेट्रोल की कीमत को बढ़ाए रखा है। इस नीति का सफल प्रयोग 1970 से आरम्भ हुआ।

अरब-इजराइल संघर्ष के दौर में तेल पैदा करनेवाले अरब देशों ने इजराइल को समर्थन देनेवाले पश्चिमी देशों को तेल की आपूर्ति बन्द कर पहली दफा अपनी शक्ति का प्रदर्शन किया। चूँकि उस समय तेल उत्पादन का सबसे बड़ा क्षेत्र खाड़ी क्षेत्र बन चुका था। इसका प्रभाव अन्तरराष्ट्रीय हुआ और तेल की गम्भीर कमी महसूस की जाने लगी। इसी के बाद से तेल की कीमतों में भी भारी बढ़ोतरी होने लगी। चूँकि इस समय तक दुनिया के काफी देश ऊर्जा के लिए तेल और प्राकृतिक गैस पर निर्भर होने लगे थे और अमेरिका की अर्थव्यवस्था तो इस पर पूरी तरह आश्रित थी, इस अभाव से निजात पाने के उपाय भी सोचे जाने लगे। अमेरिका की नीति स्पष्ट थी, सभी सम्भव उपायों—सैनिक हस्तक्षेप समेत—से इन देशों के तेल उत्पादन और निर्यात को अमेरिका की जरूरत के हिसाब से ऊँचे स्तर पर रखना। इराक पर अमेरिका का सभी अन्तरराष्ट्रीय कानूनों और मानवाधिकारों का उल्लंघन कर हमला और नियंत्रण रखना इसी सन्दर्भ में समझा जा सकता है। अमेरिकी नियंत्रण में चुनाव का नाटक कर वहाँ एक कठपुतली सरकार बनाने की कोशिश भी इसी आर्थिक नीति का हिस्सा है।

अमेरिका की दिलचस्पी पश्चिम एशिया की राजनीति में दरअसल इसमें तेल पाने की सम्भावना के साथ ही बढ़ती गई है। प्रथम विश्वयुद्ध खत्म होने पर तुर्की के औटोमन साम्राज्य का वर्चस्व अरब देशों पर से खत्म हो गया। इसके स्थान को भरने के लिए ब्रिटेन और फ्रांस को इस पर अपना प्रभाव रखने का मौका मिला। इस भू-भाग को ब्रिटेन और फ्रांस ने अपने-अपने प्रभाव क्षेत्र में बाँट लिया। ईरान ब्रिटेन के प्रभाव क्षेत्र में था। इराक का क्षेत्र दोनों के प्रभाव क्षेत्र की सीमा पर पड़ता था। इस विभाजन में सीरिया समेत पश्चिमी भाग फ्रांस के हिस्से में था जहाँ तेल पाने की सम्भावना कम थी। फ्रांस की दिलचस्पी अल्जीरिया के तेल में थी। हालाँकि प्रारम्भ में इराक के तेल क्षेत्र के विकास के लिए दोनों में एक 'कंसोर्टियम' बनाया था। ब्रिटेन ने द्वितीय विश्वयुद्ध के पहले के वर्षों में कुवैत और आसपास के क्षेत्र में तेल पाया था, लेकिन दुनिया में तेल की माँग कम थी और इराक और ईरान के सीमित तेल उत्पादन से ही उसकी आपूर्ति हो जाती थी।

द्वितीय विश्वयुद्ध के बाद जब अमेरिका का वर्चस्व सारे संसार पर कायम होने लगा था उसी काल में पूरे अरब क्षेत्र पर इसका प्रभाव बढ़ना शुरू हुआ, लेकिन ईरान की क्रान्ति ने ईरान में और इराक में हुए उथल-पुथल ने इराक में भी तेल कम्पनियों को सरकार के नियंत्रण में ला दिया। सऊदी अरब और अरब अमीरात मुख्य रूप से अमेरिकी प्रभाव में अपने तेल उद्योग का विकास करते रहे। सऊदी अरब में इस क्षेत्र का और संसार का सबसे बड़ा तेल भंडार था। 1991 में इराक द्वारा कुवैत पर हमले का बहाना बनाकर अमेरिका ने कुवैत के तेल भंडारों पर भी अपना वर्चस्व कायम कर लिया। इस क्षेत्र में दो ही देश बचे रहे जिनका नियंत्रण

अपने तेल पर था—ईरान और इराक। इधर दुनिया में तेल की खपत लगातार बढ़ती जा रही थी और स्वयं अमेरिका की ऊर्जा की भूख असीम होती जा रही थी। जीवाश्म ऊर्जा पर आधारित अमेरिकी अर्थव्यवस्था को सस्ते तेल की जरूरत थी जो तभी सम्भव था जब अमेरिका का प्रभाव तेल उत्पादक देशों पर इतना अधिक हो कि वह उनसे मनमानी कीमत पर तेल खरीद सके।

यह भी अन्दाज लगाया जाता है कि इराक का तेल का भंडार सऊदी अरब के बाद दुनिया का सबसे बड़ा है। इसलिए अमेरिका की यह मजबूरी थी कि इस तेल के खजाने को अपने हाथ में ले। इसीलिए जनसंहार के हथियारों का बहाना बनाया गया, लेकिन जब साक्ष्यों के आधार पर संयुक्त राष्ट्र में इराक पर हमले का बहाना नहीं बनाया जा सका तो अमेरिका ने अपनी मर्जी से आक्रमण कर दिया। ब्रिटेन, जो दशकों से काफी कुछ अमेरिका का पिछलग्गू रहा है, इस झूठ और अनैतिकता में लोकतंत्र की दुहाई देकर शामिल हो गया, लेकिन तेल या ऊर्जा की यह भूख सिर्फ राष्ट्रों की आजादी को ही खत्म करनेवाली नहीं है। यह एक ऐसी सर्वग्रासी महत्त्वाकांक्षा को जन्म दे रही है जो पर्यावरण को नष्ट कर धरती पर जीवन को समाप्त करने की दिशा में बढ़ रही है।

अमेरिका की तेल क्षेत्रों की आक्रामक तलाश का राज जानना आसान हो जाता है जब हम ऊर्जा की उसकी दानवी भूख पर नजर डालते हैं। 1997 में दुनिया का तेल उत्पादन 7.22 करोड़ बैरल रोजाना था। इसमें अकेले अमेरिका 1.86 करोड़ बैरल रोजाना इस्तेमाल करता था जो सारे संसार की खपत का 26 प्रतिशत था। हालाँकि अमेरिका में कोयले की खपत चीन से कम थी क्योंकि चीन अपने ऊर्जा उत्पादन के लिए अभी भी कोयले पर ही अधिक निर्भर है, फिर भी यह दूसरे नम्बर पर था और चीन के 1.53 अरब टन के मुकाबले इसने 1.03 अरब टन कोयले की खपत की थी। अमेरिकी उपभोक्ता संस्कृति का एक प्रतिमान मोटर वाहन रहा है और आज संसार भर में इसे ही आर्थिक प्रगति का मापदंड बनाया जा रहा है। अमेरिका के मोटर वाहनों की संख्या पर विचार करने से सिर चकराने लगता है। 1996 में वहाँ के सभी मोटर वाहनों की संख्या 21.02 करोड़ थी और इसमें मोटर कारों की संख्या 12.17 करोड़ थी।

चौबीस करोड़ आबादी वाले देश में इतनी गाड़ियों के होने का मतलब है लगभग हर व्यक्ति के पास कोई मोटर वाहन होना—दस प्रतिशत से नीचे की आबादी के उस हिस्से को छोड़ जिसमें हजारों लोगों को सवेरे भोजन के लिए 'ब्रेड लाइन' में खड़ा होकर खैराती भोजन का इन्तजार करना होता है, लेकिन वैभव का प्रतीक बने मोटर वाहनों की इस प्रचुरता की कीमत अमेरिका सहित संसार के लोगों को पर्यावरण के संकट के रूप में चुकानी होती है। सरकारी आँकड़े बताते हैं कि इस साल इन वाहनों को चलाने में 146.676 अरब गैलन तेल खर्च किया गया। ऊर्जा

से चलनेवाले दूसरे संयंत्रों के अलावा इन वाहनों से उत्सर्जित होनेवाली गैसों की पर्यावरण को प्रदूषित करने में खास भूमिका है—खासकर ग्रीन हाउस गैसों कॉर्बन डाईऑक्साइड और मिथेन की।

1997 में अमेरिका में उत्सर्जित कार्बन डाईऑक्साइड की मात्रा 2.9 करोड़ टन थी। ये गैस धरती का ताप बढ़ाने में विशेष भूमिका निभाती हैं, लेकिन इनके अलावा वायुमंडल को जहरीला बनानेवाली दूसरी गैस जैसे कार्बन मोनोऑक्साइड, सल्फर डायोआक्साइड, नाइट्रोजन ऑक्साइड और सीसा आदि भी उत्सार्जित होते हैं और कैंसर और फेफड़े की कई बीमारियों को पैदा करते हैं। जब मोटर वाहनों से होनेवाले इन प्रदूषणों की चर्चा होती है तो इस परिवहन के हिमायती वैकल्पिक ऊर्जा जैसे बिजली या हाइड्रोजन से चलनेवाले वाहनों का सुझाव देते हैं। ये सुझाव भारी भ्रम पैदा करते हैं। लोग भूल जाते हैं कि बिजली पैदा करने के लिए भी तो ऊपर बताए गए प्रदूषण फैलानेवाले ईंधनों का ही प्रयोग किया जाता है या अपने कचरे से और भी खतरनाक विकिरण पैदा करनेवाले परमाणु बिजली संयंत्रों का। हाइड्रोजन से चलनेवाले वाहन निश्चित रूप से प्रदूषण रहित हो सकते हैं, लेकिन हाइड्रोजन के लिए पानी के अणुओं को तोड़ना होगा और उसके लिए ऊर्जा निर्माण के बड़े संयंत्र बनाने होंगे जो फिर प्रदूषण फैलानेवाले होंगे।

यानी फर्क सिर्फ इतना होगा कि प्रदूषण अब सड़कों पर फैलने के बदले ऊर्जा निर्माण करनेवाले संयंत्रों के आस-पास होगा। इससे पूरी धरती पर फैलनेवाले प्रदूषण में कोई कमी नहीं आएगी। एक बात और ध्यान में रखना जरूरी है जिसे लोग वाहनों या दूसरे कारखानों को चलाने में बिजली का इस्तेमाल का सुझाव देते समय भुला देते हैं। वह यह कि लकड़ी, कोयला या तेल जलाकर सीधे ताप का इस्तेमाल करने में ईंधन की भारी बचत होती है बनिस्बत बिजली पैदा कर फिर इसे ताप के लिए इस्तेमाल करने के। भौतिक शास्त्र के एक सबसे बुनियादी नियम 'इट्रोपी' के सिद्धान्त के अनुसार जब भी ऊर्जा का इस्तेमाल किसी मशीन को चलाने में होता है तो उससे अवश्यम्भावी रूप से कुछ ऊर्जा को ह्रास होता है। फिर जब बिजली को ताप में बदला जाता है तो बहुत बड़ी मात्रा में बिजली खर्च करने की जरूरत होती है। कुल मिलाकर बिजली के उपकरणों के इस्तेमाल को बढ़ाने से ऊर्जा संकट की बुनियादी समस्या से निजात नहीं मिलती।

अब वर्तमान ढंग के विकास के हिमायती विशेषकर तेल उद्योग से जुड़े लोगों द्वारा यह प्रचारित करने की कोशिश हो रही है कि पर्यावरण के संकट की बात एक बेकार का हौवा है। पर्यावरण आन्दोलन से जुड़े लोगों की शिकायत है कि औद्योगिक समूहों के द्वारा विज्ञापनों के जरिये एक जबरदस्त प्रचार चलाया जाता रहा है ताकि 1997 का क्योटो प्रोटोकॉल, जिसमें ग्रीन हाउस गैसों के उत्सर्जन को कम करने का प्रावधान है, लागू नहीं हो सकें। उनके अनुसार इस मद में अमेरिका

में 1.3 करोड़ डॉलर विज्ञापनों पर खर्च किया जा चुका है। या तो यह बताया जाता है कि यह कोई समस्या है ही नहीं या यह कि समस्या इतनी विकराल है कि इसके समाधान का कोई उपाय हो ही नहीं सकता।

लेकिन एक अमेरिकी प्रकाशन 'टाइम अल्मनाक 2000' में छपे एक लेख में कहा गया है : 'मई 1999 में ब्रिटिश और अमेरिकी वैज्ञानिकों ने विस्तृत शोध के आधार पर यह बताया है कि दुनिया का तापमान बढ़ रहा है। इन विशेषज्ञों के अनुसार संसार भर में सतह का तापमान पिछले 136 वर्षों से (1861-1997) में 0.57 डिग्री सेल्सियस बढ़ गया है और इससे यह पता चलता है कि बीसवीं सदी पिछले हजार वर्ष में सबसे गर्म सदी रही है। दरअसल, मैस्सेचुसेट्स अरिजोना विश्वविद्यालय, नासा और नेशनल ओसेनिक एंड एट्मोस्फेरिक एडमिनिस्ट्रेशन के शोधकर्ता इस निष्कर्ष पर पहुँचे हैं कि 1990 का दशक सहस्त्राब्दी का सबसे गर्म दशक और 1998 अब तक का सबसे गर्म वर्ष रहा है।'

समस्या बढ़ते तापमान की ही नहीं है। अगर पर्यावरण के क्षय से विनाश की बात को हम नजरअन्दाज कर दें तो भी जीवाश्म ईंधन जैसे ऊर्जा स्त्रोतों की उपलब्धता के उत्तरोत्तर कम होते जाने से भी हमारा जीवन कठिन हो जाएगा। अगर हम वैकल्पिक ऊर्जा स्त्रोतों की ओर आज से ही बढ़ने की कोशिश नहीं करेंगे। पेट्रोलियम की कीमत, जैसाकि हम देख चुके हैं आधी शताब्दी के भीतर एक डॉलर प्रति बैरल से बढ़कर पचास डॉलर प्रति बैरल तक पहुँच गई है। कीमतों की इस बढ़त के पीछे ओपेक जैसे संगठनों के प्रयास की भूमिका भी रही है, लेकिन एक अधिक बुनियादी नियम लगातार काम करता रहा है जिससे जीवाश्म ईंधन ही नहीं बल्कि बाकी सारे खनिज भी कुछ विशेष परिस्थितियों के उतार-चढ़ाव के बावजूद अन्तत: महँगे होते जाएँगे।

इसका कारण समझना आसान है। यह आम जानकारी की बात है कि तेल, कोयला या दूसरे किसी खनिज को निकालने के धन्धे में लगे लोग पहले उन्हीं स्त्रोतों से इन्हें निकालते हैं जिनमें इनकी उपलब्धता अधिक होती है और जहाँ से इन्हें निकालना आसान और कम खर्चीला होता है, लेकिन जब हम इन स्त्रोतों को खाली कर चुके होते हैं तब आवश्यकतावश उन स्त्रोतों की ओर मुड़ते हैं जहाँ से इन्हें निकालना अधिक कष्टसाध्य और खर्चीला होता है। इसके लिए जटिल और खर्चीली मशीनरी लगानी होती है और प्राय: अधिक ऊर्जा भी खर्च करनी होती है। यह एक ऐसी स्थिति है जिससे छुटकारा नहीं मिल सकता।

अमेरिका के एक शीर्षस्थ ऊर्जा विशेषज्ञ डॉ. बैरी कौमोनर के अनुसार ऊर्जा के हमारे मूल स्त्रोत इस संकट से ग्रस्त हैं। उनके अनुसार : 'चूँकि वे या तो नवीकृत नहीं हो सकते या उन पर नवीनतम भारी तकनीक के खर्च का बोझ होता है—या दोनों असुविधाएँ होती हैं—वे उत्तरोत्तर अधिक पूँजी निवेश की माँग करते हैं और

खुली बाजार व्यवस्था में उत्तरोत्तर महँगे होते जाते हैं।' कौमोनर के अनुसार 1960 में ऊर्जा उत्पादन पर खर्च किए गए प्रत्येक डॉलर से बाईस लाख पचास हजार बीटीयू ऊर्जा पैदा हुई। जबकि 1970 में एक डॉलर की लागत से सिर्फ 21 लाख 68 हजार बीटीयू ऊर्जा उत्पादित हुई। सिर्फ तीन वर्ष बाद 1973 में यह उत्पादन गिरकर प्रति डॉलर 18 लाख 45 हजार बीटीयू हो गया। यानी सिर्फ तेरह वर्ष में उत्पादन में अट्ठारह प्रतिशत की कमी हो गई। ये आँकड़े 1973 के डॉलर मूल्य को 1960 के समतुल्य करके दिए गए हैं।

अगर जीवाश्म ऊर्जा का लगातार अधिक महँगा होना एक अवश्यम्भावी हकीकत है तो दुनिया को, विशेषकर भारत जैसे देशों को जिनकी तेल, कोयला और प्राकृतिक गैस की अपनी उपलब्धता सीमित है, वैकल्पिक ऊर्जा स्रोतों और ऊर्जा के नियंत्रित खर्च पर आधारित अर्थव्यवस्था की ही बात सोचनी होगी। इस सम्बन्ध में तेल की कीमत बढ़ने से जो हाय-तौबा मचाई जाती है वह देश को स्वयं और जनता को धोखा देने के अलावा कुछ नहीं है। संयोग से ऐसे विकल्प से ही प्रकृति का संरक्षण भी सम्भव है जिसे लेकर भारत और संसार भर के पर्यावरणविद चिन्तित हैं।

गौरतलब है कि जहाँ ऊपर बताए गए कारणों से जीवाश्म ऊर्जा या कचरे से सुरक्षा की समस्या से परमाणु ऊर्जा, उत्तरोत्तर महँगे होते जाते हैं—तात्कालिक बाजार की स्थिति से इनकी कीमतों में चाहे जो उतार-चढ़ाव हो—सौर ऊर्जा और इस पर निर्भर पोषण चक्र (फूड चेन) में कोई परिवर्तन नहीं होता क्योंकि सूरज के ताप के खत्म होने में अरबों वर्ष लग जाएँगे। इसलिए जब तक सूरज से प्राप्त ऊर्जा कायम है वनस्पति दुनिया, जो प्रकाश संश्लेषण से पोषण पाती है और फिर, जिससे कीटाणुओं से लेकर दूसरे पशु-पक्षी अपना आहार पाते हैं, बिना अपना खर्च बढ़ाए अपना जीवन-चक्र कायम रख सकते हैं। इसे हानि पहुँचती है हमारी कृत्रिम जीवन पद्धति से उत्पन्न अवांछित हस्तक्षेप से जैसे जंगलों की कटाई या नदी-तालाबों आदि के जल के तरह-तरह के कचरे के प्रदूषण से।

इसीलिए मवेशियों और अन्य पशुओं के जीवन के लिए आवश्यक चारे आदि के खर्च में इजाफा नहीं होता। अगर आज से पचास साल पहले किसी नस्ल का बैल या गाय दस किलो भूसा एक दिन में खाते थे तो आज भी वही मात्रा कायम है। आज भी कोई बैल उतनी ही घास चरकर अपना पेट भर लेता है जितनी पचास साल पहले—यह बात अलग है कि हम चरागाहों को नष्ट करते जा रहे हैं। भोजन चक्र (फूड चेन) की अपरिवर्तनीयता और मनुष्य द्वारा उत्पादित ऊर्जा की बढ़ती कीमत से एक दिलचस्प आर्थिक स्थिति बन रही है। हमारे यहाँ उन गाँवों में—जहाँ ट्रैक्टरों के आने के बाद भी कुछ बैल पाए जा सकते हैं—पहले ट्रैक्टर, सस्ता होने के कारण, हल-बैल का स्थान लेने लगे थे। अब स्थिति उलटी हो गई है। अब तेल महँगा होने से ट्रैक्टर हल-बैल के मुकाबले महँगे होते जा रहे हैं।

पिछले दशक में ही डीजल की कीमत पाँच रुपए चौंतीस पैसे से बढ़कर अट्ठाइस रुपए प्रति लीटर से ऊपर हो गई है। नतीजा यह है कि जहाँ किराए के ट्रैक्टर से एक बार खेत जोतने में किसान को 400 रुपए प्रति बीघा देना पड़ता है वहीं हल-बैल का खर्च 280 रुपए प्रति बीघा आता है। इसमें कोई सन्देह नहीं कि यह फर्क उत्तरोत्तर बढ़ता जाएगा क्योंकि खनिज तेल या गैस के दाम बढ़ेंगे ही। इसके विपरीत कीटाणुओं की प्रक्रियाओं पर आधारित गोबर गैस की कीमत में किसी इजाफे का कारण नहीं दिखाई देता। इसलिए अगर आदमी अपने जीवन को ऊर्जा के विशाल अपव्यय की जगह मितव्ययिता पर आधारित करे तो न ऊर्जा का संकट पैदा होगा और न पर्यावरण के प्रदूषण का। अब कोई अर्थशास्त्रीय तर्क भी नहीं बनता जिससे सूर्य आधारित ऊर्जा स्रोतों के परित्याग की बात हो।

दुर्भाग्यवश पर्यावरणविद भी ऊर्जा के अतिव्यय पर आधारित औद्योगिक देशों की जीवन पद्धति के परिप्रेक्ष्य में ही इस समस्या का निदान ढूँढ़ रहे हैं, जो सम्भव नहीं है। इस समस्या का समाधान प्रकृति के साहचर्य पर आधारित विकेन्द्रित जीवन पद्धति से ही सम्भव है। अन्ततः यह एक राजनीतिक मामला बन जाता है और एक नई जीवन पद्धति के लिए सशक्त राजनीतिक हस्तक्षेप की जरूरत है। भारत जैसे देश में यह बहुसंख्यक लोगों के लिए मानवी जीवन की माँग भी है। इसलिए आज इसे एक व्यावहारिक राजनीति के रूप में अपनाना होगा। हमारे यहाँ संयोगवश महात्मा गांधी ने इसी दिशा में कुछ प्रतिमान दिए थे। गांधी को दरकिनार करने की बजाय, जैसा आज हम कर रहे हैं उनकी मूल वैज्ञानिकता को कबूल करते हुए हमें उन्हीं के विचारों का परिष्कार कर आगे बढ़ना होगा।

जनसत्ता, 10, 11 जनवरी, 2005

10

संयुक्त राष्ट्र संघ के तत्त्वावधान में दिल्ली में होनेवाले पर्यावरण सम्मेलन पर अमेरिकी नकार शुरू से ही मौत की छाया की तरह बना रहा। अमेरिकी प्रतिनिधि की यह घोषणा कि वह पर्यावरण की चिन्ता से अपने विकास को बाधित नहीं होने देगा, सम्मेलन में हिस्सा लेनेवाले बाकी देशों को उलझन में डाले रही। इस हकीकत की जानकारी की पृष्ठभूमि में कि कुछ अनुमानों के अनुसार, अमेरिका दुनिया के ग्रीन हाउस उत्सर्जन के छत्तीस प्रतिशत के लिए जवाबदेह है। सभी प्रतिनिधि अमेरिका के नकारात्मक रवैये के सामने असहाय महसूस करते थे। अनुनय-विनय से अमेरिका को मनाने के अलावा उनके सामने कोई दूसरा चारा दिखाई नहीं देता था। दरअसल, अमेरिका की दृष्टि प्रतीक रूप में पूँजीवाद की उस मूलदृष्टि की अभिव्यक्ति थी जिसमें मुनाफे की लिप्सा के आगे धरती का विनाश कोई मुद्दा नहीं।

कोई भी आदमी जो तथाकथित उदारीकरण के प्रचारात्मक धुंध से अंधा नहीं हो चुका है, इस पूँजीवादी हकीकत को देख सकता है। तेल लॉबी, तम्बाकू लॉबी, जीएम (जीन द्वारा परिवर्तित) फसल की लॉबी क्या मौत के प्रसार का निर्लज्ज प्रयास नहीं है? आज उद्योग के ये क्षेत्र पूँजी की दुनिया में महत्त्वपूर्ण स्थान रखते हैं। इनके उत्पाद निर्विवाद रूप से फेफड़े, हृदय के रोग तथा कैंसर के लिए जवाबदेह हैं और आनुवंशिकी को विकृत कर मनुष्य का संहार करनेवाले हैं।

विडम्बना है कि इन उद्योगों के व्यवस्थापक 'हीमोसाइडल मैनिक' को वैसा पागल नहीं माना जाता जिस पर नरहत्या का जुनून सवार हो, बल्कि उन्हें तो आधुनिक समाज का सबसे प्रतिष्ठित व्यक्ति माना जाता है। इनके जीवन की झाँकियों से फैशन पत्रिकाएँ रंगी रहती हैं। यह बात दीगर है कि इनसे सम्बद्ध व्यक्तियों को दोष देना गलत होगा क्योंकि वे तो इस व्यवस्था की विवशताओं के दास हैं। यह व्यवस्था आदमी को निजी उन्नयन के ऐसे ही रास्ते प्रदान करती हैं।

दरअसल आज के पर्यावरण का संकट पूँजीवाद के विकास का अनिवार्य परिणाम है। स्थिति को सही परिप्रेक्ष्य में रखने के लिए इस बात की ओर ध्यान दिलाना काफी है कि मानव सभ्यता यानी नागरी सभ्यता लगभग छह हजार वर्ष पुरानी है, लेकिन पर्यावरण के असन्तुलन से धरती के अस्तित्व का संकट पिछले

दो सौ वर्षों के पूँजीवाद के विकास से ही पैदा हुआ है। पूँजीवाद का लक्ष्य सदा पूँजी संचय और इसका प्रसार करना होता है। पूँजी का प्रसार उतनी ही तेजी से होगा जितनी तेजी से उत्पादन और विपणन बढ़ेगा। अन्तत: उत्पादन का लक्ष्य किसी के लिए उपभोग की वस्तु उपलब्ध कराना होता है। इसलिए पूँजीवाद के विकास के लिए उपभोग की वस्तुओं की विविधता और मात्रा को उत्तरोत्तर बढ़ाते जाना जरूरी है। उत्पादन की मात्रा के अनुपात में ही ऊर्जा और कच्चे माल की माँग बढ़ती है।

इसी बढ़ती माँग के कारण पिछले दो सौ वर्षों में दुनिया के अधिकांश वन कट गए। भूमि के विशाल क्षेत्र पर औद्योगिक कच्चे माल का उत्पादन कृषि का लक्ष्य बन गया। संसार भर के खनिजों के भंडार खत्म होते जा रहे हैं। ईंधन के लिए दुनिया भर के कोयले के खदान खाली होते जा रहे हैं। वर्तमान उद्योगों और परिवहन के लिए ऊर्जा का सबसे बड़ा स्रोत पेट्रोलियम का भंडार कम होते-होते ऐसी स्थिति में पहुँच गया है कि इसके सभी ज्ञात स्रोत मात्र पच्चीस-तीस वर्ष में समाप्त हो जाएँगे। इक्कीसवीं सदी के अन्त तक सम्भवत: कोयले के सभी स्रोत भी समाप्त हो जाएँगे। दूसरी ओर कोयले और तेल का विशाल मात्रा में जलाया जाना ही पर्यावरण के वर्तमान संकट यानी धरती के बढ़ते ताप का मूल कारण है। हालाँकि पर्यावरण को प्रदूषित करने में उद्योगों से होनेवाले दूसरे रासायनिक तत्त्वों के बढ़ते उत्सर्जन का भी हाथ है जिससे ओजोन परत में भेद बढ़ता जा रहा है और लोगों का स्वास्थ्य प्रभावित हो रहा है।

अट्ठारहवीं और उन्नीसवीं सदी से शुरू हुई औद्योगिक क्रान्ति का सबसे महत्त्वपूर्ण प्रभाव था उद्योगों का कुछ नगरों में केन्द्रित होते जाना। इससे संसार भर से कच्चे माल की आपूर्ति करनेवालों श्रमिकों और विपणन में लगे बिचौलियों की आबादी इन नगरों में बढ़ने लगी। जितना नगर बढ़ता उतना ही इसकी बढ़ती जरूरतों की पूर्ति के लिए नए उद्योगों और नए आदमी बढ़ते जाते। इन नगरों में फैलाव का एक अन्तर्निहित दबाव था। इस तरह नगर धीरे-धीरे महानगरों और महानतम नगरों (मेगापोलिस) में तब्दील होते गए। नगरों के आकार के इस फैलाव का अनुमान प्राचीन काल के कुछ प्रसिद्ध नगरों से तुलना कर लगाया जा सकता है। पश्चिमी सभ्यता का आदि स्रोत माना जानेवाला एथेंस नगर की आबादी पचास हजार थी। इसके पहले के सबसे विख्यात नगर बेबीलोन को इस बात का गौरव था कि उसकी आबादी एक लाख थी। पुनर्जागरण के प्रसिद्ध केन्द्र इटली के नगर-राज्यों की आबादी भी पचास हजार के करीब ही थी। फ्लोरेंस की आबादी पचास हजार और तत्कालीन रोम की आबादी पचपन हजार थी।

प्राचीन काल के नगरों में आकार के हिसाब से अपवाद रोम था जहाँ की आबादी दस लाख के पास तक पहुँच गई थी, लेकिन इस आबादी की जरूरत की पूर्ति और सन्तुष्टि के लिए बड़ी संख्या में गुलामों की जरूरत थी और नगर

की जरूरतों की आपूर्ति के लिए इसे लगातार सैनिक अभियान और साम्राज्य विस्तार में लगा रहना होता था। फिर भी नगर की अपनी व्यवस्था सदा अराजक रही जिसमें आन्तरिक कलह जीवन का अभिन्न अंग बन गया था। अनुमान है कि सोलहवीं शताब्दी के आखिर तक यूरोप के ज्यादातर नगरों की आबादी बीस हजार के आसपास थी। अमेरिका में अट्ठारहवीं शताब्दी के अन्तिम वर्षों में दो सबसे बड़े नगर फिलाडेल्फिया और बोस्टन की आबादी पचास हजार से अधिक नहीं थी और न्यूयॉर्क की आबादी इससे भी कम थी। इससे दो शताब्दी के भीतर लंदन की आबादी करोड़ पार कर गई। एशिया और लातिनी अमेरिका के अनेक महानगर इनसे भी कहीं विशाल बन गए। मैक्सिको नगर की आबादी दो करोड़ से अधिक है। इसी तरह चीन में शंघाई, जापान में टोक्यो और भारत में दिल्ली, मुम्बई, कोलकाता जैसे महानगरों की आबादी एक से दो करोड़ तक हो गई है।

महानगरों के विकास से ऊर्जा और संसार के सीमित पर अति महत्त्वपूर्ण संसाधनों जैसे जल, खाद्य पदार्थ आदि की आपूर्ति पर दबाव बहुत बढ़ जाता है। विभिन्न वस्तुओं को इन नगरों तक और फिर इन नगरों में उत्पादित वस्तुओं को संसार के सभी भागों तक पहुँचाने में यातायात पर ऊर्जा की खपत बड़ी मात्रा में होती है। नगर के फैलाव से नगर के भीतर भी यातायात पर ऊर्जा की भारी खपत होती है। ऊर्जा की यह खपत नगर के पर्यावरण के प्रदूषण का सबसे बड़ा स्रोत साबित होता है। एक पर्यावरणविद जेरेमी रिफ्किन के अनुसार अमेरिका की ऊर्जा पर होनेवाले खर्च का लगभग पच्चीस प्रतिशत सिर्फ परिवहन पर होता है। अगर इसमें वाहनों के निर्माण और रखरखाव आदि का खर्च जोड़ दिया जाए तो यह खर्च 41 प्रतिशत तक हो जाता है।

इन सब बातों पर ध्यान दिलाना इसलिए जरूरी है ताकि भारत और तीसरी दुनिया के दूसरे देश, जो अमेरिका की आलोचना ऊर्जा की खपत की कटौती नहीं करने के लिए कर रहे हैं, यह भूल जाते हैं कि वे स्वयं अपने विकास में वही रास्ता अपना रहे हैं जो अन्तत: वैसी ही स्थिति की ओर ले जानेवाला है जिस स्थिति में आज अमेरिका है। यह बात दीगर है कि वे वहाँ तक जा पाएँगे या नहीं। वर्तमान औद्योगिक उत्पादन पद्धति के भीतर ऊर्जा के उत्सर्जन एवं प्रदूषण को नियंत्रित करने के लिए जो तकनीक होंगी, वे उद्योगों पर अतिरिक्त बोझ डालेंगी। जिसको सम्पन्न औद्योगिक देशों द्वारा तो वहन किया जा सकता है, लेकिन गरीब देशों के लिए वह खर्च उनकी क्षमता से बाहर होगा। दिल्ली में सुप्रीम कोर्ट के आदेश से जो थोड़ा-सा प्रयास प्रदूषण नियंत्रण का हुआ उसी ने नगर के जीवन को अस्त-व्यस्त कर दिया और लाखों गरीब लोगों की रोजी छीन ली। इससे सबक सीखने की जरूरत है। हमें बिलकुल दूसरे तरह की तकनीक और सामाजिक ढाँचे का निर्माण इस समस्या से निपटने के लिए करना होगा। बिना ऐसे बुनियादी परिवर्तन की तैयारी के भारत में

पर्यावरण सुरक्षा की चर्चा एक छोटे और सम्पन्न समूह के बुद्धिविलास से ज्यादा कुछ नहीं हो सकता जो समस्या के समाधान की दृष्टि से निरर्थक है।

सौभाग्य से भारत में, जहाँ यह सम्मेलन हुआ है, हमें वैकल्पिक विकास की एक अवधारणा महात्मा गांधी से मिली है। चूँकि यह कल्पना आम भारतीय की मनीषा से अभी भी लुप्त नहीं हुई है, एक शहरी सम्पन्न वर्ग को छोड़ दूसरे लोगों को ऐसे परिवर्तन के लिए तैयार करना असम्भव नहीं होगा। दरअसल देश के लोगों के लिए इसके अनुसार जीवन को नए सिरे से ढालना ज्यादा आसान होगा क्योंकि अभी भी भारत के लोकजीवन में बहुत कुछ है जो इसे अपने ग्रामीण परिवेश और अतीत से जोड़ता है। इस अतीत के बीमार अंगों और कूड़े-कचरे को साफ कर हम फिर से एक विकेन्द्रित समाज का ढाँचा खड़ा कर सकते हैं जिसके केन्द्र में गाँव हों। ऐसे गाँव जिनकी अर्थव्यवस्था के केन्द्र में पारिवारिक श्रम पर आधारित छोटी खेती हो और जिसकी परिधि पर घरेलू, कुटीर एवं सहयोगी उद्योगों का तानाबाना हो। ये उद्योग एक-दूसरे की जरूरतों और कृषि में लगे लोगों की जरूरतों की पूर्ति करेंगे और किसान उद्योगों में लगे लोगों को भोजन और औद्योगिक कच्चे मालों की आपूर्ति करेंगे।

अगर कृषि और उद्योग दोनों ही श्रम प्रधान तकनीक पर आधारित होंगे तो दोनों के बीच का आपसी विनियम विषमतामूलक नहीं होगा। इसमें मानव श्रम और पशुओं की ऊर्जा को नए ऊर्जा स्रोतों द्वारा बेकार नहीं बनाया जाएगा बल्कि मानव श्रम को आसान और अधिक उत्पादक बनाया जाएगा। चूँकि अधिकांश वस्तुओं का उत्पादन और विनियम स्थानीय होगा, पशु आधारित पारम्परिक परिवहन इसके लिए पर्याप्त होंगे सिर्फ उन थोड़ी-सी वस्तुओं को दूर-दराज के स्थानों से लाने की जरूरत होगी जो स्थानीय रूप से उपलब्ध नहीं हैं। ऐसी ही ढुलाई के लिए रेलों या दूसरे आधुनिक परिवहन की जरूरत होगी। गाँवों और इनकी गतिविधियों से सम्बद्ध छोटे नगरों का आकार इतना छोटा होगा कि किसी आन्तरिक परिवहन व्यवस्था की जरूरत नहीं होगी। इस तरह ऊर्जा की खपत को बहुत घटाया जा सकता है। ऐसी ऊर्जा के लिए गैर-पारम्परिक ऊर्जा स्रोतों जैसे—सौर ऊर्जा, पवन ऊर्जा, जल विद्युत, गोबर गैस या अन्य तरह के उद्भिज-जन्य ऊर्जा का प्रयोग किया जाएगा।

अमेरिका जैसे आधुनिक औद्योगिक व्यवस्थाओं के सन्दर्भ में भी जेरेमी रिफ्किन, जिनका जिक्र ऊपर हो चुका है, अपनी पुस्तक 'ईंट्रोपी' में ऐसे परिवर्तन को अपरिहार्य मानते हैं और लिखते हैं, 'श्रम प्रधान खेती की यह माँग होगी कि आबादी पुन: नगर छोड़ गाँवों की ओर वापस हो...अन्तत: खेती पर काम करनेवाले लोगों का नगर में रहनेवाले लोगों से अपने वर्तमान अनुपात को उलट देना होगा। श्रम आधारित जैविक कृषि वर्तमान विशाल नगरों की केन्द्रित बड़ी आबादी की जरूरत की पूर्ति कर ही नहीं सकती। कृषि आधारित जीवन पद्धति आनेवाले 'सोलर एज'

(सौर युग) के केन्द्र में होगा जैसाकि यह वर्तमान समय को छोड़ पहले के सभी युगों में था। हालाँकि नागरी जीवन बिलकुल खत्म नहीं हो जाएगा। बड़े नगर फिर अपनी पारम्परिक पचास हजार के इर्द-गिर्द की आबादी पर आ जाएँगे। यही पड़ोस की कृषि और ऊर्जा स्रोतों के अनुकूल होगा। हाल के अध्ययनों से यह भी पता चलता है कि एक लाख से अधिक आबादी के बढ़ते ही अनेक तरह की नागरिक अव्यवस्था की शुरुआत हो जाती है।'

इस तरह के परिवर्तन की हमारी तैयारी ही अमेरिकी हठधर्मिता का भी जवाब होगा जो दुनिया के पर्यावरण को नष्ट कर इसे मौत की ओर ढकेल रही है। अगर दुनिया के बाकी देश इस तरह के आत्मनिर्भर विकेन्द्रित विकास की दिशा में कदम बढ़ाते हैं तो आप-से-आप अमेरिकी औद्योगिक प्रसार पर भी सीमा लग जाएगी। आज अमेरिकी उद्योग निरन्तर फैलने की जरूरत इसलिए महसूस करते हैं क्योंकि संसार के बाकी देश वहाँ से सामान खरीदने और वहाँ अपना सामान बेचने के लिए उतावले हैं। अगर दुनिया के बाकी देश एक अलग तरह की स्वायत्त अर्थव्यवस्था अपना लें तो अमेरिका को स्वतः कुछ वैसी व्यवस्था की ओर लौटना होगा जिसका जिक्र रिफ्किन ने किया है। पर्यावरण की समस्या का असली हल कुछ इसी तरह ढूँढ़ना होगा।

जनसत्ता, 8 मार्च, 2005

भूमंडलीकरण से पैदा विकृतियाँ

1

अभी तक हमारे विकास के सम्बन्ध में जो भी चर्चाएँ होती रही हैं, वे आर्थिक दृष्टि से इसकी सम्भावनाओं को लेकर ही। यानी चर्चा विभिन्न व्यवस्थाओं की उत्पादन की दृष्टि से उपयुक्तता को लेकर हुई है। विवाद रहा है समाजवादी, उन्मुक्त पूँजीवादी एवं मिश्रित व्यवस्थाओं के बीच चयन को लेकर, लेकिन जो विकास हो रहा है, उसके मानवीय पक्ष को सदा नजरअन्दाज किया जाता रहा है।

यह लगभग अटल सत्य की तरह मान लिया गया है कि विकास की एक ही सम्भव दिशा है—वह दिशा जो पश्चिमी औद्योगिकीकरण की रही है। किसी व्यवस्था की उपयुक्तता सिर्फ इस बात से आँकी जाती है कि वह व्यवस्था प्रचलित ढंग के औद्योगिक विकास को अधिकतम सक्षमता उपलब्ध करा सकती है या नहीं। इस सक्षमता के कुछ सर्वमान्य मानक मान लिए गए हैं। ये मानक हैं उत्तरोत्तर मानव श्रम और मस्तिष्क की जगह मशीनों और कम्प्यूटरों का प्रयोग तथा बाजार की प्रतिस्पर्धा में आगे निकलने की क्षमता। लक्ष्य है ज्यादा-से-ज्यादा उपभोग की वस्तुओं का ईजाद और उनका बृहद् पैमाने पर उत्पादन। स्वाभाविक है कि इसके लिए विशाल मात्रा में संसाधन के रूप में कच्चे माल और ऊर्जा की जरूरत हो। यहीं पर एक सीमा लगने लगती है।

एक बात जो हम अक्सर भूल जाते हैं, वह यह है कि मनुष्य भौतिक पदार्थों का जनक नहीं होता वह इनका रूपान्तरण भर कर सकता है, ठीक उसी तरह जैसे प्राणी जगत और वनस्पति जगत के जीवाणु, पशु या पेड़-पौधे करते हैं। पेड़-पौधे जमीन से रासायनिक तत्त्वों को ग्रहण कर इन्हें पत्ते, फूल और फल के रूप में बदल देते हैं। जमीन से कार्बन डाईऑक्साइड लेकर सेल्यूलोज और ऑक्सीजन में बदल देते हैं। मधुमक्खियाँ फूलों का रस ले शहद बनाती हैं और अत्यन्त ही जटिल छत्ते का निर्माण करती हैं जो ज्यामितीय और उपयोग की दृष्टि से मनुष्य की आधुनिकतम स्थापत्य के लिए चुनौती साबित होते हैं। मकड़े के जाल की खूबसूरती अपने-आप में विलक्षण है और इसकी बारीकी और मजबूती मनुष्य द्वारा निर्मित अब तक के बारीक से बारीक धागे से श्रेष्ठ साबित हुई है। इन जालों को मकड़े प्राप्त पोषक तत्त्वों को बदल अपने भीतर से पैदा करते हैं।

लेकिन पदार्थ के ऊपर बतलाए गए रूपान्तरण और मनुष्य के वर्तमान औद्योगिक विकास के क्रम में होनेवाले रूपान्तरण में एक बुनियादी फर्क है। अन्य प्राणियों या वनस्पतियों द्वारा किए जानेवाला रूपान्तरण का एक ऐसा चक्र होता है जिससे पारिस्थितिकीय सन्तुलन बना रहता है। जब भी किसी एक दिशा में रूपान्तरण की अति होती है और रूपान्तरण नियंत्रित हो जाता है और फिर सन्तुलन कायम हो जाता है। जहाँ ऐसा नहीं हो पाता, प्राणियों का जीवन संकटग्रस्त हो जाता है और उनका विनाश हो जाता है। हमारी त्रासदी यह है कि आधुनिक मनुष्य ने इस रूपान्तरण को ऐसी गति और दिशा दे दी है जिससे रूपान्तरित होनेवाले संसाधनों का त्वरित एवं अपूरणीय क्षय अनिवार्य होता है।

प्राचीन प्रस्तर युग तक जब मनुष्य का जीवन प्रकृति के समीप था और प्राकृतिक स्थितियों द्वारा नियंत्रित होता था, मनुष्य और प्रकृति के बीच बहुत कुछ अन्य जीवों जैसी ही पारस्परिकता रही और सन्तुलन कायम रहा, लेकिन फिर नव-प्रस्तर युग से यह सन्तुलन बिगड़ने लगा। फिर भी कुछ राजे-महाराजे और कुलीनों को छोड़ बाकी लोगों के उपभोग सीमित थे तथा परम्परा एवं धर्म की मान्यताएँ एक सीमा के बाद प्रकृति के खिलाफ अतिक्रमण पर रोक लगाती थीं, लेकिन पश्चिमी दुनिया में पन्द्रहवीं शताब्दी से अन्तरराष्ट्रीय व्यापार और लूट-खसोट का जो सिलसिला चला, और अट्ठारहवीं शताब्दी से जिसकी परिणति औद्योगिक क्रान्ति में हुई, उसने प्रकृति और इतर मनुष्यों के खिलाफ एक निर्बाध आक्रामकता को जन्म दिया है।

यही वह आधार है जिस पर इन औद्योगिक सभ्यता की चमत्कारी उपलब्ध्याँ होती हैं। प्रशंसा भरे स्वर में कार्ल मार्क्स ने इन्हीं के विषय में लिखा कि इन उपलब्धियों के सामने चीन की दीवार या पिरामिड जैसी मानव की प्राचीन उपलब्धियाँ नगण्य लगती हैं।

उस समय औद्योगीकरण ने पश्चिमी दुनिया के जीवन को इतना गहरे रूप से प्रभावित किया था कि वहाँ के पूँजीवादी और समाजवादी दोनों ही तरह के विचारकों के लिए यह औद्योगिक विकास ही समाज का गन्तव्य निर्धारित करनेवाला दिखाई देता था। इस औद्योगिक सभ्यता का नशा इतना व्यापक था कि जब महात्मा गांधी ने इसको 'शैतानी सभ्यता' कहा तो उनके अत्यन्त नजदीकी प्रशंसक और अनुयायी भी सकते में आ गए, लेकिन गांधीजी अपनी गहन अनुभूति के आधार पर जिस नतीजे पर पहुँचे थे, उस नतीजे पर तथ्यों के आधार पर कोई भी पहुँच सकता है अगर वह 'आधुनिकता' का धंधा करनेवाला चश्मा उतारकर हकीकत को देखे।

यह हकीकत क्या है? औद्योगिक वस्तुओं के विशाल मात्रा में उत्पादन के लिए उसी अनुपात में विशाल मात्रा में संसाधन चाहिए और संसाधनों को रूपान्तरित करने के लिए मानव श्रम या अन्य तरह की ऊर्जा। संसाधनों में कृषिजन्य वस्तुएँ—खाद्य पदार्थों के अलावा गन्ना, कपास, पटसन, चाय, कहवा आदि जंगल की लकड़ियाँ,

विभिन्न तरह के खनिज और सबसे महत्त्वपूर्ण ऊर्जा के स्रोत कोयला, पेट्रोलियम आदि और फिर बड़ी संख्या में श्रमिक आते हैं। औद्योगीकरण का इतिहास इन वस्तुओं की उपलब्धि के लिए तमाम गैर-यूरोपीय लोगों की प्राकृतिक सम्पदा की लूट और उनके ऊपर अमानवीय जुल्मों का इतिहास रहा है।

अमेरिका, जिसके नाम से आधुनिकता की चाहत वाले लोगों की आँखों में चमक आ जाती है कैसे बना? यह बना है शुरू में अमेरिका के मूल निवासियों को उनकी पारम्परिक भूमि से वंचित कर, उनके संसाधनों पर गोरे लोगों के कब्जा करने की प्रक्रिया की परिणति से, जो आज से पाँच सौ साल पहले शुरू हुई। इस प्रक्रिया में यहाँ के मूल निवासी दूर-दराज जंगलों और पहाड़ों में खदेड़ दिए गए और उनकी उपजाऊ भूमि पर गोरे लोगों का कब्जा हुआ। भारी संख्या में अमेरिकी महादेशों के मूल निवासी यूरोपवासियों द्वारा लाई गई बीमारियों से मर गए। अनेक दूसरे लोग जीवन पर लदी नई कठिनाइयों के शिकार हुए।

यह अन्दाज लगाया जाता है कि यूरोपीय लोगों के आने के पहले उत्तरी और दक्षिणी अमेरिका के मूल निवासियों की संख्या बीस करोड़ थी जो अब घटकर दस करोड़ रह गई है। जब वहाँ के विशाल भू-भाग पर कपास और गन्ने की खेती के लिए मानव श्रम की जरूरत हुई और अमेरिकी मूल निवासी इसके लिए अनुपयुक्त साबित हुए तो अफ्रीका के रंगीन लोगों पर यूरोपीय लोगों का आक्रमण शुरू हुआ। दो सौ वर्षों में वहाँ से करोड़ों लोगों को जबरदस्ती बन्दी बना जहाज पर लादकर अमेरिका भेजा गया। इनमें आधे लोग बन्दी जीवन की यातनाओं से रास्ते में ही मर जाते थे। ये गुलाम बनाए गए रंगीन लोग अमेरिका के फार्मों पर सस्ता श्रम उपलब्ध कराते थे जिससे ब्रिटेन के सूती मिलों को कपास और पूरी पश्चिमी दुनिया को चीनी, तम्बाकू, कहवा आदि उपलब्ध होते थे।

इसी तरह की लूट-खसोट भारत, आस्ट्रेलिया, चीन, कोरिया, इंडोनेशिया, मलेशिया और पूरे अफ्रीका महादेश में पिछले चार सौ वर्षों से चालू रही है जिससे यूरोप, अमेरिका और कालान्तर में जापान की औद्योगिक समृद्धि बनी है। इस प्रक्रिया में इन देशों के निवासियों को अनेक यातनाएँ झेलनी पड़ीं। युद्ध, लूट-खसोट और अकालों का सामना करना पड़ा। आस्ट्रेलिया के मूल निवासी तो अब लुप्त होने की स्थिति में आ गए हैं।

हिटलर ने जब साठ लाख यूहदियों और अन्य 'निम्न कोटि' के मनुष्यों की हत्या कराई तो दुनिया स्तब्ध रह गई, लेकिन पश्चिमी औद्योगिक विकास की यात्रा का ऐसा प्रभाव है कि इस विकास की वेदी पर जो इससे अनेक गुना अधिक लोगों की बलि चढ़ाई गई, उससे हमारी अन्तरात्मा आहत नहीं होती, लेकिन थोड़ा विचार करने से हम पाएँगे कि हिटलर का 'लैबेन्सराऊम' (रहने की जगह), जिसकी तलाश में उसने द्वितीय विश्वयुद्ध दुनिया पर लाद दिया था और कुछ नहीं जर्मनी

के लिए यथेष्ट औद्योगिक क्षेत्र के विस्तार की ही माँग थी जो स्थापित औद्योगिक साम्राज्यवादी राष्ट्रों द्वारा बाधित हो रही थी।

चाहे उन्मुक्त बाजार के नाम पर हो चाहे गैट या विश्व व्यापार संगठन के नाम पर, आज औद्योगिक देशों का आपसी और बाकी दुनिया से सारा विवाद दुनिया के संसाधनों पर नियंत्रण के लिए ही है। और इस विस्तार में संलग्न शक्तियों के लिए वैसे समूहों की हस्ती के लिए कोई स्थान नहीं है, जो उनके विस्तार में बाधा बनते हों। वे जो 'विकास' की इस दौड़ में पिछड़ गए हैं या इससे बाहर रहे हैं सहज ही रौंद दिए जाते हैं। उनका गुनाह इतना ही है कि वे रौंदनेवाले नहीं हैं एवं अलग-थलग शान्तिपूर्ण जीवन बिताते चले आए हैं या बिताना चाहते हैं।

वर्तमान औद्योगिक विकास के चरित्र पर विचार करने के सन्दर्भ में हम स्वयं अपनी विकास नीति पर नजर दौड़ाए बगैर नहीं रह सकते। यह हमें अपने अन्दर ही झाँकने को विवश करता है। अभी देश के विभिन्न भागों में विशेषकर उन भागों में, जहाँ जनजातियाँ अपनी परम्परागत जीवन-पद्धति कायम रखे हुए हैं—उठ रहे विद्रोह के स्वर क्या हमने जो विकास पद्धति अपनायी है उसके प्रतिफल हैं? यह विचारणीय प्रश्न है। कारण कई हो सकते हैं, लेकिन यह निश्चित है कि वर्तमान औद्योगिक विकास ने अपने प्रसार में उनके जीवन के पारम्परिक आधार से उन्हें वंचित कर दिया है और इस तरह उनकी जीवन-पद्धति को नष्ट किया है।

जैसे चींटियों की बांबी को छेड़ने से उनमें बिखराव और आक्रामकता आती है वैसा ही मानव समूहों की जीवन-पद्धति को छेड़ने से भी पैदा होना अनिवार्य है। यहाँ यह राष्ट्रीय जमीर का सवाल बन जाता है। क्या हम विदेशी शक्तियों की तरह ऐसे समूहों के स्वाभाविक प्रतिरोध को कुचलकर औद्योगिक ढाँचा खड़ा करेंगे या औद्योगिक विकास की ऐसी नीति अपनाएँगे जो उनकी जीवन-पद्धति के साथ संगति बैठा सके? वे हमारे अपने राष्ट्र के नागरिक हैं। क्या उनकी भावना और सुरक्षा को नजरअन्दाज कर हम राष्ट्रीय गौरव को कायम रख सकेंगे? यहाँ हमें महात्मा गांधी ने जिसे शैतानी सभ्यता कहा था उस सभ्यता में और एक मानवीय सभ्यता के बीच चुनाव करना होगा।

कुछ ठोस उदाहरणों से स्थिति साफ होगी। फिलहाल बड़े बाँधों के निर्माण, खनिज निकालने, औद्योगिक प्रतिष्ठान बनाने या प्रूफ रेंज बनाने के क्रम में बड़ी संख्या में लोगों का विस्थापन हो रहा है। चूँकि वन प्रदेश और पर्वतीय प्रदेश में ही आदिवासियों का निवास स्थान होता है, इन विस्थापनों के शिकार प्राय: वे ही होते हैं। चूँकि वे समाज की तथाकथित मुख्यधारा से बाहर पड़ते हैं, उनकी बातें अक्सर सुनी नहीं जातीं। वे कूड़े के ढेर की तरह हटाकर एक जगह से दूसरी जगह डाल दिए जाते हैं। मध्य प्रदेश में जहाँ देश का सबसे बड़ा जनजातीय क्षेत्र आता है, ऐसे अनेक उदाहरण हैं और हर जगह आदिवासियों की व्यथा-कथा सुनाई पड़ती है।

देश इन लोगों के प्रति इतना संवेदनशून्य होता जा रहा है कि वन्य पशुओं की चिन्ता तो सरकारें दिखलाती हैं, लेकिन वनवासियों के जीवन की कोई चिन्ता दिखाई नहीं देती। बाघ तथा अन्य पशुओं के लिए देश में जगह-जगह अभ्यारण्य बनाए जा रहे हैं। कारण बतलाया जाता है कि इन पशुओं का अस्तित्व खतरे में है। इन पशुओं के लिए बड़े वन प्रदेशों को सुरक्षित छोड़ा जा रहा है ताकि वे निर्बाध और सुरक्षित रह शिकार कर अपनी संख्या बढ़ा सकें। दूसरी ओर देश के अनेक आदिवासी समूह हैं जो नष्ट होने के कगार पर हैं, कुछ उदाहरण बिहार के बीरहोर एवं पहाड़िया तथा तमिलनाडु के टोडा। इसके अलावा बड़ी संख्या में आदिवासी विस्थापित हो अपने परिवेश से पलायन कर महानगरों की मिश्रित और कंगाल भीड़ में विलीन हो रहे हैं। इनकी रक्षा के लिए इनके पारम्परिक परिवेश को बचाने का कोई भी प्रयास नहीं होता।

विडम्बना यह है कि जहाँ वन्य पशुओं और वन में निवास करनेवाले आदिवासियों के हितों में टकराहट होती है, पलड़ा वन पशुओं का ही भारी पड़ता है। ऐसा ही एक विवाद अभी हाल में सतपुड़ा राष्ट्रीय उद्यान और वन्य क्षेत्र के आदिवासियों के बीच शुरू हुआ है जो तवा जलाशय से मछली मार आजीविका प्राप्त करते हैं। हाल में उन्हें उनकी आजीविका से यह कहकर वंचित करने का प्रयास हो रहा है कि मत्स्य क्षेत्र राष्ट्रीय उद्यान के दायरे में आता है और इसलिए इसमें मछली नहीं मारी जा सकती, लेकिन असल में चिन्ता वन पशुओं की कम है। आधुनिक विकास का एक आयाम पर्यटक उद्योग है जिसके लिए अभ्यारण्य विदेशी पर्यटकों के आकर्षण का केन्द्र बन जाते हैं। इसलिए आदिवासियों की आजीविका पर प्रहार शुद्ध रूप से व्यापारिक हित में हो रहा है।

अंग्रेजी में एक कहावत है 'शैतान का नाम लो और वह सामने है'। हमने ऊपर चर्चा शैतानी सभ्यता की ही की और अन्दर झाँका तो यह सभ्यता हमारे अपने जंगलों और जमीन पर पसरती नजर आती है। क्या हम समय रहते सँभल पाएँगे?

हिन्दुस्तान, 26 नवम्बर, 1997

2

चीन को प्रतिक्रान्ति से जोड़ना चौंकानेवाला लगेगा। चीन की छवि भारत और सारे संसार में क्रान्ति के केन्द्र की रही है। जिसे लोग राष्ट्रीय क्रान्ति, किसान क्रान्ति, कम्युनिस्ट क्रान्ति और सांस्कृतिक क्रान्ति की भूमि के रूप में देखने के आदी हैं, लेकिन अविश्वसनीय लगनेवाली हकीकत यही है कि प्रतिक्रान्ति की बिना धुआँ ज्वाला ने बिना शोर-शराबा या विस्फोटक अवरोधों के चीन को अपनी लपटों में समेट लिया है। इस कायापलट की झलक चीनी कम्युनिस्ट पार्टी के उदीयमान नेता और उप-प्रधानमंत्री झू के हाल की कुछ घोषणाओं से मिलती है।

विश्व बैंक एवं अन्तरराष्ट्रीय मुद्रा कोष की हांगकांग में हुई बैठक को सम्बोधित करते हुए उन्होंने कहा कि पिछले बीस वर्ष की खुलेपन की नीति ने चीन को अत्यधिक लाभ पहुँचाया है, और इससे चीन को विश्व की आर्थिक व्यवस्था के साथ अपने को समेकित करने में काफी सहायता मिली है, ध्यान में रखने की बात है कि यह जागतिक व्यवस्था उन्मुक्त पूँजीवादी व्यवस्था ही है, जिसमें कुछ समृद्धि पूँजीवादी देशों की बहुराष्ट्रीय कम्पनियों का वर्चस्व है।

हांगकांग में ही झू ने यह दिलचस्प घोषणा की कि चीन एक राष्ट्र और दो अर्थव्यवस्थाओं (एक पूँजीवादी और दूसरी समाजवादी) को चलाने का अनोखा प्रयोग कर रहा है। उन्होंने यह जानकारी भी दी कि निवेश के वातावरण में सुधार से चीन में 280 अरब डॉलर (लगभग दस लाख करोड़ रुपए) का विदेशी पूँजी निवेश हुआ है, जिसमें लगभग दो-तिहाई प्रत्यक्ष विदेशी पूँजी निवेश है।

चीन के फैलते हुए निजी क्षेत्र में बड़ी मात्रा में अप्रवासी चीनियों का निवेश है। साथ-साथ बड़ी मात्रा में जापान, अमेरिका, जर्मनी आदि देशों की कम्पनियों का भी निवेश है। चीन से आनेवाले पर्यटक विस्मय से इस बात की जानकारी देते हैं कि चीनी अपने यहाँ स्थापित विदेशी प्रतिष्ठानों, बैंकों एवं होटलों आदि को बड़े उल्लास से विज्ञापित करते हैं। शंघाई, बीजिंग आदि महानगरों में ऐसे प्रतिष्ठानों की भरमार बतलाई जाती है। चारों ओर देशी और विदेशी निजी क्षेत्र का विस्तार हो रहा है। निजी क्षेत्र का यह विस्तार अद्यतन मशीनरी आदि के क्षेत्रों में आवश्यकता के दबाव में ही नहीं हो रहा है, बल्कि बड़े पैमाने पर उपभोग एवं विलासिला की

वस्तुओं के उत्पादन के क्षेत्र एवं सेवा क्षेत्र में हो रहा है। पिज्जा, पेप्सी, कोक इन सबका अनियंत्रित प्रसार हो रहा है।

सितम्बर के मध्य में सम्पन्न अपनी 15वीं कांग्रेस में चीनी कम्युनिस्ट पार्टी ने बिना लाग-लपेट के निजीकरण की तरफ उन्मुख अपनी नीति की घोषणा की। यह स्पष्ट रूप से कहा गया कि वैसे सरकारी प्रतिष्ठान जो घाटे में चल रहे हैं मरने के लिए छोड़ दिए जाएँगे। यह अनुमान किया जा रहा है कि सरकारी क्षेत्र के साढ़े तीन हजार बड़े प्रतिष्ठानों में लगभग एक हजार बन्द हो चुके हैं। इससे भारी मात्रा में बेरोजगारी की समस्या पैदा हो गई है। बी.बी.सी. के एक प्रसारण में बतलाया गया कि कम्युनिस्ट पार्टी की 15वीं कांग्रेस के काल तक एक अनुमान के अनुसार 13 करोड़ किसान खेती छोड़ रोजगार की तलाश में शहरों में आ चुके थे। इससे बेरोजगारी की समस्या और भी गहराएगी इसकी सम्भावना है।

चीन के विदेशी व्यापार मंत्री सु ची अमेरिका पर इस बात का जोर दे रही थीं कि वह चीन को सर्वाधिक सुविधा प्राप्त राष्ट्र की कोटि में स्थायी रूप से रखे। यह भी दबाव डाल रही थीं कि वह चीन को विश्व व्यापार संगठन में प्रवेश दिलाने की दिशा में प्रयास करे। विश्व व्यापार संगठन में शामिल होने की यह बेचैनी ही चीन की बदली मानसिकता का सबसे बड़ा प्रमाण है। जबकि दुनिया भर की प्रगतिशील शक्तियाँ गैट सन्धि की शर्तों का विरोध करती रही हैं और उससे निकले विश्व व्यापार संगठन को सम्पन्न पूँजीवादी देशों का हित साधक मानती रही हैं, चीन की इसमें शामिल होने की बेचैनी चीन की बदली स्थिति को भलीभाँति दर्शाती है।

चीनी राष्ट्रपति जियांग जेमिन की अमेरिका यात्रा का उद्देश्य भी इन बिन्दुओं पर अमेरिका और चीन के बीच उठे विवादों को समाप्त करना ही है। कुल मिलाकर चीन न सिर्फ अपना दरवाजा विदेशी पूँजी के लिए खोल रहा है बल्कि पूँजीवादी राष्ट्रों की विशिष्ट बिरादरी में शामिल होने की पूरी तैयारी कर चुका है। इसका अर्थ यह नहीं कि चीन का विवाद अमेरिका, जापान का दुनिया के अन्य समृद्ध पूँजीवादी देशों से खत्म हो गया है वह विवाद बना हुआ है और बना रहेगा।

लेकिन यह विवाद महाशक्तियों का अपना वर्चस्व बनाए रखने का विवाद है, कोई सैद्धान्तिक विवाद नहीं। अमेरिका और पश्चिमी यूरोप के देशों का रुख भी चीन की तरफ काफी सौहार्दपूर्ण हो गया है। इसका एक ही कारण है। तेजी से विकास कर रही चीन की अर्थव्यवस्था, जो लगभग नौ प्रतिशत सालाना दर से बढ़ रही है। अपने खुलेपन की नीति के कारण इन देशों के उद्योगों को एक विशाल बाजार प्रदान कर उन्हें आर्थिक मन्दी से उबार रही है। इसीलिए ये देश चीन के मानवाधिकार के उल्लंघन की नीतियों को नजरअन्दाज करते आए हैं।

चीन का क्रान्ति की दिशा में चढ़ाव और फिर प्रतिक्रान्ति उतार में अद्‌भुत सममिति है। 1930 से चढ़ाव और फिर 1975 से लगातार उतार। चीन में विदेशी

शक्तियों का पूरा वर्चस्व 1839-42 में ब्रिटेन के साथ हुए अफीम युद्ध के बाद कायम हुआ। इस युद्ध के बाद विजयी ब्रिटेन ने चीन के कई महत्त्वपूर्ण बन्दरगाहों और नगरों में अपना अधिकार जमा लिया और चीन को यह शर्त मानने को मजबूर किया कि इन नगरों में रहनेवाले ब्रिटिश नागरिकों पर मुकदमा अंग्रेजी अदालतों में ही चलाया जा सकता है। बाद में दूसरी साम्राज्यवादी शक्तियों ने भी यह दावा पेश किया और चीन को अलग-अलग देशों के प्रभाव क्षेत्र में बाँट दिया गया। 1894-95 के चीन-जापान युद्ध के बाद तो पूरे चीन पर विदेशी शक्तियों का नियंत्रण हो गया। 19वीं शताब्दी के अन्तिम वर्षों में हुए असफल बॉक्सर विद्रोह को छोड़ कोई बड़ी बगावत विदेशी शक्तियों के खिलाफ नहीं हुई। प्रथम विश्व युद्ध के खत्म होते-होते चीन पूरी तरह जापान समेत अन्य साम्राज्यवादी शक्तियों के हाथ में आ गया था। यह साम्राज्यवादी प्रभुत्व का चरम बिन्दु था। इसके बाद 1919 के 4 मई के छात्र विद्रोह से क्रान्तिकारी चढ़ाव का काल शुरू होता है। इसी के बाद सुन यात सेन की राष्ट्रवादी पार्टी कॉमिंगतांग अस्तित्व में आई। उनके नेतृत्व में चीन के एकीकरण का अभियान शुरू हुआ। इसी काल में कम्युनिस्ट पार्टी अस्तित्व में आई और प्रारम्भिक सहयोग के बाद च्यांग काई शेक का कॉमिंगतांग का नेता होने के बाद इससे संघर्ष शुरू हुआ।

क्रान्तिकारी आन्दोलन अपने निर्णायक दौर में 1930 में पहुँचा जब माओ के नेतृत्व में कियांगसी प्रान्त में कम्युनिस्टों ने अपनी हुकूमत कायम की। इसके बाद प्रारम्भ हुए लम्बे अभियान में, जो 1948 में सफल हुआ, न सिर्फ जापान से मुक्ति मिली बल्कि अमेरिका द्वारा समर्थित च्यांग काई शेक को भी पराजित हो चीन छोड़ना पड़ा और ताइवान में शरण लेनी पड़ी। लेकिन यह अभियान सिर्फ विदेशियों के राजनीतिक वर्चस्व के खिलाफ ही नहीं था। इस क्रान्तिकारी दौर में चीन की पूरी सामाजिक और आर्थिक-व्यवस्था बदल गई। किसानों ने भू-स्वामियों से जमीन ले आपस में बाँट ली। गाँव-गाँव में छोटे उद्योगों का जाल बिछ गया और आत्मनिर्भर ग्रामीण व्यवस्थाएँ अस्तित्व में आईं। शहरों के बड़े उद्योग-धन्धों पर सरकार ने नियंत्रण कायम कर लिया। विदेशी शक्तियों की पूरी तरह विदाई हो गई।

इसके बाद माओ ने गाँवों के बड़े समूहों को कम्यून व्यवस्था में शामिल करने की कोशिश की, जिसमें कृषि एवं उद्योग दोनों एक नियोजित एवं पारस्परिक समर्थन के आधार पर संगठित किए गए। एक बड़ी उपलब्धि थी बेरोजगारी का खात्मा, भले ही लोगों की आय ऊँची नहीं रही हो। यह सब परिवर्तन कम्युनिस्ट पार्टी और लाल सेना केन्द्रित नियंत्रण में हो रहे थे। इतने विशाल देश में ऐसी केन्द्रित व्यवस्था का अनिवार्य परिणाम हुआ पार्टी में एक विशाल सुविधा सम्पन्न नौकरशाही का अस्तित्व में आना। इस स्थिति से उबरने के लिए माओ ने अपना सांस्कृतिक क्रान्ति का अभियान शुरू किया। इस अभियान में खूनी संघर्ष और उथल-पुथल तो

बहुत हुआ, लेकिन सफलता संदिग्ध रही। यही क्रान्तिकारी उपलब्धियों का चरम बिन्दु था। माओ मृत्यु के थोड़े दिन बाद से ही कम्युनिस्ट पार्टी के झंडे तले ही नई आर्थिक नीति की शुरुआत हुई, जिसके तहत विदेशी पूँजी को आमंत्रित किया जाने लगा और निजी क्षेत्र को प्रोत्साहित। 20 वर्ष के भीतर इसने चीन की पूरी व्यवस्था को बदल दिया है।

अब चीन में वे सारी समस्याएँ दिखाई देने लगी हैं, जिनका सामना सभी पिछड़ी पूँजीवादी एवं मिश्रित व्यवस्थाओं को करना पड़ता है। सरकारी समर्थन बिना खुली प्रतियोगिता में नहीं टिक पाने से अनेक उद्योग बन्द होने लगे हैं। इससे नगरों में बेरोजगारी बढ़ने लगी है। दूसरी ओर पारम्परिक खेती में लगे किसानों में इस बात से असन्तोष है कि दूसरे लोगों की तुलना में उनकी स्थिति खराब हो रही है। कुछ फल-फूल आदि अधिक आय देनेवाली खेती की ओर मुड़ रहे हैं। इसमें निजी उद्यम को बढ़ावा देने की सरकारी नीति से बल मिल रहा है।

लेकिन बड़ी संख्या में किसान खेती छोड़ दूसरे रोजगार की तलाश में बड़े नगरों की ओर भाग रहे हैं, जिसका जिक्र शुरू में हो चुका है। गाँव से आई भीड़ के दबाव में नगर के असंगठित क्षेत्रों के लोगों की आय पर प्रतिकूल प्रभाव पड़ रहा है। इससे नगर की आबादी का एक हिस्सा विदेश की ओर पलायन कर रहा है।

बड़े नगरों में भारत के महानगरों की तरह ही 'डेवलपरों' के आ जाने से गरीब लोगों के पुराने मुहल्ले उजाड़े जा रहे हैं और उनकी जगह सम्पन्न लोगों की भव्य इमारतें लेने लगी हैं। इन मुहल्लों के लोग विस्थापित हो दूर-दराज जगहों में रहने को विवश होते हैं, जहाँ से काम की जगह पर पहुँचना कठिन और समय लेनेवाला होता है।

मार्क्स का मानना था कि कोई भी व्यवस्था तब तक खत्म नहीं होती, जब तक इसकी सारी सम्भावनाएँ न चुक जाएँ। फिर चीन की क्रान्ति के बारे में क्या कहा जाएगा, जो 'क्रान्ति' के बाद फिर प्रतिक्रान्ति में बदल रही है? यह भी एक मान्यता थी कि न तो क्रान्ति और न क्रान्ति के बाद प्रतिक्रान्ति बिना विस्फोटक संघर्षों के सम्भव है, लेकिन हम देख रहे हैं कि चीन ने बहुत ही शान्तिमय ढंग से 20 वर्ष में घोर हिंसात्मक संघर्षों से उपजी क्रान्ति की उपलब्धियों को समाप्त कर ऐसी व्यवस्था कायम कर दी है, जिसकी आत्मा पूँजीवादी है, भले ही व्यवस्था में 'समाजवादी' काल के अनेक अवशेष अब भी मौजूद हैं और सत्ता चीन की कम्युनिस्ट पार्टी के हाथ में है।

हिन्दुस्तान, 23 अक्टूबर, 1997

3

विशाल औद्योगिक-व्यापारी प्रतिष्ठानों और उनकी सेवा में समर्पित मीडिया द्वारा जतनपूर्वक चढ़ाया गया सुनहला तबक भूमंडलीकरण की छवि से उतरता जा रहा है। पिछले कुछ वर्षों की घटनाओं ने इस कपट मृग की असली काया उधेड़कर दुनिया के सामने रख दी है। इसके विश्व-कल्याणकारी होने का भ्रम तो पूर्व एशिया के आर्थिक संकट ने ही पूरी तरह मिटा दिया है। तीन वर्ष के बाद अभी तक पूर्व एशिया की आर्थिक और राजनीतिक व्यवस्था इस झटके से उबर नहीं पाई है। रूस समेत पूर्व यूरोप के सभी देशों में इसके विघटनकारी नतीजों के कारण अनियंत्रित वैश्विक व्यापार व्यवस्था के खिलाफ लोगों का मन बनने लगा है। इसके पहले भी ब्राजील और मैक्सिको आदि लातिन अमेरिकी देश इसके विघटनकारी नतीजों को झेल चुके हैं। इस व्यवस्था को पार्श्वभूमि से सहारा देने के लिए स्थापित अन्तरराष्ट्रीय मुद्रा कोष इस काम में पूरी तरह नकारा साबित हुआ है। हाल में माइकेल कैंडेसस द्वारा अन्तरराष्ट्रीय मुद्रा कोष के महामंत्री पद से आर्थिक समस्याओं को सुलझा पाने की अपनी अक्षमता स्वीकार करते हुए इस्तीफा देने से बढ़कर इसकी असफलता का और कौन-सा सबूत चाहिए? दरअसल यह अक्षमता एक व्यक्ति की नहीं, संसार को एक व्यापारिक समुदाय बनाने की सोच में ही निहित है।

व्यापारिक प्रतिस्पर्धा कभी भी संसार के लोगों को जोड़ने का काम नहीं कर सकती। इसका गन्तव्य ही कुछ प्रतिस्पर्धियों द्वारा दूसरों को स्पर्धा से निकालना या उन्हें निगलना होता है। इससे धीरे-धीरे कुछ व्यापारिक प्रतिष्ठान फैल कर विशाल होते जाते हैं और दूसरे नष्ट होते जाते हैं या निगल लिए जाते हैं। आज दुनिया की लगभग साठ हजार बहुराष्ट्रीय कम्पनियों ने संसार को अपने मकड़-जाल में बाँध रखा है। इनमें मात्र बीस विशालकाय कम्पनियों का इनकी छठे हिस्से से अधिक पूँजी पर अधिकार है। अधिकांश बहुराष्ट्रीय कम्पनियों और सभी विशालकाय कम्पनियों के मूल स्थान यूरोप, अमेरिका और जापान में हैं। इने-गिने सम्पन्न देश अधिक सम्पन्न और बाकी गरीब देश दिनोदिन अधिक विपन्न होते जाते हैं। गरीब देशों में भी एक अत्यन्त छोटा-सा समूह सम्पन्न देशों में उपलब्ध

सम्पन्नता हासिल कर लेता है जबकि विशाल जन समूह दरिद्रता, बेरोजगारी और महामारियों का शिकार बन यातनामय जीवन जीने को विवश होता है। इसका परिणाम अक्सर गृह कलह, जातीय, धार्मिक और कबायली संघर्षों और सामूहिक हत्याओं में दिखाई देता है। ये आज सभी पिछड़ी अर्थव्यवस्थाओं के जीवन के अभिन्न अंग बनते जा रहे हैं।

भौतिक जगत के इस नियम के विपरीत कि दो पात्रों के तरल पदार्थ के बीच, जिनके स्तर कायम हैं, अबाध प्रवाह होने पर दोनों में तरल के धरातल समस्तरीय हो जाते हैं, आर्थिक जगत में यह नियम दिखाई देता है कि जब दो अलग-अलग ऊँचाई की अर्थव्यवस्थाएँ अनियंत्रित व्यापारिक सम्बन्ध से जुड़ती हैं तो ऊँची यानी अधिक सम्पन्न अर्थव्यवस्थाएँ अधिक सम्पन्न और नीची या कम सम्पन्न अर्थव्यवस्थाएँ अपेक्षतया विपन्न होती चली जाती हैं। एक देश में ही इस प्रक्रिया की मिसाल एकीकृत जर्मनी है, जहाँ एकीकरण के बावजूद पूर्वी जर्मनी और पश्चिमी जर्मनी की स्थितियों में विषमता इतनी बढ़ गई है कि पूर्वी जर्मनी में बहुत सारे ऐसे लोग जो एकीकरण के उत्साही पक्षधर थे अब इस एकीकरण पर पश्चात्ताप कर रहे हैं।

भूमंडलीकरण के समर्थक व्यक्तियों और प्रतिष्ठानों की तरफ से यह झूठ एक स्वयंसिद्ध सत्य की तरह प्रचारित किया जा रहा है कि दूसरे विश्वयुद्ध के बाद से मुक्त बाजार व्यवस्था के कारण दुनिया के सभी देशों में उत्पादन और लोगों का जीवन स्तर उठा है। इसमें कोई सन्देह नहीं कि दूसरे विश्वयुद्ध के बाद कुछ विशेष क्षेत्रों में उत्पादन काफी बढ़ा है, खास कर नई उपभोक्ता वस्तुओं के क्षेत्र में—जैसे इलेक्ट्रॉनिक्स, प्लास्टिक और तेल से चलनेवाले वाहनों के क्षेत्र में। हालाँकि इससे आम लोगों के जीवन स्तर या इसकी गुणवत्ता में सुधार हुआ है, यह निश्चित रूप से नहीं कहा जा सकता। इसमें निहित झूठ यह है कि जो फर्क हुआ है उसका कारण मुक्त बाजार व्यवस्था है। हकीकत यह है कि द्वितीय विश्वयुद्ध के बाद के काल में दुनिया की सबसे बड़ी आबादी वाला देश चीन 1948 से पूँजीवादी बाजार व्यवस्था से पूरी तरह निकल गया था और इसकी आधारभूत संरचना में जो आश्चर्यजनक सुधार हुआ, वह इस आत्मनिर्भरता के काल में ही हुआ। इस काल में दुनिया के अधिकांश देश साम्राज्यवाद के चंगुल से मुक्त होकर स्वतंत्ररूप से अपना विकास करने लगे। रूस 1917 से 1991 तक विश्व बाजार से प्राय: बाहर रहा।

मुक्त बाजार व्यवस्था अपनाने के उसके अनुभव बहुत सकारात्मक नहीं कहे जा सकते। भारत अपनी शुरू की पंचवर्षीय योजनाओं में एक हद तक बाहरी स्पर्धा से मुक्त और अंशत: नियंत्रित अर्थव्यवस्था के मार्ग पर चला। इसी काल में भारी उद्योगों के क्षेत्र में जैसे इस्पात, तेल, शोध, बिजली और रसायन

आदि के उद्योगों का विकास हुआ। मशीनों और अनेक उपभोग की वस्तुओं के उद्योग भी अस्तित्व में आए। इसी दौर में बीमा क्षेत्र का अप्रत्याशित विकास हुआ। यह वह समय है जिसे अब कोटा-परमिट राज के नाम से बदनाम करने की कोशिश होती है। इसकी तुलना हम अंग्रेजी शासन के काल से कर सकते हैं। ब्रिटेन दुनिया भर में मुक्त बाजार का हिरावल था पर उसकी मुक्त बाजार व्यवस्था ने तो भारत को सभी उत्पादों के लिए परमुखी और दरिद्र ही बनाया।

लेकिन साम्राज्यवाद से मुक्त हुए देशों की त्रासदी यह थी कि उन्होंने अपने विकास का मानक वही रखा जो साम्राज्यवादी देशों का था और इस तरह उपभोक्तावादी संस्कृति की चपेट में आ गए। ऐसे देशों में जहाँ व्यापक गरीबी हो, थोड़े-से लोगों के जीवन की नई चमक-दमक और आम लोगों में उकसाई गई उपभोक्तावादी ललक का सीधा परिणाम अफसरशाही का भ्रष्टाचार था। अपनी उपभोक्तावादी भूख को मिटाने के लिए छोटे-बड़े अफसर अपनी शक्ति का दुरुपयोग नाजायज ढंग से धन कमाने में करने लगे। लाइसेंस और कोटा देने में भ्रष्टाचार इसी का नतीजा था। हमें भूलना नहीं चाहिए कि विभिन्न तरह के लाइसेंस और कोटा विकसित औद्योगिक देशों में भी हैं। अमेरिका का तो सारा आयात कोटे पर आधारित है। जहाँ वस्तुओं की किल्लत होगी आवश्यकता के अनुसार उनके समुचित बँटवारे में कोटे की व्यवस्था होगी ही, लेकिन उपभोक्तावादी संस्कृति के दबाव ने इसे भ्रष्टाचार से जोड़कर एक दानव का रूप दे दिया। जो लोग मुक्त बाजार के पक्षधर हैं वे इस बात को नजरअन्दाज कर जाते हैं कि यह बाजार व्यवस्था उपभोक्तावादी सनक पैदा करके ही चलती है, चल सकती है। अभी किसी अरब देश में एक ऐसे होटल का निर्माण हो रहा है जिसमें एक दिन रहने का किराया पन्द्रह हजार डॉलर देना होगा। इसकी विभिन्न सुविधाओं का विज्ञापन जोर-शोर से हो रहा है। ऐसी कम्पनियाँ अस्तित्व में आ रही हैं जो अन्तरिक्ष की सैर के लिए स्थान आरक्षित कराने का इश्तिहार कर रही हैं। इसमें एक यात्री को दसियों लाख रुपए खर्च करने होंगे। इसकी लुभानेवाली सुविधाओं के अतिशयोक्तिपूर्ण विवरण मीडिया में आने लगे हैं। इस तरह की आकांक्षाओं के जाग्रत हो जाने पर कौन-सा मानवीय मूल्य बचा रहेगा।

दुनिया की अलग-अलग स्थितियों में रहनेवाले लोगों को निर्बन्ध व्यापारिक सम्बन्ध पर निर्भर बनाना स्थायी तनाव और शोषण की स्थिति ही पैदा करेगा। सिएटल में विश्व व्यापार संगठन में कृषि के सवाल पर मुक्त व्यापार का यह अन्तर्विरोध स्पष्ट रूप से उभरकर सतह पर आ गया। अमेरिका, जहाँ जोतों का आकार विशाल है, यह दबाव डाल रहा था कि अगर किसी देश की छोटी जोतें स्पर्धा में नहीं टिक पातीं तो उन्हें सब्सिडी से जिन्दा रखने के बजाय मर जाने देना चाहिए और थोड़ी-सी बड़ी जोतों को ही अस्तित्व में रहने देना चाहिए।

यूरोपीय कमीशन की ओर से फ्रांस और कुछ अन्य देशों की अपेक्षतया छोटी जोतों वाले किसानों को सब्सिडी से संरक्षण देने के पक्ष में यह बात कही जा रही थी कि कृषि सिर्फ एक उद्योग नहीं है बल्कि एक जीवन पद्धति है जिसका समुदाय और पर्यावरण की रक्षा से भी सम्बन्ध है। यही दृष्टि जापान की भी थी जहाँ जोतों के आकार अत्यन्त ही छोटे हैं। उनका तर्क बिलकुल सही था।

लेकिन जो बात कृषि के सम्बन्ध में कही गई वह औद्योगिक व्यवस्था के सम्बन्ध में भी कही जा सकती है। गाँवों के लघु और घरेलू उद्योग भी सिर्फ उद्योग नहीं एक जीवन पद्धति के आधार होते हैं और समुदाय को भी जोड़ते हैं, लेकिन यूरोप और जापान के लोगों को यह बात दिखाई नहीं देती क्योंकि उनके यहाँ छोटे और घरेलू उद्योगों की परम्परा कब की खत्म हो चुकी है। इन दोनों में अब बहुराष्ट्रीय कम्पनियों का सम्पूर्ण वर्चस्व है। अनेक बहुराष्ट्रीय कम्पनियाँ यहीं की हैं। लेकिन पूरी दुनिया पर नजर डालने से यह साफ दिखाई देता है कि यूरोप, जापान और अमेरिका का औद्योगिक सत्य बाकी दुनिया के जीवन का सत्य नहीं है। खुद इन औद्योगिक रूप से विकसित देशों के बीच औद्योगिक वस्तुओं का विनियम सहज और समरस नहीं है। इन सभी को अपनी प्रतिस्पर्धा की क्षमता बनाए रखने के लिए रक्षात्मक उपाय करते रहना होता है।

सिएटल सम्मेलन के ठीक पहले जर्मनी ने अपनी प्रतिस्पर्धात्मक क्षमता बनाए रखने के लिए पेंशन और बेरोजगारी भत्ते के कल्याणकारी फंड में सोलह अरब डॉलर की कटौती की है। इसी अवधि में मनीला में 'आसिआन' की एक बैठक में अपनी अर्थव्यवस्थाओं को संकट के समय समर्थन देने के लिए अन्तरराष्ट्रीय मुद्रा कोष से अलग एक बृहद् कोष बनाने का प्रस्ताव लाया गया जिसमें जापान से भारी सहयोग की अपेक्षा है। यह बाजार व्यवस्था हर तरफ से विश्रृंखलन और विखंडन की तसवीर पेश करती है। चूँकि यह व्यवस्था सम्पन्न औद्योगिक देशों के हित में है, जिन्हें संसार भर के प्राकृतिक संसाधनों की उपलब्धि चाहिए, विश्व व्यापार संगठन के जरिये प्राकृतिक सम्पदा के मूल स्रोत गरीब देशों में एक लुभावनी सम्भावना की आशा जगाने का प्रयास होता रहा है।

आज दुनिया जिस जगह पहुँच गई है, व्यापार के सम्बन्ध में हमारी सोच में बुनियादी बदलाव की जरूरत है। विश्व व्यापार की मात्रा को बढ़ाते जाना प्रगति का नहीं विध्वंस का मार्ग है। व्यापार के साथ पर्यावरण के मुद्दे को भी जोड़ने की बात सिएटल में हुई, लेकिन पर्यावरण का मामला अलग-अलग औद्योगिक इकाइयों का मामला नहीं है। मामला पर्यावरण पर इनके सामूहिक प्रभाव का है। इस दृष्टि से अमेरिका संसार के प्रदूषण के लगभग आधे के लिए जिम्मेदार है, लेकिन वर्तमान व्यवस्था में इस पर रोक लगाना अमेरिकी उद्योगपतियों के लिए मौत का वारंट लगता है। दरअसल प्रगति के नाम पर आज दुनिया एक भयंकर दुश्चक्र में

फँस गई है। सम्पन्न औद्योगिक देश स्वयं बुरी तरह अपने फैलाए जाल में फँस गए हैं। संसाधनों और पर्यावरण के नाश से वे संसार को संहार की दिशा में ढकेल रहे हैं। इससे अल्पकालिक मोहलत के लिए वे दुनिया के अविकसित भू-भागों में फैलना चाहते हैं, लेकिन यह राहत तात्कालिक है। सीमान्त दूर नहीं है। भारत जैसी पिछड़ी अर्थव्यवस्थाओं में ही यह सम्भावना है और उन्हीं की यह जवाबदेही भी है कि इस ताने-बाने से बाहर आकर स्वायत्त और विकेन्द्रित आर्थिक और राजनीतिक व्यवस्था की नींव डालें और इस दुश्चक्र को तोड़ें।

हिन्दुस्तान, 17 दिसम्बर, 1999

4

हमारे शासक वर्गों के छोटे दायरे के बाहर भूमंडलीकरण की यशगाथा उन देशों में भी धीमी पड़ने लगी है जहाँ से इसकी जय-यात्रा मीडिया के तुमुल उद्घोष के बीच शुरू हुई थी। अब सम्पन्नता और विपन्नता के दोनों छोरों पर इसकी उपलब्धियाँ नकारात्मक दिखाई देने लगी हैं। यह प्रश्न अब अन्तरराष्ट्रीय मुद्रा कोष के प्रबन्धकों के सामने भी उठाया जाने लगा है कि ऐसा क्यों हुआ कि उन्मुक्त बाजार व्यवस्था के दौर में गरीब और अमीर मुल्कों के बीच की खाई और भी चौड़ी होती जा रही है और अति गरीब देशों में गरीबी का पैमाना गहराया है। यह माँग जोर पकड़ती जा रही है कि गरीब मुल्कों की स्थिति तब तक सुधारी नहीं जा सकती जब तक उन पर लदे विदेशी कर्जे को समाप्त नहीं कर दिया जाता। यह पूँजी और महाजनी व्यवस्था की मूल स्थापनाओं पर ही आघात माना जा सकता है, लेकिन दूसरे छोर पर बहुराष्ट्रीय कम्पनियों की तरफ से भी यह तथ्य उजागर किया जा रहा है कि भूमंडलीकरण के साथ उनके आकार के विस्तार से उनके मुनाफे पर नकारात्मक प्रभाव पड़ रहा है और आकार को काटने-छाँटने का दबाव बढ़ रहा है।

अन्तरराष्ट्रीय स्तर पर विशालकाय कम्पनियों द्वारा बड़े पैमाने पर विलय और अधिग्रहण और इससे संसार भर में विख्यात अनेक कम्पनियों के सामने उनकी इकाइयों को बन्द करने की मजबूरी ऐसे ही दबाव के संकेत हैं। हर विलय के बाद भारी संख्या में मजदूरों की छँटनी की जाती है ताकि कम्पनियों के खर्चे में कटौती की जा सके। उत्पादक श्रमिकों की संख्या में लगातार कटौती करने का पूँजीवाद का अन्तर्निहित दबाव भूमंडलीकरण के दौर में उस छोर पर पहुँच रहा है जहाँ बेकार बनाए गए श्रमिकों के सामने रोजगार का दूसरा विकल्प नहीं बच जाता क्योंकि भूमंडलीकरण अपने दायरे में कोई स्पेस खुला नहीं छोड़ता। ऐसा उन देशों में ही हो रहा है जहाँ समृद्धि अपनी पराकाष्ठा पर है।

बड़ी कम्पनियों के बीच विलय और अधिग्रहण का यह खेल इतनी तेजी से चल रहा है कि इसे ध्यान में रखना मुश्किल है। कुछ दिनों पहले सूचना और मनोरंजन के क्षेत्र में कुछ विशाल कम्पनियों का विलय हुआ था जो सुर्खियों में रहा। इन्हें सूचना क्षेत्र की रफ्तार के साथ जोड़कर कुछ विलक्षण माना जाता था, लेकिन अब

पारम्परिक उद्योगों और वित्तीय संस्थाओं में भी विलय का यह सिलसिला तेजी से फैल रहा है। अभी हाल में फ्रांस की कम्पनी रेनोल की स्वीडन की कम्पनी एली वोल्वो के साथ ट्रक बनाने में साझीदारी बनी है जिससे इस क्षेत्र में ये दुनिया के नम्बर दो निर्माता बन गए हैं। छँटनी की आशंका इससे इतनी प्रबल हुई कि इस कम्पनी की ओर से यह बयान देना पड़ा कि उनका तत्काल छँटनी करने का कोई कार्यक्रम नहीं है। रेनोल ने कोरिया की कम्पनी सैमसंग के अधिग्रहण की भी पहल की है। जर्मनी की मोटर कम्पनी बीएमडब्ल्यू ब्रिटेन में अधिगृहीत रोवर का कारखाना बन्द कर रही है। कुछ कम्पनियाँ इसे खरीदने की पहल कर रही हैं। इसके बन्द होने से बेरोजगारी रोकने के लिए ब्रिटेन की सरकार भी इसकी खरीदारी में मदद करने के लिए तैयार होने लगी है।

इसी तरह वित्तीय क्षेत्र में स्टैंडर्ड चार्टर्ड कम्पनी ने ऑस्ट्रेलिया और न्यूजीलैंड के एएनजेड ग्रिंडलेज बैंक के एशियाई कारोबार का अधिग्रहण कर लिया है। ये सब बड़ी संख्या में हो रहे विलय और अधिग्रहण के इक्के-दुक्के उदाहरण भर हैं जो भूमंडलीकरण से आर्थिक जगत में होनेवाली भारी उथल-पुथल का संकेत देते हैं। इनमें से हम वैश्विक अर्थव्यवस्था किधर जा रही है, इसका कुछ अन्दाज लगा सकते हैं। सबसे महत्त्वपूर्ण प्रभाव तो रोजगार घटाने की दिशा में हो रहा है। शायद यही कारण है कि काफी वर्षों बाद यूरोप में वामपंथ और मजदूरों की ओर से मई दिवस पर पूँजीवाद के विरोध में उग्र प्रदर्शन हुए और वैसे नारे जो यूरोप में अब बीते दिनों की चीज माने जाने लगे थे, लगाए गए।

भूमंडलीकरण के जो नतीजे अब साफ दिखाई दे रहे हैं उनकी सम्भावना बाजार के बुनियादी नियमों के आलोक में प्रारम्भ में ही देखी जा सकती थी, लेकिन मनुष्य की समझ प्राय: उसकी इच्छाओं की दास हुआ करती है और अगर यह इच्छा समाज के प्रभुतासम्पन्न समूहों की हो जिनके हाथ में सारे संचार माध्यम हैं तो इन इच्छाओं को सार्वभौम सत्य के रूप में समाज से कबूल करवाया जा सकता है। भूमंडलीकरण और उन्मुक्त बाजार व्यवस्था में सारे संसार के कल्याण की कल्पना विशाल औद्योगिक प्रतिष्ठानों का अपने हित को संसार के हित के रूप में देखने के रुझान की ही अभिव्यक्ति है। इसलिए अवरोधहीन प्रतिस्पर्धा के तार्किक परिणामों की ओर किसी का ध्यान नहीं गया।

भूमंडलीकरण से पहले की आर्थिक व्यवस्था में यह सम्भावना थी कि अलग-अलग देशों और भूभागों में उत्पादन प्रक्रिया और तकनीक अपनी अलग-अलग क्षमताओं के साथ विभिन्न स्तरों पर अस्तित्व में रहें। स्थानीय सरकारों या लोगों की परम्परा से प्राप्त रक्षणशीलता स्थानीय उद्योगों के अस्तित्व को बचाने के लिए आवश्यक संरक्षण प्रदान करती थीं। सरकारें बाहरी वस्तुओं के आयात पर प्रतिबंध लगाकर स्थानीय उद्यमों को बचाती थीं। लोगों की पारम्परिक आदतें जैसे भोजन,

लिबास और मनोरंजनों को ही प्रश्रय देती थीं जो स्थानीय रूप से उपलब्ध थे। विश्व व्यापार संगठन के दबाव ने अब दोनों ही तरह की सुरक्षा को खत्म कर दिया है। सरकारें स्थानीय उद्यमों को संरक्षण देने के लिए एक सीमा के ऊपर सीमा शुल्क या कोई दूसरा अवरोध खड़ा नहीं कर सकतीं। अब चूँकि सभी देशों के लिए पूँजी बाजार को भी खोलना है, बाहर से आयातित गैर-पारम्परिक उद्योग देश के भीतर ही उत्पादन कर सकते हैं। ये अपनी बड़ी आर्थिक क्षमता और शक्तिशाली प्रचार के बल पर इस तरह उत्पादित नई वस्तुओं की बिक्री बढ़ा पारम्परिक उद्योगों के अस्तित्व को खतरे में डाल सकते हैं।

उदारीकृत समाज का आदर्श लक्ष्य है देश के भीतर और देश के बाहर के सभी उद्योगों के बीच प्रतिस्पर्धा के आड़े आनेवाले सभी अवरोधों को पूरी तरह समाप्त कर देना। फिलहाल अन्तरराष्ट्रीय मुद्रा कोष और औद्योगिक देशों की ओर से गैर-औद्योगिक देशों की उदारीकरण प्रक्रिया को और तेज करने का जो उपदेश रोज दिया जा रहा है, उसका असली उद्देश्य यही है। सूचना क्रान्ति ने औद्योगिक सम्बन्धों के ताने-बाने में होनेवाले बदलाव को और भी गति दे दी है। जिस तरह का मोलतोल पहले महीनों में हो पाता था, अब घंटों में हो जाता है। मनोरंजन उद्योग के क्षेत्र में तो इसका ऐसा प्रभाव पड़ा है कि स्वयं फ्रांस, जो एक विकसित यूरोपीय देश है और सांस्कृतिक दृष्टि से अग्रणी माना जाता रहा है, अमेरिका के सांस्कृतिक आक्रमण से अपनी संस्कृति के नष्ट होने का खतरा महसूस करने लगा है।

भारत में अगर अपनी सांस्कृतिक अस्मिता बचाने का जबरदस्त आग्रह नहीं है तो इसका कारण यह है कि यहाँ के सम्पन्न और अभिजात वर्ग ने पहले ही आत्मसमर्पण कर विजातीय पश्चिमी सभ्यता को पूरी तरह अपनाने का निर्णय कर लिया है। इस मानसिकता की झलक यहाँ की अंग्रेजी पत्र-पत्रिकाओं में स्पष्ट रूप से देखी जा सकती है। ये अमेरिका और यूरोप के वैसे सिनेमा स्टारों, मॉडलों, गायकों और मुक्केबाजों आदि के जीवन की छोटी-मोटी घटनाओं से भरे रहते हैं जिनका देश के कुछ हजार या लाख लोगों ने ही नाम सुना होगा। दूसरी ओर अपने देश के बड़े कलाकार, गायक, फिल्म स्टार आदि के विषय में कहीं कुछ देखने को तब मिलता है जब इनका नाम किसी सनसनीखेज अपराध के साथ जुड़ा होता है। इसका कारण है कि इन अखबारों के मालिक और इन्हें विज्ञापन देकर जिन्दा रखनेवाले समूह सम्पन्नता की एक ही पृष्ठभूमि से आते हैं। हिन्दी अखबार गँवई-गँवार लोगों के हिस्से में छोड़ दिए जाते हैं।

यह सब उन्मुक्त बाजार की तार्किक परिणति है। बाजार का तर्क सीधा है : अनियंत्रित स्पर्धा में वे ही खिलाड़ी टिक पाएँगे जो अपनी वस्तुओं और सेवाओं में कम-से-कम कीमत पर अधिक-से-अधिक गुणवत्ता प्रदान कर सकें। गुणवत्ता के मानक भी प्रचार द्वारा उत्पादक ही निर्धारित करते हैं। इस तरह आदर्श स्थिति

में इस खेल में अन्ततोगत्वा उत्पादन के प्रत्येक क्षेत्र में एक-एक ही खिलाड़ी बचा रहेगा।

इजारेदारी अवरोधहीन प्रतिस्पर्धा की स्वाभाविक परिणति है इसीलिए तमाम कानूनी बन्धनों के बावजूद संसार भर में इजारेदारियाँ बढ़ती जा रही हैं। जब तक राजकीय सीमाएँ और राष्ट्रीय संस्कार इन पर सीमा लगाते रहे, उद्योग जगत में एक हद तक विविधता बनी रही। अब जब विश्व बैंक, अन्तरराष्ट्रीय मुद्रा कोष और विश्व व्यापार संगठन के त्रिदेव सारे अवरोधों को तोड़कर संसार को एकीकृत बाजार में बदलने की कोशिश में लगे हैं, सुपर इजारेदारियों के करीब हम आने लगे हैं। अभी शेयर बाजार के एकीकरण की इसी दिशा में जर्मनी के फ्रैंकफुर्ट और लंदन के स्टॉक एक्सचेंज के एकीकरण की पहल चल रही है। अब न्यूयॉर्क, टोक्यो और लंदन-फ्रैंकफुर्ट जैसे तीन विशाल केन्द्र होंगे और फिर इंटरनेट के विस्तार के साथ शायद संसार भर के स्टॉक एक्सचेंजों को जोड़ने की कोशिश होगी। इससे सारे संसार के लोगों की बचत और निवेश के लिए उपलब्ध पैसे दुनिया के कुछ इने-गिने औद्योगिक प्रतिष्ठानों की गिरफ्त में आ जाएँगे।

इस प्रक्रिया के दो परिणाम होंगे : पहला यह कि औद्योगिक उत्पादन और विनियम में रोजगार की सम्भावना इन इजारेदारियों के इर्द-गिर्द सिमट जाएगी। इसका अर्थ होगा रोजगार में भारी कटौती। चूँकि इन प्रतिष्ठानों की आय विशाल होगी, इससे जुड़े लोगों की आय भी ऊँची होगी। दूसरा परिणाम यह होगा कि इस उत्पादन-वितरण के बाहर के क्षेत्र घोर दरिद्रता में रहेंगे। सम्पन्न और दरिद्र क्षेत्रों का बँटवारा बहुत कुछ वैसा ही होगा जैसा आज है, यानी उत्तर और दक्षिण का विभाजन। एक फर्क यह हो सकता है कि इने-गिने इजारेदारियों के कारोबार से जुड़े कुछ दरिद्र अंचलों में भी जहाँ-तहाँ सम्पन्नता के द्वीप उभर आएँ। इसके दो सामाजिक परिणाम हो सकते हैं। एक तो दुनिया भर में इस व्यवस्था को बदलने का आन्दोलन हो और संसार की अर्थव्यवस्था का नए ढंग से गठन हो। दूसरा यह हो सकता है कि गरीबी, बेरोजगारी और दृष्टिहीनता के माहौल में संसार भर में सामाजिक विघटन की प्रक्रिया बृहद पैमाने पर चलती रहे—वैसी प्रक्रिया जैसी आज छोटे पैमाने पर सोमालिया, रवांडा-बुरुंडी, इंडोनेशिया, श्रीलंका, कोलम्बिया और भारत के उत्तर-पूर्वी और उत्तर-पश्चिमी हिस्से में चल रही है। सूचना तकनीक के विस्तार के साथ ऊपर बतलाई गई स्थितियाँ अप्रत्याशित रूप से जल्दी हमारे सामने आनेवाली हैं।

जनसत्ता, 16 मई, 2000

5

भूमंडलीकरण के आर्थिक प्रभावों की चर्चा तो पिछले दिनों काफी होती रही है, लेकिन इसके राजनीतिक प्रभावों पर कम ही विचार हुआ है, हालाँकि यह उतना ही महत्त्वपूर्ण है। भूमंडलीकरण की राजनीति ने पिछले तीन सौ साल से विकसित हो रही लोकतंत्र की प्रक्रिया को पूरी तरह उलटने का काम किया है। राष्ट्रीय और अन्तरराष्ट्रीय दोनों ही स्तरों पर। जब हम राष्ट्रीय स्तर की बात करते हैं तो हमारा आशय यूरोप में सत्तरहवीं शताब्दी से विकसित हुई जनता की प्रभुसत्ता की उस अवधारणा से होता है जो आधुनिक लोकतांत्रिक व्यवस्था की जनक बनी। इसी का अन्तरराष्ट्रीय पक्ष था राष्ट्रीय आजादी के आन्दोलनों का जन्म और पश्चिमी देशों द्वारा गुलाम बनाए गए देशों में राष्ट्रीय प्रभुसत्ता की स्थापना। भूमंडलीकरण जनता की दोनों तरह की प्रभुसत्ता को अप्रासंगिक बनाता जा रहा है।

यूरोप में व्यापार और उद्योग-धन्धों में लगे लोगों ने, जिन्हें बुर्जुआ कहा जाता था, प्रारम्भ में लोकतांत्रिक सत्ता के विकास में प्रमुख योगदान किया। सत्तरहवीं शताब्दी के मध्य में इंग्लैंड में पार्लियामेंट के अधिकारों को लेकर जो आन्दोलन हुआ उसमें इसकी प्रमुख भूमिका थी। फिर 1789 की फ्रांस की क्रान्ति के पहले जब वहाँ के राजा ने 'स्टेट्स जनरल' बुलाया तो इसी वर्ग के प्रतिनिधियों ने राजा की अवज्ञा कर अपने को नेशनल एसेम्बली के रूप में घोषित किया और यहीं से फ्रांस की क्रान्ति की शुरुआत हुई। यह वर्ग लोकतंत्र का उग्र पक्षधर बनकर आगे आया। स्थानीय सामन्ती बन्धनों को तोड़ने का इसका आग्रह मूलत: व्यापार और उद्योग के निर्बाध विकास को सुनिश्चित करने के लिए था। इसी क्रम में कुछ मूल्यों के इर्द-गिर्द राष्ट्रीय अस्मिता-बोध और राष्ट्रीय सीमाओं के भीतर जनता की प्रभुसत्ता की अवधारणा पैदा हुई।

जब तक व्यापार और उद्यम को स्थानीय सामन्ती सीमाओं से मुक्त करने की बात थी तब तक तो इस प्रक्रिया में कोई अन्तर्विरोध नहीं दिखाई दिया। स्वतंत्र व्यापार एक सर्वमान्य सिद्धान्त के रूप में स्वीकृत रहा, लेकिन जब औद्योगिक और व्यापारिक प्रतिस्पर्धा राष्ट्रीय सीमाओं को पार कर फैलने लगी तो एक अन्तर्विरोध दिखाई देने लगा। ब्रिटेन, जहाँ औद्योगिक क्रान्ति शुरू हुई थी, व्यापारिक प्रतिस्पर्धा

में आगे होने के कारण स्वत्रंत व्यापार का लाभ उठा रहा था और इसलिए इसका पक्षधर था, लेकिन दूसरे देश जैसे जर्मनी और अमेरिका, जो इस होड़ के बाद में शामिल हुए, प्रतिस्पर्धा में पिछड़ जाते थे इसलिए राष्ट्रीय उद्यमों की संरक्षण की नीति को लेकर चले। इनमें राष्ट्रीय सरकारें अपने उद्यमों को संरक्षण देती थीं। अमेरिका में तो राष्ट्रीय उद्यमों को समर्थन देने की नीति 1930 तक चलती रही और परोक्ष रूप से (जैसे कोटा लागू कर) कुछ क्षेत्रों में आज भी चल रही है। द्वितीय विश्वयुद्ध के काल तक उन्मुक्त बाजार के सिद्धान्त के साथ-साथ राष्ट्रीय सरकारों की इस जवाबदेही को भी स्वीकार किया जाता था कि वे उद्यमों को बचाए रखने और इनमें लगे श्रमिकों की हित रक्षा की जवाबदेही लें।

उन्नीसवीं शताब्दी से राष्ट्रीय सरकारों के दायित्व में एक और आयाम जुड़ गया था। जैसे-जैसे औद्योगिक और व्यापारी वर्ग का प्रभुत्व समाज में बढ़ने लगा, यह महसूस किया गया कि इनमें लगे श्रमिकों और समाज के उपभोक्ताओं की हित रक्षा के लिए सरकारों का हस्तक्षेप जरूरी है। सत्ता पर जनता के प्रतिनिधियों के बढ़ते दबाव का यह सीधा परिणाम था। मजदूरों के आन्दोलन तो सभी उद्योग-धन्धों को जनता के नियंत्रण में लाने की माँग करने लगे। इसी के इर्द-गिर्द विभिन्न तरह के समाजवादी आन्दोलनों का विकास हुआ। उपभोक्ताओं को बचाने के लिए इजारेदारियों को नियंत्रित करने की नीतियाँ सरकारों द्वारा अपनाई गईं ताकि इजारेदारी का फायदा उठा उद्योगपति उपभोक्ताओं से मनमानी कीमत न वसूलें। इस तरह बीसवीं शताब्दी के मध्य तक यानी द्वितीय विश्व युद्ध के अन्त के कुछ साल बाद तक दो शक्तियों के बीच किसी तरह का सन्तुलन बनाने का प्रयास होता रहा—पहली, औद्योगिक-व्यापारिक शक्ति और दूसरी, जनता के पक्ष का विविध अनुपात में प्रतिनिधित्व करनेवाली प्रभुतासम्पन्न राष्ट्रीय सरकारों की शक्ति। फिर भी इस काल में अक्सर औद्योगिक शक्ति को राष्ट्रीय शक्ति का प्रतीक मानकर इनके हितों को सर्वोपरि राष्ट्रहित की तरह भी बढ़ाया जाता था। इन दोनों का सबसे सबल एकीकरण फासीवादी सरकारों की 'कॉरपोरेट स्टेट' की अवधारणा में हुआ। वे इनके हितों को बढ़ाने के मकसद से दूसरे देशों पर आधिपत्य के लिए युद्ध को एक जायज माध्यम मानते थे। इस काल में राष्ट्रहित को सर्वोपरि हित मानना कोई खास विवाद का विषय नहीं था।

द्वितीय विश्व युद्ध के बाद से स्थिति में एक गुणात्मक बदलाव आया है। 1944 में ब्रेटनवुड्स में विश्व बैंक, अन्तरराष्ट्रीय मुद्रा कोष और इसी प्रक्रिया के तहत बाद में विश्व व्यापार संगठन आदि के अस्तित्व में आने से उन्मुक्त बाजार व्यवस्था ने एक नया रूप लिया। हालाँकि द्वितीय विश्व युद्ध के बाद अमेरिका अपनी आर्थिक और सैन्य शक्ति के बल पर संसार के चौधरी के रूप में उभरा, पर अन्तरराष्ट्रीय स्तर पर असली ताकत बहुराष्ट्रीय कम्पनियों के हाथ में आई। यह बात अलग

है कि इनमें ज्यादा और शक्तिशाली कम्पनियाँ अमेरिका की ही थीं। इससे स्वत: बहुराष्ट्रीय कम्पनियों के हित और अमेरिका के हित प्राय: एक बन जाते हैं। इनमें कई कम्पनियों की आय तो दुनिया के अधिकांश देशों की राष्ट्रीय आय से अधिक है। इनके उत्पादन और व्यापार का क्षेत्र भी विश्वव्यापी है। अक्सर इनका निवेश राष्ट्रीय हितों को नजरअन्दाज कर होता है। ये प्राय: उन्हीं देशों में निवेश करती हैं जहाँ संसाधनों और सस्ते श्रम की बहुलता होती है, हालाँकि आधुनिकतम उद्योगों के लायक कुशल श्रम औद्योगिक देशों में ही उपलब्ध हो सकते हैं। राष्ट्रीय सरकारों को वे अपने व्यापारिक हितों के अनुकूल नीतियाँ बनाने के लिए प्रभावित कर सकती हैं। चूँकि राष्ट्रीय आय और रोजगार दोनों ही ऐसे उद्योगों के फैलाव पर निर्भर माने जाते हैं, इसलिए सरकारों की मजबूरी हो जाती है कि वे इन कम्पनियों को यथा सम्भव सहायता दें। अन्तरराष्ट्रीय स्तर पर स्पर्धा में समेकित हो ज्यादा प्रभावी रूप से काम करने के लिए ही अमेरिका और जापान के विशाल उत्पादन और आय के मुकाबले के लिए यूरोप के एकीकरण की पहल हुई।

लेकिन इस एकीकरण का प्रभाव यह हुआ है कि यूरोपीय यूनियन के भीतर के किसी भी राष्ट्र की जनता के हाथ में यह अधिकार नहीं रह गया है कि वे अपनी सरकार की आर्थिक नीतियों को बदल सकें। आर्थिक नीतियों को लागू करने की जिम्मेदारी यूरोपियन कमीशन की है जो काफी हद तक स्वायत्त है और अगर उस पर थोड़ा नियंत्रण है तो यूरोपीय संसद का है जो राष्ट्रीय प्रतिनिधि सभाओं की तरह प्रभुतासम्पन्न नहीं है। अत: अब नीतियाँ मूलत: यूरोप के औद्योगिक प्रतिष्ठानों और विश्व व्यापार संगठन के प्रावधानों को ध्यान में रखकर ही बनाई जाती हैं। इस तरह आम लोगों के हाथों से प्रभुसत्ता खिसकती जा रही है। हमारे अपने देश में भी भाजपा के तमाम स्वदेशी के नारों के बावजूद नीतियाँ विश्व व्यापार संगठन और अन्तरराष्ट्रीय मुद्रा कोष के निर्देशों के तहत बनाई जाती हैं। इस तरह दिल्ली के शासन में देशी से ज्यादा विदेशी हितों का प्रतिनिधित्व हो रहा है। आज दुनिया धनतंत्र की आदर्श स्थिति की ओर बढ़ रही है जिसमें अति धनाढ्य समूह अर्थव्यवस्था और राज्य व्यवस्था दोनों को चला रहे हैं।

विशाल कम्पनियों के उत्पादन और विनियम के अन्तरराष्ट्रीय हो जाने से अब दूसरे देशों पर प्रत्यक्ष सैनिक अधिकार की बात अप्रासंगिक बन गई है। अब उन पर नियंत्रण के माध्यम आर्थिक व्यापारिक हो गए हैं। इसके लिए ऊपर वर्णित तीन संस्थाएँ यानी विश्व बैंक, अन्तरराष्ट्रीय मुद्रा कोष और विश्व व्यापार संगठन कारगर औजार हैं। सीधा या परोक्ष सैनिक हस्तक्षेप कुछ बुनियादी महत्त्व के प्राकृतिक साधनों, जैसे पेट्रोलियम के स्रोतों पर नियंत्रण के लिए ही होता है, जैसा पश्चिम एशिया या अफ्रीका के कुछ देशों में हुआ है। शायद ऐसा हथियारी हस्तक्षेप उन देशों में भी हो सकता है जो वैश्विक अर्थव्यवस्था से अपने को काटकर आत्मनिर्भर

आर्थिक ढाँचा बनाएँ। हथियारों का विशाल मात्रा में उत्पादन और बिक्री अब मूलत: हथियार उद्योग से मिलनेवाले भारी मुनाफे के लिए ही होते हैं। इसीलिए हम यह विडम्बनापूर्ण स्थिति पाते हैं कि स्वीडन जैसा देश, जो युद्धों में प्राय: तटस्थ रहा है, एक महत्त्वपूर्ण हथियार निर्माता है। इसी से हथियार बनानेवाले देशों का इस बात में निहित स्वार्थ है कि पिछड़ी अर्थव्यवस्थाओं में हथियारी होड़ चलती रहे।

एक महत्त्वपूर्ण बदलाव मजदूर वर्ग की दृष्टि में आया है। बीसवीं शताब्दी के प्रारम्भ में जहाँ व्यापारी वर्ग अपने हितों को राष्ट्रीय सत्ता के साथ जोड़ रहा था वहाँ मजदूर वर्ग अपनी दृष्टि में अन्तरराष्ट्रीय था और सारी दुनिया के मजदूरों के हित के साथ अपना हित जोड़ रहा था। नई विश्व व्यवस्था के उदय के साथ पूँजी और मजदूरों की दृष्टि बिलकुल उलट गई है। पूँजी अब पूरी तरह अन्तरराष्ट्रीय हो गई है क्योंकि आज इसकी सत्ता सीमाहीन है। इसका असर यह हो रहा है कि मजदूरों की दृष्टि संकुचित होती जा रही है। वे भयभीत हैं कि पूँजी सस्ते श्रम की तलाश में पिछड़ी अर्थव्यवस्थाओं की ओर भागेगी। इससे उनकी रोजगार की सम्भावना घटेगी। इसी कारण सिएटल में विश्व व्यापार संगठन की बैठक के समय अमेरिका के मजदूर संगठनों ने पिछड़ी अर्थव्यवस्थाओं में श्रम मानकों को लागू करने का सवाल उग्र प्रदर्शन करके उठाया। इस तरह कुल मिलाकर भूमंडलीकरण की दिशा श्रमिकों की एकता के बिखराव, जनाधिकारों के क्षरण और लोक जीवन को विशाल बहुराष्ट्रीय कम्पनियों के नियंत्रण में लाने की है।

हिन्दुस्तान, 29 मई, 2000

6

संसद के पिछले अधिवेशन की पार्श्वभूमि में आर्थिक संकट की छाया मँडराती रही हालाँकि तहलका मुद्दे पर उठे शोर-शराबे के कारण देश की आर्थिक हकीकत पर से पर्दा उठने का मौका ही नहीं आया। बजट भी जैसे-तैसे विस्तार से बहस के बिना ही पारित हो गया। आक्रामक तेवर अख्तियार करने का नाटक करके सरकार को असली परेशानी पैदा करनेवाले प्रश्नों से एक तरह से उबार ही लिया गया। सरकार की नीतियों पर असली टिप्पणी संसद से बाहर जनाक्रोश में व्यक्त हो रही है। किसानों की आत्महत्या के सिलसिले और सभा-प्रदर्शनों से सरकार की नीतियों के खिलाफ माहौल बन ही रहा था, अब मजदूर भी मैदान में आ रहे हैं। महाराष्ट्र में ज्यादातर मजदूर संगठनों और शिवसेना के बन्द के आह्वान से सारे राज्य का जनजीवन पूरी तरह ठप हो गया था। बाल्को के मजदूर दो महीने तक विनिवेश के खिलाफ हड़ताल पर रहे। एनरॉन का मामला ऐसा उलझ गया है कि विदाई देने के अलावा इसके द्वारा डाले गए भारी आर्थिक बोझ से निकलने का कोई रास्ता नहीं दिखाई देता, लेकिन जाते-जाते भी यह महाराष्ट्र की अर्थव्यवस्था को दिवालिया कर जाएगा। 2002 आते-आते स्वयं एनरॉन एक दिवालिया प्रतिष्ठान घोषित हो गया है और इसके दिवाले से दुनिया के अनेक व्यावसायिक प्रतिष्ठान कंगाल हो गए हैं। सरकारी गोदामों में अनाज भरा पड़ा है, लेकिन क्रय शक्ति के अभाव में भूखे लोग अन्न खरीदने में असमर्थ हैं। देश की राजधानी 'रेशमी नगर' दिल्ली में लोग पानी और बिजली की किल्लत से तबाह हैं, जबकि सर्वोच्च न्यायालय के पर्यावरण रक्षा के आदेशों के तहत बड़ी संख्या में गरीब लोगों को नगर से खदेड़ दिया गया है। शेयर बाजार में सूचकांक लगातार लुढ़कते गए हैं। इसे शेयर दलालों की हेराफेरी का परिणाम बता असलियत को अनदेखा किया जा रहा है। तात्कालिक रूप से इसमें शेयर दलालों की भी कुछ भूमिका हो सकती है, लेकिन इसका बुनियादी कारण दुनिया भर में आर्थिक मन्दी की दस्तक है।

भारत के गहराते आर्थिक संकट को हम दुनिया में दिखाई देनेवाली मन्दी से अलग करके नहीं देख सकते जबकि हम पिछले कुछ वर्षों में पूरे यत्न से दुनिया के बाजार से जुड़ने में लगे हैं। दो वर्ष पहले सूचना तकनीक के क्षेत्र से ही शेयर

बाजार में उछाल आया था। अब अपनी जन्मभूमि अमेरिका में ही सूचना उद्योग पर संकट है। सूचना समेत तकनीकी उद्योगों पर आधारित अमेरिकी शेयर बाजार नैस्डैक का सूचकांक मार्च 2000 में 5000 से ऊपर था, पर अप्रैल 2001 में यह 1680 पर आ गया। दुनिया के दूसरे औद्योगिक देशों में भी सूचना तकनीक से जुड़े शेयरों में मन्दी आई। ब्रिटेन में ब्रिटिश टेलीफोन के भारी घाटे के कारण उसके अध्यक्ष को इस्तीफा देना पड़ा। टेलीफोन के क्षेत्र में ही अग्रणी स्वीडन की एरिक्सन कम्पनी और जापान की सोनी कम्पनी भारी घाटे से उबरने के लिए विलय की प्रक्रिया में थी और एरिक्सन कम्पनी अपने बाईस हजार कर्मचारियों को काम से निकालने की योजना बना रही थी। पिछले कुछ वर्षों से कम्पनियों के विलय और इस क्रम में मजदूरों की छँटनी औद्योगिक दुनिया में रुटीन जैसी बन गई है। इसी संकट का एक पहलू जापान में प्रधानमंत्री के पद के लिए जुनिचिरो कोइज़ुमी का लिबरल डेमोक्रेटिक पार्टी द्वारा चुना जाना भी था।

कोइजुमी प्रचलित अर्थ में आर्थिक सुधार के कट्टर समर्थक हैं। दुनिया का दूसरा सबसे सम्पन्न देश जापान पिछले दिनों भयंकर आर्थिक गिरावट से गुजर रहा था जिसका इलाज तेज आर्थिक सुधारों में देखा जा रहा है। आर्थिक सुधारों का लक्ष्य श्रमिकों की संख्या घटाकर खर्च में कटौती ही है। माना जाता है कि ऐसी कटौती से उद्योगों की प्रतिस्पर्धा की क्षमता बढ़ेगी और जापान दुनिया के बाजार में पहले की तरह वरीयता हासिल कर लेगा, लेकिन इससे उत्तरोत्तर बढ़ने वाली श्रमिकों की बेरोजगारी पर विचार करना उद्योगों के मालिकों और उनके समर्थन पर चलनेवाली सरकारों के लिए कोई महत्त्वपूर्ण बात नहीं है जबकि आर्थिक मन्दी का असली सूचकांक तो बेरोजगारी का पैमाना ही रहा है। बेरोजगारी और आर्थिक मन्दी का सदा एक दुष्चक्र बनता है। बेरोजगारी से क्रय शक्ति घटती है और इससे बाजार सिकुड़ता है। फिर इससे उद्योग बन्द होते हैं और बेरोजगारी बढ़ती है। अपने देश में अनाज की खरीदारी ही लें। अगर भूखे लोगों के बीच अनाज की बिक्री नहीं हो रही है तो इसका बड़ा कारण व्यापक बेरोजगारी है जिससे लोगों के पास अन्न खरीदने के लिए पैसा नहीं है। सरकार ने गेहूँ का समर्थन मूल्य तो बढ़ा दिया है, लेकिन पंजाब छोड़कर कहीं भी पर्याप्त मात्रा में गेहूँ की सरकारी खरीद नहीं चल रही है। नतीजतन, हर जगह तो किसानों को न्यूनतम समर्थन मूल्य से कम कीमत पर गेहूँ बेचना पड़ रहा है। अर्थव्यवस्था और प्रशासनिक व्यवस्था ध्वस्त होती दिखाई दे रही है, हालाँकि देश के वर्तमान शासक और उनके अर्थशास्त्री छह प्रतिशत और नौ प्रतिशत विकास दर के काल्पनिक विवाद में उलझे दिखाई देते हैं।

अमेरिका अपनी मन्दी से निकलने के लिए दुनिया में अपने व्यापार के लिए अधिक-से-अधिक दरवाजे खोलने की कोशिश कर रहा है। व्यापार का एक

बुनियादी नियम है कि इसमें वही टिक पाता है जो सबसे सशक्त हो। इस दृष्टि से अमेरिकी कम्पनियों और कृषि उत्पादों को खुली बाजार व्यवस्था में सबसे अधिक लाभ होता है। वैश्वीकरण की प्रक्रिया को और गहरा बनाने के लिए अभी अमेरिका उत्तरी और दक्षिण अमेरिका को एक खुले बाजार में बाँधने की कोशिश में लगा है जिसके लिए 'फ्री ट्रेड एरिया ऑफ द अमेरिकाज' के गठन की तैयारी चल रही है। इसकी बैठक कनाडा के क्यूबेक नगर में आयोजित थी जिसमें अमेरिकी राष्ट्रपति जॉर्ज बुश की भी भागीदारी थी, लेकिन खुद अमेरिकी महादेश के आम लोगों और पिछड़ी अर्थव्यवस्थाओं में इससे ऐसी आशंकाएँ थीं कि लगभग तीस हजार प्रदर्शनकारियों ने बैठक का तीव्र विरोध किया और दो दिन तक पुलिस और प्रदर्शनकारियों के बीच संघर्ष चलता रहा।

यह जानना दिलचस्प है कि उन्मुक्त बाजार की सिफारिश करनेवाला अमेरिका जब भी आवश्यक होता है अपने उत्पादों को आवश्यक संरक्षण या अनुदान देने से नहीं चूकता। इस सम्मेलन में भी अमेरिका के कृषि उत्पादकों को दिया जानेवाला भारी आर्थिक समर्थन विवाद का विषय बना रहा। ब्राजील जैसे देश, जो मूलत: कृषि उत्पादक हैं, अमेरिका से माँग कर रहे थे कि वह कृषि को दिया जानेवाला भारी आर्थिक समर्थन बन्द करे, लेकिन अमेरिका ऐसा कर नहीं सकता क्योंकि दुनिया के कृषि उत्पादों के बाजार में उसके हावी होने के पीछे ऐसे अनुदानों की महत्त्वपूर्ण भूमिका है। हीनभाव से ग्रस्त हमारे देश के शासक ही हैं जो हर बात में अमेरिकी दबाव के आगे झुककर देश की अर्थव्यवस्था को बचाने के बदले अमेरिकी नीतियों का बिना सोचे-समझे समर्थन करते रहते हैं और अपनी कृषि या छोटे उद्योगों को आवश्यक संरक्षण देने से कतराते हैं। यह भी एक विडम्बना ही है कि दुनिया का सबसे सम्पन्न और आर्थिक दृष्टि से सशक्त देश तो अपने सम्पन्न उत्पादों को समर्थन देता है, लेकिन भारत, जहाँ सबसे बड़ी संख्या में दुनिया के दरिद्र रहते हैं, अपने छोटे उत्पादकों और छोटे किसानों को बिना किसी सहारे के वैश्विक बाजार की निर्मम स्पर्धा में झोंक देने पर आमादा है।

इस बार की मन्दी पिछली मन्दियों से ज्यादा व्यापक और जीवन को पंगु बनानेवाली होगी क्योंकि दुनिया की ज्यादातर अर्थव्यवस्थाएँ वैश्वीकरण की प्रक्रिया में विशाल बहुराष्ट्रीय कम्पनियों के प्रभाव क्षेत्र में आ गई हैं। इसलिए जब मन्दी आएगी तो पूरी दुनिया पक्षाघात का शिकार होगी। यह पूछा जा सकता है कि अगर दुनिया ऐसी मन्दी की तरफ बढ़ रही है तो इसका असर साफ तौर से दिखाई क्यों नहीं देता। इसके कारण पश्चिम की सम्पन्न अर्थव्यवस्थाओं और बाकी दुनिया की पिछड़ी अर्थव्यवस्थाओं में अलग-अलग हैं। यूरोप में मन्दी का प्रभाव स्पष्ट रूप से दिखाई न पड़ने का एक कारण वहाँ आबादी में ठहराव या ऋणात्मक झुकाव है। इसकी वजह से श्रम बाजार में नए लोगों का प्रवेश बहुत कम होता है या उससे

ज्यादा नहीं होता जितना उम्र के कारण अवकाश ग्रहण करनेवालों का स्थान ग्रहण करने के लिए आवश्यक है। कुछ लोग बेरोजगार इसलिए रह जाते हैं कि नए उद्योगों की जटिलता के हिसाब से प्रशिक्षित नहीं होते। कुछ दूसरे, कम आय वाले अकुशल काम करने की अनिच्छा से बेरोजगार रह जाते हैं। इस तरह आम तौर से अगर नए उद्यम खुलें तो श्रमिकों का अभाव ही बना रहता है।

इसी अभाव की पूर्ति के लिए पिछले वर्षों में समय-समय पर पश्चिमी यूरोप में आगन्तुक श्रमिकों (इमिग्रेंट्स) को प्रोत्साहित किया गया। बदलती स्थिति का आभास इसमें देखा जा सकता है कि अब बाहर से आकर काम करनेवाले लोगों के खिलाफ आक्रामक रवैया अख्तियार किया जा रहा है। ब्रिटेन में तो आगामी आम चुनाव में नस्लवाद एक मुद्दा बन गया है क्योंकि कंजरवेटिव पार्टी के कुछ नेता गैर-यूरोपीय मूल के और बाहर से आकर ब्रिटेन में काम करनेवाले लोगों के खिलाफ नस्लवाद की भावना को उभारकर अपने पक्ष में समर्थन जुटाने में लगे हैं। इस तरह पश्चिमी यूरोप में एक दुष्चक्र बना हुआ है। जब आर्थिक गतिविधियाँ तेज होती हैं और श्रमिकों के अभाव का पूरा करने के लिए बाहर से श्रमिकों को लेना पड़ता है, लेकिन मन्दी के काल में जब ये श्रमिक स्थानीय लोगों का काम लेने लगते हैं, इन देशों के लोग आक्रामक बन जाते हैं। इस तरह यूरोप में अब स्थायी रूप से फासीवादी रुझान बना रहता है। आस्ट्रिया में तो बाजाब्ता एक नवनात्सीवादी पार्टी का सत्ता पर वर्चस्व है।

औद्योगिक दृष्टि से पिछड़े और गरीब देशों में मन्दी का प्रभाव स्पष्ट रूप से इसलिए दिखाई नहीं देता कि इन देशों में आधुनिक औद्योगिक व्यवस्था से सीधा जुड़ा हिस्सा पूरी अर्थव्यवस्था के हिसाब से बहुत छोटा है। यह आधुनिक हिस्सा विपन्नता के उस बड़े हौज से घिरा रहता है जिसमें गरीबी, रोजगार की अनिश्चितता या बेरोजगार स्थायी स्थिति बनी रहती है। संगठित क्षेत्र के चढ़ाव-उतार के प्रभाव को यह क्षेत्र जज्ब करता रहता है। इसीलिए इसका प्रभाव सीधा दिखाई नहीं पड़ता, लेकिन इन व्यवस्थाओं के दुर्दिन का दबाव परोक्ष रूप से बढ़ते अपराधीकरण और व्यक्तियों और समूहों के आपसी सम्बन्धों में बढ़ती हिंसा में दिखाई देता है। आज दुनिया के सभी गरीब मुल्कों में मूल, धर्म, नस्ल, जाति आदि के इर्द-गिर्द हत्याएँ, दंगे और गृहयुद्ध स्थायी स्थितियाँ बनी दिखाई देती हैं। अलगाववाद का दबाव भी इसी का एक पहलू है। इनके छोटे से आधुनिक और समृद्ध तबके के लिए यह स्थिति एक 'सेफ्टीवाल्व' का भी काम करती है। व्यवस्था परिवर्तन की बजाय लोगों का रुझान इन छोटे स्थानीय प्रतिद्वन्द्वियों से निपटने का होता है। इससे यथास्थिति कायम रहती है।

भारत और पूरी दुनिया जिस भीषण भविष्य की ओर अग्रसर है, उसका अहसास देश के शासकों और प्रमुख विरोधी दलों की नहीं है। कभी यह सपना

देखा गया था कि अपने विकास के चरम बिन्दु पर पूँजीवाद एक सुन्दर भविष्य के लिए जमीन तैयार करेगा जहाँ से एक शोषणविहीन समाजवादी समाज की ओर संक्रमण होगा। इसके विपरीत पूँजीवाद अपने सबसे विकसित वैश्विक रूप में एक ऐसा समाज विकसित कर रहा है जो अपने सम्पन्न ध्रुव पर फासीवादी ह्रास और विपन्नता के ध्रुव पर विच्छिन्नतावादी विघटन की प्रक्रिया से उन सारे मानवीय मूल्यों को लोप की ओर ले जा रहा है जिन्हें समाज की सर्वश्रेष्ठ उपलब्धियाँ माना जाता रहा है।

जनसत्ता, 11 मई, 2001

7

पोकरण के परमाणु बम परीक्षण के बाद—जिसे किसी विकृत दिमाग ने 'बुद्ध की मुस्कराहट' का नाम देकर करुणा के प्रतीक महात्मा बुद्ध को हिंसा के जघन्यतम रूप परमाणु बम के साथ जोड़ा था—देश में परमाणु बम के विकास और इसके परीक्षण के विरोध में जगह-जगह तेज प्रतिक्रियाएँ हुई थीं, लेकिन प्रचारतंत्र ने वर्तमान व्यवस्था की मौत के साथ साझेदारी की एक ऐसी सामान्य स्थिति बना दी है कि अमेरिका के साथ हुई परमाणु सहयोग सन्धि की चर्चा में पहले की मूल आलोचना गौण हो गई है। इस सन्धि से परमाणु बम के विकास की सम्भावित बाधाएँ ही आलोचना का मुद्दा बनी रहीं। शायद लाखों किसानों की आत्महत्या, भूख और बीमारी से लाखों दूसरे लोगों की मौत को सहज भाव से स्वीकारते रहने से परमाणु बम और परमाणु ऊर्जा के विकास से होनेवाली आशंकित मौतों को भी हम जीवन की अनिवार्य स्थिति मानने लगे हैं। देश का प्रबुद्ध वर्ग इस बात से खुश है कि परमाणु ऊर्जा संयंत्रों के लिए प्राप्त होनेवाले ईंधन के बदले परमाणु बम विकसित करते रहने की हमारी आजादी पर कोई प्रतिबन्ध नहीं लगा है।

अमेरिकी कांग्रेस की प्रतिनिधि सभा से करार को बिना किसी बड़े फेरबदल के मंजूर किया जाना भारत और अमेरिकी सरकार दोनों द्वारा एक महत्त्वपूर्ण उपलब्धि बताई गई है, लेकिन भारत सरकार की तरफ से इस मुद्दे पर जो दावे किए जा रहे हैं वे हकीकत को छिपानेवाले ही हैं। बुश सरकार की इस (एचआर 5682-यूनाइटेड स्टेट्स एंड इंडिया न्यूक्लियर कोऑपरेशन प्रोमोशन एक्ट ऑफ 2006) के सम्बन्ध में की गई घोषणा के विधेयक के कुछ प्रावधानों पर चिन्ता जताई गई है, जिस पर ध्यान देने की जरूरत है। इसमें कहा गया है कि विधेयक की धारा चार (डी) में यह प्रावधान है कि कुछ राजनीतिक दिशा-निर्देश परमाणु आपूर्ति करनेवाले समूह को आश्वस्त करने के लिए जरूरी होगा। इस प्रावधान के तहत भविष्य में भारत पर हर तरह का दबाव बनाया जा सकता है।

इस बयान से यह भी जाहिर होता है कि इस सुविधा को हासिल करने के लिए भारत को ईरान के साथ अपनी पारम्परिक मित्रता को दाँव पर चढ़ाना पड़ा है। बुश सरकार के इस बयान के अन्त में कहा गया है, 'भारत ईरान समेत किसी भी देश

को परमाणु तकनीक नहीं मुहैया कराने के लिए प्रतिबद्ध है। अन्तरराष्ट्रीय समुदाय के एक जिम्मेदार सदस्य की तरह भारत ने ईरान के आणविक कार्यक्रम सम्बन्धी हमारे प्रयासों का समर्थन किया है जिसके लिए इसने अन्तरराष्ट्रीय परमाणु ऊर्जा एजेंसी के बोर्ड ऑफ गवर्नर्स में ईरान को दोषी बताने के लिए दो बार मतदान किया। जिससे मामले को संयुक्त राष्ट्र की सुरक्षा परिषद के सामने लाया गया।' बुश सरकार के इस बयान के बाद यह दावा करना कि भारत अमेरिका परमाणु सन्धि बराबरी के आधार पर हुई है और इससे भारत पर किसी भी तरह का दबाव नहीं रहेगा; कितना खोखला है, यह आसानी से देखा जा सकता है। ईरान के मामले में भारत को शाबासी देकर अमेरिका ने भारत को उसकी हैसियत भी बता दी है।

लेकिन परमाणु बम का परमाणु ऊर्जा संयंत्रों का विस्तार महज राजनयिक मामला नहीं है। यह मामला बुनियादी तौर से हमारे अस्तित्व से जुड़ा है। असल सवाल यह है कि भारत या किसी भी देश के लिए परमाणु बम विकसित करने का औचित्य है क्या? दूसरा, परमाणु ऊर्जा संयंत्रों का विकास करना जीवन की सुरक्षा और आर्थिक दृष्टि से भी सही है क्या?

राजनयिक बारीकियों के साथ की गई बयानबाजी इस हकीकत को छिपा नहीं सकती कि भारत की सारी परमाणु बम नीति के पीछे पाकिस्तान के साथ तनाव और संघर्ष का दुखद इतिहास रहा है। परमाणु बम बनाने और इसके इस्तेमाल के लिए विकसित की जा रही मिसाइलों और दूसरी सुविधाओं के खर्च का असह्य बोझ भुखमरी और दरिद्रता से डूबी भारत की जनता इसीलिए बर्दाश्त करती रही है कि पाकिस्तानी आक्रमण का हौवा देश के सामने लगातार खड़ा किया जाता रहा है।

पाकिस्तान में हुकूमत के अनेक उतार-चढ़ाव के बीच इसी तर्ज पर भारत विरोध और भारत के आक्रमण का भय पाकिस्तानी मानस पर हावी रहा है। आधी शताब्दी के भीतर भारत-पाक के बीच हुए कई छोटे-बड़े युद्धों ने इस मानसिकता को बल दिया है कि स्थायी शान्ति के लिए भारत को पाकिस्तान के मुकाबले निर्णायक रूप से शक्तिशाली बना रहना है।

दक्षिण एशिया में चौधराहट का सपना देखनेवालों के लिए परमाणु बम का विकास इसका सबसे कारगर माध्यम था। इसी से इस खतरनाक हथियार का विकास किया गया। इसी तर्ज पर पाकिस्तान के शासकों ने भारत के मुकाबले के लिए परमाणु बम को ब्रह्मास्त्र के रूप में विकसित किया। भारत से कहीं छोटे पाकिस्तान के लिए परमाणु हथियारों का विकास और भी बड़ा बोझ था। इस तरह अब भारत और पाकिस्तान दोनों ही परमाणु आयुधों से लैस देश हैं। और दोनों ही गरीबी, जहालत और अशिक्षा के मामले में दुनिया की अगली कतारों में हैं।

लेकिन देश की अर्थव्यवस्था पर इतना भारी बोझ डालनेवाले नाभिकीय परमाणु हथियारों का इस्तेमाल पाकिस्तान के खिलाफ कोई पागल आदमी ही कर सकता है।

भारत और पाकिस्तान की भौगोलिक स्थितियाँ ऐसी हैं कि पाकिस्तान के खिलाफ इनका इस्तेमाल आत्मघाती होगा। नाभिकीय परमाणु बमों के विस्फोट से जिस तरह का विकिरण होता है, उसे नियंत्रित नहीं किया जा सकता और हवा, पानी और बादलों के साथ यह अनियंत्रित हो चारों ओर फैलता है। इससे भी बढ़कर विकिरण की अवधि इतनी लम्बी होती है कि वर्षों लोग इसके प्रभाव से कैंसर और दूसरी तरह की विकलांगता से त्रस्त होते रहेंगे।

दशकों पहले हुए चेर्नोबिल परमाणु बिजलीघर की दुर्घटना के असर से आज तक इसके आसपास के बड़े भूभाग के लोग विकिरण का दंश भुगत रहे हैं। अब अगर पाकिस्तान के लाहौर या इस्लामाबाद में ऐसा विस्फोट हुआ तो अमृतसर तो तबाह होगा ही दिल्ली तक इसके प्रभाव से सुरक्षित नहीं रहेगी। अगर भारत और पाकिस्तान के शासक नाभिकीय युद्ध के पागलपन पर उतर ही आए तो पाकिस्तान अधिक सुरक्षित स्थिति में रहेगा। वह दिल्ली की बजाय मुम्बई, चेन्नई और कोलकाता जैसे दूर-दराज महानगरों को परमाणु बमों का निशाना बनाएगा जो इतने दूर हैं कि वहाँ से पाकिस्तान पर पड़ने वाला प्रभाव काफी कम होगा।

दरअसल, भारत और पाकिस्तान सामरिक शक्ति और विशेषकर नाभिकीय हथियारों की शक्ति के हिसाब से अमेरिका, रूस और चीन आदि के मुकाबले इतने कमजोर हैं कि उन्हें नाराज नहीं कर सकते। दूसरी ओर नाभिकीय हथियारों का प्रभाव अनियंत्रित होने के कारण कई दूसरे देशों पर भी, जिनमें इन महाशक्तियों का हित उलझा हुआ है, पड़ेगा। इसलिए किसी ऐसे युद्ध की आशंका होते ही इनका हस्तक्षेप शुरू हो जाएगा। कुल मिलाकर भारत और पाकिस्तान का नाभिकीय हथियारों का प्रदर्शन एक-दूसरे पर रौब गालिब करने की पैंतरेबाजी से अधिक कुछ नहीं हो सकता। एक दृष्टि से यह भारतीय उपमहाद्वीप के लिए राहत देनेवाली बात है, लेकिन इस शक्ति पर होनेवाले खर्च का बोझ भारत की गरीब जनता के लिए असह्य हो जाता है।

अमेरिका के साथ सन्धि से अगर इस दिशा में होनेवाले प्रयासों पर कोई बाधा नहीं आती तो यह रक्षा मंत्रालय के वरीय अधिकारियों और कुछ खास तरह के तकनीकी विशेषज्ञों को छोड़ किसी के लिए राहत की बात नहीं है। वामपंथी दल भी बढ़ते अमेरिकी प्रभाव के प्रति चिन्ता तो जताते हैं, लेकिन जो मूल मुद्दा है, आणविक हथियारों के विकास का, उस सम्बन्ध में कुछ नहीं कहते। क्या वे चाहते हैं कि भारत एक परमाणु शक्ति बनकर उभरे?

यह महत्त्वपूर्ण इसलिए है कि देश के बहुसंख्यक गरीब लोगों के जीवन स्तर का सीधा सम्बन्ध हथियारों पर होनेवाले भारी खर्च से है। नाभिकीय हथियारों के विकास पर होनेवाला खर्च दूसरे मद में होनेवाले खर्च से कहीं अधिक होता है। परमाणु बिजली घरों से सम्बद्ध दुर्घटनाओं की आशंका और इनके कचरे को सुरक्षित रखने की समस्या पर विचार करने पर बिजली पैदा करने के लिए इन पर निर्भरता

बढ़ाना खर्चीला और खतरनाक दोनों है। इसके लिए अमेरिका से ईंधन प्राप्त होना इन समस्याओं के सन्दर्भ में कोई बड़ी उपलब्धि नहीं है।

अमेरिका की दृष्टि साफ है। अब तक उसने स्वयं परमाणु ऊर्जा संयंत्रों को विकसित नहीं किया है। दूसरे देशों में इनके विकास से उसे परमाणु ईंधन के लिए एक बड़ा बाजार भी मिलेगा और जीवाश्म ऊर्जा पर दुनिया के बाजार में दबाव भी घटेगा। इस तरह से उसे दुहरा लाभ होगा। अमेरिका की यह बड़ी सफलता मानी जाएगी कि वह एक व्यापारिक लाभ को अनुग्रह की तरह पेश कर रहा है।

परमाणु बिजलीघर का विस्तार करने के साथ दो तरह की समस्याएँ जुड़ी हैं। पहली समस्या तो ईंधन के लिए इस्तेमाल हो चुके विकिरणशील पदार्थों के कचरे को ठिकाने लगाने की है। अब तक दुनिया में कहीं भी इसे सुरक्षित रूप में रख पाने में सफलता नहीं मिली है। कोई भी पदार्थ सीमेंट, इस्पात आदि ऐसा नहीं है जिसमें बन्द कर रखने से इसके विकिरण के प्रभाव को निरस्त किया जा सके। इन बक्सों को नमक की बड़ी चट्टानों के बीच रखने के प्रयास हुए हैं, लेकिन कुछ समय बाद ये चट्टान भी पिघल सकती हैं और विकिरणशील पदार्थ भूतल में जाकर आसपास विकिरण फैला सकते हैं। चूँकि विकिरण की प्रक्रिया हजारों वर्षों तक जारी रहती है, भविष्य में अनेक पीढ़ियाँ विकिरण से होनेवाले प्रदूषण से अभिशप्त रहेंगी। अगर कचरे के रखरखाव के खर्च को ध्यान में रखा जाए तो अब तक परमाणु बिजलीघर ऊर्जा का सबसे खर्चीला स्रोत साबित हुए हैं।

कुछ लोग परमाणु को तोड़ने की प्रचलित तकनीक की बजाय जोड़ने (फ्यूजन) की तकनीक यानी हाइड्रोजन के परमाणु को जोड़ हिलियम के परमाणु में बदलने के क्रम में पैदा ऊर्जा (जैसा हाइड्रोजन बमों से प्राप्त होती है) विकसित करने की बात करते हैं, लेकिन अभी तक यह तकनीक कहीं भी विकसित नहीं हो पाई है और इस पर क्या खर्च आएगा, कोई नहीं जानता।

हमारे देश में असावधानी के कारण जैसी दुर्घटनाएँ होती हैं, उनको ध्यान में रखते हुए ऐसे संयंत्र विकसित करना, जो दुर्घटना होने पर लगभग परमाणु बम जैसे ही प्रलयकारी हो सकते हैं, नीति निर्माताओं में दूरदर्शिता का अभाव या लोगों की सुरक्षा के प्रति घोर लापरवाही जाहिर करता है। दरअसल, ऐसी खतरनाक तकनीक की तरफ भागने के पीछे वर्तमान औद्योगिक उपभोक्तावादी संस्कृति का वह दबाव है जिसमें हम जीवन को अधिकतम ऊर्जा के इस्तेमाल पर आधारित करते जा रहे हैं। इस दृष्टि को प्रोत्साहित करने के पीछे मुनाफे की भूख होती है जो कोई सीमा कबूल करने को तैयार नहीं।

कठिनाई यह है कि हम लगभग उस बिन्दु के पास पहुँच चुके हैं जहाँ दुनिया की विशाल जनसंख्या को अपनी कल्पना की तिलस्मी दुनिया प्रदान करने की कोशिश में प्रकृति की सीमाओं का अतिक्रमण करने को अभिशप्त है। ऐसा अतिक्रमण अनिवार्य मौत को निमंत्रण है। कोई भी राजनय हमें इस सत्य के परे नहीं ले जा सकता।

जनसत्ता, 19 अगस्त, 2006

8

आर्थिक और नैतिक दोनों दृष्टियों से राष्ट्रीय जनतांत्रिक गठबंधन सरकार अब सत्ता में बने रहने का अपना अधिकार खो चुकी है। देश की आर्थिक स्थिति चिन्ताजनक है। किसान और छोटे औद्योगिक उत्पादक बरबादी के कगार पर हैं, लेकिन देश के वित्तमंत्री को विदेशी वस्तुओं के लिए देश का दरवाजा खोलने का कोई दुष्परिणाम नहीं दिखाई देता। देश का भविष्य विदेशी कम्पनियों के हाथ गिरवी रखा जा रहा है। एनरॉन प्रकरण ने स्पष्ट कर दिया है कि विदेशी कम्पनियाँ देश को लूटने आती हैं, इसे सम्पन्न बनाने नहीं। इसके बावजूद विदेशी पूँजी को लुभाने के लिए हर तरह की राष्ट्र विरोधी शर्तें कबूल की जा रही हैं। अब स्थिति यहाँ तक बिगड़ गई है कि स्वयं भाजपा के मजदूर संगठन 'भारतीय मजदूर संघ' के नेता तक वित्तमंत्री को देशद्रोही करार दे रहे हैं। इस सरकार के घटकों की नैतिकता का स्तर क्या है, इसे 'तहलका' ने पूरी तरह उजागर कर दिया है।

विडम्बना यह है कि वर्तमान अध:पतन के बावजूद राजग की यह चौकड़ी न सिर्फ सत्ता में बनी हुई है, बल्कि फिलहाल विपक्ष में ऐसी शक्ति दिखाई नहीं देती जो इसका स्थान लेने का दावा पेश कर सके। विपक्ष में भी वैसा ही नैतिक और नीति सम्बन्धी शून्य है। जयललिता और लालू प्रसाद यादव ने चरित्र का कोई ऐसा नमूना नहीं पेश किया है जिससे लोग विपक्ष की नैतिकता पर भरोसा कर सकें। कांग्रेस से लेकर वामपंथी दलों तक ने लालू प्रसाद यादव और जयललिता को ही जब-तब अपना आसरा बनाया है। कांग्रेस आज भी बिहार में लालू प्रसाद यादव से गठजोड़ कर सत्ता में साझीदार है। स्वयं कांग्रेस के अतीत पर बोफोर्स सौदे में दलाली की काली छाया मँडरा रही है। जहाँ तक आर्थिक नीति का सवाल है, राजग ने घोषित रूप से मनमोहन सिंह की नीति को ही अपना आधार बनाया है, जो कांग्रेस की विरासत है। कोई अचरज नहीं कि देश के आम लोगों में विपक्ष की पार्टियों के लिए कोई उत्साह नहीं पैदा होता और जब वे इसे समर्थन देते हैं तो किसी दूसरे विकल्प की अनुपस्थिति की मजबूरी में ही।

काफी देर से अब वाम दलों ने कांग्रेस और राजग से अलग अपना तीसरा मोर्चा बनाने की दिशा में पहल शुरू की है। यह इस अर्थ में ज्यादा सकारात्मक लगता है

कि पुरानी 'धर्मनिरपेक्ष' दलों की एकता के बाँझ और नकारात्मक बन्धन से मुक्ति मिल गई है। लोगों के जीवन से जुड़ी असली समस्याओं पर जब आन्दोलन होंगे और जब इसके अनुभवों से जनमानस बनेगा तो साम्प्रदायिकता के पूर्वग्रह से भी लोगों को मुक्ति मिलेगी। स्थितियाँ खुद धार्मिक कठमुल्लेपन के आधार को तोड़ेंगी। आज भारतीय मजदूर संघ, जो संगठित क्षेत्र के मजदूरों का सबसे बड़ा संगठन बन चुका है, श्रमिकों के जीवन पर पड़ने वाले आर्थिक नीतियों के प्रभाव के दबाव में ही बाकी मजदूर संगठनों के साथ मिलकर संघर्ष करने को आगे आया है। जैसे-जैसे यह संघर्ष व्यापक होगा, आम आदमियों के हितों की एकता का भाव मजबूत होगा और लोग समझेंगे कि धर्मों के नाम पर आदमी-आदमी को बाँटना एक बड़ा फरेब है। अगर हम लोगों की मानसिकता में उभरते इस बदलाव पर विचार करें तो पाएँगे कि वैश्वीकरण के विरोध की यह अभिव्यक्ति मजदूर संगठनों के सामने आनेवाली समस्याओं का ही परिणाम है। मजदूर संगठनों की सदस्यता का बड़ा हिस्सा सार्वजनिक और सरकारी क्षेत्रों के मजदूरों से आता है। बैंक, बीमा आदि क्षेत्रों में विदेशी कम्पनियों के प्रवेश की छूट और सार्वजनिक क्षेत्र की कम्पनियों के विनिवेश ने इन क्षेत्रों के मजदूरों के सामने यह स्पष्ट कर दिया है कि नई आर्थिक नीति उनके रोजगार और जीवन, दोनों की सुरक्षा के लिए सीधा खतरा है। इस नीति से बड़े पैमाने पर छँटनी और रोजगार की कटौती अनिवार्य है।

भाकपा और माकपा की नीतियों में यह परिवर्तन सम्भवत: इनके मजदूर संगठनों के दबाव में ही हुआ है। बैंक और बीमा क्षेत्र के मजदूर संगठनों पर तो इन पार्टियों का वर्चस्व पूरा था और इस आधार को वे नजरअन्दाज नहीं कर सकती थीं। यह बात कुछ विश्वास के साथ इसलिए कही जा सकती है कि दोनों वामपंथी दल इन्द्र कुमार गुजराल और देवगौड़ा की गठबन्धन सरकारों के समर्थक थे। भाकपा तो बाजाब्ता सरकार में शामिल थी जबकि उन सरकारों ने भी मूलत: वही आर्थिक नीति अपनाई थी जो आज राजग की है—यानी विश्व व्यापार संगठन में बने रहना और वैश्वीकरण की नीति को लेकर चलना। ज्ञातव्य है कि माकपा के ज्योति बसु भी एक समय इस गठबन्धन सरकार के प्रधानमंत्री बनने के इच्छुक थे, हालाँकि उनकी अपनी ही पार्टी में उठे विवाद से उनकी यह आकांक्षा अधूरी रह गई।

अगर वाम दल वास्तव में वर्तमान नीतियों के विरोध में एक कारगर विकल्प बनाना चाहते हैं तो उन्हें पिछली फिसलन के कारणों की गहरी परीक्षा करनी होगी और अपनी दृष्टि में आमूल चूल परिवर्तन करना होगा। मार्क्सवादी पार्टियों के भटकाव का मूल कारण उनकी औद्योगीकरण और आधुनिकीकरण सम्बन्धी मूलबद्ध प्रतिबद्धताएँ हैं। वे मानकर चलते रहे हैं कि तकनीक के विकास की एक स्वायत्त प्रक्रिया होती है जिससे बाकी सामाजिक संरचनाएँ निर्धारित होती हैं। इसे सामाजिक विकास का दिशा निर्धारक भले ही न मानें, लेकिन पश्चिमी देशों के गैर-मार्क्सवादी

समाजवादियों और दूसरे अर्थशास्त्रियों में भी तकनीक को आधुनिकतम बनाने की गहरी लालसा रही है। इसे ही प्रगति का पर्याय माना जाता रहा है।

इसी दृष्टि के कारण सोवियत संघ का विघटन हुआ क्योंकि आधुनिकतम औद्योगिक प्रगति के लिए उन्हें धीरे-धीरे पूर्ण रोजगार और समता के सारे मूल्यों को तिलांजलि देनी पड़ी। जब वहाँ की तानाशाही टूट गई तो इसी दबाव में पूरी व्यवस्था ही ध्वस्त हो गई। चीन में तो कम्युनिस्ट शासन और उसकी अधिनायकशाही के तहत ही मुक्त पूँजीवादी व्यवस्था को देश में ला दिया गया। कम्यूनों के 'घर-पिछवाड़े के इस्पात कारखानों' की जगह अब पश्चिमी देशों, विशेषकर अमेरिका के विविध औद्योगिक प्रतिष्ठानों और भोजन गृहों की श्रृंखला चीन में फैल गई है। वहाँ के बीमा क्षेत्र में सत्ताइस विदेशी कम्पनियाँ हैं। चीन के उद्योगों का तेज आधुनिकीकरण पूँजीवादी मानकों के तहत हो रहा है, लेकिन इसकी कीमत वहाँ के लोगों को उसी तरह चुकानी पड़ रही है जिस तरह उन दूसरे देशों में, जिन्होंने पूँजीवादी मानकों को अपनाया था। यानी देश में बड़ी संख्या में मजदूरों की छँटनी हुई है और यह अनुमान किया जाता है कि लगभग दस करोड़ किसान खेती छोड़ दूसरे कामों की तलाश में भटक रहे हैं। देश में गैर-बराबरी बहुत ज्यादा बढ़ी है और भ्रष्टाचार चारों ओर फैला है जिसमें कम्युनिस्ट पार्टी के ऊँचे ओहदों पर स्थापित लोग भी संलग्न हैं।

पश्चिमी यूरोप की समाजवादी कही जानेवाली पार्टियों ने अगर पूँजीवादी नीतियों को आत्यंतिक रूप में अपनाया है तो इसके पीछे भी अपने उद्योगों को विश्व के स्तर पर आधुनिकतम और स्पर्धा में सर्वाधिक सक्षम बनाने की धुन ही है। पश्चिमी यूरोप के समाजवादियों की एक मजबूरी भी इसके पीछे है। यूरोप की सबसे विकसित अर्थव्यवस्थाएँ पूरी तरह निर्यात और आयात पर निर्भर हैं। आवश्यक मात्रा में निर्यात कर पाने के लिए उनके उद्योगों के लिए विश्व स्तर की स्पर्धा में टिक पाना जरूरी है। स्पर्धा में सक्षमता के लिए उद्योगों में खर्च की कटौती और परिणामस्वरूप रोजगार में कटौती अनिवार्य बन जाती है। इसी उद्देश्य से पूँजीपतियों को टैक्स में कटौती आदि की राहत दी जाती है ताकि वे अन्तरराष्ट्रीय बाजार में मजबूती से पैर जमा सकें।

यूरोप की सम्पन्न अर्थव्यवस्थाओं में बेकारी के दंश से लोगों को बेकारी भत्ता के प्रावधानों से बचा लिया जाता है क्योंकि उनके आर्थिक साधनों की पृष्ठभूमि में ऐसा भत्ता देना असह्य आर्थिक बोझ नहीं डालता, लेकिन भारत जैसे गरीब देश में जहाँ पहले से ही बेकारों की विशाल फौज किसी तरह का रोजगार पाने के लिए बेचैन है, इस समस्या को और विकराल बना अराजकता को आमंत्रित करना है। इसलिए वामपंथी दलों के लिए देश को विकल्प की सरकार दे पाने की विश्वसनीयता हासिल करने के लिए सिर्फ वर्तमान नीतियों की आलोचना करना

काफी नहीं होगा। उन्हें तफसील से एक वैकल्पिक अर्थनीति की रूपरेखा तैयार कर देश के सामने पेश करनी होगी और बतलाना होगा कि वे देश की कृषि और उद्योगों को कैसे चलाएँगे। यह भी कि लोगों की बेरोजगारी और गरीबी की समस्या से कैसे निपटेंगे।

इस बात को तो मानकर ही चलना होगा कि हम पश्चिमी देशों की आर्थिक नीतियों का अंधानुकरण कर कहीं नहीं पहुँचेंगे। हमारी समस्याएँ बुनियादी रूप से भिन्न हैं। हमारी अर्थव्यवस्था अन्तरराष्ट्रीय व्यापार पर निर्भर नहीं। इस निर्भरता को जानबूझकर बढ़ाना राष्ट्रीय आत्मघात है। फिलहाल हमारा अन्तरराष्ट्रीय व्यापार तमाम अन्तरराष्ट्रीय व्यापार का मुश्किल से एक प्रतिशत के लगभग होगा। मोटर वाहनों और वायुयान सेवा को लें। हमारे जीवन की रफ्तार के हिसाब से इनका विस्तार बिलकुल जरूरी नहीं, लेकिन हम पश्चिमी देशों की नकल में इन्हें बढ़ाए चले जा रहे हैं। नतीजा है कि हमारी पेट्रोलियम पदार्थों पर निर्भरता तेजी से बढ़ती जा रही है। अकेले इन पदार्थों के आयात पर हम सालाना कई लाख करोड़ खर्च करते हैं। स्वाभाविक है कि हमें अपने निर्यात को भी इसी पैमाने पर बढ़ाना होगा। इस तरह पश्चिमी देशों की तर्ज पर अपने जीवन को ढालना न तो हमारे लिए जरूरी है और न सम्भव। दुनिया का सबसे सम्पन्न देश अमेरिका स्वयं उपभोग के सीमाहीन विस्तार में ऐसा फँसा है कि उसके लिए इससे निकलना कठिन हो रहा है। भारत से प्रति व्यक्ति चालीस गुना अधिक ऊर्जा खपत करने के बावजूद यह ऊर्जा के अभाव से जूझ रहा है। इस दबाव में पुनः परमाणु ऊर्जा संयंत्र लगाने की योजना सुझाई जा रही है जिसे कभी खतरनाक समझ कर बन्द कर दिया गया था। 'क्योटो प्रोटोकॉल' के तहत पर्यावरण रक्षा के लिए ऊर्जा की खपत पर जो कटौती करना उसके लिए अनिवार्य माना गया था उससे भी वहाँ की सरकार पीछे हट रही है। यह बतलाता है कि अपने उपभोग को बेलगाम बना देने पर एक अत्यधिक सम्पन्न और शक्तिशाली देश भी अपनी राष्ट्रीय और अन्तरराष्ट्रीय जबावदेहियों को निभाने में असहाय बन जाता है। भारत के लिए तो वह जीवन-स्तर पाना वैसे ही अकल्पनीय है।

देश के मध्य वर्ग और इससे आए हमारे देश के दक्षिणपंथी और वामपंथी तमाम नेताओं में यह भ्रम फैला हुआ है कि अधिक वस्तुओं के उपयोग से जीवन की गुणवत्ता बढ़ती है। हकीकत इसके ठीक उलट है, जिसे हमारे मनीषियों ने ठीक-ठीक समझा था। अन्तरराष्ट्रीय व्यापार दरअसल बिचौलियों का विस्तार कर जीवन को खर्चीला जरूर बनाता है, सुखकर नहीं। पड़ोस के खेत से लिए गए फल या सब्जी की जगह दूर-दराज से आयातित डिब्बाबन्द साग या फल महँगे जरूर होते हैं, स्वास्थ्यवर्धक नहीं। न ठेलों पर के चाट से मैक्डोनल्ड के फ्रेंच फ्राई ज्यादा स्वादिष्ट—वे सौ गुना महँगे भले ही हों।

वामपंथ पर आधुनिकता का मोह कुछ ज्यादा ही गहरा है। इस भ्रम से मुक्त हुए बगैर वे भी सत्ता में आने पर बिलकुल वे ही नीतियाँ चलाएँगे जो कांग्रेसी या राजग की सरकारें चलाती रही हैं। सादगी पर आधारित आत्मनिर्भरता को छोड़ देश के सामने स्वस्थ जीवन का कोई विकल्प नहीं—व्यक्तिगत और सामाजिक दोनों ही अर्थ में। देश में एक कारगर राजनीतिक विकल्प के लिए यह बुनियादी समझ जरूरी है। वामपंथ की एकता का अगर यह आधार नहीं बनता तो फिर वह सत्ता में आने पर कुछ दिखावटी कलाबाजियाँ भले ही कर ले, नीतियों में परिवर्तन नहीं कर सकता। वामपंथ इस बुनियादी सवाल पर क्या सोचता है, इसे स्पष्ट रूप से घोषित करना चाहिए, तभी उसे टिकाऊ जनसमर्थन मिलेगा।

जनसत्ता, 8 जून, 2001

9

अभी हम एक विलक्षण आर्थिक स्थिति से गुजर रहे हैं। एक तरफ मुद्रास्फीति की दर, यानी समग्र रूप से वस्तुओं की कीमतों की सालाना बाढ़ की दर पिछले साल के तीन प्रतिशत के मुकाबले आठ प्रतिशत से अधिक हो गई है तो दूसरी तरफ कृषि उत्पादों की कीमत में भारी गिरावट आई है। खाद्यान्न के मामले में तो देश के कई भागों में किसानों को सरकार द्वारा निर्धारित खरीद मूल्य से भी आधी दर पर अन्न बेचना पड़ रहा है। यह स्थिति रूस के 1924 के उस विख्यात विवाद की याद दिलाती है जिसने नवजात कम्युनिस्ट अर्थव्यवस्था को एक निर्णायक दिशा दी। उस विवाद को 'कैंची के संकट' ने जन्म दिया था। कैंची का संकट नाम दिए जाने के पीछे स्थिति यह थी कि उस समय रूस में कृषिजन्य वस्तुओं की कीमतों का ग्राफ और औद्योगिक वस्तुओं की कीमतों का ग्राफ दो विपरीत दिशा में चल रहे थे। पहला नीचे की तरफ और दूसरा ऊपर की तरफ, जैसे कैंची के दो ब्लेड फैलकर अलग हो रहे हों। इससे यह आशंका पैदा हो गई थी कि किसान बाजार में अपनी पैदावार नहीं लाएँगे और अर्थव्यवस्था पर संकट आ जाएगा।

इस संकट से उबरने के दो विपरीत रास्ते बतलाए गए। एक बुखारिन (कम्युनिस्ट नेता और अर्थशास्त्री) द्वारा बतलाया गया जिसमें वे किसानों को अधिक कीमत देना चाहते थे ताकि उनमें खुशहाली आए। उनकी स्थापना थी कि चूँकि रूस में 'कमांडिंग हाइट' (यानी समाज की दिशा निर्धारक शक्ति) समाजवादी व्यवस्था के हाथ में है, खुशहाल किसान समाजवादी व्यवस्था के ताने-बाने में उलझकर इस व्यवस्था को ही सम्पन्न बनाएँगे। दूसरा रास्ता त्रात्स्कीवादी नेता प्रियो ब्रेजेंस्की द्वारा सुझाया गया। इसमें किसानों से सख्ती से निपटने की सलाह दी गई थी और आगाह किया गया था कि सम्पन्न किसान, जिन्हें वहाँ कुलक कहा जाता था, का विकास अन्तरराष्ट्रीय पूँजीवाद के समर्थन से प्रतिक्रान्ति का आधार बन सकता है। एक कटु अन्तर्द्वन्द्व के बाद अन्ततोगत्वा स्टालिन के नेतृत्व में कम्युनिस्ट व्यवस्था ने सामूहीकरण के द्वारा किसानों के अस्तित्व को मिटाने का निर्णय किया। किसान सामूहिक फार्मों पर मजदूर बना दिए गए। अब कृषि

उत्पादों पर सरकार का पूरा नियंत्रण हो गया और कृषि के दोहन के आधार पर तेज औद्योगिक विकास की शुरुआत हुई।

वैसे तो ऊपर दिया गया विवरण कम्युनिस्ट व्यवस्था के अतिवादी रुझान से पैदा विलक्षण स्थिति का मालूम पड़ता है, लेकिन दरअसल शहरी संस्कृति और साम्राज्यों का अब तक का पूरा इतिहास यह बतलाता है कि प्राचीन काल से अब तक नगर-केन्द्रित सभ्यताओं का आधार किसी-न-किसी तरह कृषि उत्पादकों के शोषण से प्राप्त अधिशेष ही रहा है। चाहे मिस्र के फेलाईन (राज्य के बँधुआ किसान) रहे हों, चाहे रोम के फार्मों (लातिफूंडिया) पर काम करनेवाले गुलाम, चाहे 1868 से 1911 तक के मेइजी काल के जापान के किसान, चाहे यूरोप के सामन्ती काल के सर्फ इनका ही शोषण इन सभ्यताओं का आधार रहा है। वर्तमान औद्योगिक व्यवस्था में प्राथमिक पूँजी संचय का मूल स्रोत तो प्रत्यक्ष या परोक्ष रूप से किसानों से प्राप्त अधिवेश ही रहा है।

रूस में किसानों का अस्तित्व बहुत नाटकीय ढंग से नृशंस राजशक्ति के प्रयोग के द्वारा मिटाया गया। यही काम वर्तमान पूँजीवादी औद्योगिक व्यवस्था ने राज्य की शक्ति की जगह बाजार की शक्ति का प्रयोग कर किया है। हमारे देश में जो संकट किसानों के सामने आते रहे हैं, उसका उत्स भी यही है और इसलिए इस पर थोड़ा विस्तार से विचार करना जरूरी है।

पूँजीवादी व्यवस्था में स्पर्धा में टिके रहने के लिए उत्पादित वस्तुओं की कीमतों को कम करके रखना जरूरी होता है। इसके लिए कृषि उत्पादों का सस्ता होना महत्त्वपूर्ण है। इसके लिए औद्योगिक कच्चे माल जैसे नारियल, सोयाबीन या दूसरे तिलहन, कपास, पटसन, बाँस, यूकेलिप्टस जैसी वनोपजों, गन्ना, चुकन्दर आदि का सस्ता होना जरूरी होता है। दूसरी ओर मजदूरों के जीवनयापन के खर्च को कम रखने के लिए अन्न का भाव भी कम रखना जरूरी है। अन्न का भाव बढ़ने से मजदूरी बढ़ाने की माँग शुरू हो जाती है। इसी से अन्न का भाव कम रखने के सवाल पर प्राय: मजदूर और मालिक एक हो जाते हैं। इसीलिए पिछले दशकों में भारत का वामपंथ भी अन्न के भाव को कम रखने पर जोर देता रहा है। उद्योगपतियों और श्रमिकों का यह संयुक्त मोर्चा काफी पुराना है। औद्योगिक प्रसार के प्रारम्भिक काल में स्वयं ब्रिटेन में उद्योगपति और मजदूर दोनों ही इस बात पर एक थे कि 'कॉर्न लॉ' जिसके तहत अन्न के आयात पर प्रतिबन्ध था, हटाया जाए और 1846 में इसे हटाना पड़ा। इस कानून के कारण ब्रिटेन में अन्न महँगा रहता था।

औद्योगिक दृष्टि से विकसित देशों में कृषिजन्य वस्तुओं की कीमतों को कम रखने का सीधा परिणाम हुआ किसानों के अस्तित्व का नाश। यहाँ किसानों से अर्थ उन छोटे किसानों से है जो अपनी छोटी जोतों पर मूलत: पारिवारिक श्रम और अपेक्षतया छोटे उपकरणों से काम करते हैं। यह जरूरी नहीं कि छोटी जोतों पर

प्रति इकाई उत्पादन कम हो। दरअसल छोटी जोतों पर पौधों की देखरेख, मौसम के अनुसार त्वरित उपचार आदि ज्यादा अच्छी तरह हो सकता है। इसके अलावा किसान खेती से भावनात्मक रूप से जुड़ा होता है और उस पर अत्यधिक ध्यान देता है। इसके विपरीत बड़े फार्मों पर श्रमिकों और व्यवस्थापकों पर निर्भरता होती है जिनका वैसा भावनात्मक जुड़ाव नहीं होता।

लेकिन विशाल आकार का लाभ दूसरी तरह से होता है। फर्ज कीजिए कि पैदावार की स्थिति छोटे और बड़े फार्मों में समान है और लागत काटकर प्रति एकड़ हजार रुपए की बचत होती है। अब इस बचत से पाँच एकड़ वाले किसान को पाँच हजार रुपए की बचत होगी जो जीवनयापन के लिए काफी कम पड़ेगी। दूसरी ओर हजार एकड़ वाले फार्मर को इसी दर से दस लाख रुपए की बचत होगी। वह चाहे तो अपनी उपज की कीमत को कम करके भी अपना और अपनी खेती का खर्च चला सकता है, लेकिन इस स्पर्धा में छोटा किसान अपना अस्तित्व नहीं बचा पाएगा।

इसी कारण औद्योगिक देशों में उन्मुक्त बाजार व्यवस्था के तहत छोटे किसान हाशिए पर जाते-जाते विलुप्त हो गए। सम्पन्न औद्योगिक देशों में यह नीति अपनाई गई कि छोटे किसानों को प्रोत्साहन दे वैकल्पिक कामों में लगाया जाए क्योंकि अपनी छोटी जोतों पर वे देश के लिए निर्धारित न्यूनतम जीवन स्तर पाने में अक्षम बन गए। इसी प्रक्रिया में अमेरिका में खेती में लगे लोगों की संख्या तीन प्रतिशत के लगभग रह गई और ब्रिटेन में भी पाँच प्रतिशत से कम ही।

इस संख्या में खेती में लगे भू-स्वामी और मजदूर सभी शामिल हैं। सिर्फ जापान में छोटी जोतें अब भी जीवित हैं क्योंकि राष्ट्रीय सुरक्षा को ध्यान में रखकर जापान ने अन्न के मामले में आत्मनिर्भरता की नीति अपनाई। अपने किसानों को विश्व बाजार में चालू अन्न की कीमतों से कई गुना कीमत देता रहा। यह ध्यान देने योग्य बात है कि जापान में कृषि योग्य भूमि बहुत कम है और द्वितीय विश्व युद्ध के बाद जनरल मैकआर्थर ने जापान पर अमेरिकी अधिकार के काल में सामन्ती प्रभाव को खत्म करने के लिए सात एकड़ की भूमि हदबन्दी लागू कर दी थी। हाल के दिनों में विश्व व्यापार संगठन के दबाव में जापान को भी अल्प मात्रा में खाद्यान्न आयात करने को मजबूर किया गया है। चूँकि जापान की अर्थव्यवस्था मूलत: निर्यात पर आधारित है, जिसका लाभ इसकी विशाल अर्थव्यवस्था को मिलता है, वह विश्व व्यापार संगठन के प्रावधानों का तिरस्कार नहीं कर सकता था।

लेकिन आधुनिक औद्योगिक व्यवस्था के आरोहण के हर पग पर किसानों के हित की बलि चढ़ाई जाती है। चाहे नर्मदा जैसे बड़े बाँधों से हो, राष्ट्रीय राजमार्गों के लिए भूमि अधिग्रहण से हो, औद्योगिक नगर बसाने के लिए हो या महानगरों या अभयारण्यों का प्रसार हो, सभी में किसानों का ही विस्थापन होता है। एक तरह

से वर्तमान सभ्यता में विस्थापन किसानों की नियति बन गई है। जो लोग कृषि को उद्योगों का दर्जा देने की वकालत करते हैं, वे या तो इसके निहितार्थ से अनभिज्ञ हैं या जानबूझकर बड़े उद्योगों और बड़े औद्योगिक फार्मों के विकास के लिए छोटे किसानों का अस्तित्व मिटाने का वातावरण बना रहे हैं। कृषि भूमि को हदबन्दी कानून से मुक्त करने और कृषि में देशी और विदेशी पूँजीनिवेश के लिए दरवाजा खोलने की पहल को इसी पृष्ठभूमि में देखा जाना चाहिए। एक बार यह शुरू हुआ तो धीरे-धीरे विपन्न होते छोटे किसान अपनी जमीन बड़े पूँजीवादी प्रतिष्ठानों के हाथ बेच देंगे और फिर आजीविका की तलाश में भटकेंगे।

कम्युनिस्ट विचारधारा में छोटे किसानों के प्रति उपेक्षा और बड़े फार्मों के प्रति आकर्षण का ही परिणाम है कि केरल और पश्चिम बंगाल जैसे राज्यों में, जहाँ वामपंथ लम्बी अवधि तक सत्ता में रहा है, औद्योगिक दृष्टि से महत्त्वपूर्ण चाय, कॉफी, रबर, इलायची, नारियल आदि के फार्मों पर कभी कोई भू-हदबन्दी नहीं लागू की गई और इन दोनों राज्यों में हजारों हजार एकड़ के औद्योगिक फार्म बड़े औद्योगिक घरानों के हाथ में हैं। धान, गेहूँ जैसे कम मुनाफे वाले क्षेत्रों में ही भू-हदबन्दी लागू की गई जिनमें बड़े पूँजीपतियों की दिलचस्पी नहीं थी। केरल में तो धान की खेती काफी दिनों से घाटे की ही रही है। इससे किसान इन्हें आवासीय प्लाटों, या जहाँ सम्भव है नारियल के फार्म में बदल रहे हैं, लेकिन छोटे किसानों के लिए अब नारियल की खेती भी घाटे की होने लगी है और सम्भव है कि बड़े प्रतिष्ठानों की इजारेदारी वहाँ भी कायम हो जाए। फिर किसान कहाँ जाएँगे?

हकीकत यह है कि छोटे किसान संरक्षित बाजार के भीतर ही अस्तित्व में रह सकते हैं जहाँ विशाल उत्पादकों की प्रतिस्पर्धा से उन्हें लागत से कम भाव पर अपना उत्पाद बेचने की मजबूरी न हो, लेकिन यह उन्मुक्त वैश्विक व्यवस्था के भीतर सम्भव भी नहीं। इसलिए छोटे किसानों के अस्तित्व—यानी इस देश की दो-तिहाई आबादी के अस्तित्व की रक्षा देश को वैश्विक बाजार की स्पर्धा से बचाने से ही सम्भव है, लेकिन यह तो हो नहीं सकता कि हम खेती को तो स्पर्धा से मुक्त रखें और उद्योगों को वैश्विक व्यवस्था से जोड़ें। इसके लिए हमें कृषि और उद्योग दोनों में निवेश को समस्तर बनाना होगा। यानी छोटी तकनीक अपनानी होगी। यह हमारी अर्थव्यवस्था और जीवन के प्रतिमानों को एक नई दिशा देने की माँग करती है। देश के बहुसंख्य लोगों की रक्षा के लिए हमें इस चुनौती को स्वीकार करना होगा।

जनसत्ता, 22 जनवरी, 2001

10

वर्तमान अर्थनीति की यह विडम्बना ही है कि जो स्थितियाँ लोगों की खुशहाली का आधार बन सकती थीं वे आज अनेक लोगों के लिए विपन्नता और हताशा से आत्महत्या तक की नौबत ला रही हैं। यह स्थिति आज चारों ओर हमारे किसानों के जीवन और कृषि उत्पादकता में देखी जा सकती है। सरकार इस बात की वाहवाही लूट रही थी कि देश में रिकॉर्ड अन्न उत्पादन हुआ है, लेकिन इस उपलब्धि का नतीजा रिकॉर्ड अन्न उपजानेवाले किसानों के जीवन पर क्या हो रहा है, इस ओर वर्तमान नीति निर्धारकों का ध्यान नहीं जाता। किसानों की यह दुर्दशा सरकारी नीतियों का ही परिणाम है। ऐसे समय जब कृषि उत्पादन 'रिकॉर्ड' था, सरकार ने अन्न समेत सैकड़ों वस्तुओं के निर्बाध आयात के लिए देश का दरवाजा खोल दिया। इससे अनेक उद्यमों में लगे लोगों के उद्योग-धन्धे बन्द हो रहे हैं, लेकिन सबसे बुरी स्थिति किसानों की हो रही है। सोयाबीन, तिलहन और नारियल उत्पादकों के उत्पादों के मूल्य गिर गए हैं। खरीदगी के अभाव में गेहूँ और धान आदि के सरकार द्वारा निर्धारित समर्थन मूल्य से आधी कीमत पर किसान मजबूरी में अपना अनाज बेच रहे हैं। दूसरी ओर बजट घाटा कम करने के नाम पर उर्वरकों का मूल्य बढ़ा दिया गया है। डीजल का दाम बढ़ा देने से ट्रैक्टर से जुताई, दँवरी और ढुलाई का खर्च बेतहाशा बढ़ गया है। निजी या उधार पूँजी लगा खेती करने के बाद अब बिक्री के समय लागत से कहीं कम कीमत पर गल्ला बेचने की मजबूरी से किसानों के सामने घोर अंधकार है। छोटे किसानों के लिए जीवनयापन या खेती के उद्देश्य से लिए गए कर्ज की अदायगी का एकमात्र उपाय खेत बेचना या गिरवी रखना रह गया है।

यह उन्मुक्त प्रतिस्पर्धा के दर्शन और वैश्वीकरण की अर्थनीति का कमाल है कि अन्न की प्रचुरता देश में वरदान के बदले अभिशाप बनी हुई है। पूँजीवादी व्यवस्था में, जहाँ उत्पादन आवश्यकता-पूर्ति के लिए नहीं मुनाफे के लिए होता है, यह नई बात नहीं है कि अन्न का अधिक उत्पादन आर्थिक संकट पैदा कर दे। बार-बार ऐसा हुआ है कि अमेरिका जैसे धनी और बाजार के लिए अन्न पैदा करनेवाले देशों में लाखों टन अनाज समुद्र में डुबा दिया गया ताकि अन्न की कीमत

ऊँची रखी जा सके। प्राय: उन देशों में जहाँ अन्न का अभाव होता है, खरीदने के लिए धन का भी अभाव होता है। इसलिए अन्न के खरीदार नहीं मिलते और इसका दाम गिरता है।

अगर बाजार का दायरा सीमित यानी राष्ट्रीय हो तो कृषि उत्पादों की कीमतों को एक हद तक बचाया जा सकता है—जापान अभी तक यह नीति अपनाता रहा है, लेकिन अब जब बाजार वैश्विक है, उन देशों के कृषि उत्पादों की तुलनात्मक कीमतें सदा नीची रहेंगी जहाँ उत्पादकों को सबसे अधिक प्राकृतिक सुविधा उपलब्ध है या भारी मात्रा में सरकारी अनुदान प्राप्त है। अनुदान की सुविधा सम्पन्न औद्योगिक देशों के कृषि उत्पादकों को आसानी से उपलब्ध हो जाती है क्योंकि इन देशों की पूरी आय के अनुपात में कृषि की आय काफी कम होती है और अनुदान का बोझ वहन करना आसान होता है, लेकिन भारत जैसे देश में जहाँ उद्योग या दूसरे क्षेत्रों में आय काफी कम है, उद्योग धन्धे कृषिजन्य वस्तुओं की कीमत कम रख अपना मुनाफा बढ़ाना चाहते हैं। इस तरह भारत के किसान आज सस्ते आयात और देश की पूँजीवादी व्यवस्था दोनों की मार से पीड़ित हैं। उन्मुक्त वैश्विक बाजार व्यवस्था के तहत इस संकट से किसानों को बचाया भी नहीं जा सकता।

कुछ समय पहले चार भूतपूर्व प्रधानमंत्रियों ने किसानों को वर्तमान संकट से बचाने की दिशा में कुछ पहल की थी। किसानों के संकट के प्रति उनकी संवेदनशीलता स्वागत के योग्य है, लेकिन इस पहल के लिए उन्हें कुछ पुरानी वैचारिक गठरियों को छोड़ना होगा। फिलहाल ऐसा नहीं लगा कि वे इस संकट के मूल कारणों को समझ रहे हैं या उन्हें मिटाने की बात सोच रहे हैं। विश्वनाथ प्रताप सिंह समस्या का समाधान विश्व व्यापार संगठन के प्रावधानों के भीतर ही देख रहे थे। उन्होंने भारत सरकार पर यह आरोप लगाया कि उसने अनावश्यक अपने बाजार को निर्धारित समय सीमा के पहले ही पूरी तरह खोल दिया है जबकि विश्व व्यापार संगठन के प्रावधानों के तहत यह अनिवार्य नहीं था। इससे ऐसी ध्वनि निकलती है कि विश्व व्यापार संगठन के प्रावधानों का लाभ उनका सही उपयोग करके उठाया जा सकता है। इस तरह के बयानों से देश में विश्व व्यापार संगठन और वैश्विक बाजार व्यवस्था ही किसानों के संकट का मूल कारण है। कृषि उत्पादों की प्रचुरता देश के आर्थिक विकास में सहायक तभी बन सकती है जब हम उन्मुक्त बाजार की नीति अपनाने की बजाय देश को बाजार व्यवस्था से उन्मुक्त रखें। स्वावलम्बी विकास के आदर्श को अपनाकर ही यह किया जा सकता है।

आज भारत सरकार विश्व बैंक और अन्तरराष्ट्रीय मुद्रा कोष के आदेशों का पालन आँख बन्द कर इसलिए कर रही है कि उसे यह मुगालता है कि इससे भारी मात्रा में देश में बाहरी पूँजी निवेश होगा। यह भ्रम देश के पूरे मध्यवर्ग में व्याप्त है जिससे सरकार की वर्तमान नीति को समर्थन मिलता है। हकीकत यह है कि

भारत में विदेशों से आनेवाली पूँजी की मात्रा बहुत कम रही है और आती भी है तो प्राय: शेयर बाजार के माध्यम से जो पलक मारते ही निकल जाती है। बाकी स्थापित उद्योगों को आंशिक रूप में या पूरी तरह खरीदने के लिए अगर विदेशी पूँजी बड़ी मात्रा में आए भी तो भारत दक्षिण कोरिया या सिंगापुर जैसा छोटा देश नहीं है जिसका बाहरी पूँजी से कायाकल्प हो जाएगा।

विदेशी पूँजी के लोभ में हम अपने देश के विशाल पूँजी-स्रोत यानी श्रमशक्ति को नजरअन्दाज कर रहे हैं या नष्ट कर रहे हैं। लोग भूल जाते हैं कि पूँजी का मूल स्रोत मानव श्रम ही है, विशेषकर उत्पादक पूँजी का। सड़क निर्माण, नहर निर्माण, कारखानों के लिए भवन का निर्माण या बिजली के लिए बिजलीघर बनाने से लेकर तार के खम्भे या तार बिछाने का काम सारा का सारा मानव श्रम से होता है या किया जा सकता है। अगर हम नवीनतम पश्चिमी तकनीक के आग्रही हैं तो भी मशीनों पर लगी पूँजी किसी उद्योग में लगी पूरी पूँजी का छोटा हिस्सा ही होगी। गृह निर्माण के लिए आवश्यक ईंट, पत्थर या लकड़ियाँ तो पूरी तरह मानव श्रम से ही उपलब्ध होती हैं। इस तरह औद्योगिक आधारभूत संरचना तो लगभग पूरी तरह मानव श्रम से ही उपलब्ध होती है। फिर हम इसका विकास क्यों नहीं कर पाते? इसका कारण यह है कि हम यह आधारभूत संरचना भी आयातित तकनीक और पूँजी के स्वरूप और उसकी आवश्यकता के अनुसार ही करते हैं। यह पूँजी या तो बहुत कम होती है या फिर अपने ढंग की आधारभूत संरचना की माँग करती है। प्रश्न उठता है कि इस उत्पादक श्रम को क्रियाशील करके पूँजी में कैसे बदला जाए। इस सवाल पर विचार करते हुए देश के अतिरिक्त अन्न भंडार की भूमिका तुरन्त नजर आने लगती है। तब यह दिखाई देने लगता है कि अन्न की प्रचुरता अभिशाप नहीं है जैसाकि आज दिखाई देता है, बल्कि वरदान है। इसी से जुड़ी होती है लघु और घरेलू उद्योगों पर आधारित स्वावलम्बी औद्योगिक व्यवस्था।

निर्माण कार्यों में विशाल मात्रा में श्रमिकों को लगाने में जो समस्या सामने आती है वह यह है कि इन श्रमिकों को निर्वाह के लिए आवश्यक सामग्री कहाँ से उपलब्ध कराई जाए। इसका जवाब है उस अतिरिक्त अन्न की उपलब्धता से, जो खाद्यान्न उत्पादन की निरन्तर वृद्धि से प्राप्त हो सकती है। इस अन्न को काम के एवज में दिया जा सकता है। एक अत्यन्त छोटे पैमाने पर आज भी 'फूड फॉर वर्क' योजनाओं के तहत ऐसा किया जाता है, लेकिन यह महज राहत कार्य होता है। उसके पीछे कोई बड़ा नियोजन नहीं होता। एक दूसरी तरह से, अगर देश में अन्न यथेष्ट मात्रा में उपलब्ध है तो सरकार बेहिचक नोट छापकर निर्माण कार्य में लगे मजदूरों को दे सकती है। इससे वैसी मुद्रास्फीति की सम्भावना नहीं होगी जैसी आवश्यक वस्तुओं के अभाव में मुद्रा की बहुलता से होती है, लेकिन जिन श्रमिकों की आय रोजगार पाने से बढ़ेगी वे सिर्फ अन्न पर ही खर्च नहीं करेंगे। वे

आवश्यकता की अन्य वस्तुओं जैसे कपड़े, जूते, तेल, साबुन आदि पर भी खर्च करेंगे। अगर इन वस्तुओं का उत्पादन करनेवाले घरेलू उद्योगों को देशी और विदेशी बड़े उद्योगों की प्रतिस्पर्धा से बचाया जा सके तो माँग बढ़ने से इन उद्योगों का भी तेजी से विकास होगा और बेकार पड़ी श्रमशक्ति इन उद्योगों में कार्यरत होगी। इसका अर्थ होगा खाद्यान्नों की ओर अधिक माँग। इस तरह अनाज के उत्पादन की वृद्धि के साथ-साथ उसकी माँग भी बढ़ती जाएगी और आज जैसी प्रचुरता के संकट का सामना नहीं करना पड़ेगा।

ऐसा नहीं है कि विकास की यह राह बिलकुल अजनबी हो। चीन में क्रान्ति-काल में और 1948 से क्रान्ति के बाद लगभग दो दशक तक विकास का यही मार्ग अपनाया गया था। चीन में आधारभूत संरचना का अत्यधिक प्रसार, जो आज बाहरी पूँजी को आकर्षित करता है, इसी नीति का परिणाम है। यह सच है कि यह नीति परिस्थितिवश अपनाई गई थी। चीन में जापान विरोधी अभियान और गृहयुद्ध के काल में कम्युनिस्ट शासन के क्षेत्र ग्रामीण इलाकों में थे जो दुनिया के औद्योगिक क्षेत्रों से पूरी तरह कटे हुए थे। इस मजबूरी में कम्युनिस्ट शासन को स्थानीय लघु उद्योगों के आधार पर ही अपनी आवश्यकताओं की पूर्ति करनी होती थी। इस नीति के दो परिणाम हुए : एक तो चीन अपनी विशाल श्रम शक्ति का पूरा उपयोग अपनी आर्थिक प्रगति के लिए कर सका; दूसरा वह कृषिजन्य वस्तुओं की बढ़ती माँग के अनुरूप कृषि उत्पादन को बढ़ाता रहा। इस तरह उसे बाजार के संकट का सामना कभी नहीं करना पड़ा क्योंकि उसके छोटे उद्योगों और उनमें कार्यरत लोगों की आवश्यकता लगातार फैल रही थी। इसी का परिणाम है कि भारत से कम खेती लायक जमीन होने के बावजूद चीन में कृषि की उपज भारत से कहीं अधिक है।

आज जब चीन ने अपने को विश्व बाजार से जोड़ लिया है, इसके दुष्परिणाम दिखाई देने लगे हैं। वहाँ के करोड़ों किसान खेती छोड़ रोजगार की तलाश में भटकने लगे हैं। भारत को दुनिया के अनुभवों से सबक लेना चाहिए और वैश्वीकरण की मृग मरीचिका के पीछे भागने की नीति का परित्याग करना चाहिए जोकि बरबादी का रास्ता है। निर्बाध प्रतिस्पर्धा की नीति के कारण अमेरिका, ब्रिटेन और कई दूसरे औद्योगिक देशों में छोटे किसानों का अस्तित्व खत्म हो चुका है। विश्व स्तर पर इस नीति को बेरोकटोक चलने देने का परिणाम होगा भारत जैसे देशों की बरबादी जिनमें कुछ प्लांटेशनों को छोड़कर बाकी सारे-के-सारे किसान छोटी जोतों पर निर्भर हैं। इसलिए यह मामला कुछ कम या ज्यादा, जल्दी या देरी से उदारीकरण का नहीं है, बिलकुल एक नई आर्थिक नीति लेकर चलने का है। इसमें कृषि और उद्योग दोनों में स्वायत्तता पर जोर होगा और छोटी खेती और छोटे उद्यमों को पूरा संरक्षण देना होगा।

अभी देश भर में किसानों में हाहाकार है। अन्न की खेती करनेवाले किसान अपनी खेती का रकबा घटाने की बात सोच रहे हैं। अनेक किसान यह कह रहे हैं कि अगली रबी की फसल वे उतनी ही उगाएँगे जितनी उनके अपने भोजन के लिए जरूरी होगी। विकल्प के बारे में उनके सामने अंधकार है। अगर यह हताशा कायम रही तो अगले साल-दो साल में देश रिकॉर्ड अन्न उत्पादन की जगह रिकॉर्ड अन्न के अभाव का सामना करेगा। अगर इससे अकाल पड़ा तो भारत की विशाल जनसंख्या को खिलाने के लिए दुनिया में कहीं अन्न उपलब्ध नहीं होगा। किसान अपनी संख्या के बल देश की आर्थिक नीति को बदल सकते हैं, लेकिन इसके लिए उन लोगों को अपना दिमाग साफ करना होगा जो किसान शक्ति का आह्वान कर रहे हैं।

जनसत्ता, 9 सितम्बर, 2000

11

पिछले दिनों समाचारों पर घोटाले छाए रहे। वैसे व्यावसायिक दृष्टि से मीडिया का घोटाले या दूसरे सनसनीखेज समाचारों की ओर विशेष रुझान रहता ही है, लेकिन हवाला कांड, उससे भी दस गुना बड़ी रकम वाला बिहार के पशुपालन विभाग का घोटाला, टूजी और कोलगेट घोटाला अपने चरित्र और मात्रा में वहाँ पहुँच गए हैं जहाँ पूरी लोकतांत्रिक व्यवस्था के अस्थिर हो जाने का खतरा पैदा हो जाए। जनता दल के वरिष्ठ नेता और उड़ीसा के भूतपूर्व मुख्यमंत्री बीजू पटनायक ने तो यहाँ तक कह दिया कि अब भारत में सत्ता सैनिक अफसरों के हवाले कर देनी चाहिए। जाहिर है कि बीजू पटनायक का बयान हताशा की अभिव्यक्ति थी, कोई सुविचारित सुझाव नहीं था। फौजी शासनों—स्वयं हमारे पड़ोसी देश के फौजी शासनों—के अनुभव यही बतलाते हैं कि जनप्रतिनिधियों के नियंत्रण से मुक्त और जनता की दृष्टि से ओझल, फौजी शासन कहीं अधिक भ्रष्ट होते हैं। यह भी नहीं कहा जा सकता जैसाकि कुछ लोग कहते हैं, कि यह आर्थिक खुलापन की नीति के अधूरापन से पैदा संक्रमणकालीन प्रसव पीड़ा है। यही कारण नहीं हो सकता क्योंकि कुछ पूरी तरह उन्मुक्त औद्योगिक व्यवस्था जैसे इटली और जापान में पिछले दशकों में भ्रष्टाचार के आरोपों के कारण बार-बार सरकारें गिरती रही हैं। इससे यह भी नतीजा निकालना गलत होगा कि जन्म तथा मृत्यु की तरह भ्रष्टाचार भी सरकारों के जीवन-वृत्त का अभिन्न अंग है। यह भी एक तरह का नियतिवाद होगा। इस निराशा के विपरीत हमें गहराई से इसके कारणों को समझना होगा ताकि निराकरण ढूँढ़ा जा सके।

वैसे एक तात्कालिक समस्या के निदान के लिए पूरे मानव समाज और मनुष्य के स्वभाव का विवेचन सवाल को भारी-भरकम दार्शनिकता में उलझाना-सा लग सकता है, लेकिन यह देखते हुए कि संसार भर के मीडिया का केन्द्र बनने एवं राजनीति एवं अर्थनीति के पंडितों की माथापच्ची के बावजूद यह समस्या जाने का नाम नहीं लेती, इसके तात्कालिक परिप्रेक्ष्य से पीछे जा मानव विकास के द्वन्द्व में इसे समझना जरूरी लगता है।

मनुष्य अपनी प्रारम्भिक अवस्था में पचास से सौ की संख्या के छोटे समूहों में विस्तृत क्षेत्रों में रहता था। इसी में उसकी मानसिकता का विकास हुआ और इस

छोटी संख्या के अनुरूप ही उसके समाज की संरचना हुई, लेकिन नए प्रस्तर युग से प्रारम्भ कृषि क्रान्ति ने यह सब बदल दिया, जबकि उसका स्वभाव पहले जैसा ही रहा। इसके बाद अचानक जनसंख्या में बाढ़ आई और दुनिया के अधिकांश सभ्यता केन्द्रों में लोग छोटे क्षेत्रों में भारी संख्या में रहने को विवश हुए। इसके बाद से मनुष्य लगातार संरचनात्मक समायोजन के जरिये नई स्थितियों में अपने समाज को सन्तोषजनक ढाँचा देने की कोशिश करता रहा है, लेकिन अभी तक उसे कोई बड़ी सफलता नहीं मिल पाई है। मुख्य कारण यह रहा है कि जहाँ विज्ञान और तकनीकी के क्षेत्र में आदमी चमत्कारी प्रगति करता रहा, वहाँ उसका भावनात्मक धरातल आदिम काल का बना रहा। इससे उसके समाज का कार्यकारी ढाँचा छोटे आकार का ही रहा। इससे जो भी ढाँचा बना, वैसे छोटे समूहों तक सीमित रहा जिनका समाज में वर्चस्व था। बाकी लोग इसी समूह की आवश्यकता पूर्ति के संसाधन भर बनकर रहे।

मिस्र के पुरोहित वर्ग के रूप में, प्राचीन ईरान और भारत के अलग-अलग तरह की वर्ण-व्यवस्थाओं के रूप में ढाँचे का निर्माण हुआ। यूनान ने छोटे नगर राज्यों का निर्माण कर इसके नागरिकों को राजनीतिक ढाँचे के तहत बाँधने की कोशिश की, लेकिन गुलाम बहिष्कृत रहे। रोम में प्रैट्रिशियनों ने व्यवस्था को अपने अनुकूल ढाँचा दिया, जिसमें प्लेबियन (गरीब लोग) और भारी संख्या में गुलाम बहिष्कृत रहे। दुनिया के ज्यादा देशों में बड़ी अवधि में सामन्ती व्यवस्था के जरिये आबादी को किसी ढाँचे में बाँधने की कोशिश हुई। इसमें सुविधा यह थी कि यह सीढ़ी-दर-सीढ़ी पिरामिड की शक्ल में आबादियों को जोड़ने की व्यवस्था थी। छोटे सामन्तों के ऊपर एक बड़ा सामन्त होता था और फिर बड़े सामन्तों के ऊपर उनसे भी बड़ा सामन्त। इस तरह कई दर्जे के सामन्त होते थे जिनमें प्रत्येक को एक छोटी संख्या वाले अपने से नीचे के सामन्तों से सरोकार रखना होता था। सबसे निचली सीढ़ी के सामन्तों को खेती या अन्य उत्पादनों में लगे नीचे के श्रमिकों से सम्पर्क रखना होता था। इससे हर स्तर पर एक छोटे समूह से ही सम्पर्क की अनिवार्यता होती थी। इन सभी व्यवस्थाओं में एक ढाँचा तो बन जाता था, पर ढाँचों का पूरा बोझ नीचे के लोगों को ढोना पड़ता था। इससे लगातार तनाव और संघर्ष रहता था। मार्क्स की यह अवधारणा कि मानव इतिहास वर्ग संघर्षों का इतिहास है, इसी स्थिति का एक स्थूल आकलन था।

पूँजीवादी औद्योगिक व्यवस्था में उद्योगों में तो एक व्यवस्थित ढाँचा बन जाता है, लेकिन लगातार इसके बाजार बड़ी संख्या में ऐसे लोगों की भीड़ बनी रहती है जिनका इस उत्पादन और वितरण प्रक्रिया में सीधा हाथ नहीं होता है और न ढाँचागत जुड़ाव। उत्पादन और उपभोग दोनों की मात्रा विशाल हो गई थी और उद्योगों के साथ विकसित नगरों में भारी संख्या में लोगों का जमाव होता जाता है। इसी से

'मास सोसाइटी' जिसे हिन्दी में एक 'झुंड समाज' कह सकते हैं, की अवधारणा उत्पन्न हुई। इस आकारहीन झुंड में किसी ढाँचागत नियंत्रण की प्रक्रिया नहीं है। प्रचार-तंत्र के दबाव में यह इधर से उधर डोलता रहता है। इस व्यवस्था के विकास के क्रम में कुछ मूल्य या विचारधाराएँ जरूर विकसित हुई, जो एक हद तक लोगों के आचरण को प्रभावित करती हैं, लेकिन ये अपर्याप्त ही रहीं क्योंकि समाज में लोगों के व्यवहार पर सबसे बड़ा नियंत्रण इस बात का होता है कि लोग-बाग क्या कहेंगे। एक ऐसे समाज में जहाँ लोग अपने पारम्परिक परिवेश से टूटकर एक अपरिचित भीड़ का अंग बन गए हों, इस भाव का क्षय हो जाता है। पारम्परिक समाजों में इस तरह का नियंत्रण रीति-रिवाजों और धर्मों से आता था और अपने परिवेश में प्रभावी था क्योंकि समाज बिलकुल आकारहीन नहीं था।

औद्योगिक पूँजीवादी समाज मूल्यबोध की दृष्टि से दो दौर से होकर गुजरा है। एक प्रारम्भिक दौर जिसमें प्रोटेस्टेंट विशेषकर काल्विन के विचारों की प्रधानता रही। इसमें मितव्ययिता एवं श्रम के आदर आदि को प्रधान गुण माना गया और इन गुणों से प्राप्त इहलौकिक विशेषकर आर्थिक सफलता को ईश्वरीय अनुकम्पा का संकेत माना गया। इस दौर में पूँजी का प्रसार हुआ और पश्चिमी देशों में उद्योगों का अत्यधिक विकास हुआ, लेकिन इस काल में मजदूरों की स्थिति तो दयनीय थी ही, पूँजीपतियों में भी संचय-वृत्ति के कारण उपभोग पर नियंत्रण था। इसके अलावा पूँजीवाद के विकास के इसी काल में यूरोप के विभिन्न अंगों में विभाजन और परिसीमन हो रहा था। इसी से जुड़ा था दल, राज्य, सरकार आदि के अधिकार क्षेत्रों का परिसीमन और इसमें प्रत्येक का कानून के द्वारा निर्धारित कर्तव्य के प्रति दायित्व। इस तरह एक नया मूल्य बोध युक्तिसंगत एवं कानून का राज्य (लीगल रेशनल सिस्टम) प्रभावी हुआ। ऐसा नहीं था कि इस काल में भ्रष्टाचार नहीं था। खासकर अमेरिका में, जहाँ दलों से निष्पक्ष नौकरशाह की परम्परा नहीं थी, औद्योगिक प्रतिष्ठानों को गैरकानूनी ढंग से सुविधाएँ देने की अनेक घटनाएँ सामने आती रहीं, लेकिन ये सब सीमित थीं। इंगलैंड में जहाँ निष्पक्ष नौकरशाही की परम्परा बन चुकी थी, औद्योगिक गतिविधियों पर कुछ नियंत्रण भी था। यहाँ तक कि वहाँ के फैक्ट्री इंस्पेक्टरों की रपटों का महत्त्वपूर्ण हाथ था बाल श्रमिकों और महिला श्रमिकों के कामों की अमानवीय स्थितियों को सुधरवाने में।

द्वितीय विश्वयुद्ध के बाद पूरा औद्योगिक परिदृश्य बदल गया। इसके बाद से विशाल बहुराष्ट्रीय कम्पनियों का वर्चस्व कायम हुआ जिनके उत्पादन का ढाँचा विशाल था। इनके उद्योग दुनिया के विभिन्न देशों में फैले थे। इसी तरह इनके कच्चे मालों और बाजार के क्षेत्र भी अनेक देशों में फैले थे। इनका उत्पादन भी इतना बृहद् था कि इन्हें बाजार की शक्तियों के भरोसे नहीं छोड़ा जा सकता था। इसलिए इन उद्योगों को अक्सर सरकारी हस्तक्षेप का सहारा लेना पड़ता था—न सिर्फ

अपने देशों में उत्पादन की स्थितियों को अस्थिर करनेवाली शक्तियों पर काबू पाने के लिए बल्कि दूसरे देशों की राजनीति में भी हस्तक्षेप करने के लिए ताकि इनके उद्योग और संसाधन के स्रोत सुरक्षित रहें। इंटरनेशनल टेलीफोन कम्पनी के ताँबे के स्रोत को सुनिश्चित करने के लिए चिली की मार्क्सवादी सरकार को खत्म करने में अमेरिकी खुफिया एजेंसी सी.आई.ए. की भूमिका जग-जाहिर है। इस तरह बड़े औद्योगिक प्रतिष्ठानों और केन्द्रीयकृत राजकीय सत्ता के बीच एक गहरा पारस्परिकता का सम्बन्ध इस काल में विकसित हुआ। इसी से राजनेताओं और उनकी पार्टियों को प्रत्यक्ष या परोक्ष रूप से धन दे प्रभावित करने का सिलसिला भी खूब फैला।

इसके अलावा उत्पादन के विशाल पैमाने को कायम रखने के लिए उपभोक्ताओं की पसन्द को सर्वोपरि महत्त्व देकर भी जिसे कभी कंज्यूमर्स सोवेरेंटी कहा जाता था, काम नहीं चल सकता था। अब विशाल पैमाने पर विज्ञापनों के जरिये लोगों की उपभोग लिप्सा भी बढ़ाना जरूरी हो गया। इस प्रचार का इतना प्रभाव पड़ा है कि उन सारे लोगों में जो मीडिया से किसी भी रूप में प्रभावित होते हैं, अपनी हैसियत उपभोग की वस्तुओं की फेहरिस्त में वे कहाँ हैं, इससे मालूम होती है। इससे समाज में उपभोग की जाति व्यवस्था कायम हो गई है जिसमें स्वाभाविक ही सभी ब्राह्मण बनना चाहते हैं। नई औद्योगिक सभ्यता ने पुराने ध्वस्त ढाँचों की जगह यही नया ढाँचा समाज को दिया है।

लेकिन यहाँ एक गहरा अन्तर्विरोध पैदा हो गया है। लोकतांत्रिक व्यवस्थाओं में सरकारें अल्पकाल के लिए निर्वाचन के जरिये गठित होती हैं, और प्रशासन चलाने के लिए शक्तिशाली नौकरशाही की भरती किसी निष्पक्ष चयन प्रक्रिया से होती है। इनके कार्यकाल में इन्हें आवश्यक आय और सुविधाएँ तो प्राप्त होती हैं, लेकिन अपने लिए या बाल-बच्चों के लिए अकूत धन अर्जन की सुविधाएँ नहीं जैसी उद्योग-व्यापार के मालिकों को, जबकि उद्योगों की तकदीर बदलने का अधिकार इन्हें प्राप्त होता है। उधर विशाल औद्योगिक प्रतिष्ठन सत्ता का दुरुपयोग कर सुविधा पहुँचाने के एवज में इन्हें भारी रिश्वत देने को तैयार रहते हैं। अनेक दूसरे कारणों से जैसे संसाधनों का ह्रास, पर्यावरण प्रदूषण आदि से वर्तमान औद्योगिक व्यवस्था पर प्रश्नचिह्न लगने लगा है। ऊपर के विश्लेषण से यह लगता है कि भ्रष्टाचार को खत्म करने के लिए भी एकमात्र उपाय विकेन्द्रित उद्योग एवं राज्य व्यवस्था ही लगती है जिसमें मानव स्वभाव के अनुकूल सामाजिक ढाँचा बन सके। तब तक के लिए यत्र-तत्र अग्निशमन अभियान चलते रहेंगे और मीडिया को पर्याप्त मसाला मिलेगा।

हिन्दुस्तान, 23 फरवरी, 1996

12

तहलका डॉट कॉम से उठा शोर तत्काल शान्त हो गया है। इसके रहस्योद्घाटन की जाँच के लिए आयोग भी गठित हो गया है, लेकिन भ्रष्टाचार की समस्या अधिक गहरी छानबीन की माँग करती है। तहलका के रहस्योद्घाटन को सिर्फ वाजपेयी सरकार की विश्वसनीयता से जोड़कर देखने की कोशिश भले ही विपक्षी दलों के लिए राहत या राजनीतिक अवसर हो, दरअसल इसने उस पूरी आर्थिक-राजनीतिक व्यवस्था को कठघरे में खड़ा कर दिया है जिसमें हम रह रहे हैं। इस भ्रम का पर्दाफाश कर कि वाजपेयी सरकार पूर्व सरकारों से ज्यादा साफ-सुथरी है, तहलका ने यह सवाल उठाया है कि अब आगे हम कहाँ जाते हैं। वह सर्वग्रासी भ्रष्टाचार जिसके भीतर हमारे देशवासी जी रहे हैं, इस प्रकरण में नाटकीय ढंग से उजागर हुआ है और हमें अपनी स्थिति पर गम्भीरता से विचार करने को मजबूर करता है। मीडिया ने इस प्रकरण के जरिये इस निष्कर्ष को प्रसारित करने की कोशिश की है कि सभी दलों के नेता भ्रष्ट हैं। इससे लोगों में रूढ़ यह भावना और भी पुष्ट हुई है कि राजनीति करनेवाले सभी लोग भ्रष्ट होते हैं। लोगों की ऐसी ही मानसिकता से सैनिक शासन का आधार बनता है। हमारे पड़ोसी पाकिस्तान की तरह भारत में भी तहलका की पृष्ठभूमि में सैनिक शासन की जमीन तैयार हो सकती थी।

विपक्षी दलों ने जिस तरह यह जानते हुए भी कि आज की स्थिति में वे कोई वैकल्पिक सरकार नहीं बना सकते, संसद का कामकाज ठप कर दिया। उससे इस सोच के लिए पर्याप्त आधार हो सकता था कि सैनिक शासन ही एकमात्र विकल्प रह गया है। यह साफ दिखाई देता था कि जैसी अराजकता देश के सीमावर्ती भागों में फैली थी वैसी देश के केन्द्र में भी पैदा हो गई है। इससे अगला तर्क यह बनता है कि जैसे सीमावर्ती समस्याओं का एकमात्र समाधान फौज के वैसे ही केन्द्र की अराजकता का भी। सैनिक शासन की त्रासदी की तरफ जाने की बात किसी के दिमाग में नहीं उठी तो इसका एक बड़ा कारण यह भी था कि तहलका में सेना के बड़े अधिकारी भी भ्रष्टाचार में लिप्त दिखाए गए हैं। इससे यह आम भ्रम दूर हो गया है कि राजनेता तो भ्रष्ट होते हैं, लेकिन सैनिक

अधिकारी ईमानदार। दरअसल फौजी व्यवस्था में व्यापक भ्रष्टाचार है क्योंकि गोपनीयता सुरक्षा के लिए जरूरी बतलाई जाती है और इससे इसके कामों में सबसे कम पारदर्शिता होती है।

विडम्बना यह है कि मीडिया, जिसने इस प्रकरण में भ्रष्टाचार को उजागर करने में अहम भूमिका निभाई है, कानूनी रूप से मान्यता प्राप्त भ्रष्टाचार के प्रसारण का सबसे प्रमुख माध्यम है। यहाँ हम मीडिया से जुड़े लोगों के छोटे-मोटे भ्रष्टाचार की बात नहीं कर रहे हैं—जैसे वैसे प्रेस सम्मेलनों में भारी संख्या में पहुँचना और उनके समाचारों को विशेष प्रमुखता देना जहाँ नाश्ते-पानी का विशेष प्रबन्ध हो या कीमती शराब की व्यवस्था हो। इससे उन समूहों की बात लोगों की नजरों के सामने आ नहीं पाती जो साधनहीन हैं। प्राय: कम संगठित दबे-पिछड़े समूहों के आयोजनों में प्रेस वाले शिरकत करना जरूरी नहीं समझते जबकि देश की विशाल जनसंख्या ऐसे समूहों की ही बनी है। इसके विपरीत औद्योगिक प्रतिष्ठानों द्वारा आयोजित प्रेस सम्मेलन में तो प्रेस वालों की भीड़ लग जाती है क्योंकि वहाँ न सिर्फ उत्तम भोजन और पेय का प्रबन्ध होता है बल्कि प्राय: कुछ उपहार भी दिए जाते हैं। एक बार तो यह खबर काफी चर्चा में थी कि एक ऐसे प्रेस सम्मेलन में प्रतिनिधियों को बन्द लिफाफे में नोटों के पुलिन्दे भी दिए गए थे, लेकिन ये सब तो पत्रकारिता के खुदरा भ्रष्टाचार हैं।

दरअसल मीडिया का बड़ा भ्रष्टाचार तो विज्ञापनों से जुड़ा है। विज्ञापन का आधार ही झूठ और जहर के प्रचार का लाइसेंस है। इसमें कहीं कुछ छिपा नहीं होता। मोटी रकमों के एवज में सिर्फ अपनी अन्तरात्मा की आवाज को दबा आप निश्चिंत हो समाज के जीवन को नष्ट कर सकते हैं—देश की अर्थव्यवस्था और युवा पीढ़ी के शारीरिक और मानसिक स्वास्थ्य को सिगरेट, शराब या अन्य खाद्य और पेय पदार्थों का आदी बनाकर बरबादी की ओर ले जा सकते हैं। इसके लिए कोई भी उँगली उठाकर आपको भ्रष्टाचारी नहीं कह सकता क्योंकि यह वर्तमान समाज को संचालित करने का मान्यता प्राप्त आधार है। यह बात दीगर है कि यह समाज को ज्यादा बुनियादी ढंग से खोखला करता है, बनिस्पत किसी घटिया हथियार के सौदे के। फिलहाल अखबार से लेकर रेडियो और टीवी तक समस्त मीडिया विज्ञापनों के सहारे खड़ा है और कोई यह दावा नहीं कर सकता कि इन माध्यमों को मिलनेवाले विज्ञापनों का इनसे प्रसारित समाचारों और विचारों से कुछ लेना-देना नहीं होता। बड़े पत्रकारों की बड़ी तनख्वाहें और टीवी स्टारों को अनुबन्धों में मिलनेवाली भारी रकमें हवा हो जाएँ अगर लोगों को सपना बेचनेवाले प्रायोजक न रहें। ये बातें यह याद दिलाने के लिए कही गई हैं कि राजनेताओं और कुछ फौजी अफसरों को निशाना बनाकर हम इन घोटालों में अपनी संलग्नता से बरी नहीं हो सकते। एक टीवी चैनल पर तहलका प्रकरण पर सवाल-जवाब के क्रम में जब

उपस्थित लोगों से यह पूछा गया कि क्या आप में से कोई ऐसा है जिसने कभी घूस नहीं दी हो, तो एक भी हाथ नहीं उठा।

यह हमारी सामाजिक जिन्दगी की असली सच्चाई है। दरअसल आज सारा माहौल देश की राजनीतिक और राजनेताओं को बलि का बकरा बना अपने अपराध बोध से निजात पा लेने का बन रहा है जबकि जरूरत इसकी है कि हम सामूहिक रूप से अपने गुनाहों पर नजर डालें। इसका उत्स कहाँ है, यह पता लगाएँ और फिर स्वच्छ सामाजिक जीवन की ओर कैसे लौट सकते हैं, उस मार्ग की तलाश करें। मर्ज जितना दिखाई देता है उससे ज्यादा गहरा है, यह तो इसी से जाहिर है कि यह सिर्फ हमारे देश की राजनीति तक ही सीमित नहीं। जर्मनी के पूर्व चांसलर कोल, इटली के पूर्व प्रधानमंत्री और कई मंत्री, फ्रांस और ब्रिटेन के कई मंत्री और जापान के कई प्रधानमंत्री और मंत्री भ्रष्टाचार के आरोपों के दायरे में आते रहे हैं। अमेरिका की राजनीति का तो भ्रष्टाचार नियमित चटखारा है। वर्तमान आर्थिक-राजनीतिक व्यवस्था में इसे न टाला जा सकनेवाला 'ऑकुपेशनल हैजार्ड' (यानी पेशे से जुड़ा खतरा) मानकर ही चला जा सकता है। जब हम यह मानकर चलेंगे तो फिर कारण और उपचार की बात सोची जा सकती है।

छोटे पैमाने का पक्षपात और भ्रष्टाचार तो सदा सभ्यता का साथी रहा है। प्राचीन यूनान की तीन देवियों की सौन्दर्य प्रतियोगिता में पेरिस द्वारा सुन्दरी हेलेन को पाने के लोभ में ऐफ्रोडाइट के पक्ष में निर्णय देने की कहानी से तो एक महाकाव्य की कथावस्तु का ही प्रारम्भ होता है। यह फर्क जरूर है कि आधुनिक सौन्दर्य प्रतियोगिताओं में किसी व्यक्ति की बजाय बाजारतंत्र के हित में निर्णय लिए जाते हैं। कृष्ण का पांडवों के लिए पक्षपात और छल तो नीति प्रधान हमारे देश में आज भी आदर्श है। रोम में राजनीति का आधार ही भ्रष्टाचार बन गया था, जहाँ सत्ता के प्रत्याशी नागरिकों को मुफ्त रोटी और सर्कस का लोभ दिखा उनका समर्थन हासिल करते थे। सोलहवीं-सत्रहवीं सदी के ब्रिटेन में भी भ्रष्टाचार एक सम्मानित व्यवस्था थी। आधुनिक विज्ञान के दार्शनिक फ्रांसिस बेकन को रिश्वत लेकर निर्णय देने के लिए सजा दी गई थी। फिर भी पिछले युगों में भ्रष्टाचार के मौके विशेष स्थितियों में यदा-कदा ही आते थे।

वर्तमान पूँजीवादी व्यवस्था में भ्रष्टाचार के स्वरूप में अभूतपूर्व फैलाव आया है। पूँजीवादी व्यवस्था और व्यापार के विश्वव्यापी विस्तार के साथ व्यापार का पैमाना विशाल हो गया है और धीरे-धीरे छोटे व्यक्तिगत स्तर पर निवेश और उत्पादन करनेवाले उद्यमियों का स्थान विशाल औद्योगिक प्रतिष्ठानों ने ले लिया है। ये प्रतिष्ठान अनेक देशों की सरकारों के चरित्र और उनके मिजाज का ख्याल रखकर ही अपने व्यापारिक हितों की रक्षा कर सकते हैं। इसके अलावा दुनिया के बिखरे भूखंडों में फैले उत्पादकों को यह पता नहीं होता कि उनके उत्पादों के ग्राहक कौन हैं। दुनिया

में फैले ग्राहकों को पता नहीं होता है कि उनके लिए उपयुक्त वस्तएँ कहाँ उपलध होंगी। इतना ही नहीं, वर्तमान दुनिया में अनेक उद्योग ऐसी वस्तुओं के उत्पादन में लगे हैं जो आदमी की मूल आवश्यकताओं की पूर्ति नहीं करतीं और उन्हें पहले इन वस्तुओं का आदी बनाना पड़ता है, तब इनकी माँग बढ़ती है। मसलन, कोका कोला या सिगरेट। इस तरह व्यापार को प्रोत्साहित करने के लिए बिचौलियों और प्रचारकों की एक फौज तैयार करना जरूरी हो जाता है। ये बिचौलिए वस्तुओं के संभावित खरीदारों की तलाश कर उन्हें वस्तुओं की उपलब्धता की जानकारी देते हैं। इसी तरह विज्ञापनों की भरमार से लोगों पर वह सम्मोहन छाता है जिससे बिलकुल बेजरूरत और हानिकारक वस्तुएँ जीवन के लिए अपरिहार्य मालूम पड़ने लगती हैं। इन्हीं स्थितियों में दलाली और भ्रष्टाचार की शुरुआत होती है।

लेकिन वर्तमान राजनीतिक सम्बन्धों में भ्रष्टाचार का सबसे बड़ा और मूल कारण है एक तरफ बड़ी राष्ट्रीय और अन्तरराष्ट्रीय औद्योगिक इजारेदारियों का फैलाव और दूसरी तरफ संसार भर में राष्ट्रीय सरकारों के हाथों में अत्यधिक शक्ति का केन्द्रित होना। राष्ट्रों की केन्द्रीय सरकारें काफी हद तक औद्योगिक प्रतिष्ठानों के बाजार को नियंत्रित करती हैं। आयात-निर्यात पर नियंत्रण, देश के भीतर बहुराष्ट्रीय कम्पनियों को उद्योग लगाने या व्यापार करने की इजाजत इन्हीं के अधिकार क्षेत्र में है। विशाल निर्माण कार्य जैसे रेलवे, बाँध, सड़कें, अस्पताल आदि भी प्रत्यक्ष या अप्रत्यक्ष रूप से सरकारों द्वारा ही नियंत्रित होते हैं। इस तरह इनमें विशाल निवेश का रास्ता सरकार की मर्जी से ही खुल सकता है। सबसे बढ़कर रक्षा से सम्बद्ध विशाल खरीदारियाँ पूरी तरह सरकारों के हाथ में होती हैं।

जहाँ अरबों-खरबों की खरीदारी या मुनाफे का मामला होता है, वहाँ कम्पनियाँ कुछ लाख या करोड़ रुपए अपने सौदों की बिक्री सुनिश्चित करने के लिए देने से नहीं हिचकतीं। इसलिए राजनेताओं और प्रशासनिक अधिकारियों पर प्रलोभन का दबाव सदा बना रहता है। आधुनिक चुनाव भी अत्यधिक खर्चीले होते जा रहे हैं क्योंकि राजनीतिक पर सम्पन्न वर्गों की पकड़ है। इन चुनावों के खर्च के लिए पार्टियाँ व्यापारियों से चन्दा इकट्ठा करती हैं और एवज में उन्हें सुविधाएँ मुहैया कराती हैं। तहलका में इसी का एक पहलू उजागर हुआ है। निचले स्तरों पर यह रिश्ता छोटे अधिकारी और छोटे व्यापारी और अपने छोटे-मोटे कामों के लिए सरकारी मुलाजिमों पर आश्रित दूसरे लोगों के बीच कायम होता है। इस तरह देश में भ्रष्टाचार की एक सोपानवत व्यवस्था कायम हो गई है जिसमें सभी स्तर पर शासकों-प्रशासकों और इन पर आश्रितों के बीच लेन-देन का व्यवस्थित तानाबाना स्थापित हो गया है। इसमें वैसे आश्रित बाजी मार ले जाते हैं जो रिश्वत निवेश में माहिर हैं।

सम्पन्न औद्योगिक देशों और भारत में फर्क इतना है कि सम्पन्न देशों में निचले स्तरों का भ्रष्टाचार नगण्य है। इनके दो कारण हैं। एक तो लोगों की आय ज्यादा

होने से छोटी रकम लेने का प्रलोभन नहीं होता। दूसरा कारण यह है कि वर्तमान औद्योगिक व्यवस्थाओं में काम की एक ऐसी संस्कृति बन गई है कि किसी काम को निलम्बित कर रिश्वत देने का दबाव नहीं बनाया जा सकता। उन देशों में इससे सारी व्यवस्था ठप पड़ने लगेगी और हंगामा खड़ा हो जाएगा। अपने देश में कार्य निष्पादन में समय सम्बन्धी कोई ऐसा दबाव नहीं होता जिससे संस्तुतियाँ ऊपर बढ़ती जाएँ। दूसरा, सम्पन्न देशों में लोग शिक्षित हैं और प्रशासन में एक हद की पारदर्शिता विकसित हुई है। इससे भी आम लोगों के साथ अपने सम्बन्धों में प्रतिष्ठानों के कर्मचारी अनुचित दबाव नहीं बना सकते। लेकिन शीर्ष के स्थानों पर ऐसा दबाव होता है और इससे निपटने के लिए विस्तृत नियम बनाए जाते रहे हैं जिससे कामों के निष्पादन पर निगरानी रखी जा सके। इसके बावजूद उन देशों में भी विशाल पैमाने पर रिश्वतखोरी और घोटाले सामने आते रहते हैं। अत्यधिक सम्पन्नता के कारण इससे आम लोगों का जीवन प्रभावित नहीं होता। हमारे देश में तो भ्रष्टाचार गरीब से गरीब लोगों की रोटी और नमक को प्रभावित करता है। अपने देश के सीमित संसाधनों की पृष्ठभूमि में पश्चिमी ढंग के केन्द्रित आर्थिक-राजनीतिक ढाँचे के भीतर हम भ्रष्टाचार की समस्या से निजात नहीं पा सकते। भारत जैसे निर्धन देश में स्वच्छ सामाजिक जीवन के लिए भी विकेन्द्रित आर्थिक और राजनीतिक ढाँचे का ही सहारा ढूँढ़ना होगा।

13

प्रकृति द्वारा निर्धारित सीमाओं की अवहेलना करके भौतिक विकास के आत्यंतिक प्रयास मनुष्य की जीवन प्रक्रिया के लिए अब घोर समस्याएँ पैदा करने लगे हैं। एक भयावह समस्या तो पारम्परिक परिवार और समुदाय के टूटने से पैदा हो रही है। यह समस्या अपरिहार्य इसलिए बन रही है कि आधुनिक औद्योगिक-व्यापारिक व्यवस्था के लिए परिवार और समुदाय के भावनात्मक बन्धन और उनकी वफादारियाँ बाधक सिद्ध होती हैं। आधुनिक समाजशास्त्री इसे 'ऐफेक्टिविटी' यानी भावनात्मक लगाव की जगह 'ऐफेक्टिव न्यूट्रलिटी' यानी भावनात्मक तटस्थता की आवश्यकता के रूप में प्रस्तुत करते हैं। इस व्यवस्था के सुचारु रूप से चलने के लिए मानव रिश्तों का निजी (पर्सनल) की जगह कामकाजी (फंक्शनल) बन जाना जरूरी है। यह ध्यान दिलाना दिलचस्प होगा कि कार्ल मार्क्स ने आज से डेढ़ सौ वर्ष पहले कम्युनिस्ट मैनिफेस्टो में यह लिखा था कि पूँजीवादी व्यवस्था में 'कैश नेक्सस' यानी मुद्रा के लेन-देन के समीकरण बाकी सारे मानव सम्बन्धों का स्थान लेने लगते हैं। इस व्यवस्था की सफलता के लिए जरूरी है कि आदमी परिवार और परिवेश का मोह छोड़कर व्यावसायिक सफलता के लिए अपने प्रतिष्ठान के प्रति पूरी तरह समर्पित हो जाए। वह घर-बार छोड़ संसार के किसी भी कोने में जाकर किसी भी स्थिति में काम करने के लिए तैयार हो जाए। विनियम और निवेश के अन्तरराष्ट्रीय होते जाने के कारण अपनी क्षमता के उपयुक्त काम की तलाश में दूर-दराज जगहों पर जाना उसकी मजबूरी बन गई है।

प्राय: विभिन्न स्थानों के काम और उत्पादन की अपनी विशिष्टता होती है और शिक्षा संस्थाएँ भी इसी के अनुसार विशेषज्ञ पैदा कर रही हैं। अत: यह स्थिति अब अतीत की चीज बन रही है जिसमें जरूरत की अधिकांश वस्तुओं का उत्पादन स्थानीय था और लोगों के रोजगार भी स्थानीय थे। जरूरत होने पर लोग अपने व्यवसाय को बदल सकते थे। नतीजा यह है कि लोगों को घर-परिवार छोड़ दूर-दराज ऐसी जगहों पर जाना ही पड़ता है जहाँ उनके लायक काम मिल सके। चूँकि काम का आधार पारिवारिक नहीं है और लोगों का काम और उनकी आय प्रतिष्ठान द्वारा निर्धारित निजी योग्यता पर निर्भर करती है, एक ही परिवार के विभिन्न सदस्यों की आय में

बहुत ज्यादा फर्क हो जाता है। इससे सम्मिलित परिवार का ढाँचा टूट जाता है और परिवार के सदस्य एक-दूसरे से असंपृक्त, दूर-दराज अपनी अलग दुनिया बसाने का प्रयास करते हैं। कौटुम्बिक अपनत्व आर्थिक गैर-बराबरी के सामने धराशायी हो जाता है। पश्चिमी दुनिया में तो यह प्रक्रिया पूरी हो चुकी है। माँ-बाप, भाई-बहन और दूसरे सगे-सम्बन्धियों से अलग सिर्फ पत्नी-बच्चों के साथ दूर-दराज रहना आम बात बन गई है। औद्योगिक समाज के तनाव और वैयक्तिक महत्त्वाकांक्षाओं की टकराहट से पति-पत्नी का सम्बन्ध भी अस्थायी बनता जा रहा है। बच्चे किशोरावस्था आते-आते परिवार के बन्धन से मुक्त हो अपनी अलग दुनिया बनाने लगते हैं। आदमी का समुदाय तो अतीत की चीज बन ही चुका है। महानगरों में हमपेशा और इक्के-दुक्के मित्रों की मंडली के बाहर किसी समुदाय के बनने की सम्भावना ही नहीं होती। नगरों की भारी भीड़ के बीच अधिकतर लोग नितान्त अकेले होते हैं। एकमात्र साथी सिगरेट, शराब या अन्य नशीली वस्तुएँ होती हैं जिनकी लत खतरनाक बीमारियों की चेतावनियों के बावजूद बढ़ती जा रही है। यह आदमी के अचेतन में बैठी हताशा और असहाय भाव की अभिव्यक्ति भी है। इसीलिए आधुनिक वैभव के साथ एक ऐसा दुष्चक्र बन रहा है जिससे उबरने का कोई उपाय नहीं दिखाई देता है।

अभी हाल में सिंगापुर की घटती आबादी के परिप्रेक्ष्य में इस दुष्चक्र का कुछ आभास मिलता है। सिंगापुर तीसरी दुनिया के सामने आर्थिक तरक्की के नमूने की तरह पेश किया जाता रहा है, लेकिन इस तरक्की के साथ अनेक विकसित देशों की तरह घटती आबादी की समस्या उभरकर सामने आ गई है। यह अनुमान किया जा रहा है कि वहाँ की आबादी कुछ ही वर्षों में आधी हो जाएगी और इसमें ज्यादा संख्या उन लोगों की होगी जो बूढ़े हो चुके हैं। जब हम वहाँ आबादी बढ़ाने के प्रयासों के सामने आनेवाली बाधाओं पर विचार करते हैं तब आधुनिक जीवन का दुष्चक्र दिखाई देने लगता है। सरकार की ओर से वहाँ ऐसे दम्पतियों को उदारतापूर्ण आर्थिक सहायता देने का प्रावधान किया गया है जो दो या अधिक बच्चे पैदा करें, लेकिन वहाँ की सम्पन्नता की आधुनिक व्यवस्था ही इस अभियान के आड़े आ रही है। ज्यादातर दम्पति यह महसूस करते हैं कि अतिरिक्त सन्तान का बोझ उठाना उनके लिए दुष्कर है। वे कहते हैं कि एक बच्चे की देखरेख ही उनकी व्यावसायिक व्यस्तता के कारण मुश्किल है, एक से अधिक बच्चे की देखरेख वे कैसे करेंगे। यह समस्या अनसुलझी है।

पारम्परिक समाजों में, जहाँ परिवार बड़ा होता है। बच्चों और उनकी माताओं की देखभाल के लिए दादा-दादी, चाचा-चाची, नाना-नानी आदि का एक बड़ा समूह होता है। इसलिए परिवार का बड़ा होना कोई समस्या नहीं पैदा करता। चीन के कम्यून की सामूहिक खेती और उद्योगों की व्यवस्था और इजराइल में किबुत्स की सामूहिक खेती की व्यवस्था में काम करनेवाले दम्पतियों की यह समस्या सामने

आई थी। चीन के कम्यूनों में तो सामूहिक भोजनालयों और बच्चों की देखरेख की सामूहिक व्यवस्था करने की कोशिश की गई, लेकिन यह व्यवस्था लोगों को रास नहीं आई और अन्ततः पुराना परिवार वापस लौट आया। कृषि-आधारित ग्रामीण परिवेश में बड़े परिवारों का टूटना फिर भी उतना त्रासद नहीं होता, जितना औद्योगिक महानगरों में। गाँवों के पारम्परिक परिवेश में परिवार के अभाव की पूर्ति कुछ हद तक समुदाय करता है। चूँकि इसमें सभी पड़ोसी विविध तरह के सामाजिक सम्बन्धों से जुड़े होते हैं, आवश्यकता होने पर एक-दूसरे की मदद करना सामुदायिक दायित्व का अंग होता है। परिवार टूटने का सबसे त्रासद रूप औद्योगिक और व्यापारिक महानगरों में दिखाई देता है।

पश्चिमी देशों के सम्बन्ध में यह खबर बार-बार देखने में आती है कि वहाँ के शिशुओं को प्रायः माँ-बाप के क्रूर व्यवहार—जैसे निर्मम पिटाई या घरों में अकेले बन्द कर छोड़ देना—आदि का शिकार होना पड़ता है। इसका एक कारण तो माँ-बाप के व्यस्त जीवन में बच्चों से पैदा व्यवधान से चिड़चिड़ापन हो सकता है, लेकिन इससे भी महत्त्वपूर्ण कारण घर में दादा-दादी या नाना-नानी आदि का न होना है। जहाँ सम्मिलित परिवार होता है वहाँ एक स्वाभाविक 'पेकिंग ऑर्डर' यानी वरीयता का क्रम बन जाता है। ऐसे में जब माँ या बाप बच्चे को एक सीमा से अधिक दंडित करते हैं तो दादा या दादी तुरन्त हस्तक्षेप कर दंड को क्रूरता की सीमा तक जाने से रोक लेते हैं। इस अकेलेपन का एक दूसरा पहलू यह है कि जब माँ-बाप अपने बच्चे के लिए अपनी व्यस्तता के कारण आवश्यक समय नहीं दे पाते तो इससे उनमें अपराध-बोध पैदा होता है। एक जर्मन इतिहासकार के अनुसार इस अपराध-बोध से उबरने के लिए वे बच्चों को खिलौने से लादा करते हैं। इसका असर बच्चे पर यह होता है कि उसमें ज्यादा-से-ज्यादा वस्तुओं को पाने की लालसा पैदा होती है जिसका समाज पर नकारात्मक प्रभाव पड़ता है। इस तरह की समस्या अब हमारे देश के उन परिवारों में भी पैदा हो रही है जिन्हें आधुनिकता की दौड़ में सफल माना जाता है।

पर वर्तमान औद्योगिक व्यवस्था यौवन और बचपन पर ही अपनी डरावनी छाया नहीं डालती। इससे जीवन का दूसरा छोर बुढ़ावा भी त्रासद बन जाता है। व्यावसायिक मूल्यों के सभी सामाजिक सम्बन्धों पर हावी हो जाने से समाज और परिवार में वृद्ध व्यक्तियों का भी अवमूल्यन हो जाता है। पारम्परिक समाजों में महत्त्वपूर्ण मामलों में बड़े-बूढ़ों की राय का वजन सबसे ज्यादा होता था। अब चूँकि जीवन से सम्बन्धित सभी विषयों में निर्णायक भूमिका प्रतिष्ठानों की होती है, वृद्ध लोग जो प्रतिष्ठानों से बाहर होते हैं, इन निर्णयों में कोई भूमिका नहीं अदा करते। अब वे न धन अर्जित करने में कोई भूमिका निभाते हैं और न समाज को दिशा देने में। इस तरह वे उच्छिष्ट वस्तु बन जाते हैं। घर-परिवार और समाज से बहिष्कृत ये बूढ़े लोग अपमान और निराशा की जिन्दगी बिताते हैं। अपने परिवारों से कटे वृद्धों

का जीवन प्राय: इतना अर्थहीन और असुरक्षित हो जाता है कि वृद्धों को कष्टहीन मौत (यूथेनेसिया) प्रदान करने के धन्धे को मान्यता प्रदान करने की माँग विकसित औद्योगिक समाजों में चारों ओर उठने लगी है।

कोई अचरज नहीं कि भारत के सबसे शिक्षित और आधुनिक राज्य केरल में भी वृद्ध लोगों की स्थिति इतनी दयनीय हो गई है कि वहाँ के उच्च न्यायालय में उनके लिए कष्टहीन आत्महत्या को कानूनी मान्यता देने की अपील की गई। वैसे मौत तो मौत ही है, फिर भी जैसी मौत की तलाश फिलहाल आधुनिक मनुष्य कर रहा है उसमें और जो पारम्परिक समाजों में होती थी उसमें एक गुणात्मक भेद जरूर है। पारम्परिक समाजों में मृत्यु की प्रतीक्षा परिजनों के बीच दीर्घकालिक विदाई का एक पर्व बन जाता है, जिसमें बिछुड़ने की पीड़ा के साथ स्नेह की सांत्वना भी है। आधुनिक समाज में अधिकतर सफल लोगों के लिए मृत्यु एकाकीपन और सन्नाटे की एक दुनिया से सीमाहीन शून्य की ओर दूसरी एकाकी यात्रा है। एकाकीपन की इस स्थिति को पूर्णता प्रदान करने के लिए आधुनिक अस्पताल भी ऐसे बनाए जा रहे हैं जहाँ मानव स्पर्श और निगरानी का स्थान कम्प्यूटर और रोबोट ले लें और मरने के पहले ही आदमी का मन सभी मानव संसर्गों से रिक्त हो जाए : एक जीवित समाधि की स्थिति।

क्या अत्याधुनिक समाज बनाने की आकांक्षा का, जो हम पर एक हवस की तरह सवार होती जा रही है, जीवन की बुनियादी जरूरतों के लिहाज से कोई औचित्य है? जीवन की बुनियादी जरूरतों से मतलब है बचपन से लेकर मृत्यु तक जीवन को कष्टदायी शारीरिक और दिमागी श्रम और तनावों से मुक्त रखना और उस हद तक जीवन की आवश्यकताओं की पूर्ति करना जिससे आदमी जीवन से सन्तुष्ट हो। एक उक्ति है, परिणाम से ही माध्यम की सार्थकता सिद्ध होती है। इस दृष्टि से आधुनिकता के पीछे की दौड़ कहाँ तक खरी उतरती है?

उन असंख्य गरीबों की बात हम छोड़ दें जिनके हितों की बलि देकर आधुनिकता के लिए आवश्यक आधार जुटाए जाते हैं। ऊपर जो चर्चा है वह उन थोड़े से लोगों के जीवन से सम्बन्ध रखती है जो एक तरह से आधुनिकता की दौड़ में सफल माने जाते हैं जो प्रतिष्ठानों के मध्यम और ऊँचे पदों तक पहुँच गए हैं। यह विशेषकर उनकी और उनके बाल-बच्चों की स्थिति का ही विवरण है। इसमें बचपन में वर्जना और प्रताड़ना है, जवानी में स्पर्धा और असुरक्षा का तनाव और बुढ़ापे में अर्थहीनता का अवसाद है। इस तरह आधुनिक सभ्यता हासिल करने का अभियान हमें एक ऐसे मुकाम पर ला रहा है जहाँ हम संसार को जीत कर जीवन को हार रहे हैं।

जनसत्ता, 9 नवम्बर, 2000

गैर-बराबरी का सवाल

1

गैर-बराबरी के भावनात्मक मन्तव्य या इससे जुड़ी सामाजिक त्रासदी को हम तभी समझ सकते हैं जब हम इस पर गरीबी के परिप्रेक्ष्य में विचार करें। बिड़ला, अम्बानी बन्धुओं या मित्तल की परिसम्पत्तियों की तुलना करके हम मन बहलाव भर कर सकते हैं : ठीक वैसा ही जैसे ओलम्पिक खेलों में छलाँग लगाने या भारोत्तोलन आदि की प्रतिस्पर्धा देखकर करते हैं। गैर-बराबरी के पीछे के सामाजिक पतन और गहरे सामाजिक अर्थ को हम तभी समझ सकते हैं जब हम इसे गरीबी के एक कारक के रूप में चिह्नित करें। लेकिन मीडिया पर छाए आँकड़ों के खेल सदा गैर-बराबरी और इससे फैली गरीबी के निहितार्थ को ढकने का काम करते हैं। हर दूसरे-तीसरे दिन हम अखबारों में फोर्ब्स पत्रिका से उद्धृत संसार के अमीरों की तुलनात्मक हैसियत पर अचरज भरी निगाह डालते हैं और कभी-कभी गौरवान्वित भी होते हैं कि हमारे अमीर भी दुनिया में अपना रिकॉर्ड सचिन तेन्दुलकर के शतकों की तरह कायम करते जा रहे हैं।

अब धर्म से ज्यादा अम्बानी और सचिन ही वह अफीम हैं जिसमें हम अपने जीवन की हकीकत को भूलने की कोशिश करते हैं। प्राचीन रोम गणराज्य के निर्धन नागरिकों को मुफ्त रोटी और सर्कस से बहलाकर रखा जाता था। आज इसके दो हजार साल बाद हमारे दरिद्रों को भी वैसा ही लाल कार्ड पर सस्ते अनाज और क्रिकेट से बहलाए रखा जा रहा है। ईसा के दो हजार साल बाद की दुनिया में हमारे गरीबों के लिए हालात बहुत बदले नहीं लगते। और ऐश्वर्य लोक अमेरिका के महानगर न्यूयॉर्क में भी, बी.बी.सी. के एक समाचार के अनुसार, वर्ल्ड ट्रेड सेंटर के करीब ही सुबह नौ बजे के आस-पास मुफ्त रोटी के लिए फटेहालों की लम्बी कतार लग जाती है। अन्तरिक्ष यानों से सितारों की दुनिया में छलाँग लगाने की कोशिश में लगी दुनिया में इस जमीनी हकीकत को भी ध्यान में रखना जरूरी है। बल्कि ज्यादा लोगों के लिए यही जिन्दगी की हकीकत है।

जीवन में जिन आँकड़ों के आधार पर हम अपनी स्थिति का अन्दाज करते हैं उसकी प्रासंगिकता की भी जाँच होनी चाहिए। भूमंडलीकरण और उदारीकरण से होनेवाले विकास दर की बढ़ोतरी का एक सूचक राष्ट्रीय आय यानी सकल घरेलू

उत्पाद की वृद्धि दर को माना जाता है। पिछले दिनों इसमें भारी वृद्धि दर्ज होती रही है और सालाना आठ से दस प्रतिशत के बीच तक की वृद्धि दर हासिल करने का दावा रहा है जो यहाँ के विकास दर को दुनिया के सर्वाधिक तेज विकास दरों की श्रेणी में डाल देता है, लेकिन इस तेज विकास दर के काल में ही लाखों किसान कर्ज के बोझ से आत्महत्या करने को मजबूर हुए।

इस विडम्बना को समझने के लिए हमें यह देखना होगा कि दरअसल यह आय कहाँ और किसको हो रही है। अभी संसार भर में आयों का अनुपात तथाकथित सेवा क्षेत्र में लगातार बढ़ रहा है और भारत जैसे कृषि प्रधान देश में जहाँ 60 फीसदी से ज्यादा लोग खेती पर निर्भर हैं, खेती (जिसमें अन्न, गन्ना, कपास, फल, दूध उत्पादन, मछली पालन आदि सभी शामिल हैं) का अनुपात राष्ट्रीय आय में बीस प्रतिशत पर सिमट गया है। दूसरी ओर सेवा क्षेत्र में सेवा का अर्थ मूलत: व्यापार से सम्बद्ध होटल, बैंकिंग, सूचना, संचार और इससे जुड़े उद्योग जैसे कम्प्यूटर सॉफ्टवेयर, आउटसोर्सिंग आदि हैं—सबसे अधिक आय होती है। यह सहज ही समझा जा सकता है कि कम्प्यूटर सॉफ्टवेयर विंडो का निर्माता बिल गेट्स दुनिया के दो-तीन सबसे अमीर व्यक्तियों में है जिसकी सम्पत्ति खरबों रुपए है—आँकड़ों के बाहर जिसकी हम कल्पना भी नहीं कर सकते।

लेकिन आत्महत्या करनेवाले किसान दुनिया के सबसे गरीब लोग नहीं हैं। वे तो वैसे लोग हैं जिनके पास भले ही बहुत छोटी-काश्त की अपनी जमीन थी जिस पर वे बैंकों से ऋण ले सकते थे।

इसके बाहर भारी संख्या में ऐसे लोग हैं जिनके पास उस झोंपड़ी को छोड़ जिसमें वे गुजारा करते हैं बाकी कुछ भी नहीं है और कहीं-कहीं तो वह झोंपड़ी भी उनकी अपनी नहीं। उनके पास कोई स्थायी रोजगार भी नहीं होता। वे प्राय: रोजगार की तलाश में अकेले या झुंड में भटकते रहते हैं। यही उनके जीवन की त्रासदी है जिसे हम अप्रवासियों की समस्या के रूप में या घुसपैठियों के रूप में चिह्नित करते हैं। हम बांग्लादेशियों की घुसपैठ से परेशान हैं तो अमेरिका मैक्सिको के घुसपैठियों से, जिसे रोकने के लिए वह अब दीवार खड़ी करने की योजना चला रहा है। जब हम ऐसे करोड़ों लोगों के बारे में विचार करते हैं तो गैर-बराबरी से पैदा जिन्दगी की असली त्रासदी उजागर होती है।

इस दृष्टि से गरीबी का अर्थ है, वह आत्यन्तिक अभाव की स्थिति जिसमें न्यूनतम पोषक तत्त्वों के अभाव एवं सर्दी, गर्मी, बरसात आदि से बचाव के लिए न्यूनतम वस्त्र और उपयुक्त आवास के अभाव में शारीरिक क्षरण और इससे पैदा कमजोरी और बीमारी से आदमी की अकाल मृत्यु होती रहती है या—अगर जीवन रक्षक दवाइयों से मृत्यु को रोके भी रखा जाए तो—जीना जीवन को घसीटने की यातना भर बनकर रह जाती है जो मृत्यु से बदतर स्थिति होती है। इस स्थिति को

आँकड़ों से नहीं समझा जा सकता। इसे हम ठीक-ठीक तभी समझ सकते हैं जब हम बिहार जैसे राज्यों में वृद्धावस्था और कुपोषण के कारण तपेदिक और दूसरी बीमारियों से पीड़ित विभिन्न आयु के लोगों पर नजर डालें।

अक्सर अखबारों में डारफुर (सूडान) के पीड़ितों की तसवीर संयुक्त राष्ट्र संघ की ओर से, लोगों की संवेदना जगाने के लिए, प्रकाशित होती रहती है। वैसी तसवीर तो हम बिहार के गाँवों और कस्बों में अपने आस-पास रोज देख सकते हैं, लेकिन इसके लिए बिहार के गाँवों और कस्बों में जाने की भी जरूरत नहीं है। यहीं दिल्ली की झुग्गियों में भी हम यह तसवीर देख सकते हैं अगर हम आँखें खोलकर रखें। फर्क सिर्फ पैमाने का है। या फर्क इतना ही का है कि कहीं इस तरह की यातनाएँ मजहबी और कबायली दंगों के परिणाम हैं तो कहीं व्यवस्था द्वारा जीवन पर हो रही चौतरफा मार के परिणाम। और परोक्ष रूप से हम सभी वैसे लोग जो इस व्यवस्था से ऊँचा जीवन स्तर पाते हैं इस दर्दनाक स्थिति के लिए जिम्मेदार हैं।

ऊपर वर्णित कुछ रुझानों को हम सीधा भूमंडलीकरण से जोड़कर देख सकते हैं—जैसे सेवा क्षेत्र में आयों के भारी इजाफे या लोगों के विस्थापन को। विस्थापन के मर्म पर हम बाद में विचार करेंगे, लेकिन मोटा-मोटी यह तो दिखाई देता ही है कि लोग अपने गाँव और शहर से रोजगार की तलाश से तभी बाहर निकलते हैं जब उन्हें एक ऐसी खुली दुनिया की उपस्थिति का एहसास होता है जहाँ किसी तरह का रोजगार पाने और नई जिन्दगी शुरू करने की सम्भावना दिखाई देती है। ऐसा नहीं है कि श्रमिकों को अपनी धरती छोड़कर काम के लिए दूर-दराज देशों में पहली बार जाना पड़ रहा है। इसके पहले भी हमारे पूर्वजों को गरीबी और दुर्भिक्ष से बचने के लिए बन्धुआ मजदूर बनकर बाहर जाना पड़ा था। इसी क्रम में झारखंड के आदिवासी चाय बागानों में काम करने के लिए असम और बंगाल के पर्वतीय क्षेत्रों में ले जाए गए या फिर पूर्वी उत्तर प्रदेश और बिहार के लोगों को बन्धुआ मजदूर के रूप में मौरिसस, ट्रिनिडाड, फिजी, गुयाना आदि में विभिन्न तरह के कामों के लिए लगभग दो सौ साल पहले ले जाया गया। वहाँ आज वे आबादी के महत्त्वपूर्ण भाग बन गए हैं।

लेकिन इससे भी अधिक अमानवीय ढंग से अफ्रीकी मूल के लोगों को खेती के काम के लिए पकड़कर अमेरिका ले जाया गया। प्राय: उन्हें आखेट के जरिये बन्दी बना जहाजों में लादकर पहुँचाया जाता था। यह यात्रा इतनी दु:खदायी और जोखिम भरी होती थी कि प्राय: आधे बन्दी रास्ते में ही मर जाते थे। इस तरह करोड़ों की संख्या में अफ्रीकी लोगों को गुलाम बना उत्तरी और दक्षिणी अमेरिका में लाया गया। यही श्रमिक आधार थे वहाँ के गन्ना, कपास, तम्बाकू तथा दूसरी तरह की खेती और बागवानी के। यह पूँजीवाद का उषाकाल था और औद्योगिक

क्रान्ति की विलक्षण ऊर्जा का आधार यही गुलामी और अर्धगुलामी की अवस्था में किया गया मानव शोषण था। यह भूमंडलीकरण यानी अपनी जड़ों से काट वैश्विक नागरिक बनाने का प्रथम अध्याय था। इसी से पूँजी अपने शैशव से—जिसे मार्क्स ने पूँजी के आदि संचय का काल कहा था—निकलकर प्रौढ़ता की ओर बढ़ी थी।

ऊपर की बातों का जिक्र करना जरूरी लगता है क्योंकि भूमंडलीकरण की प्रक्रिया तो पूँजीवाद के प्रारम्भ से ही शुरू हो गई थी। आज सिर्फ पूँजी का वर्चस्व कुछ अधिक अनियंत्रित है और इससे वैश्विक संचरण और आदान-प्रदान उन्मुक्त दिखाई देता है, लेकिन भूमंडलीकरण के उद्घोष के पीछे एक आह्लाद का भाव भी है। क्योंकि बीसवीं सदी के प्रारम्भ से मजदूर आन्दोलन के विकास, समाजवाद की तरफ रुझान और रूस तथा चीन की क्रान्तियों ने पूँजीवाद के भविष्य पर एक प्रश्न चिह्न लगा दिया था। कार्ल मार्क्स का मसीहाई उद्घोष कि पूँजीवाद सर्वहारा के रूप में अनिवार्य रूप से अपनी कब्र खोदनेवाला वर्ग तैयार कर रहा है, से एक डरावनी छाया तो बन ही रही थी। सोवियत संघ के विघटन और चीन की उन्मुक्त बाजार व्यवस्था, यानी पूँजीवाद व्यवस्था का, ओजस्वी पक्षधर बन जाने के बाद से पूँजीवाद और इसका वैश्विक वर्चस्व इतिहास की नियति और मानव विकास की अन्तिम परिणति दिखाई देने लगी। इसलिए यह रेखांकित करना जरूरी लगता है कि वैश्वीकरण को पूँजीवाद के विकास की अनिवार्य प्रक्रिया के रूप में ही समझने की कोशिश करनी चाहिए।

आज दुनिया की बढ़ती गैर-बराबरी को बुनियादी तौर से पूँजीवाद की परिणति के रूप में ही समझा जा सकता है। वैश्वीकरण समाज का कोई नया रूपान्तरण नहीं जहाँ संसार के लोगों की नई साझीदारी या बिरादरी बन रही है। दरअसल यह प्रत्येक क्षेत्र में आबादियों के विभिन्न श्रेणियों के बीच और फिर देश-देश के बीच सम्पन्नता और विपन्नता की खाई गहरी करती जा रही है। संयुक्त राष्ट्र संघ के 2006 के मानव विकास रपट में वर्णित इन तथ्यों से यह बात साफ जाहिर होती है। इसमें लिखा है :

"...इस बीच दुनिया के उत्तरी भाग की आबादी के 20 प्रतिशत लोगों की औसत आय नीचे की 20 प्रतिशत आबादी की औसत आय का पचास गुना है।"

"वैश्विक आमदनी का बँटवारा शैम्पेन के गिलास के समदृश्य है। शीर्ष पर जहाँ गिलास सबसे चौड़ा है, आबादी का सबसे सम्पन्न 20 प्रतिशत दुनिया की आय के तीन-चौथाई का मालिक हैं। गिलास का सबसे निचला हिस्सा जो सबसे पतला है—सबसे गरीब 40 प्रतिशत दुनिया की आय के 5 प्रतिशत का अधिकारी है और सबसे गरीब 20 प्रतिशत महज 1.5 प्रतिशत का अधिकारी। इन सबसे गरीब 40 प्रतिशत लोगों की संख्या मोटा-मोटी 2 अरब है जो 2 डॉलर प्रतिदिन से कम पर गुजारा करते हैं।"

"समय के साथ 20 प्रतिशत निचले हिस्से की क्षेत्रीय स्थिति में क्या बदलाव आया है? दक्षिण एशिया का हिस्सा तेजी से गिरकर 1980 के आधे से एक-तिहाई पर आ गया है। यह दो दशक की औसत आमदनी की गिरावट को प्रतिबिम्बित करता है। सहारा के दक्षिणी भाग के लोगों में प्रत्येक दो में एक आदमी दुनिया के 20 प्रतिशत आय में सबसे गरीब लोगों में है। इसकी तुलना पूर्वी एशिया के पाँच में एक और दक्षिण एशिया के चार में एक से की जा सकती है। कोई अचरज की बात नहीं कि अमीर देशों की प्रधानता 20 प्रतिशत ऊपर हिस्से में हैं। उनके 10 में 9 नागरिक 20 प्रतिशत सबसे धनी लोगों में हैं और 'आर्गेनाइजेशन फॉर इकोनोमिक को-ऑपरेशन एंड डेवलपमेंट' (ओ.ई.सी.डी.) के देशों की आय दुनिया की आय का 85 प्रतिशत है।"

"वैश्विक गैर-बराबरी की बहस में जो बात प्राय: ओझल रहती है वह यह कि चाहे जो मापदंड अपनाए जाएँ और बिना इस बात का लिहाज किए कि आय बढ़ रही है या घट रही है, यह गैर-बराबरी अत्यधिक है। मोटा-मोटी अनुमान के अनुसार फोर्ब्स मैगजीन में शुमार किए गए सबसे धनी 500 लोगों की आमदनी, जो उनके पूरे धन के 5 प्रतिशत से ज्यादा नहीं होता, 41.6 करोड़ सबसे गरीब लोगों की आय से अधिक होती है।"

जिस तरह की गैर-बराबरी देशों और विभिन्न वर्गों के लोगों की आय और जीवन की सुविधाओं में हो रही है वैसी ही गैर-बराबरी देशों के भीतर भी विविध क्षेत्रों और राज्यों के बीच भी देखी जा सकती है। संयुक्त राष्ट्र संघ की इसी रपट में भारत के राज्यों के बीच की स्थिति की विषमता को दर्शानेवाली यह तालिका दी गई है।

भारत के राज्यों के बीच गैर-बराबरी की तालिका

सूचक	भारत	केरल	बिहार	राजस्थान	उत्तर प्रदेश
आबादी की महिलाओं का प्रतिशत	48	52	49	48	48
5 वर्ष से कम आयु का शिशु (मृत्यु दर प्रति हजार में)	95	19	105	115	123
प्रति महिला प्रजनन का दर	2.9	2	3.5	3.4	4
जन्म के समय स्वास्थ्य सेवा की उपलब्धि	42	94	23	36	3
शिशुओं के सभी टीकाकरण की उपलब्धि	42	80	11	16	29

ऊपर बतलाई गई स्थिति की पुष्टि दिल्ली के ह्यूमन डेवलपमेंट रिपोर्ट 2006 से भी होती है।

गार्जियन न्यूज पेपर्स के जेम्स रैंडर्सन के 'हिन्दू' के 6 दिसम्बर, 2006 में प्रकाशित एक लेख में कहा गया है कि "दुनिया के सबसे धनाढ्य एक प्रतिशत लोग

हमारे नक्षत्र का 40 प्रतिशत सम्पत्ति के मालिक हैं।" यह सम्पत्ति बँटवारे के सबसे व्यापक अध्ययन का नतीजा है। 'वर्ल्ड इंस्टीट्यूट फॉर डेवलपमेंट इकोनोमिक्स रिचर्स ऑफ दी यूनाइटेड नेशन्स' ने पहले-पहल आमदनी के विभाजन की बजाय संसार की सम्पत्ति के विभाजन का अध्ययन किया है जिसका यह निष्कर्ष है। लेख के मुताबिक यूरोप, अमेरिका और कुछ एशिया प्रशान्त के देश में सबसे धनाढ्य लोग रहते हैं। इसमें एक-तिहाई लोग अमेरिका में रहते हैं, जापान में 26 प्रतिशत, ब्रिटेन में छह प्रतिशत और फ्रांस में इसमें 5 प्रतिशत लोग रहते हैं। 2000 ईस्वी के आँकड़ों के अनुसार ब्रिटेन के नागरकों की औसत सम्पत्ति 126,000 डॉलर, जापान के नागरिकों की 181,000 डॉलर और अमेरिका की 144,000 डॉलर थी।

रिपोर्ट के अनुसार सबसे सम्पन्न 10 प्रतिशत वयस्क संसार के 85 प्रतिशत संसाधनों के मालिक हैं। दुनिया की आधी आबादी संसार के संसाधनों के महज एक प्रतिशत की मालिक है। सूची के निचले छोर के पास भारत 1100 डॉलर और इंडोनेशिया 1400 डॉलर के साथ स्थित है।"

गार्जियन न्यूज पेपर्स के ही 'हिन्दू' में प्रकाशित ट्रिस्ट्राम हंट के लेख (हिन्दू, 20 जुलाई, 2007) में यह कहा गया है कि वर्तमान ब्रिटेन के शहरी क्षेत्र में गैर-बराबरी का स्तर वही होता जा रहा है जो विक्टोरिया के काल में था। इस सन्दर्भ में वह फ्रेडरिक एंगेल्स द्वारा 1845 ईस्वी में लिखी पुस्तक 'कंडीशन ऑफ द वर्किंग क्लास इन इंगलैंड' का जिक्र करता है। गरीब और अमीर के रहन-सहन और आवासीय मुहल्लों के बीच वैसा ही विभाजन दिखाई देता है जैसा डेढ़ सौ साल पहले के विवरण से ज्ञात होता है। इस बात का जिक्र करना इसलिए जरूरी लगता है क्योंकि बीसवीं शताब्दी के पूर्वार्द्ध के मजदूर आन्दोलन और समाजवादी विचार के प्रभाव एवं द्वितीय विश्वयुद्ध के बाद की लेबर पार्टी की सरकारों द्वारा निचले वर्ग के जीवन की स्थितियों को सुधरने के प्रयासों ने इस फर्क पर खरोंच लगाना शुरू किया था, लेकिन मार्गरेट थैचर के सत्ता में आने और तथाकथित नवउदारवादी नीतियों की सफलता तथा टोनी ब्लेयर द्वारा मूलत: उसी नीति को लेकर चलने से स्थिति पूरी तरह बदल गई और गैर-बराबरी अपने चरम दौर में है। यही नवउदारवादी नीति आज की तथाकथित वैश्वीकरण का आधार है।

ध्यान में रखने की बात यह है कि सम्पन्नता के रिसाव या टपकन (ट्रिकल डॉउन थ्योरी) से निचले स्तरों पर सम्पन्नता के विस्तार का कोई चिह्न दिखाई नहीं देता। उल्टा दिनोदिन शैम्पेन के गिलास का ऊपरी भाग ही अधिक फैलता जा रहा है और निचला हिस्सा दिनोदिन संकीर्ण होता जा रहा है। यही कहा जा सकता है कि पूँजीवादी व्यवस्था में गुरुत्वाकर्षण का नियम उलट जाता है और टपकन नीचे से ऊपर की ओर ही होता है जिससे गरीब और गरीब और अमीर और अमीर होते जाते हैं।

सभी सामाजिक व्यवस्थाओं के कुछ निर्धारक मूल्य होते हैं जिससे इसके भीतर के मनुष्यों और समूहों के सम्बन्ध और उनकी गतिशीलता निर्धारित होती है। पूँजीवादी समाज को गतिशील करनेवाली ऊर्जा का स्रोत (सोशल डायनामिक्स) लोभ और ईर्ष्या होता है। ई.एफ. शुमाखर ने अपनी सुप्रसिद्ध पुस्तक 'स्मॉल इस ब्यूटीफुल' में इस बात का जिक्र किया है कि मेनार्ड कीन्स—जो उसका गुरु भी था—का मानना था कि समाज के विकास के लिए कम-से-कम सौ वर्ष के लिए लोभ और ईर्ष्या (ग्रीड एंड एन्वी) का बना रहना जरूरी है। निश्चित रूप से इस महान अर्थशास्त्री को अपने शास्त्र के केन्द्रीय मूल्य की पहचान थी। मोटा-मोटी इस व्यवस्था को परिचालित रखने के लिए हर आदमी को सामनेवाले से प्रतिस्पर्धा में आगे निकलना है—पूँजीपतियों को दूसरे पूँजीपतियों से, व्यवस्थापकों को दूसरे व्यवस्थापकों से और स्वयं मजदूरों को उद्योगों की उभरती सोपानवत व्यवस्था में दूसरे मजदूरों से आगे। इसीलिए मजदूरों की एकता का नारा जो कभी मजदूर आन्दोलन का आधार था, शिथिल पड़ गया है और अतिविकसित औद्योगिक देशों में स्वयं श्रमिक इतने स्तरों में विभाजित हैं कि एक-दूसरे से आगे बढ़ने की प्रतिस्पर्धा में वर्गीय चेतना शिथिल पड़ती गई है।

सबसे विकसित औद्योगिक देशों में समाजवादी आन्दोलन के ह्रास के पीछे इस नई चेतना की महत्त्वपूर्ण भूमिका है। इस तरह वैश्वीकरण के दौर में संसार के वे सारे हिस्से जो इस व्यवस्था से सम्बद्ध हैं एक 'एस्केलेटर' का अंग बन गए हैं। एक अर्थ में यह 'एस्केलेटर' ऊपर बढ़ रहा है—सभी लोग पहले से अधिक कपड़े पहनने लगे हैं, पौष्टिकता जो भी हो, पेयों और पकवानों की संख्या बढ़ने लगी है। काम के लिए या काम की तलाश में लोग लम्बी दूरियाँ तय करने लगे हैं। सब मिलकर संसाधनों और ऊर्जा की खपत बढ़ती जा रही है। ज्यादातर लोग वे भी जो 'एस्केलेटर' की निचली सीढ़ी पर हैं, आश्वस्त हैं कि वे ऊपरी जगह पर पहुँचेंगे क्योंकि 'एस्केलेटर' लगातार आगे बढ़ रहा है। जो बात प्राय: ओझल रहती है वह यह कि एस्केलेटर चालू रहे इसके लिए लगातार ऊर्जा और दूसरे तरह के संसाधनों की आपूर्ति अविच्छिन्न होनी चाहिए।

शायद यह सम्भव होता अगर लोगों की जरूरतें और इस हिसाब से उत्पादित वस्तुओं की संख्या सीमित होती। शायद इसी कल्पना से साम्यवाद को उस व्यवस्था के रूप में परिभाषित किया गया था जहाँ, "सभी व्यक्तियों से उनकी शक्ति के हिसाब से काम लिया जाएगा और सभी व्यक्तियों को उनकी आवश्यकता के हिसाब से पारिश्रमिक मुहैया कराया जाएगा।"

लेकिन पूँजीवादी व्यवस्था का विशिष्ट गुण यह है कि यह उत्पादन को आवश्यकता से मुक्त कर देती है। यह गुण इसे अपने सभी पूर्ववर्ती समाजों से भिन्न बना देता है। इतिहास में जितने भी पूर्ववर्ती समाज रहे हैं उन सबमें उत्पादन लोगों की जरूरत पूरा करने के लिए होता था। जरूरत में आम लोगों और अभिजन

दोनों की जरूरतें शामिल होती थीं—जैसे सामन्ती समाज में तख्त और ताज एवं सामन्तों को विशेष साज-सज्जा की सामग्रियों की, लेकिन इन जरूरतों की पूर्ति के बाद उत्पादन पर विराम लग जाता था। पूँजीवादी समाज सभी पूर्ववर्ती समाजों से इस अर्थ में भिन्न है कि इसमें उत्पादन का एकमात्र लक्ष्य मुनाफा कमाना होता है—बिना इसका लिहाज किए कि जो उत्पादन हो रहा है वह जरूरी है, बे-जरूरी है या जहरीला है। चूँकि उत्पादन का एक मात्र लक्ष्य बिक्री और मुनाफा है—चाहे जिस किसी वस्तु का भी उत्पादन हो—इसे फैलाते जाना है। एक मात्र समस्या बाजार की उपलब्धि की होती है। इसी से पूँजीवादी व्यवस्था का एक बड़ा उद्यम होता है आवश्यकताओं का आविष्कार।

पहले कहावत थी कि आवश्यकता आविष्कार की जननी है। पूँजीवादी व्यवस्था में स्वयं आवश्यकताओं का आविष्कार एक बड़ा उद्योग है और अनेक शोध संस्थाएँ और प्रयोगशालाएँ नई आवश्यकताओं का ईजाद करने में लगी रहती हैं। चूँकि उत्पादन का विस्तार व्यवस्था का एकमात्र लक्ष्य है, क्योंकि उत्पादित वस्तुओं की बिक्री से ही मुनाफा का लक्ष्य पूरा होता है, तम्बाकू जैसे सिद्ध जहर के उत्पादों को भी प्रतिबन्धित नहीं किया जा सकता। पूँजीवाद की इस विशेषता को ध्यान में रखकर ही हम इस विलक्षण स्थिति को समझ सकते हैं कि अफीम के व्यापार पर से रोक हटाने के लिए ब्रिटेन ने चीन के खिलाफ 1840-42 में युद्ध तक किया और वहाँ की सरकार को इस व्यापार को निर्बाध चलने देने के लिए मजबूर किया। यही कारण है कि यह सिद्ध होने के बावजूद कि कोलो-पेयों में कीटनाशक होते हैं, और इससे हमारा भूजल स्तर बुरी तरह प्रभावित होता है (मसलन केरल के प्लाचिमारा में) हमारी सरकार और संसद इन कम्पनियों के खिलाफ कुछ करने में पक्षाघात का शिकार बन जाती हैं।

भूमंडलीकरण के दौर में जबकि सारा संसार पूँजीवादी उत्पादन और विपणन के घेरे में आ गया है लोभ और प्रतिस्पर्धा को जीवन का नियामक मूल्य और मुनाफे के लिए उत्पादन विस्तार को एकमात्र लक्ष्य माननेवाली व्यवस्था जीवन के अस्तित्व को ही खतरे में डाल देती है। लोभ मनुष्य की इच्छाओं को सीमाहन बना सकता है। महात्मा गांधी की यह युक्ति काफी प्रसिद्ध है कि 'दुनिया में सबकी जरूरत के लिए काफी है, लेकिन एक आदमी के लालच के लिए काफी नहीं है'। इसकी सच्चाई तो इसी में देखी जा सकती है कि अरबों-खरबों की सम्पत्ति के मालिक भी रोज नए अधिग्रहण से अपनी सम्पत्ति का विस्तार करने की कोशिश करते हैं जबकि जीवन की आवश्यकताओं से इस विस्तार का कोई सम्बन्ध नहीं है।

असली खतरा यह है कि आवश्यक उपभोग से लगनेवाली सीमा से मुक्त, उत्पादन सीमाहीन होता जा रहा है, लेकिन उत्पादन शून्य से नहीं होता। इसके लिए पदार्थ और ऊर्जा की जरूरत होती है जिसे आधुनिक भाषा में संसाधन कहते हैं।

लेकिन मनुष्य संसाधनों का सर्जक नहीं होता। वह अपनी उत्पादन प्रक्रिया में सिर्फ इसका रूपान्तरण कर सकता है। इसी बिन्दु पर संकट की शुरुआत होती है। संसार में पदार्थ और ऊर्जा सीमित हैं और हमारी धरती एक सीमित नक्षत्र है। इस सीमित नक्षत्र के सीमित संसाधनों से उत्पादों के सीमाहीन विस्तार की महत्त्वाकांक्षा व्यवस्थाजन्य सामूहिक पागलपन है जिसका खामियाजा हम संसाधनों की लूट-खसोट, युद्धों और न पलटे जा सकनेवाले (इरिवर्सिबल) पर्यावरण के क्षय के रूप में देख रहे हैं।

चूँकि व्यवस्था वैश्विक बन गई है। संसार का कोई भी कोना इस लूट-खसोट के दायरे से अछूता नहीं। छत्तीसगढ़, उड़ीसा एवं झारखंड के आदिवासी जो सदियों से अपने पर्वतीय परिवेश में वनोपजों और पारम्परिक खेती-बारी से निर्विघ्न जीवनयापन करते थे, विकास के प्लेग से आक्रान्त हैं। आज खनिजों की तलाश में विशाल बहुराष्ट्रीय कम्पनियाँ उनकी भूमि पर कब्जा कर रही हैं। पर्वतों को तोड़ उनके निर्मल परिवेश को धुआँ और कचरे के अम्बार में तब्दील किया जा रहा है और वे आदिवासी स्वयं विस्थापित हो नगरों और महानगरों की गन्दी बस्तियों में कीड़े का जीवन जीने को अभिशप्त हो रहे हैं। नर्मदा नदी की घाटी के हरे-भरे अंचलों में हजारों साल से जीवनयापन करनेवाले किसान और आदिवासी ऊर्जा की भूखी व्यवस्था द्वारा निर्मित भीमकाय बाँधों से डूब क्षेत्र में आ गए हैं और उजड़कर दसों दिशाओं में बिखर गए हैं।

वैश्विक विकास के चकाचौंध की मारी हमारी लोकतांत्रिक और न्यायिक व्यवस्थाएँ सिर्फ मूक दर्शक ही नहीं हैं बल्कि विकास के इस महाभोज में उत्प्रेरक की भूमिका निभा रही हैं। जब अपनी हालत से बेहाल नौजवान व्यवस्था के खिलाफ हथियार उठा लेते हैं तो उन्हें आतंकवादी करार दिया जाता है। यह उस प्रक्रिया से बहुत भिन्न नहीं जिसमें इराक के तेल पर कब्जा के लिए अमेरिकी परमाणु बमों का बहाना बना आक्रमण कर उस पर कब्जा करते हैं। संयुक्त राष्ट्र संघ मूक दर्शक रहता है। अब तेल के दूसरे क्षेत्र ईरान पर शिकंजा कसने की तैयारी हो रही है। हजारों परमाणु और हाइड्रोजन बम के जखीरा पर बैठा अमेरिका ईरान को इस बात के लिए मुजरिम करार देने के उद्यम में लगा है कि वह परमाणु बम विकसित करने में प्रयासरत है। सारे संसार के संसाधनों पर सम्पन्न देशों और उनके निगमों की ललचाई आँखें लगी हैं। वेनेजुएला अपने तेल के कारण अमेरिका के निशाने पर है। म्यांमार की जुंटा के खिलाफ हम आवाज नहीं उठा सकते क्योंकि हमारे पड़ोस में वहाँ भी तेल और गैस की सम्भावना है। तिब्बत में दलाई लामा के इस आश्वासन के बावजूद कि वे फिलहाल तिब्बत की आजादी को व्यावहारिक नहीं मानते सिर्फ स्थानीय स्वायत्तता चाहते हैं—चीन की सरकार सन्तुष्ट नहीं है। क्योंकि उसकी निगाह तिब्बत के विशाल भूखंड में सम्भावित संसाधनों पर लगी है जिसके इस्तेमाल पर तिब्बत की स्वायत्तता बाधा उपस्थित कर सकती है। इसके लिए अपने

पारम्परिक जीवन से सन्तुष्ट इस शान्त समाज को भूमंडलीकरण की मुख्य धारा में लाने के लिए चीन ने अरबों डॉलर खर्च कर संसार की शायद सबसे ऊँची रेल यातायात कायम की है।

भविष्य में भूमंडलीकृत होते-होते हिमालय के ग्लेशियर पिघल चुके होंगे। इसके पड़ोस में फैला विशाल प्रदेश रेगिस्तान बन चुका होगा और लोग जीवन की तलाश में उत्तर ढलान से होते हुए टुंड्रा के प्रदेशों की ओर प्रस्थान करेंगे—शायद शिकार से पेट भरने की आशा से क्योंकि जलवायु गर्म होने से सम्भवत: वहाँ जंगलों और जंगली जीवों की भरमार होने लगेगी। सम्पन्नता के कुछ छोटे-मोटे द्वीप कायम रहेंगे, लेकिन विशाल संख्या में आम आदमी जलवायु परिवर्तन से आज से सैकड़ों या हजारों साल पहले की जीवन की स्थिति में पहुँच जाएँगे। यह गैर-बराबरी का एक नया अध्याय होगा जिसमें थोड़े-से लोग नवीनतम तकनीकी से जीवनयापन करेंगे और बाकी लोग आखेट से या कंदमूल, फल आदि जमा कर उसको ही अपनी आजीविका का आधार बनाएँगे। या मानववंश एच.जी. वेल्स की टाइम मशीन में कल्पित उस भविष्य की ओर जाएगा जहाँ दो प्रजातियों में विभाजित मनुष्यों की एक प्रजाति दूसरे को खाद्य सामग्री बनाने के लिए उनकी वैसी ही फार्मिंग करेगी जैसे आज चिकेन फार्मिंग होती है।

8 अप्रैल, 2008 को दिल्ली में दिया गया
राहुल सांस्कृत्यायन स्मारक व्याख्यान

2

वर्तमान समय में चीन दुनिया भर में वामपंथ के लिए दो विपरीत प्रेरणाओं का स्रोत बना हुआ है और ये प्रेरणाएँ अलग-अलग तरह से त्रासद नियति की ओर ले जानेवाली भी हैं। एक प्रेरणा के स्रोत हैं माओ, जिनके साथ न सिर्फ 1929 से 1949 तक का क्रान्तिकारी अभियान जुड़ा है, जिस क्रम में चीन जापानी साम्राज्यवाद और कौमिंगतांग और इसके पीछे के अमेरिकी प्रभाव से पूरी तरह मुक्त हुआ। इसके साथ ही चांग काई शेक का चीन छोड़ फारमोसा (वर्तमान ताइवान) के लिए पलायन हुआ और हांगकांग और मकाओ को छोड़ तिब्बत समेत पूरे चीन पर कम्युनिस्ट शासन कायम हुआ, लेकिन इससे आगे बढ़कर माओ का नाम 1960 और 1970 के दशक की 'सांस्कृतिक क्रान्ति' से जुड़ा है जिसने चीन की हजारों साल पुरानी परम्पराओं और स्वयं कम्युनिस्ट व्यवस्था से जुड़ी वरीयता और ओहदे की मर्यादा को झकझोर कर ध्वस्त कर दिया।

पहले अभियान ने चीन के करोड़ों किसानों को सत्ता-संघर्ष के केन्द्र में ला दिया। सांस्कृतिक क्रान्ति के अभियान ने चीन के छात्रों और नौजवानों को कन्फ्यूशियस के चीन में, जहाँ बुजुर्ग अत्यधिक महिमामंडित थे और परम्परा से मिली लीक पर चलना ही कर्तव्य पालन था—सभी परम्परागत ऊँच-नीच के भेदभाव और स्थापित मान्यताओं (पार्टी के भीतर वरीयता के भाव पर भी) प्रश्नचिह्न लगाने की सीख दी। परिवर्तन के पक्ष में स्वयं अपने संगठन के केन्द्रों पर हमले को प्रोत्साहित किया—'मुख्य कार्यालय पर बमबारी करो' जैसे उद्घोष से।

ऐतिहासिक महत्त्व की घटनाओं से जुड़ी किंवदन्तियाँ नई पीढ़ियों के लिए प्रेरक तथ्य बन जाती हैं। स्वयं मार्क्स ने अपने ऐतिहासिक भौतिकवाद की मान्यता से थोड़ा हटकर 'एटिंथ ब्रूमायर' में एक जगह लिखा कि 'मृत पीढ़ियों के प्रेत नई पीढ़ी के सिर पर लटकते रहते हैं' और आदमी इतिहास के पुराने नायकों की तर्ज पर अपनी भूमिका निर्धारित कर किरदार निभाने की कोशिश करता है। माओ के जीवन के दोनों पहलू न सिर्फ चीन में बल्कि संसार के दूसरे भागों में, विशेषकर एशिया के गरीब मुल्कों में, अपनी स्थिति बदलने के लिए आतुर नौजवानों का मार्गदर्शक बने रहे हैं। नेपाल से लेकर भारत तक में माओवादी संगठनों के नवोन्मेष

में स्पष्टत: माओ के जीवन की प्रेरणा देखी जा सकती है। स्वाभाविक है कि इस तरह की प्रेरणा में रूमानी भटकाव की सम्भावना भी बड़ी मात्रा में हो।

समय की धुंध में वस्तुएँ अपने आकार से बड़ी दिखाई देती हैं और कुछ कर गुजरने के उत्साह में पुरानी घटनाओं के खुरदुरे और दुखदायी तत्त्व नजरअन्दाज हो जाते हैं। सबसे बढ़कर इतिहास द्वारा बार-बार दर्शाई गई यह बात भुला दी जाती है कि इतिहास कभी भी पुरानी स्थितियों को ज्यों-का-त्यों नहीं दोहराता और नए समय में ऐसे नए पेंच उभरते रहते हैं जिनसे निकलने के लिए अपनी सोच को नया आयाम देना होता है, लेकिन जवानी के उत्साह में इस बुनियादी सच्चाई को भुलाकर प्राय: खतरनाक दुस्साहस के लिए नई पीढ़ी आगे आती है और परिदृश्य एक दुखान्त नाटक में बदल जाता है। सम्भवत: जे.पी. ने जब कहा कि क्रान्तियाँ अपनी किताब स्वयं लिखती हैं तो उनका आशय यही था कि कोई भी क्रान्ति किसी पिछली क्रान्ति के सूत्रों को अपना आधार नहीं बना सकती, उससे नए सूत्रों का निर्माण करना होता है।

माओ के उन विचारों का आधार जिनसे चीनी क्रान्ति को दिशा मिली वह रपट थी जिसे माओ ने 1927 में हुनान में स्वत:स्फूर्त रूप से उभरे किसान विद्रोह पर तैयार किया था। वहाँ किसानों ने भूस्वामियों पर हमला कर उन्हें मारना शुरू कर दिया था। इन हत्याओं को सभी तरफ भयावह माना जा रहा था। माओ ने अपनी रपट में इसके विपरीत इन घटनाओं को भयावह की जगह बहुत अच्छा कहा और यहाँ तक कह डाला कि ये उपलब्धियाँ ऐसी नायाब हैं जैसी हजारों वर्षों में नहीं हुईं। माओ की मूल स्थापना थी कि शोषित लोगों के विद्रोह का अधिकार विवाद से परे है।

यह एक तरह से मार्क्स के वर्ग-संघर्ष की अवधारणा का निचोड़ है जिसे मार्क्स ने इतिहास के विकास का मूल कारक माना था। इस मान्यता से आरम्भ कर माओ ने चीन के किसानों का संगठन करना शुरू किया और इससे तैयार आधार से फैलकर बीस वर्ष के कठोर संघर्ष के जरिये, किसी केन्द्रित राज्य-व्यवस्था के अभाव और जापान के खिलाफ संघर्ष में ध्वस्त व्यवस्था की स्थितियों का फायदा उठा, चीन में कम्युनिस्ट पार्टी की सत्ता कायम करने में सफल हुए।

जीवन में मिली किसी बड़ी सफलता के पीछे की नीतियाँ सार्विक महत्त्व की दिखें यह कोई अचरज की बात नहीं। अत: बाद के दिनों में सांस्कृतिक क्रान्ति में माओ ने वर्ग संघर्ष की इसी अवधारणा के आधार पर कम्युनिस्ट व्यवस्था में पैदा विकृतियों को मिटाने का भी प्रयास किया। 1949 के बाद जब सारे देश में कम्युनिस्ट पार्टी की सत्ता कायम हो गई तो चीन के हजारों गाँवों में फैली विकेन्द्रित और आर्थिक मामलों में भी बहुत कुछ आत्मनिर्भर व्यवस्थाओं को एक केन्द्रीय शासन में लाने का प्रयास किया गया। चीन जैसे विशाल देश में ऐसी केन्द्रित व्यवस्था

कायम करने में विशाल प्रशासकीय और स्वयं कम्युनिस्ट पार्टी के नौकरशाही ढाँचे का अस्तित्व में आना अपरिहार्य बन गया।

नौकरशाही के विकास का यह लगभग अटलनीय नियम है जो विचारधाराओं से निरपेक्ष होता है। इसी के साथ लोगों के रहन-सहन की स्थितियों में स्तरीय विभाजन शुरू हुआ। माओ के लिए कार्यस्थल और प्रशासकीय ढाँचे का यह सोपानवत विभाजन वर्ग-विभाजन की ही अभिव्यक्ति थी। स्वयं मार्क्स नौकरशाही के चरित्र की विशिष्टता और बड़ी व्यवस्थाओं में इसकी अनिवार्यता के पहलुओं को समझ नहीं पाए थे। माओ के लिए, जो बाहरी दुनिया के प्रशासनिक चरित्र अनभिज्ञ थे और जिनके सामने चीन के मन्दारिन प्रशासन का ही इतिहास था—जो प्राय: किसानों के शोषण का विशेष हथियार रहा था—यह भी वर्ग विभाजन का ही एक रूप था। अत: उन्होंने इस प्रशासकीय ढाँचे को तोड़ने का प्रयास वर्ग-संघर्ष की तर्ज पर ही किया। इसके लिए उन्होंने छात्रों और नौजवानों का कम्युनिस्ट पार्टी के ही स्थापित नेतृत्व के खिलाफ संघर्ष के लिए आगे आने का आह्वान किया।

लाखों छात्र और शिक्षक विश्वविद्यालय छोड़ गाँवों में किसानों के बीच काम करने के लिए भेज दिए गए। विश्वविद्यालय के शिक्षकों की तनख्वाह से अधिक तनख्वाह कारखानों में काम करनेवाले साधारण श्रमिकों को दी जाने लगी। इससे परम्परागत रूप से स्थापित वह मानसिक जड़ता तो कुछ समय के लिए टूटी जो आम आदमी से पढ़े-लिखे अभिजात वर्ग को अलग करती है, लेकिन प्रशासनिक व्यवस्था ध्वस्त होने लगी और स्वयं अपनी पार्टी की व्यवस्था से तीव्र संघर्ष शुरू हो गया। इससे गृहयुद्ध की स्थिति पैदा हो गई। जब स्थिति काबू से बाहर होने लगी तो लाल सेना को स्थिति को नियंत्रित करने के लिए लाया गया।

इस उथल-पुथल में पार्टी के अनेक नेताओं को हाशिए पर डाल दिया गया। बड़ी संख्या में लोग मारे गए। देंग श्याओ पिंग भी पार्टी के उन प्रमुख नेताओं में थे जिन्हें दरकिनार किया गया था और जो बाद में वर्तमान चीन की नीतियों के जनक बने। दुनिया भर के नौजवानों में माओ की अपील का बड़ा कारण यह विश्वास था कि क्रान्तिकारी उत्साह से परिस्थिति के सारे अवरोधों को तोड़कर एक समतामूलक समाज का निर्माण किया जा सकता है। यह सतत बगावत का आह्वान था जो युवजनों के अनुकूल था। इससे हर जुल्म के खिलाफ बगावत करने का औचित्य साबित होता था। भारत में भी नक्सली आन्दोलन, जिसका एक रूप आज का माओवादी उभार है, इसी मानसिकता की उपज है।

माओ के विचारों से उत्साहित युवजन अपने अति उत्साह में कुछ ऐतिहासिक तथ्यों को नजरअन्दाज करते हैं। शायद उन्हें उन तथ्यों से परिचित होने का मौका भी नहीं मिला होगा। पहला तो स्वयं चीन में सांस्कृतिक क्रान्ति के परिणाम, जिनसे गृहयुद्ध की स्थिति पैदा हुई और अन्तत: इस अभियान की पराजय हुई। शायद

चीन का वह नीति अपनाना, जिसके लिए माओ ने 'कैपिटलिस्ट रोडर्स' (पूँजीवादी रास्ता अपनानेवाले) पद का इस्तेमाल किया था, इस अतिवादी उभार की प्रतिक्रिया का ही परिणाम था।

कोई भी समाज सतत अस्थिरता की स्थिति में रहना कबूल नहीं कर सकता, विशेषकर तब जब इससे लगातार खून-खराबा होता रहे और अन्तिम परिणाम अनिर्णीत रहे या कोई अन्तिम मंजिल हो ही नहीं—एवं पक्ष और प्रतिपक्ष दोनों ही सतत बगावत के अधिकार को मानकर चलें। व्यवस्थाओं में विषमता के रूढ़ होने के रुझान के खिलाफ सतत बगावत, जो जरूरी लगती है, एक ही रूप में समाज व्यवस्था को छिन्न-भिन्न किए बगैर सम्भव है—वह रास्ता सविनय अवज्ञा का है। यह इस उद्घोष में जाहिर होता है कि किसी अन्याय को न तो मानेंगे और न ही अन्यायी को मारेंगे। यह अन्यायी को खत्म करने की बजाय अन्याय को मिटाने के लिए की जानेवाली बगावत होगी।

अन्ततः यह प्रतिकार की प्रतिबद्धता से किए गए आत्मबलिदान से समाज के सोच को बदलने की प्रक्रिया है जो किसी संवैधानिक या कानूनी बदलाव की पृष्ठभूमि होती है। हिंसक बगावतों का इसी सीमा को पहले के सभी क्रान्तिकारी प्रयासों के परिणामों की पृष्ठभूमि में रख आलबेर कामू ने अपनी प्रसिद्ध पुस्तक 'ल होमो लिवोल्ते' (बागी) में उजागर किया था। किसी भी क्रान्तिकारी के सामने यह प्रश्न खड़ा रहता है कि अगर भविष्य अनजान है तो आज की गई हिंसा का औचित्य सिद्ध करने का तरीका क्या है? कामू के बागी के लिए मृत्यु का वरण, लेकिन यह निष्कर्ष भी एक नकार ही है।

दूसरी भूल जो दूसरे देश के माओवादी करते रहे हैं वह इस हकीकत को नकारना है कि सभी समाजों की अपनी विशेष परम्पराएँ होती हैं जो क्रान्तियों के स्वरूप और सम्भावनाओं को निर्धारित करती हैं। चीन के किसानों की छिटपुट हिंसा के एक बड़े क्रान्तिकारी युद्ध का रूप लेने के पीछे चीन की विशेष स्थिति भी थी। चीन का हजारों वर्षों का इतिहास रहा है कि जब भी कोई शासक निरंकुश हो जनता पर अत्याचार करता था तो किसान बागी होकर जहाँ-तहाँ शासन के खिलाफ हिंसक कार्रवाई शुरू करते थे और अन्त में ऐसी छिटपुट बगावतें राष्ट्रीय आन्दोलन बन शासक को अपदस्थ कर देती थीं और नए राजवंश की शुरुआत होती थी। इस क्रम में सबसे अन्तिम ताइपिंग व्रिदोह 1857 में हुआ। माओ के सहयोगियों ने उनकी रणनीति से काफी कुछ सीखा था।

अपनी इसी विशिष्टता के कारण ही चीन का प्रयोग कहीं दूसरी जगह दोहराया नहीं जा सका है। कम्पूचिया में तो इस तरह का प्रयोग घोर मानवीय त्रासदी में बदल गया जिसमें इस छोटे देश में दसों लाख लोग घोर यातनाओं के बीच मारे गए। भारत में तो ऐसे विद्रोह पानी के बुलबुलों की तरह उठते और विलीन होते रहे हैं।

देश की लोकतांत्रिक व्यवस्था पर खतरा इस बात से पैदा होता है कि ऐसी हिंसा के खिलाफ विजिलान्ते समूह, मसलन, निजी सेनाएँ, अस्तित्व में आती हैं। इससे संवैधानिक और कानूनी व्यवस्था पर दोहरा दबाव पड़ता है, जिसमें जातपाँत और सम्प्रदाय में पारम्परिक रूप से बँटे समाज के ध्वस्त होने का बड़ा खतरा उपस्थित होता है। इससे भारत में माओवादी उभार क्रान्ति लाने की बजाय प्रतिक्रान्ति की जमीन ही तैयार करता दिखाई देता है।

माओ के नेतृत्व में चीन की 1949 में क्रान्ति की सफलता और फिर सांस्कृतिक क्रान्ति के साहसिक प्रयोग ने तीसरी दुनिया के नौजवानों के सामने क्रान्ति की एक रूमानी तसवीर पेश की। साथ ही माओ के इस कथन से कि 'एक चिंगारी से प्रेरी (घास के मैदान) में दावानल फैलता है' उन्हें अपने छिटपुट हिंसक प्रयासों से युगान्तकारी उथल-पुथल की आश्वस्ति मिलती रही है। इसके विपरीत देंग श्याओ पिंग के बाजारवादी समाजवाद (मार्केट सोशलिज्म) ने सत्ता की राजनीति में समाजवाद से विमुख हो चुके थके-माँदे कम्युनिस्टों को मनोनुकूल नकाब दिया है जिसके पीछे वे आक्रामक पूँजीवादी नीतियों को प्रोत्साहित करते हुए भी वामपंथी तेवर अपनाए रहें। स्वयं भारत की भाकपा और माकपा की वर्तमान नीतियों में यह रुझान देखा जा सकता है। पश्चिम बंगाल में माकपा ने तो विकास की दौड़ में न पिछड़ने के बहाने खुलकर यह नीति कबूल कर ली है।

कम्युनिस्ट आन्दोलन की यह परम्परा रही है कि वे तात्कालिक सुविधा के लिए अपनाई गई किसी भी नीति को सनातन कम्युनिस्ट सिद्धान्तों का जामा पहनाते रहे हैं। देंग श्याओ पिंग ने 'बाजारवादी समाजवाद' के समर्थन में भी मार्क्स की ही एक बुनियादी स्थापना का सहारा लिया। माओ ने जहाँ मार्क्स की इस स्थापना को अपनी नीतियों का आधार बनाया कि 'वर्ग संघर्ष ही इतिहास की प्रेरक शक्ति है' वहाँ देंग ने मार्क्स की ही इस स्थापना का सहारा लिया कि क्रान्तियों का मूल उद्देश्य रहा है पुराने उत्पादन सम्बन्धों से बाधित हो रही उत्पादन की शक्तियों को मुक्त करना और उत्पादन का विस्तार करना। उत्पादन-सम्बन्धों को इस कसौटी पर रख देंग ने माओ से विपरीत निष्कर्ष निकाला। उनका यह कथन मशहूर है कि 'बिल्ली सफेद है या काली यह महत्त्व का नहीं है जब तक वह चूहे पकड़ने में सक्षम है।'

यानी चीन में उत्पादन के विस्तार के लिए पूँजीवादी बाजार व्यवस्था सहायक हो तो उसका सहारा लेना गलत नहीं है। इसकी पृष्ठभूमि में इस तथ्य को सामने रखा गया कि 1956 से 1976 तक के काल में, जो माओ के 'महान छलाँग' और 'सांस्कृतिक क्रान्ति' की अवधि थी, चीन में आर्थिक प्रगति बहुत धीमी हुई। सांस्कृतिक क्रान्ति काल के माओ की आलोचना करते हुए 1994 में राज्य सांख्यिकी ब्यूरो के अध्ययन के आधार पर यह रेखांकित किया गया कि चीन के शहरी क्षेत्र में 1978 में औसत आय 1952 के 15.3 डॉलर से बढ़कर सिर्फ 36.7 डॉलर हो पाई

थी जो उसके हिसाब से काफी निराशाजनक थी। इसके लिए कम्यून की व्यवस्था और बाद की सामाजिक उथल-पुथल को जिम्मेदार बताया गया।

लेकिन इन आँकड़ों से बढ़कर महान छलाँग के काल में खाद्य पदार्थों के अभाव से पैदा अकाल ने लोगों के सोच को काफी कुछ झकझोर दिया था। अलग-अलग अनुमानों में इस अकाल से मरनेवालों की संख्या एक करोड़ से तीन करोड़ तक बताई गई। इसी अनुभव के दबाव में कम्यून की सामूहिक खेती और इसकी केन्द्रीकृत व्यवस्था की जगह किसानों की पारिवारिक जवाबदेही और छोटी इकाइयों की खेती की ओर लौटने का निर्णय किया गया। छोटी पारिवारिक खेती की ओर लौटने का कारण यह था कि विशाल सामूहिक खेती के लिए आवश्यक यंत्र और रासायनिक उर्वरक और कृषि के लिए आवश्यक दूसरे पदार्थों का भी अभाव था।

दूसरी ओर चीन में पारम्परिक रूप से खेती का उन्नत ज्ञान उपलब्ध था जिसका लाभ सरकारी नियंत्रण से मुक्त किसान उठा सकते थे। इस परिवर्तन से खेती की पैदावार में जल्दी से तरक्की हुई और किसनों की आय बढ़ी। साथ ही भूमि की स्थिति और पैदावार की सीमा और निजी उद्यम से होनेवाले लाभ के फर्क से किसानों के बीच कुछ गैर-बराबरी भी बढ़ी। इस तरह एक सम्पन्न किसान वर्ग पैदा होने लगा और गैर-कृषि उपभोग की वस्तुओं की माँग बढ़ी। इस माँग को पूरा करने के लिए निजी क्षेत्र में कुछ उपभोक्ता वस्तुओं के उत्पादन की छूट दी गई, विशेषकर उन लोगों को जो पहले से खुदरा व्यापार के काम में लगे थे। इस तरह ग्रामीण स्तर पर सम्पन्न मध्यवर्गीय उद्यमी वर्ग अस्तित्व में आया। ये बड़े पूँजीपति नहीं बने, यह सुनिश्चित करने के लिए पाबन्दी लगा दी गई थी कि यह सब पारिवारिक श्रम पर आधारित होगा। बाद में सात व्यक्तियों तक को काम पर लगाने की छूट दी गई।

एक बार अनियंत्रित हो जाने के बाद निजी व्यापार कोई सीमा कबूल नहीं करता और धीरे-धीरे उपभोग की वस्तुओं की किस्मों और मात्रा के विस्तार से काम में लगाए जानेवाले श्रमिकों की संख्या और उनके शोषण पर लगी सभी पाबन्दियाँ खत्म होने लगीं। अब बड़ी संख्या में सहयोगी उद्यम अस्तित्व में आ गए। 1991 में ऐसी सहयोगी फर्मों की संख्या चौबीस लाख हो गई जिनमें तीन करोड़ साठ लाख श्रमिक काम पर लगाए गए थे। यह संख्या सरकारी क्षेत्रों के उद्यमों में लगे श्रमिकों की संख्या की एक-तिहाई थी।

यह जरूर हुआ कि तात्कालिक रूप से निजी लाभ के जरिये मिले प्रोत्साहन से उत्पादन बढ़ा और लोगों के जीवन स्तर में सांस्कृतिक क्रान्ति के दौर की गिरावट की तुलना में काफी सुधार हुआ। अनुमान किया जाता है कि जहाँ 1978 में पच्चीस करोड़ किसान गरीबी में रहते थे, वहाँ 1994 में यह संख्या घटकर

सात करोड़ हो गई। लोगों की आवासीय स्थिति में सुधार हुआ और भोजन की मात्रा बढ़ी, लेकिन निजी उद्यम पर छूट से नगरों में एक सम्पन्न मध्य वर्ग का तेजी से विकास हुआ। यही मध्य वर्ग था जिसकी मुनाफा और उपभोग की भूख ने चीन की अर्थव्यवस्था को धीरे-धीरे पूरी तरह उन्मुक्त पूँजीवादी अर्थव्यवस्था की दिशा में धकेला।

निस्सन्देह यह इसलिए सम्भव हुआ कि देंग के नेतृत्व में कम्युनिस्ट पार्टी ने आर्थिक विकास के लिए पूँजीवादी रास्ते पर चलने की अनुमति दे दी। देंग ने यह सिद्धान्त भी प्रतिपादित किया कि विकास के क्रम में कुछ लोग दूसरों से पहले धनी होंगे। एक तरह से यही पूँजीवादी विकास के मूल सूत्र—लोभ और ईर्ष्या—का आधार है। अपने से आगे निकले लोगों का पीछा कर उनके पास पहुँचने या उनसे आगे बढ़ने की तमन्ना ही पूँजीवादी समाज को विशाल चूहा-दौड़ में तब्दील कर देती है। इस तरह देंग के नेतृत्व में कुछ हद तक आर्थिक जमीन, साथ ही पूरे दम-खम के साथ वह भावनात्मक जमीन तैयार हो गई थी जिससे चीन पूँजीवादी राह पर चलकर हाल के वर्षों में आर्थिक विकास की नई ऊँचाइयाँ छूता रहा है।

अभी हाल में प्राप्त आँकड़ों के अनुसार चीन इटली को पीछे छोड़ दुनिया का छठा सबसे सम्पन्न देश बन गया है। इसकी विकास दर पिछले आठ वर्षों में लगातार आठ प्रतिशत से ऊपर रही है। इससे भारत में भी बहुतों को उदारीकरण के रास्ते दुनिया की आर्थिक महाशक्ति बनने की सम्भावना दिखाई देती है। चीन के आर्थिक महाशक्ति घोषित होने से यह भ्रम नहीं होना चाहिए कि वहाँ के लोगों का जीवन स्तर वास्तव में इटली से ऊपर हो गया है या दुनिया की दूसरी आर्थिक महाशक्तियों के नागरिकों के करीब है। यह तुलना राष्ट्रों के सकल घरेलू उत्पादों की होती है, जबकि लोगों का जीवन स्तर प्रति व्यक्ति आय से निर्धारित होता है।

इसलिए देशों की सम्पन्नता की तुलना उनकी आबादी को ध्यान में रखकर ही की जा सकती है। जब हम इस पर विचार करते हैं तो पाते हैं कि इटली की साढ़े पाँच करोड़ आबादी के मुकाबले चीन की आबादी सवा अरब से ऊपर है यानी लगभग तेईस गुना। इसलिए इटली के जीवन स्तर को हासिल करने के लिए चीन को अपना उत्पादन तेईस गुना बढ़ाना होगा। उदारीकरण के जरिये भारत को आर्थिक महाशक्ति बनाने का सपना बेचनेवाले लोगों को भी देश की आबादी को ध्यान में रखकर ही बात करनी चाहिए।

चीन ने उदारीकरण यानी पूँजीवादी विकास की नीति अख्तियार करने के क्रम में सरकारी क्षेत्र में चलनेवाले बड़े आर्थिक प्रतिष्ठानों का निजीकरण करने की बजाय बाहर से भारी मात्रा में पूँजी को आमंत्रित कर देशी-विदेशी सम्मिलित या पूरी तरह विदेशी कम्पनियों द्वारा स्थापित उद्यमों से घेर राजकीय क्षेत्र की इकाइयों के महत्त्व को बहुत कम कर दिया। एक अमेरिकी लेखक रॉबर्ट वाइल ने, जो वर्षों चीन के

मोटर वाहन उद्योग के केन्द्र चांगचुन में रहकर स्नातक छात्रों को तकनीकी शिक्षा देते रहे हैं, अपनी पुस्तक 'रेड कैट व्हाइट कैट' में विदेशी पूँजी पाने की आपाधापी का यों वर्णन किया है : ऐसी क्रियाशीलता का पैमाना स्तब्ध कर देनेवाला है और यह उत्तरोत्तर तेज होता जा रहा है।

'सन 1993 के पहले आठ महीने में चीन से विदेशी धन से स्थापित उद्यमों की संख्या चौवालीस हजार थी जो 1992 के पूरे साल के बराबर थी। इनमें अट्ठाइस हजार चीनी-विदेशी साझा उद्यम थे, पिछले साल से ढाई सौ प्रतिशत ज्यादा। छह हजार दूसरे सहयोगी उद्यम थे, प्राय: छोटे, जो इनमें काम करनेवाले लोगों द्वारा चलाए जाते थे। बाकी दस हजार उद्यम पूरी तरह से विदेशी निवेशकों के स्वामित्व में थे और यही हिस्सा है जो सबसे तेजी से विकसित हो रहा है, 1992 में 312 प्रतिशत। अप्रैल 1994 तक 1,86,000 विदेशी पूँजी आधारित उद्यमों को अनुमति मिल चुकी थी जिनमें बाहर से डेढ़ सौ अरब डॉलर के निवेश का वादा था और 1993 में ही तीस अरब डॉलर का निवेश हो चुका था। प्रत्येक निवेश का आकार भी 1991 से बढ़ता जा रहा है।'

बाहरी निवेश से उद्योगों और निर्माण का ऐसा बुखार चढ़ा कि सांस्कृतिक क्रान्ति के काल में केन्द्र में रहे श्रमिकों की सुरक्षा को पूरी तरह नजरअन्दाज किया जाने लगा। कार्यस्थल में दुर्घटनाओं से घायल होने और मरनेवालों की संख्या के मामले में शायद चीन आज दुनिया में अग्रणी है। रॉबर्ट वाइल के शब्दों में 'अकेले गुआंगदौरा' में (यह विकास के लिए चिह्नित विशेष क्षेत्रों में एक है) औद्योगिक दुर्घटनाओं में मृतकों की संख्या 836 हो गई। जबकि पूरे चीन में पन्द्रह हजार मजदूर मारे गए। 1933 में जनवरी और अक्टूबर के बीच साठ हजार लोग मरे। कोयला उद्योग के मंत्री के अनुसार इसकी जड़ में यह बात है कि कुछ अधिकारी सुरक्षा से अधिक महत्त्व मुनाफे को देते हैं।

लेकिन बाजार व्यवस्था में आगे निकलने की दौड़ में सबसे ज्यादा कुप्रभाव पड़ रहा है लोगों के रोजगार की सुरक्षा पर। रॉबर्ट वाइल के ही शब्दों में अधिकतर व्यवस्थापकों को श्रमिकों की संख्या घटाने का अधिकार दे दिया गया है। जिलिन प्रान्त में ही 1995 के मध्य तक बारह हजार मजदूरों को हटाया गया। चाइना नेशनल कोल कॉरपोरेशन (राज्य की कई कम्पनियों में से ही एक) ने अपने तीस लाख मजदूरों में से चार लाख मजदूरों को हटाने की योजना बनाई है। बुहान स्टील ने अपने एक लाख बीस हजार कार्यरत लोगों में साठ हजार को हटाने का निर्णय लिया है। यह वैश्विक प्रतिस्पर्धा से जुड़ने का अनिवार्य नतीजा है। यह प्रक्रिया हमारे देश में भी देखी जा सकती है।

छंटनी में निकाले गए कुछ मजदूरों को कुछ छोटे-मोटे धन्धों से जोड़ने की कोशिश होती है। लेकिन ये प्राय: अनिश्चित और अनुपलब्ध होते हैं। इसके साथ ही

अब अनुबन्धित मजदूरों की व्यवस्था बढ़ रही है—हमारे देश में कांट्रैक्ट कामों की तर्ज पर, जिसमें व्यवस्थापक अपनी मर्जी के हिसाब से काम और आय सम्बन्धी समझौता करते हैं और काम में लगाने और हटाने का अधिकार उन्हीं के हाथों में होता है। दूसरी ओर किसान भारी संख्या में खेती छोड़ काम की तलाश में नगरों की ओर पलायन कर रहे हैं। तीसरी दुनिया की एक अन्य बीमारी बाल श्रमिकों की तादाद बढ़ रही है जो नये तरह के व्यावसायिक प्रतिष्ठानों में कार्यरत हैं।

गरीबी और बेरोजगारी से भिक्षावृत्ति बढ़ रही है, विशेषकर दक्षिण के उन नगरों के आसपास जहाँ रोजगार की तलाश में भारी संख्या में बाहर से लोग आ रहे हैं। वाइल के अनुसार बाहर से आनेवालों में बड़ी संख्या लड़कियों की है जो नवधनाढ्यों के घरों में नौकरानी का काम करती हैं। अकेले बीजिंग में घरेलू काम करनेवाली लड़कियों में अस्सी प्रतिशत दूसरे प्रान्तों से आई हैं। यह स्थिति भारत के महानगरों से बहुत भिन्न नहीं है।

तेज औद्योगिक विकास का यह पहलू हमारे उन बौद्धिकों, (जिनमें मार्क्सवादी भी हैं) की नजरों से ओझल है जो चीन की नई उपलब्धियों पर फिदा हैं और भारत के वैश्विक बाजार से जोड़ने के लिए बेचैन। इनके लिए ऐसा सोचने की विशेष सुविधा इसलिए है क्योंकि चीन की कतार में होने से पूँजीवादी सुविधा और क्रान्तिकारी दोनों साथ-साथ मिलते हैं।

3

कभी-कभी किसी गम्भीर समस्या के समाधान के लिए रोशनी ऐसे अप्रत्याशित स्रोतों से मिलने लगती है जिसकी पहले कल्पना भी नहीं की गई हो। विकेन्द्रित अर्थव्यवस्था, छोटी और जैविक खेती और चिर-उपलब्धि वाले पारम्परिक ऊर्जा स्रोतों की प्राथमिकता के आधार पर वैकल्पिक समाज व्यवस्था बनाने के सुझाव को अब तक जानकार लोगों द्वारा ऐसे खारिज किया जाता रहा है मानो वह इतना दकियानूस और अव्यावहारिक है कि विचार करने के लायक भी नहीं है। प्रचलित व्यावहारिक बुद्धि बताती रही है कि हमारा एकमात्र भविष्य आधुनिक औद्योगिक पूँजीवादी सभ्यता की चूहा-दौड़ में शामिल होना है—बिना यह देखे कि आगे अलंघ्य दीवार है या गहरी खाई।

सोवियत संघ विशाल उद्योगों और सामूहिक फार्मों को स्थापित करने की अपनी तमाम उपलब्धियों के बावजूद जिस शक्ति के सामने धराशायी हो गया, चीन माओ की संस्कृति क्रान्ति की विरासत और उससे उभरी जन-चेतना के बावजूद जिस व्यवस्था को गलबाँही देने लगा है—जिसे उसने हिकारत से कागजी बाघ घोषित किया था—तो फिर दूसरे लोगों की औकात क्या कि इस वैश्विक पूँजीवाद के राजपथ को छोड़ अपनी अलग पगडंडी बनाएँ, लेकिन कभी-कभी व्यवहार की अपनी अलग यही कसौटी होती है। स्वयं मार्क्स ने फायरबाख पर अपनी अति संक्षिप्त थीसिस में लिखा था, 'सभी सामाजिक जीवन मूलत: व्यावहारिक हैं। सभी पहेलियाँ, जो सिद्धान्त को रहस्यवाद की ओर मोड़ती हैं, अपना तार्किक समाधान व्यवहार में और उस व्यवहार पर चिन्तन में पाती हैं।'

संक्षेप में, एक चालू मुहावरे की भाषा में कहें तो पुडिंग का सबूत इसके खाने में है। संयोग से अब दुनिया के एक अति छोटे देश में एक अनोखे पुडिंग का स्वाद मिलने लगा है जिसकी अनदेखी सामाजिक विकल्प की तलाश करनेवाला कोई भी व्यक्ति नहीं कर सकता। यह छोटा-सा देश है एक करोड़ से भी कम आबादी वाला क्यूबा। यहाँ समाजवाद की दिशा में एक अलग तरह का प्रयोग होने लगा है—एक ऐसा प्रयोग, जिसे अनेक लोग वर्तमान औद्योगिक विकास की दिशा को उलटने का प्रयास ही कहेंगे। अब वहाँ विशाल औद्योगिक मशीनीकृत फार्म की जगह जैविक

उत्पादन पद्धति को अपनानेवाली छोटी जोतें चारों तरफ अस्तित्व में आ गई हैं और विकास की दिशा भी इसी प्रणाली को प्रश्रय देने की है।

हमारे यहाँ जब मजबूरी में कोई व्यक्ति सादगी या सच्चाई की जिन्दगी जीने लगता है तो व्यंग्य में प्राय: कहा जाता है 'मजबूरी का नाम महात्मा गांधी'। दिलचस्प है कि क्यूबा मजबूरी में ही महात्मा गांधी द्वारा प्रस्तावित विकेन्द्रित और स्वायत्त अर्थव्यवस्था अपनाने लगा है। इसे पूरी तरह गांधीवादी प्रयोग तो नहीं कहा जा सकता क्योंकि अभी भी इसमें अधिनायकवादी व्यवस्था का हिंसक तत्त्व मौजूद है। यह क्रान्ति के प्रारम्भिक दौर की विरासत है जिससे रेजी द्रेबे जैसा इसका प्रशंसक—जिसने 'रिवोल्यूशन इन द रिवोल्यूशन' लिखकर इस क्रान्ति की विशिष्टता से दुनिया को परिचित कराया था—आहत हो आलोचक बन गया। फिर भी चालीस साल से अधिक सत्ता में रहने के बावजूद वहाँ के शासक आम आदमी की जिन्दगी और जरूरतों के प्रति दूसरी व्यवस्थाओं की अपेक्षा अधिक संवेदनशील हैं। इसी संवेदनशीलता ने उन्हें पूँजीवादी और कम्युनिस्ट दोनों ही व्यवस्था के आराध्य देव—विशालता की अर्थव्यवस्था को नकारकर लघुता की ओर कदम बढ़ाने का संकल्प दिया है।

इंस्टीच्यूट फॉर फूड एंड डेवलपमेंट पॉलिसी के पीटर एम. रौसेट ने क्यूबा की कृषि-व्यवस्था में आए परिवर्तनों पर एक गम्भीर लेख 1998 के जुलाई-अगस्त में 'मंथली रिव्यू' में लिखा था। मंथली रिव्यू प्रतिबद्ध मार्क्सवादियों की पत्रिका रही है जिससे विख्यात मार्क्सवादी अर्थशास्त्री पॉल स्वीजी अपने जीवन के अन्तिम समय तक जुड़े रहे। इस लेख में व्यक्त विचार उद्योग और कृषि के सम्बन्ध में अब तक के कम्युनिस्ट सोच पर गम्भीर प्रश्नचिह्न लगाता है।

पारम्परिक कम्युनिस्ट सोच विशाल अत्याधुनिक उद्योगों और विशाल कृषि फॉर्मों को कम्युनिस्ट व्यवस्था का आधार मानता था। इसके अलावा हर क्षेत्र में पशु और मनुष्य के हाथ से होनेवाले कामों में इनके एवज में मशीनों का लगाया जाना प्रगति का आधार मानता था। इसलिए बड़ी मशीनीकृत और रासायनिक प्रविधि पर आधारित कृषि की जगह पारम्परिक ढंग की छोटी खेती की ओर संक्रमण प्रतिगामी ही माना जाता। इस लेख में वैसी ही छोटी और जैविक कृषि की तरफ क्यूबा के संक्रमण का विवरण है और यह बतलाया गया है कि किन परिस्थितियों में यह संक्रमण हुआ, लेकिन अधिक महत्त्वपूर्ण बात है कि इन अनुभवों की रोशनी में यह भी संकेत दिया गया है कि संसार में रोटी की समस्या और पर्यावरण संकट दोनों से निजात दिलाने का यही रास्ता है।

अपनी विशेष स्थिति के कारण क्यूबा पारम्परिक और अत्याधुनिक कृषि प्रविधियों के तुलनात्मक प्रभाव के अध्ययन की अनूठी प्रयोगशाला साबित हुआ है। क्यूबा प्रारम्भ में स्पेन के अधिकार में था। स्पेन में अधिकार का प्रभाव ऐसा पड़ा कि धीरे-धीरे यहाँ के मूल निवासी खत्म हो गए। उनका स्थान समय-समय

पर आकर बसनेवाले स्पेनवासियों ने ले लिया और वहाँ पर मजदूरों की कमी पूरी करने के लिए अफ्रीकी मूल के गुलाम लोगों को लाया गया, लेकिन कुल मिलाकर स्पेनी मूल के लोगों की ही प्रमुखता आबादी में रही। बाद में ये लोग स्पेन से स्वतंत्र होने का आन्दोलन करने लगे और इसमें इन्हें अमेरिका का समर्थन मिला। इससे क्यूबा स्पेन से स्वतंत्र तो हो गया, लेकिन इसकी अर्थव्यवस्था और दूसरे देशों के साथ व्यापार आदि पर अमेरिकी नियंत्रण कायम हो गया। क्यूबा की कृषि का विकास मुख्य रूप से चीनी उद्योग और इसके लिए जरूरी गन्ने की खेती के लिए किया गया।

इसके अलावा, व्यापार की दृष्टि से ही, सिगरेट उद्योग के लिए तम्बाकू की खेती का विकास किया गया। इस तरह क्यूबा की लगभग दो-तिहाई खेती की जमीन पर गन्ना उगाया जाता था जिन पर चीनी के उद्योगपतियों के हजार-हजार हेक्टेयर के विशाल फॉर्म थे। इसके अतिरिक्त पशुपालन के विशाल रैंच थे। इन फॉर्मों और चीनी उद्योग पर मूलत: अमेरिकियों का नियंत्रण था। निर्यात की दृष्टि से एक या दो उत्पादकों पर निर्भर अत्याधुनिक पूँजीवादी व्यवस्था की कृषि का एक नमूना क्यूबा उपस्थित करता था। सिर्फ बीस प्रतिशत जमीन पर अनाज की खेती होती थी जिसमें किसानों की छोटी जोतें थीं। बड़े फार्मों की खेती अत्याधुनिक ट्रैक्टर, हार्वेस्टर और दूसरी मशीनों से होती थी और भारी मात्रा में रासायनिक उर्वरकों और दूसरे रसायनों का इस्तेमाल किया जाता था। पेट्रोलियम पदार्थों और उर्वरकों आदि के लिए क्यूबा आयात पर निर्भर था जिसकी कीमत मूलत: चीनी के निर्यात से प्राप्त मुद्रा से चुकाई जाती थी। चूँकि अधिक भूमि पर निर्यात की दृष्टि से गन्ना, तम्बाकू आदि उगाए जाते थे, अन्न और दूसरे खाद्य पदार्थों के लिए क्यूबा आयात पर निर्भर था। राजसत्ता पर बातिस्ता की तानाशाही व्यवस्था थी जिससे बड़े भूस्वामियों और उद्योगपतियों को संरक्षण मिलता था।

ऊपर वर्णित स्थितियों में ही 1959 में फिदेल कास्त्रो के नेतृत्व में क्यूबा में क्रान्ति हुई। प्रारम्भ में कास्त्रो मार्क्सवादी नहीं थे, लेकिन क्रान्ति के क्रम में वह कम्युनिस्ट बन गए। दरअसल, रूस और चीन के विपरीत क्यूबा क्लासिकी कम्युनिस्ट क्रान्ति की कल्पना के काफी अनुरूप था। यहाँ पर उनकी कल्पना की विशाल औद्योगिक कृषि अस्सी फीसदी भूमि पर कायम हो चुकी थी। इस तरह सत्ता में आने पर इन विशाल फॉर्मों को सरकारी फार्मों में तब्दील करने में कास्त्रो को किसानों के प्रतिरोध का सामना नहीं करना पड़ा क्योंकि इनका स्वामित्व तो किसानों के हाथ में था ही नहीं। इसके विपरीत रूस में सामूहीकरण के क्रम में स्टालिन को किसानों के घोर प्रतिरोध का सामना करना पड़ा, जिसे अत्यन्त क्रूरता के साथ दबाया गया। चीन में भी करोड़ों छोटे किसानों को कम्यून में शामिल करने में भारी प्रतिरोध का सामना करना पड़ा था। कास्त्रो तत्काल इस मामले में काफी सुविधाजनक स्थिति में थे,

लेकिन यह कदम सीधे उन अमेरिकी हितों पर आघात था जिनका अब तक क्यूबा की अर्थव्यवस्था पर नियंत्रण था।

क्यूबा की अर्थव्यवस्था अमेरिका को होनेवाले चीनी निर्यात की आय पर काफी निर्भर थी और वहीं से वह अपनी जरूरत के लिए बाकी अनेक वस्तुओं का आयात करती थी। अब अमेरिका ने क्यूबा के साथ सभी व्यापारिक सम्बन्धों को प्रतिबन्धित कर दिया। क्रान्ति को दूसरे लातिनी अमेरिकी देश में फैलाने की अपनी नीति के कारण उन देशों के साथ भी इसका व्यापारिक सम्बन्ध बाधित हो गया। इसके अलावा अमेरिका ने क्यूबा की घेराबन्दी शुरू की और वहाँ के भगोड़ों और अमेरिका में क्यूबा के अप्रवासियों को वहाँ सैनिक हस्तक्षेप के लिए सैनिक देने लगा।

लेकिन शीतयुद्ध से विभाजित विश्व में यह स्थिति क्यूबा के लिए वरदान साबित हुई। अब रूस ने क्यूबा से चीनी खरीदना शुरू किया, जिसके लिए 1980 के दशक में क्यूबा को चीनी की अन्तरराष्ट्रीय कीमत से 5.4 गुणा अधिक कीमत देता रहा। क्यूबा को सोवियत संघ से बड़ी मात्रा में पेट्रोलियम मिलने लगा जिसका एक भाग वह दूसरे देशों को बेचकर अपनी जरूरत के हिसाब से विदेशी मुद्रा हासिल करता था। सुविधाजनक शर्त पर चीनी से प्राप्त आय से क्यूबा अन्य वस्तुओं के अलावा अपनी जरूरत का लगभग 56 प्रतिशत खाद्य पदार्थ का आयात करने लगा। इस तरह क्यूबा की कृषि और औद्योगिक ढाँचे में क्रान्तिकाल के पहले की स्थिति से एक निरन्तरता बनी रही। साथ ही सोवियत संघ से सुविधाजनक व्यापारिक सम्बन्ध से इसकी आर्थिक स्थिति में सुधार होता रहा। कृषि के यंत्रीकरण और उद्योगों के आधुनिकीकरण का नतीजा हुआ आबादी का गाँवों से नगरों में स्थानान्तरण। 1980 के दशक के आखिर तक क्यूबा की 69 प्रतिशत आबादी शहरों में रहती थी।

इस तरह क्यूबा में वर्तमान औद्योगीकरण के गुण—कृषि और उद्योगों के विशिष्टीकरण (स्पेशलाइजेशन) और वैश्विक बाजार पर निर्भरता—पूरी तरह हावी होने लगे। संसार में कहीं भी—सबसे विकसित औद्योगिक देशों में भी—वैश्विक बाजार पर निर्भरता में एक तरह की अनिश्चितता और असुरक्षा निहित रहती है। दुनिया के बाजार की स्थिति में बदलाव से मन्दी और अनेक लोगों के लिए बर्बादी का दौर शुरू हो जाता है। पिछड़ी अर्थव्यवस्थाओं में, खासकर उनमें जो एक या दो उत्पादों पर निर्भर हैं, ऐसा बदलाव पूरी बर्बादी का पैगाम लाता है। क्यूबा पर कुछ ऐसा ही संकट 1989 के बाद सोवियत व्यवस्था के ध्वस्त होने के बाद आया।

रौसेट के अनुसार सोवियत व्यवस्था के ध्वस्त होने के बाद वे सारी सुविधाएँ खत्म हो गईं जो अब तक क्यूबा को मिलती रही थीं। यंत्रीकृत कृषि के लिए जरूरी आयातित रासायनिक उर्वरक और कीटनाशक तथा ऊर्जा के लिए पेट्रोलियम पदार्थ, जिनकी भारी खपत होती थी, अचानक क्यूबा के लिए अनुपलब्ध हो गए। नई स्थिति का मुकाबला करने के लिए 1991 में सरकार ने 'शान्ति के समय के विशेष

आह्वान' की घोषणा की जो युद्धकाल की स्थिति की तर्ज पर खर्च की कटौती की माँग करती है।

इस तंगी के काल में क्यूबा का विदेशी मुद्रा भंडार शून्य के बराबर हो गया। गेहूँ और दूसरे खाद्य पदार्थों का आयात पहले के आयात का आधा हो गया। क्यूबा की खेती के लिए रासायनिक पदार्थों होनेवाले ऊर्जा स्रोत पचास प्रतिशत कम हो गए। रौसेट के शब्दों में, एक कृषि-क्षेत्र जो तकनीकी के मामले में कैलिफोर्निया के समान था, अचानक रासायनिक वस्तुओं से पूरी तरह और ईंधन और सिंचाई सुविधाओं से बहुत हद तक वंचित हो गया। यहीं से क्यूबा के साहसिक नवनिर्माण की प्रक्रिया शुरू हुई जो प्रकृति और पर्यावरण को संरक्षित रखनेवाले वैकल्पिक विकास की तलाश करनेवालों के लिए विशेष रूप से ध्यान देने योग्य है।

ईंधन के लिए पेट्रोलियम और खेती के लिए रासायनिक पदार्थों के अभाव से पैदा मजबूरी में क्यूबा पारम्परिक कृषि प्रणाली और जैविक खेती की ओर बढ़ा। वैज्ञानिक शिक्षा पर विशेष ध्यान दिया गया था और जहाँ क्यूबा की कुल आबादी लातिन अमेरिका का दो प्रतिशत थी वहाँ वैज्ञानिकों की संख्या लातिन अमेरिका के कुल वैज्ञानिकों की ग्यारह प्रतिशत। इन वैज्ञानिकों ने तकनीक को नई दिशा देने में महत्त्वपूर्ण योगदान दिया। एक तरह से यह क्यूबा की युवा पीढ़ी की परिष्कृत मानसिकता का भी परिचय देता है। हमारे यहाँ के आईआईटी जैसे उच्च तकनीकी शिक्षा संस्थाओं के ज्यादातर स्नातक अपने ज्ञान में विकसित औद्योगिक देशों की जरूरतों से इतने बँधे होते हैं कि वैसे ही प्रतिष्ठानों में नौकरी के लिए देश या विदेश का चक्कर लगाते हैं जहाँ पश्चिमी ढंग के जीवन की जरूरत पूरा करनेवाले उपक्रम तैयार होते हैं, या जिन्दगी के लिए झखते रहते हैं।

इसके विपरीत क्यूबा के वैज्ञानिकों ने नई चुनौती को स्वीकार किया और नई जरूरतों के उपयुक्त तकनीक विकसित करने में सरकार की मदद में लग गए। इस तरह खेती में प्रयुक्त तकनीक की दिशा बदल गई। अब परम्परागत रासायनिक पदार्थों की जगह जैविक पदार्थों का इस्तेमाल होने लगा। कीटाणुओं के प्रकोप से पौधों को बचाने के लिए जैविक कीटाणुनाशक विकसित किए गए, पौधों की ऐसी किस्मों का प्रसार किया गया जिन पर कीटाणुओं का प्रभाव कम होता था। खेती के क्रम को इस तरह बदला गया कि कीटाणुओं का प्रभाव सीमित किया जा सके। खरपतवार को जमीन को ढककर नियंत्रित करने की कोशिश की गई। अब उर्वरकों की जगह जैविक खाद जैसे केंचुओं द्वारा तैयार की गई खाद, कम्पोस्ट, प्राकृतिक फॉस्फेरिक चट्टान, नाइट्रोजन देनेवाले पौधों को उगा उन्हें फिर जोतकर मिट्टी में दबाकर और फिर चरनेवाले मवेशियों को खेती के साथ जोड़कर—वैसा ही जैसा हमारे यहाँ भेड़ों को या दूसरे मवेशियों को समय-समय पर खेतों पर उनके मलमूत्र से प्राप्त खाद के लिए रखने की परिपाटी थी। ट्रैक्टर की जगह मवेशियों से जोतने,

ढोने आदि की परिपाटी को पुनर्जीवित किया गया। चारों ओर खेती के लिए बैलों का इस्तेमाल किया जाने लगा।

इस परिवर्तन के अनुभव दिलचस्प थे। क्यूबा की बीस प्रतिशत जमीन की खेती का उत्पादन, जिसमें छोटे किसान या उनकी सहयोगी संस्थाएँ खेती करती थीं, तेजी से बढ़ा और संकट के पहले की अपेक्षा कहीं अधिक पैदावार होने लगी। खाद्यान्न की खेती चूँकि छोटी जोतों पर ही होती थी इस क्षेत्र में पैदावार नाटकीय ढंग से बढ़ी। 1995 आते-आते क्यूबा में खाद्यान्न की कमी खत्म हो गई। 1996-97 की उत्पादन अवधि में खाद्य पदार्थों के तेरह में से दस पदार्थों में क्यूबा ने अब तक के उत्पादन की सर्वोच्च ऊँचाई हासिल की।

इस आशातीत सफलता के दो कारण थे : पहला यह कि जैविक खेती में उत्पादन की उत्तरोत्तर वृद्धि की सम्भावना रहती है जबकि रासायनिक खेती में उत्पादन का स्तर कायम रखने के लिए भी लगातार लागत बढ़ाते जाना पड़ता है जिसे 'डिमिनिसिंग रिटर्न' के सिद्धान्त से परिभाषित किया जाता है; दूसरा यह कि आधुनिक कारखानों की तरह पूर्व निर्धारित और नियंत्रित स्थितियाँ कृषि में नहीं रहतीं। यहाँ मौसम की स्थिति में या स्वयं जमीन की स्थिति में लगातार अप्रत्याशित छोटे-मोटे परिवर्तन होते रहते हैं। अपनी छोटी काश्त पर खेती करनेवाला किसान इन परिवर्तनों के हिसाब से तुरन्त आवश्यक परिवर्तन कर सम्भावित हानि को कम कर सकता है।

क्यूबा एक और बड़े भ्रम को तोड़ता है। आम तौर से यह माना जाता है कि बड़े मशीनीकृत फार्म में पैदावार की प्रति इकाई लागत कम होती है जिसे दूसरी तरह से 'इकोनोमी ऑफ स्केल' कहा जाता है। कृषि में तो इसका ठीक उल्टा होता है। अगर मशीनों, इन पर खर्च होनेवाले ईंधन और कृषि में लगनेवाले रासायनिक पदार्थों का पूरा खर्च जोड़ा जाए तो ऐसी बड़ी खेती न सिर्फ अधिक खर्चीली होती है बल्कि ऋणात्मक भी होती है। यानी खेती में खर्च की गई सभी तरह की ऊर्जा से उपजों से प्राप्त ऊर्जा कम होती है।

अपनी चर्चित पुस्तक 'इट्रोपी' में जेरेमी रिफ्किन ने पारम्परिक ढंग से खेती करनेवाले किसी किसान और अत्यधिक मशीनीकृत अमेरिका के आयोबा की खेती की लागत और उपज का विवरण यों दिया है : 'एक साधारण किसान आम तौर पर एक कैलोरी ऊर्जा खर्च कर दस कैलोरी ऊर्जा प्राप्त करता है। अब यह भी एक हकीकत है कि आयोबा का काश्तकार प्रतिमानव द्वारा खर्च किए गए कैलोरी के बदले छह हजार कैलोरी प्राप्त करता है। उसकी दिखाई देनेवाली यह दक्षता वास्तव में एक भ्रम साबित होती है जब हम उसकी खेती में प्रयुक्त होनेवाले सभी उपक्रमों का खर्च जोड़ते हैं। दरअसल, वह 270 कैलोरी देनेवाले एक डब्बा अनाज उपजाने पर 2790 कैलोरी ऊर्जा खर्च करता है जिसका बड़ा हिस्सा फार्म

की मशीनों, उर्वरकों और कीटनाशकों आदि के उपयोग पर खर्च होता है। इस तरह हकीकत में वह अमेरिकी किसान एक कैलोरी ऊर्जा पैदा करने में दस कैलोरी ऊर्जा खर्च कर रहा है।'

संयोग से, यही राज है पश्चिमी देशों की अति विकसित कृषि की सीमाहीन सब्सिडी (अनुदान) की भूख का, जो विश्व बाजार संगठन का केन्द्रीय विवाद बन गया है। अब जैसे-जैसे पेट्रोलियम की कीमत बढ़ती जा रही है पारम्परिक खेती की श्रेष्ठता और भी उजागर होती जाती है। भारत में तो बैल की तुलना में ट्रैक्टर से खेत जोतना डेढ़ से पौने दो गुना खर्चीला बन गया है—ऊपर से यह छोटी जोतों के लिए अनुपयुक्त भी साबित होता है।

दरअसल, क्यूबा ने अपने नए प्रयोगों के नतीजों से आँख से ओझल हो रहे कृषि के अर्थशास्त्र की हकीकत को फिर खोज निकाला है। नए कृषि सुधारों की दिशा में क्यूबा के सामने जो सबसे बड़ी बाधा उपस्थित हुई वह थी वहाँ की कृषि में विशाल सरकारी फार्मों की बहुलता, जो कुल खेती लायक जमीन की लगभग तीन-चौथाई पर काबिज थी। इन अत्यधिक मशीनीकृत फार्मों पर नए तरह की खेती लागू करना सम्भव नहीं था। इसलिए इन बड़े सरकारी फार्मों को तोड़ने की प्रक्रिया शुरू हुई। इन पर काम करनेवाले मजदूरों के समूहों में इन फार्मों की भूमि को बाँटने का सिलसिला शुरू हुआ। इन समूहों को बिना किसी लगान के अपने हिस्से की जमीन पीढ़ी-दर-पीढ़ी जोतने का अधिकार दे दिया गया। उन्हें सरकार को अपने उत्पादों का एक निश्चित कोटा देना होता था। उपज के बाकी हिस्से को वे खुले बाजार में बेचकर उसकी आय को आपस में बाँट सकते थे। इस तरह उन्हें अधिक पैदावार बढ़ाने का प्रोत्साहन मिलने लगा। यहाँ उस पारम्परिक सोच को बिलकुल उलट दिया गया जहाँ बड़े सामूहिक और सरकारी फार्मों को समाजवादी समाज-व्यवस्था की ओर संक्रमण का आधार माना जाता था। अब एक ऐसी व्यवस्था जन्म ले रही थी जिसमें व्यापक सामाजिक दायित्व के तहत ही किसानों के अपने हित और स्वायत्तता सुनिश्चित की जा रही थी।

क्यूबा की सफलता से समाजवादी व्यवस्था के उस वैकल्पिक सोच को आधार मिला है जो विकेन्द्रित और छोटी स्वायत्त आर्थिक-राजनीतिक व्यवस्था को समाजवाद का आधार बनाना चाहता है। रूस और चीन में केन्द्रीकृत विशाल औद्योगिक और कृषि प्रतिष्ठानों पर आधारित व्यवस्था का सबसे बड़ा दोष यह था कि, अगर तानाशाही राज्य व्यवस्था को इसके साथ जोड़ना अपरिहार्य नहीं लगे तब भी, नौकरशाही के विशाल ढाँचे में निहित जड़ता, फिजूलखर्ची और सुविधाओं और अधिकारों के सोपानवत विभाजन का होना तो अनिवार्य होता ही है। यह समस्या समाजवादी आन्दोलन में सदा विवाद का विषय रही, खासकर अराजकवादियों और मार्क्सवादियों के बीच।

पेरिस कम्यून की अल्पकालिक घटना, जिसमें कुछ समय के लिए केन्द्रित सत्ता और नौकरशाही को तिलांजलि दे दी गई थी, अराजकवादियों और लेनिन जैसे मार्क्सवादियों दोनों के लिए मोहक आदर्श बनी रही। लेकिन मार्क्सवादी, जो सत्ता की दौड़ में आगे निकल गए, विशाल उद्योगों और विशाल औद्योगिक कृषि को समाजवादी व्यवस्था के लिए अनिवार्य मानने के कारण कभी भी समस्या का निदान नहीं ढूँढ़ पाए। अन्ततः मार्क्सवादियों के दोनों धड़ों, लेनिनवादियों और सोशल डेमोक्रेटों ने विशालता के रास्ते को अपनाया। एक ही परिणति स्टालिन की घोर तानाशाही में हुई और दूसरे की पूँजीवादी व्यवस्था के मूल आर्थिक ढाँचे को कबूल कर उनके भीतर ही कल्याणकारी सम्भावनाओं की तलाश करने की : जो पूँजीवादी प्रतिस्पर्धा के भूमंडलीकृत तीव्रता के दौर में तिरोहित होती चली गई है।

अगर बड़ी व्यवस्थाओं में नौकरशाही और सुविधाभोगी अभिजात समूह का उदय अपरिहार्य है तो समतावादी समाज बनाने के लिए छोटी इकाइयों की तरफ लौटना होगा वैसे ही जैसे अपनी ऐतिहासिक स्थितियों के कारण क्यूबा को लौटना पड़ा। यहाँ गांधी के ग्रामीण गणराज्यों की कल्पना सहज ही ध्यान में आती है। इसके लिए समाज का आधार छोटी जोतों पर आधारित खेती की व्यवस्था होगी और किसानों की आवश्यकताओं को पूरा करनेवाली छोटी औद्योगिक इकाइयाँ। इन दोनों की पारस्परिकता यानी खेती उद्योगों की जरूरतों को पूरा करेगी और उद्योग खेती की आवश्यकताओं की—ही आधार होगी मूलभूत संरचनाओं, शिक्षा और तकनीक की दिशा निर्धारित करने में। छोटी खेती के साथ बड़े केन्द्रीकृत उद्योगों का सामंजस्य बन नहीं सकता। जैसाकि अब तक का अनुभव रहा है, बड़े उद्योगों में सदा इजारेदारी का दबाव बना रहता है और अपने व्यापारिक सम्बन्ध में छोटे बिखरे किसानों को उद्योगों की केन्द्रित इजारेदारियों के मुकाबले असहाय स्थिति में रहना पड़ता है और उन्हें अपनी उपज का उचित मूल्य कभी नहीं मिल पाता। प्रायः उन्हें न्यूनतम सुरक्षा प्रदान करने के लिए भी सरकारी हस्तक्षेप की जरूरत होती है। यह किसी न्यायपूर्ण व्यवस्था की स्वाभाविक स्थिति नहीं रह सकती।

इस नई विकेन्द्रित व्यवस्था की ओर संक्रमण का सबसे बड़ा लाभ यह होगा कि पर्यावरण का संकट स्वतः टल जाएगा। आज पर्यावरण के संकट का मूल कारण है विशाल पैमाने पर औद्योगिक उत्पादन और विपणन के लिए विशाल अन्तरराष्ट्रीय परिवहन व्यवस्था, बड़े नगरों का विकास और उनके लिए यातायात में प्रदूषण फैलाने वाले वाहनों की भरमार और आधुनिक खेती में होनेवाले रसायनों और मशीनों को चलानेवाले ईंधन से फैलनेवाला प्रदूषण आदि। इस व्यवस्था में आत्मनियंत्रण की कोई सम्भावना नहीं है। इसीलिए यह व्यवस्था संसार को धीरे-धीरे पारिस्थितिक प्रदूषण से मौत की ओर धकेल रही है।

दुनिया के अधिकतर गरीब या तथाकथित विकासशील देशों के लिए इस तरह का संक्रमण कोई समस्या उपस्थित नहीं करेगा। आज भी आधुनिकता के कुछ छोटे-मोटे टापुओं को छोड़ ये देश पारम्परिक जीवन-पद्धति पर आधारित मूलत: ग्रामीण क्षेत्र ही हैं। ग्रामीण क्षेत्रों के ऊपर वर्णित समता मूलक और उपयुक्त तकनीक पर आधारित विकास से ही कुपोषण और दूसरे संकटों से मुक्ति दिलाई जा सकती है। कुछ बड़ी योजनाएँ अपरिहार्य हो सकती हैं, लेकिन वे पूरी व्यवस्था का एक अत्यन्त छोटा हिस्सा होंगी और सामाजिक जीवन को विकृत नहीं करेंगी। कुछ अति विकसित औद्योगिक देशों में विकेन्द्रीकरण की दिशा में जाने में कुछ अधिक समय लगेगा।

अगर दुनिया के विकासशील देश पूँजीवादी व्यवस्था के दानवी आगोश से निकल पाएँगे तो ये सम्पन्न देश भी बाध्य हो अपनी व्यवस्था को बुद्धिसंगत रूप देने की दिशा में बढ़ेंगे। दूसरा, वह खतरनाक विकल्प भी हो सकता है जो सम्पन्न देशों का अब तक रहा है। सैनिक हस्तक्षेप से शान्तिपूर्ण परिवर्तन के प्रयासों को खत्म करने का प्रयास। लेकिन सम्पन्न देश भी सभ्यता पर आसन्न संकट को समझकर ऐसा कदम नहीं उठाएँगे इतनी आशावादिता रखी जा सकती है।

जनसत्ता, दिल्ली, 5 नवम्बर, 2005

4

देश के राजनेता, सैनिक अधिकारी और सुरक्षा विशेषज्ञ पिछले वर्षों में लगातार देश के विभिन्न भागों में होनेवाली अलगाववादी हिंसा को समाप्त करने के नुस्खे निकालते रहे हैं और सरकारें उनके अनुसार अमल करने की कोशिश करती रही हैं, लेकिन लगातार नई तरह के अलगाववाद उभर रहे हैं और इनका विस्तार ही हो रहा है। उनकी असफलता का मूल कारण समस्या को समझने की, उनकी अक्षमता ही है। यह साफ दिखाई दे रहा है कि देश छोटे-मोटे गृहयुद्धों और विघटन के कगार पर खड़ा है जिनमें विविध जाति, मूल, धर्म और क्षेत्रों के लोग एक-दूसरे के खिलाफ अन्तहीन हिंसा में उलझते रहेंगे। अगर हम दुनिया की तरफ निगाह दौड़ाएँ तो ऐसी अलगाववादी हिंसा सारे संसार में दिखाई देती है—चाहे यूगोस्लाविया हो, रूस हो, लातिन अमेरिका और अफ्रीका हो, चाहे आस्ट्रेलिया (जहाँ के मूल निवासी अब अपना अधिकार माँगने लगे हैं), इंडोनेशिया और फिलीपींस हो या पड़ोस का म्यांमार, श्रीलंका और पाकिस्तान। दरअसल यह वैश्विक समस्या बन गई है और वर्तमान विकास पद्धति और वैश्वीकरण का सीधा परिणाम है। जब हम इस स्थापना की पृष्ठभूमि में विचार करेंगे तो यह भी समझ पाएँगे कि ऐसी अलगाववादी हिंसा सम्पन्न पूँजीवादी अर्थव्यवस्थाओं में क्यों नियंत्रित है—कनाडा के क्यूबेक, आयरलैंड और स्पेन के वास्क का अलगाववाद थोड़ा भिन्न है। उनका उत्स उनके विशेष इतिहासों में है।

वैश्वीकरण के वर्तमान विस्तार की तुलना अगर हम प्राचीन काल के साम्राज्यों और राष्ट्रवाद के उदय के परिप्रेक्ष्य में यूरोपीय देशों के प्रारम्भिक साम्राज्य विस्तार से करें तो उनकी बुनियादी भिन्नता साफ दिखाई देगी और वैश्वीकरण से अलगाववाद को क्यों प्रोत्साहन मिलता है यह भी समझ में आएगा। प्राचीन काल के साम्राज्यों के विस्तार के क्रम में ज्यादतियाँ और लूटपाट काफी हुईं। लोगों को गुलाम बनाया गया और विभिन्न तरह के कर लगा अधीनस्थ इलाकों के लोगों का शोषण हुआ। गुलामी की अनिवार्यता, शासकों की विलासिता और फैलते प्रशासन के खर्च के अतिरिक्त बोझ को ढोने के लिए ही बनती थी। इन साम्राज्यों में अर्थव्यवस्था, सामाजिक संरचना और लोगों के धार्मिक विश्वासों के साथ छेड़छाड़ नगण्य रही।

रोम ने अपने पश्चिम एशिया के साम्राज्य में यहूदियों के धर्म से छेड़छाड़ नहीं की जबकि रोम के शासक मूर्तिपूजक थे और यहूदी मूर्तिपूजा को घोर अधर्म मानते थे। जूडिया में रोम के गवर्नर पिलात ने यहूदियों के दबाव में ईसा को क्रॉस पर लटकाने के बाद यह वाक्य कहा कि 'मैं इससे हाथ धोता हूँ।' यानी उसका इस निर्णय से कुछ भी लेना-देना नहीं था। बुनियादी तौर से उत्पादन के आधार शासकों के अपने देश और शासितों के देश में समान थे। वे एक-दूसरे से हुनर तो सीखते थे, लेकिन इससे समाज की आर्थिक संरचना पर कोई प्रभाव नहीं पड़ता था। नगर तो ग्रामीण उत्पादों पर काफी हद तक निर्भर थे, लेकिन गाँव अधिकांश मामलों में आत्मनिर्भर थे। केन्द्रीय राज्य तो थे, लेकिन राष्ट्र-राज्य की अवधारणा नहीं थी। दुनिया भर में छोटी स्वायत्त इकाइयाँ थीं जो आर्थिक दृष्टि से आत्मनिर्भर थीं। साम्राज्य ऊपरी छतरी थे जो कभी संरक्षण देते थे तो कभी ग्रामीण व्यवस्था के लिए आर्थिक बोझ बन जाते थे। साम्राज्य बनते थे, फैलते थे और बिखरते थे, नीचे की व्यवस्थाएँ पूर्ववत चलती रहती थीं। पन्द्रहवीं शताब्दी के अन्त से इस स्थिति में बदलाव आना शुरू हुआ जब से स्पेन, पुर्तगाल, इंगलैंड, फ्रांस, नीदरलैंड आदि देशों ने बड़े पैमाने पर अफ्रीका, एशिया, अमेरिका और आस्ट्रेलिया आदि महादेशों की खोज कर उनसे व्यापार और लूट का रिश्ता जोड़ा। इसमें व्यापार और लूट दोनों एक-दूसरे से जुड़े थे।

समुद्री लुटेरे-व्यापारियों को उनके यहाँ के सम्राटों की सहायता मिली। इससे प्राप्त सम्पन्नता से यूरोप के सम्राटों की शक्ति बढ़ी और इसी क्रम में विकेन्द्रित 'फ्यूडल' व्यवस्था की जगह विविध कबीलों के इर्द-गिर्द राष्ट्र-राज्य की केन्द्रित व्यवस्थाओं का विकास हुआ। इसी सम्पन्नता से अट्ठारहवीं और उन्नीसवीं सदी में यूरोप में औद्योगिक क्रान्ति हुई और आधुनिक अर्थ में औद्योगिक पूँजीवाद का विकास हुआ। धीरे-धीरे इसने यूरोप में व्यापार की स्वतंत्रता के लिए 'फ्यूडल' व्यवस्था द्वारा लगाए गए छोटे घेरों को तोड़ा और उन्मुक्त व्यापार के सिद्धान्त को प्रस्थापित किया। अब यूरोप के नए उद्योगों के लिए बाजार और कच्चे माल दोनों ही के लिए एशिया, अमेरिका और आस्ट्रेलिया के भूभागों पर सीधा अधिकार आवश्यक लगने लगा। इसी अधिकार के लिए स्थानीय शासकों के अलावा इंगलैंड, स्पेन, फ्रांस, पुर्तगाल और नीदरलैंड आदि जल और स्थल दोनों पर आपस में युद्ध करते रहे। अन्ततोगत्वा उन्नीसवीं शताब्दी तक दुनिया के सभी महादेश यूरोपीय शक्तियों के कब्जे या प्रभाव में आ गए। यूरोपीय शासकों ने अपनी प्रशासकीय सुविधा के अनुसार स्थानीय व्यवस्थाओं और कबीलाई या दूसरी भिन्नताओं को नजरअन्दाज कर इन क्षेत्रों को विशाल भौगोलिक इकाइयों या देशों में बाँट दिया।

बाद में पश्चिमी देशों के प्रभाव में और उनकी देखा-देखी जब राष्ट्रीय आजादी की भावना इन देशों में जगी तो पश्चिमी देशों द्वारा आरोपित भौगोलिक देश को ही

राष्ट्र मान लिया गया। धीरे-धीरे इन्हीं के साथ उनकी भावना जुड़ गई। पश्चिमी देशों की तर्ज पर ही राष्ट्र-राज्य स्थापित करने की लालसा से आजादी के आन्दोलन इन देशों में शुरू हुए। चूँकि यूरोपीय शासकों का हित इन देशों में पारम्परिक विभाजन को कायम रखने में था—विभाजित कर शासन करो की नीति के तहत—उन्होंने मूलों, क्षेत्रीय अस्मिताओं, जातियों आदि के भाव को लुप्त नहीं होने दिया। इस तरह राष्ट्रीयता की भावना सतही रही और इसके प्रभाव से पारम्परिक विभाजन समाप्त नहीं हुए, तात्कालिक रूप से गौण भले ही हो गए हों। अंग्रेज स्वयं भारत में दलित, हिन्दू, मुस्लिम, द्रविड़, नगा, सिख आदि समूहों की पृथकता की भावना को हवा देकर राज कायम रखने में सफल रहे। इसके विपरीत पश्चिमी यूरोप में औद्योगीकरण का प्रभाव इतना व्यापक था कि विभिन्न इकाइयाँ आर्थिक-प्रशासनिक व्यवस्था में समेकित हो गईं। चूँकि वहाँ के राष्ट्र-राज्यों का गठन भी मूलत: एक या दो कबीलाई समूह के इर्द-गिर्द हुआ था।

द्वितीय विश्वयुद्ध के बाद जब पश्चिमी साम्राज्य का अन्त हुआ तो आजाद हुए नए राष्ट्र-राज्यों में बिखराव की प्रक्रिया शुरू हुई। पारम्परिक स्वायत्त आर्थिक-राजनीतिक व्यवस्था के नष्ट होने से अपनी स्थिति को अपने प्रयासों से सुधारने और अपने साधनों के भीतर रहने की पुरानी प्रवृत्ति नष्ट हो चुकी थी। पश्चिमी औद्योगिक समाज से सम्पर्क ने अपनी स्थिति की दूसरों से तुलना करने का एक उपभोक्तावादी मानक भी प्रदान कर दिया था जिसके आलोक में लोग विविध मूलों, जातियों, धर्मों आदि की स्थिति से अपनी तुलना करते थे और अगर स्थिति कमजोर दिखी तो असन्तोष होता था। राष्ट्रीय सरकारें अगर सक्षम होतीं और देश के नियोजन पर उनका अधिकार होता तो वे नियोजन को ऐसी दिशा दे सकती थीं जिससे विभिन्न क्षेत्रों और समूहों के बीच विषमता मिटती। हालाँकि सीमित संसाधनों के कारण नए आजाद देशों में यह काम काफी मुश्किल था, फिर भी प्रारम्भिक दिनों में जब दुनिया भर में समाजवाद और नियोजन आदर की वस्तु थे, राष्ट्रीय सरकारों द्वारा आन्तरिक विषमताओं को मिटाने के कुछ प्रयास हुए, लेकिन पूँजीवादी वर्चस्व के कारण उनकी सफलता शुरू से ही संदिग्ध थी।

बीसवीं शताब्दी के आखिरी दिनों में स्थिति और गम्भीर हो गई, जब से वैश्वीकरण की लहर ने संसार को अपने भीतर समेटना शुरू किया। इसका नतीजा यह हुआ है कि जनप्रतिनिधियों और उनकी सरकारों पर से जनता का नियंत्रण घटता गया है। राष्ट्रीय सरकारों को सदा विश्व व्यापार संगठन, विश्व बैंक और अन्तरराष्ट्रीय मुद्रा कोष के आदेशों के अनुरूप अपनी नीतियाँ निर्धारित करनी होती हैं। अक्सर सुधारों (यानी 'उदारीकरण' की नीति) को लागू करने में 'दृढ़ इच्छाशक्ति' के अभाव की चर्चा होती है। यहाँ दृढ़ इच्छाशक्ति का अर्थ होता

है जन भावनाओं के विपरीत नीतियाँ लागू करने में दृढ़ता—कृषि पर सब्सिडी कम करना या भारत अल्यूमिनियम कम्पनी जैसे प्रतिष्ठानों का छत्तीसगढ़ की जनता की भावनाओं या राष्ट्र हित के विपरीत विनिवेश आदि ऐसी नीतियों में आते हैं। इस तरह दूर-दराज इलाके और पिछड़े समूह पूँजीनिवेश के लाभ से वंचित हो जाते हैं।

इससे उत्तरोत्तर देश की सामाजिक-आर्थिक और भौगोलिक परिधि पर स्थित लोगों में बेगानेपन और अलगाव का भाव बढ़ता है। स्वयं यूरोप के देशों में जहाँ लोकतंत्र जीवन्त था और लोक कल्याणकारी नीतियाँ काफी विकसित थीं, यह दबाव महसूस किया जा रहा है। नई वैश्विक व्यवस्था की दुर्दान्त प्रतिस्पर्धा में अमेरिका और जापान की विशाल आर्थिक शक्तियों के मुकाबले टिकने के लिए यूरोप का एकीकरण हुआ, लेकिन इससे जो कार्यकारी व्यवस्था यूरोपीय कमीशन बनी वह वहाँ के विभिन्न राष्ट्रों के लोगों के प्रभाव से काफी हद तक मुक्त हो गई है। लोग इसे उस तरह प्रभावित नहीं कर पाते जैसे राष्ट्रीय सरकारों को प्रभावित कर सकते थे, जबकि सभी महत्त्वपूर्ण आर्थिक निर्णय अब इस कमीशन द्वारा ही लिए जाते हैं। ये निर्णय यूरोप के औद्योगिक प्रतिष्ठानों के हित में ही किए जाते हैं। आम लोगों का हित दूसरे नम्बर पर होता है। इससे लोगों में जब-तब असन्तोष फूट पड़ता है।

वैश्वीकरण की नीति से सभी देशों में हाशिए पर स्थित लोगों का समेकन के बदले विलगाव हो रहा है। वर्तमान बहुराष्ट्रीय कम्पनियों का औद्योगिक-व्यापारिक तानाबाना रासायनिक प्रक्रिया में रवों (क्रिस्टल) की भाँति विशेष तरह से उपयोगी न्यूनतम मानव और गैर-मानव तत्त्वों को अपने भीतर समेकित करता है और बाकी वस्तुओं और मनुष्यों को उच्छिष्ट बना बाहर छोड़ देता है। दुनिया के विभिन्न हिस्सों में जो विघटनकारी स्थितियाँ दिखाई दे रही हैं, दरअसल इस आन्तरिक प्रक्रिया की अभिव्यक्तियाँ हैं और इसका अन्त इस व्यवस्था के अन्त से ही हो सकता है। व्यवस्था में बेगानापन महसूस करनेवाले हर समूह को आसपास के उन समूहों से शिकायत होती है जो अपेक्षतया बेहतर स्थिति में दिखाई देते हैं।

इससे यह भाव भी पैदा होता है कि ऐसे समूह सरकार की केन्द्रीय व्यवस्था के कृपा पात्र हैं या उस पर हावी हैं। चूँकि राष्ट्रों की लोकतांत्रिक व्यवस्थाएँ स्वयं ऐसी शिकायतों को दूर करने में लगातार असमर्थ बनती जा रही हैं, ऐसे समूह इस व्यवस्था से अलग हो अपने ढंग से रहने का संकल्प करते हैं। इन समूहों के कुलीन लोग इसी भावना के आधार पर अलग व्यवस्था में प्रभुता हासिल करना चाहते हैं। यह बात दीगर है कि वर्तमान केन्द्रीकृत ढाँचे में उनकी समस्या का समाधान अलगाव में भी नहीं है। जहाँ भी उपेक्षित महसूस

करनेवाले धार्मिक, कबीलाई या भाषाई समूह बहुलता में होते हैं, अलगाववादी गतिविधियाँ बढ़ने लगती हैं। वर्तमान व्यवस्था में लोगों के उपभोग में समता लाई भी नहीं जा सकती क्योंकि दुनिया भर की बहुराष्ट्रीय कम्पनियाँ नित्य नई आवश्यक-अनावश्यक और जहरीली वस्तुओं के ईजाद और उत्पादन में लगी हैं जो एकबारगी सबों की पहुँच में नहीं आतीं। राष्ट्रीय सरकारें पक्षाघात का शिकार बन जाती हैं और कुछ कर नहीं सकतीं। जब लोगों का असन्तोष अलगाववादी हिंसा में भड़कता है, तब वे पुलिस और फौज के बल पर आग बुझाने के काम में लगती हैं। जन उभार के सामने दमन अन्ततः विफल होते हैं। अलगाववाद वर्तमान वैश्वीकरण की नीति का अनिवार्य पहलू है। इस तरह हम एक अपरिहार्य दुष्चक्र में फँसे हैं।

5

जुलाई 2001 के चौथे सप्ताह में दो महत्त्वपूर्ण अन्तरराष्ट्रीय सम्मेलन हुए और उनके नतीजे संसार के भविष्य पर डरावनी छाया छोड़ गए। एक सम्मेलन इटली के जेनोआ नगर में हुआ और दूसरा जर्मनी के बॉन में। पहला दुनिया के सबसे सम्पन्न आठ देशों का शिखर सम्मेलन था। दूसरा सम्मेलन दुनिया के एक सौ अठहत्तर देशों के प्रतिनिधियों का था जिसका मुख्य मुद्दा था 1997 में क्योटो के पर्यावरण रक्षा समझौते को लागू करना ताकि दुनिया को धरती के बढ़ते तापमान से नष्ट होने से बचाया जा सके। जेनोआ के शिखर सम्मेलन के समय पचास हजार से अधिक प्रदर्शनकारी, जो विभिन्न देशों और संगठनों से आए थे, यह माँग करते रहे कि गरीब देशों की बढ़ती बदहाली को देखते हुए भूमंडलीकरण की प्रक्रिया समाप्त की जानी चाहिए और गरीब मुल्कों पर अमीर मुल्कों के पिछले कर्ज को खत्म करना चाहिए जिसकी अदायगी के बोझ से इन देशों की अर्थव्यवस्थाएँ उत्तरोत्तर कमजोर होती जा रही हैं।

प्रदर्शन का एक भाग अति उग्र था और इसके खिलाफ पुलिस द्वारा की गई हिंसक वारदातों में एक प्रदर्शनकारी की मृत्यु भी हो गई। इस शिखर वार्ता का एक मुद्दा यह भी था कि सम्बद्ध देश ताप बढ़ानेवाले औद्योगिक उत्सर्जन को 'क्योटो प्रोटोकॉल' के प्रावधानों के अनुसार घटाएँ। इस हकीकत के बावजूद कि भूमंडलीकरण के दौर में दरिद्रतम देशों की संख्या 25 से बढ़कर 49 हो गई है, यह निर्णय लिया गया कि भूमंडलीकरण प्रक्रिया को और प्रभावी बनाया जाए। कर्ज माफी की माँग खारिज की गई और इस बात के बावजूद कि आठ में से सात देशों के राज्याध्यक्ष 'क्योटो प्रोटोकॉल' को लागू करने के पक्षधर थे, अमेरिका ने इसे लागू करने से साफ मना कर दिया। यह ज्ञातव्य है कि दुनिया में ताप बढ़ानेवाली गैसों का सबसे अधिक उत्सर्जन—25 प्रतिशत से ज्यादा—अकेला अमेरिका करता है और दुनिया के दूसरे देशों में होनेवाले उत्सर्जन में भी अमेरिकी बहुराष्ट्रीय कम्पनियों का खासा हिस्सा है। इसलिए अगर दुनिया के दूसरे देश इन गैसों का उत्सर्जन कम भी कर दें तो भी अमेरिका अकेले ही दुनिया को ताप-मृत्यु की ओर ढकेलने के लिए काफी है।

बॉन में हुए 178 देशों के सम्मेलन में अमेरिका को छोड़ बाकी सभी देशों ने एक स्वर से क्योटो में अपनाए गए प्रावधानों को लागू करने का संकल्प दुहराया, लेकिन अमेरिकी प्रतिनिधि पॉला दोब्रियांस्की ने इसे अमेरिकी हितों के विपरीत बतलाकर इसको लागू करने से इनकार कर दिया।

इन सम्मेलनों में अपनाई गई नीतियों को युद्ध आयुधों के क्षेत्र में अमेरिका की दो दूसरी नीतियों के साथ जोड़कर देखने से अमेरिकी नीति के निहितार्थ को समझा जा सकता है। अमेरिका ने दुनिया के दूसरे देशों और स्वयं अपने नाटो सहयोगी देशों की भावनाओं की अनदेखी करके मिसाइल रक्षा प्रणाली विकसित करना शुरू कर दिया है जिससे परमाणु शस्त्रों को नियंत्रित करने का तीन दशक पहले का समझौता अर्थहीन बन जाता है। यह माना जाता था कि जब तक विभिन्न शक्तियों के बीच परमाणु युद्ध के आतंक का सन्तुलन रहेगा—यानी जब तक सभी देश यह महसूस करेंगे कि परमाणु युद्ध करनेवाले दोनों प्रतिद्वन्द्वियों का विनाश हो जाएगा, युद्ध पर रोक लगी रहेगी। अब अमेरिका ऐसी अवरोधक प्रणाली विकसित कर रहा है जिससे वह तो दुनिया के दूसरे देशों को नष्ट कर सकता है, लेकिन बाहर से होनेवाले प्रक्षेपास्त्रों के किसी हमले को वह आसमान में ही निरस्त कर देगा। इससे पुरानी सन्धियाँ अर्थहीन हो जाती हैं। इसी से मिलाजुला एक दूसरा अमेरिकी निर्णय है कि वह 1972 से चल रहे जैविक हथियारों के निर्माण और प्रयोग पर रोक लगाने सम्बन्धी प्रक्रियाओं से भी अलग रहेगा। उसका तर्क है कि इस रोक को लागू करने के लिए जो तहकीकात होगी उससे जैविक क्षेत्र में लगे उसके उद्योगों की गोपनीयता पर असर पड़ेगा। इस सन्दर्भ में यह गौरतलब है कि जैविक हथियारों को गोपनीय ढंग से निर्माण के सन्देह पर ही अमेरिका इराक के लोगों को तरह-तरह की यातनाएँ देता रहा है।

इन सब निर्णयों पर विचार करने से यह साफ है कि अब अमेरिका अपने पूँजीवादी प्रतिष्ठानों की हित-रक्षा में धरती का विनाश कबूल करने के लिए मानसिक रूप से तैयार हो गया है। परमाणु या जैविक युद्ध न हो तो भी अमेरिका अपने औद्योगिक प्रदूषण से ही संसार को नष्ट कर देगा। यह ठीक है कि स्वयं अमेरिका भी इससे प्रभावित होगा, लेकिन वह आश्वस्त है कि वह अपनी सम्पन्नता और भौगोलिक स्थिति के कारण इससे कुछ कम प्रभावित होगा। इस नीति को जॉर्ज डब्ल्यू. बुश के प्रशासन की विशिष्टता के रूप में नहीं, बल्कि पूरे अमेरिका की मनीषा में व्याप्त मृत्यु-कामना के रूप में ही देखा जा सकता है। अमेरिका की कांग्रेस में डेमोक्रेटिक और रिपब्लिकन पार्टी की शक्ति लगभग समान है और सीनेट में डेमोक्रेटों का ही हाथ ऊपर है। इसलिए ऐसी नीतियाँ तभी लागू की जा सकती हैं जब बुश आश्वस्त हों कि उन्हें इन मुद्दों पर कांग्रेस यानी अमेरिका की जनता का समर्थन मिलता रहेगा।

धरती का ताप बढ़ने से वे भूभाग जैसे बांग्लादेश, कोलकाता के आसपास के इलाके या कच्छ, जो समुद्र तल से थोड़े ही ऊँचे हैं, जलमग्न हो जाएँगे। इसके अलावा उष्ण कटिबन्ध में पड़ने वाले स्थानों पर अत्यधिक ताप और सूखे से रेगिस्तान की स्थिति हो जाएगी। भारत में हिमालय के ग्लेशियरों के पिघल जाने से शुरू में भयंकर जल प्लावन होगा और फिर बाद में उत्तर भारत और पाकिस्तान की नदियाँ सूख जाएँगी। इसका एक असर यह भी होगा कि शीत कटिबंध में पड़ने वाले क्षेत्रों की जलवायु समशीतोष्ण हो जाएगी और वहाँ जीवन आसान हो जाएगा, अगर इसके साथ दूसरी आपदाएँ न जुड़ें। चूँकि अमेरिका का बड़ा हिस्सा और दुनिया के दूसरे सम्पन्न देशों—जैसे आस्ट्रेलिया, यूरोपीय देश और जापान का बड़ा हिस्सा—या तो समशीतोष्ण कटिबंध में है या शीत कटिबंध में। इससे इन स्थानों पर जीवन वैसा विकराल नहीं होगा जैसा ग्रीष्म कटिबंध वाले हिस्सों में। शायद इसीलिए अमेरिका निश्चिंत है कि अन्ततोगत्वा वह यूरोप के अपने सम्पन्न सहयोगियों को सम्भावित प्रलय की स्थिति को कबूल कर लेने के लिए तैयार कर लेगा।

इस प्रलयंकारी स्थिति का खमियाजा मुख्य रूप से दुनिया के गरीब मुल्कों को ही भुगतना होगा जो प्राय: उष्ण कटिबंध में स्थित हैं। वे ही धीरे-धीरे रेगिस्तान में तब्दील हो जाएँगे। हालाँकि मनुष्य के प्रभाव में धरती का पर्यावरण पहली बार इतना बदला है, ऐसा पहली बार नहीं होगा कि धरती के अनेक भागों में अति ताप या अति शीत के प्रभाव में जीवन असम्भव बन गया हो। धरती पर बार-बार ऐसी स्थितियाँ मानव के अस्तित्व में आने के बाद से प्राकृतिक कारणों से आई हैं। हिमयुग (आइस एज) तो कई बार आए। कभी जंगल की आग के धुएँ से अनेक वर्ष तक सूरज के छिप जाने से भी जीवन समाप्त होने के कगार पर आ गया था, ऐसा अनुमान किया जाता है। ऐसी ही प्राकृतिक आपदाओं से छुटकारा पाने के लिए मनुष्य अफ्रीका की अपनी प्रारम्भिक भूमि से संक्रमण कर सुदूर उत्तरी यूरोप, भारत, चीन, जावा, अमेरिका और आस्ट्रेलिया तक कभी पाँव से चलकर तो कभी बेड़े बना सागर पार तक फैलता रहा। पर उन प्रारम्भिक युगों में पूरी धरती पर मनुष्यों की संख्या कुछ लाख से अधिक नहीं थी। ऐतिहासिक काल में भी बहुत से 'विदेशी' आक्रमण दरअसल किसी प्राकृतिक आपदा के दबाव में हुए ऐसे ही संक्रमण का परिणाम थे। इसमें सरदार या राजा की फौज के साथ पूरी आबादी कूच कर देती थी। आपदा न रहने पर भी लोग ऐसे स्थानों की ओर पलायन करते रहे हैं जहाँ भूमि अधिक उपजाऊ हो, आबोहवा अधिक माफिक या जीवनयापन के साधन अधिक आसान हों। आज भी दुनिया में लोगों का एक स्थान से दूसरे स्थान या एक देश से दूसरे देश में आना-जाना जारी है। हालाँकि अब राष्ट्रीय सीमा रेखाओं के कठोर हो जाने से यह एक मुश्किल काम हो गया है।

राष्ट्रीय सीमा रेखाओं के कठोर हो जाने के सन्दर्भ में तापमान के बढ़ने के परिणामों का थोड़ा अन्दाज हम कर सकते हैं। दुनिया की बड़ी संख्या फिलहाल उष्ण कटिबंधों के इर्दगिर्द ही निवास करती है। जब इन स्थानों पर रेगिस्तान की स्थिति होगी और ताप अत्यधिक हो जाएगा, तब लोग किसी भी हकीकत पर शीत कटिबंधों की ओर, जो अब समशीतोष्ण हो चुके होंगे, पलायन करेंगे, लेकिन इन भूभागों के लोग जिनके पास युद्ध-आयुध और सम्पत्ति दोनों की प्रचुरता होगी, पूरी शक्ति से बाहरी अतिक्रमण को रोकने की कोशिश करेंगे। इससे चारों ओर भीषण युद्धों का सिलसिला जारी होगा। और चूँकि जीवन की तलाश में बढ़ती हुई पूरी आबादियों को, जिनकी संख्या अरबों में होगी, पारम्परिक हथियारों से रोकना मुश्किल होगा, नाभिक और जैविक हथियारों का खुलकर इस्तेमाल होगा। शीत युद्ध की समाप्ति के बाद आज जब अमेरिका का कोई सामरिक प्रतिद्वन्द्वी नहीं बन गया है, उसकी अत्याधुनिक परमाणु और जैविक युद्ध की तैयारी के पीछे भविष्य की कुछ ऐसी ही अस्फुट आशंका देखी जा सकती है। ऐसी स्थिति पैदा न हो, इसका एकमात्र उपाय ऐसी औद्योगिक और जीवन की व्यवस्था विकसित करना है जिससे पर्यावरण के लिए संकट न हो, लेकिन अमेरिका किसी ऐसे विचार पर गौर करने को भी तैयार नहीं। दुनिया एक ऐसी स्थिति में आ गई है कि या तो वर्तमान अमेरिकी औद्योगिक व्यवस्था अस्तित्व में रहेगी या संसार अस्तित्व में रहेगा। अब दोनों का सह-अस्तित्व सम्भव नहीं लगता। इसलिए धरती की रक्षा के लिए अमेरिकी औद्योगिक व्यवस्था का नष्ट होना जरूरी है।

यह कैसे सम्भव होगा? एक तरीका तो ओसामा बिन लादेन की तर्ज पर आतंकवाद का हो सकता है जिसके जरिये अमेरिका के औद्योगिक और दूसरे प्रतिष्ठानों को नष्ट कर दिया जाए, लेकिन यह इसलिए सम्भव नहीं क्योंकि अमेरिका के विशाल औद्योगिक ढाँचे को इस तरह नष्ट करने के लिए स्वयं अमेरिका में लाखों ऐसे प्रतिबद्ध लोगों की जमात पैदा करनी होगी जो जान पर खेलकर बड़े पैमाने पर तोड़-फोड़ कर सकें। यह हो नहीं सकता। दूसरा रास्ता यह हो सकता है कि गरीब देश मिलकर अमेरिका पर हमला करके उसके औद्योगिक ढाँचे को नष्ट कर दें। अमेरिका की वर्तमान सामरिक शक्ति और गरीब मुल्कों की सामरिक स्थिति को देखते हुए ऐसा सोचना भी हास्यास्पद ही होगा।

दुनिया को बचाने का एकमात्र सम्भव और मानवीय रास्ता यह हो सकता है कि गरीब मुल्क, जिन्हें आज विकासशील देश कहा जाता है, अमेरिका से सभी व्यापारिक सम्बन्ध तोड़ लें। यह तभी सम्भव है जब वे पश्चिमी पूँजीवादी ढंग के विकास और भूमंडलीकरण से अपने को पूरी तरह से अलग कर लें और स्वावलम्बी अर्थव्यवस्था विकसित करें। कुछ वैसे निर्धन देशों को जो आज आर्थिक दृष्टि से अमेरिका पर पूरी तरह निर्भर हो गए हैं, प्रारम्भ में कुछ कठिनाइयों का सामना करना

पड़ सकता है, लेकिन जहाँ लोगों का अस्तित्व ही दाँव पर लग गया हो वहाँ कुछ कठिनाइयों को झेलने की तैयारी होनी चाहिए।

जहाँ तक भारत का सवाल है हम अमेरिका से अपने व्यापारिक सम्बन्ध बिना भारी कीमत चुकाए खत्म कर सकते हैं। अमेरिका से भारत का आयात दस प्रतिशत से ज्यादा नहीं होता और हमारा निर्यात भी अमेरिका को हमारे पूरे निर्यात के बीस प्रतिशत से ज्यादा नहीं है। भारत का आयात इसकी अपेक्षा कहीं अधिक यूरोपीय संघ, तेल उत्पादक देशों और दूसरे गरीब मुल्कों से है। यही स्थिति निर्यात की भी है। इसलिए एक अत्यन्त ही छोटे, अति सम्पन्न वर्ग को छोड़ इसका प्रभाव देश के बाकी लोगों के जीवन पर नगण्य होगा। बल्कि आर्थिक स्वायत्तता की दिशा में पहल से उनकी स्थिति में सुधार ही होगा। अगर अमेरिका की सीमा पर अनेक दबावों के बीच रहनेवाला छोटा-सा देश क्यूबा अमेरिका से सम्बन्ध विच्छेद के बावजूद अस्तित्व में रह सकता है तो भारत क्यों नहीं रह सकता? भारत को इस दिशा में दुनिया के बाकी गरीब देशों का नेतृत्व करना चाहिए और विश्व व्यापार संगठन से बाहर आकर अमेरिका के बहिष्कार की दिशा में पहल करनी चाहिए। आज यह आत्मरक्षा और राष्ट्रीय स्वाभिमान दोनों की माँग है।

6

सैम्युएल पी. हंटिंगटन की 'सभ्यताओं का संघर्ष' की स्थापना को लेकर काफी दिनों तक चर्चा होती रही थी। इसमें सभ्यताओं को मूलत: धार्मिक समूहों से जोड़ा गया था। हाल में न्यूयॉर्क के वर्ल्ड ट्रेड सेंटर और वाशिंगटन के पेंटागन पर हुए आतंकवादी हमलों के बाद ऐसी संघर्ष की एक छवि उभरती दिखाई देने लगी है। यह छवि मूलत: ईसाई-पश्चिमी दुनिया और इस्लामी दुनिया के संघर्ष की बन रही है। अमेरिकी राष्ट्रपति जॉर्ज डब्ल्यू. बुश ने आतंकवाद के खिलाफ अपने संघर्ष को 'क्रूसेड' (धर्मयुद्ध) का नाम देकर इस छवि को विश्वसनीय बना दिया है। क्रूसेड शब्द को लेकर अमेरिका के चोबदार ब्रिटेन में भी चिन्ता जताई जा रही है। क्रूसेड की शुरुआत यरुशलम को मुसलमानों से मुक्त कराने के लिए सन 1085 में पोप अर्बन द्वितीय के उत्तेजक भाषण और प्रतीक के रूप में क्रॉस बाँटने से हुई थी। यह धर्मयुद्ध लगभग तीन शताब्दी तक दक्षिणी यूरोप और पश्चिमी एशिया के बड़े भूभाग पर चलता रहा। क्रूसेड शब्द ईसाई अचेतन में दबे ऐतिहासिक बैर को फिर प्रज्वलित कर सकता है। इधर दुनिया के अनेक कट्टरपंथी और आतंकवादी इस्लामी समूहों ने आसन्न अमेरिकी हमले के खिलाफ जेहाद (धर्मयुद्ध) की घोषणा कर दी है। अमेरिकी राष्ट्रपति के उत्तेजक भाषण से पूरे अमेरिका में उन्माद छा गया। इस उन्माद की पहली बलि एक प्रवासी भारतीय बना।

अभी तो इस युद्ध की पैंतरेबाजियाँ ही शुरू हुई हैं इसलिए यह कहना कठिन है कि अपनी पूर्णता में यह कौन-सा रूप लेगा, लेकिन दोनों तरफ के योद्धाओं के चरित्र और उद्देश्यों को देखते हुए कहा जा सकता है कि यह सभ्यताओं का नहीं 'बर्बरताओं' का युद्ध होने जा रहा है। दरअसल आधुनिक हथियारों की पृष्ठभूमि में युद्ध या तो बर्बर होंगे या अधिक बर्बर। आतंकवादी हिंसा का स्वरूप और उसकी शक्ति की सीमाएँ ऐसी होती हैं कि किसी बड़े पैमाने की कार्रवाई में अनिवार्य रूप से निर्दोष लोग ही अधिक संख्या में मारे जाते हैं। वर्ल्ड ट्रेड सेंटर के हमले को ही लें। इसमें विमानों के यात्री और ट्रेड सेंटर में काम करनेवाले लोगों का अमेरिकी आक्रामक नीतियों में सीधा हाथ नहीं था। ट्रेड सेंटर जरूर अमेरिकी पूँजीवाद और इसके विश्व वर्चस्व का प्रतीक बन गया था, लेकिन इसमें काम करनेवाले लोग

आजीविका के लिए इसमें काम करते थे। उनके पीछे उनके परिवार के लोग और परिजन थे जिन्हें अमेरिकी विस्तारवाद से कुछ लेना-देना नहीं था, लेकिन ट्रेड सेंटर पर हमले से एक साथ हजारों परिवारों के जीवन के सपने बिखर गए। अनेक बच्चे मातृ-पितृहीन और बेपनाह हो गए। हर आतंकवादी हमले में ऐसी निर्ममता निहित होती है। हम अपने ही देश में रोज होनेवाली आतंकवादी हत्याओं का यह चरित्र देख सकते हैं चाहे वह जेहादी हिंसा हो, क्रान्तिकारी हिंसा या प्रतिक्रान्तिकारी हिंसा।

लेकिन आतंकवादी हिंसा आतंकवादी समूहों की उस विवशता को व्यक्त करती है जहाँ उनका मुकाबला ऐसी स्थापित शक्ति से होता है जिसकी वैचारिक पकड़ और आतंक लोगों पर इस कदर होता है कि बराबरी का राजनीतिक या सशस्त्र प्रतिरोध लगभग असम्भव होता है। एक स्थिति वह भी होती है जहाँ दबाया गया समूह अल्पसंख्यक होता है और बहुसंख्यक लोगों में अपनी बहुलता का उन्माद होता है। ऐसी ही स्थितियों में अलग-अलग काल में विभिन्न देशों में क्रान्तिकारी समूह आतंक का रास्ता अपनाते रहे हैं। ऐसी स्थितियों में प्रतिरोध का एक दूसरा रास्ता भी हो सकता है—अहिंसक प्रतिरोध का। लेकिन यह अवधारणा नई है और मनुष्य में निहित आक्रामकता की स्वाभाविक अभिव्यक्ति से इसका मेल न बैठने से स्वत:स्फूर्त रूप से लोग इसकी ओर मुखातिब नहीं होते। यह रास्ता लम्बी अवधि के निरन्तर प्रशिक्षण की माँग करता है। महात्मा गांधी के प्रभाव में अमेरिका में मार्टिन लूथर किंग द्वारा अश्वेतों के उत्पीड़न के खिलाफ इसका सफल प्रयोग अभी तक के कुछ अपवादों में ही गिना जाएगा।

आतंकवादी हिंसा को जो बात प्रभावी बनाती है वही इसे लोगों की निगाह में बर्बरतापूर्ण भी बनाती है। यह प्रभावी तभी हो पाती है जब इसमें अचम्भित (सरप्राइज) करने का गुण हो। यानी यह वहाँ और उस रूप में हो कि इसका होना अप्रत्याशित लगे—जैसा अभी न्यूयॉर्क के वर्ल्ड ट्रेड सेंटर में हुआ, लेकिन इसी से लोग इसे फेयर-प्ले (खेल के नियम) के विपरीत मानते हैं और इससे तिलमिला उठते हैं। इसके विपरीत नीति सम्मत युद्धों में नगरों या महानगरों पर होनेवाली बमबारी या फौजों की लड़ाई के क्रम में उजाड़े गए नगर और गाँव लोगों को मर्यादित हिंसा का परिणाम लगते हैं। जरा ट्रेड सेंटर के पाँच हजार के लगभग मृत या लापता लोगों की तुलना द्वितीय विश्वयुद्ध के मृतकों के आँकड़ों से करें तो चार करोड़ अनुमानित हैं जिनमें सैनिकों से अधिक असैनिक लोग थे, लेकिन चूँकि यह युद्ध की स्वाभाविक परिणति मानी जाती है, इस पर विचार करने में कोई उत्तेजना नहीं पैदा होती।

ट्रेड सेंटर के इस हमले को मानवता के खिलाफ सबसे जघन्य अपराध बतलाया जा रहा है। इसकी तुलना अमेरिकी राष्ट्रपति ट्रूमैन द्वारा जापान के हिरोशिमा और नागासाकी के नागरिकों पर गिरवाए गए परमाणु बमों की विभीषिका से करें जिसमें न सिर्फ लाखों लोग मारे गए, बल्कि अनेक अजन्मी पीढ़ियाँ विकलांग होने को

अभिशप्त हो गईं। राष्ट्रपति ट्रूमैन ने बिना किसी मजबूरी के व्हाइट हाउस की सुरक्षा में बैठे यह किया। न्यूयॉर्क हादसे के लिए जिम्मेदार आतंकवादियों ने कम से इन हत्याओं की कीमत खुद अपनी जिन्दगी देकर चुकाई। हमारे हिन्दुत्ववादी मानस में झट जवाब आएगा, 'समरथ को नहिं दोष गोसाईं।' लेकिन आज की दुनिया की जटिल स्थितियों में अच्छाई और बुराई का पक्ष निर्धारित करने में ऐसी जल्दबाजी की कोई गुंजाइश नहीं।

जॉर्ज डब्ल्यू. बुश द्वारा घोषित अन्तरराष्ट्रीय आतंकवाद के खिलाफ निर्णायक युद्ध का अर्थ भी बिलकुल साफ नहीं है। अभी तक जो कुछ सामने आया है उसका अर्थ सिर्फ इतना है कि अन्तरराष्ट्रीय आतंकवाद का अर्थ अमेरिका और इसके पश्चिमी मित्रों के हितों के खिलाफ होनेवाला आतंक भर है। न्यूयॉर्क हादसे के बाद लगातार कश्मीर में आतंकवादी हत्याएँ होती रही हैं, लेकिन अमेरिका के राष्ट्रपति या किसी अधिकारी की ओर से इनकी निन्दा में एक शब्द भी नहीं निकला। पश्चिमी मीडिया का रुख भी इससे भिन्न नहीं है। अपेक्षाकृत निष्पक्ष माना जानेवाला बीबीसी इसका सबसे अच्छा नमूना है। बीबीसी की हिन्दी सेवा के एक साक्षात्कार में जब पुष्पेश पन्त ने यह कहा कि अमेरिका के खिलाफ आतंक को मानवता के खिलाफ अपराध हम कैसे कह सकते हैं, जब भारत ऐसी आतंकवादी कार्रवाइयों को पिछले दस वर्ष से झेल रहा है, लेकिन इसे मानवता के खिलाफ अपराध नहीं बताया गया, तो बीबीसी ने बड़ी चालाकी से साक्षात्कार के बीच में कोई दूसरा कार्यक्रम देकर उसे अत्यन्त संक्षिप्त कर दिया। वैसे तो बिलकुल भोले-भाले लोग ही बीबीसी को निष्पक्षता का प्रमाणपत्र दे सकते हैं। उसका पक्षपात कोसोवो के मामले में यूगोस्लाविया पर नाटो की बममारी के समय बिलकुल खुलकर सामने आ गया था, लेकिन इसके लिए बीबीसी को दोष देना उचित नहीं है।

यह भी ब्रिटेन के पैसे से पोषित एक संचार माध्यम है जिसका मूल उद्देश्य पश्चिमी देशों का हित साधन है। इस बात की ओर इशारा करना इसलिए जरूरी लगता है कि हम भारतवासी, विशेषकर यहाँ का मध्य वर्ग, पश्चिमी प्रचार माध्यमों के प्रवाह में अक्सर बह जाता है। दरअसल अन्तरराष्ट्रीय आतंकवाद कोई एकात्मक चरित्र वाली चीज नहीं है जिसके खिलाफ युद्ध की बात की जा सके। विभिन्न देशों की विभिन्न स्थितियों में यह अलग-अलग रूप में उभरता है और प्रत्येक मामले में इसके विशेष चरित्र को ध्यान में रखकर ही इसके सम्बन्ध में निर्णय लिया जा सकता है। क्यूबा, निकारागुआ आदि में कम्युनिस्ट मानी जानेवाली व्यवस्थाओं के खिलाफ आतंकवादी कार्रवाइयों को सदा अमेरिकी समर्थन मिला। अमेरिकी राष्ट्रपति जब अन्तरराष्ट्रीय आतंकवाद की बात करते हैं तो उनके दिमाग में मोटा-मोटी पश्चिमी साम्राज्यवादी हितों के खिलाफ फिलहाल उभरा इस्लामी आतंकवाद ही है। इसे ही अलग-थलग करने के लिए मुस्लिम बहुल देशों की सरकार के साथ अमेरिका

साँठगाँठ की कोशिश कर रहा है, चाहे वह पाकिस्तान हो, सऊदी अरब हो या कोई अन्य देश। वजह यह है कि इन सभी देशों की जनता अमेरिकी विरोधी बन रही है।

इस सारे प्रसंग में हमारे प्रधानमंत्री और उनके परामर्शदाताओं ने अपने अति उत्साह में संसार भर में भारत को मजाक का विषय बना दिया है। अमेरिका ने भारत से किसी तरह की मदद की माँग नहीं की, लेकिन हमारे प्रधानमंत्री ने देशवासियों को सम्बोधित कर अन्तरराष्ट्रीय आतंकवाद के खिलाफ युद्ध में शामिल होने के संकल्प की घोषणा कर दी। सभी विपक्षी दलों को इस निर्णय में शामिल करने की कोशिश हुई मानो अमेरिकी हादसा भारत का राष्ट्रीय संकट हो।

जिस तरह की मानसिकता अमेरिका में है, उससे वहाँ अरबों और मुसलमानों के खिलाफ उन्माद फैलेगा। अमेरिका में ऐसे उन्माद अत्यन्त ही अमानवीय रूप ग्रहण करते रहे हैं। प्रारम्भ से अश्वेत लोगों के खिलाफ (कू-क्लक्स क्लान की हिंसा) और पचास-साठ के दशक के शीत युद्ध के काल में 'छिपे कम्युनिस्टों' के खिलाफ उनके उन्माद का घिनौना रूप हम अरसे से देखते रहे हैं। जिस तरह राष्ट्रपति बुश ने इसे क्रूसेड नाम दिया है, उससे अरब, मुसलमान और बाद में सभी गैर-यूरोपीय मूल के लोग उन्माद के शिकार होंगे। मानवता की दुहाई देने के बाद अमेरिका ने सीआईए पर से विभिन्न देशों के नेताओं और अन्य लोगों की गुप्त रूप से हत्या कराने की नीति पर कुछ वर्षों से लगा प्रतिबंध फिर हटा दिया है। ओसामा बिन लादेन पर अपने सन्देह को सबूत मान लेना और उसे जीवित या मृत हाजिर करने का आदेश और सीआईए को गैर-कानूनी हत्याओं की छूट, दोनों ही अमेरिकी सोच में निहित आतंकवादी स्वेच्छाचारिता की अभिव्यक्ति हैं।

दूसरी ओर इस्लामी कट्टरपंथी जेहाद के नाम पर सभी मुसलमानों को एकजुट करने का प्रयास करेंगे। जैसे-जैसे अमेरिकी आक्रामकता बढ़ेगी, मुसलमानों का बड़ा हिस्सा इस ध्रुवीकरण से प्रभावित होगा। भारत में नागरिकों का एक बड़ा और महत्त्वपूर्ण हिस्सा मुसलमानों का है, इसलिए हमें कुछ भी जल्दबाजी में नहीं करना चाहिए जिससे यह लगे कि हम इस धर्मयुद्ध में अमेरिका की तरफ से शामिल हो रहे हैं। भारत विभाजन के काल से ही इस देश के मुसलमानों में बेगानेपन का भाव रहा है जो बाबरी मस्जिद ध्वंस के बाद ज्यादा गहराया है। हमें ऐसा कुछ भी नहीं करना चाहिए जिससे यह भाव और गहरा हो। यहाँ हमारी साझी राष्ट्रीयता दाँव पर है।

अमेरिकी उन्माद और इस्लामी कट्टरपंथ दोनों का चरित्र ऐसा है कि इस संघर्ष में मानव अधिकारों की ही बलि चढ़ाई जाएगी। ग्यारहवीं सदी से शुरू हुए क्रूसेड और इस नए क्रूसेड में एक बुनियादी अन्तर होगा। पहले क्रूसेड के समय अरब और इस्लाम की दुनिया ज्ञान, विज्ञान और सहिष्णुता की दुनिया थी। जब यूरोप के बर्बर और धर्मान्ध योद्धा मुस्लिम इलाकों में गए तो वहाँ के सम्पर्क से नई रोशनी लेकर आए जिससे यूरोप का रेनासां (पुनर्जागरण) शुरू हुआ। वर्तमान

इस्लामी दुनिया रक्षणशील है और पश्चिमी प्रभाव से अपनी अस्मिता को बचाने के लिए अतीत की कुंठित करनेवाली परम्पराओं में पनाह ढूँढ़ रही है। इससे अब जो संघर्ष होगा यह शक्ति के मद में चूर पश्चिमी शक्तियों और अंधविश्वास में आधार ढूँढ़नेवाले इस्लामी समूहों के बीच होगा और इस संघर्ष में पश्चिमी देशों के वे लोकतांत्रिक मूल्य भी, जिन्हें उन्होंने पिछली दो शताब्दियों में अर्जित किया है, नष्ट हो सकते हैं। अमेरिका में फिलहाल जैसे हमले अरब या मुस्लिम दिखनेवाले लोगों पर हो रहे हैं, वे भयावह भविष्य के संकेत हैं। बाहरी सजधज से घिरे मानव में भी शैतानी आक्रामकता दूसरों जैसी ही होती है। इसी के निर्बाध खेल का रंगमंच तैयार हो रहा है।

जनसत्ता, 3 जनवरी, 2001

7

अमेरिका के आतंक-विरोधी अभियान से जुड़ी कुछ घटनाएँ दरअसल आतंकित करनेवाली हैं। अभी दुनिया भर के मानवाधिकार संगठनों के बीच क्यूबा के पास ग्वातनामो बे में अमेरिका द्वारा अल कायदा के बन्दियों के साथ किया जानेवाला व्यवहार चर्चा का विषय बना हुआ है। खबर थी कि इन बन्दियों को आठ फुट लम्बे और छह फुट चौड़े तारों के पिंजरों में खुले आसमान के नीचे बन्द कर रखा गया है। अब अमेरिकी सरकार द्वारा प्रसारित एक चित्र में इन बन्दियों को हथकड़ियों और बेड़ियों में घुटने के बल झुका दिखलाया गया है। इनकी आँखों पर पट्टियाँ लगी हैं, कानों को रुई से पूरी तरह सील कर दिया गया है, हाथों में ऐसे दस्ताने और पाँवों में मोजे डाल दिए गए हैं जिससे उन्हें कोई स्पर्श बोध न हो सके। मनोवैज्ञानिकों का मानना है कि सभी शारीरिक संवेदनों से वंचित रखे गए ऐसे लोग थोड़े ही समय में विक्षिप्तता की स्थिति में आ जाते हैं। पश्चिमी देशों के लोगों का कहना है कि पहले सिर्फ कम्युनिस्ट तानाशाही के सबसे भयावह दिनों में पूर्वी यूरोप के कुछ राजनीतिक बन्दियों के साथ ऐसा व्यवहार हुआ था। यह क्रूरता मध्ययुगीन बर्बरता को भी मात करती है जिसमें बन्दियों को शारीरिक यातनाएँ तो दी जाती थीं, फिर भी उन्हें मानसिक रूप से नष्ट करने की कोई सुनियोजित व्यवस्था नहीं होती थी। इस दृष्टि से विचार करने पर वर्तमान अमेरिकी शासक सम्भवत: दुनिया के सबसे क्रूर और बर्बर शासकों में गिने जाएँगे। इस लेखक ने इन्हीं स्तम्भों में 'बर्बरताओं का संघर्ष' यह आशंका व्यक्त की थी कि इस संघर्ष में पश्चिमी देशों द्वारा पिछले दो सौ वर्षों में अर्जित सभी मानवाधिकार नष्ट हो सकते हैं। बन्दियों के साथ ऐसे व्यवहार नई बर्बरता की ही दस्तक हैं।

आधुनिक दुनिया के सबसे पुराने प्रजातांत्रिक गणतंत्र की ऐसी बर्बरता पहली निगाह में हैरत में डालनेवाली लगती है, लेकिन अमेरिका की विरासत पर नजर डालने से इसमें कुछ भी अचरज का नहीं लगेगा। हमें यह नहीं भूलना चाहिए कि वर्तमान अमेरिकी राष्ट्र की नींव यूरोप, विशेषकर ब्रिटेन से आकर यहाँ अपना उपनिवेश कायम करनेवालों द्वारा पड़ी थी, जिन्होंने यहाँ के लगभग सम्पूर्ण मूल निवासियों (इंडियनों) की आबादी को नष्ट कर दिया और जो थोड़े से बचे उन्हें

खदेड़कर कुछ संरक्षित क्षेत्रों में रहने को विवश कर दिया। अपने फार्मों पर श्रमिकों के अभाव को पूरा करने के लिए दसियों लाख अफ्रीका के रंगीन मूल निवासियों को पकड़कर गुलामों के रूप में लाया गया। इस प्रक्रिया में पकड़े गए लगभग आधे लोग यात्रा की यातनाओं में दम तोड़ देते थे। यहाँ लाए गए अफ्रीकी मूल के इन लोगों को पहले नागरिकता से वंचित रखा गया और उसके बाद हाल-हाल तक अनेक तरह के हमलों और भेदभाव का शिकार बनाया जाता रहा है। आम अमेरिकियों के चरित्र निर्माण में और उनकी मान्यताओं को बनाने में निश्चित रूप से इन अमानवीय परम्पराओं का हाथ है। मार-पछाड़ वाली प्रतिस्पर्धा के पूँजीवादी मूल्यों से मिलकर निर्मम जीवन का एक परिपाक आज अमेरिकी जीवन को पोषित करता है। सुप्रसिद्ध अमेरिकी उपन्यासकार जैक लंडन ने बीसवीं सदी के प्रारम्भिक वर्षों में अपने उपन्यास 'आयरन हील' में वहाँ के पूँजीवाद में निहित फासीवाद मनोवृत्तियों का डरावना चित्र प्रस्तुत किया था।

यह ध्यान में रखना जरूरी है कि लोकतंत्र में बहुमत के वर्चस्व की पूर्ण मान्यता से नागरिकों के मानवाधिकारों को भी सुरक्षा मिलेगी, यह जरूरी नहीं। विशेष स्थितियों में, खासकर तब जब किसी कारण से लोगों पर कोई उन्माद छाया हो तो बहुमत का शासन उतना ही अत्याचारी हो सकता है जितना कि किसी स्वेच्छाचारी राजा या तानाशाह का। एलेक्सी द तौक्वील ने उन्नीसवीं शताब्दी के पूर्वार्ध में अमेरिका के अपने अध्ययन 'डेमोक्रेसी इन अमेरिका' में यह आशंका व्यक्त की थी कि लोकतंत्र में भी लोगों की स्वतंत्रता घोर खतरे में पड़ सकती है। उसने यह विचार दिया था कि राजनीतिक क्षमता का विचार लोकतांत्रिक क्रान्ति के द्वारा एकाएक नहीं आया, बल्कि यह प्रक्रिया तो सदियों से राजतंत्र के विकास के साथ चल रही थी। स्वेच्छाचारी राजाओं ने बाकी प्रजा के अधिकारों को खत्म करके उन्हें अधिकारहीनता की समानता के एक ही साँचे में ढाल दिया था। जब स्वयं राजा की सत्ता समाप्त हुई तो सत्ता का सर्वाधिकार समान हैसियत वाली जनता के हाथ आ गया। इससे स्थिति में एक मौलिक बदलाव आया। राजा के शासन में लोग शारीरिक रूप से राजा के अधिकार को कबूल करने को बाध्य थे, लेकिन मानसिक रूप से इसे कबूल नहीं करते थे क्योंकि यह एक बाहरी आरोपित सत्ता थी।

लोकतंत्र में व्यक्तियों पर न सिर्फ बाहरी नियंत्रण रहता है बल्कि एक आन्तरिक नियंत्रण भी रहता है क्योंकि सत्ता स्वयं लोगों की अपनी सत्ता होती है। लोकतंत्र के सम्बन्ध में सम्पूर्ण सत्तावादी ऐसे रुझान को रूसो जैसे पूर्ववर्ती विचारकों से भी बल मिला था। रूसो ने 'जनरल विल' (आम इच्छा) के नाम से अलग व्यक्तियों की इच्छा से ऊपर एक ऐसी अमूर्त इच्छाशक्ति को सर्वोपरि मान लिया था जो अलग-अलग व्यक्तियों के अनुभूत विवेक से परे उनके असली विवेक का प्रतिनिधित्व करती है। इस तरह यह प्रत्येक व्यक्ति का कर्तव्य बन जाता है कि वह इस जन-

इच्छा के सामने सिर झुकाए। एक तरह से यह इस कथन को मान्यता प्रदान करता था कि 'जन-इच्छा भगवद्इच्छा है।' रूसो ने इस इच्छाशक्ति को जनता की किसी प्रतिनिधि सभा से भी ऊपर मान्यता दी थी। इस विचार में उन्माद और भीड़तंत्र के बीज मौजूद थे। इस मान्यता के कारण फ्रांस की क्रान्ति के एक दौर में, खासकर जैकोबिन शासन में असली सत्ता पेरिस की भीड़ के हाथ में चली गई थी।

लेकिन लोकतंत्रों के बाद के अनुभवों से इस अतिवादी विचार पर तो रोक लगी, क्योंकि इसके तहत किसी भी बड़े राज्य की व्यवस्था नहीं चलाई जा सकती थी, लेकिन जो बहुमत से सत्ता में चुनकर आ जाएँ उनके अनियंत्रित अधिकार की धारणा जनतांत्रिक सरकारों पर छाई रही है। इसके अधिनायकवादी परिणामों को देखते हुए ही लगातार मानवाधिकारों की अक्षुण्णता यानी नागरिकों के बुनियादी अधिकारों की सुरक्षा को बनाए रखने की भी एक मुहिम लोकतंत्रों में सदा चली, लेकिन प्राय: जनता द्वारा चुनी गई सरकारों ने इन अधिकारों को नजरअन्दाज करने की कोशिश की है, खासकर तब जब जनता में किसी मुद्दे को लेकर उन्माद छाया हो या पैदा किया गया हो। ऐसे में 'पॉपुलर मैंडेट' को सर्वोपरि मानने की मजबूरी एक अच्छा बहाना बन जाता है।

वर्तमान समय में ऐसा उन्माद प्राय: राष्ट्रीयता के सवाल से जुड़ा रहा है, खासकर तब जब राष्ट्रबोध किसी खास नस्ल, मूल, धर्म आदि के साथ जुड़ा हो। तौक्वील ने अपनी पुस्तक में अमेरिका में भीड़तंत्र के अन्तर्निहित दबावों का दहलानेवाला विवरण प्रस्तुत किया है। वे लिखते हैं, 'अमेरिका में बहुमत लोगों के विचारों की स्वतंत्रता पर भयंकर सीमाएँ लगाता है। इन सीमाओं के भीतर एक लेखक जो कुछ चाहे लिख सकता है, लेकिन उसे पछताना पड़ेगा अगर वह इन सीमाओं को तोड़े। ऐसा नहीं कि उसे जिन्दा जला दिए जाने का भय हो, लेकिन उसे रोजाना कटाक्षों और अपमानों को सहन करना पड़ेगा। उसका राजनीतिक भविष्य खत्म हो जाएगा क्योंकि उसने उस सत्ता का तिरस्कार किया है जो सत्ता ही अकेले उसकी सफलता सुनिश्चित कर सकती है।...अन्त में अपने रोजाना के निष्फल प्रयासों से थककर वह हार मान लेता है और सच्ची बात कहने के पश्चात्ताप के कारण मौन धारण कर लेता है।'

अमेरिकी उन्माद को उत्तेजित करने में एक नया तत्त्व जुड़ गया है। अब अमेरिका में जिसे 'अमेरिकन वे ऑफ लाइफ' यानी अमेरिकी जीवन पद्धति कहा जाता है, अमेरिकी स्वत्व का प्रतीक बन गया है। इसका आधार वहाँ की निर्मम पूँजीवादी व्यवस्था और उससे जुड़े विशाल औद्योगिक प्रतिष्ठान हैं, जिनमें कुछ दुनिया की सबसे बड़ी बहुराष्ट्रीय कम्पनियाँ हैं। अमेरिका में एक कथन प्रचलित है कि 'जो जेनरल मोटर्स के हित में है वही अमेरिकी हित में है'। यानी अमेरिका के हितों के प्रतीक वहाँ के सबसे बड़े औद्योगिक प्रतिष्ठान हैं। इस भावना से अमेरिकी जनमत

का समर्थन सरकार द्वारा विदेशों में किए जानेवाले उन अमानवीय हमलों और अतिक्रमणों को बेहिचक मिल जाता है जिनसे इन पूँजीवादी प्रतिष्ठानों की हित रक्षा हो। क्यूबा में अमेरिकी चीनी हितों की रक्षा के लिए हस्तक्षेप, चिली में अमेरिकी टेलीफोन कम्पनी की हित रक्षा में सी.आई.ए. द्वारा मार्क्सवादी सरकार का तख्ता पलट जाना, जिसमें हजारों चिली वासी मौत के घाट उतारे गए, इसकी मिसाल हैं। मध्य अमेरिका में आए दिन होनेवाले अमेरिकी हस्तक्षेप के खिलाफ कभी अमेरिकी जन भावना उत्तेजित नहीं होती। यह चुपचाप कबूल कर लिया जाता है कि यह सब दोषहीन है क्योंकि इससे अमेरिकी अर्थतंत्र मजबूत होता है। वियतनाम युद्ध के खिलाफ जन भावना तब उभरी जब पचास हजार से अधिक अमेरिकी वहाँ मारे गए। इसके विपरीत जब अफगानिस्तान में हजारों निर्दोष अफगान नागरिक मारे गए और कुछ लोग रोज मारे जा रहे हैं तो अमेरिका में कोई स्पन्दन नहीं होता क्योंकि ये हत्याएँ अमेरिकी हवाबाज कर रहे हैं। अमेरिकी क्रूरता के इतिहास में सबसे घिनौना कर्म अमेरिकी राष्ट्रपति ट्रूमैन द्वारा जापान के दो नगरों नागासाकी और हिरोशिमा के निर्दोष नागरिकों को परमाणु बमों से मरवाने की घटना थी। इससे भी अमेरिकी लोगों की संवेदना पर खरोंच नहीं आई। अमेरिका आज एक नई बर्बरता की ओर इतने सहज रूप से अग्रसर हो रहा है तो इसके पीछे उसके अतीत और उस व्यवस्था का बड़ा हाथ है जो उसके निर्णयों को निर्धारित करती है।

अफगानिस्तान में अमेरिकी अभियान के पीछे भी अमेरिकी पूँजी की अपनी छिपी कार्यसूची है। पूर्व सोवियत संघ के एशियाई भूभाग में, जहाँ पेट्रोलियम और गैस का प्रचुर भंडार है, अभी तक अमेरिकी प्रभाव नहीं था। शायद यह दुनिया का एकमात्र तेल क्षेत्र था जो पश्चिमी देशों की व्यापारिक पकड़ से बाहर था। अब अल कायदा के खिलाफ अभियान ने अमेरिका को अफगानिस्तान में नियंत्रण कायम करने का मौका दिया है। तुर्कमेनिस्तान, उजबेकिस्तान और ताजिकिस्तान आदि अफगानिस्तान के उत्तर में इससे सटे हैं। इन स्थानों पर पैर फैलाने का मौका पहली बार अमेरिका को मिल रहा है। इससे ईरान भी अमेरिकी प्रभाव क्षेत्र से घिर जाएगा। दबाव बढ़ाने के उद्देश्य से फिलहाल अमेरिका ने यह इल्जाम लगाना शुरू किया है कि ईरान छिपे रूप से अफगानिस्तान के कुछ कबायली समूहों को हथियार भेज रहा है। ईरान ने इस बात का पूरी तरह प्रतिवाद किया है। उसने साफ किया है कि तालिबान की पराजय के बाद से उसने जो भी सहायता दी है वह केन्द्र में स्थापित सर्वमान्य सरकार को दी है, लेकिन अमेरिका जो स्वयं अब भी बममारी में लिप्त है और अपनी पकड़ अफगानिस्तान में बढ़ा रहा है, यह इल्जाम लगाए चला जा रहा है जबकि कोफी अन्नान ने भी ईरान की बात की पुष्टि की है। दरअसल अपने दूरगामी व्यापारिक हितों के लिए अमेरिका किसी भी सीमा तक जा सकता है। इन घटनाओं से एक निष्कर्ष यह भी निकाला जा सकता है कि अपने विकास के चरम

बिन्दु पर पूँजीवाद, जिसका अगुआ आज अमेरिका है, बर्बर हिंसा के आधार पर ही फलफूल सकता है।

बर्बरता का यह नवोन्मेष हम भारतीयों के लिए भी चिन्ता का विषय है। भारत आज जिस तरह अपने को अमेरिका से जोड़ने की कोशिश कर रहा है और आतंकवाद से लड़ने के नाम पर अपनी खुफिया एजेंसियों को एफबीआई से जोड़ रहा है उससे वह दिन दूर नहीं जब हमारे जीवन पर अमेरिकी नियंत्रण पूरी तरह कायम होगा। चूँकि 'हिन्दुत्व' का दर्शन भी बुनियादी रूप से बर्बरता का ही दर्शन है, जो अपनी संकीर्ण मान्यताओं को दूसरे धार्मिक और सांस्कृतिक समूहों पर छलबल से लादना चाहता है, उसे अमेरिकी बर्बरता से कोई परहेज नहीं। जितनी तेजी से भाजपा सरकार देश की सार्वजनिक सम्पत्तियों को मिट्टी के मोल देशी-विदेशी पूँजीपतियों के हाथ सौंप रही है उससे स्पष्ट है कि उसे अमेरिकी पूँजीवाद के सर्वग्रासी अभियान से कोई परहेज नहीं है। इससे भारत में भी देशी-विदेशी बर्बरता को खुला मैदान मिलेगा। हमारी अपनी परम्परा में भी जातीय और धार्मिक असहिष्णुता का अभाव नहीं रहा है। देश के विभाजन के समय के दंगे, सिखों के खिलाफ 1984 के खूनी दंगे और बाबरी मस्जिद ध्वंस के बाद के देशव्यापी दंगे ऐसी बर्बरता की प्रच्छन्न उपस्थिति के प्रमाण हैं जिनका सहारा बर्बरता के इस नए उभार को मिल सकता है। अमेरिका से आधुनिकता के प्रमाणपत्र के साथ जो नई बर्बरता आ रही है वह हमें भी निगल लेगी, यह आशंका स्वाभाविक है क्योंकि आज के सत्ता प्रतिष्ठान उसे आत्मसात करने के लिए तैयार बैठे हैं।

8

मार्क्स के द्वन्द्वात्मक तर्क की एक स्थापना यह भी है कि एक सीमा के बाद मात्रा गुण में बदल जाती है। हिंसा और युद्ध आयुधों के क्षेत्र में अब यह स्थिति आ गई है कि हिंसात्मक संघर्ष का अगला कदम मानव वंश और मनुष्य की सारी उपलब्धियों को नष्ट कर देगा। 11 सितम्बर का अमेरिका के वर्ल्ड ट्रेड सेंटर का हादसा और उसके बाद से अमेरिका द्वारा अपनाई गई बदले की कार्रवाई स्पष्ट से बतलाती है कि अब हिंसा के आयोजन से न्यायपूर्ण लक्ष्यों की प्राप्ति या शान्ति और सुरक्षा की आशा करना व्यर्थ है। जहाँ एक ओर अमेरिका अफगानिस्तान के बच्चों, बूढ़ों और महिलाओं पर आसमान से मृत्यु और अपंगता बरसाकर उन्हें आतंक से घरबार छोड़कर पलायन के लिए बाध्य कर रहा है वहीं स्वयं भी आतंकवादी हमलों के भय से आतंकित है। फिलहाल वहाँ एंथ्रेक्स का आतंक छाया है। कल किसी दूसरे घातक हथियार का भय इस पर हावी होगा।

आज की दुनिया में जहाँ सभी सम्पन्न देश परमाणु बिजलीघरों के निर्माण में लगे हैं, देर-सवेर आतंकवादी गुटों के हाथ में परमाणु बम बनाने के लिए प्रचुर मात्रा में यूरेनियम और प्लूटोनियम का आना लगभग निश्चित है। अन्दाज लगाया जाता है कि अकेले जापान के परमाणु बिजली से सम्बद्ध संयंत्रों से इतना प्लूटोनियम उपलब्ध होता है कि चार से पाँच हजार परमाणु बम बनाए जा सकते हैं। यह बात दीगर है कि जापान परमाणु हथियारों का विरोधी है। फ्रांस, ब्रिटेन, भारत आदि में भी इसी तरह बम बनाने लायक बड़ी मात्रा में यूरेनियम या प्लूटोनियम रोज तैयार होते होंगे। इन सब पर दोषरहित चौकसी कठोरतम तानाशाही में ही रखी जा सकती है। और वह भी एक सीमा के भीतर ही, जब तक आतंकवादियों में आत्मघाती संकल्प का अभाव है। लेकिन हाल के वर्षों में आतंकवादी समूहों में आत्मघाती संकल्प व्यापक बनता जा रहा है।

यह भी दरअसल सिर्फ नजरिये का मामला है कि हम किसी समूह विशेष को आतंकवादी कहते हैं कि कर्तव्यनिष्ठ क्रान्तिकारी। जिन्हें हम आतंकवादी कहते हैं वे किन्हीं दूसरों की निगाह में और उससे भी बढ़ स्वयं अपनी निगाह में क्रान्तिकारी होते हैं। ऐसे प्रतिबद्ध लोगों में संशय सिर्फ हिंसा की नीति से मोहभंग या वितृष्णा से

ही सम्भव है। स्वयं हमारे क्रान्तिकारी खुदीराम बोस या भगत सिंह अंग्रेज शासकों की निगाह में आतंकवादी थे।

हमारे समय में आक्रामकता के सबसे महत्त्वपूर्ण अध्येता कोनराड लौरेंत्ज ने आदमी के मानसिक विकास की एक स्थिति को 'मिलिटेंट एंथ्युजिआज्म' कहा है। इस मानसिकता का विकास किशोरावस्था में होता है। इसकी तुलना उन्हें पशुओं में बाल, सींग आदि के विशेष उम्र में झड़ने और फिर उनके नवीकरण से की है। उनके अनुसार इसी काल में किशोरों में कुछ व्यक्तियों, वस्तुओं या विचार से गहरा लगाव पैदा होता है। इतना गहरा कि वे इसके लिए जीवन उत्सर्ग कर देने को तैयार हो जाते हैं। यह मानव जीवन की हकीकत है कि हम लोक गाथाओं, इतिहास लेखन और अनेक सामाजिक-राष्ट्रीय प्रतीकों से ऐसी भावनाओं को बालकों और किशोरों में भरते रहते हैं जो उन्हें अमूर्त चीजों, जैसे अपना धर्म, अपना राष्ट्र, अपना कबीला आदि के प्रति पूर्ण समर्पित होने की प्रेरणा देती है। आज दुनिया जैसी बनी है उसकी कठिनाई यह है कि ये अमूर्त अस्तित्व विविध देशों, क्षेत्रों और समूहों में परस्पर विरोधी भाव लोगों में भरते हैं। अपनों के प्रति प्रेम अनिवार्य रूप से दूसरों—जो प्राय: पड़ोसी होते हैं—के प्रति नफरत से जुड़ा होता है। इसमें प्राय: हिंसक वारदातों से जुड़ी आत्मबलिदान की कहानियों के आदर्श लोगों के मन में भरे जाते हैं। यूनान का थर्मोपिले, ब्रिटेन का चार्ज ऑफ द लाइट ब्रिगेड, राजपूतों के जौहर की कहानियाँ और मुसलमानों की कर्बला की आत्मबलिदानी वीरता आदि ऐसे ही प्रेरणा स्रोत बनते रहे हैं। इन सबमें आत्मबलिदान के ऊँचे आदर्श के साथ हिंसा भी अनिवार्य रूप से जुड़ी है। हकीकत में ये घटनाएँ क्या थीं, यह न हम जानते हैं न वे किशोर जिनके मन पर ये गाथाएँ अंकित होती हैं, लेकिन अपने समुदायों की कल्पना से स्फीत ये छवियाँ उदात्त रूप में युवा मन पर छाती हैं। इससे उन्हें अपने विशेष समूह के लिए आत्मन्योछावर की सीख मिलती है। दुर्भाग्य से वर्तमान समय में यह आत्मबलिदान का भाव प्रतिद्वन्द्वियों के प्रति नफरत से जुड़ा होता है।

दो सौ साल पहले तक की दुनिया ऐसी थी कि अपना पड़ोस अपना होता था, लोगों के लड़ाई-झगड़े स्थानीय होते थे और हिंसा-प्रतिहिंसा का चक्र एक छोटे दायरे में समाप्त हो जाता था। जो इससे प्रभावित होते थे उनकी त्रासदियाँ कम दुखदायी नहीं होती थीं, लेकिन काफी कुछ इस दायरे से बाहर रहकर अक्षुण्ण बच जाता था। अब मनुष्य ने पारस्परिक सम्बन्धों के ताने-बाने को सार्विक बना लिया है और हथियारों को इतना घातक कि सारे संसार को चंद घंटों में राख के ढेर में बदल डाले। इसलिए कोई भी युद्ध स्थानीय या ऐसा नहीं हो सकता जिसकी चपेट में सारा संसार न आ जाए। संघर्षों के बढ़ते दायरे को नियंत्रित करने के लिए उन्नीसवीं शताब्दी से स्थानीय सत्ता सन्तुलन की नीति नवोदित यूरोपीय शक्तियों द्वारा अपनाई गई। लेकिन राष्ट्रों पर हथियारी जखीरे का अपना मनोवैज्ञानिक दबाव होता है जो

आनुपातिक दबदबे की अपेक्षा रखता है। इस तरह सर्बिया की एक छोटी घटना प्रथम विश्वयुद्ध की जनक बनी। इस युद्ध के भयंकर नरसंहार से तात्कालिक रूप से भयभीत यूरोपीय शक्तियों ने लीग ऑफ नेशंस की स्थापना की ताकि आगे से राष्ट्रों के बीच के संघर्षों पर काबू पाया जा सके, लेकिन हथियारी ताकत पर नियंत्रण की कोशिश नहीं हुई और न बड़ी शक्तियों के शक्ति विस्तार पर।

इस तरह लीग ऑफ नेशंस अपने जन्म से ही पक्षाघात का शिकार बना। इसे धता बता जापान ने 1931 में मंचूरिया पर कब्जा कर लिया। 1922 से इटली में फासीवादी हुकूमत बनी। इसने फौजी ताकत और साम्राज्य विस्तार को अपना आदर्श बनाया। 1935 में इटली ने अबीसीनिया (वर्तमान इथियोपिया) पर कब्जा कर लिया। लीग ऑफ नेशंस हस्तक्षेप करने में असमर्थ रहा। इसी बीच 1933 में फौजी ताकत और सीमा विस्तार का दर्शन लेकर जर्मनी में हिटलर की नात्सी पार्टी सत्ता में आई। उसने पहले ऑस्ट्रिया को जर्मनी की एकता के नाम पर अपने अधीन किया। फिर सुडेटनलैंड की जर्मन आबादी का मामला उठाकर चेकोस्लोवाकिया पर कब्जा जमाया। अन्ततोगत्वा जर्मनी के विस्तार से आतंकित यूरोप की स्थापित साम्राज्यवादी शक्ति ब्रिटेन ने तब जर्मनी के खिलाफ युद्ध की घोषणा कर दी जब हिटलर ने पोलैंड में अपने पैर फैलाने शुरू किए। इस तरह दूसरे विश्व युद्ध का सूत्रपात हुआ। लीग ऑफ नेशंस को चुपचाप दफना दिया गया था। इस युद्ध के अन्तिम दौर में मित्र राष्ट्रों ने संयुक्त राष्ट्र संघ की स्थापना की पहल की और इसके मानव अधिकार और राष्ट्रों के अधिकार सम्बन्धी उद्देश्यों की घोषणा की, लेकिन सबसे बुनियादी बात यानी पूर्ण निरस्त्रीकरण पर किसी ने विचार करना भी जरूरी नहीं समझा जिसके बिना स्थायी शान्ति असम्भव है।

इसके दो कारण थे। एक तो यह कि दुनिया की बड़ी शक्तियाँ स्वयं अपने साम्राज्यों पर आधारित थीं जिन्हें नियंत्रण में रखने के लिए बड़ी फौजों का होना जरूरी था। दूसरा यह कि युद्ध आयुधों का निर्माण खुद सबसे लाभदायक व्यवसाय था। अमेरिका उत्तरी और दक्षिणी अमेरिका के विशाल भूखंड पर अप्रत्यक्ष आधिपत्य जमाए बैठा था। वह सारे संसार में युद्ध के विध्वंस से बची अकेली आर्थिक शक्ति था। उसे अपने भूमंडलीय हितों की रक्षा के लिए हथियारों की जरूरत थी। ब्रिटेन, फ्रांस आदि को अपने साम्राज्यों में उभर रहे मुक्ति आन्दोलनों से जूझना था। सोवियत संघ रूस के विशाल पुराने साम्राज्य के दायरे को फैलाकर पश्चिमी यूरोप में आधे जर्मनी तक में आधिपत्य कर चुका था। इन सबकी रक्षा के लिए उसे विशाल हथियारी शक्ति बनना था। चाहे-अनचाहे उसकी जवाबदेही और भी बढ़ गई क्योंकि पुराने साम्राज्यों से मुक्ति के प्रयास में लगे एशिया, अफ्रीका और दक्षिण अमेरिका के मुक्ति आन्दोलनों ने कम्युनिस्ट विचारों और संगठनों का सहारा लेना शुरू किया। इस तरह कुछ दिनों तक दुनिया कम्युनिज्म और कम्युनिज्म विरोध के छद्‌म संघर्ष

में फँसी रही और दोनों ओर हथियारों का विस्तार होता रहा। अब जो दुनिया बन रही थी वह मानव अधिकारों और लोकतंत्र के लिए सुरक्षित बनने की बजाय (जो संयुक्त राष्ट्र का घोषित उद्देश्य था) सर्वाधिक सम्पन्न आर्थिक और सामाजिक शक्तियों के लिए सुरक्षित बन रही थी। इस तरह द्वितीय विश्वयुद्ध के बाद से दुनिया में हथियारों का जितना निर्माण हुआ है वह उनके पहले के सारे इतिहास में निर्मित हथियारों से लाखों गुना अधिक मारक क्षमता वाला है।

दुनिया का अमेरिकी और सोवियत दो शक्तिशाली खेमों में बँटने का सीधा नतीजा यह हुआ कि लीग ऑफ नेशंस की तरह ही संयुक्त राष्ट्र संघ भी अपनी प्रासंगिकता खोता रहा। 1948 से आज तक दुनिया में जितने बड़े विवाद हुए हैं उनका हल इन बड़ी शक्तियों की सुविधा और सामर्थ्य से ही निर्धारित होता रहा है। सोवियत संघ अपनी मर्जी से अपनी फौज बेरोकटोक 1956 में हंगरी और 1968 में चेकोस्लोवाकिया में भेज सका। अमेरिका दस वर्ष से अधिक अपनी ताकत आजमा अपनी ही थकावट से वियतनाम से वापस आया। संयुक्त राष्ट्र संघ सिर्फ वाक्‌युद्ध का मंच बना रहा।

द्वितीय विश्व युद्ध के बाद केन्द्रित राष्ट्र-राज्य की भावना उन तमाम देशों में भी विकसित हुई जो पहले साम्राज्यवादी शक्तियों के अधीन थे। इसके अलावा वर्तमान भूमंडलीकरण के दौर में देशों के भीतर आदमी-आदमी के बीच ही नहीं, विभिन्न क्षेत्रों के बीच भी घोर विषमता बढ़ी है। इसका एक परिणाम हुआ है वंचित समूहों में बेगानेपन और अलगाव की भावना की बाढ़। इसी से हिंसात्मक संघर्ष की शुरुआत होती है। लेकिन बड़ी केन्द्रित शक्ति के खिलाफ सीधी हिंसात्मक लड़ाई कोई भी छोटा समूह नहीं लड़ सकता। इससे हिंसात्मक संघर्ष अनिवार्य रूप से 'आतंकवादी' गतिविधियों में बदल जाते हैं। ऐसी गतिविधियों का परिणाम यह होता है कि उत्तरोत्तर लोगों के अधिकारों को नियंत्रित करने का दबाव सरकारों पर बढ़ता है। यह छोटे समूहों के लिए लोकतांत्रिक ढंग से अपनी बातों को प्रभावी बनाने की सम्भावना को और भी सीमित करता जाता है। इस तरह एक दुश्चक्र बनता है जिसमें केन्द्रित स्थापित सत्ता और विद्रोही समूहों के हिंसक विरोध एक-दूसरे को लगातार निर्मम और अनियंत्रित हिंसा की ओर ढकेलते रहते हैं।

ओसामा बिन लादेन के अल कायदा और अमेरिका के बीच का संघर्ष इसका सबसे ताजा उदाहरण है। वर्ल्ड ट्रेड सेंटर पर हमला कर अल कायदा (अगर वह इसी का काम हो) अमेरिकी सत्ता के एक बड़े प्रतीक को ध्वस्त करने की कोशिश करता है, लेकिन इनमें हजारों निर्दोष लोग हर रोज मारे जा रहे हैं। इनमें निरपराध अफगान मर्द, औरतें, बूढ़े और बच्चे भी शामिल हैं। विडम्बना यह है कि अमेरिका बमबारी कर अफगान नागरिकों को देश छोड़ पलायन करने को मजबूर करता है और संयुक्त राष्ट्र संघ की एजेंसियाँ उन्हें राहत कैम्पों में भोजन और दवा देने की

कोशिश करती हैं। यह भी आशा नहीं है कि बिन लादेन और तालिबान के पराभव के बाद सब कुछ ठीक हो जाएगा। अफगानिस्तान इसके बाद फिर एक लम्बी लड़ाई या गृहयुद्धों का ही इन्तजार कर सकता है।

आज की दुनिया में हिंसक संघर्ष सिर्फ ऐसी त्रासदियों या संसार की मौत का पैगाम ही ले आ सकते हैं, किसी तरह की आजादी या मुक्ति का नहीं। लीग ऑफ नेशंस या संयुक्त राष्ट्र संघ की मौत या पक्षाघात का कारण यह था कि शक्तिशाली राष्ट्रों को नियंत्रित करने लायक किसी फौज का संयुक्त राष्ट्र के हाथ में होना असम्भव है। विभिन्न राष्ट्रों पर विश्व जन भावना का नियंत्रण तभी सम्भव है जब संसार में पूर्ण शस्त्र नियंत्रण हो और राष्ट्रों के भीतर के छोटे समूहों पर नाजायज दबाव बनाया जा सके। वैसे ही अगर छोटे समूह अपने हितों या अधिकारों के लिए बड़े समूहों के खिलाफ की राह अपनाएँगे तो राज सत्ता को भी अपने आतंक के पक्ष में दलील मिलती रहेगी। आज की दुनिया में हिंसक संघर्षों से किसी अच्छे लक्ष्य की प्राप्ति की कल्पना असम्भव लगती है। किसी सन्तोषप्रद सामाजिक जीवन के लिए अहिंसक समाज की स्थापना का प्रयत्न ही एकमात्र मार्ग दिखाई देता है। यह उम्मीद करना कि एकबारगी ऐसा कुछ हो जाएगा, एक यूटोपिया ही है, लेकिन आज आदमी के सारे प्रयास इसी दिशा में होने चाहिए।

9

इक्कीसवीं सदी के बीते हुए पहले वर्ष की कुछ घटनाओं ने मानव जीवन को एक ऐसे दोराहे पर खड़ा कर दिया है जहाँ उसे तय करना है कि नई सदी में उसका कोई मानवीय अस्तित्व रहेगा या यह अन्तहीन कलह से हॉब्स की कल्पना का वह आदिम रूप ग्रहण कर लेगा जिसमें प्रत्येक व्यक्ति दूसरे से संघर्षरत होकर दरिद्र, पशुवत और अल्पायु बन जाएगा। ग्यारह सितम्बर 2001 के बाद की घटनाएँ तो सभ्यता की हजारों वर्ष की हिंसात्मक विरासत का ही परिणाम थीं जिसकी पराकाष्ठा बीसवीं शताब्दी के युद्ध आयुधों का विस्तार रहा है। विडम्बना है कि बीसवीं शताब्दी ने ही महात्मा गांधी को भी पैदा किया जिन्होंने अन्याय के प्रतिकार के लिए मौलिक और मानवीय हथियार सत्याग्रह और असहयोग का आविष्कार किया। बीसवीं शताब्दी में अपनी मुक्ति के लिए जहाँ-तहाँ लोगों ने इस हथियार का आंशिक, पर सक्षम प्रयोग भी किया, लेकिन उस समय तक हिंसात्मक प्रतिरोध की राह बन्द नहीं लगती थी। अब अहिंसा को छोड़कर मानव मुक्ति के सारे दूसरे प्रयास अर्थहीन दुराग्रह लगते हैं। पिछले वर्ष की अन्तरराष्ट्रीय घटनाएँ बतलाती हैं कि मानव सभ्यता एक मरणांतक उलझन में फँसी हुई है जिससे निकलने में हिंसात्मक उपाय असहाय हैं।

न्यूयॉर्क के वर्ल्ड ट्रेड सेंटर पर हमले के बाद प्रारम्भ में अमेरिकी राष्ट्रपति बुश 'क्रूसेड' के योद्धा की भूमिका में दिखाई देते थे, अब वे उस भूमिका के हास्यास्पद विद्रूप दिखाई दे रहे हैं। उनका अफगान अभियान पूरा हो चुका है और वहाँ अब तालिबान की जगह कबीलाई युद्ध सरदारों की हुकूमत कायम हो चुकी है, लेकिन इस अभियान में हजारों निर्दोष लोगों की मौत और लाखों लोगों के विस्थापन से भी मुख्य लक्ष्य यानी ओसामा बिन लादेन की गिरफ्तारी नहीं हो पाई। यह भी कोई नहीं जानता कि ओसामा जीवित है या नहीं। अमेरिका के लिए यह जानकारी महत्त्वपूर्ण भी नहीं रह गई है। बिन लादेन अमेरिका के लिए उसके विशाल अहं को चोट पहुँचाने के दुस्साहस का एक प्रतीक है। उसे अहं को लगे इस आघात का प्रतिकार करना है जो आत्यंतिक विध्वंसक शक्ति प्रदर्शन से ही सम्भव है। अफगानिस्तान के बाद शायद उसका दूसरा निशाना इराक बनेगा, और उसके बाद कोई और।

लेकिन इससे उसे चैन नहीं मिलेगा क्योंकि उसे नई चुनौतियों के भूत घेरे रहेंगे। असली समस्या अमेरिका का यह बढ़ता हुआ अहसास है कि आज पश्चिमी यूरोप के गोरे लोगों को छोड़ दुनिया में सभी उसे ईर्ष्या और नफरत से देखते हैं। इस कारण वह चारों ओर दुश्मनों से घिरा महसूस करता है। वह काल्पनिक दुश्मनों के इस घेरे को तोड़ने के लिए अपनी विशाल आर्थिक और सामरिक शक्ति का प्रयोग करना चाहता है। इससे आक्रान्त लोगों की संख्या बढ़ती ही जाती है और उससे नफरत करनेवालों की भी। पश्चिमी दुनिया में मुसोलिनी, हिटलर और आज बुश का उदय कोई काल्पनिक गाथा नहीं, शक्ति उपासना से पैदा मनोवैज्ञानिक हकीकत है।

बुश अगर अन्तरराष्ट्रीय आतंकवाद को खत्म करने के संकल्प की घोषणा करते थे तो भारत के सत्तासीन लोग भी आतंकवाद से 'आर-पार की लड़ाई' की घोषणा करते हैं—चाहे इसका जो भी अर्थ हो। असल में ऐसी घोषणा मात्र किसी दबे अहं का विस्फोट होती है। अर्थ क्या दिया जाएगा, यह तो स्थितियाँ निर्धारित करेंगी। समस्या इससे पैदा होती है कि राजनेता अपने उन्माद से आम लोगों को संक्रमित करते हैं और इसके बाद नेता और जनता दोनों ही एक-दूसरे में यह उन्माद बढ़ाते चले जाते हैं—एक ऐसे बिन्दु तक, जहाँ राजनेता के लिए जनमत की तुष्टि के उद्देश्य से कुछ साहसिक कार्रवाई करने की मजबूरी बन जाती है। अगर प्रतिद्वन्द्वी बिलकुल काल्पनिक नहीं तो वहाँ से भी आवश्यक उत्तेजना प्राप्त होती रहती है क्योंकि यह मनोवैज्ञानिक प्रक्रिया प्रतिद्वन्द्वी मानव समूहों में भी सक्रिय रहती है।

एक विख्यात शान्तिवादी नार्मन एंजेल ने प्रथम विश्वयुद्ध के बाद तीस के दशक में अपनी चर्चित पुस्तक 'द ग्रेट इल्यूजन' में लिखा था कि 'नेता वह होता है जो साधारण भ्रमों से असाधारण रूप से ग्रसित होता है।' इसलिए ऐसे विस्फोटक मुकाम पर देश के स्थापित नेताओं से संघर्ष निवारण के किसी बुद्धिसंगत उपाय की कल्पना नहीं की जा सकती। चूँकि मीडिया मूलत: व्यवसाय-बुद्धि और मुनाफे की इच्छा से संचालित होता है, वह भी आग में घी डालने का ही काम करता है। इससे रसायन की 'आटो कैटेलिसस' जैसी प्रक्रिया जनमानस पर हावी होती है जिससे उत्तेजना उत्तरोत्तर बढ़ती चली जाती है। नतीजतन पूरा राष्ट्र एक उन्मादी भीड़तंत्र में बदल जाता है। इस स्थिति में युद्ध, गृहयुद्ध या व्यापक दंगे होते हैं। हमारे देश में तो स्थिति और भी खतरनाक है क्योंकि देश की सत्ता पर ऐसे लोगों का वर्चस्व है जिन्होंने प्रारम्भिक जीवन शाखा प्रचारकों के रूप में अंधविश्वासों के आधार पर जनमानस को उभारने में बिताया है, और बाहरी दुनिया की हकीकत से कभी रू-ब-रू नहीं हुए।

आज अमेरिका, यूरोप और जापान जैसे गिने-चुने अत्यंत सम्पन्न देशों को छोड़कर लगभग सारी दुनिया में किसी-न-किसी तरह के हिंसक विद्रोही आन्दोलन चल रहे हैं जिनके लिए आतंकवादी शब्द का इस्तेमाल होता है। ऐसे आन्दोलनों के

उदय के पीछे दुनिया का केन्द्र और परिधि के बीच कई स्तरों पर आर्थिक आधार पर विभाजन है। मूल केन्द्र सम्पन्न देशों का है और सारे संसार के गरीब देश इसकी परिधि पर हैं, लेकिन परिधि पर अवस्थित सभी देशों में अपेक्षतया सम्पन्न केन्द्र और विपन्न परिधि हैं। प्राय: केन्द्र और परिधि का फर्क मूल, नस्ल और भाषा के भेद से भी जुड़ा है। अगर परिधि पर अवस्थित विशेष मूल या भाषा वाले लोग विशेष क्षेत्रों में रहते हैं तो क्षेत्रीय तनाव पैदा होता है। राष्ट्रीय प्रभुसत्ता को लगभग देवत्व के रूप में स्वीकार करनेवाले समाज में केन्द्रीय राष्ट्र मानी जानेवाली राज्य सत्ताओं का परिधि पर उभरती स्वायत्तता की भावना से टकराहट होती है। केन्द्र के लिए राष्ट्रीय अखंडता को कायम रखना राष्ट्रीय आत्मसम्मान का मुद्दा बन जाता है। दूसरी ओर क्षेत्रों में उभरते आन्दोलनों के लिए अपनी अस्मिता की रक्षा जीवन-मरण का मसला बन जाता है। अपनी-अपनी जगह पर दोनों ही भावनाएँ अकाट्य तर्क पर आधारित होती हैं अत: अपने लक्ष्य की पूर्ति के लिए कोई भी कीमत चुकाना बड़ा नहीं लगता। इससे सर्वत्र एक गतिरोध की स्थिति बनी हुई है और आर्थिक दृष्टि से पिछड़े सभी देश अन्तहीन आन्तरिक संघर्षों में उलझे हुए हैं।

दरअसल आतंकवादी आन्दोलनों को लम्बी अवधि तक ऊर्जा इसी बात से मिलती है कि गलत या सही, ऐसी गतिविधियों में लगे लोगों को यह विश्वास होता है कि वे किसी उदात्त उद्देश्य की पूर्ति में लगे हैं। इनमें प्रत्येक की रणनीति के पीछे समान मान्यता है कि वे अपनी हिंसक गतिविधियों से प्रतिद्वन्द्वियों को इस बात के लिए मजबूर कर देंगे कि वे उनकी माँगों को मान लें या निर्णायक पराजय का सामना करें। आतंकवादी कार्रवाइयों को पीछे से ऐसे तत्त्व या सरकारें भी सहारा दे सकती हैं जिनका कोई अपना स्वार्थ इनसे सधता है। यह आतंकवादी शक्ति का एक अतिरिक्त स्रोत बन सकता है, लेकिन इसकी शक्ति का मूल आधार नहीं बन सकता। आतंकवादी समूह घोर दमन के बावजूद अगर अपना कार्यकलाप जारी रखते हैं तो इसलिए कि उसके पीछे एक अदम्य विश्वास होता है कि उनका लक्ष्य सही है और अन्ततोगत्वा उनकी सफलता निश्चित है। यह बात दीगर है कि ऐसे विश्वास अक्सर गलत साबित होते हैं, लेकिन अपने लक्ष्य के लिए स्वयं को बलिदान कर देनेवालों का उत्साह इससे ढीला नहीं पड़ता। हाल के दिनों में आत्मघाती हमलों की बढ़ती वारदातें इसका सबूत हैं। चूँकि मृत लोग अपने बलिदान का परिणाम देखने नहीं आते इसलिए मृत्यु का वरण आत्मबलिदानी के लिए इसकी सार्थकता का अन्तिम प्रमाण बन जाता है। कभी-कभी आत्म-बलिदान का यह संकल्प स्थापित सत्ता के द्वारा किए जा रहे घोर दमन का परिणाम भी होता है—ऐसा दमन, जिससे जीवन मृत्यु से अधिक दुखदायी लगे। अगर धार्मिक विश्वास से मृत्यु के बाद स्वर्ग या किसी विचारधारा से इतिहास में अन्तिम विजय की आश्वस्ति मिले तो इससे मर मिटने का संकल्प ज्यादा मजबूत बनता है।

लेकिन संघर्ष की इच्छाशक्ति को दृढ़ बनानेवाले इन तमाम तत्त्वों के बावजूद अगर विद्रोही समूह का मुकाबला प्रबल राज्य शक्ति से होता है, तब सफलता लगभग असम्भव बन जाती है। अपवाद वे होते हैं जहाँ गतिविधियाँ फैलकर व्यापक जन आन्दोलन का रूप ग्रहण कर लेती हैं। प्राय: ऐसा तब होता है जब मुकाबला किसी बाहरी शक्ति से हो या ऐसा विश्वास हो कि स्थापित शक्ति किसी बाहरी शक्ति की एजेंट है। यह आनुवंशिकी और परम्परा से पोषित क्षेत्रीय भाव (टेरिटोरियल सेंस) का परिणाम होता है। यह भाव अब तक कहीं पराजित हुआ नहीं दिखा है। वियतनाम में अमेरिका की पराजय और अफगानिस्तान में रूसियों की पराजय के पीछे इस भाव का प्रबल योगदान था। एथोलॉजिस्ट कहे जानेवाले जीववैज्ञानिकों ने अपने अध्ययनों से यह पाया है कि लगभग सभी पशु और पक्षियों में स्थानीयता का भाव होता है और वे अपने विशिष्ट क्षेत्र पर किसी दूसरे जीव का अतिक्रमण बर्दाश्त नहीं कर सकते। यह भाव मनुष्यों और मानव समूहों में भी होता है जिससे वे हर कीमत पर उस क्षेत्र पर अपना वर्चस्व बनाए रखना चाहते हैं जिसे वे अपना मानते हैं।

जमीन के अत्यन्त छोटे टुकड़ों के लिए अपने भाइयों और सगे-सम्बन्धियों के कत्ल की समय-समय पर होनेवाली घटनाओं को हम इसी रोशनी में समझ सकते हैं। जैसा ऊपर बतलाया गया है, वियतनाम और अफगानिस्तान के निवासियों में अपने से अत्यन्त शक्तिशाली शक्तियों से लोहा लेने की क्षमता ऐसी ही अदम्य स्थानीयता के भाव से आई। जहाँ क्षेत्रीय या राष्ट्रीय भाव दो संघर्षरत समूहों पर हावी हैं, वहाँ निर्णायक युद्ध असम्भव बन सकता है। पराजित समूह अपने उद्देश्य की पूर्ति के लिए प्रारम्भिक पराजय के बावजूद लगातार सक्रिय रहते हैं। इससे जीत के बावजूद विजयी लोगों का जीवन निरापद नहीं रहता।

इन विद्रोही समूहों के प्रयासों को विफल बनाने के लिए लोगों की गतिविधियों को नियंत्रित करनेवाले तरह-तरह के कायदे-कानून बनाने पड़ते हैं और लोगों के बुनियादी मानव अधिकारों का हनन होता है। अमेरिका में हाल में बने ऐसे कानूनों के तहत लगभग हजार लोग जेलों में बेमुद्दत नजरबन्द हैं और उन्हें अपने घर-परिवार से भी सम्पर्क रखने की आजादी नहीं। ब्रिटेन, जो सैकड़ों वर्षों से दुनिया की सरकारों द्वारा सताए जानेवाले लोगों की पनाहगार था, अब स्वयं लोगों को बिना निश्चित आरोप के नजरबन्द कर रहा है। इन देशों के सभी रंगीन लोग अब सन्देह की निगाह से देखे जा रहे हैं। अरब मूल के लोगों का तो अब अमेरिका में निरापद रहना मुश्किल है। भारत, जहाँ मानव अधिकार का रिकार्ड पहले भी बहुत अच्छा नहीं था, 'पोटा' जैसे कानून के तहत पुलिस राज में तब्दील हो रहा है। इस स्थिति में राज्य अधिक अधिनायकवादी और दमनकारी बनते जाएँगे। विद्रोही समूह अधिक गोपनीय, आम लोगों से अलग-थलग और सनसनीखेज हिंसात्मक कार्रवाइयों की ओर अग्रसर होंगे। इनसे निरपराध लोगों का जीवन ही खतरे में पड़ेगा। इस

तरह शासक और शासित दोनों ही आतंक में रहेंगे। और ज्यादातर राज्य कैदखानों में बदल जाएँगे। लोकतंत्र और तानाशाही का भेद महज औपचारिक रह जाएगा।

चूँकि राज्य का आधार ही मान्यता प्राप्त हिंसा (लेजिटिमेट वायलेंस) है, राज्य एकबारगी अहिंसक हो जाएँ, यह तो सम्भव नहीं लगता, लेकिन इसे ऐसे समूहों की वैधता कबूल करनी होगी जो अहिंसक तरीके से राष्ट्र से अलग होने का भी आन्दोलन चलाते हैं। उनके लिए अलगाव के मुद्दे पर भी निर्विघ्न चुनाव प्रचार करने और चुनाव लड़ने का अधिकार मान्य होना चाहिए। दूसरी ओर इन अलगाववादी समूहों को अपने संघर्षों को पूर्ण रूप से अहिंसक रखना चाहिए। हिंसक कार्यक्रमों में जो समूह आत्मोत्सर्ग का विलक्षण परिचय देते रहे हैं, अगर उसी बलिदान की भावना से अहिंसक संघर्ष करें तो न सिर्फ अपने लक्ष्य को आसानी से हासिल करेंगे, बल्कि बहुत सारी समस्याओं पर लोगों के नजरिये को भी बदल देंगे। हिंसक आन्दोलन, विशेषकर तब जब इससे निर्दोष लोग प्रभावित होते हैं, तीव्र प्रतिहिंसा की भावना पैदा करता है, और इस टकराहट से आहत और हताहत होनेवाले लोगों का चक्र फैलता जाता है। 11 सितम्बर का हादसा और इससे निकले आज तक के परिणाम से बढ़कर इस सच्चाई का प्रमाण क्या हो सकता है। ये घटनाएँ चीख-चीखकर माँग करती हैं कि हिंसा के रास्ते का परित्याग करो। इस रास्ते सारे संसार को मुर्दों से पाट देने से भी कोई नतीजा नहीं निकलेगा। ओसामा बिन लादेन का विकल्प बुश नहीं, महात्मा गांधी हैं।

10

युगोस्लाविया के भूतपूर्व राष्ट्रपति स्लोवोदान मिलोसेविच पर इंटरनेशनल ट्रिब्यूनल में मुकदमा चलाया जाना एक से अधिक अर्थों में ऐतिहासिक सिद्ध होगा। एक तो इस अर्थ में कि द्वितीय विश्वयुद्ध के बाद हिटलर के सहयोगियों पर न्युरेंबर्ग में चलाए गए मुकदमे के बाद पहली बार किसी राज्याध्यक्ष को मानवता के खिलाफ अपराध के लिए किसी अन्तरराष्ट्रीय अदालत में मुजरिम के रूप में पेश किया गया है। इस मुकदमे में मुख्य अभियोगकर्ता कार्ला देलपोंते ने अदालत के सामने अभियोगों को पेश करते हुए यह दावा किया कि यह मुकदमा इतिहास बनाएगा। कार्ला देलपोंते के अनुसार मिलोसेविच के कार्यकाल में एक आधुनिक राज्य का भयंकर स्खलन देखा गया जिसमें मध्ययुगीन क्रूरता सामने आई और जातीय उन्मूलन (एथनिक क्लिंजिग) नाम से एक नया पद प्रचलन में आया। इसमें सन्देह नहीं कि पूर्व युगोस्लाविया के विघटन के क्रम में, जिसमें क्रोएशिया, बोस्निया-हर्जेगोविना आदि अलग हुए और फिर कोसोवो का अलगाववादी संघर्ष शुरू हुआ, लोगों का निर्मम दमन किया गया। इस दमन में सर्बियाई मूल के लोग अपने को युगोस्लाव राष्ट्र के संरक्षक के रूप में पेश करते रहे, लेकिन इस मुकदमे में मिलोसेविच ने बिना वकील स्वयं अपना बचाव करना शुरू किया है और नाटो में सम्मिलित राष्ट्र और उनके शासक भी दुनिया की निगाह में अभियुक्त के रूप में सामने आएँगे, यह साफ हो गया है।

मिलोसेविच ने अदालत के सामने यह माँग रखी है कि वह बिल क्लिंटन, टोनी ब्लेयर आदि नाटो के वर्तमान या निवर्तमान राज्याध्यक्षों से अदालत में पूछताछ कर इन घटनाओं में उनकी भूमिका को उजागर करना चाहते हैं। ऐसा करने से यह हकीकत उजागर हो जाएगी कि यह अदालत दरअसल एक पक्ष (यानी नाटो) द्वारा स्थापित की गई है और इसलिए पक्षपातपूर्ण है। यह तो जगजाहिर है कि संयुक्त राष्ट्र की सुरक्षा परिषद, जिसने इस अदालत को गठित किया है, फिलहाल पूरी तरह अमेरिका और उसके सहयोगी राष्ट्रों के नियंत्रण में है। अत: यह विडम्बनापूर्ण स्थिति बनी है कि अदालत उन्हीं की है जो इल्जाम लगानेवाले हैं। अभियोग पत्र के इनेगिने जिन गवाहों से मिलोसेविच ने जिरह की है उससे अभियोग पक्ष के दावे कमजोर पड़ते दिखाई देते हैं।

एक महत्त्वपूर्ण बात इस मुकदमे से यह उभरकर सामने आ रही है कि कोसोवो से लोगों का विस्थापन सर्बियाई सैनिकों द्वारा अलगाववादी अल्बानियाई मूल के लोगों के खिलाफ कार्रवाई से ही नहीं हुआ, बल्कि बड़ी संख्या में नाटो की बमबारी के कारण भी हुआ। बमबारी में मारे गए लोगों के जले-कटे शरीरों के फोटो प्रस्तुत कर मिलोसेविच ने दूसरे पक्ष के युद्ध अपराधों को भी उजागर कर दिया जो निरपराध नागरिकों को यातनाओं और मौत का शिकार बना रहे थे। संयुक्त राष्ट्र की फौजों की कोसोवो में तैनाती के बाद वहाँ के सर्बियाई लोगों पर अल्बानियाई मूल के लोगों द्वारा ठीक वैसे ही अत्याचार हुए, जैसे सर्बियाई लोगों ने अलगाववादी अल्बानियाई मूल के लोगों के खिलाफ किए थे। इस क्रम में कुछ ऐसे सबूत भी पेश किए गए हैं कि इन ज्यादतियों को रोकने का कोई प्रयास संयुक्त राष्ट्र के सैनिकों द्वारा नहीं किया गया। यह भी आरोप है कि संयुक्त राष्ट्र की फौज ने अपनी सहानुभूति सर्बियाई लोगों पर जुल्म करते अल्बानियाइयों के साथ जताई। इससे तो नाटो के नेता इनकार ही नहीं कर सकते कि उनके वायुयानों ने मनमाने ढंग से बमबारी की क्योंकि युगोस्लाविया की ओर से हवाई सुरक्षा का न कोई प्रयास हुआ और न उनके पास इसकी कोई सामरिक क्षमता थी। यह एक तरह से निहत्थे लोगों पर मौत और बर्बादी बरसाना था। ऐसी बमबारी कभी ठीक निशाने पर नहीं हो सकती। इसका सबूत इसी क्रम में चीनी दूतावास पर हुआ हवाई हमला था जिससे पैदा विवाद में नाटो को अन्तत: चीन से क्षमा याचना करनी पड़ी, लेकिन सर्बियाई लोग नाटो के सामने बिलकुल शक्तिहीन थे इसलिए वे अपने पर ढाए गए जुल्मों का कोई मुआवजा भी नहीं माँग सकते थे।

मिलोसेविच पर खुली अदालत में चल रहे मुकदमे का महत्त्वपूर्ण पहलू यह है कि शायद पहली बार किसी अन्तरराष्ट्रीय मामले में मुद्दई और मुद्दालह दोनों ही मुजरिम के रूप में खड़े दिखाई देते हैं। नाटो शक्तियों द्वारा अस्तित्व में लाई गई अदालत का फैसला क्या होगा, इसका अनुमान तो पहले ही लगाया जा सकता है। युगोस्लाविया की सरकार के अपराध न सिर्फ दुनिया की नजर के सामने रहे हैं, बल्कि उन्हें उजागर करने में दुनिया के सबसे शक्तिशाली राष्ट्र-समूह नाटो और पश्चिमी देशों का मीडिया प्रयासरत है। वर्षों से लोग युगोस्लाविया सरकार द्वारा बोस्निया और कोसोवो में किए जा रहे अत्याचारों के समाचारों से परिचित रहे हैं। अदालत में दिए गए मिलोसेविच के बयान से पहली बार यह बात सामने आई है कि नाटो की शक्तियाँ, जो इस सन्दर्भ में मानव अधिकारों के रक्षक के रोल में अपने को पेश करने की कोशिश कर रही थीं, स्वयं भी मानवता विरोधी वैसे ही अपराधों में संलग्न रही हैं जिनके लिए वे सर्बियाई शासकों को दोषी साबित करना चाहती हैं। उन पर लगाए जा रहे अभियोगों की विश्वसनीयता हाल में अफगानिस्तान में दिखलाई गई अमेरिकी क्रूरता की पृष्ठभूमि में असंदिग्ध बन जाती है। मजारे

शरीफ के एक किले में बन्द अल कायदा और तालिबान के लोगों को जिस तरह न सिर्फ गोलियों से भून दिया गया बल्कि कमरे में पनाह लेने की कोशिश करते लोगों को पेट्रोल छिड़क आग लगाकर भून दिया गया, वह नात्सियों की सर्वाधिक क्रूर कारगुजारियों से कम लोमहर्षक नहीं है। इसके अलावा अफगानिस्तान पर एक सुन्दर नाम से अलंकृत 'डेजी केटर्स' (डेजी एक खूबसूरत वन फूल है) बम गिराए गए जो तीन सौ से चार सौ मीटर की लम्बाई-चौड़ाई में सब कुछ जला डालता है। हाल के युद्धों और संघर्षों से निर्विवाद रूप से यही सिद्ध होता है कि आधुनिक युद्धों में कोई भी पक्ष मानवीय नहीं हो सकता। विजय अन्तत: मौत, यातना, उत्पीड़न और मानव जीवन के विस्थापन की ही होती है।

अन्तरराष्ट्रीय मंच पर वादी और प्रतिवादी दोनों ही तरह के राष्ट्रों के कामों का ऐसा लेखाजोखा करने का मौका शायद ही कभी मिलता है। समकालीन इतिहास की पुस्तकों से भी हम कोई तटस्थ विवरण राष्ट्रों की भूमिका का नहीं जान सकते क्योंकि ऐसे इतिहास सदा विजयी पक्ष के इतिहासकारों द्वारा तैयार किए जाते हैं जिससे सारे के सारे दोष विजित राष्ट्रों के मत्थे मढ़ दिए जाते हैं। द्वितीय विश्वयुद्ध के बाद एक अंग्रेज इतिहासकार ए.जे.पी. टेलर ने अपनी पुस्तक 'ओरिजिंस ऑफ द सैकेंड वर्ल्ड वार' में यह लिखकर एक खासा विवाद पैदा कर दिया कि द्वितीय विश्वयुद्ध के लिए सिर्फ हिटलर को दोषी मान लेना ऐतिहासिक सत्य नहीं है, ब्रिटेन-फ्रांस आदि मित्र राष्ट्रों की पूर्ववर्ती नीतियाँ भी इसके पीछे थीं। उस समय परम्परा का सीधा उल्लंघन था जिसमें विजयी लोग देवदूत और विजित सदा शैतान की औलाद के रूप में चिह्नित किए जाते रहे हैं।

अभी तक शक्तिशाली राष्ट्रों द्वारा लड़े गए युद्धों में उनके घोषित लक्ष्य उनके असली उद्देश्यों पर पर्दा डालने का ही काम करते रहे हैं। ताजा उदाहरण अमेरिका है। आतंकवाद विरोधी अमेरिकी अभियान के पीछे उसका सारे संसार पर अपना आधिपत्य कायम करने का इरादा साफ दिखाई देने लगा है। इससे अमेरिका के मित्र देशों में भी खासी परेशानी पैदा होने लगी है। ईरान, इराक और उत्तर कोरिया को बुराइयों की धुरी घोषित करके उसने ब्रिटेन, जर्मनी आदि के सामने बड़ी समस्या पैदा कर दी है जो ईरान के साथ अपना सम्बन्ध सुधारना चाहते हैं। ऐसी ही समस्या उसने दक्षिण कोरिया के सामने खड़ी कर दी है जो उत्तर कोरिया से अपना सम्बन्ध सुधारने और अन्तत: एकीकरण के प्रयास में लगा है। दक्षिण कोरिया के नागरिकों का गुस्सा अमेरिकी राष्ट्रपति बुश की दक्षिण कोरिया की यात्रा के समय लोगों के क्रुद्ध प्रदर्शनों से साफ जाहिर था।

दुनिया पर अपना आधिपत्य जमाने के लिए अमेरिका ने अपनी सामरिक शक्ति को अंधाधुंध बढ़ाना शुरू कर दिया है। अमेरिका के नए बजट में बीस हजार अरब डॉलर का प्रावधान है, जिसमें तीन हजार अरब डॉलर सिर्फ प्रतिरक्षा पर खर्च किया

जाना है। यह प्रतिरक्षा पर अब तक का सबसे बड़ा बजट प्रावधान है। यह तब हो रहा है जब फिलहाल दुनिया में अमेरिका को किसी देश से कोई सामरिक चुनौती नहीं है। शीतयुद्ध अब इतिहास बन चुका है। इसका एक पहलू यह हो सकता है कि अपनी अर्थव्यवस्था को वर्तमान आर्थिक मन्दी से बचाने के लिए युद्ध आयुधों पर खर्च कर उत्पादन और विपणन को प्रोत्साहित किया जा रहा हो। एक धुर पूँजीवादी व्यवस्था, जो जनकल्याण या सार्वजनिक योजनाओं पर सरकारी खर्च को कुफ्र मानती है, युद्ध और सैनिक तैयारियों के जरिये ही मन्दी से आक्रान्त अपनी अर्थव्यवस्था को गति देने को मजबूर लगती है। हिटलर ने जर्मनी को मन्दी और बेरोजगारी से उबारने का यही उपाय निकाला था। दुनिया पर नियंत्रण के लिए हथियारी युद्ध की तैयारी के साथ-साथ अमेरिका प्रचार युद्ध की तैयारी में भी लग गया है।

शीतयुद्ध के काल में सीआईए ने दुनिया के तमाम प्रसार माध्यमों को तरह-तरह से प्रभावित करने की कोशिश की थी। कभी-कभी तो वह यह सब इतना गुप्त और परोक्ष रूप से करता था कि इससे आर्थिक सहायता प्राप्त करनेवालों को यह पता भी नहीं चलता था कि सहायता का स्रोत कहाँ है। एक अत्यन्त प्रतिष्ठित पत्रिका 'एनकाउंटर' के सम्बन्ध में जब यह रहस्य सामने आया कि इसके पीछे भी सीआईए का अनुदान है तो स्टीफन स्पेंडर समेत कई लोगों ने इससे अपना सम्पादकीय सम्बन्ध तोड़ लिया। अब संसार के लोकमानस को गुमराह करने की मुहिम पेंटागन ने अपने हाथ में ली है। इसके लिए हॉलीवुड के कुछ प्रसिद्ध फिल्म निर्माताओं को तैयार किया गया है कि वे डॉकुमेंट्री के द्वारा दुनिया में यह प्रचारित करें कि अमेरिकी फौजियों ने कितना मानवीय और जोखिम भरा काम अफगानिस्तान में किया है। जॉर्ज आरवेल ने जिस 'मिनिस्ट्री ऑफ ट्रुथ' की कल्पना अपने उपन्यास 'उन्नीस सौ चौरासी' में की थी, उसे अमेरिकी सरकार साकार करने में लगी है।

यह विडम्बना ही है कि आज दुनिया का सबसे शक्तिशाली आतंकवादी राष्ट्र अमेरिका, जो सभी राजनयिक बारीकियों को दरकिनार कर खुलेआम उन सब देशों को धमकियाँ दे रहा है जिन्हें अपने वर्चस्व के लिए बाधक मानता है, दुनिया में आतंकवाद विरोधी मुहिम का अगुआ बना हुआ है, लेकिन इसके लिए अकेले अमेरिका को ही दोष देना अनुचित होगा। पश्चिमी देशों से आई राष्ट्र-राज्य की अविच्छिन्न सत्ता की अवधारणा और पूँजीवादी व्यवस्था के विकास के साथ इसका 'मिलिट्री-इंडस्ट्रियल काम्प्लेक्स' (यानी वह अर्थतंत्र जिसमें शक्तिशाली औद्योगिक कार्पोरेशन प्रतिरक्षा प्रतिष्ठानों से गुम्फित हो जाते हैं) से विवाह अनिवार्य रूप से वैश्विक वर्चस्व की कामना को जन्म देता है, लेकिन आज अकेले अमेरिका अपनी विशाल आर्थिक और सामरिक शक्ति से इस महत्त्वाकांक्षा को अंजाम देने की स्थिति में है। यूरोप के बाकी राष्ट्र इसके पीछे वैसे ही चलने को विवश हैं जैसे शेर के पीछे गीदड़ उसके द्वारा मारे गए शिकार के अवशेषों के लालच में चलते हैं।

इससे पीड़ित समूहों के लोग अपनी रक्षा में छोटे आतंकों का घेरा बनाते चलते हैं जो अशक्त होने के कारण अधिक निर्मम बन जाता है।

असल में राष्ट्र-राज्य की अवधारणा और इसके साथ विशेष मूल, नस्ल, धर्म, भाषा आदि की भावना का जुड़ना लोगों में एक ऐसा उन्माद पैदा करता है कि वह दूसरे समूहों की भावनाओं और जान को नजरअन्दाज करता है। निहित स्वार्थ वाली इस भावना को हवा देते रहते हैं। इसी के फलस्वरूप लोग राष्ट्र-राज्य की एक अमूर्त सत्ता के लिए हजारों वर्षों से अर्जित दया, सहिष्णुता आदि की मानवीय परम्पराओं के बन्धन से मुक्त महसूस करते हैं। चाहे वह युगोस्लाविया हो, चाहे अमेरिका, चाहे तुर्की, भारत या श्रीलंका—सभी जगह अपने-अपने लघु या बृहत् देवताओं की तुष्टि के लिए नरबलि को क्षम्य मान लिया जाता है। मिलोसेविच के मुकदमे के तथ्यों से दुनिया के तमाम लोगों को अपने भीतर झाँकने का सन्देश मिलता है। क्या हम सारे के सारे लोग राष्ट्र, धर्म, जाति जैसी अमूर्त हस्तियों के लिए असली मनुष्य को महज बाधा या माध्यम मानकर उसे और इस प्रक्रिया में अपने आपको नष्ट करने में नहीं लगे हैं?

11

हमारे देश में भ्रष्टाचार एक अन्तहीन रुदन का विषय बन गया है—इस हद तक कि इसकी चर्चा सिर्फ रस्मी रह जाए और इसके मिटने की सम्भावना असम्भव लगने लगे। यह बढ़ता हुआ विश्वास कि सभी भ्रष्ट हैं लोगों के मन में यह भाव भी पैदा करता है कि चूँकि सभी भ्रष्ट ही हैं ईमानदार रहना, जो कठिनाइयों से भरा है, जरूरी नहीं और भ्रष्ट आचरण ही व्यावहारिक आचरण है। इस तरह जो भ्रष्ट आचरण से घबराते हैं वे अव्यावहारिक या इससे भी बढ़कर निरे मूर्ख समझे जाते हैं। जब भ्रष्टाचार इतना व्यापक बन गया हो तो इससे लड़ने के लिए न सिर्फ मजबूत संकल्प की जरूरत है बल्कि भ्रष्ट आचरण के व्यापक बनने के कारणों की जानकारी की भी। अगर हम अपने देश के भ्रष्टाचार की सामाजिक जड़ों को पहचानने लगेंगे तो शायद यह विश्वास भी पैदा हो कि यह पुराण विहित कलिकाल की करामात नहीं, जिसके अनुसार हम भ्रष्ट युग या 'मठ युग' में प्रवेश कर गए हैं और इससे उबरने के लिए हमें किसी नए अवतार की प्रतीक्षा या तलाश करनी चाहिए। अगर हममें यह जानकारी बढ़ी कि भ्रष्टाचार के विशेष सामाजिक कारण हैं तो हम इसके निराकरण के भी सामाजिक उपाय ढूँढ़ेंगे। वी.पी. सिंह या किसी अन्य त्राता की ओर इस आशा भरी निगाह से देखना कि वे हमें इस राक्षस से मुक्त कर देंगे अपने यहाँ के भ्रष्टाचार के सामाजिक सन्दर्भों को नहीं समझने का ही परिणाम है।

इस सन्दर्भ में सबसे बुनियादी बात यह है कि किसी आचरण को भ्रष्ट मानना काफी हद तक इस पर निर्भर करता है कि सम्बद्ध व्यक्ति कैसे समाज में रहता है। कोई भी समाज कुछ केन्द्रीय मूल्यों के इर्दगिर्द गठित होता है। उन्हीं मूल्यों से यह निर्धारित होता है कि कोई आचरण भ्रष्ट है या नहीं। मैक्सवेबर के बाद के अधिकांश समाजशास्त्री मोटामोटी तौर से यह मानने लगे हैं कि किसी समाज के मूल्यों के आधार होते हैं परम्परा, करिश्मा वाला व्यक्तित्व या विवेक पर आधारित कानून नियम की व्यवस्था। इस विभाजन के अनुसार आधुनिक औद्योगिक समाज के मूल्यों के आधार होते हैं भौतिक लक्ष्यों की प्राप्ति के लिए बनाए गए नियम-कानून। यह माना जाता है कि ऐसे आधुनिक समाज में व्यवस्था वैयक्तिक या कौटुम्बिक सम्बन्धों या प्रभावों से असंपृक्त होती है। कानून नियम को लागू करने

की जवाबदेही एक वेतनभोगी समुदाय या नौकरशाही पर होती है जो शुद्ध रूप से नियमों पर चलते हैं। आदर्श रूप में आधुनिक औद्योगिक समाज और चुनाव पद्धति पर आधारित राजनीतिक व्यवस्थाओं के काम इसी पद्धति से चलते हैं। अगर व्यवहार में आचरण इससे अलग होता है तो इसे विकृति माना जाता है। इसके विपरीत परम्परा पर आधारित समाज में, और कुछ हद तक करिश्मा वाले व्यक्तित्व के प्रभाव में चलनेवाली व्यवस्थाओं में भी वैयक्तिक वफादारी और निष्ठा नियम कानून से ऊपर हो जाती है।

आधुनिक राजनीति में भ्रष्टाचार के कुछ आरोपों का कारण आचरण और इसके मूल्यांकन का दो भिन्न मूल्यों पर आधारित समाज व्यवस्थाओं से प्रभावित होना होता है। इसलिए आज का कोई भी समाज जिसने अपने आर्थिक और राजनीतिक ढाँचे में आधुनिक औद्योगिक समाज के मूल्यों को अपना लिया है, लेकिन जिसके आपसी मानवीय सम्बन्ध परम्परागत समाज के मूल्यों पर चलते हैं, एक खास तरह के भ्रष्टाचार के दबाव में रहता है। जैसाकि ऊपर कहा गया है परम्परागत समाज में व्यक्ति या परिवार के प्रति वफादारी सर्वोपरि महत्त्व की होती है। इस कारण समाज में किसी ऊँचे ओहदे पर पहुँचे हुए व्यक्ति से अपेक्षा होती है कि रिश्तेदारों को अपने पद से लाभ पहुँचाए। ठीक इसके विपरीत आधुनिक औद्योगिक समाज की यह अपेक्षा है कि इसके अधिकारी अपने पद का उपयोग कानूनी दायरे के बाहर किसी सम्बन्धी को लाभ पहुँचाने में न करें। इस तरह का व्यवहार समाज के मूल्यों के अनुसार भ्रष्ट आचरण है।

पदों के दुरुपयोग के अधिकांश मामले इसीलिए उठते हैं क्योंकि आधुनिक मानदंडों पर आधारित संसदीय लोकतंत्र और प्रशासन के ऊँचे पदों पर वे ही लोग हैं जिनके वैयक्तिक आचरण में परम्परागत वफादारी घुटघुटकर समाई हुई है। विडम्बना तो यह है कि जो लोग आधुनिकता की सबसे अधिक दुहाई देते हैं वे ही लोग अपने सगे-सम्बन्धियों को आगे बढ़ाने में सबसे अधिक रुचि भी दिखलाते हैं। महात्मा गांधी, जिन्हें आम तौर से परम्परावादी और घोर प्रतिक्रियावादी कहा जाता है, शायद देश के बड़े नेताओं में अकेले थे जिन्होंने अपने पुत्रों को वैसे ही जीवन के लिए प्रशिक्षित किया जो देश के श्रमिक वर्ग के बच्चों को उपलब्ध है। अपनी सन्तान के प्रति पक्षपात रहित व्यवहार का एक दु:खद परिणाम यह हुआ कि उनके बड़े पुत्र हरिलाल गांधी विद्रोही बन गए और वह सब किया जिनका विरोध गांधीजी करते थे। इसके विपरीत जवाहरलाल नेहरू, जिन्हें भारतीय आधुनिकता का प्रतीक माना जाता है, हर मौके पर अपने परिवार के लोगों को आगे बढ़ाने की कोशिश करते रहे जिसके परिणामस्वरूप देश पर तीन पीढ़ी से एक परिवार का शासन चल रहा है। इसी तरह कम्युनिस्ट पार्टी के नेताओं का सन्तान प्रेम भी आधुनिकता की मर्यादाओं को नहीं मानता। अगर भारतीय व्यवस्था में उनके लिए समुचित स्थान

नहीं बन पाया तो उनके लिए रूस या अन्य कम्युनिस्ट देशों के नामी प्रतिष्ठानों में पैठ मिल जाती थी जहाँ से वे पुन: अपने लिए एक विशिष्ट स्थान बना लेते थे।

इस अन्तर्विरोध को समझना जरूरी है।

आधुनिकतावादियों का संकट यह है कि वे पारिवारिक वफादारी से तो मुक्त नहीं हो पाते, लेकिन आधुनिकता के नाम पर अपने समाज के उन परम्परागत मूल्यों को नकार देते हैं जो हमारे समाज में कभी वैयक्तिक महत्त्वाकांक्षा पर अंकुश का काम करते थे। एक अंकुश तो था एक सीमा के बाद भौतिक वस्तुओं के प्रति उपेक्षा की दृष्टि। दूसरा अंकुश था व्यक्ति के जीवन का चार कालों में विभाजन का आश्रम जिसमें तीसरा वानप्रस्थ और चौथा संन्यास था। इसके अनुसार अधेड़ होने पर पारिवारिक जवाबदेही से निवृत्ति और बुढ़ापा आने पर सांसारिक मोहमाया से निवृत्ति जीवन का लक्ष्य था। ऐसा शायद कभी नहीं था कि आम लोगों की जिन्दगी इस आदर्श पर चलती थी, लेकिन चूँकि ये जीवन के आदर्श प्रतिमान थे। लोगों के जीवन पर परोक्ष रूप से इन आदर्शों का प्रभाव हमेशा बना रहता था। सर्वस्व दान यहाँ तक कि सन्तान दान तक के मिथक समाज में व्यापक थे और इनसे लोगों का जीवन प्रभावित हुए बिना नहीं रह सकता था।

इस तरह यहाँ के परम्परागत समाज में सम्पत्ति और सन्तान के प्रति पूर्ण समर्पण का भाव कभी भी प्रतिष्ठा नहीं प्राप्त कर सकता था। प्राचीन भारतीय समाज में शासक (राजा) स्वेच्छाचारी भी नहीं हो सकता था। उसे धर्मशास्त्रों और अनेक श्रेणियों के बन्धन में रहना पड़ता था। ये मूल्य सूफी सन्तों के माध्यम से इस्लाम के भारत में आने के बाद भी और मुगल सल्तनत तक में कायम रहे। औरंगजेब का अपने निजी खर्च के लिए सरकारी खजाने से कोई रकम लेने के बजाय टोपी सिलकर और कुरान के आयतों की नकल कर खर्च चलाना और अपने कब्र तक को बिना किसी तामझाम के फकीरों के कब्रों के बीच स्थापित करने की आज्ञा देना इसका प्रमाण है। इन सबके ऊपर असंग्रह या अपरिग्रह जीवन के उच्चतम आदर्शों में था। यह स्वाभाविक रूप से सम्पत्ति के प्रति उपेक्षा का भाव पैदा करता था। महात्मा गांधी अगर सम्पत्ति और सन्तान के संकीर्ण मोह से बचे रहे तो इसका खास कारण ऊपर बतलाए गए मूल्यों के प्रति उनकी गहरी आस्था ही थी।

इसके विपरीत भारत के आधुनिकतावादी जीवन का प्रधान लक्ष्य भौतिक या आर्थिक उपलब्धि मानते हैं, लेकिन इनके लिए खुली प्रतिस्पर्धा की जगह जो आधुनिकता की माँग है, पारिवारिक या जातीय खोल के भीतर से ही उपलब्धि के संघर्ष में जुटना चाहते हैं। यह दोष दिनोदिन और भी सघन होता गया है।

इसका एक खास सामाजिक कारण भी रहा है जिसे दूसरे समाजों में भी देखा जा सकता है। इसका सबसे प्रधान कारण है आधुनिक समाज में जीवन की उपलब्धि को एक ही आयाम यानी अर्थ उपार्जन में देखना। उपलब्धि का एक आयामी होने

से व्यक्तियों के कर्म चाहे वे जिस क्षेत्र में हों आर्थिक कसौटी पर कसे जाने लगते हैं। सभी तरह के सृजन, चाहे वे शिल्प में हों, अन्य कलाओं में हों या विज्ञान में, बाजार में विनियम की वस्तु बन जाते हैं। उनको आँकने का एक ही मापदंड है—यह देखना कि उससे कितना धन का उपार्जन होता है। इसमें सफलता के प्रतीक के रूप में होती हैं वे सारी सामग्रियाँ जिन्हें पैसे से खरीदा जा सकता है। यहीं से उपभोक्तावादी संस्कृति को ऊर्जा मिलती है और लोग अपनी उपलब्धि के पैमाने के रूप में उपभोग के विभिन्न उपकरणों का जखीरा लगाने लगते हैं। जैसे-जैसे उपभोग की वस्तुओं की किस्में बढ़ती जाती हैं वैसे-वैसे लोगों के जीने के ढंग और स्तरों का फर्क भी बढ़ने लगता है। इससे एक ओर सम्पन्नता के प्रतीक वस्तुओं की संख्या अनगिनत होती जाती है और दूसरी ओर इन्हें प्राप्त करने की स्पर्धा उत्तरोत्तर अधिक कठोर होती जाती है।

एक और चीज जो आधुनिक औद्योगिक समाज के विकास का अभिन्न अंग है वह है सुविधाओं का व्यवस्था में हासिल किए गए स्थानों पर निर्भर होना। जो व्यक्ति व्यावसायिक या राजनीतिक प्रतिष्ठानों में जितना ही ऊँचा स्थान हासिल करता है उसकी आय और सुविधाएँ उतनी ही अधिक होती हैं। इसे योग्यता के आधार पर समान अवसर के सिद्धान्त के रूप में गरिमामंडित किया जाता है। इसके कारण आधुनिक समाज में कोई भी अपनी सुविधा को कानून और नियम के तहत अपने वंशजों को उस तरह हस्तांतरित नहीं कर सकता जिस तरह वंश परम्परा वाले पारम्परिक समाज में सम्भव था, लेकिन चूँकि समाज के भीतर जीवन स्तरों का फर्क बहुत अधिक होता है इससे कोई भी आदमी यह नहीं चाहता कि उसकी सन्तान या अन्य नजदीकी रिश्तेदार समाज की निचली सीढ़ियों पर फेंक दिए जाएँ जहाँ उन्हें जीवन की वे सुविधाएँ उपलब्ध नहीं हो सकें जिनके वे अभ्यस्त हैं। यहीं से आधुनिक समाज में कुनबापरस्ती एवं भ्रष्टाचार की शुरुआत होती है। ऊँचे स्थानों पर जमे लोग अनेक तरह से समान अवसर के आधुनिक सिद्धान्त के प्रतिकूल ऐसे तरीकों की तलाश करते हैं, जिनसे समान प्रतिस्पर्धा के कठिन रास्ते से उनके वंशजों को निजात मिल जाए और वे चोर दरवाजे से ऊँचे स्थानों पर पहुँच जाएँ, या अपनी योग्यता के अनुपात से कहीं अधिक आर्थिक लाभ ले सकें। रूस में जहाँ उत्पादन के साधनों पर राज्य का अधिकार था और सुविधाएँ लोगों को राज्य या अर्थव्यवस्था में हासिल पद के आधार पर मिलता था अपने सगे-सम्बन्धियों को आगे बढ़ाने के लिए अपनाए जानेवाले भ्रष्ट आचरण काफी व्यापक थे।

आधुनिक केन्द्रित व्यवस्थाओं में ऊँचे ओहदे वाले लोग अपने फैसले से किसी भी व्यक्ति को विशाल धन राशि का लाभ या हानि पहुँचा सकते हैं, लेकिन इन लोगों की अपनी आय अपेक्षतया कम होती है। इस कारण एक ऐसे समाज में जहाँ धन सभी उपलब्धियों का मापदंड मान लिया जाता हो व्यवस्था के शीर्ष स्थानों

पर रहनेवाले लोगों पर इस बात का भारी दबाव बना रहता है कि वे अपने पद का उपयोग नियमों का उल्लंघन कर नाजायज ढंग से धन अर्जित करने के लिए करें और धन कमाकर समाज में प्रतिष्ठा प्राप्त करें। यहीं से राजनीति में भ्रष्टाचार शुरू होता है, लेकिन विकसित औद्योगिक समाजों में व्यवस्था की क्षमता को कायम रखने के लिए नियम-कानून पर चलने और बराबरी की प्रतिस्पर्धा के द्वारा सही लोगों के चयन का दबाव ऐसा होता है जो ऐसे भ्रष्टाचार के विपरीत काम करता है। ऐसे समाजों में लोग भ्रष्ट आचरण के खिलाफ सजग रहते हैं क्योंकि इसे कबूल करना व्यवस्था के लिए विघटनकारी हो सकता है। हमारे समाज में भ्रष्टाचार के खिलाफ ऐसे व्यवस्थागत मूल्यों का निर्माण नहीं हो पाया है। इसके विपरीत जहाँ हमारी परम्परा में सम्पत्ति और सामाजिक सम्मान को अलग-अलग रखा गया था वहीं आज के भारतीय समाज में सम्पत्ति ही सबसे बड़ा मूल्य बन गई है और लोग इस विवेक से शून्य हो रहे हैं कि सम्पत्ति कैसे अर्जित की गई है इसका भी लिहाज रखें। इस कारण कोई भी व्यक्ति जो चोरी, बेईमानी, घूसखोरी तथा हर दूसरी तरह के कुत्सित कर्मों से धन कमा लेता है वह सम्मान पाने लगता है। इस तरह कर्म से मर्यादा का लोप हो रहा है।

आधुनिकतावादियों पर, जो धर्म और पारम्परिक मूल्यों को नकारते हैं तथा आधुनिक उपकरणों से सज्जित ठाटबाट की जिन्दगी को अधिक महत्त्व देते हैं, भ्रष्ट आचरण का दबाव और अधिक होता है। इस तरह हमारे यहाँ भ्रष्टाचार सिर्फ वैयक्तिक रूप से लोगों की ईमानदारी के ह्रास का परिणाम नहीं है बल्कि उस सामाजिक मूल्यहीनता का परिणाम है जहाँ पारम्परिक मूल्यों का लोप हो चुका है पर पारम्परिक वफादारियाँ अपनी जगह पर जमी हुई हैं। इसी का नतीजा है कि आधुनिकता की दुहाई देनेवाले लोग बेटे-पोते को आगे बढ़ाने में किसी भी मर्यादा का उल्लंघन करने से बाज नहीं आते। चूँकि हमारे समाज में विस्तृत परिवार के प्रति वफादारी के मूल्य को सार्वजनिक रूप से सर्वोपरि माना जाता रहा है कुनबापरस्ती या खानदानशाही के खिलाफ सामाजिक स्तर पर कोई खास विरोध नहीं बन पाता। आम लोग इसे स्वाभाविक मानकर नजरअन्दाज कर देते हैं। ऐसी स्थिति में इनका विरोध प्रतिष्ठानों के नियम-कानून के आधार पर ही सम्भव हो पाता है।

ऊपर की बातों पर विचार करने से लगता है कि जब तक सम्पत्ति और सत्ता का ऐसा केन्द्रीयकरण रहेगा जहाँ थोड़े से लोग अपने फैसले से किसी को अमीर और किसी को गरीब बना सकें और समाज में घोर गैर-बराबरी बनी रहेगी तब तक भ्रष्टाचार के दबाव से समाज मुक्त नहीं हो सकता। यही कारण है कि दिग्गज स्वतंत्रता सेनानी और आदर्शवादी लोग सत्ता में जाते ही नैतिक फिसलन के शिकार बन जाते हैं। एक ऐसे समाज में ही जहाँ जीवन का प्रधान लक्ष्य सम्पत्ति और इसके प्रतीकों का अम्बार लगाकर कुछ लोगों को विशिष्टता प्रदान करने की

जगह लोगों की बुनियादी और वास्तविक जरूरतों की पूर्ति करना है भ्रष्ट आचरण नीरस बन सकता है।

भ्रष्टाचार का उन्मूलन एक समता मूलक समाज बनाने के आन्दोलन के क्रम में ही हो सकता है जहाँ समाज के ढाँचे को बदलने के राष्ट्रव्यापी आन्दोलन के सन्दर्भ में स्थानीय तौर से भ्रष्टाचार के संस्थागत बिन्दुओं पर भी हमला को सके। बिहार में चलनेवाले 1974 के छात्र आन्दोलन की कुछ घटनाएँ इसका उदाहरण हैं, जिसमें एक अमूर्त, लेकिन महान लक्ष्य 'सम्पूर्ण क्रान्ति' के सन्दर्भ में नौजवानों में एक ऐसी ऊर्जा पैदा हुई कि बिहार के किशोरावस्था के छात्रों ने प्रखंडों में और जिलाधीशों के बहुत सारे कार्यालयों में घूसखोरी आदि पर रोक लगा दी थी, लेकिन न तो सम्पूर्ण क्रान्ति का लक्ष्य स्पष्ट था और न उसके पीछे कोई अनुशासित संगठन ही था। इसलिए जनता पार्टी को सत्ता की राजनीति के दौर में वह सारी ऊर्जा प्राप्त हो गई।

अन्ततः हर बड़ी क्रान्ति कुछ बुनियादी मूल्यों के इर्दगिर्द होती है। इन्हीं मूल्यों से प्रेरित हो लोग समाज को बदलने की पहल करते हैं। हमारे देश में, जहाँ परम्परागत मूल्यों का ह्रास हो चुका है और आधुनिक औद्योगिक समाज की सम्भावना विवादास्पद है, भ्रष्टाचार पर रोक लगाना तभी सम्भव है जब देश को एक नई दिशा में विकसित करने का कोई व्यापक आन्दोलन चले। इसके बिना भ्रष्टाचार को रोकने के प्रयास विफलताओं और हताशा का चक्र बनाते रहेंगे।

12

समाज के सम्भ्रान्त लोगों में जिनके घरों में आँसुओं से गुँथी रोटियाँ खाने की मजबूरी नहीं होती, राजनीतिक भ्रष्टाचार की चर्चाएँ अति आवश्यक चटखारा होती हैं जिससे मध्यवर्गीय जीवन की एकरसता मिटाई जाती है। इस वर्ग के 'फील गुड' के लिए स्कैंडल उतना ही अपरिहार्य है जितना इसकी कारों के लिए चिकनी-चमचमाती सड़कें। वर्तमान व्यवस्था इन दोनों की आपूर्ति में जुटी है। चाहे जूदेव या तहलका का मामला हो चाहे प्रतिभूति घोटाला, इन घोटालों की आपूर्ति मीडिया में विज्ञापित दूसरी उपलब्धियों से अधिक भरोसेमन्द होती है। अमेरिका में गोरों के बढ़ते वर्चस्व के सन्दर्भ में कभी एक कहावत प्रचलित थी 'सिविलाइजेशन एंड सिफिलाइजेशन मूव टुगेदर'। इसका संकेत इस तथ्य की ओर था कि गोरों के आधिपत्य के साथ ही मूल निवासियों में सिफलिस की बीमारी भी, जिसे गोरों ने संक्रमित किया था, तेजी से फैलती गई थी।

कुछ ऐसा ही सम्बन्ध हमारे वर्तमान विकास और भ्रष्टाचार का भी है। भ्रष्टाचार से—जिसका पैमाना प्रकट से कहीं अधिक अप्रकट है—बड़ी संख्या में ऐसे लोगों को मोटर गाड़ियाँ उपलब्ध होने लगी हैं जिनकी अपनी ईमानदार कमाई से वे कभी कल्पना भी नहीं कर सकते थे। इस तरह टीवी चैनलों पर परोसे गए सपनों को हकीकत में जल्दी बदल देना सम्भव होता है। तात्कालिक रूप से इन वस्तुओं का उत्पादन करनेवाले उद्योगों को कुछ धंधा भी मिल जाता है। जिन्हें इन सबका खमियाजा भुगतना होता है उनके सम्बन्ध में तभी कोई बात मीडिया में आती है जब कुछ लोग भूख से मर जाते हैं (अपर्याप्त भोजन और कुपोषण से असमय तिल-तिलकर मरनेवाले असंख्य लोगों की बात तो कभी चर्चा में आती ही नहीं) या जीवन के असह्य हो जाने से लोग आत्महत्या कर लेते हैं। यह सब फील गुड फैक्टर का अनिवार्य दूसरा पहलू है जिसके सम्बन्ध में कुछ कहना मजा किरकिरा करना होता है।

यह अचरज में डालनेवाली बात है कि आम चुनाव के समय भी जिससे एक अरब भारतीयों के भविष्य का सीधा सम्बन्ध है, उन अनगिनत लोगों की कहानी अनकही ही रह जाती है जिन्हें सम्भ्रान्त समाज की सारी मौज-मस्ती का बोझ उठाना होता है। वर्तमान दलों में इनके पैरोकार नहीं हैं। समाज के हाशिए पर पड़े बहुसंख्यक लोगों के जीवन के हादसे राजनीति का मुद्दा क्यों नहीं बन पाते इसे गम्भीर विवेचन का विषय बनना चाहिए। वैसे तो हमारी अपनी स्थिति और इतिहास के अलावा

इसके अनेक कारण ढूँढ़े जा सकते हैं, लेकिन इसका एक वैश्विक आयाम भी है जो व्यवस्था की अमानवीयता और व्यापक भ्रष्टाचार का सबसे बुनियादी कारण है। यह है राजनीति का नीतियों से कट जाना।

इस नीतिहीनता के साथ अनैतिकता का स्वाभाविक सम्बन्ध बनता है। देश के प्रबुद्ध जनों का एक खासा हिस्सा पिछले दिनों हमें इस बात से कायल करने की कोशिश करता रहा है कि विचारधारा बेकार की बकवास है। हमें राजनीति को 'मोरेलिटी प्ले' यानी नीति निर्देशक खेल नहीं बनाना चाहिए। हमें 'प्रैगमेटिक' होना चाहिए—यानी स्थिति के अनुसार अपनी सुविधा सोचकर व्यवहार करना सीखना चाहिए। इस नसीहत की नींव को हमारी यह प्रचलित मान्यता भी मजबूत करती है कि पहले घर दीया जलाओ तब मस्जिद में—यानी संसार की चिन्ता करने की बजाय पहले अपना घर भरो। कुल मिलाकर यह बात गौण हो जाती है कि व्यक्ति का समाज के प्रति भी कोई दायित्व बनता है। इस दृष्टि से स्वार्थ के लिए कुछ भी करना जायज है।

राजनीति के लिए इसका निहितार्थ सीधा है। राजनीति शुद्ध रूप से वैयक्तिक सत्ता और सुविधा का खेल है। अगर समाज में ऐसी दृष्टि व्याप्त हो तो किसी भी व्यक्ति या दल पर नियंत्रण कैसे लगे? विचार गौण हैं, व्यक्तियों को पताका बनाकर ही सारा अभियान चलाया जा रहा है। अटल बिहारी वाजपेयी की अपील इसलिए है कि वे अच्छे सर्कस मास्टर हैं, जो वैयक्तिक महत्त्वाकांक्षा से परिचालित बाइस दलों के नेताओं को रिंग में इकट्ठा रख सकते हैं। अगर एकाध रिंग से बाहर निकलता है तो रिंग पर हसरत भरी निगाह लगाए खड़े किसी दूसरे को अन्दर लाकर वे सर्कस को जारी रखते हैं। सबसे बड़ी उपलब्धि यह गिनाई जाती है कि वे बिना टूट लगातार पाँच वर्ष सत्ता सुख भोगते रहे। निस्सन्देह ऐसी कवायदों के लिए उनमें पर्याप्त जज्बाती लचीलापन है। एक दिन वे गुजरात की वारदातों के लिए संसार के सामने अपनी शर्मिन्दगी का इजहार करते हैं और दूसरे ही दिन इन वारदातों के जनक नरेन्द्र मोदी की पीठ थपथपाते हैं।

इसके बरअक्स सोनिया गांधी और उनके बेटा-बेटी हैं। वे अच्छे इंसान हो सकते हैं। देश को उन्हें देखना-समझना है, लेकिन देश के लिए इन्होंने क्या किया है जिसके लिए उन्हें देश का नेता मानने को कहा जा रहा है? किसी को सिर्फ किसी पूर्व प्रधानमंत्री की पत्नी या पुत्र-पुत्री होने भर से देश के नेता के रूप में खड़ा करने में कांग्रेस के अनुभवी नेताओं को कोई शर्मिन्दगी महसूस नहीं होती। बात सीधी है, यह सब मात्र एक खेल बन गया है। अगर आप यथेष्ट साधन जुटा सकते हों और प्रचार की क्षमता रखते हों तो किसी को भी अपनी सत्ता की मुहिम में पताका बनाकर कामयाब हो सकते हैं। चुनावों में जीत हो या न हो क्या यह छोटी कामयाबी है कि किसी अपरिचित अनजान व्यक्ति को, जिसने देश के लिए कभी कुछ किया नहीं हो, देश के भावी कर्णधार के रूप में खड़ा कर दिया जाए और उसके लिए पर्याप्त समर्थन जुटा लिया जाए। यह प्रचारतंत्र की विजय और लोकतंत्र की शर्मनाक हार है।

इस प्रकार के घटाघोप में शब्द अपना अर्थ खोते जा रहे हैं। मुलायम सिंह यादव—जिन्हें कभी प्रधानमंत्री के पद के दावेदार के रूप में पेश किया जा रहा था और आज भी कम-से-कम उत्तर प्रदेश में अपनी हैसियत बनाए हुए हैं—कौन-सा आदर्श पेश करते हैं? वे जिस पार्टी के नेता हैं उसे समाजवादी पार्टी कहा जाता है, लेकिन इसके पीछे अमर सिंह, अम्बानी और देश के कई दूसरे व्यापारिक घरानों की छत्रछाया है। इसके अलावा संगठन से अनेक सामन्ती और आपराधिक छवि वाले लोगों के नाम जुड़े हैं। अगर यह पार्टी सत्ता में आती है तो कैसा समाजवाद लाएगी?

कम्युनिस्ट पार्टियाँ दिल्ली की सत्ता की दौड़ में नहीं हैं, लेकिन पीछे से इन्हीं जैसों को सहारा देने में लगी हैं, लेकिन स्वयं इनका भी नाम को छोड़ साम्यवाद से कितना रिश्ता रह गया है? केरल में बीच-बीच में लगभग आधी शताब्दी से और पश्चिम बंगाल में लगातार दो दशक से माकपा वामपंथी सहयोगियों के साथ सत्ता में बनी रही है, लेकिन समाज में समता की कोई छाप नहीं दिखाई देती जिससे इन राज्यों को दूसरों से अलग किया जा सके। और न विकास की कोई ऐसी दिशा दिखाई देती है जो वर्तमान भूमंडलीकृत व्यवस्था और बहुराष्ट्रीय कम्पनियों के शिकंजे को कमजोर करती दिखाई दे। पश्चिम बंगाल में इसकी जो सबसे बड़ी उपलब्धि है वह है शासनतंत्र पर ऐसा सांगठनिक शिकंजा जो इसका विरोध करनेवालों में आतंक पैदा करता है। हजारों वर्ष से चली आ रही विषमता की व्यवस्था को दस-बीस वर्ष में समाप्त कर देना सम्भव नहीं है, लेकिन समाजवाद या साम्यवाद जैसे नाम से एक आकर्षण जुड़ा था जो अनेक पीढ़ियों को समाज बदलने और इस बदलाव के लिए दिशा तलाशने की प्रेरणा देता था। अब ये शब्द घिसे सिक्के बन गए हैं जिससे मन में कोई छवि नहीं बनती। इन शब्दों की पवित्रता पूरी तरह नष्ट हो गई है।

जब आजादी के आन्दोलन में कभी अगुआ रही कांग्रेस और संसार को बदलने का सपना देनेवाले सोशलिस्ट और कम्युनिस्ट आदर्शों से भटक गए हैं तो राज्यों के छत्रपों से, जिनका वर्चस्व बिहार, ओडीसा, हरियाणा, आंध्र और तमिलनाडु में कायम है, किन आदर्शों की आशा की जा सकती है। इनके सामने तो सत्ता हासिल करने को छोड़ कभी कोई दूसरा आदर्श रहा ही नहीं। ये अपनी सुविधा के मुताबिक केन्द्रीय सत्ता से जोड़-तोड़ करना भर जानते हैं।

आदर्शों के विघटन का सारा फायदा केन्द्र में स्थापित फासीवाद शक्तियों को मिल रहा है। समाज के जितने ऊँचे आदर्श रहे हैं सत्ता में आने के बाद से ही भाजपा द्वारा उन्हें नष्ट करने की कोशिश की जा रही है। वैज्ञानिक शिक्षा के साथ तंत्र-मंत्र और अंधविश्वास का घालमेल कर वस्तुपरक सोच की क्षमता को नष्ट करने का प्रयास किया गया। इसने भारतीय राष्ट्रीयता और इसकी साझा विरासत को, इतिहास को तोड़-मरोड़कर नष्ट करने का प्रयास किया। संविधान समीक्षा के नाम पर संविधान के लोकतांत्रिक चरित्र को नष्ट करने की कोशिश की गई। चुनाव आयोग

की निष्पक्षता के खिलाफ मुहिम चलाई गई। अब चुनाव प्रचार के दौर में राज्य और पार्टी के फर्क को मिटाकर सरकारी संसाधनों का खुलकर दुरुपयोग किया जा रहा है।

चुनाव आयोग ने राजनीतिक दलों से अपील की थी कि वे चुनावों के मद्देनजर आचार संहिता का पालन करें। एक तरह से नया चुनाव कराने के लिए जब लोकसभा भंग की गई तो यह माना जाना चाहिए कि चुनाव प्रक्रिया शुरू हो गई, लेकिन कानूनी दृष्टि से चुनाव प्रक्रिया का चालू होना तभी माना जाता है जब चुनाव आयोग विधिवत चुनावों की तिथि तय कर इसे शुरू करता है। इस बात की आड़ लेकर बीच के समय में सभी सरकारी प्रचार माध्यमों और विभागीय विज्ञापनों का इस्तेमाल सरकार यानी सत्तारूढ़ दल की उपलब्धियों को बढ़ा-चढ़ाकर बतलाने का सिलसिला चलता रहा है। कोई दिन नहीं गया जब केन्द्रीय मंत्रियों की तसवीरों विशेषकर प्रधानमंत्री की फोटो के साथ पूरे-पूरे पृष्ठ के विज्ञापन न छपे हों। सबसे शर्मनाक बात तो यह है कि प्रधानमंत्री अटल बिहारी वाजपेयी ने यह तर्क देकर ऐसे विज्ञापनों के औचित्य का समर्थन किया कि सरकार की जवाबदेही बनती है कि वह जनता को बतलाए कि वह उसके लिए क्या कर रही है। यह एक दिलचस्प तर्क है। क्या लोगों को सरकारी नीतियों का आकलन अपने जीवन पर पड़ने वाले इनके प्रभाव की जगह सरकारी विज्ञापनों में क्या कहा जाता है इससे करना चाहिए!

अभी देश में राजनीतिक दलों की जो स्थिति है उसमें यह आशा तो नहीं की जा सकती कि आगामी चुनाव के बाद देश की हालत में कोई बुनियादी परिवर्तन होगा। मुख्य कारण यह है कि सत्ता के दावेदार सभी दलों की आर्थिक नीतियाँ समान हैं। ऐसे परिवर्तन के लिए तो देश के गरीब लोगों के जीवन को सुधारने के लिए प्रतिबद्ध कार्यकर्ताओं द्वारा नए तरह के दल के संगठन की चिरकालिक प्रक्रिया चलानी होगी, लेकिन ऐसा तभी सम्भव होगा जब लोकतांत्रिक व्यवस्था का मूलाधार सुरक्षित रहे। फिलहाल भाजपा और इसके सहयोगी दल इसी पर आघात कर रहे हैं। मध्यप्रदेश में सत्ता में आते-आते उमा भारती की सरकार ने साहित्यकारों का जैसा दमन शुरू किया है उससे साफ है कि इनके शासन में अभिव्यक्ति की आजादी सुरक्षित नहीं रहेगी।

सत्ता के बाहर से भी हिन्दुत्ववादियों के उत्पाती दस्ते विचार स्वातंत्र्य को अपना निशाना बनाते रहे हैं। हाल में महाराष्ट्र में भंडारकर पुस्तकालय में जो तोड़फोड़ हुई वह इस बात का संकेत है कि उनकी असहिष्णुता सभ्य व्यवहार की कोई सीमा कबूल नहीं करती। इससे देश के आम लोगों के सामने एक मुद्दा तो तत्काल उभरकर आ ही जाता है। उन्हें जागरूक रहना है कि देश की सर्वोच्च सत्ता ऐसे लोगों के हाथों में फिर नहीं आने पाए जो लोकतंत्र की जड़ को ही मिटाने पर आमादा हैं। अन्ततः अभिव्यक्ति की आजादी का सीधा सम्बन्ध रोटी के लिए संघर्ष से बनता है। आज गरीबों की रोटी और अभिव्यक्ति की आजादी दोनों ही दाँव पर हैं।

13

आज सारा देश विस्थापन की व्याधि और इसके खिलाफ उठे प्रतिरोध के तूफान से ग्रस्त लगता है। वैसे बड़े बाँधों के निर्माण और विविध खनिजों के लिए होनेवाले खनन के क्रम में विस्थापन की प्रक्रिया दशकों से चलती रही है। बाहर के लोगों की आँखों से ओझल दीमकों की तरह विस्थापन अनवरत अपना पैर पसारता रहा है, लेकिन टिहरी और सरदार सरोवर बाँध या फिर बाल्को के गंधमार्दन में बॉक्साइट के खनन को लेकर जब विस्थापित होनेवालों का प्रतिरोध तेज हुआ तो लोगों को लगा कि यह एक आधारभूत सामाजिक और आर्थिक समस्या है, जिससे निजात पाने की जरूरत है।

जब तक प्रभावित लोग दूर-दराज के जंगलों और पहाड़ों में फैले आदिवासी और वनवासी थे, मामला फौरी तौर पर जन-आन्दोलनों से जुड़े कुछ छोटे समूहों के प्रदर्शनों, फाइलों और न्यायपालिका की कानूनी बहसों में ही सीमित रहा, लेकिन पिछले दिनों जब से तेज और अत्याधुनिक औद्योगिक विकास का जुनून देश के सत्तासीन वर्गों पर सवार हुआ, विस्थापन ने रफ्तार पकड़ना शुरू किया है और यह भद्र लोगों की रिहाइश के आस-पास महानगर की पार्श्वभूमि में और सदियों से उत्तम खेती कर रहे किसानों की उपजाऊ भूमि से उन्हें विस्थापित करने के प्रयास के रूप में सामने आने लगा है।

इधर आदिवासी क्षेत्रों में खनिजों के लिए अचानक दुनिया के बड़े इस्पात और अल्यूमिनियम बनानेवाली कम्पनियों—पास्को, टाटा समूह, मित्तल इस्पात समूह ने ओड़ीशा और झारखंड के आदिवासियों के गाँवों पर अपनी नजर डाली और पाँव पसारना शुरू किया। इसके खिलाफ तेज प्रतिरोध हुआ और कलिंग नगर में तो प्रतिरोध को दबाने के लिए घोर दमन का सहारा लिया गया, जिसमें तेरह लोगों की जान गई। पूरे इलाके में आज भी किसी-न-किसी रूप में प्रतिरोध जारी है। अब 'सेज' (विशेष आर्थिक क्षेत्रों) के विकास के लिए जगह-जगह किसानों की उपजाऊ जमीन से उन्हें विस्थापित करने की बड़ी योजनाएँ लागू की जाने लगी हैं।

अब जब से सेज के लिए पश्चिम बंगाल के नन्दीग्राम और कोलकाता के पड़ोस में सिंगुर, जहाँ टाटा की मोटरगाड़ी के कारखाने के लिए भूमि अधिगृहीत

की गई है और उत्तर प्रदेश में दिल्ली के पास दादरी, जहाँ रिलायंस इंडस्ट्रीज के पॉवर प्रोजेक्ट के लिए किसानों का विस्थापन हो रहा है—तो महानगरों और देश के केन्द्रीय भाग में रहनेवाले अभिजनों की शान्त जिन्दगी भी इन कोलाहलों की जद में आ गई है। पश्चिम बंगाल और केन्द्र में सत्ता की सहायक भारतीय कम्युनिस्ट पार्टी और पूर्व प्रधानमंत्री विश्वनाथ प्रताप सिंह समेत अनेक नेता अधिग्रहण विरोधी मुहिम में शिरकत करने लगे हैं। सवाल है कि क्या इन लोगों को इस समस्या की बुनियाद का कोई एहसास है, जिससे किसी विकल्प की तलाश हो? या वक्ती तौर पर लोकप्रियता और कुछ तात्कालिक लाभ देकर ये लोग फिर अपने कोटरों में सो जाएँगे?

हकीकत यह है कि आज के औद्योगीकरण के पीछे की शक्तियों और इसकी सीमाओं को पहचानने का कोई गम्भीर प्रयास नहीं हुआ है और इससे लोगों में यह वहम बना हुआ है कि ऐसे औद्योगीकरण से देश में तेज आर्थिक विकास होगा। कुछ अर्थशास्त्री और मीडिया के लोग तो यह सब्जबाग दिखाने में भी लगे हैं कि भारत और चीन इस सदी के मध्य तक संसार की सबसे बड़ी आर्थिक शक्तियों के रूप में उभरने जा रहे हैं। दुनिया के प्रबल आर्थिक समूह, जिनका दूरगामी हित ऐसी विकास प्रक्रिया से सधता है, ऐसी खामख्याली को यथासम्भव हवा दे रहे हैं। ये 'फोर्ब्स' जैसी पत्रिका में भारत के अरबपतियों की बढ़ती संख्या को इसके सबूत के रूप में पेश भी कर देते हैं। जाहिर है कि गाँवों में कंगालों की बढ़ती संख्या और रोज आत्महत्या करते किसान ऐसे आशावादी प्रेक्षकों की निगाह में नहीं आते। दरअसल, ऐसे विचारों का प्रसार भी अमेरिकी और अब यूरोप और भारत और चीन के औद्योगिक और व्यावसायिक कारपोरेशनों द्वारा कराया जा रहा है।

बहुत सारे क्षेत्र इसे औद्योगीकरण की दूसरी लहर की तरह देखते हैं, जिससे भारत जैसे देश भी उसी तरह तेज आर्थिक विकास करेंगे जैसाकि अठारहवीं और उन्नीसवीं सदी की औद्योगिक क्रान्ति से ब्रिटेन और बाद में यूरोप और अमेरिका जैसे देशों ने किया। वे इस विचार के समर्थन में यह तथ्य भी पेश कर देते हैं कि ब्रिटेन और पश्चिमी यूरोप में भी बड़ी संख्या में ग्रामीण क्षेत्रों से आबादियों का स्थानांतरण इस क्रम में हुआ था। वे इस बात की अनदेखी करते हैं कि तब के उद्योगों का चरित्र अब विकसित होनेवाले उद्योगों से बिलकुल भिन्न था। उदाहरण के लिए, अठारहवीं और उन्नीसवीं शताब्दी में स्थापित हो रहे उद्योगों में बड़े पैमाने पर भाप इंजनों के इस्तेमाल होने के बावजूद मानव श्रम की माँग भी अत्यधिक थी।

इसी का नतीजा था कि अनेक तरह की जोर-जबरदस्ती और कानूनी प्रावधानों से श्रमिकों को उद्योगों में काम करने को मजबूर किया जाता था। इसके बावजूद श्रमिकों की आपूर्ति नहीं हो पाती थी और उद्योगों में बालकों, किशोरों और औरतों को सोलह और अठारह घंटे तक काम करना होता था। नतीजतन, काम के घंटों

को कम करने और बाल मजदूरी को नियंत्रित करने के अनेक आन्दोलन चले और कानून बने। आज का परिदृश्य बिलकुल अलग है। पिछले सौ वर्षों में स्वचालन की प्रक्रिया के विकास से बहुत सारे वैसे काम मशीनों के सुपुर्द कर दिए गए हैं, जिनमें श्रमिक को एक ही प्रक्रिया को बार-बार दोहराना पड़ता था। कम्प्यूटरीकरण से अब बहुत सारे निगरानी के काम भी मशीनों से या बहुत छोटी संख्या में अति दक्ष लोगों द्वारा होने लगे हैं, जो पहले श्रमिकों को करने पड़ते थे।

फलस्वरूप, पहले जहाँ पारम्परिक उद्यमों में हजारों लोग काम में लगाए जाते थे, वहीं अब अरबों रुपए की पूँजी लगाकर खड़े किए गए उद्यमों में भी कुछ सौ लोगों की ही जरूरत होती है। इस तरह, पहले विस्थापितों के अनुपात में नए रोजगारों की संख्या कहीं अधिक होती थी, अब विस्थापन के अनुपात में नए रोजगारों का सृजन नगण्य होता है। गाँवों और कस्बों से लेकर महानगरों तक में काम की तलाश में भटकनेवाले लोगों का हुजूम इसी का नतीजा है। कुछ वैसे मौकों को छोड़कर, जब किसी अल्पकालिक कारण से व्यापार में उफान आता है, स्वयं विकसित औद्योगिक देशों में भी स्थायी रूप से बेरोजगारी फैली रहती है और काम करने के योग्य लोगों की खासी तादाद को बेरोजगारी भत्ते पर रखना पड़ता है।

यह स्थिति तब है, जब इन देशों की राष्ट्रीय आय का बड़ा भाग सेवा क्षेत्रों से आता है, जिसमें वास्तविक उत्पादन की जगह लोग व्यापार, बीमा आदि क्षेत्रों में आपसी लेन-देन में लगे रहते हैं। भारत जैसे विकासशील देशों में भी कुल राष्ट्रीय आय का सबसे बड़ा भाग इन्हीं सेवा क्षेत्रों से आता है, जिनमें भारी संख्या में लोग खुदरा व्यापार में लगे हैं और इन्हें भी हड़पने के लिए कारपोरेट दुनिया की निगाह इन पर लगी हुई है। दरअसल, खुदरा व्यापार में लगे लोगों की संख्या की बढ़ोतरी छिपी हुई बेरोजगारी की ही द्योतक है। जब किसी नौजवान को किसी संगठित क्षेत्र में कोई काम नहीं मिलता तो वह स्वयं की या उधार पूँजी से कुछ सामान खरीदकर उसे बेचने के लिए बैठ जाता है। इस तरह आधुनिक व्यवस्था स्थायी रूप से विशाल संख्या में बेरोजगारी को छिपाए बैठी है। यह इस व्यवस्था की ढाँचागत नियति बन गई है। यहाँ इस व्यवस्था का दूसरा अन्तर्विरोध उभरकर सामने आता है। जहाँ एक तरफ व्यवस्था की आदमियों को काम देने की क्षमता घट रही है, वहीं बढ़ते उपभोग और इसके लिए उत्पादन की खातिर कच्चे माल और ईंधन की माँग दिन दूनी रात चौगुनी बढ़ती जा रही है।

इसलिए तेल, गैस, कल-कारखाने, वाहन और युद्ध आयुधों के निर्माण के लिए धातुओं के खनिजों की तलाश में औद्योगिक देशों और कुछ मात्रा में विकासशील देशों के उदीयमान कारपोरेशनों के लिए भी अब बचे हुए अछूते प्रदेशों और भूखंडों में पैर पसारना जरूरी हो गया है। इसी से इनके निशाने पर अब तक अछूते कृषि खेत्र और आदिवासी बहुल पर्वतीय और वन प्रान्त हैं। ऊर्जा के लिए नदियों की धारा

को घेरकर विशाल बाँध बनाने की योजनाएँ अस्तित्व में आती हैं और इनके किनारे हजारों वर्षों से अपनी विशिष्ट जीवनशैलियों को लेकर चलनेवाली जनजातियों के परिवेश को नष्ट कर उन्हें विस्थापित करने का दबाव बनता जाता है।

दुनिया की सबसे बड़ी और आक्रामक औद्योगिक व्यवस्था ने तो संसार के संसाधनों पर नियंत्रण फैलाने का एक विशाल तंत्र बना रखा है। यह काम तीन स्तरों पर होता है। पहला स्तर अर्थशास्त्रियों और विशेषज्ञों के दलों का होता है जो विश्व बैंक या दूसरे बड़े कारपोरेशनों की लुभावनी योजनाओं से पिछड़ी अर्थव्यवस्था के शासकों और प्रशासकों को अपने जाल में फाँसते हैं और धीरे-धीरे ऐसी योजनाएँ लागू करते हैं, जिनसे इन देशों की अर्थव्यवस्थाएँ स्थायी रूप से इनके ताने-बाने में फँस जाती हैं। इससे कुछ लोग तो मालामाल हो जाते हैं और दुनिया के अमीरों की श्रेणी में पहुँच जाते हैं और बाकी लोग जीवन का आधार खोकर नगरों-महानगरों में आजीविका की तलाश करते फिरते हैं। जहाँ विशेषज्ञों की माया इच्छित लोगों को लुभाने में फेल हो जाते हैं, वहाँ षड्यंत्र, हत्या और हमला इनके उद्देश्य को पूरा करते हैं—जैसा इराक में हुआ।

उपर्युक्त प्रक्रिया का रामांचिक वर्णन जॉन पर्किंस ने अपनी अतिचर्चित पुस्तक 'कन्फेसंस ऑफ ऐन इकोनॉमिक हिटमैन' में की है। वह स्वयं एक 'इकोनॉमिक हिटमैन' था, जिन्हें 'ईएचएम' कहा जाता था, अपने काम से होनेवाले अनर्थ से पश्चात्ताप के कारण आपबीती से लोगों को अवगत कराना चाहता था। उसने आत्मस्वीकृति के रूप में यह पुस्तक लिखी। उसे जो पहला पाठ पढ़ाया गया, वह यह था '... मेरा काम दुनिया के नेताओं को इसके लिए प्रोत्साहित करना है कि वे अमेरिका के व्यापारिक हितों को बतानेवाले विश्वव्यापी ताने-बाने का हिस्सा बन जाएँ। अन्त में ये नेता कर्जों के ऐसे जाल में फँस जाते हैं कि उनहें हमारा वफादार बने रहना पड़ता है। हम जब चाहें तब अपने राजनीतिक, आर्थिक और फौजी हित में इनकी सहायता ले सकते हैं। बदले में वे अपनी राजनीतिक स्थिति मजबूत करने के लिए इंडस्ट्रियल पार्क, पॉवर प्लांट, एयरपोर्ट आदि अपने लोगों को देते हैं। अमेरिका के इंजीनियरिंग और निर्माण उद्योग में लगे लोग इससे अत्यधिक धनाढ्य हो जाते हैं।'

इक्वाडोर में काफी कुछ उस जैसे लोगों के प्रभाव से जो नतीजे सामने आए, उसका एक नमूना वह इन शब्दों में पेश करता है। यह विवरण एक आदिवासी बहुल क्षेत्र में आमेजन की एक सहायक नदी पर बने एक बाँध का है : 'एक विकराल दैत्य, नदी से उठा हुआ एक दैत्याकार धूसर दीवार। इससे लटकता हुआ कंक्रीट वहाँ के वातावरण से बिलकुल विपरीत था...वह बदसूरत बेमेल दीवार एक बाँध है जो पास्ताजा नदी की धारा को रोककर इसके जल की ऊर्जा को एक सुरंग के जरिये, जिसे पहाड़ में खोदा गया है, बिजली में परिवर्तित करता

है। यह 156 मेगावाट क्षमता की ऐगोयान हाइड्रोइलेक्ट्रिक परियोजना है। यह उन उद्योगों का पोषण करती है, जिनसे इक्वाडोर के मुट्ठी-भर परिवार धनाढ्य बन जाते हैं और जो नदी तट के किसानों और मूल निवासियों के लिए अपार दु:खों का कारण बनी है।'

नदी और स्थान का नाम बदल देने भर से यह कहानी नर्मदा और टिहरी की परियोजनाओं की भी हो सकती है। दरअसल, आज संसार भर में व्यावसायिक घरानों की, जो प्राय: अमेरिकी कारपोरेशनों के नक्शेकदम पर चलते हैं, लिप्सा के चलते संसाधनों के दोहन की यही कहानी दिखाई देती है। इसी का नतीजा है विस्थापन, भारी संख्या में होनेवाली आत्महत्याएँ और पर्यावरण का ऐसा क्षय, जिसे दुरुस्त नहीं किया जा सकता। निजी और सामाजिक जीवन की सुरक्षा के लिए आज विकास की नई अवधारणा की जरूरत है। विस्थापन के खिलाफ जहाँ-तहाँ उठ रही आवाज ऐसे सोच की माँग करती है।

जनसत्ता, 2 फरवरी, 2007

वैकल्पिक विचार के स्त्रोत

1

पीटर क्रोपोटकिन

सन् 1902 में प्रकाशित पीटर क्रोपोटकिन की पुस्तक 'म्यूचुअल एड' (परस्पर सहयोग) की लगभग एक सदी बाद समीक्षा चौंका सकती है। आखिर इस एक सदी में लोगों की जीवन-शैली और विचार लगभग पूरी तरह बदल चुके हैं। पुराने राजनैतिक साम्राज्य धराशायी हो चुके हैं, नए औद्योगिक और वित्तीय साम्राज्य का जाल समूची दुनिया में फैल चुका है और हर आदमी के जीवन में उसकी दखल हो गई है। समाजवाद और साम्यवाद, खुद क्रोपोटकिन के भी, अलग तरह के आदर्शों की मृत्यु की घोषणा हो चुकी है। अपने को समाजवादी कहनेवाले रूस और चीन जैसे विशाल देश भी समाजवादी आदर्शों को त्यागकर पूँजीवादी विजय के आगे घुटने टेक चुके हैं। और पूँजीवाद अब अपने झंडे पर ग्लोबीकरण का नारा बुलन्द कर रहा है। दिलचस्प यह है कि इस दौर में पूँजीवादी अन्तरराष्ट्रीयतावादी बन गए हैं जबकि मजदूर रोजगार असुरक्षा के भय से संकीर्ण दायरों में सिमटते जा रहे हैं।

पहली दफा मुक्त पूँजीवादी होड़ का सपना विश्व बैंक, अन्तरराष्ट्रीय मुद्रा कोष और विश्व व्यापार संगठन की तिकड़ी के सुरक्षात्मक साए में अपनी अहमियत स्थापित कर चुका है और इसकी पीठ पर खड़ी है अमेरिका की महाबली सैन्य मशीन, जो सर्व अमेरिकावाद यानी अमेरिकी प्रभुत्व वाली बहुराष्ट्रीय कम्पनियों की ताकत को चुनौती देने की हिमाकत करनेवाले किसी भी देश या आन्दोलन को कुचल डालने को तैयार है और निर्णायक एकाधिकारवादी सत्ता बन गई है। लेकिन यह नई व्यवस्था की तो अभी शुरुआत भर है क्योंकि इसका आधार ऐसी सामाजिक व्यवस्था की अवधारणा है जिसमें हर व्यक्ति अपनी स्वार्थ पूर्ति के लिए बाकी दूसरे मनुष्यों से अनवरत युद्धरत है। इस व्यवस्था की मूल प्रेरक शक्ति बेलगाम लालच और मुनाफा है। यह माना जाता है कि इस निर्मम संघर्ष में सक्षम ही बचा रहेगा और बाकी सभी काल के गाल में समा जाएँगे।

अब, लगता है, यह उद्देश्य काफी हद तक साकार कर लिया गया है क्योंकि कुछ मुट्ठी-भर लोग और देश उस हद तक सम्पदा बटोर चुके हैं जिसकी सौ साल पहले कल्पना की जा सकती है और एक विशाल बहुसंख्या ऐसी गरीबी और अपेक्षाकृत जहालत की ओर ढकेल दी गई है जिसकी अतीत में कल्पना भी नहीं की जा सकती। किसी भी समझदार व्यक्ति के लिए ऐसी स्थिति अस्वीकार्य लगती है। (1996 के मानव विकास रिपोर्ट के मुताबिक, पिछले 30 साल में दुनिया के 20 प्रतिशत सबसे गरीब लोगों की विश्व आमदनी में हिस्सा 2.3 प्रतिशत से घटकर 1.4 प्रतिशत पर पहुँच गया है जबकि 10 प्रतिशत सबसे सम्पन्न लोगों का हिस्सा 70 प्रतिशत से 85 प्रतिशत तक बढ़ गया। सबसे गरीब और सबसे धनी लोगों का अनुपात 30:1 से बढ़कर 60:1 का हो गया।)

तो, इसका विकल्प यहाँ-वहाँ छोटे-मोटे सुधारों से नहीं मिलेगा बल्कि मनुष्य की मौजूदा अवधारणा ही पूरी तरह बदलनी होगी। इस मौजूदा दृष्टि को ही बदलना होगा कि प्रकृति ने मनुष्य की नियति अपने पड़ोसी से झगड़ने, दुनिया में उपलब्ध संसाधनों को छीन लेने की तय की हुई है। एक खास व्यवस्था द्वारा पोषित यह मानव दृष्टि घातक है। इसीलिए आज क्रोपोटकिन सर्वाधिक प्रासंगिक हो उठते हैं क्योंकि उन्होंने किसी और से अधिक जोरदार ढंग से इस विचार का खंडन किया था और सिखाया था कि मनुष्य की मूल प्रवृत्ति दया और सहयोग की है। यह भी कि वह अपनी इसी और एकमात्र इसी प्रवृत्ति के कारण प्राकृतिक चयन की प्रक्रिया में बचा रह पाया है और कालक्रम में भव्य कलाकृतियों और जीवन-शैली की रचना कर पाया है।

इस किताब को लिखने के लिए क्रोपोटकिन को तात्कालिक प्रेरणा टी.एच. हक्सले के एक लेख 'द स्ट्रगल फॉर एविचरूटेंटा इन ह्यूमन सोसाइटी' (मानव समाज में अस्तित्व संघर्ष) से मिली थी। इस लेख में हक्सले ने डार्विन के प्राकृतिक चयन के सिद्धान्त की ऐसी व्याख्या की थी जो पूँजीवादी व्यवस्था की प्रभुत्वशाली धारा के माकूल थी। यह व्याख्या दुनिया में उपलब्ध संसाधनों के लिए मानव मात्र में उन्मुक्त होड़ के विचार पर आधारित थी, जिसमें ताकतवर कायम रहता है और कमजोर का अस्तित्व मिट जाता है। हालाँकि डार्विन ने अपने सिद्धान्त में सिर्फ यह इशारा किया था कि उन्हीं प्राणियों का अस्तित्व बचा रहा जो पर्यावरण के अनुकूल अपने को ढाल पाए, और इस प्रक्रिया में विभिन्न प्रजातियों के बीच संघर्ष और सहयोग दोनों तरह के कारकों का योगदान रहा है। हक्सले की व्याख्या डार्विन के सिद्धान्त का मिथ्या निरूपण थी और निस्सन्देह तत्कालीन ब्रिटिश उद्योगपतियों के स्वच्छन्द पूँजीवाद की अवधारणा से प्रेरित थी।

क्रोपोटकिन प्रतिष्ठित प्रकृतिवादी थे और रूस तथा साइबेरिया में प्रकृति के नियमों का बारीक अध्ययन कर चुके थे। इसके अलावा दूसरे जीवविज्ञानियों के अध्ययन

से भी उन्होंने काफी सामग्री जुटाई थी। अपने इसी अध्ययन के बूते क्रोपोटकिन को हक्सले के विचार प्रकृति के नियमों के विपरीत लगे। फिर, क्रोपोटकिन नृशास्त्र के भी अध्येता थे जिसमें हरेक का बाकी सभी से संघर्ष के होब्सियाई विचार के विपरीत लगभग बिना अपवाद के यह संकेत मिलता कि सामाजिक उत्थान के विभिन्न चरणों में स्थित मनुष्य का जीवन परस्पर सहयोग पर ही आधारित रहा है। उस समय के मान्य वर्गीकरण के ही अनुसार क्रोपोटकिन ने एक-एक कर असभ्य (सैवेज) समाजों यानी बुशमैन (दक्षिण अफ्रीका के दक्षिणी पश्चिमी रेगिस्तानी इलाकों में पाई जानेवाली घुमन्तू आदिवासी जाति), होटेंटोट (दक्षिण अफ्रीका के ही दक्षिण पश्चिम इलाके में बसनेवाली एक और घुमन्तू जाति जिसके नाक-नक्श और भाषा बुशमैन से मिलती-जुलती है), ऑस्ट्रेलिया के आदिवासी, पापुआन (पापुआ-न्यू गिनी के मूल वाशिन्दे), एस्कीमो वगैरह की सामाजिक प्रथाओं के जरिये से यह दिखाया कि उनके सामाजिक सम्बन्ध परस्पर सहयोग पर आधारित हैं और उनमें भाईचारे का गहरा भाव है। फिर, उन्होंने बर्बर कहे जानेवाले समाजों यानी बुरायेक्त, केबैल (उत्तरी-पूर्वी अल्जीरिया के पर्वतों पर रहनेवाले), काकेसियाई गिरीजनों वगैरह की चर्चा की। उन्होंने उनके ग्राम समुदाय, सामुदायिक कार्यों, न्यायिक प्रक्रिया की विस्तार से चर्चा की, इसके बाद उन्होंने यूरोप के मध्ययुगीन शहरों में परस्पर सहयोग की महती भूमिका की विस्तृत चर्चा की और यह दिखाया कि किले तथा गृह निर्माण के क्षेत्र में असाधारण उपलब्धियों, महान कलात्मक उपलब्धियों, शहर निर्माण की प्रक्रिया, व्यापार तथा नागर जीवन के विस्तार सभी में परस्पर सहयोग की भावना रची-बसी थी। अन्त में उन्होंने अपने समकालीन समाज में परस्पर सहयोग के विभिन्न परिणामों की चर्चा की जिसका एक स्वरूप तो मजदूर संघ बनाने की भावना में ही दिखता है। इस तरह क्रोपोटकिन को इसमें रत्ती भर सन्देह नहीं था कि मनुष्य को स्वतंत्र होकर काम करने दिया गया तो उसकी स्वाभाविक प्रवृत्ति सहयोग की भावना ही है।

इस पुस्तक के प्रकाशित होने के बाद की सदी में जीवविज्ञान के क्षेत्र में भारी प्रगति हुई है और सामाजिक संगठन में सम्पूर्ण परिवर्तन हो चुका है। इसलिए स्वाभाविक सवाल यह खड़ा होता है कि क्रोपोटकिन के विचार हमारे समय में कितने प्रासंगिक हैं? क्या जीवविज्ञान में भारी प्रगति के इस दौर में उनके ये विचार मौजूँ हैं कि परस्पर सहयोग की भावना जीव मात्र की मौलिक प्रवृत्ति है? क्या आदिम और मध्ययुगीन दुनिया की विभिन्न सामाजिक व्यवस्थाओं के अनुभव आधुनिक समय के सामाजिक संगठनों की समस्याओं के लिए आज भी प्रासंगिक हैं?

दिलचस्प तथ्य यह भी है कि टी.एच. हक्सले, जिनके लेख से क्रोपोटकिन यह पुस्तक लिखने को प्रेरित हुए थे, के भी मनुष्य के अस्तित्व के संघर्ष सम्बन्धी विचारों में काफी परिवर्तन आया। 1894 के अपने लेख 'विकासक्रम और नीतिशास्त्र'

में उन्होंने लिखा, "समाज में जिसे अस्तित्व का संघर्ष कहा जाता है (मैं खुद इस पद के हल्के तौर पर इस्तेमाल का दोषी हूँ), वह एक तरह की प्रतिस्पर्धा है जो अस्तित्व के लिए नहीं बल्कि आनन्द के लिए होती है..." और बाद में उनका सुझाव था, "उसे (बच्चे को) आत्मनियंत्रण और आत्मत्याग के सबक सीखने होंगे, लेकिन आत्मनियंत्रण और आत्मत्याग की साधना आनन्द नहीं देती, हालाँकि उससे आनन्द से भी बढ़कर कुछ हासिल होता है।"

बाद के अनेक जीवविज्ञानियों ने प्राणियों में सहयोग की भावना सम्बन्धी मूल प्रवृत्ति के होने की पुष्टि की जिसे वे परोपकारिता कहते हैं। एक प्रमुख जीवविज्ञानी डब्लू.सी. एली ने 'साइंस' पत्रिका में प्रकाशित 11 जून, 1943 के अपने लेख 'जहाँ फरिश्ते भी परहेज करते हैं' में लिखा, "सामाजिक जीवविज्ञान के अध्ययनों से जो तसवीर उभरती है, उसके अनुसार सहयोग और उसकी विपरीत भावना दोनों ही साथ-साथ होती हैं। प्रकृति में स्वार्थ और परोपकार दोनों प्रकार की भावनाएँ काम करती हैं और दोनों महत्त्वपूर्ण हैं। सवाल यह उठता है कि कौन-सी भावना अधिक मौलिक और ताकतवर है। ऐसे किसी भी आकलन में अल्पकालिक और दीर्घकालिक दोनों तरह के प्रभावों को ध्यान में रखना चाहिए। काफी अध्ययन और सोच-विचार के बाद हर्बर्ट स्पेंशर के उलट मेरा गम्भीर निष्कर्ष है कि सहयोग की भावना जीव-विज्ञान के सन्दर्भ में अधिक महत्त्वपूर्ण और ताकतवर है। सहयोग, परोपकार की प्रवृत्तियों और असहयोग में नाजुक सन्तुलन है। कई बार सहयोग की प्रवृत्ति हार जाती है, लेकिन लम्बे समय में परोपकार की भावना से प्रेरित ताकतें ही कुछ मजबूत दिखती हैं।"

लेकिन सन्तोषजनक व्याख्या के लिए यह दिखाना जरूरी है कि परोपकार की भावना आनुवंशिक गुण है। जे.बी.एस. हाल्डेन जैसे कुछ प्रमुख जीवविज्ञानी यह उलझन व्यक्त करते रहे हैं कि व्यक्तिगत फायदे के बदले दूसरों का पक्ष लेने की प्रेरणा देनेवाली परोपकार की भावना भला अस्तित्व रक्षा के लिए क्यों चुनी जा सकती है। सामान्य तौर पर स्वार्थ की भावना ही प्रबल होनी चाहिए, लेकिन तथ्यों की बारीक समीक्षा के बाद जीवविज्ञानी इस निष्कर्ष पर पहुँचे कि परोपकार की भावना फायदा दिलाती है। 1964 में जीवविज्ञानी डब्लू.डी. हैमिलटन ने गणितीय पद्धति से सजातीय प्राणियों में परोपकार के फायदों को साबित किया। उनके मॉडल को सजातीय चयन कहा जाता है। दूसरे जीवविज्ञानी रॉबर्ट एस. ट्रिवर्स ने इसका विस्तार किया और कहा कि न सिर्फ सजातीय में परोपकार की भावना काम करती है बल्कि विभिन्न प्रजातियों के बीच भी परस्पर सहयोग का व्यवहार होता है।

उन्होंने परोपकार की भावना की सक्रियता की विशेष स्थितियों और शर्तों का भी ब्यौरा दिया। उन्होंने मनुष्य में परोपकार की भावना सक्रिय होने की पाँच शर्तें

भी गिनाईं : 1. खतरे (यानी अचानक परपक्षी का आक्रमण, अन्तर्जातीय आक्रमण वगैरह) के समय मदद, 2. भोजन में साझा, 3. बीमार, घायल, वृद्ध और बच्चे की सहायता, 4. उपकरणों को साझा करना और 5. ज्ञान का साझा करना। ये अध्ययन आधुनिक आनुवंशिकी विज्ञान के आधार पर किए गए और इनमें गणतीय पद्धति से निकला निष्कर्ष यही बताता है कि क्रोपोटकिन के परस्पर सहयोग के विचार किसी आदर्शवादी की कपोल कल्पना नहीं थी बल्कि आधुनिक जीवविज्ञान की पुख्ता बुनियाद पर कही गई थी।

परोपकार के प्रति स्वाभाविक झुकाव के विरुद्ध एक और अन्तर्जात प्रवृत्ति अन्तर्जातीय आक्रमण की होती है। इसके अस्तित्व के बारे में कोनराड लोरेंज ने अपने अध्ययनों में सन्तोषजनक व्याख्या पेश की है। लोरेंज को आचार-शास्त्र का संस्थापक कहा जाता है। मानव स्वभाव में आक्रामकता और परोपकार के बीच निरन्तर युद्ध नहीं चलता है, बल्कि उनके क्षेत्र अलग-अलग हैं। वी.सी. वाइने-एडवार्डस ने प्राणियों, खासकर जो विकासक्रम में उच्चतर स्तर पर खड़े हैं, में अपनी संख्या नियंत्रित करने की एक प्रवृत्ति की ओर ध्यान खींचा। अन्तर्जातीय आक्रमण मूल रूप से वह प्रक्रिया है जिससे एक जगह जनसंख्या का घनत्व एक खास स्तर पर पहुँचने के बाद प्राणी दूर जाने लगते हैं, यह अस्तित्व रक्षा के लिए जरूरी जीन्सों की किल्लत से बचने की एक अनिवार्य शर्त हैं। चूँकि मनुष्य अपना जीवन मोटे तौर पर अपनी मूल प्रवृत्तियों से नहीं बल्कि संस्कृति के प्रभाव से संचालित करता है इसलिए अमूमन वह आक्रामकता जैसी कई अन्तर्निहित नुकसानदेह प्रवृत्तियों के खिलाफ अपने स्वभाव में अन्तर्निहित रक्षा कवचों को नजरअन्दाज कर जाता है। नतीजतन, दूसरे प्राणियों के विपरीत मनुष्य में आक्रामकता अपने स्वाभाविक रक्षा कवच को लाँघ जाती है और भयावह परिणाम लाती है। इसी वजह से मनुष्य में परोपकार की भावना पर बल देने के लिए सामाजिक प्रयासों की जरूरत पड़ती है।

यह कुछ हद तक विरोधाभासी लग सकता है, लेकिन नृतत्व विज्ञानी रॉबर्ट आर्डरी के मुताबिक मनुष्य में सहयोग सहित ऐसी कई भावनाएँ, जिन्हें हम उदात्त भावनाएँ कहते हैं, उस काल की देन हैं जब वह शिकार पर निर्भर था। करीब बीस लाख वर्ष पहले असुरक्षित जंगलों में उसे अपने भोजन की तलाश में भटकना पड़ता था और इस प्रक्रिया में वह दूसरे खूँखार जानवरों का भी शिकार बनता था। अपनी बहुचर्चित पुस्तक 'हंटिंग हाइपोथिसिस' (शिकार की अवधारणा) में आर्डरी लिखते हैं, "किसी बड़े उद्‌देश्य के लिए निजी हित का त्याग करने, यहाँ तक कि अपना बलिदान करने की इच्छा शायद घबराहट और उलझन के समय दब जाती हो, लेकिन यह इच्छा रहती है, वह मनुष्य की निधि है और खतरा छँटने के फौरन बाद उभर आ सकती है।" आगे वे लिखते हैं, "...ऐसे प्रलोभन से एकदम पीठ

फेरकर, ऐसे मानव अतीत की सच्चाई जानकर जिसकी छाया आज भी हम पर है, क्या हम साहस और सहयोग, प्रवीणता और कौशल, चतुराई और अनुकूलन, प्रेम और मानवीय सम्बन्ध जैसी भावनाओं, प्रवृत्तियों के मूलबिन्दु का पता लगा सकते हैं, जो हमारे आखेट के अतीत के बिना शायद असम्भव होती," 'हंटिंग हाइपोथिसिस' के मूल विचार से अब अधिकांश जीवविज्ञानी और नृतत्वशास्त्री सरोकार रखते हैं और मानते हैं कि सहयोग की भावना मनुष्य के मानस में जरूर गहरे पैठी हुई है, लेकिन उसी विरासत से हमारे अन्दर कुछ ऐसी प्रवृत्तियाँ भी पैठ गई हैं जो उस सम्भावना को रोक देती हैं जिससे किसी अचानक बदलाव और पुनर्व्यवस्था से सहकारी साझा तंत्र बनाना सरल हो।

आदिम युग के मनुष्य का जीवन आधार शिकार ही था और ज्यादातर कुछ सौ लोगों के छोटे-छोटे झुंड में शिकार करता था। उस समय समूची धरती पर मनुष्य की कुल आबादी करीब दस लाख होने का अनुमान है। ये झुंड एक-दूसरे से अलग-अलग ही रहते और शिकार करते थे। दूसरे झुंडों से उनका साबका गागे-बगाहे पड़ता था, खासकर जब औरतों के आदान-प्रदान के मौके आते थे। इससे कबीले में संख्या भी बढ़ती थी और दूसरे कबीलों से मित्रवत सम्बन्ध भी कायम होते थे। हालाँकि शिकार के इलाकों को लेकर संघर्ष भी हुए हो सकते हैं। मानव समूहों के लम्बे एकाकी अस्तित्व से उनमें अलग दिखने के लिए एक हिंसक प्रवृत्ति भी घर कर गई होगी, खासकर जब दूसरे समूह के सदस्यों की शारीरिक बनावट या व्यवहारगत विशेषताएँ कुछ अलग तरह की हों। लिहाजा, कई अरब की आबादी वाली दुनिया में, जिसमें विभिन्न शारीरिक बनावटों, आदतों तथा मान्यताओं के लोग कुछ नजदीक रहने को मजबूर हों, मनुष्य की आपसी सहयोग की प्रवृत्ति पर विरोधी हिंसक प्रवृत्तियों का दबाव भी भारी है। इस चुनौती की बातें आज अधिक हो रही हैं, क्रोपोटकिन ने जब परस्पर सहयोग पुस्तक लिखी तब इनकी चर्चा आज से कम थी।

यह स्थिति अचानक नहीं आई है। नव प्रस्तर युग और कृषि व्यवस्था की शुरुआत होने पर मनुष्य की आबादी में अचानक वृद्धि हुई, शहरों और साम्राज्यों का विकास हुआ और बार-बार लड़ाइयाँ भी हुईं। इसके साथ-साथ आबादी का बड़े पैमाने पर एक से दूसरी जगह आवागमन भी शुरू हुआ। आधुनिक युग में जीवन रक्षक दवाओं के विकास और उत्पादकता में भारी वृद्धि से एक जनसंख्या विस्फोट हुआ। आधुनिक औद्योगिक व्यवस्था की एक विचित्रता यह है कि कुछ खास शहरी इलाकों में जनसंख्या का जमाव बढ़ जाता है और ग्रामीण इलाके खाली हो जाते हैं। कृषि में मशीनीकरण से लोगों की एक छोटी संख्या बड़े इलाकों में खेती कर लेती है। आधुनिक उद्योगों को भी अपनी गतिविधियों के लिए बड़ी संख्या में लोगों की जरूरत होती है।

लेकिन उत्पादन की गतिविधियों का तंत्र विरासत पर आधारित है और इन गतिविधियों के लिए प्रेरक तत्त्व सहयोग नहीं बल्कि औद्योगिक-व्यावसायिक विरासत में साथी मजदूरों से आगे बढ़ने की इच्छा और लालच है। इस व्यवस्था में सहयोग और साथी भाव को दबाने की कोशिशें होती हैं जिसे क्रोपोटकिन ने मजदूर संघ बनाते समय अनुभव किया था। हर गतिविधि में योजना और अमल करने पर कुछ मुट्ठी-भर प्रबन्धकीय और तकनीकविद अभिजनों का नियंत्रण होता है, जिसमें सामान्य मजदूरों की भूमिका नहीं के बराबर होती है।

इन तथ्यों का जिक्र यह दर्शाने के लिए किया गया है कि मौजूदा औद्योगिक तंत्र के उत्पादन क्षेत्र में मनुष्य की सहयोग की स्वाभाविक प्रवृत्ति को पूरी तरह दबा दिया गया है।

क्रोपोटकिन कोई उदासीन अध्येता नहीं थे। उनके अध्ययन कुछ विशिष्ट सामाजिक उद्देश्यों से प्रेरित थे। अपने अध्ययनों से वे इस मान्यता पर पहुँचे थे कि केन्द्रीकृत अधिकारियों के नियंत्रण और हस्तक्षेप से मुक्त होने पर लोग स्वत: ही परस्पर सहयोग के आधार पर उत्पादन और सामाजिक जीवन को संगठित करने लगेंगे। इस नजरिये से मौजूदा विश्व में मानव सम्बन्धों को इस कदर विकृत कर दिया गया है कि मौजूदा उत्पादन व्यवस्था जब तक बनी रहती है तब तक मनुष्य में सहयोग की भावना को उन्मुक्त होकर फलने-फूलने का मौका नहीं मिल सकता। मौजूदा व्यवस्था की बुनियाद ही ऐसी है कि वह विशाल मानव समुदाय के लिए जो समस्याएँ पैदा कर रही है, उसका समाधान वह नहीं कर सकती।

आज की पूँजीवादी व्यवस्था की बुनियाद जिस टेक्नोक्रेटिक तंत्र पर आधारित है उसमें ऑटोमेशन, कम्प्यूटर और रोबोट के जरिये मनुष्य के बदले मशीन की प्रधानता होती जाती है। कृषि क्षेत्र में भी छोटी काश्त के बदले बड़े-बड़े फार्म और मशीनों के जरिये खेती पर जोर है। इसका भी मकसद कृषिकार्य में लगे अधिकांश लोगों को काम से वंचित कर देना है। स्वचालित कारखानों और मशीनी खेती के जरिये विश्व की कुल श्रम शक्ति के एक मामूली हिस्से की मदद से विश्व की समूची आबादी की जरूरतों को पूरा किया जा सकता है और बड़ी मात्रा में अतिरिक्त उत्पादन भी किया जा सकता है। यह व्यवस्था यह नहीं जानती, न जानने की परवाह करती है कि इस तरह विश्व के बेकार हुए अधिसंख्य लोगों को क्या हो। यह ऐसी विचित्र दुनिया है 'जहाँ धन बढ़ता है और आदमी घटता है।' विश्व के पैमाने पर एक छोटा समृद्ध, या अति समृद्ध, तबका संगठित उद्योग-व्यापार पर काबिज है और उनके इर्द-गिर्द निर्धन लोग बिना काम, बिना जीविका के साधन, बिना रोटी, कपड़ा, मकान के जीने को मजबूर है।

लेकिन संगठित क्षेत्र भी दूसरी तरह की दुश्चिंताओं से ग्रस्त है। उसे नहीं मालूम कि वह अपने अतिरिक्त उत्पादों का क्या करे क्योंकि गरीब होती दुनिया में

उसका बाजार भी सिकुड़ रहा है। (मार्क्स ने पूँजीवादी व्यवस्था के इस अनिवार्य रुझान को समझा था, लेकिन अब इसका असर खुलकर दिखने लगा है।) जब कोई नई उत्पादन विधि जन्म लेती है—मसलन, मौजूदा सूचना प्रौद्योगिकी और जीन इंजीनियरिंग की तकनीक—तो शुरुआती तेजी के कुछ ही समय बाद मन्दी और बंदी की शिकार हो उठती है। इसी को वे मन्दी की मार कहते हैं। मौजूदा सन्दर्भों में प्रासंगिक तथ्य यह है कि कृषि फार्म और कारखानों का नियंत्रण चाहे निजी हाथों में हो या सार्वजनिक क्षेत्र में, बेरोजगारी बेतहाशा बढ़ती जाएगी क्योंकि उत्पादन का सम्बन्ध उत्पादकों या सम्भावित उपभोक्ताओं की जरूरत से नहीं है। यह अत्यधिक मुनाफे की इच्छा से प्रेरित है और—जोर बिना खरीदारों की सोचे उत्पादन बढ़ाते जाने पर है। उसे खरीदारों की तलाश में विज्ञापन के जरिये कृत्रिम जरूरतें पैदा करनी होती हैं, लेकिन उत्पादन और वितरण के समूचे चक्र पर चूँकि दुनिया की आबादी के छोटे-से वर्ग का नियंत्रण है इसलिए ये कोशिशें भी अनिवार्य रूप से अंधी गली में ही पहुँचती हैं। इसके अलावा मजदूरों को भी काम में मामूली आनन्द ही आता है। उन्हें तो उत्पादन मशीन के एक असंवेदनशील हिस्से में तब्दील कर दिया गया है।

मौजूदा औद्योगिक पूँजीवादी व्यवस्था का सबसे अनोखा पहलू यह है कि इसने बेरोजगारी की समस्या का ईजाद किया है। अतीत में बन्धुआ मजदूरी और उत्पीड़न जैसे शोषण के विविध रूप तो रहे हैं मगर पूँजीवादी व्यवस्था में जबरन बेरोजगारी या निठल्लेपन की समस्या पैदा हुई है। समाजवादियों द्वारा सुझाए गए पुराने समाधान, यानी उत्पादन व्यवस्था का सामाजीकरण या सरकारीकरण से समस्या का निराकरण सम्भव नहीं हुआ क्योंकि नई औद्योगिक व्यवस्था की मूल प्रेरणा ही आदमी की जगह मशीन को स्थापित करना है।

यहाँ मध्ययुगीन यूरोप में श्रम के सहकारी स्वरूपों के बारे में समृद्ध जानकारियाँ, जिसकी ओर क्रोपोटकिन ध्यान खींचते हैं, उत्पादन की शोषणमुक्त नई व्यवस्था की स्थापना में काम की हो सकती है। मौजूदा औद्योगिक पूँजीवाद की पैदा की हुई समस्याओं में कुछ इस प्रकार हैं : 1. बहुराष्ट्रीय कम्पनियों की मिल्कियत वाले भारी पूँजी वाले बड़े उद्योगों और विशालकाय कृषि फार्मों में उत्पादन के केन्द्रीकरण से दुनिया के एक बड़े हिस्से को बेकार कर देना, यह बेकार हुआ हिस्सा इस व्यवस्था का बतौर खरीदार अभिन्न अंग भी नहीं है क्योंकि उसके पास क्रय-शक्ति नहीं है और क्रयशक्ति इसलिए नहीं है कि न तो वह उत्पादक है, न रोजगारशुदा है। परम्परागत सामान का इस अर्थव्यवस्था के बुनियादी तंत्र में आदान-प्रदान इतना गैर-फायदेमन्द है कि ये गैर-पूँजीवादी अर्थव्यवस्थाएँ जल्दी ही दिवालिया हो जाती हैं। 2. जैसाकि मार्क्स ने काफी पहले कहा था, मजदूर उत्पादन प्रक्रिया से अलग-थलग हो जाएँगे, अब यह अलगाव अधिक गम्भीर

हो गया है। 3. अधिकतम मुनाफे के लालच में पूँजीवादी मजदूरों की छँटनी और उत्पादन बढ़ाकर कीमतें घटाते जाते हैं। लिहाजा, उत्पादन बेहिसाब बढ़ जाता है और जमावड़ा शुरू होता है। नतीजतन, लगातार मन्दी बनी रहती है और उत्पादन ठप्प पड़ जाता है। यह नया संकट पहले के संकटों से ज्यादा गम्भीर होना तय है क्योंकि ग्लोबीकरण के चलते जोड़-तोड़ और व्यवस्था में नई जान फूँकने के अवसर सिकुड़ते जा रहे हैं। इसके मूल क्षेत्र से बाहर के इलाके लगातार उथल-पुथल और जन अशान्ति की स्थिति में रहते हैं क्योंकि जीवन की कठिनाइयाँ गहराने के साथ परम्परागत ईर्ष्या-द्वेष और दुश्मनियाँ उभर आती हैं। 4. एक आयामी संस्कृति और उत्पादन की विशिष्टता पर जोर के कारण व्यवस्था से पूरी तरह जुड़े इलाकों का भविष्य भी अनिश्चित लगने लगता है क्योंकि उत्पादन की लागत या माँग में मामूली हेरफेर से भी बड़ी संख्या में लोगों के उद्यम बेमानी हो जाते हैं। 5. काल्पनिक बाजार के मद्देनजर उत्पादन में बेपनाह वृद्धि से ऊर्जा और दूसरे संसाधनों का बेहिसाब खर्च किया जाता है जिससे धरती पर जीवन का सन्तुलन और पर्यावरण खतरे में आ गया है।

मौजूदा आर्थिक व्यवस्था और तकनीक की इन समस्याओं का कोई समाधान नहीं है। मध्ययुगीन व्यवस्थाओं में उत्पादन समाज की निश्चित जरूरतों को ध्यान में रखकर किया जाता था चाहे किसी किले का निर्माण हो या कैथेड्रल का अथवा लोगों की खपत के लिए सामान का उत्पादन। क्रोपोटकिन ने काउंसिल ऑफ फ्लोरसे के शब्दों को उद्धृत किया है कि, "कोई काम कम्यून शुरू न करें बल्कि वही काम करें जो कम्यून के महा हृदय में, जो सभी नागरिकों के हृदय का समुच्चय है, एक साझा इच्छा से प्रेरित हो।" और इस पर उनकी टिप्पणी है, "...और यह भावना सभी सामुदायिक उपयोगिता के काम में परिलक्षित होती है, चाहे नगरों का निर्माण हो, या टेरेस, अंगूर के बगीचे, फ्लोरेंस के आसपास बगीचों के फल के मामले में हो या लोंबार्डी के मैदानों के बीच सिंचाई के लिए बनाई गई नहरों या बन्दरगाहों या जेनेवा की वास्तुकला या किसी भी काम में जिसकी लगभग हर शहर में साझा जरूरत महसूस हो रही हो।"

काम के कलापक्ष पर वे लिखते हैं, "मध्ययुगीन वास्तुकला की भव्यता सिर्फ इसलिए नहीं थी कि वह हस्तकला का स्वाभाविक विकास थी, न इसलिए थी कि हर भवन हर मेहराब या पच्चीकारी उन लोगों ने की थी जिनके अनुभवी हाथ पत्थरों, लोहे, ताँबे या लकड़ी वगैरह को अपने ढाँचे में ढालने में सिद्धहस्त थे; न इसलिए थी कि हर स्मारक सामुदायिक अनुभव के संपुंजन से बना था—बल्कि भव्यता इसलिए थी कि उनका जन्म भव्य विचारों से हुआ था। यूनानी कला की तरह यह नगरों की भाईचारा और एकता की अवधारणा से निकली थी।" शायद पर्यावरण सन्तुलन, समता, उदारता और काम में रचनात्मक सुख, जो मौजूदा अर्थ

तंत्र से गायब हो गया है, को फिर से छोटे समुदायों में छोटे स्तर पर सहकारिता पर आधारित जीवन के पुनर्संगठन से ही पाया जा सकता है, जिसकी चर्चा, क्रोपोटकिन बड़े प्यार से करते हैं।

इन मध्ययुगीन समुदायों के संगठन के आधार पर हमारी कुछ अपनी औद्योगिक और पेशेवर जातियों के संगठन और स्थायित्व पर कुछ रोशनी पड़ सकती है। वर्णव्यवस्था तो वर्गीकरण, असमानता और पदानुक्रम पर आधारित रही है मगर औद्योगिक और पेशेवर जातियाँ अपने स्व-नियंत्रित, स्वचालित शिल्प संगठनों पर आधारित रही हैं और सभी के अपने रीति-रिवाज और पंचायतें रही हैं। ऐसी जातियों में कुम्हार, लोहार, बढ़ई, बुनकर, नाई वगैरह हैं। ये अपने परम्परागत शिल्प में इतने कुशल हैं कि पूरी तरह बदली हुई आधुनिक दुनिया में भी उनकी कला जीवित है। इन जातियों का कोई धार्मिक आधार नहीं है और इसीलिए हमारे यहाँ जुलाहा (बुनकर) जैसी जातियाँ भी हैं जो मुख्य रूप से मुसलमान हैं, मान्यता यह है कि अजन्ता-एलोरा जैसी कालजयी कलाकृतियाँ ऐसे कलाकारों के समूह का प्रयास हैं जो कई पीढ़ियों तक इसे अन्जाम देने में जुटे रहे हैं।

मध्ययुगीन नगर-समाजों का काम के साथ रचनात्मक सुख का रिश्ता-जोड़ने की महान उपलब्धि कई दूसरे चिन्तकों को भी प्रभावित करती रही है। जॉन रास्किन उनसे काफी प्रभावित थे और उनके अध्ययनों के कथित ब्रिटिश समाजवादी विलियम मोरिस भी प्रभावित हुए जो खुद एक प्रसिद्ध कवि और कलाकार थे। इस तरह वे इस निष्कर्ष पर पहुँचे कि कला काम में आनन्द की अनुभूति की अभिव्यक्ति है। रस्किन की पुस्तक 'ऑन टु दिस लास्ट' से ही महात्मा गांधी मानव श्रम की सुन्दरता से प्रभावित हुए थे। उनके लिए काम प्रार्थना का एक रूप बन गया और अपने इसी नए नजरिये के कारण वे वर्ण पदानुक्रम में सबसे नीचे के श्रमिकों को ईश्वर का सच्चा सपूत 'हरिजन' कह पाए।

यह साफ होता जा रहा है कि मौजूदा पूँजीवादी व्यवस्था प्राकृतिक संसाधनों के भारी उपयोग और दुरुपयोग से विश्व को मौत के मुँह में धकेल रही है। उत्पादन और वितरण के मौजूदा पैमाने में इस विनाश का कोई विकल्प नजर नहीं आता। क्रोपोटकिन की पुस्तक प्रकाशन के सौ साल बाद भी इसलिए प्रासंगिक हो उठी है क्योंकि वह इस तथ्य पर जोर देती है कि मनुष्य का मूल स्वभाव अनिवार्य रूप से सहयोग, सहकार का है जो फिलहाल प्रतिस्पर्धा और आत्मघाती हिंसक होड़ की संस्कृति से दबा हुआ है। इसका अर्थ है कि मनुष्य में अच्छाई का तत्त्व बढ़ाना सम्भव है। निर्भरता के इस दौर में, जब लोग प्रतिस्पर्धी विश्व व्यवस्था के प्रति घुटने टेक चुके हों, उन महान कृतियों की ओर ध्यान खींचने से नई आशा पैदा हो सकती है जिसे मनुष्य ने परस्पर सहयोग की भावना से बनाया था। जाहिर है, मौजूदा व्यवस्था की विशालकाय पेचीदगियों और केन्द्रीकरण के दौर

में, जब अमेरिका जैसे ताकतवर केन्दीकृत राज्यों के साए में ताकतवर बहुराष्ट्रीय कम्पनियों का दबदबा हो, परिवर्तन काफी कष्टदायी हो सकता है, लेकिन अजेय लगनेवाली कम्युनिस्ट व्यवस्थाओं के धराशायी होने से पता चलता है कि मौजूदा विश्वव्यवस्था भी अचानक एक दिन धराशायी हो सकती है क्योंकि इसके मर्म भाग में भयानक असमानता की सड़ाँध है। वैसे भी, इतिहास के कितने अंधियारे काल में मनुष्य बचा रहा है क्योंकि उसकी आशा जीवित रही है। यह पुस्तक ऐसी ही आशा का संचार का संसाधन बन सकती है।

2

जोजेफ स्टिग्ल्ट्ज

मीडिया और इसके बाहर बहुचर्चित वर्ल्ड सोशल फोरम का सोलह से इक्कीस जनवरी तक का कार्यक्रम बैठकों, चर्चाओं और प्रदर्शनों की गहमागहमी के बीच समाप्त हो गया। भूमंडलीकरण के विनाशक परिणामों के बीच इसकी यह घोषणा कि एक बेहतर दुनिया सम्भव है संसार के अनेक राजनीतिक और गैरराजनीतिक, सामाजिक समूहों के लिए काफी आकर्षक थी। यह समागम इस तरह के अनेक समूहों और व्यक्तियों का मिलन बिन्दु बना रहा जो बेहतर दुनिया चाहते हैं। नर्मदा बचाओ आन्दोलन की मेधा पाटकर और बुकर पुरस्कार विजेता अरुन्धति राय के अलावा शान्ति के नोबेल पुरस्कार से सम्मानित ईरान की शीरीं इबादी की इसमें शिरकत और अर्थशास्त्र के लिए नोबेल पुरस्कार से नवाजे गए जोसेफ ई. स्टिग्ल्ट्ज के नाम का इस आयोजन से जुड़ा होना इसे काफी गरिमामंडित करता रहा।

लेकिन पारस्परिक सदिच्छाओं के आदान-प्रदान और संसार के विविध समूहों से संवाद की सम्भावना जैसी अच्छी बातों के अलावा अपने घोषित उद्देश्य की दृष्टि से इस आयोजन की उपलब्धि कुछ विशेष नहीं दिखाई देती। इस फोरम के समापन के एक दिन बाद तेईस जनवरी से दावोस में वर्ल्ड इकॉनामिक फोरम की बैठक हुई जिसे भूमंडलीकरण के विरोधियों द्वारा बाधित करने की कोशिश होती रही है क्योंकि इस मंच का नाम भूमंडलीकरण की मौजूदा नीतियों को चलाने के साथ जुड़ा है। फिलहाल इन दोनों परस्पर विरोधी उद्देश्यों को लेकर चलनेवाले फोरमों का आयोजन और दूसरे फोरम का विरोध एक वैश्विक रुटीन में बदलता जा रहा है।

आज की स्थिति में भूमंडलीकरण के विकल्प पर कोई गम्भीर चर्चा हुई हो, ऐसा नहीं दिखाई देता। इसके समानान्तर इस मंच के विरोध में इसी के उद्देश्यों को लागू करने में अधिक सही नीति लेकर चलने का दावा करनेवाला एक दूसरा आयोजन मुम्बई में ही 'जन प्रतिरोध' के नाम से हो रहा था। मगर यहाँ से भी कोई स्पष्ट नीति निकलती नहीं दिखाई देती। जहाँ नरमपंथी से लेकर चरमपंथी तक

सभी तरह के वामपंथी इकट्ठा हों वहाँ शब्दों का बवंडर तेज हो यह अनिवार्य था। पर इस बवंडर के बाद सब कुछ के अपनी निर्धारित नीति पर ही चलने का अन्देशा बना रह जाता है।

इस आयोजन के दौरान ब्राजील के राष्ट्रपति लुला की नीतियों की भी आलोचना हुई जिनकी कुछ भूमिका शुरू में इस मंच के ब्राजील के पोर्ते एलेग्रे में आयोजन के पीछे थी। शायद यह आलोचना कुछ जल्दबाजी में की गई हो। क्योंकि कोई सरकार जो बगावत से सत्ता पलट कर नहीं बनी हो साल भर के भीतर संसार भर के वित्तीय संस्थानों से किए गए पुराने अनुबन्धों को खत्म कर एक नई शुरुआत नहीं कर सकती। इस सरकार की नीतियों की दिशा को समझने के लिए कुछ और समय देना जरूरी था, लेकिन प्रश्न है कि एक सामाजिक मंच जिसकी कोई अपनी बनी-बनाई नीति नहीं है और जो न तो ऐसी एकीकृत नीति बनाने को प्राथमिकता देता है क्या किसी सरकार की आलोचना करने का हकदार है? 'भूमंडलीकरण' अपने आप में बहुत कुछ नहीं कहता। एक बेहतर दुनिया बनाने की योजना भी तो किसी खास तरह के विश्व की कल्पना पर ही आधारित होगी। यानी एक योजना जिसके तहत दुनिया की व्यवस्था दूसरी तरह से चले। सिर्फ निषेध कोई नीति नहीं बना सकता। निषेध के आगे किसी विधायी तसवीर का होना भी जरूरी लगता है।

कहा जाता है कि प्रकृति शून्य से बचती है। यही बात समाज के साथ भी लागू है। कोई समाज अधिक दिनों तक बिना किसी व्यवस्था के नहीं चल सकता। समाज स्थायी अराजकता का महोत्सव बना नहीं रह सकता। अगर वर्ल्ड सोशल फोरम अपनी ओर से किसी वैकल्पिक दुनिया की रूपरेखा प्रस्तुत नहीं कर सकता तो दूसरे लोग यह काम करेंगे या किसी विकल्प के अभाव में लोग भूमंडलीकरण की वर्तमान स्थिति को ही कबूल कर लेंगे। फिलहाल दुनिया की अधिकांश सरकारें और ज्यादातर लोग तो भूमंडलीकरण को चाहे वह कितना ही डरावना क्यों न हो, तकदीर की लकीर की तरह कबूल कर लेंगे। जोसेफ स्टिग्ल्ट्ज का नाम भी इस आयोजन से जुड़ा है। स्टिग्ल्ट्ज दुनिया की अर्थनीति बनानेवाले सर्वाधिक महत्त्वपूर्ण प्रतिष्ठानों से जुड़े रहे हैं। सम्भव है किसी दूसरी दिशा सूचिका के अभाव में लोग उनके विचारों को ही एक विश्वसनीय विकल्प के रूप में देखें। इसलिए वर्तमान भूमंडलीकृत व्यवस्था के सन्दर्भ में उनकी दृष्टि पर विचार करना भी जरूरी लगता है। चूँकि 2002 में इसी विषय पर प्रकाशित उनकी पुस्तक व्यापक चर्चा का विषय बन गई है, इसलिए इसमें प्रस्तुत विचारों का आकलन जरूरी है।

उनकी पुस्तक 'ग्लोबलाइजेशन एंड इट्स डिस्कंटेंट्स' बीसवीं शताब्दी के पूर्वार्ध में सिग्मंड फ्रायड द्वारा लिखी गई पुस्तक 'सिविलाइजेशन एंड इट्स डिस्कंटेंट्स' की याद दिलाती है। फ्रायड ने सभ्यता के भीतर के व्यापक असन्तोष के लिए, जिससे संघर्ष और युद्ध पैदा होते हैं, मानव स्वभाव में निहित मृत्युकामना (थानाटोज)

को चिह्नित किया था जिसकी अभिव्यक्ति उसके अनुसार समूहों के बीच व्यापक आक्रामकता में होती है। स्टिग्लिट्ज ने वर्तमान भूमंडलीकरण व्यवस्था के संकटों के लिए अन्तरराष्ट्रीय मुद्रा कोष, विश्व बैंक और अमेरिकी सरकार की कुछ आर्थिक नीतियों को चिह्नित करने की कोशिश की है। उसके अनुसार संसार भर के लिए तीन अटल सिद्धान्त इनकी नीतियों के केन्द्र में हैं—खर्च में कटौती, निजीकरण और बाजार का खुलापन। इन संस्थाओं के शीर्ष पर बैठे लोग दुनिया के उन देशों की जमीनी हकीकत को देखे बगैर इन अटल मान्यताओं से नीतियों को इस तरह लागू करते रहे हैं जिससे नतीजे इच्छित उद्देश्य के ठीक उलटे हुए। पूर्वी एशिया के 1997 के आर्थिक संकट के सन्दर्भ में थाईलैंड, दक्षिण कोरिया, इंडोनेशिया और मलेशिया का उदाहरण देकर बताया गया है कि अन्तरराष्ट्रीय मुद्रा कोष की नीतियों को लेकर चलने से ही वहाँ की मन्दी घोर संकट में बदल गई। मन्दी का सबसे कम असर मलेशिया पर पड़ा जहाँ प्रधानमंत्री महातिर ने कोष की नीतियों की अनदेखी कर अपनी स्थानीय स्थिति के हिसाब से व्यवस्था को सँभालने की कोशिश की।

वैसे ही पूर्वी यूरोप के पहले के कम्युनिस्ट देशों के उदाहरण देकर बताया गया है कि इन देशों की अर्थव्यवस्था के थोड़े ही समय में ध्वस्त हो जाने के पीछे अन्तरराष्ट्रीय मुद्रा कोष द्वारा चलाई जानेवाली नीतियों का मुद्रा कोष के दबाव में पालन करना था। अफ्रीका के देशों में भी मुद्रा कोष की नीतियाँ स्थिति को सँभालने की बजाय बिगाड़ने की ही रहीं। रूस के मामले में तो स्टिग्लिट्ज के अनुसार वहाँ के सार्वजनिक क्षेत्र के निजीकरण का नतीजा उनकी विशाल निधि को ऐसे लोगों के हाथों में डाल देना हुआ जो उससे प्राप्त धन को सीधा विदेशी बैंकों में अपने निजी खातों में डालते रहे। यह वहाँ की सम्पदा की भयंकर लूट थी।

पूँजी की आवाजाही को अनियंत्रित करने के सुझाव पर स्टिग्लिट्ज एक अर्थशास्त्री की दृष्टि से यह टीका करते हैं, "आँकड़े बताते हैं कि पूँजी की आवाजाही व्यापार चक्र को गहराने का काम करती है यानी मन्दी के काल में पूँजी सम्बद्ध देश को छोड़कर बाहर निकल जाती है, ठीक उसी समय जब देश में उसकी सबसे अधिक जरूरत होती है, और अन्दर तब आती है जब अर्थव्यवस्था में उछाल रहता है जिससे मुद्रास्फीति बढ़ती है।" पूँजी की आवाजाही पर छूट और वित्तीय संस्थाओं में विदेशी कम्पनियों को आमंत्रित करने की वकालत करनेवाले हमारे अर्थशास्त्रियों को भी इससे नसीहत लेनी चाहिए। जिन लोगों को स्वतंत्र व्यापार और पश्चिम देशों की इसके प्रति प्रतिबद्धता में भरोसा है उन्हें अमेरिकी राष्ट्रपति के आर्थिक सलाहकार मंडल का अध्यक्ष रहे इस अर्थशास्त्री के इस निष्कर्ष पर ध्यान देना चाहिए, "...,लेकिन अमेरिका के अनुचित व्यापार कानून किसी आर्थिक सिद्धान्त के आधार पर नहीं लिखे जाते हैं। उनके अस्तित्व का एकमात्र मकसद होता है आयात से प्रभावित होनेवाले अमेरिकी उद्योगों को सुरक्षा प्रदान करना।"

अपने अनुभवों के बावजूद स्टिग्लिट्ज को ऐसा लगता है कि अगर अन्तरराष्ट्रीय मुद्रा कोष और विश्व बैंक की नीतियाँ कुछ भिन्न होतीं तो दुनिया को कई वित्तीय संकटों से उबारा जा सकता था और विकासशील अर्थव्यवस्थाओं का सही विकास हो सकता था। एक ऐसे अर्थशास्त्री के लिए, जो बुनियादी रूप से पूँजीवादी अर्थव्यवस्था को कबूल करता है, ऐसा आशावादी होना अचरज में डालनेवाला नहीं है, लेकिन अन्तरराष्ट्रीय मुद्रा कोष और विश्व बैंक की नियुक्तियों का जैसा विवरण वह स्वयं देता है वह इस सम्भावना को खारिज करनेवाला है कि ये संस्थाएँ कुछ भी ऐसा कर सकती हैं जो मूलत: पिछड़ी अर्थव्यवस्थाओं के हित को ध्यान में रखे। वह स्वयं लिखता है, " ...जबकि विश्व बैंक और अन्तरराष्ट्रीय मुद्रा कोष के लगभग सभी कार्यक्रम वर्तमान समय में विकासशील देशों में चलाए जाते हैं (लगभग कर्ज देने के सभी कार्यक्रम) इनका नेतृत्व औद्योगिक देशों के प्रतिनिधियों के हाथ में होता है। परिपाटी के चलते या अलिखित सहमति से अन्तरराष्ट्रीय मुद्रा कोष का प्रमुख सदा कोई यूरोपीय होता है और विश्व बैंक का सर्वोच्च पदाधिकारी कोई अमेरिकी। उनका चयन बन्द दरवाजे के भीतर होता है और यह भी जरूरी नहीं माना जाता कि शीर्ष पद के व्यक्ति को विकासशील देशों में काम करने का कोई अनुभव हो।" प्राय: विशाल निजी कम्पनियों में कार्यकारी रह चुके लोग बेरोकटोक इन वित्तीय संस्थाओं में नियुक्तियाँ पाते रहते हैं या फिर यहाँ से वापस किसी बड़ी निजी कम्पनी में प्रवेश पा जाते हैं। यह सब बताता है कि अन्तरराष्ट्रीय अर्थव्यवस्था को नियंत्रित करनेवाली ये संस्थाएँ किस तरह अमेरिकी पूँजीवादी प्रतिष्ठान के साथ अन्तर-गुम्फित होती हैं। इनसे किसी निष्पक्ष नीति की उम्मीद करना असम्भव की चाहत है।

इस सन्दर्भ में दो बातें ध्यान में रखने की हैं। एक तो यह कि पूँजीवाद के समर्थक, समाजवादी कही जानेवाली व्यवस्थाओं की इस बात को लेकर विशेष रूप से आलोचना करते थे कि किसी एक केन्द्र से नियोजित व्यवस्थाएँ स्थानीय रूप से यानी निचले स्तरों पर उठनेवाली समस्याओं का सही आकलन कर उनके निराकरण में सदा अक्षम होंगी। यह बात सही लगती है, लेकिन यही बात दुनिया की अर्थव्यवस्था को निर्देशित करनेवाली किसी अन्तरराष्ट्रीय केन्द्र की उपयोगिता को भी खारिज करती है। स्टिग्लिट्ज ने अफ्रीका और एशिया के अपने प्रत्यक्ष अनुभवों से भी यही बताया है कि जनता के हितों को ध्यान में रखकर चलनेवाली स्थानीय सरकारें स्थिति का आकलन कर जरूरत के हिसाब से उचित नीतियाँ बनाने में अधिक कारगर साबित होती हैं। यह हकीकत अन्तरराष्ट्रीय स्तर पर काम करनेवाले सभी तरह के आर्थिक प्रतिष्ठानों की सक्षमता को सन्देह के घेरे में ला देती है। यह बात सिर्फ विश्व बैंक या अन्तरराष्ट्रीय मुद्रा कोष पर लागू नहीं होती बल्कि निजी क्षेत्र की विशाल कम्पनियों के साथ भी लागू होती है। एनरॉन, आर्थर एंडरसन और मेरिल लिंच जैसी कम्पनियों के घोटाले यही सिद्ध करते हैं।

दरअसल, विशाल बहुराष्ट्रीय कम्पनियों के भीतर लगातार भारी घोटाले होते रहते हैं, लेकिन पारदर्शिता के अभाव में उनकी जानकारी तभी हो पाती है जब किसी बड़ी कम्पनी के दिवालिया होने पर तथ्य सामने आते हैं। दरअसल बेहतर विश्व की कामना करनेवाले लोगों को इन तथ्यों पर ध्यान देना चाहिए। अगर वे ऐसा करेंगे तो अनिवार्य रूप से इस निष्कर्ष की ओर मुड़ेंगे कि बेहतर दुनिया बनाने के लिए निजी लाभ को सर्वोच्च देवता मानकर चलनेवाली पूँजीवादी व्यवस्था की जगह, सहयोग और स्वायत्तता पर आधारित छोटी आर्थिक-राजनीतिक इकाइयाँ ही, जिन पर जनगण का अपना नियंत्रण हो, एक खुशहाल दुनिया का आधार बन सकती हैं, लेकिन तब फिर एक नतीजा यह भी निकलता है कि यह काम प्रचार की धुंध का निर्माण करनेवाले दिशाहीन मंचों द्वारा नहीं होगा बल्कि स्थानीय स्तर पर लोगों से जुड़े जमीनी कार्यकर्ता और उनके संगठन ही यह कर सकते हैं।

3

सैमुअल हंटिंग्टन

उन्नीस सौ पचास के दशक के शुरुआती वर्षों में पंडित नेहरू के आमंत्रण पर लेबर पार्टी के नेता एन्योरिन बेवान, जो लेबर सरकार की स्वास्थ्य सुरक्षा योजना लागू करने के लिए विख्यात हो चुके थे, भारत आए थे। इस यात्रा के शुरुआती दौर में वे मुम्बई विश्वविद्यालय में व्याख्यान देने आए। हमारा बौद्धिक वर्ग अपने को आँकने के लिए सदा बाहरी प्रमाण-पत्र के लिए लालायित रहता है। सो, व्याख्यान के बाद प्रश्नोत्तर काल में किसी श्रोता ने पूछा कि वे भारत की उपलब्धियों के बारे में क्या सोचते हैं। बेवान ने कहा कि वे भारत में अभी आए ही हैं, और वे कोई अमेरिकी तो हैं नहीं। उनका कटाक्ष अमेरिकियों की उस आदत पर था कि वे बिना गम्भीरता से विचार किए किसी विषय पर अपनी राय या सिद्धान्त जाहिर करते रहते हैं।

इस छोटी-सी घटना का उल्लेख इसलिए किया गया ताकि हम अपने बौद्धिक वर्ग की पश्चिमपरस्ती और उन अमेरिकी सिद्धान्तकारों के छिछलेपन के प्रति सावधान रहें जो अमेरिका के तात्कालिक हित को सार्वजनीन सिद्धान्त के रूप में पेश करते रहते हैं। हाल के वर्षों में ऐसे सिद्धान्तों में एक उदाहरण फ्रांसिस फुकुयामा का 'एंड ऑफ हिस्ट्री' (इतिहास का अन्त) सिद्धान्त है जिसके मुताबिक वर्तमान संसार वहाँ है जहाँ अब इतिहास वैचारिक विकास की दृष्टि से अन्तिम पड़ाव पर पहुँच चुका है और पश्चिमी उदारवादी अर्थनीति और राजनीति का वर्चस्व संसार में स्थायी रूप से कायम हो जानेवाला है। उनकी पुस्तक 'एंड ऑफ हिस्ट्री' 1989 में प्रकाशित हुई जब सोवियत व्यवस्था के ध्वस्त होने से शीत युद्ध का अन्त हो गया और तत्काल यह दिखाई देता था कि अमेरिकी वर्चस्व संसार भर में स्थापित होनेवाला है।

उसके बाद से सारे संसार में इस सिद्धान्त की प्रशस्ति और प्रचार होता रहा। दरअसल, अमेरिकी मीडिया के प्रयास से ऐसे ही विचारों की महानता दुनिया में स्थापित होती है जो अमेरिकी हित को साधते हैं। ऐसा नहीं है कि अमेरिका में मौलिक और वस्तुपरक चिन्तकों का अभाव है, लेकिन ऐसे लोगों की बातें अकादमिक दायरों में सिमटकर रह जाती हैं। सी राइट मिल्स या नोम चोम्स्की जैसे लोगों के विचारों

को अकादिमक संस्थानों से बाहर कितने लोग जानते हैं जबकि इनकी सोच कहीं अधिक बुनियादी और महत्त्वपूर्ण है।

अमेरिकी नीति निर्माताओं को बदलती हुई राजनीतिक और राजनयिक स्थितियों के अनुरूप सदा नए सिद्धान्तों की जरूरत होती है इसलिए वहाँ पैदा होनेवाले 'शाश्वत' सिद्धान्त पुराने पड़ते जाते हैं और फिर नए शाश्वत सिद्धान्तों की जरूरत होती है। सोवियत व्यवस्था ढह जाने के बाद सलामती का जो भाव अमेरिकी राजनेताओं में पैदा हुआ था वह ज्यादा दिनों तक नहीं रह पाया। हकीकत यह थी कि अमेरिकी हित की टकराहट दरअसल सोवियत व्यवस्था से नहीं उन तमाम स्थितियों और शक्तियों से थी जो अमेरिकी अर्थतंत्र के विस्तार के रास्ते में आते हैं। इस विस्तार का वर्तमान काल में सबसे बड़ा वाहक पेट्रोलियम की तलाश है जिसकी ऊर्जा से अमेरिकी व्यवस्था परिचालित हो रही है। इसलिए 'इतिहास के अन्त' के बाद एक दशक भी नहीं बीता था कि 1991 में अमेरिका खाड़ी में इराक के साथ युद्ध में उलझ गया। इस युद्ध के पीछे तेल के स्रोत पर नियंत्रण की होड़ थी।

अपने पड़ोसी कुवैत के तेल भंडार पर इराक की निगाह थी, लेकिन इस क्षेत्र के तेल पर अमेरिकी कम्पनियों का नियंत्रण था। इसलिए इराक के हमले के जवाब में अमेरिका अपने नवीनतम युद्ध आयुधों के साथ सामने आ गया। वैसे इस युद्ध में जीत किसकी होगी इसमें किसी को सन्देह नहीं था, लेकिन जो बात सामने उभरकर आई वह यह कि सारे संसार में मुसलमानों में अमेरिका विरोधी भावना फैल गई। इसी के बाद अन्तरराष्ट्रीय स्तर पर इस्लामी कट्टरपंथ का उदय हुआ। वैसे स्वयं अमेरिका ने रूसी कब्जे के विरोध में कट्टरपंथ इस्लामी समूहों को अफगानिस्तान में बढ़ावा दिया था। अस्सी का दशक, जब अफगानिस्तान में रूसी आधिपत्य के खिलाफ संघर्ष चल रहा था, शीत युद्ध का काल था और अमेरिका को कम्युनिस्ट सत्ता के खिलाफ कोई भी हथियार जायज लगता था।

इस क्रम में तालिबान और स्वयं ओसामा बिन लादेन अमेरिका के सहयोगी थे, लेकिन खाड़ी युद्ध के समय तक सोवियत संघ का विघटन हो चुका था और इसके बाद इस्लामी कट्टरपंथ विश्व में अमेरिकी वर्चस्व के खिलाफ सबसे बड़ी चुनौती बनने लगा। 'इतिहास के अन्त' में जिस स्वर्ण युग के आगमन की कल्पना की गई थी वह 1990 के दशक के मध्य तक काफूर हो गई। एक नए तरह का युद्ध दस्तक देने लगा था। अमेरिका के लिए यह कबूल करना असम्भव था कि इस संघर्ष की बुनियाद में संसार पर अमेरिका के आर्थिक नियंत्रण का हाथ था। यही पृष्ठभूमि बनी उस सिद्धान्त की जिसे 'सभ्यताओं के संघर्ष' के रूप में सैम्युल हंटिंग्टन ने अपनी बहुचर्चित पुस्तक में प्रस्तावित किया।

किसी आर्थिक संघर्ष की बात करना हंटिंग्टन के लिए असुविधाजनक होता क्योंकि ऐसा करने पर अमेरिका की सारी आर्थिक नीतियाँ और इनका आधार

विश्लेषण की माँग करने लगते। और ऐसा करने पर पूँजीवादी व्यवस्था और इसके विकास के एक स्तर पर बहुराष्ट्रीय कम्पनियों का जन्म, इनका विस्तार और इससे जुड़े वैश्विक बाजार के विविध आयामों का विश्लेषण भी जरूरी हो जाता। यह पूरी पूँजीवादी व्यवस्था और अमेरिकी नीतियों को कठघरे में खड़ा कर देता। इस जोखिम से पूरी तरह निजात मिल जाती है अगर इन सारे संघर्षों को एक आधे-अधूरे ढंग से परिभाषित 'सभ्यताओं' के संघर्ष के रूप में प्रस्तुत किया जा सके।

हंटिंग्टन ने अपनी पुस्तक में यही कष्ट-साध्य काम करने की कोशिश की है। अमेरिकी मीडिया और इसके प्रभाव में सारे संसार के बौद्धिक वर्ग में इसकी व्यापक चर्चा ने वर्तमान संसार के संकटों के पीछे की अमेरिकी भूमिका पर पर्दा डालने में निश्चित रूप से सफलता पाई है। इसके साथ-साथ इस पुस्तक ने वर्तमान दुनिया के राष्ट्रों की राजनीति और राजनय को भी बिलकुल अलग तरह से प्रस्तुत करने की कोशिश की है। सभ्यताओं को सामूहिक संघर्षों का मूल कारक सिद्ध करने के लिए हंटिंग्टन ने सभ्यता को भी नई तरह से परिभाषित करने की कोशिश की है। इसी क्रम में संस्कृति और सभ्यता के फर्क को भी काफी कुछ मिटाने का प्रयास हुआ है। विकासवाद के सिद्धान्त के परिप्रेक्ष्य में आनुवंशिकी और जीन के सम्बन्धों को समझने के बाद मानव समाज में संस्कृति की क्या भूमिका है इसे बिना किसी संशय के समझा जा सकता है।

दूसरे जीवों की तरह मनुष्य की बनावट और व्यवहार दोनों उसकी आनुवंशिकी से निर्धारित होते हैं, लेकिन जीवित रह सके इसके लिए उसे सदा अपने को प्रकृति के अनुकूल बनाने की जरूरत होती है। जीन द्वारा प्रदत्त गुणों में उस लोच का अभाव होता है जिससे वह नई और बदली स्थितियों में छोटे काल खंडों में अपने को ढाल सके। मनुष्य की संस्कृति से उसमें यह क्षमता आई है जिससे वह या तो स्वयं को आनुवंशिक सीमाओं से परे जाकर स्थिति के अनुकूल बना ले या एक सीमा के भीतर परिवेश में ही ऐसे परिवर्तन कर ले जिनसे उसका जीना आसान हो जाए। कम्प्यूटर से तुलना करके इस बात को समझना आसान होगा।

मनुष्य की आनुवंशिकी कम्प्यूटर के हार्डवेयर की तरह है जिसके कार्य पूरी तरह निर्धारित होते हैं। अगर इसके दायरे से बाहर की किसी समस्या का समाधान करना होता है तो उपयुक्त सॉफ्टवेयर का विकास करना होता है। कम्प्यूटर हार्डवेयर में ही वैसी क्षमताएँ बनी होती हैं जिनके आधार पर सॉफ्टवेयर विकसित किया जा सके। जीन प्रदत्त आनुवंशिकी और संस्कृति का भी वैसा ही सम्बन्ध है। मनुष्य की शारीरिक और मानसिक बनावट में उन क्षमताओं का प्रावधान है जिनसे संस्कृति विकसित हो सके। उसकी भाषाई क्षमता, उँगलियों की बनावट जिसमें अँगूठा और बाकी उँगलियाँ एक-दूसरे के विपरीत अवस्थित हैं, पाँव पर खड़ा हो हाथों को दूसरे कामों के लिए स्वतंत्र छोड़ने की क्षमता और दूसरे अनेक गुण मानव

आनुवंशिकी से प्राप्त हुए हैं जिनसे वह संस्कृति का विकास करता है। सम्प्रेषण की क्षमता, अवधारणा की क्षमता, औजार बनाने की क्षमता ये सब इसी आधार पर विकसित होते हैं।

संस्कृति उन सारे गुणों का समुच्चय है जो मनुष्य को विविध परिवेशों में अपने सामूहिक प्रयासों से प्राप्त होते हैं। यह अनेक तरह के वैसे गुण विकसित कर सकती है जो परिवेश के आकार और विविधता से निर्धारित होते हैं। इसका समूह के आकार से कोई सम्बन्ध नहीं। इसके विपरीत, सभ्यता वैसे समाजों को कहा जाता रहा है जो इतने बड़े आकार के हो गए हों कि नगरों का विकास हो गया हो। किसी-न-किसी तरह की लिखावट भी इसके साथ जुड़ी होती है। प्राय: इसके केन्द्र में कोई शासक समूह होता है जो परिधि पर या स्वयं केन्द्र के भीतर भी कुछ लोगों को मातहत रख उनके श्रम का शोषण करता है। इसमें एकरूपता या समरसता नहीं होती। कोई ऐसी विचारधारा या धर्म की मान्यता जरूर होती है जो अधिकतर लोगों को भावनात्मक रूप से जोड़ती या बगावत से रोकती है।

लेकिन ऐसे वृहत् और विविधतापूर्ण समाज में भी ऐसी संस्कृति तो विकसित होगी ही जिससे जरूरत के हिसाब से आदमी के वैविध्यपूर्ण व्यवहार विकसित हों। संस्कृति अनिवार्य है, सभ्यता परिस्थिति की उपज। संस्कृति के विपरीत सभ्यता न तो मानव विकास की अनिवार्य नियति है और न इनके गुणों में कोई सामंजस्य होता है। सुविधा के अनुसार मनुष्यों के बड़े संकेन्द्रणों को लोगों ने सभ्यता के नाम से नवाज दिया है। इस वर्ग में यूनान, रोम, मिस्र और सुमेर से लेकर एजटेक, माया और हड़प्पा-मोहनजोदाड़ो और वर्तमान विशाल औद्योगिक जन जमावों, सभी को शामिल किया जा सकता है।

हंटिंग्टन सभ्यताओं को ऐसी समेकित इकाई सिद्ध करने में, जो सामूहिक रूप से गतिशील हो सके, इसकी अति सरलीकृत तस्वीर पेश करते हैं। फारस के खिलाफ युद्ध में एथेंस द्वारा स्पार्टा को दिए गए आश्वासन के उद्धरण मात्र से वे इस नतीजे पर पहुँचते हैं कि सभ्यता को मुख्य रूप से इसका धर्म परिभाषित करता है। वे लिखते हैं, 'रक्त, भाषा, धर्म और जीवन पद्धति ही यूनानियों को फारसियों और दूसरों से भिन्न बनाती है, लेकिन सबसे ठोस तत्त्व जो सभ्यता को परिभाषित करता है, वह जैसाकि एथेंसवासियों का मानना था, धर्म है।'

इस एक उद्धरण के आधार पर संसार की अनेक सभ्यताओं के संघर्ष में इस्लामी सभ्यता सबसे बड़ी समस्या बन जाती है। बाकी बड़ी सभ्यताएँ—सिनिक (चीन की) कंफ्यूशियन धर्म, भारतीय हिन्दू धर्म की, पश्चिमी यूरो-अमेरिकी सभ्यता ईसाई (रोमन कैथोलिक और प्रोटेस्टेंट) और रूसी सभ्यता ऑर्थोडॉक्स ईसाइयत (यानी ईसाइयत का वह भाग जो कुस्तुन्तुनिया से पूरब की ओर फैला) को केन्द्र में रखकर चलती हैं। इसी तर्ज पर वे श्रीलंका के तमिल और सिंहली लोगों के संघर्ष को हिन्दू

और बौद्ध सभ्यताओं के संघर्ष के रूप में चिह्नित करते हैं। इसमें भाषा और मूल के विवाद और नौकरियों और आजीविका सम्बन्धी विवाद सभी गौण हो जाते हैं।

इस दृष्टि से जॉर्ज बुश के इराक युद्ध को क्रुसेड (धर्मयुद्ध) कहना सहज ही समझ में आता है। वैसे हंटिंग्टन ने पश्चिमी सभ्यता के लिए चीन की बढ़ती सामरिक और आर्थिक शक्ति को भी चुनौती माना है, लेकिन तत्काल उन्हें इस्लाम ही सबसे बड़ा खतरा दिखाई देता है। कारण साफ है, फिलहाल अमेरिकी कम्पनियों को सबसे बड़ी चुनौती इस्लामी देशों से ही है जहाँ संसार के सबसे बड़े तेल क्षेत्र हैं। हंटिंग्टन बिना लाग-लपेट के पश्चिमी संस्कृति के विस्तार के लिए इसकी सैनिक शक्ति की श्रेष्ठता को जरूरी मानते हैं।

वे लिखते हैं, '...संस्कृति जैसी कि हमने दलील दी है, शक्ति के दम पर फैलती है। अगर गैर-पश्चिमी समाजों को फिर से पश्चिमी संस्कृति द्वारा निर्मित होना है तो ऐसा पश्चिमी शक्ति के फैलाव, इसके हस्तक्षेप और प्रभाव में ही हो पाएगा। साम्राज्यवाद सार्वजनीनता की तार्किक जननी है...।'

यह आसानी से देखा जा सकता है कि हंटिंग्टन की भाषा हिटलर की कुल्टुर (संस्कृति) विस्तार की भाषा से भिन्न नहीं है। बुश की नीतियों के सन्दर्भ में हावर्ड के इस प्रोफेसर की बात को हल्के-फुल्के रूप से नहीं लिया जा सकता। शक्ति विस्तार की घोषणा को फिलहाल अमेरिका में विज्ञान-विरोध, अतार्किकता और अंधविश्वासों के उभार के सन्दर्भ में भी देखा जाना चाहिए। अभी अमेरिका में एक मुहिम चलाई जा रही है कि डार्विन के विकासवाद के सिद्धान्त के साथ-साथ स्कूलों में यह विचार भी पढ़ाया जाए कि संसार की रचना नियंता द्वारा एक डिजाइन के अनुसार हुई है। यह बात भी सर्वविदित है कि तेल कम्पनियों की लॉबी की ओर से अनेक वैज्ञानिक इस बात को झुठलाने में लगे हैं कि ईंधनों को जलाने की प्रक्रिया में होनेवाले उत्सर्जन की कोई भूमिका संसार के तापमान को बढ़ाने में है। अमेरिका की आर्थिक और वैज्ञानिक उपलब्धियों और उसकी जीवन पद्धति पर फिदा हमारे बौद्धिकों के लिए हंटिंग्टन और वह बौद्धिक माहौल, जिसमें वैसे विद्वान फलते-फूलते हैं, बड़ी वैचारिक चुनौती है।

जनसत्ता, 6 सितम्बर, 2005

4

चार्ल्स डार्विन

चार्ल्स डार्विन की पुस्तक 'द ओरिजिन ऑफ स्पीसीज' सन् 1859 में प्रकाशित हुई थी, यानी आज इस पुस्तक के प्रकाशन का डेढ़ सौवाँ साल है। शायद ही किसी पुस्तक ने जीवन के विविध आयामों और संसार को देखने की दृष्टि को इतना प्रभावित किया हो जितना इस पुस्तक ने किया। जीव-विज्ञान के क्षेत्र में इसका सर्वाधिक महत्त्व तो है ही, इससे आगे बढ़ इसने मानव विज्ञान, जीवन की उत्पत्ति सम्बन्धी पश्चिमी दुनिया के धार्मिक चिन्तन और मनुष्य के दूसरे मनुष्यों से सम्बन्ध के प्रश्न पर भी प्रकाश डाला है। इसने एक विवाद को जन्म दिया है जो आज तक बना हुआ है। इस विवाद में डार्विन के विचारों की एक खास व्याख्या से कुछ खतरनाक रुझान पैदा हुए हैं। इसकी हमारे अस्तित्व के लिए विशेष प्रासंगिकता है, इसलिए इस पर थोड़ा तफसील से विचार करना जरूरी है।

यह दिलचस्प है कि अपने शोध के निष्कर्षों पर पहुँचने में डार्विन उस समय के काफी चर्चित अर्थशास्त्री माल्थस के विचारों से प्रभावित हुए थे। माल्थस का मानना है कि मनुष्य की प्रजनन की गति ज्यामितीय होती है यानी दिन दूनी रात चौगुनी, जबकि जीवन के संसाधनों का उत्पादन अंकगणितीय यानी मंथर गति से होता है। इससे पैदा असन्तुलन जीवन के उपलब्ध साधनों के अभाव, दुर्भिक्ष, महामारी जैसी आपदाओं से भारी संख्या में लोगों के मरने से खत्म होता है और फिर बची हुई आबादी और उपलब्ध संसाधनों के बीच एक सन्तुलन कायम हो जाता है।

इसके बाद फिर ऐसे दुष्चक्रों की पुनरावृत्ति होती रहती है। डार्विन के अनुसार, जीवन के लिए उपलब्ध सुविधाओं और संसाधनों के लिए विभिन्न प्रजातियों के असंख्य जीवों में होड़ रहती है और इसमें वे प्रजातियाँ जीवित बचती हैं और फलती-फूलती हैं जो अपने को उपलब्ध परिस्थितियों के अनुकूल बना पाती हैं। बाकी प्रजातियाँ नष्ट हो जाती हैं।

इस संघर्ष के क्रम में पैदा स्थितियों से अनुकूलन के लिए प्रजातियाँ विशेष गुण और व्यवहार विकसित करती हैं। इस अनुकूलन की सफलता पर ही यह

निर्भर करता है कि कोई प्रजाति अस्तित्व में रहेगी या विनष्ट हो जाएगी। डार्विन ने अनुकूलन की इस प्रक्रिया को अस्तित्व के लिए संघर्ष कहा था और प्रजातियों के बचे रहने की सम्भावना को एक समाजशास्त्री हरबर्ट स्पेंसर के पद को उधार लेकर 'सर्वाइवल ऑफ द फिटेस्ट' से अभिव्यक्त किया था यानी वे ही प्रजातियाँ बच पाती हैं जो परिस्थिति के हिसाब से सर्वाधिक 'फिट' यानी अनुकूल होती हैं। इन पदों से बाद में गम्भीर विवाद पैदा हुए, इसलिए इन पदों के उस मायने को समझना जरूरी है जिस मायने में डार्विन ने इनका प्रयोग किया था। 'द ओरिजिन ऑफ स्पीसीज' में स्वयं डार्विन ने इसकी व्याख्या में यह लिखा है :

'जैव पदार्थ (यानी जीव और वनस्पति) जिस तेज रफ्तार से अपनी संख्या बढ़ाते हैं, उससे अनिवार्य रूप से अस्तित्व के लिए संघर्ष पैदा होता है। प्रत्येक जीव या वनस्पति, जो अपने स्वाभाविक जीवन काल में कई अंडे या बीज पैदा करता है, अपने जीवन क्रम में अनिवार्य रूप से किसी मौसम या वर्ष में मृत्यु का शिकार बनता है। ऐसा न हो तो बीजगणितीय संख्या-बाढ़ से इसकी संख्या इतनी अधिक हो जाएगी कि कोई भी देश इनके बोझ को उठाने में अक्षम हो जाएगा।

बढ़ती संख्या के कारण सभी व्यक्ति जीवित नहीं रह सकते, इसलिए अस्तित्व के लिए संघर्ष अनिवार्य हो जाता है—एक ही प्रजाति के विभिन्न व्यक्तियों के बीच, या विभिन्न प्रजातियों के व्यक्तियों के बीच, या जीवन की स्थितियों से। यह माल्थस के सिद्धान्त को कई गुना शक्ति से सम्पूर्ण जीवन और वनस्पति जगत में लागू करता है। इसलिए भी क्योंकि इस मामले में बनावटी ढंग से खाद्य-पदार्थों के उत्पादन की बढ़ोतरी या विवादों पर बन्धन नहीं डाला जा सकता।'

'जीवन के लिए संघर्ष' जैसे पद को लेकर भ्रम की स्थिति न रहे यह सुनिश्चित करने के लिए डार्विन ने इससे सम्बद्ध अध्याय में पहले ही लिखा, 'शुरू में ही मेरे लिए यह बता देना जरूरी लगता है कि मैंने इस पद का प्रयोग विशेष अर्थ में किया है जिसमें एक जीव की दूसरे पर निर्भरता भी समाहित है और विशेषकर व्यक्ति की खुद के जीवन की रक्षा ही नहीं बल्कि सन्तान छोड़ पाने की सक्षमता भी शामिल है। और आगे, एक अमरबेल सेब और कुछ दूसरे वृक्षों पर निर्भर है, लेकिन शब्द के अर्थ को बहुत खींचकर ही यह कहा जा सकता है कि वे इन वृक्षों से संघर्षरत हैं।'

आगे डार्विन कहते हैं कि 'सुविधा के लिए इन अनेक स्थितियों को इकट्ठे रूप में मैंने अस्तित्व के लिए संघर्ष कहा है।'

आगे चलकर उन्नीसवीं सदी के अन्तिम वर्षों में इन पदों की कुछ ऐसी व्याख्या होने लगी जिनके खतरनाक निहितार्थ मनुष्य के भविष्य के लिए हो सकते थे। कुछ लोगों ने इससे यह निष्कर्ष निकाला कि मनुष्य एक-दूसरे से अन्तहीन संघर्ष में लगा हुआ है और मानव समाज का चित्र उन्हें हॉब्स की कल्पना के करीब दिखाई देता था जिसमें मानव जीवन अभावग्रस्त और पशुवत होना था।

उन्नीसवीं शताब्दी के अन्तिम वर्षों से पूँजीवादी प्रतिस्पर्धा परवान चढ़ने लगी थी और कुछ लोगों को डार्विन के सिद्धान्त में निर्बाध प्रतिस्पर्धा का समर्थन दिखाई पड़ने लगा। अर्थशास्त्र और समाजशास्त्र से प्रत्यावर्तित हो यह विवाद स्वयं जीवन विज्ञान के क्षेत्र में वापस आ गया। चूँकि यह विवाद अन्तत: मानव सोच को प्रभावित कर हमारे भविष्य को भी बुनियादी रूप से प्रभावित करनेवाला है, अत: इस पर गम्भीर विचार करना जरूरी लगता है।

हर्बर्ट स्पेंसर के पद 'सर्वाइवल ऑफ द फिटेस्ट' को उधार लेने के पहले डार्विन ने जीवों के गुणों के क्रमिक विकास को 'कुदरती चयन' कहा था यानी प्रकृति द्वारा चयन की प्रक्रिया। यह मनुष्यों के घोड़े, कुत्ते, कबूतर आदि की नस्ल सुधारने की प्रक्रिया से तुलना पर आधारित पद था।

आदमी इस प्रक्रिया में पशुओं या फल-फूल में इच्छित गुण वाले पशु या फल-फूल को बचाता और बढ़ाता है और बाकी को खत्म हो जाने देता है। इस तरह इच्छित गुण वाले पशु या फल-फूल ही जीवित रह विकसित होते हैं। डार्विन ने स्वयं इस तरह कबूतरों की नस्ल को सुधारने का प्रयोग किया था और ऐसे प्रयोगों के दूसरों के नतीजों का अध्ययन भी। उसने पाया था कि जीवों के कुछ गुण उनके वंशजों में आ जाते हैं। अगर ऐसे गुण वाले कबूतरों की वंश-वृद्धि की जाए तो इससे खास नस्ल के कबूतर तैयार हो जाते हैं।

यही बात दूसरे जीवों में भी विशेष नस्लों को फैलाने के साथ लागू है। डार्विन के समय तक इस बात की जानकारी जीव वैज्ञानिकों को नहीं थी कि जीवों में अचानक नए गुणों का आविर्भाव कैसे होता है, लेकिन यह दिखाई देता था कि एक बार आविर्भाव हो जाने पर ये नए गुण वंशजों में दिखाई देने लगते हैं। डार्विन ने यह विचार प्रतिपादित किया कि प्रकृति भी लगातार वृक्षों या पशु-पक्षियों में अचानक इस तरह होनेवाले परिवर्तनों को संरक्षित करती है अगर इससे इनके जीवन की सम्भावना बढ़ती है।

यह भी एक स्वत: होनेवाली प्रक्रिया है। जीवित बचने के लिए वनस्पति या जीव को स्वयं को प्राकृतिक स्थितियों के अनुकूल बनाना पड़ता है जिसे अंग्रेजी में 'एडेप्टेशन' कहा जाता है। अगर नए गुणों से जीव प्राकृतिक स्थितियों के अनुकूल बनता है तो उसके जीवन की सम्भावना बेहतर होती है और इन नए गुणों से युक्त उसके वंशजों की बाढ़ होती है। जिनमें ऐसे अनुकूल गुण वाले सदस्य ही रह जाते हैं। इस अध्ययन से यह बात भी सामने आई कि अनेक प्रजातियाँ जो आज एक-दूसरे से बिलकुल भिन्न हैं कभी अतीत में किसी एक प्रजाति से उत्पन्न हुई थीं।

इससे पश्चिमी धर्मों में फैले इस विश्वास को गहरा धक्का लगा कि जगत के नियंता ने दुनिया के विभिन्न प्राणियों और वनस्पतियों को अलग-अलग रूप में कभी गढ़ा था और वे सदा भिन्न थे। स्थितियों के अनुकूलन से किस तरह प्रजातियों के

अंग और व्यवहार बदलते हैं उसके सबसे दिलचस्प नमूने हैं कुछ स्तनपायी जीवों के रूप और गुणों की भिन्नताएँ।

यह बात आम जानकारी की है कि आज के चौपाया जीव जैसे गाय, कुत्ता और मनुष्य स्तनपायी थलवासी जीव हैं, लेकिन स्तनपायी जीवों में ही चमगादड़, ह्वेल और डॉलफिन भी हैं। चूँकि चमगादड़ उड़ने वाला जीव है, ह्वेल और डॉलफिन गहरे जल में निवास करनेवाले जीव, उन्होंने अनुकूलन की प्रक्रिया से क्रमश: पक्षियों और मछलियों के अनेक गुण विकसित कर लिए हैं। चमगादड़ों ने विशेष तरह के डैने विकसित कर लिए हैं और ह्वेल ने जल में रहने के लिए जरूरी मछलियों के कई गुण। इतना कि कभी-कभी लोगों को ऐसा लगने लगता है कि ह्वेल भी एक मछली ही है। यह बात कि कभी ये भिन्न दिखनेवाली प्रजातियाँ किसी एक ही प्रजाति से विकसित हुई होंगी वैसे जीवाश्मों के अनुक्रम से मालूम होता है जो अपनी विकास यात्रा में प्रजातियाँ छोड़ गई हैं। ये जीवाश्म एक तरह से प्रजातियों के क्रमिक विकास के अभिलेख हैं।

लेकिन एक पहेली फिर भी डार्विन के सामने थी। यह पहेली कि चींटियों और मधुमक्खियों में जिनमें कामों का व्यवस्थित बँटवारा होता है—मसलन, मधुमक्खियों के छत्तों में अंडे देनेवाली रानी मधुमक्खी, पराग संग्रह करनेवाले मजदूर और एक हद तक काहिल नर मधुमक्खियों के बीच—वहाँ सबके गुणों का अगली पीढ़ी में हस्तान्तरण कैसे होता है? विशेषकर पराग जमा करनेवाले नर मधुमक्खी तो सन्तान पैदा करने में कोई योगदान नहीं करते तो फिर ये परोपकारी मधुमक्खी छत्ते की अगली पीढ़ियों में अपने जैसे सदस्य कैसे छोड़ जाते हैं?

डार्विन का निष्कर्ष था कि चयन प्रक्रिया में वैसे ही मधुमक्खियों का समूह अस्तित्व में रह जाता है जिसमें ऐसे उद्यमी पराग जमा करनेवाले मधुमक्खी यथेष्ट मात्रा में रानी मधुमक्खी के अंडों से निकलते हैं। जिन छत्तों में ऐसे नर मधुमक्खी नहीं पैदा होंगे उन छत्तों का अस्तित्व खत्म हो जाएगा। इस तरह सामूहिक रूप में उपयुक्त प्रजाति के बचे रहने का सिद्धान्त—'सर्वाइवल ऑफ द फिटेस्ट'—प्रकृति द्वारा चयन प्रक्रिया को बनाए रखता है।

डार्विन का मानना था कि इस तरह के चयन में प्रकृति की क्षमता मनुष्य की क्षमता से काफी अधिक होती है इसलिए प्राय: यह आश्चर्यचकित करनेवाला लगता है। इन चींटियों और मधुमक्खियों में आश्चर्यजनक सहयोग और काम का बँटवारा स्वत: इस प्राकृतिक चयन प्रक्रिया से आ जाता है। इसमें सहयोग या परोपकारिता भाव की कोई भूमिका दिखाई नहीं देती। यह सारी प्रक्रिया यांत्रिक लगती है।

जनसत्ता, 23 जुलाई, 2009

5

महात्मा गांधी

गांधीजी की बहुचर्चित पुस्तक 'हिन्द स्वराज' का शताब्दी वर्ष चल रहा है। इसका विभिन्न तरह का मूल्यांकन हो रहा है। सवाल है हम इसका सही मूल्यांकन किस रूप में करें? दिलचस्प है कि इसके सम्बन्ध में दो दृष्टियाँ पूरी तरह परस्पर विरोधी हैं। एक विचार को तो खुद गांधीजी ने (सन्) 1938 में 'आर्यन पाथ' को भेजे एक सन्देश में यों प्रस्तुत किया है : 'पाठक इतना भी जान लें कि दक्षिण अफ्रीका के हिन्दुस्तानियों में जो सड़न दाखिल होनेवाली ही थी, उसे इस पुस्तक ने रोका था'। इसके विरुद्ध दूसरे पल्ले में रखने के लिए पाठक मेरे एक दिवंगत मित्र की यह राय भी जान लें कि 'यह एक मूर्ख आदमी की रचना है।' फिर भी काफी लोग जो मानते हैं कि यह भविष्य का भारतीय समाज क्या हो, उसकी गांधीजी की परिकल्पना है। पुस्तक के सम्बन्ध में इस तरह की परस्पर विरोधी और तीव्र अनुभूति यह जरूर बताती है कि कहीं यह हमारे जीवन के महत्त्वपूर्ण पहलू को छूनेवाली पुस्तक है।

एक बात तो निश्चित रूप से कही जा सकती है कि गांधीजी इस पुस्तक में, निकट भविष्य में भारत कैसा होगा, इसकी रूपरेखा तैयार नहीं कर रहे थे। यह बात सन् 1921 में 'यंग इंडिया' में इस पुस्तक के सम्बन्ध में गांधीजी के एक उद्गार से स्पष्ट है। उन्होंने लिखा :

'इस किताब में 'आधुनिक सभ्यता' की सख्त टीका की गई है। यह 1909 में लिखी गई थी। इसमें मेरी जो मान्यता प्रकट की गई है वह आज पहले से ज्यादा मजबूत बनी है। मुझे लगता है अगर हिन्दुस्तान 'आधुनिक सभ्यता' का त्याग करेगा, तो उससे लाभ ही होगा।'

'लेकिन मैं पाठकों को एक चेतावनी देना चाहता हूँ। वे ऐसा न मान लें कि इस किताब में जिस स्वराज की तसवीर मैंने खड़ी की है, वैसा स्वराज कायम करने के लिए आज मेरी कोशिश चल रही है। मैं जानता हूँ कि अभी हिन्दुस्तान उसके लिए तैयार नहीं है। ऐसा कहने में शायद ढिठाई का भास हो, लेकिन मुझे तो पक्का विश्वास है कि इसमें जिस स्वराज की तसवीर मैंने खींची है, वैसा स्वराज

पाने की मेरी निजी कोशिश जरूर चल रही है, लेकिन इसमें कोई शक नहीं कि आज मेरी सामूहिक प्रवृत्ति का ध्येय तो हिन्दुस्तान की प्रजा की इच्छा के मुताबिक पार्लियामेंटरी ढंग का स्वराज पाना है। रेलों या अस्पतालों का नाश करने का ध्येय मेरे मन में नहीं है, अगरचे उनका कुदरती नाश हो तो मैं जरूर उसका स्वागत करूँगा। रेल या अस्पताल दोनों में से एक भी ऊँची और बिलकुल शुद्ध संस्कृति की सूचक (चिह्न) नहीं है। ज्यादा-से-ज्यादा इतना ही कह सकते हैं कि यह एक ऐसी बुराई है जो टाली नहीं जा सकती...। इस पुस्तक में बताए कुछ कार्यक्रमों के एक ही हिस्से पर आज अमल हो रहा है, वह है अहिंसा...हिन्दुस्तान अगर प्रेम के सिद्धान्त को अपने धर्म के एक सक्रिय अंश के रूप में स्वीकार करे और उसे अपनी राजनीति में शामिल करे तो स्वराज स्वर्ग से हिन्दुस्तान की धरती पर उतरेगा, लेकिन मुझे दुख के साथ इस बात का भान है कि ऐसा होना बहुत दूर की बात है।'

ऊपर के उद्धरणों से यह बात तो साफ हो जाती है कि गांधीजी 'हिन्द स्वराज' में व्यक्त विचारों को प्रकाशस्तम्भ के रूप में प्रस्तुत करना चाहते थे, जो विकास की दिशा को आलोकित कर सके। वे इसकी वैसी ही भूमिका देखते थे जैसी पश्चिमी देशों की परम्परा में 'यूटोपिया' की थी। वैसे तो यूटोपिया शब्द थॉमस मूर ने अपनी कल्पना के आदर्श समाज को दिया था, लेकिन वहाँ यह नाम विभिन्न मनीषियों द्वारा कल्पित आदर्श समाजों को दिया जाने लगा—वैसे आदर्श समाजों को, जो कभी व्यावहारिक नहीं हो सकते थे। इनमें कुछ यूटोपिया तो पूर्ण रूप से काल्पनिक थे, लेकिन कुछ ऐसे भी थे जिनके सम्बन्ध में विश्वास था कि वे वास्तव में कहीं अस्तित्व में थे। यूनान में प्रचलित ऐसी ही परम्परा 'ऐटलांटिस' के सम्बन्ध में थी और यूरोप के अनेक मनीषी किसी नए ऐटलांटिस की स्थापना की कामना करते रहे।

महात्मा गांधी ने 'हिन्द स्वराज' में जैसे समाज की कल्पना की है वह भी प्राचीन भारत की उनकी कल्पना पर ही आधारित था, लेकिन ज्यादा सही यह कहना होगा कि गांधीजी ने इसमें भारत की खोज की जगह भारत का आविष्कार किया है। दरअसल, ऐसा आविष्कार करना गांधीजी के चरित्र का हिस्सा था। बुराई उनके स्वभाव के इतना विपरीत थी कि उन्हें प्राचीन संस्थाओं की बुराई उनकी विकृति लगती थी।

एक उदाहरण सनातन धर्म है। गांधीजी अपने को सनातनी हिन्दू कहते थे, लेकिन इसके सम्बन्ध में उनकी मान्यता ऐसी थी कि वह आम सनातनी का दम घोंट दे। उनका वर्ण-व्यवस्था सम्बन्धी विचार भी कुछ ऐसा ही था और वे मानते थे कि ऊँच-नीच सम्बन्धी विचार इसकी विकृति है। और आखिरकार उन्हें यह विभाजन इतना असह्य लगा कि उन्होंने वैसे विवाहों में शामिल होना छोड़ दिया जिनमें वर और वधु में एक सवर्ण और दूसरा अवर्ण न हो। अगर प्राचीन भारत को एक आदर्श बनना था तो इसे वैसा ही बनना था जो गांधीजी की कसौटी पर खरा उतरे।

भारत की सभ्यता के सम्बन्ध में वे लिखते हैं : 'सभ्यता वह आचरण है जिससे आदमी अपना फर्ज अदा करता है। फर्ज अदा करने का मानी है नीति का पालन करना। नीति के पालन का मतलब है अपने मन और इन्द्रियों को वश में रखना। ऐसा करते हुए हम अपने को (अपनी असलियत को) पहचानते हैं। यही सभ्यता है। इससे जो उलटा है वह बिगाड़ करनेवाला है...।'

और आगे लिखते हैं : 'हमने देखा है कि मनुष्य की वृत्तियाँ चंचल हैं। उसका मन बेकार की दौड़-धूप किया करता है। उसका शरीर जैसे-जैसे ज्यादा दिया जाए वैसे-वैसे ज्यादा माँगता है। ...इसलिए हमारे पुरखों ने भोग की हद बाँध दी। बहुत सोचकर उन्होंने देखा कि सुख-दुख तो मन के कारण है। ...अमीर अपनी अमीरी की वजह से सुखी नहीं है, गरीब अपनी गरीबी के कारण दुखी नहीं है। अमीर दुखी देखने में आता है और गरीब सुखी देखने में आता है। करोड़ों लोग तो गरीब ही रहेंगे। ऐसा देखकर उन्होंने भोग की वासना छुड़वाई। हजारों साल पहले जो हल काम में लिया जाता था, उससे हमने काम चलाया...हमने नाशकारक होड़ को समाज में जगह नहीं दी। सब अपना-अपना धंधा करते रहे...ऐसा नहीं था कि हमें यंत्र वगैरह की खोज करना ही नहीं आता था, लेकिन हमारे पूर्वजों ने देखा कि लोग अगर यंत्र वगैरह की झंझट में पड़ेंगे, तो गुलाम बनेंगे और अपनी नीति को छोड़ देंगे। उन्होंने सोच-समझ कर कहा कि हमें अपने हाथ-पैरों से जो काम हो सके वही करना चाहिए। हाथ-पैरों का इस्तेमाल करने में ही सच्चा सुख है, उसी में तन्दुरुस्ती है।'

'उन्होंने सोचा कि बड़े शहर खड़े करना बेकार की झंझट है। उनमें लोग सुखी नहीं होंगे। उनमें धूर्तों की टोलियाँ और वेश्याओं की गलियाँ पैदा होंगी, गरीब अमीरों से लूटे जाएँगे। इसलिए उन्होंने छोटे देहातों से सन्तोष माना।'

पहली नजर में कुल मिलाकर ये विचार प्रगति-विरोधी लगेंगे, सामाजिक प्रगति की जो प्रचलित अवधारणा है उसके हिसाब से। आज की दुनिया में प्रगति की यह धारणा इतनी व्यापक हो गई है कि खुद गांधीजी, जैसा ऊपर बताया गया है, तत्काल इसे खत्म करने की बात नहीं करते—मसलन, रेलों और अस्पतालों को। फिर भी एक दूरगामी लक्ष्य के रूप में सभ्यता की प्रचलित तसवीर को उन्होंने कभी कबूल नहीं किया। इसके पीछे मनुष्य को देखने की दो बुनियादी दृष्टियों का भेद था। प्रचलित विचार के अनुसार मनुष्य जीव-जगत् की एक प्रजाति है और विकास-क्रम में शीर्ष बिन्दु पर पहुँच गया है। पर आरोह से उसकी पशुवृत्ति खत्म नहीं होती। लगातार उसे हिंसक संघर्षों में दूसरे जीवों और खुद अपनी प्रजाति के दूसरे सदस्यों से अपनी रक्षा करनी होती है और उन पर नियंत्रण कायम करना पड़ता है। अपनी रक्षा करने और अपनी सुविधाएँ बढ़ाने के लिए यह अपरिहार्य है।

इसके विपरीत गांधीजी मनुष्य को एक आध्यात्मिक अस्तित्व मानते थे। इस अस्तित्व को प्राप्त करने के लिए उसे सतत प्रयत्नशील रहना होता है, लेकिन

बुनियादी तौर पर डार्विन के मनुष्य की हकीकत से इनकार नहीं किया जा सकता था। महात्मा गांधी को जीवन भर सामाजिक कार्यों में और भावना के स्तर पर इन विपरीत प्रवृत्तियों के संघर्ष को झेलना पड़ा। स्थितियों द्वारा प्रस्तुत उलझनों से वे अपनी 'अन्तरात्मा की आवाज' से—जो उन्होंने खुद अपने तप से अर्जित की थीं—निबटते थे। अपने प्रयासों में उन्हें सभी मनुष्यों को उसकी पशुता से उबारने की राह दिखाई देती थी। उनके संघर्षों की कठिनाइयों और कुछ दूसरी विफलताओं को देखते हुए यह आश्चर्यजनक आश्वस्ति मालूम होती है। यही वह चीज है जो गांधीजी को एक महान युगपुरुष के रूप में स्थापित करती है।

विख्यात एथोलोजिस्ट कॉनराड लौरेंत्ज ने, जिसने जीवों में अपनी प्रजाति के विरुद्ध आक्रामकता की उपस्थिति को अपने अध्ययनों से सिद्ध किया था—कभी विनोद से कहा था कि मनुष्य जिसे आज हम जानते हैं, वह वनमानुष और पूर्ण मानव (ह्यूमन बीइंग) के बीच की एक कड़ी भर है। गांधीजी का प्रयास इस आरोहण को एक हकीकत बनाने का कहा जा सकता है। खुद अपने को उन्होंने मनुष्य की अपनी परिकल्पना के अनुरूप उसी तरह गढ़ने का प्रयास किया था जिस तरह कलाकार अपनी कल्पना को आकृति प्रदान करता है, लेकिन इस प्रक्रिया में उन्होंने मनुष्यता का एक मॉडल भी प्रस्तुत किया जो दूसरों को भी ऐसा बनने की प्रेरणा देता रहे। अगर इससे कोई नई मानवीय संस्कृति बनती है तो मानव स्वभाव में ऐसा परिवर्तन सम्भव है जिसमें वह 'पूर्ण-मानव' बन सके। 'हिन्द स्वराज' दरअसल ऐसा ही मॉडल देने का प्रयास है।

इससे गांधीजी की महानता तो प्रकट होती है, लेकिन समाज के लिए इसकी प्रासंगिकता तुरन्त दिखाई नहीं देती। यह प्रासंगिकता हमें दिखेगी अगर हम मानव विकास के मौजूदा प्रतिमान के नतीजों पर नजर डालें। डार्विन ने जीव-जगत् में जैसे विकास को चित्रित किया है उससे पिछली सदी में यह विश्वास फैला कि इस विकास-प्रक्रिया की निरन्तरता समाज की विकास-प्रक्रिया में भी है और मानव समाज उसी तर्ज पर सतत अपना विकास तकनीकी के आधार पर करता जा रहा है।

यह विकास सीढ़ीनुमा है, इसमें सदा एक स्तर से दूसरे तक आरोह की कल्पना है। इसमें पिछड़ना या फिसल जाना प्रजाति का नाश कर देता है। सभ्यता में इसकी निरन्तरता की कल्पना की गई है। आज यांत्रिक उपलब्धियों की जो होड़ लगी है वह इसकी अनिवार्यता या मजबूरी मानी जाती है।

अब जब संसाधनों की समाप्ति और पर्यावरण के क्षय से इस पर विराम लगता है और मानव अस्तित्व की समाप्ति का खतरा पैदा हो गया है तो समाज के सामने एक असहायता की स्थिति पैदा हो गई है। सदियों से पोषित आकांक्षाओं को पूरा करने के लिए किए जा रहे प्रयासों से जब मृत्यु अवश्यम्भावी लगती है तो पर्यावरण की रक्षा के लिए एक के बाद एक वैश्विक शिखर-वार्ताएँ हो रही हैं,

लेकिन आकांक्षाओं पर नियंत्रण असम्भव लगता है और फिर विवादों में फँस सारे प्रयास विफल हो जाते हैं। वर्तमान औद्योगिक व्यवस्था ने जीवन को ऐसे पचड़ों में उलझा रखा है कि आदमी उनका कैदी बन गया है। नीति-अनीति का निर्धारण आखिरकार यांत्रिकी की अनिवार्यता से ही होता है, जीवन की सम्भावना पर आसन्न संकट के एहसास से नहीं।

हम गांधी के देश भारत को ही लें। यह गांधी से कितना दूर है! हिन्द स्वराज का भारत कहता, 'हमें इससे मतलब नहीं कि दूसरे देश दमघोंटू कार्बन में क्या कटौती करते हैं। हम अपनी जरूरतों को सीमित करेंगे और संसार को जीवन की सीख देंगे। जरूरत हुई तो मृत्युगामी उनकी अर्थव्यवस्था से पूर्ण असहयोग करेंगे। अगर इससे संघर्ष पैदा होगा तो सत्याग्रह और प्रेम की शक्ति का प्रयोग करेंगे।' रास्ता तो यही है। पर 'हिन्द' कितना तैयार है? स्वराज कितना दूर है?

जनसत्ता, 19 सितम्बर, 2009

6

जॉर्ज ऑरेवल

सूक्ष्म द्रष्टा साहित्यकारों की कृतियों के माध्यम से कभी-कभी काल्पनिक स्थितियाँ यथार्थ से अधिक ठोस रूप से हमारे मानस पर अंकित होती हैं और खास तरह की आशंकाएँ या अपेक्षाएँ पैदा करती हैं। 1984 साल अन्य वर्षों की तरह ही एक वर्ष है, लेकिन जॉर्ज ऑरवेल की विख्यात पुस्तक 'नाइंटीन एटी फोर' ने इस वर्ष को एक विशिष्टता प्रदान कर दी है। अनेक लोग इस वर्ष को उन सम्भावनाओं से जोड़ते रहे हैं, जहाँ आधुनिक विज्ञान और तकनीक से लैस अधिनायकवादी सत्ता मनुष्य को चिरकाल के लिए मानसिक रूप से गुलाम बनाने में सक्षम हो सकेगी। इससे भी बढ़कर आज के राजनेताओं के बयान अक्सर इस उपन्यास में वर्णित व्यवस्था के सूत्र वाक्यों जैसे 'युद्ध शान्ति है' अथवा 'आजादी गुलामी है' की याद दिला जाते हैं। अब हम 1984 में पदार्पण कर चुके हैं, तो इस बात पर विचार करना उचित लगता है कि ऑरवेल के उपन्यास में चर्चित दु:स्वप्न की दुनिया से हम कितनी दूर या करीब हैं।

चूँकि सम्प्रेषण और संचार ऑरवेल के उपन्यास का केन्द्रीय मुद्दा है, हमारा ध्यान 1984 के ठीक पहले (1983 दिसम्बर के दूसरे सप्ताह में) होनेवाले नामीडिया (निर्गुट देशों की समाचार व्यवस्था) के सम्मेलन की ओर चला जाता है। यह दिलचस्प बात है कि इस सम्मेलन के उद्घाटन समारोह में बोलते हुए इन्दिरा गांधी ने स्वयं ऑरवेल का हवाला देते हुए आसमान से हर बात की निगरानी करनेवाली आँखों से आगाह किया। लेकिन किसी भी भारतीय के लिए आसमान से निगरानी करनेवाली आँखों से अधिक भयावह जमीन पर अवस्थित वे आँखें हैं, जो स्वयं इन्दिरा गांधी के निरीक्षण में लोगों के निजी जीवन पर लगी रहती हैं और जिसका अनुभव आपातकाल में हर भारतीय को हो चुका है। जो तसवीर भारतीय टी.वी. पर (टी.वी. उस उपन्यास में वर्णित टेलीस्क्रीन का ही एक पक्ष है) हमें किसी दिन अकेला नहीं छोड़ती वह 'बिग ब्रदर' की नहीं स्वयं इन्दिरा गांधी की होती है।

आश्चर्य नहीं कि इन्दिरा गांधी टी.वी. को देश के 70 प्रतिशत घरों में फैलाने की बात सोचती हैं, लेकिन दूसरे देशों द्वारा आसमान से निगरानी की निन्दा और स्वयं अपने देश में लोगों को वैचारिक दृष्टि से नियंत्रित करना वास्तव में ऑरवेल द्वारा वर्णित उस मानसिक प्रक्रिया का अंग है, जिसे उसने 'डबल थिंक' का नाम दिया है। इसमें दो विपरीत मूल्यों को एक साथ ही कबूल कर लिया जाता है : एक अपने लिए और दूसरा अपने प्रतिपक्षियों के लिए।

नामीडिया में जिन देशों के संचार माध्यमों के लोग आए थे, उनमें से अधिकांश में समाचारों को इकट्ठा या प्रसारित करने का अधिकार अन्यत्र ही सीमित है। इसलिए समाचार सूत्रों की आजादी की बात इसके प्रचलित अर्थों में तो नहीं ही की जा सकती थी, अत: समाचार की आजादी के अर्थ को थोड़ा बदलने का प्रयास हुआ। 1984 की तरह 'आजादी गुलामी है' वाला सूत्र तो नहीं अपनाया गया, लेकिन आजादी का दायरा उसी तरह बदल दिया गया। सम्मेलन ने अपने मूल प्रस्ताव में यह कहा कि 'समाचार के सन्तुलित प्रवाह पर उतना ही ध्यान देना चाहिए जितना मुक्त प्रवाह पर।' लेकिन चूँकि इन देशों में मुक्त प्रवाह की सम्भावना प्राय: नगण्य है असली उद्‌देश्य सन्तुलित प्रवाह का रहेगा और यह सन्तुलन वर्तमान सत्ताओं द्वारा स्थापित किया जाएगा। पूरे सम्मेलन में उन देशों का बहिष्कार नहीं किया गया, जहाँ विचारों पर प्रतिबन्ध है। इस सम्मेलन में 'उन्नीस सौ चौरासी' में व्यक्त की गई आशंका की पूर्ति होती है।

'उन्नीस सौ चौरासी' में 'इंगसौक' के समाज यानी ब्रिटिश समाजवाद (इंगलिश सोशलिज्म) का वर्णन है। हालाँकि यह भी बताया गया है कि फर्क मात्र नामों का है, वास्तव में जो तीन बड़ी अधिनायकवादी व्यवस्थाएँ बनेंगी आधारभूत रूप से एक-सी होंगी और एक-दूसरे के साथ स्थायी तौर पर युद्धरत रहेंगी। यह भी कल्पना की गई है कि निरन्तर युद्ध के कारण लोगों के जीवन स्तर में बड़ी गिरावट आएगी। खासकर मजदूर वर्ग जिसे 'प्रोल' कहा गया है, भयंकर अभाव और आपसी छीना-झपटी की जिन्दगी बिताएगा। इस वर्ग में समाज परिवर्तन की इच्छा या क्रान्तिकारिता बिलकुल नहीं होगी। जीवन स्तर सम्बन्धी कही गई बातें 'इंगसौक' या अन्य विकसित पूँजीवादी देशों पर तो लागू नहीं होतीं। अगर आम लोगों की वैसी हालत कहीं है तो भारत ऐसे देशों में।

अब हम 'प्रोल जीवन' के इस वर्णन पर विचार करें : '...वे जन्म लेते थे, कूड़े में पलते थे, बारह वर्ष की उम्र से काम में लग जाते थे। प्रस्फुटन, सौन्दर्य और सेक्स की इच्छा की एक अल्पकालीन अवधि से गुजरते थे, बीस की उम्र में विवाहित हो जाते थे, तीस की उम्र में अधेड़ हो जाते थे और अधिकांश साठ वर्ष का होते-होते मर जाते थे। भारी शारीरिक श्रम, घर और बच्चे की देखभाल, पड़ोसियों से छोटे-मोटे झगड़े, सिनेमा, फुटबॉल और जुआ यही उनके जीवन की क्षितिज रेखा थी...यह उचित नहीं समझा जाता था कि 'प्रोलों' में कोई गहरी राजनीतिक

प्रतिबद्धता हो। सिर्फ यह जरूरी था कि उनमें एक तरह का आदिम राष्ट्रभाव हो, जिसके सहारे उनसे कम राशन पर अधिक काम कराया जा सके।'

भारतीय स्थिति में हम सिर्फ फुटबॉल की जगह क्रिकेट रख दें तो भारतीय जीवन पर यह बातें बिलकुल फिट बैठ जाती हैं। हाँ! जुआ में 'उन्नीस सौ चौरासी' में भी सरकारी लाटरियों का ही प्रमुख स्थान बतलाया गया।

हालाँकि ब्रिटेन या अन्य पश्चिमी देशों के मजदूर वर्ग की दशा सुधरती गई है और इनमें अस्सी फीसदी लोगों को एक हद तक आराम की जिन्दगी प्राप्त है, फिर भी जिस मानसिक गुलामी का चित्रण 'उन्नीस सौ चौरासी' में किया गया है, वह इन देशों में भी है। यह स्थिति प्रत्यक्ष देखने से नहीं पैदा हुई है, बल्कि सरकार एवं बड़े कॉरपोरेशनों के प्रचारतंत्र से। यह काम खास तौर से शब्दों के अर्थ को कुछ ठोस उपयोगी या उपभोग की वस्तुओं के सन्दर्भ तक सीमित करके किया गया है। ऑरवेल के उपन्यास में नई भाषा को 'न्यूस्पीक' कहा गया है और उसका उद्देश्य भाषा को उसके पुराने सन्दर्भों से बिलकुल काट देता है, जिसमें स्थितियों के आकलन का कोई परम्परागत मापदंड नहीं बचे। यह काम धड़ल्ले से आज उपभोक्तावादी समाज की बौद्धिक संस्कृति कर रही है। अब क्रान्तिकारिता का 'एबनॉर्मलिटी' या 'एनोमी' सादगी की जिन्दगी को 'शैबी' या प्रतिस्पर्धा से परहेज को 'मोटिवेशन का अभाव' जैसे शब्दों से परिभाषित किया जाने लगा है। इस नई शब्दावली के प्रचलन से सुकरात से लेकर जीसस क्राइस्ट, मार्क्स और गांधी तक सब एक वर्ग 'सोशल मिसफिट' में आ जाएँगे। फिर इस विषय में सोचने की कोई जरूरत नहीं रह जाएगी। अत: इन देशों में भी जीवन स्तर ऊँचा होने के बावजूद मनुष्य मानसिक रूप से गुलाम बनकर उपभोक्ता समाज द्वारा निर्धारित लीक पर चलने का आदी बनता जा रहा है।

एक मामले में ऑरवेल की कल्पना निश्चित ही अति निराशावादी और गलत साबित हो रही है। ऑरवेल ने यह मान लिया था कि दमन, नई भाषा और प्रचार से आदमी की आजादी की इच्छा को पूरी तरह दमित किया जा सकता है। लेकिन आदमी की आजादी की इच्छा अदम्य ही रही है और आदमी की जीभ पर भले ही ताला लग जाए या उसकी भाषा नष्ट कर दी जाए, उसके भीतर की आलोचनात्मक दृष्टि कभी नहीं मरती। उसे इसके लिए किसी बाहरी मापदंड या प्रचलित भाषा की तलाश नहीं रहती। मानव वंश कपिल से प्राप्त उसके जीवकोष्ठ में ही कहीं आकंठ तक भावना बैठी है जो लाख प्रतिबन्धों के बावजूद तब तक जीवित रहती है जब तक आदमी जिन्दगी की वह सुराग पाते ही प्रस्फुटित हो बाहर आ जाती है। इसका सबसे प्रत्यक्ष प्रमाण पोलैंड की पिछली घटनाएँ हैं।

रविवार, 1 जनवरी, 1984

7

अल्बेयर कामू

'न्यायी हत्यारे' अलबेयर कामू के 1949 में फ्रेंच में लिखे नाटक 'लेस जस्टेस' का इस लेखक द्वारा किया हिन्दी अनुवाद है। लेस जस्टेस का शाब्दिक अनुवाद 'सिर्फ न्यायी' होगा। यह नाटक हत्या और आतंक के साथ जुड़े नैतिक प्रश्नों को बड़ी मार्मिकता के साथ उपस्थित करता है।

कामू के इस नाटक में स्तेपान फेदोरोव को छोड़कर सभी पात्र 1905 में ग्रैंड ड्यूक सरजई रोमानोव की हत्या करनेवाले रूसी सोशलिस्ट क्रान्तिकारी ग्रुप के सदस्यों के वास्तविक चरित्रों पर आधारित है। अपनी भूमिका में कामू ने लिखा है कि कालियायेव तो एक क्रान्तिकारी का असली नाम है। स्तेपान के चरित्र की सृष्टि कामू ने कम्युनिस्ट पार्टी से अपने मतभेदों को उजागर करने के लिए की है। नाटक में पाँच दृश्य (या अंक) हैं। प्रथम तीन और अन्तिम पाँचवें दृश्य का स्थान क्रान्तिकारियों का ठिकाना है, चौथे दृश्य का स्थान जेल है।

पहले दृश्य में क्रान्तिकारी बम फेंककर ग्रैंड ड्यूक की हत्या करने की एक सांगोपांग योजना बनाते हैं और कालियायेव (यानेक) को बम फेंकने के लिए चुना जाता है।

दूसरे दृश्य में यानेक बम फेंक न पाने के बाद लौट आता है क्योंकि उस वक्त ग्रैंड ड्यूक की बग्घी में दो बच्चे भी सवार रहते हैं। स्तेपान इस पर क्षोभ प्रकट करता है, लेकिन अन्य साथी यानेक का पक्ष लेते हैं।

तीसरे दृश्य में यानेक दूसरी बार बम फेंकने की तैयारी करता है, अलेक्सिस वोइनोव हिंसक कार्रवाइयों में भाग ले पाने में अपनी असमर्थता पर लज्जित हो पार्टी के प्रचार विभाग में शामिल होने का निर्णय करता है।

चौथे दृश्य में स्थान जेल है, जहाँ यानेक बम फेंकने के बाद कैद है। खुफिया विभाग का अधिकारी स्कूरातोव यानेक से मिलता है और उसे अपराध कबूलने और अपने साथियों का नाम पता देने के लिए यह कहकर धमकाता है कि यदि उसने इनकार किया तो वह (स्कूरातोव) यह समाचार प्रकाशित करवा देगा कि

ग्रैंड ड्यूक की पत्नी से कालियायेव ने अपने किए पर पश्चाताप प्रकट किया है और इसका नतीजा यह होगा कि उसके साथी यह विश्वास कर लेंगे कि उसने (कालियायेव ने) उन्हें धोखा दिया है। इस धमकी के पहले ग्रैंड ड्यूक की पत्नी ग्रैंड डचेस कालियायेव की कोठरी में प्रवेश करती है और ग्रैंड ड्यूक की हत्या करने के अपराध के मानव-हत्या वाले पक्ष को उसे दर्शाती है और कहती है कि मृत्यु से बचने के लिए वह क्रान्तिकारी होने के बजाय हत्यारा होना मंजूर कर ले। कालियायेव ग्रैंड डचेस के अपने पति के संस्मरणों से द्रवित तो होता है, लेकिन उसकी बात मानने से दृढ़ता के साथ इनकार करता है।

पाँचवें और अन्तिम दृश्य में स्थान क्रान्तिकारियों का वही ठिकाना है। कालियायेव को फाँसी पर चढ़ाए जानेवाली रात है। अन्नेकोव, दोरा और स्तेपान कालियायेव का समाचार जानने की प्रतीक्षा कर रहे हैं। वोइनोव भी समाचार जानने की व्यग्रता में चला आता है। एक-दो साथी यह शक जाहिर करते हैं कि शायद कालियायेव ने अपनी जान बचाने के लिए भेद खोल दिया है, लेकिन दोरा यह जानती है कि ऐसा नहीं हो सकता। थोड़ी देर बाद कालियायेव को फाँसी पर चढ़ाए जाने का समाचार मिलता है। दोरा, स्तेपान जैसा रुख अख्तियार करती है और कालियायेव की फाँसी का बदला लेने के लिए अकेले जारशाही से लड़ने की प्रतिज्ञा करती है।

उन्नीसवीं शताब्दी के आखिरी वर्षों से लेकर बीसवीं शताब्दी के पूर्वार्ध तक में यूरोपीय समाज में सभी नैतिक बन्धनों को नकारने का रुझान 'निहिलिज्म' और 'अस्तित्ववाद' के दर्शन के रूप में काफी प्रबल था। दोस्तवस्की की यह शंका 'अगर ईश्वर नहीं है तो सब कुछ करना क्षम्य है' और नीत्से की घोषणा 'ईश्वर मर चुका है और आदमी को उसके खाली सिंहासन पर आसीन होकर अराजक हो चुके संसार को नए नियमों में बाँधना है', इनमें सभी पूर्ववर्ती समाजों से भिन्न, दुनिया को देखने का एक नया नजरिया प्रस्तुत होता था। हकीकत की दुनिया में इसके पूरक पक्ष के रूप में दुनिया को नए सिरे से गढ़ने का क्रान्तिकारी रुझान भी भिन्न-भिन्न रूपों में आया, हालाँकि उनके घोषित लक्ष्यों और भावनाओं में भिन्नता दिखती थी। रूस में जारशाही की अधिनायकवादी व्यवस्था के विरुद्ध एक आन्दोलन सोशलिस्ट रिवोल्यूशनरी पार्टी का था। लेनिन के बड़े भाई अलेग्जैंडर इसी पार्टी से जुड़े थे। जार की हत्या करने का षड्यंत्र करने के आरोप पर उन्हें फाँसी दी गई थी। इस पार्टी की क्रान्तिकारी आतंकवादी कार्रवाइयाँ—यानी उच्च स्थानों पर आसीन जार के पदाधिकारियों और स्वयं जार की हत्या से शासनतंत्र को इतना आतंकित करना चाहती थी कि व्यवस्था ध्वस्त हो जाए और जनता का शोषणविहीन राज्य कायम हो जाए। क्रान्तिकारियों की मूल चेतना समाज में 'न्याय' स्थापित करने की थी।

लेकिन यहीं एक शंका और विवाद का जन्म होता है। क्या ऐसी आतंकवादी कार्रवाइयों के दौरान ऐसी अनचाही घटनाएँ क्षम्य हैं जिनमें निर्दोष लोग मारे जाएँ? इस नाटक में कालियायेव, स्तेपान, दोरा दुलेबोव आदि पात्रों के माध्यम से इस विवाद का हल ढूँढ़ने की कोशिश की गई है। सर्वशक्तिमान ईश्वर संसार में अपनी व्यवस्था कायम करने के क्रम में बेहिचक विशाल पैमाने पर पूर्ववर्ती निर्मितियों का ध्वंस और जीवों का संहार करता चलता है। क्या न्याय का आग्रही मनुष्य भी ईश्वर की तरह ऐसी निर्ममता कबूल कर सकता है? अगर हम ईश भक्तों की बात मानें तो ईश्वर सर्वज्ञ और सर्वशक्तिमान है, और विध्वंस से जो नया निर्माण होगा उसके बारे में जानता है और आश्वस्त है, लेकिन क्रान्तिधर्मा मनुष्य जो नहीं जानता कि उसके कामों का अन्तिम अन्जाम क्या होगा, क्या इस तरह हत्या और विध्वंस के लिए स्वतंत्र है?

यह महज कोई काल्पनिक प्रश्न नहीं है। आज जो आतंकवादी हिंसा हो रही है—चाहे जिहाद के लिए हो, माओवादियों द्वारा नया समाज बनाने के लिए हो, या राष्ट्रीय या क्षेत्रीय स्वायत्तता के लिए संघर्ष करनेवालों के द्वारा हो—सभी में बड़े पैमाने पर निर्दोष व्यक्तियों की चाहे-अनचाहे हत्याएँ हो रही हैं। इतना ही नहीं, स्थापित व्यवस्थाओं के द्वारा भी चिह्नित दोषी लोगों को ही न्यायिक प्रक्रिया से दंड नहीं दिया जाता बल्कि पुलिस या फौजी कार्रवाइयों के दौरान अनेक ऐसे लोगों की मृत्यु होती है, जिन्हें व्यवस्था ने अपने ही कानूनों की दृष्टि से दोषी साबित नहीं किया होता है। अमेरिकी राष्ट्रपति जॉर्ज डब्ल्यू. बुश ने तो बड़े पैमाने पर हजारों की संख्या में मारे जानेवाले ऐसे लोगों की मृत्यु और विध्वंस का औचित्य ठहराते हुए एक पद, कोलेटेरल डैमेज (आनुषंगिक नुकसान) का आविष्कार किया है। आतंकवादी या क्रान्तिकारी हिंसा में भी 'आनुषंगिक नुकसान' का एक पहलू रहता है।

लेकिन यह सब मात्र संघर्ष की गहमागहमी में होनेवाली मौतों का मामला नहीं है। कामू के सामने क्रान्ति के गर्भ से पैदा सोवियत समाज का नक्शा भी था जो एक तरह की शोषण व्यवस्था की जगह एक दूसरी और अधिक भीषण तानाशाही व्यवस्था बन गई। यहाँ कुछ भी अप्रत्याशित नहीं था, सब कुछ पूर्व नियोजित था—न्याय की कामना से अपनाई गई अमर्यादित हिंसा का परिणाम। इन अनुभवों से न्याय के लिए हिंसा का मार्ग अपनानेवाले न्यायी का संकल्प संशयग्रस्त हो जाता है, अगर वह एक तरह की जालिम व्यवस्था के विकल्प में बनी दूसरी अन्यायी व्यवस्था को स्वीकार नहीं करता। जो लोग अपनी अविछन्न सत्ता कायम कर लेने भर से सन्तुष्ट हो जाते हैं उन लोगों के भीतर यह अन्तर्द्वन्द्व पैदा नहीं होता, लेकिन तब न्याय का अर्थ बदल जाता है, अन्याय के विरुद्ध प्रति-अन्याय एक नियति की तरह स्वीकार कर लिया जाता है।

नाटक का केन्द्रीय नायक कालियायेव काल्पनिक नहीं एक वास्तविक पात्र है, जो 1905 में जार के एक अधिकारी ग्रैंड ड्यूक सरजई की हत्या करता है और फिर फाँसी पर चढ़ता है। वह ऊपर वर्णित द्वन्द्व से निजात इस निर्णय से पाता है कि अगर हत्या के बदले स्वेच्छा से मौत स्वीकार की जाए तो हत्यारा होने के भाव से मुक्ति मिल सकती है। यह इस हिला देनेवाले द्वन्द्व से बचने का एक मार्ग हो सकता है। कामू ने उसी के चरित्र के माध्यम से इस बात की सीमा का निर्धारण किया है कि क्रान्तिकारी कहाँ तक जा सकता है। हम क्या कर सकते हैं, इसकी सीमा निर्धारित करने के विचार के कारण कामू का मतभेद ज्याँ पाल सार्त्र से होता है जो उसका समकालीन था और अस्तित्ववादी दर्शन का मुख्य प्रवक्ता था। सार्त्र किसी ऐसी सीमा को मनुष्य के नैतिक निर्णय की स्वतंत्रता पर बन्धन मानता था। उसके अनुसार मनुष्य अपने कर्मों की जवाबदेही स्वीकार कर स्वयं एक नैतिकता का निर्माण करता है और इसके लिए वह स्वतंत्र है। कोई अचरज नहीं कि सोवियत व्यवस्था की हकीकत को जानते हुए भी सार्त्र कम्युनिस्ट पार्टी का सदस्य था, लेकिन इस विचार से स्वनिर्मित कसौटी के आधार पर आत्मतुष्टि का मार्ग तो खुलता है, लेकिन न्याय का रास्ता क्या हो, यह नहीं दिखाई देता।

कामू के सामने सदा एक बुनियादी अन्तर्द्वन्द्व उपस्थित था जो कई दूसरे अस्तित्ववादियों के सामने भी था। उसके अन्तर्द्वन्द्व का उत्स था—मानव अस्तित्व को एक 'एब्सर्ड' (निरर्थकता) के रूप में देखना। कामू ने अपने एक लेख 'निरर्थकता और आत्महत्या' को इस रूप में पेश किया है कि आदमी संसार में क्यों है, इसका कोई तुक नहीं। इसलिए जीवन की अर्थहीन उलझनों से निकलने का रास्ता आत्महत्या में दिखाई देता है। संसार के अर्थहीन अस्तित्व से मुक्ति के लिए आत्महत्या और सामाजिक अन्याय से दुनिया को मुक्त करने के लिए हत्या, दोनों ही स्थितियों में मानव अस्तित्व में निहित किसी अटल त्रासदी का अहसास है। दूसरी स्थिति में समस्या के किसी हल के अभाव में हत्या की क्षतिपूर्ति आत्मबलिदान से होती है जो एक अर्थ में आत्महत्या ही है।

लेकिन गम्भीरता से विचार करने पर अस्तित्ववादियों की एब्सर्ड की कल्पना काल-विशेष में व्याप्त एक तरह का भावनात्मक रुझान भर व्यक्त करती है, कोई दार्शनिक और तार्किक दृष्टि नहीं। अधिक बुद्धिसंगत दृष्टि होगी—मानव जीवन को एक चमत्कार के रूप में देखना। असंख्य अणुओं एवं परमाणुओं के खिंचाव, विकर्षण संघात और संश्लेषण की सतत होनेवाली प्रक्रियाओं से संवेदनशील चेतना और जीवन का विकास मनुष्य के लिए अचरज और आनन्द का स्रोत है। इसके पीछे किसी अर्थ की तलाश बेकार है और अखिल ब्रह्मांड में तिनके से भी छोटी हैसियत रखनेवाले मनुष्य की बौद्धिक सीमा से परे भी, लेकिन जीवन जो सीमित सम्भावनाएँ मनुष्य के सामने प्रस्तुत करता है उन्हें ही वह मानवीय आनन्द का स्रोत

बना सकता है। बिना किसी दार्शनिक पचड़े में पड़े अपने विकास के क्रम में छोटे-छोटे दायरों में मनुष्य यही करता रहा है, लेकिन विकास-क्रम में ऐसी स्थितियाँ पैदा हुईं कि आदमी प्रेम, सहयोग, नृत्य, संगीत, कला, साहित्य आदि में ऐसे आनन्द की तलाश की जगह अपरिमेय आर्थिक और राजनीतिक शक्ति समेट दूसरे मनुष्यों और सारी प्रकृति पर वर्चस्व स्थापित करने की धुन में पागल हो दूसरे मनुष्यों के लिए उत्पीड़न का कारण बन गया। फिर इसके खिलाफ विद्रोह और न्यायपूर्ण समाज बनाने की प्रक्रिया शुरू हुई। हिंसक क्रान्तियाँ इसी का परिणाम रही हैं, लेकिन वे स्वयं मनुष्य को एक अन्तर्द्वन्द्व में डालती रही हैं क्योंकि उनकी परिणति नए तरह के उत्पीड़न के रूप में आई। कामू के इस नाटक में इसी उलझन के एक रूप से मुक्ति की तलाश है, लेकिन अन्ततः यह एक त्रासदी ही साबित होती है।

यह ध्यान में रखने की बात है कि बीसवीं शताब्दी के प्रारम्भिक वर्षों में रूस में ही टाल्सटाय ने उत्पीड़न से लड़ने के लिए प्रेम की शक्ति जागृत करने की कल्पना की थी, लेकिन उन्हें कोई रास्ता दिखाई नहीं दे रहा था। 1907 में जब महात्मा गांधी ने दक्षिण अफ्रीका में सत्याग्रह के अहिंसक मार्ग का सफल प्रयोग किया तो टाल्सटाय काफी उत्साहित हुए थे और उन्होंने अपनी मृत्यु के पूर्व एक पत्र भी महात्मा गांधी को लिखा था। इसी के आसपास ब्रिटेन में महिलाओं ने मतदान के अधिकार के लिए अहिंसक संघर्ष किया था। आश्चर्य है कि कामू के सामने ये उदाहरण नहीं थे, जो हत्या और फिर आत्मबलिदान के जरिये कीमत चुकाने के बजाय अहिंसक प्रतिरोध के माध्यम से इस गतिरोध से मुक्ति दिला सकें। दूसरी ओर महात्मा गांधी के शिष्यों में गांधी के आगे बढ़ व्यवस्थाजनित हत्या और उसके विविध आयामों के सन्दर्भ में क्या किया जा सकता है, इस पर कोई गम्भीर विचार मंथन नहीं हुआ है। शायद व्यक्ति के स्तर पर वे इसकी विविध भावनाओं के अन्तर्द्वन्द्व से अपरिचित हैं। इस नाटक से उन्हें भी उत्तेजना मिल सकती है। इसके अभाव में फिलहाल एक तरह का गतिरोध है।

बीसवीं सदी के एक महान लेखक और चिन्तक अल्बेयर कामू का जन्म 7 नवम्बर, 1913 को फ्रांस के तत्कालीन उपनिवेश अल्जीरिया के मोनडोवी में हुआ। उनका बचपन गरीबी में बीता। 1923 में वह माध्यमिक स्कूल में दाखिल हुए और वहाँ से परीक्षाएँ पास करते हुए अल्जीयर्स विश्वविद्यालय में। विश्वविद्यालय की फुटबाल टीम के वह गोलकीपर थे और उन्होंने एक जगह लिखा भी है कि उन्हें नैतिकता की शिक्षा फुटबाल के खेल से मिली। 1930 में तपेदिक हो जाने पर उन्हें फुटबाल और विश्वविद्यालय की पढ़ाई छोड़नी पड़ी। इसके बाद का समय स्वाध्याय और प्राइवेट ट्यूटर, मोटर पार्ट कम्पनी के किरानी और मौसम संस्थान का काम करते रहे। 1935 में उन्होंने बी.ए. और 1936 में एम.ए. पास किया। 1935 में उन्होंने मजदूरों के थिएटर की स्थापना की।

1935 में वह मार्क्सवादी-लेनिनवादी विचारधारा से आकृष्ट होने के बजाय स्पेन के गृहयुद्ध से ज्यादा चिन्तित होकर फ्रांसीसी कम्युनिस्ट पार्टी में शामिल हुए। 1936 में अल्जीरिया की आजादी की माँग करनेवाले अल्जीरियाई कम्युनिस्ट पार्टी में भाग लेने लगे जिससे कम्युनिस्ट पार्टी के कामरेडों से उनकी असहमति बढ़ती गई और उन्हें ट्राटस्काइट करार देकर 1937 में कम्युनिस्ट पार्टी से निष्कासित कर दिया गया।

तपेदिक के कारण 1940 में उन्हें फ्रांसीसी सेना में भर्ती नहीं किया गया। 1941 में उन्होंने अपनी दो प्रसिद्ध पुस्तकें अजनबी (द स्ट्रेंजनर) और 'मिथ ऑफ सिसिफस' लिखीं। द्वितीय विश्वयुद्ध के दौरान वह फ्रांसीसी प्रतिशोध (रेजिस्टेंस) संगठन 'कौम्बाट' में शामिल हुए और 1943 में संगठन के बैम्बाट नाम से ही प्रकाशित होनेवाले गुप्त पत्र के सम्पादक बने। मित्र राष्ट्र की सेना ने जब पेरिस को मुक्त किया तो कामू ने लड़ाई के अन्तिम दौर की स्पाट रिपोर्ट लिखी। जिन एकाध फ्रांसीसी सम्पादकों ने हिरोशिमा पर अणु बम फेंकने का विरोध किया, कामू उनमें एक थे। 1947 में उन्होंने 'कौम्बाट' से, जब वह व्यावसायिक पत्र बन गया, इस्तीफा दे दिया। इसी वक्त उनका प्रसिद्ध फ्रांसीसी चिन्तक ज्यां पाल सार्त्र से परिचय हुआ।

यद्यपि कामू का राजनैतिक रुझान वामपंथी रहा पर वह कम्युनिस्ट मतवाद की कड़ी आलोचना करते रहे और सार्त्र से उनकी दूरी बढ़ती गई। 1949 में उन्हें फिर से तपेदिक हो गया और वह दो वर्ष एकान्तवास में रहे। 1951 में विद्रोह और क्रान्ति का दार्शनिक विश्लेषण और विवेचन करनेवाली उनकी प्रसिद्ध पुस्तक विद्रोही (द रेबेल) का प्रकाश न हुआ। इसमें कम्युनिज्म को नकारने का उनका दृष्टिकोण इतना स्पष्ट था कि उनके बहुत-से साथी उनसे खिन्न होते गए और सार्त्र से उनका पूरी तरह विलगाव हो गया। 1953 में पूर्वी बर्लिन की मजदूर हड़ताल, 1956 में पोलैंड के मजदूर-विद्रोह और हंगरी की क्रान्ति का कामू ने समर्थन किया और सोवियत रूस द्वारा उनके दमन की भर्त्सना।

1954 में अल्जीरियाई युद्ध या मुक्ति संग्राम ने कामू के समक्ष धर्म संकट पैदा कर दिया। वह अल्जीरिया को पूर्ण स्वतंत्रता प्रदान करने के बजाय अधिक स्वायत्तता प्रदान करने और यहाँ तक कि फ्रांस के साथ महासंघ (फेडरेशन) बनाने के पक्षधर होने को तैयार थे। वह मानते थे कि अरब लोग और अल्जीरिया में बसाए गए गोरे फ्रांसीसी लोग एक साथ रह सकते हैं। स्टॉकहोम विश्वविद्यालय में अल्जीरिया के प्रश्न पर अपनी निष्क्रियता के बचाव में उन्होंने कहा कि वह अपनी माँ के बारे में, जो अल्जीरिया में रहती थीं, चिन्तित थे कि उनके साथ क्या गुजरेगी। इस कथन से वामपंथी फ्रांसीसी बुद्धिजीवियों के बीच वह और ज्यादा तिरस्कृत हो गए। अल्जीरियाई युद्ध या मुक्ति संग्राम के दौरान कामू ने एक ऐसे नागरिक युद्ध-विराम (सिविल ट्रूस) का प्रस्ताव रखा था जिसमें नागरिकों को अछूता रखने का सुझाव दिया गया था। इसको दोनों ही पक्षों ने मूर्खतापूर्ण करार देकर अस्वीकार कर दिया। अल्जीरिया

की फ्रांस से अलग होने की माँग का समर्थन न करने के बावजूद कामू छिपे तौर पर मृत्यु दंड प्राप्त करनेवाले अल्जीरियाई बन्दियों को बचाने की चेष्टा में लगे रहे।

यह एक दिलचस्प बात है कि 1957 में नोबेल कमेटी ने अधिकृत रूप से कामू को नोबेल पुरस्कार इसके पिछले साल प्रकाशित उनके उपन्यास 'पतन' (द फाल) पर न देकर मृत्युदंड के खिलाफ उनके लेखों की पुस्तक 'रिफ्लेक्शन्स सर ला गिलोटीन' पर दिया। उनसे कम उम्र में इसके पहले सिर्फ रुडयार्ड किपलिंग को ही नोबेल पुरस्कार प्राप्त हुआ था।

विचारों की दुनिया में कामू का महत्त्वपूर्ण योगदान उनका ऐबसर्ड (बेतुका, असंगत, निरर्थक) का विचार है। 'मिथ ऑफ सिसिफस', 'अजनबी' (स्ट्रेंजर-आउटसाइडर) और 'प्लेग' जैसे अपने उपन्यासों में उन्होंने अपने इस विचार को स्पष्ट किया है कि दुनिया और उसकी परिस्थितियों दोनों ही स्पष्टता और सार्थकता उपलब्ध नहीं करतीं, लेकिन वह निहिलिज्म (नकारवाद, 'कुछ भी नहीं वाद') के घनघोर विरोधी थे। उनके उपन्यास 'प्लेग' में डॉ. रिएडक्स, ओरान नगर के प्लेग पीड़ित नागरिकों की अनथक चिकित्सा और सेवा-सुश्रूषा करते हुए ऐबसर्ड और अन्यायपूर्ण दुनिया के प्रति विद्रोह करता है और कामू के कथन की पुष्टि करता है, 'हम मानवजाति से निराश और हताश होने से इनकार करते हैं। लोगों को बचाने की नाहक महत्त्वाकांक्षा न रखते हुए भी हम तब भी उनकी सेवा करना चाहते हैं।' एक नैतिक व्यवस्था की संयमित तलाश, कामू के लेखन को उदात्तता और अपार गाम्भीर्य प्रदान करती है।

नोबेल पुरस्कार प्राप्त करने के तीन वर्ष बाद 47 वर्ष की आयु में 4 जनवरी, 1960 को एक कार दुर्घटना में कामू की मृत्यु हो गई।

रोशनाई प्रकाशन, काँचरापाड़ा, पश्चिम बंगाल, 2008
से प्रकाशित अनुवाद की भूमिका और परिचय के अंश

वैकल्पिक विकास मॉडल

(महात्मा गांधी अन्तरराष्ट्रीय हिन्दी विश्वविद्यालय में
29 दिसम्बर, 2012 को दिया व्याख्यान)

1

वैकल्पिक विकास के मॉडल की बात करना भूमंडलीकरण के आज के दौर में उसी तरह अर्थहीन है जैसे कभी यूटोपिया की बात करना समाजवादी आन्दोलन के प्रारम्भिक काल में था। कोई भी व्यवस्था सामने की हकीकत के सन्दर्भ में ही बनती है, बनी-बनाई कल्पना के अनुरूप नहीं। ऐसे किसी भी मनचाही ब्लूप्रिंट को लागू करने का प्रयास या तो धर्मांधता को जन्म देता है या तानाशाही को। आज चूँकि पर्यावरण का संकट विविध रूपों में हमारे अस्तित्व के लिए सर्वाधिक महत्त्व का बन गया है, इसलिए हमें समाज निर्माण की वैसी दिशा अपनानी होगी जो पर्यावरण के लिए कम-से-कम नुकसानदेह हो। अगर ऐसे परिवर्तन हमारे बूते के बाहर दिखें तो हम स्वयं सामाजिक जीवन को बदली स्थिति के अनुकूल ढालें। एक बुनियादी बात ध्यान में रखना जरूरी है। शोषणमुक्त समाज में पारिस्थितिक सन्तुलन बनाए रखने की क्षमता गैर-बराबर समाज से अधिक होती है, क्योंकि गैर-बराबरी से ही दिखावे के लिए बेजरूरत तामझाम पर खर्च जरूरी होता है, और बाजार आश्रित पूँजीवादी समाज में तो बेजरूरी वस्तुओं के उत्पादन व उपभोग की भूमिका इतनी महत्त्वपूर्ण है कि इसे नियंत्रित करने से पूँजीवादी व्यवस्था ध्वस्त हो सकती है। इससे यह तो जरूर कहा जा सकता है कि प्रकृति से तालमेल बिठाकर चलनेवाली कोई भी व्यवस्था समता के मूल्यों पर ही आधारित हो सकती है। इन बातों को ध्यान में रख एक सीमित सन्दर्भ में ही विकल्प की बात की गई है। कुछ सीमाओं व कुछ सम्भावनाओं का संकेत भर।

वैकल्पिक मॉडल की चर्चा करने से पहले वर्तमान में जो मॉडल चल रहा है, उसके मूल तत्त्व और उसकी दिशा को समझना जरूरी है और इसके उन परिणामों को भी, जिनसे विकल्प की तलाश जरूरी लगती है। विकल्प कैसा होगा, यह बहुत कुछ इन परिणामों की समझ पर ही निर्भर करेगा। आदमी विधाता की तरह मनमाने ढंग से सृष्टि कर नहीं सकता।

किसी भी समाज की मूल संरचना को समझने के लिए उसके आर्थिक पक्ष को यानी आदमी के भोजन, आवास, परिवहन, उनके आपसी आदान-प्रदान में सहयोग और तनाव के तत्त्व और इन्हें संचालित करनेवाले बलों की पहचान जरूरी है, लेकिन इसके आगे हर समाज का आदर्श लक्ष्य होता है, जो नियामक शक्ति

का काम करता है। यहाँ एक तरह का खिंचाव (टेलियोलॉजी) होता है। सब कुछ वर्तमान बलों के दबाव और सन्तुलन से निर्धारित नहीं होता बल्कि इन बलों के परिप्रेक्ष्य में एक काल्पनिक, पर अटल आकर्षक बिन्दु होता है जो लगातार समाज को अपनी ओर खींचता रहता है, यूनानी मिथक के 'सायरनों' की तरह।

मार्क्स ने उत्पादन के साधन और इनसे जुड़े उत्पादन सम्बन्धों को विकास की दिशा का नियामक बताकर एक तरह के तकनीकी नियतिवाद को जन्म दिया। उन्होंने यह भी मान लिया कि एक स्तर पर तकनीक और इससे जुड़े उत्पादन सम्बन्ध में विरोध पैदा होता है और इससे क्रान्तिकारी बदलाव की शुरुआत होती है। पूर्व काल में यानी पूँजीवादी व्यवस्था के पहले जैसा भी हुआ हो, लेकिन पूँजीवादी व्यवस्था में उत्पादन की तकनीक के उत्पादन सम्बन्ध यानी पूँजीपति और मजदूरों के सम्बन्ध, उनके बीच के तनाव पर हावी होते दिखते हैं। मजदूर पूँजीपतियों से कुछ बिन्दुओं पर तनाव के बावजूद समग्रता में व्यवस्था के मूल्यों को आत्मसात कर उसके विकास के साथ ही अपने हित को जोड़ने लगा है। प्रारम्भिक बागी तेवर को छोड़, जिसे समायोजन की पीड़ा कहा जा सकता है, मजदूरों में पूँजीवादी व्यवस्था को पूरी तरह खत्म करने का संकल्प नहीं दिखा। प्रतिस्पर्द्धा आधारित पूँजीवाद मजदूर समेत हर नागरिक को एस्केलेटर की एक सीढ़ी पर खड़ा कर देता है, इस आश्वस्ति के साथ कि वह ऊपर-ऊपर उठता जाएगा। व्यवस्था की सुविधा के हिसाब से तकनीक के नए आयाम विकसित होते रहते हैं।

रूस, चीन और वियतनाम, सभी जगह कम्युनिस्ट नेतृत्व में क्रान्तियाँ हुईं; वे तो पूँजीवादी विकास के प्रारम्भिक दौर में ही थे और अन्त में पूँजीवाद के विरोध की जगह फिर इसे पूर्णता में कबूल कर लिया गया। यह विडम्बना ही है कि रूस और चीन की क्रान्तियों से अति कठोर तानाशाही राज्य व्यवस्था और अतिउदार पूँजीवाद व्यवस्था पैदा हुई। इस सबसे यह जाहिर है कि बीसवीं सदी के शुरू में समतामूलक व्यवस्था की जो आशा जगी थी वह खत्म हो चुकी है। यही नहीं, तकनीकी स्वर्ग पर पहुँचने की राह पर नई बाधाएँ खड़ी हो गई हैं। चिन्ता की बात यह है कि पूँजीवाद के आगे किसी अच्छे भविष्य की कल्पना जो दुनिया को मार्क्सवाद में दिखी थी, संदिग्ध है। इक्कीसवीं सदी के प्रारम्भ में हम वैसे ही आश्वस्त नहीं हैं, जैसे एक सदी पहले थे।

हम कहाँ जा रहे हैं, इसके सही आकलन के लिए उस खिंचाव के उद्गम और उसे ऊर्जा देनेवाले तत्त्वों का, जिसका जिक्र पहले हुआ है, आकलन जरूरी है। हमें यह भी देखना है कि यह हमें किसी स्वर्णिम भविष्य की ओर ले जा रहा है या बर्बादी के गर्त में।

वर्तमान औद्योगिक समाज के नियामक तत्त्व अठारहवीं-उन्नीसवीं सदी से परवान चढ़ी औद्योगिक क्रान्ति और इसके वे आदर्श हैं जो इसकी गति और अतियों को औचित्य प्रदान करते हैं। इसमें, जैसाकि समाजशास्त्री मैक्स वेबर का मानना था, ईसाई धर्म की प्रोटेस्टेंट धारा की इस स्थापना की विशेष भूमिका थी जो व्यावसायिक सफलता को ईश्वरीय अनुकम्पा का प्रमाण मानती है। अपने विकास के क्रम में

पूँजीवादी व्यवस्था ने तकनीकी दक्षता और इससे जुड़ी व्यावसायिक सफलता को ईश्वरीय अनुकम्पा से आगे बढ़ मानव समाज का सर्वोच्च और सर्वजनीन आदर्श बना डाला। इस मान्यता के सार्वभौम होने से आर्थिक गतिविधियों का क्षेत्र एक वैश्विक अखाड़ा बन गया है, जहाँ सभी खिलाड़ी ऐसी मार-पछाड़ में लगे हैं जिसमें प्रतिस्पर्द्धा की मौत से ऊर्जा ग्रहण कर अधिक बलिष्ठ बना जाता है।

इस प्रक्रिया को अंग्रेजी से उधार शब्दों में 'कॉरपोरेट कैनिबलिज्म' कहा जा सकता है। फिर इससे प्राप्त बल से विजेता दूसरे प्रतिद्वन्द्वियों से भिड़ते रहते हैं। अनेक व्यावसायिक कम्पनियों के दिवालिया होते जाने और कुछ के बढ़ते जाने का सिलसिला जारी रहता है। शेयर बाजारों में हर रोज होनेवाले उतार-चढ़ाव का खेल इस प्रतिस्पर्द्धा का एक सौम्य प्रतिबिम्ब है। जीवन के मैदान में इसका दूसरा पहलू दिखाई देता है, जिसमें कारखानों, खदानों तथा खेत-खलिहानों में मजदूर मालिकों से वेतन-भत्ते के लिए या रोजगार की गारंटी के लिए युद्धरत हैं, किसान भुखमरी की कगार पर रहने को मजबूर हैं और समय-समय पर आत्महत्या कर अनवरत चलनेवाले जीवन संघर्ष से छुट्टी पा लेते हैं। समय-समय पर अन्न संकट और अकाल से असंख्य मौतें तब भी होती रहती हैं, जब गोदामों में अनाज इस इन्तजार में पड़ा रहता है कि अधिक मुनाफे पर उसे बेचा जा सके। इस समग्र प्रक्रिया को एक सुन्दर नाम 'उदारीकृत व्यवस्था' दिया गया है।

यह कहा जा सकता है कि व्यवस्था की ये कमजोरियाँ तो रही हैं और इनकी आलोचना भी होती रही है, लेकिन हमें रहना तो है इसी व्यवस्था से तालमेल या सन्तुलन बनाकर। कुछ सुधार के उपाय समझाए जा सकते हैं। कुछ समायोजन की तलाश हो सकती है। पर नई उत्पादन तकनीक से जो ऊँचा जीवन स्तर इस व्यवस्था ने दिया है वह तो पुराने समय की किसी कल्पना से परे है। यह ठीक है कि ये सुविधाएँ अभी थोड़े-से लोगों तक सीमित हैं, लेकिन आशा जगती है कि देर-सवेर ये सुविधाएँ सर्वजनीन हो जाएँगी। यही आशा है जो सारे संसार को एक तकनीकजनित स्वर्ग की आकांक्षा में मुग्ध रखती है और व्यवस्था को एक नियोजित पथ पर चलाती रहती है।

इस व्यवस्था के सुधार की दिशा में कुछ अलग उलझन है। इसके सुधार की तलाश व्यवस्था के उद्गम की ही ओर ले जाएगी और वहाँ बुनियादी सुधार का अर्थ होगा व्यवस्था की मौत। क्योंकि यह मनुष्य और प्रकृति दोनों के शोषण पर पूरी तरह आश्रित है। अर्थशास्त्र के क्षेत्र में कम्युनिस्ट विचारधारा के आदि स्रोत कार्ल मार्क्स ने पूँजी के विकास में (जो इस व्यवस्था का निर्धारक है) श्रम के शोषण की केन्द्रीय भूमिका को रेखांकित किया और आदिम संचय (प्रिमिटिव एक्युमुलेशन) की क्रूर प्रक्रिया से लेकर परिष्कृत रूप से स्थापित पूँजीवादी प्रतिष्ठानों में अदृश्य रूप से होनेवाले श्रमिकों के शोषण के विविध रूपों का विशद वर्णन किया। उन्होंने यह भी स्थापित किया कि उत्पादन प्रक्रिया में श्रमिकों के शोषण से प्राप्त श्रम का अधिशेष ही पूँजीपति के मुनाफे

का स्रोत है। उत्पादन एवं विपणन में मजदूरों से चुराए गए श्रम के अधिशेष के बराबर के उत्पाद की खरीदारी का टोटा बना रहता है। इसी से पूँजीवाद के अनिवार्य संकट की बात की गई। पर बार-बार मन्दी का संकट झेलकर भी पूँजीवादी व्यवस्था ध्वस्त नहीं हुई। यूरोप का 1968 का छात्र विद्रोह या 'ऑकुपाई वॉल स्ट्रीट' जैसे सांकेतिक विद्रोह, व्यवस्था के लिए महज सेफ्टीवॉल्व साबित हुए हैं। पूँजीवाद व्यवस्था अपने अन्तर्विरोध के साथ उदारीकरण के नाम से ज्यादा विस्तार पाती रही है। जैसाकि पहले कहा गया है, उलटे रूस, चीन आदि में क्रान्ति के बाद के काल में पूँजीवाद अधिक शक्तिशाली हो फिर स्थापित हो गया। क्यूबा एक अपवाद है और इसका कारण अपनी विशेष परिस्थितियों के अनुरूप विशालता को छोड़ लघुता की अर्थव्यवस्था की ओर मुड़ना था। पर यह प्रचलित औद्योगिक विकास की मुख्यधारा के विपरीत आचरण है।

श्रमिकों के शोषण और इससे उपजे बाजार के संकट एवं ट्रेड साइकिल यानी उत्पादन की स्फीति और संकुचन के चक्र की समझ मार्क्स के अर्थशास्त्र में दूसरे विचारों से अधिक विश्वसनीय लगती है, लेकिन अनवरत औद्योगिक विकास की जो सम्भावना पूँजीवादी तकनीक में दिखाई देती थी उसके प्रति मार्क्स में एक सम्मोहन भी था जो 'कम्युनिस्ट मेनिफेस्टो' में जाहिर होता है जहाँ पूँजीवाद की उपलब्धियों को इन शब्दों में गरिमा मंडित किया गया है : 'प्रकृति की शक्तियों को मनुष्य के मातहत करना, मशीन व रसायन शास्त्र को उद्योग और कृषि में लगाना, भाप से समुद्री जहाज, रेल और इलेक्ट्रिक टेलीग्राफ चलाना, पूरे महादेशों को खेती के लायक बनाना, नदियों से सिंचाई के लिए नहर, भूमि से हठात पूरी आबादी का उभर आना, किसी पूर्ववर्ती सदियों की कल्पना में भी सामाजिक श्रम की ऐसी उत्पादकता नहीं रही होगी।'

इस सोच में प्रकृति का निर्बाध दोहन दोषरहित दिखाई देता है और इसी से श्रम के मूल्य सिद्धान्त में एक बुनियादी बात नजरअन्दाज कर दी जाती है। पूँजी श्रम के दोहन से आती है, यह तो मूल्य के श्रम सिद्धान्त से स्पष्ट हो जाता है। यह भी दिखाई देता है कि अन्ततः संचित पूँजी मजदूरों के श्रम के अधिशेष (सरप्लस लेबर) का संचय है, लेकिन इस बात को नजरअन्दाज कर दिया गया है कि संचित श्रम सदा किसी उत्पाद का रूप लेता है और यह उत्पाद प्रकृति से प्राप्त कच्चे माल, खनिज आदि के रूपान्तरण से एवं ऊर्जा प्रदान करनेवाले कोयला, तेल आदि को जलाकर प्राप्त होता है। दरअसल, अत्याधुनिक उद्योगों में मानव श्रम—जो कि ऊर्जा का ही एक परिष्कृत और संचित रूप है—अपना महत्त्व खोता गया है और मशीन एवं रोबोट धीरे-धीरे इनका काम सँभालने लगे हैं। इस कोण से देखने पर यह तुरन्त जाहिर होता है कि चूँकि धरती के संसाधन—चाहे वे कच्चे उद्‌भिज पदार्थ हों, खनिज हों या ऊर्जा देनेवाले कोयला, पेट्रोलियम या प्राकृतिक गैस—इनके अतिदोहन से कुछ दिनों के बाद संकट पैदा होगा। एक तो इसलिए क्योंकि ये जीवाष्म ईंधन हैं और एक तरह से गड़े खजाने जो उतनी ही जल्दी खत्म हो जाएँगे जितनी अधिक मात्रा में

इनका दोहन होगा। आज का पर्यावरण संकट इन्हीं प्राकृतिक साधनों के अतिदोहन का परिणाम है और ज्यादा बुनियादी है। इसमें सबसे महत्त्वपूर्ण ऊर्जा का संकट है, जो ऊर्जा प्रदान करनेवाले साधनों के घटते जाने से और फिर इन्हें जलाने से पैदा कार्बन डाईऑक्साइड तथा अन्य गैसों के वायुमंडल में जमा होने से तथा कथित 'ग्रीन हाउस इफेक्ट' से, जिससे धरती का तापमान बढ़ता जा रहा है, पैदा हुआ है।

इसके परिणाम के बारे में इतना कुछ कहा जा रहा है कि यहाँ कुछ विस्तार से कहना जरूरी नहीं है, लेकिन प्रारम्भिक चिन्ता के बाद अचानक औद्योगिक रूप से समृद्ध देशों में, जो प्राय: समशीतोष्ण या शीत कटिबंधों में पड़ते हैं, अब इस समस्या को नजरअन्दाज किया जा रहा है। इससे यह आशंका पैदा होती है कि अब दो अलग-अलग दुनिया बनने जा रही हैं। एक सम्पन्न, प्राय: ऊँचे कटिबंध में पड़ने वाले देशों की और दूसरी गरीब व प्राय: विषुवत रेखा के पास के कटिबंधों में पड़ने वाले देशों की, जिनमें हमारा देश भारत भी शामिल है।

यों तो ऊर्जा संकट और प्रदूषण के प्रभाव पर ई.एफ. शुमाखर के 'स्मॉल इज ब्यूटीफुल', और 'क्लब ऑफ रोम' के अध्ययन 'द लिमिट्स ऑफ ग्रोथ' के प्रकाशन के बाद से ही पिछली शताब्दी के उत्तरार्द्ध से चर्चा होने लगी थी, लेकिन इस पर दुनिया के राष्ट्रों द्वारा सक्रिय पहल वर्ष 1992 में क्योटो प्रोटोकॉल नाम से एक समझौता हुआ और तय हुआ कि औद्योगिक देश ग्रीनहाउस गैसों का उत्सर्जन वर्ष 2012 तक सन् 1990 के स्तर से 5.2 प्रतिशत घटा देंगे। इस पर 1905 ई. में मान्यता की मुहर लगी, लेकिन दुनिया में सबसे बड़े औद्योगिक देश और प्रति व्यक्ति सबसे अधिक उत्सर्जन करनेवाले अमेरिका ने इस पर अपनी स्वीकृति नहीं दी। कार्बन डाईऑक्साइड का उत्सर्जन 1990 में 22.7 अरब टन था। क्योटो प्रोटोकॉल में इसे घटाकर 21.5 अरब टन करने का लक्ष्य था, लेकिन 2010 में यह बढ़कर 33 अरब टन हो गया। यानी घटने की बजाय डेढ़ गुना अधिक हो गया। दरअसल, औद्योगिक प्रगति के उन्माद में प्रदूषण फैलानेवाली गैसों के उत्सर्जन को कम करने के लक्ष्य को सदा नजरअन्दाज किया गया। अन्तत: यह सारा संकल्प गायब हो गया। चीन और भारत जैसे देश तेज विकास के लोभ में इसे नजरअन्दाज करते रहे और विकसित देशों को अपने विकास का एक वैकल्पिक क्षेत्र दिखने लगा, जहाँ धरती का बढ़ता ताप नए भूभागों में विकास का दरवाजा खोलता नजर आने लगा है। अमेरिका तो पहले ही क्योटो समझौते से बाहर था। 2011 ई. में कनाडा क्योटो समझौते से बाहर हो गया। सिर्फ यूरोप के देश कटौती करते रहे। कनाडा का बहाना था कि अमेरिका और चीन घटाने के बजाय उत्सर्जन बढ़ाते रहे हैं।

पर्यावरण की रक्षा से पश्चिमी देशों के पीछे हटने का असली कारण दूसरा लगता है। उत्तरी ध्रुव प्रदेश में विशाल पैमाने पर बर्फ के पिघलने से संसाधनों और यातायात का एक नया मार्ग खुल रहा है जो उनके लिए अधिक मुफीद है। अमेरिका और उत्तरी

शीत कटिबंध में पड़ने वाले यूरोप के कुछ दूसरे सम्पन्न देशों को ध्रुव प्रदेश में बर्फ के पिघलने से खनिजों और प्राकृतिक गैसों का नया खजाना हासिल होने की सम्भावना है और रूस और दूसरे देश इस क्षेत्र में अपनी सामरिक उपस्थिति बढ़ाने में लगे हैं।

सन् 2010 के अगस्त महीने में रूस की एक प्राकृतिक गैस कम्पनी 'नोवोटेक' ने एक लाख चौहत्तर हजार टन के एक टैंकर 'बाल्टिका' को उत्तरी ध्रुव प्रदेश के सागर के रास्ते चीन भेजा। उनका अनुमान है कि इस मार्ग के खुल जाने से यूरोपीय देशों के लिए एक छोटा और सस्ता व्यापारिक मार्ग खुलेगा जो प्राय: शीत कटिबंधों से होकर गुजरेगा। यह पथ मुरमास्क से शंघाई तक 10,600 किलोमीटर लम्बा है, जबकि स्वेज से होकर वहाँ पहुँचने का मार्ग 17,700 किलोमीटर है। उत्तरी मार्ग के खुल जाने से कनाडा, अमेरिका, यूरोप के सभी देश चीन, जापान आदि भी यानी वे सभी देश जो आधुनिक व्यापार की दृष्टि से महत्त्वपूर्ण हैं, तात्कालिक रूप से ग्लोबल वार्मिंग से लाभान्वित होंगे। आर्कटिक प्रदेश में खनिजों का विशाल भंडार होने का अन्दाज है और इसलिए आर्कटिक के पास के देशों यथा—रूस, नार्वे, डेनमार्क, कनाडा, अमेरिका आदि में अभी ही इन खनिजों पर अधिकार जमाने के लिए राजनयिक होड़ शुरू हो गई है।

उत्तर और दक्षिण का जो विभाजन पहले ही से उजागर होता आया है अब अधिक गहराएगा और उत्तर और दक्षिण के देश विकास की एक ही दिशा में आगे और पीछे, धीमे और तेज चलनेवाले नहीं रह पाएँगे। तथाकथित विकासशील देशों को बिलकुल अलग राह अपनाने की मजबूरी होगी। शीत और समशीतोष्ण कटिबंधों के देश नए संसाधनों के चुकने तक इस अंधी दौड़ में ही रहेंगे। एक अर्थ में फिलहाल ऊँचे अक्षांशों में बसे देश एक ही तरह की 'एस्कॉर्च्ड अर्थ पॉलिसी' में संलग्न हैं और बाकी दुनिया को जलता छोड़ शीतल प्रदेशों की ओर पलायन की मुद्रा में हैं जहाँ से वे अपनी जरूरत के हिसाब से बाकी जगहों पर पाँव पसारते रहेंगे। हम वैश्विक स्तर पर ग्रीनहाउस गैसों के उत्सर्जन और प्रदूषण पर कोई रोक नहीं लगा सकते और एक हद तक उससे प्रभावित होते रहेंगे।

लेकिन भारत और तथाकथित विकासशील देश अपने लिए एक अलग राह की तलाश तो कर ही सकते हैं जो प्रकृति पर विजय के बजाय प्राकृतिक शक्तियों और परिवेश से सहयोग और प्रकृतिप्रदत्त जीवन की लय से जोड़कर चलने के संकल्प पर आधारित हो।

जीवन का आधार पोषाहार है। प्रकृति में सहस्राब्दियों से एक 'फूड चेन' (भोजन शृंखला) रही है जिसमें एक स्वाभाविक प्रक्रिया से असंख्य वनस्पतियाँ और जीव जीवन ग्रहण करते रहे हैं। इस फूड चेन का आधार सूरज से प्राप्त होनेवाली ऊर्जा है जो अरबों वर्ष तक प्राप्त होती रहेगी, ऐसा वैज्ञानिकों का अनुमान है। शैवाल से लेकर, घास और विशाल वृक्षों के पत्तों तक सूरज की किरणों से प्रकाश-संश्लेषण की क्रिया होती है जिससे हवा के कार्बन डाईऑक्साइड से कार्बन ग्रहण कर वृक्षों

और पौधों की डालियाँ और तने कार्बन ग्रहण कर सेलुलोज बनाते हैं, जिससे पत्तों और तनों का निर्माण होता है और ऑक्सीजन का उत्सर्जन होता है। इसी प्रक्रिया से असंख्य वनस्पतियों का विकास होता रहा है और इनमें अन्न, फल, मूल लगते रहे हैं। इन्हीं से मनुष्य और अनेक दूसरे जीव पोषण पाते हैं। इन वृक्षों के फूल और पत्तों से अनेक कीट और पतंगे भोजन पाते हैं। फिर मेढक जैसे जीव भोजन पाते हैं और फिर इन जीवों से मछलियाँ आहार पाती हैं और स्वयं मनुष्य या दूसरे जीवों का आहार बनती हैं। वनस्पति से अनेक चौपाये खरगोश और भेड़-बकरियों से लेकर गाय, बैल और घोड़ा और ऊँट तक अपना आहार पाते हैं। फिर इनका शिकार कर शेर, भेड़िये आहार पाते हैं। जब से मनुष्य ने खेती और पशुपालन शुरू किया, कृषि कार्यों के अलावा ये पशु लम्बे समय तक उनके भोजन में मांस, दूध आदि प्रदान करते रहे हैं। कुछ सीमित स्थानों पर जलनिकासी और सिंचाई के लिए स्वाभाविक रूप से बहनेवाली जलधारा मसलन, झरनों या पवन चक्की का भी प्रयोग हुआ, जैसे हॉलैंड में जलनिकासी के लिए, लेकिन ये सब सूरज की ऊर्जा के स्वाभाविक प्रभाव के ही प्रतिफल थे। सहस्राब्दियों से धरती सूरज के ताप की ऊर्जा से लाभान्वित होती रही है।

फूलों के परागण की प्रक्रिया में सहयोग दे मधुमक्खियाँ शहद बनाती थीं और तितलियों में कुछ के प्रजनन चक्र द्वारा रेशमी धागों का प्रादुर्भाव हुआ। असंख्य पौधों और वृक्षों से सजावट के विविध रंग और स्वास्थ्य के लिए जरूरी औषध उपलब्ध होते थे। इन सबके पीछे सूरज की अक्षय ऊर्जा थी। इससे न सिर्फ (जैसा ऊपर कहा गया है) प्रकाश संश्लेषण के लिए ऊर्जा मिलती थी बल्कि समुद्र के वाष्पीकरण और हवा को गति देने के लिए ऊर्जा उपलब्ध होती थी।

यह सारी जीवन प्रक्रिया भौतिक शास्त्र के अटल माने गए 'इंट्रोपी' के सिद्धान्त को पलटने जैसा चमत्कार रही है। इंट्रोपी का नियम है कि संसार भर में ऊर्जा अबाध रूप से सम स्तर की ओर बढ़ रही है, जहाँ ऊर्जा के संचरण का अन्त हो जाएगा। इसे पूर्ण इंट्रोपी का नाम दिया गया है, लेकिन 'बायोस्फेयर' में यानी धरती पर व्याप्त जीव जगत में असंख्य जीवों और वनस्पतियों के जीवन चक्र में इसके उलट ऊर्जा विविध स्तरों पर उपस्थित है और उसमें नीचे से ऊपर और ऊपर से नीचे दोनों ही तरफ से ऊर्जा का संचरण जारी रहता है। यह सम्भव इसलिए हुआ क्योंकि करोड़ों वर्ष से अनेक उथल-पुथल के बावजूद जैव जगत के अस्तित्व में आने के बाद से आज तक इंट्रोपी के नियम का उल्लंघन यानी एक तरह की सविनय अवज्ञा जारी रही है। इंट्रोपी के नियम को अपने छोटे से दायरे में पलटने के लिए जीव जगत को सूरज से ऊर्जा प्राप्त होती है। यह सूरज की ऊर्जा जीव जगत की लघुता के हिसाब से असीम है। जब मनुष्य जीवाश्मों या किसी दूसरे स्रोत से आज मशीन चलाता है तो इंट्रोपी बढ़ाने लगता है। अगर जीवन का कोई रहस्य है तो यही है। उसके पीछे एक व्यापक संवेदनशीलता है जो फूल के एक दल से लेकर मनुष्य तक में मौजूद

है। आदमी फूल और तितलियों से लेकर पक्षियों तक पर काव्य की रचना कर सकता है तो इसलिए क्योंकि जीवन के इस रहस्य से सभी बँधे हैं। यह कहा जा सकता है कि मानव चेतना और संवेदना का सारा परिवेश इस फूड चेन पर आधारित है।

ऊपर वर्णित फूड चेन के ठीक उलटा एक दूसरा फूड चेन व्यापक होता जा रहा है। इस फूड चेन के प्रारम्भिक सिरे पर अनेक तरह के गोश्त का, जिन्हें विशाल स्लॉटर हाउसों में या पॉल्ट्री फार्मों में कैद गाय, बैल, सूअर एवं मुर्गों को मारकर तैयार किया गया होता है, आयात किया जाता है। फिर यहाँ से अनेक तरह के वसा में तैयार तले-भुने पकवान, बिस्कुट आदि जिन्हें चटपट खाया जा सकता है—लोहे, टिन, एल्युमिनियम एवं प्लास्टिक से तैयार डब्बों में भरा जाता है और खर्चीले वाहन से उपभोक्ताओं तक पहुँचाया जाता है। इस प्रक्रिया में व्यवहार में आनेवाले हर आइटम को बिजली या गैस की भट्ठियों से गुजारा गया होता है, या ऊर्जा गटकनेवाले फ्रिजों में रखा गया होता है। इस फूड चेन की शुरुआत खेत-खलिहान या बागानों से नहीं होती जहाँ पौधों में अन्न और वृक्षों में फल लगते हैं। बल्कि किसी ख्यात खाद्य व्यवसायी कम्पनी जैसे वॉल मार्ट से होती है, और खर्चीले विज्ञापनों एवं परिवहन के माध्यम से इन्हें संसार के हर कोने में फैले उपभोक्ताओं तक पहुँचाया जाता है। इसमें ऊर्जा के अति व्यय से एक तरफ वैश्विक ताप बढ़ता है और दूसरी ओर सम्पन्न लोगों में मोटापा और उससे जुड़ी बीमारियाँ, जिनके लिए खर्चीले अस्पतालों की व्यवस्था करनी होती है। विशाल पैमाने पर कोयला, तेल और गैस से बिजली तैयार होती है या फिर बड़ी पनबिजली योजनाओं से जिनमें जंगल और आदमियों के आवास डूबते जाते हैं। डूबते जंगल, जो कभी कार्बन डाईऑक्साइड की मात्रा को घटाते थे, अब ऐसे गैसों का उत्सर्जन करते हैं, जिनसे धरती का ताप बढ़ता है।

सबसे चिन्ता की बात यह है कि नई कृषि व्यवस्था में रोजगार देने की क्षमता नगण्य है। 1885 में अमेरिका की आधी से अधिक आबादी खेती में लगी थी। 1985 में यह संख्या पूरी आबादी के 3 प्रतिशत से कम है। यह भी दिलचस्प है कि जिस चमत्कार से यानी मशीनीकरण से आबादी का 3 प्रतिशत विशाल मात्रा में अन्न उत्पन्न करता है उसी का फल यह भी है कि वहाँ का काश्तकार विभिन्न यंत्रों पर खर्च किए गए 5 कैलोरी ऊर्जा से सिर्फ 1 कैलोरी देनेवाला अनाज पैदा करता है। यानी अपनी क्षमता में यह कृषि ऋणात्मक है। इससे हम समझ सकते हैं कि अमेरिकी कृषि काश्तकारों को भारी सब्सिडी दिए बगैर जिन्दा क्यों नहीं रह सकती। इस सब्सिडी को लेकर विश्व व्यापार संगठन में विकासशील देशों से वार्ता में गतिरोध बना हुआ है।

एक और बात ध्यान देने योग्य है। प्रारम्भिक कृषि एक प्राकृतिक चक्र से बँधी थी जिसमें घास, वृक्ष आदि का जो अवदान अन्न और मवेशियों को चारा देने में होता था वह काफी कुछ पत्तों, पुआल, भूसा आदि के सड़ने या पशुओं के मल-मूत्र से जमीन में लौट आता था और उत्पादन चक्र को बिना विशेष क्षति के जारी रखता था।

इसके उलट, आधुनिक खेती उर्वरकों विशेषकर नाइट्रोजन देनेवाले उर्वरकों पर निर्भरता एक दूसरा संकट करीब ला रही है। नाइट्रोजन प्रदान करनेवाले उर्वरक का मूल स्रोत प्राकृतिक गैस है जो परिवहन में खर्च होनेवाले ईंधन का भी सबसे आकर्षक स्रोत है क्योंकि यह कोयला या पेट्रोल से कम प्रदूषण फैलाता है। इस तरह हम मोमबत्ती को दोनों छोर पर जला रहे हैं। हमें उर्वरकों के लिए ज्यादा-से-ज्यादा प्राकृतिक गैस चाहिए और फिर परिवहन के लिए भी। हम कैसे एक संकट से उबरने के लिए दूसरे संकट में फँस रहे हैं, इसका एक उदाहरण पेट्रोलियम के घटते भंडार की आपूर्ति के लिए मक्का, ईख, जटरोपा आदि से एथानोल तैयार करने का प्रयास है। इन फसलों के लिए भी हमें प्राकृतिक गैस से नाइट्रोजन देनेवाले उर्वरक बनाने पड़ते हैं जो प्राकृतिक गैस की आपूर्ति पर नया बोझ डालता है। ये सब उपाय अन्ततः समस्याओं को अधिक मुश्किल बनाते हैं।

प्राकृतिक गैस के साथ-साथ दूसरे जीवाश्म ईंधन भी घटते जा रहे हैं। आज दुनिया भर की अनियंत्रित महँगाई के पीछे इन ईंधनों के भंडार का तेजी से घटते जाना है। 1960 के एक या दो डॉलर प्रति बैरल के मुकाबले आज कच्चे पेट्रोल (क्रूड) की कीमत सौ डॉलर के लगभग पहुँच गई है। इनके स्रोत जैसे-जैसे विरल होते जाएँगे ये अधिक महँगे होंगे और चूँकि ये परिवहन से लेकर सभी तरह के उद्योग-धन्धों और बिजली उत्पादन के लिए महत्त्वपूर्ण हैं ये महँगे होते-होते कृषि समेत अधिकांश गतिविधियों के लिए दुर्लभ हो जाएँगे। आज की अनियंत्रित महँगाई भविष्य के ऐसे ही संकट का संकेत हैं, जहाँ जीवन के सारे व्यापार ठप हो जाएँगे।

इस समस्या का एक राजनीतिक आयाम भी है जो पार्श्वभूमि से व्यवस्था को टिकाए रखता है और इसको विकराल बनाता है। यह है औद्योगिक क्रान्ति और पूँजीवाद के विकास के साथ राष्ट्र-राज्यों का आस्तित्व में आना और बृहत् आहार ग्रहण करते जाना। औद्योगिक क्रान्ति के पहले के दिनों में राज्य व्यवस्थाएँ या तो राजाओं की साम्राज्य विस्तार की लालसा का प्रतिफल होती थीं या कबीलाई अस्मिता और इसके दायरे की पहचान। सत्ताशीन कबीलाई शिखर पुरुष की शक्ति का प्रतीक इनका फैला हुआ राज्य या इनकी शानो-शौकत का इजहार करनेवाली सजावट की वस्तुएँ होती थीं, लेकिन राज्य के विस्तार का इनकी समृद्धि से सीधा लगाव नहीं होता था। यूरोप में वर्तमान राष्ट्र-राज्यों की पृष्ठभूमि दूसरी से छठी शताब्दी तक का वह कबीलाई संक्रमण काल है जिसे 'फॉल्केर वांडरूंग' का नाम दिया गया है। इसके क्रम में विभिन्न हिस्सों से और विशेष उत्तर-पूर्वी हिस्से से फैक, अलिमानी ग्रोथ, विसी ग्रोथ, वांडल, एंग्लोसैक्सन आदि कबीलाई समूह यूरोप के विभिन्न भागों में आकर बस गए और पहले के निवासियों को या तो विस्थापित किया या उन पर वर्चस्व कायम किया।

यूरोप के ज्यादातर राष्ट्र-राज्यों का विकास इन्हीं के इर्द-गिर्द हुआ। औद्योगिक क्रान्ति एवं पूँजीवाद के विकास के साथ इन राष्ट्र-राज्यों के दायरे को विस्तृत और सख्त

बनाया गया है, जिससे छोटे-छोटे दायरे को तथा पूँजी या दूसरे अवरोधों को निरस्त कर व्यापारिक गतिविधियाँ बड़े दायरे में हो सकें। नेपोलियन के सैनिक अभियानों के बाद पूरे यूरोप में राष्ट्रवादी उभार आया और राष्ट्र-राज्यों की शक्ति का संकेन्द्रीकरण हुआ। इस सम्पर्क से संसार भर में राष्ट्रीय भावना का उन्मेष हुआ। पूँजीवादी हित से इसका गहरा रिश्ता इस बात में दिखता है कि इधर, हाल के दिनों में राष्ट्र-राज्य के विखंडन की एक स्वाभाविक प्रक्रिया शुरू हुई है। यूरोपीय यूनियन के अस्तित्व में आने के बाद यूरोप के राष्ट्र-राज्यों का आर्थिक सामरिक महत्त्व नगण्य हो गया है। इससे इनमें कबीलाई आधार पर विखंडन की प्रक्रिया भी शुरू हुई है। सर्बिया के वर्चस्व के विरोध में युगोस्लाविया के क्रोट आदि अलग हो गए हैं। चेकोस्लोवाकिया में चेक और स्लोवाक अलग राष्ट्र बन गए, ब्रिटेन में स्कॉट अलग होने के कगार पर है।

राष्ट्र-राज्यों का सबसे महत्त्वपूर्ण और भयावह पक्ष रहा है मिलिट्री इंडस्ट्रियल कॉम्प्लेक्स का अस्तित्व में आना। इससे राज्यों के सैनिक तंत्रों और औद्योगिक प्रतिष्ठानों का एक जबरदस्त गठजोड़ हुआ। 19वीं शताब्दी के अन्त से लेकर आज तक राज्यों का स्वरूप चाहे जो रहा हो—राजशाही, तानाशाही या लोकशाही, फौज और इसकी जरूरतों को पूरा करनेवाले एक विशाल औद्योगिक तंत्र का गठजोड़ लगातार मजबूत हुआ है। फौज देश में व विदेश में जरूरत होने पर उद्योगों के हितों की रक्षा के लिए तत्पर रहती है और उद्योग उन्हें नवीनतम आयुध और दूसरी उपयोग की वस्तुएँ मुहैया कराते रहते हैं। फौज के आयुधों की माँग औद्योगिक व्यवस्था की मन्दी के संकट से उबारने में भी महत्त्वपूर्ण भूमिका निभाती है। अत्याधुनिक उपकरण पाने की होड़ में हर पाँच-दस साल में हथियार पुराने पड़ते जाते हैं और कबाड़ का ढेर बन जाते हैं। पर चूँकि इन्हें बाजार की जरूरत नहीं होती, इनके रहते हुए भी नित्य नए हथियारों का उत्पादन जारी रहता है। यह सुविधा उत्पादन के किसी दूसरे क्षेत्र में नहीं है क्योंकि स्टॉक का बिकना उत्पादन प्रक्रिया के चलते रहने के लिए जरूरी होता है।

आधुनिक औद्योगिक व्यवस्था में राष्ट्र-राज्य और फौज के इस गठजोड़ की चर्चाएँ इसलिए की गईं क्योंकि शुमाखर के 'स्मॉल इज ब्यूटीफुल' या गांधी के ग्राम गणराज्य की अवधारणा, जो किसी वैकल्पिक मॉडल की निर्देशिका होगी, वर्तमान फौजी राष्ट्र-राज्य के किसी मॉडल के साथ तालमेल नहीं बैठा सकती। अन्तरिक्ष यानों पर अनुसंधान या परमाणु हथियारों का विकास धरती के संसाधनों का सबसे खतरनाक और निरर्थक अपव्यय है। जरूरत वैसे विकास की है जहाँ प्रकृति के स्वाभाविक रुझान, प्राकृतिक ऊर्जा के प्रवाह और धरती की बनावट के साथ कम-से-कम छेड़छाड़ हो। यह बड़े राष्ट्रों के ढाँचों के साथ नहीं हो सकता। इनमें समय-समय पर होनेवाली चुनावी कवायद के बावजूद असली सत्ता एवं संसाधनों का नियंत्रण अपने को लगातार फैलानेवाली नौकरशाही के हाथ में होता है। इसका सहज रिश्ता औद्योगिक प्रतिष्ठानों के उस तंत्र से बैठता है, जिसे प्रख्यात अर्थशास्त्री गालब्रेथ ने टेक्नोस्ट्रक्चर का नाम

दिया था। ये राष्ट्र-राज्य कैसे टूटेंगे, यह अभी दिखाई नहीं देता, लेकिन इसके बगैर अतिलघु इकाइयों में जनता के स्वनिर्णय के अधिकार की बात करने का कोई अर्थ नहीं होता। अभी हम जरूरी कदमों की कल्पना ही कर सकते हैं।

सबसे पहले तो वन प्रदेशों या अन्य जगहों में रहनेवाले आदिवासियों के परम्परागत जीवन से कोई छेड़छाड़ नहीं होगी। इन्हें सैलानियों के हस्तक्षेप से भी मुक्त रखना होगा। वनप्रदेशों और आदिवासी-बहुल क्षेत्रों में परिवेश से छेड़छाड़ प्रतिबन्धित होगी। मसलन, वनों की कटाई, खनिजों के लिए खनन, उनके लिए असुविधाजनक रेल या रोड का विस्तार, क्षेत्र में बहनेवाली जलधारा, झरनों, नदियों आदि के प्रवाह को रोकना आदि। ये सब तो उन लागों की जीवन पद्धति को बचाने के लिए होंगे जो अब तक आधुनिक औद्योगिक सभ्यता की चपेट में नहीं आए हैं, लेकिन इससे आगे बाकी लोगों के जीवन में भी बड़े परिवर्तन की जरूरत होगी। शहरीकरण की प्रक्रिया को पलटना होगा और कृषि और दूसरे उद्यमों को इस तरह वितरित करना होगा कि कृषि और उद्योग एक-दूसरे से जुड़े और करीब हों। गाँव में ही, जहाँ खेती होती है, लोगों की जरूरतों को पूरा करने के लिए लघु और कुटीर उद्योग लगेंगे।

सम्पन्न देशों के ध्रुव प्रदेशों की ओर रुख करने और ऊर्जा स्रोतों पर उनकी कम्पनियों की लगभग पूरी इजारेदारी का असर कुछ वैसा ही हो सकता है जैसा सोवियत संघ के विघटन के बाद क्यूबा की अर्थव्यवस्था पर हुआ था। अचानक सोवियत संघ से प्राप्त होनेवाले सस्ते पेट्रोलियम पदार्थों का मिलना बन्द होने और क्यूबाई चीनी के लिए बाजार खत्म हो जाने से उसे अपनी अर्थव्यवस्था को बिलकुल अलग तरह की दिशा देनी पड़ी। वहाँ के विशाल कृषि फार्मों को तोड़ छोटे सहयोगी फार्मों में बदल दिया गया। नियोजित ढंग से ट्रैक्टरों एवं पेट्रोल से चलनेवाली खेती की दूसरी मशीनों की जगह बैलों से चलनेवाले उपक्रम विकसित हुए। इसके लिए बैलों की वंशवृद्धि नियोजित ढंग से की गई। शहरों के इर्दगिर्द एवं शहरों में छोटी क्यारियों में साग-सब्जियों की खेती शुरू हुई जिससे लोगों की फल-सब्जी आदि की जरूरतें पूरी की जा सकें। कृषि और उद्योगों के साथ-साथ और आत्मनिर्भर विकास से परिवर्तन का खर्च बिलकुल कम हो गया।

आज के उन्नत औद्योगिक देशों के ध्रुव प्रदेश की ओर पलायन एवं जीवाश्म ऊर्जा के स्रोतों के विरल होने एवं उन पर सम्पन्न देशों की इजारेदारी के कारण अनुपलब्ध होने से आज के तथाकथित विकासशील देशों की भी वैसी ही स्थिति बननेवाली है, जैसी सोवियत संघ के विघटन के बाद क्यूबा की बनी थी। क्यूबा की तरह ही इन गरीब मुल्कों को भी यह सुविधा है कि ये अपेक्षाकृत गर्म प्रदेशों में हैं। इनकी ऊर्जा की जरूरत विकसित देशों की तुलना में काफी कम है। इन्हें अपने घरों को गर्म रखने की जरूरत नहीं होती। इन गर्म प्रदेशों में मौसम के हिसाब से जीवन को गर्मी और सर्दी की अतियों से बचाने की पारम्परिक परिपार्टी रही है, जिससे हजारों वर्ष से ये लोग जीवनयापन करते रहे हैं। अति ठंडे सम्पन्न देशों में भी आधुनिक ढंग

से सर्दी झेलने का प्रबन्ध आदर्श नहीं कहा जा सकता। आर्कटिक प्रदेश के एस्कीमो सैकड़ों या हजारों वर्ष से वहाँ की भीषण सर्दी में सुविधा से जीने की पद्धति विकसित करने में सफल हुए हैं। इसी से अब तक उनके नजदीक के नार्वे, स्वीडन आदि के आधुनिक लोग ग्रीनलैंड में आधुनिक उपक्रमों के आधार पर रिहाइश बना नहीं पाए हैं। आस्ट्रेलिया के मूल निवासी वहाँ के मुश्किल रेगिस्तानी इलाकों में अपने छोटे घुमन्तू गिरोहों में आखेट और कंद-मूल पर आधारित जीवन जी रहे हैं, जहाँ आधुनिक उपक्रमों से लैस यूरोप वासियों के लिए जीवन असम्भव बना हुआ है।

मनुष्य की स्वाभाविक प्रतिभा ऐसी है कि वह कठिन से कठिन परिवेश के अनुरूप जीवन पद्धति विकसित कर हजारों वर्षों से अपना अस्तित्व बचाए रहा है। प्रदूषण व ऊर्जा का नया संकट झेलने की नई प्रविधि वे इसी तर्ज पर विकसित कर लेंगे। मानवजनित पर्यावरण के संकट के पहले मानव के पूर्वज ऊष्मता, सूखा और हिमयुग के कई काल झेल चुके हैं। आज पर्यावरण का संकट प्रलय जैसा इसलिए दिखाई देता है क्योंकि अल्पकालिक तकनीकी सफलता ने यह भ्रम पैदा कर दिया था कि मनुष्य प्रकृति की शक्तियों पर विजय प्राप्त कर सकता है और इसे अपने जीवन को इसके अनुकूल ढालने की कोई विवशता इसके सामने नहीं है। इस अहं से मुक्त हो मनुष्य अपने वैज्ञानिक ज्ञान का इस्तेमाल प्रकृति से सहज साहचर्य स्थापित करने में कर सकता है। अगर कोई विकल्प का मॉडल बनेगा तो उसकी वैचारिकी का यही सार तत्त्व होगा।

एक बात साफ दिखाई देती है। धरती के संसाधनों का सन्तुलित व जीवन के लिए जरूरी उपयोग तभी सम्भव है, जब आदमियों के बीच गैर-बराबरी न हो और वे पारस्परिक सहयोग पर आधारित छोटी इकाइयों में रहें जैसे कृषि क्रान्ति के पहले के दिनों में रहते थे। तब जीवन का आधार फल-फूल जमा करना और आखेट था। आज हम उस अवस्था में नहीं जा सकते। उसका सबसे बड़ा कारण हमारी विशाल जनसंख्या है। इस भीड़ भरी दुनिया में खेती ही जीवन का आधार हो सकती है। कृषि छोटी व सहयोगी होगी। यह एक सोची-समझी बाध्यता होनी चाहिए, नहीं तो हम उन पुराने दिनों की तरफ लौट सकते हैं जब गुलामों व कृषकों का सहारा ले विशाल साम्राज्य कायम हुए। समाज में सब कुछ अनियंत्रित नहीं होता। काफी कुछ मूल्यों के आधार पर मनुष्यों की संस्कृति द्वारा निर्धारित होता है। दस हजार साल के इतिहास का सबक हमें ऐसे समाज के सांस्कृतिक निर्धारण में सहायक होगा और अन्ततः हममें यह विश्वास दृढ़ करेगा कि प्रकृति और समग्र जीव जगत की रक्षा के साथ ही हमारा अपना अस्तित्व भी जुड़ा है। 'स्काई इज द लिमिट' वाला विज्ञापन बकवास है। आदमी धरती से बँधा है और वह तभी तक जीवित रहेगा जब तक यह बन्धन कायम है।

महात्मा गांधी अन्तरराष्ट्रीय हिन्दी विश्वविद्यालय
में 29 दिसम्बर, 2012 को दिया व्याख्यान

सच्चिदानन्द सिन्हा रचनावली

खंड-8

आन्तरिक उपनिवेशीकरण और बिहार केन्द्रित शोषण

सच्चिदानन्द सिन्हा रचनावली

खंड-8

आन्तरिक उपनिवेशीकरण और बिहार [illegible] शोषण

सम्पादक

अरविन्द मोहन

राजकमल प्रकाशन

ISBN : 978-93-90971-52-7

मूल्य : ₹4000
(8 खंडों का सम्पूर्ण सेट)

पहला संस्करण : 2021

प्रकाशक : राजकमल प्रकाशन प्रा. लि.
1-बी, नेताजी सुभाष मार्ग, दरियागंज
नई दिल्ली-110 002
शाखाएँ : अशोक राजपथ, साइंस कॉलेज के सामने, पटना-800 006
पहली मंजिल, दरबारी बिल्डिंग, महात्मा गांधी मार्ग, प्रयागराज-211 001
36 ए, शेक्सपियर सरणी, कोलकाता-700 017
वेबसाइट : www.rajkamalprakashan.com
ई-मेल : info@rajkamalprakashan.com

मुद्रक : बी.के. ऑफसेट
नवीन शाहदरा, दिल्ली-110 032

SACHCHIDANAND SINHA RACHANAWALI : Vol. 8
Edited by Arvind Mohan

सम्पादक की ओर से

सच्चिदानन्द सिन्हा रचनावली का यह आठवाँ और आखिरी खंड उनके दिल के काफी करीब रहे विषयों पर उनके लेखन को लेकर बना है। आखिरी खंड होने के चलते इसमें विषयों की विविधता बाकी से ज्यादा है, लेकिन दिलचस्पी और सच्चिदा बाबू की प्रतिभा को बताने में भी यह अन्य खंडों से आगे है। इसमें उनके एक प्रमुख और काफी चर्चित तर्क—आन्तरिक उपनिवेश को आगे करनेवाली उनकी किताब 'इंटरनल कॉलोनी' तो है ही बिहार और हिन्दी पट्टी के पिछड़ेपन से जुड़ा काफी सारा लेखन भी आ गया है। 'इंटरनल कॉलोनी' सिर्फ बिहार के पिछड़ेपन की कहानी नहीं कहता तो ये अन्य लेख हिन्दी पट्टी पिछड़ेपन के दूसरे प्रबल कारणों की पड़ताल भी करते हैं। इसी खंड में देश की खेती-किसानी और किसान आन्दोलन से जुड़ा उनका लेखन है। फिर उनके कुछ चर्चित और महत्त्वपूर्ण इंटरव्यू तथा व्याख्यान भी दिए गए हैं। रचनावली में किए गए वर्गीकरण में न समानेवाले विविध विषयों से जुड़े उनके कुछ महत्त्वपूर्ण लेखों का भी एक उप-खंड बनाया गया है। और आखिर में उनके द्वारा लिखे गए आन्दोलन गीतों और बच्चों के लिए पक्षियों पर लिखी कविताएँ दी गई हैं। इनके साथ उन्होंने खुद ही रेखांकन भी किए थे, लेकिन प्रकाशन के इन्तजार और प्रकाशकों के यहाँ मैन्युस्क्रिप्ट के भटकने के दौर में वे गुम हो गए।

मार्क्सवाद की सैद्धान्तिकी में लेनिन और रोजा लक्जमबर्ग का महत्त्वपूर्ण योग पूँजीवाद को ताकत देने और पूँजीवादी समाजों को बदलने में साम्राज्यवाद के योगदान को रेखांकित करना है। रोजा लक्जमबर्ग ने पूँजीवादी व्यवस्था द्वारा निरन्तर बाहरी बाजार और प्राकृतिक संसाधन देनेवाले इलाके की तलाश करने की बात कही। खुद को मूलत: मार्क्सवादी ही माननेवाले सच्चिदा जी 'इंटरनल कॉलोनी' नामक अपनी किताब में इसी दिशा में एक कदम आगे बढ़े हैं कि दुनिया और उपनिवेश का ही मामला नहीं रहता, मुल्क भी अपने अन्दर ऐसे बाजार और प्राकृतिक संसाधन उपलब्ध कराते रहनेवाले इलाके तलाशते रहते है। सच्चिदा जी यह मानते हैं कि आधुनिक औद्योगिक व्यवस्था लगातार खेती-किसानी और किसानों के साथ विकास के नाम पर ऐसा छल करती है, लेकिन वह अपने ही पिछड़े

और खास इलाकों का भी शोषण करती है। वे बताते हैं कि विज्ञान के सिद्धान्त व्यवहार में आने पर वही आचरण करें, यह जरूरी नहीं है। अगर सम्पन्नता के दो स्तर वाले इलाके या मुल्क एक साथ जुड़ें तो विज्ञान के नियम से तो धीरे-धीरे दोनों समानता के स्तर पर आ जाने चाहिए, पर व्यवहार में होता यह है कि अमीर इलाका और मुल्क ज्यादा अमीर बन जाता है और गरीब ज्यादा गरीब। अपने यहाँ बिहार जैसे इलाकों के पिछड़ेपन में या मुल्क के आदिवासी बहुल क्षेत्रों के मामले में यह साफ दिख रहा है। वे दुनिया भर के उदाहरण देकर यह बात स्पष्ट करते हैं और खास तौर से उत्तर और दक्षिण इटली का उदाहरण देते हैं। अमेरिका और कनाडा के उदाहरण देते हैं और फिर यह निष्कर्ष निकालते हैं कि केन्द्रीकरण से असमानता दूर नहीं होती।

लेकिन इसी तर्क को आगे बढ़ाने के लिए जब वे बिहार को भारत का आन्तरिक उपनिवेश बतानेवाला उदाहरण दमदार ढंग से आगे बढ़ाते हैं तो यह चर्चित भी हुआ और विवादों में भी आया। कमल नयन काबरा जैसे अर्थशास्त्री इस तर्क को अधूरा और कमजोर बताते रहे, पर सच्चिदा जी ने बिहार के साथ अन्य पिछड़े इलाकों का भी जिक्र किया है। यह जरूर है कि आँकड़ों से जो बात साबित करने की कोशिश की गई है, वे मुख्यत: बिहार से जुड़े हैं। तब के बिहार में झारखंड भी शामिल था और इस हिसाब से बिहार में खनिजों के साथ ही श्रमिकों की भरमार थी और वह अपने इन दोनों प्राकृतिक संसाधनों का इस्तेमाल करने की स्थिति में न था। इसके कारण ऐतिहासिक हैं क्योंकि अंगरेजी हुकूमत कायम होने के पहले तक तो बिहार सरप्लस पैदा करनेवाला प्रदेश ही था। मेवा और नमक छोड़कर अपनी जरूरत की सारी चीजें पैदा करने के साथ वह मलमल, रेशम, शोरा और बन्दूक का बड़े पैमाने पर निर्यात करता था। सो, अंगरेजी हुकूमत की जीत से बने बेढंगे प्रदेश, उसकी नीतियाँ, उसके द्वारा उभारे गए आर्थिक और प्रशासनिक कामकाज के केन्द्रों का तेज विकास और बाद की सरकारों द्वारा भी उन्हीं नीतियों को जारी रखने से यह पिछड़ापन बढ़ता ही गया है और आज भी बिहार विकास के हर पैमाने पर मुल्क में सबसे नीचे है। खेती से अगुआ रहनेवाला बिहार पूरे आर्थिक कामकाज में खेती के दिन-ब-दिन गिरते महत्त्व से तो परेशान है ही, अपनी बड़ी आबादी को खेती या दूसरे रोजगार न दे पाने के चलते पस्त रहा है। दूसरी ओर उसके खनिज ही नहीं, बिहारियों के श्रम और बचत की राशि पर विकास की अट्टालिकाएँ खड़ी होती जा रही हैं। केन्द्रीकरण भी बढ़ा है। यह ब्रिटिश हुकूमत के समय भी था और आजादी के समय हुए विभाजन तथा दंगों ने संविधान निर्माताओं को विवश किया कि केन्द्र को और मजबूती दी जाए। केन्द्रीय बलों की मौजूदगी, राज्यपालों के माध्यम से ही नहीं, प्रान्तीय सरकारों को अस्थिर रखकर और सार्वजनिक क्षेत्र की इकाइयाँ लगाने के मामले में केन्द्र ने मनमानी

करके अमीर गरीब प्रान्तों की व्यवस्था को और अधिक भेदभावपूर्ण बना दिया है। नतीजा बिहार, ओडिशा, छत्तीसगढ़ जैसे प्रदेशों का ही नहीं, पूरी हिन्दी पट्टी का पिछड़ापन बढ़ता गया है।

और हिन्दी प्रदेशों के पिछड़ापन पर कई आलेखों और टिप्पणियों से चर्चा करते हुए वे यह भी बताते हैं कि यह शुद्ध सत्ता का खेल है कि हिन्दी पट्टी का एक बड़ा औद्योगिक केन्द्र कानपुर तो दिनोदिन पस्त होता गया है, लेकिन दिल्ली और उसके आसपास के इलाकों का आर्थिक विकास देश के कुल विकास दर से काफी अधिक तेज हुआ है। कथित राष्ट्रीय राजधानी क्षेत्र में न कोई खनिज उपलब्ध है, न खेती से सहयोग मिलने की स्थिति है और न सस्ते श्रमिक उपलब्ध हैं। फिर भी गुरुग्राम, नोएडा, गाजियाबाद, सूरजपुर, धारुहेड़ा समेत पूरा एनसीआर बेहिसाब बढ़ता और फैलता जा रहा है और बड़े पैमाने पर बेरोजगार ग्रामीण नौजवान वहाँ पहुँचते जा रहे हैं। यह असन्तुलित विकास को और भी बेढंगा बनाता जा रहा है। पिछड़ेपन की चर्चा का क्रम इलाकों के बाद खेती पर भी आता है, खासकर उदारीकरण के दौर में लाखों किसानों द्वारा आत्महत्या करने के प्रसंग में और जगह जगह उभरनेवाले किसान आन्दोलन के सन्दर्भ में। ज्यादातर ऐसे लेख राव और वाजपेयी राज के हैं तो आन्दोलन भी महेन्द्र सिन्ह टिकैत, नंजुदास्वामी वगैरह के नेतृत्व वाला ही है। यहाँ वे उदारीकरण की मुहिम और नई आर्थिक नीतियों को दोषी मानकर उनकी आलोचना करते हैं पर दुनिया भर के कम्युनिस्ट शासनों में किसानों की और खेती की जो दुर्गति हुई है उसे नहीं भूलते। असल में उस दौर में अपनी राजनीति को प्रासंगिक बनाए रखने की जुगत में लगे कम्युनिस्ट लोग भी किसान आन्दोलन में जगह बनाने की कोशिश कर रहे थे।

इसी खंड में आए इंटरव्यू सच्चिदा जी के व्यक्तित्व और सोच को बहुत बढ़िया ढंग से सामने लाते हैं और इनमें पहला तो चार-पाँच विद्वान लोगों द्वारा लगभग पूरे दिन की गई बातचीत पर आधारित है। इसमें उनके व्यक्तित्व, चिन्तन और लेखन का पूरा हिसाब सामने आता है, लेकिन एक असन्तुलन दिखता है—सवालों की घेराबन्दी ऐसी है कि सच्चिदा जी काफी कुच मार्क्सवादी लगत और दिखते हैं जो उनके समग्र लेखन और राजनैतिक कामों से पूरी तरह मेल नहीं खाता। पर उनके दो तीन भाषण आज समाजवाद की स्थिति, उसके संकट, उसके लिए आगे का रास्ता और उस आन्दोलन के बगैर दुनिया की स्थिति की इतनी साफ तस्वीर पेश करते हैं कि हैरानी होती है कि इस महान लेखक और विचारक की बातों को हम और खास तौर से खुद को वामपंथी और धर्मनिरपेक्ष माननेवाला जमात भी पर्याप्त गम्भीरता से क्यों नहीं लेता। छिटफुट लिखे लेखों में भी भविष्य के समाज के सपने-युटोपिया का जिक्र विस्तार से है, लेकिन जिस तरह से उन्होंने वरिष्ठ लेखक और अपने पुराने निर्मल वर्मा द्वारा अखबारों को दिए

इंटरव्यू में (बाद के दिनों में निर्मल जी की राय काफी बदली थी और वे मन्दिर आन्दोलन के समर्थक बन गए थे) उठाए मुद्दों का जबाब दिया है वह विलक्षण है। एक तो सच्चिदा जी ऐसी टीका-टिप्पणियाँ नहीं करते। इसका मतलब है कि वे निर्मल जी की कही बातों से ज्यादा दुखी हुए थे। दूसरे आम तौर पर वे इतने सटीक और मारक तर्क भी आम तौर पर नहीं देते।

सच्चिदा जी ने आन्दोलन के गीत भी लिखे हैं इसका एहसास इस सम्पादक को आखिर तक न था जबकि उसने यहाँ लिए गए कई गीत आन्दोलनों में सुने भी थे। इनका कथ्य, मात्रा का हिसाब और भाषा सब उत्तम कोटि का है और जिन्हें भोजपुरी और वज्जिका में थोडी दिक्कत होगी उन्हें भी ये गीत समझ में आएँगे और इनका सुर पसन्द आएगा। बच्चों वाली कविताएँ भी ऐसी ही हैं और वे जल्दी जुबान पर चढ़नेवाली हैं। ये दोनों चीजें सच्चिदा जी का नया रूप ही सामने लाती हैं।

इसके साथ ही यह उम्मीद इस सम्पादक को है कि उसके द्वारा बड़े जतन और श्रम से इस महान लेखक, विचारक और राजनीतिकर्मी का जो रूप इस रचनावली में पेश करने की कोशिश की गई है, वह पाठकों को पसन्द आएगी, उनको प्रेरित करेगी। समाजवादी धारा और गांधी-लोहिया-जेपी को मननेवाले लोगों के लिए तो यह एक धरोअहर होनी चाहिए क्योंकि इतने सारे विषयों पर इतना व्यापक और गम्भीर लेखन इन तीनों धाराओं के किसी और का नहीं है। कहना न होगा कि गलतियों और चूकों के लिए सारी जिम्मेवारी मेरी है।

—अरविन्द मोहन

31 जुलाई, 2021
दिल्ली

क्रम

आन्तरिक उपनिवेश

भूमिका

इधर कुछ दिनों से भारतीय राजनीति में दो परस्पर विरोधी मजबूत प्रवृत्तियाँ तेजी से उभरी हैं। एक तरफ नई दिल्ली के पास सत्ता का केन्द्रीकरण होता गया है। दूसरी तरफ केन्द्र द्वारा बढ़ाए जाते नियंत्रण के खिलाफ राज्यों में नाराजगी उभरती दिखती है। कुछ राज्यों ने हंगामा करने की कोशिश की भी, पर उन्हें जल्दी ही समझ आ गया कि केन्द्र पर उनकी जिस तरह की निर्भरता है, उसमें वे ज्यादा कुछ कर ही नहीं सकते। सो, वे थक-हारकर बैठ गए और केन्द्र-राज्य सम्बन्ध की यही सच्चाई है। और अगर कही अब भी शोर मचता है तो सबके दिमाग में यह स्पष्ट है कि इसका नतीजा क्या निकलनेवाला है।

जाहिर तौर पर यह कोई सुखद स्थिति नहीं है। अगर अर्थव्यवस्था के कामकाज को संकेत मानें तो मौजूदा व्यवस्था को कारगर नहीं मान सकते। मौजूदा व्यवस्था से पैदा जड़ता जैसी स्थिति को अच्छा नहीं कह सकते। और राज्यों तथा विभिन्न क्षेत्रों के बीच जो आर्थिक गैर-बराबरी बढ़ रही है, उसे भी अर्थव्यवस्था के लिए अच्छा नहीं मान सकते। इसलिए इन पूरे सम्बन्धों पर गम्भीर पुनर्विचार और जरूरी फेर-बदल करने की आवश्यकता है।

इस विषय में कई लोगों और कमेटियों ने महत्त्वपूर्ण अध्ययन किए हैं। पर इन अध्ययनों की एक सीमा केन्द्र-राज्य सम्बन्ध के सवाल को सरकार द्वारा बनाए कानूनों या संविधान के प्रावधानों के आलोक में देखते हैं। शायद ही कभी वे इनसे अलग भी देखने की कोशिश करते हैं, पर हर बार झुकाव कानूनी-वैधानिक पक्ष की तरफ ही रहता है, लेकिन मौजूदा स्थितियों में न तो भारतीय संविधान और न ही बाहर कहीं की संवैधानिक व्यवस्थाओं से पर्याप्त मदद मिलनेवाली है। इस सवाल पर एक बने-बनाए वैधानिक-कानूनी दायरे से अलग होकर सोचने की जरूरत है। इसीलिए, मौजूदा अध्ययन में कुछ अन्य देशों के अविकसित क्षेत्रों की इसी तरह की समस्याओं के सन्दर्भ को सामने रखा गया है। इस सन्दर्भ में केन्द्रीय प्राधिकारों और कुछ राज्यों में उभरती राष्ट्रीयताओं के बीच बननेवाले सम्बन्धों की भी चर्चा की गई है, पर मुख्य कोशिश इस पूरे सवाल को आम आदमी के भले वाले नजरिये से देखने की कोशिश की गई है।

इस सवाल पर जब-जब विचार करने की कोशिश हुई है, उसमें भावनात्मक सवाल आकर घाल-मेल करते ही हैं। जब भी केन्द्र की सत्ता को कम करने की बात की जाती है, राष्ट्रवाद और राष्ट्रीय एकता की बात उठती ही है। विकास के सन्दर्भ में इस तरह के राष्ट्रवाद के अतार्किक सवाल को उठाने के पीछे क्या मंशा रहती है, उस पर भी हल्की चर्चा की गई है। चूँकि ये सम्बन्ध निरन्तर बदलाव के क्रम में हैं, सो, अन्य संघीय व्यवस्थाओं में क्या कुछ हो रहा है और भारत में कौन-सी शक्तियाँ संवैधानिक सम्बन्धों को गढने में प्रभावी हो रही हैं, उनकी भी चर्चा की गई है।

लेखक को लगता है कि बदहाल राज्यों से सम्बन्ध के मामले में भारत औपनिवेशिक शासन की ही विरासत को ढो रहा है। पूँजीवादी वर्ग ने नौकरशाही के साथ मिलकर पुरानी व्यवस्था को ही जारी रखा है और 'राष्ट्रवाद' के नाम पर इसे बचाने के साथ राज्यों से अधिकतम लाभ उठाने का काम भी किया है। और इस शोषण के स्वरूप और प्रभाव की सामान्य चर्चा की जगह बिहार के उदाहरण से चीजों को स्पष्ट करने की कोशिश की गई है। बिहार का अपना मामला कुछ अलग भी है, पर यही खास प्रवृत्ति ओडिशा, असम, मध्य प्रदेश और उत्तर प्रदेश के पूर्वी अंचल में भी दिखाई देगी। बिहार का अध्ययन इसलिए भी किया गया है कि बिहार का ही होने के चलते इस लेखक ने वहाँ के लोगों की भयावह दरिद्रता को प्रत्यक्ष देखा है। और उसने जो देखा है, आँकड़े उसकी पुष्टि भी करते हैं। इस अध्ययन का खास महत्त्व इस बात से भी है कि केन्द्र-राज्य सम्बन्धों के मौजूदा स्वरूप राज्यों द्वारा अपने हितों की रक्षा करने या उन्हें बढ़ाने का प्रयास में बाधक है। यह कैसे होता है, इस अध्ययन में यह भी दिखाने का प्रयास किया गया है।

मैं केन्द्र और राज्य सरकार के बजट और अन्य दस्तावेज उपलब्ध कराने के लिये सांसद श्री गोलप बड़बोरा और बिहार के पूर्व विधायक महन्त श्यामसुन्दर दास का आभारी हूँ और इनके आधार पर ही मैंने केन्द्र और राज्य की वित्तीय स्थिति का तुलनात्मक अध्ययन किया है। मैं अपने मामा चन्द्र प्रकाश नारायण सिन्हा का भी आभारी हूँ जिनके अंगरेजी राज में बिहार की आर्थिक स्थिति सम्बन्धी अध्ययन से मुझे काफी मदद मिली। इसी की पृष्ठभूमि में मौजूदा चीजों को रखने से तसवीर ज्यादा साफ हुई है। अध्ययन के दौरान और भी कई दोस्तों से भी मदद मिली। उन सबका आभार।

—सच्चिदानन्द सिन्हा

अप्रैल, 1973
नई दिल्ली

दूसरे संस्करण की भूमिका

1973 में जब यह किताब छपी थी तब इसकी काफी चर्चा हुई थी। और यह बात काफी सन्तोष देनेवाली है कि उस समय 'आन्तरिक उपनिवेश' की जिस अवधारणा की चर्चा इस किताब में की गई थी, उसका प्रयोग अब प्राकृतिक सम्पदा से धनी देश के कुछ इलाकों की बढ़ती गरीबी के सन्दर्भ में आज खूब किया जाने लगा है। और स्वाभाविक रूप से इस अवधारणा की आलोचना भी हुई। 'मेनस्ट्रीम' के 28 जनवरी के अंक में किताब की समीक्षा करते हुए कमल नयन काबरा ने लिखा, "विश्लेषण का सारा ढाँचा बिना किसी अन्तर-क्षेत्रीय वित्तीय आवाजाही के आँकड़ों के बिना साम्राज्यवादी सम्बन्धों के विश्लेषणात्मक और भावनात्मक आधार पर खड़ा किया गया है, सामाजिक-आर्थिक सम्बन्धों के जटिल सवालों को तो छुआ ही नहीं गया है। आर्थिक गैर-बराबरी के तथ्य को आम तौर पर औपनिवेशिक सम्बन्धों की मौजूदगी के रूप में देखा गया है।"

इस अन्तर-क्षेत्रीय वित्तीय आवाजाही की बात उठाकर काबरा शायद यही कहना चाहते हैं कि अगर किसी इलाके में गरीबी आई है तो कहीं समृद्धि भी आई है। काफी श्रम किया जाए तो इस आवाजाही को रेखांकित किया जा सकता है, पर असल में कितना समृद्धि इधर से उधर हुई है, इसका ठीक-ठीक मापन लगभग असम्भव है। इसकी वजह यह है कि जिस तरह से विदेश व्यापार के हर आँकड़े रखे जाते हैं, उस तरह गाँवों के आपसी लेन-देन से लेकर अन्तर-राज्य और अन्तर-क्षेत्र आवाजाही के आँकड़े नहीं रखे जाते। जैसे अगर कोई फैक्टरी किसी ऐसे पिछड़े इलाके में स्थित है जहाँ उसके कच्चे माल या खनिज या प्राकृतिक संसाधनों की कमी हो और वह सारे लोग बाहर से ही नियुक्त कर ले। उन्हें ऊँची तनख्वाह और सुविधाएँ भी दे, पर स्थानीय लोगों को भर्ती न करे। फैक्टरी के लिये जमीन तो स्थानीय होगी और उसके चलने से स्थानीय लोगों का जीवन प्रभावित भी होगा ही। ऊपर से देखने पर तो यहाँ न तो कोई शोषण हो रहा है न धन ले जाया जा रहा है, पर असल में हो यही रहा है कि फैक्टरी में बाहर से काम करने आए लोग उस आमदनी को सोख जा रहे हैं जो कायदे से स्थानीय लोगों के हाथ जानी चाहिए थी। ऐसे मामले में कोई स्पष्ट भेदभाव भी नहीं दिखता क्योंकि उस फैक्टरी के जिन

कामों के लिये बाहरी लोग रखे जाते हैं, वह योग्यता स्थानीय लोगों में नहीं थी। सो, अगर शैक्षिक रूप से पिछड़े या स्थानीय लोगों में तकनीकी ज्ञान और कौशल दिए बगैर किसी पिछड़े इलाके में अत्याधुनिक कारखाना खोलने का मतलब यही है। विदेशी कम्पनी द्वारा किसी अत्याधुनिक कारखाना लगाने के साथ उस तकनीक और कौशल के स्थानीयकरण का स्प्ष्ट कार्यक्रम हुए बगैर भी यही चीज होगी। गरीब और पिछड़े इलाकों में लगनेवाले उद्योग-धन्धों के साथ इस किस्म की कोई पूर्व-शर्त नहीं होती। फिर सारे रोजगार उस इलाके के लोगों के पास चले जाते हैं जहाँ पढ़ाई और कौशल विकास वाले संस्थान हों। कम्पनी का मुनाफा मालिकों या शेयरधारकों को जाता है जो आम तौर पर शहरों में और दूर-दराज में रहते हैं। स्थानीय लोग सिर्फ कच्चा माल देने या अकुशल मजदूर वाला काम ही पाते हैं। और इन दोनों से भी कम्पनियाँ ही ज्यादा लाभ कमाती हैं। इसके ऊपर यह भी होता है कि कम्पनी का मुखयालय बाहर किसी और राज्य में या बड़े शहर में होता है, और करों की आमदनी उस प्रदेश और शहर को जाती है।

जहाँ तक खनिजों का सवाल है तो इस मामले में केन्द्र सरकार ही मालिक है। और फिर राज्य को रॉयल्टी के रूप में क्या मिले, यह फैसला राज्य के लोग या सरकार नहीं करती, यह फैसला केन्द्र ही करता है। यहाँ भी अक्सर खनिजों के डिपो किसी और राज्य के बन्दरगाह शहर में स्थित होते हैं और उसकी आमदनी का राजस्व भी खनिज वाले इलाके और प्रदेश की जगह डिपो वाले इलाके और राज्य को जाता है। सो, सारे लाभ तो बाहर जाते हैं, पर जमीन उपलब्ध कराने और संरचनात्मक सुविधाएँ विकसित करने का बोझ स्थानीय अधिकारियों पर आ जाता है। फिर फ्राइट इक्वलाइजेशन के जरिये हर जगह खनिज को एक ही कीमत पर उपलब्ध कराने की नीति और मुश्किलें बढ़ाती है। इस्पात कहीं बने, कीमत एक ही होगी तो किसी की खनिज या इस्पात उत्पादन वाली जगह, बोकारो, भिलाई या राउरकेला के पास कारोबार करने की क्या जरूरत होगी? हर पूँजीपति मुनाफे के लिये काम करता है, इसलिए वह संरचनात्मक सुविधाओं वाली जगह छोड़कर नई और पिछड़ी जगह पर क्यों जाएगा? जहाँ बिजली, पानी, सड़क, कुशल कारीगर जैसी सुविधाएँ उपलब्ध हो वह उसी जगह जाता है। उसे अपने उत्पाद के लिये बाजार चाहिए, पिछड़े इलाके में माल बेचना भी मुश्किल होता है। चूँकि क्षेत्रीय प्राधिकारों के पास सीमित अधिकार होते हैं, सो वे बड़ी कम्पनियों के मुकाबले अपने इलाके की इकाइयों को ज्यादा मदद और संरक्षण देने की स्थिति में भी नहीं होते। क्या साम्राज्यवादी ताकतों की यही स्थिति अपने उपनिवेशों की तुलना में नहीं होती? क्या इससे यह नहीं साफ होता कि पूँजीपति और शासक जमात बिना साम्राज्यवादी जीत के ही वही सब लाभ ले रहा है? इनमें से कुछ मुद्दों की चर्चा किताब में हुई है, लेकिन जाने किस तरह कमल काबरा उन पर गौर नहीं कर पाए।

लेकिन किताब किसी इलाके के शोषण के लिये दूसरे इलाके के लोगों को दोषी नहीं बताती। पंजाब या महाराष्ट्र के लोगों ने बिहार या असम का शोषण नहीं किया है, लेकिन इस किताब में बताए गए सम्बन्ध पूँजीवादी विकास के मॉडल में और अधिकतम मुनाफा लेनेवाली व्यवस्था में बनते ही हैं। जो सरकारी कारखाने चल रहे हैं वे भी इसी सोच से चलाए जाते हैं। अगर वे अक्सर नुकसान की स्थिति में दिखते हैं तो इसका कारण सरकार और इन इकाइयों को चलानेवाली कुलीन मशीनरी की नालायकी है। पंजाब के अपेक्षित विकास की स्थिति ब्रिटिश शासन और बाद की देसी सरकारों द्वारा दिए विशेष ध्यान के चलते है। यह बात पंजाब के लोगों को दोषी बताने के लिये नहीं, यह तथ्य रेखांकित करने के लिये कही जा रही है कि सत्ता का केन्द्रीकरण किसी राज्य के पक्ष तो किसी के खिलाफ सन्तुलन बना सकता है। निश्चित रूप से इसका श्रेय पंजाब के मेहनती किसानों को भी जाता है जिन्होंने शासन से मिले शुरुआती अवसर और सहयोग का पूरा लाभ उठाया। हमारा तर्क यह है कि अगर राज्यों को ज्यादा अधिकार मिलें तो वे अपने यहाँ की व्यवस्था दुरुस्त करने में अधिक सक्षम होंगे और उन्हें इसका सीधा लाभ होगा। पर ब्रिटिश शासन व्यवस्था ही नहीं, आजादी के बाद की अपनी व्यवस्था में भी लोगों के पास अधिकार नहीं होते और ज्यादातर शक्तियाँ केन्द्र के हाथ में रही हैं। हमारा सुझाव तो विकेन्द्रीकरण के लिये है और इससे विकसित राज्यों को भी और विकास करने का अवसर मिलेगा क्योंकि वे अपनी सोच और पहल पर काम कर सकते हैं। किताब की एक और आलोचना हुई जो सिर्फ गलतफहमी के चलते हुई। कुछ आलोचकों ने इसे सिर्फ बिहार के पिछड़ेपन से सम्बन्धित किताब मानकर इसकी आलोचना की। उनका मानना था कि बिहार सामन्ती भूमि सम्बन्धों और कुशासन के चलते पिछड़ा है। जैसाकि पहले संस्करण की भूमिका में कहा गया है, बिहार को विभिन्न राज्यों पर असर डालनेवाले क्षेत्रीय असन्तुलन बनानेवाली नीतियों के असर को बताने के उदाहरण के लिये ही रखा गया है। और फिर इसके आधार पर विकेन्द्रीकरण की वकालत की गई है जिससे राज्य अधिकतम स्वायत्तता का अनुभव करते हुए अपना रास्ता चुन सकें।

जहाँ तक बिहार के सामन्ती चरित्र की बात है तो वह आलोचना वाजिब भी है, पर जब हम समस्या पर ज्यादा बारीकी से गौर करते हैं तो पाते हैं कि प्रदेश की यह स्थित बनाने में औपनिवेशिक शोषण और सामन्ती भूमि सम्बन्धों के बीच अजीब किस्म का करीबी रिश्ता बन गया है। इसे समझने के लिये हमें उस क्रान्ति की तरफ लौटना होगा जिसने यूरोप में सामन्तवाद का खात्मा कर दिया था। इसमें मुख्य भूमिका बर्गरों के प्रभुत्व वाले शहरों का उभरने की थी (बुर्जुआ शब्द इन्हीं बर्गरों से आया है)। जब ये शहर उद्योग-व्यापार के केन्द्रों के रूप में उभरे और समृद्ध हुए तब गाँवों में रहनेवाले गुलाम भी उनकी तरफ आकर्षित हुए। उन्हें वहाँ अच्छी कमाई वाले कामों का आकर्षण था। सामन्त भी इन जगहों से वे काफी कुछ पैसों के सहारे पा सकते

थे, जिसे अपने यहाँ लाख कोशिश करके भी पैदा कराना उनके वश में न था। वे भी नकदी लेन-देन के फायदे समझने लगे। वे अपने गुलामों को शहर जाकर कमाने और वापस उन्हें नकद भुगतान करने के लिये प्रोत्साहित करने लगे। अठारहवीं सदी में उद्योगों के तेज विकास के चलते बड़ी संख्या में गुलाम और किसान उसकी तरफ आकर्षित हुए और सामन्तवाद की जड़ें कमजोर हुईं। इससे ग्रामीण किसान भी मजबूत हुए और उनमें यह शक्ति आई कि शहरी बुर्जुआ वर्ग के समर्थन से सामन्तशाही को समाप्त कर डाला। बिहार में यह प्रक्रिया उलट गई। राज्य में उद्योग-धन्धों का विकास नहीं हुआ, जिसमें गाँव के अतिरिक्त लोगों को काम मिलता। परिणाम हुआ कि शहरीकरण की जगह ग्रामीण आबादी का प्रतिशत ही बढ़ता गया। फिर तो गाँव में खेतिहर मजदूरों या बटाईदारों की जमींदार से मोल-तोल करने की शक्ति भी गिरती गई। जमींदारों की ताकत बनी ही नहीं रही, बढ़ी। जहाँ-तहाँ काफी तीखी लड़ाई भी हुई, विरोध हुआ, पर गरीबों के पास और विकल्प न होने से उनकी हालत और खराब हुई। मजदूर सस्ते होने के चलते जमींदारों को भी कम श्रम से उन्नत खेती करने पर खर्च करने की जरूरत महसूस नहीं हुई। प्रति मजदूर प्रति एकड़ पैदावार कम ही बनी रही।

जो राज्य कर सकते हों, वे श्रमबहुल उद्योग और बड़े पैमाने पर निर्माण कार्य शुरू कराके स्थिति को बदलने में मदद कर सकते हैं। उत्तर बिहार के श्रमबहुल इलाकों के पलायन में यह प्रवृत्ति दिख रही है, पर जहाँ इतने सारे सरप्लस/ज्यादा मजदूर हों वहाँ हाल की इस पलायन वाली स्थिति से ज्यादा फर्क नहीं पड़नेवाला है। पर ये तथ्य बताते हैं कि सामन्ती व्यवस्था और क्षेत्रीय पिछड़ापन मिलकर स्थिति कितनी खराब कर सकते हैं और जब तक स्थिति न बदले न तो वर्ग संघर्ष के नारे न और तरह की जुमलेबाजी से स्थिति बदलेगी।

यहाँ हम याद कर सकते हैं कि यह सामन्ती व्यवस्था तथा लगातार बढ़ती दरिद्रता की यह परिघटना ब्रिटिश शासन के भारत पर नियंत्रण के साथ ही शुरू हुई है। उसने न सिर्फ जमींदारी व्यवस्था लागू की बल्कि उन असंख्य ग्रामीण उद्योगों और हस्तशिल्पों को नष्ट किया जो एक से एक बढ़िया चीजों का उत्पादन करते थे। यह काम ब्रिटिश सामान की खपत बढ़ाने के लिये किया गया, पर इससे हमारे यहाँ बेरोजगारी बढ़ती गई। इसी से बटाई और बाद में बँधुआ मजदूरी जैसी चीजें पैदा हुईं। एक अन्तर को छोड़कर मौजूदा औद्योगिक विकास पुरानी साम्राज्यवादी व्यवस्था की निरन्तरता में ही है—अन्तर मात्र यही आया है कि अब फैक्टरियाँ मैनचेस्टर या बर्मिंघम में नहीं लगकर देश के ही कुछ चुनिन्दा ठिकानों पर लग रही हैं। यहीं सारे संसाधन पहुँच रहे हैं, सारे श्रमिक आ रहे हैं और बाकी इलाकों में बदहाली आ रही है।

पर यह स्पष्ट करना जरूरी है कि यह अध्ययन अधूरा ही है क्योंकि यह क्षेत्रीय शोषण अर्थात आन्तरिक उपनिवेश के सिर्फ एक पक्ष पर प्रकाश डालता है। यह अध्ययन तो सिर्फ इसी पक्ष को ध्यान में रखकर किया गया है इस सम्बन्ध को पूरी

तरह समझने के लिये इसके दूसरे पक्षों पर भी गौर करना होगा। पूँजीवादी विकास के लिये सिर्फ कुछ इलाकों के शोषण भर की जरूरत नहीं होती। अधिक पूँजी से चलनेवाले उद्योगों के जरिये खेती और ग्रामीण क्षेत्र का शोषण भी इस व्यवस्था का एक चरित्र है। ऐसे उद्योगों को अपना अधिकतम मुनाफा कमाने के लिये सिर्फ सस्ता खनिज या कच्चा माल, वनोपज और कृषि उत्पाद ही नहीं, सस्ते श्रम की भी जरूरत होती है। यह करने के लिये उन्हें खेती के उत्पादों और हस्तशिल्प या छोटे उद्योगों की ग्रामीण आत्मनिर्भरता को भी समाप्त करना होता है। उन्हें अपनी जरूरत के लिये कुछ खास फसलों को बढ़ावा देना होता है। फिर वे येन-केन-प्रकारेण कृषि उत्पादों की कीमत कम बनाए रखना चाहते हैं। इस अध्ययन में इन पक्षों पर विचार नहीं हुआ है—यहाँ मात्र उल्लेख किया जा रहा है। 'बिटर हार्वेस्ट' नाम से छपी किताब में इन पक्षों पर गौर किया गया है। आन्तरिक औपनिवेशिक प्रणाली के दो रूपों की चर्चा बाद के एक आलेख में की गई थी जिसे इस संस्करण में शामिल कर लिया गया है।

किताब के प्रकाशन के बाद के एक दशक में क्षेत्रीय असन्तुलन के सवाल पर कुछ बदलाव आया होगा, यह कोई सोच सकता है, पर असल में ऐसा कुछ नहीं हुआ है। चार्ट 16अ, 16ब, 16स, और 16द में किए गए बदलाव यह बताते हैं कि मुख्य प्रवृत्ति में कोई बदलाव नहीं हुआ है।

इस किताब के प्रकाशन के बाद से भारत में और अन्तरराष्ट्रीय स्तर पर भी क्षेत्रीय स्वायत्तता और विकेन्द्रीकरण का सवाल ज्यादा तेज हुआ है। किताब में ग्रेट ब्रिटेन में वेल्स और स्कॉटलैंड द्वारा उठाई गई स्वायत्तता की माँग का जिक्र है। अब ब्रिटिश सरकार ने इन दोनों जगह एसेम्बलियाँ बनाने की माँग मान ली है। यह एक महत्त्वपूर्ण घटना है। भारत में ही आज विकेन्द्रीकरण की माँग अधिक लोग, राज्य और दल करने लगे हैं। मौजूदा रूप में राज्यपाल के पद की उपयोगिता पर सवाल उठने लगे हैं। असम और उत्तर बंगाल में बाहरी लोगों द्वारा स्थानीय संसाधनों का उपयोग कर लिए जाने का सवाल उठने लगा है। शुरू में असम का आन्दोलन असमिया को एकमात्र आधिकारिक भाषा घोषित करने का था, पर यह छुपा भाव भी था कि असम की सम्पदा को बाहरी लोग लिये जा रहे हैं और बदले में असमिया लोगों को कुछ भी हासिल नहीं हो रहा है। अब बांग्लादेशी घुसपैठ का सवाल सबसे ऊपर आ गया है, पर मूल सवाल औपनिवेशिक क्षेत्रीय शोषण का बना हुआ है। उत्तर बंगाल में तो उत्तर बंग तपसीली जाति ओ आदिवासी संगठन नामक संगठन ने अपने इलाके के लोगों के शोषण की समाप्ति के सवाल को ही सबसे ऊपर रखा है। ये आन्दोलन बताते हैं कि क्षेत्रीय शोषण कोई काल्पनिक चीज नहीं है, इन इलाकों के लोग भी अपने जीवन में इससे मुश्किलें झेलने लगे हैं।

सत्ता के विकेन्द्रीकरण की माँग के सिलसिले में 1973 में अकाली दल द्वारा आनन्दपुर साहिब प्रस्ताव महत्त्वपूर्ण है। यह प्रस्ताव दल की कार्यसमिति का था, पर

1978 में अकाली दल (लोंगोवाल) ने अपने सम्मेलन से इसका जो संशोधित रूप पास किया, उसमें केन्द्र के पास सिर्फ विदेश, रक्षा, मुद्रा और रेलवे जैसे काम ही रहने देने की बात कही गई है। यह माँग साम्प्रदायिक रंग में रँग गई, पर किसी प्रमुख पार्टी द्वारा विकेन्द्रीकरण और संघीय स्वरूप को लेकर की गई यह पहली माँग थी।

पर जब यह सवाल चर्चा में आ गया तो भारत सरकार को 9 जून, 1983 की अधिसूचना के जरिये केन्द्र राज्य सम्बन्धों पर विचार करने के लिये जस्टिस सरकारिया की अध्यक्षता में आयोग का गठन करना पड़ा। इसे अभी की स्थिति भर की समीक्षा करनी है, पर इसके गठन से मुद्दा एक कदम आगे, बढ़ा है। सम्भव है दबाव बने तो उसके विचार का दायरा भी बढ़ाया जाए। इस आयोग को आनन्दपुर साहब प्रस्ताव के सम्बद्ध हिस्से पर विचार करने का जिम्मा भी सौंपा गया है।

इस किताब के प्रकाशन के बाद से कई और बड़ी बातें हुई हैं जिनसे इसमें उठाए सवाल पर और जोर पड़ता है। यह कहा जाने लगा है कि सत्ता का विकेन्द्रीकरण सिर्फ केन्द्र और राज्य के स्तर पर होने की जगह गाँव के स्तर तक जाना चाहिए, पर निचले स्तर पर सत्ता देने की पूर्व शर्त के तौर पर पहले राज्यों को अधिक अधिकार सौंपने की बात उठ रही है, लेकिन हाल में अनेक राज्यों के आदिवासियों और पिछड़े क्षेत्रों के लोगों द्वारा अलग राज्य बनाने की माँग खूब जोर-शोर से उठने लगी है। सो, साफ है कि मौजूदा स्वरूप वाले बड़े राज्यों का विभाजन और उनके अधिकारों को कम करना भी समान रूप से महत्त्वपूर्ण है। अगर संविधान में बदलाव करके इन इलाके या जिलों के लोगों का उनके संसाधनों पर ज्यादा नियंत्रण बना दिया जाए तो ऐसे इलाकों के लोगों की शिकायतों का समाधान हो सकता है। साफ है कि शासन की निचली इकाइयों को ज्यादा सशक्त और स्वायत्त बनाने के लिये संवैधानिक बदलाव की जरूरत है। और इस दिशा में काम बढ़े तो फिर शासन की इन छोटी इकाइयों का चुनाव करने की व्यवस्था की बात भी उठेगी ही।

इन सबका मतलब यही है कि देश को वास्तविक रूप से संघीय स्वरूप देने और लोगों की आकांक्षाओं के अनुरूप बनाने के लिए संविधान में बड़े बदलाव की जरूरत है। वयस्क मताधिकार और इसी लोकतांत्रिक संविधान के जमीन पर उतरने के साथ लोगों की महत्त्वाकांक्षा का भी विस्तार हुआ है। संविधान का निर्माण करनेवाली संविधान सभा का चुनाव सीमित मताधिकार वाली व्यवस्था से हुआ था। सो, उसके बनाए संविधान से लागू पूर्ण लोकतंत्र के कारगर होने के बाद ये बदलाव जरूरी भी हैं। इन छोटे-मोटे बदलावों के अलावा किताब की मूल स्थापना इस लम्बी परीक्षा में खरी ही उतरी है।

1986

—सच्चिदानन्द सिन्हा

1

राष्ट्रों में होनेवाले राजनीतिक बदलावों में तीन महत्त्वपूर्ण प्रवृत्तियाँ समझने लायक हैं। वे हैं (1) हाल के वर्षों में राष्ट्रीय सीमाओं को पार करके एक सरकार से दूसरे सरकार के बीच आर्थिक सम्बन्ध कायम किया जाना। (2) संघीय या महासंघीय गठबन्धन और (3) राष्ट्रों के भीतर रहनेवाले छोटे राष्ट्रीय या क्षेत्रीय समूहों द्वारा बेहतर आर्थिक सौदेबाजी, स्वायत्तता और कभी-कभी पूर्ण स्वतंत्रता प्राप्त करने का निरन्तर प्रयास। हालाँकि अन्तरराष्ट्रीय स्तर पर चलनेवाले टकराव इतने बड़े और दंगल वाली नाटकीयता लिये होते हैं कि इस तरह के बदलाव उनकी छाया में ढक जाते हैं। इन तीनों बदलावों में सबसे कम ध्यान अगर किसी ओर गया है तो वह क्षेत्रीय स्वायत्तता के लिए होनेवाले आन्दोलन की ओर। चूँकि आर्थिक केन्द्रीयता या संघ और महासंघ अभी भी प्रत्यक्ष या परोक्ष तौर पर राष्ट्र राज्य को मदद करते हैं, इसलिए उनकी ही मदद की जाती है और उन्हें ही प्रचार मिलता है। दूसरी ओर चूँकि क्षेत्रीय स्वायत्तता या स्वतंत्रता की माँग अन्तरराष्ट्रीय दायरे में होड़ करनेवाले प्रतिस्पर्धी की ताकत को घटा देती है, इसलिए उसकी पूर्ण उपेक्षा की जाती है। इसके अलावा ऐसी दुनिया में जहाँ अन्तरराष्ट्रीय व्यवस्था और विश्व सरकार की लम्बी-चौड़ी बातें (हालाँकि वे बेअसर होती हैं) वैश्विक स्तर पर चलन में रहती हैं वहाँ दुनिया की व्यापक दृष्टि के बरक्स छोटे क्षेत्र या राष्ट्रीयता की चिन्ताएँ तुच्छ या विघटनकारी प्रतीत होती हैं।

इस आधार पर राष्ट्रीयताओं और क्षेत्रीय समूहों की दावेदारी को राष्ट्रों का अनुग्रह तब तक नहीं प्राप्त होता जब तक वे अन्तरराष्ट्रीय दायरे में किसी प्रतिद्वन्द्वी को कमजोर करने का दावा नहीं करते। उदाहरण के लिए, आत्मनिर्णय के अधिकार को यह समर्थन भारत और पाकिस्तान द्वारा मिलता रहा है। इसमें अगर भारत बांग्लादेश के अधिकारों का पैरोकार बना तो पाकिस्तान कश्मीर और नगालैंड के नागरिकों के अधिकार का समर्थक बना। जाहिर है कि इस तरह का समर्थन मामले के जायज या नाजायज होने पर आधारित नहीं है बल्कि वह इस बात पर आधारित है कि वे देश किस तरह से इस विवाद से फायदा उठा सकते हैं।

इसे देख पाना इतना आसान क्यों है? राष्ट्र राज्य के उद्‌भव का सारा सन्दर्भ इस प्रकार का है कि उसका सारा जोर आकार और सैन्य सम्भाव्यता पर निर्भर है।

आज के सारे राष्ट्र विजय और साम्राज्य के गर्भ से उत्पन्न हुए हैं। सारे राष्ट्रों के इतिहास के किताबों में गौरवशाली अध्याय उनके पुरखों के रक्तरंजित कारनामों या कुकृत्यों से भरे पड़े हैं। किसी सभ्य राष्ट्र का उच्च आदर्श अभी भी यही है कि वह कितनी तेजी से और कितनी प्रचुर मात्रा में हत्याएँ कर सकता है। उसी से उसे महानता का तमगा मिलता है। जिस राष्ट्र के पास सारी दुनिया को खत्म करने की क्षमता होती है, वह सुपर पॉवर यानी महाशक्ति हो जाता है। इसलिए यह स्वाभाविक है कि सभी बुद्धिमान और उद्यमशील राजनेता एक ऐसे आदर्श का गुणगान करें जो इतिहास और सभ्यता की भावना का प्रतिनिधित्व करे। कोई दूसरी बात जो इस आदर्श के विपरीत होती है, उसे इसी वजह से दबा दिया जाता है या कमतर करके देखा जाता है।

राष्ट्र के आह्वान में स्वार्थ और भावनाओं को इतने नजदीक से गूँथा गया है कि इसके बारे में एक तार्किक दृष्टिकोण के खड़े हो पाने की बहुत कम सम्भावना है। अभी तक इस बात का कोई स्पष्ट जवाब नहीं है कि राष्ट्रवाद की भावनाएँ लोगों को इतने जोर से पकड़ती क्यों हैं। कई मानव प्रकृति विज्ञानी जिन्होंने जानवरों के व्यवहार को नजदीक से देखा है, उनका कहना है कि इन जानवरों की प्रजातियों में एक प्रकार की प्रादेशिक भावना होती है। राष्ट्र के प्रति मनुष्य की वफादारी को वे इसी तरह की अन्तर्निहित प्रवृत्ति के रूप में देखते हैं। सम्भव है कि मनुष्य में भी इस तरह की कोई अस्पष्ट भावना होती हो, लेकिन किसी क्षेत्र के प्रति वफादारी की अभिव्यक्ति स्वाभाविक रूप से किसी व्यक्ति के पड़ोस में स्थित स्थान के लिए वफादारी के रूप में प्रकट हो सकती है।

इस वफादारी को एक राष्ट्र के स्तर तक उठाने के लिए (कई बार तो राष्ट्र इतना बड़ा होता है कि उसके नागरिक की उससे पहचान सिर्फ नक्शे के माध्यम से ही होती है) इतिहास की लम्बी परम्परा के माध्यम से काम करना होता है। इतिहास की वह लम्बी परम्परा असंख्य प्रतीकों जिनमें से कुछ स्वाभाविक होते हैं और कई जान-बूझकर बनाए जाते हैं, के सहारे निर्मित की जाती है।

लेकिन राष्ट्रीय एकता की जो भावना साझा इतिहास, परम्परा और व्यक्तियों के साझा अनुभव के माध्यम से पैदा की जाती है, वह अपने में बेहद अहानिकारक है। उसका लोहे का पैर तब बनता है जब वह राज्य के खांचे में बैठती है। हालाँकि आधुनिक राष्ट्र राज्य, जो कि अब्राहम के भगवान की तरह से है, दावा करता है कि उसकी सभी नागरिकों को प्रति अविभाजित वफादारी है। इसकी वफादारी न तो बहुत उन्नत होती है और न ही उसे सम्मानजनक प्राचीनता का आशीर्वाद प्राप्त होता है। इसकी उत्पत्ति यूरोपीय बादशाह की अधिग्रहणवादी क्षुधा और उनके व्यापारियों की लोभवृत्ति के संयोग से हुई है और वह पन्द्रहवीं सदी में भौगोलिक खोजों के बाद दिखाई पड़ती है। इस संयोग से आर्थिक राष्ट्रवाद और वाणिज्यवाद

की शुरुआत होती है। आधुनिक अर्थों में राष्ट्र राज्य का विकास इस बदलाव के बाद होता है। कुल मिलाकर यह भौगोलिक खोज और पुनर्जागरण व सुधारों के संयोग का प्रतिफल है, जिसने यूरोप को पहली बार अपनी राष्ट्रीय पहचान से परिचित कराया। इससे पहले वह सिर्फ रोम के सार्वभौमिक चर्च और सामन्ती व्यवस्था में अपनी स्थिति के बारे में जानता था।

इस तरह के राष्ट्रवाद को मुख्य रूप से उभरते पूँजीपति वर्ग से मदद मिली जिसे बाजार के लिए व्यापक निर्बाध क्षेत्र और अपने उद्योगों और व्यापार के लिए कच्चे माल की जरूरत थी। विस्तार पाती पूँजीवादी अर्थव्यवस्था की सम्भावना के सन्दर्भ में राष्ट्रवाद की परिकल्पना को किस तरह आकार मिला, इस बात को इटली के राष्ट्रवाद के पिता मैजिनी के निम्न अवलोकनों से समझा जा सकता है : "हम आठ राज्यों में बँटे हुए हैं...उनके उद्देश्य में किसी प्रकार की एकता नहीं है, उनके बीच में किसी प्रकार का व्यवस्थित सम्पर्क नहीं है। सीमा शुल्क भवनों की आठ कतारें हैं। हम हर राज्य के आन्तरिक प्रशासन में आनेवाली दिक्कतों की बात छोड़ दें तब भी यह स्थिति हमारे भौतिक हितों को बाँट देती है, हमारी तरक्की का विरोध करती है और हमें बड़ा उत्पादक बनने से रोकती है, बड़ी व्यावसायिक गतिविधि करने से बाधित करती है और यह हमारी क्षमताओं को उस तरह से प्रोत्साहित नहीं होने देती जिस तरह से आवेगों के एक केन्द्र से सम्भावना रहती है। पाबन्दियाँ और तमाम तरह के कर इटली के हर राज्य में जरूरी वस्तुओं के आयात और निर्यात को रोकते हैं। ऐसे प्रादेशिक और औद्योगिक उत्पाद जो दूसरे राज्यों में नहीं होते, एक जगह पड़े रह जाते हैं और हम आपस में न तो अधिक उत्पादन को बेच सकते हैं और न ही उनका विनिमय कर सकते हैं।"[1]

इन अवलोकनों से यह प्रतीत होता है कि उन्नीसवीं सदी तक राष्ट्र राज्य वृद्धिमान पूँजीवादी अर्थव्यवस्था के लिए गर्भगृह की तरह से थी, लेकिन पूँजीपति वर्ग के साथ नौकरशाही और सैनिक प्रतिष्ठानों का राष्ट्र राज्य में एक निहित स्वार्थ विकसित हो गया। एक विस्तारित राष्ट्र राज्य का मतलब एक व्यापक नौकरशाही और एक व्यापक सैन्य प्रतिष्ठान से है, जिसका राज्य के राजनीतिक कार्यों में असर बढ़ता जा रहा हो। वास्तव में सी राइट मिल ने अमेरिका में हो रहे परिवर्तनों के आधार पर देखा कि बड़ी कम्पनियों, राज्य की नौकरशाही और सैनिक प्रतिष्ठान के नजदीकी सहयोग के साथ एक नए किस्म का वर्ग पैदा होता है, जिसे हम 'ताकतवर अभिजात' कहते हैं। उनके दृष्टिकोण से इन हितों का जब स्थायी युद्ध की अर्थव्यवस्था के तहत मेल होता है तो वे अपनी सामूहिक शक्ति को मजबूती देने के लिए हर तरह के लोकतांत्रिक आदर्शों की तिलांजलि दे देते हैं।

अपने किसी समकालीन के मुकाबले राष्ट्र राज्य के बारे में कार्ल मार्क्स का परिप्रेक्ष्य ज्यादा स्पष्ट था। उन्होंने राजनीति में अपना हस्तक्षेप प्रशा के एकतंत्रीय

शासन की आलोचना के साथ आरम्भ किया। बिस्मार्क के नेतृत्व में प्रशा ने राष्ट्रीय विस्तार का महत्त्वाकांक्षी कार्यक्रम चला रखा था। उन्हें राष्ट्रवाद के कड़वे फल का स्वाद चखने के लिए ज्यादा इन्तजार नहीं करना पड़ा। उन्हें अपना पूरा जीवन निर्वासन में बिताना पड़ा और दूसरी ओर बिस्मार्क अपनी छल-कपटी और क्रूर शक्ति के हवाले से जर्मन राष्ट्र का विस्तार करता रहा।

कार्ल मार्क्स ने लिखा कि धर्म जनता की अफीम है। उनका धर्म से तात्पर्य उस पारम्परिक व्यवहार से था जो लोगों को अपने शोषण के प्रति उदासीन बना देता है और उन्हें दूसरे संसार में अच्छे जीवन की उम्मीद जगाता है। मार्क्स के अनुसार, यह धर्म दुनिया के बारे में एक उल्टी तसवीर प्रस्तुत करता है, लेकिन उनको यह अहसास नहीं था कि उनके विचार एक ज्यादा ताकतवर अफीम के नीचे दब जानेवाले हैं। वह अफीम थी, राष्ट्रवाद की अफीम। वास्तव में मार्क्स पहले चिन्तक थे जिन्होंने देखा था कि उनके समय में राष्ट्रवाद पूँजीपति वर्ग का छैल-छबीला आदर्श बन चुका है और उन्होंने जोर-शोर से दावा किया कि सर्वहारा वर्ग का अपना कोई देश नहीं है। इतिहास की अपनी भौतिकवादी व्याख्या में फँसे होने के कारण वे आसानी से इस झांसे में आ गए कि अपने भौतिक हितों को समझने के साथ ही सर्वहारा कोई चूक किए बिना इस अवधारणा के इर्द-गिर्द बुने गए मकड़जाल को आसानी से काट सकेगा।

हालाँकि वे साम्राज्यवादी राज्य द्वारा निर्मित राष्ट्रवाद और एक कमजोर और छोटे राष्ट्र की आजादी की लड़ाई का अन्तर करने का व्यावहारिक नजरिया रखते थे। उन्होंने उभरते राष्ट्रीय आन्दोलन को इस आधार पर समर्थन दिया कि उन्होंने राष्ट्र राज्य के उभार में सामन्ती ढाँचे के विरुद्ध स्थानीय पूँजीपति वर्ग के उभार को देखा। उनका मानना था कि यह समाजवाद के विकास के लिए अनिवार्य शर्त है। इसलिए उन्होंने 1864 में रूसी साम्राज्यवाद के विरुद्ध सम्पूर्ण यूरोपीय श्रमिक वर्ग के हितों को जोड़ दिया। संयोग से यह घटना यूरोप के श्रमिक वर्ग के संघनित होने का एक बिन्दु बन गई और उससे प्रथम इंटरनेशनल का गठन हुआ।

इस सम्बन्ध में कार्ल मार्क्स की सबसे बड़ी खासियत यह थी कि वे विचारों और विचारधाराओं के मनुष्यों के जीवन पर पड़नेवाले ठोस प्रभावों के माध्यम से देखते थे न कि भावनाओं को प्रेरित करनेवाले रहस्य के रूप में। प्रथम इंटरनेशनल बनने की एक चौथाई सदी बाद तक, जिस दौरान उग्र राष्ट्रवाद का उदय हुआ, इस साफ नजरिये के कारण मार्क्सवादियों को इस शोर के विरुद्ध अपने कान बन्द करने में तो सुविधा हुई, लेकिन वे इस ज्वार को रोकने में कामयाब नहीं हो सके बल्कि सदी के अन्त तक मार्क्सवादियों के एक तबके (संशोधनवादियों) ने समर्पण करना शुरू कर दिया और वे राष्ट्र राज्य को समायोजित करने के लिए तैयार हो गए।

जल्दी ही उन सबके लिए राष्ट्रवाद ऐसी भावना हो गई, जिसे रोका जा सकना सम्भव नहीं था। जैसे ही 1914 में प्रथम विश्व युद्ध शुरू हुआ, ज्यादातर मार्क्सवादी अपनी पितृभूमि की रक्षा के लिए हथियार उठाए खड़े थे। इसलिए बोल्शेविक क्रान्ति के आरम्भिक चरण में एक संक्षिप्त और सुन्दर अवकाश के अलावा राष्ट्रवाद ने हर तरह से समाजवादियों पर एक मजबूत पकड़ बनाए रखी।

राष्ट्रवाद की इस भावनात्मक पकड़ ने हर देश में पूँजीपतियों और सत्तारूढ़ नौकरशाही को राष्ट्रीय नीतियों में जोड़-तोड़ करके अपने निहित स्वार्थों को बढ़ावा देने में मदद की। अपने वाणिज्यिक चरण के दौरान व्यापारिक हितों ने राज्यों को अपने कामों से जोड़ लिया और यह जुड़ाव इस हद तक हुआ कि कुछ राज्य तो समुद्री क्षेत्र में डकैती डालने के काम में भी शामिल हो गए। उसके बाद जहाँ जरूरत पड़ी, वहाँ राज्यों की मदद से औपनिवेशिक काल शुरू हुआ। परिणामस्वरूप, इसके बाद के दौर में औपनिवेशिक युद्ध शुरू हुए। तीसरा दौर व्यापक साम्राज्यों का है जहाँ पर पूँजीपति वर्ग और राज्य एक-दूसरे के पूर्ण सहभागी हो गए। जब विभिन्न राज्य एक ही नीति का पालन कर रहे थे तो उनका टकराव होना तय था। जहाँ भी इस तरह के टकराव खड़े हुए वहाँ अपने व्यापक संसाधनों के साथ इस जोड़ी ने आक्रामक राष्ट्रवाद को उन्माद की स्थिति तक धधकाया। इसका परिणाम यह हुआ कि एक चौथाई सदी के दौरान ही दुनिया दो तरह के भयानक युद्धों के बीच फँस गई।

साम्राज्यवाद का इतिहास और उसकी भूमिका अब सामान्य जानकारी का विषय है। इसे समझने लायक बनाने का काफी कुछ श्रेय कार्ल मार्क्स और एंगेल्स के विश्लेषण को जाता है या बाद के उन मार्क्सवादियों को जाता है जिनके पास अपने विश्लेषण के लिए इस परिघटना की ज्यादा ठोस परिणतियाँ सामने थीं। उन मार्क्सवादियों में लेनिन का स्थान बहुत महत्त्वपूर्ण है क्योंकि उन्होंने साम्राज्यवाद के अपने विश्लेषण में एक दूरगामी क्रान्तिकारी निष्कर्ष निकाला। लेकिन साम्राज्यवाद के बारे में लेनिन के अपने विश्लेषण जिसने इतिहास के एक विशेष कालखंड का अध्ययन किया, उसने यह आभास देने का प्रयास किया कि साम्राज्यवाद दरअसल पूँजीवाद के विकास के एक खास चरण का परिणाम है। लेनिन के अनुसार, यह वित्तीय और औद्योगिक पूँजी के मिलन से उत्पन्न हुआ है जिसमें वित्तीय पूँजी की प्रधानता है। यहाँ यह कहा जाना आवश्यक है कि लेनिन इस बात से पूरी तरह सचेत थे कि साम्राज्यवादी शक्तियों के इतिहास में एक प्रकार की पूँजीवाद पूर्व की राष्ट्रीय आक्रामकता है, लेकिन इस आर्थिक विश्लेषण से यह विश्वास पैदा हुआ कि राष्ट्रीय दमन और साम्राज्यवाद सिर्फ पूँजीवाद के गुण हैं जबकि यह बात सही नहीं है। साम्राज्य और साम्राज्यवादी दमन तब से होता आ रहा है जब से ज्ञात इतिहास उपलब्ध है। अतीत में सभी युगों के मिस्र, यूनान, रोम, चीन और भारतीय साम्राज्य

सभी इस तथ्य की ओर संकेत करते हैं। आज नई बात यह है कि साम्राज्यवादी शोषण का रूप और दायरा बदल गया है।

इस सरलीकरण के कारण उस शोषण और दमन के प्रति एक प्रकार की खामोश लापरवाही पैदा हो गई विकास सम्बन्धी असमानता के कारण विभिन्न देशों या एक ही देश के विभिन्न क्षेत्रों के बीच होती है। इस तरह का शोषण तब भी रहता है जब लेनिन के साम्राज्यवाद के मॉडल में वर्णित सम्बन्ध हमेशा प्रकट नहीं होते। वास्तव में यह नजरिया स्पष्ट तौर पर दुनिया के उन लोगों को अपने विश्लेषण में शामिल न करके बहिष्कृत कर देता है जो पहले साम्राज्य में शामिल कर लिए गए और बाद में राष्ट्र के हिस्से बन गए क्योंकि साम्राज्य को राष्ट्र में परिवर्तित कर दिया गया। अगर आप लेनिन के सिद्धान्तों पर नियमित तरीके से चलते रहें तो ऐसे किसी क्षेत्र को बाहर नहीं करेंगे, लेकिन बाद में लेनिन के विचारों की जो व्याख्या लेनिनवादियों ने की, उसके कारण राष्ट्र के भीतर जो क्षेत्रीय विभिन्नताएँ और शोषण हैं, उनकी उपेक्षा हो जाती है। रूस में बोल्शेविक नेतृत्व ने जो दृष्टिकोण प्रकट किया उसने आरम्भिक दिनों में समस्या के प्रति एक स्पष्ट समझ थी जो बाद में अन्धभक्ति और वाग्जाल में खो गई। चूँकि रूस में बाद वाले दृष्टिकोण की ही विजय हुई इसलिए आरम्भिक नजरिये के चारों ओर इतने किन्तु-परन्तु की झाड़ियाँ खड़ी कर दी गईं कि उसका मतलब ही समाप्त हो गया। आंशिक रूप से यह मिथक भी कि साम्राज्यवाद सिर्फ पूँजीवाद के तहत पनप सकता है अपनी ही कमियों को ढकने के लिए तैयार किया गया। इस तरह बाद के दिनों में जब भी दमित राष्ट्रीयताओं ने अपने प्रश्न उठाने का प्रयास किया तो उन पर बुर्जुआ राष्ट्रवाद का ठप्पा लगाकर प्रतिक्रियावादी बता दिया गया और जहाँ भी मौका मिला, उन्हें दबा दिया गया।

सोवियत संघ और चीन जो कि बड़ी कम्युनिस्ट ताकत के रूप में उभरे, उन्होंने अपनी उन राष्ट्रीयताओं को कड़ाई से दबाने में कोई झिझक नहीं दिखाई जो स्वायत्तता के सिद्धान्त पर जोर दे रहे थे। रूस ने एक कदम और आगे बढ़कर उन इलाकों को अपने में मिलाने में कोई झिझक नहीं दिखाई जो कभी भी जार के साम्राज्य के हिस्से नहीं थे। इसका दूसरी जगहों पर एक ही असर हो सकता था। इस कदम से कम्युनिस्टों ने वह नैतिक साहस खो दिया जिसके तहत वे पूँजीवादी राज्यों के भीतर राष्ट्रीयताओं के सवालों के साहसिक अलम्बरदार हो सकते थे। आजकल वे राष्ट्रीयताओं के अधिकारों की बात करने की बजाय राष्ट्र की अखंडता की ज्यादा बात करते हैं। लेनिन ने यूरोप के जिन लोकतांत्रिक समाजवादियों को अन्धभक्ति के लिए पूरी ताकत के साथ खारिज किया था, अब इस सन्दर्भ में सिर्फ उन्हें ही अपराधी नहीं कहा जा सकता। जल्दी ही कम्युनिस्ट भी उनके नक्शेकदम पर चलने लगे।

विडम्बना देखिए कि बोल्शेविकों की ओर से राष्ट्र के प्रश्न पर बहुत स्पष्ट नजरिया जे.एस. स्टालिन ने प्रस्तुत किया था। स्टालिन ने लेनिन के निर्देशन में 'मार्क्सवाद और राष्ट्र व उपनिवेश के सवाल' नाम से जो प्रपत्र प्रस्तुत किया, उसे बाद में बहुत सराहा गया। राष्ट्रीयताओं पर समाजवादियों के नजरिये के बारे में उन्होंने लिखा : "इस प्रकार मजदूर राष्ट्रवादी दमन के हल्के या क्रूर किस्म समेत हर प्रकार के दमन से लड़ते रहेंगे और उसी प्रकार वे उस नीति से लड़ेंगे, जिसके तहत एक राष्ट्र को दूसरे राष्ट्र के विरुद्ध भड़काया जाता है। इसीलिए सभी देशों की लोकतांत्रिक समाजवादी पार्टियाँ राष्ट्रों के आत्मनिर्णय के अधिकार का समर्थन करती हैं।"[2]

उनके आत्मनिर्णय के अधिकार का अर्थ है कि अपने भविष्य के निर्धारण का अधिकार सिर्फ राष्ट्र को है और किसी और को भी राष्ट्र के जीवन में हस्तक्षेप का हक नहीं है। किसी और देश को यह अधिकार नहीं है कि वह स्कूलों और दूसरी संस्थाओं को नष्ट करे, उनकी आदतों और प्रथाओं को नष्ट करे, उनकी भाषा को नष्ट करे या उनके अधिकारों में कटौती करे। आत्मनिर्णय के अधिकार का मतलब है कि एक राष्ट्र अपने जीवन को अपनी इच्छा के मुताबिक व्यवस्थित कर सकता है। वह स्वायत्तता के आधार पर अपने जीवन को संगठित कर सकता है। उसे हक है कि वह दूसरे देशों के साथ संघीय सम्बन्ध कायम करे। उसे अधिकार है कि वह पूरी तरह से किसी से अलग हो जाए। राष्ट्र सम्प्रभु हैं और सभी राष्ट्र समान हैं।

आपको यह बात ध्यान में रखनी चाहिए कि पूरी नीतियाँ मुख्यत: रूस की उन तमाम राष्ट्रीयताओं के मद्देनजर बनाई गई थीं जो जार के साम्राज्यवाद के तहत दबा दी गई थीं। अक्तूबर क्रान्ति के छह माह पहले स्टालिन ने 29 अप्रैल, 1917 को रूस के समाजवादी लोकतांत्रिक लेबर पार्टी के अखिल रूस सम्मेलन में अपने नजरिये को दोहराया था : "पहला सवाल यह है कि हम दमित राष्ट्रों के राजनीतिक जीवन को किस प्रकार व्यवस्थित करें? इस सवाल के जवाब में यह कहा जाना चाहिए कि जो दमित राष्ट्र रूस के हिस्से हैं उन्हें अपने लिए निर्णय करने का मौका दिया जाना चाहिए कि वे रूसी राष्ट्र के हिस्से रहना चाहते हैं या अलग होकर एक स्वतंत्र राष्ट्र का निर्माण चाहते हैं।"[3]

जब बोल्शेविक सत्ता में आए तो उन्होंने राष्ट्रीयताओं से किए गए अपने वादे को याद रखा और कुछ राष्ट्रीयताएँ सोवियत संघ से अलग रहीं। लेकिन जल्दी ही वे सोवियत संघ का हिस्सा बन गईं क्योंकि क्रान्तिकारी लहर उन देशों तक पहुँच गई, लेकिन यह एक ऐच्छिक रिश्ता था और उनके पास अलग होने का अधिकार बना रहा। इस तरह जो नया सोवियत संघ बना, उसमें अर्द्धस्वायत्त राष्ट्र शामिल थे जो कि एक समान आदर्श और बोल्शेविक पार्टी के एकीकरण वाले प्रभाव से बँधे थे। उस समय बोल्शेविक पार्टी समर्पित क्रान्तिकारियों की सुगठित इकाई

थी। यह बात उल्लेखनीय है कि यह यह व्यवस्था गृहयुद्ध और विदेशी हस्तक्षेप के समय तक कायम रही। दरअसल, यह व्यवस्था बोल्शेविकों के पक्ष में सबसे मजबूत बिन्दु साबित हुई। सदियों बाद मुक्त हुई राष्ट्रीयताएँ किसी प्रभुत्व के समक्ष आसानी से समर्पण को तैयार नहीं थीं। इसलिए बोल्शेविकों का उद्देश्य उनका अपना मकसद बन गया।

लेकिन बोल्शेविक शासन के भीतर जल्दी ही एक प्रकार की केन्द्रीकरण की प्रवृत्ति हावी होने लगी। हालाँकि लेनिन अन्य चीजों के मामले में स्वयं केन्द्रीकरण के विरुद्ध नहीं थे, लेकिन वे आखिर तक राष्ट्रीयताओं की स्वायत्तता के पक्ष में रहे। लेकिन खराब स्वास्थ्य के कारण वे पार्टी और सरकार के कामों से कट गए थे। उनके दूसरे सहयोगी जिनमें सबसे ऊपर स्टालिन थे, वे एक केन्द्रीकृत प्रशासन में राष्ट्रीयताओं को जोड़ने के काम में लगे थे। इसलिए दिसम्बर 1922 के अन्त तक रूस के सोवियत गणराज्यों को समाजवादी सोवियत गणराज्य के संघ में जोड़ दिया गया। हालाँकि गणराज्यों के पास अलग होने का अधिकार बना रहा, लेकिन केन्द्र या संघ ने सभी महत्त्वपूर्ण कार्य और शक्तियाँ हड़प लीं। सोवियत संघ का अधिकार क्षेत्र सिर्फ विदेश और रक्षा मामलों तक ही नहीं रहा बल्कि सोवियत समाजवादी गणराज्य संघ के संयुक्त बजट की सम्पुष्टि, मौद्रिक, नकदी और ऋण प्रणाली की स्थापना और पूरे संघ के साथ गणराज्यों व स्थानीय क्षेत्रों के लिए कर प्रणाली की स्थापना तक उसका दायरा विस्तार पाता रहा। संघ पूरे क्षेत्र में भूमि नियमन और काश्तकारी के साथ खनिज सम्पदा, वन और जल के उपयोग की नीति भी बनाने का काम करता रहा।

यह भी तय किया गया कि संघ के हर गणराज्य का अपना बजट होगा और वह संघ के आम बजट का अविभाज्य हिस्सा होगा, जिसकी संघ की केन्द्रीय कार्यकारिणी समिति से मंजूरी करवानी होगी। किसी गणराज्य के बजट के राजस्व और व्यय को केन्द्रीय कार्यकारिणी समिति निर्धारित करेगी।

इस तरह गणराज्य व्यावहारिक रूप से संघ के प्रशासकीय विभागों जैसे बनकर रह गए और उनके पास किसी तरह के पहल की गुंजाइश नहीं बची। सत्ता के केन्द्रीकरण के साथ सोवियत संघ के गठन पर लेनिन ने कड़ी नाराजगी व्यक्त की। अपने तीन लेखों की शृंखला में, जो उनके आखिरी लेख कहे जा सकते हैं, लेनिन ने उस कदम के पक्ष में दिए गए तर्कों की धज्जियाँ उड़ा दीं। इन लेखों का विस्तृत उद्धरण देना यहाँ समीचीन होगा क्योंकि वे कुछ अर्थों में न सिर्फ मसीहाई हैं बल्कि कमजोर और दमित राष्ट्रीयताओं के बारे में लेनिन की चिन्ताओं को भी प्रकट करते हैं। वे लिखते है : "मैं समझता हूँ कि मैंने रूस के मजदूरों के साथ महाअपराध किया है क्योंकि मैंने पर्याप्त ऊर्जा और तीखेपन के साथ 'स्वायत्तीकरण' के खतरनाक सवाल में हस्तक्षेप नहीं किया जो कि सरकारी तौर पर सोवियत संघ द्वारा व्यक्त

किया जाना प्रत्यय है। कहा जाता है कि हमें एक एकल उपकरण चाहिए, लेकिन इस तरह की बातें कहाँ से प्रकट होती हैं? क्या यह वही रूसी उपकरण नहीं है, जिसकी चर्चा मैंने अपनी पिछली डायरियों में की थी और कहा था कि वह उपकरण जारशाही से लिया गया था और उसका सोवियत संघ के पवित्र तेल से हल्का-सा अभिषेक किया गया था।"[4]

इन परिस्थितियों में ऐसा लगता है कि संघ के अलग होने का अधिकार, जिसे हम सही मानते हैं, वह एक रद्दी के टुकड़े के अलावा कुछ और नहीं होगा। इन स्थितियों में हम अल्पसंख्यकों की सौ प्रतिशत रूसी लोगों के हमले से रक्षा करने में सक्षम नहीं होंगे। ये वही लोग हैं जो अपने को महान रूसी कहते हैं और अन्धभक्ति की भावना से ग्रसित होते हैं और वास्तव में रूसी नौकरशाहों की तरह से बदमाश और लुटेरे होते हैं। इसमें कोई सन्देह नहीं कि सोवियतों और उनकी चाल में ढल चुके मजदूरों का एक छोटा-सा हिस्सा इस अन्धभक्ति के महान रूसी समुद्र में उसी तरह डूब जाएँगे जिस तरह दूध में मक्खी।

चूँकि सोवियत संघ एक वास्तविकता बन चुका था, इसलिए लेनिन ने अपने लेख की तीसरी शृंखला में उत्पीड़न को न्यूनतम स्तर पर रखने के लिए कुछ सुझाव दिए।

चौथी बात यह है कि हमें उन दूसरे देशों में राष्ट्रीय भाषा को प्रयोग करने के कठोर नियम बनाने चाहिए जो हमारे संघ के हिस्से हैं। हमें उन नियमों के अच्छी तरह से पालन की गारंटी करनी चाहिए। इस बात में कोई सन्देह नहीं है कि वित्तीय एकता वगैरह के बहाने रूसी किस्म की तमाम ज्यादतियाँ होंगी। इन ज्यादतियों से लड़ने के लिए असाधारण किस्म की प्रेरणा चाहिए। इसी के साथ इस लड़ाई में जो लोग अपने को लगाएँगे, उनकी विशिष्ट साख भी होनी चाहिए। यहाँ हमें विस्तृत आचार संहिता की जरूरत है जिसे वे नागरिक ही तैयार करें जो उस गणराज्य में रह रहे हों। यह सब करते रहने का मतलब यह नहीं कि हम सोवियतों के अगले सम्मेलन में पुरानी स्थिति में लौटने के एजेंडे को भूल जाएँ। इसका मतलब यह है कि हम समाजवादी सोवियत गणराज्य के संघ को सिर्फ सेना और राजनय के क्षेत्र में रखेंगे, जबकि दूसरे मामलों में जनता के हर विभाग को पूर्ण स्वायत्तता हासिल होगी।[5]

स्पष्ट तौर पर इन आलेखों में लेनिन ने एक महात्मा की तरह से न सिर्फ सोवियत संघ की राष्ट्रीयताओं का भविष्य देखा था बल्कि हर जगह की राष्ट्रीयताओं की दशा का आकलन किया था। उन्होंने अनुमान लगा लिया था कि जब राष्ट्रीयताएँ अपनी राजनीतिक और आर्थिक शक्तियों को केन्द्रीय सत्ता के समक्ष समर्पित कर देती हैं तो वह सत्ता चाहे संघीय हो या एकात्मता वाली हो, उनका हश्र एक जैसा ही होता है। सारे संघ चाहे वे अपने को समाजवादी कहें या पूँजीवादी, उन्होंने केन्द्रीकरण की कठोर प्रवृत्ति प्रदर्शित की है। सिर्फ उन संघों में भागीदार घटकों के

लोग पर्याप्त सत्ता और स्वतंत्रता कायम रख सके हैं जहाँ पर तुलनात्मक रूप से आकार छोटा है या आबादी कम है।

इन लेखों को लिखने के बाद जल्दी ही लेनिन का निधन हो गया। उनके लेखों को दबा दिया गया और उनके विचारों को उस केन्द्रीय समिति के समक्ष नहीं रखा गया जहाँ वे उसे रखे जाने के इच्छुक थे। इससे पता चलता है कि सत्ता प्राप्त करनेवालों का वैचारिक रुझान चाहे जो हो, वे उससे बेहद मजबूती से चिपक जाते हैं। स्टालिन जो आरम्भ में राष्ट्रीयताओं के मकसद के अलम्बरदार थे, बाद में जबरदस्त केन्द्रीकरण के हिमायती और राष्ट्रीयताओं के अधिकार के विरोधी हो गए।

यह दिलचस्प रूप से उल्लेखनीय है कि सभी तरह के महासंघ जो अपने को स्वैच्छिक संघ बताते हैं, वे जब अस्तित्व में आ जाते हैं तो अपनी घटक इकाइयों को किसी-न-किसी बिना पर अलग होने का अधिकार देने से इनकार कर देते हैं। हम इस समस्या पर अगले अध्याय में विचार करेंगे, लेकिन हम यहाँ उस स्थिति की बड़ी विडम्बना की ओर संकेत करते हैं जो अपनी पृष्ठभूमि में राष्ट्रीयताओं के आत्मनिर्णय के अधिकार को स्वीकार करके चलती है। हालाँकि संयुक्त राष्ट्र में यह अधिकार दर्ज किया गया है और दुनिया के सभी देश उसके सदस्य हैं। संयुक्त राष्ट्र के यह सदस्य साम्राज्यवाद को तो खारिज करते हैं, लेकिन कोई भी इस बात को स्वीकार नहीं करता कि वही अधिकार उन लोगों के लिए भी वांछनीय है जो ऐतिहासिक कारणों से किसी देश के हिस्से हैं लेकिन दूसरे सन्दर्भों में वे अलग हैं और स्वतंत्र राष्ट्रीय अस्तित्व के निर्माण में सक्षम हैं। जब तक एक राष्ट्र के भीतर रहनेवाले विभिन्न लोगों की स्थितियों और भावनाओं की रौशनी में स्थिति का विश्लेषण नहीं किया जाता तब तक एक साम्राज्य और एक राष्ट्र में फर्क करना कठिन होगा।

चूँकि ऐसी घटक इकाइयों में अस्मिता और स्वतंत्रता की ललक काफी तीव्र होती है, लेकिन किसी भी दूसरे स्वतंत्र राष्ट्र से उन्हें अलग करने की शर्त निर्धारित करना कठिन है। उन्हें अलग रखने की सिर्फ यही शर्त हो सकती है और वह है इतिहास की घटना (दुर्घटना)।

चूँकि आधुनिक विश्व ने इतिहास की बहुत सारी विरासतों को पलट दिया है, इसलिए ऐसा कोई कारण नहीं है जो उसे इस समस्या की ओर ध्यान देने से रोके। इस सन्दर्भ में समता के उद्देश्य की बहुत आसान और तकलीफ से रहित पूर्ति हो सकती है, अगर एक बड़े देश के भीतर रहनेवाले लोगों को अलग होने का अधिकार दे दिया जाए। लेकिन अब तक लोग राष्ट्रीय एकता की अवधारणा से कट्टरता से बँधे हुए हैं, जिसका अलग-अलग लोगों के लिए अलग-अलग अर्थ है, इसलिए वे सामान्यतया वे इस बारे में सोचना भी नहीं चाहते।

लोग समस्या के प्रति तभी जागरूक होते हैं जब त्रासदियाँ होती हैं जैसेकि बांग्लादेश में हुईं या बियाफ्रा में हुईं, लेकिन शायद उसके बाद भी नहीं सोचते।

हालाँकि इन इलाकों में होनेवाली त्रासदी के बाद लोगों को सहानुभूति प्राप्त हुई लेकिन लोग जिन अधिकारों के लिए लड़े और तकलीफ उठाई, उसे शायद ही समर्थन मिला। इसलिए जहाँ बांग्लादेश को सफलता मिली, लेकिन स्वतंत्रता पाने की बियाफ्रा की कोशिश रक्तपात में डूब गई। बांग्लादेश भी इसलिए स्वतंत्र हो सका क्योंकि कुछ भौगोलिक और ऐतिहासिक कारक उसके पक्ष में थे। आबादी के मामले में वह पाकिस्तान के दूसरे हिस्से से बड़ा था। इसके अलावा वह दूसरे हिस्से से हजारों मील दूर था। उसके बावजूद अगर वह सफल हो सका तो उसके पीछे भारत तेजी से हुआ भारत का सैन्य हस्तक्षेप था। इसके विपरीत एक छोटा क्षेत्रीय समूह जहाँ भौगोलिक रूप से कम अनुकूल स्थितियाँ हों, किसी स्तर पर एक बड़े और मजबूत राष्ट्र की ताकत को चुनौती देने के बारे में सोच भी नहीं सकता, चाहे वह अपने भीतर कितनी असहनीय स्थितियाँ झेल रहा हो। क्या ऐसे लोगों को अलग होने का अधिकार देने से इनकार करना सामान्य तौर पर आत्मनिर्णय का अधिकार देने से इनकार करना नहीं है?

यह तो नहीं कहा जा सकता कि किसी तरह का कोई सिद्धान्त स्थापित है जिसके आधार पर यह स्पष्ट रूप से कहा जा सकता है कि कुछ विशिष्ट लोग राष्ट्र का अधिकार पाने के योग्य हैं। इस बारे में न तो आकार, न ही भौगोलिक स्थिति और न ही भाषा को इस सवाल के निश्चित जवाब का आधार बनाया जा सकता है। जैसे कि इजराइल के जन्म से पता चलता है कि एक विशिष्ट भूभाग पर कब्जे को भी निर्णायक कारक नहीं बनाया जा सकता है। इन स्थितियों में एक जनसमूह को राष्ट्रीय समूह के स्वायत्त अस्तित्व के रूप में मान्यता मिलने का एक ही तार्किक आधार हो सकता है और वो यह कि उनके भीतर इस अस्तित्व के लिए कितनी इच्छा है। यह प्रश्न कि ऐसा स्वतंत्र अस्तित्व उन लोगों के लिए लाभकारी होगा या कुछ और होगा, वह चीज है जो उन लोगों पर ही छोड़ी जा सकती है।

जो चीज इतनी सरल दिखती है, बेहद कठिन हो जाती है क्योंकि पिछली सदी में राष्ट्र एक और ईश्वर के रूप में उपस्थित हुआ है और ऐसा कुछ कहना या करना जो कि राष्ट्र को सैनिक रूप से कमजोर करे, एक खराब किस्म का धर्मत्याग या विश्वासघात माना जाएगा। अगले अध्याय में यह देखेंगे कि राष्ट्र के पीछे किस तरह के संस्था ढाँचे हैं और उनका जनता की भलाई से क्या वास्ता है? इससे हमें यह समझने में मदद मिलेगी कि लोगों द्वारा राष्ट्र के प्रति अन्धश्रद्धा रखना कितना उचित है?

2

हमने पहले महासंघों के भीतर केन्द्रीकरण की प्रवृत्तियों की बात की है। इस प्रवृत्ति में वृद्धि के कारण तलाशने के लिए ज्यादा दूर जाने की जरूरत नहीं है। अमेरिका, ऑस्ट्रेलिया, कनाडा और भारत जैसे तमाम महासंघ वहाँ पहले शासन करनेवाले साम्राज्यवादी शासकों के चले जाने के बाद ही अस्तित्व में आए। लेकिन अमेरिका के अलावा जहाँ पर आजादी लम्बी लड़ाई के बाद मिली, इन देशों में पुराने प्रशासन का ढाँचा लगभग वैसा ही कायम रहा। सीमाएँ प्रशासनिक प्रमंडल और सबसे महत्त्वपूर्ण केन्द्र और देश के हिस्सों के नियंत्रित करने के रिश्तों को खास तरह से परिवर्तित करने के लिए समय ही नहीं मिला। कुछ मामलों में पूर्व साम्राज्यवादी शासन के अवशेष बिना किसी बदलाव के बरकरार रखे गए। उदाहरण के लिए, कनाडा में प्रान्तों के लेफ्टीनेंट गवर्नर जो कि केन्द्र सरकार के प्रतिनिधि समझे जाते हैं, उनके पास अभी भी स्थानीय प्रशासन की गतिविधियों पर रोक लगाने का अधिकार है, जो कि इससे पहले राजा का विशेषाधिकार हुआ करता था। इसलिए नई सरकारें बिना किसी विजय के साम्राज्य पर कायम हो गईं। इसी के साथ यह अपरिहार्य था कि बुर्जुआ हित और नौकरशाही जिसे केन्द्र की शक्तियों को बरकरार रखने और ज्यादा मजबूती देने से लाभ होना था, वह अपनी शक्तियों को बढ़ाने के लिए हर अवसर का इस्तेमाल करती।

ज्यादा केन्द्रीकरण की दिशा में होनेवाला तीव्र परिवर्तन सर्वाधिक उल्लेखनीय अमेरिका में रहा। वहाँ स्वतंत्रता संग्राम के कारण प्रशासन की साम्राज्यवादी प्रणाली ध्वस्त हो गई थी। जो उपनिवेश साम्राज्य से एक ढीले-ढाले समीकरण में बँधे थे, वे लचीले संघ के ही पक्ष में थे। मार्च 1781 में महासंघ की संधि में संयुक्त राज्य अमेरिका को सीमित ताकत दी गई थी। अनुच्छेद II कहता है कि हर राज्य अपनी सम्प्रभुता, स्वतंत्रता और स्वायत्तता कायम रखेगा और उसके पास हर वह ताकत, क्षेत्राधिकार और अधिकार रहेगा जो इस महासंघ द्वारा स्पष्ट रूप से कांग्रेस की बैठक में संयुक्त राज्य को हस्तान्तरित नहीं कर दिया गया है। इस स्थिति में सिर्फ रक्षा और विदेशी मामले ही वे दायरे थे जो संयुक्त राज्य को आवंटित किए गए थे। हालाँकि इस प्रकार के प्रावधान थे, जिसमें विभिन्न राज्यों में व्यवसाय की स्वतंत्रता सुनिश्चित

की गई थी, बाद में यह पाया गया कि व्यवसायी वर्ग की आकांक्षाओं की पूर्ति के लिए वे उपयुक्त नहीं थे। इन्हीं आवश्यकताओं की पूर्ति और अन्तरराज्यीय व्यापार की दिक्कतों को दूर करने के लिए 1787 में फिलेडेल्फिया के सम्मेलन में अमेरिका का मौजूदा संविधान तैयार किया गया। उसके बाद अक्सर अन्तरराज्यीय वाणिज्य की स्वतंत्रता सुनिश्चित करने के बहाने राज्यों की शक्तियाँ खत्म की जाती रहीं।

गृहयुद्ध के बाद संघीय सरकार की पकड़ और मजबूत होती गई। अब्राहम लिंकन समेत अमेरिका के कई नेताओं का विचार था कि संघ का महत्त्व उन राज्यों से पहले है जिनको मिलाकर वे बनाए गए हैं। अविभाज्य सम्बन्ध का मिथक धीरे-धीरे न्यायाधीशों और आम आदमी के दिमाग पर हावी होता गया। इस प्रकार 1869 में टेक्सास बनाम व्हाइट के मामले में सुप्रीम कोर्ट ने एक फैसला दिया जिसमें राज्यों के अलग होने के अधिकार को खारिज कर दिया। अन्य बातों के अलावा सुप्रीम कोर्ट ने कहा कि : 'जब टेक्सास संयुक्त राज्य अमेरिका का हिस्सा बना तो वह एक अविभाज्य सम्बन्ध में बँध गया। इसी के साथ लगातार एकता कायम करने और केन्द्र में गणराज्य की सरकार सुनिश्चित रखने की सारी जिम्मेदारियाँ तुरन्त राज्य से जुड़ गईं। जिस क्रिया द्वारा राज्य का संघ में समागम हुआ, वह एक औपचारिक संविदा से ज्यादा बड़ी थी। वह राजनीतिक इकाई के भीतर एक नए सदस्य की भागीदारी थी। वह काम अन्तिम था। उसे सिर्फ क्रान्ति या राज्य की सहमति से ही पलटा जा सकता है और उसके अलावा कोई और गुंजाइश नहीं थी।'

अलग होने के प्रयास ऑस्ट्रेलिया और कनाडा जैसे दूसरे महासंघों में भी विफल कर दिए गए। ऑस्ट्रेलिया में मन्दी के दौरान 1933 में पश्चिमी ऑस्ट्रेलिया द्वारा अलग होने के प्रयास किए गए। उस निर्णय को एक जनमत संग्रह द्वारा मंजूर किया गया और उसे आगे के अनुमोदन के लिए यूनाइटेड किंगडम की संयुक्त समिति के पास भेजा गया। चयन समिति ने कहा कि यह याचिका स्वीकार्य करने योग्य नहीं है। इस तरह अलग होने का सवाल छोड़ दिया गया। इसी तरह की स्थिति कनाडा के फ्रांसीसी भाषा बोलनेवाले राज्य के साथ भी हुई।

स्विट्जरलैंड में स्थिति थोड़ी फर्क थी, लेकिन वहाँ अलग होने के अधिकार के परीक्षण का अभी तक मौका नहीं आया। कुछ हिस्सों में यह विश्वास है कि स्विस संघ 22 कैंटन का एक प्रकार का गठजोड़ है और इसका मतलब है कि उनके पास अलग होने का अधिकार है। दूसरे लोग हैं जो मानते हैं कि अलग होने का प्रश्न अब संघ के पास है, इस पर कैंटन अलग से निर्णय नहीं ले सकते। आखिरकार इस मुद्दे का फैसला, अन्य जगहों की तरह, बल से ही किया जाना है क्योंकि संघ को बनाए रखने में शक्ति की हिस्सेदारी है। कैंटन को जिस प्रकार की शक्तियाँ मिली हुई हैं और स्विट्जरलैंड के आकार के साथ प्रमुख मुद्दों पर जनमत संग्रह का दायरा और उसकी आवृत्ति की जो गुंजाइश मिली हुई है, उसमें

अलगाव की बात कभी जोर मारेगी ही नहीं। कुल मिलाकर स्विट्जरलैंड का पूरा इलाका भारत के एक बड़े जिले से ज्यादा नहीं है। उसके कुछ कैंटन की आबादी तो भारत के घनी आबादी वाले राज्य की ग्राम पंचायत जितनी है।

लेकिन अलग होने का विचार संघों के गठित होने के बाद क्या कितना सफल हुआ है, इस सवाल का उस विचार के सही होने से कोई सम्बन्ध नहीं है। संघ की कार्रवाई अकाट्य है, इस बारे में दिए जानेवाले तर्क, वर्चस्व वाले राष्ट्रवादी पूर्वग्रहों से मिलती अवचेतन इच्छाओं से निकली अव्यवस्थित सोच का अनूठा उदाहरण है। अमेरिकी सुप्रीम कोर्ट के निर्णय में आया यह वाक्य महत्त्वपूर्ण है कि—यहाँ क्रान्ति या राज्य की इच्छा के अलावा पुनर्विचार करने या पलटे जाने की कोई गुंजाइश नहीं है। हालाँकि क्रान्ति के माध्यम से अलग होने के अधिकार को स्वीकार किया गया है, लेकिन उसी अधिकार को किसी शान्तिपूर्ण उपकरण द्वारा चाहे राज्य के लोग अपनी इच्छा से ही उसे व्यक्त करें, स्वीकार्य नहीं किया जा सकता। इसका अर्थ यह है कि अगर राज्य के लोग अलग होने की इच्छा रखते हैं तो इसके लिए उन्हें अपनी कार्रवाई को उचित ठहराने हेतु रक्तपात के लिए तैयार रहना चाहिए। रक्तपात का यह पंथ विशेषकर एक लोकतांत्रिक प्रणाली के भीतर देखने पर अजीब लगता है क्योंकि लोकतंत्र की सारी अच्छाई इसी में है कि राजनीतिक परिवर्तन रक्तपात की आवश्यकता के बिना होगा, लेकिन यह नजरिया सिर्फ रक्तपात के आदिम पंथ के पुनरावर्तन का ही प्रतिनिधित्व नहीं करता। इसके पीछे ठोस आर्थिक हित हैं जिसके तहत यह राज्य के भूभाग को अपने कब्जे से अलग नहीं जाने देगा।

अमेरिकी संविधान के आरम्भिक दिनों से ही हैमिल्टन जैसे फेडरलिस्ट नेता, जो उभरते पूँजीपत वर्ग के हितों का प्रतिनिधित्व करते थे, मजबूत संघीय सरकार की वकालत करते थे। हालाँकि बाद के दिनों में भूमिकाएँ बदलने लगीं और जो रिपब्लिकन पार्टी जो पारम्परिक रूप से ताकतवर पूँजीपति वर्ग के हितों का प्रतिनिधित्व करती थी, वह हमेशा संघीय सरकार को ज्यादा ताकत देने के लिए खड़ी होने लगी और राज्यों की शक्तियों का कम करने और उनके अपने आप निर्णय लेने के विरुद्ध फैसला लेने लगी। इस सिलसिले में निम्न अवलोकन महत्त्वपूर्ण है : "धीरे-धीरे संघवादियों और संघ विरोधियों के तर्क उनकी उत्तराधिकारी बन रही रिपब्लिकन और डेमोक्रेटिक पार्टी ने सँभाल लिया। रिपब्लिकन पार्टी जिसका जन्म केन्द्र सरकार की ताकतों को बढ़ाने के लिए हुआ था, उसने राष्ट्रीय शक्ति को बढ़ाए जाने का पक्ष लिया और उसका तर्क था कि यह सम्पत्ति की रक्षा, व्यापार और व्यावसायिक उद्यमों को प्रोत्साहन और अनुदार हितों को की सामान्य रक्षा के लिए श्रेष्ठ उपकरण साबित होगा। दूसरी ओर राज्य की शक्ति पर रिपब्लिकन आमतौर पर अविश्वास करते थे क्योंकि उसकी ज्यादा उपयोगिता स्थानीय हितों के लिए होती थी, जिसका उद्‌देश्य रेडिकल होता था।[1]

इसके विपरीत डेमोक्रेटिक पार्टी राष्ट्रीय सत्ता पर अविश्वास करती थी क्योंकि यह सत्ता पारम्परिक तौर पर व्यावसायिक हितों की मदद करती थी। वह राज्य की सत्ता को ज्यादा अनुकूल मानती थी क्योंकि यह पार्टी जिन हितों का प्रतिनिधित्व करती थी, उसका ज्यादा प्रभाव राज्य के स्तर पर था। संघीय सरकार संघीय कानूनों को लागू करने के नाम पर निहित स्वार्थों का संरक्षण करने का प्रयास करती थी। इस तरह 1894 में रेलवे की हड़ताल के दौरान राष्ट्रपति ग्रोवर ने हड़ताल तोड़ने के लिए राज्य सरकार की अनुमति के बिना सेना की टुकड़ी शिकागो भेज दी। उनकी दलील थी कि डाक का आवागमन और अन्तरराज्यीय व्यापार को संरक्षित करने के लिए हस्तक्षेप जरूरी है।

संघीय सरकार एक तरफ से प्रतिक्रियावादी हितों के संरक्षण की सामान्य भूमिका निभा रही थी तो दूसरी ओर अपवाद स्वरूप नागरिक अधिकारों को लागू करने की कार्रवाई कर रही थी। लेकिन इन अपवादों से अमेरिका की संघीय सरकार की अनुदार और सैन्यवादी भूमिका शायद ही बदल जाती है। संयुक्त राज्य अमेरिका अपने पूँजीपति वर्ग के हाथ में उतना बड़ा साम्राज्य प्रस्तुत करता है जितना बड़ा अंग्रेजी साम्राज्य के पास उसके शीर्ष गौरव के दिनों में था। भले ही वह आबादी और क्षेत्र के लिहाज से उतना न हो, लेकिन संसाधनों के लिहाज से कम नहीं है। जब अमेरिकी अर्थव्यवस्था बड़े पैमाने पर हथियार बनाने लगी तब इस केन्द्रीकरण को सबसे ज्यादा बल मिला। हथियार बनाने और युद्ध प्रयासों को समर्थन देनेवाले अन्य उद्योगों को संघीय खजाने से ही धन मिलता था। यह सही है कि संघीय वित्त की बढ़ोत्तरी का एक हिस्सा समाज कल्याण के कामों पर खर्च के लिये हो सकता था, पर केन्द्र न भी खर्च करता तो प्रदेश यह खर्च उठा सकते थे। संघ द्वारा राज्यों के खर्च में भारी कटौती करने से उनके संसाधनों में कमी आई और फिर लगता था कि उनके लिए कल्याण कार्यक्रमों पर खर्च करना मुश्किल था। राज्यों और स्थानीय निकायों के खर्च के अनुपात में संघीय खर्च की तेज वृद्धि इस चार्ट से भी दिखती है :

1902 से 1962 के बीच के कुछ चुने वर्षों में संघीय, प्रान्तीय और स्थानीय खर्च [2]

(कुल का प्रतिशत)

वर्ष	संघ	प्रान्त	स्थानीय
1902	34.5	10.0	54.8
1922	40.5	13.6	46.0
1940	49.3	22.3	28.5
1952	71.7	13.4	15.0
1962	64.3	16.7	18.9

यह निष्कर्ष आसानी से निकाला जा सकता है कि 1902 से 1952 के बीच संघीय खर्च में भारी वृद्धि, करीब 22 फीसदी की हथियारों, सैन्य प्रतिष्ठानों और द्वितीय विश्व युद्ध के दौरान किए गए बाहरी करारों के चलते हुई। संघीय सरकार ने करों का बोझ बढ़ाना जारी रखा, इसलिए अपना राजस्व बढ़ाने की प्रान्तों की क्षमता कम होती गई और वे संघीय अनुदान पर ज्यादा निर्भर होते गए। संघीय शासन पर प्रान्तों की बढ़ती निर्भरता को हर किसी ने महसूस किया, पर किसी ने भी इस प्रवृत्ति को उलटने की गम्भीर कोशिश नहीं की क्योंकि संघ ने युद्ध के कारोबार के साथ अपनी सत्ता को जोड़ दिया था। पर संघीय मदद के साथ जो दया और कल्याण का दावा जोड़ा जाता था, उसे गले के नीचे उतारना सबके लिए सम्भव न था। जैसाकि एक लेखक ने लिखा है : "संघीय मदद के विरोधी अनुदान के इस तरीके को प्रान्तों को पटाने और उन्हें अपनी सत्ता छोड़ने के लिये राजी करने का एक गलत प्रयास मानते हैं। प्रान्त इसलिए संघीय कार्यक्रमों में भागीदार बनते हैं कि उन्हें लगता है कि संघ राजस्व तो हर जगह से जुटाता है और अगर उन्होंने हिस्सा नहीं लिया तो नुकसान उनका ही होगा। उनके लोग कर तो दे ही रहे हैं, अगर अनुदान नहीं लिया तो प्रान्त के लोगों का नुकसान हो जाएगा।"[3]

इसी किताब में लेखक इससे पहले इंडियाना जनरल एसेम्बली में पास निम्न प्रस्ताव को उद्धृत करते हैं : "इंडियाना को कोई गार्जियन नहीं चाहिए और न ही वह किसी को गार्जियन मानता है। हमें और साथी प्रान्तों के लोगों को इस झाँसे पर बेवकूफ बनाया गया है कि हमारी जेब से निकला डॉलर जब वाशिंगटन होकर वापस हमारे पास आएगा तो उसका आकार-प्रकार कुछ बड़ा हो जाता है। पर जब हमने इस डॉलर को बारीकी से जाँचा तो असल में वाशिंगटन आने-जाने में उसका वजन कुछ घटा हुआ ही मिला। नौकरशाहों की राजनीतिक दलाली वाला हिस्सा इसमें से काट लिया गया है। हमने तय किया है कि 'फेडरल एड' जैसा कुछ भी नहीं होता। हम जानते हैं कि किसी भी कर की सम्पत्ति 48 प्रान्तों की सीमा के अन्दर ही है।"[4]

कनाडा, ऑस्ट्रेलिया और यहाँ तक कि स्विट्जरलैंड जैसे संघों में भी यही प्रवृत्ति दिखी है। इन सभी संघीय संविधानों का एक केन्द्रीय बात यह रही है कि इनके बनने-मजबूत होने से प्रान्तों के बीच व्यापार सुगमता से होगा। 'कोमिते पोर ला कांस्टीट्यूशन यूरोपियान' द्वारा किए गए अध्ययन में इस बारे में यह टिप्पणी की गई है : "1948 के स्विस फेडरल कांस्टीट्यूशन का एक प्रमुख उद्देश्य विभिन्न कैंटोनों के बीच व्यापार सम्बन्धी बाधाओं को दूर करना था। जर्मन कस्टम यूनियनों का लम्बा इतिहास भी इसी उद्देश्य को दर्शाता है। कनाडा में भी डोमिनियन सरकार बनाने का उद्देश्य अन्तर-प्रान्त व्यापार के रास्ते की बाधाओं को हटाना था। ऑस्ट्रेलियाई संविधान में अनुच्छेद 92 भी प्रान्तीय संरक्षणवाद को खत्म करने और 'व्यापार, वाणिज्य और अन्तर-प्रान्त मेल-जोल' को बढ़ाने के लिये ही लाया गया

था। इससे माल की आवाजाही और ढुलाई को एकदम स्वतंत्र कर दिया गया था। ऑस्ट्रेलिया के सबसे अमीर और आबादी में नम्बर दो तथा एकमात्र फ्री ट्रेड प्रान्त न्यू साउथ वेल्स को पूरा मौका देने के लिये यह फैसला हुआ था।"[5]

एक बार में किसी भी देश के अन्दर मुक्त व्यापार की बात बहुत स्वाभाविक लगेगी, पर हम जब दो प्रान्तों को अलग-अलग स्तर पर विकसित देखेंगे तब स्थिति एकदम अलग नजर आएगी। यह साफ दिखेगा कि पिछड़े प्रदेश को अपने यहाँ उद्योग लगाने में विकसित प्रदेश की तुलना में ज्यादा मुश्किल आएगी। आज जिस तरह विकासशील देशों को विकसित देशों की तुलना में मुश्किल होती है, यह वही स्थिति है और ऐसे में गरीब देश या प्रदेश कुछ संरक्षणवादी कदम उठाएँ तो उसे अनुचित नहीं माना जा सकता।

जब ब्रिटेन नए आविष्कारों के चलते दुनिया में औद्योगिक उत्पादन का अगुआ था और उसकी औपनिवेशिक सत्ता चरम पर थी तब एडम स्मिथ और रिकार्डो ने फ्री ट्रेड का दर्शन पेश किया था। उसे तब और उसके काफी बाद तक किसी किस्म के संरक्षणवाद की जरूरत न थी। सो, स्वाभाविक था कि अपनी जन्मभूमि में यह विचार आसानी से जड़ें जमा लेता। पर उससे मुकाबला करने में जिन देशों को दिक्कत हो रही थी उन्होंने संरक्षणवादी नीतियाँ अपनाईं। अठारहवीं शताब्दी के उत्तरार्ध तक अमेरिका और जर्मनी यही करते रहे क्योंकि अपने उद्योगों को अनुदान देते रहे जिससे कि वे ब्रिटिश उद्योगों के मुकाबले खड़ा हो सकें।

बीसवीं सदी के शुरुआत तक ब्रिटेन भी कुछ मामलों में संरक्षणवाद अपनाने लगा। इसके उपनिवेशों का बाजार इसके लिए संरक्षित ही था। पहले विश्व युद्ध के बाद भारत जैसे उपनिवेश में बाहरी आयात पर काफी ऊँची दर से सीमा शुल्क लगाया गया। बाद में देसी उद्योगपतियों के विरोध के बावजूद ब्रिटिश निर्माताओं को विशेष लाभ दिए गए। आज कम्युनिस्ट देशों को छोड़कर सभी विकसित देश मुक्त बाजार का समर्थन करते हैं, पर सबने अपने उद्योगों को बचाने के लिये विनिमय दर जैसे कई ताकतवर हथियार रखे हुए हैं। यह कुछ खास चीजों के मामले में चुना नहीं जा सकता, पर इसके जरिये अपने उद्योग-धन्धों को लाभ दिया जाता है। चूँकि मुद्रा हर बार संघ के अधिकार-क्षेत्र में ही रहती है, इसलिए इस तरह के उपकरणों का प्रयोग राज्य कर ही नहीं सकते। इन तथ्यों पर गौर करने से साफ हो जाता है कि उद्योग-व्यापार से जुड़े लोग क्यों संघीय व्यवस्था के मजबूत होने और मुक्त बाजार बनने से खुश होते हैं। फिर कमजोर राज्य अपने यहाँ के उद्योगों को बाहरी मजबूत प्रतिद्वन्द्वियों की प्रतियोगिता से बचा पाने में एकदम असमर्थ हो जाते हैं।

पर आधुनिक पूँजीवादी अर्थव्यवस्था को बड़े राज्य चाहिए। आगे बढ़ने के साथ ही पूँजीवाद एकाधिकारवादी या अल्पाधिकारवादी कम्पनियों और इकाइयों को जन्म देता है। इनको अपने बाजार और कच्चे माल की आपूर्ति सुनिश्चित करने

के लिये अर्थव्यवस्था पर ज्यादा-से-ज्यादा नियंत्रण और लम्बी योजना की जरूरत होती है। इस मुद्दे पर अमेरिकी अर्थशास्त्री गालब्रेथ और मार्क्सवादी पाल स्वीजी[6] एक राय के हो जाते हैं। इस सोच के अनुसार, ऐसी बड़ी कम्पनियाँ चाहती हैं कि सरकारी नीतियों पर तो उनका नियंत्रण (इस मामले में रक्षा उद्योग सबसे निश्चित माँग और मुनाफे वाले होते हैं) हो ही, उत्पाद के बाजार और कच्चे माल की आपूर्ति वाले इलाकों की सरकारों को भी प्रभावित करने की स्थिति हो। चूँकि बाहर वालों को प्रभावित करना ज्यादा मुश्किल काम होता है, ऐसे में सबसे लाभकर स्थिति यही होती है कि जिस सरकार पर अपनी पकड़ हो, उसके प्रभाव और अधिकार का दायरा बढ़ाया जाए।

यहाँ यह बताना भी उपयुक्त है कि सार्वजनिक क्षेत्र की बड़ी इकाई हो, जिसका कारोबार बुर्जुआ व्यवस्था के लोग खुद चलाते हैं, मुनाफा कमाने और विस्तारवादी नजरिये में निजी कम्पनियों से अलग नहीं होती। दरअसल, गालब्रेथ तो निजी और सार्वजनिक सभी आधुनिक निगमों को 'टेक्नोस्ट्रक्चर' का नाम देकर एक ही श्रेणी में रखते हैं। सार्वजनिक क्षेत्र की कम्पनियों पर भी मुनाफा घोषित करने का वैसा ही दबाव होता है जैसाकि निजी मिल्कियत वाली कम्पनियों पर। भले ही उनके पास सरकारी खजाने का सहारा होता है, पर यह स्थिति आने तक उन पर औद्योगिक, सैनिक और राजनीतिक नौकरशाही का साझा नियंत्रण हो जाता है जो पूरी सार्वजनिक नीति को अपने प्रभाव में ले लेते हैं। और कम्पनियों पर किसकी मिल्कियत है, यह सवाल ज्यादा महत्त्व का नहीं रह जाता है।

वैसे तो सभी औद्योगिक समाजों, खासकर पूँजीवादी व्यवस्था के लिये यह प्रवृत्ति एक सी ही है, पर अधिक विकसित समाजों और विकासशील समाजों में अल्पाधिकार कम्पनियों के कामकाज के दायरे में अन्तर है। विकासशील देशों के अपनी पूँजीवादी जमात में अधिक विकसित देशों के ज्यादा बड़े पूँजीवादी समूहों के मुकाबले खड़ा होकर मुनाफा कमाने की गुंजाइश कम दिखती है, सो वे अपने समाजों का ही ज्यादा-से-ज्यादा शोषण करके अपना मुनाफा बढ़ाना चाहते हैं। भारत की पूँजीवादी जमात के अत्यधिक लोभ को इस चीज से भी समझा जा सकता है। स्थानीय लोगों को अपने दबाव और चंगुल में रखने के लिये भी वे अपने राजनीतिक सम्पर्कों का ज्यादा इस्तेमाल करते हैं। वही निरन्तर राष्ट्रभक्ति का शोर भी मचाए रखते हैं जिससे लोग बिना चूँ-चपड़ किए उनके खजाने में बढ़ोत्तरी करते रहें।

एक उदाहरण से साफ हो जाएगा कि किस तरह एक 'महत्त्वपूर्ण राष्ट्रीय उद्योग' का विकास आम आदमी के सिर्फ वर्तमान को ही नहीं, भविष्य को भी दांव पर लगा देता है। 1959 के अन्त में बिड़ला समूह की हिन्दुस्तान अल्युमिनियम फैक्टरी और उत्तर प्रदेश सरकार के बीच हुए इस फैक्टरी को अगले 25 वर्षों तक रियायती दर से नियमित बिजली की आपूर्ति की जानी है। और जिस बिजली को बनाने का

खर्च प्रति यूनिट 7.5 पैसे आता है वह इस फैक्टरी को 1.99 पैसे प्रति यूनिट की दर से दी जाएगी। अगर कीमत बढ़ाने की जरूरत लगी तो दस फीसदी की वृद्धि भी सोलह साल के बाद आपसी सहमति से की जाएगी। इस करार के चलते उत्तर प्रदेश विद्युत बोर्ड को हर साल ढाई करोड़ का घाटा हो रहा है और बिड़ला समूह ने एक करार से ही तीस करोड़ रुपये झटक लिये हैं। यह उस राज्य में हुआ है जो भारतीय पैमाने से भी पिछड़े राज्यों में एक है। समझौता पचीस साल के लिये है, सो इसे तत्काल खत्म भी नहीं किया जा सकता। चूँकि अल्युमिनियम केन्द्र का विषय है, इसलिए राज्य सरकार उसकी सहमति के बगैर इसे अपने हाथ में भी नहीं ले सकती। इस तरह के फायदे बताते हैं कि क्यों बड़ा पूँजीपति राष्ट्रवाद का नाम जपता है और इसका शोर मचाता रहता है।

केद्रीकरण की प्रवृत्ति के मजबूत होने का एक और कारण शक्तिशाली राष्ट्रीय पार्टियों की मौजूदगी है। जैसाकि हमने रूस के मामले में देखा है, वहाँ के संविधान में प्रान्तों को दिया अलग होने का अधिकार भी एकमात्र पार्टी के पक्के मत के आगे बेमानी हो चुका है। वहाँ की बोल्शेविक पार्टी घनघोर केन्द्रवादी है और पूरे रूसी शासन को एकदम केन्द्रीकृत रखना चाहती है।

अधिकांश संघीय व्यवस्थाओं में केन्द्र के मुकाबले प्रान्तों की शक्ति को बचाने के लिये उनके आकार-प्रकार की जगह उनकी गिनती के आधार पर वोट या वेटेज/महत्त्व दिया गया है। अमेरिकी संविधान में व्यवस्था है कि हर प्रान्त का दो प्रतिनिधि सिनेट में होगा। स्विस फेडरेशन में भी हर कैंटन का बराबर प्रतिनिधि होता है। ऑस्ट्रेलिया में भी ऊपरी सदन में हर प्रान्त से छह-छह प्रतिनिधि आते हैं, पर इन सावधानियों के बावजूद ताकतवर राष्ट्रीय पार्टियों के उभार के साथ ऊपरी सदनों में भी बात राज्यवार हितों की जगह पार्टियों के हिसाब से चलती है।

चूँकि राष्ट्रीय पार्टियाँ पूरे देश की नजर के सामने होती हैं, वे किसी इलाके की खास समस्या की जगह सामान्य राष्ट्रीय मसलों पर ही ध्यान केन्द्रित करती हैं, लेकिन ये कथित राष्ट्रीय मसले भी अक्सर उन्हीं जमातों के बनाए होते हैं जो राष्ट्रीय स्तर पर काम कर रहे होते हैं। मूलत: सारी मानवीय समस्याएँ स्थानीय ही होती हैं और खास इलाके तक सीमित होती हैं। राष्ट्रीय या अन्तरराष्ट्रीय मसला तभी बनता है जब उसमें अलग इलाकों और देशों के साझा मदद की जरूरत होती है, लेकिन राष्ट्रीय राजनीति के उभार से बुनियादी समस्याएँ पीछे हो जाती हैं और दोयम दर्जे के सवाल आगे हो जाते हैं। राष्ट्रीय स्तर पर जो दबाव समूह काम करते हैं, उनमें बड़े पूँजीवादी समूह सबसे ज्यादा प्रभावी और महत्त्वपूर्ण होते हैं। इसी प्रकार औद्योगिक मजदूर, जो राष्ट्रीय स्तर पर संगठित होते हैं, भी अपनी समस्याओं पर आसानी से सबका ध्यान खींच लेते हैं। मजदूरों के राष्ट्रीय संगठन अपना एक समान्तर संगठन और तंत्र भी बना लेते हैं। इसके चलते मजदूर संगठनों का व्यवहार

भी अपने-अपने जमात के हितों तक सिमट जाता है और वे अपनी मजबूत स्थिति और अन्य शक्तिशाली जमातों से सरकार से अपने हक में समझौते करते हैं तथा अपनी स्थिति मजबूत करते जाते हैं। पर इस प्रक्रिया में वे खुद भी बुर्जुआ-नौकरशाही वाले तंत्र का हिस्सा बनते जाते हैं और केन्द्रवादी शासन का एक स्तम्भ बनने की राह पर चल पड़ते हैं। फिर किसानों, शिल्पकारों, अल्पसंख्यकों जैसे छोटे समूहों की कोई नहीं सुनता और उनके हितों की अनदेखी होती है, पर दुनिया के अधिकांश हिस्सों में ऐसी ही जमातों के लोगों का बहुमत है। पर उन पर कोई गम्भीर मुश्किल आती है तब भी सम्भव है कि बड़ी पार्टियाँ या केन्द्र ध्यान न दे और उन्हें अपनी समस्याओं से खुद ही जूझना पड़े। ऐसी स्थिति में काम करनेवाली राष्ट्रीय पार्टी को राष्ट्रीय समूहों की माँग की तरफ ध्यान देना चाहिए।

एक अन्य कारण से राष्ट्रीय पार्टियों का नजरिया अनुदार या दकियानूसी का बना रहता है। पूरे देश भर में सक्रिय रहने के लिये उन्हें ज्यादा संसाधनों की जरूरत होती है। और अगर वे अमीरों तथा खाते-पीते लोगों के नजरिये के खिलाफ गईं तो उनको चन्दा पाने में मुश्किल होती है। अमेरिका में रिपब्लिकन ही नहीं, डेमोक्रेटिक पार्टी का कोई क्रान्तिकारी विकल्प न उभरने की वजह वित्तीय परेशानी भी हो सकती है। डेमोक्रेटिक पार्टी, जो कि किसी भी तरह पूँजीवादी व्यवस्था का विरोधी नहीं है लेकिन उदारवादी रुझान रखती है, को भी रिपब्लिकन के मुकाबले वित्तीय संसाधन जुटाने में मुश्किल होती है। पर अधिक विकसित देश में संगठित मजदूर भी इस स्थिति में आ जाते हैं कि वैकल्पिक सत्ता का उपकरण खड़ा कर लें। लेकिन एक बड़े अविकसित देश में जहाँ औद्योगिक मजदूर वर्ग काफी छोटा हो और पूँजीवादी हितों के बराबर अपनी राजनीतिक ताकत खड़ा करने की स्थिति में न हो वहाँ क्रान्तिकारी पार्टी बना पाना और भी मुश्किल काम है। बड़े चन्दे पर निर्भरता के चलते ही कनाडा और ऑस्ट्रेलिया की 'लेबर पार्टी' भी सत्ता में आकर भी वहाँ के आर्थिक ढाँचे में कोई बड़ा बदलाव नहीं कर पाती।

न्यस्त स्वार्थ तो परदे के पीछे से काम करते रहते हैं पर संघ की ताकत और केन्द्रीयकरण बढ़ाने में जो एक चीज सबसे बड़ी भूमिका निभाती है, वह है, रक्षा की चिन्ता। कई बार वास्तविक लेकिन अक्सर हमले का हौवा लोगों को एक केन्द्रीय सत्ता के पीछे खड़े होने और उसे मजबूत करने को प्रेरित करता है। शुरू-शुरू में आजाद हुए देशों को यह डर था कि अगर वे सैनिक रूप से कमजोर रह गए तो वे फिर से गुलाम न हो जाएँ या उन्हें कोई नया देश उपनिवेश बना लेगा। उस समय की यह चिन्ता कुछ वाजिब भी मानी जा सकती है जो बाद में यह पूरी तरह निराधार ही रही है। पुरानी साम्राज्यवादी ताकतों ने उन्हें आजाद छोड़ दिया था तो यह परिस्थितियों का भी कमाल था और फिर वे उन्हें गुलाम बनाएँ, यह मुश्किल था। और कई स्वतंत्र बहुत छोटे देशों की मौजूदगी आश्वस्त करनेवाली थी। अब

किसी देश के शोषण के लिये सीधे सैनिक कब्जे की जरूरत नहीं रह गई थी। और अप्रत्यक्ष तरीकों से आर्थिक शोषण में सैनिक ताकत बढ़ाने-घटाने से कोई फर्क नहीं पड़ता। इस सदी के पूर्वार्द्ध में घटी घटनाओं से अधिकांश देशों को जो मानसिक झटका लगा था, आज का सैनिक ताकत जुटाने का हौवा उसी से जुड़ा हुआ है। आज की महाशक्तियों को भी मालूम है कि वे पूरी दुनिया को बर्बाद किए बिना एक-दूसरे के खिलाफ बल प्रयोग नहीं कर सकतीं। छोटी और मझोली ताकतों को सुपर पॉवर देशों के सामने खड़ा होने की हैसियत ही नहीं है, पर इस स्थिति को समझकर हथियारों से दूर होने का प्रयास करने की जगह वे नित नए हथियारों का जखीरा जुटाने पर अपना कीमती संसाधन लुटा रहे हैं। न्यस्त स्वार्थ वाले पुराने खौफ को बनाए रखना चाहते हैं जिससे उनका हथियारों का कारोबार चलता रहे। राष्ट्रीय गौरव और राष्ट्रीय सुरक्षा के नाम पर यह पूरा खेल जारी है।

चूँकि हथियार खरीदने के लिये काफी बड़ी रकम चाहिए, इसलिए यह काम प्रान्त नहीं कर सकते। सो, जब हथियारों की होड़ शुरू होती है तो केन्द्र के हाथ ज्यादा-से-ज्यादा संसाधन सौंपे जाते हैं। और सैन्यवाद किसी भी छुतहा रोग से ज्यादा छुतहा चीज है। यह एक देश को लगा तो और ज्यादा तेजी से फैलता है। और फिर शायद ही कोई देश इसकी जद में आने से बच सकता है। दोनों विश्व युद्धों में अपने को अलग-थलग रखने में कामयाब रहा स्विट्जरलैंड भी आज काफी बड़ी मात्रा में हथियार जमा कर रहा है। शायद यह आज के जमाने में निरपेक्ष या निर्गुट रहने की कीमत है। पर इसके चलते उस संघ में भी केन्द्रीकरण की ताकत मजबूत हुई है। आन्द्रे सिग्फ्रायड ने लिखा है, "खास तौर से दो विश्व युद्धों ने पुराने तरह के संघीय स्वरूप को नष्ट किया है क्योंकि इन्होंने राष्ट्रीय सुरक्षा, व्यवस्था बनाए रखने और देश में खाद्य आपूर्ति सुनिश्चित करने की जिम्मेवारी केन्द्रीय शक्ति पर ला दी और राष्ट्रीय स्तर पर काम करने के लिये इसे भी जरूरी कदम उठाने पड़े। इनसे बढ़कर यह हुआ कि युद्धों ने संघीय नौकरशाही का आकार बहुत बड़ा कर दिया। यह 1939 के 10,842 से बढ़कर 1945 में 29,630 हो गया। यह सही है कि 1946 में यह कम होकर 29,131 हो गया और अब और 8,000 पद घटाने का प्रस्ताव है, पर केन्द्रीय सत्ता की ताकत का बढ़ना डरावना है।"[7]

हमने संघों का अध्ययन यह देखने के लिये किया कि माना जाता है कि विदेशी हमले के समय प्रान्तों को सुरक्षा देने के साथ काफी आजादी देता है, लेकिन हमने पाया कि संघों के अन्दर केन्द्रीकरण की ताकतें इतनी ताकतवर हो जाती हैं कि इकाइयों की स्वायत्तता खतरे में पड़ जाती है। हमने जिन उदाहरणों पर गौर किया, उनसे यह भी लगता है कि बड़े व्यावसायिक हित और केन्द्रीय नौकरशाही संघ को अपने साम्राज्य के रूप में जकड़ लेती है। अगर किसी संघीय देश में यह स्थिति आ जाती है तो जिन देशों में एकाधिकारवादी शासन व्यवस्था होती है, वहाँ क्या

हालत होती होगी, यह सहज समझा जा सकता है। और अगर वहाँ भारी क्षेत्रीय असन्तुलन है तो क्या होता होगा, इसकी कल्पना और कष्ट देती है। वहाँ तो लोगों के लिये अपनी स्थिति बदलने का संघर्ष करना भी मुश्किल होता है क्योंकि वहाँ उनका पाला न्यस्त स्वार्थों को बचाने में लगी निष्ठुर नौकरशाही से पड़ता है।

ऐसे निर्दयतापूर्ण व्यवहार का ताजा उदाहरण हमारे पड़ोस का ही है। पाकिस्तान से अलग होने के पूर्व बांग्लादेश की क्या बुरी हालत हुई थी, दुनिया ने देखा था। अंगरेजों के विदा होने के कुछ समय बाद ही पूर्वी पाकिस्तान (आज का बांग्लादेश) के लिये पश्चिम का उपनिवेश जैसा ही बनकर रह गया था। पूर्वी भाग की आबादी ज्यादा थी, वहाँ की बोली बांग्ला थी, पर उन पर उर्दू लादी गई। सारे महत्त्वपूर्ण प्रशासनिक पदों पर पश्चिम के लोग बैठा दिए जाते थे। धीरे-धीरे आर्थिक स्थिति में भी भारी फर्क आ गया और पूर्वी भाग एकदम खस्ताहाल बन गया।

1960-61 और 1968-69 के बीच के आठ वर्षों में, जब बांग्लादेश पाकिस्तान का ही हिस्सा था, बाहरी देशों के साथ ही पाकिस्तान से उसके व्यापार में घाटा बढ़ता ही गया था। 1960-61 में यह घाटा 21.7 करोड़ रुपये का था जो 1968-69 में बढ़कर 82.1 करोड़ रुपये हो गया। पश्चिमी पाकिस्तान से व्यापार में भी उसका घाटा 1961-62 के 46.2 करोड़ से बढ़कर 1968-69 में 51.4 करोड़ रुपये हो गया था। इस घाटे के साथ पश्चिमी पाकिस्तान ने वहाँ की काफी सारी सम्पत्तियों को अपने अधीन ले लिया। विभाजन के समय पूर्वी हिस्से में पश्चिमी पाकिस्तान का 11 करोड़ डालर का निवेश था। दरअसल, पश्चिमी पाकिस्तान ने धीरे-धीरे पूर्वी हिस्से के आर्थिक जीवन पर अपना प्रभुत्व बना लिया था।

जब तक पाकिस्तानी राष्ट्रवाद के नाम पर लोगों के दिमाग को धूमिल बनाए रखने में सफलता मिली, पूरब के लोगों ने भी इस शोषक रिश्ते के खिलाफ चूँ नहीं की, पर जब चक्रवाती तूफान में लाखों लोगों की जान गई और पश्चिम से पर्याप्त मदद नहीं आई तथा बंगाली सांस्कृतिक स्वायत्तता की बात उठने लगी और इस माँग को ठुकरा दिया गया तब राष्ट्र/कौम के इस परदे से बात आगे निकली और लोगों को असली स्थिति का भान हुआ। लोगों को लगा कि पाक राष्ट्रवाद कुछ और नहीं, शोषक संघ को चलाने का एक चालाक उपकरण था।

राष्ट्रीय एकता के नाम पर नागरिक और सैन्य प्रशासन के लोग किस तरह एक हो जाते हैं, यह चीज भी बांग्लादेश में बहुत साफ दिखी। जब बांग्लादेश के लोगों ने लगभग सर्वसम्मति से स्वायत्तता की माँग की तो पश्चिमी पाकिस्तान के शासकों (और तब पूरे पश्चिम पाकिस्तान के सारे राजनीतिक जमात अपने शासकों के साथ खड़े थे) ने इस माँग पर किसी भी तरह अमल करने की जगह सीधे सैनिक भेज दिये। एक लोकप्रिय माँग और आन्दोलन पर किस-किस तरह के जुल्म ढाए गए, यह आज जगजाहिर है।

पर इस तरह के व्यवहार के लिये अकेले पश्चिमी पाकिस्तान को जिम्मेवार ठहराना गलत होगा। ऐसी स्थिति में अधिकांश देश राष्ट्र को 'बचाने' के नाम पर ऐसा ही व्यवहार करते हैं। गलती उस सोच, परम्परा और व्यवस्था में है जो एक छोटी जमात के एक आदिम कबीलाई मानसिकता वाले भाव से जोड़ने के चलते उसके हितों को राष्ट्रवाद के नाम पर छुपाने में सफल होने देती है।

इस तरह के राष्ट्रवाद की एक और डरावनी पहचान है। यह राष्ट्र के प्रभुत्व वाले समूह के साथ ही जुड़ा दिखता है। इसका नतीजा अक्सर यह होता है कि जो अल्पसंखयक समूह खुद के हितों की रक्षा नहीं कर सकते, यह राष्ट्रवाद बार-बार उनको पूरी तरह दबाता जाता है। अमेरिका, कनाडा और ऑस्ट्रेलिया के मूलवासियों के साथ क्या हुआ, इसे याद करके हम समझ सकते हैं कि अन्य देशों में इसी भाव के प्रबल होने के क्या नतीजे होंगे। अब ये सारे समूह विलुप्त होने की कगार पर हैं। अपने पूर्वजों की जमीन पर ही वे राक्षस-दैत्य जैसी छवि के साथ जी रहे हैं। अब उन्हें बाहरी संस्कृति को अपनाकर ही जीवित बचना है या विलुप्त हो जाना है। अब काबिज लोग उनके गौरव और सत्ता को बर्दाश्त नहीं कर सकते। ये उदाहरण न तो अपवाद हैं न कुछ ज्यादा ही क्रूरता वाले हैं। दरअसल, हम अपने बीच भी कुछ छोटे अल्पसंख्यक समूहों को जीवन और खुली हवा के लिये संघर्ष करते देख सकते हैं, लेकिन पहले वाले उदाहरण बताते हैं कि राष्ट्रवाद लोगों को किस तरह प्रतिरक्षा की शक्तिविहीन लोगों को अपने दायरे में लाने के लिये क्या-क्या जुर्म करवा देता है?

उपरोक्त चर्चा से यह निष्कर्ष निकालना गलत होगा कि लोगों का किसी भी तरह का संघ बनाना एक बुराई ही है। आज दुनिया में विभिन्न देशों के बीच बन रहे आर्थिक संघ यह साबित करते हैं कि ऐसे संगठनों का आर्थिक लाभ है। आज जब दुनिया की अर्थव्यवस्था आपस में जुड़ती जा रही है तब हर देश को, चाहे वह छोटा हो या बड़ा, यह देखना पड़ता है कि अपनी सीमा से बाहर की वह कौन-सी चीज है जिसे अपने लोगों के लिये उपलब्ध कराने की जरूरत है और यह काम किस तरह हो पाएगा। हर चीज में हर देश, खासकर छोटा देश आत्मनिर्भर नहीं हो सकता। इनके साथ ही नदियों के पानी, रेल और सड़क मार्ग, हवाई यात्रा, डाक सेवा, जहाजरानी जैसे हर क्षेत्र में विभिन्न देश आपसी सहयोग करते हैं। राज्यों के बड़े समूह इस काम को आसान बना सकते हैं।

पर स्वेच्छा से किसी के साथ संघ बनाना एक बात है और बलपूर्वक किसी को एक डरानेवाली सत्ता के अधीन रखना एकदम दूसरी बात। कोई शासन कैसा है, इसे जांचने का यह भी एक अच्छा मानक है। जब भी बल प्रयोग से एकता हासिल करने की कोशिश की जाती है तो आप निश्चित मान सकते हैं कि परदे के पीछे कुछ न्यस्त स्वार्थ सक्रिय हैं। और ऐसे मामलों में अखंडता-एकता का राग सिर्फ ऐसे हितों को साधने के लिये ही अलापा जाता है।

राष्ट्रों के बीच का सहयोग अक्सर सभी पक्षों के लिये लाभकर हो जाता है, यह बात उस तर्क को मजबूत करती है कि संघ बनाना पूरी तरह स्वैच्छिक होना चाहिए। लेनिन ने भी यही बात की थी और उन्होंने इकाइयों के अलग होने के अधिकार का भी समर्थन किया था। यह खतरा बताया जाता है कि अगर इकाइयों को अलग होने का अधिकार दिया गया तो वे छोटी-छोटी बात पर अलग होकर संघ को बिखरा देंगी। यह भी कहा जाता है कि इस तरह अलग होने की धमकी देकर इस अधिकार का दुरुपयोग संघ के अन्दर अपने हितों को आगे बढ़ाने के लिये भी किया जा सकता है, पर संघ बनने से अगर काफी लाभ हों तो कोई छोटी-छोटी बात उठाकर क्यों अपना ज्यादा नुकसान करेगा? अगर लाभ ज्यादा हों तो जब तक बहुत बड़ी बात न हो, ज्यादा उकसावा न हो तो कोई अलग होने की बात क्यों करेगा? मान लीजिए कि किसी इकाई में रहनेवाले लोग अलग होने का फैसला लेते हैं तो उनको यह अन्दाजा भी रहेगा ही कि अलग होने के क्या नुकसान होंगे और वे इसे बर्दाश्त करेंगे।

अलग होने के अधिकार को किसी संघ में उस इकाई की मुश्किल स्थिति के सन्दर्भ में ही देखना होगा। संचार और परिवहन के माध्यमों के तेज होते जाने के साथ केन्द्र द्वारा घटनाओं को अपना रंग-रूप देने की गुंजाइश बढ़ती जा रही है। इसके चलते इकाइयों के आपसी और केन्द्र के साथ के सम्बन्ध भी ज्यादा जुड़े और उलझे होते गए हैं। इससे नाराज इकाइयों के बरक्स केन्द्र की ताकत स्वाभाविक रूप काफी बढ़ गई है। इकाइयों के पास केन्द्र को घेरने या उसकी ताकत पर अंकुश लगाने का इस तरह का कोई उपकरण नहीं है। ऐसे में संघ से अलग होने का अधिकार एकमात्र ऐसा उपकरण हो सकता है, जिससे इकाइयाँ केन्द्र पर दबाव बना सकें।

इस प्रकार अगर उनके अलग होने के अधिकार को स्वीकार कर लिया जाता है तो भौतिक रूप से कोई सीधा नुकसान नहीं होनेवाला है। पर इससे उन काफी सारी बुरी स्थितियों से बचा जा सकता है जो आज दुनिया भर में देखी जा रही हैं। बांग्लादेश की त्रासदी या बियाफ्रा में जो कुछ देखा गया, या फिर जिस तरह आठ साल से दक्षिणी सूडान का गृहयुद्ध अभी तक जारी है, वह सब टाला जा सकता था अगर लोगों को अलग होने का अधिकार दिया जाता। दुनिया भर में ऐसे और काफी सारे सुलगते मुद्दे हैं जो कभी भी ऐसा डरावना रूप ले सकते हैं। अलग होने का अधिकार ऐसे तनाव को कम करेगा। ऐसा होने से संघ का मामला राष्ट्रवाद जैसे भावनात्मक स्तर से उठकर तार्किकता के धरातल पर आएगा। इस धरातल पर आने के बाद सारी चीजें ठोस लाभ और घाटे के हिसाब से देखी-परखी जाएँगी। इससे न्यस्त स्वार्थ वाले तत्वों के हाथ से एक बड़ा हथियार छिन जाएगा, पर इन नुकसान के बावजूद लोग ज्यादा सुखी होंगे, ज्यादा खुश होंगे।

3

हम यह मान रहे हैं कि आज के ज्यादातर बड़े संघ मिश्रित प्रकृति के हैं, पर अपने भावनात्मक मोह के चलते हम भारत को अलग तरह से देखते हैं। हमारे अन्दर लम्बी सांस्कृतिक परम्परा ने यह बात गहराई से बैठा दी है कि भारत एक है और सदा से एक ही रहा है। नाम लेते ही हमारे मन में यह बात आती है कि यह वही आर्यावर्त है जिसे ऋषि-मुनियों ने अपने ज्ञान और तपस्या से समृद्ध किया है। इससे हमारी कल्पना का वह भारतवर्ष उभरता है जो 'रामायण' और 'महाभारत' का मंच रहा था। आज भी भारत के अनेक स्थलों का नाम हमारे ऋषि-मुनियों और इतिहास के नायकों के नाम पर है और उनकी याद दिलाता है। ऐतिहासिक दौर का हिन्दुस्तान भी पर्याप्त बड़े-बड़े राजाओं-महाराजाओं और दूर-दूर तक व्यापार के जरिये पहुँचे लोगों वाला रहा है। भारत को 'सोने की चिड़िया' कहा जाता था और यहाँ दूर-दराज से व्यापारी रेगिस्तान और समुद्र लाँघकर भी पहुँचते रहे थे।

अपने निवासियों के साथ ही विदेशियों के लिए भी भारत, हिन्दुस्तान या इंडिया एक स्वप्नलोक-सा रहा है। जब कभी भी कोई हिन्दू पूजा करने बैठता है तो इस जमीन को भारत और आर्यावर्त के नाम से ही याद करता है और निम्नलिखित श्लोक के माध्यम से याद करता है : ॐ तत्सत ब्रह्म[3] श्रीश्वेतवाराहकल्पे जम्बूद्वीपे भरतखंडे आर्यावर्तक देशांतरगते कलियुगे कलिप्रथम चरणे...तिथौ...वासरे...अहँ करिष्यते।

सांस्कृतिक रूप से प्रभावशाली समूह, जो शुरू से खुद को 'आर्य' कहता था, वह हिमालय से उत्तर और हिन्द महासागर के पूर्वी, दक्षिणी और पश्चिमी इलाके में बसा। शुरू में उसने सिर्फ सिन्ध-गंगा के बीच के इलाके को आबाद किया, लेकिन बाद में वे लोग विंध्य के दक्षिण भी गए और कन्याकुमारी जाकर ही रुके। उनका पुरोहित वर्ग, ब्राह्मण इस संस्कृति के प्रचारक बने और इस समूह की पहचान इस भौगोलिक क्षेत्र की जमीन के साथ करनी शुरू की और इस दायरे में आनेवाले लोगों के बीच सांस्कृतिक एकता बनाने की कोशिश की।

देश के चारों कोनों को एक साझे सांस्कृतिक धागे से बाँधने की इच्छा हर अपने मौके पर प्रबल होती दिखती है। जब कोई नया विचार और आन्दोलन जन्म लेता है तब यह संकल्प दोहराया जाता रहा है। इसी प्रेरणा से महान दार्शनिक शंकराचार्य

न सिर्फ पूरे देश की यात्रा करते हैं बल्कि देश के चारों कोनों—शृंगेरी, बद्रीनाथ, द्वारका और जगन्नाथ पीठ की स्थापना करते हैं। यही चार तीर्थ उस पूरी जमीन की सीमा-सी तय करते हैं जिसे 'भारतवर्ष' कहा जाता रहा है। इसी प्रकार हिन्दू तीर्थों में द्वारका, बद्रीनाथ, जगन्नाथ, पुरी और रामेश्वरम् का स्थान सबसे ऊँचा माना जाता है। ये सिर्फ चार कोनों पर ही स्थापित नहीं हैं, इनमें से तीन तो समुद्र के तट पर हैं और चौथा हिमालय की गोद में। इस तरह जो हिन्दू तीर्थ करने चलता है वह अनिवार्यत: अनेकता में एकता का प्रत्यक्ष अनुभव भी करता चलता है। यह एकता सिर्फ हिन्दुओं के धर्म और रीति-रिवाजों में ही नहीं है, इसे जीवन के अन्य क्षेत्रों में भी देखा जा सकता है। पर यह बात भी ध्यान में रखनी होगी कि हिन्दू धर्म ऐसा है जो पूरे निजी और सामाजिक जीवन को एक स्वरूप देता है। आगे चलकर वर्णाश्रम धर्म अर्थात जाति व्यवस्था हिन्दू धर्म का आधार बनती है। यह जटिल है तथा इसके अपने गुण-दोष हैं, पर हर व्यक्ति के जन्म से लेकर मरण तक की हर बात उसी के अनुरूप तय होती है। सदियों तक यह इतनी मजबूत और प्रभावी रही है कि जो लोग बाहर से आए, जीत हासिल करके यहाँ बस गए उन्होंने भी जाति व्यवस्था को अपना लिया या उनके यहाँ भी जाति व्यवस्था आ गई। बराबरी के बुनियादी दर्शन वाला इस्लाम भी भारत आकर इससे अछूता नहीं रहा। भारतीय मुसलमान समाज में भी जाति व्यवस्था है। अब अच्छा हो या बुरा, पर ब्राह्मणों को सर्वोच्च स्थान देनेवाली इस व्यवस्था ने भारत की भावनात्मक एकता बनाए रखने में सबसे बड़ी भूमिका निभाई है। संस्कृत भाषा और कुलीनों में प्रचलित रीति-रिवाजों और पंथों ने एकता के भाव को मजबूत किया है। इस विशाल भूमि के अलग-अलग हिस्सों में प्रभावी ये परम्पराएँ भी सदियों पुरानी हैं। और हैरानी नहीं कि जैसे ही ब्राह्मणवाद पर हमले से बात शुरू होती है, देश पर खतरे का शोर शुरू हो जाता है।

पर यह बात भी सही है कि अगर हमारी एकता सिर्फ परम्पराओं और जाति व्यवस्था पर आधारित होती तो आधुनिक दुनिया में छिन्न-भिन्न हो चुकी होती। पर इस संस्कृति के विशुद्ध धार्मिक पक्ष के अलावा अन्य पक्षों ने गैर-ब्राह्मण और गैर-हिन्दू परमराओं से भी काफी कुछ लेकर एक मजबूत राष्ट्रीय धागे को बुना है। हस्तशिल्पों, वास्तु, संगीत, चित्रकला और नृत्य जैसी विधाओं के विकास में यह मेल ज्यादा साफ दिखता है। इनमें स्थानीयता है, पर इनके अन्दर एकता के मजबूत सूत्र भी बने हुए हैं।

और एकता का यह भाव सांस्कृतिक रूप से जाहिर होने के साथ-साथ क्षेत्रीय रूप से भी जाहिर होता है। तीन तरफ से समुद्र और चौथे तरफ से हिमालय से घिरे इस भूभाग के निवासी बाहर से आनेवालों, जो हिमालय को लाँघकर आए या समुद्र पार करके आए थे, के बीच सांस्कृतिक फासला रहा। यही हाल इस भौगोलिक क्षेत्र के बीच रहनेवाले आदिवासी और अन्य लोगों के बीच भी रहा। उनकी जीवन-

पद्धतियाँ भी अलग-अलग रहीं। फिर भी किसी ने किसी को बाहरी या परदेसी नहीं माना। बाहर से आए लोगों और स्थानीय के बीच अन्तर जरूर रहा। बड़े-बड़े और डरावने आन्तरिक युद्ध भी होते रहे, पर एक-दूसरे को खत्म करनेवाली लड़ाइयों का जिक्र नहीं मिलता। आपस में काफी कुछ साझा भी था। और यह साझापन का भाव ही था जिसने प्राचीन भारत के युद्धों को लड़ने का भी एक सभ्य तरीका विकसित करने में मदद की। बाहर वालों ने इनका खयाल नहीं रखा, पर भारतीय सेनाएँ काफी मुश्किल उठाकर भी इनका पालन करती थीं।

भारतीयों में उनका भूगोल और संस्कृति एकता का भाव भरती रही, लेकिन किसी भी दौर में यहाँ का राष्ट्रवाद किसी एक राष्ट्र-राज्य की सीमा से बँधा दिखता है। भारत में भी बड़े बड़े साम्राज्य रहे हैं और कई बार इनका क्षेत्रफल भारत की अपनी भौगोलिक सीमा से बाहर तक का रहा है (जैसे अशोक का साम्राज्य), लेकिन अक्सर यह छोटे-छोटे राज्यों को लेकर बना होता था या रजवाड़े ही उसके अधीन हो जाते थे। फिर ये आजाद भी हो जाते थे, पर इनसे राष्ट्र की अवधारणा पर फर्क नहीं पड़ता था। विदेशी आक्रांताओं और कब्जा करनेवालों ने भी इस मामले में ज्यादा असर नहीं डाला।

राजनीतिक राष्ट्रवाद का जो रूप हम आज देख रहे हैं, वह हाल की यूरोपीय परिघटना है। उससे पहले हर कहीं राजाओं के बीच अपना साम्राज्य बढ़ाने या बचाने की लड़ाई होती थी, धन-दौलत-सोना कब्जाने की लड़ाई होती थी। अपनी शान बढ़ाने के लिये लड़ाई होती थी। सिकन्दर हों या डेन राजा, मंगोल हों या नार्मन, तुक-अफगान हों या मुगल—सबकी लडाइयाँ इन्हीं उद्देश्यों के लिये होती रही हैं। भारत में भी ऐसे राजा हुए हैं जिन्हें 'चक्रवर्ती सम्राट' कहा गया और जिन्होंने बाकी सभी राजाओं को अपने अधीन कर लिया। निश्चित रूप से उन्हें इसका यश मिलता था-भले ही वह कम समय के लिये ही हो। अक्सर जीत के बाद अश्वमेध यज्ञ होता था जिसमें सभी बुलाए जाते थे, भोज-भात, मान-सम्मान विदाई—सब होता था, पर इन सबका भारतीयों के मन पर कोई लम्बा असर नहीं रहा। अशोक का सम्मान उसकी जीतों के लिये नहीं हुआ, उसके त्याग के लिये हुआ। हरिश्चन्द्र, राम, कृष्ण, भीष्म, युधिष्ठिर जैसे हमारे पात्र क्षत्रिय थे, पर उन्हें उनकी सैनिक उपलब्धियों की जगह सच पर चलने, करुणा और त्याग के चलते याद किया जाता है।

एक सुरक्षित भौगोलिक क्षेत्र और जाति व्यवस्था के चलते सामाजिक स्थिरता के चलते भारतीय मानस राजनीतिक बदलावों जैसी छोटी और ऊपरी चीजों के प्रति एकदम बेपरवाह हो गया था। फिर भारत में इतिहास बोध का भी अभाव रहा है। उनके दार्शनिक चिन्तन में काल का दायरा बहुत बड़ा रहा करत है। ब्रह्मा का एक दिन ही हजारों साल जितना माना जाता हो तो राजाओं की जीत-हार का हिसाब कौन रखे? इसलिए मानवीय व्यवहार में उनकी चिन्ता मर्यादाओं और नियमों की रही है।

यह भी हो सकता है कि वे 'मनुष्यों की भूलों और अपराधों के लेखा-जोखा' से काफी पहले ही मुँह मोड़ चुके हों। ऐसा नहीं लगता कि सुदूर इतिहास में कभी भी भारतीय लोग राजनीतिक राष्ट्रवाद को लेकर किसी तरह की चिन्ता करते थे। अब अगर हिन्दू, मराठा या मुगल जीत के अपने-अपने मतलब निकालने की कोशिश की जा रही है तो यह असल में पश्चिमी प्रभाव है और वहाँ की इतिहास और राजनीतिक सोच को अपने इतिहास पर लागू करने की कोशिश भर है।

अब इतिहास पर गौर करते हुए यह कहना आसान है कि इसी नजरिये के चलते हम विदेशी आक्रांताओं का शिकार बने। पर हमें यह याद रखना चाहिए कि हमारे वे पूर्वज अलग मूल्यों के साथ जिये। और अपने समय में वे सम्भवत; किसी से भी पिछड़े हुए नहीं थे। यूरोप के पिछले चार सौ साल का इतिहास सारी दुनिया या हमारे पूरे इतिहास के बारे में कोई फतवा देने का आधार नहीं बन सकता।

हमारी अन्य असफलताओं की जिम्मेवारी निश्चित रूप से राजनीतिक व्यवस्था पर नहीं थी। लोगों की मानसिक सुस्ती और आलस्य के लिये सम्भवत: जाति व्यवस्था सबसे ज्यादा जिम्मेवार थी। इसी ने उनको नई चुनौतियों और दैनन्दिन संघर्षों से मुँह मोड़ने की सीख दी, जिसके चलते वे नई खोजों और आविष्कारों से भी वंचित हुए। ज्यादा सम्भावना यही है कि इन्हीं दोनों चीजों ने एक-दूसरे को मजबूत किया और समाज तथा विचारों में ठहराव ला दिया। सम्भवत: हमारी संस्कृति की पुरानी चीजें भी एक बोझ बन गईं और हम आविष्कारों की तरफ नहीं मुड़ पाए। जीवन के हर क्षेत्र में इतनी तरक्की हुई कि वह हमारे मन पर बोझ बन गई और हर क्षेत्र में नए विचारों को लेकर कोई उत्साह नहीं बचा। पर हमारी प्रगति चाहे जिस वजह से रुकी हो, निश्चित रूप से इसमें एक राजनीतिक राष्ट्र राज्य की गैर मौजूदगी कोई वजह नहीं थी। सांस्कृतिक विकास का दायरा किसी राजनीतिक सत्ता से बाहर की चीज है। वह तो विचारों और कामों पर अंकुश लगाकर सिर्फ उसका विकास बाधित ही कर सकती है। याद रखने की बात है कि यूरोपीय पुनर्जागरण इटली के छोटे नगर राज्य में ही शुरू हुआ जो अन्तत: पूरे यूरोप में नए आविष्कारों की क्रान्ति करानेवाला साबित हुआ।

भारत की सांस्कृतिक एकता की धारणा को मजबूत करनेवाली इस चर्चा से अब कुछ और बातों पर गौर करें। पर यहाँ यह भी ध्यान रखना होगा कि यह एकता सब दिन एक जैसी न थी और न यह एक ही तरह की थी। शुरू से हर जगह का एक स्थानीय रंग जरूर रहा था या उप-संस्कृति दिखती है। आर्यों के आगमन के पूर्व की संस्कृतियाँ भी चलती रहीं और कई इलाकों में फलती-फूलती रहीं।

अन्य जगहों पर नई आर्य संस्कृति के साथ मेल से कुछ एकदम नई चीजों का विकास हुआ। इस प्रकार अलग-अलग क्षेत्रों में नई–नई सांस्कृतिक पहचानें विकसित हुईं। इनको राष्ट्रीयता कहना तो गलत होगा क्योंकि तब इस तरह की

कोई अवधारणा ही नहीं थी, पर इनमें वे तत्व जरूर दिखते हैं जिन्हें हम आज राष्ट्रीयताओं से जोड़कर देखते हैं। अलग-अलग कालखंडों में संस्कृत, पाली या फारसी कुलीनों की भाषा रही, लेकिन हर दौर में अलग-अलग बोलियों का दौर रहा और आम लोग उनका ही प्रयोग करते रहे। आगे चलकर यही बोलियाँ आज की प्रमुख भाषाओं के रूप में विकसित हुईं। इनके साथ ही इन स्थानीय संस्कृतियों ने अपनी-अपनी जीवन शैली, अपनी पोशाकें, अपनी नृत्य शैली, अपनी लोक-कथाएँ, अपने स्थानीय देवी-देवता और रीति-रिवाज भी विकसित किए।

मध्यकाल में कई क्षेत्रों में भक्त कवियों और दार्शनिकों का उभार हुआ। उन्होंने अपनी स्थानीय बोलियों में शास्त्रों के ज्ञान की व्याख्या की। उन्होंने स्थानीय तौर-तरीकों से अपनी बात रखी और उन इलाकों में आई बुराइयों के खिलाफ लोगों को जगाया। इनमें से कुछ समाज-सुधारक भी थे और उन्होंने पुराने रीति-रिवाजों और अन्धविश्वासों के खिलाफ भी मोर्चा खोला। इसलिए एक मोटे हिसाब से एक होते हुए भी हिन्दू धर्म ने अलग-अलग रूप लिया, इन सन्तों के प्रभाव और इलाकों से फर्क बना। इन सन्तों ने अपनी बात कहने में स्थानीय बोलियों का सहारा लिया और साथ ही साहित्य का विकास किया।

लेकिन देश के स्तर की बात करें तो शायद ही कभी ये उप-संस्कृतियाँ किसी खास राज्य के साथ जुड़ी दिखती हैं। वैसे समय-समय पर कुछ ऐसे रजवाड़े आए जिनके साथ एक तरह का सांस्कृतिक समूह जुड़ा दिखता है, लेकिन क्षेत्रीय स्तर पर आसपास होने के चलते उनमें एक क्षेत्रीय पहचान का भाव रहा है जो राष्ट्रीय पहचान से ज्यादा मजबूत रहा है। और सब दिन से ऐसा ही लगता है। और आज यह भाव इतना गहरा हो चुका है कि किसी नई जगह पाँच पीढ़ियों से रहनेवाला बंगाली अपने मूल बंगाली चरित्र को बचा कर रखता है। यही बात पंजाबी, तमिल, कन्नड़ या मलयाली पर भी लागू होती है। बिहार, उत्तर प्रदेश, मध्य प्रदेश और राजस्थान की हिन्दी पट्टी के लोगों को एक बड़े हिन्दी प्रदेश का मान लिया जाता है, पर इनके बीच भी ज्यादा मेल-जोल नहीं बन पाता और इनके बीच भी सांस्कृतिक भिन्नताएँ हैं। एक जगह रहकर भी वे पीढ़ियों तक अलग पहचान बनाए रखते हैं।

इन विभिन्न पहचानों को काफी देर से राजनीतिक स्वीकृति मिली है और अब भी ज्यादा महत्त्व नहीं दिया जाता। भारतीय राष्ट्रीय कांग्रेस ने आजादी के पहले ही ब्रिटिश शासन के क्षेत्रीय बँटवारे वाले तरीके को नकारते हुए भाषाओं के हिसाब से प्रदेश कांग्रेस कमेटियों का गठन किया था। पर आजादी के बाद उसी कांग्रेस को आन्ध्र प्रदेश, गुजरात और महाराष्ट्र वगैरह का गठन भाषायी आधार पर करने में दिक्कत महसूस होती रही और बड़े आन्दोलनों के बाद ही उसने ऐसा किया। अभी भी अन्तिम तसवीर बन गई हो, यह कहना मुश्किल है। सभी कमियों के बावजूद अब राज्यों का रंग-रूप काफी हद तक तार्किक बन गया है। उनकी बनावट में काफी

हद तक एकरूपता दिखती है, लेकिन इसके बावजूद हमारी राजनीतिक बिरादरी के मन में इसके मतलब साफ ढंग से नहीं बैठे हैं। ये राज्य किसी सांस्कृतिक-भाषायी आधार पर भी बँटे हैं, यह मानने की जगह वे इन्हे सिर्फ प्रशासनिक इकाई मानते रहे हैं। इसलिए हम पाते हैं कि अक्सर राजनीतिक हलके में राष्ट्रपति प्रणाली लाने की बात चलती है तो कई बार केन्द्र सरकार भी ऐसा व्यवहार करती है मानो राज्यों का कोई वजूद न हो और वह एकाधिकार वाली सरकार हो। सम्भवत: यह ब्रिटिश राज की विरासत हो, जिसने हमारे राजनीतिक नजरिये को निर्धारित किया है। भारत का पूरा इतिहास यह बताता है कि यहाँ कभी न तो एक तरह के राष्ट्रवाद की हवा रही है न किसी एक राजनीतिक सत्ता के प्रति सबकी निष्ठा रही है। आज राष्ट्रीय शासन व्यवस्था बनने के बावजूद इस तरफ की एकनिष्ठा नहीं बन पाई है। लोग अपने-अपने राज्यों के प्रति भी उतनी ही निष्ठा महसूस करते हैं जितनी देश के प्रति। राज्य उनके ज्यादा पास है तो सम्भव है, उसके प्रति निष्ठा ज्यादा गहरी होगी, लेकिन इससे राष्ट्रीयताओं का झगड़ा नहीं होता।

4

अंगरेजों के आने के पूर्व भारत कभी एक राष्ट्र-राज्य नहीं बन पाया था। निस्सन्देह यहाँ साम्राज्य थे, जो अलग-अलग वंशों के ताकतवर होने के साथ अलग-अलग हिस्सों में उभरते थे और उनके पतन के साथ ही बिला भी जाते थे। काफी बाद, अफगानों का शासन होने पर दिल्ली भारत का राजनीतिक केन्द्र बनकर उभरने लगी, हालाँकि तब भी दक्षिण के कई ताकतवर केन्द्र अपनी चलाते रहे। मुगलों का शासन होने के बाद दिल्ली की सत्ता में स्थिरता आई और इसका विस्तार भी हुआ। औरंगजेब के समय इसका आकार सबसे बड़ा था और लगभग पूरा हिन्दुस्तान इसके अधीन था। पर उसके राज में भी भारत एक राष्ट्र नहीं बना और इस दौर में भी उसकी सत्ता को चुनौतियाँ मिलती रहीं। औरंगजेब की मौत के साथ ही उसका साम्राज्य भी बिखर गया, लेकिन मुगल साम्राज्य की धौंस बनी रही और कहा जाता है कि जब उसकी सत्ता लाल किले की चारदीवारी तक सिमट गई तब भी उसके राजा अपने को 'हिन्दुस्तान का बादशाह' ही कहते रहे। यह स्थिति आज तक जारी है जब दिल्ली की सत्ता का मतलब देश की सत्ता हो गया है। अंगरेजों ने 1911 में सम्राट पंचम का राज्याभिषेक लाल किले में कराके इस धारणा को और मजबूती दी। इस आयोजन के साथ ही उन्होंने राजधानी को कलकत्ता से हटाकर दिल्ली कर दिया। अंगरेजों के लिए कलकत्ता से दिल्ली की यात्रा काफी लम्बी थी और इसी यात्रा के क्रम में उन्होंने भारत को एक राजनीतिक इकाई के रूप में एक भी किया।

अंगरेजों ने भारत को अपने साम्राज्य के अधीन व्यावसायिक मुनाफे के लिये किया। निश्चित रूप से भारत में उनकी मुख्य दिलचस्पी व्यापार थी और अगर उन्होंने राजनीति में दखल भी दिया तो अपना व्यापार और मुनाफा बढ़ाने के खयाल से ही। बाद में उन्होंने यहाँ की जमीन पर कब्जा किया, पर वह भी अपने मुनाफे को स्थायी और ज्यादा बनाने के लिये। और जब यही उद्देश्य रहा तब पूरा देश अपने कब्जे में आने के बाद उन्होंने इसे जमकर लूटा। पूरा देश पहले ईस्ट इंडिया कम्पनी के अधीन रहा और उसने एक केन्द्रीकृत प्रशासनिक व्यवस्था के साथ काम किया। और जब ब्रिटिश हुकूमत ने इसे अपने हाथ में लिया तब भी शासन का स्वरूप काफी समय तक वैसा ही बना रहा। भारत की बदलती स्थितियों के

साथ शासन भी अपना स्वरूप बदलता गया जिसके पीछे ब्रिटिश हितों को बचाना और बढ़ाने का खयाल रहता था। सबसे महत्त्वपूर्ण बदलाव भारत में उभरती राष्ट्रीय चेतना और आन्दोलन के हिसाब से खुद को ढालना था।

शुरुआती बदलाव तो सिर्फ प्रशासनिक जरूरतों के हिसाब से हुए थे। आर्थिक और राजनीतिक अधिकारों में बँटवारे के साथ शासन का अर्ध-संघीय स्वरूप तब की जरूरतों के हिसाब से किया गया था। पर प्रशासन करते हुए यह भी एहसास हुआ कि भारत जैसे विशाल और विविधताओं वाले मुल्क में एक केन्द्र से शासन चला पाना मुश्किल है। लोगों और मुल्क के करीब आने के साथ उनको यहाँ की विविधताओं का अन्दाजा भी हुआ। उन्हें लगा कि हर इलाके की खास समस्याओं से निपटने के लिए उसको ढंग से समझना और क्षेत्र के हिसाब से निपटाना होगा।

भारत में कभी भी मुखयालय/राजधानी जैसी कोई चीज लम्बे समय तक नहीं रही थी, इसलिए ही एक केन्द्र से शासन चलाना मुश्किल था। दरअसल, मौर्य शासकों को छोड़कर और किसी ने भी जिला स्तर तक अपने शासन को सुव्यवस्थित करके की कोशिश नहीं की थी। अधिकांश दूसरे शासक खुद का काम राजस्व वसूलने और नहर या सड़क वगैरह बनवाने भर का मानते थे। अन्य सारे काम सामन्तों या स्थानीय प्रशासकों के जिम्मे रहते थे। इतना ही नहीं, शासक अपना क्षेत्र बढ़ाने की जगह अपने इलाके पर ज्यादा मजबूत पकड़ बनाने की जुगत में ही रहते थे। अगर कोई रजवाड़ा अधीनता मान लेता और चढ़ावा चढ़ा देता था तब उसे अपने इलाके में शासन करते रहने दिया जाता था। मुगल सूबेदार भी अपने-अपने इलाके के शासन में काफी हद तक स्वतंत्र ही थे। वे अपनी ही चलाते थे और कई बार सम्राट की भी परवाह नहीं करते थे। उनका विद्रोह करना और अपने हिस्से का राजस्व न देने की घटनाएँ भी काफी हुईं। सो, एक केन्द्र से शासन चलाने की कोशिश में नौकरशाही वाली गड़बड़ और कुप्रबन्धन का खतरा था ही।

ऐसे में स्वाभाविक था कि इस व्यवस्था का विरोध प्रान्तों के गवर्नरों की तरफ से हुआ, जिन्हें लगता था कि केन्द्र का दखल उनके काम में बाधक हो रहा है। 1858 के बाद विवाद खुलकर भी सामने आया। कलकत्ता बंगाल प्रॉविंस की नौकरशाही का केन्द्र होने के चलते सेंट्रल सेक्रेटेरियट का नियंत्रक भी बना। स्वाभाविक रूप से उसके लोगों को शिकायत करने की कोई जरूरत नहीं पड़ी, पर मद्रास के गवर्नर चार्ल्स ट्रेवेल्यान और बॉम्बे के गवर्नर बार्टल फ्रेरे ने शासन में कलकता की दखलन्दाजियों के खिलाफ तेज आवाज उठाई। उन्होंने बंगाल के प्राशासन तौर-तरीकों की नकल करने पर सवाल उठाए और स्थानीय अधिकारियों द्वारा बहुत मेहनत और सोच-समझ के साथ बनाई नीतियों को कलकता से पास कराने के चलते होनेवाली देरी को लेकर शिकायत की।

जब 1858 के भारत सरकार कानून पर विचार चल रहा था तो जॉन ब्राइट ने विकेन्द्रीकरण की वकालत की और केन्द्रीकरण की इन शब्दों में व्याख्या की, "अगर गवर्नर सिर्फ फीजी द्वीप की भाषा जानते हों और उन्हें पूरे यूरोप पर शासन करना हो तो कितनी मुश्किल होगी और अगर उनके नीचे के लोग फीजी के लोगों की तुलना में ज्यादा होशियार हों तो क्या होगा?"[1] केन्द्रीकृत शासन की बुराइयों का जिक्र 1867 में कौंसिल के सदस्य सर हेनरी मैने ने सबसे साफ ढंग से किया था। उन्होंने जो कुछ कहा, वह हर तरह के केन्द्रीकृत शासन के बारे में सही है, "मुझे लगता है कि भारत सरकार का पूरे देश के वित्तीय संसाधनों पर जो नियंत्रण जरूरी और अनिवार्य मानकर दिया गया है, वह फैसला जल्दबाजी का है। सच्चाई हमारे सामने है कि भारत सरकार दुनिया में सबसे अल्पकाल वाली है। पाँच साल या पन्द्रह साल में हमें एक ऐसा गवर्नर जनरल मिल सकता है जो शासकीय कशीदाकारी में खास हो-मान लें कि वह सैनिक अवसर का ही इस्तेमाल करे तब भी उसका खर्च सभी स्थानीय सरकारों के खूब धूमधाम से किए कुल खर्च से ऊपर ही होगा। और इसके लिए उसे कहीं कुछ बताने की जरूरत नहीं होगी...मुझे केन्द्र सरकार के हाथ खर्च के लिए रखी धनराशि के अनुपात में कटौती और इस धन को स्थानीय सरकारों के हिस्से में डालने में धनात्मक लाभ नजर आता है। मैं केन्द्र सरकार द्वारा भारत भर में कराए जा रहे सभी सार्वजनिक कामों को एकदम रोक देने और उधार या कराधान से सैनिक खर्चे देने के बारे में आक्सस या जैकसार्टेस में कोई अभियान उठते देख सकता हूँ।"[2]

उसी साल अर्थात 1867 में रिचर्ड स्ट्रेची ने सुझाव दिया था कि अमेरिका की तरह का संघीय प्रशासनिक ढाँचा हिन्दुस्तान के सबसे उपयुक्त है। पर जैसा साम्राज्यवादी शासन के लिये स्वाभाविक था, उन्होंने इसके साथ यह सुझाव भी दिया था कि स्थानीय शासन पर केन्द्र की निगरानी और नियंत्रण भी रहे, जिस चीज की कल्पना अमेरिका में नहीं की जा सकती।

लेकिन स्थिति का सबसे स्पष्ट और विनम्रतापूर्ण मूल्यांकन लॉर्ड नेपियर ने किया था। कार्यकुशलता और आर्थिक लाभ का ध्यान रखते हुए उन्होंने उन्होंने सत्ता के विकेन्द्रीकरण का सुझाव दिया था। शक्तियों के विकेन्द्रीकरण का उनका तर्क था कि :

(1) इससे प्रान्तीय सरकारें ज्यादा-से-ज्यादा राजस्व जुटाने में दिलचस्पी लेंगी जो देश के कल्याण पर खर्च हो सकनेवाले राजस्व का आकार बढ़ा देंगे :

(2) अगर बहुत दूर स्थित प्राधिकार से बार-बार आदेश लेने का चक्कर खत्म होगा तो प्रान्तीय सरकारें ज्यादा तेजी और कुशलता से जन कल्याण का अपना काम कर सकेंगी :

(3) उनके काम के वितीय परिणाम का लाभ प्रान्तों को मिलेगा :

(4) स्थानीय समस्याओं से अनजान केन्द्रीय सत्ता के पास जाने की मजबूरी न होने से प्रान्तीय सरकारों का राजस्व उसके दखल तथा देरी से बच जाएगा और इसका लाभ राज्यों को मिलेगा :

(5) जब लोगों को दिखेगा कि उनसे जमा राजस्व का ज्यादातर हिस्सा उनके कल्याण के कार्यक्रमों पर खर्च होगा तो वे कराधान का बोझ खुशी-खुशी उठाएँगे।

लेकिन ये लाभ गिनाने के बाद उन्होंने केन्द्रीकरण के लाभ भी गिनवा दिये थे। उनके अनुसार एक केन्द्रीय व्यवस्था होने से : (1) पूरे देश में एक जैसी व्यवस्था होने का लाभ रहता है : (2)शक्तिशाली केन्द्र सरकार सैनिक जरूरत के लिये लाभकर होती है क्योंकि वही सशस्त्र बलों के लिये देश भर से आदमी और संसाधन इकट्ठा करने में सक्षम होती है और : (3) केन्द्रीकृत सत्ता ही ब्रिटिश साम्राज्य का ढंग से प्रतिनिधित्व करती है और भारतीय कल्पना में मुगलों की जगह ले सकती है। विकेन्द्रीकरण के लाभ और घाटे के बारे में इतनी साफ चर्चा यह बताती है कि विकेन्द्रीकरण को कार्यकुशलता और न्याय के हिसाब से लाभकर माना जाता था तो केन्द्रीकरण को साम्राज्य के हितों और छवि की रक्षा के लिये लाभकर माना जाता था। लेकिन सारे विरोधों और चर्चाओं के बावजूद साम्राज्य के लाभ की बात ही ऊपर रही और प्रान्तों को उस सूची के अनुसार मिले अधिकारों से ही सन्तुष्ट रहना पड़ा जो 1870 के अन्त में स्वीकार किए गए थे।

पर राजस्व का वास्तविक बँटवारा 1882-83 से ही शुरू हुआ और गवर्नर जनरल की निगरानी में काम होने का प्रावधान भी बना रहा। नई योजना के अनुसार केन्द्र और प्रान्तों के राजस्व के मुख्य स्रोत निम्नलिखित रहे :

I. केन्द्र

1. सीमा शुल्क, बर्मा को छोड़कर
2. नमक पर कर, बर्मा को छोड़कर
3. अफीम
4. डाक विभाग
5. रेलवे
6. टेलिग्राफ
7. सैनिक सार्वजनिक कार्य
8. मुद्रा के विनिमय से होनेवाली कमाई

II. प्रान्तीय

1. प्रान्तीय दरेण
2. सामान्य सार्वजनिक निर्माण

3. कानून और न्याय से प्राप्त राजस्व अर्थात कोर्ट फीस
4. शिक्षा
5. स्टेशनरी और प्रिंटिंग
6. पुलिस
7. प्रान्तीय प्रतिभूतियों का सूद
8. प्रान्तीय रेल
9. स्वास्थ्य सेवा
10. अन्य विषय (मुद्रा के विनिमय की कमाई और बिलों पर प्रीमियम को छोड़कर)
11. छोटे विभाग

III. विभाजित (असमान बँटवारा)

1. भू-राजस्व (शुरू में राज्यों को कुछ तय प्रतिशत प्रान्तीय खर्चों के नाम पर दिया जाता था, पर बाद में इसे निश्चित अनुपात में बाँटकर दिया जाने लगा) (बराबर बँटवारा)
2. वन (बर्मा के अलावा)
3. उत्पाद शुल्क
4. स्टाम्प
5. रजिस्ट्री

इस स्तर पर कुछ सन्तुलन बनाने की कोशिश की गई थी, पर मुश्किल यह हुई कि यह योजना पंचवर्षीय थी। इसके चलते बहुत अनिश्चितता बन गई। इस अनिश्चितता के चलते जब फंड कम हों, पहले वर्ष अर्थव्यवस्था पर इस तरह के बोझ लाद दिये जाते थे जिनका प्रभाव पाँच साल के आखिरी वर्ष में दिखता था। फिर, अनेक योजनाओं में संशोधन के चलते जिनको लगातार चलना था, उनमें भी परेशानी पैदा हो जाती थी। इस चलते केन्द्र और प्रान्तों के बीच बहुत बक-झक चलती रहती थी। वित्तीय वर्ष की शुरुआत में धीमे खर्च और मार्च अन्त में सारे फंड खत्म करने का जो चलन आज तक दिखता है यह तभी से शुरू हुआ है। और फिर हर स्तर पर टोका-टोकी भी होती है।

लेकिन जब तक शासन का राजनीतिक स्वरूप नहीं बदला, केन्द्र और प्रान्तों के रिश्तों में सम्बन्ध वैसे ही रहे। और भारतीय लोगों के लिये भी जब तक अंगरेजी हुकूमत रही, उनका शासन इस गोरे के हाथ रहे या उस गोरे के, इससे कोई खास फर्क नहीं पड़ा। प्रथम विश्व युद्ध के बाद राष्ट्रीय आन्दोलन के दबाव के चलते उन्होंने हिन्दुस्तानियों को भी प्रशासन में कुछ-कुछ भूमिका देना शुरू किया। इसी चलते गवर्नमेंट ऑफ इंडिया एक्ट 1919 से अर्ध-लोकप्रिय सरकार, जिसे, 'डायार्की' कहा जाता था, बनाने की पहल हुई। पर जो अधिकार भारतीयों को देने का प्रस्ताव

था, वह उनकी उम्मीद से काफी कम था और गरम दल वाले राष्ट्रवादी नेताओं ने उसे अस्वीकार कर दिया। पर इस व्यवस्था से केन्द्र और प्रान्तों के राजस्व का स्पष्ट बँटवारा हो गया और कुछ मदों के राजस्व में दोनों का हिस्सा होनेवाली व्यवस्था भी खत्म हो गई।

नए कानून के अनुसार केन्द्र सरकार को सीमा शुल्क, आयकर, बिक्री कर, अफीम और रेलवे, पोस्ट और टेलिग्राम से हिस्सा मिलना था जबकि भू-राजस्व, शराब वगैरह की चुंगी, सिंचाई, वन और स्टाम्प (जनरल और न्यायिक) तथा रजिस्ट्री की आमदनी प्रान्तों के हिस्से आई। प्रान्तों को एक और बड़ी राहत मिली। अब वे भारत सरकार से या गवर्नर जनरल की अनुमति से बाहर से भी ऋण ले सकते थे।

प्रान्तों को और ज्यादा लाभ गवर्नमेंट ऑफ इंडिया एक्ट 1935 से मिला। इस कानून के आधार पर अनेक प्रान्तों में चुनी हुई सरकारें आईं। इसके बाद दूसरा विश्व युद्ध, 'सविनय अवज्ञा आन्दोलन', 'भारत छोड़ो आन्दोलन' और आखिर में 1947 में भारत को आजादी मिली। पर इस एक्ट के वित्तीय प्रावधान बहुत महत्त्वपूर्ण थे क्योंकि भारतीय संविधान के तहत भी जो वितीय बँटवारा केन्द्र और राज्यों के बीच हुआ, उन पर इसका गहरा प्रभाव रहा। और नए वित्तीय सम्बन्धों पर गौर करने से साफ लगता है कि राज्यों को अधिक राजस्व या स्वायत्तता देने के मामले में हमारी राष्ट्रीय सरकार ब्रिटिश शासन वाले प्रावधानों से एक इंच भी आगे-पीछे नहीं गई है। ज्यादा बारीकी से गौर करने पर दिखेगा कि जहाँ ब्रिटिश सरकार राजस्व में ज्यादा हिस्सा देने पर विचार करने को तैयार रहती थी, हमारी अपनी सरकार ने वह रास्ता भी बन्द कर दिया है।

गवर्नमेंट ऑफ इंडिया एक्ट 1935 के अनुसार प्रान्तों के राजस्व के स्रोत थे :

(1) लगान, कृषि आय पर कर, सिंचाई/पटवन, शराब और नशीले पदार्थों पर चुंगी, स्टाम्प, रजिस्ट्री वगैरह :

(2) आयकर, नमक कर, केन्द्रीय उत्पाद शुल्क और निर्यात कर में प्रान्तीय हिस्सा :

(3) स्टाम्प (व्यावसायिक), टर्मिनल टैक्स और अन्य ऐसे सभी कर, जिन्हें केन्द्र वसूलता था, पर पूरी रकम प्रान्तों को चली जाती थी। और;

(4) खास कामों के लिये केन्द्र से अनुदान और धन का विशेष आवंटन।

संघीय सरकार के संसाधन (नए कानून में 'इम्पीरियल' की जगह फेडरल सरकार शब्द आ गया) वही रहे और नया यह हुआ कि अब उसे नमक कर, आयकर और निर्यात कर जैसे मदों से होनेवाली आमदनी भी प्रान्तों के साथ बाँटनी होती थी। और इस नुकसान की भरपाई के लिये उसे आयकर, स्टाम्प ड्यूटी वगैरह पर सरचार्ज लगाने और कुछ नए कर लगाने का अधिकार मिल गया। इस प्रकार

हम फिर उसी त्रिस्तरीय व्यवस्था पर पहुँच गए जिसमें कुछ चीजें संघ के पास, कुछ प्रान्तों के पास और कुछ दोनों के हक वाली रहीं।

अगर हम आज के भारत की राजस्व व्यवस्था पर गौर करेंगे तो पाएँगे कि आज भी इसी चीज की नकल की जा रही है। धनवान और ऊँचे पेशे वाले लोग ही राज वाले दौर की तरह ही सत्ता के लिये चुने जाते हैं और अपनी कारोबार तथा सम्पदा बढ़ाते जाने की जुगत में ही लगे रहते हैं। बल्कि आजाद भारत में भी शुरुआत में बहुत सारे ऐसे ही लोग ऊपर पहुँचे जो 1935 के कानून से चुनाव जीतकर संसद और सरकारों में गए थे। उनके अनुभव ही नहीं, सोच और विचार में भी फर्क नहीं आया है। वे नई समस्याओं को अलग नजरिये से देख सकेंगे, यह उम्मीद नहीं की जा सकती।

आजाद भारत के लिये राजस्व व्यवस्था बनानेवाले लोगों में कल्पनाशीलता का कितना अभाव था, यह बात राजस्व के नए आवंटन के तरीके पर गौर करते ही साफ हो जाती है। जरा भी कल्पनाशील व्यक्ति इन्हें बनाता तो उसे मालूम होता कि किसी भी विकासशील समाज में शिक्षा, कृषि, उद्योग और कल्याण वगैरह के सारे कार्यक्रम चलाने का बोझ इकाइयों पर होता है, पर उसके राजस्व के स्रोतों को बढ़ाने की जगह उसमें कटौती कर दी गई, जैसे अब राज्यों को नमक कर और सीमा शुल्क में हिस्सा नहीं मिलता। अगर हम 1935 के पहले सीमा-शुल्क में केन्द्र और राज्य के बँटवारे को देखें तो एक अन्य महत्त्वपूर्ण तथ्य सामने आता है। नीचे दिये आँकड़े 1931 से 1935 के बीच औसत राजस्व को दिखाते हैं।

1931 से 1935 के बीच विभिन्न स्रोतों से औसत राजस्व

लगान	सीमा-शुल्क	आयकर	नमक	उत्पाद शुल्क	अफीम	रेलवे
28.4	49.5	17.0	8.1	13.0	0.7	0.0

(आँकड़े करोड़ रु. में)

ये आँकड़े चौंकानेवाले हैं। सबसे ज्यादा आय सीमा-शुल्क से थी और इस राजस्व में केन्द्र और प्रान्त, दोनों का हिस्सा था। इसके बाद नम्बर लगान का था जो पूरी तरह प्रान्तों के खजाने में ही जाता था। आज भी लगान राज्यों के हिस्से ही है, पर कुल राजस्व में उसका हिस्सा नगण्य-सा ही रह गया है। दूसरी ओर सीमा शुल्क में राज्यों का हिस्सा खत्म हो गया है। हम इन बातों पर आगे ज्यादा बारीकी से गौर करेंगे, पर भारतीय संघ में केन्द्र-राज्य सम्बन्धों के मूल चरित्र को इससे समझा जा सकता है। और हमारे अपने लोग राज्यों को उतना भी देने को तैयार नहीं हैं जितना अंगरेजी व्यवस्था में मिला हुआ था।

चूँकि अंगरेजों ने पूरे देश को (अपवाद स्वरूप कुछ छोटे रजवाड़े थे, लेकिन उन्हें भी काफी बेदम कर दिया गया था) प्रशासनिक रूप से एक कर दिया था सो, उसके खिलाफ चले आन्दोलन ने भी एक राष्ट्रीय चरित्र लिया। आज भारत का मतलब उस पूरे देश से है जिस पर अंगरेजों ने शासन किया। राष्ट्रवादियों की कल्पना के भारत में इसके अलावा फ्रांसीसी और पुर्तगाली कब्जे वाले हिस्से भी रहे। चूँकि अब राष्ट्र एक कल्पना की चीज ही न रहकर ब्रिटिश हुकूमत में एक प्रशासनिक इकाई का रूप ले चुका था, सो राष्ट्रवादी कल्पना का भारत भी एक मजबूत राष्ट्र बन गया था। पर आजादी की लड़ाई के शुरुआती दिनों में उसमें शामिल अधिकांश लोगों के मन में भी स्पष्ट न था कि अंगरेज जाएँगे तो क्या राजनीतिक व्यवस्था उनकी जगह लेगी। इससे ब्रिटिश शासकों के लिये अपने शासन का स्वरूप बदलना आसान हुआ। आजादी की लड़ाई वाले तो विदेशी शासन की जगह 'होम रूल' भर चाहते थे।

अब स्वदेशी नया पद था जो राजनीतिक आन्दोलनकारियों से लेकर भारत के उभरते औद्योगिक और व्यावसायिक समाज में समान रूप से लोकप्रिय था। उनके लिये आजाद भारत की तसवीर एकदम स्पष्ट थी। उनको लगता था कि आजादी का मतलब अंगरेजी शासन से मुक्ति और स्वतंत्र धन्धा करने तथा मुनाफा कमाने की आजादी होगी। व्यापारी समुदाय के लिये तो राष्ट्र का मतलब बड़ा बाजार था।

सत्ता के हस्तान्तरण के रूप में जो कुछ हुआ, वह आम लोगों के लिये सदमे से कम न था। आजादी के बाद उन्हें जो कुछ मिला, वह ब्रिटिश शासन के अधीन वाला पूरा भारत न था। उन्हें एक विभाजित देश मिला—हिन्दू और मुसलमान नाम से। इसका लोगों पर गहरा भावनात्मक असर पड़ा और जो लोग शासन को एकदम केन्द्रीकृत करना चाहते थे, उनका काम आसान हो गया। विभाजन को भी 'बाँटो और राज करो' के पुराने साम्राज्यवादी खेल का हिस्सा माना गया। तत्काल यह भाव जगाया गया कि अब इस खेल को और न चलने देना है। माहौल ऐसा हो गया था कि उसमें ढंग के तर्क देना और प्रान्तों को अधिक स्वायत्तता देने की बात करना मुश्किल था। वामपंथियों के एक हिस्से समेत राष्ट्रवादियों का बहुमत मन से विभाजन को स्वीकार करने को तैयार न था। उनका सपना अभी भी अविभाजित भारत का था, भले ही यह साफ न था कि यह कैसे हासिल होगा और इससे क्या हासिल होगा? ऐसे में अक्सर यह विचार एक विस्तारवादी रंग ले लेता था। चूँकि इस्लामी राष्ट्रवाद ने विभाजन कराया था, इसलिए नया राष्ट्रवादी स्वर अक्सर हिन्दू साम्प्रदायिकता का रूप लेता था। ऐसे ही साम्प्रदायिक तत्वों को समेटते हुए जन संघ की स्थापना हुई और राष्ट्रवादियों का कुछ बेचैन लोग भी इसमें गए। 'अखंड भारत' ही इसका नारा बना। यह एकदम सैन्यीकृत केन्द्रीय शासन का वकील बना। इसने बड़ी होशियारी से अखंड भारत की बात को एक सांस्कृतिक परम्परा और

आक्रामक राष्ट्र राज्य से जोड़ा। यह सूत्र काम कर गया और आज सभी राष्ट्रवादी इसकी तरफ मुखातिब हैं या इसके साथ हैं। आजाद भारत में राजनीति को नियंत्रित करनेवाला नौकरशाही-व्यापारी गठजोड़ भी स्वाभाविक रूप से इस लाइन का समर्थक हुआ। और जब जरूरत होती है, ये सब मिलकर किसी-न-किसी मुद्दे पर एक भावनात्मक उभार लाने की कोशिश करते हैं। केरल की कम्युनिस्ट सरकार की बर्खास्तगी और तमिलनाडु के द्रमुक आन्दोलन को दबाने का काम राष्ट्र उर संविधान के नाम पर खूब शोर मचाने के बाद ही किया गया।

भारत का संविधान बँटवारे के खौफ और कुंठा वाले माहौल में लिखा गया। सो, संघवाद का सिद्धान्त माना तो गया, लेकिन अंगरेजों के खिलाफ बनी राष्ट्रीय एकता की भावना और उस एकता के बिखरने का खतरा, फिर हुआ विभाजन हमारे संविधान निर्माताओं के दिमाग पर छाए रहे। फिर पुराने शासन द्वारा बनाई गई आदतें भी थीं। सो, कुल परिणाम यह हुआ कि राष्ट्र की विविधता की महान अवधारणा धरी रह गई और काफी सारे अधिकारों और जिम्मेवारियों से लैस केन्द्र की अवधारणा ही प्रभावी होकर सामने आई।

अपनी विविधता के मामले में भारतीय संघ अन्य संघों से अलग है। अमेरिका, ऑस्ट्रेलिया, कनाडा, जर्मनी और स्विट्जरलैंड जैसे संघों के आबादी काफी हद तक एक जैसी है—हालाँकि स्विट्जरलैंड में चार आधिकारिक भाषाएँ हैं और कनाडा के क्युबेक में फ्रेंच बोलनेवाले लोग रहते हैं, लेकिन इन जगहों पर एक प्रान्त से दूसरे के बीच कोई ज्यादा बड़ा सांस्कृतिक अन्तर नहीं है। स्विट्जरलैंड में थोड़ी विविधता है, लेकिन छोटा देश होने के चलते यहाँ सबके बीच मेल-जोल के दौर चलते रहते हैं। दूसरी ओर भारत की विविधता की तुलना किसी एक मुल्क की जगह यूरोप से की जा सकती है, पर यूरोप के विपरीत यहाँ लोगों की मुल्क में आवाजाही एकदम शून्य-सी है। भारत के अधिकांश लोग जन्म लेते हैं, अपनी जगह पर जीवन जीते हैं और यह जाने बगैर स्वर्ग सिधार जाते हैं कि देश के और हिस्सों में कौन रहता है, कैसे रहता है? इसकी राजधानी दिल्ली तक में लोग सारे दक्षिण भारतीयों को 'मद्रासी' कहकर छुट्टी पा लेते हैं। वे तमिल, तेलुगू, मलयाली या कन्नड़ी लोगों का अन्तर नहीं जानते। यूरोप की भाषाओं की तरह भारत के प्रान्तों की भाषाएँ भी एक-दूसरे से एकदम अलग हैं। भारत की सांस्कृतिक एकता भी यूरोप की सांस्कृतिक एकता की तरह ही है। इनमें अन्तर भी है और एकता के धागे भी दिखते हैं।

अगर भारतीय संघ को तार्किक ढंग से गठित किया जाता तो यह 'यूनाइटेड स्टेट ऑफ यूरोप', जिसमें स्लाविक इलाके भी शामिल हों, जैसा कुछ बनता। भारत को सिर्फ एक चीज यूरोप से अलग करती है—इसका भूगोल। प्रतिरक्षा के मामले में तो यह भूगोल बहुत लाभकर है, पर जब इस विविधता के चलते उठनेवाली

प्रशासनिक समस्याओं की बात आती है तो इस चीज से कोई मदद नहीं मिलती। पर इन बातों पर गौर नहीं किया गया और मजबूत केन्द्र वाला संघ बनाया गया।

अन्य संघीय व्यवस्थाओं की तुलना में भारत की व्यवस्था राज्य सभा के गठन और काम भी उसे अलग स्वरूप देता है। जैसाकि हमने पहले ही देखा है, अन्य संघीय व्यवस्थाओं में ऊपरी सदन का काम प्रान्तों के हितों की रखवाली का है (यह अलग बात है कि उन्होंने यह काम किया है या नहीं)। इसके लिये हर इकाई को बराबर प्रतिनिधित्व दिया गया है। उनकी भूमिका के लिये भी उनको पर्याप्त अधिकार दिये गए गए हैं। इससे उलट, हमारे यहाँ राज्य सभा के सदस्यों की संख्या राज्य की आबादी और विधानसभाओं के आकार के आधार पर तय की गई है। इसके चलते राज्यों के बीच बहुत अन्तर आ गया है, जैसेकि हिमाचल से सिर्फ 3 सदस्य आते हैं तो उत्तर प्रदेश से 34। भारत जैसे देश में, जहाँ राज्यों के आकार बराबर नहीं हैं, छोटे राज्यों का प्रतिनिधित्व महत्त्वहीन हो जाता है। इस मामले में भारत का ऊपरी सदन काफी कुछ ब्रिटिश हाउस ऑफ लॉर्ड्स की नकल करता है जो सिर्फ दिखावे की व्यवस्था है। उसे कानून बनाने की प्रक्रिया में दखल नहीं दिया गया है, या है भी तो सिर्फ बहुत कम। कायदे से भारत की राज्य सभा में राज्यों को ज्यादा बराबरी और अधिकार दिये जाने की जरूरत थी क्योंकि यहाँ राज्यों के आकार-प्रकार में काफी अन्तर है। सो, साफ लगता है कि या तो राज्यों की समस्याओं पर ढंग से गौर नहीं किया गया या उनकी उपेक्षा की गई।

हमारी संघीय व्यवस्था में केन्द्रीय रिजर्व पुलिस बल के गठन और उपयोग का तरीका भी काफी उलझन भरा है। यह सदा राज्यों को कष्ट देता है। केन्द्रीय रिजर्व पुलिस बल कानून, 1949 के तहत गठित यह फौज लगातार बड़ी और मजबूत होती गई है, सारे काम सँभालती है, पर इसकी वैधता अभी भी सन्दिग्ध बनी हुई है। अंगरेजों के समय से कानून-व्यवस्था राज्यों का विषय रहा है। स्वाभाविक रूप से, फिर हर तरह की पुलिस उसके अधीन होती है। सातवीं अनुसूची, लिस्ट II स्पष्ट बताती है कि रेलवे और गाँव के चौकीदार से लेकर पूरी पुलिस फौज राज्यों के अधीन होगी। रेलवे पुलिस भी हर राज्य के अधीन रहेगी, यह बात साफ करती है कि इस मामले में केन्द्र की कोई भूमिका नहीं मानी गई है। जरूरी हुआ तो केन्द्र सातवीं अनुसूची (इंट्री-80) की लिस्ट I के अनुसार अपने अधिकार क्षेत्र को बढ़ाते हुए राज्य पुलिस के लोगों को किसी और क्षेत्र में लगा सकता है, लेकिन इन्हे प्रतिनियुक्त किए जानेवाले राज्य की अनुमति के बाद ही। यह प्रावधान कुछ इस तरह है : 80. किसी भी राज्य के बाहर के क्षेत्र में किसी भी राज्य पुलिस के लोगों का कार्यक्षेत्र और अधिकार क्षेत्र बढ़ सकता है, लेकिन इस तरह नहीं कि किसी दूसरे राज्य से पूछे और उसकी अनुमति के बगैर ही वहाँ बाहर के राज्य की पुलिस तैनात हो जाए।

पुलिस मामलों में संविधान केन्द्र को यही अधिकार देता है, लेकिन केन्द्रीय रिजर्व पुलिस का इस्तेमाल बिना राज्यों की अनुमति के बार-बार और तरह-तरह के कामों के लिये किया गया है। बंगाल में तो संयुक्त मोर्चे की सरकार के खुले विरोध के बावजूद वहाँ केन्द्रीय रिजर्व पुलिस बल की तैनाती हुई। सातवीं अनुसूची के लिस्ट I की पहली और दूसरी इंट्री को आधार बनाकर इस पुलिस बल के गठन और प्रयोग को जायज ठहराया जाता है। इसमें नौसेना, थलसेना और वायुसेना के साथ 'केन्द्र की कोई भी सशस्त्र बल' का जिक्र है।

इन तर्कों के पीछे जो भी वैधानिक बातें हों, यह बात स्प्ष्ट है कि इन बलों का इस्तेमाल राज्यों की सत्ता और अधिकार क्षेत्र में दखल देते हुए उन्हें नीचा दिखाने के लिये ही किया जाता रहा है। इनका गठन केन्द्र द्वारा राज्यों के बीच सहकारी संघवाद चलाने के लिये नही, अपनी सत्ता को स्थापित करने के लिये किया गया है। इस केन्द्रीय बल की कल्पना उस नेतृत्व के दिमाग की उपज है जिसका संघवाद में और राज्यों की सत्ता में कोई यकीन न था। अधिक सम्भावना इस बात की है कि इसकी स्थापना उन न्यस्त स्वार्थों के दबाव में हुई हो जिनको लगता था कि दूर-दराज के इलाकों का उनका व्यवसाय तब तक सुरक्षित नहीं हो सकता जब तक केन्द्र ऐसा कोई बल बनाकर न रखे। राज्यों में उठनेवाले अतिवादी आन्दोलनों से केन्द्र ही सुरक्षा दे सकता है, यह भरोसा पैसे वाले वर्ग का रहता है। और यह मात्र अटकल की चीज नहीं है। पर उनका डर चाहे जितना सही हो, वह एक अलग पुलिस बल बनाने, राज्यों के अधिकार क्षेत्र में दखल देने और संघवाद का नाश करने का आधार नहीं हो सकता।

यह स्थिति संघवाद के वास्तविक रूप से कितनी अलग है, यह बात हम स्विट्जरलैंड से इसकी तुलना करके समझ सकते हैं। वहाँ तो सशस्त्र सेना के मामले में भी काफी सारी सीमाएँ तय की गई हैं। वहाँ के संघीय संविधान के 13वें अनुच्छेद में तो सेना नहीं रखने की बात कही गई है, पर इस तरह की पाबन्दी सिर्फ संघ के लिये है। कैंटन अर्थात प्रदेश सेना बना और रख सकते हैं जिसका प्रावधान अनुच्छेद 21 में है। इसके अनुसार, सैन्य जरूरतें मजबूर न करें तो फौज का चुनाव उसी प्रदेश के लोगों के बीच से होगा। उनकी बेहतरी, उनके आकार का निर्धारण और उनकी देख-रेख, उनकी सेवा शर्तें, उनके प्रोन्नति का फैसला संघ द्वारा तय एक सामान्य नियम के अनुसार प्रान्तीय आधार पर ही होगा।

इन प्रावधानों के पीछे यही भाव है कि नौकरशाही के नियंत्रण वाली ऐसी फौज बनने से रोका जाए जो प्रान्तों के और अपने ही लोगों के खिलाफ काम न करने लगे। सैनिक और पुलिस नौकरशाही का यह व्यवहार स्विट्जरलैंड जैसे छोटे देशों की तुलना में बड़े देशों में ज्यादा सम्भव है, पर वे इतने सावधान लोग हैं कि कोई मौका देना नहीं चाहते। भारत में लिखित कानून का भी पालन न होने

की वजह निश्चित रूप से यहाँ के लोगों में अपने अधिकारों के बारे में चेतना न होना और सत्ता के शीर्ष पर बैठे मुट्ठी भर लोगों के खिलाफ चौकसी न होना है। स्विट्जरलैंड ने ऐसी केन्द्रीकृत बल को न बनने देने की व्यवस्था करके अपने यहाँ ऐसी महत्त्वाकांक्षा को फलने-फूलने देने की जगह ही नहीं छोड़ी है।

ब्रिटिश राज की एक और विरासत, राज्यपाल का पद भी इधर विवादों में रहा है और अपने मौजूदा स्वरूप में यह भी राज्यों की स्वायत्तता के रास्ते में एक रोड़ा है। हमारे संघ का काम इस महँगी व्यवस्था के बिना भी बहुत आसानी से चल सकता है। इस पद पर जिस तरह से नियुक्ति होती है और जिस तरह का आचरण राज्यपालों ने किया है, वह इसे और बेमानी साबित करता है। अमेरिका में प्रान्तों के गवर्नरों का चुनाव वहाँ के लोग करते हैं और वह उस प्रान्त का मुख्य कार्य अधिकारी होता है। इससे उलट, भारत में राज्यपालों की नियुक्ति किताबों के हिसाब से तो राष्ट्रपति करते हैं और उनकी इच्छा तक कोई व्यक्ति पद पर रह सकता है, पर असल में नियुक्ति केन्द्र सरकार करती है और केन्द्र के नालायक माने गए मंत्रियों या शासक दल के चुनाव हारे और रिटायर नेताओं को इस पद पर बैठा दिया जाता है। कागजी हिसाब से वह सिर्फ संवैधानिक प्रमुख होता है जिसके नाम से कानून बनते हैं और कार्यकारी फैसले लिए जाते हैं। और नियमों के अनुसार चुने हुए प्रतिनिधियों के बताए काम पर मोहर लगाने के अलावा उसकी और कोई सक्रिय भूमिका नहीं होती।

पर इधर यह देखने में आ रहा है कि राज्यपाल अपने 'विवेकाधिकार' के आधार पर काफी बड़े बड़े फैसले लेने लगे हैं जो असल में विवेकहीनता को ही दिखाता है। संविधान कहीं से भी उन्हें यह सब करने की इजाजत नहीं देता। इतना ही नहीं, उन्होंने बिना किसी झिझक के खुद को शासक दल का लठैत बन जाने दिया है और ऐसा करते हुए वे दिल्ली की शासक पार्टी के हक में राज्य की राजनीति में दखल देते हैं। 1969 से 1972 के बीच राज्यों की राजनीति के सभी बड़े नाटकीय बदलावों, जिनमें दल-बदल से सरकार गिरना-बनना, विधान सभा भंग होना या उसका निलम्बन, मंत्रिमंडलों में बदलाव, मंत्रियों का विभाग बदलना वगैरह में राज्यपालों ने खुलकर केन्द्र में शासन कर रही पार्टी के हक में दखल दिया और उसके एजेंट जैसी भूमिका निभाई। मामला चाहे पश्चिम बंगाल की त्रासदी जैसा हो या उत्तर प्रदेश की कॉमेडी जैसा, हरेक में राज्यपालों की भूमिका केन्द्रीय रही।

शुरू से ही राज्यपालों की भूमिका को लेकर अस्पष्टता रही। और अब तो इसके प्रति किसी एक मन में आदर नहीं रहा। शुरू में तो यह केन्द्र से अलग जाते दिखनेवाले राज्यों को हाँककर वापस 'सही' रास्ते पर लानेवाले की भूमिका में लगे। चूँकि इस पद पर रिटायर नेता और नौकरशाह ही बैठाए जाते हैं, इसलिए

उनको आसानी से केन्द्र की मर्जी के अनुसार काम करने को मजबूर किया जा सकता है। चूँकि मानवीय कमजोरियों को भुलाया नहीं जा सकता, इसलिए इस समस्या का एक ही समाधान है कि संवैधानिक बदलाव के जरिये राज्यपाल के पद को ही समाप्त कर दिया जाए।

असल में राज्यपाल का पद संविधान द्वारा राष्ट्रपति को आपातस्थिति में दिये गए अपार अधिकारों के उपयोग के समय राज्यों के सहायक के तौर पर बनाया गया है। इसके लिए धारा 356 के अधीन इतने भारी अधिकार दिये गए हैं कि राज्य केन्द्र की मर्जी के खिलाफ जा ही नहीं सकते। कुछेक अपवादों को छोड़कर राज्यपाल केन्द्र के पक्ष में और राज्यों के खिलाफ रिपोर्ट दे सकते हैं। अगर राज्यपाल न भी रिपोर्ट दें तो राष्ट्रपति अपने आप भी स्थिति का मूल्यांकन करके अपनी ओर से दखल दे सकते हैं। धारा 356(1) कहती है, अगर राष्ट्रपति को राज्यपाल की रिपोर्ट या वैसे भी लगे कि राज्य सरकार संविधान के अनुरूप काम करने में सक्षम नहीं है तो राष्ट्रपति घोषणा कर सकते हैं कि (अ) राज्य में राष्ट्रपति शासन लागू होगा जो राज्यपाल या चुनी हुई सरकार के अलावा राज्य के किसी और प्राधिकार या संस्था के माध्यम से चलेगा : (ब) घोषणा कर सकते हैं कि राज्य की विधायिका की शक्तियों का निर्वाह संसद करेगी या उसके अधीन होगा।

धारा 360 के तहत तो पूरा प्रशासन अपने हाथ में लेने की जरूरत नहीं है। अगर केन्द्र को राज्य की कोई वित्तीय नीति पसन्द नहीं आ रही है तो वह इस धारा का सहारा लेकर राज्य को अपनी मर्जी की नीति अपनाने को मजबूर कर सकती है। धारा कुछ इस प्रकार है : 360(1) अगर राष्ट्रपति को लगे कि भारत या इसके किसी हिस्से की वित्तीय स्थिरता या विश्वसनीयता खतरे में है तो वे राष्ट्रपति शासन घोषित कर सकते हैं। (3) क्लॉज 1 के तहत घोषित शासन के दौरान संघ की कार्यकारी शक्तियाँ उनके पास होंगी और अपनी तरफ से वे जरूरी समझनेवाली वित्तीय प्राथमिकताएँ राज्यों को दे सकते हैं।

आर्थिक आपातकाल के लिए परिस्थितियों का ब्यौरा इतना अस्पष्ट-सा है कि किसी भी नीति को मुल्क या किसी इलाके की स्थिरता और विश्वसनीयता के लिये खतरा बताया जा सकता है। अभी भी आर्थिक नीतियाँ काफी हद तक विचारों के हिसाब से तय होती हैं और जो चीज एक के लिए बहुत वांछनीय हो सकती है, दूसरा उसे खतरनाक मान सकता है। और फिर अलग-अलग प्राथमिकताओं के लिये अलग-अलग नीतियाँ बनाई जा सकती हैं। संविधान का यह प्रावधान राज्यों को न सिर्फ केन्द्र की नीतियों का अनुसरण करने को बाध्य करता है बल्कि उसकी प्राथमिकताओं को भी मानने को मजबूर करता है। एक ही पार्टी अलग-अलग क्षेत्रों की जरूरत के हिसाब से अलग नीतियों की सोच सकती है, पर यह प्रावधान ऐसा भी नहीं होने देता। आर्थिक नीतियों पर अलग नजरिया रखनेवाली जमातों के लिये

तो यह सम्भव ही नहीं है कि अगर केन्द्र में उनके विरोधी दर्शन वाली सरकार हो तो वे किसी प्रदेश में अपनी सरकार बनने पर वे अपने मन की नीतियों को लागू करें।

राज्यों को केन्द्र के अधीन करने में अगर पहले वाले प्रावधानों से कोई कमी रह गई हो तो धारा 365 उस गुंजाइश को भी समाप्त करती है। इसके अनुसार, "संविधान के किसी भी प्रावधान के तहत संघ की कार्यकारी शक्ति के आधार पर राज्य को दिये गए किसी निर्देश को न मानने या उसे लागू करने में असफल होने को राष्ट्रपति यह मान सकते हैं कि राज्य संवैधानिक ढंग से आचरण करने में असमर्थ है।"

अगर हम संविधान की धारा 31 के क्लॉज (3) में वर्णित धन विधेयकों पर गौर करें तो केन्द्र के हाथ में सारे अधिकार सौंपने की कोशिश के पीछे काम कर रहे न्यस्त स्वार्थ वाली शक्तियों को आसानी से पहचान सकते हैं। सम्पत्ति को मौलिक अधिकार बनाने के साथ ही यह प्रावधान राज्य सरकारों पर एक और बन्दिश लगाता है। यह कहता है : "क्लॉज (2) में वर्णित ऐसा कोई कानून राज्य की विधायिका नहीं बना सकती जिस पर पहले से राष्ट्रपति से अनुमति नहीं ली गई हो।"

इस प्रकार केन्द्र की अनुमति या सहमति के बगैर राज्य कोई आर्थिक काम नहीं कर सकते। पी.सी. राजामन्नार की अगुआई में केन्द्र-राज्य सम्बन्धों की विस्तार से जांच करनेवाली समिति ने गवर्नमेंट ऑफ इंडिया ऐक्ट 1935 के अनुच्छेद 299 में, जिसकी जगह संविधान की धारा 31 लेती है, भी गवर्नर जनरल के हाथ में ऐसे वीटो अधिकार नहीं थे। कमेटी बताती है कि पुराने कानून के इंस्ट्रूमेंट्स ऑफ इंस्ट्रक्शंस में जरूर कहा गया था कि अगर गवर्नर जनरल को किसी धन विधेयक पर शक हो तो ब्रिटिश कैबिनेट के विचारार्थ रिजर्व कर सकते थे। कमेटी ने यह भी बताया कि इस प्रावधान का स्रोत संयुक्त संसदीय समिति का वह सुझाव था कि निजी सम्पत्ति की सुरक्षा जरूरी है।

इसी चलते यह प्रावधान भारतीय संविधान में आया। यह साफ है कि बड़े व्यावसायिक घराने (देसी या विदेशी) जिनकी सम्पत्ति और व्यवसाय देश के अलग-अलग हिस्सों में फैला है, हर राज्य सरकार से निपटने की जगह अकेले केन्द्र से सम्बन्ध रखना ज्यादा सुविधाजनक मानते हैं। भारत जैसे देश में विविध पार्टियों, जिनमें कुछ बहुत ही अलग विचारों वाली हैं, और नेताओं के अलग-अलग डील करना आसान नहीं है। यह भी सम्भव है कि सिर्फ विचारधारा की जगह स्थानीय जरूरतों के चलते भी किसी प्रदेश में उनके व्यवसाय या कारखाने को सरकार अपने हाथ में ले ले। संविधान के इस प्रावधान से ऐसी सारी आशंकाएँ समाप्त हो जाती हैं।

दो अन्य कारणों से राज्यों की स्थिति और भी बेचारगी वाली बन गई है। पहला, सातवीं अनुसूची के 52वें प्रावधान के अनुसार केन्द्र संसद द्वारा किसी भी उद्योग को सार्वजनिक हित का घोषित करके अपने दायरे में ले सकता है। आज एक पर

एक सभी प्रमुख उद्योगों को ऐसी घोषणा के जरिये केन्द्र के अधीन लाया जा चुका है। ऐसे में वे भले ही निजी क्षेत्र में ही हों, राज्य सरकार केन्द्र की अनुमति के बिना उनका कुछ भी नहीं बना-बिगाड़ सकती है। सो, कोई उद्योग जब तक लाभ दिखा रहा हो उसे अपने नियंत्रण में लेना राज्य सरकारों के लिये लगभग असम्भव हो गया है। बीमार या घाटे में चलनेवाली इकाइयों को हाथ में लेना एक बोझ ही होगा। और अगर कोई राज्य यह करना चाहे तो केन्द्र बड़े मजे से इसकी इजाजत देता है।

दूसरा कारक इधर हाल का है और यह केन्द्र के अधीन चलनेवाली वित्तीय संस्थाओं के सहारे संयुक्त रूप से कम्पनी चलाने का है। 14 जुलाई, 1972 को भारतीय जीवन बीमा निगम, यूटीआई और जनरल इंश्योरेंस लिमिटेड द्वारा इस्को के 49.35 फीसदी शेयर खरीद लेने के बाद यह चीज सबके ध्यान में आई। सो, आज यह कम्पनी तो संयुक्त उपक्रम की हो गई है, पर प्रबन्धन निजी क्षेत्र के हाथ में है। देश में इस्पात की सबसे बड़ी कम्पनी टिस्को में भी सार्वजनिक क्षेत्र की वित्तीय संस्थाओं के 40 फीसदी शेयर हैं। सो, निजी और सार्वजनिक क्षेत्र का यह मेल आज बड़े पैमाने पर होने लगा है। और जहाँ ऐसी इकाइयाँ हैं, उस राज्य सरकार को इनके खिलाफ कदम उठाना मुश्किल हो गया है क्योंकि जैसे ही कुछ हुआ, केन्द्र के नौकरशाह दूसरे पक्ष से खड़े हो जाते हैं। यह केन्द्र के आर्थिक हित में भी होता है। जब तक केन्द्र का स्वार्थ किसी उद्यम से जुड़ा हो तो राज्य उसके खिलाफ कैसे कर्रवाई कर सकता है? और जो लक्षण लग रहे हैं, यह साझा उपक्रम वाला धन्धा बढ़ने ही जा रहा है।

उद्योग लगाने और भागीदारी करने में केन्द्र की बढ़ती भूमिका भी एक अन्य तथ्य की तरफ इशारा करती है। यह बात अब साफ हो गई है कि जब तक किसी राज्य में लगनेवाली सार्वजनिक क्षेत्र की या साझा क्षेत्र की इकाई की मिल्कियत और प्रबन्धन में उस राज्य या उसकी किसी संस्था को हिस्सा न दिया जाए, उसे इसके लगने से कोई बड़ा लाभ नहीं होता बल्कि किसी उद्योग के राष्ट्रीयकरण के बाद तो राज्य का उसके ऊपर से और भी नियंत्रण कम हो जाता है। तब तो वह इकाई पूरी तरह केन्द्र के हाथ में आ जाती है जिसके पास राज्य को उससे दूर रखने की और ज्यादा ताकत होती है। सो, ऐसी संस्थाओं में सबको बराबरी का हिस्सा देने का एकमात्र तरीका उन्हें रेलवे, डाक-तार विभाग और अन्य बड़े वित्तीय संस्थानों की तरह का प्रबन्धक मंडल बनाकर चलाना है, जिसमें राज्यों समेत सबको हिस्सेदारी मिले। जिस राज्य में ये उद्यम स्थित हैं, वहाँ के लोगों को तभी उसका लाभ मिल पाएगा, लेकिन अभी तक ऐसी व्यवस्था बनाने की कोशिश नहीं हुई है।

नए उद्योग लगाने के मामले में भी केन्द्र के हाथ में ही सब कुछ होता है। सभी महत्त्वपूर्ण उद्योगों के लिये यही लाइसेंस जारी करता है। जरूरी खनिज और अन्य अदानों के साथ ही विदेशी मुद्रा के लाइसेंस भी यही देता है। इसके अधीन ही सारे

वित्तीय संस्थान हैं और यह माल ढुलाई के परिवहन के साधनों का भी मालिक है। ऐसे में, अगर कोई राज्य चाहे भी तो केन्द्र की जरा सी नाराजगी उसके यहाँ उद्योग लगाने की पहल को समाप्त कर सकती है। ब्रिटिश हुकूमत की एक और विरासत राज्यों के मुकाबले केन्द्र के हाथ मजबूत करती है। उस दौर में प्रान्तों का गठन किसी तार्किक आधार पर नहीं हुआ था। वे तो ब्रिटिश सत्ता के प्रसार के साथ ही बनते गए और बॉम्बे, मद्रास और बंगाल प्रान्त जैसे नाम से बने प्रदेशों में तरह-तरह की भाषा और स्थिति वाले इलाके और लोग रहते थे। अपने शासन के आखिरी दिनों में उन्होंने इस तरह की विसंगतियों को कुछ ठीक करने की कोशिश की, लेकिन उससे ज्यादा फर्क नहीं पड़ा। कांग्रेसी शासन के शुरुआती दिनों तक यही अफरा-तफरी वाली व्यवस्था चलती रही। इसी के चलते राज्यों का पुनर्गठन हुआ और इस बदलाव से भी केन्द्र ज्यादा ताकतवर हुआ।

पिछड़े कुछ समय से कांग्रेस भी पूरा जोर लगाकर राज्यों की ताकत और कम करने की कोशिश कर रही है। राज्यों के बीच सीमा विवाद को लटके रहने दिया जाता है और इसे निपटाने के नाम पर राजनीतिक सौदेबाजी की जाती है। ऐसे विवाद का सबसे अच्छा उदाहरण मैसूर (अब का कर्नाटक) और महाराष्ट्र के बीच का सीमा विवाद है। कुछ इलाकों को अपना बताकर कभी इस राज्य में आन्दोलन होता है तो कभी दूसरे राज्य में। इसमें जान-माल का नुकसान होता रहता है, पर केन्द्र इस डर से कोई फैसला नहीं करता कि कहीं एक राज्य को खुश करने के चक्कर में दूसरा न नाराज हो जाए। इसके चलते राज्य सरकारें भी दब कर रहती हैं और केन्द्र के खिलाफ एक भी शब्द बोलने से बचती हैं। अपने लोग नाराज हों तब भी वह केन्द्र को दोषी नहीं बताते।

केन्द्रीय सेवाओं पर केन्द्र के नियंत्रण के चलते राज्य अपनी प्रशासनिक और वित्तीय जरूरतों के हिसाब से शासन की योजना नहीं बना सकते। चूँकि इन अखिल भारतीय सेवाओं के लोगों की प्रोन्नति, सेवा-शर्तें तय करने या दंड देने का अधिकार केन्द्र के पास होता है, इसलिए वे न तो राज्य के लोगों की ज्यादा परवाह करते हैं न राज्य सरकार की। इतना ही नहीं, ये राज्य सरकार के गले में फांस की तरह होते हैं कि राज्य से जरा भी चूक हुई नहीं कि केन्द्र इन अधिकारियों के मार्फत उसका गला दबा दे।

अमेरिका में अन्तर-प्रान्त व्यापार की शर्तें दिलचस्प और मजाकिया हैं और ये प्रान्तों के मुकाबले केन्द्र की ताकत काफी बढ़ा देती हैं। इन्हें 'ताश का जोकर' कहा जाता है, पर हमारे यहाँ तो जोकर ही जोकर भरे पड़े हैं। सो, किसी भी संघीय व्यवस्था की तुलना में भारत का केन्द्र अपने आपको ज्यादा ताकतवर पाता है। और केन्द्र का प्रभुत्व इतना ज्यादा है कि अक्सर लोग यहाँ के शासन को 'संघीय' की जगह 'एकात्मक' कहने लगते हैं।

संघवाद का एक प्रमुख सिद्धान्त यह माना जाता है कि हर राज्य के पास इतने आर्थिक संसाधन हों कि वह केन्द्र या किसी और पर निर्भर हुए बगैर अपना काम चला ले। जो इकाई आर्थिक रूप से केन्द्र पर निर्भर होगी, वह उसके दबाव में घुटने टेक ही देगी। इस सिद्धान्त को जब हम भारतीय राज्यों पर लागू करते हैं तो पाते हैं कि उनकी स्थिति बहुत ही असन्तोषजनक है। यह सही है कि अभी भी केन्द्र और राज्यों के बीच वित्तीय संसाधनों का बँटवारा मोटे तौर पर 1935 के गवर्नमेंट ऑफ इंडिया एक्ट के अनुसार ही होता है, पर यह बात राज्यों को मदद करती हो यह जरूरी नहीं है। उपरोक्त कानून ब्रिटेन के साम्राज्यवादी हितों को ध्यान में रखकर बनाया गया था और वह भी केन्द्र की तरफ झुका था। पर ज्यादा हैरानी की बात यह है कि इस कानून में जो भी बदलाव किए गए हैं, वे राज्यों की सत्ता को और कमजोर करनेवाले ही हैं। इनके अलावा राज्य सूची की कई चीजों का महत्त्व कम किए जाने से भी राज्यों की स्थिति पहले से कमजोर हुई है।

इस बदलाव पर राजामन्नार कमेटी का मानना है, "कराधान के वैधानिक अधिकारों के बँटवारे में हम पाते हैं कि अल्कोहल वाले मेडिकल सामानों और प्रसाधनों पर उत्पाद शुल्क, जो संघ की सूची में 84 वें नम्बर पर है, 1935 के कानून में राज्यों के अधीन था। इसी प्रकार शेयर बाजार के सौदों और वहाँ जारी विज्ञापनों पर कर लगाने तथा अन्तर-राज्य व्यापार या सामानों की खरीद-बिक्री पर कर लगाने का अधिकार पहले राज्यों का था जो अब संघ की सूची में 90, 92 और 92-ए नम्बर पर डाल दिये गए हैं।"[4]

कमेटी ने यह भी बताया है कि वित्तीय कानून 1959 से आयकर कानून में जो बदलाव हुए हैं, उनसे कम्पनियों द्वारा दिए जानेवाले आय कर को निगम कर बना दिया गया है। यह एक प्रमुख स्रोत होने के सात लगातार बढ़नेवाला ऐसा स्रोत भी है, जिसकी आमदनी केन्द्र और राज्य में बँटती रही है। इसी प्रकार अब सीमा शुल्क और निर्यात कर की सारी आमदनी केन्द्र के पास ही रह जाती है। इसी प्रकार केन्द्र सरकार के प्रतिष्ठान जो आयकर देते हैं, उसे बँटनेवाले खाते में न रखकर केन्द्र के खाते में ही डाल दिया जाता है। इससे भी राज्य बढ़नेवाली एक आमदनी से वंचित हो गए हैं। धारा 287 के अनुसार, केन्द्र सरकार के प्रतिष्ठानों द्वारा खपत की गई बिजली पर कोई राज्य सरकार कर नहीं लगा सकती। ऐसे में साफ लगता कि जिन मामलों में राज्यों को कर लगाने का अधिकार दिया भी गया है, उनमें उनके हाथ बाँध दिए गए हैं।

केन्द्र और राज्यों के बीच धन के बँटवारे में राज्यों के राजस्व में कमी आई है, पर लोगों के कल्याण और विकास के सारे कार्यक्रमों का बोझ उनके ऊपर आया और बढ़ा है। कानून-व्यवस्था, शिक्षा, कृषि, उद्योग, बिजली, सिंचाई, बाढ़ नियंत्रण, पशुपालन, सामुदायिक विकास जैसे सारे काम मुख्य रूप से राज्य सरकार

के जिम्मे हैं। इसलिए 'जस-जस मुर्गी मोटानी, तस-तस दुम सुटकानी' अर्थात राज्य का जिम्मा बढ़ता जा रहा है और केन्द्र राजस्व छीनता जा रहा है।

वित्त आयोग के पूर्व अध्यक्ष ए.के. चन्दा के अनुसार, "कारण चाहे जो हों, बँटवारे से केन्द्र को बढ़ने लायक और ऊर्जावान/सम्भावनाओं भरे राजस्व के स्रोत मिले हैं तो राज्यों के हाथ ठस और घटते जानेवाले स्रोत...। उपरोक्त कारणों के चलते राज्यों का राजस्व नहीं बढ़ा है, लेकिन कल्याणकारी राज्य की बाध्यताओं के चलते खर्चे कई गुना बढ़ गए हैं। इनके ऊपर योजना खर्चे को पूरा करने के साथ ही अपने कर्मचारियों को भी केन्द्र के बराबर महँगाई भत्ता देने का बढ़ता बोझ भी उठाना होता है। ऐसे में राज्य केन्द्र के अनुदानों और वित्तीय सहायता पर ज्यादा निर्भर होते जा रहे हैं।"[5]

राज्य इस स्थिति का नतीजा भी भुगतने लगे हैं। गरीब राज्यों पर ज्यादा असर पड़ा है। उनके संसाधन उनकी जरूरतों के हिसाब से एकदम कम पड़ जाते हैं। सो, जब तब वे केन्द्र के आगे हाथ पसारते रहते हैं। भारतीय शासन में यह माँग आम बन गई है और केन्द्र भी खूब मनमर्जी और मोल-तोल करते हुए थोड़ा-थोड़ा कुछ देता रहता है। करों में तो राज्यों का हिस्सा गिरता गया है, पर अनुदानों का अनुपात बढ़ता गया है। और अक्सर अनुदान भी तभी मिलता है जब राज्य केन्द्र की योजनाओं को लागू करने का भरोसा देते हैं। अनुदान देने के नियम भी ऐसे हैं जो केन्द्र की ताकत को बढ़ाते हैं। इस मामले में अमल राय की राय केन्द्र की सोच को जाहिर करती है, "अनेक योजनाएँ संविधान द्वारा राज्यों के दायरे में आ गए विषयों वाली होती हैं; ऐसे में केन्द्र के लिये यह सम्भव नहीं रह जाता कि वह उन्हें उस तरह लागू कराए जैसाकि देश के हित में हो। ऐसे में इन योजनाओं से जोड़कर अनुदान देना ही एकमात्र तरीका रह जाता है। इसीलिए कुल अनुदान में विवेकाधीन अनुदानों का हिस्सा काफी बढ़ जाता है। तीसरी पंचवर्षीय योजना में राज्यों को दिए कुल 7,314 करोड़ के अनुदान में धारा 275 के तहत दिए अनुदान सिर्फ 4.9 फीसदी थे जबकि विवेकाधीन अनुदानों का हिस्सा 13 फीसदी था।"[6]

राजामन्नार कमेटी ने भी विवेकाधीन अनुदानों का इस्तेमाल करके केन्द्र द्वारा राज्यों पर अपना नियंत्रण बढ़ाने की प्रवृत्ति को रेखांकित किया है, "यह एक परेशान करनेवाली प्रवृत्ति है कि विवेकाधीन अनुदान वैधानिक अनुदान से काफी आगे बढ़ गए हैं। तीसरी योजना अवधि में राज्यों को मिले कुल अनुदान में विवेकाधीन अनुदान का अनुपात 71.3 फीसदी था। तीसरी योजना अवधि में वित्त आयोग के माध्यम से जो धन राज्यों को दिया, उसमें विवेकाधीन अनुदान और कर्ज का हिस्सा करीब 70 फीसदी था और 5,600 करोड़ के कुल ट्रांसफर में इसका हिस्सा 1,488 करोड़ था। विवेकाधीन अनुदानों की प्रमुखता ने केन्द्र के हाथ में वह शक्ति दे दी है कि वह शिक्षा, स्वास्थ्य जैसे उन विषयों के कार्यक्रमों को भी प्रभावित करे जो राज्य के विषय हैं।"[7]

वित्तीय अनुशासन के नाम पर 1972 से राज्यों के ओवरड्राफ्ट पर अंकुश लगना शुरू हो गया है। यह तब किया जा रहा है जब (मुख्यत; केन्द्र की नीतियों के चलते) राज्यों का खर्च और वित्तीय देनदारियाँ काफी बढ़ गई हैं। इस प्रकार राज्यों पर सारे असम्भव और मुश्किल काम लादकर केन्द्र गैर-विकास वाले कामों पर भारी खर्च कर रहा है और दूसरी ओर राज्यों से मितव्ययिता बरतने को कह रहा है। उसके पास काफी फंड हैं। अगर वह मितव्ययी हो तो सचमुच काफी रकम बच सकती है। इस तथ्य को रेखांकित करने के लिये अमल राय का ही उद्धरण उपयुक्त होगा, "हाक की ऑडिट रिपोर्ट के अनुसार केन्द्र ने 2,494 करोड़ रुपये का अतिरिक्त कर राजस्व जुटाया है, लेकिन गैर-विकासात्मक कामों (प्रतिरक्षा छोड़कर) पर 1,075 करोड़ का खर्च भी बढ़ गया है जबकि अतिरिक्त विकास कार्यों पर मात्र 333 करोड़ रुपये खर्च हुए हैं। सो, प्रशासनिक आर्थिक मामलों में राज्यों से अपनी बात बेहतर ढंग से मनवाने के लिए यह जरूरी है कि केन्द्र खुद अपने कामकाज को सुधारे।"[8]

हर प्रशासनिक असफलता का दोष राज्यों के सिर मढ़ने की आदत इधर बढ़ गई है, पर जरा बारीकी से देखने पर साफ हो जाएगा कि असल दोषी वे नहीं केन्द्र ही है। जैसे, मान लीजिए कि कोई राज्य सरकार सौ करोड़ की लागत से पाँच साल में एक नहर बनवाने का काम शुरू करती है। इसी अवधि में केन्द्र की घाटे की वित्तनीति या कराधान नीति से लागत खर्च बढ़ जाता है। इस्पात, सीमेंट, बिजली के उपकरण और परिवहन का खर्च साल-दर-साल बढ़ता ही है। अन्य खर्च बढ़ते हैं तो मजदूर की मजदूरी भी बढ़ानी होती है। इसलिए मान लीजिए कि पाँचवें साल लागत खर्च पचास फीसदी बढ़ जाता है। अगर राज्य सरकार एकदम तय हिसाब से भी आगे बढ़े तो भी 25 से 50 फीसदी लागत खर्च बढ़ ही जाता है। अब नया लागत खर्च 125 करोड़ होगा तो पहला असर होगा कि फंड की कमी के चलते राज्य सरकार पाँच साल से ज्यादा समय में धन उपलब्ध करा पाएगी। समय ज्यादा लगने के साथ बाढ़ और बारिश जैसी प्राकृतिक आपदाओं से भी काम का कुछ नुकसान होता है। इसका मतलब खर्च का और बढ़ जाना होगा। सो, जो राज्य सरकार ऐसे कार्यक्रम शुरू करती है, वह बीच में ही फंड के लिये ज्यादा परेशान होती है। अगर केन्द्र समय से मदद कर दे तो वह काम बढ़ी लागत पर भी पूरा हो सकता है। अगर केन्द्र सख्त हुआ तो योजना और टलती जाती है और लागत बढ़ती जाती है। राज्यों के वित्त की यह कहानी पार न पानेवाली बाधाओं की है। सभी राज्य और खास तौर से गरीब और पिछड़े राज्य खुद को आज इसी हालत में पाते हैं।

योजना आयोग के कामकाज ने राज्यों की स्वायत्तता का और ज्यादा नाश किया है। पूरी पंचवर्षीय योजना के आयोजन खर्च के वित्तीय और भौतिक टारगेट योजना आयोग तय करता है और राज्यों को इसके अनुसार ही अपनी योजनाओं में

काट-छांट करनी होती है। आयोग के वैधानिक अधिकार नहीं हैं, पर यह वैधानिक संस्थाओं के ऊपर हुकुम चलाता है। इसी के अनुशंसा पर केन्द्र राज्यों को अनुदान देता है। चूँकि योजना आयोग राष्ट्रीय स्तर पर योजना बनाता है, इसलिए उसकी नजर में पिछड़े और दूर-दराज के इलाकों की समस्याएँ कम ही होती हैं। केन्द्र के खर्चों में यही पक्षपाती व्यवहार दिखता है। उसके खर्चे राज्यों के कुल खर्च से काफी अधिक होते हैं जबकि विकास और कल्याण के अधिकांश कामों का बोझ उनके कन्धों पर ही रहता है। सार्वजनिक क्षेत्र में खर्च की चौथी योजना के अनुमानों पर गौर करते ही यह बात और साफ हो जाती है। इसके लिये केन्द्र कुल 12,796 करोड़ रुपये खर्च करने जा रहा है जिसमें से 9,296 करोड़ तो उसकी अपनी योजनाओं पर खर्च होगा जबकि 3,500 करोड़ रुपये ही राज्यों के लिये रखे गए हैं। योजना में राज्यों से 3,106 करोड़ रुपये खुद से जमा करने की उम्मीद की गई है जिससे उनके योजना मद पर कुल 6,606 करोड़ रुपये खर्च हो सकें। इस प्रकार सारे राज्यों का योजना खर्च कुल खर्च के चालीस फीसदी को छू पाता है जबकि अकेले केन्द्र के हिस्से साठ फीसदी रकम आती है।

राज्यों के पास, खासकर गरीब राज्यों के लिये अपने प्रशासनिक खर्च चलाते हुए अपने वितीय संसाधन बढ़ाना असम्भव-सा है क्योंकि उनके राजस्व के स्रोत सीमित हैं। यह बात भी ध्यान में रखने लायक है कि अभी तक केन्द्र भी विकास का ज्यादातर खर्च विदेशी कर्ज, राजकोषीय घाटे और आन्तरिक उधार से ही जुटाता है। चूँकि ज्यादातर वितीय संस्थाएँ केन्द्र के नियंत्रण वाली हैं, इसलिए राज्यों के पास योजना आयोग से मिलनेवाले धन का मुँह देखने के अलावा कोई विकल्प नहीं है। खुद उनके राजस्व के स्रोत इतने नहीं हैं कि उनके आधार पर उधार भी लिया जा सके। विदेशी मदद तो केन्द्र के माध्यम से ही आ सकती है और इस मामले में राज्य अपनी पहल से कुछ पा सकें, इसकी गुंजाइश और कम है।

परिणाम यह है कि राज्यों के लिए जो सीमित फंड होता है, सारे राज्य उसमें ही ज्यादा-से-ज्यादा हिस्सा पाने की होड़ में लगे रहते हैं। पर केन्द्रीय मदद पाने की इस होड़ से न तो उनको कोई बड़ा धन ही मिलता है, न प्रतिष्ठा बचती है। वे मात्र दया के पात्र बन कर रह जाते हैं।

केन्द्रीकरण की इस प्रक्रिया को इस बात से भी बल मिला है कि कोई भी पार्टी कांग्रेस को चुनौती देने की स्थिति में नहीं आ पाई है जो आजादी के बाद से लगातार शासन कर रही है। चूँकि एक ही पार्टी का केन्द्र में भी शासन है और राज्यों में भी, इसलिए अभी तक की नीतियाँ किस तरह राज्यों को दबाती जा रही हैं, यह बात राजनीतिक रूप से उभर कर नहीं आई है। आजादी की लड़ाई में अपनी बड़ी भूमिका निभाने के चलते अभी भी इस पार्टी के हाई कमान के फैसलों की बहुत धाक है और उसके द्वारा तय नीतियों को चुनौती देने का साहस कोई

नहीं करता। सो, संविधान जितना संघीय शासन देता है, एक राजनीतिक केन्द्र उससे ज्यादा केन्द्रीकृत शासन चलाता है। सारे राज्यों की नीतियाँ एक ही केन्द्र से तय होती हैं। और जब तक दूसरे लोग कांग्रेस नेतृत्व को चुनौती देने की हालत में आएँ, केन्द्र राज्य सम्बन्धों का एक व्यावहारिक स्वरूप निर्धारित हो चुका था। केन्द्र ही सारे देश के विकास की अगुआई करेगा, यह बात सबके मन में इस तरह बैठ गई कि इसे चुनौती देने का मतलब राष्ट्र को चुनौती देना हो गया। तमिलनाडु, केरल और अन्य राज्यों की बाद की घटनाओं को इसी पृष्ठभूमि से ज्यादा अच्छी तरह समझा जा सकता है।

कांग्रेस के पुराने नेताओं की पीढ़ी के विदा या हाशिये पर होने के साथ वहाँ भी केन्द्र-राज्य सम्बन्धों के मौजूदा स्वरूप को लेकर नाराजगी दिख रही है। विभिन्न राज्यों में विपक्षी दलों के उभार के साथ भी इस प्रवृत्ति को बल मिल रहा है।

1967 के आम चुनाव के बाद अनेक राज्यों में विपक्षी दलों के कई गठबन्धनों की सरकारें बनी हैं। उसके बाद से ही केन्द्र राज्य सम्बन्धों में तनाव का अनुभव पहली बार होने लगा है। राज्यों में शासन में आई पार्टियों की नीतियों और कार्यक्रमों तथा केन्द्र की नीतियों में मेल हो, यह जरूरी नहीं है। अगर यह स्थिति कुछ समय और जारी रहती तो सम्भव है कि केन्द्र-राज्य सम्बन्धों का मुद्दा कुछ ठोस रूप लेकर सामने आता, पर अधिकांश राज्यों की गैर-कांग्रेसी सरकारों को कुछ समय में ही गिरा दिया गया। सो, केन्द्र की सम्पूर्ण श्रेष्ठता वाली अब तक की नीति को चुनौती देने का काम बीच में ही रह गया। केन्द्र की अपार शक्ति का अनुभव सबको हुआ और इसने न सिर्फ केन्द्र-राज्य सम्बन्धों के पुराने ढर्रे पर अपनी मोहर लगा दी बल्कि हल्के अन्तर के साथ आजादी एक बाद से चल रही एक दल वाली व्यवस्था को भी जमा दिया।

अब फिर वे वही कांग्रेस हाई कमान केन्द्र के साथ राज्यों की नीतियाँ भी तय करने लगा है। इस व्यवस्था के वापस कायम होने के बाद से अभी भी विपक्षी दलों की सरकार वाले कुछ राज्यों को छोड़कर बाकी राज्यों के लिये स्वायत्तता का मुद्दा समाप्त हो चुका है। इस प्रकार भले ही यह समस्या परदे के पीछे डाल दी गई हो लेकिन यह सुलझी नहीं है। जिस नीति को साम्राज्यवादी ब्रिटिश हुकूमत नहीं चला पाई, वह अब सफल नहीं हो सकती। पूरी अर्थव्यवस्था को ही बन्धक बनानेवाला इसका एक ही असर देश के आर्थिक भविष्य पर अपनी काली छाया डाल रहा है। इस दबाव को वे राज्य ज्यादा महसूस कर रहे हैं जिनके स्थिति अंगरेजों के विदा होते समय से ही खराब रही है। इतना ही नहीं, आजादी के बाद उन्होंने ज्यादा उपेक्षा और शोषण को झेला है जो औपनिवेशिक शोषण की तरह का ही है। इस प्रभाव को बताने के लिए आगे अहम बिहार का संक्षिप्त अध्ययन प्रस्तुत करेंगे जो विकास के पैमानों पर भारत में सबसे नीचे की पायदान पर मौजूद है।

5

बाहरी उपनिवेश बनाम आन्तरिक उपनिवेश

अंगरेजों के भारत आने और यहाँ व्यापार फैलाने से भारत के उद्योगों पर बहुत बुरा असर पड़ा। आधुनिक फैक्टरी उत्पादों से लैस अंगरेजों ने फौजी बल और फरेब का भी सहारा लेते हुए जिस तरह अपना व्यापार फैलाया, उससे भारत की पूरी अर्थव्यवस्था चौपट हो गई। सदियों से भारत में उद्योग, शिल्प और खेती के बीच एक टिकाऊ सन्तुलन पर अर्थव्यवस्था चल रही थी जो अंगरेजों ने खत्म कर दी। ब्रिटेन के बने सस्ते उत्पाद एक पर एक देसी उद्योग को चौपट करते गए। नतीजा यह हुआ कि उद्योगों पर निर्भर लोग बेकार होकर खेती पर बोझ बढ़ाते गए। यह क्रम करीब एक सदी तक चला (और किसी-न-किसी रूप में यह आज भी चल रहा है) और जिस दौर में देसी उद्योग भी अंगरेजी व्यापार के साथ बढ़े तब भी खेती पर लोगों की निर्भरता बढ़ती गई। मद्रास, बम्बई और बंगाल जैसे तटीय प्रान्तों को तो व्यापार बढ़ने के साथ औद्योगिक और व्यावसायिक गतिविधियाँ बढ़ने का कुछ लाभ भी हुआ, पर बिहार जैसे राज्य तो इस दौर में बर्बाद ही हुए।

ब्रिटेन के करखनिया माल से पट जाने के पहले बिहार का औद्योगिक उत्पादन काफी प्रभावशाली था। अपने सभी लोगों की जरूरत का कपड़ा बना लेने के साथ ही यहाँ तैयार रेशमी कपड़े और पटना छींट की विदेशी बाजारों में जबरदस्त माँग थी और इनका खूब निर्यात होता था। स्थानीय स्तर पर कपास खूब उपजता था और मिर्जापुर से भी आता था। शोरा, अफीम और खांड का उत्पादन भी बड़े पैमाने पर होता था और इनकी विदेशों में खूब माँग थी। बिहार के मुंगेर में बन्दूक की सबसे पुरानी फैक्टरी थी। इनके साथ ही खेती के सारे उपकरण और घरेलू उपयोग के बरतन समेत सभी चीजें स्थानीय स्तर पर ही तैयार होती थीं। आज बिहार में अपनी जरूरत का पाँच फीसदी भी कपड़ा तैयार नहीं होता और यह अपनी खपत का लगभग हर सामान बाहर से मंगाता है। परिणाम यह है कि बिहार के ज्यादातर उद्योग-धन्धे गायब होते जा रहे हैं और पहले से ही जरूरत से ज्यादा लोगों को सँभाल रही खेती पर बोझ बढ़ता ही जा रहा है।

बिहार की इस औद्योगिक गिरावट को न तो स्वदेशी आन्दोलन रोक पाया न आजादी। इस तथ्य को बिहार टेक्नो-इकोनॉमिक सर्वे बहुत अच्छी तरह बताता है, "बिहार में कृषि पर निर्भर लोगों की संख्या 1931 के 78.7 से बढ़कर 1951 में 87.3 फीसदी हो गई है जबकि उद्योगों पर कमाई के लिये निर्भर लोगों की संख्या 4.3 फीसदी से गिरकर 2.5 रह गई है और बिहार में शहरीकरण की जगह ग्रामीकरण बढ़ रहा है।"[1]

उसी सर्वेक्षण के अनुसार, बिहार की आबादी के 27 लाख अर्थात 6.7 फीसदी लोग ही शहरों में रहते हैं जबकि बंगाल में 24 फीसदी, उत्तर प्रदेश में 13.6 फीसदी और देश में औसतन 17.3 फीसदी लोग शहरी हैं। 1961 में भी हालत ज्यादा नहीं बदली थी और बिहार के 91.57 फीसदी लोग गाँवों में ही रहते थे।

यह बात ध्यान रखनी होगी कि 1931 और 1951 के बीच ही दूसरा विश्व युद्ध हुआ और इस दौरान भारत में औद्योगिक विकास जमकर हुआ। जो भी सामान बना, उसकी माँग बनी रही। युद्ध की माँगों के साथ ही अन्तरराष्ट्रीय स्तर पर जहाजरानी सेवाओं के प्रभावित होने के चलते आपूर्ति बाधित हुई थी। पर इस अवधि में भी जो अवसर बने, वे अपेक्षाकृत समृद्ध इलाकों को ही हासिल हुए। उसके बाद दो पंचवर्षीय योजनाओं के समाप्त होने के बावजूद स्थिति में ज्यादा बदलाव नहीं हुआ है जो ग्रामीण-शहरी अनुपात में बदलाव न होने से भी जाहिर होता है। फिर क्या 1962 के बाद से स्थिति एकदम बदल गई है जब चौथी पंचवर्षीय योजना खत्म होनेवाली है और देश में आशा का एक नया संचार दिखता है?

चार्ट-1 1961 से 1971 के बीच की बिहार की स्थिति अन्य राज्यों के बरक्स खड़ा करता है। इससे पता चलता है कि शहरीकरण के मामले में बिहार में बहुत मामूली बदलाव हुआ है। यह पूरे देश में हुई प्रगति से कुछ कम है और अभी भी बिहार में शहरीकरण का औसत मुल्क के आधे तक ही पहुँचा है। महाराष्ट्र और तमिलनाडु का औसत तो बिहार से तीन गुना है, पश्चिम बंगाल, पंजाब और गुजरात बिहार से ढाई गुना आगे हैं।

पर इससे ज्यादा परेशान करनेवाली बातें और भी हैं। वही सर्वेक्षण बताता है कि देश में खेती से इतर काम पर निर्भर लोगों का अनुपात 1961 के 30.51 से बढ़कर 1971 में 31.37 फीसदी हो गया जबकि बिहार में यह 23.16 फीसदी से गिरकर 19.60 फीसदी हो गया। इसका दूसरा खतरनाक असर यह हुआ है कि भूमिहीन खेतिहर मजदूरों का अनुपात इसी दर में 24.37 फीसदी से बढ़कर 40.48 फीसदी हो गया। चूँकि खेती में कोई बढ़ोत्तरी नहीं दिखी है, सो, इसका मतलब यह है कि ये सारे नए मजदूर उसी कम मज्दूरी और बदहाली में हिस्सेदारी करके पहले के खेतिहर मजदूरों के लिये ज्यादा परेशानी बढ़ा रहे हैं और खुद परेशान हो रहे हैं।

बिहार की इस गिरावट की वजह कोई अनजान नहीं है। देश से तो अंगरेजी राज 1947 में समाप्त हो गया, पर बिहार को न तो आजादी का एहसास हुआ न शोषण में कमी आने का। बिहार से ब्रिटिश पूँजी तो बाहर गई, पर उसकी जगह बाहरी राज्यों के लोगों की पूँजी आ गई और औपनिवेशिक लूट के तौर-तरीके तथा मात्रा में कोई कमी नहीं आई। अंगरेजों के विदा होने के पहले ही बड़ी संख्या में पारसी, मारवाड़ी और गुजराती व्यवसायी यहाँ के अकूत संसाधनों की लूट करने और मुनाफा कमाने पहुँच गए। इनके साथ ही पड़ोस के बंगाल और दूर-दराज के इलाकों से बड़ी संख्या में अंगरेजी में शिक्षित तकनीकी जानकारी वाले, शिक्षा वाले, मैनेजर जैसे पेशों वाले आ गए और इस पिछड़े इलाके के सारे लाभकारी पदों को हथियाकर बैठ गए। 1931 से 1951 के बीच प्रदेश के बाहर से आने और प्रदेश से बाहर जानेवालों की सख्या यह बताती है कि यह बदलाव कितना बड़ा था। वहीं टेक्नो-इकोनॉमिक सर्वे बताता है, "1931 से बाहर से आनेवालों की संख्या बढ़ी है और यह चार लाख से बढ़कर 1951 में छह लाख हो गई है। छोटानागपुर और दक्षिण बिहार की खदानों और उद्योगों के विकास के साथ यह वृद्धि हुई है। बाहर से आए लोगों में करीब चार लाख अर्थात 65 फीसदी लोग खेती से इतर कामों में लगे हैं।"[2]

सबसे पहले पश्चिमी रंग-ढंग और अंगरेजी पढ़ाई अपनानेवाले लोग अंगरेजों के साथ ही आए और शासन तथा पश्चिमी संस्कृति के प्रचार में अंगरेजों के सहयोगी बने। उनके मन में भी अंगरेजों की तरह स्थानीय लोगों से नफरत भरी थी और खुद के लिये एक श्रेष्ठता भाव था जो कि नई संस्कृति के हर रंगरूट समूहों में होता है। और जब अंगरेज विदा हुए तो यह समूह उनकी सारी विरासत को सँभालने के लिये तैयार बैठा था।

अगर बिहारियों का अंगरेजों और गैर-बिहारियों द्वारा किए शोषण की तुलना की जाए तो यह चीज ज्यादा साफ ढंग से दिखाई देगी। ब्रिटेन की मुख्य नीति थी, अपने उद्योगों के लिये बाजार बनाए रखने वास्ते भारत में उद्योगों को विकसित न होने देना और भारत को सिर्फ कच्चे माल की आपूर्ति करनेवाला और उस कमाई से ब्रिटिश माल खरीदनेवाला देश बनाए रखना। इसके अलावा उन्होंने अपने व्यापार को बढ़ाने के लिये सड़कों का निर्माण कराया और विश्व व्यापार में कुछ चीजों के निर्यात पर एकाधिकार बनाए रखने के लिए यहाँ बागान बनाए। चूँकि उद्योगों के लिए खनिज भी, खास तौर से ऊर्जा की जरूरतों के लिये कोयला, जरूरी थे इसलिए खनन का भी विकास हुआ। काफी बाद में जब विश्व बाजार में प्रतिद्वन्द्विता बढ़ी तब जाकर स्थानीय सस्ते श्रम और कच्चे माल का उपयोग करके यहीं उत्पादन करनेवाले कारखाने भी लगाए गए। हाँ, इस बात का भी खयाल रखा गया कि कहीं ये कारखाने ब्रिटिश उद्योगों के लिए ही मुसीबत न बन जाएँ।

उनकी नीति तो साफ थी कि देसी उद्योग का नाश करना हो या बढ़ावा देना, जिस चीज से ज्यादा धन इंग्लैंड जाए वही करना है। इसके लिए कई तरीके अपनाए गए जिसमें ब्रिटिश व्यापार कम्पनियों और उद्योगों की मदद के लिये अधिकारी तैनात करना भी शामिल था। इसके अलावा ऐसी राजनीतिक व्यवस्था की गई कि हिन्दुस्तानी लोग दबे रहें और लोगों को लूटकर ही उनमें से कुछ का मुँह बन्द रखा जाए। चार्ट 2 के आँकड़े इस चीज को ज्यादा स्पष्ट करते हैं।

चार्ट-2 भारत से ब्रिटेन और अन्य देशों में गई राशि (1921-22)

राजनीतिक फीस या होम चार्ज	50 करोड़ रु.
भारत में पंजीकृत विदेशी पूँजी पर सूद	60 करोड़
विदेशी कम्पनियों को दिया माल और यात्री भाड़ा	41.63 करोड़
बैंकिंग कमीशन	15 करोड़
विदेशी व्यापार और प्रोफेसनल लोगों का मुनाफा	53.25 करोड़

स्रोत : के.टी. शाह और के.जे. खम्बाटा, 'वेल्थ एंड टैक्सेशन कैपेसिटी', रजनी पाम दत्त द्वारा 'इंडिया टुडे' में उद्धृत, पीपीएच, बॉम्बे : पृ. 121

अगर हम आज की बिहार की अर्थव्यवस्था पर गौर करेंगे तो पाएँगे कि आज भी वह इन सब मदों पर बाहरी लोगों और संस्थाओं को धन चुका रहा है। यही नहीं, उसके व्यापार और परिवहन के बड़े हिस्से पर भी बाहरी लोगों का कब्जा है। टेक्नो-इकोनॉमिक सर्वे भी इस बात को रेखांकित करता है : "बिहार में पंजीकृत कम्पनियों में बिहारी लोगों के शेयर 8 फीसदी और बिहार में स्थित लेकिन पश्चिम बंगाल में पंजीकृत कम्पनियों में उनके शेयर 9 फीसदी हैं।" वही आगे लिखता है, "व्यापार पूँजी में बिहारियों की शेयर और पूँजी में हिस्सेदारी एकदम कम है और व्यापार में अधिकांश पूँजी बाहर वालों की है।"

बिहार के उद्योग-व्यापार पर बाहरी लोगों का कैसा कब्जा है, यह बात इस तथ्य से भी जाहिर होती है कि बिहार चेम्बर ऑफ कॉमर्स के भवन का, जिसका उद्घाटन 1946 में बिहार के अंगरेज गवर्नर ने किया था, साहू शान्ति प्रसाद जैन हॉल है। यह नाम राज्य में टाटा के बाद सबसे बड़े व्यावसायिक घराने साहू-जैन परिवार के मुखिया का है। ये व्यावसायिक घराने न सिर्फ दिल्ली की सत्ता पर अपने प्रभाव का इस्तेमाल करते हैं बल्कि चुनाव में सत्ताधारी मार्टी को प्रभावित करके राज्य के इसके नेता पर अपना प्रभाव बनाए रकते हैं।

कोई राज्य सरकार इतने ताकतवर अनौद्योगिक घरानों के खिलाफ कितनी लाचार हो जाती है, यह बात जमशेदपुर से टाटा की जमींदारी हटवाने की कोशिश

में बिहार सरकार की असफलता से जाहिर होती है। 1970 में बिहार विधान सभा ने टाटा की जमींदारी समाप्त करने का विधेयक पास करके राष्ट्रपति के पास उनके दस्तखत के लिये भेजा, लेकिन केन्द्र ने अक्तूबर 1971 में विधेयक विधान सभा को वापस कर दिया और जो बदलाव सुझाए, उससे इसकी आत्मा ही नहीं बचती थी। चूँकि उद्योग केन्द्र के अधीन आते हैं, इसलिए उसका वरदहस्त पाने के बाद उद्योगपतियों के लिये न तो राज्य सरकार की परवाह करने की जरूरत रहती है न राज्य की जनता की।

बिहार में लगे उद्योगों की मिल्कियत तो बाहरी लोगों के हाथ में है ही, यहाँ ऊँचे पदों पर बैठाए गए लोग भी बाहरी हैं। इसी प्रकार अधिकांश टेक्नीकल और अर्ध-कुशल कामों के लिए भी बाहरी लोग रखे गए हैं बल्कि इस मामले में तो बिहारियों की हालत अंगरेजी राज में भारतीयों की हालत से भी बदतर है। भौगोलिक दूरी के चलते अंगरेज अपने यहाँ से इतने सारे लोगों को यहाँ नहीं ला पाते थे कि प्रशासन और व्यवसाय के सारे महत्त्वपूर्ण पद उनसे ही भरें। पर बिहार में तो जब भी औद्योगिक प्रतिष्ठानों में रोजगार के नए अवसर बनते हैं तो मैनेजर और कुशल तकनीशियन कौन कहे, अर्ध कुशल और अकुशल कामों के लिये भी बड़ी संख्या में बाहरी लोग आते हैं और वही काम पाते हैं। चूँकि मिल्कियत बाहरी लोगों के हाथ में है इसलिए रोजगार देने के मामले में यह सोची-समझी नीति अपनाई जाती है।

और यह भेदभाव इतना स्प्ष्ट है कि राज्य के मंत्री तक इस चीज को खुलेआम स्वीकारते हैं और कुछ नहीं कर पाते। इन्दिरा कांग्रेस सरकार के मंत्री राधानन्दन झा ने पटना के प्रमुझ दैनिक 'इंडियन नेशन' से कहा, "जमशेदपुर में टाटा स्टील को काम करते पैंसठ साल हो गए, पर जनरल मैनेजर और जनरल सुप्रिंटेंडेंट की कौन कहे, असिस्टेंट जनरल सुप्रिंटेंडेंट के पद तक भी एक बिहारी नहीं पहुँच पाया है। पचास विभागों के सुप्रिंटेंडेट पदों में सिर्फ एक पर बिहारी पहुँच पाया है। टेल्को के ग्रेजुएट ट्रेनी का पद काफी बढ़िया माना जाता है, पर उसके प्रबन्धन को यह स्पष्ट करना चाहिए कि 45 मौजूदा जीटी में एक भी बिहारी को क्यों नहीं चुना गया है?"[5]

यह सिर्फ निजी क्षेत्र की कम्पनियों का हाल नहीं है। सार्वजनिक क्षेत्र के प्रतिष्ठानों में, जिनका रिमोट-कंट्रोल दिल्ली से चलता है, बिहारियों को शायद ही कभी ऊँचा पद या ढंग का प्रोमोशन मिल पाता है। अभी जो स्थिति है, उसमें बिहारियों की कभी निर्णायक स्थिति बनेगी, यह बात कल्पना में भी नहीं आती। सबसे साफ उदाहरण कोकिंग कोल के उत्पादन वाली खदानों के राष्ट्रीयकरण का है। 1971 के आखिर में राष्ट्रीयकृत हुई ये अधिकांश खदानें बिहार में स्थित हैं, पर इनके प्रबन्धन में बिहारियों को निर्णायक भूमिका दी जाए, इस माँग पर ध्यान ही

नहीं दिया गया। इस प्रकार ये राष्ट्रीकृत संस्थान भी बाहरी लोगों का अखाड़ा बने हुए हैं जहाँ वे खुद बड़े पद पाने के साथ अपने रिश्तेदारों और दोस्तों को अच्छे पद पर भर सकते हैं। स्थानीय लोगों के हाथ मुँह ताकना और अपने कीमती प्राकृतिक संसाधन गँवाना ही बदा है।

कहाँ तो सार्वजनिक क्षेत्र की बड़ी कम्पनियों के खुलने से स्थानीय लोगों की समृद्धि की उम्मीद की गई थी और कहाँ इन सबसे बिहार का दारिद्रीकरण ही बढ़ता दिख रहा है। छोटानागपुर के जिस आदिवासी इलाके में ये अधिकांश प्रतिष्ठान लगे हैं वहाँ से आदिवासियों को तो पर्याप्त मुआवजा दिए बिना ही विस्थापित करा दिया जाता है। जब बोकारो का इस्पात कारखाना लग रहा था तो कई सौ वर्ग किलोमीटर इलाके से सारे लोगों को उजाड़ दिया गया और उन्हें बहुत मामूली मुआवजा मिला। फिर बड़ा कारखाना लगने के नाम और जमीन के सौदागरों तथा उद्योगपतियों के सक्रिय होने से आसपास की जमीन भी काफी महँगी हो गई और आदिवासी उतने कम पैसों से नई जमीन भी नहीं ले सकते थे। वे दिहाड़ी मजदूर बनकर रह गए। बल्कि बोकारो कारखाने से विस्थापित हुए लोगों को इसमें दिहाड़ी मजदूर के तौर पर काम पाने के लिये भी लम्बा आन्दोलन करना पड़ा जबकि यह कारखाना उनको पुरखों की अस्थियों और उनके गाँवों के भग्नावशेष पर ही बना है।

बिहार की सबसे ज्यादा घनी आबादी और सबसे पिछड़े इलाके, उत्तर बिहार के विकास पर गौर करने से हमें स्पष्ट हो जाता है कि किस तरह एक रंग के औपनिवेशिक शोषक गए हैं तो दूसरे रंग वाले आ गए हैं। शुरुआती दिनों में अंगरेज इस इलाके में नील की खेती कराने में खास रुचि लेते थे क्योंकि उसमें सबसे ज्यादा मुनाफा था। इसके लिये उन्होंने खेती के विकास पर ध्यान नहीं दिया बल्कि सबसे उपजाऊ जमीन ही जोर-जबर्दस्ती से नील के लिए ली। इसका खेती और किसानों पर बहुत बुरा असर हुआ। इसी शोषण और जुल्म के खिलाफ महात्मा गांधी आए और चम्पारण सत्याग्रह हुआ।

पर तब तक केमिकल रंगों के आ जाने से नील की खेती में पहले जितना मुनाफा भी नहीं रह गया था, पर खेती में नील की जगह गन्ने ने ले ली। सारे इलाके में वही पुराना ढंग चीनी और गन्ने के साथ भी हो गया। किसान सिर्फ चीनी मिलों के लिए गन्ना उगाने लगे। सिंचाई बढ़ाकर या तकनीक सुधारकर खेती के विकास पर कोई ध्यान नहीं दिया गया। जब अंगरेज गए तो चीनी मिलों की मिल्कियत हिन्दुस्तानियों के हाथ आई, पर वे सब गैर-बिहारी हैं। इन लोगों ने भी खेती या उद्योग को आधुनिक और विकसित करने में कोई रुचि नहीं दिखाई है। उनकी रुचि मिलों की मिल्कियत में से मुनाफे की आखिरी बूँद निचोड़ लेने में है। अंगरेजों ने तो उद्योग विकसित किए और जब बाहर से प्रतिद्वन्द्विता बढ़ी तो किसानों को लगान

वगैरह में रियायत देकर गन्ना उगाने के लिये प्रोत्साहित किया। अब नए मालिक सिर्फ मुनाफा चाहते हैं और नया निवेश करने को तैयार नहीं हैं। नतीजा है कि महाराष्ट्र जैसे नए इलाके की चीनी मिलें आगे निकल रही हैं और बिहार की मिलें तेजी से बदहाल होती जा रही हैं। उपेक्षा का शिकार खेती भी पिछड़ती जा रही है और न सिर्फ प्रति एकड पैदावार गिरी है बल्कि गन्ने में चीनी की मात्रा/अनुपात भी गिरता गया है। सो, जिस बिहार में 1932-33 में देश की 44.10 फीसदी चीनी तैयार होती थी वहाँ 1962-63 में मात्र 8 फीसदी चीनी ही बनती है। उसके बाद से उत्पादन का यही स्तर बना हुआ है।

नया निवेश न करने की मंशा इससे जुड़े सहायक उद्योग विकसित करके इसके बाइ-प्रोडक्ट का इस्तेमाल न करने से भी जाहिर होती है। चीनी मिलों से निकलनेवाला गन्ने का खोड़ कागज बनाने का उपयोगी साधन है, पर उत्तर बिहार के मिलों में यह ईंधन के तौर पर झोंक दिया जाता है। कागज और कोयला, दोनों की कमी से जूझ रहे उत्तर बिहार के लिए यह एक कीमती संसाधन बर्बाद करना ही है। इसी प्रकार मिलों से निकलनेवाले छोआ (मोलासेज) से भी स्पिरिट तैयार हो सकता है, पर इस दिशा में भी कोई कदम नहीं उठाया गया है।

चीनी मिलों के आसपास के इलाकों के किसान धीरे-धीरे सिर्फ गन्ना उगाने लगते हैं और फिर मिलों की मर्जी तथा एकल फसल खेती के चलते नुकसान उठाते हैं। जिस साल चीनी के बाजार में माँग कम होती है, मिल गन्ना उठाते ही कम हैं और किसान की फसल खेत में लगे-लगे सूखती रहती है। उसे इसके एवज में कोई मुआवजा भी नहीं दिया जाता। जिस साल माँग ज्यादा होती और दाम तेज हों तो किसान खांडसारी और गुड़ बनाकर कुछ ज्यादा कमा लेना चाहता है तो मिल वाले सरकार पर दबाव बनाकर खांडसारी के लाइसेंस और उसकी आवाजाही को कम कराने का प्रयास करते हैं। उनकी बात सुनी भी जाती है। इतना ही नहीं, गन्ने को मिल पहुँचाकर भी किसान भुगतान के लिये महीनों इन्तजार करते हैं। भुगतान लेने के लिए उन्हें जाने कौन-कौन दरवाजे खटखटाने पड़ते हैं और कितना कष्ट झेलना होता है। और जो सरकार उद्योग को बचाने के लिये इतना चिन्तित दिखती है वही किसानों की मुश्किलों से आँख फेर लेती है।

सम्भावना और सम्भव प्रदर्शन

शोषण और राज्य की उपेक्षा की प्रकृति और मात्रा को देखने का एक ज्यादा उपयोगी तरीका राज्य की सम्भावनाओं/क्षमताओं और विकास के वास्तविक प्रदर्शन को देखना भी है। टेक्नो-इकोनॉमिक सर्वे ने बिहार के खनिज संसाधनों के बारे में यह लिखा है, "बिहार खनिज के मामले में देश का सबसे प्रमुख राज्य है और देश का 40.57 फीसदी खनिज यहाँ से निकलता है : कोयला, लौह अयस्क, अभ्रक,

चूना-मिट्टी, ताँबा, कायनाइट, चीनी मिट्टी, फायर-क्ले और बॉक्साइट उत्पादन में यह अगुआ है। इनमें पहले पाँच ज्यादा मूल्यवान हैं। कुछ खनिजों के मामले में तो बिहार ही सबसे आगे है। यहाँ देश का 100 फीसदी ताँबा और एपेटाइट, 95 फीसदी कायनाइट, 50 फीसदी से अधिक कोयला, अभ्रक, बॉक्साइट और चीनी मिट्टी, 40 फीसदी से अधिक लौह अयस्क पैदा होता है। देश में खनिज की सबसे समृद्ध पट्टी छोटानागपुर में कोयले का 80 फीसदी और कोकिंग कोल का 100 फीसदी ज्ञात भंडार है। 1956 में बिहार में प्रति व्यक्ति खनिज का उत्पादन 9.18 रुपये था जबकि पश्चिम बंगाल में 6.52 रु., मध्य प्रदेश में 4.60 रु., ओडिशा में 3,73 रु. और अन्य राज्यों में इससे भी काफी कम है।"[6]

उसी रिपोर्ट में आगे कहा गया है कि यहाँ यूरेनियम, यूराटाइट और पिचब्लेंड जैसे रेडियो सक्रिय खनिज भी काफी बड़ी मात्रा में हैं। साफ है कि बिहार में पेट्रोलियम छोड़कर सारे खनिज उपलब्ध हैं जो उद्योगों के लिए जरूरी हैं। खानों के अभी के उत्पादन से ही राज्य के खाते में सौ से एक सौ बीस करोड़ रुपये आते हैं।

बिहार का वनक्षेत्र तीस हजार वर्ग किलोमीटर का है, पर वन अब सघन नहीं रह गए हैं। इसके बावजूद बिहार अभी लाख के उत्पादन में देश में सबसे आगे है। 1967-68 में यहाँ 2,17,412 क्विंटल लाख का उत्पादन हुआ जो भारत के कुल उत्पादन का लगभग 60 फीसदी है।

जिस तरह दक्षिणी बिहार खनिज और वनोपज के मामले में समृद्ध है वैसे ही इसके मध्यवर्ती और उत्तरी भाग अपनी खेती की उर्वर जमीन और भरपूर पानी वाली नदियों के लिए जाने जाते हैं। पूरे गंगा क्षेत्र की नदियों में लगभग पूरे साल पानी रहता है। भूमि के नीचे का पानी भी भरपूर है और जरा सी खुदाई या पाइप से ही भूजल ऊपर आ जाता है। बिहार में भरपूर बरसात भी होती है। सो, जरा से प्रयास से बिहार की हरेक इंच जमीन में सिंचाई का स्थायी प्रबन्ध किया जा सकता है। इसकी अनेक नदियों के पानी से, खासकर दक्षिण बिहार की नदियों से बिजली भी बनाई जा सकती है।

बिहार पर प्रकृति तो भरपूर मेहरबान रही है, पर शासन की उपेक्षा और शोषण से इसके संसाधनों को उचित विकास नहीं हुआ है और इसके लोग सबसे गरीब हैं। चार्ट 3 पहली पंचवर्षीय योजना की शुरुआत के समय देश के औसत और कुछ प्रमुख राज्यों की तुलना में बिहार के लोगों की आर्थिक स्थिति को स्पष्ट करता है।

यह देखा जा सकता है कि 1953 में बिहार के लोगों की प्रति व्यक्ति आमदनी देश के औसत से 37 फीसदी कम थी। कोई कह सकता है कि 1953 में तो योजना की शुरुआत ही थी, बाद में स्थिति बेहतर हुई होगी, पर क्या बाद के वर्षों में स्थिति

बेहतर हुई? स्थिति ठीक उल्टी है। चार्ट 4 के आँकड़े बताते हैं कि तीसरी पंचवर्षीय योजना के अन्त तक बिहार की स्थित वैसी ही बदहाल बनी हुई है।

'इंडिया 1970' चालू मूल्य पर आँकड़े देता है जिसे चार्ट में अनुपलब्ध बताया गया है—यह 1965-66 के लिये 421.2 रु. (बिहार 328 रु.) और 1967-68 के लिए 551.4 रु. (बिहार 398.65 रु.)। अन्तिम बारीक गणना में हल्का अन्तर आ सकता है, पर देश के औसत और बिहार की स्थिति की जो तसवीर इससे दिखती है, वह एक ही बात की पुष्टि करती है। बिहार देश के दूसरे राज्यों से पिछड़ता ही जा रहा है। और यह चीज हैरान करनेवाली है कि तीन पंचवर्षीय योजनाओं के सफलतापूर्वक पूरा होने के अवसर पर 1967-68 में बिहार की प्रति व्यक्ति आय में 1960-61 की तुलना में कुछ कमी ही आ गई है जो 1964-65 में अपने सर्वोच्च पर थी। यह भी उल्लेखनीय है कि 1953 में अखिल भारतीय औसत बिहार से 37 फीसदी ज्यादा था जो अब करीब 40 फीसदी ऊपर हो चुका है।

बिहार जैसे राज्य के किसी एक साल के आँकड़े में हल्का सुधार उसकी कुल स्थिति, जो चार्ट 4 से साफ होती है, में स्थायी सुधार का संकेत नहीं दे सकता। यह स्थिति पिछड़ी खेती पर जरूरत से ज्यादा निर्भरता से बनी है। इसलिए हो सकता है कि किसी साल की फसल अच्छी होने से हल्का सुधार दिखे, पर जैसे ही इन्द्र देवता की भृकुटि तनी नहीं कि हालत फिर उसी तरह खराब नजर आने लगेगी। भूमि की उपलब्धता इतनी कम है कि खेती पर निर्भरता का मतलब ही चिर दरिद्रता है। बिहार में प्रति वर्ग किलोमीटर आबादी का घनत्व 267 है जो सिर्फ केरल (435 व्यक्ति प्रति किमी.) और पश्चिम बंगाल (399) से कम है। पर यह गुजरात और महाराष्ट्र के दोगुने से अधिक और पंजाब के दोगुने से थोड़ा कम है, पर जब हम इसकी बदहाल खेती पर गौर करते हैं तो स्थिति भयावह लगने लगती है। चार्ट 5 और 6 से जाहिर होता है कि बिहार की खेती पर निर्भरता न सिर्फ जरूरत से ज्यादा है बल्कि दिन-ब-दिन बढ़ती जा रही है।

चार्ट 5 के आँकड़ों पर भी एक टिप्पणी जरूरी है। बिहार में कुछ बुनियादी खनिजों की उपलब्धता के चलते कुछ बड़े उद्योग यहाँ लगे हैं और इस कारण उद्योगों के मामले में बिहार अखिल भारतीय औसत से ऊपर दिखता है, पर इन सारे उद्योगों की मिल्कियत और प्रबन्धन बाहरी लोगों के हाथ में है। इसलिए इनके बिहार में अवस्थित होने भर से बिहार को सिर्फ दिखाने भर के लाभ हैं, वास्तविक लाभ नहीं। छोटे उद्योगों के मामले में, जिनकी मिल्कियत और उनमें रोजगार, दोनों ही मामलों में स्थानीय लोगों की ज्यादा हिस्सेदारी हो सकती थी, बिहार का औसत अखिल भारतीय औसत के आधे से भी कम है। बिहार में मिल्कियत और रोजगार के खास ढर्रे के चलते बड़े उद्योग, व्यापार, परिवहन और खनन उद्योग राज्य की आमदनी तो बढ़ाते दिखते हैं, पर असल में बिहार को उनसे बहुत मामूली लाभ ही

होता है। मुनाफा, कर राजस्व और दूसरे ज्यादातर लाभ बाहरी राज्यों को ही जाते हैं। परिणाम यह है कि गणना में दिखती प्रति व्यक्ति आय भी बिहार के लोगों की वास्तविक स्थिति को नहीं दर्शाती—वह उससे भी कहीं खराब है।

अगर हम चार्ट 5 के आँकड़ों की तुलना चार्ट 6 के आँकड़ों से करें तो पाएँगे कि 1967-68 में बिहार के कुल उत्पादन में खेती का हिस्सा और बढ़ गया है। 1960-61 से 1967-68 के बीच राज्य के कुल उत्पादन में खेती का हिस्सा करीब दस फीसदी बढ़ गया है। कोई कह सकता है कि अन्य क्षेत्रों की तुलना में खेती का प्रदर्शन बेहतर होने से यह वृद्धि हुई है। बल्कि इस मामले में हरियाणा बिहार से आगे है, पर बिहार और हरियाणा का मामला अलग-अलग है। प्रति व्यक्ति जमीन की उपलब्धता कम होने और औद्योगिक विकास की अपार सम्भावनाओं के चलते बिहार की तुलना हरियाणा और अन्य राज्यों से नहीं हो सकती बल्कि इसकी तुलना केरल और पश्चिम बंगाल से हो सकती है जो आबादी के घनत्व में बिहार से आगे हैं या बराबर घनत्व वाले तमिलनाडु से की जा सकती है। हम पाते हैं कि आबादी के घनत्व के मामले में बराबर या ज्यादा रहनेवाले इन सभी राज्यों के उत्पादन में खेती का हिस्सा कम हुआ है। महाराष्ट्र में आबादी का घनत्व बिहार से आधा है और वह भी बड़े उद्योगों वाला प्रदेश है, लेकिन वहाँ भी कुल उत्पादन में खेती का योगदान कम हुआ है।

हरियाणा का मामला अलग है। उसने सिंचाई सुविधा बढ़ाकर और आधुनिक खेती के सहारे अपनी उपज बढ़ाई है। दूसरी ओर बिहार की खेती अभी भी काफी हद तक भगवान भरोसे चलती है। सिंचाई की अपर्याप्त सुविधा और रासायनिक खादों की कम खपत के चलते यहाँ की खेती की पैदावार अनिश्चित ही बनी हुई है।

केन्द्र क्षेत्रीय असन्तुलन दूर करने की कोशिश कर रहा है, इस बात का बहुत ढिंढोरा पीटा जा रहा है। ऐसे में यह देखना प्रासंगिक होगा कि उसकी कोशिशों से बिहार और अन्य राज्यों के बीच का अन्तर कम हो रहा है या नहीं? चार्ट 7 इस बारे में कुछ प्रकाश डालता है। अगर केन्द्र अपने दावे के अनुरूप भूमिका निभा रहा है तो वह चीज जमीन पर दिखती नहीं है। चार्ट के आँकड़े बताते हैं कि अपनी सारी प्राकृतिक सम्पदा के बावजूद बिहार चार्ट के निचले पायदान पर ही विराजमान है और सिर्फ जम्मू-कश्मीर तथा ओडिशा ही उससे नीचे हैं। अगर हम चार्ट 3 के आँकड़ों को आधार बनाकर बाद के आँकड़ों पर गौर करेंगे तो पाएँगे कि बिहार और अन्य राज्यों के बीच का फासला बढ़ता ही गया है, बल्कि कई मामलों में तो डरावनी रफ्तार से बढ़ा है।

अब हम बांग्लादेश और पाकिस्तान तथा बिहार और पंजाब के आँकड़ों की तुलना करके देखें। उप-महाद्वीप के पूर्वी हिस्से में बांग्लादेश की तरह ही

बिहार भी स्थित है और दोनों की जलवायु भी काफी कुछ एक जैसी है जबकि पाकिस्तान और पंजाब की भौगोलिक अवस्थिति और जलवायु में समानता है। उपरोक्त आँकड़े बताते हैं कि पाकिस्तान की तुलना में बांग्लादेश के आँकड़ों से भी ज्यादा खराब तसवीर पंजाब और बिहार के आँकड़ों की तुलना से निकलती है। और एक बड़ा अन्तर यह भी है कि बांग्लादेश प्राकृतिक संसाधनों के मामले में बिहार से काफी कमजोर है।

बिहार की प्रति व्यक्ति आय बहुत कम है, पर यह भी वहाँ के लोगों की असली बदहाली को सही-सही नहीं बताती। जैसाकि हमने पहले देखा है, बिहार की अर्थव्यवस्था का काफी बड़ा हिस्सा बाहरी लोगों के हाथ में है। अब अगर उनकी कमाई और लाभ उनके खाते में आकर राज्य की आय बढ़ाते भी हों तो उससे आम बिहारी को कोई लाभ नहीं होता। इसलिए अगर हमें राज्य के लोगों की आय का सही अन्दाजा लगाना है तो अधिकांश लोगों की जीविका के साधन खेती में हो रहे निवेश, स्वास्थ्य सुविधाओं, भोजन की खपत, घरेलू बिजली की खपत, शिक्षा और रेडियो अर्थात एकमात्र लक्जरी आइटम की उपलब्धता जैसे दूसरे आँकड़ों पर गौर करना होगा।

बिहार की दरिद्रता का एक अन्दाजा अर्थशास्त्री एस.आर. बोस की किताब 'इकोनॉमी ऑफ बिहार' के इस उद्धरण से भी होता है, "जुलाई 1959 से जून 1960 के बीच बिहार के 227 गाँवों के 672 ग्रामीण परिवारों से लिये राष्ट्रीय सैम्पल सर्वे के अनुसार प्रतिमाह प्रति व्यक्ति औसत खर्च 17.31 रु. था जबकि आधे से ज्यादा लोगों का प्रतिमाह खर्च 15 रुपये से नीचे ही था।"

इसी सर्वेक्षण के अनुसार, 7.54 फीसदी लोग तो प्रतिमाह 8 रुपये से कम और 2 फीसदी 4 रुपये से भी कम खर्च कर रहे थे। और जब हम इस तथ्य पर गौर करते हैं कि इस खर्च का भी एक बड़ा हिस्सा कर्ज लेकर किया गया था तब हमें गरीबी/दरिद्रता का असली अन्दाजा होता है। यह अनुमान है कि 1951-52 में बिहार के 76 फीसदी ग्रामीण परिवार कर्ज लेते हैं और उन पर प्रति परिवार औसत 354 रुपये कर्ज था।

यह सब अविश्वसनीय लगता है, किन्तु सच है। ग्रामीण बिहार के सम्पर्क में आनेवाला कोई भी हैरान होगा कि जब गरीबों की आमदनी का कोई स्रोत दिखाई नहीं दे रहा है तो वे किस तरह गुजर करते हैं? दरअसल, वे उन चीजों पर बसर कर लेते हैं जिन्हें सामान्य ढंग से आर्थिक गिनती में सामान्य आय में गिना ही नहीं जाता। माँग-चुनकर, खाते-पीते परिवारों की जूठन या बासी लाकर, खेत-खलिहान में गिरे पड़े अनाज समेटकर, ईंधन के लिए लकडियाँ या गोबर जमाकर, गड्ढे-तालाब से मछली-घोंघा-सितुआ लाकर, चूहे और ऐसे ही छोटे-मोटे जानवरों का शिकार करके और बूढ़ा होने पर कभी-कभार भीख का सहारा भी लेकर ऐसे लोग अपना

जीवन बसर करते हैं। इन बातों में कोई अतिशयोक्ति नहीं है। और जो लोग भी इन बातों पर भरोसा न करें, उन्हें खुद से आँकड़े लाकर बताना होगा कि ग्रामीण बिहार के लोग इतनी क्षुद्र आमदनी पर आखिर किस तरह जीवन जीते हैं?

साक्षरता के मामले में बिहार एकदम निचली पायदान पर है। 1961 में बिहार में साक्षरता की दर 18.40 थी जबकि देश का औसत 24.08 फीसदी थी। 1971 के प्रारम्भिक आँकड़ों के अनुसार, देश का औसत तो 29.34 फीसदी हो गया है जबकि बिहार में साक्षरता का औसत 22.10 फीसदी ही है अर्थात मुल्क का औसत 22.10 फीसदी बढ़ा तो बिहार के औसत में 7.52 फीसदी ही बढ़ा। इसी अवधि में केरल 46.85 फीसदी से बढ़कर 60.16 फीसदी पर पहुँच गया है। पश्चिम बंगाल भी 29.28 फीसदी से 33.05 फीसदी, महाराष्ट्र 29.82 फीसदी से 39.08 फीसदी और तमिलनाडु 31.41 फीसदी से 39.39 फीसदी पर पहुँच गया है।

बिहार के प्राथमिक स्कूलों में 1965-66 में 31 लाख बच्चे थे तो मुल्क में 4.92 करोड़। बिहार में मुल्क की करीब 10 फीसदी आबादी रहती है। उस हिसाब से बिहार प्राथमिक शिक्षा के मामले में मुल्क के औसत से लगभग 58 फीसदी पीछे है। माध्यमिक शिक्षा के मामले में पिछड़ापन और ज्यादा है। 1965-66 में बिहार के माध्यमिक और उच्चतर माध्यमिक स्कूलों में कुल करीब 7 लाख बच्चे थे जबकि पूरे भारत में 3.09 करोड़ बच्चे। इस प्रकार देश का औसत बिहार से 330 फीसदी ज्यादा था। बिहार में प्राथमिक शिक्षा पूरी करनेवाले प्रत्येक 4.5 विद्यार्थी में मात्र एक माध्यमिक स्कूल में जा पाता है वहीं देश का औसत 1.6 का है। यह अखिल भारतीय औसत का अन्तर है। कई राज्य बिहार से कई-कई गुना आगे निकल चुके हैं। आज किसी भी कुशल और अर्ध-कुशल काम में माध्यमिक पास होना अनिवार्य है, सो, बिहार के लोग ऐसे काम में कहाँ रह जाते होंगे, आसानी से समझा जा सकता है।

उच्च शिक्षा के मामले में हालत और भी खराब है। वैसे भी विश्वविद्यालयी शिक्षा अच्छे घरों के बच्चों को ही मिल पाती है और पूरे भारत में ही इसका अनुपात काफी कम है, सो यहाँ ज्यादा अन्तर नहीं दिखता। चार्ट 10 देश के विभिन्न राज्यों में मौजूद उच्च शिक्षा संस्थानों की संख्या बताता है। आबादी के अनुमान के साथ इन आँकड़ों पर गौर करने से अन्दाजा लगता है कि बिहार महाराष्ट्र, पंजाब और पश्चिम बंगाल जैसे राज्यों की तुलना में कितना पिछड़ा है। पंजाब की आबादी बिहार की तुलना में एक चौथाई है जबकि बिहार के 144 कॉलेजों की तुलना में वहाँ 114 कॉलेज हैं। महाराष्ट्र और पश्चिम बंगाल की आबादी बिहार से काफी कम है जबकि वहाँ क्रमश: 248 और 244 कॉलेज हैं। बिहार प्राकृतिक संसाधनों में अव्वल है, आबादी में देश में दूसरे नम्बर पर है, लेकिन देश के राष्ट्रीय महत्त्व के नौ संस्थानों में एक भी बिहार में स्थित नहीं है।

लोगों के हिसाब से अगले महत्त्वपूर्ण मुद्दे स्वास्थ्य पर नजर डाली जाए। चार्ट 11 कुछ राज्यों में 1956 में पंजीकृत डॉक्टरों की संख्या दर्शाता है। चार्ट 12 बिहार और कुछ अन्य राज्यों में सभी स्वास्थ्य सेवाओं की स्थिति को दर्शाता है। चार्ट 11 और 12 से साफ होता है कि 1956 में प्रति लाख आबादी पर बिहार में बंगाल की तुलना में बीस फीसदी से भी कम डॉक्टर थे। इसी प्रकार 1963 में बंगाल में बिहार की तुलना में तीन गुने डॉक्टर थे जबकि बिहार की आबादी उससे काफी अधिक है। इसी प्रकार वहाँ अस्पताल के बिस्तरों की संख्या बंगाल के एक तिहाई ही थी जबकि नर्सों की संख्या एक तिहाई से भी कम। गुजरात और महाराष्ट्र की स्थिति तो और भी बेहतर थी। यह बात भी ध्यान रखनी चाहिए कि नम जलवायु, काफी इलाकों में जलभराव और गन्दगी के साम्राज्य के चलते बिहार में बीमारियों का अड्डा बना रहता है। इधर मलेरिया पर तो कुछ नियंत्रण हुआ है, पर उसकी जगह फैलेरिया ने ले ली है। इनके अलावा हैजा, चेचक और टीबी भी अड्डा जमाते रहते हैं। और जब हम बीमारियों और बीमारों की संख्या पर गौर करते हैं तो साफ लगता है कि राज्य उनसे लड़ने के लिये पर्याप्त साधन नहीं रखता।

जिस राज्य के ज्यादातर लोग शाकाहारी हों, उनकी खुराक के लिये दूध बहुत महत्त्वपूर्ण हो जाता है। इस मामले में भी बिहार सभी राज्यों की तुलना में सबसे नीचे है। बिहार में प्रति व्यक्ति प्रतिदिन मात्र 1.7 औंस दूध पाता है जबकि पंजाब में यह औसत 13.65 औंस, राजस्थान में 9.05 औंस और उत्तर प्रदेश में 6.97 औंस पाता है। पश्चिम बंगाल में मछली की भारी खपत के बावजूद प्रति व्यक्ति प्रतिदिन औसत 2.64 औंस दूध पाता है।

बिजली की खपत भी राज्य की प्रगति को मापने का अच्छा पैमाना है। सो, आइए, अब देखें कि देश के अन्य कुछ राज्यों की तुलना में बिहार कहाँ खड़ा है? इसके बारे में अर्थशास्त्री बी.एम. कपूर एक आलेख में लिखते हैं, "किसी भी इलाके में बिजली की खपत उसके आर्थिक विकास का एक पैमाना है। सो, किसी भी राज्य में अगर बिजली की खपत कम होती है तो यह उसके पिछड़ेपन का प्रमाण होगा। 1968-69 में बिहार में प्रति व्यक्ति बिजली की खपत मात्र 60.29 इकाई थी जबकि अखिल भारतीय औसत 80 इकाई का था। पश्चिम बंगाल और बॉम्बे जैसे उद्योग-धन्धे वाले प्रदेशों में यह औसत 250 इकाई से भी ज्यादा का था जबकि ये प्राकृतिक संसाधनों में बिहार के आधे भी नहीं हैं।"[8]

इस प्रकार हम पाते हैं कि विकास को मापने के इस महत्त्वपूर्ण पैमाने पर महाराष्ट्र और पश्चिम बंगाल बिहार से तीन सौ फीसदी से भी ज्यादा आगे हैं, पर यह तसवीर भी सही नहीं है। बिहार के हिस्से की ज्यादातर बिजली राज्य में स्थित थोड़े से बड़े उद्योग और रेलवे ही चट कर जाते हैं। घरेलू इस्तेमाल, सार्वजनिक जगहों पर रौशनी करने, छोटे उद्योगों और सिंचाई के लिये तो नगण्य-सा हिस्सा

ही बचता है। चार्ट 13 इस स्थिति को साफ करता है। करीब दो तिहाई बिजली तो औद्योगिक प्रतिष्ठान ही ले लेते हैं और एक चौथाई रेलवे के हिस्से जाता है। राज्य में बिजली की कुल खपत का मात्र दस फीसदी ही घरेलू इस्तेमाल, सिंचाई और सार्वजनिक जगहों पर रौशनी करने जैसे कामों में इस्तेमाल होता है। और जब हम देखते हैं कि इन उद्योगों की मिल्कियत और रोजगार बाहरी लोगों के हाथ है तो लगता है कि स्थानीय लोगों के काम दस से पाँच इकाई बिजली ही आती है। और बिजली के रेट में भी अजीब गड़बड़ी है। 1971 में बड़े उद्योगों को यह 11.44 पैसे प्रति इकाई, खेती-सिंचाई को 18 पैसे इकाई, छोटे उद्योगों को 20 पैसे और घरेलू इस्तेमाल के लिये 35 पैसे इकाई दी जाती है। इस प्रकार गरीब लोग, जो स्थानीय हैं ज्यादा पैसे देते हैं और बड़े पैसेवालों को रियायती बिजली दी जाता है।

चूँकि बिहार के नब्बे फीसदी से ज्यादा लोग खेती पर निर्भर हैं और जमीन की उपलब्धता कम है, इसलिए उनकी स्थिति पर गौर करने से ही बिहार के लोगों की स्थिति ज्यादा बढ़िया ढंग से समझ आएगी। चार्ट 14 राज्य में खेती की स्थिति पर प्रकाश डालता है। जैसाकि इस चार्ट से जाहिर होता है, बिहार में धान और गेहूँ जैसे अनाज की प्रति एकड़ पैदावार हिन्दुस्तान के औसत से काफी कम है और खेती में विकसित राज्यों से तो और भी पिछड़ गई है। तो क्या ये आँकड़े बताते हैं कि बिहारी किसान आलसी, मूर्ख और पिछड़े हैं जिससे उनकी खेती पिछड़ गई है? बाहर के काफी लोग ऐसा मानते होंगे क्योंकि इससे उनकी जिम्मेवारी खत्म हो जाती है। हाँ, अगर हम आँकड़ों पर बारीकी से गौर करें तो पाएँगे कि ज्वार, बाजरा और अरहर में वह बाकी सबसे आगे है। मक्का और रागी के मामले में भी वह देश के औसत के बराबर है। फिर वह धान और गेहूँ जैसे प्रमुख फसलों में क्यों पिछड़ा है? कारण बहुत साधारण है। अरहर, बाजरा और ज्वार की खेती बिना सिंचाई के होती है तथा रागी (कोदो) और मक्का बरसात में ही होते हैं। सूखा न पड़े तो उनके सिंचाई का इन्तजाम नहीं करना पड़ता। सो, इन फसलों में किसान को सिर्फ अपना श्रम लगाना होता है जबकि गेहूँ तो बिना बरसात वाले समय में होता है और धान की फसल का एक समय बिना बरसात वाला होता है। इन सबका काम बिना सिंचाई के नहीं चलता। उसे दो मोर्चों पर मुश्किल आती है। सिंचाई के साधन न होने से फसल मरती है और पैसा न होने से वह अपनी फसल में खरीदकर खाद नहीं डाल पाता। ऐसी स्थिति में उसके उन्नत किस्मों की खेती करने की गुंजाइश नहीं होती क्योंकि उनमें कई बार पानी और खाद देना पड़ता है। पर जिन कुछ इलाकों में सिंचाई की सुविधा हो गई है वहाँ इन फसलों की पैदावार भी देश के किसी भी हिस्से से कम नहीं होगी।

इस सन्दर्भ में जब हम मनोरंजन के एक स्रोत, बिहार में रेडियो की उपलब्धता के आँकड़ों की तुलना करेंगे तो वह अपमानजनक लगेगा। पर गरीब भी कई बार

कुछ खास चीज दिखाना चाहता है और हम भी वैसी कोशिश कर सकते हैं। 'इंडिया 1970' के अनुसार, भारत में 1969 में एक करोड़ से ज्यादा रेडियो सेटों का लाइसेंस जारी हुआ था (तब रेडियो रखने के लिये लाइसेंस रखना होता था)। आबादी में हिस्सेदारी के हिसाब से बिहार में दस लाख रेडियो सेट होने चाहिए थे, पर बिहार में तीन लाख से भी कम लाइसेंस दिए गए थे अर्थात राष्ट्रीय औसत के तीन गुना से भी कम। जाहिर है, यहाँ भी वही तसवीर दिखती है।

अगर हम बिजली या डीजल से चलनेवाले पम्पिंग सेटों और ट्रैक्टरों की संख्या को देखें तो समझ आ जाएगा कि बिहार के किसान कितनी मुश्किलों का सामना करते हैं। चार्ट 15 के आँकड़े स्थिति का अन्दाजा देते हैं।

अगर हम बाढ़ नियंत्रण और सिंचाई की उपेक्षा के साथ बिजलीकरण और धन की कमी के मिले-जुले प्रभाव को समझें तब कुल तसवीर समझ आती है। मुख्यत: खेती पर निर्भर बिहार में सिंचाई की उपेक्षा कितनी बड़ी है, यह इस बात से साफ है कि बिहार में 1968-69 तक मात्र 8,25,770 हेक्टेयर में सिंचाई की सुविधा उपलब्ध थी जबकि बिहार के एक तिहाई से भी कम क्षेत्रफल वाले पंजाब (इसमें हरियाणा के भी कुछ इलाके थे) में 26,12,000 हेक्टेयर में सिंचाई की सुविधा है। राज्य में हर साल बाढ़ आती है और काफी बड़े इलाके में तबाही लाती है, पर बाढ़ नियंत्रण के मामले में बिहार बदहाल ही है। 1971 की बाढ़ भी राज्य की 70 फीसदी फसल को चौपट कर गई और जान-माल, मकानों तथा सड़क वगैरह का नुकसान अलग है। पर चौथी पंचवर्षीय योजना में बिहार में बाढ़ नियंत्रण के लिये मात्र 10 करोड़ रुपये का प्रावधान है जबकि पंजाब के लिए 14 करोड़ और हरियाणा के लिए 9 करोड़ का प्रावधान है जिनके यहाँ बाढ़ की समस्या बिहार की तुलना में बच्चों का खेल ही है।

हमने बिजली के मामले में बिहार के सापेक्ष पिछड़ेपन को देखा है। पर जब हम पाते हैं कि जो राज्य बिजली के मामले में बिहार से काफी आगे हैं, नई बिजली परियोजनाओं के मामले में उन्हें ही बिहार से काफी ज्यादा धन दिया जा रहा है। चार्ट 16 इस भेदभाव को साफ दिखाता है। हम देख सकते हैं कि अन्य राज्यों में स्थापित क्षमता और विकास का लक्ष्य, दोनों ही बिहार से ज्यादा हैं। पर जैसे ही हम यह याद करते हैं कि बिहार की आबादी इन राज्यों से बहुत ज्यादा है वैसे ही यह भेदभाव और ज्यादा लगने लगता है। इसके बावजूद चौथी पंचवर्षीय योजना में बिहार में बिजली के लिए 63.25 करोड़ रु रखे गए हैं जबकि महाराष्ट्र के लिए 142 करोड़, तमिलनाडु के लिए 80 करोड़, पंजाब के लिए 111.57 करोड़ और पश्चिम बंगाल के लिए 41.92 करोड़। सिर्फ बंगाल की अभी बिहार से पीछे दिखता है, पर इसकी स्थापित क्षमता देश में सबसे अधिक और बिहार से दो गुनी है। पर बिहार में काम की रफ्तार ऐसी है कि पहले साल के आँकड़ों के

आधार पर कहा जा सकता है कि वह अपने लिए आवंटित राशि का पूरा इस्तेमाल भी नहीं कर पाएगा। बिहार से कैसा भेदभाव होता है, यह चीज इस तथ्य से भी जाहिर होती है कि संसद में 8 अगस्त, 1972 को बिजली मंत्री के.एल. राव ने माना कि बिहार में प्रति व्यक्ति बिजली की खपत मात्र 10 किलोवाट है जबकि देश का औसत 90 किलोवाट है। पर यह कहने के दो महीने बाद ही उन्होंने खुद बिहार के कटिहार में केन्द्र द्वारा लगवाए जानेवाले बिजलीघर का स्थान बदलकर पश्चिम बंगाल कर दिया।

इस प्रकार विद्युतीकरण और सिंचाई की कमी के साथ धन की कमी के चलते बिहार की खेती न सिर्फ जस की तस पड़ी है बल्कि उसमें गिरावट भी नजर आने लगी है। चौथी योजना की मध्यावधि समीक्षा के अनुसार 1970-71 में बिहार में अनाज की पैदावार 81.46 लाख टन थी जो 86.00 लाख टन के अनुमान से कम थी। इस प्रकार कहाँ तो खेती के हर साल 5.8 फीसदी बढ़ने की उम्मीद की जा रही थी, पर असल में इसमें 2.7 फीसदी की गिरावट ही देखने को मिली है। जूट में गिरावट 14.8 फीसदी और गन्ने में 3.0 फीसदी थी। खेती पर निर्भर राज्य के ये आँकड़े उसकी असलियत को अच्छी तरह सामने लाते हैं।

बदहाली बढ़ी

यह कल्पना की गई होगी कि पिछले दशक में स्थिति में सुधार होगा, पर पिछले दशक (1974-84) के विकास ने हमारी इस बात को सही ही साबित किया है कि क्षेत्रीय असमानता निरन्तर बढ़ते जानेवाली चीज है, खुद से कम होते जानेवाली नहीं। इस बात को बताने के लिये हम सिर्फ चार चीजों का सहारा ले रहे हैं। इनमें पहला है प्रति व्यक्ति आय, दूसरा साक्षरता का स्तर, तीसरा कृषि की पैदावार और चौथा बिहार जैसे ग्रामप्रधान राज्य में ग्रामीण विद्युतीकरण। नीचे कुछ राज्यों के प्रति व्यक्ति आय का चार्ट दिया गया है। फिर साक्षरता का चार्ट 16बी है। चार्ट 16सी में अनाज के उत्पादन के आँकड़े हैं और अन्तिम चार्ट (16डी) ग्रामीण विद्युतीकरण से सम्बन्धित है।

गले की फांस गरीबी

गरीबी के चलते की बचत करने की और इसके चलते पूँजी निर्माण करने की क्षमता भी काफी कम हो गई है। 1961 के निम्नलिखित आँकड़े ग्रामीण क्षेत्र की स्थिति का संकेत देते हैं चार्ट (17)।

इस पैमाने पर बंगाल भी काफी नीचे दिखेगा। लेकिन बंगाल में शहरीकरण काफी है जबकि बिहार के 90 फीसदी लोग गाँवों में रहते हैं। सबसे घनी आबादी वाले उत्तर बिहार में तो 93 फीसदी लोग गाँवों में रहते हैं, पर इस बात से इनकार

नहीं किया जा सकता कि बंगाल के ग्रामीण इलाकों का हाल भी काफी कुछ ग्रामीण बिहार जैसा ही है। औपनिवेशिक शासन में कलकत्ता और अन्य शहरी केन्द्रों को विकसित करने के लिये बिहार का जो इस्तेमाल हुआ, वही सब कुछ ग्रामीण बंगाल के साथ भी हुआ। ग्रामीण बिहार के लिये बचत न कर पाना एक और समस्या है। शहरों में रहनेवालों में भी जो लोग ज्यादा कमाते हैं और जिनकी बचत की क्षमता है उनमें से ज्यादातर बाहर वाले हैं, जो खाते तो यहाँ का हैं, पर यहाँ की समृद्धि में किसी तरह का योगदान नहीं करते। मौजूदा सीमाओं और बिहार से जुड़ाव महसूस न करने के चलते भी ऐसे लोगों ने राज्य को निराश किया है। इस मामले में वित्तीय संस्थान बड़ी भूमिका निभा सकते थे। आइए, उस स्थिति पर भी गौर करें। चार्ट 18 विभिन्न राज्यों में वित्तीय संस्थानों की सापेक्षिक भूमिका को दिखाता है।

जैसा हम देखते हैं, इतनी अधिक औद्योगिक सम्भावनाओं और देश की आबादी में दस फीसदी हिस्सा रखनेवाले बिहार को बैंकों से ऋण के मामले में नगण्य हिस्सा मिलता है। और इसमें भी यह बात ध्यान रखने लायक है कि बैंकों के जमा में तो बिहार का हिस्सा 3.1 फीसदी का है जबकि ऋण में 1.7 फीसदी का ही है। साफ मतलब है कि बैंक यहाँ उद्योगों या खेती में मददगार की भूमिका में न होकर यहाँ का धन जमा करने और उसका इस्तेमाल बाहर कराने के लिये हैं। और जो पैसा राज्य में लगता भी है, उसका ज्यादातर उन्हीं बाहरी लोगों के उद्योग-धन्धों में लगता है जो राज्य की अर्थव्यवस्था पर हावी हैं। यह बात चार्ट 19 पर गौर करते ही साफ हो जाती है। खेती में, जिस पर राज्य के सारे स्थानीय लोग निर्भर करते हैं, सिर्फ 4.68 करोड़ का कर्ज दिया गया है।

राज्य में खेती की जरूरतों को देखते हुए ऋण का प्रतिशत और कुल मात्रा, दोनों ही बहुत कम हैं। किसानों के लिये कर्ज का दूसरा स्रोत को-ऑपरेटिव बैंक हैं जिनसे 1967-68 में कुल 30 करोड़ रुपये का कर्ज बँटा था, पर इसका एक बड़ा हिस्सा उद्योग-व्यापार को भी जाता है। सो, खेती को 20 करोड़ से ज्यादा का ऋण नहीं मिला होगा जबकि अभी के स्तर का विकास करने के लिये उसे करीब 200 करोड़ रुपये के ऋण की जरूरत है।

चूँकि राष्ट्रीयकृत बैंकों के प्रबन्धन को दिल्ली से आदेश लेना होता है, इसलिए उनके लिए किसी राज्य के लोगों की जरूरतों पर गौर करना जरूरी नहीं रह जाता है। और फिर वे पुरानी ऋण नीति को लागू करते जाने के अलावा भी ज्यादा कुछ नहीं कर सकते। जब बैंकिंग व्यवस्था पर स्थानीय लोगों का प्रभावी नियंत्रण होगा तभी वे उस राज्य की जरूरतों के अनुसार काम करना शुरू करेंगे। जब किसी राज्य सरकार या क्षेत्रीय प्राधिकार के पास पर्याप्त शक्ति होगी, तभी सबसे उपेक्षित लोगों और अर्थव्यवस्था के हर क्षेत्र तक लाभ देनेवाली ऋण सुविधाओं के लिए जरूरी संस्थागत ढाँचा विकसित हो पाएगा। बैंक तो अपने बने-बनाए मौजूदा ढाँचे

और पुराने अनुभवों के आधार पर ही दुविधा के साथ आगे बढ़ सकते हैं, पर जिस राज्य को स्थायी रूप से भूखा रखा गया हो वह एक दिन उठ खड़ा होकर दौड़ने-भागने नहीं लगेगा।

बिहार में साझा उद्योगों/कम्पनियों के विकास पर गौर करने पर भी हमें यही तसवीर नजर आती है। चार्ट 20 के आँकड़ों पर नजर डालने से साफ हो जाता है कि बिहार सिर्फ उद्यमों के मामले में औद्योगीकृत राज्यों में काफी पिछड़ा है बल्कि नए पंजीकरण के मामले में भी पिछड़ा है। दरअसल, व्यावसायिक घराने तो बिहार को सिर्फ मुनाफा कमाने का मैदान मानते हैं और निवेश का वक्त आता है तो वे कोई और जगह तलाशते हैं। उनका पूरा कारखाना और कामकाज बिहार में है तब भी वे उसका मुखयालय बाहर रखकर बिहार को कर राजस्व से वंचित रखते हैं। इस मुद्दे पर टेक्नो-इकोनॉमिक सर्वे कहता है, "बिहार में पंजीकृत साझा कम्पनियों की पूँजी 1952 के 26.9 करोड़ रु. से बढ़कर 1956-57 में 28.8 करोड़ रु. हुई जो मात्र 7 फीसदी हुआ जबकि इस अवधि में देश में औसत वृद्धि 18 फीसदी हुई। बिहार में पंजीकृत कम्पनियों के अलावा काफी सारी ऐसी कम्पनियाँ भी काम कर रही हैं जिनका पूरा या मुख्य कारोबार तो बिहार में चलता है, लेकिन जिनका पंजीकरण बंगाल, बॉम्बे या उत्तर प्रदेश जैसे बाहरी राज्यों में है।"[9]

सिर्फ उद्योगों या व्यापार का मामला नहीं है। खनन वाली कम्पनियों ने भी अपना विपणन कार्यालय बिहार से बाहर रखा है। स्थानीय लोगों पर इन सबका क्या बुरा असर हो रहा है, इस बारे में वही सर्वे कहता है, "खनिजों के विपणन का ज्यादातर काम कलकत्ता, बॉम्बे या अन्य बन्दरगाह वाले शहरों में है। ऐसे विपणन केन्द्र बिहार में ही विकसित लिए जाने की जरूरत है जिससे कि इनका व्यावसायिक लाभ बिहार को मिले। इतना ही नहीं, अगर इन संस्थानों का मुखयालय बिहार में होगा तो खनिज व्यापार के कर का हिस्सा मिलने से बिहार के राजस्व में काफी वृद्धि होगी।"[10]

बिहार के बड़े उद्योगों का सालाना उत्पादन और खनन करीब छ सौ से सात सौ करोड़ रुपये का होगा और इसका दसवाँ हिस्सा निर्यात का होगा (करीब साठ करोड़)। यह कमाई विदेशी मुद्रा में आती है, लेकिन यह सब दूर-दराज के शहरी केन्द्रों को विकसित करने पर खर्च होते हैं क्योंकि ज्यादातर कम्पनियों ने अपना मुखयालय या बिक्री केन्द्र राज्य से बाहर रखा है। बिहार में जितना खनिज है और जमशेदपुर के प्लांट से जैसा इस्पात बनता है, इन दोनों चीजों के हिसाब से तो बिहार रसायन और इंजीनियरिंग उद्योग लगाने की आदर्श जगह है। पर पिछले वर्षों के आँकड़े बताते हैं कि बिहार को इस लाभ की स्थिति के बावजूद वंचित किया गया है। अर्थशास्त्री केदारनाथ प्रसाद लिखते हैं, "1948 में पश्चिम बंगाल (35.0 फीसदी) और बॉम्बे (26.6 फीसदी) में कुल 61.6 फीसदी इंजीनियरिंग फैक्टरियाँ

थीं। बाकी के 38.4 फीसदी में मद्रास (10.1 फीसदी), पंजाब (9.2), उत्तर प्रदेश (5.8), दिल्ली (5.4), बिहार (5.2) और अन्य राज्यों का 2.7 फीसदी हिस्सा था। 1957 में बिहार का हिस्सा 1.4 फीसदी गिर गया जबकि दिल्ली का हिस्सा 4.4 फीसदी और पंजाब का 2.6 फीसदी बढ़ गया।"[11]

आगे लेखक ने जनवरी 1962 और जनवरी 1964 तथा फरवरी 1964 और जनवरी 1965 के लाइसेंसिंग के आँकड़े दिये हैं जो इस बात की पुष्टि करते हैं कि सारी योग्यताओं के बावजूद बिहार की उपेक्षा बढ़ती जा रही है। वे लिखते हैं, "आयरन और इस्पात के फोर्जिंग और अन्य उत्पाद समेत कास्टिंग के काम के लिए 1962-64 के दौरान जारी लाइसेंस में बिहार के नाम 12, महाराष्ट्र को 56, पश्चिम बंगाल को 53, गुजरात को 19, मद्रास को 23, और पंजाब को 18 लाइसेंस मिले जबकि बाद वाले दौर में बिहार को सिर्फ 2, पश्चिम बंगाल को 6, महाराष्ट्र को 4, पंजाब को 4 और उत्तर प्रदेश को 3 लाइसेंस मिले। इलेक्ट्रिकल सामान के लाइसेंस के मामले में महाराष्ट्र को इन्हीं दोनों अवधियों में क्रमश: 48 और 8, पश्चिम बंगाल को क्रमश: 22 और 6 तथा बिहार को 6 और शून्य लाइसेंस मिले।"[12]

हर क्षेत्र में यही कहानी दोहराई जा रही है। खनन, कपड़ा, और कढ़ाई में बिहार को 4 लाइसेंस मिले हैं तो महाराष्ट्र को 52, पश्चिम बंगाल को 30, गुजरात को 19 और तमिलनाडु को 13। मशीन टूल्स बनाने के सिर्फ 2 लाइसेंस बिहार को मिले तो महाराष्ट्र को 25, पश्चिम बंगाल को 23 और तमिलनाडु को 31 रासायनिक पदार्थों के उत्पादन के 66 लाइसेंस महाराष्ट्र को, 23 लाइसेंस पश्चिम बंगाल को, 20 गुजरात को और 11 मद्रास को मिले जबकि बिहार को शून्य मिला।

ये सब सामान्य लाइसेंसिंग नीति के कुछ उदाहरण हैं। यह सिर्फ इस बात की पुष्टि करता है कि प्रमुख पूँजीवादी घराने अपने फायदे के लिए जिस तरह की लाइसेंसिंग नीति चाहते हैं केन्द्र वैसा ही करता है। जाहिर तौर पर वे वहीं नए उद्योग लगाना चाहते हैं जहाँ सुविधाएँ विकसित हैं, सहयोगी उद्योग लगे हुए हैं या बाजार बन चुका है। और जो चीज पूँजीपतियों को लाभ देती है वह अनिवार्यत: लोगों को भी लाभ दे, यह जरूरी नहीं है, लेकिन केन्द्र की सरकार पूँजीपतियों-नौकरशाहों के इतने प्रभाव में है कि वह आम लोगों, खास कर पिछड़े इलाके के लोगों की जरूरतों का खयाल नहीं करती। महाराष्ट्र में भी पूँजीपतियों के दबाव के चलते राज्य सरकार ने बॉम्बे से लगा ही एक और शहर विकसित कर दिया जबकि राज्य के पिछड़े इलाकों की आवाज अनसुनी कर दी। पिछड़े इलाके के लोग माँग कर रहे थे कि नए उद्योगों को उनके इलाके में लगाया जाए।

उद्योगों के विकास में मदद के लिए बनी वित्तीय एजेंसियाँ किस तरह बिहार से कैसा भेदभाव करती हैं, यह चीज केदार नाथ प्रसाद की किताब के एक अन्य उद्धरण से स्पष्ट हो जाएगी, "भारतीय औद्योगिक वित्त निगम राष्ट्रीय और रणनीतिक

महत्त्व के बड़े उद्योगों की जरूरतों का खास खयाल करता है। 30 जून 1965 तक इसने वनस्पति तेल निकालने के लिए 53 सहकारी इकाइयों को 40.45 करोड़ रुपये की धनराशि दी जिसमें बिहार के हिस्से 1.15 करोड़ रुपये ही आए।[13] और इस मामले में भी महाराष्ट्र को 14.17 करोड़, तमिलनाडु को 4.43 करोड़ और पंजाब को 4.21 करोड़ रुपये मिले।"

इस पूरी चर्चा का लब्बोलुबाब यही है कि 1. बिहार में काम करनेवाली बाहरी पूँजीवादी शक्तियों की भूमिका विशुद्ध रूप से शोषण की है और इसके चलते राज्य का विकास नहीं हुआ है और इन्होंने यहाँ के मुनाफे से राज्य के लोगों को कोई लाभ नहीं दिया है; 2. वित्तीय संस्थाओं ने भी बिहार की जरूरतों की उपेक्षा की है; और 3. केन्द्र की सरकार की नीतियाँ और फैसले आम तौर पर प्रमुख पूँजीवादी हितों की जरूरतों और माँगों के अनुरूप रहे हैं। ऐसी स्थिति में राज्य के विकास की जिम्मेवारी राज्य सरकार के कन्धों पर ही आ जाती है।

और यहाँ आकर हमारा तर्क एक दुश्चक्र में फँस जाता है। कोई राज्य पिछड़ा है तो वह किस तरह नए कराधान या उधार के जरिये अपने विकास के लिये संसाधन किस तरह जमा कर सकता है? कराधान से धन जुटाने के रास्ते में यह बाधा भी है कि जिन चीजों से ज्यादा राजस्व जुटाया जा सकता है, वे केन्द्र का विषय हैं। कर का सबसे बड़ा स्रोत उत्पाद कर है और उसे केन्द्र जमा करता है जिसमें राज्य को एक हिस्सा मिलता है। यह कितना हिस्सा होगा, यह भी केन्द्र ही तय करता है (अभी राज्यों को सिर्फ 20 फीसदी ही मिलता है)। पूरा का पूरा निगम कर केन्द्र वसूलता और अपने पास रखता है। सीमा शुल्क और निर्यात कर भी उसी की जेब में जाते हैं। जैसाकि चार्ट 21 से जाहिर होता है, राज्यों के पास बिक्री कर ही सबसे बड़ा स्रोत है और यह बढ़ भी रहा है। पर राज्य जिन चीजों पर बिक्री कर लगाते हैं, केन्द्र उन पर पहले ही उत्पाद शुल्क लगा चुका होता है। इसलिए राज्यों द्वारा लगाए जानेवाला बिक्री कर एक सीमा से ज्यादा नहीं हो सकता।

यह देखा जा सकता है कि राज्य के राजस्व में बिक्री कर का हिस्सा आधे से भी कम का रहता है। केन्द्र के करों में राज्यों का हिस्सा काफी कम होने के साथ ही खुद उसके हिस्से वाले करों से राजस्व बढ़ाने की गुंजाइश काफी कम है जबकि ये कर भी राज्यों के लोगों से ही वसूले जाते हैं। और इनसे मिला धन राज्यों के अपने राजस्व से ज्यादा होता है जैसाकि चार्ट 22 के आँकड़े बताते हैं।

जिस केन्द्रीय अनुदान का इतना शोर मचता है, वह इतना कम होता है कि उससे ज्यादा फर्क पड़ना सम्भव नहीं है। 1971-72 के बजट में यह 35.55 करोड़ रु. (अब तक का सर्वोच्च) का था जो राज्यों के समेकित निधि में जाना था। यह निधि 517.05 करोड़ रु. की थी। और यह राशि भी राज्य अपनी इच्छा से खर्च नहीं कर सकते। इस बार भी इस मद के 8.80 करोड़ रुपये केन्द्र द्वारा

ऐसे प्रायोजित कार्यक्रमों में जाना है जिसकी तरह की योजनाएँ राज्य खुद चला रहे हैं। और इनके जरिये वोट और दूसरे फायदे लेनेवाले कार्यक्रम चलाए जाते हैं। संस्कृत विद्वानों को छात्रवृत्ति, राजनीतिक कष्ट झेलनेवालों के बच्चों की पढ़ाई में मदद, कुछ खास कलाकारों को आर्थिक मदद और संस्कृत के छात्रों को मदद जैसे कार्यक्रम इसी तरह के हैं। इसमें जयप्रकाश नारायण के शेखोदेवरा आश्रम को 2.32 लाख का अनुदान भी शामिल है। यह अनुदान साल दर साल जारी है और सबसे ज्यादा 5.56 लाख का अनुदान 1970-71 में मिला था। 1971-72 में राज्य योजना का बजट 83.34 करोड़ रु. का था। केन्द्र द्वारा प्रायोजित योजनाओं पर ही 18.81 करोड़ रु. खर्च हो गए। तेनुघाटी योजना जैसी कुछ बड़ी परियोजनाओं को बोकारो स्टील परियोजना से जोड़ दिया गया जो केन्द्र की योजना है। केन्द्र के जोर देने से चलनेवाली सामुदायिक विकास जैसी कई विकास योजनाएँ तो एकदम धन की बर्बादी साबित हुई हैं जबकि इनमें राज्य के योजना खर्च की काफी धनराशि खर्च होती है।

अपने न बढ़ सकनेवाले संसाधन ही राज्यों की परेशानी के कारण नहीं हैं। उनके लिए अनेक दूसरी मुश्किलें भी साथ लगी होती हैं, जैसे यह केन्द्र की तरह घाटे से काम नहीं चला सकता। इसको केन्द्र से ओवरड्राफ्ट की सुविधा थी जो अब वापस ली जा रही है। कीमतें मुख्य रूप से केन्द्र की नीतियों से तय होती हैं, पर इसके चलते राज्यों को काफी सारे गैर-विकास वाले खर्चों का बोझ उठाना पड़ता है। और केन्द्र की निरंतर टोका-टोकी और निगरानी के चलते यह अपनी मर्जी से अपना धन अपनी योजना के अनुसार अपने लोगों पर खर्च भी नहीं कर सकते। केन्द्र और योजना आयोग धन से उनकी प्राथमिकताएँ तय करने बैठ जाते हैं। और इन सबकी सबसे बुरी मार राज्यों के योजना खर्च पर पड़ती है जो न सिर्फ अपर्याप्त होते हैं बल्कि जिनकी दिशा भी ठीक से तय नहीं होती। चार्ट 23 पहली तीन पंचवर्षीय योजनाओं में बिहार और केन्द्र के सार्वजनिक क्षेत्र के खर्च का हिसाब देता है। तीसरी योजना के दौरान राज्य का योजना खर्च 4,200 करोड़ रु. था। इस प्रकार अगर आबादी के अनुपात के हिसाब से देखें तो बिहार का योजना बजट मुल्क के औसत से 25 फीसदी कम था। जैसाकि हमने पहले चर्चा की है, निजी क्षेत्र में राज्य के लोगों की निवेश की क्षमता नगण्य है और जो बाहरी लोग यहाँ का उद्योग-व्यापार चलाते हैं, उनकी यहाँ निवेश करने में कोई रुचि नहीं है।

राज्य के संसाधनों से केन्द्र अपना खजाना भरता है, पर सिंचाई और विद्युतीकरण जैसे बुनियादी कामों में भी वह कर्ज के रूप में ही मदद करता है जिस पर 4 से 5.5 फीसदी सूद लिया जाता है। चार्ट 24 बताता है कि केन्द्र ने राज्य को कैसा और कितना ऋण दिया है?

अन्य चीजों के साथ इन कर्जों का बोझ राज्य पर इतना ज्यादा है कि अब तो सूद और कर्ज की अदायगी के लिए भी कर्ज लेना पड़ता है और उसका ज्यादातर हिस्सा इसी पर खर्च होता है। दूसरे कामों के लिए धन बचता ही नहीं। 1971-72 में केन्द्र ने राज्य को 61.49 करोड़ रु. का कर्ज दिया जबकि कर्ज और सूद की अदायगी के रूप में ही 66.72 करोड़ रुपये लौटाए गए। जब तक केन्द्र के कर्ज पर एकतरफा रोक या केन्द्र द्वारा अपने भुगतान माफ करने का फैसला न हो, राज्य अपने सीमित साधनों का प्रयोग भी अपने विकास में नहीं कर सकता। होना यह चाहिए था कि केन्द्र इन विभिन्न परियोजनाओं के सारे कर्ज को अनुदान के रूप में देता क्योंकि यह राज्य को अनुदान और कर्ज के रूप में जो कुछ दे रहा है, उससे ज्यादा राशि राज्य से हासिल कर रहा है। अगर केन्द्र उत्पाद शुल्क का बँटवारा राज्यों की आबादी के हिसाब से ही कर दे तो बिहार को हर साल 200 करोड़ रुपये अधिक मिलने लगेंगे। आज केन्द्र के सारे करों में बिहार का हिस्सा इस रकम के आधे से भी कम है।

6

बिहार और दूसरे राज्यों का नुकसान नई दिल्ली के लाभ के रूप में सामने आता है। बिहार अपनी बदहाली में डूबा है जबकि उसी के और अन्य राज्यों के राजस्व पर दिल्ली मुगल राजधानी में ब्रिटिश साम्राज्य वाली शानो-शौकत से राज चला रही है। इतने शानदार बागों, असंख्य फव्वारों, विशाल पार्कों, कई-कई हेक्टेयर में पसरे बंगलों (जिनकी कीमत करोड़ों में है) और नवीनतम सुविधाओं से लैस बहुमंजिला इमारतों वाले शहर को देखकर कौन कह सकता है कि यह बिहार में आधे-पेट पर बसर करनेवाले लोगों की राजधानी है। पर सच्चाई यही है कि देश भर के ऐसे ही भूखे-अधनंगे लोगों से जुटाए संसाधनों को दिल्ली और उसके आसपास खुले हाथों से खर्च किया जाता है जो विशाल कृत्रिम फूल की तरह दिखता है। यह चौंकानेवाली समृद्धि सिर्फ गरीब इलाकों की कमजोर अर्थव्यवस्था का दोहन ही नहीं करती, राष्ट्रीय विकास की पूरी दिशा को ही बिगाड़ रही है। गरीब इलाकों को लूटकर वैभव और शानो-शौकत से जीने और दिखानेवाली दिल्ली की बीमारी राज्यों की राजधानियों को भी लगी है और वहाँ के राज्यपाल, मंत्री और नौकरशाह इसी होड़ में लगे दिखते हैं।

केन्द्र के अनेक मंत्रालय राज्यों के अधिकार क्षेत्र वाले विभागों से सम्बन्धित हैं और सिर्फ खर्च का दोहराव करते हैं क्योंकि सारा काम राज्यों के जिम्मे है। शिक्षा, कृषि, सिंचाई और बिजली, सार्वजनिक निर्माण, खनिज, श्रम और गृह विभाग का लगभग सारा जिम्मा राज्यों के हिस्से का है। केन्द्र के ये मंत्रालय सिर्फ दिखावा करते हैं या अपना लाभ देकर राज्यों के काम में दखल देते हैं या उनका काम हड़पते हैं। ये अधिकारियों की पूरी फौज लेकर एक-दूसरे पर नजर रखते हैं या राज्य सरकारों के इन्हीं विभागों के ऊपर चढ़े रहते हैं और भारी फंड रहने से इनको तड़क-भड़क बनाए रखने में मदद मिलती है। सरकारी धन लुटाने की यह प्रवृत्ति कफी सारी नई-नई चीजों और सेवाओं का बाजार बनाती जा रही है। इनके अलावा दिल्ली और अन्य राजधानियों में अच्छी सड़कों, नालियों, जलापूर्ति, बिजली वगैरह जैसी सुविधाएँ भी काफी तेजी से जुटा दी जाती हैं। दिल्ली की जरूरतों को पूरा करने के लिये काफी सारे नए उद्योग-धन्धे उभर आए है जो दिल्ली के अलावा हरियाणा और उत्तर प्रदेश के सटे इलाकों में भी लगे हैं। चूँकि उद्योग लगाने का लाइसेंस पाना

काफी जुगाड़ और पैरवी का काम है, ऐसे में उद्योगपतियों के लिए भी दिल्ली के आसपास ठिकाना बनाना सुविधाजनक रहता है और उद्योग केन्द्र का विषय भी है। दिल्ली के आसपास जब किसी भी तरह का कच्चा माल उपलब्ध नहीं है तब उसके तेज औद्योगिक विकास को इन बातों के अलावा किसी और तरह से समझा नहीं जा सकता। बिहार में सारा खनिज और बुनियादी धातुएँ उपलब्ध होने के बावजूद कुछ भी नहीं बढ़ रहा है। दिल्ली को तो बॉम्बे, कलकत्ता और मद्रास की तरह का लाभ भी नहीं है जो बन्दरगाह वाले शहर हैं और जहाँ पहले से कई सुविधाएँ विकसित हैं। मुगल शासकों के कारखानों की तरह ही दिल्ली का सारा विकास आज के दरबार, दरबारियों और उनके अड्डों के आसपास ही विकसित हो रहा है।

दिल्ली में खपत का स्तर क्या है, यह संकेत बिक्रीकर के संग्रह से मिलता है। दिल्ली की आबादी बिहार से चौदह गुना कम है जबकि 1971-72 में बिहार में बिक्रीकर का संग्रह 42.02 करोड़ था जबकि दिल्ली में 27.50 करोड़। इससे लगता है कि दिल्ली में प्रति व्यक्ति खपत बिहार से दस गुना अधिक है। कोई कह सकता है कि यह फर्क इस चलते है कि दिल्ली मुख्यत: शहरी है जबकि बिहार ग्रामीण। पर यह तर्क ज्यादा दूर नहीं जाता क्योंकि बिहार की शहरी आबादी का आकार भी दिल्ली से ड्योढ़ा है। यही नहीं, बिहार की आधी शहरी आबादी जमशेदपुर, झरिया-धनबाद, बोकारो, रांची-हटिया जैसे एकदम आधुनिक औद्योगिक शहरों में रहती है।

जब दिल्ली के हाथ एक बड़ा फंड आ जाता है तो यहाँ के नए शासकों को भी शाहजहाँ और लॉर्ड कर्जन बनने में कहाँ देर लगती है? आखिर वे भी तो इन्हीं के बनाए शहर में रहते हैं और खुद को उन्हीं की गद्दियों पर बैठा मानते हैं। ऐसे में अकेले राष्ट्रपति का बजट 1971-72 में 47.92 करोड़ का था। हर मंत्री और उनका स्टाफ कितना खर्च करता है, इसका तो हिसाब भी मुश्किल है क्योंकि यह राशि अलग-अलग मदों से आती है। पर वे जिस तरह का जीवन जीते हैं, उनका खर्च भी कम नहीं होगा। प्रधानमंत्री का खर्च तो मंत्रियों से काफी अधिक होगा। ऐसे में सांसद क्यों पीछे रहें? सो, वे सब एक–दूसरे को मदद करते हुए खर्च का बोझ बढ़ाते जा रहे हैं। 1971-72 के बजट में लोक सभा के सांसदों के वेतन-भत्ते के लिये 1.75 करोड़ रुपये का प्रावधान था जबकि राज्य सभा के सदस्यों के लिए 69.91 लाख का। इन दोनों का योग 2.66 करोड़ होता है जो बिहार को उसी साल उद्योग के लिए मिले बजट से ज्यादा है। सांसदों का प्रति वर्ष 33,000 रुपये का वेतन-भत्ता उस मुल्क के प्रतिनिधियों के हिसाब से ज्यादा है जिसके लोगों की औसत आमदनी 500 रुपये के करीब है। इसमें अगर मुफ्त यात्रा, एकदम कम भाड़े पर विशाल आवास, फोन, चाय-पानी के खर्च वगैरह को जोड़ लें तो साफ लगेगा कि सत्ता के गलियारे में पहुँच जानेवालों को दिल्ली क्या से क्या बना देती है? इस दिल्ली की हर चीज वैभव की दीवानगी वाली ही है। और फिर राज्यों के जो लोग

विधायी और प्रशासनिक पदों पर बैठते हैं वे भी दिल्ली की ही नकल करते हैं, भले ही उनके पास दिल्ली जैसे संसाधन न हों। फिर राज्यों में तैनात भारतीय प्रशासनिक सेवा के अधिकारी छोटी जगहों पर दिल्ली की संस्कृति को पहुँचानेवाले वाहक बन जाते हैं। और फिर देखा-देखी वही करने और उनसे आगे बढ़कर दिखावा करने की होड़ में लगे नेता और छोटे अधिकारी बाकी काम कर देते हैं। दिल्ली वित्तीय संसाधनों को चूसने और फालतू खर्च करने में जितना गुनाह करती है, इस फिजूलखर्ची और दिखावे की संस्कृति को फैलाकर उससे भी बड़ा गुनाह कर रही है।

कुछ उदाहरणों से साफ होगा कि केन्द्र सरकार किस तरह ऐसी योजनाओं पर भारी खर्च करती है जिनका सम्बन्धित मंत्रालयों और किसी खास समूहों के लाभ से कोई लेना-देना नहीं है (स्वाभाविक रूप से ऐसी अनेक योजनाओं का लाभ दिल्ली को मिलता है)। आवास और सार्वजनिक निर्माण विभाग का खर्च इस चीज को ज्यादा अच्छी तरह बताता है। 1971-72 के बजट में इस मंत्रालय को 84.38 करोड़ रुपये दिये गए थे। इस मंत्रालय की योजनाओं के लिए देश भर का योजना खर्च 12.71 करोड़ रखा गया था जबकि अकेले दिल्ली के योजना खर्च के लिए 6.90 करोड़। इन 12.71 करोड़ में से भी ज्यादातर पैसा बॉम्बे, कलकत्ता और मद्रास जैसे नगरों के लिए ही रखा गया है। दिल्ली को छोड़कर खर्च के कोई 3 सौ मद गिनवाए गए हैं। इनमें से महाराष्ट्र के लिए करीब 45 काम थे। 40 कामों के साथ पश्चिम बंगाल दूसरे और तीसेक कामों के साथ तमिलनाडु तीसरे स्थान पर था। ये राज्य तो अधिकांश काम ले गए, पर बिहार को सिर्फ तीन कामों के लिये फंड दिया गया—रांची में एजी दफ्तर और स्टाफ क्वार्टर के लिए 12 लाख, धनबाद में खनन विभाग का दफ्तर बनाने के लिए 2 लाख और धनबाद में एक प्लॉट लेने के लिए 50 हजार रुपये अर्थात 17 करोड़ से ज्यादा के योजना खर्च के लिए बिहार के हिस्से आए सिर्फ 15 लाख रुपये से कुछ कम ही।

केन्द्रीय रिजर्व पुलिस को बाकी के 1.75 करोड़ रु. में से ज्यादातर पैसे विभिन्न राज्यों में अपने लिए भवन बनाने के लिए मिले। केन्द्रीय बल के पास अभी 14.29 करोड़ रुपयों का निर्माण कार्य है। केन्द्रीय बल पर इतना खर्च बताता है कि सरकार खुद भी संवैधानिक प्रावधानों की परवाह नहीं कर रही है क्योंकि कानून-व्यवस्था का जिम्मा तो राज्यों का है।

दिल्ली के पूँजीगत खर्चों के कुछ प्रावधानों पर नजर डालने से सार्वजनिक धन की इस आपराधिक बर्बादी की तसवीर और साफ होकर सामने आती है। संसद भवन विशाल है, पर सरकार उससे सन्तुष्ट नहीं है और संसदीय सचिवालय की नई इमारत बनवा रही है, जिस पर इस साल 30 लाख का आवंटन किया गया है। वैसे इस पूरी इमारत पर 1.57 करोड़ रुपये खर्च होंगे। यह सरकार महात्मा गांधी का कितना और कैसा सम्मान करती है, यह किसी से छिपा नहीं है, पर 'राजघाट'

पर मौजूद स्मारकों के अलावा नया स्मारक बनवाने के लिये 1971-72 के बजट में 84.5 लाख रुपये खर्च करने का प्रावधान किया गया है लाल बहादुर शास्त्री के स्मारक 'विजय घाट' पर 32.61 लाख में बनाने का प्रावधान है। राष्ट्रीय प्रशासनिक भवन बनाने पर 1.80 करोड़ रुपये खर्च होंगे और यह काम चल रहा है। एक अन्य भवन बनाने पर काम चल रहा है और उस पर 1.94 करोड़ रुपये दिए गए हैं, पर इसका उद्देश्य अभी भी घोषित नहीं हुआ है। फिर, चाणक्यपुरी में बहुमंजिला फ्लैट बन रहे हैं जिन पर 2.38 करोड़ रुपये खर्च होने का अनुमान है। मोतीलाल नेहरू प्लेस में 60.94 लाख की लागत से छह फ्लैट बन रहे हैं अर्थात प्रति फ्लैट दस लाख से ज्यादा के। लेकिन मिंटो रोड पर 8.39 लाख रुपये की लागत से टाइप-III के 1320 और टाइप-IV के 240 फ्लैट बन रहे है। अर्थात प्रति फ्लैट खर्च मात्र 538 रुपये। इतनी कम रकम से कैसे मकान बनेंगे, यह सोचना मुश्किल है, लेकिन दिल्ली ऊँचा सुनती है और ऐसा ही न्यायपूर्ण राज चलाती है। एक तरफ दस लाख के फ्लैट और दूसरी ओर पाँच सौ के फ्लैट।

इसी मद के अन्य खर्चों में कृषि भवन की एअरकंडीशिंग पर 31 लाख, राष्ट्रीय संग्रहालय की एअरकंडीशिंग पर 18.1 लाख रुपये खर्च का प्रावधान है। धीरे-धीरे अधिकांश सरकारी इमारतें वातानुकूलित हो रही हैं। बहुमंजिला इमारतों का चलन बढ़ने से यह एक जरूरत भी बन गई है। इन बड़ी इमारतों के लिए तो फर्नीशिंग भी काफी खर्चीली होती जा रही है, जैसे अकेले दिल्ली स्थित प्रशासनिक अकादमी भवन की फर्नीशिंग पर 21.60 लाख रुपये खर्च होने का अनुमान है। इसी मद पर और फर्नीचर बदलने, मरम्मत कराने तथा रख-रखाव जैसे भारी खर्चों के चलते 1971-72 के सार्वजनिक निर्माण विभाग का योजना खर्च 45.49 करोड़ रुपये था जो बिहार की कुल कर वसूली की रकम के आधे से भी ज्यादा था। ये कुछ चीजें हैं जो दिल्ली के खर्चों का अन्दाजा भर देती हैं।

यह मान लेना गलत होगा कि बड़ी इमारतों के निर्माण, साज-सज्जा और रख-रखाव का सार्वजनिक निर्माण विभाग का बजट ही दिल्ली और कुछ बड़े शहरों में सार्वजनिक धन से निर्माण का पूरा स्वरूप बता देता है। असलियत यह है कि विभिन्न विभाग भी अपने-अपने बजट से राजधानी में बड़े पैमाने पर निर्माण करा रहे हैं। जैसे डाक-तार विभाग अशोक रोड पर 1.36 करोड़ की लागत से एक भवन समेत दिल्ली में ही करीब 5 करोड़ रुपये की लागत से कई जगह निर्माण करा रहा है।

विभिन्न मंत्रालयों द्वारा दिल्ली में अपने फंड खर्च करने के और भी तरीके हैं। जैसे कृषि मंत्रालय (जिसके जिम्मे कुछ अनुसन्धानों का खर्च उठाने के अलावा कोई काम नहीं है, और वह काम भी राज्यों को आसानी से सौंपा जा सकता है) समय-समय पर चीनी मिल मालिकों को अपना उत्पाद बाहर सस्ती कीमत पर बेचने (जबकि देश में चीनी महँगी ही बिकती है) के लिए सब्सिडी दिया करता है।

बजट 1971-72 में इस मद पर दस करोड़ रुपये खर्च हुए। मंत्रालय दिल्ली में एक जीवविज्ञान पार्क चलाता है जिस पर बजट अनुमान 16.50 करोड़ रुपये खर्च का है। यही मंत्रालय दिल्ली दुग्ध योजना भी चलाता है जिस पर 31 मार्च 1970 तक 4.95 करोड़ रुपये खर्च किए गए थे। 1971-72 के बजट में इस योजना के लिए 14.94 करोड़ रुपये का प्रावधान किया गया है।

केन्द्र दिल्ली परिवहन निगम को भी वर्ष 1971-72 में 21.94 करोड़ रुपये का ऋण दे रहा है। निगम 1964-65 से ही अपना कर्ज उतारने में हर साल असफल होता है, पर हर साल उसे नया कर्ज दे दिया जाता है। अगर केन्द्र कमजोर राज्यों की लूट नहीं कर रहा होता तो इस तरह पैसा बाँटने में कोई हर्ज न था। गृह मंत्रालय भी दिल्ली को काफी धन देता है। 1971-72 में उसका दिल्ली का बजट 69.57 करोड़ था जबकि दिल्ली से प्राप्तियाँ मात्र 51.36 करोड़ रुपये की थीं। इस 18.21 करोड़ के फासले को केन्द्र ऋण देकर भरता है। इसी बजट में प्राथमिक, माध्यमिक और तकनीकी शिक्षा का खर्च 20.05 करोड़ रुपये रखा गया है, जबकि अकेले दिल्ली का शिक्षा बजट 52.10 करोड़ रुपये का है जिसमें विश्वविद्यालय शिक्षा भी शामिल है।

गृह मंत्रालय के साथ ही शिक्षा मंत्रालय भी दिल्ली को काफी धन देने का एक प्रभावी माध्यम है और यह काम कुछ खास वर्गों के लोगों को मदद की तरह ही है। विश्वविद्यालय अनुदान आयोग द्वारा दिये जानेवाले के धन के बँटवारे पर नजर डालने से यह चीज साफ हो जाती है। 1969-70 का आयोग का गैर-योजना मद पर धन बँटवारा चार्ट 25 में दिया हुआ है।

चार्ट-25 1969-70 में यूजीसी की गैर-योजना परियोजनाएँ।

गैर-योजना परियोजनाएँ	(रुपये)
1. प्रशासनिक खर्चे	31,53,288
2. केन्द्रीय विश्वविद्यालयों को अनुदान	6,31,25,000
3. दिल्ली विवि. के आनुषंगिक/सम्बद्ध कॉलेजों को अनुदान	2,43,00,000
कुल गैर-योजना परियोजना	9,43,00,000

इस तरह हम देखते हैं कि केन्द्रीय विश्वविद्यालयों के अलावा किसी भी अन्य विश्वविद्यालय को गैर-योजना मद का एक भी पैसा नहीं मिलता जबकि दिल्ली विश्वविद्यालय को 2.43 करोड़ मिलते हैं। इसी रिपोर्ट के अनुसार, विकास अनुदान में से भी दिल्ली के आनुषंगिक/सम्बद्ध कॉलेजों को 42.20 लाख रुपये मिलते हैं। अन्य ब्यौरे नहीं दिये गए हैं, पर दिल्ली को उसके अनुपात से ज्यादा मिलता है, यह बात तो साफ हो ही जाती है। देश भर के विश्वविद्यालय के लिए योजना मद

पर मात्र 15.54 करोड़ रखे गए हैं और देश भर में फैले 89 विश्वविद्यालय और डीम्ड विश्वविद्यालय को इतने कम धन से कितना हिस्सा मिलता होगा और उससे वे क्या कर पाएँगे, यह सोचा जा सकता है।

1971-72 के बजट में दिल्ली, बम्बई, मद्रास, खड़गपुर और कानपुर आईआईटी के लिए 9.35 करोड़ रुपये का प्रावधान किया गया है। इसके अलावा केन्द्रीय विद्यालय संगठन के लिए 4.73 करोड़ का प्रावधान है जिसमें सिर्फ केन्द्र सरकार के कर्मचारियों के बच्चे पढ़ते हैं। 2.21 करोड़ का बजट नेशनल फिटनेस कॉर्प्स के नाम है, पर यह संस्था क्या काम करती है, स्पष्ट नहीं है। शिक्षा और समाज कल्याण मंत्रालय से योग, पर्वतारोहण, यूथ हॉस्टल जैसे न जाने कितने कामों से जुड़ी संस्थाओं को अच्छा-खासा अनुदान मिलता है। यह ज्यादातर पैसा मंत्रियों और अधिकारियों द्वारा अपने लोगो द्वारा बनाई संस्थाओं को उपकृत करने के लिए जाता है।

संस्कृति मंत्रालय एक और सफेद हाथी है। यह तो कुछ खास 'अपनी' संस्थाओं और समूहों को मदद देने के अलावा शायद ही कुछ और काम करता है। इस मंत्रालय से नेहरू स्मारक संग्रहालय को 37.85 करोड़ रु. का अनुदान दिया गया और 1.45 करोड़ रु. ऐसी अन्य संस्थाओं को बाँटे गए जिनकी उपयोगिता बहुत साफ नहीं है।

विभिन्न राज्यों, खासकर गरीब राज्यों से जुटाए गए धन का केन्द्र कैसे उपयोग करता है, ये उसके चन्द उदाहरण मात्र हैं। जो लोग आम जनों से दूर बैठकर राज करते हैं और धन लुटाते हैं, उनसे यही उम्मीद की जा सकती है क्योंकि गरीब करदाता उनसे हिसाब नहीं पूछ सकते। और इस स्थिति का दोष किसी एक व्यक्ति या समूह को देना भी बेमानी है। असली गलती केन्द्र में शासन करनेवालों के हाथ में इतनी जिम्मेवारियाँ और शक्ति सौंप देने की है। अगर इतना केन्द्रीकृत शासन होगा तो फिर बेपरवाह सरकार और लुटेरी नौकरशाही आनी ही है।

क्षेत्रीय आन्दोलनों का तर्क

चिरस्थायी असमानता

जैसाकि बिहार का अभी समाप्त हुआ अध्ययन बताता है कि अंगरेजों के विदा होने के बावजूद बिहार का औपनिवेशिक शोषण बन्द नहीं हुआ है—पहले यह अंगरेजों का उपनिवेश था तो अभी भी कुछ विकसित मेट्रोपॉलिटन केन्द्रों का चरागाह बना हुआ है। आज का संघीय शासन की राजनीतिक व्यवस्था ने इसे राष्ट्रीय अर्थव्यवस्था पर हावी पूँजीवादी और नौकरशाही गठजोड़ के हाथों में ज्यादा मजबूती से सौंप दिया है। बिहार की मौजूदा स्थिति को एक काल्पनिक स्थिति से ज्यादा अच्छी

तरह समझा जा सकता है। अभी मिस्त्र, सीरिया और लीबिया एक ढीले-ढाले अरब संघ के सदस्य हैं। इनमें लीबिया अपने तेल की कमाई के चलते काफी समृद्ध है जबकि बाकी दोनों उसके मुकाबले गरीब हैं, लेकिन लीबिया में और उद्योग-धन्धे नहीं हैं और उसके यहाँ कुशल कारीगरों और तकनीकी जानकारों की भारी कमी है। वहाँ के तकनीकी कामों में मिस्त्र के करीब एक लाख लोग लगे हैं। अब जरा यह कल्पना करके देखिए कि अगर सारे आर्थिक और राजनीतिक ताकत काहिरा केन्द्रित व्यवस्था के हाथ आ जाए तो क्या होगा? तब उसका लीबिया के तेल उत्पादन और बिक्री से जुड़े फैसलों पर भी नियंत्रण हो जाएगा। फिर यह निष्कर्ष निकालने में मुश्किल नहीं होगी कि जल्दी ही लीबिया सारे तेल के खजाने के बावजूद इन तीनों में सबसे दरिद्र बन जाएगा।

बिहार की असली स्थिति लीबिया की इस काल्पनिक स्थिति जैसी ही है। अन्तर सिर्फ यह है कि बिहार का खजाना कभी भी पूरी तरह उसका अपना नहीं रहा है। आबादी के हिसाब से बिहार के पास जमीन की उपलब्धता भी कम है। फिर जैसाकि पहले कहा गया है, सिंचाई और दूसरी सुविधाओं के अभाव में जमीन की उत्पादकता भी कम रही है। इसके पास खनिजों का भंडार जरूर है, पर जैसा हमने पहले कहा है, खानों पर केन्द्र सरकार का या बाहरी लोगों का कब्जा है।

कोई कह सकता है कि केन्द्र सरकार का जो कुछ भी है, वह पूरे देश का है और उसमें बिहार का भी हिस्सा है (पर यह तर्क देनेवाले बाहर के लोगों की मिल्कियत को लेकर इस तरह की बात नहीं करते)। कहने भर के लिये तो यह बात सही भी है। अगर चीजें न्यायपूर्ण ढंग से चलतीं तो बिहार की सम्पत्ति से दूसरों को लाभ होता तो उसी अनुपात में दूसरों की सम्पत्ति से बिहार को भी लाभ होता, पर सच्चाई यही है कि प्रत्यक्ष और परोक्ष, दोनों तरह से राष्ट्रीय अर्थव्यवस्था में बिहार से तो चाहे-अनचाहे सारी मदद ले ली जाती है, पर जैसाकि पिछले अध्ययन में बताया गया है, बिहार को जो कुछ वापस मिलता है वह नगण्य ही है। यह बड़ी विचित्र स्थिति है कि सारी जिम्मेवारियाँ तो राज्य के मत्थे और सारी सम्पत्तियाँ केन्द्र की या बाहर वालों की। और जो चीज स्थानीय लोगों के पास होनी चाहिए, उसकी माँग को 'क्षेत्रवाद' कहकर बदनाम किया जाता है। बिहारियों से सारी जिम्मेवारियाँ उठाने को कहना और वहाँ के संसाधनों की दूसरों के हाथ लूट होने देने पर भी बिहारियों को राष्ट्रभक्ति का पाठ पढ़ाना तो अजीब बात है। पर राष्ट्रनिर्माण में भागीदारी की माँग कुछ ऐसी ही बात है। बिहार से उम्मीद की जाती है कि वह अपनी ऐसी खेती से अपने लोगों का पेट भरे और अपने विकास के संसाधन भी जुटाए जो उसकी जरूरतों भर के लिए भी पर्याप्त नहीं है। दूसरी ओर, उसकी खदानें और कारखाने बाहर वालों की सेवा करने में लगे हैं, उनकी कमाई बाहरी लोगों की जेब में जाती है।

जब तक यह बुनियादी औपनिवेशिक सम्बन्ध नहीं टूटेंगे-बदलेंगे, बिहार के लोगों की बढ़ती दरिद्रता का क्रम नहीं थमेगा। लोगों से जिम्मेवारियाँ उठवाकर उनका विकास नहीं किया जा सकता, पर क्षेत्रीय विषमता का बिहार अकेला शिकार नहीं है। हिन्दुस्तान में उसकी तरह के और भी इलाके हैं। ओडिशा, असम और पूर्वी उत्तर प्रदेश जैसे और भी ऐसे इलाके हैं जो यही दर्द झेल रहे हैं।

इन इलाकों का औपनिवेशिक शोषण रुक भी जाए तो इनका विकास अपने बल पर नहीं हो सकता। क्षेत्रीय विषमता बढ़ती जानेवाली बीमारी है, खुद से दूर होनेवाला रोग नहीं। गिरावट उनकी गति का हिस्सा बन जाती है और इसे दूर करने के लिए बहुत सघन ढंग से विशेष प्रयास किए जाने की जरूरत होती है और सन्तुलन कायम करने के लिए ऐसे प्रयासों को लम्बे समय तक चलाना होता है। अगर पूरे देश के लिये विकास की कोई अच्छी रणनीति बने और न्यस्त स्वार्थ वाले उसे पंचर न करें तब भी उससे हर क्षेत्र का विकास हो जाना सम्भव नहीं है। योजना चाहे जैसी हो, उसका ज्यादातर लाभ पहले से विकसित इलाकों में जाएगा। और अगर न्यस्त स्वार्थी तत्वों को मजबूती से दूर नहीं रखा गया तो ऐसी राष्ट्रीय नीति का भी कोई ज्यादा लाभ नहीं बचेगा। बिहार की अर्थव्यवस्था की चर्चा पहले करते हुए हमने जिन कुछ तथ्यों को रेखांकित किया था, उनसे साफ हो जाता है कि भारत का अनुभव तो ऐसा ही है।

आर्थिक नीतियाँ बनाने में शीर्ष पर बैठे लोग अपनी नीतियाँ तय करते समय देश के कुछ इलाकों में अभी तक विद्यमान औपनिवेशिक चरित्र और पिछड़े इलाकों में जड़ जमानेवाली जड़ता, दोनों ही चीजों को भूल जाते हैं। इसकी एक वजह यह है कि समस्या समझकर निपटारे की तरफ बढ़ने का मतलब ऐसे राज्यों को ज्यादा स्वायत्तता देनी होगी और इसके लिए वे तैयार नहीं हैं। कुछ ताकतवर न्यस्त स्वार्थों को नुकसान पहुँचाए बगैर यह काम नहीं हो सकता।

केदारनाथ प्रसाद की जिस किताब का उद्धरण हमने पहले कई जगह देखा है, उसकी भूमिका में शीर्षस्थ अर्थशास्त्री वी.के.आर.वी. राव ने इस बात पर हैरानी जताई है कि बिहार की अर्थव्यवस्था ने अभी तक सुधार का कोई संकेत नहीं दिया है। वे लिखते हैं, "बिहार की अर्थव्यवस्था के बारे में यह सचमुच हैरान करनेवाली बात है कि यहाँ अभी तक भारी उद्योग में कोई बड़ा निवेश नहीं किया गया है जबकि इसी से बदलती तकनीक का असर होगा और आर्थिक जीवन पर प्रभाव पड़ेगा। एक को देखकर दूसरा आए या बढ़ता काम ही पूरी अर्थव्यवस्था को खुद से बढ़ाए, इस तरह की चीजें बिहार में देखने में नहीं आतीं। राज्य में जो बड़े उद्योग हैं, उनके लाभ का फैलाव और दूसरे काम शुरू कराने के रूप में विस्तार क्यों नहीं हुआ है इसका विस्तृत सामाजिक-आर्थिक विश्लेषण किया जाना चाहिए।"[1]

वी.के.आर.वी. राव और आर्थिक प्रशासन से जुड़े लोगों को जिस चीज पर हैरानी होती है, उसकी व्याख्या मुश्किल नहीं है। पूरी समस्या की जड़ है विकास के उस पश्चिमी मॉडल को ही शुरू से भारत में लागू करने का प्रयास, जिसकी अपनी समस्याएँ अलग तरह की हैं। केदारनाथ प्रसाद ने भी अपनी किताब में इस मॉडल का ब्यौरा कुछ इस तरह दिया है :

1. मेट्रोपॉलिटन रीजन : कई बार इसे 'कोर क्षेत्र' या 'ग्रोथ पोल' भी कहा जाता है। उद्योग, व्यापार और प्रशासन के ऐसे बड़े शहरी केन्द्र को यह नाम दिया गया है जो अपने आसपास के इलाकों प्रभावित करने के साथ ही विकास की बड़ी सम्भावनाओं से बढ़े होते हैं।
2. डेवलपमेंट एक्सेज : दो और ज्यादा मेट्रोपॉलिटन केन्द्रों को जोड़नेवाले कॉरिडोर। माना जाता है कि ये जितने बड़े केन्द्रों को जोड़ते हैं, इनके खुद के विकसित होने की सम्भावना उसी अनुपात की होती है। कुछ चीजों में यह दूरी उल्टा असर भी करती है।
3. फ्रंटियर क्षेत्र : कई बार नई तकनीक, आबादी के दबाव और नई राष्ट्रीय नीति के चलते नए इलाके में औद्योगिक विकास करना जरूरी हो जाता है।
4. पिछड़े क्षेत्र : देश के बाकी बचे इलाकों की अर्थव्यवस्था या तो गिरती जाती है या जड़ हो जाती है, उसका विकास बन्द हो जाता है।[2]

उपरोक्त मॉडल को प्रभावी होने के लिए दो जरूरी स्थितियाँ चाहिए। मेट्रोपॉलिटन केन्द्र का आकार इतना बड़ा होना चाहिए कि वह अपने आसपास की सारी आबादी और संसाधनों पर असर डाल सके। इसी अर्थ में विकास एक्सिस से जुड़े डेवलपमेंट पोलों की दूरी महत्त्वपूर्ण हो जाती है। जैसे न तो मॉस्को और व्लादिवोस्तक या बम्बई और कलकत्ता को जोड़नेवाली रेललाइन को विकास एक्सिल कह सकते हैं। ये बहुत बड़ी दूरियाँ हैं और इनके बीच के इलाकों पर इनका प्रभाव शून्य हो जाता है। अगर आसपास की आबादी और इलाका बहुत बड़ा हो तब मेट्रोपॉलिटन के आसपास ही सब लाभ सिमट जाता है। इस मॉडल की एक दिक्कत यह भी है कि यह मानकर चलता है कि हर जगह मुक्त व्यापार के सिद्धान्त लागू हैं। यह मानता है कि मुक्त बाजार होने के चलते जब मेट्रोपॉलिटन केन्द्र पर माँग बढ़ने के चलते मजदूर और कारीगर महँगे होने लगेंगे तो पूँजी स्वाभाविक रूप से उन इलाकों का रुख करेगी जहाँ मजदूरी सस्ती होगी। इस प्रकार अधिक आबादी वाले पिछड़े इलाकों में नए उद्योग विकसित होंगे। इसी प्रकार यह मानता है कि जिस इलाके में कच्चे माल की भरमार होगी वहाँ भी नए उद्योग लगेंगे क्योंकि इससे ढुलाई का खर्च बचेगा। यह पहला कारक तो भारत में कारगर नहीं है क्योंकि यहाँ इतने मेट्रोपॉलिटन केन्द्र नहीं हैं जो इस बड़े देश

की पूरी अर्थव्यवस्था और इलाकों को अपने साथ आगे बढ़ा सकें। ऐसा होने के लिये न सिर्फ आज से बीस गुना ज्यादा मेट्रोपॉलिटन केन्द्र होने चाहिए बल्कि बीस गुना बड़े केन्द्र भी चाहिए। पर अभी ही बम्बई और कलकत्ता में जिस तरह की सिविक दिक्कतें शुरू हो गई हैं, उनमें बीस गुना आकार वाली बात तो बेमानी है। बम्बई और कलकत्ता की तरह सौ-पचास और केन्द्र विकसित करना उससे भी ज्यादा मुश्किल काम लगता है। और फिर ऐसा करने का लाभ ही होगा, यह बात भी कोई भरोसे से नहीं कह सकता। इसलिए बातों के अलावा भी इस मॉडल का विकास अवास्तविक लगता है।

सस्ती मजदूरी और कच्चे माल की सुगम आपूर्ति के पूँजी खुद से अविकसित इलाकों की तरफ जाएगी, यह भी अभी तक देखने में नहीं आया है। भारत में ही नहीं, पश्चिमी जगत में भी उद्योगों में एक ही जगह जमते जाने की प्रवृत्ति देखी गई है। सस्ती मजदूरी के लिये पूँजीपति नए इलाके में जाए, यह बात शुरू में जितनी आकर्षक लगती थी, आज उतनी व्यावहारिक नहीं लगती। तकनीकी सुधार और उन्नति के बाद उद्योगों में कुशल और अति कुशल कामगारों की माँग ही बढ़ी है और पिछड़े इलाके में ऐसे कारीगर मिलते नहीं। चूँकि प्रशिक्षित मजदूर ही नहीं मजदूरों के प्रशिक्षण की सारी सुविधाएँ भी इन्हीं बड़े शहरों में हैं, इसलिए नए तरह के उद्योगों के लिए वही सबसे अच्छे मजदूर उपलब्ध कराते हैं। चूँकि ये सब चीजें बसे-बसाए औद्योगिक केन्द्रों को लाभकर बनाती हैं, इसलिए उद्योग लगानेवाले कच्चे माल की ढुलाई का खर्च भी खुशी-खुशी उठा लेते हैं। पर खनिज जैसे कच्चे माल में ही ढुलाई का खर्च ज्यादा रहता है। वह देखकर ही पहले एक केन्द्र विकसित हुए हैं पर ज्यादातर नए उद्योग तो धातुओं और अन्य तैयार सामान से ही नई चीजें बनाते हैं।

यह मॉडल भले ही भारत जैसे विशाल देश के पिछड़े इलाकों को विकसित करने के लिये मुश्किल लगता हो, पर न्यस्त स्वार्थ वालों के लिये यह बहुत उपयुक्त है। इस मॉडल से उनको अपनी गतिविधियाँ कुछ केन्द्रों पर सीमित करके अपनी लागत कम करने में मदद मिलती है, भले ही पूरे समाज को इसकी जितनी कीमत चुकानी पड़े। और अभी तक इस मॉडल को अपनाने की भारी कीमत भारत को और खास तौर से इसके पिछड़े इलाकों को चुकानी पड़ी है।

तुर्की के आर्थिक विकास पर खास अध्ययन करनेवाले मैल्काम डी. रिक्विन इस नतीजे पर पहुँचते हैं कि यह मॉडल अविकसित देशों के लिए अपर्याप्त है। उनका मानना है कि केन्द्रीकरण की प्रक्रिया शुरू होकर खुद ही आगे बढ़ती चली जाती है। वे लिखते हैं, "एक बार औद्योगिक केन्द्रीकरण शुरू हुआ तो यह खुद-ब-खुद मजबूत होता जाता है। अगर एक औद्योगिक निवेश लाभकर होता है तो अधिक औद्योगिक घराने उसी में निवेश करते जाते हैं...बाहरी अर्थव्यवस्था भी

इसी केन्द्रीकरण को बढ़ाती जाती है। बड़े केन्द्रों में सेवाओं और उपयोगिताओं की माँग सार्वजनिक निवेश को बढ़ाती है और ये केन्द्र औद्योगिक निवेश के लिए और आकर्षक बनते जाते हैं। विकास के शुरुआती धमाके के साथ ही श्रमिक बल प्रशिक्षित और उपलब्ध हो जाता है और यह नए लोगों को प्रशिक्षित करता जाता है। सम्भव है, यहाँ नई निवेश संस्थाएँ आ जाएँ और फिर यही नए उद्यमों को वित्त उपलब्ध कराने के केन्द्र के तौर पर विकसित हो जाए।"[3]

एक अन्य स्थान पर वे लिखते हैं, "पुराने अनुभव से साफ है कि केन्द्र अपना मजबूत औद्योगिक और व्यावसायिक आधार बनाकर ही पर्याप्त असर डालनेवाला विस्तार कर सकता है। अगर केन्द्र की अर्थव्यव्यवस्था आसपास के लोगों को भी मदद करने की स्थिति में नहीं होगी तो विकासशील देशों के लिये नए बाजार, संसाधन और श्रम वाले नए केन्द्र विकसित करना मुश्किल होगा जबकि पश्चिम में इन्हीं चीजों से विकास ने रफ्तार पकड़ी थी।"[4]

अब यह चीज साफ होती जा रही है कि एक केन्द्र से दूसरा बननेवाला वांछित परिणाम अब पश्चिम की विकसित अर्थव्यवस्थाओं में भी नहीं निकल पा रहा है। विकसित देशों में भी असल में जो कुछ विस्तार हो रहा है, उससे ज्यादा शोर मचाया जा रहा है। इसका सबसे अच्छा उदाहरण इटली है।

इटली का एकीकरण 1861 में हुआ। इसके उत्तरी और दक्षिणी हिस्से में गैर बराबरी एकीकरण के पहले से थी। उत्तर काफी विकसित और समृद्ध है तो दक्षिण पिछड़ा, पर एकीकरण से दक्षिण की मुश्किलें बढ़ती ही गईं। उत्तर के उद्योगों को संरक्षण देने के लिये आयात पर भारी सीमा शुल्क लगाया गया। परिणाम हुआ कि दक्षिण को अपने ही देश के उत्तरी हिस्से में तैयार माल महँगी कीमत पर खरीदना पड़ा और उसके उद्योगों को इस व्यावसायिक नीति से फायदा नहीं हुआ और उनमें गिरावट ही आई। 1961 के बाद इसकी आबादी तो बढ़ी, लेकिन इसका औद्योगिक रोजगार गिरता गया। परिणाम हुआ कि उत्तरी और दक्षिणी इटली के बीच आर्थिक स्तर में भारी अन्तर पैदा हो गया। 'इकोनॉमिस्ट' लन्दन (अप्रैल 1972) के अनुसार, दक्षिण में इटली की 37 फीसदी आबादी रहती थी जबकि राष्ट्रीय आय में उसका हिस्सा 22 फीसदी का ही था।

फिर यह बात सबको समझ में आई कि संसाधन स्वाभाविक रूप से उत्तर से जाकर दक्षिण की स्थिति सुधारेंगे, यह बात नहीं होनेवाली है। फिर दक्षिण के विकास के लिए 'कासा पेर इल मेझोर्जिओर्नो' नामक एजेंसी बनाई गई। इस प्रयास के बावजूद दक्षिण में अधिक उद्योग लाकर वहाँ के पिछड़ेपन को दूर करने की कोशिश इस इलाके में पिछड़ेपन से बनी जड़ता के चलते बहुत सफल नहीं हो रही थी। अपने इसी अंक में 'इकोनॉमिस्ट' ने लिखा है, "उत्तर के उद्योग लम्बार्डी के मैदानी इलाके में जमे होकर बहुत खुश थे जबकि शुरू में दक्षिण में मजदूरी की

दर कम थी। इसके बावजूद मजदूरों को प्रशिक्षित करना या कुशल कामगार ढूँढ़ना मुश्किल काम था और अक्सर प्रबन्धन उत्तर से कुशल मजदूर भी ले आता था... मूल रूप से दक्षिण इतना पिछड़ा था कि वह समृद्ध उत्तर को आकर्षित कर ही नहीं पाता था। बाहर के लोग भी सड़क, बिजली और जलापूर्ति जैसी समस्याओं के चलते दक्षिण में फैक्टरी लगाने से झिझकते थे।"

उद्योगों द्वारा खुद से दक्षिण में जाने से बचने की प्रवृत्ति का मुकाबला करने के लिए अधिकारियों ने 1965 के बाद दक्षिण में 40 फीसदी निवेश का फैसला किया जबकि 1959 से 1963 तक यह अनुपात सिर्फ 25 फीसदी ही था। इटली के ये तथ्य इस मॉडल की बहुत स्पष्ट पुष्टि करते हैं जबकि हमारे यहाँ के आर्थिक चिन्तन में इसे ही आर्थिक असमानता मिटाने का रामबाण नुस्खा माना जाता है।

इसी प्रकार फ्रांस में भी असमानता थी, पर इतनी अधिक नहीं। पेरिस के इलाके और कोर्सिका इलाके के बीच आमदनी का अन्तर तो इटली जैसा था। इसे दूर करने के लिये मेन्दे सरकार ने 1959 में 'नेशनल फंड फॉर रीजनल इम्प्रूवमेंट' की स्थापना की। इसका काम सरकार द्वारा चुने गए पिछड़े इलाकों में फैक्टरी लगाने या अपने पुराने कारखाने के विस्तार में आर्थिक मदद करना था। सरकार ने उद्योग-धन्धे फैलाने का काम आसान करने के लिए अपने दफ्तरों को भी विकेन्द्रित करके उन इलाकों में पहुँचाया जिससे उद्यमियों को आसानी हो।

जब यूरोपीय साझा बाजार/इइसी-इइएम बना तब यह अनुभव हुआ कि बड़ा आर्थिक ब्लॉक बनने से पिछड़े इलाकों की स्थिति और बिगड़ सकती है। इतने बड़े आर्थिक समूह में प्रतिद्वन्द्विता बढ़ने से कम कुशलता वाले क्षेत्रों की अर्थव्यवस्था और पिछड़ सकती है। इससे पहले अपने-अपने प्रान्तों द्वारा उनको जो खास संरक्षण मिले थे वे भी खत्म हो जाएँगे। कमजोर जमातों की मुश्किल बढ़ने की चिन्ता में फ्रांस के विकसित इलाके के किसानों को पिछड़े इलाके के किसानों का नुकसान भी शामिल था। यूरोपीय साझा बाजार की बातचीत में ये चिन्ताएँ बड़ी हैं।

क्षेत्रीय समस्याओं के खयाल के चलते संघ में पिछड़े इलाकों के लिए वित्तीय व्यवस्था तैयार की गई। फिन जेंसन और इंगो वाल्टर के अनुसार, "क्षेत्रीय विकास के लिए बना मुख्य उपकरण 'अन्तर-क्षेत्रीय स्थानान्तरण' व्यवस्था है। पूरे समुदाय में कर से जुटाए गए कोष का उपयोग पिछड़े और गरीब इलाकों में आर्थिक और सामाजिक संरचना खड़ा करने के लिये किया जाता है। इस कोष में अमीर क्षेत्रों का योगदान जरूरी है। इस उद्देश्य के लिए यूरोपीय निवेश बैंक इस समुदाय का सबसे महत्त्वपूर्ण उपकरण है।"[5]

इसी विषय पर आई कौंसिल फॉर यूरोप की रिपोर्ट कहती है, "क्षेत्रीय योजना बनाते समय इस बात का जरूर खयाल रखा जाता है कि अन्य हिस्सों से निचले स्तर का जीवन-यापन करनेवाले क्षेत्र के विकास को प्राथमिकता मिलनी चाहिए

और इसके लिए प्राकृतिक, सामाजिक और सांस्कृतिक संरचनाओं के विस्तार की नीति अपनानी चाहिए। यह एहसास भी किया गया है कि आर्थिक मामलों में सब कुछ स्वाभाविक विकास के भरोसे नहीं छोड़ देना चाहिए क्योंकि उससे मौजूदा असमानताएँ बढ़ती ही जा रही हैं।

कम विकसित इलाकों में ही गम्भीर सांस्कृतिक पिछड़ापन भी देखने में आ रहा है। तकनीकी और विशेषज्ञता वाली शिक्षा देनेवाले संस्थानों की कमी खास तौर से दिखाई देती है। ऐसे में, इन क्षेत्रों में कोई कार्रवाई न होने से हैरानी होती है। सो, इन इलाकों में सोच-समझकर स्कूल, सांस्कृतिक प्रतिष्ठान और अनुसंधान वाली संस्थाएँ बनाकर पूरे देश में जीवन-स्तर ऊपर करने में महत्त्वपूर्ण योगदान किया जा सकता है।"[6]

दुनिया के एक सबसे विकसित हिस्से के ठोस अनुभवों पर आधारित यह राय हमारे यहाँ व्याप्त इस धारणा से उलट जाती है कि पिछड़े इलाके स्वत: विकसित होते जाएँगे। उसके लिए खास प्रयास करने की जरूरत नहीं है। 'मुक्त बाजार का स्वर्ग' माने जानेवाले अमेरिका में भी ऐसा नहीं होता। अमेरिका में लोगों की आवाजाही बहुत तेज है और अमेरिकी पूँजीपति दुनिया भर में मुनाफे के लिए कहीं भी निवेश किया करते हैं, पर उन्हें भी अपने देश के कुछ हिस्सों में निवेश करना आकर्षक नहीं लगता। इसके इलाज के लिए मई 1961 में राष्ट्रपति जॉन एफ. कैनेडी ने पिछड़े इलाकों में निवेश को बढ़ावा देने के लिए सहयोग और लाभ हेतु 'एरिया रिडेवलपमेंट प्लान' शुरू किया। स्वाभाविक रूप से मुक्त व्यापार के पैरोकारों की तरफ से इसका विरोध हुआ, लेकिन वे कोई और समाधान न सूझा पाए और यही कहते रहे कि रोक-टोक से लोगों को ही नुकसान होता है। मुक्त व्यापार के सबसे बड़े पैरोकारों में एक सीनेटर गोल्डवाटर पिछड़े इलाकों के लोगों से स्थिति का सामना मजबूत दिल और कन्धों से करने की अपील भर करते रहे। निश्चित रूप से यह निष्कर्ष निकालना गलत होगा कि हमारी समस्याएँ अमेरिका जैसी ही हैं। हाँ, वहाँ के उदाहरण से यह जरूर साफ हो जाता है कि कहीं भी मुक्त बाजार व्यवस्था इतनी सहजता और सुगमता से नहीं चलती कि पूँजी और श्रम अपने स्वाभाविक ढंग से हर जगह पहुँचकर सबका विकास कर दें—अमेरिका में भी नहीं। उपरोक्त उदाहरण इस बात पर जोर देने के लिए दिए गए हैं कि पिछड़े इलाके की अर्थव्यवस्थाओं को अपने हाल और बाजार की प्रतिद्वन्द्विता के भरोसे पर छोड़ देने से समस्या का समाधान नहीं होनेवाला है। हमने फ्रांस या अमेरिका की चर्चा की, लेकिन भारत की समस्या उससे काफी बड़ी और जटिल है। यूरोप के विपरीत हमारे यहाँ की और बड़ी समस्या है, फंड का अधिक विकसित इलाकों में ही लगाते चले जाना, जैसाकि हमने अध्याय 3 में देखा है। सिर्फ निजी क्षेत्र के मामले में ही नहीं, सरकारी संसाधनों में भी विकसित इलाकों को ही ज्यादा हिस्सा

मिलता जा रहा है। अगर केन्द्र असमानता दूर करने के लिए काम भी करता तब भी भारत जैसे विशाल और भारी असमानता वाले देश में उससे कितना फर्क पड़ता, यह कहना मुश्किल है। केन्द्रीकृत नौकरशाही के लिए भी एक केन्द्र से काम करके इस समस्या को निपटाना आसान न था। इसके अलावा हम जिन्हें विकसित कह रहे हैं, वे भी पिछड़े इलाकों की तुलना भर में विकसित हैं। आर्थिक रूप से केन्द्र ज्यादा कुछ कर भी नहीं सकता। हाँ, यह उन बाधाओं को जरूर दूर कर सकता है जिससे राज्य अपने विकास के रास्ते पर चल सकें।

इस समस्या से आर्थिक और प्रशासनिक मुश्किलें तो जुड़ी ही हैं, गम्भीर मनोवैज्ञानिक समस्या भी जुड़ी हुई है और इन सबके चलते केन्द्र इसका निपटारा नहीं कर सकता। इसके दो कारण हैं। एक तो प्राथमिकता तय करने का मसला है। उप-राष्ट्रीयता वाले समूहों को स्वायत्तता देकर सन्तुष्ट करना मुश्किल है। उनकी प्राथमिकताएँ और भावनाएँ अलग ही हैं। दिल्ली में बैठे नौकरशाहों के लिये किसी इलाके के ग्रामीण क्षेत्रों से आ रही किसी माँग पर ध्यान देना मुश्किल है क्योंकि उनकी प्राथमिकताएँ अलग ही हैं। जैसे अगर बिहार सरकार की चले तो वह सिंचाई, बाढ़ नियंत्रण और विद्युतीकरण जैसी चीजों को सबसे पहले हाथ में लेगी। राज्य की नब्बे फीसदी आबादी गाँवों में रहती है और खेती पर निर्भर है, इसलिए उसके भले के लिए सिंचाई, बिजली और छोटे उद्योग-धन्धे जरूरी हैं जो बिजली से ही चलेंगे। इसके बावजूद केन्द्रीय योजना में सिंचाई एक उपेक्षित विषय है।

अंगरेजों के जाने के बाद से अब तक पूरी हुई या काम चल रही सिंचाई परियोजनाओं में (जिसमें दामोदर घाटी योजना का बिहार वाला हिस्सा भी शामिल है) 300 करोड़ रु. से ज्यादा खर्च होने का अनुमान नहीं है। इसकी तुलना बोकारो इस्पात कारखाने की लागत से करें, जिसमें 17 लाख टन का उत्पादन होने तक 750 करोड़ रुपये लगने का अनुमान है। अब इसकी क्षमता 55 लाख टन करने की योजना है जिस पर 2,500 करोड़ रुपये खर्च होने का अनुमान है। इसका मतलब यह हुआ कि बिहार, उत्तर प्रदेश और नेपाल में 34 लाख एकड़ सिंचाई करने और बिजली बनानेवाली दो बड़ी परियोजनाओं—कोसी और गंडक पर जितना खर्च हो रहा है, अकेले एक इस्पात कारखाने पर उससे दस गुना से भी अधिक रकम खर्च होनेवाली है। फिर, सिंचाई परियोजना के लिए विदेशी मुद्रा की कोई जरूरत नहीं होगी जबकि इस्पात कारखाने की मशीनरी मँगाने में इसकी बहुत जरूरत होगी। और ज्यादा अच्छा होता कि बिहार चीन की तरह जरूरत भर के लिए छोटे इस्पात कारखाने लगाता, भले ही इनका इस्पात बहुत अच्छा न हो, पर खेती के उपकरण और दूसरी स्थानीय जरूरतें इससे पूरी हो जातीं। पर योजना में नजरिये का फर्क होता है। अगर स्थानीय स्तर पर योजना बनती तो स्थानीय जरूरतों का खयाल रखा जाता, पर केन्द्रीय योजना में 'ज्यादा उन्नत उत्पाद बनाना' प्राथमिकता बन गई।

चूँकि सारी योजना दिल्ली के वातानुकूलित कमरों में होती है, इसलिए योजनाकारों के दिमाग में लोगों की तात्कालिक जरूरतों की जगह बड़े-बड़े ख्वाब ही हावी रहते हैं और फिर वे बड़े आराम से समृद्ध जमात की तरफ ही मुड जाते हैं। उनके लिए कार, फ्रिज, एअरकंडीशनर और टीवी का उत्पादन आम लोगों की जरूरत की चीजों के उत्पादन से ज्यादा महत्त्वपूर्ण हो जाता है। परिणाम यह है कि आजादी के पच्चीस साल बाद भी भारी निवेश के बावजूद बिहार जैसे राज्य सूखा (पहला 1967 में और दूसरा 1972 में) और चौतरफा गिरावट झेल रहा है। अब बोकारो को हम ताजमहल और विक्टोरिया मेमोरियल जैसी शान और दिखाने की चीज मानें तो अलग बात है वरना उससे स्थानीय लोगों का क्या फायदा होगा, यह साफ नहीं है।

पूरी दुनिया में स्वायत्तता और विकेन्द्रीकरण की माँग बढ़ती जा रही है। योजना प्रक्रिया को नीचे तक ले आने का दबाव इतना है कि एकीकृत शासन वाली व्यवस्थाएँ भी निचले स्तर पर विभिन्न क्षेत्रों को अपनी विकास योजना तैयार करने का अधिकार सौंप रही हैं। स्कॉटिश और वेल्स राष्ट्रीयताओं की लड़ाई बता रही है कि छोटी-छोटी राष्ट्रीयताओं को भी दबा पाना मुश्किल है जबकि ये लम्बे समय से ग्रेट ब्रिटेन का हिस्सा रह चुके हैं।

कई बार विभिन्न राष्ट्रीयताओं का विशिष्टता बोध और पहचान का सवाल अचानक किसी बात से जाग उठता है। ऐसा किसी खास तरह की शिकायत या शासन की किसी नीति या आर्थिक भेदभाव से हो जाता है। 1820 में स्कॉटिश लोगों ने अपनी प्रादेशिक सरकार बनाने की कोशिश की और आम हड़ताल का आवाहन किया जिसे 60,000 लोगों का समर्थन मिला। इसके बाद दंगा भड़क गया जिसमें तीन बागी मारे गए, पर यह आखिरी हिंसक आन्दोलन रहा। इसके बाद आन्दोलन ने सुधारवादी रुख अपना लिया। 1886 में उदारवादियों के प्रयास से स्कॉटिश होम रूल एसोसिएशन बना। वे इस बात में सफल हुए कि 1894 में ब्रिटिश संसद ने ही स्कॉटिश लोगों की अपनी समस्याओं पर विचार करने के लिए ब्रिटिश संसद के अधीन ही अलग स्कॉटिश विधान मंडल बना दिया। 1913 और 1914 में इसे अलग बनाने के लिए विधेयक लाया भी गया, पर प्रथम विश्व युद्ध के चलते वह अटक गया। युद्ध के बाद स्कॉटलैंड की आर्थिक स्थिति और खराब हुई और इंग्लैंड से उसके फर्क के सवाल पर स्कॉटिश लोग और आन्दोलित हुए। आर्थिक मन्दी वाले दौर में तो नाराजगी और बढ़ गई थी और एक बार तो स्कॉटलैंड को पूरी तरह अलग करने की माँग भी उठी।

अलग विधान मंडल बनाने में तो सफलता नहीं मिली, पर काफी सारी रियायतें जरूर मिल गईं। वहाँ के सांसदों को लेकर बनी स्कॉटिश कमेटी को 1948 से स्कॉटिश मामलों से जुड़े विधेयकों पर विचार करने का अधिकार मिला। 1939 में एडिनबर्ग में सेंट्रल एडमिनिस्ट्रेटिव अथॉरिटी बनाकर प्रशासनिक जबाबदेही भी

सौंप दी गई। अभी भी अनेक काम ग्रेट ब्रिटेन के पास ही हैं, पर शिक्षा, स्वास्थ्य और कृषि जैसे विषय स्कॉटिश ऑफिस को मिल गए हैं। अब अलग विधायिका का गठन ही रह गया है।

वेल्स में दो कारणों से राष्ट्रवादी भावना उभरी। इस इलाके का शैक्षिक और आर्थिक पिछड़ापन पहला कारण है तो इस इलाके के सारे जमींदार इंग्लिश होना भी वेल्स लोगों को अखरता था। जमीन मेहनतकशों की हो, यह माँग 1860 के दशक से उठी शुरुआत में ही यह आन्दोलन भी उदारवादियों के प्रभाव में आया। पर वेल्स में कोयला खान प्रमुख हैं, सो जल्दी ही कमान मजदूरों वाली लेबर पार्टी के हाथ आई, पर लेबर पार्टी के चलते वेल्स का जुड़ाव इंग्लैंड की राजनीति से भी हुआ। पर लिबरलों के किनारे होने से होमरूल का सवाल भी मद्धिम पड़ा। वैसे अभी भी संघीय सत्ता के नीचे तक आने का सवाल दबा नहीं है। स्कॉटलैंड की तरह यहाँ भी अलग विधानमंडल बनाने का मसला लटका ही हुआ है। पर यहाँ भी प्रशासनिक अधिकार नीचे तक आए हैं। 1964 से वेल्स एडमिनिस्ट्रेटिव ऑफिस कार्डिफ आ गया है। शुरू में इसके जिम्मे नगर प्रशासन, सड़क, नालियों जैसे विभाग थे, पर अब शिक्षा और स्वास्थ्य जैसे विषय भी आ गए हैं।

कम्युनिस्ट दुनिया में शीत युद्ध के चलते राष्ट्रवाद का मसला काफी दबा है, पर पूरी तरह खत्म नहीं हुआ है। रूस और अन्य जगहों पर भी राष्ट्रीय पहचान और स्वायत्तता का सवाल उठता रहता है। चेकोस्लोवाकिया में उदारवाद की माँग के पीछे भी यह विकेन्द्रीकरण की प्रेरणा थी। युगोस्लाविया में बहुत ही कठोर शासन के बावजूद क्रोएट राष्ट्रीयता का सवाल उठ ही रहा है। यह भावना कितनी प्रबल होती है, यह क्रोएट लोगों को देखकर समझ आती है जो गिनती में बहुत कम हैं और शक्तिशाली युगोस्लाविया शासन से लड़ नहीं सकते, पर मुट्ठी भर नौजवान ही मार्शल टीटो के आगे चुनौती पेश करते रहते हैं।

आज इस तरह के आन्दोलन दुनिया भर में उभर रहे हैं। स्कॉट और वेल्स आन्दोलन खास महत्त्व के हैं क्योंकि इंग्लिश संसद सबसे जवाबदेह संस्थाओं में है। इसका नागरिक प्रशासन भी सबसे चुस्त-दुरुस्त है। इसके बावजूद यह क्षेत्रीय आकांक्षाओं को पूरा करने में सफल नहीं हुआ है तो दूसरी जगह के शासन और विधानमंडलों से क्या उम्मीद की जा सकती है? यह बात भी ध्यान में रखने लायक है कि इंग्लैंड अपेक्षाकृत छोटा और सघन देश है। बड़े और विस्तृत देश के लिये समस्याएँ भी बहुत बड़ी हो जाती हैं।

कनाडा में क्षेत्रीय विषमताओं के चलते स्वायत्तता के दमदार आन्दोलन हुए हैं। 1963 के एक अध्ययन के अनुसार, कनाडा की प्रति व्यक्ति आय 1,532 डालर है, पर ओंटारियो की प्रति व्यक्ति आमदनी 2,025 डालर है जो न्यूफाउंडलैंड से दोगुनी है। और भी अन्तर इसी तरह के हैं। इसी अन्तर को लेकर क्युबेक के लोग,

जिनकी प्रति व्यक्ति आय 1,740 डालर है, स्वायत्तता की माँग कर रहे हैं। आर्थिक गैर बराबरी के साथ ही भाषायी अन्तर का सवाल भी जुड़ गया है क्योंकि यहाँ फ्रांसीसी बोलनेवालों का बहुमत है जबकि अधिकांश कनाडा अंगरेजी बोलनेवालों का है। गोर्डन मेरिल ने असमानताओं के बारे में कुछ यूँ लिखा है, "पिछले चालीस सालों से मेरीटाइम क्षेत्र ऊपर ही ऊपर रहे हैं। ओंटारियो और ब्रिटिश कोलम्बिया सदा ऊपर की जगह पर बने रहे हैं। 1930 के दशक की मन्दी में प्राइरी प्रान्त की हालत और खराब हुई, लेकिन 1940 के दशक में इसने तेज प्रगति की। चार दशकों में क्युबेक राष्ट्रीय औसत से थोड़ा नीचे ही रहा है। अटलांटिक प्रान्तों की स्थिति बदतर रहना एक सच्चाई है।"[7]

कनाडा में एक बार क्षेत्रीय विवाद मुल्क में अलगाव की स्थिति लाने तक पहुँच गए थे। अलगाववादी आन्दोलन तो सफल नहीं हुए, पर प्रान्तीय स्तर पर आर्थिक विकास के लिए ज्यादा आजादी की माँग मजबूत हुई है। केन्द्र से रिश्ता बराबरी का बना है और प्रान्तों के प्रतिनिधि केन्द्र के लोगों से उसी अन्दाज में मिलते हैं, जैसे किसी दूसरे देश का प्रतिनिधि पूरे लाव-लश्कर के साथ मिलता है। सबसे प्रबल क्युबेक नेता लेसाजे द्वारा चलाई नीति को पिछड़े इलाकों के लिये सबसे उपयोगी और अच्छा माना जाता है और इस बारे में इनके मंत्रिमंडल के एक सहयोगी रेने लेवेस्क्यु ने 'ली देव्यार' को दिए इंटरव्यू में कहा था, "हमारे लिये यह खास जरूरी है कि हम प्रान्तों के आर्थिक अधिकारों का प्रयोग करें क्योंकि कनाडा में कमजोर स्थिति वालों का ही बहुमत है। हमारे यहाँ निजी क्षेत्र इतना कमजोर है कि वह हमें एक झटके में गरीबी से बाहर ले जाने की स्थिति में नहीं है। ऐसे में हमारा मुख्य पूँजीपति सरकार ही है और भविष्य में भी वही रहनेवाली है। इसे क्युबेक के विकास और मुक्ति में एक सामान्य हिस्सेदार से भी ज्यादा बड़ी भूमिका निभानी होगी और एक रचनात्मक एजेंट का काम करना होगा। इसके बगैर हम अभी से ज्यादा कुछ नहीं कर सकते...। अपनी सरकार के साथ मिलकर ही हम अपने मकान का मालिक बन सकते हैं।"[8]

लसाजे की सरकार ने जोर-शोर से इसी नीति पर अमल किया। उसने निजी बिजली परियोजनाओं का राष्ट्रीयकरण किया और वित्तीय संस्थान बनाकर स्थानीय उद्योग-धन्धों को बढ़ावा दिया। इसने फेडरल सरकार पर दबाव बनाकर अपने प्रदेश की देनदारियाँ भी कम कराईं।

क्षेत्रीय विषमता और पिछड़े इलाकों की प्रवृत्तियों के बारे में हमने संक्षेप में दुनिया भर की जिस स्थिति को देखा, उससे यही लगता है कि इस तरह की असमानता का इलाज संसाधनों का केन्द्रीकरण करके नहीं किया जा सकता। इससे उलट, विकेन्द्रीकरण और स्वायत्तता ही इसका इलाज है। विकसित देशों में आबादी की आवाजाही खूब अधिक है और पूँजी भी काफी है, पर वहाँ भी सिर्फ आर्थिक

शक्तियों के भरोसे यह विषमता दूर नहीं होती। सो, कोई अविकसित देश इस तरीके से इस समस्या का समाधान कर ले, इसकी कोई सम्भावना नहीं है। और इसी रास्ते चलने की जिद का मतलब गरीब और पिछड़े इलाकों की परेशानियों को और लम्बा खींचना और गहराना है। यहाँ आर्थिक शक्ति के केन्द्रीकरण का मतलब भी पिछड़े इलाकों की और पूरे ही देश की ज्यादा परेशानी है क्योंकि अनुत्पादक नौकरशाही पर ज्यादा धन खर्च होता जाएगा।

विकास के लिए विकेन्द्रीकरण

चूँकि भारत की स्थितियाँ पश्चिम से अलग हैं, इसलिए समाधान भी अलग ढूँढ़ना होगा। वहाँ तो चौतरफा समृद्धि के बीच जहाँ-तहाँ गरीबी वाले कुछ छोटे हिस्से हैं। उनको अनुदानों और हल्की-फुल्की कोशिशों से वहाँ तो लाभ पहुँचाया जा सकता है, यहाँ नहीं। यह बात भी नहीं भूलनी चाहिए कि भारत के काफी सारे राज्य पश्चिम के कई देशों से भी बड़े हैं। यहाँ संसाधनों की भरमार हो और सिर्फ उनको नए तरह से बाँटने भर का काम नहीं करना है बल्कि यहाँ तो उन पिछड़े इलाकों को अपने संसाधन विकसित करने का पूरा अवसर और अधिकार देने की जरूरत है। हर इलाके को अपनी विशेष स्थिति में अपने लिए उपयोगी विकास नीति बनाने और चुनने की आजादी देकर ही यह काम किया जा सकता है। यहाँ जो योजना तमिलनाडु या केरल के लिए उपयुक्त होगी, वही बिहार या उत्तर प्रदेश के लिए भी हो, यह जरूरी नहीं है। उनकी जरूरतों के हिसाब से उनकी योजना बननी चाहिए और यह नई दिल्ली के ऊँचे भवनों के निर्देश से बने, यह जरूरी नहीं है। स्थानीय जरूरतों और स्थानीय प्रतिभा की उपयोगिता को वहीं मौजूद होकर समझनेवाले लोग यह काम बेहतर ढंग से कर सकते हैं। सारी योजना को केन्द्र से बनाकर लादना किसी को भी उपयुक्त नहीं बैठता। कुछ इलाकों की समस्याओं में औपनिवेशिक काल से बने सम्बन्ध भी जिम्मेवार हैं और वे स्थानीय लोगों की पहल को रोकते हैं। स्थानीय लोगों को ऐसी बाधाओं को आजादी देकर ही समस्या को बेहतर ढंग से निपटाया जा सकता है।

इस लक्ष्य को हासिल करने की तीन शर्तें हैं। राज्यों को अपने क्षेत्र के संसाधनों पर पूरा अधिकार देना—संसाधन मतलब प्राकृतिक, औद्योगिक और वित्तीय संसाधन। दूसरे, अपने इलाकी सारे प्रमुख उद्योगों, खदानों वगैरह पर राज्यों की मिल्कियत और नियंत्रण हो या ऐसा करने का अधिकार हो। फिर उसे अपने इलाके में व्यापार के नियमन का अधिकार हो जिससे उसके अपने उद्योग-धन्धों और नए उद्योगों को बाहर की प्रतिद्वन्द्विता से बचाया जा सके। राज्यों को अपने इलाके में लगनेवाले हर किस्म के उद्योग के लिए लाइसेंस जारी करने का अधिकार होना चाहिए। इसके अलावा राज्य सरकार को अपने इलाके के उद्योगों

के लिए तकनीकी जानकारी लेने और तकनीक सुधारने के लिए विदेशी सरकारों और कम्पनियों से बातचीत और समझौते करने का अधिकार होना चाहिए। केन्द्र हर राज्य की अलग-अलग किस्म की तकनीकी जरूरतों के लिए बातचीत और समझौते करने में सक्षम नहीं है, इसलिए उसके भरोसे रहने से काम नहीं चलेगा। और ऐसा करना केन्द्र के विदेशी मामलों वाले अधिकार क्षेत्र की कटौती भी नहीं है। अभी भी निजी क्षेत्र के लोग तो सीधी बातचीत करते ही हैं और सिर्फ केन्द्र की औपचारिक मंजूरी के बाद ऐसे समझौते करते हैं। राज्य सरकारें ऐसा करें, यह बात ज्यादा बेहतर है। यह वांछित है कि राज्य सरकारें अपनी जरूरत के लिए उतनी विदेशी मुद्रा पाएँ जितनी उनके यहाँ के उद्योग-धन्धों से कमाई या बचत हो रही हो। राज्यों की योजना को सार्थक और उपयोगी बनाने की ये न्यूनतम शर्तें हैं। इसके बिना केन्द्र सरकार राज्यों के योजनाकारों का जीना मुश्किल किए रहेंगे जैसाकि अभी तक होता रहा है।

यह समझना आसान है कि राज्यों की प्रभावी योजना के लिए पूर्वोक्त शर्तें जरूरी हैं। ऐसी कोई भी ढंग की योजना नहीं बनाई जा सकती जिसमें सारे या अधिकांश संसाधनों पर योजना बनानेवाले प्राधिकार का नियंत्रण ही न हो। आज राज्यों के लिए योजना बनानेवालों के सामने यही स्थिति होती है क्योंकि फैक्टरियों का उत्पादन, परिवहन व्यवस्था, खनिजों का उत्पादन और वित्तीय संसाधन उनके नियंत्रण से बाहर हैं। राज्यों की मौजूदा योजना ठीक इसी स्थिति में बनाई जाती है, अगर हम उन्हें योजना बनाना मान सकें तो। और अगर उनसे कोई अच्छा नतीजा नहीं निकलता तो इसका दोष भी उनको नहीं दिया जा सकता।

पिछड़े इलाकों में सार्वजनिक क्षेत्र की महत्त्वपूर्ण भूमिका दो कारणों से तय होती है। राज्यों की अविकसित स्थिति में औद्योगीकरण को महत्त्वपूर्ण भूमिका निभानी है। इन गरीब अर्थव्यवस्थाओं के पूँजीपति औद्योगिक विकास के लिए जरूरी संरचनात्मक ढाँचे का खर्च उठाने में असमर्थ हैं। ऐसे में स्वाभाविक है कि सार्वजनिक संस्थाएँ अगर विकास का ज्यादातर बोझ उठाने जाएँगी तो उनके लिए ही उत्पादन प्रक्रिया के लिए जरूरी इस निवेश में ज्यादा बड़ी भूमिका निभानी होगी। दूसरे, पिछड़े राज्यों में स्थानीय उद्यमियों के पास नई औद्योगिक गतिविधियों के लिए पूँजी न होने के चलते सार्वजनिक क्षेत्र की भूमिका और बड़ी हो जाती है। कम विकसित देशों में भी यह दुविधा रहती है, पर इतने विकट रूप में नहीं। स्थानीय 'पूँजीपति' बहुत छोटे उद्योग लगा सकते हैं या सार्वजनिक क्षेत्र के उद्यमों में या निजी क्षेत्र के बड़े उद्यमों में छोटे-छोटे काम का ठेका ले सकते हैं। और ऐसे में अगर सिर्फ बड़े निजी घरानों के भरोसे ही रहा जाए तो एक ऐसा समूह विकसित हो सकता है जो पूरे विकास की प्रक्रिया को ही अपनी जेब में डाल ले या राह से भटका दे। पर जिन क्षेत्रों में तकनीकी ज्ञान और कौशल स्थानीय

स्तर पर उपलब्ध न हो, उनमें किसी बड़ी देसी या विदेशी कम्पनी के साथ राज्य सरकार या स्थानीय निकायों का साझा उपक्रम लगाने की सम्भावना इससे बन्द नहीं होती। पर निजी क्षेत्र के हाथ में एक सीमा से ज्यादा चीजें न जाएँ, इसका ध्यान रखना होगा वरना बाहर से आनेवाली पूँजी ज्यादा बुरी तरह स्थानीय संसाधनों और श्रम का दोहन करना शुरू कर देगी, पर ये सब सिर्फ सम्भावित बातें हैं। जब स्वायत्त विकास की स्थितियाँ बनेंगी तब वास्तविक विकास के तरीकों पर बात की जा सकती है।

राज्य की जरूरतों के अनुसार बड़े उद्योग तो सार्वजनिक क्षेत्र में या उसके सहयोग से ही लगने चाहिए, लेकिन इन पिछड़े राज्यों का मुख्य जोर ग्रामीण इलाकों में छोटे और कुटीर उद्योगों के विकास पर होना चाहिए जिससे आम लोगों के जीवन स्तर में तेज विकास हो सके। इन उद्योगों के जरिये राज्य को अपनी जरूरत की अधिकांश चीजों का उत्पादन करने की कोशिश करनी चाहिए। इन्हें न सिर्फ सबसे ज्यादा बढ़ावा दिया जाना चाहिए बल्कि बाहरी उद्योगों से संरक्षण भी मिलना चाहिए। नए लघु और कुटीर उद्योग बाहर के बड़े उद्योगों का मुकाबला कर लेंगे, यह मान लेना गलत होगा। उनके पास इनसे लड़ने का न अनुभव होगा न संसाधन।

राज्यों द्वारा अपने यहाँ के उद्योगों को संरक्षण देना हमें उस सवाल पर लाता है जिसे गुन्नार मिरडल पारम्परिक और गृह उद्योगों पर आधुनिक उद्योगों का 'बैकवाटर इफेक्ट' कहते हैं। अगर कोई नया और आधुनिक उद्योग हस्तशिल्पों या कम कुशल उद्योग में लगे श्रमिकों को नया रोजगार दिए बगैर उन्हें नुकसान पहुँचाता है तो यह गरीब इलाकों की अर्थव्यवस्था के लिए कोई अच्छी बात नहीं है। हो सकता है कि इससे नए उद्योग का मुनाफा बढ़ जाए, पर उत्पादक मशीनों की बर्बादी और बेरोजगारी से होनेवाली मानवीय पीड़ा काफी अधिक हो जाती है। ऐसे में राज्य कुछ कम कुशल उद्योगों को भी संरक्षण दे तो इसमें कोई हर्ज नहीं है। इससे संसाधनों की बर्बादी रुकने के साथ ही रोजगार भी मिलता है। सभी अल्प-विकसित देश उद्योगों के बारे में ऐसी ही नीति चला रहे हैं। भारत जैसे देश में, जहाँ तकनीकी कौशल और उत्पादकता के मामले में क्षेत्रीय असमानता बहुत अधिक है, खुली प्रतिद्वन्द्विता की नीति पिछड़े इलाकों में कहर मचा देगी। क्या आज हस्तशिल्पों और करघों को संरक्षण देने की नीति इसी तरह की नीति नहीं है? असलियत तो यह है कि पिछड़े इलाके 'बैकवाटर इफेक्ट' से दोबारा परेशान हो रहे हैं। वे लिखते हैं : "शुरुआती दौर में देशज उद्यमियों के लिए प्रतिद्वन्द्वात्मक चुनौती दो दौर में आई। मेट्रोपॉलिटन देशों द्वारा तैयार मशीन निर्मित माल से पहली चुनौती आई। तब निर्यात करनेवाले देश में मजदूरों की माँग बढ़ी और उपनिवेशों पर उसका असर दिखा। दूसरे दौर में स्थानीय उद्योगों ने पारम्परिक उद्योगों के लिए संकट पैदा किया। इस बार उपनिवेशों को नुकसान के साथ कुछ नफा भी हुआ।"[9]

भारत जितना विशाल है, उसके चलते हुआ यह कि नुकसान तो पूरे मुल्क को भुगतना पड़ा, पर नफा सिर्फ कुछ दुलारे इलाकों को ही हुआ। और पिछड़े इलाकों पर कुल मिलाकर यह असर हुआ कि वे उपनिवेश के अधीन उपनिवेश बन गए। पिछड़े इलाकों और मेट्रोपॉलिटन केन्द्रों के बीच ध्रुवीकरण बढ़ता गया जिसमें पिछड़े इलाकों में बेकारी और दरिद्रता बढ़ती गई जबकि दूसरी ओर उद्योगों का संकेन्द्रण और रोजगार की भरमार होती रही। इस प्रकार बैकवाश प्रभाव सिर्फ उद्योग-धन्धों के विभिन्न क्षेत्रों में ही नहीं दिखा, इलाकाई पिछड़ेपन और विकास के रूप में भी नजर आया। यह प्रवृत्ति सबसे साफ ढंग से बिहार में दिखी है जिसकी चर्चा पहले की गई है—यहाँ ग्रामीणीकरण बढ़ा है, भूमिहीन मजदूरों की संख्या बढ़ती गई है और औद्योगिक गतिविधियाँ ठप्प पड़ गई हैं।

मिरडल का सुझाव है कि इस बैकवाटर प्रभाव से बचने के लिए पूर्व उपनिवेशों को सिर्फ उन चीजों का उत्पादन आधुनिक तकनीक से करना चाहिए जिसका वे आयात करते हैं या जिसको निर्यात करके कमाई की जा सके। जो सामान पुराने तरीके से तैयार न हो सकें, सिर्फ उन्हीं में आधुनिक मशीनों और कारखानों का इस्तेमाल होना चाहिए। चूँकि राज्यों पर ही लोगों को रोजगार उपलब्ध कराने और लोगों की बुनियादी जरूरतें पूरी करने का जिम्मा होता है, वह केन्द्र की तुलना में इन नीतियों को झट से लागू कर सकता है। केन्द्र के जिम्मे जो काम हैं, उनमें वह शहराती और समृद्ध लोगों की जरूरतों का ज्यादा ध्यान रखता है। अगर स्थानीय उद्योगों को संरक्षण दिया गया तो लोगों के उत्साह और पहल को काफी बढ़ावा मिलेगा और इसके सहारे देश की आर्थिक तसवीर को बदला जा सकता है।

औद्योगीकरण के मामले में चीन की सफलता का रहस्य यही हो सकता है। वैसे तो चीन में एक पार्टी का शासन और बहुत केन्द्रीकृत शासन व्यवस्था है, पर इसकी आर्थिक नीतियों में भारत की तुलना में स्थानीय पहल की काफी अधिक गुंजाइश है। वहाँ जो आधुनिक उद्योग लगे हैं उनमें बाहर से आनेवाले सामान को देसी ढंग से बनाने, निर्यात और रक्षा से सम्बन्धित सामान ही तैयार किए जाते हैं। फिर, चीन में पूरे देश के लिए नीति नहीं बनती। हाँ, कुछ लक्ष्य तय कर दिए जाते हैं और स्थानीय पहल से उन्हें हासिल करने को प्रोत्साहित किया जाता है। पूँजीपति वर्ग की अनुपस्थिति से भी उन्हें काफी लाभ मिलता है। इसके चलते न तो उन्हें प्रतिद्वन्द्विता झेलनी होती है न उनके लिए लागत खर्च ही सबसे ज्यादा चिन्ता का विषय बनता है और वे उपलब्ध उपकरणों से ही उत्पादन करते हैं।

प्रतिद्वन्द्विता न होने और सिर्फ उपलब्ध साधनों का इस्तेमाल करने से उन्हें जो लाभ है वह तो भारत में भी है ही—हमें भी चीन की तरह मानव संसाधनों की कमी नहीं है। चीनी व्यवस्था कोई काम करे या बेकार रहे, उसे भोजन मिलना ही है। दूसरी तरफ हमने भारत में कुछ बहुत कुशल इकाइयों में उत्पादन सीमित

करके बाकी सबके लिए 'बेकार रहो और भूखे मरो' की नीति अपनाई है। और प्रतिद्वन्द्विता पर कोई अंकुश न रहने से यह हो गया है कि जो भी थोड़ा पिछड़ा तो उसे मरना ही होता है जबकि वह जिस चीज का उत्पादन कर रहा होता है, मुल्क में उसकी कमी रहती है।

चीन कम कुशल उद्योगों में अपने लोगों को काम देने में इस चलते भी सफल रहा है क्योंकि उसने अपने घरेलू बाजार से गिनती के लोगों को छोड़कर बाकी सबके लिए चमक-दमक और दिखावे वाली चीजों को गायब कर दिया है। ऐसे में लोगों की बुनियादी जरूरतें पूरी हो जाएँ तब भी वह खुशी-खुशी काम करता है। उनमें दिखावे और फैशन की चाह भी कम हो गई है। ऐसी स्थिति में उसने स्थानीय प्रतिभा और पहल का इस्तेमाल करके शानदार नतीजे दिए हैं। एक विदेशी द्वारा की गई यह टिप्पणी वहाँ के विकास की प्रकृति को समझने में मददगार है : "उद्योगों को देहाती इलाकों में फैलाने के लिए चीन ने पाँच 'छोटे' का प्रयोग किया है—छोटे खदान; छोटे इस्पात कारखाने; सीमेंट कारखाने; छोटे खाद कारखाने और मशीनरी कारखाने। बल्कि इन पाँच से भी ज्यादा 'छोटे' का जोर है—छोटे पन-बिजलीघर, ईंट-भट्ठे वगैरह वगैरह। छोटे का मतलब सिर्फ आकार का छोटा होना नहीं है, इनका प्रबन्धन भी स्थानीय स्तर पर ही होता है। इनका उद्‌देश्य खेती का मशीनीकरण है।

परिणाम आश्चर्यजनक आए। 1970 में खेती के अस्सी फीसदी से ज्यादा उपकरण स्थानीय स्तर पर छोटी और मझोली फैक्टरियों में तैयार हुए। ट्रैक्टरों, इंटरनल कम्बस्टन इंजनों और कुछ खास तरह के उपकरणों का उत्पादन सांस्कृतिक क्रान्ति के बाद के पाँच वर्षों में पहले से काफी अधिक हो गया है। खेती के अधिकांश तरह के उपकरणों का उत्पादन दोगुने से ज्यादा हो गया है। धान के हार्वेस्टर का उत्पादन दस गुना हो गया है। देश का 60 फीसदी रासायनिक खाद और 40 फीसदी सीमेंट स्थानीय स्तर पर बनाया जा रहा है।

जिले की बेकार पड़ी फैक्टरियों की मशीनों का उपयोग करने तथा स्थानीय संसाधनों का इस्तेमाल करने के चलते इन स्थानीय फैक्टरियों की पूँजीगत लागत खर्च कम होता है। उपकरण और भवन साधारण ही होते हैं, पर स्थानीय जरूरतों के हिसाब से पर्याप्त होते हैं। खेती के मशीनीकरण से बेकार हो रहे खेत मजदूरों को यहाँ काम मिल जाता है और बाकी भी खाली बैठे या कम पानेवालों को रोजगार मिल जाता है।"[10]

यह दिलचस्प है कि चीन के कम्युनिस्ट शासक अपनी भारी आबादी को काम देने के लिए श्रम बहुल उद्योग लगाने की अर्द्ध गांधीवादी नीति का पालन कर रहे हैं जबकि मार्क्सवाद के हिसाब से सबसे उन्नत और आधुनिक उद्योग लगाए जाने चाहिए थे। इसी समस्या के चलते उन्होंने काफी हद तक विकेन्द्रित व्यवस्था भी

अपनाई है। इससे उलट भारत के नेता गांधी का नाम जपते रहते हैं, पर आर्थिक जरूरत के बावजूद उनके तरीकों को भुलाए रहते हैं। गुनार मिरडल भी इसी चलते पिछड़े देशों में छोटे और कुटीर उद्योगों को बढ़ावा देने का काफी हद तक गांधी का नजरिया मानते हैं।

दिल्ली की सरकार राष्ट्रीय स्तर पर अपनी नीतियों में बदलाव करेगी, यह उम्मीद करने के दिन अब बीत चुके हैं। योजना के पूरे स्वरूप और ढाँचे को न्यस्त स्वार्थ वाली ताकतें बदलने नहीं देंगी, पर सत्ता को राज्यों और उससे नीचे की इकाइयों तक विकेन्द्रित किया जाए तो सम्भव है कि समस्या के ज्यादा करीब बैठे नेता और लोग कुछ नया करने की कोशिश कर सकते हैं। अपनी नई मिली सत्ता का उपयोग करते हुए वे लोग अपने-अपने इलाके के उद्योग-धन्धों को बाहरी प्रतिद्वन्द्विता से बचाने का प्रयास भी कर सकते हैं। और यह नहीं मान लेना चाहिए कि ऐसा करने से तकली और चरखा युग आ जाएगा। जैसा चीन ने बता दिया है, यह उच्चतर तकनीक की दिशा में बढ़ने का एक चरण हो सकता है। साथ ही, सबसे बड़ी मानव सम्पदा का पूरा उपयोग भी किया जा सकता है।

यह आम धारणा है कि आधुनिक उद्योगों पर आधारित विकास का सम्बन्ध उस मुल्क के बड़े आकार से है। इस बात को दो सबसे बड़े औद्योगिक देशों, अमेरिका और सोवियत संघ के आकार से जोड़कर देखा जाता होगा। पर जो यह बात मानते हैं वे जापान और पश्चिमी जर्मनी को क्यों भूल जाते हैं? दरअसल, मुल्क का आकार उत्पादन की मात्रा भर के लिए महत्त्वपूर्ण है और इसका महत्त्व भी सैनिक मामले भर के लिए है। आम लोगों के हिसाब से तो उत्पादकता और किसी सामान की प्रति व्यक्ति उपलब्धता ही महत्त्वपूर्ण है। जहाँ तक विकास के स्तर की बात है तो स्विट्जरलैंड, स्वीडन और लक्जमबर्ग जैसे छोटे देश भी इन बड़े मुल्कों की बराबरी में बैठते हैं। उनके यहाँ का जीवन स्तर सोवियत संघ से काफी अच्छा और अमेरिका के काफी नजदीक है। अगर तकनीक के क्षेत्र में काफी प्रगति हो तब भी कच्चे माल की कमी का असर होता है, पर जापान अधिकांश कच्चा माल आयात करके, और कई चीजों में तो शत-प्रतिशत आयात करके उस अमेरिका की बराबरी की स्थिति में है जिसके पास लगभग सभी तरह का कच्चा माल अपने ही यहाँ उपलब्ध है। स्विट्जरलैंड का आकार बहुत छोटा है, इसके बावजूद वह घड़ियाँ और दवा बनाने में दुनिया का अगुआ बना हुआ है। इसलिए इस बात से चिन्तित होने की जरूरत नहीं है कि छोटे स्वायत्त इलाके की आर्थिक योजना में कोई मुश्किल होगी या विकास प्रभावित होगा।

एक बार सत्ता के विकेन्द्रीकरण का फैसला हो जाए तो अधिकांश आर्थिक और प्रशासनिक समस्याओं का निदान आसानी से हो सकता है। रेलवे, रेडियो, डाक सेवा वगैरह का कामकाज स्वायत्त बोर्डों या निगमों को सौंपा जा सकता है

और उनमें राज्य के प्रतिनिधि रहेंगे जो दिशा देने में अपनी जिम्मेवारी निभाएँगे। इसके अलावा इन संस्थाओं में सत्ता का कुछ अवमूल्यन भी किया जा सकता है और कुछ शक्तियाँ राज्य में काम कर रहे क्षेत्रीय दफ्तरों के हवाले किए का सकते हैं। ये क्षेत्रीय कार्यालय राज्य के प्रतिनिधि प्राधिकार के अधीन काम करेंगे। स्विट्जरलैंड की तरह सशस्त्र बलों का काम भी विकेन्द्रित किया जा सकता है जिसमें केन्द्र के जिम्मे भर्ती का काम हो और जरूरत के समय उनकी कमान केन्द्र को सौंपी जा सकती है।

निस्सन्देह ऐसा होने से भारत का पूरा राजनीतिक ढाँचा बदल जाएगा और केन्द्र के पास बहुत कम शक्तियाँ और काम रह जाएँगे। इसके लिए संविधान में काफी बदलाव करने पड़ेंगे, जिसमें मौलिक अधिकारों वाला हिस्सा भी होगा। ऐसा होना भी चाहिए। अगर कुछ लोगों ने सारे भारतवासियों की तरफ से कोई घोषणा की है तो हर हाल में उसे वैसे ही रखने का कोई मतलब नहीं है। हर पीढ़ी के लोगों की अपनी अलग समस्या होती है और वे उसका समाधान अपने तरीके से वे ही निकाल सकते हैं। एक अलग स्थिति में बने संविधान के छपे शब्दों के लिए भविष्य की पीढ़ी के हाथ-पाँव नहीं बाँधे जा सकते। संविधान को भी लोगों की नई जरूरतों और माँगों के अनुरूप बदलना चाहिए।

भारत में शक्ति का नया बँटवारा और शासन की निचली इकाइयों को सशक्त बनाने भर से कई सारी समस्याएँ सुलझ जाएँगी। इनमें भाषा की समस्या भी एक है। इस समस्या पर अभी तक जितने भी प्रयास हुए हैं, सबमें भावनात्मक उभार भड़का है, पर यह स्पष्ट है कि अंगरेजी आधिकारिक भाषा नहीं रह सकती। इसका सीधा सा कारण है कि यह लोगों की भाषा नहीं है। जो लोग कहते हैं कि पहले भी संस्कृत और फारसी लोगों की भाषा न होते हुए भी शासन की भाषाएँ थीं, वे तब और आज की स्थिति के अन्तर को भूल जाते हैं। पहले की आधिकारिक भाषाएँ सम्राटों और साम्राज्यों की भाषाएँ रही हैं। आज लोकतंत्र है अर्थात लोगों का शासन है। सो, लोगों की भाषा में ही सरकारी कामकाज भी होना चाहिए। पर जिन थोडे लोगों का स्वार्थ केन्द्रीकृत शासन और नौकरशाही पर आधारित शासन से जुड़ा है, उनका न्यस्त स्वार्थ अंगरेजी को चलाने में भी है। इससे वे लोगों से शासन की दूरी बनाए रखते हैं।

यह बात भी उतनी ही स्पष्ट है कि किसी भी एक भारतीय भाषा को दूसरी भाषा बोलनेवाले आधिकारिक भाषा नहीं मानेंगे। सो, एकमात्र समाधान आठवीं अनुसूची में दर्ज सभी भाषाओं को समान मानना है। अब अगर आज की ही तरह सारा कामकाज केन्द्र के हाथ में रहा तो एक भाषा से दूसरी में अनुवाद कराने का काम काफी भारी हो जाएगा। एक परिपत्र को कई-कई भाषाओं में तैयार कराना होगा। पर केन्द्र के ज्यादातर काम यदि राज्यों को सौंप दिये गए और केन्द्र सिर्फ

समन्वय का काम देखने लगेगा तो तो यह काम भी ज्यादा नहीं रह जाएगा। अंगरेजी से जुड़ी एक खास किस्म की कुलीनता या श्रेष्ठताबोध खत्म होगा तो आम लोग भी शासन से नजदीकी महसूस करेंगे। और इतनी न्यूनतम नजदीकी हो, तभी उनकी रचनात्मकता जगेगी औए वे बेहतर भूमिका निभा पाएँगे।

एक अन्य समस्या जिस पर बात तो बहुत हुई है, पर कुछ भी फलदायी काम नहीं हुआ है, वह है भारत-पाक महासंघ जिसमें अब तो बांग्लादेश को भी जोड़ना होगा। बल्कि भारत में कई बार यह बात इस अन्दाज में उठाई जाती है मानो उन दोनों देशों पर हमला करके उन्हें अपने में मिलाकर ही महासंघ बनेगा। 1971 में भारत-पाक युद्ध के बाद भी महासंघ की बात उठी थी और यह भारत का पलड़ा ऊपर रखने का एक अच्छा मौका था, पर जो लोग भी ऐसा कहते हैं कि वे भूल जाते हैं कि युद्ध के जरिये जीत अलग बात है और महासंघ बनाना एकदम अलग और यह काम सभी पक्षों के लोगों की सदिच्छाओं के बगैर नहीं हो सकता। और यह भरोसा तब बनेगा जब पड़ोसी यह देखेंगे कि भारत में राज्यों और निचली शासन इकाइयों को कितनी स्वायत्तता मिली है और केन्द्र उन पर अपनी मर्जी नहीं थोपता। अगर बांग्लादेश के लोगों को दिखेगा कि भारत भी अपने पिछड़े प्रदेशों से वैसा ही व्यवहार करता है जैसा इस्लामाबाद उसके साथ करता था तो वह क्यों ऐसे संघ में आना चाहेगा। पर भारत अगर राज्यों का संघ बनता है और उनको अपना काम करने की स्वायत्तता देता है तो सम्भव है कि उसे देखकर पड़ोसी भी ऐसे संघ में आना पसन्द करेंगे। ऐसा करके ही हम उस एकता को पाएँगे जिसकी लालसा अभी भी इस उपमहाद्वीप के काफी लोगों के मन में है, पर इसके लिए हिन्दुस्तानियों को यह भ्रम छोड़ना होगा कि वे बड़े भाई हैं और महासंघ में उनकी ही चलनी चाहिए। राष्ट्र एक सांस्कृतिक इकाई भर नहीं है यह एक शासकीय इकाई भी है और इसे उसी हिसाब से चलाना होता है।

हमने कुछ इलाकों और राज्यों की अभी भी बरकरार औपनिवेशिक स्थिति की चर्चा की है। इससे यह धारणा बन सकती है कि क्षेत्रीय माँगों को किसी अन्य क्षेत्र के खिलाफ ही होना चाहिए। इस धारणा को दूर करना होगा। जिस तरह के शोषण की चर्चा हमने की है, उसमें सिर्फ मुट्ठी भर लोगों का ही लाभ होता है। इनमें पूँजीपति, नौकरशाह और राजनेता होते हैं। यही तिकड़ी मिल-जुलकर काम करती है और ऐसे शोषणकारी नीतियों का अधिकांश लाभ बटोर ले जाती है।

इसे एक उदाहरण से ज्यादा अच्छी तरह समझा जा सकता है। मारवाड़ी व्यवसायियों ने देश में हर कहीं अपना औद्योगिक-व्यावसायिक कारोबार फैलाया है, पर इसका यह मतलब नहीं है कि इससे राजस्थान के सारे लोगों को काम मिलता है और लाभ उन सबकी झोली में जाता है। असलियत यह है कि राजस्थान भी बिहार की तरह मुल्क का एक पिछड़ा राज्य है जो अक्सर सूखा और अकाल झेलता है।

सच्चाई यह है कि पूँजीपति कहीं के नहीं होते। वे सिर्फ उन जगहों पर जाते हैं और अपना बनाते हैं जहाँ ज्यादा मुनाफा हो। और मारवाड़ी व्यवसायी भी राजस्थान में निवेश करने की जगह बम्बई, कलकत्ता या कानपुर में निवेश करना पसन्द करते हैं। उन्हें अपने लोगों का जीवन सुधारने की जगह मुनाफे की चिन्ता रहती है। दूसरे पैसे वालों की भी यही कहानी है और काफी हद तक यह व्यवस्था ही उनसे यह सब करवाती है। इस असमानता पैदा करनेवाले रिश्ते को समाप्त करने के लिए सत्ता को पुनर्गठित किए जाने की जरूरत है।

हमने राजनीतिक, प्रशासनिक और आर्थिक विकेन्द्रीकरण की चर्चा की है। जब तक राजनीतिक पार्टियों के अन्दर भी कुछ बदलाव न होंगे तब तक इस दिशा में किए जानेवाले संविधानिक बदलाव भी कानून की किताब के छपे अक्षर बनकर रह जाएँगे। हमने देखा है कि केन्द्रीकृत ढंग से चलनेवाली पार्टियाँ संविधान द्वारा दिए प्रावधानों को नहीं मानतीं या उन्हें बेमानी बना देती हैं। केन्द्रीय नेतृत्व के आगे राज्य की इकाइयाँ बिछ जाती हैं और उनकी राज्य सरकारें वही करती हैं जो उनका केन्द्रीय नेतृत्व कहता है। कानून से मृत्युदंड तो रोका जा सकता है, पर आत्महत्या को कैसे रोका जा सकता है? राष्ट्रीय पार्टियों में राज्यों के अधिकार को बचाने का इन्तजाम भी होना चाहिए। इसके लिए पार्टियों का गठन भी संघीय ढाँचे के अनुसार होना चाहिए और उन्हें भी सत्ता के विकेन्द्रीकरण को अपने संविधान का हिस्सा बनाना चाहिए।

यह बात भी स्पष्ट कर देनी चाहिए कि राज्यों को अधिकार देने का मतलब सत्ता के विकेन्द्रीकरण का अन्त नहीं है। भारत के अनेक राज्यों का आकार काफी बड़ा है। उनका विभाजन न भी हो तो उनको कई प्रशासनिक इकाइयों में बाँटकर अधिकारों को बाँटा जा सकता है। आज तो भारत के कई राज्य दुनिया के कई देशों से बड़े आकार के हैं। भारत को अपने पिछड़ेपन और प्रशासनिक खर्च उठाने की अक्षमता के चलते प्रशासनिक शक्तियों विकेन्द्रीकरण तब तक करना चाहिए जब तक लोगों के पास शासन चलाने का वास्तविक भाव न आ जाए। और यह कहाँ तक जाए, यह फैसला भी लोगों को उनके अनुभव के आधार पर ही करने देना चाहिए। इसके लिए कोई बना-बनाया नियम नहीं होना चाहिए, पर सबसे पहले सबसे पहला काम होना चाहिए—पहले राज्यों को स्वायत्तता देनी होगी जिससे प्रशिक्षित होकर लोग और निचली इकाइयों का काम सँभालेंगे। राज्यों के अधिकार सबसे पहले कायम हों क्योंकि उनकी जेब में कुछ होगा तभी वे उसे नीचे बाँट पाएँगे।

अमने-सामने मुल्क और मनुष्य

राष्ट्र राज्य की भक्ति दो कारणों से फलती-फूलती है। इसके पीछे पूँजीवादी वर्ग और नौकरशाही की ताकत लगी होती है जो राष्ट्र का दायरा और संसाधन बढ़ने से

लाभ पाते हैं। दूसरे भावनात्मक स्तर पर भी यही शासक वर्ग एक इलाके से, एक भूमि से निष्ठा का ढोल भी यही लोग पीटते हैं जो जनमत बनाते हैं कि महान देश में रहने का गौरव क्या होता है। और एक और कारण है, जिसके चलते लोग इस प्रचार के असर में आते हैं—अपने अन्दर की असुरक्षा भावना के कारण।

लोग इस अज्ञात दुनिया में अपने अस्तित्व के लिए बड़े राजनीतिक और आर्थिक साम्राज्य की इच्छा रखते हैं। उन्हें लगता है कि जितने बड़े इलाके की जलवायु और उसके संसाधनों पर उनका कब्जा होगा, वे उतने अधिक सुरक्षित होंगे। और यह सिर्फ जलवायु भर का मामला नहीं है, यह आर्थिक और सामाजिक भी है। इसलिए जब शासक और जनरल अपने साम्राज्य का विस्तार करते थे तो लोग मन से उनके लिए तालियाँ बजाते थे तो उसके पीछे यही भावना थी। छोटे आदमी के अन्दर भी यह बड़ी जीतें कुछ चीज भरती थीं। वह खुद को इस महान साम्राज्य का हिस्सा मानकर खुश होता है। अपने रोजाना के जीवन संघर्षों से ऊबे आदमी को ये जीतें निहाल करती हैं क्योंकि खुद उसके जीवन में इन चीजों की कमी रहती है।

पर विश्व इतिहास पर नजर डालने से साफ होता है कि जब बड़े-बड़े साम्राज्य बनाने का जुनून अपने चरम पर है, तभी इस राष्ट्रभक्ति का उतार भी शुरू हो गया है। दुनिया अब छोटी राजनीतिक इकाइयों की तरफ बढ़ सकती है। यह चीज स्वतंत्र बड़े मुल्कों के अन्दर से छोटे देशों के निर्माण से आए या फिर संघीय व्यवस्था के तहत, अधिकांश अधिकार राज्यों के पास आने से यह इस बात पर निर्भर करेगा कि केन्द्रीय सत्ता विकेन्द्रीकरण की बात के प्रति कैसा रुख अपनाती है। (इसका मतलब आर्थिक तानाशाही नहीं है। आर्थिक मामलों में ज्यादा सहकारिता चल सकती है)। यह सही है कि कुछ सबसे बड़े देशों में किसी तरह की आन्तरिक क्षेत्रीय सुगबुगाहट सुनाई नहीं देती। इसका कारण यह हो सकता है कि वहाँ के लोग अब भी उसके बड़ी शक्ति होने से खुद को गौरवान्वित महसूस कर रहे होंगे।

पर सैनिक खर्चों और शक्ति की प्रतिद्वन्द्विता ने अब इतना विकराल रूप ले लिया है कि अमेरिका और सोवियत संघ, दोनों ही हाथ खड़े करने की मुद्रा में आ गए हैं। और अभी यह कल्पना करना मुश्किल है कि सैनिक खर्चों में कटौती का यह प्रयास वहाँ के लोगों के भावनाओं पर क्या असर डालेगा? सबसे पहले तो यह एक-दूसरे का हौवा खड़ा करनेवाली चीज को खत्म करेगा। इससे लोगों के अन्दर सुरक्षा का कुछ भरोसा बढ़ेगा। इससे सेना और हथियारों की ताकत का गुणगान करते रहने का भाव भी विदा होगा।

जब एक बार सैनिक खतरे का भूत उतरेगा तो बड़े केन्द्रीकृत राष्ट्र की मौजूदगी को लेकर सवाल उठेंगे। अगर सैनिक ताकत वाले पक्ष को भुला दें तो बड़े देश होने भर से दूसरा कोई लाभ नहीं रहता। और आम आदमी के हिसाब से इसका घाटा बहुत सारा होता है। देश के ऊपर एक विशाल नौकरशाही का बोझ

डालने के संग ही बड़े देश अपने लोगों के व्यक्तित्व को बौना भी बनाते हैं। जो कुछ लोग सत्ता में होते हैं उनका कद तो बढ़ता है, पर बाकी सब बौने होते जाते हैं। राजनीतिक व्यवस्था लोकतांत्रिक है या तानाशाही की, सामाजिक बदलाव की आम आदमी की पहल समाप्त ही हो जाती है। जब तक आपके पीछे किसी बड़े संगठन की ताकत नहीं होगी, आप समाज पर कोई प्रभाव नहीं छोड़ पाएँगे। इन संस्थाओं से प्रभावित होने का मतलब भी अपनी बात आगे बढ़ाने के लिए काफी श्रम करना होगा। दूसरों की महत्त्वाकांक्षा को पीछे छोड़ते या पैरों से रौंदकर आगे निकलना सबके वश का है भी नहीं। और एक बर गिरने का मतलब और भी बुरा है। ऐसे में यह स्वाभाविक है कि इन बड़े मुल्कों की राजनीति में जो आगे बढ़ते हैं वे सत्ता के शीर्ष पर आते-आते निर्दय शैतान बन गए जाते हैं। ऐसा लगता है कि बड़े मुल्कों के साथ केन का श्राप जुड़ गया है। इन मुल्कों की राजनीतिक स्थिति की विडम्बना यह है कि जो शीर्ष पर पहुँचता है वह सर्वज्ञाता और भाग्यविधाता होने का दावा भी करता है और मौजूदा माहौल में मीडिया भी लोगों को उसके दावे पर भरोसा दिलाने में जुट जाता है।

अन्तरराष्ट्रीय तनातनी का कृत्रिम माहौल जैसे ही समाप्त होगा, लोग खुद से चीजों को समझ जाएँगे। आज न कल लोग यह भी जान जाएँगे कि राष्ट्रवाद के शोर के पीछे की क्या कलाकारी है। एक बार जब वे अपने अधिकारों के बारे में ज्यादा सचेत हो जाएँगे और अपने व्यक्तित्व के महत्त्व के बारे में सोचने लगेंगे तब वे यह सवाल भी पूछने लगेंगे जो बड़े राष्ट्र की वकालत करनेवालों को परेशान करेंगे। फिर वे राष्ट्र के प्रति अपने कर्तव्यों और अधिकारों की तुलना करना शुरू करेंगे। फिर उन्हें महसूस होगा कि शासन उनका संरक्षक होने से ज्यादा उनके अधिकारों को हड़पनेवाला है, वह जितना आजाद नहीं करता उतना गुलाम बनाता है। और सम्भव है फिर वे इस नतीजे पर पहुँचें कि शासन के आकार-प्रकार में कटौती करके ही उससे जुड़ी बुराइयों को दूर किया जा सकता है।

पश्चिम के विकसित और शक्तिशाली देशों के नागरिकों में ये बदलाव आने में शायद ज्यादा समय लगेगा क्योंकि अभी से सत्ता और शक्ति के गरूर में हैं और उनका जीवन स्तर भी ऊँचा है। पर अविकसित देशों में, जहाँ रोटी और बन्दूक के बीच चुनाव करना है, सत्ता की चकाचौंध जल्दी खत्म होगी। भारत जैसे गरीब मुल्क में मजबूत और बड़े शासन का मतलब शासक और शासित के बीच की खाई को और बढ़ाना है। दिल्ली से इतने बड़े देश का शासन चलाने के चलते यहाँ एक ऐसा वर्ग पैदा हो गया है जो सिर्फ राजनेताओं के प्रत्यक्ष या अप्रत्यक्ष जुड़ाव से ऊँची कुर्सी और सुविधाएँ पा रहा है जबकि कोई भी उत्पादक काम नहीं करता। यह जमात या तो खुद राजनीतिक पद लेती है या उनके लिए दलाली करती है। अपने राजनीतिक सम्बन्धों का इस्तेमाल करके यह वर्ग सम्पत्ति बनाता है और फिर पैसे वालों के

साथ सम्बन्ध विकसित करता है। दूसरी तरफ देश के विशाल आकार और अपार विविधता के बीच सामान्य भारतीय गुम-सा हो जाता है। फिर वह अपनी राजनीतिक और सामाजिक चिन्ताएँ भी छोड़ देता है और अपनी रोजी-रोटी में जुट जाता है।

यूनानी लोग अपने-आपमें डूबे रहनेवाले को मूर्ख कहते थे। आज बड़े मुल्क अपने अधिकांश लोगों को मूर्ख बना रहे हैं। ऐसी स्थिति में राजनीति आसानी से उचक्कों और बदमाशों के हाथ आ जाती है। भारत में भी नेता लोग अच्छे नारों और चालाकी भरे प्रचार से लोगों को बेवकूफ बनाए रखते हैं और वे अपनी समस्याओं को भूलकर ऐसे नेताओं के पीछे लगे रहते हैं। शासकों और शासितों के बीच गहरा अन्तर है। इसके ऊपर से अपने यहा जाति का खेल भी है। नई राजनीति ने भी कुछ उसी की तरह का भेद बना दिया है। रोनाल्ड सेगल ने भारत की स्थिति को लेकर कुछ इस तरह की टिप्पणी की है : "भारत में कुछ समय बिताते और घूमते ही किसी को भी शासकों और शासितों के बीच का अनतर समझ आ जाता है। ऐसा लगता है कि भारत बिल्कुल दो तरह के लोगों का है—एक तो सौ में एक से भी कम लोगों वाला समूह है जिसके पास सत्ता है, प्रेस है, मनोरंजन के साधन हैं और अलग तरह की महत्त्वाकांक्षाएँ हैं—दूसरी ओर आम लोग हैं जिनका अपना संचार का तरीका है, एकदम अलग ही जीवन है।"[11]

कोई भी राजनीतिक व्यवस्था तभी जीवन्त रहती है जब वहाँ के लोग और उनके चुने हुए प्रतिनिधियों की चिन्ता साझा होती है। यह एक जीवन्त रिश्ता होता है जिसमें सूचनाओं और भावनाओं का आदान-प्रदान चलता रहता है। पुराने लोग और बातें छँटती जाती हैं और नये लोग आते रहते हैं। भारत का आकार जैसा है, उसमें इस तरह की प्रक्रिया का चल पाना असम्भव है। इसलिए संचार एकतरफा होकर रह गया है। सारी सूचनाएँ और निर्देश ऊपर से ही आते हैं। लोग सिर्फ सुन सकते हैं, उनकी बात ऊपर जाने का कोई रास्ता नहीं है न इसके उपकरण हैं। कई बार कुंठा और निराशा के चलते वे आवाज उठाते हैं और इस विशाल भूमि पर इन बातों का असर भी गुम हो जाता है। इसलिए लोगों के पास बदलाव का इन्तजार हाथ पर हाथ धरे बैठे रहने के अलावा कुछ नहीं है। लोगों के इस दब्बू और अकर्मण्य रवैये के बीच शासक जमात चैन से अपनी दुनिया में मगन रहती है।

बड़े मुल्क के पक्ष में सुरक्षा और शान्ति वाला तर्क भी हमें ज्यादा दूर नहीं ले जाता। दुनिया में अगर शान्ति को खतरा है तो बड़े देशों की आपसी होड़ और खटास के चलते ही। दूसरे विश्व युद्ध के बाद तीसरी दुनिया के नाम से छोटे देशों का समूह उभारने का प्रयास तो होता रहा है, पर वे सब भी महाशक्तियों के साथ घुले-मिले रहे हैं या महाशक्तियाँ उनके अन्दरुनी मामलों पर को प्रभावित करती रही हैं। पर शायद ही किसी महाशक्ति ने अपने अधीन के अविकसित इलाके के लोगों या राष्ट्रीयताओं की माँगों पर ध्यान दिया है या खुद उनके यहाँ समस्याएँ न हों। और

यह भी नहीं है कि इनको निपटाए बगैर कोई बड़ी शान्ति कायम की जा सकती है। साम्राज्यवाद और उपनिवेशवाद से आजादी की लड़ाई तो किनारे लग रही है, पर क्षेत्रीय असमानता दूर करने और स्वायत्तता की लड़ाई शायद अभी-अभी शुरू हुई है।

छोटे स्वतंत्र राष्ट्र के विचार का समर्थन करना इन दिनों फैशन में नहीं है। अभी और बड़े और ताकतवर देश के पक्ष में माहौल है। पर शायद जल्दी ही एहसास होगा कि बड़े मुल्क का मतलब बड़ी फौज और विशाल नौकरशाही होगी जो न मानवीय आजादी के अनुकूल बैठती है न शान्ति के। चौबीसों घंटे, तीसों दिन की निगरानी, पहरेदारी, अन्तरराष्ट्रीय जासूसी और उलझाव बड़े मुल्कों से जुड़ी चीजें हैं और इस अनवरत की होड़ में कोई नहीं रुक सकता। असल में शान्ति तभी आएगी जब बड़े सशस्त्र देश न होंगे। पहले जब कभी बहुत छोटी फौजें ही लड़ा करती थीं तो यह सम्भव था कि छोटी ताकत भी विशाल इलाके को जीत ले। आज स्थिति बदल गई है। आज तो हर लड़ाई एक जन-युद्ध में बदल जाती है और हमला झेल रहे मुल्क के लगभग सभी लोग मुल्क बचाने की लड़ाई में शामिल हो जाते हैं। और फिर हमलावर को युद्ध जीतने के लिए इतने संसाधन झोंकने होते हैं कि अगर वह बहुत ताकतवर लेकिन छोटा मुल्क है तो उसके संसाधन जीत के लिए पूरे नहीं पड़ सकते। वियतनाम युद्ध की कीमत अमेरिका को कितनी चुकानी पड़ी, यह एक उदाहरण है। ऐसी स्थिति में अगर दुनिया में सिर्फ छोटे देश हों और बड़े देश न रहें तो युद्ध बेकार हो जाएँगे। किसी भी देश पर दूसरे द्वारा हमला करने का विरोध आसपास के सभी देश काफी जोर-शोर से करेंगे, जिनकी मिली-जुली ताकत हमलावर देश से ज्यादा होगी ही। यह स्थिति निरस्त्रीकरण को बढ़ावा देने के लिए पर्याप्त होगी। इसके विपरीत आज स्थिति यह है कि दोनों महाशक्तियों की मारक क्षमता सारी दुनिया के देशों की मारक क्षमता के कुल जोड़ से भी कई गुना ज्यादा है। ऐसे में सशस्त्र युद्ध विराम तो हो सकता है, स्थायी शान्ति कायम होना असम्भव है। यह सही है कि आज महाशक्तियों को अपनी सैन्य शक्ति को नीचे लाने के लिये समझाना असम्भव है। अभी तो वही सारी दुनिया को धमकाए रखने की स्थिति में हैं। यह काम तो उन देशों के लोगों पर छोड़ा जा सकता है पर बाकी देशों, खासकर अविकसित देश फौज और हथियारों पर देश का कीमती संसाधन बर्बाद करना बन्द कर सकते हैं। इससे उन्हें न सिर्फ आर्थिक मामलों में राहत मिलेगी बल्कि शक्ति को विकेन्द्रित करने में भी मदद मिलेगी जो उनके विकास के लिए जरूरी है।

परिशिष्ट

आन्तरिक उपनिवेश

राजनीतिक संकट की जड़

भारतीय राजनीतिक और आर्थिक व्यवस्था के बुनियादी चरित्र को हम औपनिवेशिक शासन से जुड़कर ही विकसित हुई आन्तरिक उपनिवेश प्रणाली से ही ठीक से समझ सकते हैं। औपनिवेशिक व्यवस्था ने औपनिवेशिक बाबू समाज बनाया और उसी दौर में उपभोक्तावादी संस्कृति फली-फूली। साम्राज्यवादी शासन की प्रशासनिक और प्रबन्धकीय जरूरतें उसके अपने लोगों से पूरी नहीं हो रही थीं, इसीलिए एक बाबू वर्ग तैयार किया गया। इसी प्रकार साम्राज्यवादी व्यावसायिक घरानों के पिछलग्गू के रूप में एक देसी पूँजीपति वर्ग भी पैदा हुआ। शुरू में तो यह उसकी सेवा में ही लगा रहा, पर बाद में खुद एक पूँजीपति वर्ग के रूप में विकसित हुआ। पर किसी सहारे की आदत से बढ़ा यह वर्ग स्वतंत्र रूप से काम करना नहीं जानता। सो, आज भी विदेशी पूँजीपति वर्ग ही भारतीय उत्पादन की दिशा तय करता है और भारतीय उद्यमी उसी दिशा में चलते हैं। भारतीय बाबू और शासक जमात अपनी औपनिवेशिक पैदाइश के चलते विदेशी मूल्यबोध वाली ही बनकर रह गई है और आजादी के बाद अब देश के राजनीतिक और सामाजिक जीवन में प्रमुखता बनाए रखने के बावजूद वही भारत बनाने की कोशिश में लगी रहती है जो पश्चिम के समृद्ध लोगों वाली चीजें और सेवाओं का भोग करे। अपनी आकांक्षाओं को पूरा करने के लिए देश का पूँजीपति वर्ग और शासक वर्ग पश्चिम के औद्योगिक विकास के मॉडल को ही अपने लिए उपयुक्त पाता है, पर एक मुश्किल है। पश्चिमी पूँजीवाद उस औपनिवेशिक साम्राज्य की गर्भ से पैदा हुआ है जिसके लिए सारी दुनिया के संसाधन और बाजार उपलब्ध थे और पूँजीवादी शोषण के खिलाफ तब कहीं से आवाज भी नहीं उठ रही थी। भारतीय पूँजीपति वर्ग को आज ऐसा औपनिवेशिक विस्तार मिलना सम्भव नहीं है और न ही यह उन्नीसवीं सदी के यूरोप जैसी स्थितियाँ पा सकता है कि मजदूर, औरतों और बच्चों से भी बहुत कम मजदूरी पर सोलह से अठारह घंटे काम लिया जा सके। इसके अलावा आज उत्पादन की प्राथमिकताएँ

तय करना भी अकेले पूँजीपति के हाथ में नहीं रह गया है। उसे सिर्फ कुलीनों के लिए उत्पादन करने के पहले बहुत सारी चीजों से मुँह मोड़ना होता है और बहुतों को जीवन की बुनियादी जरूरतों से वंचित करना होता है। सो, आजादी के बाद के विकास के साथ कई तरह के असन्तोष और विवाद जुड़े रहे हैं। चूँकि सभी राजनीतिक दलों का नेतृत्व उसी कुलीन जमात से आता है और वह एक तरह के मूल्यों से ही संचालित होता है, इसलिए पूरी व्यवस्था एक अन्धी गली में पहुँच गई लगती है और लोगों के लिए विभिन्न राजनीतिक दलों के बीच अन्तर करना मुश्किल हो गया है।

उपयुक्त स्थितियों में विकास की समस्या का निदान आन्तरिक औपनिवेशिक प्रणाली का विकास करके किया जा रहा है। आधुनिक पश्चिमी तरह के उद्योग स्थापित करने और पश्चिमी जीवन शैली की सेवाएँ हासिल करने के लिए बाहरी उपनिवेश स्थापित करने की जगह आन्तरिक उपनिवेश बनाए जा रहे हैं। इसके लिए देश के विशाल पिछड़े औपनिवेशिक इलाकों के संसाधनों से कुछ मेट्रोपॉलिटन केन्द्र और औद्योगिक केन्द्र विकसित कर रहे हैं। इस तरह के विकास में देश के कुछ इलाकों का तो तेज विकास होता है, लेकिन बाकी सभी हिस्सों का संसाधन छीना जाता है और उनको बदहाल रहने के लिए छोड़ दिया जाता है। इन चुने हुए इलाकों की समृद्धि ज्यादा-से-ज्यादा आसपास के इलाकों तक फैल पाती है और सम्भव है कि वहाँ कुछ खुशहाली आए पर बाकी इलाकों में बर्बादी ही आती है। आन्तरिक औपनिवेशिक शोषण के दो तरह के हैं : (1) क्षेत्रीय और (2) काम के हिसाब से। क्षेत्रीय औपनिवेशिक क्षेत्र हैं बिहार, ओडिशा, असम, मध्यप्रदेश, पूर्वी उत्तर प्रदेश, उत्तराखंड, उत्तर बंगाल जैसे इलाके। इनके भी वे इलाके सबसे ज्यादा शोषण का शिकार हैं जहाँ आदिवासी रहते हैं। वहाँ के खनिज और जंगल के उत्पात पर आधारित उद्योग खूब फल-फूल रहे हैं, पर आदिवासियों की स्थिति दिन-ब-दिन बिगड़ती जा रही है। ऐसे इलाके देश भर में हैं, पर सबसे बड़ा इलाका बिहार का छोटानागपुर क्षेत्र और ओडिशा, पूर्वोत्तर और मध्य प्रदेश के आदिवासी इलाके हैं। इन सभी इलाकों का खनिज, वनोपज और खेती की पैदाइश दूर-दराज के शहरी औद्योगिक क्षेत्र के काम आती है। इन्हीं इलाकों से विकसित इलाकों और कामों को कम मजदूरी वाले अकुशल मजदूर भी मिलते हैं।

कुछ कामों या धन्धों वाले औपनिवेशिक इलाकों में खेतिहर इलाके आते हैं। खेती में संरचनात्मक निवेश न होने से श्रम और जमीन, दोनों की उत्पादकता नहीं बढ़ पा रही है। फिर किसान और खेत मजदूर तो औद्योगिक उत्पादों के लिए ऊँची कीमत चुकाते हैं, पर खुद उनके उत्पाद की कीमत कम मिलती है। परिणाम है कि पूरा ग्रामीण समाज दिन-ब-दिन गरीब होता जा रहा है। ग्रामीण इलाकों से श्रमिकों का शहर और औद्योगिक केन्द्रों पर पलायन शोषण का एक और रूप है। इस

प्रक्रिया में खेती पर तो बच्चों को पालने और बूढ़ों की देख-रेख का बोझ बना रहता है, पर जवान लोगों के श्रम का लाभ शहरी और औद्योगिक क्षेत्र ले जाते हैं। पर जिन ग्रामीण इलाकों से सारे संसाधन छीने जा रहे हैं और रोजगार रह नहीं जाता है तब वहाँ के लोगों के पास पलायन के अलावा कोई विकल्प नहीं रहता। इससे शहरों में भी बहुत बड़ी आबादी पहुँची है और गन्दी बस्तियाँ उग आई हैं। शहर के भी अमीर और मध्य वर्गीय लोग इन झुग्गी और गन्दी बस्तियों में रहनेवालों को न्यूनतम मानवीय सुविधाएँ देने का खर्च उठाए बगैर उनकी सेवाओं का लाभ लेते हैं, पर विडम्बना यह है कि इतनी बड़ी संख्या में लोगों के गाँवों से निकल जाने के बावजूद वहाँ बेरोजगारों की फौज में कोई कमी नहीं दिखती और न जमीन पर आबादी का दबाव कम हो रहा है। इससे अर्द्ध रोजगारी और बेरोजगारी की स्थिति बनती है। वह अपने श्रम के बदले अच्छी मजदूरी माँगने की स्थिति में भी नहीं रहता। सो, गाँवों में भी जो सामन्ती और जमींदारी व्यवस्था रही है, उसके अवशेष अभी भी बने हुए हैं जबकि इसे खत्म करने के अनेक कानून आ चुके हैं।

अगर मौजूदा समाज बुनियादी तौर पर आन्तरिक औपनिवेशिक समाज है तो इस औपनिवेशिक शोषण से ही लड़ाई लड़नी होगी। मौजूदा पार्टियाँ अगर अधिकांश लोगों की बदहाली वाले इस कारण को नहीं पहचान सकतीं और इस मुद्दे को नहीं उठाती हैं तो वे बेमानी हो चुकी हैं। इस तरह के शोषण के शिकार लोग जब आवाज उठाते हैं तब राष्ट्रवाद के नाम पर मुल्क टूटने का नकली खतरा बताकर उन्हें दबा दिया जाता है। इस शोषक व्यवस्था से लाभ पानेवाले खुद को राष्ट्रवाद का झंडाबरदार बताते हैं और पूरे मुल्क पर अपना राष्ट्रवाद लादना चाहते हैं, पर इस व्यवस्था से शोषित लोगों को इसकी परवाह नहीं है। उन्हें तो अपनी बात उठानी ही है। चूँकि अधिकांश राजनीतिक पार्टियाँ उनकी नहीं सुनतीं तो उन्होंने भी इन पार्टियों से मुँह फेर लिया है।

आन्तरिक औपनिवेशिक शोषण से जूझ रहे लोगों के संघर्ष के तीन स्वरूप हाल में उभरकर सामने आए हैं। पहला असमी लोगों का संघर्ष है। अभी तो यह विदेशी घुसपैठ के सवाल को ऊपर रखे हुए है, पर असली समस्या स्थानीय संसाधनों और लोगों के शोषण तथा लोगों को अपने आर्थिक और सांस्कृतिक विकास का अवसर न देना ही है। असम आन्दोलन के हाल के कुछ प्रकाशनों में आन्तरिक औपनिवेशिक शोषण का सवाल भी उठाया गया है। इसी प्रकार का आन्दोलन बहिर्गतों के शोषण के खिलाफ उत्तर बंग तपसीली जाति और आदिवासी संगठन का रहा है। संघर्ष का दूसरा स्वरूप देश भर के आदिवासियों द्वारा अपने इलाके के घुसपैठियों के खिलाफ चल रहा है जो न सिर्फ उनसे जमीन छीन रहे हैं बल्कि उनके उस पर्यावरण को तहस-नहस कर दे रहे हैं जहाँ आदिवासी सैकड़ों सालों से रह रहे हैं। यह सब सिर्फ इसलिए हो रहा है क्योंकि वे जिस जमीन पर रहते आए

हैं उसके नीचे बेशकीमती खनिज भरे पड़े हैं जो विभिन्न उद्योगों के विकास के लिए जरूरी हैं, पर इन उद्योगों का लाभ आदिवासियों को न मिलकर दूसरे लोगों को जाता है। इधर ये आन्दोलन जोर पकड़ रहे हैं क्योंकि सभी आदिवासी अब यह समझकर साथ आने लगे हैं।

आन्दोलन/संघर्ष का तीसरा स्वरूप है किसान आन्दोलन का, जो महाराष्ट्र, तमिलनाडु और कर्नाटक में मजबूत हुआ है। उनके आन्दोलन में फसल के लाभकारी मूल्य, लगान पर रोक और शहर-गाँव के रिश्तों को नए सिरे से तय करने जैसी मुख्य माँगें उभर रही हैं, पर सबके लिए एक समान दुश्मन है, शहरी-औद्योगिक समाज का शोषण।

अगर समाज के इन शोषित समूहों की माँगों के आधार पर स्पष्ट राजनीतिक पहल करके पूरे समाज के आर्थिक-सामाजिक रिश्तों को नए सिरे से बनाने की कोशिश न हो तो यह खतरा बना रहेगा कि ये आन्दोलन विध्वंसकारी और नुकसानदेह स्वरूप ले सकते हैं, जैसे पंजाब का हाल का आन्दोलन भी सिख किसानों का था जो शहरी गैर-सिख व्यावसायिक हितों द्वारा अपने शोषण के खिलाफ उठे थे। अकाली पहले भी किसानों के मुद्दों को उठाते रहे थे। इसी प्रकार पानी के बँटवारे का मुद्दा भी खेती-किसानी का था, पर किसानी के इन सवालों को एक धार्मिक मंच से उठाने से अनेक तरह की जटिलताएँ और गड़बड़ियाँ जुड़ गईं। पर जब देश की सारी राजनीतिक पार्टियाँ किसानों की माँगों से लगातार आँखें फेरे रहती हैं तो अकालियों ने इन माँगों को उठाया। उसमें उनका दोष नहीं माना जा सकता। असम में भी अगर राजनीतिक व्यवस्था ने क्षेत्रीय शोषण के खिलाफ के आन्दोलन की माँगों पर ध्यान नहीं दिया तो यह खतरा बना हुआ है कि आन्दोलन गैर-असमिया लोगों के खिलाफ उग्र और अलगाववादी स्वरूप ले लेगा। इसी प्रकार आदिवासी आन्दोलनों पर ध्यान नहीं दिया गया तो वह अलगाववादी स्वरूप ले सकता है।

स्थापित राजनीतिक दल अभी भी इन आन्दोलनों के प्रति जो असंवेदनशीलता दिखा रहे हैं, वह इन आन्दोलनों को उत्पाती अतिवादी रूप देता जा रहा है।

उपरोक्त विश्लेषण के आधार पर हम भारतीय समाज में सामाजिक बदलाव के लिए जरूरी आन्दोलनकारी शक्तियों और उसके कार्यक्षेत्र के बारे में कुछ निष्कर्ष निकाल सकते हैं। इस विश्लेषण से साफ है कि भारत के संगठित क्षेत्र का औद्योगिक मजदूर यहाँ के विशेषाधिकार प्राप्त वर्ग का हिस्सा है और शहरी औद्योगिक अर्थव्यवस्था के लाभ का हिस्सेदार है, सो वह गाँवों की दुर्गति से बेपरवाह है। आन्तरिक उपनिवेश वाले अपने इलाकों से उसका सम्बन्ध भी साम्राज्यवादी देशों के मजदूरों के उपनिवेशों के लोगों से सम्बन्धों जैसा ही है। इस मजदूर वर्ग के अन्दर एक गहरा असुरक्षा बोध भी है क्योंकि उसे मालूम है कि उसकी सारी लाटसाहबी भारी कमाई करनेवाले औद्योगिक क्षेत्र में नौकरी पर ही निर्भर है और

जैसे ही नौकरी जाएगी, उसे शहरी गन्दी बस्तियों का जीवन जीने पर मजबूर हो जाना पड़ेगा। सो, न तो इसमें कोई क्रान्तिकारी चिंगारी होती है न जरा भी जोखिम लेने की क्षमता। शहरी इलाके में तो सिर्फ दिहाड़ी, अकुशल या अर्द्ध कुशल मजदूरों में ही क्रान्तिकारी सम्भावना रहती है जो गाँवों से निकल चुके होते हैं, पर जिनको शहरी व्यवस्था में कोई ढंग की जगह नहीं मिली होती है। वे लगातार गाँव और शहर के बीच, एक नौकरी से दूसरी नौकरी या बेरोजगारी और रोजगारी के बीच डोलते रहते हैं। नौकरी में और बाहर भी उनको अमानवीय व्यवहार झेलना पड़ता है। वे लोग व्यवस्था बदलने की लड़ाई का हिस्सा हो सकते हैं। पर भारत में बदलाव की किसी भी लड़ाई की फौज का मुख्य किसान, खेतिहर मजदूर और आन्तरिक उपनिवेश से सीधे प्रभावित अन्य पेशों के लोगों को लेकर ही बनेगा। शुरुआत में किसानों के और पिछड़े इलाकों के अपेक्षाकृत समृद्ध हिस्से भी बदलाव की प्रक्रिया में हिस्सेदार हो सकते हैं क्योंकि वे सब भी आन्तरिक उपनिवेश का शिकार हैं और इसके खत्म होने से उन्हें अपने कामकाज में सुधार की उम्मीद हो सकती है। जैसे एक बड़ा किसान भी देख रहा है कि जो अच्छी शिक्षा वह अपने बच्चों को नहीं दिला सकता, वह शहर का एक मध्यमवर्गी परिवार पा रहा है। इसी तरफ पिछड़े इलाके का छोटा व्यवसायी अपने उद्यम को बड़ी औद्योगिक इकाई की प्रतिद्वन्द्विता में टिकता न देख दुखी है। वह सिर्फ कुछ संरक्षण मिलने या कीमत में समर्थन की व्यवस्था होने से ही बाजार में टिक सकता है। सम्भव है कि पिछड़े इलाकों या कारोबारों के यही लोग ऐसी माँगे उठाने में आगे आएँ, पर व्यवस्था की असमानता की ज्यादा कीमत तो गरीबों को चुकानी होती है और जब वे समर्थन में आएँगे तभी वह व्यापक बन पाएगा।

आन्तरिक औपनिवेशिक प्रणाली के दुष्प्रभावों की चर्चा किए बगैर सिर्फ मजदूरों और पूँजीपतियों की नाराजगी, किसानों और खेतिहर मजदूरों के गुस्से की बात करना औपनिवेशिक दौर में साम्राज्यवादी प्रभुत्व को भुलाकर वर्ग संघर्ष की बात करने जैसा है।

व्यापक क्षेत्रीय स्वायत्तता का आन्दोलन, स्थानीय संसाधनों पर आदिवासियों का नियंत्रण और स्वायत्तता तथा शहरी क्षेत्र से आर्थिक सत्ता को ग्रामीण इलाके में लाने की माँग समता संगठन के आर्थिक और राजनीतिक विकेन्द्रीकरण के उद्देश्य से मेल खाती है। पूरे इतिहास में नगर विशाल इलाकों पर साम्राज्यवादी प्रभुत्व का केन्द्र रहे हैं। आधुनिक विश्व में भी वे विशाल औद्योगिक साम्राज्य के जनक और राष्ट्रीय तथा बहुराष्ट्रीय निगमों के वैश्विक प्रभुत्व का केन्द्र रहे हैं। ग्राम आधारित छोटी स्वायत्त अर्थव्यवस्थाओं के उदय से उद्योग भी अपना आकार छोटा करेंगे क्योंकि उन्हें छोटे स्थानीय बाजार मिलेंगे और उनको मुख्य रूप से स्थानीय उपलब्ध संसाधनों पर ही निर्भर रहना होगा। गाँवों की तरफ लौटना मुख्य बात है। इसके

बगैर तो छोटे इलाके से काम करके भी विशाल उद्योग सारी दुनिया में हाथ-पांव फैला सकते हैं जैसाकि यूरोप के कई छोटे देशों की बड़ी कम्पनियों का रिकार्ड है। राजनीतिक सत्ता का विकेन्द्रीकरण और पूर्ण लोकतंत्रीकरण इसी तरह के बदलाव के साथ सम्भव है। सम्भव है, इससे उपभोक्तावाद विरोधी और समुदाय केन्द्रित विकास की दिशा में पहल शुरू हो। जब उद्योग स्थानीय संसाधनों से स्थानीय जरूरत की चीजें बनाने पर मुड़ेंगे तो वे निश्चित रूप से श्रम बहुल तकनीक अपनाएँगे और रोजगार बढ़ाने में बड़ी भूमिका निभाएँगे।

उपरोक्त बातों को सामने रखते हुए हमें पिछले कुछ वर्षों के बड़े जनान्दोलनों के लक्ष्यों को अपने राजनीतिक एजेंडे में जोड़ना चाहिए और आन्तरिक उपनिवेशवाद के खिलाफ उसी अन्दाज में जिहाद छेड़ना चाहिए जैसाकि हमारे पूर्वजों ने विदेशी औपनिवेशिक व्यवस्था के खिलाफ छेडा था। बुनियादी नीति में यह बदलाव नजरिये और व्यवहार में भी बदलाव ला देगा जो इस आन्दोलन को मौजूदा राजनीतिक आन्दोलनों से अलग बना देगा।

समृद्धि के छोटे द्वीपों और अपार गरीबी झेलनेवाले विशाल इलाके तथा लोगों के बीच टकराव ने प्रकट-अप्रकट रूप लेना शुरू कर दिया है। इस स्थिति से निपटने के लिये सत्ता में बैठे लोगों ने अधिक अधिनायकवादी रवैया अपनाना शुरू किया है और लोकतंत्र की इस दुर्गति में सभी स्थापित दलों की अप्रत्यक्ष सहमति है। खुले तौर पर तो वे किसी एक इलाके या पूरे देश के लोगों के अधिकारों में कटौती के सरकार के प्रस्ताव का विरोध करते हैं, पर कुल मिलाकर वे संकट का शोर मचाकर ऐसा करने के पक्ष में भावनात्मक माहौल बनाते हैं। असम आन्दोलन हो या पंजाब का, कई राजनीतिक पार्टियाँ इनकी आलोचना करने में शासक कांग्रेस से भी आगे निकल गई थीं। और जब सरकार ऐसे माहौल में आपात कदम उठाती है तब विरोध जताना सिर्फ नाटकबाजी है।

पर लोगों की स्वतंत्रता पर रोक के लिए कांग्रेस को बहाना उपलब्ध कराने में विपक्ष की जो भी भूमिका हो, पर देश में तानाशाही लादने के सवाल पर जरूर वे कांग्रेस से अलग नजरिया रखते हैं। अभी कांग्रेस छोड़कर किसी भी पार्टी के लिए केन्द्र में सत्ता में आने की गुंजाइश नहीं लगती। वे गठबन्धन बनाकर सत्ता में आ सकती हैं, पर गठबन्धन की शर्तों में इस बात की सावधानी होगी कि कोई एक पार्टी सारी सत्ता हड़पने में न लग जाए। व्यवस्था को लोकतांत्रिक बनाने में कांग्रेस और विपक्षी दलों के अधिनायकवादी खतरे/क्षमता के अन्तर का इस्तेमाल किया जाना चाहिए।

आन्तरिक औपनिवेशिक प्रणाली एक खिलाफ उभर रहे आन्दोलनों के लिए भी पहली जरूरत लोकतांत्रिक व्यवस्था को बचाना है। बहुत कम ही मौकों पर तानाशाही की स्थिति में कोई जनान्दोलन खड़ा हो पाता है। हिटलर के जर्मनी या स्टालिन के रूस में यह बात बहुत साफ ढंग से दिख चुकी है। अगर कभी हल्की नरमी वाली

स्थिति में आन्दोलन खड़ा भी हो जाए, जैसाकि पोलैंड में हुआ था, तो भी लोकतांत्रिक व्यवस्था के विभिन्न अंगों के सक्रिय न रहने पर उसे बहुत आसानी से दबा दिया जा सकता है। इसलिए चुनाव चाहे 1984 के आखिर में हों या 1985 के शुरू में, कांग्रेस को हराने के लिए हर प्रयास किया जाना चाहिए। कांग्रेस विरोधी वोट न बँटें, इसके लिए विपक्षी दलों पर आपसी तालमेल के लिए दबाव बनाया जाना चाहिए।

लेकिन यह लोकतंत्र को बचाने के कार्यक्रम का ऋणात्मक पक्ष ही है। भारतीय समाज में जितनी विभिन्नता है और मौजूदा राजनीतिक दलों का जो चरित्र है, उसमें कांग्रेस हार भी जाए तब भी व्यवस्था पर अधिनायकवादी दबाव बना रहेगा। चूँकि सभी राजनीतिक पार्टियाँ आन्तरिक औपनिवेशिक व्यवस्था के लाभार्थियों से गहरी जुड़ी हैं, सो वे वंचित इलाकों या कामों के लोगों के आन्दोलनों पर अंकुश लगाने में एकमत रहेंगी। ऐसे में भारतीय लोकतंत्र को स्थायी आधार तभी दिया जा सकता है जब आन्तरिक उपनिवेश की पूरी स्थिति को समाप्त कर दिया जाए। यह काम मौजूदा राजनीतिक दल नहीं कर सकते। इसे पूरा करने के लिए एक नया राजनीतिक संगठन बनाना होगा। यह संगठन पिछले कुछ वर्षों के विभिन्न जन आन्दोलनों के समन्वय से बनाया जा सकता है और उनके सिद्धान्तों को साथ करके इसकी राजनीतिक नीति बनाई जा सकती है। पर भारतीय समाज के सभी वंचित और शोषित लोग इससे जुड़ें, इसके लिए नीतियों को अभी अन्तिम रूप देना जरूरी नहीं है।

हर बीतते दशक के साथ समृद्धि वाले इलाके और समृद्ध होते जा रहे हैं। साथ ही, वे बाकी इलाके के कमजोर और बदहाल लोगों की तरह से आँख भी फेरते जा रहे हैं। चूँकि उनका सत्ता और प्रशासन में बैठे लोगों पर नियंत्रण है, अर्थव्यवस्था की पूरी दिशा अब बाहरी इलाके के लोगों की जरूरतों को भुलाकर कुछ लोगों के लिए ही ऐशो-आराम की सारी व्यवस्था करने की हो गई है। साठ के दशक में लोगों का मोहभंग हुआ। इन्दिरा गांधी ने इसके जबाब में 'गरीबी हटाओ' का नारा उछलकर लोगों की आशा को नए सिरे से जगाया, पर सत्तर के मध्य में यह छल भी टूटा और बिहार में नौजवानों-छात्रों का आन्दोलन उभरा जो सबसे गरीब है। इस आन्दोलन ने जाहिर किया कि मौजूदा पार्टी व्यवस्था में कुछ बुनियादी खोट है। इसके जबाब में आया आपातकाल विरोध की आवाज को कुचलकर इस संकट को निपटाने का प्रयास था। जनता सरकार के प्रयोग ने साबित किया कि मौजूदा दलों से कोई बुनियादी बदलाव की उम्मीद नहीं की जा सकती। अस्सी के दशक में आन्तरिक उपनिवेश बने कई इलाकों के लोगों का पहला गुस्सा फूटा। इन आन्दोलनों से देश की भविष्य की राजनीति की दिशा का अन्दाजा होता है। इन जन आन्दोलनों की ऊर्जा एक ऐसे राजनीतिक आन्दोलन को खड़ा कर सकती है जो व्यवस्था के टकरावों को सुलझाएगी या फिर विनाशकारी दिशा लेगी, जिससे निपटने के लिए सैनिक-प्रशासनिक दखल की जरूरत होगी और यह स्थिति लोकतांत्रिक प्रणाली को ही खत्म कर जाएगी।

तालिकाएँ

चार्ट-3 : भारत और कुछ राज्य की प्रतिव्यक्ति आमदनी

राज्य	वर्ष	प्रति व्यक्ति आय	बिहार की आय में प्रतिशत ज्यादा
पं. बंगाल	1950	303	+48
उत्तर प्रदेश	1950	260	+26
मद्रास	1950	251	+22
बिहार	1953	207	
ऑल इंडिया	1953	284	+37

स्रोत : टेक्नो-इकोनॉमिक सर्वे, पृ. 75

चार्ट-4 : भारत और बिहार की प्रति व्यक्ति आय चालू और निकट मूल्यों या (रुपये में)

वर्ष	भारत		बिहार	
	चालू मूल्य दर	1948-49 मूल्य दर	चालू मूल्य दर	1948-49 मूल्य दर
1960-61	325.7	293.2	205.64	193.34
1961-62	333.6	294.3	212.42	201.41
1962-63	339.4	293.2	221.99	203.95
1963-64	370.9	301.1	244.71	205.65
1964-65	421.5	317.0	284.31	210.40
1965-66	—	—	324.31	201.95
1966-67	—	—	298.46	170.32
1967-68	—	—	398.68	195.32

स्रोत : बिहार भू-मिलान, 1968, सांख्यिकी निदेशालय, बिहार, चार्ट-26, पृ. 139

चार्ट-5 : सकल उत्पादन में बिहार और भारत की तुलना

	मूल्य (करोड़ रु. में)	प्रतिशत बिहार	प्रतिशत भारत
1. कृषि	408.0	48.0	
2. पशुपालन	63.4	7.5	
3. वनोप्रान्त	1.8	0.2	...
4. कुल कृषि आय	472.2	55.7	...
0. खनन	32.2	3.8	6.9
5. बड़े उद्योग	472.2	55.7	...
6. छोटे उद्योग	36.5	4.5	2.8
7. वाणिज्य, ब्याज और संचार	103.7	12.2	13.1
8. अन्य सेवाएँ	96.9	11.4	11.3
9. आवास सम्पत्ति	34.9	4.1	4.4
कुल गैर-कृषि आय	349.6	44.5	51.5

स्रोत : टेक्नो-इकोनॉमिक सर्वे ऑफ बिहार, पृ. 74

चार्ट-6 : 1960-61 और 1967-68 में कृषि और औद्योगिक क्षेत्रों की आय का प्रतिशत योगदान

राज्य	प्रतिशत योगदान			
	कृषि 1960-61	क्षेत्र 1967-68	औद्योगिक 1960-61	क्षेत्र 1967-68
आन्ध्र प्रदेश	59.5	57.8	17.4	12.5
असम	63.0	60.0	19.7	15.8
बिहार	52.4	61.9	27.8	18.4
गुजरात	46.3	51.1	30.1	21.3
हरियाणा	62.3	72.5	19.6	12.4
जम्मू एवं कश्मीर	62.8	54.3	15.0	27.4
केरल	51.8	48.7	23.0	17.1
मध्य प्रदेश	61.5	62.5	21.6	16.8
महाराष्ट्र	42.7	37.6	31.8	28.9

ओड़िशा	59.1	65.1	16.4	11.6
मैसूर	54.2	57.5	21.7	14.8
पंजाब	58.3	63.9	20.8	13.1
राजस्थान	61.4	66.8	17.1	10.3
तमिलनाडु	48.1	42.4	23.2	19.7
उत्तर प्रदेश	61.3	66.3	16.6	10.5
वैस्ट बंगाल	41.7	39.0	33.2	30.8

स्रोत : के.वी. नाम्बियार का आलोक इकोनॉमिक श्रोत व मैज इकोनॉमिक इकाइयों इकोनॉमिक टाइम्स, 6 नवम्बर, 1971

चार्ट-7 : 1969-70 में कुछ राज्यों की प्रति व्यक्ति आय

राज्य	1969-70	बिहार से प्रतिशत ज्यादा
दिल्ली	1239	+ 208
आन्ध्र प्रदेश	513	
असम	499	
बिहार	402	
गुजरात	567	
हरियाणा	788	+ 96
जम्मू एवं कश्मीर	216	
केरल	505	
मध्य प्रदेश	569	
महाराष्ट्र	731	+ 81
मैसूर	515	
ओड़िशा	325	
पंजाब	881	+ 119
राजस्थान	480	
तमिलनाडु	616	+ 53
उत्तर प्रदेश	562	+ 40
वैस्ट बंगाल	562	+ 40

स्रोत : परिमल दास द्वारा दीनमन में दिए गए आँकड़े, 26 मार्च, 1972 को केन्द्रीय-सांख्यिकी संगठन के आंकड़ों के आधार पर।

चार्ट-8 : बांग्लादेश और पाकिस्तान की प्रति व्यक्ति आय

1 वर्ष	2 बांग्लादेश	3 वैस्ट पाकिस्तान	4 बांग्लादेश से प्रतिशत ज्यादा
1949-50	287	338	+ 17
1967-68	347	496	+ 43

स्रोत : बौधायन चट्टोपाध्याय 'आर्थिक आयामों' पर सेमिनार, फरवरी 1972

चार्ट-9 : बिहार और पंजाब की प्रति व्यक्ति आय

1 वर्ष	2 बिहार	3 पंजाब	4 बिहार से प्रतिशत ज्यादा
1960-61	216	383	+ 77
1969-70	402	881	+ 119

चार्ट-10 : उच्च शैक्षिक संस्थानों का राज्य क्षेत्रवार वितरण 1965-66 (संशोधित)

राज्य/ केन्द्र शासित	विश्वविद्यालय	जनसंख्या (करोड़ में)	राष्ट्रीय संस्थान	कला, विज्ञान एवं वाणिज्य कॉलेज
आन्ध्र प्रदेश	4	3.59	—	100
असम	2	1.22	—	85
बिहार	5	4.64	—	144
गुजरात	3	2.06	—	124
जम्मू एवं कश्मीर	1	0.35	—	18
केरल	1	1.69	—	100
मध्य प्रदेश	8	3.23	—	153
महाराष्ट्र	6	3.95	1	248
मैसूर	4	2.35	—	89
नगालैंड	—	0.03	—	2
ओड़िशा	2	1.75	—	62
पंजाब	4	1.11	1	111
राजस्थान	3	2.01	—	67
तमिलनाडु	3	3.36	1	23
उत्तर प्रदेश	9	7.37	2	186

वैस्ट बंगाल	7	3.49	2	244
अंडमान एवं निकाबार				
इग्लैंड	—	0.063	—	—
दादरा एवं नागर हवेली	—	0.0057	—	—
दिल्ली	1	0.26	2	35
गोवा, दमन द्वीप	—	0.06	—	6
हिमाचल प्रदेश	—	0.26	—	6
मणिपुर	—	0.078	—	11
नेफा	—	—	—	1
पुदुचेरी	—	0.036	—	4
त्रिपुरा	—	0.11	—	4

स्रोत : भारत 1970

चार्ट-11 : भारत के कुछ राज्यों में डॉक्टर, 1956

राज्यों	प्रति एक लाख आबादी पर डॉक्टर
बिहार	15
बंबई	33
वैस्ट बंगाल	78
पूरा भारत	19

स्रोत : केदारनाथ प्रसाद, द इकानॉमिक ऑफ बैकवर्ड रीजन, साइंटिफिक बुक एजेंसी, कलकत्ता, पृ. 88

चार्ट-12 : कुछ राज्यों में स्वास्थ्य सेवाएँ, 1963

राज्यों	दवाईखाने	पलंग	डॉक्टर्स	नर्सेस
बिहार	1,238	10,161	7,469	1,851
गुजरात	1,185	11,952	4,035	1,263
मद्रास (1962)	619	24,756	13,019	10,557
आन्ध्र प्रदेश	567	20,296	2,913	3,710
वैस्ट बंगाल	568	30,236	22,436	6,154

स्रोत : केदारनाथ प्रसाद, 'द इकोनॉमिक ऑफ बैकवर्ड रीजन', साइंटिफिक बुक एजेंसी, कलकत्ता, पृ. 88

चोर्ट-13 : बिजली की खपत की प्रवृत्ति 1967-68

सार्वजनिक खपत	(दस लाख किलोवाट में)
घरेलू खपत	70,390
लघु व्यावसायिक	59,250
औद्योगिक बिजली	1,529,340
सार्वजनिक प्रकाश	4,960
ट्रैक्शन	570,630
सिंचाई और कृषि विकास	62,190
सार्वजनिक जल उपक्रम और सीवेज पंपिंग	22,020

स्रोत : आँकड़ों के माध्यम से बिहार, 1968, पृ. 266

चार्ट-14 : चुनी हुई फसलों का भारत और बिहार की फसलों की प्रति एकड़ औसत उपज 1967-68

	बिहार	भारत
धान	9.26	11.2
गेहूं	9.39	
जौ	7.06	
मक्का (मकई)	10.77	12.2
राजी	9.24	9.3
ज्वार	6.26	5.8
बाजरा	7.56	4.5
तुऊर	2.15	7.0

स्रोत : बिहार थ्रू फिगर्स, 1968

चार्ट-15 : 1966 में भारत, बिहार और पंजाब में इलेक्ट्रिक पंप, तेल इंजन और ट्रैक्टरों की संख्या

	भारत	बिहार	पंजाब
डीजल इंजन	4,70,968	3,698	29,326
पंप	4,14,610	6,853	32,463
ट्रैक्टर	54,012	2,132	15,496

स्रोत : डीजल बैंक ऑफ इंडिया बुलेटिन, फसलों 1972, पृ. 242

चार्ट-16 : चयनित राज्यों में 1962-63 से 1966-67 के बीच स्थापित क्षमता का विकास ('000 किलोवाट में)

राज्य	1962-63	1966-67	1966-67 की तुलना में वृद्धि 1962-63
बिहार	3,49	7,19	370
तमिलनाडु	5,57	13,98	841
महाराष्ट्र	10,15	14,34	419
पंजाब	6,80	10,68	385
वैस्ट बंगाल	7,52	15,52	800

स्रोत : बिहार पर आधारित आँकड़े, 1968

चार्ट-16ए : कुछ राज्यों की प्रति व्यक्ति आय (चालू की गई)

राज्य	प्रति व्यक्ति आय
आन्ध्र प्रदेश	1,536
असम	1,380
बिहार	985
गुजरात	2,211
हरियाणा	2,574
हिमाचल प्रदेश	1,659
जम्मू एवं कश्मीर	1,630
कर्नाटक	1,158
मध्य प्रदेश	1,217
महाराष्ट्र	2,519
मणिपुर	1,045
ओड़िशा	1,309
पंजाब	3,122
राजस्थान	1,417
तमिलनाडु	1,373
उत्तर प्रदेश	1,309
वैस्ट बंगाल	1,595
अधिक अग्रिम औसत	1,750

स्रोत : राज्य सभा में एम.बी. चव्हाण, द्वारा किया आंकड़ा, 15 दिसम्बर, 1983

चार्ट-16बी : कुछ राज्यों में साक्षरता दर

राज्य	साक्षरता दर
आन्ध्र प्रदेश	27.07
बिहार	26.67
हरियाणा	36.14
जम्मू एवं कश्मीर	26.67
केरल	70.42
मध्य प्रदेश	27.07
महाराष्ट्र	47.10
ओड़िशा	34.23
राजस्थान	24.38
सिक्किम	34.05
तमिलनाडु	46.76
उत्तर प्रदेश	27.16
राष्ट्रीय औसत	36.23

स्रोत : 1981 की जनगणना पर आधारित

चार्ट-16सी : वर्ष 1975-76 और 1983-84 में राज्यों का कुल खाद्यान्न उत्पादन

राज्य	1975-76	1983-84
आन्ध्र प्रदेश	9.4	11.5
असम	2.4	2.7
बिहार	9.2	9.6
गुजरात	4.5	5.7
हरियाणा	5.0	6.9
हिमाचल प्रदेश	1.1	1.0
जम्मू एवं कश्मीर	1.0	1.1
कर्नाटक	7.0	7.4

केरल	1.4	1.3
मध्य प्रदेश	12.0	15.2
महाराष्ट्र	9.1	10.9
मणिपुर	0.3	0.27
मेघालय	0.13	0.16
ओड़िशा	5.6	6.8
पंजाब	8.8	14.8
राजस्थान	7.7	10.0
तमिलनाडु	7.2	6.2
उत्तर प्रदेश	19.4	29.3
वैस्ट बंगाल	8.6	9.1

स्रोत : अग्रिम सर्वेक्षण भारत सरकार, 1984-85

चार्ट-16डी : गाँवों का विद्युतीकरण और पम्प सेट तथा सक्रिय कुएँ

राज्य	गाँवों की संख्या विद्युतीकृत (प्रतिशत)			आई पी सेट/ट्यूबवेल सक्रिय	
आन्ध्र प्रदेश	21,697	(79.7)	(च)	5,90365	(च)
असम	9,660	(43.9)	(च)	2,384	
बिहार	32,821	(48.6)		1,88,212	
गुजरात	15,054	(82.4)		2,75,553	
हरियाणा	6,731	(100.0)		2,64,266	(च)
हिमाचल प्रदेश	13,821	(81.7)	(च)	2,251	(च)
जम्मू एवं कश्मीर	5,469	(84.1)	(च)	1,262	
कर्नाटक	21,242	(79.2)	(अ)	4,01,228	(च)
केरल	1,268	(100.0)		1,18,642	(च)
मध्य प्रदेश	36,944	(52.1)		4,35,785	
महाराष्ट्र	31,927	(89.2)	(च)	8,66,187	

मणिपुर	537	(27.67)		30	
मेघालय	1,133	(24.8)	(च)	53	
नगालैंड	580	'60.4)		—	
ओड़िशा	22,541	(48.0)	(च)	26,889	(च)
पंजाब	12,126	(100.0)	(+)	3,81,962	
राजस्थान	18,591	(55.8)	(च)	2,570,83	(च)
सिक्किम	154	(38.0)		—	
तमिलनाडु	15,873	(99.6)	(च)	9,84,242	(च)
त्रिपुरा	1,705	(36.17)	(इ)	925	(इ)
उत्तर प्रदेश	58,485	(52.0)		4,85,576	
वैस्ट बंगाल	18,794	(49.9)	(च)	33,740	(च)
कुल राज्य	3,46,963	(60.7)		53,16,634	
कुल केन्द्र शासित प्रदेश	2,060	(44.0)		27,003	
कुल भारत	3,49,023	(60.6)		53,43,637	

(+) 62 गाँवों को बिल आबादी का बताया गया है।
(च) योजना आयोग की रिपोर्ट
(बी) 31 मार्च 1984 की रिपोर्ट
(डी) 30 अपैल 1984 की रिपोर्ट

चार्ट-17 : कुछ राज्यों में प्रति परिवार, ग्रामीण, पूँजी निर्माण (रुपये)

राज्य	सभी ग्रामीण परिवार	वितरित
बिहार	6	8
गुजरात	52	77
मैसूर	61	82
मद्रास	46	62
वैस्ट बंगाल	5	8
उत्तर प्रदेश	17	20

स्रोत : केदारनाथ प्रसाद, इकॉनॉमी ऑफ बैकवर्ड रीजन खंडन पृ. 180

चार्ट-18 : भारत में अनुसूचित व्यावसायिक बैंकों के दफ्तर जमा और बैंक ऋण का राज्यवार ब्यौरा, 1966

राज्य/ केन्द्र शासित	आबादी (000)	कार्यरत बैंकों का संचालन	दफ्तर		जमा		प्रति व्यक्ति जमा	जमा		प्रति व्यक्ति बैंक जमा
			संख्या	प्रति दफ्तर आबादी	रकम (करोड़ में)	कुल का प्रतिशत		रकम (करोड़ में)	कुल का प्रतिशत	
आन्ध्र प्रदेश	39,876	21	461	86	132.93	3.7	33.3	81.08	3.3	20.3
असम	13,852	9	65	213	36.30	1.0	26.2	9.78	0.4	7.1
बिहार	52,485	15	226	232	111.70	3.1	21.3	40.89	1.7	7.8
गुजरात	23,835	19	554	44	295.78	8.2	124.1	145.66	6.0	61.1
हरियाणा	7,590	12	120	63	39.98	1.1	52.7	19.3	0.8	25.2
जम्मू एवं कश्मीर	3,833	7	15	265	19.59	0.5	51.1	1.42	0.1	3.7
केरल	19,298	23	400	48	111.48	3.1	57.8	66.26	2.7	34.3
मध्य प्रदेश	36,942	15	265	139	87.91	2.4	23.8	58.83	2.4	15.9
मद्रास	36,857	36	923	40	241.30	6.7	65.5	244.18	10.0	66.3
महाराष्ट्र	45,312	46	865	52	923.77	25.7	203.9	758.96	31.0	174.1
मैसूर	26,675	29	611	44	182.23	5.1	68.3	116.24	4.8	43.7
ओड़िशा	19,739	11	81	244	19.71	0.5	10.0	8.92	0.4	4.5
पंजाब	11,136	20	252	44	146.42	4.1	131.2	45.51	1.9	40.9
राजस्थान	23,479	13	259	91	61.65	1.7	26.3	28.75	1.2	12.2
उत्तर प्रदेश	82,995	22	575	144	267.98	7.5	32.3	113.12	4.6	13.6
वैस्ट बंगाल	40,311	34	237	106	516.74	14.4	128.2	575.49	23.6	142.8
दिल्ली	3,463	34	237	15	325.36	9.1	939.0	106.24	4.3	306.6

स्रोत : एस्टेटिमीटकल आउट लाइन : 1930 संशोधित, आश्रय फॉर्ड पब्लिशिंग कम्पनी, पृ. 9

चार्ट-19 : 1971 के अन्त तक सार्वजनिक क्षेत्र के बैंकों द्वारा कृषि को प्रत्यक्ष अग्रिमों का राज्यवार वितरण

राज्य	खातों की संख्या	बकाया रकम (करोड़ रु. में)	कुल बकाया का प्रतिशत
आन्ध्र प्रदेश	107,576	21.63	10.47
असम	1,589	0.65	0.31
बिहार	20,521	4.88	2.36
गुजरात	69,293	27.41	13.27
हरियाणा	7,552	3.14	13.27
हिमाचल प्रदेश	126	0.07	0.03
जम्मू एवं कश्मीर	94	0.11	0.05
केरल	46,591	9.21	4.46
मध्य प्रदेश	38,262	7.39	3.58
महाराष्ट्र	90,131	40.63	19.67
मैसूर	92,831	21.13	10.23
नगालैंड	7	—	—
ओड़िशा	5,054	0.73	0.35
पंजाब	14,389	7.37	3.57
राजस्थान	23,085	8.69	4.21
तमिलनाडु	189,648	23.43	11.35
उत्तर प्रदेश	65,030	17.79	8.62
वैस्ट बंगाल	23,086	8.08	3.92
यूनियन टैरीटरीज	11,286	4.18	2.02
टोटल	806,150	206.52	100.00

स्रोत : चौथी योजना माध्यमिक समीक्षा, 1971 खंड-ii, पृ. 80

चार्ट-20 : विभिन्न राज्यों में कम्पनियों की स्थिति

राज्य	31 मार्च, 1969 को कुल कम्पनियाँ	अप्रैल-दिसम्बर 1999 में पंजीकृत कम्पनियाँ	अधिकृत पूँजी (लाख रु. में)
असम	414	12	98
बिहार	383	12	62
ओड़िशा	207	10	134

वैस्ट बंगाल	9,085	115	1,002
हरियाणा	215	11	252
पंजाब	623	67	291
राजस्थान	396	16	728
उत्तर प्रदेश	1,090	69	1,070
दिल्ली	2,707	147	3,483
जम्मू एवं कश्मीर	107	8	23
हिमाचल प्रदेश	42	6	28
आन्ध्र प्रदेश	644	46	319
केरल	991	35	755
तमिलनाडु	2,856	75	5,910
मैसूर	794	60	683
गुजरात	1,101	99	1,684
मध्य प्रदेश	381	12	96
महाराष्ट्र	5,704	236	1,846

स्रोत : अग्रिम 1970, पृ. 201-2, वर्ष 89

चार्ट-21 : बिहार का राजस्व (लाख रु. में)

	खाता 1969-70	संशोधित 1970-71	बजट 1971-72
कृषि आय कर	25	34	47
लगान	1126	642	724
प्रान्त उत्पाद शुल्क	1140	1208	1218
वाहन का	333	334	335
बिक्री का	3570	3852	4202
अन्य कर एवं अधिभाग			
(अ) मनोरंजन कर	243	205	235
(ब) विघुत अधिकरण	414	467	557
(स) यात्री का भाड़ा	126	180	198
स्टाम्प	610	750	800
पंजीकरण	206	248	350
गन्ना उपकर	67	153	160
कुल	7860	8073	8826

चार्ट-22 : केन्द्रीय कर में बिहार कर हिस्सा (लाख रु. में)

कर	खाता 969-70	संशोधित 1970-71	बजट 1971-72
आयकर	2895	3522	4099
उत्पाद	3998	4828	5180
घुलक	78	75	75
सम्पत्ति का कुल	6971	8425	9354

चार्ट-23 : पहली तीन योजनाओं में योजना कार्य (करोड़ रु. में)

पहली	दूसरी	तीसरी	
भारत	1,960.00	4,672.00	8,606.00
बिहार	73.21	177.97	313.95

चोर्ट-24 : 1969-70 तक केन्द्रीय ऋण (करोड़ रु. में)

	पाया	लौटाया	बाकी
उत्पाद	3998	4828	5180
दामोदा घाटी निगम	49.36	—	49.36
कोसी	71.03	3.62	67.41
राहत एवं पुनर्वाक	3.74	052	3.21
सिंचाई ऋण	58.81	45.89	12.91
औद्योगिक आवास ऋण	3.31	1.04	2.27
विकास परियोजना ऋण	50.57	54.85	95.71
सामुदायिक सीमायोजना ऋण	16.19	8.27	7.92
अन्य, ऋण	463.13	134012	329.01
कुल	816.18	248.34	567.83

सन्दर्भ और टिप्पणियाँ

1. राष्ट्रवाद : नई अफीम

1. इ. लिप्सन द्वारा 'यूरोप इन द नाइंटींथ एंड ट्वेंटीएथ सेंचुरी, 1815-1939' में उद्धृत, इएलबीएस, लन्दन, 1963, पृ. 163
2. स्टालिन, मर्क्सिज्म एंड नेशनल एंड कॉलोनियल क्वेश्चंस, बी. बर्मन पब्लिशिंग हाउस। पृ. 16
3. पूर्वोक्त, पृ.55
4. 'ख्रुश्चेव एंड स्टालिन्स घोस्ट' से : बर्ट्राम डी. वूल्फ, पृ. 271
5. पूर्वोक्त, पृ. 275

2. बिना विजय के साम्राज्य

1. रॉबर्ट के कार, मर्वर एच. बर्नस्टीन, वाल्टर एफ. मरफी : अमेरिकन डेमोक्रेसी : ऑक्सफोर्ड एंड आईबीएच पब्लिशिंग कं., न्यू डेल्ही, कलकत्ता, बॉम्बे : 1970, पृ. 59
2. जी. थियोडोर हिटन की किताब, स्टेट्स एंड लोकल गवर्नमेंट, पॉलिटिक्स एंड प्रोसेसेज। से लिए आँकड़े, चार्ल्स स्क्राइबर्स एंड संस, न्यूयॉर्क, 1966, पृ. 581
3. पूर्वोक्त, पृ. 352
4. पूर्वोक्त, पृ. 353
5. स्टडीज इन फेडरलिज्म : निर्देश और सम्पादन इकोबर्ट आर. बोवी और कार्ल जे. फ्रेडरिख: लिटल ब्राउन एंड काम, न्यूयॉर्क, बोस्टन, टोरंटो, 1954 : पृ. 299
6. पाल एम. स्वीजी : 'ऑन थियरी ऑफ मोनोपाली कैपिटलिज्म' : मंथली रिव्यू, अप्रैल 1972
7. आन्द्रे सिग्फ्रायड : स्विट्जरलैंड : ए डेमोक्रेटिक वे ऑफ लाइफ, फ्रांसीसी से अनुवाद एड्वर्ड फिट्जेराल्द : लन्दन, 1950 : प्र. 162

4. राज की विरासत

1. पी.जे. थॉमस द्वारा 'द ग्रोथ ऑफ फेडरल फाइनेंस इन इंडिया' में उद्धृत। ऑक्सफोर्ड युनिवर्सिटी प्रेस, लन्दन : 1939 : पृ. 67
2. पूर्वोक्त, पृ. 139
3. रिपोर्ट ऑफ द सेंटर-स्टेट इंक्वायरी कमेटी : चेयरमैन पी.सी. राजामन्नार : तमिलनाडु सरकार, पृ. 49
4. पूर्वोक्त, पृ. 60
5. ए.के. चान्दला, 'फाइनेंशियल आस्पेक्ट्स ऑफ यूनियन-स्टेट रिलेशंस' : जर्नल ऑफ कांस्टीट्यूशनल एंड पार्लियामेंटरी स्टडीज, स्पेशल नम्बर 1969; पृ. 138

6. अमल राय, 'फेडरलिज्म एंड प्लानिंग इन इंडिया : देयर म्युचुअल इम्पैक्ट' : जर्नल ऑफ कांस्टीट्यूशनल एंड पार्लियामेंटरी स्टडीज : स्पेशल नम्बर; 1969 : पृ. 148
7. रिपोर्ट ऑफ द सेंटर-स्टेट रिलेशन इंक्वायरी कमेटी 1971 : पृ. 93
8. अमल राय, 'फेडरलिज्म एंड प्लानिंग इन इंडिया : देयर म्युचुअल इम्पैक्ट' : जर्नल ऑफ कांस्टीट्यूशनल एंड पार्लियामेंटरी स्टडीज : स्पेशल नम्बर; 1969 : पृ. 153

5. बिहार : शोषण की दास्तान

1. टेक्नो-इकोनॉमिक सर्वे ऑफ बिहार : नेशनल कौंसिल ऑफ अप्लायड इकोनॉमिक रिसर्च, नई दिल्ली, 1959, खंड 1, पृ. 14
2. पूर्वोक्त.
3. पूर्वोक्त, पृ. 79
4. पूर्वोक्त, पृ. 83
5. इंडियन नेशन की रिपोर्ट, 30 नवम्बर, 1971
6. टेक्नो-इकोनॉमिक सर्वे ऑफ बिहार
7. एस.आर. बोस, इकोनॉमी ऑफ बिहार : के.एल. टिन्ना पब्लिकेशंस, पृ. 105
8. बी.एम. कपूर, स्टेट्समैन, 25 जनवरी, 1972
9. टेक्नो-इकोनॉमिक सर्वे ऑफ बिहार, पृ. 79
10. टेक्नो-इकोनॉमिक सर्वे ऑफ बिहार, पृ. 52
11. केदारनाथ प्रसाद, इकोनॉमी ऑफ ए बैकवर्ड रीजन, खंड !!, पृ. 69
12. केदारनाथ प्रसाद, इकोनॉमी ऑफ ए बैकवर्ड रीजन, खंड !!, पृ. 30
13. केदारनाथ प्रसाद, इकोनॉमी ऑफ ए बैकवर्ड रीजन, खंड !!, पृ. 37

6. दिल्ली : तसवीर का दूसरा पहलू

1. वी.के.आर.वी. राव, भूमिका : केदारनाथ प्रसाद, इकोनॉमी ऑफ ए बैकवर्ड रीजन
2. केदारनाथ प्रसाद, इकोनॉमी ऑफ ए बैकवर्ड रीजन, खंड !!, पृ. 8
3. माल्कम डी. रिक्विन : डेवलपमेंट फॉर नेशनल ग्रोथ; द टर्किश प्रेसिडेंट (फ्रेडरिक ए. प्राएगर, 1965), पृ. 7
4. पूर्वोक्त, पृ. 14
5. फिन बी. जानसन और इंगो वाल्टर : द कामन मार्केट (जे.बी. लिप्पनकोल्ट कम्पनी, फिलाडेल्फिया, 1964), पृ. 88
6. रीजनल प्लानिंग ए यूरोपियन प्रॉब्लम : रिपोर्ट ऑफ कंसुलेशंस एसेम्बली, 1968, पृ. 210
7. गार्डन मेरिल : रीजनलीज्म एंड नेशनलिज्म इन कनाडा : ज्योग्राफिकल इंटर्पोलेशन, सम्पा. जान वार्केंटिन (मैथुएन, 1969), पृ. 562
8. डोनाल्ड वी. स्माइली द्वारा उद्धृत, द कैनेडियन पॉलिटिकल नेशनलिटी (मैथुएन, टोरंटो और लन्दन), पृ. 61
9. गुन्नार मिरडल, एशियन ड्रामा, खंड !! (एलन लेन द पेंग्विन प्रेस, लन्दन, 1968), पृ. 1175
10. रोनाल्ड बर्जर : मैकेनेजाइजेशन ऑफ चाइनीज एग्रीकल्चर : ईस्टर्न होरिजन, मंथली रिव्यू, खंड 11, अंक 3, 1972
11. रोनाल्ड सेगल : द क्राइसिस इन इंडिया (जैको पब्लिशिंग हाउस, 1969) पृ. 27

हिन्दी प्रदेश

हिन्दी प्रदेश : टूटा बिखरा देश

मनुष्य की निजी पीड़ा की अनुभूति समान व्याधि से ग्रसित दूसरों की पीड़ा से हमेशा अधिक गहरी होती है। दरअसल, आदमी का अहं की उसकी सामाजिक और सार्विक चेतना का प्रस्थान बिन्दु लेता है। इसलिए स्वाभाविक है कि हम हिन्दी भाषा-भाषी क्षेत्र के लोग इस क्षेत्र के बड़े भाग की दैन्य और अराजक स्थिति से आहत महसूस करें। इससे अपनी पीड़ा में अकेला होने का अहसास भी होता है, लेकिन यह भी एक आम अनुभव है कि किसी बीमारी का इलाज काफी आसान हो जाता है जब हम इसके चरित्र से परिचित हो जाते हैं। इससे हमें इलाज के दूसरों द्वारा अपनाए गए पिछले उपायों की जानकारी होती है जिसकी रौशनी में हम अपने इलाज की तरकीब ढूँढ़ते हैं। इससे कम-से-कम कुछ निदान तो दिखाई देता ही है। हम यहाँ छोटी बीमारी को एक व्यापक संक्रमण के नतीजे के रूप में समझने की कोशिश करेंगे। इसमें थोड़ी निराशा भी होगी क्योंकि अपनी बीमारी में विशिष्ट होने के बोध का लोप हो जाएगा और निदान में एलोपैथी की एकरसता का भय भी पैदा होगा।

सबसे पहले तो हम इस तथ्य की ओर ध्यान खींचना चाहेंगे कि 'हिन्दी प्रदेश' अपनी गरीबी और बिखराव में अकेला नहीं है और हिन्दीभाषी क्षेत्रों की स्थिति भी सभी जगह समान नहीं है। गरीबी और पिछड़ेपन में देश के कई गैर-हिन्दी क्षेत्र भी कमोबेश इसके बराबर हैं—जैसे असम, उत्तर बंगाल, महाराष्ट्र का विदर्भ, ओडिशा, आन्ध्र का तेलंगाना क्षेत्र आदि। विघटनकारी प्रवृत्ति इनमें कुछ अंचलों में हिन्दी क्षेत्र से ज्यादा ही प्रबल दिखाई देती है—जैसे असम में उल्फा और बोडो लिबरेशन फ्रंट जैसे आन्दोलन, उत्तर बंगाल में कामतापुरी लिबरेशन फ्रंट, तेलंगाना में कम्युनिस्ट पार्टी (माओवादी) की सशस्त्र बगावत आदि। दूसरी ओर, हिन्दी भाषी क्षेत्रों में भी आर्थिक दृष्टि से काफी भिन्नताएँ हैं। बिहार और पूर्वी उत्तर प्रदेश की तुलना में पश्चिमी उत्तर प्रदेश, जहाँ हरित प्रदेश बनाने की माँग हो रही है, कहीं सम्पन्न है। हिन्दी के आस-पास का राजधानी क्षेत्र जिसमें उत्तर प्रदेश का नोएडा और गाजियाबाद एवं हरियाणा का फरीदाबाद और गुरुग्राम शामिल है, देश के सबसे सम्पन्न शहरी क्षेत्रों के रूप में उभर रहे हैं, और ये भी हिन्दीभाषी ही हैं। स्वयं भोपाल जहाँ हम

बैठे हैं, और मध्यप्रदेश के ऐसे ही दूसरे नगर और कस्बों के बाहर इनको घेरे खड़े आदिवासी बहुत विशाल वन प्रदेश से इनका कितना तादात्म्य है।

ये आदिवासी भी तो इसी प्रदेश के अंग हैं जिन्हें बिना किसी हिचक या झेंप के, सुविधा के अनुसार हम विस्थापित करते रहते हैं—चाहे गोला बारूद की जाँच के लिए प्रूफ रेंज बनाना हो, चाहे कोई बड़ा बाँध बनाना हो, चाहे बाँधों के लिए अभयारण्य; इन्हें कूड़े की तरह अपने गाँवों और परिवेश से बुहारकर बाहर कर दिया जाता है। यहाँ ये सौ-डेढ़ सौ किलोमीटर की दूरी पर तवा बाँध से विस्थापित आदिवासियों को लम्बे संघर्ष के बाद तवा जलाशय में मछली मारकर किसी तरह आजीविका हासिल करने की अनुमति मिली। अभी वे नई जिन्दगी को जमा भी नहीं पाए थे कि उन्हें अपना धन्धा बन्द करने का नोटिस जारी कर दिया गया है क्योंकि इससे सैलानियों के प्यारे वन्य पशुओं के जीवन में खलल पहुँचेगा। सवाल है कि क्या हिन्दी प्रदेश इन मानव कूड़ों का भी अपना प्रदेश है? इन सब बातों पर विचार करने से लगता है कि हिन्दी प्रदेश की अवधारणा हकीकत की अति सरलीकृत तसवीर पेश करती है। ऐसी धुन्धली तसवीर लेकर हम इस टूटते बिखरते 'हिन्दी देश' की समस्याओं का समाधान ढूँढ़ सकते हैं क्या?

इसका अर्थ यह नहीं कि 'हिन्दी प्रदेश' से किसी तरह का यथार्थ बोध नहीं होता। हिन्दी भाषा देश के सबसे बड़े भू-खंड के लोगों को एक अतीत और इसकी ऐतिहासिक विरासत से जोड़ती है, जो विरासत संयोग से अत्यन्त ही समृद्ध है, लेकिन सुनहला अतीत सदा हमारा सुरक्षा कवच बनकर नहीं रह सकता। स्वयं पश्चिमी सभ्यता के सभी उदात्त पहलुओं का जनक यूनान आज यूरोपीय समाज के पायदान पर खड़ा है। संसार की सबसे प्राचीन सुमेर और बेबीलोन की सभ्यताओं की भूमि इराक का क्या हाल है? दोनों ही हमारी नई सभ्यता की दौड़ में पिछड़कर हाशिए पर डाल दिए गए हैं या रौंदे जा रहे हैं। जब हम कबीर, तुलसी, मीरा और बुद्ध की इस भूमि पर आँसू बहाते हैं तो हमें एक नजर इन दूसरी सभ्यताओं पर भी डालनी चाहिए। इससे थोड़ी राहत भी मिलती है और कुछ रौशनी भी यह समझने के लिए कि हम आज जहाँ आ गए हैं वह क्यों और कैसे?

हिन्दी प्रदेश की स्थिति को समझने के लिए जो नजरिया यहाँ पेश किया जा रहा है, वह बहुत लोगों को 'रिडक्सनिस्ट' यानी आर्थिक नियतिवाद जैसा लग सकता है, लेकिन एक ऐसे कालखंड में जहाँ सभी क्षेत्र—राजनीति, कला, विज्ञान तथा आध्यात्मिक उपदेश के केन्द्र तक विशाल औद्योगिक आर्थिक प्रतिष्ठानों द्वारा प्रायोजित हों और विज्ञापनों द्वारा हमें एक छाया संसार (वर्चुअल वर्ल्ड) में रहने को बाध्य कर रहे हों, इस अर्थतंत्र के प्रभाव से मुक्त किसी इतिहास की कल्पना नहीं की जा सकती—कम-से-कम तब से जब से पूँजीवादी विकास ने संसार को अपनी गिरफ्त में लेना शुरू किया है। इसलिए हमें हिन्दी प्रदेश की स्थिति का कारण पूँजीवाद,

साम्राज्यवाद और इससे अनिवार्य रूप से जुड़े आन्तरिक उपनिवेशवाद के प्रसार में ढूँढ़ना होगा। यहाँ हम संक्षिप्त में इस अवधारणा की पृष्ठभूमि पर दृष्टि डालेंगे।

समाजवादी नेता डॉक्टर राममनोहर लोहिया ने अपनी पुस्तक 'इकोनॉमिक्स ऑफ्टर मार्क्स' में लिखा है कि लेनिन की इस स्थापना के विपरीत कि साम्राज्यवाद पूँजीवाद का अन्तिम पड़ाव है, दरअसल पूँजीवाद अपने जन्मकाल से ही साम्राज्यवाद पर आधारित रहा है। लेनिन ने अपने विचार को उस सन्दर्भ में रखा था जब यूरोप प्रथम विश्वयुद्ध के कगार पर खड़ा था और वहाँ के पूँजीवादी देश, जैसे जर्मनी, फ्रांस, ब्रिटेन आदि दुनिया के साम्राज्य के बँटवारे के लिए युद्ध की तैयारी में थे। इसके विपरीत डॉ. राममनोहर लोहिया के सामने अंग्रेजी राज में भारत का ढाई सौ वर्षों के शोषण का इतिहास था और देश को इससे मुक्त करने के लिए महात्मा गांधी का स्वदेशी का आन्दोलन जोर पकड़ चुका था। इसके पहले दादा भाई नौरोजी जैसे मनीषियों ने अपने अध्ययन से यह सिद्ध कर दिया था कि ब्रिटेन की समृद्धि भारत जैसे देशों की सम्पदा के अनवरत लूट पर आधारित थी। स्वयं यूरोप में पूँजीवाद के विकास में साम्राज्यवादी शोषण की भूमिका पर महत्त्वपूर्ण अध्ययन हो चुके थे। भारत के भुक्तभोगी समाज की चेतना में रचे-बसे चिन्तक लोहिया के सामने पूँजीवाद का यह पहलू कहीं ज्यादा महत्त्वपूर्ण था।

स्वयं कार्ल मार्क्स ने अपने विख्यात ग्रंथ 'पूँजी' के प्रथम खंड में यह दिखलाया था कि पूँजी का आदिम संचय अकल्पनीय हिंसा, लूट और जोर-जुल्म पर आधारित था जिसकी चपेट में देश और विदेश, दोनों ही के आम आदमी आ गए थे। मार्क्स के 'पूँजी' के अध्ययन को आगे बढ़ाते हुए समाजवादी आन्दोलन की सबसे प्रबुद्ध और क्रान्तिकारी नेता रोजा लक्जमबर्ग ने अपनी बहुचर्चित पुस्तक 'एक्युमुलेशन ऑफ कैपिटल' में यह दिखलाया कि मार्क्स द्वारा 'पूँजी' द्वितीय खंड में प्रस्तावित पूँजी का विस्तारित पुनरुत्पादन का मॉडल बिना एक बाहरी क्षेत्र का आधार लिए टूट जाता है। रोजा लक्जमबर्ग ने अपनी आलोचना का आधार स्वयं मार्क्स के बेशी (अतिरिक्त) मूल्य के सिद्धान्त को बनाया। मार्क्स की स्थापना थी कि मजदूर जब किसी पूँजीपति के लिए काम करता है तो उसके द्वारा उत्पादित वस्तुओं के मूल्य का एक भाग तो उसे मजदूरी के रूप में मिल जाता है—मसलन, अगर उसने दस घंटे मजदूरी की तो आठ घंटे में किया गया उत्पाद। लेकिन दो घंटे का अतिरिक्त उत्पाद हुआ वही बेशी मूल्य होता है जो जमा होकर पूँजीपति की पूँजी बन जाता है। अगर हजार श्रमिक काम करते हैं तो इस दर से पूँजीपति को दो हजार घंटे का उत्पाद बेशी मूल्य यानी मुनाफे के रूप में मिलता है, जिससे उसकी पूँजी बढ़ती है।

मार्क्स की यह अवधारणा थी कि उस समाज में जहाँ पूँजीवाद स्थापित हो चुका है, आय के दो ही स्रोत हो सकते हैं। एक तो मजदूरी के रूप में मिलनेवाली श्रमिकों की आय और दूसरी पूँजीपतियों का मुनाफा जो उपरोक्त बेशी मूल्य से प्राप्त होता

है। इसके बाहर जो दूसरे वर्ग होते हैं यथा डॉक्टर, वकील, दुकानदार, संगीतकार या मनोरंजन प्रदान करनेवाले दूसरे पेशों के लोग, उनकी आय इन्हीं दो स्रोतों से प्राप्त होती है। इससे आगे वह लिखती हैं कि मार्क्स ने विस्तारित पुनरुत्पादन का जो मॉडल दिया था, उसमें यह दिखाया गया था कि उत्पादन प्रक्रिया उत्पादन के साधन था कच्चे माल, मशीन और उपभोग के सामान जैसे वस्त्र आदि का उत्पादन करनेवाली दो शाखाओं के बीच विनियम से जारी रहता है। अगर दोनों में सन्तुलन हो, पूँजीवादी व्यवस्था लगातार फैलती जाएगी।

रोजा लक्जमबर्ग ने यह दिखलाया कि बिना एक ऐसे बाहरी क्षेत्र के जो पूँजीपति के अतिरिक्त उत्पाद का बाजार बने इस मॉडेल में असन्तुलन पैदा होता है और इस आधार पर उत्पादन प्रक्रिया एक सीमा के बाद चल नहीं सकती। रोजा लक्जमबर्ग ने दिखलाया कि मार्क्स के सिद्धान्त के अनुसार किसी समय में होनेवाले उत्पादन में जो मूल्य निहित होते हैं—एक वह, जो मजदूरों को मजदूरी के एवज में किए गए कार्य से पैदा है और दूसरा वह, जो पूँजीपतियों के बेशी मूल्य के रूप में निहित होता है। रोजा लक्जमबर्ग ने यह सवाल उठाया कि उत्पादन के पहले हिस्से की खरीदगी तो श्रमिक को दी गई मजदूरी से हो जाएगी जो मजदूरों को उत्पादन प्रक्रिया शुरू करने में ही दे दी जाती है, लेकिन बेशी मूल्य का समावेश करनेवाले उत्पाद का खरीददार कौन होगा, तब जबकि मार्क्स के अनुसार सभी क्षेत्रों में व्याप्त पूँजीवाद व्यवस्था के भीतर आय के दो स्रोत यानी मजदूरी और पूँजीपतियों के मुनाफा हैं। पूँजीपतियों के हाथ में मुनाफे से खरीददारी की शक्ति तभी आएगी जब बेशी मूल्य धारण करनेवाले उत्पादों की बिक्री हो जाए। कठिनाई यहीं से पैदा होती है। स्वयं मार्क्स इस कठिनाई से परिचित था और रोजा लक्जमबर्ग ने मार्क्स द्वारा इस कठिनाई का हल निकालने के कुछ प्रयासों का जिक्र भी किया है यथा उत्पादन के एक तीसरे क्षेत्र, द्रव्य पैदा करनेवाले क्षेत्र की उपस्थिति। लेकिन स्वयं मार्क्स को यह पूरी तरह समाधानकारक नहीं लगा था।

यहीं पर रोजा लक्जमबर्ग ने यह स्थापना दी कि दरअसल पूँजीवाद का स्वायत्त विकास को ही नहीं सकता। पूँजीवाद का विकास इसीलिए सम्भव हुआ है क्योंकि इसे इसके प्रारम्भिक काल से ही अब तक सदा उन गैर-पूँजीवादी व्यवस्थाओं का सहारा मिलता रहा है जो इसे घेरे खड़े रहे हैं। इस गैर-पूँजीवादी व्यवस्था में अनेक तरह के उत्पादन और विनियम की पद्धतियाँ शामिल हैं—सामन्ती व्यवस्थाएँ भी और अनेक तरह की कबायली व्यवस्थाएँ भी। पूँजीवाद सदा अपने अतिरिक्त उत्पाद को उन व्यवस्थाओं के ऊपर कभी गुणवत्ता के आधार पर और कभी जोर-जबरदस्ती लादता रहा है। इस प्रक्रिया में ये बाहरी व्यवस्थाएँ नष्ट होती रहती हैं और उनकी जगह पर पूँजीवादी व्यवस्थाएँ कायम होती हैं, लेकिन उस अन्तरनिहित विरोधाभास के कारण जिसका जिक्र ऊपर हुआ है, पूँजीवाद के स्वायत्त विकास का कोई स्थायी रास्ता नहीं निकल पाता। इसे सदा बाहरी क्षेत्र की तलाश करनी होती है। इसी

तलाश का परिणाम है अमेरिकी महादेश, अफ्रीका भारत समेत एशिया के विभिन्न देश और ऑस्ट्रेलिया को उपनिवेश बनाने का अभियान। यह औपनिवेशीकरण की प्रक्रिया कई चरणों में बढ़ती है और इसके कई स्तर होते हैं। वृक्षों के गिरहों पर से निकली शाखाओं और उपशाखाओं की तरह ये एक के बाद एक विकसित होते जाते हैं जिससे फैलाव और शोषण के नए आयाम खुलते रहते हैं। पूँजीवाद के नए उपकेन्द्रों का विकास होता रहता है और विस्तृत होती हुई परिधि पर बिखराव और निर्धनता फैलती रहती है। रोजा लक्जमबर्ग के अपने शब्द :

"तफसील में प्राकृतिक अर्थव्यस्थाओं से अपने संघर्ष में पूँजी निम्नलिखित उद्देश्यों को लेकर चलती है"

1. उत्पादन के महत्त्वपूर्ण साधनों, जैसे जमीन, आदिम वनों के आखेट स्थलों खनिजों, कीमती पत्थरों और अयस्कों, रबड़ जैसे अजूबा वनोपजों आदि पर तुरन्त अधिकार जमाना।
2. श्रमशक्ति को पारम्परिक बन्धनों से मुक्त कर अपने उद्यमों में काम करने को मजबूर करना।
3. पण्य की अर्थव्यवस्था चालू करना।
4. कृषि और व्यापार को पारस्परिक निर्भरता से मुक्त करना।

"आदिक पूँजी संचय के काल से लेकर यानी कि मध्य युग के अन्त से जब से यूरोप में पूँजीवाद का इतिहास शुरू होता है, उन्नीसवीं शताब्दी के मध्य भाग तक इंग्लैंड और यूरोपीय महादेश में किसानों से उनकी जमीन छीनना ही उत्पादन के साधनों के बड़े पैमाने पर रूपान्तरण और श्रमशक्ति का पूँजी में परिवर्तन का सबसे कारगर हथियार था। इतना ही नहीं, प्रभुता सम्पन्न पूँजी आज भी वही काम बड़े पैमाने पर वर्तमान औपनिवेशिक नीति के जरिये कर रही है। यह सोचना भ्रम है कि पूँजीवाद कभी भी पण्यों के विनिमय से उपलब्ध उत्पादन साधनों से सन्तुष्ट होगा।"

भारत के सम्बन्ध में वह आगे लिखती हैं कि यहाँ यूनानी आए, फिर सिथियन आए, फिर अरब और अफगान आए और फिर मुगल आए, जिस प्रक्रिया में बहुत ही खून-खराबा हुआ। "फिर भी भारतीय ग्रामीण सामुदायिक व्यवस्था जीवित रही क्योंकि एक के बाद एक आनेवाले किसी मुसलमान विजेता ने किसानों की आन्तरिक सामाजिक संरचना का अतिक्रमण नहीं किया...मुगल साम्राज्य में किसानों को वस्तुओं के रूप में सालाना लगान देना होता था, लेकिन अपने गाँव में वह बिना हस्तक्षेप के रह सकता था और अपने खेत पर चावल उपजा सकता था जैसे उसके पहले उसके पूर्वजों ने किया था। इसके बाद अंग्रेज आए—और पूँजीवादी सभ्यता के रोग ने पूरी समाज व्यवस्था को नष्ट करने में सफलता पाई..."

और आगे "1693 में ही बंगाल में अंग्रेजों ने जमींदारों (यानी टैक्स वसूल करनेवालों) या जिलों के बपौती बाजार निरीक्षकों को, किसानों के खिलाफ उनका

समर्थन लेने के लिए जमीन का मालिकाना हक दे दिया। इसके बाद उन्होंने अगले प्रान्त, अवध और मध्यप्रदेश के नए जीते हुए भूभागों में भी यही नीति अख्तियार की।"

और आगे लिखती हैं :

> "अन्त में, एक और बात पूँजीवादी औपनिवेशीकरण की विशिष्टता बलताती है। अंग्रेज भारत के प्रथम विजेता थे जिन्होंने लोक कल्याणकारी कार्यों के प्रति पूरी उपेक्षा दिखलाई। अरब, अफगान और मुगल ने अद्भुत सिंचाई व्यवस्था को बनाए रखा था, उन्होंने देश में सड़कों का जाल बिछाया था, नदियों पर पुलों का निर्माण कराया था और कुएँ खुदवाए थे। इसके विपरीत काउंट वारेन के शब्दों में ईस्ट इंडिया कम्पनी ने, जिसने 1858 तक भारत पर शासन किया, न तो लोगों की पहुँच के भीतर न एक झरना पहुँचाया, न एक कुआँ खुदवाया और न भारतीयों के फायदे के लिए एक पुल बनवाया।"

आधुनिक काल में यूरोप में उपलब्ध स्रोतों पर आधारित भारत सम्बन्धी तथ्यों से तफसील के सम्बन्ध में कुछ विवाद सम्भव हैं, लेकिन भारत के मध्य भाग की अर्थव्यवस्था एवं यहाँ की कृषि और उद्योगों को जिस तरह से अंग्रेजी हुकूमत ने नष्ट किया, इस पर मोटा-मोटी इतिहासकार अब सहमत हैं। यही हमारा प्रस्थान बिन्दु होगा उस आन्तरिक औपनिवेशिक व्यवस्था के विवेचन का, जिससे हिन्दी प्रदेश की बदहाली को समझा जा सकता है।

पन्द्रहवीं शताब्दी के अन्तिम वर्षों से यूरोप के कुछ देश, जैसे स्पेन, पुर्तगाल, हॉलैंड, ब्रिटेन आदि में जहाजरानी एवं समुद्री व्यापार में भारी उछाल आया। इसी क्रम में 1498 में पुर्तगाल का वास्को द गामा भारत के पश्चिमी तट पर कालीकट पहुँचा। इसके बाद से ही यूरोपीय जहाजियों का भारत के साथ व्यापार का सिलसिला चालू हुआ जिसमें पुर्तगाली, फ्रांसीसी और अंग्रेजों ने बड़े पैमाने पर व्यापार और बाद में अधिकार जमाना शुरू किया। इस प्रतिस्पर्धा में अंग्रेजी सबसे आगे निकल गए। पोर्तुगीज और फ्रांसीसी गोवा, पांडिचेरी और कुछ छोटे-मोटे तटीय इलाकों तक में सीमित रह गए जबकि अंग्रेजों ने पूरे भारत पर अपना वर्चस्व कायम कर लिया। लेकिन समुद्री व्यक्ति होने के कारण और व्यापार एवं यातायात के लिए जलमार्ग सस्ता और सुविधाजनक होने के कारण भी इन सभी यूरोपीय शक्तियों ने अपना आधार तटीय भागों को बनाया। अपने मूल देश से सम्पर्क रखने में और रक्षा की दृष्टि से भी ये मार्ग उपयुक्त थे। यहाँ से गोपनीय ढंग से अपनी सैन्य शक्ति भी बढ़ा सकते थे। इस तरह भारत में अंग्रेजों ने कलकत्ता, मद्रास (चेन्नई), बम्बई (मुम्बई) और सूरत जैसे तटीय इलाकों को अपनी गतिविधियों का प्रमुख केन्द्र बनाया।

यही भौगोलिक पृष्ठभूमि हमें भारत के आन्तरिक औपनिवेशिक विकास और संरचना को समझने में सहायक होगी। पश्चिमी देशों की व्यापारिक गतिविधियों का प्रारम्भिक चरित्र उससे लगभग उलटा था जो अठारहवीं शताब्दी के बाद विकसित

हुआ। प्रारम्भ में वे मूलत: भारत से यहाँ की उत्पादित वस्तुएँ, जिसमें मसाले एवं कपड़े का स्थान बहुत महत्त्वपूर्ण था, यूरोप के देशों में निर्यात करते थे। वस्त्रों में बंगाल का मलमल, बिहार की छींट और कालीकट के कैलिको निर्यात में अपना विशेष स्थान रखते थे। कम्पनी को अकूत नफा होता था, पर इंग्लैंड से चाँदी बड़े पैमाने पर खर्च हो रही थी, जिससे वहाँ चिन्ता भी जताई जा रही थी।

लेकिन अठारहवीं सदी से प्रारम्भ हुई औद्योगिक क्रान्ति ने, जिसमें ब्रिटेन अपने वस्त्र उद्योगों के विकास के साथ अग्रणी स्थान रखता था, व्यापार की दिशा को बिलकुल पलट दिया। अब नई तकनीक के आ जाने से ब्रिटेन में कपड़े का उत्पादन सस्ता और विशाल पैमाने पर होने लगा। ईस्ट इंडिया कम्पनी ने, जिसका व्यापार पर एकाधिकार कायम हो गया था और जिसने अठारहवीं शताब्दी के अन्त तक भारत के कपड़ा उत्पादकों पर अनेक तरह के जुल्म करके यहाँ के वस्त्र उद्योग को नष्ट कर दिया। इस तरह ब्रिटेन के नए तरह के कारखानों में तैयार सस्ते कपड़े भारतीय बाजार में छा गए और यहाँ का घरेलू कपड़ा उत्पादन नष्ट हो गया।

धीरे-धीरे यही स्थिति दूसरी औद्योगिक वस्तुओं के उत्पादन में भी हुई। लोहा इस्पात और धातुओं के दूसरे सामान, जिनका विकास भारत में अति प्राचीन काल में हुआ था, अब स्पर्धा में नए उद्योगों में उत्पादित वस्तुओं से पिछड़ने लगे। इस तरह देश की वह स्वायत्त अर्थव्यवस्था नष्ट हो गई, जिसमें कृषि और उद्योग एक-दूसरे की आवश्यकताओं की पूर्ति करते थे और बाहरी व्यापार पर निर्भरता नगण्य थी। अब देश की अर्थव्यवस्था पूरी तरह से पूँजीवादी व्यापार के लिए खुल गई। इसके लिए देश के दूर-दराज इलाकों को अंग्रेजों द्वारा स्थापित तटीय व्यापार के केन्द्रों से जोड़ दिया गया। उन्नीसवीं सदी के मध्य से रेलवे का विकास शुरू हुआ जिसका ताना-बाना तेजी से फैला। इसने दो उद्देश्य एक साथ हासिल किए। एक तरफ ब्रिटेन के लोहा उद्योग के अतिरिक्त उत्पादों को विशाल बाजार मिला और दूसरी ओर देश के दुर्गम और दूर-दराज स्थान व्यापार के लिए खोल दिए गए।

इस व्यापार ने उन्नीसवीं सदी से एक नया मोड़ ले लिया। प्रारम्भ में नए उद्योगों के उत्पाद मुख्य रूप से यूरोप, खास तौर से ब्रिटेन से आते थे। अब धीरे-धीरे अंग्रेजों ने भारत के तटीय प्रदेशों में ही, जहाँ उन्होंने अपना अड्डा बना लिया था, नए तरह का उद्योग लगाना शुरू किया। अनुकूल परिस्थिति के कारण पहले वस्त्र उद्योग के लिए कपास अमेरिका की गुलाम आधारित कृषि से प्राप्त होता था। जब गुलामी के प्रश्न पर 1860 के दशक में अमेरिका में गृह युद्ध हुआ तो ब्रिटेन में वस्त्र उद्योग में संकट पैदा हो गया था। भारत, जहाँ दुनिया में सबसे पहले कपास की खेती शुरू हुई थी, कपास उत्पादन का विशाल क्षेत्र था। इसलिए पश्चिमी के तटीय इलाके जहाँ कपास की खेती विशेष रूप से होती थी, सूती कपड़े के नए उद्योग के लिए सभी तरह से उपयुक्त थे। इस तरह मुम्बई और बाद में सूरत,

अहमदाबाद फिर मद्रास आदि में ही कपड़ा उत्पादन के लिए कारखाने लगाए जाने लगे। इसी तरह पटसन की विशाल उपलब्धि के कारण कलकत्ता के आस-पास के इलाकों में चटकलों का बड़े पैमाने पर विकास हुआ। जैसाकि ऊपर बतलाया गया है, कृषि की उपेक्षा के कारण बिहार, अवध आदि में किसानों की स्थिति दयनीय हो रही थी और बिहार तो अकाल क्षेत्र बन गया था। इस तरह गरीबी के मारे यहाँ के किसान और मजदूर कलकत्ता के चटकलों एवं दूसरे छोटे-मोटे कामों में सस्ते मजदूर के रूप में उपलब्ध होने लगे। पूर्वी उत्तर प्रदेश के मजदूर मुम्बई तक काम की तलाश में जाने लगे। यही नहीं, गरीबी के मारे भोजपुरी क्षेत्र के ही लोग सबसे अधिक तादाद में बँधुआ मजदूर के रूप में मॉरिशस, त्रिनिदाद, सूरिनाम, फिजी, गयाना आदि में ले जाए गए। यह महज संयोग नहीं है कि इन देशों में इनके वंशज आज हिन्दी भाषा को किसी रूप में जिलाए हुए हैं, लेकिन इस स्थिति में हिन्दी प्रदेश के आज की बदहाली के आदि पर्व का आभास भी देखा जा सकता है। यह बँधुआ मजदूरों के पूर्वजों की भाषा का भी प्रदेश है। देश के भीतर भी वे गाँव से विस्थापित 'विदेशिया' बन गए, जिनके जीवन की आपदाओं की गाथा भिखारी ठाकुर के नाटकों और गानों में सुनी जा सकती है।

इस तरह देश में ही दो ध्रुव विकसित हो रहे थे—एक कुछ तटीय प्रदेशों का, जहाँ अब नए उद्योगों का विकास होने लगा था और दूसरा उन बड़े भूभागों का, जहाँ की पारम्परिक कृषि और उद्योग पर आधारित आत्मनिर्भर अर्थव्यवस्थाएँ नष्ट हो गई थीं और पूरा समाज विशृंखलन के दौर से गुजर रहा था।

किसी भी सामाजिक दायित्वबोध से मुक्त सिर्फ मुनाफे के लिए विकसित पूँजीवादी व्यवस्था का यह गुण होता है कि इसके उद्योग कुछ विशेष स्थितियों को छोड़ उसी क्षेत्र में फैलते हैं जहाँ इनका विकास शुरू होना है। कारण यह है कि आधुनिक बड़े उद्योगों के लिए कुछ बुनियारी संरचना (इंफ्रास्ट्रक्चर) की जरूरत होती है—जैसे यातायात की सुविधा, ऊर्जा आपूर्ति के साधन, जल की आपूर्ति, नए उद्योगों के लिए प्रशिक्षित कुशल श्रमिकों की उपलब्धि आदि। चूँकि बुनियादी संरचना के निर्माण में विशाल साधन और समय लगाना होता है, इसलिए ज्यादा-से-ज्यादा मुनाफा सुनिश्चित करने के लिए पूँजीपतियों का रुझान उन क्षेत्रों में ही अपना उद्योग लगाने की तरफ होता है जहाँ संरचनात्मक सुविधाएँ उपलब्ध हैं। इन क्षेत्रों के उत्तरोत्तर विस्तार का एक और भी कारण होता है। जहाँ नए उद्योग और इससे जुड़े व्यापार का फैलाव होता है वहाँ की आबादी इनमें कार्यरत लोगों के कारण बढ़ती जाती है। फिर इनके जीवन की आवश्यकताओं के लिए जरूरी वस्तुओं और सेवाओं का बाजार फैलता है और इनकी जरूरतों को पूरा करने के लिए दूसरे उद्योग लगाए जाते हैं। साथ ही, शिक्षण और शोध के संस्थान अस्तित्व में आते हैं। इस तरह औद्योगिक विकास और आज के अर्थ में 'विकास' उन्हीं क्षेत्रों में होता है।

इसी तरह अंग्रेजी शासन की स्थापना के साथ देश में मुम्बई, कोलकाता, चेन्नई, अहमदाबाद एवं मराठा आक्रमण के छोटे अन्तराल के बाद सूरत जैसे नगरों का विकास हुआ। मुम्बई प्रारम्भिक काल में ईस्ट इंडिया कम्पनी का मुखयालय भी था। 1833 से 1912 तक यह गौरव कोलकाता को प्राप्त हुआ, जिस बीच यह कम्पनी की जगह ब्रिटिश हुकूमत की राजधानी बन गया। चेन्नई (पहले का मद्रास) मद्रास प्रेसिडेंसी का मुख्यलय था। इस तरह राजनीति का केन्द्र होना भी अनेक तरह की बुनियादी संरचनाओं की आपूर्ति में सहायक हुआ। इससे यातायात, जलापूर्ति और जरूरी ऊर्जा की आपूर्ति सुनिश्चित करना भी आवश्यक हो गया।

1912 के बाद जबसे भारत की राजधानी दिल्ली बन गई, दिल्ली स्वयं एक विकास का केन्द्र बन गया। आजादी के बाद जब सभी महत्त्वपूर्ण राजनीतिक और आर्थिक नीतियाँ दिल्ली से निर्धारित होने लगीं तो दिल्ली में भी यातायात, जलापूर्ति और ऊर्जा की आपूर्ति पर विशेष ध्यान दिया जाने लगा और राजधानी का छोटा नगर दिल्ली फैलकर विशाल राजधानी क्षेत्र बन गया। बुनियादी सुविधाओं की उपलब्धता और आवश्यक राजनीतिक निर्णयों को करवा पाने की सुविधा के कारण बड़ी संख्या में यहाँ उद्योग लगाए जाने लगे। ऊपर बतलाए गए कारणों से इस नगर की आबादी इतनी तेजी से फैली कि राजधानी क्षेत्र फैलकर अब उत्तर प्रदेश के गाजियाबाद और नोएडा और हरियाणा के फरीदाबाद और गुरुग्राम को अपने में समेट रहा है। देश के किसी दूसरे हिस्से के मुकाबले अब इसी क्षेत्र में ज्यादा-से-ज्यादा औद्योगिक, तकनीकी और शैक्षणिक संस्थाओं का विकास हो रहा है। यही कारण है कि इस विरोधाभास का जिसका जिक्र प्रारम्भ में किया गया है जिसमें हिन्दी प्रदेश यानी हरियाणा और उत्तर प्रदेश के ही कुछ भाग क्यों आधुनिक विकास की दृष्टि से देश के सबसे अग्रणी क्षेत्रों में हैं जबकि हिन्दी प्रदेश के बाकी हिस्से घोर पिछड़ेपन और गरीबी की स्थिति में हैं।

जैसाकि पहले कहा गया है कि आधुनिक पूँजीवादी व्यवस्था आत्मनिर्भर अस्तित्व कायम नहीं कर सकती। इसे सदा बाजार, कच्चे माल और मजूदरी के लिए बाहरी क्षेत्रों की तलाश रहती है। इस क्रम में इन क्षेत्रों को कोयला और दूसरे खनिजों से सम्पन्न तत्कालीन बिहार के छोटानागपुर (आज के झारखंड) से जोड़ा गया। इसी से यह स्थिति देखने में आती है कि जहाँ खनिज बहुत छोटानागपुर को कलकत्ता, मुम्बई और चेन्नई से तो रेल सेवाओं से जोड़ा गया, लेकिन उत्तर बिहार के साथ कोई सम्पर्क स्थापित नहीं हुआ जिससे इन खनिजों के आधार पर उत्तर बिहार में उद्योग लगाए जा सकें। आजादी के बाद सिर्फ एक लाइन गंगा पार कर बनी है और झारखंड से आज भी पूरे बिहार का यातायात मूलत: बस सेवाओं पर ही निर्भर है। आज तक उत्तर बंगाल और असम को जोड़नेवाली एक रेल लाइन है जो हिमालय के पादभूमि से होकर गुजरती है जहाँ अंग्रेजों ने विशाल पैमाने पर चाय बागानों का

विकास किया था और उनके उत्पादों के लिए यातायात की जरूरत थी। दूसरा, यहाँ के जंगलों की कीमती लकड़ियों की ढुलाई के लिए भी रेल सेवाओं की जरूरत थी। इन क्षेत्रों का कोई विकास नहीं किया गया। दिलचस्प है कि इन चाय बागानों में श्रमिक भी अधिकांश झारखंड के आदिवासी हैं जिन्हें ठेकेदारों द्वारा पहुँचाया गया। उत्तर प्रदेश का बड़ा हिस्सा अनाज उत्पादन करता रहा और मध्यप्रदेश कुछ कृषि उत्पाद, लेकिन मूलत: वनों की कीमती लकड़ियों का स्रोत बना रहा। बिहार, ओडिशा और असम ये सब कलकत्ता की पार्श्वभूमि बने रहे जिन्हें विकसित करना जरूरी नहीं समझा गया।

हिन्दी क्षेत्र का सांस्कृतिक ह्रास भी यहाँ के पारम्परिक समाज पर नई औद्योगिक व्यवस्था की छापामारी का ही परिणाम है। 'छापामारी' इसलिए कहा गया क्योंकि पूँजीवादी व्यवस्था द्वारा यत्र-तत्र आक्रमण या अतिक्रमण ही हुआ, इन्हें विकसित करने का कोई समन्वित प्रयास नहीं। ऐसा पूँजीवादी व्यवस्था पहले बतलाए गए कारणों से कर भी नहीं सकती थी। इससे समाज का जीवन खंडित होता गया। कृषि, जो आजीविका का प्रधान साधन था, बाहरी व्यापार की जरूरत के हिसाब से तेजी और मन्दी से प्रभावित होने लगी और इसका वैविध्य नष्ट होने लगा। वनोपजों पर निर्भर रहनेवाले लोग भी जो वनोपजों की विविधता से अपनी जीवन की राशि आवश्यकताएँ पूरी करते थे, औद्योगिक जरूरतों को पूरा करनेवाले एक या दो तरह के पेड़ों को लगाने की वानिकी की नीति से पारम्परिक जीवन का आधार खो बैठे। झरने और नदियाँ सतत् प्रवाहित जीवन रेखा की बजाय औद्योगिक आवश्यकताओं के लिए जलापूर्ति करनेवाली संसाधन बन गईं जिनकी धाराओं को नए नगरों और कारखानों की जरूरत के हिसाब से बदलने या बाँधने का धन्धा विशाल पैमाने पर बिना इस पर विचार किए होने लगा कि आदिम काल से इन पर आश्रित लोगों के जीवन पर इन परिवर्तनों का क्या प्रभाव पड़ेगा? तो बड़े पैमाने पर लोगों का विस्थापन शुरू हुआ और करोड़ों लोग अपने प्राकृतिक परिवेश से उजाड़ कर नगरों के फुटपाथ और झुग्गियों में डाल दिए गए। भारत पूँजीवादी औद्योगीकरण का दंश भोगने में अकेला नहीं है। प्रारम्भिक दिनों में कुछ ऐसा ही पूँजीवादी व्यवस्था के प्रणेता ब्रिटेन में हुआ।

संस्कृतियों का विकास समग्रता में होता है। तुलसी एवं सूरदास की कविताएँ अथवा साँची, अजन्ता-एलोरा का स्थापत्य और कलाकृतियाँ एक ऐसे परिवेश में पैदा हुई थीं जहाँ व्यक्ति समुदाय से टूटा नहीं था। कलाकार को पूरे समाज से आर्थिक और भावनात्मक सहारा मिलता था। सम्प्रेषण सदा समुदाय के भीतर सम्भव होता है। इस सम्प्रेषण से जीवन, साहित्य एवं कला के मानक स्थापित होते हैं। कलाओं की तरह लोकनीतियों का मूल्यांकन भी समुदाय द्वारा ही होता है। अगर समुदाय और समाज खंडित है, तो सब कुछ पतवारहीन हो जाता है। आज के टूटे-बिखरे

समाज में राम, कृष्ण, कबीर आदि सभी अपनी प्रासंगिकता या आदर खो चुके हैं। आज जीवन के मूल्य पूँजीवादी उपभोक्तावादी मानकों द्वारा स्थापित होते हैं।

स्वयं इस क्षेत्र की भाषा हिन्दी का क्या हाल है? या दूसरी क्षेत्रीय भाषाओं का भी क्या हाल है? एक व्यापारी समाज में भाषा की हैसियत भी बहुत कुछ व्यापार के लिए इसकी प्रासंगिकता पर निर्भर करती है। वैश्वीकरण में व्यापार भी वैश्विक हो गया है और इस वैश्विक व्यापार की भाषा भी अंग्रेजी ही बन गई है। स्वयं भारत में आउटसोर्सिंग से मिलनेवाले क्लर्की के कामों के लिए भी अंग्रेजी जानना जरूरी है। यही स्थिति नए तकनीकी या प्रबन्धन से जुड़े कामों और प्रशिक्षण की है। अगर अपनी भाषा घरेलू काम-काज के बाहर सिर्फ समय काटने के लिए मनोरंजन की कुछ समाग्री प्रदान कर सकती है तो कोई कामकाजी आदमी इसे सीखने के लिए क्यों समय गँवाए? यह स्थिति इस बात में प्रतिबिम्बित होती है कि देश के एक प्रतिशत लोगों को भी मुश्किल से समझ में आनेवाली अंग्रेजी में लिखनेवाले भारतीय साहित्यकारों की पुस्तकें लाखों में बिकती हैं जबकि हिन्दी लेखन में लगे लोगों की पुस्तकें अगर पाँच सौ से हजार तक बिक जाएँ तो इसे सफल प्रकाशन माना जाता है।

स्वयं शिक्षा का स्वरूप बदल गया है। आज शिक्षित होने का अर्थ संसार और समाज को समझ उसमें अपने स्थान का आकलन करना और अपना दायित्व सुनिश्चित करना नहीं है। शिक्षा का अर्थ हो गया है तकनीकी शिक्षा, सबसे बढ़कर प्रबन्धन की शिक्षा, जो एक व्यापारी समाज की माँगों को पूरा कर सके। इसमें सफलता सिर्फ इस बात से आँकी जाती है कि आपकी आय कितने अंकों की है। यह पूरी व्यवस्था इस व्यापारिक सफलता के लिए लोगों को एक-दूसरे को धोखे में रखने के लिए प्रोत्साहित करती है। सारा विज्ञापन का धन्धा यही है। अगर यह अतिश्योक्ति लगे तो विचार कीजिए कि विश्व सुन्दरी का किसी साबुन या किसी क्रिकेट खिलाड़ी का कोका कोला जैसे पेय से क्या सम्बन्ध है? अपनी तसल्ली के लिए या स्वाभिमान कायम रखने के लिए हम शोर-शराबे के बीच किसी हर्षद मेहता को बलिदान का बकरा बना अपराध बोध से मुक्त होने का एहसास भले कर लें, लेकिन हमारी सारी व्यवस्था इसी धन्धे में लगी है। अगर आदर्श खुली प्रतिस्पर्धा ही है तो फिर इसका रोना क्या कि हिन्दी क्षेत्र पिछड़ गया है? नए आदर्शों के तहत जो पिछड़ गए हैं, उन्हें छोड़ या रौंदते हुए आगे निकलना ही प्रगति का प्रतिमान है। जो समस्या है वह इस पूरी व्यवस्था की है, सिर्फ हिन्दी क्षेत्र की नहीं और समाधान भी इस व्यवस्था से निजात पाने में ही है। यह रास्ता असम्भव-सा लगता है, लेकिन चुनौती भी यही है।

(पहल 60)

पिछड़ेपन का मूल कारण

बिहार के पिछड़ेपन की समस्या को पूँजीवाद में निहित क्षेत्रीय असन्तुलन की अन्तर्निहित प्रवृत्ति के सन्दर्भ में ही समझा जा सकता है। पूँजीवाद के विकास की दो बुनियादी शर्तें हैं : एक, उत्पादन के लिए आवश्यक कच्चे माल की उपलब्धि और दूसरा, उत्पादित माल के लिए बाजार की उपलब्धि। चूँकि बाजार और बिक्री के फैलाव के साथ पूँजीपति का मुनाफा जुड़ा है, इनके निरन्तर विस्तार का दबाव पूँजीवादी समाज में सदा बना रहता है। बाजार के फैलाव के लिए उपभोक्तावादी संस्कृति का निर्माण होता है और उत्पादन खर्च की कटौती के लिए ऐसी मशीनों के आविष्कार होते रहते हैं, जिनमें कम-से-कम आदमियों को लगाकर ज्यादा-से-ज्यादा उत्पादन हो सके। पूँजीवाद अपने विकास की हर ऊँचाई पर अपने समकालीन समाज पर उपभोग और उत्पादन तकनीक के अपने मानकों को आरोपित करता है। इससे उन समाजों पर भी, जो पूँजीवादी नहीं हैं, उपभोग और उत्पादन तकनीक के मानकों को अपनाने का दबाव बना रहता है। बिना इन मानकों और अपनाए वे बाजार की प्रतिस्पर्धा में टिक नहीं सकते और उपभोग के स्तर में बराबरी नहीं प्राप्त करने से पिछड़े माने जाते हैं। कारण यह है कि पूँजीवादी उपभोग के मानक प्रचार एवं मनुष्य की नकलची प्रवृत्ति की वजह से सार्वजनीन माने जाने लगते हैं। इसी प्रक्रिया से सोवियत व्यवस्था के समतावादी मूल्य खत्म हुए और व्यवस्था अन्ततः नष्ट हो गई। अब चीन में भी यही प्रक्रिया जारी है। विशाल पैमाने पर उत्पादन के क्रम में उत्पादित वस्तुएँ छोटे पैमाने पर मानव श्रम से उत्पादित वस्तुओं से सस्ती होती हैं और इससे ये वस्तुएँ बाजार की प्रतिस्पर्धा में टिक नहीं पातीं। इस कारण पारम्परिक उद्योग-धन्धे नष्ट होने लगते हैं और इसमें लगे लोग बेरोजगार और विपन्न होते जाते हैं।

पूँजीवाद के उद्गम और विस्तार के क्रम में गैर-पूँजीवादी दुनिया से पूँजीवादी समाजों के सम्बन्ध कई चरणों में विभिन्न स्तर के बने। प्रथम चरण में, मर्केंटाइल युग (व्यापार द्वारा सोना-चाँदी जमा करने की प्रक्रिया) में यूरोप के कुछ देशों द्वारा गैर-यूरोपीय देशों की सम्पदा का व्यापार और लूट द्वारा दोहन हुआ। इससे उपलब्ध धन और व्यापार के फैलाव में औद्योगिक क्रान्ति हुई। दूसरे चरण में औद्योगिक

क्रान्ति से निकली तकनीक से बड़े पैमाने का उत्पादन शुरू हुआ। इससे ब्रिटेन में उत्पादित रास्ते मालों के भारत के बाजारों पर लादे जाने से भारत के पारम्परिक उद्योग-धन्धे नष्ट होने लगे। तीसरे चरण में भारत के ही कुछ स्थानों पर, जहाँ आधुनिक पूँजीवादी औद्योगिक व्यवस्था के लिए स्थितियाँ अधिक उपयुक्त थीं, यूरोप से आयातित तकनीकी आधार पर उद्योगों का विकास शुरू हुआ—प्रारम्भ में अंग्रेजों द्वारा और बाद में कुछ भारतीयों द्वारा। कलकत्ता, मुम्बई और मद्रास जैसे तटीय नगर तथा कुछ अन्य स्थान जहाँ बुनियादी संरचना अनुकूल हो सकती थी, नए औद्योगिक विकास के क्षेत्र बने। दूसरी तरह के क्षेत्रों में नागपुर, कानपुर आदि आते हैं। देश के दूसरे भाग जहाँ कच्चे माल जैसे खनिज एवं उद्योगों के लिए जरूरी कृषि उत्पादन जैसे कपास, जूट, चाय आदि पैसा हो सकते थे या तो कच्चे मालों की आपूर्ति के क्षेत्र बने या स्वयं बिखरे उद्योगों के क्षेत्र।

जिस तरह प्रारम्भिक काल में सारा भारत ब्रिटेन का उपनिवेश बना वैसे ही बाद में भारत के ही औद्योगिक दृष्टि से अल्पविकसित क्षेत्र भारतीय औद्योगिक व्यवस्था के आन्तरिक उपनिवेश बने। बिहार, असम, ओडिशा एवं बंगाल का उत्तरी भाग आदि, तथा देश के विशाल वन्य प्रदेश तथा आदिवासी एवं पारम्परिक कृषि पर आधारित क्षेत्र इसी प्रक्रिया में आन्तरिक उपनिवेश बने। चाय, गन्ना, रबर आदि के कुछ विशाल पूँजीवादी फार्मों को छोड़ बाकी खेती प्राय: अलाभकर बनती गई। उद्योगों और व्यापारियों द्वारा कृषिजन्य वस्तुओं के मूल्यों पर प्रतिकूल दबाव बनाए रखने के कारण, विशेषकर फसल तैयार होने के समय किसानों की खेती घाटे की होती रही। पारम्परिक उद्योगों के नष्ट हो जाने से कृषि से प्राप्त आय के अतिरिक्त किसानों की आय का जरिया भी खत्म हो गया। इस तरह पूँजी संचय का वह साधन भी खत्म हो गया जो कृषि पर निवेश के लिए किसानों को उपलब्ध होता था। इसी से उस प्रचलित कहावत की स्थिति पैदा हुई, "खेती खेत को खाती है" यानी किसान की आय जब कृषि-कार्य को निरन्तर जारी रखने लायक नहीं रहती तो खेत बेचकर गुजारा करने लगता है या भारी कर्ज के बोझ से दब जाता है। इस प्रक्रिया में मध्यम किसान छोटे किसान बन गए, छोटे सीमान्त और सीमान्त किसान भूमिहीन मजदूर बन गए। अधिकांश बड़े किसान भी कई पीढ़ियों में जमीन के बँटवारे से छोटे किसान होते गए। इनमें उनको छोड़ जिन्होंने नौकरी या किसी दूसरे आधुनिक उद्यम या व्यापार में धन अर्जित किया, प्राय: सभी की स्थिति दयनीय होती गई।

औपनिवेशीकरण और आन्तरिक औपनिवेशीकरण के प्रथम चरण में देश के पारम्परिक उद्योग-धन्धे नए उद्योगों की प्रतिस्पर्धा में खत्म हो गए और उनमें लगे लोग भूमिहीन मजदूर बन गए। कुछ भूमिहीन मजदूरों की जातियाँ तो पूरी की पूरी इसी प्रक्रिया में कृषि मजदूर बनीं उदाहरण के लिए, नोनिया जो नमक और

शोरा बनाने का काम करते थे, जुलाहे और तँतवा जो कपड़ा बनने के काम में थे, चर्मकार जो पहले चमड़ा उद्योग में लगे थे, धुनियाँ जो कपास धुनने का काम करते थे, तेली जो तेल पेरने का काम करते थे। इस चरण में लोहार, बढ़ई आदि आंशिक रूप से बेरोजगार हुए क्योंकि हलों एवं बैलगाड़ियों का अभी भी ग्रामीण जीवन में महत्त्व था, और घर बनाने के काम में लकड़ी के कामों के लिए अब भी लोहार एवं बढ़ई की जरूरत होती थी। चीनी मिलों के आने से गुड़ और शक्कर बनाने के पुराने उद्योग नष्ट हुए। इससे भी भारी संख्या में वे लोग जो इस उद्योग में लगे थे, बेरोजगार हुए। बिहार का स्थान चीनी उद्योग में देश में अग्रणी था। बिहार में जो चीनी मिलें स्थापित हुईं वे प्राय: अंग्रेजों की थीं, जिनका मुनाफा अंग्रेज पूँजीपतियों को मिलता था। बहुत थोड़े-से लोगों को ही काम मिलता था और वह भी साल के कुछ ही महीनों के लिए।

इस तरह औद्योगीकरण के प्रथम चरण में बेरोजगारी और भूमिहीन मजदूरों की संख्या में वृद्धि दो कारणों से हुई : पहला, पारम्परिक उद्योगों के नष्ट होने से और दूसरा, छोटी जोत वाले किसानों की विपन्नता से पैदा भूमिहीनता से। चूँकि नए तरह के उद्योग उत्तरोत्तर पूँजी प्रधान होते जाते हैं, इनमें रोजगार देने की क्षमता विस्थापित किए गए मजदूरों की संख्या के अनुपात में लगातार कम होती जाती है, इसलिए यह व्यवस्था समग्र रूप से बेरोजगारी फैलाती है, लेकिन आन्तरिक उपनिवेश के क्षेत्र में पड़नेवाले बिहार जैसे राज्यों में बेरोजगारी की मार दोहरी होती है। इसका कारण यह है कि औद्योगिक विकास के ऊपर वर्णित केन्द्र जो पहले विकसित हुए उनमें ही आधुनिक उद्योगों के विकास के लिए आवश्यक बुनियादी संरचना का भी अधिक विकास हुआ—जैसे यातायात की सुविधा, ऊर्जा के स्रोतों का विकास, तकनीक में प्रशिक्षित मानव संसाधन का विकास, औद्योगिक शोध संस्थान आदि और नगर क्षेत्र की तेजी से बढ़ती आबादी से एक हद तक सुनिश्चित बाजार का विस्तार। इसलिए बिहार जैसे आन्तरिक उपनिवेश के क्षेत्र मूलत: कच्चे माल और अकुशल मजदूरों की आपूर्ति करनेवाले क्षेत्र रह जाते हैं और तुलनात्मक दृष्टि से अधिक पिछड़े होते जाते हैं।

बिहार में घोर विपन्नता का दूसरा दौर सातवें दशक से शुरू हुआ जबसे तथाकथित हरित क्रान्ति की शुरुआत हुई और कृषि के आधुनिकीकरण का सिलसिला शुरू हुआ। इस दौर में बेरोजगारी के कारण ग्रामीण क्षेत्र से लोगों का विस्थापन इतने बड़े पैमाने पर हुआ कि बिहारी मजदूर पंजाब, हरियाणा, गुजरात, दिल्ली एवं मुम्बई आदि सभी जगहों में झुंड के झुंड काम की तलाश में भटकते पाए जाने लगे। इन स्थानों पर अमानवीय स्थितियों में रहकर ये लोग अकुशल मजदूरों की आपूर्ति कर रहे हैं। इनकी स्थिति का दहलानेवाला वर्णन अरविन्द मोहन की पुस्तक 'प्रवासी मजदूरों की पीड़ा' में देखा जा सकता है।

यह स्थिति कृषि प्रक्रिया एवं कृषि उत्पादों को खाद्य पदार्थों में बदलने की प्रक्रिया के मशीनीकरण से पैदा हुई है। इसमें सबसे प्रधान कारक बैलों की बजाय ट्रैक्टरों का जुताई, ढुलाई तथा दँवरी में लगाना हुआ है। इससे जो भूचाल लोगों के जीवन में आया है, वह किसी भी गाँव में स्पष्ट रूप से देखा जा सकता है। मैंने अपने ही गाँव में पिछले तीस वर्षों में सब कुछ तेजी से बदलते देखा है।

पहले यहाँ छोटे से बड़े, सभी किसानों के दरवाजों पर बैलों की जोड़ियाँ देखी जा सकती थीं। भूमिहीन भी, जिनकी अपनी जमीन नहीं थी, एक बैल या एक जोड़ा बैल रखते थे और भाड़े पर दूसरे के खेतों में हल जोतते थे। बहुत सारे लोग भाड़ा कमाने के लिए ही बैलगाड़ी रखते थे क्योंकि गाँव में माल ढुलाई का यही एकमात्र साधन था। छोटी दूरियों के लिए आदमियों की भी यही सवारी थी जिसमें लोग बाल-बच्चों और सामान के साथ एक जगह से दूसरी जगह जाते थे। यह धीमी गति की सवारी थी, लेकिन लोगों की जिन्दगी में भाग-दौड़ और हड़बड़ी भी नहीं थी। कृषि से लगा स्थायी रोजगार हल-बैल की खेती और बैलगाड़ियों से ही मिलता था। बैलों के दरवाजे पर होने का अर्थ था कि स्वयं बैलों के मालिक को इसकी देखभाल पर दिन के कई घंटे खच करने पड़ते थे या कोई स्थायी मजदूर इस काम के लिए रखना होता था। इसी तरह प्रत्येक हल के लिए एक हलवाहे की जरूरत होती थी। हल जोतने का काम वर्षा काल में जमीन गीली हो जाने के समय को छोड़ साल के अधिकांश समय चलता रहता था। धान की रोपाई के समय तो कदवा करने के लिए पानी में ही खेत की जुताई होती थी। फिर फसल काटने पर धान, गेहूँ, जौ का अनाज निकालने के लिए दँवरी भी बैल से ही होती थी यानी बैल लोगों के विविध कामों व गतिविधियों का केन्द्र-बिन्दु था।

मूलत: बैलों के लिए ही लोग गाय भी पालते थे और गाय के नर-बछड़ों को जतन से पाला जाता था जो बाद में बैल बनकर खेती के काम में आते थे। इन गायों के इर्द-गिर्द रोजगार का एक दूसरा ताना-बाना तैयार होता था। दूध से दही, मलाई,घी आदि तैयार करने और फिर उन्हें बेचने का एक व्यवसाय चक्र। बैलों के इर्द-गिर्द कृषि एवं घरेलू उद्योगों की एक सम्पूर्ण अर्थव्यवस्था अस्तित्व में थी। बैलों से ही तेल निकालने के लिए कोल्हू चलते थे और अनेक जगहों पर बैलों से ही पानी पटाने के लिए मोट एवं रहट। गाय एवं बैल का गोबर खेत के लिए सर्वोत्तम खाद प्रदान करता था, वहीं गोबर के उपले जलावन के काम आते थे।

बैल के जीवन और कृषि का एक ऐसा चक्र था जिससे जमीन की उर्वरा-शक्ति का नवीकरण होता रहता था और गाँव का धन काफी हद तक गाँव में ही संरक्षित रहता था। इस व्यवस्था का महत्त्वपूर्ण पहलू यह था कि गाँव का एक समुदाय बनता था। हलों एवं बैलगाड़ियों को बनाने एवं उनकी मरम्मत करने में बढ़ई एवं लोहारों की अनिवार्य भूमिका होती थी और किसानों से एक स्थायी लेन-देन का

रिश्ता बनता था। किसानों और उनके खेतों पर काम करनेवाले मजदूरों के आपसी रिश्तों के अलावा इनका सम्बन्ध गाँव के तेली, तमोली, धोबी, बढ़ई, लोहार तथा कई तरह के दूसरे आवश्यक कामों में लगे लोगों से होता था। इस तरह के समुदाय का गाँव के लोगों के व्यवहारों पर भी एक हद तक नियंत्रण होता था।

कृषि के आधुनिकीकरण का अर्थ यह हुआ कि सरकारी प्रोत्साहन पर रियायती दर पर ऋण पाकर बड़े पैमाने पर गाँव में ट्रैक्टर आ गए। गाँव में चार-पाँच ट्रैक्टर आ जाने से सैकड़ों लोग, जो बैल के रखरखाव हल जोतने या बहलवानी में लगे थे, एकाएक बेरोजगार हो गए। ट्रॉली लगे ट्रैक्टरों ने बैलगाड़ियों को हाशिए पर डाल दिया। अब सारे गाँव की जुताई और ढुलाई का काम यह चार-पाँच ट्रैक्टर वाले करने लगे। अब कुछ सम्पन्न लोग जो ट्रैक्टर खरीद सकते थे, सैकड़ों लोगों का रोजगार खाने लगे। उनकी आदमनी भी ट्रैक्टर वालों को मिलने लगी और अन्त में इनका फायदा ट्रैक्टर बनानेवाली कम्पनियों और डीजल तैयार करनेवाली कम्पनियों को मिलने लगा। पहले दँवरी का काम भी बैल से ही होता था। इसमें समय लगता था और खराब मौसम में कभी-कभी नुकसान भी होता था, लेकिन मजदूरों को रोजगार मिलता था और किसानों को बचत होती थी। अब ट्रैक्टर से लगे थ्रेशर से हफ्तों का काम एक दिन में हो जाता है, लेकिन किसानों को इसकी भारी कीमत चुकानी होती है। तीस से पचास रुपया क्विंटल तक दँवरी का खर्च लग जाता है। ट्रैक्टर के आने के दो घाटे तो बिलकुल साफ दिखाई देते हैं। इसने मजदूरों की मजदूरी छीन ली और अब गाँव की वह आय, जो गाँव में ही रह जाती थी, डीजल कम्पनियों एवं उर्वरक बनानेवाली कम्पनियों को चली जाती है। अब गोबर के अभाव में उर्वरकों पर निर्भरता के कारण जमीन ऊसर होती चली जा रही है। जलावन का अभाव भी गोबर की कमी से बढ़ रहा है।

दरअसल, ईंधन का घोर अभाव भी कृषि के चरित्र के बदलाव से पैदा हुआ है। संकर किस्म के मक्के की खेती का प्रचलन होने से लोगों ने भदई मक्के की खेती छोड़ दी है क्योंकि बरसात का मौसम इसके लिए अनुकूल नहीं होता। इससे अरहर की खेती नगण्य हो गई है। पहले लोग भदई मक्के के साथ अरहर बोते थे जिससे बिना किसी अतिरिक्त लागत के अरहर पैदा होती थी। चूँकि अरहर की खेती में साल का अधिक भाग चला जाता है, इससे अकेले इसकी खेती लोग नहीं करते। अब अरहर की जगह रबी फसल में गेहूँ लगाई जाती है। अरहर की खेती खत्म होने से जलावन का एक महत्त्वपूर्ण स्रोत सूख गया है। संकर मक्का बौने किस्म के होते हैं और इसमें दाना तो अधिक होता है, लेकिन पौधे इतने छोटे कि ईंधन के लिए कुछ नहीं बचता। गोबर का लोप होने से एवं कृषि-चक्र में इस परिवर्तन से ईंधन का भयंकर अभाव पैदा हुआ है। गाँव में औरतों एवं बच्चों के दिन के चार-पाँच घंटे जलावन के लिए सूखी टहनियाँ तथा पेड़ के पत्ते आदि जमा करने में चले

जाते हैं। यही वह समय होता है जिसे वे पहले दूसरे छोटे-मोटे काम, जैसे चटाई बनाने, चावल कूटने, आटा पीसने, दाल दलने आदि में लगाती थीं। ये रोजगार वैसे भी अब डीजल या बिजली से चलनेवाली आटा चक्की, चावल और चिउड़ा कूटने तथा दाल दलने की मशीनों के आ जाने से समाप्त हो गए हैं। बाग-बगीचों की भूमि का भी पत्ते बटोरकर जलावन में ले जाने से ह्रास होता है जब तक अतिरिक्त खाद की व्यवस्था नहीं की जाए।

पारम्परिक आय और रोजगार के स्रोतों के खत्म हो जाने से गाँवों के नौजवान या तो पास-पड़ोस के शहरों या कस्बों में दिहाड़ी मजदूर का काम करते हैं या दूर-दराज के स्थानों पर घर-परिवार छोड़कर काम की तलाश में भटकते रहते हैं। इस तरह पूँजी का सबसे बड़ा स्रोत श्रम, जो राज्य के आर्थिक विकास में योगदान करता, दूसरे राज्यों को कम कीमत पर उपलब्ध हो जाता है। इसका कारण यह है कि दूसरे राज्यों में भी काम खोजनेवालों के अनुपात में उपलब्ध रोजगार बहुत कम हैं।

सामाजिक दृष्टि से इस विकास के अत्यन्त ही विध्वंसकारी परिणाम हुए हैं। चूँकि अब गाँव के नौजवान आजीविका के लिए बाहरी क्षेत्रों पर निर्भर हैं और अपना अधिक समय बाहर ही बिताते हैं, ग्रामीण जीवन में पारस्परिकता और निर्भरता का आधार खत्म हो गया है। सभी व्यक्ति समुदाय से कटकर खुद-मुख्तार बन गए हैं। इसके साथ अगर हम विविध प्रलोभनों के बीच घोर अभाव जोड़ दें तो अपराध की प्रवृत्ति का बढ़ना तुरन्त समझ में आ जाता है। अब बचपन से किसी व्यक्ति पर कोई सामुदायिक नियंत्रण नहीं रहने से आपराधिक कार्यों पर कोई अंकुश नहीं रह पाता। धीरे-धीरे छोटे अपराधों की ओर बढ़ने का प्रोत्साहन मिलता है। इस तरह चारों ओर छीना-झपटी, लूटपाट एवं हत्या का माहौल व्याप्त है। यह प्रवृत्ति कभी-कभी उकसावे से जातीय या साम्प्रदायिक दंगे का रूप ले लेती है। अब यह उस राजनीति को ग्रसने लगी है जिस राजनीति ने लोगों की समस्याओं को नजरअन्दाज कर देशी-विदेशी पूँजी के अन्धाधुन्ध विस्तार को प्रोत्साहित किया था। अब बिहार आत्मघात की दौड़ में शामिल है। आपराधिक चरित्र के लोग विधायक और सांसद बनते हैं और राजनीति को और भी दिशाहीन बनाते हैं। वर्तमान बिहार की स्थिति को देखकर अब हम भूमंडलीकरण के दौर में रवांडा-बुरुंडी, नाइजीरिया आदि के खूनी कबायली संघर्षों को आसानी से समझ सकते हैं। बिहार भी एक आत्मघाती दौर में प्रवेश कर चुका है, जिसका उत्स पूँजीवाद और तथाकथित उदारीकृत अर्थव्यवस्था में है।

('बिहार की विरासत' से)

हिन्दी क्षेत्र पिछड़ा क्यों है

देर से ही सही, अब कम्युनिस्ट आन्दोलन को हिन्दी क्षेत्र की सुध तो आई है। इसके लिए शुरुआत हुई है, माकपा के महाविधवेशन की तैयारी के सिलसिले में दिल्ली में आयोजित सात दिवसीय संगोष्ठियों से। इस संगोष्ठी श्रृंखला का मूल विषय हिन्दी क्षेत्र के पिछड़ेपन की पड़ताल करना था। उद्देश्य यह समझना भी था कि इस क्षेत्र में कम्युनिस्ट आन्दोलन क्यों बढ़ नहीं पाया और क्यों जहाँ कुछ फैलाव हुआ भी तो कुछ ही दिनों में सिकुड़ गया। लेकिन हिन्दी भाषी क्षेत्र के रूप में विषय को चिह्नित करने में ही गम्भीर भटकाव था जिसके कारण समस्या के मूल तक पहुँचना मुश्किल है। जो बात हिन्दी क्षेत्र के बारे में कही गई है, वह देश के कई गैर-हिन्दी क्षेत्रों के बारे में भी कही जा सकती है। वैसा ही पिछड़ापन ओडिशा, असम, खुद उत्तर बंगाल, महाराष्ट्र के विदर्भ या आन्ध्र के तेलंगाना क्षेत्र में भी देखा जा सकता है। और इनमें तेलंगाना को छोड़ दें तो कहीं भी कम्युनिस्ट आन्दोलन का विकास नहीं हो पाया। तेलंगाना का मामला थोड़ा भिन्न प्रकार का है, इस पर हम बाद में विचार करेंगे।

थोड़ा गहराई से विचार करने पर हम पाएँगे कि इन क्षेत्रों के आर्थिक पिछड़ेपन और कम्युनिस्ट आन्दोलन की कमजोरी, दोनों ही के सूत्र देश की आन्तरिक औपनिवेशिक व्यवस्था से जुड़े हैं। आन्तरिक औपनिवेशिक व्यवस्था पूँजीवादी औद्योगिक विकास के साथ अनिवार्य रूप से जुड़ी है। ज्ञातव्य है कि समाजवादी नेता डॉ. राममनोहर लोहिया ने अपनी पुस्तक 'इकोनॉमिक्स ऑफ्टर मार्क्स' में लिखा था कि लेनिन की इस अवधारणा के विपरीत कि साम्राज्यवाद पूँजीवाद का अन्तिम चरण है, पूँजीवाद का विकास प्रारम्भ से ही साम्राज्यवाद के साथ जुड़ा हुआ है। हालाँकि दोनों स्थापनाओं के सन्दर्भ थोड़े भिन्न थे, लोहिया यह बतलाना चाहते थे कि पूँजीवाद के विकास के लिए इसके विकास के मूल क्षेत्र से बाहर शोषण की एक व्यापक उपत्यका की उपस्थिति अनिवार्य रही है। इस बात की सच्चाई तो बहुत कुछ मार्क्स की प्रसिद्ध पुस्तक 'पूँजी' के प्रथम खंड में ही देखी जा सकती है जहाँ मार्क्स ने 'आदिम पूँजी संचय' की प्रक्रिया का विस्तार से वर्णन किया है।

बाद में रोजा लक्जमबर्ग ने पूँजी के दूसरे खंड में मार्क्स द्वारा प्रतिपादित विस्तृत पुनरुत्पादन के ढाँचे की कमजोरी का अपनी विख्यात पुस्तक 'एक्युमुलेशन ऑफ कैपिटल' में विस्तार से विश्लेषण किया और यह दिखलाने की कोशिश की कि पूँजीवाद का अपने भीतर साधनों के आधार पर पुनरुत्पादन प्रक्रिया को बराबर रखने के लिए इसे सदा एक बाहरी क्षेत्र की आवश्यकता होती है। इस अध्ययन के क्रम में रोजा लक्जमबर्ग ने यूरोप में पूँजीवाद के विकास के लिए भारत, अफ्रीका और अमेरिका की अर्थव्यवस्थाओं की भूमिका और उसमें वहाँ के मूल निवासियों के शोषण और वहाँ लादी गई गुलामी की अर्थव्यवस्था पर निर्भरतर का विस्तृत विवरण दिया है। इन विश्लेषणों से गैर-पूँजीवादी समाजों में देर से शुरू पूँजीवाद के विकास के सम्बन्ध में कुछ नतीजे निकाले जा सकते हैं।

अगर किसी केन्द्र के पूँजीवादी विकास में शोषण और विपणन के लिए अनिवार्य रूप से एक बाहरी क्षेत्र का होना जरूरी है तो सवाल उठता है कि भारत जैसी पारम्परिक अर्थव्यवस्था के बीच पूँजीवाद के विकास की प्रक्रिया क्या होगी? किसी कल्पना की बजाय अगर यहाँ के विकास की असली स्थिति पर विचार किया जाए तो आन्तरिक औपनिवेशिक ढाँचे की पूरी संरचना अपनी प्रक्रियाओं के साथ जाहिर हो जाती है। भारत में पूँजीवाद और आधुनिक औद्योगीकरण का प्रभाव दो चरणों में आया। इसका उत्स यूरोपीय देशों का समुद्री मार्ग से भारत में प्रवेश था। यह सिलसिला पन्द्रहवीं शताब्दी के अन्त में शुरू हुआ जब से पुर्तगाल, अंग्रेज और फ्रांसीसी व्यापार के लिए समुद्री मार्ग से यहाँ आए। प्रारम्भिक व्यापार कृषिजन्य उत्पादों विशेषकर मसालों का था जिसके लिए यूरोप बड़ा बाजार था। बाद में भारत में बने वैविध्यपूर्ण कपड़ों का यूरोपीय देशों में निर्यात व्यापारिक लाभ का बड़ा स्रोत बन गया।

लेकिन अठारहवीं शताब्दी से प्रारम्भ औद्योगिक क्रान्ति ने, जिसमें ब्रिटेन में कपड़ा उद्योग का सर्वोपरि स्थान था, स्थिति को बिलकुल उलट दिया। चुँगी और भारत के इस उद्योग में लगे शिल्पियों पर अत्याचार के जरिये ब्रिटेन के कपड़ा उद्योग को प्रोत्साहित किया जाने लगा। अब विभिन्न गैर-बराबर व्यापारिक सम्बन्धों और नए कपड़ों उद्योगों में विशाल उत्पादन की क्षमता के योग से भारत ब्रिटेन में बने कपड़ों की विशाल मंडी बन गया और यहाँ का पारम्परिक कपड़ा उद्योग नष्ट हो गया। यह ज्ञातव्य है कि चूँकि अंग्रेज समुद्री मार्ग से भारत आए थे और एक समुद्री शक्ति बन चुके थे, उन्होंने सबसे पहले अपना पाँव कुछ चुने हुए तटीय प्रदेशों में जमाया। कोलकाता, मद्रास (आज का चेन्नई), मुम्बई और सूरत इनके प्रथम पड़ाव थे। चूँकि ये स्थान उनकी सुरक्षा की दृष्टि से और छिपे रूप से अपनी सैनिक शक्ति को बढ़ाते जाने के लिए भी विशेष तौर से उपयुक्त थे यहीं उन्होंने अपने व्यापारिक कार्यों के केन्द्र स्थापित किए।

धीरे-धीरे यहाँ की आपसी फूट का फायदा उठा उन्होंने अपना राजनीतिक प्रभुत्व बढ़ाना शुरू किया और बाद में पूरे भारत पर उनका अधिकार हो गया। यह एक सर्वविदित कहानी है। देश के विभिन्न भागों तक अपनी वस्तुओं के व्यापार को बढ़ाने के लिए उन्होंने सड़कों और उन्नीसवीं शताब्दी के मध्य से रेल के यातायात को फैलाना शुरू किया। जब उन्हें लगा कि बहुत सारे उद्योग भारत में ही लगाए जा सकते हैं और इससे ढुलाई का बहुत सारा खर्च बचाया जा सकता है तो उन्होंने भारत के इन तटीय प्रदेशों में औद्योगिक विकास के केन्द्र विकसित किए। इन औद्योगिक केन्द्रों की आवश्यकताओं की पूर्ति के लिए इन्हें देश के बाकी हिस्सों से—जहाँ से उद्योगों की आवश्यकता के लिए खनिज और कच्चे माल जैसे लोहा, कोयला, कपास, खाद्यान्न आदि प्राप्त हो सकें—यातायात से जोड़ा जाने लगा।

दरअसल, अभी की 'स्वर्ण चतुर्भुज' योजना भी इस प्रक्रिया की कड़ी है। प्लांटेशन के लिए, विशेषकर चाय उद्योग के लिए बंगाल से लेकर असम तक के हिमालय के पादस्थल और नीलगिरि का विकास किया गया। इनके उत्पादों को संसार भर में फैलाने के लिए तटीय नगरों में ही कार्यालयों का विकास हुआ। पारम्परिक उद्योग-धन्धों और जीवन पद्धति के नष्ट होने से दरिद्र हो रहे भीतरी इलाकों के लोगों को नए औद्योगिक नगरों और प्लांटेशनरों में मजदूर के रूप में लगाया जाने लगा। ये मजदूर प्राय: उन इलाकों से आते थे जहाँ अंग्रेजी हुकूमत की नीतियों और खासकर पारम्परिक उद्यमों और जीवन पद्धतियों के नष्ट होने और जमींदारी व्यवस्था लागू होने से लोगों को आजीविका के लिए किसी भी वैकल्पिक स्रोत की तलाश थी। आश्चर्य नहीं कि बंगाल से लेकर असम तक के सभी चाय बगानों में अधिकांश श्रमिक छोटानागरपुर (वर्तमान झारखंड) के इलाकों के हैं।

कोलकाता और बंगाल के दूसरे भागों में चटकलों के मजदूर बिहार के हैं। मुम्बई की मिलों में पूर्वी उत्तर प्रदेश से लेकर रत्नागिरि, सतारा आदि के मजदूर काम करने के लिए आए। ये सभी इलाके नए औद्योगिक विकास में पिछड़ते जा रहे थे और यहाँ के लोगों के पास आजीविका के लिए कोई वैकल्पिक रास्ता नहीं था। मोटा-मोटी यही वह आन्तरिक औपनिवेशिक ढाँचा था जिसमें पूँजीवादी औद्योगिक केन्द्रों के विकास के लिए देश के बाकी हिस्सों को कच्चे माल और मजदूरों की आपूर्ति का साधन बनाया गया। इस तरह प्रारम्भ हुई क्षेत्रीय विषमता गहराती गई है। यह ध्यान देने की बात है कि विशेष तौर से वे ही इलाके जैसे बिहार, पूर्वी उत्तर प्रदेश, महाराष्ट्र का सतारा इलाका, राष्ट्रीय आजादी के आन्दोलन में अग्रणी रहे जो इस नई औद्योगिक व्यवस्था में हाशिए पर डाल दिए गए थे। 1942 की क्रान्ति में पूर्वी उत्तर प्रदेश के बलिया और महाराष्ट्र के सतारा का विशेष योगदान था जहाँ समानान्तर सरकार लम्बी अवधि तक अंग्रेजी हुकूमत का सिरदर्द बनी

रही। इन हिन्दी भाषी इलाकों में कम्युनिस्ट आन्दोलन की कमजोरी का आंशिक कारण कम्युनिस्ट पार्टी द्वारा 1942 के 'भारत छोड़ो' आन्दोलन का विरोध भी था।

लेकिन मूल कारण यह था कि अपने मार्क्सवादी चिन्तन के यूरोपीय या सोवियत संस्करण से प्रभावित कम्युनिस्ट नेता यह विश्वास करते थे कि समाजवादी क्रान्ति का आधार औद्योगिक मजदूर होंगे। अत: उनकी सक्रियता के केन्द्र मुख्य रूप से मुम्बई, कोलकाता, चेन्नई आदि के औद्योगिक क्षेत्रों के मजदूर रहे, जिनके संगठन में उन्होंने अपनी पूरी शक्ति लगाई। इसी तरह छिटपुट रूप से कानपुर, नागपुर जैसे औद्योगिक क्षेत्रों में भी संगठन बनाने के प्रयास हुए। यह स्वाभाविक था कि कम्युनिस्ट आन्दोलन औद्योगिक विकास के कुछ केन्द्रों में अधिक फैले। जो आन्तरिक औपनिवेशिक भूभाग के विस्तृत क्षेत्र थे, जिनमें सबसे बड़ा हिन्दी भाषी क्षेत्र था, उपेक्षित रहे।

रूस की क्रान्ति में किसानों की भूमिका के मद्देनजर बाद में किसान संगठनों की तरफ भी कम्युनिस्टों का ध्यान गया, बीसवीं शताब्दी के बीस के दशक के मध्य में बिहार जैसे राज्य में स्वामी सहजानन्द के नेतृत्व में जब किसान आन्दोलन का गठन शुरू हुआ तो कम्युनिस्ट लोग कांग्रेस सोशलिस्टों के साथ-साथ इनमें सक्रिय हुए और कार्यानन्द शर्मा जैसे बड़े किसान नेता इनके साथ आए। यही कारण है कि तटीय भागों को छोड़ दें तो बिहार में एक समय कम्युनिस्ट पार्टी अन्य जगहों से अधिक शक्तिशाली होकर उभरी। आन्ध्र के तेलंगाना क्षेत्र में भी कम्युनिस्ट आन्दोलन का विकास वहाँ के किसान आन्दोलन के साथ हुआ। इस आन्दोलन के पीछे प्रेरणा थी, चीन की क्रान्ति में किसानों की अहम भूमिका। उसी तर्ज पर उन्होंने वहाँ के जमींदारों को भगाकर स्वशासी क्षेत्र कायम करने की कोशिश की।

वैसे इस संक्षिप्त विवरण में केवल मूल कारण चिह्नित हो पाया है। पूरी स्थिति को समझने के लिए तो हर अंचल के कम्युनिस्ट आन्दोलन को उसके परिप्रेक्ष्य से जोड़कर ही समझा जा सकता है। औद्योगिक मजदूरों के हितों के साथ पूरी तरह अपने को जोड़ने का एक नतीजा यह भी हुआ कि इनकी दृष्टि किसान विरोधी भी रही। कृषिजन्य वस्तुओं के मूल्यों के सवाल पर ये सदा पूँजीपतियों की तर्ज पर मूल्यवृद्धि के खिलाफ रहे और अधिक मूल्य की माँग का 'कुलक लॉबी' से जोड़ते रहे। खतरा यह है कि देश के आन्तरिक औपनिवेशिक चरित्र को नहीं समझ पाने से वे अन्तत: पूरी तरह पूँजीवादी व्यवस्था के हामी बन जाएँगे, जैसा चीन बन गया है। इस तरह विकसित औद्योगिक क्षेत्रों के बाहर क्या होता है, उनकी चिन्ता से बाहर हो जाएगा। आज दुनिया के लोग इस बात से बेपरवाह हैं कि चीन के चमत्कारी विकास का प्रभाव वहाँ के मध्यम भाग के अविकसित क्षेत्रों के लोगों पर कैसा पड़ रहा है?

(जनसत्ता, 3 अप्रैल, 2005)

बिहार में विकास का प्रश्न

बिहार विधानसभा के चुनावों में राष्ट्रीय जनता दल और उसके सहयोगी दलों की निर्णायक पराजय से राज्य की पन्द्रह वर्ष की राजनीति का पटाक्षेप हो गया है। कुछ लोगों के लिए यह जंगल राज का अन्त है जबकि लालू प्रसाद यादव के समर्थकों के लिए ये वर्ष पिछड़ों और दलितों के हितों और आत्मसम्मान के उत्कर्ष के वर्ष थे। वैसे लोग भी जो लालू प्रसाद यादव के आलोचक थे, यह बात कहने से नहीं चूकते थे कि लालू प्रसाद यादव ने ही पिछड़ों और दलितों को आत्मसम्मान दिया है। यहाँ तक कि अपनी वस्तुपरकता के लिए प्रशंसित बीबीसी ने भी मान लिया कि लालू प्रसाद के कारण ही बिहार में पिछड़ों को आत्मसम्मान मिला है। इन सभी आकलनों से यह ध्वनि भी निकलती थी कि देश के दूसरे हिस्सों के मुकाबले बिहार में पिछड़ों और दलितों की स्थिति कहीं अधिक खराब रही है। एक दूसरी महत्त्वपूर्ण बात यह रही कि पत्रकारों से लेकर चुनाव विश्लेषकों, राजनीतिक विश्लेषकों और समाजशास्त्रियों—सभी ने अपने विश्लेषणों का और बिहार की स्थिति के आकलन का आधार जातीय समीकरण को बनाया।

यह एकआयामी आकलन इन विशेषज्ञों की बिहार की समझ के बारे में भी कुछ सन्देह पैदा करता है। जात-पाँत के अलावा बिहार के लोगों की बुनियादी चिन्ता भी दूसरी जगहों की तरह भोजन प्राप्त करने और इसके लिए खेतीबाड़ी, रोजगार आदि का इन्तजाम करने की ही होती है। इन सबसे विमुक्त जाति आधारित राजनीतिक रुझान अगर दिखा तो इसमें काफी कुछ राजनीतिक प्रचारकों और विश्लेषकों की भूमिका रही है। इससे ही लोगों में यह धारणा मजबूत हुई कि यह चुनाव दरअसल जातीय या साम्प्रदायिक हितों की रक्षा के लिए है। देश के दूसरे हिस्सों की तरह बिहार में भी जाति व्यवस्था और जातीय विभाजन रहा है। अगर आप यहाँ की स्थिति को सिर्फ जातीय नजरिये से देखंगे तो आप जात-पाँत के अलावा दूसरा कुछ देख ही नहीं पाएँगे। प्राय: हम वही देखते हैं जो देखना चाहते हैं।

बार-बार इस बात की भी चर्चा होती रही है कि बिहार में दलितों का नरसंहार एक आम घटना है और दलितों को 'घेटो' की स्थिति में रहना पड़ता है, विशेषकर इस बात की चर्चा नक्सली आन्दोलन के सन्दर्भ में होती है। जो बात नजरअन्दाज

कर दी जाती है वह यह कि इधर हाल में जो नरसंहार हुए हैं उनके पीछे मूल कारण भूमि को लेकर संघर्ष है। देश के दूसरे हिस्सों की तरह बिहार में भी दलित पूरी तरह भूमिहीन हैं और स्वाभाविक है कि भूमि संघर्षों में वे ही आगे आते हैं और मारे जाते हैं। जमीन के मालिक प्राय: भूमिहार, राजपूत, कुर्मी, यादव आदि रहे हैं। अत: इन्हीं जातियों के लोग नक्सलियों के खिलाफ संघर्ष में रहे। उदाहरण के लिए, सबसे पहले बेलछी के नरसंहार में कुर्मी जाति के लोगों का हाथ था और उन्होंने नक्सलियों के विरोध में 'किसान सेना' बनाने की कोशिश की थी। इसी तरह 'लोरिक सेना', 'कुँवर सेना' आदि अस्तित्व में आए और फिलहाल 'रणवीर सेना' के नाम से भूमिहारों की सेना अधिक कुख्यात रही है। ये संघर्ष बुनियादी रूप से जातीय संघर्ष बिलकुल नहीं हैं लेकिन जब स्थिति हिंसक संघर्षों तक पहुँचती है तो पारम्परिक जातीय वफादारियाँ उभरकर सामने आ जाती हैं।

जहाँ तक दलितों के साथ जातीय आधार पर भेदभाव का सवाल है, बिहार में यह भेदभाव दूसरे राज्यों के मुकाबले कुछ कम ही रहा है। आज से लगभग तीस साल पहले जब मुझे हरियाणा के एक गाँव में रहने का मौका मिला तब पहले-पहल पता चला कि दलितों और बाकी लोगों के कुएँ अलग-अलग होते हैं, और आज भी हरियाणा में ऐसा ही है। शायद देश के कई दूसरे हिस्सों में भी यह भेदभाव है जिससे बिहार अछूता रहा है। जहाँ तक बेटी-रोटी के सम्बन्ध में वर्जना का मामला है, देश के दूसरे हिस्सों की तरह बिहार में भी रहा है और यह स्वयं दलितों की विभिन्न जातियों के बीच भी है, लेकिन जातीय पंचायत का दबदबा या फतवा बिहार में वैसा कभी नहीं चलता जैसा हरियाणा, राजस्थान या पश्चिम उत्तर प्रदेश में।

लालू प्रसाद यादव द्वारा पिछड़ों को पहले पहल आत्मसम्मान दिलानेवाली बात किसी को भी, जो बिहार के इतिहास से परिचित है, हास्यास्पद लगेगी। अगर यहाँ दलितों और पिछड़ों को आत्मसम्मान मिला है तो उसका कुछ कारण तो आजादी को लड़ाई में महात्मा गांधी के नेतृत्व में लोगों की व्यापक भागीदारी थी और बाद में कम्युनिस्टों और सोशलिस्टों के नेतृत्व में होनेवाले किसान आन्दोलन की भूमिका थी। बिना इस बात को ध्यान में रखे आप यह समझ नहीं सकते हैं कि जगजीवन बाबू जैसा राष्ट्रीय स्तर का सक्षम नेता बिहार ने कैसे पैदा किया। चार दशक से अधिक पहले कांग्रेस के भोला पासवान बिहार के मुख्यमंत्री हो चुके हैं, जिनकी ईमानदारी के लिए खास प्रतिष्ठा थी। तीन दशक पहले रामसुन्दर दास, जो समाजवादी आन्दोलन से आते थे, बिहार के मुख्यमंत्री बने। कर्पूरी ठाकुर जो एक छोटी संख्या वाले नाई समाज से आते थे, बिहार के अति सक्षम मुख्यमंत्री बने थे और विश्वनाथ प्रताप सिंह द्वारा केन्द्र में मंडल आयोग की आरक्षण की नीति लागू करने के पहले बिहार में इस नीति को उन्होंने लागू किया था, और इसमें पिछड़ों और अति पिछड़ों की अलग श्रेणियाँ तय कर इस मुद्दे पर बाद के विवाद को सुलझाने

की दिशा भी प्रदान की थी। उस समय आरक्षण के सवाल पर बिहार में भी काफी बवाल मचा था, लेकिन यह नीति लागू हो गई और फिर स्थिति सामान्य हो गई।

चूँकि कर्पूरी ठाकुर लम्बी अवधि तक समाजवादी आन्दोलन से जुड़े थे। उनके सामने आरक्षण से आगे भी समाज का एक बड़ा परिप्रेक्ष्य था। इसलिए उन्होंने जातीय विभाजन को विशेष तूल नहीं दिया। लालू प्रसाद यादव की विशेषता यह थी कि उन्होंने जातीय विभाजन को ही अपनी राजनीति का आधार बनाया और इसलिए यथासम्भव जातीय विद्वेष को जीवित रखने की कोशिश की। इस तरह वे जातीय युद्ध के अद्वितीय योद्धा के रूप में लोगों के सामने आए। इस प्रक्रिया में जातियों के बीच के सभी पारम्परिक विद्वेष उभरकर सतह पर आ गए हैं और इसी से आज बिहार जातीय युद्ध का एक ऐसा कुरुक्षेत्र दिखाई देता है जहाँ राजनीति के सारे दूसरे आयाम आँखों से ओझल हैं। आज जबकि जातीय दायरे को तोड़ते हुए संवैधानिक और आर्थिक सम्बन्धों के ताने-बाने लोगों के जीवन को अधिक प्रत्यक्ष रूप से प्रभावित कर रहे हैं, राजनीति में जातीय भावना को बरकरार रख हम अतीत के कंकालों से ही उलझते रहेंगे। बिहार में पिछले डेढ़ दशक का आर्थिक-सामाजिक गतिरोध उसी मानसिक जड़ता का परिणाम है।

चुनाव की एक विशेषता यह भी रही है कि अधिकतर नेता अपने चुनाव अभियान में हेलीकॉप्टर का इस्तेमाल करते रहे जो बिना सड़क या पगडंडियों का सहारा लिए एक पड़ाव से दूसरे पड़ाव या गन्तव्य तक पहुँच जाता है। अपने प्रचार के दौरान प्रमुख दलों के नेता इसी तर्ज पर सिर्फ यह वादा करते रहे कि बिहार का विकास कर देंगे, बिना तफसील से यह बताए कि विकास की राह यानी इसका 'रोड मैप' क्या होगा? वे यह भूल गए कि बिहार के आम लोग, जो हेलीकॉप्टर से यात्रा नहीं करते, यह जानना चाहते थे कि आखिर विकास की यात्रा उन्हें किन डगरों से होकर तय करनी होगी? अभी तक सब कुछ अन्धकार में है।

यह शुभ लक्षण है कि अपनी निर्णायक जाति के बाद दिए गए अपने वक्तव्य में नीतीश कुमार ने कहा है कि उन्हें सभी जातियों और सम्प्रदायों का सहयोग इस विजय को सम्भव बनाने में मिला है। इससे यह उम्मीद की जा सकती है कि अब हम साम्प्रदायिक और जातीय झगड़ों को पीछे छोड़ देंगे, लेकिन जब हम यह देखते हैं कि उनके पीठ पीछे आरएसएस के लाठीधारियों की कतारें भी सजी हैं तो भरोसा नहीं होता कि उनके शासन में बिहार के लिए अपरिहार्य सामाजिक सद्भाव बना रहेगा। आरएसएस वाले किस हद तक जा सकते हैं, इसका अन्दाजा जीवन भर संघ के वफादार स्वयंसेवक और भाजपा के राष्ट्रीय अध्यक्ष लालकृष्ण आडवाणी की जो फजीहत उन्होंने हाल में की है, उससे किया जा सकता है।

लेकिन ऐसे व्यवधानों की सम्भावना न हो तो भी बिहार की अगली तसवीर क्या बनेगी, इसका स्पष्ट संकेत नहीं मिलता। नीतीश कुमार जिस पार्टी या गठबन्धन

से जुड़े हैं, विकास की उसकी अवधारणा में बिहार के भरोसेमन्द भविष्य नहीं दिखाई देता। बिहार के लिए विकास की कोई अर्थपूर्ण नीति इसके आन्तरिक औपनिवेशिक चरित्र से निजात दिलाने की दिशा में ही बनाई जा सकती है। इस आन्तरिक औपनिवेशिक स्थिति में बिहार की एकमात्र भूमिका मानव संसाधन, खासकर अकुशल मजदूर मुहैया कराने की रही है। पुणे में कुछेक हजार बिहारी जो पढ़ाई कर रहे हैं (नीतीश कुमार ने इसकी खास तौर से चर्चा की है) वे शायद अकुशल मजदूरों के साथ कुछ कुशल और अर्धकुशल मजदूर जोड़ देंगे। इससे बिहार की स्थिति में कौन-सा बदलाव आ जाएगा? उच्च तकनीकी या दूसरी शिक्षा के लिए बिहार के लोगों को पुणे, चेन्नई या बंगलूर जाना पड़ता है यह स्वयं हमारी शिक्षा व्यवस्था की प्रासंगिकता पर प्रश्नचिह्न लगा देता है।

विकास की तरह पिछड़ापन भी आत्मस्फीत होता है। जहाँ आधुनिक औद्योगिक विकास हो चुका होता है वहीं इसके अनुरूप संरचनाएँ भी होती चलती हैं जिसमें आवश्यक तकनीकी प्रशिक्षण भी शामिल होता है। औद्योगिक प्रतिष्ठानों और शैक्षणिक संस्थानों के बीच एक अन्तर्सम्बन्ध बनता है जिसमें दोनों एक-दूसरे की जरूरतों को पूरा करते हैं। शैक्षिक संस्थान प्रशिक्षित श्रमिक और प्रबन्धक मुहैया कराते हैं और औद्योगिक प्रतिष्ठान आर्थिक अनुदान या दूसरे तरह का प्रोत्साहन। बिहार जैसे राज्य को विकास के नए प्रतिमान विकसित करने होंगे और शिक्षा का स्वरूप भी इसी से निर्धारित होगा। यह व्यवस्था दिल्ली या मुम्बई के औद्योगिक समाज की जरूरतों को पूरा करनेवाला पुछल्ला बनने की बजाय स्वायत्त होगी और इसकी दिशा अपने यहाँ के लोगों की बुनियादी आवश्यकता की पूर्ति होगी, दुनिया के बाजार की प्रतिस्पर्धा में जुड़ने की नहीं। आज फिर बिहार के सामने निर्णय का एक मौका है। शायद राजग से बँधे नीतीश कुमार से बहुत आशा करना बेकार है, लेकिन बिहार ओर बाकी देश के लोगों के सामने यहँ की मूल समस्या की तसवीर उपस्थित करने की जवाबदेही तो रह ही जाती है। आज नहीं तो कल, बिहार को अपनी आवश्यकता के अनुरूप राजनीति विकसित करनी ही होगी।

(जनसत्ता, 4 दिसम्बर, 2005)

बदहाली के बीच सत्ता का खेल

देश की राजनीति, विशेषकर राष्ट्रीय आन्दोलन में अग्रणी रहे बिहार और उत्तर प्रदेश की राजनीति, न सिर्फ दयनीय बल्कि हास्यास्पद बनती जा रही है। उत्तर प्रदेश में बसपा-भाजपा गठबन्धन सरकार को गिराने और बचाने की रस्साकशी में दबाव, विधायकों के अपहरण के आरोप और पुलिस हस्तक्षेप आदि को लेकर जो तमाशा हुआ, वह कॉमिक ऑपेरा का दृश्य उपस्थित करता है। अगर इस राजनीतिक खेल की पृष्ठभूमि में लोगों की बढ़ती बदहाली की त्रासद उस्थिति नहीं होती तो ऐसा लगता है कि ये सब किसी मसखरे द्वारा आयोजित हास्य नाटके के दृश्य हैं। राजद अध्यक्ष लालू प्रसाद की नाटकीय भंगिमाएँ और सभी बयानों में व्यंग्य का पुट देने की हाजिर जवाबी देश भर में उन्हें एक कुशल अभिनेता की ख्याति प्रदान कर रही है। इससे गम्भीर आशय और मजाक का फर्क प्राय: गायब हो जाता है। इन दोनों राज्यों में सब कुछ इतना अप्रत्याशित और अजूबा होता है कि नाट्य और जीवन का फर्क गायब होने लगता है और यह पूरा परिदृश्य उत्तर-आधुनिकतावादी विमर्श का सत्यापन-सा लगता है, लेकिन निरक्षरों और बेकारों की बढ़ती भीड़,अर्थाभाव में सरकारी और अर्ध-सरकारी कामों में लगे लोगों का महीनों और कहीं-कहीं वर्षों वेतन से वंचित रखा जाना, बीमारी, कुपोषण और भुखमरी आदि ऐसी हकीकतें हैं जिनसे जीवन आतंकित करनेवाला दु:स्वप्न बनकर रह जाता है। स्थिति इतनी भयावह बनती जा रही है कि रोग की पहचान कर इसके निराकरण को दिशा में संकल्प से कुछ करना समय की गुहार बन गई है।

इन राज्यों के आर्थिक पिछड़ापन के कारण तो स्पष्ट हैं। इन राज्यों में औपनिवेशक शासन का अन्त स्वायत्त विकास की दिशा में होने की बजाय आन्तरिक औपनिवेशीकरण की तरफ हुआ। अंग्रेजी हुकूमत की विरासत में जो आधुनिक औद्योगीकरण का आधार रखा गया वह तटीय केन्द्रों में—यथा कराची, मुम्बई, सूरत, चेन्नई, कोलकाता और इनके आसपास के इलाकों में। दिल्ली राजधानी बनने के बाद एक अपवाद बन गया क्योंकि सत्ता के केन्द्र होने से यह चुम्बक की तरह उद्यमियों को आकर्षित करने लगा। इन केन्द्रों के विकास के लिए संसाधनों की आपूर्ति देश के बाकी हिस्सों का वैसा ही शोषण कर रही है जैसी लंकाशायर और

लन्दन के लिए अंग्रेजी राज में होती थी। पूँजीवाद में औद्योगिक विकास का यह अन्तर्भूत दबाव होता है कि विकास के वे ही बिन्दु फैलते जाएँ जहाँ से उद्यम प्रारम्भ किए गए हैं। देश के दूर-दराज एवं उपेक्षित इलाकों में—यथा उत्तर-पूर्वी राज्यों, तेलंगाना के हिस्सों, मध्य प्रदेश और छत्तीसगढ़ के आदिवासी बहुत अंचलों में इस शोषण के खिलाफ हिंसक अलगाववादी आन्दोलन उभरे। प्रारम्भ में बिहार और उत्तर प्रदेश राष्ट्रीय आन्दोलन के केन्द्र भी सम्भवत: इसीलिए थे क्योंकि औपनिवेशिक शोषण का एहसास सबसे अधिक यहीं था। राष्ट्रीय चेतना की विरासत और अपनी भौगोलिक स्थिति के कारण ये अलगाववादी आन्दोलन का सहारा नहीं ले सकते थे, लेकिन देश की आबादी का बड़ा हिस्सा होने के कारण ये लोक प्रतिनिधित्व के माध्यम से देश की राजनीति को ऐसी दिशा दे सकते थे जिसमें देश के सभी भागों का समान विकास हो पाता। लेकिन इन राज्यों की राजनीतिक ऊर्जा अचानक चूक गई लगती है। यहाँ के राजनेता अपने बदहाल परिवेश को ही नोच-नोचकर खाने में लगे दिखाई देते हैं। राजनीति गतिहीन और दिशाहीन बन गई है।

दरअसल, इस गतिहीनता के पीछे समाज को गति और दिशा देनेवाली किसी नियामक विचारधारा का अभाव है। आजादी के आन्दोलन के समय स्वदेशी और स्वावलम्बन का जो भाव जगा था, वह पश्चिमी अन्धानुकरण और उपभोक्तावाद से समाप्त हो गया है। जहाँ पूँजीवादी उद्योगों का विकास काफी हो चुका है वहाँ तो इसमें अन्तर्निहित प्रसार की ऊर्जा समाज को उस समय तक गतिशील रखती है जब तक वह आन्तरिक संकट का शिकार नहीं हो जाता। इसके विपरीत पिछड़ी अर्थव्यवस्थाओं में विचारधाराओं द्वारा प्रस्तुत आदर्शों से ही विकास के लिए ऊर्जा मिलती है। द्वितीय विश्वयुद्ध के बाद चार दशकों तक साम्यवाद और समाजवाद की विचारधाराएँ किसी-न-किसी रूप में राजनीति को आदर्श एवं दिशा देती रहीं। सोवियत संघ के पतन और चीन का पूँजीवादी मानकों को शिरोधार्य कर लेने के बाद भारत की कम्युनिस्ट पार्टियाँ श्रीहीन हो गई हैं। जहाँ ये सत्ता में हैं, किसी तरह मात्र सत्ता बचाने के प्रयास में लगी हैं। अलबत्ता मार्क्सवादी कम्युनिस्ट पार्टी ने सत्ता में बने रहने की तकनीक में एक हद की महारत हासिल कर ली है, जिससे पश्चिमी बंगाल और त्रिपुरा में इनकी पकड़ बनी हुई है। पश्चिम बंगाल में यह काम आसान इसलिए भी है क्योंकि अंग्रेजों ने औद्योगिक विकास की जो आधारशिला रख दी थी, उसके भीतर ही काफी लोगों के गुजारे का इन्तजाम होता रहा है और भद्र लोग भी चाय की चुस्की और सिगरेट का कश लेते हुए दिन गुजार देते हैं।

बिहार और उत्तर प्रदेश में प्रभी समाजवादी आन्दोलन के सामने विचारधारा का यह संकट उतना विकराल नहीं था क्योंकि पचास के दशक से ही यह कम्युनिस्ट विचारधारा से हटकर समता का एक अलग दर्शन विकसित करने में लगा था, लेकिन यह राजनीति के एक दूसरे गतिरोध में फँस गया। इस गतिरोध के पीछे एक हद तक

आरक्षण की राजनीति थी। इस सन्दर्भ में राजनीति के मुख्य पात्र 'आरक्षण की नीति' और 'आरक्षण की राजनीति' के बीच फर्क नहीं कर पाए और इस तरह एक ऐसी स्थिति में फँसते गए हैं जिससे समाज परिवर्तन की राजनीति पक्षाघात का शिकार हो गई है।

आरक्षण की नीति के पीछे समाज के पिछड़े समूहों को नौकरियों और नेतागीरी में विशेष अवसर देने का लक्ष्य रखा गया था। समाजवादी आन्दोलन में इस नीति को महत्त्वपूर्ण स्थान देने में डॉ. राममनोहर लोहिया की खास भूमिका थी। उनका मानना था कि सैकड़ों वर्षों से जारी जातिगत संस्कारों के कारण पिछड़ी जातियों में नेतृत्व तथा अफसरी की आकांक्षा का ह्रास हुआ है और इन्हें पुनर्जीवित करने के लिए कुछ अवधि तक उन्हें आरक्षण दे आगे लाना जरूरी होगा। इस तरह महिलाओं समेत पिछड़ी जातियों को साठ प्रतिशत आरक्षण की नीति समाजवादी आन्दोलन ने अपनाई। इसके अलावा जाति व्यवस्था को तोड़ने के लिए उन्होंने सहभोज एवं अन्तर्जातीय विवाह के आन्दोलन को तेज करने की नीति अपनाने की सलाह दी। इसके पहले से भी कई पिछड़ी जातियों की ओर से आरक्षण की माँग हो रही थी। दक्षिण भारत में तो अंग्रेजी शासन में ही कुछ जातियों के लिए आरक्षण के प्रावधान थे। इसी सन्दर्भ में मंडल आयोग का गठन हुआ, जिसकी सिफारिशों को केन्द्र में विश्वनाथ प्रताप सिंह द्वारा लागू किया गया। तत्काल उत्तर भारत में इसके विरोध में भारी हंगामा हुआ।

चूँकि आरक्षण की नीति से कई जातीय समूह प्रभावित होते थे, इसमें हिस्सेदारी के लिए विविध जातीय समूह गोलबन्द होने लगे। सत्ता की राजनीति करनेवाले राजनेताओं को इससे अपना वोट बैंक बनाने का सुविधाजनक मौका मिला। आरक्षण की नीति को 'सामाजिक न्याय' की एकमात्र नीति के रूप में पेश किया जाने लगा। अब 'सामाजिक न्याय' की आग्रही जातियों से मतदान प्रक्रिया में एकजुट होने का आह्वान होने लगा। इसकी प्रतिक्रिया में द्विज जातियाँ भी गोलबन्द होने लगीं। दरअसल, इससे फायदा या नुकसान एक छोटी संख्या को होना था, लेकिन इसका प्रतीकात्मक महत्त्व पूरी जातीय समुदायों के लिए था। इस तरह उत्तर प्रदेश और बिहार में राजनीति का आधार पूरी तरह जातीय वफादारी बनने लगा। राजनेताओं को इसमें सुविधा थी।

चूँकि जातियों के साथ तादात्म्य बोध परम्परा से प्राप्त हो जाता है, उन्हें साथ करने के लिए कभी विशेष प्रयास की जरूरत महसूस नहीं होती। पिछले तीन दशक से सभी राजनीतिक दलों ने अपनी सुविधा के अनुसार इस जातीय विभाजन को जिन्दा रखने की कोशिश की है। अब वे इस विभाजन के ऐसे कैदी हैं कि इस घेरे को तोड़ नहीं सकते। वामपंथी कही जानेवाली पार्टियों ने भी यह सुविधा की नीति अख्तियार कर ली है। भाजपा ने इसके मुकाबले के लिए इससे व्यापाक एकता यानी सभी हिन्दुओं की एकता का ऐलान किया। इसका आधार मुस्लिम विरोध था और मुसलमानों के खिलाफ हिन्दुओं की भावना को उभारने के लिए हिन्दुओं के

धार्मिक प्रतीकों पर आए खतरों को ईजाद किया जाने लगा। इसके लिए भारत के मुस्लिम शासकों की सच्ची या मनगढ़ंत ज्यादतियों का एक पूरा शास्त्र विकसित करने की कोशिश चल रही है। इस क्रम में सबसे महत्त्वपूर्ण प्रतीक बाबरी मस्जिद को बनाया गया, जिसे आखिर में ध्वस्त कर दिया गया। फिर भी जातीय भेद की उपस्थिति इतन व्यापक है कि धर्म के नाम पर हिन्दुओं को एकजुट करने की मुहिम असफल रही। दूसरी ओर मुसलमानों में संघ परिवार और भाजपा का भय इतना गहरा हो गया है कि उनकी सारी राजनीति इस भय से निर्धारित होती है। इससे उत्तर प्रदेश में मुलायम सिंह यादव और बिहार में लालू प्रसाद यादव के लिए मुसलमानों का समर्थन सबसे अधिक भरोसे का आधार बन गया है।

दूसरी ओर आरक्षण विवाद, जो पहले अगड़े और पिछड़ों के बीच था, अब पिछड़ों के विभिन्न जातीय समूहों के बीच जड़ जमा चुका है। उत्तर प्रदेश और बिहार में भारतीय जनता पार्टी क्रमश: मुलायम सिंह यादव और लालू प्रसाद यादव की शक्ति का यही सबसे महत्त्वपूर्ण आधार है। जब तक इन राज्यों में भाजपा का सत्ता में आने का खौफ मुसलमानों पर बना रहेगा तब तक मुसलमान इससे अपने जीवन की सुरक्षा के लिए राष्ट्रीय जनता दल और समाजवादी पार्टी का साथ नहीं छोड़ सकते। कम-से-कम तब तक जब तक इनकी जगह कोई ऐसी शक्ति उभरकर सामने नहीं आती जो भाजपा को सत्ता से बाहर खने की सम्भावना दिखाए।

आरक्षण की नीति परम्परा के घेरों को तोड़ साझी नागरिकता की दिशा में महत्त्वपूर्ण कदम थी। अज्ञानवश या स्वार्थवश राजनेताओं ने 'आरक्षण की नीति' को 'आरक्षण की राजनीति' में बदल दिया, जिससे आरक्षण के नाम पर जातीय विभाजन और विद्वेष स्थायी रूप से कायम हो गया। इस तरह इसके प्रारम्भिक उद्देश्य के ठीक उलटा राजनीति बिलकुल जड़ हो गई है। कोई दूसरी नीति जातीय विभाजन के कारण अपील नहीं कर पाती। सच तो यह है कि किसी दूसरी नीति या किसी नीति पर विचार ही नहीं होता। यही कारण है कि पिछले वर्षों में नेताओं के सारे अपराधों से अवगत होने के बावजूद लोग उन्हें ही निर्वाचित करते रहे हैं। इन राज्यों में नेताओं के चरित्र और उनकी नीतियाँ चुनाव के मुद्दे नहीं रह गए हैं, भले ही लोगों की गप-शप पर वे छाए रहें। न तो चारों ओर फैली बदहाली को लोग चुनाव का मुद्दा बनाने को तैयार हैं। पिछड़ों के नेता प्राय: यह बतलाने की कोशिश करते हैं कि इस राजनीति ने पिछड़ों को आत्मसम्मान दिया है। अक्सर अकादमियों में बैठे अध्येता और मीडिया के लोग भी इस आकलन में हमारी भरते हैं। इधर, बिहार और उत्तर प्रदेश के गरीब लोग 'स्वाभिमान' के बोझ से दरिद्रता के दलदल में लगातार धँसते जा रहे हैं।

(हिन्दुस्तान, 26 नवम्बर, 2002)

भीड़तंत्र की उभरती चुनौती

बिहार में पशुपालन विभाग क साढ़े नौ सौ करोड़ रुपए की अवैध निकासी के मामले में मुजरिम बनाए जाने पर जिस तरह का रवैया मुख्यमंत्री लालू प्रसाद यादव ने अख्तियार किया, वह आनेवाले दिनों में भारतीय राजनीति के सामने उभरनेवाली स्थितियों का पूर्व संकेत भर है। जातीय, कबायली और क्षेत्रीय अस्मिताओं के उभार के साथ जिस तरह का राजनीतिक वर्ग पैदा हो रहा है, उससे हमारे लोकतांत्रिक-संवैधानिक ढाँचे पर काफी दबाव पड़ने की सम्भावना है।

इसका एक केन्द्रीय तत्त्व है, राजनीति में सीमित समुदायों की भावनाओं को उभार कर लोकतांत्रिक व्यवस्था के मूल सहमतिमूलक आधार को नकारना, जो अन्ततोगत्वा लोकतांत्रिक अधिकारों को नकारने में बदल जाता है। चाहे कांग्रेस नेता हों, समाजवादी पार्टी के नेता हों, मायावती हों, लालकृष्ण आडवाणी हों, इन सबों के लिए आम लोगों के जीवन को प्रभावित करनेवाली समस्याएँ सतह की चीजें हैं। लोगों के नागरिक अधिकारों का आदर करना या न करना सुविधा की वस्तु है। मूल बात है अपने सीमित वोट बैंक को आत्यंतिक नारों के आधार पर कब्जे में रखना ताकि सत्ता की राजनीति में इनका मनचाहे ढंग से इस्तेमाल हो सके।

भावावेश में लोग नेता के निजी स्वार्थ को सामूहिक स्वार्थ के रूप में देखने लगते हैं और कोई विवेकपूर्ण निर्णय लेने में असमर्थ हो जाते हैं। जब लालू प्रसाद यादव ने उनके मुख्यमंत्री और वित्त मंत्री होते हुए अरबों रुपए की अवैध निकासी का संविधान और कानून सम्मत ढंग से हिसाब माँगा जाता है तो वे इसे सामाजिक न्याय के खिलाफ षड्यंत्र घोषित कर अपने समर्थकों को सारी संवैधानिक मान्यताओं को चुनौती देने को ललकारते हैं। जातीय और साम्प्रदायिक भावना से प्रेरित एक बड़ा समूह समर्थन में खड़ा भी हो जाता है। इससे ऐसा लगने लगता है कि लोकराज और कानून का राज परस्पर विरोधी हैं, लेकिन हकीकत में यह अभिव्यक्ति लोकतंत्र की नहीं भीड़तंत्र की है।

हमारा लोकतंत्र स्थायी बन सके, इसके लिए लोकतंत्र और भीड़तंत्र के भेद से ज्यादा लोगों को अवगत कराना लोकतांत्रिक आस्था वाले सभी लोगों का कर्तव्य बन जाता है। लोकतंत्र में भीड़तंत्री दबाव उन सभी समाजों में रहा है जिनके इतिहास

से हम परिचित हैं। इसके पीछे यह मान्यता काम करती रही है कि बहुसंख्य लोग जो भी सोचते हैं वह सही होता है। इसी बात की अभिव्यक्ति ब्रिटिश मुहावरे 'बोस पापुली बोस डिउ'—जनता की आवाज ईश्वर की आवाज है, से होती है, लेकिन यह विश्वास भ्रामक है, यह इस बात से सिद्ध हो जाता है कि जनता एक नहीं, खंडित है—राष्ट्रों में, धार्मिक समुदायों में, जातियों में या कबीलों में। इनमें एक खंड की जनता का सत्य अक्सर दूसरे खंड की जनता के लिए घोर असत्य बन जाता है। इसी तरह हम देखते हैं कि एक ही खंड की जनता के विचार भी बदलते रहते हैं। एक कालखंड में कल्याणकारी समझा गया बहुमत का निर्णय परवर्ती कालखंड में उसी बहुमत को अनर्थकारी दिखाई देने लगता है।

इतिहास इस बात का साक्षी है कि बार-बार आज का विश्वास कल का अन्धविश्वास बन जाता है। धरती गोल है या सूरज की परिक्रमा करती है,इस सवाल पर आज से हजार वर्ष पहले बहुमत क्या होता, यह सहज ही अनुमान लगाया जा सकता है। सुकरात को मृत्युदंड दिया जाए, यह निर्णय एथेंस नगर के नागरिकों का था जबकि प्राचीन एथेंस नगर के नागरिकों का था जबकि प्राचीन एथेंस पश्चिमी दुनिया के लिए नगरीय लोकतंत्र का नमूना माना जाता रहा है। फ्रांस के क्रान्तिदल में जब जनशक्ति का उभार अपनी चरम बिन्दु पर था तब क्रान्ति विरोधी होने के सन्देह में हजारों निर्दोष लोगों को गिलोटिन पर मौत के घाट उतार दिया गया। इसी दौर में आधुनिक रसायन शास्त्र को एक व्यवस्थित रूप देनेवाले महान वैज्ञानिक लैबोजिये की भी मौत हुई। विडम्बना यह है कि उसकी हत्या करने के थोड़े ही दिनों के भीतर फ्रांसवासियों ने उसके सम्मान में उसकी मूर्तियाँ स्थापित करनी शुरू कीं।

इस सब अनुभवों से लोगों को लगा कि बहुमत अनिवार्य रूप से विवेक पर आधारित नहीं होता। फिर भी लोकतंत्र में व्यवस्था चले, इसका आधार तो बहुमत ही हो सकता था। इसीलिए यह सिद्धान्त विकसित हुआ कि कामकाज चलाने का अधिकार तो बहुमत को है, लेकिन अल्पमत वाले लोगों को भी अपने विचारों के प्रचार का अधिकार और बहुसंख्य लोगों के विचारों को बदलने का अवसर होना चाहिए।

इसी से विचार और प्रचार के नागरिक अधिकारों को धीरे-धीरे मान्यता मिली। फिर इस विचार का जन्म हुआ कि प्रत्येक नागरिक के कुछ मूलभूत अधिकार हैं। इस क्रम में संविधान के तहत कानून के राज्य की अवधारणा भी लोकतंत्र की बुनियादी आस्था बन गई। इसके पीछे यह सोच थी कि बहुमत क्षणिक आवेश में बहुत कुछ ऐसा कर सकता है जो नागरिकों के मूलभूत अधिकारों का अतिक्रमण हो। ऐसे आत्यधिक व्यवहारों पर नियंत्रण निश्चित संविधान कानून और उन्हें लागू करने की न्यायिक अवस्था से ही सम्भव है।

इसीलिए सभी लोकतंत्रों में लिखित या अलिखित कानून और उनसे सम्बद्ध परम्पराओं का पालन अपरिहार्य समझा जाने लगा। यह सब तर्क बुद्धि के जरिये

नहीं हुआ बल्कि पश्चिमी दुनिया के लोकतंत्र के विकास के क्रम में ठोस अनुभवों के आधार पर सैकड़ों वर्षों में विकसित हुआ।

हमारे लोकतंत्र की कठिनाई यह है कि हमने लोकतंत्र का बना बनाया ढाँचा बहुत कुछ ब्रिटेन और थोड़ा-बहुत अमेरिका से उधार लिया। इसमें कुछ गलत नहीं था। बिजली और भाप के इंजन की तरह लोकतंत्र भी मानवीय उपलब्धि है जिसे कबूल करना गलत नहीं, लेकिन जिन तनावों के दौर से यह व्यवस्था ब्रिटेन या अमेरिका में विकसित हुई, उनसे हम अपरिचित हैं और उन्हें झेलने के अभ्यस्त नहीं। इससे हमारे परिवेश के विशिष्ठ तनावों का सामना होने पर हमारी लोकतांत्रिक व्यवस्था चरमराने लगती है।

इस तनाव का मुख्य कारण जैसाकि शुरू में कहा गया है जाति, सम्प्रदाय, कबीले या अन्य मूल आधारित आस्थाओं का राजनीति के केन्द्र में आना है। ये आस्थाएँ प्राय: अन्धी होती हैं और इनमें लोकतांत्रिक मर्यादाओं के पालन की प्रवृत्ति नहीं होती। ब्रिटेन में भी, जहाँ के नागरिकों को सहिष्णुता का नमूना कहा जाता है, एशियाई अफ्रीकी या दूसरे मूलों के लोगों के प्रति घोर भेदभाव दिखाई देता है। और इनके खिलाफ हिंसा और अत्याचार लगातार होते रहते हैं, लेकिन चूँकि भिन्न मूलों के लोगों की संख्या पूरी आबादी के अनुपात में बहुत कम है, इसलिए व्यवस्था पर खतरा नहीं उपस्थित होता।

भारत की स्थिति इससे भिन्न है। यहाँ क्षेत्रीय, जातीय, कबायली और साम्प्रदायिक अलगाव का सांख्यिक आधार कहीं अधिक व्यापक है। इसलिए हमारे देश में लोकतंत्र के स्थायित्व के लिए विभिन्न अस्मिताओं के आत्मबोध के प्रति आदर भाव जरूरी है। इससे भी अधिक जरूरी है यथासम्भव राजनीति के मुद्दों को ऐसा बनाना ताकि वे इन भिन्नताओं से परे हों और इन्हें राजनीति के विवाद के दायरे में न लाया जाए। यह असम्भव माँग नहीं है। अपनी तमाम भिन्नताओं के बावजूद रोजगार, आय, शिक्षा, यातायात या स्वास्थ्य सम्बन्धी आवश्यकताएँ सभी मूलों के लोगों की समान हैं। इसलिए ऐसी व्यवस्था जो सबों के लिए इन आवश्यकताओं की पूर्ति करनेवाली हो, सहमति के आधार को मजबूत करनेवाली होगी।

आजादी के प्रारम्भिक वर्षों में विकास की सम्भावनाओं के प्रति लोग आश्वस्त थे और कुछ छोटे समूहों को छोड़ बाकी में राष्ट्रीयता का बोध व्यापक था। इसलिए प्रारम्भ में राजनीतिक विवाद के बड़े मुद्दे, जैसे समाजवाद, साम्यवाद, मिश्रित अर्थ-व्यवस्था गांधीवादी व्यवस्था के आसपास रहे। इसके अलावा विदेशी सत्ता में संघर्ष के काल में देश के विभिन्न समूहों के बीच जो भेद थे, वे गौण हो गए थे।

सभी समूह आजादी में अपनी इच्छाओं की पूर्ति का सपना देखते थे। आजादी के बाद वे इच्छाएँ पूरी होती नहीं दिखी तो अनेक समूहों में ठगा जाने का भाव पैदा हुआ और दूसरे समूहों के प्रति द्वेष भाव भी उभरा। इससे उन विवादों का सतह पर

आना अपरिहार्य था जो पहले दबे हुए थे। लोकतंत्र में यह शक्ति होती है कि सत्ता की परिधि पर पड़े समूहों को धीरे-धीरे केन्द्र में ला दे।

अगर विकास प्रक्रिया में समग्रता का समावेश होता तो प्रारम्भिक उभार के बाद विलगाव वाली अस्मिताओं की टकराहट स्वत: विलुप्त हो जाती। लेकिन विकास की जो दिशा अपनाई गई, उसमें विषमता बढ़ी है और अक्सर सम्पन्नता और अभाव का बँटवारा विभिन्न समूहों के बीच असमान रहा है। कुछ क्षेत्र और समूह लाभान्वित हुए हैं और बाकी की स्थिति बिगड़ती गई है। इससे वंचित समूहों में अन्य समूहों के प्रति आक्रोश पैदा हुआ है।

नया क्षेत्रीय, साम्प्रदायिक एवं जातीय नेतृवर्ग ऐसे ही आक्रोश को हवा दे उभरा है। तत्काल राजनीति की दिशा भी ऐसे ही विवादों को प्रमुखता देने की रही है। इसका सबसे बड़ा कारण है, अर्थनीति के सम्बन्ध में मुख्यधारा की प्राय: सभी राजनीतिक पार्टियों में सहमति। बुनियादी आर्थिक नीतियों के सम्बन्ध में वाम मोर्चे से लेकर भाजपा तक में कोई भेद नहीं है। यह पिछले आम चुनाव के बाद सरकार बनाने के जो प्राय: भाजपा और संयुक्त मोर्चे के द्वारा हुए, उनसे सिद्ध हो गया। सबों ने मोटा-मोटी तौर से बारी-बारी मनमोहन सिंह की अर्थनीति को मंजूरी दी।

फिर दलों के लिए अपने समर्थन का आधार बनाए रखने के लिए जातीय साम्प्रदायिक या अन्य संकीर्ण भावनाओं को उभारना एक मजबूरी बन गई है, क्योंकि बुनियादी आर्थिक मुद्‌दे पर कोई मतभेद नहीं है। यह एक गम्भीर गतिरोध है, जिससे वैकल्पिक आर्थिक नीतियों को विवाद के केन्द्र में लाकर ही उबरा जा सकता है।

(हिन्दुस्तान, 11 जुलाई, 1997)

बिखरते समाज का चुनाव

बिहार में चल रहे विधानसभा चुनाव उस समय हो रहे हैं जब व्यापक मूल्यहीनता से बिहार का समाज बिखराव के दौर में है। अंग्रेजी शासन के केन्द्र कलकत्ता से दूर होने और इसके प्रशासन के दूरस्थ सिरे पर होने से इस व्यवस्था के लाभों से तो बिहार वंचित रहा, पर औपनिवेशिक शोषण के सर्वाधिक भार से दबा रहा। कुपोषण, अकाल, अशिक्षा, विशेषकर नए उद्यमों के क्षेत्र में और पारम्परिक उद्योगों के नष्ट होने से बँधुआ मजदूर होने की मजबूरी और रोजगार के लिए पलायन आदि इसकी नियति बन गई। बीसवीं शताब्दी के प्रथम चरण में महात्मा गांधी का चम्पारण आना और किसानों को अपने अधिकारों के लिए जाग्रत करना इस स्थिति को बदलने की दिशा में एक बड़ा हस्तक्षेप था। अपनी हालत को बदलने के लिए संघर्ष की मजबूरी ने बिहार को एक जूझारू तेवर दिया। इससे आजादी के विभिन्न आन्दोलनों में 1920-21 का 'स्वदेशी आन्दोलन' और 1930-32 के सत्याग्रह आन्दोलनों में इसकी अग्रणी भूमिका रही। इसी क्रम में 'समाजवादी आन्दोलन' और स्वामी सहजानन्द के नेतृत्व में 'किसान आन्दोलन' का भी सबसे व्यापक क्षेत्र बिहार बना। 1942 के भारत छोड़ो आन्दोलन में तो इसने अंग्रेजी हूकूमत की चूलें हिला दी थीं। आजादी के तत्काल बाद के काल में भी न तो इसकी स्थिति में कोई बड़ा बदलाव आया और न इसका विद्रोही तेवर बदला। अगर विद्रोही तेवर कुछ निश्चित दिशा नहीं लें और लोगों के जीवन में कोई सकारात्मक बदलाव नहीं लाएँ, तो विघटन के तत्त्व अधिक प्रखर बन जाते हैं।

आजादी के आन्दोलन में प्रमुख भूमिका निभानेवाली कांग्रेस आजादी के बाद की चुनौतियों का मुकाबला करने में अक्षम साबित हुई। 1967 में गैर-कांग्रेसवाद के नारे ने इसको राजनीतिक हाशिए पर डाल दिया। पर गैर-कांग्रेसवाद का अवदान भी नकारात्मक ही रह गया। इससे किसी नए विधायक तत्त्व का विकास नहीं हो पाया और तमाम गलत नीतियों के बावजूद कांग्रेस की वापसी हुई। बांग्लादेश के स्वतंत्रता संग्राम की पृष्ठभूमि में पाकिस्तान के खिलाफ भारतीय सेना की निर्णायक जीत ने भी कांग्रेस की प्रतिष्ठा को तात्कालिक रूप से बहाल किया, लेकिन यहाँ बिहार में समस्याओं के निराकरण की अक्षमता से इसके खिलाफ असन्तोष चारों ओर फूट

पड़ा। इसी का नतीजा था 1974 का व्यापक छात्र आन्दोलन, जिसका नेतृत्व एक चरण में जयप्रकाश नारायण ने किया। यह महज संयोग नहीं है कि वर्तमान चुनावी दंगल में जितने मुखर नेता हैं किसी-न-किसी तरह उस छात्र आन्दोलन से जुड़े थे लालू प्रसाद यादव, नीतीश कुमार, शिवानन्द तिवारी, सुशील कुमार मोदी आदि।

उस आन्दोलन से बिहार की राजनीति में कभी महत्त्वपूर्ण भूमिका निभानेवाली भारतीय कम्युनिस्ट पार्टी हाशिए पर चली गई। मार्क्सवादी कम्युनिस्ट पार्टी कभी भी बिहार की राजनीति में महत्त्वपूर्ण नहीं रही। फिलहाल कम्युनिस्ट पार्टी (माले) कम्युनिस्ट पार्टियों में सबसे अधिक जनाधार वाली पार्टी बन गई है। यह नक्सली आन्दोलन से निकलनेवाले समूहों में सबसे अधिक जनाधार वाला समूह है। यह बिहार विधानसभा में आधे दर्जन तक सदस्य भेज चुका है। आज इन तीनों कम्युनिस्ट पार्टियों का गठबन्धन बना है, लेकिन कम्युनिस्ट पार्टी (माले) को छोड़कर बाकी दोनों कम्युनिस्ट पार्टियों के प्रत्याशियों की जीत या हार पूरी तरह जातीय या दूसरे समीकरणों पर निर्भर करेगी।

बिहार की वर्तमान राजनीति की नीतिहीनता इस बात में प्रतिबिम्बित होती है कि राज्य स्तर पर या स्थानीय रूप से सभी पार्टियाँ जातीय समीकरणों के भरोसे प्रत्याशियों का चयन कर रही हैं। कांग्रेस तो फिलहाल राज्य में कोई शक्ति नहीं लगती, लेकिन अपने विशाल संसाधनों और केन्द्रीय सत्ता के सहारे स्थानीय स्थितियों का फायदा इसे मिल सकता है। आज राजनीति तीन नेताओं के इर्दगिर्द सिमटी नजर आती है। ये हैं जनता दल (एकीकृत) के नीतीश कुमार, राष्ट्रीय जनता दल के लालू प्रसाद यादव और जनशक्ति पार्टी के रामबिलास पासवान। इसमें लालू प्रसाद यादव कभी पिछड़ों के नेता के रूप में उभरे थे और रामबिलास पासवान दलित नेता के रूप में। नीतीश कुमार ने इन दोनों खेमों में अति पिछड़ों और महादलितों का पैरोकार बनकर विभाजन पैदा कर दिया है। इसके अलावा लालू प्रसाद यादव ने अपने उत्कर्ष के दिनों में कुछ विवादास्पद बयानों से अगड़ी जातियों को अपना विरोधी बना लिया था। नीतीश कुमार को इसका लाभ मिला था। इस स्थिति में अभी भी कोई बड़ा अन्तर नहीं पड़ा है, लेकिन लालू यादव अब इस बात से इनकार करते हैं कि उन्होंने कभी अगड़ी जातियों के खिलाफ 'भूरा बाल साफ करो' जैसे नारे दिए थे। वैसे कई महत्त्वपूर्ण अगड़ी जातियों के नेता, जिनमें कुछ विधायक और सांसद भी हैं, नीतीश कुमार को छोड़ लालू यादव के खेमे में दाखिल हो गए हैं, लेकिन आम तौर पर अगड़ी जातियों के लालू विरोधी रुझान में कोई बड़ा परिवर्तन नहीं हुआ है।

बिहार की राजनीति में मुस्लिम मतदाताओं का भी काफी महत्त्व है। लालू प्रसाद यादव ने नीतीश कुमार के भाजपा के साथ गठबन्धन को मुद्दा बना मुस्लिम मतदाताओं में उनकी साख घटाने की कोशिश की है, लेकिन नीतीश कुमार ने अभी तक भाजपा को अपनी मुसलमान विरोधी नीतियों को आगे लाने का मौका नहीं दिया

है। इसके अलावा भागलपुर दंगे के दोषियों को सजा दिला मुसलमान मतदाताओं का समर्थन हासिल किया है, क्योंकि लालू प्रसाद के शासन काल में यह मामला दबा रहा। नीतीश कुमार भाजपा के तमाम दबाव के बावजूद अब तक नरेन्द्र मोदी का बिहार के प्रचार अभियान में शामिल होने का विरोध करते रहे हैं। अगर नरेन्द्र मोदी बिहार अभियान में आते हैं तो यह समीकरण बिगड़ सकता है।

नीतिहीनता का एक असर यह हुआ है कि प्रत्याशियों के स्तर पर पार्टियों की विभाजन रेखा ध्वस्त हो गई है। राष्ट्रीय जनता दल के प्रमुख नेता जगतानन्द सिंह का पुत्र भाजपा का प्रत्याशी बन रहा है तो लालू प्रसाद यादव के साले कांग्रेस में शामिल हो गए हैं। इसी तरह नीतीश कुमार के कई सिपहसालार कांग्रेस या दूसरी पार्टियों में शामिल हो गए हैं। अगर नीतियों का बन्धन नहीं हो तो व्यक्तिगत महत्त्वाकांक्षा राजनीति में सर्वोपरि बन जाती है। आज बिहार में यही हो रहा है। इससे भय पैदा होता है कि बिहार की राजनीति भी वहीं जा रही है जहाँ बिहार का हिस्सा रहे झारखंड की राजनीति पहुँच गई है—नीतिहीनता से दलविहीनता तक। निर्दलीय विधायकों के समर्थन से झारखंड का मुख्यमंत्री बन मधु कोडा ने संसदीय राजनीति में इतिहास ही रचा था, सम्पत्ति अर्जन का भी। वैसे फिलहाल पंचायत से लेकर पार्लियामेंट तक पैसे का पलड़ा भारी है। एक खतरा जरूर है कि अगर राजनीति लोकहित को नजरअन्दाज करके चलती है तो लोग अन्तत: लोकतंत्र से ही विमुख हो जाएँगे।

(हिन्दुस्तान, 26 अक्टूबर, 2010)

वे और नहीं होंगे जो मारे जाएँगे

पिछले महीने नई दिल्ली रेलवे स्टेशन पर मची भगदड़ में पाँच व्यक्तियों की मौत और अनेक के कुचलकर घायल होने की घटना ने भारतीय समाज के कई रोगों को एक साथ उजागर कर दिया है। एक, रेलवे और तमाम प्रशासनिक व्यवस्था की अक्षमता और लापरवाही। दो, क्षेत्रीय विषमता का गहराता नासूर और तीन, देश के अभिजात शासक वर्ग की आम लोगों के प्रति हिकारत और संवेदनहीनता। इसमें कोई सन्देह ही नहीं कि इस दर्दनाक घटना के पीछे तात्कालिक रूप से रेलवे प्रशासन की अक्षम्य लापरवाही थी। यह बात सभी को ज्ञात है कि छठ पर्व के अवसर पर बिहार और पूर्वी उत्तर प्रदेश के दसियों लाख लोग घर जाते हैं और रेल में यात्रियों की भारी भीड़ होती है।

वर्तमान रेल मंत्री लालू प्रसाद यादव स्वयं बिहार से आते हैं और उनकी पत्नी राबड़ी देवी की छठ पूजा का विवरण अखबारी सुखियों में रहता है, पर उन्होंने भी इस पर ध्यान नहीं दिया। भीड़ के हिसाब से अतिरिक्त गाड़ियाँ चलाने का कोई प्रबन्ध नहीं हुआ। आमतौर से गर्मियों और दुर्गा पूजा के आसपास अनेक विशेष गाड़ियाँ चलाई जाती हैं जबकि उन दिनों भीड़ का दबाव अपेक्षतया कम होता है, लेकिन जिस तरह समाज में गरीब लोग उपेक्षित होते हैं वैसे ही देश में गरीब राज्यों के लोग भी उपेक्षित होते हैं और बिहार के लोगों को खास तौर से राज्य की बदहाली का खमियाजा भुगतना पड़ता है। यह भेदभाव अन्तर्राष्ट्रीय स्तर पर अमीर और गरीब देशों के बीच के भेदभाव से भिन्न नहीं है।

बिहार की स्थिति पर विचार करने पर ध्यान तुरन्त देश में बढ़ती क्षेत्रीय विषमता की ओर जाता है। समय-समय पर पिछड़े राज्यों के लोगों के असन्तोष को देखते हुए पिछड़े राजयों को विशेष पैकेज मुहैया कराने की बात की जाती है, लेकिन इस विषमता के मूल कारणों की पड़ताल कर कोई कारगर नीति बनाने की कोशिश नहीं होती। नतीजतन, सारे विकास, उद्यम और रोजगार के अवसर कुछ विकसित क्षेत्रों में ही होते हैं जो दिनोंदिन फैलते जाते हैं। फिलहाल दिल्ली, फरीदाबाद, गुरुग्राम, नोएडा, गाजियाबाद आदि सब एक बृहत् विकास क्षेत्र बनाते हैं जिसके आकर्षण से सारे देश के लोग रोजगार की तलाश में यहाँ आते हैं। सारी मूलभूत संरचनाएँ यहीं विकसित हो रही हैं।

ऐसा ही दूसरा क्षेत्र मुम्बई-पूना-नवी मुम्बई का है। सूचना उद्योग के कारण कुछ ऐसे ही क्षेत्र दक्षिण में बंगलूर और हैदराबाद के आसपास विकसित हो रहे हैं। देश के बाकी हिस्से जरूरत के हिसाब से मूल संरचनाओं के अभाव में औद्योगिक विकास और रोजगार की सम्भावनाओं से वंचित रह जाते हैं। इसका एक परिणाम यह भी हुआ है कि पिछड़े इलाकों के सिर्फ गरीब लोग ही मजदूरी की तलाश में इन विकसित केन्द्रों की ओर नहीं आते हैं बल्कि सम्पन्न लोग भी अच्छी शिक्षा और अपनी सीमित पूँजी के निवेश का अवसर यहीं देखते हैं और इन विकसित क्षेत्रों की ओर पलायन कर रहे हैं।

उन्हें यहाँ कुशल श्रम, बिजली, पानी, यातायात की सुविधा के साथ-साथ बड़ा उपभोक्ता बाजार और निर्यात की सुविधाएँ भी प्राप्त हो जाती हैं। इस तरह उन स्थानों को छोड़कर जहाँ कुछ ऐसे खनिज उपलब्ध हैं, जिनसे स्थानीय भारी उद्योग, जैसे लोहा या एल्मूमिनियम उद्योग लगाए जा सकते हैं। शायद ही कोई दूसरा क्षेत्र हो जिसमें निवेश की सम्भावना बनती हो। इसी से दिनोंदिन क्षेत्रीय विषमता बढ़ती जा रही है। लोगों के बिहार या उत्तर प्रदेश से भारी संख्या में दिल्ली, मुम्बई या गुजरात की ओर पलायन के पीछे यही कारण है। बिहार से इन औद्योगिक केन्द्रों में आनेवाले लोग प्राय: उस वर्ग के होते हैं जो अपने लिए कोई मानवीय और स्थायी स्थान यहाँ नहीं बना पाते और उनका घर परिवार सब अपने 'देश' में ही रह जाता है। इसलिए विशेष अवसरों पर देश लौटना अनिवार्य हो जाता है।

तेरह नवम्बर के हादसे में कुचलकर मारे जाने और घायल हो जाने से तत्काल गाड़ियों में होनेवाली भीड़ पर तो लोगों का ध्यान गया है, लेकिन इसे आम तौर से एक तात्कालिक समस्या मान लिया गया है। हकीकत यह है कि दूसरे दर्जे में यात्रा करनेवाले साधारण यात्रियों को लगभग हमेशा ऐसी ही भीड़ की स्थिति में यात्रा करना पड़ता है, भले ही कुचल कर मरने की नौबत कभी-कभार आती हो। डिब्बे के भीतर की असह्य स्थिति से बचने के लिए बड़ी संख्या में यात्री गाड़ियों की छतों पर सवार होकर यात्रा करने को विवश होते हैं, जिसमें छतों से गिरकर मरने की घटनाएँ भी कभी-कभी होती रहती हैं, लेकिन चूँकि ये मौतें दूर-दराज स्थानों पर इक्का-दुक्का होती हैं, न तो अखबारी सुर्खियों में आती हैं न लोगों की चिन्ता का कारण बनती हैं।

मरनेवाले प्राय: इतने गरीब परिवारों के होते हैं कि साधन और जानकारी के अभाव में रेलवे से मुआवजा भी नहीं ले पाते। अगर मौत के बदले मुआवजा मिल भी जाए तो कितने लोगों को ऐसी मौत रास आएगी? लेकिन देश के आम नागरिकों को ऐसी स्थितियों में ही यात्रा करना पड़ता है। अगर देश के शासक अपनी अभिजातीय और समाजद्रोही मानसिकता को छोड़ सकें तो आम लोगों को ऐसी अमानवीय स्थिति में यात्रा करने से बचाया जा सकता है जब आम लोग यात्राओं में अमानुषिक

स्थितियों का सामना कर रहे हैं, रेलवे की वातानुकूलित 'राजधानी' गाड़ियाँ चलाई जा रही हैं जिनमें दूसरे लोगों के लिए कोई जगह नहीं होती। वातानुकूलित गाड़ियों या डिब्बों का होना अपने आप में इस देश के शासकों के हास्यास्पद अहम का एक अनूठा नमूना है।

शासन से जुड़े लोगों द्वारा जनता को यह सन्देश देने का माध्यम है कि देश में भले ही लोकतंत्र हो लेकिन जो अभिजात हैं, वे आम नागरिकों से भिन्न हैं—इतने भिन्न कि देश की उस आबोहवा में नहीं रह सकते जिसमें आम लोग रहते हैं, साँस लेते हैं और जिन्दा रहते हैं। उनके जीवन के लिए कृत्रिम तरह से तैयार किया गया वातानुकूलित यान चाहिए। देश के आम लोगों को अपनी हेकड़ी दिखाने का यह एक नायाब तरीका है। इसमें वे यह सन्देश भी देते हैं कि वे इस देश पर शासन करनेवाले अंग्रेजों से भी एक दर्जा ऊंचा है।

अंग्रेजों का इस देश पर छिटपुट और सम्पूर्ण शासन लगभग दो सौ वर्ष रहा। इस काल में वे इस देश के दूर-दराज गाँवों में फैल कर खेतीबाड़ी करते रहे, उद्योग कायम करते रहे और व्यापार करते रहे। इसमें अन्तिम पचास वर्ष छोड़ दें तो न बिजली थी, न मोटरगाड़ी और न रेल सेवाएँ जो उन्नीसवीं सदी के मध्य से शुरू हुईं। लेकिन बिना इन सेवाओं की सुविधा के वे देश के सभी भागों में फैल कर अपना शासन और प्रशासन फैलाते रहे।

हालाँकि वे एक विदेशी प्रशासन के अंग थे, लेकिन इनमें से अनेक अंग्रेज प्रशासकों के प्रति आदरभाव पैदा होता है जब हम पाते हैं कि ग्रियर्सन, बुकानन, कनिंघम, रिसले, हटन आदि अंग्रेज अफसरों ने भारतीय भाषाओं की और यहाँ की अर्थव्यवस्था, समाज व्यवस्था, पुरातत्व आदि का इतना गहन अध्ययन किया कि आज तक वे इन क्षेत्रों में अध्ययन का आधार बने हुए हैं। वे यह सब कर सके क्योंकि विपरीत और गर्म आबोहवा में रह कर भी समाज के निचले स्तरों तक पहुँच कर उन्होंने जीवन का अध्ययन किया। इसी का परिणाम था कि एक शोषक साम्राज्यवादी व्यवस्था का अंग होते हुए भी अध्ययन के क्षेत्र में अपनी बहुमूल्य धरोहर छोड़ गए। इसके विपरीत अपने समाज के आम लोगों से कटे हमारे आज के शासक, प्रशासक और बुद्धिजीवी किसी भी क्षेत्र में कोई उल्लेखनीय काम नहीं कर पाते। देश की विशालता और प्राचीन भारत की विलक्षण बौद्धिक परम्परा के मद्देनजर बौद्धिक जगत में हमारा योगदान नगण्य है।

चन्द्रशेखर वेंकटरमन, जगदीशचन्द्र बोस या सत्येन बोस जैसे लोग अंग्रेजी शासन की परम्परा में पले लोग थे और आज भी जो एक-दो भारतीय विज्ञान के क्षेत्र में कुछ कर पाए हैं पश्चिमी देशों के शोध संस्थाओं की परम्परा में काम करके ही, जहाँ काम का महत्त्व अपने 'स्टेटस' से ज्यादा होता है। महात्मा गांधी को भारत के सम्भ्रान्त वर्ग ने आज लगभग पूरी तरह खारिज कर दिया है तो इसीलिए कि वे

देश के सबसे निचले समूहों से जुड़ने का आह्वान करते थे जहाँ से ही किसी तरह की सर्जनात्मक ऊर्जा प्राप्त होती है। वे स्वयं रेल के तीसरे दर्जे में यात्रा करते थे और रेलवे में सिर्फ एक वर्ग रखने के समर्थक थे।

बौद्धिक जगत की बात तो दूर, हम शारीरिक क्षमता के मामले में भी इतना अक्षम हो चुके हैं कि ओलम्पिक खेलों में हमारी उपलब्धि शून्य हो जाती है। यह सब नतीजा है इस देश के आम लोगों के प्रति हमारी संवेदनहीनता का। जो आम लोगों की मानवीय आवश्यकताओं के प्रति ही संवेदनहीन हैं वे उनकी प्रतिभाओं के उन्नयन के प्रति कौन-सी प्रतिबद्धता दिखाएँगे? फिर भी देश की इस दयनीय स्थिति में भी यह आत्ममुग्ध अभिजात वर्ग राज्य प्रायोजित मीडिया के जरिये एक-दूसरे की पीठ थपथपाता, वाहवाही देता रहता है।

रेलगाड़ियों की यात्राएँ एक तरह से इस समाज का प्रतिनिधित्व करती हैं। इक्का-दुक्का गाड़ियों जैसे 'जनसेवा' (यानी कुलियों की गाड़ी) को छोड़ दें तो लम्बी दूरी वाली एक्सप्रेस गाड़ियों में कुछ डिब्बे वातानुकूलित होते हैं, बाकी दस के आसपास शयनयान होते हैं जिनमें सीटें आरक्षित होती हैं और सिर्फ एक-दो डिब्बे साधारण द्वितीय श्रेणी के यात्रियों के लिए होते हैं जिसमें ज्यादा यात्रियों को सफर करना होता है। इन एक या दो डिब्बों के लिए टिकटों की संख्या पर कोई सीमा नहीं होती। हजारों टिकट काटे जा सकते हैं। जिन लोगों ने कभी इन डिब्बों में यात्रा नहीं की हो, वे कल्पना भी नहीं कर सकते कि कैसी नारकीय स्थितियों में लोगों को इन डिब्बों में सफर करना होता है। दबी-कुचली, गोद में बच्चे लिये महिलाएँ, भीड़ से बीमार हो गए उल्टी करते लोग इन्हीं स्थितियों के बीच बीस-बीस घंटे या और अधिक की यात्राएँ करते हैं।

जो देश की नीति-निर्धारित करनेवाले नेता हैं, वे सत्ता दल के हों या विपक्ष के, उनके लिए ऊपरी वातानुकूलित दर्जों में आरक्षण होता है। वे न तो आम यात्रियों की स्थिति से वाकिफ हैं न उन्हें इनकी चिन्ता है। संसद और विधायिकाओं में 'कम्युनिस्ट' या 'सोशलिस्ट' नाम से जानी जानेवाली पार्टियों के नेता और समाज के सबसे पिछड़े दलित समूह के प्रतिनिधि भी बैठते हैं और कानून बनाते हैं, लेकिन साफ दिखनेवाले समाज में फैले वर्गों के भेदभाव और रेलवे व्यवस्था के वर्गीकरण को मिटाने की कोई बात नहीं करता। एक तरह से यह इस बात को भी दर्शाता है कि हमारे देश का दक्षिण और वाम का विभाजन कितना नकली है। तेरह नवम्बर जैसी घटनाएँ इन सभी मुखौटों को उतार फेंकती हैं।

(जनसत्ता, 8 दिसम्बर, 2004)

राजनीति और बाढ़ का धन्धा

बाढ़ एक प्राकृतिक आपदा तो है ही, पर बिहार की हालत पर निचले स्तरों से निगाह डालने से यह साफ हो जाता है कि प्राकृतिक आपदा से ज्यादा यह मानवीय कुप्रबन्धन या किसी भी प्रबन्धन का अभाव का परिणाम है। शायद दूसरे राज्यों में भी स्थिति ऐसी ही हो, लेकिन उन्हें नजदीक से नहीं जानने से इस लेखक के लिए उनके सम्बन्ध में कुछ कहना सम्भव नहीं। बरसात हर साल आती है और कम या अधिक वर्षा के क्या परिणाम होंगे, यह भी कमोबेश प्रशासन को पता होता है। इसके बावजूद थोड़ी अधिक वर्षा होते ही जिस तरह नदियों के तटबंध, सड़क, पुल आदि ध्वस्त होने लगते हैं और सारे उत्तर बिहार में यातायात और जनजीवन अस्त-व्यस्त हो जाता है। इसका दोष प्रकृति के माथे मढ़ देना प्रशासनिक अक्षमता और अनियंत्रित भ्रष्टाचार पर पर्दा डालना होगा।

एक बात तो बाढ़ के समय बिहार में सभी प्रेक्षकों को दिखाई देती है—वह यह है कि आपदाग्रस्त स्थानों पर प्रशासन की उपस्थिति कहीं दिखाई नहीं देती। जब-तब, और इस बार विशेष तौर से, लोगों द्वारा समाहर्ताओं, दूसरे प्रशासनिक अधिकारियों और राज्य के मंत्रियों का घेराव या बन्धक बनाया जाना प्रशासन की लापरवाही के विरुद्ध लोगों के गुस्से का ही उबाल था। शायद किसी छोटे देश में ऐसी स्थिति में सत्ता का तख्ता पलट जाता, दूसरे राज्यों में चुनाव में सरकार बदल जाती, लेकिन बिहार में ऐसा कुछ नहीं होता। आपदा के समय अत्यधिक सक्रिय हो जाता है और जात-पाँत की पुलिया जोड़ संचार की ऐसी व्यवस्था बना लेता है कि शासन और शासक अजर रहें।

उत्तर बिहार में बाढ़ की विभीषिका के दो पहलू हैं : एक तो बाढ़ को नियंत्रित करने सम्बन्धी नियोजन की गलत दिशा; और दूसरा, बाढ़ क्षेत्र में तटबंध, सड़क, नाले आदि के प्रबन्धन में फैले भ्रष्टाचार और घोटाले। पहला इस व्यापक भ्रम का परिणाम है कि बाढ़ को नियंत्रित करने का सहज तरीका पानी के बहाव को घेर देने का है। जहाँ तक छोटे या बड़े तटबंधों के निर्माण के पीछे यह दृष्टि काम करती रही है, यह उपाय सहज लगता है, लेकिन अधिक समय तक कारगर नहीं रह सकता। सबसे बड़ा कारण तो यह है कि पानी के बहाव को बिलकुल बाधित

नहीं किया जा सकता और अगर आज बाधित हुआ तो जलस्तर बढ़ने से अधिक विध्वंसक रूप लेकर यह कल उपस्थित होगा।

जल स्तर का उत्तरोत्तर बढ़ते जाना भी वर्तमान स्थिति में अवश्यम्भावी है। कारण यह है कि नदियों के जलग्रहण क्षेत्र में जंगलों के काटे जाने और इससे मिट्टी के क्षरण की मात्रा बढ़ने से वे हर साल विशाल मात्रा में मिट्टी बहा कर लाती हैं और इसे अपने तल और किनारों पर फैला कर उन्हें ऊँचा करती जाती हैं। नतीजतन, पहले जितनी मात्रा होने पर भी जल का स्तर हर साल बढ़ता है। इसका स्थायी उपचार यही हो सकता है कि नदियों के जलग्रहण क्षेत्रों में जंगल लगाए जाएँ और उनके तल को समय-समय पर गहराया जाए। दूसरा विकल्प यह हो सकता है कि बाँधों को हर कुछ वर्ष पर ऊँचा किया जाए, लेकिन इससे बाढ़ में जलस्तर और अधिक ऊँचा होगा और बाँध पर दबाव भी बढ़ेगा।

हकीकत यह है कि एक दीर्घकालीन योजना के तहत अब तक कुछ भी नहीं किया गया है। वैसे नदियों को गहराना समस्या का सबसे स्थायी और लाभदायक निदान हो सकता है अगर नदियों को जोड़ा भी जाए। इससे जलमार्ग से आवागमन और माल ढुलाई का काम फैलाया जा सकता है जो सबसे सस्ता भी है और प्राचीनकाल में व्यापार का सबसे प्रमुख माध्यम भी था, जिसे यातायात के आधुनिक और प्रदूषण फैलानेवाले वाहनों की ललक के चलते छोड़ दिया गया। तात्कालिक रूप से नदियों के तल को गहराने का काम कुछ खर्चीला हो सकता है, पर इसके दो लाभ हैं : इससे स्थायी रूप से गाँवों के बेरोजगार लोगों को काम मिलेगा, और नदी से उपलब्ध मिट्टी को किनारे की जमीन पर फैलाकर नदी के पास के जल जमाव वाले क्षेत्रों को भर कर खेती के लायक बनाया जा सकेगा। इससे हर साल क्षरण से होनेवाली उपजाऊ भूमि की हानि की भी भरपाई की जा सकती है।

लेकिन ऐसी दीर्घकालिक योजनाएँ तो मौजूदा वैचारिक माहौल में किसी के दिमाग में आती भी नहीं। आज के राजनेताओं को तो सिर्फ तात्कालिक लाभ चाहिए, और इसी से बाढ़ बहुसंख्य लोगों के लिए भले ही आपदा हो, राजनेताओं और समाज के एक हिस्से के लिए भारी मुनाफे का धन्धा है। यह स्थिति अचानक नहीं बनी है कि साठ के दशक में प्रशासनिक दृष्टि से देश का अग्रणी राज्य बिहार आज ऐसी स्थिति में पहुँच गया है कि यहाँ प्रशासन के नाम पर कहीं कुछ दिखाई नहीं देता। एकाध अपवादों को छोड़कर सरकारी कर्मचारी उतना ही काम करते हैं जितने के लिए उनकी मुट्ठी गरम की जाती है। इसी स्थिति के कारण राम एकबाल बरसी, जिन्हें लोहिया 'पीरो का गांधी' कहते थे, यह सुझाव देने लगे थे कि, 'अब बिहार में सरकारी कर्मचारियों का तलब बन्द कर देना चाहिए और वकीलों की तरह उनकी फीस तय कर देनी चाहिए जो वे अपने काम के एवज में जनता से पाए—जैसा तनख्वाह के बावजूद वे आज करते ही हैं।'

इस बदलाव का एक महत्त्वपूर्ण कारण तो यह था कि साठ के दशक के प्रारम्भिक वर्षों तक राज्य का नेतृत्व मूलत: उनके हाथ में था जो आजादी की लड़ाई में अग्रणी थे और अनेक विचलनों के बावजूद उनमें देश और समाज के प्रति एक कर्तव्य बोध बना हुआ था। विपक्ष में भी प्राय: वामपंथ के लोग थे जो आजादी की लड़ाई के ही अन्तिम चरण से आए थे। आम लोगों के प्रति उनकी प्रतिबद्धता और अधिक गहरी थी। चूँकि इसी पीढ़ी के नेताओं ने संविधान का निर्माण किया था, इसके कानून-नियम के प्रति वे निष्ठावान भी थे। इसके बाद से राजनीति में क्रमश: ऐसे लोगों की भरमार होने लगी जिनके लिए राजनीति भी एक कॅरियर थी। इन्हें सत्ता के साथ सुविधाओं की सम्भावनाएँ सीमाहीन दिखाई देती थीं। इन्होंने प्रशासनिक बन्धनों और इसके नियमों की बारीकियों को नजरअन्दाज कर इस सेवा में लगे लोगों का मनमाने ढंग से इस्तेमाल करना शुरू कर दिया।

नौकरशाही में संवेदनहीनता तो होती है, लेकिन अगर प्रशासनिक नियमों का पालन हो और बाहरी हस्तक्षेप नहीं हो तो अपने दायरे में यह दक्षता के साथ काम का निष्पादन भी करती है। नियम विरुद्ध ऊपरी हस्तक्षेप से प्रशासन का पूरा ढाँचा चरमरा जाता है। सत्तर के दशक से ऐसा हस्तक्षेप उत्तरोत्तर बढ़ने लगा और इसी से भ्रष्टाचार सामाजिक जीवन में सर्वव्यापी हो गया। 1974 के छात्र आन्दोलन का सबसे बड़ा मुद्दा भ्रष्टाचार ही था। यह भी एक विडम्बना ही है कि बिहार में भ्रष्टाचार का सबसे शर्मनाक अध्याय आज 1974 के आन्दोलन से निकले नेताओं द्वारा ही लिखा जा रहा है। शायद इसका सबसे बड़ा कारण यह है कि उस आन्दोलन से जुड़े नेताओं ने भ्रष्टाचार के विरुद्ध संघर्ष को किसी उदात्त जीवन दृष्टि के साथ जोड़ कर नहीं देखा और उनके लिए यह आन्दोलन महज वक्ती मसले के सहारे सत्ता तक पहुँचने का एक जरिया बन गया।

सत्तर के दशक में ही आरक्षण विवाद को लेकर बिहार का समाज बुरी तरह ध्वस्त हो गया। अब सभी जातियों के अपने-अपने 'प्यारे भ्रष्ट' और 'प्यारे अपराधी' हो गए—यानी अपराध और भ्रष्टाचार को भी जाति के साथ जोड़ कर देखा जाने लगा और अपनी जाति के भ्रष्ट और अपराधी तत्त्वों को संरक्षण और मान-सम्मान देना किसी को शर्मनाक नहीं लगता था। इसी से समाज में बाहुबलियों का दबदबा और प्रभाव बढ़ा। समाज में जो थोड़ी-बहुत पारस्परिकता और सामुदायिक भाव (जातियों से ऊपर) बचा रह गया था, उसे पंचायत चुनावों के लगभग बाइस वर्ष के स्थगन ने समाप्त कर दिया।

अपने शुरुआती वर्षों में भी पंचायती राज कोई आदर्श व्यवस्था नहीं उपस्थित करता था, लेकिन गाँव की आपदा के समय लोग इससे बचने के लिए मिल-जुलकर काम करते थे। पंचायत से सम्बद्ध योजनाओं पर लोगों की राय और सहमति का महत्त्व था। चुने मुखिया गाँव के लोगों से सहयोग लेते थे और गाँव के सार्वजनिक

कार्यों में थोड़ा-बहुत लाभ कुछ लोग भले ही लेते हों, इस मद की रकम को बेशर्मी से हजम करने का साहस कोई मुखिया नहीं कर सकता था। गाँव में चुनाव के परे भी सभी तबकों के कुछ प्रतिष्ठित लोग होते थे जिनकी राय की कद्र की जाती थी। यह परम्परा चुनावों के स्थगन से समाप्त हो गई। अब असली अधिकार प्रखंड और जिले के अफसरों के हाथ में आ गया। गाँव से सम्बद्ध योजनाओं का क्रियान्वयन या किसी तरह की राहत का काम सब सरकारी अधिकारियों के हाथ आ गया।

अनिर्वाचित पंचायत मुखिया उच्च न्यायालय द्वारा हटाए जाने के पहले तक सरकारी अफसरों की मर्जी पर और उनके एजेंट की तरह ही काम करने लगे थे। पंचायत के कार्यों के निष्पादन से सम्बद्ध थोड़े-से लोगों के गुट मुखिया के इर्द-गिर्द बन गए, जो सरकारी अधिकारियों और गाँव के लोगों के बीच बिचौलियों का काम करते थे और विविध योजनाओं पर खर्च होनेवाली रकम का खासा हिस्सा चट कर जाते थे। इसका नतीजा यह हुआ कि गाँव के लिए होनेवाले छोटे-मोटे काम—जैसे सड़क निर्माण, पुलिया के काम या भवन निर्माण में भी मनमानी लूट होती रही है। अब पंचायतों का चुनाव तो फिर से होने लगा है, लेकिन बीच के वर्षों में जो रिश्ता अफसरशाही और पंचायत के अनिर्वाचित पदाधिकारियों के बीच बन गया था, वही अब भी कायम है।

पंचायती राज की सारी परम्पराएँ खत्म हो चुकी हैं। अब दबाव से कम, पर नई परम्परा और लाभ के लोग से ज्यादा, चुने हुए पंचायत प्रतिनिधि भी सरकार से मिलनेवाली निधि को सरकारी मुलाजिमों के साथ मिलकर लूटने में लगे हैं। गरीबी रेखा से नीचे रहनेवालों के लिए मिलनेवाली राहत का भी एक छोटा हिस्सा ही सम्बद्ध लोगों तक पहुँच पाता है। जिन्हें इनका लाभ मिलना चाहिए, उनकी सूची भी मनमाने ढंग से निजी लाभ के हिसाब से बनाई जाती है। इस तरह अपनी रक्षा के उपाय भी जो गाँव के लोग पहले आपसी सहयोग से कर लेते थे, अब उस प्रशासन के भरोसे छोड़ दिए जाते हैं जो मौके पर दिखाई नहीं देता। इसी का नतीजा है बाढ़ से आई अफरा-तफरी, हाहाकार और राहत सामग्रियों की लूटमार। गाँव के लोग आनेवाली राहत सामग्री का व्यवस्थित बँटवारा भी जरूरतमन्दों के बीच नहीं कर सकते।

पानी के हल्के दबाव से ही तटबंध, सड़क, पुलिया और पुलों के ध्वस्त होने के पीछे सबसे बड़ा कारण है, समाज और राजनीति का अपराधीकरण। यह कहना अतिश्योक्ति नहीं होगी कि बिहार में सभी तरह के बड़े निर्माण और मरम्मत के काम का ठेका अपराधियों के एजेंटों के हाथ में चला जाता है। दूसरे लोग इसे लेने का साहस नहीं कर सकते। प्राय: निविदा खुलने के समय अपराधी गिरोहों के बीच ठेका हथियाने के लिए गोलीबारी तक हो जाती है। जिन ठेकेदारों को काम मिलता है, उनसे ठीक से काम कराने की हिम्मत इंजीनियर नहीं जुटा सकते। कई इंजीनियरों

की ठेकेदारों पर लगाम कसने के प्रयास में हत्या कर दी गई है। इन अपराधी गिरोहों का सीधा सम्पर्क मंत्रियों और विधायकों से होता है। ये लोग चुनाव के समय उनके लिए वोट मैनेजमेंट का धन्धा करते हैं। बड़े पैमाने पर बूथ लूटने की घटनाएँ इसी का परिणमा होते हैं। इस तरह ये अपराधी एक तरफ सामाजिक सम्पत्ति को लूटते हैं और दूसरी तरफ लोगों के मतदान के अधिकार की धज्जियाँ उड़ाते हैं।

अब तो ये अपराधी स्वयं ही विधानसभा और संसद के सदस्य होने लगे हैं—जब बूथ मैनेजमेंट ही करना है तो दूसरों के लिए करने के बदले स्वयं अपने लिए करना ज्यादा तर्कसंगत है। तटबंधों की मरम्मत का काम—खासकर बाढ़ के समय उन्हें बचाने का ठेका—सबसे अधिक लाभदायक होता है क्योंकि लाखों बोरे, बालू, सीमेंट-गिट्टी सिर्फ कागज पर दिखला कर काम चल सकता है। सब बाढ़ की चपेट में बह गया, यह बतला देना विश्वसनीय होता है। बाढ़ से जितना ही विध्वंस होता है उतना ही अधिक काम मिलता है। मजबूत तटबंध बनाने से एक बार आय होती है। टूटते तटबंध सालाना आमदनी के स्रोत हैं।

(जनसत्ता, 3 अगस्त, 2004)

विघटनकारी शक्तियों की दस्तक

बिहार और असम में रेलवे की नौकरियों की प्रतियोगिता परीक्षा को लेकर जिस तरह के दंगे-फसाद उभरे हैं, वे देश में प्रच्छन्न विघटनकारी प्रवृत्तियों के स्पष्ट संकेत हैं। असम में उल्फा ने अन्य माँगों के अलावा रेल मंत्री नीतीश कुमार के इस्तीफे की भी माँग की है। इस माँग के परोक्ष रूप से वे यह आरोप लगा रहे हैं कि नीतीश कुमार विभिन्न राज्यों में होनेवाली परीक्षाओं के माध्यम से अपने लोगों को नौकरियों में घुसा रहे हैं। इस आरोप को खारिज भी कर दिया जाए तो भारत जैसे विशाल देश में हर आँचलिक केन्द्र पर सारे देश से परीक्षार्थियों को आमंत्रित करने का कोई तुक नहीं बैठता। प्रत्येक क्षेत्र के युवक-युवतियों को नौकरियों में प्रवेश मिलना ही चाहिए। सम्भव है, कुछ क्षेत्रों के प्रत्याशियों के लिए प्रतियोगिता में सफल होना मुश्किल लगे। कोई भी नहीं कह सकता कि जिस तरह की योग्यता ऐसी परीक्षाओं में अपेक्षित होती है वह सभी क्षेत्रों के प्रत्याशियों में समान हो। इन प्रतियोगिताओं में अति विशिष्ट ज्ञान या योग्यता की अपेक्षा तो होती नहीं, जिसके चयन के लिए राष्ट्रीय स्तर की प्रतियोगिता की जरूरत हो। दरअसल, ऐसी केन्द्रीकृत परीक्षा प्रणाली शीर्ष पर बैठे लोगों की देश के विभिन्न भागों के लोगों की भावनाओं के प्रति संवेदनहीनता ही बतलाती है।

फिर भी इन घटनाओं को तात्कालिक रूप से उभरा स्थानीय विवाद मान कर खारिज कर देना काफी खतरनाक हो सकता है। इस सारे विवाद के पीछे मूल कारण देश की खस्ताहाल आर्थिक स्थिति और बेरोजगारों की बढ़ रही अनियंत्रित भीड़ है। इससे पास-पड़ोस में काम के अभाव के लोग दूर-दराज जहाँ भी सम्भव हो, काम की तलाश में भागते हैं। चूँकि बेरोजगारी सभी अंचलों में है, बाहर से आनेवाले लोगों के खिलाफ आक्रोश उभरता है। बिहार की आर्थिक स्थिति देश में सबसे खराब है। यहाँ बेरोजगारी सबसे अधिक है और काम के स्थानीय अवसर नगण्य। यही कारण है कि बिहारी रोजगार की तलाश में देश के दूर-दराज स्थानों पर जाते हैं और वैसे सभी कामों को करने के लिए भी तैयार रहते हैं जिनमें आय कम होती है, खतरा भरा होता है और

अपमान ज्यादा मिलता है। बिहार और असम के लोगों के बीच ऐसा विवाद उठना थोड़ा विस्मित करता है क्योंकि असम भी आर्थिक रूप से गरीब राज्य है और बिहार के लोग वहाँ प्राय: मजदूर या छोटे व्यापारी के रूप में गए हैं, शोषक के रूप में नहीं। जैसाकि हाल की घटनाओं में हुआ है, झगड़ा मूलत: संगठित क्षेत्र में प्रवेश को लेकर है क्योंकि दोनों की राज्यों में स्थानीय रूप से उपलब्ध उद्यमों का अभाव है।

इस विवाद और देश में उभर रहे क्षेत्रीय विवादों को तभी समझा जा सकता है जब हम देश की आन्तरिक उपनिवेशवादी संरचना की पृष्ठभूमि को समझें। पूँजीवादी औद्योगिक विकास को ठीक से समझने का कभी प्रयास नहीं हुआ है, हालाँकि भारत के सन्दर्भ में दादाभाई नौरोजी सरीखे विद्वानों ने इस पर थोड़ा प्रकाश डाला था। दरअसल, पूँजीवादी औद्योगिक व्यवस्था का फैलाव कुछ-कुछ कैंसर की बीमारी की तर्ज पर होता है। इस बीमारी में कैंसरग्रस्त कोशिकाएँ आसपास की स्वस्थ कोशिकाओं को नष्ट कर सभी उपलब्ध पोषक तत्त्वों को जब्त कर ही फैलती हैं। जब कैंसर की कुछ कोशिकाएँ किसी तरह शरीर के दूसरे भाग में पहुँच जाती हैं तो फिर वहाँ भी आसपास की स्वस्थ कोशिकाओं को नष्ट कर फैलना शुरू करती हैं। पूँजीवाद का विकास भी कुछ इसी तरह हुआ।

कुछ वर्ष पहले इतिहासकारों में यह विवाद का विषय था कि भारत में यूरोप की तर्ज पर पूँजी संचय और पूँजीवाद विकास क्यों नहीं हुआ जबकि सोलहवीं-सत्रहवीं शताब्दी तक भारत में कृषि या उद्योग का विकास उस समय के यूरोपीय स्तर से कम नहीं था। दरअसल, यूरोप में पूँजीवाद के विकास को असली आधार मिला पन्द्रहवीं शताब्दी से शुरू होकर अठारहवीं शताब्दी तक के यूरोपीय जहाजियों द्वारा बाकी दुनिया की सम्पदा की लूट और इसी से जुड़े व्यापार के प्रसार से। इससे प्राप्त अकूत धन और उत्पादन के लिए आवश्यक कच्चे माल और व्यापार के नए क्षेत्रों के खुलने से ही औद्योगिक क्रान्ति और आधुनिक पूँजीवाद का विकास सम्भव हुआ।

जब भारत जैसे उपनिवेशों में यूरोपीय कम्पनियों ने कुछ गिने-चुने स्थानों पर अपना उद्यम लगाना शुरू किया तो कैंसर की कोशिकाओं की तरह ये विकास के नए केन्द्र अपना प्रसार आसपास के भू-भागों की आर्थिक-सामाकि संरचनाओं को नष्ट कर उनके संसाधनों के दोहन के आधार पर करने लगे। इस तरह भारत में शुरू में मुम्बई, चेन्नई, कोलकाता, सूरत जैसे तटीय प्रदेशों में, जो उनके प्रदेश द्वार थे, और संसाधनों की सुविधा से अमदाबाद, कानपुर और नागपुर जैसे देश के कुछ भीतरी स्थानों पर नए तरह के उद्यमों का विकास शुरू हुआ। देश के बाकी भाग इन विकास केन्द्रों की कच्चे माल, श्रमिक आदि की आपूर्ति के लिए

उपनिवेश की भूमिका अदा करते रहे। इन केन्द्रों में उत्पादित माल के लिए ये भाग बाजार भी बने और इससे इनके पारम्परिक उद्यम नष्ट हुए और बेरोजगारी बड़े पैमाने पर शुरू हुई।

इन आन्तरिक औपनिवेशिक भागों को दारिद्रीकरण के दो दौर से गुजरना पड़ा। पहला दौर तब शुरू हुआ जब विदेश के कारखानों में बने माल यहाँ की पारम्परिक अर्थव्यवस्था को नष्ट करने लगे, इसमें प्रतिस्पर्धा के साथ विदेशी शासकों की ज्यादतियाँ भी मिली रहती थीं। दूसरा दौर तब शुरू हुआ जब देश के नव-विकसित पूँजीवादी केन्द्रों के उत्पाद बड़े पैमाने पर देश के बाकी भागों पर लादे जाने लगे। इस क्रम में नए व्यापारिक हितों की आवश्यकता के हिसाबसे खनिज क्षेत्रों का दोहन हुआ और कारखानों की जरूरतों की आपूर्ति के लिए गिनी-चुनी फसलें लगाई जाने लगीं। इसी क्रम में जूट, कपास, नील, तम्बाकू, गन्ना, अफीम आदि की खेती बड़े पैमाने पर शुरू हुई और वृक्षारोपण का विस्तार हुआ, जिसमें चाय, कॉफी आदि थे। इसके साथ-साथ विशेष तरह के पेड़ों के जंगल लगाए जाने लगे जिनकी जरूरत उद्योगों को होती थी। तथाकथित सामाजिक वानिकी जिसमें अब यूकलिप्टस लगाए जा रहे हैं, दरअसल अंग्रेजों के समय शुरू की गई वानिकी का ही नई आवश्यकता के अनुसार बदला रूप है।

इस प्रक्रिया को पूरा करने के लिए जंगलों को वहाँ के बाशिन्दों के अधिकार से लेकर सरकारों के अधिकार में ला दिया गया। इसने कृषि का पारम्परिक उत्पादन चक्र नष्ट कर दिया जो किसानों के जीवन का आधार था। इस तरह किसानों और वनों में रहनेवाले लोगों के जीवन को आधार देनेवाले वनोपजों और खेती को नष्ट कर दिया गया। इससे न सिर्फ आत्मनिर्भर कृषि व्यवस्था नष्ट हुई बल्कि कृषि और पारम्परिक वनोपजों पर आधारित उद्योग-धन्धे भी नष्ट हो गए। इससे इन आन्तरिक उपनिवेशों के लोगों में बेरोजगारी बड़े पैमाने पर फैली और इसी से लोगों का काम की तलाश में भटकने का सिलसिला शुरू हुआ। अब रोजगार के अवसर कोलकाता, चेन्नई, कोयम्बटूर, मुम्बई, सूरत, अमदाबाद आदि में रह गए और लोगों का गाँव छोड़ काम की तलाश में इन नगरों की ओर पलायन शुरू हुआ। देश की राजधानी बन जाने से दिल्ली के इर्द-गिर्द उद्योग तेजी से बढ़े। हाल के वर्षों में सूचना तकनीक पर आधारित उद्योगों का तेज विकास बंगलूर जैसे कुछ नगरों में हुआ। इससे काम तलाशती भीड़ यहाँ भी बढ़ने लगी।

चाय बागानों, विशेषकर असम और बंगाल में, जहाँ स्थानीय लोग काम करने के लिए उपलब्ध नहीं थे, बड़ी संख्या में झारखंड के आदिवासियों और नेपाल के लोगों को दलालों के माध्यम से प्रलोभन देकर लाया गया। यह वह काल था जब बड़े पैमाने पर लोग अपना पारम्परिक परिवेश छोड़ काम की तलाश में बाहर जाने लगे। इसी काल में गिरमिटिया मजदूरों के रूप में बिहार और पूर्वी

उत्तर प्रदेश के उन इलाकों से, जहाँ अत्यधिक गरीबी फैली, लोगों को संसार के दूर-दराज भागों में ले जाया गया। असम जैसे राज्यों में जब तक जीवन के पारम्परिक आधार कमोबेश उपलब्ध थे, बाहर से आकर चाय बागानों या धान के खेतों में काम करनेवाले लोगों के प्रति कोई विरोध नहीं था। लेकिन रोजगार का अभाव बढ़ने के कारण नई नौकरियों में बाहरी लोगों की प्रतिस्पर्धा से बाहरी लोगों से अब विद्वेष बढ़ता है।

यह स्थिति कुछ वैसी ही है जैसी बर्मा, केन्या, उगांडा, दक्षिण अफ्रीका आदि में विदेशी शासन खत्म होने के बाद हुई। इन सभी देशों में भारतीय प्राय: गिरमिटिया मजदूरों के रूप में गए थे। अंग्रेजी शासन के तहत इनमें बहुत सारे लोग मजदूर से अपनी स्थिति सुधार कर व्यापारी बन गए थे। लोग इन्हें अंग्रेजों द्वारा आरोपित बाहरी ही मानते रहे हालाँकि इनकी कई पीढ़ियाँ यहीं जन्मीं और फूली-फली थीं। जब अंग्रेजी शासन खत्म हुआ तो इनमें कई देशों में स्थानीय निवासियों ने भारतीयों के खिलाफ आक्रमण शुरू किया। उगांडा, केन्या और बर्मा (वर्तमान म्यांमार) से बड़ी संख्या में भारतीयों को भागना पड़ा। असम का मामला इससे कुछ मिलता-जुलता है और यह आन्तरिक उपनिवेश द्वारा पैदा विकृतियों का परिणाम है।

चूँकि 1912 तक भारत में अंग्रेजी शासन की राजधानी कोलकाता थी और दक्षिण बंगाल में नए तरह का औद्योगिक विकास तेजी से हुआ था, अंग्रेजी में प्रशिक्षित बंगाली लोगों का एक वर्ग पैदा हो गया था जो शिक्षक, डॉक्टर, वकील और प्रशासन आदि के रूप में असम, बिहार और ओडिशा आदि में छा गया था। बिहार और ओडिशा में तो यह वर्चस्व आजादी के कुछ ही वर्ष बाद समाप्त हो गया पर असम में इस वर्चस्व के खिलाफ, विशेषकर बांग्ला भाषा के वर्चस्व के खिलाफ संघर्ष काफी दिनों तक जारी रहा। चूँकि असम राज्य स्वयं भी कई जनजातीय समूहों में विभाजित रहा है, असमिया पहचान स्थापित करने का संघर्ष कठिन और कटुतापूर्ण भी बन गया है। पहला संघर्ष असमिया भाषा को राजकीय काम के लिए अनिवार्य करने के सवाल पर हुआ और इसका कड़ा विरोध वहाँ के बंगाली लोगों द्वारा हुआ। दूसरा संघर्ष मतदाता सूची से बांग्लादेश से आकर बसे लोगों के नाम निकालने के सवाल पर हुआ। इन सब संघर्षों से असम में एक तरह की 'जेनोफोबिक' (बाहरी लोगों के प्रति संशयी) मानसिकता बन गई है। नौकरियों में बिहारियों के दखल के खिलाफ इतना तीव्र विरोध इसी मानसिकता की पृष्ठभूमि में समझा जा सकता है।

बिहार की स्थिति भयावह है। आन्तरिक औपनिवेशिक शोषण ने इसकी अर्थव्यवस्था को जर्जर बना दिया था। यह कोई अचरज की बात नहीं कि देश की आजादी के सभी संघर्षों में बिहार अग्रणी रहा। इधर पिछले दो दशकों के कुशासन

ने जीवन की बची-खुची सम्भावनाओं को भी नष्ट कर दिया है। घनी आबादी, अशिक्षा और रोजगार के अवसरों के अभाव ने एक आक्रामक मानसिकता को जन्म दिया है जो प्राय: आपराधिक रूप धारण करती है। इसके फूट पड़ने के लिए कोई भी बहाना काफी है। देश की चालू राजनीति भी अब तक इस मानसिकता को ही एक या दूसरी दिशा में मोड़ने का काम करती रही है। पूर्वांचल के रेल यात्रियों पर किया गया वहशी हमला इसी पृष्ठभूमि में समझा जा सकता है, लेकिन यह मानसिकता किसी बड़े विस्फोट को भी जन्म दे सकती है।

(जनसत्ता, 2 दिसम्बर, 2003)

खेती-किसानी

किसान आन्दोलन का लक्ष्य

एक सवाल जो सभी किसान कार्यकर्ताओं के दिमाग में आता होगा वह यह कि जब देश में अनेक किसान और काश्तकार संगठन मौजूद हैं तो फिर अलग से किसानों का संगठन बनाने की जरूरत समता संगठन के लोग या इसके जैसा ही विचार रखनेवाले दूसरे लोग क्यों महसूस करते हैं? क्यों न दशकों से चले आ रहे किसी किसान संगठन में शामिल हो संगठन बनाने की ही बात करते हैं। इसका कारण समझने के लिए पहले के किसान संगठनों के उद्देश्य से नए किसान संगठन के उद्देश्य के बीच क्या फर्क है, इसको समझना जरूरी है। यह भी समझना जरूरी है कि हम जिस किसान संगठन की बात करते हैं, उसका मूल उद्देश्य क्या है। इसके दूरगामी उद्देश्यों की रौशनी में ही नए किसान संगठन की तात्कालिक नीतियाँ भी निर्धारित होंगी।

आजादी के आन्दोलन काल में भारत के किसान आन्दोलनों के पीछे दो तरह की विचारधाराएँ थीं। एक विचारधारा राष्ट्रीय आन्दोलन से जुड़ी थी जिसका मूल उद्देश्य था किसानों को उस शोषण से मुक्त करना जो प्रत्यक्ष या परोक्ष रूप से विदेशी शासन से जुड़ा था। दूसरी विचारधारा समाजवादी या कम्युनिस्ट आन्दोलन से जुड़ी थीं जो किसानों के आन्दोलन को समाजवादी क्रान्ति, जिसका ठेठ अर्थ मजदूर किसान राज्य बताया जाता था—को सफल बनाने के लिए उपयोग करना चाहती थी। पहली तरह का आन्दोलन गांधीजी के नेतृत्व में चम्पारण (बिहार) के निलहे साहबों के खिलाफ चला जिससे किसानों को वहाँ के गोरे भूमिपतियों की ज्यादतियों से मुक्ति मिली, या फिर 1928 में बारदोली (गुजरात) में अंग्रेजी हुकूमत द्वारा किसानों पर 22 प्रतिशत कर वृद्धि के विरोध से सफल सत्याग्रह आन्दोलन गांधीजी के ही नेतृत्व में सरदार पटेल द्वारा संचालित हुआ। लेकिन ये किसान आन्दोलन मूलत: किसी तात्कालिक अन्याय के विरुद्ध हुए और इनका सीधा सम्बन्ध किसी खास तरह के सामाजिक संरचना की दृष्टि से नहीं था। यह बात जरूर है कि महात्मा गांधी भारत को किसानों का देश मानते थे और उनकी हालत की बेहतरी को प्राथमिकता देते थे। उनके दिमाग में ग्रामीण समाज की एक तसवीर भी थी। कम्युनिस्ट एवं सोशलिस्ट पार्टियों के नेतृत्व में 1935 के बाद

जो किसान आन्दोलन हुए, उनका उद्देश्य एक खास तरह की समाज व्यवस्था कायम करना था। शुरू में इस किसान आन्दोलन के सामने 1917 की रूस की क्रान्ति का नमूना था।

1917 में रूस में बोल्शेविक पार्टी (बाद की कम्युनिस्ट पार्टी) के नेतृत्व में एक क्रान्ति हुई थी जिसमें मजदूरों और किसानों की खास भूमिका थी। उस क्रान्ति में मजदूरों और किसानों ने मिलकर वहाँ की जारशाही और फिर पूँजीवादी सत्ता को खत्म किया था। इसके फलस्वरूप मजदूरों और किसानों के सोवियतों (स्वशासी पंचायती इकाइयों) के हाथ राजनीतिक सत्ता आ गई। इस क्रान्ति को सफल बनाने में किसानों की महत्त्वपूर्ण भूमिका थी क्योंकि रूस में वे भारी बहुमत में थे और क्रान्ति की सफलता के लिए उनका सक्रिय सहयोग जरूरी था। इस स्थिति को समझते हुए बोल्शेविक पार्टी के नेता लेनिन ने क्रान्तिकाल में और उसके बाद भी मजदूर किसान एकता को कायम रखने की नीति अपनाई।

लेकिन तत्कालिक रूप से किसानों के अस्तित्व को कबूल करने और उनके साथ मैत्री का सम्बन्ध रखने के बावजूद कम्युनिस्ट आन्दोलन की यह मान्यता बनी रही कि किसान वर्ग एक प्रतिक्रियावादी और मरणासन्न वर्ग है और अन्ततोगत्वा इस वर्ग को विनष्ट होना है, लेकिन उस समय आम तौर से कम्युनिस्टों में यह मान्यता थी कि किसान वर्ग स्वेच्छा से अपने ही हित में सहयोगी कृषि और फिर सामूहिक कृषि की ओर बढ़ेगा और यह संक्रमण दबाव या यातना से रहित होगा। लेकिन हुआ यह कि सोवियत समाज के विकास के क्रम में शुरू में तो औद्योगिक मजदूरों की हित रक्षा के लिए किसानों की अवहेलना शुरू हुई और बाद में 1928 में जबरदस्ती सामूहिक खेती किसानों पर लाद दी गई, जिससे किसानों की हैसियत राज्य के बँधुआ मजदूरों की बन गई। उन्हें सामूहिक खेतों से बाँध दिया गया। सरकारी निर्देश पर सामूहिक खेतों के व्यवस्थापक जो कम्युनिस्ट पार्टी के लोग होते थे, किसानों के लिए खेतों पर काम का कोटा तय करते थे और उपज का क्या हिस्सा उन्हें मिलेगा, यह भी तय करते थे। इस तरह दिनोंदिन उन पर काम बढ़ाया जाने लगा और उपज का बड़ा हिस्सा राज्य द्वारा नगरों के लोगों को खिलाने या उद्योगों के विकास के लिए लिया जाने लगा। सोवियत औद्योगिक विकास का एक प्रमुख आधार खेतों पर काम करनेवाले किसानों के उत्पादन की लूट थी। नीचे दी गई तालिका से यह बात साफ हो जाती है।

सामूहिक खेती लागू करने के क्रम में दसों लाख किसानों को उनकी भूमि से विस्थापित कर सड़क, नहर तथा नए औद्योगिक नगरों के निर्माण में जबरदस्ती भेज दिया गया। इस प्रक्रिया में लाखों लोगों की मौत हो गई। इस तरह एक खास तरह का विकास शुरू हुआ। रूस के पास खनिजों का विशाल भंडार था। अत: किसानों से प्राप्त प्राथमिक पूँजी के आधार पर उद्योगों का तेज विकास शुरू हुआ।

अब किसानों का बड़ा हिस्सा धीरे-धीरे औद्योगिक मजदूरों में बदल गया। इससे अर्थव्यवस्था में खेती का महत्त्व घटता गया और किसान अल्पसंख्यक और उपेक्षित वर्ग के रूप में रह गए।

तालिका : रूसी सामूहिक खेतों में उत्पादित खाद्यान्नों का वितरण 1937-1939

ब्योरा	1937	1938	1939
सम्पूर्ण उत्पादन (करोड़ टन में)	8.702	6.709	6.735
राज्य द्वारा अधिग्रहित (करोड़ टन में)	2.510	2.270	2.440
राज्य द्वारा अधिग्रहित (सम्पूर्ण का प्रतिशत)	28.8	33.9	36.2
कृषि में लगे लोगों का पारिश्रमिक (करोड़ टन में)	3.220	1.860	1.600
कृषि में लगे लोगों का पारिश्रमक (सम्पूर्ण का प्रतिशत)	37.0	27.7	23.7
+ शुद्ध उत्पादन में राज्य के अधिग्रहण का प्रतिशत	41.4	51.5	56.2
शुद्ध उत्पादन में कृषि पर काम करनेवालों का प्रतिशत	53.2	42.1	37.2

* तालिका आरकेडियस खान के लेख 'कलेक्टिव फार्म सिस्टम इन रशिया' से ली गई है।
* शुद्ध उत्पादन पूर्ण उत्पादन घटाव बीज और मवेशी का भोजन।

चीन की क्रान्ति में किसानों की भूमिका और भी महत्त्वपूर्ण रही और क्रान्ति के बाद शुरू में वहाँ के सामन्तों और बड़े भू-स्वामियों की जमीन किसानों में बाँट दी गई, लेकिन कम्युनिस्ट शासन स्थायी होने पर वहाँ भी किसानों को इस बात के लिए मजबूर किया गया कि वे अपनी जमीन को सहयोगी कृषि में शामिल करें और बाद में कम्यून में। इस तरह किसान अपनी जमीन के स्वामी नहीं रहे। अब उनकी जमीन और वे स्वयं पूरी तरह राज्य के नियंत्रण में आ गए। जमीन की उपज का बड़ा हिस्सा कुछ लोगों के अनुसार 70 प्रतिशत तक सरकार लेने लगी और इस उपज का इस्तेमाल तेज औद्योगीकरण के लिए होने लगा। कम्यूनों में कृषि व्यवस्था पूरी तरह एक नौकरशाही के हाथ में केन्द्रित हो गई। 'महान छलाँग' काल में उत्पादन पर होनेवाले इसके घातक परिणाम के बाद उत्पादन प्रक्रिया का थोड़ा विकेन्द्रीकरण हुआ और छोटे कृषक समूहों (उत्पादक टोली) के हाथ उत्पादन की जवाबदेही दी गई, लेकिन किसान परिवारों और किसान वर्ग की स्वायत्तता नहीं लौटी।

कम्युनिस्ट आन्दोलन किसानों को उनकी बड़ी संख्या के कारण राजनीतिक सत्ता हासिल करने के लिए एक महत्त्वपूर्ण औजार भर मानता था। स्थायी रूप से उनके अस्तित्व या सत्ता को वह कभी भी कबूल नहीं करता था। मार्क्स की यह

मान्यता कि किसान एक अस्थायी समूह है जो पूँजीवाद के विकास के साथ विलीन हो जाएगा, उनकी सोच के आधार में सदा बना रहा। जिस समाज व्यवस्था की रूपरेखा उसके सामने थी, उसमें केन्द्रीय स्थान औद्योगिक मजदूरों का था और वे ऐसे समाज का गठन करना चाहते थे जिसमें प्रधानता बड़े उद्योगों और केन्द्रित अर्थव्यवस्था का हो। उनकी कृषि की कल्पना भी केन्द्र से नियोजित बृहत् फार्मों की थी। इसी उद्‌देश्य की पूर्ति के लिए रूस में खेती का समूहीकरण और भारी उद्योगों का तीव्रतम विकास किया गया। चीन के कम्युनिस्ट नेताओं की भी बुनियादी मान्यता ऐसी ही थी, लेकिन परिस्थितियों के दबाव में शुरू में वे छोटे एवं ग्रामीण उद्योगों को विकसित करने के लिए मजबूर थे। इसका कारण यह था कि उनके सत्ता में आने के कुछ समय पहले तक चीन के सभी प्रमुख नगर एवं औद्योगिक केन्द्र या तो कोमिंगतांग (चीन की राष्ट्रीय पार्टी जिससे कम्युनिस्टों ने सत्ता छीना) के कब्जे में थे या जापान के, और कम्युनिस्टों का आधिपत्य ग्रामीण इलाकों में था जो नगरों से सटा होने के कारण अपनी आवश्यकता के सभी सामान छोटे गृह उद्योगों में तैयार करने को मजबूर थे। इस कारण कम्यूनों के कायम होने के काफी दिनों बाद भी छोटे उद्योगों पर आधारित आत्मनिर्भर आर्थिक अंचल कायम रहे।

इस तरह रूस में भी किसानों को एक वर्ग के रूप में समाप्त कर दिया गया है और खेतों में काम करनेवाले लोग राज्य पर आश्रित मजदूर ही हैं। पूरी जनसंख्या में खेती में लगे लोगों का अनुपात भी काफी कम हो गया है। इसलिए राजनीतिक दृष्टि से खेतों पर काम करनेवाले लोगों का महत्व बिलकुल घट गया है। इस तरह आर्थिक और राजनीतिक, दोनों दृष्टि से उद्योगों से जुड़े लोगों का ही प्रभुत्व कायम हा गया है जो कम्युनिस्ट आन्दोलन का लक्ष्य रहा है। चीन में भी स्वतंत्र किसानों की हैसियत तो खत्म हो गई है, पर अभी भी जनसंख्या में खेती से जुड़े लोगों का बाहुल्य बना हुआ है, लेकिन जैसा कि स्पष्ट होता जा रहा है, कम्युनिस्ट चीन का भी लक्ष्य पश्चिमी ढाँचे का औद्योगीकरण करना है। अगर वह अपने चरम लक्ष्य तक पहुँच सका तो खेती में लगे लोगों का महत्त्व वहाँ भी नगण्य हो जाएगा। चीन की आबादी और संसाधनों को देखते हुए यह सम्भावना क्षीण दिखाई देती है कि चीन अपनी पूरी आबादी को पश्चिमी देशों जैसा जीवन स्तर प्रदान कर सकेगा। ऐसे प्रयास में वहाँ गैर-बराबरी बढ़ेगी और सिर्फ एक नए अभिजात वर्ग को वैसी सुविधाएँ प्रदान की जा सकेंगी जो पश्चिमी देशों के लोगों को उपलब्ध हैं। स्वयं चीन के सरकार द्वारा हाल में प्रकाशित आँकड़ों में यह कबूल किया गया है कि चीन के 10 करोड़ किसान गरीबी रेखा के नीचे रहे हैं। इसका सबसे बड़ा कारण यह है कि औद्योगिक विकास के दायरे में देर से आनेवाले दूसरे देशों की तरह चीन को भी सीमित साधनों के बल पूँजी संचय करना है। विकसित औद्योगिक देशों के विकास काल की स्थिति के विपरीत उन्हें दुनिया भर के संसाधनों की

औपनिवेशिक लूट के द्वारा ऐश्वर्य का आधार बनाने का मौका नहीं है। वह अगर नवीनतम तकनीकी के आधार पर औद्योगिक समाज का विकास करेगा तो इसका दायरा सीमित होगा और कृषि में काम करनेवाले लोगों के शोषण पर विशेष तौर से आधारित होगा।

कम्युनिस्ट आन्दोलन के इतिहास पर विचार करने से साफ हो जाता है कि इस आन्दोलन का उद्‌देश्य कभी भी एक वर्ग के रूप में किसानों को आगे बढ़ाना नहीं रहा है। इसका एकमात्र उद्‌देश्य उन देशों में जहाँ किसान बहुसंख्य हैं, किसानों को सत्ता पाने का हथियार बनाता रहा है। इसके लिए सत्ता से बाहर रहने पर ये गाँवों के भूमिहीन तथा छोटे किसानों की जमीन पाने की व्यवस्था को बढ़ावा देते हैं और प्रचार के जरिये अधिक जमीन वालों के प्रति ईर्ष्या और आक्रोश पैदा करते हैं। इस आधार पर जहाँ किसान संगठित हो पाते हैं वहाँ जमीन वालों की हत्या कर या भगाकर उनकी जमीन दखल कर ली जाती है, लेकिन ऐसे समर्थन से जब कम्युनिस्ट सत्ता में आ जाते हैं तो फिर किसानों का कब्जा जमीन पर नहीं रहने पाता। वे राज्य के बँधुआ मजदूर बना दिए जाते हैं और उनकी पैदावार का शोषण कर औद्योगिक क्षेत्रों का प्रसार व विकास होता है।

इसी तरह सभी देशों में पूँजीवादी औद्योगिक समाज का ढाँचा भी कृषि क्षेत्र के शोषण या उपनिवेशों के शोषण पर तैयार किया गया। जापान पहली श्रेणी में आता है और यूरोप या अमेरिका दूसरी श्रेणी में। यह जरूर है कि पश्चिमी देशों में औद्योगिक विकास के क्रम में पूरी आबादी के हिसाब से खेती में लगे लोगों की संख्या लगातार घटती गई है और लगभग सभी विकसित पूँजीवादी देशों में कृषि में लगी आबादी काम करनेवाले लोगों की कुल संख्या के ढाई से दस प्रतिशत के भीतर बच गई है। इन देशों में सम्पूर्ण उत्पादन में कृषि से प्राप्त आय इतनी कम हो गई है कि कृषि पर लगी छोटी आबादी को भी प्रति व्यक्ति औसत राष्ट्रीय आय के दायरे में लाने के लिए बढ़ी मात्रा में सरकारी अनुदान की जरूरत होती है या छोटी जोत वाले किसानों को कृषि छोड़ दूसरे धन्धों में लगने को प्रोत्साहित किया जाता है। इसलिए इन देशों के किसान अब सरकारी अनुदान पर आश्रित अल्पसंख्यक हैं जो अपने बूते पर आर्थिक ढाँचे में खड़े नहीं रह सकते।

भारत में जहाँ अभी भी भारी बहुमत जमीन पर निर्भर लोगों का है, यूरोप का आर्थिक ढाँचा प्रासंगिक नहीं है। पूँजीवादी व्यवस्था के रहते हुए किसानों का शोषण अनिवार्य है क्योंकि उद्योगों के मुनाफे के लिए कृषि यंत्र, सस्ते कच्चे माल (गन्ना, कपास, जूट आदि) तथा मजदूरी कम रखने के लिए सस्ते अनाजों की उपलब्धि का खास स्थान है। यूरोप के विपरीत भारत के लिए बाहरी उपनिवेश बनाने की सम्भावना बंद है। अत: पूँजीवादी विकास देश के भीतर ही कृषि, वन, खनिज आदि पर निर्भर लोगों के औपनिवेशिक शोषण से सम्भव है। इस तरह के विकास

का एक ही परिणाम हो सकता है—गाँव में दरिद्रता और बेराजगारी का विस्तार। कहीं-कहीं तो सीधा पूरी आबादी को उनकी जमीन से उजाड़ दिया जाता है जिसमें उद्योगों की किसी खास जरूरत की पूर्ति हो सके। ताजा उदाहरण है कोयल कारो योजना, जहाँ हजारों आदिवासियों को उनके पूर्वजों की भूमि से इसलिए विस्थापित किया जा रहा है ताकि बड़े उद्योगों को बिजली की आपूर्ति हो सके। इस नीति के चलते गाँव के लोग आजीविका की तलाश में शहरों की ओर भागते हैं और दर-दर की ठोकरें खाते हैं। पूँजी के अभाव में भारी उद्योगों का विकास भी उन्हें रोजगार देने के लिए तेजी से नहीं हो सकता क्योंकि विकसित पूँजीवादी देशों के स्पर्श में यहाँ के पूँजीपति दुनिया के बाजार में अपना औद्योगिक माल नहीं बेच पाते। उलटा, इन्हें दूसरे देशों से आयातित वस्तुओं और मशीनों के बदले कृषि जन्य वस्तुओं और खनिजों का ही निर्यात करना पड़ता है।

चूँकि देश की आबादी का तीन चौथाई भाग अभी भी खेती पर आश्रित है और साथ ही कृषि की शुद्ध आय गिरती जा रही है, गाँवों के लोगों में औद्योगिक माल खरीदने की क्षमता नहीं रहती। इस कारण उद्योगों को अपनी माल की खपत के लिए बाजार नहीं मिलता। यह उद्योगों के विस्तार पर भारी रोक है। सिर्फ उन्हीं उद्योगों का तेजी से विस्तार होता है जो मुट्ठी भर सम्पन्न लोगों के लिए विलासिता की वस्तुओं का उत्पादन करते हैं।

चूँकि उद्योगों का विकास तेजी से नहीं होता, नगरों की ओर भागनेवाले गाँव के लोगों को उद्योग में सन्तोषजनक आय देनेवाले रोजगार नहीं मिलते। वे प्राय: तरह-तरह के टटपूँजिया सेवा कार्यों में लग पाते हैं—जैसे रिक्शा चलाना, घर में झाड़ू देना, बर्तन माँजना, रसोइया या दरबान के काम, ईंट बनाना या घर तथा सड़क बनाने का काम, बोझा ढोने का काम और होटलों तथा दुकानों में छोटे-मोटे काम आदि। इन लोगों की आय इतनी कम होती है कि ये लोग ढंग के आवास की व्यवस्था नहीं कर सकते और गन्दी बस्तियों, झुग्गियों और सड़क किनारे फुटपाथ पर परिवार समेत सारी जिन्दगी काट देते हैं। तीसरी दुनिया में मौजूदा ढंग के औद्योगिक विकास की विवशताएँ ऐसी हैं कि ये परिणाम अनिवार्य हैं। स्वाभाविक है कि कम्युनिस्ट देशों में भी कृषि से पलायन का दबाव मौजूद हो। रूस में गाँवों से शहरों की ओर पलायन को रोकने के लिए आन्तरिक पासपोर्ट की व्यवस्था की गई है जिसके तहत कोई सोवियत नागरिक बिना पासपोर्ट के मॉस्को या लेनिनग्राड आदि अपने ही महानगरों में जाकर नहीं रुक सकता या आजीविका की तलाश नहीं कर सकता। कृषि उत्पादन की बुरी दशा देखते हुए गोर्बाचेव के सत्ता में आने के बाद खेती में लगे लोगों की हालत सुधारने की दिशा में कुछ कदम उठाए जा रहे हैं, लेकिन यह बहुत देर से हो रहा है जबकि एक वर्ग के रूप में किसानों का अस्तित्व मिट चुका है।

इन ऐतिहासिक तथ्यों का ध्यान दिलाना इसलिए आवश्यक हो गया है ताकि नया उदयीमान किसान आन्दोलन इनसे सबक ले और साफ तौर से यह तय करे कि वह कैसे समाज का लक्ष्य अपने सामने रखता है। अगर यह कम्युनिस्ट उद्देश्य को लेकर बढ़ेगा तो अन्ततोगत्वा किसानों के लिए राज्य के बँधुआ मजदूर बनने की स्थिति से गुजरना अनिवार्य हो जाएगा जैसा उन्हें कम्युनिस्ट देशों में गुजरना पड़ा है। भारत में उपलब्ध प्राकृतिक साधनों की स्थिति देखते हुए यह भी सम्भव नहीं दिखाई देता कि तीन या चार पीढ़ी को खाद बनाकर भी औद्योगीकरण का वैसा ढाँचा तैयार हो सकेगा जिसमें धीरे-धीरे जमीन से उजाड़े गए लोग औद्योगिक मजदूर के रूप में कोई सन्तोषजनक जीवन स्तर प्राप्त कर सकें। रूस में जनसंख्या कम थी और प्राकृतिक साधन अपार थे (रूस में पेट्रोलियम, गैस, कोयला, सोना; मैगनीज तथा अन्य महत्त्वपूर्ण औद्योगिक खनिज पदार्थों का भंडार किसी भी दूसरे देश से अधिक है)। इसके विपरीत भारत में जनसंख्या विशाल है और खनिजों की उपलब्धि काफी कम। इसलिए देश के काफी बड़े भूभाग और आबादी का औपनिवेशिक शोषण करके भी यहाँ आबादी के अनुपात में बड़े उद्योगों का वैसा ढाँचा नहीं तैयार किया जा सकता जैसा रूस में सम्भव हुआ। सीमित प्राकृतिक साधन और बड़ी आबादी की समस्या ऐसी है जो भारत जैसे पिछड़े औद्योगिक देशों में औद्योगीकरण के स्वरूप पर एक असंख्य सीमा लगा देती है जिसे न निजी पूँजी के आधार पर और न सरकारी स्वामित्व के आधार पर तोड़ा जा सकता है। इसलिए विकसित पश्चिम के देशों या रूस जैसे विकास का सपना भारत के लिए अर्थहीन है। जापान अगर सीमित प्राकृतिक साधनों के बावजूद औद्योगिक क्षेत्र में अग्रणी स्थान रखता है तो इसलिए कि वह तकनीकी के क्षेत्र में इतना बढ़ गया है कि प्रतिस्पर्धा में पश्चिमी देशों से आगे निकल कर अपना माल दुनिया भर में लाद रहा है। इस प्रक्रिया में दूसरे देशों का आर्थिक शोषण नीहित है।

जापान में कृषि लायक जमीन इतनी कम है (औसत जोत का आकार एक एकड़) कि किसानों को उनकी छोटी जोतों पर अन्तर्राष्ट्रीय भाव पर अनाज की कीमत देकर खेती पर नहीं रखा जा सकता। इसीलिए वहाँ चावल की कीमत अन्तर्राष्ट्रीय भाव से आठ गुना अधिक होती है। सरकारी सब्सिडी के बावजूद जापान के लोग चावल अन्तर्राष्ट्रीय भाव से छह गुना अधिक दाम देकर खरीदते हैं। इसलिए पश्चिमी देशों के अर्थशास्त्री जापान को यह सलाह दे रहे हैं कि वह अपने मुख्य खाद्यान्न चावल में आत्मनिर्भरता की नीति छोड़ दे और विदेशों से सस्ता अनाज आयातित कर छोटे जोतों की कृषि को स्वाभाविक रूप से मर जाने दे। भारतीय अर्थव्यवस्था को अन्तर्राष्ट्रीय बाजार से बाँधने पर भारत के किसानों के सामने भी यह समस्या आएगी। गल्ले या जूट का दाम कम रखने के पीछे अन्तर्राष्ट्रीय बाजार पर भारत की निर्भरता का भी हाथ है क्योंकि अन्तर्राष्ट्रीय बाजार

के हिसाब से कीमतों को तय करने पर पूँजीपतियों का मुनाफा तभी कायम रह सकता है जब कृषिजन्य वस्तुओं का भाव कम रहे। किसी भी तरह भारत जापान का अनुसरण करने की स्थिति में नहीं है क्योंकि जापान का औद्योगिक निर्यात इतना अधिक है कि अन्तर्राष्ट्रीय विनियम का मुनाफा ही उसके और दूसरे देशों के लिए सिरदर्द बना हुआ है।

खेती की पैदावार की कीमत कम रखकर लाभकर खेती तभी सम्भव है जब जोत का रकबा बड़ा हो और खेती का मशीनीकरण कर उस पर श्रमिक कम संख्या में लगाए जाएँ। इस तरह 500 एकड़ जोतनेवाला काश्तकार प्रति एकड़ कम मुनाफा लेकर भी खेती कर सकता है, पर 5 एकड़ की जोत वाला काश्तकार प्रति एकड़ उसी दर पर मुनाफा लेकर जीवन निर्वाह नहीं कर सकता क्योंकि जहाँ 500 एकड़ जोत वाले काश्तकार को प्रति एकड़ 100 रुपए मुनाफे से साल में रुपए 50,000 की आय होगी वहीं 100 रुपए प्रति एकड़ के मनाफे पर 5 एकड़ जोत वाले काश्तकार को साल में 500 रुपए की आय होगी जिस पर कोई परिवार अपना खर्च नहीं चला सकता। यह इस बात के लिए अकाट्य तर्क है कि भारत जैसे देश में, जहाँ छोटी जोतों की प्रधानता है, कृषिजन्य वस्तुओं की कीमत ऊँचा रखकर ही किसानों को जीवनयापन के लायक आय प्रदान की जा सकती है। इसका विकल्प असम्भव है यानी छोटे किसानों की जमीन छीनकर बड़े पूँजीवादी फार्मों की स्थापना।

इस देश में उद्योगों और कृषि में उत्पादित वस्तुओं की कीमत में समानता लाने का असली अर्थ खेती में पैदा वस्तुओं के लिए इतना मूल्य निर्धारित करना है जिससे यहाँ के औसत आकार का छोटी जोत पर निर्भर किसान खेती से पैदा वस्तुओं को बेचकर मानवीय जीवन बिता सकें। माँग और आपूर्ति के बाजार के नियम से किसानों को उचित मूल्य कभी भी नहीं मिल सकता क्योंकि छोटे किसानों में इतनी क्षमता नहीं होती कि वे अपने माल को तब-तक बेचने से रोके रखें जबकि उन्हें ऊँची कीमत नहीं मिलती। वे जरूरत से मजबूर होकर फसल तैयार होते ही जल्दी बेचने की मजबूरी और आपसी स्पर्धा से फसल की कीमतों को गिरा देते हैं।

यहीं यह समस्या उठती है कि उस समाज का आर्थिक ढाँचा कैसा हो जिसमें किसानों के साथ ऐसा न्याय हो सके।

थोड़ा भी विचार करने से यह बात तो मानना ही होगा कि छोटी जोतों में उत्पादित वस्तुओं को हमारा समाज इतनी ऊँची कीमत नहीं दे सकता जिससे वे आधुनिक ताम-झाम का जीवन बिता सकें, लेकिन लोगों को यह भी बर्दाश्त नहीं होगा कि थोड़े से लोग जो गैर-कृषि क्षेत्रों में काम करते हैं, ठाट-बाट की जिन्दगी बिताएँ और बाकी लोग जो गाँवों में रहते हैं, घोर गरीबी की। गाँवों से शहरों की

ओर पलायन इसी दबाव का नतीजा है। इस समस्या का समाधान निकल सकता है। अगर खेती और उद्योगों के तकनीकी आधार को एक धरातल पर लाया जा सके तो यह सम्भव है कि खेतों और उद्योगों में काम करनेवालों का जीवन-स्तर समान हो जाए। यह तब तक नहीं हो सकता जब तक उद्योगों का आधार तो पूँजी प्रधान स्वचालित विशाल कारखाने हों और कृषि छोटी जोतों पर आधारित हो, जिसके लिए श्रम प्रधान होना एक मजबूरी है।

इसलिए भारत जैसे देश में जहाँ जनसंख्या के हिसाब से पूँजी और खेती लायक जमीन, दोनों कम हैं, ग्रामीण लोगों के लिए उचित जीवन स्तर और सामाजिक प्रतिष्ठा तभी सम्भव होगा जब आर्थिक विकेन्द्रीकरण हो। गाँवों की अर्थव्यवस्था यथासम्भव आत्मनिर्भर हो जिसमें जमीन की उपज और घरेलू उद्योगों के उत्पादन एक-दूसरे के पूरक हों। गाँवों में ऐसे उद्योगों के अलावे जिसमें पूर्णकालिक श्रमिक लगे हों बाकी ऐसे घरेलू उद्योग हों जिनमें किसान उन दिनों काम कर सकें जब खेतीबाड़ी के काम से अवकाश हो। जहाँ तक सम्भव हो, ऐसे उद्योग वायु ऊर्जा, जल ऊर्जा, सौर ऊर्जा, गोबर या घास-पात से प्राप्त ऊर्जा आदि से या मानव श्रम से ही चलें। ऐसा समाज गाँवों में रहनेवाले लोगों की आवश्यकता पर केन्द्रित होगा, धन-सम्पत्ति अर्जित कर अम्बार लगाने की आकांक्षा पर नहीं।

जब हम ऐसे समाज का लक्ष्य सामने रखते हैं तो भूमि स्वामित्व का सवाल भी सामने उभर कर आता है। अगर भूमि का स्वामित्व मुट्ठी भर भू-स्वामियों के हाथ में होगा तो पूँजी प्रधान कृषि अनिवार्य हो जाएगी क्योंकि ऐसे भू-स्वामियों की खेती पारिवारिक श्रम पर आधारित नहीं होगी और मशीनीकरण करके कम श्रमिकों से खेती करवाएँगे। चूँकि उनकी जोत बड़ी होगी, वे मशीनों का उपयोग कर मशीनों से काम करनेवाले मजदूरों को अधिक मजदूरी भी दे सकेंगे, लेकिन इससे गाँव के श्रमिक बड़ी संख्या में बेरोजगार होंगे। कृषि के मशीनीकरण से खेती और उद्योग का एक नया समीकरण पैदा होगा जिसमें पूँजी प्रधान बड़े फार्मों और पूँजी प्रधान बड़े उद्योगों के विनियम का एक सन्तुलन बनेगा। इससे औद्योगिक क्षेत्र और ग्रामीण क्षेत्र, दोनों में अतिसम्पन्न अल्पसंख्यक वर्ग पैदा होंगे और बाकी लोग बेरोजगारी और दरिद्रता की स्थिति में रहेंगे। इस स्थिति से बचने के लिए जमीन का यथासम्भव समतामूलक बँटवारा जरूरी है और इसके लिए भूमि सीमा कानून को सख्ती से लागू करवाने का आन्दोलन किसान संगठन का आवश्यक अंग होगा। संक्रमण काल में खेती में मजदूरी दे श्रमिकों से काम कराना बिलकुल बन्द नहीं किया जा सकता।

लेकिन किसान आन्दोलन का लक्ष्य वैसी कृषि व्यवस्था की ओर बढ़ना ही हो सकता है जहाँ किसान अपनी जोत की जमीन पर पारिवारिक श्रम और समय-समय पर जरूरत के अनुसार दूसरे किसानों से पारस्परिक श्रम सहयोग के आधार पर

खेती करता है। गाँव के ऐसे लोगों को, जिन्हें जमीन नहीं दी जा सकती, तरह-तरह के ग्रामीण उद्योगों तथा गाँव के स्वास्थ्य, शिक्षा तथा सांस्कृतिक गतिविधियों की विकसित होती जरूरतों की पूर्ति में लगाया जाएगा, लेकिन गाँव में रहनेवाले प्रत्येक परिवार को आवास के लिए जमीन पाने का अधिकार होगा। यह ग्रामीण समाज की जवाबदेही होगी कि बढ़ती आबादी के हिसाब से सामूहिक तौर से लोगों के आवास की समुचित व्यवस्था करे। गाँवों में आवास सम्बन्धी नियोजन के अभाव से भी अनेक आपसी संघर्ष पैदा होते हैं और ग्रामीण समाज टूटता है।

ऊपर के मुद्दे कुछ ऐसे हैं जो स्वत: हमारे किसान संगठन को कम्युनिस्ट या पूँजीवादी प्रणाली को कबूल कर चलनेवाले किसान संगठनों से अलग करते हैं। असल में किसानों के स्थायी हित के लिए किसान संगठन के ऐसे ही लक्ष्य हो सकते हैं। बाकी संगठन या तो मात्र किसान ट्रेड यूनियन होंगे जिससे कुछ तात्कालिक राहत मिले या कुछ दलों के सत्ता हासिल करने के हथियार।

(1983 में समता प्रकाशन, पटना की पुस्तिका)

खेती-किसानी की नीति

किसान संसार का अन्नदाता है, लेकिन आज की व्यवस्था में वह स्वयं प्राय: दाने के लिए तरस जाता है। उसकी कमाई से कस्बों से लेकर नगरों तक में लोग फलते-फूलते हैं, पर उसके हिस्से आपदाएँ ही आती हैं। सूखे की मार से फसल सूख जाती है। बाढ़ से खेत डूब जाते हैं, लेकिन दोनों से बड़ी आपदा तब आती है जब साल भर की मेहनत से घर आई फसल की कीमत इतनी कम मिलती है कि लागत खर्च भी नहीं निकलता। गन्ना खेतों में सूखने के लिए छोड़ दिया जाता है, अनाज पड़ा-पड़ा घुन के हवाले हो जाता है या मिट्टी के मोल बेच दिया जाता है और आलू सड़ने के लिए खेतों में फेंक दिया जाता है क्योंकि कोई खरीददार नहीं मिलता। खरीदारी की यही स्थिति कपास की और नारियल, सोयाबीन एवं सरसों जैसी तिलहनों आदि की भी होती है। अच्छी फसल से खलिहानों में आई खुशी मंडियों में पहुँचते-पहुँचते घोर मायूसी में बदल जाती है, यहाँ तक की बैंकों और महाजनों का भुगतान नहीं कर पाने पर बेसहारा किसान आत्महत्या करने पर मजबूर हो जाता है। खेती से जुड़े पशुपालन जैसे उद्योगों की हालत भी बाहर से आयातित सस्ते दूध, डिब्बाबन्द फल, मांस एवं सब्जियों की प्रतिस्पर्धा में अलाभकारी हो जाते हैं और लोग ऐसे उद्यमों को छोड़ने पर मजबूर हो जाते हैं।

पुराने जमाने में अनावृष्टि और अकाल के लिए राजा की अनीति को जिम्मेदार ठहराया जाता था। यह बात आज दुनिया में और भी अधिक लागू होती है। आज ऐसी जानकारियाँ हैं कि सिंचाई और जल निकासी की समुचित व्यवस्था से किसानों को सूखे और बाढ़ से काफी हद तक बचाया जा सके और अगर कुछ क्षति होती भी है तो बीमा की व्यापक व्यवस्था और सरकारी राहत से उसकी पूर्ति आसानी से हो सके। इसके अलावा कीमतों को किसानों के लिए लाभकारी बना उन्हें खुशहाल बनाया जा सकता है, लेकिन यह सब तभी सम्भव है जब सरकारें ऐसी हों जो गाँव और किसानों के हित को प्राथमिकता देती हों। इसलिए अगर आज किसान बदहाल है तो इसके लिए पूरी तरह सरकारों की किसान विरोधी नतियाँ ही जिम्मेदार हैं जो गाँवों को उजाड़कर नगरों और महानगरों के एक हिस्से को अलकापुरी बनाने में लगी हैं। नगरों में भी शासकों की चिन्ता सम्पन्न इलाकों तक ही सीमित होती

है। बाकि हिस्से—गन्दी बस्तियाँ एवं झुग्गी-झोपड़ियाँ, जहाँ उजड़ते गाँवों के लोग आजीविका की तलाश में रिहाइश बनाते हैं—भगवान भरोसे छोड़ दिए जाते हैं। देश के पायदान पर गाँव हैं और नगरों के पायदान पर गाँव के उजाड़े गए लोगों का निवास होता है।

आज की स्थिति में सिर्फ वैसी ही सरकार जो गाँव के लोगों के प्रति संवेदनशील हो या उनकी भावनाओं का प्रतिनिधित्व करती हो, नगरों के गरीबों की समस्याओं के समाधान की ओर मुखातिब हो सकती है। घाटे की खेती और इससे जुड़े आय तथा रोजगारों के अभाव में ही गाँव छोड़ लोग शहरों की ओर भागते हैं और नगरों पर अपनी दरिद्रता की छाप छोड़ते हैं। अगर गाँवों में रोजगार के अवसर होंगे और खुशहाली होगी तो गाँव की खुली हवा छोड़ गाँव के लोग नगर के दमघोंटू माहौल में जाना कतई पसन्द नहीं करेंगे। लेकिन अब तब सरकारों की नीतियाँ ऐसी स्थिति को बरकरार रखना चाहती हैं जिसमें बेरोजगार लोगों की बड़ी संख्या नगरों में बनी रहे जिससे उद्योगपतियों और निर्माण के रूप में लगे बिल्डरों और ठेकेदारों को सस्ते नौकर-नौकरानियाँ और बाल मजदूर मिलते रहें। सच्चे अर्थ में एक समतामूलक और समाजवादी व्यवस्था ही लोगों को इस स्थिति से उबार सकती है। इसकी शुरुआत ग्रामीण समाज और इसके उत्पादक किसान और मजदूरों की स्थिति सुधारने से होगी। इससे नगर स्वयं अनेक तरह की समस्याओं से मुक्त हो जाएँगे—जैसे बढ़ती भीड़ और प्रदूषण की समस्या से।

अंग्रेजों के शासन से लेकर कांग्रेस और बाद की मिली-जुली सरकारें, जिसकी कड़ी के अन्त में भाजपा के नेतृत्व में चल रही केन्द्र की राजग सरकार रही है, एक ही तरह की बुनियादी नीति लेकर चलती रही हैं। अंग्रेज अपने उद्योगों और व्यापार के लिए सस्ता अनाज और कृषि उत्पादन चाहते थे। इसके लिए उन्होंने अलग-अलग इलाकों में एकल खेती को प्रोत्साहित किया और कृषि की विविधता को नष्ट कर किसानों को बाहरी व्यापार पर निर्भर बनाया। इस तरह देश के बड़े भू-भाग पर कहीं सिर्फ कपास, कहीं गन्ना, कहीं अफीम के लिए पोस्त की खेती को बढ़ाया गया। इसके अलावा देश के अनेक हिस्सों में हजारों एकड़ के चाय, कहवा आदि के बागान विकसित किए गए। इस तरह की खेती से इससे लगे लोगों का जीवन पूरी तरह दुनिया की बाजार व्यवस्था और इसके उतार-चढ़ाव पर निर्भर हो गया। नील की खेती तो रासायनिक संश्लेषण से नील के उत्पादन से एक ही झटके में खत्म ही हो गई। व्यापार पर एकल खेती की निर्भरता किसानों के जीवन को कैसे प्रभावित करती है, यह इसका ज्वलन्त उदाहरण है। कम नाटकीय ढंग से बाकी क्षेत्रों में भी किसानों का जीवन इसी तरह बाहरी व्यापार से प्रभावित होता रहता है। कभी बाहरी माँग बढ़ जाने से किसान मुनाफा देख किसी खास वस्तु के उत्पादन में अपने सारे संसाधन लगा देते हैं। चूँकि दुनिया की बाजार व्यवस्था में

उतार-चढ़ाव होता रहता है, एक समय के बाद अचानक माँग कम या खत्म हो जाती है और किसान कंगाल हो जाते हैं।

वैविध्यपूर्ण खेती में, जहाँ तरह-तरह के उत्पादन एक अंचल में किसानों और बाकी लोगों की पारस्परिक आवश्यकताओं की पूर्ति करते थे, इस तरह संकट की आशंका नहीं रहती थी। लेकिन अंग्रेज मूलत: व्यापारिक लोग थे और ईस्ट इंडिया कम्पनी से लेकर आखिर के काल तक उनके शासन का मूल उद्देश्य उद्योग-धन्धे और व्यापार से मुनाफा कमाना था, और इसी के लिए उन्होंने रेलों और सड़कों तथा दूसरे यातायात और आन्तरिक संरचना का विस्तार किया। अटल बिहारी वाजपेयी की स्वर्णिम चतुर्भुज सड़क योजना दरअसल उसी शृंखला की एक कड़ी है, जिसका उद्‌देश्य लाखों किसानों की जमीन छीन और इसके निर्माण पर देश के सीमित संसाधनों को पानी की तरह बहा कर व्यापारी और सम्पन्न वर्गों के लिए सुविधाएँ मुहैया कराना है। व्यापारियों के लिए दूर-दराज के संसाधनों के दोहन का रास्ता आसान बनाना है।

आजादी के बाद के दिनों में विकास के जो मॉडल अपनाए गए—चाहे उसमें सरकारी क्षेत्रों को महत्व दे नियोजित अर्थव्यवस्था की नीति अपनाई गई हो, चाहे मिश्रित अर्थव्यवस्था या उन्मुक्त व्यापार की—उन सब में बड़े उद्योगों, बड़ी मशीनों और औद्योगिक नगरों के विकास को केन्द्र में रखा गया। इस तरह देश के किसान सदा बाहरी आर्थिक शक्तियों यानी सरकार की आर्थिक नीतियों या बाजार की शक्तियों के दबाव में सदा असुरक्षित और असहाय जीवन जीते रहे हैं। जब तक नियोजित अर्थव्यवस्था को प्रधानता दी गई तब तक एक हद तक सरकार की जवाबदेही गाँव और किसानों के प्रति भी बनती थी, भले ही प्राथमिकता के हिसाब से ये निचली श्रेणी में आते हों। लेकिन तथाकथित उदारीकरण व्यवस्था, जिसे अब अपनाया गया है, किसी के जीवन की आवश्यकताओं की पूर्ति अपनी जवाबदेही नहीं मानती। शिक्षा, स्वास्थ्य एवं खेती—सबको निजी उद्यमों और बाजार की शक्तियों के भरोसे छोड़ दिया गया है जिसमें असंख्य गाँवों में बिखरे किसान उद्योग ओर व्यापार की संगठित शक्तियों के मुकाबले किसान खेत की पैदावार बढ़ाने में लगा रहता है क्योंकि अधिक उपज से उसकी खुशहाली जुड़ी है। इसके लिए वह तरह-तरह के उद्यम में लगा रहता है, लेकिन जब उसे अनाज या दूसरे पैदावार का उचित मूल्य नहीं मिलता और लागत भी नहीं निकलती तो आगे खेती करते रहना मुश्किल हो जाता है। खेती से पलायन या किसानों की आत्महत्याएँ इन्हीं स्थितियों में होती हैं।

बाजार की शक्तियों के सामने किसान अपने को असहाय क्यों पाता है, इसको समझना जरूरी है। व्यापार के सम्बन्धों के पीछे अर्थशास्त्र का जाना-माना यह सिद्धान्त काम करता है जिसे 'माँग और आपूर्ति' का सिद्धान्त कहा जाता है। इस

सिद्धान्त के अनुसार, अगर किसी वस्तु की आपूर्ति कम हो जाती है और माँग अधिक तो वह वस्तु महँगी हो जाती है और अगर इसका उल्टा आपूर्ति अधिक और माँग कम तो वस्तु सस्ती हो जाती है। दरअसल, आज के व्यापार की दुनिया में यह नियम अपने शुद्ध रूप में किसानों की अपनी फसल को बेचने पर ही लागू होता है। अनगिनत किसान देश और दुनिया के दूसरे भागों के किसानों के उत्पादन की स्थितियों से अनजान अपनी पैदावार ले बाजार में आते हैं।

उनके लिए फसल तैयार होने पर जल्दी अपना माल बाजार में लाना जरूरी हो जाता है। इसके दो कारण होते हैं। एक तो यह कि ज्यादा किसान छोटे उत्पादक होते हैं और उनके पास इतनी जमा पूँजी नहीं होती कि अपना खर्च तथा आगे की खेती का खर्च बिना अपनी फसल बेचे चला सकें। गाँवों में सस्ते सूद पर ऋण भी मिलना मुश्किल होता है। या तो गाँवों में बैंक की सुविधा कम होती है या उनसे ऋण लेने में इतनी शर्तें पूरी करनी होती हैं कि किसान उनकी सुविधाओं से वंचित रहता है। इस तरह फसल तैयार होते ही सारे किसान अपनी फसल बेचने बाजार में आ जाते हैं। अगर इस समय व्यापारी या सरकार बड़े पैमाने पर उचित दाम दे फसल खरीदने के लिए आगे नहीं आए तो आपूर्ति और माँग के ऊपर बतलाए गए नियम के हिसाब से खेती से पैदा वस्तुओं की कीमतें अचानक बहुत गिर जाती हैं, प्राय: लागत खर्च से भी नीचे।

यहीं से किसानों की दुर्दशा शुरू होती है। वह अपने पिछले ऋण का बकाया भी नहीं चुका सकता। नई खेती और खर्च के लिए नया ऋण लेना जरूरी हो जाता है। पारम्परिक स्रोतों से लिए गए कर्ज की दर इतनी अधिक होती है कि किसान स्थायी रूप से कर्ज के जाल में फँस जाता है जिससे कभी वह बाहर नहीं निकल पाता। वही माल जब व्यापारियों के हाथों में पहुँच जाता है तो कुछ समय बिक्री रोक—क्योंकि उनके पास पूँजी या पूँजी के स्रोत उपलब्ध होते हैं—इन्हीं वस्तुओं की कीमत बढ़ा देते हैं। स्वयं किसानों को जब जरूरत होती है, अपने ही द्वारा उत्पादित वस्तुओं को अधिक कीमत पर खरीदना पड़ता है।

अगर हम उद्योगों में उत्पादित वस्तुओं के बाजार पर नजर डालेंगे तो ठीक उलटी स्थिति पाएँगे। यहाँ किसानों की तरह बाजार की स्थिति पर निर्भर या अनजान विक्रेता बाजार में नहीं आते। प्राय: औद्योगिक उत्पादन में लगे उद्योगपति (छोटे घरेलू उद्योगों को छोड़ जिनकी स्थिति बिखरे कृषि उत्पादकों जैसी होती है) इजारेदार होते हैं यानी कुछ बड़े औद्योगिक घराने ही अलग-अलग वस्तुओं के एकमात्र उत्पादक होते हैं। कभी-कभी अगर एक से अधिक बड़े औद्योगिक उत्पादक एक क्षेत्र में हों भी तो उनमें एक तरह का आपसी समझौता होगा जिससे अपनी कीमतों को एक-दूसरे के समकक्ष रखेंगे। इस तरह अगर एक ब्रांड के साबुन का दाम बढ़ेगा तो बाकी ब्रांडों के साबुनों का दाम भी कमोबेश साथ ही बढ़ेगा। इस तरह वे उपभोक्ता के

सामने एक संयुक्त मोर्चा खड़ा करते रहते हैं। जब हम किसी दुकान में साबुन तेल या दवा खरीदने जाते हैं तो अनाज की मंडी की तरह मोल-भाव नहीं कर सकते। लागत, खर्च, मुनाफा और टैक्स—सबको जोड़कर एक निर्धारित कीमत, प्राय: लेबुल लगा, खरीददार के सामने हाजिर कर दी जाती हैं। हम इसमें कोई कटौती नहीं कर सकते। कई क्षेत्रों में, जैसे मिट्टी तेल, पेट्रोल, डीजल या बिजली में सरकारें ही कीमत निर्धारित कर देती हैं। इस तरह न तो बड़े पूँजीपति उत्पादक और न सरकारें बाजार की शक्तियों पर निर्भर करती हैं। असंख्य गाँवों में बिखरे किसान ही बाजार की शक्तियों के भरोसे तैरने या डूबने को छोड़ दिए जाते हैं।

अनगिनत गाँवों में बिखरे किसानों के हितों की रक्षा सरकार ही कर सकती है जिसे लोकतंत्र के भीतर किसानों के मत पर काफी हद तक निर्भर करना पड़ता है, लेकिन देश की सभी स्थापित पार्टियाँ, चाहे भाजपा हो या कांग्रेस और यहाँ तक कि वामपंथी कही जानेवाली पार्टियाँ भी औद्योगिक और शहरी क्षेत्रों की पक्षधर रहीं हैं और इसलिए किसानों के हित के विरोध में काम करती रही हैं। यह बात कृषिजन्य वस्तुओं के कीमत निर्धारण में साफ दिखाई देती है। जहाँ किसानों को खेती में लगनेवाली वस्तुओं जैसे खाद, बिजली की कीमत या डीजल पर लगातार बढ़ती कीमतों का सामना करना पड़ता है, जो कीमतें सरकार द्वारा ही निर्धारित होती हैं। कृषिजन्य वस्तुओं की कीमतें प्राय: इस पर लागत के हिसाब से कम होती हैं। इससे भी बुरी स्थिति यह होती है कि पंजाब जैसे एकाध राज्यों को छोड़, जहाँ के किसानों ने सरकार पर दबाव बनाए रखने में एक हद तक सफलता पाई है, बाकी जगह सरकारी खरीदारी की कोई ऐसी निश्चित व्यवस्था नहीं कि किसान आसानी से अपनी उपज को बेच सकें। प्राय: खरीदारी के केन्द्र गाँवों से दूर पड़ते हैं। जो बड़े किसान हैं और जिन्हें बड़ी मात्रा में अन्न या दूसरी फसल बेचना पड़ता है, वे तो वाहन का खर्च उठा सकते हैं या उनके पास खुद का वाहन होता है, लेकिन छोटे किसानों के लिए अपना माल लेकर इन केन्द्रों पर पहुँचना मुश्किल होता है। इस तरह वे अपना माल गाँव के बिचौलियों के हाथ सरकार द्वारा तय कीमतों से भी कम पर बेचने को मजबूर होते हैं।

सरकार द्वारा खेती में पैदा वस्तुओं की कीमतें किसी न्याय संगत सिद्धान्त के आधार पर नहीं तय की जातीं। जब खेती में पैदा वस्तुओं की कीमतें इतना नीचे गिर जाती हैं कि किसानों के लिए खेती करना मुश्किल होने लगता है और किसानों का विरोध बढ़ने लगता है तब मनमाने ढंग से कीमतें थोड़ा-बहुत बढ़ा दी जाती हैं। कीमत तय करने में किसानों के प्रतिनिधियों की कोई खास भूमिका नहीं होती। कीमत तय करने के पीछे एक ही दृष्टि रहती है कि पूँजीपतियों और शहर में रहनेवाले मुखर तबकों के विचार का ध्यान रखा जाए। अन्न की कीमत बढ़ने से पूँजीपतियों पर श्रमिकों का दबाव मजबूरी बढ़ाने के लिए बढ़ने लगता है। इससे पूँजीपति चाहते

हैं कि खाद्यान्नों पर उन्हें कम खर्च करना पड़े। हालाँकि शहरी मध्यमवर्ग के कुल खर्च में अनाज पर किए जानेवाले खर्च का अनुपात काफी कम होता है। फिर भी वे अपनी कमाई में किसानों को हिस्सा देने पर तैयार नहीं होते। टीवी या मोटर गाड़ियों की कीमतों के उतार-चढ़ाव को वे बिना किसी हीले-हवाले के बर्दाश्त कर लेते हैं, लेकिन खाद्य पदार्थों की कीमत में बढ़ोतरी पर चारों ओर शोर मचना शुरू हो जाता है। अभी तक पारम्परिक वामपंथ, जैसे कम्युनिस्ट पार्टियाँ भी इस सवाल पर किसान विरोधी रुख ही अपनाती हैं। दूसरी ओर कृषिजन्य वस्तुओं की कीमतें बढ़ने पर भी उद्योगपतियों का कड़ा विरोध होता है जो औद्योगिक कच्चे माल के रूप में इस्तेमाल होती हैं।

कम्युनिस्टों का किसान विरोध उनकी इस पारम्परिक मान्यता पर आधारित है कि किसान अन्ततः एक प्रतिगामी वर्ग है। अतः कम्युनिस्टों का मुख्य उद्देश्य औद्योगिक या ग्रामीण मजदूरों की हितरक्षा है। अन्न की कीमत बढ़ने से मजदूर वर्ग पर खर्च का बोझ बढ़ता है। दूसरा, उनकी यह मान्यता है कि मंडियों में अनाज सिर्फ गाँव के धनी किसान, जिन्हें कुलक कहते हैं, लाते हैं और अन्न की कीमत बढ़ने से उन्हीं को लाभ होता है। इसलिए वे कृषिजन्य वस्तुओं की कीमतों को नियंत्रित रखने के पक्षधर हैं। हकीकत यह है कि अपने उत्पादों को सबसे कम कीमत पर बेचने के लिए छोटे किसान ही मजबूर होते हैं क्योंकि उन्हें अपनी जरूरतों की पूर्ति के लिए फसल तैयार होने के तुरन्त बाद इसे बेच देना पड़ता है। जो बड़े किसान हैं वे अपनी पैदावार को जमा रख सकते हैं और उस समय बेचते हैं जब कीमत सबसे ऊँचे स्तर पर होती है। सरकारी संरक्षण की सबसे अधिक जरूरत छोटे किसानों को ही होती है। यही वह वर्ग है जो फसल तैयार होने पर खर्च के दबाव में सबसे कम कीमत पर इसे बेचता है और घट जाने पर फिर बाजार से इसे तब खरीदता है जब इसकी कीमत जमाखोरों द्वारा काफी बढ़ा दी गई होती है। इसके अलावा खेत मजदूरों की आय भी किसानों की आय से जुड़ी होती है। जब खेती में यथेष्ट मुनाफा नहीं मिलता, खेत मजदूरों की मजदूरी भी कम ही रहेगी।

लेकिन जो लोग खेती की पैदावार के लिए उचित मूल्य देने की वकालत करते हैं, उनकी सोच भी इस सवाल पर बिलकुल स्पष्ट नहीं कि उचित मूल्य तय करने का आधार क्या हो? इस पर भी एक निश्चित नीति की जरूरत है।

इक्के-दुक्के अपवादों को छोड़ किसान पूँजीपति नहीं होते, न वे खेती की कमाई से पूँजीपति बन सकते हैं। देश में भूमि की हदबन्दी से यह सम्भव भी नहीं है। जो किसान पूँजीपति बनना चाहेगा उसे खेती की बजाय अपनी पूँजी के विस्तार का दूसरा क्षेत्र ढूँढ़ना होगा। अगर इक्के-दुक्के ऐसे किसान काश्तकार हों भी तो किसान सम्बन्धी कोई नीति तय करने में उनको नजरअन्दाज करना होगा। किसान नीति के लिए आधार में होंगे, वे बहुसंख्य किसान जो पाँच एकड़ से कम और प्रायः

दो एकड़ से भी कम जमीन पर खेती करते हैं, जिनका भारत में खेती करनेवालों में विशाल बहुमत है।

खेती की उपज का मूल्य निर्धारित करने में खेती की लागत के साथ-साथ इस पर विचार करना होगा कि आम किसान जो औसतन दो-ढाई एकड़ जमीन पर खेती करता है अपनी जमीन की उपज से अपना और अपने परिवार का भरण-पोषण कर सके। छोटी जोत पर पैदा वस्तुओं की कीमत उस पर निर्भर किसानों की आजीविका की जरूरतों को देखते हुए बड़ी जोतों की तुलना में कई गुणा अधिक रखने की जरूरत हो सकती है। एक उदाहरण से बात साफ हो जाएगी। एक किसान जो दो एकड़ जमीन पर खेती करता है और 20 क्विंटल प्रति एकड़ के हिसाब से अनाज पैदा करता है, उसकी उपज 40 क्विंटल होगी। अगर प्रति एकड़ उपज बराबर हो तो दो सौ एकड़ जमीन पर खेती करनेवाले काश्तकार की उपज सौ गुणा अधिक यानी चार हजार क्विंटल होगी। यह सहज की देखा जा सकत है कि चार हजार क्विंटल पैदा करनेवाले काश्तकार को अगर अनाज की कीमत प्रति क्विंटल के हिसाब से बहुत कम भी दी जाए, तो खेती का खर्च निकालकर भी वह बड़े आराम की जिन्दगी बिता सकता है। इसके विपरीत दो एकड़ पर खेती करनेवाले किसान के लिए खर्च का बोझ उठाना सम्भव ही तब होगा जब उसे अनाज की काफी ऊँची कीमत मिले।

भारत और अमेरिका तथा यूरोप के कई देशों में खेती करनेवाले किसानों की जोत के आकार का अनुपात कुछ इसी तरह का है। उन देशों में औसत जोतों के आकार भारत से सौ गुना या और अधिक है क्योंकि उपलब्ध जमीन के हिसाब से बहुत थोड़े लोग प्राय: तीन से दस प्रतिशत के भीतर खेती में लगे हैं। सम्पन्न औद्योगिक देशों में जापान अकेला है, इसलिए जापान की सरकार अन्तर्राष्ट्रीय कीमत से प्रति इकाई कई गुणा अधिक कीमत चावल पैदा करनेवाले अपने किसानों को उपलब्ध कराती रही है। तर्क सीधा है—खाद्य में आत्मनिर्भरता के लिए किसानों को देश के जीवन स्तर के हिसाब से एक न्यूनतम आधार प्रदान करना जरूरी था। इसलिए जापान अपने देश के अन्न बाजार को अन्तर्राष्ट्रीय प्रतिस्पर्धा के लिए खोलने की नीति का यथासम्भव विरोध करता रहा है। अगर उसने पिछले दिनों इसमें थोड़ी ढील बरती है तो इसलिए कि इसकी औद्योगिक व्यवस्था पूरी तरह अन्तर्राष्ट्रीय व्यापार पर निर्भर है। इस व्यापार के लिए बाहारी दरवाजा खुला रखने के लिए कृषि उत्पादों के क्षेत्र में थोड़ी रियायत देना इसकी मजबूरी रही है। इसलिए भारत को भी अपने बहुसंख्य किसानों को मानवीय जीवन प्रदान करने के लिए कृषिजन्य वस्तुओं के क्षेत्र में 'आजीविका मूल्य' की नीति अपनानी होगी यानी मूल्य ऐसे हों कि छोटी जोत वाले किसान भी अपना जीवन बसर कर सकें। ऐसे मूल्य ऊँचे होंगे ही।

यह एक विडम्बनापूर्ण स्थिति है कि हमारे किसान अपनी भूमि से समग्रता में अधिक उपज लेते हैं बनिस्बत उन औद्योगिक देशों के, जिनकी खेती अधुनातन प्रविधियों से युक्त मानी जाती है। यह बात जो अन्तर्राष्ट्रीय व्यापार में कृषि उत्पादों की कीमतों पर सरसरी निगाह डालने से ही दिखाई दे जाती है। अगर ऐसा नहीं होता तो अमेरिका के बड़े फार्मों की उपज के हिसाब से हमारे किसानों की उपज की कीमत कई गुना अधिक होती क्योंकि उनके फार्मों का आकार हमारे किसानों की जोतों से सैकड़ों गुना अधिक होता है। उलटा अमेरिकी कृषि उत्पाद विश्व व्यापार में इसलिए टिक पाते हैं क्योंकि उन्हें अरबों डॉलर का अनुदान दिया जाता है। यह एक अचरज में डालनेवाली बात लगेगी, इसलिए इसके स्वरूप को समझने की जरूरत है।

अमेरिकी पर्यावरण अध्येता जेरेमी रिफ्किन ने अपनी बहुचर्चित पुस्तक 'इंट्रोपी' में एक छोटे पारम्परिक किसान और अधुनातन तकनीक पर आधारित बड़े फार्मों की लागत और उपज का ब्यौरा यों दिया है।

"एक साधारण किसान आम तौर से एक कैलोरी ऊर्जा खर्च कर दस कैलोरी ऊर्जा पाता है। अब यह भी सच्चाई है कि आयोवा का एक फार्मर एक कैलोरी मानव श्रम खर्च कर 6,000 कैलोरी पैदा कर सकता है, लेकिन ऊपर से दिखनेवाली यह कुशलता एक बड़ा भ्रम साबित होती है जब इस प्रक्रिया में खर्च किए गए बाकी सभी ऊर्जा का शुमार किया जाता है। एक डिब्बे के सिर्फ 270 कैलोरी वाले अनाज को पैदा करने में वह किसान 2,790 कैलोरी खर्च करता है जिसका बड़ा हिस्सा फार्म की मशीनरी को चालू रखने और संश्लिष्ट उर्वरकों और कीटनाशकों को बनाने में जाती है, जिसका प्रयोग फार्म में होता है। इस तरह अमेरिकी किसान एक कैलोरी ऊर्जा उत्पादित करने के लिए दस कैलोरी तक ऊर्जा खर्च करता है।"

अमेरिकी फार्मों के खर्चे और पैदावार का पूरा ब्यौरा यही बतलाता है कि तथाकथित अति आधुनिक फार्म कुल मिलाकर ऋणात्मक उपज देते हैं यानी उन पर जितनी लागत आती है उतनी उपज से वापस नहीं आती। जब हम इस हकीकत पर विचार करते हैं तो यह बात समझ में आती है कि फार्मों के बड़े आकार के लाभ से ही जहाँ अमेरिकी कृषि उत्पाद सस्ता उपज दे सकते थे, वे क्यों दुनिया के छोटे किसान उत्पादकों से भी खुली प्रतिस्पर्धा में मुकाबला नहीं कर पाते और उन्हें भारी सब्सिडी (अनुदान) की जरूरत होती है। इससे एक और बात निकलती है। यंत्रों और संश्लिष्ट रसायनों पर आधारित खेती में जमीन की अपनी उपज देने की क्षमता गौण हो जाती है या घटती है। इस तरह एक ऐसी स्थिति आ जाती है जहाँ किसी दूसरे कारखाने की तरह कृषि से उतना ही उत्पाद प्राप्त होता है जितना इसमें लगाया जाता है या जैसेकि ऊपर के उदाहरण से मालूम होता है, उतना भी नहीं प्राप्त होता जितना कि लगाया गया होता है, लेकिन अपने विशाल पैमाने के चलते

ये बड़े उत्पादक व्यापारिक प्रतिस्पर्धा में छोटे उत्पादकों को दबा देते हैं और इससे छोटे उत्पादक धीरे-धीरे मैदान से बाहर हो जाते हैं।

दरअसल, अमेरिकी खेती बड़े औद्योगिक फार्म का स्वरूप ले चुकी है और जेरेमी रिफ्किन के अनुसार, अमेरिका की खेती का बड़ा हिस्सा 'ऐग्रोबिजिनेस कॉरपोरेशनों' के हाथ आ गया है। इनमें 29 कॉरपोरेशनों का अमेरिका के 21 प्रतिशत भूमि पर नियंत्रण है। हमारे देश में भी आधुनिक कृषि तकनीक और उदारीकृत व्यवस्था के हिमायती कुछ उत्साही लोग इस बात की वकालत कर रहे हैं कि देश से भू-हदबन्दी कानूनों को खत्म कर देना चाहिए ताकि औद्योगिक प्रतिष्ठान के लोग कृषि क्षेत्र को आधुनिक बना सकें। ये लोग आधुनिकता की चकाचौंध में इतने अन्धे हो चुके हैं कि अमेरिका जैसे देशों की असलियत को देख नहीं पाते। इन्हें यह भी नहीं दिखाई देता कि इस तरह की नीति से धीरे-धीरे करोड़ों किसान खेती-बाड़ी छोड़ बेरोजगारों की फौज में दाखिल हो जाएँगे। अमेरिका जैसे देशों में बृहत् पैमाने के औद्योगिक प्रसार के काल में यह सम्भव था कि खेती छोड़कर आए करोड़ों लोगों को उद्योग, व्यापार या दूसरे सेवाओं में अँटाया जा सके, लेकिन भारत जैसे देश में जहाँ लोग पहले से ही बेरोजगारी से पामाल हैं, इस तरह की नीति के क्या अनर्थकारी प्रभाव हो सकते हैं, हम इसकी कल्पना भी नहीं कर सकते।

पश्चिमी देशों की अर्थव्यवस्था में कृषि उत्पादों की स्थिति कितनी बदल गई है, इसके प्रति लोगों के नजरिया के परिवर्तन में देखा जा सकता है। अठारहवीं शताब्दी के अर्थशास्त्रियों का एक समूह जिन्हें 'फिजियोक्रैट' कहा जाता था, कृषि को ही मूल्य पैदा करनेवाला एकमात्र क्षेत्र मानते थे जहाँ लागत से अधिक उत्पादन होता था। इसी कारण उनकी दृष्टि में यही एक क्षेत्र था जिस पर किसी कर का औचित्य था। यह सिद्धान्त अर्थशास्त्रियों के बीच विवाद का मुद्दा था और अधिकांश अर्थशास्त्रियों की इससे असहमति थी। लेकिन उस समय जो बात लोगों की निगाह में सहज ही आती थी, वह यह कि खेती में लगी पूँजी और श्रम से लागत से अधिक उत्पादन होता था। यही लोगों की दृष्टि में तथाकथित 'रेंट' का आधार था। अब यह स्थिति बिलकुल बदल गई है जो ऊपर उद्धृत पंक्तियों से ज्ञात होती है। आज इन देशों में कृषि उत्पादों को कई चरणों में औद्योगिक उत्पादों में बदलकर ही सम्बन्धित मूल्य प्राप्त किया जा सकता है और शायद इसी आधार पर वहाँ की कृषि व्यवस्था खड़ी है। बाकी के लिए इसे अनुदान का सहारा ढूँढ़ना होता है। दरअसल, कृषि के सामने यह समस्या इसलिए खड़ी हुई है क्योंकि मानव समाज के सम्बन्धों को शुद्ध रूप से व्यापारिक सम्बन्धों में तब्दील कर दिया गया है। यह पूँजीवाद की देन है। इसलिए भारत के लाखों गाँवों और वहाँ खेती में लगे करोड़ों किसानों और मजदूरों को मानवीय जीवन प्रदान करने के लिए देश को अन्तर्राष्ट्रीय व्यापार के व्यूह से बाहर करना होगा।

इसके लिए न सिर्फ पूँजीवादी विकास के आदर्श का परित्याग करना पड़ेगा बल्कि समाजवादी आन्दोलन के एक हिस्से में प्रचलित इस विचार का भी परित्याग करना होगा कि समाजवाद का भविष्य केन्द्रीकृत औद्योगिक विकास के साथ जुड़ा है। मार्क्सवादी विचारधारा में यह मान्यता थी कि पूँजीवादी औद्योगीकरण की प्रक्रिया में अन्ततः दो ही वर्ग आमने-सामने रह जाएँगे—पूँजीपति और सर्वहारा। बाकी वर्ग धीरे-धीरे मिट जाएँगे। मार्क्स ने वैसे तो किसानों को 'प्रतिक्रियावादी वर्ग' नहीं कहा था, लेकिन इसकी स्थिति को 'विभाजित' और 'दुविधापूर्ण' कहा था। इस अर्थ में कि भूमि और काम के औजार का मालिक हेने से यह स्वामी की भूमिका भी निभाता है, लेकिन स्वयं ही श्रमिक भी है जो अपने औजारों से भूमि पर मजदूरी करता है। साथ ही, सीमित अर्थ में ही सही सम्पत्ति का अधिकारी होने के नाते निजी सम्पत्ति को समाप्त करने के प्रति इसमें कोई उत्साह नहीं होता जिसे समाजवादी समाज के लिए अनिवार्य माना गया था।

ज्ञातव्य है कि कम्युनिस्ट घोषणा पत्र में सर्वोच्च उद्‌देश्य निजी सम्पत्ति को समाप्त करना माना गया था। इसलिए न तो किसानों को क्रान्ति का अगुआ माना गया था और न भविष्य के समाज में एक वर्ग के रूप में इसकी स्थाई उपस्थिति को कबूल किया गया था। यह अलग बात है कि संक्रमण काल में किसानों को कई तरह के शोषण से राहत देने का वादा किया गया था, लेकिन मार्क्स के प्रभाव में चलनेवाले समाजवादी आन्दोलन में सैद्धान्तिक रूप में किसानों के प्रति नकारात्मक रुख अख्तियार करने का सबसे बड़ा कारण यह था कि मार्क्स की इतिहास दृष्टि में किसान एक मरणोन्मुख के क्रम में जब भी किसानों की शक्ति में उभार आता था, मार्क्सवादी इसे संशय की दृष्टि से देखते थे। उनके अनुसार, मरणासन्न वर्ग को जीवित रखना दरअसल, उसकी पीड़ाओं को बढ़ाना था।

जब मार्क्सवाद में आस्था रखनेवाले बोल्शेविक रूस की 1917 की क्रान्ति का नेतृत्व करने लगे तो वहाँ की विशेष स्थिति में, जहाँ किसान बहुसंख्यक थे, उन्होंने इसकी भूमिका के महत्त्व को कबूल किया और उनके समर्थन के बल पर क्रान्ति के बाद सत्ता को अपने हाथ में रख सके, लेकिन अपने किसान विरोधी सैद्धान्तिक पूर्वग्रह के कारण सत्ता में स्थायित्व आने पर 1928 के बाद से उन्होंने किसानों के खिलाफ अभियान शुरू किया। इस प्रक्रिया में करोड़ों किसान विस्थापन और अकाल से मारे गए। इसके बाद कृषि की पैदावार के बड़े हिस्से को बलपूर्वक नगरों की जरूरतों और औद्योगिक विकास के काम में लगाया गया। किसान एक तरह से राज्य के भूदास बन गए, जिन पर विशाल केन्द्रीकृत नौकरशाही हावी हो गई।

कुछ ऐसा ही चीन में भी हुआ। वहाँ तो कम्युनिस्ट पार्टी के नेतृत्व में जो क्रान्ति 1929-48 में चली, उसका आधार किसान ही थे, लेकिन सत्ता में आने के बाद कई चरणों में वहाँ भी किसानों को जमीन पर से अधिकार गँवाना पड़ा और सारी

जमीन को अलग-अलग क्षेत्रों के विशाल कम्यूनों के नियंत्रण में डाल दिया गया जिन पर केन्द्रीय कम्युनिस्ट शासन का नियंत्रण था। शासन की तेज विकास की नीतियों के चलते वहाँ भी करोड़ों लोगों को अकाल में जान गँवानी पड़ी। किसानों के उत्पीड़न से चीन में भी एक औद्योगिक समाज की नींव पड़ी।

अब रूस और चीन, दोनों में तथाकथित समाजवादी व्यवस्थाएँ ध्वस्त हो चुकी हैं और उन्मुक्त व्यापार के दर्शन के तले व्यवस्था चलाई जा रही है। चीन में तो विश्व पूँजीवाद से जुड़ने के बाद से संसार की बहुराष्ट्रीय कम्पनियों के भारी निवेश से उद्योगों का तेज विकास हुआ है और पूर्वी और दक्षिण तटीय प्रदेश, जहाँ साम्राज्यवादियों ने पहले से ही कुछ मूल संरचनाओं का आधार रखा था, विकसित औद्योगिक देश होने का भ्रम उपस्थित करते हैं, लेकिन भीतरी और ग्रामीण क्षेत्रों में भारी उथल-पुथल है और किसानों की स्थिति दयनीय होती जा रही है। अन्दाजा लगाया जाता है कि लगभग पन्द्रह करोड़ किसान खेती छोड़ काम की तलाश में नगरों में वैस ही पलायन कर रहे हैं जैसा हमारे देश में हो रहा है।

अगर हम किसानों की दशा पर विचार करेंगे तो पाएँगे कि नव प्रस्तर युग के बाद से, जब से संसार के बड़े भाग में कृषि को जीवन का आधार बनाया गया, उन थोड़े अंचलों को छोड़ जहाँ कबीलों की विकेन्द्रित सत्ता थी और लोग पारिवारिक श्रम से कबीलों द्वारा निर्धारित भूमि पर स्वतंत्र रूप से खेती-बाड़ी करते थे, उन्हें सदा केन्द्रित शासनों के चलते शोषण और प्रताड़ना का जीवन जीना पड़ा है। मिस्त्र में वहाँ के सम्राट (फारोहा) सारी जमीन के मालिक हुआ कते थे और एक विशाल नौकरशाही फसल लगी जमीन की पैमाइश कर किसानों के जीने लायक फसल छोड़ बाकी सब सरकारी कर के रूप में उठा ले जाती थी। चीन में भी कुछ इसी तरह की विशाल केन्द्रित व्यवस्था थी जिसमें सरकारी अफसर (मन्दारिनो) के अलावा बिचौलिए सामन्त किसानों पर अपनी शान-शौकत का बोझ डालते रहते थे। जब स्थिति असह्य हो जाती थी तो किसान जब-तब बगावत करते रहते थे, जिससे कभी-कभी शसन का तख्ता भी पलट जाता था और दूसरा शासक आ जाता था, लेकिन केन्द्रित शासन और किसानों के शोषण का अन्त नहीं हुआ। रोम के साम्राज्य में जैसे-जैसे केन्द्रीय शासन की ताकत बढ़ी और दुनिया में उनका वर्चस्व बढ़ा, स्वतंत्र खेती वाले किसानों की जगह बाहर से लाए गए गुलामों के बल पर विशाल फार्म (लातिफुंडिया) अस्तित्व में आ गए और स्वतंत्र किसान हाशिये पर डाल दिए गए। जब वहाँ गुलामी व्यवस्था खत्म हुई तो बाहरी आक्रमणों का सिलसिला जारी हुआ। साम्राज्य के खात्मा और अल्पकालिक फ्रांस राजाओं साम्राज्य के काल में कुछ समय के लिए किसानों को थोड़ी राहत मिली, लेकिन फिर उनके ऊपर सशस्त्र लुटेरे गिरोह ने जबरिया अपनी मातहती लाद दी जिससे यूरोप में सामन्ती व्यवस्था आई और इसके विरुद्ध किसानों का विद्रोह शुरू हुआ। इसी की कड़ी में फ्रांस की

क्रान्ति थी जब से नवोदित पूँजीपति वर्ग का वर्चस्व कायम होने लगा। इसने तरह-तरह के उपायों से किसानों को उनकी भूमि से विस्थापित कर उन्हें कारखानों में काम करने को मजबूर किया। खाली पड़ी भूमि को धीरे-धीरे बड़े पूँजीवादी फार्मों में तब्दील किया जाने लगा, जो प्रक्रिया अब भी जारी है। तमाम गैर पूँजीवादी देशों में भी जहाँ पूँजीवाद ने अपने पाँव फैलाना शुरू किया है, कभी प्रतिस्पर्धा के चलते और कभी सरकारी भेदभाव की नीतियों के चलते छोटे किसानों को पूँजीवादी व्यवस्था पर निर्भर बना उनका शोषण किया जा रहा है।

यह लगभग एक नियम है कि जहाँ जितना ही विशाल केन्द्रित शासन का ढाँचा होता है, किसानों का शोषण भी उतना ही अधिक होता है क्योंकि शासनतंत्र की तमाम नौकरशाही और फौज के खर्च का बोझ अन्ततः किसानों पर ही लादा जाता है। पारम्परिक समाज में चूँकि कृषि ही उत्पादन और लाभ का सबसे प्रधान स्रोत थी यह बोझ मुख्य रूप से इसी पर था। प्राचीन भारत में कुछ छोटे कालखंडों को छोड़ बाकी समय में केन्द्रित शासन नहीं रहा है, अतः कमोबेश किसान अधिक स्वतंत्र थे। मुगल शासन के समय जो सूबेदार थे उनकी स्थिति कुछ सामन्तों जैसी थी, लेकिन उनका नियंत्रण भी किसानों पर उस तरह का नहीं था जैसा यूरोपीय फ्यूडल लार्डों का सर्फों पर होता था। इसी से कृषि और ग्रामीण उद्यम अधिक स्वतंत्र रूप से विकसित हो सकते थे। अंग्रेजों के आने से यह स्थिति बदली। पहले तो उन्होंने लगान वसूली को अधिक शोषक और सख्त बनाया और देश के बड़े हिस्से पर जमींदारों का एक वर्ग खड़ा कर दिया जो किसानों के घोर शोषण का औजार बन गया। दूसरे चरण में पूँजीवादी उद्योगों के विकास के लिए किसानों का तरह-तरह से उत्पीड़न होने लगा। भूमंडलीकरण के दौर में हम उत्पीड़न के सबसे कठोर काल में प्रवेश कर रहे हैं, जिसके उत्पीड़न के स्वरूप का वर्णन प्रारम्भ में किया गया है।

किसानों की स्थायी खुशहाली के लिए एक विकेन्द्रित और समतामूलक समाज का निर्माण जरूरी है। यह एक ऐसा समाज होगा जहाँ छोटे जोतों पर आधारित पारिवारिक श्रम से चलनेवाली कृषि व्यवस्था होगी। गाँव सामाजिक संरचना का आधार होगा। छोटे उद्योगों का जाल होगा जो या तो पारिवारिक श्रम से या जहाँ आवश्यक हो इसमें काम करनेवाले लोगों के सहयोगी श्रम से चलाए जाएँगे सिर्फ उन क्षेत्रों में कुछ बड़े उद्योगो का अस्तित्व रहेगा जहाँ छोटे उद्योग कारगर नहीं हो सकते। ऐसे उद्योग थोड़े होंगे और इन पर सामाजिक स्वामित्व होगा और इसमें काम करनेवाले श्रमिकों का नियंत्रण होगा।

सिर्फ ऐसी ही व्यवस्था में यह मूलभूत नीति चलाई जा सकती है कि रोजगार के अवसर वहाँ पैदा किए जाएँ जहाँ लोग रहते हैं। आज चूँकि मूलभूत संरचनाओं और उद्योगों का विकास कुछ बड़े औद्योगिक और नगरीय क्षेत्रों में होता है, दूर-दराज से घनी आबादी वाले इलाकों से जहाँ बेरोजगारी होती है लोगों को रोजगार की तलाश

में इन केन्द्रों पर आना पड़ता है। इससे न सिर्फ यातायात पर भारी दबाव पड़ता है बल्कि नगरों और महानगरों में भी बढ़ती भीड़ से घोर आवासीय समस्याएँ पैदा होती हैं और पर्यावरण का संकट जैसे वायु प्रदूषण, पेय जल का अभाव और तरह-तरह की बीमारियों का प्रकोप होता है। गाँवों में छोटे उद्योगों के विकास से छोटी जोत वाले उन किसानों के लिए जिनकी जोतें इतनी छोटी हैं कि आजीविका के लिए अपर्याप्त हो यह सम्भव होगा कि खेती से अवकाश के समय घरेलू उद्योगों में काम कर अपनी आय का अतिरिक्त साधन पा लें। ऐसे छोटे उद्योग और कृषि के जरिये ही हम आज देश के उन दसों करोड़ लोगों को रोजगार और आजीविका का साधन प्रदान कर सकते हैं जो आज केन्द्रित उद्योगों के चलते सिकुड़ते रोजगार के अवसर से दर-दर मारे-मारे फिर रहे हैं। ऐसी ही विकेन्द्रित व्यवस्था में वैसी तानाशाही की सम्भावना को भी निरस्त किया जा सकता है जिसके कारण पिछले दिनों समाजवादी विचारधारा ही बदनाम हो गई थी। आज देश के सामने और देश के करोड़ों ग्रामीण मजदूरों और किसानों के सामने ऐसी ही व्यवस्था स्थापित करने की चुनौती है।

(अप्रैल, 2004)

नई व्यवस्था में किसान

1 जुलाई को साढ़े सैंतीस सौ करोड़ रुपए के भारी-भरकम पैकेज के साथ प्रधानमंत्री मनमोहन सिंह की विदर्भ यात्रा की सुर्खियों में होने से वर्तमान बाजार व्यवस्था से किसानों की स्थिति में जो त्रासद उलट-फेर आया है, वह आँखों से ओझल हो गया। मनमोहन सिंह के इस पैकेज में सात सौ बारह करोड़ रुपए की कर्ज माफी की रकम और बारह सौ पचहत्तर करोड़ रुपए के नए कर्ज का प्रावधान भी शामिल था। इस कवायद से किसानों की स्थिति में महज इतना फर्क आया है कि छोटे महाजनों के कर्ज के बोझ से आत्मह३.त्या कर रहे किसानों को ऊपर के सुपर-महाजन ने राहत के तौर पर कुछ अग्रिम नए कर्जों की व्यवस्था कर दी है। इसमें आत्महत्या कर चुके किसान परिवारों या आत्महत्या की कगार पर पहुँच चुके किसानों को सात सौ बारह करोड़ रुपए के सूद की छूट भी शामिल है।

इसमें जो असल त्रासदी है, वह यह कि जो किसान कभी समाज में दाता की भूमिका में थे, इस नई व्यवस्था में भिखारी बना दिए गए हैं। यह विडम्बना ही है कि इस व्यवस्था के प्रवक्ता अर्थशास्त्री मनमोहन सिंह प्रधानमंत्री के रूप में दुनिया के सामने इस त्रासदी को उजागर करते दिखे। विदर्भ और सबसे अधिक गरीब इसके छह जिलों पर ध्यान केन्द्रित होने से इस बात की ओर से लोगों का ध्यान हट गया कि किसानों की दुर्दशा सिर्फ विदर्भ के किसानों तक सीमित नहीं है, बल्कि अलग-अलग रूप में देश के सभी भागों में व्याप्त है।

उन्मुक्त बाजार व्यवस्था में सशक्त कॉरपोरेट जगत के मुकाबले बिखरे तमाम असंगठित क्षेत्रों के लोगों की स्थिति असहाय बनती जा रही है। सारे देश के किसान बदहाली में हैं। सिर्फ वहीं के नहीं, जहाँ वे आत्महत्या कर रहे हैं। प्राय: जब किसान खेती के खर्च का बोझ नहीं सँभाल सकते तो जमीन गिरवी रखते हैं या बेच कर खर्च चलाते हैं या खेती के खर्च के लिए लिये गए ऋण का भुगतान करते हैं। जब इसकी भी गुंजाइश नहीं होती तो आत्महत्या का आखिरी रास्ता अपनाते हैं। इस प्रक्रिया में बड़े या मध्यम किसान धीरे-धीरे सीमान्त किसान बन जाते हैं और फिर अन्त में भूमिहीन मजदूर। गाँवों में रोजगार की वैकल्पिक सम्भावना के अभाव में फिर ये नगरों की ओर पलायन करते हैं।

इस तरह नगरों-महानगरों के पायदान पर गाँव से आई गरीबी की एक दुनिया झोपड़पट्टियों और झुग्गियों में पसर जाती है। इस तरह गाँव में आत्महत्या के लिए मजदूर होनेवाले किसानों और नगरों में पसरती-उजड़ती झोपड़पट्टियों के बीच एक निरन्तरता है। आत्महत्या करनेवाले किसानों की अपनी जिन्दगी भले ही खत्म हो जाती हो, उनके परिवार वालों की जिन्दगी खत्म नहीं होती और नगरों के फुटपाथों पर उनके जीवन का नया अवतार होता है। दरअसल, भारी शोर-शराबे के बीच यह हकीकत छिप जाती है कि इस तरह की आत्महत्याएँ और इनके इर्द-गिर्द होनेवाले सरकारी कर्मकांड व्यवस्था को कायम रखने में 'सेफ्टी वॉल्व' का काम करते हैं।

वैसे तो उन्मुक्त बाजार व्यवस्था के पैरोकार देश के कॉरपोरेट सेक्टर और उसके नियंत्रण में चलनेवाले मीडिया और अर्थशास्त्री होते हैं, लेकिन जो एकमात्र क्षेत्र जहाँ व्यवहार में उन्मुक्त बाजार की पकड़ शत-प्रतिशत होती है, वह देश का कृषि क्षेत्र ही है। यही क्षेत्र है, जहाँ दूसरे उत्पादकों की स्थिति और राष्ट्रीय और अन्तर्राष्ट्रीय बाजार की स्थिति से अनभिज्ञ किसान अपना उत्पाद लेकर बाजार में उपस्थित होते हैं और बाजार के माँग और आपूर्ति के नियम के अनुसार अपने उत्पादों को बेचने को विवश होते हैं।

जब फसल तैयार होती है, उस समय खरीद को नियंत्रित कर व्यापारी किसानों को औने-पौने दाम पर अपने उत्पाद बेचने को मजबूर करते हैं। जब उत्पाद किसानों के हाथ से निकल व्यापारियों के हाथ में पहुँच जाता है, तब वे मनमानी कीमत पर इसे बेचते हैं। समाजवादी नेता राममनोहर लोहिया ने इस प्रक्रिया को 'दामों की लूट' का नाम दिया था। सरकार द्वारा जो तथाकथित समर्थन मूल्य निर्धारित किया जाता है, वह भी किसानों की कमजोर स्थिति को देखते हुए न्यूनतम होता है।

सच तो यह है कि पंजाब जैसे कुछ राज्यों को छोड़ इस मूल्य पर भी खरीद की कोई व्यवस्था नहीं हों, जिसमें दूर-दराज के गाँवों में फैले किसानों से फसल आने के तुरन्त बाद फसल खरीदी जाती हो। यहाँ गाँव के छोटे व्यापारी सरकार निर्धारित मूल्य से काफी कम कीमत पर किसानों की फसल खरीदते हैं। प्राय: किसानों को मिलनेवाला मूल्य इतना कम होता है कि खेती पर खर्च की गई रकम भी नहीं निकल पाती। यहीं से किसानों की कर्जदारी का सिलसिला शुरू होता है। यह विचारणीय है कि जहाँ सरकार द्वारा गेहूँ का समर्थन मूल्य साढ़े छह सौ रुपए के करीब घोषित था, विदेशों से सरकार ग्यारह सौ रुपए प्रति क्विंटल गेहूँ खरीद रही है। खेती में आवश्यक सुधार के लिए जैसी पूँजी लगाने की जरूरत होती है वह तो दूर, किसानों को तो आजीविका चलाने के लायक भी आमद नहीं होती।

गाँव के किसानों के प्रति बैंकों का रुख भी पारम्परिक ग्रामीण सूदखोरों से बहुत अलग नहीं होता। जो ऋण दिया जाता है, उसमें उन्हें बार-बार दौड़ा कर बैंक कर्मचारियों द्वारा कुछ निजी कमीशन काटकर ही भुगतान किया जाता है। यही कारण है कि किसान बैंकों की बजाय दस गुना ब्याज दर पर पारम्परिक महाजनों से ऋण लेना पसन्द करते हैं। साल-दर-साल तो घाटा ही होता है, फिर किसानों

को कर्ज के बोझ से निकलने का मौका ही कहाँ मिलता है? किसानों को सरकारी अनुदान या अनुकम्पा की जरूरत नहीं है। उन्हें ऐसी न्यायपूर्ण व्यवस्था की जरूरत है, जिसमें वे कर्ज से मुक्त रह सकें। इसके लिए उन्हें अपने उत्पाद का उचित मूल्य निर्धारित कर सकने की संस्थागत व्यवस्था की जरूरत है। अभी तो यह स्थिति है कि सरकार द्वारा 'समर्थन मूल्य' निर्धारण में न तो किसानों का कोई हाथ होता है, न वैसे अर्थशास्त्रियों का, जिनको किसानों के प्रति कोई सहानुभति हो। इनमें अधिकतर मनमोहन सिंह के उदारीकरण के स्कूल के ही स्नातक होते हैं।

इस स्थिति को समझने के लिए इसकी तुलना हम किसी भी दूसरे औद्योगिक उत्पादन के कीमत-निर्धारण से कर सकते हैं। अगर हम किसी दुकान में कपड़ा या साबुन खरीदने जाते हैं तो वहाँ बाजार के नियम के हिसाब से मोल-तोल नहीं करते। दुकानदार वस्तु की पूर्व-निर्धारित कीमत बताता है, जिसमें लागत, खर्च, मुनाफा और प्राय: उस पर लगा टैक्स आदि सब कुछ शामिल होता है। यह ठीक है कि बाजार का नियम वहाँ भी दूसरे स्तर पर उद्योगों के आपसी स्पर्धा से लागू होता है। दरअसल, यहाँ भी बाजार की स्पर्धा का नियम शुद्ध रूप से लागू नहीं होता। बड़े 'मोनोपॉली' या 'ओलीगोपॉली' (इजारेदारियों के विविध रूप) से ही कीमतें निर्धारित होती हैं।

जहाँ एडमिनिस्टर्ड कीमतें होती हैं, सरकार अपनी सुविधा या नीति के तहत कीमतें तय करती हैं। सिर्फ किसान, जो अपनी विशाल संख्या के हिसाब से लोकतांत्रिक व्यवस्था की नियामक शक्ति माने जाते हैं, अपने उत्पाद और अपने जीवन की सम्भावनाओं पर किसी भी तरह का नियंत्रण रखने का अधिकारी नहीं है। जिस समय मनमोहन सिंह मीडिया की सुर्खियों के बीच विदर्भ का भ्रमण कर रहे थे, लगभग उसी समय भारत के वाणिज्य मंत्री कमलनाथ मुँह फुलाए विश्व बाजार संगठन की बैठक छोड़कर घर लौट आए। काफी देर से उन्हें यह अनुभव हुआ कि विश्व व्यापार संगठन में सम्पन्न देशों को भारत के किसानों के हितों की चिन्ता नहीं है। क्या सचमुच यह एहसास कमलनाथ को अब हो रहा है?

यह आश्चर्य है कि हमारे राजनेताओं और अर्थशास्त्रियों को जानकारी नहीं है कि विश्व व्यापार संगठन दुनिया के गरीब मुल्कों और उनके आम लोगों की जिन्दगी सुधारने के लिए नहीं खड़ा किया गया है, बल्कि इसका मकसद दुनिया के दूर-दराज इलाकों के संसाधनों और बाजार को वैश्विक—मूलत: औद्योगिक दृष्टि से अधिक विकसित पूँजी की पहुँच में लाना है। इसकी रणनीति का सबसे महत्त्वपूर्ण पहलू है, पिछड़ी अर्थव्यवस्थाओं के नवोदित पूँजीपति वर्ग को सीमित रूप से अपने बाजार में प्रवेश देकर उनके देशों को अपने देश के विशाल पूँजीवादी प्रतिष्ठानों के लिए पूरी तरह खोल देना। चूँकि पूँजीवादी व्यवस्था में मुनाफे का सीधा सम्बन्ध उत्पादित वस्तुओं की मात्रा से है (जितनी ही अधिक वस्तुओं की बिक्री होगी उतना ही अधिक मुनाफा होगा), उत्पादों का ज्यादा-से-ज्यादा विस्तार जरूरी है।

पारम्परिक समाजों में उपभोग की वस्तुओं का दायरा सीमित था। मूलत: जीवन के लिए जरूरी आवश्यकताओं की पूर्ति तक। इसलिए औद्योगिक देशों के नए प्रतिष्ठान जब पारम्परिक समाजों में प्रवेश करते हैं तो पहले से उपलब्ध बाजार तक, यानी उपयोग में आनेवाली वस्तुओं के बाजार तक सीमित नहीं रहते, बल्कि हर रोज नए उपभोग की वस्तुएँ ईजाद कर इनका प्रसार करते हैं। इस तरह के नए उत्पादों का बाजार इच्छा के अनुसार फैलाया जा सकता है। ऐसे ही नए उत्पादों के लिए बाजार खोलने के लिए विश्व व्यापार संगठन के दबाव में भारत में एकमुश्त लगभग पन्द्रह सौ वस्तुओं के प्रवेश के लिए दरवाजा खोल दिया गया था—ऐसी वस्तुओं के आयात के लिए, जिनके प्रवेश पर पहले रोक थी। इनमें ज्यादातर ऐसी वस्तुएँ थीं जिनका आम भारतीय इस्तेमाल नहीं करते। उम्मीद की जाती है कि एक बार प्रवेश पा लेने पर इनका प्रचलन स्वयं हो जाएगा।

इसके अलावा भारी सब्सिडी पर आधारित औद्योगिक देशों के कृषि उत्पादों को पारम्परिक कृषि आधारित देशों पर थोपने की कोशिश होती है जिससे किसानों को अपनी उपज का उचित मूल्य नहीं मिल पाता। भारत का किसान सन्तोषप्रद जीवन अपनी उपज के आधार पर जी सकता है कि नहीं, यह उसके उत्पादों की कीमत से जुड़ा है, जो बाहरी आयात से प्रभावित होती है। भारत के कृषि उत्पादों का दूसरे देशों में निर्यात अन्तर्राष्ट्रीय कीमत पर निर्भर करता है जो सब्सिडी से निर्धारित नीची कीमत से गम्भीर रूप से प्रभावित होता है।

यह प्रश्न उठता है कि सम्पन्न औद्योगिक देश—जैसे अमेरिका और फ्रांस—कृषि पर से सब्सिडी हटाने को राजी क्यों नहीं होते? इस सब्सिडी को हटाने की एवज में तो उन्हें बाकी वस्तुओं के खुले बाजार से इतना मुनाफा होगा कि कृषि उत्पादों की बिक्री के मामूली मुनाफे को वे छोड़ भी सकते हैं, लेकिन हकीकत यह है कि अगर विकसित औद्योगिक देश अपने किसानों को उत्पादन के लिए भारी सब्सिडी न दें तो उनकी कृषि व्यवस्था ठप्प हो जाएगी।

दरअसल, ऊर्जा स्रोतों जैसे तेल की महँगाई से भारी मशीनों पर आधारित खेती दिनोंदिन इतनी महँगी होती जा रही है कि किसानों की पारम्परिक खेती के मुकाबले वह टिक नहीं सकती। यही कारण है कि सभी तथाकथित विकासशील देशों के दबाव के बावजूद वे उत्पादन में कृषि सब्सिडी खत्म करने के लिए तैयार नहीं हैं। ऐसा करने से उनके अधिकतर बड़े फार्म उत्पादन बन्द कर देंगे।

मनमोहन सिंह की कठिनाई यह है कि खेती के घाटे और कर्ज के बोझ से आत्महत्या कर रहे किसानों को वे राहत में आर्थिक पैकेज तो दे सकते हैं, लेकिन ऐसी अर्थव्यवस्था नहीं बनने दे सकते हैं, जिसमें खुशहाल किसान आत्मनिर्भर व्यवस्था की ओर बढ़ कर उदारीकृत वैश्विक व्यवस्था के लिए समस्या बन जाएँ।

(जनसत्ता, 20 जुलाई, 2006)

किसान आन्दोलन की चुनौती

सत्रहवीं-अठारहवीं सदी की ब्रिटेन की 'इंक्लोजर' (जमीन की घेराबन्दी) की प्रक्रिया जिसके तहत किसानों का बड़े पैमाने पर विस्थापन हुआ और आज के स्पेशल इकोनॉमिक जोन यानी विशेष आर्थिक क्षेत्र या विभिन्न योजनाओं से किसानों और आदिवासियों के हो रहे विस्थापन के बीच एक बुनियादी सम्बन्ध है। दोनों ही पूँजीवादी औद्योगीकरण के लिए धरती से जैविक रूप से जुड़े किसानों के जीवन को नष्ट कर पूँजीवादी जीवन पद्धति को आरोपित करने के निर्मम प्रयास हैं। भूमिपुत्रों के शोषण की प्रक्रिया तो सभ्यता की शुरुआत से ही चल रही है, लेकिन आधुनिक औद्योगीकरण के दौर में यह इतनी निर्मम होती जा रही है कि जीवन का आधार ही खतरे में पड़ गया है।

कृषि उत्पादन और पशुपालन, जिसमें लगे लोग मोटे तौर से 'किसान' कहलाते हैं, आखेट के जीवन के बाद जीवनोपयोगी वस्तुओं के स्थायी और मूल उत्पादक रहे हैं। सभ्यता के प्रारम्भ से, जब से नगरों और इसके साथ-साथ केन्द्रीय राजसत्ता का विकास हुआ, किसानों के उत्पादन के अधिशेष (ट्रिब्यूट) पर ही इन राज्यों और नगरों की समृद्धि टिकी रही। अधिशेष के शोषण की व्यवस्था का ही एक रूप सामन्ती व्यवस्था भी थी, जो सोपानवत विभिन्न स्तरों पर अवस्थित अनेक सामन्तों को सर्वोपरि सामन्त राजाओं से जोड़ती थी। बड़े साम्राज्यों, जैसे मिस्र या चीन की विशाल निर्मितियों के लिए किसानों पर शोषण का बोझ बढ़ जाता था। मिस्र में सिद्धान्त रूप में साम्राज्य की सारी भूमि का स्वामित्व सम्राट के पास था और वह मनमाने ढंग से कर का बोझ बढ़ा सकता था।

भोजन की सामग्रियों के उत्पादन के साथ-साथ जीवनोपयोगी दूसरी वस्तुओं का उत्पादन भी कृषि की तरह ही अनेक गाँवों में फैला हुआ था। व्यापार कुछ ऐसी महत्त्वपूर्ण वस्तुओं तक सीमित था, जिन्हें स्थानीय लोग भौगोलिक कारणों से उत्पादित नहीं कर सकते थे और इन्हें दूसरे स्थानों से मँगाने की मजबूरी थी। कुछ हद तक शासक समूहों—राजाओं, उनके दरबारियों और सामन्तों—के ताम-झाम की वस्तुओं तक ही यह व्यापार सीमित था।

सामन्तों और राजाओं द्वारा थोपे गए अमिक्रमणों को छोड़, मूलत: इन व्यवस्थाओं की प्रकृति के साथ साहचर्य की निरन्तरता थी और वे जैविक विकास

या प्रकृति के अवयवीय विकास का ही विस्तार थीं। भूमि कहीं भी खरीद-बिक्री के लिए उपलब्ध पण्य नहीं थी।

भारत की पारम्परिक जाति व्यवस्था के भीतर भी जमीन पर सम्पूर्ण वैयक्तिक अधिकार की अवधारणा नहीं थी। मोटा-मोटी खेती का अधिकार सवर्ण जातियों को था, लेकिन खेत की उपज पर गाँव की जरूरतों को पूरा करनेवाली सभी शिल्पकार और सेवा देनेवाली जातियों का हक था जो निर्धारित अनुपात में उपज का हिस्सा लेती थीं। दुनिया के विभिन्न कबीलाई समूहों में भी जमीन का स्वामित्व सामूहिक रूप से कबीले का होता था, जिसके सदस्य परिवारों को इस पर खेती करने का या इनका चरागाह के रूप में इस्तेमाल करने का अधिकार होता था।

यूरोप की औद्योगिक क्रान्ति से पहले चौदहवीं से अठारहवीं शताब्दी तक किसान विद्रोहों का लम्बा सिलसिला सामन्तशाही के खिलाफ चला। इसकी पृष्ठभूमि यह थी कि सामन्तशाही के तहत जो 'सर्फ' (भू-दास) थे, वे दरअसल पहले के स्वतंत्र किसान थे जो पहले किसी तरह की सामुदायिक कृषि व्यवस्था से जुड़े थे और जिन्हें सातवीं और आठवीं सदी से, जोर-जबरदस्ती उनकी भूमि पर कब्जा जमा, सशस्त्र गिरोहों ने अपनी मातहती कबूल करने को मजबूर किया था। मार्क्स के सहयोगी फ्रेडरिक एंगेल्स ने जर्मनी के 'मार्क' के अध्ययन में ऐसी सामुदायिक व्यवस्था का विस्तार से उल्लेख किया है। रूस में उन्नीसवीं शताब्दी तक सामुदायिक कृषि 'मीर' की उपस्थिति थी और वहाँ के 'पापुलिस्ट' कहे जानेवाले समूह में यह विश्वास कायम था कि रूस में वहाँ की पारम्परिक ग्रामीण व्यवस्था का पूँजीवादी विघटन से गुजरे बगैर ही समाजवाद की ओर संक्रमण सम्भव होगा।

लेकिन पूरे यूरोप में पूँजीवादी अर्थव्यवस्था के विकास के साथ बाकी परिसम्पत्तियों की तर्ज पर भूमि भी निजी सम्पत्ति मान ली गई। इसके साथ यह धारणा भी प्रबल हुई कि जमीन का स्वामित्व और कृषि व्यवस्था पूँजीवादी उद्योगों की तर्ज पर ही चलाई जानी चाहिए। यूरोप और संसार भर में मार्क्सवाद के प्रभाव से समाजवादी चिन्तन में यह बात पैठ गई कि छोटी, पारिवारिक खेती अब अतीत की चीज रह गई है और किसान एक वर्ग के रूप में खत्म होनेवाली है। इसी से यह नतीजा निकाला गया कि समाजवादी व्यवस्था में कृषि में सरकार द्वारा अधिग्रहीत जमीन पर विशाल सामूहिक फार्म वैसे ही चलाए जाएँगे, जैसे विशाल सरकारी उद्योग।

इस विचार को आधार मिला यूरोप, खासकर ब्रिटेन में औद्योगीकरण के क्रम में किसानों को जिस तरह नष्ट किया गया था। उसके उदाहरण से। हकीकत यह है कि वहाँ पूँजीवादी औद्योगीकरण के लिए पूँजी संचय की शुरुआत ही किसानों के विस्थापन से हुई। ब्रिटेन में भेड़ पालने की दृष्टि से 'इंक्लोजर' (घेराबन्दी) करके विशाल क्षेत्र से किसानों को निकाल बाहर किया गया। फिर इन विस्थापित किसानों

को जबरिया मजदूर बना कर कारखानों में लगाया गया। यह सोचना भूल है कि औद्योगिक क्रान्ति पूरी तरह स्वाभाविक और स्वायत्त प्रक्रिया थी। आज 'विशेष औद्योगिक क्षेत्र' और खनन आदि के लिए जिस तरह किसानों और आदिवासियों को जबरदस्ती उनकी पारम्परिक भूमि से विस्थापित किया जा रहा है, वह पुराने समय में पूँजी संचय के लिए जो कुछ किया गया, उसी की पुनरावृत्ति है।

कुछ विशेष स्थितियों में, औद्योगीकरण के लिए जोर-जबरदस्ती किसानों के अस्तित्व को मिटाने की प्रक्रिया को इतिहास का अटलनीय अभिलेख मानकर समाजवादी आन्दोलन ने बीसवीं सदी के प्रारम्भ से यह मानना शुरू कर दिया कि तत्काल किसानों की जमीन की भूख का फायदा उठा उन्हें समाजवादी क्रान्ति में सहयोगी भले ही बनाया जाए, पर एक विकसित समाजवादी व्यवस्था कायम करने के लिए, जो विकसित उद्योगों पर आधारित होगी, किसानों के अस्तित्व को मिटाना ही होगा। संयोगवश, मार्क्सवादी प्रेरणा से जिन देशों में 'समाजवादी' क्रान्ति हुई वहाँ—मसलन, रूस और चीन में—किसान भारी बहुमत में थे। इस सोच का नतीजा यह हुआ कि रूस में सामूहीकरण के लिए और चीन में कम्यूनों की स्थापना के लिए स्वतंत्र किसानों के अस्तित्व को घोर दमन के जरिये खत्म कर दिया गया। अब रूस की समाजवादी व्यवस्था ध्वस्त हो चुकी है और वहाँ पूँजीवादी व्यवस्था एक हद तक बिखराव के साथ कायम हो चुकी है। चीन भी वैश्विक पूँजीवाद का एक सशक्त स्तम्भ बन गया है—अब वहाँ के ग्रामीण कम्यून अतीत की सुरक्षा से भी वंचित हैं, लेकिन किसानों के सम्बन्ध में जो धारणा एक सदी पहले बना ली गई, उसने आज तक किसान आन्दोलनों की दिशा को प्रभावित किया है।

इसी प्रभाव के कारण भारत में जमींदारी व्यवस्था के दिनों में तो इसके खिलाफ जबरदस्त किसान आन्दोलन चले, लेकिन जमींदारी व्यवस्था खत्म हो जाने के बाद वामपंथ की ओर से ऐसा किसान आन्दोलन, जो किसानों को केन्द्र में रखकर चलाए जाए, कभी आगे नहीं बढ़ पाया। तमिलनाडु का 'किसान आन्दोलन', कर्नाटक में नजुदास्वामी के नेतृत्व में 'रैयत संघ', उत्तर प्रदेश में महेन्द्र सिंह टिकैत के नेतृत्व में 'भारतीय किसान यूनियन' और महाराष्ट्र में शरद जोशी की अगुवाई में 'शेतकारी संगठन' उभरे, लेकिन इन आन्दोलनों के पास कोई दूरगामी नीति नहीं थी और इसी से ये सभी गैर-राजनीतिक भी हो गए।

किसान आन्दोलन के लिए राजनीति की अनिवार्यता तो तभी दिखाई देती है, जब किसानों और गाँवों को केन्द्र में रखकर समाज के नव-निर्माण की कोई कल्पना हो, जिसे राजसत्ता का सहारा ले अमली जामा पहनाने का संकल्प हो। समस्या यह है कि वर्तमान पूँजीवादी व्यवस्था को बदले बगैर किसानों की स्थिति सुधारी नहीं जा सकती। अन्ततः किसानों का अस्तित्व हमारे राष्ट्रीय अस्तित्व का सवाल बन जाता है।

मार्क्सवादी प्रभाव में चलनेवाली कम्युनिस्ट पार्टियाँ आज भी किसान विरोधी पुराने पाठ तक सीमित हैं। हालाँकि 'किसान सभा' नाम से इनके बड़े संगठन हैं—इन संगठनों में ज्यादातर खेत मजदूर (जिन्हें ये परम्परा का पालन करते हुए भूमिहीन किसान कहते हैं) और सीमान्त किसान हैं। चूँकि परम्परा से ये मार्क्सवादी औद्योगिक मजदूरों की वरीयता कबूल करते थे और इन्हीं में इनका व्यापक, सांगठनिक आधार भी था, अतीत में ये प्राय: किसानों की उपज की कीमत के सवाल पर उद्योगपतियों और औद्योगिक मजदूरों के हित को ध्यान में रखकर अन्न या दूसरे कृषि उत्पादों की कीमत बढ़ाने का विरोध करते रहे और किसानों की ऐसी माँगों के समर्थकों को 'कुलक लॉबी' कह उनकी आलोचना करते रहे। इसी दृष्टि के कारण केरल और पश्चिम बंगाल में भूमि हदबन्दी लागू करते समय उन्होंने चाय, कॉफी या रबर के बागानों को हदबन्दी से बाहर रखा, जबकि सबसे अधिक आय इन्हीं विशाल फार्मों से होती थी। कारण, ये फार्म केन्द्रित व्यवस्था के ढाँचे में फिट बैठते थे।

दूसरी ओर वर्तमान वैश्विक बाजार व्यवस्था के सम्बन्ध में कोई स्पष्ट समझ नहीं होने के कारण किसान यूनियन या इस तरह के दूसरे संगठन किसानों की बुनियादी समस्याओं के हल की बजाय तात्कालिक रूप से आनेवाली आपदाओं से जूझने से ज्यादा कुछ कर भी नहीं सकते। आज किसानों की असली समस्या वाणिज्य आधारित एकल किस्म की खेती से पैदा हो रही है। पश्चिमी देशों के वर्चस्व का सबसे बड़ा अभिशाप उनके उपनिवेशों की व्यवस्था पर यह हुआ कि उन्होंने पारम्परिक कृषि व्यवस्था को, जिसमें किसान लोगों की आवश्यकता की अधिकतर फसलों को स्थानीय रूप से उगा लेते थे, नष्ट कर दिया और अपनी औद्योगिक जरूरतों या व्यापारिक मुनाफे के लिए कृषि को वाणिज्य की दिशा में मोड़ दिया।

अब वैश्वीकरण के दौर में खेती का यह रुझान परवान पर है। ऐसी खेती पूरी तरह बाजार की स्थिति पर निर्भर करती है। कुछ समय के लिए विश्व बाजार में निर्यात बढ़ जाने और अच्छी कीमत मिल जाने से अचानक कुछ विशेष लाभ हो जाता है। इससे उत्साहित हो किसान ऐसी ही फसलें उगाने लगते हैं और पारम्परिक खेती खत्म हो जाती है। इससे किसान की निर्भरता पूरी तरह दुनिया के बाजार पर हो जाती है, लेकिन दूसरे देशों के ऐसे उत्पादों से प्रतिस्पर्धा में प्राय: यह भी होता है कि आयात से स्थानीय उपज की कीमत इतनी गिर जाती है कि किसानों की खेती घाटे की हो जाती है और नतीजतन कर्जदारी अचानक बहुत बढ़ जाती है। यह ध्यान देने की बात है कि हाल के दिनों में किसानों की आत्महत्याएँ सबसे अधिक महाराष्ट्र, आन्ध्र और केरल में हुई हैं जहाँ अन्तर्राष्ट्रीय बाजार के उतार-चढ़ाव से किसानों की आय अधिक प्रभावित होती थी।

खेती के तथाकथित आधुनिकीकरण से खाद, बीज, मशीन आदि पर भी खर्च बढ़ता गया है। इससे पैदावार की बढ़त इतनी ज्यादा नहीं होती कि खेती लाभकर

हो पाए जब तक कृषि उत्पादों की कीमतें अप्रत्याशित रूप से बढ़ न जाएँ। यूरोपीय संघ, जापान, अमेरिका आदि अपने किसानों को भारी अनुदान देकर उनके उत्पादों की कीमतों को अन्तर्राष्ट्रीय बाजार में कम करके रखते हैं, लेकिन भारत के किसान—जिन्हें खेती के लिए प्राय: कोई अनुदान नहीं मिलता या मिलता भी है तो तुलनात्मक दृष्टि से नगण्य—वैश्विम प्रतिस्पर्धा में टिक नहीं पाते। खेती के घाटे का यह एक महत्त्वपूर्ण आयाम है। दरअसल, अमेरिका, फ्रांस आदि में किसानों को प्रति इकाई जिस मात्रा में अनुदान दिया जाता है, वह हमारे यहाँ के किसानों की पूरी आय से भी ज्यादा होता है। भारतीय किसान यूनियन जैसे संगठनों के लिए जरूरी है कि इस तरह की गैर-बराबर प्रतिस्पर्धा की स्थिति पैदा करनेवाले अनुदान और उनसे जुड़ी उन्मुक्त आयात व्यवस्था पर रोक लगाने की माँग को अपने आन्दोलन का केन्द्रीय मुद्दा बनाएँ।

मार्क्सवादी चिन्तन से प्रभावित वामपंथी दल किसान संगठन के नाम पर मूलत: खेत मजदूरों का संगठ बना उनकी मजदूरी बढ़वाने के प्रयास करते रहे हैं। अपने आप में दूसरे असंगठित क्षेत्रों के मजदूरों के साथ इनकी आय बढ़ाने की समस्या बहुत ही महत्त्वपूर्ण है क्योंकि ये सबसे उपेक्षित समूह हैं, लेकिन इनकी आय तभी बढ़ाई जा सकती है जब उन काश्तकारों की आय सन्तोषप्रद स्तर पर बढ़ाई जा सके, जिनके यहाँ ये मजदूर काम करते हैं। प्रसिद्ध अर्थशास्त्री जे.के. गालब्रेथ ने अपनी पुस्तक 'अमेरिकन कैपिटलिज्म : द कांसेप्ट ऑफ काउंटरवेलिंग पॉवर' में अमेरिका का उदाहरण देकर बताया है कि कृषि मजदूरों का संगठन वहीं बढ़ाना सम्भव हुआ है जहाँ उनको काम देनेवाले काश्तकारों के पास 'मार्केट पॉवर' यानी आर्थिक समृद्धि होती है।

अब तक देश में खेत मजदूरों की माँगों के साथ किसानों की आय की समस्या को नहीं जोड़ा गया है। दरअसल, भारत में प्रति व्यक्ति भूमि की उपलब्धता इतनी कम है कि खेती का आधार मूलत: पारिश्रमिक श्रम ही हो सकता है और ऐसे छोटे फार्मों को केन्द्र में रखकर ही संगठन की रणनीति बनाई जा सकती है। किसानों की समस्याओं के स्थायी हल के लिए वैश्वीकरण की जगह देश की अर्थव्यवस्था को लघु कृषि और लघु उद्योगों पर आधारित स्वायत्तता की दिशा में मोड़ना ही आज एकमात्र दिशा हो सकती है।

(जनसत्ता, 19 दिसम्बर, 2006)

नन्दीग्राम मेरा नाम

नन्दीग्राम के सम्बन्ध में काफी कुछ लिखा जा चुका है। इस लेखक ने भी पहले इसका उल्लेख किया है, इसके बावूजद फिर नन्दीग्राम पर लिखने की जरूरत महसूस हुई तो इसलिए कि तात्कालिक मुद्दा और भौगोलिक क्षेत्र से हटकर यहाँ की घटना दुनिया के वर्तमान परिदृश्य पर नए सिरे से विचार करने की माँग करती है। तृणमूल कांग्रेस, कांग्रेस और भाजपाइयों के लिए यह मुद्दा माकपा को परेशानी में डालने का एक मौका भर है, जिसका राजनीतिक लाभ उन्हें मिलेगा। लेकिन किसानों के भूमि अधिग्रहण के मामले में चाहे वह सेज (स्पेशल इकोनॉमिक जोन) के लिए हो या सड़कों के चौड़ीकरण की राष्ट्रीय परियोजना के लिए या वन प्रदेशों में टूरिस्टों को आकर्षित करने की खातिर अभयारण्य के लिए हो, किसानों की जमीन छीनने और उन्हें अपनी जमीन से विस्थापित करने के राष्ट्रव्यापी अभियान से इन दलों में किसी को गुरेज नहीं है।

देश की सभी तथाकथित मुख्यधारा की पार्टियाँ सेज के लिए नहीं तो किसी दूसरे औद्योगीकरण या विद्युतीकरण की योजना के लिए किसानों को उनके पूर्वजों की भूमि से विस्थापत कर रही हैं। नन्दीग्राम का प्रतीकात्मक महत्त्व इसलिए है कि एक लोकतंत्र के भीतर और संसार भर की मीडिया की निगाहों के सामने किसी कम्युनिस्ट कही जानेवाली सरकार ने एक ही समय सिंगुर में टाटा के लिए और नन्दीग्राम में किसी इंडोनेशियाई कम्पनी के लिए भूमि अधिग्रहण की योजना चलाई। इसके पहले चीन में सेज जैसी योजना बड़े पैमाने पर चलाई गई।

इसके बावजूद कि वह विश्व के पूँजीवादी प्रतिष्ठानों के लिए उन्मुक्त क्षेत्र है, वहाँ होनेवाली सामूहिक त्रासदियों की खबर शायद ही स्वतंत्र मीडिया की पहुँच के भीतर हो। यह तब जब एक विश्वस्त समाचार के मुताबिक एक साल में ही वहाँ छियासी हजार सरकार विरोधी आन्दोलन हुए, लेकिन आज भी संसार के लिए चीन में बहुत कुछ आवरण के भीतर अदृश्य बना हुआ है। हम भारतीयों के लिए पड़ोसी होने के बावजूद वह पूरी तरह अबूझ पहेली है, लेकिन पश्चिम बंगाल में माकपा द्वारा, जब सारे मीडिया का ध्यान वहाँ केन्द्रित था, भूमि अधिग्रहण के विरुद्ध होनेवाले आन्दोलन को जिस तरह दबाया गया, वह ज्यादातर भारतीयों के लिए अनपेक्षित घटना थी।

रूस में पूरी किसान आबादी को भूमिमुक्त किया गया था। फिर चीन में भी किसानों की सभी जोतों को कम्यून व्यवस्था के तहत सरकारी नियंत्रण में लाना उद्योगों के सम्बन्ध में पारम्परिक कम्युनिस्ट सोच को व्यक्त करता था जो उस समय दुनिया की बड़ी आबादी के सोच में भविष्य का आदर्श उपस्थित करता था। लेकिन जो पश्चिम बंगाल के सिंगुर और नन्दीग्राम में हुआ, वह चकित करनेवाला इसलिए लगता है क्योंकि यह जबरिया अधिग्रहण देशी और विदेशी बड़े पूँजीवादी प्रतिष्ठानों को भूमि सुलभ कराने के लिए किया गया है। यह चकित इसलिए करता है क्योंकि अब तक लोग यह नहीं सोचते थे कि औद्योगीकरण के नाम पर कम्युनिस्ट भी पूँजीवादी प्रतिष्ठानों के अति वफादार संरक्षक बन जाएँगे।

यह सब विस्मित करनेवाला इसलिए लगता है कि 'औद्योगीकरण' के व्यामोह में फँसा दुनिया भर का प्रबुद्ध वर्ग इस सवाल पर घोर विभ्रम की स्थिति में है। कुछ लोगों ने, जो भारत के आधुनिक ढंग के विकास के आलोचक थे, इस बात की ओर इशारा किया था कि आधुनिक उद्योगों का विकास या तो 'स्लम' के रास्ते या 'साइबेरिया' के रास्ते हुआ है। इसमें पहला पश्चिमी औद्योगीकरण के लिए हुए शोषण और उत्पीड़न से सम्बद्ध था और दूसरा रूस के औद्योगीकरण से, जिस क्रम में लाखों लोगों को निर्वासित कर साइबेरिया में दासता की स्थिति में काम में लगाया गया था। इन आलोचकों को भय था कि यहाँ भी औद्योगीकरण के क्रम में हमें वैतरणी पार करने की वैसी ही त्रासदी से गुजरना होगा।

दरअसल, आधुनिक औद्योगीकरण की पूरी प्रक्रिया इसके प्रारम्भ से ही विस्थापन, दासता और उत्पीड़न की रही है। औद्योगिक क्रान्ति के अग्रदूत ब्रिटेन में औद्योगीकरण की नींव पड़ी थी 'इंक्लोजर' की शुरुआत से, जब किसानों को उनकी जमीन से निकाल जमीन की बड़े पैमाने पर घेराबन्दी की गई थी और इन अहातों में खेती की जगह भेड़ पालने का धन्धा शुरू हुआ क्योंकि सोलहवीं-सत्रहवीं शताब्दी तक फ्लैंडर्स के ऊनी वस्त्रों के उद्योग उन के बड़े ग्राहक थे और ऊन बेचने से खेती की बनिस्बत काफी अधिक मुनाफा होता था। बाद में जब ब्रिटेन में सूती वस्त्र उद्योग विकसित हुआ और ऊन बेचना कम लाभदायक रहा तो इन घेरों को 'डीयर पार्क' में बदल दिया गया जहाँ हिरण का शिकार मुनाफे का धन्धा बन गया—वैसा ही जैसा हमारे यहाँ के अभयारण्य पर्यटन उद्योगों को प्रोत्साहित करते हैं।

इस बीच विस्थापित किसान उद्योगों के लिए आवश्यक विशाल श्रमशक्ति मुहैया कराने के लिए औद्योगिक नगरों की गन्दी बस्तियों को आबाद करने लगे। औद्योगिक क्रान्ति के दूसरे महानायक अमेरिका में विस्थापन की कहानी कुछ ज्यादा ही रोमांचक थी। उत्तरी अमेरिका में वहाँ के करोड़ों मूल निवासियों (इंडियनों) को खदेड़ कर दुर्गम स्थानों और कठिन प्राकृतिक स्थितियों में रहने को विवश किया गया। इनमें अधिकतर लोगों को तो जानलेवा संक्रामक रोग फैला कर या सीधा

आखेट कर मार डाला गया। जो अवशेष बचे, उन्हें 'सुरक्षित क्षेत्रों' में रहने के लिए विवश किया गया, जहाँ वे अब नुमाइश की तरह पर्यटकों के आकर्षण हैं—वैसे ही जैसे हमारे यहाँ ऊटी के पास का टेडामंड। जब अमेरिका के गोरे शासकों को कृषि के लिए बड़ी मात्रा में श्रमिकों की जरूरत हुई तो करोड़ों की संख्या में अफ्रीकी लोगों को आखेट के जरिये पकड़ कर अमेरिका में गुलाम बना खेती और दूसरे तरह के कामों में लगाया गया। आज भी अमेरिकी समाज उस त्रासदी से पैदा उत्पीड़न और रंगभेद से आक्रान्त है।

दरअसल, अठारहवीं और उन्नीसवीं शताब्दी से जो औद्योगिक क्रान्ति शुरू हुई, उसका आधार प्रकृति के साथ मनुष्य के स्वाभाविक रिश्ते को तोड़ना रहा है। इस प्रक्रिया का अतिरेक है, प्राकृति सम्पदा का अतिदोहन और मुनाफे के लिए आवश्यक-अनावश्यक और विषैली वस्तुओं का सीमाहीन उत्पादन। लेकिन इस सीमित नक्षत्र, हमारी धरती से असीमित वस्तुओं का उत्पादन—चाहे उन वस्तुओं का चरित्र कुछ भी हो—एक असम्भव आकांक्षा है।

इसी का नतीजा आज चारों तरफ दिखाई देनेवाला पर्यावरण का संकट है जो जैव सम्पदा से जीवन्त हमारी श्यामल धरती को प्राणहीन धूल का अम्बार बनाने में लगा है। इस आधार पर न तो उन्मुक्त बाजार का और न समाजवाद का स्वर्ग बनेगा। यह अटलनीय मृत्युपथ है। सवाल यह नहीं है कि औद्योगिक विकास होना चाहिए या नहीं। बाकी जीवों से भिन्न औजारों और उद्योगों के साथ मनुष्य का विकास अनिवार्य रूप से जुड़ा हुआ है। दसियों हजार वर्ष पहले से चकमक पत्थर के हस्तपरस से लेकर पशुपालन और कृषि सभी मनुष्य के उद्यम के विविध क्षेत्र रहे हैं। नृशास्त्री इसीलिए प्राय: पत्थर, काँसा और लोहे के औजार या विभिन्न तरह से निर्मित भाँड या आभूषणों के साथ उसकी संस्कृति को जोड़ते रहे हैं।

असली समस्या इन उद्यमों पर आधारित जीवन के प्रकृति के साथ तारतम्य की है। सवाल प्रकृति और उस जीव जगत से मनुष्य के सन्तुलन का है, जिसके बीच और जिसकी बदौलत उसका विकास हुआ है। समाजवाद के साथ एक शब्द 'नियोजन' अनिवार्य रूप से जुड़ा हुआ था। यह दरअसल सामाजिक सन्तुलन की आवश्यकता की ही अभिव्यक्ति थी। यों तो मनुष्य हजारों वर्ष से सामाजिक असन्तुलन और इसकी त्रासदियों के साथ जीता रहा है, लेकिन प्रकृति के असन्तुलन के साथ वह अधिक दिनों तक जिन्दा नहीं रह सकता—हालाँकि यह देखा जा सकता है कि सामाजिक असन्तुलन प्रकृति के साथ असन्तुलन का भी जनक है—जैसे पूँजीवाद का असन्तुलन।

आज का पूँजीवादी औद्योगीकरण मनुष्य के सभी दूसरे उद्योगों और उद्यमों से भिन्न है। सभी पूर्ववर्ती समाजों में उद्योग और दूसरे क्षेत्रों के उत्पादन आदमी की जरूरतों को पूरा करने के लिए विकसित हुए थे—कभी-कभी इसमें शासक समूहों

के ताम-झाम की जरूरतों को पूरा करने के लिए भी। लेकिन आदमी की जरूरतों की एक सीमा होती है और साथ ही मनुष्य सभ्यता के विभिन्न अंचलों में वहाँ की प्रकृति की आपूर्ति की क्षमता से भी बँधा हुआ था। कभी-कभी आदमी अपनी हवस में प्रकृति की क्षमताओं आ अतिक्रमण भी करता रहा है। मनुष्य समय-समय पर परिवेश की सीमाओं का अतिक्रमण भी करता था, लेकिन ऐसी अतियों का नतीजा तुरन्त सामने आ जाता था और प्राकृतिक सीमाओं के उल्लंघन से कई प्राचीन सभ्यताएँ आपूर्ति के संकट के कारण विनष्ट हो गईं। शायद एंडीज पर्वत की प्राचीन सभ्यताएँ या मैक्सिको की माया सभ्यता आपूर्ति के ऐसे ही संकट से समाप्त हो गई। लेकिन सारे संसार की विशालता के सामने ये सभ्यताएँ जहाँ-तहाँ उठनेवाले बुलबुले की तरह थीं, जो उठती और अपने परिवेश में कुछ अवशेष छोड़ विलीन हो जाती थीं।

पूँजीवादी औद्योगिक व्यवस्था की विशिष्टता यह है कि इसका विस्तार आदमी की वास्तविक जरूरत से बँधा नहीं है। इसकी नियति मुनाफे की हवस के साथ बँधी है और इस मुनाफे के लिए इसे नित्य नई जरूरतों और उन्हें पूरा करनेवाले उद्योगों का विस्तार करते जाना होता है। इसके लिए कोई क्षेत्रीय सीमा नहीं होती। दरअसल, इसका जन्म ही वैश्विक लूट-खसोट के तीन शताब्दी के इतिहास से जुड़ा है और अपने अभियान में यह अपना दायरा लगातार फैलाता रहा है। इसने सभी भौगोलिक बाधाओं और सीमाओं के अतिक्रमण को अपने विस्तार का आधार बनाया है। इसलिए इस सभ्यता का अन्त भी सीमित क्षेत्रों तक नहीं रहेगा। इसका सर्वनाश सार्विक होगा। धरती, पर्वत, जंगल, सागर, महासागर और धरती की अधिकतम गहराइयों में उपलब्ध खनिज सभी तक पहुँचना इसका लक्ष्य है।

कृषकों और सिमटते क्षेत्रों में बिखरे जनजातीय समूहों को नष्ट कर उनके संससाधनों पर अपना नियंत्रण करना इसकी दुर्निवार महत्त्वाकांक्षा का अन्तिम लक्ष्य है। फिर इन पर नियंत्रण करने के लिए विभिन्न औद्योगिक समूहों और देशों के बीच छीना-झपटी भी एक अनिवार्य परिणाम है। इसी का नतीजा पिछली दो शताब्दियों के स्थानीय और वैश्विक युद्धों का सिलसिला है। विशेष आर्थिक क्षेत्रों का विस्तार दरअसल इसी अभियान का एक पड़ाव है जो अपने इर्द-गिर्द के क्षेत्रों को निचोड़ कर सम्पन्नता के द्वीप स्थापित करता है।

यह पूँजीवादी प्रतिष्ठानों के विस्तार के लिए सारे पारम्परिक समाजों को ध्वस्त करने के अभियान का हिस्सा है। कार्ल मार्क्स ने सन 1848 में 'कम्युनिस्ट घोषणापत्र' में पूँजी के अभियान का विशद वर्णन किया था, लेकिन उसमें एक आशावादिता थी जो सुरंग के छोर पर एक स्वर्णिम भविष्य की आशा पैदा करती थी। पूँजीवाद का जो नया रूप उभर रहा है, वहाँ ऐसी आशवादिता की कोई गुंजाइश नहीं दिखाई देती। राख, धुआँ और विध्वंस ही इस अभियान का अन्तिम पड़ाव दिखाई देता है।

नन्दीग्राम का महत्त्व इसलिए है कि यहाँ किसानों के प्रतिरोध ने इस प्रक्रिया के भयावह रूप को उजागर किया है। एक समय अमेरिकी साम्राज्यवाद के विरुद्ध अपने गौरवपूर्ण संघर्ष के लिए वियतना म ने संसार भर में लोगों को मन भी जीता था। शायद ज्योति बाबू और बुद्धदेव भट्टाचार्य भी 'मेरा नाम तेरा नाम वियतनाम' की रपट लगाते रहे होंगे। आज नन्दीग्राम का भी वैसा ही प्रतीकात्मक महत्त्व है। आज पूँजीवाद के सर्वग्रासी विस्तार के विरुद्ध एक समवेत स्वर उठने लगा है, 'मेरा नाम तेरा नाम नन्दीग्राम'।

(जनसत्ता, 15 मई, 2007)

किसान आन्दोलन के बुनियादी सिद्धान्त

अब तक किसान आन्दोलनों का उपयोग ऐसे राजनीतिक लक्ष्यों के लिए होता रहा है जिनके दूरगामी नतीजे किसानों के स्थायी हितों के खिलाफ रहे हैं। शुरू में पश्चिमी देशों में इनका इस्तेमाल उदीयमान पूँजीपति वर्ग के हितों को सुरक्षित रखने के लिए हुआ। बीसवीं शताब्दी में इनका इस्तेमाल समाजवाद के नाम पर ऐसी केन्द्रित अर्थव्यवस्थाओं की स्थापना के लिए हुआ, जिनमें किसानों की स्थिति पुन: बँधुआ मजदूरों की हो गई : वैसी स्थिति जिस तरह की स्थिति के विरोध में यूरोप में किसानों ने सामन्ती व्यवस्था के खिलाफ लगातार चौदहवीं से बीसवीं शताब्दी तक बगावतें की थीं। बदलाव का एक वृत्त पूरा हो चुका है : सामन्तवाद को खत्म कर पूँजीवाद, फिर पूँजीवाद को खत्म कर ऐसी केन्द्रित व्यवस्थाएँ जहाँ उत्पादन के सभी साधनों पर सरकारी आधिपत्य था, और अब इन व्यवस्थाओं को खत्म कर निजीकरण के प्रयास। आखिरी बदलाव से कुछ अदल-बदल के साथ वे सारी समस्याएँ किसानों के सामने बनी हुई हैं जो पुरानी पूँजीवादी व्यवस्थाओं के तहत थीं।

किसानों के हित में कोई सही नीति अपनाने की असमर्थता का कारण यह है कि पूँजीवादी और समाजवादी आन्दोलनों की किसानों की समस्याओं की ओर देखने के नजरिया के पीछे औद्योगिक सभ्यता और विकास के लक्ष्य एक ही तरह के रहते हैं। इसलिए इस गतिरोध को तोड़ने के लिए सभ्यता के विकास और विशेषकर औद्योगिक सभ्यता के लक्ष्यों का फिर से मूल्यांकन करना और यह पता लगाना जरूरी है कि असल में उनमें कृषि उत्पादकों की क्या स्थिति रही है?

इस दृष्टि से विचार करने पर हम पाते हैं कि सभ्यता के शुरुआत से ही—चाहे वह सभ्यता सुमेर और मिस्र की हो, मध्ययुगीन यूरोप की हो, जाति व्यवस्था पर टिकी भारत की हो या पूँजीवादी अथवा राज्यवादी आधुनिक उद्योगों की हो—सब के आधार या विकास में किसी-न-किसी रूप में खेतों और इस से सम्बद्ध घरेलू उद्योग-धन्धों में काम करनेवाले लोगों के उत्पादन के अधिशेष का शोषण रहा है जहाँ नौकरशाही पर आधारित जितना ही बड़ा केन्द्रित राज्य रहा है, वहाँ अधिशेष का यह शोषण उतना ही अधिक रहा है। चाहे व्यवस्था के शीर्ष पर एक शक्तिशाली राजा अपनी विस्तृत नौकरशाही के साथ रहा हो, चाहे छोटे सामन्त अपने दरबारियों

और सिपाहयों की टोलियों के साथ अधिकार में हों, चाहे आधुनिक पूँजीप्रधान उद्योगों के लिए पूँजी संचय होता हो, सभी में किसानों का दोहन अपरिहार्य रहा है। इसीलिए व्यवस्थाएँ बदलती है, लेकिन किसानों का शोषण बन्द नहीं हुआ है।

अतिविकसित पूँजीवादी देशों में जहाँ किसानों की संख्या आबादी के दस प्रतिशत से नीचे आ गई है, उनका जीवन स्तर जरूर ऊँचा हुआ है। इसका कारण यह है कि कृषि उत्पादन में प्राकृतिक ऊर्जा, मिट्टी, हवा, पानी और मौसम का भी महत्त्वपूर्ण योगदान होता है। इसलिए कृत्रिम ऊर्जा प्रदान कर के भी उत्पादन को उस हद तक नहीं बढ़ाया जा सकता जिस हद तक औद्योगिक उत्पादन को। परिणामस्वरूप, अति विकसित औद्योगिक देशों में उद्योगों की उत्पादकता के अत्यधिक विकास के साथ खेती में काम करनेवाले श्रमिकों की उत्पादकता से उद्योगों में काम करनेवाले श्रमिकों की उत्पादकता बहुत ही अधिक हो जाती है, लेकिन चूँकि कृषि उत्पादन कुछ बुनियादी आवश्यकताओं की पूर्ति के लिए अनिवार्य है, उद्योगों की ऊँची आय का एक भाग कृषकों को न्यूनतम जीवन स्तर प्रदान करने में लगा दिया जाता है। इसलिए इन देशों के कृषि उत्पादों की कीमतों में अनुदान (सब्सिडी) का एक खासा हिस्सा होता है। इससे वे अन्तर्राष्ट्रीय बाजार की प्रतिस्पर्धा में आगे रहते हैं। औद्योगिक दृष्टि से पिछड़े देशों की अपेक्षा कृषि में सस्ते कृत्रिम ऊर्जा का व्यवहार भी इन देशों में बहुत अधिक होता है। इसका असर भी कृषि उत्पाद की तुलनात्मक कीमतों पर पड़ता है।

इसलिए अति विकसित औद्योगिक देशों में किसानों का जीवन स्तर उद्योगों में लगे श्रमिकों से काफी नीचे होते हुए भी सन्तोषजनक दिखाई देता है। इस तरह के किसान दुनिया के कुल किसानों के एक बहुत ही छोटा हिस्सा हैं। दुनिया के बाकी हिस्से के किसान इनकी स्पर्धा में सस्ते दर पर अपने उत्पादों को बेचने को मजबूर होते हैं और इससे उनकी स्थिति और भी दयनीय होती जाती है। भारत या औद्योगिक दृष्टि से अविकसित देशों में जहाँ पश्चिमी ढंग के औद्योगीकरण का लक्ष्य रखा गया है, कृषि उत्पादन के शोषण से प्राप्त अधिशेष का खास रोल है, और इसीलिए किसानों का घोर शोषण ऐसी विकास नीति का आधार होता है। इन बातों पर ध्यान रखते हुए भारत में किसान आन्दोलन के लक्ष्य एक ऐसी वैकल्पिक विकास नीति के सन्दर्भ में ही निर्धारित हो सकते हैं, जिसमें ग्रामीण अर्थव्यवस्था अधिक-से-अधिक आत्मनिर्भर हो और अपने उत्पादन के अधिशेष के शोषण से मुक्त हो।

बड़े उद्योगों की प्राथमिकता को कबूल करने के कारण बीसवीं सदी में समाजवादियों, विशेषकर कम्युनिस्टों के नेतृत्व में चलनेवाले किसान आन्दोलनों का लक्ष्य कभी भी एक वर्ग के रूप में किसानों की हित रक्षा या उनके विकास का नहीं रहा। उनकी रणनीति किसानों को एक वर्ग के रूप में समाप्त करने के लक्ष्य के परिप्रेक्ष्य में तैयार की गई। इसलिए हमेशा खेती में लगे लोगों को विभिन्न

श्रेणियों—जैसे भूमिपति, बड़ किसान, मध्यम किसान, छोटे किसान, सीमान्त किसान और भूमिहीन किसान आदि—में बाँट कर उन्हें आपस में क्रमिक ढंग से लड़ाना रहा, ताकि अन्ततोगत्वा सभी जमीन को सरकारी नियंत्रण में ले कर किसानों को शुद्ध सर्वहारा वर्ग में बदल दिया जाए। इस रणनीति का सब से सफल प्रयोग सोवियत संघ में किया गया, जिसकी परिणति स्टालिन के सामूहीकरण में हुई, जिससे किसान राज्य के भू-दास बन गए। यही नीति कुछ बदले रूप में चीन में अपनाई गई।

यह विडम्बना ही है कि आज भी वैसे लोग जो स्टालिन की भूमि सम्बन्धी नीति को सिद्धान्ततः नामंजूर करते हैं, उत्पादक की हैसियत से कृषि उत्पादकों के हितों की एकता के बजाय वही विभाजनवाली शब्दावली तथा रणनीति अपनाते हैं—बिना यह सोचे कि इस रणनीति की परिणति क्या हो सकती है? इसके ठीक उलट, कुछ किसान आन्दोलन बुनियादी रूप से आधुनिक औद्योगिक पूँजीवादी व्यवस्था को पूरी तरह कबूल करते हैं, और अपनी नीति के केन्द्र में वैसे कृषि उत्पादकों को रखते हैं जो एक हद तक यंत्रीकरण को अपना चुके हैं और मूलतः बाजार के लिए अपेक्षाकृत बड़े फार्मों पर खेती करते हैं। यह नीति अन्ततः किसानों के हित के विपरीत है और देश के अधिकांश किसानों के लिए अप्रासंगिक भी। ऐसी कृषि व्यवस्था बाजार के लिए बड़े उद्योगों पर इस हद तक आश्रित होगी कि आखिर में बाजार के उतार-चढ़ाव से इस का स्थायीत्व प्रभावित होगा एवं इसका घोर शोषण अनिवार्य बन जाएगा।

लेकिन आत्मनिर्भर शोषण-मुक्त कृषि उत्पादकों के सामने भी उत्पादन में श्रम के सम्बन्ध की समस्या रह जाती है। इसमें एक सम्बन्ध तो पूँजीपति काश्तकार और श्रमिक का हो सकता है जैसाकि कुछ यंत्रीकृत बड़े फार्मों पर होता है। भारत में कृषि के लिए यह सम्बन्ध दो कारणों से या तो दोषपूर्ण है या अप्रासंगिक। दोषपूर्ण इसलिए है क्योंकि पूँजीपति उत्पादक श्रमिकों पर पूँजीनिवेश उसी हद तक करेगा जिस हद तक अतिरिक्त श्रम से प्राप्त उत्पादन इस श्रम पर खर्च किए गए पूँजी से अधिक हो। इसलिए एक सीमा के बाद पूँजीपति उत्पादक श्रम पर अतिरिक्त पूँजी खर्च नहीं करेगा। इससे उत्पादन का अधिक-से-अधिक विस्तार करने के उद्देश्य की पूर्ति नहीं होती। इसके विपरीत, पारिवारिक श्रम पर आधारित कृषि में उस सीमा तक श्रम लगाया जाता है जहाँ तक उत्पादन बढ़ सके। इस दृष्टि से किसान परिवार के पारिवारिक श्रम पर आधारित कृषि अधिकतम उत्पादन के लिए श्रेष्ठ है। चूँकि भारत में किसान परिवारों के सामने समस्या समय के अभाव की नहीं बल्कि भूमि तथा अन्य साधनों की उपलब्धि की है, यह श्रम सम्बन्ध उत्पादन बढ़ाने के लिए अधिक उपयुक्त है, लेकिन पूँजीवादी कृषि एक दूसरे कारण से भी भारत के कुछ छोटे हलकों को छोड़ बाकी जगह अप्रासंगिक है। यह कारण है भूमि पर आबादी का अत्यधिक भार, जिससे देश की तीन चौथाई

जोतें तीन हेक्टेयर से छोटी हैं बल्कि इनमें भी अधिकांश एक हेक्टेयर की या इससे भी छोटी हैं। बाकी एक चौथाई जोतों में भी अधिकांश भूमि हदबन्दी कानूनों के कारण इतनी बड़ी नहीं कि उन पर पूँजीवादी ढंग की खेती हो सके। इसलिए जब हम कृषि उत्पादकों की बात करते हैं तो मूलत: पारिवारिक श्रम पर आधारित खेती करनेवाले किसानों की ही बात कर सकते हैं।

लेकिन यहाँ भी उत्पादन प्रक्रिया शुद्ध रूप से पारिवारिक श्रम पर आधारित नहीं है। चूँकि भारतीय कृषि पूँजी प्रधान नहीं है और यंत्रीकरण नगण्य है, छोटी जोतों पर भी पूरी तरह पारिवारिक श्रम से खेती नहीं हो पाती। समय-समय पर इनमें श्रमिकों को लगाया जाता है। यह काम करनेवाले या तो भूमिहीन ग्रामीण मजदूर होते हैं या सीमान्त या छोटे किसान। आम तौर से यह सम्बन्ध पूँजीपति और मजदूरों की आर्थिक स्थिति लगभग एक जैसी होती है। असल में इस सम्बन्ध को एक विस्तृत पारिवारिक श्रम के सम्बन्ध के रूप में देखा जा सकता है, जिसमें उत्पादन में श्रमिकों की हिस्सेदारी होती है। फिर भी भारत की विशेष स्थिति के कारण यह सम्बन्ध अक्सर गैर-बराबरी का होता है। कारण यह है कि जाति-व्यवस्था-जनित कुसंस्कार के कारण द्विज या कुछ अद्विज सवर्ण जातियाँ आम तौर से अत्यधिक गरीबी की स्थिति में भी दूसरों की भूमि पर मजदूरी नहीं करते। बिहार जैसे राज्य में तो इन में कुछ स्वयं अपनी जमीन पर काम करना भी अपमानजनक मानते हैं। इस से दूसरों की जमीन पर काम करनेवाले मूलत: दलितों में से आते हैं अथवा कुछ अन्य अति पिछड़ी जाति के सवर्णों से। इस से किसानों और उनके खेतों में काम करनेवालों में स्पष्ट वर्ग विभेद दिखाई देता है।

छोटी जोतों पर श्रमिकों को काम पर लगाने के पीछे एक दूसरा कुसंस्कार भी है : पर्दे का कुसंस्कार। खासकर उत्तर प्रदेश और बिहार में पर्दे के रिवाज के कारण भी सवर्णों के परिवारों की औरतें आम तौर से खेतों में काम नहीं करतीं। इससे एक तरफ तो ऐसे परिवारों की आधी आबादी कृषि श्रम में योगदान से वंचित हो जाती है और दूसरी ओर इन किसानों को बाहर से श्रमिकों को रखना होता है हालाँकि यह उनकी सामर्थ्य से बाहर होता है। यह भी एक कारण होता है, जिससे खेत मजदूरों को उचित मजदूरी देना ऐसे किसानों के लिए कठिन हो जाता है।

किसानों और उनकी जमीन पर काम करनेवाले मजदूरों का आदर्श और आर्थिक दृष्टि से बुद्धिसंगत सम्बन्ध वही हो सकता है जहाँ किसान की जमीन पर काम करनेवाले मजदूर किसान के फैले हुए परिवार के सदस्य के रूप में काम करें और उत्पादन में समान रूप से हकदार माने जाएँ : इसका औपचारिक रूप चाहे जो हो। लेकिन यह सम्बन्ध बनना तब तक सम्भव नहीं होगा जब तक जाति व्यवस्था के सवर्ण-अवर्ण विभाजन और पर्दे के कुसंस्कार पर जोरदार हमला न हो। इलिए किसान आन्दोलन को जाति व्यवस्था और पर्दे एवं औरतों

के प्रति बरते गए भेदभाव के विरुद्ध भी जबरदस्त हमला करना जरूरी होगा। इसी परिप्रेक्ष्य में किसान और खेती में काम करनेवाले मजदूरों की एकता सुनिश्चित की जा सकती है।

शोषण मुक्त कृषि व्यवस्था के लिए यह भी जरूरी होगा कि गाँवों की जरूरत पूरी करनेवाली वस्तुओं का यथासम्भव उत्पादन गाँवों में लगे छोटे और घरेलू उद्योगों में हो ताकि खेतिहर बाजार व्यवस्था के शोषण से मुक्त हों और खेती के काम से अवकाश का समय इन उद्योगों में लगा सकें। इस तरह दुनिया के अनुभवों के सन्दर्भ में आज का किसान आन्दोलन एक नई समाज रचना के आदर्श को लेकर ही अपना सही रोल अदा कर सकता है। किसान और खेत मजदूर इस आन्दोलन के दो चक्के होंगे—बल्कि खेती से जुड़े लोगों का एक खेतिहर वर्ग होगा। इन उद्देश्यों की पूर्ति के लिए गाँव के किसान मजदूरों की राजनीतिक सत्ता स्थापित करना ध्येय होगा।

विकेन्द्रीकरण के सिद्धान्त के तहत हमारा संगठन स्थानीय होगा। लेकिन चूँकि हमारे लक्ष्य स्थानीय आधार पर पूरे नहीं हो सकते, हम सदा इसके लिए प्रयत्नशील रहेंगे कि देश के अन्य किसान-मजदूर तथा दूसरे सहमना संगठनों से सहयोग करें और उनसे वैचारिक आदान-प्रदान कर विभिन्न समस्याओं पर समदृष्टि पैदा करें। समान दृष्टि होने पर इन संगठनों के साथ संघ बनाना भी हमारा लक्ष्य होगा।

(मणिका के प्रशिक्षण शिविर में, 1995)

कुछ इंटरव्यू

मेरी प्रेरणा के स्त्रोत जे.पी. थे

विचारों की धुन्ध, समसामयिक सवाल और बौद्धिक नेतृत्व की त्रासदी

एक बड़े समाजवादी चिन्तक के रूप में आपकी पहचान रही है कुछ हद तक डॉ. लोहिया के विचारों के करीब। आप लोहियाजी के मुख पत्र 'मैनकाइंड' के सम्पादन से भी जुड़े रहे हैं। यह धारा आज इस देश में एक बड़ी राजनीतिक शक्ति बन चुकी है—सम्भवत: समाजवाद से पूर्णत: विमुख भी, जिसके आप आलोचक भी हैं। इस लम्बे दौर की अपनी विचार यात्रा को आज आप कैसे देखते हैं?

—समाजवादी विचारधारा के साथ निश्चित तौर पर मेरा जुड़ाव रहा है, लेकिन यह एक बड़ा भ्रम है कि मैं विचारों में डॉ. लोहिया के करीब था। हाँ, कुछ खास घटनाक्रम ऐसे एक दो बार बन गए जिससे इस कनफ्यूजन को और बल मिला।

मैं मूलत: समाजवाद की मार्क्सवादी स्थापनाओं के करीब रहा हूँ। 1948 में जब सोशलिस्ट पार्टी बनी तो उसके प्रस्ताव-पत्र में ही यह कहा गया था कि 'मार्क्सवाद' उसकी वैचारिक धुरी होगी, लेकिन यह मानते हुए कि 'बिना लोकतंत्र के' समाजवाद की प्राप्ति सम्भव नहीं है जबकि डॉ. लोहिया गांधीजी के ज्यादा करीब थे। वे तो मार्क्सवाद की मूल अवधारणाओं से ही असहमत थे।

लेकिन भारत के समाजवादी आन्दोलन में व्यक्तिगत प्रभाव की बात अगर आप पूछते हैं तो हकीकत यह है कि मेरी प्रेरणा के स्त्रोत जे.पी. थे। 1946 में जब मैं साइंस कॉलेज पटना का विद्यार्थी हुआ करता था, जे.पी. जेल से छूटकर आए। उस दौर के नेताओं में वे उन दिनों हीरो थे, खासकर छात्रों और नौजवानों के, उन दिनों उनके प्रभाव का जबरदस्त आकर्षण था। हम लोगों ने उनका एक प्रोट्रेट छपवाया था जिसकी बीस हजार रुपए की बिक्री तीन चार दिनों के भीतर ही हो गई थी। उन्हीं दिनों 'यंग-मेन्स इंस्टीच्यूट' में जे.पी. ने 5-6 क्लासेज भी लिए थे। एक तरह से मार्क्सवाद के गैर-राजनीतिक आयामों से मेरा साक्षात्कार उन्हीं दिनों हुआ, जिसका कहीं ज्यादा प्रभाव मेरी सोच-समझ पर पड़ा तथा उत्तरोत्तर बढ़ता गया।

लेकिन 'मैनकाइंड' के साथ आपका जुड़ाव...

—हाँ, इस भ्रम का एक कारण एकीकृत समाजवादी पार्टी में हम सबों का साथ होना है। समाजवादी पार्टी जब पहली बार विभाजित हुई तो मैं प्रजा सोशलिस्ट पार्टी के साथ था। फिर जब 1956 में पार्टी एकीकृत हुई तो हम सभी लोग साथ हो गए। एकीकृत पार्टी के ऑर्गनाइजिंग कमेटी के साथ बिहार में मैं बहुत सक्रिय था। इसमें लोहिया जी के साथ-साथ स्वयं मार्क्सवादी दायरे के भीतर भी विभिन्न धाराओं के लोग थे जिनके आपसी मतभेद भी काफी गहरे थे।

बिहार में बी.पी. सिन्हा, (बार-ऐट-लॉ) उन दिनों एक पत्रिका का सम्पादन करते थे—'जनक्रान्ति' जिसमें मेरा एक लेख 'मीनिंग ऑफ सोशलिस्ट इक्वालिटी' (समाजवादी बराबरी का अर्थ) लोहिया जी ने पढ़ा। उन्हें वह काफी पसन्द आया और उन्होंने मुझे 'मैनकाइंड' के सम्पादन से जुड़ने के लिए निमंत्रित किया। करीब 5-6 महीने हैदराबाद में मैं रहा भी, पर मेरा स्वास्थ्य उन दिनों ठीक नहीं रहता था। साथ ही कुछ-कुछ विवाद भी उठता रहता था। वैसे भी लोहिया जी के वैचारिक दृष्टिकोण से मेरा कभी इत्तफाक नहीं रहा।

एक अप्रिय प्रसंग भी है। वहाँ भी एक स्टडी सर्किल जैसा 'सार्ट सेशन' का हुआ करता था जिसमें वोरा, पद्मजा नायडू वगैरह हुआ करते थे। वहाँ पर एक चर्चा में 'वैज्ञानिक समाजवाद' पर भी बातचीत चलने लगी। इस पर लोहिया जी ने कहा कि किसी की भी सोच वैज्ञानिक नहीं है। इसे कैसे माना जा सकता है? इस पर मैंने चुटकी ली—कुछ लोग तो विमानों के बनने का फॉर्मूला भी वैदिक ग्रंथों में मानते हैं। तो क्या इसे स्वीकार कर लिया जाए? इस पर लोहिया जी ने कहा कि क्या तुम इस ग्रुप को उन्हीं लोगों की तरह मानते हो? लेकिन जब तक मैं कुछ बोलता कि एक दूसरे साथी सुधाकर राव ने तुरन्त अपनी टिप्पणी की—यू कैन नेवर भी श्योर एबाउट! तो ऐसी मत-भिन्नता तो बहुत गहरी थी।

कम्युनिस्ट पार्टियों के समाजवाद से भिन्न 'लोकतांत्रिक समाजवाद' को आप सभी लोग मानते रहे, पर डॉ. लोहिया से प्रकट भिन्नता कहाँ शुरू हुई?

—मैं कहा चुका हूँ कि वह गांधी के ज्यादा करीब थे। गांधी की तरह मशीनों का विरोध तो नहीं करते थे, चरखा और करघा पर भले उनका आग्रह न हो, वे मूलत: छोटी-मशीन की तकनीक के समर्थक थे। गांधीजी ने कहीं यह कहा था कि बिजली अगर छोटी मशीनों के चलाने में सहायक हो तो मैं उसका विरोधी नहीं हूँ—इसको भी लोहिया ने काफी उद्धृत किया, पर हम लोगों से दार्शनिक मतभेद बहुत गहरे थे।

शायद आप लोगों को पता हो—डॉ. लोहिया ने एक पुस्तक लिखनी शुरू की थी—'इकॉनामिक्स ऑफ्टर मार्क्स'। वह अधूरी ही रही, लेकिन फिर भी

उसका प्रकाशन हुआ है। उसमें ज्यादा प्रकट तरीके से मार्क्सवाद की कुछेक मूल अवधारणाओं से डॉ. लोहिया की असहमति साफ दिखाई पड़ती है। लेनिन की प्रसिद्ध अवधारणा है—साम्राज्यवाद पूँजीवाद की चरम परिणति है जबकि लोहिया पूँजीवाद के विकास का कारक ही साम्राज्यवादी शोषण से इकट्ठा किए गए धन को मानते थे। पूँजी को लेकर मार्क्स की मूल अवधारणा 'श्रम के अतिरिक्त मूल्य' को भी नहीं मानते थे। हालाँकि उन्होंने स्वयं तो जिक्र नहीं किया है, पर मेरी समझ से वह रोजा लक्जमबर्ग की अवधारणा 'एक्यूमिलेशन ऑफ कैपिटल' के ज्यादा करीब थे जो अतिरिक्त मूल्य के सिद्धान्त पर प्रश्न-चिह्न लगाता था। उनकी नजर में अर्थव्यवस्था के दोनों मूल सेक्टर 'उत्पादक' और 'उपभोक्ता' के अतिरिक्त तीसरा सेक्टर कहीं ज्यादा महत्त्वपूर्ण था जो ऊपरी तौर पर क्रयशक्ति प्रदान करनेवाला सेक्टर है। इस तीसरे सेक्टर को ही पूँजी के निर्माण का धारक समझते थे। इस मायने में साम्राज्यवादी शोषण को पूँजीवादी विकास से जोड़कर देखने में वे राष्ट्रीय परम्परा के इतिहासकार आर.सी. दत्त या दादाभाई नौरोजी के ज्यादा करीब थे, लेकिन इस तरह की अधूरी धारणाएँ वैज्ञानिक नहीं थीं—और सामाजिक विकास के खास ढाँचे की सम्पूर्ण व्याख्या करने में समर्थ नहीं थीं।

आपके बारे में एक धारणा यह भी है कि आप ट्राट्स्कीवादी रहे हैं—इसमें कितना तथ्य है? मुझे भय है कि एक पर एक कई तरह के भ्रम हम आपके ऊपर आरोपित करते जा रहे हैं?

—*(हँसते हुए)* निश्चित तौर पर यह भी भ्रम ही है—हालाँकि इसके भी कुछ खास कारण रहे हैं। और इसका भी सम्बन्ध 'मैनकाइंड' के सम्पादकीय के जुड़ाव से ही है। 'मैनकाइंड' के सम्पादन मंडल में जिनकी प्रमुख भूमिका थी—वे श्रीलंका के एक सोशलिस्ट मित्र थे—हेक्टर अभयवर्द्धन। वे इंग्लैंड में अपने छात्र-जीवन के दौर से ही ट्राट्स्कीवादी थे, शायद इस कारण यह भ्रम बना हो।

इंडियन सोशलिस्ट पार्टी के दौर में बम्बई में सक्रिय एक छोटी पार्टी का विलय भी इसका कारण हो सकता है—जिसका नाम 'बोल्शेविक लेनिनिस्ट पार्टी' था। इसके लोग भी ट्राट्स्कीवादी थे, जैसे केल्विन ए.डी. सिल्वा। जहाँ तक मेरा सवाल है मैं ट्राट्स्की के कई विचारों से पूर्णत: असहमत था। मसलन, उस दौर में किसानों के प्रति कम्युनिस्ट पार्टियों का क्या नजरिया हो—इस पर 'बुखारिन' और 'ट्राट्स्की' के दो मतवाद थे। ट्राट्स्की मानते थे कि किसानों का प्रभाव अगर पार्टी पर बढ़ा तो अन्तत: वहाँ एक कुलक-सेंटर बन जाएगा जो प्रति-क्रान्तिकारी होगा जबकि बुखारिन का मानना था कि किसान धीरे-धीरे मजदूरों के साथ समरस हो जाएँगे और उनके साथ एक क्रान्तिकारी शक्ति में तब्दील हो जाएँगे। कमोबेश मेरा भी यही मानना था।

हाँ, स्टालिन के दौर में ट्राट्स्की के साथ जो सलूक किया गया, उसके हम लोग तीव्र आलोचक थे, बहुत हद तक उनके प्रति सहानुभूति भी रखते थे। शुरुआती दौर में यह जे.पी. का प्रभाव भी हो सकता है। मैंने यंग मेन्स इंस्टीच्यूट में हुए जिस स्टडी सर्किल की बात कही है, जे.पी. ने जो पॉलिटिकल क्लास लिया था, उसमें ट्राट्स्की के कई सकारात्मक पक्षों को भी रखा था और तभी से उनके प्रति मेरा रवैया काफी सहानुभूतिपरक रहा। लेकिन ट्राट्स्कीवादी लोग भी काफी असहिष्णु थे जो बात मुझे कतई पसन्द नहीं थी। एक तरह से उस स्टडी-सर्किल का और भी बृहत् प्रभाव मेरे ऊपर हुआ। मेरी रुचि राजनीति के अतिरिक्त और सारे विषयों में भी रही। स्वयं मार्क्सवाद के दार्शनिक पक्ष पर अन्य क्षेत्रों से जो आलोचनाएँ उठती थीं, उन्हें 'बुर्जुआ प्रचार' कहकर खारिज करनेवाले लोग बड़ी संख्या में थे। जैसे फिजिक्स में उठ रहा एंट्रापी का सिद्धान्त या जेनेटिक्स के तथ्य जो मनुष्य के खास गुणों के निर्धारण को पूर्वजों के 'जीन' से आरोपित मानता है इत्यादि, इत्यादि। जेम्स बर्नहम की पुस्तक 'इन डिफेंस ऑफ मार्क्सिज्म' की उन दिनों काफी धूम थी—जिसमें इन सब बातों की काफी विवेचना थी। जे.पी. ने उन दिनों क्वांटम मैकेनिक्स के सिद्धान्तों से लेकर 'मार्क्सवाद के सौन्दर्यशास्त्र' तक कई विषयों से हम लोगों का साक्षात्कार कराया जिसका प्रभाव मेरे ऊपर आगे भी बना रहा।

अगर आप अनुमति दें तो हम लोग आपके राजनीतिक इवोल्यूशन के बारे में जानना चाहेंगे, विशेषकर आपके एक्टीविस्ट पक्ष के सम्बन्ध में। हमारी पीढ़ी की राजनीतिक चेतना 1970 के बाद की है। इसलिए हम लोग सत्तर के बाद के काल से ही ज्यादा परिचित हैं जो आपकी बौद्धिक गतिविधियों से ज्यादा भरा हुआ है।

—सच पूछिए तो मैं एक्टीविस्ट ही हूँ और आज भी मेरी सक्रियता उसी स्तर पर है, किन्तु 1967 के आसपास से आप मान सकते हैं लेखकीय सक्रियता ज्यादा हो गई। फिर भी मेरी सारी रचनाएँ अपने समय के राजनीतिक सवालों को लेकर ही हुई हैं।

आजादी मिलने के ठीक एक वर्ष बाद मैंने कॉलेज छोड़ दिया। पटना साइंस कॉलेज में तब बी.एस.सी. का छात्र था। यह घटना 1948 की है। यों आजादी मिल गई थी और देश में एक बड़ा उत्साह था, पर जन-संघर्षों को गति देना और राष्ट्र-निर्माण की दिशा को समाजवादी विचारों के अनुरूप मोड़ने के लिए पूर्णकालिक कार्यकर्ता बनने की तुरन्त जरूरत थी।

मजदूर आन्दोलन से जुड़ना मार्क्सवादी धारा की राजनीति के लिए एक तरह से प्रायोगिक कक्षा की तरह था। बम्बई का मजदूर आन्दोलन तथा अशोक मेहता का नेतृत्त्व किसी स्टूडेंट एक्टीविस्ट के लिए उस समय का एक बड़ा आकर्षण

था। अरगडा कोल-फील्ड और माटूंगा के पास वडाला वर्कशॉप—करीब 8 वर्षों तक मैंने यहीं काम किया।

1956 में मैं लौटा मुजफ्फरपुर के इस गाँव मणिका में, यह भी पार्टी द्वारा दी गई चुनाव जिम्मेदारी को लेकर। पैदल और साइकिल से चुनाव प्रचार हम लोगों ने संगठित किया। सोशलिस्ट उम्मीदवार 7,000 वोट से चुनाव जीत गया। बाद में मुझे पता चला कि मेरे परिवार की थोड़ी जमीन भी यहाँ थी। फिर मैंने यहीं रहकर काम करने का निर्णय लिया। तब से लेकर 1969 तक पार्टी के सांगठनिक कामों में ही सक्रिय रहा—कुछ-कुछ समय के लिए बम्बई, हैदराबाद, दिल्ली में भी रहा पर लौटकर यहीं आता रहा।

1969 कई मायनों में एक मोड़ है। समाजवादी धारा लगातार संकुचित होती जा रही थी। समाजवाद-विरोधी लोग ज्यादा मजबूत दिखने लगे। संसोपा जो थोड़ी मजबूत थी भी, लोहिया जी की मृत्यु के बाद बेहिचक प्रतिक्रियावाद रुझानों की ओर बढ़ने लगी। मुझे लगा कि समाजवाद की पूरी चिन्तनधारा पर पुनर्विचार की जरूरत है। एक तरह से अपनी वैचारिक स्पष्टता के लिए भी पढ़ने-लिखने लगा। फिर मुझे लगा कि जो मैं समझ रहा हूँ, उसे एक पुस्तक के रूप में लिख देना चाहिए। 'सोशलिज्म एंड पॉवर' मेरा अपने विचार मंथन के इसी दौर की रचना है। हालाँकि जब मैं इस किताब को लिख रहा था और उन दिनों दिल्ली के पुस्तकालयों में मैं लगा रहता था, फिर भी पार्टी के काम में सक्रिय रहता था। जॉर्ज फर्नांडीज उन दिनों महासचिव थे।

दरअसल, प्रजा सोशलिस्ट पार्टी (प्रसोपा), संयुक्त सोशलिस्ट पार्टी (संसोपा) और भारतीय सोशलिस्ट पार्टी में इनके विलय या विखंडन की प्रक्रियाओं से अलग हटकर 1980 में हम लोगों ने 'समता संगठन' बनाया और मैं आज भी इसकी सक्रियताओं से जुड़ा हूँ।

हमारी उत्सुकता आपकी अन्य रचनाओं की पृष्ठभूमि से भी है। शायद इस चर्चा को थोड़ा और विस्तार आप देना चाहे...

—1969 की ही घटना है। बिन्देश्वरी प्रसाद मंडल संयुक्त सोशलिस्ट पार्टी के एम.पी. थे। उस समय बिहार में विपक्षी दलों की संयुक्त सरकार थी और उसमें नेतृत्व परिवर्तन का मामला आया। मंडल जी डॉ. लोहिया के पास आए और लोकसभा से इस्तीफा देकर राज्य की राजनीति में जाने की अनुमति चाहते थे। उनका यह प्रस्ताव सुनते ही लोहिया जी को बड़ी खीझ हुई। उन्होंने तपाक से कह दिया, "अरे, दिल्ली छोड़कर म्यूनिसिपैलिटी के लिए क्यों जाना चाहते हो?" बाद में मंडल जी दल बदलकर कांग्रेस में मिल गए और मुख्यमंत्री बन गए। उस समय मेरे मन में दो बातें आईं—एक तो स्पष्ट था कि समाजवादी विचारों के लोग साफ

उल्टी दिशा की ओर जा रहे थे। दूसरी बात, जो लोहिया जी ने कही—सब कुछ दिल्ली में है, राज्य सरकार (म्यूनिसिपैलिटी) में जाकर क्या करोगे? सब कुछ—सारी सत्ता—दिल्ली में ही केन्द्रित है—दरअसल, यही पृष्ठभूमि थी जब मैंने बिहार की आर्थिक स्थिति के बारे में सोचना शुरू किया। 'सोशलिज्म एंड पॉवर' तो काफी चर्चित हुई थी, और इसके बाद एक लेखक के रूप में भी मुझसे अपेक्षा बन गई। अनेक मित्रों का सुझाव भी आने लगे कि लेखन कार्य को मैं आगे बढ़ाऊँ। 'इंटरनल कॉलोनी' इन्हीं परिस्थितियों की उपज थी—यह 1972 में आई।

और आपकी तीसरी किताब?

—अगर आप किताबों को क्रम देना चाहते हैं, तो मेरी पहली किताब तो हिन्दी में थी—'समाजवाद के बढ़ते चरण' जो 1965 में ही लिखी गई और काफी लोकप्रिय हुई थी। इस खयाल से शायद आप चौथी किताब के बारे में पूछ रहे हैं। यह थी 'बीट्टर हार्वेस्ट' जो 1975 में प्रकाशित हुई।

इमरजेंसी के दौर में यह पुस्तक छपी, इसलिए इसकी उतनी चर्चा नहीं हो सकी, लेकिन देश में विकास का मॉडेल क्या हो, विशेषकर 'पूँजी' के सवाल पर? आयातित पूँजी पर बल हो तो आन्तरिक पूँजी निर्माण पर? दरअसल, 1973-74 के दौरान एक बड़ी चर्चा भारत जैसे देशों को आर्थिक मदद देनेवाली एक बड़ी संस्था 'क्लब ऑफ रोम' द्वार संचालित बहस 'लिमिट्स ऑफ ग्रोथ' के परिप्रेक्ष्य में थी। इसकी एक बड़ी आलोचना थी कि इस तरह के विकास से मोटरगाड़ियों द्वारा छोड़े गए धुएँ के अतिरिक्त समाज को मिलता क्या है? उन दिनों जो लोग चीन के भ्रमण से लौटते थे, वे अक्सर चीन की सम्भावनाओं को लेकर अफसोस जाहिर करते थे—बहंगी में पानी ढोते हैं—यह समाज कितने दिनों में तरक्की करेगा? उसके मुकाबले भारत में उन दिनों 5 लाख मोटरगाड़ियाँ थीं जो मेरी समझ से एक अनावश्यक उत्पादन था।

वस्तुत: मेरी उस पुस्तक का केन्द्रीय विषय-वस्तु है, कृषि से पूँजी निर्माण। कुछ हद तक इस ऐतिहासिक धारणा के तहत लिखी गई कि औद्योगिक क्रान्ति किसी भी समाज में तब तक सम्भव नहीं है जब तक वह समाज कृषि-क्रान्ति से नहीं गुजरे। इंग्लैंड का 'टर्निप रिवॉल्यूशन', जापान का 'माइजी रेस्टोरेशन' इसके सबसे बड़े उदाहरण हैं—जिनके कारण इन समाजों में टिकाऊ औद्योगिक विकास हो सका। इस सम्बन्ध में राइनर नक्शे ने 40 के दशक में ही एक बहस छेड़ी थी। 70 के दशक के अफ्रीकी अर्थशास्त्री समीर अमीन भी इस स्थापना के आसपास थे। पूँजी का सबसे बड़ा स्रोत मानव-श्रम है—दरअसल उसी के परिप्रेक्ष्य में भारत में आयातित हरित-क्रान्ति किया जाए कि श्रम-साध्य कृषि से पूँजी-निर्माण, और तब औद्योगिक विकास किया जाए—इसी के वैचारिक आधार को रखने की मैंने कोशिश

की थी क्योंकि श्रम के बहुतायत के अतिरिक्त हमारे पास है क्या? अगर मजदूरों की मूलभूत आवश्यकता की चीजें ही मजदूरी के एवज में दी जाएँ—जैसे काम के बदले अनाज, तन ढँकने के लिए कपड़ा भी तब खेती से अतिरिक्त उत्पादन तथा पूँजी निर्माण शुरू हो जाता। लेकिन इस श्रम को बेकार रखना और आयातित पूँजी से विकास का एक आडम्बर खड़ा करना इनमें दो विरोधाभासी स्थितियों तक ही हमें पहुँचाएँगे—उसी को मैंने कहा है।

1974 का दौर तो एक व्यापक आन्दोलन का था, क्या उस परिप्रेक्ष्य में कोई विशेष बौद्धिक कार्य?

—आन्दोलन का जहाँ तक पार्टियों से सम्बन्ध था तो मैं कह चुका हूँ कि उसकी पूरी दिशा से मैं सन्तुष्ट नहीं था, लेकिन आन्दोलन में सन्दर्भ को व्यापक करने के लिए एक बुलेटिन निकालने का काम मैंने शुरू किया। इमरजेंसी में यह बुलेटिन भूमिगत होकर निकाला जाता रहा। वैसे पार्टियों के आन्दोलन में भागीदार होते ही मैं समझ गया था कि इससे बहुत दूरगामी परिणाम की अपेक्षा नहीं रख सकते। चूँकि इमरजेंसी में सतह पर कोई राजनीतिक काम नहीं हो सकता था, मैंने फिर बौद्धिक काम की तरफ ही दिमाग मोड़ा।

क्या 'इमरजेंसी इन पर्सपेक्टिव' पर काम करना शुरू किया?

—नहीं, वह तो कुछ बाद का काम है, लेकिन एक विशेष घटना ने मुझे 'कला' के सन्दर्भ की ओर मोड़ दिया। हुसैन (प्रसिद्ध रंगकर्मी) ने इमरजेंसी के दौरान इन्दिरा गांधी को दुर्गा के रूप में चित्रित किया—इससे सभी संवेदनशील लोग काफी दु:खी हुए। उन दिनों मैं एक फीचर एजेंसी के लिए लिखा करता था, क्रोध में मैंने हुसैन की सख्त आलोचना की। यहाँ तक कि उन्हें 'पिकासो का नकलची' भी कहा। वैसे मैं उन्हें भारत का सबसे सक्षम पेंटर भी मानता था। ललित कला अकादमी में उन दिनों में बैठता था जहाँ इमरजेंसी की खिलाफत करनेवाले कलाकारों की भी अच्छी-खासी जमात थी। इमरजेंसी के एक तीव्र आलोचक निर्मल वर्मा भी हुआ करते थे। उन लोगों से बातचीत करते एक बात मेरे दिमाग में उन दिनों उठी कि इतने सक्षम होते हुए भी ऐसे कलाकार की संवेदना इतनी संकुचित क्यों है? क्यों एक बड़ी आतंकवादी सत्ता उसकी दृष्टि से परे रह जाती है? मेरी अगली किताब 'केअस एंड क्रिएशन' इसी पृष्ठभूमि में लिखी गई।

'कला क्या है?' 'पर्सेप्शन' क्या है—जैसे मूलभूत सवालों को जाँचने की कोशिश मैंने की और मेरी यह समझदारी बनती गई कि मनुष्य के स्वभावगत गुण की तरह ही कलाकार की दृष्टि होती है। व्यापक परिदृश्य से तथ्यों के बीच सामंजस्य बैठाना और फिर उस सामंजस्य के आधार पर कोई व्यवस्था बनाना। वैज्ञानिक, गणितज्ञ

या दार्शनिक इस समझ को ऐब्स्ट्रैक्शन की ओर ले जाते हैं—गणित के सूत्रों तक भी। हालाँकि वह अन्तिम समझ फिर भी नहीं होता। कला-सृजन की प्रक्रिया भी ऐसी ही है। संसार को कोई कलाकार जैसा पाता है, उसका एक ऐब्स्ट्रैक्शन उसके मानसिक स्तर पर घनीभूत होता है। अलग-अलग कलाएँ इसे ही अवधारणात्मक ढाँचे में पुन: प्रस्तुत करती हैं। असल सवाल यह है कि तथ्यों को ग्रहण करने के लिए आपके संवेदन इन्द्रियों को क्या मिल रहा है? जैसे अगर एक्स-रे के माध्यम से आप किसी को देख रहे हों तो आपको केवल हड्डियाँ दिखाई पड़ेंगी, लेकिन जब प्रकाश की तरंगों से आप देखते हैं तो वही शरीर कुछ और दिखाई देता है। ठीक विज्ञान की ही तरह जैसे-जैसे आप 'उपकरण' बढ़ाते जाते हैं, आपका पर्सेप्शन भी बढ़ता जाता है।

दूसरा उदाहरण हो सकता है जादूगरों या 'मीस्टिक' रचनेवालों का। वे आपके सामने कुछ चीजों को प्रस्तुत करते हैं फिर उसमें से कुछ को गायब कर देते हैं। उसे फिर से वापस प्रत्यारोपित भी कर देते हैं। यहाँ चीजों की एक इंटर-सब्जेक्टिव रियालिटी है जो जादूगर हम तक कम्युनिकेट कर रहा है। इसी तरह कला का भी एक पर्सेप्शन है जो कलाकार के अनुभव के दायरे (एक्सपीरियंस फील्ड) पर आधारित होता है। उसी तरह देखनेवाले (दर्शक) के भी अनुभव का एक दायरा, उसके एक्सपीरियंस का भी एक फील्ड होता है। दरअसल, इन तीन किस्म के अनुमान-आधारों का ओवर लैपिंग हो जाना—एक-दूसरे से सटीक बैठ जाना—जितना ही होगा—वह कला उतनी ही उत्कृष्ट साबित होगी। उतनी ही सराही जाएगी।

कांट का कहना है कि एक नॉमीनल वर्ल्ड है, और एक फेनोमेनल वर्ल्ड है—कुछ इसी जैसा ही। हालाँकि कांट जैसा मैं यह नहीं मानता कि फेनोमेनोल वर्ल्ड के पार कुछ भी नहीं है। दरअसल चीजें जैसी हैं—(द थिंग इन इटसेल्फ) इसको हम अभिव्यक्त नहीं कर सकते।

ऐसे ही, कला के क्षेत्र में अनेक सम्भावनाएँ होती हैं जो अपना प्रभाव डालती हैं। मसलन, प्रतीकों द्वारा निरूपण को ही ले लीजिए, जैसे हंस। भारतीय जीवन-दृष्टि में श्वेत हंस को शुभ्रता का प्रतीक माना जाता है, पर ग्रीम मिथकों में वह जीयश (उनके कामदेव) कामुकता का प्रतीक माना जाता है। जाहिर है कि हंस पर आधारित पश्चिम की कला रचनाएँ हमें उतनी अपील नहीं करतीं। इस तरह 'केअस एंड क्रिएशन', कला को उसके परिप्रेक्ष्य में समझने की कोशिश थी।

एक तरह से थोड़े समय के लिए गहरे राजनीतिक सवालों से वह पटाक्षेप भी था और जल्दी ही मैं फिर इमरजेंसी के मूल कारणों की समीक्षा में जुट गया।

यों इमरजेंसी पर अनेक किताबें आईं—ज्यादातर पर्दे के पीछे की घटनाओं के विवरण लेकर। लेकिन मेरे सामने कुछ और ही सवाल थे, जिनकी पड़ताल जरूरी थी। इमरजेंसी लगने पर आम लोगों में तीखी प्रतिक्रिया क्यों नहीं हुई? स्वत:स्फूर्त

कोई विद्रोह जैसा क्यों नहीं हुआ? क्योंकि लोगों को फ्रीडम पहले से था ही नहीं। लोकतांत्रिक जीवन की संस्थाओं, संविधान की आन्तरिक कमजोरियों की मैंने विशेष रूप से पड़ताल की तो ऐसा लगा कि सूक्ष्म स्तर पर तो इमरजेंसी जैसी चीजें हमेशा जारी थीं, केवल उसका बाह्य स्वरूप प्रकट हो गया था उन दिनों, जिसके लपेटे में हमारे अभिजात वर्ग का एक हिस्सा भी आ गया था। इसीलिए मैंने इस किताब का नाम 'इमरजेंसी इन पर्सपेक्टिव' रखा है।

क्या हम यह मान लें कि सामयिक बहसों से क्लू लेकर आप कोई विषय चुनते हैं और फिर उसके व्यापकतम सन्दर्भ को लोगों तक पहुँचा देना चाहते हैं। आपकी अगली पुस्तक है 'कास्ट : मिथ, रियाल्टी एंड चैलेंज'—इसके पीछे आपकी केन्द्रीय चिन्ता क्या थी?

—जाति को लेकर जो वैमनस्य दिखता है, उसको एक बिलकुल सतही कारण दिए जाते रहे हैं। तथाकथित उच्च वर्ग और उसके लहू की शुद्धता जो ऐसी श्रेष्ठताओं को वैचारिक आधार देता है, वैज्ञानिक आधार पर ये बातें कितनी खोखली हैं—यही बताना अभीष्ट था।

इतिहास के तथ्य इतने ज्यादा भरे पड़े हैं इस बात के पक्ष में कि भारतीय समाज में बड़ी जातियों के नृवंशीय स्रोत भी वही हैं जो अन्यों के। दरअसल जब कोई जाति समूह आर्थिक और सामाजिक रूप से अपना वर्चस्व इतिहास के किसी खास कालखंड में, किसी खास क्षेत्र-विशेष में स्थापित कर देता था तो इस प्रभुसत्ता सम्पन्न जाति की सत्ता को स्थापित करने के लिए कुछ पीढ़ियों पहले से ही उसकी श्रेष्ठता के मिथक गढ़े जाते थे। प्राचीन इतिहास के तथ्य इससे बिलकुल अलग हैं।

आप बिहार के इस क्षेत्र को ही लीजिए जहाँ हम लोग पैदा हुए हैं और जहाँ जाति को लेकर अक्सर तनाव खड़े होते रहते हैं। यहाँ गुप्त वंश और पाल वंश उन दो का शासन रहा है, पर किसी ने भी अपने क्षत्रित्व का दावा नहीं किया। सबसे पहला साम्राज्य जिस नन्द वंश का था उस महापद्मनन्द को तो क्षत्रियों के हन्ता होने के कारण 'दूसरा परशुराम' भी कहा जाता था। दक्षिण का सातवाहन भी शुद्र ही थे। सच पूछिए तो इतिहास के किसी दौर में कोई बड़ा साम्राज्य भारत में रहा ही नहीं, फिर इस नकली क्षत्रित्व को लेकर सामाजिक स्तर पर आक्रामकता दिखाना और तनाव खड़े करते रहना कितना अनर्गल है?

'क्षत्री' से 'खत्री' और फिर राजपूत ये सभी शक-हुण-शीथियन जैसी अनेक जाति-समूहों से ही बने जो जैसे-जैसे प्रभुता सम्पन्न होते गए, ब्राह्मणों ने इनकी महिमा मंडित वंशावली तैयार कर दी। उत्तर बंगाल के 'राजवंशी' जो एक मछुआरों के जाति समूह हैं, राजारोहण होने पर उनको राजपूत बना दिया जाना यह तो हाल-

फिलहाल की घटना है। ठीक उसी तरह जैसे शिवाजी जो कुनबी जाति के थे उनको क्षत्रित्व दिया जाना, ये बातें सभी को ज्ञात हैं।

मैंने उस पुस्तक में केवल भारत में ही नहीं हिन्द-चीन के क्षेत्रों जहाँ हिन्दू संस्कृति का प्रभाव था—के कुछ राजवंशों को कैसे ब्राह्मणों ने क्षेत्रीय में तब्दील कर दिया—ऐसे भी कितने ही उदाहरण दिए हैं। दरअसल, भारत का समाज इतना घुला मिला है कि कम-से-कम यहाँ किसी के भी जातीय श्रेष्ठता का दावा तो कहीं टिकता ही नहीं है, यह हमें कबूल कर लेना चाहिए। इसको लेकर वैमनस्य या इसको लेकर प्रताड़ना खड़े करना तो बिलकुल ही एक झूठ को पार्श्व में लेकर लड़ने जैसा है।

हाँ ठीक है, आपकी इन चिन्ताओं को हम समझ सकते हैं, पर हमें सबसे ज्यादा उत्सुकता 'ऐडवेंयर्स ऑफ लिबर्टी' को लेकर है। इस किताब में स्वतंत्रता की आकांक्षा को ही इतिहास की चालक-शक्ति (मोटिव-फोर्स) के रूप में दिखाया गया है। यह किताब एक तरह से डार्विन की व्याख्या 'सर्वाइवल ऑफ द फिटेस्ट' या मार्क्स की स्थापना 'वर्ग-संघर्षों' का ही इतिहास के समानान्तर 'लिबर्टी' को केन्द्र में रखकर इतिहास को देखने, या यह कहा जाय कि इवोल्यूशन को देखने की कोशिश है—हम इससे बहुत ही अभिभूत रहे हैं, लेकिन इस दिशा में काम करने के तात्कालिक कारण क्या थे? स्पांटेनिटी क्या थी?

—सच पूछिये तो इसका भी कारण इमरजेंसी ही रहा है। तानाशाही अगर लम्बे समय तक हावी रहता है तो लोग उसे भाग्यवाद की तरह स्वीकार कर लेते हैं, अगर उनके भीतर विरोध की भावना न बचे। एक विचार भी आया था कि आदमी को खास परिस्थितियों में ट्रेन कर किसी व्यवस्था को स्वीकार करने के लायक बनाया जा सकता है। इमरजेंसी के दौरान भारतीय शासकों को भी ये बातें बताई जा रही थीं। स्वतंत्रता एक मूलभूत मानवीय भावना है—मैंने इसी को स्थापित करने के लिए यह लिखा। कुछ हद तक भारतीय समाज के लिए यह एक उद्बोधन था, विशेषकर बुद्धिजीवियों के लिए, जो तानाशाही को स्वीकारने लगे थे। मैंने यहूदियों का मिस्र में गुलाम बनाया जाना और मोजेज (मूसा) का नेतृत्व, रोम में ग्लैडियेटर्स से लेकर खुद हमारे समाज में मध्य युग के भक्ति आन्दोलन का जिक्र इस सन्दर्भ में किया है।

किताब लिखने के दौर में ही जो ऐतिहासिक विकास-क्रम के तथ्य देखने में आए—उससे मानवीय स्वातंत्र्य की अदम्य इच्छा को लेकर मेरे मन में एक दृढ़ निश्चय (कनविक्शन) खड़ा हुआ। मैंने तभी सोवियत संघ के निश्चित ध्वस्त होने की बात भी कह दी थी।

एक छोटा सवाल और है। मार्क्सवाद की स्थापना की मूलतः मानते हुए भी लोकतंत्र को अपने धुरी माना है। विचार के स्तर पर आपने काफी यात्रा की, लेकिन अगर किसी एक धारा में आपको रखना चाहें तो आप अपने को मार्क्सवादी कहना चाहेंगे या उदार लोकतंत्रवादी?

—मैं समझता हूँ कि ऐसी सम्बद्धता एक पिटे लीक की होगी। मैं इतना ही कहना चाहता हूँ कि हम लोग मार्क्स के कन्धे पर खड़े हैं, इसलिए कुछ और आगे देख पाने में सक्षम हैं, लेकिन जैसे ही आप अपने को घिसे-पिटे मुहावरों में मार्क्सवादी बना देते हैं—उस विशाल कन्धे पर खड़े होने के बावजूद आप अपनी आँखें बन्द कर लेते हैं। ज्यादातर मार्क्सवादी लोग इसीलिए आगे कुछ भी नहीं समझ पाए। मैं पूरे तौर पर यह मानता हूँ कि मार्क्स के बिना समझदारी हो ही नहीं सकती, लेकिन मैं गांधी के प्रभाव को आज की चुनौतियों के सापेक्ष कहीं ज्यादा स्वीकार करता हूँ। किन्तु गांधी के प्रभाव का आशय सर्वोदय के लोगों की तरह चरखा और कर्घा नहीं है। गांधीवाद का मूल मानव-सभ्यता के जीवित रहने के लिए एक औजार संस्कृति 'कल्चरल सर्वाइवल किट' है।

आनुवंशिकी के क्षेत्र में 'हाइपरट्रॉपी' की एक समझ है—यानी खास जीवों में जीवित रहने के लिए कुछ खास क्षमताओं का अधिक विकास। मनुष्य में आत्म-निमंत्रण का एक ऐसा ही गुण है—गांधीवाद दरअसल मनुष्य में निहित आत्म-निमंत्रण के गुणों को संवर्द्धित करता है, इसीलिए इसे मैं मानव-संस्कृति का सर्वाइवल किट कहता हूँ। क्योंकि औद्योगिक सभ्यता की भी एक हाइयरट्रॉपी है—अत्यधिक उपभोग के लिए अहर्निश तैयारी जो प्रकृति के बेहिसाब दोहन की ओर ले जाता है—यानी अन्ततः विनाश, लेकिन गांधी की समझ मनुष्य पर अपने नियंत्रण को बढ़ाकर सभ्यता के जीवित रहने का दर्शन है। इसी सन्दर्भ में मैं शूमाकर से भी प्रभावित रहा हूँ। हालाँकि अर्थशास्त्रियों ने उन्हें अपने बीच से खारिज कर दिया, पर उन्होंने प्रकृति के दोहन के खिलाफ सावधान किया था—यह कहते हुए कि प्रकृति के संसाधन भंडार को अपनी आय मत समझो। वह पूँजी है—उसको खत्म करोगे तो तुम्हारा महत्तम उत्पादन वाला यह उद्योग ही समाप्त हो जाएगा। इन संसाधनों में रिनीवेबुल क्या है, एक्जॉस्टेबुल क्या है—इन सभी में फर्क है—अर्थशास्त्री को मूलतः प्रेस्कृप्टिव होना चाहिए न कि उत्पादन का इकोनॉमेट्रिक प्रोजेक्टर। शूमाकर गांधी से इसीलिए उतने प्रभावित थे जो मानता है—पृथ्वी सबकी जरूरत पूरी कर सकती है, पर एक आदमी के लालच को नहीं।

उत्पादन प्रणाली, बेरोजगारी, केन्द्रीकरण, हिंसा यहाँ तक हिंसा के दायरे में पेड़-पौधों के विनाश तक को रोकने की चिन्ता जो गांधी में थी, वह पारीस्थितिक जीवन का ज्ञान है जो उत्पादन-प्रणाली की अगली निष्पत्तियों तक हमें ले जाता है।

हम लोग लगातार बात करते रहे—उधर सूरज डूबनेवाला है। अब एक आखिरी सवाल। आज दिन भर हम लोगों ने थकाया आपको। हमारी आजादी के अब 50 वर्ष हुए, एक पॉलिटिकल एक्टीविस्ट तथा समाजवादी दर्शन से जुड़े लम्बे दौर के बौद्धिक कार्यों में आपकी लगभग इतने ही वर्षों की सक्रियता भी रही है। आप इस आजादी का क्या मूल्यांकन करते हैं?

—बौद्धिक स्तर पर हम लोग आजाद महसूस करने लगे हैं। पहले पुलिस व्यवस्था का बड़ा आतंक था—लोग अब उससे बहुत नहीं डरते। समाज के निचले स्तर के लोग भी यह महसूस करते हैं कि वे बराबर के आदमी हैं। पहले यह ऐसा नहीं था। बम्बई में 1952 के चुनाव में मैंने डॉ. अम्बेडकर के लिए काम किया था—महारों के बीच ही जो अपेक्षाकृत दलितों के बीच सबसे सजग तबका था, लेकिन उनमें भी यह भावना उन दिनों नहीं थी। इसलिए बौद्धिक या आत्मिक स्तर की आजादी बढ़ी है।

एक दूसरे स्तर पर भी लोकतंत्र की उपलब्धि में समझता हूँ, काफी सकारात्मक है। लोकतंत्र के भीतर समाज की निचली सतह पर रह रहे लोगों को सत्ता के केन्द्र तक लाने की शक्ति होती है। उनके प्रभाव की सरकारें बन रही हैं। मतदान का महत्त्व बढ़ा है। दरअसल, यह प्रक्रिया समाज में जैसे ही शुरू हुई, प्रभुसत्ता सम्पन्न लोगों ने इसका विरोध करना शुरू किया था। बोगस वोट, बूथ-कब्जा, गुंडागर्दी इसी प्रतिक्रियात्मक सत्ता की उपज हैं, लेकिन वो लगातार हारते जा रहे हैं। यह एक बेहतर उपलब्धि है।

मेरा मानना है कि आजादी पहले आत्मिक स्तर पर दिखाई देती है, आर्थिक स्तर पर यह बाद में दिखाई देगी।

लेकिन अगर आप ऐसा मानते हैं कि यह आजादी बहुत गहरे लोगों को प्रभावित कर रही है, तो इसकी अर्द्धशती पर क्या हमें सेलिब्रेट नहीं करना चाहिए?

—देखिए, सकारात्मक पक्ष तो इसका जरूर है, लेकिन वह लोकतंत्र की अन्तर्निहित शक्ति है, इसमें स्वातंत्र्योत्तर भारत के नेतृत्व-शक्ति की भूमिका क्या है? उन्होंने तो धारा के विपरीत ही काम किया, लगातार रोड़े अटकाए हैं, लेकिन अगर इसे सेलिब्रेट करते हैं तो वह उनके नेतृत्व का अनुमोदन माना जाएगा। वैसे आर्थिक स्तर पर तो यह उपलब्धि और भी न्यून है।

50 साल बहुत लम्बी अवधि है, कम-से-कम भोजन और कपड़े जैसी बुनियादी आवश्यकता तो हर किसी के लिए हो ही जाना चाहिए था। सबसे भयावह स्थिति रोजगार को लेकर है। हमारी अर्थव्यवस्था में प्रतिवर्ष 20,000 करोड़ रुपए केवल पेट्रोलियम पदार्थों पर व्यय किए जाते हैं। अगर इस पूँजी का सन्तुलित उपयोग किया जाता तो प्रति वर्ष 20 लाख छोटे काम-धन्धों के यूनिट खड़े हो जाते और

करीब 1 करोड़ लोग सम्मानजनक जीवन के रोजगार पा सकते थे अगर 10 लाख रुपया भी प्रति यूनिट के पीछे लगाया जाता।

तो आपकी नजर में दोषी कौन दिखता है?

—प्रथमतया इस देश का अभिजात वर्ग, जिसकी शुरू से ही यही समझ थी कि इस देश को ऐसा बनाना है जैसा पुराने मालिक (अंग्रेज) चाहते थे। उनके लिए आम जनता का कोई मतलब नहीं था।

चीन को लीजिए। हमारी आजादी के 2 साल बाद कम्युनिस्ट वहाँ शासन में आए। मानव-श्रम को उन्होंने अधिकतम महत्त्व दिया। कृषि के क्षेत्र की मूलभूत सफलता हासिल कर ली। और आज उनके पास बड़ी राष्ट्रीय पूँजी है औद्योगिक निर्मण के लिए। चीन ने सभी नागरिकों को भोजन दे दिया, रोजगार दे दिया, कपड़े दे दिए। हमारे यहाँ लोग हँसते थे चीन पर कि पूरी आबाद लगता है, यूनिफॉर्म पहनी हुई है क्योंकि 3-4 किस्म के कपड़ों का ही उत्पादन वे करते थे। उनमें रंगों की बहुत विविधता नहीं थी। आज तो वे विविधता भी खड़ी कर रहे हैं। ठीक उल्टे, हमारे यहाँ कुछ लोगों के लिए काफी विविधता है, पर करोड़ों लोग अब भी आजीवन नए कपड़ों के मोहताज हैं।

लेकिन चीन को तो समाजवादियों द्वारा भी कम्युनिस्ट तानाशाही का देश माना जाता रहा है?

—नहीं। मैं नहीं मानता। कम-से-कम तब तक, जब तक वह जनता के समर्थन से लड़ रहे थे। और पार्टी का हर लड़ाकू यूनिट जनता की भागीदारी से ही अपना स्थानीय स्वशासन चलाया करता था—वह एक स्वत:स्फूर्त विकेन्द्रीकरण था, जिससे प्रारम्भिक दौर में ही चीन ने बेहिसाब तरक्की की।

एक आखिरी सवाल...

आपका प्रेस्क्रिप्शन क्या है? आगे आनेवाले 40-50 वर्षों में भारत का क्या होगा? कैसे इसे एक नया आकार दिया जा सकता है?

—यह कोई निर्गुण सवाल नहीं है मेरे लिए। मैं मूलत: अपने को एक पॉलिटिकल एक्टीविस्ट मानता हूँ और उस लिहाज से अपनी समझ के साथ सक्रिय भी रहता हूँ।

समाजवादी आन्दोलन में बड़े बिखराव के बाद 1980 में कुछ साथियों के साथ हम लोगों ने 'समाजवादी जन-परिषद' का गठन किया, जिसके मूल उद्‌देश्य हैं, जनान्दोलनों को देश की राजनति में एक केन्द्रीयकारी भूमिका में लाना।

शायद आप लोगों न गौर किया हो—1980 के बाद इस देश में काफी बड़े-बड़े जन आन्दोलन हुए हैं जो मूलत: विकास योजनाओं के खिलाफ हैं। यह भी

गौर करने की बात है कि ये सभी आन्दोलन राजनीतिक दलों के दायरे के बाहर हुए—जैसे टिकैत का आन्दोलन, नर्मदा आन्दोलन, चिपको आन्दोलन, आन्ध्र और तमिलनाडु के मछुआरों का आन्दोलन इत्यादि, इत्यादि...

दूसरी मुख्य बात यह है कि ये सभी आन्दोलन राजनीति के प्रति निषेध भाव रखते हैं जो कुछ हद तक इस अस्वीकृति के कारण हैं कि ये दलों की सिद्धान्तहीनता जो जनता के सवालों पर एक जैसे ही कटे हुए हैं। पिछली लोकसभा के दौरान जब भाजपा की सरकार 13 दिनों के लिए बनी थी तो स्वयं वाजपेयी ने कहा था कि मनमोहन सिंह की आर्थिक नीतियों से हमारा कोई विरोध नहीं है, लेकिन हम उन्हें, अपना वित्तमंत्री नहीं बना सकते।

मेरी राय में एक बिलकुल नए समान्तर राजनीति की जरूरत है जो इन तमाम आन्दोलनों को इकट्ठा कर एक दल के रूप में संगठित करने से ही हो सकता है। इस बात को समझने की जरूरत है कि इन तमाम लोगों के लिए भी कि हम आन्दोलन करते रहें और सत्ता में कोई और बैठता रहे। एन.ए.पी.एस. (नेशनल एलायंस फॉर पीपुल्स मूवमेंट) के रूप में एक ऐसा प्रयास हुआ भी है, पर वैसे कोई बहुत मजबूत धारा इसकी बनी नहीं है।

लेकिन ऐसे शाकाहारी प्रयासों से क्या फल निकलेगा? कोई करिश्माई नेतृत्व इसमें से निकलता दिखता है क्या? व्यापक जनता को जोड़नेवाला कोई नारा, कोई व्यक्ति—ये तो खड़े नहीं हो पा रहे हैं?

—ये सब बातें रणकौशल की हैं। नेतृत्व का चरित्र कैसा है, उसकी क्षमता क्या है—इसी पर निर्भर करता है। मुझे यकीन है इन आन्दोलनों से ही निकलेगा। यही एकमात्र रास्ता दिखता है जिसको व्यापक एलेक्टोरेट से जोड़ने की जरूरत है। मेरे विचार से वही राजनीति कारगर होगी जो हाशिये पर के लोगों को मुख्यधारा में ले आए नहीं तो भारत बुरूंडी या सोमालिया में भी तब्दील हो सकता है। आगे की सबसे बड़ी चुनौती एक ऐसे सक्षम राजनीतिक दल पैदा करने की है।

('संवेद' ने एक पूरी टीम के साथ (शशिभूषण, अरशद अजमल, शाहिद कमाल और किशन कालजयी) नवम्बर 97 में दिनभर की यह बातचीत मनिका (मुजफ्फरनगर) स्थित उनके निवास पर रिकॉर्ड की थी।)

संस्कृतिकर्मी अनीश अंकुर की बातचीत

सच्चिदा बाबू, आपके वक्तव्यों और आपके लेखन से यह जाहिर होता है कि आप औद्योगीकरण की परिकल्पना के ही खिलाफ हैं, इनलाइटेनमेंट (प्रबोधन) की जो परियोजना चली आ रही है, ऐसा लग रहा है, उसी पर सवाल खड़ा कर रहे हैं। मानवजाति की जो तरक्की हुई है, सुविधाएँ मिलीं, औद्योगीकरण से, उसे कैसे नकारा जा सकता है?

—एक धारा है अराजकतावादी आन्दोलन की! वह तो मानती है कि औद्योगीकरण क्या, कि कृषि-क्रान्ति के बाद से ह्रास शुरू हुआ है। अराजकतावादियों में एक ग्रुप है जो खुद को 'एनार्किस्ट प्रमिटिविस्ट' अर्थात आदिमवादी अराजक कहते हैं। उन लोगों ने काफी शोध किया है पुरातत्व वगैरह पर। और उनकी बुनियादी अवधारणा यह है कि प्रिमिटिव लोग आपस में बहुत ज्यादा लड़ते-झगड़ते रहते थे, जिन्दगी काफी कठिन थी। कैलिबा सिनचिंग करके एक अमेरिकी लेखक थे, उन्होंने अपने अध्ययन से यह बताया है कि जो आदिम लोग थे जो कि शिकार और फलसंग्राहक समाज में रहनेवाले लोग थे, वे वास्तव में खुशहाल इस अर्थ में थे कि उनको जो भोजन मिलता था, वह आज के भोजन से बेहतर था। अमेरिका में एक कथन है कि 'मिल्क मेक्स ए मैन'। उन्होंने शोध किया है उनकी हड्डियों वगैरह का। उसके आधार पर कहा गया कि उन लोगों का प्रोटीन वगैरह का जो इनटेक था, वह बेहतर था। आज एंटीबायोटिक वगैरह जो पम्प करते हैं, वह तब नहीं था। चार-पाँच घंटे दिन में काम करके वे दिन बिताते थे। तो 'एनार्किस्ट प्रमिटिविस्ट' लोग इसी थीम को लेकर काम कर रहे हैं।

ऐसे ही एक काफी चर्चित किताब है, डायमंड करके एक लेखक हैं, उनको 'पुलित्जर प्राइज' भी मिला है। उन्होंने आदिम समाज से अब तक के विकास और उसके नतीजे का अध्ययन किया है। सभ्यता की शुरुआत हुई, कृषि का प्रारम्भ हुआ, तभी से बहुत सारी समस्याएँ, दिक्कतें होनी शुरू हुईं। उन्होंने बताया कि बहुत सारी बीमारियाँ आदमियों में आईं, वहाँ से यूरोपियन जब अमेरिका गए तो उस आबादी ने ये बीमारी फैलाई। हंटिंग, गैदरिंग सोसायटी ग्यारह हजार साल पहले जब 'नियोलिथिक रिवॉल्यूशन' हुआ, उसके पहले वे दुनिया में फैले और

खुशहाल थे। पहले जानवरों को पालतू बनाया जाने लगा। ये सोचना गलत है कि जब आबादी बढ़ी तो कृषि की जरूरत हुई। कृषि आने से एक्सट्रा लोग उधर गए। काफी सामग्री के आधार पर उन लोगों ने बताया है कि ये लोग उर्वर जमीन पर जाकर बस गए।

अनार्किस्ट प्रिमिटिविस्ट जो हैं, इन लोगों से मेरी भेंट भी हुई है। नक्सलाइट मूवमेंट के एक समूह में कुछ लोग हैं बंगाल के अन्दर। बहुत फ्रस्ट्रेशन हुआ तो कई ग्रुप्स में बँट गए ये लोग। कुछ लोग इधर भी गए। उसमें एक जोगन करके एक आदमी हैं। काफी पढ़ने-लिखनेवाले। इन लोगों से सम्पर्क हुआ। जॉन जर्जन नाम के अमेरिका के एक काफी जाने-माने फिलॉसफर हैं, उनकी किताब है 'अगेंस्ट सिविलाइजेशन'। यह काफी महत्त्वपूर्ण लोगों के लेखों का संग्रह है, थोरो का है, इंडियन मॉरिस का है, जो कि समाजवादी परम्परा के हैं। बहुत सारी समस्याएँ उसकी वजह से आ जाती हैं।

पहले मार्क्स ने भी कल्पना की थी 'विदरिंग अवे अफ स्टेट' स्टेट नहीं होगा, भाइचारे के आधार पर सारे लोग रहेंगे। कल्पना तो यही थी, लेकिन औद्योगिक समाज के भीतर यह सम्भव है क्या? आधुनिक औद्योगीकरण के साथ नौकरशाहीकरण होता है। औद्योगिक ढाँचे में भी ब्यूरोक्रेसी बनती है और वही हावी हो रहा है, वही ऑल पॉवरफुल थे। उनको लगता था कि एक बार क्रान्ति हो जाएगी और उसके बाद सब कुछ ठीक-ठाक हो जाएगा। बाकुनिन वगैरह की मार्क्स से यही बहस थी। मार्क्स कहते थे कि एक बार कम्युनिज्म हो जाएगा तो स्टेट खुद विदर अवे हो जाएगा।

बाकुनिन का कहना था एक बार जब स्टेट मिल जाएगा तो फिर वही एक यंत्र हो जाएगा, उत्पीड़न का और हकीकत में तो यही हुआ। यहाँ तक कि लेनिन ने, जिन्होंने खुद क्रान्ति भी की, भी क्रान्ति के पहले एक किताब लिखी थी 'स्टेट और रिवॉल्यूशन'। हम लोग भी काफी प्रभावित थे। उसमें वह बतात हैं कि रूस में सोवियत के पास सारी ताकत होगी। विकेन्द्रित व्यवस्था होगी। यही थीम थी। इसी थीम को एक छोटे-से लेख में उन्होंने लिखा था। लेनिन तो एक्साइल में रहते थे, स्विट्जरलैंड से एक गाड़ी में छिप कर आए थे। वहाँ पर पार्टी की एक कमिटी की बैठक थी, 'अप्रैल थीसिस' में भी वही बहस थी विकेन्द्रीकरण वगैरह की। उस समय गोल्डनबर्ग नाम का बोल्शेविक लीडर था, उसने कहा कि लेनिन, बाकुनिन का जो सिंहासन 30 साल से खाली पड़ा है, उसे भरने आ गए। लेनिन का शुरू से ही यह मत था कि जो स्टेट बनेगा वह बिलकुल विकेन्द्रित होगा। शुरू में एक बड़ी पड़ताल हुई, सैनिक युद्धभूमि छोड़कर भागने लगे। उसके बाद 4 साल तक युद्ध का सिलसिला चला। 1917 से 1921 तक इसमें धीरे-धीरे केन्द्रीकरण होने लगा। होस्टेजेज वगैरह लेना शुरू किया इन लोगों ने, जिसकी

रोजा लक्जमबर्ग ने भी, जो लेनिन के साथ थीं, आलोचना की थी कि यह बहुत अमानवीय व्यवस्था है।

मेरा कहना है युद्ध की जो प्रक्रिया है, उसमें सफल होने के लिए सत्ता के केन्द्रीकरण की, सेंट्रलाइजेशन ऑफ पॉवर की जरूरत पड़ेगी। जहाँ ज्यादा केन्द्रीकरण होगा, वही लोग जीतेंगे जो ज्यादा इफीशिएंट (Efficient) होंगे, बाकी लोग असफल हो जाएँगे। जब भी युद्ध वगैरह होता है तो कमान केन्द्रीकृत (Centralised) होती है। इस पर मेरी एक किताब भी है 'सोशलिज्म एंड पॉवर', 1974 में छपी थी, इस सवाल को हमने उठाया था। कैसे केन्द्रीकरण होता है, रूसी क्रान्ति, चीनी क्रान्ति का उदाहरण मैंने दिया, थोड़ा-सा जिक्र कास्त्रो वगैरह का भी है। यूरोप वगैरह में ब्यूरोक्रेसी का जो विकास है, उन सब चीजों को उठाया गया है। यह एक अवश्यम्भावी प्रक्रिया है।

पहले हम लोगों का जो आकर्षण था मार्क्सवाद के प्रति या क्रान्ति के बारे में कि समाज में समता का प्रसार होगा, राज्य का विघटन हो जाएगा, एक फ्री सोसायटी होगी। लेकिन जहाँ कहीं भी क्रान्ति हुई, सबके नतीजे में केन्द्रीकरण हुआ, निरंकुशता आ गई। एक तरफ हिटलर की तानाशाही आई तो दूसरी तरफ स्टालिन की तानाशाही आ गई। स्टालिन की तानाशाही तो ज्यादा सख्त और सक्षम थी बनिस्बत हिटलर के। हम लोगों को ये लगा कि ये जो हिंसा की राजनीति है। उससे तो नहीं चलेगा। 'सोशलिज्म एंड पॉवर' का यही मुख्य तर्क था। अन्त में हमने दांते की दो पंक्ति उद्धृत की है जिसका मतलब है, "एक महिला है जो तकिया में तकलीफ से बचने के लिए करवट बदल लेती है।" समाज में भी यही होता रहा है कि एक तकलीफ से बचने के लिए दूसरी तरफ हो जाते हैं और अभी तक तो यही होता रहा है। इसी बात पर मैंने किताब को समाप्त किया था।

इसी में एनार्किस्ट ग्रुप के लोगों ने 'सोशलिज्म एंड पावर' के बारे में कहा था, ऑरिएट लांगमैन का है, हम नहीं देख पाएँगे। तो हमारे भाई प्रभाकर के यहाँ थी वो किताब, उसकी कई सौ कॉपियाँ मँगाकर उन लोगों ने बेचे थे। खासकर राज्य के बारे में उन लोगों को दिलचस्पी थी। जॉर्ज जर्जन हिन्दुस्तान आए थे तो जोगन जिनकी चर्चा हमने की थी, वह हमसे थोड़े निकट हो गए थे। उन्होंने हमसे कहा था कि वह कलकत्ता आनेवाले हैं, उनसे आकर मिलिए। मैं गया था। वहाँ मैं ठहरा था अशोक सेकसरिया के यहाँ, जो 'सामयिक वार्ता' निकाला करते थे। वहाँ उनसे बात हुई। हमने एक ही सवाल उनसे किया था कि आप जो 'एर्नाकिस्ट प्रिमिटिविज्म' की बात करते हैं अर्ली लाइफ के बारे में, वह मुझे पसन्द है। हम लोगों के विचार भी वही हैं। आप कृषि-क्रान्ति के ग्यारह हजार साल पहले की बात करते हैं, उस वक्त दुनिया की आबादी कुछ लाख थी,

आज दुनिया की आबादी 10 अरब के करीब है, इसको कैसे समाहित करेंगे? वह बोलते कम थे। मेरे सवाल का जवाब नहीं दिया। फिर मेरे दिमाग में यह बात रही है कि इतनी जनसंख्या है, जो हंटिंग गैदरिंग सोसायटी में कुछ मील के अन्दर परिवार होते थे, बहुत आसानी से शिकार करके रह सकते थे, आज उसकी सम्भावना कम है।

गांधीजी विशेष तौर पर ग्रामीण गणराज्य की बात करते थे। हकीकत में यही लगता है कि इसी तरह के छोटे-छोटे गाँवों के माध्यम से कुछ हो सकता है, एग्रीकल्चर को तो आप छोड़ नहीं सकते हैं। आज भी वह जरूरी है छोटे गाँवों के अन्दर ही, छोटे उद्योगों के साथ ही ऐसा सम्भव हो पाएगा। फिर आपने जो औद्योगिक समाज की बात उठाई कि कैसे होगा? उसकी समस्या का समाधान कैसे होगा? जो औद्योगिक समाज है, वह एक गतिरोध में पहुँच गया है। पर्यावरण का संकट है, संसाधनों के अतिदोहन का संकट है लेकिन प्रकृति की तो सीमा है, वह अन्तहीन तो है नहीं। हम लोग ये आकांक्षा रखते हैं कि हिन्दुस्तान विकास के मामले में कभी अमेरिका-इंग्लैंड की तरह हो जाए। आज अमेरिका का जो विकास हो रहा है, अमेरिका के पास खुद भी संसाधन बहुत हैं और दुनिया भर के जो संसाधन हैं, चाहे वो चिली का ताँबा हो या मिडिल ईस्ट का तेल हो, हर चीज के ऊपर उसका नियंत्रण है। बहुत बड़ा देश है अमेरिका। अभी उसकी आबादी 32 करोड़ के करीब है। उस स्तर तक पहुँचने के लिए हिन्दुस्तान या चीन को धरती जैसे कई और ग्रहों की जरूरत होगी। यह एक बड़ी समस्या है आज, जो संसाधनों का मामला हो गया है, उसमें पर्यावरण का मामला भी जुड़ा हुआ है। उसमें तो कहीं कोई गुंजाइश नहीं है। मुट्ठी भर लोगों के लिए सारी सुविधाएँ होंगी और बाकी लोग, आज भारत में, ऐसे ही रहेंगे। औद्योगीकरण के माध्यम से ये तो होगा नहीं।

इसमें एक और चीज है जो हम लोगों को ध्यान में रखना है। अभी जो बहुत ज्यादा महँगाई बढ़ रही है तेल वगैरह की, खनन वगैरह की स्थिति से जोड़ कर देख सकते हैं। उसकी वजह से ये महँगाई बढ़ेगी। होता यह है कि जब आप कोई मिनरल, कोयला वगैरह का खनन करते हैं तो पहले आसानी से उपलब्ध हो जानेवाला जो संसाधन है, उसका इस्तेमाल करते हैं। फिर जैसे-जैसे वह खत्म होने लगता है तो ज्यादा कठिनाई से मिलनेवाले संसाधन का इस्तेमाल करने लगते हैं। जैसे पहले जमीन से तेल निकालते थे और अब बॉम्बे हाई या समुद्र में या नॉर्थ सी से तेल निकालते हैं जो ज्यादा खर्चीला होता है। जैसे-जैसे ज्यादा खर्चीला होता है, उसकी कीमत बढ़ती जाती है। 1960-62 में कच्चे तेल की कीमत हुआ करती थी 2 डॉलर प्रति बैरल और आज वह बढ़कर 100 डॉलर के करीब हो चुकी है।

आज सारा उद्योग-धन्धा, खेती आदि सब मशीनरी पर निर्भर है जो तेल से चलता है। अगर तेल महँगा होगा तो खेती भी महँगी होगी। हम लोगों के यहाँ भी जब तेल सस्ता था तो लगता था कि खेती करना आसान है। ट्रैक्टर बड़ी संख्या में, हमारे गाँव में जहाँ हम रहते हैं, खरीदा गया। हल-बैल बहुत कम, इने-गिने दिखाई देते थे, लेकिन अब उलट गया है। हल-बैल से खेती करना कहीं ज्यादा सस्ता है। कुछ दिन पहले एसबेस्टस का एक कारखाना खुल रहा है, उसको लेकर मीटिंग थी। वहाँ मीटिंग में किसान लोग आए थे। हमने कहा था कि अभी खेती में हल-बैल और ट्रैक्टर का क्या हाल है? तो किसानों ने बताया कि हल-बैल से दोगुना ज्यादा खर्चा होता है ट्रैक्टर में। जोतने में हल-बैल के मुकाबले से एक एकड़ में दोगुना ज्यादा खर्च होता है। जुताई की क्वालिटी भी हल-बैल में ज्यादा बेहतर रहती है। यह बहुत बड़ी समस्या है कि जिस औद्योगीकरण की बात हम सोच रहे हैं, वह सम्भव नहीं है। आज वह सौ डॉलर प्रति बैरल हो गया है, दस-बीस साल के बाद वह 200 डॉलर प्रति बैरल हो जाएगा तो आप कहाँ से कर पाएँगे?

सच्चिदा बाबू, आपकी बात से लगता है कि आपको औद्योगीकरण की अवधारणा से ही दिक्कत है, लेकिन एक तर्क जो मार्क्सवादी लोग देते हैं कि औद्योगीकरण तो एक निरपेक्ष चीज है नहीं। मूल चीज तो सम्बन्ध है, पूँजी व मुनाफे पर आधारित पूँजीवादी या साम्राज्यवादी सम्बन्ध। अगर हम सम्बन्धों को बदल दें, मुनाफे की बजाय मनुष्य को केन्द्रित कर करें तो पर्यावरण के सवाल को भी हल कर पाएँगे। बुनियादी चीज है, उत्पादन सम्बन्ध और उसे बदलना।

—ये कैसे? उदाहरण के लिए टाटा का स्टील मिल है जमशेदपुर में, बोकारो का स्टील मिल पब्लिक सेक्टर है। वहाँ तो कोई उद्योगपति नहीं है, लेकिन सारा औद्योगिक ढाँचा तो वही है। सोवियत संघ में भी वही ढाँचा था, वही नौकरशाही थी। तो सब कुछ तो वही रहा। फिर संसाधनों का दोहन तो वैसे ही होता है चाहे वह बोकारो में हो या फिर जमशेदपुर या सोवियत संघ में। कोयला, लौह अयस्क आदि तो सबको चाहिए। ये दोहन तो सार्वजनिक या निजी क्षेत्र, दोनों में होगा। प्रकृति के साथ जो आदमी का रिश्ता है, वह तो वही रहता है। हालाँकि कि अब जो औद्योगिक ढाँचा बन रहा है, उसमें उस तरह का मानवीय रिश्ता नहीं रहेगा। पहले उद्योग-धन्धों में उतना मशीनीकरण नहीं था। उद्योग का मतलब था, एक-दो हजार लोग एक जगह काम कर रहे हैं, लेकिन अब औद्योगिक ढाँचा में पूरी असेम्बली लाइन है। अलग-अलग प्वाइंट पर मजदूर हैं और सब कुछ स्वचालित चल रहा है। मजदूर को सिर्फ असेम्बल करना है।

मार्क्स ने कल्पना की थी सौ आदमी काम कर रहे हैं और एक ओवरसियर है। वह हट जाएगा तो बाकी लोगों का समुदाय बन जाएगा। आज जो उद्योग का

ढाँचा है, उसमें आप कल्पना करिए टाटा के यहाँ, मान लीजिए टाटा को हटाकर मजदूरों के हाथ में प्रबन्धन आ जाता है, लेकिन वह जो काम का पूरा ढाँचा है उसमें तो कोई बदलाव नहीं होनेवाला है, बल्कि ऑटोमेशन वगैरह, कम्प्युटरीकरण के कारण और बढ़ता जाएगा, ज्यादा होगा। इसमें तो दृश्य से आदमी और ज्यादा गायब होता जा रहा है। सारी चीजें मशीन से होंगी। तो वह एक मानवीय सम्बन्ध की जो कल्पना मार्क्स और बाकुनिन ने की थी वह आज के फैक्ट्री सिस्टम में कहीं नहीं है। सारे निर्णय केन्द्रीकृत होते हैं। कुछ विशेषज्ञ हैं, वही सारे निर्णय लेते हैं। फ्लोर में काम करनेवाले मजदूरों की कोई भागीदारी नहीं है। ऊपर से निर्देश आता है कि अलग-अलग प्वाइंट पर रह कर काम दे दिया जाता है। जो सारा औद्योगिक ढाँचा है उसी में हाइरार्की निहित है। ऊँच-नीच का भेद-भाव रहेगा। उसमें कोई एक मालिक नहीं है। बोकारो स्टील का कोई मालिक नहीं है, लेकिन आम मजदूर और उसका जो मैनेजर है, उसके सम्बन्ध में कोई फर्क नहीं है, चाहे वह टाटा का हो या फिर स्टेट का।

ये तो सच्चिदा बाबू, पब्लिक और प्राइवेट सेक्टर की बात हुई। जैसे हिन्दुस्तान में ब्यूरोक्रेसी का स्ट्रक्चर है, इसमें आप इंडस्ट्री भी लगाएँगे तो उससे अलग कैसे होगा? इसमें एक उदाहरण की तरफ आपका ध्यान आकृष्ट करना चाहूँगा। आपने कहा कि रूस में लेनिन ने देश तो बनाया, पर स्ट्रक्चर उन्हें वही पुराना रखना पड़ा। लेनिन की ट्राट्स्की से एक बहस भी हुई थी। ट्राट्स्की कहा करते थे कि अन्तर्राष्ट्रीय सम्बन्ध अगर पूँजी पर आधारित हैं, आप अकेले एक देश में वैकल्पिक ढाँचा खड़ा नहीं कर पाएँगे। इसलिए वह स्थायी क्रान्ति की बात किया करते थे। तो क्या यह बात नहीं है? तमाम कमजोरियों के बाद भी वह कुछ तो बात रही होगी कि क्रान्ति के बाद वह एक ताकतवर देश बन जाता है। यही चीन का भी है कि वह इतना विकसित देश बनता जा रहा है। आखिर वो उत्पादक शक्तियों को तो मुक्त करता है।

—प्रोडक्टिव फोर्सेस तो लिबरेट हुआ, लेकिन जो आम आदमी है चीन में, रूस में, वह कैसा है? अगर आम आदमी की स्थिति ठीक रहती तो अचानक इतना बड़ा ढाँचा ध्वस्त कैसे हो गया? लोगों में काफी असन्तोष था। आम आदमी की स्थिति तो बहुत खराब थी। वहाँ वही हो गया था कि ब्यूरोक्रेसी के अन्दर या सरकार के अन्दर जो लोग थे, उनको काफी सुविधाएँ थीं और आम लोगों की स्थिति अच्छी नहीं थी। इसको लेकर एक मजाक भी चलने लगा था। अली अशरफ का नाम आपने शायद सुना होगा, कम्युनिस्ट पार्टी के बड़े लीडर थे। उन्होंने मुझे सुनाया था बहुत पहले। वह यह था कि रूसी मजदूरों का एक प्रतिनिधिमंडल अमेरिका गया और अमेरिकी मजदूरों का प्रतिनिधिमंडल रूस गया।

मोटरगाड़ी का कोई बड़ा कारखाना था, उसे देखने गए थे। रूसी मजदूरों ने देखा कि फोर्ड का कारखाना है, हजारों गाड़ियाँ हैं। उन लोगों ने वहाँ के मजदूर नेता से पूछा कि कारखाना किसका है? ये इतनी सारी मोटरगाड़ियाँ किसकी हैं? तो कहा गया कि फोर्ड का है। और ये गाड़ियाँ किसकी हैं? मजदूर नेता ने कहा, "हम लोगों की हैं, मजदूर लोग इन्हीं गाड़ी से आते हैं और काम करते हैं।" बाद में फिर अमेरिकी मजदूरों का प्रतिनिधिमंडल जब रूस गया तो वह भी मोटरगाड़ी के कारखाने गया। बाहर में कम संख्या में गाड़ियाँ थीं, सौ-पचास की संख्या में। ये कारखाना किसका है? कहा गया, हम मजदूरों का है। मोटरगाड़ियाँ किसकी हैं? तो कहा गया, ये मैनेजर और पार्टी के लीडर लोगों की हैं। तो देखिए, सम्बन्ध तो बदलता नहीं है।

चीन के अन्दर माओ त्से तुंग आदि ने सांस्कृतिक क्रान्ति कर कुछ अलग ढंग से विकास करने की कोशिश की, कम्युन वगैरह का सिस्टम शुरू किया लेकिन आज वह सब खत्म हो गया। आज सबसे सख्त केन्द्रीकृत व्यवस्था के तहत काम करता है चीन। अब वहाँ पर ऐसी गाड़ियाँ हैं जो 300-400 किलोमीटर की रफ्तार से चलती हैं जो अमेरिका, जापान आदि देशों की नकल कर रही हैं। समतामूलक समाज बनाने की तरफ तो कुछ हुआ नहीं। और वह निहित है जब एक बड़ा ढाँचा खड़ा करेंगे तो उसके अन्दर यह सम्भव नहीं कि जितने मजदूर हैं, सबको बराबरी का दर्जा दे सकें। जर्मनी में जहाँ सोशल डेमाक्रेट लोगों ने कुछ प्रयोग करने की कोशिश की थी। वे ज्यादा-से-ज्यादा यही कर सके थे कि वर्कर्स कमिटी वगैरह बना दी थी, जो दुर्घटना आदि होने की स्थिति में या इस तरह की चीजों के सम्बन्ध में थोड़ी-बहुत सुविधाएँ हासिल कर पाए।

यदि चारों ओर पूँजीवादी देशों का प्रभाव है तो अन्तर्राष्ट्रीय स्तर पर यह उम्मीद करना कि एक देश से आदर्श स्थिति देखने को मिलेगी, इसकी कल्पना क्या आपको यूटोपियन नहीं लगती?

—लेकिन हम लोगों को यह समझाना गया कि सोवियत संघ और चीन में तो कोई प्रतिक्रान्ति नहीं हुई, फिर वह क्यों पूँजीवाद की तरफ चला गया? यह जो पूरा औद्योगिक ढाँचा है, वहाँ नौकरशाहीकरण, ब्यूरोक्रेटिज्म अवश्यम्भावी है। आप सब मजदूरों को ऑटोनेमी दे दें कि सब मजदूर अपने ढंग से चलें, वह सम्भव ही नहीं है। उसका एक ब्लूप्रिंट होगा पूरे काम का, उसके हिसाब से सब मजदूरों को ढालना है। हमने एक जगह कहीं लिखा है कि "मार्क्स ने लिखा था—उत्पादन की शक्तियों के विकास में एक अवसर आता है जब उत्पादन की शक्तियों और उत्पादन सम्बन्धों के बीच संघर्ष होता है और उसके बाद व्यवस्था बदल जाती है, लेकिन दिलचस्प है कि जिस औद्योगीकरण का हम समर्थन करते हैं, उसमें उत्पादन की

ताकतें तो रूस और अमेरिका में एक समान हैं, लेकिन उनका उत्पादन के सम्बन्धों से टकराव सोवियत संघ में ज्यादा हुआ जिससे वह व्यवस्था टूटी।"

मेरा कहना है कि जो सारी व्यवस्था है उत्पादन की, वह समाजवादी समाज के अनुकूल नहीं है, इसीलिए इसका टकराव होता है और फिर वह पूँजीवाद की तरफ जाती है। इस पूरे औद्योगिक ढाँचे का जो विकास हुआ है वह पूँजीवाद के तहत हुआ है। उसकी आत्मा ही पूँजीवादी है। इस उत्पादन-पद्धति के तहत आप समाजवाद नहीं ला सकते। इसी उत्पादन-पद्धति और जैसा भी समाजवादी ढाँचा था, उनके बीच टकराव हुआ। समाजवादी ढाँचे का जो थोड़ा-बहुत असर था, वह समाप्त हो गया और फिर वह पूँजीवाद की तरफ लौट गया।

एक व्याख्यान में आपने एक बहुत अच्छा उदाहरण दिया था कि अमेरिका या इंग्लैंड का विकास इस कारण हो पाया कि उनके पास उपनिवेश थे, जिनका वे शोषण कर सके। यह तो माना भी जाता है कि इंग्लैंड की पूरी औद्योगिक क्रान्ति भारत के संसाधनों के दोहन पर आधारित थी। लेकिन चीन और सोवियत संघ ने तो कहीं उपनिवेश नहीं बनाया?

—जैसा हमने कहा, जिनके पास अपने उपनिवेश उपलब्ध हैं वहाँ तो विकास हुआ। जिनके पास बाहरी उपनिवेश नहीं थे, उन्होंने आन्तरिक उपनिवेश बनाए। मेरी किताब है 'इंटरनल कॉलोनी' उसमें हमने यही बताया है कि जब अंग्रेज आए तो वे मद्रास, बम्बई, कलकत्ता वगैरह कोस्टल एरिया में ही आए। ज्यादातर औद्योगिक विकास वहीं किया। यहाँ झरिया वगैरह के कोल माइंस हैं, चाय बागान में, यहाँ के मजदूरों को लेकर, खासकर बंगाल से लेकर आसाम तक के चाय बागान में झारखंड के आदिवासियों को ले जाकर काम कराते हैं। सस्ती मजदूरी भी तो एक चीज होती है। अब छत्तीसगढ़ में काफी कोयला, जंगल की लकड़ी है, खनिज है। उसी तरह ओडिशा में बहुत खनिज वगैरह है। सारी देशी-विदेशी कम्पनियाँ जसे पास्को, टाटा वगैरह आ रही हैं। ये क्या करती हैं? वहाँ के आदिवासियों को उजाड़कर विकास करना चाहती हैं। एक दिलचस्प अध्ययन अल्युमिनियम उद्योग को लेकर, फेलिक्स और समरेन्द्र, दो लोगों ने मिलकर किया है। फेलिक्स, चार्ल्स डार्विन के पड़पोते हैं। 27-28 साल से हिन्दुस्तान में रहकर अल्युमिनियम उद्योग वगैरह का अध्ययन किया है। इन लोगों ने इस पर एक महत्त्वपूर्ण किताब लिखी है 'आउट ऑफ दिस अर्थ' कितना उसकी वजह से शोषण हुआ, कितने लोग उजाड़े गए। जहाँ-जहाँ अल्युमिनियम का उद्योग लगा, उसके कारण मूलनिवासी उजाड़े गए। जहाँ भी डैम बना, वहाँ भी आदिवासी उजाड़ गए। इन लोगों ने बताया कि जितने भी बड़े-बड़े डैम बनाए गए हाइड्रो पावर, उसका मूल मकसद था अल्युमिनियम। उत्तर प्रदेश में बिड़ला समूह का हिंडाल्को है। इसके लिए डैम

बनाया गया बिड़ला के लिए। उसकी बिजली वगैरह बिड़ला को एकदम सस्ते दर पर दी गई। उसमें बहुत ज्यादा खपत होती है बिजली की। एक दिलचस्प चीज उन्होंने ये बताई कि बाकी जो खनिज होते हैं, उन्हें जमीन में गहराई के भीतर पाया जाता है, लेकिन अल्युमिनियम सतह के पास ही पाया जाता है। यह काम बड़े इलाके में जंगल को उजाड़कर करके किया गया। सबसे ज्यादा ओडिशा में बॉक्साइट पाया गया उसके खिलाफ सबसे ज्यादा आन्दोलन भी ओडिशा में ही हुआ। बाकी आबादी के लिए भी यदि आपको वैसा जीवनस्तर लाना है आपको अल्युमिनियम, लोहा, चाहिए। तो आप क्या करेंगे?

यहाँ के लोगों को उजाड़े बगैर काम नहीं चलेगा चाहे, वह पूँजीवादी व्यवस्था कहिए या समाजवादी। उस उद्योग के लिए तो उजाड़ना ही होगा। हमारे यहाँ विशेष आर्थिक क्षेत्र बन रहे हैं, उसका विरोध हो रहा है। चीन में सबसे ज्यादा विशेष आर्थिक क्षेत्र बने हैं। इससे बहुत अधिक संख्या में।

लेकिन जैसाकि हमने सुना है कि चीन में अभी भी 85 प्रतिशत उद्योग पब्लिक सेक्टर में हैं। वहाँ सेज भी मात्र 6 के आसपास ही हैं। हालाँकि वे काफी बड़े हैं, लेकिन स्टेट वहाँ रेगुलेटरी भूमिका में है।

—उससे क्या फर्क पड़ता है? वहाँ दुनिया भर के सब बड़े-बड़े कैपिटलिस्ट हैं, वहाँ सब मौजूद हैं। जहाँ तक स्टेट की बात है, दूसरी तो कोई पार्टी नहीं है। एक ही पार्टी है। पार्टी ही स्टेट है और स्टेट ही पार्टी है। शंघाई वगैरह में लाखों लोग बड़ी संख्या में गाँव से उजाड़ गए हैं, जैसे हमारे यहाँ है, वैसी ही दुर्गति है साधारण लोगों की चीन में। स्टेट की भूमिका बढ़ जाने से तो कोई फर्क नहीं होता है। नाम कम्युनिस्ट कर देने से तो कम्युनिस्ट व्यवस्था नहीं हो जाती है। चूँकि एक परम्परा रही है और सत्ता उसके पास है, इसलिए उस नाम को वे लोग ढो रहे हैं। यह वही पार्टी नहीं है जो शुरू में थी, जिसने विद्रोह किया था। ये लोग वे नहीं है। वहाँ तो सारा नियंत्रण टॉप में है। लोगों के हाथ में कुछ भ नहीं है।

लेकिन सच्चिदा बाबू, पूँजीवाद में तो हमेशा से एक असमान विकास की स्थिति रहती है। जैसे आपने 'इंटरनल कॉलोनी' में भी कहा है कि कुछ इलाका पिछड़ा रहता है और कुछ विकसित हो जाता है। चीन की कम्युनिस्ट पार्टी भी यह कह रही है चूँकि अभी उत्पादक शक्तियाँ विकास की स्थिति में हैं तो यह परिस्थिति कुछ समय तक रहेगी। लेकिन चीन में इसे लेकर कोई विद्रोह की स्थिति नहीं है। असन्तोष का स्तर भी वैसा नहीं नजर आता, जैसा दूसरी जगहों पर है।

—अभी तो कुछ इलाके में, मान लेते हैं, उच्च जीवन-स्तर है। इसके लिए जितने संसाधन हैं, उन सबका दोहन हो रहा है। अगर उसे दस गुणा फैलाएँगे दो आपको

दस गुणा संसाधन चाहिए। इसके लिए फिर वही विस्थापन वगैरह की तकलीफदेह प्रक्रिया से गुजरना पड़ेगा। उन लोगों ने झील और नदियों को जोड़कर जो बड़ा डैम बनाया, उसमें बड़े पैमाने पर विस्थापन हुआ है। लाखों लोग विस्थापित हुए हैं। और वह समस्या तो हमेशा रहेगी। जितना ही ज्यादा आप आधुनिक ढंग का औद्योगीकरण करेंगे, उसमें उतना ही ज्यादा आपको धातु, खनिज, पानी चाहिए। अब ये जो किताब हमने कहा 'आउट ऑफ दिस अर्थ', इसमें बताया है कि एक टन अल्युमिनियम पैदा करने के लिए 1,400 टन पानी की आवश्यकता होती है। अल्युमिनियम एक जरूरी चीज है युद्ध के लिए, हवाई जहाज बनाने के लिए। अगर आप इन चीजों का विकास करेंगे तो पानी की बहुत ज्यादा खपत होगी। एक बड़ा संकट जल को लेकर पैदा हो रहा है। इस औद्योगीकरण के कारण ऐसा हो रहा है। यहाँ तक कि कुछ लोग कहते हैं कि जो तीसरा युद्ध होगा, वह पानी के लिए लड़ा जाएगा। हमारे यहाँ भी देखा जा सकता है कि नदियों की स्थिति दिनोंदिन खराब हो रही है। पानी का उपयोग हाइड्रो प्रोजेक्ट के लिए या कुछ खास इलाके की सिंचाई के लिए हो रहा है। दुनिया भर के कचरे को आप नदियों में डाल रहे हैं। यमुना की स्थिति एक नाले की तरह हो गई है। यही हाल धीरे-धीरे गंगा का होता जा रहा है। ये सब औद्योगीकरण के ढाँचे में निहित है। आप व्यवस्था का नाम कुछ भी रख दें, पूँजीवाद या समाजवाद।

आप कह रहे थे कि राज्य की हस्तक्षेपकारी भूमिका हमेशा से रही है लोगों के जीवन को बेहतर बनाने के लिए। समाजवादी और वामपंथी, दोनों यह बात माना करते थे, लेकिन अब वैश्वीकरण ने इसे काफी कमजोर कर दिया है। राज्य ने लोगों के पक्ष में हस्तक्षेप करने की अपनी भूमिका को काफी कम कर लिया है। राज्य के बदले वैश्वीकरण बाजार को ही सर्वोपरि मानता है। कहीं वजह तो नहीं है इन समाजवादी और वामपंथी शक्तियों, इन दोनों विचारधाराओं के अप्रासंगिक होने का? यूरोप के जितने देशों में सोशल-डेमोक्रेटिक पार्टियाँ पावर में आईं ये बोल कर कि हम आम लोगों की भलाई के लिए आवश्यक कदम उठाएँगे लेकिन ज्योंहि वे कुछ करना चाहती थीं, वहाँ से पूँजी बाहर होने लगती थी, पूँजी बाहर जाने लगती थी और वे लोग कुछ नहीं कर पाते थे। मजबूर होकर उन्हें अपने हितकारी कदम पीछे हटाने पड़ते। राज्य एक समय हस्तक्षेप करता था, लेकिन अब नहीं। इस परिघटना को कैसे समझा जाए?

—राज्य की भूमिका महत्त्वपूर्ण इसीलिए हो जाती है कि आपने व्यवस्था को इतना खराब बना दिया है कि बिना हस्तक्षेप के वह अपने आप नहीं चल सकता। इस कारण पूँजीवादी व्यवस्था में मजदूर आन्दोलन आया तो पहली माँग थी कि राज्यव्यवस्था लोगों के जीवन स्तर को बेहतर बनाए, लेकिन

औद्योगिक ढाँचे की वजह से काफी तकलीफ हुई। दरिद्रता से भी नीचे के स्तर पर पहुँचाने के बाद अब राज्य कुछ राहत देने की बात करता है। अब भारत में केन्द्र सरकार की तरफ से 'मनरेगा' चलाया जाता है। पहले तो आपने ऐसी व्यवस्था कर दी जिसमें बेरोजगारी सब जगह है, खेती में ह्रास हो रहा है, गाँव के अन्दर बेरोजगारी फैल रही है जिस कारण लोग गाँव छोड़कर भाग रहे हैं। पहले आप यह स्थिति पैदा कर रहे हैं और जब यह स्थिति बनती है तो राहत देने के लिए योजना चलाते हैं ताकि उन लोगों को गाँव के भीतर ही रोक सकें। कुछ लोगों को रोजगार मिल सके। इस कारण कि दिल्ली-बम्बई जैसी जगहों में इतनी भीड़ इकट्ठी हो रही है बेरोजगार लोगों की कि अब बाकी लोगों को सँभालना मुश्किल होता जा रहा है।

यही नहीं, यूरोप के अन्दर भी बाहर से आनेवाले मजदूरों के लिए यही स्थिति है। अपने देश में अन्दर से ही मजदूर आते हैं। फ्रांस-इंग्लैड के अन्दर कृषि अर्थव्यवस्था से भागकर आते हैं। हर जगह आप अलग-अलग जीवन-स्तर पैदा कर रहे हैं। कहीं पर बहुत ऊँचा जीवनस्तर है, बहुत सुविधाएँ हैं। बाकी लोग उसकी वजह से बहुत दरिद्र होते जा रहे हैं। वे लोग शहर में आजीविका के लिए आते हैं। उनसे दबाव बनगा। हर जगह यह हो रहा है। मैक्सिको और अमेरिका के बॉर्डर पर मैक्सिको से अमेरिका के अन्दर घुसपैठ करनेवालों की संख्या इतनी बढ़ गई है कि अब अमेरिका वहाँ एक दीवार खड़ी करने की बात सोच रहा है, ताकि मैक्सिको से आनेवाले लोगों को रोका जा सके। पहले तो आप खाई पैदा कर रहे हैं लोगों के बीच, फिर उसे भरने की कोशिश करते हैं। बड़े अर्थव्यवस्थाओं के अन्दर ये निहित है। दुनिया के कई बड़े देशों—अमेरिका, चीन, भारत—सबके अन्दर तो यही हो रहा है। इन सबके कारण प्रकृति का इतना दोहन हो रहा हे कि पर्यावरण का संकट पैदा हो गया है। अब इस ग्लोबल वार्मिंग की बात हो रही है। एक तरफ आप समस्या पैदा कर रहे हैं, दूसरी ओर उस समस्या से निपटने की कोशिश करते हैं।

लेकिन यह तो मानवजाति का स्वभाव भी रहा है। विकास हुआ, समस्या पैदा हुई फिर उसका हल निकला। आपकी बातचीत से ऐसा लगता है कि गांधीवाद आएगा तो वह सभी समस्याओं से एक साथ निजात पाने की ओर ले जाएगा। कहीं आप भी हमेशा के लिए स्थायी समाधान की बात तो नहीं कर रहे हैं? क्या ऐसा हो पाता है?

—गांधीजी ने जो कहा है, उसे हम एक मध्यबिन्दु मानते हैं। एक ओर आधुनिक पूँजीवादी व्यवस्था है जिसके नतीजे सबके सामने हैं। यूरोप में संकट है, चीन में भी अब संकट शुरू हो गया है, रूस में संकट है। अमेरिका तो

आर्थिक संकट में बुरी तरफ फँस चुका है। दूसरी तरफ एक कल्पना है जैसाकि 'एनार्किस्ट प्रिमिटिविस्ट' लोगों की कल्पना है कि आप हंटिंग-गैदरिंग सोसायटी की ओर जाएँ, लेकिन उसकी भी अब सम्भावना नहीं है कि इतनी बड़ी आबादी को समाहित किया जा सके। ऐसे में गांधी मुझे बीच की जगह इस कारण दिखाई देते हैं कि उनके यहाँ मानवीय श्रम को बहुत प्रधानता दी जाती है। ये जो औद्योगीकरण हुआ तो उसकी शुरुआत में जैसाकि आप इंग्लैंड में देखेंगे कि जब कोयले से स्टीम इंजन की ओर गए तो परिणाम यह हुआ बहुत सारा काम जो हाथ से किया करते थे, उसके बदले मशीन हा गई। लेकिन उसके साथ यह बात भी जुड़ी हुई थी कि मशीन से आप काम करते हैं तो आपको मूव करने के लिए पावर चाहिए। इसके लिए पहले कोयले का इस्तेमाल किया गया, फिर तेल आया। मार्क्स ने भी 'कैपिटल' में एक फर्क बताने की कोशिश की है कि एक टूल है जैसेकि एक स्क्रूड्राइवर है, कोई चीज हाथ से आप इस्तेमाल करते हैं और दूसरी चीज है मशीन का इस्तेमाल जहाँ कोयले आदि इस्तेमाल होता है। शुरू के दिनों में भी कुछ इंस्ट्रूमेंट जैसेकि प्रिमिटिव लोग हाथ का इस्तेमाल किया करते थे। असली यही चीज हुई है कि आदमी या पशु का श्रम था, उसकी जगह आपने कोयले, तेल आदि का इस्तेमाल शुरू किया। इसी से इतने बड़े स्तर पर समृद्धि भी आई।

गांधीजी कभी भी, जिसे टूल कहते हैं, उसके खिलाफ नहीं थे कि ऐसी मशीनरी जो आदमी के श्रम को विस्थापित न करे, उसके श्रम से चले। ऐसे में मुझे एक बीच का रास्ता दिखाई देता है। ऐसा औद्योगीकरण हो जिसमें कोयला, तेल वगैरह का कम-से-कम इस्तेमाल हो सके। ऐसे स्रोतों का इस्तेमाल हो जो प्रदूषणरहित हों जैसे सूर्य की रौशनी है, हवा है। हवा का इस्तेमाल तो बहुत पहले से हो रहा है। पवन चक्की आदि का इस्तेमाल हॉलैंड वगैरह में औद्योगीकरण के पहले से हो रहा है। ज्यादा-से-ज्यादा इस तरह का उद्योग-धन्धा हो, जिसमें आदमी का श्रम और आसानी से उपलब्ध होनेवाले संसाधन जैसे सूर्य की रौशनी, हवा आदि आसानी से मिलनेवाली चीजों के आधार पर हो तो यह एक सम्भावना बनती है, एक विकेन्द्रित व्यवस्था की तरफ जाया जा सके। आज का जो औद्योगीकरण है वह तो संसाधनों के अभाव में ही समाप्त हो जाएगा। अब तो स्थिति यह है कि जल के लिए जंग की बात होने लगी है।

अभी मार्क्स पर हम लोग इतनी चर्चा करते हैं, उत्तर आधुनिक दार्शनिक लोग अब कहते हैं कि दर्शन और विचारधारा किसी जगह पहले जैसी नहीं रह जाएगी। 'विचारधारा के अन्त' की स्थिति आ गई है। साथ ही 'इतिहास के अन्त' की घोषणा होने लगी है। इन लोगों का कहना है कि मानवजाति

के इतिहास के चरण का अन्तिम पड़ाव आ चुका है। ये लोग कहते हैं तमाम बड़ी विचारधाराएँ, ग्रैंड नैरेटिव अन्ततः आतंकवाद में परिणत हो जाती हैं क्योंकि इस्लाम से लेकर मार्क्सवाद तक कहता है कि सत्य मेरे पास है। यह अन्ततः आतंकवाद की तरफ ले जाता है। आप क्या कहेंगे?

—अन्त तो नहीं है। वह तो समाज की एक पूरी दृष्टि को ही नकारते हैं। समाज का अध्ययन करके कोई नतीजा नहीं निकाल सकते। बदलाव जैसी कोई चीज नहीं कर सकते। पहले था कि आपने एक विचार रख दिया और उससे दुनिया संचालित होती है। एक तरफ से विचार के अन्त की बात करते हैं। इनलाइटेनमेंट की अवधारणा थी। वह क्या था? समाज को समझने का एक प्रयास था। समाज को समझने का प्रयास पहले भी था और आगे भी रहेगा क्योंकि आदमी बाकी पशु-जीवन से इस अर्थ में अलग है कि पशु रिफ्लेक्ट नहीं करता अपने सिचुएशन को, वह सिर्फ आवेग में काम करता है। आवेग हुआ और उसके अन्दर काम करता है। आदमी एक ऐसा जीव है जो न सिर्फ एक्ट करता है बल्कि हमेशा सोचता भी है कि क्यों एक्ट करना चाहिए। यह उसका बुनियादी गुण है। उत्तर आधुनिक लोग भी आखिर किसी नतीजे पर पहुँचते तो हैं। जो कुछ भी है उसके बारे में सोचते हैं। सब चीजों का अन्त हो जाए, ऐसा नहीं हो सकता। आदमी फिर आदमी नहीं रह जाएगा। आदमी ही है जो अपनी परिस्थितियों के बारे में सोचता है, कल्पना करता है, उसी से विज्ञान पैदा होता है, कला पैदा होती है। इसको छोड़कर नहीं जा सकते।

सच्चिदा बाबू, थोड़ी बातें बिहार के बारे में कर लें। बिहार में दो ताकतवर विचारधाराएँ थीं, राजनीतिक प्रवृत्तियाँ थीं। समाजवादी और वामपंथी लोग, इन दोनों की अपनी भूमिका रही है, लेकिन ऐसा लगता है कि ये दोनों दम तोड़ती जा रही हैं और अपनी प्रासंगिकता खोती जा रही हैं। फिर वही बात नहीं है कि राज्य के हस्तक्षेप करनेवाली दोनों विचारधाराएँ एक जैसी बुरी हालत में हैं।

—यह बिहार का मामला नहीं है, पूरे देश का मसला है। आज से दस-पन्द्रह साल पहले तक राष्ट्रीय आन्दोलन की जो परम्परा रही है वह बहुत मजबूत थी, वह एक आधार था। कांग्रेस पार्टी एक तरह से उस परम्परा के एक वाहक के बतौर थी। पिछले 10-20 साल में कांग्रेस की वह परम्परा तो समाप्त हो गई। बाकी परम्पराएँ थीं सोशलिस्ट हों, कम्युनिस्ट हों, इन सबकी शुरुआत तो एक ही परम्परा से हुई। कांग्रेस पार्टी एक राष्ट्रीय पार्टी के तौर पर करीब-करीब खत्म होती गई। कुछेक राज्यों को छोड़कर कांग्रेस कहीं नहीं है। वही स्थिति सोशलिस्ट और कम्युनिस्ट आन्दोलनों के बारे में भी हो गई। जिस परम्परा से ये लोग जुड़े थे, वह

परम्परा भी खत्म हो गई है, चाहे वह सोवियत रूस या चीन का समाजवादी राज्य हो, सबका ह्रास हो गया।

अपने देश में सबसे ताकतवर कम्युनिस्ट पार्टी, सीपीएम थी। बंगाल और केरल में उसका शासन था। अब दोनों जगह शासन समाप्त हो गया। तो एक विचार के इर्द-गिर्द राष्ट्रीय पार्टी के रूप में खत्म होती चली गई। अब मुझे ये दिखाई देता है कि राजनीति होगी क्षेत्रीय पार्टियों की। अलग-अलग राज्यों के लोगों की खास परिस्थिति के अनुसार अलग-अलग तरह की पार्टियों का विकास होगा। यह बात कम्युनिस्ट पार्टियों के लोगों को भी सोचने की जरूरत है। पहले तो बड़ी परम्परा दुनिया भर में थी कि "देश-देश के मजदूरों ने, झंडा लाल उठाया है...।" ये पुराना गाना है। आप लोगों ने भी सुना होगा, पुराना अन्तर्राष्ट्रीय गाना था। अपने देश में भी दो राज्यों में कम्युनिस्ट पार्टी का शासन था, वह खत्म हो गया।

अब हर राज्य की अपनी स्थिति के अनुसार सब लोगों को वहाँ की समस्याओं के हिसाब से सोचना होगा। किस तरह की राजनीति चलाने की जरूरत है? हो सकता है वे बड़े आदर्शों को लेकर न चलें, स्थानीय मुद्दों को लेकर ही राजनीति बनेगी। हो सकता है कि कम्युनिस्ट पार्टियों जैसी आदर्श आधारित पार्टियाँ रही हैं, वैसी न चलें। अभी जो राजनीति है वह आदर्शविहीन है चाहे वह बिहार में हो, उत्तरप्रदेश या मध्यप्रदेश में। अभी एक ही 'आदर्श' तो राष्ट्रीय स्तर दिख रहा है, वह है साम्प्रदायिकता। यह आदर्श भाजपा का है। हालाँकि इसमें भी क्षेत्रीय विशिष्टताएँ हैं। गुजरात की भाजपा वही नहीं है जो बिहार या उत्तरप्रदेश की है। वैसे दुनिया भर में साम्प्रदायिकता का दौर आता रहता है, लेकिन अब लगता है कि राजनीति स्थानीय मुद्दों को लेकर होंगी। कम्युनिस्ट पार्टियों के लोग बड़े परिप्रेक्ष्य में देखने के आदी रहे हैं, इसलिए उनकी एक भूमिका हो सकती है। यदि वे पुरानी सोच से आगे बढ़कर नई दृष्टि से, नए सिरे से सब चीजों के बारे में कुछ सोचें, लेकिन आपस में मिलजुल कर आगे बढ़ें। यह भी एक दिलचस्प चीज है कि कम्युनिस्ट व्यवस्थाएँ समाप्त हो गईं, लेकिन छोटी-छोटी बातों को लेकर कम्युनिस्ट पार्टियों में इतना विवाद है, नक्सलाइट लोगों में भी काफी मतभेद है। कम्युनिस्ट पार्टियाँ बिखर गईं। सीपीएम के अन्दर कई तरह के विचार हो गए हैं।

इस बात पर विचार हेतु कोई तैयार नहीं है कि इतना बड़ा आन्दोलन क्यों खत्म हो गया? यह झगड़ा बहुत है। और नए ढंग से नई चीजों पर सोचा जाए। लेकिन उनकी भूमिका हो सकती है क्योंकि देश में विचार आधारित सोशलिस्ट और कम्युनिस्ट लोग ही रहे हैं। सोशलिस्ट विचार का तो एक तरह से खत्म ही हो गया है। सोशलिस्ट के नाम पर मुलायम सिंह जैसे लोग हैं जिनको समाजवाद से या उस पर सोचने से मतलब नहीं है। कम्युनिस्टों की एक महत्त्वपूर्ण भूमिका हो सकती है, लेकिन उसको पुराना बैगेज छोड़कर आगे बढ़ना होगा।

आपने कहा राजनीति को स्थानीय परिस्थितियों के मुताबिक चलना होगा। बिहार की स्थिति पर विचार करें तो बिहार में वह क्या चीज रही है जो उसे राष्ट्रीय स्तर पर या खासकर हिन्दी इलाकोंमें इसे भिन्न बनाती है? वह क्या सबसे केन्द्रीय तत्त्व रहा है जिसे यहाँ की राजनीतिक पार्टियाँ आज तक सम्बोधित नहीं कर पाई हैं? अपने लम्बे अनुभव से आपको क्या लगता है? क्या रहा है जो इसे थोड़ा बाकी प्रदेशों के मुकाबले विशिष्ट बनाता है?

—बिहार दूसरे राज्यों से कुछ मामलों में फर्क है। सातवीं-आठवीं शताब्दी तक तो भारत का अर्थ बिहार ही होता था। नन्द, मौर्य या गुप्त काल के समय से। जो कुछ भी भारत का था, बिहार का ही होता था। हर्षवर्द्धन के समय से आकर थोड़ा बिहार के बाहर शुरुआत हुई। तुर्क-अफगान लोगों का आना शुरू हुआ तो दिल्ली का महत्त्व उसके बाद बढ़ा। उससे पहले दक्षिण में कुछ राज्य थे, सातवाहन वगैरह। बाकी सारे देश के अन्दर तो बिहार ही था। भारत का मतलब बिहार होता था। सांस्कृतिक परिवेश, बौद्ध धर्म यहाँ से फैला, स्मारक, आर्ट, अजन्ता-एलोरा सब पर बौध धर्म का असर रहा। शायद यह बात बिहार के लोगों के दिमाग में भी है, इसी वजह से वे बड़ी चीजों पर ज्यादा सोचते हैं। जितना बहस-मुबाहिसा बिहार में है, उतना आप उत्तर प्रदेश वगैरह जाकर लोगों से बात करेंगे या दिल्ली में जाएँ तो इतनी चिन्ता नहीं रहती है जबकि यहाँ छोटी जगहों पर भी बैठेंगे तो देश-विदेश सब पर बातें करेंगे। वह इसलिए कि हमारी परम्परा रही है कि हम ही राष्ट्र रहे हैं। बिहार का कुछ अलग है। यह एक मानसिकता भी है। बिहारी अपनी बात पर दिलचस्पी नहीं लेता।

पिछले सौ साल में बिहार क्यों इतने पीछे रह गया? क्या चीज थी, क्या दिक्कत थी कि इस भूभाग में इतने आन्दोलन हुए, हर तरह की धारा को स्पेस मिला। उसके बाद भी बिहार आगे नहीं बढ़ पाया। 1857 का संग्राम, स्वतंत्रता आन्दोलन, समाजवादी आन्दोलन, वामपंथी आन्दोलन, नक्सल आन्दोलन, जेपी आन्दोलन, सामाजिक न्याय आन्दोलन आदि। इसके बावजूद भी क्या कमी रह गई कि इतनी ऊर्जा रहते हुए भी हम खुद को आगे नहीं ले जा पाए?

—यह एक बड़ा शिफ्ट हुआ है कि जो पुरानी सभ्यताएँ थीं, वे पिछड़ीं और जो पश्चिम की सभ्यता है वह आगे आई। जहाँ भी पुरानी सभ्यता का बैकलॉग रहा है, उसको दिक्कत हो रही है। नई चीजों को कबूल करने में दिक्कत हुई है। चीन को भी काफी मुश्किलें हुईं और हो रही हैं। बिहार में भी नई चीजों को तुरन्त स्वीकार करने में परेशानी रही है। शायद इसीलिए बिहार में गांधीजी की अपील ज्यादा काम कर पाई। चम्पारण में आए तो काफी समर्थन मिला। नमक

सत्याग्रह भी गुजरात के बाद सबसे ज्यादा बिहार में ही सफल रहा। यह एक फैक्टर रहा है।

लेकिन सच्चिदा बाबू, बिहार को आगे ले जानेवाली ताकत का अभ्युदय क्यों नहीं हो पया?

—अब सब कुछ नए सिरे से ही सोचना होगा। पुरानी चीज थी, वह तो धीरे-धीरे खत्म हो गई। अब जो पश्चिमी सभ्यता आई है, बिलकुल एक नई दुनिया सामने लेकर आई है। अब उसके परिप्रेक्ष्य में ही बिहार को सोचना पड़ेगा।

अभी जो वर्तमान सरकार है नीतीश कुमार की, उसको लेकर लोगों में उत्साह की बात की जा रही है। कहा जा रहा है कि पिछले 20-25 साल का जो पिछड़ापन और अन्धकार था, वह अब खत्म हो गया है और अब बिहार नए रास्ते की तरफ चल पड़ा है जबकि हमने हाल ही में आपका इंटरव्यू कहीं पढ़ा है कि अभी बिहार में सबसे निचले स्तर का लूटतंत्र चल रहा है।

—मुझे नहीं लगता है नीतीश कुमार के पास कोई बुनियादी सोच है, बिहार के बारे में। सत्ता लेना है और सत्ता किसी तरह बचा कर चलना है और उसके लिए जो वोट की राजनीति होती है, उसके आगे तो हमको नहीं लगता कि नीतीश कुमार कुछ सोचते हैं। हाँ, उनको इसकी बहुत लालसा है कि दूसरे लोग, बड़े लोग आकर उनके बारे में अच्छी-अच्छी बातें करें। दस तरह के लोगों को बुलाते हैं, उनसे कुछ कहलवाते हैं, लेकिन यहाँ की समस्याओं को गहराई से समझकर उस हिसाब से कुछ करने का नहीं है। अब जैसे यहाँ ऊर्जा और बिजली की समस्या है, अब बिजली के लिए कोल लिंकेज नहीं मिल रहा है। कोयला कहाँ से मिलेगा, वह तो छत्तीसगढ़ या झारखंड से हमें मिलेगा। तो उस भरोसे कब तक रहेंगे? वैसे भी देश में कोयला हिन्दुस्तान में अब बहुत ज्यादा नहीं है, कोयला आयात करना पड़ रहा है। ऐसे में बिहार में जो उपलब्ध संसाधन हैं, उनके आधार पर आप क्या विकास कर सकते हैं? उस तरफ तो उनका ध्यान नहीं है।

कुछ विश्लेषक कहते हैं कि बिहार में काफी लम्बे समय तक, लालू के समय तक भी, फ्यूडल हैंगओवर रहा है। नीतीश कुमार उससे बाहर जाकर कम-से-कम पूँजीवादी विकास को दस्तक तो दे रहे हैं। तो यह तो एक आगे बढ़ी हुई प्रगतिशील चीज है।

—यह तो बहुत पुरानी अवधारणा है कि पूँजीवादी विकास हमेशा एक आगे ले जानेवाली चीज होती है, लेकिन पूँजीवादी विकास की बुनियाद में इतना घनघोर

शोषण होता है कि इसे देखने के लिए और कुछ नहीं मार्क्स के 'कैपिटल' को देखिए, जिसमें उसने पूँजी के आदिम संचय के बारे में लिखा है, जिसमें बताया गया है कि दुनिया में कोई भी जाति ऐसी नहीं है जो उस काल में नहीं रही है, इतनी ज्यादा हत्या की गई है, लाखों लोगों को मारा गया है।

यह जो मानवविरोधी विकास का मॉडल है, इसे सामाजिक आधार फिर कैसे मिल जाता है? जैसे नीतीश कुमार विकास भी कर रहे हैं और उसके लिए अपना सामाजिक आधार भी तैयार कर रहे हैं। 1991 में जब वैश्वीकरण की नीति लागू की गई तो उसे मंडल कमीशन की शक्तियों ने सामाजिक आधार मुहैया कराया। दोनों साथ-साथ चलते हैं। विकास का जो सबसे नृशंस मॉडल है, उसे पिछड़ी और दलित जातियों के हितों की बात करनेवाली पार्टियों ने समर्थन दिया। जैसे बिहार में नीतीश को विकास के पूँजीवादी मॉडल को पंचायत में आरक्षण दिया गया उसको वही ताकतें टिकाए हुए हैं। जनसमर्थन इतना कैसे मिल जाता है जनविरोधी विकास के मॉडल को?

—देखिए, एक डिमांस्ट्रेशन इफेक्ट (Demonstration effect) होता है। लोग जब विकास की बात सोचते हैं तो हवाई जहाज, मोटरगाड़ी की बात सोचते हैं। ललक तो सब में होती है। लोगों को यह भ्रम है कि औद्योगिक विकास, खास तरह का होगा तो हम सबको कार, स्कूटर आदि हो जाएगा। लोग ऐसी कल्पना करते हैं। हो या नहीं हो, लेकिन गाँव का जो गरीब से गरीब मजदूर है, वह भी उसकी कल्पना करता है। जैसे सबसे आसानी से उपलब्ध होनेवाली चीज है मोबाइल फोन, अब उपलब्ध है तो उसके पास भी फोन है। ये तो है कि नई चीज आती है तो लोग समझते हैं कि उनके पास भी हो। अभी तो जो कुछ भी दिखाई दे रहा है, उनको ऊँचा उठने के लिए चाहे वो मोबाइल फोन हो या टेलीविजन या इस तरह की चीजें, वह औद्योगिक समाज ही दे रहा है। तो लोगों को लगता है कि यही विकास है। जो सबसे गरीब तबके का आदमी होता है, उसकी कम समझदारी रहती है इन सब चीजों के बारे में। इससे क्या कि और भी चीजें होती हैं? इनके बारे में वह अनजान रहता है। वह आकर्षित हो जाते हैं इन चीजों से। अगर कोई उसे विश्वास दिला दे कुछ दिन के बाद तुम्हारे पास मोटरगाड़ी हो जाएगी, स्कूटर हो जाएगा तो उसी तरफ जाएगा। मेरा गाँव बहुत गरीब गाँव है। कार तो बहुत ज्यादा नहीं, 20-30 से ज्यादा नहीं हैं, लेकिन मोटरसाइकिल तो हर दूसरे घर में है। हम जिस मोहल्ले में रहते हैं, वह काफी गरीब है। उसमें कुछ यादव परिवार के लोग हैं। पाँच-छह परिवार हैं, उसमें एक को छोड़कर सबके घर में मोटरसाइकिल है। कहीं से हो, चोरी से हो, दहेज में हो। दहेज में भी आजकल लोग मोटरसाइकिल माँगते हैं। जब वे चीजों को देखते

हैं तो उनकी आकांक्षा बनती है। आकांक्षा तो वही है। जो सबसे निचला तबका है, उसमें आकांक्षा भी सबसे ज्यादा इन चीजों की तरफ रहती है।

तो इस 'डिमोंस्ट्रेटिव इफेक्ट' के कारण ये सामाजिक समर्थन मिल जाता है।

—ये तो इस 'डिमोंस्ट्रेटिव इफेक्ट' जो बहुत बड़ी चीज होती ही है। ये जितना विज्ञापन वगैरह रहता है। सब तो यही बतलाता है। कि यह हो जाएगा, वह हो जाएगा। आपकी कल्पना को उत्तेजित करता है फिर उन चीजों की ओर आप दौड़ते हैं। अगर पैसा है तो निजी स्तर पर दौड़ते हैं नहीं तो सामाजिक स्तर पर दौड़ते हैं।

सच्चिदा बाबू, अन्त में समाजवादी आन्दोलन के बारे में पूछना चाहता हूँ खासकर लालू यादव और नीतीश कुमार के सन्दर्भ में। एक बहस यह भी है इन दोनों को लेकर जैसे लालू प्रसाद के बारे में यह कहा जाता है कि सामन्ती शक्तियों के खिलाफ जिन सामाजिक ताकतों का अभ्युदय हुआ, पिछड़े-दलितों का उभार और सशक्तीकरण हुआ। नीतीश कुमार के बारे में यह बात कही जा रही है कि लालू प्रसाद ने सामाजिक न्याय की धारा ले जा सके थे, नीतीश कुमार ने उसका विस्तार किया जैसे पिछड़ों की धारा को अतिपिछड़ों तक, दलितों में महादलितों तक, मुसलमानों में पसमान्दा तबकों तक। जबकि दूसरी धारा यह कहती है कि नीतीश कुमार को पुरानी सवर्ण ताकतों ने आगे रखकर पिछड़ों की एकता को तोड़ दिया। तो एक तरह से यह प्रतिक्रान्ति है।

—यह तो एक हद तक सही है कि अपनी राजनीति को आगे बढ़ाने के लिए पिछड़ों की शक्ति को नीतीश कुमार ने कमजोर किया है। लालू प्रसाद के समय आक्रामकता थी। अगड़े-पिछड़े का विभाजन बहुत स्पष्ट था। नीतीश कुमार के समय वो आक्रामकता कम हुई है। इस कारण नीतीश कुमार के प्रति अगड़ी जाति के लोगों का रुझान हुआ है, लेकिन बुनियादी तौर पर इसमें कोई खास फर्क नहीं पड़ा है।

यह कहा जा रहा है कि गाँव के स्तर पर सामाजिक समरसता बढ़ी है। अब गाँवों में पहले जैसा तनाव नहीं रहता है। धीरे-धीरे लालू-नीतीश के राज में स्थिति बेहतर हो रही है।

—यह एक खास फेज था, जिसमें पहले-पहल पिछड़ी जातियों का सशक्तीकरण हुआ तो तनाव भी था, संघर्ष भी था। लेकिन धीरे-धीरे लोग कबूल करते जा रहे हैं। जैसे-जैसे पिछड़ों की और शक्ति बढ़ेगी, समाज में वे अपना स्थान पाएँगे तो

और भी समरसता बढ़ेगी। पहले जो अपने को ऊँचा समझते थे अब ये मान लेंगे कि हमको सबके साथ मिलकर रहना है तो चीजें बदलेंगी। इसमें समय लगेगा, लेकिन फिर वह सामान्य होगा।

तो जैसा आपने कहा सब चीजों का लब्बो-लुवाब ये है कि सभी महत्त्वपूर्ण मसलों पर नये सिरे से सोचना पड़ेगा? नये समय के अनुसार नया एजेंडा लाना पड़ेगा।

—नये सिरे से समस्याओं पर सोचना पड़ेगा। अब संसाधनों के सवाल को, पर्यावरण के मुद्दों को किनारे रखकर राजनीति नहीं कर सकते।

समाजवाद ही लोकतंत्र की बुनियाद

आज सामाजिक न्याय की राजनीति का दौर है। डॉ. लोहिया भी सामाजिक न्याय के पक्षधर थे। वह किस तरह के सामाजिक न्याय की बात कर रहे थे?

—असल में लोहिया ने 'सामाजिक न्याय' शब्द इस्तेमाल नहीं किया था, बल्कि 'जाति नीति' शब्द इस्तेमाल किया था और विशेष अवसर का सिद्धान्त जोड़ा था। इसीलिए सोशलिस्ट पार्टी के अन्दर भी जो पदाधिकारी होते थे, उसमें भी उन्होंने पिछड़े, दलितों और महिलाओं को अनिवार्य रूप से साठ प्रतिशत स्थान आरक्षित करने की बात कही थी। लोहिया की दो दृष्टि थी। एक तो यह कि जाति व्यवस्था को तोड़ना था। उन्होंने जाति व्यवस्था तोड़ने के लिए एक विशेष अवसर का सिद्धान्त दिया। उन्होंने बड़ी अफसरी, नेतागीरी में कम-से-कम साठ फीसदी पिछड़े दलित और महिलाओं को आरक्षण दिया जाए। उसके पीछे उनका एक सिद्धान्त था। वे मानते थे कि सैकड़ों वर्ष से हमारे यहाँ जाति व्यवस्था है, उसकी वजह से कुछ संस्कार बनते हैं और उच्च वर्ण में पैदा होनेवाला यदि गरीब भी है, तो उसका मनोबल ऊँचा होता है। वह समझता है कि वो ऊँची जगह पर पहुँच सकता है, उसके अन्दर एक आकांक्षा होती है। जो पिछड़े समाज हैं, उनके अन्दर वह आकांक्षा भी मर गई है। वह ऊँची जगह पहुँचने की कल्पना भी नहीं करते हैं। वे चाहते थे कि इससे उन्हें मुक्ति मिले और उनमें भी एक उत्साह जगे। दूसरी बात थी कि वह जाति व्यवस्था तोड़ने की बात करते थे। उस व्यवस्था को तोड़ने में एक अवरोध यह था कि अलग-अलग जातियों के लोग हैं, उनके सोचने-समझने में इतना फर्क है कि वो एक धरातल पर मिल नहीं पाते हैं, खासकर उच्च पदों पर और राजनीति में तो इसकी सम्भावना नहीं बनती है कि जातिगत भावनाओं से ऊपर उठ कर वह सोच सकें। इसलिए जरूरी है कि वह ऊँची जगह सहित हर जगह पहुँच सकें। फिर वह भी मानते थे कि जाति व्यवस्था को तोड़ने के लिए यह अपने आप में काफी नहीं है। इसे वह एक छोटा-सा कदम मानते थे। वह जाति व्यवस्था को तोड़ने के लिए निचले स्तर पर सहभोज का आयोजन करने पर बल देते थे। साथ ही यह भी कहा कि इसको अन्ततोगत्वा तभी तोड़ा जा सकता है, जबकि अन्तर्जातीय

विवाह हों। इसलिए इस पर उन्होंने ज्यादा-से-ज्यादा जोर दिया। विभिन्न जातियों के लड़के-लड़कियाँ आपस में मिलें। जब अन्तिम रूप से बड़े पैमाने पर विभिन्न जातियों में इनकी शादियाँ होने लगेंगी, तब स्वत: ही जाति व्यवस्था टूट जाएगी। ये तीन कार्यक्रम थे विशेष अवसर के सिद्धान्त के रूप में।

लेकिन पिछड़ों की शक्ति को द्रविड़ आन्दोलन ने पहले ही रेखांकित कर दिया था? द्रविड़ आन्दोलन से लोहिया कितने प्रभावित थे?

—उनकी जाति नीति का एक शुद्ध राजनीतिक पक्ष भी था। वो ये कि '50 के दशक में दक्षिण भारत में द्रविड़ आन्दोलन बहुत तेज हुआ था और उसकी वजह से पिछड़े समूहों में बड़ी शक्ति उभर आई थी। वहाँ पर उच्च वर्ण ब्राह्मण ही थे। बाकी सारे गैर-ब्राह्मण लोग थे, तो उनकी शक्ति का उभार हुआ। उसकी वजह से दक्षिण की राजनीत में प्राय: ब्राह्मणों का वर्चस्व खत्म हो गया। हालाँकि आजादी से पहले भी जस्टिस पार्टी के प्रयासों से आरक्षण का प्रावधान हो चुका था, लेकिन द्रविड़ आन्दोलन एक समय काफी उग्र था। राजनीतिक शक्ति का उभार हुआ और ब्राह्मणों का पराभव हुआ। इससे डॉ. लोहिया को लगा कि अगर पिछड़े समूहों में उस तरह का उत्साह जगे, तो एक बड़ी राजनीतिक शक्ति आ सकती है और अगर उस राजनीतिक शक्ति को जोड़ सकें, तो एक सामाजिक क्रान्ति हो जाएगी। उसका असर हुआ, जब 1967 में पिछड़ों की राजनीति हुई। उसके जनक डॉ. लोहिया ही थे। उत्तर भारत के कई राज्यों में कांग्रेस को पहली बार चुनौती मिली। कई राज्यों में पहली बार गैर कांग्रेसी सरकारें बनीं।

जब डॉ. लोहिया का विचार इतना परिपक्व था और सामाजिक क्रान्ति और परिवर्तन का आधार भी था, फिर समाजवादी आन्दोलन को गहरा आघात क्यों लगा और उनके अनुयायी जातिवादी और सम्प्रदायवादी राजनीति करने लगे?

—दुर्भाग्य से 1967 में ही डॉ. लोहिया का निधन हो गया। उसके बाद राजनीतिक हथियार ऐसे लोगों के हाथ लगा, जिन लोगों में देश के, समाज के बारे में उस दर्जे का आदर्शवाद नहीं था। मुझे ऐसा लगता है कि डॉ. लोहिया की मृत्यु के बाद वैचारिक आधार पर समाजवादी आन्दोलन में पराभव आया। चिन्तन-मनन और अध्ययन की परम्परा खत्म हो गई। समाजवादी आन्दोलन से शक्ति का एहसास लोगों को हुआ, पर धीरे-धीरे इस शक्ति का आधार क्या बना, जातीय समूहों का समर्थन! एक तरह से वैचारिक आधार का विस्थापन हो गया। समाजवादी आन्दोलन बड़े सन्दर्भों के लिए समर्पित होने के बजाय शुद्ध रूप से एक सत्तावादी राजनीति में तब्दील हो गया।

लोकनायक जयप्रकाश ने भी जाति नीति या सामाजिक न्याय के आन्दोलन को आगे बढ़ाने की कोशिश नहीं की?

जेपी ने इस तरह के सवालों पर कोई पहल नहीं की। समाजवादी आन्दोलन में जेपी का जो भी योगदान था, वह 1974 के छात्र आन्दोलन के बीच में है। वह सर्वोदय आन्दोलन और विनोबा के साथ जुड़ गए थे, लेकिन ये जो जाति नीति का मामला है, वह पूरी तरह से डॉ. लोहिया का ही था। उस काल में जेपी एक तरह से दलीय राजनीति के आलोचक भी हो गए थे। उनके इस दृष्टिकोणी से भी देश को काफी नुकसान हुआ था।

उन्होंने दलीय राजनीति को हेय बतलाना शुरू किया। इससे जो आदर्शवादी लोग थे, वे भी धीरे-धीरे राजनीति से ही अलग हो गए और राजनीति ऐसे लोगों के हाथ में आ गई जो सिर्फ सत्ता की राजनीति करते थे।

लोहिया के आदर्शों पर चलनेवाले समाजवादी कम क्यों रह गए? उनके विचारों को लेकर चलनेवाले समाजवादी नेताओं की कमी आज साफ झलकती है। ऐसा क्यों? कहाँ गलती हुई?

—राजनीति में दो तरह के लोग आते हैं। एक तो वे, जो बड़े आदर्शों को लेकर आते हैं, लेकिन मूलत: बड़ा सपना हो या न हो, राजनीति सत्ता की राजनीति होती है। राजनीति में बड़े आदर्शों को भी लेकर आते हैं, उनकी भी कल्पना भी होती है, सत्ता पर कब्जा करके अपने आदर्शों को समाज पर लागू करेंगे। लेकिन अगर आदर्श का छीजन हो जाता है और ऐसे लोग आते हैं, जो सत्ता की राजनीति करते हैं, तो फिर वे सारे आदर्श खत्म हो जाते हैं। 1970-71 के बीच से जब शुद्ध रूप से सत्ता की राजनीति चली, तब जो समाजवादी नेता थे, वो भी धीरे-धीरे सत्ता की राजनीति से जुड़ते चले गए। मधु लिमये, राजनारायण जैसे समाजवादी नेताओं की दृष्टि भी काफी हद तक सत्ता की राजनीति और जोड़-तोड़ आदि में केन्द्रित हो गई। उस समय उसका नतीजा हुआ कि नेताओं में भी गुटबाजी शुरू हो गई। सोशलिस्ट पार्टी में दो धड़े बन गए। कुछ लोग मधु लिमये और जॉर्ज के साथ चले गए, तो कुछ लोग राजनारायण जी के साथ। लेकिन कुछ थोड़े-से लोग थे, जो इन चीजों से अलग रहे और कुछ लोग डॉ. लोहिया से नजदीक थे। उसमें किशन पटनायक, इन्दुमति केलकर और राम इकबाल जैसे लोग थे। इन लोगों ने उस समय एक लोहिया विचार मंच बनाया था। समस्याओं पर पढ़ना-लिखना करते थे। फिर एक समय यह स्थिति हो गई कि पार्टी के अन्दर विचारों को नजरअन्दाज किया जाने लगा। हम लोग मजाक में कहते थे कि पढ़ना-लिखना पार्टी विरोधी गतिविधि है। समाज एक बहुत ही जटिल संरचना है। यदि इसमें कोई बड़ा बदलाव करना चाहते हैं तो बहुत ही गहराई से समझना होगा और अध्ययन करना होगा। समाज में

परिवर्तन करना चाहते हैं तो बहुत ही गहरी समझ होनी चाहिए। इस काल में एक तरफ सत्ता का आकर्षण था तो दूसरी तरफ समाज बदलने की जो आकांक्षा थी, इस अन्तर्विरोध की वजह से यह सारा हुआ।

जेपी की सम्पूर्ण क्रान्ति की आज क्या महत्ता है। गांधीजी के आदर्शों को उन्होंने किस तरह से जीवित रखा? उनके द्वारा दिया गया विकल्प क्यों धराशायी हो गया?

—जेपी ने बहुत ज्यादा उम्र में वह प्रयोग शुरू किया था। 1974 के आन्दोलन के समय वह 72 साल के थे। उस उम्र में इतने युवाओं को नेतृत्व देना बड़ी बात थी। मैं बहुत प्रभावित हुआ था। अहिंसक ढंग से भी आन्दोलन हो सकता था, यह उन्होंने दिखाया था। लोगों में संघर्ष के प्रति जुड़ने का जज्बा दिया। छात्र आन्दोलित पहले से थे। उन लोगों ने जेपी से नेतृत्व माँगा। जेपी ने अहिंसक होने की शर्त रखी। नौजवानों और छात्रों ने इस शर्त को माना। बहुत ज्यादा प्रोवोकेशन होने के बावजूद ये नौजवान अहिंसक संघर्ष करते रहे, लेकिन जेपी की उम्र का तकाजा भी था। उस उम्र में नए सिरे से सब कुछ शुरू करना इतना आसान नहीं था। उन्होंने छात्र युवा संघर्ष वाहिनी बनाई थी। राष्ट्रीय शिविर में लड़के-लड़कियाँ एक साथ रहते थे। हर चीज में बराबर की हिस्सेदारी होती थी। बिलकुल एक नया आदर्श था। 1977 के चुनाव के समय जेपी अस्वस्थ हो गए। उनको चुनाव की चुनौती स्वीकार करनी पड़ी और तब जो उन्होंने राजनीति से लोगों को विमुख किया था, उसकी सजा उन्हें भुगतनी पड़ी। अपनी कोई पार्टी नहीं थी। तब उनका प्रस्ताव आया कि कांग्रेस विरोध की जितनी पार्टियाँ हैं जनसंघ तक, सबको साथ लें। एक पार्टी बनाने की बात हुई। जनता पार्टी बनी। इस तरह से पार्टी शुरू से ही आदर्शविहीन थी। जहाँ मोरारजी देसाई, वाजपेयी और जॉर्ज भी हों, सब एक साथ तो उस पार्टी का वही अन्त होना था। आरएसएस से विवाद हुआ। अन्ततः सरकार चली गई। उसके बाद जेपी अस्वस्थ होते चले गए, उनके अन्दर इतनी ताकत नहीं बची कि वह उससे कुछ आगे निकाल पाते। डायलिसिस पर रहते थे।

लोहिया और जेपी की आज क्या महत्ता है? हमारे सामने आज रास्ता क्या है?

—आज एक विकल्प बनाने की जरूरत है। सशक्त आन्दोलन के लिए एक सशक्त जमीन तैयार है। सीधा हम कह सकते हैं कि यह दिखाई पड़ रहा है। आज कलिंगनगर हो या नर्मदा या सेज के नाम पर विस्थापन हो, हर जगह यह हो रहा है कि बड़ी कम्पनियों को खनिज और भू-सम्पदा देने के लिए आम आदमी को विस्थापित किया जा रहा है। धीरे-धीरे पूरा देश विस्थापितों का देश होता जा रहा है। जब वे महानगरों में आते हैं और यहाँ रह रहे सम्भ्रान्तों की सुविधाओं में खलल आती

है, तब वे लोग इन्हें फिर से उजाड़ना शुरू करते हैं। आम आदमी का कोई मूल्य नहीं रह गया है। जिन आदर्शों के लिए लोहिया और जेपी खड़े होते थे, उसके ठीक विपरीत साधारण आदमी जो निचले पायदान पर खड़ा है, उसको कोई नहीं पूछ रहा है।

समाजवादियों और मार्क्सवादियों के उद्‌देश्य काफी हद तक एक जैसे हैं, लेकिन उनके बीच मित्रता व एकता की बजाय विरोध काफी ज्यादा रहता है।

—साम्यवादियों से कोई चिढ़ नहीं है। जेपी समाजवादी थे, वो अमेरिका में कम्युनिस्ट पार्टी के सदस्य थे। उन्होंने सबसे पहली किताब 'ह्वाई सोशलिज्म' लिखी। वह मार्क्स, लेनिन का दर्शन था। हम लोग मार्क्स को ही पढ़कर व शिक्षित होकर समाजवादी आन्दोलन में आए। मार्क्स को हम लोग बहुत बड़ा मनीषी मानते हैं, लेकिन यह अन्धभक्ति ठीक नहीं है। मार्क्स का जो भी चिन्तन है, उसके बारे में हमेशा परीक्षण होते रहना चाहिए। कम्युनिस्ट पार्टियों के लोग मार्क्स, स्टालिन और लेनिन आदि की अन्धभक्ति करते हैं। मार्क्स ने जिन स्थितियों का वर्णन किया था, उससे भारत की स्थिति बिलकुल ही भिन्न थी। लेकिन कम्युनिस्ट हर चीज को उसी तरह से लागू करना चाहते थे, तो समाजवादी आन्दोलन ने समझ के स्तर पर विरोध किया। डॉ. लोहिया की एक महत्त्वपूर्ण पुस्तक है, संकलन है, 'मार्क्स, गांधी और सोशलिज्म'।

कम्युनिस्टों ने लोहियावादियों के बारे में जान-बूझकर फैलाया कि हम लोगों को मार्क्स से चिढ़ है। लोहिया ने अपनी कई किताबों में मार्क्स को आधार बनाकर चिन्तन किया है। मार्क्स को खारिज नहीं किया है। उनको विस्तार देने का काम किया। लोहिया और जेपी दोनों, की एक बहुत बड़ी विशेषता थी कि उन्होंने गांधी को समाजवादी आन्दोलन के केन्द्र में लाकर रख दिया। लोहिया और जेपी का योगदान यह था कि समाजवादी आन्दोलन से गांधी को भी जोड़ा था। भारत का समाजवादी आन्दोलन दुनिया में विलक्षण है। यही कारण है कि पूरी दुनिया में तानाशाही आ रही है, लेकिन भारत में लोकतंत्र अगर जिन्दा रहा, तो इसके पीछे कारण है कि यहाँ समाजवादी आन्दोलन सशक्त रहा है।

(बातचीत सुशील कुमार ने की थी)

कुछ भाषण

समाजवादी जन परिषद
10वाँ राष्ट्रीय सम्मेलन का उद्घाटन भाषण

समाजवादी जन परिषद का जन्म एक नई पहल की शुरुआत के साथ हुआ था। यह वह समय था जब समाज की विकास सम्बन्धी वे मान्यताएँ जो पारम्परिक समाजवादी आन्दोलन के पीछे थीं, धराशायी होने लगी थीं। अपने को समाजवादी कहनेवाली व्यवस्थाएँ भी, जो पुरानी मान्यताओं पर आधारित थीं, सांगठनिक और उससे भी बढ़कर उन मूल्यों के स्तर पर जिनको लेकर ये संगठन बने थे, विघटन के कगार पर थीं। 1990 आते-आते सोवियत संघ का विघटन हो गया और एक तथाकथित उन्मुक्त पूँजीवादी व्यवस्था ने इसका स्थान ले लिया। चीन में कम्युनिस्ट पार्टी के बैनर तले ही—जिसने 1856 से 1975 तक के काल में 'बड़ी छलाँग' एवं 'सांस्कृतिक क्रान्ति' जैसे साहसिक कदम उठाए थे—पूँजीवाद की धमाकेदार वापसी हुई और सभी मानवीय अवरोधों को रौंदते हुए अल्पकाल में ही चीन पूँजीवादी दुनिया की दूसरी सबसे बड़ी आर्थिक शक्ति बन गया। संशोधनवादी समाजवाद और फेबियन समाजवाद के दो सबसे बड़े प्रयोग स्थल जहाँ क्रमश: सोशल डेमोक्रेटिक और ब्रिटिश लेबर पार्टी ने बीसवीं शताब्दी के कुछ साहसिक सुधारवादी प्रयोग किए थे, दिवंगत मागरिट थैचर और एंजेला मार्केल के आक्रामक पूँजीवादी पहल के सामने आत्मसमर्पण की मुद्रा में हैं। सभी तरफ से यह आवाज आ रही थी कि पूँजीवाद का कोई विकल्प नहीं है।

अगर हम अपने इर्द-गिर्द नजर डालें तो तथाकथित उन्मुक्त व्यवस्था सर्वत्र नौकरशाही और व्यवस्थाओं के जटिल ताने-बाने से घिरी होती है। फर्क यही हुआ है कि व्यवस्था का जटिल ताना-बाना जो पहले ब्यूरोक्रेसी से संचालित होता था, अब अधिक सक्षम बनानेवाले नेटोक्रेसी यानी कम्प्यूटरों के संजाल से युक्त है। जिंसों की खरीद-फरोख्त का धन्धा तो पुराना ही है, पर अब दुकानदार काउंटर पर से गायब हो रहे हैं—घर बैठे सब कुछ 'ऑनलाइन' मुहैया होने लगा है। जैसे लोकतंत्र में लोक की उपस्थिति औपचारिक और पाँचसाला है वैसे ही निजी उद्यम में कारोबार खड़ा करनेवाला उद्यमी (इंटरप्रेन्योर) भी गायब हो रहे हैं। बँधे-बँधाए ढाँचे के भीतर ही उसे शेयर बाजार या किसी दूसरे ढाँचे के भीतर ही हाथ-पैर मारने

की आजादी है। किसी नई प्रविधि या वस्तु का निर्माण भी उसे इसी बने-बनाए खाँचे के हिसाब से करना होता है।

जैसे मकड़ी का सारा संसार जाल के भीतर ही और उसी के सहारे टिका होता है, आधुनिक औद्योगिक व्यवस्था भी एक बृहत् एसेम्बली लाइन में तब्दील हो गई है—जिसमें यातायात एवं संचार व्यवस्थाओं के सहारे वैश्विक पूँजीवादी प्रबन्धन—खुदती खदानों, कटते वनों, विस्थापित जनों एवं बाधित जल स्रोतों से जीवन के निचोड़, प्राकृति परिवेश का उपहास करते, बदसूरत गगनचुम्बी इमारतों, विष वमन करते वाहनों एवं फैक्ट्रियों के चिमनियों के संजाल का निर्माण करता है। इस व्यवस्था में समाहित वे असंख्य परिवार जो प्राकृतिक परिवेश से कट गए हैं, व्यवस्था द्वारा विज्ञापित और प्रायोजित वस्तुओं को अपनी अपनी हैसियत के हिसाब से बन्धन में पड़े पिगरी के सूअरों की तरह गटकते रहते हैं।

मार्क्स ने जिस तकनीकी निर्यातवाद का प्रतिपादन यानी उत्पादन के साधन और उत्पादन सम्बन्ध से संसार के नियमन की बात की थी, वह एक अर्थ में फलीभूत हो रहा है और सब कुछ प्रौद्योगिकी के प्रतिमानों के हिसाब से घटित होता दिखाई दे रहा है, लेकिन मार्क्स ने इसमें उत्पादकों यानी मजदूर वर्ग की जिस प्रतिरोधक शक्ति के विकास और इससे व्यवस्था के शोषक आवरण के ध्वस्त होने की कल्पना की थी, वह साकार नहीं हो पाई। जो श्रमिक व्यवस्था से जुड़े हैं वे भावनात्मक रूप से इस का अंग हो गए हैं। वे न तो स्वयं व्यवस्था के संजाल से मुक्त होने का रुझान दिखाते हैं न इस ढाँचे को परिधि पर पड़े दूसरे मानवों और प्रकृति के खिलाफ इसके अतिक्रमणों और आक्रमणों का कोई विरोध करते हैं। इस व्यवस्था द्वारा प्रकृति और व्यवस्था के हाशिये पर पड़े मानवों के शोषण के लाभुक बन इस व्यवस्था के समर्थक बन गए हैं। टाटा स्टील या वेदान्त के इस्पात एवं अल्युमिनियम उत्पादन के कारखानों में लगे श्रमिकों में उन मानवों की चिन्ता नहीं है जो लौह अयस्क या बौक्साइट खनन की प्रक्रिया में जो क्रमशः इस्पात और अल्युमिनियम के उत्पादन के आधार हैं—विस्थापित होते हैं। कृषकों एवं आदिवासियों का क्या होता है, जिनके जीवन का आधार और प्राकृतिक परिवेश नष्ट हो रहे हैं, यह कारखानों में काम करनेवाले मजदूरों की दृष्टि से ओझल है या इसे नजरअन्दाज करना जरूरी बन गया है क्योंकि इनके नष्ट होने का इन उद्योगों के विकास के साथ अन्योन्याश्रय सम्बन्ध है।

अठारहवीं से बीसवीं सदी के प्रारम्भिक वर्षों तक इस सम्बन्ध का एक अन्तर्राष्ट्रीय आयाम था। उद्योगों का विकास पश्चिमी यूरोप और उत्तरी अमेरिका में हो रहा था और प्राकृतिक संसाधनों और गुलाम और अर्ध गुलाम एवं बँधुआ मजदूरों का शोषण उस समय तक गुलाम बनाए गए एशिया, अफ्रीका और ब्रिटिश समर्थन से फ्रैंकों की सत्ता बनी रही। द्वितीय विश्वयुद्ध में जर्मनी और इसके सहयोगी धुरी

राष्ट्रों की पराजय से फासीवाद का उभार तो रुका और अल्पकाल के लिए ब्रिटेन, जर्मनी आदि में सोशल डेमोक्रैटिक पार्टियाँ वर्चस्व में आईं और मजदूर वर्ग को कुछ राहत मिली, लेकिन यह वर्चस्व अल्पकालिक रहा। ब्रिटेन में मार्गरेट थैचर के आक्रामक हमले और जर्मनी में एंजेला मार्केल के प्रभाव में फिर दक्षिणपंथी पार्टियाँ हावी हो गईं। मजदूर बहुल इन देशों में दक्षिणपंथ की वापसी में मजदूर वर्गों की आस्था का संकट स्पष्ट है। वे भी दुनिया की पूँजीवादी लूट में अपने यहाँ के औद्योगिक प्रतिष्ठानों से अपने को जोड़ते दिखाई देते हैं। सोशल डेमोक्रैटिक पार्टियों की तरह ही कम्युनिस्ट पार्टियाँ भी अधिकांश देशों में हाशिए पर डाल दी गई हैं। स्वयं भारत में कम्युनिस्ट पार्टी, कम्युनिस्ट पार्टी मार्क्सवादी और नक्सली कही जानेवाली मार्क्सवादी-लेनिनवादी पार्टियाँ, सभी लगातार देश की राजनीति में अपनी हैसियत गँवा रही हैं।

नक्सलियों का एक समूह, जिसे 'माओवादी' कहा जाता है, हथियार के बल सत्ता पाने की नीति को लेकर चल रहा है और देश के कुछ हिस्सों में इसकी जड़ें हैं, लेकिन ये ऐसे प्रदेश हैं जो वनों से घिरे हैं और उन्हें उन जनजातीय समूहों का समर्थन मिलता है जिनके अस्तित्व पर वर्तमान औद्योगिक विकास से सीधा खतरा है, जिनके परिवेश जंगलों की कटाई और खनन उद्योगों से लगातार नष्ट किए जा रहे हैं। विडम्बना यह है कि अपने को माओवादी कहनेवाले ये समूह भी उन्हीं औद्योगिक नीतियों के पैरोकार हैं जिनसे जनजातीय लोगों के परिवेश उजड़ रहे हैं एवं कृषि क्षेत्र प्रतिकूल दबाव पर रहा है। नेपाल की माओवादी पार्टी, जिससे इस समूह का शुरू में गहरा रिश्ता था, औद्योगीकरण की उसी नीति का समर्थक है जिसे चीन समेत दुनिया की सभी पूँजीवादी व्यवस्थाएँ अपनाती रही हैं। ऐसी नीति के क्या नतीजे होंगे, उन्हें दुनिया के औद्योगिक विकास के परिणामों पर गौर करने पर आसानी से देखा जा सकता है। अगर परिस्थिति के किसी चमत्कार से अगर माओवादी सत्ता में आए तो अन्तत: वे वैसी ही पूँजीवादी व्यवस्था को जन्म देंगे जैसी माओ के अपने देश में कम्युनिस्ट पार्टी के अधिनायकत्व में विकसित हुई है।

इन अनुभवों से लगता है कि जल, जंगल और जमीन की रक्षा की सार्थक और स्थायी नीति वही हो सकती है जो विकास की ऐसी अवधारणा पर आधारित हो जो धरती और जीव जगत से मनुष्य के स्वाभाविक साहचर्य को रेखांकित करती है। आधुनिक औद्योगीकरण के पहले कुछ तात्कालिक विचलनों के बावजूद मानव जीवन प्रकृति के साथ ताल-मेल पर आधारित था। पेड़, पशु, पर्वत, नदियों और सागर की पूजा भले ही विज्ञान की दृष्टि से अन्धविश्वास लगे, एक गहरे अर्थ में धरती पर जीवन में व्याप्त अन्तरंग संगीत की ध्वनियाँ हैं। वही विकास शाश्वत और सार्थक हो सकता है जो जीवन के इस राग से बँधा हो।

समता संगठन ने—जिस उस पहल की शुरुआत की थी जिससे समाजवादी जनपरिषद अस्तित्व में आई—अपने नीति वक्तव्य में 1980 में ही इस तथ्य को रेखांकित किया था कि समान प्रौद्योगिकी पर आधारित पूँजीवादी और सोवियत व्यवस्थाएँ एक ही बिन्दु पर आ रही हैं। 1990 आते-आते सोवियत संघ का विघटन हो गया और रूस वैश्विक पूँजीवाद का अंग बन गया। चीनी साम्यवाद का भी वही हश्र हुआ। ये घटनाएँ हमें आश्वस्त करती हैं कि विकास सम्बन्धी हमारा आकलन सही साबित हुआ है। यह विडम्बना ही है कि मौजूदा तकनीकी के कुछ परिणामों के चकाचौंध से लोग अभी भी इस विकास के प्रलयंकारी पहलू को नजरअन्दाज कर रहे हैं, लेकिन जल्दी ही लोगों का मोहभंग होगा और गगनचुम्बी इमारतें जिनके जंगल चारों ओर उग रहे हैं, ऊर्जा संकट से खँडहरों में तब्दील हो जाएँगी। अनिवार्य बिजली संकट से लिफ्टों के बन्द होने पर इन बीस मंजिली या सौ मंजिली इमारतों में चमगादड़ों के सिवा किनका बसेरा होगा? ऊर्जा स्रोतों की उत्तरोत्तर बढ़ती महँगाई इस बात का संकेत है कि ये स्रोत तेजी से सूख रहे हैं। नई स्थितियों में वे ही समाज सकुशल रहेंगे जो वैकल्पिक विकास पद्धति को अपना इस संकट से अपने को बचाएँगे तथा तात्कालिक चकाचौंध की जगह संयमित जीवन की ओर जाएँगे।

समाजवादी जन परिषद लोगों का विकास सम्बन्धी प्रचलित भ्रम से आगाह करती रहेगी। आज हमारा दायित्व उन लोगों के संघर्षों में शामिल होना है जो विकास के इस दानवी दौड़ में रौंदे जा रहे हैं। हमारे साथी ओडिशा, मध्यप्रदेश आदि में उनके अहिंसक संघर्षों में अपनी सीमित शक्ति से शामिल हैं। हमें अपने ऐसे संघर्षों का दायरा बढ़ाते जाना है। आज लोग भले ही हमारी बात नहीं सुनें, आनेवाली संकट की घटी में उन्हें हमारी बातों पर ध्यान देना ही होगा, इसी विश्वास के साथ हमें आगे बढ़ते रहना है।

(वाराणसी, 11 जून, 2013)

युवा भारत के चौथे राष्ट्रीय सम्मेलन में उद्‌घाटन भाषण

जैसाकि 'युवा भारत' नाम से संकेत मिलता है, यह देश की युवा शक्ति का आह्वान है। युवा शक्ति अपने आप में एक अपरिभाषित शक्ति है। यह समाज को किस दिशा में ले जाएगी, यह अनिश्चित रहता है जब तक हम यह न जानें कि यह कैसे विचारों और आदर्शों से प्रेरित है? किशोरावस्था से मानव चेतना में तेजी से परिवर्तन होने लगता है। अगले कुछ वर्षों में ही मनुष्य संसार की समझ बनाता है और स्वयं अपने जीवन की दिशा तय करने लगता है। कुछ अपवादों को छोड़ अधिकांश लोग जीवन भर उन्हीं आदर्शों पर चलते हैं जिनमें वे इस काल में प्रेरित होते हैं। यही काल है जब प्राय: सबसे मौलिक चिन्तन का जन्म उनकी मनीषा में होता है। आइंसटीन ने पच्चीस वर्ष की आयु में सापेक्षतावाद का सिद्धान्त विकसित किया जो ब्रह्मांड को समझने की सभी पूर्ववर्ती कल्पनाओं से अलग एक नया आयाम देता था। महात्मा गांधी ने लगभग इसी आयु में अन्याय के प्रतिकार का एक अहिंसक मार्ग विकसित किया जो मानव समाज में हिंसा और प्रतिहिंसा के उत्तरोत्तर भीषण बनते जा रहे दु:श्चक्र को तोड़ने की एकमात्र आशा पैदा करता है। यह मनुष्य के जीवन मूल्यों को समझने में एक नया आयाम देता है जो समग्रता में मानव सम्बन्धों में निहित शक्तियों और उनके कारकों को समझ उन्हें नए ढंग से रचने की दिशा देता है।

यह ध्यान में रखने योग्य है कि 1848 में कम्युनिस्ट घोषणा-पत्र तैयार करने के समय कार्ल मार्क्स महज 30 वर्ष के और फ्रेडरिक एंगेल्स 28 वर्ष के थे। अगर हम मानव इतिहास पर नजर डालें तो बेहिचक कह सकते हैं कि युवजन ही मानव चेतना और समाज का निर्माता है। आप यहाँ बैठे अपने भीतर अनेक आइंसटीन, गांधी और मार्क्स की सम्भावनाओं को धारण किए बैठे हैं। आपको यह तय करना है कि इस शक्ति को क्या दिशा दे रहे हैं, यह निर्णय सर्वोपरि महत्त्व का है।

जहाँ हम युवाशक्ति की सम्भावनाओं से उत्साहित होते हैं वहीं इसके दूसरे पहलू पर नजर डालने पर भयभीत भी होते हैं। हिटलर की शैतानी कल्पनाओं का जन्म भी इसी उम्र में होता है जो करोड़ों जर्मन युवकों के 'हिटलर युजेंड' (हिटलर युवा) की विध्वंसक शक्ति को जन्म देता है जिससे पूरा यूरोप और संसार

का बड़ा भाग विश्वयुद्ध की हिंसा और 'होलोकास्ट' के रू-ब-रू होता है जिसमें साठ लाख यहूदियों की हत्या कर दी गई। यही शक्ति आज मकबूल फिदा हुसैन जैसे बड़े कलाकार को देश से निर्वासित होने को मजबूर करता है और कला के जीवन के लिए अनिवार्य इसकी स्वतंत्रता पर हमला करता है और पुस्तकालयों में आग लगाता है। विडम्बना है कि ऐसे युवा हिन्दुत्व की बात करते हैं जबकि यह ऐतिहासिक तथ्य है कि इनका प्रेरणास्रोत भी हिटलर ही है जिसने जर्मनी में पुस्तक और कलाओं की होली से ही अपनी वहशी मुहिम की शुरुआत की थी। यह आम जानकारी की बात है कि आर.एस.एस. के सबसे बड़े गुरु गोलवरकर ने हिटलर के युवा संगठन 'स्ट्राम ट्रूपर्स' को ही अपने संगठन का आधार बनाया था।

ऊपर की बातों पर विचार करने से जहाँ यह दिखाई देता है कि संसार के निर्माण में युवा शक्ति की निर्णायक भूमिका है, लेकिन यह परिवर्तन कल्याणकारी तभी होगा जब इसकी ऊर्जा सही दिशा में संचालित हो। मैं आशा करता हूँ कि आप युवजन कुछ ऐसे ही लक्ष्य से प्रेरित हो यहाँ इकट्ठे हुए हैं।

समाज निर्माण में जब हम युवा शक्ति की प्रेरणा की बात करते हैं तो यह बात ध्यान में रखनी चाहिए कि व्यक्ति का जीवन छोटा होता है और युवावस्था की अवधि और भी छोटी होती है, लेकिन समाज का जीवन लम्बा होता है। इसलिए युवा शक्ति अपनी विधायक भूमिका समाज निर्माण में तभी निभा सकती है जब यह ऐसे विचारों और संगठनों का निर्माण करे जो अगली पीढ़ियों और विशेषकर अगली पीढ़ियों के युवजनों को उत्प्रेरित कर और अपनी तात्कालिक शक्ति को दूरगामी लक्ष्यों की श्रृंखला में पिरो सके। हर नई युवा पीढ़ी के सामने अतीत और भविष्य को मानवीय आदर्शों से जोड़नेवाले पुल की भूमिका अदा करने की जवाबदेही होती है। विशेष कालखंडों में यह जवाबदेही ज्यादा गम्भीर बन जाती है। आज भारत और संसार भर के युवजनों के सामने मानव इतिहास की सबसे बड़ी चुनौती खड़ी है। पिछले दो सौ वर्षों में विज्ञान और तकनीक के विकास ने मनुष्य के हाथ में अपरिमेय शक्ति और समृद्धि दे दी है। आज मनुष्य ने गगनचुम्बी अट्टालिकाओं का जंगल खड़ा कर दिया है। धरती, जल और आसमान में सैकड़ों और हजारों किलोमीटर की रफ्तार से चलनेवाले वाहनों का ताना-बाना बना दिया है। जीवन में ऐसी सुविधाओं और उपभोग की वस्तुओं को आम आदमियों की पहुँच में लाना सम्भव कर दिया है, जिसकी कल्पना अतीत के राजा और शहंशाह भी नहीं कर सकते थे। लेकिन यह सब एक ऐसी आर्थिक और सामाजिक व्यवस्था के तहत हो रहा है जिसमें थोड़े-से लोगों की सुविधाएँ जुटाने के लिए संसार के अरबों लोग जीवन की न्यूनतम जरूरतों को पूरा करनेवाले साधनों से भी वंचित हो रहे हैं। आज संसार के बहुसंख्य लोग विशेषकर एशिया, अफ्रीका और लातिनी अमेरिका में बसनेवाले लोग घोर कुपोषण और इससे पैदा होनेवाली बीमारियों से ग्रसित हैं। इनमें

करोड़ों बच्चे कुपोषण से किशोरावस्था में पहुँचने से पहले ही मर जाते हैं। ऊपर वर्णित समृद्धि को जुटाने के लिए संसाधनों को जुटाने के मुहिम में पारम्परिक ढंग से जीवन बसर करनेवाले आदिवासी और किसान परिवारों को उनके पारम्परिक परिवेश से उजाड़ा जा रहा है। उनकी जमीन, जंगल और जल का अधिग्रहण बड़े व्यावसायिक प्रतिष्ठानों के लिए हो रहा है और उनके विस्थापन से संसार भर में आव्रजनों की भीड़ बढ़ रही है। महानगर फैल रहे हैं, लेकिन इनकी बड़ी आबादी विस्थापित हो किसी तरह जिन्दा रह पाने के लिए आनेवाले आव्रजनों की होती है जो महानगरों की झुग्गियों और गन्दी बस्तियों में कीड़ों की जिन्दगी जीने को मजबूर है।

इस विकास के लिए ऊर्जा स्रोतों और दूसरे खनिजों की भूख इस कदर बढ़ रही है कि पश्चिम एशिया में स्थाई रूप से अस्थिरता और युद्ध का माहौल बना रहता है। इराक पर संयुक्त राष्ट्र महासंघ को नजरअन्दाज कर अमेरिका द्वारा आक्रमण और अधिकार इसका मात्र एक पहलू है। वह पूरा भू-भाग प्रत्यक्ष या अप्रत्यक्ष आक्रमण और दबाव का शिकार है। इसी का दूसरा पहलू सी.आई.ए. द्वारा उन देशों में अस्थिरता फैलाने और हत्याओं का सिलसिला जारी रखने की मुहिम है जिसके शिकार विशेषकर लातिनी अमेरिका के देश हैं। क्यूबा के आधी शताब्दी से फिदेल कास्त्रो तो हाल के दिनों में वेनेजुएला के शावेज और बोलेविया के मोरोलेस आदि इस मुहिम के शिकार हैं। इसी वर्चस्व को कायम रखने के लिए तथाकथित बड़े राष्ट्र नाभिकीय हथियारों का जखीरा बढ़ाते गए हैं और अब उनके पास ऐसे हथियारों की इतनी बड़ी मारक शक्ति है कि संसार के अस्तित्व को कई बार मिटा सके। यह देखते हुए कि आज दुनिया की महाशक्तियों के शीर्ष पर बुश जैसे आधे पागल लोग हैं, दुनिया नाभिकीय युद्धों में कब खत्म हो जाएगी, कहना कठिन है।

लेकिन अगर ऐसा युद्ध नहीं भी हो तो भी औद्योगिक उत्पादनों की मात्रा और दिशा ऐसी है कि इससे होनेवाले प्रदूषण से पर्यावरण का क्षय अनिवार्य है। इससे धरती का तापमान लगातार बढ़ रहा है। यह बात अब विवाद से परे है और अगले कुछ वर्षों में इससे होनेवाले जलवायु परिवर्तन से उष्ण कटिबन्धों में रहनेवाले देश, जो प्राय: दुनिया के गरीब देश हैं, भयंकर प्राकृतिक आपदाओं से ग्रस्त होंगे। ग्लेशियरों के पिघलने और अनियमित वर्षा से पैदा जल संकट, अकाल, विस्थापन और सम्भवत: युद्धों का एक नया सिलसिला शुरू होगा। बिना युद्ध के भी इन देशों में लोगों का जीवन अन्त के अभाव और जल संकट से भयावह बनता जाएगा। यह दु:स्वप्न आज दुनिया के सामने तब उपस्थित है जब उपलब्ध विज्ञान और तकनीक के आधार पर अधिकांश आपदाओं से मुक्त बेहतर दुनिया बनाई जा सकती है अगर आदमी पूँजीवादी व्यवस्था की मुनाफे की चाहत से परिचालित होने की बजाय स्वाभाविक मानवीय संवेदना और सहयोग के आधार पर सामाजिक व्यवस्था का निर्माण करे।

यह बेहिचक कहा जा सकता है कि आज जो संकट दुनिया के सामने है, उसका मुख्य कारण पूँजीवादी व्यवस्था का वह विस्तार है जो आज 'भूमंडलीकरण' के नाम से जाना जाता है। इस व्यवस्था में अपने जाल को फैला कर सारे संसार के संसाधनों और जन-जीवन को ग्रसित करने का अन्तरनिहित दबाव बना रहता है। यह अपना फैलाव उपभोक्तावाद जनित ताम-झाम के सम्मोहन से शुरू कर सारे जीवन पर छा जाता है। मुनाफा और अपनी आर्थिक शक्ति का विस्तार इसका एकमात्र देवता है—जिस देवता की प्रवृत्ति आदमखोर है। उसके मुनाफा का स्रोत आदमी के श्रम का शोषण और सभी उपलब्ध प्राकृतिक संसाधनों का अतिदोहन है। इसलिए इस व्यवस्था को स्थायी रूप से कल्याणकारी या जीवन के लिए निरापद नहीं बनाया जा सकता।

इसी बिन्दु पर एक चुनौती आपके सामने आ जाती है। इस व्यवस्था को समाप्त कर एक मानवीय व्यवस्था आप किस तरह बनाएँगे? एक झटके में सब कुछ बदल देनेवाली क्रान्ति की सम्भावना पूर्व अनुभवों के आधार पर अब व्यावहारिक नहीं लगती।

पश्चिमी दुनिया में एक झटके में सारी व्यवस्था बदलने के प्रयास 1789 की फ्रांस की क्रान्ति से ही होते रहे हैं, लेकिन समाज का ताना-बाना राष्ट्रीय स्तर पर इतना फैला होता है कि शीर्ष पर कुछ चीजें बदलीं, कुछ मौतें हुईं, लेकिन इसके बाद सदा गृह-युद्धों और अन्तर्राष्ट्रीय युद्धों का एक सिलसिला चला, जिसमें क्रान्ति में भाग लेनेवाले के अपने अस्तित्व की लड़ाई में मूल उद्देश्य कहीं लुप्त हो गए और तत्काल किसी-न-किसी तरह की अधिनायकवादी व्यवस्था उन लोगों के द्वारा समाज पर लाद दी गई जो अधिक संगठित और प्रतिरोधियों के दमन में निर्मम थे। फ्रांस की क्रान्ति के ऊँचे आदर्शों के बावजूद इससे नेपोलियन का साम्राज्य पैदा हुआ। रूस की बोल्शेविक क्रान्ति से स्टालिन की तानाशाही। चीन की क्रान्ति से जिसके पीछे करोड़ों किसानों की शक्ति थी, कई उतार-चढ़ावों के बाद सत्ता के केन्द्रीकरण का यह नतीजा हुआ कि जिनके हाथ में सत्ता थी, उन्होंने ही क्रान्ति का एजेंडा तय किया और सांस्कृतिक क्रान्ति के महान प्रयास के दो दशक के भीतर एक महान किसान क्रान्ति के पेट से आक्रामक पूँजीवाद का प्रसार हुआ जिसने किसान क्रान्ति के लक्ष्यों को पूरी तरह नकार दिया।

क्रान्ति के इन प्रयासों की चर्चा करने का उद्देश्य इस तथ्य को चिह्नित करना है कि आधुनिक बड़े राज्यों में क्रान्तिकारी परिवर्तन एक झटके में बदलाव नहीं ला पाया है। फ्रांस में क्रान्तियों की परम्परा में बैरिकेड (रोड जाम या अवरोध) खड़ा करना एक झटके में सब कुछ बदल डालने की आशा की ही अभिव्यक्ति रहा है। यह कर्म-कांड आज भी फ्रांस और यूरोप के कई दूसरे देशों में आन्दोलनों के साथ जुड़ा है। इसका प्रभाव शीर्ष की राजनीति में यदा-कदा कुछ परिवर्तन करने

में होता है, लेकिन समाज परिवर्तन की दिशा इनके द्वारा निर्धारित नहीं होती। यह महज दबावमूलक प्रक्रिया होती है। औद्योगिक समाजों में सिंडिकलिस्ट प्रभाव में आम हड़ताल (जेनरल स्ट्राइक) के द्वारा समाज में आमूल-चूल परिवर्तन का मिथक या आशा भी थी जिसे रोजा लक्जमबर्ग, लियोन ट्राट्स्की आदि ने समाज परिवर्तन का प्रारम्भिक दौर माना था, लेकिन जर्मनी, रूस आदि में शीर्ष पर कुछ परिवर्तनों को सम्भव बनाना छोड़ लम्बे दौर में समाज परिवर्तन में इसकी भूमिका गौण हो जाती है।

ऊपर क्रान्तियों के अनुभवों का थोड़ा जिक्र करने का उद्‌देश्य इस बात को चिह्नित करना है कि समाज परिवर्तन की प्रक्रिया अल्पकारिक या एक झटके में खत्म हो जानेवाली चीज नहीं है। यह एक लम्बी प्रक्रिया होती है जिसमें अनेक पीढ़ियाँ और कभी-कभी सदियाँ लग सकती हैं। अगर ऐसा है तो युवजनों को तात्कालिक रूप से पैदा समस्याओं से जूझने से आगे बढ़ सामाजिक संरचना में इन समस्याओं की जड़ को तलाशना होगा और अगर समाज परिवर्तन की प्रक्रिया लम्बी है तो एक दीर्घकालिक कार्य-सूची के तहत इससे जूझने के लिए आवश्यक संगठन खड़ा करना होगा। आज राष्ट्रीय स्तर पर इन समस्याओं से अलग-अलग तरह से निपटने के लिए राजनीतिक दल अस्तित्व में आए हैं। कुछ खास तरह की समस्याओं से जूझने के लिए राष्ट्रीय या अन्तर्राष्ट्रीय स्तर पर रेड क्रॉस, आई.एल.ओ. जैसे संगठन भी हैं, लेकिन ये संगठन समस्याओं की सतह को ही छूते हैं और अन्ततः आज की दुनिया में इनकी गतिविधि की सीमाओं का निर्धारण राष्ट्रीय सरकारों द्वारा होता है जिसका नियंत्रण राज्य सत्ता के जरिये होता है जिसमें दलीय राजनीति की मुख्य भूमिका होती है।

राजनीति के साथ दो तत्त्व जुड़े होते हैं। एक तो सत्ता का तत्त्व होता है जिसके बल पर समाज में उपलब्ध साधनों और सुविधाओं का बँटवारा होता है। इस बँटवारे में वे समूह जिनके हाथ में राजनीतिक ताकत होती है, प्रायः स्वयं अपने या अपने सहयोगियों के लिए सुविधाएँ जुटाते हैं। यह समूह एक वर्ग, जाति या कोई अभिजात समूह भी हो सकता है। काफी लोगों के लिए राजनीतिक सत्ता का यह सबसे बड़ा आकर्षण होता है। दूसरा तत्त्व विचारधारा और इससे जुड़े आदर्शों का है जिसके बल कोई समूह सत्ता प्राप्ति के लिए जनसमर्थन जुटाता है। अक्सर ऐसा होता है कि सत्ता प्राप्त करने के बाद सत्ताधारी समूह के ऊपर उस विचारधारा की पकड़ कमजोर पड़ती जाती है, जिससे वह जनसमर्थन हासिल करता है। यहीं से सत्ता राजनीति या राजनीति का अन्तर्द्वन्द्व पैदा होता है। विचारधारा से ही समाज को वह आदर्श या ऊर्जा मिलती है जिससे तात्कालिक प्रलोभनों को नजरअन्दाज कर ऊँचे सामाजिक लक्ष्यों के लिए प्रयत्न किए जाते हैं। आदर्शों के प्रति जितनी ही अधिक प्रतिबद्धता होगी, प्रलोभनों के परे जो सामाजिक उत्थान की दिशा में उतनी

ही अधिक उपलब्धि भी होगी, लेकिन सत्ताधारी समूह में निजी सुविधाएँ जुटाने का प्रलोभन भी रहता है जिससे आदर्शों में गिरावट आती है और राजनीतिक सत्ता व्यक्तिगत स्वार्थ का जरिया बन जाती है।

सामाजिक बुराइयों के निराकरण के लिए प्राचीन समाजों में धर्म की वही भूमिका थी जो आज विचारधाराओं की है। धर्म भी, अपने समय में व्याप्त मूल्य बोध से हटकर, जो धर्म सुधारकों की दृष्टि में जीवन के कष्टों का कारण थे, नए मूल्य बोध और इससे जुड़ी समाज की एक पूरी अवधारणा प्रस्तुत करते थे। लेकिन नैतिक मान्यताओं को बदलने से आगे बढ़ सभी धर्म अपने विश्वास के अनुसार सामाजिक व्यवहारों को बदलने में सक्रिय थे और इसके लिए प्राय: इन्हें राजसत्ता का सहारा मिला। प्राय: वंचित या बहिष्कृत समूह की आस्था के रूप में शुरू हो उन्हें राज्याश्रय प्राप्त हुआ और फिर इन के क्षेत्र का विस्तार हुआ। बौद्ध धर्म, ईसाई धर्म या इस्लाम, सभी को एक अवधि के बाद इस तरह का राज्याश्रय प्राप्त हुआ और उसके बाद ही ये बड़े क्षेत्रों में स्थापित हुए। आधुनिक विचारधाराओं से पुराने धर्म इस अर्थ में भिन्न थे कि उनमें इहलोक से आगे बढ़ एक परलोक की कल्पना थी, जिसका महत्त्व उनके लिए इस दुनिया से अधिक था। आधुनिक विचारधाराओं में वैज्ञानिकता का दावा है और वे अपने विचारों की सत्यता को ऐसे तथ्यों और ज्ञान पर आधारित मानते हैं जिन्हें प्रत्यक्ष अनुभव और वैज्ञानिक सोच की कसौटी पर कसा जा सके। किसी भी विचारधारा की वैज्ञानिकता का दावा पूरी तरह से सही तो इसलिए नहीं हो सकता क्योंकि कहीं-न-कहीं यह एक समूह की आकांक्षा को व्यक्त करती है जबकि कोई भी वैज्ञानिक विचार विचारकों की आकांक्षाओं से मुक्त होता है और इसकी सत्यता की एकमात्र कसौटी तथ्य और तर्क होते हैं। फिर भी विचारधाराओं का आधुनिक रुझान हमें यह सुविधा प्रदान करता है कि हम इसके दावों का तथ्यों के आधार पर परीक्षण कर सकें। जो भी हो, विचारधाराएँ हमें संसार में अपना और अपने समूह की स्थिति का आकलन कर अपने कार्य सूची की दिशा निर्धारित करने में सहायक होती हैं।

विचारधारा के सम्बन्ध में इतना कुछ कहने का उद्देश्य यह है कि जब भी हम समाज परिवर्तन की बात करते हैं तो हमारे सामने एक वैकल्पिक समाज का परिप्रेक्ष्य होता है। इसके बिना कोई भी परिवर्तन दिशाहीन होगा। इस परिप्रेक्ष्य के बगैर ज्यादा-से-ज्यादा आहत करनेवाले किसी तात्कालिक मुद्दे पर आन्दोलन हो सकता है और इसके बाद हमारी कार्य सूची समाप्त हो जाती है, लेकिन ज्यादातर युवजन इस सीमित भूमिका से सन्तुष्ट नहीं होंगे क्योंकि किसी एक मुद्दे के निराकरण से सामाजिक समस्याओं का अन्त नहीं होता। ऊपर राजनीति के अन्तर्द्वन्द्व की बात की गई है, जिसमें राजनीतिक कार्यकर्ता वैचारिक आदर्शों और तात्कालिक रूप से उपलब्ध सत्ता की सुविधाओं के दो विपरीत दबावों के बीच

काम करता है। परिवेश के मूल्यबोध और सुविधा की उपलब्धि के दबाव में प्राय: वैचारिक आदर्शों की पकड़ ढीली पड़ती जाती है और सत्ता से जुड़ी फिसलन का वह नजारा सामने आता है जिससे हम आज पूरी तरह परिचित हैं, लेकिन सत्ता की राजनीति से पलायन इस समस्या का समाधान नहीं। यह देखते हुए कि किसी भी विचार या सामाजिक व्यवहारों को फैलाने में राजसत्ता की अहम भूमिका रही है, हमें राजनीतिक सत्ता के संघर्ष से जूझना ही होगा अगर हम समाज में आमूल-चूल परिवर्तन करना चाहते हैं।

आज सत्ता को नजरअन्दाज करना पूर्ववर्ती समाजों की तुलना में कहीं ज्यादा मुश्किल हो गया है। आज राज्य के हाथ में संसार के संसाधनों और लोगों के जीवन को नियंत्रित करने के इतने अधिकार हैं जिसकी कल्पना भी पूर्ववर्ती समाजों में नहीं की जा सकती थी। इसलिए दल के तथाकथित दलदल में जाना ही पड़ेगा, लेकिन इस संकल्प के साथ कि हम इस दलदली जमीन को आदर्शों की ठोस जमीन में बदलेंगे। समाजवादी नेता डॉ. राममनोहर लोहिया ने आज से आधी शताब्दी पहले भारतीय समाजवादियों के सामने की मुख्य चुनौती बताया था "Throwing firm stakes in the bog of Indian politics." (भारतीय राजनीति की दलदली जमीन में मजबूत खूँटा गाड़ना) यह सिर्फ हमारी नहीं, सभी समय में राजनीति की चुनौती होगी। इससे हम बच नहीं सकते। मार्क्स के समकालीन जर्मनी के मजदूर नेता फर्डिनैंड लसाल ने, जिसने जर्मनी की राजनीति में मजदूर वर्ग को भागीदारी बनाने में महत्त्वपूर्ण भूमिका निभाई थी, कहा था कि "राजसत्ता को चाहे तो हम एक हथियार के रूप में इस्तेमाल करेंगे या हमें इसका सामना एक अवरोध के रूप में करना पड़ेगा। इसलिए युवजनों को अगर वे समाज में आमूल परिवर्तन करना चाहते हैं, राजसत्ता पर नियंत्रण स्थापित करने का संकल्प लेना ही पड़ेगा।"

वे इसके लिए कौन-सा रास्ता अख्तियार करेंगे, यह उन्हें अब तक के इतिहास से सबक ले स्वयं तय करना पड़ेगा। पिछली क्रान्तियों के भटकावों के कारणों की तलाश करनी होगी। हमारे समय में राजनीति के व्यापक भटकाव से बचने के रास्ते ढूँढ़ने होंगे। इस चुनौती से वे बच नहीं सकते। जैसाकि प्रारम्भ में कहा गया है कि संसार को समझने और समाज को नई दिशा देने की सर्वाधिक क्षमता युवजनों में ही होती है। भ्रष्ट हो रहे सामाजिक-राजनीतिक मूल्यों के खिलाफ खड़ा होने की, इसके खिलाफ बगावत करने की, सत्ता में रहते हुए भी इसके प्रलोभनों से ऊपर उठने की क्षमता भी युवजनों में ही हो सकती है जिनमें आदर्शवादिता स्वाभाविक गुण होता है। यह दु:खद स्थिति है कि उपभोक्तावादी संस्कृति ने युवजनों में भी लीक पर चलने का रुझान पैदा किया है, लेकिन वे ही इस रुझान को तोड़ सकते हैं क्योंकि इस भेड़-चाल में आगे विनाश की खाई

में गिरना अपरिहार्य है। मौलिक ढंग से वस्तुओं को देखने-समझने की अपनी क्षमता के कारण युवजन ज्यादा स्पष्टता के साथ यह देख सकते हैं कि आज दाँव पर पूरा मानव अस्तित्व है जिसे बचाने की जिम्मेदारी कब्र में पैर डाले बैठी पुरानी पीढ़ी की नहीं, उनकी है।

1920 में महात्मा गांधी के आह्वान पर जब हजारों की संख्या में युवजनों ने अंग्रेजी शिक्षा का बहिष्कार किया था तो उन्होंने उस समय उपलब्ध जीवन की वैसी ही सम्भावनाओं को ठुकराया था जैसी सम्भावना वर्तमान तकनीकी शिक्षा और उपभोक्तावादी संस्कृति प्रस्तुत करती है। नई पीढ़ी भी संकल्प ले सकती है। आशा है, कुछ ऐसा ही संकल्प लेकर आप अपनी आगामी नीतियाँ तय करेंगे।

(युवा भारत के चौथे राष्ट्रीय सम्मेलन में उद्घाटन भाषण, 7-9 जून, 2007, पटना)

1997 के 'चम्पारण दिवस' पर भाषण

प्रकृति की निर्माण, क्षरण व विनाश की एक अपनी प्रक्रिया और गति है। इसमें निर्माण और विनाश की प्रक्रिया निरन्तर अरबों वर्षों से, और हमारे समय के सीमित हिसाब से अनन्त काल से चलती आई है। मनुष्य और उसका सीमित जैविक परिवेश बदलाव की इस अथाह धारा की सतह पर लघु लहरियाँ भर हैं। धरती की सतह पर फैले जैव जगत की यह विशिष्टता है कि इसकी असंख्य प्रजातियाँ (जीव-जन्तु व वनस्पति) अपने पड़ोस के संसाधनों का एक सीमा के भीतर उपयोग कर जिन्दा रह सकती हैं और मितव्ययिता से अपनी प्रजाति का भविष्य सुनिश्चित कर सकती हैं। मनुष्यों की भी, जिसे हम अहंकारवश दूसरी प्रजातियों से श्रेष्ठ मानते हैं, एक ही एक प्रजाति है। शायद मछलियाँ व मच्छर भी इस तरह अपने को श्रेष्ठ मानते हों, पर उनसे किसी संवाद चैनल के अभाव में हम इसके बारे में कुछ भी नहीं कह सकते हैं।

डार्विन के अध्ययनों से हम जानते हैं कि धरती पर विभिन्न प्रजातियों का अस्तित्व अनुकूलन प्रक्रिया से कायम रहा है। अधिकांश प्रजातियों में यह अनुकूलन उनके जीन (आनुवंशिकी) के स्तर पर होता रहा है। इस पर उनका वश नहीं चलता। या तो उनके शरीर या व्यवहार को निर्धारित करनेवाले जीन में परिवेश के अनुकूल बनानेवाले गुण का विकास होता है या उनका अस्तित्व मिट जाता है। मनुष्य में अनुकूलन की एक दूसरी क्षमता भी होती है। यह क्षमता उनकी संस्कृति से आती है। इसके जरिये वे अपनी बनावट और व्यवहार में वैसे बदलाव ला सकते हैं, जो आनुवंशिकी में उपलब्ध नहीं हैं, पर उनके जीवन के लिए आवश्यक है। मसलन, अत्यधिक शीत से बचने के लिए जैसे पक्षी के पंख या भेड़ जैसे पशु के घने बालों अथवा रूई की रजाइयों या चमड़े के कपड़ों या फिर आग जला कर खुद को बचा लेते हैं। इसी तरह वे प्रकृति से प्राप्त अनेक अखाद्य वस्तुओं को पाकशास्त्र से या कभी-कभी रासायनिक प्रक्रिया से खाद्य वस्तुओं में बदल डालते हैं, लेकिन यहाँ भी एक सीमा है। रसायनशास्त्र हमें बताता है कि हमारे भोजन का सबसे महत्त्वपूर्ण हिस्सा कार्बोहाइड्रेट, चाहे चीनी हो या चावल, मूलतः कोयला (कार्बन) और पानी का यौगिक है। धरती के नीचे अरबों टन कोयला पड़ा है और पानी भी निश्चित मात्रा में उपलब्ध है, लेकिन हम अपने सारे विज्ञान के बावजूद एक ग्राम कोयले

को भी किसी खाद्य पदार्थ (कार्बोहाइड्रेट) में नहीं बदल सकते। अन्ततः हमें अपना भोजन पेड़-पौधों, उनके द्वारा किए जानेवाले प्रकाश संश्लेषण और खाद्य शृंखला से ही प्राप्त होता है। इसी प्रक्रिया से हमें ऑक्सीजन या प्राण वायु भी प्राप्त होती है।

वैज्ञानिक हमें बताते हैं कि चार अरब साल पहले जब धरती पर जीवाणुओं का अस्तित्व नहीं था, धरती का ताप 290 डिग्री सेल्सियस था। वायु में कार्बन डाइऑक्साइड की मात्रा 98 फीसदी, नाइट्रोजन 1.9 फीसदी और ऑक्सीजन बस नाम मात्र की थी। अति सूक्ष्म प्राथमिक जीवाणुओं की बदौलत ही आज कार्बन डाइऑक्साइड 0.03 फीसदी, नाइट्रोजन 78 फीसदी व ऑक्सीजन 21 फीसदी हो गई है। आज भी प्रकाश संश्लेषण की क्रिया से धरती का हरा आवरण है। विशाल वृक्षों के जंगल हमें ऑक्सीजन देकर जिन्दा रखते हैं। इसका जिक्र इसलिए किया गया है ताकि हम जब विकास की बात करते हैं तो यह ध्यान में रखें कि इस जीवनदायी हरित आवरण पर इसका कैसा प्रभाव पड़ता है।

हम सभी भौतिक शास्त्र के एक नियम से बँधे हैं, जिसे भौतिक शास्त्री 'लॉ ऑफ कंजर्वेशन' (संरक्षण का नियम) कहते हैं यानी कि समग्र ऊर्जा और पदार्थ की मात्रा में हम कोई इजाफा नहीं कर सकते। मतलब, हम इसका रूपान्तरण तो कर सकते हैं, लेकिन अपनी ओर से रत्ती भर भी सृजन नहीं कर सकते हैं। मनुष्य की त्रासदी यही रही है कि कुछ सीमित सफलता से आशान्वित हो कर वह अपने को 'परिवर्तक' की जगह पर 'निर्माता' होने का दम्भ करने लगा है। सभ्यता के आरम्भ से आज तक मनुष्य इसी भ्रम से विकास और विनाश के चक्र में फँसता रहा है। सभ्यता का जितना ही उत्कर्ष होता है—यहाँ उत्कर्ष का अर्थ कुछ खास क्षमताओं में इजाफा है—यह भ्रम भी उतना ही व्यापक बनता जाता है और इससे हम विनाश की ओर बढ़ते हैं। हमारे मिथकों व महाकाव्यों में पराक्रमी असुरों की चमत्कारी उपलब्धियों की कथा हमारी अपनी कल्पना की ही अभिव्यक्ति है, लेकिन इन मिथकों में बार-बार असुरों का विनाश अपनी ही अत्यांतिक कल्पना से भयभीत मनुष्य के आन्तरिक निषेध की अभिव्यक्ति ही है। फिर भी हमने इनसे जीवन के लिए आवश्यक सबक लेना जरूरी नहीं समझा है।

सभ्यताओं का इतिहास अलग-अलग कालखंडों में शक्ति विस्तार, उत्पीड़न व विकास के इसी चक्र को दुहराता रहा है। सुमेर, मिस्र, यूनान, रोम आदि के उत्कर्ष और ह्रास से हम परिचित हैं। इन सबमें प्रभावशाली समूहों द्वारा आक्रमण कर दूसरे समूहों को गुलाम बना अपनी शान-शौकत में इजाफा किया गया, लेकिन वर्चस्व और संसाधन के ह्रास से ये शासक समूह और इनकी सभ्यता नष्ट हो गई। हम अक्सर गर्व से गाते हैं...

यूनान-ओ-मिस्र-ओ-रूमा सब मिट गये जहां से।
अब तक मगर है बाकी नाम-ओ-निशां हमारा॥
कुछ बात है कि हस्ती मिटती नहीं हमारी।
सदियों रहा है दुश्मन दौर-ए-जमां हमारा॥

शायद इस दावे में अतिशयोक्ति के साथ कुछ सच्चाई भी है, क्योंकि हमने सुमेर, मिस्त्र आदि की तर्ज पर बाहरी गुलामों के बूते अपनी समृद्धि बनाने की कोशिश नहीं की और इसलिए कुछ उदात्त मूल्यों का संरक्षण कर पाए हैं। बुद्ध और कबीर से लेकर गांधी तक में भौतिक ऐश्वर्य को जीवन का अत्यांतिक मूल्य मान कर चलने का निषेध हमारे यहाँ एक हद तक प्रेरक रहा है।

पश्चिम की आधुनिक औद्योगिक व्यवस्था ने—प्रथम दृष्टया मानव श्रम के शोषण (गुलामी की व्यवस्था) की जगह कोयले, पेट्रोल एवं प्राकृतिक गैस चालित मशीनों से अपनी माया नगरी का विस्तार किया है, लेकिन गहराई से देखने पर यह इतना शोषण मुक्त नहीं दिखाई देता। हम इंजनों और मशीन बनानेवाले अयस्कों (कच्चे माल) पर नजर डालते हैं तो दिल दहलानेवाला नजारा सामने आता है। तेल और कोयला उत्पादन क्षेत्रों की आबादी का बड़े पैमाने पर विस्थापन होता है। कोयला खदानों के इलाके में जहाँ कभी हरे-भरे वन प्रदेश और खेत-खलिहान थे, बंजर खड्ढों के बीहड़ बना दिए जाते हैं। वनवासी और आदिवासी जिनके यहाँ लौह अयस्क और बॉक्साइड (अल्युमिनियम का अयस्क) की खुदाई होती है, अपना घर-गाँव छोड़ बाहर जाने को विवश होते हैं। यूरेनियम की खुदाई के क्षेत्र में परमाणु विकिरण से क्षत-विक्षत और विकलांग लोग चारों ओर दिखाई देते हैं। अन्तत: इन क्षेत्रों के लोग पारम्परिक आजीविका की आधार भूमि से विस्थापित होकर नगर और कस्बों में ठेला लगानेवाले या रिक्शा चालक बनने को मजबूर होते हैं या कहीं ईंट भट्ठों में जाकर खटते हैं।

यातायात-व्यवस्था के विस्तार के लिए चौड़ी सड़कें और रेल मार्गों का बड़े पैमाने पर निर्माण होता है, जिसके लिए वनों और बगानों की कटाई तथा कृषि भूमि का बड़े पैमाने पर अधिग्रहण अनिवार्य हो जाता है। इसमें बड़े पैमाने पर वृक्षों की कटाई होती है। उद्योगों और औद्योगिक नगरों के लिए बिजली की आपूर्ति के लिए बड़ी जल विद्युत परियोजनाएँ बनाई जाती हैं। इसके लिए नदियों पर ऊँचे बाँध बनाए जाते हैं। मसलन—नर्मदा का सरदार सरोवर बाँध, इससे हजारों गाँवों, जहाँ खेत, जंगल और लोगों के आवास जलमग्न हो गए, के बाशिन्दे आजीविका के लिए दर-दर भटकते रहे हैं। चौड़ी सड़कों के निर्माण में कृषि भूमि और बाग-बगीचों की कैसी निर्मम बर्बादी होती है। इसका एक छोटा रूप हम मुजफ्फरपुर से पटना को जोड़नेवाले राजमार्ग पर आसानी से देख सकते हैं, क्योंकि ये हमारे पड़ोस में है।

वृक्षों की कटाई, कारों व कारखानों से होनेवाले उत्सर्जन से पर्यावरण के बढ़ते ताप की चर्चा तो हर दिन मीडिया में छाई रहती है। यह बात दीगर है कि हम विकास के नाम पर इसको नजरअन्दाज करते हैं, लेकिन इसके परिणाम को हम नजरअन्दाज नहीं कर सकते हैं। हम विकास जीवन में रफ्तार लाने के लिए करना चाहते हैं, लेकिन धुन्ध से हवाई सेवाएँ रद्द हो जाती है। कारों की रफ्तार

साइकिल से कम या पैदल चलनेवालों जैसी हो जाती है। रेलवे का टाइम टेबुल बेकार हो जाता है, क्योंकि धुन्ध के कारण गाड़ियाँ मौसम के मिजाज के हिसाब से बीस घंटे तक लेट होती हैं। यह हमारी नियति नहीं है। लन्दन का विख्यात हीथ्रो एयरपोर्ट भी फ्लाइट्स रद्द करता रहता है।

पर्यावरणविद् हमें कहीं अधिक भयंकर प्राकृतिक आपदा की चेतावनी देते रहे हैं। इनमें कुछ ध्रुव प्रदेशों के बर्फ के पिघलने से, जो धरती के बढ़ते ताप का परिणाम होगा—समुद्र तट के अनेक भू-भागों का जलमग्न होना, हिमालय के ग्लेशियरों के सिकुड़ जाने से जल में इजाफे के बाद हिमालय से निकलनेवाली नदियों का सूख जाना, अनेक जीवों और वनस्पतियों की प्रजातियों का लुप्त हो जाना, जो अब तक हमें अपना भोजन प्रदान करती रही हैं। ये ऐसे परिणाम हैं, जो तुरन्त हमारी नजर में नहीं आते और हम अब तक प्राप्त हो रही छोटी-मोटी सुविधाओं से सन्तुष्ट रहते हैं, लेकिन पिछले कुछ सालों में हमने हिमालय के क्षेत्र में जो पत्थरों की कटाई सड़क बनाने के लिए की या विद्युत परियोजनाओं के लिए पहाड़ खोद कर सुरंगें (टनल्स) बनाईं या पेड़ों की जो अन्धाधुन्ध कटाई हो रही है उनके परिणाम तो भयावह प्राकृतिक आपदा के रूप में पिछले ही साल हमारे सामने आ गए हैं।

14 जून से 19 जून 2013 के बीच भारी वर्षा से उत्तराखंड के सभी तीर्थ स्थान और उससे सम्बद्ध आवासीय स्थान नष्ट हो गए। कहा गया कि भारी वर्षा से पहले के सभी रिकार्ड टूट गए, लेकिन इन रिकार्डों से ही ज्ञात होता है कि भारी वर्षा पहले भी होती रही है, लेकिन इतना विनाश पहले कभी नहीं हुआ। तीर्थस्थलों के धर्मशाला, होटलों और मन्दिरों के अलावा सबसे अधिक नुकसान उन सिंचाई व विद्युत परियोजनाओं को हुआ है, जिनके निर्माण में इस इलाके में पर्यावरण के साथ ज्यादा-से-ज्यादा खिलवाड़ हुआ।

केदारनाथ का हजार साल से अधिक पुराना मन्दिर क्षतिग्रस्त हो गया। नष्ट हुई परियोजनाओं में सोवला (50 मेगावाट), धौलीगंगा (280 मेगावाट), उरेडा (800 किलोवाट), पैना गाड (5 मेगावाट) और ऐसी अनेक विद्युत परियोजनाएँ शामिल हैं। विडम्बना है कि हिमालय में जलधाराओं की स्वाभाविक दिशा बदल कर या सुरंग आदि बना कर उन्हें नई दिशा देने का काम पनबिजली विकास के लिए ही किया गया था। इन परियोजनाओं के विकास के क्रम में पहाड़ों को लगातार डाइनामाइट लगा कर तोड़ा गया था। यहाँ के विकास के प्रयासों का सीधा सम्बन्ध सामने आए विध्वंस से दिखाई देता है।

लाखों वर्ष में नदियों की धाराएँ और पर्वतों के ढलान एक ऐसा रूप ग्रहण कर लेती हैं, जिसमें हवा या पानी के स्वाभाविक प्रवाह से कोई अवरोध नहीं होता और उनमें ऐसे संरचनात्मक स्वरूप का भी विकास हो जाता है कि आकस्मिक

रूप से होनेवाले धारा परिवर्तन भी सहज रूप से हटाए जा सकते हैं। जब इनके साथ छेड़छाड़ होती है और अवरोध पैदा किया जाता है, तो विध्वंस की स्थितियाँ पैदा होती हैं। पर्वतों के स्वाभाविक ढलान या नदियों के अवरोध रहित बहाव के अलावा हिमालय के पर्वतीय क्षेत्र में सुरक्षा का एक बड़ा कारक वहाँ के वन भी हैं। संसार भर में वन न सिर्फ क्षरण को रोकते हैं, बल्कि पर्यावरण को भी ऐसा बनाते हैं, जिससे वर्षा के लिए अनुकूल स्थिति बनती है। ये बौछारों की सीधी मार से भी धरती को बचाते हैं। वृक्षों की बड़े पैमाने पर कटाई से (जिसके खिलाफ सुन्दरलाल बहुगुणा के नेतृत्व में दीर्घकाल तक 'चिपको आन्दोलन' चला था) जमीन को बाँध कर रखनेवाला एक बड़ा कारक चला गया। इससे प्रदूषण का नियंत्रण भी घट गया। विकास के वर्तमान स्वरूप में यह होना ही था। कहा जा सकता है कि पर्यावरण की समस्याएँ, जिनका ऊपर उल्लेख हुआ है, वे तो लोगों को ज्ञात हैं, लेकिन समस्या है क्या? आज की स्थिति में हम कोई दूसरी जीवन पद्धति का आधार क्या होगा?

दुनिया भर में अब तक जो भी हुआ है, उसे देखते हुए सरल और समतामूलक जीवन ही उन सारी समस्याओं से छुटकारा दिला सकता है, जो प्रचुरता के बावजूद समाज को आक्रान्त करती रही हैं। अन्तत: हमें सूर्यदेव की शरण में यानी सौर युग में जाना होगा। ऊर्जा संकट के सन्दर्भ में 'सौर ऊर्जा' और 'सोलर पैनल' जैसे शब्दों से हम परिचित हो गए हैं, लेकिन अक्सर यह बात भूल जाते हैं कि हमारे आसपास फैले वृक्ष हमारे प्रयास या रासायनिक और यांत्रिक हस्तक्षेप के सूर्योदय से सूर्यास्त तक सूरज की किरण से ऊर्जा ग्रहण कर प्रकाश संश्लेषण करते रहते हैं। इसके जरिये जल के शैवाल, धरती की घास से लेकर विशाल वट और साल वृक्ष तक अपने पत्ते और तनों को बढ़ाते रहते हैं। इनके पत्ते, फल, फूल से असंख्य कीट, पक्षी और घास एवं पत्ते खानेवाले पशु अपना आहार पाते हैं और फिर इनसे मेढक और मांसभक्षी पक्षी और दूसरे जीवों का आहार आता है। इस फूड चेन को 'आहार श्रृंखला' कहा जाता है। मनुष्य भी इस आहार श्रृंखला से आधुनिक औद्योगिक युग से पहले आखेट, कृषि या पशुपालन से अपनी परवरिश करता रहा है।

यह फूड चेन आज भी कायम है और भोजन का मूलाधार आज भी यही है, लेकिन आज हम मानव ने कच्चा या ताजा पकाये भोजन की जगह वालमार्ट या ऐसे किसी औद्योगिक प्रतिष्ठान द्वारा मशीनों से तैयार किए गए डिब्बाबन्द वस्तुओं को अपने भोजन का आधार बना लिया है। यह सारी प्रक्रिया व्यापारिक और औद्योगिक बन गई है और हर खानेवाला पराश्रित है। उसे खाना बाजार से लेना होता है और इसके लिए कहीं किसी के लिए श्रम करके पैसा अर्जित करना होता है। वह अब अपनी जरूरत का अन्न, कंद-मूल नहीं उपजा सकता, न अपनी गाय, भैंस से या

अपने पड़ोस से दूध पा सकता है। वह हर जगह मौद्रिक ताने-बाने में फँसा है। मुद्रा के स्रोत, भारी मात्रा में मुद्रा के स्रोत। वे औद्योगिक और व्यावसायिक प्रतिष्ठान हैं, जिन्हें खड़ा करने के लिए संसार भर में विस्थापन और विपन्नता फैलाना अनिवार्य हो जाता है। कुल मिला कर विकास का ढाँचा अभिशाप बन गया है।

जब महात्मा गांधी ने इस सभ्यता को 'शैतानी सभ्यता' कहा था, तो उनका तात्पर्य यही रहा होगा कि कैसे इस सभ्यता ने आदमी के सरल जीवन को पराश्रित बना उसके स्वावलम्बन और स्वाभिमान को नष्ट किया है। महात्मा गांधी की मुजफ्फरपुर से चम्पारण की यात्रा उनके उस दीर्घकालिक अभियान का हिस्सा थी, जिसका उद्‍देश्य मनुष्य की आत्मनिर्भरता को वापस लौटाना था। उनके अभियान को याद कर हम सभ्यता पर पुनर्विचार की प्रेरणा लें, तभी ऐसे समागम सार्थक हो सकते हैं। गांधी के चम्पारण आन्दोलन का एक प्रतीकात्मक महत्त्व भी है। नील की खेती लोगों को मूल आवश्यकताओं से अलग कर वैश्विक बाजार व्यवस्था से जोड़ने का प्रयास था। स्वाभाविक था कि इसे विदेशी शासन जोर-जबरदस्ती से किसानों पर लादना चाहता था। आज पहले जैसी व्यवस्था तो नहीं है, लेकिन नील की जगह चीनी उद्योग को प्रोत्साहित करने के लिए आज भी किसानों के चीनी मिल के खेत्र में अनेक जगह गुड़ बनाने पर रोक है, जो उनका पारम्परिक व्यवसाय था।

(गांधी के मुजफ्फरपुर आगमन (10 अप्रैल, 1917) की 97वीं वर्षगाँठ पर
गांधी शान्ति प्रतिष्ठान, मुजफ्फरपुर में दिया व्याख्यान)

(प्रभात खबर, 17 अप्रैल, 2014)

जी.डी.एफ. मुजफ्फरपुर का भाषण

19वीं सदी के मध्य से समाजवादी क्रान्ति की जो कल्पना यूरोप में की गई थी और जिसमें संसार भर की क्रान्तियों का मॉडल या भविष्य देखा गया था, वह एक भ्रम साबित हो चुकी है। उल्टा, 20वीं सदी के उत्तरार्द्ध से पूँजीवादी प्रतिक्रान्ति का एक सिलसिला शुरू हुआ है, जिसमें 20वीं सदी के प्रथम चरण में सामाजिक एवं आर्थिक समता की दिशा में परिवर्तन के जो आधे-अधूरे प्रयास हुए थे, उन्हें समाप्त किया जा चुका है या किया जा रहा है। रूस की 1917 की बोल्शेविक क्रान्ति, चीन की 1923-48 की क्रान्ति—जिसमें 1960 के दशक से 1970 के दशक तक समाज को समता की दिशा में मोड़ने के कुछ साहसिक (हालाँकि क्रूर विचलन वाले) प्रयास हुए थे। 1940 से 1950 के दशक में ब्रिटिश लेबर पार्टी द्वारा कुछ अत्यन्त ही महत्त्वपूर्ण लोक कल्याणकारी योजनाएँ (यथा सर्वजनिक स्वास्थ्य सेवा) और यातायात एवं खनन जैसे क्षेत्र में सामाजिक स्वामित्व स्थापित करने के प्रयास हुए थे, लेकिन इन सभी देशों में 20वीं सदी के उत्तरार्द्ध से पूँजीवादी प्रभुत्व को पुनर्स्थापित करने के सफल प्रयास होते रहे हैं। समता की दिशा में किए गए प्रयास या तो अपनी फिसलन से दु:स्वप्न बन गए या प्रतिक्रान्ति के उन्मादी उभार से ध्वस्त हो गए। पहले का उदाहण सोवियत संघ और दूसरे का जर्मनी में हिटलर का नात्सीवाद है।

इससे संसार के बौद्धिकों में और बहुसंख्य नागरिकों में यह धारणा व्याप्त हुई है कि पूँजीवादी व्यवस्था का कोई विकल्प नहीं है और हमें यह व्यवस्था कबूल कर आगे बढ़ना है। पश्चिमी वर्चस्व से आजाद हुए एशिया, अफ्रीका एवं लैटिन अमेरिका के सभी देशों में (सम्भवत: क्यूबा अपवाद है) यूरोप, अमेरिका की तर्ज पर तेजी से औद्योगीकरण के प्रयास हो रहे हैं। इनमें विदेशी पूँजी यानी यूरोप और अमेरिका की पूँजी को अधिक-से-अधिक आकर्षित करने के प्रयास हो रहे हैं। इस क्रम में इन देशों के प्राकृतिक एवं मानव संसाधनों का साझा शोषण नए उद्योगों के विकास के लिए इस विश्वास से हो रहा है कि लोगों को एक खुशहाल जिन्दगी दी जा सकेगी। समग्रता में इससे अमीरों और गरीबों के बीच की खाई और चौड़ी होती जा रही है। नदियों पर बननेवाले विशाल बाँधों और खनन उद्योग के विस्तार

से लोगों का विस्थापन एक अन्तहीन प्रक्रिया बन गयी है। ऐसे विस्थापित लोग नगरों की गन्दी बस्तियों का विस्तार करते हैं, जहाँ लोग नारकीय जीवन व्यतीत करने को विवश हैं।

वामपंथ, जो 20वीं सदी के पूर्वार्द्ध में सभी जगह पर मुखर था, अब किंकर्तव्यविमूढ़ है और राजनीतिक जीवन में इसकी उपस्थिति काफी कमजोर हुई है। कुछ औद्योगिक और आर्थिक प्रतिष्ठानों के श्रमिकों और कर्मचारी यूनियनों के बाहर इनका प्रभाव नगण्य हो गया है। लोगों का असन्तोष आर्थिक व्यवस्था को बदलने के प्रयास की जगह मूल (ओरिजिन) एवं मजहब आधारित आस्थाओं के प्रभाव में मानव विरोधी आपसी संघर्षों का रूप ले रहा है। इससे मानव समाज, सांस्कृतिक उत्थान की जगह मूल और मजहब आधारित आततायी भ्रान्तियों की ओर अग्रसर हो रहा है। अफ्रीका समेत पश्चिम और दक्षिण एशिया का पूरा भू-भाग कट्टरपंथ और आतंकवाद का शिकार है।

19वीं सदी के मध्य से मार्क्स के विचार वामपंथ में सबसे अधिक प्रभावशाली थे। अत: वामपंथ की असफलता के कारणों को समझने के लिए मार्क्सवादी चिन्तन की कुछ मूल मान्यताओं का आकलन जरूरी है, जिसके प्रभाव में मार्क्सवादी आन्दोलन नई चुनौतियों के सामने पक्षाघात का शिकार हो गया। इस चिन्तन के मूल में यह विश्वास था कि आर्थिक विकास के क्रम में संसार का ध्रुवीकरण कुछ मुट्ठी भर पूँजीपतियों और विशाल संख्या में ऐसे श्रमिकों (सर्वहारा) के बीच हो रहा है, जिनके पास अपनी श्रमशक्ति को छोड़ (जिसे ये पूँजीपतियों को बेचते हैं) कुछ भी नहीं होता। इससे यह निष्कर्ष निकाला गया कि इस विकास के चरम बिन्दु पर सर्वहारा संगठित हो पूँजीपतियों से उत्पादन के साधनों को छीन लेंगे और समाज शोषणविहीन हो जाएगा। कृषक और कृषि हाशिये पर होंगे, जिनकी तरक्की के कुछ उपाय लगभग एक परिशिष्ट की तरह जोड़ दिए गए—मसलन, भूमि विकास के लिए भूमि सेना आदि का गठन।

मार्क्स का ऐतिहासिक ग्रंथ 'पूँजी', जिस पर लगभग उसकी पूरी जिन्दगी लगी, श्रम के शोषण के विविध आयामों और पूँजी की संरचना पर इसके परिणामों पर केन्द्रित रहा। इसी में चल और अचल पूँजी के बीच अचल पूँजी के बढ़ने से पैदा असन्तुलन और मुनाफे के संकट आदि की समस्या पर भी विशद चर्चा की गई। इस मार्क्सवादी विश्लेषण से, जो समाजवादी आन्दोलन में सर्वाधिक प्रभावशाली था, एक ऐसी धारणा बनती है कि प्राथमिक पूँजी संचय के बाद औद्योगिक क्षेत्र में एक स्वायत्त और पूरे समाज की निर्धारक आर्थिक सामाजिक इकाई बन गई है और इसके अपने संघर्ष या संकट के समाधान में समाज की सारी आर्थिक सामाजिक समस्याओं का समाधान हो जाएगा। स्वाभाविक था कि यह सोच मूलत: यूरोप और अमेरिका में नए उद्योगों की समस्या के इर्द-गिर्द केन्द्रित रही होगी। बाकी

दुनिया इस सोच के हाशिये पर थी या यह मान लिया गया था कि बाकी दुनिया से सम्बन्ध के बगैर ये औद्योगिक व्यवस्था चलती रहेगी। महान क्रान्तिकारी रोजा लक्जमबर्ग ने जरूर इस क्षेत्र के विकास के लिए एक बाहरी क्षेत्र की अनिवार्यता को रेखांकित किया था, पर इस पर ध्यान नहीं दिया गया, लेकिन यह हकीकत कि आधुनिक औद्योगिक व्यवस्था ऑक्टोपस की तरह सारे संसार के संसाधनों पर अपने पंजा फैलाए बगैर चल नहीं सकती, लगातार सामने आती रही है।

दरअसल, यह सारी सोच उत्पादन में नये उद्योगों पर इतना अधिक केन्द्रित थी कि विपणन और इससे जुड़े सांगठनिक ढाँचे में निरन्तर होते विशाल विस्तार पर भी ध्यान नहीं दिया गया। इसका नतीजा हुआ कि न सिर्फ क्रान्ति की मार्क्सवादी अवधारणा में औद्योगिक प्रतिष्ठान केन्द्र में रहे, बल्कि मार्क्सवाद से कुछ बिन्दुओं पर मतभेद रखनेवाले दूसरे परिवर्तनकारी आन्दोलन मसलन, सिंडिकलिज्म और गिल्ड सोशलिज्म को माननेवालों में भी सारे सामाजिक परिवर्तन का केन्द्र उत्पादक उद्योग ही थे। इसलिए सिंडिकलिस्टों की क्रान्ति का एक मात्र हथियार औद्योगिक मजदूरों की आम हड़ताल और औद्योगिक प्रतिष्ठानों पर कब्जा ही था। स्वाभाविक था कि यह औद्योगिक दृष्टि से अति विकसित देशों का क्रान्ति दर्शन बन कर रह गया। इसी का परिणाम था कि रूस के मार्क्सवादी क्रान्तिकारियों ने किसानों को केन्द्र में रख और उनकी स्वायत्त व्यवस्था मीर को पुनर्जीवित करने का विचार रखनेवालों से अपने को दूर रखा। उनका यह विश्वास अटल रहा कि अन्तत: विकास की प्रक्रिया में पूँजीवादी औद्योगीकरण से ये सभी विविधताएं नष्ट हो जाएँगी एवं उद्योग आधारित क्रान्ति की सर्वजनीनता अक्षुण्ण रहेगी, लेकिन पश्चिमी औद्योगिक देशों में भी पूँजीपति और मजदूर का ध्रुवीकरण बाकी मानव श्रेणियों को खत्म कर एकल नहीं रहा। इन देशों में भी विपणन और स्वयं उत्पादन के प्रबन्धन से जुड़ा एक बड़ा मध्यमवर्ग विकसित हो रहा था, लेकिन उनकी उपस्थिति नजरअन्दाज कर दो ध्रुवीय विभाजन का मिथक जारी रहा। एक मार्क्सवादी चिन्तक बर्नस्टाइन ने जब इस हकीकत की ओर ध्यान खीचने की कोशिश की, और विचारों में कुछ संशोधन की जरूरत पर बल दिया, तो उसका विचार संशोधनवाद के नाम से मार्क्सवादियों में एक निन्दासूचक विशेषण बन गया।

श्रम का शोषण पूँजीवादी व्यवस्था का एकमात्र खोट और इसका निवारण क्रान्ति का केन्द्रीय सूत्र बना रहा, लेकिन मनुष्य से इतर उसका सारा परिवेश इस व्यवस्था से अपना हिसाब माँगने लगा है। यह तथ्य कि वस्तुओं का विनिमय मूल्य (जिसे मूल्य माना जाता है और जो एडम स्मिथ और रिकार्डो से लेकर मार्क्स तक के सिद्धान्त का आधार है) निर्धारित करनेवाली श्रम शक्ति सदा किसी दूसरी वस्तु में रूपायित होती है, जैसे कपास या रेशम के माध्यम से कपड़े में, या इस्पात में लौह अयस्क और अल्युमिनियम में बॉक्साइट के रूपान्तरण में। इन वस्तुओं की

अनदेखी की गई, जबकि यह जगजाहिर हकीकत है कि बिना कपास, लौह अयस्क और बॉक्साइट के श्रम का इन उत्पादों में मूल्य के रूप में अवतरित होना सम्भव नहीं होता। इस तथ्य को मार्क्सवादी विश्लेषण में गौण रखा गया, क्योंकि इस चिन्तन का केन्द्र बिन्दु यह बतलाना था कि कैसे उत्पादन में श्रमशक्ति का केन्द्रीय स्थान है और श्रमशक्ति से प्राप्त अतिरिक्त मूल्य ही पूँजीपतियों के मुनाफे का स्रोत है। उत्पादन में श्रम और पूँजी की भूमिका को निरूपित करने की दृष्टि से यह सोच सही तो हो सकती थी और इसी से श्रमिकों के शोषण का मामला जुड़ा था।

इस पूरे विश्लेषण में कच्चे माल और उत्पादन प्रक्रिया को चालू रखने के लिए यातायात के लिए उपयोग में लाई जानेवाली भूमि या इससे नष्ट होनेवाले प्राकृतिक परिवेश आदि के मूल्यों का कोई आकलन नहीं किया जाना उत्पादन के उस आधार को ही नकारना था, जिस पर श्रम की प्रक्रिया टिकी थी। इसी तरह उत्पादन प्रक्रिया में उपयोग में लाई गई फसलों, काटे गए जंगलों या नष्ट हुई चट्टानों का न तो कोई मूल्यांकन हुआ और न इनके मूल्यांकन की कोई विश्वसनीय विधि विकसित की गई। इसलिए कारखानों या उत्पादन प्रक्रिया में लगे श्रमिकों के योगदान का मूल्यांकन तो हुआ और इसी से उत्पाद की कीमत और मुनाफे की मात्र का अनुपात निकाला गया, लेकिन इस प्रक्रिया में परोक्ष रूप से होनेवाले व्यय या क्षय का कभी कोई आकलन नहीं हुआ। एक सरल उदाहरण कोयले का लें, जिसके खनन क्षेत्रों के आवंटन की बड़े पैमाने पर बोली लगाई जाती है। आवंटित कोयले के खनन में प्रत्यक्ष श्रम और बिजली एवं माल ढुलाई पर होनेवाले खर्च का आकलन तो होता है, लेकिन इस क्रम में खनन क्षेत्र में नष्ट किए गए वन, कृषि भूमि या लोगों के विस्थापन से होनेवाली क्षति का कोई आकलन नहीं होता और न होना संभव है। विस्थापित लोगों की मानसिक और शारीरिक यातना के आकलन की कोई विधि अब तक विकसित नहीं हो पाई है और न विकसित हो पाएगी।

विकास की जो सुनहरी तसवीर लोगों के सामने प्रस्तुत की जाती है, उसके आकर्षण का राज यही है कि उसका कृष्णपक्ष अपरिमेय और ओझल बना रहता है। चूँकि ये अपरिमेय या ओझल बना रहता है, इसका यह अर्थ नहीं कि यह अपनी कीमत वसूल नहीं करता। इसकी कीमत प्रकृति दूसरी तरह से वसूल करती है। वन प्रदेश और कृषि क्षेत्र एवं पारम्परिक कृषि चक्र के नष्ट होने का सीधा असर पर्यावरण पर पड़ता है और आज संसार भर पर मँडराता पर्यावरण संकट और कुछ नहीं, बल्कि विकास के नाम पर जो विनाश लीला आदमी चला रहा है, उसी का परिणाम है। जब हम आज की विकास प्रक्रिया पर इसका समग्रता में विचार करेंगे, तो हमें समाजवादी आन्दोलन के पतन का कारण भी दिखाई पड़ेगा और हम किसी विकल्प की बात भी कर सकेंगे।

अगर हम अभिव्यक्ति के अलंकरण को नजरअन्दाज कर दें, तो औद्योगिक प्रक्रिया मूलत: किसी प्रकृतिजन्य वस्तु को मानव श्रम या इतर ऊर्जा के प्रयोग से किसी दूसरी उपयोगी या दर्शनीय वस्तु में रूपान्तरण है : चाहे यह रूपांतरण आदिम काल में चकमक पत्थर से हस्तपरस बनाना हो, चाहे विभिन्न अयस्कों का आधुनिक तकनीक और बिजली के प्रयोग से कोई अन्य यंत्र बनाना। आधुनिक तकनीक ने इसी प्रक्रिया को कल्पनातीत गति और विस्तर दिया है। इस क्रम में पदार्थों और ऊर्जा के स्रोतों का सीमाहीन रूपान्तरण किया जाता रहा है। पिछली शताब्दी की भारी सफलता ने वर्तमान विकास के मसीहाओं में यह भ्रम भी पैदा किया है कि धरती पर उपलब्ध सीमित पदार्थों से असीमित औद्योगिक वस्तुओं का निर्माण सम्भव है।

ऊपर की बातों पर विचार करने से समाजवादी आन्दोलन के संकट का कारण साफ दिखाई देता है। कच्चे माल की आपूर्ति से लेकर औद्योगिक वस्तुओं के लिए बाजार की उपलब्धि तक का दायरा उत्पादन में लगे औद्योगिक प्रतिष्ठान के सीमित कार्य क्षेत्र की तुलना में ज्यादा विशाल होता है। उद्योग पर श्रमिकों का अधिकार जो मार्क्सवादी, सिंडिकलिस्ट या गिल्ड सोशलिस्टों का (जो सभी विकसित औद्योगिक परिवेश की सामाजवादी धाराएँ थीं) मूल लक्ष्य था। औद्योगिक प्रतिष्ठान पर कब्जा, औद्योगिक उत्पादन के लिए संसाधन जुटाना संसार में अपने नियंत्रण के प्रसार पर निर्भर था। रूस में क्रान्ति के बाद इस जरूरत की पूर्ति के लिए इसका विशाल साम्राज्य उपलब्ध था और फिर कृषि का सामूहीकरण किया गया। औद्योगीकरण के प्रारम्भिक दौर में ब्रिटेन, फ्रांस, नीदरलैंड आदि ने अपनी जरूरतों की पूर्ति एशिया, अफ्रीका व अमेरिका में फैले उपनिवेशों या साम्राज्य से की। जर्मनी, इटली आदि की फासीवादी विचारधारा ने संसार भर पर नियंत्रण का खुला अभियान चलाया। द्वितीय विश्वयुद्ध के बाद के राष्ट्रवादी उभार से नये और पुराने, दोनों तरह के पश्चिमी साम्राज्यवाद का अन्त हुआ। इसके बाद पश्चिमी देशों की तर्ज पर औद्योगीकरण की राह पकड़ चीन, भारत व ब्राजील आदि ने अपने ही देशों के प्राकृतिक एवं मानव संसाधन का वैसा ही दोहन शुरू किया, जैसा पूर्ववर्ती साम्राज्यवाद में होता था। इन देशों के तेज औद्योगिक विकास का यही आधार था, लेकिन अब इनके आन्तरिक संसाधनों की सीमा दिखाई देने लगी है और ये अपेक्षतया कम विकसित पर संसाधनों से भरपूर अफ्रीका या दूसरे भू-भागों में संसाधनों की तलाश में लग गए हैं।

कम आबादी और विशाल संसाधन वाला देश अमेरिका अभी वैसे संकट से नहीं जूझ रहा है जैसा यूरोप के पुराने साम्राज्यवादी देश। ऊर्जा के लिए पेट्रोलियम एवं प्राकृतिक गैस का महत्त्व बढ़ जाने से सारी दुनिया की निगाह पश्चिम एशिया के इस्लामी देशों पर लगी थी। इस भू-भाग में पिछली शताब्दी की लूट से ध्वस्त पारम्परिक समाज की पृष्ठभूमि में 'इस्लामिक स्टेट' (आईएसआईएस) जैसे उन्मादी

समूह अस्तित्व में आए हैं। स्वयं भारत में भूमि अधिग्रहण के कानून में ऐसे प्रावधान जोड़ने की कोशिश हो रही है, जिससे किसानों और आदिवासी बहुल वन प्रदेशों के लोगों की जमीन, जिसमें विपुल खनिज सम्पदा है, मनमाने ढंग से औद्योगिक और व्यवसायी प्रतिष्ठानों के हवाले किया जा सके। एक तरह से लोगों लोगों के जीवन में एक प्रलयकारी भूचाल आ रहा है।

कुल मिला कर, भारी उद्योग आधारित समाजवादी परिवर्तन का जो दृष्टिकोण 19वीं और 20वीं सदी में विकसित हुआ था, अब वह नकारा साबित हो रहा है। इससे एक ओर अधिनायकवाद और सामाजिक विशृंखलन का खतरा पैदा हुआ है, तो दूसरी ओर पर्यावरण का संकट- जो अन्तत: सभी तरह के जीवन पर खतरा है। अब यह खतरा सिर्फ कल्पना और किताबों की बात नहीं है। पिछले दिनों में हम लोग इसका प्रत्यक्ष दर्शन हफ्तों तक जारी धुन्ध, बेमौसमी बरसात और भारी हिमपात के रूप में कर रहे हैं। हमारे लिए समाजवाद अब सिर्फ जीवन को समता के आधार पर सँवारने का उद्देश्य नहीं रह गया है, बल्कि पर्यावरण के संकट से मानव जीवन और प्रकृति को बचाने की मुहिम भी बन गया है।

1. किसानों और जनजातीय समूहों की जमीन पर उनके हक की रक्षा।
2. पर्यावरण की रक्षा।

इसी दिशा में बढ़ते हुए जमीनी आधार पर प्रदूषण से मुक्त आजीविका के नये तरीकों का अन्वेषण और उनका विकास, जो धीरे-धीरे वर्तमान कॉरपोरेटी ढंग के विकास का स्थान ले ले और प्रकृति और मनुष्य के बीच की पारस्परिकता को पुनर्स्थापित कर एक नया समतामूलक समाज का निर्माण कर सके। इस दिशा में संक्रमण छोटे दायरे में आत्मनिर्भर ग्रामीण अर्थव्यवस्था को जीवित करने की पहल से शुरू हो सकती है। हमारी रणनीति का यह एक आधारभूत मुद्दा होगा।

इस दिशा में—1. उन संघर्षों को तेज करना होगा, जो किसानों और आदिवासियों की जमीन और जंगल पर अधिकार के लिए चल रहे हैं। 2. पर्यावरण की रक्षा के लिए वर्तमान औद्योगीकरण के विकल्प में पारम्परिक जैविक कृषि और कुटीर उद्योगों को विकसित और प्रोत्साहित करना होगा। इनसे न सिर्फ प्रदूषण से मुक्त जीवन की सम्भावना बढ़ेगी, बल्कि छोटे-छोटे मानव समुदायों की स्वायत्ता को भी बल मिलेगा। इसी आधार पर भविष्य का समतामूलक समाज यानी समाजवाद विकसित होगा।

(प्रभात खबर, 11 अप्रैल, 2015)

कैसा हो समाजवाद

सामाजिक घटनाएँ मनुष्य की ओर से निर्धारित युगों या सदियों के हिसाब से घटित नहीं होतीं। फिर भी हम अपनी सुविधा के हिसाब से सासमाजिक घटनाओं को सदियों या दूसरे कालखंडों में बाँटते रहते हैं, हालाँकि कुछ व्यातिक्रम इससे जुड़े रहते हैं। इक्कीसवीं सदी में समाजवाद की क्या रूपरेखा होगी या होनी चाहिए, इसका निर्धारण तो इस बात से होगा कि पूर्ववर्ती सदी से आ रही घटनाओं के दबावों का सामना हम कैसे करते हैं? यह प्रबल इच्छा-शक्ति और समझ की माँग करता है। अपने समय के प्रचलित दबावों के अनुरूप अपने को ढालने की सुविधाजनक अवसरवादिता तो घातक होगी। हालाँकि काफी लोग इस हकीकत को स्वीकार करने लगे हैं कि वर्तमान औद्योगिक सभ्यता मनुष्य और प्रकृति का विनाश करनेवाली है, लेकिन इस सम्बन्ध में लोगों में एक तरह का नियतिवाद व्याप्त है, जो इससे (वर्तमान औद्योगिक सभ्यता से) छुटकारा पाना असम्भव मानता है। अब हम समाजवादियों की स्थिति इस समस्या के सामने क्या है?

समाजवादी आन्दोलन की दृष्टि से 19वीं सदी उत्साह और सपनों की सदी थी। इस सदी में अनेक यूटोपियाई प्रयोग हुए, अराजकतावादी और मार्क्सवादी विचारों का प्रादुर्भाव हुआ। इसके अलावा ऐसे विचारक हुए, जो राज्य सत्ता का इस्तेमाल कर श्रमिकों की जीवन स्थिति को सुधारने के प्रयास कर रहे थे, जैसे जर्मनी में लासाल और ब्रिटेन में फेबियन समूह के लोग। इन सबकी आशा औद्योगिक क्रान्ति से पैदा नई सम्भावनाओं पर टिकी थी। प्राकृतिक शक्तियों एवं संसाधनों, जैसे जलधारा, पवन ऊर्जा और कोयले तथा बाद में पेट्रोलियम आदि से प्राप्त ऊर्जा के इस्तेमाल से औद्योगिक उत्पादन में चमत्कारी परिवर्तन हो रहे थे। रेलमार्गों और भाप से चलनेवाले जहाजों से जमीन पर और महासागरों में लम्बी यात्राएँ सम्भव हो रही थीं। इससे वैश्विक स्तर पर विशाल मात्रा में उत्पादन व विपणन सम्भव हो पाया था। ऐसे में इस आशा का जगना स्वाभाविक था कि समतामूलक वितरण से नई तकनीकों से होनेवाले उत्पादन की प्रचुरता के कारण सबके लिए थोड़े श्रम से आराम का जीवन उपलब्ध करना सम्भव हो पाएगा। क्रान्ति के लिए निर्धारित राह सुगम थी यानी औद्योगीकरण के शीर्ष बिन्दु पर दुनिया का ध्रुवीकरण एक अत्यन्त

छोटे पूँजीपति वर्ग और विशाल संख्या वाले ऐसे श्रमिकों के बीच होगा, जिनके पास गँवाने के लिए कुछ भी नहीं होगा, सिवाय उनको जकड़ कर रखनेवाली जंजीरों के। क्रान्ति से ये जंजीरें टूटेंगी और समाजवाद कायम होगा।

मार्क्सवादी दृष्टि यही थी, जिसे यूरोप के अधिकतर मजदूर आन्दोलनों ने अपना लिया था। इतना ही नहीं, दुनिया के अनेक गैर-औद्योगिक कृषि व्यवस्थाओं वाले समाज पर भी इस मार्क्सवादी दृष्टि का प्रभाव पड़ रहा था। क्रान्ति सम्बन्धी इस विचार में दो परिदृश्य कल्पित थे : एक, अत्यधिक विकसित औद्योगिक देशों में औद्योगिक मजदूर स्वयं क्रान्ति की कमान सँभालेंगे, दो, औद्योगिक दृष्टि से कम विकसित देशों में नेतृत्व औद्योगिक मजदूरों का होगा, लेकिन उसे बल मिलेगा जमीन के भूखे किसानों से, जो क्रान्ति के क्रम में भू-स्वामियों की जमीन आपस में बाँट लेंगे। पहले परिदृश्य में श्रमिक विकसित हो चुका अर्थव्यवस्था को अपने हाथों में ले लेंगे और विकसित उत्पादकता का लाभ स्वयं (श्रमिक) को और अब तक वंचित रहे समूहों को देंगे। दूसरे परिदृश्य में औद्योगिक श्रमिक बड़े भू-स्वामियों की जमीन पर कब्जा करने के लिए किसानों को प्रोत्साहित कर उनका समर्थन हासिल करेंगे।

विडम्बना यह है कि पहले परिदृश्य के हिसाब से क्रान्तियाँ शायद ही कहीं सफल हुई हों, लेकिन 20वीं सदी के पूर्वार्ध में विश्व के कई भागों में दूसरे परिदृश्य के हिसाब से क्रान्तियाँ हुईं। इस हिसाब से क्रान्ति के नाटक का सबसे सफल मंचन शुरू में हुआ, जहाँ 1917 में बोल्शेविकों ने सत्ता अपने हाथों में ले ली। इस समय रूस में औद्योगिक आधार काफी छोटा था, हालाँकि कुछ अतिविकसित उद्योग स्थापित हो चुके थे। इससे तीन साल बाद चीन के किसानों के भारी समर्थन के आधार पर कम्युनिस्टों ने शासन अपने हाथों में ले लिया। चीन की अर्थव्यवस्था में तो उद्योगों का आधार और भी छोटा था। वे (उद्योग) अत्यन्त पिछड़े हुए थे। इसके बाद क्रान्तियों का एक सिलसिला दक्षिण पूर्व एशिया में शुरू हुआ, जैसे वियतनाम और कम्बोडिया (कम्पूचिया) में। इन देशों में भी औद्योगिक व्यवस्था अति पिछड़ी थी और क्रान्ति का आधार काफी हद तक किसानों में फ्रांसीसी और अमेरिकी साम्राज्वाद के खिलाफ जनभावना का उभार था (क्यूबा की क्रान्ति की कहानी अलग और एक विशेष परिस्थिति की उपज है और उसकी चर्चा हम यहाँ नहीं करेंगे)।

जिन सब देशों में कम्युनिस्ट पार्टी के नेतृत्व में क्रान्तियाँ सफल हुईं, उन सबमें आधुनिक उद्योग का आधार अत्यन्त छोटा था और औद्योगिक मजदूरों की उपस्थिति नगण्य थी। इस तरह क्रान्तियों का वह परिदृश्य जो मार्क्सवादी चिन्तन में प्रस्तुत किया गया था, वह सिर के बल खड़ा दिखा यानी कम्युनिस्ट शासन (सत्ता) को ही वह आधार तैयार करना था, जिससे औद्योगिक मजदूर अस्तित्व में आएँ।

कुल मिला कर अब कम्युनिस्ट इलीट (समाजवादी हरावल) की यह जिम्मेवारी बन गई कि वह आधुनिक उद्योग और औद्योगिक सर्वहारा वर्ग को अस्तित्व में लाए। इस चुनौती का सामना होने पर कम्युनिस्ट नेतृत्व ने यह अनुभव किया कि आधुनिक उद्योगों का ढाँचा खड़ा करने और उसके कार्य-कलापों को गति और स्थायित्व प्रदान करने के लिए मनुष्यों और प्राकृतिक संसाधनों का वैसा ही दोहन अपरिहार्य है, जैसाकि औद्योगिक पूँजीवाद के विकास के आधार में था। आदिम पूँजी संचय के प्रारम्भिक पाप की छाया कम्युनिस्ट शासन (सत्ता) के तहत औद्यागिक विकास पर उसी तरह मँडराती रही, जिस तरह पूँजीवाद के प्रारम्भिक विकास पर मँडराती रही थी। तथाकथित समाजवादी समाज के उत्पादन लक्ष्यों को पूरा करने के लिए मजदूर वर्ग का पूँजीवाद के तहत उतना ही या उससे भी अधिक शोषण करना जरूरी था।

1920 के अप्रैल महीने में रूस में क्रान्ति के बाद कम्युनिस्टों बोल्शेविकों के शासन के स्थापित होने के बाद रूसी ट्रेड यूनियनों की तीसरी कांग्रेस में मजदूरों को कठोर अनुशासन के तहत लाने का मुद्दा उठा। यह वह समय था जब मजदूरों पर सैनिकों जैसा अनुशासन लागू करने की कोशिश चल रही थी। मेंशेविक इस तरह की कोशिश का विरोध कर रहे थे, लेकिन ट्राट्स्की, जो सरकार में युद्ध का मंत्री था, उद्योगों में श्रमिकों पर सख्ती बरतने का समर्थक था। उसने कांग्रेस में अपने भाषण में यह तर्क दिया था कि मानव समाज का पूरा इतिहास अधिक उत्पादन के लिए श्रमिकों के प्रशिक्षण का इतिहास है। यह कोई आसान काम नहीं है, क्योंकि मनुष्य आलसी होता है और ऐसा होने का उसका अधिकार है। स्वतंत्र मजदूर भी प्रारम्भ में उत्पादक नहीं था। वह सामाजिक प्रशिक्षण से उत्पादक हो पाया है। इस प्रशिक्षण के लिए सभी तरह के उपाय किए गए। शुरू में पूँजीपतियों ने किसानों को उनके खेतों से खदेड़कर स्वयं उनके खेतों पर कब्जा किया। जब किसानों ने कारखानों में काम करने में हिचकिचाहट दिखलाई तब पूँजीपतियों ने उन्हें जबरन मजदूर की तरह काम करने पर मजबूर किया। इस दिशा में हमारा तरीका क्या है? वह पूँजीपतियों से कम विविधतापूर्ण नहीं है, लेकिन ज्यादा ईमानदार और स्पष्ट है व छद्म से भ्रष्ट नहीं है।

ट्राट्स्की दरअसल, पूँजी संचय की उन प्रारम्भिक प्रक्रियाओं का जिक्र कर रहा था, जिसकी ओर मार्क्स ने पूँजी के प्रथम भाग के अन्तिम हिस्से में प्राथमिक संचय (प्रिमिटिव ऐक्युमुलेशन) शीर्षक के तहत ध्यान खींचा था, जो मार्क्स को एक बार का प्रारम्भिक पाप दिखा था, जिससे औद्योगिक उत्पादन की अन्तहीन प्रक्रिया शुरू होती है। दरअसल यह लगातार चलने रहनेवाली प्रक्रिया है। औद्योगिक उत्पादन की प्रक्रिया जहाँ भी शुरू होती है, उसका प्रारम्भ एक चक्रवात की तरह होता है। प्रत्येक चक्रवात का केन्द्र प्रकृति और मानव जीवन को नष्ट कर सकता है

और उनके अवशिष्ट (बचे हुए अंश) को मथ कर और सुड़क कर कारखाने तक लाता है, जिससे औद्योगिक वस्तुओं का निर्माण होता है। इस्पात की एक छोटी-सी चमकीली पिन (ऑलपिन) बनाने के लिए लौह अयस्क खोदा जाना जरूरी है। सम्भवत: किसी पर्वतीय अंचल से, जहाँ किसानों या आदिवासियों की बस्ती होती है, भट्ठी के लिए कोयला किसी दूसरे अंचल से सम्भवत: किसी वन भूमि से आता है, जिससे जंगल नष्ट होते हैं और लोगों का विस्थापन होता है।

जहाँ ऊर्जा का स्रोत पनबिजली है। वहाँ किसी नदी या जल धारा को बाँधों से रोका जाता है, जिससे विशाल भूखंड जलमग्न हो जाते हैं, वन नष्ट होते हैं और नदी के तट पर बसनेवाले लोगों का विस्थापन होता है। यह आधुनिक कारखानों में बनाई जानेवाली सभी वस्तुओं के पीछे की कहानी है—चाहे वह इस्पात से बनी हुई वस्तु हो, चाहे ताँबे से बनी हो या अल्युमीनियम से। अत: ऐसी सभी वस्तुएँ मानव रक्त से सनी होती हैं और प्राकृतिक परिवेश को वीरान बनाकर आती हैं। उत्पादन की मात्रा जितनी बड़ी होगी, मानव और प्रकृति का दायरा भी उतना बड़ा होगा। इस प्रक्रिया से बचा नहीं जा सकता, चाहे इसे मातृभूमि के गौरव के नाम पर किया जाए या समाजवाद के नाम पर। यह कोई अचरज की बात नहीं है कि वे दोनों व्यवस्थाएँ जिनमें एक अपने को समाजवादी कहती थी और दूसरी अपने को उन्मुक्त बाजार व्यवस्था या पूँजीवादी व्यवस्था, एक बिन्दु पर आ मिलीं और पिघल कर वे उत्पादन की एक ही तरह की औद्योगिक प्रणाली में परिणित हुईं, जिनमें गलाकाट प्रतिस्पर्धा और पिरामिडनुमा गैर-बराबरी अन्तर्निहित थी।

मजदूरों को अनुशासित कर कारखानों में बेरोक-टोक निर्बाध काम करवाना औद्योगिक उत्पादन बढ़ाने के प्रयासों का सिर्फ एक अंग है। तेज और अनवरत विकास के लिए मजदूरों की विशाल मात्रा में भरती के अलावा उनके (मजदूरों के) भोजन के लिए खाद्य की सप्लाई को सुनिश्चित करना और उद्योगों के लिए कृषिजन्य कच्चा माल उपलब्ध कराना जरूरी होता है। सोवियत संघ में इन जरूरतों को पूरा करने के लिए कृषि का सामूहिकीकरण (कलेक्टिवाइजेशन) किया गया। सामूहिकीकरण से विशाल मात्रा में विस्थापित और जीविका से वंचित हुए किसानों को दूर-दराज के इलाकों में जाने को बाध्य किया गया और वहाँ सड़कों, नहरों के निर्माण और अन्य निर्माण कार्यों में लगाया गया। दो दशकों के भीतर सोवियत संघ जो मूलत: एक ग्रामीण कृषि आधारित समाज था, एक शहरी औद्योगिक व्यवस्था में तब्दील हो गया।

एक विकसित औद्योगिक व्यवस्था को बनाए रखने के लिए इटली और जर्मनी ने फासीवाद के तहत सर्वसत्तावादी तथाकथित कॉरपोरेट राज्य की स्थापना की। इन दोनों देशों की सर्वसत्तावादी सरकारें सैन्य शक्ति को महिमामंडित करती थीं और आक्रमण कर अपने क्षेत्र का विस्तार करने में विश्वास करती थीं। विस्तारवाद

के पीछे संसाधनों की भूख भी थी। इधर पूरब में उदीयमान औद्योगिक देश जापान का भी जर्मनी और इटली जैसा ही मकसद था, जिसे वह सहभागी समृद्धि का क्षेत्र विस्तार कह कर महिमामंडित करता था। इन विस्तारवादी देशों को ब्रिटेन, फ्रांस और नीदरलैंड (हॉलैंड) के खिलाफ अपनी ताकत की आजमाइश करनी थी, क्योंकि इनके पहले से ही एशिया और अफ्रीका में विशाल उपनिवेश (साम्राज्य) थे। अपने देश के भीतर सख्ती से जीवन को नियंत्रण में रखना और कच्चे माल व बाजार के लिए बाहर शक्ति का विस्तार करना एक आधुनिक औद्योगिक व्यवस्था की जरूरतों को पूरा करने के लिए बिलकुल माकूल माना जाता था। संयुक्त राज्य अमेरिका को तो एक राष्ट्र के रूप में स्थापित होने के समय से ही वे सारे प्राकृतिक संसाधन उपलब्ध थे, जिनकी आवश्यकता एक औद्योगिक अर्थव्यवस्था को होती है। सस्ते मजदूरों की जरूरत उसने (अमेरिका ने) अफ्रीका से गुलाम बना कर लाए गए लोगों से पूरी की, उन्हें कपास और तम्बाकू के फार्मों में गुलाम मजदूरों के रूप में खटाया।

ब्रिक्स राष्ट्रों (ब्राजील, रूस, भारत, चीन और दक्षिण अफ्रीका) का हाल के वर्षों में तेज विकास इस हकीकत को फिर से बताता है कि अयस्क, ईंधन, कृषिजन्य सस्ते कच्चे माल और सस्ते श्रम का उपलब्ध होना तेज आर्थिक विकास के लिए कितना आवश्यक है। जैसे-जैसे साम्राज्य के सुनहरे दिन बीतते गए, पुराने साम्राज्यवादी औद्योगिक देश विकास की दौड़ में पिछड़ने लगे। उनमें औद्योगिक उत्पादन में ठहराव की स्थिति पैदा हो गई। इसके विपरीत ब्रिक्स देशों की राष्ट्रीय आय में तेज विकास हो रहा था। एक समय चीन की राष्ट्रीय आय में 12 प्रतिशत तक सालाना विकास हुआ। स्वयं हमारे देश में एक समय राष्ट्रीय आय की वृद्धि दर 9 प्रतिशत तक हो गई थी। सभी ब्रिक्स देशों में अपने आन्तरिक उपनिवेश हैं, जिनसे खनिज कृषि पदार्थ और सर्वोपरि प्रचुर सस्ता श्रम उपलब्ध है।

हाल के दिनों में ब्रिक्स देशों में राष्ट्रीय आय की वृद्धि दर में गिरावट आई है। यह गिरावट इस बात को दर्शाती है कि इनमें संसाधनों के आन्तरिक स्रोत घट रहे हैं या उन्हें प्राप्त करने में प्रतिरोध का सामना करना पड़ रहा है। भारत बेसब्री से खनिज और कोयले की तलाश दूसरे देशों में कर रहा है। तेल के लिए तो वह सदा ही बाहरी स्रोतों पर आश्रित था। उसकी सालाना आय की दर का भी अब घट कर 5 प्रतिशत (सरकार ने आँकड़ों में बाजीगरी करके इसे साढ़े सात फीसदी के आसपास दिखाने की कोशिश की है—सं.) हो जाना महत्त्वपूर्ण संसाधनों की उपलब्धि पर पड़नेवाले दबाव को प्रतिबिम्बित करता है। कोयले और अयस्क की फिलहाल ऑस्ट्रेलिया, अफ्रीका, इंडोनेशिया और दूसरे स्थानों में तलाश कर रहा है। ऊर्जा की उपलब्धता को बढ़ाने के लिए पर्यावरण पर पड़नेवाले घातक परिणाम की उपेक्षा कर वह खतरनाक नाभिकीय ऊर्जा संयंत्र

लगा रहा है। नर्मदा बाँध की ऊँचाई को पहले के विस्थापित लोगों के पुनर्वास की कोई व्यवस्था किए बिना बढ़ाना और अरुणाचल और हिमालय के दूसरे संवेदनशील इलाकों में बाँधों और सुरंगों (टनल्स) का जाल बिछाना इसी बेसब्री को दर्शाता है। हाल का उत्तराखंड का भयावह जल-प्रलय, वर्तमान विकास और विनाश की पारस्परिकता को साफ-साफ दर्शाता है। जंगलों की अन्धाधुन्ध कटाई और पर्वतीय क्षेत्र में सुरंगों (टनल्स) का ताना-बाना उत्तराखंड की भयावह जल प्रलय के लिए सीधे जिम्मेदार है।

जब हम अपने चारों ओर निगाह दौड़ाते हैं, तो कुल मिला कर यह दिखाई देता है कि वर्तमान आर्थिक विकास से गैर बराबरी, ऊर्जा और कच्चे माल की न मिटनेवाली भूख और पर्यावरण के क्षय का सीधा ताल्लुक है। ये उसके अभिन्न अंग बन गए हैं। इन सब बातों को ध्यान में लाने पर यह निष्कर्ष निकलता है कि इस तरह के आधुनिक विकास का एक समतामूलक लोकतांत्रिक समाज से मेल नहीं बैठता, बैठ ही नहीं सकता।

रूस की क्रान्ति के बाद वहाँ स्टालिन की तानाशाही का उदय होना, यूरोप में लोकतांत्रिक समाजवाद (सोशल डेमोक्रेसी) की असफलता और चीन में अधिनायकवादी पूँजीवाद का ऐसे समय में उदय होना, जब चीन के शासकों के पास इतनी अधिक और समग्र शक्ति थी कि वे एक समतावादी समाज गढ़ सकते थे—यह सब एक ऐसा प्रहसन है, जो हमें बताता है कि आधुनिक औद्योगिक व्यवस्था के ढाँचे में ही गैर बराबरी और तानाशाही के तत्त्व हैं। सही अर्थ में समाजवादी समाज बनाने के लिए, जिसमें समता और स्वाधीनता हो हमें नई तरह की अर्थव्यवस्था और नए मूल्यबोध विकसित करने की जरूरत है।

इस तरह की विकसित नई तरह की अर्थव्यस्था और नए मूल्यबोध के लिए हमें शायद जीवन के उन आयामों को पुनर्जीवित करना होगा जिनके कुछ तत्व आदिम जनजातियों में पाए जा सकते हैं, जिन पर आधुनिक सभ्यता के विनाशकारी तत्त्वों का कम-से-कम प्रभाव पड़ा है। इसके लिए नई सदी के समाजवादी आन्दोलन को धरती के पर्यावरण की रक्षा कर उसक मूल तत्त्वों को संजोना होगा। इसका यह भी अर्थ होगा कि उन आदिम और कृषि आधारित व्यवस्थाओं को बचाए रखा जाए, जो अब तक आधुनिक औद्योगिक प्रक्रियाओं से अपने को सुरक्षित रख पाए हैं। इसके लिए शायद वैसी कृषि को पुनर्जीवित करना होगा, जो पूरी तरह जैविक तत्त्वों पर आधारित उत्पादन चक्र अपनाती रही है। इस तरह प्रकृति से निकाले गए तत्त्वों की भरपाई हो सकेगी। इस संक्षिप्त आलेख का उद्देश्य यह एहसास करवाना है कि हम कितने भयंकर दुश्चक्र में घिर गए हैं। हमें उन परम्पराओं का पुनरावलोकन की भी जरूरत है, जिने आलोक में एक नई शुरुआत हो सकती है। औद्योगिक स्वप्नलोक की आकांक्षा एक भयावह मृगमरीचिका सिद्ध हुई है। यह तो

हमें ऐसे नतीजों पर पहुँचाती है, जो समाजवादी आन्दोलन के आदि प्रणेताओं के उद्देश्यों के बिलकुल विपरीत है।

हमें यह कबूल करना होगा कि हम धरती पर जी रही असंख्य प्रजातियों में एक हैं और एक प्रजाति के रूप में हमारा अस्तित्व तभी बचेगा, जब हम विकास की प्रक्रियाओं का पालन करें अर्थात अपने को प्राकृतिक चयन (नेचुरल सेलेक्शन) के अनुकूल बनाएँ। मानव-जगत से ही नहीं, पेड़-पौधों, पशु-पक्षी यहाँ तक कि जीवाणुओं से भी, जिनके साहचर्य के बिना हम जीवित नहीं रह सकते, समरसता, सामंजस्य और सहअस्तित्व का सम्बन्ध बनाएँ। यह साहचर्य के एक विशाल दायरे की माँग करता है यानी सभी जीवित वस्तुओं से साहचर्य। यह अनिवार्य रूप से दूसरे मनुष्यों के साथ हमारे सम्बन्धों को भी विशिष्ट मर्यादा प्रदान करेगा, जो समाजवाद का सारतत्त्व है।

(प्रभात खबर, 20 मार्च, 2015)

अब क्या करे वामपंथ

अभी वामपंथ के पराभव का समय सारे संसार में है। भारत में है, इसके लिए आत्ममंथन की जरूरत है। हम लोगों को सोचना है कहाँ गलती हुई है, क्या बुनियादी भूल रही है, जिसकी वजह से संसार भर में वामपंथ करीब-करीब खत्म होता चला जा रहा है। भारत में भी इसकी स्थिति काफी खराब है।

वामपंथ अपने आप में बहुत 'वेग' (अस्पष्ट) शब्द है। इसकी शुरुआत एक संयोग थी। फ्रांस की क्रान्ति के समय वहाँ की नेशनल एसेम्बली के वाम में जो लोग बैठे थे, वो ज्यादा क्रान्तिकारी थे। उसी समय से हो गया कि जो लोग ज्यादा क्रान्तिकारी होते हैं, वो वामपंथी होते हैं। बाद में मार्क्स जैसे लोग 19वीं शताब्दी के मध्य में राजनीति में उभरे, तो मुख्य रूप से ये लोग वामपंथ के साथ जुड़ गए। अब मोटा-मोटी कम्युनिस्ट व सोशलिस्ट ही वामपंथ के रूप में पहचाने जाते हैं। मैं इन्हीं पार्टियों के बारे में, खासकर कैसे इनके पराभव का सिलसिला शुरू हुआ, कैसे इनका उत्थान हुआ था, कैसे यह स्थिति बनी—आदि कुछ बातें रखूँगा। उसके बाद यह भी चर्चा करूँगा कि कैसे यह स्थिति बदल सकती है?

लगभग सौ साल पहले, 1912 में सोशलिस्टों का एक अन्तर्राष्ट्रीय सम्मेलन बेसल में हुआ था। उस समय यूरोप के अन्दर सम्भावना बन रही थी, युद्ध होगा। उसके खिलाफ वहाँ के समाजवादियों ने तय किया था, अब अगर युद्ध होगा तो हम अपने यहाँ के मजदूरों को उसमें उलझने नहीं देंगे। आन्दोलन करके क्रान्ति करके इसको खत्म कर देंगे। इसके बाद 1914 में जब युद्ध की शुरुआत हुई, तो बहुत कम सोशलिस्ट अपने वादे पर खरे उतरे। जर्मनी की रोजा लक्जमबर्ग व एक अन्य नेता ने इसका विरोध किया था। बाद में ये लोग इसी क्रम में मारे भी गए। रूस में लेनिन व वैश्विक लोगों ने युद्ध का विरोध किया था। कहा था, साम्राज्यवादियों के मंसूबों को हम कामयाब नहीं होने देंगे। 1917 में युद्ध में क्रान्ति हुई थी। इसके बाद ये लोग जब युद्ध से बाहर हुए थे, यही बहाना बना था। उस समय करीब चार साल युद्ध चला था। उस समय सिद्धान्त के प्रति एक लगाव था। कुछ लोग उस समय भी विचलित हुए, लेकिन कुछ लोग ऐसे थे, जो अपने सिद्धान्त पर संघर्ष करते रहे।

क्रान्ति के बाद रूस में कम्युनिस्ट शासन आया। फिर यूरोप के कई देशों में भी क्रान्ति हुई। उस समय यह उम्मीद थी कि जो जर्मनी जैसे विकसित देश हैं वहाँ क्रान्तिकारी उभार ज्यादा होगी, लेकिन वहाँ इसके बदले प्रतिक्रान्तिकारी उभार हुआ। 1922 में सबसे पहले मुसोलिनी ने कॉरपोरेट स्टेट की बात की। कहा, मजदूरों के हित को ध्यान में रखकर हम कॉरपोरेट स्टेट बनाएँगे। इसके दस साल बाद जर्मनी में हिटलर सत्ता में आया। ...तो ये जो उम्मीद की जाती थी कि जहाँ ज्यादा विकसित औद्योगिक समाज है, वहाँ पर क्रान्ति होगी और समाजवादी समाज बनेगा, लेकिन हुआ यह कि हर जगह फासिस्ट सरकारें बनीं। खुद इंग्लैंड में जो लोकतंत्र का बड़ा अखाड़ा माना जाता था, वहाँ पर मोस्ले नाम के एक व्यक्ति ने फासिस्ट पार्टी बनाई और चुनाव लड़ा। वह जीता भी।

इधर एशिया में, भारत में एक राष्ट्रीय उभार हुआ साम्राज्यवाद के खिलाफ। चीन के अन्दर 1919 के बाद एक सिलसिला शुरू हुआ और वहाँ पर राष्ट्रीयता की लड़ाई कम्युनिस्टों के नेतृत्व में सामाजिक क्रान्ति की दिशा में आगे बढ़ी और 1948 आते-आते वहाँ माओ त्से तुंग के नेतृत्व में कम्युनिस्ट सत्ता कायम हो गई। वियतनाम में कम्युनिस्टों के नेतृत्व में आन्दोलन हुआ। मलाया के अन्दर कम्युनिस्टों के नेतृत्व में गुरिल्ला युद्ध शुरू हुआ। बर्मा के अन्दर आन्दोलन हुआ। हम कह सकते हैं, अगर यूरोप में क्रान्ति नहीं हुई तो एशिया के देशों में जो राष्ट्रीय आन्दोलन चले, उसमें कम्युनिस्टों ने भागीदारी की। इंडोनेशिया के अन्दर सुकर्ण जब नेता के रूप में उभरे तो उस समय कम्युनिस्ट आन्दोलन काफी आगे बढ़ा। इसके बाद एक स्थिति आई। वहाँ के जनरल सुहार्तो ने कम्युनिस्टों का काफी दमन किया। हजारों कम्युनिस्टों को मौत के घाट उतार दिया गया।

हम देखते हैं 20वीं शताब्दी के शुरू से लेकर उसके मध्य तक वामपंथ का हर जगह कुछ-न-कुछ उभार दिखाई देता है, लेकिन इसके बाद से हम देखते हैं कि हर जगह पराभव का सिलसिला चला। रूस में स्थितियाँ ऐसी बनती गईं कि वहाँ पर लोकतांत्रिक समाजवाद की जगह पर तानाशाही आ गई। 20वीं शताब्दी का अन्त होते-होते रूस के अन्दर कम्युनिस्ट व्यवस्था ध्वस्त हो गई और पूँजीवाद की वापसी हो गई। चीन के अन्दर बिना किसी महत्त्वपूर्ण परिवर्तन के 1960-70 के दशक में माओ त्से तुंग ने कुछ कोशिश की, जिसे 'सांस्कृतिक उत्थान' के नाम से जाना जाता है। इस दौरान बड़ी छलाँग लगाने की कोशिश हुई। समाज के अन्दर गैर बराबरी को पटाने के लिए शहर के लोगों को गाँव की तरफ भेजा गया। कम्यून सिस्टम बनाया गया। इसके दस साल के अन्दर ही एक दूसरे तरह की धारा चली और चीजें बदल गईं। आज बिना पार्टी का नाम बदले चीन दुनिया के सबसे शक्तिशाली पूँजीवादी राष्ट्र के रूप में उभरा है।

दुनिया की दूसरी सबसे बड़ी आर्थिक शक्ति चीन है, लेकिन ये कम्युनिस्टों की शक्ति नहीं है, ये पूँजीवाद की शक्ति है। इंग्लैंड में दूसरे विश्व युद्ध के बाद पूँजीवाद के खिलाफ एक भावना उभरी थी। इसके बाद ही ब्रिटिश लेबर पार्टी सत्ता में आई थी। एनरल बेवान ने इंग्लैंड में स्वास्थ्य सेवाएँ लागू की थीं, जो उस समय दुनिया में एक नमूना थी। इससे समाज के हर तबके के व्यक्ति को स्वास्थ्य सेवाएँ मिलने लगी थीं। लोगों को मुफ्त में दाँत, आँख जैसे शरीर के अंग उपलब्ध कराए जाते थे, लेकिन कुछ दिनों के बाद लेबर पार्टी का पराभव आया। माग्रेट थैचर ने पूरी तरह से व्यवस्था को बदल दिया। थैचर के खिलाफ खदान में काम करनेवाले लोगों की बड़ी हड़ताल चली। लगभग एक साल तक खदान मजदूर आन्दोलन करते रहे, लेकिन थैचर ने उसे दबा दिया। एक तरह से लेबर आन्दोलन को थैचर ने खत्म कर दिया। कुछ समय के लिए टोनी ब्लेयर की सरकार बनी, लेकिन फिर अभी कंजर्वेटिव पार्टी सरकार में आ गई।

जर्मनी में द्वितीय विश्व युद्ध के बाद सोशल डेमोक्रेट आगे आए, लेकिन पिछले सालों में वो भी चले गए हैं। अब एंजेला मार्केल के नेतृत्व में वहाँ की सरकार चल रही है। यूरोपियन यूनियन में जर्मनी का बहुत महत्त्वपूर्ण रोल होता है। अभी वहाँ सोशल डेमोक्रेट के सहयोग से ही कंजरवेटिव एंजेला मार्केल की सरकार चल रही है। आप देखेंगे हर जगह, जहाँ कभी वामपंथी उभार था, वहाँ पर कंजरवेटिव व अन्य लोग आगे बढ़ते जा रहे हैं। इसके कुछ निहितार्थ हैं। मुझे लगता है, ये आकस्मिक नहीं है, सारे संसार में औद्योगीकरण के दौर में वामपंथ पीछे जा रहा है, जबकि कल्पना थी कि मजदूर वर्ग जहाँ सबसे ज्यादा शोषित होंगे, वहाँ पर वो सत्ता को बदल देंगे, लेकिन ऐसा हुआ नहीं। सब जगह पर कहीं फासिस्ट व कंजरवेटिव सत्ता में आ रहे हैं। यह बहुत चिन्ता की बात है। इस पर देश की सभी कम्युनिस्ट पार्टियों को सोचने की जरूरत है। मुझे लगता है कि आत्मतुष्ट होकर बैठना, जो कुछ चल रहा है, वह ठीक है, एक दिन हम जीतेंगे। वो कयामत का दिन आएगा और सब कुछ बदल जाएगा। हमें लगता है, ऐसा कुछ नहीं है। हम सबको बैठ कर सोचना चाहिए। आखिर ये क्यों हुआ? कहीं कुछ बुनियादी भूल है क्या? हमें यह सोचना चाहिए, आखिर क्या वजह है, सब जगह समाजवादी आन्दोलन पीछे चला जा रहा है?

इन सब चीजों को देख करके मैं इस नतीजे पर पहुँचा हूँ, जो आधुनिक औद्योगीकरण का ढाँचा है। इसके अन्दर किसी भी समतामूलक या न्यायमूलक समाज की स्थापना नहीं हो सकती है। मैं यह सोचता हूँ, तो इसके पीछे कुछ कारण हैं। हम समाजवादी अर्थशास्त्री इस चीज को पहले नहीं समझ सके। इसके पीछे मार्क्स के एक चिन्तन का भी प्रभाव है। मार्क्स ने दुनिया के इतिहास की कल्पना यूरोपीय इतिहास के आधार पर की थी—समाज में अलग-अलग तरह की आर्थिक

संरचनाएँ होती हैं। उसमें वर्ग विभाजन होता है। अन्तत: पूँजीवादी व्यवस्था में वर्ग विभाजन खत्म हो जाएगा। पहले कहा गया था कि यूरोप के अन्दर गुलामों की व्यवस्था थी। इसके बाद फ्यूडल सिस्टम (सामन्ती प्रणाली) आया। अन्त में पूँजीवादी व्यवस्था आई है। इसमें जो अन्तर्विरोध है, वह पूँजीपतियों व मजदूरों के बीच में है। मजदूरों को मार्क्स ने सर्वहारा (प्रोलेतारियत) कहा है, जिसके पास अपनी जंजीर को खोलने के अलावा कुछ भी खोने को नहीं है। ऐसा मजदूर क्रान्ति करेगा ही। इससे व्यवस्था बदल जाएगी। हमें मार्क्स की इस सोच में कुछ बुनियादी खोट दिखाई देता है। दरअसल, पूँजीवादी व्यवस्था में सर्वहारा सबसे गरीब और सबसे शोषित तबका है। आप अगर यूरोप के विकसित औद्योगिक समाजों को देखेंगे तो पाएँगे, वहाँ के मजदूरों के पास गँवाने के लिए जंजीर के अलावा और भी बहुत कुछ है। वहाँ के मजदूरों की आथिक स्थिति काफी सुधरी हुई है। अमेरिका में जहाँ सबसे कठिन पूँजीवादी व्यवस्था है, वहाँ भी मजदूरों की आमदनी काफी है। हम यह कह सकते हैं कि हमारे यहाँ जो सम्पन्न लोग हैं, उन लोगों से भी ज्यादा अमेरिका के मजदूरों की स्थिति सुदृढ़ है यानी हम कह सकते हैं कि पूँजीवादी व्यवस्था में मजदूर हमेशा गरीब होता जाएगा, यह थ्योरी गलत साबित हुई है।

बीच में सामाजिक नेता बर्नस्टाइन ने जब मध्यम वर्ग का उभार देखा, तब मार्क्स की थ्योरी से हट कर कहा था कि एक मध्यम वर्ग तैयार हो रहा है। उन्होंने मार्क्स के विचारों में संशोधन की बातें की थीं। उस समय के नेताओं को बर्नस्टाइन की बात गाली जैसी लगी। सब ने उनकी बात को बकवास कहा, लेकिन हकीकत यही है कि जो सर्वहारा है, वास्तव में वह वैसा दरिद्र नहीं हुआ है। यूरोप का जो मजदूर वर्ग है, वह काफी सम्पन्न है। इसके अलावा एक और बात है। समाज का वैसा विभाजन भी नहीं हुआ, जैसाकि मजदूर और पूँजीपति के बीच होता है। प्रबन्धन वर्ग का भी उदय यूरोप में हुआ है, जो बहुत शक्तिशाली है। अमेरिका के वामपंथी विचारक चार्ल्स राइट मिल्स ने 'द पॉवर एलीट' नाम की किताब लिखी है। उसने किताब में लिखा है कि कैसे अमेरिका के अन्दर जो शक्ति है, वह सेना के बड़े अधिकारियों, आर्थिक विशेषज्ञों, टेक्नोक्रैट के पास है। इनका एक अलग समाज विकसित हो रहा है। इनका अलग इलीट वर्ग है। मैक्स वेबर बहुत बड़े समाजशास्त्री थे। उन्होंने लिखा—ऐसा नहीं है कि पूँजीपति व मजदूर आमने-सामने खड़े हैं, बल्कि इनके बीच में अधिकारियों का एक सीढ़ीनुमा ढाँचा है, जिनके पास अपार शक्ति है, जो यूरोपियन समाज व्यवस्था को कानून के मुताबिक चला रहा है। ये सब चीजें हैं। मेरे खयाल से जो मार्क्सवादी चिन्तक थे, उन लोगों ने इसको खारिज कर दिया। कभी भी इन चीजों के बारे में विचार नहीं किया।

होता यह है कि जिन चीजों की आप बहुत अनदेखी करते हैं, कभी-कभी वे आप पर बहुत हावी हो जाती हैं। यह एक ट्रेंड की तरह है। सोवियत संघ के विघटन

के पीछे बहुत बड़ा कारण यह था कि उस व्यवस्था को चलाने के लिए बहुत बड़ा नौकरशाही समूह आगे आ गया। खुद कम्युनिस्ट पार्टी के अन्दर एक ऐसा समूह पैदा हो गया, जो जनता से बिलकुल अलग हो गया। अन्तत: यह हुआ कि जनता में इतना असन्तोष हुआ, दमन के बावजूद एक व्रिदोह हुआ और व्यवस्था खत्म हो गई। इन चीजों को समझने की जरूरत है। मार्क्स के करीबी सहयोगी फ्रेडरिक एंगेल्स ने अपने जीवन के अन्तिम समय में एक पत्र लिखा था। वह भी यह देख रहे थे कि इंग्लैंड जैसे देशों में मजदूरों की स्थिति में काफी सुधार हो रहा है। वह यह देख रहे थे कि उपनिवेशों से जो लूट होती है, वहाँ से जो धन आ रहा है, उसकी वजह से यहाँ का मजदूर वर्ग सम्पन्न होता जा रहा है और जो समाजवादी हैं, वो उदारवादी बनते चले जा रहे हैं।

भारत व अफ्रीका जैसे उपनिवेशों से लूट का धन आता था। यूरोप का सर्वहारा (मजदूर वर्ग) भी उसमें हिस्सेदार था। इस हिस्सेदारी की वजह से जो क्रान्तिकारिता होनी चाहिए थी, जिसकी कल्पना मार्क्स ने की थी, वो उनमें नहीं आई। इस तरह से कम्युनिस्ट व सोशलिस्ट आन्दोलन का एक तरह से पराभव हुआ, लेकिन दूसरी शक्तियाँ उभर रही हैं। जो आजाद देश हैं। पूँजीवाद का सब जगह विकास हो रहा है। इन देशों में ऐसा क्यों हो रहा है और किस तरह के अन्तर्विरोध सामने आ रहे हैं? जो कुछ हो रहा है, उसका स्वरूप क्या है? मुझे लगता है कि मार्क्स ने जो पूँजी का अध्ययन किया था, वहीं से कुछ भूल थी, जिसे उस समय नजरअन्दाज किया गया। लेकिन हम लोगों को उसके ऊपर विचार करना चाहिए। जिन लोगों ने कम्युनिस्ट साहित्य का अध्ययन किया है, वे जानते होंगे कि मार्क्स का जो सबसे महत्त्वपूर्ण अध्ययन था, वह 'पूँजी' था। इसके अन्दर उन्होंने यह बतलाने की कोशिश की थी कि कैसे समाज के अन्दर उत्पादन पद्धति में मजदूर काम करता है। अगर वह आठ घंटे काम करता है, तो छह घंटे की कमाई आजीविका पर खर्च हो जाती है और जो दो घंटे की कमाई होती है, वो बेशी (सरप्लस) होता है। वही जमा होता है। उसी से पूँजीपतियों का मुनाफा होता है। तीन किस्तों में इससे सम्बन्धित किताब है, जिनमें बहुत गम्भीरता से उस समय यूरोप के अन्दर जिस तरह के बदलाव हो रहे थे, उनके बारे में लिखा गया है। मुझे लगता है कि इसमें एक बुनियादी भूल मार्क्स से हुई। उन्होंने कहा कि पूँजी का जो पूरा विकास होता है, वह मजदूरों के श्रम के शोषण का संचित बेशी मूल्य है। वही पूँजी का आधार है। उन्होंने इस बात को नजरअन्दाज कर दिया कि मजदूर जो श्रम लगाता है, वह शून्य में नहीं होता है। अगर वह कपड़ा बनाता है, तो उसके लिए कपास की जरूरत होती है। ऐसे ही अगर लकड़ी का कोई सामान बनाता है, तो उसके लिए लकड़ी की जरूरत होती है। मार्क्स ने इसमें यह किया कि अगर कपास से कपड़े तैयार होते हैं, तो

कपास तैयार करने में जो श्रम लगा वह और फिर कपड़ा तैयार करने में जो श्रम लगा वह, उसने इन दोनों को जोड़ दिया। इसे 'संचित मूल्य' कहा। लेकिन इसके बीच में खुद कपास का भी तो मूल्य होता है। इसके बारे में मार्क्स ने नहीं लिखा। अगर लोहा तैयार होता है, तो उसे तैयार करने में मजदूर ने श्रम किया, उसका मूल्य है, लेकिन खुद लौह अयस्क का मूल्य है या नहीं, इसे मार्क्स ने नजरअन्दाज कर दिया। मार्क्स ने अर्थशास्त्र के अन्दर इन सारी चीजों को रखने की कोशिश की थी। किसी भी अर्थशास्त्र के अन्दर यह होता है। डिमांड, सप्लाई व एक्सचेंज होता है। इसमें मार्क्स ने श्रम को जोड़ा। उसमें यह बताने की कोशिश की कि कैसे इसमें इजाफा होता है? कैसे शोषण होता है? कैसे जमा होते-होते पूँजी बनती है? लेकिन वह कच्चे माल का मूल्यांकन करना भूल गया। जब कच्चा कपास आता है, वह आपूर्ति का हिस्सा नहीं है, बल्कि कपास का एक पौधा होता है। इसके पीछे प्राकृतिक परिवेश होता है। इसी तरह लौह अयस्क भी है। ये सब कहाँ से आता है, इसका भी अध्ययन जरूरी है।

इसके बारे में मार्क्स ने कभी सोचा नहीं, लेकिन हकीकत यही है कि कपास का पौधा जमीन में पैदा होता है। उसे खास तरीके का वातावरण चाहिए। पानी और खाद चाहिए। जंगल की लकड़ी है, वह भी एक परिवेश का हिस्सा है। आप जंगल काटते हैं। आज की जो औद्योगिक व्यवस्था है, उसमें प्राकृतिक संसाधनों का क्या हो रहा है, इस पर सब आँख बन्द किए हुए हैं। इसका नतीजा यह हुआ है कि जितना ज्यादा औद्यागिक विकास होता गया है, परिवेश उसी के हिसाब से नष्ट होता चला गया है। इससे अलग-अलग मानव समूहों का आधार भी खत्म हो रहा है। जंगल में रहनेवाले आदिवासी हैं। खेती करनेवाले किसान हैं। इनका एक सामाजिक परिवेश होता है, आर्थिक ढाँचा होता है। अगर आप जंगलों को काटते हैं, एक्सप्रेस-वे बनाते हैं तो इससे लोगों का परिवेश नष्ट हो रहा है। जंगलों की कटाई होती है। बॉक्साइट की खुदाई होती है। इसमें लोगों के गाँव उजाड़े जाते हैं। जब एक जगह औद्योगिक विकास होता है तो उसके आसपास के जो गाँव होते हैं, उनका परिवेश नष्ट होगा। ये जो नष्ट होता हुआ परिवेश है, वह दूसरी तरह से अपना जमा खर्च माँग रहा है। आज पर्यावरण का संकट इसी का परिणाम है। डिमांड-सप्लाई के हिसाब से पूरा आर्थिक ढाँचा तैयार कर लिया गया है। इसमें छत्तीसगढ़ का कोयला और झारखंड के लौह अयस्क से स्टील बन रहा है, लेकिन वहाँ के परिवेश का क्या होता है? इस प्रक्रिया में यह हुआ है कि पुराना जितना सामाजिक ढाँचा था, वह टूट गया है।

ऐसे ही आप पश्चिम एशिया में देखिए। तेल की जरूरत है। अपनी जरूरत के लिए वहाँ की पारम्परिक व्यवस्था को नष्ट कर दिया। ईरान तो एक नमूना है। वहाँ पर कम्युनिस्ट आन्दोलन काफी प्रभावकारी था। 1950 के आसपास वहाँ तूदेह पार्टी

थी। मोसाद्दीक प्रधानमंत्री थे। शाह ईरान छोड़कर भाग गया था। बाद में अमेरिका ने सीआईए के प्रभाव से उसको खत्म किया। ऐसे में वहाँ की पारम्परिक व्यवस्था नष्ट हो गई। इसके बाद वहाँ इस्लामिक कट्टरपंथ हावी हो गया। कह सकते हैं, इस व्यवस्था के खिलाफ पहले कम्युनिस्ट थे, अब इस्लामिक कट्टरपंथ आया है। इसकी वजह है। वहाँ के लोगों को जब आगे की राह नहीं दिखाई दे रही थी तो उन्होंने पुरानी मान्यताओं को पनाह दी। ईरान में ही नहीं, पूरे पश्चिम एशिया में इस्लामिक चरमपंथ है। भारत में भी इस्लामिक चरमपंथ है। इसकी प्रतिक्रिया में हिन्दू चरमपंथ है।

तो जो एक सरल समाज था। सबसे शोषित वर्ग प्रोलेतारियत। इसी के आधार पर समाज के अन्य वर्ग थे। ऐसे में जब सामाजिक ढाँचा टूटा, तो समाजवादी व कम्युनिस्ट इसे समझ नहीं सके। बाद में डॉक्टर लोहिया ने इस पर काम किया है। जैसेकि जाति व्यवस्था, यह प्राचीन और शोषक व्यवस्था है। हालांकि कम्युनिस्ट पार्टी के लिए ये बहुत बड़ी समस्या नहीं थी। उस समय पूँजीपति व मजदूरों के बीच का वर्ग भेद था। ऐसा माना जाता था, जब यह खत्म हो जाएगा तो बाकी चीजें अपने आप बदल जाएँगी। लेकिन जो पुराना ढाँचा टूटा, इसके बाद उसके अन्तर्विरोध सामने आए। उस समय कबीर जैसे लोगों ने इस पर काफी कुछ किया। जाति समाज की एक समस्या थी। कबीर ने जब इस पर काम किया, तो काफी परिवर्तन भी हुए, लेकिन कम्युनिस्टों ने इसकी अनदेखी की। नतीजा यह हुआ कि जो लोग जातियों को तरजीह देते थे, वे आगे आ गए। समाजवादी पार्टी ही थी। डॉ. लोहिया ने उस समय दक्षिण में द्रमुक आन्दोलन चल रहा था, उसके साथ सम्बन्ध बनाने की कोशिश की थी। 1952 के चुनाव में बाबा आम्बेडकर के साथ सहयोग किया था। उस समय मैंने चुनाव में काम किया था। डॉ. लोहिया व आम्बेडकर सम्मिलित रूप से चुनाव लड़े थे, लेकिन जो मूल वामपंथ था, उसके लिए यह कोई समस्या तब भी नहीं थी।

मौजूदा अर्थव्यवस्था का पैर जहाँ भी पसरा है। उन जगहों की व्यवस्था नष्ट हुई है। आज अफ्रीका का समाज तो पूरी तरह से खात्मे की ओर है। इसी का नतीजा है कि वहाँ आदिवासियों के बीच लड़ाइयाँ हो रही हैं। हजारों साल पुरानी वहाँ की संस्कृति है। वहाँ कबीलों में लोग बँटे थे। वो आपस में सम्बन्ध बना कर रखते थे। लेकिन अब नाइजीरिया, दक्षिण सूडान जैसे देशों में युद्ध चल रहा है। बाहर की जो कम्पनियाँ हैं, उनको वहाँ के संसाधनों से मतलब है। दक्षिण सूडान में भारत की तेल कम्पनी काम कर रही थी। अभी जब वहाँ गृहयुद्ध शुरू हुआ, तो कम्पनी वहाँ से भाग कर आई है। केन्या के अन्दर हजारों एकड़ जमीन खरीद कर भारतीय कम्पनियाँ वहाँ खेती कर रही हैं। आपने जो वहाँ मानवीय सम्बन्ध थे, उनको नष्ट कर डाला। एक आयाम आपके साथ था। वहाँ के संसाधनों को लूट

करके औद्योगिक व्यवस्था को विकसित करना। इसका नतीजा हुआ है कि वहाँ जो संगठित रहे हैं, उससे आप बाहर होते जा रहे हैं।

अभी उत्तर प्रदेश में मुलायम सिंह यादव की पार्टी की जो सरकार आई है, उसकी एक बड़ी वजह रही है कि वहाँ अतीत में डॉ. लोहिया की विचारधारा रही है। जातीय उपद्रव के खिलाफ भी लोगों को मुलायम सिंह ने गोलबन्द किया। कम्युनिस्ट पार्टी के लोग पीछे रह गए। उन्होंने कुछ किया नहीं, जबकि वह एक बड़ी पार्टी थी। 1952 में कम्युनिस्ट पार्टी सोशलिस्टों के बीच एक बड़ी पार्टी के रूप में उभरी थी, लेकिन क्या हो गया? आज केरल में भी वह खत्म होती जा रही है। पश्चिम बंगाल में दशकों से चल रही सरकार खत्म हो गई।

बात यह है कि जिन समाजों ने औद्योगीकरण विकास किया है, उनका जो ढाँचा टूटा है, उससे जो गैप बन गया, उसके लिए कम्युनिस्टों के पास कोई रास्ता नहीं है। मेरी समझ से यह केवल भारत में नहीं, बल्कि सारे संसार में ऐसा ही हुआ है। एक अपवाद हम मानते हैं। अगर अभी वामपंथ कुछ जीवित है तो लैटिन अमेरिका में। हालाँकि आज वहाँ जो लोग सत्ता में हैं, वह स्पेनी और पुर्तगाली मूल के लोग हैं, लेकिन जिस तरह बाहरी शोषण का शिकार दूसरे समाज रहे हैं, उस तरह शिकार लैटिन अमेरिका नहीं हुआ है। हालाँकि शुरुआत वहीं से हुई थी। वहाँ से पहले राजाओं की सत्ता खत्म की गई थी। अगर हम औद्योगीकरण की बात करें तो ये देश अभी इसके पहले पायदान पर हैं। वेनेजुएला में ये बहुत है। अभी वहाँ पर जो वामपंथी सरकार है, उसका ही उस पर नियंत्रण है। क्यूबा में कुछ अलग तरह से 1954-55 में जो क्रान्ति हुई। इसके बाद वहाँ जो बाहरी लोग थे, वे चले गए। वहाँ की जमीनों पर वहीं के लोगों का अधिकार है। हम कह सकते हैं, वहाँ अलग तरह की व्यवस्था है। वहाँ के लोग प्रकृति की ओर जा रहे हैं। पहले जहाँ हजार-हजार एकड़ के बड़े फार्म थे। उनमें मशीनों से काम होता था। क्रान्ति के बाद वहाँ की खास परिस्थितियों की वजह से फिर हल-बैल का जमाना आ गया है। शहरी घरों में छोटे-छोटे किचन गार्डेन बने हैं। ये कुछ जगहों की बात है, लेकिन बाकी सारी दुनिया में औद्योगीकरण के नाम पर लूट हो रही है, कहीं पर बाहरी लोगों की ओर से, कहीं पर अपने ही लोगों द्वारा। भारत में तो अपने ही लोग लूट रहे हैं। प्राकृतिक सम्पदा लूट रहे हैं। सब चीजें खत्म कर रहे हैं। किसान आत्महत्या कर रहे हैं। तो ये जो एक बना बनाया ढाँचा था कि मूल लड़ाई पूँजीपति व मजदूरों की है। मजदूरों का संगठन बनाओ और समाज को बदल दो। वो सारी चीजें नकारा साबित हुई हैं। इसका नतीजा है कि वामपंथ सारी जगह खत्म हो रहा है।

दो साल पहले यहाँ एस्बेस्टस का आन्दोलन चल रहा था। अरुण बाबू कह सकते थे कि किसानों की जमीन पर उद्योग लग रहा है। इलाके का औद्योगीकरण हो रहा है। इसे होने देना चाहिए, लेकिन इसके बजाय उन्होंने देखा कि किसानों की

जिन्दगी पर इसका कैसे असर पड़ेगा? उसके खिलाफ इन्होंने एक आन्दोलन शुरू किया। अगर इस तरह के आन्दोलन हर जगह हुए होते, तो हमें लगता है कि बहुत तरह के नकारात्मक परिवर्तन जो समाज में हुए हैं वे नहीं हुए होते। अभी तक हम लोग आँख बन्द करके आधुनिक औद्योगीकरण के पीछे पड़े रहे हैं। हम समझते हैं वास्तव में यही तरक्की है, लेकिन जो यहाँ की मूल सम्पदा है, मूल जीवन है, यहाँ का जलस्रोत है, उन सबको नष्ट कर रहे हैं। प्रकृति का नियम है। आप शून्य से कुछ पैदा नहीं कर रहे हैं।

आप जीवित प्रकृति को नष्ट करके निजी इमारतें खड़ी कर रहे हैं। ऐसे में हमें विकास के बारे में सोचना होगा। आखिर विकास का क्या मतलब? विकास का मतलब अभी यही है कि आप जंगलों का सफाया कर दें। वहाँ के रहनेवालों का जीवन नष्ट कर दें। आखिर शहरों के अन्दर झुग्गी-बस्तियों में रहनेवाले कौन लोग हैं? चाहे तो किसान विस्थापित होकर शहरों के स्लम में जाते हैं या आदिवासी विस्थापित हो करके। कहीं-कहीं तो इन लोगों को प्लान करके हटाया जाता है। जब चाय की खेती शुरू हुई थी, तो झारखंड से ले जाकर आदिवासियों को बसाया गया था। आज बंगाल से लेकर असम तक के चाय बागान में वही लोग हैं। आज जो जीवित लोग हैं, उन्हें एक सामान की तरह इस्तेमाल किया जा रहा है। इससे निर्जीवपन स्थापित हो रहा है। ऐसे में आप किस तरह की सभ्यता बना रहे हैं? मुझे लगता है, ये जो जीवन की कुछ मूल समस्याएँ औद्योगीकरण से उभरी हैं। उनके बारे में हम सजग नहीं थे। उतनी समझदारी नहीं थी। इसी की वजह से सब जगह पर हम लोग नीचे जा रहे हैं। मैं समझता हूँ, समाजवादी आन्दोलन को इस भूल को सुधारने की जरूरत है। लोगों से जुड़ने की जरूरत है। इसी के जरिये हम लोग मानवीय समाज की स्थापना कर सकेंगे।

(बिहार विश्वविद्यालय, मुजफ्फरपुर में 5 जनवरी, 2014 को दिया भाषण)

किसान आन्दोलन की दिशा

एक समय ऐसा था, जब हर जगह किसान सभा बनी थी। बिहार में भी स्वामी सहजानन्द के नेतृत्व में किसान सभा बनी थी। दुनिया भर में कम्युनिस्ट पार्टियों ने भी किसान संगठन बनाई। लेकिन उनकी एक दृष्टि हमेशा किसान आन्दोलन के बारे में रही; 'किसान का अस्तित्व अपने-आप में महत्त्वपूर्ण है या समाज रचना में किसानों की केन्द्रीयता है', यह उनके ध्यान में नहीं रहा। हमेशा पूरक या सहयोगी की भूमिका के रूप में किसानों को रखने की कोशिश की।

मूलत: कम्युनिस्ट आन्दोलन कहिए या सोशलिस्ट आन्दोलन (दोनों में विभाजन बाद में हुआ), उसमें यह था कि दुनिया में क्रान्ति होगी, वो औद्योगिक मजदूरों (सर्वहारा) के नेतृत्व में होगी। क्रान्ति की मूल शक्ति वही होंगे, लेकिन एक समस्या बाकी देशों में सर्वहारा वर्ग की संख्या बहुत ज्यादा नहीं थी। खुद रूस में उद्योगों का विकास उतना नहीं हुआ था कि मजदूर बहुमत में हो सकें। अत: उन्होंने एक रणनीति के तहत किसान संगठन बनाने की बात की। रणनीति थी कि क्रान्ति का नेतृत्व मजदूरों के हाथ में होगा और किसान सहयोगी की भूमिका में होगा। फिर किसानों को आन्दोलन से जोड़ने के लिए उनमें जमीन की भूख जगाई गई। चूँकि किसानों का अस्तित्व जमीन से जुड़ा हुआ है, यदि जमीन नहीं होगी तो किसान नहीं होंगे, जैसे हमारे यहाँ या रूस में भूमिहीन लोग जो खेती में लगे हुए थे। उनकी इच्छा थी कि उन्हें जमीन मिले। रूस में बड़े-बड़े जमींदार थे, जबकि दूसरी ओर बड़ी संख्या में ऐसे किसान थे, जिनके पास जमीन की कमी थी। तो कम्युनिस्ट पार्टी के लोगों ने किसानों को कहा कि तुम हमारे साथ आओ, हम तुम्हें अधिकार देंगे कि जमींदारों से उनकी जमीनों को छीन लो। हुआ यही। 1917 में रूस में क्रान्ति हुई, तो इसकी अगुवाई की, जैसा वे मानते थे, मजदूरों ने, जबकि किसानों को कहा कि जो बड़े-बड़े भू-स्वामी हैं, उनकी तुम जमीन ले लो। इससे किसान उत्साही होकर क्रान्ति में आए और वह एक बहुत बड़ी शक्ति बने, जिसकी वजह से कम्युनिस्ट लोगों को सत्ता मिल सकी।

तो क्रान्ति हो गई और किसानों ने जमीन पर कब्जा कर लिया। उसके बाद 1917 से 1921 तक रूस में लगातार गृहयुद्ध होते रहे। उसका एक बड़ा कारण

यह भी रहा है कि 1914 में पहला विश्व युद्ध हुआ था, जिसमें रूस की सरकार भी शामिल थी। इस युद्ध में विश्व दो भागों में बँटा था। एक ओर जर्मनी वगैरह, तो दूसरी ओर ब्रिटेन व फ्रांस इत्यादि। रूस ने जर्मनी के खिलाफ वाले कैम्प को ज्वाइन किया था। रूस में लोग नहीं चाहते थे कि रूस युद्ध में फँसे। रूस की आर्थिक स्थिति खुद ही ठीक नहीं थी। उनका मानना था कि युद्ध हुआ तो भुखमरी इत्यादि की स्थिति पैदा होगी। इस कारण रूस में युद्ध के विरुद्ध भावना थी। इस भावना का फायदा कम्युनिस्ट लोगों को मिला बल्कि सैनिक युद्ध से भाग रहे थे तो लेनिन ने कहा था कि सैनिकों ने पैर से मतदान कर दिया है, युद्ध के खिलाफ। तो कुछ लोग कहते थे कि हमें युद्ध में शामिल नहीं होना है, तो कुछ लोग कहते थे हमें युद्ध में शामिल होना है। इन्हीं मुद्दों को लेकर रूस में चार साल गृहयुद्ध चला। 1921 में जाकर करीब-करीब गृहयुद्ध का पटाक्षेप हुआ। उस समय भोजन की समस्या हो गई थी और उद्योगों की स्थिति ठीक नहीं थी तो लेनिन ने एक नई नीति की घोषणा की, जिसे 'नेप' कहते हैं, जिसमें उसने कहा था कि किसानों को सुविधा मिलनी चाहिए, उनके फसलों की उचित कीमत उन्हें मिलनी चाहिए व उनको अपनी फसलों की कीमत निर्धारण का अधिकार मिलना चाहिए। उससे यह हुआ कि किसानों की स्थिति थोड़ी सुधरी और किसान सरकार के समर्थन में आ गए, लेकिन कम्युनिस्ट आन्दोलन ने यह कभी नहीं माना कि किसान स्वतंत्र रूप से जमीन के मालिक हों और खेती करें, बल्कि वे तो मानते थे कि तात्कालिक रूप से किसानों का सहयोग लेना है, लेकिन अन्ततोगत्वा जितनी भी जमीन है, वह सरकार के हाथ में रहेगी। जैसे कारखानों का स्वामित्व सरकार के पास है, वैसे ही जमीन का स्वामित्व भी सरकार के पास होगा और जैसे कारखानों में मजदूर काम करते हैं, वैसे ही किसान भी खेतों में मजदूरों के जैसा काम करेंगे।

तो शुरू में कुछ कंसेशन दिया गया, लेकिन 1924 से कम्युनिस्ट पार्टी के भीतर विवाद प्रारम्भ हुआ कि किसानों का क्या किया जाए? कम्युनिस्ट पार्टी के नेताओं में एक बहुत बड़ा नाम था—बुखारिन। वह तो इस पक्ष में था कि किसानों को हमें सुविधा देनी चाहिए क्योंकि जो पूरा आर्थिक ढाँचा बनेगा उसमें किसान खुद उलझ करके हमारे सहयोगी होंगे और हमारी सहायता करेंगे। उनको खत्म करने की जरूरत नहीं है, लेकिन दूसरा एक समूह था, जिसमें ट्राट्स्की वगैरह थे। उनका मानना था कि किसानों को जमीन देना तो सिर्फ व्यक्तिवादी रास्ता है, जिससे निजी स्वामित्व को बढ़ावा मिलेगा, जबकि कम्युनिस्ट इसे खत्म करके सामूहिक स्वामित्व चाहते हैं। तो इस प्रकार विवाद चलता रहा। 1928 में वहाँ की कम्युनिस्ट (बोल्शेविक) पार्टी ने फैसला किया कि कृषि का सामूहिकीकरण होना चाहिए। इस फैसले के बदौलत किसानों के पास जितनी जमीनें थीं, उनसे लेकर सामूहिक खेती की शुरुआत की गई, लेकिन इसके कारण किसानों में बेरोजगारी पैदा हुई, भुखमरी की स्थिति

उत्पन्न हुई। तो इन लोगों को वहाँ से हटाकर दूर-दराज के स्थानों पर भेजा गया। साइबेरिया में सम्पन्न हो रहे विकास के कार्य—सड़क, बाँध, नहरें इत्यादि बनाने के कामों में उन्हें लगाया गया। वहाँ भी किसानों के साथ बहुत ज्यादती हुई। रूस के प्रशंसक लन्दन की काफी मशहूर अर्थशास्त्री दम्पति वेब्स, जिन्होंने एक किताब लिखी थी 'सोवियत संघ : एक नई सभ्यता', प्रशंसक होने के बाद भी उन्होंने कुछ इस प्रकार विवरण दिया है; "हमने देखा कि रेलगाड़ियों में असहाय लोगों को बाल-बच्चों के साथ भरकर दूर-दराज भेजा जा रहा है, उनको पता नहीं कि कहाँ भेजा जा रहा है," उस पर काफी चिन्ता जताई कि ये क्या हो रहा है?

इस प्रकार बेरहमी के साथ किसानों का अस्तित्व खत्म किया गया। फलत: पैदावार तो काफी नीचे गिर गई। वस्तुत: नौकरशाही के आधार पर कृषि को बहुत आगे नहीं बढ़ा सकते हैं। इस प्रकार किसानों का अस्तित्व वहाँ पर खत्म हो गया। इस सिलसिले में एक और बात ध्यान देने की है कि रूस में किसानों का अस्तित्व खत्म हुआ, जहाँ किसानों के आधार पर एक क्रान्ति हुई और नई व्यवस्था बनी। जिस समय रूस में कम्युनिस्ट आन्दोलन चल रहा था, उस समय वहाँ नैरोइनिकी करके एक समूह था, जो कहता था कि किसान को आधार बनाकर समतामूलक समाज बनाना है। काफी विवाद उनके विचार के ऊपर चला था। खुद कार्ल मार्क्स के जीवन में ही एक सवाल उठा था, एक महिला जो इनकी नेत्री थीं, उन्होंने कार्ल मार्क्स को एक पत्र भी लिखा था। मार्क्स ने जवाब नहीं दिया था, लेकिन ऐसे देश में जहाँ किसानों की एक शक्ति पहले से थी, एक आन्दोलन भी था जिसको आधार मानकर समतामूलक समाज बनाने की बात चल रही थी, उस देश में किसानों के अस्तित्व को मिटा करके नौकरशाही के तहत व्यवस्था चली, जिसमें पैदावार में गिरावट तो हुई ही, नौकरशाही का जाल जैसे शहर में था, वैसे ही गाँव में भी फैल गया।

इसके बाद भी दुनिया भर में जहाँ कहीं किसान आन्दोलन खड़े किए गए, वहाँ भी उनकी रणनीति यही रही। भारत में भी ऐसा ही रहा। किसानों का संगठन इसलिए खड़ा करना है कि मजदूर क्रान्ति होगी, समाजवादी क्रान्ति होगी तो हमें इससे आधार मिलेगा। भारत में मुट्ठी भर औद्योगिक मजदूरों (कुछ शहरों में जैसे—जमशेदपुर, कानपुर, सूरत, मुम्बई इत्यादि में ही औद्योगीकरण है, अत: वहाँ के मजदूरों) को ले करके सर्वहारा वर्ग की राजनीति नहीं चलाई जा सकती है तो किसान संगठन यहाँ भी बनाने की बात हुई। अब थोड़ा रुख बदला है इनका मजबूरी में। हमें याद है कि सोशलिस्ट पार्टी के लोगों पर शुरू में समाजवादी आन्दोलन में मार्क्सवादी प्रभाव बहुत अधिक था, लेकिन डॉ. राममनोहर लोहिया ने किसानों की समस्या को लिया था और एक नारा दिया था, 'दाम बाँधो', उनका कहना था कि जिस समय फसल तैयार होती है, कीमतें गिरती हैं और जब व्यापारी किसानों से अन्न खरीद लेते हैं यानी किसानों के हाथ से अनाज व्यापारी के हाथ में चला

जाता है तो कीमत पुन: बढ़ जाती है। तो उन्होंने कहा था 'दाम बाँधो'। जिस समय पैदावार होती है और बाद में जो कीमत में फर्क होता है, उनके अन्तर को आप कम कीजिए। 1964 में एक बड़ा किसान आन्दोलन हुआ था। हम लोग भी उसमें शामिल हुए थे। सैकड़ों समाजवादी आन्दोलनकारियों को जेल में बन्द कर दिया गया था। किसानों को सही दाम मिले, यह भी इस आन्दोलन में शामिल था, लेकिन उस समय कम्युनिस्ट लोग यह कहते थे कि ये कुलक (रूस के अन्दर जो सम्पन्न किसान थे, उन्हें 'कुलक' कहा जाता था) लॉबी के समर्थक लोग हैं, जो सम्पन्न किसानों के समर्थन में आन्दोलन कर रहे हैं।

किसान आन्दोलन के सम्बन्ध में जो कम्युनिस्ट पार्टियाँ थीं, उनकी दृष्टि कभी साफ नहीं रही। उनके दिमाग में नहीं आया कि उनका क्या किया जाए। अन्तत: हर जगह किसानों के साथ ऐसा ही हुआ, जैसे चीन में। वहाँ एक पुरानी परम्परा रही है, जब कोई राजा या शासक ज्यादती करता था, तो किसानों का विद्रोह होता था। उस विद्रोह में ऐसा अक्सर होता था कि शासन पलट जाता था और कोई नया अधिकारी बन कर आता था। इस तरह चीन में बार-बार विद्रोह होते रहे हैं। सबसे अन्तिम किसान आन्दोलन हुआ, उसको 'ताईपिंग विद्रोह' कहा जाता है, 1857 के आसपास।

चीन में भी माओ त्से तुंग के नेतृत्व में 1949 में क्रान्ति हुई थी, जिसके फलस्वरूप माओ त्से तुंग के हाथ में सत्ता आई। उस समय चीन में तो और भी कम औद्योगीकरण हुआ था, छोटे-मोटे उद्योग थे। मूलत: किसानों के समर्थन से क्रान्ति सम्भव हुई थी क्योंकि सामन्ती समूह का चीन में बहुत अधिक प्रभाव था तो उसके खिलाफ किसानों का विद्रोह हुआ और उसी ताकत से माओ त्से तुंग ने वहाँ की सत्ता हासिल की थी। लेकिन सत्ता में आने के बाद से फिर प्रयास हुआ कि किसानों की स्वायत्ता को खत्म किया जाए और कम्यून वगैरह बनाने का प्रयास हुआ। गाँव के अन्दर काम करनेवाले मजदूरों और किसानों के परिवारों के लिए सामूहिक भोजन इत्यादि की व्यवस्था हुई। ऐसे कुछ प्रयोग चले और अन्तत: ऐसा हुआ कि माओ के जाते-जाते चीन पूरी तरह से पूँजीवादी व्यवस्था वाला देश हो गया और वहाँ किसानों की बहुत खराब स्थिति हो गई, जैसे नरेन्द्र मोदी यहाँ कर रहे हैं, किसानों की भूमि अधिग्रहण इत्यादि के सम्बन्ध में। फिर भी, यहाँ तो कानूनी बन्धन है। उनको कानून बनाना पड़ रहा है, लेकिन चीन में तो लोकतांत्रिक परम्परा रही नहीं है। वहाँ तो मनमाने ढंग से किसानों की जमीन ले ली जाती थी। जिस तरह चाहते थे, ढालते थे उनकी जिन्दगी को। उसका एक फायदा हुआ कि चीन में बहुत तेजी से औद्योगिक तरक्की हुई। अपने यहाँ तो मुआवजे को लेकर आन्दोलन इत्यादि होते हैं, उनके यहाँ आप ऐसा कुछ नहीं कर सकते हैं। परिणामत: वहाँ भी किसानों के साथ बड़ा अत्याचार हुआ।

जहाँ सबसे ज्यादा पूँजीवादी व्यवस्था है जैसे अमेरिका वगैरह में वहाँ, तो उन्होंने करीब-करीब किसानों को खत्म ही कर दिया है। 19वीं शताब्दी के मध्य में करीब-करीब 60-70 फीसदी अमेरिकी खेती में थे, लेकिन आज तो सिर्फ 4 प्रतिशत अमेरिकी खेती में हैं, वे भी किसान नहीं बल्कि फार्मर (हजारों एकड़ फार्म/खेती के मालिक) हैं। बाकी सारे के सारे उद्योग में हैं और दिलचस्प यह है कि इतने कम लोग अमेरिका की सारी खेती कैसे करते हैं, तो वहाँ मशीन से सारी खेती होती है। अभी की फाइंडिंग (खोज) है कि मशीनरी इत्यादि पर इतना खर्च होता है कि अगर वे 10 कैलोरी ऊर्जा खेती में लगाते हैं तो उसका रिटर्न 3-4 कैलोरी से ज्यादा नहीं होता है। नेगेटिव गेन (घाटा) उनका हो रहा है। इसलिए सब्सिडी के जरिये वहाँ की खेती चल रही है। यदि अमेरिका फार्मर को सब्सिडी देना बन्द कर दे, तो वहाँ खेती बन्द हो जाएगी। तो यह भी एक भ्रम है कि फर्टिलाइजर और मशीनरी की खेती ज्यादा सस्ती है। कभी हमारे यहाँ यह भ्रम ज्यादा हुआ था। पहले-पहले जब ट्रैक्टर आया था तो 4-5 रुपए में डीजल मिलता था। तब लोगों को लगा कि बड़ा सस्ता है।

पहले हर दरवाजे पर एक-दो जोड़ी बैल हुआ करता था, लेकिन भ्रमवश लोगों ने बैलों को हटाना शुरू किया और ट्रैक्टर खरीदने लगे, लेकिन अब जब 50-60 रुपए डीजल होने लगा है तो फिर अब मैं देखने लगा हूँ, बैलगाड़ियाँ सड़कों पर चलने लगी हैं। हल-बैल वापस आने लगे हैं। हमें लगता है कि कुछ दिनों में अपने आप यह प्रक्रिया होने लगेगी क्योंकि कोयला, तेल वगैरह तो जीवाश्म साधन है। वह तो जमीन के अन्दर गड़ा हुआ खजाना है। वह तो जैसे-जैसे आप प्रयोग करेंगे, खत्म होता जाएगा और इसकी कीमत बढ़ती जाएगी। 1960 के आस-पास करीब-करीब तेल की कीमत 2 डॉलर प्रति बैरल थी, अब 100 डॉलर प्रति बैरल के ऊपर हो गया है। अभी थोड़ा-सी कीमत कम हुई है, जो कि तात्कालिक है। अमेरिका के अन्दर सेल ऑयल जो कि कुछ खास तरीके का रॉक जमीन के अन्दर है, उसमें फ्रेकिंग की प्रक्रिया से उन्होंने तेल निकालना शुरू किया है। अमेरिका तो तेल के मामले में बहुत ज्यादा निर्भर था, खाड़ी देशों पर। अब जब अमेरिका ने तेल निकालना शुरू किया है तो तात्कालिक रूप से तेल का आयात करना बन्द कर दिया है, जिससे तेल की कीमत में थोड़ी-सी गिरावट आई है, लेकिन यह तात्कालिक है। आखिर यह जो तेल है, वह भी तो उसी तरह जमीन में गड़ा हुआ खजाना है। कल यह भी खत्म होनेवाला है। तो एक स्वाभाविक प्रक्रिया से इन चीजों (फर्टिलाइजर, कोयला-तेल पर चलनेवाली मशीनरी) पर आश्रित खेती खत्म होनेवाली है।

इस प्रकार पूँजीवादी और साम्यवादी, दोनों व्यवस्था में किसानों को समाप्त करके ही औद्योगिक सभ्यता का विकास/प्रसार हुआ। इस प्रकार हम देखते हैं कि औद्योगिक सभ्यता का विकास/प्रसार और किसान हित, दोनों एक साथ नहीं चल सकता है, बल्कि दोनों परस्पर विरोधी हैं, व्याघाती हैं।

तो अभी किसान आन्दोलन के सामने मुझे जो लगता है, सबसे बड़ी समस्या है कि इसके बारे में तय करना है कि किस तरह का विकास आप चाहते हैं। वर्तमान विकास के बारे में एक मजबूरी बन जाती है कि आपको बहुत तेजी से औद्योगीकरण करना है, तो बिना पूँजीपतियों को या सरकार को खुला हाथ दिए जैसे चाहे, जहाँ चाहे सड़क बना लें, कारखाना खड़े कर दें, यह सम्भव नहीं है। सबसे बढ़ कर कोयला, लौह-अयस्क या ताँबा निकालना हो तो उसकी खुदाई जमीन से होती है और जमीन के ऊपर कहीं-न-कहीं किसान बसा होता है या आदिवासी क्षेत्र में आदिवासी किसान होता है। आप जब उन चीजों पर अधिकार जमाना चाहेंगे तो उनका विस्थापन करना अनिवार्य हो जाता है। जैसेकि हाल की घटना है, नियमगीरी की। वेदान्त जो कि अल्युमिनियम बनाने की दुनिया की सबसे बड़ी बहुराष्ट्रीय कम्पनियों में से एक है। उसने नियमगीरी को अपने हाथ में लिया था। लेकिन उसके पहले सुप्रीम कोर्ट का फैसला हो गया कि इस तरह का अधिग्रहण तभी होगा जब पंचायतों की समितियों का बहुमत इसके समर्थन में हो। तो कुछ नौजवानों ने आन्दोलन किया, जिसमें हमारे भी एक-दो साथियों की भूमिका थी।

नियमगीरी के आस-पास के जितने भी लोग हैं, जो कि नियमगीरी को राजा मानते हैं और जो उनकी जीवन रेखा है, उन्होंने तय किया कि हम नियमगीरी को किसी भी हाल में नहीं देंगे। और अन्त में हुआ कि वेदान्त को वहाँ से हटना पड़ा। तो कहीं भी आप कारखाना लगाएँगे तो किसानों-आदिवासियों की जमीन लेनी पड़ेगी। आप देखते होंगे कि कोयले की नीलामी हो रही है। कागज पर कोयले की नीलामी होती है, लेकिन कोयला तो जमीन के अन्दर पड़ा हुआ है, वहाँ या तो किसानों-आदिवासियों की खेती होती है या उनके घर हैं, जंगल है। बिना उसको नष्ट किए कोयले का खनन कैसे करेंगे? तो जब हम किसान आन्दोलन की बात करते हैं, तो फिर एक सवाल उठता है कि विकास किस तरह का हो? इस तरह के विकास में, चाहे आप उपनिवेशवाद कहें या पूँजीवाद कहें, उसमें तो किसान को मारा जाना है और फिर इसके बाद यह भी होता है, उद्योग वगैरह लगते हैं तो सरकार का रुख होता है कि किसानों का शोषण हो। जैसे महाराष्ट्र में सबसे ज्यादा कपास उत्पादक किसान हैं और घाटे की वजह से, ऋण की वजह से किसान सबसे ज्यादा आत्महत्या कर रहे हैं।

अभी दो दिन पहले 'द हिन्दू' अखबार में यह खबर निकली थी कि उत्तर प्रदेश में कई सौ किसानों ने आत्महत्या की है, जिसका कारण बड़ी-बड़ी कम्पनियों के यहाँ किसानों का 6,000 करोड़ रुपया बकाया होना है। टॉप डिफॉल्टरों में बजाज ग्रुप रुपए 1,598 करोड़, मवाना ग्रुप रु. 524 करोड़, बिड़ला रु. 376 करोड़, मेहदीं ग्रुप रु. 506 करोड़ का बकाया है। किसान भुखमरी की कगार पर है, आत्महत्या

कर रहा है, लेकिन बड़ी-बड़ी कम्पनियाँ किसानों का पैसा दबा कर रखी हुई हैं। तो यह एक बुनियादी सवाल है, विकास के बारे में दृष्टि बदलने का।

किसान आन्दोलन से मेरी दिलचस्पी विशेष तौर पर इसीलिए हुई कि अब-तब जो पुराना वामपंथ आन्दोलन था, वो तो किसानों को केन्द्र में रखकर नहीं बल्कि किसानों को सहायक के रूप में रखकर क्रान्ति करना चाहता है। अन्तत: व्यक्तिगत सम्पत्ति खत्म करना है तो तात्कालिक रूप से किसानों की भूमिका होगी। इसके विपरीत किसानों को केन्द्र में रख करके अगर आप चाहते हैं कि किसान केन्द्रित आन्दोलन हो, तो पर्यावरण का मुद्दा भी इसी के साथ आ जाता है क्योंकि इसी तरह के आन्दोलन से पर्यावरण की रक्षा होगी। आज पर्यावरण पर संकट इसीलिए है कि कृषि खुद गिरफ्त में है, बड़े औद्योगिक घरानों के। किसानों को औद्योगिक उत्पादों के ऊपर आश्रित किया जा रहा है। खेती करनी है तो यूरिया लीजिए, फर्टिलाइजर का इस्तेमाल कीजिए, फिर कीटनाशक का इस्तेमाल कीजिए और दिनोंदिन आप इन चीजों पर निर्भर होते जा रहे हैं। नित्य किसानों की माँग क्या हो रही है, यूरिया जो मिल रही है, उसकी मात्रा कुछ ज्यादा मिले तथा कम दाम में भी मिले। इनके उपयोग की मात्रा तो बढ़ाते हैं, लेकिन जिस जमीन पर इस तरह से खेती आप करते हैं, अन्तत: उस पर क्या प्रभाव पड़ता है, उसके बारे में कोई नहीं सोचता है। तो आज सबसे बड़ी बात यह होगी कि किसानों को जो प्राकृतिक साधन आसपास उपलब्ध हों, उसी के आधार पर खेती करें, ताकि वास्तव में स्वायत्त और स्वस्थ जीवन किसानों का हो सके।

आप लोगों ने जो ये आन्दोलन शुरू किया है, तो मेरी दिलचस्पी इसीलिए है कि ये जो आप कर रहे हैं, वह सिर्फ किसानों की बात नहीं है बल्कि पूरे संसार के हित की बात है। आज पर्यावरण के संकट है, उसके पीछे आखिर कारण क्या है? आपके श्रम (मानव श्रम) को, पशु श्रम को दरकिनार कर दिया है और आप हर काम को मशीन से करना चाहते हैं, जबकि मशीन के लिए तेल चाहिए, कोयला चाहिए और इनका उपयोग आप जितना ही करेंगे उतना ही प्रदूषण होगा। आप उसको रोक नहीं सकते हैं। तो अगर धरती को बचाना है, प्रदूषण से बचना है तो इस तरह से खेती हो, जो बिलकुल स्वायत्त हो, जिसके अन्दर उपलब्ध जैविक पदार्थ हों।

ये जो पालेकर (सुभाष पालेकर) की या और दूसरे लोगों की खेती जो प्राकृतिक रूप से दुनिया भर में करते रहे हैं, कोई नई चीज नहीं है। यह पुनर्जीवित करने जैसा है। तो मुझे लगता है कि उसमें इस बात का बीज है कि पूरे समाज के विकास की दिशा में हो कि पर्यावरण को भी बचाया जा सके और फिर किसानों को भी एक सम्मानित जीवन मिल सके, लेकिन आज स्थिति उलटी है। इस गाँव को ही देखें। मेरा इस गाँव से पचास साल से सम्बन्ध रहा है। हालाँकि बीच में काफी दिनों बाहर भी रहा था। यहाँ के किसान बहुत मेहनती थे। सब लोग मेहनत करते थे और उनमें

आत्मसम्मान का बोध भी था, लेकिन आज इस गाँव का कोई भी नौजवान खेती की बात नहीं सोचता है। खेती के बजाय एक चपरासी की नौकरी कहीं मिल जाए तो वह उस ओर भागेगा। यहाँ पर नौजवान लड़के कॉलेज-स्कूल में पड़नेवाले रोड पर दौड़ लगाकर अभ्यास करते हैं ताकि फौज में कोई नौकरी मिल जाए, लेकिन कोई भी नहीं सोचता है कि हम खेती करके जीवन निर्वाह करें।

जो यहाँ बड़े किसान हैं, अपना खेती दूसरों को सात-आठ हजार रुपया सालाना लीज पर देते हैं। उसके बाद उस खेत में इतना ज्यादा खाद, कीटनाशक डालते हैं कि चार-पाँच साल में पैसा तो कमा लेते हैं, लेकिन जमीन बंजर हेने लगती है। तो यह स्थिति हो गई है कि किसान तो खेती को उच्च दर्जे का पेशा समझता था, बड़ा सम्मानित पेशा समझता था, उसके प्रति उसका रुख बदल रहा है। वह छोटी-छोटी नौकरी बाहर मिल जाने को ही ठीक मानता है। आप लोगों ने भी सुना होगा, हम लोगों के समय बड़ा प्रचलित कथन था, "उत्तम खेती, मध्यम बान, निकृष्ट चाकरी, भीख निदान", इस प्रकार पेशा को चार भागों में बाँटा गया था, जिसमें सबसे उत्तम खेती को माना गया, दूसरा वाणिज्य, तीसरा सेवा और भीख को सबसे खराब माना जाता था। लेकिन आज हर नौजवान नौकरी यानी सेवा जो तीसरे स्थान पर आता था, करना चाहता है। एक स्वतंत्र और अपने बूते पर खेती करके इज्जत की जीवन जीने की नहीं सोचता है। वह किसी दफ्तर में जाएगा, चाकरी करेगा, साहेब के पीछे 'हुजूर-हुजूर' करता रहेगा। उसमें उसको कोई ग्लानि नहीं होती है। अपने बूते पर इज्जत के साथ खेती करे, ऐसी बात नहीं सोचता है। तो पूरी एक सभ्यता बदल गई है, पूरा संस्कार बदल रहा है। सबसे जरूरी चीज है, ये जो नई तरह की खेती की बात हो रही है, उसमें फायदा लोगों को लगने लगे तो फिर एक संस्कार बदलेगा और आदमी एक सम्मानित जीवन जीने के लिए तैयार होगा।

इसलिए किसान आन्दोलन की प्रासंगिकता पहले से ज्यादा बढ़ गई है। आज पर्यावरण के संकट की बात होती है। दो-तीन दिन पहले पर्यावरण दिवस था। दुनिया भर का ढोल बजाकर जहाँ-तहाँ बड़ी-बड़ी सभाएँ हुईं, लेकिन आप पर्यावरण की रक्षा कैसे करेंगे? दुनिया भर का फर्टिलाइजर इस्तेमाल करेंगे, दुनिया भर का पेस्टीसाइड का इस्तेमाल करेंगे, एयर-कंडीशन में रहेंगे, दिन-रात पर्यावरण को नष्ट करनेवाले उपकरणों का इस्तेमाल कर रहे हैं और उसके बाद आप पर्यावरण दिवस मना रहे हैं।

तो पर्यावरण की रक्षा के लिए भी जरूरी है कि किसान पारम्परिक खेती करें, जिसमें रसायन वगैरह की जरूरत नहीं होती है। पारम्परिक ढंग की ऐसी खेती विकसित की जाए, जिससे ज्यादा पैदावार भी बढ़ सके। एक और दिलचस्प चीज है कि आप में जिन लोगों ने पढ़ा हागा उनको पता होगा कि अर्थशास्त्र में एक नियम है, जिसे 'थ्योरी ऑफ डिमिनिशिंग रिटर्न' (घटती आय का सिद्धान्त) कहते हैं, जिसमें दिन-प्रतिदिन लागत तो बढ़ती है, लेकिन आमदनी कम होती जाती है।

इस सिद्धान्त को समझाने के लिए उदाहरण ही फर्टिलाइजर का दिया जाता है कि इस साल अगर 7 किलो फर्टिलाइजर डालते हैं, तो उतनी ही ऊपज होने के लिए अगले साल आपको 8 किलो फर्टिलाइर देना होगा। आप जो लागत लगाते हैं, दिन-प्रतिदिन उसका फायदा घटता चला जाता है। उसके बाद भी आप लोगों को कहते चले जा रहे हैं कि फर्टिलाइजर का इस्तेमाल कीजिए। तो पूरी व्यवस्था के ऊपर ये जो बड़े पूँजीपतियों व उनके जो समूह हैं, उनकी एक गिरफ्त है।

आगे हमें लगता है कि कृषि के लिए या समाज के लिए या पर्यावरण के लिए रास्ता तो यही है कि जो पारम्परिक या प्राकृतिक स्रोत हैं, उसी में शोध किया जाए कि कैसे प्रकृति को नुकसान पहुँचाए बिना उसका विकास करते हुए कृषि को लाभकारी बनाया जाए।

(चकगुलामुद्दीन, वैशाली के किसान समागम में 3 मई, 2015 को दिया गया भाषण)

मीडिया की भूमिका

मैं अनुमति चाहूँगा कि चर्चित विषय को थोड़ा भिन्न तरह से प्रस्तुत करूँ। विकास के सन्दर्भ में मीडिया की भूमिका की जगह विकास के निर्धारण में मीडिया की भूमिका पर विचार करना ज्यादा समीचीन लगता है। विकास का प्रारूप प्रस्तुत करनेवाले लोगों की कल्पना भिन्न-भिन्न हो सकती है। विश्व बैंक, हमारा योजना आयोग या विभिन्न राजनीतिक दलों की विकास सम्बन्धी धारणाएँ भिन्न-भिन्न हो सकती हैं। इसकी कल्पना सदा परिवर्तन की प्रक्रिया से गुजरती है, लेकिन एक आदर्श के रूप में इस सन्दर्भ में मीडिया की अपनी निर्धारित भूमिका है। आदर्श रूप में मीडिया की भूमिका लोगों को जानकारी प्रदान करना और उनके हितों की रक्षा करना है। इस दृष्टि से इसे विकास के किसी मॉडेल का प्रवर्तक या विस्तारक नहीं बनना है। एक स्वतंत्र दृष्टि के अभाव में मीडिया का सरकार का प्रकाशन विभाग बन जाने का खतरा है।

मीडिया की भूमिका सम्बन्धी दृष्टि में इस बदलाव का सुझाव इसलिए दिया है क्योंकि विकास की दिशा सदा सत्तारूढ़ राजनीतिक खिलाड़ियों द्वारा तय होती है और कभी-कभी उनके द्वारा निर्धारित दिशा के विनाशकारी परिणाम होते हैं। यहाँ हम सिर्फ दो उदाहरण देंगे।

नेहरू के समय दूसरी पंचवर्षीय योजना की शुरुआत 'समाजवादी ढाँचे के समाज' के नारे के साथ हुई थी, लेकिन इस योजना के फलस्वरूप देश में खाद्यान्न की घोर किल्लत हो गई और देश को बड़े पैमाने पर अमेरिका से पी.एल. 480 के तहत अन्न का आयात करना पड़ा। आज हम एक उदारीकृत अर्थव्यवस्था में रह रहे हैं और चालू खाते के गम्भीर घाटे का सामना कर रहे हैं, जिससे विदेशी मुद्रा का भारी संकट पैदा हो गया है। जहाँ विकास के ढाँचे पर इस तरह के विपरीत दबावों का प्रभाव पड़ता है वहाँ मीडिया विकास की नीतियों का बिना हीला-हवाला समर्थक नहीं बन सकता। इसकी भूमिका निश्चित रूप से आलोचक और सुधारक की होगी। दरअसल, इतिहास में इसकी यही मूल भूमिका रही है, जिसका निर्वाह इसने भारी जोखिम उठाकर किया है।

अच्छाई या बुराई की दिशा में सभी महत्त्वपूर्ण बदलावों में जनता की भागीदारी जरूरी होती है। जनता सदा भावनाओं को उद्वेलित करनेवाले नेताओं के प्रभाव से

गतिशील होती है। ये नेता उपलब्ध प्रचार माध्यमों का उपयोग करते हैं। छपाई के प्रारम्भ के बाद अखबार जनसंचार के सबसे प्रमुख साधन बन गए और आज भी इनका स्थान सबसे अधिक महत्त्वपूर्ण है—हालाँकि हाल के दिनों में टीवी और इंटरनेट कुछ खास मामलों में अधिक कारगर साबित हो रहे हैं।

महात्मा गांधी ने, जिन में लोगों में चेतना फैलाने की विलक्षण क्षमता थी, दक्षिण अफ्रीका में भारतीयों के अधिकारों और आत्मसम्मान की अपनी लड़ाई के क्रम में अंग्रेजी और गुजराती में 'इंडियन ओपिनियन' नामक पत्रिका निकाली ताकि ज्यादा-से-ज्यादा भारतीयों तक अपनी बात पहुँचा सकें। यह वहाँ के भारतीयों का आन्दोलन के संवाद को पहुँचाने और उन्हें प्रेरित करने का मुख्य माध्यम बन गया। इसके बाद जब वे भारत आए तब उन्होंने अंग्रेजी में 'यंग इंडिया' और गुजराती में 'नव जीवन' का प्रकाशन शुरू किया। इन पत्रिकाओं ने उनके संवाद को लोगों तक पहुँचाने में महत्त्वपूर्ण भूमिका निभाई। लेनिन ने अपनी पत्रिका 'इस्करा' (चिंगारी) का सहारा रूसी जनता में क्रान्तिकारी भावना प्रज्वलित करने के लिए किया।

स्वाभाविक था कि सत्ताधारी लोग सदा ऐसे प्रकाशनों से खौफ खाएँ और उन पर लगाम लगाने की कोशिश करें। नेपोलियन के इस कथन का उल्लेख है कि "चार अखबार मैदान में एक लाख सिपाहियों से ज्यादा नुकसान पहुँचा सकते हैं।" बीसवीं सदी के प्रारम्भ में 'युगान्तर' नामक एक बांग्ला पत्रिका को अंग्रेजी सरकार द्वारा प्रतिबन्धित किया गया था। इस दमन के समर्थन में उस समय के ब्रिटिश सेक्रेटरी ऑफ स्टेट फॉर इंडिया का बयान इसी भावना का एक दूसरा नमूना है। उनका बयान था, "एक आग सुलगानेवाला लेख खूनी वारदात का अभिन्न हिस्सा है। आप कलम और स्याही में वैसे ही पिकरिक एसिड भर सकते हैं जैसे किसी इस्पात के बम में। ऐसे मामलों में लोगों की बदअमनी की बात करना बात का बतंगड़ करना है।" अपनी इस धारणा के अनुरूप अंग्रेज शासक भारत के राष्ट्रवादी प्रेस पर लगातार धावा बोलते रहे। 1916 के प्रेस एक्ट के तहत भारत में निर्भीक पत्रकारिता के अग्रदूत गणेश शंकर विद्यार्थी के अखबार 'प्रताप' पर बार-बार जुर्माना लगाया जाता रहा। बाद में उन्हें कई बार जेल भी जाना पड़ा। 1975 में जब तत्कालीन प्रधानमंत्री इन्दिरा गांधी ने देश में आपातकाल की घोषणा कर दी तो पूरे प्रेस पर सेंसरशिप लागू कर दी गई।

लेकिन प्रेस पर इस तरह सीधा हमला करने से सरकारों को अक्सर शर्मसार होना पड़ता है। इसलिए हाल के दिनों में प्रेस को मारने की बजाय इसे खरीदने की कोशिश होती है। इसके फलस्वरूप प्रेस या इसके शक्तिशाली हिस्से की भूमिका संदिग्ध होती गई है। बहुत ही चालाकी से चुपचाप यह जनता के प्रहरी की भूमिका को तिलांजलि दे छल-छद्म के उस पवित्र ताने-बाने में, जो सभी

प्रभुता सम्पन्न संस्कृति का मूलाधार है, संलिप्त होती गई है। पेड न्यूज (पैसे देकर छपवाए समाचार) और भारी-भरकम विज्ञापनों ने जनता के पहरुओं की इसकी भूमिका को काफी संदिग्ध बना दिया है। स्थिति इतनी दूर तक चली गई है कि प्रेस कौंसिल के अध्यक्ष जस्टिस काटजू ने इसकी खुलकर आलोचना की है।

हमारे समय में विकास का अर्थ आधुनिक औद्योगिक सभ्यता बन गया है, जिसके चमकते आवरण के पीछे त्रासद पीड़ा तथा आमजनों और उनके परिवेश के नष्ट होने की कहानी छिपी है और यह अनवरत चलनेवाली प्रक्रिया बन गई है। अमेरिका समेत पश्चिमी देशों ने एशिया, अफ्रीका और लातीनी अमेरिका के लोगों पर वर्णनातीत जुल्म ढहाकर अपने यहाँ आधुनिक औद्योगीकरण का विस्तार किया। आज भी ये अपने उद्योगों के विस्तार के लिए दुनिया के भू-भागों में अपना दायरा फैलाने और उनके प्राकृतिक साधनों के दोहन में सक्रिय हैं। इसके लिए इन्हें अनवरत छोटे और बड़े युद्धों को जारी रखना होता है। यह सब काफी गन्दा काम है और इन्हें आँखों से ओझल रखने के लिए भारी प्रयास होते हैं।

माना जाता है कि अमेरिका में प्रेस स्वतंत्र है, लेकिन कुछ उदाहरण बतलाते हैं कि स्वतंत्रता का यह मुखौटा उसी क्षण उतर जाता है जब इसके असली चेहरे या इसके सामरिक हित को छूने के प्रयास होते हैं। फिर भी यह मानना होगा कि वहाँ ऐसे साहसी जीव हैं जो प्रेस की स्वतंत्रता का झंडा लहराने का प्रयास करते हैं।

रहस्य खोलनेवाली एक घटना वियतनाम युद्ध के बाद सामने आई, जिसमें अमेरिका फ्रांसीसी साम्राज्य की लड़खड़ाती शक्ति को बचाने के लिए युद्ध में शामिल हुआ। हालाँकि वियतनामी जनता ने अमेरिका को शिकस्त दी। अमेरिकी फौज ने वहाँ अकथ ज्यादतियाँ की थीं। पेंटागन (अमेरिकी सैन्य संस्थान) ने वहाँ जो भी घटित हुआ था, उस पर विस्तृत ब्योरा तैयार कराया था, लेकिन इसे पूरी तरह गोपनीय रखा गया था। जून 1971 से 'न्यूयॉर्क टाइम्स' ने किसी तरह इसे हासिल कर इसे प्रकाशित करना शुरू किया। अमेरिकी सरकार ने तुरन्त इसका प्रकाशन बन्द कराने के लिए इस पर मुकदमा ठोंक दिया। हालाँकि वहाँ के फेडरल कोर्ट ने इस रोक के प्रयास को निष्फल कर दिया।

बी.बी.सी. भी, जो कि अपने निष्पक्ष रिपोर्टिंग के लिए ख्यात है, टोनी ब्लेयर के इस बयान से उठे विवाद के बाद, जिसमें कहा गया था कि इराक पैंतालीस मिनट में पश्चिमी देशों पर हमला करने के लिए सक्षम है, काफी नियंत्रण झेलता रहा है। कारण यह था कि इराक पश्चिमी देशों को पेट्रोलियम उपलब्ध करानेवाले ताने-बाने का महत्त्वपूर्ण भाग था।

बड़ी शक्तियों की गोपनीय बातों को जनता के सामने लाने में निहित जोखिम का नवीनतम उदाहरण 'विकीलिक्स' के मुख्य सम्पादक जुलियन अंसाजे का है,

जिन्होंने संसार भर के बड़े अधिकारियों के गोपनीय संवादों का पर्दाफाश किया। वे महीनों से एक देश के दूतावास में शरण लेने को मजबूर हैं। हाल की दूसरी घटना स्नोडेन की है, जिन्होंने अमेरिकी सरकार द्वारा नागरिकों के जीवन में खुफियागीरी का पर्दाफाश किया। अभी वे रूस में पनाह लिये हुए हैं।

खदानों या विकास सम्बन्धी दूसरे कामों के लिए हमारे अपने देश में ही भारी संख्या में लोगों को उनके परिवेश से विस्थापित किया जा रहा है। इसमें सबसे ज्यादा बेबस जनजातीय लोग हैं जो दूर-दराज के पर्वतीय और जंगलों के इलाकों में रहते हैं। उनकी व्यथा के सम्बन्ध में कम ही जानकारी हो पाती है। शायद हमारी मीडिया ने इनके दमन को विकास का अपरिहार्य हिस्सा मान लिया है। अंशत: तो इसका कारण यह भी हो सकता है कि कुछ दूर-दराज इलाकों में पत्रकार दोहरे खतरे का निशाना बन जाते हैं। सरकारी तंत्र की निगाह में अगर उस भू-भाग में माओवादियों की उपस्थिति है, वे माओवादी समर्थक मान लिए जाते हैं और प्रताड़ित होते हैं। दूसरी ओर माओवादी उन्हें खुफिया तंत्र का हिस्सा मान लेते हैं और हत्या भी कर सकते हैं।

सबसे बड़ी समस्या उस मूल्यबोध की है जिसे प्रेस को अपनाना है। प्रारम्भ में अन्य लोगों की तरह प्रेस का भी मूल सिद्धान्त था—सही या गलत देश के हित की रक्षा करना। यह देशभक्ति थी। राष्ट्र की सेवा में कुछ भी करना क्षम्य था, लेकिन वह सेवा क्या है, यह कभी स्पष्ट नहीं था। शायद अब आधुनिक विकास और नई प्रौद्योगिकी की चकाचौंध से इसका रूप साफ होता गया है। इसे चिह्नित किया गया है, देश के एक छोर से दूसरे छोर तक सड़कों का जाल—एक पूर्व प्रधानमंत्री ने इसे 'स्वर्ण चतुर्भुज योजना' कहा था—गगनचुम्बी इमारतें, मॉल और चमचमाती मोटरगाड़ियों की कतारें और (कहने की जरूरत नहीं) ट्रैफिक जाम।

कुल मिलाकर, आधुनिक विकास दो विपरीत पर अनिवार्य रूप से एक-दूसरे की पूरक स्थितियाँ पैदा करता है। यह ब्रिटिश साहित्यकार ऑस्कर वाइल्ड के विख्यात उपन्यास 'द पिक्चर ऑफ डोरियन ग्रे' की याद दिलाता है। इसका मुख्य पात्र युवक स्वयं अपनी नैतिक भ्रष्टता और चारित्रिक पतन के बावजूद शिष्ट और सुन्दर बना रहता है, लेकिन उसकी तसवीर उसके नैतिक पतन का बोझ ढोते हुए अत्यन्त ही बदसूरत बन जाती है। वर्तमान नगरों के चमकदार चेहरे के पूरक होते हैं आदिवासियों के वीरान होते घर और उजड़ते वन प्रदेश एवं नगरों की गन्दी बस्तियाँ, जहाँ इसका बोझ उठानेवाले गरीब रहते हैं। पेशे के प्रति प्रतिबद्धता की माँग होती है कि पत्रकार उन लोगों की व्यथा को उजागर करें जिनके खून और आँसू हमारे नगरों को रौशन करते हैं। क्या यह भूमिका विकास की सहायक मानी जा सकती है?

मीडिया विकास का एक वैकल्पिक रूप रेखा नहीं तैयार कर सकती, लेकिन यह उन अतियों को उजागर कर सकती है जिनसे आम लोगों की जिन्दगी तबाह होती है। वर्तमान विकास के बुनियादी दोष को रेखांकित करते हुए यह भी कबूल करना होगा कि इसके कुछ सकारात्मक पहलू भी हैं—जैसे बहुसंख्य लोगों को शिक्षित करने की सम्भावना, एक बड़ी संख्या के लिए चिकित्सा सेवा का खुलना और समानता की भूख जगाना—जिसमें नर-नारी समता भी शामिल है। इन प्रक्रियाओं को प्रोत्साहित करना और उनकी पूर्ति के लिए बौद्धिक वातावरण तैयार करने का काम मीडिया आज भी कर सकती है। यह मीडिया का विकास की प्रक्रिया में सार्थक सहयोग हो सकता है।

कुछ विविध विषयों पर लेख

आदमी विचारधारा में ही जीता है

'ज्ञानपीठ पुरस्कार' के लिए चुने जाने के बाद पत्रकारों और साहित्यकारों से एक भेंटवार्ता में निर्मल वर्मा ने साहित्य और राजनीति के सम्बन्धों पर कुछ महत्त्वपूर्ण विचार व्यक्त किए हैं। ये हैं : 1. सेकुलरवादी विचारधारा यूरोपीय विचारधारा है जहाँ धर्म और लौकिक जीवन अलग-अलग रहे हैं। यह भारत के लिए प्रासंगिक नहीं है, 2. हमारे यहाँ सेकुलरवादी भी छद्म सेकुलरवादी हैं; 3. वे समान नागरिक संहिता के बारे में भी सेकुलर नहीं हैं; और 4. लेखक को किसी विचारधारा का गुलाम नहीं होना चाहिए और अब समय आ गया है कि धर्म और विश्वास, परम्परा, समाज जैसे प्रश्नों को राजनीतिकों पर छोड़ देने की बजाय लेखक और बुद्धिजीवी उनका पार्टी की सभाओं से ऊपर उठकर अपने चिन्तन और विवेक से उत्तर दें। ये काफी दूरगामी स्थापनाएँ हैं और निर्मल जी जैसे प्रतिष्ठित साहित्यकार और विचारक जब इन्हें प्रस्तुत करते हैं तो इनका प्रभाव व्यापक हो सकता है। इसलिए इन विषयों की परीक्षा जरूरी लगती है।

अन्तिम बात से तो शायद किसी को ऐतराज नहीं होगा, हालाँकि बुद्धिजीवी और राजनेता का विभाजन थोड़ा कठिन है। मार्क्स, क्रोपाटकिन, वेबर और महात्मा गांधी को हम किस कोटि में रखेंगे?

अब पहली स्थापना को लें। क्या सेकुलरवादी विचारधारा सचमुच में यूरोपीय विचारधारा है और वहाँ धर्म और लौकिक जीवन अलग-अलग थे? इतिहास से यह दावा सिद्ध नहीं होता। लौकिक जीवन पर धर्म का नियंत्रण और आतंक यूरोप में भारत की तुलना में ज्यादा ही रहा है, कम नहीं।

सच पूछा जाए तो सेकुलर विचारधारा की मूल स्थापना न यूरोपीय है और न भारतीय। यह जीवन के दो आयामों, भौतिक आवश्यकताओं और आध्यात्मिक रुझानों के स्वाभाविक विभाजन का प्रतिफल है। इस विभाजन को सबसे स्पष्ट अभिव्यक्ति कहीं है तो वह बाइबल में जीसस क्राइस्ट के जीवन की एक घटना में। यह घटना मैथ्यु द्वारा यों वर्णित है : जीसस को परेशान करने के लिए फारसियों ने जीसस से यह सवाल पूछ दिया, "जीसस, सम्राट को टैक्स देना उचित है या नहीं?" इस पर जीसस ने उनसे कहा, "कर का सिक्का मुझे दिखाओ।" तब वे

एक दीनार (सिक्का) ले आए। फिर जीसस ने इसे दिखलाते हुए उनसे पूछा, "इस पर किस का चित्र और नाम है?" फिर फारसियों ने जवाब दिया, "सीजर (सम्राट) का।" तब जीसस ने कहा, "जो सीजर का है उसे सीजर को दो और जो परमेश्वर का है उसे परमेश्वर को।" यह घटना यूरोप की नहीं पश्चिम एशिया स्थित गैलिली की है जो जीसस का जन्म स्थान और कर्म स्थान, दोनों था। जब ईसाई धर्म रोम में आया और इसके प्रभाव में यूरोप के दूसरे भागों में फैला तब वहाँ की निरंकुश शासन प्रणाली के अनुसार धर्म सत्ता और राज्य सत्ता एक हो गईं। इसमें कभी राजा धर्म सत्ता पर हावी होने का दावा करता था तो कभी पोप राजाओं पर। इसी क्रम में पोपों और राजाओं के संघर्ष हुए, प्रोटेस्टेंट धर्म फैला और धर्मयुद्धों और 'इनाक्विजिशन' ने यूरोप के लोग सदियों 'त्राहि-त्राहि' करते रहे। राजनीतिक जीवन में धर्म संस्थाओं के इसी हस्तक्षेप के खिलाफ 'एनलाइटेनमेंट' के युग के बाद यूरोप में लोकजीवन को धार्मिक रूढ़ियों और कट्टरपन से मुक्त करने के प्रयास हुए और आधुनिक अर्थ में सेकुलरिज्म का जन्म हुआ।

व्यवस्थागत धर्म के बँधन से जितनी छूट पारम्परिक भारतीय समाज में रही है, शायद ही किसी दूसरे समाज में रही हो। इसका एक कारण तो यह भी था कि असंख्य कबीलों और काफी कुछ इन्हीं से निकली अनेक जातियों की अपनी धार्मिक मान्यताएँ थीं और उनके अपने सिविल कोड थे। शायद ही किसी निरंकुश शासक का लोगों की जीवन पद्धतियों में या धर्म के मामले में हस्तक्षेप रहा हो। महाकाव्य काल में, रामायण में एकमात्र घटना का यानी राम द्वारा तपस्या करने के लिए शूद्र शम्बूक के वध का उल्लेख आता है। ऐतिहासिक काल में अल्पकालिक सुंग वंश के ब्राह्मण राजाओं द्वारा, जो अशोक के कुछ काल बाद सत्ता में आए, बड़ी संख्या में बौद्धों और जैनियों के वध और उनके धर्मस्थलों को नष्ट करने का जिक्र प्राकृत विद्वानों के अनुसार जैन ग्रंथों में मिलता है, लेकिन इनको अपवाद ही माना जा सकता है।

एक उदाहरण हमारी जाति व्यवस्था का ही है। अपनी कठोरता व क्रूरता के साथ इसका सहअस्तित्व वेदान्त के साम्य के सिद्धान्त के साथ सदियों से रहा है। जब कबीर ने इस धर्म दर्शन के आधार पर ही वर्ण व्यवस्था को चुनौती दी तो उन्हें ही अवर्णों का सन्त बना दिया गया। धर्म का स्वायत्त अस्तित्व सदा और सिर्फ उन क्षेत्रों में रहा है, जहाँ मनुष्य कुछ चिरन्तन प्रश्नों का जवाब ढूँढ़ता है। जैसे, संसार क्या है, इसकी उत्पत्ति कैसे हुई, हम यहाँ क्यों हैं, जीवन का लक्ष्य क्या है, क्या संसार का कोई नियन्ता है, है तो वह कहाँ से आया, कैसे पैदा हुआ आदि। जहाँ भी अध्यात्म अपने वायवीय क्षेत्र से उतरकर संसार में मनुष्यों के आपसी रिश्तों और जरूरतों के क्षेत्र में दखल देता है, लौकिक और पारलौकिक मूल्यों का संघर्ष पैदा होता है। धर्मनिरपेक्षता दोनों लोकों की उनके अपने क्षेत्रों में स्वायत्तता कबूल

करना है। सेकुलर कसौटियाँ इस दुनिया के अनुभवों पर आधारित होती हैं। धार्मिक कसौटियाँ अज्ञात और गूढ़ हैं। इन्हें मानना, न मानना विश्वास का मामला है।

सेकुलरिज्म के साथ समान नागरिक संहिता को जोड़ने की बात पूरी तरह पश्चिमी दृष्टि को भारत में आरोपित करने का आग्रह है। यूरोपीय सभ्यता ने संसार की विविधता को नष्ट करने के पहले यूरोप में ही इसे नष्ट किया। भारत में तो लोगों के रहन-सहन की विविधता की तरह ही नागरिक संहिताएँ भी वैविध्यपूर्ण रही हैं। पूर्वांचल की जयन्तिया और खासी जनजातियों की मातृसत्तात्मक व्यवस्था की नागरिक संहिता को हम किस साँचे में ढालेंगे? या फिर, इसे ही हम सारे देश की नागरिक संहिता बनाएँगे? जिन्हें भारत के ग्रामीण समाजों का ज्ञान है, वे जानते हैं कि कानून की किताबें में जो भी संहिता हो, आज भी अलग-अलग क्षेत्रों में अलग-अलग जातीय और जनजातीय समाजों में पारम्परिक रीति-रिवाज और औरत-मर्दों के अधिकार इन दारों को प्राय: नजरअन्दाज कर चलते हैं। भारतीय परम्परा में तो विवाह को ही लगभग आधा दर्जन पद्धतियों की मान्यता रही है, जिनमें एक अपहरण तक को मान्यता देती है। विविध समूहों की नागरिक संहिताओं से उन दोषों को हटाना, जिनसे औरतों और अन्य लोगों के साथ अन्याय होता हो या उनके नागरिक अधिकारों का अतिक्रमण होता हो, सभी भारतीयों का नागरिक दायित्व बनता है, लेकिन किसी समूह विशेष की दृष्टि को शक्तिशाली होने के कारण देश के सभी समूहों पर आरोपित करने का आग्रह सर्वशक्तिवादी आग्रह है।

निर्मल जी कहते हैं कि लेखकों को विचारधारा का गुलाम नहीं होना चाहिए। मनुष्य को किसी भी विचार या भावना का गुलाम नहीं होना चाहिए, लेकिन इस सन्दर्भ में 'गुलामी' शब्द का प्रयोग भ्रम पैदा करनेवाला है। कोई भी व्यक्ति विचारधारा का गुलाम नहीं होता क्योंकि यह बाहरी वस्तु नहीं होती। आदमी विचारधारा से, जो व्यक्ति या समूह की विश्वदृष्टि का ही दूसरा नाम है, पूरी तरह आवृत्त होता है। तभी से जब से वह संसार को देखना और समझना शुरू करता है। अपनी इन्द्रियों से प्राप्त सूचनाओं के आधार पर वह अपने चारों ओर एक दृश्यलोक और भावलोक का निर्माण करता है और इसी के भीतर निवास करता है। जैसे हर आदमी का अपना स्वयं का इन्द्रधनुष होता है वैसा ही हर आदमी का यह दृश्य-भावलोक भी होता है। जिस तरह समूह में व्यक्ति जीता है, उसके अन्य व्यक्तियों के अनुभवों के साथ समानता के कारण इन दृश्यभाव लोकों में काफी कुछ समान होता है। यह उस पूरे समूह की विश्वदृष्टि या विचारधारा का आधार बन जाता है। आपसी संवाद से इस दृष्टि में स्थायित्व आता है और कभी-कभी कठोरता भी आती है।

परिवेश में परिवर्तन या किसी व्यक्ति की कोई विलक्षण अनुभूति इस भाव लोक में सूराख पैदा कर सकती है, और अगर यह नई अनुभूति समूह में सम्प्रेषित हो पाती है तो धीरे-धीरे एक नई विश्व-दृष्टि की ओर संक्रमण होने लगता है।

स्वयं धर्म ऐसी ही विचारधारा है : सबसे व्यापक, जो आदमी के लौकिक और आध्ययात्मिक सम्पूर्ण अस्तित्व को धारण करने का दावा करती है। अत: धर्म और विचारधारा को अलग-अलग और एक-दूसरे के विरोधी के रूप में नहीं देखा जा सकता। धर्मों से स्वतंत्र विचारधाराएँ अपेक्षाकृत नई हैं और इसीलिए इन्हें धर्मों से विपरीत उपस्थित करने का आग्रह रहता है, लेकिन दोनों ही मानव मन की समान प्रवृत्तियों से पैदा होती हैं।

कम्युनिस्ट विचारधारा में भी धीरे-धीरे धर्मों की तर्ज पर वैसी रूढ़िवादिता, कर्मकांड और जीवन के सारे आयामों को ग्रसित करने का आग्रह पैदा हो गया था। सम्भवत: जब निर्मल जी विचारधाराओं की गुलामी की बात करते हैं तो उनके मन में कम्युनिस्ट विचारधारा के अपने विशेष अनुभवों से पैदा वितृष्णा होती है। विचारधारा से बाहर जीवन सम्भव नहीं है। हम या तो इन्हें सोच-समझ कर चुनते हैं या अनजाने ही इन्हें आत्मसात कर लेते हैं।

निर्मल जी का यह कहना निर्विवाद रूप से सच है कि कला का सौन्दर्य सत्य को कई कोणों से देखने में है। हम इसी से अप्रत्याशित स्थितियों से साक्षात्कार के अनुभव से चमत्कृत होते हैं, लेकिन कई कोणों से देखने का अर्थ अनिवार्य रूप से विचारधारा से मुक्त होकर देखना नहीं है। कला में सौन्दर्य की अभिव्यक्ति की प्रक्रिया भी 'प्लेटोनिक डायलॉग' की तरह है, जिसमें सभी तरह की विरोधी स्थितियों में विरोधी तर्क विवाद से स्थान लेते हैं, फिर भी सारा विवाद अन्तत: एक निश्चित गंतव्य की ओर ले जाता है। यह बात नाटक में स्पष्ट रूप से दिखाई देती है। एक अच्छे नाटक में विपरीत होते हुए भी सभी पात्रों की दृष्टियों के विश्वसनीय तर्क होते हैं। फिर भी हम खास निष्कर्ष की तरह ही अग्रसर होते हैं। अगर हम खास नतीजे पर पहुँचते तो यह भी नाटककार का सोचा-समझा अभिप्राय हो सकता है और उसके पीछे भी एक विचारधारा हो सकती है।

विख्यात नाटककार जॉर्ज बर्नार्ड शॉ ने तो यहाँ तक कह दिया था कि सभी महान साहित्य प्रचार है। वे खुद भी प्रतिबद्ध फेबियन सोशलिस्ट थे। अगर हम निर्मल जी की इस बात को मान लें कि किसी विचारधारा को लेकर चलनेवाला साहित्य घटित होगा तो शॉ, गोर्की, बेर्टोल्ट ब्रेष्ट, पाब्लो नेरुदा और ऐसे अनेक विख्यात साहित्यकारों को श्रेष्ठ साहित्यकारों की सूची से निकाल देना होगा। स्वयं अपने देश में तुलसी और कबीर को घटिया साहित्यकार मानना होगा क्योंकि उनकी निश्चित विचारधाराएँ थीं। अपने काल में जैनेन्द्र कुमार, यशपाल, नागार्जुन, फणीश्वरनाथ रेणु और रामवृक्ष बेनीपुरी जैसे लोगों के साहित्य को भी खारिज करना होगा।

सबसे विस्मित करनेवाली बात यह है कि निर्मल जी के विमर्श की शब्दावली 'छद्‌म धर्मनिरपेक्षता', 'समान सिविल कोड' आदि उनकी अपनी नहीं है बल्कि संघ परिवार के तूणीर से उधार ली गई है। यह चिन्ता की बात है, क्योंकि शब्दों के

साथ स्मृतियाँ जुड़ी होती हैं और इन शब्दों के साथ बाबरी मस्जिद के ध्वंस और देश के साम्प्रदायिक माहौल की दारुण स्मृतियाँ जुड़ी हुई हैं। यह सोचना असम्भव है कि निर्मल जी इन स्मृतियों से अपरिचित हैं।

निर्मल जी के विचारों के वर्तमान रुझान को एक अतिरेक के रूप में ही समझा जा सकता है। पश्चिमी सभ्यता के मुकाबले भारतीयता या हिन्दुत्व की श्रेष्ठता को सिद्ध करने का 'ऑब्सेशन'। सभी संवेदनशील भारतीयों में, जो लम्बे समय तक पश्चिम में रहे हैं, अपमानित होने का गहरा भाव होता है। इसके साथ एक हीन भाव भी जुड़ा होता है जिससे उबरना एक अन्तर्भूत दबाव बन जाता है। इससे हर मौके पर पश्चिम के समक्ष अपनी सभ्यता की श्रेष्ठता का इजहार करना जरूरी लगता है। ऐसे लोगों के लिए संघ परिवार की छद्म भारतीयता (यह छद्म अब भारत सरकार की आर्थिक नीतियों में खुलकर सामने आ रहा है) की गहरी अपील होती है। इसके विपरीत एक आम भारतीय अपनी भारतीयता और उसकी श्रेष्ठता को सहज भाव से मानकर चलता है। वह सबूत नहीं खोजता चलता।

(जनसत्ता, दिल्ली, 15 अप्रैल, 2000)

प्रतिबद्धता का जोखिम

साहित्य, इतिहास और समाजशास्त्र जैसे बौद्धिक कार्यों के क्षेत्र, जिनसे समाज को दिशा मिलती है, भारत में स्वयं अपना स्वतंत्र और स्वायत्त चरित्र खोते दिखाई देते हैं। कुछ लोग यह सवाल भी करेंगे कि यह स्वायत्तता या इसकी चिन्ता हमारे बौद्धिकों में पहले भी रही है क्या? अभी साहित्य अकादमी के अध्यक्ष पद के चुनाव को लेकर जिस तरह के विवाद उठे, उससे स्पष्ट दिखाई दिया कि चुनाव प्रचार की तल्खी के पीछे वह मानसिकता काम कर रही थी जिसका शिकार देश का इतिहास लेखन और शिक्षा संस्थान पिछले दिनों होते रहे हैं। महाश्वेता देवी को तो शायद इसकी कल्पना भी नहीं रही होगी कि उनकी उम्मीदवारी को साहित्य अकादमी की पिछली अक्षमताओं और पक्षपात के आरोपों के साथ जोड़कर प्रस्तुत किया जाएगा। साहित्य अकादमी जैसी संस्थाओं की अध्यक्षता का पद मूलत: प्रतिष्ठा का होता है या होना चाहिए क्योंकि आम तौर से बड़ा साहित्यकार न तो संस्कारों से प्रशासक होता है और न ही उसके पास ऐसे कामों के लिए यथेष्ट अवकाश हो सकता है।

यह भी पूछा जा सकता है कि साहित्य-सृजन के लिए समुचित वातावरण तैयार करने में किसी स्थापित प्रशासनिक व्यवस्था की भूमिका हो सकती है क्या? दुनिया के साहित्यकार बड़े साहित्यकारों और कलाकारों ने व्यवस्था और स्वयं अपनी विधाओं में स्थापित मानकों को चुनौती देकर ही अपना सृजन-कर्म किया है। साहित्य और कलाओं के बड़े प्रतिष्ठानों की भूमिका नगण्य रही है या प्रत्यक्ष रूप से बाधक। इस तरह की संस्थाओं की स्थापना में यह खतरा निहित होता है कि आर्थिक या अन्य तरह के समर्थन की ख्वाहिश से ये संस्थाएँ स्थापित राज्यसत्ता या प्रभुतासम्पन्न वर्गों के प्रभाव में काम करने लगें। अपने क्षेत्र में किसी नई धारा या सोच को प्रसारित करने के लिए साहित्यकारों की अपनी संस्थाओं का होना अलग बात है। ऐसी संस्थाओं के बीच होनेवाली बहस और आपसी संवाद से सृजन की नई दिशाएँ निकलती हैं। राजाश्रय से चलनेवाली संस्थाओं में चापलूसी ही अधिक चलती है।

स्थापित संस्थाओं के प्रभाव से मौलिकता को बचाए रखने की चिन्ता बड़े विचारकों और दार्शनिकों के सामने सदा रही है। बर्ट्रेंड रसेल ने यह सुझाव दिया

था कि मौलिक कार्य सम्भव हों, इसके लिए समाज को इस बात की गारंटी देनी चाहिए कि कोई भी आदमी न्यूनतम आवश्यक वस्तुओं यथा भोजन-वस्त्र आदि से वंचित नहीं हो, चाहे वह समाज द्वारा मान्यता प्राप्त उद्यम में लगा हो अथवा नहीं। लेकिन इससे अधिक वह समाज से तभी पाए जब वह समाज द्वारा मान्य कोई कार्य करे। अगर कोई रचनाकार अपने विशेष रुझानों के लिए सुविधाओं से वंचित रहने के लिए तैयार है तो उसे इसकी छूट होगी। ऐसे में कलाधर्मी या साहित्यकार अपनी रचना के प्रति विश्वास और उसके लिए वर्जनाओं को बर्दाश्त करने की शक्ति से ही सफलता की आशा कर सकता है। इसमें स्पष्टत: सफलता के मानक उसके अपने कलाधर्म में ही निहित होंगे, सफलता के बाहरी प्रतीक यानी धन, पद, यश आदि नहीं।

साहित्यकार या कलाकार की असली समस्या यह नहीं होती कि उसे किसी प्रतिष्ठान की सहायता मिलती है या नहीं बल्कि यह कि वह अपनी अनुभूतियों को ईमानदारी के साथ अभिव्यक्त कर सकता है या नहीं? बर्तोल्त ब्रेख्त ने, जिसकी पुस्तकों की होली सत्ता में आने के तुरन्त बाद 10 मई 1943 में नाजियों ने जलाई थी, रचनाकारों के लिए यह सूत्र दिया था : 'कोई भी व्यक्ति जो आज झूठ और अज्ञान से संघर्ष करना चाहता है और सच्ची बातें लिखना चाहता है, उसे पाँच नियमों का पालन करना होगा। उसमें इसका साहस होना चाहिए कि सच्ची बातें लिखे, भले ही इसे हर जगह दबाया जा रहा हो, यह कला आनी चाहिए कि इसकी पहचान कर सके, हालाँकि हर जगह इस पर पर्दा डाला जा रहा हो, यह कला आनी चाहिए कि इसे साफ औजार की तरह इस्तेमाल कर सके, उन लोगों को पहचानने का विवेक होना चाहिए जिनके हाथ में यह कारगर हो सके। यह कठिनाई उन लोगों के लिए बहुत अधिक है जो फासीवाद के तहत रह रहे हैं, लेकिन यह खतरा उन लोगों के लिए भी है जो वहाँ से निकल भागे हैं, उनके लिए भी जो नागरिक आजादी वाले देशों में लिख रहे हैं।'

इस सूत्र में यह बात निहित थी कि कम्युनिस्ट व्यवस्थाओं के भीतर भी लेखकों की नियति इससे भिन्न नहीं हो सकती। इससे असली निष्कर्ष यह निकलता है कि बिना भेदभाव के सभी तरह की व्यवस्थाओं के भीतर साहित्यकारों में अपनी लेखकीय स्वतंत्रता को अक्षुण्ण रखने की प्रतिबद्धता होनी चाहिए। साहित्य अकादमी जैसी संस्थाओं की भूमिका को इसी पृष्ठभूमि में आँकना चाहिए।

साहित्य अकादमी के चुनाव के पीछे घनीभूत होती आशंका का कारण यह है कि संघ परिवार और इसके साये में चलनेवाली सरकार निश्चित रूप से फासीवादी प्रवृत्तियों को बढ़ावा दे रही है। अभी तक पुस्तकों को जलाने का अभियान तो नहीं शुरू हुआ है, लेकिन जिस तरह वाराणसी में दीपा मेहता की 'वॉटर' फिल्म के निर्माण को हिंसक आक्रमण से रोक दिया गया और मुम्बई में शिव सैनिक

समय-समय पर फिल्मों के प्रदर्शन आदि को लेकर हंगामा करते रहे हैं, वह इसी मानसिकता का दूसरा रूप है। मुरली मनोहर जोशी पुस्तकों को जलाने के बदले उनके प्रकाशनों को नियंत्रित करके और एक खास कार्यसूची के तहत कुछ को प्रोत्साहित कर वही ध्येय हासिल करना चाहते हैं जिसे हिटलर ने पुस्तकों की होली जलाकर हासिल किया था, यानी विचारों की निर्बाध अभिव्यक्ति एवं सभी तरह के विचारों से अवगत होने के लोगों के अधिकार को नकारना। यह भी एक विडम्बना ही है कि यह सब तब किया जा रहा है जब सूचना के अधिकार का सबसे अधिक ढिंढोरा पीटा जा रहा है। लोगों में आशंका यह है कि अब साहित्य अकादमी भी वैसे ही नियंत्रण में जा रही है, जैसी अभी इतिहास, समाजशास्त्र आदि की संस्थाएँ चल रही हैं, लेकिन इस आशंका के पीछे शायद रचनाकारों में पर-निर्भरता और राज्याश्रम की तरफ निहारने की प्रवृत्ति भी काम कर रही है। अगर यह सोच नहीं तो रचनाकारों के लिए इस बात से क्या फर्क पड़ता है कि इस सरकारी साहित्यिक संस्था पर कौन लोग हावी हैं? अगर यह संस्था साहित्यकार की स्वायत्तता और साहित्य की गुणवत्ता का तिरस्कार करती है तो साहित्यकार भी इसे और इसके पुरस्कारों को अस्वीकार कर सकते हैं।

इन बातों पर विचार करने से लगता है कि विवाद के पीछे सृजन की आजादी के प्रति गहरी प्रतिबद्धता का अभाव है। यह कोई अचरज की बात भी नहीं है। भारतीय साहित्यकारों में इक्के-दुक्के अपवादों को छोड़ ज्यादातर लोग कभी भी अपने देश या दूसरे देशों में साहित्यकारों की आजादी पर हुए हमले के खिलाफ खड़ा होने का मन नहीं बना पाए हैं या साहस नहीं जुटा पाते हैं। 1975-77 के आपातकाल को ही लें। उस काल में दो-चार आदर योग्य अपवादों को छोड़ दें तो—जिनमें कुछ लोग इस पूरे काल में मीसा के तहत बन्द रहे—सभी साहित्यकार मौन रहे और उन्होंने कुछ भी ऐसा नहीं किया जिससे जोखिम उठाना पड़े। अभी सबसे अधिक चिन्तित दिखाई देनेवाले प्रगतिशील धारा से जुड़े साहित्यकारों का एक हिस्सा इस काल के दमन का समर्थक ही बना रहा। भारतीय साहित्य में प्रगतिशील या जनवादी कही जानेवाली साहित्यिक धारा में लेखन और चिन्तन की बिना शर्त आजादी को कभी बुनियादी मूल्य के रूप में स्वीकार नहीं किया गया। मनुष्य की आजादी भी इस धारा के लोगों के लिए ठीक वैसा ही है जैसा फासीवाद धारा के लिए अपने आप में निर्विवाद मूल्य नहीं। आजादी के अधिकारी वे ही हैं जो 'क्रान्ति' के हित में हैं या लिखते-बोलते हैं, बाकी लोगों का स्थान तो इतिहास के कूड़ेदान में है। और इसी तर्क से उनकी रचनाओं का स्थान भी वही होना चाहिए।

लेखकीय आजादी के प्रति इसी दृष्टि का नतीजा था कि सोवियत संघ के साहित्यकारों और कलाकारों के ऊपर होनेवाले निर्मम दमन के खिलाफ भारत के प्रगतिवादी एवं जनवादी लेखकों ने कभी आवाज नहीं उठाई। स्टालिन के मरने के

बाद ख्रुश्चेव द्वारा लाए गए परिवर्तनों के काल में भी जब सोवियत संघ के बाहर की कई कम्युनिस्ट पार्टियों और इस धारा से जुड़ी साहित्यिक संस्थाओं ने सोवियत संघ में लेखकों के खिलाफ होनेवाले दमन की आलोचना की, भारत की जनवादी धारा ने कभी भी ऐसे दमन के खिलाफ आवाज नहीं उठाई।

लेखकीय कार्य के लिए दमन का सबसे कुख्यात नमूना सोवियत संघ में 1966 में एंद्रे सिन्यावस्की और यूरी दैनियल का मुकदमा और उनकी सजा थी। यह मुकदमा उनके व्यंग्य लेखन को सोवियत संघ से बाहर छपवाने के सम्बन्ध में था और उन्हें इसके लिए क्रमश: सात वर्ष और पाँच वर्ष के सश्रम कारावास की सजा दी गई थी। इस मुकदमे के खिलाफ दुनिया भर के लेखकों और बुद्धिजीवियों ने आवाज उठाई। गुंटर ग्रास, ग्राहम ग्रीन, मौरिया, आर्थर मिलर और इग्नाजियो सिलोने ने उनके मामले को संसार भर के बुद्धिजीवियों के लिए गहरी चिन्ता का विषय बताया था। संसार भर के हजारों लेखकों और बुद्धिजीवियों ने सोवियत सरकार को लिखकर अपना विरोध प्रदर्शित किया था, 'पेन' की अनेक देशों की इकाइयों ने अपना विरोध जताया था। 'पेन' के अखिल भारतीय केन्द्र से सोफिया वाडिया ने विरोध प्रकट किया था। सम्भवत: दुनिया के कम ही बड़े लेखक और बुद्धिजीवी रहे हों, जिन्होंने अपना विरोध न प्रकट किया हो। यहाँ तक की ब्रिटेन की कम्युनिस्ट पार्टी के सेक्रेटरी जॉन गोलान ने भी 'डेली वर्कर' में इसकी आलोचना की। इसी तरह फिनलैंड, डेनमार्क और नार्वे की कम्युनिस्ट पार्टी के मुखपत्रों में भी इसकी आलोचना हुई। भारत में विजयलक्ष्मी पंडित, राममनोहर लोहिया, पी.एन. सप्रू आदि सांसदों के अलावा सौ से अधिक लेखकों और शिक्षाविदों ने इसके विरोध में सोवियत सरकार को तार भेजे, लेकिन इन नामों में कहीं किसी जनवादी बड़े साहित्यकार का नाम नहीं था। यह लेखकों के अधिकार के मामले में दिल दहलानेवाली तटस्थता थी। दरअसल, आज भारत में हम लेखकों की आजादी और स्वयं उनके अपने कर्तव्य के बारे में वही विरासत ढो रहे हैं।

वे साहित्यकार, जो अपनी प्रतिबद्धता के लिए कोई बड़ा जोखिम उठाना नहीं चाहते, साहित्येतर दुनिया के प्रतिष्ठानों और शासन का सहारा सहज भाव से ढूँढ़ते हैं। कोई जरूरी नहीं कि वह स्थापित सत्ता ही हो। यह सहारा भविष्य में सत्ता का कोई वैकल्पिक और विश्वसनीय दावेदार भी हो सकता है। इस दृष्टि के समर्थन में साहित्येतर कसौटियों जैसे प्रगतिशील, प्रतिगामी के आधार पर साहित्य को बाँटने की कोशिश होती है। साहित्य की ऐसी कसौटियाँ भी होती हैं, लेकिन इस कसौटी पर घटिया साहित्य को ऊँचा दर्जा नहीं दिया जा सकता। चूँकि जनवादी साहित्यकारों में अधिकांश मार्क्सवादी होने का दावा करते हैं, उन्हें याद दिलाना जरूरी है कि स्वयं मार्क्स ने साहित्य का आकलन अपने वैचारिक रुझान से नहीं किया। मार्क्स अपने काल का सबसे बड़ा साहित्यकार बालजाक को मानते थे जो उस समय

की उदीयमान पूँजीवादी संस्कृति का आलोचक था और उसकी अपनी सहानुभूति पुराने मरणासन्न समाज की मर्यादाओं से थी। हालाँकि गोर्की स्वयं सोवियत संघ में साहित्यकारों पर होनेवाले दमन के बारे में प्राय: मौन रहे, लेकिन एक बार उन्होंने किसी विदेशी को साक्षात्कार में 'सोशलिस्ट रियलिज्म' को 'गरीब लोगों के लिए गरीब कला' कहा था। प्रगतिशील लेखकों का साहित्य के सम्बन्ध में आकलन उनका निजी मामला है, लेकिन जब तब वे सिद्धान्तत: साहित्य के क्षेत्र में किसी भी राजकीय संस्था के हस्तक्षेप को अस्वीकार नहीं करते, लेखकीय आजादी को प्रत्यक्ष या परोक्ष रूप से नियंत्रित करने के प्रयासों का विश्सनीय रूप से विरोध नहीं कर सकते। यह चुनौती है, जिसे सभी साहितयकारों और कलाकर्मियों को स्वीकार करना चाहिए—यानी वे अपने समुदाय के बाहर के किसी सरकारी या गैर-सरकारी आकलन और उनके पुरस्कारों को अपने आकलन में नजरअन्दाज करते रहेंगे।

(सामयिक वार्ता, अप्रैल 2003)

साधन और साध्य की पारस्परिकता

साधन और साध्य के सम्बन्ध की बात मूलत: इस सन्दर्भ से जुड़ी है कि ऊँचे सामाजिक लक्ष्यों को हासिल करने के लिए हम अनैतिक माने जानेवाले तरीकों का इस्तेमाल कर सकते हैं क्या? ईसाई सम्प्रदाय के 'जेसुइट' कहे जानेवाले लोगों के बारे में यह कहा जाता है कि वे मानते थे कि 'एंड जस्टिफाइज द मींस' यानी अगर निर्दिष्ट लक्ष्य हासिल हो गया तो इससे अपनाए गए तरीकों का औचित्य स्वयं साबित हो जाता है। यही बात बाद में समाजवादी आन्दोलन के एक धड़े कम्युनिस्टों के बारे में भी कही जाती थी कि वे मानते थे कि समाजवाद का लक्ष्य हासिल करने के लिए हिंसा या यहाँ तक कि छल-प्रपंच का सहारा लेना उचित है। उदाहरण में सैनिक रणनीति की बात की जाती थी जिसमें विरोधियों को धोखे में रखना, उन्हें चकमा देना एक जायज बात मानी जाती थी। इसका समर्थन उस प्रचलित कहावत से भी मिलता था कि 'प्यार और युद्ध में सब कुछ उचित है'। इस मुद्दे के साथ तीन प्रश्न जुड़े हैं: पहला, लक्ष्य अपनाए गए माध्यम से पूरी तरह अप्रभावित रह सकता है क्या? दूसरा, क्या सामाजिक लक्ष्य वैसा ही ठोस और स्पष्ट होता है जैसा किसी भवन निर्माण के सामने आर्किटेक्ट द्वारा प्रस्तुत ब्लूप्रिंट में भवन की बनावट? और तीसरा, सामाजिक लक्ष्यों को हासिल करने के लिए अपनाए गए हिंसक और अनैतिक तरीकों से प्रारम्भ में कल्पित लक्ष्य तक परिवर्तनवादी पहुँच पाए हैं क्या?

सामाजिक लक्ष्य भी शुरू में कुछ परिवर्तनकामी मनीषियों की कल्पना में होते हैं, जैसे कोई चित्र-चित्रकार की कल्पना में। लेकिन चित्रकार द्वारा तैयार चित्र का स्वरूप बहुत कुछ उन माध्यमों द्वारा प्रभावित होता है जिनसे चित्र तैयार किया जाता है। जैसे कागज पर जलरंग से तैयार किया गया चित्र वही स्वरूप नहीं ले सकता, जो कैनवास पर तैयार किया गया तैल चित्र। इनमें माध्यमों की गहरी छाप अन्तिम रूप से तैयार चित्र पर होती है। कोई भी गम्भीर चित्रकार माध्यम से निरपेक्ष चित्र तैयार करने की बात नहीं सोच सकता है। लगभग वही बात समाज का कोई रूप गढ़ने के प्रयास पर भी लागू होती है। समाज में स्थित मनुष्य कुम्हार द्वारा रौंदे गए मिट्टी के लोंदे की तरह नहीं होते, जिन्हें जोड़कर या मोड़कर मनमाना आकार दिया जा सके। मनुष्य सदा किसी-न-किसी तरह के आपसी सामाजिक सम्बन्धों से बँधे

होते हैं। इससे सामाजिक सम्बन्धों का जो ताना-बाना बनता है, वह इन सम्बन्धों का स्वरूप बदलने के किसी प्रयास में अवरोध पैदा करता है, क्योंकि इनके साथ मनुष्य की भावनाएँ और परम्पराएँ जुड़ी होती हैं जिनका दबाव पुराने ढाँचे को एक हद तक स्थायित्व प्रदान करता है। जो भी नया परिवर्तन होता है, वह इस अवरोध को निरस्त करे। लेकिन इस अवरोध की छाप भी नई व्यवस्था पर पड़ती है। समाज की कोई भी स्थिति 'क्लीन स्लेट' यानी सपाट पाटी नहीं होती, जिस पर आप जैसी भी मर्जी हो, आकार खींच दें।

वर्तमान समाज में नौकरशाही और अभिजातीय समूह ऐसे मानव समूह हैं, जो पूर्व व्यवस्थाओं के द्वारा अस्तित्व में लाए गए हैं और जिनके वजूद को नजरअन्दाज कर समाज को मनचाहे साँचे में नहीं ढाला जा सकता। उन्नीसवीं शताब्दी के अन्तिम चतुर्थ से लेकर बीसवीं शताब्दी के प्रथम चतुर्थ तक, जबकि यूरोप की औद्योगिक और राजनीतिक व्यवस्थाएँ कुछ निश्चित चरित्र ग्रहण करने लगी थीं, जिनमें लोकतांत्रिक और अधिनायकवादी, दोनों तरह के तत्त्व विकसित हो रहे थे, कुछ समाजशास्त्रियों ने उनमें कुछ अनिवार्य तत्त्वों के अस्तित्व की ओर इशारा किया था। रॉबर्ट मिशेल ने अपने अध्ययनों से यह दिखलाने की कोशिश की कि किसी भी तरह की संस्था के आकार के बड़ा होने पर सूचनाओं के स्रोतों पर नियंत्रण के कारण सबमें एक छोटे अभिजात समूह का नियंत्रण कायम हो जाता है। दिलचस्प बात यह है कि स्वयं मजदूरों के ट्रेड यूनियन संगठनों में जो मजदूर वर्ग के अधिकारों के लिए संघर्षशील थे, हाथ में सत्ता और सुविधा समेटने का यह रुझान दिखाई देता था।

इसके बाद मोस्का और पैरोटो जैसे समाजशास्त्रियों ने यह दिखलाया कि समाज के नवगठन की सारी प्रक्रियाएँ अन्ततः एक शासक समूह या अभिजात वर्ग (इलीट) की शक्ति और सुविधाओं को ही सुनिश्चित करती है। इसी काल में महत्त्वपूर्ण अध्ययनों के बल मैक्स वेबर ने नवोदित औद्योगिक समाज की विशिष्टताओं का इसके पूरे ऐतिहासिक परिप्रेक्ष्य में अध्ययन किया और वह इस निराशाजनक निष्कर्ष पर पहुँचा कि आधुनिक औद्योगिक समाज के विकास के साथ एक संवेदनहीन नौकरशाही व्यवस्था की स्थापना अनिवार्य है। ये सब अध्ययन बीसवीं शताब्दी में विकसित हो रही औद्योगिक व्यवस्था और उसमें गतिशील सभी तरह के राजनीतिक, वर्गीय और सामाजिक आन्दोलनों के लक्ष्यों की उदात्तता पर प्रश्नचिह्न लगाने लगे थे।

इन स्थितियों की तुलना हम प्रारम्भ में कलाकार के चित्र के लिए चयनित सतह यथा कागज या कैनवास से कर सकते हैं जो कलाकृति क्या बनेगी, उस पर अपनी छाप छोड़ जाते हैं। जैसे मानव समूहों की संरचना उभर रही थी, उसमें किसी इच्छित समाज-व्यवस्था के निर्माण के प्रयास में इन्हें नजरअन्दाज नहीं किया

जा सकता था। शुद्ध रूप से शक्ति प्रयोग के सहारे पार्श्व में सक्रिय संरचनाओं के प्रभाव को निरस्त नहीं किया जा सकता था, उल्टा कुछ नई विकृतियाँ अपनी ओर से तोड़ी जा सकती थीं। यूरोप के दो विश्वयुद्धों के उथल-पुथल के बाद जो अन्तिम नतीजा आया, उसमें पुराने अभिजात वर्ग या फौजी या दूसरी नौकरीशाही व्यवस्थाएँ तो चली गईं, लेकिन उनका स्थान फिर नई नौकरशाही व्यवस्थाओं ने ही लिया। कोई बुनियादी नवनिर्माण नहीं हुआ।

दूसरी समस्या यह है कि भावी समाज की कोई ठोस तसवीर परिवर्तनकामियों के सामने हो ही नहीं सकती। यह आदमी की कल्पना में ही होती है। ऐसे आदर्शों को जो नाम दिया जाता है, उसी से अनेक लोगों की कल्पनाएँ किसी अस्पष्ट भविष्य की आशा बाँधती है। मसलन रामराज, लोकतंत्र या समाजवाद आदि किसी अव्यक्त कल्पना से ज्यादा क्या हैं? वैसे कल्पनाएँ जो आदमी की किसी अभिलाषा को व्यक्त करती हैं, लेकिन इन आदर्शों को लेकर चलनेवाले अनेक लोगों में प्रत्येक की कल्पना दूसरों से भिन्न होती है। चूँकि सभी आदर्श भविष्य में है, कोई उपाय नहीं कि इन विभिन्न कल्पनाओं की तुलना हो सके और उसके आधार पर उनकी गुणवत्ता की परीक्षा और परिष्कार हो। इसलिए अन्तत: संघर्ष किसी आदर्श की गुणवत्ता के आधार पर नहीं होता, बल्कि आदर्शों को लेकर चलनेवाले विभिन्न समूहों के तात्कालिक हितों के आधार पर होता है। मार्क्स की विचारधारा में आज स्थिति विभिन्न वर्गों के हितों की टकराहट भविष्य की सम्भावनाओं को व्यक्त करती है, लेकिन यह भविष्य क्या होगा, इसका अन्दाजा भी मार्क्स की इतिहास-दृष्टि से लगाया जा सकता है। यह इतिहास-दृष्टि कहती है कि वर्तमान समय का निर्णायक संघर्ष सर्वहारा और पूँजीपति वर्ग के बीच होना है और इसी से एक समाजवादी समाज अस्तित्व में आएगा।

आज यह इतिहास-दृष्टि भी गलत साबित हो या आंशिक रूप से ही सही, तो फिर संघर्ष की परिणति संदिग्ध ही रह जाती है। फिर ऐसे अनिश्चित भविष्य के लिए किसी भी तरह के अनैतिक उपायों का सहारा लेने का क्या औचित्य है, जबकि इस प्रक्रिया में अनेक निर्दोष लोगों की बलि चढ़ाई जा सकती है? लेकिन अब तक बड़े आदर्शों को हासिल करने के लिए किए गए संघर्षों में ऐसे संशयों को कभी स्थान नहीं दिया गया। ऐसे संशयों से, संकल्प से विचलित होने का भय बना रहता है। नतीजा यह है कि पिछली तीन शताब्दियों से विभिन्न तरह के क्रान्तिकारी अपने उद्देश्य और मार्ग के प्रति आश्वस्त हो एक-दूसरे से लड़ते रहे हैं। सभी अपनी कल्पना के 'लोकतंत्र' या 'समाजवाद' के लिए मरने-मारने के लिए तत्पर रहे हैं। चूँकि नतीजे भविष्य में होते हैं, कोई ऐसा मापदंड नहीं, जिससे प्रभावित कर संघर्ष को नियंत्रित करना सम्भव रहा हो। इसलिए सभी रोना-धोना अन्तत: इतिहास के खँडहर पर ही होता रहा है।

सिद्धान्त रूप में जिन परिस्थितियों की कल्पना ऊपर की गई है, उन पर वास्तविक घटना के रूप में दृष्टि डालने से साधन के साध्य पर पड़नेवाले प्रभाव का थोड़ा अन्दाजा हो सकता है। लोकतंत्र के विकास और वर्तमान समाज के निर्माण में तीन क्रान्तियों से जुड़ी घटनाओं और उनकी निष्पत्तियों पर गौर करने से बात साफ होगी। पहली बड़ी क्रान्ति ब्रिटेन की 1641 से 1650 के बीच राजा और पार्लियामेंट के अधिकारों को लेकर चलनेवाली थी। दूसरी बड़ी क्रान्ति 1789 से 1797 के बीच लोकतंत्र स्थापना को लेकर चलनेवाली फ्रांस की क्रान्ति और इससे जुड़ी प्रतिक्रान्ति का सिलसिला था। और तीसरी संसार को हिलानेवाली क्रान्तियों का सिलसिला 1917 की रूस की क्रान्ति से शुरू हुआ और इसके प्रभाव में चीन, वियतनाम, कम्पूचिया में भीषण उथल-पुथल हुई, जिसमें न सिर्फ पश्चिमी साम्राज्यवाद को गम्भीर चुनौती मिली, बल्कि उस समय के पूँजीवादी एवं सामन्ती शासन का भी अन्त हुआ। मूल उद्देश्य सभी में समाजवादी गणतंत्र की स्थापना थी। जहाँ तक पुरानी व्यवस्था और साम्राज्यवादी शासन को नष्ट करने की बात है, इन कार्यक्रमों ने पूरी सफलता हासिल की, लेकिन मूल उद्देश्य लोकतांत्रिक समाजवाद की स्थापना सपना ही बना रहा।

ब्रिटेन में सत्रहवीं शताब्दी की क्रान्ति यों तो चार्ल्स प्रथम की निरंकुश राजशाही के खिलाफ थी, लेकिन इस क्रान्ति में कई तरह के नरमपंथी और उग्र तत्त्व जुड़े थे। एक तरफ सम्पत्तिवान लोग थे, जो राजा के मनमाने ढंग से टैक्स लगाने का विरोध कर रहे थे तो दूसरी ओर गाँवों से विस्थापित होकर नगरों में आ रहे गरीब लोग थे, साथ ही धार्मिक विश्वासों की आजादी को लेकर चलनेवाले लोगों में प्रेसबिटेरियन से लेकर प्युरिटन और इंडिपेंडेंट कहे जानेवाले लोग थे, जो विश्वास और पूजनविधि में पूर्ण स्वतंत्रता चाहते थे। राजा के साथ युद्धों में और आपसी हिंसक संघर्षों में असली शक्ति सैनिक नेता क्रॉमवेल की उभरी। उसने बाकी सारे लोगों का दमन कर अपनी 'डिक्टेटरशिप' कायम की। लोग जिन अधिकारों के लिए लड़ रहे थे, वे कम-से-कम तीन दशकों के लिए गौण हो गए। क्रान्ति का घोषित लक्ष्य एक होने के बावजूद इसके भीतर अनेक परस्पर विरोधी तत्त्व शामिल थे और जहाँ निर्णय शक्ति के बल होना था, असली शक्ति फौज के हाथ आ गई।

फ्रांस की क्रान्ति में भी कुछ ऐसा ही हुआ। 1789 में फ्रांस की सारी जनता 'लिबर्टी', 'इक्वैलिटी', 'फ्रैटरनिटी' के नारे के तहत इकट्ठी हुई, लेकिन इसमें हिस्सा लेनेवाले विभिन्न वर्गों के लोगों के लिए इन घोषित लक्ष्यों के अर्थ भिन्न-भिन्न थे। इसमें नवोदित बुर्जुआ वर्ग के लोग भी शामिल थे, किसान भी थे, निम्न मध्यम वर्ग के लोग भी और पेरिस के सबसे गरीब तबके के लोग भी जो जैकोबिन क्लबों के तहत संगठित थे। जब सत्ता का असली स्वरूप-निर्धारण का समय आया तो सभी समूह अपने ढंग से व्यवस्था बनाने की बात करने लगे। इस टकराहट में

रास्ता नग्न हिंसा का अपनाया गया। जिस गिलोटिन के नीचे लुई सोलह और रानी एंतोनेत की बलि दी गई, उसके नीचे अपने विवादों के चलते विभिन्न समूहों के अनगिनत लोग बलि दिए जाने लगे और इन हिंसक टकराहटों के बीच से हिंसा की सबसे संगठित शक्ति सेना के सफल अफसर के रूप में नेपोलियन बोनापार्ट निर्णायक भूमिका में आया। और अन्तिम फैसला उसके तोपखाने की क्षमता ने किया और लोकतंत्र की जगह नेपोलियन का साम्राज्य स्थापित हुआ और यूरोपीय युद्ध का लम्बा सिलसिला शुरू हुआ।

1917 की नवम्बर में शुरू होनेवाली बोल्शेविक क्रान्ति अपने उद्‌देश्यों में अब तक की सभी क्रान्तियों से मूलभूत बदलाव की दिशा में अधिक दूरगामी लक्ष्यों को लेकर शुरू हुई। पूँजीवाद का अन्त, सोवियतों के स्वायत्त जनतंत्र को सर्वोपरि महत्त्व, साम्राज्यवादी युद्धों का अन्त, ये सब इसके घोषित उद्‌देश्य थे। लेकिन इस क्रान्ति में शरीक लोगों में भी लक्ष्यों को लेकर मतभेद थे। वामपंथी सोशल रिवोल्युशनरी, अराजकवादी आदि के लक्ष्य बोल्शेविकों से भिन्न थे। वैसे ही भिन्न था बहुसंख्य किसानों का लक्ष्य, जो बड़ी भू-सम्पत्तियों को आपस में बाँट रहे थे। अन्तत: अपनी सत्ता को स्थापित करने में और फिर अपने सामूहिकीकरण के प्रयासों में बोल्शेविकों ने निर्मम हिंसा का सहारा लिया और सारे लोकतांत्रिक मूल्य, जिनके लिए क्रान्ति हुई थी, लुप्त होते गए। क्रान्ति बुनियादी थी, इसलिए अवरोध भी सशक्त था और फिर इन्हें समाप्त करने के लिए निर्मम हिंसा जरूरी लगने लगी। इन सबकी परिणति हुई, स्टालिन और कम्युनिस्ट पार्टी की घोर तानाशाही में। कुछ इन्हीं आदर्शों को लेकर चीन, वियतनाम आदि में क्रान्तियाँ हुईं। यहाँ स्थितियाँ और भी विपरीत थीं, क्योंकि एक विकसित औद्योगिक समाज में अपेक्षित परिवर्तनों को अत्यंत पिछड़ी ग्रामीण व्यवस्थाओं में शक्ति के बल अल्पकाल में लागू करने के प्रयास हुए। इसमें कम्पूचिया में पोलपोट के तहत रोंगटे खड़े कर देनेवाली ज्यादतियाँ हुईं और छोटे-से देश में दसों लाख लोग बलि बने। इस हिंसा प्रतिहिंसा और व्यवस्था के बीच से समाजवाद नहीं निकल पाया, उल्टा धीरे-धीरे रूस, चीन, वियतनाम आदि सभी पूँजीवादी व्यवस्था की ओर लौट आए, जिसे नष्ट करने के संकल्प के साथ ये आगे बढ़े थे।

इन अनुभवों से ऐसा तो जरूर दिखाई देता है कि साधन साध्य को प्रभावित किए बिना नहीं रह सकता। यह साधन के सम्बन्ध में गहरी गवेषणा की माँग करता है।

(प्रभात खबर, दीपावली विशेषांक, 2005)

स्वर्ण जयन्ती वर्ष की अपेक्षाएँ

आजादी की स्वर्ण जयन्ती का जश्न लगभग पूरा हो रहा है, लेकिन कुछ महानगरों और विशेषकर दिल्ली को छोड़ बाकी जगह इस स्वर्ण जयन्ती का एहसास लोगों को टी.वी. पर हुए शोर-शराबों से ही हुआ। टी.वी. की दुनिया से दूर रहनेवाले लोगों को, जो आबादी का अस्सी फीसदी से अधिक ही होगी, यह स्वर्ण जयन्ती बिना अपनी उपस्थिति दर्ज कराए दबे पाँव बाजू में छोड़ निकल गई। उनके लिए पन्द्रह अगस्त का दिन किसी भी दूसरे दिन जैसा ही था, और साल 1997 किसी दूसरे साल की तरह। रेल की पटरियों पर धमाके और जहाँ-तहाँ होनेवाली हिंसा की खबरें भी सामान्य ही रहीं। आम लोगों के लिए इसमें कुछ भी नया या चौंकानेवाला नहीं था।

आम लोगों की यह उदासीनता समझ में आती है। लोग अब आजाद भारत से कोई बड़ी उम्मीद नहीं रखते, आनेवाले दिनों के लिए आशंकित जरूर रहते हैं। महानगरों के कुछ सम्पन्न इलाकों और देश के केन्द्रीय संस्थानों को छोड़ दें तो यह आशंका चारों ओर व्याप्त है। हम कश्मीर को लें, पंजाब को लें या नगालैंड, मणिपुर, त्रिपुरा या असम को लें, इनमें कहीं भी कल क्या होगा, यह कोई नहीं जानता। सभी जगह तनाव और आपसी अविश्वास की गहरी छाया है।

आजादी का स्वर्ण जयन्ती वर्ष असम में देश के नेताओं से माँग करता है कि सारे परिदृश्य पर विचार कर देखें कि हमसे कोई ऐसी चूक तो नहीं हो गई जिसका खामियाजा देश भुगत रहा है। क्या अब भी कुछ हो सकता है जिससे आशंकाओं का वातावरण खत्म हो और लोगों की उदासीनता टूटे?

समस्याएँ बहुत तरह की हैं, लेकिन सबसे महत्त्वपूर्ण सवाल राष्ट्र के अस्मिताबोध का है। जो विभिन्न तरह की विभाजन करनेवाली भावनाएँ—सम्प्रदाय, जाति मूल आदि की उभर रही है। उनसे ही राष्ट्र विघटन का खतरा पैदा होता है। थोड़ा गहराई से विचार करने पर इसकी जड़ में हमारा दो राष्ट्र के सिद्धान्त को कबूल करना ही दिखाई देता है।

यहाँ हमारा तात्पर्य देश के राजकीय विभाजन से नहीं है जिससे भारत और पाकिस्तान, दो राजकीय इकाइयाँ बनी। इस राजनीतिक बँटवारे में भारत राष्ट्र का

विभाजन नहीं हो सकता था क्योंकि हमारा राष्ट्रीय अस्मिता बोध सांस्कृतिक या राजनीतिक नहीं। हमारी परम्परागत मान्यता से राष्ट्र-राज्य की कोई अवधारणा नहीं थी। कम-से-कम डेढ़ हजार वर्ष से और सम्भवत: सैकड़ों वर्ष और भी पहले से भारत एक राष्ट्र है, यह मान्यता स्थापित थी। लेकिन इससे धर्म, भाषा और राजकीय इकाइयों की विविधता पर कोई प्रभाव नहीं पड़ता था। यह मान्यता पश्चिम से आई आधुनिक राष्ट्र-राज्य की अवधारणा से बिलकुल भिन्न थी जहाँ एक भाषा और धर्म को राज्य के साथ जोड़ दिया गया।

इसीलिए हमारा असली संकट राजकीय विभाजन से नहीं, कल की अखंड राष्ट्रीयता बोध को नकारते रहने से पैदा हुआ। इससे हमारी तमाम भिन्नताओं के बावजूद जो एक सूत्र हमें बाँधता था, वह टूट गया। इसी से भारत और पाकिस्तान, दोनों में विभाजन और विघटन के तत्त्व इनके अस्तित्व में आने के बाद से ही लगातार सक्रिय रहे हैं।

विडम्बना यह है कि महात्मा गांधी ही नहीं, मुहम्मद अली जिन्ना भी इस बोध से मुक्त नहीं हो सके कि धर्म के आधार पर भारत का विभाजन नहीं हो सकता। यह बात अलग है कि कांग्रेसी नेताओं से द्वन्द्व, चिढ़ और घटनाओं से पैदा दबाव और आवेश में जिन्ना धीरे-धीरे धार्मिक विभाजन को अनिवार्य मानने लगे।

जब सत्ता हस्तान्तरण की प्रक्रिया अन्तिम दौर में थी और भारत विभाजन को कबूल किया जाने लगा था, तो बातचीत के सिलसिले से माउंटबेटन ने जिन्ना से कहा कि अगर धर्म के आधार पर भारत का विभाजन होगा तो फिर इसी आधार पर बंगाल और पंजाब का भी विभाजन करना होगा। इस पर जिन्ना चौंक कर बोल उठे, "यह कैसे हो सकता है? वहाँ के लोग तो सदा साथ रहते आए हैं।" तब माउंटबेटन ने जिन्ना को याद दिलाया कि इस तर्क पर तो फिर भारत का विभाजन भी नहीं हो सकता। इस पर जिन्ना निरुत्तर तो हो गए, लेकिन भारत विभाजन की बात नहीं छोड़ी।

फिर भी जिन्ना के लिए यह एक बार के लिए उठाया गया कदम था और वह सोचते थे कि बाद में फिर सब कुछ पहले जैसा हो जाएगा। इसीलिए पाकिस्तान की संविधान सभा के अपने भाषण में जिन्ना ने इस बात पर बार-बार बल दिया कि अब जब पाकिस्तान बन गया है तो उसमें रहनेवाले सभी धर्म और मूल के लोग पाकिस्तान के समान नागरिक हैं और अब नए राज्य में उनके बीच कोई भी भेदभाव नहीं होगा।

यह कहना आसान था, लेकिन लोगों के मन को जोड़नेवाली जो साझा राष्ट्रीयता की भावना थी, उसके टूट जाने के बाद इस भावना पर अमल करना असम्भव हो गया। फिर तो पखतून, बलूची, सिन्धी, पंजाबी और बंगाली—सबको जोड़नेवाला आधार सिर्फ राज्य सत्ता ही बच गया। दिल से सभी पृथक बने रहे। मजहब तो यह

कड़ी बन नहीं सकता था। ईसाई धर्म और इस्लाम को माननेवाले तो अनेक राष्ट्र हैं—अक्सर एक-दूसरे के विरोधी।

भारत की स्थिति भी भिन्न नहीं रही। नाम के लिए तो हम भारत रहे, लेकिन हमने भी आदर्श के तौर पर एकात्मवादी पश्चिमी राष्ट्र-राज्य की अवधारणा को ही कबूल किया। विडम्बना यह है कि राष्ट्र की अखंडता का जाप करनेवाले संघ परिवार और भाजपा के नेता सबसे अधिक एकात्मक राष्ट्र की बात करते हैं। हमारी विविधता की पृष्ठभूमि में ऐसा राष्ट्र तो एक बहुसंख्य और शक्तिशाली समूह का दूसरे समूहों पर शक्ति के बल तानाशाही शासन ही हो सकता है। कोई अचरज नहीं कि ऐसे विचार वाले लोगों को चाहे कश्मीर हो, चाहे उत्तर-पूर्व सीमा के क्षेत्र, सभी जगह सैनिक कार्रवाई ही वहाँ उठनेवाली समस्याओं का एकमात्र समाधान दिखाई देता है। राष्ट्रीय स्वयंसेवक संघ का हिटलर के उत्कर्ष काल में जर्मनी की तरफ झुकाव इस दृष्टि का अनिवार्य परिणाम है।

हमारी विशिष्ट परम्परा एक राष्ट्र और अनेक राज्यों की रही है। जब तक हम अपनी इस विशिष्टता को नहीं पहचानते, भावनात्मक एकता की कामना पृथकतावादी तनावों और राजकीय दमन के पाटों के बीच पिसती रहेगी।

हकीकत यह है कि चूँकि हमारा राष्ट्रबोध सांस्कृतिक था, इसका कोई राजकीय विभाजन नहीं हो सकता था। हमने इस राष्ट्र को तभी तोड़ दिया जब इसे भावना के स्तर पर खंडित कर दिया। महात्मा गांधी का अपने जीवन के शेष दिन पाकिस्तान में बिताने का संकल्प जिसे गोडसे की गोली ने बीच ही में समाप्त कर दिया, इसी भावनात्मक अखंडता को रेखांकित करने की अनिवार्यता की अभिव्यक्ति था।

इस पूरे भूखंड में पृथकतावाद को बढ़ानेवाली एक और भी शक्ति सक्रिय है, जो वर्तमान विकास पद्धति का अनिवार्य अंग बन गई है। यह है, वर्तमान औद्योगिक-उपभोक्तावादी-केन्द्रित अर्थव्यवस्था। अंग्रजों के आने के पहले तक देश की अर्थव्यवस्था मूलत: स्थानीय थी और लोगों की बुनियादी आवश्यकताओं की पूर्ति के लिए थी। व्यापार की भूमिका सीमित थी। इसके जरिये वस्तुएँ लोगों को उपलब्ध कराई जाती थीं जो स्थानीय स्तर पर उत्पादित नहीं होती थीं। कौशल और संसाधनों की उपलब्धि के अनुसार विभिन्न क्षेत्रों के जीवन स्तर भी अलग-अलग थे। जीवन स्तरों की तुलना के लिए कोई मापदंड नहीं था। इसलिए घोर अभाव के काल को छोड़ बाकी समय लोग अपनी स्थिति से सन्तुष्ट रहते थे।

वर्तमान औद्योगिक व्यवस्था ने यह सब बदल दिया। इसने वस्तुओं की उपलब्धि का एक ऐसा मापदंड दे दिया है जिससे व्यक्ति और समूह हमेशा अपनी हस्ती का आकलन करते रहते हैं। इसका स्वरूप अति केन्द्रित है जिसमें सम्पन्नता के कुछ द्वीप विकसित होते हैं और बाकी स्थानों के संसाधनों का शोषण होता है।

इसके अलावा उपभोग की वस्तुओं की भरमार से सम्पन्न और विपन्न का फर्क साफ-साफ दिखाई देने लगता है।

चूँकि यह फर्क वैयक्तिक के साथ-साथ सामूहिक और आँचलिक भी होता है, वैसे समूहों से क्षोभ पैदा होता है जो उपभोग की दुनिया में पिछड़ गए हैं। धीरे-धीरे यह क्षोभ उन समूहों के खिलाफ विद्वेष में बदलाव है जो इस उपभोक्तावादी दौड़ में आगे निकल गए हैं। इसके अलावा आधुनिक औद्योगिक विकास के क्रम में बड़ी संख्या में लोग अपने परिवेश से अलग भिन्न परिवेश में बस जाते हैं। प्राय: ऐसे लोगों का जीवन-स्तर उद्योग और व्यापार आदि में महत्त्वपूर्ण स्थान होने के कारण स्थानीय लोगों में ऊँचा होता है। इससे अलगाव की भावना और मजबूत होती है। यह एक बड़ा कारण है जिससे 'राष्ट्र के सभी नागरिक समान हैं' की भावना को ठेस लगती है।

ऊपर की स्थिति प्राचीन काल की स्थितियें से ठीक विपरीत है। पहले लोग दूर-दराज स्थानों पर धर्म प्रचार, तीर्थ यात्रा या संगीत आदि की साधना में निकलते थे जो सभी लोगों को भावनात्मक रूप से जोड़नेवाले थे। देश में कहाँ किसका शासन है, इससे कबीर, गुरुनानक, ज्ञानेश्वर, मीरा या तुलसीदास को कोई वास्ता नहीं था, न तो अजन्ता और एलोरा के कलाकारों को उनके सृजन के सैकड़ों वर्षों में शासकीय परिवर्तनों का लिहाज था। राजकीय सीमाओं के पार ये सभी भारतीयों के धरोहर बन गए। पूरा भारतीय भूखंड ऐसे सांस्कृतिक प्रसार का विशाल परिसर था। इन्हीं प्रयासों से हमारा राष्ट्रीय बोध जन्मा और सुदृढ़ हुआ था। इसके विपरीत अब लोगों का दूर-दराज स्थानों पर जाना और बस जाना विग्रह का जन्म देता है।

आजादी का स्वर्ण जयन्ती वर्ष गहरे आत्मविश्लेषण का मौका है जिसमें हम अपने अतीत और वर्तमान की विसंगतियों को समझने का प्रयास करते। सम्भव है इस विश्लेषण से हम कोई ऐसी राह निकाल पाते जो हमें वर्तमान विघटनकारी प्रवृत्तियों से निजात पाने में सहायक सिद्ध होती। भारत, पाकिस्तान और बांग्लादेश का राजकीय एकीकरण न तो अब सम्भव है न वांछित। ऐसी बातों से उलटा पाकिस्तान में हिटलर की ऑस्ट्रिया को जर्मनी में मिलाने की 'आशलुस' (एकीकरण) जैसी नीति की गूँज सुनाई देगी जो लादा गया था।

लेकिन हम हमें एक करनेवाले सांस्कृतिक सूत्रों को फिर जीवित कर सकते हैं। ये सूत्र हैं : उर्दू, बांग्ला, पंजाबी, सिन्धी भाषाएँ, जो तीनों देशों की साझी विरासत हैं, हमारा संगीत, जो दोनों देशों में अभिन्न है, इस्लाम, जो सूफी सन्तों के प्रभाव में भारतीय रूप में विकसित हुआ और जिसने काफी हद तक हिन्दू-मुस्लिम भेद को मिटा दिया, दोनों देशों में करोड़ों लोगों का धर्म है और बड़ी संख्या में बँटे परिवार जिनका एक हिस्सा भारत में है और दूसरा बांग्लादेश एवं पाकिस्तान में। इन सूत्रों को पुनर्जीवित कर हम भारतीय राष्ट्र की भावना को फिर से अंकुरित कर सकते हैं।

इसके साथ ही कुछ ठोस राजनीतिक कदम उठाए जा सकते हैं। हम भारत, पाकिस्तान और बांग्लादेश के बीच पासपोर्ट, वीजा की आवश्यकता वैसे ही समाप्त कर सकते हैं जैसा भारत और नेपाल के बीच है, जहाँ हम समान वस्तुओं का उत्पादन करते हैं, जैसे जूट, कपास, चाय आदि। प्रतिद्वन्द्वी बनने की बजाय विश्व बाजार में साझीदारी में उतर परस्पर लाभ पहुँचा सकते हैं। ऐसे और भी अनेक क्षेत्र हो सकते हैं जिन्हें तलाशना है। शुरुआती दौर में यह प्रतीकात्मक ही होगा, लेकिन विवाद और वैमनस्य के वातावरण से मुक्त होने की प्रक्रिया से पूरे भू-भाग में भावनात्मक एकता की लहर आ सकती है। स्वर्ण जयन्ती का कुछ ऐसा ही प्रयोग सार्थक होगा जो सन्नाटा और उदासीनता को तोड़ सके।

(हिन्दुस्तान, 3 सितम्बर, 1997)

साझा सरकारें ही उपयुक्त

इतिहास की अदृश्य शक्तियाँ अक्सर अनजान मोहरों से समाज और राजनीति में अप्रत्याशित बदलाव ला देती हैं। कर्नाटक और आन्ध्र प्रदेश में हुए चुनाव के नतीजों से देश की राजनीति में कुछ ऐसा ही उलट-फेर होने की सम्भावना पैदा हो गई है। तत्काल जो नतीजा नजर आता है, वह यह है कि खानदानशाही का सपना अगर पूरी तरह ध्वस्त नहीं, तो बुरी तरह आहत जरूर हो गया है। राजतंत्र की प्राचीन परम्परा के बावजूद (वैसे यह परम्परा कहाँ नहीं थी) ऐसा लगता है कि वर्तमान भारत के आम लोगों के दिल में अदृश्य रूप से खानदानशाही के खिलाफ एक गहरा निषेध-भाव जमा हुआ है। आपातकाल के साथ जब भारतीय राजनीति पर संजय गांधी का उदय आसन्न था, तो 1977 में इस देश की जनता ने इन्दिरा गांधी समेत सारे कुनबे को ही राजनीति के बियाबान में भटकने के लिए भेज दिया। पुन: जब राजीव गांधी को अत्यन्त भद्दे ढंग से देश की राजनीति पर थोपने का प्रयास किया जा रहा था, तो दक्षिण भारत के उन राज्यों की जनता ने ही, जिन्हें अब तक इन्दिरा गांधी अपना बँधुआ क्षेत्र मानती रही थीं, इंका की सत्ता की जड़ काट दी।

लोगों में इन्दिरा कांग्रेस के विरुद्ध नाराजगी के अनेक कारण थे। एक विशेष कारण जो दक्षिण के चुनावों में निर्णायक रहा, वह था, लोगों के आत्मसम्मान को ठेस। विशेषकर आन्ध्र में तो तेलुगू लोगों में आत्मसम्मान की तलाश चुनाव का खास मुद्दा बन गया। जिस तरह राज्यों पर बार-बार मुख्यमंत्रियों को दिल्ली से थोपा जा रहा था, उससे लोगों को ऐसा लग रहा था कि उनकी और उनके प्रतिनिधियों की, चाहे वे इंका के ही हों, राज्य चलाने में कोई हैसियत नहीं रह गई है। राजीव गांधी जिस तरह जन-प्रतिनिधियों, राज्य के मंत्रियों और मुख्यमंत्रियों के साथ नौकरों जैसा व्यवहार करते थे, इससे लोगों के आत्मसम्मान को और भी धक्का लगता था। इंका के विधायकों और मंत्रियों के व्यवहार से लोगों को लग रहा था कि सत्ता के लोभ में इन्होंने सारा आत्मसम्मान बेच दिया है और अपमान पीने के आदी हो गए हैं। उनके सामने आत्मसम्मान बचाए रखने का एकमात्र उपाय इंका को ही सत्ता से बाहर करना था।

चुनाव परिणामों को देखने से ऐसा लगता है कि यह मतों के तात्कालिक या छोटे-मोटे बिखराव के बजाय एक महत्त्वपूर्ण भू-स्खलन है। ये नतीजे स्थायी महत्त्व के इसलिए माने जा सकते हैं। क्योंकि 1977 के मतदान की तरह यह किसी बुनियादी मुद्दे पर अचानक उठे विद्रोह का परिणाम नहीं, बल्कि वर्षों के धीरे-धीरे संचित अविश्वास के परिणाम हैं। इसके अलावा आन्ध्र में स्पष्ट रूप से और कर्नाटक में परोक्ष रूप से एक स्थानीयता का आग्रह भी दिखाई देता है। केरल और तमिलनाडु में राजनीति ने पहले ही एक स्थानीय चरित्र ग्रहण कर लिया था। इन चुनाव परिणामों का इशारा है कि अब कर्नाटक और आन्ध्र की राजनीति भी नई दिल्ली की राजनीति की छाया बन कर नहीं रहेगी। यह एक सबक है, जो सिर्फ इन्दिरा गांधी को ही नहीं, बल्कि देश के अन्य राजनीतिक दलों को भी ध्यान में रखना है, जो बिना किसी वास्तविक आधार के राष्ट्रीय दल होने की आत्मप्रवंचना में देश की असलियत को देख पाने में असमर्थ हैं।

अभी के चुनावों का ऋणात्मक पहलू यह है कि जो पार्टियाँ सत्ता में आई हैं, उनकी कोई स्पष्ट और अलग दृष्टि देश की समस्याओं को हल करने की नहीं है। तेलुगू देशम ने स्वच्छ शासन और सादगी पर बल देकर एक अच्छी शुरुआत की है, लेकिन अपने आप में यह काफी नहीं है अगर अन्य आर्थिक नीतियाँ, जिनसे भ्रष्टाचार को बल मिलता है, अपनी जगह पर ज्यों की त्यों बनी रहीं। इसके अलावा बिलकुल वैयक्तिक प्रभाव के आधार पर मात्र चुनाव के लिए गठित इस दल में वैसे समर्पित कार्यकर्ताओं का अभाव होगा, जो विरासत में मिली नौकरशाही के भ्रष्ट आचरण को रोकने के लिए आम लोगों का प्रतिरोध, स्वच्छ शासन की नीति के अनुरूप संगठित कर सकें। आप लोगों की जगी आशाएँ झूठी साबित हुईं, तो फिर से गहरी निराशा का दौर चलेगा। कर्नाटक में शुरू से ही नेतृत्व के प्रश्न को लेकर बंगारप्पा ने जनता-रंगा सरकार के स्थायित्व पर एक प्रश्न चिह्न लगा दिया है। इस सरकार पर जनता-राजनीति की छाया, हल्की ही सही, लोगों में चिन्ता का कारण बन रही है।

लेकिन इन तमाम हालात के बावजूद यह भी दिखाई दे रहा है कि इन्दिरा गांधी के व्यक्तित्व का जादू जो टूट चुका है, वह फिर लोगों पर हावी नहीं होगा क्योंकि इसका कोई ठोस आधार नहीं था। यह विशेष परिस्थितियों में फैलाई गई एक माया थी, जो एक बार टूट गई तो टूट गई। इस चुनाव के दौरान यह बात बिलकुल साफ हो गई है कि इन्दिरा गांधी की कोई विशेष वैयक्तिक अपील अब नहीं बची है। इन राज्यों के अपने चुनाव दौरे में इन्दिरा गांधी ने कोई भी क्षेत्र अछूता नहीं छोड़ा था और इसे एक तरह से व्यक्तिगत प्रतिष्ठा का प्रश्न बना लिया था। इसके बावजूद मतदाताओं पर कोई असर नहीं हुआ। इस एहसास का एक नतीजा यह होगा कि इंका में बिखराव आएगा। अभी तक ज्यादातर लोग इन्दिरा गांधी के वोट हासिल करने के चमत्कार के कारण इंका से चिपके हुए थे। अब ऐसे लोग इंका के बाहर भी सुयोग की तलाश में

रहेंगे। ऐसी हालत में आन्ध्र और कर्नाटक में इन्दिरा गांधी इंका की धराशायी इमारत को फिर जोड़ पाएगी, ऐसी सम्भावना नहीं लगती। अत: इन राज्यों में बनी गैर इंकाई सरकारों से निराश होकर भी लोग अब स्थानीय दलों में ही विकल्प की तलाश करेंगे, भले ही इनका नामलेवा सम्बन्ध दिल्ली के दलों से हो, जैसे केरल में।

इन चुनावों में नतीजों का प्रभाव सिर्फ कर्नाटक और आन्ध्र की राजनीति तक ही सीमित नहीं रहेगा, बल्कि केन्द्र और राज्य के सम्बन्ध और फिर केन्द्र की सरकार के गठन पर भी भविष्य में पड़ेगा। केन्द्र और राज्य के सम्बन्ध हमारे संघीय संविधान में क्या हों, यह मामला अभी तक अनिश्चय की स्थिति में पड़ा हुआ है। वैसे हमारा संविधान संघीय है, लेकिन कुछ ऐसे प्रावधान हैं और देश में कुछ ऐसी स्थितियाँ संविधान लागू होने के बाद से बनती गई हैं कि असल में सभी सत्ता दिल्ली में केन्द्रित हो गई है।

केन्द्रीय सरकार को संघीय चरित्र प्रदान करने की दृष्टि से अन्य बातों के अलावा अमेरिका के सिनेट की तरह हमारे देश में भी राज्यों के प्रतिनिधित्व के लिए संसद में लोकसभा के साथ-साथ राज्यसभा का प्रावधान किया गया, लेकिन जहाँ अमेरिका की सिनेट में सभी राज्यों को समान प्रतिनिधित्व है, हमारे यहाँ यह प्रतिनिधित्व जनसंख्या के हिसाब से है। इससे जिन राज्यों के अधिक प्रतिनिधि लोकसभा में होते हैं, उन्हीं राज्यों की आबादी के अनुपात में ही अधिक प्रतिनिध राज्यसभा में होते हैं। इस तरह राज्यों को समान स्थान देना, जो राज्यसभा के गठन का मूल उद्‌देश्य होना चाहिए, खत्म हो गया है। इससे हिन्दी भाषी क्षेत्रों का प्रबल बाहुल्य हमेशा केन्द्र में बना रहा है जिसमें उत्तर प्रदेश, बिहार, मध्यप्रदेश, राजस्थान जैसे बड़ी आबादी वाले राज्य पड़ते हैं। इससे एक मानसिकता यह बनती गई है कि भारत की राजनीतिक का अर्थ इस हिन्दी भाषी मध्य क्षेत्र की राजनीतिक है। जिसका इस क्षेत्र में प्रचंड बहुमत होगा, वह देश की राजनीति को जिधर चाहे ले जा सकता है। इसके साथ ही संविधान में केन्द्र को इतने अधिक अधिकार आर्थिक मामलों में हैं कि जिसका शासन केन्द्र में होगा, वह बाकी राज्यों पर काफी नियंत्रण रख सकता है। इस तरह संविधान में दिए गए स्वायत्तता के अधिकार नाम लेने भर को रह जाते हैं।

यही नहीं, संविधान की त्रुटियों के अलावा ऐतिहासिक कारणों से देश की राजनीति का जो स्वरूप विकसित हुआ, उससे भी संघीय विधान कभी अमली नहीं बन पाया। आजादी के बाद कांग्रेस ही एकमात्र ऐसी पार्टी थी, जो सत्ता हाथ में लेने की स्थिति में थी और यह पार्टी राष्ट्रव्यापी थी, भले ही सभी राज्यों में इसका प्रभाव समान नहीं रहा हो। इसके राष्ट्रीय स्तर के नेता राष्ट्रीय आन्दोलन के भी नेता थे, जिनके प्रति राज्यों के कांग्रेसी नेताओं की एक तरह की अन्धभक्ति थी। कांग्रेस आलाकमान का चरित्र बहुत ही केन्द्रित था। मूल नीति निर्धारण का काम कांग्रेस कार्य समितियाँ ज्यादा-से-ज्यादा अखिल भारतीय कांग्रेस कमेटी द्वारा होता था,

जिससे विवाद तभी उठता था, जब शीर्षस्थ नेताओं में आपसी मतभेद होता था। 1935 के विधान के तहत जब कांग्रेस ने कई प्रान्तों में सरकार का गठन किया, तब भी सारी नीतियों का निर्धारण कांग्रेस द्वारा होता था। आजादी के बाद भी यही परम्परा कायम रही।

पंडित नेहरू के समय से ही एक परम्परा रही कि सभी महत्त्वपूर्ण मामलों में और खासकर नीतियों के मामले में पंडित नेहरू की बातें अन्तिम रूप में मान ली जाती थीं। फिर भी, चूँकि उनके समय राज्यों के कांग्रेसी नेता भी राष्ट्रीय आन्दोलन के जननेता होने के कारण एक हैसियत रखते थे, उनकी इच्छाओं को पूरी तरह नजरअन्दाज नहीं किया जा सकता था, लेकिन इन्दिरा गांधी के सत्ता में आने के बाद और खास कर 1969 के कांग्रेस के विभाजन के बाद से कांग्रेस संगठन में सिर्फ इंदिरा गांधी ही थीं, जिनकी कोई हैसियत थी। बाकी सब उनके कृपा-आकांक्षी थे। अब राज्य सरकार की नीतियों के अलावा यह निर्णय भी कि कौन व्यक्ति दल का नेता बनेगा, दिल्ली में इन्दिरा गांधी द्वारा ही होने लगा। ऐसी स्थिति में राज्यों की स्वायत्ता, अगर उन्हें सारे संवैधानिक संरक्षण मिलते, तब भी अर्थहीन बन जाती। इस तरह राज्यों की सरकारें जहाँ भी कांग्रेस का शासन था, केन्द्र की कठपुतलियाँ बन गईं, जिनको नचाने का सूत्र एक व्यक्ति के हाथ दिल्ली में होता था।

सत्ता के केन्द्रीकरण का परिणाम यह हुआ कि भौगोलिक या सत्ता की दृष्टि से केन्द्र से दूर, परिधि के पासवाले क्षेत्रों में, धीरे-धीरे यह भाव होता गया कि देश की राजनीति में उनकी कोई असली हिस्सेदारी नहीं है और यह भाव बिलकुल अकारण नहीं रहा है। जैसे पिछले कुछ वर्षों में तमिलनाडु, केरल, पश्चिम बंगाल, कश्मीर, पंजाब एवं उत्तर-पूर्वी राज्यों के काफी हिस्से केन्द्र की नीतियों पर काफी हद तक निर्भर करते हैं। भारत इतना विशाल और विविधता से भरा देश है कि केन्द्र के प्रतिनिधित्व मिलने के बाद भी एक केन्द्र से उनकी विशेष समस्याओं के निदान के लिए उपयुक्त नीतियाँ निर्धारित करना लगभग असम्भव है। जहाँ इस प्रतिनिधित्व का सर्वथा अभाव हो, वहाँ उनकी भावनाओं का तिरस्कार स्वाभाविक था। सत्ता से जुड़े राजनेताओं और नौकरशाही के अहंकार ने बहिष्कृत होने के इस भाव को कुछ दूर-दराज हिस्सों में पृथकतावादी आन्दोलन में बदलना शुरू कर दिया।

इस खतरनाक बहाव को रोकने का एकमात्र उपाय भारतीय राष्ट्र को एक सही अर्थ में संघीय स्वरूप दे कर सत्ता का विकेन्द्रीकरण ही हो सकता है ताकि देश के दूर से दूर हिस्से के लोगों को लगे कि वे भारत की राजनीतिक व्यवस्था में बराबर के हिस्सेदार हैं। कर्नाटक और आन्ध्र के चुनावों के नतीजों के परिणाम देश के राजनेताओं को केन्द्र और राज्य के सम्बन्धों के पुनर्परीक्षण के लिए बाध्य कर सकते हैं। संयोग से ये चुनाव के नतीजे एक ऐसे समय में आए हैं, जब पंजाब में अकाली दल राज्यों के स्वायत्ता के सवाल पर एक बड़े आन्दोलन का सूत्रपात

कर रहा था। इसमें जो विकृतियाँ आ रही थीं, वह काफी हद तक केन्द्र सरकार की संवेदनहीनता से पैदा आक्रोश का परिणाम था। अब अगर यह एक राष्ट्रीय मुद्दा बन जाता है, तो अकालियों में इस प्रश्न पर अकेला होने का भाव खत्म होगा और एक राष्ट्रीय परिप्रेक्ष्य में बिना कटुता के इस सवाल को समझदारी के साथ हल करने का रास्ता निकल आएगा।

विभिन्न राज्यों के विभिन्न दलों के शासन से एक संघीय व्यवस्था का सही रूप में विकास सम्भव हो सकेगा, जो पिछले दशकों में केन्द्र के साथ-साथ अधिकांश राज्यों के शासन में कांग्रेस के एकाधिकार से प्राय: समाप्त हो गई थी। यह ठीक है कि इससे केन्द्र और राज्यों में एक तरह की नीति या पूरे देश में एक तरह की नीति चलाने से कुछ कठिनाई होगी। राज्यों के साथ नए तरह के रिश्ते कायम करने पर केन्द्र की नीति निर्धारित करते समय राज्यों की आवश्यकताओं और वहाँ के प्रमुख दलों की नीतियों को ध्यान में रखना होगा, पर स्वायत्तता तथा यथेष्ट आर्थिक अधिकारों से लैस राज्य इस बात में स्वयं भी सक्षम होंगे कि वे अपने राज्यों के साधन के अनुरूप योजना तैयार कर तथा इन साधनों का सही उपयोग कर आज की अपेक्षा अधिक तेज विकास कर पाएँ।

जिस नई राजनीति की ओर हम प्रस्थान कर रहे हैं, उसका एक और पहलू है, जो ध्यान में रखना जरूरी है और उसके उपयुक्त राजनीति के लिए हमें अपने को मानसिक रूप से तैयार करना है। कांग्रेस का सत्ता एकाधिकार की समाप्ति और उसका स्थान लेनेवाले उतने ही व्यापक किसी अन्य दल के अभाव में बहुत लोग यह समझ नहीं पाते कि केन्द्र का शासन कैसे चलेगा, लेकिन असल में यह कोई समस्या नहीं है। इसका सरल जवाब है कि जो दल इंका को अपदस्थ करेंगे, वे ही केन्द्र में शासन चलाएँगे, यानी केन्द्र में भी जैसाकि कई राज्यों में पहले से होता आया है, मिली-जुली सरकारें होंगी। इस बात से लोगों को आज परेशानी इसलिए होती है, क्योंकि शुरू से केन्द्र में एक दल का शासन रहने के कारण हम लोग मानसिक रूप से एक दलीय शासन के इतने अभ्यस्त हो गए हैं कि किसी और तरह के शासन की बात सोच ही नहीं पाते। इसी से लोगों को इसमें लोकतंत्र पर खतरा या राष्ट्रीय बिखराव का खतरा नजर आता है, लेकिन अगर हम दुनिया भर की राजनीति पर निगाह डालें और भारत की विशेष स्थिति पर विचार करें तो पाएँगे कि लोकतंत्र और भारत की अखंडता दोनों को बनाए रखने की दृष्टि से मिली-जुली सरकारें ही भारत के लिए उपयुक्त हो सकती हैं।

शुरू से ही ब्रिटेन, अमेरिका तथा कुछ अंग्रेजी भाषी देशों के अनुभव के आधार पर भारत के नेताओं ने दो दलीय लोकतंत्र पर बहुत बल दिया। उनकी कुछ ऐसी धारणा बन गई थी कि दो दलीय लोकतंत्र कुछ अधिक स्थायी होता है, लेकिन उनका यह आग्रह बिलकुल अव्यावहारिक था। इसमें उन विशेष परिस्थितियों को

नजरअन्दाज कर दिया गया था, जिनमें ब्रिटेन या अमेरिका में दो दलीय राजनीति का विकास हुआ था। ब्रिटेन और अमेरिका की आज की दो प्रधान पार्टियाँ वही नहीं हैं, जो शुरू के दिनों में थीं। अमेरिका की वर्तमान रिपब्लिकन और डेमोक्रेटिक पार्टियों का स्वरूप इससे काफी भिन्न था। ब्रिटेन में तो पिछले पचास साल के भीतर ही वर्तमान लेबर पार्टी प्रमुखता में आई है। इसके पहले वहाँ राजनीति में ध्रुवीकरण अनुदार और उदार दलों के बीच था। लेकिन समाज के भीतर जो आर्थिक या वैचारिक बदलाव आए, उसके मुताबिक उदार दल का पतन हुआ और लेबर पार्टी प्रमुखता में आई। अब फिर लेबर पार्टी में टूट से दो दलीय राजनीति का आधार खत्म हो रहा है।

दो दल होंगे या अधिक दल, यह हम क्या करते हैं, इस पर निर्भर नहीं करता बल्कि सामाजिक शक्तियाँ क्या रूप लेती हैं, इस पर निर्भर करता है। राजनीति और खास कर लोकतांत्रिक राजनीति हमेशा आदर्श और असलियत के तालमेल से बनती है। हम आदर्श रूप में क्या चाहते हैं, यही निर्णायक नहीं होता। लोकतंत्र में आस्था रखते हुए हम लोगों को उनकी भावनाओं के अनुरूप दलों में गठित होने से कैसे रोक सकते हैं? हमारे देश में क्षेत्रीय विशिष्टताएँ हैं कि दो दलों के दायरे में सब को नहीं समेटा जा सकता और हमें काफी हद तक चाहे-अनचाहे लोगों की भावनाओं को मान्यता प्रदान करनी ही होगा।

लेकिन दो दल वाले पूर्वग्रह से ऊपर उठने पर हम पाएँगे कि दुनिया के अधिकांश लोकतांत्रिक देशों में बहुदलीय लोकतंत्र है, जिनमें मिली-जुली सरकारें काम करती हैं। स्विट्जरलैंड तथा बेल्जियम ऐसे छोटे देशों में भी कई दलों की मिली-जुली सरकारें हैं और वहाँ की व्यवस्थाएँ न सिर्फ स्थायी हैं, बल्कि बहुत ही दक्षता के साथ काम करती हैं। भारत को भी लोकतांत्रिक राजनीति का कुछ ऐसा ही स्वरूप अपनाना होगा। अगर केन्द्र में विभिन्न क्षेत्रीय दलों का सरकारी स्तर पर समुचित प्रतिनिधित्व होने लगेगा, तो बिखराव की ताकतें स्वत: शामिल हो जाएँगी। जहाँ लोगों में यह भाव बनने लगा है कि दिल्ली परदेश है, वे जब देखेंगे कि दिल्ली के शासन में उनके प्रतिनिधियों की समान साझीदारी है, तो धीरे-धीरे उनसे यह भाव अलग होगा। स्वायत्तता मिलने से वे वैसी आरोपित नीतियों और बाहरी नौकरशाही के साहबी अन्दाज से भी फुरसत पा जाएँगे, जो बार-बार उनमें परदेशीपन का भाव जगाता है। भारत की अखंडता की यही शह हो सकती है और दक्षिण के चुनावों के नतीजों से इस दिशा में कदम उठाने का एक बड़ा अवसर देश के सामने आया है।

(रविवार, 30 जनवरी-5 फरवरी, 1983)

धर्मनिरपेक्षता

धर्मनिरपेक्षता का सिद्धान्त जो हमारे संविधान के आधार में है और हाल-हाल तक सहज रूप से स्वीकृत था, अचानक संशय के दायरे में आ गया है। इधर कुछ दिनों से लेखों और व्याख्यानों आदि के द्वारा एक शक्तिशाली मुहिम इसके विरोध में चलाई जा रही है। कुछ लोग तो 'धर्मनिरपेक्षता' शब्द पर एतराज करते हैं और इसकी जगह 'पंथनिरपेक्षता' शब्द को रखना चाहते हैं, जो उनकी दृष्टि में अंग्रेजी शब्द 'सेक्युलर' का सही अर्थ हुआ। धर्म उनकी दृष्टि में मनुष्य के कर्तव्य का आधार होता है, इसलिए कोई भी राजनीति इससे निरपेक्ष नहीं हो सकती। हम यहाँ इस विवाद में नहीं पड़ेंगे। यह मामला तो भाषाविद् लोग ही तय कर सकते हैं। जो धर्मनिरपेक्षता का विरोध कर रहे हैं, वे राजनीति का 'सेक्युलर' होने के ही विरोधी हैं, हिन्दी में हम इसे चाहे जो नाम दें। जहाँ तक अर्थ का सवाल है, चूँकि तत्काल धर्मनिरपेक्षता सेक्युलर के ही अर्थ में आम तौर से व्यवहार में लाया जाता है, इसलिए यहाँ हम धर्मनिरपेक्षता का प्रयोग करेंगे अंग्रेजी शब्द 'सेक्युलर' के ही अर्थ में।

चूँकि धर्मनिरपेक्षता के खिलाफ मुहिम की अगुवाई भाजपा तथा राष्ट्रीय स्वयंसेवक संघ परिवार के लोग कर रहे हैं, इसलिए इसके पीछे के असली उद्देश्य को थोड़ा-बहुत समझा जा सकता है। इधर भाजपा नेता लालकृष्ण आडवाणी धर्मनिरपेक्षता पर एक राष्ट्रव्यापी बहस चलाने की बात भी कर रहे हैं, लेकिन इस माँग से आगे बढ़ कर संघ परिवार के लोग इस सवाल पर वे क्या सोचते हैं, इसे कभी लोगों के सामने साफ-साफ नहीं रखते। बहस की शुरुआत तो किसी मसले पर स्पष्ट प्रतिवेदन से हुआ करती है। जो बहस की शुरुआत करना चाहते हैं, यह उनकी जवाबदेही है कि ऐसा प्रतिवेदन प्रस्तुत करें, लेकिन ऐसा इस परिवार के लोग नहीं करते और जब तब धर्मनिरपेक्षता और 'तथाकथित धर्मनिरपेक्षता' के विरुद्ध दिल की भड़ास निकालते रहते हैं। इससे इस सवाल पर कोई सफाई तो नहीं होती, उलटा पूरे भाजपाई हुजूम द्वारा मन के मैल को इस पर लगातार थोपते रहने से यह विचार लोगों के सामने धूमिल जरूर होने लगा है।

गोएबल्स का यह विचार कि किसी झूठ को सौ बार दुहराने से वह सत्य बन जाता है, निश्चय ही गहरे मनोवैज्ञानिक अनुभवों पर आधारित था और संघ परिवार

जो हिटलर-गोएबल्स का प्रारम्भ से ही अनुगामी रहा है, इस प्रयास में वे किसी हद तक सफल हुए हैं यह इसी से जाहिर होता है कि बड़ी संख्या में सदाशय पत्रकार और बुद्धिजीवी भी इस प्रश्न पर शंकाग्रस्त हो गए हैं।

अगर हम भाजपाई नेताओं के क्रियाकलापों पर विचार करेंगे तो साफ हो जाएगा कि वास्तव में धर्मनिरपेक्षता का सवाल भाजपा ने ईमानदारी से शंका समाधान के लिए नहीं बल्कि लोगों को गुमराह कर किसी तरह सत्ता हथियाने के उद्देश्य से उठाया है। यह ध्यान में रखने की बात है कि 1977 में जब जनता पार्टी की सरकार में आडवाणी और अटलबिहारी वाजपेयी आदि केन्द्रीय मंत्रिपरिषद में वरिष्ठ मंत्री थे, उनके दिमाग में यह सवाल नहीं पैदा हुआ। भारत के संविधान में धर्मनिरपेक्षता का प्रावधान तब भी था, और इससे भी बढ़कर 76 कि संवैधानिक संशोधन के जरिये भारत को बाजाप्ता धर्मनिरपेक्ष लोकतंत्र घोषित किया जा चुका था। उस समय आडवाणी और उनके सहयोगी पूर्व जनसंघी मंत्रियों ने बिना किसी हिचक के इस संविधान के प्रति निष्ठा की शपथ ली थी।

अब सवाल उठता है कि अचानक उनमें धर्मनिरपेक्षता के प्रति यह चिढ़ कैसे पैदा हो गई? अगर हम इस सवाल पर गौर करेंगे तो पाएँगे कि संघ परिवार के लिए यह किसी विचार के प्रति निष्ठा का प्रश्न नहीं है बल्कि सत्ता पर कब्जा करने की आतुरता का परिणाम है। असल में राष्ट्रीय स्वयंसेवक संघ ने, जिसकी राजनीतिक बाँह भाजपा है, कभी भी धर्मनिरपेक्ष भारत के सिद्धान्त को कबूल नहीं किया। 1977 में उन्होंने इस सिद्धान्त को महज इसलिए कबूल किया ताकि राजनीतिक सत्ता में हिस्सा मिल सके। यह शुद्ध रूप से अवसरवादिता थी। इधर उनके प्रयासों से साम्प्रदायिकता का जो उभार आया है, उससे उनके दिमाग में यह बात घर कर गई है कि अब वे इस उन्माद को बढ़ा कर सहज में सत्ता में आ सकते हैं। इसलिए उनके लिए जरूरी है कि वे धर्मनिरपेक्षता के विरुद्ध चलाए जा रहे अभियान के इस परिप्रेक्ष्य को ध्यान में रखना जरूरी है, लेकिन चूँकि धर्मनिरपेक्षता के प्रति एक संशय पैदा कर दिया गया है, इस सवाल पर थोड़ा विस्तार से विचार करना भी जरूरी है।

असल में राजनीति की एक खास पृष्ठभूमि में धर्मनिरपेक्षता सहिष्णु संस्कृति की अभिव्यक्ति के रूप में विकसित हुई। जब भी समाज में एक से अधिक मूल, धर्म आदि वाले लोगों को एक राजनीतिक सत्ता के अन्दर रहने की आवश्यकता आई है तब दो में एक नीति अख्तियार करना अनिवार्य हो गया है : (1) चाहे तो शक्तिशाली समूह बाकी समूहों पर अपनी इच्छा लादता है और कभी-कभी उनका अस्तित्व तक मिटा देता है; (2) एक ऐसी नीति चलाई जाती है जिसमें राजनीति—जो किसी क्षेत्र में रहनेवाले सभी निवासियों के जीवन को प्रभावित करती है—ऐसी हो जो किसी समूह विशेष की विशिष्टताओं को दूसरों पर नहीं लादती और अपने निजी विश्वास और जीवन में सभी समूहों को उस हद तक स्वतंत्र छोड़ देती है जिस हद

तक वह दूसरे समूहों के जीवन और विश्वासों पर प्रतिकूल दबाव नहीं डाले। दुनिया के विभिन्न मानव समूहों द्वारा उनके स्वभाव एवं स्थिति के अनुसार इन दोनों तरह की व्यवस्थाएँ चलाई गई हैं, लेकिन आम तौर से विकासशील और उदार समाजों द्वारा इनमें दूसरे तरह की नीति यानी सहिष्णुता की ही अपनाई गई है। लोकतंत्र के लिए तो यह अपरिहार्य रहा है।

वैसे धर्म और राजनीति को अलग रखने के दबाव का एक उदाहरण बाइबल में उल्लिखित एक घटना में ही देखा जा सकता है। जीसस क्राइस्ट जिस समय अपने विचारों को प्रचार कर रहे थे, उस समय उनका क्षेत्र जूडीया रोमन साम्राज्य का हिस्सा था। रोम के राज धर्म में अनेक देवी-देवताओं की पूजा होती थी। वहीं जूडीया में रोमनों की प्रजा में भारी संख्या में यहूदी थे। इसलिए एक ही राज्य व्यवस्था के तहत कई धर्मों के लोगों को अपने विश्वासों के साथ रहना पड़ता था। इसलिए सहज ही यह सवाल पैदा होता था, ईसाइयों की दृष्टि राज्य के प्रति क्या हो? इसका जवाब एक छोटी-सी घटना में मिलता है। कुछ लोग जीसस के पास आते हैं और रोमन सिक्का दिखला कर पूछते हैं कि इसका क्या किया जाए। जीसस उनसे पूछते हैं, "सिक्के पर किसकी तसवीर है?" वे जवाब देते हैं, "सीजर (सम्राट) की।" जीसस का जवाब होता है, "जो सम्राट की वस्तु है उसे सम्राट को दो और जो भगवान की वस्तु है उसे भगवान को दो।" इस जवाब में स्पष्ट है कि राजनीति और धर्म के क्षेत्र अलग-अलग हैं और दोनों का मनुष्य के जीवन के बिलकुल भिन्न पहलुओं पर अधिकार है।

बाइबल की उपरोक्त घटना तो राज्य और धार्मिक विश्वासों के पारस्परिक रिश्ते को बतलाने का एक प्रतीकात्मक उदाहरण भर है, लेकिन असली जीवन में भी यह स्थिति हजारों वर्ष से आती रही है जब एक राज्य के भीतर एक से अधिक धार्मिक विश्वासों वाले लोगों को या भिन्न मूल के लोगों को रहना पड़ा है और राज्य को उनके सम्बन्धों का नियमन करना पड़ा है। जैसाकि पहले कहा गया है, इस समस्या का समाधान दो विपरीत ढंग से किया गया है। जहाँ राज्य का स्वरूप बर्बर और निरंकुश रहा है वहाँ यह कोशिश हुई है कि राजधर्म या शासन करनेवाले मूलों की मान्यताओं को बाकी लोगों पर आरोपित किया जाए और उन्हें सतत गुलामी की स्थिति में रखा जाए। लेकिन ऐसे राज्यों में स्थायित्व नहीं रह पाया है और लगातार विद्रोह और गृहयुद्ध होते रहे हैं। इसके विपरीत अपेक्षतया सभ्य तथा लोकतांत्रिक समाजों में राज्य की ओर से ऐसे समायोजन के प्रयास हुए हैं जिसमें राज्य व्यवस्था अपने को राजनीतिक और आर्थिक मामलों तक सीमित रखती रही है और राज्य के तहत आनेवाले विभिन्न मूल या धर्म के लोगों को निजी जीवन अपने विश्वासों के अनुसार चलाने की छूट रही है।

असल में यह फर्क अन्ततोगत्वा हमेशा सहिष्णु और असहिष्णु समाजों के बीच का फर्क रहा है और आज भी मूलत: धर्मनिरपेक्षता (सेक्युलरिज्म) का आदर्श एक

सहिष्णु समाज बनाने का ही है क्योंकि एक राज्य के तहत रहनेवाले अनेक समूह सिर्फ धर्म के आधार पर ही नहीं बल्कि मूल, भाषा, जाति आदि कई आधार पर विभाजित हो सकते हैं और उनके शान्तिपूर्ण सहअस्तित्व का आधार बहुसंख्यक समूहों की व्यापक सहिष्णुता ही हो सकती है। ऐसे सहिष्णु समाज का आदर्श धर्मनिरपेक्षता के रूप में अपनाया जाने के पीछे यूरोपीय समाज की खास स्थितियाँ थीं, जहाँ से यह विचार अन्यत्र अपनाया गया।

ईसाई धर्म के फैलने के बाद यूरोप में इस धर्म की कौन-सी मान्यताएँ कबूल की जाएँ, इस बात पर लगातार विवाद बना रहा। अक्सर ऐसा होता था कि आधिकारिक रूप से मान्य विश्वासों से अलग विश्वासों को 'हेरेसी' यानी विकृति करार दिया जाता था और आधिकारिक ईसाई मत को लेकर चलनेवाले राजाओं से यह अपेक्षा की जाती थी कि धर्म के 'विकृत' रूप को लेकर चलनेवाले लोगों के खिलाफ युद्ध कर वे उन्हें नष्ट कर दें। प्रारम्भिक कुछ सदियों तक 'ऐरियनिज्म' नाम से पुकारी जानेवाली 'विकृति' के खिलाफ अनेक युद्ध होते रहे। लेकिन चूँकि विश्वासों और पूजन विधियों को लेकर जब तक नए विचार पैदा होते रहते थे, लगातार नई विकृतियों की घोषणा कर इनके खिलाफ जेहाद की घोषणा होती रहती थी।

सोलहवीं शताब्दी में तो एक ऐसी दरार ईसाई धर्म में पैदा हुई जो कभी पाटी नहीं जा सकी। यह दरार प्रोटेस्टेंट आन्दोलन के जन्म से पड़ी। इसके बाद यूरोप में रोम से संचालित पारम्परिक कैथोलिक धर्म और नवोदित प्रोटेस्टेंट धर्म के अनुयायियों के बीच लगातार युद्ध होते रहे। दूसरे विचार वालों को यातनाएँ देना या जिन्दा जला देने जैसी घटनाओं से यूरोपीय समाज घोर आतंक के बीच से गुजरता रहा।

लेकिन ईसाई धर्माचार्यों का हस्तक्षेप सिर्फ धार्मिक विवादों तक ही सीमित नहीं रहता था। उनका नियंत्रण विचारों के हर क्षेत्र पर रहता था। इसी क्रम में एक महत्त्वपूर्ण दार्शनिक ब्रूनो को उसके दार्शनिक विचारों के लिए 'हेरेटिक' घोषित कर 1591 में उस पर मुकदमा चलाया गया और उसे जिन्दा जला दिया गया। धार्मिक विश्वासों को लोगों की सोच पर लादने के प्रयास का दूसरा हास्यास्पद नमूना गैलिलियो पर उसके वैज्ञानिक विचारों के लिए चलाया गया मुकदमा था। उसके इस विचार के लिए कि सूर्य केन्द्र में है और पृथ्वी समेत अन्य ग्रह इसके चारों ओर घूमते हैं, 1533 ई. में जब वह 69 वर्ष का हो चुका था इंक्रीजिशन (धार्मिक अदालत) द्वारा मुकदमा चलाया गया और आखिर में अनेक यातनाएँ देने के बाद उसे अपने विचार को नकारने को मजबूर किया गया। इसके बाद भी उसे काफी दिनों तक एक स्थान पर बन्दी बनाकर रखा गया। यह मुकदमा ऐतिहासिक महत्त्व का है और 'सेक्युलर' शब्द के असली तात्पर्य को समझने में बहुत ही सहायक है।

'सेक्युलर' शब्द का अर्थ है इन्द्रियगम्य, इहलौकिक ज्ञान और कर्म से सम्बद्ध उन चीजों का क्षेत्र, जिनका सम्बन्ध आम लोगों के दैनन्दिन की जिन्दगी से होता

है। इससे भिन्न होती है वह दुनिया जो ईश्वर, इतरलोक या अन्य धार्मिक विश्वासों से सम्बद्ध है। सेक्युलरिज्म का अर्थ है, इन्द्रियगम्य साक्ष्यों पर आधारित संसार की अवधारणा को कबूल कर विभिन्न सांसारिक कार्यकलापों में पारलौकिक या दूसरी ऐसी भावनाओं का हस्तक्षेप रोकना जिनके आधार में कोई ऐन्द्रिक साक्ष्य या तर्कविधि नहीं है। गैलिलियो शायद पहला वैज्ञानिक था जिसने भौतिक जगत को समझने के लिए पूरी तरह प्रयोगों को अपने सिद्धान्तों का आधार बनाया था। उसके सारे नतीजे ऐसे प्रयोगों पर ही आधारित थे। इसका विरोध इंक्रीजिशन (वर्तमान भारतीय सन्दर्भ में जिसे धर्म संसद कहा जा सकता है) के द्वारा हुआ जिसने गैलिलियो के वैज्ञानिक सिद्धान्तों को ईसाई धर्म की मान्य आस्थाओं के विपरीत करार दिया। उस समय के ईसाई धर्माचायों के सिद्धान्तों के अनुसार पृथ्वी ही केन्द्र में है और सूर्य एवं अन्य नक्षत्र इसके चारों ओर चक्कर लगाते हैं। इन धर्माचार्यों को अपने सिद्धान्तों की सत्यता पर रत्ती भर भी सन्देह नहीं था क्योंकि यह करोड़ों ईसाइयों की आस्था का सवाल था और वैज्ञानिक प्रयोग उनके अनुसार आस्थाओं को नहीं झुठला सकते।

हाल के एक उदाहरण से बात स्पष्ट हो जाएगी। बाबरी मस्जिद के विषय में विश्व हिन्दू परिषद और इससे सम्बद्ध साधु-सन्तों ने यह कहा कि यह मस्जिद ठीक उसी जगह एक मन्दिर को तोड़ कर बनाई गई थी जहाँ श्री राम पैदा हुए थे। देश के जाने-माने इतिहासकारों ने, जिन्होंने पुरातत्व आदि का एक वैज्ञानिक अनुशासन के रूप में अध्ययन किया था और इतिहास को विज्ञान मानते हैं, कहा कि विश्व हिन्दू परिषद के दावे का साक्ष्यों के आधार पर परीक्षण होना चाहिए। लेकिन विश्व हिन्दू परिषद और इसके इर्द-गिर्द जमा धर्म संसद ने ठीक इंक्रीजीशन की तर्ज पर यह कहना शुरू किया कि यह मामला साक्ष्यों पर तय नहीं किया जा सकता क्योंकि यह करोड़ों हिन्दुओं की आस्था का प्रश्न है। यह एक दूसरा उदाहरण है कि आस्थाएँ कितना अनर्थ कर सकती हैं? फर्क इतना ही है कि गैलिलियो के साथ यह व्यवहार यूरोप में मध्ययुगीन विश्वासों के काल में हुआ था जबकि बाबरी मस्जिद को बीसवीं शताब्दी के आखिरी वर्षों में तोड़ा गया।

अब इतिहास को एक विज्ञान के रूप में लेकर चलनेवाले लोगों के लिए यह बात बिलकुल अर्थहीन हो चुकी है कि बाबरी मस्जिद को फिर से बनाया जाय या नहीं। उसे फिर से बनाना असम्भव है और इस तरह एक महत्त्वपूर्ण ऐतिहासिक साक्ष्य को सदा के लिए खत्म कर दिया गया है। बाबरी मस्जिद का इतिहास के लिए महत्त्व इसलिए था कि—अगर हम यह मान लें कि वह 1528 ई. में बनाया गया था। वह भारत में मुगलों के आने के बाद बनी पहली इमारत थी। इसके पहले तुर्क, अफगान काल की अनेक इमारतें उपलब्ध हैं, और फिर बाद के मुगल काल के अनेक इमारत। इस तरह एक खास तरह की वास्तुकला के विकास को समझने में यह एक महत्त्वपूर्ण कड़ी थी जिसे अन्ध आस्थाओं ने नष्ट कर दिया।

भाजपाई नेता आडवाणी ने यह भी कहा कि यह मस्जिद तो जीर्ण-शीर्ण हो चुकी थी। बात ठीक है, लेकिन यह बात धार्मिक आस्थाओं पर आधारित सोच की संकीर्णता को जाहिर करती है। यह बात आम तौर से चिन्ता की मानी जाती है कि अजन्ता के भित्ति चित्र जीर्ण-शीर्ण हो जहाँ-तहाँ उखड़ रहे हैं। वैसे सभी लोग जिन्हें मानव सभ्यता से प्रेम है, चाहते हैं कि कोई विधि मानव कला की इन अनुपम अभिव्यक्तियों को सुरक्षित करने की निकाली जा सके। लेकिन भाजपाई आस्थावान लोगों के लिए यह महत्त्वहीन बात होगी अगर कोई सिरफिरा आदमी किसी दिन अजन्ता भित्ति चित्रों को खरोंच कर नष्ट कर दे क्योंकि वे जीर्ण-शीर्ण हो चुके हैं।

ऊपर के उदाहरण बतलाते हैं कि धार्मिक आस्थाओं का हस्तक्षेप मनुष्य के दैनन्दिन के जीवन को किस हद तक बर्बरता की दिशा में मोड़ सकता है।

यूरोप में जहाँ एक तरफ धर्माचार्यों द्वारा आस्था के नाम पर अन्धविश्वास फैलाया जा रहा था वहीं दूसरी तरफ सत्रहवीं एवं अठारहवीं शताब्दी से विभिन्न क्षेत्रों में विज्ञान और दर्शन का तेजी से विकास हो रहा था जो तथ्य और विवेक पर जोर देते थे। इनहीं सब विचारों के सम्मिलित प्रभाव को 'विवेक का युग' (एज ऑफ इनलाइटेनमेंट) के नाम से जाना जाता है। यही काल था जब न्यूटन, देकार्त, कांट, डेविड ह्यूम, लौक, रूसो, वॉल्टेयर आदि अनेक वैज्ञानिक और दार्शनिक विभिन्न बिन्दुओं से तथ्यों और विवेक को लोगों के दैनन्दिन के कार्यकलापों में अन्ध धार्मिक आस्थाओं की जगह प्रतिष्ठित कर रहे थे।

इस नई सोच को योजनाबद्ध ढंग से एकत्र कर लोगों के ज्ञान का दायरा बढ़ाने में सबसे महत्त्वपूर्ण रोल अदा किया अठारहवीं शताब्दी के फ्रांस के 'इन्साइक्लोपेडिस्ट' नाम से प्रसिद्ध बौद्धिकों के समूह ने। इन लोगों ने कई खंडों की एक बृहत् पुस्तक (इन्साक्लोपेदी) में उस समय उपलब्ध विज्ञान, समाजशास्त्र तथा तकनीकी सम्बन्धी विविध जानकारियों को एकत्र किया। चूँकि इसमें उल्लिखित अनेक बातों का धार्मिक आस्थाओं से प्राप्त 'प्रभु प्रदत्त सच्चाइयों' से मेल नहीं बैठता था। इनके कामों में अनेक बाधाएँ उपस्थित की गईं और इस ग्रंथ के संकलन का काफी बड़ा काम गोपनीय ढंग से करना पड़ा।

इसका श्रेय खासकर फ्रांसीसी दार्शनिक दीदरो को जाता है कि उसने इन तमाम कठिनाइयों के बावजूद इस काम को सम्पन्न किया। इन लोगों के प्रयास का यह असर हुआ कि यूरोप के विभिन्न देशों में और खास कर फ्रांस में शिक्षा को धर्माचार्यों के प्रभाव से मुक्त करने का विचार व्यापक हो गया। इसी से यह विचार भी लोगों में फैलने लगा कि राज्य को धार्मिक मामलों से अलग रखना चाहिए, लेकिन यूरोप के जीवन में उन्नीसवीं शताब्दी के अन्त तक चर्च का प्रभाव इतना अधिक था और राज्य के साथ राजाओं के माध्यम से किसी-न-किसी चर्च का सम्बन्ध इतना पुराना था कि इस विचार को आसानी से लागू नहीं किया जा सकता था।

फिर भी इस नए विचार की तार्किक शक्ति इतनी जबरदस्त थी कि इसे रोका भी नहीं जा सकता था। इसलिए औपचारिक ढंग से तो सिर्फ फ्रांस में 1905 ई. में चर्च को राज्य से बिलकुल अलग किया गया, लेकिन व्यवहार में यूरोप के अधिकांश राज्यों, विशेषकर लोकतंत्र में राजनीति से चर्च की घुसपैठ समाप्त कर दी गई।

एक उदाहरण ब्रिटेन का है। वहाँ आज भी औपचारिक रूप से ऐंग्लिकन चर्च राजधर्म है और इसके शीर्ष पर ब्रिटेन का सम्राट होता है, लेकिन असल में इस चर्च का कोई भी प्रभाव वहाँ की राजनीति में नहीं है। यहाँ तक कि ब्रिटेन में दस प्रतिशत लोग भी इस धर्म में आस्था नहीं रखते और न इस चर्च की प्रार्थनाओं में शामिल होते हैं।

आधुनिक जीवन की आवश्यकताओं के दबाव में राज्य और धार्मिक संस्थाओं का जो ऊपर वर्णित नया सम्बन्ध विकसित हुआ, और जिस सम्बन्ध के तहत राज-काज के मामले में चर्च की भूमिका गौण हो गई, इसी सम्बन्ध को 'सेक्युलरिज्म' नाम से पुकारा जाता है। इसमें राजनीतिक जीवन में ईश प्रदत्त सत्य की जगह प्रत्यक्ष अनुभव और तर्क पर आधारित सत्य को, भावना की जगह विवेक को और व्यक्तिगत या जातीय पूर्वग्रहों की जगह सहिष्णुता को आधार बनाया जाता है।

अब अगर हम थोड़ा विचार करेंगे तो पाएँगे कि ये मान्यताएँ लोकतंत्र का भी आधार हैं। लोकतंत्र में शासन बहुमत के द्वारा चलाया जाता है, लेकिन इसमें हमेशा यह विचार निहित होता है कि अल्पमत वाले लोग अपनी बातों का प्रचार कर बहुमत प्राप्त करने को स्वतंत्र होंगे। यह सम्भावना दो स्थितियों पर निर्भर करती है; (1) कि जो बहुमत में हैं, अल्पमत के लोगों को अपने विचारों के प्रचार का पूरा अवसर दें; और (2) लोगों का निर्णय दो प्रतिद्वन्द्वियों के बीच चुनाव में रोजमर्रा के जीवन के अनुभवों पर आधारित हो। अगर निर्णय धर्म, जाति, मूल आदि के आधार पर होने लगे तो न सिर्फ अल्पमत का बल्कि बहुमत का भी विभिन्न विकल्पों में तथ्यों के आधार पर चुनाव करने का अधिकार खत्म हो जाएगा क्योंकि धर्म, जाति, मूल आदि पर आधारित बहुमत भावना पर टिका होता है जो विवेक से स्थितियों के निरूपण की सम्भावना के सारे दरवाजे बन्द कर देता है। इसीलिए जिन आधुनिक राज्यों ने सेक्युलरिज्म को तिलांजलि दे दी है, वहाँ से लोकतंत्र भी खत्म हो गया है।

लेकिन 'विवेक के युग' के आगमन और लोकतांत्रिक मान्यताओं के स्थापित होने के पहले से ही राजकाज सुचारू रूप से चलाने की आवश्यकता के दबाव के कारण राज्य को धार्मिक संस्थाओं के बन्धन से मुक्त करने के प्रयास पूर्ववर्ती काल में भी अनेक जगह होते रहे। स्वयं फ्रांस में पोप बोनिफेस और फ्रांस के राजा फिलिप के बीच इस मुद्दे पर संघर्ष 'विवेक के युग' के लगभग पाँच शताब्दी पहले शुरू हो गया था, जिसमें अन्ततोगत्वा फ्रांस के कैथोलिक चर्च को पूरी तरह राजा के मातहत चलने के लिए मजबूर किया गया। इसी तरह के संघर्ष बार-बार

इंग्लैंड में भी होते रहे। इसी क्रम में बिशप बेकेट की हत्या राजा द्वारा कराई गई जो काफी चर्चित घटना रही है। इन संघर्षों का कारण यह था कि राज्य को अपनी व्यवस्था चलाने के लिए अनेक तरह के आर्थिक एवं सामाजिक दबावों के बीच किसी तरह का समायोजन करना जरूरी हो जाता था।

धर्म संस्थाओं के हस्तक्षेप से राज्य द्वारा सन्तुलन बिगड़ते रहते थे। यह कोई जरूरी नहीं कि राज्य का पक्ष सदा सही होता था और धर्म संस्थाओं का गलत। लेकिन राज्य चलाने की विवशताएँ कुछ ऐसी थीं कि धर्माचार्यों के आदेशों को नजरअन्दाज करना जरूरी होता था। यहीं से राज्य और धर्म संस्थाओं का विरोध पैदा होता था और अक्सर राज्य को या तो धर्म संस्थाओं को नजरअन्दाज करना होता था या उनके विरोध में कठोर कदम उठाने पड़ते थे। यह अनुभव कमोबेश अधिकांश बड़े राज्यों का था, विशेषकर उनका जिनमें एक से अधिक धार्मिक विश्वासों वाली प्रजा निवास करती थी।

इस्लाम की धार्मिक कट्टरता की बात अक्सर की जाती है, लेकिन सच्चाई यह है कि मुसलमान शासकों का साम्राज्य जैसे-जैसे गैर-इस्लामी लोगों के ऊपर फैला वैसे-वैसे गैर-मुस्लिम आबादियों पर मुस्लिम रीति-रिवाजों या कानूनों को लादने का आग्रह छोड़ दिया गया। इसके अनेक उदाहरण हैं। जब 661 से 750 ई. तक उम्मैद खलीफों का राज्य दमिश्क में रहा, उस समय नागरिक व्यवस्था मुख्य रूप से यूनानी ईसाइयों के हाथ में थी और नतीजा यह हुआ कि इस काल में चतुर्दिक तरक्की हुई। इस तरह बगदाद में आठवीं शताब्दी के आखिरी वर्षों से नवीं शताब्दी के प्रारम्भिक वर्षों तक में साहित्य एवं ज्ञान-विज्ञान की तलाश में मुस्लिम शासकों ने बिना भेद-भाव के दुनिया के सभी स्थानों से लोगों को आमंत्रित किया। बगदाद के शासक मामुन के समय में विज्ञान की जानकारी के लिए इतना जबरदस्त आग्रह था कि यह शासक बैजंतियन के यूनानी ईसाई वैज्ञानिकों को अपने यहाँ बुलाने के लिए बड़ी-से-बड़ी कीमत चुकाने के लिए तैयार रहता था। इस तरह की नीति बिना ऊँचे दर्जे की सहिष्णुता के असम्भव थी।

स्पेन के अरब और बर्बर मुस्लिम शासकों ने बारहवीं शताब्दी में कार्डोवा में एक ऐसी सभ्यता का केन्द्र बनाया था जो यूरोप में बेमिसाल था। यहाँ यहूदी और ईसाई बिना किसी तरह के दबाव के यहाँ के ज्ञान विज्ञान और शिल्प के प्रसार में लगे रहे। बाद में चौदहवीं और पन्द्रहवीं शताब्दी से ओटोमन तुर्कों के साम्राज्य का अफ्रीका के उत्तरी तट से लेकर यूरोप के विशाल भू-भाग पर फैलने का दबाव ऐसा बना कि मुस्लिम और गैर-मुस्लिम प्रजा के बीच भेदभाव करने की नीति का एक सीमा के बाद चलना असम्भव था। धार्मिक अन्ध-विश्वासों और बर्बरता से मुक्ति का अन्तिम चरण तुर्की में मुस्तफा कमाल के अतिवादी सुधारों से 1926 में पूरा हुआ जब यूरोपीय समाज से रू-ब-रू तुर्की को आधुनिक बनाने के क्रम

में काजी मुल्लाओं के कायदे-कानून की जगह उसने स्विट्जरलैंड के नमूने का दीवानी कानून, इटली के नमूने का फौजदारी कानून और जर्मनी के नमूने का व्यापार सम्बन्धी कानून तुर्की पर लाद दिया।

विभिन्न मूल और विचारों के लोगों पर शासन करने और सभ्य समाज का विकास करने की आकांक्षा राज व्यवस्था पर ऐसा दबाव बनाए रखती थी कि धार्मिक कट्टरता को लेकर चलना असम्भव बन जाता था। जहाँ-जहाँ ऐसी कट्टरता की नीति अपनाई गई वहाँ सभ्यता और राज व्यवस्था, दोनों का पतन शुरू हो गया। आम तौर से हजरत मुहम्मद की किसी तसवीर को लेकर आज भयंकर उथल-पुथल मच जाती है। लेकिन स्वयं ईरान में जो अभी पुनरुत्थानवादी (फंडामेंटलिस्ट) कट्टरपंथियों का गढ़ है, कभी ऐसी कट्टरता नहीं थी। यह जानना दिलचस्प होगा कि इसी ईरान में शाम तहमस्प के लिए 1539 से 1543 ई. के बीच एक सुन्दर लघुचित्र (मिनिचेयर) बनाया गया जिसे फरिश्तों से घिरे घोड़े पर सवार पैगम्बर मुहम्मद का स्वर्गारोहण दिखलाया गया है। इसी ईरान में उमर खैयाम की रूबाइयाँ लिखी गईं जिसका स्वर धार्मिक विश्वासों के प्रति गहरे संशय और अवसाद का है और पनाह सुरा-सुन्दरी में बतलाया गया है कि जिनका मेल किसी भी कट्टर धार्मिक विचार से नहीं बैठ सकता। सीधी-सी बात यह है कि धार्मिक कट्टरता और सभ्य नागरिक व्यवस्था साथ-साथ नहीं चल सकती। इसलिए पोप-पादरियों, पोंगा पंडितों और मुल्लाओं द्वारा लगाए गए अड़ंगों को पार कर मानव सभ्यता हमेशा आगे बढ़ने को प्रयासरत रही है। जहाँ अड़ंगे कारगर हुए, सभ्यता धराशायी हुई है।

अब हम अपने देश की स्थिति पर विचार करें। यह कहा जाता है कि धर्मनिरपेक्षता एक पश्चिमी अवधारणा है जिसे भारत पर आरोपित करने से देश में अलगाववाद की भावना फैली है। इसके आधुनिक लोकतांत्रिक अर्थ में जिसमें सहिष्णुता और सभी नागरिकों की समानता को बिना धर्म, मूल आदि का भेद किए पूर्ण रूप से प्रतिष्ठित करने का आग्रह है, यह अवधारणा निश्चित रूप से पश्चिम से आई है, लेकिन क्या पश्चिम से आने भर से ही कोई विचार हमारे लिए अप्रासंगिक बन जाता है? अगर ऐसा है तो हमें आधुनिक भौतिक विज्ञान के सिद्धान्तों और तमाम आधुनिक तकनीकी का परित्याग करने को भी तैयार रहना चाहिए और पद्मासन की मुद्रा में बैठे उस काल तक इन्तजार करना चाहिए जब तक भाजपाई वैज्ञानिक वैदिक सूत्रों से पुष्पक विमान और अमरत्व प्रदान करनेवाले औषधों का आविष्कार न कर लें। भाजपा अध्यक्ष मुरली मनोहर जोशी स्वयं भौतिकी के शिक्षक हैं, लेकिन उन्होंने भौतिकी के क्षेत्र में पश्चिमी शास्त्र का परित्याग कर वैकल्पिक भारतीय भौतिकी का विकास करने की तो कोशिश नहीं की, लेकिन राजनीति शास्त्र के क्षेत्र में, जिसमें उनका शास्त्रीय ज्ञान नगण्य है, अचानक भारतीय अवधारणाओं के नाम पर हमारे संविधान की धज्जियाँ उड़ाने में लग गए हैं।

अगर हम पूर्वग्रहों से मुक्त हो विचार करेंगे तो पाएँगे कि राज-काज चलाने की विवशता के कारण राजनीति को धर्म से अलग रखने का जैसा दबाव अन्य देशों में रहा है वैसा भारत में भी रहा है। हालाँकि यहाँ भी स्थितियों की भिन्नता की वजह से ठीक वैसी धर्मनिरपेक्षता पहले नहीं थी जैसी आधुनिक लोकतंत्र की स्थापना के साथ अपनाई गई है। यह बात कुछ चौंकानेवाली लगती है कि 'कौटिल्य अर्थशास्त्र', जो शास्त्रीय ढंग से राजनीति के सिद्धान्तों का प्रतिपादन करनेवाला एक मात्र प्राचीन भारतीय ग्रंथ है, कहीं भी राजनीति में धार्मिक सिद्धान्तों का घालमेल नहीं होने देता। साधु, देवता, मंत्र-तंत्र आदि जहाँ-तहाँ षड्यंत्रों में अपनी भूमिका के लिए जरूर उल्लिखित हैं, लेकिन इसमें कहीं भी राजाओं को साधु-सन्तों या पूजन-पठन के सम्बन्ध में कोई नीति अख्तियार करने को नहीं कहा गया है। यह सन्देह होना लाजिमी है कि भाजपा भी राम का नाम और साधु-सन्तों का इस्तेमाल कौटिल्य के इसी कुटिल सिद्धान्त के तहत कर रही है और धर्मनिरपेक्षता पर आक्रमण भी इसी राजनीतिक षड्यंत्र का अंग है। कौटिल्य का 'अर्थशास्त्र' प्राचीन भारत की असलियत को अभिव्यक्त करता है, जिसमें राज्य का धार्मिक विवादों से कोई मतलब नहीं होता था और विभिन्न मतावलम्बी साथ-साथ रहते थे।

इस बात की पुष्टि पाँचवीं शताब्दी के प्रारम्भ के चीनी यात्री फाहियान और सातवीं शताब्दी [628-664] के चीनी यात्री ह्वेनसांग के यात्रा वर्णनों से भी होती है। फाहियान चन्द्रगुप्त द्वितीय के समय भारत आया था, और उसने लिखा है कि हालाँकि चन्द्रगुप्त द्वितीय स्वयं बौद्ध नहीं था, उसके समय में बौद्ध धर्म का चारों तरफ विकास हो रहा था। यह बात गुप्तकालीन कलाकृतियों से भी जाहिर है जब बौद्ध और हिन्दू, दोनों तरह की कलाकृतियाँ अपनी उच्चतम अभिव्यक्ति प्राप्त कर रही थीं। ह्वेनसांग ने पश्चिम में महाराष्ट्र, गुजरात और सिन्ध से लेकर पूरब में कामरूप (असम) तक के विभिन्न नगरों और स्थानों का भ्रमण किया था। उसके यात्रा वर्णन में अजन्ता, मालवा, भावनगर, सूरत, उज्जैन, कन्नौज, चित्तौड़, सिन्ध, नालन्दा, कामरूप आदि सभी स्थानों के सम्बन्ध में लिखा गया है। इस विवरण के अनुसार, कुछ जगहों के शासक बौद्ध हैं और कुछ जगहों के हिन्दू। लेकिन उसने सभी जगह देव मन्दिरों और बौद्ध विहारों के साथ-साथ आस-पास होने का वर्णन दिया है। उसने बाजाप्ता इनमें प्रत्येक की संख्या भी दी है। कामरूप के सम्बन्ध में उसने लिखा है कि वहाँ बौद्धों का कोई उपासना स्थल नहीं था, लेकिन वहाँ का शासक जो ब्राह्मण था, विद्वानों की कद्र करता था और विद्वान बौद्ध श्रमणों का आदर करता था। वह हर्षवर्द्धन के समय में भारत आया था और हर्षवर्द्धन के सम्बन्ध में जो तथ्य ज्ञात हैं, उसका इस धार्मिक सहिष्णुता के वर्णन से पूरी तरह मेल खाता है। हर्षवर्द्धन पाँच वर्ष में एक बड़ा आयोजन करता था जिसमें बौद्ध

श्रमणों के साथ-साथ ब्राह्मणों और अन्य गरीबों में अपने कोष का सारा धन बाँट देता था, हालाँकि उसने स्वयं बौद्ध धर्म कबूल कर लिया था।

मुसलमानों की कट्टरता की बात सबसे अधिक की जाती है, लेकिन इस्लाम धर्म कबूल करने के बाद भारत में आनेवाले अरब, तुर्क, अफगान और मुगल शासकों में, कुछ अपवादों को छोड़, ऐसी कट्टरता देखने में नहीं आती बल्कि इन शासकों के समय में भारत में पूरी तरह एक मिली-जुली संस्कृति का विकास हुआ जो आज की हमारी भारतीय संस्कृति है। अंग्रेजों की नीति के चलते और फिर हाल की धर्मान्धिता के नवोन्मेष से इसमें टूट जरूर आई है, फिर भी कुछ अमानत है। विशेषकर ध्यान देनेवाली बात यह है कि भारत के मुस्लिम शासकों ने उनके शासन के तहत रहनेवाली गैर-मुस्लिम प्रजा पर शरीयत कानून लागू नहीं किया। अगर उन्होंने ऐसा किया होता तो देश भर में एक समान सिविल कोड लागू हो गया होता। यह काफी महत्त्वपूर्ण बात है कि बारहवीं से अठारहवीं शताब्दी तक के लगभग छह शताब्दी के शासनकाल में, जिसमें अनेक मूलों के मुस्लिम शासकों का शासन इस देश में रहा, गैर-मुस्लिम प्रजा पर शरिया के अनुसार सिविल कोड नहीं लादा गया और हिन्दुओं के विभिन्न सम्प्रदाय अैर सैकड़ों जनजातीय समूह जो अपने अलग-अलग नियम कानूनों का पालन करते थे, बिना छेड़छाड़ के अपनी परम्पराओं का पालन करते रहे। इससे बढ़ कर सहिष्णुता का क्या नमूना हो सकता है?

यह जरूर हुआ कि सैकड़ों वर्षों के सह-अस्तित्व के रीति-रिवाजों पर व्यापक पारस्परिक प्रभाव पड़ा। नए वाद्ययंत्रों और संगीत विद्याओं का विकास हुआ, जिसमें प्राय: मुस्लिम संगीतज्ञों के प्रयासों से, प्राचीन शास्त्रीय संगीत का परिष्कार हुआ। सूक्ष्म रेखाओं और विलक्षण नए रंगों से मोहक लघु चित्रकला (मिनियेचर) का विकास हुआ। सूफी-सन्तों और भक्ति आन्दोलन के प्रभाव में तो लगभग एक ही तरह की धार्मिक मान्यताओं और मूल्यों का प्रसार देश भर में हुआ। यह क्या अचरज की बात नहीं लगती कि रसखान, रहीम, तानसेन और दूसरे अनेक मुस्लिम कवि और सन्त हिन्दू देवी-देवताओं की स्तुति में कविताएँ लिखते हैं और राजसत्ता कहीं से इस्लाम की रक्षा के नाम पर इन्हें प्रतिबन्धित और दंडित करने का प्रयास नहीं करती। मुगल काल में रामायण, महाभारत आदि के फारसी अनुवाद चित्रित पुस्तकों के रूप में तैयार हुए थे जो बिना शाही प्रोत्साहन के सम्भव नहीं था।

पहला ही मुगल शासक बाबर इस देश की विविधता से इतना प्रभावित था कि उसने अपने वसीयतनामे में पुत्र हुमायूँ को यह सीख दी थी कि वह इस देश के लोगों के धार्मिक विश्वासों की विविधता का आदर करे, और उनकी भावना आहत न हो, इसलिए गोमांस कभी न खाए। अकबर ने तो धार्मिक झगड़ों को समाप्त करने की दृष्टि से सभी धर्मों की सीखों के सारे को ले एक नया धर्म 'दीने इलाही' बनाने का भी प्रयास किया। यह सम्भव नहीं था कि छह शताब्दी के शासन काल

में कुछ मुस्लिम शासकों में धार्मिक कट्टरता नहीं रही हो, लेकिन इसके बाजवूद ऊपर बतलाई गई स्थितियों का अक्षुण्ण रहना यह बतलाता है कि वस्तुस्थिति के धर्मनिरपेक्षतावादी दबाव के प्रभाव के आगे उनकी कट्टरता निजी पसन्द-नापसन्द के दायरे से बाहर जा विकसित हो रहे मिले-जुले सामाजिक और सांस्कृतिक सम्बन्धों को नहीं बदल सके। औरंगजेब, जिसे कट्टर और धर्मान्ध बताया जाता है, स्वयं अपने शाही खजाने से अनेक हिन्दू, बौद्ध और जैन मन्दिरों को नियमित अनुदान देता था।

इसी पृष्ठभूमि में हिन्दू और मुसलमानों का वह समान राष्ट्रबोध विकसित हो रहा था जो 1857 ई. में अंग्रेजों के खिलाफ राष्ट्रव्यापी विद्रोह में दिखाई देता है। इस विद्रोह का प्रतीक मुगल बादशाह बहादुर शाह जफर बनता है और देश भर में हिन्दू और मुसलमान साथ-साथ अंग्रेजों के खिलाफ युद्ध में अपने को बलिदान करते हैं, लेकिन इसी अनुभव से अंग्रेज देश में 'विभाजित करो और राज्य करो' की नीति शुरू करते हैं जिससे एक तरफ मुस्लिम लीग जैसी संस्थाओं का जन्म और दूसरी ओर हिन्दू महासभा, राष्ट्रीय स्वयंसेवक संघ जैसी संस्थाओं का जन्म होता है जो हजारों वर्ष की सहिष्णु भारतीय परम्परा को नष्ट कर अन्ततः ऐसी स्थिति पैदा करते हैं जिससे न सिर्फ देश का भौगोलिक बँटवारा होता है बल्कि देश का भावनात्मक विभाजन भी होता है—जो बढ़कर अब राष्ट्र के अस्तित्व को ही खत्म करने में लगा है।

चूँकि संघ परिवार आजादी के राष्ट्रीय आन्दोलन का कभी अंग नहीं रहा और असल में विभाजन के अंग्रेजी षड्यंत्र की उपज था, इसके नेताओं में भारतीय राष्ट्र भाव कभी विकसित नहीं हो पाया। चूँकि वे राष्ट्र भाव से क्षीण हैं, उनकी दृष्टि धार्मिक संकीर्णता से ऊपर नहीं उठ पाती। यह उनकी विवशता है।

महात्मा गांधी के नेतृत्व में कांग्रेस ने अंग्रेजों के विभाजन की नीति के विरोध में धार्मिक सहिष्णुता की प्राचीन भारतीय परम्परा को पुनर्जीवित करने की नीति अपनाई। इसमें गांधीवादी के व्यक्तित्व का एक आयाम उन्हें भक्ति आन्दोलन की परम्परा से जोड़ता है। इस सन्दर्भ में कांग्रेस द्वारा खिलाफत के समर्थन की काफी लोगों ने आलोचना की है। शुद्ध रूप से धर्मनिरपेक्ष राजनीति की दृष्टि से यह सचमुच दोषपूर्ण दिखाई देता है, लेकिन यह नीति धार्मिक समीकरण के बजाय देश के हिन्दू और मुसलमानों के पारस्परिक बन्धन की बानगी के रूप में अपनाई गई थी। यह बात इसी से सिद्ध होती है कि इस नीति के साथ सर्व धर्म समभाव को लेकर चलनेवाले गांधी जी ही नहीं, सनातनी हिन्दू पं. मदनमोहन मालवीय भी थे तो उस प्रतिनिधि मंडल में भी शामिल थे जिसने 'असहयोग आन्दोलन' के पहले इस मुद्दे को अंग्रेज वायसरॉय के सामने पेश किया था।

यह राष्ट्रीय आन्दोलन की विफलता और अंग्रेज शासकों की सफलता थी कि सहिष्णुता की भारतीय परम्परा को फिर से जीवित करने के प्रयास असफल हुए

और पारस्परिक संशय और दंगों के वातावरण में देश विभाजित हुआ। आजादी के बाद भारत के संविधान के मूल में धर्मनिरपेक्षता को रखने के पीछे यही संकल्प था कि भौगोलिक रूप से देश का विभाजन जरूर हो गया है, लेकिन भारत की जनता भारत राष्ट्र को विभाजित नहीं होने देगी और इस राष्ट्र की आत्मा इसकी सम्मिलित राष्ट्रीयता और सहिष्णु परम्परा को जीवित रखेगी।

संविधान में धर्मनिरपेक्षता की जो नीति अपनाई गई है, वह बिलकुल साफ है और इसमें राष्ट्रीय आन्दोलन की विरासत के अलावा पिछले सदियों के फ्रांस, अमेरिका तथा अन्य देशों के लोकतांत्रिक प्रक्रियाओं के अनुभवों को भी समाहित किया गया है। इसमें कहीं कुछ पक्षपातपूर्ण नहीं है। अनुच्छेद 15 में कहा गया है कि राज्य धर्म, नस्ल, जाति, यौन, जन्म स्थान आदि के आधार पर किसी नागरिक के साथ भेदभाव नहीं करेगा और न दुकान, सार्वजनिक भोजनालय, मनोरंजन स्थल आदि में प्रवेश पर कोई प्रतिबन्ध, शर्त या बन्धन इस आधार पर डालेगा। न तो सरकारी खर्च पर बनाए गए कुँओं, तालाबों आदि के इस्तेमाल पर उपरोक्त कारणों से कोई प्रतिबन्ध होगा। इसी तरह अनुच्छेद 25 से 28 तक में विश्वासों की आजादी, धार्मिक आचरण और धर्म-प्रचार की आजादी दी गई है। अनुच्छेद 29 में राज्य द्वारा किसी समुदाय की अपनी संस्कृति की जगह दूसरी संस्कृति लादा जाना वर्जित है। इसमें यह भी कहा गया है कि किसी समुदाय द्वारा चलाई जा रही शैक्षणिक संस्थाओं के सम्बन्ध में राज्य कोई भेद-भाव नहीं बरतेगा। इस तरह भारत के संविधान में उल्लिखित धर्मनिरपेक्षता में कहीं कुछ अस्पष्ट या तथाकथित नहीं है। अगर संघ परिवार इसमें परिवर्तन चाहता था तो वर्षों संसद में रहने के बावजूद इसके सांसदों ने इसमें संशोधन क्यों नहीं पेश किया? साफ है कि भाजपाई ईमानदारी से लोगों को वे क्या सोचते हैं, बतलाना नहीं चाहते और जान-बूझकर भ्रम पैदा करके रखना चाहते हैं। इस तरह इसके नेता अलग-अलग जबान में बोलते रहते हैं।

धर्मनिरपेक्षता से ही जुड़ा एक दूसरा मुद्दा ऐसा है जिस पर भाजपाई नेता लोगों के मन में संशय पैदा करते रहे हैं। वह है, पूरे देश भर के लिए एक सिविल कोड (समान दीवानी निजी कानून) लागू करने की माँग। सवाल है कि यह सामान्य सिविल कोड क्या होगा? जैसाकि ऊपर बतलाया गया है, मुस्लिम शासन में यह शरीयत पर आधारित हो सकता था, लेकिन मुस्लिम शासकों ने गैर-मुस्लिम प्रजा पर यह लागू नहीं किया। एक सामान्य सिविल कोड का होना वांछनीय है, लेकिन लोगों की इच्छा के विरुद्ध मुस्तफा कमाल की तरह कोई तानाशाह ही इसे लागू कर सकता है। पश्चिम में चूँकि सभी जगह ईसाई शासक थे, एक सिविल कोड लागू किया जाना आसान था, लेकिन इसमें विभिन्न आन्दोलनों के दबाव में लगातार सेक्युलर विचारों के अनुकूल परिवर्तन होते रहे हैं। अभी भी उनमें अनेक त्रुटियाँ हैं। अमेरिका के नए राष्ट्रपति क्लिंटन का गर्भपात को वैध करार देने के फैसले का

आज भी अमेरिका में काफी विरोध हो रहा है जबकि महिला संगठनों की ओर से उसका जोरदार समर्थन हो रहा है।

जब भारत में 1949 में हिन्दू कोड बिल लाया गया तो परम्परा की रक्षा के नाम पर धर्माचार्यों और राष्ट्रीय स्वयंसेवक संघ ने इसका घोर विरोध किया और राष्ट्रीय स्वयंसेवक संघ के महिला मोर्चे ने इसके विरोध में संसद का घेराव करने का भी प्रयास किया। अभी भी यह कोड महिलाओं के अधिकारों के हिसाब से काफी कम है और परिवर्तन की माँग करता है, इसके बावजूद इस कोड का उल्लंघन बड़े पैमाने पर होता है। देश द्वारा ऐसे परिवर्तनों को स्वीकृत कराने के लिए आन्दोलनों के द्वारा जनमानस बनाने की जरूरत है। मुसलमानों के लिए समान सिविल कोड बनाने के रास्ते में इसी तरह की भावनात्मक बाधाएँ हैं और इसके लिए ऊर्जा मुस्लिम सुधारवादी संगठनों से आना चाहिए। यह इसलिए भी जरूरी है क्योंकि मुसलमानों में ऐसी माँग के अभाव में ऐसा कोड लागू करना उन्हें बहुसंख्यक सम्प्रदाय द्वारा लादा गया दिखाई देगा। फिर भी, उनके कोड में ऐसे प्रावधानों को तो होना ही चाहिए जो दुनिया भर में मान्य मानव अधिकारों के अनुरूप हों।

धर्मान्धता और अविवेक की इजारेदारी हिन्दुओं के शंकराचार्यों की ही नहीं है। मुसलमानों के मुल्ला और इमाम भी मुस्लिम जनता में वैसे ही विवेकशून्य परम्पराओं को जिन्दा रखते हैं जैसे हिन्दू धर्माचार्य। शाहबानो के मामले में उनकी भूमिका इसका उदाहरण है। यह एक दु:खद सत्य है कि अल्पसंख्यकों की स्वाभाविक रक्षणशीलता के कारण गलत परम्पराओं के खिलाफ मुस्लिम समाज में सुधारवादी आन्दोलन हिन्दू समाज की तुलना में काफी कमजोर है। उन्हें अपनी परम्पराओं से कटना अस्तित्व पर खतरा मालूम पड़ता है। दरअसल, सारी इस्लामी दुनिया में कट्टरपंथ का उदय पश्चिमी सभ्यता द्वारा लील लिए जाने के भय का ही परिणाम है। इस स्थिति को समझ कर बहुसंख्यक हिन्दुओं को धीरज के साथ मुस्लिम समाज में सुधार आन्दोलनों की प्रतीक्षा करनी चाहिए। ऐसे सुधारों को बल देने का सबसे अच्छा उपाय भारत को एक ऐसा राष्ट्र बनाना है, जिसमें हर धर्म और मूल का आदमी निर्भय होकर अपनी बात कह सके। जिस दिन भारत का हर मुसलमान अल्पसंख्यक होने के भाव से मुक्त हो स्वतंत्र चिन्तक बन जाएगा, उस दिन स्वयं मुसलमानों में आधुनिक जीवन की आवश्यकताओं के अनुरूप निजी मूल्यों को बदलने का सशक्त आन्दोलन शुरू होगा। इसी प्रक्रिया में एक ऐसा सर्वमान्य विवेकशील सिविल कोर्ड विकसित होगा जो समुदाय विशेष के पूर्वग्रहों से पूरी तरह मुक्त होगा।

(सामयिक वार्ता, फरवरी 1993)

समाजवाद से जुड़ी स्थापनाएँ और मूल्यबोध

समाजवादी आन्दोलन बुनियादी तौर से मानव समाज को न्यायपूर्ण और बुद्धिसंगत ढंग से व्यवस्थित करने का अत्यन्त ही कष्टसाध्य प्रयासों का सिलसिला है। यह एक गहन बौद्धिक और नैतिक चेतना के आधार पर समाज के नवनिर्माण का प्रयास है। इस प्रयास की कठिनाई इस बात से शुरू होती है कि इसके लिए कोई भी पहले से बना-बनाया साँचा या स्वत:स्फूर्त ऊर्जा का स्रोत उपलब्ध नहीं है। सभी पारम्परिक समाज कौटुम्बिक, कबाइली, जातीय या सामन्ती रीति-रिवाजों अथवा परम्पराओं से संचालित होती रही हैं। इनमें निहित अन्याय जब असहनीय होते थे तो छोटे-मोटे सुधारों या विद्रोहों से लोगों को कुछ निजात मिलती थी और सम्बन्धों के नवस्थापित मानक फिर परम्परा का हिस्सा बन जाते थे।

यूरोप में पूँजीवाद के विकास ने इसकी पहुँच के भीतर की इन सारी परम्पराओं को ध्वस्त करना शुरू किया। पूँजीवादी समाज ने सारे पारम्परिक सम्बन्धों को ध्वस्त कर व्यक्तियों को आर्थिक ताने-बाने में बाँधने का काम किया। इसमें आदमी हर तरह की पारम्परिक सुरक्षा खो बैठा। हालाँकि परम्पराओं के टूटने से इसमें बन्धन मुक्त होने का भी भ्रम पैदा हुआ। अब बेरोजगारी, भूख, दरिद्रता आदि से संरक्षण देने के लिए आम आदमियों के लिए कोई संस्थागत सहारा नहीं था।

इन्हीं स्थितियों में समाजवाद के नाम से विभिन्न तरह की व्यवस्थाओं की कल्पना और कहीं-कहीं छोटे पैमाने पर लोगों के जीवन को गठित करने के प्रयास होने लगे। सबके पीछे मूल आदर्श था, समतामूलक और सहयोगी आधार पर समाज का नया ताना-बाना खड़ा करना। यह आसानी से देखा जा सकता है कि ऐसा प्रयास समाज के नए और पुराने, सभी सम्बन्धों और आदमी के स्वभाव के तत्त्वों को गहराई से समझने की माँग करता था जिनसे चुने हुए तारों को जोड़ कर नए समाज की रचना की जा सके। यूटोपिआई, अराजकवादी, मार्क्सवादी, सिंडिकलिस्ट, गिल्ड सोशलिस्ट आदि समाजवादी आन्दोलन की विभिन्न धाराएँ इसी प्रयास का परिणाम थीं। यह प्रयास अत्यधिक कठोर बौद्धिक और सांगठनिक अनुशासन की माँग करता था।

मानव स्वभाव का यह बुनियादी गुण है कि वह किसी घटना या वस्तु को इसके एकाकीपन में नहीं देखता वह इन्हें दूसरी घटनाओं या वस्तुओं के परिप्रेक्ष्यों

के किसी क्रम से बाँधने की कोशिश करता है और इसी से किसी घटना या वस्तु की विशिष्टता या महत्त्व को निरोपित करता है। इसीलिए विचारधारा या वैज्ञानिक सिद्धान्त मानव सोच के अनिवार्य अंग बन जो हैं—हालाँकि हाल-फिलहाल कुछ हलकों में विचारधारा के महत्त्व को या उपादेयता नकारने की कोशिश भी होती रही है। मानव स्वभाव के इसी गुण की अभिव्यक्ति, कहानी या उपन्यास जैसी विधाओं में भी होती है जहाँ अनुभव में आई घटनाओं को किसी बड़े कथ्य के हिस्से के रूप में प्रस्तुत किया जाता है। मानव मन की ऐसी प्रस्तुतियों के रूप बिलकुल भिन्न हो सकते हैं और प्रभाव भी अलग-अलग कहानी, विचारधारा और विज्ञान आदि सभी की प्रस्तुतियाँ भिन्न होती हैं और इनमें से प्रत्येक मनुष्य की अलग-अलग जरूरतों को पूरा करती हैं। इन सभी में अनुभूत यथार्थ के साथ मिथक का भी अनिवार्य रूप से घालमेल होता है।

विज्ञान की प्रस्तुतियाँ भी इससे परे नहीं है। यही कारण है कि अनुभूत तथ्यों की अविचलता या एकरूपता के बावजूद इनको परिभाषित करने के सिद्धान्त बदलते रहते हैं। ये विज्ञान के अवलोकन या प्रयोग द्वारा प्रस्तुत तथ्यों को वैसा आवश्यक ताना-बाना या परिधान देते हैं, जिनके भीतर ही अवलोकित तथ्य या अर्थ निकाला जा सकें। उदाहरण में भौतिकशास्त्र, जिसे विज्ञान में सबसे बुनियादी माना जाता है, के परमाणु की विविध अवधाराणाएँ या गुरुत्त्वाकर्षण की अवधारणा के परिवर्तित रूप लिये जा सकते हैं। विज्ञान के मिथक की विशेषता यह है कि इसमें समग्रता होती है और यह अपनी विषय-वस्तु से सम्बद्ध सभी अनुभवों को एक समग्र दृष्टि में समायोजित करती हैं। इस के कथानक में अपवाद की गुंजाइश नहीं होती। अपवाद नए सिद्धान्त का प्रस्थान बिन्दु होता है जिसमें अब तक के सारे अनुभूत तथ्य समाहित हो जाते हैं।

पूँजीवाद के प्रभाव में जब समाज का परम्परागत ढाँचा और इससे प्राप्त सुरक्षा या निश्चितता का बोध नष्ट होने लगा तो पूँजीवादी व्यवस्था के विकल्प में समाजवाद की रूपरेखा में घटनाओं और स्थितियों में आश्वस्ति प्रदान कर सके, ऐसे तारतम्य की तलाश किसी विचारधारा, विश्वदृष्टि या इतिहास दृष्टि में होने लगी। इस दृष्टि से अपने समकालीन विचारधाराओं में मार्क्सवाद सब से शक्तिशाली सिद्ध हुआ। इसने इतिहास की घटनाओं को भी एक अटलनीय कार्यकारण सम्बन्धों की शृंखला में बाँधने का प्रयास किया और यह दावा किया कि जैसे विज्ञान के कार्यकारण सम्बन्ध में निश्चित नतीजे निकाले जा सकते हैं वैसा ही इतिहास में भी हो सकता है। इसी से उसका ऐतिहासिक भौतिकवाद का सिद्धान्त निकला। इसके अनुसार, अपने जीवनयापन के क्रम में आदमी काम के तकनीक (उत्पादन के साधनों) का विकास करता है। इन तकनीकों के इर्द-गिर्द मनुष्यों के सम्बन्ध स्थापित होते हैं जिससे समाज का आधार तैयार होता है—यानी किसी समय की विचारधारा और मानव सम्बन्ध और सोच।

एक समय के बाद चूँकि तकनीक स्वत:स्फूर्त ढंग से विकसित होती रहती है, इससे नए मानव सम्बन्धों की जरूरत महसूस होती है, लेकिन समाज का जो ढाँचा या आवरण पिछले उत्पादन सम्बन्धों पर आधारित होता है, अब नए उत्पादन सम्बन्धों और उत्पादन की शक्तियों के लिए अवरोध बन जाता है। इसी अवरोध को मिटाने के लिए क्रान्तियाँ होती हैं, जिसमें पुराने उत्पादन सम्बन्ध नष्ट हो जाते हैं और सारे समाज का निर्माण नए आधार पर होता है। मार्क्स के अनुसार समाज के विकास में विभिन्न पड़ाव आए—उसके अनुसार गुलामी व्यवस्था, सामन्ती व्यवस्था और पूँजीवादी व्यवस्था—ये उस अन्तिम लक्ष्य यानी समाजवादी व्यवस्था की ओर संक्रमण के विविध पड़ाव थे। ये मनुष्य के प्राक्-इतिहास के हिस्सा थे। अब मनुष्य का अपना इतिहास शुरू होता है, जिसमें मनुष्य स्वयं अपने भविष्य का निर्धारण करेगा। यही स्थिति समाजवाद की होगी।

संक्षेप में यही मार्क्स की विचारधारा है। सभी विचारधाराओं (मसलन धार्मिक मान्यताओं आदि) की तरह इसमें एक हिस्सा वस्तुपरक विवरण (वैज्ञानिकता) का है जिसके बिना लोगों को इसकी सत्यता में विश्वास नहीं हो सकता, लेकिन दूसरा हिस्सा इच्छा की अभिव्यक्ति और इसकी अनिवार्यता पर आस्था है। इसी से लोगों में यह भावनात्मक ऊर्जा पैदा होती है जिससे लोग इसके उद्देश्यों की पूर्ति के लिए मरने-मारने या शहादत के लिए तैयार हो जाते हैं। मार्क्स की दृष्टि के पीछे भी अन्तत: एक महान स्वप्न ही था जो बाद की घटनाओं से जाहिर होता है। दिलचस्प है कि मार्क्स ने रॉबर्ट ओवेन को भी, जिसने अपने प्रयास से उद्योगों को स्थापित कर इसमें काम करनेवाले श्रमिकों की जिन्दगी को मानवीय बनाने का एक सीमा के भीतर सफल प्रयास किया था, और बाद में ट्रेड यूनियन आन्दोलन तथा सहयोगी संस्थाओं की स्थापना में भी हरावल रहा—एक स्वप्नवादी समाजवादी कहा।

जो भी हो, आदमी जो कुछ भी समाज की बेहतरी के लिए करता है, उसके पीछे कोई सुन्दर सपना होता है। ऐसे सपनों से शून्य समाज अन्त: प्रेरणाहीन मृत समाज होता है। मसलन, आज का उपभोक्तावादी समाज। इससे प्रभावित मनुष्य सूअर की तरह जो भी भक्ष्य या अभक्ष्य फैशन के रूप में परोस दिया जाता है, उसे ही निगलने में लगा रहता है—उदाहरण के लिए कोका कोला, कोकीन, सिगरेट और मोटरगाड़ियाँ, जो निजी या समाूहिक जीवन में जहर घोलते रहते हैं, आज फैशन हैं और लोग इसे पाने के लिए पागल हैं। सूअर इस अर्थ में बेहतर है कि वे गन्दगी को निगल पर्यावरण को साफ करते हैं। उपभोक्तावादी आदमी पर्यावरण के प्रदूषण से धरती को जीवन के लिए असुरक्षित बनाता जा रहा है।

मार्क्स ने अपनी कम्युनिस्ट घोषणापत्र में धार्मिक आख्यानों की तर्ज पर जीवन की एक सम्पूर्ण रूपरेखा प्रस्तुत की। जेनेसिस की तर्ज पर सामाजिक सम्बन्धों के जन्म, फिर इसके विकास और फिर अनिवार्य कयामत की तसवीर, जहाँ बहिश्त

की स्थापना होती है। एक मात्र जरूरत इस विश्वास के साथ मजलूमों को परिवर्तन के लिए एकजुट हो जाने भर की थी। उन्हें अपनी जंजीर छोड़ गँवाने के लिए कुछ नहीं था और विजय के लिए सारा संसार सामने था। स्वयं मार्क्स ने धर्म की मूल भूमिका के बारे में जो कुछ कहा था—यानी संसार की एक उल्टी तसवीर पेश करना, जिसमें जो आज नीचे और सताए गए हैं वे धरती के सिरमौर होंगे—मैनिफेस्टो में प्रस्तुत सर्वहारा क्रान्ति के बारे में चरितार्थ होता है।

मार्क्स के समय तक यूरोपीय समाज में उपलब्ध इतिहास के ज्ञान और पूँजीवाद की संसार व्यापी विजय अभियान के विश्वसनीय विवरण से जो कुछ भविष्य के बारे में कहा गया था वह भी उतना ही अपरिहार्य लगने लगा जैसाकि अतीत और वर्तमान के विवरण लगते थे। 1848 के यूरोप में जहाँ सामन्तवाद के सारे स्थापित बन्धन और परिवर्तनहीन जीवन क्रम टूटने लगे थे और औद्योगीकरण के क्रम में लोगों के जीवन में बड़े पैमाने पर विस्थापन और नए उद्योगों में बच्चों और औरतों समेत लोगों का घोर शोषण हो रहा था और राजनीति में लोकतंत्र की माँग करते नया मध्यम वर्ग जर्मनी, फ्रांस आदि यूरोपीय देशों में क्रान्ति के जरिये व्यवस्था बदलने में लगा था—इस नई क्रान्ति की तसवीर ने लोगों को बड़े पैमाने पर आकर्षित करना शुरू किया, सच कहा जाय तो आज कई क्रान्तियों से मोहभंग के बाद भी मैनिफेस्टो की अपील खत्म नहीं हुई है।

अगर मार्क्स का महत्त्व सिर्फ कम्युनिस्ट घोषणापत्र पर ही आधारित रहता तो उसका प्रभाव व्यापक पर अस्थाई होता जैसाकि उसके कई समकालीन क्रान्तिकारी नेताओं का हुआ। 1848-50 के क्रान्तिकाल में मार्क्स के समकालीन अराजकवादी नेता बाकुनिन का प्रभाव कहीं अधिक था और यूरोप के कई देशों की सरकारें उसके नाम से घबराती थीं और उसे निर्वासित करती रहती थीं। अराजकवाद के प्रणेता प्रूधा का प्रभाव भी काफी था। फ्रांस में लूई ब्लां का तो 1848-50 की क्रान्ति में सक्रिय योगदान था और इस काल में स्थापित तत्कालीन सरकार में भी उसकी भागीदारी थी, लेकिन मार्क्स के दीर्घकालीन प्रभाव के पीछे था पूँजी का उसका वैज्ञानिक अध्ययन। दरअसल नवोदित औद्योगिक व्यवस्था को पूँजीवाद का नाम दिए जाने के पीछे भी उसके अध्ययन का विशेष स्थान था। उसके समय तक लोग नवोदित व्यापारी वर्ग को बुर्जुआ के रूप में ही जानते थे। मार्क्स ने प्राथमिक पूँजी के संचय से लेकर पूँजी की बनावट, रुझान और विस्तार एवं लोगों के जीवन पर इसके प्रभाव का इतना गहन विश्लेषण किया कि लोग इससे जुड़ी सारी व्यवस्था को पूँजीवादी व्यवस्था के रूप में चिह्नित करने लगे।

मार्क्स के पूँजीवाद के अध्ययन के केन्द्र में था, उसका मूल्य का श्रम सिद्धान्त। मूल्य का श्रम सिद्धान्त मोटा-मोटी रूप में यह विचार प्रतिपादित करता है कि दो वस्तुओं के विनियम में समान श्रम की लागत से ही यह सुनिश्चित होता है कि

विनियम में समान मूल्यों का विनियम हुआ है यानी किसी वस्तु के मूल्य का निर्धारण उसमें लगे श्रम से ही होता है। वैसे इस सिद्धान्त को एक स्थूल रूप में पहले-पहल प्रतिपादित करनेवालों में ऐडम स्मिथ का नाम आता है, जिसको लोग विशेष तौर से उन्मुक्त व्यापार की वकालत करनेवाले के रूप में जानते हैं। मार्क्स के जन्म के पहले ज्यादातर अर्थशास्त्री, जैसे ब्रिटेन में ही रिकार्डो भी, यह मानकर चलते थे कि मानव श्रम ही मूल्य का उत्पादक है। मूल्य अर्थात विनियम मूल्य क्योंकि उपयोगिता मूल्य को तो वैसी सभी वस्तुओं में निहित माना जाता था जिसका विनियम होता है। वैसी वस्तुओं को कोई क्यों खरीदेगा जिसका कोई उपयोग नहीं या जो प्रकृति से बिना प्रयास मिलता हो, जैसे हवा या जल। इस दूसरे मामले में स्थिति तब जरूर बदल जाती है जब इन्हें प्राप्त करने के लिए भी मानव प्रयास आवश्यक बन जाता है। शहरी आबादी की बाढ़ और आधुनिक औद्योगीकरण के दौर में जरूर अब हवा और पानी, दोनों ही मानव श्रम से निर्मित वस्तु या पण्य (कॉमोडिटी) बनते जा रहे हैं। जो भी हो उन्नीसवीं सदी के प्रारम्भ तक ज्यादातर अर्थशास्त्री श्रम को मूल्य का आधार मानते थे और सभी अर्जित सम्पत्ति को V+S से व्यक्त करते थे, जिसमें V उत्पादन में लगे श्रम को अभिव्यक्त करता था और S श्रम द्वारा पैदा किए गए अतिरिक्त ज्यादा मूल्य को।

मार्क्स ने इस सम्बन्ध को इसकी समग्रता में विकसित करने की कोशिश की और इसी के आधार पर पूँजीवादी व्यवस्था के साथ जुड़ी तमाम विकृतियों, जैसे आर्थिक मन्दी, श्रमिकों और पूँजीपतियों के बीच चलनेवाले अनवरत संघर्ष, प्राथमिक पूँजी संचय की प्रक्रिया आदि का विवरण दिया। मार्क्स ने अचल पूँजी का विशेष तौर से विश्लेषण किया जो उसके पूर्व के अर्थशास्त्रियों में गौण था। अचल पूँजी (कौंसटेंट कैपिटल) को भी उसने दो भागों में बाँटा। एक वह भाग जिसमें कच्चे माल आदि शामिल हैं और दूसरा स्थिर पूँजी (फिक्सड कैपिटल) जिसमें मुख्य रूप से प्रयोग में आनेवाली मशीनों (यंत्रों) को रखा। फिर इन मशीनों की न सिर्फ भूमिका का विस्तार से ब्यौरा दिया बल्कि यह भी बतलाया कि कैसे पूँजीवाद प्रतिस्पर्धा से इनमें उत्तरोत्तर ऐसे सुधार होते रहते हैं ताकि कम श्रम की लागत से उत्पादन किया जा सके।

इस स्थापना से मार्क्स द्वारा प्रतिपादित ऐतिहासिक भौतिकवाद की उस स्थापना पर प्रश्न चिह्न लग जाता है जिसमें यह माना गया था कि तकनीक या उत्पादन के साधनों का विकास एक स्वायत्त प्रक्रिया है, जिससे समाज का उत्पादन सम्बन्ध और फिर पूरा ढाँचा बदलता रहता है। अगर यह स्वायत्त प्रक्रिया नहीं है तो पूँजीवादी मुनाफे के लिए तैयार किया गया उत्पादक यंत्र एक दूसरे तरह के मानव सम्बन्ध के लिए प्रासंगिक नहीं होगा। फिर इस से यह तर्क निकलता है कि एक सहयोगी आधार पर समाज रचना के लिए, जिसमें जीवन की सम्भावना निरापद रह के नियोजित ढंग से अलग तरह के यंत्र या तकनीक विकसित करना होगा। मार्क्स ने श्रम सिद्धान्त

के पूर्ववर्ती समीकरण, जिसमें सम्पूर्ण उत्पाद V+S को C+V+S कर दिया यानी इसमें उत्पादन की लागत सिर्फ श्रमिकों को दिया गया पारिश्रमिक ही नहीं है बल्कि उसमें लगी अचल पूँजी भी है। पहले समीकरण में मुनाफा (S/V) यानी अतिरिक्त मूल्य श्रम पर खर्च किए गए पूँजी के अनुपात में होगा। अब अगर पूँजी में श्रम के साथ-साथ अचल पूँजी भी शामिल हो तो मुनाफे का अनुपात पूरी पूँजी से निर्धारित होगा। मार्क्स की यह भी अवधारणा थी कि मुनाफा श्रमिकों द्वारा उत्पादित अतिरिक्त मूल्य पर ही निर्भर है। इसलिए पूरी पूँजी में जैसे-जैसे यंत्रों पर होनेवाले खर्च का अनुपात बढ़ेगा वैसे-वैसे पूरी पूँजी पर मुनाफे का अनुपात (S/C+V) घटेगा। यही मार्क्स का घटते मुनाफे के रुझान का सिद्धान्त था जिसे मार्क्स ने 'पूँजी' के तीसरे खंड में प्रतिपादित किया था। मार्क्स ने श्रम सिद्धान्त से यह भी सिद्ध किया कि मन्दी का संकट पूँजीवादी व्यवस्था का एक अनिवार्य हिस्सा है क्योंकि मजदूरों को उसके द्वारा उत्पादित मूल्य से कम मूल्य पारिश्रमिक के रूप में दिया जाता है। इससे उत्पादित सम्पूर्ण पण्य को खरीदने के लिए समाज में आय नहीं होती।

दरअसल पूँजीवादी अर्थव्यवस्था की पहली बड़ी मन्दी 1818 में आई जो मार्क्स के जन्म का वर्ष भी था। उस समय स्विट्जरलैंड के एक अर्थशास्त्री सिसमंडी ने इस मन्दी के पीछे के आर्थिक कारण को समझने की कोशिश की। उसने भी मूल्य उत्पादन के V+S वाले सूत्र को ही अपना कर यह स्थापना दी कि चूँकि श्रमिकों के उत्पादन का 'S' यानी अतिरिक्त उत्पाद उसे नहीं दिया जाता, इस से क्रय शक्ति का अभाव हो जाता है और मन्दी का मूल कारण यही है। इसके विपरीत फ्रांस के एक अर्थशास्त्री जे.बी. से का मानना था कि आपूर्ति और माँग स्वत: एक-दूसरे को सन्तुलित करते हैं यानी उत्पादन स्वयं अपने लिए बाजार पैदा करता है। इस विचार में ब्रिटेन के विख्यात अर्थशास्त्री रिकार्डो भी सहमत थे। इस सवार पर सिसमंडी और रिकार्डो—से के बीच एक बड़ा विवाद खड़ा हो गया। सिसमंडी ने रिकार्डो के साथ इस सवाल पर लम्बी चर्चा भी की, लेकिन रिकार्डो के विचार में बदलाव नहीं आया। से का यह विचार कि उत्पादन स्वयं अपने लिए माँग पैदा करता है बीसवीं सदी तक समर्थन पाता रहा और 1929-30 की विश्वव्यापी मन्दी के बाद ही अर्थशास्त्रियों ने बाजार में माँग की कमी को मन्दी का एक मुख्य कारण मानना शुरू किया जब तीस के दशक में ही मेनार्ड कीन्स ने सिद्धान्त रूप में अपना विख्यात 'जेनरल थ्योरी' में माँग की कमी को मन्दी के साथ जोड़ माँग को प्रोत्साहित करने वली नीतियाँ अपनाने की वकालत की। अमेरिका में प्रेसिडेंट रूजवेल्ट ने 'न्यू डील' में और इसके पहले ब्रिटेन में लिबरल प्रधानमंत्री लॉयड जॉर्ज ने (1929 के पहले ही) सरकारी खर्च बढ़ा मन्दी से उबरने की नीतियाँ अपनाईं।

इस विवाद की चर्चा करने का एक उद्‌देश्य मार्क्स के मूल्य के श्रम सिद्धान्त की प्रासंगिकता को रेखांकित करना भी है। वर्तमान समय में अधिकांश अकादमिक

अर्थशास्त्री इस सिद्धान्त को कोई महत्त्व नहीं देते क्योंकि रोजमर्रा के आर्थिक सम्बन्धों में श्रम आधारित मूल्य कहीं भी विनियम में दिखाई नहीं देता। लेकिन नेपथ्य में इसकी उपस्थिति बनी रहती है, यह बात उत्पादित वस्तुओं की माँग के अभाव से उद्घाटित हो जाती है। रिकार्डो और से की उत्पादन और माँग के सन्तुलन सम्बन्धी भ्रान्ति एक सदी से अधिक समय तक बनी रही। इसका कारण यही था कि अर्थशास्त्री उत्पादित वस्तुओं के सम्बन्ध के पीछे के मनुष्यों के सम्बन्ध को नहीं देख पाते थे। इस बात को नजरअन्दाज कर वे सीधा देखते थे कि अलग-अलग क्षेत्रों में अलग-अलग जरूरतों को पूरा करनेवाली वस्तुओं का उत्पादन होता है तो ये वस्तुएँ आपसी विनियम में स्वत: एक सन्तुलन पैदा कर देंगी। मसलन, कपड़ा के उत्पादन से अन्न और इस्पात पैदा करनेवालों की जरूरत पूरी हो जाएगी और अन्न और इस्पात पैदा करनेवालों के उत्पादन से कपड़ा पैदा करनेवालों की जरूरतें। इस तरह अगर विविध क्षेत्रों में समुचित उत्पादन होता चले तो माँग की कमी होगी ही नहीं। अब अगर हम इन सारे सम्बन्धों को इन वस्तुओं को पैदा करनेवाले आदमियों के साथ जोड़ देते हैं तब स्थिति दूसरी हो जाती है। इन वस्तुओं को बनानेवाले लोग अलग-अलग मात्रा में मजदूरी पाते हैं और इससे होनेवाली आय से ही कोई वस्तु खरीद सकते हैं। अगर अगर पैदा की गई वस्तुओं की कीमत से खरीदनेवालों की आय कम हो जाए तो फिर बाजार का संकट पैदा हो ही जाएगा।

यहीं पर अदृश्य रूप से मूल्य का श्रम सिद्धान्त विनियम के सारे सम्बन्धों पर अपनी छाया बनाए रखता है। दरअसल, श्रम सिद्धान्त अन्ततः किसी समाज में विभिन्न वर्गों में विभाजित आदमियों की स्थितियों और सम्भावनाओं के ताने-बाने के पीछे सक्रिय रहता है। अगर ऐसा नहीं हो तो किसी भी उपक्रम में श्रमिकों की संख्या पर कोई सीमा लगना जरूरी नहीं होगा। न तो इस बात को लेकर प्रबन्धकों और उपक्रम में काम करनेवाले मजदूरों में विवाद होगा कि काम का समय कितना हो। लेकिन संसार भर में अमेरिका, जर्मनी और ब्रिटेन जैसे देशों में भी जहाँ अत्यधिक मशीनीकरण हो चुका है, मजदूर संगठनों और औद्योगिक या दूसरे प्रतिष्ठानों के प्रबन्धकों के बीच काम की समय सीमा को लेकर कोई-न-कोई विवाद होता रहता है। जब अर्थव्यवस्था वस्तुओं के सम्बन्ध की जगह मनुष्यों के सम्बन्ध के रूप में देखा जाने लगा है तो फिर इसके साथ न्याय-अन्याय जैसे नैतिक प्रश्न जुड़ जाते हैं और व्यवस्था में आलोचनात्मक स्वर उभरने लगते हैं।

यही कारण है कि अधिकांश अर्थशास्त्री जो व्यवस्था से जुड़े हैं और व्यवस्था को चलाना चाहते हैं, वैसे सिद्धान्तों से बचना चाहते हैं जो उन्हें नैतिक उलझन में डाल दे। इसी में 'मार्जिनलिस्ट' सिद्धान्त अर्थशास्त्रियों के लिए अधिक उपयुक्त है क्योंकि इसमें किसी वस्तु में अन्तर्निहित मूल्य को नकारा गया है और वस्तुओं का मूल्य निर्धारण बस इस बात से होता है कि वह किसी जरूरत को पूरा करती

है और उसकी उपलब्धता का अभाव है या प्रचुरता? विनियम के खेल में लगे लोग इस सिद्धान्त को लेकर चलते हैं कि जहाँ कोई वस्तु सस्ती मिले, उसे खरीदें और जहाँ चीजें महँगी बिकें, वहाँ बेचें। इसी से आयात शुल्क की कमी, बेशी या डम्पिंग जैसी स्थितियाँ नीति निर्धारकों का माथा खराब करती रहती हैं। अर्थशास्त्र की सारी कवायद का एक ही मकसद है, मौके का फायदा उठा ज्यादा-से-ज्यादा मुनाफा कमाने की युक्ति बताना। इसलिए तात्कालिक रूप से दिखनेवाले रुझानों के आधार पर दीर्घकालिक सम्भावनाओं को तलाशने के लिए जटिल गणितीय नियमों को विकसित किया जाता है जिससे 'इकोनॉमेट्रिक्स' का एक पूरा शास्त्र विकसित हो गया है। आज इसकी क्षमता कम्प्यूटर के आ जाने से और बढ़ गई है, लेकिन इसमें कहीं इस बात की चिन्ता नहीं है कि पूरे मानव समाज पर कुछ लोगों के बढ़ते लाभ का क्या असर होगा? इस स्थिति का आकलन रस्किन ने अपनी पुस्तक 'अनटू द लास्ट' में—जो गांधी को प्रभावित करनेवाला सबसे महत्त्वपूर्ण ग्रंथ था, इन शब्दों में किया है—

"Therefore, the idea that directions can be given for gaining of wealth irrepective of the consideration of it moral sources is perhaps the most-insolently futile of all that ever beguiled men through their vices. Sor far as I know, there is not in history record of anything so disgraceful to the human intellect as the modern idea that the commercial text 'Buy in the chepaest marked and sell in the dearest' represents an available principle of natural economy. But in the cheapest market?-yes; but what made your market cheap? charcoal may be cheap among your roof timbers after a fire and bricks may be cheap after an earthquake; but fire and earthquake may not therefore be national benefit. Sell in the dearest?-yes truly, but what made your market dear? you sold your bread well to-day, was it to a dying man who gave his last coin for it and will never need bread more; or to a rich man who tomorrow buy your farm over your head, or to a soldier on his way to pillage the bank in which you have put your fortune?"

मूल्य के श्रम सिद्धान्त का दैनन्दिन के विनियम में अव्यावहारिक बनते जाने का एक और भी कारण था। अठारहवीं सदी के प्रारम्भिक वर्षों में जब कृषि और विभिन्न तरह के श्रम सिद्धान्त की सत्यता सीधी दिखाई देती थी और इतनी पृष्ठभूमि में यह सिद्धान्त अस्तित्व में आया। लेकिन बाद के दिनों में जब औद्योगिक क्रान्ति के बाद कोयला या दूसरे ऊर्जा स्रोतों का महत्त्व बढ़ गया कि यह सुनिश्चित करना असम्भव हो गया कि किसी वस्तु के निर्माण में मशीन और बाहरी ऊर्जा स्रोतों और मानव श्रम की अलग-अलग कितनी भूमिका है? पूरी पूँजी में इनका क्या अनुपात है

यह सुनिश्चित करने का प्रयास तो मार्क्स ने पूँजी की अवयवीय बनावट (organic composition of capital) के सूत्र में देने की कोशिश की। लेकिन इससे पूँजी और उत्पादन के आन्तरिक रुझानों को ही समझा जा सकता था। उत्पादित वस्तुओं के बाजार के मूल्यों में इसे आँकना असम्भव था। लेकिन उपलब्धता के आधार पर बाजार में वस्तुओं का मूल्य स्वत: ऊपर-नीचे होता रहता था। इसलिए विनियम में लोग इसी हकीकत के आधार पर वस्तुओं की कीमत सुनिश्चित करते थे और अन्तर्निहित मूल्य की बात गौण होती गई।

उत्पादन में मानव श्रम की भूमिका प्रत्यक्ष रूप से तेजी से घटने का एक कारण नए तरह के उद्योगों में एक हद तक यंत्रों के द्वारा ऊर्जा स्रोतों से वैसे ही काम कराया जाना था जो पारम्परिक उद्योगों में सिर्फ मानव श्रम से ही होते थे। जहाँ ऐसे उत्पादन में अति जटिल और खर्चीले यंत्रों का प्रयोग होता है वहाँ मानव श्रम से उत्पादित वस्तु आज अपेक्षाकृत अभी भी कम खर्चीला होता है, लेकिन बाकी क्षेत्रों में यंत्रों द्वारा विशाल और सस्ती उत्पादकता सम्भव हो गई है। इसी से सिले वस्त्र जैसे उद्योगों में जहाँ हाथ से होनेवाले काम को कराने के लिए अत्यन्त ही जटिल और खर्चीली मशीनें लगानी होंगी, आज भी तीसरी दुनिया का स्थान अधिक महत्त्वपूर्ण है। मार्क्स ने जहाँ यंत्रों का अध्ययन किया है वहीं यंत्रों की बनावट से होनेवाले फायदे, जिसे 'मेकैनिकल एडवांटेज' कहा जाता है, उसका तो विशद वर्णन है, लेकिन उन ऊर्जा स्रोतों से इनके सम्बन्ध पर विचार नहीं है जिससे यंत्रों का परिचालन होता है, लेकिन लीवर, पुली, ढलान, गियर, बीअरिंग आदि से कामों को सरल तो बनाया जा सकता है, कम-से-कम शक्ति से बड़े बोझ को उठाया जा सकता है, लेकिन समग्र काम में इससे रंचमात्र भी ऊर्जा नहीं बढ़ती। कुल मिलाकर उतनी ही ऊर्जा कार्यरत होती है जितनी लगाई गई होती है। ऊर्जा में इजाफा बाहर से कोयला जलाकर, बिजली से, तेल जलाकर या जलधारा, पवन आदि से ही सम्भव है।

इसलिए औद्योगिक क्रान्ति के बाद उत्पादन में अचानक आए विस्तार के पीछे मनुष्य या पशुओं की सीमित ऊर्जा की जगह विशाल पैमाने पर इन ऊर्जा स्रोतों का इस्तेमाल था। अब यह दिखाई देने लगा है और अध्ययन का विषय हो सकता है कि तेल जैसे ऊर्जा स्रोत जैसे-जैसे विरल और महँगे होते जा रहे हैं, मानव और पशुओं की ऊर्जा से उनके लाभ का अनुपात घटता जा रहा है और लोग परमाणु ऊर्जा जैसे खतरनाक विकल्प की ओर भाग रहे हैं। आज जिस ऊँचाई पर पूँजीवादी उत्पादन पहुँच चुका है, उससे बाजार के संकट के साथ-साथ ऊर्जा स्रोतों का अभाव और जीवाश्म एवं परमाणु ऊर्जा स्रोतों से पैदा पर्यावरण संकट भी पैदा हो गया है जो जीवन रक्षा के लिए उत्पादन और उपभोग के नए स्रोतों और मानकों की माँग करता है।

लेकिन खरीदारी का संकट पूँजीवादी विकास की प्रक्रिया में प्रारम्भ से ही था जिसे बाहरी फैलाव के जरिये अब तक टाला जाता रहा है। रोजा लक्जमबर्ग ने 'पूँजी' के द्वितीय खंड में मार्क्स द्वारा प्रस्तावित पूँजी के प्रसार सम्बन्धी सूत्रों और समीकरणों का अध्ययन कर यह नतीजा निकाला कि किसी भी स्वायत्त पूँजीवादी व्यवस्था में पूँजी संचय का विस्तार एक अभेद्य गतिरोध का शिकार हो जाता है। उसने अपनी पुस्तक 'एक्युमुलेशन ऑफ कैपिटल' में बाजार और 'पूँजी के विस्तृत संचय' सम्बन्धी मार्क्सवाद और गैर-मार्क्सवाद अधिकांश अर्थशास्त्रियों के विचारों की समीक्षा की है और अन्तत: इस नतीजे पर पहुँची कि बिना बाहरी क्षेत्र की उपलब्धि के पूँजी का विस्तारित संचय असम्भव हो जाता है। मूल्य के श्रम सिद्धान्त पर आधारित मार्क्स की यह अवधारणा उसका प्रस्थान बिन्दु है कि एक स्वायत्त या पूरी तरह पूँजीवादी व्यवस्था में आय के दो ही स्रोत हैं (1) मजदूरों की मजदूरी से प्राप्त आय और पूँजीपतियों का मुनाफा। समाज के बाकी लोग—वकील,जमीन के मालिक, दुकानदार, क्लर्क वगैरह—इन्हीं दोनों स्रोतों से अपनी आय पाते हैं। अब मार्क्सवादी अवधारणा के मुताबिक पूँजीवादी उत्पादन पद्धति में उत्पादित वस्तुओं का सकल मूल्य स्थायी पूँजी, श्रमिकों पर खर्च की गई परिवर्तनशील पूँजी और श्रमिकों द्वारा उपलब्ध कराया गया बेशी मूल्य के बराबर होता है (C+V+S)। इसमें स्थायी पूँजी से कोई नया मूल्य नहीं पैदा होता और पहले का अर्जित मूल्य उत्पादित वस्तुओं में समाहित हो जाता है। नया मूल्य परिवर्तनीय पूँजी यानी श्रमिकों पर खर्च की गई मजदूरी का होता है, लेकिन एक हिस्से जिसे 'S' से व्यक्त किया जाता है, मजदूरों द्वारा उत्पादित बेशी मूल्य होता है जो पूँजीपतियों का मुनाफा होता है।

रोजा लक्जमबर्ग ने यह सवाल उठाया कि कुल उत्पादित मूल्य (V+S) में 'S' वाला हिस्सा तो मजदूर मजदूरी से प्राप्त आय से खरीद लेगा लेकिन 'S' के मूल्य वाले हिस्से की वस्तुओं का खरीदार कौन होगा स्वाभाविक उत्तर होगा—पूँजीपति अपने मुनाफे से। यहीं पर पेंच पैदा होता है। पूँजीपति को मुनाफा तो तभी मिलेगा जब कोई 'S' वाले हिस्से की वस्तुओं को खरीदता है। अगर पूँजीवादी व्यवस्था में आय के स्रोत दो ही हैं—मजदूरों की मजदूरी और पूँजीपतियों का मुनाफा तो ये दूसरे कौन हैं जिन्हें अपनी वस्तुएँ बेचकर पूँजीपति मुनाफा हासिल करता है? रोजा लक्जमबर्ग की मान्यता है कि यह तीसरा क्षेत्र सदा पूँजीवादी व्यवस्था से बाहर का क्षेत्र होता है जिसमें कबाइली संस्था, सामन्ती व्यवस्था या और दूसरी तरह की पूँजीवाद से इतर व्यवस्थाएँ आ सकती हैं। रोजा लक्जमबर्ग ने अमेरिका की गुलामी पर आधारित व्यवस्था और भारत आदि की पारम्परिक व्यवस्था से पूँजीवादी व्यवस्था के सम्बन्धों का विस्तृत तथ्यपूर्ण विवरण देकर यह बतलाने की कोशिश की कि यह बाहरी या तीसरा क्षेत्र ही है जो पूँजीवाद के विस्तार को सम्भव बनाता है।

बाद में अपनी असमाप्त पुस्तक 'इकोनॉमिक्स ऑफ्टर मार्क्स' में लोहिया ने भी यही विचार व्यक्त किया था कि पूँजीवाद और साम्राज्यवाद का जुड़वा विकास हुआ है। साम्राज्यवाद के बगैर पूँजीवाद का विकास सम्भव ही नहीं था। प्रख्यात ब्रिटिश अर्थशास्त्री जोन रॉबिंसन ने रोजा लक्जमबर्ग की पुस्तक 'एक्युमुलेशन ऑफ कैपिटल' की एक लम्बी भूमिका लिखी थी। उसमें कई बिन्दुओं पर अपनी असहमति के बावजूद वह यह निष्कर्ष देती है, "All the same, few would deny that the extension of capitalism into new territories was the mainspring of what an academic economist has called the 'vast secular boom' of the last two hundred years, and many academic economist account for the uneasy condition of capitalism in the twenthieth century largely by the closing of the frontier[1] all over the world[2] But the academic economists are wise after the event."

इसमें समस्या यह आ जाती है कि जब पूँजीवाद फैलकर एक नए गैर पूँजीवादी व्यवस्था को अपने गिरफ्त में लेता है तब वहाँ भी व्यवस्था पूँजी के विस्तार के बाद बन्द हो जाती है और फिर इसे नए क्षेत्रों की तलाश हो जाती है। दुनिया के गैर-पूँजीवादी क्षेत्र चूँकि तुलनात्मक दृष्टि से अभी भी विशाल हैं, उनके पूँजी के लिए बन्द और अछूते क्षेत्रों पर अधिकार जमाने का क्रम जारी रहता है। उनके खनिज, वन और कृषि—सभी को पूँजीवादी व्यवस्था के दायरे में लाने की कोशिश होती है। विश्व व्यापार संगठन कोई आकस्मिक परिघटना नहीं है। यह पूँजीवाद का नए क्षेत्रों में प्रवेश के विश्वव्यापी अभियान का महत्त्वपूर्ण हिस्सा है ताकि कहीं कोई हिस्सा स्वायत्त विकास के लिए बचा नहीं रह पाए। आज आदिवासी जीवन, खनिज क्षेत्रों, वनों, नदियों और विभिन्न देशों के तटीय प्रदेशों पर मछलियों आदि के स्रोत पर कब्जे का प्रयास इसी अभियान के नतीजे हैं। यह प्रक्रिया तब तक जारी रहेगी जब तक धरती वीरान नहीं हो जाए और मानव जीवन लगभग असम्भव। समाजवादी आन्दोलन के सामने यही मूल चुनौती है।

1. Hicks, value and capital, P. 302
2. A survey of contemporary economics (ed-Ellis) P. 63

सभ्यता का संकट

किसी समाज की नई पीढ़ी समाज के मूल्यों को आत्मसात कर उन्हें मूल्यों के आधार पर अपने को गढ़ती है। सब कुछ सुचारू रूप से चले, इसके लिए प्रचलित मूल्यों के प्रति आदर और आस्था जरूरी होता है। इन मूल्यों के प्रति संशय से प्रतिरोध की भावना और नए मूल्यों की तलाश शुरू होती है। भारत में अंग्रेजी शासन ने युवाओं के आत्मसम्मान को आहत किया था और इसी से राष्ट्रीय मुक्ति का आन्दोलन शुरू हुआ। स्वाभाविक था कि अंग्रेजी शासन द्वारा स्थापित मूल्यों के विकल्प में ही वैसे सम्मानजनक मूल्यों की तलाश हो जिनके आधार पर राष्ट्र का पुनर्निर्माण हो सके, लेकिन नए भारत का निर्माण किस आधार पर हो, इसको लेकर दो विपरीत धाराएँ दिखाई देती हैं। एक धारा थी जो पूरी तरह परम्पराओं को, इनके कूड़े-कचरे समेत कबूल कर नव निर्माण की बात सोचती थी, मुसलमान तथा कथित हिन्दुत्ववादी धारा। दूसरी धारा थी जो पश्चिमी देशों की सफलता की चकाचौंध से प्रभावित हो वहाँ पर विकसित हो रही औद्योगिक और सामाजिक व्यवस्था की वर्ग पर नए भारत को गढ़ना चाहती थी। इसमें एक आत्महीनता का बोध भी था। इसे भारत की दुर्दशा का कारण पुराने मूल्य बोध और जीवन पद्धति से चिपके रहना दिखाई देता था। अपने आत्यंतिक रूप में यह दृष्टि मैकाले की उस शिक्षा नीति की सफलता को दर्शाती थी जिसमें भारत के सब पढ़े-लिखे आदमी शरीर से भारतीय, पर मन विलायती हों।

इस दूसरी सोच को काफी बल मिला है उस औद्योगिक उपभोक्तवादी वैश्विक व्यवस्था से, जिसका आज संसार भर में बोलबाला है। जीवन के हर क्षेत्र में आकर्षक, हालांकि काफी कुछ नई समस्याओं को जन्म देनेवाली इस व्यवस्था में अपने अन्तर्विरोधों को काफी समय तक ढँके रहने की क्षमता है। उदाहरण के लिए, एक नव धनाढ्य अपने वातानुकूलित कमरे में बाहर की गर्मी से महफूज है, लेकिन इस बात से अनभिज्ञ कि इस वातानुकूलन के लिए उपयोग में लाई जानेवाली ऊर्जा का उत्पादन ग्लोबल वार्मिंग का एक स्रोत भी है। हम मोटर कारों में आराम से यात्राएँ करते होते हैं, जीवाश्म आधारित बिजलीघरों से स्वच्छ और प्रचुर मात्रा में ऊर्जा का उपयोग करते हैं, लेकिन इस क्रम में वातावरण में वायुमंडलीय धूल कणों (पी.एम.) की मात्रा इस हद तक बढ़ा देते हैं कि बिना मास्क के खुले में

साँस लेना मुश्किल बन जाता है और धुन्ध के मारे सभी यातायात व्यवस्थाएँ ध्वस्त हो जाती हैं यानी सुविधा के लिए उठाया गया हर कदम नई समस्याएँ पैदा कर देता है। और इनसे पर्यावरण सम्बन्धी कुछ ऐसी समस्याएँ पैदा हो जाती हैं, जिनका कोई हल नजर नहीं आता। कुल मिलाकर तात्कालिक सुविधाएँ स्थायी विकास की ओर ले जाती हैं।

इस औद्योगिक व्यवस्था के तेज विकास के लिए उत्पादकों के बीच के स्पर्धा एक अनिवार्य कारक रहा है। उत्पादक प्रतिष्ठानों के भीतर भी उत्पादकता बढ़ाने के लिए कार्मिकों के बीच स्पर्धा बनी रहती है। इस तरह यह व्यवस्था हर स्वर पर तनावग्रस्त रहती है। इस तनाव में थोड़ी शिथिलता तभी आती है जब औद्योगिक मन्दी का दौर आता है और उत्पादन और विपणन की प्रक्रिया अचानक पक्षाघात का शिकार हो जाती है, लेकिन यह विराम वरदान की जगह अभिशाप बनकर आता है। इससे बेरोजगारी भुखमरी और आत्महत्या का दौर शुरू होता है। रोजगार और व्यवसाय के लिए बनाई गई तमाम प्रशिक्षण संस्थाओं में भी प्रशिक्षुओं में सहयोगी मानव की जगह 'प्रतिस्पर्धी मानव' बनने का हौसला भरा जाता है। इसका नमूना हम तकनीकी प्रशिक्षण देनेवाली कोचिंग संस्थाओं के विज्ञापनों में देख सकते हैं जो छोटी-बड़ी पत्र-पत्रिकाओं की आय के प्रधान स्रोत बनते जा रहे हैं। इस प्रतिस्पर्धा के घातक परिणामों का अन्दाजा समय-समय पर प्रशिक्षुओं की आत्महत्याओं की खबरों से लगाया जा सकता है, लेकिन ये आत्महत्याएँ तो हिमशिला का ऊपरी शिखर भर हैं। ऐसी महत्वाकांक्षा से परिसरों में अनेक तरह की तबाही और तनाव व्याप्त रहता है। दरअसल, यह आदमी को एक आयामी बनाने की प्रक्रिया है जो उसकी अन्तर्निहित मनुष्यता को नष्ट करती है। यह बाइबल की इस सीख को कि 'आदमी सिर्फ रोटी के लिए नहीं जीता', झुठलाने का प्रयास है। इस प्रशिक्षण का आदर्श है : जीवन की एकमात्र सार्थकता व्यापारिक प्रतिस्पर्धा में अपनी जगह बनाना है, यानी रोटी के लिए जीना है।

ऊपर जिन त्रासदियों की ओर इशारा किया गया है, वे संसार भर में औद्योगिक व्यवस्था के साथ जुड़ी हैं। यह व्यवस्था लोगों की बुनियादी जरूरतों यानी स्वास्थ्यप्रद भोजन और शीत, ताप आदि की अति से बचाने लायक आवास उपलब्ध कराने के लायक नहीं बनी है। ये जरूरतें तो सीमित होती हैं और लोगों ने हजारों वर्ष तक स्थानीय संसाधनों से इन्हें पूरा किया है। एस्कीमो ध्रुव प्रदेश के ठंड में इग्लु (बर्फ का घर) में मजे में जी लेते हैं। वैसे ही दूसरे तरह का आवास बना लोग भविष्य विविध प्राकृतिक स्थितियों में गुजारा करते रहे हैं—कहीं गुफाओं में, तो कहीं पेड़ों की डालियों में मचान डाल पक्षियों की तरह घोंसले बना। अपनी आजीविका के लिए शिकार छोटी-मोटी खेती या पशुपालन पर निर्भर रहा है। आज भी साहेल के घुमन्तू चरवाहों से लेकर कश्मीर के पहाड़ों में गड़रिये अपने घुमन्तरी जीवन का

लुत्फ उठाते रहे हैं। वे भेड़, बकरियों या दूसरे मवेशियों के बीच जिन्दगी बिताते हुए प्रतिस्पर्धा की जरूरत महसूस नहीं करते। यही स्थिति उन बिखरे किसानों की है जो उत्पादन करते हैं, अपनी या पास-पड़ोस के लोगों की जरूरत के हिसाब से किसी पर वैश्विक बाजार के लिए नहीं। इनकी जिन्दगी में वे चीजें नहीं हैं जिन्हें हम लक्जरी यानी ताम-झाम की वस्तुएँ कहते हैं, लेकिन उन्हें उन वस्तुओं की जरूरत भी नहीं होती। उन्हें उतना उपलब्ध हो जाता है जितना जरूरी है। उन्हें अभाव का अहसास तभी होता है जब वे आधुनिक व्यावसायिक मनुष्यों के सम्पर्क में आते हैं और अभाव क्या है, सीखते हैं।

दुर्भाग्यवश आज लगभग संसार भर में जमीन से जुड़ी ये व्यवस्थाएँ आधुनिक औद्योगिक व्यवस्था से घिर गई हैं और उनकी गिरफ्त में हैं। इस सर्वग्रासी वैश्विक व्यवस्था के सामने उनकी प्रतिरोध की क्षमता नगण्य है। प्राय: अपने ढंग से जीने का उनका प्रयास सभ्यता के खिलाफ बगावत यानी राजद्रोह माना जाता है। जरूरत पड़ने पर यह औद्योगिक व्यवस्था राष्ट्रीयता के नाम पर हथियारों के बल उनकी स्वायत्तता को नष्ट करती है। प्राय: इसके लिए वैसे अन्तरराष्ट्रीय समझौतों का हवाला दिया जाता है जिन्हें बनाने में इन आत्मनिर्मय इकाइयों की कोई भूमिका नहीं होती।

हाशिये पर डाल दिए गए लोगों की समस्या 'मुख्यधारा' की नई पीढ़ी की मूल चिन्ता नहीं बन पाती। वे एक कोकून में बन्द हैं, एक सुरक्षित आत्ममुग्ध दुनिया में। एक स्वचालित व्यवस्था के तहत भोजन और कृषिजन्य कच्चे माल एक रूटीन के तहत उपलब्ध होते रहते हैं। किसानों की उपस्थिति का पता उन्हें तभी चलता है जब वे आत्महत्या कर अखबारी सुर्खियों में आते हैं। आमतौर से इसी तरह खनन उद्योगों और जंगलों की कटाई से विस्थापित लोग विस्मृति के गर्भ में रहते हैं।

लेकिन मुख्यधारा की अपनी समस्याएँ हैं। यह इसकी बनावट और मूल्यबोध में निहित है। यह है प्रतिस्पर्धा और हाइरार्की (सीढ़ीनुमा अनुक्रम) जो व्यवस्था को परिचालित करती है। इसमें हर व्यक्ति अपने ऊपर के दर्जे को हासिल कर अपने पास-पड़ोस के लोगों से आगे निकलना चाहता है। मूलत: यह प्रत्येक व्यक्ति का अपने पड़ोसी से युद्ध की स्थिति है : कर्मचारियों का अपने सहकर्मियों से, व्यापारियों का दूसरे व्यापारियों से, उत्पादकों का दूसरे उत्पादों से और इन हितों में उलझे राष्ट्रों का दूसरे राष्ट्रों से। व्यवस्था के मूल्यों को लेकर चलनेवाली दलीय राजनीति इसीलिए बाँझ साबित होती है क्योंकि वह इस खेल के नियमों को बदल नहीं सकती। यह औद्योगिक उपभोक्तावादी व्यवस्था ही है जो तय करती है कि ये पार्टियाँ क्या और किस हद तक कुछ कर सकती हैं? देशों के संविधान इस लक्षणरेखा का निर्धारण करते हैं। सम्प्रभुता का अलंकरण इन संविधानों के पीछे की असली ताकत और इनकी नीयत को ढँकने का काम करता है। इसके द्वारा स्थापित मानकों का निषेध

राजद्रोह बन जाता है। इस ढांचे की ताकत इतनी जबर्दस्त है कि रूस और चीन में इसके तहत समाजवाद लाने के प्रयास विद्रूप बन ध्वस्त हो गए। अन्ततः पूँजीवाद हावी हुआ। 1960 के दशक में अमेरिका में और अधिक व्यापक पैमाने पर फ्रांस में छात्रों का विद्रोह इस ढाँचे को तोड़ने के प्रयास थे, लेकिन कोई स्थायी नतीजा नहीं निकला। फ्रांस में तो मजदूरों के संगठनों ने ही, जिन पर बदलाव के लिए भरोसा किया जाता है, छात्रों का साथ नहीं दिया। व्यवस्था के संस्कार मजदूरों द्वारा भी आत्मसात कर लिए गए हैं।

हाल के वर्षों में अमेरिका को युवाओं का 'ऑकुपाई वॉल स्ट्रीट' आन्दोलन कुछ ऊर्जा बिखेर शान्त हो गया। असफलता अवश्यम्भावी थी क्योंकि वॉल स्ट्रीट लोहे और कंक्रीट का वह ढाँचा भर नहीं है जहाँ बैंकर और उद्यमी बैठते हैं। यह प्रतीक है उस वैश्विक आर्थिक मशीन का, जो दुनिया को मथ रही है। दरअसल वर्तमान औद्योगिक सभ्यता ही असली संकट है और निदान इसी का ढूँढ़ना है।

महात्मा गांधी इंग्लैंड में पढ़ाई के क्रम में, फिर दक्षिण अफ्रीका के अपने ऐतिहासिक अहिंसक संघर्ष और स्वयं भारत के अपने अनुभवों के आधार पर कुछ चौंकानेवाले नतीजों पर पहुँचे थे। उन्होंने अपनी ऐतिहासिक पुस्तक 'हिन्दू स्वराज' में इनके आधार पर उन सभी प्रतीकों को नकार दिया था जो वर्तमान सभ्यता का आधार माने जाते हैं, मसलन रेलगाड़ी, डॉक्टर और वकील।

तेज रफ्तार आधुनिक सभ्यता का प्रतीक बन गया है और रेल यातायात, 1908 में जब गांधीजी ने 'हिन्द स्वराज' लिखा था, रफ्तार का प्रतीक था। गांधीजी ने उस समय इसके नकारात्मक प्रभावों—जैसे विदेशी सत्ता और प्लेग आदि फैलाने में इसकी भूमिका का जिक्र किया था। आज के वाहनों की रफ्तार ने सत्ता के आतंक के दायरे और त्वरण को इतना बढ़ा दिया है कि गांधीजी 1905 में इसकी कल्पना भी नहीं कर सकते थे। हालाँकि उन्होंने अपने जीवन काल में ही हिरोशिमा और नागासाकी में विमानों द्वारा ढाए गए विप्लव का दृश्य देखा था। इससे उनकी यह आशंका पुष्ट ही हुई थी कि वाहनों की गति का बढ़ना अपने-आपमें सकारात्मक चीज नहीं है। अब तो वायुयान से बढ़कर तेज रफ्तार से परमाणु या हाइड्रोजन बमों को हजारों किलोमीटर दूर तक पहुँचाने की क्षमता विकसित की गई है। तेज गति के बचाव में इतना ही कहा जा सकता है कि जब बम वर्षा से नगर तबाह हो जाते हैं तो घायल मर्द, औरत और बच्चों को तेजी से उपचार के लिए अस्पतालों में पहुंचाया जा सकता है अगर ये ध्वस्त नहीं हुए तो।

तेज रफ्तार जो तेज औद्योगिक विकास का एक अनिवार्य सहचर है, विनाश की दिशा में परमाणु बमों से अधिक बड़ा, पर अदृश्य खतरा उपस्थित करती है। रेल, मोटर वाहन, जहाज, पनडुब्बी और वायुयान—ये सब अपनी गति के अनुपात में ही ऊर्जा के लिए ईंधन गटकनेवाले हैं और ये ईंधन हैं कोयला, पेट्रोल, प्राकृतिक

गैस, डीजल आदि। ये सब जीवाश्म ईंधन हैं यानी आज से करोड़ों वर्ष पूर्व जो जैव पदार्थ यानी पेड़-पौधे, जीव आदि जमीन में दब कर कोयला अथवा तेल में परिवर्तित हो गए। ये गड़े खजाने हैं और इनकी मात्रा सीमित है और आज न कल ये शेष हो जाएँगे। इनका इस्तेमाल जिस तेजी से होगा, उसी अनुपात में यह खजाना भी खाली होता जाएगा। फिलहाल नए-नए खदानों का पता लगने से इनकी सीमा इनका इस्तेमाल करनेवाले लोगों की आँखों से ओझल है, लेकिन साधारण तर्क वुद्धि का इस्तेमाल करके यह समझा जा सकता है कि सभी गड़े खजानों की तरह इन्हें आज व कल खत्म होना ही है। वे उतनी ही तेजी से खत्म होंगे जिस तेजी से हम इनका इस्तेमाल करेंगे। हमारी औद्योगिक सभ्यता, विशेषकर पूँजीवादी सभ्यता का चरित्र ऐसा है कि हर क्षेत्र में उत्पादन की गति बढ़ाई जाती है और इसी अनुपात में ऊर्जा स्रोतों का दोहन बढ़ता जाता है।

दूसरी ओर ईंधनों को विशाल मात्रा में जलाने से वायुमंडल में प्रदूषण का अनुपात बढ़ता जाता है। धरती के कलेवर के साथ छेड़छाड़ सिर्फ कोयला और तेल के लिए होनेवाले खनन में ही नहीं होता है। दरअसल, अन्य मशीनों और निर्माण कार्य यथा घर, पुल, तरह-तरह की गाड़ियाँ आदि के निर्माण में अनेक धातुओं मसलन लोहा, ताँबा, अल्युमिनियम आदि के लिए भी विशाल मात्रा में खुदाई होती है। इस सब प्रक्रिया में धरती की ऊपरी संरचना के साथ इतनी छेड़छाड़ हुई है कि बहुत-से विद्वान जो धरती की संरचना का अध्ययन कर इसके जियोलॉजिकल युगों का नामकरण करते हैं, हमारे समय को ऐंथ्रोपोसीन (यानी नवीय सर्वेक्षण से निर्मित) कहने लगे हैं।

दूसरी ओर जीवाश्म ईंधन की खपत को उत्तरोत्तर बढ़ाने से हम धरती का ताप बढ़ाए चले जा रहे हैं। अगर इस पर नियंत्रण नहीं हुआ तो जीवन को सुरक्षित रखने की धरती की क्षमता नगण्य हो जाएगी। अचरज की बात यह है कि सभी तथ्यों को सामने आने और वैज्ञानिकों की इस चेतावनी के बावजूद कि हम विनाश की दिशा में बढ़ रहे हैं, औद्योगिक दुनिया अपनी दशा या गति बदलने के लिए तैयार नहीं। नई पीढ़ी के सामने सबसे बड़ी चुनौती सभ्यता को इस मृत्यु कामना से मुक्त करने की है।

'हिन्द स्वराज' में महात्मा गांधी ने देश की दुर्दशा के लिए डॉक्टरों को भी जिम्मेदार माना था। आज जब हमारे यहाँ आधुनिक आरोग्य सेवा की तरफ लोगों का आकर्षण बढ़ रहा है, यह बात कुछ बेतुकी लग सकती है, लेकिन पश्चिमी देशों की स्वास्थ्य सेवाओं के अध्ययन से भी यह बात सामने आने लगी है कि मुनाफा कमाने की धुन में वहाँ भी डॉक्टर प्राय: बेजरूरत इलाज के क्रम में नई बीमारियों का उपहार अपने मरीजों को देते रहते हैं। एक अमेरिका अध्येता स्टेन कॉक्स ने अपनी चर्चित पुस्तक 'सिक प्लैनेट' में लिखा है :

"...नेशनल एकेडेमी ऑफ साइंसेज ने 2000 ई. में यह अनुमान लगाया था कि डॉक्टरी गलती के कारण इतने लोग बीमार एवं घायल हो जाते हैं कि हर साल 44,000 से लेकर 98,000 तक मरीज अपनी जान गँवा बैठते हैं। इसके अलावा अस्पतालों में भरती होनेवाले मरीजों में 4 प्रतिशत गलत दबावों के प्रभाव से बीमार होनेवाले होते हैं।"

हमारे देश में डॉक्टरों की लापरवाही या तथाकथित झोला छाप डॉक्टरों द्वारा दी गई बेमतलब दबावों से कितने लोग मरते हैं, इसका तो अन्दाजा भी नहीं लगाया जा सकता। इस सब के पीछे है वह व्यावसायिक बुद्धि जो आधुनिक औद्योगिक सभ्यता का आधार है।

आज की सभ्यता के विकल्प में जो सभ्यता बनेगी, वह प्रकृति के प्रति संरक्षण और सहयोग की भावना के आधार पर बनेगी। गांधीजी के लिए अहिंसा का जो व्यापक अर्थ था, उसमें प्रकृति के साथ अनावश्यक छेड़छाड़ और संसाधनों के अतिदोहन का भी निषेध निहित था।

स्वास्थ्य सम्बन्धी एक दूसरी समस्या, जिससे अमीर देशों के लोग परेशान हैं वह है, मोटापे की समस्या। हमारी सभ्यता किस तरह यह समस्या पैदा करती हैं और फिर इसका इलाज करती है, इसके सम्बन्ध में कॉक्स लिखते हैं :

"जहाँ तक मोटापे की समस्या का सवाल है, पूँजीवादी व्यवस्था वैसी वस्तुओं से परिपूर्ण है जो यह समस्या पैदा करे—मसलन यथेष्ट मात्रा में वसा भरा भोजन, मोटर परिवहन, टी.वी., कम्प्यूटर, वीडियो खेल आदि और फिर इस मोटापे को कम करनेवाले साधन भी—मसलन डायटिंग की पुस्तकें, व्यायाम शाला और दवाएँ। यह बात दीगर है कि ये उन्हीं को उपलब्ध हैं जो साधन सम्पन्न हैं, जबकि भारत के बहुसंख्य गरीब अपने जिस्म की ठठरियों से निहाल हैं।"

इन सभी समस्याओं का एकमात्र समाधान मनुष्य का वैसी लघु इकाइयों की ओर बढ़ना हो सकता है जिनमें मनुष्य का विकास हुआ है। भारत में भी, पश्चिमी देशों के प्रभाव के हावी होने के पहले, लोगों के जीवन का निर्धारण लघु ग्रामीण इकाइयों में ही होता था। महात्मा गांधी के चिन्तन में भारतीय जीवन की धुरी निचली ग्रामीण इकाइयाँ ही थीं और इसी से ग्राम गणराज्य की कल्पना जुड़ी थी।

देश की नई पीढ़ी को आज जीवन की दो पद्धतियों के बीच एक को चुनना है। एक जीवन पद्धति वह है जो अठारहवीं सदी की औद्योगिक क्रान्ति के बाद से यूरोप में विकसित हुई हैं और आज दुनिया भर में अपने चरम पर है। इसमें उत्तरोत्तर तेज गति से धरती के सभी संसाधनों को औद्योगिक कच्चे माल की तरह इस्तेमाल कर उपभोक्तावादी संस्कृति का विकास करता है। इसमें जंगल, पर्वत और जलधाराएँ—सभी कच्चे माल की तरह जज्ब किए जा रहे हैं। इनकी उत्पादन प्रक्रिया के घातक अवशेषों से संसार पटा जा रहा है। इससे प्रदूषित हो वायु उस

स्थिति में पहुँच रही है, जहाँ हमारी साँस से जज्ब हो शरीर को विषाक्त कर रही है। दूसरी ओर धरती का ताप इस कदर बढ़ रहा है कि जल प्लावन या दूसरे तरह की प्रलय का खतरा पैदा हो गया है। इससे भी बढ़ कर संसाधनों की छीना-झपटी में हथियारों की होड़ उस बिन्दु पर पहुँच गई है जहाँ परमाणु युद्धों में सारे सार के ध्वंस होने का खतरा पैदा हो गया है।

अन्तरिक्ष में कुछ यानों के प्रक्षेपण की सफलता से हम धरती पर के जीवन की सीमाओं से परे नहीं पहुँच सकते। अन्ततः हमें धरती के सीमित संसाधनों के ही भरोसे जीना है। यह जीवन सतत कायम रह सके, इसके लिए अपने उपभोग को सीमित करना जरूरी है। गांधी का महत्व इसलिए भी है क्योंकि उन्होंने अपने विचारों और स्वयं अपने जीवन से एक आदर्श प्रस्तुत किया है जो हमारे लिए मार्गदर्शक रहेगा। अगर नई पीढ़ी इस आदर्श को अपनाए तो उसे यह तय करने में देर नहीं होगी कि हमारी आकांक्षाओं की सीमा क्या है? गांधी जी की वह प्रसिद्ध उक्ति कि "संसार में सभी लोगों की आवश्यकता के लिए यथेष्ट साधन है, लेकिन एक आदमी की लोलुपता के लिए भी यथेष्ट नहीं" सारे मानव समुदाय पर भी लागू होती है। धरती सादगी भरे जीवन के लिए मानवों को यथेष्ट संसाधन दे सकती है, लेकिन थोड़े लोगों की भी सीमाहीन उपभोग की व्यवस्था को पूरा नहीं कर सकती। नई पीढ़ी को अपनी आकांक्षाओं पर विचार करते समय इस बात पर ध्यान देने की जरूरत है।

महात्मा गांधी ने स्वतंत्रता आन्दोलन के क्रम में जब देश आजादी की लड़ाई के अन्तिम दौर में था, यानी 1945 में, रचनात्मक कार्यक्रम का एक खाका तैयार किया था। उसे ज्यों का त्यों तो आज नहीं अपनाया जा सकता, लेकिन उससे भविष्य में जीवन के नियोजन के लिए एक दृष्टि जरूर मिलती है।

यों तो इसमें अट्ठारह मुद्दे हैं। अपने समय में और कुछ हद तक आज भी ये सभी महत्व के हैं, लेकिन कुछ मुद्दे ऐसे हैं जिन्हें उन लोगों को ध्यान में रखना होगा जो संकट से घिरे आज के समाज का नव निर्माण करना चाहते हैं। इसमें पहला मुद्दा साम्प्रदायिक सद्भाव का है। यह एक ऐसा मुद्दा है जो मानव के रूप में हमारे अस्तित्व से जुड़ा है और कोई भावी समाज जो इसे या इससे मिलते-जुलते नस्ल के भेदभाव को पूरी तरह खत्म नहीं करता, अन्ततः बर्बर हो जाएगा। आज हम पश्चिम एशिया में 'इस्लामिक स्टेट' के रूप में जो देख रहे हैं वह इसी का एक उन्मादी तेवर है। दूसरा मुद्दा अस्पृश्यता का है। इसे मिटाए बगैर हम कोई मानवीय समाज नहीं बना सकते। एक और मुद्दा शराबखोरी या नशाखोरी का है, जिसका निषेध है। शराबखोरी या नशाखोरी शायद संसार का सबसे व्यापक सामाजिक रोग है। आज दुनिया का कोई भी समाज शायद इससे पूरी तरह मुक्त नहीं है। इसके प्रभाव में मनुष्य अर्द्धविक्षिप्तता की स्थिति में रहता है और परिवार से लेकर समाज तक सभी इसका खामियाजा भुगतते हैं।

लेकिन इन सब के ऊपर और समाज की संरचना के लिए नींव का पत्थर खादी और ग्रामोद्योग है।

महात्मा गांधी ने यह रचनात्मक कार्यक्रम तत्कालीन विदेशी उद्योगों के वर्चस्व को खत्म करने और आत्मनिर्भर समाज बनाने की पूर्व शर्त की तरह प्रस्तुत किया था। आजादी मिलने के बाद जब से 'आधुनिक' ढंग के औद्योगीकरण की नीति अपनाई गई तब से खादी और ग्रामोद्योग हाशिये पर चले गए। अब जब हम पर्यावरण के भयंकर संकट से घिरते जा रहे हैं तो खादी और ग्रामोद्योग पहले से कहीं अधिक प्रासंगिक बनते जा रहे हैं। यह बात अलग है कि इसका परिप्रेक्ष्य बदल रहा है और हमें इन्हें पर्यावरण संकट के परिप्रेक्ष्य में रखकर इस पर विचार करने की जरूरत है। कहने की जरूरत नहीं कि इससे इसका फलक कहीं अधिक व्यापक और डरावना लगता है।

भविष्य का जो भयावह चेहरा हमारे सामने उभर रहा है, उसको चुनौती मूलत: उस पीढ़ी के सामने है जिसे कल इससे टकराना है। गांधीजी ने कभी देश की युवा गाँव को दीवानगी की सीमा तक आन्दोलित किया था। आज जब संसार भर में युवाओं में व्यवस्था के विरोध में आक्रोशित है, पर विकल्प की कोई तसवीर नहीं, गांधी विकल्प की समग्र दृष्टि के साथ उसे फिर अपनी राह पर बगावत के लिए बुला रहे हैं।

लोकतंत्र का संकट

जब बहुसंख्यक लोगों के जीवन की अवधारणाओं और आकांक्षाओं का अल्पसंख्यक शासक वर्ग या समूह की अवधारणाओं और आकांक्षाओं से बुनियादी विरोध होने लगता है और बहुसंख्यक लोग लोकतांत्रिक पद्धति के तहत अपनी अवधारणाओं के अनुरूप समाज के ढाँचे को बदलने में सक्षम दिखाई देने लगते हैं, वैसी स्थिति में श्रेष्ठता के पूर्वग्रह का कैदी शासक समूह लोकतांत्रिक पद्धति को सीमित या समाप्त कर अपना वर्चस्व कायम रखने की कोशिश करता है। आम तौर से लोकतंत्र का संकट इसी स्थिति से पैदा होता है। इस सन्दर्भ में बहुसंख्यक लोगों में अपनी स्थिति और नियति के सम्बन्ध में व्याप्त अवधारणा का केन्द्रीय रोल होता है। उदाहरण के लिए, प्रथम विश्व युद्ध के बाद खासकर रूस की क्रान्ति के बाद यूरोप के श्रमिक वर्गों में जो बहुसंख्यक भी थे, क्रान्तिकारी परिवर्तन की आकांक्षा तेज हुई थी और वे लोकतांत्रिक संस्थाओं पर कब्जा करने में सक्षम थे। इसी सम्भावना की प्रतिक्रिया में श्रमिकों की शक्ति को तोड़ने के लिए फासीवाद का उदय हुआ और लोकतांत्रिक संस्थाओं को नष्ट कर दिया गया।

लोकतंत्र पर इसी तरह का खतरा वामपंथी समूहों से भी आता है जब वे परिवर्तन के उतावलेपन में यह भूल जाते हैं कि बहुसंख्य जनता अन्ततोगत्वा अपने ही प्रयासों से अपनी भावना के अनुकूल समाज का निर्माण कर सकती है। इसी कारण रूस में वे अधिनायकवादी प्रवृत्तियाँ जो 1917-21 के गृहयुद्ध काल की विशेष परिस्थितियों में उभरी थीं, स्टालिन की बर्बर तानाशाही में तब बदल गईं जब बहुसंख्यक किसानों की मर्जी के खिलाफ कृषि का समूहीकरण कर दिया गया।

भारत में मौजूदा स्थिति में कमोबेश ऊपर बतलाए गए दोनों ही तरह के दबाव मौजूद हैं जिससे लोकतंत्र का संकट पैदा होता है। शासक अभिजात वर्ग और आम लोगों के बीच जितनी गहरी खाई भारत में है वैसी दुनिया के कम देशों में है। यहाँ का अभिजात वर्ग और पूँजीवाद, दोनों ही अंग्रेजी हुकूमत की विरासत है। मैकाले की शिक्षा पद्धति ने इस देश में एक ऐसा शिक्षित समूह पैदा किया जिसके सदस्य शरीर से भारतीय हैं, लेकिन बुद्धि और आकांक्षा से विलायती। भाषा, भूषा और जीवन की आकांक्षाओं में वे वही बनना चाहते हैं जो कभी यहाँ अंग्रेज शासक चाहते

थे। इनका एकमात्र अरमान होता है उन उपभोग की वस्तुओं को प्राप्त करना, जो विलायती समाज के सम्पन्न घरों में उपलब्ध हैं।

आजादी के आन्दोलन काल में स्वदेशी की भावना वे इस मानसिकता को थोड़ा झकझोरा था। लेकिन आजादी के बाद के बाद सत्ता में आने पर जब इसके उद्‌देश्य पूर्ति के लिए आम जनता के सक्रिय हिस्सेदारी की जरूरत खत्म हुई तो यह समूह पहले से अधिक विलायती और आधुनिक ढंग की विलासिता का आग्रही बन गया। अब विदेशी वस्तुओं की ललक देश में मूर्खता और किसी-किसी मामले में पागलपन की हद तक पहुँच गई है। भारतीय पूँजीपति वर्ग भी प्रारम्भिक काल के साम्राज्यवादी सम्बन्धों और अपने कमजोर आधार के कारण देश के विस्तृत बाजार के लिए आवश्यक वस्तुओं के उत्पादन की बड़ी चुनौती को स्वीकार करने के बदले विदेशी उत्पादन के ढाँचे पर एक सीमित पर सुरक्षित बाजार के लिए उत्पादन और विनियम के काम में लग गया। यह सुरक्षित बाजार संश्लिष्ट कपड़े, मोटर गाड़ियों, फ्रिज, टी.वी. या अन्य सज-धज के सामानों का है, जिनका व्यवहार यहाँ का छोटा, पर सम्पन्न अभिजात वर्ग करता है। इन वस्तुओं के उत्पादन में काफी हद तक या तो विदेशी कम्पनियों की शाखाओं का हाथ होता है या देशी कम्पनियों के साथ विदेशी कम्पनियों के तकनीकी सहयोग का हाथ। चूँकि राज्य सत्ता भी देश के अभिजात वर्ग के ही हाथ में हैं, इसलिए राज्य की अर्थनीति और राजकीय क्षेत्र के उद्योग भी उत्पादन के इसी ढाँचे को अपनाते हैं।

बाजार के लिए प्रतिस्पर्द्धा पर आधारित भारतीय पूँजीवाद की एक और विशेषता है जो इतिहास के रंगमंच पर देर से आनेवाले सभी पूँजीवादी उत्पादनों की विवशता है। यह बात आम जानकारी की है कि पश्चिमी देशों और बाद में जापान में भी पूँजीवादी उद्योगों में तेज पूँजी संचय और उनके विकास का आधार कुछ हद तक तो अपने देश के कृषि जैसे गैर-पूँजीवादी क्षेत्रों का शोषण था, पर ज्यादा हद तक बृहत् पैमाने पर उपनिवेशों का शोषण था। भारत, चीन, कोरिया, ऑस्ट्रेलिया, अमेरिका महादेश, अफ्रीका एवं दक्षिण पूर्व एशिया के विभिन्न देशों की प्राकृतिक सम्पदा और मानव श्रम (स्थानीय खनन, कृषि आदि में लगे सस्ते मानव श्रम के अलावा बड़ी संख्या में गुलाम बनाए गए नीग्रो एवं भारत के अप्रवासी गिरमिटिया मजदूर) के शोषण से तेजी से एक पूँजी प्रधान औद्योगिक ढाँचे का निर्माण हुआ। जब भारत में अभिजात वर्गों के लिए आधुनिक उपभोग की वस्तुआं के उत्पादन के लिए निजी या सहकारी क्षेत्र में पूँजी प्रधान उद्योगों के विकास की नीति अपनाई जाती है तो इसके लिए पूँजी संचय का स्रोत क्या हो सकता है?

भारत के लिए तो यह सम्भव नहीं कि दुनिया के विकसित औद्योगिक देशों की प्रतिस्पर्धा में दुनिया के विभिन्न देशों के संसाधनों पर अपना नियंत्रण स्थापित कर सके। इसलिए यहाँ देश के ही क्षेत्र कृषि तथा खनिज एवं वन प्रदेशों के प्राकृतिक

संसाधन और उनमें बसनेवाले कृषकों और जनजातियों के शोषण के आधार पर सम्पन्नता के कुछ द्वीप बनाए जा रहे हैं। इस तरह एक आन्तरिक उपनिवेश कायम किया जा रहा है। इस प्रक्रिया में वन प्रदेश उजड़ रहे हैं, खनिज क्षेत्रों के लोग या बड़ी सिंचाई या विद्युत परियोजनाओं के चलते उद्गम स्थान के पास नदी घाटियों में बसनेवाले लाखों लोग विस्थापित हो अपने जीवन का आधार खो रहे हैं।

ये लोग बिहारी मजदूर बन नगरों की झुग्गी-झोपड़ियों और फुटपाथों पर जिन्दगी बिताने पर मजबूर होते हैं। ये लोग आजीविका की तलाश में अपने को ठेकेदारों के हवाले करते हैं और अर्द्ध गुलामी की अवस्था में नगरों के विभिन्न व्यवसायों में रोजगार पाते हैं। औद्योगिक मुनाफे का अनुपात ऊँचा रखने के लिए कृषि जन्य वस्तुओं की कीमत नीची रखी जाती है। इससे गाँव दिन-पर-दिन दरिद्र हो रहे हैं। दूसरी ओर आधुनिक उद्योगों की प्रतिस्पर्धा से गाँवों के पारम्परिक उद्योग नष्ट होते गए हैं और गाँवों में दिनोंदिन बेरोजगारी और दरिद्रता फैल रही है। रोजगार की तलाश में यह सब आबादी शहरों की गन्दी बस्तियों का विस्तार कर रही है।

इस तरह एक ही देश में दो देशों और दो संस्कृतियों का सह-अस्तित्व चल रहा है—एक आन्तरिक औपनिवेशिक शोषण पर आधारित सम्पन्नों का देश और उनकी पश्चिम से आयातित संकर संस्कृति और दूसरा, औपनिवेशिक शोषण के शिकार प्रचंड बहुमत वाले आम लोगों का देश और उनकी देशज संस्कृति जो बाहरी दबावों से अपसंस्कृति बनती जा रही है। इन देशों में रहनेवाले लोगों की जरूरतें, मूल्यबोध तथा सोच-विचार की भाषा (देश के अभिजात वर्ग की भाषा अंग्रेजी ही है) और पदावलि इतने भिन्न है कि दोनों के बीच गम्भीर सम्प्रेषण स्थापित नहीं हो पाता। इससे दोनों में एक सम्प्रदाय के होने के बोध का अभाव है। चूँकि देश की राजनीति का नेतृत्व भी अभिजात वर्ग के हाथ ही है, इसलिए आम लोगों की बुनियादी जरूरतों की ओर राजनीति का ध्यान ही नहीं जाता। लोकतंत्र के संकट का मूल कारण यही है।

समाजवाद, लोकतंत्र और धर्मनिरपेक्षता जैसे निर्गुण नारों से आम लोगों की भावना में कोई स्पन्दन नहीं हो पाता क्योंकि इन सारे पदों के परिप्रेक्ष्य बाहरी हैं और आम लोगों के ठोस अनुभवों से इन्हें कभी जोड़ा नहीं गया। समाजवाद संविधान विहित है, प्रमुख राष्ट्रीय दलों ने इसे सिद्धान्ततः अपना लिया है, लेकिन संवैधानिक और नीति के तौर पर इन मान्यताओं के बावजूद करोड़ों लोग कंगाल हैं और नेतागण 'समाजवादी' नेतागण भी सज-धज की जिन्दगी जीते हैं। चूँकि देश का शासक अभिजात वर्ग एक अत्यन्त ही छोटा समूह है, इसलिए जीवन्त लोकतांत्रिक पद्धति से उसके स्वार्थ और सुविधाओं को सदा खतरा है। इसलिए नौकरशाही और पुलिस व्यवस्थाओं को औपनिवेश काल के ढाँचे में ही रखा गया है ताकि समय पड़ने पर इनका इस्तेमाल आम लोगों के खिलाफ हो सके। इसके अलावा संविधान

और कानून में ऐसे प्रावधान लाए जाते रहे हैं जिससे लोगों की स्वतंत्र अभिव्यक्ति और अपने को संगठित करने के अधिकार को सीमित किया जा सके। आपातकाल जैसी स्थितियाँ ऐसे ही अन्तर्द्वन्द्व का परिणाम होती हैं।

दूसरी तरह का खतरा भी राजनीतिक नेतृवर्ग के औपनिवेशिक चरित्र से ही पैदा होता है। इस वर्ग का जो हिस्सा क्रान्तिकारी परिवर्तनों का आकांक्षी है, वह भी अपने चरित्र के कारण 'विदेशी' वस्तुओं का दीवाना है। उसके लिए क्रान्ति का मॉडेल भी 'विदेशी' होना चाहिए। रूसी मॉडेल हो, क्यूबाई मॉडेल हो, चीनी मॉडेल हो, या यूरोपीय सोशल डेमोक्रेसी का मॉडेल हो...इस वर्ग के लिए परिवर्तन के किसी भारतीय मॉडेल की सम्भावना गौण रहती है। भारतीय समाज को समझने के लिए जिन पदों का प्रयोग होता है वे भी वही होते हैं जो पश्चिमी देशों के समाज को समझने के लिए पश्चिमी समाजशास्त्रियों ने गढ़े थे। इसलिए परिवेश की भिन्नता को समझे बगैर 'सामन्ती', 'कुलक', 'सर्वहारा', 'लुम्पेन' आदि पदों के दायरे में भारत के सामाजिक सम्बन्धों को ठूँस-ठूँसकर कसने का प्रयास होता है। इन्हीं पदों के प्रभामंडल से निर्मित काल्पनिक समाज को असली भारतीय समाज मानकर सामूहिक परिवर्तनों की रणनीति बनाई जाती है।

इस कल्पनाशील समूह के लिए अपनी मान्यताओं को जनता की मान्यता समझ लेने का भ्रम स्वाभाविक बन जाती है। छोटे समूहों के साहसिक और नाटकीय प्रयासों में 'लाल सेना', 'लोक युद्ध', 'जन अदालत', 'लॉन्ग मार्च' आदि की छवियाँ साकार होती दिखाई देती हैं। अपनी श्रेष्ठता के प्रति आश्वस्त और आम लोगों के विचारों से कटे इन छोटे समूहों पर अपने ऐतिहासिक मिशन का उन्माद इतना गहरा हो जाता है कि वे अपने गिरोहों के निर्णयों को 'जन अदालत' का निर्णय मान वैयक्तिक हत्या तक कर देते हैं। ऐसे कामों से भी कानून के राज्य और लोकतंत्र के प्रति उस आस्था को आघात पहुँचता है जो व्यक्तियों और समूहों की विशिष्टता की जगह समान नागरिकता के आधार पर कायम होती है। साथ ही, यह औपनिवेशिक नौकरशाही और पुलिस तंत्र को अपनी कानून विरोधी दमनकारी हरकतों को तेज करने का बहाना प्रदान करता है। इस तरह वर्तमान भारत में लोकतंत्र के संकट का सबसे बड़ा स्रोत है, हमारी औपनिवेशिक अतीत से प्राप्त अभिजात वर्ग, इसकी सुविधाएँ और इसकी विशेष मानसिकता।

(दस्तक, जु8लाई-अगस्त, 1982)

विकल्प की दिशा

आदमी का अहम् अजेय है। इसीलिए वह अपनी मर्जी से संसार पर काल-खंडों को निरूपित करता चलता है—राजवंशों, धर्मगुरुओं या मसीहाओं के नाम पर, जबकि संसार की घटनाएँ हमारी सदियों और सहस्राब्दियों से निर्लिप्त घटती चली जाती हैं। इन घटनाओं की अपनी समय सारणी होती है जो उनके अपने कार्य-कारण प्रवाह से निर्धारित होती है। इसलिए बहुत मोटा-मोटी तौर से ही हम नई सदी की घटनाओं को बीती सदी की घटनाओं से अलग कर देख सकते हैं। फिर भी वर्तमान मानसिकता को देखते हुए इसकी अटकलें जरूर लगाई जा सकती हैं कि नई सदी में आदमी समाज को क्या दिशा दे सकता है? लेकिन ये अटकलें ही होंगी क्योंकि आदमी अपनी सोच में स्वतंत्र है। उसकी सोच कब क्या मोड़ लेगी और फिर इससे घटनाएँ कौन-सी दिशा लेंगी, यह कोई भी विश्वास के साथ नहीं बतला सकता। अटकलों की विश्वसनीयता के साथ एक और समस्या जुड़ी है। मानव सम्बन्धों में भविष्यवाणियाँ घटनाओं को या तो स्वयं को सिद्ध करने की दिशा में या झुठलाने की दिशा में प्रभावित करती हैं। उन्नीसवीं शताब्दी के आखिर में यूरोप के राजनेताओं ने सत्ता सन्तुलन से जिस शान्ति की स्थापना की खुशफहमी कायम की थी, उसमें बीसवीं सदी की कल्पना किसे थी? 1917 की रूसी क्रान्ति की सफलता और सोवियत राज्य की स्थापना के बाद 1987 के आते-आते इसके सम्पूर्ण बिखराव की कल्पना भला कौन कर सकता था? अन्ततोगत्वा आदमी ही इतिहास का निर्माण करता है और उसकी मानसिकता बदलती है। इसलिए वर्तमान समय में दिखनेवाली उसकी मानसिकता के सन्दर्भ में प्रकृति द्वारा प्रस्तुत सीमाओं के भीतर कुछ इशारा करने से ज्यादा कुछ भी नहीं कहा जा सकता।

बीसवीं शताब्दी को आम तौर से 'विज्ञान का युग' कहा जाता है। इससे उम्मीद की जाती है कि नई सदी में लोग वैज्ञानिक दृष्टि से अपनी समस्याओं का समाधान करेंगे। थोड़ा विचार करने पर यह भी जन-मानस में गहराई से बैठा एक भ्रम ही लगता है। दरअसल, वैज्ञानिक उपलब्धियों के हिसाब से कुछ अपवादों को छोड़कर बीसवीं सदी लगभग पूरी तरह सपाट रही है। विज्ञान से हमारा मतलब वैसे ज्ञान से है जो हमारी चेतना को ब्रह्मांड की बाहरी सीमाओं और पदार्थों तथा जीवन

की भीतरी सीमाओं तक पहुँचाकर इसके रहस्यों को हमारी अवधारणाओं के भीतर ला सके। बीसवीं सदी को विज्ञान की दृष्टि से सपाट कहना कुछ चौंकानेवाला लगेगा, लेकिन नजर डालने पर हम पाएँगे कि हमारे समय की लगभग सभी मौलिक वैज्ञानिक खोज या तो उन्नीसवीं शताब्दी की है या बीसवीं शताब्दी के प्रारम्भिक वर्षों की, जिनकी आभा से बीसवीं सदी का वैज्ञानिक जीवन आलोकित रहा है। इन्हें एक-एक कर गिनाया जा सकता है। ऊर्जा के क्षेत्र में जेम्स क्लार्क मैक्सवेल की इलेक्ट्रोमैग्नेटिक थ्योरी 1873 की है। इसी से जुड़े हट्र्स के प्रयोगों के आधार पर मारकोनी ने 1895 में वायरलेस टेलीग्राफी यानी रेडियो का आविष्कार किया। 1895 में ही रोयंटजन ने एक्स-रे की खोज की। पियरे एवं मैरी क्यूरी ने 1898 में रेडियम शोधित किया और नाभिकीय भौतिकी से सम्बद्ध रसायनशास्त्र की नींव डाली। मैक्स प्लैंक ने 1890 में ब्लैक बॉडी रेडिएशन के अपने प्रयोगों से क्वांटम भौतिकी की शुरुआत की। आइंसटाइन ने स्पेशल थ्योरी ऑफ रिलेटिविटी तथा फोटो-इलेक्ट्रिक इफेक्ट के सिद्धान्तों को 1905 और 1909 के बीच प्रतिपादित किया। जनरल थ्योरी ऑफ रिलेटिविटी 1916 तक विकसित की जा चुकी थी। यही सब आधार बने नोयल बोर, श्रोडिंगर, डिराक और हाइजेनबर्ग के सिद्धान्तों के, जो सब बीसवीं सदी के तीन प्रारम्भिक दशकों में विकसित हुए। ऊर्जा और समय के सम्बन्ध में हमारी अवधारणा को बुनियादी तौर से बदलनेवाली 'इंट्रोपी' का सिद्धान्त तो कारनोट ने ताप इंजन के अपने प्रयोगों से 1824 में ही विकसित कर लिया था। हमारे समय की सबसे बड़ी तकनीकी उपलब्धि कम्प्यूटर मानी जाती है, लेकिन इसके भी बुनियादी सिद्धान्त चार्ल्स बैबाज (1792-1871) द्वारा विकसित किए गए और इसके लिए आवश्यक तार्किक प्रणाली जॉर्ज बूल (1815-1864) ने अपने बीजगणित में विकसित की थी। जीवविज्ञान में हमारे समय की सबसे महत्त्वपूर्ण खोज जेनेटिक्स के क्षेत्र में हो रही है, लेकिन आनुवंशिकी सम्बन्धी इसकी बुनियादी खोज ग्रेगोर जोहान्न मेंडेल ने 1866 में की थी। फिर थॉमस हंट मौर्गन ने इसी आधार पर शोध कर क्रोमोसोम पर जीन की शृंखला का नक्शा तैयार करने में 1919-23 में सफलता प्राप्त की। वर्तमान ह्यूमन जेनोम प्रोजेक्ट इसी प्रयोग का विस्तार कहा जा सकता है, जिसे आज कहीं अधिक विकसित प्रौद्योगिकी का आधार प्राप्त है।

जो चमत्कार हमें बीसवीं सदी में दिखाई दिया और जिससे हम बीसवीं सदी को विज्ञान की सदी मानने लगे थे, वह दरअसल तकनीक के क्षेत्र में महत्त्वपूर्ण प्रगति का नतीजा था। टी.वी. लेजर, माइक्रोचिप्स, ऑप्टिकल फाइबर, इंटरनेट, जेनेटिकली मॉडिफायड फूड, भू-उपग्रहों का प्रक्षेपण आदि, आदमी का पदार्थों के गुणों का ज्यादा-से-ज्यादा अध्ययन और फिर इनसे प्राप्त जानकारी का अपनी स्फीत आवश्यकताओं की पूर्ति के लिए प्रयोग करने की इच्छा का

परिणाम है, यह किसी बुनियादी वैज्ञानिक खोज का परिणाम नहीं। प्रचलित कहावत है भी कि आवश्यकता आविष्कार की जननी है, और अगर आदमी की आवश्यकताओं का विस्फोट हो जाए तो आविष्कृत वस्तुओं का अम्बार लगना भी स्वाभाविक हो जाएगा। इसलिए बीसवीं सदी, जिसे हम विज्ञान की सदी कहते हैं, दरअसल उपभोक्तावादी विक्षिप्तता की सदी है। इसी से चमत्कृत करनेवाली इसकी चकाचौंध दिखाई देती है जो वर्तमान समाज के अस्तित्व के लिए संकट का भी कारण है।

विज्ञान की दिशा में जो परिवर्तन आया है, उसके दो कारण लगते हैं। पहला तो यह है कि प्रारम्भ में विज्ञान दर्शन के क्षेत्र का विस्तार था जिसमें अपने आपको, संसार को और इनके बीच के रिश्तों को समझने की गहरी अभिलाषा थी—यानी द्रष्टा और दृश्य के सम्बन्धों को समझने की अभिलाषा। आधुनिक औद्योगिक विकास की आवश्यकताओं के दबाव में अमेरिका में प्रैग्मेटिज्म के उस प्रयोगवादी रूप का विकास हुआ, जिसके जनक जॉन डिवी थे। इसके अनुसार वस्तुओं को समझना, उनके साथ छेड़छाड़ करना एवं उन्हें तोड़-मरोड़ कर उनके विविध गुणों का आकलन करना है। ज्ञातव्य है कि दर्शन के सम्बन्ध में यही दृष्टि कार्ल मार्क्स की भी थी जो उसने डेढ़ सौ साल पहले फायरखाब पर अपनी थीसिस में व्यक्त की थी। उसने अन्त में निष्कर्ष के रूप में लिखा था : 'दार्शनिकों ने अभी तक संसार की विविध व्याख्याएँ देने की कोशिश की है, लेकिन समस्या इसे बदलने की है।' इस तरह हमारे समय के विज्ञान का ध्यान विश्व दृष्टि के निर्माण की जगह विखंडन पर केन्द्रित है। आज वैज्ञानिकों का ध्यान अणुओं, परमाणुओं, कोशिकाओं, डी.एन.ए. आदि को खंडित कर इनके सूक्ष्म से सूक्ष्म खंडों के गुणों के अध्ययन पर केन्द्रित है। स्वाभाविक है कि इस प्रक्रिया में पदार्थों के ऐसे पहलू हर रोज सामने आने लगे हैं, जिनकी कभी कल्पना भी नहीं की जा सकती थी। जब हम वस्तुओं के विविध गुणों को जानते हैं तो उनकी क्या उपयोगिता हो सकती है, यह भी जान लेते हैं। इससे नित्य नए आविष्कार के मार्ग खुलते हैं।

इस तरह वर्तमान समाज के उपभोक्तावादी मूल्य का विज्ञान के प्रयोगवादी रुझान के साथ स्वाभाविक रिश्ता बन गया है। ज्यादातर वैज्ञानिक इसी दिशा में मुखातिब हैं। वैज्ञानिक शोध प्राय: औद्योगिक या सुरक्षा प्रतिष्ठानों द्वारा प्रायोजित होते हैं, जिनका लक्ष्य सीमित होता है। इस स्थिति का एक और भी कारण दिखाई देता है। सम्भवत: आदमी, जिसकी ज्ञानेन्द्रियाँ प्रकृति का ही अंग हैं, अवलोकन की उस सीमा पर पहुँच गया है जिसमें आगे विश्व की वैसी अवधारणा की गुंजाइश नहीं जिसे प्रयोग से सही या गलत साबित किया जा सके—जो अब तक किसी भी वैज्ञानिक सिद्धान्त की कसौटी मानी जाती थी। इस तरह विज्ञान

का इस दिशा में बढ़ना इसे दार्शनिक अनुमान की कोटि में डाल देगा जहाँ से विज्ञान ने प्रयोगात्मक कसौटी अपनाने की दिशा में छलांग लगाई थी। आज बहुत थोड़े-से वैज्ञानिक ऐसे अनुभवों की तरफ आकर्षित होते हैं—क्योंकि प्रतिष्ठानों को दार्शनिक कल्पनाशीलता की जरूरत नहीं, व्यावहारिक लाभ की जरूरत है और किसी भी शोध के लिए आवश्यक थैली उन्हीं के पास है।

किसी भी काल में ज्ञान का विस्तार तरंग की परिधि के फैलाव की तरह होता है—यानी हर क्षेत्र में ज्ञान कमोबेश कदम से कदम मिलाकर चलता है। इससे समाजशास्त्र, अर्थशास्त्र आदि क्षेत्रों में भी उन व्यापक समस्याओं से जूझने का रुझान नहीं है जिनके परिप्रेक्ष्य में इन शाखाओं का जन्म हुआ था। अर्थशास्त्र तो अब सिमट कर बाजार की रोजाना की स्थिति में हानि-लाभ की सम्भावना को मुहैया कराने भर का माध्यम रह गया है—जिसके लिए वह जटिल गणितीय समीकरणों की ईजाद में लगा है। समाजशास्त्री भी आज के समाज और प्रतिष्ठानों में रोजाना होनेवाले छोटे संघर्षों के अध्ययन और उनके निराकरण के उपाय ढूँढ़ने में लगे हैं। दरअसल, बृहत् समाज की समस्याओं के सार्विक हल की चिन्ता अब इन क्षेत्रों में उपहार का विषय है। वे कहेंगे कि बृहत् समाज में परिवर्तियों की इतनी बहुलता है कि इन्हें किसी अर्थपूर्ण समीकरण में नहीं बाँधा जा सकता। विचारधारा का अन्त, इतिहास का अन्त आदि की बातें पूरे समाज की समस्याओं से जूझने की इच्छा शक्ति के अभाव एवं भविष्य के प्रति निराशा की अभिव्यक्ति ही लगती है। सम्पूर्ण समाज का इसकी विविधता में अध्ययन औद्योगिक प्रतिष्ठानों के मुनाफे का स्रोत नहीं हो सकता, फिर इसका प्रायोजक कौन बनेगा?

इस तरह हम देखते हैं कि बीसवीं शताब्दी के प्रारम्भिक दिनों में ब्रह्मांड और समाज की सारी गुत्थियों को समझने और इस ज्ञान से समाज की समस्याओं का निराकरण ढूँढ़ने का जो आत्म-विश्वास और संकल्प था, वह इक्कीसवीं शताब्दी के शुरू में नहीं दिखाई देता। इसी आत्म-विश्वास का परिणाम था कि सौ-डेढ़ सौ साल पहले समाजवाद, विश्वबन्धुत्व, संसार भर के गरीबों की एकता आदि का सपना सारे संसार में लोगों को अनुप्राणित करने लगा था। इसके विपरीत आज बौद्धिक संसार में अवधारणात्मक संकीर्णता आई है, जिससे लोग स्वयं की या अपने छोटे समूह की तात्कालिक जरूरतों से आगे नहीं सोचते।

दूसरा महत्त्वपूर्ण संकोच मनुष्य के भौतिक संसार और जीवन के लिए आवश्यक संसाधनों की सम्भावित उपलब्धि के क्षेत्र में आया है। बीसवीं शताब्दी के प्रारम्भ की दुनिया मानव चेतना में खुली सीमा की दुनिया थी। उसे यह विश्वास था कि वह अपनी जरूरतों को चाहे जितना बढ़ाए, चाहे कितनी भी वस्तुओं का उत्पादन करे, प्रकृति उस पर आपूर्ति की कोई सीमा नहीं लगाती। हवा और पानी

ही नहीं कृषि के लिए भूमि, ऊर्जा के स्रोत और आवश्यक औद्योगिक वस्तुओं की उपलब्धि सीमाहीन लगती थी। वैसे तो यह कभी भी देखा जा सकता था कि सीमित ग्रह धरती पर असीमित संसाधनों की कल्पना करना मूर्खतापूर्ण था, लेकिन कहीं कोई कमी नहीं दिखाई देती थी, किसी ने इस हकीकत पर विचार करना जरूरी नहीं समझा।

आज हम इस हकीकत से रू-ब-रू हैं जहाँ हमारी उत्पादन क्षमता पर अलंघ्य सीमा लगी दिखाई देती है। आज जमीन और खनिजों पर ही नहीं, जल और वायु तक की उपलब्धि पर प्रश्नचिह्न लग गया है। यह बात दीगर है कि औद्योगिक उत्सर्जन से तेजाबी वर्षा, ओजोन परत में छेद, धरती के बढ़ते ताप आदि के निश्चित प्रमाण के बावजूद दुनिया के विशालतम औद्योगिक प्रतिष्ठानों के ज्ञानी व्यवस्थापक, जिनमें बड़ी संख्या में कम्प्यूटरों और सूचना क्रान्ति के देश अमेरिका में हैं, जीवन के अस्तित्व पर पैदा हुए खतरे की सूचना को ग्रहण करने से इनकार करते हैं। मुनाफे की निरन्तरता को बनाए रखने के लिए उन्होंने बुरा नहीं देखने, बुरा नहीं सुनने और बुरा नहीं बोलने के आदर्श को पूरी तरह आत्मसात कर लिया है। इसलिए पर्यावरण विशेषज्ञों की चेतावनियाँ उनकी चेतना तक नहीं पहुँचतीं। यह विलक्षण स्थिति है कि अमेरिका के राष्ट्रपति बुश ने क्योटो प्रोटोकॉल को, जिसमें औद्योगिक उत्सर्जन पर निश्चित सीमा लगाने की बाध्यता थी और जिस निर्णय में स्वयं अमेरिका शामिल था, लागू करने से साफ इनकार कर दिया है। इस तरह विनाश की ओर अन्धी दौड़ में दुनिया निश्चिन्तता से आगे बढ़ रही है। अशुभ का संकेत देती घटनाएँ सब तरफ घटित हो रही हैं—तूफान, जल प्लावन, बर्फ के विशाल भंडार का क्षय आदि।

नई शताब्दी के पहले ही महीने में एक तेल वाहक जहाज गालापागोस द्वीप समूह के पास दुर्घटनाग्रस्त हो गया और उसके तेल से वहाँ के अनेक दुर्लभ जीवों के अस्तित्व पर खतरा पैदा हो गया है। अनेक प्रयासों के बावजूद उन्हें बचा पाने की सम्भावना क्षीण है। गालापागोस द्वीप समूह का विशेष प्रतीकात्मक महत्त्व है। यहाँ की अनेक प्रजातियाँ बाहरी सम्पर्क से बचकर लाखों वर्ष से स्वतंत्र रूप से विकसित होती रही थीं। डार्विन ने अपनी प्रसिद्ध पुस्तक 'द ओरिजिन ऑफ स्पीशीज' में इस द्वीप समूह का विशेष रूप से उल्लेख किया है क्योंकि इसने उसके शोधों के लिए प्रकृति द्वारा संरक्षित जैविक प्रयोगशाला की भूमिका निभाई थी। अब सम्भवत: यह प्रयोगशाला सदा के लिए नष्ट हो जाएगी। यह दुर्घटना व्यापार केन्द्रित वैश्विक व्यवस्था से नई सदी में सम्भावित विनाश का प्रतीक मानी जा सकती है। वर्तमान विकास से संसार के अनेक भागों में किसी तरह अपना स्वायत्त अस्तित्व बचाकर चलनेवाली मानव संस्कृतियों पर आसन्न संकट का भी यह दुर्घटना पूर्वाभास है। अपने स्वार्थवश मनुष्य जीन बैंकों में जैविक सम्पदा

के संरक्षण की कोशिश तो कर रहा है, लेकिन संस्कृतियों की विशिष्टताओं को बचाए रखने के लिए उसने अभी तक कोई भी वैज्ञानिक विधि नहीं ईजाद की है। यह ध्यान में रखने की बात है कि भौतिक जगत में मनुष्य द्वारा निर्मित संस्कृतियाँ ही हैं जिनका अस्तित्व अनिवार्य रूप से मानव समूहों के अस्तित्व पर निर्भर है। मानव समूहों के बाहर निसर्ग में उसे कहीं भी नहीं पाया जा सकता। संस्कृतियों के वैसे स्मृति-चिह्न तो देखे जा सकते हैं जिन्हें पत्थर, कागज आदि पर उकेरा जा सके, लेकिन अपनी समग्रता में वे संस्कृतियाँ जो इन स्मृति-चिह्नों को छोड़ गईं, चेतना से सदा बाहर रहेंगी।

नई सदी एक विचारधारा के रूप में संस्कृतियों के वैविध्य को मिटाने और सांस्कृतिक एकरूपता लाने के संकल्प के साथ उपस्थित हुई है। यह कहा जा सकता है कि संस्कृतियों का विकास और फिर उनका नष्ट हो जाना तो एक स्वाभाविक प्रक्रिया है। यह बात ठीक है। ठीक वैसा ही जैसाकि मनुष्य का जन्म लेना और मर जाना। क्या इससे यह निष्कर्ष निकाला जा सकता है कि हिटलर का 'हॉलोकास्ट', जिसमें लगभग साठ लाख यहूदियों की हत्या कर दी गई, स्वीकार्य है?

वैश्वीकरण जिसका पैगाम लेकर नई सदी आई है, एक अर्थ में संस्कृतियों का हॉलीकास्ट है। इस प्रक्रिया से पोषित एकमात्र संस्कृति 'वैश्विक' संस्कृति, नाभिकीय शास्त्रास्त्रों से लैस और प्रतिस्पर्धा के मानकों से निर्मित मानव सम्बन्धों पर आधारित होगी। फिर इसे आत्महत्या करने से कौन रोक पाएगा? इसकी आत्महत्या के बाद कोई भी क्षेत्र नहीं बच पाएगा जहाँ बचा-खुचा जीवित मनुष्य पुन: एक संस्कृति का निर्माण करे।

हमारी चर्चा का विषय है इक्कीसवीं सदी और अब तक हम चर्चा करते आए हैं विदाई लेती सदी के मूल्यों, संस्थाओं और प्रवृत्तियों की। जैसाकि प्रारम्भ में ही कहा गया है सदियों जैसे कालखंड तो आदमी द्वारा आरोपित होते हैं, घटनाओं की निरन्तरता तो बनती है, हम जो सोचते हैं, जो हासिल करना चाहते हैं और जो करते हैं, उनसे। और सबसे अधिक यह निर्धारित होता है, हमारे समाज में व्याप्त मूल्य-बोध से।

बीसवीं सदी की तरह इक्कीसवीं सदी में दुनिया का सबसे बड़ा अनिस्ट जिस शास्त्र से होने की सम्भावना है, वह है अर्थशास्त्र जो दरअसल शास्त्रों की बुनियादी मान्यता के हिसाब से कोई शास्त्र है ही नहीं। इस बात को थोड़ा स्पष्ट करना जरूरी है। विज्ञान का आधार होता है संसार का वस्तुपरक अवलोकन, अध्ययन के विषय का विवरण और उसके विविध परिवर्तियों के सम्बन्धों को नियमबद्ध करना। विषय-वस्तु के गुणों की विशिष्टता को आधार बना प्रस्तावित नियम के तहत होनेवाले सम्भावित परिणामों की भविष्यवाणी की जाती है। ये गुण विषय-वस्तु के होते हैं—उदाहरण के लिए पदार्थ में जड़ता (inertia) का गुण—बाहर

से आरोपित नहीं किया जाता। इसके विपरीत अर्थशास्त्र बिना इसकी सत्यता की परीक्षा किए यह आधार अपनाता है कि आदमी के कार्यकलाप लोभ एवं ईर्ष्या से परिचालित होते हैं। इतना ही नहीं, आदमी को आर्थिक आदमी मान लिया जाता है जिसके ये आदर्श गुण माने जाते हैं। यह अपेक्षा की जाती है कि हर व्यक्ति इन्हीं आदर्श गुणों—यानी लोभ एवं ईर्ष्या—के अनुरूप व्यवहार करेगा।

इसके विपरीत हकीकत यह है कि आदमी दया, प्रेम, परोपकार आदि के भाव से भी परिचालित होता है। अनेक कबायली समाजों में प्रतिष्ठा; शौर्य एवं बलिदान में या सम्पत्ति को लोगों को खिलाने-पिलाने में खर्च करने या बाँटने में होती है। अर्थशास्त्री यहाँ एक खास समाज यानी पूँजीवादी समाज द्वारा अपनाए गए या आरोपित आदर्श को मनुष्य का स्वभाव मान लेते हैं और उसी आधार पर समाज का ढाँचा खड़ा करना चाहते हैं। वैसे जनजातीय समाजों में, जहाँ लोभ और ईर्ष्या आपसी सम्बन्धों के आधार नहीं हैं, यह प्रयास किया जाता है कि वहाँ के लोग भी अपने आचरण को इन्हीं आदर्शों के अनुरूप ढालें।

फिलहाल समाजशास्त्री समाज को (समुदाय भाव आधारित) गेमाइनशाफ्ट और (व्यक्तिनिष्ठ, सामाजिक) गेजेलशाफ्ट की श्रेणियों में विभाजित करते हैं और यह मानते हैं कि विकास के लिए दूसरी श्रेणी में संक्रमण जरूरी है—यानी वैसे समाज की तरफ, जहाँ सगे-सम्बन्धी समुदाय आदि की भावना से मुक्त आदमी शुद्ध रूप से अपना हित साधता है। इस तरह अर्थशास्त्र विवरणात्मक (Descriptive) की जगह आदेशात्मक (Prescriptive) अनुशासन बन जाता है। इन्हीं औद्योगिक पूँजीवादी मान्यताओं को मानव स्वभाव का आधारभूत गुण मान कर अर्थशास्त्र के पूरे ढाँचे का निर्माण होता है।

इस सन्दर्भ में ई.एफ. शुमाकर द्वारा अपनी प्रसिद्ध पुस्तक 'स्मॉल इज ब्यूटीफुल' में वर्णित मेनार्ड कीन्स के विचार गौरतलब हैं। मेनार्ड कीन्स ने यह तो माना कि लोभ और ईर्ष्या को खत्म होना चाहिए, लेकिन यह भी कहा कि कम-से-कम अगले सौ वर्ष तक मानव विकास के लिए इसका बना रहना जरूरी है। इसके बाद फिर जीवन में ऊँचे आदर्शों की वापसी होगी। जब ये बातें कही गई थीं तब से दो तिहाई सदी निकल चुकी है, पर लोभ और ईर्ष्या की पकड़ लोगों के जीवन पर बढ़ती ही जा रही है। इसी बीच लोभ और प्रतिस्पर्धा के कारण एक भीषण विश्वयुद्ध हो चुका है और छोटे-मोटे स्थानीय युद्धों से पूरी दुनिया झुलसती रही है, चाहे ये युद्ध कांगो के हीरों के लिए हों, खाड़ी देशों के तेल के लिए या फिर कोलम्बिया के मादक पदार्थों की लुभावनी तस्करी के लिए। इनसे पैदा विषमता से ईर्ष्या और लोभ उत्तरोत्तर बढ़ते ही जाएँगे, घटने का तो सवाल ही नहीं उठता।

फिलहाल इसी स्वार्थ को केन्द्र में रखकर वस्तुओं का उत्पादन और विनियम होता है। वस्तुओं की खपत को बढ़ाने के लिए तरह-तरह के लुभावने विज्ञापन

रेडियो, टेलीविजन और पत्र-पत्रिकाओं द्वारा प्रसारित होते हैं। अंग्रेजी में शैतान के लिए एक शब्द 'टेम्प्टर' है जिसका अर्थ होता है, लुभानेवाला। क्या विज्ञापनों के पीछे इस 'लुभानेवाले' (शैतान) का हाथ स्पष्ट रूप से दिखाई नहीं देता? ध्यान में रखने की बात है कि विज्ञापन में शराब, सिगरेट और अनेक दूसरी आदत डाल आदमी की स्वायत्तता और विवेक को नष्ट करनेवाली वस्तुओं का बाहुल्य है—ज्यादातर विज्ञापन झूठ पर आधारित होते हैं। अगर हम अपने चारों ओर निगाह डालें तो ये ही लुभावने विज्ञापन पूरी सभ्यता का आधार दिखाई देते हैं। संसार के सारे संचार माध्यम विज्ञापनों को हमारे दरवाजे और बिस्तर तक पहुँचाने का काम करते हैं : ई-कॉमर्स आखिर यही तो करता है।

महात्मा गांधी ने अगर आधुनिक पश्चिमी सभ्यता को 'शैतानी सभ्यता' कहा तो निश्चित रूप से इस सभ्यता का यही स्वरूप उनके सामने रहा होगा। गांधी जी ने कहा था कि संसार में सभी लोगों की जरूरतों को पूरा करने के लिए तो काफी वस्तुएँ हैं, लेकिन एक आदमी की लिप्सा के लिए भी यथेष्ट नहीं। इस बात की सच्चाई वैश्वीकरण के युग में साफ-साफ दिखाई देती है। औद्योगिक जगत में जो बात हर रोज सुर्खियों में रहती है, वह है बहुराष्ट्रीय कम्पनियों द्वारा एक-दूसरे के अधिग्रहण की कोशिश। इनमें अनेक कम्पनियों की हैसियत अरबों-खरबों डॉलर की है—अनेक देशों की राष्ट्रीय आय से ज्यादा फिर भी वे सन्तुष्ट नहीं हैं और दूसरी कम्पनियों को निगलने की लिप्सा छोड़ नहीं सकतीं। अगर इनमें कोई एक बाकी सारी कम्पनियों को निगल ले तो भी और अधिक फैलने का इनका लोभ खत्म नहीं होगा। यह सहज ही देखा जा सकता है कि नई सदी आनेवाले दिनों में ऊपर वर्णित आकांक्षाओं की पृष्ठभूमि में ही आकार ग्रहण करेगी। नई सदी की चुनौती होगी ऊपर वर्णित शक्तियों के विरोध में उस जनगण को जाग्रत करना जो सम्पत्ति के इस अकल्पित केन्द्रीकरण से निर्धन हो न्यूनतम मानवीय जीवन से भी वंचित हो रहा है। उस आधार पर नए मूल्यों की स्थापना का प्रयास करना, जिससे समाज पुन: एक सम्यक् धरातल ग्रहण करे।

आर्थिक केन्द्रीकरण की जो प्रक्रिया चल रही है उसके परिणाम सम्पन्न औद्योगिक देशों और दुनिया के बाकी देशों में अलग-अलग होंगे जिसकी कुछ झलक हम आज पाते हैं। विशाल कम्पनियों की प्रतिस्पर्धा उत्तरोत्तर तेज होती जाएगी क्योंकि पूँजीवादी प्रसार का यह अन्तर्निहित नियम है। इसके फलस्वरूप सभी प्रतिष्ठान श्रमिकों पर खर्च घटाने के लिए स्वचालित यंत्रों एवं कम्प्यूटरीकरण के जरिये मजदूरों की संख्या में कटौती करेंगे। ऊपर वर्णित औद्योगिक अधिग्रहणों का एक उद्देश्य श्रम-शक्ति में कटौती भी है। जो उद्योग प्रतिस्पर्धा में नहीं टिक पाने से बन्द हो रहे हैं, उनके मजदूर तो बेरोजगार होते ही हैं। यूरोप के लगभग सभी देशों में श्रम-शक्ति का एक हिस्सा लगातार बेरोजगार रहता है। जापान, जिसमें

पहले बेरोजगारी नहीं थी, अब मन्दी और बेरोजगारी की चपेट में है। इस समस्या की ओर इशारा किया गया कि इससे समय के साथ यह संकट और गहराएगा। इस तरह उत्तरोत्तर बेरोजगार लोगों की फौज का बोझ उठाने का दबाव वहाँ की अर्थव्यवस्थाओं पर बढ़ेगा।

औद्योगिक विकास का एक आयाम आबादी कम होते जाना भी है। इससे सम्पन्न औद्योगिक देशों में पूरी आबादी में वृद्धों की संख्या बढ़ती जाएगी और काम करने लायक युवा श्रमिकों का अभाव होगा। अत: बाहर से श्रमिकों को लाया जाएगा, जो मूलत: रंगीन और गैर-यूरोपीय समाजों से ही आ सकते हैं। इससे बाहरी लोगों के खिलाफ रंगभेद पर आधारित फासीवादी हिंसा बढ़ेगी। यह स्थिति प्रत्यक्ष या प्रच्छन्न रूप से पश्चिमी यूरोप के अधिकांश देशों में मौजूद है। फिर भी चूँकि ये देश एक अत्यन्त ही ऊँचे स्तर की सम्पन्नता हासिल कर चुके हैं, इन दबावों को तब तक झेलते जाएँगे जब तक दुनिया के गैर-औद्योगिक देशों से उनका व्यापारिक रिश्ता कायम है और उन्हें अपने कच्चे माल का क्षेत्र और एक हद तक वहाँ का बाजार उपलब्ध है, लेकिन यह तभी सम्भव होगा जब इस व्यापारिक सम्बन्ध से पिछड़ी अर्थव्यवस्थाओं को भी मानवीय जीवन उपलब्ध हो सके।

लेकिन पिछड़ी और सम्पन्न व्यवस्थाओं का व्यापारिक रिश्ता ऐसा होता है कि यह होना असम्भव है। ऐसे रिश्ते में यह अन्तर्निहित है कि धनी देश और अधिक धनी होगा और गरीब देश अधिक गरीब, दिवालियापन की सीमा तक। इससे टकराहट की सम्भावना बढ़ेगी और पश्चिमी देशों की सामरिक शक्ति, जिसे लगातार अधिक प्रभावी बनाया जा रहा है, हरकत में आ जाएगी—अमेरिका ने 'मिसाइल डिफेंस शील्ड' को विकसित करने का फैसला कर लिया है। इससे 'बैलेंस ऑफ टेरर'—यानी पारस्परिक आतंक से नाभिकीय युद्ध की जो सम्भावना टली थी, अब फिर सामने है जिसमें एकल योद्धा अमेरिका होगा। यह सामरिक शक्ति कितने त्वरित रूप से कार्यरत हो जाती है, यह इराक के कुवैत पर हमला से तेल की आपूर्ति पर खतरा आते ही दिखाई दिया था। अब ऐसा हस्तक्षेप वियतनाम में अमेरिकी हस्तक्षेप जैसा नहीं होगा जिसमें जमीनी फौज को उलझाया जाए। यह कैसा होगा, इसका कुछ अनुमान युगोस्लाविया में नाटो शक्तियों के हस्तक्षेप से किया जा सकता है। इसमें आसमान से ही जीवन के सभी साधनों को नष्ट कर किसी देश को घुटने टेकने के लिए मजबूर किया जा सकता है, लेकिन चूँकि प्राकृतिक संसाधन सीमित होते हैं, अत: बल प्रयोग से प्राप्त आपूर्ति भी अन्तत: समाप्त हो जाएगी।

लेकिन औद्योगिक देशों के सामने एक दूसरी राह पकड़ने की सम्भावना भी हो सकती है। यह जीवन की सीमान्त स्थितियों के साक्षात्कार से पैदा होगी।

एक ऊँची वैज्ञानिक एवं तकनीकी दक्षता विकसित करने की प्रक्रिया में पश्चिमी देशों ने एक बौद्धिक लोच भी हासिल कर ली है जो इसे अपने व्यापारिक अन्धेपन से उबार कर अस्तित्व रक्षा के कर्तव्य भाव से अनुप्राणित कर सकती है। समय के साथ जैसे-जैसे औद्योगिक विकास होगा, पर्यावरण का क्षय होगा और प्राकृतिक संसाधनों की सीमा स्पष्ट रूप से दिखाई देने लगेगी। अभी पश्चिम के पर्यावरणविद अन्दाजा लगा रहे हैं कि इक्कीसवीं शताब्दी के अन्त तक दुनिया का ताप 2 से 6 सेल्सियस तक बढ़ जाएगा। इससे अनेक तरह की प्राकृतिक आपदाएँ आएँगी जो पश्चिमी देशों पर भी कहर ढाएँगी। प्रदूषण का स्तर बढ़ने से जीवन कठिन होने लगेगा। आधी शताब्दी पार करते-करते संसाधनों के अभाव से ऊँचा जीवन कायम रखना असम्भव हो जाएगा। इससे ग्रीन पीस जैसे आन्दोलनों की अपील बढ़ेगी।

इसके अलावा वर्तमान औद्योगिक-व्यापारिक व्यवस्था में बढ़ती प्रतिस्पर्धा के कारण जीवन का तनाव बढ़ेगा, क्योंकि यह प्रतिस्पर्धा सिर्फ व्यापार में ही नहीं, प्रत्येक प्रतिष्ठान में काम के दाखिले और फिर प्रोन्नति को लेकर श्रमिकों और व्यवस्थापकों में भी होती है। जीवन की स्थितियों से पारिवारिक जीवन नष्ट हो जाएगा। यूरोप के कई देशों में अब नर-नारी सम्बन्ध अस्थाई करार बनते जा रहे हैं। एक सर्वेक्षण के अनुसार, अमेरिका के एक तिहाई बच्चे वैवाहिक सम्बन्ध से बाहर पैदा होते हैं। इसका एक परिणाम यह होगा कि धन-सम्पत्ति और स्वयं जीवन अर्थहीन दिखाई देने लगेगा। उन्नीसवीं शताब्दी के अन्त एवं बीसवीं शताब्दी के पूर्वार्ध में पश्चिम में अस्तित्ववादी दर्शन का उदय औद्योगिक समाज के कुछ ऐसे ही दबाव में हुआ था जिसमें जीवन और मूल्यों की अर्थहीनता से 'आंग्स्ट' यानी स्थायी दुश्चिन्ता जीवन की अनिवार्य स्थिति की तरह दिखाई देने लगी थी। उस समय यह भाव अति संवेदनशील दार्शनिक और कलाकारों तक सीमित था। अब वर्तमान स्थिति में पैदा 'निहिलिज्म' (सभी मूल्यों की अस्वीकृति) ज्यादा व्यापक होगा। इसकी अभिव्यक्ति फासीवादी हिंसा और युद्ध में भी हो सकती है, लेकिन फासीवाद के पिछले अनुभवों के सन्दर्भ में यह मार्ग अधिकांश लोगों को रास नहीं आएगा।

इससे निकलने का दूसरा रास्ता, जैसा कभी एक अस्तित्वादी चिन्तक कार्ल यास्पर्स ने बतलाया था, समुदाय, मित्रता, विवाह जैसे बन्धनों के द्वारा अन्य व्यक्तियों से जुड़े 'ट्रासेंडेस' यानी स्थिति से परागमन हो सकता है। कुल मिलाकर यह समुदाय की तरफ लौटने का रास्ता है, जिससे पिछली सदियों में आदमी दूर होता गया है। यह एक तरह से वर्तमान जीवन के सन्दर्भ में समाजवाद के किसी रूप की तरफ लौटना हो सकता है, लेकिन यह सब बाकी दुनिया से सम्बन्धों के नव-नियमन के बिना नहीं हो सकता। उन्हें अपने को बाकी दुनिया से व्यापारिक

की बजाय मानवीय बन्धनों से जोड़ना होगा, वही उनके अपने और संसार के हित में होगा।

गैर-औद्योगिक दुनिया में पश्चिमी विकास प्रक्रिया का परिणाम अब तक विघटनकारी रहा है और आनेवाले दिनों में उत्तरोत्तर अधिक विघटनकारी होने की सम्भावना है। पश्चिमी देशों के सम्पर्क से इन देशों का पारम्परिक उत्पादन और विनियम का ढाँचा तथा पारस्परिकता पर आधारित जीवन पद्धतियाँ एवं संस्कृतियाँ नष्ट हो गई हैं। उनका जीवन पूरी तरह पश्चिमी देशों पर आश्रित हो गया है। पश्चिम से आयातित उद्योगों के केन्द्र इन देशों में भी खुले हैं जो वैसी अनेक वस्तुओं का उत्पादन करते हैं जो पहले घरेलू उद्योगों में उत्पादित होती थीं। नए उद्योगों की विशाल विज्ञापन क्षमता के कारण घरेलू उद्योगों का अस्तित्व खतरे में पड़ गया है जो गुणवत्ता के हिसाब से कहीं अच्छे हैं।

इस प्रक्रिया से पारम्परिक उद्योग और छोटी खेती नष्ट हो रही है। काम की तलाश में लोग नगरों की ओर पलायन कर रहे हैं। इससे कस्बे नगरों में और नगर महानगरों में तब्दील हो रहे हैं। मैक्सिको नगर, शंघाई, दिल्ली, मुम्बई आदि दुनिया के सबसे बड़े नगरों की श्रेणी में थोड़ी ही अवधि में आ गए हैं। इन नगरों में उद्योगों और व्यवस्था का छोटा-सा नाभिक क्षेत्र होता है, जिसमें संरचनात्मक संयोजन होता है। इसकी परिधि पर एक विशाल क्षेत्र होता है, जिसमें रहनेवाले लोग आजीविका के किसी स्थायी स्रोत से वंचित होते हैं या नाभिक क्षेत्र की अस्थायी आवश्यकताओं की पूर्ति के लिए अकुशल कार्यों में यदा-कदा लाए जाते हैं। इन कार्यों में लगे लोगों की बुनियादी मानवीय आवश्यकताओं की पूर्ति करना व्यवस्था की कार्य सूची में नहीं होता। जिन्दा रहने की अपनी व्यवस्था इन्हें स्वयं किसी तरह करनी होती है। इसलिए ये लोग जहाँ जगह मिली, झुग्गियाँ खड़ी कर लेते हैं या गन्दी बस्तियों में उपलब्ध स्थानों एवं फुटपाथों पर गुजारा करते हैं। नगर के सम्पन्न लोग इनकी अनिवार्य सेवाओं के आग्रही हैं, लेकिन इनकी उपस्थिति से आहत और आतंकित। क्योंकि गरीबों की जिन्दगी के साथ गन्दगी अनिवार्य रूप से जुड़ी होती है, खास कर तब जब नगरों के अभिभावक इनके लिए न्यूनतम जल, शौचालय आदि की व्यवस्था भी करना जरूरी नहीं समझते। इसी से नगरों की व्यवस्था का एक विशेष अंग बुलडोजर युक्त विस्थापन वाहिनी होती है, जिसका काम झुग्गियों को तोड़ उच्छिष्ट वस्तुओं की तरह लोगों को शहर से बाहर निकालते रहना होता है।

यह विसंगति दिनोंदिन बढ़ेगी। इसी कारण क्षेत्रीय विषमता और अलगाववाद भी बढ़ता रहा है। ऐसी शक्तियों का विस्तार आज दुनिया की सभी पिछड़ी अर्थव्यवस्थाओं में दिखाई दे रहा है। इससे जो विघटन की स्थिति पैदा हो रही है, उसे प्रचलित मूल्यबोध से खत्म नहीं किया जा सकता। दुनिया अपने संकटों

से सदा नए मूल्यों के उन्मेष से राहत पाती रही है—चाहे वह बौद्ध धर्म, ईसाई, चाहे इस्लाम जैसे धर्मों से हुआ हो। लेकिन आदमी का मूल्य-बोध कभी भी अपने आन्तरिक द्वन्द्व से मुक्त नहीं होता। यह उन जीव वैज्ञानिकों द्वारा, जो जीवों के व्यवहारों का अध्ययन करते हैं, लगभग सिद्ध किया जा चुका है कि आदमी के भीतर परमार्थ और आक्रामकता की दो विपरीत प्रवृत्तियाँ सदा कार्यरत रहती हैं, जिनमें आक्रामकता ज्यादा स्वत:स्फूर्त और त्वरित रूप से कार्यशील होती है। यही अन्तर्विरोध धार्मिक चिन्तकों द्वारा भगवान और शैतान, दैविक एवं पाशविक शक्तियों के रूप में प्रस्तुत किया जाता रहा है। महात्मा गांधी ने इसी अर्थ में 'गीता' के कृष्ण-अर्जुन संवाद को ऐतिहासिक घटना की बजाय मानव मन में उपस्थित विपरीत रुझानों के द्वन्द्व के रूप में प्रस्तुत करने की कोशिश की थी। आदमी के स्वभाव का यह गुण सदियों और सहस्राब्दियों में नहीं बदला है। संस्कृतियाँ अपने मूल्यों के अनुसार इससे एक दूसरे को प्रोत्साहित करती रही हैं, लेकिन यह द्वन्द्व सदा बना रहा है।

अंग्रेजी के एक महान कवि टी.एस. इलियट ने इस सच्चाई को इन शब्दों में व्यक्त किया है :

The world turns and world changes,
But ont thing does not change
In all my years, one thing does not change
However you, disguise it this thing does not change
The perpetual struggle of Good and Evil.

(दुनिया घूमती है और दुनिया बदलती है,
लेकिन एक चीज नहीं बदलती।
जीवन के अनुभवों के अनेक
वर्षों में एक चीज नहीं बदलती।
चाहे इसे कितना ही छिपाओ, यह चीज नहीं बदली
अच्छाई और बुराई का अन्तहीन संघर्ष।)

कल का समाज क्या होगा, इसकी अटकलबाजी का कोई अर्थ नहीं। यह जो अच्छाई और बुराई का संघर्ष है, इसमें अपना पक्ष चुन कर पूरी इच्छा शक्ति से जुट कर ही विनाश के कगार पर खड़ी दुनिया को बचाया जा सकता है। इसमें शैतान का पक्ष कौन है, यह समझना कठिन नहीं। वह पूरी आर्थिक व्यवस्था जो लोभ और ईर्ष्या में विकास का मर्म देखती है, शैतान का करिश्मा है। विडम्बना यह है कि इतिहास के पिछले काल-खंडों की तरह हमारे समय में भी इसके विरोध में द्वेष और हिंसा को ही हथियार बनाया गया है और स्वाभाविक नतीजा होता रहा है, शैतान की अन्तिम विजय।

'बीसवीं सदी' में महात्मा गांधी ने इसके खिलाफ एक हथियार हैंसा और विरोध से भी प्रेम का दिया। यह हथियार अन्ततः शैतान की शक्ति को निरस्त कर सकता है। लोभी पूँजीपतियों या सामन्तों के विरोध में दलित एवं मजदूर वर्ग की लिप्सा को बढ़ाकर बेहतर समाज नहीं बनाया जा सकता। बट्रेंड रसेल ने 1918 में रूस की यात्रा के बाद अपनी पुस्तक 'प्रैक्टिस एंड थ्योरी ऑफ बॉल्शेवनिज्म' में लेनिन से अपने साक्षात्कार के विवरण में लिखा है कि लेनिन ने उससे कहा था कि उसके लिए किसानों को सिर्फ जमीन प्राप्त करने का लोभ पैदा करना जरूरी था। इसके बाद किसान स्वयं पास के पेड़ से लटकाकर भू-स्वामियों को मार देते थे। यही नफरत और लोभ अन्ततः सोवियत राज्य की कठोर तानाशाही में व्यक्त हुआ। आज के शोषित वर्गों को समता और बन्धुत्व की भावना में पुनः प्रशिक्षित करना होगा, नहीं तो शोषण के नए केन्द्र विकसित होंगे। नई सदी का समाज क्या होगा, यह हम इस चुनौती को कितनी संजीदगी से ग्रहण करते हैं, इसी से निर्धारित होगा।

यूटोपिया की चुनौती

उन्नीसवीं शताब्दी के मध्य से, जब से मार्क्सवादी चिन्तन समाजवादी आन्दोलन पर हावी हुआ 'यूटोपिया'[1] एक उपहास का विषय बन गया और यह माना जाने लगा कि ऐसी आदर्श दुनिया की तलाश महज स्वप्निल है, जिसे सामाजिक जीवन में कभी उतारा नहीं जा सकता। लेकिन डेढ़ सौ साल के अनुभव चाहे समाजवादी आन्दोलन के हों, चाहे तकनीकी उपलब्धियों के, मानव अस्तित्व के लिए यूटोपिया के महत्त्व को फिर रेखांकित कर रहे हैं। यह प्रश्न विचारणीय है कि समाजवादी आन्दोलन कहीं इसलिए तो विफल नहीं हुआ क्योंकि यह व्यावहारिकता के नाम पर इसको प्रेरित करनेवाली कल्पनाओं से कट गया—उन कल्पनाओं से, जो हकीकत के दबावों के विपरीत समाजवादियों को भावनात्मक डोरी से बाँध उस नैतिक तनाव की स्थिति में रखती थीं जो उन्हें यथास्थिति के दबाव में बहने से बचाता था। इससे भी आगे यह साफ दिखाई दे रहा है कि यूटोपियायी चिन्तन का लोप एक हद तक मानव अस्तित्व के संकट के लिए भी जिम्मेदार है। वर्तमान विकास की अन्धी दौड़ किसी आदर्श या समग्र समाज के बारे में चिन्तन के अभाव में मानव अस्तित्व के प्राकृतिक आधार को ही नष्ट कर रही है।

तकनीकी के क्षेत्र में तो यह साफ दिखाई दे जाता है कि मनुष्य की बहुत सारी उपलब्धियाँ उसकी कमी की कल्पना के परिणाम हैं। उड़ने की कल्पना, चाहे वह हमारे मिथकों के पुष्पक विमान की हो, चाहे यूनानियों के मिथक में इकारस की सूरज की ओर पंख बना उड़ान भरने की हो, चाहे धर्म ग्रंथों में पंख युक्त देवदूतों की हो, अवश्य ही वायुयान के निर्माण के प्रयासों के पीछे रही है। सहज ही अनुमान किया जा सकता है कि आदर्श समाज की कल्पना का जीवित रहना भी एक सुन्दर समाज के निर्माण के लिए इसी तरह जरूरी है। आज भी नियोजन और नगर निर्माण के ब्लूप्रिंट बनते हैं, लेकिन उनके पीछे समष्टि की कोई मंगलकारी कल्पना नहीं बाजार की आवश्यकता के मानक होते हैं। इसके पीछे कोई सर्जनात्मक दृष्टि नहीं होती। सभी अर्थपूर्ण निर्माण के लिए एक सूचनातंत्र (इंफॉर्मेशन सिस्टम) जरूरी होता है। जीव जगत और वनस्पति जगत में यह सूचनातंत्र उनकी आनुवंशिकी से प्राप्त होता है। मानव द्वारा निर्मित वस्तुओं और

प्रतिष्ठानों में उसकी सर्जनात्मक अवधारणा से। इस अवधारणा के पीछे उसके सपनों का बड़ा हाथ होता है। हमारी अपनी शताब्दी के साहित्य में प्रति-यूटोपिया, यानी यूटोपिया के विद्रूप की भरमार शायद इस बात का संकेत है कि हम अपने भविष्य के प्रति निराश हो विनाश की ओर ले जानेवाली धारा में अपने को छोड़ रहे हैं। जब किसी अच्छे भविष्य की कल्पना मर चुकी हो तो साहित्य खीझ और हताशा को ही अभिव्यक्त कर सकता है। कभी-कभी ऐसे साहित्य हमें झटका देकर अपनी स्थिति का एहसास जरूर करा देते हैं और हम सँभलने की कोशिश करते हैं, लेकिन इससे दिशा बदलकर चलने की पर्याप्त ऊर्जा नहीं मिल पाती। आदमी में सर्वाधिक ऊर्जा और साहस का संचार भी तब होता है जब वह अपने दैनन्दिन की समस्याओं से आगे जा किसी बड़े सपने को ले आगे बढ़ता है। आदमी रोटी-दाल की समस्या के हल के लिए भी बड़ी कुर्बानियों के लिए तभी तैयार होता है जब 'रोटी' की लड़ाई एक प्रतीक बन जाती है कि किसी बेहतर समाज के निर्माण के संघर्ष की। ठेठ अर्थ में भूख मिटानेवाली 'रोटी' के लिए आदमी मेहनत कर सकता है, चोरी कर सकता है, छीना-झपटी कर सकता है, लेकिन समाज को बदलने की शिरकत नहीं कर सकता।

अचरज की बात है कि आज के मूलत: तर्क आधारित दुनिया में यह कुतर्क समाज पर हावी है कि हर आदमी को अपनी स्वार्थ सिद्धि की अन्धी दौड़ में शामिल हो जाना चाहिए और इसी से समाज की सारी समस्याओं का समाधान हो जाएगा। जब सब कुछ धराशायी होता दिखाई देता है तो कहा जाता है कि इस दौड़ को और तेज करने की जरूरत है। इस दृष्टि का इसके उत्कर्ष काल में ही अठारहवीं शताब्दी के विचारक बर्नार्ड मैंडेविले ने अपनी कविता 'फेवुल ऑफ बीज' (मधुमक्खी गाथा) में मखौल उड़ाया था, मधमुक्खियों के एक ऐसे समाज के रूप को चित्रित करके, जिसका हर हिस्सा तो पाप से भरा हो लेकिन सम्पूर्ण पूरा स्वर्ग हो।

विडम्बना यह है कि पश्चिमी देशों की एक समय की यूटोपिया की तलाश ने भी संसार में प्रकृति के साथ मनुष्य के सरल स्वाभाविक सह-अस्तित्व को समाप्त करने की भूमिका निभाई थी। पन्द्रहवीं शताब्दी से ही, जो यूरोप में पुनर्जागरण का काल था, यूरोप में अदन के बाग की तलाश शुरू हुई। यह रोम के साम्राज्य के अन्त के बाद से वहाँ नगरीय सभ्यता के नवोदय का काल था। इसी समय इटली के नगर राज्य अपनी सांस्कृतिक विकास के चरम बिन्दु पर पहुँच रहे थे। पेरिस और लन्दन जैसे नगर विकसित हो रहे थे। मूर शासन से मुक्त स्पेन में समृद्धि की तलाश जोरों पर थी। शायद इस उत्कर्ष ने शहरी संस्कृति से मोहभंग की भी स्थिति पैदा कर दी थी और संवेदनशील लोग यूरोप के सभ्य शहरी जीवन से अलग प्राकृतिक परिवेश में सहज सरल जीवन की कामना करने लगे थे। आदमी अपने विकास काल में

प्राकृतिक परिवेश में छोटे समुदायों में विकसित हुआ था और ऐसे समुदाय और उस प्राकृतिक परिवेश की कामना को सम्भवत: उसको आनुवंशिकी ने या परम्परा द्वारा पोषित अनुश्रुतियों और लोक कथाओं ने जीवित रखी है। इसलिए अक्सर जब आदमी सभ्यता की जटिलता और दबाव से त्रस्त होता है तब सहज सरल जीवन की तलाश में व्यग्र हो जाता है।

तथ्यों से भरी अपनी महत्त्वपूर्ण पुस्तक 'ग्रीन इम्पेरियलिज्म' में रिचर्ड एच. ग्रुव ने अनेक उदाहरण से बताया है कि पुनर्जागरण के बाद के काल में सदन और आरकेडिया[2] को पाने की आकांक्षा यूरोप के पढ़े-लिखे लोगों में काफी प्रबल थी। उसने लिखा है कि इस बात के सबूत हैं कि यात्रा के संकटों से घबड़ाए अपने सहयोगियों के विरोध के बावजूद कोलम्बस सिर्फ इसीलिए अदम्य उत्साह से अपनी यात्रा को जारी रख सका क्योंकि उसको दृढ़ विश्वास था कि आगे बढ़कर वह 'भारतीय अदन' में पहुँच जाएगा। यह बात अलग है कि वह भारतीय अदन की बजाय 1492 में अमेरिका के तट पर पहुँचा। इस तट के पीछे भारत से अनेक गुना बड़ा एक विशाल क्षेत्र था, जिसमें वहाँ के निवासी अनेक अदनों में फैले हुए शान्तिपूर्ण जीवन व्यतीत कर रहे थे।

कोलम्बस को शायद ही इसकी कल्पना रही हो कि उसकी यात्रा का परिणाम इन अदनों और अमेरिका की कई प्राचीन सभ्यताओं को नष्ट करनेवाली उपनिवेशवादी अभियान की शुरुआत होगी, लेकिन हुआ यही। इस यात्रा से यूरोपीय विस्तार का एक सिलसिला शुरू हुआ और यूरोप की नवोदित सर्वग्रासी संस्कृति ने संसार भर की संस्कृतियों की विविधता को नष्ट कर वहाँ के जीवन और संसाधनों को एक व्यापारी उपभोक्तावादी सभ्यता का ग्रास बना दिया। अठारहवीं शताब्दी का अन्त होते-होते संसार के अधिकांश भाग पर यूरोपीय आक्रमणकारियों के पाँव पहुँच चुके थे।

सिर्फ सुदूर दक्षिण प्रशांत के ताहिती द्वीप समूह में प्राकृतिक लोक जीवन अब भी बचा था। अब अदन की तलाश बाहर सम्भव नहीं थी। गोगाँ जैसे इक्के-दुक्के कलाकारों के लिए ताहितियों के बीच जाकर बस बहुसंख्य लोगों के लिए वैसे जीवन की तलाश अपने ही भीतर सम्भव थी। अब वे रूसो जैसे सामाजिक चिन्तकों के आदर्श 'नोबुल सैवेज' के रूप में जीवित रह सामाजिक परिवर्तन के प्रेरणा स्रोत बन सकते थे। इसके बाद प्रारम्भिक समाजवादी चिन्तन में समता और सादगी के ऐसे ही आदर्शों की ध्वनि सुनाई देती है। इस चिन्तनधारा के ह्रास के साथ ही उपभोक्तावादी संस्कृति के विकल्प की तलाश भी तिरोहित हो चली।

इस पश्चिमी विकास की धारा को किसी सम्भव मानवीय समाज की स्थापना के लिए उलटना क्यों जरूरी है, यह हम इस सभ्यता के फैलाव और इससे

ढहाई गई बर्बादी पर विचार करने से तुरन्त समझ जाएँगे। हमारे आधुनिक जीवन से जो अपूरणीय क्षति प्रकृति प्रदत्त संसाधनों की होती है, उसका अन्दाजा एक विशाल क्षेत्र के भीतर नहीं हो पाता। हमें सदा एहसास होता है कि क्षितिज के पार धरती और इस पर उपलब्ध संसाधनों का सीमाहीन विस्तार है, लेकिन एक छोटे द्वीप पर प्रकृति के साथ की गई ज्यादती का असर तुरन्त दिखाई दे जाता है। कुछ ऐसे ही द्वीपों के इतिहास में आधुनिक मनुष्य की विनाशकारी यात्रा के स्मृति चिह्न अंकित हैं।

पश्चिमी यूरोप के देशों में अदन की तलाश और समुद्री राह से दूर-दराज देशों के साथ व्यापार से दौलत बटोरने की भूख साथ-साथ जगी। इस क्रम में दो स्थितियों का योग संसाधनों की माँग पूरा करने की प्रकृति की सीमाओं को रेखांकित करने लगा। अपनी लम्बी समुद्री यात्राओं में जहाजियों ने विश्राम और रास्ते के लिए आवश्यक वस्तुओं की आपूर्ति के लिए कुछ द्वीपों और तटीय प्रदेशों का चुनाव किया था—जैसे सेंट हेलेना, मॉरिसस, सेंट विंसेंट द्वीप और उत्तमाशा अन्तरीप। अदन की तलाश करनेवाले लोगों को ऐसे ही कुछ द्वीपों में—उनकी हरियाली एवं फल-फूलों की प्रचुरता में अदन की छवि दिखाई देने लगी थी। दूसरी ओर जहाजरानी के तेज विस्तार के कारण जहाज बनाने के लिए लकड़ियों की माँग अचानक बहुत बढ़ गई। यह पाया गया कि इससे यूरोप के जंगल इतनी तेजी से कट रहे हैं कि उनसे लकड़ियों की आपूर्ति नहीं हो सकती थी। इसके अलावा नगरों के तेज विस्तार के कारण ईंधन के लिए भी लकड़ी का अभाव होने लगा और प्रारम्भ में ब्रिटेन में कोयला जलाना भी इसी दबाव में शुरू हुआ, लेकिन उन दिनों कोयला जलाना हेय दृष्टि से देखा जाता था क्योंकि यह गन्दगी और विषाक्त धुआँ फैलाता था।

अब लकड़ी की आपूर्ति के लिए इन जंगलों की कटाई शुरू हुई। चूँकि द्वीपों के क्षेत्र सीमित थे, जंगलों की कटाई का असर थोड़े ही वर्षों में स्पष्ट दिखाई देने लगा। इसके कारण एक तरफ तो वर्षा कम होने लगी और दूसरी तरफ जंगलों के कटने से भूमि का क्षरण तेजी से होने लगा, जिससे उपजाऊ भूमि रेत में बदलने लगी। द्वीपों के पर्यावरण के इस क्षय से उन लोगों में, जिन्हें इन द्वीपों में अदन का एक रूप दिखाई देता था, घोर चिन्ता पैदा हुई और कुछ वनस्पति शास्त्रियों ने जिन्हें उनके देश की सरकारों ने इन द्वीपों में विशेष तौर से भौगोलिक एवं वानस्पतिक स्थितियों पर निगरानी के लिए भेजा था, इस पर अपनी गहरी चिन्ता इन द्वीपों के व्यवस्थापकों को जताई थी। दुनिया के पर्यावरण की चिनता इसी समय शुरू हुई थी। हालाँकि यह चिन्ता इतने थोड़े लोगों तक सीमित थी और पर्यावरण पर प्रभाव का क्षेत्र इसका लाभ उठानेवाले लोगों के अपने घर से इतना दूर था कि इसे अनदेखा कर दिया गया। प्रारम्भ में तो कटते जंगलों का

स्थान लेने के लिए कुछ जंगल लगाए गए, लेकिन कटाई की गति के हिसाब से ये काफी कम पड़ते थे। लेकिन एक बड़ी आपदा थी औपनिवेशिक शासकों द्वारा इन नए भू-भागों में जंगल की जगह गन्ना एवं तम्बाकू जैसी फसलों को बढ़ाने का फैसला।

मॉरिशस में तो यूरोपियनों के आने के पहले कोई मूल निवासी नहीं थे, लेकिन कैरिबियन के द्वीपों यथा सेंट विंसेंट में पहले से लोग बसे हुए थे। वे लोग बिलकुल प्राकृतिक अवस्था में रहते थे और जंगलों को काटे बगैर बनोपजों एवं शिकार से जीवन बसर करते थे। उन लोगों ने यूरोपियों द्वारा जंगल काटे जाने और जंगल काट कर गन्ने आदि का फार्म बनाने का डट कर विरोध किया। यहाँ यूरोपीय लोगों की दो दृष्टियों का अन्तर्विरोध स्पष्ट रूप से सामने उभर कर आया : मंगलकारी जीवन की कल्पना और हर कीमत पर मुनाफा और सम्पदा बढ़ाने की अमिट भूख का अन्तर्विरोध। कहाँ तो ये लोग प्राकृतिक जीवन में अदन या यूटोपिया की तलाश में नए द्वीपों और महाद्वीपों की ओर निकले थे और कहाँ वहाँ पहुँच वहाँ के प्राकृतिक जीवन और जंगल को नष्ट करने में लग गए जो वहाँ के मूल निवासियों को उपलब्ध था।

यूरोपीय लोग अपनी आवश्यकता के अनुसार तर्क गढ़ने में माहिर थे। उन्होंने जबरदस्ती विभिन्न स्थानों के मूल निवासियों की भूमि को दखल करने के पक्ष में यह सिद्धान्त निकाला कि जमीन पर प्रभुसत्ता का आधार जंगलों को काट खेती के लायक बनाना है। एमरिस द बाट्टेल नामक एक सज्जन ने 'राष्ट्रों का कानून' नामक एक पुस्तक लिखकर इसे बाजाप्ता एक अन्तर्राष्ट्रीय कानून के रूप में पेश किया। आज हमारे अपने देश में भी मूल निवासियों के जंगल पर सरकारें इसी तरह के बहाने बना अधिकार करती रही हैं—इनके अनुरूप जंगलों और जमीन के नीचे गड़े खजानों पर 'राष्ट्र हित' में काटने या खोदनेवालों को अधिकार सरकारें दे सकती हैं। चूँकि गोरे ही इस सिद्धान्त के प्रणेता और लागू करनेवाले, दोनों ही थे, उनकी मनमानी पर कोई नियंत्रण नहीं था। सेंट विंसेंट के कारिब लोगों ने प्रारम्भ के दिनों में अपने भू-भाग पर अतिक्रमण का विरोध किया, लेकिन यूरोपीय बर्बरता के बढ़ते सैलाब के सामने यूरोप के मुट्ठी भर पर्यावरणविद और आग्नेयास्त्रों से अनभिज्ञ मूल निवासी टिक नहीं पाए।

यहाँ विशेष महत्त्व की बात यह है कि प्राकृतिक परिवेश की सरल जीवन-प्रणालियों को नष्ट कर पश्चिमी सभ्यता उस प्रतिमान को भी नष्ट करने में जुटी थी जो प्रतिमान ही इसे आगे चलकर अपने अस्तित्व के संकट से उबरने में सक्षम बना सकता था।

जीवन के प्राकृतिक आधार जंगल को नष्ट करने का यह पहला दौर था, लेकिन प्राकृतिक सम्पदा को निगलने की जो भूख जगी थी, यहीं समाप्त होनेवाली

नहीं थी। सत्रहवीं शताब्दी आते-आते जहाजों तथा दूसरे निर्माण कार्यों के लिए लोहे और इस्पात की माँग तेजी से बढ़ने लगी। प्रारम्भ में इस काम में लकड़ी के कोयले का इस्तेमाल होता था, लेकिन लकड़ी की खपत जहाज बनाने से लेकर ईंधन तथा लोहा तैयार करने में इतनी ज्यादा होने लगी कि इसकी आपूर्ति एक समस्या बन गई। नए भू-भागों के जंगलों की कटाई भी सभी माँगों की पूर्ति के लिए अपर्याप्त सिद्ध होने लगी। अगर यह स्थिति रहती तो पश्चिमी सभ्यता पर एक विराम लग जाता, लेकिन इसी समय इस सभ्यता को कुछ समय के लिए मोहलत मिल गई। अंग्रेजों ने कोयले का इस्तेमाल ईंधन के रूप में और इस्पात बनाने में करना शुरू किया क्योंकि कम गहराई पर ही ब्रिटेन में यह प्रचुरता से उपलब्ध था। इस तरह एक गड़ा खजाना मिल गया जिसने इस सभ्यता को दो शताब्दी का जीवनदान दे दिया।

अब इसके बाद से रसोई बनाने तथा घर गर्म रखने से लेकर इस्पात बनाने और जहाज रेल एवं कल-कारखाने—सभी को चलाने के लिए कोयले का इस्तेमाल होने लगा। लोगों ने इस पर कोई ध्यान नहीं दिया कि जंगलों की तरह ही इस गड़े खजाने की भी एक सीमा है, जो उतनी ही तेजी से समाप्त होगी जितनी तेजी से इसका उपयोग किया जाएगा। जंगल तो फिर उगाए भी जा सकते थे, लेकिन कोयले का खजाना तो बिलकुल खाली हो जानेवाला था। लेकिन इस बीच गड़े खजाने के रूप में एक और वस्तु पेट्रोलियम और प्राकृतिक गैस पश्चिमी दुनिया के हाथ लग गई। यह कोयले से भी अधिक ज्वलनशील और ऊर्जा देनेवाला साबित हुआ।

इसलिए बीसवीं शताब्दी के प्रारम्भ से अब सारा ध्यान पेट्रोलियम और इससे उपलब्ध विविध पदार्थों की खपत की ओर गया। उन क्षेत्रों को छोड़ जहाँ कोयले का प्रयोग अनिवार्य था, बाकी जगह तेल की ही खपत होने लगी। पश्चिमी देशों की देखा-देखी सारे संसार ने और उन लोगों ने भी, जिनके पूर्वज तीन शताब्दी पहले तक प्राकृतिक जीवन जीते थे, पेट्रोलियम आधारित जीवन अपना लिया। यह दौड़ इस कदर चली कि अब अनुमान किया जाता है कि इक्कीसवीं शताब्दी के द्वितीय चतुर्थ आते-आते हम पेट्रोलियम के भंडार को समाप्त कर चुके होंगे। इतना ही नहीं, इस दौड़ में ईंधन के साथ-साथ हमने धरती के दूसरे जैविक तथा रासायनिक तत्त्वों का अति दोहन किया है जिसमें अधिकांश इक्कीसवीं शताब्दी के मध्य भाग तक समाप्त होने की स्थिति में होंगे या इतनी कम मात्रा में उपलब्ध होगे कि उन्हें पाने की प्रक्रिया मनुष्य की आर्थिक क्षमता के परे होगी।

सोवियत संघ के 1989 के एक प्रकाशन[3] में आनेवाले निकट भविष्य में कुछ महत्त्वपूर्ण खनिजों के खर्च और आपूर्ति की स्थितियों पर कुछ प्रकाश

डाला गया है। तत्कालीन सोवियत संघ के आशावादी रुझानों के अनुरूप ही इस सवाल को प्रस्तुत किया गया है। फिर भी स्थितियाँ इतनी गम्भीर हैं कि प्रस्तुति में चिन्ता का स्वर उभर कर आ ही जाता है। नीचे दिए गए आँकड़े खुद बोलते हैं।

खनिज	1985 तक कच्चे माल के अन्वेषित भंडारों और उसके खनन का अनुपात	1976 तक कच्चे माल के अन्वेषित भंडारों और 1976 से 2010 तक की अवधि में उसकी माँग का अनुपात
लौह अयस्क	200	5.1
ताँबा	61	1.4
एल्युमिनियम	300	6.2
टिन	46	1.5
जिंक	31	0.9
मैंगनीज	250	4.6
सीसा	34	1.2
टाइटेनियम	320	1.3
कोबाल्ट	18	1.3
मालिव्देनम	125	2.2
टैटेलम	73	1.8
बुलफैम	64	1.4
बैनेडियथ	315	8.2
विस्मय	38	0.8
पारा	34	0.9
चाँदी	18	0.6
प्लैटिनम	116	3.1
ऐस्बेस्टस	2.8	0.5

स्रोत : इंटर फ्युचर्स, फाइनल रिपोर्ट ओ.ई.सी.डी. पेरिस, 1980

लेखकों का कहना है कि उपरोक्त तालिकाओं से यह देखा जा सकता है कि कुछ सामग्रियों के मामले में स्थिति चिन्ताजनक है। उनके भंडारों का कुल उपयोगों की प्राप्ति का अनुपात 2 से कम है, अर्थात उनके उपभोग में किंचित वृद्धि को ध्यान में रखते हुए वे पचास साल से भी कम अवधि के लिए पर्याप्त होंगे। ये हैं ताँबा, सोना, सीसा, चाँदी, गंधक, टिन, बुलफैम, जिंक तथा इन तालिकाओं में नहीं आया तेल भी, जिसके प्रामाणिक भंडार 1985 के उपभोग के स्तर पर 37 वर्ष के लिए पर्याप्त होंगे।

लेखकों ने यह आशा व्यक्त की है कि इनमें से कई के विशाल भंडार लौह मैंगनीज संग्रथनों में निहित हैं। इसी तरह हाइड्रोकार्बनों का भंडार बिटुमन पहाड़ियों के पत्थरों और तैलीय बालू में निहित है, लेकिन इन स्रोतों से इन्हें पाने में ऊर्जा की खपत क्या होगी, यह नहीं बतलाया गया है। हालाँकि यह इनकी वास्तविक प्राप्ति पर एक सीमा लगा सकती है, लेकिन जीवन के लिए महत्त्वपूर्ण कुछ तत्त्वों के सम्बन्ध में लेखकों ने अपनी चिन्ता इन शब्दों में व्यक्त की है—"उल्लेखनीय है कि आज जिन खनिजों को लेकर संकट की आशंका है उनमें एक भी जीवन्त महत्त्व का तत्त्व नहीं है।..." फॉस्फोरस, पोटैशियम, नाइट्रोजन, सोडियम तथा कुछ अन्य तत्त्व जीवन्त महत्त्व के हैं। जिस कच्चे माल में वे पाए जाते हैं वह बहुमूल्य नहीं माना जाता और पहली नजर में उनकी प्राप्यता चिन्ता का कारण नहीं मानी जाती, परन्तु इस प्रकार के खनिजों के उपलब्ध नहीं होने पर उनका मूल्य बड़ी तेजी से बढ़ सकता है। यही नहीं, मानव जाति को इनके लिए ऊँची-से-ऊँची कीमत अदा करनी होगी, क्योंकि इनके बिना उनका अस्तित्व बना नहीं रह सकता। इस दृष्टि से पृथ्वी पर विद्यमान फॉस्फोरस ऐसा ही तत्त्व है और उसकी उपलब्धता इतनी अधिक नहीं है। (अनुपात 2.6 है) इसका अर्थ यह हुआ कि इक्कीसवीं शताब्दी के अन्त तक इसके सभी स्रोत समाप्त हो जाएँगे। यहाँ ज्ञातव्य है कि छह हजार वर्ष की मानव सभ्यता के अस्तित्व की सम्भावना को हम एक सदी के भीतर ही आँक रहे हैं।

पेट्रोलियम के खत्म होने पर ऊर्जा के लिए ज्यादा बोझ कोयले पर पड़ेगा और इक्कीसवीं शताब्दी के अन्त तक हम ऊर्जा का यह स्रोत भी समाप्त कर देंगे। परमाणु ऊर्जा जैसा विकल्प, जो वर्तमान पैमाने पर ऊर्जा की खपत को जारी रख सकता है, अत्यधिक खतरनाक साबित हो रहा है क्योंकि इसके कूड़े के विकिरण से निसर्ग को बचाने की कोई तरकीब अभी निकलती नहीं दिखाई देती और दरअसल परमाणु भट्ठियाँ तो टिकटिक करते परमाणु बम ही हैं, जिनकी भारी संख्या होने पर शुद्ध सांख्यिकी के हिसाब से कहीं-न-कहीं विस्फोट होगा और इससे शुरू हुए विस्फोट की श्रृंखला सारे संसार का विध्वंस कर सकती है। इतना ही नहीं, जंगल की कटाई से मौसम पर प्रतिकूल प्रभाव का जो खतरा प्रारम्भिक दिनों में पश्चिम के पर्यावरणवादियों को दिखाई देता था वह तो नगण्य है, उस खतरे के सामने जो आज दिखाई दे रहा है। कोयला, पेट्रोलियम आदि ईंधनों की भारी मात्रा में जलाने से तथा उद्योगों में अनेक तरह के रसायनों के प्रयोग से उत्सर्जित जिस तरह के जहरीले गैसों से हमारा वातावरण भर रहा है, उसके खतरे से आज सारा संसार अवगत है। उससे बचने के लिए ब्राजील के रियो डि जेनेरियो तथा जापान के क्योटो में दो पृथ्वी शिखर सम्मेलन हो चुके हैं, लेकिन स्पर्धा आधारित जिस विकास प्रक्रिया को अस्तित्व में ला दिया गया है, उस पर नियंत्रण पाने में सभी अपने को असमर्थ पा रहे हैं। अन्ततः मामला सामाजिक व्यवस्था का है। अब वह व्यवस्था जिसे मनुष्य

ने बनाया है, उसके बूते के बाहर हो गई है और वह यह निर्धारित करती है कि मनुष्य अपने जीवन को किस दिशा में ले जाएगा? इस तरह यह जानते हुए भी कि यह दिशा विनाश की ओर ले जा रही है कि आदमी भँवर में पड़े नाविक की तरह विवश हो लगातार मृत्यु की दिशा में बहता जा रहा है।

इस तरह हम एक ऐसी दीवार से रू-ब-रू हो गए हैं जो हमारे जीवन के विकास पर पूरी तरह रोक लगा देगी और जीवन को नष्ट कर देगी। ऊर्जा की मितव्ययिता से हम निरापद एवं नवीकृत होनेवाले ऊर्जा स्रोतों, जैसे—पवन ऊर्जा, सौर ऊर्जा, जल ऊर्जा आदि से जीवन को चला सकते हैं, लेकिन इसके लिए हमें वर्तमान काल में हम पर हावी जीवन के ताम-झाम और तौर-तरीकों से फुर्सत लेनी होगी। एक खास तरह के जीवन के आदी लोगों के लिए यह काफी कठिन चुनाव होगा। लेकिन इसको छोड़ मानव अस्तित्व को कायम रखने का कोई उपाय भी नहीं है।

यहीं यूटोपियाई चिन्तन के नवोन्मेष की जरूरत दिखाई देती है क्योंकि आज के विषमता मूलक समाज के मूलभूत दबावों में जहाँ सभी ज्यादा-से-ज्यादा उपभोग की वस्तुओं को उपलब्ध कर दूसरों से बड़ा दिखने की कोशिश करते हैं, आवश्यक परिवर्तन हो नहीं सकता। सादगी का जीवन वहीं सम्भव है जहाँ समता का मूल्य हावी हो। विषमता में प्रतिस्पर्धा और फिर वस्तुओं का अम्बार लगाने का दबाव जो विशिष्टता का प्रतीक बन गया है, सदा बना रहेगा।

इसलिए मानव अस्तित्व की रक्षा के लिए आज हमें पुन: यूटोपियाई चिन्तन को जगा कर लोगों को वैसे सरल और भाईचारे के आधार पर गठित जीवन की ओर आने का आह्वान करना होगा जो पूर्व के यूटोपियाई या आर्केडियन चिन्ता का आधार था। लेकिन जब दिशा बदलने की बात होती है तब एक बड़ी समस्या सामने आती है। वह समस्या जो आम तौर से इस रूप में प्रस्तुत की जाती है कि हम अतीत की तरफ लौट कर नहीं जा सकते।

भारत के सन्दर्भ में अक्सर कहा जाता है कि हम फिर करघे या आखेट के युग में वापस नहीं जा सकते। इस बात के पीछे एक अकाट्य वैज्ञानिक तथ्य भी है जिसे भौतिक शास्त्री समय का तीर (ऐरो ऑफ टाइम) कहते हैं जो सदा एक ही दिशा यानी भविष्य की ओर ही बढ़ता होता है। यह जीव जगत अस्तित्व में है और हम अस्तित्व में हैं, उसके पीछे भी समय के तीर की दिशा की अपरिवर्तनशीलता है। यह सम्भव नहीं कि मनुष्य या दूसरे जीव या वृक्ष का विकास उलटी दिशा में हो और वे क्रमश: अपनी पूर्व स्थितियों को पार करते हुए पुन: शुक्र, क्रोमोसोम और डी.एन.ए. होते हुए भौतिक तत्त्वों में विलीन हो जाय। भूतों में विलीन होने की प्रक्रिया भी समय के तीर के साथ ही मौत के बाद आती है।

लेकिन विकास की एक दूसरी सम्भावना भी हो सकती है। भौतिक वैज्ञानिक इस प्रश्न पर इक्युलिब्रियम (सन्तुलन) और होमियोस्टैटिस (जिसे हम 'समत्व भाव

की स्थिति' कह सकते हैं जिसमें बाहरी विषमताओं को आत्मसात करते हुए एक आन्तरिक सन्तुलन कायम रहता है, जैसे बाहरी ताप के परिवर्तनों या रासायनिक परिवेश के परिवर्तनों के बीच या रासायनिक भिन्नता के बीच शरीर का ताप या रासायनिक बनावट का अपना सन्तुलन कायम रहता है) का फर्क करते हैं। परन्तु सन्तुलन मृत्यु है, भौतिक समत्व भाव जीवन का आधार है।

नोबल पुरस्कार से सम्मानित दार्शनिक भौतिक शास्त्री इलिया प्रिगोजिन ने इसाबेल स्टेंगर्स की साझीदारी में लिखी गई अपनी पुस्तक 'ऑर्डर आउट ऑफ केओस' में कीड़ों, दीमकों और स्वयं मनुष्यों के सामाजिक निर्माण के उदाहरण से बतलाया है कि सन्तुलन से काफी दूर एक बिन्दु पर पहुँचकर, जिसे वे बाइफर्केशन प्वाइंट कहते हैं, बिखराव की स्थिति से अनायास एक तरह की संरचना शुरू होती जाती है जिसे वे 'डिसीपेटिव स्ट्रक्चर' का नाम देते हैं और जो अधिक जटिल और सघन होती चली जाती है। आधुनिक नगरों का विकास भी एक उदाहरण की तरह पेश किया गया है जो छोटे केन्द्रों के जमघट से शुरू होकर लगातार विस्तृत होता जाता है और फिर यह प्रक्रिया अनियंत्रित हो लगातार विस्तार और बृहतता की ओर ले जाती है। इस पुस्तक की प्रस्तावना में चर्चित पुस्तक 'द थर्ड वेव' के लेखक एल्विन टॉफलर वर्तमान औद्योगिक समाज को ऐसी ही बिखराव की स्थिति मानते हैं और एक नए बाइफर्केशन प्वाइंट (विभाजन बिन्दु) से नई सभ्यता की शुरुआत की सम्भावना देखते हैं।[4] मनुष्य के आधुनिक नगरों, राष्ट्रों एवं साम्राज्यों का विस्तार कुछ ऐसी ही प्रक्रियाओं से हुआ होगा।

यह प्रक्रिया सम्भवत: सभी विकासशील संरचनाओं के साथ जुड़ी है। इसलिए हम जीव जगत के ऐसे विकास के इतिहास से भी कुछ सबक सीख सकते हैं। जीव जगत के विकास में एक से अधिक बार ऐसा हुआ है कि एक खास परिवार के जीवों के शरीर या कुछ विशेष अंगों के आकार का अचानक अत्यधिक विस्तार हुआ और वे धरती पर छा गए और इसके बाद वे जीव अचानक जीवाश्मों में अपनी उपस्थिति चिह्न छोड़ सदा के लिए विलुप्त हो गए। जीव जगत की ऐसी घटनाएँ प्राणीशास्त्र के विद्वानों के लिए विस्मय की बात रही हैं। अल्फ्रेड रसेल वैलेस ने, जिनका नाम डार्विन के विकासवाद के सिद्धान्त के साथ जुड़ा है और जिन्होंने स्वतंत्र रूप से इस सिद्धान्त के अनेक पहलुओं पर प्रकाश डाला था, अपनी पुस्तक 'द वर्ल्ड ऑफ लाइफ' में ऐसी जैविक घटनाओं का विस्तृत और रोचक वर्णन दिया है। इसमें एक नलीनुमा जीव एमोनाइट का भी वर्णन है। प्रारम्भ में इसका आकार सीधी नली का होता है, लेकिन बाद के काल में विस्तार के साथ यह कुंडलीकार बन जाता है। आगे चलकर इसकी कुछ प्रजातियाँ इतनी बड़ी होने लगी हैं कि इनकी कुंडली का व्यास छह फीट आठ इंच तक हो जाता है। इस तरह विविध और विशाल आकार धारण करते-करते ये क्रेटेटस काल

(लगभग 13 करोड़ से 6 करोड़ वर्ष पूर्व) में विलुप्त हो जाते हैं, लेकिन सबसे विलक्षण जीवों का विकास कारबोनी फेरस युग (34 करोड़ से 28 करोड़ वर्ष पहले) के बाद हुआ। ये जीव रेप्टाइल (छिपकली एवं साँप आदि) के परिवार के थे। कार्बोनीफेरस युग में सारा संसार विशाल फर्नो शैवालों तथा इनसे मिलते-जुलते फल-फूल रहित वृक्षों से भरा था। इस समय उनके अनुकूल दलदली जमीन थी एवं हवा आज से लगभग 8 डिग्री सेल्सियस अधिक उष्ण थी और कार्बन डाईऑक्साइड तथा अन्य कार्बन युक्त रसायनों से भरपूर जलवायु उपलब्ध थी। इस वातावरण में उनका अत्यधिक विकास हुआ। फिर इस हरियाली के आधार पर हरियाली पर आधारित विशाल आकार के जीवों का विकास हुआ जो रेप्टाइल परिवार के थे। ये जीव उस समय जल, थल और नभ—तीनों में छाए हुए थे। हरियाली पर आधारित जीवों को खानेवाले फिर इसी परिवार के विशाल मांसभक्षी जीवों का विकास हुआ। इसमें एक प्रजाति के डायनोसौर की अस्थि से पता चलता है कि वह 80 फीट लम्बा था। इनमें 50-60 फीट की लम्बाई और 16-17 फीट की ऊँचाई आम बात थी। उड़नेवाली छिपकलियों के अवशेषों से पता चलता है कि इनके डैने फैलाने पर 20 से 25 फीट तक लम्बे हो जाते थे। उस समय स्तनपायी जीव भी थे, लेकिन इनके अवशेषों से पता चलता है कि इनका आकार चूहे से बड़ा नहीं था। इसी काल में कीट-पतिंगे जैसे छोटे जीव भी अस्तित्व में आए। लेकिन क्रेटेसस काल में जल, थल और आसमान में फैले ये रेप्टाइल टर्सियरी काल (आज से 6.5 करोड़ वर्ष पूर्व) आते-आते विलुप्त हो गए और उस काल के बाद के पत्थरों में उनका कोई अवशेष नहीं मिलता। वैलेस ने बाद में स्तनपायियों में विशाल आकार के जीवों के विलुप्त होने की चर्चा की है जिनमें विशाल शरीर और दाँतों वाला सैवर टूथ्ड टाइगर (विशाल बाघ), विशाल डील-डौल वाले हाथी मैमथ आदि का उल्लेख है।

इन शक्तिशाली छिपकलियों और विशाल एमोनाइटों का अचानक विलुप्त हो जाना जीव वैज्ञानिकों के लिए एक पहेली बना रही है, लेकिन सहज की समझ में आनेवाली बात यह है कि इनके लुप्त हो जाने का कारण इनके आकार की विशालता ही थी। विशाल शरीर के पोषण के लिए विशाल मात्रा में पोषक तत्त्व एवं खाद्य पदार्थ का होना जरूरी है और वे धरती पर कभी भी एक सीमा से अधिक उपलब्ध नहीं हो सकते थे। विशालता के साथ बेतरतीव शारीरिक विकास भी अक्सर जुड़ जाता था, जैसा ऊपर बतलायी गई कुछ स्तनपापियों की प्रजातियों में। वे कैसे विलुप्त हुईं, यह तो आसानी से दिख जाता है। इन विशाल जीवों की प्रजातियों के पीछे उस हरियाली की विपुलता थी जो कार्बोनीफेरस काल से उपलब्ध हो गई थी। जैसा बतलाया गया है, यह विपुलता हवा में कार्बन गैसों की बहुलता, गर्म वातावरण और दलदली जमीन की उपज थी, लेकिन बढ़ती

हरियाली स्वयं अपनी बाढ़ के आधार को नियंत्रित कर रही थी। हरियाली से कार्बन डाईऑक्साइड स्वयं सूरज के प्रकाश के प्रभाव में ऑक्सीजन उत्सर्जित कर पेड़-पत्ते को बढ़ाती है। इस प्रक्रिया से हवा से कार्बन डाईऑक्साइड गैस की मात्रा कम होने लगी और ऑक्सीजन की मात्रा बढ़ने लगी। इसी काल में फूल-फल वाले वृक्षों का विकास हुआ जो कार्बन डाइऑक्साइड की कम मात्रा में भी जीवित रह सकते थे। कीट-पतिंगों और तितलियों ने इनकी प्रजनन प्रक्रिया को काफी तेज कर दिया। इस तरह फर्न के जंगल अचानक लुप्त हो गए ओर चारों ओर फल-फूल के जंगल अस्तित्व में आ गए, जो कार्बोनीफेरस काल के जंगलों की तुलना में अत्यधिक विरल थे और कार्बन डाइऑक्साइड की सीमित मात्रा से अपना विकास कर सकते थे।

फर्नो के विशाल जंगलों के लोप से उन पर भोजन के लिए निर्भर विशाल छिपकलियों का लोप भी अपरिहार्य बन गया। रेप्टाइल समूह में अब सिर्फ घर की छिपकलियाँ, साँप, कछुए और घड़ियाल जैसे कुछ जीव जो आकार में काफी छोटे थे, जीवन संघर्ष में बचकर अभी तक धरती पर उपलब्ध हैं। ऐसे विकास से एक महत्त्वपूर्ण बात यह भी हुई कि इन विशाल रेप्टाइलों के लोप से अनुकूल परिस्थितियों में स्तनपायी जीवों का विकास हुआ और उसके ताज के रूप में मनुष्यों का विकास हुआ : या मानें तो अभिशाप के रूप में।

यह उदाहरण हमारे लिए विशेष तरह से विचारणीय है। शायद कार्बोनीफेरस युग के जंगलों के बाद अब एक ऐसी प्रजाति (मनुष्यों की) धरती पर आई है जो अल्पकाल में ही धरती के वायुमंडल को बहुत बड़े पैमाने पर प्रभावित कर रही है। एक तरह से इसने उस प्रक्रिया को जिसे कार्बोनीफरेस जंगलों ने चलाई थी, बिलकुल उलट दिया है। अब उस काल के जंगलों और जीवों के दबने से बने जीवाश्मित ईंधनों को बड़ी मात्रा में जलाने से फिर कार्बन डाइऑक्साइड की मात्रा तेजी से बढ़ रही है और धरती का ताप बढ़ रहा है। इस तरह लोग नए जल प्लावन तथा वायुमंडल का विषाक्त वन जीवन के लिए अनुपयुक्त होने की आशंका से त्रस्त हैं। यह सब संसार में मनुष्यों की एक विशेष तरह की संस्कृति और उससे उपजी सभ्यता के विकास का परिणाम है जो, जैसाकि शुरू में बतलाया गया है, सोलहवीं शताब्दी से प्रारम्भ हो दुनिया भर में फैल गई है और संसार के सभी उपलब्ध संसाधनों का तेजी से दोहन कर रही है। इस सभ्यता का मूल मंत्र बृहत्तता है। इससे पर्यावरण का संकट इस हद तक गहराया है कि इस संस्कृति के साधक स्वयं भी चिन्तित हैं और बार-बार पृथ्वी शिखर सम्मेलन बुलाने और इससे बचने का उपाय ढूँढ़ने में लगे हैं, लेकिन संस्कृतियों की अपनी अन्तर प्रेरणा होती है जो इसे अपनानेवाले लोगों पर इस कदर हावी होती है कि या तो वे इससे निकलना नहीं चाहते या अगर निकलना चाहते हैं तो निकलने में अपने को असमर्थ पाते

हैं। आज ऐसी ही उलझन में पश्चिमी संस्कृति और सभ्यता फँसी है जिससे अपने अस्तित्व पर खतरा देखते हुए भी कुछ कर सकने में असमर्थ हैं।

तो क्या मानव प्रजाति के अन्त का समय आ गया है? इस सवाल का जवाब इस पर निर्भर करता है कि मानव प्रजाति में एक वैकल्पिक संस्कृति विकसित करने की क्षमता है कि नहीं। डायनोसौरों के लुप्त होने के बाद छोटे स्तनपायियों ने एक नई प्रजाति के विकास का विकल्प खोल दिया था। आज मानव प्रजाति के अस्तित्व का मामला इसी तरह वैकल्पिक मानव संस्कृति और सभ्यता के भविष्य के साथ जुड़ गया है क्योंकि इस पर खतरा भी इसकी वर्तमान संस्कृति से ही पैदा हुआ है। जब हम इस नजरिये से इस समस्या पर विचार करेंगे तो पाएँगे कि यह पहला मौका नहीं है कि कोई संस्कृति या सभ्यता मौत के कगार पर आ गई है। अतीत में संसार में अनेक सभ्यताएँ विकसित हुईं और विनष्ट हो गईं, जैसे मिस्र, सुमेर, रोम और यूनान की सभ्यताएँ या फिर भारत की सिन्धु घाटी की सभ्यता। संस्कृतियाँ जब-जब साम्राज्य के विस्तार या नगरों के विकास के साथ बाहरी तत्त्वों मो समाहित कर उनसे प्राप्त संसाधनों के आधार पर तेजी से विस्तार पाती हैं तब-तब बृहत् क्षेत्र में सभ्यता का विकास होता है। इनमें भी सदा स्वाभाविक विकास के क्षेत्र के अतिक्रमण से तथा अतिरिक्त ऊर्जा दोहन से अचानक अतिशय विस्तार दिखाई पड़ता है, लेकिन पोषण या ऊर्जा के आधार—जैसे मिस्र में साम्राज्य गँवाने से, रोम में गुलामों के विद्रोह से या आन्तरिक अर्थव्यवस्था के नष्ट होने से फिर ये सभ्यताएँ नष्ट भी हो गईं। लेकिन संसार के विभिन्न क्षेत्रों में इनके विशाल काल में भी अनेक संस्कृतियाँ जीवन्त थीं। इसलिए किसी एक सभ्यता का नाश मानव जाति के अस्तित्व के लिए खतरा नहीं बन पाया। रोम नष्ट हो रहा था तो इसी के साम्राज्य के एक एशियाई भाग से ईसाई धर्म एक नई संस्कृति के विकास की प्रेरणा दे रहा था। जब ईसाई धर्म धर्मान्ध कलहों में यूरोप की ऊर्जा को नष्ट कर रहा था तब पश्चिम एशिया में इस्लाम नई प्रेरणा का स्रोत बना, जिसके प्रभाव से फिर यूरोप में पुनर्जागरण हुआ और विकास की एक नई परम्परा प्रारम्भ हुई। इस तरह अतीत में जब एक स्थान पर किसी सभ्यता या संस्कृति पर विराक लग जाता था तो किसी दूसरे बिन्दु पर किसी दूसरी संस्कृति से नव जीवन का संचार हो जाता था। भारत में मूलत: संस्कृति का उत्सबिन्दु और विस्तार क्षेत्र ग्रामीण समाज रहा। इस कारण सिन्धुघाटी सभ्यता के नष्ट होने के बाद इसमें एक तरह की निरन्तरता रही है। भले ही चकाचौंध करनेवाली घटनाएँ कम रही हों। इसकी मर्यादा ही इसे दीर्घायु बनाए रही—दीर्घायु के अपने दोष होते हैं, वह अलग बात है।

वर्तमान स्थिति का चिन्तनीय पहलू यह है कि भूमंडलीकरण की दौड़ ने इस औद्योगिक उपभोक्तावादी संस्कृति ने अपनी गिरफ्त में सारे संसार को ले लिया है और जो स्वतंत्र संस्कृतियाँ अब तक जीवित हैं, तेजी से इसके प्रभाव में इसके मूल्यों

को कबूल कर रही हैं, या मरणासन्न हैं इसलिए यह सम्भावना दिखाई नहीं देती कि इस सभ्यता की मौत से फिर कहीं से अचानक एक नई सभ्यता का विकास स्वत: हो जाएगा। हकीकत तो यह है कि प्रदूषण और संसाधनों के लोप से अपनी मौत के साथ यह सभी जीवन को मौत के मुँह में धकेल देगी। इसलिए एकमात्र उपाय विकास की इस दिशा को बदलना ही हो सकता है। इसी प्रतिमान के लिए हमें व्यंग्य और उपेक्षाओं की परवाह किए बगैर यूटोपियाई आदर्शों की ओर लौटना होगा। एक ऐसे मंगलकारी समाज का प्रतिमान उपस्थित करना होगा जो मात्र आदर्श की अभिव्यक्ति नहीं हो बल्कि आधुनिक ज्ञान और विज्ञान के आलोक में सर्वाधिक व्यावहारिक भी, जो यह होगा ही। भारत की अपनी ग्रामीण संस्कृतियों की परम्परा और महात्मा गांधी की प्रेरणा से सम्भव है, हम इस प्रयास में अग्रणी हों।

सन्दर्भ

1. सोलहवीं सदी के पूर्वार्ध में ब्रिटेन के विद्वान एवं धार्मिक चिन्तक थॉमस मूर द्वारा रचित ग्रंथ, जिसमें एक ऐसे आदर्श समाज की कल्पना थी जो पूरी तरह न्याय और विवेक पर आधारित हो। इसके बाद से ही सभी आदर्श समाज की कल्पना को 'यूटोपिया' का नाम दिया जाने लगा।
2. प्राचीन यूनान का एक अंचल जहाँ के लोग शहरी तामझाम से दूर सरल ग्रामीण जीवन शान्तिपूर्ण ढंग से बिताते थे। उनका संघर्ष-मुक्त शान्तिमय जीवन यूनान की शहरी संस्कृति के लोगों में चर्चा का विषय बन गया था।
3. भविष्य पर वाद-विवाद, ए. आर्वातोब, आई. आमीरोव एवं ए शकाई, अनुवाद : योगेन्द्र नागपाल, प्रगति प्रकाशन, 1989, पृ. 58
4. यहाँ यह उल्लेख करना रोचक होगा कि भू-उपग्रहों से आज के महानगरों के विस्तार के चित्रों के अध्ययन से कुछ समाजशास्त्री इस नतीजे पर पहुँच रहे हैं कि असल में ये नगर धरती के कैंसर हैं। इस विचार के प्रणेता वैरेन हर्न एक डॉक्टर हैं, जिन्होंने कैंसर और नगरों में साम्य पाया।

आन्दोलन गीत

1

नई सभ्यता का विहान ले जागे देश हमारा। जागे...
राग-द्वेष से भटके जग का बन जाए ध्रुवतारा॥ जागे...
जंगल नहीं चिमनियों के हो हरियाली लहराए
सृजनशील शिल्पी के श्रम से शाश्वत मंगल छाए
हो न प्रदूषित गैसों से निर्मल परिवेश हमारा। जागे...
शत-शत निर्झर से सिंचित हो तरुवर जशन मनाएँ
लघु जल-स्रोतों से आवृत्त हो खेत हो मन भाएँ
नहीं दानवी बाँधों से अब बाधित हो जल धारा॥ जागे...
हथियारों की होड़ छोड़ निर्माण कार्य में लागें
भाईचारे के हित में उन्माद शक्ति को त्यागें
गांधी के आदर्श अहिंसा का ले चलें सहारा॥ जागे...

2

हम सपूत राष्ट्र के राष्ट्र को बनाएँगे
आपसी जो भेद हो हम उसे मिटाएँगे

जो गिरे हुए उन्हें उठाएँगे
हर तरह के जुल्म को मिटाएँगे
जो अभी पिछड़ रहे समाज में
प्राण फूँक कर उन्हें बढ़ाएँगे

राष्ट्र ना जमीर ना पठार है
राष्ट्र ना नदी नहीं पहाड़ है
दर्द एक दूसरे का बाँटता
राष्ट्र एक दूसरे का प्यार है

राष्ट्र हिन्दू है न मुसलमान है
सिख नाहीं नाहीं किरिस्तान है
एक राग में सभी को बाँध ले
राष्ट्र वही एकता की तान है

इसकी शान के लिए जियेंगे हम
इसकी आन के लिए मिटेंगे हम
दूसरों के सामने न यह झुके
ऐसी अर्थ नीतियाँ चलाएँगे

हम सपूत राष्ट्र के राष्ट को बनाएँगे
आपसी जो भेद हो हम उसे मिटाएँगे

3

शहरन में उड़त बाटे नित गुलछरवा
बनवारी हो गऊँआ काहे भइल बा उदास।
खेतवा में खटे-मरे जनवाँ किसनवाँ
बनवारी हो काहे पड़े तबहूँ उपास॥ बनवारी....
डिजिल महँग होला महँग होला खदवा
बीओ बोयेला महँग कीन के किसनवा
बनवारी हो कैसे होई खेती के विकास॥ बनवारी...
चीनी महँग होला कपड़ा महँग होला
साबुन तेल और रेलो महँग होला
बनवारी हो सस्ता अन्न ऊँखवा कपास॥ बनवारी...
गऊँआ के लूटी-लूटी कल-कारखाना चले
गऊँए के चूसी-चूसी सेठ के महल बने
बनवारी हो होत बाटे गाँव के विनाश
बनवारी हो एही से बा गऊँआ उदास॥ बनवारी...

4

ना लागे ना लागे ना लागेला
हमरा खेती में अब मनवाँ ना लागेला

धूप शीत सही सही अन्नवाँ उपजाई
महँग बिजुलिया ले पानी पटाई
महँग डीजिल ले के पानी पटाई
चून बिछ मेहनत से फसल घर लाई
दमवाँ पर लेकिन बजर पड़े ला। हमरा खेती...
खाद खरी कर के महाजन लगाई
दस बेर खेतवा के करी जोताई
उपजा से घर भरी असरा लगाई
खरचे में खेतबा बिकाय लागे ला। हमरा खेती...
अइसन जुलूम अब सहलो ना जाता
लड़े के सिवाय कौनो राह ना बुझाता
एकता के ताकत गजब करे ला
अब मिलके किसनवा लड़ेला चले आ॥ हमरा खेती...

5

ठिठुरत बित गेलै जाड़ गरमी बरसात हूँ हो
ललना रे ना अइलै घर के सवाँग गुजर कइसे चलतई हो
घर छोड़ी गेलई कमाय गेलई कलकत्ता गेलई पंजाब की हो
उनकर ना मिलल कौनो समाद कबन विपत पड़ गेलन हो
छोड़ गेलथिन घरवा उदास करव कौन आस कैसे मन बुझाएव हो
ललना खरचीला गवाँ के सवाँग कवन सुख पायब हो
बुड़ गेलै गाँव के समाज मिलै न गैउआ में कारज हो
ललना रे कर देहूँ अइसन उपाय पलटे गउआँ के किसमत हो।

6

ओला बरसे चाहे अधर आए
ये सब से किसनवाँ ना हटेला
आठ पहर खेतवा में कमाय
खुशहाली कभी घर आए ना।
खुशहाली कभी घर आए ना
कपड़ा फाटल छप्पर चूए
ये सब के जोगरवा ना जुटेला

सब कमाई डॉक्टर में लगाए
घर में से बीमारी जाए ना॥
खुशहाली कभी घर आए ना
अफसर आवे मिनिस्टर आवे
बात बहुत फरमा देवे ला
जे कैले गउआँ सुधरी
ई बात कभी मुँह लावे ना।
खुशहाली कभी घर आए ना
मान-मनौता देवता के करे
अफसर के खुशामद ना छोड़ेला
हक हासिल लड़का से होला
इहो बात समझ में आवे ना॥
खुशहाली कभी घर आए ना

7

गाँव-गाँव बिजली बा घर-घर अन्हार
देख देशवासी साहेबन के कैसन सरकार
कभी ट्रांसफार्मर जरे कभी गायब तार
बिजली के बिलवा बढ़ेला लगातार। देख देशवासी...
पानी ना बरसल त हो गेल सुखाड़
देलन पानी के बदला भाषण धुँआधार॥ देख देशवासी...
कैलन एहसान खाद देलन उधार
तनी चुक में देखा देलन जेल के दुआर।
गउआँ के लोग के समझ के गँवार
हो गैले गरदन पर अफसर सवार॥ देख देशवासी...
देशवा के बेच के रचेला श्रृंगार।
आन्हर ई राज ना सुनेला फरियाद
मिल-जुल के हो जा लड़ेला तैयार॥ देख देशवासी...

8

नींद में बा देश के जवानी
लदाय लागल फिर से गुलामी

उठ जाग भैया देख विश्व बैंक आयल
होश कर माई बहिनी करजा लदायल
छोड़ अब पिछला नादानी
लदाय लागल फिर से गुलामी
छोड़ द विदेशी जिनीस देशी अपनाव
पेप्सी, लीवर, बाटा-लिप्टन देश से भगाव
माल कीना अपन हिन्दुस्तानी
लदाय लागल फिर से गुलामी
देश के इज्जत नाहीं फैशन में भुलइह
सजधज विदेशी पर धन ना गँवइह
बानी हम ना जर्मन ना जापानी
लदाय लागल फिर से गुलामी

9

बिकाता बिकाता बिकाय लागल बा
अब करजा में देशवा बिकाय लागल बा।
पिछला करज अब देलो ना जाता
ऊपर से रोज नया करजा लिआता
देश-देश भिक्षा मँगाय लागब बा॥ अब करजा में...
अरब-खरब कर्जा विदेशवा से आयल
अफसर, पूँजीपति मिनिस्टर मोटायल
आमद समझ के बँटाय लागल बा। अब कर्जा में...
कागज पर लम्बा-चौड़ा योजना रचाला
मंत्री बेपारी पैसा मिल-जुल के खाला
जनता पर कर्जा लदाय लागल बा॥ अब कर्जा में...
अमुको के एजेंट अब दिल्ली में आवे
देश कैसे चली रोज रस्ता बतावे
जनता ह मालिक भुलाय लागल बा। अब कर्जा में...
अपना बूता देश चले बात ई भुलायल
सादगी सोदेशी के ना कोई कायल
गांधी जी के नउआँ बुताय लागत बा॥ अब कर्जा में...

10

भैया किसनवाँ हो
भैया मजूरवा हो हरदम रखिए एकता अपन बचाई
जेही राम सेही अल्ला बाड़न
कह गए संत अनेक
मन्दिर-मसजिद के झगड़ा कैसन चुगला ठाने लड़ाई॥ भैया...
जाँत-पाँत पूछे ना कोई
हरि के भलै से हरि के होई
घट-घट में जे एक ब्रह्म तो जाति के कौन लड़ाई॥ भैया...
जात-धरम के भेद बढ़ाक दुश्मन हमें लड़ाए
गाँव-गाँव में दंगा रच के दौलत लेत उड़ाई॥ भैया...

11

चलो भाई चली जाई गाँवे के ओर
नगरी में नरके बसेरा गरीबन के
भूलिद जन देखी ईंजोर॥ चल भाई चली जाई...
गाँवे के लूटि-लूटि उठता अटारी
खेतीहर के चूस-चूस चले हवागाड़ी
झुग्गिये में जीवन कटेला शहरवा मैं
ऐलन जिन गउँआ के छोड़॥ चल भाई चली जाई...
मौत घन बन गइले शहरी कारखाना
छीन लेलक रोजी और मुँहवाँ के दाना
गउवें में छोट-छोट धन्धा लगावे जे
हरदम चले अपन जोर॥ चल भाई चली जाई...
खेती-कारखाना सब मिलके चलाई जाँ
गउँआ शहरबा के फरक मिटाई जाँ
जीवन बहुत दिल बितौल अन्धरिया में
अब हूँ दँ आए एँजोर॥ चल भाई चली जाई...

12

घूस दे के होइ छै बहाली। अब बनजा नौकर सरकारी
उठ जतौ कोठा अटारी। अब बनजा नौकर सरकारी

खेती में नाहक जवानी गवैवा
रौदा में कंचन बदनवाँ जरैवा
खेती के खरचे में धरती बिकैतो
करजा के बोझ बढ़तौ भारी। अब बनजा नौकर सरकारी
खेत बारी बेच-बेच पैसा जुटावा
अफसर के घूस दे के सौदा पटाव
नजर कर ऽऽऽ मछरी तरकारी। अब बनजा नौकर सरकारी
जे घड़ी मन होतौ ड्यूटी पर जैबा
काम बिना कैले महीना उठैबा
घूस के कमाई होतौ भारी॥ अब बन जा नौकर सरकारी
और कुछौ न भेला त बन जा चपरासी
मेंट जतौ कुछ दिन में घर के उदासी
घूस बिना एको ना कागज बढ़ैह
देखिए जन अनकर लाचारी। अब बन जा नौकर सरकारी

13

देश के भार बहुत दिन उठा के किसान चलल
मगर ए भार से किसान बा खुद बैल बनल।
इ भार अब अधिक दिन न सहल जाई
जमाना बदली अब किसान लेलक अगराई॥
किसान भाई अब आई तोहरे जमाना
नया युग के अब गाई गाँव गाँव गाना॥ किसान...
तमिलनाडु घटा उठा कर्नाटक आयल
महाराष्ट्र से चल के मेरठ पर मँडरायल
ठनका के धुन पर किसान के तराना॥ किसान...
लाठी, गोली, जेल से किसान ना डेरैलन
गोली खा के मर गैलन पीठ ना देखैलन
खून से लिखाता नया अफसाना॥ किसान...
दिल्ली से सत्ता अब गाँव-गाँव आई
(पटना से सत्ता अब गाँव-गाँव आई)
गाँवे में दवा-दारू गाँवे पढ़ाई
गाँवे में घरे-घरे छोट कारखाना॥ किसान...

अब पूँजी पतियन के चली ना चौधराई
ये लोग के मर्जी पर देश ना बिकाई
शासक ना होई है औद्योगिक घराना॥ किसान...

14

मिलके चलो ... ... मिलके चलो
मिलके चलो मिलके चलो मिलके चलो॥ किसान मिलके चलो
यह गाँव की आवाज है मिलके चलो
पेड़-पत्तियों की साज पर मिलके चलो॥ मिलके चलो...
गाँवों पर उमड़ पड़ी है टिड्डियाँ
नोच-नोच कर रही विरान
अन्धकार-सी उमड़ पड़ी हैं वे
दिख नहीं रहा है आसमान
वक्त है नहीं बहुत कमर कसो कोटि-कोटि हाथ में मशाल लो॥...
शासकों प्रशासकों की टोलियाँ
लूट-लूट भर रही हैं झोलियाँ
गाँवों-जंगलों के कर विरान
महल उठ रहे हैं आलिशान
अब जुलूम अधिक नहीं सहेंगे हम आज से ये बात मन में ठान लो॥

बाल कविताएँ

बच्चो! इनसे सीखो हरदम

बच्चो! इनसे सीखो हरदम

बुलबुल

कालापन ले गहरा भूरा पर का होता रंग,
बुलबुल के गाने में रहती हरदम भरी उमंग।
है सफेद पूँछ के पीछे, लाल पेट के नीचे,
सिर पर छोटा ताज जिसे रहता आगे को खींचे।
नहीं चाहती केवल रहना हरियाली के पास,
काँटों भरी झाड़ियों में भी बुलबुल करती वास।
दिन के ढल जाने पर भी हो मस्त सुनाती गाना,
जीवन की सन्ध्या में भी है कहती खुशी मनाना॥

• प्रचलित नाम : बुलबुल, गुलदुम • जैविकी नाम : Pycnonotus Jocosus
• हल्की झाड़ियों वाले जंगलों में तथा मनुष्यों की बस्तियों के आस-पास भी पाई जाती है।

चील

वायुयान-सा आसमान में चक्कर सदा लगाए,
ऊपर-ऊपर उठता जाता डैने बिना हिलाए।
छोटी चोंच सफेद, पंख काला और भूरा,
क्षण में गया शिकार पड़ा चंगुल में पूरा।
कभी-कभी घोड़े-सा यह चिल्लाता शोर मचाता,
जोर-जोर से बोल और चीलों को पास बुलाता।
अथक उड़ान दिखाकर अपनी चील हमें बतलाता,
सतत यत्न में ही कोई जीवन का रहस्य है पाता॥

• प्रचलित नाम : चील • जैविकी नाम : Haliastur Indus • नदियों, तालाबों, खेतों के आस-पास पाई जाती है।

भुजंगा

काजल-सा है रंग, पूँछ मछली-सा पाया,
देख! भुजंगा ने छोटा हो कैसा रंग जमाया।
कौआ, चील और बाज सरीखे चिड़ियों के सरदार,
भागे दुम दबाए कोई सहे न इसकी मार।
वायुयान बमबाज सरीखे है पैंतरे बताता,
क्षण में जाता आसमान में क्षण में भू पर आता।
सफल साहसी सदा भुजंगा का है ऐसा कहना,
हिम्मत कर ऑफत से लड़ना, बच्चो कभी न डरना॥

• प्रचलित नाम : भुजंगा, कोतवाल • जैविकी नाम : Dicurus Adsimilis
• खम्भों, खेतों, झाड़ियों की फुनगियों, टेलीफोन के तारों पर बैठे रहते हैं।

गिद्ध

तेज चोंच पतली गरदन बदसूरत काले,
नील गगन में उड़ते रहते नजर भूमि पर डाले।
आसमान में दूर-दूर तक हैं आजाद विचरते,
मुर्दे अगर दिखें धरती पर दल-बल लिए उतरते।
लोग गिद्ध को अशुभ मानते गिद्ध दृष्टि बदनाम,
सबक मिलेगा इससे बच्चो कारण लेना जान।
ऊँचा जो उठना हरदम आदर्श उच्चतर रखना,
नहीं व्योम में पहुँच गिद्ध-सा हेय लक्ष्य पर फँसना॥

• प्रचलित नाम : गिद्ध • जैविकी नाम : Gyps Bengalensis • जानवरों की लाशों के आस-पास झुंड में, गाँव या सड़क किनारे ऊँचे पेड़ों पर रहते हैं।

गौरैया

कत्थई रंग की रेखाएँ पाँखों पर, उजला पेट,
इसे अन्न से प्रेम, नहीं आता इसको आखेट।
निडर बड़ी है, आ जाती अक्सर मनुष्य के पास,
रहती वही, किया करते हैं जहाँ आदमी वास।

गौरैया की भी होती है बड़ी विचित्र उड़ान,
मानो उछले आसमान में, रुक-रुक कर आराम।
परख बड़ी है तेज अलग करती भूसे से दाना,
सीखो वैसे ही प्रलाप से तथ्य सदा छिटकाना॥

• प्रचलित नाम : गौरैया, चिड़ी • जैविकी नाम : Ploceidae • घरों, खेतों, गाँवों, शहरों में कहीं भी रह सकती है।

हुदहुद

हुदहुद के पंखों पर होती उजली काली धारी,
मुकुट बादामी से लगती है इसकी सूरत प्यारी।
चोंच नहरनी-सी पाई, मिट्टी में जिसे घुसाता,
कीड़ों के मिलने पर उनको मार तुरन्त खा जाता।
मुकुट रंज होने पर है यह पंखे-सा फैलाता,
निडर बड़ा है बहुत पास तक है मनुष्य के आता।
है कृषकों का मित्र हानिकारक कीड़ों को खाता,
एक-दूसरे पर निर्भरता, जीवों की बतलाता॥

• प्रचलित नाम : हुदहुद • जैविकी नाम : Upupa Epopus • गाँव-शहर के आस-पास खुले इलाकों, घास के मैदानों, बगीचों आदि में रहना पसन्द करता है।

कबूतर

काले स्याह और सफेद, होते चितकबरे,
कुछ के हल्के रंग तथा औरों के गहरे।
उड़ते खूब और दूर-दूर तक चुगने को ये जाते,
कलाबाजियाँ आसमान में इनमें कुछ दिखलाते।
घुटरूँ-घुटरूँ कर सकते बस, नहीं जानते गाना,
घूम-घूम खेतों-खलिहानों में चुगते हैं दाना।
जन्मजात गुण निज संख्या औरों को मिला बढ़ाना,
लेना सीख कबूतर से बच्चो तुम मित्र बनाना॥

• प्रचलित नाम : कबूतर • जैविकी नाम : Columba Livia • खाली इमारतों, गोदामों, फैक्ट्रियों के शेड्स, रेलगोदाम आदि जगहों पर पाए जाते हैं। खेतों में भी भोजन की तलाश में जाते हैं।

कौआ

है मनुष्य का निकट पड़ोसी कौआ इसका नाम,
सुबह-सबेरे आता है सबसे इसकी पहचान।
बच्चे तेरी नींद नहीं जब उशा काल में जाती,
काँव-काँव कौए की बोली ही है तुम्हें जगाती।
हम आलस में खाना खाकर जूठन देते फेंक,
दाना-दाना करके कौआ लेता उसे समेट।
कौआ यह बतलाता कर आँगन की सदा सफाई
छोटा काम नहीं कोई जिससे हो कहीं भलाई॥

● प्रचलित नाम : काग, कौआ, काक आदि ● जैविकी नाम : Corvus Splendens
● शहर-गाँव सर्वत्र पाया जाता है।

कठफोड़वा

सुन्दर-सा सुकुमार जानकर मत कमजोर बताना,
कठफोड़वा का हाल नहीं बच्चो तुमने है जाना।
सुन्दरता-कर्मठता दोनों साथ-साथ भी जाते,
लोहे से मजबूत चोंच है इसकी यही बताते।
लोगों से रह दूर काम में व्यस्त सदा है रहता,
खोद तने भारी पेड़ों के कीट पकड़ जी भरता।
घंटों लड़ता कड़े काठ से शक्ति लगाता सारी,
अध्यवसाय अगर हो, कोई काम नहीं है भारी॥

● प्रचलित नाम : कठफोड़वा, खातीचिड़ा ● जैविकी नाम : Picoides Mahrattensis ● पतझड़ वाले जंगलों, आमों के बागों तथा पेड़दार अर्द्ध-रेगिस्तानी इलाकों में पाया जाता है।

खंजन

चमकदार उजले पाँखों पर काली धारी,
खंजन की सूरत सबको लगती है प्यारी।
छोटा बदन, पूँछ लम्बी है जिसको सदा हिलाता,
चाल बहुत सुन्दर है चलने में कमाल दिखलाता।

गर्मी के आते ही खंजन उड़ पहाड़ पर जाता,
घटा हस्त की आती तो समतल भूमि पर आता।
कुछ दिन का मेहमान इसी से बढ़ती है मर्यादा,
घटता है सम्मान निकटता हो जाने से ज्यादा॥

• प्रचलित नाम : धोबन, खंजन • जैविकी नाम : Motacilla Alba • पत्तीदार पेड़ों पर घर बनाता है तथा नदियों, नालों, सड़कों तथा जंगली रास्तों के आस-पास रहता है।

कोयल

कोयल का भी रंग काग-सा होता काला,
आँखें लाल, बदन कुछ मोटा, जान निराला।
कौए के खोते में कोयल अंडा है दे देती,
और फोड़ कौए के अंडे को है वह पी लेती।
कौआ नहीं समझ पाता है कोयल की यह चाल,
बच्चा बड़ा हुआ तो कोयल लेती उसे निकाल।
एक पाठ कोयल की जनप्रियता से बच्चो ले लो,
तीखापन मन से निकाल कर मीठी बोली बोलो॥

• प्रचलित नाम : कोयल, कोकिला • जैविकी नाम : Eudynamys Scolopacea
• आम तौर पर बाग-बगीचों में पाई जाती है। पेड़ों पर ही रहती है।

मछलीमार

राजा मछलीमार टिटिहरी का है होता भाई,
नदी किनारे जाकर इसकी देखो हाथ सफाई।
आसमान का जीव मगर पानी का गोतामार,
मछली देख लगाता गोते खाली जाए न वार।
आसमान का रंग चुराकर नीले पंख बनाया,
पा भारत की सुन्दर वायु नीलम-सा चमकाया।
लम्बी चोंच इसे कर देती है थोड़ा बेडौल,
लेकिन उपयोगिता बना देती सबको सुडौल॥

• प्रचलित नाम : मछलीमार, शरीफन या छोटा किलकिला • जैविकी नाम : Alcedo Atthis • प्राय: किसी तालाब या सोते के ऊपर झुकी डाल पर अकेला बैठा रहता है। पानी के ऊपर नजदीक से उड़ता रहता है।

महलाठ

सिर काला, गरदन काली, पर का बादामी रंग,
करता है सब चिड़ियों को महलाठ हमेशा तंग।
धारीदार पूँछ लम्बी पा लगता बड़ा सुहाना,
लेकिन इसका काम चुरा औरों के लंडे खाना।
छिपकलियों को खाने पर यह छप्पर तक में घुस आता,
कभी 'काकुली' बोल-बोल कर हल्ला खूब मचाता।
चोरी में संलग्न सदा पर सुन्दर रूप अनोखा
तड़क-भड़क पर जो भूलें, खाते हैं जग में धोखा॥

• प्रचलित नाम : महलाठ, महालत • जैविकी नाम : Dicruridae Vagabunda
• जंगली इलाकों में पाया जाता है।

महोख

काला रंग बदन का सारे कत्थी रंग के पाँख,
पूँछ जरा लम्बी-चौड़ी है लाल रंग की आँख।
कोयल की जो जाति, उसी में है महोख भी आता,
बोली तो है तेज, मगर यह गाना नहीं सुनाता।
पेड़ और पत्तों के कीड़े चुन-चुन कर यह खाता,
देख आदमी को झाड़ी झुरमुट में झट छिप जाता।
खूब सबेरे मुर्गे जैसा है यह हमें जगाता,
भली भलाई है परोक्ष की ओझल रह बतलाता॥

• प्रचलित नाम : महोख, महोका, कूका • जैविकी नाम : Centropus Sinensis
• मनुष्य के निवास स्थानों के पास, बागों में प्राय: जमीन पर ही विचरण करता रहता है।

मोर

सुन्दरता में मोर कहाता चिड़ियों का सरताज,
पीले, नीले, हरे रंग के इसके पर के साज।
होता सिर पर मुकुट रंगीला शान बढ़ानेवाला,
पंखे-सा फैला सकता है सुन्दर पूँछ निराला।

पाया सुन्दर रंग, नहीं पर पाया गला सुरीला,
साँप-बिच्छुओं तक को खाता भोजन है जहरीला।
मस्त बना देता मोरों को घोर घटा का आना,
इनसे बच्चो सीखो हरदम ऑफत में मुस्काना॥

• प्रचलित नाम : मोर, मयूर • जैविकी नाम : Pavo Cristatus • जंगलों में, गाँवों में तथा खेतों व मैदानों में रहते हैं। रात को पेड़ों पर ऊँचे बैठकर सोते हैं।

मुर्गा

लाल चाम चोंच पर रहता गहने-सा लटकाए,
रंग-बिरंगे पर पा मुर्गा सबके मन को भाए।
पंख बहुत छोटे होने से नहीं कभी उड़ पाता,
इन्हें फड़फड़ा उछल भूमि से अपनी जान बचाता।
लोग पालते मुर्गे को और उसे खिलाते दाना,
अंडे देकर के मुर्गी देती है पौष्टिक खाना।
प्रात:काल बाँग दे मुर्गे हमको याद दिलाते,
उठो समय है बीत रहा रह जाओगे पछताते॥

• प्रचलित नाम : मुर्गा • जैविकी नाम : Gallus Sonneratii • छोटी झाड़ियों, झुरमुटों व उजड़े बागानों में रहना पसन्द करता है।

मैना

कत्थी और कालापल ले होता मैना का रंग,
भारत भर में होता है लोगों को इसका संग।
पीली चोंच, पीली रेखा आँखों के चारों ओर,
पंखों के नीचे सफेद चाँदी-सी चौड़ी डोर।
छोटी होकर भी होती चिड़ियों की पहरेदार,
शोर मचाती खतरे में, सब होते हैं होशियार।
मैना यह दुनिया भर को देती अपना पैगाम,
छोटा होकर भी आना हरदम औरों के काम॥

• प्रचलित नाम : मैना, गुरसली • जैविकी नाम : Acridotheres Tristis • मिलनसार और खुशमिजाज यह पक्षी घरों, बाजारों, सड़कों के किनारे, गाय, कबूतर, गौरैया आदि के साथ पाया जाता है।

नीलकंठ

बादामी गरदन के ऊपर, नीला चारों ओर,
खूब मचाते रहते हरदम आसमान में शोर।
तरह-तरह के नील रंग में डैने बड़े छबीले,
मारपीट में तेज, और हैं चिड़ियों में रोबीले।
नीलकंठ शंकर कहलाते किया हलाहल पान,
नीलकंठ पा नील कंठ भी पाता है सम्मान।
नीलकंठ की बढ़ी प्रतिष्ठा से लो बच्चो जान,
महापुरुष का कोई भी गुण पाने में है मान॥

• प्रचलित नाम : नीलकंठ, सब्जाक • जैविकी नाम : Coracias • खेतीहर इलाकों में तथा खम्भों या किसी ठूँठ पर बैठा पाया जाता है।

पंडुक

रंग राख-सा होता इसका उस पर हल्का लाल,
सभी शिकारी जीव हुआ करते पंडुक के काल।
घुँटरू-घूँ सबकी परिचित होती इसकी आवाज,
छोटी होती चोंच कि जिससे चुगता सदा अनाज।
उड़ने में है तेज मगर है मार-पीट से डरता,
रक्षा में असमर्थ इसी से सबके हाथों मरता।
रक्तिम प्रकृति के प्रांगण में निर्बल का है नाश,
विजयी वही हुआ करता है छल-बल जिसके पास॥

• प्रचलित नाम : पंडुक, फाख्ता, मोडी • जैविकी नाम : Streptopelia Tranquebarica • छोटे झुंडों में खेतीहर जमीन अथवा अर्द्ध-रेगिस्तानी इलाकों में पाई जाती है।

पनमुर्गी

मुर्गी जैसी ही पनमुर्गी को भी मिली बनावट,
झाड़ी-झुरमुट में रहती है देख जलाशय का तट।
हरे, जरा पीलापन लेकर चोंच और हैं पैर,
जल-थल दोनों पर कर सकती खूब मजे में सैर।

छाती पेट सफेद, पंख है काला पाया,
छिप जाती झाड़ी में कोई पास जो आया।
जल-थल दोनों से रखती है अपना सहज लगाव,
जीवन में रखना सिखलाती है सबको समभाव॥

• प्रचलित नाम : जलमुर्गी, पनमुर्गी, डौक • जैविकी नाम : Amaurornis Phoenicurus • हमेशा पानी के आस-पास, झील तथा तालाबों के किनारे रहती है।

पपीहा

काले होते पंख और सिर पर है इसके चोटी,
बाज सरीखी चीतल भी इसकी जाती है होती।
पैजामे से रोयें रहते हैं पाँवों को घेरे,
भोजन में इसको मिल जाते हैं कीड़े बहुतेरे।
शुरू वसन्त हुआ जबसे जब तक बीते बरसात,
पपीहा के पी-पी रट से उठता गूँज प्रभात।
बूँदें खोजता स्वाति की सब कहते यही कहानी,
निज भावों में लोग रँगा करते जग को मनमानी॥

• प्रचलित नाम : पपीहा • जैविकी नाम : Hierococcyx Varius • जंगली इलाकों में पाया जाता है।

फूलसूँघा

चमकीला गहरा नीला है फूलसूँघा का रंग,
इसका सुन्दर रूप देख सब रह जाते हैं दंग।
होता छोटा बहुत और है बोली बड़ी सुरीली,
सदा फुदकता फूलों पर जैसे तितली गर्वीली।
भौंरे-सा यह फूल-फूल में अपनी चोंच घुसाता,
लेकिन रस प्रिय नहीं इसे, यह कीट पकड़ कर खाता।
फूलों के संग रहने भर से फूलसूँघा है नाम,
कर्म बिना इज्जत मिलना है संगति का परिणाम॥

• प्रचलित नाम : फूलसूँघा, शकरखोरा • जैविकी नाम : Nectarinia Asiatica • जहाँ फूल मिलें, किसी भी स्थिति में चिपके रहते हैं। अक्सर जाड़ों में एक फूल से दूसरे फूल पर भागते रहते हैं।

सतभइया

मटमैला है रंग, चोंच पीली बादामी,
सतभइयों का साथ आपसी होता नामी।
जहाँ कहीं भी जाना होता एक साथ ही जाते,
थुथने चला-चला सूअर-सा अपना भोजन पाते।
व्यस्त काम में रहने पर भी है यह शोर मचाता,
बोली मधुर मिली है इससे गाना मन को भाता।
याद हमेशा रखना यह है सतभइयों का कहना,
उनके जैसा ही बच्चो आपस में मिलकर रहना॥

• प्रचलित नाम : सतभैया, सातभाई, घोंघई • जैविकी नाम : Turdoides Striatus • झुंड में जंगली बागों, अहातों और पेड़ों के कुंजों में रहते हैं।

तीतर

चीतल होता रंग, गले पर कत्थी रंग की धारी,
पंख बहुत छोटे होते हैं, देह मगर है भारी।
उड़ने में जल्दी थकता पर दौड़ लगाता तेज,
जंगल-झाड़ी छोड़ निकलने से रखता परहेज।
बड़ी दूर तक सुन सकते हैं हम इसकी आवाज,
पेट भरा करता है खाकर कीड़े और अनाज।
करता घोर युद्ध आपस में लोग देखते खेल,
तीतर की यह दशा देख कर सीखो रखना मेल॥

• प्रचलित नाम : तीतर • जैविकी नाम : Francolinus Pondicerianus • गाँवों और खेतों के आस-पास पाया जाता है।

टिटिहरी

गहरा सलेटी रंग पाँख का, गले में धारी काली,
लम्बे होते पैर, चोंच नारंगी लेकर लाली।
टी-टी है आवाज, टिटिहरी है इससे कहलाता,
पास जलाशय के रहना है इसके मन को भाता।

सदा हवा में पानी के ऊपर रहता मँडराता,
जल के कीड़े छोटी मछली पकड़-पकड़ कर खाता।
खेतों में अंडे इसका देना हमको सिखलाता,
कहीं रहो पर अपनी धरती से मत तोड़ो नाता॥

• प्रचलित नाम : टिटिहरी • जैविकी नाम : Vanellus Indicus • प्राय: नमी वाले इलाकों—ताल-तलैया, पोखर के आस-पास दिखाई देती है। खेत व चरागाह भी इसके वास-स्थल हैं।

उल्लू

मटमैला है रंग और कुछ हल्का पीला,
आँखें बड़ी गोल होती हैं, पंजा बड़ा नुकीला।
दिन भर पत्तों की छाया में लेता है विश्राम,
अंधियारा होने पर करता है शिकार का काम।
अंधकार अज्ञान, ज्ञान ज्योतिर्मय है कहलाता,
अंधकार में रहने से उल्लू मूरख कहलाता।
इसीलिए उल्लू कहने से होता है अपमान,
अगर प्रतिष्ठा पाना चाहो हासिल कर लो ज्ञान॥

• प्रचलित नाम : उल्लू, खुसटिया, चुगद • जैविकी नाम : Athene brama • पुराने आम, बरगद जिनमें छेद या कोटर हो, घुसा रहता है। मकानों में भी अकसर पाया जाता है।

तोता

हरे रंग और लाल चोंच में तोता बड़ा सुहाना,
रंग-बिरंगे फूल-फलहरी होते इसके दाना।
चुगने को जो कभी निकलता भारी झुंड बनाता,
खेतों में आगमन हुआ तो अन्न नष्ट हो जाता।
लोग पालते तोते को कहवाते इससे राम,
मगर कहाँ उड़नेवाले को पिंजड़े में आराम।
सीख आदमी की बोली यों होता यह हैरान,
पराधीनता नकल-नवीसी का होता परिणाम॥

• प्रचलित नाम : तोता • जैविकी नाम : Psittacula Krameri • विशेष रूप से खेतों में, गाँवों में या जहाँ खाना अधिक मिलता हो, वहीं पाए जाते हैं।

बगुला

रंग उजला, लम्बी गरदन, लम्बे होते हैं पैर,
छोटी मछली से होता है इसका भारी वैर।
काले या पीले रंग की होती है इसकी चोंच,
मछली पास अगर आई तो लेते उन्हें दबोच।
सदा घूमते रहते हैं छिछले पानी के पास,
पेड़ सूख जाता है जिस पर होता इनका वास।
घंटों पानी में रहता है धर मछली पर ध्यान,
बगुला से तुम करना सीखो एक चित्त हो काम॥

• प्रचलित नाम : बगुला • जैविकी नाम : Bublcus Ibis • कहीं भी पाया जा सकता है। पानी के नजदीक झुंड या अकेले में पाया जाता है।

आभार

अशोक सेकसरिया

इमरजेंसी इन पर्सपेक्टिव

परमानेंट क्राइसिस ऑफ इंडिया

नवल किशोर

कोलिशन इन पॉलिटिक्स

रामजय प्रताप

केअस एंड क्रिएशन

सोशलिज्म एंड पावर

बिटर हार्वेस्ट

ऐन अनआर्म्ड प्रोफेट

एडवेंचर्स ऑफ लिबर्टी

उपरोक्त किताबों के अनुवाद में आवश्यकतानुसार छोटे बदलाव और संशोधन भी किए गए हैं।

—सम्पादक